RECHT WIRTSCHAFT STEUERN

Kommentar
AÜG

Herausgegeben von

Professor Dr. Burkhard Boemke

Direktor des Instituts für Arbeits- und Sozialrecht
der Juristenfakultät der Universität Leipzig

und

Dr. Mark Lembke, LL.M. (Cornell)

Rechtsanwalt und Fachanwalt für Arbeitsrecht,
Frankfurt am Main,
Attorney-at-Law (New York),
Lehrbeauftragter der Universität Bonn
und der Universität Heidelberg

unter Mitarbeit von

M. A. phil. Samuel Marseaut

Rechtsanwalt, Berlin

3., komplett überarbeitete und erweiterte Auflage 2013

Deutscher Fachverlag GmbH
Fachmedien Recht und Wirtschaft

Bibliografische Information der Deutschen Nationalbibliothek

Die Deutsche Nationalbibliothek verzeichnet diese Publikation in der Deutschen Nationalbibliografie; detaillierte bibliografische Daten sind im Internet über http://dnb.d-nb.de abrufbar.

ISBN: 978-3-8005-3264-3

© 2013 Deutscher Fachverlag GmbH, Fachmedien Recht und Wirtschaft, Frankfurt am Main

Das Werk einschließlich aller seiner Teile ist urheberrechtlich geschützt. Jede Verwertung außerhalb der engen Grenzen des Urheberrechtsgesetzes ist ohne Zustimmung des Verlages unzulässig und strafbar. Das gilt insbesondere für Vervielfältigungen, Bearbeitungen, Übersetzungen, Mikroverfilmungen und die Einspeicherung und Verarbeitung in elektronischen Systemen.

Satzkonvertierung: Lichtsatz Michael Glaese GmbH, 69502 Hemsbach

Druck und Verarbeitung: Kösel GmbH & Co. KG, 87452 Altusried-Krugzell

Gedruckt auf säurefreiem, alterungsbeständigem Papier, hergestellt aus FSC-zertifiziertem Zellstoff

Printed in Germany

Vorwort

Kaum eine andere Materie stand derart im Fokus der öffentlichen Diskussion, des Gesetzgebers und der Rechtsprechung wie die Zeitarbeit und das Recht der Arbeitnehmerüberlassung. Dabei schlugen die Pendel in beide Richtungen heftig aus: Zunächst hochgelobt als „Jobwunder" und „Königsweg aus arbeitsrechtlicher Rigidität", zuletzt geächtet wegen „Tarifdumpings" (Stichwort: „CGZP") und missbräuchlicher Arbeitnehmerüberlassung (Stichwort: „Schlecker-Fall"), hat die Zeitarbeit eine Achterbahnfahrt hingelegt, welche selbst erfahrene Praktiker atemlos macht. Hinzu kamen der lang diskutierte Abschluss der Leiharbeitsrichtlinie 2008/104/EG und deren Umsetzung in nationales Recht durch die AÜG-Reform 2011.

Vor diesem Hintergrund war die Überarbeitung der im Jahre 2005 erschienenen 2. Auflage eine Mammutaufgabe. Daher haben wir uns dazu entschlossen, das Autorenteam zu verstärken. Wir freuen uns sehr darüber, dass in der 3. Auflage mit Herrn Rechtsanwalt Samuel Marseaut, Leiter Abteilung Recht und Internationales beim Bundesarbeitgeberverband der Personaldienstleister e. V. (BAP), ein hocherfahrener Praktiker und Kenner der Zeitarbeit sowie ihrer Verbandslandschaft zum Autorenkreis hinzugestoßen ist.

Die Zahl der einzuarbeitenden Rechtsänderungen, Gerichtsentscheidungen und Literaturfundstellen war so groß, dass eine Neuvergabe der Randnummern unumgänglich war. Die vorliegende 3. Auflage befindet sich auf aktuellem Stand und berücksichtigt die neueste – bis zum 30. April 2013 veröffentlichte – Rechtsprechung und Literatur.

Das Werk kommentiert fundiert und praxisnah alle wesentlichen Fragen in dem Dreiecksverhältnis zwischen Verleiher, Leiharbeitnehmer und Entleiher sowie in Bezug auf die Rechte und Pflichten der Beteiligten gegenüber Behörden, insbesondere den Aufsichtsbehörden, den Sozialversicherungsträgern und den Finanzbehörden. Der Grundsatz von Equal Pay/Treatment, die Tarifverträge in der Zeitarbeit, die Vorschriften zur Lohnuntergrenze, die übrigen Neuregelungen der AÜG-Reform 2011 u.v.m. werden umfassend erläutert. Dabei werden Hinweise zur Verwaltungspraxis und zur Vertragsgestaltung gegeben.

Für ihre tatkräftige Mithilfe danken wir vielmals unseren Mitarbeitern und Kollegen, insbesondere Frau Ref. Anja Purrmann, Frau Ref. Nadine Uhlig, Herrn cand. jur. Jan-David Jäger, Frau cand. jur. Alisa Kuznetsova, Herrn RRef. Hannes Thormann, alle Universität Leipzig, sowie Frau Rechtsanwältin Annika Hesser und Frau Rechtsanwältin Daniela Hangarter, LL.M. (Christchurch), beide GREENFORT Rechtsanwälte, Frankfurt am Main.

Wir hoffen, dass auch die 3. Auflage auf so positive Resonanz in Wissenschaft und Praxis stößt wie die beiden Vorauflagen. Anregungen, Hinweise und Verbesserungsvorschläge nehmen wir gerne entgegen (unter boemke@rz.uni-leipzig.de bzw. der Lehrstuhladresse Burgstraße 27, 04109 Leipzig, oder lembke@greenfort.de bzw. GREENFORT Rechtsanwälte, z.H. Herrn Rechtsanwalt Dr. Mark Lembke, Arndtstr. 28, 60325 Frankfurt am Main).

Leipzig/Frankfurt am Main, im Mai 2013

Prof. Dr. Burkhard Boemke   *Dr. Mark Lembke, LL.M. (Cornell)*

Inhaltsverzeichnis

Vorwort	V
Abkürzungsverzeichnis	IX
Gesetzestext	XVII

A. Kommentierung

Einleitung		1
§ 1	Erlaubnispflicht	21
§ 1a	Anzeige der Überlassung	133
§ 1b	Einschränkungen im Baugewerbe	149
§ 2	Erteilung und Erlöschen der Erlaubnis	172
§ 2a	Kosten	196
§ 3	Versagung	199
§ 3a	Lohnuntergrenze	237
§ 4	Rücknahme	302
§ 5	Widerruf	309
§ 6	Verwaltungszwang	319
§ 7	Anzeigen und Auskünfte	326
§ 8	Statistische Meldungen	346
§ 9	Unwirksamkeit	354
§ 10	Rechtsfolgen bei Unwirksamkeit, Pflichten des Arbeitgebers zur Gewährung von Arbeitsbedingungen	597
§ 11	Sonstige Vorschriften über das Leiharbeitsverhältnis	656
§ 12	Rechtsbeziehungen zwischen Verleiher und Entleiher	732
§ 13	Auskunftsanspruch des Leiharbeitnehmers	763
§ 13a	Informationspflicht des Entleihers über freie Arbeitsplätze	776
§ 13b	Zugang des Leiharbeitnehmers zu Gemeinschaftseinrichtungen oder -diensten	789
§ 14	Mitwirkungs- und Mitbestimmungsrechte	807
Vorbemerkung zu §§ 15, 15a und 16		890

§ 15   Ausländische Leiharbeitnehmer ohne Genehmigung 893
§ 15a Entleih von Ausländern ohne Genehmigung 908
§ 16   Ordnungswidrigkeiten 918
§ 17   Durchführung 946
§ 17a Befugnisse der Behörden der Zollverwaltung 957
§ 17b Meldepflicht 969
§ 17c Erstellen und Bereithalten von Dokumenten 980
§ 18   Zusammenarbeit mit anderen Behörden 988
§ 18a Ersatzzustellung an den Verleiher 1020
§ 19   Übergangsvorschrift 1026

B. Anhang

I. Gesetzestexte, Richtlinien und Verordnungen 1035

1. Arbeitnehmer-Entsendegesetz (AEntG) (Auszug) 1035
2. RICHTLINIE 96/71/EG DES EUROPÄISCHEN PARLAMENTS UND DES RATES vom 16. Dezember 1996 über die Entsendung von Arbeitnehmern im Rahmen der Erbringung von Dienstleistungen 1049
3. RICHTLINIE 2008/104/EG DES EUROPÄISCHEN PARLAMENTS UND DES RATES vom 19. November 2008 über Leiharbeit 1058
4. Erste Verordnung über eine Lohnuntergrenze in der Arbeitnehmerüberlassung 1069
5. VERORDNUNG (EG) Nr. 593/2008 DES EUROPÄISCHEN PARLAMENTS UND RATES vom 17. Juni 2008 über das auf vertragliche Schuldverhältnisse anzuwendende Recht (Rom I) (Auszug) 1071
6. Verordnung über die Kosten der Erlaubnis zur gewerbsmäßigen Arbeitnehmerüberlassung (AÜKostV) 1081

II. Internetadressen 1082

Merk- und Informationsblätter, Anweisungen und Formulare 1082

Literaturverzeichnis 1085

Sachregister 1093

Abkürzungsverzeichnis

Zeitschriften werden, soweit nicht anders angegeben, nach Jahr und Seite zitiert, Entscheidungssammlungen nach Band und/oder Jahr und Seite.

AA	Agentur(en) für Arbeit
a. A.	anderer Ansicht
abgedr.	abgedruckt
ABl. EG	Amtsblatt der Europäischen Gemeinschaften
Abs.	Absatz/Absätze
a. E.	am Ende
ÄndG	Änderungsgesetz
AEntG	Gesetz über zwingende Arbeitsbedingungen bei grenzüberschreitenden Dienstleistungen (Arbeitnehmergesetz)
AEVO	Ausbilder-Eignungsverordnung
a. F.	alte/r Fassung
AFG	Arbeitsförderungsgesetz
AFRG	Gesetz zur Reform der Arbeitsförderung (Arbeitsförderungs-Reformgesetz) vom 27.3.1997
AG	Aktiengesellschaft; Amtsgericht
AGB	Allgemeine Geschäftsbedingungen
AGBG	Gesetz zur Regelung der Allgemeinen Geschäftsbedingungen (AGB-Gesetz)
AktG	Aktiengesetz
allg.	allgemein
Alt.	Alternative
ANBA	Amtliche Nachrichten der Bundesanstalt für Arbeit
Anm.	Anmerkung
AO	Abgabenordnung
AP	Arbeitsrechtliche Praxis (Nachschlagewerk des Bundesarbeitsgerichts)
ArbG	Arbeitsgericht
ArbGG	Arbeitsgerichtsgesetz
AR-Blattei	Arbeitsrecht-Blattei
ArbNErfG	Gesetz über Arbeitnehmererfindungen
ArbPlSchG	Gesetz über den Schutz des Arbeitsplatzes bei Einberufung zum Wehrdienst (Arbeitsplatzschutzgesetz)
ArbR	Arbeitsrecht
ArbSchG	Arbeitsschutzgesetz
ArbZG	Arbeitszeitgesetz
ARGE	Arbeitsgemeinschaft
ARS	Arbeitsrecht-Sammlung, Entscheidungen des Reichsarbeitsgerichts und der Landesarbeitsgerichte (1928–1944)

IX

Abkürzungsverzeichnis und Verzeichnis der abgekürzt zitierten Literatur

Art.	Artikel
ASiG	Gesetz über Betriebsärzte, Sicherheitsingenieure und andere Fachkräfte für Arbeitssicherheit (Arbeitssicherheitsgesetz)
AsylVG	Asylverfahrensgesetz
AuA	Arbeit und Arbeitsrecht
AÜG	Gesetz zur Regelung der gewerbsmäßigen Arbeitnehmerüberlassung (Arbeitnehmerüberlassungsgesetz)
AÜKostV	Verordnung über die Kosten der Erlaubnis zur gewerbsmäßigen Arbeitnehmerüberlassung
Aufl.	Auflage
AuR	Arbeit und Recht
AuslG	Ausländergesetz
ausf.	ausführlich
AVAVG	Gesetz über Arbeitsvermittlung und Arbeitslosenversicherung
AZO	Arbeitszeitordnung
BA	Bundesagentur für Arbeit
BAG	Bundesarbeitsgericht
BaubetrVO	Baubetriebe-Verordnung
BauR	Baurecht
BayLSG	Bayerisches Landessozialgericht
BayObLG	Bayerisches Oberstes Landesgericht
BB	Betriebs-Berater
BBiG	Berufsbildungsgesetz
BDA	Bundesvereinigung der Deutschen Arbeitgeberverbände
BDSG	Gesetz zur Fortentwicklung der Datenverarbeitung und des Datenschutzes
Begr.	Begründung
Beil.	Beilage
BeschFG 1985	Gesetz über arbeitsrechtliche Vorschriften zur Beschäftigungsförderung vom 26.4.1985
BeschFG 1990	Gesetz zur Verlängerung beschäftigungsfördernder Vorschriften vom 22.12.1989
BeschFG 1994	Beschäftigungsförderungsgesetz 1994 vom 26.7.1994
BetrAVG	Gesetz zur Verbesserung der betrieblichen Altersversorgung
BetrVerf-ReformG	Betriebsverfassungsreformgesetz
BetrVG	Betriebsverfassungsgesetz
BFH	Bundesfinanzhof
BGB	Bürgerliches Gesetzbuch
BGBl.	Bundesgesetzblatt
BGH	Bundesgerichtshof

Abkürzungsverzeichnis und Verzeichnis der abgekürzt zitierten Literatur

BGHZ	Sammlung der Entscheidungen des Bundesgerichtshofs in Zivilsachen
BillBG	Gesetz zur Bekämpfung der illegalen Beschäftigung
BMA	Bundesminister(ium) für Arbeit und Sozialordnung
BMF	Bundesminister(ium) für Finanzen
BMWA	Bundesminister(ium) für Wirtschaft und Arbeit
BPersVG	Bundespersonalvertretungsgesetz
BReg	Bundesregierung
BRTV	Bundesrahmentarifvertrag
BSG	Bundessozialgericht
BSGE	Sammlung der Entscheidungen des Bundessozialgerichts
BSHG	Bundessozialhilfegesetz
Bsp.	Beispiel, Beispiele
BStatG	Gesetz über die Statistik für Bundeszwecke (Bundesstatistikgesetz)
BT-Drs.	Bundestagsdrucksache
BUrlG	Bundesurlaubsgesetz
BVerfG	Bundesverfassungsgericht
BVerfGE	Sammlung der Entscheidungen des Bundesverfassungsgerichts
BVerwG	Bundesverwaltungsgericht
BVerwGE	Sammlung der Entscheidungen des Bundesverwaltungsgerichts
BZRG	Bundeszentralregistergesetz
bzgl.	bezüglich
bzw.	beziehungsweise
DA	Dienstanweisung
DB	Der Betrieb
DBA	Doppelbesteuerungsabkommen
DEÜV	Verordnung über die Erfassung und Übermittlung von Daten für die Träger der Sozialversicherung (Datenerfassungs- und -übermittlungsverordnung)
2. DEVO	Zweite Verordnung über die Erfassung von Daten für die Träger der Sozialversicherung und für die Bundesanstalt für Arbeit (2. Datenerfassungs-Verordnung)
ders.	derselbe
d.h.	das heißt
diesbzgl.	diesbezüglich
Diss.	Dissertation
DKK	Däubler/Kittner/Klebe, Kommentar zum Betriebsverfassungsgesetz
DStR	Deutsches Steuerrecht (Zeitschrift)
DStZ	Deutsche Steuer-Zeitung

Abkürzungsverzeichnis und Verzeichnis der abgekürzt zitierten Literatur

2. DÜVO	Zweite Verordnung über die Datenermittlung auf maschinell verwertbaren Datenträgern im Bereich der Sozialversicherung und der Bundesanstalt für Arbeit (Datenübermittlungs-Verordnung)
EFTA	European Free Trade Association (Europäische Freihandelszone)
EFZG	Gesetz über die Zahlung des Arbeitsentgelts an Feiertagen und im Krankheitsfall (Entgeltfortzahlungsgesetz)
EG	Europäische Gemeinschaft(en)
EGAO	Einführungsgesetz zur Abgabenordnung
EGBGB	Einführungsgesetz zum Bürgerlichen Gesetzbuch
EGStGB	Einführungsgesetz zum Strafgesetzbuch
Einf v.	Einführung vor
Einl.	Einleitung
Einls.	Einleitungssatz
ErfK	Erfurter Kommentar zum Arbeitsrecht
EStG	Einkommensteuergesetz
etc.	et cetera (und so weiter)
EU	Europäische Union
EuGH	Europäischer Gerichtshof
EVertr.	Einigungsvertrag
EWG	Europäische Wirtschaftsgemeinschaft
EWG-VO	Verordnung der Europäischen Wirtschaftsgemeinschaft
EWR	Europäischer Wirtschaftsraum
EzAÜG	Entscheidungssammlung zum AÜG
f., ff.	folgend(e)
FS	Festschrift
G	Gesetz
GbR	Gesellschaft bürgerlichen Rechts
gem.	gemäß
GewArch	Gewerbe-Archiv
GewO	Gewerbeordnung
GG	Grundgesetz für die Bundesrepublik Deutschland
ggf.	gegebenenfalls
ggü.	gegenüber
GK-BetrVG	Gemeinschaftskommentar zum Betriebsverfassungsgesetz
GmbH	Gesellschaft mit beschränkter Haftung
GmbH & Co. KG	Gesellschaft mit beschränkter Haftung und Compagnie Kommanditgesellschaft

Abkürzungsverzeichnis und Verzeichnis der abgekürzt zitierten Literatur

GmbHG	Gesetz betreffend die Gesellschaften mit beschränkter Haftung
grds.	grundsätzlich
GS	Großer Senat
GüKG	Güterkraftverkehrsgesetz
GVG	Gerichtsverfassungsgesetz
GWB	Gesetz gegen Wettbewerbsbeschränkungen
HAG	Heimarbeitsgesetz
HAuslG	Gesetz über die Rechtsstellung heimatloser Ausländer im Bundesgebiet
HGB	Handelsgesetzbuch
h. M.	herrschende Meinung
Hs.	Halbsatz
i. d. F.	in der Fassung (vom)
i. d. R.	in der Regel
i. d. S.	in diesem Sinne
i. E.	im Ergebnis
IG	Industriegewerkschaft
insbes.	insbesondere
InsO	Insolvenzordnung
i. S. d.	im Sinne der/des
i. S. v.	im Sinne von
i. Ü.	im Übrigen
i. V. m.	in Verbindung mit
i. W.	im Wesentlichen
JArbSchG	Gesetz zum Schutz der arbeitenden Jugend (Jugendarbeitsschutzgesetz)
JuMiG	Justizmitteilungsgesetz und Gesetz zur Änderung kostenrechtlicher Vorschriften und anderer Gesetze
Kap.	Kapitel
KassHdbch	Kasseler Handbuch zum Arbeitsrecht
KG	Kammergericht (Berlin); Kommanditgesellschaft
Komm. z.	Kommentar zum
krit.	kritisch
KSchG	Kündigungsschutzgesetz
L	Literatur
LAA	Landesarbeitsamt/-ämter
LAG	Landesarbeitsgericht
LG	Landgericht
lit.	litera (Buchstabe)

XIII

Abkürzungsverzeichnis und Verzeichnis der abgekürzt zitierten Literatur

LPersVG	Landespersonalvertretungsgesetz
Ls.	Leitsatz
LSG	Landessozialgericht
LStDV	Lohnsteuer-Durchführungsverordnung
m. Anm.	mit Anmerkung
MDR	Monatsschrift für Deutsches Recht
MiStra	Anordnung über die Mitteilungen in Strafsachen
MünchArbR	Münchener Handbuch zum Arbeitsrecht
MünchKomm	Münchener Kommentar
MuSchG	Gesetz zum Schutz der erwerbstätigen Mutter (Mutterschutzgesetz)
m. w. Nachw.	mit weiteren Nachweisen
NachwG	Gesetz über den Nachweis der für ein Arbeitsverhältnis geltenden wesentlichen Bestimmungen (Nachweisgesetz)
NJW	Neue Juristische Wochenschrift
NJW-RR	NJW-Rechtsprechungs-Report Zivilrecht
Nr.	Nummer(n)
NRW	Nordrhein-Westfalen
NStZ	Neue Zeitschrift für Strafrecht
n. v.	nicht veröffentlicht
NVwZ	Neue Zeitschrift für Verwaltungsrecht
NZA	Neue Zeitschrift für Arbeitsrecht (bis 1992 neue Zeitschrift für Arbeits- und Sozialrecht)
o.	oben
o. Ä.	oder Ähnliches
OHG	offene Handelsgesellschaft
OLG	Oberlandesgericht
OWiG	Gesetz über Ordnungswidrigkeiten
OWi-Recht	Ordnungswidrigkeiten-Recht
pFV	positive Forderungsverletzung
R	Rechtsprechung
RAG	Reichsarbeitsgericht
RD	Regionaldirektion
RdA	Recht der Arbeit
RdErl.	Runderlass
RefE	Referentenentwurf
RegE	Regierungsentwurf
RG	Reichsgericht

Abkürzungsverzeichnis und Verzeichnis der abgekürzt zitierten Literatur

RGZ	Sammlung von Entscheidungen des Reichsgerichts in Zivilsachen
RiStBV	Richtlinien f. d. Strafverfahren und d. Bußgeldverfahren; Neufassung ab 1.1.1977 (bundeseinheitlich vereinbart)
RIW	Recht der Internationalen Wirtschaft (Zeitschrift; 1. 1954/55 – 3. 1957 und ab 21. 1975; früher AWD)
Rn.	Randnummer
Rs.	Rechtssache
Rspr.	Rechtsprechung
RVO	Reichsversicherungsordnung
S.	Seite
SAE	Sammlung arbeitsrechtlicher Entscheidungen
SchArbG	Gesetz zur Bekämpfung der Schwarzarbeit
SchwbG	Gesetz zur Sicherung der Eingliederung Schwerbehinderter in Arbeit, Beruf und Gesellschaft (Schwerbehindertengesetz)
SG	Sozialgericht
SGB	Sozialgesetzbuch
SGB I	SGB, 1. Buch: Allgemeiner Teil
SGB III	SGB, 3. Buch: Arbeitsförderung
SGB IV	SGB; 4. Buch: Gemeinsame Vorschriften für die Sozialversicherung
SGB V	SGB, 5. Buch: Gesetzliche Krankenversicherung
SGB VI	SGB, 6. Buch: Gesetzliche Rentenversicherung
SGB VII	SGB, 7. Buch: Gesetzliche Unfallversicherung
SGB X	SGB, 10. Buch: Verwaltungsverfahren
SGB XI	SGB, 11. Buch: Soziale Pflegeversicherung
SGG	Sozialgerichtsgesetz
SKWPG	Erstes Gesetz zur Umsetzung des Spar-, Konsolidierungs- und Wachstumsprogramms im Bereich des Arbeitsförderungsgesetzes und anderer Gesetze vom 21.12.1993
sog.	sogenannt(e/en/er/es)
SozR	Sozialrecht, Rechtsprechung und Schrifttum, bearbeitet von den Richtern des Bundessozialgerichts
StGB	Strafgesetzbuch
StPO	Strafprozessordnung
TVG	Tarifvertragsgesetz
TzBfG	Gesetz über Teilzeitarbeit und befristete Arbeitsverträge (Teilzeit- und Befristungsgesetz)
u. Ä.	und Ähnliche(s)
usw.	und so weiter

Abkürzungsverzeichnis und Verzeichnis der abgekürzt zitierten Literatur

u. U.	unter Umständen
UVV der BG	Unfallverhütungsvorschriften der Berufsgenossenschaften UZwG Gesetz über den unmittelbaren Zwang bei Ausübung öffentlicher Gewalt durch Vollzugsbeamte des Bundes vom 10.3.1961 (BGBl. I S. 165)
v. a.	vor allem
VA	Verwaltungsakt
VG	Verwaltungsgericht
vgl.	vergleiche
VO	Verordnung
Vorbem.	Vorbemerkung
VwGO	Verwaltungsgerichtsordnung
VwKostG	Verwaltungskostengesetz
VwVfG	Verwaltungsverfahrensgesetz
VwVG	Verwaltungs-Vollstreckungsgesetz
z. B.	zum Beispiel
ZfA	Zeitschrift für Arbeitsrecht
Ziff.	Ziffer
ZPO	Zivilprozessordnung
z. T.	zum Teil
zust.	zuständig; zustimmend

Hinsichtlich der nicht aufgeführten Abkürzungen wird auf Kirchner, Abkürzungsverzeichnis der Rechtssprache, 4. Aufl., 1993 verwiesen.

Arbeitnehmerüberlassungsgesetz (AÜG) Gesetzestext

§ 1 Erlaubnispflicht

(1) Arbeitgeber, die als Verleiher Dritten (Entleihern) Arbeitnehmer (Leiharbeitnehmer) im Rahmen ihrer wirtschaftlichen Tätigkeit zur Arbeitsleistung überlassen wollen, bedürfen der Erlaubnis. Die Überlassung von Arbeitnehmern an Entleiher erfolgt vorübergehend. Die Abordnung von Arbeitnehmern zu einer zur Herstellung eines Werkes gebildeten Arbeitsgemeinschaft ist keine Arbeitnehmerüberlassung, wenn der Arbeitgeber Mitglied der Arbeitsgemeinschaft ist, für alle Mitglieder der Arbeitsgemeinschaft Tarifverträge desselben Wirtschaftszweiges gelten und alle Mitglieder auf Grund des Arbeitsgemeinschaftsvertrages zur selbstständigen Erbringung von Vertragsleistungen verpflichtet sind. Für einen Arbeitgeber mit Geschäftssitz in einem anderen Mitgliedstaat des Europäischen Wirtschaftsraumes ist die Abordnung von Arbeitnehmern zu einer zur Herstellung eines Werkes gebildeten Arbeitsgemeinschaft auch dann keine Arbeitnehmerüberlassung, wenn für ihn deutsche Tarifverträge desselben Wirtschaftszweiges wie für die anderen Mitglieder der Arbeitsgemeinschaft nicht gelten, er aber die übrigen Voraussetzungen des Satzes 2 erfüllt.

(2) Werden Arbeitnehmer Dritten zur Arbeitsleistung überlassen und übernimmt der Überlassende nicht die üblichen Arbeitgeberpflichten oder das Arbeitgeberrisiko (§ 3 Abs. 1 Nr. 1 bis 3), so wird vermutet, dass der Überlassende Arbeitsvermittlung betreibt.

(3) Dieses Gesetz ist mit Ausnahme des § 1b Satz 1, des § 16 Abs. 1 Nr. 1b und Abs. 2 bis 5 sowie der §§ 17 und 18 nicht anzuwenden auf die Arbeitnehmerüberlassung

1. zwischen Arbeitgebern desselben Wirtschaftszweiges zur Vermeidung von Kurzarbeit oder Entlassungen, wenn ein für den Entleiher und Verleiher geltender Tarifvertrag dies vorsieht,
2. zwischen Konzernunternehmen im Sinne des § 18 des Aktiengesetzes, wenn der Arbeitnehmer nicht zum Zweck der Überlassung eingestellt und beschäftigt wird,
2a. zwischen Arbeitgebern, wenn die Überlassung nur gelegentlich erfolgt und der Arbeitnehmer nicht zum Zweck der Überlassung eingestellt und beschäftigt wird, oder

3. in das Ausland, wenn der Leiharbeitnehmer in ein auf der Grundlage zwischenstaatlicher Vereinbarungen begründetes deutsch-ausländisches Gemeinschaftsunternehmen verliehen wird, an dem der Verleiher beteiligt ist.

§ 1a Anzeige der Überlassung

(1) Keiner Erlaubnis bedarf ein Arbeitgeber mit weniger als 50 Beschäftigten, der zur Vermeidung von Kurzarbeit oder Entlassungen an einen Arbeitgeber einen Arbeitnehmer, der nicht zum Zweck der Überlassung eingestellt und beschäftigt wird, bis zur Dauer von zwölf Monaten überlässt, wenn er die Überlassung vorher schriftlich der Bundesagentur für Arbeit angezeigt hat.

(2) In der Anzeige sind anzugeben
1. Vor- und Familiennamen, Wohnort und Wohnung, Tag und Ort der Geburt des Leiharbeitnehmers,
2. Art der vom Leiharbeitnehmer zu leistenden Tätigkeit und etwaige Pflicht zur auswärtigen Leistung,
3. Beginn und Dauer der Überlassung,
4. Firma und Anschrift des Entleihers.

§ 1b Einschränkungen im Baugewerbe

Arbeitnehmerüberlassung nach § 1 in Betriebe des Baugewerbes für Arbeiten, die üblicherweise von Arbeitern verrichtet werden, ist unzulässig. Sie ist gestattet
a) zwischen Betrieben des Baugewerbes und anderen Betrieben, wenn diese Betriebe erfassende, für allgemeinverbindlich erklärte Tarifverträge dies bestimmen,
b) zwischen Betrieben des Baugewerbes, wenn der verleihende Betrieb nachweislich seit mindestens drei Jahren von denselben Rahmen- und Sozialkassentarifverträgen oder von deren Allgemeinverbindlichkeit erfasst wird.

Abweichend von Satz 2 ist für Betriebe des Baugewerbes mit Geschäftssitz in einem anderen Mitgliedstaat des Europäischen Wirtschaftsraumes Arbeitnehmerüberlassung auch gestattet, wenn die ausländischen Betriebe nicht von deutschen Rahmen- und Sozialkassentarifverträgen oder für allgemeinverbindlich erklärten Tarifverträgen erfasst werden, sie aber nachweislich seit mindestens drei Jahren überwiegend Tätigkeiten ausüben, die unter den Geltungsbereich derselben Rahmen- und Sozialkassentarifverträge fallen, von denen der Betrieb des Entleihers erfasst wird.

§ 2 Erteilung und Erlöschen der Erlaubnis

(1) Die Erlaubnis wird auf schriftlichen Antrag erteilt.

(2) Die Erlaubnis kann unter Bedingungen erteilt und mit Auflagen verbunden werden, um sicherzustellen, dass keine Tatsachen eintreten, die nach § 3 die Versagung der Erlaubnis rechtfertigen. Die Aufnahme, Änderung oder Ergänzung von Auflagen sind auch nach Erteilung der Erlaubnis zulässig.

(3) Die Erlaubnis kann unter dem Vorbehalt des Widerrufs erteilt werden, wenn eine abschließende Beurteilung des Antrags noch nicht möglich ist.

(4) Die Erlaubnis ist auf ein Jahr zu befristen. Der Antrag auf Verlängerung der Erlaubnis ist spätestens drei Monate vor Ablauf des Jahres zu stellen. Die Erlaubnis verlängert sich um ein weiteres Jahr, wenn die Erlaubnisbehörde die Verlängerung nicht vor Ablauf des Jahres ablehnt. Im Fall der Ablehnung gilt die Erlaubnis für die Abwicklung der nach § 1 erlaubt abgeschlossenen Verträge als fortbestehend, jedoch nicht länger als zwölf Monate.

(5) Die Erlaubnis kann unbefristet erteilt werden, wenn der Verleiher drei aufeinanderfolgende Jahre lang nach § 1 erlaubt tätig war. Sie erlischt, wenn der Verleiher von der Erlaubnis drei Jahre lang keinen Gebrauch gemacht hat.

§ 2a Kosten

(1) Für die Bearbeitung von Anträgen auf Erteilung und Verlängerung der Erlaubnis werden vom Antragsteller Kosten (Gebühren und Auslagen) erhoben.

(2) Die Vorschriften des Verwaltungskostengesetzes sind anzuwenden. Die Bundesregierung wird ermächtigt, durch Rechtsverordnung die gebührenpflichtigen Tatbestände näher zu bestimmen und dabei feste Sätze und Rahmensätze vorzusehen. Die Gebühr darf im Einzelfall 2.500 Euro nicht überschreiten.

§ 3 Versagung

(1) Die Erlaubnis oder ihre Verlängerung ist zu versagen, wenn Tatsachen die Annahme rechtfertigen, dass der Antragsteller

1. die für die Ausübung der Tätigkeit nach § 1 erforderliche Zuverlässigkeit nicht besitzt, insbesondere weil er die Vorschriften des Sozialversicherungsrechts, über die Einbehaltung und Abführung der Lohnsteuer, über die Arbeitsvermittlung, über die Anwerbung im Ausland oder über die Ausländerbeschäftigung, die Vorschriften des Arbeitsschutzrechts oder die arbeitsrechtlichen Pflichten nicht einhält;
2. nach der Gestaltung seiner Betriebsorganisation nicht in der Lage ist, die üblichen Arbeitgeberpflichten ordnungsgemäß zu erfüllen;
3. dem Leiharbeitnehmer für die Zeit der Überlassung an einen Entleiher die im Betrieb dieses Entleihers für einen vergleichbaren Arbeitnehmer des Entleihers geltenden wesentlichen Arbeitsbedingungen einschließlich des Arbeitsentgelts nicht gewährt. Ein Tarifvertrag kann abweichende Regelungen zulassen, soweit er nicht die in einer Rechtsverordnung nach § 3a Absatz 2 festgesetzten Mindeststundenentgelte unterschreitet. Im Geltungsbereich eines solchen Tarifvertrages können nicht tarifgebundene Arbeitgeber und Arbeitnehmer die Anwendung der tariflichen Regelungen vereinbaren. Eine abweichende tarifliche Regelung gilt nicht für Leiharbeitnehmer, die in den letzten sechs Monaten vor der Überlassung an den Entleiher aus einem Arbeitsverhältnis bei diesem oder einem Arbeitgeber, der mit dem Entleiher einen Konzern im Sinne des § 18 des Aktiengesetzes bildet, ausgeschieden sind.

(2) Die Erlaubnis oder ihre Verlängerung ist ferner zu versagen, wenn für die Ausübung der Tätigkeit nach § 1 Betriebe, Betriebsteile oder Nebenbetriebe vorgesehen sind, die nicht in einem Mitgliedstaat der Europäischen Wirtschaftsgemeinschaft oder einem anderen Vertragsstaat des Abkommens über den Europäischen Wirtschaftsraum liegen.

(3) Die Erlaubnis kann versagt werden, wenn der Antragsteller nicht Deutscher im Sinne des Artikels 116 des Grundgesetzes ist oder wenn eine Gesellschaft oder juristische Person den Antrag stellt, die entweder nicht nach deutschem Recht gegründet ist oder die weder ihren satzungsmäßigen Sitz noch ihre Hauptverwaltung noch ihre Hauptniederlassung im Geltungsbereich dieses Gesetzes hat.

(4) Staatsangehörige der Mitgliedstaaten der Europäischen Wirtschaftsgemeinschaft oder eines anderen Vertragsstaates des Abkommens über den Europäischen Wirtschaftsraum erhalten die Erlaubnis unter den gleichen Voraussetzungen wie deutsche Staatsangehörige. Den Staatsangehörigen dieser Staaten stehen gleich Gesellschaften und juristische Personen, die nach den Rechtsvorschriften dieser Staaten gegründet sind und ihren satzungsgemäßen Sitz, ihre Hauptverwaltung oder ihre Hauptniederlassung innerhalb dieser Staaten haben. Soweit diese Gesellschaften oder juristische Personen zwar ihren satzungsmäßigen Sitz, jedoch weder ihre Hauptverwaltung noch ihre Hauptniederlassung innerhalb dieser Staaten haben, gilt Satz 2 nur, wenn ihre Tätigkeit in tatsächlicher und dauerhafter Verbindung mit der Wirtschaft eines Mitgliedstaates oder eines Vertragsstaates des Abkommens über den Europäischen Wirtschaftsraum steht.

(5) Staatsangehörige anderer als der in Absatz 4 genannten Staaten, die sich aufgrund eines internationalen Abkommens im Geltungsbereich dieses Gesetzes niederlassen und hierbei sowie bei ihrer Geschäftstätigkeit nicht weniger günstig behandelt werden dürfen als deutsche Staatsangehörige, erhalten die Erlaubnis unter den gleichen Voraussetzungen wie deutsche Staatsangehörige. Den Staatsangehörigen nach Satz 1 stehen gleich Gesellschaften, die nach den Rechtsvorschriften des anderen Staates gegründet sind.

§ 3a Lohnuntergrenze

(1) Gewerkschaften und Vereinigungen von Arbeitgebern, die zumindest auch für ihre jeweiligen in der Arbeitnehmerüberlassung tätigen Mitglieder zuständig sind (vorschlagsberechtigte Tarifvertragsparteien) und bundesweit tarifliche Mindeststundenentgelte im Bereich der Arbeitnehmerüberlassung miteinander vereinbart haben, können dem Bundesministerium für Arbeit und Soziales gemeinsam vorschlagen, diese als Lohnuntergrenze in einer Rechtsverordnung verbindlich festzusetzen; die Mindeststundenentgelte können nach dem jeweiligen Beschäftigungsort differenzieren. Der Vorschlag muss für Verleihzeiten und verleihfreie Zeiten einheitliche Mindeststundenentgelte sowie eine Laufzeit enthalten. Der Vorschlag ist schriftlich zu begründen.

(2) Das Bundesministerium für Arbeit und Soziales kann in einer Rechtsverordnung ohne Zustimmung des Bundesrates bestimmen, dass die vorgeschlagenen tariflichen Mindeststundenentgelte nach Absatz 1 als verbindliche Lohnuntergrenze auf alle in den Geltungsbereich der

Verordnung fallenden Arbeitgeber sowie Leiharbeitnehmer Anwendung findet. Der Verordnungsgeber kann den Vorschlag nur inhaltlich unverändert in die Rechtsverordnung übernehmen.

(3) Bei der Entscheidung nach Absatz 2 findet § 5 Absatz 1 Satz 1 Nummer 2 des Tarifvertragsgesetzes entsprechend Anwendung. Der Verordnungsgeber hat bei seiner Entscheidung nach Absatz 2 im Rahmen einer Gesamtabwägung neben den Zielen dieses Gesetzes zu prüfen, ob eine Rechtsverordnung nach Absatz 2 insbesondere geeignet ist, die finanzielle Stabilität der sozialen Sicherungssysteme zu gewährleisten. Der Verordnungsgeber hat zu berücksichtigen

1. die bestehenden bundesweiten Tarifverträge in der Arbeitnehmerüberlassung und
2. die Repräsentativität der vorschlagenden Tarifvertragsparteien.

(4) Liegen mehrere Vorschläge nach Absatz 1 vor, hat der Verordnungsgeber bei seiner Entscheidung nach Absatz 2 im Rahmen der nach Absatz 3 erforderlichen Gesamtabwägung die Repräsentativität der vorschlagenden Tarifvertragsparteien besonders zu berücksichtigen. Bei der Feststellung der Repräsentativität ist vorrangig abzustellen auf

1. die Zahl der jeweils in den Geltungsbereich einer Rechtsverordnung nach Absatz 2 fallenden Arbeitnehmer, die bei Mitgliedern der vorschlagenden Arbeitgebervereinigung beschäftigt sind;
2. die Zahl der jeweils in den Geltungsbereich einer Rechtsverordnung nach Absatz 2 fallenden Mitglieder der vorschlagenden Gewerkschaften.

(5) Vor Erlass ist ein Entwurf der Rechtsverordnung im Bundesanzeiger bekannt zu machen. Das Bundesministerium für Arbeit und Soziales gibt Verleihern und Leiharbeitnehmern sowie den Gewerkschaften und Vereinigungen von Arbeitgebern, die im Geltungsbereich der Rechtsverordnung zumindest teilweise tarifzuständig sind, Gelegenheit zur schriftlichen Stellungnahme innerhalb von drei Wochen ab dem Tag der Bekanntmachung des Entwurfs der Rechtsverordnung im Bundesanzeiger. Nach Ablauf der Stellungnahmefrist wird der in § 5 Absatz 1 Satz 1 des Tarifvertragsgesetzes genannte Ausschuss mit dem Vorschlag befasst.

(6) Nach Absatz 1 vorschlagsberechtigte Tarifvertragsparteien können gemeinsam die Änderung einer nach Absatz 2 erlassenen Rechtsverordnung vorschlagen. Die Absätze 1 bis 5 finden entsprechend Anwendung.

§ 4 Rücknahme

(1) Eine rechtswidrige Erlaubnis kann mit Wirkung für die Zukunft zurückgenommen werden. § 2 Abs. 4 Satz 4 gilt entsprechend.

(2) Die Erlaubnisbehörde hat dem Verleiher auf Antrag den Vermögensnachteil auszugleichen, den dieser dadurch erleidet, dass er auf den Bestand der Erlaubnis vertraut hat, soweit sein Vertrauen unter Abwägung mit dem öffentlichen Interesse schutzwürdig ist. Auf Vertrauen kann sich der Verleiher nicht berufen, wenn er
1. die Erlaubnis durch arglistige Täuschung, Drohung oder eine strafbare Handlung erwirkt hat;
2. die Erlaubnis durch Angaben erwirkt hat, die in wesentlicher Beziehung unrichtig oder unvollständig waren, oder
3. die Rechtswidrigkeit der Erlaubnis kannte oder infolge grober Fahrlässigkeit nicht kannte.

Der Vermögensnachteil ist jedoch nicht über den Betrag des Interesses hinaus zu ersetzen, das der Verleiher an dem Bestand der Erlaubnis hat. Der auszugleichende Vermögensnachteil wird durch die Erlaubnisbehörde festgesetzt. Der Anspruch kann nur innerhalb eines Jahres geltend gemacht werden; die Frist beginnt, sobald die Erlaubnisbehörde den Verleiher auf sie hingewiesen hat.

(3) Die Rücknahme ist nur innerhalb eines Jahres seit dem Zeitpunkt zulässig, in dem die Erlaubnisbehörde von den Tatsachen Kenntnis erhalten hat, die die Rücknahme der Erlaubnis rechtfertigen.

§ 5 Widerruf

(1) Die Erlaubnis kann mit Wirkung für die Zukunft widerrufen werden, wenn
1. der Widerruf bei ihrer Erteilung nach § 2 Abs. 3 vorbehalten worden ist;
2. der Verleiher eine Auflage nach § 2 nicht innerhalb einer ihm gesetzten Frist erfüllt hat;
3. die Erlaubnisbehörde aufgrund nachträglich eingetretener Tatsachen berechtigt wäre, die Erlaubnis zu versagen, oder
4. die Erlaubnisbehörde aufgrund einer geänderten Rechtslage berechtigt wäre, die Erlaubnis zu versagen; § 4 Abs. 2 gilt entsprechend.

(2) Die Erlaubnis wird mit dem Wirksamwerden des Widerrufs unwirksam. § 2 Abs. 4 Satz 4 gilt entsprechend.

(3) Der Widerruf ist unzulässig, wenn eine Erlaubnis gleichen Inhalts erneut erteilt werden müsste.

(4) Der Widerruf ist nur innerhalb eines Jahres seit dem Zeitpunkt zulässig, in dem die Erlaubnisbehörde von den Tatsachen Kenntnis erhalten hat, die den Widerruf der Erlaubnis rechtfertigen.

§ 6 Verwaltungszwang

Werden Leiharbeitnehmer von einem Verleiher ohne die erforderliche Erlaubnis überlassen, so hat die Erlaubnisbehörde dem Verleiher dies zu untersagen und das weitere Überlassen nach den Vorschriften des Verwaltungsvollstreckungsgesetzes zu verhindern.

§ 7 Anzeigen und Auskünfte

(1) Der Verleiher hat der Erlaubnisbehörde nach Erteilung der Erlaubnis unaufgefordert die Verlegung, Schließung und Errichtung von Betrieben, Betriebsteilen oder Nebenbetrieben vorher anzuzeigen, soweit diese die Ausübung der Arbeitnehmerüberlassung zum Gegenstand haben. Wenn die Erlaubnis Personengesamtheiten, Personengesellschaften oder juristischen Personen erteilt ist und nach ihrer Erteilung eine andere Person zur Geschäftsführung oder Vertretung nach Gesetz, Satzung oder Gesellschaftsvertrag berufen wird, ist auch dies unaufgefordert anzuzeigen.

(2) Der Verleiher hat der Erlaubnisbehörde auf Verlangen die Auskünfte zu erteilen, die zur Durchführung des Gesetzes erforderlich sind. Die Auskünfte sind wahrheitsgemäß, vollständig, fristgemäß und unentgeltlich zu erteilen. Auf Verlangen der Erlaubnisbehörde hat der Verleiher die geschäftlichen Unterlagen vorzulegen, aus denen sich die Richtigkeit seiner Angaben ergibt, oder seine Angaben auf sonstige Weise glaubhaft zu machen. Der Verleiher hat seine Geschäftsunterlagen drei Jahre lang aufzubewahren.

(3) In begründeten Einzelfällen sind die von der Erlaubnisbehörde beauftragten Personen befugt, Grundstücke und Geschäftsräume des Verleihers zu betreten und dort Prüfungen vorzunehmen. Der Verleiher hat die Maßnahmen nach Satz 1 zu dulden. Das Grundrecht der Unverletzlichkeit der Wohnung (Artikel 13 des Grundgesetzes) wird insoweit eingeschränkt.

(4) Durchsuchungen können nur auf Anordnung des Richters bei dem Amtsgericht, in dessen Bezirk die Durchsuchung erfolgen soll, vorgenommen werden. Auf die Anfechtung dieser Anordnung finden die §§ 304 bis 310 der Strafprozessordnung entsprechende Anwendung. Bei Gefahr im Verzug können die von der Erlaubnisbehörde beauftragten Personen während der Geschäftszeit die erforderlichen Durchsuchungen ohne richterliche Anordnung vornehmen. An Ort und Stelle ist eine Niederschrift über die Durchsuchung und ihr wesentliches Ergebnis aufzunehmen, aus der sich, falls keine richterliche Anordnung ergangen ist, auch die Tatsachen ergeben, die zur Annahme einer Gefahr im Verzug geführt haben.

(5) Der Verleiher kann die Auskunft auf solche Fragen verweigern, deren Beantwortung ihn selbst oder einen der in § 383 Abs. 1 Nr. 1 bis 3 der Zivilprozessordnung bezeichneten Angehörigen der Gefahr strafgerichtlicher Verfolgung oder eines Verfahrens nach dem Gesetz über Ordnungswidrigkeiten aussetzen würde.

§ 8 Statistische Meldungen

(1) Der Verleiher hat der Erlaubnisbehörde halbjährlich statistische Meldungen über
1. die Zahl der überlassenen Leiharbeitnehmer getrennt nach Geschlecht, nach der Staatsangehörigkeit, nach Berufsgruppen und nach der Art der vor der Begründung des Vertragsverhältnisses zum Verleiher ausgeübten Beschäftigung,
2. die Zahl der Überlassungsfälle, gegliedert nach Wirtschaftsgruppen,
3. die Zahl der Entleiher, denen er Leiharbeitnehmer überlassen hat, gegliedert nach Wirtschaftsgruppen,
4. die Zahl und die Dauer der Arbeitsverhältnisse, die er mit jedem überlassenen Leiharbeitnehmer eingegangen ist,
5. die Zahl der Beschäftigungstage jedes überlassenen Leiharbeitnehmers, gegliedert nach Überlassungsfällen, zu erstatten. Die Erlaubnisbehörde kann die Meldepflicht nach Satz 1 einschränken.

(2) Die Meldungen sind für das erste Kalenderhalbjahr bis zum 1. September des laufenden Jahres, für das zweite Kalenderhalbjahr bis zum 1. März des folgenden Jahres zu erstatten.

(3) Die Erlaubnisbehörde gibt zur Durchführung des Absatzes 1 Erhebungsvordrucke aus. Die Meldungen sind auf diesen Vordrucken zu er-

statten. Die Richtigkeit der Angaben ist durch Unterschrift zu bestätigen.

(4) Einzelangaben nach Absatz 1 sind von der Erlaubnisbehörde geheimzuhalten. Die §§ 93, 97, 105 Abs. 1, § 111 Abs. 5 in Verbindung mit § 105 Abs. 1 sowie § 116 Abs. 1 der Abgabenordnung gelten nicht. Dies gilt nicht, soweit die Finanzbehörden die Kenntnisse für die Durchführung eines Verfahrens wegen einer Steuerstraftat sowie eines damit zusammenhängenden Besteuerungsverfahrens benötigen, an deren Verfolgung ein zwingendes öffentliches Interesse besteht, oder soweit es sich um vorsätzlich falsche Angaben des Auskunftspflichtigen oder der für ihn tätigen Personen handelt. Veröffentlichungen von Ergebnissen auf Grund von Meldungen nach Absatz 1 dürfen keine Einzelangaben enthalten. Eine Zusammenfassung von Angaben mehrerer Auskunftspflichtiger ist keine Einzelangabe im Sinne dieses Absatzes.

§ 9 Unwirksamkeit

Unwirksam sind:
1. Verträge zwischen Verleihern und Entleihern sowie zwischen Verleihern und Leiharbeitnehmern, wenn der Verleiher nicht die nach § 1 erforderliche Erlaubnis hat,
2. Vereinbarungen, die für den Leiharbeitnehmer für die Zeit der Überlassung an einen Entleiher schlechtere als die im Betrieb des Entleihers für einen vergleichbaren Arbeitnehmer des Entleihers geltenden wesentlichen Arbeitsbedingungen einschließlich des Arbeitsentgelts vorsehen; ein Tarifvertrag kann abweichende Regelungen zulassen, soweit er nicht die in einer Rechtsverordnung nach § 3a Absatz 2 festgesetzten Mindeststundenentgelte unterschreitet; im Geltungsbereich eines solchen Tarifvertrages können nicht tarifgebundene Arbeitgeber und Arbeitnehmer die Anwendung der tariflichen Regelungen vereinbaren; eine abweichende tarifliche Regelung gilt nicht für Leiharbeitnehmer, die in den letzten sechs Monaten vor der Überlassung an den Entleiher aus einem Arbeitsverhältnis bei diesem oder einem Arbeitgeber, der mit dem Entleiher einen Konzern im Sinne des § 18 des Aktiengesetzes bildet, ausgeschieden sind,
2a. Vereinbarungen, die den Zugang des Leiharbeitnehmers zu den Gemeinschaftseinrichtungen oder - diensten im Unternehmen des Entleihers entgegen § 13b beschränken,

3. Vereinbarungen, die dem Entleiher untersagen, den Leiharbeitnehmer zu einem Zeitpunkt einzustellen, in dem dessen Arbeitsverhältnis zum Verleiher nicht mehr besteht; dies schließt die Vereinbarung einer angemessenen Vergütung zwischen Verleiher und Entleiher für die nach vorangegangenem Verleih oder mittels vorangegangenem Verleih erfolgte Vermittlung nicht aus,
4. Vereinbarungen, die dem Leiharbeitnehmer untersagen, mit dem Entleiher zu einem Zeitpunkt, in dem das Arbeitsverhältnis zwischen Verleiher und Leiharbeitnehmer nicht mehr besteht, ein Arbeitsverhältnis einzugehen,
5. Vereinbarungen, nach denen der Leiharbeitnehmer eine Vermittlungsvergütung an den Verleiher zu zahlen hat.

§ 10 Rechtsfolgen bei Unwirksamkeit, Pflichten des Arbeitgebers zur Gewährung von Arbeitsbedingungen

(1) Ist der Vertrag zwischen einem Verleiher und einem Leiharbeitnehmer nach § 9 Nr. 1 unwirksam, so gilt ein Arbeitsverhältnis zwischen Entleiher und Leiharbeitnehmer zu dem zwischen dem Entleiher und dem Verleiher für den Beginn der Tätigkeit vorgesehenen Zeitpunkt als zustande gekommen; tritt die Unwirksamkeit erst nach Aufnahme der Tätigkeit beim Entleiher ein, so gilt das Arbeitsverhältnis zwischen Entleiher und Leiharbeitnehmer mit dem Eintritt der Unwirksamkeit als zustande gekommen. Das Arbeitsverhältnis nach Satz 1 gilt als befristet, wenn die Tätigkeit des Leiharbeitnehmers bei dem Entleiher nur befristet vorgesehen war und ein die Befristung des Arbeitsverhältnisses sachlich rechtfertigender Grund vorliegt. Für das Arbeitsverhältnis nach Satz 1 gilt die zwischen dem Verleiher und dem Entleiher vorgesehene Arbeitszeit als vereinbart. Im Übrigen bestimmen sich Inhalt und Dauer dieses Arbeitsverhältnisses nach den für den Betrieb des Entleihers geltenden Vorschriften und sonstigen Regelungen; sind solche nicht vorhanden, gelten diejenigen vergleichbarer Betriebe. Der Leiharbeitnehmer hat gegen den Entleiher mindestens Anspruch auf das mit dem Verleiher vereinbarte Arbeitsentgelt.

(2) Der Leiharbeitnehmer kann im Fall der Unwirksamkeit seines Vertrags mit dem Verleiher nach § 9 Nr. 1 von diesem Ersatz des Schadens verlangen, den er dadurch erleidet, dass er auf die Gültigkeit des Vertrags vertraut. Die Ersatzpflicht tritt nicht ein, wenn der Leiharbeitnehmer den Grund der Unwirksamkeit kannte.

(3) Zahlt der Verleiher das vereinbarte Arbeitsentgelt oder Teile des Arbeitsentgelts an den Leiharbeitnehmer, obwohl der Vertrag nach § 9 Nr. 1 unwirksam ist, so hat er auch sonstige Teile des Arbeitsentgelts, die bei einem wirksamen Arbeitsvertrag für den Leiharbeitnehmer an einen anderen zu zahlen wären, an den anderen zu zahlen. Hinsichtlich dieser Zahlungspflicht gilt der Verleiher neben dem Entleiher als Arbeitgeber; beide haften insoweit als Gesamtschuldner.

(4) Der Verleiher ist verpflichtet, dem Leiharbeitnehmer für die Zeit der Überlassung an den Entleiher die im Betrieb des Entleihers für einen vergleichbaren Arbeitnehmer des Entleihers geltenden wesentlichen Arbeitsbedingungen einschließlich des Arbeitsentgelts zu gewähren. Soweit ein auf das Arbeitsverhältnis anzuwendender Tarifvertrag abweichende Regelungen trifft (§ 3 Absatz 1 Nummer 3, § 9 Nummer 2), hat der Verleiher dem Leiharbeitnehmer die nach diesem Tarifvertrag geschuldeten Arbeitsbedingungen zu gewähren. Soweit ein solcher Tarifvertrag die in einer Rechtsverordnung nach § 3a Absatz 2 festgesetzten Mindeststundenentgelte unterschreitet, hat der Verleiher dem Leiharbeitnehmer für jede Arbeitsstunde das im Betrieb des Entleihers für einen vergleichbaren Arbeitnehmer des Entleihers für eine Arbeitsstunde zu zahlende Arbeitsentgelt zu gewähren. Im Falle der Unwirksamkeit der Vereinbarung zwischen Verleiher und Leiharbeitnehmer nach § 9 Nummer 2 hat der Verleiher dem Leiharbeitnehmer die im Betrieb des Entleihers für einen vergleichbaren Arbeitnehmer des Entleihers geltenden wesentlichen Arbeitsbedingungen einschließlich des Arbeitsentgelts zu gewähren.

(5) Der Verleiher ist verpflichtet, dem Leiharbeitnehmer mindestens das in einer Rechtsverordnung nach § 3a Absatz 2 für die Zeit der Überlassung und für Zeiten ohne Überlassung festgesetzte Mindeststundenentgelt zu zahlen.

§ 11 Sonstige Vorschriften über das Leiharbeitsverhältnis

(1) Der Nachweis der wesentlichen Vertragsbedingungen des Leiharbeitsverhältnisses richtet sich nach den Bestimmungen des Nachweisgesetzes. Zusätzlich zu den in § 2 Abs. 1 des Nachweisgesetzes genannten Angaben sind in die Niederschrift aufzunehmen:

1. Firma und Anschrift des Verleihers, die Erlaubnisbehörde sowie Ort und Datum der Erteilung der Erlaubnis nach § 1,
2. Art und Höhe der Leistungen für Zeiten, in denen der Leiharbeitnehmer nicht verliehen ist.

(2) Der Verleiher ist ferner verpflichtet, dem Leiharbeitnehmer bei Vertragsschluss ein Merkblatt der Erlaubnisbehörde über den wesentlichen Inhalt dieses Gesetzes auszuhändigen. Nichtdeutsche Leiharbeitnehmer erhalten das Merkblatt und den Nachweis nach Absatz 1 auf Verlangen in ihrer Muttersprache. Die Kosten des Merkblatts trägt der Verleiher.

(3) Der Verleiher hat den Leiharbeitnehmer unverzüglich über den Zeitpunkt des Wegfalls der Erlaubnis zu unterrichten. In den Fällen der Nichtverlängerung (§ 2 Abs. 4 Satz 3), der Rücknahme (§ 4) oder des Widerrufs (§ 5) hat er ihn ferner auf das voraussichtliche Ende der Abwicklung (§ 2 Abs. 4 Satz 4) und die gesetzliche Abwicklungsfrist (§ 2 Abs. 4 Satz 4 letzter Halbsatz) hinzuweisen.

(4) § 622 Abs. 5 Nr. 1 des Bürgerlichen Gesetzbuchs ist nicht auf Arbeitsverhältnisse zwischen Verleihern und Leiharbeitnehmern anzuwenden. Das Recht des Leiharbeitnehmers auf Vergütung bei Annahmeverzug des Verleihers (§ 615 Satz 1 des Bürgerlichen Gesetzbuchs) kann nicht durch Vertrag aufgehoben oder beschränkt werden; § 615 Satz 2 des Bürgerlichen Gesetzbuchs bleibt unberührt. Das Recht des Leiharbeitnehmers auf Vergütung kann durch Vereinbarung von Kurzarbeit für die Zeit aufgehoben werden, für die dem Leiharbeitnehmer Kurzarbeitergeld nach dem Dritten Buch Sozialgesetzbuch gezahlt wird; eine solche Vereinbarung kann das Recht des Leiharbeitnehmers auf Vergütung bis längstens zum 31. Dezember 2011 ausschließen.

(5) Der Leiharbeitnehmer ist nicht verpflichtet, bei einem Entleiher tätig zu sein, soweit dieser durch einen Arbeitskampf unmittelbar betroffen ist. In den Fällen eines Arbeitskampfs nach Satz 1 hat der Verleiher den Leiharbeitnehmer auf das Recht, die Arbeitsleistung zu verweigern, hinzuweisen.

(6) Die Tätigkeit des Leiharbeitnehmers bei dem Entleiher unterliegt den für den Betrieb des Entleihers geltenden öffentlich-rechtlichen Vorschriften des Arbeitsschutzrechts; die hieraus sich ergebenden Pflichten für den Arbeitgeber obliegen dem Entleiher unbeschadet der Pflichten des Verleihers. Insbesondere hat der Entleiher den Leiharbeitnehmer vor Beginn der Beschäftigung und bei Veränderungen in seinem Arbeitsbereich über Gefahren für Sicherheit und Gesundheit, denen er bei der Arbeit ausgesetzt sein kann, sowie über die Maßnahmen und Einrichtungen zur Abwendung dieser Gefahren zu unterrichten. Der Entleiher hat den Leiharbeitnehmer zusätzlich über die Notwendigkeit besonderer Qualifikationen oder beruflicher Fähigkeiten oder einer be-

sondern ärztlichen Überwachung sowie über erhöhte besondere Gefahren des Arbeitsplatzes zu unterrichten.

(7) Hat der Leiharbeitnehmer während der Dauer der Tätigkeit bei dem Entleiher eine Erfindung oder einen technischen Verbesserungsvorschlag gemacht, so gilt der Entleiher als Arbeitgeber im Sinne des Gesetzes über Arbeitnehmererfindungen.

§ 12 Rechtsbeziehungen zwischen Verleiher und Entleiher

(1) Der Vertrag zwischen dem Verleiher und dem Entleiher bedarf der Schriftform. In der Urkunde hat der Verleiher zu erklären, ob er die Erlaubnis nach § 1 besitzt. Der Entleiher hat in der Urkunde anzugeben, welche besonderen Merkmale die für den Leiharbeitnehmer vorgesehene Tätigkeit hat und welche berufliche Qualifikation dafür erforderlich ist sowie welche im Betrieb des Entleihers für einen vergleichbaren Arbeitnehmer des Entleihers wesentlichen Arbeitsbedingungen einschließlich des Arbeitsentgelts gelten; Letzteres gilt nicht, soweit die Voraussetzungen der in § 3 Abs. 1 Nr. 3 und § 9 Nr. 2 genannten Ausnahme vorliegen.

(2) Der Verleiher hat den Entleiher unverzüglich über den Zeitpunkt des Wegfalls der Erlaubnis zu unterrichten. In den Fällen der Nichtverlängerung (§ 2 Abs. 4 Satz 3), der Rücknahme (§ 4) oder des Widerrufs (§ 5) hat er ihn ferner auf das voraussichtliche Ende der Abwicklung (§ 2 Abs. 4 Satz 4) und die gesetzliche Abwicklungsfrist (§ 2 Abs. 4 Satz 4 letzter Halbsatz) hinzuweisen.

(3) (weggefallen)

§ 13 Auskunftsanspruch des Leiharbeitnehmers

Der Leiharbeitnehmer kann im Falle der Überlassung von seinem Entleiher Auskunft über die im Betrieb des Entleihers für einen vergleichbaren Arbeitnehmer des Entleihers geltenden wesentlichen Arbeitsbedingungen einschließlich des Arbeitsentgelts verlangen; dies gilt nicht, soweit die Voraussetzungen der in § 3 Abs. 1 Nr. 3 und § 9 Nr. 2 genannten Ausnahme vorliegen.

§ 13a Informationspflicht des Entleihers über freie Arbeitsplätze

Der Entleiher hat den Leiharbeitnehmer über Arbeitsplätze des Entleihers, die besetzt werden sollen, zu informieren. Die Information kann durch allgemeine Bekanntgabe an geeigneter, dem Leiharbeitnehmer zugänglicher Stelle im Betrieb und Unternehmen des Entleihers erfolgen.

§ 13b Zugang des Leiharbeitnehmers zu Gemeinschaftseinrichtungen oder -diensten

Der Entleiher hat dem Leiharbeitnehmer Zugang zu den Gemeinschaftseinrichtungen oder -diensten im Unternehmen unter den gleichen Bedingungen zu gewähren wie vergleichbaren Arbeitnehmern in dem Betrieb, in dem der Leiharbeitnehmer seine Arbeitsleistung erbringt, es sei denn, eine unterschiedliche Behandlung ist aus sachlichen Gründen gerechtfertigt. Gemeinschaftseinrichtungen oder -dienste im Sinne des Satzes 1 sind insbesondere Kinderbetreuungseinrichtungen, Gemeinschaftsverpflegung und Beförderungsmittel.

§ 14 Mitwirkungs- und Mitbestimmungsrechte

(1) Leiharbeitnehmer bleiben auch während der Zeit ihrer Arbeitsleistung bei einem Entleiher Angehörige des entsendenden Betriebs des Verleihers.

(2) Leiharbeitnehmer sind bei der Wahl der Arbeitnehmervertreter in den Aufsichtsrat im Entleiherunternehmen und bei der Wahl der betriebsverfassungsrechtlichen Arbeitnehmervertretungen im Entleiherbetrieb nicht wählbar. Sie sind berechtigt, die Sprechstunden dieser Arbeitnehmervertretungen aufzusuchen und an den Betriebs- und Jugendversammlungen im Entleiherbetrieb teilzunehmen. Die §§ 81, 82 Abs. 1 und die §§ 84 bis 86 des Betriebsverfassungsgesetzes gelten im Entleiherbetrieb auch in Bezug auf die dort tätigen Leiharbeitnehmer.

(3) Vor der Übernahme eines Leiharbeitnehmers zur Arbeitsleistung ist der Betriebsrat des Entleiherbetriebs nach § 99 des Betriebsverfassungsgesetzes zu beteiligen. Dabei hat der Entleiher dem Betriebsrat auch die schriftliche Erklärung des Verleihers nach § 12 Abs. 1 Satz 2 vorzulegen. Er ist ferner verpflichtet, Mitteilungen des Verleihers nach § 12 Abs. 2 unverzüglich dem Betriebsrat bekanntzugeben.

(4) Die Absätze 1 und 2 Satz 1 und 2 sowie Absatz 3 gelten für die Anwendung des Bundespersonalvertretungsgesetzes sinngemäß.

§ 15 Ausländische Leiharbeitnehmer ohne Genehmigung

(1) Wer als Verleiher einen Ausländer, der einen erforderlichen Aufenthaltstitel nach § 4 Abs. 3 des Aufenthaltsgesetzes, eine Aufenthaltsge-

stattung oder eine Duldung, die zur Ausübung der Beschäftigung berechtigen, oder eine Genehmigung nach § 284 Abs. 1 des Dritten Buches Sozialgesetzbuch nicht besitzt, entgegen § 1 einem Dritten ohne Erlaubnis überlässt, wird mit Freiheitsstrafe bis zu drei Jahren oder mit Geldstrafe bestraft.

(2) In besonders schweren Fällen ist die Strafe Freiheitsstrafe von sechs Monaten bis zu fünf Jahren. Ein besonders schwerer Fall liegt in der Regel vor, wenn der Täter gewerbsmäßig oder aus grobem Eigennutz handelt.

§ 15a Entleih von Ausländern ohne Genehmigung

(1) Wer als Entleiher einen ihm überlassenen Ausländer, der einen erforderlichen Aufenthaltstitel nach § 4 Abs. 3 des Aufenthaltsgesetzes, eine Aufenthaltsgestattung oder eine Duldung, die zur Ausübung der Beschäftigung berechtigen, oder eine Genehmigung nach § 284 Abs. 1 des Dritten Buches Sozialgesetzbuch nicht besitzt, zu Arbeitsbedingungen des Leiharbeitsverhältnisses tätig werden lässt, die in einem auffälligen Missverhältnis zu den Arbeitsbedingungen deutscher Leiharbeitnehmer stehen, die die gleiche oder eine vergleichbare Tätigkeit ausüben, wird mit Freiheitsstrafe bis zu drei Jahren oder mit Geldstrafe bestraft. In besonders schweren Fällen ist die Strafe Freiheitsstrafe von sechs Monaten bis zu fünf Jahren; ein besonders schwerer Fall liegt in der Regel vor, wenn der Täter gewerbsmäßig oder aus grobem Eigennutz handelt.

(2) Wer als Entleiher
1. gleichzeitig mehr als fünf Ausländer, die einen erforderlichen Aufenthaltstitel nach § 4 Abs. 3 des Aufenthaltsgesetzes, eine Aufenthaltsgestattung oder eine Duldung, die zur Ausübung der Beschäftigung berechtigen, oder eine Genehmigung nach § 284 Abs. 1 des Dritten Buches Sozialgesetzbuch nicht besitzen, tätig werden lässt oder
2. eine in § 16 Abs. 1 Nr. 2 bezeichnete vorsätzliche Zuwiderhandlung beharrlich wiederholt, wird mit Freiheitsstrafe bis zu einem Jahr oder mit Geldstrafe bestraft. Handelt der Täter aus grobem Eigennutz, ist die Strafe Freiheitsstrafe bis zu drei Jahren oder Geldstrafe.

§ 16 Ordnungswidrigkeiten

(1) Ordnungswidrig handelt, wer vorsätzlich oder fahrlässig

1. entgegen § 1 einen Leiharbeitnehmer einem Dritten ohne Erlaubnis überlässt,
1a. einen ihm von einem Verleiher ohne Erlaubnis überlassenen Leiharbeitnehmer tätig werden lässt,
1b. entgegen § 1b Satz 1 Arbeitnehmer überlässt oder tätig werden lässt,
2. einen ihm überlassenen ausländischen Leiharbeitnehmer, der einen erforderlichen Aufenthaltstitel nach § 4 Abs. 3 des Aufenthaltsgesetzes, eine Aufenthaltsgestattung oder eine Duldung, die zur Ausübung der Beschäftigung berechtigen, oder eine Genehmigung nach § 284 Abs. 1 des Dritten Buches Sozialgesetzbuch nicht besitzt, tätig werden lässt,
2a. eine Anzeige nach § 1a nicht richtig, nicht vollständig oder nicht rechtzeitig erstattet,
3. einer Auflage nach § 2 Abs. 2 nicht, nicht vollständig oder nicht rechtzeitig nachkommt,
4. eine Anzeige nach § 7 Abs. 1 nicht, nicht richtig, nicht vollständig oder nicht rechtzeitig erstattet,
5. eine Auskunft nach § 7 Abs. 2 Satz 1 nicht, nicht richtig, nicht vollständig oder nicht rechtzeitig erteilt,
6. seiner Aufbewahrungspflicht nach § 7 Abs. 2 Satz 4 nicht nachkommt,
6a. entgegen § 7 Abs. 3 Satz 2 eine dort genannte Maßnahme nicht duldet,
7. eine statistische Meldung nach § 8 Abs. 1 nicht, nicht richtig, nicht vollständig oder nicht rechtzeitig erteilt,
7a. entgegen § 10 Absatz 4 eine Arbeitsbedingung nicht gewährt,
7b. entgegen § 10 Absatz 5 in Verbindung mit einer Rechtsverordnung nach § 3a Absatz 2 Satz 1 das dort genannte Mindeststundenentgelt nicht zahlt,
8. einer Pflicht nach § 11 Abs. 1 oder Abs. 2 nicht nachkommt,
9. entgegen § 13a Satz 1 den Leiharbeitnehmer nicht, nicht richtig oder nicht vollständig informiert,
10. entgegen § 13b Satz 1 Zugang nicht gewährt,

11. entgegen § 17a in Verbindung mit § 5 Absatz 1 Satz 1 des Schwarzarbeitsbekämpfungsgesetzes eine Prüfung nicht duldet oder bei dieser Prüfung nicht mitwirkt,
12. entgegen § 17a in Verbindung mit § 5 Absatz 1 Satz 2 des Schwarzarbeitsbekämpfungsgesetzes das Betreten eines Grundstücks oder Geschäftsraums nicht duldet,
13. entgegen § 17a in Verbindung mit § 5 Absatz 3 Satz 1 des Schwarzarbeitsbekämpfungsgesetzes Daten nicht, nicht richtig, nicht vollständig, nicht in der vorgeschriebenen Weise oder nicht rechtzeitig übermittelt,
14. entgegen § 17b Absatz 1 Satz 1 eine Anmeldung nicht, nicht richtig, nicht vollständig, nicht in der vorgeschriebenen Weise oder nicht rechtzeitig zuleitet,
15. entgegen § 17b Absatz 1 Satz 2 eine Änderungsmeldung nicht, nicht richtig, nicht vollständig, nicht in der vorgeschriebenen Weise oder nicht rechtzeitig macht,
16. entgegen § 17b Absatz 2 eine Versicherung nicht beifügt,
17. entgegen § 17c Absatz 1 eine Aufzeichnung nicht, nicht richtig oder nicht vollständig erstellt oder nicht mindestens zwei Jahre aufbewahrt oder 18. entgegen § 17c Absatz 2 eine Unterlage nicht, nicht richtig, nicht vollständig oder nicht in der vorgeschriebenen Weise bereithält.

(2) Die Ordnungswidrigkeit nach Absatz 1 Nummer 1 bis 1b, 6 und 11 bis 18 kann mit einer Geldbuße bis zu dreißigtausend Euro, die Ordnungswidrigkeit nach Absatz 1 Nummer 2, 7a und 7b mit einer Geldbuße bis zu fünfhunderttausend Euro, die Ordnungswidrigkeit nach Absatz 1 Nummer 2a, 3, 9 und 10 mit einer Geldbuße bis zu zweitausendfünfhundert Euro, die Ordnungswidrigkeit nach Absatz 1 Nummer 4, 5, 6a, 7 und 8 mit einer Geldbuße bis zu tausend Euro geahndet werden.

(3) Verwaltungsbehörden im Sinne des § 36 Abs. 1 Nr. 1 des Gesetzes über Ordnungswidrigkeiten sind für die Ordnungswidrigkeiten nach Absatz 1 Nummer 1 bis 2a, 7b sowie 11 bis 18 die Behörden der Zollverwaltung, für die Ordnungswidrigkeiten nach Absatz 1 Nummer 3 bis 7a sowie 8 bis 10 die Bundesagentur für Arbeit.

(4) §§ 66 des Zehnten Buches Sozialgesetzbuch gilt entsprechend.

(5) Die Geldbußen fließen in die Kasse der zuständigen Verwaltungsbehörde. Sie trägt abweichend von § 105 Abs. 2 des Gesetzes über Ord-

nungswidrigkeiten die notwendigen Auslagen und ist auch ersatzpflichtig im Sinne des § 110 Abs. 4 des Gesetzes über Ordnungswidrigkeiten.

§ 17 Durchführung

(1) Die Bundesagentur für Arbeit führt dieses Gesetz nach fachlichen Weisungen des Bundesministeriums für Arbeit und Soziales durch. Verwaltungskosten werden nicht erstattet.

(2) Die Prüfung der Arbeitsbedingungen nach § 10 Absatz 5 obliegt zudem den Behörden der Zollverwaltung nach Maßgabe der §§ 17a bis 18a.

§ 17a Befugnisse der Behörden der Zollverwaltung

Die §§ 2, 3 bis 6 und 14 bis 20, 22, 23 des Schwarzarbeitsbekämpfungsgesetzes sind entsprechend anzuwenden mit der Maßgabe, dass die dort genannten Behörden auch Einsicht in Arbeitsverträge, Niederschriften nach § 2 des Nachweisgesetzes und andere Geschäftsunterlagen nehmen können, die mittelbar oder unmittelbar Auskunft über die Einhaltung der Arbeitsbedingungen nach § 10 Absatz 5 geben.

§ 17b Meldepflicht

(1) Überlässt ein Verleiher mit Sitz im Ausland einen Leiharbeitnehmer zur Arbeitsleistung einem Entleiher, hat der Entleiher, sofern eine Rechtsverordnung nach § 3a auf das Arbeitsverhältnis Anwendung findet, vor Beginn jeder Überlassung der zuständigen Behörde der Zollverwaltung eine schriftliche Anmeldung in deutscher Sprache mit folgenden Angaben zuzuleiten:

1. Familienname, Vornamen und Geburtsdatum des überlassenen Leiharbeitnehmers,
2. Beginn und Dauer der Überlassung,
3. Ort der Beschäftigung,
4. Ort im Inland, an dem die nach § 17c erforderlichen Unterlagen bereitgehalten werden,
5. Familienname, Vornamen und Anschrift in Deutschland eines oder einer Zustellungsbevollmächtigten des Verleihers,
6. Branche, in die die Leiharbeitnehmer überlassen werden sollen, und

Gesetzestext

7. Familienname, Vornamen oder Firma sowie Anschrift des Verleihers. Änderungen bezüglich dieser Angaben hat der Entleiher unverzüglich zu melden.

(2) Der Entleiher hat der Anmeldung eine Versicherung des Verleihers beizufügen, dass dieser seine

Verpflichtungen nach § 10 Absatz 5 einhält.

(3) Das Bundesministerium der Finanzen kann durch Rechtsverordnung im Einvernehmen mit dem

Bundesministerium für Arbeit und Soziales ohne Zustimmung des Bundesrates bestimmen,

1. dass, auf welche Weise und unter welchen technischen und organisatorischen Voraussetzungen eine Anmeldung, Änderungsmeldung und Versicherung abweichend von den Absätzen 1 und 2 elektronisch übermittelt werden kann,
2. unter welchen Voraussetzungen eine Änderungsmeldung ausnahmsweise entfallen kann und
3. wie das Meldeverfahren vereinfacht oder abgewandelt werden kann.

(4) Das Bundesministerium der Finanzen kann durch Rechtsverordnung ohne Zustimmung des Bundesrates die zuständige Behörde nach Absatz 1 Satz 1 bestimmen.

§ 17c Erstellen und Bereithalten von Dokumenten

(1) Sofern eine Rechtsverordnung nach § 3a auf ein Arbeitsverhältnis Anwendung findet, ist der Entleiher verpflichtet, Beginn, Ende und Dauer der täglichen Arbeitszeit des Leiharbeitnehmers aufzuzeichnen und diese Aufzeichnungen mindestens zwei Jahre aufzubewahren.

(2) Jeder Verleiher ist verpflichtet, die für die Kontrolle der Einhaltung einer Rechtsverordnung nach § 3a erforderlichen Unterlagen im Inland für die gesamte Dauer der tatsächlichen Beschäftigung des Leiharbeitnehmers im Geltungsbereich dieses Gesetzes, insgesamt jedoch nicht länger als zwei Jahre, in deutscher Sprache bereitzuhalten. Auf Verlangen der Prüfbehörde sind die Unterlagen auch am Ort der Beschäftigung bereitzuhalten.

§ 18 Zusammenarbeit mit anderen Behörden

(1) Zur Verfolgung und Ahndung der Ordnungswidrigkeiten nach § 16 arbeiten die Bundesagentur für Arbeit und die Behörden der Zollverwaltung insbesondere mit folgenden Behörden zusammen:
1. den Trägern der Krankenversicherung als Einzugsstellen für die Sozialversicherungsbeiträge,
2. den in § 71 des Aufenthaltsgesetzes genannten Behörden,
3. den Finanzbehörden,
4. den nach Landesrecht für die Verfolgung und Ahndung von Ordnungswidrigkeiten nach dem Schwarzarbeitsbekämpfungsgesetz zuständigen Behörden,
5. den Trägern der Unfallversicherung,
6. den für den Arbeitsschutz zuständigen Landesbehörden,
7. den Rentenversicherungsträgern,
8. den Trägern der Sozialhilfe.

(2) Ergeben sich für die Bundesagentur für Arbeit oder die Behörden der Zollverwaltung bei der Durchführung dieses Gesetzes im Einzelfall konkrete Anhaltspunkte für
1. Verstöße gegen das Schwarzarbeitsbekämpfungsgesetz,
2. eine Beschäftigung oder Tätigkeit von Ausländern ohne erforderlichen Aufenthaltstitel nach § 4 Abs. 3 des Aufenthaltsgesetzes, eine Aufenthaltsgestattung oder eine Duldung, die zur Ausübung der Beschäftigung berechtigen, oder eine Genehmigung nach § 284 Abs. 1 des Dritten Buches Sozialgesetzbuch,
3. Verstöße gegen die Mitwirkungspflicht nach § 60 Abs. 1 Satz 1 Nr. 2 des Ersten Buches Sozialgesetzbuch gegenüber einer Dienststelle der Bundesagentur für Arbeit, einem Träger der gesetzlichen Kranken-, Pflege-, Unfall- oder Rentenversicherung oder einem Träger der Sozialhilfe oder gegen die Meldepflicht nach § 8a des Asylbewerberleistungsgesetzes,
4. Verstöße gegen die Vorschriften des Vierten und Siebten Buches Sozialgesetzbuch über die Verpflichtung zur Zahlung von Sozialversicherungsbeiträgen, soweit sie im Zusammenhang mit den in den Nummern 1 bis 3 genannten Verstößen sowie mit Arbeitnehmerüberlassung entgegen § 1 stehen,
5. Verstöße gegen die Steuergesetze,
6. Verstöße gegen das Aufenthaltsgesetz,

unterrichten sie die für die Verfolgung und Ahndung zuständigen Behörden, die Träger der Sozialhilfe sowie die Behörden nach § 71 des Aufenthaltsgesetzes.

(3) In Strafsachen, die Straftaten nach den §§ 15 und 15a zum Gegenstand haben, sind der Bundesagentur für Arbeit und den Behörden der Zollverwaltung zur Verfolgung von Ordnungswidrigkeiten
1. bei Einleitung des Strafverfahrens die Personendaten des Beschuldigten, der Straftatbestand, die Tatzeit und der Tatort,
2. im Falle der Erhebung der öffentlichen Klage die das Verfahren abschließende Entscheidung mit Begründung

zu übermitteln. Ist mit der in Nummer 2 genannten Entscheidung ein Rechtsmittel verworfen worden oder wird darin auf die angefochtene Entscheidung Bezug genommen, so ist auch die angefochtene Entscheidung zu übermitteln. Die Übermittlung veranlasst die Strafvollstreckungs- oder die Strafverfolgungsbehörde. Eine Verwendung
1. der Daten der Arbeitnehmer für Maßnahmen zu ihren Gunsten,
2. der Daten des Arbeitgebers zur Besetzung seiner offenen Arbeitsplätze, die im Zusammenhang mit dem Strafverfahren bekanntgeworden sind,
3. der in den Nummern 1 und 2 genannten Daten für Entscheidungen über die Einstellung oder Rückforderung von Leistungen der Bundesagentur für Arbeit

ist zulässig.

(4) Gerichte, Strafverfolgungs- oder Strafvollstreckungsbehörden sollen den Behörden der Zollverwaltung Erkenntnisse aus sonstigen Verfahren, die aus ihrer Sicht zur Verfolgung von Ordnungswidrigkeiten nach § 16 Abs. 1 Nr. 1 bis 2 erforderlich sind, übermitteln, soweit nicht für die übermittelnde Stelle erkennbar ist, dass schutzwürdige Interessen des Betroffenen oder anderer Verfahrensbeteiligter an dem Ausschluss der Übermittlung überwiegen. Dabei ist zu berücksichtigen, wie gesichert die zu übermittelnden Erkenntnisse sind.

(5) Die Behörden der Zollverwaltung unterrichten die zuständigen Finanzämter über den Inhalt von Meldungen nach § 17b.

(6) Die Behörden der Zollverwaltung und die übrigen in § 2 des Schwarzarbeitsbekämpfungsgesetzes genannten Behörden dürfen nach Maßgabe der jeweils einschlägigen datenschutzrechtlichen Bestimmungen auch mit Behörden anderer Vertragsstaaten des Abkommens über

den Europäischen Wirtschaftsraum zusammenarbeiten, die dem § 17 Absatz 2 entsprechende Aufgaben durchführen oder für die Bekämpfung illegaler Beschäftigung zuständig sind oder Auskünfte geben können, ob ein Arbeitgeber seine Verpflichtungen nach § 10 Absatz 5 erfüllt. Die Regelungen über die internationale Rechtshilfe in Strafsachen bleiben hiervon unberührt.

§ 18a Ersatzzustellung an den Verleiher

Für die Ersatzzustellung an den Verleiher auf Grund von Maßnahmen nach diesem Gesetz gilt der im Inland gelegene Ort der konkreten Beschäftigung des Leiharbeitnehmers sowie das vom Verleiher eingesetzte Fahrzeug als Geschäftsraum im Sinne des § 5 Absatz 2 Satz 2 Nummer 1 des Verwaltungszustellungsgesetzes in Verbindung mit § 178 Absatz 1 Nummer 2 der Zivilprozessordnung.

§ 19 Übergangsvorschrift

§ 3 Absatz 1 Nummer 3 Satz 4 und § 9 Nummer 2 letzter Halbsatz finden keine Anwendung auf Leiharbeitsverhältnisse, die vor dem 15. Dezember 2010 begründet worden sind.

§ 20

(weggefallen)

A. Kommentierung

Einleitung

Literatur: *Boemke*, Die EG-Leiharbeitsrichtlinie und ihre Einflüsse auf das deutsche Recht, RIW 2009, 177 ff.; *ders.*, EU-Osterweiterung und grenzüberschreitende Arbeitnehmerüberlassung, BB 2005, 266 ff.; *Däubler*, Das neue Internationale Arbeitsrecht, RIW 1987, 249 ff.; *Franzen*, Internationales Arbeitsrecht, AR-Blattei SD 920; *Goydke*, Lohnsteuerhaftung des Entleihers bei Arbeitnehmerüberlassung nach dem Steuerbereinigungsgesetz 1986, DStZ 1986, 68 ff.; *Kienle/Koch*, Grenzüberschreitende Arbeitnehmerüberlassung – Probleme und Folgen, DB 2001, 922 ff.; *Krause*, Arbeitsvertrag – Arbeitsverhältnis II B, Inhalt des Arbeitsverhältnisses, AR-Blattei SD 220.2.2; *Krawitz/Hick*, Grenzüberschreitende gewerbliche Arbeitnehmerüberlassungen im Abkommensfall nach der neueren BFH-Rechtsprechung, RIW 2003, 900 ff.; *Lorenz*, Die Rechtswahlfreiheit im internationalen Schuldvertragsrecht, RIW 1987, 569; *ders.*, Das objektive Arbeitsstatut nach dem Gesetz zur Neuregelung des Internationalen Privatrechts, RdA 1989, 220 ff.; *Nowak/Reiter*, Grenzüberschreitende Arbeitnehmerüberlassung und Sozialversicherungspflicht im EWR, ZESAR 2005, 53 ff.; *Schnorr*, Aspekte des internationalen Privatrechts der gewerbsmäßigen Arbeitnehmerüberlassung (Zeitarbeit), ZfA 1975, 143 ff.

Übersicht

	Rn.		Rn.
I. Überblick	1	3. Internationales Privatrecht	16
1. Sinn und Zweck des AÜG	1	a) Leiharbeitsverhältnis	17
2. Regelungsgegenstand	2	b) Arbeitnehmerüberlassungsverhältnis	23
3. Ergänzende Regelungen	3	c) Rechtsverhältnis zwischen Entleiher und Leiharbeitnehmer	25
II. Entstehungsgeschichte	6	4. Internationales Sozialversicherungs- und Steuerrecht	27
III. Geltungsbereich	8	a) Internationales Sozialversicherungsrecht	27
1. Räumlicher Geltungsbereich	8	b) Internationales Steuerrecht	30
2. Gegenständlicher Geltungsbereich	9		
IV. Grenzüberschreitende Arbeitnehmerüberlassung	12		
1. Problemstellung	12		
2. Gewerberechtliche Zulässigkeit	13		

A. Kommentierung

I. Überblick

1. Sinn und Zweck des AÜG

1 Das AÜG verfolgt in erster Linie das Ziel, für die erlaubnispflichtige Arbeitnehmerüberlassung rechtliche Rahmenbedingungen zu schaffen, die den Anforderungen eines sozialen Rechtsstaats genügen.[1] Dabei geht es zum einen darum, die **Voraussetzungen der legalen erlaubnispflichtigen Arbeitnehmerüberlassung** zu regeln und dabei zugleich den Gefahren entgegenzuwirken, die daraus resultieren, dass der Leiharbeitnehmer seine Arbeitsleistung nicht bei dem Verleiher als Partner des Arbeitsvertrags, sondern dem Entleiher als Drittem erbringen muss. Zum anderen zielt das AÜG auf die **Bekämpfung illegaler Arbeitnehmerüberlassung** ab, indem einerseits straf- und ordnungswidrigkeitsrechtliche Sanktionen (§§ 15, 15a, 16), andererseits arbeits- und sozialversicherungsrechtliche Konsequenzen an die unerlaubte Arbeitnehmerüberlassung knüpfen, insbesondere kraft Gesetzes ein Arbeitsverhältnis zwischen Leiharbeitnehmer und „Entleiher" begründet wird, wenn der Verleiher nicht im Besitz der Erlaubnis nach § 1 Abs. 1 ist (§ 10 Abs. 1).

2. Regelungsgegenstand

2 Das AÜG bildet **keine umfassende Kodifikation** des Rechts der Arbeitnehmerüberlassung. Zum einen bezieht sich das AÜG **unmittelbar nur** auf die **erlaubnispflichtige**, also im Rahmen einer wirtschaftlichen Tätigkeit erfolgende **Arbeitnehmerüberlassung** (siehe unten Rn. 9f.), während andere Konstellationen der Arbeitnehmerüberlassung nicht geregelt sind (Ausnahme: § 1 Abs. 2, dazu § 1 Rn. 120ff.). Zum anderen werden nicht sämtliche rechtlichen Aspekte der Arbeitnehmerüberlassung abschließend normiert. Vielmehr enthält das AÜG nur solche Bestimmungen, die das Recht der Arbeitnehmerüberlassung abweichend von den allgemeinen Vorschriften, insbesondere des Gewerbe- und Arbeitsrechts, regeln. Insoweit trifft das AÜG Regelungen über die gewerberechtliche Zulässigkeit der (erlaubnispflichtigen) Arbeitnehmerüberlassung (§§ 1–8), die Rechtsfolgen unerlaubter Arbeitnehmerüberlassung (§§ 9, 10), den arbeitsrechtlichen Schutz des Leiharbeitnehmers (§§ 11, 13, 13a, 13b, 14), für den Arbeitnehmerüberlassungsvertrag (§ 12), über das Straf- und Ordnungswidrigkeitenrecht

---
[1] Betreffend noch die gewerbsmäßige Arbeitnehmerüberlassung: BT-Drs. VI/2303, S. 9f.

(§§ 15–16) sowie die Durchführung des AÜG durch die BA und die Zusammenarbeit mit anderen Behörden (§§ 17 ff.).

3. Ergänzende Regelungen

Auch außerhalb des AÜG finden sich besondere gesetzliche Vorschriften über die erlaubnispflichtige Arbeitnehmerüberlassung. Hinzuweisen ist in diesem Zusammenhang auf § 28e Abs. 2 SGB IV betreffend die **Haftung des Entleihers für Sozialversicherungsbeiträge** bei Beschäftigung eines Leiharbeitnehmers sowie § 42d Abs. 6 EStG betreffend die **Haftung des Entleihers für Lohnsteuern** des Leiharbeitnehmers. 3

Soweit das AÜG oder sonstige Vorschriften **keine Sonderregelungen** für die Arbeitnehmerüberlassung treffen, muss **ergänzend** auf **die allgemeinen Vorschriften** zurückgegriffen werden. Daher beurteilt sich mangels abweichender Regelung die Rechtsbeziehung zwischen Verleiher und Leiharbeitnehmer (dazu § 11 Rn. 4 ff.) sowie zwischen Entleiher und Leiharbeitnehmer (dazu § 11 Rn. 140 ff.) nach allgemeinem Arbeitsrecht, die Rechtsbeziehung zwischen Verleiher und Entleiher (dazu § 12 Rn. 15 ff., insbes. 35 ff.) nach allgemeinem Zivilrecht. 4

Wegen des Einflusses europarechtlicher Bestimmungen auf die rechtliche Regelung der Arbeitnehmerüberlassung siehe die Erläuterungen zu den einzelnen Bestimmungen;[2] zum AEntG siehe unten Rn. 20. 5

II. Entstehungsgeschichte

Bis zur grundlegenden Entscheidung des BVerfG vom 4.4.1967[3] wurde nur die **echte Leiharbeit** als **zulässig** angesehen. Demgegenüber sollte die **unechte Leiharbeit**, bei welcher der Arbeitnehmer vom Arbeitgeber von vornherein zu dem Zwecke eingestellt wird, an Dritte gegen Entgelt zeitweise zur Verfügung gestellt zu werden, wegen eines Verstoßes gegen das Arbeitsvermittlungsmonopol der Bundesanstalt für Arbeit generell **verboten und sogar strafbar** sein. Nach § 37 Abs. 3 AVAVG a. F. galt nämlich die *„Zuweisung von Arbeitnehmern, deren Arbeitskraft der Zuweisende regelmäßig dritten Personen für eine Beschäftigung zur Verfügung stellt, ohne selbst die Arbeit auf eige-* 6

---

[2] Ausführlicher Überblick bei Schüren/*Riederer von Paar*, Einl. Rn. 554 ff. – Ausführlich zur Leiharbeits-Richtlinie *Boemke*, RIW 2009, 177 ff.
[3] BVerfG vom 4.4.1967 – 1 BvR 84/65, BB 1967, 463 f.

A. Kommentierung

ne Rechnung ausführen zu lassen und ohne selbst die Ausrüstung mit den erforderlichen Werkzeugen für die zugewiesenen Arbeitskräfte zu übernehmen" als Arbeitsvermittlung. Das **BVerfG erklärte** jedoch die **Ausdehnung des Arbeitsvermittlungsmonopols auf Arbeitnehmerüberlassungsverträge mit Art. 12 Abs. 1 GG für nicht vereinbar** und § 37 Abs. 3 AVAVG für nichtig. Damit war der Gesetzgeber aufgerufen, die Arbeitnehmerüberlassung sozialverträglich zu regeln.[4]

7 Bereits 1971 legte die sozial-liberale Regierungskoalition den Entwurf eines Gesetzes zur Regelung der gewerbsmäßigen Arbeitnehmerüberlassung vor,[5] der breite Zustimmung fand und im Wesentlichen unverändert verabschiedet wurde. **Am 12.10.1972 trat das AÜG in Kraft** und ist seitdem verschiedentlich geändert worden. Hervorzuheben ist die **Einfügung von § 14 durch das BillBG vom 15.12.1981**[6] mit der **(Teil-)Regelung der betriebsverfassungsrechtlichen Stellung** der Leiharbeitnehmer sowie die **Heraufsetzung der höchstzulässigen Dauer der Arbeitnehmerüberlassung** von zunächst drei Monaten über sechs Monate durch das BeschFG vom 26.4.1985[7] und neun Monate durch das 1. SKWPG vom 21.12.1993[8] auf zwölf Monate durch Art. 63 AFRG vom 24.3.1997.[9] Durch das Gesetz zur Reform der arbeitsmarktpolitischen Instrumente (Job-AQTIV-Gesetz) vom 10.12.2001[10] wurde mit Wirkung zum 1.1.2002 die Höchstdauer für gewerbsmäßige Arbeitnehmerüberlassung auf 24 Monate verlängert, der Verleiher aber im Gegenzug verpflichtet, ab dem Beginn des dreizehnten Überlassungsmonats dem Leiharbeitnehmer die im Betrieb des Entleihers für vergleichbare Arbeitnehmer geltenden Arbeitsbedingungen einschließlich des Arbeitsentgelts zu gewähren. Eine noch weitergehende Liberalisierung brachte das **Erste Gesetz für moderne Dienstleistungen am Arbeitsmarkt vom 23.12.2002**,[11] mit dem im Bereich der Arbeitnehmerüberlassung eine Deregulierung angestrebt wurde, um das Beschäftigungspotenzial dieses Sektors auszuschöpfen. Insbesondere wurden die **Höchstüberlassungsdauer** sowie die **besonderen**

---

4 Zur Geschichte der Arbeitnehmerüberlassung bis zum Inkrafttreten des AÜG vgl. ausführlich *Sandmann/Marschall*, Einl. Anm. 9 ff.; *Schüren/Schüren*, Einl. Rn. 22 ff.; Thüsing/*Thüsing*, Einf. Rn. 26 ff.; *Ulber*, Einl. B Rn. 1 ff.
5 BT-Drs. VI/2303.
6 BGBl. I, S. 1390.
7 BGBl. I, S. 710.
8 BGBl. I, S. 2353.
9 BGBl. I, S. 594.
10 BGBl. I, S. 3443, 3462.
11 BGBl. I, S. 4607, 4718.

Synchronisationsverbote nach §§ 3 Abs. 1 Nr. 3–Nr. 5, 9 Nr. 2 und Nr. 3 a. F. **gestrichen**; im Gegenzug wurde es aber dem **Verleiher** grds. **untersagt, dem Leiharbeitnehmer schlechtere Arbeitsbedingungen zu gewähren als vergleichbaren Stammarbeitnehmern des Entleihers** (§§ 3 Abs. 1 Nr. 3, 9 Nr. 2), soweit sich die Arbeitsbedingungen **nicht** nach einem für den Verleiherbetrieb geltenden **Tarifvertrag** bestimmen. Weitere zahlreiche Änderungen hat das Recht der Leiharbeit durch das zur Umsetzung der Richtlinie 2008/104/EG des Europäischen Parlaments und des Rates vom 19.11.2008 über Leiharbeit,[12] erlassene erste Gesetz zur Änderung des Arbeitnehmerüberlassungsgesetzes vom **28.4.2011 (AÜGÄndG** – BGBl. I S. 642) sowie das Gesetz zur Änderung des Arbeitnehmerüberlassungsgesetzes und des Schwarzarbeitsbekämpfungsgesetzes vom **20.7.2011 (AÜG-SchwarzArbG-ÄndG** – BGBl. I S. 1506) erfahren. Durch das Art. 1 Nr. 2 a) aa) AÜG-ÄndG wurde der **Geltungsbereich des AÜG auf jede Form der** im Rahmen einer **wirtschaftlichen Tätigkeit** erfolgenden Arbeitnehmerüberlassung erstreckt, sodass nunmehr auch die nichtgewerbliche und nicht nur die gewerbsmäßige Arbeitnehmerüberlassung erlaubnispflichtig ist und dem Reglement des AÜG unterliegt (vgl. dazu § 1 Rn. 15, 49). **§ 1 Abs. 1 Satz 2** bestimmt **seit dem 1.12.2011** kryptisch, dass die **Arbeitnehmerüberlassung vorübergehend** erfolgt (Art. 1 Nr. 2 a) bb) AÜGÄndG), ohne die Voraussetzungen oder die **Rechtsfolgen** der dauerhaften bzw. nicht nur vorübergehenden Arbeitnehmerüberlassung zu bestimmen (vgl. im Einzelnen § 1 Rn. 105). Weiter wurde durch das AÜGÄndG die **Möglichkeit der Einführung einer Lohnuntergrenze** durch Rechtsverordnung normiert (**§ 3a**), §§ 3 Abs. 1 und 9 Nr. 2 hieran angepasst sowie die **Rechtsfolgen** eines Verstoßes gegen die Lohnuntergrenze **atypisch geregelt (§ 10 Abs. 4 Satz 3**), in Umsetzung der LeiharbeitsRL wurde eine **Informationspflicht des Entleihers ggü. Leiharbeitnehmern bzgl. freier Arbeitsplätze** statuiert (**§ 13a**) sowie ein **Anspruch des Leiharbeitnehmers auf Zugang zu Gemeinschaftseinrichtungen und -diensten** gewährt (**§ 13b**), neben weiterer auf Grund der Neuregelung in § 1 Abs. 1 Satz 2 (vorübergehend) scheinbar erforderlicher Anpassungen in §§ 1 Abs. 3, 1a, 1b wurden insbesondere **weitergehende Straftatbestände in § 16 Abs. 1** geschaffen und der Strafrahmen verschärft (§ 16 Abs. 2). Das AÜG-SchwarzArbG-ÄndG hat die Bestimmungen des SchwarzArbG auch auf die Kontrolle

---

[12] Ausführlich zur Richtlinie *Boemke*, RIW 2009, 177 ff.; *Ulber*, Die Richtlinie zur Leiharbeit, AuR 2010, 10 ff.; zu den Auswirkungen der Richtlinie auf Deutschland: *Hamann*, RdA 2011. 321 ff.; *Leuchten*, NZA 2011, 608 ff.; *Hamann*, NZA 2011, 70 ff.

A. Kommentierung

der Mindeststundenentgelte auf Grund einer Rechtsverordnung nach § 3a erstreckt. Den Behörden der Zollverwaltung sind diesbezgl. umfassende Kontrollbefugnisse eingeräumt, insbesondere §§ 2, 3 bis 6 und 14 bis 20, 22, 23 des SchwarzArbG für entsprechend anwendbar erklärt worden (§ 17a). Darüber hinaus wurden entsprechend §§ 18f. AEntG **Meldepflichten des Entleihers bei einer Arbeitnehmerüberlassung aus dem Ausland nach Deutschland** hinein geschaffen (**§ 17b**) und diesem eine **Pflicht zum Erstellen, Bereithalten und Aufbewahren von Dokumenten** ggü. den Behörden auferlegt (§ 17c). Mit acht weiteren Straftatbeständen ist die Arbeitnehmerüberlassung zusätzlich pönalisiert worden (§ 16 Abs. 1 Nr. 11–18). Wegen weiterer Einzelheiten siehe die Erläuterungen zu den jeweiligen Bestimmungen.[13]

III. Geltungsbereich

1. Räumlicher Geltungsbereich

8 Das AÜG gilt für das **Gebiet der Bundesrepublik Deutschland**,[14] und zwar seit dem 3.10.1990 auch für das in Art. 3 EV genannte Beitrittsgebiet (Art. 8 EV), einschließlich der die **Bundesflagge führenden Schiffe und Luftfahrzeuge**.[15] Unabhängig von der Staatsangehörigkeit der Beteiligten (Verleiher, Entleiher, Leiharbeitnehmer – zur Erteilung der Erlaubnis an ausländische Verleiher siehe § 3 Rn. 77ff.) und dem den Rechtsbeziehungen zugrunde liegenden Vertragsstatut wird vom AÜG nicht nur die **Arbeitnehmerüberlassung innerhalb des Bundesgebiets**, sondern auch **nach Deutschland hinein**[16] und **aus Deutschland heraus** erfasst.[17] Allerdings können sich bei der grenzüberschreitenden Arbeitnehmerüberlassung Einschränkungen hinsichtlich der Anwendbarkeit derjenigen Regelungen des AÜG ergeben, die sich auf die

---

13 Ausführlich zur Entstehungsgeschichte des AÜG *Becker/Wulfgramm*, Einl. Rn. 111ff.; Schüren/*Schüren*, Einl. Rn. 53ff.; Thüsing/*Thüsing*, Einf. Rn. 26ff.
14 BT-Drs. VI/2303, S. 10 – Territorialitätsprinzip.
15 BSG vom 29.6.1984 – 12 RK 38/82, EzAÜG § 10 AÜG Fiktion Nr. 31; BSG vom 25.10.1988 – 12 RK 21/87, BSGE 64, 145, 149 – Flaggenstaatsprinzip; Thüsing/*Thüsing*, Einf. Rn. 24.
16 LAG Frankfurt vom 28.8.1981 – 13 Sa 50/81, EzAÜG § 10 AÜG Fiktion Nr. 11; BayObLG vom 26.2.1999 – 3 ObOWi 4/99, DB 1999, 1019; *Boemke*, BB 2005, 266, 267; Urban-Crell/*Germakowski*, § 3 Rn. 173.
17 *Boemke*, BB 2005, 266, 267; Thüsing/*Thüsing*, Einf. Rn. 25; ErfK/*Wank*, § 1 Rn. 4; Urban-Crell/*Germakowski*, § 3 Rn. 173.

Rechtsbeziehungen der Beteiligten untereinander beziehen (siehe unten Rn. 17ff.).

2. Gegenständlicher Geltungsbereich

Das AÜG gilt grds. nur für die erlaubnispflichtige Arbeitnehmerüberlassung. Es muss zum einen eine **Arbeitnehmerüberlassung** vorliegen, der Arbeitnehmer also von seinem Arbeitgeber einem Dritten i.S.v. § 1 Abs. 1 Satz 1 zur Arbeitsleistung überlassen werden. Daher finden die Bestimmungen des **AÜG keine Anwendung auf andere Formen des so genannten drittbezogenen Personaleinsatzes**, wie z.B. den Einsatz von Erfüllungsgehilfen (§ 278 BGB) in Fremdbetrieben im Rahmen von Dienst- oder Werkverträgen (dazu § 1 Rn. 76, 84), oder auf die private Arbeitsvermittlung (dazu § 1 Rn. 74). Auch die Rechtsbeziehungen des Verleihers zu seinen so genannten Stammarbeitnehmern, die ausschließlich im Verleiherbetrieb tätig sind, werden vom AÜG nicht erfasst; für diese gilt allgemeines Arbeitsrecht. 9

Zum anderen muss die Arbeitnehmerüberlassung **im Rahmen einer wirtschaftlichen Tätigkeit** erfolgen. Als wirtschaftliche Tätigkeit ist dabei jede Tätigkeit zu verstehen, bei der Güter oder Dienstleistungen auf dem Markt angeboten werden (vgl. § 1 Rn. 47); anders als nach früherem Recht ist eine Gewinnerzielungsabsicht nicht mehr notwendig (vgl. § 1 Rn. 49).[18] Das AÜG findet daher mit Ausnahme von § 1 Abs. 2 (dazu § 1 Rn. 139ff.) auf die nicht im Rahmen einer wirtschaftlichen Tätigkeit erfolgende Arbeitnehmerüberlassung keine Anwendung. Hingegen ist **nicht** Voraussetzung, dass die Arbeitnehmerüberlassung der **Haupt- oder überwiegende Zweck der betrieblichen Tätigkeit** ist. Das AÜG gilt daher nicht nur für Verleiherbetriebe im engeren Sinne, sondern auch dann, wenn der Verleiher neben der Arbeitnehmerüberlassung oder sogar (ganz) überwiegend noch andere Zwecke verfolgt.[19] Im Rahmen des geltenden Rechts kann die Unterscheidung zwischen echter und unechter Leiharbeit nunmehr wieder Bedeutung für die Ausnahmetatbestände nach § 1 Abs. 3 Nr. 2 und 2a, weil diese u.a. daran anknüpfen, dass der Arbeitnehmer nicht zum Zweck der Überlassung eingestellt und beschäftigt wird, also echte Leiharbeit vorliegt. 10

---

18 *Boemke*, RIW 2009, 177, 178; *Leuchten*, NZA 2011, 608, 609; – umfassend hierzu *Thüsing/Thieken*, DB 2012, 347ff.
19 BAG vom 8.11.1978 – 5 AZR 261/77, BB 1980, 1326, 1327.

A. Kommentierung

11 Siehe im Übrigen zur konzerninternen Arbeitnehmerüberlassung § 1 Rn. 213 ff., zur Abordnung von Arbeitnehmern an Arbeitsgemeinschaften § 1 Rn. 120 ff., zum so genannten Gesamthafenbetrieb § 1 Rn. 45.

IV. Grenzüberschreitende Arbeitnehmerüberlassung[20]

1. Problemstellung

12 Besondere Probleme wirft die grenzüberschreitende Arbeitnehmerüberlassung auf, wenn also das **Verleiherunternehmen seinen Sitz** oder seine Niederlassung **in einem anderen Staat als der Entleiher** hat. Hier bestehen Anknüpfungspunkte sowohl im Entsende- als auch im Einsatzstaat. Es stellt sich hierbei die Frage, inwieweit die jeweiligen Regelungen der einen oder der anderen Rechtsordnung zu beachten sind. Wegen der unterschiedlichen kollisionsrechtlichen Regelungen muss hierbei zwischen öffentlich-rechtlichen Regelungen des Gewerberechts (Rn. 13 ff.), des Sozialversicherungs- und des Steuerrechts (Rn. 27 ff.) sowie zwischen privatrechtlichen Regelungen hinsichtlich der Rechtsbeziehungen zwischen Verleiher, Entleiher und Leiharbeitnehmer (Rn. 16 ff.) unterschieden werden.

2. Gewerberechtliche Zulässigkeit

13 Die gewerberechtliche Zulässigkeit der Arbeitnehmerüberlassung bestimmt sich nach dem **Territorialitätsprinzip**[21] (siehe schon oben Rn. 8). Da bei der grenzüberschreitenden Arbeitnehmerüberlassung Anknüpfungspunkte sowohl im Entsende- als auch im Einsatzstaat gegeben sind, müssen die gewerberechtlichen Zulässigkeitsvoraussetzungen beider Staaten erfüllt sein.[22] Danach bedarf die **Arbeitnehmerüberlassung** durch einen in Deutschland ansässigen Verleiher **ins Ausland** einer **Erlaubnis nach dem AÜG**, unabhängig davon, ob die Überlassung in einen EU-Staat, einen EFTA-Staat (vgl. Art. 2 lit. b, 36 f.

---

20 Allgemein hierzu *Boemke*, BB 2005, 266 ff.; Urban-Crell/*Germakowski*, Einl. C; Schüren/*Riederer von Paar*, Einl. Rn. 641 ff.
21 BSG vom 29.6.1984 – 12 RK 38/82, EzAÜG § 10 AÜG Fiktion Nr. 31; *Schnorr*, ZfA 1975, 143, 150; *Sandmann/Marschall*, § 1 Anm. 2a; *Ulber*, Einl. F Rn. 1; Thüsing/*Thüsing*, Einf. Rn. 45; Hk-ArbR/*Lorenz*, § 1 AÜG Rn. 6. – So im Grundsatz auch *Bayreuther*, DB 2011, 706, 708.
22 EuGH vom 17.12.1981 – 279/80, AP Art. 177 EWG-Vertrag Nr. 9; *Schnorr*, ZfA 1975, 143, 147 ff.; Schüren/*Riederer von Paar*, Einl. Rn. 644; ErfK/*Wank*, § 1 Rn. 48; *Boemke*, BB 2005, 266, 266.

Einleitung

EWR-Abkommen) oder in einen sonstigen Drittstaat erfolgt.[23] Für die Erteilung der Erlaubnis ist nur maßgebend, ob die Voraussetzungen hierfür nach deutschem Recht (§ 3) erfüllt sind; die Erteilung der Erlaubnis kann grds. nicht deswegen untersagt werden, weil die Voraussetzungen des Einsatz-Staates für eine Arbeitnehmerüberlassung nicht erfüllt sind,[24] soweit es sich nicht um offensichtliche Rechtsverstöße handelt. – Wegen der Zuständigkeit für die Erteilung der Erlaubnis siehe unten Rn. 15.

Umgekehrt bedarf aber auch die **Arbeitnehmerüberlassung** vom Ausland **nach Deutschland** hinein einer **Erlaubnis nach dem AÜG**, weil nicht das Unternehmen, sondern die Arbeitnehmerüberlassung im Rahmen der wirtschaftlichen Tätigkeit als solche erlaubnispflichtig ist.[25] Dabei ist gemäß § 3 Abs. 2 die Erlaubnis zu versagen, wenn der Verleiher seinen **Sitz oder** die **Niederlassung**, von der aus die Entsendung erfolgt, nicht **in einem EU- oder EFTA-Staat** hat; die **Arbeitnehmerüberlassung aus einem sonstigen Drittstaat** ist also **unzulässig**. Wie bei der Überlassung aus Deutschland heraus ist die Erteilung der Erlaubnis unabhängig davon zu beurteilen, ob die Voraussetzungen einer Arbeitnehmerüberlassung im Entsendestaat erfüllt sind,[26] die Erteilung der Erlaubnis an ausländische Verleiher ist nämlich allein nach inländischem Verwaltungsrecht zu beurteilen.[27]   **14**

Für die Erteilung der Erlaubnis sind in Abhängigkeit vom Geschäftssitz des Verleihers seit der Neuregelung der Zuständigkeiten mit Wirkung vom 1.7.2012 ab folgende Arbeitsagenturen zuständig.[28]   **15**

---

23 Schüren/*Riederer von Paar*, Einl. Rn. 647; Urban-Crell/*Germakowski*, Einl. Rn. 55. – Unter europarechtlichen Gesichtspunkten kritisch hierzu *Kienle/Koch*, DB 2001, 922 ff.
24 *Sandmann/Marschall*, § 3 Anm. 76; Schüren/*Riederer von Paar*, Einl. Rn. 647.
25 Betreffend noch der gewerbsmäßigen Arbeitnehmerüberlassung: BSG vom 29.6.1984 – 12 RK 38/82, EzAÜG § 10 AÜG Fiktion Nr. 31; BayObLG vom 26.2.1999 – 3 ObOWi 4/99, DB 1999, 1019; *Kaufmann*, Rn. 148; *Schnorr*, ZfA 1975, 143, 151; Schüren/*Riederer von Paar*, Einl. Rn. 646; Thüsing/*Thüsing*, Einf. Rn. 45.
26 Thüsing/*Thüsing*, Einf. Rn. 46. – A.A. *Sandmann/Marschall*, § 3 Anm. 57; *Ulber*, Einl. F Rn. 1. – Differenzierend Schüren/*Riederer von Paar*, Einl. Rn. 645.
27 *Schnorr*, ZfA 1975, 143, 151.
28 Vgl. auch Informationen zur Arbeitnehmerüberlassung der BA, S. 3 f., http://www.arbeitsagentur.de/zentraler-Content/A08-Ordnung-Recht/A083-AUEG/Publikation/pdf/Informationen-zur-Arbeitnehmerueberlassung.pdf.

A. Kommentierung

Herkunftsland	zuständige Bundesagentur für Arbeit
Niederlande Großbritannien Irland Malta Polen Rumänien Bulgarien Alle nicht EU/EWR Staaten	Agentur für Arbeit Düsseldorf Josef-Gockeln-Straße 7 40474 Düsseldorf Tel. 0211/692 4500 Fax. 0211/4306 910 674
Belgien Frankreich Luxemburg Spanien Portugal Italien Griechenland Österreich Liechtenstein Slowenien Zypern	Agentur für Arbeit Nürnberg Richard-Wagner-Platz 5 90443 Nürnberg Tel. 0911/529 4343 Fax. 0911/529 400 4343
Dänemark Norwegen Schweden Finnland Island Estland Lettland Litauen Ungarn Slowakische Republik Tschechische Republik	Agentur für Arbeit Kiel Projensdorfer Straße 82 24106 Kiel Tel. 0431/709 1010 Fax. 0431/709 1011

3. Internationales Privatrecht

16 Die im Hinblick auf die privatrechtlichen Rechtsbeziehungen **anwendbare Rechtsordnung** ist bei der grenzüberschreitenden Arbeitnehmerüberlassung **für jedes Rechtsverhältnis gesondert** zu bestimmen.

a) Leiharbeitsverhältnis

17 Nach Art. 8 Abs. 1 Satz 1, 3 Abs. 1 VO EG 593/08 (bis 16.12.2009: Art. 27 Abs. 1 EGBGB) können Verleiher und Leiharbeitnehmer das

auf ihr Arbeitsverhältnis anwendbare Recht frei wählen.[29] Dabei wird durch ausdrückliche oder konkludente **Rechtswahl** häufig das am Betriebssitz des Verleihers geltende Recht vereinbart. Hierdurch darf allerdings dem Arbeitnehmer nach dem in Art. 8 Abs. 1 Satz 2 VO EG 593/08 (bis 16.12.2009: Art. 30 Abs. 1 EGBGB) normierten kollisionsrechtlichen Günstigkeitsprinzip nicht der Schutz derjenigen zwingenden Bestimmungen entzogen werden, die mangels Rechtswahl nach Art. 8 Abs. 2 bis 4 VO EG 593/08 (bis 16.12.2009: Art. 30 Abs. 2 EGBGB) gelten würden; als solche zwingende Bestimmungen gelten z.b. die Regelungen des Kündigungsschutzes.[30] Dabei wird jedoch auch kraft **objektiver Anknüpfung** im Allgemeinen das **am Betriebssitz des Verleihers geltende Recht** Anwendung finden;[31] und zwar nach Art. 8 Abs. 2 VO EG 593/08 (bis 16.12.2009: Art. 30 Abs. 2 Nr. 1 EGBGB), wenn der Leiharbeitnehmer regelmäßig im Inland und nur ausnahmsweise ins Ausland überlassen wird, oder nach Art. 8 Abs. 3 VO EG 593/08 (bis 16.12.2009: Art. 30 Abs. 2 Nr. 2 EGBGB), wenn der Leiharbeitnehmer zwar ständig im Ausland, aber in verschiedenen Staaten tätig ist.

Die **Anwendbarkeit des am ausländischen Einsatzort** geltenden Rechts kommt gem. Art. 8 Abs. 2 Satz 1 VO EG 593/08 (bis 16.12.2009: Art. 30 Abs. 2 Nr. 1 EGBGB) nur ausnahmsweise dann in Betracht, **wenn der Leiharbeitnehmer ständig in ein und denselben ausländischen Staat überlassen wird**; setzt z.B. ein deutscher Verleiher seinen Leiharbeitnehmer ständig in Frankreich ein, wäre danach französisches Arbeitsvertragsrecht anwendbar.[32] Aber auch dann bleibt nach der Ausweichklausel des Art. 8 Abs. 4 VO EG 593/08 (bis 16.12.2009: Art. 30 Abs. 2 Hs. 2 EGBGB) **das am Betriebssitz des Verleihers geltende Recht** anwendbar, wenn die Rechtsbeziehung nach den **Gesamtumständen die engere Verbindung** zu diesem Staat aufweist, wofür neben der **Staatsangehörigkeit** der Parteien und dem Sitz des Arbeitgebers auch die **Währung**, in der das Entgelt bezahlt wird, der **Ort des Vertragsschlusses** sowie der **Wohnsitz des Arbeit-**

18

---

29 *Boemke*, BB 2005, 265, 269; ErfK/*Wank*, Einl. AÜG Rn. 45; *Reichel/Spieler*, BB 2011, 2741, 2746; *Schlegel*, jurisPR-SozR 9/2011 Anm. 1 unter II.
30 Schüren/*Riederer von Paar*, Einl. Rn. 662.
31 *Boemke*, BB 2005, 265, 269; *Sandmann/Marschall*, § 3 Anm. 69; Schüren/*Riederer von Paar*, Einl. Rn. 663 ff. – A.A. MünchArbR/*Birk*, § 19 Rn. 132.
32 *Boemke*, BB 2005, 265, 269; *Däubler*, RIW 1987, 249, 252.

A. Kommentierung

nehmers wichtige Anhaltspunkte geben können.[33] Danach kann deutsches Arbeitsvertragsrecht anwendbar sein, wenn ein deutscher Verleiher seinen deutschen Leiharbeitnehmer ständig nach Frankreich überlässt; umgekehrt kann nicht deutsches, sondern englisches Arbeitsvertragsrecht zur Anwendung kommen, wenn ein englischer Verleiher seine englischen Leiharbeitnehmer ständig in deutsche Firmen überlässt. In jedem Fall müssen die Einzelumstände nicht nur aufgezählt, sondern im Hinblick auf die Rechtsanwendung bewertet werden.[34]

19 Auch wenn demnach auf das Rechtsverhältnis zwischen deutschem Verleiher und deutschem Leiharbeitnehmer auch bei der grenzüberschreitenden Arbeitnehmerüberlassung grds. deutsches Arbeitsrecht anwendbar bleibt, müssen gleichwohl gem. **Art. 12 Abs. 2 VO EG 593/08** (bis 16.12.2009: Art. 32 Abs. 2 EGBGB) die **am ausländischen Einsatzort geltenden Bestimmungen** insoweit beachtet werden, wie sie **die Art und Weise der Erfüllung regeln**. Daher bestimmen sich die allein auf die Erfüllung bezogenen Regelungen, insbes. Vorschriften über den Arbeitsschutz und die Arbeitszeit, auch dann nach ausländischem Recht, wenn das Leiharbeitsverhältnis deutschem Arbeitsvertragsstatut untersteht.[35] Demnach ist z.B. die Frage, ob dem deutschen Leiharbeitnehmer gegen den deutschen Verleiher Anspruch auf Entgeltfortzahlung an Feiertagen zusteht, nach § 2 EFZG zu beurteilen; ob ein gesetzlicher Feiertag im Sinne dieser Bestimmung gegeben ist, richtet sich bei der grenzüberschreitenden Arbeitnehmerüberlassung aber nicht nach deutschem Recht, sondern den am jeweiligen Ort der Arbeitsleistung geltenden Feiertagsvorschriften.

20 Umgekehrt unterliegt bei einer **Arbeitnehmerüberlassung nach Deutschland** hinein das Leiharbeitsverhältnis zwar grds. den am Betriebssitz des Verleihers geltenden Normen des ausländischen Rechts; es sind aber gem. Art. 9 VO EG 593/08 (bis 16.12.2009: **Art. 34 EGBGB**) gleichwohl diejenigen Bestimmungen des deutschen Rechts anzuwenden, die ohne Rücksicht auf das auf den Vertrag anzuwenden-

---

33 BAG vom 24.8.1989 – 2 AZR 3/89, DB 1990, 1666; BAG vom 29.10.1992 – 2 AZR 267/92, BB 1993, 508 (Ls.) = DB 1993, 637; *Boemke*, BB 2005, 265, 269. – Ausführlich MünchKomm/*Martiny*, BGB, Band 10, Art. 8 VO (EG) 593/2008 Rn. 67 ff.
34 MünchKomm/*Martiny*, BGB, Band 10, Art. 8 VO (EG) 593/2008 Rn. 72.
35 *Boemke*, BB 2005, 265, 269; *Lorenz*, RdA 1989, 220, 223 f.; Thüsing/*Thüsing*, Einf. Rn. 58. – Ausführlich MünchKomm/*Martiny*, BGB, Band 10, Art. 12 VO (EG) 593/2008 Rn. 175 ff.

de Recht den Sachverhalt zwingend regeln.[36] Dies ist nicht schon bei jeder unabdingbaren Norm des deutschen Arbeitsvertragsrechts der Fall,[37] sondern erst dann, wenn Bestimmungen des deutschen Rechts entweder ausdrücklich oder nach ihrem Sinn und Zweck ohne Rücksicht auf das nach den deutschen Kollisionsnormen anwendbare Recht gelten sollen. Erforderlich hierfür ist, dass die Vorschrift nicht nur auf den Schutz von Individualinteressen der Arbeitnehmer gerichtet ist, sondern mit ihr zumindest auch öffentliche Gemeinwohlinteressen verfolgt werden.[38] Zu diesen zwingenden Normen rechnen insbesondere auch die Bestimmungen des AEntG über die zwingende Anwendbarkeit allgemeinverbindlich erklärter Tarifverträge auf die Arbeitsverhältnisse der vom Ausland im inländischen Geltungsbereich des Tarifvertrags eingesetzten Arbeitnehmer. Nach **§ 8 Abs. 3 AEntG (§ 1 Abs. 2 AEntG a. F.**) muss auch der ausländische Verleiher einem Leiharbeitnehmer die für den Entleiherbetrieb maßgeblichen **Mindestarbeitsbedingungen gemäß § 5 AEntG** gewähren, insbesondere den **tariflichen Mindestlohn** zahlen, wenn dieser mit Tätigkeiten beschäftigt wird, die in den Geltungsbereich eines für allgemeinverbindlich erklärten Tarifvertrags nach den §§ 4, 5 Nr. 1 bis 3 und § 6 AEntG oder einer Rechtsverordnung nach § 7 AEntG fallen. Diese Bestimmungen sind insbesondere von Bedeutung für den Bereich des Baugewerbes, der Gebäudereinigung sowie der Briefdienstleistung (§ 4 AEntG). Diese Regelung hat trotz des Verbots des § 1b auch im Bereich des Baugewerbes Bedeutung. Nach § 1b Satz 1 ist nämlich nur die erlaubnispflichtige Arbeitnehmerüberlassung im Bauhauptgewerbe untersagt (vgl. § 1b Rn. 9 f.), sodass bei der Überlassung von Arbeitnehmern in Betriebe des **Baunebengewerbes** i. S. v. § 2 BaubetrVO die Bestimmungen des AEntG Anwendung finden können.[39]

Daneben ist § 2 AEntG (§ 7 Abs. 1 AEntG a. F.) zu beachten. Nach dieser Bestimmung finden auch auf ein Arbeitsverhältnis zwischen einem im Ausland ansässigen Arbeitgeber und seinem im Inland (Bundesrepublik Deutschland) beschäftigten Arbeitnehmer die in Rechts- oder

---

36 Allgemein hierzu *Boemke*, BB 2005, 265, 269 f.; *Lorenz*, RIW 1987, 569, 578 ff.; Schüren/*Riederer von Paar*, Einl. Rn. 671 ff.
37 BAG vom 29.10.1992 – 2 AZR 267/92, BB 1993, 508 (Ls.) = DB 1993, 637, 640, – wonach die Regelungen des allgemeinen Kündigungsschutzes in §§ 1–14 KSchG, aber auch die Bestimmung des § 613a BGB keine zwingende Wirkung i. S. v. Art. 34 EGBGB beanspruchen.
38 BAG vom 12.12.2001 – 5 AZR 255/00, NZA 2002, 734, 737 (unter B II 1); *Boemke*, BB 2005, 265, 269 f.; *Franzen*, AR-Blattei SD 920 Rn. 109 ff.
39 *Sandmann/Marschall*, § 3 Anm. 69a; Schüren/*Riederer von Paar*, Einl. Rn. 674.

A. Kommentierung

Verwaltungsvorschriften enthaltenen Regelungen über die Mindestentgelte einschließlich der Überstundensätze (Nr. 1), den bezahlten Mindestjahresurlaub (Nr. 2), die Höchstarbeitszeiten und Mindestruhezeiten (Nr. 3), die **Bedingungen für die Überlassung von Arbeitskräften**, insbesondere durch Leiharbeitsunternehmen (Nr. 4), die Sicherheit, den Gesundheitsschutz und die Hygiene am Arbeitsplatz (Nr. 5), die Schutzmaßnahmen im Zusammenhang mit den Arbeits- und Beschäftigungsbedingungen von Schwangeren und Wöchnerinnen, Kindern und Jugendlichen (Nr. 6) und die Gleichbehandlung von Männern und Frauen sowie andere Nichtdiskriminierungsbestimmungen (Nr. 7) **zwingend Anwendung**. Insofern kann letztlich dahinstehen, ob das in **§§ 3 Abs. 1 Nr. 3, 9 Nr. 2** normierte **Schlechterstellungsverbot** (wegen der Einzelheiten siehe § 3 Rn. 55 ff. und § 9 Rn. 90 ff.) gemäß Art. 9 VO EG 593/08 (bis 16.12.2009: Art. 34 EGBGB) auch bei einer Arbeitnehmerüberlassung aus dem Ausland nach Deutschland hinein anwendbar ist.[40] Über § 2 Satz 1 Nr. 4 AEntG sind diese Bestimmungen auch von einem ausländischen Verleiher zu beachten, der Mitarbeiter nach Deutschland hinein überlässt.

22 Auch **§§ 9 Nr. 1, 10 Abs. 1** werden zu den über Art. 9 VO EG 593/08 (bis 16.12.2009: Art. 34 EGBGB) stets anwendbaren Vorschriften gerechnet.[41] Diese Auffassung geht allerdings zumindest in den Fällen **zu weit**, in denen der **Arbeitseinsatz in Deutschland nur vorübergehend** erfolgt. Es besteht kein berechtigtes Interesse, ein nach dem Recht des Entsendestaats wirksam begründetes Leiharbeitsverhältnis nur deswegen nach § 9 Nr. 1 für unwirksam zu erklären, weil der Verleiher für die vorübergehende Arbeitnehmerüberlassung nach Deutschland hinein keine Erlaubnis nach § 1 Abs. 1 besitzt. Dem berechtigten Interesse, illegale Leiharbeit zu bekämpfen, lässt sich durch eine analoge Anwendung von § 10 Rechnung tragen, indem beim Verleih nach Deutschland hinein ohne Erlaubnis zwischen Entleiher und Leiharbeitnehmer stets ein Arbeitsverhältnis zustande kommt, ein nach dem einschlägigen Arbeitsvertragsstatut zwischen Verleiher und Leiharbeitnehmer wirksam begründetes Arbeitsverhältnis daneben aber weiter fortbesteht,[42] um eine doppelte Inanspruchnahme zu verhindern, muss der Leiharbeitnehmer eines der

---

40 A.A. Schüren/*Riederer von Paar*, Einl. Rn. 687 ff.
41 MünchArbR/*Oetker*, § 11 Rn. 102; *Ulber*, Einl. F Rn. 4. – I.E. auch BSG vom 25.10.1988 – 12 RK 21/87, BSGE 64, 145, 150; LSG Thüringen vom 10.3.2004 – L 1 U 560/00, EzAÜG Sozialversicherungsrecht Nr. 44; OLG Karlsruhe vom 5.4. 1989 – 7 U 274/87, BauR 1990, 482, 483.
42 Ähnlich Schüren/*Riederer von Paar*, Einl. Rn. 678 ff.

Arbeitsverhältnisse ordentlich kündigen.[43] Auch der Nachweis der wesentlichen Arbeitsbedingungen gemäß § 11 Abs. 1 i.V.m. dem NachwG ist nicht international zwingend.[44]

b) Arbeitnehmerüberlassungsverhältnis

Der Überlassungsvertrag zwischen Verleiher und Entleiher unterliegt gem. Art. 3 Abs. 1 VO EG 593/08 (bis 16.12.2009: Art. 27 Abs. 1 EGBGB) dem von den Parteien gewählten Recht; mangels **Rechtswahl** findet auf diesen allgemeinen bürgerlich-rechtlichen Vertrag gem. Art. 4 Abs. 2 VO EG 593/08 (bis 16.12.2009: Art. 28 Abs. 1 EGBGB) das Recht des Staates Anwendung, in dem die Partei ihren gewöhnlichen Aufenthalt hat, welche die für den Vertrag charakteristische Leistung zu erbringen hat. Dies ist nach allgemeinen Grundsätzen nicht die Geldzahlungspflicht des Entleihers, sondern die Überlassungsverpflichtung des Verleihers.[45] Demnach findet mangels abweichender Vereinbarung bei einer **Überlassung** von Deutschland **ins Ausland** nicht nur auf das Leiharbeitsverhältnis, sondern auch auf die Rechtsbeziehung zwischen Verleiher und Entleiher **deutsches Recht** Anwendung; im Regelfall besteht so ein Gleichlauf zwischen Arbeitsvertragsstatus und dem Status des Arbeitnehmerüberlassungsverhältnisses.[46] 23

Umgekehrt unterliegt bei einer grenzüberschreitenden **Arbeitnehmerüberlassung** aus dem Ausland **nach Deutschland** hinein die Rechtsbeziehung zwischen Verleiher und Entleiher dem **am Sitz des Verleihers geltenden ausländischen Recht**. Allerdings sind kraft des Territorialitätsprinzips die in Deutschland für die Arbeitnehmerüberlassung geltenden öffentlich-rechtlichen Vorschriften sowie die zwingenden Vorschriften des deutschen Rechts i.S.v. Art. 9 VO EG 593/08 (bis 16.12.2009: Art. 34 EGBGB) gleichwohl auf dieses Rechtsverhältnis anwendbar.[47] Hierzu zählt neben § 9 Nr. 3[48] auch das Verbot der erlaubnispflichtigen Arbeitnehmerüberlassung in das Bauhauptgewerbe nach § 1b. Allerdings steht Art. 9 VO EG 593/08 (bis 16.12.2009: Art. 34 EGBGB) insoweit nur der Durchführung der Arbeitnehmerüberlassung entgegen; Sinn und Zweck des § 1b erfordern es nicht, den nach aus- 24

---

43 Zu §§ 3 Abs. 1 Nr. 3 und Nr. 4, 9 Nr. 2 und Nr. 3 a.F. siehe Erstauflage Einl. Rn. 21.
44 Siehe allgemein *Krause*, AR-Blattei SD 220.2.2 Rn. 103 ff.
45 So für die Rechtslage bis zum 16.12.2009 auch *Schnorr*, ZfA 1975, 143, 164 f.; Schüren/*Riederer von Paar*, Einl. Rn. 700; ErfK/*Wank*, Einl. AÜG Rn. 79.
46 Schüren/*Riederer von Paar*, Einl. Rn. 668.
47 Vgl. allgemein *Schnorr*, ZfA 1975, 143, 165.
48 Vgl. Schüren/*Riederer von Paar*, Einl. Rn. 691.

A. Kommentierung

ländischem Recht wirksam begründeten Arbeitnehmerüberlassungsvertrag für nichtig zu erklären.[49] Zur Nichtigkeit des Arbeitnehmerüberlassungsvertrags wegen Verstoßes gegen § 1b bei reinem Inlandssachverhalt siehe § 1b Rn. 21. Das Schriftformerfordernis des § 12 Abs. 1 dient in erster Linie dem Schutz des Leiharbeitnehmers, es ist daher keine zwingende Norm gem. Art. 9 VO EG 593/08 (bis 16.12.2009: Art. 34 EGBGB) und findet daher auf Arbeitnehmerüberlassungsverträge, die ausländischem Recht unterliegen, keine Anwendung.[50]

c) Rechtsverhältnis zwischen Entleiher und Leiharbeitnehmer

25 Durch die Überlassung des Leiharbeitnehmers an den Entleiher kommt zwischen beiden ein Arbeitsverhältnis zustande[51] (siehe § 11 Rn. 141). Im Hinblick auf das anwendbare Recht muss dabei unterschieden werden: Soweit es um den **Inhalt und Umfang der arbeitsrechtlichen Weisungsrechte des Entleihers** gegenüber dem Leiharbeitnehmer geht, bestimmt sich das anwendbare Recht grds. nach dem **Statut des Leiharbeitsverhältnisses**. Der Entleiher nimmt nämlich insoweit ihm vom Verleiher übertragene Befugnisse wahr, sodass sich die Reichweite dieser Befugnisse auch nur nach der dem Verleiher eingeräumten Rechtsstellung bestimmen kann.

26 Soweit **arbeitsrechtliche Beziehungen** zwischen Entleiher und Leiharbeitnehmer aber – unabhängig von dem zugrunde liegenden Arbeitnehmerüberlassungsvertrag und dem Leiharbeitsverhältnis zwischen Verleiher und Leiharbeitnehmer – **unmittelbar an der Tätigkeitsaufnahme** anknüpfen, ist das einschlägige Recht mangels Rechtswahl gesondert nach **Art. 8 Abs. 2 bis 4 VO EG 593/08** (bis 16.12.2009: Art. 30 Abs. 2 EGBGB) zu bestimmen.[52] Das Arbeitsvertragsstatut des Leiharbeitsverhältnisses schlägt nicht auf die Rechtsbeziehung zwischen Entleiher und Leiharbeitnehmer durch, soweit es allein um die aus der Überlassung folgende, von der Leistungsverpflichtung des Leiharbeitnehmers aus dem Leiharbeitsvertrag unabhängige Rechtsbeziehung aus dem Vollzug der Arbeitnehmerüberlassung geht. Dabei unterliegt gem.

---

49 A.A. MünchArbR/*Oetker*, § 11 Rn. 106; Schüren/*Riederer von Paar*, Einl. Rn. 698; Thüsing/*Thüsing*, Einf. Rn. 64.
50 Thüsing/*Thüsing*, Einf. Rn. 64; Abweichend Schüren/*Riederer von Paar*, Einl. Rn. 700.
51 Ausführlich *Boemke*, Schuldvertrag, S. 563 ff.; – so auch Schüren/*Riederer von Paar*, Einl. Rn. 669, welcher die Beziehung als „arbeitsrechtlich geprägt" umschreibt; Thüsing/*Thüsing*, Einf. Rn. 66.
52 So im Ansatz auch Schüren/*Riederer von Paar*, Einl. Rn. 670.

Art. 8 Abs. 2 VO EG 593/08 (bis 16.12.2009: Art. 30 Abs. 2 Nr. 1 EGBGB) das Rechtsverhältnis grds. dem Recht des Staates, in dem der Arbeitnehmer in Erfüllung seines Vertrags gewöhnlich seine Arbeit verrichtet.[53] Was „gewöhnlich" ist, bestimmt sich nicht nach dem Rechtsverhältnis zwischen Verleiher und Leiharbeitnehmer,[54] weil die Rechtsbeziehung zwischen Entleiher und Leiharbeitnehmer hiervon unabhängig ist. Vielmehr muss darauf abgestellt werden, wo der Leiharbeitnehmer für die Dauer der Arbeitnehmerüberlassung eingesetzt werden soll. Daher findet auf das Rechtsverhältnis zwischen Entleiher und Leiharbeitnehmer im Allgemeinen das **am Betriebssitz des Entleihers geltende Recht** Anwendung,[55] **soweit der Entleiher seine Rechtsposition nicht gerade aus dem Leiharbeitsverhältnis herleitet.**

4. Internationales Sozialversicherungs- und Steuerrecht

a) Internationales Sozialversicherungsrecht[56]

Nach der Rechtsprechung des EuGH zur Vorgängerregelung in Art. 14 Nr. 1 lit. a) EWG-VO Nr. 1408/71 findet **Art. 12 VO EG 883/2004** auf die **legale grenzüberschreitende Arbeitnehmerüberlassung** innerhalb der EU Anwendung.[57] Danach unterliegt ein Arbeitnehmer weiterhin der **Sozialversicherung des Staates, in dem er gewöhnlich beschäftigt wird**, wenn er in das Gebiet eines anderen Mitgliedstaates (als Mitgliedstaaten i. S. d. Bestimmung gelten gemäß Anhang VI zum EWR-Abkommen vom 2.5.1992[58] auch diejenigen EWR-Staaten, die nicht Mitglied der EU sind, nämlich Island, Norwegen und seit dem 1.1.1995 Liechtenstein) entsandt wird, **sofern** die **voraussichtliche Dauer der Entsendung 24 Monate nicht überschreitet** und kein anderer Arbeitnehmer abgelöst wird. Anderenfalls würden sich bei einem nur kurzfristigen Einsatz in einem Mitgliedstaat und einer damit einhergehenden kurzfristigen Versicherungszeit im dem Sozialversicherungssystem des Entsendestaats erhebliche Schwierigkeiten für Leiharbeit-

---

53 Thüsing/*Thüsing*, Einf. Rn. 66.
54 So aber Schüren/*Riederer von Paar*, Einl. Rn. 670.
55 So im Ergebnis auch MünchArbR/*Birk*, 2. Aufl., § 19 Rn. 132.
56 Vgl. Schüren/*Riederer von Paar*, Einl. Rn. 705 ff.; Thüsing/*Thüsing*, Einf. Rn. 68 ff.; – allgemein zum internationalen Sozialversicherungsrecht bei grenzüberschreitenden Arbeitnehmereinsatz, *Tiedemann*, NZS 2011, 41. 44; *Charisse*, DB 2010, 1348 ff.
57 EuGH vom 17.12.1970 – C-35/70, EUGHE 1970, 1251, zu der nahezu inhaltsgleichen Vorgängervorschrift des Art. 13 lit. a) der EWG-VO Nr. 3. – Ausführlich *Nowak/Reiter*, ZESAR 2005, 53 ff.
58 BGBl. 1993 II, S. 266, 521.

A. Kommentierung

nehmer ergeben (z.B. bezüglich des Versicherungsnachweises für die Rentenversicherung).[59] Daher bleiben bei der **Überlassung von Deutschland ins EU-Ausland** weiterhin die **Bestimmungen der deutschen Sozialversicherung**, bei der Überlassung **vom EU-Ausland nach Deutschland** hinein die des **EU-Entsendestaats** anwendbar; dies gilt insbesondere hinsichtlich der Versicherungsberechtigung und der Beitragspflicht. Das Recht der Renten-, Kranken-, Unfall-, Pflege- und sonstigen Sozialversicherung des Einsatzlandes findet keine Anwendung. Dies gilt namentlich für die gesetzliche Unfallversicherung, sodass die Haftungsbeschränkungen der §§ 104ff. SGB VII weder zugunsten noch zu Lasten des von einem ausländischen Verleiher nach Deutschland überlassenen Leiharbeitnehmers gelten.[60] Als Nachweis der ausschließlichen Beitragspflicht zu den Sozialversicherungsstellen des Entsende-Staates stellt die zuständige Stelle auf Antrag eine entsprechende Bescheinigung aus (Bescheinigung A 1, früher: „E-101-Bescheinigung"). Dauert die Entsendung innerhalb der EU auch nur einen Tag länger, dann gilt vom ersten Einsatztag an das Sozialversicherungsrecht des Einsatzortes.[61] Art. 12 VO EG 883/2004 findet **keine Anwendung** auf die **illegale grenzüberschreitende Arbeitnehmerüberlassung**,[62] wegen der Sozialversicherung bei der illegalen Arbeitnehmerüberlassung siehe § 10 Rn. 78ff.

28 Auch wenn ein Arbeitnehmer von einem Verleiher mit Sitz in Deutschland an einen Arbeitgeber mit Sitz **in einem Drittstaat überlassen** wird, bleibt nach § 4 SGB IV deutsches Sozialversicherungsrecht weiterhin anwendbar, und zwar auch dann, wenn der Arbeitnehmer regelmäßig ins Ausland überlassen wird, weil die konkrete Entsendung im Voraus zeitlich begrenzt ist und daher der Beschäftigungsschwerpunkt weiterhin in Deutschland liegt. Demgegenüber bestimmen sich die anwendbaren sozialversicherungsrechtlichen Regelungen bei einer **Überlassung von einem Drittstaat nach Deutschland** hinein nach den **Grundsätzen der illegalen Arbeitnehmerüberlassung** (dazu unten § 10 Rn. 78ff.), weil die Überlassung aus einem Drittstaat nach Deutschland hinein wegen § 3 Abs. 2 stets unzulässig ist.

---

59 *Tiedemann*, NZS 2011, 41, 43.
60 BGH vom 7.11.2006 – VI ZR 211/05, NJW 2007, 1754, 1756; BGH vom 15.7.2008 – VI ZR 105/07, NJW 2009, 916, 918; OLG Koblenz vom 29.8.2002 – 5 U 1459/01, EzAÜG SGB VII Nr. 22; Thüsing/*Thüsing*, Einf. Rn. 77.
61 So zur früheren Rechtslage Thüsing/*Thüsing*, Einf. Rn. 70.
62 Vgl. zur früheren Rechtslage: LSG Hamburg vom 14.1.1981 – III ARBf 457/80, n.v.; *Sandmann/Marschall*, § 3 Anm. 71; Thüsing/*Thüsing*, Einf. Rn. 70.

Bei der **Überlassung nach Deutschland** hinein haftet der **inländische** 29
**Entleiher nicht gem. § 28e Abs. 2 Satz 1 SGB IV für die Abführung
von Sozialversicherungsbeiträgen durch den ausländischen Verleiher** (an den ausländischen Sozialversicherungsträger), weil diese Bürgenhaftung allein zur Sicherung der Beitragsansprüche eines inländischen Sozialversicherungsträgers besteht.[63] Den **ausländischen Verleiher** treffen ggü. den deutschen Behörden die **Anzeige-, Auskunfts- und Meldepflichten nach §§ 7f.**[64]

b) Internationales Steuerrecht[65]

Bei der **Arbeitnehmerüberlassung von Deutschland ins Ausland** hat 30
der inländische Verleiher als Arbeitgeber nach §§ 38 ff. EStG die Lohnsteuer des Leiharbeitnehmers im Lohnsteuerabzugsverfahren an das Betriebsstättenfinanzamt abzuführen; nach § 42d Abs. 1 EStG haftet er für diese Steuerschuld. Daneben haftet unter den Voraussetzungen des § 42d Abs. 6 EStG der ausländische Entleiher als Gesamtschuldner. Soweit es sich um Fälle unechter Leiharbeit (dazu § 1 Rn. 16) handelt, kommt der Leiharbeitnehmer nicht in den Genuss der steuerlichen Begünstigung seines Arbeitslohns gemäß dem Auslandstätigkeitserlass des BMF vom 31.10.1983.[66]

Bei der **Arbeitnehmerüberlassung aus dem Ausland nach Deutschland** hinein sind die während dieses Zeitraums erzielten **Einkünfte des** 31
Leiharbeitnehmers nach §§ 1 Abs. 4, 49 Abs. 1 Nr. 4 EStG **beschränkt einkommensteuerpflichtig**, und zwar auch dann, wenn der Leiharbeitnehmer seinen gewöhnlichen Aufenthaltsort im Ausland hat.[67] Ob und inwieweit auf diese Einkünfte im Inland tatsächlich Lohnsteuer zu zahlen ist, richtet sich ebenso wie die Verpflichtung des Verleihers, im Inland anfallende Lohnsteuer einzubehalten, anzumelden und abzuführen, nach den zur Vermeidung einer Doppelbesteuerung geschlossenen **Doppelbesteuerungsabkommen**.[68] Im Allgemeinen orientieren sich die Regelungen der einzelnen DBA an dem von

---

63 *Sandmann/Marschall*, § 3 Anm. 72; Schüren/*Riederer von Paar*, Einl. Rn. 718.
64 *Sandmann/Marschall*, § 3 Anm. 73.
65 Ausführlich *Krawitz/Hick*, RIW 2003, 900 ff.; Urban-Crell/*Germakowski*, Einl. Rn. 92 ff.
66 BStBl. 1983 I, S. 470 f.
67 *Krawitz/Hick*, RIW 2003, 900, 902 f.
68 Eingehend *Krawitz/Hick*, RIW 2003, 900, 903 ff. – Übersicht über bestehende http://www.bundesfinanzministerium.de/Web/DE/Themen/Steuern/Internationales_Steuerrecht/Staatenbezogene_Informationen/staatenbezogene_info.html.

A. Kommentierung

der OECD verfassten sog. OECD-Musterabkommen (OECD-MA). Für Einkünfte aus nichtselbstständiger Tätigkeit sieht Art. 15 OECD-MA eine Zuweisung des Besteuerungsrechts grundsätzlich zum Tätigkeitsstaat vor, d.h. dem Staat, in dem die nichtselbstständige Tätigkeit ausgeübt wird. Wohnort des Arbeitnehmers sowie Ort der Auszahlung der Vergütung sind unbeachtlich. Das Besteuerungsrecht verbleibt allerdings in Fällen nur vorübergehender Auslandstätigkeit beim Wohnsitzstaat.[69] Eine sachgerechte Abgrenzung erfolgt mittels Anwendung der sog. 183-Tage-Regelung (Art. 15 Abs. 2 lit. a OECD-MA). Demnach behält der Wohnsitzstaat sein Besteuerungsrecht, wenn sich der Arbeitnehmer im Tätigkeitsstaat nicht länger als 183 Tage im Steuerjahr aufhält, die Vergütungen von einem oder für einen Arbeitgeber gezahlt werden, der nicht in dem Tätigkeitsstaat ansässig ist, und die Vergütungen nicht von einer Betriebsstätte oder einer festen Einrichtung getragen werden, die der Arbeitgeber im Tätigkeitsstaat unterhält (sog. Betriebsstättenvorbehalt). Soweit nach neueren DBA (Frankreich, Italien, Schweiz, Norwegen, Schweden) die 183-Tage-Regelung auf Leiharbeitnehmer keine Anwendung findet, wird eine Doppelbesteuerung durch Steueranrechnung vermieden (vgl. § 34c EStG).[70]

32 Unabhängig von der Frage der Doppelbesteuerung der beim Einsatz im Inland erzielten Einkünfte ausländischer Leiharbeitnehmer ist der **ausländische Verleiher** nach § 38 Abs. 1 Satz 1 Nr. 2 EStG zur **Durchführung des Lohnsteuerabzugsverfahrens** verpflichtet,[71] erst durch eine vom Betriebsstättenfinanzamt (vgl. dazu § 41 Abs. 2 EStG) erteilte Freistellungsbescheinigung (§§ 39b Abs. 6, 39d Abs. 1 und Abs. 3 EStG) wird er von seinen diesbezüglichen Pflichten befreit.[72] Eine **Haftung des inländischen Entleihers** nach § 42d Abs. 6 EStG kommt nur in Betracht, wenn der Leiharbeitnehmer im Inland lohnsteuerpflichtig ist; eine Haftung **für ausländische Steuerschulden besteht nicht**, weil durch diese Regelung nur innerstaatliche fiskalische Interessen geschützt werden sollen.

---

69 *Reichel/Spieler*, BB 2011, 2741, 2748.
70 BMF-Erlass vom 5.1.1994 – IV C 5-S 1300-197/93, BStBl. 1994 I, S. 11 unter Nr. 1.4.
71 *Krawitz/Hick*, RIW 2003, 900, 908.
72 BT-Drs. 10/4119, S. 7; *Goydke*, DStZ 1986, 68, 69; Schmidt/*Drenseck*, EStG, § 38 Rn. 6. – Vgl. allerdings auch BFH vom 10.5.1989 – I R 50/85, BB 1989, 1749 (Ls.) = BStBl. 1989 II, S. 755, 757, wonach nach DBA steuerfreie Einkünfte grds. nicht dem inländischen Steuerabzug unterliegen sollen.

§ 1 Erlaubnispflicht

(1) Arbeitgeber, die als Verleiher Dritten (Entleihern) Arbeitnehmer (Leiharbeitnehmer) im Rahmen ihrer wirtschaftlichen Tätigkeit zur Arbeitsleistung überlassen wollen, bedürfen der Erlaubnis. Die Überlassung von Arbeitnehmern an Entleiher erfolgt vorübergehend. Die Abordnung von Arbeitnehmern zu einer zur Herstellung eines Werkes gebildeten Arbeitsgemeinschaft ist keine Arbeitnehmerüberlassung, wenn der Arbeitgeber Mitglied der Arbeitsgemeinschaft ist, für alle Mitglieder der Arbeitsgemeinschaft Tarifverträge desselben Wirtschaftszweiges gelten und alle Mitglieder auf Grund des Arbeitsgemeinschaftsvertrages zur selbstständigen Erbringung von Vertragsleistungen verpflichtet sind. Für einen Arbeitgeber mit Geschäftssitz in einem anderen Mitgliedstaat des Europäischen Wirtschaftsraums ist die Abordnung von Arbeitnehmern zu einer zur Herstellung eines Werkes gebildeten Arbeitsgemeinschaft auch dann keine Arbeitnehmerüberlassung, wenn für ihn deutsche Tarifverträge desselben Wirtschaftszweiges wie für die anderen Mitglieder der Arbeitsgemeinschaft nicht gelten, er aber die übrigen Voraussetzungen des Satzes 2 erfüllt.

(2) Werden Arbeitnehmer Dritten zur Arbeitsleistung überlassen und übernimmt der Überlassende nicht die üblichen Arbeitgeberpflichten oder das Arbeitgeberrisiko (§ 3 Abs. 1 Nr. 1 bis 3), so wird vermutet, dass der Überlassende Arbeitsvermittlung betreibt.

(3) Dieses Gesetz ist mit Ausnahme des § 1b Satz 1, des § 16 Abs. 1 Nr. 1b und Abs. 2 bis 5 sowie der §§ 17 und 18 nicht anzuwenden auf die Arbeitnehmerüberlassung

1. zwischen Arbeitgebern desselben Wirtschaftszweiges zur Vermeidung von Kurzarbeit oder Entlassungen, wenn ein für den Entleiher und Verleiher geltender Tarifvertrag dies vorsieht,

2. zwischen Konzernunternehmen im Sinne des § 18 des Aktiengesetzes, wenn der Arbeitnehmer nicht zum Zweck der Überlassung eingestellt und beschäftigt wird,

2a. zwischen Arbeitgebern, wenn die Überlassung nur gelegentlich erfolgt und der Arbeitnehmer nicht zum Zweck der Überlassung eingestellt und beschäftigt wird, oder

§ 1 Erlaubnispflicht

3. in das Ausland, wenn der Leiharbeitnehmer in ein auf der Grundlage zwischenstaatlicher Vereinbarungen begründetes deutsch-ausländisches Gemeinschaftsunternehmen verliehen wird, an dem der Verleiher beteiligt ist.

Literatur: *Becker*, Zur Abgrenzung des Arbeitnehmerüberlassungsvertrages gegenüber anderen Vertragstypen mit drittbezogenem Personaleinsatz, ZfA 1978, 131 ff.; *ders.*, Abgrenzung der Arbeitnehmerüberlassung gegenüber Werk- und Dienstverträgen, DB 1988, 2561 ff.; *Behrend*, Neues zum Scheinwerkvertrag: Die vermutete Arbeitsvermittlung im AÜG, BB 2001, 2641 ff.; *Boemke*, Neue Selbstständigkeit und Arbeitsverhältnis, ZfA 1998, 285 ff.; *ders.*, Scheinselbstständigkeit im Arbeitsrecht, DStR 2000, 1694 ff.; *ders.*, Entstehen eines Arbeitsverhältnisses wegen vermuteter Arbeitsvermittlung, BB 2000, 2524 ff.; *ders.*, Die EG-Leiharbeitsrichtlinie und ihre Einflüsse auf das deutsche Recht, RIW 2009, 177 ff.; *Böhm*, Umsetzung der EU-Leiharbeitsrichtlinie – mit Fragezeichen?!, DB 2011, 473 ff.; *Düwell*, Arbeitnehmerüberlassung in Betriebe des Baugewerbes, BB 1995, 1082 f.; *ders.*, Deregulierung der Arbeitnehmerüberlassung – Abbau beschäftigungshemmender Vorschriften, AuA 1997, 253 ff.; *ders.*, Die vorübergehende Überlassung im Ersten AÜG-Änderungsgesetz, ZESAR 2011, 449 ff.; *ders.*, Überlassung zur Arbeitsleistung – Neues aus Rechtsprechung und Gesetzgebung, DB 2011, 1520 ff.; *Feuerborn/Hamann*, Liberalisierung der Arbeitnehmerüberlassung durch das Arbeitsförderungsreformgesetz, BB 1997, 2530 ff.; *Forst*, Entspricht das Konzernprivileg des neuen AÜG der Leiharbeitsrichtlinie?, ZESAR 2011, 316 ff.; *Gaul*, Arbeitnehmerüberlassung im Konzern, BB 1996, 1224 f.; *Gerdom*, Neue Spielregeln bei der Personalgestellung, ÖAT 2011, 150 ff.; *Giesen/Müller*, Neue Spielregeln für die Leiharbeit – Wesentliche Neuerungen des AÜG und deren Auswirkungen auf die Praxis, KSzW 2012, 20 ff.; *Groeger*, Arbeitsrechtliche Aspekte des neuen Arbeitnehmerüberlassungsgesetzes, DB 1998, 470 ff.; *Hamann*, Die Vereinbarkeit der privilegierten Arbeitnehmerüberlassung nach dem AÜG mit der Richtlinie Leiharbeit, ZESAR 2012, 103 ff.; *ders.*, Die Richtlinie der Leiharbeit und ihre Auswirkungen, EuZA 2011, 287 ff.; *ders.*, Die Richtlinie Leiharbeit und ihre Auswirkungen auf das nationale Recht der Arbeitnehmerüberlassung, EuZA 2(2009), 287 ff.; *ders.*, Die Reform des AÜG im Jahr 2011, RdA 2011, 321 ff.; *Huke/Neufeld/Luickhardt*, Das neue AÜG: Erste Praxiserfahrungen und Hinweise zum Umgang mit den neuen Regelungen, BB 2012, 961 ff.; *Kadel/Koppert*, Der Einsatz von Leiharbeitnehmern unter rechtlichen personalpolitischen Aspekten, BB 1990, 2331 ff.; *Kania*, Überlassung von Maschinen mit Bedienungspersonal, NZA 1994, 871 ff.; *Knigge*, Die Abstellung von Arbeitnehmern an eine baugewerbliche Arbeitsgemeinschaft, DB 1982, Beil. 4, S. 1 ff.; *Krannich/Simon*, Das neue Arbeitnehmerüberlassungsgesetz – zur Auslegung des Begriffs „vorübergehend" in § 1 Abs. 1 AÜG n. F.; *Lembke*, Die geplanten Änderungen im Recht der Arbeitnehmerüberlassung, DB 2011, 414 ff.; *ders.*, Arbeitnehmerüberlassung im Konzern, BB 2012, 2497 ff.; *ders.*, Die jüngsten Änderungen des AÜG im Überblick, FA 2011, 290 ff.; *Leuchten*, Das neue Recht der Leiharbeit, NZA 2011, 608 ff.; *Löwisch/Domisch*, Zur Anwendbarkeit des Arbeitnehmerüberlassungsgesetzes auf Personalgestellungen durch juristische Personen des öffentlichen Rechts, BB 2012, 1408 ff.; *Marschall*, Zur Abgrenzung zwischen Werkvertrag und Arbeitnehmerüberlassung, NZA 1984, 150 ff.; *Marschner*, Arbeitsvermittlung, AR-Blattei SD 215; *ders.*, Die Abgrenzung der Arbeitnehmerüberlassung von anderen Formen des Personaleinsatzes, NZA 1995, 668 ff.; *Martens*, Die Arbeitnehmerüberlassung im Konzern, DB 1985, 2144 ff.; *Mohr/Pomberg*, Die Änderung der Rechtsprechung zu der vermuteten Arbeitsvermittlung nach dem Arbeitnehmerüberlassungsgesetz, DB 2001, 590; *Mosch*, Neue Regeln für die Leiharbeit, NJW-Spezial 2011, 242 ff.; *Oberthür*, Die Neuregelung des AÜG, ArbRB 2011, 146 ff.; *Oetker*, Anmerkung zu BAG vom 5.5.1988, SAE 1989, 62 ff.; *Raif*, Reform der Leiharbeit – Was ändert sich für Unternehmen, GWR 2011, 303 ff.; *Rieble/Vielmeier*, Umsetzungsdefizite der Leiharbeitsrichtlinie, EuZA 4(2011), 474 ff.; *Rissing*, Das Verbot der Leiharbeit im Baugewerbe, Diss. jur. Leipzig 2001; *Rüthers/Bakker*, Arbeitnehmerentsendung und Betriebsinhaberwechsel im Konzern, ZfA 1990, 245; *Schüren/Wank*, Die neue Leiharbeitsrichtlinie und ihre Umsetzung in deutsches Recht, RdA 2011, 1 ff.; *Säcker/Kühnast*, Die vermutete Arbeitsvermittlung (§ 1 Abs. 2 AÜG) als gesetzespolitische Fehlleistung?, ZfA 2001, 117 ff.; *Schaub*, Die Abgrenzung der gewerbsmäßigen Arbeitnehmerüberlassung von Dienst- und Werkverträgen sowie sonstigen Verträgen der Arbeitsleistung an Dritte, NZA 1985, Beil. 3 S. 1 ff.; *ders.*, Flexibilisierung des Personaleinsatzes, BB 1998, 2106 ff.; *Schubel*, Beschäftigungsförderungsgesetz und Arbeitsüberlassung, BB 1985, 1606 ff.; *Thüsing/Stiebert*, Zum Begriff „vorübergehend" in § 1 Abs. 1 Satz 2 AÜG, DB 2012, 632 ff.; *Thüsing/Thieken*, Der Begriff der „wirtschaftlichen Tätigkeit" im neuen AÜG, DB 2012, 347 ff.; *Wagner*, Rechtsverhältnisse der nichtgewerbsmäßigen Arbeitnehmerüberlassung; *Weisemann*, Zulässige Arbeitsgemeinschaften nach der Neuregelung des AÜG, BB 1989, 907 ff.; *Zimmer*, „Vorübergehender" Einsatz von Leiharbeitnehmern, AuR 2012, 422 ff.

Übersicht

	Rn.		Rn.
I. Vorbemerkungen	1	c) Einschränkung für ARGE (Abs. 1 Satz 3 und 4)	8
1. Entstehungsgeschichte	1	d) Vermutungsregelungen	
2. Sinn und Zweck der Vorschrift	6	(Abs. 2)	9
a) Präventives Verbot mit Erlaubnisvorbehalt (Abs. 1 Satz 1)	6	e) Teilausnahmen für besondere Formen der Arbeitnehmerüberlassung (Abs. 3)	10
b) Vorübergehende Arbeitnehmerüberlassung (Abs. 1 Satz 2)	7		

§ 1 Erlaubnispflicht

	Rn.
II. Erlaubnispflichtige Arbeitnehmerüberlassung (Abs. 1 Satz 1)	11
1. Überblick	11
a) Definition der erlaubnispflichtigen Arbeitnehmerüberlassung	11
b) Struktur der Arbeitnehmerüberlassung	13
c) Arten der Arbeitnehmerüberlassung	15
aa) Erlaubnispflichtige und erlaubnisfreie	15
bb) Echte und unechte	16
2. Voraussetzungen der Erlaubnispflicht	19
a) Arbeitsverhältnis zwischen Verleiher und Leiharbeitnehmer	23
aa) Arbeitsverhältnis	23
bb) Arbeitgeber	24
cc) Arbeitnehmer	27
b) Überlassung zur Arbeitsleistung	32
aa) Übertragung arbeitsrechtlicher Weisungsbefugnisse	32
bb) Überlassung	33
cc) Zur Arbeitsleistung	37
c) Überlassung an Dritte zur Arbeitsleistung	39
aa) Überlassung an Dritte	39
bb) Gemeinschaftsprojekte	41
cc) Gesamthafenbetrieb	45
d) Arbeitnehmerüberlassung im Rahmen wirtschaftlicher Tätigkeit	46
aa) Begriff	46
bb) Keine Gewinnerzielungsabsicht	49
cc) Konzernverleih	50
dd) Hoheitliche Tätigkeiten	51
ee) Mischunternehmen	52
3. Erlaubnispflicht	53
a) Grundsatz	53
b) Ausnahmen	55
c) Rechtsfolgen	67
4. Abgrenzung	68

	Rn.
a) Beurteilungsgrundlage	69
b) Arbeitsvermittlung	74
c) Dienstverschaffungsvertrag	75
d) Dienstvertrag	76
e) Gesamthafenbetrieb	80
f) Geschäftsbesorgung	81
g) Personalführungsgesellschaft	82
h) Überlassung von Maschinen	83
i) Werkvertrag	84
aa) Abgrenzungsmerkmal	84
(1) Grundsatz	84
(2) Werkvertragliches und arbeitsrechtliches Weisungsrecht	85
bb) Beurteilungskriterien	86
(1) Grundsatz	86
(2) Indizien für Werkvertrag	87
(3) Indizien für Arbeitnehmerüberlassung	91
(4) Ohne Aussagekraft	97
III. Vorübergehend (Abs. 1 Satz 2)	105
1. Überblick	105
a) Entstehungsgeschichte	105
b) Sinn und Zweck	106
2. „Vorübergehend"	107
a) Begriff	107
b) Zeitkomponente	109
aa) Nicht Dauer des Arbeitsverhältnisses als Bezugpunkt	109
bb) Keine zeitliche Höchstgrenze	111
c) Anlassbezug	113
d) Mehrfachüberlassungen	114
3. Rechtsfolgen	115
a) Allgemein	115
b) Gewerberechtlich	116
c) Individualarbeitsrecht	117

	Rn.
d) Strafrechtliche Sanktionen	118
e) Zustimmungsverweigerung § 99 Abs. 2 Nr. 1 BetrVG	119
IV. Abordnung zu ARGE (Abs. 1 Satz 3 und 4)	**120**
1. Überblick	121
a) Entstehungsgeschichte	121
b) Sinn und Zweck	123
2. Allgemeine Regelung (Abs. 1 Satz 3)	124
a) Tatbestandsvoraussetzungen	124
aa) ARGE zur Herstellung eines Werks	125
bb) Abordnung von Arbeitnehmern	127
cc) Mitgliedschaft des Arbeitgebers	132
dd) Geltung von Tarifverträgen desselben Wirtschaftszweiges	133
ee) Selbstständige Leistungserbringung	138
b) Rechtsfolgen	141
aa) Vorliegen der Voraussetzungen	141
bb) Nichtvorliegen der Voraussetzungen	144
3. Beteiligung ausländischer Unternehmen (Abs. 1 Satz 4)	146
a) Überblick	146
b) Tatbestandsvoraussetzungen	147
aa) Arbeitgeber mit Geschäftssitz im EWR	147
bb) Sonstige Voraussetzungen von Abs. 1 Satz 3	150
c) Rechtsfolgen	155
V. Vermutung des Betreibens von Arbeitsvermittlung (Abs. 2)	**157**
1. Vorbemerkungen	157
a) Entstehungsgeschichte	157
b) Sinn und Zweck der Norm	158
c) Gesetzeskritik	159
2. Tatbestandsvoraussetzungen	160
a) Arbeitnehmerüberlassung	163
aa) Überlassung zur Arbeitsleistung	163

	Rn.
bb) Erlaubnisfreie Arbeitnehmerüberlassung	165
b) Anknüpfungstatbestand	166
aa) Anforderungen	166
bb) Nichtübernahme von Arbeitgeberpflichten	168
cc) Nichtübernahme des Arbeitgeberrisikos	170
3. Vermutung für Arbeitsvermittlung	171
a) Grundsatz	171
b) Reichweite der Vermutung	172
aa) Arbeitsrecht	172
bb) Verwaltungsrecht	174
cc) Straf- und Ordnungswidrigkeitenverfahren	175
c) Widerlegbarkeit	176
d) Widerlegung der Vermutung	177
aa) Allgemeine Anforderungen	177
bb) Nichterfüllung von Arbeitgeberpflichten	180
4. Rechtsfolgen	182
a) Widerlegung der Vermutung	182
b) Nichtwiderlegung der Vermutung	183
aa) Arbeitsrechtliche Folgen	184
bb) Folgen für Überlassungsvertrag	187
cc) Gewerberechtliche Folgen	188
dd) Ordnungswidrigkeit	189
VI. Nichtanwendung des AÜG (Abs. 3)	**190**
1. Vorbemerkungen	190
a) Normzweck	190
b) Entstehungsgeschichte	191
c) Europarechtswidrigkeit des § 1 Abs. 3	195
2. Arbeitsplatzsichernde Arbeitnehmerüberlassung (Abs. 3 Nr. 1)	200

Boemke

§ 1 Erlaubnispflicht

	Rn.		Rn.
a) Arbeitgeber desselben Wirtschaftszweigs	201	aa) Mindestens zwei selbstständige Unternehmen	227
b) Arbeitnehmerüberlassung zur Vermeidung von Kurzarbeit oder Entlassungen	203	bb) Unter einheitlicher Leitung	229
aa) Kurzarbeit	204	c) Überlassung eines nicht zum Zwecke der Überlassung eingestellten und beschäftigten Arbeitnehmers	230
bb) Entlassungen	205		
cc) Vermeidungszweck der Arbeitnehmerüberlassung	206		
c) Zulassung in einem für Entleiher und Verleiher geltenden Tarifvertrag	207	4. Gelegentliche Arbeitnehmerüberlassung (Abs. 3 Nr. 2a)	236
		a) Gelegentlich	239
aa) Regelungsbefugnis der Tarifpartner	207	b) Überlassung eines nicht zum Zwecke der Überlassung eingestellten und beschäftigten Arbeitnehmers	243
bb) Identität des Tarifvertrags	209		
cc) Betriebsnorm	211		
dd) Praktische Bedeutung	212	5. Arbeitnehmerüberlassung in ein Gemeinschaftsunternehmen (Abs. 3 Nr. 3)	244
3. Konzerninterne Arbeitnehmerüberlassung (Abs. 3 Nr. 2)	213		
a) Anwendungsbereich	215	a) Arbeitnehmerüberlassung ins Ausland	245
aa) zeitlich	215		
bb) sachlich: Arbeitnehmerüberlassung	216	b) Gemeinschaftsunternehmen auf Grundlage zwischenstaatlicher Vereinbarungen	248
cc) Räumlich	220		
dd) Branchenmäßig	221		
ee) Erscheinungsformen konzerninterner Arbeitnehmerüberlassung in der Praxis	222	6. Rechtsfolgen	250
		a) Nichtanwendung des AÜG	250
		b) Rückausnahme	252
b) Arbeitnehmerüberlassung zwischen Konzernunternehmen	226	c) Anwendbarkeit anderer Vorschriften	253
		7. Rechtsstreitigkeiten	255

I. Vorbemerkungen

1. Entstehungsgeschichte

1   Abs. 1 Satz 1 der Bestimmung mit der Grundnorm über die Erlaubnispflicht war bereits in der **ursprünglichen Fassung** des AÜG enthalten. Durch Art. 64 Nr. 2a AFRG wurde **lediglich ein Halbsatz über die Negativabgrenzung zur Arbeitsvermittlung gestrichen**, weil mit dem Wegfall des Alleinvermittlungsmonopols der BA das entsprechende

I. Vorbemerkungen § 1

Regelungsbedürfnis entfallen war.[1] Auf Vorschlag des Ausschusses für Arbeit und Sozialordnung vom 9.6.1972[2] war auch **Abs. 2** Gegenstand der ursprünglich verabschiedeten Fassung. Neben geringfügigen redaktionellen Korrekturen durch das BeschFG 1985[3] wurde die für das Eingreifen der Vermutung gegebene **Überlassungshöchstdauer** von ursprünglich drei Monaten durch Art. 8 Abs. 1 Nr. 1a) BeschFG 1985[4] auf sechs Monate, mit dem 1. SKWPG[5] auf neun Monate und durch das AFRG[6] zum 1.4.1997 auf 12 Monate **verlängert**. Durch das Job-AQTIV-Gesetz wurde zwar die Überlassungshöchstdauer nach § 3 Abs. 1 Nr. 6 auf 24 Monate angehoben, Abs. 2 aber nicht angepasst. **Seit** dem **1.1.2004** war Arbeitnehmerüberlassung in Entleiherbetriebe generell **ohne zeitliche Einschränkungen** zulässig (Art. 6 Nr. 1 des Ersten Gesetzes für moderne Dienstleistungen am Arbeitsmarkt vom 23.12.2002),[7] sodass der entsprechende Anknüpfungstatbestand in Abs. 2 gestrichen wurde. In Umsetzung der LeiharbeitsRL (RL 2008/104/EG des Europäischen Parlaments und des Rates vom November 2008 über Leiharbeit) wurde Abs. 1 Satz 1 mit Wirkung zum 1.12.2011 neu gefasst. Das Merkmal der gewerbsmäßigen Arbeitnehmerüberlassung wurde gestrichen und durch das Erfordernis von Überlassungen, welche im Rahmen einer wirtschaftlichen Tätigkeit erfolgen, ersetzt. Zeitgleich ist Satz 2 in Abs. 1 durch Art. 1 Nr. 2 lit. a) aa) AÜG-ÄndG eingefügt worden. Es wird bestimmt, dass die **Arbeitnehmerüberlassung vorübergehend** erfolgt. Diese Einfügung soll klarstellen, dass das deutsche Modell der Arbeitnehmerüberlassung europarechtlichen Vorgaben entspricht,[8] ohne dass eine Änderung der bestehenden Rechtslage beabsichtigt war[9] (dazu unten Rn. 105 ff.).

Abs. 1 wurde durch Art. 11 des siebten Gesetzes zur Änderung des Arbeitsförderungsgesetzes vom 20.12.**1985**[10] um den damaligen Satz 2, den jetzigen **Satz 3, ergänzt**, der die Anwendung des AÜG bei der Abordnung von Arbeitnehmern zu ARGE einschränkt. **Satz 4** wurde (als damaliger Satz 3) mit Wirkung zum 1.1.**2003** durch Art. 6 Nr. 1a) des

2

---

1 BT-Drs. 13/4941, S. 247.
2 BT-Drs. 6/3505, S. 2.
3 Siehe dazu BT-Drs. 10/2102, S. 32.
4 BGBl. I, S. 710, 715.
5 BGBl. I, S. 2353.
6 BGBl. I, S. 594.
7 BGBl. I, S. 4607, 4718.
8 Begründung zum AÜG-ÄndG, BT-Drs. 17/4804, S. 8.
9 Antwort der BReg auf parlamentarische Anfrage, BT-Drs. 17/8829, S. 24.
10 BGBl. I S. 2484.

Boemke

§ 1 Erlaubnispflicht

Ersten Gesetzes für moderne Dienstleistungen am Arbeitsmarkt vom 23.12.2002[11] eingefügt, um **europarechtlichen Vorgaben** zu genügen.

3 Abs. 2 enthält neben der zum 1.1.2004 erfolgten Streichung der Überlassungshöchstdauer durch Art. 6 Nr. 1 des Ersten Gesetzes für moderne Dienstleistungen am Arbeitsmarkt vom 23.12.2002[12] einen (widerlegbaren) Vermutungstatbestand für das Vorliegen einer nicht vom Anwendungsbereich des Gesetzes erfassten Arbeitsvermittlung. Die Vermutungsregelungen haben auf Vorschlag des Ausschusses für Arbeit und Sozialordnung vom 9.6.1972[13] Einklang in das AÜG gefunden und wurden seitdem nur unwesentlich verändert. Lediglich durch Art. 8 BeschFG 1985[14] ist insoweit eine Änderung vollzogen worden, als dass für die Anwendung von Abs. 2 nicht mehr an das kumulative Vorliegen der Vermutungsregelungen („und"), sondern an ein alternatives Vorliegen („oder") angeknüpft wird.

4 **Nr. 1 und 2** von § 1 Abs. 3 wurden auf Anregung von IG Metall und BDA[15] und auf Vorschlag des Ausschusses für Arbeit und Sozialordnung[16] in Art. 8 Abs. 1 Nr. 1 lit. b) des BeschFG 1985[17] **mit Wirkung zum 1.5.1985 eingeführt**. Konkreter Regelungshintergrund war die in der Vergangenheit praktizierte „**Nachbarschaftshilfe**" in der norddeutschen Werftindustrie, bei der durch die zeitweise Überlassung von Arbeitnehmern eines mit Absatz- oder Produktionsschwierigkeiten kämpfenden Unternehmens an ein Unternehmen mit besserer Beschäftigungslage die Entlassung oder die Kurzarbeit von Arbeitnehmern vermieden werden konnte.[18] Dieses Verhalten sollte durch Nr. 1 legalisiert und abstrakt geregelt werden. Gleichzeitig sollte in **Nr. 2** die **vorübergehende Entsendung** und der **Austausch** von Arbeitnehmern **innerhalb eines Konzerns von den „bürokratischen Förmlichkeiten"** des **AÜG** befreit werden. Im Rahmen der **Umsetzung der LeiharbeitsRL** wurde **Abs. 3 Nr. 2** mit Wirkung **zum 1.12.2011** dahingehend geändert, dass neben der konzerninternen Überlassung **nicht mehr** auf das Merkmal der **vorübergehenden** Entsendung abgestellt wird. Vielmehr ist nun notwendig, dass der Arbeitnehmer „**nicht zum Zweck der Über-

---

11 BGBl. I S. 4607.
12 BGBl. I, S. 4607, 4718.
13 BT-Drs. 6/3505, S. 2.
14 BGBl. I S. 710.
15 11. BT-Ausschuss, Protokoll Nr. 45 vom 16./17.1.1985, S. 307 ff.
16 BT-Drs. 10/3206, S. 32 f.
17 BGBl. I, S. 710, 715.
18 *Sandmann/Marschall*, § 1 Anm. 69.

I. Vorbemerkungen § 1

lassung eingestellt und beschäftigt" wird. Zeitgleich wurde **Abs. 3 Nr. 2a eingefügt**. Mittels dieser Bestimmung wollte der Gesetzgeber die nur **gelegentliche Arbeitnehmerüberlassung zwischen Arbeitgebern**, z. B. zur Abdeckung eines kurzfristigen Spitzenbedarfs eines der beteiligten Unternehmen **privilegieren und** durch die **Befreiung von der Erlaubnispflicht** nicht übermäßig erschweren.[19]

Nr. 3 wurde durch Art. 63 Nr. 3c dd AFRG[20] **mit Wirkung zum 1.4.1997** in Abs. 3 aufgenommen. Durch diese Vorschrift soll die im Rahmen von **deutsch-ausländischen „joint-ventures"** häufig aus organisatorischen und wirtschaftlichen Gründen notwendige Entsendung von Arbeitnehmern ins Ausland unter bestimmten Voraussetzungen von den Restriktionen des AÜG befreit werden, unabhängig davon, ob entsendendes und aufnehmendes Unternehmen einen Konzern bilden.[21]

5

2. Sinn und Zweck der Vorschrift

a) Präventives Verbot mit Erlaubnisvorbehalt (Abs. 1 Satz 1)

Abs. 1 Satz 1 normiert für die im Rahmen einer wirtschaftlichen Tätigkeit erfolgende Arbeitnehmerüberlassung ein präventives Verbot mit Erlaubnisvorbehalt,[22] um durch **Kontrollmöglichkeiten der BA** die Einhaltung der Rechte der Arbeitnehmer aus dem Arbeitsverhältnis sicherzustellen und illegale Formen der Beschäftigung präventiv zu verhindern. Zugleich wird hierdurch der **Anwendungsbereich des AÜG** festgelegt und die Arbeitnehmerüberlassung von sonstigen Formen des Drittpersonaleinsatzes abgegrenzt, die weiterhin ohne Erlaubnis betrieben werden können.[23] Daneben wurde der Zweck des Erlaubnisvorbehalts auch darin gesehen, in den Einsatzbetrieben Dauerarbeitsplätze zu erhalten und zu verhindern, dass Arbeitgeber auf die Beschäftigung von Leiharbeitnehmern ausweichen, um sich ihrer arbeitsrechtlichen Verpflichtungen gegenüber dem Stammpersonal zu entziehen.[24] Dieser Auffassung ist spätestens durch die **Aufhebung der Überlassungshöchstdauer** durch das Erste Gesetz für moderne Dienstleistungen am

6

---

19 BT-Drs. 17/4084, S. 8f.
20 BGBl. I, S. 594, 714.
21 BT-Drs. 13/4941, S. 248.
22 Thüsing/*Waas*, § 1 Rn. 2; AnwK-ArbR/*Golücke*, § 1 AÜG Rn. 1.
23 BT-Drs. VI/2303, S. 10.
24 BAG vom 8.11.1978 – 5 AZR 261/77, BB 1980, 1326ff. = AP Nr. 2 zu § 1 AÜG; *Ulber*, § 1 Rn. 11. – Siehe auch BT-Drs. VI/2303, S. 9. – Dagegen zutreffend Thüsing/*Waas*, § 1 Rn. 4.

§ 1 Erlaubnispflicht

Arbeitsmarkt vom 23.12.2002 die Grundlage entzogen worden. Auch die Einfügung von Abs. 1 Satz 2 durch Art. 1 Nr. 2 lit. a) aa) AÜG-ÄndG hat hieran nichts geändert. Im **Diskussionsentwurf der Bundesregierung vom 2.9.2010** war hierzu ausdrücklich formuliert, dass es **ausgeschlossen** werden sollte, dass Unternehmen **mit Hilfe der Arbeitnehmerüberlassung** ihren **dauerhaften Bedarf an Arbeitskräften abdecken**, und es für die vorübergehende Arbeitnehmerüberlassung eines **besonderen Anlassbezugs** bedarf.[25] In der Regel sollte immer dann von einer vorübergehenden Überlassung ausgegangen werden, wenn der Einsatz in dem Entleihunternehmen nicht dauerhaft sein soll und beispielsweise im Rahmen einer Urlaubs- oder Krankenvertretung oder zur Durchführung eines besonderen Projekts oder Auftrags stattfindet. Diese **Passage findet sich** dann aber **in dem Gesetzesentwurf**, der in den **Bundestag eingebracht** wurde, **nicht mehr**.[26] Sie war **unvereinbar mit** der **LeiharbeitsRL**, derzufolge Arbeitnehmerüberlassung zur Schaffung von Arbeitsplätzen und zur Teilnahme am und zur Eingliederung in den Arbeitsmarkt beiträgt (Erwägungsgrund Nr. 15). Bei der Arbeitnehmerüberlassung handelt es sich demnach um eine **moderne**, den Interessen der beteiligten Kreise Rechnung tragende **Form von Dienstleistungen**, die geeignet ist, die **Stabilität von Arbeitsverhältnissen** sicherzustellen. Anstelle kurzfristiger, zeitlich befristeter Arbeitsverhältnisse bei verschiedenen Entleihern, ermöglicht die Arbeitnehmerüberlassung für den Leiharbeitnehmer ein stabiles Arbeitsverhältnis bei ein und demselben Arbeitgeber.[27]

b) Vorübergehende Arbeitnehmerüberlassung (Abs. 1 Satz 2)

7 Abs. 1 Satz 2 legt programmatisch fest, dass die **Überlassung** von Arbeitnehmern an Entleiher **vorübergehend** erfolgt. Diese Einfügung soll nach der Gesetzesbegründung der **Klarstellung** dienen, dass das deutsche Modell der Arbeitnehmerüberlassung **europarechtlichen Vorgaben** entspricht, wobei der Begriff vorübergehend als **flexible Zeitkomponente** verstanden wird.[28] Vordergründig scheint Abs. 1 Satz 2 zugleich zu besagen, dass eine dauerhafte Arbeitnehmerüberlas-

---

25 Diskussionsentwurf der BREg zum AÜG-ÄndG vom 2.9.2010, S. 9.
26 Begründung zum AÜG-ÄndG, BT-Drs. 17/4804, S. 8.
27 BT-Drs. VI/2303, S. 9. – Siehe auch Begründung zum AÜG-ÄndG, BT-Drs. 17/4804, S. 7: „Arbeitnehmerüberlassung bietet in der Regel voll sozialversicherungspflichtige Beschäftigungsverhältnisse und kann Perspektiven schaffen".
28 Begründung zum AÜG-ÄndG, BT-Drs. 17/4804, S. 8; *Sandmann/Marschall*, § 1 Anm. 51; Thüsing/*Waas*, § 1 Rn. 109a.

sung ausgeschlossen ist. Bei genauerer Betrachtung zeigt sich aber, dass der Gesetzgeber hiermit eine bloße Klarstellung schaffen, **nicht** aber die **bestehende Rechtslage ändern** wollte.[29] Nach der seit 2004 geltenden Rechtslage ist aber auch eine dauerhafte Arbeitnehmerüberlassung zulässig. Dies steht auch nicht in Widerspruch zu den Bestimmungen der LeiharbeitsRL, sodass die Bestimmung einen reinen **Programmsatz** enthält **ohne eigenen Regelungsinhalt** (wegen der Einzelheiten siehe unten Rn. 107 ff.).

c) Einschränkung für ARGE (Abs. 1 Satz 3 und 4)

Abs. 1 Satz 3 schränkt den Anwendungsbereich des AÜG ein, indem Abordnungen von Arbeitnehmern zu ARGEen **unter bestimmten Voraussetzungen** per definitionem **keine Arbeitnehmerüberlassung** darstellen. Diese Ausnahmeregelung wurde insbesondere **im Interesse des Baugewerbes** in das Gesetz aufgenommen, weil einerseits bei der Anwendbarkeit des AÜG bestimmte sinnvolle Formen der wirtschaftlichen Zusammenarbeit zwischen Unternehmen erschwert würden, andererseits dem Sozialschutz der Arbeitnehmer dadurch Rechnung getragen ist, dass auf Grund der konkreten Ausgestaltung der Bestimmung reine Verleihunternehmen von dieser Privilegierung faktisch ausgeschlossen sind.[30] – Wegen der Einzelheiten siehe unten Rn. 120 ff. **Satz 4**, mit Wirkung zum **1.1.2003** durch Art. 6 Nr. 1 a) des Ersten Gesetzes für moderne Dienstleistungen am Arbeitsmarkt vom 23.12.2002 (vormaliger Satz 3) eingefügt, wurde auf Grund der Rechtsprechung des EuGH erforderlich. Die Bestimmung dient der **Anpassung** der gesetzlichen Regelung in Abs. 1 Satz 3 (als vormaliger Satz 2) **an das EU-Recht**.[31] Nach der früheren Rechtslage war die Beteiligung von Unternehmen mit Sitz im Ausland an einer ARGE ausgeschlossen, wenn für die Zeit der Tätigkeit in der ARGE das arbeitsrechtliche Direktionsrecht auf die ARGE übertragen werden sollte (siehe dazu § 1 Rn. 129). Der EuGH hat hierin einen Verstoß gegen die Dienstleistungsfreiheit gem. Art. 52, 59 EGV (jetzt: Art. 49 und 56 AEUV) gesehen.[32]

8

---

29 Antwort der BReg auf parlamentarische Anfrage, BT-Drs. 17/8829, S. 24.
30 BT-Drs. 10/3923, S. 32.
31 So die Gesetzesbegründung, vgl. BT-Drs. 15/25 S. 38.
32 EuGH vom 25.10.2001 – C-493/99, BB 2001, 2427 ff. – Ausführlich bereits *Rissing*, S. 86.

§ 1 Erlaubnispflicht

d) Vermutungsregelungen (Abs. 2)

9 Die Regelung in Abs. 2 knüpft an die Kriterien des BVerfG[33] und des BSG[34] zur Abgrenzung der Arbeitnehmerüberlassung von der Arbeitsvermittlung an. Ausweislich der Begründung verfolgt sie **drei Ziele**, nämlich erstens der BA die **Durchführung des Gesetzes zu erleichtern**, zweitens eine **praktikable Abgrenzung zwischen zulässiger Arbeitnehmerüberlassung und unerlaubter Arbeitsvermittlung** zu gewährleisten sowie drittens **bestimmte Überlassungsformen**, z.B. im Bereich der Krankenpflege oder der Landwirtschaft, vom Arbeitsvermittlungsmonopol der BA **auszunehmen**.[35] Diese Regelung, die **nur historisch erklärbar** ist, deren Sinn aber auch in der Vergangenheit zweifelhaft war,[36] ist **durch** die seit dem 1.1.1998 geltende Definition der Arbeitsvermittlung in **§ 35 Abs. 1 Satz 2 SGB III überholt**. Während Arbeitsvermittlung danach alle Tätigkeiten umfasst, die darauf gerichtet sind, zwischen Dritten ein Arbeitsverhältnis zu begründen, liegt Arbeitnehmerüberlassung nach Abs. 1 Satz 1 dann vor, wenn der Arbeitgeber seinen Arbeitnehmer vorübergehend einem Dritten zur Arbeitsleistung überlässt und das Arbeitsverhältnis ausschließlich zwischen Überlassendem und Überlassenen besteht und auch bestehen bleiben soll. Danach kann Arbeitnehmerüberlassung zwar legal oder illegal sein, aber eine **illegale Arbeitnehmerüberlassung wird** dadurch **nicht zur Arbeitsvermittlung**.[37] Die Bestimmung sollte daher gestrichen werden. Sie ist auch dadurch überflüssig geworden, dass die Arbeitsvermittlung seit dem 27.3.2002 keiner Erlaubnis mehr bedarf.

e) Teilausnahmen für besondere Formen der Arbeitnehmerüberlassung (Abs. 3)

10 Abs. 3 normiert **vier Bereiche**, in denen – die im Rahmen einer wirtschaftlichen Tätigkeit betriebene – **Arbeitnehmerüberlassung** unter bestimmten Voraussetzungen **von** der grundsätzlichen **Anwendung des AÜG**, also etwa der Erlaubnispflicht, **ausgenommen** wird. Bei den in Abs. 3 geregelten Tatbeständen kann aus Sicht des Gesetzgebers eine Gefährdung der sozialen Sicherheit der Leiharbeitnehmer und eine

---

33 BVerfG vom 4.4.1967, BB 1967, 463 ff. – Einordnungstheorie.
34 BSG vom 29.7.1970, BB 1970, 1398 – Schwerpunkttheorie. – Zu den Theorien *Becker/Wulfgramm*, § 1 Rn. 43 ff.
35 Bericht zu BT-Drs. VI/3505, S. 2.
36 Siehe nur ErfK/*Wank*, § 1 Rn. 46.
37 ErfK/*Wank*, § 1 AÜG Rn. 64.

Störung des Arbeitsmarkts ausgeschlossen werden. Die in diesen Bereichen **sinnvolle Überlassung von Arbeitnehmern soll nicht unnötig erschwert werden.**[38] Abs. 3 enthält eine Sonderregelung, die auf Grund ihres **Ausnahmecharakters nicht analogiefähig** ist und zudem eng ausgelegt werden muss.[39]

II. Erlaubnispflichtige Arbeitnehmerüberlassung (Abs. 1 Satz 1)

1. Überblick

a) Definition der erlaubnispflichtigen Arbeitnehmerüberlassung

In der ursprünglichen, **bis** zum **November 2011 geltenden Fassung** war kennzeichnend für die erlaubnispflichtige Arbeitnehmerüberlassung, dass ein **Arbeitgeber einen Arbeitnehmer Dritten gewerbsmäßig zur Arbeitsleistung überlässt**. Mit Rücksicht auf den Anwendungsbereich der LeiharbeitsRL hat der Gesetzgeber Abs. 1 Satz 1 **mit Wirkung zum 1.12.2011** neu gefasst und bestimmt, dass Arbeitgeber, die als Verleiher Dritten (Entleihern) Arbeitnehmer (Leiharbeitnehmer) **im Rahmen ihrer wirtschaftlichen Tätigkeit zur Arbeitsleistung überlassen** wollen, der Erlaubnis bedürfen. Für die Arbeitnehmerüberlassung ist damit kennzeichnend, dass der so genannte Leiharbeitnehmer nicht zwingend in dem Betrieb seines Arbeitgebers (so genannter Verleiher), sondern in dem Betrieb eines Dritten (so genannter Entleiher) unter dessen Weisung eingesetzt wird. Die Arbeitnehmerüberlassung wird verbreitet auch als „Arbeitskräfteverleih", „Leiharbeit", „Personalleasing" oder „Zeitarbeit" bezeichnet.[40] Diese Begriffe sind jedoch juristisch inkorrekt bzw. zumindest verwirrend. So wird nach bürgerlichem Recht mit „Leihe" gem. § 598 BGB die unentgeltliche Gebrauchsüberlassung einer Sache bezeichnet; die an ausländischen Begriffsbestimmungen angelehnte Bezeichnung „Zeitarbeit" ist wenig aussagekräftig, weil hier Assoziationen zu befristeten Arbeitsverhältnissen (§ 3 Abs. 1 TzBfG) aufkommen.

Die gesetzliche Regelung in Abs. 1 Satz 1 ermöglicht **theoretisch** eine **klare Abgrenzung der erlaubnispflichtigen Arbeitnehmerüberlas-**

11

12

---

38 Vgl. Beschlussempfehlung des Ausschusses für Arbeit und Sozialordnung, BT-Drs. 10/3206, S. 32, sowie Begründung zum AÜG-ÄndG, BT-Drs. 17/4804, S. 8.
39 *Sandmann/Marschall*, § 1 Anm. 68; Schüren/*Hamann*, § 1 Rn. 426.
40 Vgl. hierzu auch KassHdbch/*Düwell* 4.5 Rn. 6ff.

sung von anderen Formen des erlaubnisfreien drittbezogenen Personaleinsatzes, wie z.B. dem Einsatz von Erfüllungsgehilfen im Rahmen von Werkverträgen. Rechtsprechung und Lehre haben inzwischen die Aufgabe,[41] klare Abgrenzungskriterien herauszuarbeiten, hinreichend gelöst (siehe im Einzelnen unten Rn. 68ff.). Die **eigentliche Problematik** besteht darin, dass es in der betrieblichen Praxis immer wieder **Versuche** gibt, die gesetzlichen **Bestimmungen des AÜG zu umgehen**, indem Rechtsbeziehungen, die ihrem Inhalt nach Arbeitnehmerüberlassung darstellen, als (Schein-)Werkverträge oder sonstige Formen des drittbezogenen Personaleinsatzes kaschiert werden.

b) Struktur der Arbeitnehmerüberlassung

13 Die Arbeitnehmerüberlassung ist eine Form des drittbezogenen Personaleinsatzes,[42] der eine **arbeitsrechtliche Dreiecksbeziehung** zugrunde liegt: Ein Arbeitnehmer wird auf Grund einer Weisung seines Arbeitgebers durch einen Dritten beschäftigt. Dabei bestehen zwischen sämtlichen Beteiligten Rechtsbeziehungen:[43] Zwischen **Verleiher und Leiharbeitnehmer** sowie zwischen **Leiharbeitnehmer und Entleiher** bestehen **Arbeitsverhältnisse** (zum Inhalt dieser Rechtsbeziehungen siehe näher § 11 Rn. 5ff., 140ff.), der drittbezogene Personaleinsatz erfolgt auf Grund einer **Vereinbarung zwischen Verleiher und Entleiher** (zum sog. Arbeitnehmerüberlassungsvertrag siehe § 12 Rn. 15ff.). Daher muss Arbeitnehmerüberlassung zwingend ausscheiden, wenn an der Rechtsbeziehung nur zwei Personen beteiligt sind. **Keine Arbeitnehmerüberlassung** liegt daher beim sog. **Selbstverleih** vor, bei dem sich ein Arbeitnehmer selbst an einen Arbeitgeber „verleiht"[44] (GA AÜG 1.1.5 (7)). Mangels Überlassung an einen Dritten liegt ebenfalls keine Arbeitnehmerüberlassung vor, wenn ein Arbeitnehmer **aus einer Betriebsstätte seines Arbeitgebers in eine andere Betriebsstätte** desselben Arbeitgebers entsandt wird, auch wenn diese Betriebsstätte an einem räumlich entfernten Ort liegt bzw. andere Produkte herstellt,[45] oder wenn der Arbeitnehmer zwar räumlich im Betrieb eines Dritten tätig wird, aber ausschließlich Pflichten erfüllt, die seinem Arbeitgeber

---

41 Vgl. dazu BT-Drs. VI/3505, S. 2.
42 ErfK./*Wank*, § 1 Rn. 8; *Henssler/Willemsen/Kalb*, § 1 Rn. 5f.; AnwK-ArbR/*Golücke*, § 1 Rn. 8.
43 Ausführlich hierzu *Boemke*, Schuldvertrag, S. 555ff.
44 MünchArbR/*Marschall*, § 174 Rn. 11; *Thüsing/Waas*, § 1 Rn. 27.
45 *Becker*, DB 1988, 2561, 2562; *Sandmann/Marschall*, § 1 Anm. 3.

II. Erlaubnispflichtige Arbeitnehmerüberlassung § 1

gegenüber dem Betriebsinhaber obliegen.⁴⁶ – Zur Abgrenzung siehe näher unten Rn. 84 ff. Hingegen liegt **Arbeitnehmerüberlassung** vor, wenn der Arbeitnehmer **innerhalb eines Konzerns** von einem rechtlich selbstständigen Unternehmen einem anderen konzernzugehörigen Unternehmen überlassen wird (zur konzerninternen Arbeitnehmerüberlassung siehe unten Rn. 213 ff.).

Nach einer in der Literatur vertretenen Auffassung sollen an der Arbeitnehmerüberlassung auch mehr als drei Personen beteiligt sein können. Angenommen wird dies für den sog. **Ketten- oder Zwischenverleih**, wenn also der Entleiher seinerseits den Leiharbeitnehmer an einen Dritten überlässt.⁴⁷ Bei genauerer Betrachtung handelt es sich bei solchen Vorgängen jedoch nicht um einen Fall der Arbeitnehmerüberlassung mit vier Beteiligten, sondern **um zwei Arbeitnehmerüberlassungen** mit jeweils drei Beteiligten, die in ihrer Zulässigkeit **gesondert zu würdigen** sind. Danach ist ein solcher **Kettenverleih zulässig, wenn** der **(Erst-)Entleiher** selbst **im Besitz der Erlaubnis** zur Arbeitnehmerüberlassung ist.⁴⁸ Dagegen kann nicht eingewandt werden, dass der (Erst-)Entleiher nicht Arbeitgeber sei⁴⁹ bzw. nicht die üblichen Arbeitgeberpflichten übernehme⁵⁰ und daher Arbeitsvermittlung vorliege. Für die Arbeitgeberstellung kommt es nicht auf eine arbeitsvertragliche Beziehung, sondern entsprechend dem Schutzzweck des AÜG auf die rechtliche oder tatsächliche Möglichkeit, arbeitsrechtliches Weisungsrecht (zur Ausübung) auf einen Dritten zu übertragen an. Etwas anderes ergibt sich auch nicht aus § 3 Abs. 1 Nr. 1 und Nr. 2, wonach der Verleiher die arbeitsrechtlichen Pflichten einzuhalten habe. Diese Bestimmung will nur die Zuverlässigkeit des Verleihers sicherstellen, der zum besonderen Schutze des Leiharbeitnehmers die gesetzlichen Bestimmungen beachten muss (siehe § 3 Rn. 5); welche Pflichten dies im Einzelnen sind, bestimmt sich nach der konkreten Rechtsbeziehung zwischen den Beteiligten. Soweit der Entleiher seinerseits den Leiharbeitnehmer weiterverleihen will, ergeben sich wegen seiner bloß partiellen Arbeitgeberstellung auch nur eingeschränkte arbeitsrechtliche Pflichten.

14

---

46 BAG vom 22.6.1994, NZA 1995, 462, 464 f.
47 *Sandmann/Marschall*, Einl. Anm. 3.
48 Für Zulässigkeit auch Schüren/*Hamann*, § 1 Rn. 57.
49 GA AÜG 1.1.2 (11); *Sandmann/Marschall*, Einl. Anm. 3; *Ulber*, § 1 Rn. 24.
50 *Becker/Wulfgramm*, § 1 Rn. 49d.

§ 1   Erlaubnispflicht

c) Arten der Arbeitnehmerüberlassung

aa) Erlaubnispflichtige und erlaubnisfreie

15   Allgemein muss zwischen **erlaubnispflichtiger** und **erlaubnisfreier** Arbeitnehmerüberlassung unterschieden werden. Für das **frühere Recht** hatte diesbezüglich die Unterscheidung zwischen **gewerbsmäßiger und nichtgewerbsmäßiger Arbeitnehmerüberlassung** zentrale Bedeutung. Nur die gewerbsmäßige Arbeitnehmerüberlassung fiel bis zum 30.11.2011 in den Regelungsbereich des AÜG[51] und war nach Abs. 1 Satz 1 a.F. erlaubnispflichtig. Demgegenüber fanden die Bestimmungen des **AÜG** auf die **nichtgewerbsmäßige Arbeitnehmerüberlassung grds. keine Anwendung**, insbesondere war diese nicht erlaubnispflichtig. Mit Wirkung zum 1.12.2011 ist diese Unterscheidung obsolet geworden. Nach gegenwärtiger Rechtslage ist jede Arbeitnehmerüberlassung, bei welcher **einer wirtschaftlichen Tätigkeit** nachgegangen wird, erlaubnispflichtig. Hiervon sind jetzt in der Regel auch die Fälle der früher erlaubnisfreien nicht gewerbsmäßigen Arbeitnehmerüberlassung erfasst. Da das Merkmal der wirtschaftlichen Tätigkeit nun keine Gewinnerzielungsabsicht mehr fordert (vgl. Rn. 49). Erlaubnisfreie Arbeitnehmerüberlassungen sind – abgesehen von den Privilegierungstatbeständen (vgl. Rn. 120 ff., 190 ff.) – nur noch begrenzt denkbar.

bb) Echte und unechte

16   In der Literatur wurde in der Vergangenheit noch zwischen **unechter und echter Leiharbeit** als den beiden Grundformen der Arbeitnehmerüberlassung unterschieden.[52] Bei der unechten Leiharbeit stellt der Verleiher den Leiharbeitnehmer von vornherein nur zu dem Zwecke ein, ihn an Dritte zeitweise gegen Entgelt zur Verfügung zu stellen.[53] Demgegenüber betrifft die echte Leiharbeit diejenigen Fälle, in denen der Leiharbeitnehmer zwar gewöhnlich in den Betrieb seines Arbeitgebers eingegliedert ist und dort tätig wird, aber auf Grund einer Ausnahmesituation (z.B. Arbeitsmangel beim Verleiher, vorübergehende Mehrarbeitsbelastung oder Ausfall von Stammpersonal beim Entleiher) einem

---

51 *Kadel/Koppert*, BB 1990, 2331; *Schüren*, Einl. Rn. 77.
52 *Kadel/Koppert*, BB 1990, 2331; *Schüren*, Einl. Rn. 77.
53 BGH vom 9.3.1971, BB 1971, 521; BSG vom 29.7.1970, BB 1970, 1398; *Sandmann/Marschall*, Einl. Anm. 8; *Schaub*, NZA 1985, Beil. 3, S. 1, 2; *Ulber*, § 1 Rn. 178; *Thüsing/Waas*, § 1 Rn. 20.

Dritten vorübergehend zur Arbeitsleistung überlassen wird.[54] Die Unterscheidung zwischen echter und unechter Leiharbeit war **bis zur Nichtigerklärung von § 37 Abs. 3 AVAVG**[55] deshalb **von besonderer Bedeutung**, weil nach damals h.M. unzulässige Arbeitsvermittlung nur bei Begründung unechter Leiharbeitsverhältnisse fingiert wurde, während die Arbeitnehmerüberlassung im Rahmen eines echten Leiharbeitsverhältnisses arbeitsvermittlungsrechtlich ohne Bedeutung sein sollte.[56]

Für das frühere AÜG-Recht kam der **Unterscheidung** zwischen echter und unechter Leiharbeit grundsätzlich **keine unmittelbare Bedeutung** mehr zu,[57] vielmehr musste zwischen gewerbsmäßiger und nichtgewerbsmäßiger Arbeitnehmerüberlassung unterschieden werden, weil grundsätzlich nur die gewerbsmäßige Arbeitnehmerüberlassung in den Regelungsbereich des AÜG gefallen und nach Abs. 1 Satz 1 erlaubnispflichtig war (Rn. 15). Im Rahmen des geltenden Rechts erlangt die Unterscheidung zwischen echter und unechter Leiharbeit nunmehr wieder Bedeutung für die Ausnahmetatbestände nach Abs. 3 Nr. 2 und Nr. 2a, weil diese u.a. daran anknüpfen, dass der Arbeitnehmer nicht zum Zweck der Überlassung eingestellt und beschäftigt wird, also echte Leiharbeit vorliegt.

17

Aber auch die LeiharbeitsRL beschränkt sich auf die Fälle der unechten Leiharbeit,[58] nimmt also echte Leiharbeit aus, weil „Leiharbeitnehmer" i.S.d. Richtlinie nur derjenige Arbeitnehmer ist, der mit einem Leiharbeitsunternehmen einen Arbeitsvertrag geschlossen hat, um einem entleihenden Unternehmen überlassen zu werden (Art. 3 Abs. 1 lit. c)). Das AÜG geht hingegen über den durch die LeiharbeitsRL gewährten Schutz hinaus und erstreckt die Erlaubnispflicht nach Abs. 1 Satz 1 – abgesehen von den Privilegierungstatbeständen des Abs. 3 – grundsätzlich auch auf die Fälle der echten Leiharbeit.[59]

18

---

54 BAG vom 15.2.1974, BB 1974, 885, 886; BAG vom 27.5.1983, EzAÜG § 611 BGB Haftung Nr. 7 unter III 2; BAG vom 5.5.1988, NZA 1989, 340, 342; *Ulber*, § 1 Rn. 178.
55 BVerfG vom 4.4.1967 – 1 BvR 414/64, BB 1967, 463f.
56 LG Köln vom 29.1.1965, AP Nr. 5 zu § 37 AVAVG; AG Mannheim vom 22.10.1958, BB 1959, 563f.; *Hueck/Nipperdey*, ArbR I, § 54 IV 6, S. 526.
57 *Boemke*, Schuldvertrag, S. 552; MünchArbR/*Marschall*, § 174 Rn. 42; *Schaub*, NZA 1985, Beil. 3 S. 1, 2; Thüsing/*Waas*, § 1 Rn. 20. – siehe auch Vorauflage Rn. 15.
58 *Boemke*, RIW 2009, 177, 179.
59 *Boemke*, RIW 2009, 177, 179.

2. Voraussetzungen der Erlaubnispflicht

19 Arbeitnehmerüberlassung ist nach Abs. 1 Satz 1 unter **drei Voraussetzungen** erlaubnispflichtig:

20 – zwischen Überlassendem (Verleiher) und Überlassenem (Leiharbeitnehmer) muss ein Arbeitsverhältnis bestehen;

21 – die Überlassung muss an einen Dritten (Entleiher) zur Arbeitsleistung erfolgen;

22 – die Überlassung muss im Rahmen der wirtschaftlichen Tätigkeit des Überlassenden (Verleiher) erfolgen.

a) Arbeitsverhältnis zwischen Verleiher und Leiharbeitnehmer

aa) Arbeitsverhältnis

23 Voraussetzung für die Erlaubnispflicht ist zunächst, dass ein Arbeitgeber einen Arbeitnehmer überlässt, also zwischen Überlassendem und Überlassenem ein **Arbeitsverhältnis** besteht. Ob ein solches Arbeitsverhältnis vorliegt, bestimmt sich nach den **allgemeinen arbeitsrechtlichen Grundsätzen**; im Arbeitnehmerüberlassungsrecht ist kein hiervon abweichender Begriff zugrunde zu legen.[60] Entsprechend dem gesetzlichen Begriff des Arbeitsverhältnisses handelt es sich hierbei um eine besondere Form des Dienstverhältnisses i.S.v. §§ 611ff. BGB, bei dem der Dienstverpflichtete (Arbeitnehmer) gegenüber dem Dienstberechtigten (Arbeitgeber) hinsichtlich Gestaltung und Zeit der Tätigkeit weisungsabhängig ist (vgl. § 84 Abs. 1 Satz 2 HGB).[61] Ob die für die Annahme eines Arbeitsverhältnisses erforderliche Weisungsgebundenheit besteht, bestimmt sich nach dem Inhalt der zugrunde liegenden Rechtsbeziehung. Maßgeblich ist insoweit weder die Bezeichnung der Rechtsbeziehung durch die Parteien noch deren subjektive Einschätzung; es kommt vielmehr darauf an, wie der Inhalt der Rechtsbeziehung nach objektiven Maßstäben zu beurteilen ist.[62]

---

60 *Sandmann/Marschall*, § 1 Anm. 6; *Ulber*, § 1 Rn. 25; *Lembke*, BB 2012, 2497, 2497; *Thüsing/Waas*, § 1 Rn. 48a; *Henssler/Willemsen/Kalb*, § 1 Rn. 7.
61 Ausführlich zur Diskussion um den Begriff des Arbeitsverhältnisses *Boemke*, ZfA 1998, 285 ff. m.w.N.; *ders.*, DStR 2000, 1694 ff.
62 *Sandmann/Marschall*, § 1 Anm. 6. – Siehe allgemein *Boemke*, ZfA 1998, 285, 307 f.

bb) Arbeitgeber

Als Arbeitgeber und damit Verleiher kommt **jede natürliche oder juristische Person** des privaten oder öffentlichen Rechts in Betracht;[63] es bestehen insoweit keine Besonderheiten gegenüber einem Normalarbeitsverhältnis. Arbeitgeber i.S. dieser Bestimmungen ist derjenige, der den zu Überlassenden als Arbeitnehmer beschäftigt; dies ist der Fall, wenn der **Überlassende Inhaber des arbeitsrechtlichen Weisungsrechts** ist. Arbeitgeber in diesem Sinne ist zunächst der Vertragsarbeitgeber, also derjenige, demgegenüber sich der Leiharbeitnehmer zur Erbringung der Arbeitsleistung verpflichtet hat. Im Konzern ist dies nicht der **Konzern** als solches, sondern die Konzerngesellschaft bzw. die juristische oder natürliche Person, die mit dem Arbeitnehmer den Arbeitsvertrag geschlossen hat (zur Arbeitnehmerüberlassung im Konzern siehe unten Rn. 190 ff.). Arbeitgeber ist auch der **Strohmann** (zum Strohmann siehe auch § 3 Rn. 25), der im eigenen Namen, aber auf Rechnung eines Dritten Arbeitsverträge abgeschlossen hat; entscheidend hierfür spricht, dass der Strohmann im Verhältnis zum Leiharbeitnehmer Träger des arbeitsrechtlichen Weisungsrechts ist.[64]

24

Voraussetzung für die Arbeitgeberstellung ist **nicht zwingend** eine **arbeitsvertragliche Beziehung** zwischen Überlassendem und Überlassenem; es genügt, wenn aus sonstigen Gründen das Recht des Verleihers besteht, arbeitsrechtliche Weisungsbefugnisse auszuüben, oder der Leiharbeitnehmer den Arbeitgeberweisungen des Verleihers tatsächlich nachkommt. Daher kann auch einem Entleiher, wenn er den ihm von einem Verleiher überlassenen Arbeitnehmer seinerseits weiterverleiht, die Arbeitgeberstellung i.S.v. Abs. 1 Satz 1 zukommen (zum sog. Ketten- oder Zwischenverleih siehe bereits oben Rn. 14).

25

Ob sog. **Personalführungsgesellschaften**[65] Verleiher sein können, bestimmt sich nach der konkreten Ausgestaltung im Einzelfall. Beschränkt sich die Tätigkeit darauf, die **Personalverwaltung** (Lohnbuchhaltung, Führung der Personalakten, Personalauswahl usw.) für die beteiligten Unternehmen wahrzunehmen, liegt grds. **weder Arbeitnehmerüberlassung noch Arbeitsvermittlung** vor. Liegt die Aufgabe in

26

---

63 *Niebler/Biebl/Roß*, Rn. 33; Schüren/*Hamann*, § 1 Rn. 51; Thüsing/*Waas*, § 1 Rn. 39.
64 Thüsing/*Waas*, § 1 Rn. 39. – Vgl. auch *Ulber*, § 1 Rn. 24, demzufolge der Strohmann, der selbst nicht Arbeitgeber ist, nicht Verleiher sein kann. Die Aussage als solche trifft zu, weil die Arbeitgeberstellung des Verleihers Voraussetzung für die Arbeitnehmerüberlassung ist. Ist ein Strohmann im Einzelfall kein Arbeitgeber, kann er daher auch nicht Verleiher sein.
65 Zum Begriff *Ulber*, Einl. C Rn. 119 ff.

§ 1 Erlaubnispflicht

der **Personalbeschaffung** und werden zu diesem Zwecke an die beteiligten Unternehmen Arbeitnehmer vermittelt oder in deren Namen Arbeitsverhältnisse abgeschlossen, dann liegt **Arbeitsvermittlung** vor, deren Zulässigkeit sich nach allgemeinen Kriterien richtet. **Stellt** die **Personalführungsgesellschaft** die **Arbeitnehmer** selbst **ein** und überlässt sie anschließend Unternehmen zur Arbeitsleistung, liegt **Arbeitnehmerüberlassung** vor, und zwar auch dann, wenn die beteiligten Unternehmen im Konzernverbund stehen.[66]

cc) Arbeitnehmer

27 Der **zu Überlassende** muss **Arbeitnehmer** des Überlassenden (Verleiher) sein. Arbeitnehmer ist nach dem oben Dargelegten (siehe oben Rn. 23 ff.) derjenige, der **weisungsabhängig Dienstleistungen** erbringt. Die in Art. 3 Abs. 1 lit. c) LeiharbeitsRL enthaltene Definition des Leiharbeitnehmers steht der Anwendung der nach deutschem Recht gebräuchlichen Arbeitnehmerdefinition nicht entgegen, weil sich gemäß Art. 3 Abs. 1 lit. a) LeiharbeitsRL die Definition des Arbeitnehmers nach nationalem Recht richtet. Unerheblich sind insoweit auch Art und Dauer der Tätigkeit des Leiharbeitnehmers. Liegen die Merkmale der Weisungsabhängigkeit vor, dann können auch Künstler, wie z.B. Schauspieler oder Sänger, Leiharbeitnehmer sein.[67] Entsprechendes gilt für Teilzeitbeschäftigte oder nur geringfügig beschäftigte Arbeitnehmer.[68]

28 Umstritten ist, ob auch **Auszubildende** Leiharbeitnehmer sein können.[69] Dies ist grundsätzlich zu bejahen, weil nach § 10 Abs. 2 BBiG auf das Ausbildungsverhältnis die allgemeinen arbeitsrechtlichen Bestimmungen und Rechtsgrundsätze anzuwenden sind, soweit sich aus Wesen und Zweck des Ausbildungsverhältnisses nichts anderes ergibt. Allerdings ist hierbei zu differenzieren: Wird der Auszubildende einem Dritten **zu Ausbildungszwecken überlassen**, dann **greift Abs. 1 Satz 1 nicht ein**, weil es an einer Überlassung zur Arbeitsleistung fehlt.[70] Wird der Auszubildende **zur Arbeitsleistung überlassen**, dann liegen

---

66 BAG vom 20.4.2005 – 7 ABR 20/04, BB 2006, 383, 385; LAG Niedersachsen vom 26.11.2007 – 6 TaBV 33/07 – n.v. (Ls. 3).
67 *Sandmann/Marschall*, § 1 Anm. 8.
68 Schüren/*Hamann*, § 1 Rn. 39.
69 Siehe dazu *Sandmann/Marschall*, § 1 Anm. 8a; Schüren/*Hamann*, § 1 Rn. 36 ff.; *Ulber*, § 1 Rn. 27; Thüsing/*Waas*, § 1 Rn. 34.
70 GA AÜG 1.1.2 (13); *Sandmann/Marschall*, § 1 Anm. 8a; AnwK-ArbR/*Golücke*, § 1 Rn. 17.

hingegen die Voraussetzungen des Abs. 1 Satz 1 vor; jedoch **verstößt** eine solche Überlassung **gegen § 14 Abs. 2 BBiG** und stellt demgemäß eine Ordnungswidrigkeit i.S.v. § 102 Abs. 1 Nr. 3 BBiG dar,[71] sodass im Einzelfall mangels Zuverlässigkeit dem Verleiher die Erteilung der Erlaubnis nach § 3 Abs. 1 Nr. 1 versagt bzw. eine erteilte Erlaubnis nach § 5 Abs. 1 Nr. 3 widerrufen werden kann.

Die Voraussetzungen des Abs. 1 Satz 1 liegen **nicht vor, wenn der zu Überlassende kein Arbeitnehmer** ist. Arbeitnehmerüberlassung scheidet danach aus, wenn der zu Überlassende nicht auf arbeitsrechtlicher, sondern sonstiger Grundlage tätig wird. Dies ist z.B. der Fall bei Personen in einem öffentlich-rechtlichen Dienstverhältnis, namentlich Beamten, Richtern oder Soldaten.[72] Überlässt demnach ein Dienstherr einen Beamten einem anderen Dienstherrn zur Verrichtung einer bestimmten Tätigkeit, so liegt eine Abordnung oder Versetzung vor, deren Zulässigkeit sich allein nach beamtenrechtlichen Grundsätzen bestimmt.[73] Entsprechendes gilt für den betrieblichen Arbeitseinsatz von Soldaten im Katastrophenfall oder von Strafgefangenen außerhalb des Strafvollzugs. Hingegen unterliegt die Überlassung von Arbeitern und Angestellten des öffentlichen Dienstes dem AÜG, wenn diese zwischen verschiedenen Dienstherrn erfolgt.

An der Arbeitnehmereigenschaft fehlt es auch bei **Tätigkeiten auf mitgliedschaftlicher Basis**.[74] Daher scheidet Mitarbeit von Gesellschaftern, Organen juristischer Personen sowie Vereinsmitgliedern auf Grund der Vereinszugehörigkeit als Grundlage einer Arbeitnehmerüberlassung grundsätzlich aus.[75] In Zweifelsfällen ist aber stets genau zu prüfen, ob die vereins- oder gesellschaftsrechtliche Grundlage nicht nur vorgeschoben ist und in Wahrheit ein Arbeitsverhältnis zwischen den Beteiligten vereinbart war.[76] Auch **Mitglieder von Orden und Schwesternschaften** erbringen ihre Dienstleistungen regelmäßig aus religiösen bzw. karitativen Gründen und nicht im Rahmen eines Ar-

---

71 Schüren/*Hamann*, § 1 Rn. 40; AnwK-ArbR/*Golücke*, § 1 Rn. 17.
72 BAG vom 28.3.2001 – 7 ABR 21/00, NZA 2002, 1294, 1298; *Sandmann/Marschall*, § 1 Anm. 9; Thüsing/*Waas*, § 1 Rn. 31; *Ulber*, § 1 Rn. 25; *Hennsler/Willemsen/Kalb*, § 1 Rn. 8; AnwK-ArbR/*Golücke*, § 1 Rn. 16.
73 *Niebler/Biebl/Roß*, Rn. 27; Thüsing/*Waas*, § 1 Rn. 31.
74 LAG Düsseldorf vom 6.7.2012 – 6 TaBV 30/12, juris Rn. 89; Thüsing/*Waas*, § 1 Rn. 32; *Ulber*, § 1 Rn. 26; *Hennsler/Willemsen/Kalb*, § 1 Rn. 10.
75 *Sandmann/Marschall*, § 1 Anm. 7a.
76 Thüsing/*Waas*, § 1 Rn. 32. – Siehe dazu BAG vom 22.3.1995, NZA 1995, 823ff.; BAG vom 13.7.1995, NZA 1995, 1070f.; LAG Hessen vom 13.7.1998 – 10 Sa 1791/97, n.v.

beitsverhältnisses; sie sind daher keine Arbeitnehmer der religiösen oder karitativen Organisation.[77] Werden sie in Krankenhäusern oder anderen karitativen Einrichtungen eingesetzt, die nicht ihrer Organisation angehören, so wird mangels Arbeitnehmereigenschaft verbreitet die Anwendung des AÜG abgelehnt.[78] Richtigerweise muss jedoch danach unterschieden werden, **wer den konkreten Arbeitseinsatz organisiert**.[79] Steuert oder organisiert die Schwesternschaft bzw. der Orden selbst den Einsatz, dann fehlt es an einer Überlassung zur Arbeitsleistung, weil dem Träger der Einrichtung keine arbeitsrechtlichen Weisungsrechte zustehen. Wird das Weisungsrecht hinsichtlich des konkreten Arbeitseinsatzes vom Träger der Einrichtung ausgeübt, dann liegt Arbeitnehmerüberlassung vor, weil es insoweit maßgeblich darauf ankommt, ob die Tätigkeit im Einsatzgebiet als solche die Merkmale einer weisungsgebundenen Tätigkeit eines Arbeitnehmers erfüllt.[80]

31 **Arbeitnehmerüberlassung scheidet** auch dann **aus**, wenn nicht Arbeitnehmer, sondern **Selbstständige** an den Entleiher überlassen werden.[81] Dies gilt bei der Überlassung von **freien Mitarbeitern, arbeitnehmerähnlichen Personen** und **Heimarbeitern oder Hausgewerbetreibenden** i.S.v. § 2 HAG.[82] **Anders** ist die Rechtslage freilich in den Fällen der so genannten **Scheinselbstständigkeit**.[83] Ist die als „freier Mitarbeiter" bezeichnete Person in Wahrheit weisungsunterworfen und somit Arbeitnehmer, dann ist insoweit die Tatbestandsvoraussetzung des Abs. 1 Satz 1 erfüllt, sodass Arbeitnehmerüberlassung in Betracht kommen kann.[84]

---

77 Vgl. BAG vom 3.6.1975, BB 1975, 1388; BAG vom 6.7.1995, NZA 1996, 33ff.; Thüsing/*Waas*, § 1 Rn. 37; LAG Düsseldorf vom 6.7.2012 – 6 TaBV 30/12, juris Rn. 89.
78 BAG vom 4.7 1979, AP Nr. 10 zu § 611 BGB Rotes Kreuz m. Anm. *Mayer-Maly*; LAG Düsseldorf vom 6.7.2012 – 6 TaBV 30/12, juris Rn. Ls. 2; *Sandmann/Marschall*, § 1 Anm. 7.
79 *Ulber*, Einl. C Rn. 109ff.; Schüren/Hamann, § 1 Rn. 50.
80 Schüren/*Hamann*, § 1 Rn. 46; *Ulber*, Einl. C Rn. 95. – Siehe auch BAG vom 1.6.1994, NZA 1995, 465ff.
81 *Becker*, DB 1988, 2561; Schüren/*Hamann*, § 1 Rn. 45; *Ulber*, § 1 Rn. 25, 30.
82 MünchArbR/*Marschall*, § 174 Rn. 16; *Niebler/Biebl/Roß*, Rn. 29f.; Schüren/*Hamann*, § 1 Rn. 48.
83 Zur Scheinselbstständigkeit ausführlich Boemke, ZfA, 1998, 285ff.
84 BAG vom 9.11.1994 – 7 AZR 217/94, NZA 1995, 572, 573; Schüren/*Hamann*, § 1 Rn. 46; *Ulber*, § 1 Rn. 31; Thüsing/*Waas*, § 1 Rn. 35.

b) Überlassung zur Arbeitsleistung

aa) Übertragung arbeitsrechtlicher Weisungsbefugnisse

Der Leiharbeitnehmer muss vom Verleiher dem Entleiher **zur Arbeitsleistung überlassen** werden. Eine Überlassung zur Arbeitsleistung liegt dann vor, wenn der **Verleiher** dem **Entleiher** einen Leiharbeitnehmer zur Verfügung stellt und ihm das **Recht einräumt, arbeitsrechtliche Weisungsbefugnisse auszuüben.** Dies ist dann der Fall, wenn der Arbeitnehmer seine Arbeitsleistung im Betrieb des Entleihers erbringt und dieser den Leiharbeitnehmer nach seinen Vorstellungen und Zielen in seinem Betrieb wie einen eigenen Arbeitnehmer einsetzen darf. Der **Leiharbeitnehmer** muss **in den Betrieb des Entleihers eingegliedert** sein und den Weisungen des Entleihers hinsichtlich der Arbeitsausführung unterliegen.[85] An einer Überlassung zur Arbeitsleistung fehlt es, wenn entweder der Verleiher dem Entleiher keine Rechte aus der zwischen ihm und dem Leiharbeitnehmer bestehenden Rechtsbeziehung zur Ausübung im eigenen Interesse überträgt oder zwar eine Überlassung, also eine Übertragung von Rechten erfolgt, dies aber nicht zur Arbeitsleistung geschieht, sondern andere Zwecke verfolgt werden.

32

bb) Überlassung

Der Verleiher muss den Leiharbeitnehmer an einen Dritten (Entleiher) zur Arbeitsleistung **überlassen.** Vergleichbar den Gebrauchsüberlassungsverträgen geht es darum, den Entleiher in die Lage zu versetzen, die **vertragsgemäßen Rechte des Verleihers** gegenüber dem Leiharbeitnehmer in dem vereinbarten Umfang **geltend machen** zu können. Überlassung setzt dabei voraus, dass dem Entleiher durch den Verleiher die Befugnis eingeräumt wird, den Anspruch auf die Arbeitsleistung und die zur Konkretisierung der Arbeitsleistungspflicht notwendigen Weisungsrechte gegenüber dem Leiharbeitnehmer geltend zu machen.[86]

33

Die Überlassung zur Arbeitsleistung erfordert danach zumindest eine **Vereinbarung** zwischen Verleiher und Entleiher, wonach der **Leiharbeitnehmer für den Entleiher in dessen Betrieb tätig werden soll.**[87]

34

---

85 BAG vom 28.11.1989, BB 1990, 1343, 1344 mit Anm. *Hunold*; BAG vom 1.6.1994, NZA 1995, 465, 466; Thüsing/*Waas*, § 1 Rn. 56; BAG vom 18.1.2012 – 7 AZR 723/10, NZA-RR 2012, 455, 458; BAG vom 13.8.2008 – 7 AZR 269/07, juris Rn. 14; LAG Rheinland-Pfalz vom 21.9.2011 – 8 Sa 176/11, juris Rn. 32.
86 *Boemke*, Schuldvertrag, S. 560.
87 BAG vom 22.6.1994, NZA 1995, 462, 464; BAG vom 26.4.1995, NZA 1996, 92, 93; *Sandmann/Marschall*, § 1 Anm. 10b; *Ulber*, § 1 Rn. 156.

An diese Vereinbarung sind **keine hohen Anforderungen** zu stellen, insbesondere kann sie **auch** durch schlüssiges Verhalten (konkludent) zustande kommen (zu den Rechtsfolgen eines Verstoßes gegen das Formerfordernis des § 12 Abs. 1 Satz 1 siehe unten § 12 Rn. 12 f.). Namentlich scheidet Arbeitnehmerüberlassung nicht deswegen aus, weil der Überlassungsvertrag wegen Nichtwahrung des Schriftformerfordernisses nach § 12 Abs. 1 Satz 1 nichtig ist (siehe im Einzelnen § 12 Rn. 12 f.).

35 Hingegen reicht es **nicht** aus, **wenn der Dritte (Entleiher) sich eigenmächtig Arbeitgeberbefugnisse anmaßt** und dem Arbeitnehmer entgegen den Vereinbarungen mit dessen (Vertrags-)Arbeitgeber arbeitsrechtliche Weisungen erteilt,[88] und zwar auch dann nicht, wenn der (Vertrags-)Arbeitgeber diese Kompetenzüberschreitung kennt und duldet. Auch in diesem Falle beruht die Ausübung des Weisungsrechts nicht auf einer Vereinbarung zwischen den Beteiligten, sondern einer einseitigen Kompetenzanmaßung des Dritten.[89] Arbeitnehmerüberlassung liegt daher **nicht vor, wenn der Arbeitnehmer ohne** oder gegen **den Willen des Verleihers oder des Entleihers im Betrieb des Entleihers eingesetzt** wird. Haben (Vertrags-)Arbeitgeber und Dritter einen klar abgegrenzten Werkvertrag geschlossen, zu dessen Erfüllung der Arbeitnehmer in der Betriebsstätte des Dritten eingesetzt wird, dann fehlt es an einer Überlassung, wenn der Leiter des Einsatzbetriebs ohne Wissen und Wollen seines Vertragspartners, des Vertragsarbeitgebers, dem Arbeitnehmer arbeitsrechtliche Weisungen erteilt, die von diesem befolgt werden,[90] die Tätigkeit des Arbeitnehmers beruht insoweit nämlich nicht auf einem Arbeitnehmerüberlassungsvertrag, sondern einer selbstständigen Vereinbarung mit dem Inhaber des Einsatzbetriebs. Vereinbaren im Rahmen einer legalen Arbeitnehmerüberlassung Entleiher und Leiharbeitnehmer ohne Wissen des Verleihers, dass der Leiharbeitnehmer wegen eines entsprechenden Bedarfs im Entleiherbetrieb über die im Arbeitnehmerüberlassungsvertrag zwischen Verleiher und Entleiher vereinbarte Einsatzdauer hinaus beim Entleiher tätig werden soll, so beruht die Tätigkeit nach Ablauf eines im Rahmen

---

[88] BAG vom 6.8.1997 – 7 AZR 663/96, EzAÜG § 631 BGB Werkvertrag Nr. 39 = juris Rn. 12; BAG vom 13.8.2008 – 7 AZR 269/07, EzAÜG § 10 AÜG Fiktion Nr. 121 = juris Rn. 14; *Sandmann/Marschall*, § 1 Anm. 10b.
[89] A.A. *Ulber*, § 1 Rn. 145.
[90] BAG vom 6.8.1997 – 7 AZR 663/96, EzAÜG § 631 BGB Werkvertrag Nr. 39 = juris Rn. 12; BAG vom 13.8.2008 – 7 AZR 269/07, EzAÜG § 10 AÜG Fiktion Nr. 121 = juris Rn. 14; *Ulber*, § 1 Rn. 143.

der Frist liegenden Arbeitnehmerüberlassungsvertrags auch dann nicht mehr auf dem Leiharbeitsverhältnis, wenn dieses weiterhin zum Verleiher besteht.[91]

Auf Grund der Vereinbarung muss dem Entleiher durch den Verleiher **partiell die Arbeitgeberstellung übertragen** werden, indem diesem entweder unmittelbar der Anspruch auf die Arbeitsleistung abgetreten oder dieser zumindest zur Ausübung des Weisungsrechts ermächtigt wird. Keine Arbeitnehmerüberlassung, sondern **Arbeitsvermittlung** liegt daher vor, wenn dem Dritten **nicht Befugnisse** aus einem bestehenden Arbeitsverhältnis **übertragen** werden, **sondern** zwischen ihm und dem Arbeitnehmer ein **eigenes Arbeitsverhältnis vermittelt** wird. Arbeitnehmerüberlassung liegt auch dann **nicht** vor, wenn ein Arbeitgeber mit seinem Arbeitnehmer ein **Ruhen des Arbeitsverhältnisses** vereinbart, damit der Arbeitnehmer vorübergehend auf Grund einer vertraglichen Vereinbarung mit einem Dritten in dessen Betrieb tätig werden kann;[92] die Berechtigung des Dritten, dem Arbeitnehmer arbeitsrechtliche Weisungen zu erteilen, beruht dann nämlich nicht auf einer Vereinbarung mit dem (Erst-)Arbeitgeber, sondern einer eigenständigen Rechtsbeziehung zum Arbeitnehmer. Mangels Überlassung sind die Voraussetzungen des Abs. 1 Satz 1 auch dann nicht erfüllt, wenn der Arbeitnehmer zwar örtlich-räumlich in der Betriebsstätte eines Dritten tätig wird, er hierbei aber weiterhin nur arbeitsrechtliche Weisungen seines (Vertrags-)Arbeitgebers empfängt.[93] Zur Abgrenzung siehe ausführlich unten Rn. 76 ff., 84 ff. 36

cc) Zur Arbeitsleistung

Die Überlassung des Leiharbeitnehmers vom Verleiher an den Entleiher muss **zur Arbeitsleistung** erfolgen. Die Tätigkeit des eingesetzten Leiharbeitnehmers im Entleiherbetrieb muss also weisungsgebunden **unter dem arbeitsrechtlichen Weisungsrecht des Inhabers des Entleiherbetriebs** ausgeübt werden.[94] Unerheblich ist insoweit, welche Aufgaben und Tätigkeiten ausgeübt werden sollen. Daher liegt Arbeitnehmerüberlassung auch dann vor, wenn der überlassene Mitarbeiter im Entleiherbetrieb Führungsaufgaben wahrnehmen und dabei die Tä- 37

---

91 *Ulber*, § 1 Rn. 145.
92 GA AÜG 1.1.5 (9); *Ulber*, § 1 Rn. 76 f.
93 Zum Einsatz von Erfüllungsgehilfen im Rahmen von Werk- und Dienstverträgen BAG vom 28.11.1989, BB 1990, 1343 ff. mit Anm. *Hunold*.
94 *Boemke*, BB 2006, 997; *Ulber*, § 1 Rn. 141; Thüsing/*Waas*, § 1 Rn. 58.

§ 1 Erlaubnispflicht

tigkeit eines leitenden Angestellten ausüben soll.[95] Hingegen wird die Überlassung zu anderen Zwecken von Abs. 1 Satz 1 nicht erfasst.[96] **Nicht erlaubnispflichtig** ist daher die Überlassung eines arbeitsunfähig erkrankten Arbeitnehmers zum Zwecke der **Wiedereingliederung gemäß § 74 SGB V**,[97] aber auch die Überlassung eines Arbeitnehmers des Verleihers an einen Dritten, wenn der zu Überlassende bei dem Dritten nicht als Arbeitnehmer, sondern als **freier Mitarbeiter** eingesetzt wird und daher nicht dem arbeitsrechtlichen Weisungsrecht des Dritten unterliegt.[98] An einer Überlassung zur Arbeitsleistung fehlt es auch, wenn von vornherein nur die **selbstständigen Dienste eines selbstständigen Mitarbeiters** verschafft werden sollen; solche reinen Dienstverschaffungsverträge unterliegen **nicht** dem **AÜG**.[99] Siehe auch unten Rn. 75. Wird hingegen ein freier Mitarbeiter des Verleihers an einen Entleiher überlassen, um dort weisungsgebundene Arbeitsleistungen zu erbringen, dann unterliegt diese Überlassung nach Abs. 1 Satz 1 der Erlaubnispflicht.[100]

38 Umstritten ist die Behandlung von **Gebrauchsüberlassungsverträgen**, bei denen der Arbeitgeber einem Dritten nicht nur Maschinen oder Gerätschaften, **sondern auch Personal zur Verfügung stellt**, das die Maschinen selbst bedient oder aber Mitarbeiter des Dritten in die Benutzung einweist. Nach der wohl noch herrschenden **Geprägetheorie** soll die Einordnung als erlaubnispflichtige Arbeitnehmerüberlassung oder als erlaubnisfreie Gebrauchsüberlassung maßgeblich davon abhängen, wodurch der **Inhalt der Rechtsbeziehung** geprägt wird.[101] Danach läge bei der Überlassung von Geräten mit Bedienungspersonal keine erlaubnispflichtige Arbeitnehmerüberlassung vor, wenn nicht die Überlassung von Arbeitnehmern, sondern die Überlassung von Geräten den Inhalt des Vertrags prägt. Maßgebend wäre, ob nach Sinn und Zweck des gemischten Vertrags die Gebrauchsüberlassung des Geräts im Vordergrund steht und die Zurverfügungstellung des Personals nur dienende

---

95 *Ulber*, § 1 Rn. 142.
96 *Sandmann/Marschall*, § 1 Anm. 11.
97 LAG Rheinland-Pfalz vom 3.5.2006 – 10 Sa 913/05.
98 *Ulber*, § 1 Rn. 141.
99 MünchArbR/*Marschall*, § 174 Rn. 39; *Ulber*, Einl. C Rn. 92 f.
100 *Ulber*, § 1 Rn. 141. – A.A. OLG Frankfurt vom 12.7.1989, BB 1990, 778 f. mit Anm. *Zahrnt*.
101 GA AÜG 1.1.6.5; BAG vom 17.2.1993, NZA 1993, 1125, 1126 f.; KG Berlin vom 13.9.1995, EzAÜG § 611 BGB Abgrenzung Nr. 6. – Siehe auch schon BAG vom 16.6.1982, BB 1983, 1343 f.; *Becker*, DB 1988, 2561, 2563; *Kania*, NZA 1994, 871 ff.; *Sandmann/Marschall*, § 1 Anm. 23. – Vgl. auch BT-Drs. VI/2303, S. 10.

Funktion hat, indem sie den Einsatz des Geräts erst ermöglichen soll, oder ob der Schwerpunkt des Vertrags auf die Verschaffung der Arbeitsleistung gerichtet ist und die Überlassung des Geräts demgegenüber nur untergeordnete Bedeutung hat. Dabei bestimmt sich das prägende Überwiegen des einen oder des anderen Gesichtspunkts in der Regel nicht allein auf Grund einer Gegenüberstellung von Personal- und Materialkosten ohne Berücksichtigung von Art und Wert der überlassenen Gerätschaften, sondern es soll eine **wertende Betrachtung der Besonderheiten** sowohl der überlassenen Gegenstände als auch des Personals erfolgen.[102] Danach wird die **Vermietung von Baumaschinen** (z.B. Baggern und Planierraupen) unter Gestellung des Bedienungspersonals ebenso wenig als Arbeitnehmerüberlassung eingeordnet[103] wie die Gebrauchsüberlassung von Flugzeugen einschließlich des fliegenden Personals.[104] Ebenso wurde Arbeitnehmerüberlassung abgelehnt, wenn ein Unternehmen erlaubnispflichtig Filmherstellern hochwertige Geräte, die zur Filmherstellung benötigt werden (wie etwa Kameras, Kamerawagen, Scheinwerfer usw.), nebst Bedienungspersonal (wie Oberbeleuchter, Beleuchter, Bühnenarbeiter, Kameraassistenten usw.) gegen bestimmte Stundensätze zur Verfügung stellt.[105] Demgegenüber wird nach einer im Vordringen befindlichen Auffassung für die **Anwendbarkeit des AÜG** zu Recht darauf abgestellt, ob **mit der Überlassung** von Maschinen und Gerätschaften **zugleich arbeitsrechtliche Weisungsrechte** auf den Leistungsempfänger **übertragen** werden.[106] Die Überlassung von Arbeitnehmern zur Arbeitsleistung kann nicht deswegen entgegen der gesetzlichen Regelung in Abs. 1 Satz 1 erlaubnisfrei sein, weil der zugrunde liegende Vertrag noch darüber hinausgehende Verpflichtungen enthält. Dies entspricht allgemeinen zivilrechtlichen Grundsätzen: Wird zusammen mit einem Unternehmen das zum Unternehmen gehörige Betriebsgrundstück mitverkauft, dann ist der Verkauf des Grundstücks nicht deswegen entgegen § 311b BGB formfrei, weil der Unternehmenswert den Wert des Grundstücks deutlich überwiegt. Danach bedarf die Gestellung von Maschinen mit Personal dann der Erlaubnis nach Abs. 1 Satz 1, wenn das gestellte Bedienungspersonal vom Inhaber des Einsatzbetriebs entsprechend seinen

---

102 BAG vom 17.2.1993, NZA 1993, 1125, 1127; KG vom 13.9.1995, EzAÜG § 611 BGB Abgrenzung Nr. 6.
103 BAG vom 16.6.1982, BB 1983, 1343f.
104 BAG vom 17.2.1993, NZA 1993, 1125ff.
105 KG vom 13.9.1995, EzAÜG § 611 BGB Abgrenzung Nr. 6.
106 *Hamann*, S. 262ff.; Schüren/*Hamann*, § 1 Rn. 236ff.; *Ulber*, Einl. C Rn. 100ff. – A.A. ErfK/*Wank*, § 1 AÜG Rn. 38.

§ 1 Erlaubnispflicht

unternehmerischen Vorstellungen wie von einem Arbeitgeber gesteuert wird, also dessen arbeitsrechtlichen Weisungen unterworfen ist. Daher liegt Arbeitnehmerüberlassung beim Überlassen eines Baggers mit Baggerführer vor, wenn erst durch den Einsatzbetrieb die auszuführenden Baggerarbeiten nach Gegenstand, Ort und Zeit gegenüber dem Baggerführer festgelegt werden.[107] Demgegenüber scheidet Arbeitnehmerüberlassung z.B. aus, wenn bei dem Verkauf von Computersoftware Mitarbeiter des Softwareunternehmens in Erfüllung einer Nebenleistungspflicht aus dem Kaufvertrag die Arbeitnehmer des Käufers einarbeiten.

c) Überlassung an Dritte zur Arbeitsleistung

aa) Überlassung an Dritte

39 Die **Überlassung** zur Arbeitsleistung muss **an einen Dritten** erfolgen. Dritter im Sinne dieser Vorschrift kann dabei **jeder** sein **mit Ausnahme des Verleihers oder des Leiharbeitnehmers** selbst. Die rechtliche Organisationsform ist dabei ohne Belang; Entleiher können damit natürliche Personen, juristische Personen des privaten oder öffentlichen Rechts, aber auch Außengesellschaften sein.[108] **Keine Voraussetzung ist, dass der Entleiher** seinerseits **schon andere Arbeitnehmer beschäftigt**. Die Überlassung ist also auch an Personen möglich, die ihren Geschäftsbetrieb nur mit Leiharbeitnehmern durchführen wollen. Die Überlassung kann auch zu dem Zweck erfolgen, dass der Leiharbeitnehmer Aufgaben im **Privathaushalt** des Entleihers unter dessen Weisungen erledigen soll.

40 Da auch konzernverbundene Personen und Gesellschaften ihre rechtliche Eigenständigkeit und Rechtsfähigkeit nicht verlieren, kann Dritter auch eine mit dem Verleiher im Rahmen eines **Konzerns verbundene Gesellschaft** sein, und zwar auch die Konzernmuttergesellschaft (zur konzerninternen Arbeitnehmerüberlassung siehe unten Rn. 190 ff.). Die Absicht des Entleihers, den Leiharbeitnehmer weiterzuverleihen, schließt die Anwendung des AÜG nicht aus (siehe oben Rn. 14).[109]

---

107 *Hamann*, S. 265.
108 Schüren/*Hamann*, § 1 Rn. 51.
109 A.A. Schüren/*Hamann*, § 1 Rn. 52.

bb) Gemeinschaftsprojekte

Ob der **Arbeitseinsatz** von eigenen Arbeitnehmern **im Rahmen von Gemeinschaftsprojekten** Arbeitnehmerüberlassung darstellt, kann nicht einheitlich beurteilt werden. Es kommt vielmehr auf die **konkrete Ausgestaltung** der Rechtsbeziehung an. Nach dem oben Dargelegten (siehe oben Rn. 32 ff.) kommt Arbeitnehmerüberlassung nur in Betracht, wenn das arbeitsrechtliche Weisungsrecht zur Ausübung vom (Vertrags-)Arbeitgeber auf einen Dritten übertragen wird. Steuert hingegen der (Vertrags-)Arbeitgeber den Arbeitseinsatz selbst, fehlt es an einer Überlassung. Folgende Varianten sind zu unterscheiden:

41

Bei einem **gemeinsamen Betrieb** arbeiten zwei oder mehrere Unternehmen in einer gemeinsamen Betriebsstätte zur Verwirklichung eines gemeinsamen arbeitsrechtlichen Zwecks zusammen. Bei einem solchen gemeinsamen Betrieb haben sich zwar die beteiligten Unternehmen zur gemeinsamen Führung des Betriebs rechtlich verbunden, sodass eine einheitliche Betriebsleitung gegeben ist;[110] im Außenverhältnis zu den Arbeitnehmern steht aber das arbeitsrechtliche Weisungsrecht den jeweiligen (Vertrags-)Arbeitgebern zu, sodass es mangels Ermächtigung zur Ausübung arbeitsrechtlicher Weisungsbefugnisse an einer Überlassung fehlt. Der Arbeitseinsatz in echten gemeinsamen Betrieben ist somit **von der Anwendung des AÜG ausgenommen**.[111]

42

Wird von den beteiligten Unternehmen nicht nur ein gemeinsamer Betrieb, sondern auch ein **Gemeinschaftsunternehmen** gegründet, dann liegt **grundsätzlich Arbeitnehmerüberlassung** vor, wenn die Arbeitnehmer der beteiligten Unternehmen im Betrieb des Gemeinschaftsunternehmens nach dessen Weisung eingesetzt werden, ohne dass von diesem die Arbeitgeberpflichten übernommen werden.[112] **Ausgenommen** sind lediglich Einsätze im Rahmen von **ARGEen** nach Abs. 1 Satz 3 (dazu ausführlich unten Rn. 120 ff.). Keine Überlassung liegt auch dann vor, wenn der Arbeitnehmer von seinem Arbeitgeber vorübergehend freigestellt wird, damit dieser ein eigenes Arbeitsverhältnis zur ARGE begründen kann.[113]

43

---

110 BAG vom 29.1.1987, NZA 1987, 707; BAG vom 14.9.1988, BB 1989, 495 f.; BAG vom 3.12.1997, BB 1998, 1482, 1483.
111 BAG vom 25.10.2000, NZA 2001, 259, 260; *Schönhöft/Lermen*, BB 2008, 2515 ff.; Schüren/*Hamann*, § 1 Rn. 64 ff.; Thüsing/*Waas*, § 1 Rn. 45.
112 Schüren/*Hamann*, § 1 Rn. 55 ff.
113 Schaub/*Koch*, § 120 Rn. 13.

44 Nach der Rechtsprechung des BAG soll Arbeitnehmerüberlassung auch dann ausscheiden, wenn die beteiligten Arbeitgeber im Rahmen einer unternehmerischen Zusammenarbeit mit dem Einsatz ihrer Arbeitnehmer jeweils ihren eigenen Betriebszweck verfolgen, weil sich in diesem Falle der drittbezogene Personaleinsatz nicht darin erschöpfe, einem Dritten den Arbeitnehmer zur Förderung von dessen Betriebszweck zur Verfügung zu stellen.[114] Diese Auffassung überzeugt nicht, weil damit letztlich der gesamte Bereich der Arbeitnehmerüberlassung von der Anwendung des AÜG ausgenommen wäre; der Verleiher verfolgt nämlich mit der Arbeitnehmerüberlassung stets auch eigene Betriebszwecke.[115] Als eigener Betriebszweck des Verleihers wird regelmäßig die Erzielung eines Gewinns im Vordergrund stehen, aber auch die Verfolgung ideeller Zwecke kommt nun in Betracht.

cc) Gesamthafenbetrieb

45 Im Bereich von Betrieben eines Hafens können nach dem Gesetz über die Schaffung eines besonderen Arbeitgebers für Hafenarbeiter **Gesamthafenbetriebe** gebildet werden, die selbst Arbeitgeber der Gesamthafenarbeitnehmer sind (§ 1 Abs. 1 Satz 1 GesamthafenbetriebsG). Die besonderen Regelungen dieses Gesetzes schließen aber nicht die Anwendung des AÜG aus,[116] vielmehr knüpft § 2 Abs. 3 GesamthafenbetriebsG selbst an das Merkmal der fehlenden Gewerbsmäßigkeit an. Auch wenn diese seit dem 1.12.2011 gemäß Abs. 1 Satz 1 erlaubnispflichtig ist, ändert dies nichts an der gesetzgeberischen Intention, dass das GesamthafenbetriebsG nicht die Regelungen des AÜG ausschließt. Es wird lediglich der sprachliche Anpassungsbedarf gegenüber dem Gesetzgeber deutlich. Allerdings ist der Arbeitseinsatz bei den einzelnen Mitgliedsunternehmen gleichwohl regelmäßig deswegen vom Anwendungsbereich des AÜG ausgenommen, weil für die Dauer des Arbeitseinsatzes im Hafeneinzelbetrieb Arbeitsverhältnisse zwischen dem Inhaber des Hafeneinzelbetriebs und den Gesamthafenarbeitern bzw. Aushilfsarbeitern dadurch zustande kommen, dass der Gesamthafenarbeiter bzw. Aushilfsarbeiter bei dem Hafeneinzelbetrieb, dem er zugeteilt oder zugewiesen ist, die Arbeit antritt.[117] Es fehlt dann an einer Überlassung zum Zwecke der Arbeitsleistung. Hingegen findet das

---
114 BAG vom 25.10.2000, NZA 2001, 259, 260.
115 Schüren/*Hamann*, § 1 Rn. 90; Thüsing/*Waas*, § 1 Rn. 54 ff.
116 LSG Schleswig-Holstein vom 29.3.1978, EzAÜG § 6 AÜG Nr. 2; *Schüren*, Einl. Rn. 21; *Ulber*, Einl. C Rn. 110 f.
117 BAG vom 25.11.1992, NZA 1993, 955 ff.

AÜG auf eine Überlassung an nicht im Gesamthafenbetrieb eingebundene Außenseiter sowie zwischen einzelnen Hafenbetrieben Anwendung.

d) Arbeitnehmerüberlassung im Rahmen wirtschaftlicher Tätigkeit

aa) Begriff

Die Arbeitnehmerüberlassung ist seit 1.12.2011 dann erlaubnispflichtig, wenn sie im Rahmen einer wirtschaftlichen Tätigkeit erfolgt. Zuvor hing die Erlaubnispflicht davon ab, dass die Arbeitnehmerüberlassung gewerbsmäßig betrieben wurde. Der Begriff der Gewerbsmäßigkeit wurde dabei ganz allgemein **im gewerberechtlichen Sinne** verstanden. Erforderlich war also eine nicht nur gelegentliche, sondern **auf** eine gewisse **Dauer angelegte und auf** die **Erzielung** unmittelbarer oder mittelbarer **wirtschaftlicher Vorteile gerichtete selbstständige Tätigkeit.**[118] Die Gewerbsmäßigkeit ist nach geltendem Recht für die Erlaubnispflicht sowie die Anwendung des AÜG ohne Bedeutung, wobei allerdings eine gewerbsmäßige Arbeitnehmerüberlassung regelmäßig im Rahmen einer wirtschaftlichen Tätigkeit erfolgt. Die Erlaubnispflicht und der Anwendungsbereich des AÜG sind durch das Erfordernis einer wirtschaftlichen Tätigkeit beträchtlich erweitert worden.[119] Da die Fälle der ursprünglich erlaubnisfreien nicht gewerbsmäßigen Arbeitnehmerüberlassung regelmäßig im Rahmen einer wirtschaftlichen Tätigkeit erfolgen und nun erlaubnispflichtig sind.

46

Ob ein Handeln **im Rahmen der wirtschaftlichen Tätigkeit** gegeben ist, kann **nicht allein nach nationalem Recht** beurteilt werden. Die Regelung beruht auf Art. 1 Abs. 2 LeiharbeitsRL, sodass sie im Licht des Wortlauts und des Zwecks der Richtlinie **europarechtsfreundlich** zu interpretieren ist.[120] Als wirtschaftliche Tätigkeit ist dabei unter Be-

47

---

118 Vgl. zur Rechtslage vor dem 1.12.2011: Vorauflage, § 1 Rn. 43 ff.; BAG vom 2.6.2010 – 7 AZR 946/08, NZA 2011, 351, 352.
119 BT-Drs. 17/4804, S. 8; *Sandmann/Marschall*, § 1 Anm. 38a; *Ulber*, § 1 Rn. 195; *Raif*, GWR 2011, 303, 303; *Giesen/Müller*, KSzW 2012, 20, 21; *Zimmermann*, ArbRAktuell 2011, 62; *Huke/Neufeld/Luickhardt*, BB 2012, 961, 965.
120 *Sandmann/Marschall*, § 1 Anm. 38; *Thüsing/Thieken*, DB 2012, 347, 348 ff. – Allgemein EuGH vom 10.4.1984 – C-14/83, BeckRS 2004, 71617 (Ls. 1); EuGH vom 16.7.2009 – C-12/08, AP Nr. 5 zu Richtlinie 98/59/EG (Ls. 3); BAG vom 23.3.2011 – 5 AZR 7/10, NZA 2011, 850, 852 (Rn. 26).

rücksichtigung des europäischen Kontextes[121] jede Tätigkeit zu verstehen, bei der Güter oder Dienstleistungen auf dem Markt angeboten werden.[122] Keine Rolle spielt es, ob die wirtschaftliche Tätigkeit für den Betrieb einen Haupt- oder bloßen Nebenzweck darstellt.[123]

48 Die Arbeitnehmerüberlassung hat zumeist die Verschaffung von Diensten gegen Entgelt zum Gegenstand (vgl. unten Rn. 75) und damit eine Tätigkeit i.S.d. Bestimmung.[124] Sie wird zumindest dann auf dem Markt angeboten, wenn der Verleiher seine Leistung in Konkurrenz zu anderen Mitbewerbern anbietet, sodass der Entleiher die Möglichkeit der Auswahl hat.[125] Arbeitnehmerüberlassung fällt daher grds. dann in den Anwendungsbereich der LeiharbeitsRL und damit auch des Abs. 1 Satz 1, **wenn sie gegen Entgelt** erfolgt.[126]

bb) Keine Gewinnerzielungsabsicht

49 **Keine zwingende Voraussetzung** für eine wirtschaftliche Betätigung ist, dass der Verleiher mit **Gewinnerzielungsabsicht** handelt.[127] Daher werden nunmehr auch gemeinnützig handelnde Verleiher von Abs. 1 Satz 1 erfasst;[128] diese bedürfen seit dem 1.12.2011 für die Überlassung von Arbeitnehmern einer Erlaubnis. Insbesondere kann es nicht über-

---

121 EuGH vom 16.6.1987 – C-118/85, juris (Ls.); EuGH vom 12.9.2000 – C-180/98, EAS Teil C EG-Vertrag Art. 85 Nr. 7 (Ls. 2); EuGH vom 10.1.2006 – C-222/04, EuZW 2006, 306 (Ls. 3); EuGH vom 1.7.2008 – C 49/07, EuZW 2008, 605.
122 LAG Düsseldorf vom 26.7.2012 – 15 Sa 788/12 – BeckRS 2012, 71607 unter II 1 a; ArbG Krefeld vom 15.5.2012 – 1 Ca 2551/11, BeckRS 2012, 71528 unter I 3; *Hamann*, RdA 2011, 322, 323; *Huke/Neufed/Luickhardt*, BB 2012, 961, 965; *Lembke*, FA 2011, 290; *Löwisch/Domisch*, BB 2012, 1408, 1409; *Rieble/Vielmeier*, EuZA 4 (2011), 474, 480; *Sandmann/Marschall*, § 1 Anm. 38; *Thüsing/Thieken*, DB 2012, 347, 348 ff.; *Leuchten*, NZA 2011, 608, 609; *Raif*, GWR 2011, 303, 303.
123 GA AÜG 1.1.3 (2).
124 *Thüsing/Thieken*, DB 2012, 347, 349.
125 *Thüsing/Thieken*, DB 2012, 347, 349.
126 *Sandmann/Marschall*, § 1 Anm. 38;
127 *Forst*, ZESAR 2011, 316, 319; *Lembke*, FA 2011, 290; *ders.*, DB 2011, 414; *Leuchten*, NZA 2011, 608, 609; *Rieble/Vielmeier*, EuZA 4(2011), S. 474, 480; *Sandmann/ Marschall*, § 1 Anm. 38; LAG Düsseldorf vom 26.7.2012 – 15 Sa 788/12, juris 39; LAG Düsseldorf vom 26.7.2012 – 15 Sa 1452/11, juris Rn. 41; Thüsing/*Waas*, § 1 Rn. 101a; *Boemke*, RIW 2009, 177, 178; *Zimmermann*, ArbRAktuell 2011, 62.
128 LAG Düsseldorf vom 26.7.2012 – 15 Sa 788/12 – BeckRS 2012, 71607 unter II 1 a; ArbG Krefeld vom 15.5.2012 – 1 Ca 2551/11, BeckRS 2012, 71528 unter I 3; LAG Düsseldorf vom 26.7.2012 – 15 Sa 1452/11, juris Rn. 41; *Mosch*, NJW-Spezial 2011, 242, 242; *Lembke*, FA 2011, 290; *ders.*, DB 2011, 414; *Sandmann/Marschall*, § 1 Anm. 38; BT-Drs. 17/4804, S. 8; *Böhm*, DB 2011, 473, 474; *Hennsler/Willemsen/Kalb*, § 1 Rn. 32.

zeugen, die Erlaubnispflicht bei einer ausschließlichen Verfolgung von gemeinnützigen oder sonstigen ideellen Zwecken sodann doch abzulehnen;[129] es spielt keine Rolle ob diese Zwecke ausschließlich oder nebenbei verfolgt werden. Da der Begriff der wirtschaftlichen Tätigkeit die Gewinnerzielungsabsicht auch nicht als bloßen Nebenzweck fordert und weder der LeiharbeitsRL noch dem AÜG eine weitergehende Einschränkung an die Anforderungen einer wirtschaftlichen Tätigkeit entnommen werden kann. Die historische Erwägung bei der Schaffung des AÜG, wonach in den Fällen einer fehlenden Gewinnerzielungsabsicht eine Gefährdung des Sozialschutzes des Leiharbeitnehmers ausgeschlossen und damit die Nichtanwendbarkeit des Gesetzes begründet wurde, kann angesichts der klaren Begriffsdefinition der „wirtschaftlichen Tätigkeit" im Lichte einer europarechtskonformen Auslegung nicht mehr herangezogen werden.[130]

cc) Konzernverleih

In eine Konzernstruktur eingebundene Verleiher üben **ebenfalls** eine **wirtschaftliche Tätigkeit** aus, werden grundsätzlich **vom Anwendungsbereich des AÜG erfasst** und **bedürfen** daher **einer Erlaubnis** nach Abs. 1 Satz 1, soweit nicht die Voraussetzungen eines Ausnahmetatbestands nach Abs. 3 gegeben sind. Das gilt zunächst mal in den Fällen, in denen das Verleihunternehmen über die konzerninterne Nachfrage nach Leiharbeit auch externe Kunden bedient oder beim Konzernverleih in Konkurrenz zu externen Anbietern tritt.[131] Vom Anwendungsbereich der LeiharbeitsRL und damit auch des AÜG erfasst und nach Abs. 1 Satz 1 erlaubnispflichtig ist aber **auch der reine konzerninterne Personalverleih zum Selbstkostenpreis**.[132] Dagegen wird vereinzelt vorgebracht, dass in diesen Fällen kein Auftreten am Markt gegeben ist, weil der konzerninterne Verleiher nicht selbstständig am Markt, sondern nur als Teil der wirtschaftlichen Einheit Konzern

50

---

129 A.A. *Hamann*, RdA 2011, 321, 323; *Zimmermann*, ArbRAktuell 2011, 62.
130 A.A. *Hamann*, RdA 2011, 321, 323; *Zimmermann*, ArbRAktuell 2011, 62.
131 *Rieble/Vielmeier*, EuZA 4(2011), S. 474, 480.
132 BT-Drs. 17/4804 S. 8; LAG Düsseldorf vom 26.7.2012 – 15 Sa 788/12 – BeckRS 2012, 71607 unter II 1 a; ArbG Krefeld vom 15.5.2012 – 1 Ca 2551/11, BeckRS 2012, 71528 unter I 4; *Hamann*, RdA 2011, 322, 323; *Huke/Neufeld/Luickhardt*, BB 2012, 961, 965; *Lembke*, FA 2011, 290; *ders.*, DB 2011, 414; *ders.*, BB 2012, 2497, 2505;*Thüsing/Thieken*, DB 2012, 347, 350; *Sandmann/Marschall*, § 1 Anm. 38a; *Zimmermann*, ArbRAktuell 2011, 62; *Forst*, ZESAR 2011, 316, 319; A.A. *Rieble/Vielmeier*, EuZA 2011, 474, 480.

agiert.[133] Dies steht nicht nur in Widerspruch zum ausdrücklichen Willen des Gesetzgebers, der gerade auch die konzerninterne Arbeitnehmerüberlassung durch Personalführungsgesellschaften erfassen wollte.[134] Verkannt wird auch, dass die LeiharbeitsRL nach deren Art. 1 Abs. 2 Unternehmen erfasst, die eine wirtschaftliche Tätigkeit ausüben. Nicht die Überlassung muss eine wirtschaftliche Tätigkeit darstellen, sondern das Unternehmen muss eine wirtschaftliche Tätigkeit ausüben. Wenn aber an die Ausübung der wirtschaftlichen Tätigkeit als maßgebliches Kriterium angeknüpft wird, ist auch der konzerninterne Verleih zum Selbstkostenpreis erfasst. Da der Verleiher auch hier in Kontakt zu Dritten tritt und im weitesten Sinne am Markt teilnimmt. Darüber hinaus gibt die LeiharbeitsRL gemäß deren Art. 9 Abs. 1 nur Mindestbedingungen für die Mitgliedstaaten vor. Spiegelbildlich ist der **nationale Gesetzgeber nicht gehindert** einen **über die LeiharbeitsRL hinausgehenden Schutz zu gewähren**. Auch unter diesem Gedanken kann der reine konzerninterne Personalverleih zum Selbstkostenpreis nach nationalem Recht erlaubnispflichtig sein,[135] weil dessen Erfassung eine (zulässige) Erweiterung des Anwendungsbereichs gegenüber der LeiharbeitsRL darstellt. Auf Grund deren tatsächlichen Erfassung kommt es im Ergebnis hierauf jedoch nicht primär an. In rechtstatsächlicher Hinsicht ergibt sich zudem auch keine Abweichung von der alten Rechtslage. Auch bis zum 30.11.2011 war der konzerninterne Verleih zum Selbstkostenpreis, wenn auch mit anderer Begründung, in den meisten Fällen vom Anwendungsbereich des AÜG erfasst. Da es für die damals notwendige Gewinnerzielungsabsicht bei der gewerbsmäßigen Arbeitnehmerüberlassung nach der Rechtsprechung des BAG genügte, dass der Gewinn bei einem anderen konzernangehörigen Unternehmen eintritt;[136] mittelbare Gewinnerzielungsabsicht war ausreichend.[137] Die Fälle der erlaubnisfreien und nicht gewerbsmäßigen Arbeitnehmerüberlassung waren daher bei dem konzerninternen Verleih zum Selbstkostenpreis vom Anwendungsbereich des Gesetzes erfasst, sofern bei dem konzernangehörigen Unternehmen Gewinnerzielungsabsicht bestand.

---

133 *Rieble/Vielmeier*, EuZA 4(2011), S. 474, 480.
134 Begründung zum GesetzesE, BT-Drs. 17/4804, S. 8. – Ausführlich *Thüsing/Thieken*, DB 2012, 347, 350.
135 *Thüsing/Thieken*, DB 2012, 347, 350.
136 BAG vom 9.2.2011 – 7 AZR 32/10, NZA 2011, 791, 795.
137 BAG vom 9.2.2011 – 7 AZR 32/10, NZA 2011, 791, 795.

dd) Hoheitliche Tätigkeiten

Vom Geltungsbereich der LeiharbeitsRL und auch von Abs. 1 Satz 1 nicht erfasst werden **hoheitliche Tätigkeiten**.[138] Vereinzelt wird in Anlehnung an den EuGH eine Einschränkung dahingehend vorgenommen, dass hoheitliche Tätigkeiten nur dann nicht vom AÜG erfasst seien, wenn sie zwingend nur hoheitlich erbracht werden können; sei dies nicht der Fall, dann fielen auch hoheitliche Tätigkeiten unter den Anwendungsbereich.[139] Ausgehend hiervon findet sich im Schrifttum eine weitergehende Einschränkung, welche die grundsätzlich vom Anwendungsbereich erfassten hoheitlichen Tätigkeit zumindest nicht der Erlaubnispflicht nach Abs. 1 Satz 1 unterstellen will.[140] Auf Grund der Bindung der öffentlichen Hand an Gesetz und Recht, könne man davon ausgehen, dass die materiellen Vorschriften des AÜG eingehalten werden. Zudem seien die in § 3 aufgezählten Versagungsgründe nicht auf juristische Personen anwendbar; beispielsweise können diese nicht unzuverlässig i.S.v. § 3 Abs. 1 Nr. 2 sein, andere Bestimmungen wie beispielsweise §§ 13a, 13b seien hingegen anwendbar. Das kann nicht überzeugen. Zum einen geht der Gesetzgeber beispielsweise in § 170 VwGO selbst von einer Vollstreckungsmöglichkeit gegen die öffentliche Hand aus, inzident also von einem potentiellen Verstoß gegen geltendes Recht. Zum anderen können hoheitliche Tätigkeiten generell nicht vom Anwendungsbereich gemäß Abs. 1 Satz 1 erfasst sein, weil die **hoheitlichen Befugnisse keine wirtschaftliche Gesamtprägung** aufweisen und ein **Handeln innerhalb einer wirtschaftlichen Tätigkeit insgesamt per se ausschließen**.[141]

51

ee) Mischunternehmen

Die Bestimmung erfasst **sowohl reine Verleih- als auch auf Mischunternehmen**.[142] Dies folgt daraus, dass die **Erlaubnispflicht** nicht an der **Art des Unternehmens** anknüpft, **sondern** an die **Tätigkeit**. Erlaubnispflichtig ist nach Abs. 1 Satz 1 die Überlassung von Arbeitnehmern an Dritte im Rahmen der wirtschaftlichen Tätigkeit. Die Erlaub-

52

---

138 LAG Düsseldorf vom 26.7.2012 – 15 Sa 1452/11, juris Rn. 41; Hamann, EuZA 2009, 287, 299; einschränkend *Gerdom*, ÖAT 2011, 150, 151.
139 *Gerdom*, ÖAT 2011, 151, mit Bezugnahme auf EuGH vom 23.4.1991 – Rs C 41/90, NZA 1991, 447 ff.; teilweise zustimmend *Löwisch/Domisch*, BB 2012, 1408, 1409.
140 *Löwisch/Domisch*, BB 2012, 1408, 1409.
141 EuGH vom 26.3.2009 – Rs. C-113/07, Rn. 70.
142 *Hamann*, EuZA 2009, 287, 297 f.; *Rieble/Vielmeier*, EuZA 2011, 474, 481.

§ 1 Erlaubnispflicht

nispflicht hängt nicht davon ab, dass dies der ausschließliche oder Hauptzweck des Überlassenden ist.

3. Erlaubnispflicht

a) Grundsatz

53 Liegen die Voraussetzungen von Abs. 1 Satz 1 vor, dann bedarf die Tätigkeit grundsätzlich einer Erlaubnis (zu den Ausnahmen siehe unten Rn. 55 ff.). Die Erlaubnis wird grundsätzlich gemäß § 2 Abs. 1 auf Antrag erteilt. Damit bei der Tätigkeit der Arbeitnehmerüberlassung das Grundrecht auf Berufsfreiheit (Art. 12 GG) realisiert wird, steht die Erteilung der Erlaubnis nicht im Ermessen der BA.[143] Vielmehr hat der Antragsteller einen **Anspruch auf Erlaubniserteilung**, soweit kein Versagungsgrund nach § 3 vorliegt (siehe dazu im Einzelnen § 3 Rn. 1 ff.).

54 Die Erlaubnis muss **bei Aufnahme der Verleihertätigkeit** vorliegen. Hieraus wird in der Literatur ganz vereinzelt gefolgert, dass vor Erteilung der Erlaubnis weder Leiharbeitsverhältnisse begründet noch Arbeitnehmerüberlassungsverträge abgeschlossen werden dürfen.[144] Dies findet zwar scheinbar im Gesetzeswortlaut eine Stütze, wonach derjenige einer Erlaubnis bedarf, der im Rahmen seiner wirtschaftlichen Tätigkeit Arbeitnehmerüberlassung betreiben will; diese Auffassung steht aber im Widerspruch zum Schutzzweck des AÜG, das den Risiken einer gespaltenen Arbeitgeberstellung entgegenwirken will. Diese Risiken können sich aber erst dann realisieren, wenn die Arbeitnehmerüberlassung tatsächlich erfolgt. Daher dürfen Arbeitsverhältnisse mit Arbeitnehmern und Arbeitnehmerüberlassungsverträge mit Entleihern bereits vor Vorliegen der Erlaubnis abgeschlossen werden; es reicht aus, wenn die Erlaubnis **zum vorgesehenen Zeitpunkt der Überlassung** vorliegt.

b) Ausnahmen

55 Auch wenn die Voraussetzungen von Abs. 1 Satz 1 vorliegen, bedarf es in bestimmten Ausnahmefällen nicht einer Erlaubnis. Hervorzuheben sind dabei insbesondere nachstehende Fallgestaltungen:

---

143 AnwK-ArbR/*Golücke*, § 1 AÜG Rn. 1.
144 *Ulber*, § 1 Rn. 166.

II. Erlaubnispflichtige Arbeitnehmerüberlassung § 1

– Abordnung von Arbeitnehmern zu einer ARGE unter den Voraussetzungen des Abs. 1 Satz 3 und 4 (dazu unten Rn. 120 ff.).   **56**

– Arbeitnehmerüberlassung zur Vermeidung von Kurzarbeit oder Entlassungen unter den Voraussetzungen des Abs. 3 Nr. 1 (dazu unten Rn. 200 ff.).   **57**

– Konzerninterne Arbeitnehmerüberlassung i. S. v. Abs. 3 Nr. 2 (dazu unten Rn. 213 ff.).   **58**

– Gelegentliche Arbeitnehmerüberlassung zwischen Arbeitgebern (Verleihern) gemäß Abs. 3 Nr. 2a (dazu unten Rn. 236)   **59**

– Arbeitnehmerüberlassung in ein Gemeinschaftsunternehmen unter den Voraussetzungen des Abs. 3 Nr. 3 (dazu unten Rn. 244 ff.).   **60**

– Kollegenhilfe i. S. v. § 1a (dazu § 1a Rn. 7 ff., 12 ff.).   **61**

– Vermieten von Personenkraftwagen mit Kraftfahrer durch so genannte Mietwagenunternehmen, weil die Genehmigung nach § 9 Abs. 1 Nr. 5 PBefG die Erlaubnis nach dem AÜG verdrängt (GA AÜG 1.1.4 (4)).[145]   **62**

– Gestellung von bemannten Kraftfahrzeugen zum Gütertransport nach Weisungen des Auftraggebers (so genannte Lohnfuhrverträge), weil die Genehmigung nach GüKG die Erlaubnis nach dem AÜG ersetzt (GA AÜG 1.1.4 (3)).[146]   **63**

– Abordnung von Arbeitnehmern durch die Bundesländer an das Bundesamt für die Anerkennung ausländischer Flüchtlinge auf Grund entsprechender Vereinbarung gem. § 5 Abs. 4 AsylVfG.[147]   **64**

– Durchführung der einem öffentlichen Träger obliegenden Jugendhilfemaßnahmen durch einen bei einem freien Träger angestellten Arbeitnehmer, wenn sich das Zusammenwirken beider Träger auf Grundlage der Spezialregelungen des SGB VIII vollzieht.[148]   **65**

Demgegenüber ersetzt bei der Tätigkeit von Bewachungsunternehmen die Erlaubnis nach § 34a GewO nicht die Erlaubnis nach dem AÜG[149] (GA AÜG 1.1.4 (1)). Dies folgt daraus, dass die Bewachung von Perso-   **66**

---

145 KassHdbch/*Düwell* 4.5 Rn. 71.
146 *Sandmann/Marschall*, § 1 Anm. 47.
147 BAG vom 5.3.1997, NZA 1997, 1165 f.; *Sandmann/Marschall*, § 1 Anm. 46a.
148 BAG vom 11.6.1997, NZA 1998, 480 ff.
149 OLG Hamm vom 14.12.1990, EzAÜG § 1 AÜG Erlaubnispflicht Nr. 22 unter I 3; KassHdbch/*Düwell* 4.5 Rn. 73 ff.; *Ulber*, § 1 Rn. 166. – A. A. *Sandmann/Marschall*, § 1 Anm. 48.

nen oder fremdem Eigentum nicht zwingend mit einer Arbeitnehmerüberlassung verbunden ist.

c) Rechtsfolgen

67 Liegen die Voraussetzungen von Abs. 1 Satz 1 vor und greift keiner der Ausnahmetatbestände ein (Rn. 55 ff.), dann darf die Tätigkeit nur mit einer Erlaubnis der BA betrieben werden. Ist die Erlaubnis erteilt, dann darf der Erlaubnisinhaber unter Beachtung der Bestimmungen des AÜG rechtmäßig Arbeitnehmerüberlassung betreiben. Die **Beachtung der Bestimmungen sonstiger Gesetze**, insbesondere die Einholung von Erlaubnissen nach weiteren Gesetzen, **wird** hierdurch **nicht entbehrlich**. Wird Arbeitnehmerüberlassung ohne die dazu erforderliche Erlaubnis betrieben, dann sind die Arbeitsverträge zwischen Verleiher und Leiharbeitnehmer sowie die Überlassungsverträge zwischen Verleiher und Entleiher nach § 9 Nr. 1 unwirksam; es wird kraft Gesetzes ein Arbeitsverhältnis zwischen Entleiher und Leiharbeitnehmer nach § 10 Abs. 1 begründet. Diese illegale Arbeitnehmerüberlassung erfüllt zugleich den Tatbestand einer Ordnungswidrigkeit nach § 16 Abs. 1 Nr. 1 und Nr. 1a (wegen der weiteren Einzelheiten siehe § 9 Rn. 45 ff., § 10 Rn. 13 ff., § 16 Rn. 16 ff., 20 ff.).

4. Abgrenzung

68 Die Arbeitnehmerüberlassung ist von der Arbeitsvermittlung und sonstigen Formen des drittbezogenen Personaleinsatzes abzugrenzen.

a) Beurteilungsgrundlage

69 Maßgeblich für die rechtliche Einordnung einer Rechtsbeziehung ist der wirkliche **Geschäftsinhalt**, der sich aus dem **Gesamtbild der Verhältnisse unter Würdigung sowohl der vertraglichen Gestaltung als auch der tatsächlichen Handhabung** ergibt.[150] Keine Bedeutung hat nach allgemeinen Grundsätzen die von den Parteien gewählte Bezeichnung, weil eine vom Inhalt der Vereinbarung abweichende Falschbezeichnung unbeachtlich ist (falsa demonstratio non nocet).[151] Weichen

---

150 BAG vom 30.1.1991, BB 1991, 2375, 2377; BAG vom 6.8.1997, EzAÜG § 631 BGB Werkvertrag Nr. 39; BAG vom 10.10.2007 – 7 AZR 448/06, juris Rn. 43; BAG vom 13.8.2008 – 7 AZR 269/07, juris Rn. 15; LAG Hamm vom 2.2.2012 – 8 Sa 1502/11, juris Rn. 32; *Sandmann/Marschall*, § 1 Anm. 12; *Henssler/Willemsen/Kalb*, § 1 Rn. 14.
151 BAG vom 6.8.1997, EzAÜG § 631 BGB Werkvertrag Nr. 39.

II. Erlaubnispflichtige Arbeitnehmerüberlassung § 1

vertragliche Vereinbarung und tatsächliche Handhabung voneinander ab, soll nach einer in der Literatur vertretenen Auffassung die tatsächliche Durchführung maßgeblich sein[152] (ebenso GA AÜG 1.1.6 (4)). Dem ist in dieser Allgemeinheit nicht zu folgen. Zum einen sind **einzelne Vorgänge der Vertragsabwicklung** zur Feststellung eines vom Vertragswortlaut abweichenden Geschäftsinhalts **nur** geeignet, wenn es sich dabei **nicht** um **untypische Einzelfälle, sondern** um **beispielhafte Erscheinungsformen einer durchgehend geübten Vertragspraxis** handelt.[153] Zum anderen legen nach dem Grundsatz der Privatautonomie die Parteien den Inhalt der Rechtsbeziehung fest. Aus einer der **schriftlichen Vereinbarung widersprechenden Vertragspraxis** lassen sich **nur** dann Rückschlüsse auf den wirklichen Geschäftsinhalt ziehen, **wenn** sie **mit Billigung der zum Vertragsabschluss berechtigten Personen** erfolgt.[154] Im Einzelnen bedeutet dies:

– **unproblematisch** sind die Fälle, in denen **sowohl** die **Vertragsgestaltung als auch** die **tatsächliche Durchführung** für einen Werkvertrag oder eine Arbeitnehmerüberlassung sprechen; 70

– auf die **vertragliche Vereinbarung** kommt es an, **wenn** die **tatsächliche Durchführung gleichermaßen für Werkvertrag wie für Arbeitnehmerüberlassung** spricht; 71

– demgegenüber kommt es auf die **tatsächliche Durchführung** an, **wenn** der **Vertrag sowohl in dem einen als auch dem anderen Sinne** verstanden werden kann; 72

– **widersprechen sich Vertragsinhalt und tatsächliche Durchführung**, dann kommt es auf die **tatsächliche Handhabung nur** dann an, **wenn** sich hieraus **Rückschlüsse** darauf ziehen lassen, dass der **tatsächliche Wille der Parteien** in der Vereinbarung nicht zutreffend zum Ausdruck gekommen ist oder durch die tatsächliche Handhabung ein anderer Inhalt des Rechtsverhältnisses konkludent verein- 73

---

152 KassHdbch/*Düwell*, 4.5 Rn. 112; *Sandmann/Marschall*, § 1 Anm. 12. – Ebenso ArbG Wiesbaden vom 23.7.1997, EzAÜG § 631 BGB Werkvertrag Nr. 40.
153 BAG vom 6.8.2003 – 7 AZR 180/03, AP Nr. 6 zu § 9 AÜG; BAG vom 18.1.2012 – 7 AZR 723/10, Rn. 28; LAG Düsseldorf vom 25.8.2008 – 17 Sa 153/08, EzAÜG § 2 AÜG Erlöschensgründe Nr. 3; LAG München vom 7.12.2004 – 6 Sa 1235/03, Rn. 35.
154 BAG vom 6.8.1997, EzAÜG § 631 BGB Werkvertrag Nr. 39; BAG vom 30.1.1991, BB 1991, 2375, 2379; BAG vom 6.8.2003 – 7 AZR 180/03, AP Nr. 6 zu § 9 AÜG; BAG vom 13.8.2008 – 7 AZR 269/07, EzAÜG § 10 AÜG Fiktion Nr. 121 (Rn. 14); LAG Frankfurt vom 2.7.1996, EzAÜG § 631 BGB Werkvertrag Nr. 38.

bart wurde.¹⁵⁵ Dabei lässt die Vertragspraxis nur dann Rückschlüsse auf den wirklichen Geschäftswillen der Vertragspartner zu, wenn die zum Vertragsabschluss berechtigten Personen die vom Vertragswortlaut abweichende Vertragspraxis kennen und sie zumindest billigen.¹⁵⁶

b) Arbeitsvermittlung

74 Nach der Legaldefinition in § 35 Abs. 1 Satz 2 SGB III umfasst Arbeitsvermittlung **alle Tätigkeiten, die darauf gerichtet sind, Arbeitsuchende mit Arbeitgebern zur Begründung eines Beschäftigungsverhältnisses zusammenzuführen**. Die Abgrenzung der Arbeitsvermittlung zur Arbeitnehmerüberlassung ist von daher klar und einfach zu treffen.¹⁵⁷ Bei der Arbeitnehmerüberlassung stellt der Überlassende (Verleiher) dem anderen Teil (Entleiher) einen eigenen Arbeitnehmer zum Zwecke des vorübergehenden Arbeitseinsatzes zur Verfügung; den Entleiher trifft die Pflicht zur Zahlung einer Überlassungsvergütung gegenüber dem Verleiher, Hauptleistungspflichten werden aber gegenüber dem überlassenen Arbeitnehmer (Leiharbeitnehmer) nicht übernommen. Demgegenüber wird der Arbeitsvermittler nicht selbst Arbeitgeber des Arbeitsuchenden, sondern wirkt nur auf das Zustandekommen von Arbeitsverträgen zwischen dem Arbeitsuchenden und einem anderen Arbeitgeber hin. Der **Vermittler ist also nicht selbst Partei des Arbeitsverhältnisses, sondern** er beschränkt sich wie ein **Makler** darauf, den Abschluss von Arbeitsverträgen zwischen anderen zu fördern.¹⁵⁸ Stellt ein Verleiher einem Entleiher einen Leiharbeitnehmer zur Verfügung, dann wird diese Tätigkeit der Arbeitnehmerüberlassung nicht dadurch zur Arbeitsvermittlung, dass eine Arbeitnehmerüberlassungserlaubnis nicht vorliegt oder aus sonstigen Gründen gegen die Bestimmungen des AÜG verstoßen wird; es handelt sich dann zwar um **illegale Arbeitnehmerüberlassung**, die hierdurch allein aber noch **nicht** zur **Arbeitsvermittlung** wird.¹⁵⁹ Wegen der Vermutung des Abs. 2 siehe unten Rn. 157 ff.

---

155 Vgl. allgemein hierzu *Boemke*, Studienbuch ArbR, § 2 Rn. 45 ff.
156 BAG vom 30.1.1991 – 7 AZR 497/89, NZA 1992, 19, 23; BAG vom 13.8.2008 – 7 AZR 269/07, EzAÜG § 10 AÜG Fiktion Nr. 121 = juris Rn. 14.
157 Siehe auch ErfK/*Wank*, § 1 AÜG Rn. 45.
158 *Boemke*, Schuldvertrag, S. 604.
159 ErfK/*Wank*, § 1 AÜG Rn. 45; Schüren/*Hamann*, § 1 Rn. 294. – Ausführlich Thüsing/*Waas*, § 1 Rn. 102 ff.

II. Erlaubnispflichtige Arbeitnehmerüberlassung § 1

c) Dienstverschaffungsvertrag

Bei dem Dienstverschaffungsvertrag handelt es sich um einen im BGB nicht geregelten **Vertragstyp sui generis**, bei dem sich die eine Partei verpflichtet, dem anderen Teil die Dienste eines Dritten zu verschaffen.[160] Der Vertrag kann auf die Verschaffung freier oder weisungsabhängiger Dienste gerichtet, unentgeltlich oder entgeltlich sein, kostendeckend oder in Gewinnerzielungsabsicht erfolgen. Hat der Vertrag die **Verschaffung weisungsabhängiger Dienste** zum Gegenstand, dann liegt ein **Arbeitnehmerüberlassungsvertrag** vor, bei dem es sich um einen **Unterfall des Dienstverschaffungsvertrags** handelt (GA AÜG 1.1.6.3).[161] Wird die Verschaffung weisungsabhängiger Dienste im Rahmen der wirtschaftlichen Tätigkeit betrieben, dann liegen die Voraussetzungen des Abs. 1 Satz 1 vor und die Tätigkeit bedarf grundsätzlich einer Erlaubnis nach dem AÜG.

75

d) Dienstvertrag

Der Dienstvertrag ist in § 611 BGB geregelt; ein solcher Vertrag liegt vor, wenn der eine Teil dem anderen die Erbringung bestimmter Dienste verspricht und sich hierfür eine Vergütung zusagen lässt. Der wesentliche Unterschied zwischen Dienstvertrag und Arbeitnehmerüberlassungsvertrag besteht darin, dass beim **Dienstvertrag** der **Dienstnehmer die Leistung der Dienste selbst** verspricht, während beim **Arbeitnehmerüberlassungsvertrag Leistungsgegenstand nicht die Erbringung der Dienste ist, sondern das Zurverfügungstellen einer Person, die leistungswillig sowie leistungsfähig ist und den vereinbarten Qualifikationsmerkmalen entspricht.** Daher liegt stets ein Dienstvertrag vor, wenn der Versprechende sich gem. § 613 Satz 1 BGB zur persönlichen Dienstleistung verpflichtet.

76

Die **Abgrenzung** zwischen Dienstvertrag und Arbeitnehmerüberlassungsvertrag ist **theoretisch auch in den Fällen leicht** zu treffen, **in denen der Dienstverpflichtete** zur Erfüllung seiner vertraglichen Pflichten **Hilfspersonen einsetzt**. Kennzeichnend für den Arbeitneh-

77

---

160 *Boemke*, BB 2006, 997; MünchKomm/*Müller-Glöge*, BGB, § 611 Rn. 35; Schüren/ Hamann, § 1 Rn. 215; ErfK/*Wank*, § 1 AÜG Rn. 25; *Sandmann/Marschall*, § 1 Anm. 22.

161 BGH vom 22.10.1963, DB 1963, 1646; *Boemke*, BB 2006, 997; MünchKomm/*Müller-Glöge*, § 611 BGB Rn. 39; Schüren/*Hamann*, § 1 Rn. 217; ErfK/*Wank*, § 1 AÜG Rn. 25. – A. A. LAG Bremen vom 16.1.1952, BB 1952, 575; *Becker*, ZfA 1978, 131, 145 f.; *Marschner*, NZA 1995, 668, 670.

§ 1   Erlaubnispflicht

merüberlassungsvertrag ist nämlich, dass dem Entleiher das arbeitsrechtliche Weisungsrecht zur Ausübung gegenüber den ihm überlassenen Leiharbeitnehmern übertragen wird. Demgegenüber behält beim **Dienstvertrag** der **Dienstnehmer gegenüber den zur Erfüllung** seiner Verpflichtung eingesetzten **Arbeitnehmern** auch dann das **Weisungsrecht**, wenn sie räumlich in dem Betrieb des Vertragspartners des Dienstnehmers, des Dienstberechtigten, eingesetzt werden,[162] anders als der Entleiher hat der **Dienstberechtigte keine arbeitsrechtlichen Weisungsbefugnisse gegenüber den Hilfspersonen seines Vertragspartners**.

78   Im Einzelfall kann allerdings die Beurteilung schwierig sein, ob trotz formal vereinbarten Dienstvertrags tatsächlich nicht doch Arbeitnehmerüberlassung betrieben wird. Letzteres ist dann der Fall, wenn dem Vertragspartner des Arbeitgebers der eingesetzten Arbeitnehmer im Rahmen der Vertragsrealisierung arbeitsrechtliche Weisungsrechte übertragen werden. Für die **Abgrenzung** zieht die Rechtsprechung zutreffend die **gleichen Abgrenzungskriterien wie beim Werkvertrag** (Rn. 84 ff.) heran.[163] Auch beim Dienstvertrag muss der zur Dienstleistung Verpflichtete seine Arbeitnehmer hinsichtlich Zeit und Art der Erbringung der Dienste im Wesentlichen frei einsetzen können, d.h. die Dienstleistungen müssen selbstständig und unter Verantwortung des Dienstleistungsverpflichteten durchgeführt werden.[164] Besteht die Leistung des Dienstverpflichteten auch in personeller Hinsicht nur darin, dass er einzelne Arbeitnehmer dem Auftraggeber zur Verfügung stellt, ohne dass hierfür in relevantem Umfang Dispositionen oder Planungen erforderlich sind, fehlt es regelmäßig an einer unternehmerischen Dienstleistung und es liegt (verdeckte) Arbeitnehmerüberlassung vor.[165] Beispiel: Wird in einem Reinigungsvertrag vereinbart, dass bestimmte Objekte gereinigt werden sollen, dann liegt ein Dienstvertrag vor; ist hingegen lediglich vereinbart, dass dem Inhaber des Objekts Reini-

---

162   MünchKomm/*Müller-Glöge*, § 611 BGB Rn. 36; ErfK/*Wank*, § 1 AÜG Rn. 22. – Vgl. auch Schüren/*Hamann*, § 1 Rn. 207; BAG vom 18.1.2012 – 7 AZR 723/10, NZA-RR 2012, 455, 458.
163   BAG vom 28.11.1989, BB 1990, 1343, 1344 mit Anm. *Hunold*; BAG vom 1.12.1992, EzAÜG § 14 AÜG Betriebsverfassung Nr. 35 unter II 3 und III; LAG Hamm vom 26.11.2010 – 10 TaBV 67/10, Rn. 46. – Im Ergebnis zustimmend Schüren/*Hamann*, § 1 Rn. 207; *Ulber*, Einl. C Rn. 78.
164   BAG vom 18.1.2012 – 7 AZR 723/10, Rn. 27; BayObLG vom 20.2.1979, AP Nr. 3 zu § 1 AÜG; LAG Hamm vom 26.11.2010 – 10 TaBV 67/10, Rn. 46; *Sandmann/Marschall*, § 1 Anm. 21; *Ulber*, Einl. C Rn. 94.
165   BAG vom 1.12.1992, EzAÜG § 14 AÜG Betriebsverfassung Nr. 35.

gungspersonal zur Verfügung gestellt wird, liegt Arbeitnehmerüberlassung vor.[166]

Der Einordnung als **Dienst- und nicht als Arbeitnehmerüberlassungsvertrag** steht es **nicht entgegen**, dass der **Dienstberechtigte unmittelbar Anweisungen ggü. den Erfüllungsgehilfen erteilt**. Dies ist solange unschädlich, wie sich die Anweisungen **auf den Inhalt der zu erbringenden Dienste** beziehen.[167] Die **Grenze zur Arbeitnehmerüberlassung** wird erst **überschritten, wenn** der **Dienstberechtigte ablaufbezogene Weisungsrechte ausübt**. Die bloße Tatsache, dass aus organisatorischen Gründen eine Abstimmung des Arbeitseinsatzes des Auftragnehmers und seines Hilfspersonals mit dem Auftraggeber und eine organisatorische Verknüpfung mit dessen Arbeitsorganisation verbunden sein kann, genügt daher nicht zur Annahme einer Arbeitnehmerüberlassung.[168] Unerheblich ist es auch, ob die übernommene Dienstleistung klar umrissen und begrenzt oder aber allgemein umschrieben ist; ob das eingesetzte Personal dem Auftraggeber allgemein zur Arbeitsleistung überlassen oder nach Weisungen des Dienstverpflichteten die übernommenen Aufgaben erledigt, ist nicht vom Umfang oder der gegenständlichen Begrenzung des Auftrages, sondern von der Eigenständigkeit der Arbeitsorganisation und der Zuordnung des arbeitsbezogenen Weisungsrechts abhängig.[169]

79

e) Gesamthafenbetrieb

Zum Gesamthafenbetrieb siehe bereits oben Rn. 45.

80

f) Geschäftsbesorgung

Der **Geschäftsbesorgungsvertrag** im Sinne von § 675 BGB ist ein **besonderer Fall des freien Dienst- oder Werkvertrags**, der eine Geschäftsbesorgung zum Gegenstand hat. Unter Geschäftsbesorgung wird eine selbstständige Tätigkeit wirtschaftlicher Art im Interesse eines anderen verstanden. Bei der Ausübung seiner Tätigkeit kann sich der Ge-

81

---

166 *Ulber*, Einl. C Rn. 94.
167 BAG vom 10.10.2007 – 7 AZR 487/06, Rn. 34; BAG vom 13.8.2008 – 7 AZR 269/07, EzAÜG § 10 AÜG Fiktion Nr. 121 (Rn. 14); BAG vom 18.1.2010 – 7 AZR 723/10, Rn. 27.
168 LAG Hamm vom 4.12.2003 – 8 (17) Sa 1006/03, EzAÜG § 611 BGB Abgrenzung Nr. 8.
169 LAG Hamm vom 4.12.2003 – 8 (17) Sa 1006/03, EzAÜG § 611 BGB Abgrenzung Nr. 8.

§ 1 Erlaubnispflicht

schäftsführer auch des Einsatzes von Erfüllungsgehilfen bedienen. Da diese Hilfspersonen zur ordnungsgemäßen Besorgung der Geschäfte regelmäßig nicht in die Betriebsorganisation des Geschäftsherrn eingegliedert werden müssen, ist die praktische Bedeutung der Abgrenzung der Geschäftsbesorgung zur Arbeitnehmerüberlassung gering.[170] Dogmatisch ist die **Abgrenzung** der Arbeitnehmerüberlassung zur Geschäftsbesorgung **nach den gleichen Kriterien** zu treffen, **die** auch **für** die **Abgrenzung zum Dienst- bzw. Werkvertrag erheblich** sind.[171] Arbeitnehmerüberlassung liegt nur vor, wenn die Hilfspersonen des Verpflichteten in die betrieblichen Arbeitsabläufe eingegliedert sind und dem Weisungsrecht des Inhabers des Einsatzbetriebs unterliegen. Gegen einen Einsatz von Erfüllungsgehilfen im Rahmen eines Dienstvertrags spricht es auch nicht, dass der Inhalt der Tätigkeit weitgehend vom Dienstberechtigten vorgegeben worden ist, solange nur die Tätigkeit als solche vom (Dienst-)Verpflichteten eigenständig organisiert wird.[172] Insofern kann auch die Bedienung einer bestimmten Buslinie durch den Einsatz von Erfüllungsgehilfen im Rahmen eines Dienstvertrags erfolgen, selbst wenn die Erfüllungsgehilfen des Dienstverpflichteten die Fahrpläne des Dienstverpflichteten einzuhalten, die von diesem vorgegebenen Strecken zu befahren, die Fahrgäste nach dessen Regelwerk zu befördern, Fahrberichte zu erstellen und alle übrigen Vorgaben des Dienstverpflichteten, z.B. auch verkehrslenkenden Anweisungen, die von dessen Verkehrsleitstelle über Funk und ein EDV-gesteuertes Informationssystem erteilt werden, einzuhalten haben.[173]

g) Personalführungsgesellschaft

82 Zur Arbeitnehmerüberlassung durch Personalführungsgesellschaften siehe bereits oben Rn. 26.

h) Überlassung von Maschinen

83 Wegen der Anwendung des AÜG auf das Überlassen von Maschinen nebst Bedienungspersonal siehe bereits oben Rn. 38.

---

170 *Ulber*, Einl. C Rn. 118.
171 *Schüren/Hamann*, § 1 Rn. 214; ErfK/*Wank*, § 1 AÜG Rn. 24.
172 BAG vom 8.8.2003 – 7 AZR 180/0, AP Nr. 6 zu § 9 AÜG.
173 BAG vom 8.8.2003 – 7 AZR 180/0, AP Nr. 6 zu § 9 AÜG.

i) Werkvertrag

aa) Abgrenzungsmerkmal

(1) Grundsatz. Theoretisch bietet die Abgrenzung zwischen Werkvertrag und Arbeitnehmerüberlassung keine Probleme. Bei der Arbeitnehmerüberlassung werden dem Entleiher vom Verleiher Arbeitskräfte zur Verfügung gestellt, die der Entleiher nach seinen Vorstellungen und Zielen einsetzt. Die **Leiharbeitnehmer sind in den Betrieb des Entleihers eingegliedert** und **unterliegen dessen Weisungsrecht**. Der Verleiher hat den Leiharbeitnehmer sorgfältig auszuwählen und dem Entleiher zur Verfügung zu stellen; damit enden seine Pflichten. Er hat nicht dafür einzustehen, dass der Leiharbeitnehmer beim Entleiher erfolgreich arbeitet. Demgegenüber schuldet der Werkunternehmer dem Besteller nicht die Überlassung von Arbeitskräften, sondern die „Herstellung des versprochenen Werkes" (§ 631 Abs. 1 BGB). Er organisiert die zur Erfolgsverwirklichung erforderlichen Handlungen und hat hierfür dem Besteller einzustehen. Die **vom Werkunternehmer eingesetzten Arbeitnehmer** sind im Verhältnis zum Besteller Erfüllungsgehilfen und **unterliegen ausschließlich dem Weisungsrecht des Werkunternehmers**. Für die Abgrenzung des Arbeitnehmereinsatzes im Rahmen von Werkverträgen gegenüber der Arbeitnehmerüberlassung ist also entscheidend auf die Ausübung des arbeitsrechtlichen Weisungsrechts abzustellen. Beim Werkvertrag steht dieses allein dem Werkunternehmer zu, bei der Arbeitnehmerüberlassung wird das Weisungsrecht an den Inhaber des Einsatzbetriebs (Entleiher) übertragen.[174] Der Werkunternehmer schuldet den vertraglich vereinbarten Erfolg, der Verleiher muss seinem Vertragspartner zu dessen Disposition zur Verfügung stellen.[175] Sonstige, insbesondere in der Literatur, aber auch der Geschäftsanweisung der BA zum AÜG (vgl. GA AÜG 1.1.6.1) genannte Kriterien[176] wie z.B. Organisation der Arbeitsleistung, Gewährleistungsregelungen, Tragung der Vergütungsgefahr, Bemessungsgrundlage der Vergütung, sind für die Abgrenzungsfrage ohne Bedeutung.[177]

84

---

[174] BAG vom 17.1.1979, AP Nr. 2 zu § 613 BGB unter II 1 mit Anm. *v. Hoyningen-Huene*; BAG vom 5.5.1992, BB 1992, 1999f. = NZA 1992, 1044, 1045; BAG vom 6.8.1997, EzAÜG § 631 BGB Werkvertrag Nr. 39; BAG vom 18.2.2003, AP Nr. 5 zu § 13 AÜG unter B I 1a mit Anm. *Boemke*; BSG vom 11.2.1988, BB 1988, 1184, 1185; *Boemke*, Schuldvertrag, S. 614f.; *ders.*, ZfA 1998, 285, 306f.; *Hamann*, S. 129ff.; *Sandmann/Marschall*, § 1 Anm. 13ff.; *Schüren/Hamann*, § 1 Rn. 178ff.

[175] BAG vom 31.3.1993, NZA 1993, 1078, 1080.

[176] Ausführlich hierzu *Erdlenbruch*, S. 16ff.; *Hamann*, S. 176ff.

[177] Ausführlich *Hamann*, S. 176ff.

§ 1 Erlaubnispflicht

85 (2) Werkvertragliches und arbeitsrechtliches Weisungsrecht. Die theoretisch klare Unterscheidung bedarf allerdings einer weiteren Konkretisierung. Nicht nur dem Arbeitgeber ggü. dem Arbeitnehmer, sondern auch dem Besteller ggü. dem Werkunternehmer (§ 645 Abs. 1 Satz 1 BGB) steht ein (An-)Weisungsrecht zu. Insoweit bedarf es einer **Abgrenzung des arbeitsrechtlichen Direktions- vom werkvertraglichen Anweisungsrecht**, die auf Grund der Rechtsnatur der jeweiligen Rechtsbeziehungen zu treffen ist. Der Werkunternehmer schuldet einen bestimmten Leistungserfolg und trägt die Gefahr, dass der Leistungserfolg nicht verwirklicht wird. Daher ist das Weisungsrecht des Bestellers ggü. dem Werkunternehmer gegenständlich auf den geschuldeten Erfolg, also das versprochene Werk bezogen. Der Besteller kann projektbezogene Ausführungsanweisungen im Hinblick auf das Tätigkeitsergebnis, nicht auf die einzelnen, dem Leistungserfolg vorgelagerten Arbeitsverrichtungen erteilen.[178] Weisungen des Werkunternehmers, durch die Art, Reihenfolge und Einzelinhalte der Werkleistungen festgelegt werden, lassen nicht auf Arbeitnehmerüberlassung schließen, soweit sie nur bezogen auf das konkrete Werk erteilt werden.[179] Demgegenüber schuldet der Arbeitnehmer nicht einen bestimmten weiterführenden Erfolg, sondern die bloße Leistungshandlung; das Risiko, dass die Leistungshandlungen zu dem gewünschten weiteren Erfolg führen, trägt der Arbeitgeber. Daher kann dieser nicht nur Anweisungen hinsichtlich des Arbeitsziels, sondern auch bezüglich des Arbeitsablaufs und des Arbeitsverhaltens erteilen.[180] Das **werkvertragliche Anweisungsrecht** ist daher **projektbezogen und ergebnisorientiert**, das **arbeitsrechtliche Direktionsrecht** hingegen personenbezogen, **ablauf- und verfahrensorientiert**.[181] Maßgeblich ist,

---

178 BAG vom 6.8.1997, EzAÜG § 631 BGB Werkvertrag Nr. 39; BAG vom 30.1.1991, BB 1991, 2375, 2379; BAG vom 1.12.1992, EzAÜG § 14 AÜG Betriebsverfassung Nr. 35; LAG Hessen vom 2.7.1996, EzAÜG § 631 BGB Werkvertrag Nr. 38; *Boemke*, Schuldvertrag, S. 615 f.; KassHdbch/*Düwell*, 4.5 Rn. 124 f.; *v. Hoyningen-Huene*, Anm. zu BAG vom 9.7.1991, EzA § 99 BetrVG Nr. 102; *Marschall*, NZA 1984, 150, 151; *Niebler/Biebl/Roß*, Rn. 58.
179 BAG vom 30.1.1991 – 7 AZR 497/89, NZA 1992, 19, 23; BAG vom 13.5.1992 – 7 AZR 284/91, NZA 1993, 357, 360.
180 BAG vom 30.1.1991, BB 1991, 2375, 2379; BAG vom 9.11.1994, BB 1995, 1293, 1295; LAG Baden-Württemberg vom 2.4.1990, EzAÜG § 631 BGB Werkvertrag Nr. 32.
181 BAG vom 1.12.1992, EzAÜG § 14 AÜG Betriebsverfassung Nr. 35; *Boemke*, Schuldvertrag, S. 616; *v. Hoyningen-Huene*, Anm. zu BAG vom 9.7.1991, EzA § 99 BetrVG Nr. 102; *Sandmann/Marschall*, § 1 Anm. 13.

II. Erlaubnispflichtige Arbeitnehmerüberlassung § 1

wem die Personalhoheit zusteht,[182] wer also die Entscheidung darüber trifft, zu welcher Zeit und an welchem Ort der Mitarbeiter tätig werden. Nur wenn der Inhaber muss des Einsatzbetriebs in diesem Sinne Personalhoheit besitzt und damit gegenüber den betreffenden Personen wenigstens einen Teil der Arbeitgeberstellung wahrnimmt, liegt Arbeitnehmerüberlassung vor.[183]

bb) Beurteilungskriterien

(1) Grundsatz. Für die Abgrenzung des Werkvertrags von der Arbeitnehmerüberlassung kommt es entscheidend darauf an, ob dem Inhaber des Einsatzbetriebs das arbeitsrechtliche Weisungsrecht übertragen worden oder mit anderen Worten, ob der Arbeitnehmer von dem Vertragspartner des Inhabers des Einsatzbetriebes in diesen Betrieb eingegliedert worden ist.[184] Die Eingliederung erfolgt nämlich dadurch, dass der Arbeitnehmer dem arbeitsrechtlichen Weisungsrecht des Betriebsinhabers unterstellt wird. Dies ist stets unter Berücksichtigung und Würdigung der konkreten Umstände des Einzelfalls zu entscheiden.   86

(2) Indizien für Werkvertrag. Kann nicht eindeutig ermittelt werden, wer das arbeitsrechtliche Weisungsrecht ausübt, dann deuten folgende **Umstände** auf einen **Werkvertrag** hin: 87

– Erstellen eines **abgrenzbaren**, in der vertraglichen Vereinbarung hinreichend **genau beschriebenen Werks**,[185] das unabhängig von der Mitwirkung der Arbeitnehmer des Einsatzbetriebs erbracht werden kann,[186]   88

– die **Übernahme des Gewährleistungsrisikos** durch den Vertragspartner des Inhaber des Einsatzbetriebs (GA AÜG 1.1.6.1 (3)),[187]   89

– **Verfolgung eines eigenständigen arbeitstechnischen Zwecks** durch den Vertragspartner des Inhabers des Einsatzbetriebs.[188]   90

---

182 LAG Hamm vom 7.11.2000 – 13 TaBV 52/00, EzAÜG § 14 AÜG Betriebsverfassung Nr. 44 = juris Rn. 50.
183 BAG vom 23.6.2009 – 1 ABR 30/08, AP BetrVG 1972 § 99 Einstellung Nr. 59.
184 BAG vom 1.12.1992, EzAÜG § 14 AÜG Betriebsverfassung Nr. 35.
185 BAG vom 6.8.1997, EzAÜG § 631 BGB Werkvertrag Nr. 39; LAG Baden-Württemberg vom 25.1.1991, EzAÜG § 631 BGB Werkvertrag Nr. 32.
186 BAG vom 1.12.1992, EzAÜG § 14 AÜG Betriebsverfassung Nr. 35; BSG vom 11.2.1988, BB 1988, 1184, 1185.
187 BAG vom 31.3.1993, NZA 1993, 1078, 1081; LAG Frankfurt vom 2.7.1996, EzAÜG § 631 BGB Werkvertrag Nr. 38; BSG vom 11.2.1988, BB 1988, 1184, 1186; *Sandmann/Marschall*, § 1 Anm. 18.
188 BAG vom 31.3.1993, NZA 1993, 1078, 1080.

§ 1 Erlaubnispflicht

91 (3) **Indizien für Arbeitnehmerüberlassung.** Kann nicht eindeutig ermittelt werden, wer das arbeitsrechtliche Weisungsrecht ausübt, dann deuten folgende **Umstände** auf eine **Arbeitnehmerüberlassung** hin:

92 – nur **allgemeine Umschreibung des Vertragsgegenstands**, sodass der Inhalt der konkreten Tätigkeit erst durch Weisungen des Inhabers des Einsatzbetriebs bestimmt wird oder eine Zusammenarbeit mit den Arbeitnehmern des Betriebsinhabers erfordert,[189]

93 – **Fehlen einer Betriebsorganisation des Vertragspartners** von dem Inhaber des Einsatzbetriebs, die es ermöglichen würde, die vereinbarten Werkleistungen zu erbringen und hierfür den Arbeitnehmern Weisungen zu erteilen,[190]

94 – **arbeitsteiliges Zusammenwirken** von Mitarbeitern beider Vertragspartner,[191]

95 – **Anweisungen des Inhabers des Einsatzbetriebs hinsichtlich des Arbeitsablaufs**,[192]

96 – **Unterstellung** der Mitarbeiter des Vertragspartners des Inhabers von dem Einsatzbetrieb **unter die im Arbeitsbetrieb geltende Arbeitsordnung.**[193]

97 (4) **Ohne Aussagekraft** für die Unterscheidung sind folgende Kriterien:

98 – **Gestellung von Arbeitsgeräten und Material** durch den Inhaber des Einsatzbetriebs,[194] selbst wenn es sich um Schutzkleidung handelt, die nach Bestimmung der Arbeitssicherheit vorgeschrieben ist[195]

---

189 BAG vom 1.12.1992, EzAÜG § 14 AÜG Betriebsverfassung Nr. 35; BAG vom 9.11.1994, BB 1995, 1293, 1294 f.; BAG vom 16.6.1998, EzAÜG § 14 AÜG Betriebsverfassung Nr. 41; KassHdbch/*Düwell*, 4.5 Rn. 117.
190 BAG vom 9.11.1994, BB 1995, 1293, 1294; LAG Baden-Württemberg vom 25.1.1991, EzAÜG § 631 BGB Werkvertrag Nr. 32; KassHdbch/*Düwell*, 4.5 Rn. 118; *Niebler/Biebl/Roß*, Rn. 65.
191 KassHdbch/*Düwell*, 4.5 Rn. 127; *Niebler/Biebl/Roß*, Rn. 63 ff.
192 LAG Berlin vom 25.7.1988, § 10 AÜG Fiktion Nr. 63; KassHdbch/*Düwell*, 4.5 Rn. 121; *Sandmann/Marschall*, § 1 Anm. 14.
193 LAG Baden-Württemberg vom 25.1.1991, EzAÜG § 631 BGB Werkvertrag Nr. 32.
194 BAG vom 6.8.1997, EzAÜG § 631 BGB Werkvertrag Nr. 39; LAG Baden-Württemberg vom 25.1.1991, EzAÜG § 631 BGB Werkvertrag Nr. 32; LAG Düsseldorf vom 27.8.2007 – 17 Sa 864/07, Rn. 94; LAG Frankfurt vom 2.7.1996, EzAÜG § 631 BGB Werkvertrag Nr. 38. – A.A. *Niebler/Biebl/Roß*, Rn. 67.
195 LAG Düsseldorf vom 27.8.2007 – 17 Sa 864/07, Rn. 94.

III. Vorübergehend (Abs. 1 Satz 2) § 1

– **Art der Vergütung**, insbesondere zeitabhängige Vergütung[196] (A. A. GA AÜG 1.1.6.1 (3)),   99
– **Art der Tätigkeit**, sodass insbesondere auch einfache Arbeiten Gegenstand eines Werkvertrags sein können[197] (A. A. GA AÜG 1.1.6.1 (4)), aber auch solche Tätigkeiten, die für den Betriebsablauf unentbehrlich sein können[198]   100
– **enge räumliche Zusammenarbeit**[199]   101
– **ausführliche, detaillierte Regelungen im Vertrag**, sodass bei der Ausübung der Tätigkeit kein größerer Entscheidungsspielraum verbleibt,[200]   102
– **zeitliche Dauer des Arbeitseinsatzes** im Einsatzbetrieb;[201] insbesondere werden ständig wiederkehrende Wartungs- und Installationsarbeiten häufig an denselben Fremdunternehmer vergeben,[202]   103
– **keine Eintragung in die Handwerksrolle**.[203]   104

III. Vorübergehend (Abs. 1 Satz 2)

1. Überblick

a) Entstehungsgeschichte

Abs. 1 Satz 2 wurde mit Wirkung zum 1.12.2011 durch Art. 1 Nr. 2 lit. a) bb) des AÜG-ÄndG eingefügt. Bis zum 31.12.2003 ergab sich aus   105

---

196 BAG vom 1.12.1992, EzAÜG § 14 AÜG Betriebsverfassung Nr. 35; BAG vom 6.8.1997, EzAÜG § 631 BGB Werkvertrag Nr. 39; LAG Baden-Württemberg vom 25.1.1991, EzAÜG § 631 BGB Werkvertrag Nr. 32; LAG Frankfurt vom 2.7.1996, EzAÜG § 631 BGB Werkvertrag Nr. 38; BSG vom 11.2.1988, BB 1988, 1184, 1185; KassHdbch/*Düwell*, 4.5 Rn. 130f. – A. A. LAG Berlin vom 25.7.1988, § 10 AÜG Fiktion Nr. 63; OLG Düsseldorf vom 15.9.1994, EzAÜG § 631 BGB Werkvertrag Nr. 34; *Niebler/Biebl/Roß*, Rn. 72; *Sandmann/Marschall*, § 1 Anm. 19.
197 BAG vom 1.12.1992, EzAÜG § 14 AÜG Betriebsverfassung Nr. 35; BAG vom 16.6.1998, EzAÜG § 14 AÜG Betriebsverfassung Nr. 41.
198 LAG Hamm vom 26.11.2010 – 10 TaBV 67/10, Rn. 45.
199 LAG Hamm vom 26.11.2010 – 10 TaBV 67/10, Rn. 45.
200 BAG vom 5.5.1992, BB 1992, 1999, 2000; BAG vom 1.12.1992, EzAÜG § 14 AÜG Betriebsverfassung Nr. 35; BAG vom 31.3.1993, NZA 1993, 1078, 1080.
201 BAG vom 30.1.1991, BB 1991, 2375, 2378; BAG vom 9.11.1994, BB 1995, 1293, 1294; LAG Frankfurt vom 2.7.1996, EzAÜG § 631 BGB Werkvertrag Nr. 38.
202 BAG vom 30.1.1991, BB 1991, 2375, 2378; LAG Frankfurt vom 2.7.1996, EzAÜG § 631 BGB Werkvertrag Nr. 38.
203 KassHdbch/*Düwell*, 4.5 Rn. 120.

der Normierung einer gesetzlichen Höchstüberlassungsdauer, die zunächst auf drei Monate bestimmt war und dann über sechs, neun und zwölf Monate bis auf 24 Monate ausgedehnt worden war, sodass Arbeitnehmerüberlassung nur zeitlich begrenzt erfolgen durfte. Diese zeitlichen Beschränkungen wurden mit Wirkung zum 1.1.2004 aufgehoben.

b) Sinn und Zweck

106 Mit Abs. 1 Satz 2 wollte der Gesetzgeber klarstellen, dass das **deutsche Modell der Arbeitnehmerüberlassung europarechtlichen Vorgaben entspricht**.[204] In der LeiharbeitsRL wird nämlich im Rahmen der Begriffsbestimmungen in Art. 3 Abs. 1 lit) b) bis e) stets betont, dass die Arbeitnehmerüberlassung „vorübergehend" erfolgt. Daher hat der Gesetzgeber den Begriff „vorübergehend" im Sinne der LeiharbeitsRL als **flexible Zeitkomponente** verstanden und insbesondere **auf genau bestimmte Höchstüberlassungsfristen verzichtet**.[205] Insofern wollte der nationale Gesetzgeber keine eigenständige Regelung treffen, sondern nur die **Vorgaben des europäischen Rechts umsetzen**.[206]

2. „Vorübergehend"

a) Begriff

107 Der Begriff „vorübergehend" kann zunächst in Anlehnung an § 1 Abs. 3 Nr. 2 i.d. bis zum 30.11.2011 geltenden Fassung bestimmt werden.[207] Hierfür spricht nicht nur der übereinstimmende Wortlaut, sondern auch, dass die Interessenlage vergleichbar ist. **Vorübergehend** ist danach, dass die **Überlassung nicht als endgültig geplant**, sondern **zeitlich begrenzt** ist.[208] Entscheidend ist hierfür, dass der Leiharbeitnehmer nach den zugrunde liegenden Vereinbarungen nach dem Einsatz bei einem Entleiher wieder seinem Stammarbeitgeber, dem Verlei-

---

204 Begründung zum GesetzesE, BT-Drs. 17/4804, S. 8.
205 Begründung zum GesetzesE, BT-Drs. 17/4804, S. 8.
206 So auch *Ulber*, § 1 Rn. 230c.
207 *Thüsing/Stiebert*, DB 2012, 632, 633. – A.A. Hamman, NZA 2011, 70, 72, der Anleihen bei § 14 I Tz.B.fG nehmen will; *Zimmermann*, ArbRAktuell 2011, 62; *Düwell*, ZESAR 2011, 449, 452.
208 *Boemke*, Schuldvertrag, S. 554; *Rüthers/Bakker*, ZfA 1990, 245, 295 ff.; *Schüren/Hamann*, § 1 Rn. 577; *Thüsing/Waas*, § 1 Rn. 194; ErfK/Wank, § 1 AÜG Rn. 89; *Thüsing/Stiebert*, DB 2012, 632, 632.

III. Vorübergehend (Abs. 1 Satz 2) § 1

her, für einen anderen Kundeneinsatz zur Verfügung stehen soll.[209] Die **Rückkehr** als solche **muss** zum Zeitpunkt der Überlassung **feststehen**,[210] es reicht **nicht** aus, wenn der Leiharbeitnehmer lediglich ein **Rückkehrrecht** hat[211] bzw. die **Möglichkeit einer späteren Rückkehr** offen gehalten wird.[212] Daher ist die Arbeitnehmerüberlassung vorübergehend, wenn sie von vornherein konkret zeitlich befristet ist, unabhängig davon, ob es sich um eine Zeit- oder eine Zweckbefristung handelt.[213] Ist die **Überlassung „bis auf Weiteres"** oder **„auf unbestimmte Zeit"** geplant, liegt **keine** vorübergehende Überlassung vor; dies gilt erst recht, wenn eine Rückkehr des Arbeitnehmers in das entsendende Unternehmen nicht mehr vorgesehen ist.[214]

Die Frage, ob an eine vorübergehende Arbeitnehmerüberlassung **zusätzliche Anforderungen** zu stellen sind, ist in der Literatur intensiv diskutiert worden. Dabei wird erstens die Frage aufgeworfen, ob das Merkmal „**vorübergehend**" auf die **Einsatzdauer im Entleiherbetrieb oder** aber die **zeitliche Dauer des Leiharbeitsverhältnisses** bezogen ist (vgl. Rn. 109 f.) und ob es **absolute zeitliche Höchstgrenzen** gibt, ab denen eine Arbeitnehmerüberlassung nicht mehr vorübergehend erfolgt (vgl. Rn. 111 ff.).[215] Zweitens ist umstritten, ob **zusätzlich** ein **bestimmter Anlassbezug** gegeben sein muss, also nur vorübergehende Arbeitsaufgaben im Entleiherbetrieb übernommen werden dürfen, sodass ein (ständiger) Einsatz von Leiharbeitnehmern auf Dauerarbeitsplätzen, selbst wenn die Leiharbeitnehmer als solche ständig wechseln, nicht mehr vorübergehend ist (vgl. Rn. 113).[216] Drittens wird unterschiedlich beurteilt, ob **Mehrfachüberlassungen ein und desselben**

108

---

209 *Boemke*, Schuldvertrag, S. 554; *Rüthers/Bakker*, ZfA 1990, 245, 295 ff.; *Schubel*, BB 1985, 1606, 1607.
210 Weitergehend Antwort der BundesReg auf eine kleine Anfrage, BT-Drs. 17/8829, S. 24 (Nr. 37): „auch weiterhin <ist> eine nicht von vornherein zeitlich befristete Überlassung von Zeitarbeitnehmern möglich".
211 So aber *Rüthers/Bakker*, ZfA 1990, 245, 299 f. – Dagegen zutreffend *Schüren/Hamann*, § 1 Rn. 581.
212 *Gaul*, BB 1996, 1224 f.; *Martens*, DB 1985, 2144, 2149; *Oetker*, SAE 1989, 68, 69 f.; *Ulber*, § 1 Rn. 253. – Abweichend ArbG Köln vom 9.2.1996, BB 1996, 800 f., wonach die Arbeitnehmerüberlassung nur dann nicht vorübergehend sein soll, wenn feststeht, dass der Arbeitnehmer nie mehr zu seinem bisherigen Arbeitgeber zurückkehrt.
213 *Schüren/Hamann*, § 1 Rn. 577; *Hamann*, NZA 2011, 70, 72.
214 *Thüsing/Stiebert*, DB 2012, 632, 633 ff; *Leuchten*, NZA 2011, 608, 609. – Zur früheren Rechtslage LAG München vom 5.12.2000, AiB 2002, 432.
215 In diesem Sinne ErfK/Wank, § 1 AÜG Rn. 37; *Ulber*, § 1 Rn. 230 w und y.
216 In diesem Sinne *Ulber*, § 1 Rn. 230l sowie 231b und c.

§ 1 Erlaubnispflicht

Leiharbeitnehmers auf Grund aufeinanderfolgender Arbeitnehmerüberlassungsverträge nicht mehr vorübergehend sind (vgl. Rn. 114).[217] In diesem Zusammenhang wird fast von jedem Autor, aber auch in der Rspr. betont, dass der Begriff **europarechtskonform** unter Berücksichtigung der Bestimmungen und der Regelungsziele der Leiharbeits-RL interpretiert werden müsste. Dabei wird jedoch sodann die Richtlinie und einzelne Richtlinienbestimmungen im nationalen Kontext gesehen ohne die **europäischen Regelungszusammenhänge**, insbesondere die Regelungen in anderen Mitgliedstaaten, zu berücksichtigen.

b) Zeitkomponente

aa) Nicht Dauer des Arbeitsverhältnisses als Bezugspunkt

109 Nach einer Auffassung in der Literatur soll hinsichtlich der Beurteilung, ob eine Arbeitnehmerüberlassung vorübergehend erfolgt, **(auch) die Dauer des Leiharbeitsverhältnisses** maßgebend sein. Das Leiharbeitsverhältnis müsste danach **für** eine **längere Zeit begründet** sein **als** die **konkrete Überlassung dauert**.[218] Dies wird u.a. auf die Begründung zum GesetzesE gestützt, wonach „die Überlassung an den jeweiligen Entleiher im Verhältnis zum Arbeitsvertragsverhältnis zwischen dem Verleiher und dem Leiharbeitnehmer vorübergehend ist".[219] Vordergründig scheint danach die Frage, ob eine Überlassung vorübergehend ist, mit Blick auf die Dauer des Arbeitsverhältnisses des betreffenden Leiharbeitnehmers zu beurteilen sei. Eine solche Betrachtung greift allerdings zu kurz, weil der Gesetzgeber mit dieser Formulierung lediglich klarstellen wollte, dass das deutsche Modell der Arbeitnehmerüberlassung europäischen Vorgaben entspricht.[220] Entsprechend dem Wesen einer Klarstellung war eine **Änderung der bestehenden Rechtslage nicht beabsichtigt**.[221] Nach der seit dem 1.1.2003 geltenden Rechtslage war die Synchronisation von Leiharbeitsverhältnis und Überlassung aber nicht untersagt;[222] und schon zuvor konnte seit dem 1.4.1997 bei der erstmaligen Begründung eines Leiharbeitsverhältnisses dieses auf die Dauer des erstmaligen Einsatzes im Entleiherbetrieb

---

217 In diesem Sinne ErfK/Wank, § 1 AÜG Rn. 37; Ulber, § 1 Rn. 231c.
218 ErfK/Wank, § 1 AÜG Rn. 37; Ulber, § 1 Rn. 230 w und y; *Schüren/Wank*, RdA 2011, 1, 3; A.A. *Düwell*, ZESAR 2011, 449, 453.
219 Begründung zum GesetzesE, BT-Drs. 17/4804, S. 8.
220 Begründung zum GesetzesE, BT-Drs. 17/4804, S. 8.
221 Antwort der BundesReg auf eine kleine Anfrage, BT-Drs. 17/8829, S. 24 (Nr. 37).
222 Vorauflage § 3 Rn. 64 ff.

III. Vorübergehend (Abs. 1 Satz 2) § 1

befristet werden.[223] Dies spricht dafür, dass auch der nationale Gesetzgeber nicht zur Voraussetzung einer „vorübergehenden" Arbeitnehmerüberlassung machen wollte, dass das Leiharbeitsverhältnis den Einsatz im Entleiherbetrieb überdauert.

Eine **europarechtskonforme Betrachtung** zwingt dazu, die Bestimmung des Begriffs „vorübergehend" unabhängig von der Dauer des konkreten Leiharbeitsverhältnisses zu bestimmen. Hierfür spricht zunächst **Art. 3 Abs. 1 lit. e) Leiharbeits-RL**, wonach Überlassung der Zeitraum ist, „während dessen der Leiharbeitnehmer dem entleihenden Unternehmen zur Verfügung gestellt wird, um dort unter dessen Aufsicht und Leitung vorübergehend zu arbeiten". Maßgeblich ist also, dass der **Einsatz im Entleiherbetrieb vorübergehend** erfolgt, nicht aber das Leiharbeitsverhältnis nicht mit der Einsatzdauer synchronisiert werden darf. Überdies ist **in verschiedenen Mitgliedstaaten** gesetzlich zwingend gefordert, dass grds. die Dauer der Überlassung der Dauer des Arbeitsverhältnisses entsprechen muss. Es besteht also ein **Synchronisationsgebot**, z.B. in Frankreich.[224] Diese unterschiedliche Ausgestaltung der Leiharbeitsverhältnisse innerhalb Europas war dem Richtliniengeber durchaus bewusst, ohne dass er durch die LeiharbeitsRL die unterschiedlichen Ausgestaltungen des Arbeitseinsatzes von Leiharbeitnehmern, sondern vielmehr den Schutz über die inhaltliche Ausgestaltung der Arbeitsbedingungen realisieren wollte.[225] Hätte er eine bisher übliche Praxis in den Mitgliedsstaaten für die Zukunft ausschließen wollen, hätte dies in den Bestimmungen der LeiharbeitsRL oder zumindest in deren Erwägungsgründen klar und deutlich zum Ausdruck gebracht werden müssen.

110

bb) Keine zeitliche Höchstgrenze

In der Literatur wird vereinzelt davon ausgegangen, dass es eine zwingende zeitliche Höchstgrenze gibt, ab der keine vorübergehende Ar-

111

---

223 *Boemke*, AÜG 1. Aufl., § 3 Rn. 76 ff.
224 *Sandmann/Marschall*, Einl. Rn. 39; *Vanselow/Weinkopf*, Zeitarbeit in europäischen Ländern – Lehren für Deutschland? (2009), S. 17.
225 Vgl. Report Expert Group Transposition of Directive 2008/104/EC on Temporary agency work, S. 12: „This definition covers a great variety of situations in Member States. In particular, agency workers may have a fixed-term employment relationship with the agency but may also have a permanent contract of employment; besides, in some Member States no specific legislation governing temporary agency work has yet been adopted. The Commission indicated that the Directive applies irrespective of differences in national legislation."

§ 1 Erlaubnispflicht

beitnehmerüberlassung mehr vorliegt.[226] Dabei will Ulber aus Art. 12 I VO 883/04 EWG sowie § 10 Abs. 5 a.F. und § 14 Abs. 2 TzBfG herleiten, dass bei einem **Einsatz im Kundenbetrieb von mehr als 24 Monaten** keine vorübergehende, sondern eine dauerhafte Überlassung vorliegt.[227] Zimmermann hingegen geht noch einen Schritt weiter und nimmt im Hinblick auf § 14 Abs. 1 Satz 2 Nr. 5 TzBfG und § 1 Abs. 1 KSchG an, dass jedenfalls unproblematisch nur eine Überlassungsdauer unter 6 Monaten als vorübergehend angesehen werden könne.[228] Zudem fordert er, dass die **fiktiven Voraussetzungen einer Sachgrundbefristung**, insbesondere nach § 14 Abs. 1 Satz 2 Nr. 1 TzBfG (vorübergehender Bedarf an Arbeitsleistung), vorliegen müssen, damit der Einsatz vorübergehend sei.[229] Beide Ansätze hätten im Ergebnis die Wiedereinführung der Höchstüberlassungsdauer zur Folge. Sie können weder aus Gründen des nationalen noch des Europarechts überzeugen.

112 Im Ausgangspunkt lässt sich **weder** dem Wortlaut der **LeiharbeitsRL noch** dem **AÜG** ein Ansatz für den Bestand einer **zeitlichen Überlassungshöchstgrenze** entnehmen. Eine zeitliche Höchstgrenze für vorübergehende Überlassungen kann nicht existieren, weil das **Bestimmtheitsgebot** einer solchen entgegensteht.[230] Es wird lediglich von vorübergehend" gesprochen und keine weitergehende Einschränkung vorgenommen.[231] Überdies ist auch in der **Begründung zum GesetzesE** erläutert, dass „der Begriff „vorübergehend" im Sinne der LeiharbeitsRL als **flexible Zeitkomponente** verstanden und insbesondere auf genau bestimmte Höchstüberlassungsfristen verzichtet wird".[232] Auf eine kleine Anfrage hat die BundesReg hierzu sogar erläutert, dass „auch weiterhin eine nicht von vornherein zeitlich befristete Überlassung von Zeitarbeitnehmern möglich" ist.[233] Dem Willen des Gesetzgebers entsprach es daher, auf eine konkrete Höchstüberlassungsdauer zu verzichten. Wäre dies gewollt gewesen, dann hätte der Gesetzgeber eine § 3 Abs. 1 Nr. 6 i. d. bis zum 31.12.2003 geltenden Fassung entsprechende Regelung aufnehmen können. Zudem spricht der Sinn und Zweck der LeiharbeitsRL, welcher u.a. in dem Schutz der Leiharbeit-

---

226 *Ulber*, § 1 Rn. 230z, 231, 231a; *Zimmermann*, ArbRAktuell 2011, 62.
227 *Ulber*, § 1 Rn. 230z, 231, 231a.
228 *Zimmermann*, ArbRAktuell, 2011, 62.
229 *Zimmermann*, ArbRAktuell 2011, 62.
230 *Lembke*, DB 2011, 414, 415.
231 *Lembke*, DB 2011, 414, 415.
232 Begründung zum GesetzesE, BT-Drs. 17/4804, S. 8
233 Antwort der BundesReg auf eine kleine Anfrage, BT-Drs. 17/8829, S. 24 (Nr. 37).

III. Vorübergehend (Abs. 1 Satz 2) § 1

nehmer zu sehen ist (Art. 2 LeiharbeitsRL), gegen den Bestand einer Höchstüberlassungsgrenze. Will der europäische Gesetzgeber dem Leiharbeitnehmer bereits bei einer nur vorübergehenden Überlassung den Schutz der LeiharbeitsRL gewähren, dann muss dies erst recht bei einer nicht nur vorübergehenden und u.U. dauerhaften Überlassung – welche gegen den Bestand einer Höchstgrenze spricht – gelten.[234] Der Leiharbeitnehmer ist nämlich bei einer vorübergehenden Überlassung schutzwürdiger als bei einer nicht nur vorübergehenden Überlassung. Bei einer zeitlich unbegrenzten und u.U. dauerhaften Überlassung ist der Leiharbeitnehmer intensiver in den Einsatzbetrieb integriert. Es besteht anders als bei einer nur vorübergehenden Überlassung eine erhöhte Chance auf Übernahme in ein reguläres Stammarbeitsverhältnis.[235] Auch aus weiteren europarechtlichen Vorgaben ergibt sich nicht, dass das Überschreiten einer bestimmten Höchstdauer dazu führt, dass eine Überlassung nicht mehr vorübergehend ist. Vielmehr ist zu berücksichtigen, dass **in zahlreichen Mitgliedstaaten** ein **unbegrenzter Einsatz des Leiharbeitnehmers im Entleiherbetrieb zulässig**.[236] Diese unterschiedliche Ausgestaltung der Zulässigkeit des Einsatzes von Leiharbeitnehmern im Kundenbetrieb innerhalb Europas war dem Richtliniengeber durchaus bewusst, sodass er mit der Formulierung „vorübergehend" nur an den Anwendungsbereich der LeiharbeitsRL anknüpfen, aber keine zeitliche Limitierung vorgeben wollte.[237]

c) Anlassbezug

Vereinzelt wird das Merkmal „vorübergehend" dahingehend ausgelegt, dass im Zeitpunkt der Überlassung des Leiharbeitnehmers feststehen müsse, dass der **Leiharbeitnehmer in absehbarer Zeit nicht mehr im Entleiherbetrieb benötigt** werde, weil die **Arbeitsaufgaben** wieder durch **Stammpersonal** übernommen werden können oder gänzlich entfallen.[238] Es sei also ein kurzfristiger Anlass für den Einsatz von Leihar- 113

---

234 *Boemke*, RIW 2009, 177, 179.
235 *Lembke*, BB 2012, 2497, 2500; *ders.* DB 2011, 414, 415.
236 Vgl. *Vanselow/Weinkopf*, Zeitarbeit in europäischen Ländern – Lehren für Deutschland? (2009), S. 13: Dänemark, Deutschland. Estland, Finnland, Irland, Italien, Litauen, Niederlande, Österreich, Schweden, Slowakai, Spanien, Ungarn, Vereinigtes Königreich.
237 Vgl. Report Expert Group Transposition of Directive 2008/104/EC on Temporary agency work, S. 14: „Although definitions in Article (3) use the word „temporarily", there is no limitation to the duration of assignments."
238 *Ulber*, § 1 Rn. 230l; *Düwell*, ZESAR 2011, 449, 454.

beitnehmern notwendig.[239] Das lässt sich weder der LeiharbeitsRL noch dem AÜG entnehmen. Der Begriff „vorübergehend" enthält **nur eine zeitliche Komponente**;[240] eine **sachliche** Komponente ist **nicht erkennbar**. Auch wäre es auf nationaler Ebene nur schwerlich mit dem Recht des Entleihers aus Art. 12 GG zu vereinbaren, wenn vorgeschrieben werde, dass er die Arbeitsplätze nur dann durch den Einsatz von Leiharbeitnehmern besetzen kann, wenn ein konkreter Anlass für einen vorübergehenden Bedarf besteht.

d) Mehrfachüberlassungen

114 Richtigerweise stehen auch zeitlich befristet aufeinanderfolgende und wiederholte Überlassungen eines konkreten Leiharbeitnehmers dem Merkmal „vorübergehend" nicht entgegen.[241] Ein Verbot solcher Mehrfachüberlassungen kann insbesondere nicht auf Art. 5 Abs. 5 der LeiharbeitsRL gestützt werden.[242] In diesem Sinne könnten aufeinander folgende Überlassungen nur untersagt sein, wenn damit eine Umgehung der LeiharbeitsRL droht. Allein **infolge von Mehrfachüberlassungen** entsteht aber **nicht** zwangsläufig ein **Schutzdefizit** für den Leiharbeitnehmer. Überdies könnte einem etwaigen Schutzzweck der Richtlinie dadurch Rechnung getragen werden, dass nicht die wiederholte Überlassung untersagt, sondern stattdessen über eine **Anwendung des Schlechterstellungsverbots** auf individualarbeitsrechtlicher Ebene reagiert wird. Eine solche Erwägung kann aber **allenfalls bei befristeten Leiharbeitsverhältnissen** in Betracht kommen. Im Übrigen sieht der Richtliniengeber **im unbefristeten Arbeitsverhältnis** eines Leiharbeitnehmers einen **hinreichenden Schutz** sieht. In **Erwägungsgrund Nr. 15 der LeiharbeitsRL** ist hierzu nämlich bestimmt, dass unbefristete Arbeitsverträge die übliche Form des Beschäftigungsverhältnisses sind. Zugleich wird ausgeführt, dass in diesen Fällen angesichts des hierdurch gegebenen besonderen Schutzes die Möglichkeit vorgesehen werden sollte, von equal pay und equal treatment abzuweichen.

---

239 *Ulber,* § 1 Rn. 230l; *Düwell,* ZESAR 2011, 449, 454.
240 *Thüsing/Stiebert,* DB 2012, 632, 632.
241 *Krannich/Simon,* BB 2012, 1414, 1415, *Ulber,* § 1 Rn. 231c; *Thüsing/Stiebert,* DB 2012, 632, 634; ArbG Leipzig vom 15.2.2012 – 11 BV 79/11, juris Rn. 49; A.A. *Hamann,* RdA 2011, 321, 324; ErfK/*Wank,* § 1 Rn. 37.
242 A.A. *Ulber,* § 1 Rn. 231c; ErfK/*Wank,* § 1 Rn. 37.

3. Rechtsfolgen

a) Allgemein

Weder der LeiharbeitsRL noch dem AÜG kann eine Regelung darüber entnommen werden, welche Rechtsfolgen eine nicht nur vorübergehende Überlassung hat. Richtigerweise beinhaltet diese **keine rechtlichen Auswirkungen**.[243] Diverse abweichende Ansätze des Schrifttums, welche einen Dauerverleih nach unterschiedlicher Begründung als unzulässig ansehen, können nicht überzeugen.[244] Da Abs. 1 Satz 2 nur einen **unverbindlichen Programmsatz ohne Rechtsfolgen** darstellt.[245] Allein diese Annahme ist im Einklang mit dem geltenden Recht, weil insbesondere an Art. 4 Abs. 1 der LeiharbeitsRL erkennbar ist, dass „Verbote oder Einschränkungen der Leiharbeit nur aus Gründen des Allgemeininteresses möglich sind". Eine Sanktionierung der nicht nur vorübergehenden Arbeitnehmerüberlassung ist unter Berücksichtigung dieses Aspekts und der fehlenden Rechtsfolgenanordnung daher nicht möglich. Richtigerweise kann das Merkmal „vorübergehend" nur im Rahmen der Gesetzesauslegung Wirkung entfalten. So ist beispielsweise bei der Beendigung eines Arbeitsverhältnisses für den Fall einer drohenden betriebsbedingten Kündigung von Stammarbeitnehmern im Rahmen der Gesamtabwägung zugrunde zu legen, dass der Arbeitnehmerüberlassung der Grundgedanke einer nur vorübergehenden Überlassung zugrunde liegt.[246] Sollte das BAG in einem potentiellen Verfahren[247] beabsichtigen, an die **nicht nur vorübergehende Arbeitnehmerüberlassung Rechtsfolgen zu knüpfen**, muss es nach **Art. 267 AEUV** das **Verfahren aussetzen und** die **Rechtsfrage** bezüglich der Auswirkungen einer nicht nur vorübergehenden Überlassung dem **EuGH vorlegen**.

115

---

243 *Lembke*, DB 2011, 414, 415; ders. FA 2011, 290 f.; *Raif*, GWR 2011, 303, 303.
244 *Düwell*, ZESAR 2011, 449, 454; *Hamann*, RdA 2011, 322, 324; *Böhm*, DB 2012, 918, 919; ErfK/*Wank*, § 1 Rn. 12; *Ulber*, § 1 Rn. 230e; *Schüren/Wank*, RdA 2011, 1, 3.
245 *Lembke*, DB 2011, 414, 415; *Raif*, GWR 2011, 303 f.; *Rieble/Vielmeier*, EuZA 2011, 474, 488, bezeichnen den Begriff „vorübergehend" als Appell ohne Rechtsfolgen.
246 *Lembke*, FA 2011, 290, 291.
247 Potentiell zur Streitklärung in Betracht kommend das anhängige Verfahren vor dem BAG (Az. 7 ABR 91/11).

§ 1   Erlaubnispflicht

b) Gewerberechtlich

116   Da die nicht nur vorübergehende Arbeitnehmerüberlassung nur einen unverbindlichen Programmsatz darstellt, wirft eine dauerhafte Überlassung auch **keine gewerberechtlichen Konsequenzen** auf. Insbesondere kann die nicht nur vorübergehende Überlassung keinen Widerruf (§ 5) oder eine Versagung (§ 3) der Erlaubnis rechtfertigen.[248] Hieran ändert es auch nichts, dass die Versagungs- bzw. Widerrufsgründe eine lediglich beispielhafte Aufzählung enthalten und somit eine Erfassung von ungeschriebenen Versagungs- und Widerrufsgründen grundsätzlich denkbar ist.[249]

c) Individualarbeitsrecht

117   Das Leiharbeitsverhältnis zwischen Verleiher und Leiharbeitnehmer bleibt auch bei einer nicht nur vorübergehenden Arbeitnehmerüberlassung unverändert bestehen. Insbesondere kommt es auch **nicht** zu einer **Fiktion eines Arbeitsverhältnisses zwischen Leiharbeitnehmer und Entleiher**.[250] Dies lässt sich **weder** auf eine **entsprechende Anwendung von §§ 9 Nr. 1, 10 Abs. 1 noch** auf **Abs. 2** stützen. Der Gesetzgeber hat ausdrücklich dargelegt, dass er mit der Aufnahme von Abs. 1 Satz 2 klarstellen wollte, dass das deutsche AÜG europarechtlichen Vorgaben entspricht, ohne dass eine Änderung der Rechtslage beabsichtigt war. Da zuvor die dauerhafte Arbeitnehmerüberlassung nicht zu einem Arbeitsverhältnis zwischen Leiharbeitnehmer und Entleiher führte, war diese Rechtsfolge auch künftig nicht beabsichtigt. Der Gesetzgeber hat also bewusst davon Abstand genommen, eine entsprechende Rechtsfolge zu normieren, sodass es schon an einer Regelungslücke als Grundvoraussetzung der analogen Anwendung fehlt. Ebenso greift bei Vorliegen einer nicht nur vorübergehenden Arbeitnehmerüberlassung nicht die Vermutung einer unerlaubten Arbeitsvermittlung ein:[251] Arbeitnehmerüberlassung ist keine Arbeitsvermittlung. Der Referentenentwurf der BundesReg hatte einen entsprechenden Vorschlag

---

248 *Zimmermann*, ArbRAktuell 2011, 62, 62; *Düwell*, ZESAR 2011, 449, 454; A.A. *Krannich/Simon*, BB 2012.
249 A.A. *Krannich/Simon*, BB 2012, 1414, 1420.
250 LAG Berlin-Brandenburg vom 16.10.2012 – 7 Sa 1182/12, BB 2013, 251 ff.; *Huke/Neufeld/Luickhardt*, BB 2012, 961, 964; A.A. *Ulber*, § 1 Rn. 231d.
251 *Hamann*, NZA 2011, 70, 74; *Huke/Neufeld/Luickhardt*, BB 2012, 961, 964; A.A *Leuchten*, NZA 2011, 608, 609.

III. Vorübergehend (Abs. 1 Satz 2) § 1

noch enthalten,[252] im Gesetzgebungsverfahren ist dieser Gedanke aber nicht weiter verfolgt worden. Demnach war die Anwendung von Abs. 2 in den Fällen einer nicht nur vorübergehenden Arbeitnehmerüberlassung vom Gesetzgeber nicht gewollt sein. Überdies trifft Abs. 2 als Grundtatbestand für die (widerlegbare) Vermutung vom Vorliegen einer Arbeitsvermittlung diesbezüglich keine Aussage;[253] insbesondere ist die nicht nur vorübergehende Arbeitnehmerüberlassung keine übliche Arbeitgeberpflicht oder ein Arbeitgeberrisiko i.S.v. Abs. 2.

d) Strafrechtliche Sanktionen

Die nicht nur vorübergehende Überlassung eines Leiharbeitnehmers bleibt **strafrechtlich sanktionslos**. Bei dieser ist insbesondere kein Ordnungswidrigkeitentatbestand im Sinne von § 16 erfüllt.[254] 118

e) Zustimmungsverweigerung (§ 99 Abs. 2 Nr. 1 BetrVG)

Da Abs. 1 Satz 2 **keine Verbotsnorm** darstellt, kann bei Vorliegen einer nicht nur vorübergehenden Arbeitnehmerüberlassung **kein Zustimmungsverweigerungsrecht des Betriebsrats gemäß § 99 Abs. 2 Nr. 1 BetrVG** bei der nicht nur vorübergehenden Einstellung eines Leiharbeitnehmers begründet werden.[255] Es fehlt an einem gesetzlichen Verstoß i.S.v. § 99 Abs. 2 Nr. 1 BetrVG. Darüber hinaus könnte selbst bei der fiktiven Annahme vom Vorliegen eines Verbotsgesetzes kein Zustimmungsverweigerungsrecht des Betriebsrats angenommen werden, weil der Zweck der potentiellen Verbotsnorm (Abs. 1 Satz 2) nicht zwangsläufig allein durch die Verhinderung der Einstellung der Leiharbeitnehmer erreicht werden kann; das erfordert die Anwendung von § 99 Abs. 2 Nr. 1 BetrVG jedoch.[256] 119

---

252 Gesetzesentwurf der BundesReg zum Gesetz für Verhinderung von Missbrauch der Arbeitnehmerüberlassung Stand 2.9.2010, S. 9.
253 *Giesen/Müller*, KSzW 2012, 20, 22.
254 *Zimmermann*, ArbRAktuell 2011, 62; *Düwell*, ZESAR 2011, 449, 454.
255 ArbG Leipzig vom 15.2.2012 – 11 BV 79/11, BeckRS 67077 unter 42; *vom* 23.3.2012 – 5 BV 85/11, juris Rn. 29. – Offen gelassen LAG Düsseldorf vom 6.7.2012 – 6 TaBV 30/12, juris Rn. 82. – A.A. *Zimmermann*, ArbRAktuell 2011, 62; *Hamann*, jurisPR-ArbR 23/2012 Anm. 3; *Zimmer*, AuR 2012, 422, 426. – Zweifelnd *Böhm*, DB 2012, 918, 921.
256 ArbG Leipzig vom 23.3.2012 – 5 BV 85/11, juris Rn. 28; BAG vom 1.6.2011 – 7 ABR 117/09, NZA 2011, 1435; BAG vom 21.7.2009 – 1 ABR 35/08, juris Rn. 21.

IV. Abordnung zu ARGE (Abs. 1 Satz 3 und 4)

120 Nach Abs. 1 Satz 3 liegt keine Arbeitnehmerüberlassung bei der Abordnung von Arbeitnehmern zu einer zur Herstellung eines Werkes gebildeten ARGE vor, wenn der Arbeitgeber Mitglied der ARGE ist, für alle Mitglieder der ARGE Tarifverträge desselben Wirtschaftszweiges gelten und alle Mitglieder auf Grund des Arbeitsgemeinschaftsvertrags zur selbstständigen Erbringung von Vertragsleistungen verpflichtet sind. Für einen Arbeitgeber mit Geschäftssitz in einem anderen Mitgliedstaat des Europäischen Wirtschaftsraums ist nach Abs. 1 Satz 4 die Abordnung von Arbeitnehmern zu einer zur Herstellung des Werks gebildeten ARGE auch dann keine Arbeitnehmerüberlassung, wenn für ihn deutsche Tarifverträge desselben Wirtschaftszweigs wie für die anderen Mitglieder der ARGE nicht gelten, er aber die übrigen Voraussetzungen von Abs. 1 Satz 3 erfüllt (siehe unten Rn. 147 ff.).

1. Überblick

a) Entstehungsgeschichte

121 Abs. 1 Satz 3 war in der **ursprünglichen Fassung** des AÜG **nicht enthalten**. Vielmehr wurde auch die **Abordnung zu ARGEen**, soweit nicht der Weg der Freistellung, z.B. nach § 9 BRTV, gewählt wurde, als **Arbeitnehmerüberlassung** behandelt. Um in diesen Bereichen zusätzliche Möglichkeiten zu schaffen, traten sowohl die Gewerkschaften als auch die Arbeitgeberverbände, insbesondere der Bauwirtschaft, dafür ein, die Abordnung zu ARGEen unter bestimmten Voraussetzungen nicht als Arbeitnehmerüberlassung einzuordnen. Sowohl der Gesetzesentwurf der CDU/CSU und FDP-Fraktionen[257] als auch der Entwurf der Bundesregierung[258] für ein siebtes Änderungsgesetz zum AFG enthielten daher die später als Satz 2 Gesetz gewordene Regelung. Bei den Beratungen in den Ausschüssen des Bundestages fand sie auch die Zustimmung der SPD und wurde **am 20.12.1985 als Art. 11 des 7. Änderungsgesetzes zum AFG verabschiedet**.[259]

122 Abs. 1 Satz 4 ist mit Wirkung zum 1.1.2003 zunächst als Satz 3 in das AÜG aufgenommen worden. Die Bestimmung dient der **Anpassung** der gesetzlichen Regelung in Abs. 1 Satz 3 (vormaliger Satz 2) **an** das

---

257 BT-Drs. 10/3923.
258 BT-Drs. 10/4211.
259 *Weisemann*, BB 1989, 907.

IV. Abordnung zu ARGE (Abs. 1 Satz 3 und 4) § 1

EG-Recht.[260] Nach der früheren Rechtslage war die Beteiligung von Unternehmen mit Sitz im Ausland an einer ARGE ausgeschlossen, wenn für die Zeit der Tätigkeit in der ARGE das arbeitsrechtliche Direktionsrecht auf die ARGE übertragen werden sollte (siehe Rn. 129). Der *EuGH* sah hierin einen Verstoß gegen die Dienstleistungsfreiheit gem. Art. 52, 59 EGV (jetzt: Art. 49 und 56 AEUV).[261] Da die Überlassung von Arbeitnehmern eine Dienstleistung im Sinne des AEUV ist, behindert es den freien Dienstleistungsverkehr, wenn Abs. 1 Satz 2 a.F. indirekt eine Niederlassung im Mitgliedstaat der Dienstleistung vorschreibt. Das Erfordernis einer festen Niederlassung hebt im Ergebnis die Dienstleistungsfreiheit auf, die Beschränkungen für solche Personen beseitigen soll, die keine Niederlassung in dem Staat haben.[262]

b) Sinn und Zweck

Die Privilegierung der Überlassung von Arbeitnehmern an ARGEen soll nach der amtlichen Begründung **Erschwernisse wirtschaftlich sinnvoller Zusammenarbeit bei Großprojekten beseitigen**.[263] Würde die Abordnung von Arbeitnehmern an ARGEen als Arbeitnehmerüberlassung eingeordnet, dann hätte dies im Anwendungsbereich von Abs. 1 Satz 1 grds. zur Folge, dass das überlassende Unternehmen über eine Erlaubnis nach Abs. 1 Satz 1 verfügen müsste. Dem Sozialschutz der Arbeitnehmer trägt das Gesetz dadurch hinreichend Rechnung, dass der Privilegierungstatbestand eine einheitliche Tarifgeltung voraussetzt und damit **reine Verleihunternehmen** hiervon **rechtstatsächlich ausgeschlossen** sind.[264]

123

2. Allgemeine Regelung (Abs. 1 Satz 3)

a) Tatbestandsvoraussetzungen

Unter **fünf Voraussetzungen** liegt nach Abs. 1 Satz 3 keine Arbeitnehmerüberlassung vor: Es muss eine ARGE zum Zwecke der Herstellung eines Werks gebildet worden sein (Rn. 125 f.); an diese muss ein Arbeitnehmer abgeordnet werden (Rn. 127 ff.); der Arbeitgeber muss Mitglied der ARGE sein (Rn. 132); für alle Mitglieder der ARGE müssen Tarifverträge desselben Wirtschaftszweiges gelten (Rn. 133 ff.); sämtliche

124

---
260 So die Gesetzesbegründung, vgl. BT-Drs. 15/25 S. 38.
261 EuGH vom 25.10.2001, BB 2001, 2427 ff. – Ausführlich bereits *Rissing*, S. 86.
262 EuGH vom 25.10.2001, BB 2001, 2427, 2429.
263 BT-Drs. 10/4211, S. 32 f.
264 Schüren/*Hamann*, § 1 Rn. 368.

§ 1 Erlaubnispflicht

beteiligten Arbeitgeber müssen zur selbstständigen Erbringung von Vertragsleistungen verpflichtet sein (Rn. 138 ff.).

aa) ARGE zur Herstellung eines Werks

125 Unter **ARGE** versteht man den **Zusammenschluss mehrerer Unternehmen auf vertraglicher Grundlage zur Verfolgung eines gemeinsamen Zwecks**.[265] Dabei setzt der Zusammenschluss **keine bestimmte Rechtsform** voraus (GA AÜG 1.1.6.7. (1)).[266] **In der Praxis** erfolgt der Zusammenschluss ganz überwiegend in der Form einer **Gesellschaft bürgerlichen Rechts (GbR)** im Sinne der §§ 705 ff. BGB, weil diese ohne großen organisatorischen und finanziellen Aufwand gegründet werden kann und wegen der weitgehenden Dispositivität ein Höchstmaß an Gestaltungsmöglichkeiten bietet.[267] Die ARGE muss auf rechtsgeschäftlicher Grundlage gebildet werden, eine **rein tatsächliche Zusammenarbeit** mehrerer Unternehmen **reicht grundsätzlich nicht aus**.[268] So kommt durch die wechselseitige Benutzung von Maschinen, Gerüsten usw. auf einer Baustelle noch keine ARGE zustande. Auch wenn nach der gesetzgeberischen Intention in erster Linie Großprojekte in der Baubranche privilegiert werden sollten, ist der Anwendungsbereich nicht auf diesen Wirtschaftszweig beschränkt. Vielmehr kann eine ARGE im Sinne von Abs. 1 Satz 3 **in jedem beliebigen Wirtschaftszweig** gebildet werden;[269] denkbar ist die Gründung von ARGE-en auch bei umfangreichen Entwicklungs- und Forschungsarbeiten oder zur Erstellung komplexer Gutachten.[270] Eine **ARGE zwischen mehreren Betrieben desselben Unternehmens** reicht nicht aus;[271] allerdings fehlt es in diesen Fällen schon nach allgemeinen Grundsätzen an einer Arbeitnehmerüberlassung, weil der Austausch von Arbeitnehmern zwischen Betrieben ein und desselben Unternehmens nicht vom Anwendungsbereich des Gesetzes erfasst wird (siehe oben Rn. 13).

126 Von dem Privilegierungstatbestand wird allerdings nicht jede ARGE erfasst, sondern nur solche **ARGEen**, die **zur Herstellung eines Werks** gebildet wurden. Dabei ist der Begriff des Werks rechtstechnisch im

---

265 *Sandmann/Marschall*, § 1 Anm. 52h.
266 Zu den einzelnen Möglichkeiten siehe *Knigge*, DB 1982, Beil. 4, S. 1, 2 f.
267 *Knigge*, DB 1982, Beil. 4, S. 1, 2 f.; *Schüren/Hamann*, § 1 Rn. 376.
268 Schüren/Hamann, § 1 Rn. 376; *Ulber*, § 1 Rn. 238.
269 Thüsing/*Waas*, § 1 Rn. 115.
270 Schüren/*Hamann*, § 1 Rn. 378; Weisemann, BB 1989, 907, 909.
271 Schüren/*Hamann*, § 1 Rn. 377; *Ulber*, § 1 Rn. 239 f.

IV. Abordnung zu ARGE (Abs. 1 Satz 3 und 4) § 1

Sinne von § 631 BGB zu verstehen.[272] Damit ist der gesamte **Dienstleistungsbereich** von der Privilegierung des Abs. 1 Satz 3 **ausgenommen**,[273] insbesondere können reine Verleihunternehmen keine ARGE im Sinne dieser Bestimmung gründen.[274] Aber auch allgemeine Kooperationsverträge von Unternehmen, Joint-Ventures oder sonstige Formen der Zusammenarbeit zwischen verschiedenen, insbesondere verbundenen Unternehmen, erfüllen nicht die Tatbestandsvoraussetzungen einer ARGE im Sinne von Abs. 1 Satz 3.[275]

bb) Abordnung von Arbeitnehmern

Weitere Voraussetzung für die Privilegierung ist, dass ein Arbeitnehmer an eine derartige ARGE abgeordnet wurde. 127

Der ARGE muss ein **Arbeitnehmer zugewiesen** werden. Erbringt das Mitglied der ARGE selbst die werkvertraglichen Leistungen oder werden die Leistungen durch Nichtarbeitnehmer, z.B. freie Mitarbeiter, erbracht, ist kein Anwendungsfall des Abs. 1 Satz 3 gegeben.[276] Allerdings fehlt es in diesen Fällen schon an der Überlassung eines Arbeitnehmers, sodass von vornherein Arbeitnehmerüberlassung ausscheidet und der Anwendungsbereich des AÜG nicht eröffnet ist. 128

Der Arbeitnehmer muss an die **ARGE abgeordnet** werden. Der Begriff der Abordnung ist gesetzlich nicht definiert. Aus dem Regelungszusammenhang ergibt sich, dass das Arbeitsverhältnis des Arbeitnehmers zum Mitglied der ARGE in vollem Umfang bestehen bleibt und der Arbeitnehmer lediglich vorübergehend die Arbeitsleistung in der Betriebsorganisation der ARGE erbringt.[277] Abordnung setzt danach zum einen voraus, dass das **Weisungsrecht für die Dauer des Arbeitseinsatzes vom Arbeitgeber auf die ARGE übergeht**.[278] Zum anderen darf die Abordnung **nur vorübergehend** sein; sie muss sich darauf beschränken, an der Erfüllung der Verpflichtung des Arbeitgebers gegenüber der ARGE mitzuwirken. Eine Abordnung auf unbestimmte Zeit 129

---

272 Schüren/*Hamann*, § 1 Rn. 379; Thüsing/*Waas*, § 1 Rn. 116; ErfK/*Wank*, § 1 AÜG Rn. 56.
273 Schüren/*Hamann*, § 1 Rn. 380f.; Thüsing/*Waas*, § 1 Rn. 116; ErfK/Wank, § 1 AÜG Rn. 56; *Ulber*, § 1 Rn. 237.
274 Schüren/*Hamann*, § 1 Rn. 381.
275 *Ulber*, § 1 Rn. 180.
276 *Ulber*, § 1 Rn. 185.
277 *Sandmann/Marschall*, § 1 Anm. 81; *Ulber*, § 1 Rn. 235; ErfK/*Wank*, § 1 AÜG Rn. 62.
278 BT-Drs. 10/4211, S. 33; Schüren/*Hamann*, § 1 Rn. 408; *Ulber*, § 1 Rn. 235.

oder für Zeiträume, in denen die Werkverpflichtung des abordnenden Arbeitgebers gegenüber der ARGE nicht fortbesteht, liefe auf eine bloße Zurverfügungstellung der Arbeitskraft hinaus und wird von Abs. 1 Satz 3 nicht erfasst. Hingegen ist es nicht erforderlich, dass der abgeordnete Arbeitnehmer lediglich bei der Realisierung der von seinem Arbeitgeber übernommenen Vertragsleistungen mitwirkt; ihm können auch Tätigkeiten zugewiesen werden, die sich auf die Vertragsleistungen anderer ARGE-Mitglieder beziehen, weil gerade dieses Zusammenwirken durch den Privilegierungstatbestand erleichtert werden soll.[279]

130 Die Abordnung ist von **zwei weiteren Fallgestaltungen** zu unterscheiden, in denen von vornherein **keine Arbeitnehmerüberlassung** vorliegt. Zum einen scheidet Arbeitnehmerüberlassung tatbestandsmäßig aus, wenn der Arbeitnehmer zwar auf der Baustelle der ARGE eingesetzt wird, er aber weiterhin allein dem **Direktionsrecht des abordnenden Arbeitgebers** untersteht; in diesem Fall fehlt es schon an einem Überlassen zur Arbeitsleistung im Sinne von Abs. 1 Satz 1.[280] Zum anderen greift Abs. 1 Satz 3 mangels Arbeitnehmerüberlassung auch in den Fällen der **Freistellung** nicht ein, wenn also für einen bestimmten Zeitraum die Pflichten aus dem Arbeitsverhältnis zwischen Arbeitgeber und Arbeitnehmer ruhen und für die Dauer des Arbeitseinsatzes in der ARGE ein eigenständiges Arbeitsverhältnis des Arbeitnehmers zur ARGE begründet wird (GA AÜG 1.1.6.7. (10) i.V.m. 1.1.5 (11)).[281]

131 Abs. 1 Satz 3 setzt voraus, dass die Abordnung zur ARGE erfolgt. **Nicht erfasst** von Abs. 1 Satz 3 wird daher die Fallgestaltung, dass das **Weisungsrecht von einem ARGE-Mitglied auf** ein **anderes** ARGE-Mitglied **übertragen** wird.[282] In diesem Fall liegt unter den Voraussetzungen von Abs. 1 Satz 1 **erlaubnispflichtige Arbeitnehmerüberlassung** vor.

cc) Mitgliedschaft des Arbeitgebers

132 Der Arbeitgeber, der einen Arbeitnehmer an die ARGE abordnet, muss Mitglied dieser ARGE sein. Dies setzt voraus, dass er sich mit den an-

---
279 A.A. *Ulber*, § 1 Rn. 188a.
280 Schüren/*Hamann*, § 1 Rn. 409; ErfK/*Wank*, § 1 AÜG Rn. 62a.
281 *Düwell*, BB 1995, 1082, 1084; ErfK/*Wank*, § 1 AÜG Rn. 62b; *Ulber*, § 1 Rn. 234. – Ausführlich zur Freistellung *Knigge*, DB 1982, Beil. 4, S. 1, 3 ff.
282 *Ulber*, § 1 Rn. 188a.

IV. Abordnung zu ARGE (Abs. 1 Satz 3 und 4) § 1

deren Mitgliedern der ARGE **in gesellschaftsrechtlicher Form**, also zur Verfolgung eines gemeinsamen Zwecks, **verbunden** hat.[283] Steht der Arbeitgeber in anderer Rechtsbeziehung zur ARGE, z.B. auf Grund eines Werk- oder Dienstvertrags, liegen die Voraussetzungen der Privilegierung nach Abs. 1 Satz 3 nicht vor.[284] Unerheblich ist demgegenüber, welche Rechtsform der Arbeitgeber, der Mitglied einer ARGE ist, hat. Mitglied einer ARGE können nicht nur natürliche oder juristische Personen sein, sondern auch Personengesellschaften des Handelsrechts sowie eine andere GbR.[285]

dd) Geltung von Tarifverträgen desselben Wirtschaftszweiges

Die Herausnahme aus der Arbeitnehmerüberlassung setzt weiter voraus, dass für alle Mitglieder der ARGE Tarifverträge desselben Wirtschaftszweiges gelten. Damit soll verhindert werden, dass durch die Abordnung Tarifverträge unterlaufen werden können, insbesondere Lohndumping betrieben wird. Voraussetzung ist lediglich, dass Tarifverträge desselben Wirtschaftszweiges gelten; eine **einheitliche Geltung** ein und **desselben Tarifvertrags** für sämtliche Mitglieder der ARGE ist **nicht Voraussetzung**.[286] Daher steht es der Anwendung von Abs. 1 Satz 3 nicht entgegen, wenn die Mitglieder der ARGE zu **regional unterschiedlichen Tarifbezirken** gehören und daher unterschiedliche Tarifverträge, mit ggf. auch inhaltlich unterschiedlichen Regelungen, Anwendung finden.[287] **133**

Um Tarifverträge desselben Wirtschaftszweiges handelt es sich immer dann, wenn für die einzelnen Mitglieder der ARGE **fachlich dieselben Tarifverträge** anzuwenden sind;[288] bei **Mischbetrieben** richtet sich dies gem. dem **Überwiegensprinzip** danach, welche Tätigkeiten in dem Betrieb überwiegen.[289] Im Einzelfall können für alle Mitglieder der ARGE Tarifverträge desselben Wirtschaftszweiges auch dann gelten, wenn **fachlich unterschiedliche Tarifverträge** anwendbar sind. Der **Begriff des Wirtschaftszweigs** ist nämlich **weit zu verstehen** und beurteilt sich in erster Linie nach den Satzungen der Gewerkschaften sowie Arbeitgeberverbände und den dort geregelten Zuständigkeitsver- **134**

---

283 Thüsing/*Waas*, § 1 Rn. 117.
284 Schüren/*Hamann*, § 1 Rn. 382.
285 Schüren/*Hamann*, § 1 Rn. 377.
286 *Sandmann/Marschall*, § 1 Anm. 52k.
287 *Ulber*, § 1 Rn. 245.
288 Schüren/*Hamann*, § 1 Rn. 386.
289 *Ulber*, § 1 Rn. 187.

teilungen[290] (siehe auch GA AÜG 1.1.6.7. (4)). Hier steht es der Anwendung des Abs. 1 Satz 3 auf ARGEen im Baubereich z.B. nicht entgegen, wenn die Mitglieder zum Teil dem Bauhauptgewerbe angehören, zum Teil dem Baunebengewerbe (z.B. Dachdecker, Steinmetze), sodass für alle Mitglieder der ARGE zwar Tarifverträge desselben Wirtschaftszweigs, aber unterschiedliche gelten.[291]

135 Die Voraussetzungen des Abs. 1 Satz 3 liegen nicht vor, wenn **Unternehmen unterschiedlicher Wirtschaftszweige** an der ARGE beteiligt sind, z.B. Bau- und Metallunternehmen. Aber auch die Beteiligung von Verleihunternehmen an der ARGE schließt stets den Privilegierungstatbestand aus.[292] Der Ausnahmetatbestand greift auch dann nicht ein, wenn an der **ARGE Unternehmen mit Sitz im Ausland** beteiligt sind.[293] Hat das Unternehmen seinen Geschäftssitz in einem anderen **Mitgliedstaat des Europäischen Wirtschaftsraums**, dann greift die Privilegierung des Abs. 1 Satz 3 gleichwohl ein, wenn für das ausländische Unternehmen die Voraussetzungen von **Abs. 1 Satz 4** vorliegen.

136 Abs. 1 Satz 3 greift nur ein, wenn Tarifverträge desselben Wirtschaftszweiges **für sämtliche ARGE-Mitglieder** gelten. Dies ist der Fall, wenn entweder **Tarifbindung kraft Mitgliedschaft** nach § 3 Abs. 1 TVG besteht oder der Tarifvertrag für allgemeinverbindlich gem. § 5 TVG erklärt worden ist.[294] Ob auch eine bloße **individualvertragliche Bezugnahme** auf den Tarifvertrag genügt, ist umstritten;[295] gemäß dem Sinn und Zweck der Bestimmung, Wettbewerbsverzerrungen zu vermeiden und den Sozialschutz der Arbeitnehmer sicherzustellen, reicht aber die einzelvertragliche Vereinbarung der Tarifgeltung aus.

137 Der Privilegierungstatbestand setzt voraus, dass für sämtliche Mitglieder der ARGE die Tarifverträge desselben Wirtschaftszweiges gelten. Soweit dies **nur für ein Mitglied nicht** der Fall ist, **scheidet** die **Anwendbarkeit** des Abs. 1 Satz 3 **insgesamt aus**;[296] es muss sodann in jedem Einzelfall geprüft werden, ob Arbeitnehmerüberlassung betrieben wird. Hingegen wird **nicht vorausgesetzt**, dass die beteiligten Arbeit-

---

290 Schüren/*Hamann*, § 1 Rn. 387; *Ulber*, § 1 Rn. 187.
291 *Sandmann/Marschall*, § 1 Anm. 52k; Thüsing/*Waas*, § 1 Rn. 121.
292 BT-Drs. 10/3923, S. 32; *Düwell*, BB 1995, 1082, 1084; *Ulber*, § 1 Rn. 187.
293 BT-Drs. 10/4483, S. 8; *Sandmann/Marschall*, § 1 Anm. 80.
294 *Sandmann/Marschall*, § 1 Anm. 52l.
295 Befürwortend Thüsing/*Waas*, § 1 Rn. 122; ErfK/*Wank*, § 1 AÜG Rn. 59; *Weisemann*, BB 1989, 907, 908f. – Ablehnend Schüren/*Hamann*, § 1 Rn. 329; *Ulber*, § 1 Rn. 244.
296 *Ulber*, § 1 Rn. 186.

IV. Abordnung zu ARGE (Abs. 1 Satz 3 und 4) § 1

geber auch ihre **tariflichen Pflichten erfüllen**. Daher greift die Privilegierung auch dann ein, wenn die Tarifverträge auf das Arbeitsverhältnis anwendbar sind, einzelne Arbeitgeber aber gleichwohl untertarifliche Leistungen erbringen.[297] Demgemäß trifft die ARGE auch keine Pflicht, die Tarifanwendung durch ihre Mitglieder zu überwachen.

ee) Selbstständige Leistungserbringung

Abs. 1 Satz 3 verlangt schließlich, dass alle Mitglieder der ARGE auf Grund des ARGE-Vertrags zur selbstständigen Erbringung von Vertragsleistungen verpflichtet sind. Hierdurch soll sichergestellt werden, dass nur solche Arbeitgeber erlaubnisfrei Arbeitnehmer zur ARGE abstellen können, die sich **zur Realisierung des Werks verpflichtet** haben. Beschränkt sich die Verpflichtung hingegen darauf, im Innenverhältnis gegenüber den anderen ARGE-Mitgliedern Arbeitskräfte abzustellen, liegt Arbeitnehmerüberlassung vor, die nach Abs. 1 Satz 3 gerade nicht privilegiert werden soll.[298]

138

Abs. 1 Satz 3 setzt insoweit zunächst voraus, dass **alle Mitglieder Vertragsleistungen** erbringen müssen. Gemeint sind hiermit nicht die Verpflichtungen des einzelnen ARGE-Mitglieds gegenüber der ARGE zur Erbringung des Gesellschafterbeitrags gem. § 706 BGB, sondern die **Verpflichtung der ARGE gegenüber ihrem Auftraggeber** zur Herstellung eines Werks.[299] Die jeweiligen Leistungen der Mitglieder müssen sich daher als Teil der werkvertraglich geschuldeten Gesamtleistungen der ARGE darstellen[300] und ihrerseits die Voraussetzungen eines Werkvertrags im Sinne der Herbeiführung eines qualitativ und quantitativ individualisierbaren Ergebnisses erfüllen.[301]

139

Jedes ARGE-Mitglied muss die von ihm geschuldeten Vertragsleistungen **selbstständig erbringen**. Voraussetzung hierfür ist, dass die entsprechende Teilleistung im Hinblick auf das geschuldete Gesamtwerk von dem ARGE-Mitglied **in eigener Verantwortung erbracht** wird.[302] Dies bedeutet allerdings nicht, dass sämtliche geschuldeten Leistungen vom ARGE-Mitglied persönlich oder durch eigene Arbeitnehmer erbracht werden müssen; auch der Einsatz von echten freien Mitarbei-

140

---

297 Schüren/*Hamann*, § 1 Rn. 391.
298 BT-Drs. 10/4211, S. 33; Schüren/*Hamann*, § 1 Rn. 393.
299 Schüren/*Hamann*, § 1 Rn. 394.
300 *Weisemann*, BB 1989, 907, 908.
301 *Ulber*, § 1 Rn. 182.
302 BAG vom 1.6.1994, NZA 1995, 465, 466.

§ 1 Erlaubnispflicht

tern[303] oder der Einsatz von Subunternehmern[304] ist unschädlich. Bedient sich ein ARGE-Mitglied freier Mitarbeiter oder Subunternehmer als Erfüllungsgehilfen für die Realisierung seiner Verpflichtungen aus dem Arbeitsgemeinschaftsvertrag, bleibt es auch dann bei der Anwendung von Abs. 1 Satz 3, wenn das Subunternehmen oder der freie Mitarbeiter nicht den nach Abs. 1 Satz 3 maßgeblichen Tarifverträgen unterliegt.[305]

b) Rechtsfolgen

aa) Vorliegen der Voraussetzungen

141 Liegen die Voraussetzungen von Abs. 1 Satz 3 vor, dann wird kraft Gesetzes **unwiderleglich vermutet, dass Arbeitnehmerüberlassung im Rechtssinne nicht vorliegt**.[306] Unerheblich ist, ob die Abordnung durch Übertragung des Weisungsrechts auf die ARGE erfolgt oder nicht bzw. ob die Abordnung im Rahmen einer wirtschaftlichen Tätigkeit erfolgt oder nicht.[307]

142 Da Arbeitnehmerüberlassung im Rechtssinne nicht vorliegt, ist die Abordnung von Arbeitnehmern an eine ARGE nicht nur von der Anwendung des AÜG ausgenommen.[308] Vielmehr kommen auch **Bestimmungen sonstiger Gesetze**, die an das Vorliegen von Arbeitnehmerüberlassung anknüpfen, **nicht zur Anwendung**.[309] Unanwendbar sind insbesondere sozialversicherungsrechtliche (z.B. § 28e Abs. 2 SGB IV) und steuerrechtliche (§§ 38 Abs. 1 Satz 1, 41 Abs. 2 Satz 2, 42d Abs. 6–8, 51 Abs. 1 Nr. 2d EStG) Vorschriften.

143 Die **Fiktion bedarf** allerdings einer **Einschränkung**. Trotz der Herausnahme der Abordnung an eine ARGE aus dem Anwendungsbereich des AÜG müssen im Wege einer **europarechtskonformen telelogischen Reduktion** diejenigen **Bestimmungen** des Arbeitgebers gleichwohl **Anwendung** finden, **welche der nationale Gesetzgeber auf Grund der LeiharbeitsRL 2008/104/EG zum Schutze des Leiharbeitnehmers zu erlassen verpflichtet war**. Soweit die **Abordnung** an eine

---

303 Schüren/*Hamann*, § 1 Rn. 396.
304 Schüren/*Hamann*, § 1 Rn. 396; *Ulber*, § 1 Rn. 182 f.
305 A.A. *Ulber*, § 1 Rn. 241.
306 BT-Drs. 10/3923, S. 32.
307 BT-Drs. 10/4211, S. 33; *Sandmann/Marschall*, § 1 Anm. 55.
308 ErfK/*Wank*, § 1 AÜG Rn. 69a.
309 BT-Drs. 10/3921, S. 32; *Sandmann/Marschall*, § 1 Anm. 52e; Schüren/*Hamann*, § 1 Rn. 420.

IV. Abordnung zu ARGE (Abs. 1 Satz 3 und 4) **§ 1**

ARGE durch eine Überlassung im Rahmen der wirtschaftlichen Tätigkeit erfolgt, fällt diese nämlich auch **in den Anwendungsbereich der LeiharbeitsRL.**[310] Danach steht auch dem an die ARGE überlassenen Arbeitnehmer gemäß **§ 10 Abs. 4** für die Zeit der Abordnung ein Anspruch auf die Arbeitsbedingungen zu, die der Entleiher seinen vergleichbaren Stammarbeitnehmern gewährt, **soweit** – was in der Praxis nur selten der Fall sein wird – **keine tariflichen Bestimmungen Anwendung finden.** Dies gilt allerdings **nur für Arbeitnehmer in** einem **befristeten Arbeitsverhältnis.** Nach Erwägungsgrund 15 LeiharbeitsRL, sollte für Arbeitnehmer, die in einem unbefristeten Arbeitsverhältnis mit dem Verleiher stehen, angesichts des hierdurch gegebenen besonderen Schutzes die Möglichkeit vorgesehen werden, von equal pay und equal treatment abzuweichen. Wegen Art. 6 LeiharbeitsRL sind allerdings **§§ 13a, 13b anwendbar.**[311]

bb) Nichtvorliegen der Voraussetzungen

Die in Abs. 1 Satz 3 genannten Voraussetzungen müssen **für die gesamte Zeit** der Abordnung **kumulativ** gegeben sein.[312] Es genügt nicht, dass eine oder einzelne der Voraussetzungen vorliegen. **Fehlt es auch nur an einer Voraussetzung** – und sei es nur bezüglich eines ARGE-Mitglieds –, **greift die Privilegierung nicht** ein und es finden die allgemeinen Bestimmungen Anwendung.[313] Es muss dann geprüft werden, ob der Arbeitnehmer seine Arbeitsleistung ausschließlich als Erfüllungsgehilfe des Arbeitgebers im Rahmen werkvertraglicher Leistungen erbracht hat (dazu oben Rn. 84 ff.) oder ob durch die Übertragung des Weisungsrechts auf die ARGE die Merkmale einer Arbeitnehmerüberlassung erfüllt sind. Liegt danach Arbeitnehmerüberlassung vor, dann sind die maßgeblichen Vorschriften einzuhalten, insbesondere bedarf bei einer Arbeitnehmerüberlassung im Rahmen der wirtschaftlichen Tätigkeit die Überlassung einer Erlaubnis nach Abs. 1 Satz 1.

144

Liegen die **Voraussetzungen von Abs. 1 Satz 3 nicht vor** und wird **durch** die **Abordnung erlaubnispflichtige Arbeitnehmerüberlassung** betrieben, dann treten die **Folgen illegaler Arbeitnehmerüberlassung** ein, **wenn** der abordnende Arbeitgeber **keine Erlaubnis** nach

145

---

310 *Ulber*, § 1 Rn. 233. – Ausführlich hierzu *Hamann*, ZESAR 2012, 103, 104 ff.; *Hamann*, RdA 2011, 321, 331 f.
311 Vgl. auch *Hamann*, ZESAR 2012, 103, 106 f.; *Hamann*, RdA 2011, 321, 332.
312 *Sandmann/Marschall*, § 1 Anm. 52 f.; *Ulber*, § 1 Rn. 192.
313 *Sandmann/Marschall*, § 1 Anm. 52 f.

Abs. 1 Satz 1 hat.³¹⁴ Dies gilt auch dann, wenn die ARGE als GbR gestaltet ist, weil inzwischen im Grundsatz die Rechtsfähigkeit der GbR anerkannt ist,³¹⁵ und zwar in einer Sache, in der es um die Klage gegen eine als GbR konzipierte ARGE ging. Da eine als GbR gegründete ARGE somit rechtsfähig ist, kann sie auch Arbeitgeber sein und damit in einem Arbeitsverhältnis zu illegal überlassenen Arbeitnehmern stehen. Ob der Arbeitnehmer in einem solchen Fall auch für den Fortbestand seiner Rechtsbeziehung zu seinem überlassenden Arbeitgeber optieren kann,³¹⁶ richtet sich nach den allgemeinen Bestimmungen (vgl. dazu § 10 Rn. 33 ff.).

3. Beteiligung ausländischer Unternehmen (Abs. 1 Satz 4)

a) Überblick

146 Nach der bis zum 31.12.2002 geltenden Rechtslage schloss die Beteiligung eines Unternehmers mit Geschäftssitz im Ausland an der ARGE die Privilegierung nach Abs. 1 Satz 3 aus. Der *EuGH* hatte hierin einen Verstoß gegen die Dienstleistungsfreiheit gem. Art. 52, 59 EGV (jetzt Art. 49 und 56 AEUV) gesehen.³¹⁷ Nunmehr bestimmt Abs. 1 Satz 4, dass für einen Arbeitgeber mit Geschäftssitz in einem anderen Mitgliedstaat des Europäischen Wirtschaftsraums die Abordnung von Arbeitnehmern zu einer ARGE auch dann keine Arbeitnehmerüberlassung ist, wenn für ihn zwar deutsche Tarifverträge desselben Wirtschaftszweigs wie für die anderen Mitglieder der ARGE nicht gelten, er aber die übrigen Voraussetzungen von Satz 3 erfüllt. Die Vorschrift **verzichtet** im Vergleich zu Satz 3 nur **auf das Erfordernis der Tarifgeltung**. Die **sonstigen Voraussetzungen** – Mitgliedschaft in einer ARGE, die zur Herstellung eines Werkes gebildet ist, Verpflichtung zur selbstständigen Erbringung von Arbeitsleistungen auf Grund des Arbeitsgemeinschaftsvertrags und Zugehörigkeit zu demselben Wirtschaftszweig wie die anderen Mitglieder der ARGE – muss der **Arbeitgeber** mit Geschäftssitz in einem anderen Mitgliedstaat des Europäischen Wirtschaftsraums nach wie vor **erfüllen**.³¹⁸

---

314 OLG Karlsruhe vom 7.3.1990, BB 1990, 1561 f.; Schüren/*Hamann*, § 1 Rn. 360.
315 BGH vom 29.1.2001, BB 2001, 374 ff., für eine Klage gegen eine als GbR konzipierte ARGE.
316 I.d.S. *Ulber*, § 1 Rn. 252.
317 EuGH vom 25.10.2001, BB 2001, 2427 ff.
318 *Sandmann/Marschall*, § 1 Anm. 52m; *Ulber*, AuR 2003, 7, 8.

IV. Abordnung zu ARGE (Abs. 1 Satz 3 und 4) § 1

b) Tatbestandsvoraussetzungen

aa) Arbeitgeber mit Geschäftssitz im EWR

Der Arbeitgeber, der die Arbeitnehmer zur ARGE (zum Begriff der ARGE siehe oben Rn. 125 f.) abordnet, muss seinen Geschäftssitz „in einem anderen Mitgliedstaat des Europäischen Wirtschaftsraums" haben. Trotz abweichender Terminologie wird mit dem „Europäischen Wirtschaftsraum" nicht der europäische Kontinent als solcher bezeichnet; vielmehr wird wie in § 3 Abs. 4 Satz 1 auf das Abkommen über den Europäischen Wirtschaftsraum vom 2. Mai 1992 abgestellt. Der Arbeitgeber muss seinen Geschäftssitz also in einem **Mitgliedstaat der EU oder einem Vertragsstaat des EWR-Abkommens** haben. Erfasst werden also Verleiher mit Sitz in einem **Mitgliedstaat der EU** sowie in den EWR-Staaten **Norwegen, Island** und seit 1.1.1995 auch **Liechtenstein**. Nicht zum EWR i.S.v. Abs. 1 Satz 4 zählen die britischen Hoheitszonen auf Zypern[319] (vgl. Art. 355 Abs. 5 lit. b) AEUV) sowie die Kanalinseln und die Insel Man (Art. 355 Abs. 5 lit. c) EG-Vertrag); hingegen kann Verleihbetrieben in Gibraltar oder auf den Färöer-Inseln die Erlaubnis nicht nach Abs. 2 versagt werden.[320]

147

Seit dem **1.5.2004** gehören auch Estland, Lettland, Litauen, Malta, Polen, die Slowakische Republik, Slowenien, die Tschechische Republik, Ungarn und Zypern sowie seit dem **1.1.2007** Bulgarien und Rumänien zur EU und damit zum EWR. Da die **Dienstleistungsfreiheit** nach Art. 56 ff. AEUV auch für diese Beitrittsländer ab diesem Zeitpunkt grds. uneingeschränkt gilt, können sich auch Arbeitgeber seit dem 1.5.2004 an einer ARGE unter den Voraussetzungen von Abs. 1 Satz 4 beteiligen. Eine **Ausnahme** galt für den Bereich des **Baugewerbes**, der Reinigung von Gebäuden, Inventar aus Verkehrsmitteln sowie der Innendekoration. Deutschland und Österreich hatten sich nämlich in Art. 24 des EU-Beitrittsvertrags i.V.m. den Anhängen V, VI, VII, VIII, IX, X, XI, XII, XIII und XIV das Recht vorbehalten, für einen Übergangszeitraum von bis zu sieben Jahren insoweit die Dienstleistungsfreiheit für die Beitrittsstaaten (mit Ausnahme von Zypern und Malta) einzuschränken. Von dieser Möglichkeit hat die Bundesregierung ggü. der EU-Kommission durch autonome Erklärung Gebrauch gemacht. Entsprechendes gilt für die Beitrittsstaaten Bulgarien und Rumänien. Für den Einsatz nichtdeutscher Arbeitnehmer sind allerdings die Zulässigkeitsvoraussetzungen für die Ausübung einer Beschäftigung zu be-

148

---

319 SG Hamburg vom 1.9.1980 – 25 U 471/77, n.v.
320 *Sandmann/Marschall*, § 3 Anm. 40.

§ 1 Erlaubnispflicht

achten. Danach bedürfen ausländische Arbeitnehmer gemäß § 4 Abs. 3 AufenthG für die Aufnahme einer Beschäftigung grds. eines Aufenthaltstitels, der sie zur Ausübung einer Beschäftigung berechtigt. Arbeitnehmer aus den Beitrittsstaaten Bulgarien und Rumänien benötigen nach § 284 SGB III grds. noch bis 31.12.2013 eine Arbeitsgenehmigung-EU. Arbeitnehmer aus den sonstigen Staaten des EWR, der Schweiz sowie heimatlose Ausländer dürfen Beschäftigungen ohne besondere Arbeitsberechtigung ausüben (wegen der Einzelheiten siehe § 15 Rn. 8ff.).

149 Unter Geschäftssitz versteht man üblicherweise nicht den formellen satzungsmäßigen Sitz, sondern den Ort, von dem aus die Geschäfte tatsächlich ausgeübt werden. Daher ist eine Beteiligung an einer ARGE durch ein ausländisches Unternehmen dann möglich, wenn der Sitz der **Hauptverwaltung** im EWR liegt. Im Hinblick auf die europarechtlichen Vorgaben muss es dem Geschäftssitz im EWR gleichstehen, wenn der **Betrieb, von dem aus** die **Arbeitnehmer abgeordnet werden**, im EWR belegen ist. Nach Abs. 1 Satz 3 ist es nämlich für die Beteiligung an einer ARGE nicht erforderlich, dass der Arbeitgeber seinen Geschäftssitz in Deutschland hat. Vielmehr reicht es aus, dass ein Arbeitgeber mit Sitz im Ausland einen Betrieb in Deutschland unterhält und auf die Arbeitsverhältnisse der dort beschäftigten Arbeitnehmer die Tarifverträge i.S. von Abs. 1 Satz 3 Anwendung finden, und zwar kraft Tarifbindung (§ 3 Abs. 1 TVG), Allgemeinverbindlicherklärung oder individualvertraglicher Bezugnahme (siehe oben Rn. 136). Um eine in Widerspruch zur Dienstleistungsfreiheit stehende Schlechterstellung von Angehörigen des EWR zu vermeiden, muss es daher auch für Abs. 1 Satz 4 genügen, wenn der Betriebssitz im EWR belegen ist. Werden die Arbeitnehmer eines Arbeitgebers mit Geschäftssitz im Ausland in einem inländischen Betrieb beschäftigt und von diesem aus an die ARGE abgeordnet, dann greift nur Abs. 1 Satz 3, nicht aber Abs. 1 Satz 4 ein.[321]

bb) Sonstige Voraussetzungen von Abs. 1 Satz 3

150 Abweichend von Abs. 1 Satz 3 ist es nicht erforderlich, dass für den ausländischen Arbeitgeber Tarifverträge desselben Wirtschaftszweigs wie für die anderen ARGE-Mitglieder gelten. Für die Privilegierung müssen aber die sonstigen Voraussetzungen von Abs. 1 Satz 3 vorliegen.

---

321 Schüren/*Hamann*, § 1 Rn. 373.

IV. Abordnung zu ARGE (Abs. 1 Satz 3 und 4) **§ 1**

Der ausländische Arbeitgeber muss also Mitglied der ARGE sein (vgl. Rn. 132). 151

Die im ausländischen Betrieb ausgeübten Tätigkeiten müssen **branchenmäßig-betrieblich von Tarifverträgen des Wirtschaftszweigs der an der ARGE beteiligten Unternehmen erfasst** werden. Diese Voraussetzung ist zwar der gesetzlichen Regelung, die gerade die Geltung dieser Tarifverträge ausnimmt, nicht unmittelbar zu entnehmen; diese **einschränkende Auslegung** ergibt sich aber **aus** dem **Sinn und Zweck der gesetzlichen Regelung**, ausländische Arbeitgeber mit Sitz im EWR den inländischen Arbeitgebern gleichzustellen. Daher kann die Privilegierung nach Abs. 1 Satz 4 i.V.m. Satz 3 nur dann eingreifen, wenn der Unternehmer, abgesehen von dem inländischen Betriebssitz, die sonstigen Voraussetzungen von Abs. 1 Satz 3, insbesondere die Zugehörigkeit zum selben Wirtschaftszweig wie die übrigen Mitglieder der ARGE, erfüllt.[322] 152

Ob der Arbeitgeber mit Geschäftssitz in einem anderen EWR-Mitgliedstaat demselben Wirtschaftszweig angehört, ist nach der Tätigkeit aller seiner Arbeitnehmer zu beurteilen.[323] Es kommt nicht darauf an, welchem **Wirtschaftszweig** die ausländischen Betriebe nach ihrer Tätigkeit in Deutschland angehören, sondern zu welchem Wirtschaftszweig sie nach ihrer **gesamten Tätigkeit gehören**.[324] Dabei sind auch Tätigkeiten zu berücksichtigen, die **außerhalb des EWR** ausgeübt werden.[325] 153

Schließlich muss der ausländische Arbeitgeber auf Grund des ARGE-Vertrags zur selbstständigen Erbringung von Vertragsleistungen verpflichtet sein (dazu oben Rn. 138 ff.). 154

c) *Rechtsfolgen*

Liegen die Voraussetzungen von Abs. 1 Satz 4 vor, dann wird **unwiderleglich vermutet**, dass **Arbeitnehmerüberlassung nicht betrieben** wird. Der ausländische Arbeitgeber bedarf für die Abordnung von Arbeitnehmern zu einer ARGE im Rahmen dieser Bestimmung **keiner Erlaubnis**. Auch die Bestimmungen sonstiger Gesetze, die an das Vor- 155

---

322 *Ulber*, AuR 2003, 7, 8.
323 *Sandmann/Marschall*, § 1 Anm. 52m.
324 So die Gesetzesbegründung, vgl. BT-Drs.15/25, S. 38.
325 A.A. GA AÜG 1.1.6.7.(5), Schüren/*Hamann*, § 1 Rn. 373, die auf die Gesamttätigkeit im EWR abheben wollen.

§ 1   Erlaubnispflicht

liegen von Arbeitnehmerüberlassung anknüpfen, kommen nicht zur Anwendung (ausführlich dazu Rn. 141 ff. m.w.N.).

156   Nach dem unveränderten Gesetzeswortlaut in Abs. 1 Satz 3 würde die **Beteiligung eines ausländischen Arbeitgebers an einer ARGE** auch dann dazu führen, dass **für die inländischen Arbeitgeber** die Abordnung an die ARGE eine **erlaubnispflichtige Arbeitnehmerüberlassung** darstellen kann, wenn die Voraussetzungen von Abs. 1 Satz 4 vorliegen. Abs. 1 Satz 3 fordert nämlich bei Arbeitgebern mit inländischem Betriebssitz für die unwiderlegliche Vermutung, dass keine erlaubnispflichtige Arbeitnehmerüberlassung vorliegt, unverändert, dass für alle Mitglieder der ARGE Tarifverträge desselben Wirtschaftszweigs gelten. Ist aber ein ausländischer Arbeitgeber an der ARGE beteiligt, dann fehlt es grundsätzlich an dieser Tatbestandsvoraussetzung. Da aber Abs. 1 Satz 4 nur den Anforderungen des europäischen Gemeinschaftsrechts Rechnung tragen, nicht aber inländische Arbeitgeber schlechter stellen will, ist abweichend vom Wortlaut des Abs. 1 Satz 3 der Vermutungstatbestand auch dann erfüllt, wenn für alle Mitglieder der ARGE entweder Tarifverträge desselben Wirtschaftszweigs gelten oder aber die Voraussetzungen von Abs. 1 Satz 4 vorliegen.

V. Vermutung des Betreibens von Arbeitsvermittlung (Abs. 2)

1. Vorbemerkungen

a) Entstehungsgeschichte

157   Zur Entstehungsgeschichte siehe oben Rn. 3.

b) Sinn und Zweck der Norm

158   Zum Sinn und Zweck der Norm siehe oben Rn. 9.

c) Gesetzeskritik

159   Nach Wegfall des ursprünglichen Schutzzwecks ist die **rechtstechnisch missglückte Vermutungsregel** des Abs. 2 **fragwürdig** geworden („ratione legis cessante, lex ipse cessat"). Eine verschleiernde Durchführung der Arbeitnehmerüberlassung konnte allenfalls zur Umgehung der Erlaubnispflicht der Arbeitsvermittlung (§ 291 SGB III a.F.) führen, die aber seit dem 27.3.2002 keiner Erlaubnis mehr bedarf (siehe oben Rn. 9). Da die Arbeitnehmerüberlassung der Erlaubnis durch die BA bedarf (§§ 1 Abs. 1, 17), könnten arbeitsvermittlungsrechtliche Schutz-

zwecke jedoch ohne Weiteres bei der Erlaubniserteilung nach dem AÜG berücksichtigt werden, zumal § 3 Abs. 1 Nr. 1 die Einhaltung der Vorschriften über die Arbeitsvermittlung als Zuverlässigkeitserfordernis ansieht. Insofern würde es ausreichen, in Grenzfällen formal das Vorliegen von Arbeitnehmerüberlassung festzustellen. Abgesehen davon ist die **Gefahr einer Umgehung** der Vermittlungsvorschriften **praktisch äußerst gering**, weil die öffentlich-rechtliche Sanktionierung unerlaubter Arbeitnehmerüberlassung (§ 16 Abs. 1 Nr. 1) und unerlaubter Arbeitsvermittlung (§ 404 Abs. 2 Nr. 3 SGB III a.F.) als Ordnungswidrigkeit gleich ausgestaltet war und bei der Arbeitnehmerüberlassung sogar die Beschäftigung eines unerlaubt überlassenen Arbeitnehmers sanktioniert wird (§ 16 Abs. 1 Nr. 1a), wohingegen die Beschäftigung unerlaubt vermittelter Arbeitnehmer grundsätzlich sanktionslos bleibt (bezüglich ausländischer Arbeitnehmer siehe §§ 15, 15a, 16 Abs. 1 Nr. 2 AÜG, 404 Abs. 2 Nr. 3 SGB III).

2. Tatbestandsvoraussetzungen

Die Vermutungswirkung knüpft an zwei Tatbestandsvoraussetzungen an: **160**

– erstens muss ein Arbeitnehmer Dritten zur Arbeitsleistung überlassen werden (= Arbeitnehmerüberlassung); **161**

– zweitens darf der Überlassende nicht die üblichen Arbeitgeberpflichten bzw. das Arbeitgeberrisiko übernehmen (= Anknüpfungstatbestand, siehe unten Rn. 166ff.). **162**

a) Arbeitnehmerüberlassung

aa) Überlassung zur Arbeitsleistung

Die Vermutung des Abs. 2 setzt **immer** voraus, dass Arbeitnehmer **Dritten zur Arbeitsleistung überlassen** werden. Insoweit gilt an sich nichts anderes als bei Abs. 1 Satz 1.[326] Überlassung liegt daher vor, wenn der Arbeitgeber des Arbeitnehmers einen Dritten zur Ausübung des Weisungsrechts ermächtigt (siehe oben Rn. 32ff.). Hingegen findet Abs. 2 **keine Anwendung** bei **sonstigen Formen des drittbezogenen Personaleinsatzes**, z.B. beim Einsatz von Erfüllungsgehilfen im Rahmen von Werk- oder Dienstverträgen (zur Abgrenzung siehe oben Rn. 76ff., 84ff.). Auch bei spezialgesetzlich geregelter Personalgestel- **163**

---

326 *Sandmann/Marschall*, § 1 Anm. 56.

§ 1 Erlaubnispflicht

lung ist Abs. 2 unanwendbar (siehe oben Rn. 55 ff.),[327] z.B. bei der vorübergehenden Überlassung von Beamten an ein privatisiertes Unternehmen.[328] Ebenso wenig gilt die Vermutung des Abs. 2 in den Fällen des Abs. 3.

164 Abs. 2 setzt nach allgemeiner Auffassung voraus, dass die **Überlassung tatsächlich vollzogen** ist.[329] Ist es nicht zur Überlassung gekommen, dann kann die Vermutung selbst dann nicht eingreifen, wenn entsprechende rechtsgeschäftliche Vereinbarungen (Leiharbeitsvertrag, Arbeitnehmerüberlassungsvertrag) getroffen wurden.

bb) Erlaubnisfreie Arbeitnehmerüberlassung

165 Die Vermutungsregelung gilt **unstreitig** für die **erlaubnispflichtige Arbeitnehmerüberlassung**. Umstritten ist hingegen, ob Abs. 2 auch zur Abgrenzung **der erlaubnisfreien Arbeitnehmerüberlassung** von der – grundsätzlich nicht erlaubnispflichtigen (§§ 292 ff. SGB III) – Arbeitsvermittlung herangezogen werden kann.[330] Zwar regelt das AÜG in erster Linie die erlaubnispflichtige Arbeitnehmerüberlassung, und die Bezugnahme auf § 3 Abs. 1 Nr. 1 läuft bei der erlaubnisfreien Arbeitnehmerüberlassung leer; gleichwohl sprechen die besseren Argumente dafür, mit der h.L. den **Vermutungstatbestand auch bei erlaubnisfreier Überlassung und damit außerhalb der wirtschaftlichen Tätigkeit des Handelnden** eingreifen zu lassen.[331] Zum einen verwendet Abs. 2 nicht den Begriff des „Verleihers", der per Legaldefinition (Abs. 1 Satz 1) stets im Rahmen der wirtschaftlichen Tätigkeit handelt, sondern des Überlassenden; zum anderen wird die von Abs. 2 bezweckte Abgrenzung der Arbeitnehmerüberlassung zur Arbeitsvermittlung nicht dadurch berührt, ob im Rahmen einer wirtschaftlichen Tätigkeit oder außerhalb dieses Rahmens gehandelt wird.

---

327 BAG vom 5.3.1997, AP Nr. 23 zu § 1 AÜG.
328 BAG vom 11.6.1997, NZA 1998, 480.
329 *Sandmann/Marschall*, § 1 Anm. 55.
330 Befürwortend BAG vom 21.3.1990, BB 1991, 275; BAG vom 26.4.1995, NZA 1996, 92, 93; *Becker/Wulfgramm*, § 1 Rn. 46a; *Sandmann/Marschall*, § 1 Anm. 53, 55; Thüsing/*Waas*, § 1 Rn. 141; ErfK/*Wank*, § 1 AÜG Rn. 68. – Ablehnend *Schubel/ Engelbrecht*, § 1 Rn. 24; Schüren/*Hamann*, § 1 Rn. 434 f.; *Wagner*, S. 18 ff.
331 Bezüglich der alten Rechtslage: *Sandmann/Marschall*, § 1 Anm. 53; *Ulber*, § 1 Rn. 263; Thüsing/*Waas*, § 1 Rn. 135; ErfK/*Wank*, § 1 Rn. 64.

V. Vermutung des Betreibens von Arbeitsvermittlung (Abs. 2) **§ 1**

b) Anknüpfungstatbestand

aa) Anforderungen

Die Vermutung des Abs. 2 greift nur, wenn neben der Arbeitnehmerüberlassung der Überlassende entweder die üblichen Arbeitgeberpflichten oder das Arbeitgeberrisiko nicht übernimmt (§ 3 Abs. 1 Nr. 1 bis Nr. 3). Die Verweise in Abs. 2 auf die **Tatbestände** des § 3 Abs. 1 sind **abschließend** und stellen sog. **Klammerdefinitionen** dar, d.h. andere Fälle, in denen die Arbeitgeberpflichten oder das Arbeitgeberrisiko nicht übernommen werden, lösen die Vermutung nicht aus.[332] Allerdings ist in diesem Zusammenhang zu beachten, dass jedweder Verstoß des Überlassenden gegen arbeitsrechtliche Bestimmungen die Unzuverlässigkeit i.S.v. § 3 Abs. 1 Nr. 1 und damit das Eingreifen des Anknüpfungstatbestands begründen kann.[333] **166**

Aus der Formulierung des Abs. 2 (Nichtübernahme) folgt, dass Tatbestände der Nr. 1 bis Nr. 3 von § 3 Abs. 1 tatsächlich erfüllt sein müssen, damit die Vermutung eingreift. Insoweit kommt anders als bei § 3 **keine Beweiserleichterung** (siehe dazu § 3 Rn. 12f.) zum Tragen, d.h. die bloße „Annahme" der Tatbestandserfüllung reicht nicht aus. Allerdings greift die **Vermutungsregelung** schon ein, **wenn einer der** in § 3 Abs. 1 genannten **Fälle erfüllt ist**.[334] **167**

bb) Nichtübernahme von Arbeitgeberpflichten

Die **üblichen Arbeitgeberpflichten** werden durch die **Versagungstatbestände des § 3 Abs. 1 Nr. 1 und 2** konkretisiert. Wegen der Einzelheiten siehe daher § 3 Rn. 18ff. Zu den üblichen Arbeitgeberpflichten können insbesondere die **arbeitsrechtlichen Haupt- und Nebenpflichten** (vor allem Lohnzahlung, Schutzpflichten), die Einhaltung der Vorschriften des Arbeitsschutzrechts (z.B. BUrlG, MuSchG, SGB IX, EFZG, KSchG), des Sozialversicherungsrechts (z.B. Abführung von Sozialversicherungsbeiträgen) und des Steuerrechts (z.B. Einbehalten und Abführen der Lohnsteuer) sowie eine deren Einhaltung gewährleistende Betriebsorganisation (z.B. Vorhandensein eines Firmensitzes) gehören.[335] Bsp. für die Nichterfüllung der Arbeitgeberpflichten: Die Tätigkeit des überlassenden „Arbeitgebers" erschöpft sich darin, **168**

---

332 *Becker/Wulfgramm,* § 1 Rn. 49a; *Sandmann/Marschall,* § 1 Anm. 58; *Thüsing/Waas,* § 1 Rn. 136.
333 *Sandmann/Marschall,* § 1 Anm. 58; *Ulber,* § 1 Rn. 198.
334 BT-Drs. 10/2102, S. 32; *Ulber,* § 1 Rn. 267.
335 AnwK-ArbR/*Golücke,* § 1 AÜG Rn. 36; *Thüsing/Waas,* § 1 Rn. 136.

dass er die Abrechnung nach geleisteten Arbeitsstunden mit den jeweiligen „Entleiher"-Unternehmen durchführt und nach Abzug seines Verdiensts den „verliehenen" Arbeitskräften den Lohn abführt.[336] Bsp. für Erfüllung der Arbeitgeberpflichten: Der Verleiher stellt im Rahmen einer konzerninternen Arbeitnehmerüberlassung sicher, dass für den Leiharbeitnehmer nach Beendigung der Überlassung eine Anschlussbeschäftigung besteht oder er diesem im Zweifel kündigen muss.[337] Der Vermutungstatbestand greift zudem auch dann ein, wenn der Verleiher als Arbeitgeber für die Zeit der Überlassung in einen Entleiherbetrieb dem Leiharbeitnehmer abweichend von § 3 Abs. 1 Nr. 3 schlechtere Arbeitsbedingungen gewährt als vergleichbaren Stammarbeitnehmern des Entleihers[338] (wegen der Einzelheiten siehe § 3 Rn. 58 ff.).

169 Die üblichen Arbeitgeberpflichten werden **nicht übernommen**, wenn diese entweder **vertraglich ausgeschlossen oder rein tatsächlich nicht ordnungsgemäß erfüllt** werden.[339] Der Vermutungstatbestand ist zum einen erfüllt, wenn der Überlassende gesetzliche oder vereinbarte übliche Arbeitgeberpflichten tatsächlich nicht erfüllt. Zum anderen greift der Vermutungstatbestand aber auch dann ein, wenn der Überlassende zunächst übliche Arbeitgeberpflichten vertraglich ausschließt, diese später aber gleichwohl erfüllt;[340] wer übliche Arbeitgeberpflichten entgegen gesetzlichen Bestimmungen ausschließt, zeigt sich nämlich unzuverlässig i. S. v. § 3 Abs. 1 Nr. 1.

cc) Nichtübernahme des Arbeitgeberrisikos

170 Das **vom Arbeitgeber zu tragende Risiko** wurde früher durch die **Versagungstatbestände in § 3 Abs. 1 Nr. 3 – Nr. 5 a. F.** konkretisiert, die für das Leiharbeitsverhältnis besondere Befristungs-, Kündigungs- und Synchronisationsverbote normierten. Mit Aufhebung dieser Regelungen durch das Erste Gesetz über moderne Dienstleistungen hat dieses **Tatbestandsmerkmal keinen Anwendungsbereich**. Insbesondere führen nach §§ 14 ff. TzBfG unzulässige Befristungen oder der Ausspruch rechtsunwirksamer Kündigungen nicht dazu, dass der Verleiher i. S. v. Abs. 2 nicht das Arbeitgeberrisiko übernimmt. Arbeitgeberpflichten und Arbeitgeberrisiko i. S. dieser Bestimmung werden abschließend

---

336 BayObLG vom 14.5.1981, DB 1981, 1460.
337 LAG Niedersachsen vom 3.5.2011 – 3 Sa 1432/10, juris Rn. 24.
338 BAG vom 21.7.2009 – 1 ABR 35/08, NZA 2009, 1156, 1158.
339 BT-Drs. 10/2102, S. 32.
340 Abweichend wohl MünchArbR/*Marschall*, § 172 Rn. 34.

durch § 3 Abs. 1 Nr. 1 bis Nr. 3 normiert. Die unzulässige Befristung oder rechtsunwirksame Beendigung von Arbeitsverhältnissen erfüllt die Voraussetzungen eines Verstoßes gegen Arbeitgeberpflichten i. S. v. § 3 Abs. 1 Nr. 1 nicht (siehe aber auch § 3 Rn. 38).

3. Vermutung für Arbeitsvermittlung

a) Grundsatz

Sind die Tatbestandsvoraussetzungen erfüllt, wird nach Abs. 2 vermutet, dass der Überlassende Arbeitsvermittlung betreibt, d. h. die Überlassung des Arbeitnehmers an den Dritten ist als Zusammenführung des Arbeitnehmers mit dem Dritten zur Begründung eines Arbeitsverhältnisses anzusehen. Es handelt sich hierbei um einen Fall der so genannten **praesumtio facti**, bei dem vom Vorliegen bestimmter Anknüpfungstatbestände auf das Vorliegen einer Rechtstatsache (Betreiben von Arbeitsvermittlung) geschlossen wird. Allerdings ist die **Vermutung widerlegbar**;[341] ihr kann durch den Nachweis von Tatsachen entgegengetreten werden, aus denen hervorgeht, dass trotz der Anknüpfungstatsachen nicht Arbeitsvermittlung, sondern Arbeitnehmerüberlassung betrieben wird. Durch den Vermutungstatbestand wird also die **(objektive) Beweislast umgekehrt**, d. h. verbleiben nach Sachverhaltsaufklärung noch Zweifel (non liquet), ist zu Lasten des Überlassenden von Arbeitsvermittlung auszugehen.[342]

b) Reichweite der Vermutung

aa) Arbeitsrecht

Die Vermutung gilt zwar unstreitig in **arbeitsrechtlichen Streitigkeiten**, hat aber auf Grund der Rechtsprechung des BAG, derzufolge auf Grund bloß vermuteter Arbeitsvermittlung kein Arbeitsverhältnis zwischen Entleiher und Leiharbeitnehmer entsteht,[343] praktisch keine Bedeutung mehr (siehe unten Rn. 184 ff.). Der überlassene Arbeitnehmer kann seine Klage gegen den „Entleiher" auf Weiterbeschäftigung bzw. auf Feststellung des Bestehens eines Arbeitsverhältnisses nicht darauf

---

341 Vgl. Bericht zu BT-Drs. VI/3505, S. 2; *Behrend*, BB 2001, 2641f; ErfK/*Wank*, § 1 Rn. 48; Thüsing/*Waas*, § 1 Rn. 141.
342 *Behrend*, BB 2001, 2641, 2644; Thüsing/*Waas*, § 1 Rn. 141.
343 BAG vom 28.6.2000, BB 2000, 2522 ff. mit zust. Anm. *Boemke*.

§ 1 Erlaubnispflicht

stützen, dass die Voraussetzungen des Abs. 2 vorliegen, also Arbeitsvermittlung vermutet wird.[344]

173 Die Vermutung greift auch im **arbeitsgerichtlichen Beschlussverfahren** ein, z.B. wenn es für Beteiligungsrechte des Betriebsrats oder auch im Zusammenhang mit Betriebsratswahlen auf die Betriebszugehörigkeit überlassener Arbeitnehmer ankommt. Auch wenn in diesen Verfahren der Untersuchungsgrundsatz gilt (§ 83 Abs. 1 Satz 1 ArbGG), ist von Arbeitsvermittlung auszugehen, wenn zwar die Anknüpfungstatsachen festgestellt, diese aber nicht widerlegt werden können.

bb) Verwaltungsrecht

174 Die Vermutung greift weiter in **verwaltungs-**, insbesondere **gewerberechtlichen Angelegenheiten** ein. Hierdurch wird der BA die Durchführung des AÜG erleichtert. Zwar gilt für die Tätigkeit der BA der **Untersuchungsgrundsatz** (§ 24 VwVfG bzw. § 20 SGB X), wonach von Amts wegen der entscheidungserhebliche Sachverhalt zu ermitteln ist; kann jedoch nicht mit hinreichender Sicherheit festgestellt werden, ob Arbeitnehmerüberlassung oder Arbeitsvermittlung betrieben wird, dann muss von Arbeitsvermittlung ausgegangen werden, wenn die Voraussetzungen eines Anknüpfungstatbestands nach Abs. 2 nachgewiesen sind. Auch wenn den Überlassenden im Verwaltungsverfahren **keine subjektive Darlegungs- und Beweislast** trifft, hat er gleichwohl die Konsequenzen zu tragen, wenn bestimmte Umstände nicht festgestellt werden können; insoweit regelt Abs. 2 für diesen Bereich die **objektive Beweislast**.

cc) Straf- und Ordnungswidrigkeitenverfahren

175 Umstritten ist hingegen, ob der Vermutungstatbestand auch in **Straf- und Ordnungswidrigkeitenverfahren** zu berücksichtigen ist, insbesondere ob allein auf Grund des Vorliegens von Vermutungstatbeständen ein Bußgeld nach § 404 Abs. 2 Nr. 9 SGB III wegen verbotener Auslandsvermittlung verhängt werden darf, wenn die Vermutung nicht widerlegt wird.[345] Die besseren Argumente sprechen dafür, den **Vermu-**

---

344 A.A. *Schüren*, § 1 Rn. 442 ff.
345 Befürwortend zur früher verbotenen Arbeitsvermittlung *BSG* vom 16.12.1976, BB 1977, 651 f. = EzAÜG § 1 AÜG Arbeitsvermittlung Nr. 4; OLG Oldenburg vom 8.2.1995, BB 1995, 1358; *Sandmann/Marschall*, § 1 Anm. 66. – Ablehnend BayObLG vom 14.5.1981, EzAÜG § 1 AÜG Arbeitsvermittlung Nr. 6; *Ulber*, § 1 Rn. 223.

V. Vermutung des Betreibens von Arbeitsvermittlung (Abs. 2) § 1

tungstatbestand als Grundlage solcher Sanktionen **nicht ausreichen** zu lassen, weil vermutete Arbeitsvermittlung nicht positiv den Tatbestand des § 404 Abs. 2 Nr. 9 SGB III erfüllt.

c) Widerlegbarkeit

Abs. 2 stellt eine Vermutung auf, die widerlegbar ist (siehe oben Rn. 171). Dies ist für den Bereich der erlaubnisfreien Arbeitnehmerüberlassung unstreitig. Demgegenüber hält die **Rspr.** die Vermutung des Abs. 2 **im Bereich der erlaubnispflichtigen Arbeitnehmerüberlassung** für **unwiderlegbar**.[346] Diese Differenzierung findet jedoch in Wortlaut, Entstehungsgeschichte,[347] Systematik und Zweck des Gesetzes keine Stütze. Daher hält die **h.L.** zutreffend die **Vermutung generell**, wenn auch unter restriktiver Handhabung, für **widerlegbar**.[348] Das entspricht auch § 292 ZPO, der jedenfalls im arbeitsgerichtlichen Individualstreitverfahren anwendbar ist. Durch die Neufassung des Abs. 1 Satz 1 ist der Anwendungsbereich erlaubnispflichtiger Arbeitnehmerüberlassungen im Vergleich zu der alten Rechtslage erweitert worden, sodass die Fälle der ursprünglich erlaubnisfreien nicht gewerbsmäßigen Arbeitnehmerüberlassung nun zumeist erlaubnispflichtig sind und die Bedeutung der Streitfrage geschmälert ist; sowohl erlaubnisfreie als auch erlaubnispflichtige Überlassungen enthalten eine widerlegebare Vermutung.

176

d) Widerlegung der Vermutung

aa) Allgemeine Anforderungen

Die **Widerlegung der Vermutung** erfolgt durch den **Nachweis von Tatsachen**, aus denen sich ergibt, dass nach der Ausgestaltung und tatsächlichen Durchführung der Rechtsbeziehungen die Arbeitgeberstellung nicht vom Überlassenden auf den Entleiher übergehen sollte und auch nicht übergegangen ist, sondern **dass der Überlassende Arbeitgeber geblieben ist**. Letztlich stellt sich die Frage, ob aus Sicht eines verständigen Dritten der Leiharbeitnehmer als Arbeitnehmer des Überlassenden oder des Entleihers anzusehen ist. Wie bei der allgemeinen

177

---

346 BAG vom 23.11.1988, BB 1989, 1898, 1899f.; BAG vom 21.3.1990, BB 1991, 275, 276; BAG vom 3.12.1997, BB 1998, 1482, 1483 sowie 1640, 1642. – Zustimmend *Ulber*, § 1 Rn. 206 ff.
347 Vgl. BT-Drs. VI/3505, S. 2.
348 MünchArbR/*Marschall*, § 172 Rn. 40, § 169 Rn. 12; *Sandmann/Marschall*, § 1 Anm. 63; *Schüren*, § 1 Rn. 436 ff.; AnwK-ArbR/*Golücke*, § 1 Rn. 36.

§ 1 Erlaubnispflicht

Bestimmung der Arbeitnehmereigenschaft ist daher eine Gesamtschau aller Umstände des Einzelfalls vorzunehmen. Nach der Rspr. des BAG ist die Vermutung von Arbeitsvermittlung widerlegt, wenn nach der gesamten Gestaltung und Durchführung der vertraglichen Beziehungen mittels **wertender Gesamtbetrachtung** davon auszugehen ist, dass der **Schwerpunkt des Arbeitsverhältnisses noch im Verhältnis zum überlassenden Arbeitgeber** liegt.[349] Hierfür sind **sämtliche Umstände des Einzelfalles** heranzuziehen. Erheblich in diesem Zusammenhang können sein: Dauer des Arbeitsverhältnisses mit dem Überlassenden, Grund und Dauer der einzelnen Überlassung, Häufigkeit und Dauer der Unterbrechung der Überlassung, einzelvertragliche Zusicherung einer Bestandsgarantie durch den Überlassenden, Art der beim Entleiher ausgeübten Tätigkeiten.

178 Dabei ist die Vermutung noch **nicht** allein dadurch **widerlegt**, dass es sich um einen **einmaligen Verstoß** handelt.[350] Jedoch lässt sich im Allgemeinen von einer Verlagerung der Arbeitsbeziehungen nur sprechen, wenn es um Pflichtverletzungen geht, die ein gewisses Gewicht haben. **Geringfügige, irrtümliche oder sonst entschuldbare Pflichtverletzungen** rechtfertigen daher regelmäßig nicht die Annahme, dass Arbeitsvermittlung betrieben wird.

179 Die Vermutung ist **widerlegt**, wenn der Überlassende nachweist, dass ein **Tatbestand des Abs. 3** erfüllt ist. Dies folgt zwingend daraus, dass Abs. 2 nicht zu den Bestimmungen des AÜG zählt, die auf diese privilegierten Formen der Arbeitnehmerüberlassung anzuwenden sind.

bb) Nichterfüllung von Arbeitgeberpflichten

180 Bei Nichterfüllung der Arbeitgeberpflichten (§ 3 Abs. 1 Nr. 1 und 2) kommt eine Widerlegung in Betracht, wenn sich aus den Umständen ergibt, dass der Schwerpunkt der Rechtsbeziehung weiterhin zum Überlassenden besteht (siehe oben Rn. 177). Dies ist insbesondere bei **geringfügigen oder irrtümlichen Pflichtverletzungen** der Fall, und zwar nicht nur im Bereich der Neben-, sondern auch der Hauptleistungspflichten. Beispiele: verspätete Lohnzahlung im Einzelfall; auf einem Büroversehen beruhende Nichtmeldung des Leiharbeitnehmers beim Sozialversicherungsträger.

---

349 BAG vom 21.3.1990, BB 1991, 275, 276; BAG vom 1.6.1994, NZA 1995, 465, 466.
350 *Ulber*, § 1 Rn. 213; A.A. ErfK/*Wank*, § 1 Rn. 49.

V. Vermutung des Betreibens von Arbeitsvermittlung (Abs. 2) § 1

Aber **auch bei schwerwiegenderen Pflichtverletzungen kann** unter Berücksichtigung des Verlaufs des bisherigen Arbeitsverhältnisses die **Vermutung** des Abs. 2 **widerlegt werden**. So begründet z.B. die Nichtzahlung der Vergütung den Vermutungstatbestand des Abs. 2. Liegt dem aber eine auf einer wirtschaftlich schwierigen Situation basierende Zahlungsunfähigkeit zugrunde, kann die Vermutung dadurch widerlegt werden, dass der Überlassende nachweist, in der Vergangenheit **über einen längeren Zeitraum seine Pflichten ordnungsgemäß erfüllt** zu haben.[351] Beispiel: Ist über mehrere Jahre ordnungsgemäß und gesetzeskonform erlaubnispflichtige Arbeitnehmerüberlassung betrieben worden, dann rechtfertigen akute Zahlungsschwierigkeiten unter Fortsetzung der Geschäftstätigkeit es nicht, in der Vergangenheit als Arbeitnehmerüberlassung zu bewertende Vorgänge nunmehr als Arbeitsvermittlung einzuordnen.

181

4. Rechtsfolgen

a) Widerlegung der Vermutung

Gelingt die Widerlegung der Vermutung, so ist die Arbeitnehmerüberlassung bei erlaubnisfreier Tätigkeit ohne Weiteres zulässig. Bei einem Handeln im Rahmen einer wirtschaftlichen Tätigkeit (erlaubnispflichtig) richtet sich die Zulässigkeit nach dem AÜG, insbesondere bedarf die Tätigkeit einer Erlaubnis nach Abs. 1. Liegt die Erlaubnis nicht vor, sind namentlich §§ 3 Abs. 1; 5 Abs. 1 Nr. 3; 6; 9; 10; 16 Abs. 1 Nr. 1 und 9 zu beachten.

182

b) Nichtwiderlegung der Vermutung

Kann die Vermutung des Abs. 2 nicht widerlegt werden, so ist davon auszugehen, dass der **Überlassende Arbeitsvermittlung betreibt**, die zur Zeit des Arbeitsvermittlungsmonopols der BA (§ 4 AFG i.d.F. 25.6.1969) ursprünglich gänzlich unzulässig war und im Anschluss hieran unter eine Erlaubnispflicht der BA gestellt wurde (§ 291 Abs. 1 SGB III a.F.). Mittlerweile ist die Arbeitsvermittlung erlaubnisfrei zulässig.

183

aa) Arbeitsrechtliche Folgen

Unter Geltung des Arbeitsvermittlungsmonopols der BA stand mit Nichtwiderlegung der Vermutung des Abs. 2 fest, dass der Überlassen-

184

---

351 A.A. *Ulber*, § 1 Rn. 215.

§ 1 Erlaubnispflicht

de entgegen § 4 AFG a.f. Arbeitsvermittlung ausübt und gemäß § 13 AÜG a.F. die arbeitsrechtlichen Ansprüche des Arbeitnehmers gegen den (neuen, vermittelten) Arbeitgeber nicht durch Vereinbarung ausgeschlossen werden können. Auf Grund seiner systematischen Stellung und der Intention des Gesetzgebers[352] wurde § 13 a.f. über die aus dem Wortlaut folgende Arbeitsentgeltschutzfunktion hinaus die **Regelung entnommen, dass bei unwiderlegt vermuteter (Abs. 2 i.V.m. § 3 Abs. 1) unerlaubter Arbeitsvermittlung kraft Gesetzes ein Arbeitsverhältnis zwischen dem Leiharbeitnehmer und dem Entleiher** als zustande gekommen gilt, und zwar sowohl bei ursprünglich **gewerbsmäßigem** und damit erlaubnispflichtigen als **auch bei nichtgewerbsmäßigem** und damit erlaubnisfreiem **Handeln**.[353] Das kraft Gesetzes begründete Arbeitsverhältnis sollte grundsätzlich unbefristet, lediglich unter den Voraussetzungen von § 10 Abs. 1 Satz 2 befristet bestehen.[354] Mit Aufnahme der Arbeit beim Entleiher sollte ein etwa zwischen Leiharbeitnehmer und Verleiher vereinbartes Arbeitsverhältnis enden.[355]

185 Nach Wegfall des Arbeitsvermittlungsmonopols der BA ging der Verweis von § 13 a.F. auf § 4 AFG ins Leere. Diese systematische Unstimmigkeit wurde erst durch Art. 63 Nr. 9 AFRG mit Wirkung ab dem 1.4.1997 vom Gesetzgeber korrigiert, aber nicht etwa durch redaktionelle Änderung der Verweisung auf das neue Arbeitsvermittlungsrecht, sondern **durch ersatzlose Streichung des § 13 a.F.**[356] Damit wurde der früheren Rspr. des BAG die **dogmatische Grundlage für die Begründung eines Arbeitsverhältnisses zwischen Leiharbeitnehmer und Entleiher bei nach Abs. 2 unwiderlegt vermuteter Arbeitsvermittlung entzogen.** Es besteht nunmehr keine Rechtsgrundlage mehr, zwischen überlassenem Arbeitnehmer und Entleiher ohne dessen Willen ein Arbeitsverhältnis entstehen zu lassen.[357] Auch wenn das BAG in

---

352 BT-Drs. VI/2303, S. 15.
353 BAG vom 23.11.1988, BB 1989, 1898, 1899f.; BAG vom 1.6.1994, NZA 1995, 465, 466; BAG vom 26.4.1995, AP Nr. 19 zu § 1 AÜG.
354 BAG vom 23.11.1988, BB 1989, 1898, 1899; BAG vom 1.6.1994, NZA 1995, 465ff.
355 BAG vom 10.2.1977, BB 1977, 945, 947; *Boemke*, Schuldvertrag, S. 604. – Einschränkend für einen Sonderfall BAG vom 3.12.1997, BB 1998, 1482, 1483f. und 1640, 1642.
356 Vgl. BT-Drs. 13/4941, S. 133 und 250.
357 BAG vom 28.6.2000, BB 2000, 2522ff. mit zust. Anm. *Boemke*; *Groeger*, DB 1998, 470f.; *Säcker/Kühnast*, ZfA 2001, 117, 126ff.; *Wagner*, S. 150; i.E. unentschlossen *Feuerborn/Hamann*, BB 1997, 2530, 2534. – A.A. KassHdbch/*Düwell*, 4.5 Rn. 47,

V. Vermutung des Betreibens von Arbeitsvermittlung (Abs. 2) § 1

einer jüngeren Entscheidung[358] die Frage, ob die Vermutung vom Vorliegen einer Arbeitsvermittlung die Begründung eines Arbeitsverhältnisses zwischen Leiharbeitnehmer und Entleiher rechtfertigen kann offen gelassen hat, folgt hieraus kein anderes Ergebnis. Da im konkreten Fall eine Positionierung des BAG im Ergebnis lediglich entbehrlich war.

Dies hat zur Folge, dass der **Vermutung arbeitsrechtlich keine Bedeutung** zukommt.[359] Obwohl Arbeitsvermittlung nach Abs. 2 vermutet wird, kommt infolge der Überlassung **zwischen Entleiher und überlassenem Arbeitnehmer kein Arbeitsverhältnis** zustande.[360] Da aber das AÜG und damit auch Abs. 2 den Leiharbeitnehmer schützen will, kann durch die Vermutung dem überlassenen Arbeitnehmer nicht ein zum Überlassenden bestehendes Arbeitsverhältnis genommen werden; obwohl Abs. 2 die Vermutung aufstellt, dass der Überlassende nur Arbeitsvermittlung betreibt, also keine eigenen arbeitsrechtlichen Beziehungen zum Überlassenen begründen, sondern solche nur zu einem Dritten (hier: dem Entleiher) vermitteln will, **bleibt ein zwischen beiden einmal begründetes Arbeitsverhältnis trotz der Vermutung des Abs. 2 bestehen.**[361] Dies spricht maßgeblich dafür, die Vermutung ersatzlos zu streichen (zur Gesetzeskritik schon oben Rn. 159). Hat der Überlassende allerdings keine Erlaubnis nach Abs. 1, dann kommt nach §§ 9 Nr. 1, 10 kraft Gesetzes ein Arbeitsverhältnis zwischen Entleiher und überlassenem Arbeitnehmer zustande (siehe § 9 Rn. 58 ff. und § 10 Rn. 17 ff.). 186

bb) Folgen für Überlassungsvertrag

Die Erfüllung des Vermutungstatbestands von Abs. 2 wirkt sich auch nicht weiter auf die **Vereinbarungen zwischen Verleiher und Entleiher** aus.[362] Nach den Regelungen des AÜG bleibt deren **Wirksamkeit** – anders als beim Fehlen der Erlaubnis (vgl. § 9 Nr. 1) – hiervon **unbe-** 187

314; *Düwell*, AuA 1997, 253, 255; *Mohr/Pomberg*, DB 2001, 590 ff.; *Sandmann/ Marschall*, § 13 Anm. 2; *Schaub*, BB 1998, 2106, 2111; Schüren, § 1 Rn. 442 ff.
358 BAG vom 17.2.2010 – 7 ABR 51/08, NZA 2010, 832, 833.
359 LAG Niedersachsen vom 28.2.2006 – 13 TaBV 56/05, EzAÜG § 14 AÜG Betriebsverfassung Nr. 64 (Rn. 47); LAG Niedersachen vom 8.3.2011 – 3 TaBV 118/09, LAGE § 14 AÜG Nr. 6 (Rn. 39).
360 BAG vom 28.6.2000, BB 2000, 2522 ff.; offen gelassen BAG vom 17.2.2010 – 7 ABR 51/08, NZA 2010, 832, 833; A.A. *Ulber*, § 1 Rn. 300.
361 *Boemke*, BB 2000, 2524.
362 *Boemke*, BB 2000, 2524 f.; A.A. *Ulber*, § 1 Rn. 299.

rührt; insbesondere wäre danach der Entleiher weiterhin verpflichtet, das vereinbarte Entgelt für die Überlassung zu zahlen. Allerdings ordnete § 297 Nr. 1 SGB III bis zum 23.3.2002 an, dass Vereinbarungen mit einem Vermittler unwirksam sind, wenn dieser nicht die nach § 291 SGB III a.f. für die Arbeitsvermittlung einst erforderliche Erlaubnis besitzt. Diese Bestimmung konnte nach ihrem Sinn und Zweck auf die gemäß Abs. 2 vermutete Arbeitnehmerüberlassung nicht (entsprechend) angewendet werden. Mit der Unwirksamkeitsfolge des § 297 SGB III sollte – vergleichbar der Regelung in § 9 Nr. 1 – die damalige Erlaubnispflicht des § 291 SGB III a.f. effektiv durchgesetzt werden. Vereinbarungen über Arbeitsvermittlung sollten nur Personen treffen können, deren Zuverlässigkeit behördlich festgestellt ist; dies diente dem Interesse des Arbeitsuchenden. Die **Vermutung der Arbeitsvermittlung** nach Abs. 2 **ändert** aber **materiell-rechtlich nichts** daran, dass ein arbeitsrechtliches Grundverhältnis nur zwischen dem Überlassenden (Verleiher) und dem Überlassenen (Leiharbeitnehmer) besteht; der **Entleiher übernimmt gegenüber dem Leiharbeitnehmer** diese **Hauptleistungspflichten gerade nicht**. Damit steht auch bei der nach Abs. 2 vermuteten Arbeitsvermittlung fest, dass materiell-rechtlich keine Arbeitsvermittlung betrieben wird. Damit konnten die Regelungen der §§ 291 ff. SGB III auf die nach Abs. 2 bloß vermutete Arbeitsvermittlung gerade keine Anwendung finden, sodass die Unwirksamkeitsfolge des § 297 SGB III nicht eingriff.

cc) Gewerberechtliche Folgen

188 Auch **gewerberechtlich** können sich unter Berücksichtigung der neueren Rechtsprechung des *BAG* keine Konsequenzen an die Vermutung des Abs. 2 knüpfen. Allerdings kann eine dem Verleiher erteilte **Erlaubnis** – im Rahmen der Verhältnismäßigkeit – **widerrufen** werden; liegen die **Voraussetzungen des Abs. 2** vor, ist zugleich ein **Versagungstatbestand** nach § 3 Abs. 1 und damit ein Widerrufsgrund nach § 5 Abs. 1 Nr. 3 oder Nr. 4 gegeben.[363] Daneben lagen bis zum 23.3.2002 auch die Voraussetzungen für die **Versagung bzw. Aufhebung einer Erlaubnis für** die **Arbeitsvermittlung** nach §§ 293, 295 SGB III a.f. vor; wer den Anschein von Arbeitsvermittlung setzt und gegen Bestimmungen des AÜG verstößt, besitzt nicht die erforderliche Zuverlässigkeit in arbeitsvermittlungsrechtlicher Hinsicht.[364] Eine dem

---

363 *Säcker/Kühnast*, ZfA 2001, 117, 133.
364 *Boemke*, BB 2000, 2524, 2525.

§ 6 entsprechende Regelung zum Einsatz von **Verwaltungszwang** gegen den ohne Erlaubnis tätigen Vermittler fehlt im SGB III. Früher wurde eine entsprechende Befugnis aus dem Vermittlungsmonopol der BA hergeleitet.[365] Angesichts des aus dem Vorbehalt des Gesetzes (Art. 20 GG) folgenden Erfordernisses einer spezifischen gesetzlichen Ermächtigungsgrundlage ist es zweifelhaft, ob diese Eingriffsbefugnis heute noch existiert.[366]

dd) Ordnungswidrigkeit

Unerlaubte Arbeitsvermittlung wird nach § 404 Abs. 2 Nr. 9 SGB III als **Ordnungswidrigkeit** bestraft. Hierfür reicht allerdings nicht die bloße Vermutung nach Abs. 2 aus (siehe oben Rn. 175), sondern es bedarf des **konkreten Nachweises**, dass die tatbestandlichen Voraussetzungen der Arbeitsvermittlung vorliegen.[367] Außerdem ist besondere Sorgfalt bei der Schuldfrage geboten.[368]

189

VI. Nichtanwendung des AÜG (Abs. 3)

1. Vorbemerkungen

a) Normzweck

§ 1 Abs. 3 normiert vier Bereiche, in denen Arbeitnehmerüberlassung unter bestimmten Voraussetzungen von der grundsätzlichen Anwendung des AÜG ausgenommen wird, so dass z.B. die Regelungen über die Erlaubnispflicht (§ 1 Abs. 1), den Grundsatz von Equal Pay/Treatment (§§ 9 Nr. 2, 3 Abs. 1 Nr. 3, 10 Abs. 4) und die Ansprüche der Leiharbeitnehmer gegenüber Entleihern (§§ 13a, 13b) nicht anwendbar sind. Bei den in § 1 Abs. 3 geregelten Tatbeständen kann aus Sicht des Gesetzgebers eine Gefährdung der sozialen Sicherheit der Leiharbeitnehmer und eine Störung des Arbeitsmarkts ausgeschlossen werden. Die in diesen Bereichen **sinnvolle Überlassung** von Arbeitnehmern **soll nicht unnötig erschwert** werden.[369] § 1 Abs. 3 enthält eine Sonder-

190

---

365 BSG vom 16.12.1976, BB 1977, 651.
366 Dafür *Marschner*, AR-Blattei SD 215 Rn. 135. – A.A. *Sandmann/Marschall*, § 1 Anm 63.
367 *Säcker/Kühnast*, ZfA 2001, 117, 134.
368 Näher MünchArbR/*Marschall*, § 176 Rn. 40; Schüren/*Hamann*, § 1 Rn. 612 ff.
369 Vgl. BT-Drs. 10/3206, S. 32.

§ 1 Erlaubnispflicht

regelung, die auf Grund ihres **Ausnahmecharakters eng auszulegen**[370] und **nicht analogiefähig** ist.[371]

b) Entstehungsgeschichte

191 § 1 Abs. 3 **Nr. 1 und 2** wurden ursprünglich auf Anregung von IG Metall und BDA[372] und auf Vorschlag des Ausschusses für Arbeit und Sozialordnung[373] durch Art. 8 Abs. 1 Nr. 1b BeschFG 1985[374] mit Wirkung ab dem 1.5.1985 eingeführt. Konkreter Regelungshintergrund war die in der Vergangenheit praktizierte „Nachbarschaftshilfe" in der norddeutschen Werftindustrie, bei der durch die zeitweise Überlassung von Arbeitnehmern eines mit Absatz- oder Produktionsschwierigkeiten kämpfenden Unternehmens an ein Unternehmen mit besserer Beschäftigungslage die Entlassung oder die Kurzarbeit von Arbeitnehmern vermieden werden konnte. Dieses Verhalten sollte durch Nr. 1 legalisiert und abstrakt geregelt werden. Gleichzeitig sollte in Nr. 2 die vorübergehende Entsendung und der Austausch von Arbeitnehmern innerhalb eines Konzerns von den „bürokratischen Förmlichkeiten" des AÜG befreit werden.

192 Das sog. **Konzernprivileg** des § 1 Abs. 3 **Nr. 2** wurde durch Art. 1 Nr. 1 lit. b) aa) des „Ersten Gesetzes zur Änderung des AÜG – Verhinderung von Missbrauch der Arbeitnehmerüberlassung" vom 28.4. 2011[375] **mit Wirkung ab dem 1.12.2011 geändert**. Der Gesetzgeber sah dies als erforderlich an, weil das Merkmal „vorübergehend" nun in § 1 Abs. 1 Satz 2 n.F. verwendet werde und daher nicht mehr das entscheidende Abgrenzungskriterium für das sogenannte Konzernprivileg sein könne.[376]

193 Ferner wurde mit Wirkung **ab dem 1.12.2011** die neue **Nr. 2a** in § 1 Abs. 3 **eingefügt**. Danach sollen bestimmte Formen der **gelegentlichen Arbeitnehmerüberlassung** zwischen Arbeitgebern privilegiert werden.[377] Dies sah der Gesetzgeber vor dem Hintergrund der Ausweitung

---

370 So in Bezug auf § 1 Abs. 3 Nr. 2a BT-Drs. 17/4804, S. 8; *Sandmann/Marschall/Schneider*, § 1 Rn. 74.
371 AnwK-ArbR/*Gölücke*, § 1 AÜG Rn. 37; in Bezug aus § 1 Abs. 3 Nr. 2 Schüren/Hamann/*Hamann*, § 1 Rn. 496.
372 11. BT-Ausschuss, Protokoll Nr. 45 vom 16./17.1.1985, S. 307 ff.
373 BT-Drs. 10/3206, S. 32 f.
374 BGBl. I, S. 710, 715.
375 BGBl. I, S. 642.
376 BT-Drs. 17/4804, S. 8; krit. dazu *Lembke*, DB 2011, 414, 415.
377 BGBl. I, S. 642; dazu *Lembke*, DB 2011, 414, 416.

VI. Nichtanwendung des AÜG (Abs. 3) § 1

des Anwendungsbereichs des AÜG auf die „im Rahmen einer wirtschaftlichen Tätigkeit" erfolgenden Arbeitnehmerüberlassungen (§ 1 Abs. 1 Satz 1) als „geboten" an, um z. B. die gelegentliche Überlassung durch Handwerksbetriebe oder gemeinnützige Organisationen nicht unnötig zu erschweren.[378]

Nr. 3 wurde durch Art. 63 Nr. 3c dd AFRG mit Wirkung vom 1.4.1997 in § 1 Abs. 3 aufgenommen. Durch diese Vorschrift soll die im Rahmen von deutsch-ausländischen „joint ventures" häufig aus organisatorischen und wirtschaftlichen Gründen notwendige Entsendung von Arbeitnehmern ins Ausland unter bestimmten Voraussetzungen von den Restriktionen des AÜG befreit werden, unabhängig davon, ob entsendendes und aufnehmendes Unternehmen einen Konzern bilden.[379]   194

c) Europarechtswidrigkeit des § 1 Abs. 3

Die **Leiharbeitsrichtlinie**[380] mit ihren zentralen materiellen Regelungen zum Grundsatz der Gleichbehandlung (Art. 5) und zum Zugang der Leiharbeitnehmer zu Beschäftigung, Gemeinschaftseinrichtungen und beruflicher Bildung (Art. 6) gilt nach ihrem Art. 1 Abs. 1 „für Arbeitnehmer (Art. 3 Abs. 1 lit. a)), die mit einem Leiharbeitsunternehmen (Art. 3 Abs. 1 lit. b)) einen Arbeitsvertrag geschlossen haben oder ein Beschäftigungsverhältnis eingegangen sind und die entleihenden Unternehmen (Art. 3 Abs. 1 lit. d)) zur Verfügung gestellt werden, um vorübergehend unter deren Aufsicht und Leitung zu arbeiten". Die RL gilt gemäß Art. 1 Abs. 2 „für öffentliche und private Unternehmen, bei denen es sich um Leiharbeitsunternehmen oder entleihende Unternehmen handelt, die eine wirtschaftliche Tätigkeit ausüben, unabhängig davon, ob sie Erwerbszwecke verfolgen oder nicht". Von diesem **umfassenden Anwendungsbereich** können **nur** bestimmte öffentlich geförderte Arbeits- oder Beschäftigungsverhältnisse **nach Maßgabe des Art. 1 Abs. 3 RL ausgenommen** werden. Gemäß Art. 1 Abs. 3 können die Mitgliedstaaten nach Anhörung der Sozialpartner vorsehen, dass die RL „nicht für Arbeitsverträge oder Beschäftigungsverhältnisse gilt, die im Rahmen eines spezifischen öffentlichen oder von öffentlichen Stellen geförderten beruflichen Ausbildungs-, Eingliederungs- und Umschulungsprogrammen geschlossen wurden". **Weitere Ausnahme-**   195

---

378 BT-Drs. 17/4084, S. 8.
379 BT-Drs. 13/4941, S. 248.
380 Richtlinie 2008/104/EG des Europäischen Parlaments und des Rates vom 19.11.2008 über Leiharbeit, ABl. L327 vom 5.12.2008, S. 9.

§ 1 Erlaubnispflicht

tatbestände, etwa für die in § 1 Abs. 3 Nr. 1 bis 3 AÜG vorgesehenen Fälle, **sieht die Leiharbeitsrichtlinie nicht vor.**

196 In der **Gesetzesbegründung** zum – der Umsetzung der Leiharbeitsrichtlinie dienenden – „Ersten Gesetz zur Änderung des AÜG – Verhinderung von Missbrauch der Arbeitnehmerüberlassung" vom 28.4. 2011[381] wird die Auffassung geäußert, aus der Definition von „Leiharbeitsunternehmen" und „Leiharbeitnehmer" in Art. 3 Abs. 1 lit. b) und c) RL folge, dass Arbeitnehmer, die nicht zum Zweck der Überlassung eingestellt und beschäftigt werden, vom Schutzbereich der RL ausgenommen seien. Daher seien die neu eingefügten Regelungen zum Konzernprivileg (§ 1 Abs. 3 Nr. 2) und zur gelegentlichen Arbeitnehmerüberlassung (§ 1 Abs. 3 Nr. 2a) mit der Leiharbeitsrichtlinie vereinbar.[382]

197 Diese Auffassung ist allerdings gerade unter teleologischen Aspekten **unzutreffend**. Folgte man dem in der Gesetzesbegründung vertretenen Ansatz, wären Arbeitnehmer, die nicht ausschließlich, aber auch als Leiharbeitnehmer eingesetzt werden (z.B. aufgrund einer Konzernversetzungsklausel), nicht vom Schutz der RL erfasst. Damit wären insbesondere Arbeitnehmer von Mischbetrieben bzw. Mischunternehmen, die auch als Leiharbeitnehmer an Dritte überlassen werden, nicht erfasst, obwohl gerade Mischbetriebe bzw. -unternehmen in der Praxis eine große Rolle spielen.[383] Aus Art. 1 Abs. 1 RL ergibt sich eine derartige Beschränkung des Anwendungsbereichs der RL jedoch nicht.[384] Vielmehr entspricht es der h.M., dass die **Leiharbeitsrichtlinie** auch **auf Mischunternehmen Anwendung** findet, weil ansonsten der durch die RL bezweckte Schutz der Leiharbeitnehmer (vgl. Art. 2 RL) umgangen werden könnte.[385] **Entsprechendes** gilt **für** das **AÜG**: Eine Ausnahme vom AÜG für Mischunternehmen, deren Zweck nicht über-

---

381 BGBl. I, S. 642.
382 BT-Drs. 17/4808, S. 8.
383 Vgl. *Lembke/Distler*, NZA 2006, 952, 953 m.w.N.
384 Ebenso *Ulber*, AuR 2010, 10, 11.
385 S. nur *Hamann*, EuZA 2009, 287, 298f.; *Hamann*, RdA 2011, 321, 323; *Lembke*, DB 2011, 414, 416; *Rieble/Vielmeier*, EuZA 2011, 474, 481; *Sansone*, Gleichstellung von Leiharbeitnehmern nach deutschem und Unionsrecht, 2010, S. 454; *Ulber*, AuR 2010, 10, 11.

VI. Nichtanwendung des AÜG (Abs. 3) § 1

wiegend auf die Arbeitnehmerüberlassung gerichtet ist, gibt es – auch nach Auffassung der Aufsichtsbehörden[386] – nicht.[387]

Festzuhalten ist also, dass **die Regelungen in § 1 Abs. 3 gegen die Leiharbeitsrichtlinie verstoßen**, weil die RL keine Ausnahmetatbestände für die in § 1 Abs. 3 Nr. 1 bis 3 AÜG genannten Fälle enthält.[388] In den Fällen des § 1 Abs. 3 müssten zumindest die Regelungen der § 3 Abs. 1 Nr. 3, § 9 Nr. 2 bis 5, § 10 Abs. 4, § 13a, § 13b, § 16 Abs. 1 Nr. 1, Nr. 1a, Nr. 7a, Nr. 9, Nr. 10 und Abs. 2 bis 5 sowie der §§ 17 und 18 Anwendung finden, damit die wesentlichen materiellen Normen der Leiharbeitsrichtlinie Wirkung entfalten.[389] Eine **europarechtskonforme Auslegung** des Einleitungssatzes von § 1 Abs. 3 ist **ausgeschlossen**, weil der Wortlaut korrigiert werden müsste und einer solchen Auslegung der eindeutige gesetzgeberische Wille entgegensteht.

198

Daher kann ein Gericht im Streitfall entweder ein **Vorabentscheidungsverfahren** nach Art. 267 AEUV initiieren **oder** die Regelungen des § 1 Abs. 3 wegen des **Anwendungsvorrangs des Europarechts** außer Betracht zu lassen.[390]

199

2. Arbeitsplatzsichernde Arbeitnehmerüberlassung (§ 1 Abs. 3 Nr. 1)

§ 1 Abs. 3 Nr. 1 nimmt Überlassungen zum Zwecke der Arbeitsplatzsicherung beim Verleiher unter drei Voraussetzungen von der Anwendung wesentlicher Bestimmungen des AÜG aus:

200

– Die Überlassung muss zwischen Arbeitgebern desselben Wirtschaftszweigs

---

386 Ziff. 1.1.3 Abs. 2 GA–AÜG (Stand: 2/2013).
387 BAG, 8.11.1978 – 5 AZR 261/77, NJW 1979, 2636, 2637f.; BAG, 9.2.2011 – 7 AZR 32/10, NZA 2011, 791, 794, Rn. 32; *Hamann*, RdA 2011, 321, 323; Schüren/Hamann/*Hamann*, § 1 Rn. 241; Schaub/*Koch*, § 120 Rn. 12; *Lembke/Distler*, NZA 2006, 952, 953; *Sandmann/Marschall/Schneider*, § 1 Rn. 33; *Sansone*, Gleichstellung von Leiharbeitnehmern nach deutschem und Unionsrecht, 2010, S. 94, 119; ErfK/*Wank*, § 1 AÜG Rn. 26; *Ulber*, § 1 Rn. 187.
388 *Hamann*, ZESAR 2012, 103ff.; *Hamann*, RdA 2011, 321, 332ff.; *Lembke*, DB 2011, 414, 416; *Lembke*, FA 2011, 290, 291; *Linck*, FA 2011, 289; *Ulber*, AuR 2011, 231. –A.A. *Forst*, NZA 11/2011, Editorial.
389 Vgl. *Boemke*, RIW 2009, 177, 179; *Hamann*, EuzA Bd. 2 (2009), S. 287, 303; *Lembke*, BB 2010, 1533, 1540; *Ulber*, AuR 2010, 10, 12.
390 Zum Anwendungsvorrang des Unionsrechts s. nur BVerfG, 6.7.2010 – 2 BvR 2661/06, NZA 2010, 995, 996f., Rn. 54ff.; BAG, 9.9.2010 – 2 AZR 714/08, NZA 2011, 343, 344, Rn. 18.

§ 1   Erlaubnispflicht

– zur Vermeidung von Kurzarbeit oder Entlassungen erfolgen
– und tarifvertraglich zugelassen sein.

a) Arbeitgeber desselben Wirtschaftszweigs

201 Das Merkmal **desselben Wirtschaftszweigs** entspricht der **Bestimmung in § 1 Abs. 1 Satz 3** (siehe dazu oben Rn. 133 ff.). Die Zuordnung eines Unternehmens des Arbeitgebers zu einem bestimmten Wirtschaftszweig richtet sich nach der durch Unionsrecht vorgegebenen Klassifikation der Wirtschaftszweige.[391] Diese Klassifikation beruht auf der Verordnung (EG) Nr. 1893/2006 des Europäischen Parlaments und des Rates vom 20.12.2006.[392] Bei Mischbetrieben richtet sich die Zuordnung gemäß dem Überwiegensprinzip danach, welche Tätigkeiten in dem Betrieb überwiegen (siehe oben Rn. 134).

202 Nach verbreiteter Auffassung sollen **Verleihunternehmen** von der Anwendung des § 1 Abs. 3 Nr. 1 ausgenommen sein.[393] Dem ist in dieser Allgemeinheit nicht zu folgen, sondern es ist zu **unterscheiden**: § 1 Abs. 3 Nr. 1 ist regelmäßig nicht anwendbar bei der Überlassung in Produktionsbetriebe, weil reine Verleihunternehmen dem Dienstleistungsbereich angehören[394] (vgl. § 9 Rn. 364) und damit nicht demselben Wirtschaftszweig wie das Entleiherunternehmen.[395] Demgegenüber kann die Bestimmung auf die Überlassung an sonstige Dienstleistungsunternehmen, insbesondere andere Verleiher, **Anwendung** finden, soweit auch die übrigen Tatbestandsvoraussetzungen vorliegen. Da die Bestimmung dem Arbeitsplatzerhalt bei kurzfristigem Auftragsmangel dient, ist nicht einzusehen, weswegen Mitarbeiter von Verleihern nicht in den Genuss dieser Privilegierung kommen sollen;[396] eine solche Diskriminierung wäre unter Gleichheitsgesichtspunkten (Art. 3 Abs. 1 GG) verfassungsrechtlich nicht haltbar. Betreibt ein Produktionsunter-

---

391 BAG, 18.4.2012 – 5 AZR 630/10, NZA 2012, 978, 979, Rn. 12.
392 Verordnung (EG) Nr. 1893/2006 des Europäischen Parlaments und des Rates vom 20.12.2006 zur Aufstellung der statistischen Systematik der Wirtschaftszweige NACE Revision 2 und zur Änderung der Verordnung (EWG) Nr. 3037/90 des Rates sowie einiger Verordnungen der EG über bestimmte Bereiche der Statistik, ABLEU v. 30.12.2006, L393/1 („NACE Rev. 2").
393 *Sandmann/Marschall/Schneider*, § 1 Anm. 76; Schaub/*Koch*, § 120 Rn. 16; *Ulber*, § 1 Rn. 318.
394 Vgl. NACE Rev. 2, Ziff. 7820: „Erbringung von sonstigen wirtschaftlichen Dienstleistungen"; BAG, 24.3.2004 – 5 AZR 303/03, NZA 2004, 971, 973: „Zeitarbeitsunternehmen sind Dienstleistungsunternehmen".
395 Thüsing/*Waas*, § 1 Rn. 164.
396 So auch Schüren/Hamann/*Hamann*, § 1 Rn. 432.

VI. Nichtanwendung des AÜG (Abs. 3) § 1

nehmen in geringem Umfang (d.h. nicht überwiegend) auch Arbeitnehmerüberlassung, dann greift § 1 Abs. 3 Nr. 1 ebenfalls ein,[397] und zwar nicht nur für Mitarbeiter des Produktionsbereichs, sondern auch des Verleihbereichs.

b) Arbeitnehmerüberlassung zur Vermeidung von Kurzarbeit oder Entlassungen

Die Arbeitnehmerüberlassung muss den Zweck verfolgen, Kurzarbeit oder Entlassungen zu vermeiden. 203

aa) Kurzarbeit

Unter **Kurzarbeit** versteht man die **vorübergehende Verkürzung der betriebsüblichen Arbeitszeit**;[398] und zwar auch in den Fällen, in denen sie nicht mit einer Minderung des Arbeitsentgelts verbunden ist, weil § 1 Abs. 3 Nr. 1 beschäftigungs-, nicht jedoch einkommenssichernde Funktion hat. Auf Grund des **Ausnahmecharakters** ist die **Norm eng auszulegen** (vgl. Rn. 190); aus dem Vergleich mit der Alternative „zur Vermeidung von Entlassungen" ist die gesetzliche Wertung zu entnehmen, dass nicht jede Verkürzung der üblichen Arbeitszeit ausreicht, sondern eine **Verkürzung von einigem Gewicht** drohen muss. In **Anlehnung an § 95 Nr. 1 i.V.m. § 96 Abs. 1 SGB III (n.F.)** ist dies der Fall, wenn die Verkürzung auf wirtschaftlichen Gründen oder einem unabwendbaren Ereignis beruht, vorübergehend sowie unvermeidbar ist und monatlich mindestens ein Drittel der Arbeitnehmer von einem Entgeltausfall von jeweils mehr als 10% des Bruttoentgelts bedroht sind.[399] Auf die übrigen Voraussetzungen des § 95 Nr. 2 bis 4 SGB III kommt es hingegen nicht an. Da Kurzarbeit begrifflich vorübergehende Arbeitszeitverkürzungen erfasst, fällt die Transferkurzarbeit i.S.v. § 111 SGB III, bei der im Anschluss an die Kurzarbeitsperiode das Arbeitsverhältnis beendet werden soll, nicht unter diese Bestimmung.[400] 204

bb) Entlassungen

Unter **Entlassungen** fällt entsprechend dem Gesetzeszweck die **Beendigung des Arbeitsverhältnisses wegen wirtschaftlicher Schwierig-** 205

---

[397] Schüren/Hamann/*Hamann*, § 1 Rn. 433. – A.A. *Ulber*, § 1 Rn. 318.
[398] Schüren/Hamann/*Hamann*, § 1 Rn. 435; *Ulber*, § 1 Rn. 320.
[399] ErfK/*Wank*, § 1 AÜG Rn. 55; insoweit einschränkend *Ulber*, § 1 Rn. 320, der eine Verminderung der Entgeltansprüche als unbeachtlich ansieht.
[400] Schüren/Hamann/*Hamann*, § 1 Rn. 436; *Ulber*, § 1 Rn. 321.

keiten des Unternehmens. Erfasst werden nach dem Sinn und Zweck der Vorschrift **nur betriebsbedingte Kündigungen durch den Verleiher**, nicht aber personen- oder verhaltensbedingte Kündigungen; auch die Vermeidung von Eigenkündigungen des Arbeitnehmers oder betriebsbedingter Änderungskündigungen rechtfertigt die Anwendung von § 1 Abs. 3 Nr. 1 nicht.[401] Ebenso wie die Kurzarbeit müssen auch **Entlassungen von** ihrem Umfang her von **bedeutendem Gewicht** sein; zur Konkretisierung können die Kriterien der §§ 17 Abs. 1 KSchG, 101 Abs. 1 Nr. 2, Abs. 5 SGB III zugrunde gelegt werden,[402] wobei allerdings auch Betriebe mit 20 oder weniger Arbeitnehmern erfasst werden können.[403] Entsprechend den Darlegungen zur Kurzarbeit greift die Bestimmung **nicht** ein, wenn die **Entlassungen nur zeitlich hinausgeschoben** werden sollen, also im Anschluss an die Überlassung keine Beschäftigungsmöglichkeit im Betrieb mehr besteht.[404]

cc) Vermeidungszweck der Arbeitnehmerüberlassung

206 Die Überlassung muss **dazu dienen**, Kurzarbeit oder Entlassungen **zu vermeiden**, und zwar **im Betrieb des Verleihers**;[405] es reicht nicht aus, wenn diese Maßnahmen im Entleiherbetrieb vermieden werden sollen. Dies ist der Fall, wenn erstens die **subjektive Absicht** des Verleihers besteht, diese Maßnahmen zu vermeiden, und zweitens die Arbeitnehmerüberlassung auch **objektiv geeignet** ist, **Kurzarbeit oder Entlassungen zu verhindern**.[406] Entscheidend ist insoweit eine **ex-ante-Prognose**:[407] Im Zeitpunkt der Überlassung muss davon ausgegangen werden können, dass der Arbeitsmangel nur vorübergehender Natur ist, also zum Ende der Überlassungsperiode wieder Vollbeschäftigung eintreten kann. Fallen während der Überlassung die entsprechenden Voraussetzungen wieder weg, z.B. durch zusätzliche Aufträge, bleiben die Maßnahmen gleichwohl zulässig.[408] Dies gilt auch dann, wenn durch nachträglich eintretende Umstände auch im Anschluss an die Überlas-

---

401 AnwK-ArbR/*Golücke*, § 1 AÜG Rn. 40; *Ulber*, § 1 Rn. 323. – Ohne Differenzierung: Schüren/Hamann/*Hamann*, § 1 Rn. 433.
402 ErfK/*Wank*, § 1 AÜG Rn. 55; Schüren/Hamann/*Hamann*, § 1 Rn. 433.
403 *Ulber*, § 1 Rn. 324.
404 Schüren/Hamann/*Hamann*, § 1 Rn. 447.
405 Schüren/Hamann/*Hamann*, § 1 Rn. 451. – A.A. Sandmann/Marschall/Schneider, § 1 Anm. 77.
406 ErfK/*Wank*, § 1 AÜG Rn. 55.
407 Schüren/Hamann/*Hamann*, § 1 Rn. 447; Thüsing/Waas, § 1 Rn. 174; *Ulber*, § 1 Rn. 319.
408 *Ulber*, § 1 Rn. 319.

VI. Nichtanwendung des AÜG (Abs. 3)   § 1

sung Kurzarbeit oder Entlassungen nicht mehr zu vermeiden sind. Nach Auffassung der Aufsichtsbehörden[409] ist es für § 1 Abs. 3 Nr. 1 nicht erforderlich, dass vor der Arbeitnehmerüberlassung Kurzarbeit beantragt wird oder die von der Entlassung bedrohten Arbeitnehmer namentlich benannt werden.

c) Zulassung in einem für Entleiher und Verleiher geltenden Tarifvertrag

aa) Regelungsbefugnis der Tarifpartner

Die grundsätzliche Nichtanwendbarkeit des AÜG greift nur ein, wenn   207
ein für Entleiher und Verleiher geltender Tarifvertrag die wirtschaftszweiginterne Arbeitnehmerüberlassung zur Vermeidung von Kurzarbeit oder Entlassungen vorsieht. § 1 Abs. 3 Nr. 1 enthält also eine **gesetzliche Ermächtigung** zur Suspendierung des AÜG an die **Tarifvertragsparteien**, weil diese mit den wirtschaftlichen und sozialen Verhältnissen der betroffenen Betriebe und Arbeitnehmer besonders vertraut sind und daher **besonders für die Beurteilung geeignet** sind, ob durch die wirtschaftszweiginterne Entsendung bzw. Aufnahme von Arbeitnehmern der **soziale Schutz der Arbeitnehmer** und die **Ordnung des Arbeitsmarktes nicht gefährdet** sind.[410]

Die Ermächtigung bezieht sich nach dem eindeutigen Gesetzeswortlaut   208
nur auf die Zulassung der wirtschaftszweiginternen Arbeitnehmerüberlassung unter den genannten Voraussetzungen,[411] d.h. auf das **Ob**, nicht auf das **Wie**. Daher sind tarifvertragliche Regelungen sowohl über die Rechtsfolgen als auch über die Tatbestandsvoraussetzungen (z.B. Festlegungen, wann Kurzarbeit oder Entlassungen i.S.d. Norm vorliegen) nicht von der Ermächtigungsgrundlage gedeckt.[412]

bb) Identität des Tarifvertrags

Aus dem Gesetzeswortlaut ergibt sich ferner das Erfordernis der **Iden-**   209
tität des die Zulassung aussprechenden **Tarifvertrags**, d.h. für den Entleiher und den Verleiher muss sich die Zulassung der Arbeitnehmerüberlassung aus demselben Tarifvertrag ergeben. Ansonsten hätte der Gesetzgeber vom „jeweils für den Entleiher und Verleiher geltenden

---

409 Vgl. Ziff. 1.3.1. Abs. 2 GA–AÜG (Stand: 2/2013).
410 BT-Drs. 10/3206, S. 33.
411 ErfK/*Wank*, § 1 AÜG Rn. 51.
412 A.A. Schüren/Hamann/*Hamann*, § 1 Rn. 462 ff.; *Ulber*, § 1 Rn. 322.

§ 1 Erlaubnispflicht

Tarifvertrag" sprechen müssen.[413] Außerdem ist die sachgerechte Beurteilung der Gefährdung des Sozialschutzes und der Arbeitsmarktordnung durch die Entsendung bzw. Aufnahme von Arbeitnehmern den Tarifparteien nur innerhalb ihrer örtlichen Zuständigkeit möglich. Dass es in der Praxis dennoch zu bundesländerüberschreitender wirtschaftszweiginterner Arbeitnehmerüberlassung kommen kann, zeigt z.B. der Bundestarifvertrag zur kollegialen Arbeitnehmerüberlassung für Arbeitnehmer in den Elektrohandwerken aus dem Jahr 2010.

210 Da derselbe Tarifvertrag für Entleiher und Verleiher gelten muss, kann die Zulassung nur in einem **Verbandstarifvertrag**, hingegen nicht in einem Firmentarifvertrag erfolgen.[414] Allerdings wäre es zulässig, durch Dachorganisationen oder Tarifgemeinschaften **Tarifverträge** zu schließen, die für mehrere Tarifregionen gelten und **sich darauf beschränken, Arbeitnehmerüberlassung** unter den Voraussetzungen von § 1 Abs. 3 Nr. 1 **zuzulassen**. Die gegenteilige Auffassung[415] beschränkt die Tarifautonomie ohne sachlichen Grund und steht daher mit Art. 9 Abs. 3 GG nicht im Einklang.

cc) Betriebsnorm

211 Die tarifvertragliche Zulassung des Personalaustauschs ist **Betriebs-, nicht Inhaltsnorm**.[416] Daher reicht es für die Anwendbarkeit von Abs. 3 Nr. 1 aus, wenn Entleiher und Verleiher unter den zeitlichen, fachlichen, betrieblichen und räumlichen **Geltungsbereich des Tarifvertrags** fallen **und entweder beide tarifgebunden** (§§ 3 Abs. 2, 4 Abs. 1 Satz 2 TVG), d.h. Mitglied im tarifschließenden Arbeitgeberverband (§ 3 Abs. 1 TVG) sind**, oder** der **Tarifvertrag für allgemeinverbindlich erklärt** worden ist (§ 5 Abs. 4 TVG); die Tarifgebundenheit der Arbeitnehmer spielt hingegen keine Rolle. **Nicht ausreichend** ist hingegen die **arbeitsvertragliche Bezugnahme** auf einen Tarifvertrag.[417]

---

413 *Ulber*, § 1 Rn. 327; ErfK/*Wank*, § 1 AÜG Rn. 53; a.A. Ziff. 1.3.1 Abs. 1 GA–AÜG (Stand: 2/2013); *Sandmann/Marschall/Schneider*, § 1 Anm. 78; Schüren/Hamann/*Hamann*, § 1 Rn. 465 ff.
414 Ulber, § 1 Rn. 328. – A.A. Schüren/Hamann/*Hamann*, § 1 Rn. 474.
415 Schüren/Hamann/*Hamann*, § 1 Rn. 465 ff.
416 *Löwisch/Rieble*, TVG, § 1 Rn. 122; Schüren/Hamann/*Hamann*, § 1 Rn. 478.
417 AnwK-ArbR/*Golücke*, § 1 AÜG Rn. 41. – A.A. Schüren/Hamann//*Hamann*, § 1 Rn. 472 ff.

dd) Praktische Bedeutung

Die praktische Bedeutung der Bestimmung ist gering, weil die Tarifpartner von der Ermächtigungsnorm des § 1 Abs. 3 Nr. 1 bisher nur in begrenztem Umfang Gebrauch gemacht haben.[418] Außerdem ist § 1 Abs. 3 Nr. 1 europarechtswidrig (Rn. 195 ff.), so dass in der Praxis bei Arbeitnehmerüberlassungsvorgängen im Sinne des § 1 Abs. 3 Nr. 1 vorsichtshalber sämtliche Regelungen des AÜG (insbesondere Erlaubnispflicht, Grundsatz von Equal Pay/Treatment) beachtet werden sollten.

212

3. Konzerninterne Arbeitnehmerüberlassung (§ 1 Abs. 3 Nr. 2)

Da die konzerninterne Arbeitnehmerüberlassung (sog. Konzernleihe), etwa zum Zwecke einer sinnvollen Einweisung und Ausbildung innerhalb des Konzerns, nur den internen Arbeitsmarkt betrifft und eine soziale Gefährdung des Leiharbeitnehmers regelmäßig nicht gegeben ist,[419] wird sie nach § 1 Abs. 3 Nr. 2 von den „bürokratischen Förmlichkeiten" des AÜG grundsätzlich ausgenommen.[420] Dies soll auch nach **Änderung der Vorschrift mit Wirkung ab dem 1.12.2011** gelten (vgl. Rn. 4). Da § 1 Abs. 3 Nr. 2 überwiegend für **europarechtswidrig** gehalten wird (vgl. Rn. 195 ff.), ist die Berufung auf das Konzernprivileg in der Praxis allerdings mit allergrößter Vorsicht zu genießen.[421]

213

Lässt man dies außer Betracht, müssen **zwei Voraussetzungen** kumulativ gegeben sein, damit das Konzernprivileg eingreift:

214

– die Arbeitnehmerüberlassung muss zwischen Konzernunternehmen erfolgen, d.h. Verleiher und Entleiher müssen demselben Konzern angehören, und

– es wird ein Arbeitnehmer überlassen, der „nicht zum Zweck der Überlassung eingestellt und beschäftigt wird". Auf die nach der alten Gesetzesfassung maßgeblichen Frage, ob der Arbeitnehmer seine Arbeit nur „vorübergehend" nicht bei seinem (Vertrags-)Arbeitgeber,

---

418 Eines der wenigen Beispiele ist der Personalaustausch-Tarifvertrag zwischen dem Unternehmerverband der Metallindustrie Ruhr-Niederrhein e.V. und der IG Metall Verwaltungsstelle Bocholt vom September 2004.
419 Aber nicht ausnahmslos, vgl. BAG, 17.1.2007 – 7 AZR 23/06, DB 2007, 1034, 1035, Rn. 20.
420 BT-Drs. 10/3206, S. 33.
421 Näher zur Arbeitnehmerüberlassung im Konzern nach neuem Recht *Lembke*, BB 2012, 2497 ff.; zum Streit um die konzerninterne Arbeitnehmerüberlassung nach altem Recht *Lembke*, BB 2010, 1533, 1537 ff.

§ 1 Erlaubnispflicht

dem Verleiher, leistet, kommt es nach der neuen Gesetzesfassung nicht mehr an.

a) Anwendungsbereich

aa) Zeitlich

215 § 1 Abs. 3 Nr. 2 wurde durch Art. 1 Nr. 2 lit. a) bb) des Ersten Gesetzes zur Änderung des Arbeitnehmerüberlassungsgesetzes – Verhinderung von Missbrauch der Arbeitnehmerüberlassung vom 28.4.2011[422] geändert. Die Gesetzesänderung ist gemäß dessen Art. 2 Abs. 1 **am 1.12.2011 in Kraft getreten**. Mangels Übergangsregelung gilt die neue Fassung der Vorschrift für jede konzerninterne Arbeitnehmerüberlassung, die am oder nach dem 1.12.2011 stattfand bzw. stattfindet, unabhängig davon, wann das Leiharbeitsverhältnis zwischen Verleiher und Leiharbeitnehmer begründet wurde. Der Gesetzgeber war der Auffassung, dass zwischen der Verkündung des Gesetzes am 29.4.2011 und dem Inkrafttreten am 1.12.2011 ausreichend Zeit für Verleiher und Entleiher sei, sich auf die neuen Regelungen einzustellen und die vertraglichen Vereinbarungen und sonstigen Regelungen bei Bedarf an die neue Rechtslage anzupassen.[423]

bb) Sachlich: Arbeitnehmerüberlassung

216 Die Ausnahmevorschrift kann sowohl auf gewerbsmäßige als auch auf nichtgewerbsmäßige Arbeitnehmerüberlassung Anwendung finden. Für eine Beschränkung des Geltungsbereichs auf nichtgewerbsmäßige Arbeitnehmerüberlassung[424] gab und gibt es weder Anhaltspunkte im Wortlaut des § 1 Abs. 3 Nr. 2 noch eine sachliche Rechtfertigung.

217 § 1 Abs. 3 Nr. 2 bezieht sich nur auf die **Arbeitnehmerüberlassung** (zum Begriff der Arbeitnehmerüberlassung siehe oben Rn. 18 ff.). Der Anwendungsbereich ist **nicht** eröffnet, wenn der Arbeitnehmer mit jedem der beteiligten Konzernunternehmen ein rechtlich selbstständiges Arbeitsverhältnis begründet und die Arbeitsleistung auf Grundlage des jeweiligen Arbeitsvertrags erfolgt.[425] In diesem Fall bedarf es aber schon von vornherein keiner Erlaubnis, weil es bereits an einer Arbeitnehmerüberlassung fehlt. Entsprechendes gilt, wenn das bisherige Arbeitsverhältnis zu dem einen Konzernunternehmen beendet und an-

---
422 BGBl. I, S. 642.
423 BT-Drs. 17/4804, S. 11.
424 So *Becker*, DB 1988, 2561, 2564; *Ulber*, § 1 Rn. 357.
425 *Ulber*, § 1 Rn. 361.

VI. Nichtanwendung des AÜG (Abs. 3) § 1

schließend mit dem anderen Konzernunternehmen ein neues Arbeitsverhältnis begründet wird, und zwar auch dann, wenn der bisherige Besitzstand gewahrt wird, also z. B. die im alten Unternehmen erworbene Betriebszugehörigkeit angerechnet wird oder Ansprüche auf betriebliche Altersversorgung fortbestehen. Ruht das bisherige Arbeitsverhältnis oder wird es einvernehmlich ruhend gestellt und erfolgt der Arbeitseinsatz auf einem mit einem anderen Konzernunternehmen abgeschlossenen (befristeten oder unbefristeten) Arbeitsvertrag, liegt ebenfalls keine Arbeitnehmerüberlassung vor.[426]

Ferner fehlt es an einer Arbeitnehmerüberlassung, wenn der Personaleinsatz innerhalb eines **Gemeinschaftsbetriebs** mehrerer zu einem Konzern gehörenden Unternehmen stattfindet (vgl. § 1 Rn. 42). 218

Im Kontext einer konzerninternen „Verleihsituation" hat das BAG im Einzelfall auch einen **Betriebsübergang** angenommen, so dass § 1 Abs. 3 Nr. 2 keine Anwendung fand. So war es z. B. im sog. Krankenhausfall: Ein Kommunalunternehmen, das ein Krankenhaus betrieb, hatte eine Service-GmbH als hundertprozentige Tochtergesellschaft gegründet, welche die im Krankenhaus tätigen Reinigungskräfte übernehmen und anschließend wieder zur Reinigung der Tätigkeiten im Krankenhaus zurücküberlassen sollte. Auf Veranlassung des Krankenhauses schlossen die klagenden Reinigungskräfte des Krankenhauses einen Aufhebungsvertrag mit dem Kommunalunternehmen und einen neuen Arbeitsvertrag mit der beklagten Service-GmbH ab. Anschließend wurden sie von der Service-GmbH im Rahmen eines „Arbeitnehmergestellungsvertrags" wieder an das Kommunalunternehmen zu Reinigungsarbeiten im Krankenhaus zurücküberlassen. Das BAG entschied, die Arbeitsverhältnisse der Reinigungskräfte seien von dem Kommunalunternehmen im Wege eines Betriebsteilübergangs nach § 613a Abs. 1 Satz 1 BGB auf die Service-GmbH übergegangen, so dass die mit dem Kommunalunternehmen abgeschlossenen Aufhebungsverträge gegen Umgehung des § 613a BGB nichtig seien (§ 134 BGB).[427] 219

cc) Räumlich

Das Konzernprivileg von § 1 Abs. 3 Nr. 2 gilt nicht nur bei der inländischen, sondern **auch bei grenzüberschreitender konzerninterner Ar-** 220

---

426 *Ulber*, § 1 Rn. 361.
427 BAG, 21.5.2008 – 8 AZR 481/07, NZA 2009, 144, 146 ff., Rn. 22 ff.; krit. dazu *Lembke*, BB 2010, 1533, 1539; *Hamann*, Anm. AP § 613a BGB Nr. 354; vgl. auch *Lembke*, BB 2012, 2497, 2502 f.

§ 1 Erlaubnispflicht

beitnehmerüberlassung, wenn also der Verleiher seinen Betriebssitz in Deutschland und der Entleiher seinen Betriebssitz im Ausland hat bzw. umgekehrt.[428]

dd) Branchenmäßig

221 § 1 Abs. 3 Nr. 2 findet anders als Nr. 1 auch dann Anwendung, wenn konzernzugehöriger Verleiher und Entleiher nicht demselben Wirtschaftszweig angehören.[429] Es ist auch nicht erforderlich, dass eine Tarifbindung der an der konzerninternen Arbeitnehmerüberlassung beteiligten Unternehmen besteht. **Ausgenommen vom Konzernprivileg** ist allerdings das **Baugewerbe**. Da nach § 1 Abs. 3 Einleitungssatz § 1b anwendbar bleibt, ist eine Arbeitnehmerüberlassung zwischen Unternehmen eines Baukonzerns im Rahmen des Anwendungsbereichs des § 1b Satz 1 (dazu § 1b Rn. 6 ff.) untersagt. Nur soweit die besonderen Voraussetzungen von § 1b Satz 2 vorliegen, darf auch im Baukonzern konzerninterne Arbeitnehmerüberlassung betrieben werden.[430]

ee) Erscheinungsformen konzerninterner Arbeitnehmerüberlassung in der Praxis

222 Konzerninterne Arbeitnehmerüberlassung kommt in der Praxis in unterschiedlichen Erscheinungsformen vor, wie z.B. in folgenden Fällen:[431]

(1) Entsendung von Mitarbeitern

223 So kann z.B. das „Secondment" oder die „Entsendung" eines Mitarbeiters von einem Konzernunternehmen an ein anderes Konzernunternehmen Arbeitnehmerüberlassung darstellen, wenn das entsendende Unternehmen weiterhin die vertraglichen Arbeitgeberfunktionen erfüllt und das Einsatzunternehmen dem Arbeitnehmer Weisungen erteilt und ihn in seine Arbeitsorganisation eingliedert.

(2) Kollegenhilfe im Konzern

224 Ähnlich gelagert ist die vorübergehende Überlassung von Arbeitnehmern an ein anderes Konzernunternehmen, um „Kollegenhilfe" zu leis-

---

428 Ziff. 1.3.2. Abs. 6 GA-AÜG (Stand: 2/2013); *Sandmann/Marschall/Schneider*, § 1 Rn. 80; *Schüren/Hamann/Hamann*, § 1 Rn. 491. – A.A. *Ulber*, § 1 Rn. 358.
429 *Schüren/Hamann/Hamann*, § 1 Rn. 497.
430 *Ulber*, § 1 Rn. 356.
431 *Lembke*, BB 2012, 2497, 2498.

ten, d.h. um den Arbeitskräftebedarf der Kollegen im Konzern zu decken oder um eigene Arbeitskräfteüberkapazitäten sinnvoll anderweitig zu nutzen. In diesem Fall betreibt das überlassende Unternehmen typischerweise nicht überwiegend Arbeitnehmerüberlassung, sondern anlassbezogen. Insoweit wird es wie ein „Mischbetrieb" bzw. „Mischunternehmen" tätig.[432]

(3) Konzernangehörige Verleihgesellschaften

In der jüngeren Vergangenheit gründeten zahlreiche Unternehmen (z.B. BASF, Merck, Degussa, Siemens, Bayer, Deutsche Bank und Daimler-Chrysler) konzerninterne Verleihgesellschaften, um ihre Mitarbeiter intern und/oder extern an andere Gesellschaften zur Arbeitsleistung zu überlassen; sie übernehmen die Funktionen eines konzerninternen Arbeitsamts, einer Beschäftigungs- und Qualifizierungsgesellschaft oder eines Pools an qualifizierten Mitarbeitern.[433] Zum Teil werden konzerninterne Verleihgesellschaften auch zur Kostensenkung errichtet.[434] In diesem Zusammenhang hatte der „Fall Schlecker" eine intensive **Diskussion** über die konzerninterne Arbeitnehmerüberlassung und die Frage des **Rechtsmissbrauchs** ausgelöst.[435] 225

b) Arbeitnehmerüberlassung zwischen Konzernunternehmen

§ 1 Abs. 3 Nr. 2 erfordert die Arbeitnehmerüberlassung zwischen zwei Konzernunternehmen i.S.d. § 18 AktG.[436] Hierfür müssen **zwei Tatbestandsmerkmale** vorliegen: Erstens muss der Konzern aus mindestens zwei rechtlich selbstständigen Unternehmen bestehen, die zweitens unter einheitlicher Leitung stehen. 226

---

432 Zum Begriff des „Mischbetriebs" näher *Lembke/Distler*, NZA 2006, 952, 953.
433 Vgl. Handelsblatt vom 24.9.2004, S. 6; BT-Drs. 17/464, S. 18; FAZ vom 22.3.2005, S. 14; *Hümmerich/Welslau*, NZA 2005, 610; Schüren/Hamann/*Hamann*, § 1 Rn. 517f.
434 Dazu *Melms/Lipinski*, BB 2004, 2409ff.
435 Rechtsmissbrauch nimmt etwa an LAG Berlin-Brandenburg, 9.1.2013 – 15 Sa 1635/12, BeckRS 2013, 65446; LAG Niedersachsen, 19.9.2012 – 17 TaBV 124/11, DB 2012, 2486; LAG Niedersachsen, 19.9.2012 – 17 TaBV 22/12, BeckRS 2012, 76001; a.A. LAG Berlin-Brandenburg, 16.10.2012 – 7 Sa 1182/12, BB 2013, 251, 254 (beim BAG anhängig unter Az. 10 AZR 111/13); zum Streitstand *Lembke*, BB 2010, 1533, 1537ff. m.w.N.
436 BAG, 18.7.2012 – 7 AZR 451/11, NZA 2012, 1369, 1371, Rn. 25.

aa) Mindestens zwei selbstständige Unternehmen

227 Es müssen mindestens zwei rechtlich selbstständige Unternehmen beteiligt sein. Dabei kommt es nicht auf die Rechtsform der konzernangehörigen Unternehmen an. Verleiher- und Entleiherunternehmen können als **Kapital- oder Personengesellschaft** organisiert sein, sofern sie die „rechtsformneutralen" Voraussetzungen des Konzernbegriffs nach § 18 AktG erfüllen; es kann auch ein von einer natürlichen Person geführtes Unternehmen beteiligt sein. Dies folgt aus der Entstehungsgeschichte sowie Sinn und Zweck der Ausnahmebestimmung des § 1 Abs. 3 Nr. 2.[437] Nicht erforderlich ist also, dass der Konzern, dem Verleiher und Entleiher angehören, unter das AktG fällt, also dem Konzern zumindest eine AG oder KGaA angehört.[438] Daher fällt auch der Personalaustausch zwischen unter einheitlicher Leitung zusammengefassten GmbHs unter das Konzernprivileg.[439] Auch Gemeinschaftsunternehmen, die unter der gemeinschaftlichen Leitung zweier oder mehrerer anderer Unternehmen stehen, werden von § 1 Abs. 3 Nr. 2 erfasst,[440] allerdings nur, soweit Arbeitnehmer vom oder an das Gemeinschaftsunternehmen überlassen werden; die Überlassung von Arbeitnehmern zwischen den gleichberechtigt herrschenden Unternehmen fällt nicht unter § 1 Abs. 3 Nr. 2.[441] Auch gemeinsame Betriebe mehrerer Unternehmen fallen nicht unter das Konzernprivileg; hier fehlt es schon am Tatbestandsmerkmal der Arbeitnehmerüberlassung[442] (s. o. Rn. 218).

228 Unerheblich ist auch die Art des Konzerns;[443] es werden also sowohl **Gleichordnungskonzerne** (§ 18 Abs. 2 AktG) als auch **Unterordnungskonzerne** (§§ 17, 18 Abs. 1 AktG), **Vertragskonzerne** wie **faktische Konzerne** erfasst.[444] Denkbar ist sogar, dass eine natürliche Person herrschendes Unternehmen im konzernrechtlichen Sinne ist, wenn

---

437 BGH, 19.7.2012 – IX ZB 27/12, NZA 2012, 1181, 1182, Rn. 18; BAG, 5.5.1988 – 2 AZR 795/87, NZA 1989, 18, 19 f.; Schüren/Hamann/*Hamann*, § 1 Rn. 490; *Oetker*, SAE 1989, 68; einschränkend *Ulber*, § 1 Rn. 371. – A.A. LAG Hamm, 1.9.1987 – 7 Sa 591/87, EzAÜG § 10 AÜG Fiktion Nr. 51.
438 BAG, 18.7.2012 – 7 AZR 451/11, NZA 2012, 1369, 1371, Rn. 26.
439 OLG Celle, 26.9.1985 – 2 Ss (Owi) 144/85, n. v.
440 Schüren/Hamann/*Hamann*, § 1 Rn. 494.
441 Schüren/Hamann/*Hamann*, § 1 Rn. 504; ErfK/*Wank*, § 1 AÜG Rn. 58.
442 Schüren/Hamann/*Hamann*, § 1 Rn. 595 f.; *Ulber*, § 1 Rn. 371.
443 BGH, 19.7.2012 – IX ZB 27/12, NZA 2012, 1181, 1182, Rn. 18.
444 Schüren/Hamann/*Hamann*, § 1 Rn. 493; ErfK/*Wank*, § 1 AÜG Rn. 58; vgl. auch Ziff. 1.3.2. Abs. 1 bis 5 GA-AÜG (Stand: 2/2013).

VI. Nichtanwendung des AÜG (Abs. 3) § 1

sie ihre unternehmerischen Aktivitäten als Mehrheitsgesellschafter in anderen Gesellschaften ausübt.[445]

bb) Unter einheitlicher Leitung

Die rechtlich selbstständigen Unternehmen müssen weiter unter einer einheitlichen Leitung stehen. Dies ist der Fall, wenn **planmäßig und auf gewisse Dauer angelegt gezielt auf wesentliche Bereiche der Geschäftspolitik Einfluss genommen** wird.[446] Diese Leitung muss tatsächlich ausgeübt werden, die bloße Möglichkeit der Einflussnahme genügt für sich genommen nicht.[447] Besteht ein **Beherrschungsvertrag** (§§ 291 Abs. 1, 308 AktG) zwischen den Unternehmen oder ist das eine Unternehmen in das andere **eingegliedert** (§ 319 AktG), so wird **unwiderleglich** das Vorliegen **einheitlicher Leitung** vermutet (§ 18 Abs. 1 Satz 2 AktG). Bei einem abhängigen Unternehmen wird (**widerleglich**) **vermutet**, dass es mit dem herrschenden Unternehmen einen **Unterordnungskonzern** bildet (§ 18 Abs. 1 Satz 3 AktG) und daher eine **einheitliche Leitung** besteht. Hiervon wird insbesondere beim Vorliegen einer Mehrheitsbeteiligung (§ 16 AktG) ausgegangen (§ 17 Abs. 2 AktG). Im Gleichordnungskonzern (§ 18 Abs. 2 AktG) kann sich auch ohne vertragliche Vereinbarung die Einheitlichkeit der Leitung aus besonderen Umständen ergeben, z.B. auf Grund personeller Verflechtungen.[448]

229

c) Überlassung eines nicht zum Zwecke der Überlassung eingestellten und beschäftigten Arbeitnehmers

Nach § 1 Abs. 3 Nr. 2 AÜG a.F. war das AÜG – insbesondere die Erlaubnispflicht (§ 1 Abs. 1 Satz 1 AÜG) und der Grundsatz des Equal Pay/Treatment (§§ 3 Abs. 1 Nr. 3, 9 Nr. 2, 10 Abs. 4 AÜG) – nicht anzuwenden auf die Arbeitnehmerüberlassung zwischen Konzernunternehmen i.S.d. § 18 AktG, wenn der Arbeitnehmer seine Arbeit **vorübergehend** nicht bei seinem Arbeitgeber leistet.[449] Maßgeblicher Bezugspunkt für die Prüfung der Voraussetzung „vorübergehend" war das

230

---

445 Vgl. BAG, 8.3.1994 – 9 AZR 197/92, NZA 1994, 931.
446 Schüren/Hamann/*Hamann*, § 1 Rn. 499; *Ulber*, § 1 Rn. 372.
447 Schüren/Hamann/*Hamann*, § 1 Rn. 500.
448 Schüren/Hamann/*Hamann*, § 1 Rn. 500.
449 Dazu BAG, 18.7.2012 – 7 AZR 451/11, NZA 2012, 1369, 1371, Rn. 28f., Os. 2; BAG, 10.3.2004 – 7 ABR 49/03, NZA 2004, 1340, 1342; BAG, 21.3.1990 – 7 AZR 198/89, NZA 1991, 269, 272f.; Vorauflage, § 1 Rn. 199ff. m.w.N.

§ 1 Erlaubnispflicht

Nichttätigwerden beim Vertragsarbeitgeber.⁴⁵⁰ Nachdem es nun in § 1 Abs. 1 Satz 2 n. F. heißt, die Überlassung von Arbeitnehmern an Entleiher erfolge „vorübergehend", meinte der Gesetzgeber, das Merkmal „vorübergehend" könne nicht mehr das entscheidende Abgrenzungskriterium für das sog. Konzernprivileg sein.⁴⁵¹

231 Als neue Voraussetzung für das Eingreifen des Konzernprivilegs verlangt § 1 Abs. 3 Nr. 2 **n. F.** nun mit Wirkung ab dem 1.12.2011, dass die konzerninterne Überlassung einen „**Arbeitnehmer**" betrifft, „**der nicht zum Zweck der Überlassung eingestellt und beschäftigt wird**".

232 Damit wollte der Gesetzgeber u. a. klarstellen, dass die **Privilegierung des Konzernverleihs nicht** für Arbeitnehmerüberlassung durch **reine Personalführungsgesellschaften** gilt, deren Zweck die Einstellung und Überlassung von Personal ist.⁴⁵² Dies war bereits unter der a. F. des Konzernprivilegs so, weil der Leiharbeitnehmer dauerhaft nicht bei seinem Vertragsarbeitgeber tätig ist, wenn es sich dabei um eine konzerninterne Personalführungsgesellschaft handelt, deren einziger Zweck die Einstellung und Beschäftigung von Arbeitnehmern ist, um sie dauerhaft zu anderen Konzernunternehmen zu entsenden.⁴⁵³

233 Unklar ist, ob es für das Konzernprivileg darauf ankommt, dass der Arbeitnehmer „überhaupt nicht" oder „nicht ausschließlich" zum Zwecke der Überlassung eingestellt wurde. Der Gesetzeszweck, das Konzernprivileg nicht auf Personalführungsgesellschaften zu erstrecken, die keinen eigenen Geschäftsbetrieb haben, sondern die Arbeitnehmer ausschließlich an andere (Konzern-)Unternehmen überlassen (Rn. 232), legt eine Auslegung nahe, dass das **Konzernprivileg gilt, wenn der Arbeitnehmer** *nicht ausschließlich* **zum Zwecke der Überlassung eingestellt und als Leiharbeitnehmer eingesetzt, sondern auch beim überlassenden Unternehmen beschäftigt** wird. Das AÜG findet also nach § 1 Abs. 3 Nr. 2 keine Anwendung, wenn der konzernintern überlassene Arbeitnehmer nicht ausschließlich als Leiharbeitnehmer eingestellt und beschäftigt wird, sondern (auch) als „normaler" Arbeitnehmer. Für die Anwendbarkeit des Konzernprivilegs ist es also unschädlich, wenn der Arbeitnehmer z. B. aufgrund einer Konzernversetzungs-

---

450 *Lembke*, BB 2010, 1533, 1538.
451 BT-Drs. 17/4804, S. 8.
452 BT-Drs. 17/4804, S. 8.
453 BAG, 9.2.2011 – 7 AZR 32/10, NZA 2011, 791, 794 f.

VI. Nichtanwendung des AÜG (Abs. 3) § 1

klausel auch als Leiharbeitnehmer eingesetzt werden kann.[454] **Umgekehrt** formuliert findet das **AÜG** mangels Eingreifens des Konzernprivilegs **umfassend Anwendung, wenn** ein **Arbeitnehmer,** der **ausschließlich als Leiharbeitnehmer eingestellt oder eingesetzt** wird, **konzernintern überlassen** wird.

In der im **Referentenentwurf** vom 2.9.2010 geplanten Fassung erfasste das Konzernprivileg noch die konzerninterne Überlassung von Arbeitnehmern, die „nicht zum Zwecke der Überlassung eingestellt" wurden. Danach **kam es auf den Zeitpunkt der** *Einstellung* an, wodurch Umgehungsmöglichkeiten zu einem späteren Zeitpunkt eröffnet waren, etwa durch die *nach* der Einstellung getroffene Vereinbarung, den Arbeitnehmer künftig nur noch als Leiharbeitnehmer einzusetzen.[455] Durch die nun im Gesetz enthaltene Formulierung – wonach das Konzernprivileg nur gilt, wenn der konzernintern überlassene Arbeitnehmer „nicht zum Zweck der Überlassung eingestellt *und beschäftigt* wird" – soll nach der Gesetzesbegründung sichergestellt werden, dass es nicht allein auf den bei Abschluss des Arbeitsvertrages festgelegten Leistungsinhalt ankommt, sondern auch darauf, dass der Arbeitnehmer später nicht zum Zwecke der Überlassung beschäftigt wird.[456] Der Wortlaut ist angesichts dieser Gesetzesbegründung freilich vollkommen missraten. Mit der Formulierung „nicht zum Zwecke der Überlassung ... beschäftigt wird" ist wohl gemeint, dass der Arbeitnehmer nicht irgendwann ausschließlich als Leiharbeitnehmer eingesetzt, d.h. nur noch an Dritte (Entleiher) zur Arbeitsleistung überlassen wird, ohne jemals wieder beim Vertragsarbeitgeber (Verleiher) beschäftigt zu werden. Außerdem müsste es statt „und" wohl „**oder**" heißen. Gemeint ist also wohl, dass das **Konzernprivileg** im Falle der konzerninternen Arbeitnehmerüberlassung **nur gelten** soll, „wenn der Arbeitnehmer **nicht ausschließlich zum** Zwecke der **Überlassung** eingestellt *oder* wenn er **nicht ausschließlich** an andere Konzernunternehmen **zur Arbeitsleistung überlassen** wird".[457]

234

Vor dem Hintergrund der geschilderten Unsicherheiten bei der Gesetzesauslegung und der Europarechtswidrigkeit der Norm (Rn. 195 ff.,

235

---

454 DFL/*Beck*, § 1 Rn. 57; *Hamann*, RdA 2011, 321, 333; *Huke/Neufeld/Luickhardt*, BB 2012, 961, 966; *Lembke*, DB 2011, 414, 415 f.; *Raif/Weitnauer*, GWR 2011, 303. – A.A. *Oberthür*, ArbRB 2011, 146, 147; *Sandmann/Marschall/Schneider*, § 1 Rn. 81a; *Ulber*, § 1 Rn. 370.
455 Vgl. *Ulber*, AuR 2010, 412, 414.
456 BT-Drs. 17/4804, S. 8.
457 *Hamann*, RdA 2011, 321, 333; *Lembke*, DB 2011, 414, 416.

§ 1 Erlaubnispflicht

213) ist eine Berufung auf das Konzernprivileg des § 1 Abs. 3 Nr. 2 in der Praxis mit erheblichen Risiken verbunden. Vorsorglich sollte man bei der konzerninternen Arbeitnehmerüberlassung davon ausgehen, dass sämtliche Vorschriften des AÜG Anwendung finden.[458]

4. Gelegentliche Arbeitnehmerüberlassung (§ 1 Abs. 3 Nr. 2a)

236 Mit Wirkung **ab dem 1.12.2011** (Rn. 4) wurde ein weiterer Privilegierungstatbestand in Nr. 2a von § 1 Abs. 3 aufgenommen, wonach die wesentlichen Normen des AÜG – mit Ausnahme des grundsätzlichen Verbots der Überlassung in Betriebe des Baugewerbes (§ 1b Satz 1 etc.) – keine Anwendung finden auf die „Überlassung zwischen Arbeitgebern, wenn die Überlassung **nur gelegentlich** erfolgt **und** der **Arbeitnehmer nicht zum Zweck der Überlassung eingestellt und beschäftigt** wird".

237 Die Vorschrift ist ebenso **europarechtswidrig** wie die übrigen Tatbestände des § 1 Abs. 3[459] (Rn. 195 ff.) und daher für die Praxis nicht als Rechtsgrundlage für Arbeitnehmerüberlassungen ohne Erlaubnis zu empfehlen.[460]

238 Die Vorschrift hat zwei kumulative Tatbestandsvoraussetzungen:

– Zum einen darf die Arbeitnehmerüberlassung zwischen Verleiher und Entleiher nur „gelegentlich" erfolgen.

– Zum anderen darf der überlassene Arbeitnehmer „nicht zum Zweck der Überlassung eingestellt und beschäftigt" werden.

a) Gelegentlich

239 Nach der Gesetzesbegründung sollen mit der – eng auszulegenden (Rn. 190) – **Ausnahmevorschrift** in Bezug sowohl auf den Arbeitnehmer als auch auf das überlassende Unternehmen gelegentlich auftretende Überlassungsfälle ausgeklammert werden, wie z.B. die Abdeckung eines kurzfristigen Spitzenbedarfs eines anderen Unternehmens.[461] Diese Privilegierung sei vor dem Hintergrund der Ausweitung des Anwendungsbereichs des AÜG durch die Änderung des § 1 Abs. 1 Satz 1 AÜG geboten, um z.B. die gelegentliche Überlassung durch Hand-

---

458 Näher *Lembke*, BB 2012, 2497, 2499.
459 *Hamann*, ZESAR 2012, 103, 109 f.; *Lembke*, DB 2011, 414, 416; *Linck*, FA 2011, 289; *Ulber*, § 1 Rn. 381.
460 Ebenso *Huke/Neufeld/Luickhardt*, BB 2012, 961, 966; *Hamann*, RdA 2011, 321, 333 hält die Norm auch mangels Bestimmtheit für verfassungswidrig.
461 BT-Drs. 17/4804, S. 8.

VI. Nichtanwendung des AÜG (Abs. 3) § 1

werksbetriebe oder gemeinnützige Organisationen nicht unnötig zu erschweren.[462]

Soweit die Gesetzesbegründung auf die Häufigkeit der Überlassung des jeweiligen Arbeitnehmers abstellt, ist sie unscharf bzw. unzutreffend.[463] Wird ein Arbeitnehmer häufig überlassen, steht das allein der Anwendung des § 1 Abs. 3 Nr. 2a nicht entgegen. Nach dem Gesetzeswortlaut („Arbeitnehmerüberlassung zwischen Arbeitgebern, wenn die Überlassung nur gelegentlich erfolgt") bezieht sich das Tatbestandsmerkmal „gelegentlich" vielmehr auf die **Häufigkeit**, mit der das überlassende Unternehmen Arbeitnehmerüberlassung mit dem Unternehmen, in dem der Arbeitnehmer eingesetzt wird, betreibt. Es kommt also darauf an, dass die Arbeitnehmerüberlassung **zwischen den konkreten Unternehmen** „**gelegentlich**" erfolgt. Nicht maßgeblich ist hingegen, wie häufig der jeweilige Arbeitnehmer überlassen wird, wie häufig das Einsatzunternehmen generell Leiharbeitnehmer beschäftigt oder wie häufig das überlassende Unternehmen an andere Unternehmen Arbeitnehmer überlasst. Theoretisch kommt die Anwendung des § 1 Abs. 3 Nr. 2a also auch in Betracht, wenn eine Personaldienstleister einmalig einen Arbeitnehmer an einen Entleiher überlässt, weil die Einmaligkeit des Vorgangs das Merkmal „gelegentlich" erfüllt; allerdings dürfte es in einem solchen Fall regelmäßig am Vorliegen des zweiten Tatbestandsmerkmals fehlen. 240

Gelegentlich ist die Überlassung, wenn sie **nicht häufig, nicht regelmäßig und nicht dauerhaft, sondern aus besonderem Anlass** erfolgt. Wann diese Voraussetzung erfüllt ist, bemisst sich nach den **Umständen des Einzelfalles**. Nach der Gesetzesbegründung dient die Vorschrift in § 1 Abs. 3 Nr. 2a der Privilegierung von Fällen, in denen ein Unternehmen dem anderen kurzfristig in einer besonderen, nicht dem Regelfall entsprechenden Situation durch Arbeitnehmerüberlassung aushilft (Rn. 239). Eine derartige „Kollegenhilfe" kommt z.B. in Betracht, wenn die Arbeitnehmerüberlassung aufgrund einer wirtschaftlichen Sondersituation des Einsatzunternehmens zur Deckung eines unvorhergesehenen Arbeitskräftebedarf dient oder beim überlassenden Unternehmen aufgrund einer besonderen Lage Arbeitskräfteüberkapazitäten bestehen, die durch eine vorübergehende Überlassung sinnvoll anderweitig genutzt werden können. Nach Auffassung der Aufsichtsbe- 241

---

462 BT-Drs. 17/4804, S. 8.
463 A.A. wohl *Löwisch/Domisch*, BB 2012, 1408, 1409.

§ 1 Erlaubnispflicht

hörde bezweckt das Merkmal „gelegentlich", Bagatellfälle von dem Erlaubniserfordernis zu befreien.[464]

242 Für die Frage, ob die Arbeitnehmerüberlassung „gelegentlich" erfolgt, ist es **unerheblich**, ob mit ihr **gemeinnützige** Zwecke verfolgt werden oder nicht.

b) Überlassung eines nicht zum Zwecke der Überlassung eingestellten und beschäftigten Arbeitnehmers

243 Das zweite Tatbestandsmerkmal der Überlassung eines „Arbeitnehmers, der nicht zum Zweck der Überlassung eingestellt und beschäftigt" wird, ist wortlautidentisch wie in § 1 Abs. 3 Nr. 2a und daher auch gleich auszulegen. Insoweit gelten die obigen Erläuterungen (Rn. 230 ff.) entsprechend. Abgesehen von der Europarechtswidrigkeit der Norm kommt § 1 Abs. 3 Nr. 2a also zur Anwendung, wenn eine gelegentliche Überlassung von Arbeitnehmern vorliegt, die **nicht ausschließlich zum** Zwecke der **Überlassung eingestellt** *oder* nicht ausschließlich als Leiharbeitnehmer an andere Unternehmen **zur Arbeitsleistung überlassen** werden, sondern zumindest auch bei ihrem Vertragsarbeitgeber, dem überlassenden Unternehmen, eingesetzt werden.

5. Arbeitnehmerüberlassung in ein Gemeinschaftsunternehmen (§ 1 Abs. 3 Nr. 3)

244 § 1 Abs. 3 Nr. 3 stellt die Entsendung von Arbeitnehmern in deutsch-ausländische Joint Ventures unter bestimmten Voraussetzungen von den Anforderungen des AÜG frei. Damit soll gleichzeitig zum Schutz des entsandten Arbeitnehmers sichergestellt werden, dass auf ihn deutsches Arbeits- und Sozialrecht anwendbar bleibt, was etwa bei Eingreifen des § 10 Abs. 1 nicht gewährleistet wäre.[465]

a) Arbeitnehmerüberlassung ins Ausland

245 Der Arbeitnehmer muss **ins Ausland überlassen** werden. Voraussetzung ist also, dass der Arbeitnehmer bisher in einem inländischen Betrieb tätig war und seine Arbeitsleistung nunmehr in einem Betrieb erbringen soll, der seinen Sitz im Ausland hat. Ist der Arbeitnehmer in einem ausländischen Betrieb tätig und wird er in ein anderes ausländisches Land überlassen, dann findet das AÜG von vornherein keine An-

---

464 Ziff. 1.3.3. Abs. 2 GA-AÜG (Stand: 2/2013).
465 BT-Drs. 13/4941, S. 248; *Kaufmann*, Rn. 59 f.

VI. Nichtanwendung des AÜG (Abs. 3) § 1

wendung (vgl. Einl. Rn. 8). Wird er von einem inländischen Betrieb im Inland überlassen, dann unterliegt die Überlassung, soweit sie im Rahmen einer wirtschaftlichen Tätigkeit erfolgt, in vollem Umfang dem AÜG, soweit nicht ein Ausnahmetatbestand nach § 1 Abs. 1 Satz 3 oder nach § 1 Abs. 3 Nr. 1, Nr. 2 bzw. Nr. 2a eingreift.

Unbeachtlich ist die Staatsangehörigkeit der Leiharbeitnehmer sowie die Dauer der Überlassung.[466] Allerdings ist Arbeitnehmerüberlassung in Abgrenzung zur Arbeitsvermittlung bereits begrifflich darauf angelegt, dass der Verleiher Arbeitgeber des Arbeitnehmers bleibt und ein Ende der Entsendung folglich überhaupt vorgesehen ist.[467] Außerdem liegen weder die Voraussetzungen des Art. 8 Abs. 2 Satz 1 Rom-I-VO für die Anwendung des deutschen Arbeitsvertragsrechts noch des § 4 Abs. 1 SBG IV noch des Art. 14 Nr. 1a VO (EWG) 1408/71 vom 14.6.1971[468] für die Anwendung des deutschen Sozialversicherungsrechts vor, wenn die Dauer des Auslandseinsatzes nicht im Voraus begrenzt und die **Rückkehr des Arbeitnehmers nach Deutschland** nicht **vorprogrammiert** ist.[469] 246

Der Geschäftszweck des verleihenden deutschen Unternehmens ist unerheblich, kann also auch in der Arbeitnehmerüberlassung selbst bestehen.[470] 247

b) Gemeinschaftsunternehmen auf Grundlage zwischenstaatlicher Vereinbarungen

Der Entleiher muss ein deutsch-ausländisches Gemeinschaftsunternehmen (Joint Venture) sein, an dem das Verleihunternehmen beteiligt ist. Der Umfang der **Beteiligung** ist unerheblich. Die beteiligten deutschen und ausländischen Unternehmen müssen nicht einem Konzern angehören.[471] Liegt ein Konzerntatbestand vor, dann findet § 1 **Abs. 3 Nr. 2 als spezielle Regelung** Anwendung,[472] weil Nr. 3 nur als Auffangtatbestand für den Fall konzipiert ist, dass dem grenzüberschreitenden Einsatz keine konzerninterne Arbeitnehmerüberlassung zugrunde liegt.[473] 248

---

466 BT-Drs. 13/4941, S. 248; Ziff. 1.3.4. Abs. 3 GA-AÜG (Stand: 2/2013).
467 Schüren/Hamann/*Hamann*, § 1 Rn. 526.
468 ABl. Nr. L 149, S. 2.
469 Vgl. *Feuerborn/Hamann*, BB 1997, 2530, 2533 m.w.N.
470 Sandmann/Marschall/Schneider, § 1 Rn. 84.
471 BT-Drs. 13/4941, S. 248.
472 Schüren/Hamann/*Hamann*, § 1 Rn. 527. – A.A. *Ulber*, § 1 Rn. 357.
473 BT-Drs. 13/4941, S. 248.

§ 1 Erlaubnispflicht

249 § 1 Abs. 3 Nr. 3 setzt ferner voraus, dass das **Gemeinschaftsunternehmen auf der Grundlage spezifischer zwischenstaatlicher Vereinbarungen gegründet** ist, welche ausdrücklich Regelungen zu den staatlichen Rahmenbedingungen für die Gründung und Betätigung deutsch-ausländischer Gemeinschaftsunternehmen treffen, wie z.B. der deutsch-chinesische Investitionsförderungs- und Investitionsschutzvertrag vom 1.12.2003.[474] Nicht ausreichend ist hingegen die bloße Anwendbarkeit von Doppelbesteuerungsabkommen oder sonstigen internationalen Verträgen auf das Joint Venture.[475]

6. Rechtsfolgen

a) Nichtanwendung des AÜG

250 Liegen die Tatbestandsvoraussetzungen von Nr. 1, Nr. 2, Nr. 2a oder Nr. 3 des § 1 Abs. 3 vor, dann findet nach dem Wortlaut der Norm das AÜG mit Ausnahme von §§ 1b Satz 1, 16 Abs. 1 Nr. 1b, Abs. 2 und Abs. 5, 17, 18 keine Anwendung. Der **Verleiher bedarf** also **keiner Erlaubnis** nach § 1 Abs. 1 Satz 1, und auch die praktisch wichtigen Regelungen zum Grundsatz des Equal Pay/Treatment (§§ 9 Nr. 2, 3 Abs. 1 Nr. 3, 10 Abs. 4) sowie die Vorschriften über die Rechte der Leiharbeitnehmer gegenüber dem Entleiher (§§ 13, 13a, 13b) finden keine Anwendung. Allerdings ist § 1 Abs. 3 nicht europarechtskonform und daher wegen des Vorrangs des Europarechts nicht anwendbar (Rn. 195 ff.).

251 Zu beachten ist, dass auch bei einer Überlassung im Rahmen des § 1 Abs. 3 der Betriebsrat des Entleiherbetriebs nach § 99 BetrVG zu beteiligen ist. Zwar ist gemäß § 1 Abs. 3 Einleitungssatz auch § 14 Abs. 3 nicht anwendbar; diese Regelung wirkt aber nicht konstitutiv, sondern hat lediglich deklaratorischen Charakter (siehe § 14 Rn. 101), so dass die Privilegierung nach § 1 Abs. 3 nicht von der Beachtung des BetrVG entbindet.[476]

---

474 BGBl. II, S. 732.
475 *Sandmann/Marschall/Schneider*, § 1 Anm. 84.
476 LAG Frankfurt, 24.6.1986 – 4 TaBV 144/85, BB 1987, 403; Schüren/Hamann/*Hamann*, § 1 Rn. 541 ff; *Ulber*, § 1 Rn. 308. – A.A. *Sandmann/Marschall/Schneider*, § 1 Rn. 71.

VI. Nichtanwendung des AÜG (Abs. 3) § 1

b) Rückausnahme

Die Ausnahmevorschrift des § 1 Abs. 3 enthält eine „Rückausnahme", 252
die zuletzt durch Art. 19 Nr. 1 des 1. SGB III-ÄndG vom 16.12.1997[477]
mit Wirkung ab dem 1.1.1998 geändert wurde. § 1 Abs. 3 nimmt von
der Nichtanwendung des AÜG die Vorschriften über die Arbeitnehmerüberlassung ins Baugewerbe (§ 1b Satz 1, § 16 Abs. 1 Nr. 1b, Abs. 2
und 5, §§ 17 und 18) aus, d.h., das **Überlassungsverbot im Baugewerbe gilt** auch für wirtschaftszweiginterne, konzerninterne und gelegentliche Arbeitnehmerüberlassung (§ 1 Abs. 3 Nr. 1, 2, 2a) und wird bei
Verstößen für Verleiher und Entleiher als Ordnungswidrigkeit sanktioniert. Zwar soll nach dem Gesetzeswortlaut § 1b Satz 1 auch auf den
Fall der grenzüberschreitenden Arbeitnehmerüberlassung nach § 1
Abs. 3 Nr. 3 anwendbar sein, jedoch gilt das Verbot des § 1b Satz 1 von
vornherein nicht bei Verleih aus Deutschland an Baubetriebe im Ausland (§ 1b Rn. 6). Durch die **Beschränkung der Rückausnahme auf
Satz 1 von § 1b** soll klargestellt werden, dass das AÜG in den Bereichen des § 1 Abs. 3 Nr. 1 bis Nr. 2a auch bei Arbeitnehmerüberlassungen zwischen Betrieben des Baugewerbes nicht gilt, wenn diese Betriebe gemäß § 1b Satz 2 von denselben Rahmen- und Sozialkassentarifverträgen oder von deren Allgemeinverbindlichkeit erfasst werden.[478]

c) Anwendbarkeit anderer Vorschriften

Da § 1 Abs. 3 nur die Anwendung „dieses Gesetzes" ausschließt, blei- 253
ben **andere Vorschriften außerhalb des AÜG anwendbar.** In den
drei Bereichen des § 1 Abs. 3 ist daher insbesondere § 28e Abs. 2 SGB
IV zu beachten.[479] Hingegen schließt § 42d Abs. 6 EStG die lohnsteuerrechtliche Subsidiärhaftung des Entleihers in den Fällen des § 1 Abs. 3
aus.

Nach § 40 Abs. 1 Nr. 2 AufenthG ist die Zustimmung der BA zu einem 254
Aufenthaltstitel, der einem Ausländer die Ausübung einer Beschäftigung erlaubt (vgl. § 4 Abs. 3 AufenthG), zwingend zu versagen ist,
wenn der Ausländer als Leiharbeitnehmer tätig werden will (vgl. auch
die Vorgängerbestimmung in § 6 Abs. 1 Satz 2 ArGV) Werden in den
Fällen von § 1 Abs. 3 Nr. 1 bis Nr. 2a ausländische Arbeitnehmer nach
Deutschland hinein überlassen, findet § 40 Abs. 1 Nr. 2 AufenthG

---

477 BGBl. I, S. 2970, 2989.
478 Vgl. BT-Drs. 13/8012, S. 33.
479 *Sandmann/Marschall/Schneider*, § 1 Rn. 72.

keine Anwendung, weil keine Tätigkeit als Leiharbeitnehmer i.S.d. § 1 Abs. 1 angestrebt wird.[480]

7. Rechtsstreitigkeiten

255 In **arbeitsgerichtlichen Individualstreitigkeiten** trägt nach allgemeinen zivilprozessualen Grundsätzen jede Partei die **Darlegungs- und Beweislast** dafür, dass der Tatbestand der ihr günstigen Rechtsnorm erfüllt ist. Klagt z.B. der entsandte Arbeitnehmer gegen den **Verleiher** auf Weiterbeschäftigung und kommt der sich auf §§ 9 Nr. 1, 10 berufende Verleiher der ihm obliegenden Darlegungs- und Beweispflicht hinsichtlich des Fehlens der Überlassungserlaubnis und des Vorliegens von Arbeitnehmerüberlassung[481] nach, hat der Arbeitnehmer zu beweisen, dass Arbeitnehmerüberlassung i.S.d. Abs. 3 vorliegt. Verklagt der entsandte Arbeitnehmer hingegen den **Entleiher** auf Feststellung des Bestehens eines Arbeitsverhältnisses mit ihm nach § 10 Abs. 1 und weist er nach, dass Arbeitnehmerüberlassung ohne Erlaubnis gegeben ist, so trägt der beklagte Entleiher die Beweislast für das Eingreifen des § 1 Abs. 3. Klagt der Arbeitnehmer auf Differenzvergütung („Equal Pay") nach § 10 Abs. 4 i.V.m. § 9 Nr. 2, hat er u.a. darzulegen, dass es sich um Arbeitnehmerüberlassung handelte und er vom Verleiher während der Dauer der Überlassung ein geringeres Arbeitsentgelt als vergleichbare Arbeitnehmer des Entleihers erhalten hat (vgl. § 9 Rn. 473 ff.). Beruft sich der Verleiher auf § 1 Abs. 3, hat er darzulegen und ggf. zu beweisen, dass die Voraussetzungen eines dort geregelten Tatbestands erfüllt sind.

256 In **verwaltungsrechtlichen Streitigkeiten** trägt die Behörde die objektive Beweislast für das Vorliegen der Voraussetzungen der Ermächtigungsgrundlage, wenn sie einen belastenden Verwaltungsakt erlassen hat. In **gewerberechtlichen Streitigkeiten** um einen auf das AÜG gestützten belastenden Verwaltungsakt geht es daher zu Lasten der Behörde, wenn nicht aufgeklärt werden kann, dass die Voraussetzungen des § 1 Abs. 3 nicht erfüllt sind.

---

480 Schüren/Hamann/*Hamann*, § 1 Rn. 544; so auch für den Fall des grenzüberschreitenden konzerninternen Verleihs Ziff. 1.3.2. Abs. 9 GA-AÜG (Stand: 2/2013).
481 Vgl. BAG, 3.12.1997 – 7 AZR 727/96, BB 1998, 1482; BAG, 3.12.1997 – 7 AZR 764/96, NZA 1998, 876.

§ 1a Anzeige der Überlassung

(1) Keiner Erlaubnis bedarf ein Arbeitgeber mit weniger als 50 Beschäftigten, der zur Vermeidung von Kurzarbeit oder Entlassungen an einen Arbeitgeber einen Arbeitnehmer, der nicht zum Zweck der Überlassung eingestellt und beschäftigt wird, bis zur Dauer von zwölf Monaten überläßt, wenn er die Überlassung vorher schriftlich der Bundesagentur für Arbeit angezeigt hat.

(2) In der Anzeige ist anzugeben

1. Vor- und Familienname, Wohnort und Wohnung, Tag und Ort der Geburt des Leiharbeitnehmers,
2. Art der vom Leiharbeitnehmer zu leistenden Tätigkeit und etwaige Pflicht zur auswärtigen Leistung,
3. Beginn und Dauer der Überlassung,
4. Firma und Anschrift des Entleihers.

Literatur: *Boemke*, Die Betriebszugehörigkeit, AR-Blattei SD 540

Übersicht

	Rn.		Rn.
I. Vorbemerkungen	1	e) Überlassungshöchstdauer	23
1. Entstehungsgeschichte	1	f) Vorherige Anzeige	24
2. Sinn und Zweck der Vorschrift	5	2. Inhalt der Anzeige	25
3. Geltungsbereich	7	3. Darlegungs- und Beweislast	29
a) Gegenständlicher Geltungsbereich	7	III. Rechtsfolgen	30
b) Persönlicher Geltungsbereich	9	1. Vorliegen sämtlicher Voraussetzungen	30
c) Räumlicher Geltungsbereich	11	2. Fehlende Voraussetzungen	31
II. Tatbestandsvoraussetzungen	12	a) Materielle Mängel	31
1. Materielle Voraussetzungen	12	b) Unvollständige Anzeige	33
a) Verleiher	13	IV. Arbeitsrechtliche Zulässigkeit	34
b) Zweck der Überlassung	16	1. Individualarbeitsrecht	35
c) Entleiher	18	2. Betriebsverfassungsrecht	36
d) Arbeitnehmer	21		

§ 1a Anzeige der Überlassung

I. Vorbemerkungen

1. Entstehungsgeschichte

1 Die Bestimmung wurde mit Wirkung zum 30.12.1989 durch das BeschFG 1990 in das AÜG eingefügt. Die **so genannte Kollegenhilfe** war zunächst auf **Arbeitgeber mit weniger als 20 Beschäftigten** begrenzt. Diese durften zur Vermeidung von Kurzarbeit oder Entlassungen **bis zur Dauer von drei Monaten** erlaubnisfrei Arbeitnehmer **an einen Arbeitgeber desselben Wirtschaftszweigs im selben Handwerkskammerbezirk** überlassen, wenn zuvor eine Anzeige an das LAA erfolgt war. Durch die Begrenzung auf denselben Handwerkskammerbezirk sollte das Ausnutzen regionaler Lohnunterschiede verhindert und eine problemlose Überwachung ermöglicht werden.[1] Da die Bestimmung in ihrer **ursprünglichen Fassung** einerseits **kaum praktische Bedeutung** erlangte, es andererseits aber auch keine negativen Auswirkungen oder Missbräuche gab, wurde im SKWPG **zum 1.1.1994 die räumliche und gegenständliche Beschränkung fallen gelassen** und die Kollegenhilfe generell für Kleinarbeitgeber zugelassen.[2]

2 Im Rahmen der AÜG-Reform **wurde zum 1.4.1997** die erlaubnisfreie Kollegenhilfe auf Arbeitgeber mit weniger als **50 Beschäftigten** erstreckt und die Überlassungshöchstdauer auf zwölf Monate erhöht, weil es in der Vergangenheit zu keinen Missbräuchen sowie zu keiner Gefährdung des Schutzes der Arbeitnehmer oder des Sozialversicherungsaufkommens gekommen war. Hierdurch sollten Kleinbetriebe weiter entlastet werden, indem durch eine bloße Anzeige statt eines langwierigen Erlaubnisverfahrens in wirtschaftlich schwieriger Lage schnell und unbürokratisch Arbeitnehmerüberlassung ermöglicht wird.[3] Obwohl das Job-AQTIV-Gesetz die Überlassungshöchstdauer im Bereich der gewerbsmäßigen Arbeitnehmerüberlassung generell auf 24 Monate angehoben (§ 3 Abs. 1 Nr. 6 a.F.) und durch das Erste Gesetz über moderne Dienstleistungen am Arbeitsmarkt die Überlassungshöchstdauer aufgehoben wurde, blieb für den Bereich der Kollegenhilfe die Begrenzung der Überlassungshöchstdauer auf zwölf Monate unverändert.

---

1 Vgl. BT-Drs. 11/4952, S. 11.
2 Vgl. BT-Drs. 12/5502, S. 42 f.
3 Vgl. BT-Drs. 13/4941, S. 248.

I. Vorbemerkungen § 1a

Seit dem 1.1.2004 muss die Anzeige ggü. der BA erfolgen. Der Gesetzgeber sah hierin eine bloße Folgeänderung infolge der Umbenennung der früheren Bundesanstalt für Arbeit in Bundesagentur für Arbeit.[4] Mit dem Missbrauchsverhinderungsgesetz vom 28.4.2011 ist der Anwendungsbereich auf den Verleih von Arbeitnehmern beschränkt worden, die nicht zum Zweck der Überlassung eingestellt und beschäftigt werden. Die Privilegierung der Kollegenhilfe sollte damit den Vorgaben der Leiharbeitsrichtlinie angepasst werden.[5]

3

In den Jahren 2000–2004 hat es insgesamt 3.643 Anzeigen gegeben, nämlich 723 im Jahr 2000, 697 im Jahr 2001, 649 im Jahr 2002, 920 im Jahr 2003 und 654 im Jahr 2004.[6] In den Jahren 2005–2008 hat es insgesamt 2.268 Anzeigen gegeben, nämlich 501 im Jahr 2005, 409 im Jahr 2006, 642 im Jahr 2007 und 716 im Jahr 2008.[7]

4

2. Sinn und Zweck der Vorschrift

Die Regelung privilegiert eine besondere Form der Arbeitnehmerüberlassung, die so genannte Kollegenhilfe, die nur anzeige-, nicht aber erlaubnispflichtig ist. Die Vorschrift soll **schnelle und flexible Reaktionen bei drohender Kurzarbeit bzw. Entlassungen** ermöglichen, indem Kleinarbeitgeber ihre Arbeitnehmer an andere Arbeitgeber verleihen können, um damit Arbeitsplätze langfristig zu erhalten.[8] Um unnötige Bürokratie zu vermeiden, kann der Arbeitgeber unter den Voraussetzungen von Abs. 1 darauf verzichten, eine Erlaubnis bei der zuständigen AA einzuholen. Stattdessen muss er die Arbeitnehmerüberlassung im Rahmen der Kollegenhilfe nur anzeigen. Auch die erlaubnisfreie, aber anzeigepflichtige Arbeitnehmerüberlassung ist Arbeitnehmerüberlassung i.S.d. AÜG, sodass die **sonstigen gesetzlichen Regelungen über** die **Arbeitnehmerüberlassung** auch bei der Kollegenhilfe **zu beachten** sind (siehe auch unten Rn. 30).

5

Trotz der Ungleichbehandlung von kleineren und größeren Arbeitgebern liegt kein Verstoß gegen Art. 3 Abs. 1 GG vor. Die Regelung bewegt sich noch im Rahmen der Einschätzungsprärogative des Gesetzge-

6

---

4 Begründung zum RegE, BT-Drs. 557/03, S. 376. – Siehe dazu unten Rn. 23.
5 Amtl. Begr., BT-Drs. 17/4804, S. 9.
6 Zehnter Bericht der Bundesregierung über die Erfahrungen bei der Anwendung des Arbeitnehmerüberlassungsgesetzes, BT-Drs. 15/6008, S. 14.
7 Elfter Bericht der Bundesregierung über die Erfahrungen bei der Anwendung des Arbeitnehmerüberlassungsgesetzes, BT-Drs. 17/464, S. 19.
8 Vgl. BT-Dr-ArbRTatbestandsvoraussetzung (Abs. 11/4952, S. 9 und 11).

§ 1a Anzeige der Überlassung

bers.[9] Soweit man mit einer in der Lit. vertretenen Auffassung die Ungleichbehandlung von Unternehmen verschiedener Größe als willkürlich ansehen würde,[10] hätte dies nicht bloß die Nichtigkeit dieser Bestimmung, sondern auch von § 1 Abs. 1 Satz 1 zur Folge.[11]

3. Geltungsbereich

a) Gegenständlicher Geltungsbereich

7 Die Bestimmung bezieht sich nur auf die Arbeitnehmerüberlassung, die im Rahmen der wirtschaftlichen Tätigkeit des Verleihers ausgeübt wird (siehe dazu § 1 Rn. 46 ff.). **Die Arbeitnehmerüberlassung außerhalb der wirtschaftlichen Tätigkeit** wird nicht von § 1 Abs. 1 Satz 1 erfasst, ist daher von vornherein **erlaubnisfrei und bedarf** auch **keiner Anzeige** nach Abs. 1.[12] Entsprechendes gilt für **Überlassungen nach § 1 Abs. 3**, die generell von der Anwendung des AÜG ausgenommen sind, sodass Abs. 1 insoweit keine Anwendung finden kann.[13]

8 Seit dem 1.1.1994 ist die Bestimmung nicht mehr auf die Überlassung zwischen Handwerksbetrieben beschränkt, sondern erfasst sämtliche, insbesondere auch gewerbliche Betriebe. Von der Bestimmung **nicht** gedeckt sein soll allerdings die **Überlassung an** ein **anderes Verleihunternehmen**, weil in diesem Falle ein unzulässiger Zwischenverleih gegeben sei.[14]

b) Persönlicher Geltungsbereich

9 In persönlicher Hinsicht soll die Bestimmung auf **Arbeitgeber ohne Überlassungserlaubnis** beschränkt und für **Inhaber einer Überlassungserlaubnis deren Inhalt** maßgeblich sein.[15] Ist die Erlaubnis gem. § 2 Abs. 2 unter Bedingungen oder Auflagen erteilt worden, müssten diese auch dann eingehalten werden, wenn die Voraussetzungen von Abs. 1 vorliegen. Weiter wird gefolgert, dass dann, wenn eine einmal

---

9 Schüren/*Hamann*, § 1a Rn. 6.
10 So *Ulber*, § 1a Rn. 3.
11 Vgl. allgemein zu den Folgen eines Gesetzesverstoßes gegen den allgemeinen Gleichheitssatz *Boemke*, JuS 1991, 813 ff.
12 LAG Berlin vom 8.12.2006 – 6 Sa 1230/06 , EzAÜG § 1 AÜG Nichtgewerbsmäßige Arbeitnehmerüberlassung Nr. 8 unter 1. der Gründe; Schüren/*Hamann*, § 1a Rn. 8; Thüsing/*Waas*, § 1a Rn. 8.
13 Vgl. Schüren/*Hamann*, § 1a Rn. 9; *Ulber*, § 1a Rn. 6.
14 Vgl. BT-Drs. 11/4952, S. 12; Schüren/*Hamann*, § 1a Rn. 11. – Zweifelhaft.
15 BT-Drs. 11/4952, S. 12; Thüsing/*Waas*, § 1a Rn. 11; *Ulber*, § 1a Rn. 6.

I. Vorbemerkungen § 1a

erteilte Erlaubnis erloschen ist bzw. widerrufen wurde, nach diesem Zeitpunkt keine Arbeitnehmerüberlassung im Rahmen einer wirtschaftlichen Tätigkeit, und zwar auch nicht nach Abs. 1 betrieben werden darf.[16] Letzteres überzeugt schon deswegen nicht, weil **nach dem Erlöschen der Erlaubnis keine Erlaubnis mehr** besteht, der betreffende Arbeitgeber also nicht mehr Erlaubnisinhaber ist. Dies gilt auch bei Nichtverlängerung der befristet erteilten Erlaubnis bzw. Rücknahme oder Widerruf. § 2 Abs. 4 Satz 4 (ggf. i.V.m. § 4 Abs. 1 Satz 2 bzw. § 5 Abs. 2 Satz 2) fingiert nur für die Abwicklung der nach § 1 erlaubt geschlossenen Verträge den Fortbestand der Erlaubnis, im Übrigen ist der Arbeitgeber aber so zu behandeln, als sei er nicht im Besitz einer Überlassungserlaubnis. Überdies überzeugt diese bisher ganz überwiegend vertretene Auffassung[17] nicht. Sie wird weder vom Wortlaut des Abs. 1 getragen noch vom Sinn und Zweck dieser Ausnahmeregelung gefordert. Die Bestimmung geht davon aus, dass **unter den besonderen Voraussetzungen von Abs. 1** eine **Kontrolle durch** die Behörden der **BA nicht erforderlich** ist, was letztlich auch für solche Arbeitgeber gilt, die Inhaber einer Überlassungserlaubnis sind. So leuchtet es wenig ein, dass ein Arbeitgeber, der mit seinen Mitarbeitern (fast) ausschließlich werkvertragliche oder Dienstleistungen für andere Unternehmen erbringt, aber im Besitz einer Erlaubnis nach § 1 Abs. 1 ist, nicht in den Genuss der Privilegierung nach Abs. 1 kommen soll. Für reine Verleihunternehmen wird ein Rückgriff auf Abs. 1 regelmäßig schon deswegen ausscheiden, weil die Mitarbeiter regelmäßig zum Zweck der Überlassung eingestellt und beschäftigt werden. Soweit es um Stammpersonal in der Verwaltung geht leuchtet es aber wiederum nicht ein, weswegen die Privilegierung nach Abs. 1 nicht greifen soll.

Bis zum 30.11.2011 gab es **hinsichtlich der zu überlassenden Arbeitnehmer keine Einschränkungen. Seit dem 1.12.2011** ist **nur noch** die Überlassung solcher Arbeitnehmer vom Anwendungsbereich erfasst, die **nicht zum Zweck der Überlassung eingestellt oder beschäftigt** werden (dazu unten Rn. 21 f.). Der Gesetzgeber wollte damit sicherstellen, dass die Regelung auch künftig europarechtlichen Vorgaben entspricht, weil vom Anwendungsbereich der LeiharbeitsRL alle Arbeitnehmer erfasst werden, die mit einem Leiharbeitsunternehmen einen Arbeitsvertrag geschlossen haben, um einem entleihenden Unternehmen überlassen zu werden. Die **Anpassung** wäre jedoch **aus euro-** 10

---

16 Schüren/*Hamann*, § 1a Rn. 12.
17 So auch noch in der Vorauflage Rn. 7.

parechtlichen Gründen **nicht geboten** gewesen.[18] Die Privilegierung nach Abs. 1 befreit lediglich von der Erlaubnispflicht, nicht von der Einhaltung sonstiger Vorschriften des AÜG.[19] **Europarechtlich** ist aber eine **Erlaubnispflicht** für Arbeitnehmerüberlassung im Rahmen wirtschaftlicher Tätigkeit **nicht vorgesehen**.[20]

c) Räumlicher Geltungsbereich

11 In räumlicher Hinsicht gilt die Bestimmung zunächst für **Arbeitgeber mit Sitz im Inland**, und zwar unabhängig davon, ob die Überlassung im Inland oder ins Ausland erfolgen soll. Bei einer grenzüberschreitenden „Kollegenhilfe" müssen zugleich die am Beschäftigungsort einschlägigen Bestimmungen beachtet werden.[21] Auch wenn der **Arbeitgeber seinen Sitz im Ausland** hat, ist nach dem Wortlaut der Bestimmung die „Kollegenhilfe" grds. nicht ausgeschlossen. Allerdings müssen die sonstigen gesetzlichen Regelungen über die Arbeitnehmerüberlassung eingehalten werden. Daher findet die Privilegierung nach dem Grundgedanken aus § 3 Abs. 2 keine Anwendung, wenn der Betrieb, aus dem die Überlassung erfolgen soll, nicht in einem Mitgliedstaat der EU oder des EWR (zum EWR siehe § 3 Rn. 71 ff.) liegt. Hingegen können sich Verleiher, die aus einem Mitgliedstaat der EU oder des EWR überlassen wollen, auf diese Bestimmung berufen (GA-AÜG 1a.2. (8)).

II. Tatbestandsvoraussetzungen

1. Materielle Voraussetzungen

12 Unter folgenden Voraussetzungen ist die Arbeitnehmerüberlassung erlaubnisfrei:

a) Verleiher

13 Beim überlassenden Verleiher muss es sich um einen **Arbeitgeber mit weniger als 50 Beschäftigten**, also **höchstens 49 Beschäftigten** handeln. Arbeitgeber ist diejenige natürliche oder juristische Person, die

---

18 Ausführlich *Hamann*, RdA 2011, 321, 334. – Vgl. auch *Lembke*, DB 2011, 414, 416: „mit zweifelhafter Begründung".
19 *Hamann*, RdA 2011, 321, 334.
20 *Hamann*, RdA 2011, 321, 334.
21 *Schüren/Hamann*, § 1a Rn. 31.

II. Tatbestandsvoraussetzungen § 1a

kraft Arbeitsvertrags oder sonstigen Rechtsgrunds das Weisungsrecht gegenüber dem Arbeitnehmer ausübt. Maßgeblich ist hierbei eine juristische, nicht eine wirtschaftliche Betrachtungsweise.[22] Beschäftigt z.B. eine GmbH 40 Arbeitnehmer und deren Alleingesellschafter als natürliche Person weitere 40 Arbeitnehmer, so handelt es sich um zwei verschiedene Arbeitgeber mit jeweils weniger als 50 Beschäftigten, selbst wenn diese in einem gemeinsamen Betrieb eingesetzt werden. Die **Zahl der Beschäftigten** ist nämlich **arbeitgeberbezogen, nicht** hingegen **unternehmens- oder betriebsbezogen** zu bestimmen.[23] Gliedert ein Arbeitgeber sein **Unternehmen in mehrere Betriebe**, dann werden die **Beschäftigten in allen Betrieben zusammengezählt**. Entsprechendes soll gelten, wenn eine (juristische) Person mehrere Unternehmen unterhält. Dadurch soll vermieden werden, dass ein Arbeitgeber mehrere Kleinunternehmen bildet, um erlaubnisfreie Arbeitnehmerüberlassung zu betreiben.[24]

Beschäftigte sind **sämtliche aktiven Arbeitnehmer** des Betriebs, **unabhängig** von der Dauer der Zugehörigkeit zum Betrieb und dem **Umfang ihrer Arbeitsverpflichtung**; insbesondere sind auch die Arbeitnehmer zu berücksichtigen, die überlassen werden sollen (GA-AÜG 1a.1. (2)). Daher zählen Saisonkräfte ebenso mit wie geringfügig beschäftigte Teilzeitkräfte; auch **Auszubildende** sind zu berücksichtigen.[25] Gleiches gilt für Arbeitnehmer, die erkrankt sind oder sich im Erholungsurlaub befinden. Hingegen bleiben **Arbeitnehmer im ruhenden Arbeitsverhältnis**, z.B. Wehrdienstleistende oder Arbeitnehmer in Eltern- oder Pflegezeit, **außer Betracht**,[26] zwar lässt das Ruhen den Bestand des Arbeitsverhältnisses und die Betriebszugehörigkeit unberührt,[27] für die Dauer des Ruhens werden aber die arbeitsrechtlichen Hauptleistungspflichten suspendiert, sodass von einer echten Beschäftigung nicht mehr gesprochen werden kann. Hierfür spricht auch der Sinn und Zweck der Bestimmung, die Kleinarbeitgeber privilegieren will, um durch flexible Maßnahmen für deren Beschäftigte Kurzarbeit oder Entlassungen zu vermeiden; mangels bestehender aktueller Arbeitsverpflichtung können aber Arbeitnehmer im ruhenden Arbeitsverhältnis bei vorübergehenden Schwierigkeiten nicht von Kurzarbeit oder

14

---

22 *Sandmann/Marschall*, § 1a Anm. 5.
23 Thüsing/*Waas*, § 1a Rn. 17.
24 Schüren/*Hamann*, § 1a Rn. 22; Thüsing/*Waas*, § 1a Rn. 17; *Ulber*, § 1a Rn. 11.
25 GA-AÜG 1a.1. (2); Schüren/*Hamann*, § 1a Rn. 17; Thüsing/*Waas*, § 1a Rn. 14.
26 *Ulber*, § 1a Rn. 12.
27 *Boemke*, AR-Blattei SD 540 Rn. 37 ff.

§ 1a Anzeige der Überlassung

Entlassungen betroffen werden. Aus diesem Grund zählen auch **Leiharbeitnehmer**, die der Arbeitgeber, der erlaubnisfrei überlassen will, seinerseits als Entleiher beschäftigt, **nicht mit**.[28] Zwar werden auch Leiharbeitnehmer auf Grund eines Arbeitsverhältnisses im Betrieb des Entleihers unter dessen Weisung tätig, der Entleiher kann aber gegenüber den Leiharbeitnehmern weder Kurzarbeit anordnen noch Entlassungen aussprechen, sodass sie als Beschäftigte von den diesbezüglichen Maßnahmen nicht betroffen werden können. Auch **freie Mitarbeiter** finden **keine Berücksichtigung**, und zwar auch dann nicht, wenn es sich um arbeitnehmerähnliche Personen handelt,[29] weil diese nicht auf Grund eines Arbeitsverhältnisses beschäftigt werden.

15 Maßgeblich dafür, ob weniger als 50 Beschäftigte vorhanden sind, ist der **Zeitpunkt der erstmaligen Überlassung**.[30] Die Überlassung bleibt danach erlaubnisfrei, wenn am Tag der erstmaligen Überlassung nur zufällig weniger als 50 Arbeitnehmer beschäftigt werden, auch wenn die Zahl der regelmäßig beschäftigten Arbeitnehmer 50 oder mehr beträgt. Es ist nämlich gerade nicht auf die Zahl der ständigen oder in der Regel beschäftigten Arbeitnehmer abzustellen.[31] Dies gilt selbst dann, wenn unmittelbar nach der Überlassung der Schwellenwert (wieder) überschritten wird.

b) Zweck der Überlassung

16 Die Arbeitnehmerüberlassung muss der **Vermeidung von Kurzarbeit oder Entlassungen** dienen. In Anlehnung an § 96 Abs. 1 SGB III liegt ein Fall von **Kurzarbeit** vor, wenn in einem Kalendermonat mindestens ein Drittel der beschäftigten Arbeitnehmer im Betrieb von einem Entgeltausfall von jeweils mehr als zehn Prozent ihres monatlichen Bruttoentgelts betroffen ist. Unter den Begriff der **Entlassung** fällt in Anlehnung an § 17 KSchG die **rechtliche Beendigung, aber auch die tatsächliche Beendigung** des Arbeitsverhältnisses durch eine Arbeitgeberkündigung oder gleichgestellte Beendigungstatbestände, ohne dass die Mindestzahlen des § 17 Abs. 1 KSchG erreicht werden müssen.[32] Abs. 1 ist nach seinem Wortlaut auch auf einzelne Kündigungen

---

28 Schüren/*Hamann*, § 1a Rn. 19; Thüsing/*Waas*, § 1a Rn. 15.
29 Schüren/*Hamann*, § 1a Rn. 18. – A.A. *Ulber*, § 1a Rn. 13.
30 GA-AÜG 1a.1. (2); Schüren/*Hamann*, § 1a Rn. 21.
31 Schüren/*Hamann*, § 1a Rn. 21; Thüsing/*Waas*, § 1a Rn. 16.
32 ErfK/*Wank*, § 1a AÜG Rn. 4.

II. Tatbestandsvoraussetzungen § 1a

anwendbar.[33] Entsprechend dem Gesetzeszweck bezeichnet Entlassung also den Verlust des Arbeitsplatzes aus betriebsbedingten Gründen, insbesondere auf Grund einer Arbeitgeberkündigung.[34]

Die Überlassung muss zur Vermeidung von Kurzarbeit oder Entlassungen erfolgen. Nicht erforderlich ist, dass der Arbeitgeber Kurzarbeit mit dem Betriebsrat schon vereinbart oder gar bei der Agentur für Arbeit angezeigt bzw. Entlassungen ausgesprochen hat. Es genügt, wenn **Kurzarbeit oder Entlassungen drohen**.[35] Hierfür müssen konkrete Tatsachen vorliegen, die auf ein vorübergehendes Überangebot an Arbeitskräften im Verhältnis zum vorhandenen Arbeitsvolumen hindeuten.[36] Im Streitfalle trägt der Arbeitgeber die Darlegungs- und Beweislast (siehe unten Rn. 29), seine bloße Behauptung reicht nicht aus.[37]   17

c) Entleiher

Die erlaubnisfreie Überlassung muss **an einen Arbeitgeber** erfolgen. Der Entleiher muss also schon vor der Überlassung mindestens einen Arbeitnehmer beschäftigen. Dies ergibt sich aus dem Wortlaut von Abs. 1, der die Überlassung an einen „Arbeitgeber" fordert, während im Rahmen von § 1 die Überlassung an einen (beliebigen) Dritten genügt. Nicht Voraussetzung ist allerdings, dass der Entleiher einen eigenen Arbeitnehmer beschäftigt, vielmehr genügt auch die Beschäftigung eines sonstigen Leiharbeitnehmers.[38] Bei der Arbeitnehmerüberlassung besteht nämlich auch zwischen Entleiher und Leiharbeitnehmer ein Arbeitsverhältnis (siehe § 11 Rn. 141); auch der Entleiher nimmt Arbeitgeberpflichten wahr. Im Gegensatz zum Verleiherbetrieb gibt es für den **Entleiherbetrieb keine Maximalgröße** für die Befreiung von der Erlaubnispflicht.[39]   18

Hingegen ist es seit dem 1.1.1994 **nicht mehr Voraussetzung**, dass Verleiher und Entleiher **Arbeitgeber desselben Wirtschaftszweiges** sind und in demselben oder einem unmittelbar angrenzenden Handwerkskammerbezirk ihren Betrieb haben. Dementsprechend ist auch eine **grenzüberschreitende „Kollegenhilfe"** zulässig, also die Über-   19

---

33 Schüren/*Hamann*, § 1a Rn. 27; Thüsing/*Waas*, § 1a Rn. 20. – A.A. *Ulber*, § 1a Rn. 23
34 Vgl. BT-Drs. 11/4952, S. 9.
35 BT-Drs. 11/4952, S. 11 f.
36 Thüsing/*Waas*, § 1a Rn. 21.
37 Vgl. BT-Drs. 11/4952, S. 9.
38 A.A. *Sandmann/Marschall*, § 1a Anm. 7.
39 Schüren/*Hamann*, § 1a Rn. 32.

lassung an einen Entleiher mit Betriebssitz im Ausland. Allerdings müssen in diesem Fall ggf. die im Ausland für die Arbeitnehmerüberlassung geltenden Bestimmungen beachtet werden.[40]

20 Nach bisher allgemeiner Auffassung darf der **Entleiher** nicht selbst **erlaubnispflichtige Arbeitnehmerüberlassung** betreiben, weil andernfalls ein unzulässiger **Zwischenverleih** vorliegen würde.[41] Dem kann nicht gefolgt werden, weil ein Zwischenverleih nach der gesetzlichen Bestimmung nicht untersagt ist, soweit bei der jeweiligen Arbeitnehmerüberlassung die gesetzlichen Bestimmungen beachtet werden (siehe § 1 Rn. 14). Überdies scheitert seit dem 1.12.2011 eine Überlassung von Leiharbeitnehmern nach Abs. 1 ohne Erlaubnis daran, dass diese gerade zu Zwecken der Überlassung eingestellt oder zumindest beschäftigt werden.

d) Arbeitnehmer

21 Überlassen werden muss ein **Arbeitnehmer**, der **nicht zum Zweck der Überlassung eingestellt und beschäftigt** wird. Damit werden Arbeitsverhältnisse, die von vornherein darauf angelegt waren, dass der Arbeitnehmer nicht (nur) bei einem Vertragsarbeitgeber, sondern (auch) bei Dritten eingesetzt wird, von der Privilegierung des Abs. 1 ausgenommen.[42] Für die Annahme, der Arbeitnehmer sei zum Zweck der Überlassung eingestellt, **reicht** allerdings ein **bloßer Versetzungsvorbehalt**, der sich auch auf die Überlassung an andere Arbeitgeber bezieht, **nicht aus**.[43] Die bloße Option, den Arbeitnehmer auch an einen Dritten überlassen zu können, macht dies noch nicht zum Zweck des Arbeitsverhältnisses.

22 Erlaubnispflicht besteht auch dann, wenn zwar **ursprünglich nur** ein **Einsatz** des Arbeitnehmers **bei** seinem **Vertragsarbeitgeber** vorgesehen war, sich das **Arbeitsverhältnis** aber dahin **entwickelt** hat, dass **auch** ein **Einsatz bei Dritten kennzeichnend für die Rechtsbeziehung** ist.[44] Die Formulierung „zum Zwecke der Überlassung eingestellt und beschäftigt wird" ist nämlich mit § 1 Abs. 3 Nr. 2 wortgleich und auch in diesem Sinne zu verstehen (vgl. daher zu den Einzelheiten § 1

---

40 Schüren/*Hamann*, § 1a Rn. 31.
41 BT-Drs. 11/4952, S. 12; Schüren/*Hamann*, § 1a Rn. 12; *Ulber*, § 1a Rn. 15.
42 *Ulber*, § 1a Rn. 14.
43 So zu § 1 III Nr. 2 auch *Hamann*, RdA 2011, 321, 333; *Lembke*, DB 2011, 414, 415 f.
 – A.A. *Sandmann/Marschall*, § 1a Rn. 5a.
44 So zu § 1 III Nr. 2 auch *Lembke*, DB 2011, 414, 416.

Rn. 230 ff.). Hiervon kann bei **einmaligen oder ganz gelegentlichen Überlassungen aus besonderem Anlass nicht** ausgegangen werden. Dass ein Arbeitnehmer aus den in Abs. 1 bezeichneten Gründen an einen anderen Arbeitgeber überlassen wurde, führt daher nicht dazu, dass eine Überlassung in einer neuen Krisensituation nunmehr erlaubnispflichtig ist.

e) Überlassungshöchstdauer

Die **Überlassungshöchstdauer** darf je Arbeitnehmer **zwölf Monate** nicht überschreiten. Dabei kann dieser Zeitraum durch eine **einmalige Überlassung**, aber auch durch **wiederholte Überlassungen**, ggf. an verschiedene Entleiher, ausgeschöpft werden.[45] Zulässig ist es auch, zunächst einen Arbeitnehmer für zwölf Monate und sodann einen anderen Arbeitnehmer für weitere zwölf Monate zu überlassen, und zwar auch dann, wenn die Überlassung an denselben Entleiher erfolgt.[46] Auch die gleichzeitige Überlassung mehrerer Arbeitnehmer an einen oder verschiedene Entleiher ist zulässig, solange nur die **Überlassungshöchstdauer je Arbeitnehmer** von **zwölf Monaten** nicht überschritten wird.[47] Demgegenüber ist es unzulässig, einen Arbeitnehmer zunächst an den einen Entleiher für zwölf Monate zu überlassen und sodann denselben Arbeitnehmer an einen anderen Entleiher zu überlassen; hierzu bedarf es einer entsprechenden Verleiherlaubnis. Dies gilt auch dann, wenn der Arbeitnehmer vorübergehend in seinem Stammbetrieb beschäftigt worden ist, soweit nur die wirtschaftliche Notlage, die Anlass für die erstmalige Überlassung war, dieselbe ist. Eine **erneute Überlassung nach Ablauf des Zwölf-Monats-Zeitraums** ohne Erlaubnis kommt nur dann in Betracht, wenn sich die wirtschaftliche Situation konsolidiert hatte und eine **neue Notlage** die Überlassung erforderlich macht, um Kurzarbeit oder Entlassungen zu vermeiden.

23

f) Vorherige Anzeige

Nicht bloß verfahrenstechnische Regelung, sondern **materiell-rechtliche Zulässigkeitsvoraussetzung** der erlaubnisfreien Arbeitnehmerüberlassung im Rahmen der Kollegenhilfe ist die **vorherige Anzeige an die BA**. Ohne vorherige Anzeige ist die Arbeitnehmerüberlassung erlaubnispflichtig, selbst wenn die sonstigen Voraussetzungen von

24

---

45 Schüren/*Hamann*, § 1a Rn. 35; AnwK-ArbR/*Golücke*, § 1a AÜG Rn. 4.
46 Schüren/*Hamann*, § 1a Rn. 38. – A.A. *Ulber*, § 1a Rn. 19.
47 Schüren/*Hamann*, § 1a Rn. 38; *Ulber*, § 1a Rn. 19.

§ 1a Anzeige der Überlassung

Abs. 1 gegeben sind. Dabei kann im Einzelfall auch eine Anzeige ausreichen, die nicht sämtliche nach Abs. 2 erforderlichen Angaben enthält, also unvollständig ist. **Nur die fehlende, nicht aber die unvollständige Anzeige führt zur illegalen Arbeitnehmerüberlassung.** Nach dem Sinn und Zweck der Anzeigepflicht, der BA eine Überwachung zu ermöglichen, muss aber **mindestens** deutlich werden, **welcher Arbeitgeber welchen Arbeitnehmer an welchen Entleiher überlässt**; andernfalls lässt sich nicht mehr von einer Anzeige der Arbeitnehmerüberlassung sprechen. Hingegen ist eine bestimmte Frist nicht einzuhalten, sodass auch eine Anzeige genügt, die unmittelbar vor der Überlassung bei der BA eingeht.[48]

2. Inhalt der Anzeige

25 Die Anzeige muss **schriftlich** bei der BA erfolgen. Hierfür genügt die Einhaltung der Form wie in § 126 BGB, auch wenn diese Bestimmung unmittelbar nur für materiell-rechtliche Willenserklärungen, nicht aber für (Prozess-)Verfahrenshandlungen angewandt werden kann.[49] Nach § 3a Abs. 2 VwVfG genügt auch die **elektronische Form**, soweit die BA hierfür einen **Zugang eröffnet** hat.[50] Die Anzeige muss vom Arbeitgeber oder einem Stellvertreter unterschrieben sein, weil nur dadurch sichergestellt ist, dass dem Schriftstück Inhalt und Bedeutung der abzugebenden Erklärung und die Person des Erklärenden hinreichend zuverlässig entnommen werden kann.[51] Entgegen verbreiteter Auffassung genügt auch die **Antragsübermittlung per Telefax** zumindest dann, wenn das per Fernkopie übermittelte Originalschriftstück vom Arbeitgeber oder einem Vertreter unterschrieben wurde.[52] Eine einfache E-Mail wahrt unter den Voraussetzungen von § 3a Abs. 2 VwVfG die vorgeschriebene Schriftform. Für die Anzeige liegt ein Vordruck bei der Behörde bereit.[53] Die Verwendung der **Vordrucke** ist

---

48 Schüren/*Hamann*, § 1a Rn. 54.
49 Stelkens/Bonk/Sachs/*Schmitz*, VwVfG, § 22 Rn. 31. – Siehe auch GmS-OGB vom 30.4.1979 – GmS-OGB 1/78, NJW 1980, 172, 174.
50 Im Ergebnis ebenso *Sandmann/Marschall*, § 1a Rn. 11; Schüren/*Hamann*, § 1a Rn. 44, die allerdings auf § 126a BGB verweisen.
51 Stelkens/Bonk/Sachs/*Schmitz*, VwVfG, § 22 Rn. 31.
52 Vgl. allgemein BGH vom 30.3.1989 – I ZB 6/88 (BPatG), NJW 1989, 3280, 3281; Stelkens/Bonk/Sachs/*Schmitz*, § 22 Rn. 32. – A.A. AnwK-ArbR/*Golücke*, § 1a AÜG Rn. 5; Schüren/*Hamann*, § 1a Rn. 44; *Ulber*, § 1a Rn. 27.
53 Muster unter http://www.arbeitsagentur.de/zentraler-Content/Vordrucke/A08-Ordnung-Recht/Publikation/V-AUeG-2b-Anzeige-Ueberlassung-AN.pdf (abgefragt am 5.10.2012).

aber **keine Wirksamkeitsvoraussetzung**.[54]

Nach der bis zum 31.12.2003 geltenden Rechtslage musste die **Anzeige gegenüber** dem zuständigen LAA erfolgen. Durch Art. 93 Nr. 1 des dritten Gesetzes für moderne Dienstleistungen am Arbeitsmarkt wurde als zuständige Stelle die „**Bundesagentur für Arbeit**" genannt. Der Gesetzgeber sah hierin eine bloße Folgeänderung der Umbenennung der BA.[55] Soweit in der Folgezeit weiter gefordert wurde, dass die Anzeige ggü. der zuständigen Erlaubnisbehörde abgegeben werden muss,[56] war dies mit dem Wortlaut von Abs. 1 a.E. nicht vereinbar.[57] Die Anzeige muss nämlich nicht mehr ggü. dem örtlich zuständigen LAA, sondern der BA erfolgen. Die BA untergliedert sich in die Zentrale auf der oberen Verwaltungsebene, die RD auf der mittleren Verwaltungsebene sowie die AA auf der örtlichen Verwaltungsebene (§ 367 Abs. 2 SGB III), sodass nach der insoweit eindeutigen gesetzlichen Regelung eine Anzeige ggü. jeder Dienststelle ausreicht. Dem ist nunmehr auch die BA gefolgt, die eine vorherige Anzeige bei irgendeiner Dienststelle der vor Beginn der Überlassung ausreichen lässt (GA AÜG 1a.2(1) Satz 2). Wird die **Anzeige** erst unmittelbar vor der Überlassung **nicht an** die für die Erteilung der Erlaubnis **örtlich zuständige AA der BA, sondern** an eine **andere Dienststelle** der BA erstattet und wird diese Anzeige nicht mehr vor Beginn der Überlassung an die örtlich für die Erteilung einer Erlaubnis zuständige AA der BA weitergeleitet, liegt **gleichwohl keine verspätete Anzeige** und damit keine illegale Arbeitnehmerüberlassung vor (wegen der Rechtswirkungen einer verspäteten Anzeige siehe auch unten Rn. 32 f.).

26

Der **Inhalt der Anzeige** ergibt sich aus Abs. 2. Die BA soll überprüfen können, ob die Voraussetzungen einer erlaubnisfreien Überlassung vorliegen und die sonstigen Bestimmungen des AÜG beachtet werden. Die Aufzählung in Abs. 2 ist abschließend,[58] sodass weitere Angaben nicht zu machen sind. Danach sind neben den **persönlichen Angaben zum Leiharbeitnehmer**, also Vor- und Familienname, Wohnort und Wohnung, Tag und Ort der Geburt, **Beginn und Dauer** der Überlassung und die **Firma und Anschrift des Entleihers** anzugeben. Darüber hinaus muss möglichst präzise die zu leistende **Tätigkeit des Leiharbeitneh-**

27

---

54 Thüsing/*Waas*, § 1a Rn. 28.
55 Begründung zum Reg-E., BR-Drs. 557/03, S. 376.
56 DA-AÜG (Stand: 10.2004) 1a.2; *Sandmann/Marschall*, § 1a Rn. 12; Schüren/*Hamann*, § 1a Rn. 49 f.; *Ulber*, § 1a Rn. 28.
57 Siehe in der Vorauflage Rn. 21
58 Schüren/*Hamann*, § 1a Rn. 45 m.w.N.

mers beschrieben werden, damit unter anderem präventiv geprüft werden kann, dass keine unzulässige Überlassung ins Baugewerbe vorliegt.

28 Die Anzeige ist für **jeden einzelnen Arbeitnehmer**, der überlassen werden soll, grds. **gesondert** abzugeben. Allerdings kann die Überlassung mehrerer Arbeitnehmer **in einem Schriftstück** angezeigt werden, wenn sie an denselben Entleiher überlassen werden sollen (GA-AÜG 1a.2. (1)).

3. Darlegungs- und Beweislast

29 Die Darlegungs- und Beweislast für die materiellen und formellen Voraussetzungen trägt der **Arbeitgeber, der sich** auf diese **Ausnahmevorschrift beruft**. Dies gilt insbesondere für die Tatsachen, aus denen sich darauf schließen lässt, dass die Überlassung zur Vermeidung von Entlassungen oder Kurzarbeit erfolgte,[59] aber auch für die Rechtzeitigkeit der Anzeige.

III. Rechtsfolgen

1. Vorliegen sämtlicher Voraussetzungen

30 Liegen die **materiellen** und die **formellen Voraussetzungen** der Bestimmung vor, dann ist der Verleiher **von der Erlaubnispflicht** des § 1 Abs. 1 Satz 1 **befreit**,[60] die Anzeige ersetzt die Erlaubnis.[61] Es liegt zulässige Arbeitnehmerüberlassung vor, bei der allerdings die **sonstigen** für die im Rahmen einer wirtschaftlichen Tätigkeit ausgeübten Arbeitnehmerüberlassung **geltenden gesetzlichen Bestimmungen zu beachten** sind (GA-AÜG 1a.1. (1)); insbesondere ist auch im Rahmen der Kollegenhilfe eine Überlassung im Baugewerbe nur unter den besonderen Voraussetzungen von § 1b Satz 2 zulässig (siehe dazu § 1b Rn. 28 ff.) und ist equal-pay und equal-treatment zu gewähren, soweit keine tariflichen Regelungen einschlägig sind.[62] Dies ergibt sich aus dem eindeutigen Wortlaut der Vorschrift, die von der Erlaubnis freistellt, die sonstigen Regelungen aber unberührt lässt. Damit ist gewährleistet, dass der umfangreiche Arbeitnehmerschutz, den das AÜG gewährt, auch in der Kollegenhilfe erhalten bleibt.

---

59 *Sandmann/Marschall*, § 1 Anm. 77.
60 Vgl. BT-Drs. 11/4952, S. 9.
61 Vgl. BT-Drs. 13/4941, S. 248.
62 Thüsing/*Waas*, § 1a Rn. 32.

2. Fehlende Voraussetzungen

a) Materielle Mängel

Fehlt eine **materielle Voraussetzung** von Abs. 1, liegt ein Fall der **illegalen Arbeitnehmerüberlassung** vor, weil der Verleiher nicht die erforderliche Erlaubnis zur Arbeitnehmerüberlassung besitzt. Die **Rechtsfolgen** ergeben sich aus §§ 9 Nr. 1 und 10 Abs. 1; zwischen Entleiher und Leiharbeitnehmer wird kraft Gesetzes ein Arbeitsverhältnis begründet. Außerdem kommen **straf- und ordnungswidrigkeitsrechtliche Sanktionen** gem. §§ 15 ff. in Betracht.[63]   31

Zu den materiellen Voraussetzungen rechnet neben der **Zahl der Beschäftigten**, dem **Zweck der Überlassung** sowie der **Überlassungshöchstdauer** auch die **vorherige Anzeige** an die BA; diese ist **materielle Zulässigkeitsvoraussetzung**, nicht bloß rein verfahrensrechtliche Vorschrift.[64] Deshalb führt nicht nur das Unterlassen jedweder Anzeige, sondern auch die **verspätet eingereichte Anzeige** zur **illegalen Arbeitnehmerüberlassung**. Heilungswirkung kommt der verspäteten Anzeige weder für die Vergangenheit noch für die Zukunft zu; auch eine Wiedereinsetzung in den vorigen Stand sieht das Gesetz nicht vor.[65]   32

b) Unvollständige Anzeige

Liegt ein Verstoß gegen Abs. 2 vor, war die Anzeige also zwar rechtzeitig, aber fehlerhaft oder unvollständig, bleibt die Überlassung **erlaubnisfrei** und daher **legal**.[66] Der Verleiher begeht allenfalls gemäß § 16 Abs. 1 Nr. 2 lit. a) eine **Ordnungswidrigkeit**. Darüber hinaus sind fehlende Angaben nachzuholen und unzutreffende richtigzustellen.   33

IV. Arbeitsrechtliche Zulässigkeit

Die Bestimmung regelt nur die gewerberechtliche Zulässigkeit der Kollegenhilfe, insbesondere die Voraussetzungen, unter denen Arbeitnehmerüberlassung ohne Erlaubnis betrieben werden darf. Ob der Arbeitnehmer verpflichtet ist, im Entleiherbetrieb tätig zu werden, bestimmt   34

---

63 Vgl. BT-Drs. 11/4952, S. 9.
64 Schüren/*Hamann*, § 1a Rn. 75.
65 Schüren/*Hamann*, § 1a Rn. 72 ff.
66 Schüren/*Hamann*, § 1a Rn. 76; *Sandmann/Marschall*, § 1a Anm. 20; Thüsing/*Waas*, § 1a Rn. 38. – A.A. *Ulber*, § 1a Rn. 26, 31.

§ 1a Anzeige der Überlassung

sich nach Individualarbeitsrecht. Daneben hat der Verleiher ggf. einen etwa bestehenden Betriebsrat zu beteiligen

1. Individualarbeitsrecht

35 Arbeitsrechtlich ist der Arbeitnehmer grds. nur verpflichtet, für seinen Arbeitgeber tätig zu werden (vgl. § 613 Satz 2 BGB). Etwas anderes gilt dann, wenn der Arbeitnehmer **im Einzelfall** der (konkreten) Überlassung **zugestimmt** hat **oder** der **Arbeitgeber nach** dem **Arbeitsvertrag (allgemein) berechtigt** ist, seinen **Arbeitnehmer** einem anderen Arbeitgeber **zu überlassen**.[67] Da der Arbeitnehmer bei Fehlen einer entsprechenden Verpflichtung im Arbeitsvertrag auch sonst nicht zur Tätigkeit als Leiharbeitnehmer verpflichtet werden kann, ist erforderlich, dass der Arbeitnehmer der Leiharbeitstätigkeit im konkreten Einzelfall zugestimmt hat.[68] Der Fall, dass der **Arbeitnehmer** nach seinem Arbeitsvertrag zum **Zweck der Überlassung eingestellt** und beschäftigt wird, bedarf nach der neu eingefügten Beschränkung in Abs. 1 keiner Betrachtung mehr, weil eine **Anwendung** der Bestimmung in diesem Fall **ausscheidet**.[69]

2. Betriebsverfassungsrecht

36 In Unternehmen mit mehr als zwanzig wahlberechtigten Arbeitnehmern ist vor der Überlassung ein etwa bestehender Betriebsrat gemäß **§ 99 BetrVG** unter dem Gesichtspunkt der **Versetzung** zu beteiligen. Beteiligungsrechte wegen einer **Betriebsänderung** nach §§ 111 ff. BetrVG werden in aller Regel **nicht** bestehen.[70]

---

67 Schüren/*Hamann*, § 1a Rn. 55; Thüsing/*Waas*, § 1a Rn. 40.
68 Ebenso *Sandmann/Marschall*, § 1a Anm. 2a.
69 *Sandmann/Marschall*, § 1a Anm. 2a.
70 Schüren/*Hamann*, § 1a Rn. 59f.; Thüsing/*Waas*, § 1a Rn. 41.

§ 1b Einschränkungen im Baugewerbe

Arbeitnehmerüberlassung nach § 1 in Betriebe des Baugewerbes für Arbeiten, die üblicherweise von Arbeitern verrichtet werden, ist unzulässig. Sie ist gestattet

a) zwischen Betrieben des Baugewerbes und anderen Betrieben, wenn diese Betriebe erfassende, für allgemeinverbindlich erklärte Tarifverträge dies bestimmen,

b) zwischen Betrieben des Baugewerbes, wenn der verleihende Betrieb nachweislich seit mindestens drei Jahren von denselben Rahmen- und Sozialkassentarifverträgen oder von deren Allgemeinverbindlichkeit erfasst wird.

Abweichend von Satz 2 ist für Betriebe des Baugewerbes mit Geschäftssitz in einem anderen Mitgliedstaat des Europäischen Wirtschaftsraumes Arbeitnehmerüberlassung auch gestattet, wenn die ausländischen Betriebe nicht von deutschen Rahmen- und Sozialkassentarifverträgen oder für allgemeinverbindlich erklärten Tarifverträgen erfasst werden, sie aber nachweislich seit mindestens drei Jahren überwiegend Tätigkeiten ausüben, die unter den Geltungsbereich derselben Rahmen- und Sozialkassentarifverträge fallen, von denen der Betrieb des Entleihers erfasst wird.

Literatur: *Becker*, Gemeinschaftsrechtliche, sozialpolitische, arbeitsmarktpolitische und verfassungsrechtliche Aspekte des Verbots der Arbeitnehmerüberlassung im Baugewerbe, DB 1982, 2348 ff.; *Boewer*, Die Auswirkungen des Arbeitnehmerüberlassungsverbots auf das Baugewerbe, DB 1982, 2033 ff.; *Rissing*, Das Verbot der Leiharbeit im Baugewerbe, 2001; *Sahl/Bachner*, Die Neuregelung der Arbeitnehmerüberlassung im Baugewerbe, NZA 1994, 1063 ff.; *Zorn*, Leiharbeiter aus dem EU-Ausland im Bauhauptgewerbe, AuA 2006, 658 ff.

Übersicht

	Rn.		Rn.
I. Vorbemerkungen	1	a) Arbeitnehmerüberlassung nach § 1	7
1. Entstehungsgeschichte	1	b) Bauhauptgewerbe	9
2. Sinn und Zweck	3	3. Persönlicher Geltungsbereich	11
II. Anwendungsbereich	6	III. Verbot der Arbeitnehmer-	
1. Räumlicher Geltungsbereich	6	überlassung (Satz 1)	12
2. Sachlicher Geltungsbereich	7		

§ 1b Einschränkungen im Baugewerbe

	Rn.		Rn.
1. Tatbestandsvoraussetzungen ...	12	3. Verbotsausnahme bei Tarifgeltung (Satz 2 Alt. 2)......	36
a) Arbeitnehmerüberlassung nach § 1	12	a) Zwischen Betrieben des Baugewerbes...........	36
b) In Betriebe des Baugewerbes	13	b) Verbindlichkeit derselben Rahmen- und Sozialkassentarifverträge für den Verleiher.............	37
c) Arbeitertätigkeiten.........	17		
2. Rechtsfolgen eines Verstoßes...	20		
a) Überlassungsvertrag.......	21		
b) Arbeitsvertrag............	22	c) Verleiher seit mindestens drei Jahren als Baubetrieb tätig.................	40
c) Überlassungserlaubnis......	24		
d) Ordnungswidrigkeit........	25		
e) Untersagung der Überlassung...................	27	d) Rechtsfolgen...........	41
IV. Verbotsausnahmen (Satz 2).....	28	V. Verbotsausnahme für ausländische Verleiher (Satz 3).....	42
1. Überblick.................	28	1. Überblick...............	42
2. Verbotsausnahme durch Tarifvertrag (Satz 2 Alt. 1).........	29	2. Tatbestandsvoraussetzungen	45
a) Zwischen Betrieben des Baugewerbes und anderen Betrieben...............	29	a) Geschäftssitz in EWR-Mitgliedstaat..........	45
		b) Betrieb des Baugewerbes .	46
b) Gestattung durch allgemeinverbindlich erklärte Tarifverträge..................	31	c) Keine Tarifgeltung	49
		d) Ausübung derselben Tätigkeit wie der Entleiher..	50
c) Rechtsfolgen	35	3. Rechtsfolgen.............	52

I. Vorbemerkungen

1. Entstehungsgeschichte

1 Das Verbot der Arbeitnehmerüberlassung im Baugewerbe war **ursprünglich** im AFG geregelt. Satz 1 trat am 1.1.1982 als **§ 12a AFG** in Kraft.[1] In der Folgezeit wurde das **Verbot der Arbeitnehmerüberlassung im Baugewerbe teilweise zurückgenommen**, und zwar durch die Einfügung von § 1 Abs. 1 Satz 2 über die Zulässigkeit von Abordnungen zu Arbeitsgemeinschaften (siehe unten Rn. 8 und § 1 Rn. 120 ff.) durch das 7. Gesetz zur Änderung des AFG vom 20.12. 1985[2] sowie die Einfügung von § 12a Satz 2 AFG durch das AFG-Änderungsgesetz vom 20.9.1994,[3] mit dem die Überlassung von Arbeitskräften von einem Baubetrieb an andere Betriebe des Baugewerbes gestattet wurde, wenn sich hieraus keine Auswirkungen auf den Sozial-

---

1 Ausführlich zur Entstehungsgeschichte *Boewer*, DB 1982, 2033 f.
2 BGBl. I, S. 2484.
3 BGBl. I, S. 2456.

schutz ergeben. Durch Art. 63 Nr. 5 des Arbeitsförderungs-Reformgesetzes vom 24.3.1997 wurde die Bestimmung mit Wirkung zum 1.1.1998 in das AÜG aufgenommen und ersetzte den bis dahin geltenden, wortgleichen § 12a AFG.

Die Bestimmung wurde später durch Art. 6 Nr. 2 des Ersten Gesetzes 2 für moderne Dienstleistungen am Arbeitsmarkt vom 23.12.2002 geändert.[4] Satz 2 gilt spätestens seit dem 1.1.2004 und enthält nunmehr **zwei Ausnahmen vom Verbot** der Arbeitnehmerüberlassung im Baugewerbe.[5] Satz 2 lit. a) sah nach dem ursprünglichen Gesetzentwurf der Bundesregierung zunächst eine Ausnahme für das Verbot der Leiharbeit im Baugewerbe vor, wenn und soweit **ein für allgemeinverbindlich erklärter Tarifvertrag** des Baugewerbes dies zulässt.[6] Der Entwurf wurde durch die Beschlussempfehlung des Ausschusses für Wirtschaft und Arbeit dahin geändert, dass der Tarifvertrag, der eine Ausnahme vom Verbot der Arbeitnehmerüberlassung in Betriebe des Baugewerbes zulässt, sowohl **für Verleiher als auch Entleiher gelten muss**.[7] Satz 2 lit. b) gestattet in Anlehnung an die alte Fassung die Arbeitnehmerüberlassung zwischen Betrieben des Baugewerbes, wenn der **verleihende Betrieb** nachweislich **seit mindestens drei Jahren von denselben Rahmen- und Sozialkassentarifverträgen oder von deren Allgemeinverbindlichkeit erfasst** wird.[8] Satz 3 wurde mit **Wirkung zum 1.1.2003** angefügt, **um Vorgaben des europäischen Rechts zu genügen**. Mit Wirkung zum 1.12.2011 wurde der Begriff der Gewerbsmäßigkeit als Folgeänderung zu § 1 Abs. 1 Satz 1 aus den Sätzen 1 und 3 gestrichen.

2. Sinn und Zweck

Für das Verbot der Arbeitnehmerüberlassung waren hauptsächlich **drei** 3 **Gründe** ausschlaggebend.[9] Erstens soll die Zulassung legaler Arbeitnehmerüberlassung auch auf Baustellen i.V.m. unzureichenden Kontrollrechten und Meldepflichten zu einer starken **Zunahme illegaler Beschäftigung** von betriebsfremden Arbeitnehmern auf Baustellen geführt haben. Zweitens waren Leiharbeitnehmer von den besonderen **tariflichen Sozialleistungen** des Baugewerbes (z.B. Urlaubs- und Lohn-

---

4 BGBl. I, S. 4607, 4718.
5 Zur früheren Rechtslage siehe *Boemke/Lembke*, AÜG, § 1b Rn. 26 ff.
6 Vgl. BT-Drs. 15/25, S. 19.
7 BT-Drs. 15/77, S. 33; BT-Drs. 15/91, S. 17.
8 BT-Drs. 15/77, S. 33.
9 Vgl. BT-Drs. 9/846, S. 35 f.

§ 1b Einschränkungen im Baugewerbe

ausgleichskassen, Zusatzversorgungskassen) **ausgeschlossen**. Drittens führte die fehlende Tarifbindung zu einem **Wettbewerbsvorteil** für Bauunternehmen, die verstärkt mit Leiharbeitnehmern wirtschafteten, sodass ein fortschreitender Abbau von Stammarbeitsplätzen befürchtet wurde.[10]

4 Ob diese Gründe das Verbot der Arbeitnehmerüberlassung unter verfassungsrechtlichen Aspekten rechtfertigen, scheint zweifelhaft. Das **BVerfG** hat zwar unter Berücksichtigung der weiten Gestaltungsfreiheit des Gesetzgebers die Regelung 1987 noch als **verfassungsgemäß** angesehen;[11] es bleiben aber Zweifel bestehen. Zum einen hat der Einsatz von Leiharbeitnehmern in sämtlichen Branchen zur Folge, dass diese von Sozialleistungen im Entleiherbetrieb mit den entsprechenden Wettbewerbsverzerrungen ausgeschlossen sind. Zum anderen sind mit der Einführung des SVA durch das SVA-Gesetz vom 6.10.1989 die Kontroll- und Überwachungsmöglichkeiten der Arbeitsverwaltung erheblich verbessert worden (vgl. §§ 95 ff. SGB IV a.F., jetzt § 18h SGB IV). Das hat zur Folge, dass **etwaige illegale Arbeitnehmerüberlassungen auch im Baugewerbe leicht feststellbar** geworden sind, sodass an der Notwendigkeit und folglich an der Rechtmäßigkeit der Verbotsnorm weiterhin gezweifelt werden kann.[12] Den Bedenken hinsichtlich von **Wettbewerbsvorteilen** für Bauunternehmer, die verstärkt mit Leiharbeitnehmern arbeiten, ist durch **§ 8 Abs. 3 AEntG**, der (als § 1 Abs. 2a AEntG) durch das Erste SGB III-Änderungsgesetz vom 16.12.1997[13] mit Wirkung zum 1.1.1998 eingeführt wurde, nunmehr die **Grundlage entzogen**.[14] Wird ein Leiharbeitnehmer nämlich vom Entleiher mit Tätigkeiten beschäftigt, die in den Geltungsbereich eines für allgemeinverbindlich erklärten Tarifvertrages nach den §§ 4, 5 Nr. 1 bis 3 und § 6 AEntG oder einer Rechtsverordnung nach § 7 AEntG fallen, hat der Verleiher zumindest die in diesem Tarifvertrag oder in dieser Rechtsverordnung vorgeschriebenen Arbeitsbedingungen zu gewähren sowie die der gemeinsamen Einrichtung nach diesem Tarifvertrag zustehenden Beiträge zu leisten (§ 8 Abs. 3 AEntG). Von diesen Ver-

---

10 Vgl. LSG Bayern vom 7.8.2008 – L 9 AL 63/03, EzAÜG Nr. 122 zu § 10 AÜG Fiktion = juris Rn. 33.
11 BVerfG vom 6.10.1987 – 1 BvR 1086, 1468, 1623/82, NJW 1988, 1195 ff.
12 Vgl. Stellungnahme der Bundesvereinigung der Deutschen Arbeitgeberverbände zum 7. Erfahrungsbericht, BT-Drs. 12/3180, S. 22; *Zorn*, AuA 2006, 658, 659. – Ausführlich jetzt *Rissing*, S. 36 ff.; siehe auch *Becker*, DB 1982, 2348 ff.
13 BGBl. I, S. 2970.
14 *Zorn*, AuA 2006, 658, 659.

I. Vorbemerkungen § 1b

pflichtungen kann auch nicht durch einen für den Verleiher geltenden Tarifvertrag abgewichen werden.[15]

Nach **Art. 4 I RL 2008/104/EG** sind **Verbote oder Einschränkungen** 5 des Einsatzes **von Leiharbeit** nur aus **Gründen des Allgemeininteresses** gerechtfertigt. Bestehende Verbote sind bis zum 5.12.2011 zu überprüfen.[16] Vor diesem Hintergrund ist es sehr wahrscheinlich, dass das Verbot der Leiharbeit ins Bauhauptgewerbe zukünftig keinen Bestand mehr haben wird.[17] Ab dem 6.12.2011 liegt nämlich die **letzte Entscheidung beim EuGH** in Luxemburg, der in seiner Entscheidung zu den Tariftreueerklärungen[18] eine **klare Absage ggü. nationalem Protektionismus** erteilt hat. Die Beibehaltung des Verbots lässt sich auch nicht im Sinne einer Schutzvorschrift nach Art. 4 Abs. 1 Hs. 2 der Leiharbeitsrichtlinie rechtfertigen, weil der Schutz der Leiharbeitnehmer nach der Richtlinie bereits durch den Gleichbehandlungsgrundsatz als gewährleistet angesehen wird.[19] Dass das Verbot auch nicht als Notwendigkeit zum Funktionieren des Arbeitsmarkts oder zur Verhinderung eventuellen Missbrauchs i.S.d. Art. 4 Abs. 1 Hs. 2 der Leiharbeitsrichtlinie bestehen bleiben kann, zeigen die geschichtlichen Erfahrungen mit der Verbotsnorm.[20] Bei der Anpassung der Vorschrift durch das Missbrauchsverhinderungsgesetz ist der Gesetzgeber auf diese Fragen nicht eingegangen. Bei den Änderungen in dieser Bestimmung soll es sich lediglich um Folgeänderungen zu den in § 1 vorgenommenen Anpassungen handeln.[21] Angesichts der hier geäußerten Bedenken besteht gem. **Art. 267 AEUV** für jedes letztinstanzlich entscheidende Gericht die **Vorlagepflicht zum EuGH**, wenn es eine Entscheidung auf die Anwendung dieser Bestimmung stützen will.

---

15 *Boemke*, RIW 2009, 177, 182.
16 Vgl. *Thüsing*, RdA 2009, 118, 119.
17 *Boemke*, RIW 2009, 177, 182. – Gegen eine Vereinbarkeit mit der Leiharbeitsrichtlinie auch *Böhm*, DB 2011, 473, 474 f.; *Lembke*, DB 2011, 414, 416; *Schüren*, RdA 2011, 321, 339; *Schüren/Hamann*, § 1b Rn. 17; *Schüren/Wank*, RdA 2011, 1, 6. – Für eine Vereinbarkeit *Ulber*, § 1b Rn. 4; *Ulber*, AuR 2010, 10, 13.
18 EuGH vom 3.4.2008 – C-346/06, RIW 2008, 298 ff.
19 *Schüren/Hamann*, § 1b Rn. 17.
20 Vgl. *Schüren/Hamann*, § 1b Rn. 17.
21 Amtl. Begr., BT-Drs. 17/4804, S. 9.

II. Anwendungsbereich

1. Räumlicher Geltungsbereich

6   Die Bestimmung gilt nach dem **Territorialitätsprinzip** nur für das Gebiet der Bundesrepublik Deutschland.[22] Verboten ist der **Verleih in inländische Betriebe des Baugewerbes**, und zwar **auch vom Ausland nach Deutschland hinein**. Demgegenüber fällt der **Verleih nach § 1 aus Deutschland heraus** an Betriebe des Baugewerbes im Ausland **nicht** unter die Verbotsnorm.[23] Wird das ausländische Bauunternehmen nun seinerseits auf einer deutschen Baustelle tätig, ist der Tatbestand von Satz 1 gleichwohl nicht erfüllt. Der aus Deutschland überlassene Arbeitnehmer wird zwar auf einer deutschen Baustelle tätig; die Überlassung erfolgt aber in einen ausländischen und nicht in einen deutschen Baubetrieb. Für die Betriebszugehörigkeit ist nämlich nicht der tatsächliche Arbeitsort entscheidend, sondern von wo aus der Arbeitseinsatz gesteuert wird.

2. Sachlicher Geltungsbereich

a) Arbeitnehmerüberlassung nach § 1

7   Die Verbotsnorm gilt **nur** bei Arbeitnehmerüberlassung i. S. d. § 1, wie der neu gefasste Wortlaut des Abs. 1 klarstellt.[24] Auf die Gewerbsmäßigkeit kommt es seit dem 1.12.2011 nicht mehr an.[25] Allerdings bleibt Arbeitnehmerüberlassung außerhalb der wirtschaftlichen Tätigkeit des Verleihers auch im Baugewerbe zulässig. – Zur Abgrenzung siehe § 1 Rn. 46 ff.

8   Unzulässig ist **nur** der **Einsatz von Leiharbeitnehmern** auf Baustellen. Demgegenüber sind sonstige Formen des Drittpersonaleinsatzes auch in Baubetrieben gestattet.[26] Der Geltungsbereich erstreckt sich damit **nicht** auf den **Einsatz von Fremdpersonal** in baugewerblichen Betrieben **auf werk- oder dienstvertraglicher Basis**. Dies gilt unabhängig davon, ob werkvertragliche Leistungen auf Baustellen durch in-

---

22 *Becker/Wulfgramm*, § 1 Rn. 97.
23 Vgl. *Rissing*, S. 82 f.; Schüren/*Hamann*, § 1b Rn. 57 f. – Einschränkend *Sandmann/ Marschall*, § 1b Anm. 8 a. E.; *Ulber*, § 1b Rn. 23, wonach der Verleih ins Ausland nur zulässig sein soll, wenn die Tätigkeiten südlich des 42. Grades nördlicher Breite verrichtet werden.
24 Vgl. *Sandmann/Marschall*, § 1b Anm. 7.
25 Vgl. *Sandmann/Marschall*, § 1 Anm. 38a.
26 *Rissing*, 90 ff.

oder ausländische Unternehmen erbracht werden (siehe auch oben Rn. 6). Sofern es sich um echte Werk- oder Dienstverträge handelt, greift das Verbot nicht ein.[27] Sollte jedoch die tatsächliche Durchführung der Verträge die typischen Merkmale der Arbeitnehmerüberlassung aufweisen, ist der Einsatz der Arbeiter als (illegale) Arbeitnehmerüberlassung einzustufen, auch wenn von den Vertragsparteien eine abweichende Bezeichnung gewählt wurde (zur Abgrenzung siehe § 1 Rn. 76, 84 ff.). **Zulässig** bleibt auch die **Abordnung an Arbeitsgemeinschaften auf Grund** einer **Freistellung**,[28] z.B. gem. § 9 BRTV-Bau, § 8 RTV-Angestellte, § 9 RTV-Poliere. In diesem Falle ruht nämlich für die Zeit der Tätigkeit das bisherige Arbeitsverhältnis; mit der ARGE wird ein neues Arbeitsverhältnis begründet, sodass keine Arbeitnehmerüberlassung vorliegen kann. Aber auch dann, wenn – wie im Regelfalle – die Abordnung nicht durch Freistellung, sondern Übertragung des Weisungsrechts auf die ARGE erfolgt, greift die Bestimmung nicht ein. Nach § 1 Abs. 1 Satz 2 wird nämlich dann das Nichtvorliegen von Arbeitnehmerüberlassung unwiderleglich vermutet (siehe § 1 Rn. 141).

b) Bauhauptgewerbe

Das Verbot der Arbeitnehmerüberlassung gilt **nur** für Betriebe des **Bauhauptgewerbes**, **nicht** aber für das **Baunebengewerbe**.[29] Dies folgt daraus, dass auch für das AÜG im Wesentlichen die für das Recht der Förderung der ganzjährigen Beschäftigung in der Bauwirtschaft (§ 101 Abs. 2 SGB III, früher § 175 Abs. 2 SGB III) getroffenen Begriffsbestimmungen einschlägig sind (siehe unten Rn. 13 ff.).[30] Danach ist z.B. die Überlassung in Betriebe des Glaserhandwerks, des Installationsgewerbes oder der Nassbaggerei zulässig. 9

Das Verbot bezieht sich **nur** auf die **Überlassung in Betriebe des Baugewerbes**. Daher dürfen auch Betriebe des Bauhauptgewerbes Arbeitnehmer in Betriebe anderer Wirtschaftszweige überlassen, soweit die gesetzlichen Bestimmungen beachtet werden, insbesondere wenn eine Erlaubnis vorliegt (GA-AÜG 1b.2. (2)). 10

---

27 Vgl. BT-Drs. 9/966, S. 76.
28 Thüsing/*Waas*, § 1b Rn. 13.
29 BGH vom 17.2.2000 – III ZR 78/99, NJW 2000, 1557, 1559 f.; OLG Dresden vom 27.1.2003 – Ss (OWi) 412/02, EzAÜG Nr. 1 zu § 1b AÜG = juris Rn. 9.
30 Vgl. *Sandmann/Marschall*, § 1b Anm. 6.

3. Persönlicher Geltungsbereich

11 Die Überlassung unter den Voraussetzungen des Satzes 1 ist generell untersagt; die Bestimmung gilt daher **auch** und gerade **für Inhaber einer Verleiherlaubnis**. Selbst **Erlaubnisinhaber des Baugewerbes** dürfen an andere Unternehmen dieser Branche nicht verleihen, soweit nicht der Ausnahmetatbestand von Satz 2 erfüllt ist. Das Verbot betrifft nach der ausdrücklichen Regelung in § 1 Abs. 3 Einleitungssatz, ebenfalls die Überlassung **zwischen Bauunternehmen zur Vermeidung von Kurzarbeit oder Entlassungen** (§ 1 Abs. 3 Nr. 1) sowie die **konzerninterne Arbeitnehmerüberlassung** (§ 1 Abs. 3 Nr. 2), obwohl diese Formen ansonsten von der Anwendung des AÜG ausgenommen sind. Schließlich gilt die Bestimmung auch für Kleinunternehmen im Rahmen der Kollegenhilfe, weil § 1a nur von der Erlaubnispflicht nach § 1 Abs. 1 Satz 1 befreit und diese durch die Anzeige ersetzt, die sonstigen Bestimmungen des AÜG aber unberührt lässt (siehe § 1a Rn. 30).

III. Verbot der Arbeitnehmerüberlassung (Satz 1)

1. Tatbestandsvoraussetzungen

a) Arbeitnehmerüberlassung nach § 1

12 Der Begriff der Arbeitnehmerüberlassung entspricht dem in § 1 Abs. 1. Abweichend von der bis zum 30.11.2011 geltenden Rechtslage wird nunmehr auch die nichtgewerbsmäßige Arbeitnehmerüberlassung erfasst, soweit diese im Rahmen der wirtschaftlichen Tätigkeit des Verleihers erfolgt[31] (siehe § 1 Rn. 46, 49). Liegt nach § 1 Abs. 1 Satz 3 oder 4 keine Arbeitnehmerüberlassung vor, dann ist im Rahmen diese Kooperationsformen auch der Einsatz der Mitarbeiter für Arbeiten i.S.v. Abs. 1 Satz 1 zulässig.[32] Die Bestimmung findet also keine Anwendung bei der Abordnung von Arbeitnehmern zu einer ARGE (vgl. oben Rn. 8).

b) In Betriebe des Baugewerbes

13 Untersagt ist nur die Überlassung in Betriebe des Baugewerbes. Was ein Betrieb des Baugewerbes ist, legt das AÜG selbst nicht fest. Nach allgemeiner Auffassung ist insoweit die **Begriffsbestimmung in § 101**

---

31 *Ulber*, § 1b Rn. 16.
32 *Ulber*, § 1b Rn. 16.

III. Verbot der Arbeitnehmerüberlassung (Satz 1)   § 1b

Abs. 2 SGB III maßgeblich.[33] Danach sind Betriebe des Baugewerbes **Betriebe, die gewerblich überwiegend Bauleistungen auf dem Baumarkt erbringen** (§ 101 Abs. 2 Satz 1 SGB III). Betriebe in diesem Sinne sind auch Betriebsabteilungen (§ 97 Satz 2 SGB III).

Für die Begriffe Betrieb und Betriebsabteilung sind die allgemeinen arbeitsrechtlichen Bestimmungen zugrunde zu legen. **Betrieb** ist danach die organisatorische Einheit, innerhalb derer ein Unternehmer mit Hilfe personeller, sachlicher und immaterieller Mittel arbeitstechnische Zwecke fortgesetzt verfolgt. **Betriebsabteilung** ist ein Betriebsteil, der mit eigenen Betriebsmitteln ausgestattet ist und durch die Art des Arbeitsvorgangs sowie eine eigene Leitung vom übrigen Betrieb organisatorisch abgrenzbar ist.[34]   14

Bauleistungen sind nach § 101 Abs. 2 Satz 2 SGB III alle Leistungen, die der **Herstellung, Instandsetzung, Instandhaltung, Änderung oder Beseitigung von Bauwerken** dienen. Ausdrücklich ausgenommen sind allerdings nach § 101 Abs. 2 Satz 3 SGB III bestimmte Betriebe, die nur vorbereitende Leistungen erbringen. Welche Betriebe im Einzelnen Bauleistungen erbringen, bestimmt sich näher nach § 1 BaubetrVO.[35] Demgegenüber werden die in § 2 BaubetrVO aufgeführten Betriebe des so genannten **Baunebengewerbes nicht** vom Verbot nach Satz 1 erfasst.[36] Unerheblich ist es hingegen, ob ein Betrieb unter den Geltungsbereich der Bautarife fällt.[37]   15

Das Verbot gilt nur für Betriebe oder Betriebsabteilungen, in denen **überwiegend** Bauleistungen erbracht werden. In den betrieblichen Geltungsbereich fallen daher nicht nur reine Baubetriebe, sondern auch Mischbetriebe, in denen neben Bauleistungen i.S.v. § 101 Abs. 2 Satz 2 SGB III in untergeordnetem Umfang auch andere Leistungen erbracht   16

---

33 Vgl. BT-Drs. 9/846, S. 36 und 9/966, S. 76; *Sandmann/Marschall*, § 1b Anm. 8; Schüren/*Hamann*, § 1b Rn. 27ff. – Die früher maßgeblichen §§ 211, 216 SGB III sind durch das „Gesetz zur Förderung ganzjähriger Beschäftigung vom 24. April 2006" (BGBl. I/2006, S. 926–933) aufgehoben worden. Der anschließend maßgebliche § 175 SGB III durch das „Gesetz zur Verbesserung der Eingliederungschancen am Arbeitsmarkt vom 20.12.2011" (BGBl. I/2011, S. 2854–2926) geändert worden.
34 Zum Begriff der Betriebsabteilung ausführlich *Bernstein*, NZA 1993, 728, 730ff. – Siehe auch BAG vom 22.4.1987 – 4 AZR 496/86, AP Nr. 82 zu § 1 TVG Tarifverträge: Bau.
35 Einzusehen unter http://www.gesetze-im-internet.de/bundesrecht/baubetrv_1980/gesamt.pdf (abgefragt am 5.10.2012).
36 BGH vom 17.2.2000 – III ZR 78/99, NJW 2000, 1557, 1558; OLG Dresden vom 27.1.2003 – Ss (OWi) 412/02, EzAÜG Nr. 1 zu § 1b AÜG = juris Rn. 9.
37 *Sandmann/Marschall*, § 1b Anm. 8; Schüren/*Hamann*, § 1b Rn. 40.

werden. Ein **Mischbetrieb** fällt dann unter das Verbot, wenn die Arbeitnehmer überwiegend, also **mehr als die Hälfte ihrer Arbeitszeit**, mit Bauleistungen beschäftigt sind,[38] wobei zu den Bauleistungen auch solche Neben- und Hilfstätigkeiten rechnen, die zu einer sachgerechten Ausführung der Bauleistungen notwendig sind.[39] Entscheidend ist in diesem Zusammenhang **nicht**, ob der **Kopfzahl** nach überwiegend Arbeitnehmer mit Bauleistungen beschäftigt sind.[40] Ausschlaggebend ist **vielmehr**, ob der **Gesamtarbeitszeit** nach im Betrieb Bauleistungen sonstige Leistungen überwiegen.[41] Außer Betracht bleiben müssen wirtschaftliche Gesichtspunkte, wie Umsatz oder Verdienst, sowie handels- oder gewerberechtliche Kriterien.[42]

c) Arbeitertätigkeiten

17 Die Arbeitnehmerüberlassung in Betriebe des Baugewerbes ist nicht generell untersagt; das Verbot bezieht sich nur auf **Arbeiten, die üblicherweise von Arbeitern verrichtet werden**. Es ist also nicht verboten, Arbeitskräfte in Baubetriebe zu überlassen, die Angestelltentätigkeiten verrichten sollen.[43]

18 Welche Tätigkeiten üblicherweise von Arbeitern verrichtet werden, bestimmt sich in erster Linie nach dem Berufsgruppenverzeichnis des Bundesrahmentarifvertrags Bau. Danach sind **Baufacharbeiter** Asphaltierer, Baustellen-Magaziner, Betonstahlbieger, Betonstahlflechter, Eisenbieger, Eisenflechter, Fertigteilbauer, Fuger, Gleiswerker, Mineure, Putzer, Rabitzer, Rammer, Rohrleger, Schalungsbauer, Schwarzdeckenbauer, Betonstraßenwerker, Schweißer, Terrazzoleger, Wasser- und Landschaftsbauer. Arbeiter sind auch die ungelernten Hilfsarbeiter des Baugewerbes. Demgegenüber rechnen zu den **Angestellten** solche in leitender Stellung, technische Angestellte, Büropersonal und andere Arbeitnehmer für kaufmännische Dienste (vgl. § 133 Abs. 2 SGB VI

---

38 BAG vom 25.2.1987 – 4 AZR 240/86, AP Nr. 81 zu § 1 TVG Tarifverträge: Bau; *Rissing*, S. 77f.
39 BAG vom 25.2.1987 – 4 AZR 240/86, AP Nr. 81 zu § 1 TVG Tarifverträge: Bau; BAG vom 28.9.1988 – 4 AZR 343/88, AP Nr. 98 zu § 1 TVG Tarifverträge: Bau.
40 So allerdings BAG vom 21.3.1984 – 4 AZR 61/82, EzAÜG § 4 TVG Nr. 2.
41 Thüsing/*Waas*, § 1b Rn. 22.
42 BAG vom 25.2.1987 – 4 AZR 240/86, EzAÜG § 1 TVG Tarifverträge Nr. 4; BAG vom 28.9.1988 – 4 AZR 343/88, AP Nr. 98 zu § 1 TVG Tarifverträge: Bau; *Rissing*, S. 78.
43 Vgl. BT-Drs. 9/966, S. 76.

III. Verbot der Arbeitnehmerüberlassung (Satz 1) § 1b

a. F.).[44] Zur Abgrenzung kann weiterhin auf den inzwischen außer Kraft getretenen Berufsgruppenkatalog zur Angestelltenversicherung zurückgegriffen werden.[45] Nach Nr. XV sind danach **Angestellte im Baugewerbe** insbesondere Architekten, Bauingenieure, Bautechniker, Zeichner, Aufseher-, Maurer-, Zimmer-, Straßenbaumeister, Poliere, Schachtmeister oder unter einer ähnlichen Bezeichnung Tätige, sofern sie nicht lediglich vorübergehend mit der Leitung oder Beaufsichtigung eines Betriebs oder Betriebsteils oder mit der Entscheidung über die Arbeitsabnahme beschäftigt und nicht vorwiegend in der Arbeit an der Maschine oder sonst körperlich tätig sind oder sonst in einer für die Zwecke des Betriebs wesentlichen, nicht überwiegend körperlichen Arbeit unter eigener Verantwortung tätig sind. Soweit hiernach eine eindeutige Zuordnung nicht möglich ist, muss auf die allgemeine Unterscheidung zurückgegriffen werden, wonach Arbeiter überwiegend mechanisch-körperliche Arbeiten erbringen, Angestellte hingegen überwiegend geistig-gedankliche.[46]

Ob eine üblicherweise von Arbeitern verrichtete Tätigkeit vorliegt, bestimmt sich nach der **Art der tatsächlichen Arbeitsleistung im Entleiherbetrieb**.[47] Demgegenüber kommt es weder auf die Ausbildung des Leiharbeitnehmers noch darauf an, welche Tätigkeiten zuvor oder danach für andere Entleiher oder den Verleiher selbst verrichtet worden sind oder verrichtet werden.[48] Wird ein Schachtmeister für Tätigkeiten eines Betonstraßenwerkers verliehen, liegt daher ein Verstoß gegen Satz 1 vor. Demgegenüber darf ein Spezialfachbauarbeiter durchaus als Polier überlassen werden.

19

2. Rechtsfolgen eines Verstoßes

Ein Zuwiderhandeln gegen Satz 1 kann vertragsrechtliche, gewerbe- und ordnungswidrigkeitenrechtliche Auswirkungen haben.

20

a) Überlassungsvertrag

Arbeitnehmerüberlassungsverträge, die gegen Satz 1 verstoßen, sind nach § 134 BGB **nichtig**. Die Rückabwicklung erfolgt entsprechend

21

---

44 Vgl. *Sandmann/Marschall*, § 1b Anm. 9.
45 Vgl. hierzu Schüren/*Hamann*, § 1b Rn. 48. – Siehe auch BT-Drs. 11/4124, S. 181.
46 BAG vom 4.8.1993 – 4 AZR 515/92, BB 1993, 2530 f.
47 Thüsing/*Waas*, § 1b Rn. 27.
48 Schüren/*Hamann*, § 1b Rn. 50.

der Nichtigkeit gem. § 9 Nr. 1 nach bereicherungsrechtlichen Grundsätzen.[49] – Wegen der Einzelheiten siehe § 9 Rn. 49 ff.

b) Arbeitsvertrag

22 Satz 1 will nicht generell den Abschluss von Arbeitsverträgen zwischen Verleihern und Leiharbeitnehmern untersagen, sondern illegale Formen der Beschäftigung auf dem Bau verhindern sowie im Interesse der Wettbewerbsgerechtigkeit sämtlichen auf dem Bau Beschäftigten die tariflichen Sozialleistungen zukommen lassen. Daher bleibt der **Arbeitsvertrag grds.** auch dann **wirksam**, soweit Gegenstand der Leistungspflichten des Leiharbeitnehmers nicht ausschließlich Arbeitertätigkeiten in fremden Baubetrieben sind.[50] Allerdings ist der Leiharbeitnehmer nicht verpflichtet, als Leiharbeitnehmer Arbeitertätigkeiten auf dem Bau auszuüben. Weigert er sich und kann ihm der Verleiher keine andere Beschäftigung zuweisen, kommt der Verleiher in Annahmeverzug mit den Rechtsfolgen des § 615 BGB.[51] Kommt der Leiharbeitnehmer hingegen der Weisung nach und wird er im Widerspruch zu Satz 1 auf dem Bau beschäftigt, dann liegt hierin ein Verstoß gegen Satz 1, der den Anspruch auf die Vergütung aber nicht berührt.[52] Ist der Verleiher nicht im Besitz der Erlaubnis, dann kommt nach §§ 10 Abs. 1, 9 Nr. 1 zwischen Entleiher und Leiharbeitnehmer ein Arbeitsverhältnis kraft Gesetzes zustande;[53] der gleichzeitige Verstoß gegen Satz 1 ändert hieran nichts.

23 Ist hingegen Gegenstand der Leistungspflicht des Leiharbeitnehmers **ausschließlich** die **Erbringung von Arbeiterleistungen in fremden Baubetrieben**, dann ist der Vertrag insgesamt auf eine rechtlich nicht zulässige und damit unmögliche Leistung gerichtet. Es tritt in diesem Falle **Nichtigkeit** nach § 134 BGB ein.[54] Aus einem solchen Vertrag

---

49 BGH vom 17.2.2000 – III ZR 78/99, NJW 2000, 1557, 1558 f.; *Zorn*, AuA 2006, 658, 659. – Zu Einzelheiten *Rissing*, S. 107.
50 BAG vom 13.12.2006 – 10 AZR 674/05, BB 2007, 610, 611; Schüren/*Hamann*, § 1b Rn. 81 ff.; *Ulber*, § 1b Rn. 26; *Zorn*, AuA 2006, 658, 660. – A.A. *Becker/Wulfgramm*, § 1 Rn. 98.
51 *Rissing*, S. 98 f.; Schüren/*Hamann*, § 1b Rn. 94.
52 Im Ergebnis auch Schüren/*Hamann*, § 1b Rn. 95, demzufolge allerdings „der unwirksame, fehlerhafte Teil des Leiharbeitsvertrags ... Grundlage dieser Vergütungspflicht" sein soll.
53 BAG vom 8.7.1998 – 10 AZR 274/97, BB 1998, 1640 = NZA 1999, 493 ff.; LAG Frankfurt vom 20.1.2010 – 18 Sa 1339/09, juris Rn. 32.
54 *Rissing*, S. 103 ff.; Schüren/*Hamann*, § 1b Rn. 83 ff.; *Ulber*, § 1b Rn. 26. – A.A. *Sandmann/Marschall*, § 1b Anm. 14.

III. Verbot der Arbeitnehmerüberlassung (Satz 1) § 1b

können sich **weder für den Verleiher noch für den Leiharbeitnehmer Leistungspflichten** ergeben. Wird der Leiharbeitnehmer **gleichwohl** entgegen Satz 1 **in einen Baubetrieb** überlassen, greifen für diesen Zeitraum die **Grundsätze des fehlerhaften Arbeitsverhältnisses** ein, es wird aber nicht in entsprechender Anwendung von § 10 Abs. 1 ein Arbeitsverhältnis zwischen Entleiher und Leiharbeitnehmer kraft Gesetzes begründet.[55] Dies rechtfertigt sich daraus, dass mit der Begründung eines Arbeitsverhältnisses zwischen Entleiher und Leiharbeitnehmer für Letzteren das kraft Gesetzes vernichtete Arbeitsverhältnis zum Verleiher kompensiert werden soll. In den Fällen der anfänglichen Nichtigkeit entsteht aber für den Leiharbeitnehmer kein Rechtsverlust, der ausgeglichen werden müsste. Werden Leiharbeitnehmer entgegen Satz 1 für Arbeitertätigkeiten in das Bauhauptgewerbe überlassen, steht ihnen i.V.m. § 8 Abs. 3 AEntG ein Anspruch auf den Mindestlohn nach § 5 Nr. 1 AEntG sowie auf die Mindesturlaubsbedingungen nach § 5 Nr. 2 AEntG gegen ihren Vertragsarbeitgeber, den Verleiher, zu. Gleichzeitig sind vom Verleiher nach § 8 Abs. 3 AEntG a.E. Leistungen an die gemeinsamen Einrichtungen (ZVK, ULAG) zu erbringen. Der Entleiher hat weder für den Lohn noch die Leistungen an die gemeinsamen Einrichtungen einzustehen,[56] es sei denn, der Verleiher ist nicht im Besitz einer Überlassungserlaubnis, sodass zwischen ihm und dem Leiharbeitnehmer gemäß §§ 10 Abs. 1, 9 Nr. 1 ein Arbeitsverhältnis kraft Gesetzes begründet wird.

c) Überlassungserlaubnis

Ein schuldhafter Verstoß gegen Satz 1 rechtfertigt in aller Regel die Annahme, dass der Verleiher die für die Erteilung und Verlängerung der Erlaubnis gem. § 3 Abs. 1 Nr. 1 erforderliche Zuverlässigkeit nicht besitzt. Eine bereits erteilte **Erlaubnis** kann daher grds. gem. § 5 Abs. 1 Nr. 3 **widerrufen** werden.[57]

24

d) Ordnungswidrigkeit

Der schuldhafte Verstoß gegen S. 1 stellt sowohl für den Verleiher als auch für den Entleiher eine Ordnungswidrigkeit dar, die nach § 16

25

---

55 *Rissing*, S. 104; Schüren/*Hamann*, § 1b Rn. 96. – Gegen eine analoge Anwendung auch BAG vom 13.12.2006 – 10 AZR 674/05, BB 2007, 610f.; LAG Hessen vom 24.5.2005 – 15 Sa 511/03, EzAÜG Nr. 3 zu § 1b AÜG = juris Rn. 32f.
56 BAG vom 13.12.2006 – 10 AZR 674/05, BB 2007, 610, 611f.
57 *Rissing*, VIII 3.

§ 1b Einschränkungen im Baugewerbe

Abs. 1 Nr. 1 lit. b), Abs. 2 mit einer **Geldbuße bis zu 30.000 Euro** geahndet werden kann. Der Ordnungswidrigkeitentatbestand kann nach § 16 Abs. 1 Einls. nicht nur vorsätzlich, sondern auch fahrlässig erfüllt werden. Fahrlässigkeit liegt z. B. vor, wenn der Verleiher sich vor der Überlassung nicht erkundigt, ob der potenzielle Entleiher ein Betrieb des Baugewerbes ist und die zu verrichtende Tätigkeit üblicherweise von Arbeitern erbracht wird. Da die Verbotsnorm u. a. den **Leiharbeitnehmer** schützen will, bleibt für diesen der Verstoß als **notwendiger Teilnehmer ohne ordnungswidrigkeitenrechtliche Folgen**.

26 Hat der illegal überlassende Verleiher keine Erlaubnis, dann wird für ihn zugleich der Tatbestand des § 16 Abs. 1 Nr. 1, für den Entleiher der des § 16 Abs. 1 Nr. 1 lit. a) verwirklicht. Im Verhältnis zu § 16 Abs. 1 Nr. 1 lit. b) besteht in diesem Falle Idealkonkurrenz.[58]

e) Untersagung der Überlassung

27 Das Gesetz enthält keine ausdrückliche Rechtsgrundlage, um einzelne, gegen Satz 1 verstoßende Arbeitnehmerüberlassungen zu untersagen. Da eine solche Überlassung aber den Tatbestand einer Ordnungswidrigkeit erfüllt, besteht nach **allgemeinem Polizeirecht der Länder** die Möglichkeit, die erforderlichen Maßnahmen zu treffen, um die öffentliche Sicherheit wieder herzustellen. Zuständig ist hierfür allerdings nicht die BA, obwohl sachnähere Behörde; es fehlt an einer entsprechenden Ermächtigungsgrundlage. Vielmehr können die **allgemeinen Polizeibehörden** im Rahmen der **polizeilichen Generalklauseln** einschreiten.[59]

IV. Verbotsausnahmen (Satz 2)

1. Überblick

28 Nach der bis zum 31.12.2003 geltenden Rechtslage war die Arbeitnehmerüberlassung abweichend von Satz 1 nur zwischen Betrieben des Baugewerbes gestattet, wenn diese Betriebe von denselben Rahmen- und Sozialkassentarifverträgen, ggf. im Wege der Allgemeinverbindlichkeit, erfasst wurden. Um eine Flexibilisierung der Rahmenbedingungen der Arbeitnehmerüberlassung zu erreichen, wurden die Ausnahmetatbestände durch Art. 6 Abs. 2 des Ersten Gesetzes für moderne

---

58 Ausführlich zum Ganzen *Rissing*, VIII 4.
59 Siehe allgemein BVerwG vom 11.11.1993 – 3c 45, 91, E 94, 269, 278; *Maurer*, § 10 Rn. 5.

IV. Verbotsausnahmen (Satz 2)   § 1b

Dienstleistungen am Arbeitsmarkt vom 23.12.2002 neu gefasst. Nach Satz 2 Alt. 1 ist die Arbeitnehmerüberlassung zwischen Betrieben des Baugewerbes und anderen Betrieben gestattet, wenn diese Betriebe von für allgemeinverbindlich erklärten Tarifverträgen erfasst werden, die Arbeitnehmerüberlassung in das Baugewerbe gestatten. Zwischen Betrieben des Baugewerbes ist die Arbeitnehmerüberlassung nach Satz 2 Alt. 2 zulässig, wenn der verleihende Betrieb nachweislich seit mindestens drei Jahren von denselben Rahmen- und Sozialkassentarifverträgen oder von deren Allgemeinverbindlichkeit erfasst wird. In diesen Fällen ist nämlich der Sozialschutz der Arbeitnehmer entsprechend den tariflichen Bedingungen gewährleistet.[60]

2. Verbotsausnahme durch Tarifvertrag (Satz 2 Alt. 1)

a) Zwischen Betrieben des Baugewerbes und anderen Betrieben

Die Überlassung muss zwischen einem Betrieb des Baugewerbes (dazu oben Rn. 13 ff.) und einem anderen Betrieb erfolgen. Da Satz 1 nur die Arbeitnehmerüberlassung in Betriebe des Baugewerbes untersagt, hat die Bestimmung **nur praktische Bedeutung, wenn** der **Entleiherbetrieb** dem **Baugewerbe** angehört. 29

Der **Betrieb, aus dem** der Arbeitnehmer **verliehen** wird, muss abweichend von der früheren Rechtslage **kein Betrieb des Baugewerbes** sein. Er kann vielmehr **jedem Wirtschaftszweig** angehören. Handelt es sich bei dem verleihenden Betrieb um einen solchen des Baugewerbes, findet auch Alt. 1 Anwendung; soweit dessen Voraussetzungen nicht vorliegen, kann die Arbeitnehmerüberlassung nach Alt. 2 gestattet sein. 30

b) Gestattung durch allgemeinverbindlich erklärte Tarifverträge

Die Arbeitnehmerüberlassung ins Baugewerbe ist gestattet, wenn die beteiligten Betriebe erfassende, für allgemeinverbindlich erklärte Tarifverträge dies bestimmen. 31

Die **Betriebe** werden von den entsprechenden Tarifverträgen dann erfasst, wenn sie in den räumlich-örtlichen, den branchenmäßig-betrieblichen sowie den zeitlichen **Geltungsbereich eines entsprechenden Tarifvertrags** fallen. Hingegen ist es **nicht erforderlich**, dass für beide Betriebe **ein und derselbe Tarifvertrag** einschlägig ist.[61] Es reicht aus, 32

---

60 Vgl. BT-Drs. 12/7688, S. 7.
61 Vgl. Thüsing/Waas, § 1b Rn. 34.

§ 1b Einschränkungen im Baugewerbe

wenn es sich um unterschiedliche Tarifverträge handelt. Insbesondere muss für den Verleiherbetrieb kein Tarifvertrag der Baubranche einschlägig sein.

33 Die Tarifverträge, welche die Arbeitnehmerüberlassung in das Baugewerbe gestatten, müssen **nach der gesetzlichen Bestimmung** für **allgemeinverbindlich** erklärt worden sein (vgl. dazu § 5 TVG). Es soll demnach **nicht ausreichen**, wenn der entsprechende Tarifvertrag für Verleiher oder Entleiher nur **kraft Tarifgebundenheit** (§ 3 Abs. 1 TVG) gilt. In der Gesetzesbegründung zur ursprünglichen Fassung, derzufolge eine Gestattung durch allgemeinverbindlich erklärte Tarifverträge des Baugewerbes möglich sein sollte, findet sich insoweit nur der Hinweis, der Tarifvertrag müsse allgemeinverbindlich sein, weil im Baubereich die Arbeitsbedingungen, anders als in anderen Wirtschaftsbereichen, überwiegend durch allgemeinverbindlich erklärte Tarifverträge geregelt seien.[62] Durch die jetzige, vom Ausschuss für Wirtschaft und Arbeit vorgeschlagene Regelung, soll sichergestellt werden, dass der Tarifvertrag, der eine Ausnahme vom Verbot der Arbeitnehmerüberlassung in Betriebe des Baugewerbes zulässt, sowohl für den Verleiher als auch für den Entleiher gelten muss.[63] Die **Beschränkung auf allgemeinverbindlich erklärte Tarifverträge** ist vor diesem Hintergrund **nicht nachzuvollziehen**. Die Tarifpartner, die durch den Tarifvertrag den besonderen Anforderungen des jeweiligen Tarifgebiets sachgerechter Rechnung tragen können als der Gesetzgeber mit generellen, allgemeingültigen Regelungen, sollen nach der Vorstellung des Gesetzgebers Ausnahmen vom Verbot der Arbeitnehmerüberlassung zulassen können, wenn auf Grund der konkreten Ausgestaltung des Tarifvertrags die Risiken, denen das Verbot der Arbeitnehmerüberlassung ins Baugewerbe entgegensteuern soll, nicht eintreten können. Hierzu reicht es aber aus, wenn die jeweiligen Tarifverträge für Verleiher und Entleiher anwendbar sind. Die Allgemeinverbindlicherklärung trägt dazu nichts bei. Die derzeitige Regelung bedeutet also eine in Widerspruch zu Art. 3 Abs. 1 und Art. 12 Abs. 1 GG stehende Schlechterstellung solcher Arbeitgeber, die an einen Tarifvertrag gebunden sind, der zwar die Arbeitnehmerüberlassung ins Baugewerbe zulässt, aber nicht für allgemeinverbindlich erklärt worden ist. Die Regelung kann angesichts des Wortlauts, der die Gestattung durch einen allgemeinverbindlich erklärten Tarifvertrag verlangt, nicht verfassungskonform ausgelegt werden.

---
62 BT-Drs. 15/25, S. 38.
63 Vgl. BT-Drs. 15/91, S. 17.

IV. Verbotsausnahmen (Satz 2) § 1b

Schließlich müssen die entsprechenden, im Verleiher- und im Entleiherbetrieb anwendbaren Tarifverträge „dies bestimmen", also die Arbeitnehmerüberlassung ins Baugewerbe gestatten. Erforderlich ist regelmäßig eine **ausdrückliche Regelung** im Tarifvertrag. 34

c) Rechtsfolgen

Die Bestimmung hebt **nur das Verbot nach Satz 1** auf. Von den sonstigen Bestimmungen dieses Gesetzes stellt Satz 2 Alt. 1 nicht frei.[64] 35

3. Verbotsausnahme bei Tarifgeltung (Satz 2 Alt. 2)

a) Zwischen Betrieben des Baugewerbes

Satz 2 Alt. 2 gestattet anders als Alt. 1 eine Überlassung nur zwischen Betrieben des Baugewerbes. **Sowohl Verleiher als auch Entleiher** müssen daher dem **Baugewerbe** zuzurechnen sein. Keine Betriebe des Baugewerbes sind Verleiherfirmen, und zwar auch dann, wenn sie überwiegend Arbeitnehmer beschäftigen, die im Baubereich eingesetzt werden sollen.[65] Dies rechtfertigt sich deswegen, weil nach allgemeinen Grundsätzen ein Betrieb die organisatorische Einheit ist, innerhalb derer der Betriebsinhaber mit personellen, sachlichen und immateriellen Mitteln bestimmte arbeitstechnische Zwecke fortgesetzt verfolgt.[66] Arbeitstechnischer Zweck des Verleihers ist aber die Überlassung von Arbeitnehmern an Dritte, nicht die Erbringung von Bauleistungen. 36

b) Verbindlichkeit derselben Rahmen- und Sozialkassentarifverträge für den Verleiher

Der verleihende Betrieb muss nachweislich seit mindestens drei Jahren **von denselben Rahmen- und Sozialkassentarifverträgen** erfasst werden. Da Verleiher nur ein Betrieb des Baugewerbes sein kann, muss es sich um Rahmen- und Sozialkassenverträge des Baugewerbes handeln. Dabei reicht es nicht aus, wenn die Betriebe unter den Geltungsbereich derselben Rahmen- und Sozialkassentarifverträge fallen, vielmehr müs- 37

---

64 Thüsing/*Waas*, § 1b Rn. 32. – Vgl. OLG Celle vom 27.8.2003 – 7 U 52/03, EzAÜG Nr. 2 zu § 1b AÜG = juris Rn. 19.
65 *Sahl/Bachner*, NZA 1994, 1063, 1065. – Vgl. auch LAG Schleswig-Holstein vom 5.5.1972 – 3 Sa 103/72, EzAÜG § 4 TVG Nr. 1, zur Nichtanwendbarkeit von Metall-Tarifverträgen. – A.A. *Zorn*, AuA 2006, 658, 659.
66 BAG vom 13.6.2004 – 2 AZR 386/03, NZA 2004, 1380, 1381; *Hromadka/Maschmann*, Band. 2, § 16 Rn. 54; Schüren/*Hamann*, § 1b Rn. 37. – Ausführlich *Boemke*, FS 600 Jahre Uni Leipzig (2009), S. 203 ff.

§ 1b Einschränkungen im Baugewerbe

sen diese verbindlich, also **im Betrieb anwendbar** sein. Dies ist zum einen dann der Fall, wenn Bindungswirkung kraft Mitgliedschaft desselben Tarifpartners auf Arbeitgeberseite besteht; zum anderen, wenn die Tarifverträge allgemeinverbindlich erklärt worden sind.[67] Die im **Baubereich** existierenden Tarifverträge der **vier Tarifbereiche** (Garten- und Landschaftsbau, Gerüstbau, Dachdeckerhandwerk und Bauhauptgewerbe) sind **ausnahmslos für allgemeinverbindlich** erklärt worden, sodass zwischen **Betrieben dieser Tarifbereiche** eine **Überlassung von Arbeitskräften gestattet** ist. Dies gilt unabhängig vom räumlichen Geltungsbereich, weil der Gesetzgeber mit dieser Ausnahmeregelung die Flexibilität innerhalb der deutschen Bauwirtschaft erhöhen wollte.[68] Hingegen genügt es nicht, wenn lediglich einzelne Tarifteile, auch kraft gesetzlicher Anordnung (z. B. AEntG), für anwendbar erklärt werden. Auch die bloße **individualvertragliche Bezugnahme** auf den Tarifvertrag **genügt nicht**.[69]

38   Nach der früheren Rechtslage mussten sowohl Entleiher als auch Verleiher von denselben Tarifverträgen erfasst werden. Fraglich ist, ob die Formulierung „denselben Rahmen- und Sozialkassentarifverträgen" weiterhin so zu verstehen ist, dass für den Verleiher derselbe Tarifvertrag wie für den Entleiher gelten muss (so GA-AÜG 1b.2. (5)). Hiergegen sprechen sowohl der Wortlaut als auch Sinn und Zweck der Bestimmung. Durch die Einfügung der zeitlichen Komponente von drei Jahren sollte ausweislich der Gesetzesbegründung[70] sichergestellt werden, dass Betriebe nicht unter dem Deckmantel eines angeblichen Baubetriebs lediglich Arbeitnehmerüberlassung betreiben. Daher sollte der Verleiherbetrieb mindestens drei Jahre als Baubetrieb tätig gewesen sein. Um diesen Zweck zu erreichen, ist es **nicht erforderlich**, dass für den **Verleiher dieselben Rahmen- und Sozialkassentarifverträge** einschlägig sind **wie** für den **Entleiher**.[71] Als Bezugsobjekt von „denselben Rahmen- und Sozialkassentarifverträgen" ist daher der verleihende Betrieb anzusehen. Es kommt nunmehr nur noch darauf an, dass der Verleiher entweder kraft Mitgliedschaft nach § 3 Abs. 1 TVG oder durch Allgemeinverbindlicherklärung gem. § 5 TVG tarifgebunden ist. Die Regelung ist zeitlich zu verstehen; der Verleiher soll den Nachweis erbringen, dass er mindestens drei Jahre als Baubetrieb tätig gewesen ist.[72]

---

67 Thüsing/*Waas*, § 1b Rn. 40.
68 *Sandmann/Marschall*, § 1b Anm. 18. – Vgl. auch BT-Drs. 12/7688, S. 7.
69 Thüsing/*Waas*, § 1b Rn. 40.
70 BT-Drs. 15/91, S. 17.
71 A.A. wohl Thüsing/*Waas*, § 1b Rn. 37.

Bestätigt wird ein solches Verständnis durch die Formulierung in Satz 3. Danach kann ein ausländischer Verleiher mit Sitz in einem Mitgliedstaat des Europäischen Wirtschaftsraums Arbeitnehmerüberlassung auch dann betreiben, wenn für ihn deutsche Rahmen- und Sozialkassentarifverträge nicht gelten, er aber nachweislich seit mindestens drei Jahren überwiegend Tätigkeiten ausübt, die unter den Geltungsbereich derselben Rahmen- und Sozialkassentarifverträge fallen, von denen der Betrieb des Entleihers erfasst wird. Hier wird ausdrücklich auf den Entleiher Bezug genommen.

Demnach ist abweichend von der früheren Rechtslage eine **Arbeitnehmerüberlassung auch zwischen Betrieben des Bauhauptgewerbes und des Garten- und Landschaftsbaus** zulässig (anders GA-AÜG 1b.2. (5)). 39

c) Verleiher seit mindestens drei Jahren als Baubetrieb tätig

Der verleihende Betrieb muss nach der gesetzlichen Regelung nachweislich seit mindestens drei Jahren von denselben Rahmen- und Sozialkassentarifverträgen oder von deren Allgemeinverbindlichkeit erfasst werden. Durch diese Voraussetzung soll nach der Gesetzesbegründung bei der so genannten Kollegenhilfe (dazu § 1a Rn. 1 ff.) verhindert werden, dass Betriebe unter dem Deckmantel eines angeblichen Baubetriebs lediglich Arbeitnehmerüberlassung betreiben.[73] **Satz 2 Alt. 2 schießt** aber in seinem Wortlaut **über** dieses **Regelungsziel hinaus**. Danach ist es für den Ausnahmetatbestand nämlich zwingend erforderlich, dass dieselben Rahmen- und Sozialkassentarifverträge mindestens drei Jahre für den Verleiher gelten. Diese tatbestandliche Voraussetzung wäre z. B. dann nicht erfüllt, wenn ein Betrieb, der Jahrzehnte im Bauhauptgewerbe tätig war, innerhalb der letzten drei Jahre seine Tätigkeit auf das Dachdeckerhandwerk konzentriert und beschränkt hätte. Da Verleiher und Entleiher nicht von denselben Rahmen- und Sozialkassentarifverträgen erfasst werden müssen, besteht für diese Einschränkung keine sachliche Rechtfertigung mehr. Daher genügt es entsprechend der gesetzlichen Begründung, wenn der **Verleiher innerhalb der letzten drei Jahre** als **Baubetrieb** tätig war, auch wenn eine Veränderung der betrieblichen Tätigkeit dazu geführt hat, dass sich die Anwendbarkeit der maßgeblichen Rahmen- und Sozialkassentarifverträge geändert hat. 40

---

72 Vgl. auch BT-Drs. 15/91, S. 17.
73 BT-Drs. 15/91, S. 17.

d) Rechtsfolgen

41 Auch Satz 2 Alt. 2 hebt **nur** das **Verbot nach Satz 1** auf. Von den sonstigen Bestimmungen dieses Gesetzes stellt Satz 2 Alt. 2 nicht frei.

V. Verbotsausnahme für ausländische Verleiher (Satz 3)

1. Überblick

42 Nach früherer Rechtslage war die so genannte Kollegenhilfe durch ausländische Bauunternehmer nicht gestattet. Dies war entsprechend § 1 Abs. 1 Satz 2 im Hinblick auf europarechtliche Vorgaben zweifelhaft. Nunmehr können Verleiher mit Geschäftssitz in einem anderen Mitgliedstaat des Europäischen Wirtschaftsraums Arbeitnehmerüberlassung ins Baugewerbe auch dann betreiben, wenn sie von deutschen Rahmen- und Sozialkassentarifverträgen oder für allgemein verbindlich erklärten Tarifverträgen nicht erfasst werden, sie aber nachweislich seit mindestens drei Jahren überwiegend Tätigkeiten ausüben, die unter den Geltungsbereich derselben Rahmen- und Sozialkassentarifverträge fallen, von denen der Betrieb des Entleihers erfasst wird. Obwohl der Begriff Arbeitnehmerüberlassung in Satz 3 den Verweis auf § 1 nicht enthält, ist nach der Systematik der Begriff der Arbeitnehmerüberlassung nach Satz 1 und damit derjenige nach § 1 maßgeblich.

43 Die **Regelung genügt europarechtlichen Vorgaben nicht**. Zum einen werden **ausländische Betriebe, die keinen Baubetrieb betreiben, generell** von der Arbeitnehmerüberlassung ins Baugewerbe **ausgenommen**, während nach der Neuregelung in Satz 2 Alt. 1 auch eine Überlassung durch inländische Verleiher möglich ist, die keinen Baubetrieb betreiben. Zum anderen wird die **Zulässigkeit** der Überlassung durch einen ausländischen Baubetrieb **an strengere Voraussetzungen geknüpft** als bei einem inländischen Baubetrieb (siehe unten Rn. 50 f.).

44 Ein **ausländischer Verleiher** ist **nur von dem Erfordernis der Geltung gleicher Tarifverträge befreit**, alle übrigen Voraussetzungen für die Zulässigkeit des Verleihs in einen Betrieb des Baugewerbes müssen erfüllt werden. Er muss also über eine deutsche Verleiherlaubnis und bei Erlaubnispflicht im anderen Mitgliedstaat des EWR auch über eine Erlaubnis des Heimatstaats verfügen.[74]

---

[74] Vgl. BT-Drs. 15/25, S. 38; *Sandmann/Marschall*, § 1b Anm. 19.

V. Verbotsausnahme für ausländische Verleiher (Satz 3) § 1b

2. Tatbestandsvoraussetzungen

a) Geschäftssitz in EWR-Mitgliedstaat

Der Betrieb muss seinen Geschäftssitz in einem anderen EWR-Mit- 45
gliedstaat haben (siehe dazu § 1 Rn. 147 ff.).

b) Betrieb des Baugewerbes

Es muss sich um einen **Betrieb des Baugewerbes** handeln. Ob ein Be- 46
trieb des Baugewerbes vorliegt, bestimmt sich nicht nach den gesetzlichen Bestimmungen des Landes, in dem der Betrieb seinen Sitz hat, sondern **nach § 101 SGB III**. – Zum Betrieb des Baugewerbes s.o. Rn. 13 ff. und 36.

Bei **Mischbetrieben** kommt es darauf an, dass die Arbeitnehmer über- 47
wiegend, also mit **mehr als der Hälfte ihrer Arbeitszeit, mit Bauleistungen** beschäftigt sind, wobei zu den Bauleistungen auch solche Neben- und Hilfstätigkeiten rechnen, die zu einer sachgerechten Ausführung der Bauleistungen notwendig sind. Ob in diesem Sinne mehr als die Hälfte der Arbeitszeit mit Bauleistungen erbracht wird, ist nach der gesamten Tätigkeit der Arbeitnehmer des verleihenden Betriebs zu bestimmen. Nicht erforderlich ist danach, dass zu über 50 v.H. der **betrieblichen Gesamtarbeitszeit** bauliche Leistungen in Deutschland erbracht werden.[75] Der Anteil der baulichen Leistungen in Deutschland kann weniger als 50 v.H. betragen, die baulichen Leistungen in Deutschland können sich sogar auf die Arbeitszeit im Entleiherbetrieb beschränken.[76]

Nach einer in der Literatur vertretenen Auffassung soll es allerdings er- 48
forderlich sein, dass der ausländische Verleiher im EWR überwiegend Bauleistungen erbringt.[77] Danach wären die Voraussetzungen von Satz 3 nicht erfüllt, wenn ein Betrieb mit Sitz in einem EWR-Mitgliedstaat, der am Sitz nur Verwaltungsaufgaben wahrnimmt, in einem Staat außerhalb der EU oder des EWR-Abkommens überwiegend, d.h. zu mehr als 50 v.H. der Gesamtarbeitszeit, bauliche Leistungen erbringt. Dem kann nicht gefolgt werden. Nach der ausdrücklichen gesetzlichen Regelung kommt es nämlich darauf an, dass der **Betrieb als solcher dem Baugewerbe zuzuordnen** ist. Für diese Zuordnung ist aber die **Gesamtheit der betrieblichen Aktivitäten** ausschlaggebend, sodass

---
75 EuGH vom 25.10.2001 – C-493/99, BB 2001, 2427, 2429 f.
76 *Sandmann/Marschall*, § 1b Anm. 18a.
77 *Thüsing/Waas*, § 1b Rn. 46.

§ 1b Einschränkungen im Baugewerbe

Auslandsaktivitäten auch dann **zu berücksichtigen** sind, wenn sie dem Betrieb zugerechnet werden können, also wenn der Arbeitseinsatz der Arbeitnehmer von dem im EWR belegenen Betrieb aus gesteuert wird. Umgekehrt ist die Anwendbarkeit von Satz 3 dann ausgeschlossen, wenn der Betrieb zwar im EWR überwiegend oder sogar ausschließlich Bautätigkeiten ausübt, aber auf Grund sonstiger Aktivitäten außerhalb dieses Wirtschaftsraums der Schwerpunkt der Tätigkeit außerhalb des Bausektors liegt.

c) Keine Tarifgeltung

49 Abweichend von Satz 2 ist es für die Gestattung der Arbeitnehmerüberlassung in das Baugewerbe nicht Voraussetzung, dass der ausländische Betrieb von deutschen Rahmen- und Sozialkassentarifverträgen oder deren Allgemeinverbindlichkeit erfasst wird.

d) Ausübung derselben Tätigkeit wie der Entleiher

50 Der ausländische Verleiher muss nach der gesetzlichen Regelung nachweislich seit mindestens drei Jahren überwiegend **Tätigkeiten** ausüben, die unter den **Geltungsbereich derselben Rahmen- und Sozialkassentarifverträge** fallen, von denen der **Betrieb des Entleihers** erfasst wird. Der Betrieb mit Geschäftssitz in einem EWR-Mitgliedstaat ist danach nur dann in Deutschland zum Verleih an Baubetriebe berechtigt, wenn seine Tätigkeit der des inländischen Entleihers entspricht. Während ein inländischer Dachdeckerbetrieb Arbeitnehmer nicht nur an Dachdeckerbetriebe, sondern auch an andere Betriebe des Bauhauptgewerbes überlassen könnte, könnte nach dem Wortlaut der gesetzlichen Regelung ein ausländischer Dachdeckerbetrieb mit Geschäftssitz im EWR einen Arbeitnehmer zwar an einen inländischen Dachdeckerbetrieb, nicht aber an einen sonstigen inländischen Betrieb des Bauhauptgewerbes überlassen (GA-AÜG Nr. 1b.2.(11)). Eine solche Schlechterstellung ausländischer Unternehmen ist mit der Dienstleistungsfreiheit aus Art. 56 AEUV unvereinbar.

51 Der Nachweis, dass der Verleiher mindestens drei Jahre als Baubetrieb tätig ist, soll wie in Satz 2 Alt. 2 dem Missbrauchsschutz bei der so genannten Kollegenhilfe dienen. Insoweit stellt die Bestimmung in Satz 3 den ausländischen Baubetrieb schlechter als einen inländischen Baubetrieb, weil letzterer nur von Rahmen- und Sozialkassentarifverträgen der Baubranche erfasst werden muss; es müssen aber nicht dieselben sein, die für den Entleiherbetrieb gelten. Dies stellt eine mit der Dienst-

V. Verbotsausnahme für ausländische Verleiher (Satz 3) § 1b

leistungs- und Niederlassungsfreiheit nicht zu vereinbarende **Diskriminierung des ausländischen Baubetriebs** dar.

3. Rechtsfolgen

Auch Satz 3 hebt **nur** das **Verbot nach Satz 1** auf. Von den sonstigen Bestimmungen dieses Gesetzes stellt die Vorschrift nicht frei.

52

§ 2 Erteilung und Erlöschen der Erlaubnis

(1) Die Erlaubnis wird auf schriftlichen Antrag erteilt.

(2) Die Erlaubnis kann unter Bedingungen erteilt und mit Auflagen verbunden werden, um sicherzustellen, dass keine Tatsachen eintreten, die nach § 3 die Versagung der Erlaubnis rechtfertigen. Die Aufnahme, Änderung oder Ergänzung von Auflagen sind auch nach Erteilung der Erlaubnis zulässig.

(3) Die Erlaubnis kann unter dem Vorbehalt des Widerrufs erteilt werden, wenn eine abschließende Beurteilung des Antrags noch nicht möglich ist.

(4) Die Erlaubnis ist auf ein Jahr zu befristen. Der Antrag auf Verlängerung der Erlaubnis ist spätestens drei Monate vor Ablauf des Jahres zu stellen. Die Erlaubnis verlängert sich um ein weiteres Jahr, wenn die Erlaubnisbehörde die Verlängerung nicht vor Ablauf des Jahres ablehnt. Im Falle der Ablehnung gilt die Erlaubnis für die Abwicklung der nach § 1 erlaubt abgeschlossenen Verträge als fortbestehend, jedoch nicht länger als zwölf Monate.

(5) Die Erlaubnis kann unbefristet erteilt werden, wenn der Verleiher drei aufeinanderfolgende Jahre lang nach § 1 erlaubt tätig war. Sie erlischt, wenn der Verleiher von der Erlaubnis drei Jahre lang keinen Gebrauch gemacht hat.

Übersicht

	Rn.		Rn.
I. Vorbemerkungen	1	III. Erteilung unter Bedingungen oder Auflagen (Abs. 2)	22
1. Entstehungsgeschichte	1	1. Überblick	22
2. Sinn und Zweck der Vorschrift	2	2. Erlaubnis unter Bedingung	23
II. Erteilung der Erlaubnis (Abs. 1)	4	3. Erlaubnis unter Auflage	25
1. Gegenstand und Rechtsnatur	4	IV. Widerrufsvorbehalt (Abs. 3)	31
2. Verfahren	5	V. Befristung, Verlängerung und Nachwirkung (Abs. 4)	33
a) Anwendbares Recht	5	1. Befristung der Erlaubnis (Satz 1)	33
b) Antragserfordernis	7	2. Verlängerung der Erlaubnis (Satz 2 und Satz 3)	34
c) Amtsermittlung und Mitwirkungsobliegenheit	12	3. Nachwirkung der Erlaubnis (Satz 4)	37
d) Zuständigkeit	14		
3. Erlaubnis	15		
a) Erteilung	15		
b) Inhalt	17		
c) Inhaber	19		

I. Vorbemerkungen § 2

	Rn.		Rn.
VI. Unbefristete Erteilung der Erlaubnis (Abs. 5 Satz 1)	41	1. Widerspruchsverfahren (§§ 77 ff. SGG)	47
VII. Erlöschen der Erlaubnis	44	2. Klageverfahren (§§ 54, 87 ff. SGG)	48
1. Nichtgebrauchmachen von der Erlaubnis (Abs. 5 Satz 2)	44	3. Vorläufiger Rechtsschutz (§§ 86 Abs. 4, 97 Abs. 2 SGG)	52
2. Sonstige Erlöschensgründe	45		
VIII. Rechtsschutz	47		

I. Vorbemerkungen

1. Entstehungsgeschichte

Die Bestimmung ist seit Inkrafttreten des AÜG **im Wesentlichen unverändert** geblieben.[1] Lediglich die Dauer der **Nachwirkung** der Erlaubnis nach Abs. 4 Satz 4 ist von **zunächst sechs Monaten** durch das AFRG[2] **mit Wirkung vom** 1.4.1997 auf **zwölf Monate** angehoben worden, um die Nachwirkung mit der Überlassungshöchstdauer der §§ 1 Abs. 2 und 3 Abs. 1 Nr. 6 zu synchronisieren; bei der Verlängerung der Überlassungshöchstdauer auf 24 Monate durch das Job-AQTIV-Gesetz zum 1.1.2002 wurde allerdings eine entsprechende Anpassung unterlassen. Durch das AFRG wurde Abs. 5 Satz 2 zugleich dahingehend geändert, dass die einmal erteilte unbefristete Erlaubnis nicht bereits erlischt, wenn der Verleiher von ihr ein Jahr keinen Gebrauch gemacht hat, sondern erst nach einem Zeitraum von drei Jahren. 1

2. Sinn und Zweck der Vorschrift

Die Vorschrift legt das **Verfahren für die Erteilung** der Überlassungserlaubnis fest. Den zuständigen Behörden soll durch das Erlaubnisverfahren die Möglichkeit eingeräumt werden, zum Schutze der Leiharbeitnehmer die **Zuverlässigkeit des Antragstellers** und dessen **wirtschaftliche Verhältnisse** zu **kontrollieren**. Hierdurch soll sichergestellt werden, dass der Verleiher voraussichtlich in der Lage sein wird, die Arbeitgeberpflichten zu übernehmen und die damit verbundene Verantwortung zu tragen. 2

---

1 Zur Entwicklung Schüren/*Schüren*, § 2 Rn. 3.
2 BGBl. I, S. 594.

3 Die Bestimmung stellt für die **Kontrolle des Verleihers** durch die BA ein **flexibles Verfahren** zur Verfügung. Die Erlaubnis darf zunächst nur befristet erteilt werden. Um die gesetzlichen Voraussetzungen sicherzustellen, kann die Erlaubnis mit Nebenbestimmungen versehen und unter Vorbehalt des Widerrufs erteilt werden. Die Bestimmung schafft somit die Grundlage für die BA, die Einhaltung der gesetzlichen Bestimmungen durch den Verleiher zu überwachen.

II. Erteilung der Erlaubnis (Abs. 1)

1. Gegenstand und Rechtsnatur

4 Nach der gesetzlichen Konzeption in § 1 Abs. 1 ist Arbeitnehmerüberlassung im Rahmen einer wirtschaftlichen Tätigkeit grds. verboten, darf aber mit einer entsprechenden Erlaubnis ausgeübt werden. Es handelt sich also um ein **präventives Verbot mit Erlaubnisvorbehalt**. Die Erlaubniserteilung ist ein (mitwirkungsbedürftiger – Antragstellung) **begünstigender Verwaltungsakt**. Der Antragsteller hat wegen des grundrechtlichen Schutzes der Berufsfreiheit einen **Rechtsanspruch auf Erteilung** der Erlaubnis, sofern keine Versagungsgründe gem. § 3 vorliegen.[3]

2. Verfahren

a) Anwendbares Recht

5 Das Verfahren bestimmt sich zunächst nach den **Bestimmungen des AÜG** (z.B. §§ 4, 5), die allerdings keine abschließende Verfahrensordnung bilden. **Ergänzend** ist seit dem 21.5.1996 auf das **VwVfG** zurückzugreifen, nachdem durch das Gesetz zur Änderung verwaltungsverfahrensrechtlicher Vorschriften vom 2.5.1996[4] nicht mehr Verfahren nach § 51 SGG, zu denen gemäß § 51 Abs. 1 SGG auch die Aufgaben der BA gehören, sondern Verfahren nach dem SGB von der Anwendung des VwVfG ausgenommen sind.[5] Zu diesen Verfahren nach dem SGB rechnen die Angelegenheiten nach dem AÜG aber nicht. Diese sind weder in den einzelnen Büchern des SGB geregelt noch wird das

---

[3] Vgl. BT-Drs. VI/2303, S. 10; LSG Niedersachsen vom 22.7.1977 – L 7 S (Ar) 31/77, EzAÜG § 4 AÜG Rücknahme Nr. 1; LSG Nordrhein-Westfalen vom 2.11.1977 – L 12 Ar 15/76, n.v.
[4] BGBl. I, S. 656.
[5] AnwK-ArbR/*Ulrici*, § 2 AÜG Rn. 2; Thüsing/*Kämmerer*, § 2 Rn. 1f.; *Ulber*, § 2 Rn. 6.

II. Erteilung der Erlaubnis (Abs. 1) § 2

AÜG im abschließenden Katalog des § 68 SGB I als besonderer Teil des SGB aufgeführt.

Bis zum 20.5.1996 konnte allerdings im Erlaubnisverfahren weder auf die Bestimmungen des VwVfG noch des SGB IV und SGB X zurückgegriffen werden, und zwar mangels planwidriger Regelungslücke auch nicht analog. Vielmehr wurden zur Ergänzung der Bestimmungen des AÜG die allgemeinen Grundsätze des Verwaltungsverfahrensrechts herangezogen,[6] die sich allerdings der Sache nach im Wesentlichen mit den Regelungen des VwVfG und des SGB X decken. **De lege ferenda** sollte der Gesetzgeber das **AÜG** in den **Katalog des § 68 SGB I** aufnehmen und damit dem Verwaltungsverfahren nach dem **SGB X** unterwerfen. 6

b) Antragserfordernis

Abs. 1 schreibt zwingend einen Antrag auf Verleiherlaubnis vor. **Antragsteller** ist derjenige, der die Arbeitnehmerüberlassung betreiben will. Dies können natürliche Personen, Personengesellschaften (OHG, KG), Personengesamtheiten (z.B. nicht rechtsfähige Vereine, Erbengemeinschaften)[7] und juristische Personen (z.B. AG, GmbH, Kirche, Gemeinde) sein (vgl. GA AÜG 2.1.3 (1) und (2)). Personengesellschaften handeln durch die vertretungsberechtigten Gesellschafter, juristische Personen durch ihre Organe (z.B. Vorstand der AG, Geschäftsführer der GmbH). Nach allgemeinen Bestimmungen ist **Stellvertretung zulässig** und möglich (§ 14 Abs. 1 Satz 1 VwVfG), wobei eine schriftliche Vollmacht nicht erforderlich ist (§ 167 Abs. 2 BGB analog). Auf entsprechendes Verlangen ist die Vollmacht allerdings schriftlich nachzuweisen (§ 14 Abs. 1 Satz 3 VwVfG, vgl. auch GA AÜG 2.1.3 (4)). Für Minderjährige stellen die gesetzlichen Vertreter den Antrag; liegt eine Ermächtigung nach § 112 BGB zum Betrieb eines Verleiherunternehmens vor, kann (nur) der Minderjährige den Antrag stellen, weil er insoweit unbeschränkt geschäftsfähig ist (vgl. § 12 Abs. 1 Nr. 2 VwVfG. – Zur Erteilung der Erlaubnis an Minderjährige siehe unten Rn. 19). 7

Der Antrag auf Ersterteilung ist an **keine Frist** gebunden, muss aber so rechtzeitig erfolgen, dass die zuständige Behörde (siehe dazu unten Rn. 14) vor Aufnahme der Überlassungstätigkeit die Erlaubnis erteilen 8

---

6 *Sandmann/Marschall*, § 2 Anm. 7; Thüsing/*Kämmerer*, § 2 Rn. 1.
7 Zur Einordnung der GbR siehe BGH vom 29.1.2001 – II ZR 331/00, BB 2001, 374 ff.; *Wertenbruch*, BB 2001, 737 ff.

kann (zu den Fristen für die Verlängerung der Erlaubnis siehe unten Rn. 34 ff.). Der Antrag ist nach Abs. 1 **schriftlich** zu stellen. Nach h. M. (vgl. GA-AÜG Nr. 2.1.1 (2)) muss der Antrag vom Antragsteller oder dessen Vertreter eigenhändig unterschrieben sein (§ 126 BGB); die Antragstellung durch Telefax soll nicht genügen.[8] Da es sich beim Antrag jedoch nicht um eine zivilrechtliche Willenserklärung, sondern um eine Handlung im Verwaltungsverfahren handelt, genügt nach den insoweit maßgeblichen Grundsätzen auch ein Telefax (vgl. § 1a Rn. 25).[9] Die Behörden halten für die Antragstellung entsprechende Vordrucke bereit,[10] die umfassend die bei einer Antragstellung möglichen Fragen erfassen und Nachweise auflisten. Die Verwendung der amtlichen Vordrucke ist zweckmäßig, aber keine Wirksamkeitsvoraussetzung für den Antrag (GA-AÜG 2.1.1 (3)).

9 Der Antrag muss **in deutscher Sprache** erfolgen (§ 23 Abs. 1 VwVfG), und zwar auch bei ausländischen Antragstellern. Dies gilt ebenfalls für alle weiteren Erklärungen im Rahmen des Verfahrens. Besondere Anforderungen an den **Inhalt** des Antrags werden nicht gestellt. Aus dem Antrag muss sich jedoch ergeben, wer Antragsteller ist und dass eine Erlaubnis nach § 1 Abs. 1 begehrt wird.

10 Ist ein **Antrag nicht formgerecht** (vgl. dazu oben Rn. 8) gestellt oder sind sonstige inhaltliche Erfordernisse nicht gewahrt, dann ist er gleichwohl nicht unbeachtlich; die Behörde darf nicht untätig bleiben.[11] Vielmehr ist der Antragsteller auf Formfehler oder sonstige Versäumnisse hinzuweisen und auf eine **formgerechte Antragstellung hinzuwirken** (§ 25 VwVfG); dies folgt schon aus dem Rechtsstaatsprinzip. Ist die Amtssprache nicht beachtet, werden also Anträge oder Unterlagen in fremder Sprache eingereicht, soll nach § 23 Abs. 2 VwVfG unverzüglich die Vorlage einer Übersetzung verlangt werden. Die BA kann hierfür eine angemessene Frist setzen. Gehen die Unterlagen nicht inner-

---

8 *Sandmann/Marschall*, § 2 Anm. 9; Schüren/*Schüren*, § 2 Rn. 15. – Vgl. allgemein BGH vom 28.1.1993 – IX ZR 259/91, BB 1993, 749 ff.; BGH vom 30.7.1997 – VIII ZR 244/96, BB 1997, 2022 f.
9 AnwK-ArbR/*Ulrici*, § 2 AÜG Rn. 4.
10 Download unter http://www.arbeitsagentur.de/zentraler-Content/Vordrucke/A08-Ordnung-Recht/Publikation/V-AUeG-2a-Arbeitnehmerueberlassung.pdf (abgefragt am 5.10.2012). – Vgl. wegen weiterer Formulare für die Antragstellung. http://www.arbeitsagentur.de/nn_175694/Navigation/zentral/Formulare/Unternehmen/Arbeitnehmerueberlassung/Arbeitnehmerueberlassung-Nav.html (abgefragt am 5.10.2012).
11 AnwK-ArbR/*Ulrici*, § 2 AÜG Rn. 6. – So aber MünchArbR/*Marschall*, § 174 Rn. 96; *Sandmann/Marschall*, § 2 Anm. 9.

halb der gesetzten Frist ein, ist der Antrag abzulehnen (GA-AÜG 2.1.1 (4)).

Wird ein **Antrag nicht** oder nicht ordnungsgemäß **gestellt**, dann ist eine gleichwohl erteilte **Erlaubnis nicht unwirksam**,[12] sondern nur rechtswidrig, wie aus § 45 Abs. 1 Nr. 1 VwVfG zu folgern ist. Die Erteilung kann daher vom Adressaten der Erlaubnis angefochten werden, die Behörde kann die Erlaubnis, wenn der Antrag nicht nachgeholt wird, gemäß § 48 VwVfG zurücknehmen. **11**

c) Amtsermittlung und Mitwirkungsobliegenheit

Der Antrag verpflichtet die Behörde zur Einleitung eines Verwaltungsverfahrens. In diesem gilt der **Untersuchungsgrundsatz** (§ 24 VwVfG).[13] Die Behörde hat den für die Erteilung maßgeblichen Sachverhalt von Amts wegen zu ermitteln.[14] Während des Erlaubnisverfahrens treffen den Antragsteller jedoch im eigenen Interesse **Mitwirkungsobliegenheiten**.[15] Die Behörde kann von ihm **Auskunft** über sämtliche Umstände verlangen, die für die Entscheidung über den Antrag von Bedeutung sind. Übersendet die Behörde den amtlichen Vordruck, dann ist dieser auszufüllen, zumindest sind die entsprechenden Angaben vollständig und wahrheitsgemäß abzugeben. Daneben können Angaben nach § 3 Abs. 1 Nr. 2 bis Nr. 5 sowie zur wirtschaftlichen Lage erforderlich werden. Allerdings kann die Behörde die Mitwirkungspflichten nicht zwangsweise durchsetzen.[16] Kommt der Antragsteller aber seiner Mitwirkungslast nicht nach, können ihn Rechtsnachteile dahin gehend treffen, dass die Behörde mangels hinreichender Tatsachenkenntnis seinem Antrag auf Erlaubniserteilung nicht stattgibt (GA-AÜG 2.1.2 (3)).[17] **12**

Ein Anspruch auf Akteneinsicht während des Erlaubnisverfahrens kann sich aus § 29 VwVfG ergeben.[18] **13**

---

12 AnwK-ArbR/*Ulrici*, § 2 AÜG Rn. 7. – A.A. *Sandmann/Marschall*, § 2 Anm. 9.
13 AnwK-ArbR/*Ulrici*, § 2 AÜG Rn. 9.
14 AnwK-ArbR/*Ulrici*, § 2 AÜG Rn. 9.
15 Thüsing/*Kämmerer*, § 2 Rn. 3.
16 Thüsing/*Kämmerer*, § 2 Rn. 3; AnwK-ArbR/*Ulrici*, § 2 AÜG Rn. 9.
17 AnwK-ArbR/*Ulrici*, § 2 AÜG Rn. 9; Thüsing/*Kämmerer*, § 2 Rn. 3; *Ulber*, § 2 Rn. 15.
18 A.A. *Sandmann/Marschall*, Art. 1 § 2 Anm. 13a: Keine Möglichkeit erfolgreicher gerichtlicher Geltendmachung eines Anspruchs auf Akteneinsicht außerhalb eines anhängigen sozialgerichtlichen Rechtsstreits. – So auch *Ulber*, § 2 Rn. 5.

§ 2 Erteilung und Erlöschen der Erlaubnis

d) Zuständigkeit

14 Zuständig für die Erteilung der Erlaubnis ist gem. § 17 die BA. Der Antrag kann bei **jeder Dienststelle der BA** abgegeben werden, weil das AÜG selbst keine Vorschriften über die örtliche und sachliche Zuständigkeit enthält.[19]

3. Erlaubnis

a) Erteilung

15 Auf die Erteilung der Erlaubnis besteht ein **Rechtsanspruch, wenn kein Versagungsgrund** vorliegt. Als VA muss die Erlaubnis nicht schriftlich erteilt, sondern sie kann auch mündlich oder in anderer Weise erlassen werden (§ 37 Abs. 2 VwVfG). Aus Gründen der Rechtssicherheit und Zweckmäßigkeit hat allerdings die BA ihre Dienststellen angewiesen, die Verleiherlaubnis schriftlich unter Verwendung bestimmter Vordrucke vorzunehmen. Gleichwohl ist die mündlich erteilte Erlaubnis wirksam.[20] Die Erlaubnis muss dem Adressaten bekannt gegeben werden; sie wird also erst mit Zugang bei diesem wirksam.[21] Wird zuvor Arbeitnehmerüberlassung betrieben, liegt unerlaubte Arbeitnehmerüberlassung mit den zivilrechtlichen Folgen der §§ 9 Nr. 1, 10 Abs. 1 sowie den ordnungswidrigkeitsrechtlichen Konsequenzen gemäß § 16 Abs. 1 Nr. 1 vor. Dies gilt selbst dann, wenn die Überlassung ohne erforderliche Erlaubnis nur ganz kurzzeitig erfolgte.[22]

16 Wird dem Antrag stattgegeben und die Erlaubnis erteilt, ist eine Begründung nicht erforderlich. Wird der Antrag abgelehnt oder mit Nebenbestimmungen (dazu unten Rn. 22 ff.) versehen, ist die Entscheidung gem. § 39 VwVfG zu begründen.[23]

b) Inhalt

17 Die Erlaubnis muss nach § 37 Abs. 1 VwVfG hinreichend bestimmt sein, insbesondere erkennen lassen, dass eine Erlaubnis i.S.v. § 1 Abs. 1 und wem diese (zum Inhaber der Erlaubnis siehe sogleich Rn. 19 ff.) er-

---

19 *Sandmann/Marschall*, § 2 Anm. 10; *Thüsing/Kämmerer*, § 2 Rn. 4.
20 AnwK-ArbR/*Ulrici*, § 2 AÜG Rn. 10; *Sandmann/Marschall*, § 2 Anm. 5; *Schüren/Schüren*, § 2 Rn. 19; *Ulber*, § 2 Rn. 17. – A.A. *Becker/Wulfgramm*, § 2 Rn. 7.
21 AnwK-ArbR/*Ulrici*, § 2 AÜG Rn. 10; *Sandmann/Marschall*, § 2 Anm. 6; *Schüren/Schüren*, § 2 Rn. 22.
22 LAG Düsseldorf vom 27.8.2007 – 17 Sa 864/07, BeckRS 2008, 50288.
23 *Ulber*, § 2 Rn. 19.

teilt werden soll. Wird die Erlaubnis schriftlich erteilt, muss die erlassende Behörde erkennbar sein sowie Unterschrift oder Namenswiedergabe des Behördenleiters, seines Vertreters oder seines Beauftragten erkennen lassen (§ 37 Abs. 3 VwVfG). Die Entscheidung sollte, muss aber nicht erkennen lassen, wann die Erlaubnis erteilt wurde.[24]

Die Erlaubnis gibt ihrem Inhaber das Recht, Tätigkeiten i.S.v. § 1 Abs. 1 Satz 1 auszuüben, soweit die sonstigen gesetzlichen Bestimmungen eingehalten werden. Sonstige Anmelde- und Anzeigepflichten (z.B. § 14 GewO) bleiben daneben bestehen.

18

c) Inhaber

Die Erlaubnis wird **personen- oder rechtsträgergebunden** erteilt. Sie ist kein Vermögensgegenstand und kann daher weder in eine Gesellschaft eingebracht noch in sonstiger Form übertragen werden,[25] sie geht grds. nicht im Wege der Rechtsnachfolge auf einen anderen Rechtsträger über.[26] Wegen des Personenbezugs ist die Erlaubnis allerdings auch **nicht betriebsbezogen**. Sie erstreckt sich nicht nur auf eine bestimmte Betriebsstätte oder Niederlassung, sondern den Inhaber allgemein, gilt also für sämtliche Betriebe und Unternehmen. Inhaber der Erlaubnis können sowohl **natürliche** als auch **juristische Personen**, aber auch **Personengesellschaften** und **Personengesamtheiten** sein. Auf die Geschäftsfähigkeit kommt es nicht an. Deswegen können grds. auch Minderjährige oder unter Betreuung stehende Personen (§§ 1896 ff. BGB) Erlaubnisinhaber sein, wobei in diesen Fällen allerdings regelmäßig ein Versagungsgrund nach § 3 Abs. 1 Nr. 1 vorliegt.

19

Ist eine **natürliche Person** Erlaubnisinhaber, dann darf auch nur sie Arbeitnehmerüberlassung betreiben. Die Erlaubnis geht daher nicht auf eine Gesellschaft über, in die diese natürliche Person eintritt, selbst wenn sie Geschäftsführer und/oder Alleingesellschafter sein sollte.[27] Generell geht die Erlaubnis im Allgemeinen nicht im Wege der Rechtsnachfolge auf einen anderen Rechtsträger über,[28] weil es auf die Zuver-

20

---

24 Schüren/*Schüren*, § 2 Rn. 20.
25 LSG Baden-Württemberg vom 6.12.1983 – L 5 Ar 659/82, EzAÜG § 2 AÜG Erlöschensgründe Nr. 1.
26 BSG vom 12.12.1991 – 7 RAr 56/90, NZA 1992, 668 f.
27 LSG Baden-Württemberg vom 6.12.1983 – L 5 Ar 659/82, EzAÜG § 2 AÜG Erlöschensgründe Nr. 1.
28 BSG vom 12.12.1991 – 7 RAR 56/90, NZA 1992, 668 f.; LAG Düsseldorf vom 27.8.2007 – 17 Sa 864/07, BeckRS 2008, 50288; LAG Schleswig-Holstein vom 6.4.1984 – 3 (4) Sa 597/82, EzAÜG § 10 AÜG Fiktion Nr. 35.

lässigkeit des Erlaubnisinhabers ankommt. Dementsprechend erlischt die Erlaubnis mit der Verschmelzung des Erlaubnisträgers auf ein anderes Unternehmen.[29] Umgekehrt berechtigt die einer **Personengesellschaft** erteilte Verleiherlaubnis nicht die an dieser beteiligten natürlichen oder juristischen Personen zur Arbeitnehmerüberlassung. So erstreckt sich die einer KG erteilte Verleiherlaubnis nicht auf den oder die Komplementäre.[30] Mit der **Liquidation einer KG** erlischt daher die der KG erteilte Erlaubnis; war in einem solchen Fall einer GmbH in ihrer Eigenschaft als Komplementärin der KG eine Erlaubnis erteilt worden, dann erlischt die der GmbH erteilte Erlaubnis auch dann, wenn diese als Rechtspersönlichkeit bestehen bleibt[31] (zu den Fällen der Umwandlung[32] siehe GA-AÜG 7.2 (4)).

21 Die Höchstpersönlichkeit hat allerdings auch zur Folge, dass der **Wechsel von Geschäftsführern** oder gesetzlichen Vertretern **keinen Einfluss auf** den **Bestand** der Erlaubnis hat.[33] Beim Wechsel von Mitgliedern einer Gesellschaft ist zu unterscheiden: Gehen **Gesellschaftsanteile einer GmbH** auf einen neuen Gesellschafter über, ändert dies nichts am Fortbestand der Gesellschaft, sodass die Erlaubnis bestehen bleibt. Hingegen ändert bei Personengesellschaften ein **Mitgliederwechsel** deren Identität, sodass eine neue Erlaubnis erforderlich wird[34] (zum Tod des Erlaubnisinhabers siehe unten Rn. 45).

III. Erteilung unter Bedingungen oder Auflagen (Abs. 2)

1. Überblick

22 Die Erlaubnis kann gem. Abs. 2 mit Nebenbestimmungen versehen werden. Wegen des Rechtsanspruchs auf Erlaubniserteilung (siehe oben Rn. 4) kommen Bedingungen oder Auflagen nur in Betracht, wenn andernfalls die Erlaubnis verweigert werden müsste. Dies ist der Fall, wenn ein Versagungsgrund nach § 3 Abs. 1 vorliegt bzw. dessen Eintritt erwartet werden kann, aber die Einhaltung der Nebenbestim-

---

29 LAG Düsseldorf vom 27.8.2007 – 17 Sa 864/07, BeckRS 2008, 50288.
30 SG Düsseldorf vom 26.4.1978 – S 15 (23) Ar 260/73, n.v.
31 BSG vom 12.12.1991 – 7 RAr 56/90, NZA 1992, 668f.
32 Vgl. auch LAG Düsseldorf vom 10.3.2008 – 17 Sa 856/07, EzAÜG § 10 AÜG Fiktion Nr. 120, juris Rn. 64.
33 Schüren/*Schüren*, § 2 Rn. 24.
34 Schüren/*Schüren*, § 2 Rn. 26. – A.A. AnwK-ArbR/*Ulrici*, § 2 AÜG Rn. 11 m.w.Nachw.

III. Erteilung unter Bedingungen oder Auflagen (Abs. 2) § 2

mung geeignet erscheint, den Versagungsgrund zu beseitigen. Ob die Erlaubnis mit einer Nebenbestimmung zu versehen ist, muss von der BA im Rahmen **pflichtgemäßen Ermessens** entschieden werden. Vor Versagung der Erlaubnis ist daher insbesondere zu prüfen, ob als **milderes Mittel** eine Nebenbestimmung ausreichend ist.[35] Kommt eine Nebenbestimmung in Betracht, wählt die Behörde damit den weniger belastenden Weg für den Verleiher.[36]

2. Erlaubnis unter Bedingung

Unter dem Begriff der Bedingung versteht man im öffentlichen (§ 36 Abs. 2 Nr. 2 VwVfG) wie im bürgerlichen Recht (§ 158 BGB) die Abhängigkeit einer Rechtsfolge vom Eintritt eines zukünftigen, ungewissen Ereignisses. Dabei muss zwischen aufschiebenden und auflösenden Bedingungen unterschieden werden. Bei einer auflösenden Bedingung würde die zunächst erteilte Erlaubnis mit Eintritt des Ereignisses rückwirkend wegfallen. Da das AÜG keine Bestimmungen über die Nachwirkungen im Falle des Wegfalls kennt, würde damit die zunächst legale Arbeitnehmerüberlassung illegal mit allen hieran anknüpfenden Konsequenzen; insbesondere ergäben sich einschneidende Auswirkungen auf die Arbeitsverhältnisse und auf Überlassungsverträge. Deswegen ist eine **Erlaubniserteilung unter auflösender Bedingung grds. unzulässig**.[37] Anstelle der auflösenden Bedingung kommt vielmehr ein Widerrufsvorbehalt in Betracht.[38] 23

Enthält die Erlaubnis eine **aufschiebende Bedingung**, wird die **Erlaubnis** selbst erst **mit dem Eintritt des Ereignisses** wirksam. Die Erlaubnis ist bis zu diesem Zeitpunkt schwebend unwirksam.[39] Allerdings kann es auch hierbei im Einzelfall aus tatsächlichen Gründen unmöglich oder nur sehr schwer feststellbar sein, ob die Bedingung eingetreten ist oder nicht, somit erhebliche Rechtsunsicherheit bestehen. Daher kommt auch eine aufschiebende Bedingung nur ganz ausnahmsweise in Betracht.[40] 24

---

35 LSG Nordrhein-Westfalen vom 2.1.1977 – L 12 Ar 15/76, n. v.; AnwK-ArbR/*Ulrici*, § 2 AÜG Rn. 12; Schüren/*Schüren*, § 2 Rn. 35 ff.; Thüsing/*Kämmerer*, § 2 Rn. 11.
36 BSG vom 21.7.1988 – 7 RAr 60/86, NZA 1989, 74.
37 AnwK-ArbR/*Ulrici*, § 2 AÜG Rn. 13; *Becker/Wulfgramm*, § 2 Rn. 20; Schüren/*Schüren*, § 2 Rn. 39. – A. A. *Ulber*, § 2 Rn. 24.
38 AnwK-ArbR/*Ulrici*, § 2 AÜG Rn. 13.
39 *Sandmann/Marschall*, § 2 Anm. 17.
40 Schüren/*Schüren*, § 2 Rn. 44.

§ 2   Erteilung und Erlöschen der Erlaubnis

3. Erlaubnis unter Auflage

25 Eine Auflage ist eine Nebenbestimmung eines Verwaltungsakts, die dem Begünstigten ein bestimmtes Tun, Dulden oder Unterlassen vorschreibt (§ 36 Abs. 2 Nr. 4 VwVfG). Die mit einer Auflage erteilte Erlaubnis ist **wirksam**, und zwar **auch** dann, **wenn** der **Verleiher die Auflage nicht erfüllt**.[41] Damit sollen vor allem die Leiharbeitnehmer, aber auch die Entleiher geschützt werden, weil die jeweils abgeschlossenen Verträge nicht gem. § 9 Nr. 1 unwirksam werden, wenn der Verleiher der Auflage nicht gerecht wird. Dadurch, dass die Auflage im Unterschied zur Bedingung nicht dispensiert, ist sie für den Verleiher die weniger belastende Nebenbestimmung.[42] Soweit sich Auflage und Bedingung gleichermaßen zur Herstellung gesetzmäßiger Zustände eignen, genießt die Auflage daher Vorrang.[43] Ist zweifelhaft, ob die Behörde eine Auflage oder eine Bedingung angeordnet hat, ist von einer Auflage als dem milderen Mittel auszugehen.[44] Von der Auflage im Rechtssinne zu unterscheiden sind modifizierende Auflagen.[45] Beide haben nur den Namen gemeinsam. Eine modifizierende Auflage liegt vor, wenn der Erlaubnis nicht ein Zusatz beigefügt wird, sondern die erteilte Erlaubnis selbst eine vom Antrag abweichende Regelung enthält.[46]

26 Auflagen kommen nur in Betracht, wenn **Anhaltspunkte** dafür bestehen, **dass andernfalls** die **gesetzlichen Anforderungen nicht gewahrt** sind, insbesondere um sicherzustellen, dass der Verleiher die zum Schutze der Leiharbeitnehmer erforderlichen Maßnahmen trifft. Dabei darf eine Auflage nicht lediglich den Gesetzeswortlaut wiederholen. Es muss vielmehr ein bestimmtes Tun, Dulden oder Unterlassen verlangt werden, das sich nicht unmittelbar aus dem Gesetz ergibt.[47] Ausreichend ist aber, dass eine umstrittene gesetzliche Verpflichtung konkretisiert wird.[48] Zulässig sind z.B. Auflagen über die Gestaltung der betrieblichen Organisation, über die Einhaltung des Arbeitsschutzes sowie das Verbot, unzuverlässige Personen als Stammpersonal zu be-

---

41 *Sandmann/Marschall*, § 2 Anm. 19; Schüren/*Schüren*, § 2 Rn. 48.
42 AnwK-ArbR/*Ulrici*, § 2 AÜG Rn. 16.
43 AnwK-ArbR/*Ulrici*, § 2 AÜG Rn. 16.
44 AnwK-ArbR/*Ulrici*, § 2 AÜG Rn. 16.
45 AnwK-ArbR/*Ulrici*, § 2 AÜG Rn. 17; Thüsing/*Kämmerer*, § 2 Rn. 20.
46 AnwK-ArbR/*Ulrici*, § 2 AÜG Rn. 17; Thüsing/*Kämmerer*, § 2 Rn. 20.
47 BSG vom 19.3.1992 – 7 RAr 34/91, NZA 1993, 95, 96; *Sandmann/Marschall*, § 2 Anm. 20.
48 BSG vom 6.4.2000 – B 11/7 AL 10/99 R, AP § 11 AÜG Nr. 1; AnwK-ArbR/*Ulrici*, § 2 AÜG Rn. 14.

III. Erteilung unter Bedingungen oder Auflagen (Abs. 2) § 2

schäftigen.[49] Zur Einhaltung der Vorschriften über die Ausländerbeschäftigung i.S.d. § 3 Abs. 1 Nr. 1 AÜG genügt es sicherzustellen, dass nur Arbeitnehmer eingesetzt werden, die keiner Arbeitsgenehmigung oder sonstigen Arbeitsberechtigung bedürfen.[50] Im Zusammenhang mit der EU-Osterweiterung wurden für Zeiten der nur eingeschränkten Arbeitnehmerfreizügigkeit Auflagen für zulässig angesehen, wonach Verleihern aus den Beitrittsstaaten in der Personalakte Nachweise aufzunehmen hatten, dass ein in der BRD eingesetzter Leiharbeitnehmer Deutscher bzw. Staatsangehöriger eines EU-Mitgliedstaats mit voller Arbeitnehmerfreizügigkeit ist oder einen Aufenthaltstitel nach § 4 Abs. 3 des Aufenthaltsgesetzes, eine Aufenthaltsgestattung oder eine Duldung, die zur Ausübung der Beschäftigung berechtigt oder eine Genehmigung nach § 284 Abs. 1 des Dritten Buches Sozialgesetzbuch besitzt.[51]

Nach der alten Rechtslage wurden auch Auflagen für zulässig angesehen, mit denen der Verleiher angehalten wurde, das Synchronisationsverbot zu beachten[52] oder die Überlassungshöchstdauer nicht zu überschreiten,[53] mit der Streichung des Synchronisationsverbots sowie der Überlassungshöchstdauer durch das erste Gesetz über moderne Dienstleistungen am Arbeitsmarkt sind solche Auflagen spätestens seit dem 1.1.2004 nicht mehr zulässig bzw. möglich. Entsprechendes gilt für eine Auflage, die dem Verleiher aufgibt, eine regelmäßige wöchentliche, mindestens aber monatliche Arbeitszeit zu vereinbaren; diese Auflage wurde früher für zulässig angesehen, weil die Vereinbarung einer Beschäftigung auf Abruf unter Festlegung einer Jahresarbeitszeit mit § 3 Abs. 1 Nr. 3 a.F. unvereinbar sei,[54] die Zulässigkeit solcher Auflagen war aber schon nach altem Recht zweifelhaft und hat durch die Aufhebung des in § 3 Abs. 1 Nr. 3 a.F. geregelten Synchronisationsverbots keinen Anwendungsbereich mehr. 27

Ebenfalls unzulässig sind Auflagen, die dem Verleiher aufgeben, die Bestimmungen des AÜG nicht durch den Abschluss von Scheinwerkverträgen zu umgehen oder einen schriftlichen Überlassungsvertrag zu 28

---

49 Vgl. BT-Drs. VI/2303, S. 10f.
50 LSG Nordrhein-Westfalen vom 2.7.2010 – L 1 AL 158/10 B ER, juris Rn. 37.
51 LSG Nordrhein-Westfalen vom 2.7.2010 – L 1 AL 158/10 B ER, juris Rn. 30ff.
52 Vgl. hierzu die Beispiele in BSG vom 19.3.1992 – 7 RAr 34/91, NZA 1993, 95, 96.
53 LSG Niedersachsen vom 9.2.1982 – L 7 Ar 192/81, EzAÜG § 1 AÜG Erlaubnisarten Nr. 2, NZA 1989, 74ff.
54 BSG vom 29.7.1992 – 11 RAr 51/91, NZA 1993, 527.

29 Im Unterschied zu den anderen Nebenbestimmungen kann eine Auflage auch **nachträglich** angeordnet werden.[56] Ein Auflagenvorbehalt ist hierfür nicht erforderlich.[57] Voraussetzung ist aber auch hier, dass durch die Auflage sichergestellt wird, dass keine Tatsachen eintreten, die eine Versagung nach § 3 rechtfertigen.[58] Ebenso kann eine Auflage selbst nachträglich geändert oder ergänzt werden.

30 **Verstößt** ein **Verleiher** gegen die ihm erteilte Auflage, **berührt** das grundsätzlich **nicht** die **Wirksamkeit der Erlaubnis**. Allerdings kann die Behörde **gem. § 5 Abs. 1 Nr. 2 die Erlaubnis widerrufen**. Außerdem kann der Verstoß als **Ordnungswidrigkeit gem. § 16 Abs. 1 Nr. 3** geahndet werden. Eine Auflage, die eine Handlungspflicht begründet, kann selbstständig nach den Vorschriften des Verwaltungsvollstreckungsgesetzes zwangsweise durchgesetzt werden[59] (zum Rechtsschutz gegen die mit einer Auflage versehene Erlaubnis siehe unten Rn. 50).

IV. Widerrufsvorbehalt (Abs. 3)

31 Nach Abs. 3 kann die Erlaubnis auch unter Vorbehalt des Widerrufs erteilt werden, wenn eine abschließende Beurteilung des Antrags auf Erteilung einer Erlaubnis noch nicht möglich ist. Die Möglichkeit des Widerrufsvorbehalts dient der **Verfahrensbeschleunigung**; die Erlaubnis kann erteilt werden, obwohl eine abschließende Prüfung noch nicht möglich ist. Der Widerrufsvorbehalt ist nicht in das freie Ermessen der Behörde gestellt, sondern setzt die **mangelnde Beurteilungsreife im Zeitpunkt der Entscheidung** voraus.[60] Dies kann z. B. der Fall sein, wenn ein komplexer Sachverhalt aufzuklären ist. Der Widerrufsvorbehalt dient nicht dazu, dass sich die Behörde vergewissert, ob der Antragsteller seinen Betrieb tatsächlich ordnungsgemäß führt.[61] Es handelt

---

55 BSG vom 19.3.1992 – 7 RAr 34/91, NZA 1993, 95, 96.
56 BSG vom 21.7.1988 – 7 RAr 60/86, NZA 1989, 74, 75; LSG Hessen vom 17.8.1981 – L 10 Ar 624/80, EzAÜG § 2 AÜG Erlaubnisarten Nr. 1; AnwK-ArbR/*Ulrici*, § 2 AÜG Rn. 15.
57 AnwK-ArbR/*Ulrici*, § 2 AÜG Rn. 15; Thüsing/*Kämmerer*, § 2 Rn. 12.
58 *Sandmann/Marschall*, § 2 Anm. 20.
59 BSG vom 19.3.1992 – 7 RAr 34/91, NZA 1993, 95; *Sandmann/Marschall*, § 2 Anm. 19.
60 Vgl. BT-Drs. VI/2303, S. 10 f.
61 *Sandmann/Marschall*, § 2 Anm. 21.

sich gerade nicht um eine Erlaubnis auf Probe oder auf Bewährung.[62] Deswegen scheidet ein Widerrufsvorbehalt aus und die Erlaubnis ist zu versagen, wenn auf Grund der ermittelten Tatsachen erwartet werden kann, dass die abschließende Prüfung voraussichtlich zu einer Versagung der Erlaubnis führen wird.

Im Fall mangelnder Beurteilungsreife liegt es im **pflichtgemäßen Ermessen** der Behörde, ob sie die Ermittlung des Sachverhalts fortsetzt und erst anschließend entscheidet oder bereits auf vorläufiger Tatsachengrundlage eine Erlaubnis unter Widerrufsvorbehalt erteilt.[63] Dieses Ermessen kann sich zugunsten des Antragstellers auf Null reduzieren.[64] **Praktische Bedeutung** erhält der Widerrufsvorbehalt vor allem dann, wenn plötzlich der **Inhaber** eines Verleihunternehmens **wechselt**. Soll ein Verleihunternehmen z. b. auf einen Erben übertragen werden, so benötigt der Erbe eine Erlaubnis. Wegen ihres höchstpersönlichen Charakters erlischt nämlich die Erlaubnis mit dem Tod des Erlaubnisinhabers und geht nicht auf den Erben über (siehe unten Rn. 45). Um Übergangsschwierigkeiten zu vermeiden und möglichst eine ungestörte Fortführung des Unternehmens zu erreichen, wird eine Erlaubnis in diesen Fällen regelmäßig unter Widerrufsvorbehalt erteilt (zum Rechtsschutz gegen die Erlaubnis mit Widerrufsvorbehalt siehe unten Rn. 50).

32

V. Befristung, Verlängerung und Nachwirkung (Abs. 4)

1. Befristung der Erlaubnis (Satz 1)

Jede Erlaubnis wird zunächst **auf ein Jahr befristet** erteilt; dies gilt auch für die Erlaubnis mit einer Nebenbestimmung oder mit Widerrufsvorbehalt. Erst **nach drei Jahren** kontinuierlicher Verleihtätigkeit **kann** die Erlaubnis **unbefristet** erteilt werden (§ 5). Damit wird dem Verleiher eine Art Probezeit gegeben, in der er seine Zuverlässigkeit in der betrieblichen Praxis unter Beweis stellen kann. Aus verfassungsrechtlicher Sicht bestehen gegen diese Regelung keine Bedenken, weil der Verleiher in seiner Berufsfreiheit nicht eingeschränkt wird (Art. 12 GG). Der Verleiher muss in den ersten drei Jahren seiner Geschäftstätigkeit zwar jährlich einen Antrag auf Verlängerung der Erlaubnis stellen; dies stellt aber nur eine Berufsausübungsregel dar, durch die der Verleiher nicht unzumutbar belastet wird. Der BA wird damit zumin-

33

---

62 *Sandmann/Marschall*, § 2 Anm. 21.
63 AnwK-ArbR/*Ulrici*, § 2 AÜG Rn. 18.
64 AnwK-ArbR/*Ulrici*, § 2 AÜG Rn. 18.

dest eine jährliche Kontrolle der Verleihtätigkeit möglich, die zum Schutz des Leiharbeitnehmers gerechtfertigt ist. Da für das Wirksamwerden der Erlaubnis der Zugang maßgeblich ist (siehe oben Rn. 15), darf die **Jahresfrist** nicht schon ab behördeninterner Verfügung der Erlaubnis berechnet werden, sondern frühestens **mit Zugang beim Antragsteller**.

2. Verlängerung der Erlaubnis (Satz 2 und Satz 3)

34 Die zunächst befristet erteilte Erlaubnis wird nur verlängert, wenn ein entsprechender **Antrag** des Verleihers **spätestens drei Monate vor Ablauf der Jahresfrist** gestellt wird (Abs. 4 Satz 2). Die **Fristberechnung** bestimmt sich nach § 31 VwVfG i.V.m. §§ 187ff. BGB. Die Jahresfrist beginnt nach § 187 Abs. 1 BGB i.V.m. § 31 Abs. 1 VwVfG **frühestens mit Zugang** der Erlaubnis zu laufen, soweit die Erlaubnis nicht für einen späteren Zeitpunkt beantragt und erteilt wurde; § 37 Abs. 2 VwVfG findet keine Anwendung, weil die maßgebliche Frist zur Beantragung der Verlängerung keine behördliche, sondern eine gesetzliche Frist ist. Spätestens **drei Monate vor Ablauf** dieser **Jahresfrist** muss die **Verlängerung beantragt** werden, wobei maßgeblich der Zugang bei der BA ist. Beispiel: Ist die Erlaubnis am 30.9.2011 ausgestellt worden und dem Verleiher am 5.10.2011 zugegangen, dann läuft die Jahresfrist am 5.10.2012 ab (§ 188 Abs. 2 BGB). Der Antrag auf Verlängerung muss daher spätestens am 5.7.2012 bei der BA eingegangen sein. Fällt der letzte Tag der Frist auf einen Sonnabend, Sonntag oder einen gesetzlichen Feiertag, so endet die Frist mit Ablauf des nächstfolgenden Werktags. Die Verlängerung hat die gleiche Funktion wie die Erteilung der Erlaubnis, sodass für sie die gleichen Voraussetzungen gelten.[65]

35 **Lehnt** die BA den Antrag **nicht vor Ablauf der Jahresfrist ab**, verlängert sich die Erlaubnis **automatisch um ein weiteres Jahr** (Abs. 4 Satz 3). Damit wird sichergestellt, dass keine erlaubnislose Zeit entsteht und womöglich die Rechtsfolge des § 10 eintritt oder der Verleiher in der Führung seines Betriebs eingeschränkt wird. Für die Rechtzeitigkeit der Ablehnung ist ebenfalls der Zugang beim Antragsteller maßgeblich.

36 Auch die **Erlaubnis unter Widerrufsvorbehalt** wird zunächst befristet erteilt und erfordert deshalb auch einen fristgemäßen Verlänge-

---

[65] Schüren/*Schüren*, § 2 Rn. 69.

rungsantrag.⁶⁶ Wird dieser Antrag jedoch nicht innerhalb der Jahresfrist von der Behörde bearbeitet und verlängert sich damit die Erlaubnis automatisch um ein weiteres Jahr, erlischt der Widerrufsvorbehalt. Es kann nicht zu Lasten des Verleihers gehen, wenn die Behörde nicht rechtzeitig die Voraussetzungen prüft und gegebenenfalls den Widerrufsvorbehalt erneut ausspricht.⁶⁷

3. Nachwirkung der Erlaubnis (Satz 4)

Lehnt die Behörde die Verlängerung der Erlaubnis ab, so gilt die Erlaubnis **für die Abwicklung der nach § 1 erlaubt abgeschlossenen Verträge** als fortbestehend, jedoch nicht länger als 12 Monate. Die **Höchstfrist** von **zwölf Monaten beginnt** nicht **mit** dem Zugang der Ablehnungserklärung,⁶⁸ sondern in dem **Zeitpunkt, in dem** die wirksam erteilte **Erlaubnis wegen Fristablaufs erlischt**.⁶⁹ Erst ab diesem Zeitpunkt kann die Erlaubnis als fortbestehend gelten, weil durch die Ablehnung der Verlängerung nicht zugleich die bestehende Erlaubnis ihre Wirkung verliert; § 5 Abs. 2 kann daher keine entsprechende Anwendung finden.⁷⁰ Die Zwölf-Monats-Frist ist eine Höchstfrist; sie darf daher nicht ausgeschöpft und der Geschäftsbetrieb nicht bis zu diesem Zeitpunkt fortgesetzt werden, wenn eine frühere Abwicklung möglich ist. 37

Nach den Gesetzesmaterialien sollte die Abwicklungsfrist weniger dazu dienen, dem Verleiher eine problemlose Beendigung seiner Geschäftstätigkeit zu ermöglichen, als vielmehr die Arbeitsverhältnisse mit den Leiharbeitnehmern ordnungsgemäß abzuwickeln, insbesondere zu kündigen.⁷¹ Diese Intention hat aber im Gesetzestext keinen Ausdruck gefunden. Danach gilt die Erlaubnis für die Abwicklung der nach § 1 erlaubt abgeschlossenen Verträge als fortbestehend. Da nach § 1 Abs. 1 Satz 1 die Arbeitnehmerüberlassung der Erlaubnis bedarf, bezieht sich die Regelung zunächst einmal auf die **Arbeitnehmerüberlassungsverträge zwischen Verleiher und Entleiher**. Zum Zeitpunkt der Ablehnung bereits abgeschlossene Überlassungsverträge darf der Verleiher noch erfüllen, und zwar auch dann, wenn sie zu diesem Zeit- 38

---

66 Schüren/*Schüren*, § 2 Rn. 70.
67 *Becker/Wulfgramm*, § 2 Rn. 26, 26a; *Ulber*, § 2 Rn. 45. – A.A. AnwK-ArbR/*Ulrici*, § 2 AÜG Rn. 19; Schüren/*Schüren*, § 2 Rn. 71; Thüsing/*Kämmerer*, § 2 Rn. 19.
68 So aber Schüren/*Schüren*, § 2 Rn. 72; *Niebler/Biebl/Roß*, Rn. 315.
69 AnwK-ArbR/*Ulrici*, § 2 AÜG Rn. 24; Thüsing/*Kämmerer*, § 2 Rn. 22.
70 A.A. Schüren/*Schüren*, § 2 Rn. 72.
71 Vgl. BT-Drs. VI/2303, S. 11.

punkt noch nicht in Vollzug gesetzt worden sind.[72] Auch nach diesem Zeitpunkt darf der Verleiher noch Überlassungsverträge schließen, soweit diese vor Ablauf der Frist der ursprünglich erteilten Erlaubnis zu erfüllen sind.[73] Demgegenüber sind **neu abgeschlossene Überlassungsverträge**, deren **Erfüllung erst zu einem späteren Zeitpunkt** vorgesehen ist, **nicht** von Abs. 4 Satz 4 **gedeckt**, weil es hier nicht mehr um Abwicklung, sondern Neubegründung von Pflichten geht. Problematisch sind die Fälle, in denen ein nach Zugang der Ablehnungserklärung abgeschlossener **Überlassungsvertrag** zu einem **Zeitpunkt beginnt**, in dem die ursprünglich erteilte **Erlaubnis noch besteht**, aber die **Erfüllung über diesen Zeitpunkt hinaus** erfolgen soll. Da ein solcher Vertrag mit Erlaubnis i.S.v. § 1 Abs. 1 abgeschlossen wurde, darf dieser nach Abs. 4 Satz 4 auch noch abgewickelt werden. Wegen der Angleichung der Abwicklungsfrist an die Überlassungshöchstdauer konnten im Regelfalle die Überlassungspflichten während dieses Zeitraums ordnungsgemäß abgewickelt werden. Durch die Verlängerung der Überlassungshöchstdauer durch das Job-AQTIV-Gesetz zum 1.1.2002 sowie die Aufhebung der Überlassungshöchstdauer durch das erste Gesetz über moderne Dienstleistungen am Arbeitsmarkt spätestens zum 1.1.2004 ohne Anpassung der Abwicklungsfrist kann nunmehr aber die Situation eintreten, dass Arbeitnehmerüberlassungsverträge zu einem Zeitpunkt erfüllt werden müssen, zu dem die Überlassungserlaubnis nicht mehr besteht und auch nicht mehr als fortbestehend gilt. Um den Eintritt der Rechtsfolgen der §§ 9 Nr. 1, 10 Abs. 1 zu vermeiden, wird man dem Entleiher das **Recht zur außerordentlichen Kündigung** aus wichtigem Grund nach **§ 314 Abs. 1 BGB** zum Zeitpunkt des Ablaufs der Abwicklungsfrist zugestehen müssen,[74] daneben kommt ein Schadensersatzanspruch nach § 280 Abs. 1 BGB in Betracht, wenn der Verleiher die Nichtverlängerung der Erlaubnis zu vertreten hat.[75] Der Verleiher muss sich nämlich nach allgemeinen Grundsätzen so verhalten, dass ihm die ordnungsgemäße Erfüllung der Verpflichtungen aus dem Arbeitnehmerüberlassungsvertrag möglich bleibt (allgemeine Leistungstreuepflicht). Hiergegen verstößt er, wenn er Anlass dazu gibt, dass die BA die einmal erteilte Erlaubnis nicht verlängert oder gar widerruft (§ 5).

---

72 Schüren/*Schüren*, § 2 Rn. 86.
73 A.A. AnwK-ArbR/*Ulrici*, § 2 AÜG Rn. 26; Thüsing/*Kämmerer*, § 2 Rn. 27.
74 Für Kündigungsrecht auch Schüren/*Schüren*, § 2 Rn. 91.
75 Vgl. auch Schüren/*Schüren*, § 2 Rn. 93.

V. Befristung, Verlängerung und Nachwirkung (Abs. 4) § 2

Demgegenüber hat entgegen verbreiteter Auffassung die Nachwirkung der Erlaubnis **keine Konsequenzen für** – bereits bestehende oder später begründete – **Leiharbeitsverhältnisse**. Mit den nach § 1 erlaubt abgeschlossenen Verträgen sind nicht die Verträge mit den Leiharbeitnehmern gemeint,[76] weil nach § 1 Abs. 1 nur die Arbeitnehmerüberlassung der Erlaubnis bedarf, nicht aber der mit dem Leiharbeitnehmer abgeschlossene Leiharbeitsvertrag. Etwas anderes ergibt sich auch nicht aus § 9 Nr. 1; nicht schon der Abschluss des Arbeitsvertrags zwischen Verleiher ohne Erlaubnis und Leiharbeitnehmer, sondern erst die Überlassung ohne Erlaubnis zieht die Unwirksamkeitsfolge nach sich[77] (siehe auch § 9 Rn. 60ff.). Dementsprechend darf der Verleiher **auch während des Abwicklungszeitraums neue Arbeitsverhältnisse** begründen, insbesondere um seine Verpflichtungen aus wirksamen Überlassungsverträgen zu erfüllen,[78] für den Abschluss von Arbeitsverträgen bedarf es keiner Erlaubnis. Der Verleiher kann allerdings den **Wegfall der Erlaubnis** zum Anlass für **betriebsbedingte Kündigungen**[79] oder die Befristung neu eingegangener Vertragsverhältnisse nehmen. Allerdings sind dabei die Vorschriften des allgemeinen und des besonderen Kündigungsschutzes zu beachten. Insbesondere muss in sog. Mischbetrieben vor dem Ausspruch einer betriebsbedingten Kündigung die Möglichkeit der Weiterbeschäftigung geprüft werden. Das Ende des Abwicklungszeitraums führt nicht zur Beendigung der zu diesem Zeitpunkt noch bestehenden Leiharbeitsverhältnisse.[80] Vielmehr gerät der Verleiher, wenn er keine betriebsinternen Beschäftigungsmöglichkeiten hat, in Annahmeverzug und bleibt zur Fortzahlung der Vergütung verpflichtet (§ 615 BGB). 39

Wird die **Antragsfrist von 3 Monaten nicht eingehalten**, erlischt die Erlaubnis mit Ablauf des Jahres, für das sie erteilt wurde.[81] Waren zu diesem Zeitpunkt Arbeitnehmer an Entleiher überlassen, wird das Arbeitsverhältnis zwischen Verleiher und Leiharbeitnehmer beendet (§ 9 40

---

76 A.A. BT-Drs. VI/2303, S. 11.
77 BAG vom 15.6.1983 – 5 AZR 111/81, AP § 10 AÜG Nr. 5 unter I 1 vor a; BAG vom 27.7.1983 – 5 AZR 194/81, AP § 10 AÜG Nr. 6 unter I 1; BGH vom 31.3.1982 – 2 StR 744/81, BB 1982, 1671 = AP § 10 AÜG Nr. 4.
78 Schüren/*Schüren*, § 2 Rn. 86ff. – A.A. BT-Drs. VI/2303, S. 11; GA-AÜG 2.4 (7); *Sandmann/Marschall*, § 2 Anm. 27.
79 Schüren/*Schüren*, § 2 Rn. 84f.
80 So jetzt auch Schüren/*Schüren*, § 2 Rn. 91f. – A.A. Thüsing/*Kämmerer*, § 2 Rn. 26. – Kritisch auch AnwK-ArbR/*Ulrici*, § 2 AÜG Rn. 26.
81 LAG Schleswig-Holstein vom 6.4.1984 – 3 (4) Sa 597/82, EzAÜG § 10 AÜG Fiktion Nr. 35.

Nr. 1) und ein Arbeitsverhältnis zwischen Entleiher und Leiharbeitnehmer begründet (§ 10 Abs. 1 AÜG), und zwar auch dann, wenn später eine neue Erlaubnis erteilt wird.[82] Bei verspäteten Verlängerungsanträgen liegen nämlich nicht die Voraussetzungen des Abs. 4 Satz 3 (Ablehnung der Verlängerung durch die Behörde) vor, sodass eine Verlängerung kraft Gesetzes nicht in Betracht kommt. Verspätete Anträge sind als Neuanträge zu behandeln[83] (GA–AÜG 2.4.(6)). Schließt ein Verleiher, der den Antrag verspätet gestellt hat, nach dem Erlöschen der ursprünglichen Erlaubnis, aber vor Erteilung einer neuen Erlaubnis Überlassungsverträge ab, so sind diese gem. § 9 Abs. Nr. 1 unwirksam.[84] Eine **Wiedereinsetzung in den vorigen Stand** hat der Gesetzgeber **nicht vorgesehen**. Insbesondere soll die dreimonatige Prüfungsfrist der Behörde nicht verkürzt werden.

VI. Unbefristete Erteilung der Erlaubnis (Abs. 5 Satz 1)

41 War der Verleiher drei aufeinander folgende Jahre lang nach § 1 erlaubt tätig, dann kann ihm eine Erlaubnis unbefristet erteilt werden. Es handelt sich um eine Kann-, keine Ist-Vorschrift, sodass es im **Ermessen der BA** steht, ob sie von der Möglichkeit Gebrauch macht.[85] Diese Regelung soll der BA eine möglichst flexible Handhabung ermöglichen[86] und dient auch dem Schutz von Leiharbeitnehmern und Entleihern. Die Behörde ist nicht vor die Entscheidung zwischen unbefristeter Erlaubnis oder Rücknahme bzw. Widerruf gestellt, sondern hat eine weitere Alternative zur Verfügung, nämlich die befristete Erteilung der Erlaubnis auch nach Ablauf von drei Jahren.

42 Hat der Verleiher allerdings drei Jahre lang seine **Tätigkeit ordnungsgemäß und unbeanstandet** ausgeübt, dann reduziert sich unter Berücksichtigung der grundrechtlich garantierten Berufsfreiheit das **Ermessen der BA auf Null**; es ist eine unbefristete Erlaubnis zu gewähren. Entsprechendes gilt, wenn es nur zu kleineren, marginalen Einzel-

---

82 LAG Schleswig-Holstein vom 6.4.1984 – 3 (4) Sa 597/82, EzAÜG § 10 AÜG Fiktion Nr. 35.
83 LAG Schleswig-Holstein vom 6.4.1984 – 3 (4) Sa 597/82, EzAÜG § 10 AÜG Fiktion Nr. 35.
84 *Sandmann/Marschall*, § 2 Anm. 28.
85 Vgl. BT-Drs. VI/3505, S. 2.
86 Vgl. BT-Drs. VI/3505, S. 2.

verstößen gekommen ist.[87] Sind hingegen **wiederholt Unregelmäßigkeiten beim Verleiher** aufgetreten, kann die BA weiterhin eine **befristete Erlaubnis** erteilen, und zwar auch dann, wenn die Verstöße unterhalb der Verbotsgrenze des § 3 liegen, z.B. wenn der Verleiher massiv gegen seine Pflichten aus § 11 Abs. 1 und Abs. 2 verstoßen hat. In diesem Fall scheinen nämlich weitere regelmäßige Überprüfungen im Jahresabstand angebracht.[88] **Kontrollschwierigkeiten** der BA **rechtfertigen** allerdings die **Versagung der unbefristeten Erlaubnis nicht.** Erlaubnisinhabern mit Geschäftssitz im Ausland darf daher die unbefristete Erlaubnis nicht deswegen verweigert werden, weil die Überprüfung der Verleihpraxis im Ausland nur unter Schwierigkeiten möglich ist.[89]

Die **Drei-Jahres-Frist** beginnt **frühestens mit Zugang** der erstmalig erteilten Erlaubnis. Hat der Erlaubnisinhaber zu diesem Zeitpunkt allerdings noch keine Geschäftstätigkeit entwickelt, dann ist der Zeitpunkt maßgebend, in dem das Verleihgewerbe tatsächlich aufgenommen wird. 43

VII. Erlöschen der Erlaubnis

1. Nichtgebrauchmachen von der Erlaubnis (Abs. 5 Satz 2)

Die unbefristet erteilte Erlaubnis erlischt aus Gründen der Rechtssicherheit gem. Abs. 5 Satz 2, wenn der Verleiher drei Jahre lang von ihr keinen Gebrauch gemacht hat. Dies ist der Fall, wenn der Verleiher **innerhalb von drei Jahren keinen eigenen Arbeitnehmer** an einen Entleiher **überlässt**, was sich anhand der statistischen Meldungen gem. § 8 kontrollieren lässt.[90] Hingegen stellt der **Abschluss von Überlassungsverträgen** mit Entleihern **noch kein Gebrauchmachen** von der Erlaubnis dar,[91] weil eine solche Vereinbarung rechtlich weder die Beschäftigung von Leiharbeitnehmern noch einen Geschäftsbetrieb voraussetzt. Aus welchen Gründen der Verleiher von der Erlaubnis keinen 44

---

87 *Becker/Wulfgramm*, § 2 Rn. 15a; *Sandmann/Marschall*, § 2 Anm. 31; Schüren/*Schüren*, § 2 Rn. 111.
88 SG Hamburg vom 14.3.1978 – 2 Ar 1067/76, n.v.; *Sandmann/Marschall*, § 2 Anm. 31.
89 *Sandmann/Marschall*, § 2 Anm. 31.
90 Schüren/*Schüren*, § 2 Rn. 114.
91 Schüren/*Schüren*, § 2 Rn. 115; Thüsing/*Kämmerer*, § 2 Rn. 30. – A.A. *Sandmann/ Marschall*, § 2 Anm. 33.

§ 2 Erteilung und Erlöschen der Erlaubnis

Gebrauch macht, insbesondere ob ihn ein Verschulden trifft, ist für das Erlöschen der Erlaubnis unbeachtlich. Da es sich um eine Ausschluss-, nicht um eine Verfahrensfrist handelt, kommt auch eine Wiedereinsetzung in den vorigen Stand nicht in Betracht.[92] Es bleibt also im Falle des Nichtgebrauchmachens nur die Möglichkeit eines erneuten Antrags auf Erteilung einer Erlaubnis.

2. Sonstige Erlöschensgründe

45 Die Verleiherlaubnis erlischt bei Befristung durch **Zeitablauf** sowie bei **Rücknahme** (§ 4) oder **Widerruf** (§ 5). Wegen des höchstpersönlichen Charakters erlischt sie weiter bei **Auflösung einer juristischen Person**. Ist der Verleiher eine natürliche Person, müsste danach grds. auch dessen **Tod** die Erlaubnis zum Erlöschen bringen. Dies hätte allerdings zur Konsequenz, dass die Arbeitsverträge mit den Leiharbeitnehmern nach § 9 Nr. 1 ex nunc (siehe § 9 Rn. 63) wegen fehlender Überlassungserlaubnis unwirksam würden und die Erben diese nunmehr fehlerhaften Arbeitsverhältnisse durch bloße Lossagung beenden könnten. Deshalb erscheint es gerechtfertigt, in entsprechender Anwendung von Abs. 4 Satz 4 zur Abwicklung der laufenden Geschäfte bis zur Dauer von zwölf Monaten zugunsten der Erben die Erlaubnis fortbestehen zu lassen.[93] Der Inhaber kann ggü. der Erlaubnisbehörde auch auf die Erlaubnis **verzichten**.[94]

46 Die **Erlaubnis erlischt nicht** bei Insolvenz, Entmündigung oder Untersagung der Berufsausübung durch strafgerichtliches Urteil. In diesen Fällen wird die BA allerdings im Regelfalle die Erlaubnis wegen fehlender Zuverlässigkeit i.S.v. § 3 Abs. 1 Nr. 1 i.V.m. § 5 Abs. 1 Nr. 3 widerrufen.[95]

VIII. Rechtsschutz

1. Widerspruchsverfahren (§§ 77ff. SGG)

47 Wird die Erlaubnis nicht oder nicht wie begehrt erteilt, dann kann der Antragsteller hiergegen Widerspruch (§ 83 SGG) bei der zuständigen Erlaubnisbehörde der BA (§ 84 SGG) einlegen. Im Widerspruchsver-

---

92 *Sandmann/Marschall*, § 2 Anm. 33; Schüren/*Schüren*, § 2 Rn. 114.
93 AnwK-ArbR/*Ulrici*, § 2 AÜG Rn. 25; Schüren/*Schüren*, § 2 Rn. 100f.
94 *Sandmann/Marschall*, § 2 Anm. 34.
95 Schüren/*Schüren*, § 2 Rn. 105.

fahren wird von der Widerspruchsbehörde (§ 85 Abs. 2 Nr. 3 SGG) die Entscheidung auf Recht- und Zweckmäßigkeit geprüft (§ 78 SGG). Die Durchführung des Verfahrens richtet sich nach den Bestimmungen des SGG.

2. Klageverfahren (§§ 54, 87 ff. SGG)

Wird dem Widerspruch des Antragstellers nicht abgeholfen, dann kann dieser sein Begehren im Klageweg weiterverfolgen. Gegenstand der Klage und damit Klageart richtet sich nach seinem Begehren; belastende VA werden mit der Anfechtungsklage angegriffen, wird ein begünstigender VA nicht erlassen, kommt die Verpflichtungsklage in Betracht. Danach ist zu unterscheiden: **48**

Wird der Erlass der begehrten **Erlaubnis abgelehnt**, muss der Antragsteller Verpflichtungsklage erheben. Da regelmäßig ein **Rechtsanspruch auf Erteilung** der Erlaubnis besteht (siehe oben Rn. 4), kann der Antragsteller grds. unmittelbar mit der **Verpflichtungsklage** vorgehen. Nur soweit der RD ein Ermessensspielraum verbleibt, kommt die Bescheidungsklage auf ermessensfehlerfreie Entscheidung (§ 54 Abs. 2 Satz 2 SGG) in Betracht. **49**

Wurde die Erlaubnis unter einer **Bedingung** erteilt, dann hängt vom Eintritt der Bedingung die Wirksamkeit der Erlaubnis ab. Die Bedingung enthält also keine eigenständige Sachregelung und kann daher auch nicht abgetrennt und selbstständig angefochten werden. Hiergegen ist mit der Verpflichtungsklage auf unbedingte Erteilung der Erlaubnis vorzugehen. Auch der **Widerrufsvorbehalt** ist eine unselbstständige Nebenbestimmung und kann deshalb nicht isoliert angefochten werden. Will sich der Verleiher mit einer Erlaubnis unter Widerrufsvorbehalt nicht zufriedengeben, muss er Verpflichtungsklage auf Erteilung einer Erlaubnis ohne Widerrufsvorbehalt erheben. Im Gegensatz zu Bedingungen sind **Auflagen** selbstständige und damit abtrennbare Teile der Verleiherlaubnis. Deshalb kann die Auflage einzeln angegriffen werden. Je nach Art der Auflage kommt daher eine Anfechtungsklage, die sich gegen die Auflage richtet, aber auch eine Verpflichtungsklage auf Erteilung der Erlaubnis ohne Auflage in Betracht.[96] **50**

Abweichend von Vorstehendem geht das **BSG in ständiger Rechtsprechung** davon aus, dass bei gebundenen Entscheidungen, wie der Erteilung der AÜ-Erlaubnis, alle Nebenbestimmungen, einschließlich Be- **51**

---

96 Schüren/*Schüren*, § 2 Rn. 52 ff.

3. Vorläufiger Rechtsschutz (§§ 86 Abs. 4, 97 Abs. 2 SGG)

52 Widerspruch und Klage haben grds. keine aufschiebende Wirkung. Diese Rechtsbehelfe berechtigen den Antragsteller also nicht, Arbeitnehmerüberlassung ohne Erlaubnis oder in Abweichung von erteilten Auflagen auszuüben. Besondere Schwierigkeiten können aber entstehen, wenn die RD die Verlängerung der Erlaubnis ablehnt (Abs. 4 Satz 3); dies kann zu misslichen Konsequenzen sowohl für den Verleiher als auch die bei ihm beschäftigten Leiharbeitnehmer führen, weil der Rechtsweg nicht innerhalb der zwölfmonatigen Abwicklungsfrist des Abs. 4 Satz 4 ausgeschöpft werden kann. Daher sehen § 86b Abs. 1 Nr. 2 SGG bzw. § 86a Abs. 4 S. 2 i.V.m. Abs. 3 SGG vor, dass die RD bzw. das SG den **Vollzug des VA**, mit dem die Verlängerung der Erlaubnis abgelehnt wurde, **aussetzen** kann. War der VA offensichtlich rechtswidrig, besteht kein öffentliches Interesse an der Vollziehbarkeit, sodass in diesen Fällen die Anordnung der aufschiebenden Wirkung zu erfolgen hat. Andererseits kann ein Widerspruch, der offensichtlich keinen Erfolg haben kann, kein überwiegendes privates Interesse begründen, das die Anordnung der aufschiebenden Wirkung eines Widerspruchs rechtfertigen würde. Sind die Erfolgsaussichten des Rechtsmittels in diesem Sinne nicht abschätzbar, bleibt eine Interessenabwägung, wobei an das Aussetzungsinteresse grundsätzlich umso geringere Anforderungen zu stellen sind, je höher die Wahrscheinlichkeit des Obsiegens in der Hauptsache ist.[97] Demnach ist auszusetzen, wenn konkrete Anhaltspunkte dafür bestehen, dass von der BA das Gebot der Verhältnismäßigkeit nicht beachtet, insbesondere die Möglichkeit von Auflagen nicht geprüft wurde.[98] Dies hat zur Folge, dass die Erlaubnis sich um ein weiteres Jahr verlängert,[99] wird danach eine erneute Erlaubnis fristgerecht beantragt und nicht versagt, tritt diese Rechtsfolge erneut ein.[100]

---

[97] BayLSG vom 5.9.2009 – L 10 B 720/08 AL ER, juris Rn. 27.
[98] AnwK-ArbR/*Ulrici*, § 2 AÜG Rn. 31. – Von einer Regelungslücke ausgehend Vorauflage und SG Duisburg vom 9.9.1986 – S 12 Ar 175/86, EzAÜG § 3 AÜG Versagungsgründe Nr. 10.
[99] LSG Hamburg vom 26.4.1991 – V ARBs 24/91, EzAÜG § 2 AÜG Erlaubnisarten Nr. 6.
[100] *Sandmann/Marschall*, Art. 2 Anm. 19 ff.

VIII. Rechtsschutz § 2

In den Fällen, in denen eine erstmals beantragte Erlaubnis nicht erteilt wurde, können die SG **im Wege des vorläufigen Rechtsschutzes einstweilige Anordnungen** erlassen.[101] Rechtsgrundlage ist § 86b Abs. 2 SGG.[102] An die Glaubhaftmachung des Anordnungsanspruchs und des Anordnungsgrunds sind hohe Anforderungen zu stellen.[103] Eine Verpflichtung zur „vorläufigen" Erteilung einer Erlaubnis scheidet jedenfalls dann aus, wenn berechtigte Zweifel an der nach § 3 Abs. 1 Nr. 1 AÜG erforderlichen Zuverlässigkeit bestehen.[104] War allerdings die Ablehnung der Erlaubnis oder deren Nichtverlängerung offensichtlich rechtswidrig, hat das Gericht eine einstweilige Anordnung zu treffen, wonach der Antragsteller vorläufig berechtigt ist, Arbeitnehmerüberlassung zu betreiben.[105]

53

---

101 *Sandmann/Marschall*, Art. 2 Anm. 18.
102 BVerfG vom 19.10.1977 – 2 BvR 42/76, BVerfGE 46, 166, 177 ff.
103 AnwK-ArbR/*Ulrici*, § 2 AÜG Rn. 31.
104 LSG Baden-Württemberg vom 11.3.2011 – L 13 AL 3438/10 ER-B, jurisPR-ArbR 36/2011 Anm. 6 (*Ulrici*).
105 BayLSG vom 5.9.2009 – L 10 B 720/08 AL ER, juris Rn. 27.

§ 2a Kosten

(1) Für die Bearbeitung von Anträgen auf Erteilung und Verlängerung der Erlaubnis werden vom Antragsteller Kosten (Gebühren und Auslagen) erhoben.
(2) Die Vorschriften des Verwaltungskostengesetzes sind anzuwenden. Die Bundesregierung wird ermächtigt, durch Rechtsverordnung die gebührenpflichtigen Tatbestände näher zu bestimmen und dabei feste Sätze und Rahmensätze vorzusehen. Die Gebühr darf im Einzelfall zweitausendfünfhundert Euro nicht überschreiten.

Übersicht

	Rn.		Rn.
1. Kostenpflicht (Abs. 1)	1	3. Rechtsschutz	6
2. Verfahren und Höhe der Kosten (Abs. 2)	3		

1. Kostenpflicht (Abs. 1)

1 Gemäß Abs. 1 werden Gebühren und Auslagen fällig, wenn die Erteilung oder Verlängerung der Erlaubnis beantragt wird. Da Abs. 2 Satz 1 auf das VwKostG verweist, gelten die dort festgelegten Begriffsbestimmungen. Kostenpflichtig ist die **Bearbeitung von Anträgen**, sodass **auch bei Nichterteilung oder Nichtverlängerung** der Erlaubnis Gebühren anfallen. Allerdings tritt in diesen Fällen eine **Ermäßigung um ein Viertel** der vorgesehenen Gebühr ein (§ 15 Abs. 2 VwKostG). Wird die Erlaubnis erteilt, aber mit Bedingungen oder Auflagen versehen, dann fällt die volle Gebühr an.[1] **Keine Gebühren** werden erhoben, wenn sich der **Antrag erledigt**, z. B. zurückgenommen wird, **bevor** in die **Sachbearbeitung** eingetreten wird (GA-AÜG 2a.4 (1)). Dies ist auch dann der Fall, wenn die BA nach Eingang des Antrags unter Fristsetzung einen Kostenvorschuss in Höhe der für die Erteilung einer Erlaubnis zu zahlenden Gebühr fordert und der Kostenvorschuss innerhalb der gesetzten Frist nicht eingeht. In diesem Fall kann die BA davon ausgehen, dass der Antragsteller an der weiteren Verfolgung seines Antrags kein Interesse mehr hat (GA-AÜG 2a.3 (1)). Die Kostenpflicht

---

[1] Thüsing/*Kämmerer*, § 2a Rn. 8.

gilt auch für **Antragsteller mit Geschäftssitz außerhalb Deutschlands**.[2]

Für sonstige Maßnahmen der BA im Rahmen des AÜG (Widerruf, Rücknahme, Überwachungsmaßnahmen) gilt die Bestimmung **nicht**,[3] soweit sich nicht aus spezialgesetzlichen Regelungen etwas anderes ergibt. So werden z.B. Kosten des Verwaltungszwangs (§ 6) nach dem VwVG, Kosten eines Strafverfahrens (§§ 15, 15a) nach der StPO sowie die Kosten eines Bußgeldverfahrens (§ 16) nach dem OWiG bemessen.

2. Verfahren und Höhe der Kosten (Abs. 2)

Nach Abs. 2 Satz 1 sind die Vorschriften des VwKostG anzuwenden. Dies bedeutet zum einen hinsichtlich des Erlasses einer Rechtsverordnung nach Abs. 2 Satz 2, dass die **§§ 2–7 VwKostG** zu beachten sind. Insbesondere sind nach § 3 VwKostG die Gebührensätze so zu bemessen, das zwischen der den Verwaltungsaufwand berücksichtigenden Höhe der Gebühr einerseits und der Bedeutung, dem wirtschaftlichen Wert sowie dem sonstigen Nutzen der Amtshandlung andererseits ein angemessenes Verhältnis bestehen muss. Zum anderen sind hinsichtlich der Erhebung der Kosten §§ 8–22 VwKostG zu beachten.

Die Bundesregierung hat von ihrer Ermächtigung Gebrauch gemacht und mit Zustimmung des Bundesrats die **AÜKostV** erlassen. Die Gebühr betrug bzw. beträgt danach:

	Erteilung oder Verlängerung einer befristeten Erlaubnis	Erteilung einer unbefristeten Erlaubnis
bis 18.6.1999	750 DM	2.500 DM
19.6.1999 -31.12.2000	1.000 DM	3.000 DM
1.1.2001–31.12.2001	1.250 DM	3.500 DM
1.1.2002–31.12.2002	625 Euro	1.750 Euro
ab 1.1.2003	750 Euro	2.000 Euro

---

2 EuGH vom 17.12.1981 – 279/80, NJW 1982, 1203 ff., für Verleiher aus einem Mitgliedstaat der EU.
3 Thüsing/*Kämmerer*, § 2a Rn. 2. – Wegen der diesbezüglichen Kostenpflicht siehe Sandmann/Marschall, § 2a Anm. 2.

§ 2a   Kosten

5 Neben der Gebühr müssen **Auslagen** nur für weitere Ausfertigungen, Abschriften, Auszüge, Übersetzungen, die auf besonderen Antrag gefertigt wurden, und für Kosten, die durch öffentliche Bekanntmachung entstehen, gezahlt werden (§ 10 Abs. 1 Nr. 2 bis 4 VwKostG). Die anderen in § 10 Abs. 1 VwKostG aufgezählten Auslagen sind bereits in den festen Sätzen der Gebühr enthalten.

3. Rechtsschutz

6 Nach § 22 VwKostG kann die **Kostenentscheidung** zusammen **mit der Sachentscheidung oder selbstständig angefochten** werden, wobei sich der Rechtsbehelf gegen die Sachentscheidung stets auch auf die Kostenentscheidung erstreckt.

§ 3 Versagung

(1) Die Erlaubnis oder ihre Verlängerung ist zu versagen, wenn Tatsachen die Annahme rechtfertigen, dass der Antragsteller
1. die für die Ausübung der Tätigkeit nach § 1 erforderliche Zuverlässigkeit nicht besitzt, insbesondere weil er die Vorschriften des Sozialversicherungsrechts, über die Einbehaltung und Abführung der Lohnsteuer, über die Arbeitsvermittlung, über die Anwerbung im Ausland oder über die Ausländerbeschäftigung, die Vorschriften des Arbeitsschutzrechts oder die arbeitsrechtlichen Pflichten nicht einhält;
2. nach der Gestaltung seiner Betriebsorganisation nicht in der Lage ist, die üblichen Arbeitgeberpflichten ordnungsgemäß zu erfüllen;
3. dem Leiharbeitnehmer für die Zeit der Überlassung an einen Entleiher die im Betrieb dieses Entleihers für einen vergleichbaren Arbeitnehmer des Entleihers geltenden wesentlichen Arbeitsbedingungen einschließlich des Arbeitsentgelts nicht gewährt. Ein Tarifvertrag kann abweichende Regelungen zulassen, soweit er nicht die in einer Rechtsverordnung nach § 3a Absatz 2 festgesetzten Mindeststundenentgelte unterschreitet. Im Geltungsbereich eines solchen Tarifvertrages können nicht tarifgebundene Arbeitgeber und Arbeitnehmer die Anwendung der tariflichen Regelungen vereinbaren. Eine abweichende tarifliche Regelung gilt nicht für Leiharbeitnehmer, die in den letzten sechs Monaten vor der Überlassung an den Entleiher aus einem Arbeitsverhältnis bei diesem oder einem Arbeitgeber, der mit dem Entleiher einen Konzern im Sinne des § 18 des Aktiengesetzes bildet, ausgeschieden sind.

(2) Die Erlaubnis oder ihre Verlängerung ist ferner zu versagen, wenn für die Ausübung der Tätigkeit nach § 1 Betriebe, Betriebsteile oder Nebenbetriebe vorgesehen sind, die nicht in einem Mitgliedstaat der Europäischen Wirtschaftsgemeinschaft oder einem anderen Vertragsstaat des Abkommens über den Europäischen Wirtschaftsraum liegen.

(3) Die Erlaubnis kann versagt werden, wenn der Antragsteller nicht Deutscher im Sinne des Artikels 116 des Grundgesetzes ist oder wenn eine Gesellschaft oder juristische Person den Antrag stellt, die

entweder nicht nach deutschem Recht gegründet ist oder die weder ihren satzungsmäßigen Sitz noch ihre Hauptverwaltung noch ihre Hauptniederlassung im Geltungsbereich dieses Gesetzes hat.

(4) Staatsangehörige der Mitgliedstaaten der Europäischen Wirtschaftsgemeinschaft oder eines anderen Vertragsstaates des Abkommens über den Europäischen Wirtschaftsraum erhalten die Erlaubnis unter den gleichen Voraussetzungen wie deutsche Staatsangehörige. Den Staatsangehörigen dieser Staaten stehen gleich Gesellschaften und juristische Personen, die nach den Rechtsvorschriften dieser Staaten gegründet sind und ihren satzungsgemäßen Sitz, ihre Hauptverwaltung oder ihre Hauptniederlassung innerhalb dieser Staaten haben. Soweit diese Gesellschaften oder juristische Personen zwar ihren satzungsmäßigen Sitz, jedoch weder ihre Hauptverwaltung noch ihre Hauptniederlassung innerhalb dieser Staaten haben, gilt Satz 2 nur, wenn ihre Tätigkeit in tatsächlicher und dauerhafter Verbindung mit der Wirtschaft eines Mitgliedstaates oder eines Vertragsstaates des Abkommens über den Europäischen Wirtschaftsraum steht.

(5) Staatsangehörige anderer als der in Absatz 4 genannten Staaten, die sich aufgrund eines internationalen Abkommens im Geltungsbereich dieses Gesetzes niederlassen und hierbei sowie bei ihrer Geschäftstätigkeit nicht weniger günstig behandelt werden dürfen als deutsche Staatsangehörige, erhalten die Erlaubnis unter den gleichen Voraussetzungen wie deutsche Staatsangehörige. Den Staatsangehörigen nach Satz 1 stehen gleich Gesellschaften, die nach den Rechtsvorschriften des anderen Staates gegründet sind.

Literatur: *Bauer, D.*, Zum Nebeneinander erlaubter Arbeitnehmerüberlassung und erlaubter Arbeitsvermittlung, NZA 1995, 203; *Boemke/Lembke*, Änderungen im AÜG durch das „Job-AQTIV-Gesetz", DB 2002, 893; *Braun*, Gesetzliche Reaktionen auf die Diskussion um die Bundesanstalt für Arbeit, AuR 2002, 413; *Bünte/Knödler*, Recht der Arbeitsmigration – die nicht selbständige Beschäftigung ausländischer Arbeitnehmer nach dem Zuwanderungsgesetz, NZA 2008, 743; *Däubler*, Das umgesetzte Hartz-Modell: Bittere Pillen im Arbeits- und Sozialrecht, AiB 2002, 729; *Hamann*, Die Reform des AÜG im Jahr 2011, RdA 2011, 321; *Kossens*, Neuregelung der privaten Arbeitsvermittlung, DB 2002, 843; *Lembke*, Arbeitnehmerüberlassung im Konzern, BB 2012, 2497; *Lembke*, Die geplanten Änderungen im Recht der Arbeitnehmerüberlassung, DB 2011, 414; *Lembke*, Die jüngsten Änderungen des AÜG im Überblick, FA 2011, 290; *Lembke*, Die „Hartz-Reform" des Arbeitnehmerüberlassungsgesetzes, BB 2003, 98; *Lembke*, Befristung von Arbeitsverträgen mit Leiharbeitnehmern nach

Versagung § 3

„Hartz I", DB 2003, 2702; *Rahne*, Aufenthaltsrechtliche Aspekte der nichtselbständigen Beschäftigung ausländischer Fachkräfte aus Drittstaaten in Deutschland, DB 2012, 2281; *Rixen*, Das neue Sozialrecht der Arbeitsvermittlung nach der Reform der Bundesanstalt für Arbeit, NZS 2002, 466; *Ulber*, Personal-Service-Agenturen und Neuregelung der Arbeitnehmerüberlassung – Änderungen des AÜG durch das Erste Gesetz für moderne Dienstleistungen am Arbeitsmarkt, AuR 2003, 7.

Übersicht

	Rn.		Rn.
I. Vorbemerkungen	1	ee) Verstöße gegen Arbeitsschutzrecht	35
1. Entstehungsgeschichte	1	ff) Nichteinhaltung arbeitsrechtlicher Pflichten	37
2. Sinn und Zweck der Vorschrift	6		
II. Rechtsanspruch auf Erlaubniserteilung	8		
1. Präventives Verbot mit Erlaubnisvorbehalt	8	d) Allgemeines Tatbestandsmerkmal der Unzuverlässigkeit (Nr. 1)	41
2. Abschließender Charakter der Versagungsgründe	10	aa) Wirtschaftliche Verhältnisse	42
3. Beurteilungszeitpunkt	11	bb) Straftaten	43
4. Objektive Beweislast	12	cc) Gesetzeskenntnisse	46
III. Versagungsgründe nach § 3 Abs. 1	15	dd) Sonstige Umstände	47
1. Allgemeines	15	3. Unzureichende Gestaltung der Betriebsorganisation (Nr. 2)	48
2. Fehlende Zuverlässigkeit (Nr. 1)	18	a) Organisatorische Unzuverlässigkeit	48
a) Zuverlässigkeit	18	b) Übliche Arbeitgeberpflichten	49
b) Zuverlässigkeit des Antragstellers	21	c) Anforderungen an die Betriebsorganisation	51
aa) Person des Antragstellers	21	4. Verstoß gegen den Grundsatz von Equal Pay/Treatment (Nr. 3)	55
bb) Unzuverlässigkeit Dritter	24	a) Überblick und Systematik	55
c) Gesetzliche Regelbeispiele	26	b) Tatbestandsvoraussetzungen	58
aa) Bedeutung	26	aa) Verstoß gegen das Schlechterstellungsverbot	58
bb) Verstöße gegen Sozialversicherungsrecht	27	bb) Tatsachengrundlage für Erlaubnisversagung	60
cc) Verstöße gegen lohnsteuerrechtliche Bestimmungen	29		
dd) Verstöße gegen Bestimmungen über Arbeitsvermittlung, Anwerbung im Ausland und Ausländerbeschäftigung	31		

Lembke

§ 3 Versagung

	Rn.		Rn.
c) Rechtsfolgen bei Verstößen	62	2. Natürliche Personen (Abs. 3 Hs. 1, Abs. 4 Satz 1 und Abs. 5 Satz 1)	78
aa) Gewerberechtliche Folgen	63	3. Juristische Personen und Gesellschaften (Abs. 3 Hs. 2, Abs. 4 Satz 2 und 3, Abs. 5 Satz 2)	81
bb) Arbeitsrechtliche Folgen	64		
cc) Vermutung von Arbeitsvermittlung	65		
dd) Ordnungswidrigkeit	66	a) Ausländische Gesellschaften (Abs. 3 Hs. 2)	81
5. Aufhebung von besonderem Befristungs-, Wiedereinstellungs- und Synchronisationsverbot (Nr. 3–5 a.F.)	67	aa) Nicht nach deutschem Recht gegründet	81
a) Alte Rechtslage	67	bb) Sitz, Hauptverwaltung oder -niederlassung nicht in Deutschland	82
b) Rechtsfolgen der Aufhebung	68		
6. Aufhebung der Höchstüberlassungsdauer (Nr. 6 a.F.)	70	cc) Alternativität der Anknüpfungspunkte	83
IV. Versagungsgründe grenzüberschreitender Arbeitnehmerüberlassung (§ 3 Abs. 2)	71	b) Gleichstellung von Gesellschaften mit Bezug zu EU- oder EWR-Mitgliedstaaten (Abs. 4 Satz 2 und 3)	84
1. Betriebsstätte außerhalb des EWR	71		
2. Betrieb, Nebenbetrieb, Betriebsteil	74	c) Gleichbehandlung auf Grund internationaler Abkommen (Abs. 5 Satz 2)	87
3. Für die Ausübung der Tätigkeit nach § 1 vorgesehen	75	4. Ermessensausübung	88
V. Versagungsgründe bei ausländischen Antragstellern (§ 3 Abs. 3 bis 5)	77	5. Verlängerung der Erlaubnis	89
1. Struktur des Versagungstatbestands	77	VI. Rechtsschutz	90

I. Vorbemerkungen

1. Entstehungsgeschichte

1 Die Bestimmung wurde bereits während des Gesetzgebungsverfahrens mehrfach geändert und ergänzt. § 3 Abs. 1 wies in der ersten Fassung des RefE vier Versagungsgründe auf, nämlich fehlende Zuverlässigkeit, unzureichende Betriebsorganisation, Verstoß gegen das besondere Befristungsverbot und Verstoß gegen das Wiedereinstellungsverbot (Nr. 1 bis Nr. 4 a.F.). Der RegE fügte als weitere Versagungsgründe den Verstoß gegen das Synchronisationsverbot und die Überlassungshöchstdauer (Nr. 5 und Nr. 6 a.F.) ein. Auf Anregung des Bundesrats[1] wurden

---

1 BT-Drs. VI/2303, S. 20.

I. Vorbemerkungen § 3

die in § 3 Abs. 1 und Abs. 2 enthaltenen Versagungsgründe auf den Fall der Verlängerung der Erlaubnis ausgeweitet, Nr. 6 a. F. wurde um Hs. 2 ergänzt. Demgegenüber setzte sich der Vorschlag, als zusätzlichen Versagungsgrund „ungeordnete Vermögensverhältnisse" aufzunehmen, nicht durch. Die BReg hielt dies für überflüssig,[2] weil ungeordnete Vermögensverhältnisse bereits Indiz für die Unzuverlässigkeit eines Antragstellers gemäß § 3 Abs. 1 Nr. 1 seien. § 3 Abs. 3 und Abs. 4 beruhen auf der Initiative des Ausschusses für Arbeit und Sozialordnung.[3]

Nach Inkrafttreten der Bestimmung wurde die Überlassungshöchstdauer in § 3 Abs. 1 Nr. 6 Hs. 1 (a. F.) von ursprünglich drei Monaten mit dem BeschFG 1985 auf sechs Monate, dem SKWPG auf neun Monate und dem AFRG zum 1.4.1997 auf zwölf Monate verlängert. Durch das Job-AQTIV-Gesetz[4] wurde die Überlassungshöchstdauer zum 1.1.2002 auf 24 Monate ausgedehnt.[5] Durch den mit dem AFRG eingeführten Zusatz „wiederholt" in § 3 Abs. 1 Nr. 3 bis Nr. 5 (a. F.) wurde das Befristungs-, Wiedereinstellungs- und Synchronisationsverbot gelockert. Die Änderungen und Ergänzungen in § 3 Abs. 2 bis Abs. 4 betreffen die Erstreckung des Anwendungsbereichs auf das Gebiet bzw. auf Staatsangehörige anderer EWR-Staaten, um entsprechenden Verpflichtungen zur Gleichbehandlung und zur Niederlassungsfreiheit aus dem EWR-Abkommen nachzukommen. Mit dem SKWPG wurde die Bestimmung um Abs. 5 ergänzt.

2

Die gewerberechtliche Kernvorschrift des § 3 Abs. 1 wurde schließlich durch die sog. Hartz-Reform des AÜG umfassend geändert, und zwar mit Wirkung ab dem 1.1.2003 – wobei die Übergangsvorschrift des § 19 (a. F.) zu berücksichtigen war[6] (vgl. § 19 Rn. 2, 21 f.). Durch Art. 6 Nr. 3 des Ersten Gesetzes für moderne Dienstleistungen am Arbeitsmarkt („Hartz I")[7] wurde in § 3 **Abs. 1 Nr. 3** der erlaubnisrechtliche Teil zum neuen **Schlechterstellungsverbot** (§§ 9 Nr. 2, 10 Abs. 4 – auch „Gleichbehandlungsgrundsatz" oder „**Grundsatz von Equal Pay/ Treatment**" genannt) normiert. Im Gegenzug und gleichsam als „Kom-

3

---

2 BT-Drs. VI/2303, S. 24.
3 BT-Drs. VI/3505, S. 4. – Ausführlich zur Entstehungsgeschichte Schüren/Hamann/ *Schüren*, § 3 Rn. 1 ff.
4 Gesetz zur Reform der arbeitsmarktpolitischen Instrumente vom 10.12.2001, BGBl. I, S. 3443.
5 Dazu *Boemke/Lembke*, DB 2002, 893 f.
6 Zur sog. Hartz-Reform des AÜG näher *Lembke*, BB 2003, 98 ff.; *Ulber*, AuR 2003, 7 ff.
7 BGBl. I, S. 4607, 4618.

§ 3 Versagung

pensation" wurden zahlreiche Beschränkungen der Arbeitnehmerüberlassung aufgehoben, um die **Arbeitnehmerüberlassung** zu **flexibilisieren**.[8] Namentlich das **besondere Befristungsverbot** (§ 3 Abs. 1 Nr. 3 a.F.), das **Wiedereinstellungsverbot** (§ 3 Abs. 1 Nr. 4 a.F.), das **Synchronisationsverbot** (§ 3 Abs. 1 Nr. 5 a.F.) und die vierundzwanzigmonatige **Überlassungshöchstdauer** (§ 3 Abs. 1 Nr. 6 a.F.) wurden **aufgehoben**. Nur insoweit wurden die Vorschläge der „Hartz-Kommission" – wie angekündigt – (nahezu) „eins zu eins" umgesetzt.[9] Insgesamt sollten durch die Änderungen neue Beschäftigungsmöglichkeiten erschlossen werden (vgl. auch § 9 Rn. 5, 39, 43).

4 Im Rahmen der **AÜG-Reform 2011** durch das „Erste Gesetz zur Änderung des Arbeitnehmerüberlassungsgesetzes – Verhinderung von Missbrauch der Arbeitnehmerüberlassung vom 28.4.2011[10] wurde die gewerberechtliche Vorschrift des § 3 **Abs. 1 Nr. 3** – ebenso wie das arbeitsrechtliche Pendant des § 9 Nr. 2 – mit Wirkung ab dem 30.4.2011 in mehrfacher Hinsicht geändert (vgl. auch § 9 Rn. 31 ff.). Zum einen wurde in Satz 1 am Ende die **Sechswochen-Ausnahme** vom Grundsatz des Equal Pay/Treatment **gestrichen**, weil diese Ausnahme lediglich im Entwurf der Leiharbeitsrichtlinie[11] vorgesehen war, in der RL selbst hingegen keinen Eingang gefunden hat[12] (zur Geltung der Sechswochen-Ausnahme in vor bzw. nach dem 15.12.2010 begründeten Leiharbeitsverhältnissen s. § 19 Rn. 9, 16 f.). Zum anderen wurde die **Tariföffnungsklausel** in Satz 2 („Ein Tarifvertrag kann abweichende Regelungen zulassen") **im Hinblick auf** die neue Regelung des § 3a zur Lohnuntergrenze **eingeschränkt** („soweit er nicht die in einer Rechtsverordnung nach § 3a Abs. 2 festgesetzten Mindeststundenentgelte unterschreitet"). Ferner wurde in Hs. 4 von § 9 Nr. 2 die sog. „**Drehtürklausel**" aufgenommen, um den Missbrauch von Arbeitnehmerüberlassung als „Drehtür" zur Verschlechterung der Arbeitsbedingungen im Konzern dadurch zu verhindern, dass für Leiharbeitnehmer, die inner-

---

8 Zum Ganzen BT-Drs. 15/25, S. 23 f., 38.
9 Vgl. Vorschläge der sog. „Hartz-Kommission", in: Moderne Dienstleistungen am Arbeitsmarkt, Vorschläge der Kommission zum Abbau der Arbeitslosigkeit und zur Umstrukturierung der Bundesanstalt für Arbeit, 2002, S. 157; *Lembke*, BB 2003, 98.
10 BGBl. I, S. 642; dazu *Lembke*, DB 2011, 414; *Lembke*, FA 2011, 290.
11 Vgl. Art. 5 Abs. 4 des Vorschlags für eine Richtlinie des Europäischen Parlaments und des Rates über die Arbeitsbedingungen von Leiharbeitnehmern vom 20.3.2002, KOM (2002) 149 endgültig; Art. 5 Abs. 4 des geänderten Vorschlags für eine Richtlinie des Europäischen Parlaments und des Rates über die Arbeitsbedingungen von Leiharbeitnehmern vom 28.11.2002, KOM (2002) 701 endgültig.
12 BT-Drs. 17/4804, S. 9; *Lembke*, DB 2011, 414, 417.

halb der letzten sechs Monate vor der Überlassung an den Entleiher aus einem Arbeitsverhältnis mit dem Entleiher oder einem mit diesem verbundenen Konzernunternehmen ausgeschieden sind und nun in den abgebenden Konzern zurückverliehen werden, ausnahmslos der Grundsatz des Equal Pay/Treatment Anwendung findet.[13] Die ebenfalls ab dem 30.4.2011 in Kraft getretene Drehtürklausel gilt nach der **Übergangsvorschrift des § 19 n. F.** nicht für Leiharbeitsverhältnisse, die vor dem 15.12.2010 begründet worden sind (vgl. § 19 Rn. 8, 13 ff., 19).

Unverändert blieben hingegen § 3 Abs. 1 Nr. 1 und 2 sowie Abs. 2 bis 5.   5

2. Sinn und Zweck der Vorschrift

Die Verleihertätigkeit wird vom Grundrecht der Berufsfreiheit gedeckt,[14] so dass ein **Rechtsanspruch auf Erlaubniserteilung** besteht (vgl. § 2 Rn. 4). § 3 schränkt diesen Rechtsanspruch als gesetzliche Regelung i. S. v. Art. 12 Abs. 1 Satz 2 GG ein und legt die Tatbestände fest, die ausnahmsweise eine Versagung der Erlaubnis rechtfertigen. Als **subjektive Zulassungsregelung**[15] ist eine solche Einschränkung nur zum Schutze wichtiger Gemeinschaftsgüter gerechtfertigt. Durch die Zulassungsschranken soll dabei zum einen Missbräuchen entgegengetreten werden, die sich aus der Arbeitnehmerüberlassung ergeben können, insbesondere soll der **Leiharbeitnehmer vor unzuverlässigen Verleihern geschützt** werden. Zum anderen soll die Beachtung der besonderen Arbeitgeberverpflichtungen bei Leiharbeit durch den Verleiher sichergestellt werden.[16]   6

Die in der Bestimmung aufgeführten Versagungsgründe haben nicht nur Bedeutung für die Erteilung oder Verlängerung einer Erlaubnis. Vielmehr legen sie generell fest, unter welchen Voraussetzungen das Grundrecht auf Berufsfreiheit ausnahmsweise eingeschränkt werden kann. Deswegen knüpfen auch die Regelungen über die **Rücknahme** (§ 4) und den **Widerruf** (§ 5) der Erlaubnis hieran an.   7

---

13 BT-Drs. 17/4804, S. 9; *Lembke*, DB 2011, 414, 417; *Lembke*, BB 2012, 2497, 2501 f.
14 BVerfG, 4.4.1967 – 1 BvR 84/65, EzAÜG § 1 AÜG Arbeitsvermittlung Nr. 1.
15 BSG, 6.2.1992 – 7 RAr 140/90, NZA 1992, 1006, 1007. – A. A. Schüren/Hamann/ *Schüren*, § 3 Rn. 27: Berufsausübungsregelung.
16 BSG, 22.3.1979 – 7 RAr 47/78, EzAÜG § 2 AÜG Erlaubnisverfahren Nr. 1; BSG, 6.2.1992 – 7 RAr 140/90, NZA 1992, 1006, 1007; *Ulber*, § 3 Rn. 6.

II. Rechtsanspruch auf Erlaubniserteilung

1. Präventives Verbot mit Erlaubnisvorbehalt

8   Nach der gesetzlichen Konzeption des § 1 Abs. 1 Satz 1 ist im Rahmen wirtschaftlicher Tätigkeit durchgeführte Arbeitnehmerüberlassung grundsätzlich verboten, darf aber mit entsprechender Erlaubnis ausgeübt werden, so dass es sich um ein präventives Verbot mit Erlaubnisvorbehalt handelt[17] (vgl. § 2 Rn. 4). Ob darüber hinaus aus § 1 Abs. 1 Satz 2 auch ein Verbot der nicht nur **vorübergehend** durchgeführten Arbeitnehmerüberlassung entnommen werden kann, ist streitig, nach richtiger Auffassung aber zu verneinen (vgl. auch § 1 Rn. 105 ff., § 9 Rn. 47, § 10 Rn. 6, § 12 Rn. 42). Allerdings besteht wegen des Grundrechts auf Berufsfreiheit ein **Anspruch auf Erteilung oder Verlängerung der** begehrten **Erlaubnis**, wenn keiner der genannten Versagungsgründe vorliegt.[18] Die Arbeitsverwaltung hat insoweit **keinen Ermessensspielraum**.[19]

9   Umgekehrt **muss** bei Vorliegen eines **Versagungsgrunds** die Erlaubnis versagt werden (arg e contr. § 3 Abs. 3: „kann"); auch insoweit besteht kein Ermessensspielraum.[20] Allerdings ist vor der Versagung der Erlaubnis nach dem Verhältnismäßigkeitsgrundsatz zu prüfen, ob eine ordnungsgemäße Durchführung der Arbeitnehmerüberlassung nicht durch weniger einschneidende Maßnahmen, wie z. B. durch die Erteilung oder Verlängerung der Erlaubnis unter Bedingungen oder Auflagen (vgl. § 2 Abs. 2), in Betracht kommt (siehe § 2 Rn. 22).[21]

2. Abschließender Charakter der Versagungsgründe

10 Die in der Vorschrift enthaltenen Versagungsgründe sind abschließend.[22] Die Gegenauffassung,[23] derzufolge die Aufzählung in § 3

---

17 Wegen der Einzelheiten Schüren/Hamann/*Schüren*, § 3 Rn. 24 ff.
18 Ziff. 3.1. Abs. 1 GA-AÜG (Stand: 2/2013); LSG Niedersachsen, 22.7.1977, EzAÜG § 4 AÜG Rücknahme Nr. 1; LSG Nordrhein-Westfalen, 2.11.1977 – L 12 Ar 15/76, n. v.; HWK/*Kalb*, § 3 AÜG Rn. 2.
19 Schüren/Hamann/*Schüren*, § 3 Rn. 25; *Ulber*, § 3 Rn. 10.
20 BSG, 22.3.1979 – 7 RAr 47/78, EzAÜG § 2 Erlaubnisverfahren Nr. 1; LSG Bremen, 17.12.1975 – L 5 Ar 1/75, EzAÜG § 3 AÜG Versagungsgründe Nr. 1; LSG Niedersachsen, 22.7.1977, EzAÜG § 4 AÜG Rücknahme Nr. 1; Schüren/Hamann/*Schüren*, § 3 Rn. 29 ff.; *Ulber*, § 3 Rn. 8.
21 Vgl. Ziff. 3.1. Abs. 3 GA-AÜG (Stand: 2/2013). – A. A. *Ulber*, § 3 Rn. 8.
22 *Kaufmann*, Rn. 97; *Sandmann/Marschall/Schneider*, § 3 Rn. 1; Schüren/Hamann/*Schüren*, § 3 Rn. 29.
23 LSG Bremen, 17.12.1975 – L 5 Ar 1/75, EzAÜG § 3 AÜG Versagungsgründe Nr. 1; *Ulber*, § 3 Rn. 12 ff.

Abs. 1 bis Abs. 3 nur exemplarisch sein soll, ist mit der grundrechtlichen Garantie der Verleihertätigkeit durch Art. 12 Abs. 1 Satz 1 GG und dem daraus folgenden Gesetzesvorbehalt aus Art. 12 Abs. 1 Satz 2 GG unvereinbar. Die Erlaubnisbehörde ist nicht befugt, neue Gründe für die Nichterteilung der Erlaubnis zu erfinden.

3. Beurteilungszeitpunkt

Die Erlaubnis kann nur versagt werden, wenn in dem **Zeitpunkt, in dem die Behörde** über den Antrag auf Erteilung der Erlaubnis **entscheidet**, Tatsachen vorliegen, welche die Annahme rechtfertigen, dass ein Versagungsgrund vorliegt.[24] Es muss die auf Tatsachen gestützte Annahme bestehen, dass der Verleiher bei der zukünftigen Ausübung der Tätigkeit die gesetzlichen Bestimmungen nicht beachten wird (**Zukunftsprognose**). Wird die Entscheidung der Erlaubnisbehörde angefochten, ist auf den **Zeitpunkt des Erlasses des Widerspruchsbescheids** abzustellen.[25] Wird gegen einen ablehnenden Bescheid Klage eingelegt, dann soll für die Prognoseentscheidung nach der Rechtsprechung des **BSG** der **Zeitpunkt der letzten mündlichen Verhandlung** in der Tatsacheninstanz maßgeblich sein.[26] Danach müsste einer Klage stattgegeben werden, wenn der Antragsteller zum Zeitpunkt der Widerspruchsentscheidung z.B. unzuverlässig i.S.v. § 3 Abs. 1 Nr. 1 gewesen ist, vor Abschluss des Gerichtsverfahrens aber zuverlässig wird; dies ist allerdings zweifelhaft.[27]

11

4. Objektive Beweislast

Die Behörde trifft die (objektive) Beweislast für das Vorliegen der Tatsachen, aus denen sich das Vorliegen eines Versagungsgrunds ergibt.[28] Es müssen sich also Tatsachen nachweisen lassen, die eine Versagung der Erlaubnis rechtfertigen würden.[29] Können solche Tatsachen nicht mit hinreichender Sicherheit festgestellt werden, ist die Erlaubnis zu erteilen; **verbleibende Zweifel** gehen **zu Lasten der Behörde**.

12

Allerdings besteht bei den Versagungsgründen nach § 3 Abs. 1 eine **Beweiserleichterung** zugunsten der BA; es reicht nämlich in diesen Fäl-

13

---

24 HWK/*Kalb*, § 3 AÜG Rn. 6; *Ulber*, § 3 Rn. 17.
25 Schüren/Hamann/*Schüren*, § 3 Rn. 54.
26 BSG, 6.2.1992 – 7 RAr 140/90, NZA 1992, 1006, 1007.
27 Vgl. BVerwG, 2.2.1982 – 1 C 146/80, NVwZ 1982, 503; *Kopp/Schenke*, § 113 VwGO Rn. 42 ff.
28 Schüren/Hamann/*Schüren*, § 3 Rn. 53.
29 Schüren/Hamann/*Schüren*, § 3 Rn. 44; *Ulber*, § 3 Rn. 20.

len aus, wenn die Tatsachen die Annahme rechtfertigen, dass einer der Versagungsgründe des § 3 Abs. 1 Nr. 1 bis 3 vorliegt. Es muss also nicht das Vorliegen des Versagungsgrunds selbst bewiesen werden, sondern nur Tatsachen, die diese Annahme rechtfertigen (**Vermutungswirkung**).[30] Die Beweiserleichterung kann im Einzelfall dazu führen, dass die Behörde abweichend von § 24 VwVfG den Sachverhalt vor der Versagung der Erlaubnis nicht vollständig aufklären muss. Rechtfertigen die bekannten Tatsachen die Annahme eines Versagungsgrunds nach § 3 Abs. 1, dann müssen weitere Nachforschungen nur angestellt werden, wenn greifbare Anhaltspunkte dafür vorliegen, dass hierdurch die Vermutungswirkung erschüttert werden könnte. Die Reichweite der Beweiserleichterung hängt vom jeweiligen Versagungsgrund ab und ist im Einzelnen umstritten[31] (wegen der Einzelheiten siehe bei den einzelnen Versagungsgründen unten Rn. 26 ff.).

14 Die Beweiserleichterung erstreckt sich nur auf die Vermutungswirkung von Tatsachen. Die **Tatsachen als solche**, die eine entsprechende Annahme rechtfertigen, müssen **mit hinreichender Sicherheit festgestellt** worden sein; insoweit gelten keine Besonderheiten. Dabei kann der erforderliche Nachweis mit sämtlichen zulässigen Beweismitteln, z. B. Urkunden, Zeugenaussagen, Sachverständigen, geführt werden. Hingegen reichen bloße Vermutungen, Gerüchte, Annahmen vom Hörensagen oder Spekulationen nicht aus.[32] Im Streitfall ist gerichtlich voll nachprüfbar, ob die Tatsachen vorliegen, aus denen die BA einen Versagungsgrund gefolgert hat. Ob die Tatsachen den Rückschluss zulassen, dass ein Versagungsgrund vorliegt, unterliegt ebenfalls der vollen gerichtlichen Nachprüfung.[33]

III. Versagungsgründe nach § 3 Abs. 1

1. Allgemeines

15 Die **Versagungsgründe** des § 3 Abs. 1 gelten **generell** für die gewerbsmäßige Arbeitnehmerüberlassung, während sich die **Versagungstatbe-**

---

30 Ziff. 3.1. Abs. 2 GA-AÜG (Stand: 2/2013); BayLSG, 29.7.1986, EzAÜG § 3 AÜG Versagungsgründe Nr. 9; Schüren/Hamann/*Schüren*, § 3 Rn. 44; *Ulber*, § 3 Rn. 20.
31 Sehr weitgehend BayLSG, 29.7.1986, EzAÜG § 3 AÜG Versagungsgründe Nr. 9; Sandmann/Marschall/Schneider, § 3 Rn. 4. – Enger Schüren/Hamann/*Schüren*, § 3 Rn. 45 ff.
32 Schüren/Hamann/*Schüren*, § 3 Rn. 53.
33 BSG, 6.2.1992 – 7 RAr 140/90, NZA 1992, 1006, 1007.

III. Versagungsgründe nach Abs. 1 § 3

stände der Abs. 2 bis 5 auf die Arbeitnehmerüberlassung vom Ausland ins Inland beschränken und insoweit den besonderen Risiken einer **grenzüberschreitenden Arbeitnehmerüberlassung** Rechnung tragen. Darüber hinaus hat § 3 Abs. 1 auch für § 1 Abs. 2 Bedeutung, der an das Vorliegen eines Versagungstatbestands nach § 3 Abs. 1 Nr. 1 bis 3 die (widerlegbare) **Vermutung der Arbeitsvermittlung** knüpft; allerdings ist § 1 Abs. 2 praktisch bedeutungslos, weil mit ihm keine wesentlichen Rechtsfolgen mehr verbunden sind (näher § 1 Rn. 184 ff.).

Mit den Versagungsgründen des § 3 Abs. 1 will der Gesetzgeber generell den Schutz der Leiharbeitnehmer vor unzuverlässigen Verleihern, die sich nicht an die gesetzlichen Bestimmungen halten, sicherstellen.[34] Die **fehlende Zuverlässigkeit** gemäß § 3 Abs. 1 Nr. 1 bildet den **Grundtatbestand sämtlicher Versagungsgründe** des Abs. 1, während die Tatbestände des § 3 Abs. 1 Nr. 1 a.E. sowie der Nr. 2 und 3 nicht abschließende Regelbeispiele darstellen, bei deren Vorliegen die Unzuverlässigkeit (widerlegbar) vermutet wird. **16**

Dementsprechend ist die Erlaubnis bereits dann zu versagen, wenn auch nur einer der Tatbestände des § 3 Abs. 1 erfüllt ist; es müssen nicht mehrere Tatbestände kumulativ vorliegen,[35] soweit nicht im Einzelfall durch Auflagen für die Zukunft sichergestellt werden kann, dass die Arbeitnehmerüberlassung gesetzeskonform ausgeübt werden wird. Eine bereits erteilte Erlaubnis kann in diesem Falle zurückgenommen (§ 4 Abs. 1 Satz 1) oder widerrufen (§ 5 Abs. 1 Nr. 3) werden. **17**

2. Fehlende Zuverlässigkeit (Nr. 1)

a) Zuverlässigkeit

Die Erlaubnis ist nach § 3 Abs. 1 Nr. 1 zu versagen, wenn der Antragsteller nicht die „erforderliche Zuverlässigkeit" besitzt. Es handelt sich hierbei um einen **unbestimmten Rechtsbegriff**, der vom Gesetz nicht definiert, sondern nur durch Regelbeispiele näher konkretisiert wird. Unter Berücksichtigung des Schutzzwecks der Bestimmung (vgl. Rn. 6 f.) sowie der Konkretisierungen in § 3 Abs. 1 Nr. 1 a.E. sowie Abs. 1 Nr. 2 und 3 fehlt die erforderliche Zuverlässigkeit, wenn auf Grund konkreter Tatsachen (s.o. Rn. 13) zu erwarten ist, dass der Antragsteller die Arbeitnehmerüberlassung nicht in Einklang mit den ge- **18**

---

34 BT-Drs. VI/2303, S. 11.
35 BayLSG, 29.7.1986, EzAÜG § 3 AÜG Versagungsgründe Nr. 9.

§ 3 Versagung

setzlichen Vorschriften ausüben wird.[36] Erforderlich ist insoweit eine **Zukunftsprognose**, ob der Antragsteller zukünftig bei seiner Verleihtätigkeit die gesetzlichen Vorschriften beachten wird. Diese Prognose muss auf gegenwärtige oder in der Vergangenheit liegende Tatsachen gestützt werden, wobei bei **länger zurückliegenden Tatsachen** stets sorgfältig zu prüfen ist, welches Gewicht ihnen für die derzeitige Zuverlässigkeit beigemessen werden kann.[37]

19 Für die Frage der Zuverlässigkeit ist es unerheblich, ob den Antragsteller ein moralischer oder strafrechtlicher Verhaltensvorwurf trifft. Es genügt, wenn die Tatsachen, die auf die Unzuverlässigkeit schließen lassen, dem Antragsteller **objektiv zurechenbar** sind. Allerdings kann im Rahmen der Zukunftsprognose auch die **subjektive Zurechenbarkeit** Bedeutung erlangen. So kann bei bewussten Pflichtverstößen regelmäßig von einer Wiederholungsgefahr und damit auch zukünftiger Unzuverlässigkeit ausgegangen werden, während bloß (leicht) fahrlässige Pflichtverstöße – z.B. infolge unzureichender Rechtskenntnisse (vgl. wegen Rechtsunkenntnis vgl. aber auch Rn. 46) – häufig die Zuverlässigkeit an sich nicht in Frage stellen.[38]

20 Allerdings kann nicht wegen jedes in der Vergangenheit liegenden Gesetzesverstoßes die Erlaubnis versagt werden. Vielmehr wirkt sich die Nichteinhaltung von Rechtsnormen je nach **Schutzzweck und Intensität des Verstoßes** ganz verschieden auf die Bewertung der Unzuverlässigkeit aus.[39] So ist die Erlaubnis zwingend zu versagen, wenn der Antragsteller **gegen Kernpflichten verstoßen** hat, die ihm als Arbeitgeber gegenüber seinen Leiharbeitnehmern obliegen, und hierdurch der soziale Schutz der Leiharbeitnehmer nachhaltig beeinträchtigt wurde.[40] Soweit es hingegen um **untergeordnetes**, nicht den Kernbereich betreffendes **oder** in der Zulässigkeit **rechtlich umstrittenes Verhalten** geht, **indiziert** ein Pflichtverstoß **nicht** regelmäßig **die Unzuverlässigkeit** (zum Umfang der gerichtlichen Nachprüfbarkeit der Behördenentscheidung Rn. 14).

---

36 BSG, 6.2.1992 – 7 RAr 140/90, NZA 1992, 1006, 1007; Schüren/Hamann/*Schüren*, § 3 Rn. 62 f.; *Ulber*, § 3 Rn. 25; Ziff. 3.1.1.1. Abs. 2 GA-AÜG (Stand: 2/2013).
37 Schüren/Hamann/*Schüren*, § 3 Rn. 64.
38 Schüren/Hamann/*Schüren*, § 3 Rn. 65.
39 BayLSG, 14.3.1985 – L 9/Al 146/83, NZA 1986, 109, 110.
40 BayLSG, 29.7.1986, EzAÜG § 3 AÜG Versagungsgründe Nr. 9.

III. Versagungsgründe nach Abs. 1   § 3

b) Zuverlässigkeit des Antragstellers

aa) Person des Antragstellers

Da es sich bei der Verleiherlaubnis um eine rein personenbezogene Erlaubnis handelt, kommt es für die Zuverlässigkeit allein auf die Person des Antragstellers an (wegen der Unzuverlässigkeit dritter Personen Rn. 24f.). Bei **natürlichen Personen** ist deren **persönliche Zuverlässigkeit** entscheidend.[41] Ist Antragsteller eine **juristische Person**, so ist auf die **Zuverlässigkeit der vertretungsberechtigten Organe** (z.B. Geschäftsführer einer GmbH, Vorstandsmitglieder einer AG) abzustellen;[42] die **Unzuverlässigkeit auch nur einer vertretungsberechtigten Person** führt zwingend zur **Versagung der Erlaubnis**, wenn nicht ausnahmsweise bei Alleinvertretungsmacht durch eine Auflage nach § 2 Abs. 2 der Ausschluss der unzuverlässigen vertretungsberechtigten Person in Angelegenheiten der Arbeitnehmerüberlassung in Betracht kommt. Demgegenüber spielt die **(Un-)Zuverlässigkeit der Gesellschafter** grundsätzlich keine Rolle, soweit diese nicht über entsprechende Regelungen im Gesellschaftsvertrag oder durch Gesellschafterbeschlüsse (§ 37 Abs. 1 GmbHG) maßgeblichen Einfluss auf die Geschäftsführung nehmen können. Bei **Konzerneinbindung** des Antragstellers kann dementsprechend auch auf die Zuverlässigkeit (der Organe) des beherrschenden Mutter-Unternehmens abzuheben sein.[43] Bei einem **Franchiseverhältnis** kommt es neben der Zuverlässigkeit des Franchisenehmers dann auf die Zuverlässigkeit des Franchisegebers an, wenn dieser durch die konkrete Ausgestaltung der Franchisebeziehung maßgeblichen Einfluss auf die Geschäftsführung nehmen kann.

21

Bei **Personengesellschaften** (z.B. KG, OHG, GbR) und Personengesamtheiten (z.B. nichtrechtsfähiger Verein, Erbengemeinschaft) ist auf die **Zuverlässigkeit derjenigen Gesellschafter** oder Gesamthänder abzuheben, **die zur Geschäftsführung berechtigt sind oder** ohne eine solche Berechtigung auf die Geschäftsführung tatsächlich **maßgeblichen Einfluss nehmen**. Bei der Erlaubnis für eine KG kommt es dementsprechend auf die Zuverlässigkeit des Komplementärs bzw. der

22

---

41 LSG Rheinland-Pfalz, 16.1.1981 – L 6 Ar 65/80 EzAÜG § 3 AÜG Versagungsgründe Nr. 5.
42 BayLSG, 29.7.1986, EzAÜG § 3 AÜG Versagungsgründe Nr. 9; SG Berlin, 29.11.1989 – S 51 Ar 1794/89, NZA 1990, 544 (Ls.) = EzAÜG § 3 AÜG Versagungsgründe Nr. 13 Schüren/Hamann/*Schüren*, § 3 Rn. 68.
43 Vgl. *Ulber*, § 3 Rn. 37.

§ 3 Versagung

Komplementäre an;⁴⁴ die Zuverlässigkeit der Kommanditisten ist grundsätzlich bedeutungslos, soweit diese nicht ausnahmsweise durch Gesellschaftsvertrag zur Geschäftsführung berechtigt sind.⁴⁵ Bei der OHG kommt es auf die Zuverlässigkeit der vertretungsberechtigten, d.h. im Zweifel sämtlicher (vgl. § 125 Abs. 1 HGB) Gesellschafter an. Ist **auch nur einer** der geschäftsführungs- oder vertretungsberechtigten Gesellschafter **unzuverlässig**, dann ist die **Erlaubnis zu versagen**.⁴⁶ Die Erlaubnisbehörde kann die Erteilung der Erlaubnis nicht etwa davon abhängig machen, dass der unzuverlässige Gesellschafter bzw. Gesamthänder ausscheidet,⁴⁷ weil in diesem Falle eine neue Gesellschaft entstehen würde, die einen eigenen Antrag auf Erlaubniserteilung stellen müsste.

23 Bei einem – nach § 7 Abs. 1 Satz 2 anzeigepflichtigen (vgl. § 7 Rn. 15 f.) – **Wechsel einer vertretungs- oder geschäftsführungsbefugten Person** ist die Zuverlässigkeit dieser Person von der Erlaubnisbehörde gesondert zu prüfen und ggf. die Erlaubnis zu widerrufen (§ 5 Abs. 1 Nr. 3) oder die Verlängerung zu versagen. Demgegenüber macht der **Gesellschafterwechsel** grundsätzlich keine neue Prüfung erforderlich. Führt der Gesellschafterwechsel, wie insbesondere bei Personengesellschaften, allerdings zu einer Identitätsänderung, dann erlischt die der alten Gesellschaft erteilte Erlaubnis; für die durch den Gesellschafterwechsel entstandene neue Gesellschaft ist eine neue Erlaubnis zu beantragen (vgl. § 2 Rn. 21). Insoweit ist dann die Zuverlässigkeit der neuen Gesellschafter zu prüfen.

bb) Unzuverlässigkeit Dritter

24 Unzuverlässigkeit des Antragstellers ist auch dann gegeben, wenn dieser nicht willens oder nicht in der Lage ist, einen **unzuverlässigen Dritten** vom Einfluss auf die Führung der Arbeitnehmerüberlassung auszuschließen.⁴⁸ Wer einen Geschäftsbetrieb führen will und hierbei die Einflussnahme eines Dritten duldet, der seinerseits nicht die erfor-

---

44 SG Düsseldorf, 26.4.1978 – S 15 (23) Ar 260/73, n.v.
45 *Ulber*, § 3 Rn. 30.
46 Vgl. Ziff. 3.1.3. Abs. 10 GA-AÜG (Stand: 2/2013); *Ulber*, § 3 Rn. 28.
47 So aber *Sandmann/Marschall/Schneider*, § 3 Rn. 8; Schüren/Hamann/*Schüren*, § 3 Rn. 68.
48 BSG, 6.2.1992 – 7 RAr 140/90, NZA 1992, 1006, 1007; LSG Rheinland-Pfalz, 16.1.1981 – L 6 Ar 65/80, EzAÜG § 3 AÜG Versagungsgründe Nr. 5; SG Koblenz, 3.12.1980 – S 4 Ar 121/80, § 3 AÜG Versagungsgründe Nr. 4; Schüren/Hamann/*Schüren*, § 3 Rn. 67.

derliche Zuverlässigkeit besitzt, lässt die begründete Vermutung aufkommen, dass er nicht die Voraussetzungen für eine einwandfreie Betriebsführung schaffen kann. Daher ist Unzuverlässigkeit des Antragstellers gegeben, wenn dieser **unzuverlässiges Personal** mit Führungsaufgaben betraut[49] oder seinen unzuverlässigen Ehepartner Einfluss auf die Geschäftsführung nehmen lässt,[50] und zwar auch dann, wenn die Ehe rechtskräftig geschieden worden ist.[51]

Wird der Antragsteller im Interesse eines Dritten tätig, ist zwischen Strohmann- und Scheingeschäften zu unterscheiden. Bei den **Strohmanngeschäften** betreibt der Strohmann die Arbeitnehmerüberlassung, schließt also rechtlich die Arbeitsverträge mit den Leiharbeitnehmern und die Überlassungsverträge mit den Entleihern im eigenen Namen ab, wobei er wirtschaftlich aber im Interesse und auf Rechnung des Hintermanns tätig ist. Bei diesen echten Strohmanngeschäften kommt es entgegen verbreiteter Auffassung[52] maßgeblich auf die Zuverlässigkeit des Strohmanns an. Wenn der Strohmann die Arbeitnehmerüberlassung im eigenen Namen durchführt, dann kann die Erlaubnis nicht allein deshalb versagt werden, weil der Hintermann, für dessen Rechnung und in dessen wirtschaftlichem Interesse er tätig wird, unzuverlässig ist. Nimmt der Hintermann allerdings Einfluss auf die Geschäftsführung des Strohmanns, dann ergibt sich aus dem oben (Rn. 21 f.) Dargelegten die Unzuverlässigkeit des Strohmanns. Bei den **Scheingeschäften** beantragt der Antragsteller formal die Erlaubnis, obwohl ein Hintermann die Arbeitnehmerüberlassung selbst betreiben und im eigenen Namen Verträge mit Leiharbeitnehmern und Arbeitnehmerüberlassungsverträge mit Entleihern schließen will. Hier ist dem **Antragsteller** die Erlaubnis zu versagen, weil er selbst keine Arbeitnehmerüberlassung betreiben will, also **kein rechtliches Interesse** an der Erlaubniserteilung besteht. Die Zuverlässigkeit des **Hintermanns** kann dahin stehen, weil dieser **keine Erlaubnis beantragt** hat.

25

---

49 SG Koblenz, 3.12.1980 – S 4 Ar 121/80, § 3 AÜG Versagungsgründe Nr. 4.
50 LSG Rheinland-Pfalz, 16.1.1981 – L 6 Ar 65/80, EzAÜG § 3 AÜG Versagungsgründe Nr. 5.
51 VG Oldenburg – Kammer Aurich –, 4.7.1972 – A 11/71 A, n.v.
52 BSG, 6.2.1992 – 7 RAr 140/90, NZA 1992, 1006, 1007 = BB 1992, 2365, 2366.

§ 3 Versagung

c) Gesetzliche Regelbeispiele

aa) Bedeutung

26 Zur **Konkretisierung der fehlenden Zuverlässigkeit** nennt § 3 Abs. 1 Nr. 1 a.E. (nach dem Wort „insbesondere") diverse Regelbeispiele für die Verletzung wichtiger Arbeitgeberpflichten.[53] Kann ein entsprechender Tatbestand festgestellt werden, dann ist gleichwohl die Erlaubnis nicht zwingend zu versagen. Vielmehr muss unter Berücksichtigung von Art, Intensität und Folgen des Verstoßes geprüft werden, ob der Regelverstoß im konkreten Einzelfall die Annahme der Unzuverlässigkeit rechtfertigt (vgl. Rn. 18 ff.). Umgekehrt kann eine Versagung in Betracht kommen, wenn zwar kein Regelbeispiel erfüllt ist, sich die Unzuverlässigkeit aber aus anderen Umständen ergibt (vgl. Rn. 47).

bb) Verstöße gegen Sozialversicherungsrecht

27 Unzuverlässigkeit kann bei Verstößen gegen Vorschriften des Sozialversicherungsrechts gegeben sein. Maßgeblich ist insoweit der Begriff der Sozialversicherung im materiellen Sinne des Art. 74 Nr. 12 GG, nicht im formellen Sinne der §§ 4 SGB I, 1 SGB IV, so dass sämtliche **Vorschriften über Arbeitgeberpflichten im Bereich der Kranken-, Renten-, Unfall-, Pflege- und Arbeitslosenversicherung** erfasst werden. In Betracht kommen Pflichten zur Abführung von Sozialversicherungsbeiträgen einschließlich etwaiger Umlagen, Melde-, Anzeige- und Auskunftspflichten sowie Pflichten zur Erstattung von Versicherungsleistungen und zur Ausstellung von Entgeltbescheinigungen.[54] Die diesbezüglichen Pflichten ergeben sich insbesondere aus den Regelungen der besonderen Bücher des SGB, namentlich des SGB III, SGB IV, SGB V, SGB VI, SGB VII und des SGB XI, aber auch aus Nebengesetzen (z.B. § 108 GewO)[55] und Verordnungen. Im Zusammenhang mit der Entscheidung des BAG vom 14.12.2010 über die **Tarifunfähigkeit der CGZP** (dazu ausführlich § 9 Rn. 295 ff.) hatte die BA als Aufsichtsbehörde (§ 17) am 20.5.2011 in der „Handlungsempfehlung/Geschäftsanweisung (HEGA) 05/2011 zum Urteil des Bundesarbeitsgerichts vom 14.12.2010 zur Tarifunfähigkeit der CGZP" die nachgeordneten Dienststellen angewiesen, die Anwendung der CGZP-Tarifverträge zu beanstanden und erlaubnisrechtliche Konsequenzen gegenüber Zeitarbeitsunternehmen zu ziehen, falls das Unternehmen nicht „unauf-

---

53 BT-Drs. VI/2303, S. 11.
54 Vgl. Ziff. 3.1.1. Abs. 3 GA-AÜG (Stand: 2/2013).
55 Zum sozialrechtlichen Charakter der Norm HWK/*Lembke*, § 108 GewO Rn. 1.

gefordert" die „geschuldeten" Beiträge neu berechne und nachentrichte.⁵⁶ Dies war zum damaligen Zeitpunkt rechtlich höchst fragwürdig, da zu diesem Zeitpunkt die arbeits- und sozialversicherungsrechtlichen Folgen des – äußerst unklaren und dogmatisch zweifelhaften – CGZP-Beschlusses vom 14.12.2010 noch überhaupt nicht absehbar waren (vgl. nur § 9 Rn. 295 ff.). Außerdem ist zu beachten, dass vor dem Bundesverfassungsgericht noch immer eine **Verfassungsbeschwerde** gegen den CGZP-Beschluss vom 14.12.2010 anhängig ist, über die bislang nicht entschieden wurde.⁵⁷

Zu den Bestimmungen der Sozialversicherung zählen allerdings nicht Regelungen in Tarifverträgen oder Betriebsvereinbarungen über betriebliche Altersversorgung oder sonstige Sozialleistungssysteme zugunsten der Arbeitnehmer sowie Arbeitgeberpflichten im Rahmen der Insolvenzsicherung nach §§ 7 ff. BetrAVG. In diesem Falle kann sich die Unzuverlässigkeit allerdings aus einem Verstoß gegen Bestimmungen des Arbeitsschutzrechts bzw. wegen der Nichtbeachtung arbeitsrechtlicher Pflichten ergeben (vgl. Rn. 35 ff.). 28

cc) Verstöße gegen lohnsteuerrechtliche Bestimmungen

Ein Verstoß gegen Bestimmungen über die Einbehaltung und Abführung der Lohnsteuer kann Unzuverlässigkeit begründen. Die diesbezüglichen Pflichten ergeben sich aus §§ 38 Abs. 3, 41a Abs. 1 Nr. 2 EStG; bei der grenzüberschreitenden Arbeitnehmerüberlassung sind insoweit auch Abführungspflichten aus DBA zu beachten⁵⁸ (zur lohnsteuerrechtlichen Behandlung des Leiharbeitsverhältnisses siehe § 10 Rn. ff.). Hat der Antragsteller Lohnsteuer vorsätzlich hinterzogen oder in nicht unerheblichem Umfang nicht abgeführt, dann ist die Erlaubnis zwingend zu versagen, und zwar auch dann, wenn die Verstöße im Rahmen eines von der Arbeitnehmerüberlassung unabhängigen Geschäftsbetriebs erfolgt sind.⁵⁹ Die Erlaubnisbehörde kann vom Vorliegen des Versagungsgrunds ausgehen, wenn der Antragsteller einen entsprechenden Strafbefehl hat rechtskräftig werden lassen; die Beiziehung der Strafakten oder sonstige Nachforschungen sind dann entbehrlich.⁶⁰ 29

---

56 Hierzu zu Recht krit. *Giesen/Rieble*, FAZ v. 22.7.2011, S. 12.
57 Anhängig bei Bundesverfassungsgericht unter Az. 1 BvR 1104/11, vgl. *Lembke*, NZA 2011, 1062, 1065.
58 *Ulber*, § 3 Rn. 42.
59 LSG Niedersachsen, 22.7.1977, EzAÜG § 4 AÜG Rücknahme Nr. 1: Lohnsteuerverkürzung um ca. 14.000 DM.
60 LSG Niedersachsen, 22.7.1977, EzAÜG § 4 AÜG Rücknahme Nr. 1.

§ 3 Versagung

30 Vom Regelbeispiel **nicht erfasst** wird die Verletzung sonstiger steuerrechtlicher Pflichten, z.B. hinsichtlich der **Einkommen-, Körperschafts- oder Umsatzsteuer**. Je nach Art und Schwere des Verstoßes kann jedoch der allgemeine Tatbestand fehlender Zuverlässigkeit erfüllt sein, so dass die Erlaubnis nach § 3 Abs. 1 Nr. 1 zu versagen ist.[61]

dd) Verstöße gegen Bestimmungen über Arbeitsvermittlung, Anwerbung im Ausland und Ausländerbeschäftigung

31 Unzuverlässigkeit kann sich weiter aus einem Verstoß gegen Bestimmungen über die Arbeitsvermittlung, die Anwerbung im Ausland oder über die Ausländerbeschäftigung ergeben.[62] Zu den vermittlungsrechtlichen Bestimmungen gehören insbesondere die §§ 292, 296 bis 297 SGB III sowie Bestimmungen bilateraler Abkommen über die Vermittlung von Gastarbeitnehmern.[63] Im Hinblick auf die **Arbeitsvermittlung** ist allerdings zu beachten, dass die früher in §§ 291 ff. SGB III geregelte **Erlaubnispflicht** der Arbeitsvermittlung durch Art. 3 des Gesetzes zur Vereinfachung der Wahl der Arbeitnehmervertreter in den Aufsichtsrat vom 23.3.2002[64] **aufgehoben** wurde. Dementsprechend kann dem Antragsteller die Überlassungserlaubnis heute nicht mehr versagt werden, wenn er Arbeitsvermittlung ohne Erlaubnis der BA betreibt. In der Vergangenheit liegende Verstöße sind gleichwohl nicht bedeutungslos. Sie können weiterhin für die Beurteilung der Zuverlässigkeit herangezogen werden. Dabei ist insbesondere Art und Schwere des Verstoßes sowie auch dem inzwischen verstrichenen Zeitraum Rechnung zu tragen. Verstößt ein Verleiher, der neben Arbeitnehmerüberlassung zugleich Arbeitsvermittlung unternimmt, jedoch gegen die Vorschriften der §§ 296 ff. SGB III, kommt eine Versagung der Überlassungserlaubnis wegen Unzuverlässigkeit nach § 3 Abs. 1 Nr. 1 in Betracht.

32 Zu den Bestimmungen über die **Anwerbung im Ausland** zählt insbesondere § 292 SGB III. Bis zum 27.3.2002 durfte nach § 292 SGB III a.F. die **Vermittlung eines Arbeitnehmers außerhalb des Gebiets der EU und des EWR für eine Beschäftigung im Inland** nur mit Erlaubnis der BA durchgeführt werden, und zwar unabhängig von der

---
61 Vgl. LSG Niedersachsen, 22.7.1977, EzAÜG § 4 AÜG Rücknahme Nr. 1; *Ulber*, § 3 Rn. 42.
62 Ziff. 3.1.1. Abs. 4 GA-AÜG (Stand: 2/2013).
63 *Ulber*, § 3 Rn. 44 ff.
64 BGBl. I, S. 1130; zur Neuregelung der Arbeitsvermittlung *Kossens*, DB 2002, 843 ff.; *Rixen*, NZS 2002, 466 ff.

III. Versagungsgründe nach Abs. 1 § 3

Staatsangehörigkeit des Arbeitnehmers. § 302 Abs. 1 Nr. 1, Abs. 2 SGB III a.F. untersagte die **Anwerbung eines Ausländers**, der nicht Staatsangehöriger eines EU- oder EWR-Staates ist, **im Ausland für eine Inlandsbeschäftigung** ohne Erlaubnis der BA. Durch Art. 3 des Gesetzes zur Vereinfachung der Wahl der Arbeitnehmervertreter in den Aufsichtsrat vom 23.3.2002[65] wurden diese Restriktionen aufgehoben. Nunmehr ist auch die Vermittlung für eine Beschäftigung außerhalb des Gebiets der EG oder eines anderen Vertragsstaates des EWR sowie die Vermittlung und Anwerbung aus diesem Ausland erlaubnisfrei, soweit nicht durch Rechtsverordnung[66] etwas Abweichendes bestimmt ist.

Zu den Bestimmungen über die **Ausländerbeschäftigung** zählen insbesondere die – durch das Zuwanderungsgesetz vom 30.7.2004[67] mit Wirkung zum 1.1.2005 eingeführten – § 284 SGB III, §§ 7 ff., 18 ff., 39 ff., 96 ff. AufenthG. Danach dürfen Ausländer eine Beschäftigung grundsätzlich nur mit einer besonderen Arbeitsberechtigung ausüben, soweit sie nicht auf Grund gesetzlicher Bestimmungen oder zwischenstaatlicher Abkommen Freizügigkeit genießen (wegen der Einzelheiten siehe § 15 Rn. 8 ff.). 33

Verstöße gegen Bestimmungen über die Arbeitsvermittlung, die Anwerbung im Ausland oder die Ausländerbeschäftigung erfüllen den Regelbeispieltatbestand auch dann, wenn sie nicht im Zusammenhang mit einer Verleihertätigkeit, sondern sonstigen geschäftlichen Aktivitäten des Antragstellers erfolgt sind.[68] 34

ee) Verstöße gegen Arbeitsschutzrecht

Unzuverlässigkeit kann darüber hinaus bei einem Verstoß gegen die Vorschriften des Arbeitsschutzrechts gegeben sein.[69] Hierzu rechnen sämtliche Regelungen zum Schutze des Arbeitnehmers, deren Einhaltung behördlicher Überwachung und behördlichem Zwang bzw. straf- oder ordnungsrechtlichen Sanktionen unterliegen, also die **öffentlich-rechtlichen Arbeitsschutzbestimmungen**. Im Einzelnen wird sowohl der technische als auch der soziale Arbeitsschutz sowie der Arbeitsver- 35

---

65 BGBl. I, S. 1130.
66 Verordnung über die Zulassung von neu einreisenden Ausländern zur Ausübung einer Beschäftigung (Beschäftigungsverordnung – BeschV) vom 22.11.2004, BGBl. I S. 2937.
67 BGBl. I, S. 1950; ausf. dazu *Bünte/Knödler*, NZA 2008, 743; s. auch *Rahne*, DB 2012, 2281.
68 *Sandmann/Marschall/Schneider*, § 3 Rn. 15a.
69 Ziff. 3.1.1. Abs. 5 GA-AÜG (Stand: 2/2013).

§ 3 Versagung

tragsschutz erfasst, wie z. B. Bestimmungen des ArbSchG, des ArbZG, des MuSchG, des JArbSchG, des SGB IX, aber auch die UVV der Unfallversicherungsträger.[70] Demgegenüber rechnen die Bestimmungen des Arbeitsvertragsrechts als solche (wie z. b. die Bestimmungen des KSchG) ebenso wenig wie Regelungen in Tarifverträgen oder Betriebsvereinbarungen zu den Arbeitsschutzbestimmungen.[71] Allerdings können Verstöße gegen solche Bestimmungen die Unzuverlässigkeit wegen eines Verstoßes gegen arbeitsrechtliche Pflichten begründen (vgl. Rn. 37 ff.).

36 Relevant sind nur **Verstöße** gegen Bestimmungen des Arbeitsschutzes **durch den Verleiher**. Soweit es um den Einsatz der Leiharbeitnehmer im Entleiherbetrieb geht, ist der Entleiher als Betriebsinhaber für den Arbeitsschutz verantwortlich (§ 11 Abs. 6); den Verleiher treffen nur Überwachungs- und Kontrollpflichten (siehe § 11 Rn. 156 f.). Insoweit handelt es sich aber bloß um arbeitsrechtliche Pflichten und nicht etwa um Vorschriften des Arbeitsschutzes.[72]

ff) Nichteinhaltung arbeitsrechtlicher Pflichten

37 Unzuverlässigkeit kann schließlich gegeben sein, wenn der Verleiher arbeitsrechtliche Pflichten nicht einhält.[73] Zu den arbeitsrechtlichen Pflichten in diesem Sinne zählen sämtliche Pflichten, die den Verleiher als Arbeitgeber gegenüber dem Leiharbeitnehmer als Arbeitnehmer treffen, gleichgültig, ob sie auf **Gesetz, Tarifvertrag, Betriebsvereinbarung** oder individualrechtlicher Grundlage (z. B. **Arbeitsvertrag**, betriebliche Übung, Gesamtzusage) beruhen. Erfasst werden nicht nur die Hauptleistungspflichten, wie z. B. zur Zahlung des Arbeitsentgelts einschließlich der Entgeltfortzahlung im Krankheitsfalle bzw. bei sonstiger Arbeitsverhinderung, sondern auch Nebenpflichten, wie z. B. die Pflicht zur Urlaubsgewährung.[74] Voraussetzung ist aber immer, dass es sich um Pflichten handelt, die der Antragsteller gerade gegenüber den bei ihm beschäftigten Arbeitnehmern zu beachten hat. Insoweit können auch **betriebsverfassungsrechtliche Pflichten** erfasst werden, wenn diese (auch) im Interesse des einzelnen Arbeitnehmers bestehen, wie z. B. die Pflichten zur Gleichbehandlung und zum Persönlichkeitsschutz

---

70 Vgl. Ziff. 3.1.1. Abs. 5 GA-AÜG (Stand: 2/2013).
71 Unklar *Sandmann/Marschall/Schneider*, § 3 Rn. 17. – A. A. *Ulber*, § 3 Rn. 56.
72 *Ulber*, § 3 Rn. 54.
73 Ziff. 3.1.1. Abs. 6 GA-AÜG (Stand: 2/2013).
74 BayLSG, 14.3.1985 – L 9/Al 146/83, NZA 1986, 109, 110.

III. Versagungsgründe nach Abs. 1 § 3

nach § 75 BetrVG, die Rechte bei der Wahl des Betriebsrats (§§ 7 ff. BetrVG, insbesondere § 20 BetrVG) sowie die Mitwirkungs- und Beschwerderechte nach §§ 81 ff. BetrVG. Auch die Verletzung von Mitbestimmungsrechten rechnet hierzu, nicht aber der Verstoß gegen bloße organisatorische Vorschriften oder allein im Interesse des Betriebsrats als betriebsverfassungsrechtliches Organ bestehende Pflichten, wie z. B. ein Verstoß gegen den Grundsatz der vertrauensvollen Zusammenarbeit.[75]

Als Grund zur Versagung der Überlassungserlaubnis wegen Nichteinhaltung der arbeitsrechtlichen Pflichten kommt auch in Betracht, dass der Verleiher die für die **Befristung von Leiharbeitsverträgen** nunmehr maßgeblichen Vorschriften der **§§ 14 ff. TzBfG**[76] **verletzt**[77] (zur Befristung von Leiharbeitsverträgen § 9 Rn. 532 ff.). **38**

Nicht vom Regelbeispielstatbestand des § 3 Abs. 1 Nr. 1 a. E. erfasst werden hingegen gegenüber der Allgemeinheit oder Dritten bestehende Pflichten. Daher liegt **kein Verstoß** gegen arbeitsrechtliche Pflichten im Sinne der Norm vor, wenn der Verleiher seiner **Pflicht zur Beschäftigung schwerbehinderter Menschen nach § 71 SGB IX** nicht nachkommt.[78] Auch die sittenwidrige Abwerbung von Arbeitnehmern erfüllt den Beispielstatbestand nicht.[79] **39**

Allerdings führt **nicht jeder Verstoß** gegen arbeitsrechtliche Pflichten **zwingend** zur **Versagung der Erlaubnis**. Vielmehr kommt es für die Beurteilung der Unzuverlässigkeit auf Gewicht und **Schutzzweck der Norm**, gegen die verstoßen wurde, sowie die **Intensität des Verstoßes** an.[80] Bewusste und gravierende Verstöße gegen Kernpflichten, insbesondere gegen zwingendes Arbeitsrecht, werden regelmäßig die Unzuverlässigkeit begründen, während fahrlässige Verstöße oder einmalige Verletzungen von Pflichten geringeren Gehalts im Allgemeinen die Versagung der Erlaubnis nicht rechtfertigen (vgl. Rn. 19). Dies gilt insbesondere, wenn gegen vertragliche Pflichten verstoßen wurde, die ein Arbeitgeber weder allgemein noch in der Zeitarbeitsbranche üblicherweise übernimmt, wie z. B. die Gewährung von Zusatzurlaub oder **40**

---

75 Weitergehend *Ulber*, § 3 Rn. 65 ff.
76 Dazu ausf. *Lembke*, DB 2003, 2702 ff.
77 Ziff. 3.1.1. Abs. 7 GA-AÜG (Stand: 2/2013); Schüren/Hamann/*Schüren*, § 3 Rn. 88 ff.
78 A. A. *Sandmann/Marschall/Schneider*, § 3 Rn. 18; *Ulber*, § 3 Rn. 64.
79 A. A. *Sandmann/Marschall/Schneider*, § 3 Rn. 18. – Zurückhaltend auch Schüren/Hamann/*Schüren*, § 3 Rn. 144.
80 BayLSG, 14.3.1985 – L 9/Al 146/83, NZA 1986, 109, 110.

§ 3 Versagung

Transport des Leiharbeitnehmers zur Einsatzstelle. Zurückhaltung bei der Versagung der Erlaubnis ist auch im Hinblick auf die zahlreichen – durch die Hartz-Reformen eingeführten – Neuregelungen im AÜG (z.B. Grundsatz von Equal Pay/Treatment, neue Befristungsregeln für Leiharbeitsverträge) geboten, weil die Neuregelungen noch immer zahlreiche Zweifelsfragen aufwerfen.

d) Allgemeines Tatbestandsmerkmal der Unzuverlässigkeit (Nr. 1)

41 Bei den oben (Rn. 26 bis 40) genannten Pflichtverletzungen handelt es sich um Regelbeispiele, so dass sich die Unzuverlässigkeit des Antragstellers auch aus anderen Umständen ergeben kann.[81] Dies ist dann der Fall, wenn **auf Grund konkreter Tatsachen zu erwarten** ist, **dass** der **Antragsteller** die **Arbeitnehmerüberlassung nicht in Einklang mit den gesetzlichen Vorschriften ausüben** wird (vgl. Rn. 17). Nach dem Schutzzweck des AÜG kommt es entscheidend darauf an, ob eine Gefährdung des sozialen Schutzes der Leiharbeitnehmer zu befürchten ist. Bei der Beurteilung können insbesondere folgende Merkmale eine Rolle spielen:

aa) Wirtschaftliche Verhältnisse

42 Zu beachten sind die **wirtschaftlichen Verhältnisse** des Antragstellers.[82] Da er das Entgeltzahlungsrisiko auch für Zeiträume trägt, in denen Leiharbeitnehmer nicht eingesetzt werden können, muss er über ein Mindestmaß an liquiden Mitteln verfügen[83] (vgl. auch Rn. 51). Hieran bestehen durchgreifende Bedenken, wenn der Antragsteller die eidesstattliche Versicherung nach § 807 ZPO abgegeben hat,[84] das Insolvenzverfahren über sein Vermögen eröffnet wurde oder eine Eintragung in das Schuldnerverzeichnis (§ 26 Abs. 2 InsO) vorliegt.[85] Eine andere Wertung lässt sich allenfalls dann rechtfertigen, wenn sich gegenüber dem damaligen Zeitpunkt die Verhältnisse in einem für den Antragsteller positiven Sinne geändert hätten.

---

81 Vgl. BT-Drs. VI/2303, S. 11; BayLSG, 8.11.2002 – 8 AL 268/99, EzAÜG § 3 AÜG Versagungsgründe Nr. 20.
82 Ziff. 3.1.3. Abs. 3 GA-AÜG (Stand: 2/2013).
83 *Sandmann/Marschall/Schneider*, § 3 Rn. 12; Schüren/Hamann/*Schüren*, § 3 Rn. 138.
84 BayLSG, 8.11.2002 – 8 AL 268/99, EzAÜG § 3 AÜG Versagungsgründe Nr. 20.
85 Ziff. 3.1.3. Abs. 3 GA-AÜG (Stand: 2/2013).

bb) Straftaten

Straftaten und Ordnungswidrigkeiten können Indiz für die Unzuverlässigkeit sein, wenn ein **Bezug zur Verleihtätigkeit** besteht. Dies kann der Fall sein bei Vorenthalten oder Veruntreuen von Arbeitsentgelt (§ 266a StGB), Steuerdelikten (§§ 369 ff. AO) oder bei Eigentums- oder Vermögensdelikten, wie z.B. Diebstahl, Unterschlagung, Erpressung, Betrug, Untreue oder Hehlerei.[86] Für die Beurteilung der Zuverlässigkeit kommt es maßgeblich auf die **Schwere** und den **Zeitpunkt des Verstoßes** an. So rechtfertigen Bagatellverstöße ebenso wie Straftaten ohne Bezug zur Verleihtätigkeit (z.b. Beleidigung, Fahren ohne Fahrerlaubnis) keine Versagung der Erlaubnis. Bei Verstößen mit Bezug zur Arbeitnehmerüberlassung ist das Zeitmoment zu beachten: Je länger ein Verstoß zurückliegt, desto weniger kann er eine negative Zukunftsprognose rechtfertigen.[87] Verurteilungen, die nach §§ 32, 34 BZRG nicht mehr in ein Führungszeugnis aufgenommen werden dürfen oder im Bundeszentralregister getilgt oder nach §§ 45 ff. BZRG zu tilgen sind, können der Entscheidung nur dann zugrunde gelegt werden, wenn andernfalls eine erhebliche Gefährdung der Leiharbeitnehmer gegeben wäre (vgl. § 52 Abs. 1 Nr. 4 BZRG).   43

Ist der Antragsteller wegen einer Straftat verurteilt worden, dann muss die Behörde keine weiteren Ermittlungen anstrengen, wenn bereits der Strafregisterauszug darüber Auskunft gibt, dass ein Versagungsgrund gegeben ist. Andernfalls müssen die Strafakten beigezogen und diese darauf überprüft werden, ob der zugrunde liegende Sachverhalt eine Versagung der Erlaubnis rechtfertigt.[88] Eine erweiterte Nachprüfung ist nur dann erforderlich, wenn die Unzuverlässigkeit aus einem in § 3 Abs. 1 nicht konkretisierten Merkmal hergeleitet werden soll.[89]   44

Bloße **Verstöße gegen Berufs- oder Standesrecht** rechtfertigen die Versagung der Erlaubnis in keinem Fall.[90]   45

cc) Gesetzeskenntnisse

Die Annahme der Zuverlässigkeit erfordert weiter, dass der Antragsteller ein **Mindestmaß an Kenntnissen des Arbeits- und Sozialversi-   46

---

86 SG Speyer, 16.9.1981 – S 3 Ar 84/81, EzAÜG § 3 AÜG Versagungsgründe Nr. 7.
87 LSG Baden-Württemberg, 15.3.1981 – L 5 AR 2015/87 n.v.
88 Ziff. 3.1.3. Abs. 6 GA-AÜG (Stand: 2/2013).
89 Vgl. hierzu – mit Abweichungen im Detail – *Sandmann/Marschall/Schneider*, § 3 Rn. 4; Schüren/Hamann/*Schüren*, § 3 Rn. 139 f.
90 Vgl. Ziff. 3.1.3. Abs. 1 GA-AÜG (Stand: 2/2013).

§ 3 Versagung

cherungsrechts besitzt.[91] Demgegenüber werden einschlägige Fachkunde oder Berufserfahrung nicht gefordert. Der Gesetzgeber verlangt gerade keinen entsprechenden Befähigungsnachweis, so dass auch **Berufsanfänger**, deren Zuverlässigkeit gegeben ist, **zugelassen** werden müssen.[92] Der Antragsteller muss über die erforderlichen Kenntnisse nicht selbst verfügen; es reicht aus, wenn er sich die entsprechende Sachkunde mit Hilfe Dritter verschaffen kann,[93] z. B. wenn er über einen entsprechenden **Beraterstab** verfügt, der ihm die Sachkunde vermitteln kann. Es ist hingegen nicht erforderlich, dass er sachkundiges Personal beschäftigt,[94] weil es für die Zuverlässigkeit genügt, dass im Bedarfsfall die erforderliche Fachkunde verschafft werden kann.

dd) Sonstige Umstände

47 **Weitere Anhaltspunkte** für Unzuverlässigkeit können sein: Geisteskrankheit, Geistesschwäche, Trunksucht, Rauschgiftsucht, schwerwiegende Charaktermängel.[95]

3. Unzureichende Gestaltung der Betriebsorganisation (Nr. 2)

a) Organisatorische Zuverlässigkeit

48 Während § 3 Abs. 1 Nr. 1 die Anforderungen an die persönliche Zuverlässigkeit des Verleihers festlegt, normiert § 3 Abs. 1 Nr. 2 die organisatorischen Anforderungen an dessen Betrieb. Der Betrieb muss so organisiert sein, dass der Verleiher die **üblichen Arbeitgeberpflichten ordnungsgemäß erfüllen** kann. Der Gesetzgeber wollte hiermit solche Verleiher von der Ausübung des Gewerbes ausschließen, die nur formell als Arbeitgeber auftreten, die ihre Arbeitgeberfunktion tatsächlich aber gar nicht ausüben können.[96] Bei **Verleihern ohne feste Betriebsstätte** und ohne angemessene materielle Ausstattung sind die Arbeitnehmer nämlich erheblichen Risiken ausgesetzt. Vor allem ist es Gerichten, Aufsichtsbehörden und Sozialversicherungsträgern nur sehr

---

91 Ziff. 3.1.3. Abs. 2 GA-AÜG (Stand: 2/2013); BSG, 6.2.1992 – 7 RAr 140/90, NZA 1992, 1006, 1007; SG Berlin, 29.11.1989 – S 51 Ar 1794/89, NZA 1990, 544 (Ls.) = EzAÜG § 3 AÜG Versagungsgründe Nr. 13.
92 BSG, 6.2.1992 – 7 RAr 140/90, NZA 1992, 1006, 1007; *Ulber*, § 3 Rn. 32.
93 BSG, 6.2.1992 – 7 RAr 140/90, NZA 1992, 1006, 1007.
94 Einschränkend: Schüren/Hamann/*Schüren*, § 3 Rn. 78. – AA. SG Berlin, 29.11.1989 – S 51 Ar 1794/89, NZA 1990, 544 (Ls.) = EzAÜG § 3 AÜG Versagungsgründe Nr. 13; *Ulber*, § 3 Rn. 37.
95 Vgl. Ziff. 3.1.3. Abs. 9 GA-AÜG (Stand: 2/2013).
96 BT-Drs. VI/2303, S. 11.

III. Versagungsgründe nach Abs. 1 § 3

schwer möglich, den Inhaber zu überwachen und gegebenenfalls zur Einhaltung seiner gesetzlichen Pflichten anzuhalten.[97]

b) Übliche Arbeitgeberpflichten

Die Betriebsorganisation muss die Gewähr dafür bieten, dass der Antragsteller die üblichen Arbeitgeberpflichten erfüllen kann. Der Begriff entspricht dem in § 1 Abs. 2 (siehe § 1 Rn. 168f.) und umfasst grundsätzlich alle **gesetzlich geregelten Arbeitgeberpflichten** zwingender wie dispositiver Natur. Neben den **individualarbeitsrechtlichen Pflichten** (vgl. Rn. 37ff.) zählen hierzu auch **sozialversicherungs-** (Rn. 27f.) und **steuerrechtliche Pflichten** (siehe oben Rn. 29f.). Zu nennen sind insbesondere die ordnungsgemäße Abrechnung und Auszahlung des Arbeitsentgelts an die Leiharbeitnehmer, Einbehaltung und Abführung von Lohnsteuer und Sozialversicherungsbeiträgen, Erfüllung von Melde-, Anzeige- und Auskunftspflichten, z.B. nach § 8 AÜG oder § 28a SGB IV, Ausfertigungs- und Aushändigungspflichten nach § 11 Abs. 1 und 2.[98] 49

Demgegenüber sollen **kollektiv- oder einzelvertraglich normierte Pflichten** nicht von § 3 Abs. 1 Nr. 2 erfasst werden, und zwar auch insoweit nicht, wie diese üblicherweise geregelt sind.[99] Dies ist allerdings nur insoweit zutreffend, wie es sich um selbstständige vertragliche Pflichten handelt. Soweit es lediglich um die Konkretisierung gesetzlicher Pflichten geht, müssen auch kollektiv- oder einzelvertragliche Pflichten beachtet werden. 50

c) Anforderungen an die Betriebsorganisation

Welche Anforderungen an die Betriebsorganisation zu stellen sind, ist eine Frage des Einzelfalls und bestimmt sich insbesondere nach der **Größe des Verleihunternehmens**. Es gibt jedoch allgemeine **Mindestvoraussetzungen**; so muss der Verleiher über eine **feste Betriebsstätte**, also Geschäftsräume verfügen, die einen Publikumsverkehr ermöglichen. Campingwagen, Hotelzimmer, Baubuden, das häusliche Wohnzimmer oder gar ein bloßer Briefkasten bzw. ein schlichtes Postfach genügen in keinem Fall.[100] Eine **ausreichende Mindestliquidität** muss gewährleistet sein (vgl. Rn. 42), damit der Antragsteller insbesondere 51

---

97 *Sandmann/Marschall/Schneider*, § 3 Rn. 19.
98 Vgl. Ziff. 3.1.4. Abs. 1 GA-AÜG (Stand: 2/2013).
99 A.A. Schüren/Hamann/*Schüren*, § 3 Rn. 154.
100 Ziff. 3.1.4. Abs. 2 GA-AÜG (Stand: 2/2013); HWK/*Kalb*, § 3 AÜG Rn. 25.

seine Arbeitsentgeltzahlungspflichten erfüllen kann; hierzu ist nicht ein bestimmtes Mindestbarvermögen erforderlich, vielmehr reicht es aus, wenn die Erfüllung der Arbeitnehmeransprüche in sonstiger Weise, z. B. durch Bankkredit oder Bankbürgschaft, sichergestellt wird. Weiter ist eine **ordnungsgemäße Buchhaltung** zu fordern, die bei kleineren Unternehmen extern erfolgen kann; bei größeren Unternehmen ist aber im Allgemeinen eine Personalabteilung einzurichten, die mit entsprechend qualifizierten Mitarbeitern zu besetzen ist.

52 Nimmt der Antragsteller die Verleihtätigkeit auf, ist er regelmäßig **Istkaufmann** i.S.v. § 1 HGB, weil die Arbeitnehmerüberlassung im Allgemeinen einen in kaufmännischer Weise eingerichteten Geschäftsbetrieb erfordert. Meldet der Antragsteller gleichwohl seine Firma nicht zum Handelsregister an (vgl. § 29 HGB) oder wird bei juristischen Personen der Gegenstand des Unternehmens bei der Anmeldung unter Verstoß gegen § 33 Abs. 2 Satz 2 HGB nicht genannt oder in der Satzung (§ 23 Abs. 3 Nr. 2 AktG) bzw. im Gesellschaftsvertrag (§ 3 Abs. 1 Nr. 2 GmbHG) nicht erwähnt, darf die Erlaubnis aus diesem Grunde nicht versagt werden. Diese Verstöße haben nämlich keine Auswirkungen auf die Betriebsorganisation des Verleihers oder dessen Zuverlässigkeit.[101]

53 Übt der Antragsteller neben der beabsichtigten Verleihtätigkeit noch andere gewerbliche Tätigkeiten aus (sog. **Mischbetrieb** – zum Begriff vgl. § 9 Rn. 418 f.), dann müssen **beide Geschäftszweige nicht organisatorisch voneinander getrennt** sein.[102] Es gibt nämlich keine Rechtsgrundlage für ein Gebot, Leiharbeitnehmer nur zur Arbeitnehmerüberlassung, nicht aber für sonstige Eigenaktivitäten einzusetzen. Voraussetzung ist lediglich, dass der Verleiher nach der vertraglichen Ausgestaltung berechtigt ist, den Arbeitnehmer zur Erbringung von Arbeitsleistungen an Dritte zu überlassen; andernfalls würde er mit der Überlassung arbeitsrechtliche Pflichten verletzen, was ggf. zur Versagung bzw. zum Widerruf (vgl. § 5 Abs. 1 Nr. 3) der Erlaubnis gem. § 3 Abs. 1 Nr. 1 berechtigt. Auch wenn der Antragsteller neben der Arbeitnehmerüberlassung **Arbeitsvermittlung** betreibt, können **beide Geschäftsbereiche in einem Betrieb** geführt werden.[103] Es muss hierbei jedoch zum einen sichergestellt sein, dass Vermittlungsbemühungen nur hinsichtlich solcher Leiharbeitnehmer unternommen werden, die

---

101 *Sandmann/Marschall/Schneider*, § 3 Rn. 21.
102 A. A. *Ulber*, § 3 Rn. 88.
103 A. A. *Bauer*, NZA 1995, 203, 205; *Ulber*, § 3 Rn. 88.

III. Versagungsgründe nach Abs. 1 § 3

dies auch wünschen. Zum anderen muss vor dem Einsatz eines (Leih-) Arbeitnehmers in dem Betrieb eines Dritten klar sein, ob es sich um Arbeitnehmerüberlassung, Arbeitsvermittlung oder gar einen Drittpersonaleinsatz im Rahmen von Werkverträgen handelt.

Genügt die Betriebsorganisation den gesetzlichen Anforderungen nicht, ist die Erlaubnis gleichwohl nicht zwingend zu versagen. Vielmehr hat die Erlaubnisbehörde zu prüfen, ob durch entsprechende **Auflagen** die ordnungsgemäße Erfüllung der üblichen Arbeitgeberpflichten sichergestellt werden kann. 54

4. Verstoß gegen den Grundsatz von Equal Pay/Treatment (Nr. 3)

a) Überblick und Systematik

Durch „Hartz I" wurde mit Wirkung zum 1.1.2003 (vgl. zur Übergangsvorschrift § 19 Rn. 2, 21 f.) das Schlechterstellungsverbot bzw. der Gleichbehandlungsgrundsatz/Grundsatz von Equal Pay/Treatment eingeführt (vgl. Rn. 3). Das bedeutet, dass der Verleiher seinen Leiharbeitnehmer ab dem ersten Tag der Überlassung hinsichtlich der Arbeitsbedingungen grundsätzlich wie einen vergleichbaren Stammarbeitnehmer des Entleihers behandeln muss. § 3 **Abs. 1 Nr. 3 ergänzt das arbeitsrechtliche Schlechterstellungsverbot** bzw. den Grundsatz von Equal Pay/Treatment **der §§ 9 Nr. 2, 10 Abs. 4 in gewerberechtlicher Hinsicht.** 55

Allerdings entsprechen sich der Wortlaut von § 3 Abs. 1 Nr. 3 und § 9 Nr. 2 inhaltlich nicht ganz. Während in § 3 Abs. 1 Nr. 3 gewerberechtliche Konsequenzen daran geknüpft werden, dass der Verleiher dem Leiharbeitnehmer nicht die im Entleiherbetrieb geltenden wesentlichen Arbeitsbedingungen gewährt, untersagt § 9 Nr. 2 nur die Schlechterstellung des Leiharbeitnehmers. Da in systematischer Hinsicht § 3 Abs. 1 Nr. 3 die zivilrechtliche Verbotsnorm des § 9 Nr. 2 gewerberechtlich flankiert, muss jedoch zwischen beiden Bestimmungen ein **Gleichlauf** bestehen, der im Sinne eines Vorrangs von § 9 Nr. 2 zu lösen ist;[104] das Gewerberecht will nur auf zivilrechtliche Verstöße reagieren. Daher ist § 3 **Abs. 1 Nr. 3 entgegen seinem Wortlaut nicht** als **Gleichbehandlungsgebot, sondern** als **Schlechterstellungsverbot** zu verstehen (vgl. auch § 9 Rn. 70). 56

---

104 So wohl Ziff. 9 Abs. 5 GA–AÜG (Stand: 2/2013).

§ 3 Versagung

57 Nach § 3 Abs. 1 Nr. 3 hat die Erlaubnisbehörde (§ 17 Abs. 1) die Erlaubnis oder ihre Verlängerung zu versagen, wenn Tatsachen die Annahme rechtfertigen, dass der Antragsteller (Verleiher) dem Leiharbeitnehmer für die Zeit der Überlassung die im Entleiherbetrieb für vergleichbare Arbeitnehmer des Entleihers geltenden wesentlichen Arbeitsbedingungen (einschließlich des Arbeitsentgelts) nicht gewährt, es sei denn, er kann sich auf Ausnahmen zum Schlechterstellungsverbot (zur Systematik § 9 Rn. 71 ff.) berufen.

b) Tatbestandsvoraussetzungen

aa) Verstoß gegen das Schlechterstellungsverbot

58 Zwar ist der Wortlaut von § 3 Abs. 1 Nr. 3 nicht ganz identisch mit § 9 Nr. 2, weil § 3 Abs. 1 Nr. 3 von der „Gewährung" von Arbeitsbedingungen spricht, während § 9 Nr. 2 auf „Vereinbarungen"" abstellt; dies liegt daran, dass § 3 Abs. 1 Nr. 3 eine erlaubnisrechtliche und § 9 Nr. 2 eine arbeitsrechtliche Vorschrift ist. Der Regelungsgegenstand ist aber – wie dargelegt (Rn. 56) – nahezu identisch, so dass **hinsichtlich** der **Tatbestandsvoraussetzungen** des Grundsatzes von Equal Pay/Treatment (Schlechterstellungsverbots) **und** dessen **Ausnahmen (Satz 2 bis 4) auf** die Kommentierung zu **§ 9 Nr. 2 verwiesen** werden kann (zum Grundsatz des Equal Pay/Treatment § 9 Rn. 70 ff., 90 ff.; zur alten Sechswochen-Ausnahme Rn. 159 ff.; zur Tarifausnahme § 9 Rn. 182 ff.; zur „Drehtürklausel" als Rückausnahme § 9 Rn. 438 ff.).

59 Obwohl § 3 **Abs. 1 Nr. 3** – anders als **§ 9 Nr. 2** („schlechtere") – im Wortlaut keinen Anhaltspunkt für einen Günstigkeitsvergleich bietet, ist aus systematischen Gründen von einem **tatbestandlichen Gleichlauf** der Vorschriften auszugehen (vgl. Rn. 65; zum Günstigkeitsvergleich näher § 9 Rn. 143 ff.). § 3 Abs. 1 Nr. 3 ist also grundsätzlich erfüllt, wenn der Verleiher (Antragsteller) gegen das Schlechterstellungsverbot nach § 9 Nr. 2 verstößt.

bb) Tatsachengrundlage für die Erlaubnisversagung

60 Zu beachten ist allerdings, dass die Arbeitnehmerüberlassungserlaubnis oder ihre Verlängerung nur zu versagen ist, wenn **Tatsachen die Annahme rechtfertigen**, dass die Antragsteller entgegen dem Schlechterstellungsverbot einem Leiharbeitnehmer nicht die für vergleichbare Stammarbeitnehmer des Entleihers geltenden wesentlichen Arbeitsbedingungen gewährt. Dies kann etwa der Fall sein, wenn sich ein Verleihunternehmen damit brüstet, sich an den Grundsatz von Equal Pay/

III. Versagungsgründe nach Abs. 1 § 3

Treatment nicht zu halten. Auf Grund entsprechender Zeugenaussagen kann in einem solchen Fall die Erlaubnis oder ihre Verlängerung nach § 3 Abs. 1 Nr. 3 versagt werden.

Erforderlich ist aber in jedem Fall eine **negative Zukunftsprognose**, 61 dass der Verleiher bei der künftigen Ausübung der Arbeitnehmerüberlassungstätigkeit die gesetzlichen Bestimmungen nicht beachten wird (vgl. oben Rn. 18 ff.). Daran wird es fehlen, wenn der Verleiher (entschuldbar) von einer fehlerhaften Rechtsauffassung bei der Anwendung des Gesetzes ausgegangen ist und auf entsprechenden Hinweis sich zukünftig voraussichtlich gesetzeskonform verhalten wird. Da das Schlechterstellungsverbot zahlreiche Zweifelsfragen aufwirft, ist bei der Versagung der Erlaubnis – zumindest bis zum Vorliegen höchstrichterlicher Rechtsprechung – Zurückhaltung geboten (vgl. oben Rn. 40).

c) Rechtsfolgen bei Verstößen

Der Verstoß gegen den Grundsatz von Equal Pay/Treatment bringt 62 zahlreiche Rechtsfolgen mit sich (näher dazu § 9 Rn. 469 ff.).

aa) Gewerberechtliche Folgen

Sind die Tatbestandsvoraussetzungen des § 3 Abs. 1 Nr. 3 erfüllt, hat 63 die Erlaubnisbehörde die beantragte **Arbeitnehmerüberlassungserlaubnis** bzw. ihre **Verlängerung zu versagen**. Außerdem kommen **Rücknahme** (§ 4) und **Widerruf** (§ 5 Abs. 1 Nr. 3) der Erlaubnis in Betracht.

bb) Arbeitsrechtliche Folgen

Verstößt der Verleiher gegen das Schlechterstellungsverbot, sind ent- 64 sprechende Vereinbarungen nach **§ 9 Nr. 2** unwirksam. Der Leiharbeitnehmer hat dann einen Anspruch gegen den Verleiher auf Gewährung der im Entleiherbetrieb für vergleichbare Arbeitnehmer geltenden wesentlichen Arbeitsbedingungen nach **§ 10 Abs. 4**. Soweit der Verleiher seine Leiharbeitnehmer unter Verstoß gegen eine nach § 3a festgesetzte Lohnuntergrenze vergütet, hat der Leiharbeitnehmer Anspruch auf das Stundenentgelt, das einem vergleichbaren Arbeitnehmer des Entleihers zusteht (§ 10 Abs. 4 Satz 3).[105]

---

105 Thüsing/*Pelzner/Kock*, § 3 Rn. 129.

§ 3   Versagung

cc) Vermutung von Arbeitsvermittlung

65   Bei einem Verstoß gegen das Schlechterstellungsverbot greift nach dem neu gefassten § 1 Abs. 2 die Vermutung der Arbeitsvermittlung. Daran werden aber keine Rechtsfolgen mehr geknüpft (§ 1 Rn. 184 ff.); § 1 Abs. 2 ist schon seit längerem überflüssig.[106] Im Falle vermuteter Arbeitsvermittlung kann lediglich ein Verstoß gegen § 146 Abs. 2 Nr. 2 GewO (Nichtanzeige des Beginns eines Gewerbes) in Betracht kommen, der mit Geldbuße bis zu Euro 1.000 geahndet werden kann.[107]

dd) Ordnungswidrigkeit

66   Seit dem 1.12.2011 kann die Nichteinhaltung des Schlechterstellungsverbots als Ordnungswidrigkeit gemäß § 16 Nr. 7a sanktioniert werden (vgl. § 9 Rn. 485).[108]

5. Aufhebung von besonderem Befristungs-, Wiedereinstellungs- und Synchronisationsverbot (Nr. 3 bis 5 a.F.)

a) Alte Rechtslage

67   Das frühere, in der nun aufgehobenen Bestimmung von § 3 Abs. 1 Nr. 5 a.F. enthaltene **Synchronisationsverbot** untersagte – in Konkretisierung des **besonderen Befristungsverbots** (§ 3 Abs. 1 Nr. 3 a.F., § 9 Nr. 2 a.F.) und des **Wiedereinstellungsverbots** (§ 3 Abs. 1 Nr. 4 a.F., § 9 Nr. 3 a.F.) – grundsätzlich die wiederholte Beschränkung des Leiharbeitsverhältnisses auf die Dauer der Überlassung an den Entleiher durch entsprechende Befristung oder Kündigung des Leiharbeitsverhältnisses.[109] § 3 Abs. 1 Nr. 5 a.F. hatte in § 9 keine Entsprechung.

b) Rechtsfolgen der Aufhebung

68   Nach der Aufhebung des besonderen Befristungsverbots, des Wiedereinstellungsverbots und des Synchronisationsverbots im Rahmen von „Hartz I" (Rn. 3) sieht das **AÜG keine gewerbe- oder arbeitsrechtlichen** Folgen mehr für entsprechende Gestaltungen des Leiharbeitsverhältnisses vor, durch die das Beschäftigungsrisiko vom Verleiher mittels **Synchronisation von Leiharbeitsverhältnis und Arbeitseinsatz**

---

106 *Boemke/Lembke*, DB 2002, 893, 895.
107 Ziff. 1.2. Abs. 2 GA–AÜG (Stand: 2/2013).
108 Thüsing/*Pelzner/Kock*, § 3 Rn. 130.
109 Näher 1. Aufl., § 3 Rn. 76 ff.

beim Entleiher auf den Leiharbeitnehmer abgewälzt wird. Auch § 1 Abs. 2 wurde entsprechend an die Änderungen des § 3 angepasst.

Nach dem Wegfall des Synchronisationsverbots ist eine Synchronisation von Leiharbeitsverhältnis und Arbeitseinsatz beim Entleiher nunmehr möglich.[110] Allerdings gelten nun die **allgemeinen Vorschriften der §§ 14 ff.** TzBfG hinsichtlich der Befristung und das KSchG für die Kündigung des Leiharbeitsverhältnisses, wobei die Besonderheiten der Arbeitnehmerüberlassung zu berücksichtigen sind (näher zum Ganzen § 9 Rn. 530 ff.). 69

6. Aufhebung der Höchstüberlassungsdauer (Nr. 6 a. F.)

Nach dem Wegfall der früher in § 3 Abs. 1 Nr. 6 a. F. geregelten Höchstüberlassungsdauer im Rahmen der Hartz-Reform des AÜG (Rn. 3) ist erlaubte Arbeitnehmerüberlassung zeitlich unbegrenzt möglich. Dies wird allerdings seit Einführung von Satz 2 in § 1 Abs. 1 zunehmend – aber zu Unrecht – in Frage gestellt (vgl. Rn. 8; § 1 Rn. 105 ff., § 9 Rn. 47, § 10 Rn. 6, § 12 Rn. 42). 70

IV. Versagungsgründe bei grenzüberschreitender Arbeitnehmerüberlassung (§ 3 Abs. 2)

1. Betriebsstätte außerhalb des EWR

Auch die grenzüberschreitende Arbeitnehmerüberlassung bedarf grds. einer Erlaubnis nach § 1 Abs. 1 (siehe Einl. Rn. 8). Allerdings hat die Erlaubnisbehörde gegenüber Verleihern, die Arbeitnehmer von einer Betriebsstätte außerhalb des EWR nach Deutschland hinein überlassen, nur ganz eingeschränkte Kontroll- und Eingriffsmöglichkeiten. Daher sieht Abs. 2 vor, dass die Erlaubnis zwingend zu versagen ist, wenn der Verleiher seine Betriebsstätte außerhalb des Gebiets des EWR hat.[111] 71

Hat der Verleiher seine **Betriebsstätte** zwar **nicht in Deutschland, aber innerhalb** des Gebiets des **EWR, greift Abs. 2 nicht** ein; vielmehr besteht Anspruch auf Erteilung der Erlaubnis unter den gleichen Voraussetzungen wie für einen Verleiher mit Betriebssitz in Deutschland. Die Erlaubnis ist zu versagen, wenn ein Versagungsgrund nach Abs. 1 Nr. 1 bis Nr. 3 besteht; die Erlaubnis kann nach Abs. 3 für ausländische Verleiher versagt werden, die nicht nach Abs. 4 oder Abs. 5 72

---

110 In diesem Sinne *Däubler*, AiB 2002, 729, 732; *Ulber*, AuR 2003, 7, 9.
111 BT-Drs. VI/2303, S. 12.

deutschen Verleihern gleichgestellt sind. – Wegen der gewerberechtlichen Zulässigkeit sowie des internationalen Privat-, Sozialversicherungs- und Steuerrechts bei der grenzüberschreitenden Arbeitnehmerüberlassung siehe Einl. Rn. 13 ff.

73 Die Erlaubnis ist **zwingend zu versagen**, wenn der Verleiher seine Betriebsstätte, von der aus die Arbeitnehmer überlassen werden, nicht in Deutschland, einem Mitgliedstaat der EU oder einem Vertragsstaat des EWR-Abkommens hat; ein Ermessensspielraum der BA besteht dann nicht.[112] Nicht zum EU-Raum i.S.v. Abs. 2 zählen die britischen Hoheitszonen auf Zypern (Art. 355 V lit. b) AEUV)[113] sowie die Kanalinseln und die Insel Man (Art. 355 V lit. c) AEUV); hingegen kann Verleihbetrieben in Gibraltar oder auf den Färöer-Inseln die Erlaubnis nicht nach Abs. 2 versagt werden (wegen der Einzelheiten siehe § 1 Rn. 147). Für Abs. 2 kommt es **allein** auf die **Lage der Betriebsstätte, nicht** aber die **Staatsangehörigkeit** an;[114] der Versagungsgrund nach Abs. 2 greift daher **auch für Verleiher mit deutscher Staatsangehörigkeit** ein, wenn diese für ihre Verleihtätigkeit eine Betriebsstätte außerhalb des EWR unterhalten.

2. Betrieb, Nebenbetrieb, Betriebsteil

74 Betriebsstätte i.S.d. Bestimmung kann sowohl ein Betrieb als auch ein Nebenbetrieb oder ein Betriebsteil sein. Da das AÜG diese Begriffe nicht definiert, ist insoweit auf die **allgemeinen arbeitsrechtlichen Begriffsbestimmungen** zurückzugreifen.[115] Voraussetzung ist stets, dass die Betriebsstätte, von der aus die Arbeitnehmerüberlassung betrieben wird, eine ggü. sonstigen Unternehmensteilen zumindest relativ verselbstständigte organisatorische Leitungsmacht in personeller Hinsicht hat. Hierfür reicht es z.B. aus, wenn der betreffende Unternehmensteil über eine eigene Personalabteilung mit weitgehender personeller Entscheidungskompetenz verfügt.[116]

---

112 Schüren/Hamann/*Schüren*, § 3 Rn. 173; Thüsing/*Pelzner/Kock*, § 3 Rn. 140.
113 Vgl. SG Hamburg, 1.9.1980 – 25 U 471/77, n.v.
114 *Boemke*, BB 2005, 266, 267; Thüsing/*Pelzner/Kock*, § 3 Rn. 141.
115 Thüsing/*Pelzner/Kock*, § 3 Rn. 142.
116 Wegen der Einzelheiten siehe *Sandmann/Marschall/Schneider*, § 3 Rn. 43; Schüren/Hamann/*Schüren*, § 3 Rn. 181 ff.; *Ulber*, § 3 Rn. 102 ff.

3. Für die Ausübung der Tätigkeit nach § 1 vorgesehen

Die **Betriebsstätte** des Verleihers außerhalb des EWR muss für die 75
Ausübung der Tätigkeit nach § 1 vorgesehen, also **unmittelbar an der Verleihtätigkeit beteiligt** sein. Dies ist dann der Fall, wenn von dieser Betriebsstätte aus Leiharbeitnehmer nach Deutschland hinein verliehen werden. Demgegenüber reicht entgegen verbreiteter Auffassung[117] die bloße Aufbewahrung von Arbeitsverträgen oder Geschäftsunterlagen außerhalb dieses Gebiets nicht aus, weil die BA insoweit nach § 7 Abs. 2 vorgehen und hinreichend den Schutz des Leiharbeitnehmers sicherstellen kann (siehe § 7 Rn. 24 ff.). Wird Arbeitnehmerüberlassung (auch) von Betriebsstätten aus betrieben, die außerhalb des Gebiets des EWR liegen, dann ist die Erlaubnis nach Abs. 2 zwingend zu versagen, selbst wenn der Verleiher Betriebe innerhalb dieses Gebiets unterhält. Sind umgekehrt die an der Verleihtätigkeit beteiligten Betriebsstätten nur im Gebiet des EWR gelegen, kann die Erlaubnis nach Abs. 2 nicht deswegen verweigert werden, weil der Verleiher noch sonstige, nicht mit Arbeitnehmerüberlassung befasste Betriebe außerhalb dieses Gebietes unterhält.

Da es bei der Erlaubniserteilung um die Kontrolle des Verleihers und 76
ein Einschreiten diesem gegenüber geht, ist es für den Versagungstatbestand **unerheblich, wo der Entleiher seine Betriebsstätte hat**, in der die Leiharbeitnehmer eingesetzt werden sollen. Daher kann einem Verleiher mit Betriebssitz in Deutschland die Erlaubnis nach Abs. 2 nicht deswegen versagt werden, weil eine Überlassung auch an Entleiher außerhalb des Gebiets des EWR vorgesehen ist.[118]

V. Versagungsgründe bei ausländischen Antragstellern (§ 3 Abs. 3 bis 5)

1. Struktur des Versagungstatbestands

Nach Abs. 3 kann, nicht muss, die Erlaubnis versagt werden, wenn der 77
Antragsteller nicht Deutscher i. S. v. Art. 116 GG ist bzw. die antragstellende Gesellschaft oder juristische Person weder nach deutschem Recht gegründet ist noch hier ihren Sitz oder ihre Hauptverwaltung oder ihre

---

117 Sandmann/Marschall/*Schneider*, § 3 Rn. 44; Schüren/Hamann/*Schüren*, § 3 Rn. 185; Thüsing/*Pelzner/Kock*, § 3 Rn. 143.
118 *Boemke*, BB 2005, 266, 267; Thüsing/*Pelzner/Kock*, § 3 Rn. 143. – A.A. *Ulber*, § 3 Rn. 103.

Hauptniederlassung hat. Abs. 4 und Abs. 5 tragen den Verpflichtungen der Bundesrepublik aus internationalen Abkommen Rechnung und sichern Ausländern unter bestimmten Voraussetzungen Inländergleichbehandlung zu. Versagungsgrund ist somit Abs. 3, nicht aber Abs. 4 oder Abs. 5, diese bilden nur Ausnahmetatbestände. Liegen die Voraussetzungen von Abs. 3 vor, darf die Erlaubnis nicht zwingend versagt werden, vielmehr muss die BA ihre Entscheidung nach pflichtgemäßem Ermessen treffen (siehe unten Rn. 88).

2. Natürliche Personen (Abs. 3 Hs. 1, Abs. 4 Satz 1 und Abs. 5 Satz 1)

78 Nach Abs. 3 Hs. 1 kann die Erlaubnis versagt werden, wenn der **Antragsteller nicht Deutscher** i.S.v. Art. 116 GG ist. **Heimatlose Ausländer** sind nach § 17 Abs. 2 Satz 1 HAuslG Deutschen gleichgestellt, soweit sie eine selbstständige Erwerbstätigkeit ausüben wollen. Demgegenüber greift gegenüber (anerkannten) Asylberechtigten der Versagungstatbestand nach Abs. 3 ein.[119]

79 Nach Abs. 4 Satz 1 erhalten Staatsangehörige der Mitgliedstaaten der EU und des EWR die Erlaubnis nach § 1 Abs. 1 unter den gleichen Voraussetzungen wie deutsche Staatsangehörige; für diese greift der Versagungstatbestand nach Abs. 3 nicht ein. Der Gesetzgeber trägt damit den Verpflichtungen aus internationalen Abkommen hinsichtlich der Niederlassungsfreiheit und des freien Dienstleistungsverkehrs (Art. 49 ff., 56 ff. AEUV; Art. 31 ff., 36 ff. EWR-Abkommen) Rechnung.

80 Nach Abs. 5 Satz 1 können Staatsangehörige aus Drittstaaten unter den gleichen Voraussetzungen wie Deutsche die Erlaubnis erhalten, wenn ihnen ein internationales Abkommen Inländergleichbehandlung bezüglich der Niederlassungsfreiheit gewährt und die Ausübung von Arbeitnehmerüberlassung nicht ausdrücklich ausgeschlossen ist; in diesem Fall greift der Versagungstatbestand des Abs. 3 nicht ein. Die Bestimmung wurde im Hinblick auf bilaterale Abkommen und internationale Verträge insbesondere in Zusammenhang mit einer Erweiterung des EWR aufgenommen. Sie hat praktische Bedeutung nur für türkische Antragsteller, wobei allerdings nach Art. 10 des EG-Assoziierungsabkommens mit der Türkei ein Anspruch auf Erlaubniserteilung nur besteht, wenn nicht wichtige Gründe wirtschaftlicher oder sozialer Art

---

119 Thüsing/*Pelzner/Kock*, § 3 Rn. 147.

der Erteilung entgegenstehen.[120] Soweit Inländergleichbehandlung durch Abkommen gemäß Abs. 5 gewährt wird, ist gleichwohl eine Privilegierung ggü. Deutschen oder Angehörigen von EU-Staaten bzw. EWR-Staaten ausgeschlossen, so dass die Versagungstatbestände nach Abs. 1 und Abs. 2 unberührt bleiben. Die Erlaubnis ist daher nach Abs. 2 zwingend zu versagen, wenn die Überlassung aus dem Drittstaat heraus erfolgen soll.

3. Juristische Personen und Gesellschaften (Abs. 3 Hs. 2, Abs. 4 Satz 2 und 3, Abs. 5 Satz 2)

a) Ausländische Gesellschaften (Abs. 3 Hs. 2)

aa) Nicht nach deutschem Recht gegründet

Nach Abs. 3 Hs. 2 kann die Erlaubnis versagt werden, wenn Antragsteller eine Gesellschaft oder juristische Person ist, die entweder nicht nach deutschem Recht gegründet ist oder weder ihren satzungsmäßigen Sitz noch ihre Hauptverwaltung noch ihre Hauptniederlassung auf dem Gebiet der Bundesrepublik hat. Ob eine Gesellschaft oder juristische Person gegeben ist, bestimmt sich nach deutschem Recht. Gesellschaften besitzen danach keine eigene Rechtspersönlichkeit (z.B. oHG, KG, GbR), während juristische Personen eigene Rechtsfähigkeit besitzen (z.B. GmbH, AG).

81

bb) Sitz, Hauptverwaltung oder -niederlassung nicht in Deutschland

Ist die Gesellschaft oder juristische Person nicht nach deutschem Recht gegründet worden, dann kann die Erlaubnis gleichwohl nicht nach Abs. 3 versagt werden, wenn satzungsmäßiger Sitz oder Hauptverwaltung oder Hauptniederlassung im Geltungsbereich des AÜG gegeben sind.[121] Satzungsmäßiger Sitz ist derjenige, der in der Gesellschaftssatzung oder dem Gesellschaftsvertrag formell als Sitz der Gesellschaft festgelegt und an dem sie ggf. eingetragen ist.[122] Hauptverwaltung bezeichnet demgegenüber den tatsächlichen Sitz der Gesellschaft bzw. juristischen Person, also den Ort, von dem aus die Leitungsmacht ausgeübt wird.[123] Hauptniederlassung bezeichnet den Schwerpunkt der ge-

82

---

120 Vgl. dazu *Ulber*, § 3 Rn. 126.
121 Thüsing/*Pelzner/Kock*, § 3 Rn. 148.
122 Schüren/Hamann/*Schüren*, § 3 Rn. 216.
123 Schüren/Hamann/*Schüren*, § 3 Rn. 217; *Ulber*, § 3 Rn. 114.

§ 3 Versagung

werblichen Tätigkeit, also den Ort, an dem sich die wesentlichen personellen und sächlichen Mittel befinden.[124]

cc) Alternativität der Anknüpfungspunkte

83 Abs. 3 greift nicht ein, wenn auch nur einer dieser Anknüpfungspunkte gegeben ist; die Voraussetzungen müssen also nicht kumulativ vorliegen. Ist die Gesellschaft bzw. juristische Person nach deutschem Recht gegründet oder hat sie entweder ihren Sitz oder ihre Hauptverwaltung oder ihre Hauptniederlassung in Deutschland, dann kann die Erlaubnis nicht nach Abs. 3 versagt werden, und zwar auch dann nicht, wenn die Arbeitnehmerüberlassung von außerhalb des EWR betrieben wird. Allerdings ist in einem solchen Fall gleichwohl die Erlaubnis zu versagen, und zwar zwingend ohne Ermessensspielraum nach Abs. 2.

b) Gleichstellung von Gesellschaften mit Bezug zu EU- oder EWR-Mitgliedstaaten (Abs. 4 Satz 2 und 3)

84 Gesellschaften und juristische Personen, die nach den Rechtsvorschriften eines Mitgliedstaats der EU oder des EWR gegründet sind, haben unter den gleichen Voraussetzungen wie inländische Gesellschaften Anspruch auf Erteilung der Erlaubnis, wenn sie ihren satzungsgemäßen Sitz, ihre Hauptverwaltung oder ihre Hauptniederlassung in einem Mitgliedstaat haben (Abs. 4 Satz 2). Die Staatsangehörigkeit der Gesellschafter oder der Organe ist in diesem Zusammenhang unerheblich.[125] Hat eine solche Gesellschaft zwar ihren satzungsmäßigen Sitz, aber weder die Hauptverwaltung noch die Hauptniederlassung in einem Mitgliedstaat, erfolgt die Gleichstellung nur, wenn die Tätigkeit in tatsächlicher und dauerhafter Verbindung mit einem Mitgliedstaat steht. Anders als bei inländischen Gesellschaften reicht es also für die Gleichstellung nicht aus, wenn die antragstellende Gesellschaft oder juristische Person nach dem Recht eines Mitgliedstaats gegründet ist, vielmehr muss zusätzlich (kumulativ) noch ein tatsächlicher Bezug zu einem Mitgliedstaat gegeben sein.

85 Ob der Antragsteller eine Gesellschaft oder juristische Person i.S.v. Abs. 4 Satz 2 ist, richtet sich nach dem Recht des betreffenden Mitgliedstaats. Gründungsvoraussetzungen und Wirksamkeit der Gründung bestimmen sich nach den Vorschriften des Staates, nach denen sie

---

124 Schüren/Hamann/*Schüren*, § 3 Rn. 218.
125 Schüren/Hamann/*Schüren*, § 3 Rn. 221.

V. Versagungsgründe bei ausländischen Antragstellern (Abs. 3 bis 5)   § 3

erfolgt ist.¹²⁶ Um Scheingründungen zu vermeiden, muss (über den Wortlaut hinaus) die Gesellschaft oder juristische Person weiterhin der Rechtsordnung eines (nicht zwingend desselben) Mitgliedstaats unterliegen.¹²⁷

Hat die ausländische Gesellschaft lediglich ihren Sitz, aber weder Hauptverwaltung noch Hauptniederlassung (wegen der Begriffe Sitz, Hauptverwaltung und Hauptniederlassung siehe oben Rn. 84) in einem Mitgliedstaat, dann erfolgt die Gleichstellung nur, wenn eine tatsächliche und dauerhafte Verbindung der Tätigkeit mit der Wirtschaft eines Mitgliedstaats besteht. Eine tatsächliche Verbindung ist gegeben, wenn die Gesellschaft oder juristische Person bereits eine Betriebsstätte oder eine Zweigniederlassung in einem Mitgliedstaat unterhält; nicht Voraussetzung ist, dass mit Betrieben in Mitgliedstaaten bereits Arbeitnehmerüberlassung betrieben wurde.¹²⁸ Dauerhaft ist die Verbindung, wenn die wirtschaftliche Tätigkeit in einem Mitgliedstaat nicht nur gelegentlich ausgeübt wurde, sondern auf einen längeren Zeitraum oder zumindest unbestimmte Zeit angelegt ist. **86**

c) Gleichbehandlung auf Grund internationaler Abkommen
 (Abs. 5 Satz 2)

Nach Abs. 5 Satz 2 haben ausländische Gesellschaften, die nach dem Recht eines Drittstaates gegründet sind, unter den gleichen Voraussetzungen wie deutsche Gesellschaften Anspruch auf Erlaubniserteilung, wenn sie auf Grund internationaler Abkommen entsprechende Gleichbehandlung fordern können. Um eine Privilegierung ggü. Gesellschaften aus EWR-Mitgliedstaaten zu vermeiden, kommt in entsprechender Anwendung von Abs. 4 Satz 2 und Satz 3 eine Gleichstellung nur in Betracht, wenn die nach den Bestimmungen eines Drittstaates errichtete Gesellschaft ihre Hauptniederlassung oder Hauptverwaltung in ihrem Heimatstaat bzw. einem EWR-Mitgliedstaat hat oder ihren satzungsmäßigen Sitz innerhalb dieser Staaten hat und ihre Tätigkeit in tatsächlicher und dauerhafter Verbindung zur Wirtschaft des Heimat- oder eines Mitgliedstaats steht.¹²⁹ **87**

---

126 Schüren/Hamann/*Schüren*, § 3 Rn. 212.
127 *Sandmann/Marschall/Schneider,* § 3 Rn. 53; *Ulber*, § 3 Rn. 113. – A.A. Schüren/Hamann/*Schüren*, § 3 Rn. 213.
128 *Sandmann/Marschall*/Schneider, § 3 Rn. 55; Schüren/Hamann/*Schüren*, § 3 Rn. 222. – A.A. *Ulber*, § 3 Rn. 116.
129 Vgl. *Ulber*, § 3 Rn. 127, der allerdings noch enger einen Bezug zu einem EWR-Mitgliedstaat verlangt.

§ 3 Versagung

4. Ermessensausübung

88 Anders als nach Abs. 2 ist nach Abs. 3 die Erlaubnis nicht zwingend zu versagen, wenn der Antragsteller weder Deutscher noch nach Abs. 4 oder Abs. 5 gleichgestellter Ausländer ist. Vielmehr muss die BA nach pflichtgemäßem Ermessen entscheiden, ob die Erlaubnis erteilt wird.[130] Hierbei ist insbesondere zu berücksichtigen, inwieweit auch ggü. dem ausländischen Antragsteller aus einem Nicht-EWR-Mitgliedstaat die Einhaltung der gesetzlichen Bestimmungen, namentlich der Schutz des Leiharbeitnehmers, sichergestellt werden kann. Weiter kann in die Ermessensabwägung einfließen, ob für die Arbeitnehmerüberlassung durch den ausländischen Antragsteller überhaupt ein Bedürfnis besteht. Bilaterale Abkommen über die Niederlassungsfreiheit können den Ermessensspielraum einschränken oder gar auf Null reduzieren.[131]

5. Verlängerung der Erlaubnis

89 Nach Abs. 3 kann ggü. ausländischen Antragstellern nur die erstmalige Erteilung der Erlaubnis versagt werden. Wird die Verlängerung einer bereits erteilten Erlaubnis beantragt, greift der Versagungstatbestand nicht ein. Auch ggü. einem Ausländer kann die Versagung der Verlängerung einer bereits erteilten Erlaubnis nur auf Abs. 1 oder Abs. 2 gestützt werden.[132]

VI. Rechtsschutz

90 Zum Rechtsschutz gegen die Versagung bzw. Nichtverlängerung der Erlaubnis siehe § 2 Rn. 47 ff.

---

130 BSG, 12.12.1990 – 11 RAr 49/90, NZA 1991, 951 f.
131 Wegen der Einzelheiten vgl. BSG vom 12.12.1990 – 11 RAr 49/90, NZA 1991, 951 f.; *Sandmann/Marschall/Schneider*, § 3 Rn. 48; Schüren/Hamann/*Schüren*, § 3 Rn. 201 f.
132 *Ulber*, § 3 Rn. 124.

§ 3a Lohnuntergrenze

(1) Gewerkschaften und Vereinigungen von Arbeitgebern, die zumindest auch für ihre jeweiligen in der Arbeitnehmerüberlassung tätigen Mitglieder zuständig sind (vorschlagsberechtigte Tarifvertragsparteien) und bundesweit tarifliche Mindeststundenentgelte im Bereich der Arbeitnehmerüberlassung miteinander vereinbart haben, können dem Bundesministerium für Arbeit und Soziales gemeinsam vorschlagen, diese als Lohnuntergrenze in einer Rechtsverordnung verbindlich festzusetzen; die Mindeststundenentgelte können nach dem jeweiligen Beschäftigungsort differenzieren. Der Vorschlag muss für Verleihzeiten und verleihfreie Zeiten einheitliche Mindeststundenentgelte sowie eine Laufzeit enthalten. Der Vorschlag ist schriftlich zu begründen.

(2) Das Bundesministerium für Arbeit und Soziales kann in einer Rechtsverordnung ohne Zustimmung des Bundesrates bestimmen, dass die vorgeschlagenen tariflichen Mindeststundenentgelte nach Absatz 1 als verbindliche Lohnuntergrenze auf alle in den Geltungsbereich der Verordnung fallenden Arbeitgeber sowie Leiharbeitnehmer Anwendung findet. Der Verordnungsgeber kann den Vorschlag nur inhaltlich unverändert in die Rechtsverordnung übernehmen.

(3) Bei der Entscheidung nach Absatz 2 findet § 5 Absatz 1 Satz 1 Nummer 2 des Tarifvertragsgesetzes entsprechend Anwendung. Der Verordnungsgeber hat bei seiner Entscheidung nach Absatz 2 im Rahmen einer Gesamtabwägung neben den Zielen dieses Gesetzes zu prüfen, ob eine Rechtsverordnung nach Absatz 2 insbesondere geeignet ist, die finanzielle Stabilität der sozialen Sicherungssysteme zu gewährleisten. Der Verordnungsgeber hat zu berücksichtigen

1. die bestehenden bundesweiten Tarifverträge in der Arbeitnehmerüberlassung und

2. die Repräsentativität der vorschlagenden Tarifvertragsparteien.

(4) Liegen mehrere Vorschläge nach Absatz 1 vor, hat der Verordnungsgeber bei seiner Entscheidung nach Absatz 2 im Rahmen der nach Absatz 3 erforderlichen Gesamtabwägung die Repräsentativität der vorschlagenden Tarifvertragsparteien besonders zu berücksichtigen. Bei der Feststellung der Repräsentativität ist vorrangig abzustellen auf

§ 3a Lohnuntergrenze

1. die Zahl der jeweils in den Geltungsbereich einer Rechtsverordnung nach Absatz 2 fallenden Arbeitnehmer, die bei Mitgliedern der vorschlagenden Arbeitgebervereinigung beschäftigt sind;
2. die Zahl der jeweils in den Geltungsbereich einer Rechtsverordnung nach Absatz 2 fallenden Mitglieder der vorschlagenden Gewerkschaften.

(5) Vor Erlass ist ein Entwurf der Rechtsverordnung im Bundesanzeiger bekannt zu machen. Das Bundesministerium für Arbeit und Soziales gibt Verleihern und Leiharbeitnehmern sowie den Gewerkschaften und Vereinigungen von Arbeitgebern, die im Geltungsbereich der Rechtsverordnung zumindest teilweise tarifzuständig sind, Gelegenheit zur schriftlichen Stellungnahme innerhalb von drei Wochen ab dem Tag der Bekanntmachung des Entwurfs der Rechtsverordnung im Bundesanzeiger. Nach Ablauf der Stellungnahmefrist wird der in § 5 Absatz 1 Satz 1 des Tarifvertragsgesetzes genannte Ausschuss mit dem Vorschlag befasst.

(6) Nach Absatz 1 vorschlagsberechtigte Tarifvertragsparteien können gemeinsam die Änderung einer nach Absatz 2 erlassenen Rechtsverordnung vorschlagen. Die Absätze 1 bis 5 finden entsprechend Anwendung.

Literatur: *Baas/Brücker/Dietz/Kubis/Müller*, Arbeitnehmerfreizügigkeit – Neue Potenziale werden bisher kaum genutzt, IAB-Kurzbericht, Nr. 24, Dezember 2011; *Bayreuther*, Ist die Lohnwucherrechtsprechung international-privatrechtlich zwingend?, NZA 2010, 1157 ff.; *ders.*, Nachwirkung von Zeitarbeitstarifverträgen im Kontext des Equal Pay/Treatment Gebots des AÜG, BB 2010, 309 ff.; *ders.*, Einige Anmerkungen zur Verfassungsmäßigkeit des Arbeitnehmer-Entsendegesetzes und des Mindestarbeitsbedingungengesetzes 2009, NJW 2009, 2006 ff.; *ders.*, Vollständige Arbeitnehmerfreizügigkeit zu Gunsten der MOE-Staaten, DB 2011, 706 ff.; *ders.*, Tarifzuständigkeit für Tarifverträge bei Arbeitnehmerüberlassung, NZA 2012, 14 ff.; *Blanke*, Der Gleichbehandlungsgrundsatz in der Arbeitnehmerüberlassung, DB 2010, 1528 ff.; *Boemke*, EU-Osterweiterung und grenzüberschreitende Arbeitnehmerüberlassung, BB, 2005, 266 ff.; *Böhm*, 1.5.2011: Europa-Tag für die Zeitarbeit, NZA 2010, 1218 ff.; *Böhm*, Tarifverträge über Branchenzuschläge, ArbRB 2013, 92 ff.; *Deinert*, Arbeitsrechtliche Herausforderungen einer veränderten Gewerkschaftslandschaft, NZA 2009, 1176 ff.; *Dütz*, Zur Entwicklung des Gewerkschaftsbegriffs, DB 1996, 2385 ff.; *Düwell/Dahl*, Aktuelle Gesetzes- und Tariflage in der Arbeitnehmerüberlassung, DB 2009, 1070 ff.; *dies.*, Die gerichtliche Überprüfung der Allgemeinverbindlicherklärung von Tarifverträgen, NZA-Beilage 2011, 80 ff.; *Franzen*, Tarifzuständigkeit und Tariffähigkeit im Bereich der Arbeitnehmer-

Lohnuntergrenze **§ 3a**

überlassung, BB 2009, 1472 ff.; *Hirdina*, Die Arbeitnehmerüberlassung – Eine verfassungswidrige Überregulierung?, NZA 2011, 325 ff.; *Huke/Neufeld/Luickhardt*, Das neue AÜG: Erste Praxiserfahrungen und Hinweise zum Umgang mit den neuen Regelungen, BB 2012, 961 ff.; *Junker*, Die Tarifzuständigkeit als Wirksamkeitserfordernis des Tarifvertrages, ZfA 2007, 229 ff.; *Körner*, Mindestlohnanforderungen im internationalen Arbeitsrecht, NZA 2011, 425 ff.; *Krause*, Tarifverträge zur Wiederherstellung von Equal Pay, AuR 2012, 55 ff.; *Latzel/Serr*, Rechtsschutz gegen Mindestlöhne, ZfA 2011, 391 ff.; *Lembke*, Die Tariffähigkeit und Tarifzuständigkeit der Tarifgemeinschaft CGZP, NZA 2007, 1333 ff.; *ders.*, Aktuelle Brennpunkte in der Zeitarbeit, BB 2010, 1533 ff.; *Löwisch*, Die neue Mindestlohngesetzgebung, RdA 2009, 215 ff.; *Mayer*, Gesetzliche Mindestlöhne für die Leiharbeit – zur Zulässigkeit eines tariflichen Lohngitters, AuR 2011, 4 ff.; *Reiter*, Anwendbare Rechtsnormen bei der Kündigung ins Ausland entsandter Arbeitnehmer, NZA 2004, 146 ff.; *Rieble*, Tariflose Zeitarbeit?, BB 2012, 2177 ff.; *ders./Vielmeier*, Umsetzungsdefizite der Leiharbeitsrichtlinie, EuZA 2011, 474 ff.; *Riechert*, Grenzen tariflicher Abweichung vom Equal Pay-Grundsatz des AÜG, NZA 2013, 303 ff.; *Rödl/Ulber*, Unvereinbarkeit von § 9 Nr. 2 Halbs. 4 AÜG mit der Leiharbeitsrichtlinie, NZA 2012, 841 ff.; *Schüren*, BB-Forum: Tarifwidrige Personalkostensenkung für Leiharbeitnehmer durch unbezahlte Nichteinsatzzeiten, BB 2012, 1411 ff.; *Sittard*, Neue Mindestlohngesetze in Deutschland, NZA 2009, 346 ff.; *Sodan/Zimmermann*, Die Beseitigung des Tarifvorrangs gegenüber staatlich festgelegten Mindestarbeitsentgelten auf dem Prüfstand der Koalitionsfreiheit, ZfA 2008, 526 ff.; *Steuer*, Die Arbeitnehmerüberlassung als Mittel zur Förderung des Arbeitsmarktes in Deutschland, 1. Aufl., Augsburg 2009; *Stiebert/Pötters*, Spielräume der Exekutive bei Mindestlöhnen durch Rechtsverordnung, RdA 2012, 1 ff.; *Stoffels/Bieder*, Arbeitsvertragliche Bezugnahme auf mehrgliedrige Zeitarbeitstarifverträge, RdA 2012, 27 ff.; *Temming*, EU-Osterweiterung: Wie beschränkt ist die Dienstleistungsfreiheit?, RdA 2005, 186 ff.; *Thüsing*, Mindestlohn im Spannungsverhältnis staatlicher und privatautonomer Regelung, ZfA 2008, 590 ff.; *ders.*, Blick in das europäische und ausländische Arbeitsrecht, RdA 2009, 186 ff.; *ders.*, Flexibilisierung der Arbeitszeit durch Zeitkonten im Rahmen der Arbeitnehmerüberlassung, BB 2012, 317 ff.; *Thüsing/Lembke*, Zeitarbeit im Spannungsverhältnis von Dienstleistungsfreiheit und Tarifautonomie, ZfA 2007, 87 ff.; *Ulber*, Wirksamkeit tariflicher Regelungen zur Ungleichbehandlung von Leiharbeitnehmern, NZA 2009, 232 ff.; *Ulber*, Wirkungsweise und Rechtsfolgen der Lohnuntergrenze nach § 3a AÜG, AuR 2012, 426 ff.; *Willemsen/Sagan*, Mindestlohn und Grundgesetz, NZA 2008, 1216 ff.; *Zimmer*, Der Grundsatz der Gleichbehandlung in der Leiharbeitsrichtlinie 2008/104/EG, NZA 2013, 289 ff.; *Zipperling*, BB-Forum: Zum Post-Mindestlohn, BB 2008, 1790 ff.

§ 3a Lohnuntergrenze

Übersicht

	Rn.		Rn.
I. Vorbemerkungen	1	b) Kriterien der Ermessensausübung und Gesamtabwägung des Verordnungsgebers (Abs. 2 und 3)	58
1. Entstehungsgeschichte	1		
a) Erste Ansätze für einen Branchenmindestlohn	1		
b) Einführung der Bestimmung durch das AÜG-ÄndG	3	aa) Gebotensein des öffentlichen Interesses	58
2. Rechtlicher Hintergrund, Regelungsziel und -systematik der Vorschrift	10	bb) Prüfung der Ziele des AÜG	63
a) Rechtlicher Hintergrund	10	cc) Berücksichtigung der bestehenden bundesweiten Tarifverträge und Repräsentativität der vorschlagenden Tarifvertragsparteien	66
b) Regelungsziel	14		
c) Verhältnis zu Art. 5 Abs. 3 Leiharbeitsrichtlinie	16		
d) Regelungssystematik und Vergleich mit § 7 AEntG	17	c) Sonderfall: Konkurrierende Vorschläge (Abs. 4)	72
II. Verfassungs- und Europarechtskonformität	21	IV. Anhörungs- und Beteiligungsrechte sowie Inkrafttreten der Verordnung	77
1. Verfassungskonformität	21	1. Keine Zustimmung des Bundesrates	77
2. Europarechtskonformität	33		
III. Festsetzung einer Lohnuntergrenze	39	2. Bekanntmachung und Anhörung der von der Verordnung Betroffenen (Abs. 5 Satz 1 und 2)	78
1. Vorschlag einer Lohnuntergrenze (Abs. 1)	39		
a) Vorschlagsberechtigung (Abs. 1 Satz 1)	39		
b) Inhalt des Vorschlags (Abs. 1 Satz 1 und 2)	45	3. Befassung des Tarifausschusses mit dem Vorschlag (Abs. 5 Satz 3)	82
aa) Mindeststundenentgelte	45	V. Inkrafttreten, Änderung und Außerkrafttreten der Rechtsverordnung	84
bb) Differenzierung nach dem Beschäftigungsort	48		
cc) Einheitlichkeit des Mindeststundenentgelts in Verleihzeiten und verleihfreien Zeiten	49	VI. Rechtswirkungen der Lohnuntergrenze	88
		VII. Exkurs: Verhältnis der Lohnuntergrenze zu anderen Branchenmindestlöhnen	91
dd) Kongruenz von Vorschlag und zugrunde liegendem Tarifvertrag	53		
2. Schriftliche Begründung des Vorschlags (Abs. 1 Satz 3)	56	VIII. Rechtsschutzmöglichkeiten zur Überprüfung der Entscheidung des Verordnungsgebers	95
3. Erlass der Rechtsverordnung (Abs. 2–4)	57		
a) Ermessensentscheidung des Verordnungsgebers (Abs. 2)	57		

I. Vorbemerkungen

1. Entstehungsgeschichte

a) Erste Ansätze für einen Branchenmindestlohn

Die Tariflandschaft in der Verleihbranche war über Jahre hinweg durch einen **Antagonismus** zwischen der DGB-Tarifgemeinschaft Zeitarbeit auf der einen und der Tarifgemeinschaft Christliche Gewerkschaften Zeitarbeit und PSA (CGZP) auf der anderen Seite geprägt.[1] Diese Frontstellung war neben anderen Faktoren der raschen Einführung eines Mindestlohns für die Arbeitnehmerüberlassung abträglich. Die Tarifgemeinschaft des DGB, der Bundesverband Zeitarbeit-Personaldienstleistungen e.V. (BZA) und der Interessenverband Deutscher Zeitarbeitsunternehmen e.V. (iGZ) hatten bereits am 30.5.2006 einen gemeinsamen „Tarifvertrag zur Regelung von Mindestarbeitsbedingungen in der Zeitarbeit" abgeschlossen. Im Frühjahr 2008 stellten die Tarifvertragsparteien beim Bundesministerium für Arbeit und Soziales (BMAS) einen gemeinsamen Antrag auf Aufnahme der Arbeitnehmerüberlassung in das AEntG.[2] Dieser hob in weiten Teilen auf Aspekte des Lohndumpings und der daraus resultierenden vermeintlichen Wettbewerbsverzerrung durch die von der CGZP abgeschlossenen Tarifverträge ab.[3] Im Nachhinein stellt es sich im Übrigen auch so dar, dass die Thematik des Lohndumpings durch in Deutschland ansässige Verleiher die ersten Jahre der Mindestlohndebatte dominierte.[4] Drohende soziale Verwerfungen infolge der bevorstehenden Öffnung des deutschen Arbeitsmarktes für Arbeitnehmer aus den EU-8-Staaten am 1.5.2011 spielten zunächst eine untergeordnete Rolle. Dementsprechend vertraten im Gegensatz zu den Tarifvertragsparteien der DGB-Seite die Sozialpartner der CGZP-Tarifverträge den Standpunkt, dass eine Entsendeproblematik nicht gegeben und die von ihr abgeschlossenen Tariflöhne durch Art. 9 Abs. 3 GG geschützt seien.[5] Der DGB/BZA/iGZ-

1

---

1 Creutzburg, „Zeitarbeitsverbände planen Fusion – und Mindestlohn", Handelsblatt vom 4.10.2010, S. 4; *Thüsing/Lembke*, ZfA 2007, 87, 88, 107.
2 Gemeinsamer Antrag auf Aufnahme der Arbeitnehmerüberlassung in das AEntG der DGB-Tarifgemeinschaft Zeitarbeit, des BZA und des iGZ vom 27.3.2008.
3 Ausführlicher *Düwell/Dahl*, DB 2009, 1070, 1073; *Hinsen*, BB 2010, 315, 317f.; *Thüsing/Lembke*, ZfA, 87, 88f.; *Steuer*, S. 363f.
4 Schüren/*Riederer von Paar*, Einl. Rn. 88, 301, 598; *Schüren*, AuR, 2008, 239ff.; *Düwell/Dahl*, DB 2009, 1070, 1072f.
5 Pressemitteilung des AMP „Kein Mindestlohntarifvertrag für die Zeitarbeit" vom 6.6.2006; *Astheimer*, „Mindestlohn mit Breitenwirkung", FAZ vom 5.10.2010, S. 11.

§ 3a Lohnuntergrenze

Mindestlohntarifvertrag sollte erst mit dem Erlass einer Rechtsverordnung gemäß § 1 Abs. 3a AEntG a.F. in Kraft treten. DGB, BZA und iGZ schlossen im Frühjahr 2010 erneut einen Mindestlohntarifvertrag ab.[6] Dieser trat am 1.7.2010 in Kraft. Zu einer Erstreckung des Tarifvertrages über das AEntG kam es jedoch nicht. Er bildete gleichwohl die Grundlage des Vorschlags für die erste Lohnuntergrenze nach § 3a (vgl. unten Rn. 8, 54).

2 Die Arbeitnehmerüberlassung war unberücksichtigt geblieben, als das AEntG am 31.7.2008 **zur Zeit der Großen Koalition** um weitere Branchen ergänzt wurde.[7] Stattdessen hatte sich der Koalitionsausschuss von SPD und Union am 13.1.2009 auf einen **Kompromissvorschlag** geeinigt, wonach die Einführung einer Lohnuntergrenze für die Arbeitnehmerüberlassung nicht über die Aufnahme der Verleihbranche in das AEntG, sondern über eine Ergänzung des AÜG bewerkstelligt werden sollte.[8] Bis zum Ablauf der Legislaturperiode konnten sich SPD und Union jedoch nicht auf die konkrete Ausgestaltung einer gesetzlichen Regelung einigen.

b) Einführung der Bestimmung durch das AÜG-ÄndG

3 Die **schwarz-gelbe Bundesregierung** stand anfangs Branchenmindestlöhnen skeptisch gegenüber.[9] So sieht der Koalitionsvertrag eine Evaluierung mit dem Ziel vor, zu prüfen, ob die bestehenden Mindestlohnregelungen Bestand haben oder aufgehoben werden sollen.[10] Insbesondere die FDP sah zum Zeitpunkt des Abschlusses des Koalitionsvertrages keine Notwendigkeit, neue Mindestlohnregelungen einzuführen. Dagegen wurde ein Mindestlohn für die Arbeitnehmerüberlassung in der Union zunehmend mehrheitsfähig.[11] Dies hatte unter anderem damit zu tun, dass das Heranrücken des 1.5.2011 die Sorge nährte, dass inländische Tariflöhne der Verleihbranche durch mittel- und osteuropäische

---

6 Tarifvertrag zur Regelung von Mindestarbeitsbedingungen in der Zeitarbeit zwischen BZA, iGZ und der DGB-Tarifgemeinschaft Zeitarbeit vom 9.3./30.4.2010.
7 BT-Drs. 16/10486; *Sittard*, NZA 2009, 346, 347.
8 *Astheimer*, „Mindestlohn für Zeitarbeit", FAZ vom 14.1.2009, S. 9; *Düwell/Dahl*, DB 2009, 1070, 1073.
9 *Kade/Dunkel*, „Schwarz-Gelb erschwert Mindestlöhne", FTD vom 21.12.2009, S. 10.
10 Punkt 3.1 des Koalitionsvertrages „Wachstum. Bildung. Zusammenhalt" zwischen CDU, CSU und FDP vom 26.10.2009, S. 21.
11 Beschluss C 1 des 23. CDU-Bundesparteitags vom 14.–16.11.2010.

Tarifverträge unterlaufen werden könnten.[12] Hinzu kam, dass gleichzeitig – ausgelöst durch missbräuchliche Praktiken beim Drogerie-Discounter **Schlecker** – Verschärfungen des AÜG wie etwa Beschränkungen oder gar die Abschaffung der Tariföffnungsklausel diskutiert wurden.[13] In diesen Chor stimmten auch Mitglieder der FDP-Bundestagsfraktion ein und stellten ein **Junktim zwischen** den Problemkreisen **Mindestlohn und Equal-Treatment** her.[14]

Im Zuge der politischen Debatte um die vorgenannten Missbrauchsfälle stellte das **BMAS** im Juni 2010 einen Gesetzentwurf zur Änderung des AÜG zur Diskussion, der erstmals einen § 3a enthielt. Dieser sollte die Rechtsgrundlage eines damals noch als „Untergrenze" bezeichneten Mindestlohns für die Arbeitnehmerüberlassung bilden.[15] Der Begründung des Diskussionsentwurfs zufolge sollte die Möglichkeit, vom Gleichstellungsgrundsatz durch oder aufgrund eines Tarifvertrages abzuweichen, durch die Einführung einer Lohnuntergrenze beschränkt werden.[16] Der Tarifausschuss nach § 5 Abs. 1 Satz 1 TVG sollte die Aufgabe erhalten, die Höhe der Untergrenze festzusetzen. 4

Ende 2010/Anfang 2011 verlor der tarifliche Antagonismus (vgl. Rn. 1) in der Verleihbranche an Bedeutung und machte die Einführung eines Branchenmindestlohns wahrscheinlicher.[17] Befördert wurde dies durch die Vorbereitung der Verschmelzung des Arbeitgeberverbandes Mittelständischer Personaldienstleister e.V. (AMP) und des BZA zum Bundesarbeitgeberverband der Personaldienstleister e. V. (BAP). Bereits im Oktober 2010 hatten der AMP, die Tarifgemeinschaft Zeitarbeitsunternehmen in der BVD – Bundesvereinigung Deutscher Dienstleistungsunternehmen, ein kleinerer Branchenverband, und Einzelgewerk- 5

---

12 *Herold*, „Die Dumping-Verträge sind längst entworfen – Freizügigkeit am Arbeitsmarkt: 500 000 Arbeitskräfte sind aus Polen zu erwarten", BZ vom 1.11.2010, S. 9; *Schneider*, „Das Mindestlohn-Drama geht in die nächste Runde", Welt am Sonntag vom 28.11.2010, S. 43.
13 *Hielscher/Schumacher*, „Austritt erwünscht", WiWo vom 7.12.2009, S. 10; *Van Ackeren*, „Gleicher Lohn für gleiche (Zeit-)Arbeit", in: Focus vom 3.1.2011, S. 21.
14 *Astheimer*, „Leyen will Zeitarbeitsmindestlohn", FAZ vom 26.11.2010, S. 13; *Lohre*, „Der Pfarrer und die FDP", taz vom 8.9.2010, S. 7.
15 Diskussionsentwurf eines Gesetzes zur Änderung des AÜG und des AEntG des BMAS (Stand: 4.6.2010), S. 7; *Böhm*, NZA 2010, 1218, 1220 ff.
16 Diskussionsentwurf eines Gesetzes zur Änderung des AÜG und des AEntG des BMAS (Stand: 4.6.2010), S. 13.
17 *Astheimer*, „Zeitarbeits-Mindestlohn wird wahrscheinlicher", FAZ vom 5.10.2010, S. 13; ders., „Mindestlohn mit Breitenwirkung", FAZ vom 5.10.2010, S. 11; *Creutzburg*, „Zeitarbeit beendet jahrelange Fehde", Handelsblatt vom 4.10.2010, S. 14.

schaften des Christlichen Gewerkschaftsbundes einen Mindestlohntarifvertrag abgeschlossen, der im Juni 2011 erneuert wurde[18] und dessen Entgeltniveau demjenigen des DGB/BZA/iGZ-Mindestlohntarifvertrages entsprach. Praktisch existierte damit bereits für inländische Verleiher ein **faktischer Mindestlohn**. Hinzu trat, dass das BAG der CGZP am 14.12.2010 die Tariffähigkeit absprach.[19] Endgültig haben die christlichen Tarifverträge 2013 ihre Bedeutung verloren, weil sie zum 31.3.2013 beendet wurden (vgl. zu den Einzelheiten Fn. 185).

6 Anfang 2011 stand im **Vermittlungsverfahren zur Neuregelung der ALG-II-Regelsätze** ein politisches Tauschgeschäft zur Disposition. Die Opposition forderte auf der einen Seite die Steigerung der ALG-II-Regelsätze, auf der anderen Seite redete sie einer Verschärfung des AÜG sowie der Einführung weiterer Branchenmindestlöhne das Wort.[20] Am Ende dieser Auseinandersetzung konnte ein Kompromiss erzielt werden, der dazu führte, dass auch der koalitionsinterne Streit um die Einführung weiterer Mindestlöhne und hier insbesondere einer Lohnuntergrenze für die Arbeitnehmerüberlassung beigelegt wurde.[21]

7 Das bereits durch die BReg im Februar 2011 eingeleitete Gesetzgebungsverfahren[22] zum „Ersten Gesetz zur Änderung des Arbeitnehmerüberlassungsgesetzes – Verhinderung von Missbrauch der Arbeitnehmerüberlassung"[23] erhielt dadurch eine Wendung von erheblicher Tragweite. § 3a wurde in einer stark vom BMAS-Diskussionsentwurf (vgl. Rn. 4) abweichenden Fassung im Wege eines Änderungsantrags der CDU/CSU- und FDP-Fraktion am 15.3.2011 in den Bundestagsausschuss für Arbeit und Soziales eingebracht.[24] Auf Vorschlag des Ausschusses[25] wurde die Bestimmung am 24.3.2011 vom Bundestagsplenum verabschiedet. **§ 3a trat** mit den anderen Gesetzesänderungen **am**

---

18 Tarifvertrag zur Regelung eines Mindestentgeltes in der Zeitarbeit zwischen AMP, BVD, CGZP und CGB-Einzelgewerkschaften vom 15.10.2010 und Tarifvertrag zur Festlegung eines Mindestlohns in der Zeitarbeit zwischen AMP, BVD und CGB-Einzelgewerkschaften vom 21.6.2011.
19 BAG vom 14.12.2010 – 1 ABR 19/10.
20 *Leuchten*, NZA 2011, 608, 610.
21 *Creutzburg*, „Schonfrist für die Zeitarbeit"; Handelsblatt vom 22.2.2011, S. 4; *Schwenn*, „FDP gibt Abwehr gegen den Mindestlohn auf", in: FAZ vom 25.11.2010, S. 11.
22 BT-Drs. 17/4804.
23 1. AÜG-ÄndG vom 28.4.2011, BGBl. 2011, I, S. 642 ff.
24 BT-Ausschussdrucksache 17 (11) 446.
25 BT-Drs. 17/5238.

I. Vorbemerkungen § 3a

30.4. und damit erst kurz vor der Arbeitsmarktöffnung am 1.5.2011 **in Kraft.**

Die vergleichsweise späte Einführung der Norm und die Tatsache, dass die Lohnuntergrenze nicht über das AEntG, sondern über eine Sonderregelung, zu der noch keine Erfahrungswerte existierten, festzusetzen war, hatten zur Folge, dass es etwas mehr als ein weiteres halbes Jahr dauerte, bis die **„Erste Verordnung über eine Lohnuntergrenze in der Arbeitnehmerüberlassung"** (1. LohnUGAÜV[26]) am 1.1.2012 in Kraft treten konnte. Nicht zutreffend ist entgegen anders lautender öffentlicher Verlautbarungen, dass ein Anfang Juli 2011 eingereichter Vorschlag der Tarifvertragsparteien aufgrund förmlicher Fehler vom Verordnungsgeber zurückgewiesen wurde.[27] Vielmehr hatten sich die Sozialpartner, wie aus dem Vorschlag vom 27.10.2011 hervorgeht, dazu entschlossen, einzelne Aspekte des ursprünglichen Vorschlags klarzustellen.[28] 8

Dass mit § 3a eine **Sonderregelung** im AÜG geschaffen und auf eine Ergänzung des AEntG verzichtet wurde, ist wohl primär auf die Wahrung des koalitionsinternen Friedens zurückzuführen[29] (vgl. zu den rechtlichen Aspekten, Rn. 18). In den acht Monaten von Einführung des § 3a bis zum Inkrafttreten der Lohnuntergrenze ist die befürchtete Welle von auf Grundlage von sog. „Billiglohn-Tarifverträgen" entsandten mittel- und osteuropäischen Leiharbeitnehmern ausgeblieben. Das zeigt auch der Umstand, dass in den ersten fünf Monaten nach Öffnung des deutschen Arbeitsmarktes lediglich 41.400 EU-8-Migranten nach Deutschland kamen.[30] Auch in der darauffolgenden Zeit sind Anhaltspunkte für einen entsprechenden Migrationsdruck nicht erkennbar. Inwieweit sich dies auf den Erlass der 2. LohnUGAÜV auswirken wird, ist schwer vorherzusagen. Abzuwarten sein wird auch, ob die nächste BReg, wofür derzeit viel spricht, eine allgemeine gesetzliche Lohnuntergrenze einführt, und in welchem Verhältnis diese dann zu einer etwaigen 2. LohnUGAÜV steht. 9

---

26   1. LohnUGAÜV vom 21.12.2011 in der Bekanntmachung vom 28.12.2011, BAnZ Nr. 195, S. 4608.
27   *Thüsing*, § 3a Rn. 3.
28   Gemeinsamer Vorschlag zur Festsetzung einer Lohnuntergrenze gemäß § 3a AÜG der DGB-Tarifgemeinschaft Zeitarbeit, des BZA und des iGZ vom 27.10.2011, S. 2.
29   *Schwenn*, „FDP gibt Abwehr gegen den Mindestlohn auf", FAZ vom 25.11.2010, S. 11; *Schäfers*, „Ringen um Zeitarbeits-Mindestlohn, FAZ vom 13.10.2010, S. 11.
30   *Baas/Brücker/Dietz/Kubis/Müller*, IAB-Kurzbericht 24/2011, S. 2.

2. Rechtlicher Hintergrund, Regelungsziel und -systematik der Vorschrift

a) Rechtlicher Hintergrund

10 Art. 45ff. AEUV (ex-Art. 39ff. EGV) gewähren Unionsbürgern die Arbeitnehmerfreizügigkeit, während Art. 56ff. AEUV (ex-Art. 49ff. EGV) die Dienstleistungsfreiheit gewährleisten. Die beiden Grundfreiheiten sind berührt, wenn grenzüberschreitend Leiharbeitnehmer überlassen werden sollen. Die Arbeitnehmerfreizügigkeit gilt grundsätzlich für Arbeitnehmer aus den EU-Mitgliedstaaten. Das **Beitrittsabkommen der EU vom 16.4.2004**[31] erweiterte mit Wirkung zum 1.5.2004 die EU um die zehn weiteren Staaten Estland, Lettland, Litauen, Polen, Slowakische Republik, Slowenien, Tschechische Republik, Ungarn, Malta und Zypern. Für Unionsbürger aus Malta und Zypern wurde die volle Arbeitnehmerfreizügigkeit mit dem Beitrittsdatum realisiert. Für Arbeitnehmer aus den EU-8-Staaten wurde das sog. „2+3+2-Modell" vereinbart, wonach die Arbeitnehmerfreizügigkeit in drei Schritten, also insgesamt für einen Zeitraum von sieben Jahren seit dem 1.5.2004, suspendiert werden konnte.[32] In geringerem Umfang konnte auch die Dienstleistungsfreiheit außer Kraft gesetzt werden (vgl. hierzu unten Rn. 11). Die Bundesrepublik Deutschland und Österreich waren die einzigen Mitgliedstaaten, die hiervon bis zum 1.5.2011 Gebrauch gemacht haben.[33] Für Bulgarien und Rumänien, die der EU erst am 1.1.2007 beigetreten sind, wurden im Beitrittsvertrag[34] dieselben Aussetzungsmöglichkeiten vereinbart. Die Bundesrepublik hat auch hier die gesamte Frist bis zum 1.1.2014 ausgeschöpft.[35]

---

31 ABl. 2003, Nr. L 236/33 und C 227 E, 17ff.; EU-Beitrittsvertragsgesetz vom 18.9.2003, BGBl. 2003, II, S. 1408ff.

32 Art. 24 Beitrittsakte i.V.m. den Kapiteln Freizügigkeit der Anhänge V–XIV, ABl. 2003, Nr. L 236 vom 23.9.2003, S. 1ff.; Gesetz über den Arbeitsmarktzugang im Rahmen der EU-Erweiterung vom 23.4.2004, BGBl. 2004, I, S. 602ff.

33 Zuletzt Bekanntmachung einer Mitteilung der BReg an die Europäische Kommission zu Übergangsmaßnahmen betreffend die Freizügigkeit von Arbeitnehmern aus den neuen Mitgliedstaaten nach der EU-Erweiterung am 1.5.2004, BAnz vom 24.4.2009, S. 1572.

34 ABl. 2005, Nr. L 157/11 i.V.m. Art. 20 der Beitrittsakte i.V.m. Anhang VI–VII, 11ff.; 38, 104ff.; 138ff.; BGBl. 2006, II, S. 1146, 1148.

35 Bekanntmachung einer Mitteilung der BReg an die Europäische Kommission zu Übergangsmaßnahmen betreffend die Freizügigkeit von Arbeitnehmern aus der Republik Bulgarien und Rumänien vom 21.12.2011, BAnz vom 30.12.2011, S. 4654.

I. Vorbemerkungen § 3a

Sofern Leiharbeitnehmer grenzüberschreitend überlassen werden, sind **11** sowohl die Dienstleistungsfreiheit als auch die Arbeitnehmerfreizügigkeit einschlägig, da die Dienstleistung grenzüberschreitend tätiger Verleiher in erster Linie darin besteht, Entleihern des Zielstaates Arbeitnehmer zu überlassen und damit zugleich dem Arbeitsmarkt des Aufnahmemitgliedstaates zuzuführen.[36] Laut Art. 24 der Beitrittsakte vom 16.4.2003 i.V.m. den entsprechenden Anhängen (vgl. Rn. 10) konnte Deutschland die Dienstleistungsfreiheit gegenüber den EU-8-Staaten nur insoweit einschränken, soweit die als empfindlich eingestuften Dienstleistungssektoren des Baugewerbes einschließlich verwandter Wirtschaftszweige, der Reinigung von Gebäuden, Inventar und Verkehrsmitteln sowie der Tätigkeit von Innendekorateuren betroffen sein konnten.[37] Im Rahmen hierfür abgeschlossener **zwischenstaatlicher Werkvertragskontingente** konnte eine gewisse Höchstzahl von grenzüberschreitend entsandten Arbeitnehmern in den betroffenen Dienstleistungssektoren eingesetzt werden. Demzufolge war die Art. 1 Abs. 3 lit. c) der Entsenderichtlinie unterfallende Arbeitnehmerüberlassung, bei der sich die Dienstleistungserbringung in der Entsendung und Überlassung von Arbeitnehmern erschöpft, in den o.g. sensiblen Wirtschaftszweigen ausgeschlossen.[38]

Zugleich durfte Leiharbeitnehmern aus den EU-8-Staaten, die nach **12** Deutschland entsandt werden sollten, gem. **§ 284 Abs. 3 SGB III a. F. i.V.m. § 40 Abs. 1 Nr. 2 AufenthG** bis zum 1.5.2011 grundsätzlich keine Arbeitsgenehmigung erteilt werden. Die Vorrangprüfung der §§ 39 Abs. 2–4 und 6 AufenthG, auf die § 284 Abs. 3 SGB III verweist, war für Bürger aus den EU-8-Staaten untersagt, die in der Arbeitnehmerüberlassung tätig werden wollten. Die BA durfte der Erteilung einer Arbeitserlaubnis-EU in diesem Fall nicht zustimmen. Mit dem Auslaufen der „2+3+2-Regel" verlor § 284 SGB III a.F. für Arbeitnehmer aus den betroffenen Staaten seine Bedeutung. Durch das am 1.1.2012 teilweise in Kraft getretene „Gesetz zur Verbesserung der Eingliederungschancen" am Arbeitsmarkt wurde § 284 SGB III a.F. dahingehend an-

---

36 EuGH vom 27.3.1990, Rs. C-113/89 – „Rush Portuguesa", Slg. 1990, I-1417, Rn. 13ff.; vom 9.8.1994, Rs. C-43/93 – „Van der Elst", Slg. 1994, I-3803, Rn. 20ff.; vom 25.10.2001, verb. Rs. C-49/98, C-50/98, C-52/98 bis C-54/98 und C-68/98 bis C-71/98, „Finalarte", Slg. 2001, I-07831, Rn. 22; *Kort*, NZA 2002, 1248, 1249f.; Schüren/*Riederer von Paar*, Einl. Rn. 552.
37 *Boemke*, BB 2005, 266, 267; Schüren/*Riederer von Paar*, Einl. Rn. 653; *Temming*, RdA 2005, 186, 187ff.
38 Schüren/*Riederer von Paar*, Einl. Rn. 653.

gepasst, dass die Staatsangehörigen der EU-8-Staaten von der Verpflichtung, eine Arbeitserlaubnis-EU einzuholen, befreit wurden. Dagegen dürfen Bulgaren und Rumänen aufgrund der weiterhin geltenden Übergangsbestimmungen gem. § 284 Abs. 1 und 3 SGB III n.F. i.V.m. § 40 Abs. 1 Nr. 2 AufenthG immer noch keine Arbeitserlaubnis erhalten, wenn sie in der Arbeitnehmerüberlassung tätig werden sollen.

13 Da aufgrund der beschriebenen Rechtslage vor dem 1.5.2011 Leiharbeitnehmer aus den EU-8-Staaten nur in absoluten Ausnahmefällen von ihren Verleihern nach Deutschland entsandt werden konnten, war ungewiss, wie sich die Situation nach der Öffnung des deutschen Arbeitsmarktes darstellen würde. Dabei war von besonderem Interesse, ob es ausländischen Verleihern gelingen würde, Tarifverträge abzuschließen, die einer sog. **Gleichwertigkeitsprüfung**[39] standhalten und erheblich unterhalb den Entgelten deutscher Leiharbeitstarifverträge liegen würden. Denn grundsätzlich können aus den neuen mittel- und osteuropäischen EU-Mitgliedstaaten stammende Leiharbeitstarifverträge eine sog. „**Ausstrahlungswirkung**" haben, sodass die tariflichen Regelungen auch bei einer Entsendung Anwendung finden.[40] Zudem folgt aus der Dienstleistungsfreiheit das Gebot, nach ausländischem Recht abgeschlossenen Tarifverträgen unter den gleichen Voraussetzungen und in gleichem Umfang, Vorrang einzuräumen wie nach nationalem Recht abgeschlossenen Tarifverträgen.[41] Obzwar unklar ist, ob sich die **Lohnwucherrechtsprechung des BAG**[42] auf ausländische Dienstleister übertragen lässt,[43] kann man den negativen Folgen der differierenden Lohnniveaus jedenfalls mit einer zwingend geltenden Norm des Zielstaates begegnen. Eine solche Norm kann unter bestimmten Voraussetzungen auch in tariflich geregelten Arbeitsbedingungen ihren Ursprung haben.[44] § 3a stellt eine derartige zwingende Mindestbedingung für die grenzüberschreitende Arbeitnehmerüberlassung nach Deutschland dar.

b) Regelungsziel

14 Ziel des § 3a ist es, unter Berücksichtigung der Besonderheiten der Arbeitnehmerüberlassung einen Branchenmindestlohn zu schaffen, der

---

39 *Thüsing*, § 3 Rn. 87; *ders./Lembke*, ZfA 2007, 87, 94ff.
40 *Reiter*, NZA 2004, 1246, 1251; *Däubler/Peter*, TVG, § 2 Rn. 66.
41 EuGH vom 24.1.2002, Rs. C-164/99 – „Portugaia Construções", Slg. 2002, I-00787, Rn. 31ff.
42 BAG vom 22.4.2009, NZA 2009, 837.
43 *Thüsing/Lembke*, ZfA 2007, 87, 96f.; a.A. *Bayreuther*, NZA 2010, 1157, 1159f.
44 EuGH vom 3.4.2008, Rs. C-346/06 – „Rüffert", Slg. 2008, I-01989.

I. Vorbemerkungen § 3a

für die Überlassung von Arbeitskräften im Geltungsbereich des AÜG verbindlich gilt. Aus diesem Grund kommt § 3a **zwingende Bindungswirkung** zu, die nach dem Willen des Gesetzgebers sowohl für in- als auch für ausländische Verleiher gilt und im letztgenannten Fall über § 2 Nr. 4 AEntG vermittelt wird.[45] § 3a stellt demzufolge eine **Eingriffsnorm i.S.d. Art. 9 Abs. 1** der am 19.12.2009 in Kraft getretenen **Rom-I-VO**[46] dar, die Art. 34 EGBGB a.F.[47] als allgemein und unmittelbar geltende Verordnung gem. Art. 288 Abs. 2 AEUV (ex-Art. 249 Abs. 2 EGV) ersetzt hat. § 3a besitzt damit international-privatrechtlichen Eingriffscharakter.[48] Ausweislich Art. 23 und Erwägungsgrund 34 der Rom-I-VO hindern deren arbeitsvertragliche Kollisionsnormen nicht die Anwendung der Entsenderichtlinie und der entsprechenden nationalen Umsetzungsbestimmungen. Die Leiharbeitsrichtlinie wiederum soll gemäß ihres 22. Erwägungsgrundes unbeschadet der Entsenderichtlinie (96/71/EG) umgesetzt werden, sodass sich nach dem Willen des europäischen Gesetzgebers die unterschiedlichen Regelwerke wechselseitig ergänzen.

Nach Art. 3 Abs. 1 lit. d) der Entsenderichtlinie können die Mitgliedstaaten unter anderem durch Rechts- oder Verwaltungsvorschrift dafür sorgen, dass den in ihr Hoheitsgebiet entsandten Leiharbeitnehmern bestimmte Bedingungen für die Überlassung garantiert sind. **§ 2 Nr. 4 AEntG** setzt diese unionsrechtliche Vorgabe um und definiert als zwingende allgemeine Arbeitsbedingungen die in Rechts- oder Verwaltungsvorschriften enthaltenen Regelungen über die Bedingungen für die Überlassung von Arbeitskräften, insbesondere durch Leiharbeitsunternehmen. Umfasst sind hiervon jedenfalls die zwingenden Eingriffsnormen des AÜG, wobei durch Auslegung zu ermitteln ist, welchen Normen ein dem öffentlichen Interesse dienender Charakter beigemessen werden kann.[49] Nicht jede Norm des AÜG ist als eine zwingende Bedingung für die Überlassung von Arbeitskräften einzustufen. Auf § 3a trifft dies jedoch zu (siehe auch Einl. Rn. 20 ff.).

15

---

45 BT-Drs. 17/5238, S. 15.
46 VO (EG) Nr. 593/2008 vom 17.6.2008 (Rom I), ABl. Nr. L 177 vom 4.7.2008, S. 8; ErfK/*Schlachter*, § 2 AEntG Rn. 1; *Thüsing*, AEntG, § 2 Rn. 2; *Ulber*, § 3a Rn. 5, 8.
47 BGBl. 2009, I, S. 1574; Schüren/*Riederer von Paar*, Einl. Rn. 71.
48 *Bayreuther*, DB 2011, 706, 708 ff.
49 Schüren/*Riederer von Paar*, Einl. Rn. 60; *Boemke*, BB 2005, 266, 270; a.A. *Thüsing*, Einf. Rn. 62; *ders.*, AEntG, § 2 Rn. 10; *Ulber*, Einl. F. Rn. 97.

§ 3a Lohnuntergrenze

c) Verhältnis zu Art. 5 Abs. 3 Leiharbeitsrichtlinie

16 § 3a dient nicht der Umsetzung von Art. 5 Abs. 3 Leiharbeitsrichtlinie in nationales Recht. Der Gesetzgeber hat § 3a nicht diese Bedeutung beigemessen.[50] Der Programmsatz der Richtlinie, dass Leiharbeitstarifverträge, die vom Equal-Treatment-Grundsatz abweichen, den Gesamtschutz von Leiharbeitnehmern achten müssen, hat für die Mitgliedstaaten **keinen verbindlichen Charakter**.[51] Der EU fehlt hierzu schlichtweg die Regelungskompetenz. Es bleibt demgemäß dem nationalen Gesetzgeber überlassen, Art. 5 Abs. 3 der Richtlinie mit Leben zu erfüllen. Art. 153 Abs. 5 AEUV (ex-Art. 137 Abs. 5 EGV) behält nämlich die Zuständigkeit für das Koalitionsrecht ausschließlich den Mitgliedstaaten vor.[52] Hiervon ist gleichermaßen das Recht der Koalitionen erfasst, die Arbeitsbedingungen eines bestimmten Wirtschaftszweiges autonom festzulegen, sodass eine Auslegung von Art. 5 Abs. 3 Leiharbeitsrichtlinie als verbindliche Umsetzungsvorgabe an den nationalen Gesetzgeber gedanklich einen Ultra-vires-Akt der EU voraussetzen würde. Dem Rechtssetzungsverfahren lässt sich jedoch mitnichten ein dahingehender Wille des europäischen Gesetzgebers entnehmen.[53] Im Gegenteil: Das Europäische Parlament hat schon 2002 gefordert, dass die Möglichkeit der Sozialpartner, vom Gleichstellungsgebot abweichende Vereinbarungen zu treffen, nicht der Ermächtigung der Mitgliedstaaten bedürfen sollte.[54] Hinzu kommt, dass Erwägungsgrund 19 der Leiharbeitsrichtlinie explizit darauf hinweist, dass die Leiharbeitsrichtlinie nicht die nach nationalem Recht gewährleistete Tarifautonomie beeinträchtigt.

---

50 BT-Ausschussdrucksache 17 (11) 446; BT-Drs. 17/5238.
51 Rieble/Junker/Giesen/*Benecke*, ZAAR-Schriftenreihe 2010, S. 54 f.; *Deinert*, NZA 2009, 1176, 1180; *Lembke*, BB 2010, 1533, 1540; *ders.*, DB 2011, 414, 417; *Rieble/Vielmeier*, EuZA 2011, 474, 499 ff.; *Riechert*, NZA 2013, 303, 307; *Thüsing/Pelzner/Kock*, AÜG, § 3, Rn. 92; *Thüsing*, RdA 2009, 118, 118 f.; a.A. *Blanke*, DB 2011, 1528, 1531 ff.; *Boemke*, RIW, 177, 183; *Böhm*, NZA 2010, 1218, 1222; *Düwell/Dahl*, DB, 1070, 1073; ErfK/*Wank*, § 3a Rn. 3 f.; *Fuchs*, NZA 2009, 57, 61 f.; *Mayer*, AuR 2011, 4, 6 f.; *Sansone*, S. 545 ff.; *Schüren/Wank*, RdA 2011, 1, 5 f.; *Ulber*, § 3a Rn. 6, 38; *Rödl/Ulber*, NZA 2012, 841, 844 f.; *Waas*, ZESAR 2009, 207, 211; *Waltermann*, NZA 2010, 482, 483 f.; *Zimmer*, NZA 2013, 289 ff.
52 Calliess/Ruffert/*Krebber*, Art. 153 AEUV Rn. 12; Grabitz/Hilf/Nettesheim/*Benecke*, AEUV/EUV, Art. 153 AEUV Rn. 101.
53 KOM (2002) 149 endgültig, S. 16, 23; A5-0356/2002, 30; KOM (2002) 701 endgültig; 2002/0072 (COD); ABl. 2003, Nr. C 61, S. 128.
54 A5-0356/2002, S. 30.

I. Vorbemerkungen § 3a

d) Regelungssystematik und Vergleich mit § 7 AEntG

§ 3a ist vom Gesetzgeber mit dem Gleichstellungsgebot der §§ 3 Abs. 1 Nr. 3, 9 Nr. 2 verknüpft worden. § 3 Abs. 1 Nr. 3 Satz 3 und § 9 Nr. 2 Hs. 2 AÜG bestimmen, dass ein Tarifvertrag vom Equal-Treatment-Grundsatz abweichende Regelungen treffen kann, soweit hierdurch nicht die in einer Rechtsverordnung nach § 3a Abs. 2 festgesetzten Mindeststundenentgelte unterschritten werden. Damit beschränkt die Lohnuntergrenze die Möglichkeit der Tarifvertragsparteien, vom Equal-Pay-Grundsatz durch Vereinbarung tariflicher Entgeltbedingungen nach unten abzuweichen. Deutlich wird hierdurch, dass der Tarifzwang in der Verleihbranche eine andere Ausgangssituation für die Schaffung eines Branchenmindestlohns bedingt. In der Verleihbranche regeln Tarifverträge in Abweichung vom gesetzlichen Gleichstellungsgebot faktisch „**Höchstarbeitsbedingungen**".[55] Anders als in anderen Branchen wirkt eine Lohnuntergrenze in der Arbeitnehmerüberlassung somit primär als „**Tarifvertragsverhinderungsmechanismus**". Ihr Zweck erschöpft sich weitgehend darin, die Lohnuntergrenze unterschreitende tarifliche Entgelte in der Arbeitnehmerüberlassung zu verhindern. Dies verdeutlicht insbesondere die in § 10 Abs. 4 Satz 3 angeordnete Rechtsfolge des Equal Pay für den Fall, dass Tarifentgelte die Lohnuntergrenze unterschreiten (vgl. zu den Rechtswirkungen der Lohnuntergrenze, Rn. 88 ff.). Dagegen verdrängen die Arbeitsbedingungen eines Mindestlohns nach § 5 AEntG gem. § 8 Abs. 2 AEntG die Tarifbindung anders Tarifgebundener (vgl. unten Rn. 22) mit dem Ergebnis, dass im Falle eines Verstoßes nur die Differenz zu der geschuldeten Mindestarbeitsbedingung auszugleichen ist. Dagegen wirkt die Lohnuntergrenze gem. § 10 Abs. 5 nur dann wie ein „echter" Mindestlohn, wenn der für vergleichbare Arbeitnehmer des Entleihbetriebs gezahlte Lohn die Lohnuntergrenze unterschreitet, weil dem Leiharbeitnehmer grundsätzlich nicht weniger gezahlt werden darf.[56] **17**

Ursächlich für diese Regelungssystematik war neben anderen Aspekten (vgl. Rn. 9) die Sorge des Gesetzgebers, dass die für die Arbeitnehmerüberlassung geltenden rechtlichen Besonderheiten dazu führen könnten, dass ein Branchenmindestlohn über das AEntG zwar einen hinreichenden Schutz für Hilfsarbeiter bietet, aber gleichzeitig zu einer **Ero- 18**

---

[55] *Thüsing/Lembke*, ZfA 2007, 87, 91; *Böhm*, NZA 2010, 1218, 1218 bezeichnet § 3 Abs. 1 Nr. 3 AÜG als faktische Mindestlohnregelung; vgl. auch die grundsätzliche Kritik von *Hirdina*, NZA 2011, 325, 330.

[56] *Huke/Neufeld/Luickhardt*, BB 2012, 961, 962; *Ulber*, AuR 2012, 426, 427 f.

sion der Entgeltbedingungen für Facharbeiter hätte führen können.[57] Ein per Verordnung erstreckter allgemeinverbindlicher Mindestlohntarifvertrag sollte nicht dazu führen, dass die Anwendung des Gleichstellungsgebots flächendeckend durch den Gesetzgeber selbst ausgeschlossen wird.[58] Hierbei war die Erwägung leitend, dass (ausländische) Verleiher einen Leiharbeits-Mindestlohntarifvertrag nach dem AEntG gem. § 3 Abs. 1 Nr. 3 Satz 3 und § 9 Nr. 2 Hs. 4 arbeitsvertraglich in Bezug nehmen, mithin vom gesetzlichen Gleichstellungsgebot abweichen und so aus dem Ausland entsandte Facharbeiter nur mit den Mindeststundenentgelten der Lohnuntergrenze vergütet werden könnten. Diese Annahme als richtig unterstellt, hätten ausländische Verleiher keine eigenständigen Leiharbeitstarifverträge mehr abschließen müssen, um im Geltungsbereich des AÜG wirksam vom Gleichstellungsgebot abzuweichen. Die Folgen für die Tariflandschaft in der Leiharbeit wären nur schwer vorherzusehen gewesen. Es ist jedoch fraglich, ob die beschriebene Problematik der Einführung eines Branchenmindestlohns über das AEntG tatsächlich im Wege stand.[59] Denkbar wäre eine klarstellende Regelung im AEntG oder im AÜG gewesen, zumal die Mindestlohntarifverträge der Branche selbst äußern, dass durch sie allein keine Abweichung vom Gleichstellungsgrundsatz möglich sein soll.[60]

19 So hat man mit § 3a das im AEntG geregelte Verfahren zur Erstreckung branchenspezifischer Mindestlöhne weitestgehend übernommen, aber gleichzeitig eine **Erstreckungsmöglichkeit eigener Art** geschaffen. Demzufolge existieren nunmehr sieben unterschiedliche Wege, branchenspezifische Arbeitsbedingungen auf Dritte zu erstrecken,[61] namentlich:

---

57 BT-Drs. 17/5238, S. 14f. („Damit werden Unsicherheiten vermieden, in welchem Verhältnis ein durch Rechtsverordnung erstreckter Mindestlohntarifvertrag zum Gleichstellungsgrundsatz steht."); Da die inländischen Flächentarifvertragswerke in der Verleihbranche ausnahmslos ein Lohngitter beinhalten und in der weit überwiegenden Mehrzahl der Arbeitsverhältnisse zur Anwendung kommen, kann sich die beobachtete Gefährdungslage nur auf ausländische Verleiher beziehen. Für inländische Verleiher ist das Szenario eher unwahrscheinlich, da hier bereits ein faktischer Mindestlohn existierte (vgl. Rn. 4); ErfK/*Wank*, § 3a Rn. 8.
58 *Stiebert/Pötters*, RdA 2013, 101, 102; *Thüsing*, § 3a Rn. 5f.; *ders./Lembke*, ZfA 2007, 87, 120.
59 *Stiebert/Pötters*, RdA 2013, 101, 102.
60 § 1 Präambel des Tarifvertrages zur Regelung von Mindestarbeitsbedingungen in der Zeitarbeit zwischen BZA, iGZ und der DGB-Tarifgemeinschaft Zeitarbeit vom 9.3./30.4.2010; *Thüsing*, § 3a Rn. 5.
61 Vgl. Aufzählung bei *Thüsing/Bayreuther*, AEntG, § 7 Rn. 2.

I. Vorbemerkungen § 3a

- die Allgemeinverbindlicherklärung eines Tarifvertrages nach § 5 TVG,
- die Allgemeinverbindlicherklärung eines Tarifvertrages nach § 3 Satz 1 AEntG,
- die Erstreckung eines Tarifvertrages per Rechtsverordnung i.S.d. § 7 AEntG,
- die Erstreckung eines Kommissionsvorschlags per Pflegeverordnung i.S.d. § 11 AEntG,
- die Festsetzung von Mindestarbeitsentgelten per Rechtsverordnung nach § 4 MiArbG,
- die Festsetzung von Mindestlöhnen nach den Tariftreuegesetzen der Länder[62] sowie
- die Festsetzung einer Lohnuntergrenze für die Leiharbeitsbranche gem. § 3a.

Für die Verleiher verfestigt sich somit das nur schwer zu überblickende „Dickicht" von zu beachtenden Arbeitsbedingungen (vgl. hierzu die Ausführungen zu § 8 Abs. 3 AEntG, Rn. 91 ff.). Dabei gerät leicht in Vergessenheit, dass die beachtliche Wertschöpfung und sozialpolitische Integrationsfunktion der Verleihbranche nicht auf ihrer Leistung beruht, zunehmend zahlreiche und komplexer werdende rechtliche Vorgaben umzusetzen.

Der Umstand, dass **§ 7 AEntG** als **Vorbild** für § 3a diente, aber zugleich den Besonderheiten der Arbeitnehmerüberlassung Rechnung getragen werden sollte, hat zur Folge, dass zwischen § 7 AEntG und § 3a einige **Unterschiede** bestehen. Diese lassen sich im Wesentlichen wie folgt zusammenfassen: 20

- Nach Abs. 1, 2 wird ein Vorschlag der Tarifvertragsparteien über Mindeststundenentgelte per Verordnung auf Dritte erstreckt, während § 7 Abs. 1 Satz 1 AEntG die unmittelbare Erstreckung eines Mindestlohntarifvertrages vorsieht (vgl. Rn. 53 ff.).
- Abs. 1 Satz 1 fordert, dass die vorschlagsberechtigten Tarifvertragsparteien zumindest auch für ihre jeweiligen in der Arbeitnehmerüberlassung tätigen Mitglieder zuständig sind (vgl. Rn. 39 ff.). § 7 AEntG

---

[62] Vgl. nur § 4 Abs. 2, 3 Tariftreue- und Vergabegesetz Nordrhein-Westfalen (TVgG-NRW) vom 10.1.2012, GV. NRW, Ausgabe 2012 Nr. 2 vom 26.1.2012, S. 15 ff.

setzt die Tarifzuständigkeit der antragstellenden Tarifvertragsparteien einfach voraus.

– Die Gesamtabwägung des Verordnungsgebers nach Abs. 3 Satz 2 bezieht neben den Zielen des AÜG explizit das Abwägungskriterium der finanziellen Stabilität der sozialen Sicherungssysteme ein (vgl. Rn. 58 ff.). § 7 Abs. 2 AEntG verzichtet weitestgehend auf die Erwähnung konkreter, in der Abwägung zu berücksichtigender Güter von Verfassungsrang. Im Übrigen hat der Verordnungsgeber nach Abs. 3 Satz 3 Nr. 1 und 2 die bestehenden Flächentarifverträge in der Leiharbeit sowie die Repräsentativität der vorschlagenden Tarifvertragsparteien zu berücksichtigen.

– Die Zahl der bei den tarifgebundenen Arbeitgebern beschäftigten Leiharbeitnehmer sowie die Zahl der Gewerkschaftsmitglieder erlangt ausdrücklich erst i.R.d. Konkurrenzklausel des Abs. 4 Bedeutung (vgl. Rn. 66 ff.). Die Konkurrenzklausel des § 7 Abs. 3 AEntG dagegen fordert besondere Sorgfalt bei der Auswahlentscheidung des Verordnungsgebers und die Berücksichtigung des verfassungsrechtlichen Grundsatzes der praktischen Konkordanz.

– Darüber hinaus ist das Verordnungs- und Anhörungsverfahren in Abs. 5 weniger ausführlich geregelt (vgl. Rn. 77 ff.). Insbesondere hinsichtlich der Einbindung des Tarifausschusses nach § 5 Abs. 1 Satz 1 TVG ergeben sich Unterschiede (vgl. Rn. 82 ff.). Nach Abs. 5 Satz 3 wird der Tarifausschuss lediglich mit dem Vorschlag befasst. § 7 Abs. 5 AEntG bestimmt, dass nach erstmaliger Antragstellung der Tarifausschuss ein echtes Vetorecht besitzt.

– Letztlich regelt Abs. 6 Satz 1, dass vorschlagsberechtigte Tarifvertragsparteien die Änderung einer laufenden Rechtsverordnung herbeiführen können (vgl. Rn. 84 ff.). § 7 AEntG enthält keine solche Regelung.

II. Verfassungs- und Europarechtskonformität

1. Verfassungskonformität

21 Schon die Einführung der **§§ 7, 8 Abs. 2 AEntG** im Zuge der Novellierung des AEntG führte zu einer Diskussion über deren **verfassungs-**

II. Verfassungs- und Europarechtskonformität § 3a

rechtliche Zulässigkeit.[63] Bis zur Entscheidung des BAG vom 13.5. 2004,[64] die klarstellte, dass eine Allgemeinverbindlicherklärung nach § 1 Abs. 3a AEntG a.F. Vorrang vor anderen Tarifverträgen beansprucht,[65] war davon ausgegangen worden, dass das Verhältnis eines auf diesem Wege erstreckten Mindestlohntarifvertrags zu einem anderen Tarifvertrag über die allgemeinen Grundsätze der Tarifkonkurrenz aufzulösen sei.[66] Maßstab war hier die Rechtsprechung des BVerfG zu § 5 TVG. Danach ist für eine Allgemeinverbindlicherklärung nach dem TVG ein Eingriff in die positive Koalitionsfreiheit zu verneinen, weil kein genereller Vorrang des allgemeinverbindlichen Tarifvertrages besteht, sondern der jeweils speziellere Tarifvertrag Gültigkeit beansprucht.[67]

Mit § 8 Abs. 2 AEntG stellte der Gesetzgeber klar, dass nach dem AEntG erstreckte Mindestlohntarifverträge Tarifverträge nach §§ 3 und 5 TVG verdrängen, mithin tarifungebundene sowie anderweitig tarifgebundene Dritte von den Normen des Mindestlohntarifvertrages erfasst sind. Dass dies nicht nur für aus dem Ausland entsendende, sondern unterschiedslos auch für im Inland ansässige Arbeitgeber gilt, hat der Gesetzgeber mit der Entscheidung des EuGH in der Rechtssache „Portugaia Construções" begründet.[68] Darin hat der Gerichtshof es für gemeinschaftsrechtswidrig erachtet, nur inländischen Arbeitgebern die Möglichkeit zu eröffnen, durch Firmentarifverträge von einem nach

22

---

63 Sittard, NZA 2009, 346, 349; Sodan/Zimmermann, ZfA 2008, 526, 536 ff.; Thüsing, ZfA 2008, 590, 600 ff.; Willemsen/Sagan, NZA 2008, 1216, 1218 ff.; a.A. Bayreuther, NJW 2009, 2006, 2007, der nach tatsächlicher oder theoretischer Grundrechtsbetroffenheit unterscheidet; ebenso Böhm, NZA 2010, 1218, 1222, der in Anlehnung an BAG vom 23.6.2010, NZA 2010, 712, 716, Rn. 50 vertritt, dass ohne konkrete Tarifkonkurrenz auch kein Eingriff in Art. 9 Abs. 3 GG vorliegt; Löwisch, RdA 2009, 215, 220 f., vertritt, dass der Gesetzgeber es lediglich versäumt habe, „entsprechende Ausnahmemöglichkeiten vorzusehen" und es deshalb einer „verfassungskonformen Handhabung der Allgemeinverbindlicherklärung" bedürfe; Ulber, AEntG, § 1 Rn. 25 ff.
64 BAG vom 13.5.2004 – 10 AS 6/04; kritisiert von Löwisch/Rieble, TVG, 2. Aufl. 2004, § 4, Rn. 147 ff.; m.w.N. zum damaligen Meinungsstand Zipperling, BB 2008, 1790, 1791.
65 Vgl. hierzu auch BAG vom 26.6.2002 – 9 AZR 405/00; vom 18.10.2006 – 10 AZR 576/05.
66 BAG vom 4.12.2002 – 10 AZR 113/02, Rn. 24, 26; wohl auch BVerfG vom 18.7.2000 – 1 BvR 948/00, NZA 2000, 948, 949.
67 BVerfG vom 24.5.1977 – 2 BvL 11/74, NJW 1977, 2255, 2259; BVerfGE 55, 7, 24; BVerfG vom 3.7.2000 – 1 BvR 945/00, Rn. 7.
68 BT-Drs. 16/10486, 13.

§ 3a Lohnuntergrenze

dem AEntG erstreckten Tarifvertrag abzuweichen.[69] Fragwürdig ist bis heute, ob in dieser durchgängigen Geltung der Mindestlohntarifverträge nach dem AEntG ein unzulässiger Eingriff in die durch Art. 9 Abs. 3 GG gewährleistete Tarifautonomie zu erblicken ist (vgl. Fn. 63).

23 Da § 3a verhindert, dass die Entgelte für im Inland beschäftigte Leiharbeitnehmer die Lohnuntergrenze unterschreiten und hierdurch für alle im In- und Ausland ansässigen Verleiher ein zwingender Korridor zwischen Equal Pay und der Lohnuntergrenze für die tarifautonome Festlegung von Entgelten geschaffen wird (vgl. Rn. 17), ist die Norm grundsätzlich ebenso geeignet, einen **unzulässigen Eingriff in Art. 9 Abs. 3 GG** darzustellen. Verschärfend kommt hinzu, dass anders als bei § 5 TVG sowie §§ 7, 8 AEntG bei einem Verstoß gegen die Lohnuntergrenze nicht nur die Mindeststundenentgelte nach § 3a nachzuentrichten sind, sondern gemäß § 10 Abs. 4 Satz 3 Equal Pay zu gewähren ist. Die Rechtfertigung eines solchen Grundrechtseingriffs lässt sich nicht per se bejahen.[70]

24 Dass der Gesetzgeber der Verleihbranche nur in einem bestimmten Umfang, nämlich im Rahmen der Tariföffnungsklausel des AÜG, die Möglichkeit eingeräumt hat, Tarifverträge zu schließen, bedeutet nicht, dass die Sozialpartner der Leiharbeit bei ihrer Freiheitsbetätigung nicht den vollen **Schutz des Art. 9 Abs. 3 GG** genießen. Im Gegenteil sind sie – wie das BVerfG in seinem Nichtannahmebeschluss 2004[71] ausgeführt hat – sogar dazu aufgerufen, von ihrem Freiheitsrecht Gebrauch zu machen, wenn sie das gesetzliche Gleichstellungsgebot als zu starr empfinden. Folgerichtig gelten die Maßstäbe, die das BVerfG für die Rechtfertigung eines Eingriffs in die vorbehaltlos gewährleistete Tarifautonomie entwickelt hat, gleichermaßen für die Verleihbranche. Hierbei ist der vom BVerfG aufgestellte Grundsatz zu beachten, demzufolge die Tarifvertragsparteien zwar ein Normsetzungsrecht, aber kein Normsetzungsmonopol besitzen.[72] Eine staatliche Regulierung der Arbeitsbedingungen kann demgemäß Vorrang vor einer tariflichen Norm beanspruchen, wenn sie sich erstens auf Grundrechte Dritter oder andere mit Verfassungsrang ausgestattete Rechtsgüter stützen kann und zwei-

---

69 EuGH vom 24.1.2002, Rs. C-164/99 – „Portugaia Construções", Slg. 2002, I-00787, Rn. 31 ff.
70 *Ulber*, § 3a Rn. 6; ErfK/*Wank*, § 3a Rn. 10.
71 BVerfG vom 29.12.2004 – 1 BvR 2283/03, 1 BvR 2504/03, 1 BvR 2582/03, Rn. 30, 34 ff.
72 BVerfG vom 24.4.1996 – 1 BvR 712/86, Rn. 98; BVerfGE 94, 268, 297; BVerfG vom 3.4.2001 – 1 BvL 32/97, Rn. 20.

II. Verfassungs- und Europarechtskonformität § 3a

tens den Verhältnismäßigkeitsgrundsatz wahrt.[73] Hier kommt es ganz entscheidend auf die zu regelnde Materie an. Handelt es sich um Bereiche die üblicherweise tariflich geregelt werden, entfaltet Art. 9 Abs. 3 GG einen stärkeren Schutz gegen staatliche Eingriffe, wobei die Festlegung der Tarifentgelte dem Kernbereich der Koalitionsfreiheit zuzurechnen ist.[74]

Der Gesetzgeber hat den durch § 3a begründeten Eingriff in die Tarifautonomie als statthaft angesehen, weil die Regelung ausweislich ihres Abs. 3 den Zielen des AÜG[75] und der finanziellen Stabilität der sozialen Sicherungssysteme dient und damit Zielsetzungen verfolgt, denen vom BVerfG Verfassungsrang beigemessen wurde.[76] Die positiven Folgen der Festsetzung einer Lohnuntergrenze müssen die negativen Folgen der Nichteinführung überwiegen. Bei näherer Betrachtung ist die Begründung des Gesetzgebers jedoch nicht durchweg schlüssig, selbst wenn man aus sozialpolitischen Erwägungen die Lohnuntergrenze grundsätzlich für begrüßenswert hält. 25

Schon die **Bekämpfung der Arbeitslosigkeit**, welche die Erschließung neuer Beschäftigungsmöglichkeiten als übergeordnete gesetzgeberische Zielsetzung umfasst, wird durch die Einführung einer Lohnuntergrenze für die Arbeitnehmerüberlassung nicht denknotwendig gefördert. Insofern erscheint die Geeignetheit des § 3a zur Bekämpfung der Arbeitslosigkeit fraglich. Der „Jobmotor" Arbeitnehmerüberlassung hat sowohl vor als auch nach der Öffnung des deutschen Arbeitsmarktes ohne gesetzlich festgelegten Mindestlohn dazu beigetragen, die Arbeitslosigkeit in Deutschland signifikant zu reduzieren. Im Übrigen ist der allgemeine Nachweis noch nicht erbracht, dass die Einführung eines Branchenmindestlohns notwendige Bedingung für ein Mehr an Beschäftigung ist. Es ist eher davon auszugehen, dass sich der Faktor Arbeit in- 26

---

73 BVerfG vom 24.4.1996 – 1 BvR 712/86, Rn. 98; BVerfGE 94, 268, 294; BVerfG vom 3.4.2001 – 1 BvL 32/97, Rn. 21; BVerfG vom 29.12.2004 – 1 BvR 2283/03, 1 BvR 2504/03, 1 BvR 2582/03, Rn. 20.
74 BVerfG vom 3.4.2001 – 1 BvL 32/97, Rn. 31, NZA 2001, 777; BVerfG vom 11.7.2006 – 1 BvL 4/00, Rn. 71; *Löwisch*, RdA 2009, 215, 220; *Sodan/Zimmermann*, ZfA, 527, 565.
75 I.e. Erschließung neuer Beschäftigungsmöglichkeiten, Bekämpfung der Arbeitslosigkeit, Schutz der Leiharbeitnehmer, Steigerung der gesellschaftlichen Akzeptanz und der Qualität der Arbeitnehmerüberlassung (vgl. auch Rn. 63 ff.).
76 BT-Drs. 17/5238, S. 15.

§ 3a Lohnuntergrenze

folge der Einführung eines gesetzlichen Mindestlohnes verteuert und es infolgedessen zu einer Verringerung von Arbeitsplätzen kommt.[77]

27 Bleibt also nur, dass der Gesetzgeber beabsichtigte, den hohen Beschäftigungsstand in der deutschen Arbeitnehmerüberlassung gegen einen **Verdrängungswettbewerb durch Leiharbeitnehmer aus den EU-8-Staaten** zu sichern. Grundsätzlich ist § 3a geeignet, dieses Ziel zu erreichen, wenngleich nur Mindeststundenentgelte, also eine untere „Haltelinie" und keine Lohngitter erstreckt werden können (vgl. Rn. 46). Es kann gleichwohl hinterfragt werden, ob weitere gleich geeignete, aber nicht so eingriffsintensive Mittel zur Zielerreichung denkbar waren. Dem Gesetzgeber kommt zwar ein gewisser Einschätzungs- und Prognosespielraum[78] zu. Dieser ist jedoch überschritten, wenn die zugrunde liegenden Erwägungen so Kommentar: es geht auch „fehlsam" sind, dass sie vernünftigerweise keine Grundlage für die gesetzgeberische Maßnahme bilden können.[79] Dementsprechend wäre also nachzuweisen gewesen, dass sich die Gefahr des Lohndumpings aus den EU-8-Staaten und damit des Arbeitsplatzverlusts einer erheblichen Anzahl inländischer Leiharbeitnehmer ohne Lohnuntergrenze zu realisieren droht. Klar ist, dass in den ersten acht Monaten nach Inkrafttreten des § 3a der große Ansturm sog. „Billiglöhner" aus den EU-8-Staaten ausblieb (vgl. Rn. 6) – und das obwohl seinerzeit noch keine Lohnuntergrenzenverordnung existierte.

28 Vor der Gesetzesänderung war ebenso gewiss, dass spätestens nach Ablauf der Umsetzungsfrist der Leiharbeitsrichtlinie am 5. Dezember 2011[80] das Equal-Treatment-Gebot in allen EU-Mitgliedstaaten geltendes Recht werden würde. Da ausländische Verleiher im Inland nur vom Gleichstellungsgebot abweichen können, wenn sie einen gleichwertigen Leiharbeitstarifvertrag abgeschlossen haben (vgl. Rn. 13), hätte untersucht werden können, in welchen der EU-8-Staaten eine Tariföffnungsklausel i.S.d. Art. 5 Abs. 3 Leiharbeitsrichtlinie existiert, die den Abschluss solcher Leiharbeitstarifverträge ermöglicht. So gesehen wohnte dem deutschen Recht schon vor Einführung der Lohnuntergrenze eine Wahl zwischen zwei gemeinschaftsrechtlich normierten Mindestlohnregelungen inne, die es ausländischen Verleihern über das ausländische

---

77 Vgl. BVerfG vom 27.4.1999 – 1 BvR 2203/93, 1 BvR 897/95, NJW 1999, 3033, 3034; Sodan/Zimmermann, ZfA 2008, 526, 553.
78 BVerfG vom 19.7.2000 – 1 BvR 539/96; BVerfGE 102, 197, 218.
79 BVerfG vom 16.3.2004 – 1 BvR 1778/01, Rn. 66.
80 Art. 11 Abs. 1 Satz 1 Leiharbeitsrichtlinie 2008/104/EG.

II. Verfassungs- und Europarechtskonformität § 3a

Arbeitsvertragsstatut ermöglichte, durch das Tarifrecht ihres Herkunftsstaates die strengere Mindestlohnregelung des Equal Treatment abzubedingen.[81] 2008 stellte die European Foundation for the Improvement of Living and Working Conditions jedoch fest, dass tarifliche Regelungen für die Verleihbranche in den EU-8-Staaten praktisch keine Rolle spielten.[82] Auch in der Zeit danach wurde nur gerüchteweise über Leiharbeitstarifverträge aus den betreffenden Staaten berichtet.

Bei der Beurteilung der **Erforderlichkeit des Eingriffs in die Tarifautonomie** muss ebenso berücksichtigt werden, dass schon vor Einführung der Lohnuntergrenze ein faktischer Mindestlohn für inländische Verleiher galt (vgl. Rn. 5). Demgemäß ist festzuhalten, dass § 3a zur Sicherung des Beschäftigungsstands in der deutschen Leiharbeit nicht zwingend erforderlich war. Weniger eingriffsintensive Mittel wären denkbar gewesen, um ein etwaiges Lohndumping aus den EU-8-Staaten zu verhindern (vgl. unten Rn. 36). An einer grundsätzlichen Verletzung des Art. 9 Abs. 3 GG kann auch das Gebot unterschiedsloser Geltung von Beschränkungen der Dienstleistungsfreiheit nichts ändern, da das Recht der EU nur Anwendungsvorrang[83] vor dem deutschen Recht beansprucht, eine Grundrechtsverletzung dadurch aber nicht ausgeschlossen wird. Vielmehr tritt es unter gewissen Umständen lediglich hinter den vorrangigen Gemeinschaftsrechtsvorgaben zurück. 29

Auch das gesetzgeberische Ziel des **Arbeitnehmerschutzes** vermag keine durchweg schlüssige Rechtfertigung des § 3a zu liefern. Sollte es um den Schutz der inländischen Leiharbeitnehmer gegangen sein, wird dieser durch das gesetzliche Gleichstellungsgebot gewährleistet. Soweit hiervon abweichende Tarifverträge auf das Arbeitsverhältnis Anwendung finden, unterliegen diese der Richtigkeitsgewähr von Tarifverträgen. Im Übrigen bestand seit Ende 2010 ein faktischer Mindestlohn für inländische Zeitarbeitnehmer. Dass der Gesetzgeber mit § 3a den Schutz von aus dem Ausland nach Deutschland entsandten Leiharbeitnehmern bezweckte, geht aus der Gesetzesbegründung nicht explizit hervor. Selbst wenn dies sein Motiv gewesen sein sollte, wäre begründungsbedürftig, weshalb es dieses Schutzes bedarf. Dies wäre nur zu 30

---

81 *Böhm*, NZA 2010, 1218, 1222; vgl. auch die kritische Auseinandersetzung von *Hirdina*, NZA 2011, 325, 330.
82 European Foundation for the Improvement of Living and Working Conditions: Temporary Agency Work and collective bargaining in the EU, Dublin 2008, S. 44.
83 BVerfG vom 29.5.1974 – 2 BvL 52/71, BVerfGE 37, 271, 280ff.; BVerfG vom 22.10.1986 – 2 BvR 197/83, BVerfGE 73, 339, 376f., 387; BVerfG vom 12.10.1993 – 2 BvR 2134 und 2159/92, BVerfGE 89, 155, 174f.

bejahen, wenn zweifelsfrei alle Schutzmechanismen wie der Equal-Treatment-Grundsatz oder die Festlegung von tariflichen Arbeitsbedingungen im Herkunftsstaat sowie im Zielland des Leiharbeitnehmers versagt hätten (vgl. Rn. 26 ff.).

31 Gelangt man jedoch zu dem Ergebnis, dass das Bedrohungsszenario real war und der Schaden für das Ansehen der Leiharbeitsbranche insgesamt beträchtlich gewesen wäre, wenn auch nur in einem geringen Umfang der faktische Mindestlohn durch ausländische Verleiher unterschritten worden wäre, können §§ 3a und 10 Abs. 4 Satz 3 – wenn schon nicht als angemessen –, dann doch zumindest für inländische Verleiher als unschädlich angesehen werden. Insofern könnte es schon an einer tatsächlichen Beeinträchtigung des Grundrechts fehlen,[84] wenngleich das Urteil des BVerwG zum Postmindestlohn[85] nahelegt, dass hierfür bereits die potenzielle Verdrängung einer anderweitigen Tarifbindung genügt. Denn seit Ende 2010 bewegten sich die untersten Entgelte in der deutschen Verleihbranche auf einem einheitlichen Niveau (vgl. Rn. 5) und die den **Arbeitgeberkoalitionen** angehörenden Verleiher **befürworten die Lohnuntergrenze**. Außenstehende Verleiher nehmen entweder dieselben Flächentarifverträge über § 3 Abs. 1 Nr. 3 Satz 3 und § 9 Nr. 2 Hs. 3 AÜG arbeitsvertraglich in Bezug oder gewähren Equal-Treatment. Hinzu kommt, dass sich vor Inkrafttreten der 1. LohnUGAÜV durch den **CGZP-Beschluss des BAG**[86] die Möglichkeiten inländischer Verleiher, Tarifverträge mit anderen als den DGB-Gewerkschaften abzuschließen, deutlich verschlechtert hatten, zumal die christlichen Tarifverträge zum 31.3.2013 beendet wurden (vgl. Rn. 5 und Fn. 185). Vor diesem Hintergrund greift § 3a zwar abstrakt in einen Kernbereich der Tarifautonomie der inländischen Verleiher ein. Allerdings wäre in tatsächlicher Hinsicht die Lohnuntergrenze nur geeignet, die Entgelte ausländischer Verleiher zu verdrängen. Hinzu kommt, dass Ende 2010 alle maßgeblichen Koalitionen der Verleihbranche einen Mindestlohn befürworteten. Es kann dahingestellt bleiben, ob hierin formal ein Grundrechtsverzicht[87] zu erblicken ist, weil die Betroffenen möglicherweise in die Beeinträchtigung eingewilligt haben.

---

84 *Bayreuther*, NJW 2009, 2006, 2007.
85 BVerwG vom 28.1.2010 – 8 C 19.09, Rn. 36, 56.
86 BAG vom 14.12.2010 – 1 ABR 19/10.
87 *Jarass*/Pieroth, Vorb. vor Art. 1 Rn. 36 f.; *Bethge*, HStR IX, § 203 Rn. 144.

II. Verfassungs- und Europarechtskonformität § 3a

Da entsandte Leiharbeitnehmer ihre Sozialabgaben nach Art. 12 Abs. 1 der VO (EG) 883/2004 unter bestimmten Voraussetzungen für einen Zeitraum von vierundzwanzig Monaten weiterhin in ihrem Entsendestaat abführen können,[88] hätte die Verdrängung inländischer Leiharbeitnehmer auch negative Folgen für die **finanzielle Stabilität der sozialen Sicherungssysteme** haben können. Hier unterscheidet sich die Beurteilung der Eingriffsrechtfertigung jedoch nicht von derjenigen der Bekämpfung der Arbeitslosigkeit (vgl. Rn. 26 ff.).

32

2. Europarechtskonformität

Da inländische Verleiher nur unwesentlich von den Auswirkungen der Lohnuntergrenze betroffen sind, belastet § 3a in tatsächlicher Hinsicht vornehmlich ausländische Verleiher. Obzwar Dienstleistungen von Leiharbeitsagenturen gem. Art. 2 Abs. 2 lit. e) aus dem Anwendungsbereich der Dienstleistungsrichtlinie 2006/123/EG ausgenommen sind, unterfällt die **Arbeitnehmerüberlassung als Dienstleistung** den Art. 56 ff. AEUV. Darüber hinaus sind nach Art. 4 Abs. 1 Leiharbeitsrichtlinie Einschränkungen und Verbote des Einsatzes von Leiharbeit nur aus Gründen des Allgemeininteresses gerechtfertigt.[89] Die Leiharbeitsrichtlinie als Sekundärrecht konkretisiert hierdurch die primärrechtliche Dienstleistungsfreiheit. Hierzu zählt die Richtlinie vor allem den Schutz der Leiharbeitnehmer, die Erfordernisse von Gesundheitsschutz und Sicherheit am Arbeitsplatz oder die Notwendigkeit, das reibungslose Funktionieren des Arbeitsmarktes zu gewährleisten und eventuellen Missbrauch zu verhüten.

33

Als unterschiedslos für In- und Ausländer geltende Maßnahme, die jedoch faktisch fast ausnahmslos ausländische Verleiher belastet, ist § 3a geeignet, die Dienstleistungserbringung ausländischer Verleiher zu unterbinden oder zumindest zu erschweren. Denn gerade **ausländische Verleiher**, die in ihrem Herkunftsstaat Leiharbeitstarifverträge mit einem Lohnniveau unterhalb der Lohnuntergrenze abgeschlossen haben, **können** durch § 3a AÜG und die hieran anknüpfende Equal-Pay-Rechtsfolge des § 10 Abs. 4 Satz 3 AÜG **von** der grenzüberschreitenden **Arbeitnehmerüberlassung nach Deutschland abgehalten werden**. Ob hierin möglicherweise sogar eine am strengeren Maßstab der

34

---

88 *Bayreuther*, DB 2011, 706, 708.
89 Es kann hier dahingestellt bleiben, ob Art. 153 AEUV (ex-Artikel 137 Abs. 2 EGV) allein hinreichende Rechtsgrundlage für den Erlass des Art. 4 Leiharbeitsrichtlinie sein kann, obgleich die Vorschrift keine sozialpolitische Dimension hat, sondern das Funktionieren des Binnenmarkts verbessern soll.

§ 3a   Lohnuntergrenze

Artikel 62, 52 Abs. 1 AEUV zu messende diskriminierende Maßnahme zu erblicken ist, kann aufgrund der gesetzlich angeordneten unterschiedslosen Geltung der Lohnuntergrenze dahingestellt bleiben.

35 Gewiss ist eine solche unterschiedslose Anwendung findende Beschränkung der Dienstleistungsfreiheit jedenfalls nur dann gerechtfertigt, wenn sie durch zwingende Gründe des Allgemeininteresses gerechtfertigt und verhältnismäßig ist und dem zu schützenden Allgemeininteresse nicht bereits durch Rechtsvorschriften des Herkunftsstaates des Dienstleistungserbringers Rechnung getragen wird.[90] Nach der Rechtsprechung des EuGH gehören zu den **zwingenden Gründen des Allgemeininteresses**, die Beschränkungen der Dienstleistungsfreiheit rechtfertigen können, der Arbeitnehmerschutz und das finanzielle Gleichgewicht der Systeme der sozialen Sicherheit.[91] Insbesondere der Schutz der entsandten Arbeitnehmer wurde in der Leitentscheidung „Portugaia Construções" des EuGH als Rechtfertigungsmöglichkeit für die Anordnung von staatlichen Mindestlöhnen angesehen.[92] Im Nachgang hierzu änderte das BAG seine Rechtsprechung zu § 1 Abs. 3a AEntG a. F. und § 8 Abs. 2 AEntG n. F. wurde eingeführt (vgl. Rn. 21 f.). Allerdings lassen sich Maßnahmen, die die Dienstleistungsfreiheit beschränken, nicht durch Ziele wirtschaftlicher Art – wie etwa den Schutz inländischer Verleiher vor ausländischer Konkurrenz – rechtfertigen.[93]

---

[90] EuGH vom 30.9.2003 – Rs. C-167/01 – „van Koophandel", Slg. I 2003, 10155, Rn. 111; vom 30.11.1995, Rs. C-55/94 – „Gebhard", Slg. I 1995, 4165, Rn. 37; vom 18.1.1979, verb. Rs. C-110/78 und C-111/78 – „van Wesemael" – Slg. 1979, 35, Rn. 30; vom 17.12.1981, Rs. C-279/80 – „Webb", Slg. 1981, 3305, Rn. 20; vom 4.12.1986, Rs. 205/84 – „Versicherungen", Slg. 1986, 3755, Rn. 29; vom 9.7.1997, verb. Rs. C-34/95 bis C-36/95 – „Konsumentombudsmannen/De Agostini", Slg. 1997, I-3875, Rn. 52.

[91] EuGH vom 17.12.1981, Rs. C-279/80 – „Webb", Slg. 1981, 3305, Rn. 19; vom 23.11.1999, verb. Rs. C-369/96 und C-376/96 – „Arblade und Leloup", Slg. 1999, 8453, Rn. 36; vom 24.1.2002, Rs. C-164/99 – „Portugaia Construções", Slg. 2002, I-00787; vom 7.2.2002 – Rs. C-279/00 – „Kommission/Italien", Slg. I 2002, 1425, Rn. 19; vom 5.10.2010, Rs. C-512/08, EuZW 2010, 861, Rn. 42 f.

[92] EuGH vom 24.1.2002, Rs. C-164/99 – „Portugaia Construções", Slg. 2002, I-00787, Rn. 20; vgl. hierzu auch EuGH vom 21.10.2004 – Rs. C-445/03 – „Kommission/ Luxemburg, Slg. 2004, I-10191, Rn. 24 ff.

[93] EuGH vom 26.4.1988 – Rs. 352/85 – „Bond van Adverteerders u.a.", Slg. 1988, I-2085, Rn. 34; vom 5.6.1997 – Rs. C-398/95 – „SETTG", Slg. 1997, I-3091, Rn. 23; vom 25.10.2001, verb. Rs. C-49/98, C-50/98, C-52/98 bis C-54/98 und C-68/98 bis C-71/98, „Finalarte", Slg. 2001, I-7831, Rn. 39.

II. Verfassungs- und Europarechtskonformität § 3a

Vor diesem Hintergrund hatte der AÜG-Gesetzgeber insgesamt **drei** **36**
Handlungsoptionen, aus denen die für das Grundgesetz schonendste
auszuwählen war.[94] Hierbei handelt es sich erstens um die Einführung
der unterschiedslos geltenden Lohnuntergrenze. Zweitens hätte diese
nur auf ausländische Verleiher erstreckt werden können. Als diskriminierende Maßnahme hätte dies jedoch des erhöhten Rechtfertigungsaufwands der Artikel 62, 52 Abs. 1 AEUV bedurft.[95] Drittens hätte die
Möglichkeit bestanden, für ausländische Verleiher die gleichen Grundvoraussetzungen zu schaffen wie für im Inland ansässige Verleiher.
Beispielsweise wäre als **milderes Mittel im Vergleich zu** **§ 3a** eine
Klarstellung in Betracht gekommen, dass ausländische Verleiher ohne
Betriebssitz in Deutschland, inländische Leiharbeitstarifverträge gem.
§ 3 Abs. 1 Nr. 3 Satz 3 und § 9 Nr. 2 Hs. 4 arbeitsvertraglich in Bezug
nehmen können.[96] Dazu hätte es nicht einmal einer Entscheidung des
Gesetzgebers bedurft,[97] wie die **Weisung der BA aus dem Frühjahr**
2012[98] zeigt, Ziffer 3.1.8. Nr. 10 der Geschäftsanweisung der BA zum
AÜG zu ändern. Während ausländische Verleiher vor Änderung der
Weisungslage inländische Leiharbeitstarifverträge zur Abweichung
vom Gleichstellungsgebot nur anwenden konnten, wenn sie über einen
eigenen Betriebssitz in Deutschland verfügten, ist dies nunmehr auch
ohne deutschen Betriebssitz möglich. Das heißt, dass auch in Entsendefällen ein deutscher Leiharbeitstarifvertrag vom ausländischen Verleiher angewandt werden kann. Dies soll laut BA zu mehr Klarheit und
Rechtssicherheit bei der Erlaubniserteilung führen und die Kontrolle
der Einhaltung der Arbeitsbedingungen vereinfachen. Gleichzeitig bedeutet dies für den ausländischen Verleiher ein höheres Maß an Rechtssicherheit, weil er auf die deutschen Leiharbeitstarifverträge Bezug

---

94 Vgl. BVerfG vom 9.1.2001 – 1 BvR 1036/99, NJW 2001, 1267, 1268.
95 Vgl. *Sodan/Zimmermann*, ZfA 2008, 526, 574.
96 Vgl. *Sodan/Zimmermann*, ZfA 2008, 526, 578; *Thüsing/Lembke*, ZfA 2007, 87, 97 f.,
 die unter Verweis auf ein Gutachten von Hanau diskutieren, inwieweit es europarechtlich geboten ist, ausländischen Verleihern über eine Verordnung nach dem AEntG die
 Möglichkeit einzuräumen, deutsche Leiharbeitstarifverträge in Bezug zu nehmen.
97 *Thüsing/Lembke*, ZfA 2007, 87, 102 ff., die eine klarstellende Ergänzung des AÜG
 fordern, „dass auch ausländische Arbeitgeber deutsche Tarifverträge der Zeitarbeitsbranche zur Abbedingung des Equal-Treatment-Grundsatzes in Bezug nehmen können".
98 Weisung der BA an die Regionaldirektionen vom 7.5.2012, Geschäftszeichen: OS 12
 – 7160.11/7160.4; mittlerweile hat die Weisung Eingang in den konsolidierten Text
 der GA zum AÜG der BA, Stand 02/2013, Geschäftszeichen: OS 12 – 7160.4(1),
 S. 55 gefunden; vgl. zur alten Rechtslage Thüsing/*Pelzner/Kock*, § 3 Rn. 110 f.

nehmen kann und damit der Gefahr entgeht, mit seinen Arbeitsbedingungen gegen deutsche Rechtsstandards zu verstoßen.

37 Auch aus Art. 3 Abs. 1 Satz 1 der Entsenderichtlinie, die sowohl dem Arbeitnehmerschutz als auch dem Schutz inländischer Unternehmen vor unlauterem Wettbewerb dient, lässt sich keine Verpflichtung, sondern lediglich die fakultative Möglichkeit zur Einführung von unterschiedslos wirkenden Mindestlöhnen herleiten.[99] Dies hat der EuGH in mehreren Entscheidungen bestätigt. Auch hinsichtlich des Gemeinwohlbelangs des finanziellen Gleichgewichts der Systeme der sozialen Sicherung sowie bezüglich des in Art. 4 Abs. 1 Leiharbeitsrichtlinie verankerten reibungslosen Funktionierens des Arbeitsmarktes ist nicht dargetan, dass diese ohne Einführung einer Lohnuntergrenze gefährdet gewesen wären.

38 In Anbetracht dessen ist die Begründung des Gesetzgebers zur Einführung des § 3a nicht durchweg schlüssig. Es kann zumindest hinterfragt werden, ob die Einführung von § 3a alternativlos war. Zum Schutz der entsandten Leiharbeitnehmer hätten **hinreichende Schutzmechanismen** zur Verfügung gestanden. Dabei ist unstreitig, dass die Lohnuntergrenze aus politischer Sicht der gesellschaftlichen Akzeptanz und der Qualität der Arbeitnehmerüberlassung dienlich ist (vgl. unten Rn. 63 ff.). Auf jeden Fall erscheint aber die Equal-Pay-Rechtsfolge des **§ 10 Abs. 4 Satz 3** als **unverhältnismäßig**, da dem Arbeitnehmerschutz durch die nachträgliche Gewährung der Mindeststundenentgelte der Lohnuntergrenze angemessen Rechnung getragen würde (vgl. auch unten Rn. 89). Es ist nicht ersichtlich, weshalb ausländischen Verleihern, die in ihrem Herkunftsstaat aufgrund tariflicher Regelung vom Gleichstellungsgebot abweichen, bei einem Verstoß gegen die Lohnuntergrenzenverordnung Equal Pay aufgebürdet werden muss. Schließlich verlangt **Art. 10 Abs. 2 Satz 2 Leiharbeitsrichtlinie** von den Mitgliedstaaten lediglich, wirksame, angemessene und abschreckende Sanktionen für Verstöße gegen die Richtlinie festzulegen. Die Equal-Pay-Rechtsfolge ist demgemäß geeignet, ausländische Verleiher davon abzuhalten, von ihrer Dienstleistungsfreiheit Gebrauch zu machen.

---

99 *Sodan/Zimmermann*, ZfA 2008, 526, 581 f.

III. Festsetzung einer Lohnuntergrenze

1. Vorschlag einer Lohnuntergrenze (Abs. 1)

a) Vorschlagsberechtigung (Abs. 1 Satz 1)

Die Vorschlagsberechtigung i. S. d. Abs. 1 setzt die **Tariffähigkeit und -zuständigkeit der vorschlagenden Koalitionen** voraus. Hinsichtlich der Tarifzuständigkeit regelt Abs. 1 Satz 1 Hs. 1, dass nur Gewerkschaften und Vereinigungen von Arbeitgebern, die zumindest auch für ihre in der Arbeitnehmerüberlassung tätigen Mitglieder zuständig sind und bundesweit tarifliche Mindeststundenentgelte im Bereich der Arbeitnehmerüberlassung vereinbart haben, dem BMAS gemeinsam eine Lohnuntergrenze vorschlagen dürfen. Weniger interessant ist, dass hierdurch wie bei § 7 Abs. 1 AEntG gewährleistet werden soll, dass die Lohnuntergrenze nur für Akteure gilt, die in den fachlichen und persönlichen Geltungsbereich des zugrunde liegenden Leiharbeitstarifvertrages fallen.[100] Bemerkenswerter ist, dass die Vorschlagsberechtigung selbst dann vorliegen soll, wenn die Tarifvertragsparteien „*zumindest auch*" tarifzuständig sind. 39

Die Ausführungen des Gesetzgebers, dem Vorschlagsrecht stünde nicht entgegen, dass die jeweilige Tarifvertragspartei neben ihrer Zuständigkeit für die Arbeitnehmerüberlassung auch eine Zuständigkeit für weitere Bereiche hat,[101] übertüncht etwas den eigentlichen Kern des Problems. Dieser ist darin begründet, dass fraglich ist, welche Erfordernisse die Tarifzuständigkeit einer Arbeitnehmerkoalition im Bereich der Arbeitnehmerüberlassung erfüllen muss. Für Arbeitgeberkoalitionen stellt sich das Problem nicht in gleicher Weise. Dabei gilt grundsätzlich, dass sich die Zuständigkeit für die Arbeitnehmerüberlassung aus den Satzungen der jeweiligen Koalitionen zu ergeben hat.[102] Kern der Problematik ist, dass die Arbeitnehmerüberlassung zwar ein **eigenständiger Wirtschaftszweig**[103] ist, aber aufgrund der **gespaltenen Arbeitgeberfunktion** in eine Vielzahl von Branchen hineinreicht und daher nicht mit den üblichen Maßstäben des Industrieverbandsprinzips[104] zu erfassen ist. Im Grundsatz kann eine Arbeitnehmervereinigung ihren Organisationsbereich betriebs-, unternehmens-, berufs-, regional oder perso- 40

---

100 *Thüsing*, § 3a Rn. 9.
101 BT-Drs. 17/5238, S. 14.
102 BAG vom 28.9.2012 – 1 ABR 5/11, Rn. 53; *Ulber*, § 9 Rn. 148 ff.
103 BAG vom 24.3.2004 – 5 AZR 303/03.
104 *Däubler/Peter*, TVG, § 2 Rn. 166; *Rieble*, BB 2012, 2177, 2178.

nenbezogen festlegen oder eine Kombination dieser Kriterien wählen.[105] Naheliegend wäre es, dass allein eine Dienstleistungsgewerkschaft die Zuständigkeit für den Wirtschaftszweig Arbeitnehmerüberlassung reklamiert.[106] Allerdings fühlen sich weitere Fachgewerkschaften hierzu gleichermaßen berufen. Denn Leiharbeitnehmer werden in Betriebe überlassen, die dem Bereich ihrer Organisationszuständigkeit unterfallen.[107] Aus diesem Grund, aber auch um eine möglichst hohe Abdeckung der Entleiherbranchen sicherzustellen, handelt es sich bei den bestehenden Flächentarifverträgen der Leiharbeit um „echte" mehrgliedrige Tarifverträge.[108] Vor diesem Hintergrund scheint eine Regelung der Organisationszuständigkeit für die Arbeitnehmerüberlassung, die den Erfordernissen von Rechtsklarheit und Bestimmtheit genügt, eine ganz besondere Herausforderung zu sein. Eine höchstrichterliche Richtschnur, an der man sich orientieren könnte, gibt es nicht.

41 Stattdessen hat die Arbeitsgerichtsbarkeit im CGZP-Verfahren **Mängel der Satzungen der CGB- und der DGB-Gewerkschaften** aufgedeckt. Diese haben den Gesetzgeber wohl letztlich dazu bewogen, die nur partielle Zuständigkeit für die Vorschlagsberechtigung i.S.d. Abs. 1 Satz 1 Hs. 1 ausreichen zu lassen. Die aufgedeckten Satzungsmängel reichen von fehlenden, über lückenhafte Bestimmungen bis hin zu Regelungen, die dem Bestimmtheitsgrundsatz nicht genügen.[109] So hat das BAG in einem obiter dictum zum CGZP-Beschluss auf die fehlende Zuständigkeit der Mitglieder der CGZP für den gesamten Bereich der Arbeitnehmerüberlassung hingewiesen.[110] Die Tarifzuständigkeit der DGB-Gewerkschaften, die als Voraussetzung der Antragsbefugnis gemäß § 97 Abs. 1 ArbGG zu prüfen war, wäre nur eine Randnotiz geblieben, wenn sich das BAG vollumfänglich dem zweitinstanzlichen Beschluss des LAG Berlin-Brandenburg angeschlossen hätte. In erster Instanz hatte

---

105 BAG vom 10.2.2009 – 1 ABR 36/08, Rn. 26 f.; vom 28.9.2012 – 1 ABR 5/11, Rn. 53.
106 Zu den Unsicherheiten der Bestimmung der Tarifzuständigkeit im Bereich der Arbeitnehmerüberlassung *Bayreuther*, NZA 2012, 14, 14 ff.; *Löwisch/Rieble*, TVG, § 2 Rn. 222 ff.
107 *Krause*, AuR 2012, 55, 56.
108 *Bayreuther*, NZA 2012, 14, 14 f.; *Franzen*, BB 2009, 1472, 1473; *Stoffels/Bieder*, RdA 2012, 27, 29.
109 Vgl. *Lembke*, NZA 2007, 1333, 1337; *Löwisch/Rieble*, TVG, § 2 Rn. 222 ff.; *Rieble*, BB 2012, 2177, 2177 ff.; *Stoffels/Bieder*, RdA 2012, 27, 29.
110 BAG vom 14.12.2010 – 1 ABR 19/10, Rn. 97 ff.

III. Festsetzung einer Lohnuntergrenze **§ 3a**

das ArbG Berlin[111] ver.di die Antragsbefugnis zwar noch abgesprochen, weil die alte Gewerkschaftssatzung schlichtweg keine Zuständigkeit für den Wirtschaftszweig Arbeitnehmerüberlassung enthielt. Daraufhin hatte das LAG-Berlin Brandenburg[112] jedoch die Antragsbefugnis bejaht, weil die Gewerkschaft zumindest auch für die Arbeitnehmerüberlassung zuständig und im Übrigen unerheblich sei, ob die Gewerkschaftsmitglieder in einem Arbeitsverhältnis zum Inhaber des Beschäftigungsbetriebs stehen oder als Leiharbeitnehmer dort eingesetzt seien (sog. Annexzuständigkeit). Das BAG ließ letztlich für die Antragsbefugnis schon genügen, dass sich der Zuständigkeitsbereich von ver.di zumindest teilweise mit demjenigen der CGZP deckt.[113] Ob sich die Zuständigkeit einer Gewerkschaft für die Arbeitnehmerüberlassung auch aus einer Annexzuständigkeit ergeben kann, hat das BAG offengelassen. Derweil haben die Mitgliedsgewerkschaften der DGB-Tarifgemeinschaft Zeitarbeit bis auf die Gewerkschaft der Polizei (GdP) ihre Satzungen überarbeitet und eine personenbezogene und/oder betriebsbezogene Tarifzuständigkeit für die Arbeitnehmerüberlassung geregelt.[114] Gleichwohl sind derzeit Verfahren nach § 97 ArbGG über die Tarifzuständigkeit der Einzelgewerkschaften der DGB-Tarifgemeinschaft Zeitarbeit anhängig.[115]

Neben der Tarifzuständigkeit müssen die vorschlagsberechtigten Koalitionen auch tariffähig sein. Zwar ist ein unmittelbarer Rückschluss von der Tarifzuständigkeit auf die Tariffähigkeit einer Arbeitnehmerkoalition nicht möglich. Die **Tariffähigkeit**, die in Bezug auf das jeweilige satzungsgemäße Betätigungsfeld der Arbeitnehmerkoalition bestimmt wird, gilt nämlich nach herrschender Auffassung als unteilbar.[116] Daraus folgt, dass eine tariffähige Arbeitnehmervereinigung im Bereich der Arbeitnehmerüberlassung ihre soziale Mächtigkeit als notwendige Voraussetzung der Tariffähigkeit wohl nicht dadurch verliert, dass ihr Organisationsgrad in einem Teil ihrer Tarifzuständigkeit im Vergleich zu ihrer Gesamtmitgliederzahl verschwindend gering wäre – ein Um- **42**

---

111 ArbG Berlin vom 1.4.2009 – 35 BV 17008/08; vgl. die kritische Auseinandersetzung von *Franzen*, BB 2009, 1472, 1472 ff.
112 LAG Berlin-Brandenburg vom 7.12.2009 – 23 TaBV 1016/09.
113 BAG vom 14.12.2010 – 1 ABR 19/10, Rn. 44 f.
114 Vgl. *Löwisch/Rieble*, TVG, § 2 Rn. 222 ff.; *Rieble*, BB 2012, 2177, 2179 ff., der jedoch § 4 Abs. 1 der NGG-Satzung übersieht.
115 M.w.N. *Rieble*, BB 2012, 2177.
116 BAG vom 28.3.2006 – 1 ABR 58/04; ErfK/*Franzen*, § 2 TVG, Rn. 13; Däubler/*Peter*, TVG, § 2, Rn. 10a; *Junker*, ZfA 2007, 229, 232; *Riechert*, NZA 2013, 303, 304; a.A. *Dütz*, DB 1996, 2385, 2388; *Löwisch/Rieble*, TVG, § 2, Rn. 19 ff.

stand, der in der Arbeitnehmerüberlassung nicht zu unterschätzen ist. Allerdings hat der CGZP-Beschluss des BAG auch gezeigt, dass Fachgewerkschaften, die ihre Organisationszuständigkeit auf die Leiharbeit ausweiten wollen, erhöhten Anforderungen gerecht werden müssen und dadurch sogar ihre Tariffähigkeit insgesamt in Zweifel stehen kann.[117] Hinzu kommt, dass der bestehenden BAG-Rechtsprechung schon eine gewisse Tendenz hin zu einer relativen Betrachtungsweise entnommen werden kann.[118] Dennoch hat der Gesetzgeber hier – sicherlich auch wegen der nicht in Zweifel stehenden Tariffähigkeit der DGB-Gewerkschaften – weniger Handlungsbedarf gesehen als bei der Tarifzuständigkeit, wie Abs. 4 Satz 2 Nr. 2 zeigt. Zuletzt wurde diese Sichtweise am 19.12.2012 durch das BAG[119] bestätigt, indem es die Aussetzung eines Verfahrens nach § 97 Abs. 5 Satz 1 ArbGG wegen Tarifunzuständigkeit bzw. -unfähigkeit der Mitglieder der DGB-Tarifgemeinschaft aufhob und an das LAG Baden-Württemberg[120] zurückverwies. Dem BAG zufolge sei nicht ersichtlich, „dass an der Tariffähigkeit der Mitgliedsgewerkschaften der ‚DGB-Tarifgemeinschaft Zeitarbeit' vernünftige Zweifel bestehen". Hinsichtlich der Tarifzuständigkeit ist der Beschluss nicht so eindeutig.

43 Hierzu passt, dass der Gesetzgeber bei der Tarifzuständigkeit die üblichen Pfade verlässt und „den Arbeitnehmerkoalitionen" auf die Sprünge" hilft, indem er in § 3a regelt, dass die Koalitionen schon dann eine Lohnuntergrenze für die gesamte Arbeitnehmerüberlassung vorschlagen können, wenn sie nur partiell für die Arbeitnehmerüberlassung zuständig sind. Es ist davon auszugehen, dass damit den durch das CGZP-Verfahren aufgeworfenen Fragen (vgl. Rn. 39) Rechnung getragen werden sollte. Etwaige **Zuständigkeitslücken** bei der Abdeckung der gesamten Arbeitnehmerüberlassung sollen demzufolge durch Abs. 1 Satz 1 Hs. 1 AÜG geschlossen werden.

44 Sind die Tarifzuständigkeit und Tariffähigkeit der Sozialpartner zu bejahen, können diese wie bei § 7 AEntG dem Verordnungsgeber nur einen **gemeinsamen Vorschlag** unterbreiten.[121] Die Lohnuntergrenzenverordnung erhält dadurch, auch und gerade wegen ihrer im Vergleich zu § 5 TVG erhöhten Eingriffsintensität, eine höhere Legitimität.

---

117 *Ulber*, § 3a Rn. 9.
118 BAG vom 28.3.2006 – 1 ABR 58/04.
119 BAG vom 19.12.2012 – 1 AZB 72/12, Rn. 15.
120 LAG Baden-Württemberg vom 20.3.2012 – 22 Sa 71/11.
121 *Thüsing*, § 3a Rn. 15.

b) Inhalt des Vorschlags (Abs. 1 Satz 1 und 2)

aa) Mindeststundenentgelte

Der Vorschlag der Tarifvertragsparteien muss einheitliche Mindeststundenentgelte beinhalten. Anders als bei §§ 3, 5 AEntG hat der Gesetzgeber sich dagegen entschieden, die Erstreckung eines festen Kerns von Arbeitsbedingungen auf Dritte zu ermöglichen. Gleichwohl entspricht der Begriff Mindeststundenentgelt im Wesentlichen den **Mindestentgeltsätzen nach § 5 Nr. 1 AEntG**[122] und steht damit im Einklang mit Art. 3 Abs. 1 lit. c) und Abs. 7 der EU-Entsenderichtlinie (vgl. zur Ermittlung der Mindeststundenentgelte § 17a Rn. 17 ff.). Danach ist auf den Bruttolohn abzustellen.[123] Entgelt für Überstunden, Beiträge für zusätzliche betriebliche Altersversorgungssysteme, für die Entsendung gezahlte Aufwendungsersatzleistungen, die nicht auf Stundenbasis berechnet werden, dürfen nicht als Bestandteile des Mindeststundenentgelts berücksichtigt werden. Im Umkehrschluss können zum Mindeststundenentgelt neben tariflichen Stundensätzen auch alle Entgeltbestandteile zählen, die zusätzlich zum Stundenlohn in Verbindung mit geleisteten Arbeitsstunden zeitanteilig zu zahlen sind. Auch Zulagen und Zuschläge, Vergütungen für Zeiten des Bereitschaftsdienstes, ein 13. oder 14. Monatsgehalt sowie Jahressonderzahlungen können demnach als Mindeststundenentgelt i.S.v. § 3a angesehen werden, wenn sie regelmäßig, verlässlich, anteilig und unwiderruflich auf die zu verrechnende Zeiteinheit bezahlt werden.[124] Entscheidend ist, dass es sich dabei um Zahlungen handelt, die nicht deshalb geleistet werden, weil das Verhältnis von Leistung und Gegenleistung zum Nachteil des Arbeitnehmers verändert wird. Vertreten wird, dass bei der Ermittlung des Mindeststundenentgelts **kein allzu strenger Maßstab** angelegt werden sollte.[125] Dem ist zuzustimmen. Deshalb sollten der betroffene (entsandte) Leiharbeitnehmer und ein Leiharbeitnehmer, der allein nach der Lohnuntergrenze bzw. dem zugrunde liegenden Leiharbeitstarifvertrag vergütet wird, verglichen und dabei überprüft werden, inwieweit

45

---

[122] *Ulber*, AEntG, § 5 Rn. 4 ff.
[123] EuGH vom 14.4.2005, Rs. C-341/02 – „Kommission/Bundesrepublik Deutschland", NZA 2005, 573, Rn. 29.
[124] EuGH vom 14.4.2005, Rs. C-341/02 – „Kommission/Bundesrepublik Deutschland", NZA 2005, 573, Rn. 31, 39, 40; vgl. zur „funktionalen Gleichwertigkeit" der Arbeitgeberleistungen BAG vom 18.4.2012 – 4 AZR 139/10; – 4 AZR 168/10; m.w.N. Thüsing/*Bayreuther*, AEntG, § 8 Rn. 8 ff.; vgl. auch Kommentierung zu § 17a Rn. 18.
[125] Thüsing/*Bayreuther*, AEntG, § 8 Rn. 10.

§ 3a   Lohnuntergrenze

dieselbe Arbeitsleistung durch die gegenständlichen Vergütungsbestandteile abgegolten wird. Sollte etwa von den vorschlagenden Tarifvertragsparteien ein Monatsgehalt geregelt worden sein, kann hierin auch eine wirksame Vereinbarung über ein Mindeststundenentgelt gesehen werden, wenn sich das Mindeststundenentgelt durch eine Division des Gesamtentgelts durch die geschuldeten Arbeitsstunden ermitteln lässt.[126]

46 Genauso wenig wie bei § 5 Nr. 1 AEntG kann über § 3a ein komplettes **Lohngitter** erstreckt werden.[127] Es ist vielmehr so, dass die Tarifvertragsparteien als Mindeststundenentgelt **nur die unterste Lohngruppe** zur Erstreckung vorschlagen können. Ausweislich des gesetzgeberischen Willens ist eine Differenzierung, die über die in Abs. 1 Satz 1 Hs. 2 verankerte Unterscheidung nach dem jeweiligen Beschäftigungsort hinausgeht, nicht möglich.[128] Die Vereinbarung von nach Entleiherbranchen differenzierenden Lohnuntergrenzen ist ebenso wenig zulässig und vor allem nicht durch Art. 5 Abs. 3 der Leiharbeitsrichtlinie geboten (Rn. 16).[129] Zuzugeben ist, dass sich der EuGH-Rechtsprechung kein Verbot der Erstreckung von Lohngittern entnehmen lässt.[130] Das ist jedoch darauf zurückzuführen, dass sie sich im Spannungsverhältnis von Dienstleistungsfreiheit und Arbeitnehmerschutz bewegt und letztgültige Antworten hier nicht möglich sind. Es sind stets der Einzelfall und seine Auswirkungen für den europäischen Binnenmarkt bzw. den Arbeitnehmerschutz in den Blick zu nehmen und in einen Ausgleich zu bringen.

---

126 *Ulber*, § 3a Rn. 11.
127 BT-Drs. 16/10486, S. 12; BT-Drs. 14/45, S. 17, 25; ErfK/*Schlachter*, § 5 AEntG Rn. 2; a. A. und m.w. N. *Mayer*, AuR 2011, 4.
128 BT-Drs. 17/5238, S. 14; ErfK/*Wank*, § 3a Rn. 5; *Mayer*, AuR 2011, 4, 4; *Ulber*, § 3a Rn. 17.
129 A.A. *Mayer*, AuR 2011, 4, 4ff.; *Ulber*, § 3a Rn. 18ff., der jedoch unter Verweis auf BT-Drs. 17/5238 und widersprüchlich zu seiner eigenen Einlassung unter Rn. 17 schreibt: „Über den Beschäftigungsort hinausgehende Differenzierungen sind jedoch nach § 3a nicht zugelassen."
130 EuGH vom 25.10.2001, verb. Rs. C-49/98, C-50/98, C-52/98 bis C-54/98 und C-68/98 bis C-71/98, „Finalarte", Slg. 2001, I-7831, Rn. 39; vom 24.1.2002, Rs. C-164/99 – „Portugaia Construções", Slg. 2002, I-00787; vom 12.10.2004, Rs. C-60/03 – „Wolf & Müller", Slg. 2004, I-9553; Rn. 30ff.; vom 11.12.2007, Rs. C-438/05 – „Viking Line", Slg. 2007, I-10779; vom 18.12.2007, Rs. C-341/05 – „Laval", Slg. 2007, I-11767; vom 3.4.2008, Rs. C-346/06 – „Rüffert", Slg. 2008, I-1989; vom 19.6.2008, Rs. C-319/06 – „Europäische Kommission/Luxemburg", Slg. 2008, I-4323; Thüsing/*Bayreuther*, AEntG, § 8 Rn. 3 ff.

III. Festsetzung einer Lohnuntergrenze § 3a

Fraglich ist in diesem Kontext auch, ob eine Dynamisierung der untersten Lohngruppe in Form von nach der Überlassungsdauer gestaffelten Branchenzuschlägen, wie sie von der Verhandlungsgemeinschaft Zeitarbeit (VGZ), bestehend aus BAP und iGZ, und Einzelgewerkschaften des DGB erst kürzlich abgeschlossen worden sind,[131] auf Dritte und hier insbesondere ausländische Verleiher erstreckt werden kann. Die Komplexität der sog. **Branchenzuschlagstarifverträge** legt eher nahe, dass eine Erstreckung für ausländische Verleiher unzumutbar sein dürfte, da eine entsprechend ausgestaltete Lohnuntergrenzenverordnung sie vom Gebrauch ihrer Dienstleistungsfreiheit abhalten könnte. Ohnehin lässt sich den Bedenken, das inländische Lohnniveau könne durch ausländische Verleiher unterwandert werden, durch andere Maßnahmen entgegenwirken (vgl. Rn. 26–28, 36). Dessen ungeachtet sind Zweifel angebracht, ob § 3a in seiner jetzigen Fassung eine Dynamisierung der beschriebenen Art zulässt, wenn der Gesetzgeber explizit darauf hinweist, dass außer der regionalen Differenzierung keine andere Unterscheidung möglich sein soll.

Untrennbar mit den Mindeststundenentgelten verbunden ist deren **Fälligkeit**.[132] Zu Verschiebungen des Fälligkeitszeitpunkts kann es bei flexibler Arbeitszeit mit diskontinuierlichem Arbeitsanfall kommen. Die der aktuellen Lohnuntergrenze zugrunde liegenden Leiharbeitstarifverträge enthalten Arbeitszeitkontenregelungen,[133] welche zu einer Verschiebung der Lage der Arbeitszeit führen können, um verleihfreie Zeiten auszugleichen.[134] Dabei können sich die „angesparten" Stunden in einen Entgeltanspruch umwandeln, sofern die über die vertraglich vereinbarte Arbeitszeit hinaus geleisteten Stunden des Leiharbeitnehmers nicht durch Ausfallzeiten kompensiert werden. Der Entgeltanspruch wird jedoch erst dann fällig. Hierin liegt nach herrschender Ansicht kein Verstoß gegen § 11 Abs. 4 Satz 2, da das Vergütungsrisiko während des Annahmeverzugs nicht auf den Leiharbeitnehmer abgewälzt

47

---

131 Presseinformationen der VGZ vom 22.5., 19.6., 3.8., 10.8., 5.11. und vom 18.12.2012 sowie vom 22.2.2013 zu Tarifverträgen über Arbeitnehmerüberlassungen in die Metall- und Elektroindustrie, Chemische Industrie, Kautschukindustrie, Kunststoff verarbeitende Industrie und in den Schienenverkehrsbereich, in der Textil- und Bekleidungsindustrie, in der Holz und Kunststoff verarbeitenden Industrie, in der Papier, Pappe und Kunststoffe verarbeitenden Industrie sowie für Überlassungen von gewerblichen Arbeitnehmern in die Druckindustrie; vgl. auch *Böhm*, ArbRB 2013, 92 f.
132 Koberski/Asshoff/Eustrup/Winkler, AEntG, § 5 Rn. 19 f.
133 § 4.2 Manteltarifvertrag BZA/DGB und § 3.2 Manteltarifvertrag iGZ/DGB.
134 M.w.N. *Thüsing*, BB 2012, 317, 317 ff.

§ 3a   Lohnuntergrenze

wird.[135] Um sicherzustellen, dass ausländische Verleiher nicht im Wege der Arbeitszeitflexibilisierung die Zahlung der Mindeststundenentgelte umgehen können, sind der Flexibilisierung der Arbeitszeit in der 1. LohnUGAÜV Schranken gesetzt worden.[136] Diese entsprechen weitgehend den zugrunde liegenden tariflichen Regelungen.

bb) Differenzierung nach dem Beschäftigungsort

48 Die Lohnuntergrenze kann gemäß Abs. 1 Satz 1 Hs. 2 regional nach dem jeweiligen Beschäftigungsort variieren. Zugleich muss gewährleistet sein, dass die vorgeschlagenen Mindeststundenentgelte das gesamte Bundesgebiet abdecken, wie aus Abs. 1 Satz 1 Hs. 1 hervorgeht. Der Beschäftigungsort ist der **Ort, an dem** der **Leiharbeitnehmer tatsächlich seiner Arbeit nachgeht.** Der Betriebssitz des Entleihers kann mit dem Beschäftigungsort zusammenfallen, muss es aber nicht.[137] Dem haben die Tarifvertragsparteien Rechnung getragen, indem sie für Ost und West differierende Mindeststundenentgelte, aktuell 8,19 Euro für West- und 7,50 Euro für Ostdeutschland (inklusive Berlin), als Lohnuntergrenze vorgeschlagen haben, die je nach Arbeitsort einschlägig sind.[138] Auswärts beschäftigte Arbeitnehmer behalten jedoch den Anspruch auf das Entgelt ihres Einstellungsortes, soweit dieses höher ist.

cc) Einheitlichkeit des Mindeststundenentgelts in Verleihzeiten und verleihfreien Zeiten

49 Die Mindeststundenentgelte müssen in Verleihzeiten und verleihfreien Zeiten einheitlich sein, wie es von Abs. 1 Satz 2 gefordert wird. Grundsätzlich gilt das **Gleichstellungsgebot nur für Verleihzeiten**, sodass

---

135 LAG Baden-Württemberg vom 29.4.2009 – 17 Sa 4/09; vom 6.3.2012 – 22 Sa 58/11; LAG Düsseldorf vom 16.11.2011 – 7 Sa 567/11; ArbG Leipzig vom 10.8.2012 – 9 Ca 1237/12; *Boemke*, jurisPR-ArbR 30/2009, Anmerkung 4; *Düwell/Dahl*, DB 2009, 1070, 1072; *Klapproth*, 92 ff.; *Thüsing*, BB 2012, 317, 317 ff.; ders./*Mengel*, § 11 Rn. 43 ff.; *Schüren/Hamann*, § 11 Rn. 111 f.; *Schüren*, BB 2012, 1411, 1411 ff., der dies jedoch für den BZA/DGB-Tarifvertrag weitgehend verneint; *Witten*, S. 175 ff.; LAG Rheinland-Pfalz vom 24.4.2008 – 10 Sa 19/08 bezieht sich nicht auf tarifliche Arbeitszeitkonten; a. A. *Ulber*, NZA 2009, 232, 234 f.
136 § 2 Abs. 4 der Ersten Verordnung über eine Lohnuntergrenze in der Arbeitnehmerüberlassung vom 21.12.2011 in der Bekanntmachung vom 28.12.2011, BAnZ Nr. 195, 4608.
137 *Ulber*, § 3a Rn. 17 setzt diese fälschlicherweise gleich.
138 BAnZ Nr. 172, 4030 und § 2 Abs. 2 der Ersten Verordnung über eine Lohnuntergrenze in der Arbeitnehmerüberlassung vom 21.12.2011 in der Bekanntmachung vom 28.12.2011, BAnZ Nr. 195, 4608.

für verleihfreie Zeiten Individualabreden mit dem Leiharbeitnehmer getroffen werden könnten, die lediglich den Anforderungen des § 138 Abs. 2 BGB genügen müssen.[139] Von diesem Grundsatz macht Abs. 1 Satz 2 nunmehr eine Ausnahme, indem er die Geltung der Lohnuntergrenze zwingend für alle Zeiten vorschreibt. Aus **§ 10 Abs. 5** ergibt sich wiederum die arbeitsrechtliche Verpflichtung des Verleihers, dem Leiharbeitnehmer für die Zeit der Überlassung sowie für Zeiten ohne Überlassung mindestens das in der Lohnuntergrenzenverordnung festgesetzte Mindeststundenentgelt zu zahlen.

Es handelt sich hierbei jedoch nicht um eine Vorgabe aus **Art. 5 Abs. 2 der Leiharbeitsrichtlinie**.[140] Denn Art. 5 Abs. 2 eröffnet den Mitgliedstaaten lediglich die Möglichkeit, eine weitere Abweichung vom Equal-Pay-Grundsatz einzuführen, die auf unbefristet beschäftigte Leiharbeitnehmer, die auch in der Zeit zwischen den Überlassungen bezahlt werden, beschränkt ist. Die Ausnahmevorschrift schreibt jedoch weder eine bestimmte Mindestentgelthöhe für die Bezahlung vor (vgl. auch Rn. 16), noch hat der deutsche Gesetzgeber von seinem fakultativen Recht aus Art. 5 Abs. 2 Leiharbeitsrichtlinie Gebrauch gemacht.

50

Während §§ 1 Abs. 1 Satz 1, 3 Abs. 1 Nr. 3, 9 Nr. 2, 10 Abs. 4 regeln, dass **Verleihzeiten** die Zeiten sind, in denen der Leiharbeitnehmer auf Grundlage eines Arbeitnehmerüberlassungsvertrages einem Entleiher zur Arbeitsleistung überlassen wird, geht aus §§ 10 Abs. 5 und 11 Abs. 1 Satz 2 Nr. 2 hervor, dass **verleihfreie Zeiten** die Zeiten sind, in denen der Leiharbeitnehmer nicht an einen Entleihbetrieb überlassen wird. Auch für Leiharbeitnehmer, die nach Deutschland entsandt werden, bedeutet das, dass sie gem. §§ 3a Abs. 1 Satz 2, 10 Abs. 5 selbst dann einen Anspruch auf eine Vergütung in Höhe der Lohnuntergrenze haben, wenn sie während ihres Aufenthalts im Bundesgebiet vorübergehend nicht an einen Entleihbetrieb überlassen werden.[141] Allerdings ist dieser Fall wohl eher theoretischer Natur, weil die Arbeitnehmer gerade zum Zwecke der Arbeitsleistung nach Deutschland entsandt werden.

51

Der Vorschlag der Tarifvertragsparteien muss im Übrigen eine **Laufzeit** enthalten. Das heißt, dass eine zeitliche Befristung der Mindeststundenentgelte erforderlich ist. Nicht zulässig ist, dass die Tarifvertragsparteien eine Laufzeit vorschlagen, die über die von ihnen tariflich verein-

52

---

139 *Thüsing/Pelzner/Kock*, § 3 Rn. 81f.
140 *Thüsing*, § 3a Rn. 11; a.A. Thüsing/*Pelzner/Kock*, § 3 Rn. 121.
141 *Ulber*, § 3a Rn. 7; *Ulber*, AuR 2012, 426, 428.

barte Frist hinausgeht.[142] Denn der Verordnungsgeber kann gemäß Abs. 2 Satz 2 den Vorschlag nur inhaltlich unverändert in die Rechtsverordnung übernehmen und würde dergestalt eine unwirksame Laufzeit erstrecken. Nichts einzuwenden ist jedoch dagegen, dass die Tarifvertragsparteien Mindeststundenentgelte vereinbart haben, die eine längere Laufzeit als die Lohnuntergrenze haben oder gar unbefristet laufen.[143] Die Tarifvertragsparteien können durchaus ein Minus zu den ursprünglich vereinbarten Fristen zur Erstreckung vorschlagen. Ebenso dürfen die Mindeststundenentgelte nach mehreren aufeinanderfolgenden Zeiträumen gestaffelt sein.

dd) Kongruenz von Vorschlag und zugrunde liegendem Tarifvertrag

53 Aufgrund der Besonderheiten der Arbeitnehmerüberlassung hat der Gesetzgeber mit § 3a eine Erstreckungsmöglichkeit eigener Art geschaffen (vgl. Rn. 17–20). Rechtsunsicherheiten im Verhältnis der Lohnuntergrenze zum Gleichstellungsgebot sollen vermieden werden. Daher stehen die von den vorschlagenden Tarifvertragsparteien miteinander vereinbarten tariflichen Mindeststundenentgelte nicht in unmittelbarem Zusammenhang mit der Lohnuntergrenze. Dazwischengeschaltet ist der **Vorschlag als Rechtsinstrument sui generis**. Dieser gründet auf den tariflichen Mindeststundenentgelten. Das bedeutet folgerichtig, dass die Tarifvertragsparteien vor Einreichung ihres Vorschlags bundesweit tarifliche Mindeststundenentgelte für die Arbeitnehmerüberlassung miteinander vereinbart haben müssen, die sie dem Verordnungsgeber gemeinsam zur Erstreckung vorschlagen können. Dass der Vorschlag kein von einem Leiharbeitstarifvertrag völlig losgelöstes Eigenleben besitzt, verdeutlicht auch Abs. 3 Satz 3 Nr. 1, der einen Vergleich der bestehenden bundesweiten Leiharbeitstarifverträge verlangt (vgl. Rn. 57 ff.). Zugleich erfordert Abs. 1 Satz 1 Hs. 1 AÜG jedoch **keine vollständige Kongruenz** von Leiharbeitstarifvertrag und Vorschlag. Entscheidendes Erstreckungsinstrument ist der Vorschlag, auf den der Verordnungsgeber Bezug zu nehmen hat. Hiervon kann er – die Rechtmäßigkeit des Vorschlags vorausgesetzt – gemäß Abs. 2 Satz 2 auch nicht abweichen, wenn er die Rechtsverordnung erlässt.

54 Feststeht demnach, dass es eine **wirksame tarifliche Vereinbarung von Mindeststundenentgelten** geben muss, auf der der Vorschlag nach

---
142 *Stiebert/Pötters*, RdA 2013, 101, 106.
143 *Thüsing*, § 3a Rn. 40.

III. Festsetzung einer Lohnuntergrenze § 3a

Abs. 1 Satz 1 gründet.[144] Wichtig ist hierbei nur, dass die Mindeststundenentgelte aus einem bereits in Kraft getretenen Leiharbeitstarifvertrag stammen,[145] der in der Praxis das Gleichstellungsgebot suspendiert. Unschädlich ist es, wenn der Vorschlag auf mehreren Leiharbeitstarifverträgen basiert, die sich hinsichtlich der zu erstreckenden Mindeststundenentgelte zumindest überschneiden.[146] Um einen Mindestlohntarifvertrag im eigentlichen Sinne muss es sich dabei nicht handeln. Es ist nicht einmal erforderlich, dass die Tarifvertragsparteien darin eindeutig zum Ausdruck bringen, dass Mindeststundenentgelte i. S. v. § 3a vereinbart worden sind.[147] Genügen sollte, dass die vorschlagenden Tarifvertragsparteien in ihren Flächentarifverträgen das Equal-Pay-Gebot suspendierende Mindeststundenentgelte vereinbart haben und durch den Vorschlag ihren Willen bekunden, diese als Lohnuntergrenze festsetzen zu lassen. Weder das BZA/DGB, noch das iGZ/DGB-Tarifwerk, noch der Tarifvertrag zur Regelung von Mindestarbeitsbedingungen in der Zeitarbeit zwischen BZA, iGZ und der DGB-Tarifgemeinschaft Zeitarbeit vom 9.3./30.4.2010 enthalten eine **besondere Tarifklausel** mit einem solchen Hinweis. Vielmehr zielt sogar letztgenannter Tarifvertrag ausdrücklich auf eine Erstreckung nach § 7 AEntG ab. Dementsprechend bestimmt er eine Mindesturlaubsdauer und ein Urlaubsgeld, welche nicht über § 3a erstreckungsfähig sind. Auch der Umstand, dass die BZA- bzw. iGZ-Flächentarifverträge, auf denen die aktuelle Lohnuntergrenze beruht, zwar identische Entgelte aber keine inhaltsgleichen Regelungen zur Fälligkeit und Arbeitszeitflexibilisierung enthalten (vgl. Fn. 133, 146), zeigt, dass es entscheidend auf den Vorschlag der Tarifvertragsparteien ankommt.

Schließlich wird der Vorschlag durch den **Willen der beteiligten Tarifvertragsparteien** getragen, die Mindeststundenentgelte per Rechtsverordnung erstrecken zu lassen. Daher muss es letztlich auch nur der Vorschlag sein können, der die Mindeststundenentgelte und ihre Zweckbestimmung konkretisiert.[148] § 3a würde bei einer solchen Betrachtung dogmatisch § 11 AEntG näher stehen als § 7 AEntG.[149] Stets den Ab-

55

---

144 *Stiebert/Pötters*, RdA 2013, 101, 102; *Thüsing*, § 3a Rn. 8.
145 *Stiebert/Pötters*, RdA 2013, 101, 106; *Thüsing*, § 3a Rn. 8, 15.
146 Der BZA/DGB- und der iGZ/DGB-Entgelttarifvertrag sind zwar unterschiedliche Leiharbeitstarifverträge, sie sehen jedoch auch in den höheren Entgeltgruppen für die Laufzeit der Lohnuntergrenze identische Stundenentgelte vor.
147 A.A. *Riechert*, NZA 2013, 303, 307; *Ulber*, § 3a Rn. 12.
148 *Stiebert/Pötters*, RdA 2013, 101, 102.
149 *Stiebert/Pötters*, RdA 2013, 101, 102.

schluss sowie die vollständige Kongruenz eines abzuschließenden Lohnuntergrenzentarifvertrages und des darauf basierenden Vorschlags zu verlangen, erscheint zu streng. Hierdurch würde auch kein zwingend erforderlicher rechtlicher Mehrwert generiert. Im Ergebnis wären die Tarifvertragsparteien verpflichtet, bevor sie einen Vorschlag unterbreiten, einen Lohnuntergrenzentarifvertrag abzuschließen, obwohl die maßgeblichen Stundenentgelte bereits in einem Flächentarifvertrag festgelegt worden sind. Diese Sichtweise würde nicht nur der Vorgehensweise des Verordnungsgebers beim Erlass der 1. LohnUGAÜV widersprechen. Vielmehr stünde sie auch in Widerspruch mit der Gesetzesbegründung, der zufolge Folgendes gilt: *„Mit Rücksicht auf die für die Arbeitnehmerüberlassung geltenden rechtlichen Besonderheiten erfolgt die Festsetzung der Lohnuntergrenze nicht durch Erstreckung eines Tarifvertrages, sondern durch Übernahme der dem Vorschlag der Tarifvertragsparteien zugrunde liegenden Mindeststundenentgelte in die Rechtsverordnung"*.[150] Es ist gleichwohl erforderlich, dass sich die Mindeststundensätze aus den zugrunde liegenden Flächentarifverträgen ergeben oder zumindest aus diesen unproblematisch ermitteln lassen. Dasselbe gilt für vorgeschlagene Fälligkeitsregelungen oder Regelungen zur Arbeitszeitflexibilisierung. Auch diese dürfen nur Teil der Lohnuntergrenze werden, wenn sie eine Grundlage in den zugrunde liegenden Flächentarifverträgen haben.

2. Schriftliche Begründung des Vorschlags (Abs. 1 Satz 3)

56 Anders als ein Antrag nach dem AEntG bedarf der Vorschlag der Tarifvertragsparteien einer schriftlichen Begründung, Abs. 1 Satz 3. Der Vorschlag muss also dem **Schriftformgebot des § 126 BGB** genügen. Das bedeutet, dass er durch die vertretungsberechtigten Personen der Koalitionen zu unterzeichnen ist. Zu begründen oder nachzuweisen sind die Punkte, die für die Prüfung des Verordnungsgebers gemäß Abs. 2 von Relevanz sind. Zutreffend ist, dass im Allgemeinen keine zu hohen Hürden für die Begründung aufgestellt werden sollten (zu den Ausnahmen, Rn. 72 ff., 85).[151] Zu begründen sind jedenfalls die für die Erstreckung des Vorschlags streitenden **Gründe des öffentlichen Interesses, die Organisationszuständigkeit sowie die Repräsentativität der Tarifvertragsparteien**. Nicht erforderlich ist, dass die Höhe der vereinbarten Mindeststundenentgelte oder die Eingruppierungsmerk-

---

150 BT-Ausschussdrucksache 17 (11) 446, S. 3; BT-Drs. 17/5238, S. 14.
151 *Thüsing*, § 3a Rn. 16.

male der zugrunde liegenden Tarifverträge im Detail begründet werden müssen.[152] Denn der Verordnungsgeber darf, wenn überhaupt, nur prüfen, ob es sich bei den vorgeschlagenen Stundenentgelten auch tatsächlich um Mindeststundenentgelte und nicht evident um „Wunschentgeltbedingungen" handelt. Eine darüber hinausgehende Prüfkompetenz des Verordnungsgebers würde die Grenze zur staatlichen Lohnfestsetzung überschreiten. Dies soll § 3a aber gerade nicht ermöglichen.

3. Erlass der Rechtsverordnung (Abs. 2–4)

a) Ermessensentscheidung des Verordnungsgebers (Abs. 2)

Der Verordnungsgeber bedarf zum Erlass einer Lohnuntergrenzenverordnung gemäß Abs. 2 Satz 1 nicht der Zustimmung des Bundesrates (vgl. Rn. 77). Durch die Rechtsverordnung werden die tariflichen Mindeststundenentgelte auf alle in den Geltungsbereich der Verordnung fallenden Arbeitgeber sowie Leiharbeitnehmer erstreckt. Da die Verordnungsermächtigung des § 3a der Schrankentrias des Art. 80 Abs. 1 Satz 2 GG unterworfen ist, bindet sie den Verordnungsgeber stärker als die Legislative, welche den wesentlichen Rahmen in der Rechtsgrundlage festzulegen hat.[153] § 3a sieht keine staatliche Lohnfestsetzung vor, sondern überlässt diese den vorschlagenden Tarifvertragsparteien. Dementsprechend darf der Verordnungsgeber deren Vorschlag nur inhaltlich unverändert in die Rechtsverordnung übernehmen.[154] Während also das Wie der Entscheidung in den Grenzen des § 3a AÜG durch die Tarifvertragsparteien determiniert ist, ist das BMAS hinsichtlich des Ob des Verordnungserlasses frei.[155] Ihm obliegt demgemäß nach Abs. 2 Satz 2 eine **gebundene Ermessensentscheidung**.[156] Bei der Ausübung seines Ermessens muss der Verordnungsgeber prüfen, ob die Voraussetzungen des Abs. 3 erfüllt sind. Neben dem zu berücksichtigenden öffentlichen Interesse am Erlass der Lohnuntergrenze muss die Verordnung auch dem Interesse der antragstellenden Tarifvertragsparteien dienen.[157] Die Verordnungsermächtigung entwickelt insofern eine Schutzfunktion gegenüber den vorschlagsberechtigten Koalitionen, wie aus

57

---

152 *Thüsing*, § 3a Rn. 16; a.A. *Ulber*, § 3a Rn. 26.
153 *Stiebert/Pötters*, RdA 2013, 101, 103.
154 *Löwisch/Rieble*, TVG, § 5 Rn. 68.
155 *Thüsing*, § 3a Rn. 17; *Ulber*, § 3a Rn. 28.
156 Vgl. *Thüsing*, § 3a Rn. 17; ders./*Bayreuther*, AEntG, § 7 Rn. 12.
157 *Löwisch/Rieble*, TVG, § 5 Rn. 181f.

der Rechtsprechung des BVerwG zu § 5 TVG hervorgeht.[158] Aus diesem Schutzzweck folgt, dass die Tarifvertragsparteien einen Anspruch auf rechtsfehlerfreie Entscheidung über ihren Vorschlag haben[159] (vgl. Rn. 99 zu den Rechtschutzmöglichkeiten).

b) Kriterien der Ermessensausübung und Gesamtabwägung des Verordnungsgebers (Abs. 2 und 3)

aa) Gebotensein des öffentlichen Interesses

58 Die Festsetzung einer Lohnuntergrenze muss Abs. 3 Satz 1 zufolge im öffentlichen Interesse geboten erscheinen. Die **Rechtsgrundverweisung auf § 5 Abs. 1 Satz 1 Nr. 2 TVG**, bedingt jedoch, dass das öffentliche Interesse bei der Ermessensausübung nur eine eingeschränkte Bedeutung entfaltet. Denn das Tatbestandsmerkmal hat schon bei Allgemeinverbindlicherklärungen i.S.v. § 5 TVG und § 7 AEntG keine entscheidende Bedeutung erlangt.[160] Das öffentliche Interesse hat sich nicht zu der strengen Bedingung entwickelt, für die es das BVerfG[161] einst zur Ausdehnung der Tarifgebundenheit gehalten hat. Dem Verordnungsgeber kommt insofern bezüglich dieses Kriteriums ein **weiter Beurteilungsspielraum** zu, der gerichtlich nur eingeschränkt kontrollierbar ist.[162] Nur wenn ihm hier wesentliche und evidente Fehler unterlaufen, ist seine Entscheidung angreifbar.[163] Deshalb bejaht das BAG das öffentliche Interesse bereits dann, wenn durch die Erstreckung eines Tarifvertrages auf Dritte ein anerkanntes Interesse des Gesetzgebers nachvollzogen wird.[164] Dabei sind einerseits das Interesse an der Dritterstreckung der Mindeststundenentgelte und andererseits die Belange der hiervon betroffenen Arbeitsvertragsparteien abzuwägen.

59 Hieran anknüpfend ist insbesondere der Frage nachzugehen, ob bei Nichtfestsetzung der Lohnuntergrenze einer nicht unerheblichen Anzahl von Leiharbeitnehmern Nachteile drohen.[165] Nicht erforderlich ist,

---
158 BVerwG vom 3.11.1988 – 7 C 115/86; *Löwisch/Rieble*, TVG, § 5 Rn. 263 ff.
159 *Thüsing*, § 3a Rn. 18; ders./*Bayreuther*, AEntG, § 7 Rn. 12.
160 *Thüsing*, § 3a Rn. 20; ders./*Bayreuther*, AEntG, § 7 Rn. 13.
161 BVerfG vom 24.5.1977, NJW 1977, 2255, 2258.
162 M.w.N. *Löwisch/Rieble*, TVG, § 5 Rn. 135.
163 BAG vom 8.3.1990 – 4 AZR 536/89, NZA 1990, 781, 781 f.; vom 22.9.1993 – 10 AZR 371/92, NZA 1994, 323, 324.
164 BAG vom 8.3.1990 – 4 AZR 536/89, NZA 1990, 781, 782; a.A. *Löwisch/Rieble*, TVG, § 5 Rn. 183 f. bzgl. der Erstreckungsentscheidung nach § 5 TVG (vgl. Rn. 61).
165 *Däubler/Lakies*, TVG, § 5 Rn. 103; *Löwisch/Rieble*, TVG, § 5 Rn. 181; *Thüsing*, § 3a Rn. 20; ders./*Bayreuther*, AEntG, § 7 Rn. 14.

dass gem. § 5 Abs. 1 Satz 2 TVG ohne Erlass der Verordnung ein **sozialer Notstand** eintreten und damit ein überragender Gemeinwohlbelang vorliegen würde.[166] Andererseits erscheint die Festsetzung einer Lohnuntergrenze nicht bereits dann im öffentlichen Interesse geboten, wenn ihre Einführung allein den status quo festschreibt und bereits als angemessen zu erachtende Entgeltbedingungen optimiert werden. Vielmehr ist zu fordern, dass ohne Lohnuntergrenze eine Verschlechterung der Entgeltbedingungen einer Vielzahl von Leiharbeitnehmern einzutreten droht oder deren nachweisliche Benachteiligung fortbesteht. Das setzt voraus, dass die vorgeschlagenen **Mindeststundenentgelte angemessen** sind. Das ist der Fall, wenn sie der Höhe nach zumindest den durchschnittlichen Branchenlöhnen entsprechen. Zusätzlich die Entgelte vergleichbarer Stammbeschäftigter als Vergleichsmaßstab heranzuziehen würde dagegen die Eigenständigkeit der Verleihbranche und die damit einhergehende tarifautonome Festlegung von Arbeitsbedingungen ignorieren[167] (vgl. auch Rn. 60). Bei der Beurteilung der Angemessenheit ist zwischen den Belangen der vorschlagenden Tarifvertragsparteien und den Interessen der Außenseiter zu differenzieren. Hinsichtlich der Erstgenannten ist zu beachten, dass der Verordnungsgeber grundsätzlich dem staatlichen Neutralitätsgebot bei der Lohnfestsetzung verpflichtet bleibt und sich einer Bewertung der Höhe der Mindeststundenentgelte weitestgehend enthalten muss. Zugleich gilt hinsichtlich der Grundrechtsbetroffenheit der nichtgebundenen Arbeitgeber und Arbeitnehmer kein Verbot der Tarifzensur.[168] Für diese ist zu prüfen, ob das Tarifziel für sie sinnvoll ist und sie nicht unangemessen belastet. Insgesamt ist für die Beurteilung der Angemessenheit eine geeignete Orientierungsmarke, ob die vorgeschlagenen Mindeststundenentgelte als repräsentativ zu qualifizieren sind (vgl. unten Rn. 66 ff.) und damit zugleich die Marktgegebenheiten reflektieren. Sollte schließlich eine nicht unerhebliche Anzahl von Leiharbeitnehmern durch die Festsetzung der Lohnuntergrenze eine Lohnsteigerung erzielen, ist ein öffentliches Interesse zu bejahen.

Grundsätzlich muss der Verordnungsgeber bei der Prüfung des öffentlichen Interesses auch **völkerrechtliche Verpflichtungen der Bundes-** **60**

---

166 *Löwisch/Rieble*, TVG, § 5 Rn. 136 ff.; *Thüsing*, § 3a, Rn. 20; ders./*Bayreuther*, AEntG, § 7 Rn. 13.
167 A.A. *Thüsing*, § 3a Rn. 20, der als Maßstab auch die Löhne der Stammbeschäftigten berücksichtigen will.
168 *Löwisch/Rieble*, TVG, § 5 Rn. 198.

republik Deutschland berücksichtigen.[169] Hierzu gehören gemäß Art. 288 Abs. 3 AEUV auch die Verpflichtungen aus der Leiharbeitsrichtlinie. Allerdings folgt aus deren Art. 5 Abs. 3 nicht, dass die Mindeststundenentgelte dem Gesamtschutzniveau der Leiharbeitnehmer dienen müssen. Der EU fehlt die entsprechende Rechtsetzungskompetenz (vgl. Rn. 16). Ebenso wenig ist eine einseitige Orientierung an den Entgelten der Stammbeschäftigten erforderlich, weil die Tariföffnungsklausel des AÜG nicht richtlinienkonform sei.[170] Die Leiharbeitsrichtlinie sieht im Gegenteil die tarifliche Abweichungsmöglichkeit vor und überlässt es den Sozialpartnern der Mitgliedstaaten im Rahmen ihrer verfassungsrechtlich gewährleisteten Rechte, die Arbeitsbedingungen der Leiharbeitnehmer festzulegen. Zumindest für Leiharbeitnehmer in einem unbefristeten Arbeitsverhältnis ergibt sich aus Erwägungsgrund Nr. 15 der Leiharbeitsrichtlinie, dass vom Prinzip des Equal-Pay und Equal-Treatment abzusehen ist. Irreführend ist in diesem Zusammenhang, dass der Gesetzgeber in der Begründung zum Gesetzentwurf zur Änderung des AÜG und des SchwarzArbG vom 10.5.2011 fälschlicherweise einen Zusammenhang zwischen Art. 10 der Leiharbeitsrichtlinie und der Lohnuntergrenze nahelegt,[171] wenngleich dieser nur hinsichtlich der Entsenderichtlinie existiert.

61 Dem BVerfG zufolge kann die Allgemeinverbindlicherklärung nach § 5 TVG die *„Effektivität der tarifvertraglichen Normsetzung gegen die Folgen wirtschaftlicher Fehlentwicklungen"* sowie die soziale Schutzbedürftigkeit der Arbeitnehmer oder ein sonstiges öffentliches Interesse sicherstellen, wenn die Koalitionen im Einzelfall diese Aufgabe nicht erfüllen können.[172] Insofern besteht die Möglichkeit, dass **sozialpolitische Zielsetzungen** bereits bei einer Allgemeinverbindlicherklärung nach § 5 TVG eine Rolle spielen, wenngleich von einem Teil der Literatur[173] verneint wird, dass eine Erstreckungsentscheidung nach dem TVG zur Entlastung der öffentlichen Kassen, aus Gesichtspunkten des Wettbewerbsschutzes oder aus wirtschaftspolitischen Erwägungen gefällt werden kann. Ungeachtet dessen gilt für die Erstreckungsentscheidung nach § 7 Abs. 2 Satz 1 AEntG, dass im Rahmen der Interessenabwägung auch sozialpolitische Gründe berücksichtigungsfähig sind, weil

---

169 *Körner*, NZA 2011, 425, 425; *Ulber*, § 3a Rn. 28.
170 *Rödl/Ulber*, NZA 2012, 841, 844f.; *Ulber*, § 3a Rn. 38; *Zimmer*, NZA 2013, 289, 292.
171 BT-Drs. 17/5761, S. 7.
172 BVerfG vom 24.5.1977, NJW 1977, 2255, 2256.
173 *Löwisch/Rieble*, TVG, § 5 Rn. 183f.

III. Festsetzung einer Lohnuntergrenze § 3a

§ 1 Satz 2 AEntG das gesetzgeberische Ziel formuliert, sozialversicherungspflichtige Beschäftigung zu erhalten und die Ordnungs- und Befriedungsfunktion der Tarifautonomie zu wahren.[174] Dennoch herrschte auch bei § 7 AEntG eine gewisse Unklarheit, inwieweit im Rahmen der Verordnungsentscheidung sozialpolitische Erwägungen zu berücksichtigen sind.[175] Mit der Bestimmung des Abs. 3 Satz 2 hat der Gesetzgeber jedoch etwaigen Unklarheiten vorgebeugt und eine diesbezüglich eindeutige Regelung für die Ermessensausübung getroffen.

Daher hat der Verordnungsgeber bei seiner Gesamtabwägung neben den Zielen des AÜG auch zu prüfen, ob der Verordnungserlass geeignet ist, die **finanzielle Stabilität der sozialen Sicherungssysteme** zu gewährleisten. Der Gesetzgeber begründet dies[176] mit einer Entscheidung des BVerfG aus dem Jahre 2001.[177] Darin hat das BVerfG es für zulässig erachtet, dass § 10 Abs. 1 Satz 1 BUrlG in einer älteren Fassung erlaubte, dass Maßnahmen der medizinischen Vorsorge und der Rehabilitation in einem bestimmten Umfang auf den tariflichen Erholungsurlaub angerechnet werden konnten. Dieser Eingriff in Art. 9 Abs. 3 GG sei gerechtfertigt, weil die Vorschrift zu einem hohen Beschäftigungsstand und zur Stabilität der Sozialversicherung beitragen solle.[178] Wenn das BVerfG voraussetzt, dass die Verordnung zur Erreichung der genannten Ziele beitragen soll, muss die Festsetzung der Lohnuntergrenze geeignet sein, zumindest die Stabilität der sozialen Sicherungssysteme zu gewährleisten oder sogar zu einer Verbesserung derselben zu führen.[179] Der Gesetzgeber hat mit Abs. 3 Satz 2 das öffentliche Interesse dahingehend konkretisiert, dass sowohl die Ziele des AÜG als auch die finanzielle Stabilität der sozialen Sicherungssysteme als **Sonderfälle des öffentlichen Interesses** anzusehen sind.[180] Dabei spielt wohl die Überlegung eine Rolle, dass ein geringes Entgeltniveau in der Arbeitnehmerüberlassung den sozialen Sicherungssystemen zum Nachteil gereichen würde (vgl. zur Verfassungs- und Europarechtskonformität dieser Zielsetzung insbesondere Rn. 32, 37).

62

---

174 *Löwisch/Rieble*, TVG, § 5 Rn. 185.
175 Thüsing/*Bayreuther*, AEntG, § 7 Rn. 14.
176 BT-Drs. 17/5238, S. 15.
177 BVerfG vom 3.4.2001 – 1 BvL 32/97.
178 BVerfG vom 3.4.2001 – 1 BvL 32/97, Rn. 39 ff.
179 Vgl. *Thüsing*, § 3a Rn. 22.
180 *Thüsing*, § 3a Rn. 22.

bb) Prüfung der Ziele des AÜG

63 Im Rahmen der Gesamtabwägung hat der Verordnungsgeber auch zu überprüfen, ob die Festsetzung der Lohnuntergrenze den Zielen des AÜG entspricht. Das AÜG orientiert sich hier am Vorbild des § 7 Abs. 2 Satz 1 AEntG. Danach hat der Verordnungsgeber im Rahmen seiner Gesamtabwägung auch die in § 1 AEntG genannten Gesetzesziele, namentlich die Schaffung angemessener Mindestarbeitsbedingungen, die Gewährleistung fairer und funktionierender Wettbewerbsbedingungen, die Erhaltung sozialversicherungspflichtiger Beschäftigung sowie die Wahrung der Ordnungs- und Befriedungsfunktion der Tarifautonomie zu berücksichtigen. Grundsätzlich wäre es nicht notwendig gewesen, hierauf hinzuweisen, die Ziele des Gesetzes sind ohnehin im Rahmen des Abwägungsvorgangs zu berücksichtigen.[181] Dennoch hat man mit Abs. 3 Satz 2 denselben Weg beschritten.

64 Bei den Zielen des AÜG handelt es sich ausweislich der Gesetzesbegründung um die **Erschließung neuer Beschäftigungsmöglichkeiten und die Bekämpfung von Arbeitslosigkeit**.[182] Ebenso gehören hierzu die **Sicherung eines angemessenen Schutzniveaus für Leiharbeitnehmer** sowie der **Beitrag zur Steigerung der gesellschaftlichen Akzeptanz und Qualität der Arbeitnehmerüberlassung**.[183] Ein strenger Vergleich zeigt jedoch, dass es nicht Ziel des AÜG ist, angemessene Mindestarbeitsbedingungen für entsandte und für regelmäßig im Inland beschäftigte Leiharbeitnehmer zu schaffen. Dies ist aber der Zweck des § 3a, der gerade aus diesem Grund dem Vorbild des § 7 AEntG nachempfunden wurde. Daher greift der Verweis auf die Gesetzesziele des AÜG zu kurz. Der Gesetzgeber scheint vorausgesetzt zu haben, dass diese Zweckbestimmung § 3a quasi innewohnt. Zugegebenermaßen sind die Zielsetzungen des AÜG nicht allzu weit von denjenigen des AEntG entfernt. Bei beiden Gesetzen steht der **Arbeitnehmerschutz** im Mittelpunkt. So soll das AÜG dazu beitragen, „*bei der Arbeitnehmerüberlassung Verhältnisse herzustellen, die den Anforderungen des sozialen Rechtsstaats entsprechend eine Ausbeutung der betroffenen Arbeitnehmer ausschließen*".[184] Diese allgemeine Zweckbestimmung hat der Gesetzgeber nunmehr in der Gesetzesbegründung zu § 3a konkretisiert. Dieser Schutz soll über § 3a auch den nach Deutschland ent-

---

181 Thüsing/*Bayreuther*, AEntG, § 7 Rn. 28.
182 BT-Drs. 17/5328, S. 15.
183 BT-Drs. 17/5328, S. 15.
184 BT-Drs. VI/2303, S. 9.

III. Festsetzung einer Lohnuntergrenze § 3a

sandten und somit im Geltungsbereich des AÜG befindlichen Leiharbeitnehmern zuteilwerden. Dementsprechend muss das BMAS prüfen, ob die vorgeschlagenen Mindeststundenentgelte auch dem Ziel des Arbeitnehmerschutzes gerecht werden. Dies wird aber bereits durch die ohnehin durchzuführende Angemessenheitsprüfung erreicht (vgl. Rn. 59).

Unklar ist, inwieweit die in der Gesetzesbegründung ebenfalls genannten Ziele der Steigerung der gesellschaftlichen Akzeptanz und Qualität der Arbeitnehmerüberlassung in die Entscheidung des Verordnungsgebers einfließen. Es ist wohl davon auszugehen, dass diese **von untergeordneter Bedeutung** sind, da sie hinter den anderen Zielbestimmungen des AÜG zurückbleiben und eher positive Begleiterscheinungen einer gesetzgeberischen Entscheidung als Ziele des AÜG darstellen. Ohnehin ist diesen „weichen" Kriterien kein Verfassungsrang beizumessen, sodass diese im Rahmen einer Prüfung der praktischen Konkordanz keine Berücksichtigung finden müssen. Grundsätzlich wird, sofern es um die Erschließung neuer Beschäftigungsmöglichkeiten und die Bekämpfung von Arbeitslosigkeit geht, die Festsetzung einer Lohnuntergrenze wohl ausgeschlossen sein, wenn sie zu einer Beschränkung der Arbeitnehmerüberlassung oder zu mehr Arbeitslosigkeit führt. Im Umkehrschluss bedeutet das, dass im Hinblick auf die „weichen" Ziele des AÜG die Festsetzung einer Lohnuntergrenze solange unproblematisch ist, als die beschriebenen Grenzen gewahrt sind. 65

cc) Berücksichtigung der bestehenden bundesweiten Tarifverträge und Repräsentativität der vorschlagenden Tarifvertragsparteien

Abs. 3 Satz 3 Nr. 1 und 2 bestimmt, dass der Verordnungsgeber die bestehenden bundesweiten Tarifverträge in der Arbeitnehmerüberlassung und die Repräsentativität der vorschlagenden Tarifvertragsparteien bei seiner Entscheidung zu berücksichtigen hat. Alle existierenden **Flächentarifverträge der Leiharbeit** sind in die Beurteilung mit einzubeziehen. Dabei sind die vorgeschlagenen Mindeststundenentgelte mit den Entgelten der in die Vergleichsbetrachtung eingestellten Tarifverträge zu vergleichen. Dergestalt kann der Verordnungsgeber sich in einem ersten Schritt einen Überblick über die branchenüblichen Löhne verschaffen. Zum Zeitpunkt des Erlasses der ersten Lohnuntergrenzenverordnung bestanden in der Arbeitnehmerüberlassung folgende für die Entscheidung des Verordnungsgebers relevante bundesweite Tarifverträge: 66

§ 3a Lohnuntergrenze

- Der mehrgliedrige BZA/DGB-Entgelttarifvertrag vom 22.7.2003 zuletzt geändert durch Änderungstarifvertrag vom 9.3.2010,
- der mehrgliedrige iGZ/DGB-Entgelttarifvertrag vom 30.4.2010,
- die Entgelttarifverträge Ost und West des AMP, der CGZP, der Christlichen Gewerkschaft Metall (CGM), der DHV – Die Berufsgewerkschaft e.V., des Beschäftigtenverband Industrie, Gewerbe, Dienstleistung (BIGD), des Arbeitnehmerverband land- und ernährungswirtschaftlicher Berufe (ALEB) sowie der medsonet. Die Gesundheitsgewerkschaft e.V. vom 15.3.2010, zuletzt geändert durch Änderungs- und Ergänzungstarifvertrag vom 15.12.2011[185] sowie
- die Entgelttarifverträge Ost und West des BVD, der CGZP, der CGM, der DHV, des BIGD, des ALEB sowie der medsonet vom 19.5.2010 sowie
- die Entgelttarifverträge Ost und West des Arbeitgeberverbandes Mercedarius, der CGZP, der CGM, der DHV, des BIGD, des ALEB sowie der medsonet vom 4.11.2010.

Bis auf den Mercedarius-Tarifvertrag war die unterste Entgeltgruppe aller aufgeführten Entgelttarifverträge identisch und entsprach der Höhe der aktuellen Lohnuntergrenze (vgl. Rn. 4). Der BZA/DGB- und der iGZ/DGB-Tarifvertrag verfügen sogar über kongruente Entgelttabellen. Die übrigen Entgelttarifverträge lagen mit geringfügigen Abweichungen in den höheren Entgeltgruppen unter den DGB-Entgelttarifverträgen. Die christlichen Gewerkschaften hatten die letztgenannten Entgelttarifverträge ausnahmslos zum 30.6.2012 gekündigt. Diese befanden sich seither in der Nachwirkung.[186] Im Übrigen hatte der CGZP-Beschluss des BAG Zweifel hinsichtlich der Reichweite der einzelnen Entgelttarifverträge aufgeworfen, weil das BAG darin kritisch zur Tarifzuständigkeit der einzelnen Gewerkschaften für die Arbeitnehmerüberlassung Stellung bezogen hatte (vgl. Rn. 41). Hinzu kamen arbeitsgerichtliche Entscheidungen[187] zur Tariffähigkeit und -zuständigkeit der

---

185 Der BAP als Gesamtrechtsnachfolger des AMP hat im Einvernehmen mit den Einzelgewerkschaften des CGB die einschlägigen Tarifverträge unter Ausschluss der Nachwirkung zum 31.3.2013 aufgehoben; vgl. Presseinformation des BAP vom 5.2.2013. Dies gilt ebenso für die anderen mit den Einzelgewerkschaften des CGB abgeschlossenen Tarifwerke.
186 *Bayreuther*, BB 2010, 309, 310 ff.; *Thüsing*, § 3 Rn. 113 ff.; *Ulber*, § 9 Rn. 262 ff.
187 BAG vom 17.4.2012 – 1 ABR 5/11; ArbG Hamburg vom 17.5.2011 – 1 BV 5/10; ArbG Bonn vom 31.10.2012 – 4 BV 90/12; ArbG Duisburg vom 22.8.2012 – 4 BV 29/12.

christlichen Gewerkschaften, die eine rechtssichere und flächendeckende Anwendung der Tarifverträge ausschließen. Auch solche Umstände hat der Verordnungsgeber bei Festsetzung der Lohnuntergrenze zu berücksichtigen, wenngleich sich diese Frage wegen der Aufhebung der christlichen Tarifwerke (vgl. Fn. 185) vorerst nicht mehr stellt.[188]

In einem zweiten Schritt ist die **Repräsentativität** der vorschlagenden Tarifvertragsparteien **von Amts wegen festzustellen**.[189] Das 50%-Kriterium des § 5 Abs. 1 Satz 1 Nr. 1 TVG findet bei § 3a genauso wenig Anwendung wie bei § 7 AEntG.[190] Allerdings ermöglicht dem Verordnungsgeber erst das Vorhandensein einer gewissen Repräsentativität eine Beurteilung der tatsächlichen Marktgegebenheiten. Eine zahlenmäßige Allokation der Arbeitsvertrags- zu den jeweiligen Tarifvertragsparteien ist für die Angemessenheitsprüfung der Mindeststundenentgelte unverzichtbar. 67

§ 7 Abs. 2 AEntG knüpft für den Fall des Vorliegens mehrerer Tarifverträge an das Merkmal der Repräsentativität an. Im Unterschied hierzu kommt es bei Abs. 3 Satz 3 Nr. 2 vordergründig zwar nicht auf einen Vergleich mehrerer Leiharbeitstarifverträge bzw. hierauf basierender Vorschläge an. Trotz der neueren Entwicklungen (vgl. Fn. 185) ist nicht völlig auszuschließen, dass sich in der Arbeitnehmerüberlassung erneut eine heterogene Tarifsituation ergibt. Einem solchen Umstand müsste der Verordnungsgeber gemäß Abs. 3 Satz 3 im Rahmen seiner Verhältnismäßigkeitsprüfung gerecht werden. Dies gilt auch dann, wenn eine Auswahl zwischen unterschiedlichen Vorschlägen, wie sie Abs. 4 vorschreibt, nicht erforderlich ist. Das Kriterium der Repräsentativität setzt geradezu einen Vergleich der vorhandenen tariflichen Entgeltbedingungen voraus.[191] 68

Allerdings ist schon der Wortlaut des Abs. 3 Satz 3 Nr. 2 insofern allgemeiner als § 7 Abs. 2 Satz 2 AEntG gefasst, als bei Erstgenanntem von der Repräsentativität der Tarifvertragsparteien die Rede ist. Auch ein systematischer Vergleich mit der Konkurrenzklausel des Abs. 4 Satz 2 zeigt, dass das Repräsentativitätskriterium im AÜG anders als im AEntG ausgestaltet ist. Es kommt hiernach nämlich auch auf die **Repräsentativität der Tarifvertragsparteien** und nicht auf die Zahl der 69

---
188 *Rieble*, BB 2012, 2177, 2178.
189 ErfK/*Schlachter*, § 7 AEntG Rn. 8; Thüsing/*Bayreuther*, AEntG, § 7 Rn. 29.
190 ErfK/*Schlachter*, § 7 AEntG Rn. 6; Löwisch/*Rieble*, TVG, § 5 Rn. 119; Thüsing/ *Bayreuther*, AEntG, § 7 Rn. 10 f.
191 *Thüsing*, § 3a Rn. 24.

§ 3a Lohnuntergrenze

den jeweiligen Mindestlohntarifverträgen unterfallenden Mitglieder der Koalitionen an.[192] Gleichzeitig müssen die Voraussetzungen des Abs. 4 Satz 2 in Abs. 3 Satz 3 Nr. 2 hineingelesen werden. Daher kommt es auch bei der Repräsentativität des Abs. 3 Satz 3 Nr. 2 auf eine zahlenmäßige Vermittlung derselben an. Weshalb zwischen Abs. 3 und Abs. 4 unterschieden werden sollte, ist nicht ersichtlich. Ebenso wenig kann davon ausgegangen werden, dass Abs. 3 Satz 3 Nr. 2 bezüglich der Repräsentativität einen weniger strengen Maßstab voraussetzt als Abs. 4 Satz 2. Daher sind Wortlaut und systematische Stellung des Abs. 3 Satz 3 Nr. 2 als etwas missglückt anzusehen, weil die speziellere Regelung des Abs. 4 Satz 2 konkretisiert, worauf es bei der Prüfung der Repräsentativität im Allgemeinen ankommt.

70 Demgemäß hat der Verordnungsgeber die **Zahl der** in den Geltungsbereich des Vorschlags fallenden **Arbeitnehmer**, die bei Mitgliedern der betreffenden Arbeitgebervereinigung(en) beschäftigt sind sowie die Zahl der unter die potenzielle Lohnuntergrenze fallenden **Mitglieder der antragstellenden Gewerkschaften** zu berücksichtigen. Diese Zahlen sind in ein Verhältnis zur Gesamtzahl der Leiharbeitnehmer zu stellen, wobei dahingestellt bleiben kann, ob als Referenzzeitraum beispielsweise zurückliegende Jahre, Monate oder kürzere Zeitabschnitte gewählt werden. Repräsentativität i. S. d. Abs. 3 Satz 3 Nr. 2 ist im Kern also die über die Zahl der Leiharbeitnehmer vermittelte Repräsentativität, auch wenn aus dem Wortlaut der Norm ein anderes Begriffsverständnis abgeleitet werden könnte. Mithin ergibt sich auch aus der Zahl der bei den tarifgebundenen Arbeitgebern beschäftigten Leiharbeitnehmer die Repräsentativität des Arbeitgeberverbandes. Die **Mitgliederzahl des Arbeitgeberverbandes** allein kann schon deshalb kein ausreichendes Kriterium zur Feststellung der Repräsentativität sein,[193] weil etwa wenige Verleiher eine hohe Anzahl von Leiharbeitnehmern beschäftigen und sich zu einer Arbeitgeberkoalition zusammenschließen können.

71 Insgesamt ist jedoch zu beachten, dass die zahlenmäßig vermittelte Repräsentativität wie bei § 7 Abs. 2 AEntG nur ein **widerlegbares Indiz** für die Akzeptanz und höhere Richtigkeitsgewähr des Vorschlags sein kann.[194] Dies wird umso klarer, wenn man sich verdeutlicht, dass die Stichhaltigkeit und damit die Überprüfbarkeit des Zahlenmaterials tat-

---

192 *Ulber*, § 3a Rn. 40.
193 A.A. *Ulber*, § 3a Rn. 40.
194 BT-Drs. 16/10486, S. 13; Thüsing/*Bayreuther*, AEntG, § 7 Rn. 29.

III. Festsetzung einer Lohnuntergrenze § 3a

sächlichen Limitierungen unterliegen.[195] Daher wird der Verordnungsgeber die zahlenmäßig vermittelte Repräsentativität lediglich einer **Plausibilitätsprüfung** unterziehen können. Dementsprechend kann sie nicht ausschlaggebendes Kriterium, sondern nur Teil des Abwägungsvorgangs sein.[196] Dadurch wird gewährleistet, dass die Lohnuntergrenze nicht aufgrund eines schlichten Majoritätsprinzips festgesetzt werden kann.

c) Sonderfall: Konkurrierende Vorschläge (Abs. 4)

Anders als bei Abs. 3 Satz 3 Nr. 2 ist bei Abs. 4 Satz 1 erforderlich, dass tatsächlich mehrere Vorschläge zur Auswahl vorliegen. In der Arbeitnehmerüberlassung ist eine solche Konstellation nicht ausgeschlossen, wenngleich sich die Situation durch die Beendigung der christlichen Tarifwerke grundsätzlich verändert hat (vgl. Rn. 66). Die Tarifkonkurrenz war gleichwohl zum Zeitpunkt des Erlasses der 1. LohnUGAÜV potenziell mit der früheren **Konkurrenzsituation in der Postdienstleistungsbranche** vergleichbar.[197] Bekanntlich stritten hier unterschiedliche Lager, die für denselben Regelungsbereich Tarifverträge abgeschlossen hatten, um die Erstreckung ihres jeweiligen Mindestlohns und erst das BVerwG entschied letztinstanzlich den Konflikt.[198] In zweiter Instanz hatte das OVG Berlin darauf hingewiesen, dass § 1 Abs. 3a AEntG a.F. nur die Erstreckung eines Mindestlohntarifvertrages auf Tarifungebundene zulasse und die in der Postmindestlohnverordnung enthaltene Konkurrenzregelung nicht vom damaligen AEntG gedeckt sei.[199] Dieser Problematik hat der Gesetzgeber mit der Regelung des § 7 Abs. 3 AEntG Rechnung getragen.[200] Die Norm verweist jedoch nur pauschal auf den Grundsatz der praktischen Konkordanz, welcher sowieso bei der Kollision grundrechtlich geschützter Rechtspositionen zu beachten ist. Abs. 4 dient demselben Regelungszweck,[201] ist aber weitaus differenzierter ausgestaltet.

72

Insgesamt stellt die Norm **höhere Anforderungen an den Verordnungsgeber** als Abs. 3, indem sie seinen Gestaltungsspielraum weiter

73

---

195 Thüsing/*Bayreuther*, AEntG, § 7 Rn. 31.
196 ErfK/*Schlachter*, § 7 AEntG Rn. 8; *Thüsing*, ZfA 2008, 590, 634 ff.
197 Thüsing/*Bayreuther*, AEntG, § 7 Rn. 26.
198 BVerwG vom 28.1.2010 – 8 C 19.09; OVG Berlin vom 18.12.2008 – 1 B 13.08; VG Berlin vom 7.3.2008 – 4 A 439.07.
199 OVG Berlin vom 18.12.2008 – 1 B 13.08, Rn. 44 ff.
200 BT-Drs. 16/10486, S. 13.
201 BT-Drs. 17/5328, S. 15.

§ 3a Lohnuntergrenze

einschränkt.[202] Zwar sind im Rahmen der Gesamtabwägung dieselben Kriterien zu prüfen.[203] Diese sind gemäß Abs. 4 Satz 1 jedoch „*besonders zu berücksichtigen*". Auf diesem Wege möchte der Gesetzgeber dem zentralen Anliegen eines angemessenen Ausgleichs widerstreitender Grundrechtspositionen gerecht werden.[204] Im Umkehrschluss folgt hieraus, dass ein Vorschlag, der schon nicht den Anforderungen des Abs. 3 genügt, einer Gesamtabwägung gem. Abs. 4 nicht standhalten kann.[205] Der Verordnungsgeber hat bei der Prüfung der Merkmale also eine **gesteigerte Sorgfalt** an den Tag zu legen.

74 Nach Abs. 4 Satz 2 Nr. 1 sind die Leiharbeitnehmer zu ermitteln, die bei tarifgebundenen Mitgliedern der vorschlagenden Arbeitgeberkoalition beschäftigt sind. Erforderlich ist demnach, dass die Arbeitgeber keine OT-Mitglieder des jeweiligen Arbeitgeberverbandes sind, welche nachweislich die einschlägigen Tarifverträge nicht anwenden.[206] Bei den Arbeitnehmern muss es sich unabhängig von der Betriebsform des Verleihers um **Leiharbeitnehmer i.S.d. der Legaldefinition des § 1 Abs. 1 Satz 1** handeln, die der potenziellen Lohnuntergrenze unterfallen.[207] Unerheblich ist, ob die dem Vorschlag zugrunde liegenden Leiharbeitstarifverträge lediglich im Wege vertraglicher Bezugnahme auf die Arbeitnehmer Anwendung finden.

75 Abs. 4 Satz 2 Nr. 2 zufolge ist auf die Zahl der Mitglieder der vorschlagenden Gewerkschaften abzustellen. Hier ist die **Zahl aller in der Branche tätigen Gewerkschaftsmitglieder** und nicht die Zahl der tarifgebundenen Leiharbeitnehmer, die bei tarifgebundenen Arbeitgebern beschäftigt sind, maßgeblich.[208] Da der Wortlaut des Abs. 4 Satz 2 Nr. 2 ausschließlich die der Lohnuntergrenze unterfallenden Gewerkschaftsmitglieder in den Blick nimmt, spielt die beiderseitige Tarifbindung als zwingendes Erfordernis bei § 3a ersichtlich keine Rolle. Überdies führt der geringe gewerkschaftliche Organisationsgrad der Leiharbeitnehmer dazu, dass die Anforderungen an die zahlenmäßig vermittelte Repräsentativität nicht überzogen werden sollten. Im Vordergrund steht, dass die beteiligten Gewerkschaften über eine gewisse Repräsentativität verfügen, die sie dazu befugt, für die gesamte Arbeitnehmerüberlassung

---

202 BT-Drs. 17/5328, S. 15.
203 *Thüsing*, § 3a Rn. 25.
204 BT-Drs. 17/5328, S. 15.
205 *Ulber*, § 3a Rn. 41.
206 *Ulber*, § 3a Rn. 44.
207 *Ulber*, § 3a Rn. 44.
208 *Thüsing*/*Bayreuther*, AEntG, § 7 Rn. 30; *Thüsing*, AÜG, § 3a Rn. 27.

Mindeststundenentgelte vorzuschlagen. Da die Tariffähigkeit nach herrschender Auffassung unteilbar ist (vgl. Rn. 42), sollte hierfür genügen, dass die betreffende Arbeitnehmerkoalition insgesamt tariffähig ist und eine gewisse Anzahl von Mitgliedern in der Leiharbeitnehmerschaft hat.

Die Merkmale des Abs. 4 Satz 2 Nr. 1 und 2 sind im Rahmen der Konkurrenzklausel vorrangig zu würdigen. Dagegen stehen die beiden Kriterien selbst gleichrangig nebeneinander. Sollte es dazu kommen, dass jedes Erfordernis für sich genommen zu einem anderen Ergebnis führt, muss der hieraus resultierende Widerspruch im Wege der Gesamtabwägung unter Berücksichtigung aller abwägungsrelevanten Kriterien aufgelöst werden.[209]

76

IV. Anhörungs- und Beteiligungsrechte sowie Inkrafttreten der Verordnung

1. Keine Zustimmung des Bundesrates

Wie bereits ausgeführt (vgl. Rn. 57) bedarf es zum Erlass einer Lohnuntergrenzenverordnung keiner Zustimmung des Bundesrates. Gemäß Art. 80 Abs. 2 GG bedürfen Rechtsverordnungen der Bundesregierung, vorbehaltlich anderweitiger bundesgesetzlicher Regelung, der Zustimmung des Bundesrates, sofern nicht schon das Stammgesetz keiner Zustimmung bedarf.[210] Mit Abs. 2 Satz 1 hat der Gesetzgeber von seiner Möglichkeit Gebrauch gemacht, die Zustimmungsbedürftigkeit des Bundesrates auszuschließen. Das BMAS kann hier also eigenständig in den Grenzen des § 3a eine Verordnungsentscheidung treffen. Die gesamte Konzeption des § 3a ist hierauf ausgerichtet.[211]

77

2. Bekanntmachung und Anhörung der von der Verordnung Betroffenen (Abs. 5 Satz 1 und 2)

Sofern der Verordnungsgeber die Lohnuntergrenze festsetzen möchte, hat er den von der Rechtsverordnung Betroffenen gem. Abs. 5 Satz 2 Gelegenheit zu geben, zum Verordnungsentwurf schriftlich Stellung zu beziehen. Auf diese Art und Weise trägt die Norm analog § 5 Abs. 2 TVG und § 7 Abs. 4 und 5 AEntG den aus dem Rechtsstaatsprinzip fol-

78

---
209 *Thüsing*, § 3a Rn. 28.
210 Schmidt-Bleibtreu/Hofmann/Hopfauf/*Sannwald*, Art. 80 Rn. 101 ff.
211 *Thüsing*, § 3a Rn. 29.

§ 3a Lohnuntergrenze

genden **Verfahrens- und Anhörungsrechten der** durch die Lohnuntergrenze betroffenen **Grundrechtsträger** Rechnung.[212] Anders als § 7 Abs. 5 AEntG, der eine Bekanntmachungspflicht nur für den erstmaligen Antrag vorsieht, ist Abs. 5 Satz 1 und Abs. 6 zufolge der Verordnungsentwurf stets im Bundesanzeiger bekannt zu machen. Damit hat der Gesetzgeber für § 3a nachvollzogen, was bei § 7 AEntG gängiger Praxis des Verordnungsgebers entspricht.

79   Ein **Verstoß gegen die Verfahrenspflichten** des Abs. 5 Satz 1 und 2 führt zur Unwirksamkeit der Lohnuntergrenzenverordnung.[213] Erfährt der ursprüngliche Vorschlag im Verordnungsverfahren eine wesentliche inhaltliche Veränderung, müssen die betroffenen Parteien Gelegenheit erhalten, zu dem neuen Verordnungsentwurf Stellung zu beziehen.[214] Dies gilt umso mehr als Abs. 2 Satz 2 vom Verordnungsgeber verlangt, den Vorschlag inhaltlich unverändert in die Rechtsverordnung zu übernehmen. Eine Änderung des Entwurfs kann mithin nur von den vorschlagenden Tarifvertragsparteien angestoßen werden und löst ein erneutes Anhörungsverfahren aus.

80   Zur Stellungnahme berechtigt sind die von der Rechtsverordnung betroffenen Arbeitgeber, sprich die Verleiher, Leiharbeitnehmer sowie Gewerkschaften und Arbeitgeberverbände, die gem. Abs. 1 Satz 1 vorschlagsberechtigt sind (vgl. Rn. 39 ff.).[215] Auf eine Tarifbindung der Betroffenen kommt es nicht an. Selbst die vorschlagenden Tarifvertragsparteien haben das Recht, Stellung zu ihrem eigenen Vorschlag zu beziehen.[216] Dies wird wohl eher die Ausnahme darstellen.

81   Die **dreiwöchige Frist zur Stellungnahme** läuft ab der gem. Abs. 5 Satz 1 vorgeschriebenen Bekanntmachung des Entwurfs im Bundesanzeiger. Die Fristberechnung erfolgt gem. § 31 VwVfG i.V.m. §§ 187 Abs. 1, 188 Abs. 2, Alt. 1 BGB. Innerhalb der Dreiwochenfrist können schriftliche Stellungnahmen, die die Anforderungen des § 126 Abs. 1 BGB erfüllen, beim BMAS eingereicht werden. Gem. § 3a Abs. 2 VwVfG kann die Schriftform durch die elektronische Kommunikation ersetzt werden, sofern das elektronische Dokument mit einer qualifizierten elektronischen Signatur nach dem Signaturgesetz versehen wird.[217]

---

212 BVerwG vom 28.1.2010 – 8 C 19.09, Rn. 55 ff.
213 *Ulber*, § 3a Rn. 51.
214 BVerwG vom 28.1.2010 – 8 C 19.09, Rn. 57 ff.
215 BT-Drs. 17/5238, S. 15; *Ulber*, § 3a Rn. 49.
216 BVerwG vom 28.1.2010 – 8 C 19.09, Rn. 58.
217 *Löwisch/Rieble*, TVG, § 5 Rn. 155.

3. Befassung des Tarifausschusses mit dem Vorschlag (Abs. 5 Satz 3)

82 Nach Ablauf der dreiwöchigen Stellungnahmefrist ist gem. Abs. 5 Satz 3 der Tarifausschuss des TVG mit dem Vorschlag zu befassen. Dem Tarifausschuss sind alle für seine Entscheidungsfindung notwendigen **Unterlagen** vom BMAS zur Verfügung zu stellen. Darüber hinaus sind ihm die für seine Arbeit erforderlichen **Auskünfte** zu erteilen. Die Norm des Abs. 5 Satz 3 weicht von § 5 Abs. 1 Satz 1 TVG und § 7 Abs. 5 AEntG ab. Während das TVG das Einvernehmen des Tarifausschusses mit dem BMAS voraussetzt, sieht das AEntG ein differenziertes Verfahren für den Umgang mit unterschiedlichen Stimmverhältnissen vor. Abs. 5 Satz 3 dagegen lässt dergleichen vermissen. Dem Tarifausschuss wird nicht einmal eine Frist für seine Tätigkeit gesetzt. Unklar bleibt, ob der Gesetzgeber schlichtweg vergessen hat, das Verfahren aus dem AEntG in das AÜG zu übernehmen.[218] Schließlich verwendet § 7 Abs. 5 AEntG auch den Begriff des Befassens. Dies könnte Anhaltspunkt für ein **gesetzgeberisches Versäumnis** sein. Der einschlägigen Bundestagsdrucksache lässt sich lediglich entnehmen, dass der Tarifausschuss auf Grundlage der eingereichten Stellungnahmen Gelegenheit erhält, *„über die Branche hinausgehende gesamtwirtschaftliche Erwägungen in den Entscheidungsprozess einzubringen"*.[219] Diese Formulierung sowie der Umstand, dass der Tarifausschuss im Gegensatz zu § 7 Abs. 5 AEntG erst nach Ablauf der Stellungnahmefrist mit dem Vorschlag befasst wird, sprechen jedoch eher dafür, dass der Gesetzgeber dem **Votum des Tarifausschusses** im Bereich des AÜG bewusst **keine Rechtswirkung** zubilligen wollte.[220] Hinzu kommt, dass der Diskussionsentwurf des BMAS aus Juni 2010 (vgl. Rn. 4) dem Tarifausschuss die Verantwortung für die Festsetzung der Lohnuntergrenze zusprach, während § 3a dies überhaupt nicht reflektiert. Anscheinend hat der Gesetzgeber es als ausreichend erachtet, dass in der durch kontroverse Auseinandersetzungen geprägten Arbeitnehmerüberlassung allein der Konsens der vorschlagenden Tarifvertragsparteien die Lohnuntergrenze tragen soll.

83 Der Tarifausschuss des TVG besitzt mithin bei der Festsetzung der Lohnuntergrenze lediglich **beratende Funktion**. Er soll über die Be-

---

218 Befürwortend *Thüsing*, § 3a Rn. 32, der vom Vorliegen einer planwidrigen Regelungslücke ausgeht.
219 BT-Drs. 17/5238, S. 15.
220 *Löwisch/Rieble*, TVG, § 5 Rn. 102; *Ulber*, § 3a Rn. 54.

lange der Verleihbranche hinausreichende gesamtwirtschaftliche Erwägungen in das Verordnungsverfahren einbringen. Lediglich die unterbliebene Befassung hat die Unwirksamkeit der Verordnung zur Folge. In der Praxis wird der Verordnungsgeber sich jedenfalls hinsichtlich des einzuhaltenden Verfahrens und der Fristen an die hergebrachten Grundsätze des AEntG und der DVO TVG halten, solange im Tarifausschuss Einvernehmen bezüglich der Festsetzung einer Lohnuntergrenze herrscht. Der Tarifausschuss wiederum richtet seine Arbeit an der DVO TVG aus, soweit diese Vorgaben macht, und greift auf die von ihm über die Jahre entwickelten Verfahrensmodalitäten für seine Arbeit zurück. Zum Testfall für die Norm des Abs. 5 Satz 3 könnte jedoch werden, dass ein Vorschlag im Tarifausschuss nicht einstimmig beschlossen werden kann. Von Vorteil könnte jedoch dann sein, dass gem. Abs. 5 Satz 3 für den Zeitpunkt der Befassung lediglich vorgesehen ist, dass diese nach Ablauf der Stellungnahmefrist zu erfolgen hat. Da auch der zeitliche Umfang des Befassens nicht vorgeschrieben ist, kann die hierdurch gewährleistete zeitliche Flexibilität der Herstellung eines Einvernehmens über den Vorschlag förderlich sein.

V. Inkrafttreten, Änderung und Außerkrafttreten der Rechtsverordnung

84 Art. 82 Abs. 1 Satz 2 GG zufolge sind Rechtsverordnungen von der Stelle, die sie erlässt, vorbehaltlich anderweitiger gesetzlicher Regelung im Bundesgesetzblatt zu veröffentlichen. Es kann jedoch abweichend hiervon die **Publikation im Bundesanzeiger** bestimmt werden.[221] Dies ist mit Abs. 5 Satz 1 geschehen, der vor Erlass der Verordnung die Veröffentlichung einer Entwurfsfassung verlangt. Die Lohnuntergrenze tritt, sofern alle Voraussetzungen des § 3a vorliegen, nach erneuter Publikation durch das BMAS im Bundesanzeiger in Kraft. Art. 82 Abs. 2 Satz 1 GG bestimmt, dass der Tag des Inkrafttretens in der Verordnung benannt werden soll. In diesem Kontext ist auch § 7 DVO TVG aufschlussreich. Hiernach hat das Inkrafttreten nicht vor dem Tage der Bekanntmachung des Vorschlagsentwurfs zu erfolgen. Hierdurch soll eine Rückwirkung des Vorschlags möglichst vermieden werden. Dieser Rechtsgedanke ist auch auf die Lohnuntergrenzenverordnung übertragbar. Schließlich müsste die Verordnung als Gesetz im materiellen Sinne den vom BVerfG aufgestellten Maßstäben für eine

---

221 Schmidt-Bleibtreu/Hofmann/Hopfauf/*Sannwald*, Art. 82 Rn. 42.

V. Inkrafttreten, Änderung und Außerkrafttreten der Rechtsverordnung § 3a

echte oder unechte Rückwirkung von Gesetzen[222] genügen, um Bestand zu haben. Dies wird regelmäßig nicht der Fall sein, weil ein gesteigertes öffentliches Interesse am Verordnungserlass nur in absoluten Ausnahmefällen gegeben sein wird. Bestimmt die Rechtsverordnung nicht den Tag ihres Inkrafttretens, tritt sie gem. Art. 82 Abs. 2 Satz 2 GG mit dem vierzehnten Tage nach Ablauf des Tages ihrer Veröffentlichung im Bundesanzeiger in Kraft.

Auch vor Ablauf der Rechtsverordnung können vorschlagsberechtigte Tarifvertragsparteien i. S. v. Abs. 1 Satz 1 gem. Abs. 6 eine **Änderung der Lohnuntergrenzenverordnung** vorschlagen. Weder das TVG noch das AEntG enthalten eine vergleichbare Regelung. Richtigerweise muss der Änderungsvorschlag auf Umständen basieren, die erst nach Festsetzung der Lohnuntergrenze eingetreten sind[223] oder nachweislich erst danach bekannt wurden. Bereits abgelehnte Vorschläge oder Vorschläge, die erst nach Ablauf der Lohnuntergrenzenverordnung eingereicht werden, sind keine Änderungsvorschläge i. S. v. Abs. 6.[224] Sowohl die Tarifvertragsparteien des erstreckten Vorschlags als auch andere vorschlagsberechtigte Tarifvertragsparteien können einen Änderungsvorschlag einreichen. Selbstverständlich müssen diese bundesweite tarifliche Mindeststundenentgelte für die Arbeitnehmerüberlassung vereinbart haben. Der Änderungsvorschlag muss überdies die übrigen Voraussetzungen der Abs. 1–5 erfüllen, um Aussicht auf Erfolg zu haben.[225] Die Tatsache, dass während der Laufzeit einer Lohnuntergrenzenverordnung eine Änderung derselben begehrt wird, bedingt jedoch, dass der Vorschlag erhöhten Anforderungen gerecht werden muss.[226] So muss er eine präzisere Begründung enthalten, die unter anderem das gesteigerte Gemeinwohlinteresse an der Erstreckung des Änderungsvorschlags zum Gegenstand hat.

85

Die Verordnung **tritt außer Kraft**, wenn ihre Laufzeit endet. Diese ist abhängig von der Laufzeit der Mindeststundenentgelte, die die vorschlagenden Tarifvertragsparteien vereinbart haben (vgl. Rn. 52). Die Synchronisierung der Laufzeiten stellt keine besondere Herausforderung dar.[227] Es müssen gleichwohl bestimmte Anforderungen beachtet werden. In der Regel wird die Laufzeit von tariflichen Mindeststunden-

86

---

222 *Jarass*/Pieroth, Art. 20 Rn. 67 ff.
223 *Ulber*, § 3a Rn. 55.
224 *Ulber*, § 3a Rn. 55.
225 BT-Drs. 17/5238, S. 15.
226 *Ulber*, § 3a Rn. 55.
227 A.A. wohl *Thüsing*, § 3a Rn. 39.

§ 3a   Lohnuntergrenze

entgelten befristet sein. Demgemäß darf die vorgeschlagene Laufzeit jedenfalls nicht über die vereinbarte Laufzeit der tariflichen Mindeststundenentgelte hinausreichen. Diese stellt gewissermaßen die absolute zeitliche Grenze des Vorschlags der Tarifvertragsparteien dar. Soll die Laufzeit vom Verordnungsgeber befristet werden, spricht mehr dafür, dass das BMAS eine Verordnung befristen darf, wenn der Vorschlag keine Befristung enthält, sprich unbefristet laufen soll.[228] Die Befristung stellt sich als Minus zum Nichterlass der Verordnung dar und müsste trotzdem regelmäßig dem Interesse der vorschlagenden Tarifvertragsparteien entsprechen. Anders ist die Frage jedoch zu beantworten, wenn der Verordnungsgeber eine von den Tarifvertragsparteien vorgeschlagene befristete Laufzeit verkürzt.[229] Hier dürfte das Ermessen des Verordnungsgebers durch Abs. 2 Satz 2 so stark gebunden sein, dass nur die Möglichkeit bliebe, den Vorschlag abzulehnen. Hierfür müssten aber gewichtige Gründe sprechen.

87 Sofern sich die referenzierten tariflichen Mindeststundenentgelte nach unten bewegen sollten, ist zu berücksichtigen, dass hierdurch die bestehende Kongruenz zwischen tariflichen und vorgeschlagenen Mindeststundenentgelten aufgehoben wird. In der Folge wären die Tarifvertragsparteien weiterhin an die Lohnuntergrenze gebunden und könnten die Mindeststundenentgelte derselben nicht unterschreiten. In diesem Fall würde ein Änderungsantrag i. S. v. Abs. 6 Abhilfe schaffen, um zu vermeiden, dass die Lohnuntergrenze nicht mehr vom Willen der vorschlagenden Tarifvertragsparteien getragen wird. In diesem besonderen Fall ist es jedoch angebracht, von einer **ungeschriebenen Pflicht des BMAS zur Aufhebung der Rechtsverordnung** auszugehen.[230]

VI. Rechtswirkungen der Lohnuntergrenze

88 Der Gesetzgeber hat der Lohnuntergrenze unterschiedliche Rechtswirkungen beigemessen, die im Ergebnis unterschiedliche Rechtsfolgen zeitigen. Zum einen gilt die Lohnuntergrenze für Verleiher gemäß **§ 10 Abs. 5** absolut. Das heißt, dass sie selbst dann nicht unterschritten werden darf, wenn ein vergleichbarer Arbeitnehmer des Entleihers ein geringeres Mindeststundenentgelt erzielt.

---

228 *Thüsing*, § 3a Rn. 38.
229 A. A. wohl *Thüsing*, § 3a Rn. 38.
230 *Thüsing*, § 3a Rn. 39; *Thüsing/Bayreuther*, AEntG, § 7 Rn. 24.

VII. Exkurs: Verhältnis der Lohnuntergrenze § 3a

§ 10 Abs. 4 Satz 3 wiederum bestimmt, dass, soweit ein Leiharbeitstarifvertrag die Mindeststundenentgelte der Lohnuntergrenze unterschreitet, der Leiharbeitnehmer für jede geleistete Stunde einen Equal-Pay-Anspruch erwirbt. Die Regelung ist so auszulegen, dass der einschlägige Leiharbeitstarifvertrag hinsichtlich der unter der Lohnuntergrenze liegenden Entgeltgruppen durch den Equal-Pay-Grundsatz ersetzt wird. Die darüber liegenden Entgeltgruppen des Leiharbeitstarifvertrages sind weiterhin unproblematisch anwendbar. Insgesamt begegnet die Regelung des § 10 Abs. 4 Satz 3 jedoch **europarechtlichen Bedenken**, weil sie unverhältnismäßig und dadurch geeignet ist, ausländische Verleiher vom Gebrauch ihrer Dienstleistungsfreiheit abzuhalten (vgl. Rn. 38). Hiergegen kann auch nicht eingewandt werden, dass die Equal-Pay-Rechtsfolge logische Konsequenz der systematischen Konzeption des § 3a AÜG sei.[231] Völlig ausreichend wäre es schließlich gewesen, wenn der Gesetzgeber vorgesehen hätte, dass für den Fall des Unterschreitens der Lohnuntergrenze lediglich die Mindeststundenentgelte der Lohnuntergrenze zu gewähren sind. Damit wäre der Vorgabe des Art. 10 Abs. 2 Satz 2 Leiharbeitsrichtlinie, wirksame, angemessene und abschreckende Sanktionen für Verstöße gegen die Richtlinie festzulegen, Genüge getan worden. 89

Darüber hinaus sind vorsätzliche oder fahrlässige Verstöße gegen § 10 Abs. 4 Satz 3 und Abs. 5 bußgeldbewehrt. Gem. § 16 Abs. 1 Nr. 7a und 7b i.V.m. § 16 Abs. 2 kann die Nichtgewährung der Mindeststundenentgelte ein **Bußgeld von bis zu 500.000 Euro** zur Folge haben. Kurioserweise sind die Bußgeldtatbestände erst mit dem Gesetz zur Änderung des AÜG und des SchwarzArbG am 30.7.2011 in Kraft getreten, sodass für den Fall der pünktlichen Einführung einer Lohnuntergrenze zum 1.5.2011 für drei Monate kein Bußgeldtatbestand zur Ahndung von Verstößen hiergegen zur Verfügung gestanden hätte. 90

VII. Exkurs: Verhältnis der Lohnuntergrenze zu anderen Branchenmindestlöhnen

Die Lohnuntergrenze ist für die Verleiher nur ein **Teil eines Gefüges von Mindestlöhnen**. § 8 Abs. 3 AEntG bestimmt, dass Verleiher die in nach dem AEntG erstreckten Mindestlohntarifverträgen geregelten Arbeitsbedingungen zu gewähren haben, sofern Leiharbeitnehmer von den Entleihern mit Tätigkeiten beschäftigt werden, die in den Geltungs- 91

---

[231] *Ulber*, AuR 2012, 426, 427.

§ 3a Lohnuntergrenze

bereich des jeweiligen Mindestlohntarifvertrages[232] fallen. Allgemeinverbindlicherklärungen gem. § 5 TVG sind hiervon ausgenommen. § 1 Abs. 2 AEntG a.F. (§ 8 Abs. 3 AEntG n.F.) ist jedoch erst dann anwendbar, wenn der gesamte, also auch der fachliche Geltungsbereich des Mindestlohntarifvertrages eröffnet ist.[233] Die Ausübung einer mindestlohnrelevanten Tätigkeit allein genügt nicht. Dem Gesagten zufolge kann es bei der Überlassung in entsprechende Entleiherbranchen zu Kollisionen von Entgelt- und sonstigen Arbeitsbedingungen i.S.d. § 5 Nr. 1–3 AEntG kommen. Erweitert werden die möglichen Regelungsgegenstände des § 5 AEntG durch die in § 9 Satz 3 AEntG aufgeführten Ausschlussfristen.[234]

92 Wie die **Kollision der Tarifverträge** aufzulösen ist, gibt § 8 Abs. 3 AEntG nur zum Teil vor. Die Auflösung der generellen Tarifkonkurrenz zwischen den maßgeblichen Entleiher- und Leiharbeitstarifverträgen richtet sich daher nach allgemeinen Grundsätzen. Für Regelungsgegenstände, zu denen der Mindestlohntarifvertrag keine Bestimmungen enthält, gilt weiterhin der speziellere Tarifvertrag, also der, an den der Verleiher gebunden ist.[235] Hinsichtlich der Arbeitsbedingungen des § 5 Nr. 1–3 AEntG bestimmt § 8 Abs. 1 Satz 1 und Abs. 3 AEntG, dass diese die Arbeitsbedingungen des Leiharbeitstarifvertrages während der Überlassung in eine Mindestlohnbranche verdrängen.

---

232 Derzeit existieren folgende für die Leiharbeit relevante Allgemeinverbindlicherklärungen bzw. Mindestlohnverordnungen: Fünfte Verordnung über zwingende Arbeitsbedingungen für die Abfallwirtschaft einschließlich Straßenreinigung und Winterdienst vom 28.3.2013 (Laufzeit bis 30.6.2014); Verordnung über zwingende Arbeitsbedingungen für Aus- und Weiterbildungsdienstleistungen nach dem Zweiten oder Dritten Buch Sozialgesetzbuch vom 17.7.2012 (Laufzeit bis 30.6.2013); Zweite Verordnung über Bergbauspezialarbeiten auf Steinkohlebergwerken vom 24.10.2011 (Laufzeit bis 31.3.2013; mittlerweile außer Kraft getreten); Bekanntmachung über die Allgemeinverbindlicherklärung eines Tarifvertrages für die Elektrohandwerke vom 7.12.2010 (Laufzeit bis 31.12.2013); Dritte Verordnung über zwingende Arbeitsbedingungen in der Gebäudereinigung vom 21.12.2011 (Laufzeit bis 31.10.2013); Sechste Verordnung über zwingende Arbeitsbedingungen im Maler- und Lackiererhandwerk vom 25.5.2012 (Laufzeit bis 30.4.2013); Erste Verordnung über zwingende Arbeitsbedingungen für die Pflegebranche vom 15.7.2010 (Laufzeit bis 31.12.2014); Verordnung über zwingende Arbeitsbedingungen für Sicherheitsdienstleistungen vom 5.5.2011 (Laufzeit bis 31.12.2013); Verordnung über zwingende Arbeitsbedingungen für Wäschereidienstleistungen im Objektkundengeschäft vom 21.10.2009 (Laufzeit bis 31.3.2013; mittlerweile außer Kraft getreten).
233 BAG vom 21.10.2009 – AZR 951/08.
234 Thüsing/*Bayreuther*, AEntG, § 9 Rn. 11.
235 Thüsing/*Bayreuther*, AEntG, § 7 Rn. 24.

VIII. Rechtsschutzmöglichkeiten zur Überprüfung § 3a

Die Einführung der Lohnuntergrenze hat die beschriebene Problematik hinsichtlich der Mindestentgeltsätze des § 5 Nr. 1 AEntG ein Stück weit verändert. Nach § 10 Abs. 5 dürfen Verleiher nunmehr zusätzlich die Lohnuntergrenze nicht unterschreiten (vgl. Rn. 88). Das gilt selbst dort, wo die Mindestentgeltsätze des Entleihers hinter den Mindeststundenentgelten der Lohnuntergrenze zurückbleiben. Sollten also in einer Branche Mindestlöhne für vergleichbare Stammbeschäftigte des Entleihers gelten, die unterhalb der Lohnuntergrenze liegen, müsste der Verleiher bei Überlassung in den Geltungsbereich des einschlägigen Mindestlohntarifvertrages weiterhin die Mindeststundenentgelte der Lohnuntergrenze gewähren. Sollten die für die Entleiherbranche festgesetzten Mindestlöhne über der Lohnuntergrenze liegen, greifen diese, weil sie im Vergleich zur Lohnuntergrenze günstiger sind. 93

Mitunter kann es zu komplizierten Günstigkeitsvergleichen der zu gewährenden Arbeitsbedingungen kommen. Dies gilt beispielsweise beim Zusammentreffen unterschiedlicher Systeme der Arbeitszeitflexibilisierung sowie bei einer Divergenz der festgelegten Tarifgebiete. 94

VIII. Rechtsschutzmöglichkeiten zur Überprüfung der Entscheidung des Verordnungsgebers

Ein spezifisches **Rechtsschutzverfahren zur Überprüfung von Erstreckungsakten** gibt es nicht. So ist die Lohnuntergrenze nicht mit der abstrakten Normenkontrolle gem. Art. 93 Abs. 1 Nr. 2 GG angreifbar.[236] Ebenso wenig kommt die Anfechtung der Lohnuntergrenze über die Verbandsklage des § 9 TVG in Betracht.[237] Überdies scheidet ein Normenkontrollverfahren gem. § 47 Abs. 1 Nr. 2 VwGO als Rechtsschutzmöglichkeit aus, weil das AÜG keine landesgesetzliche Regelung ist, die eine solche Anfechtung erlauben würde. Eine Verfassungsbeschwerde der Tarifvertragsparteien nach Art. 93 Abs. 1 Nr. 4a GG scheitert daran, dass es dem ungeschriebenen Grundsatz der Subsidiarität der Verfassungsbeschwerde zufolge möglich, zumutbar und zur Entlastung des BVerfG auch zweckmäßig ist, die Verordnung inzidenter von einem Fachgericht überprüfen zu lassen.[238] Unter anderem deshalb 95

---

236 *Löwisch/Rieble*, TVG, § 5 Rn. 224.
237 BVerwG vom 28.1.2010 – 8 C 19/09, Rn. 53 f.; BAG vom 9.12.2009 – 4 AZR 190/08, Rn. 39.
238 Vgl. Jarass/*Pieroth*, Art. 93 Rn. 57 ff.; *Löwisch/Rieble*, TVG, § 5 Rn. 224; *Latzel/Serr*, ZfA 2011, 391, 436.

§ 3a Lohnuntergrenze

wurde Anfang 2012 die Bundesregierung mit einem Entschließungsantrag aufgefordert, der Arbeitsgerichtsbarkeit die ausschließliche sachliche Zuständigkeit für die Überprüfung von Erstreckungsakten zuzuweisen.[239]

96 Dessen ungeachtet kann die Entscheidung nach Abs. 2 vor den Verwaltungsgerichten angefochten werden. Der Verwaltungsrechtsweg nach § 40 Abs. 1 Satz 1 VwGO ist eröffnet, weil die streitentscheidende Norm des § 3a eine Norm des öffentlichen Rechts ist. Statthafte Klageart ist die **Feststellungsklage gem. § 43 Abs. 1 Alt. 1 VwGO**. Für Allgemeinverbindlicherklärungen nach dem TVG ist bereits entschieden worden, dass deren Nichterlass im Wege einer Feststellungsklage angefochten werden kann.[240] Das BVerwG hat in seiner Entscheidung zum Postmindestlohn ebenfalls die allgemeine Feststellungsklage als statthafte Klageart qualifiziert, weil durch den Erlass der Mindestlohnverordnung ein konkreter Handlungsbefehl entstehe, der die behauptete Rechtsverletzung ohne dazwischengeschalteten Rechtsakt zur Folge haben könne.[241] Dies ist deshalb sachgerecht, weil die Normadressaten ansonsten kaum effektiven Rechtsschutz erreichen könnten. Hieran ändert auch nichts, dass das BVerwG in anderem Zusammenhang entschieden hat, dass es an einem feststellungsfähigen Rechtsverhältnis fehle.[242] Dies ist hinsichtlich der vorschlagsberechtigten Tarifvertragsparteien schon allein deshalb zu bejahen, weil diese durch die Auswahlentscheidung des BMAS gemäß Abs. 3 und 4 in ihren Grundrechten unmittelbar betroffen sind und durch den Erlass bzw. Nichterlass der Lohnuntergrenze ein hinreichend konkretes feststellungsfähiges Rechtsverhältnis begründet wird.[243]

97 Ein **Feststellungsinteresse i.S.v. § 43 Abs. 1 Alt. 1 VwGO** kann gleichermaßen für die Arbeitsvertragsparteien bejaht werden. Diese können sich auch im Wege der verwaltungsgerichtlichen Feststellungsklage unmittelbar gegen die Lohnuntergrenze zur Wehr setzen. Naturgemäß werden es jedoch die Arbeitgeber sein, die ein Interesse daran haben, die Festsetzung einer Lohnuntergrenze anzufechten. Von zentraler Bedeutung ist auch hier, ob durch die Festsetzung der Lohnuntergrenze

---

239 Entschließungsantrag der SPD-Bundestagsfraktion vom 24.1.2012 „Erosion der Tarifvertragssysteme stoppen – Sicherung der Allgemeinverbindlichkeitsregelung von Tarifverträgen", BT-Drs. 17/8459, S. 3 f.; *Löwisch/Rieble*, TVG, § 5 Rn. 226.
240 BVerwG vom 3.11.1988 – 7 C 115/86.
241 BVerwG vom 28.1.2010 – 8 C 19/09, Rn. 29 f.
242 BVerwG vom 23.8.2007 – 7 C 2/07, Rn. 21 ff.
243 Thüsing/*Bayreuther*, AEntG, § 7 Rn. 34.

VIII. Rechtsschutzmöglichkeiten zur Überprüfung § 3a

ein feststellungsfähiges Rechtsverhältnis zwischen Normgeber und Normadressat entsteht. Das BVerwG hat dies in seiner Entscheidung zum Postmindestlohn bejaht, indem es die Klage einzelner Arbeitgeber gegen die Verordnung nach § 1 Abs. 3a AEntG a.F. für zulässig erachtete, weil durch den Erstreckungsakt ohne dazwischengeschalteten Verwaltungsvollzug grundrechtsrelevante Pflichten des Arbeitgebers begründet werden.[244] Dies wird jedenfalls im Ergebnis von Teilen der Literatur begrüßt, weil die Arbeitsvertragsparteien ein Interesse an gerichtlicher Feststellung der Rechtswidrigkeit des Erstreckungsaktes besäßen.[245] Auf diese Weise werde der Rechtsschutz der Arbeitsvertragsparteien effektiver gewahrt als vor den Arbeitsgerichten und zugleich werde dem Rechtsstaatsprinzip wegen des förmlicheren Verfahrens vor den Verwaltungsgerichten besser Genüge getan.[246] Dies wird von Teilen der Literatur bestritten. Zwischen den Arbeitsvertragsparteien und dem Verordnungsgeber entstehe durch den Verordnungserlass kein **hinreichend konkretes Rechtsverhältnis** i.S.d. § 43 Abs. 1 VwGO, weshalb die Arbeitsvertragsparteien auf eine Inzidentkontrolle vor den Arbeitsgerichten verwiesen seien.[247] Verwiesen wird in diesem Zusammenhang auch auf eine Entscheidung des BVerwG zu einer Allgemeinverbindlicherklärung im Baugewerbe[248] sowie auf die zweitinstanzliche Entscheidung des OVG Berlin-Brandenburg zum Postmindestlohn, in der das OVG zum Feststellungsinteresse eine andere Auffassung vertrat als das BVerwG.[249] In beiden Entscheidungen wird ausgeführt, dass zwischen Normadressat und Normgeber in der Regel kein Rechtsverhältnis bestehe, weil der Normgeber nicht an der Umsetzung der Rechtsnorm gegenüber dem Adressaten beteiligt sei.[250] Allerdings handelte es sich bei dem vom BVerwG zu entscheidenden Fall um die Klage eines konkurrierenden Arbeitgeberverbandes, mithin nicht diejenige eines einzelnen Arbeitgebers, und das BVerwG bejahte auch in diesem Fall das Feststellungsinteresse.

---

244 BVerwG vom 28.1.2010 – 8 C 19/09, Rn. 25 ff.
245 *Löwisch/Rieble*, TVG, § 5 Rn. 229 ff.; *Zipperling*, BB 2008, 1790, 1790 f.
246 *Löwisch/Rieble*, TVG, § 5 Rn. 227.
247 *Däubler/Lakies*, TVG, § 5 Rn. 222; ErfK/*Franzen*, § 5 TVG Rn. 28; *Latzel/Serr*, ZfA, 391, 410 ff.; Thüsing/*Bayreuther*, AEntG, § 7 Rn. 35.
248 BVerwG vom 28.1.2010 – 8 C 38/09.
249 OVG Berlin-Brandenburg vom 18.12.2008 – 1 B 13.08, Rn. 31 ff.
250 BVerwG vom 28.1.2010 – 8 C 38/09, Rn. 33; OVG Berlin-Brandenburg vom 18.12.2008 – 1 B 13.08, Rn. 33.

§ 3a   Lohnuntergrenze

98   Der **Rechtsprechung des BVerwG zum Postmindestlohn** ist auch im Hinblick auf § 3a zu folgen. Durch die Festsetzung der Lohnuntergrenze entstehen unmittelbare arbeitsrechtliche Pflichten, die erst durch die öffentlich-rechtliche Entscheidung des Verordnungsgebers begründet werden. So ist der Arbeitgeber etwa gem. § 10 Abs. 5 verpflichtet, den Arbeitnehmern zumindest die Mindeststundenentgelte aus der Lohnuntergrenze zu gewähren. Hinzu tritt die Equal-Pay-Rechtsfolge des § 10 Abs. 4 Satz 3, die geeignet ist, insbesondere ausländische Verleiher empfindlich zu treffen. Es wäre mit dem aus Art. 19 Abs. 4 GG folgenden **Anspruch auf effektiven Rechtsschutz** nur schwer vereinbar, wenn man den betroffenen Arbeitgebern unter Verweis auf die aus § 43 Abs. 2 Satz 1 VwGO resultierende Subsidiarität der allgemeinen Feststellungsklage diese Rechtsschutzmöglichkeit verwehrte.[251] Vielmehr muss es ihnen möglich sein, die Lohnuntergrenze unmittelbar anzufechten. Eine Normerlassklage können die Arbeitsvertragsparteien jedoch nicht erheben. Dies steht lediglich den vorschlagsberechtigten Tarifvertragsparteien zu.

99   Letztgenannte können dementsprechend sowohl gegen den Erlass als auch den Nichterlass der Lohnuntergrenzenverordnung mit der allgemeinen Feststellungsklage vorgehen.[252] Schließlich werden bei der Festsetzung der Lohnuntergrenze die Arbeitsbedingungen konkurrierender Koalitionen potenziell verdrängt und deren Grundrechte beeinträchtigt. Aus Art. 9 Abs. 3 GG folgt ebenso, dass die vorschlagenden Tarifvertragsparteien bei Nichtfestsetzung der Lohnuntergrenze einen Anspruch auf ermessensfehlerfreie Entscheidung über ihren Antrag haben.[253] Die **allgemeine Normerlassklage**, mit der eine ermessensfehlerfreie Entscheidung begehrt wird, ist deshalb auch gerechtfertigt. Entgegen der Auffassung, die allgemeine Leistungsklage sei in diesem Fall die statthafte Klageart,[254] ist auch hier die allgemeine Feststellungsklage einschlägig.[255] Überdies wird teilweise vertreten, dass aus Art. 9 Abs. 3 GG kein Klagerecht auf Allgemeinverbindlicherklärung abgeleitet werden könne, da dieses sich nicht mit einem Verfahrensrecht auf

---

251 Thüsing/*Bayreuther*, AEntG, § 7 Rn. 35.
252 Thüsing/*Bayreuther*, AEntG, § 7 Rn. 33 ff.
253 BVerwG vom 3.11.1988 – 7 C 115/86; Däubler/*Lakies*, TVG, § 5 Rn. 227; *Düwell*, NZA-Beilage 2011, 80, 81; Wiedemann/*Wank*, TVG, § 5 Rn. 171; *Löwisch/Rieble*, TVG, § 5 Rn. 265.
254 A.A. Däubler/*Lakies*, TVG, § 5 Rn. 229.
255 *Düwell*, NZA-Beilage 2011, 80, 81.

VIII. Rechtsschutzmöglichkeiten zur Überprüfung § 3a

ermessensfehlerfreie Entscheidung begründen lasse.[256] Im Mittelpunkt stünden hier lediglich private und keine öffentlichen Interessen. Dem ist jedoch entgegenzuhalten, dass die vorschlagenden Tarifvertragsparteien mit einer Normerlassklage gerade das Vorliegen eines öffentlichen Interesses und insofern kein Partikularinteresse behaupten. Anderenfalls hätte ihr Vorschlag gem. § 3a keinerlei Erfolgsaussichten.

Die Entscheidung der Verwaltungsgerichte wirkt gem. § 121 VwGO nur inter partes. Dies kann dazu führen, dass es zu widersprüchlichen Entscheidungen der Fachgerichte kommen kann. Denn auch die Entscheidungen der Fachgerichte anderer Gerichtszweige besitzen **keine Erga-omnes-Wirkung**. 100

So können die **Parteien des Arbeitsvertrages** die Rechtmäßigkeit der Erstreckung inzidenter vor den Arbeitsgerichten überprüfen lassen, wenn der Ausgang des Verfahrens von der Wirksamkeit der Lohnuntergrenze abhängt. Sofern eine Partei des Rechtsstreits konkrete Tatsachen vorträgt, die Zweifel am Vorliegen der Voraussetzungen des § 3a aufkommen lassen, hat das Arbeitsgericht die Wirksamkeit der Lohnuntergrenze von Amts wegen zu prüfen.[257] Das BAG vertritt die Auffassung, dass regelmäßig davon auszugehen sei, dass das BMAS eine Allgemeinverbindlicherklärung nur dann erklärt, wenn die gesetzlichen Voraussetzungen erfüllt sind.[258] Sollte die **Finanzkontrolle Schwarzarbeit** Verstöße gegen die Lohnuntergrenze feststellen und gem. § 23 SchwarzArbG vor einem Finanzgericht hierüber verhandelt werden, kann die Rechtmäßigkeit der Lohnuntergrenze auch hier inzidenter zum Gegenstand des Verfahrens gemacht werden. 101

Sollte in einem der genannten Verfahren die Tarifzuständigkeit bzw. Tariffähigkeit einer der vorschlagenden Koalitionen in Streit stehen, müsste das zuständige Gericht den Rechtsstreit von Amts wegen aussetzen und ein **Verfahren gem. § 97 Abs. 5 ArbGG** einleiten. 102

---

256 *Löwisch/Rieble*, TVG, § 5 Rn. 264.
257 Däubler/*Lakies*, TVG, § 5 Rn. 219f.; Thüsing/*Bayreuther*, AEntG, § 7 Rn. 35.
258 BAG vom 25.6.2002 – 9 AZR 439/01; – 9 AZR 405/00; a.A. *Löwisch/Rieble*, TVG, § 5 Rn. 259ff.

§ 4 Rücknahme

(1) Eine rechtswidrige Erlaubnis kann mit Wirkung für die Zukunft zurückgenommen werden. § 2 Abs. 4 Satz 4 gilt entsprechend.

(2) Die Erlaubnisbehörde hat dem Verleiher auf Antrag den Vermögensnachteil auszugleichen, den dieser dadurch erleidet, dass er auf den Bestand der Erlaubnis vertraut hat, soweit sein Vertrauen unter Abwägung mit dem öffentlichen Interesse schutzwürdig ist. Auf Vertrauen kann sich der Verleiher nicht berufen, wenn er

1. die Erlaubnis durch arglistige Täuschung, Drohung oder eine strafbare Handlung erwirkt hat;
2. die Erlaubnis durch Angaben erwirkt hat, die in wesentlicher Beziehung unrichtig oder unvollständig waren, oder
3. die Rechtswidrigkeit der Erlaubnis kannte oder infolge grober Fahrlässigkeit nicht kannte.

Der Vermögensnachteil ist jedoch nicht über den Betrag des Interesses hinaus zu ersetzen, das der Verleiher an dem Bestand der Erlaubnis hat. Der auszugleichende Vermögensnachteil wird durch die Erlaubnisbehörde festgesetzt. Der Anspruch kann nur innerhalb eines Jahres geltend gemacht werden; die Frist beginnt, sobald die Erlaubnisbehörde den Verleiher auf sie hingewiesen hat.

(3) Die Rücknahme ist nur innerhalb eines Jahres seit dem Zeitpunkt zulässig, in dem die Erlaubnisbehörde von den Tatsachen Kenntnis erhalten hat, die die Rücknahme der Erlaubnis rechtfertigen.

Übersicht

	Rn.		Rn.
I. Vorbemerkungen	1	2. Voraussetzungen	4
1. Entstehungsgeschichte	1	3. Beweislast	8
2. Sinn und Zweck der Vorschrift	2	III. Ausgleichsanspruch des Verleihers (Abs. 2)	9
II. Rücknahme der Erlaubnis (Abs. 1)	3	IV. Frist zur Rücknahme (Abs. 3)	11
1. Rechtsnatur und Rechtsfolgen	3	V. Rechtsschutz	13

I. Vorbemerkungen

1. Entstehungsgeschichte

Die Bestimmung war bereits **bei In-Kraft-Treten des AÜG** (1972) **1**
Teil des Gesetzes. Der Bundesrat hatte seinerzeit angeregt, auf die Ausgleichsvorschrift in Abs. 2 zu verzichten. Die Bundestagsmehrheit sah jedoch in dem **Ausgleichsanspruch** ein **notwendiges Korrektiv für** das **Rücknahmerecht** der Behörde.

2. Sinn und Zweck der Vorschrift

Die Vorschrift ist **lex specialis zu § 48 VwVfG**; sie regelt abweichend **2**
von den allgemeinen Bestimmungen die Voraussetzungen und Rechtsfolgen der Rücknahme einer rechtswidrigen Erlaubnis. Der Behörde wird damit die Möglichkeit eingeräumt, eine rechtlich fehlerhafte Entscheidung zu korrigieren. Die **praktische Bedeutung** der Rücknahme ist **gering**, weil die Behörde sowohl die anfängliche als auch die fortdauernde Rechtswidrigkeit der Erlaubnis nachweisen muss (siehe unten Rn. 8). So wurde von 1980 bis einschließlich 1995 nur in insgesamt 18 Fällen[1] und im Zeitraum 1996–1999 in insgesamt 10 Fällen eine Erlaubnis zurückgenommen.[2] Im Zeitraum 2000–2004 wurde in 46 und im Zeitraum 2005–2008 in 18 Fällen eine Erlaubnis zurückgenommen. Eine Entschädigung nach Abs. 2 wurde bisher in keinem einzigen Fall gezahlt.

II. Rücknahme der Erlaubnis (Abs. 1)

1. Rechtsnatur und Rechtsfolgen

Die Rücknahme ist ein **belastender Verwaltungsakt** und kann abwei- **3**
chend von § 48 Abs. 1 VwVfG nur mit Wirkung für die Zukunft erfolgen. Mit Zugang des Rücknahmebescheids erlischt die Erlaubnis. Für die Abwicklung der Geschäfte des Verleihers gilt § 2 Abs. 4 Satz 4 entsprechend (vgl. dazu § 2 Rn. 37ff.). Die durch die Rücknahme ungültig gewordene **Erlaubnisurkunde** ist **gemäß § 52 VwVfG zurückzufordern**. Sofern der Betroffene ein schutzwürdiges Interesse daran hat, die Erlaubnisurkunde weiter zu besitzen, kann sie ihm nach Unbrauchbar-

---

1 Vgl. BT-Drs. 10/1934, S. 8; BT-Drs. 11/2639, S. 21; BT-Drs. 12/3180, S. 19; BT-Drs. 13/5498, S. 21 f.
2 BT-Drs. 14/4220, S. 75.

machung bzw. Kennzeichnung als ungültig wieder ausgehändigt werden. Dies kommt insbesondere in Betracht, wenn der frühere Erlaubnisinhaber seine bis zum Ablauf der Abwicklungsfrist bestehende Rechtsposition nachweisen muss (GA AÜG 4.1 (9)).

2. Voraussetzungen

4 Nach Abs. 1 Satz 1 kann eine rechtswidrige Erlaubnis zurückgenommen werden. Entsprechend anwendbar ist die Vorschrift auf die **nichtige Überlassungserlaubnis**, welche deklaratorisch zurückgenommen werden kann.[3] **Rechtswidrig** ist die Erlaubnis, **wenn sie nicht hätte erteilt werden dürfen**, weil zum Zeitpunkt der Erteilung die entsprechenden Voraussetzungen nicht vorlagen, insbesondere weil Versagungsgründe gem. § 3 gegeben waren.[4] Die Gründe, weswegen die Erlaubnis gleichwohl erteilt wurde, sind unbeachtlich. Entscheidend ist allein die **objektive Beurteilung zum Zeitpunkt der Erlaubniserteilung** (GA AÜG 4.1 (3)).[5] Daher ist die Erlaubnis zurückzunehmen und nicht zu widerrufen, wenn die Versagungsgründe schon bei Erlass der Erlaubnis vorlagen, der Behörde aber erst später bekannt geworden sind.[6] Für eine Rücknahme kommt es auch nicht darauf an, ob der Antragsteller falsche Angaben gemacht hat oder ob die Behörde aus zutreffenden Angaben falsche Schlüsse gezogen hat.[7] Die Rücknahme setzt grds. **materielle Rechtswidrigkeit** voraus. **Unerhebliche Verfahrens- und Formfehler rechtfertigen** gemäß § 46 VwVfG eine **Rücknahme im Allgemeinen nicht**. Entsprechendes gilt für Bagatellfehler, wie z.B. Schreibfehler, Rechenfehler und andere offenbare Unrichtigkeiten; solche Mängel kann die Behörde jederzeit berichtigen.[8]

5 Weiter muss die Erlaubnis zum Zeitpunkt der Rücknahme **noch rechtswidrig** sein, d.h. die Gründe, die der Erteilung der Erlaubnis nach materiellem Recht entgegenstanden, müssen noch vorliegen. Sind die Versagungsgründe hingegen zwischenzeitlich weggefallen, scheidet eine Rücknahme aus.[9]

---

3 Schüren/*Schüren*, § 4 Rn. 11; AnwK-ArbR/*Ulrici*, § 4 AÜG Rn. 4.
4 *Sandmann/Marschall*, § 4 Anm. 4; AnwK-ArbR/*Ulrici*, § 4 AÜG Rn. 2.
5 Thüsing/*Kämmerer*, § 4 Rn. 2.
6 LSG Niedersachsen vom 22.7.1977 – L 7 S (Ar) 31/77, juris Os. 2.
7 AnwK-ArbR/*Ulrici*, § 4 AÜG Rn. 2.
8 *Kaufmann*, Rn. 156.
9 AnwK-ArbR/*Ulrici*, § 4 AÜG Rn. 3; *Kaufmann*, Rn. 157. – A.A. *Ulber*, § 4 Rn. 3.

II. Rücknahme der Erlaubnis (Abs. 1) § 4

Eine Rücknahme ist nicht zulässig, wenn ursprünglich die Voraussetzungen für eine Erlaubniserteilung vorlagen, aber **nachträglich Versagungsgründe** eintreten. In diesem Fall ist die **Erlaubnis gemäß § 5 zu widerrufen**.[10] Ob Rücknahme oder Widerruf in Betracht kommt, richtet sich nicht danach, wann die Behörde von den die Versagung der Erlaubnis rechtfertigenden Tatsachen Kenntnis erlangt hat, sondern wann diese Tatsachen eingetreten sind. Hat der Begünstigte vor der Erteilung der Erlaubnis eine die Versagung rechtfertigende Straftat begangen, dann ist die Erlaubnis zurückzunehmen, nicht zu widerrufen. Dies gilt auch dann, wenn er erst nach diesem Zeitpunkt verurteilt wird oder die Behörde erst nachträglich hiervon Kenntnis erlangt. Die zur Versagung berechtigende Unzuverlässigkeit ergibt sich nämlich nicht aus der Verurteilung, sondern der zugrunde liegenden Straftat.[11]

6

Obwohl Abs. 1 als Kann-Vorschrift ausgestaltet ist, steht die Rücknahme **nicht im freien Ermessen** der Behörde. Vielmehr soll nur klargestellt werden, dass die Behörde den Grundsatz der Verhältnismäßigkeit bei ihrem Vorgehen beachten muss (GA AÜG 4.1 (5)). Bei der **Verhältnismäßigkeitsabwägung** spielt aber anders als etwa in § 48 VwVfG das **Vertrauen** des Verleihers in den Fortbestand der ihm erteilten Erlaubnis **keine Rolle**.[12] Die Nachteile der freien Rücknahmemöglichkeit werden allein durch die Entschädigung nach Abs. 2 ausgeglichen.[13] Die Behörde muss die Erlaubnis zurücknehmen, wenn diese rechtswidrig erteilt wurde und auch zum gegenwärtigen Zeitpunkt unter keinen Umständen erteilt werden dürfte. Dies ist insbesondere bei weiterhin bestehender Unzuverlässigkeit des Verleihers der Fall. Kann hingegen ein rechtmäßiger, zur Erlaubniserteilung berechtigender Zustand durch weniger einschneidende Mittel, wie z.B. Auflagen, herbeigeführt werden, dann darf die Erlaubnis nicht zurückgenommen werden; vielmehr ist eine Auflage auszusprechen (zur nachträglichen Auflage siehe § 2 Rn. 29).[14]

7

---

10 Thüsing/*Kämmerer*, § 4 Rn. 2; *Sandmann/Marschall*, § 4 Anm. 4.
11 LSG Niedersachsen vom 22.7.1977 – L 7 S (Ar) 31/77, EzAÜG § 4 AÜG Rücknahme Nr. 1.
12 Thüsing/*Kämmerer*, § 4 Rn. 3. – A.A. Schüren/*Schüren*, § 4 Rn. 17; AnwK-ArbR/*Ulrici*, § 4 AÜG Rn. 7.
13 Vgl. BT-Drs. VI/2303, S. 12; Thüsing/*Kämmerer*, § 4 Rn. 3. – A.A. AnwK-ArbR/*Ulrici*, § 4 AÜG Rn. 7.
14 AnwK-ArbR/*Ulrici*, § 4 AÜG Rn. 8.

3. Beweislast

8 Die **Beweislast** für die anfängliche und noch andauernde Rechtswidrigkeit der Erlaubnis **trägt die BA**. Sie muss die diesbezüglichen Tatsachen konkret darlegen und beweisen.[15] In Betracht kommen vor allem Tatsachen, die auf eine Unzuverlässigkeit des Verleihers schließen lassen; allerdings reicht die bloße Möglichkeit der Rechtswidrigkeit für die Rücknahme nicht aus.[16]

III. Ausgleichsanspruch des Verleihers (Abs. 2)

9 Abs. 2 AÜG sieht für den Verleiher einen Ausgleichsanspruch vor, wenn seine **Erlaubnis rechtmäßig**[17] **zurückgenommen** wurde, sein **Vertrauen in die Erteilung der Erlaubnis** aber **schutzwürdig** war.[18] Hat der Verleiher bei Erlaubniserteilung die Behörde **getäuscht, falsche oder unvollständige Angaben** gemacht, **scheidet** ein solcher **Anspruch** von vornherein aus.[19] Denkbar ist ein Anspruch auf Ersatz der Vermögensnachteile also nur, wenn die Behörde im Wesentlichen korrekt informiert wurde, dann aber die Tatsachen rechtlich falsch bewertete (zur praktischen Bedeutung des Ausgleichsanspruchs siehe oben Rn. 2).

10 Der Anspruch ist auf den **Ausgleich des Vertrauensinteresses** gerichtet. Der Verleiher kann also Ersatz nutzloser Aufwendungen verlangen; hingegen besteht kein Anspruch wegen des durch die Rücknahme der Erlaubnis entgangenen Gewinns. Der Ausgleichsanspruch ist **nicht von Amts wegen** zu gewähren, sondern setzt einen entsprechenden Antrag des Verleihers voraus.[20] Dieser muss innerhalb eines Jahres geltend gemacht werden. Die Frist beginnt, sobald die Erlaubnisbehörde den Verleiher hierauf hingewiesen hat, nicht aber vor der Rücknahme zu laufen.

---

15 AnwK-ArbR/*Ulrici*, § 4 AÜG Rn. 18; Schüren/*Schüren.*, § 4 Rn. 14.
16 *Sandmann/Marschall*, § 4 Anm. 8.
17 AnwK-ArbR/*Ulrici*, § 4 AÜG Rn. 14.
18 Ausführlich zum Nachteilsausgleich *Becker/Wulfgramm*, § 4 Rn. 39–51a.
19 Ausführlich Thüsing/*Kämmerer*, § 4 Rn. 9.
20 Vgl. AnwK-ArbR/*Ulrici*, § 4 AÜG Rn. 14.

IV. Frist zur Rücknahme (Abs. 3)

Die Rücknahme der Erlaubnis kann nur innerhalb eines Jahres ab Kenntnis der hierfür maßgeblichen Tatsachen erfolgen. Die **Jahresfrist** beginnt zu laufen, wenn die Rechtswidrigkeit der Verleiherlaubnis sich vom Standpunkt des objektiven Betrachters aus den der Erlaubnisbehörde bekannten Tatsachen ergibt oder erkennbar ist.[21] Maßgeblich ist daher regelmäßig die **Tatsachenkenntnis**; eine **positive Kenntnis** der Rechtsfolgen und **der Rechtswidrigkeit** der Erlaubnis ist **nicht erforderlich**. Wenn sich die Rechtswidrigkeit erst aus einer Zusammenschau vieler einzelner Tatsachen ergibt, wird man der Behörde allerdings einen angemessenen Zeitraum zur Überprüfung zugestehen müssen.

11

Tatsachenkenntnis ist dann gegeben, wenn **ein Bediensteter der zuständigen AA der BA in amtlicher Eigenschaft** von dem zugrunde liegenden Lebenssachverhalt erfährt. Nicht erforderlich ist, dass gerade der für die Rücknahme zuständige Sachbearbeiter Kenntnis erlangt.[22] Wenn nämlich ein Mitarbeiter der zuständigen AA der BA dienstlich von Tatsachen erfährt, die eine Rücknahme rechtfertigen könnten, läge zumindest ein zurechenbarer Organisationsmangel vor, wenn diese Informationen nicht unverzüglich an die zuständige Stelle weitergeleitet würden.[23] Bedeutsam ist allerdings nur dienstliche Kenntnis; private Kenntnis einzelner Bediensteter der BA reicht nicht aus.[24] Die Beweislast für die Wahrung der Ausschlussfrist trägt die Behörde.[25]

12

V. Rechtsschutz

Die Rücknahme der Erlaubnis ist ein **belastender Verwaltungsakt**. Dem Verleiher steht hiergegen der **Widerspruch** zu, der allerdings **keine aufschiebende Wirkung** hat (§ 86a Abs. 4 SGG). Die BA kann aber die Rücknahmeentscheidung außer Vollzug setzen (§ 86 Abs. 3

13

---

21 Thüsing/*Kämmerer*, § 4 Rn. 6. – Ebenso LSG Niedersachsen vom 25.11.1993 – L 10 Ar 219/92, EzAÜG § 5 AÜG Nr. 1 und Nr. 3, zum Widerruf.
22 GA AÜG 4.3 (1); *Kaufmann*, Rn. 159; *Sandmann/Marschall*, § 4 Anm. 14; Schüren/ *Schüren*, § 4 Rn. 23; Thüsing/*Kämmerer*, § 4 Rn. 6. – Enger AnwK-ArbR/*Ulrici* § 4 AÜG Rn. 9, unter Hinweis auf BSG vom 9.9.1986 – 11a RA 2/85, NVwZ 1988, 765.
23 LSG Niedersachsen vom 25.11.1993 – L 10 Ar 219/92, EzAÜG § 5 AÜG Nr. 1 und Nr. 3, zum Widerruf.
24 *Sandmann/Marschall*, § 4 Anm. 14.
25 AnwK-ArbR/*Ulrici*, § 4 AÜG Rn. 18.

und 4 SGG). Wird dies von der Behörde abgelehnt, so ist dieser Verwaltungsakt ebenfalls Gegenstand des Vorverfahrens.

14 Wird dem Widerspruch nicht abgeholfen, dann steht der **Rechtsweg zu den Sozialgerichten** offen (§ 51 Abs. 1 SGG); die Aufhebung der Rücknahme ist im Wege der **Anfechtungsklage** zu verfolgen. Die Festsetzung des **Nachteilsausgleichs** wird im Wege der **Verpflichtungsklage** geltend gemacht,[26] auch hier muss zunächst Widerspruch eingelegt werden (wegen weiterer Einzelheiten siehe § 2 Rn. 47 ff.).

---

26 Thüsing/*Kämmerer*, § 4 Rn. 11.

§ 5 Widerruf

(1) Die Erlaubnis kann mit Wirkung für die Zukunft widerrufen werden, wenn
1. der Widerruf bei ihrer Erteilung nach § 2 Abs. 3 vorbehalten worden ist;
2. der Verleiher eine Auflage nach § 2 nicht innerhalb einer ihm gesetzten Frist erfüllt hat;
3. die Erlaubnisbehörde auf Grund nachträglich eingetretener Tatsachen berechtigt wäre, die Erlaubnis zu versagen, oder
4. die Erlaubnisbehörde auf Grund einer geänderten Rechtslage berechtigt wäre, die Erlaubnis zu versagen; § 4 Abs. 2 gilt entsprechend.

(2) Die Erlaubnis wird mit dem Wirksamwerden des Widerrufs unwirksam. § 2 Abs. 4 gilt entsprechend.

(3) Der Widerruf ist unzulässig, wenn eine Erlaubnis gleichen Inhalts erneut erteilt werden müsste.

(4) Der Widerruf ist nur innerhalb eines Jahres seit dem Zeitpunkt zulässig, in dem die Erlaubnisbehörde von den Tatsachen Kenntnis erhalten hat, die den Widerruf der Erlaubnis rechtfertigen.

Übersicht

	Rn.
I. Vorbemerkungen	1
1. Entstehungsgeschichte	1
2. Sinn und Zweck der Vorschrift	2
II. Widerruf der Erlaubnis	4
1. Rechtsnatur	4
2. Voraussetzungen	5
a) Rechtmäßige oder rechtswidrige Erlaubnis	5
b) Widerrufsgründe (Abs. 1)	6
aa) Widerrufsvorbehalt (Abs. 1 Nr. 1)	7
bb) Nichterfüllung einer Auflage (Abs. 1 Nr. 2)	10
cc) Nachträglich eingetretener Versagungsgrund (Abs. 1 Nr. 3)	13
dd) Änderung der Rechtslage (Abs. 1 Nr. 4)	15
c) Unzulässigkeit des Widerrufs (Abs. 3)	17
d) Erklärung des Widerrufs	18
aa) Ermessensausübung	18
bb) Bekanntgabe	19
cc) Widerrufsfrist (Abs. 4)	20
3. Objektive Beweislast	21
III. Rechtsfolgen (Abs. 2)	22
1. Aufhebung der Erlaubnis (Satz 1)	22
2. Nachwirkung (Satz 2)	25
3. Nachteilsausgleich (Abs. 1 Nr. 4)	26
IV. Rechtsschutz	27

§ 5 Widerruf

I. Vorbemerkungen

1. Entstehungsgeschichte

1 Die Bestimmung ist **seit In-Kraft-Treten des AÜG unverändert** Teil des Gesetzes.[1]

2. Sinn und Zweck der Vorschrift

2 Die Vorschrift ist **lex specialis zu § 49 VwVfG**,[2] sie regelt abweichend von den allgemeinen Bestimmungen die **Voraussetzungen und Rechtsfolgen des Widerrufs** einer rechtmäßig erteilten Erlaubnis. Der Behörde wird damit die Möglichkeit eingeräumt, eine anfänglich rechtmäßige Verleiherlaubnis wegen nachträglich eingetretener Rechtswidrigkeit zu widerrufen; dem Verleiher wird die Gewähr gegeben, dass die einmal erteilte Erlaubnis nicht aus beliebigen Gründen wieder entzogen werden kann. Die Vorschrift legt damit fest, unter welchen Voraussetzungen das öffentliche Interesse an der Aufhebung der Erlaubnis dem Bestandsschutzinteresse des Verleihers vorgehen kann.

3 Die **praktische Bedeutung** des Widerrufs ist deutlich **größer als** die der **Rücknahme**. In den Jahren von 1980 bis einschließlich 1995 wurden 1.111 Verleiherlaubnisse widerrufen, aber nur 18 zurückgenommen.[3] Diese Tendenz setzte sich in den Folgejahren fort.[4] So wurden in der Zeit von 1996 bis 2008 1.126 Erlaubnisse widerrufen und 74 zurück genommen.[5]

II. Widerruf der Erlaubnis

1. Rechtsnatur

4 Der Widerruf der Erlaubnis ist ebenso wie die Rücknahme ein **belastender Verwaltungsakt**.

---

1 Zur Gesetzgebungsgeschichte siehe ausführlich Schüren/*Schüren*, § 5 Rn. 1 ff.
2 Thüsing/*Kämmerer*, § 5 Rn. 1.
3 Vgl. BT-Drs. 10/1934, S. 8; BT-Drs. 11/2639, S. 21; BT-Drs. 12/3180, S. 19; BT-Drs. 13/5498, S. 21 f.
4 BT-Drs. 14/4220, S. 22.
5 Vgl. BT-Drs. 14/4220, S. 75; BT-Drs. 15/6008, S. 13; BT-Drs. 17/464, S. 15.

2. Voraussetzungen

a) Rechtmäßige oder rechtswidrige Erlaubnis

Nach Abs. 1 kann eine rechtmäßige Verleiherlaubnis zurückgenommen werden. Rechtmäßig ist eine Erlaubnis, deren **Erlassvoraussetzungen im Zeitpunkt ihres Erlasses** vorlagen.[6] Im Wege eines Erst-Recht-Schlusses können aber auch rechtswidrige Erlaubnisse widerrufen werden, wenn ein Widerrufsgrund vorliegt.[7] Ist die ursprüngliche Rechtswidrigkeit zweifelhaft, kann die Behörde widerrufen statt zurückzunehmen. 5

b) Widerrufsgründe (Abs. 1)

Abs. 1 zählt **abschließend** die **Gründe** auf, die zu einem **Widerruf** führen können (GA-AÜG 5.1 (2)). Es handelt sich dabei um **eng begrenzte Ausnahmetatbestände**.[8] Ein Widerruf aus anderen als in Abs. 1 Nr. 1 bis Nr. 4 genannten Gründen ist nicht zulässig.[9] 6

aa) Widerrufsvorbehalt (Abs. 1 Nr. 1)

Der Widerruf gemäß **Abs. 1 Nr. 1** setzt **kumulativ** einen **Widerrufsvorbehalt nach § 2 Abs. 3** und das Vorliegen eines **Versagungsgrunds** voraus. Dabei kann die materielle Rechtmäßigkeit des Widerrufsvorbehalts dahin stehen, wenn die Erlaubnis unter Vorbehalt bestandskräftig, also unanfechtbar geworden ist.[10] Wegen der Bestandskraft steht nämlich die Zulässigkeit des Widerrufsvorbehalts zwischen den Parteien bindend fest. 7

Auf Grund des Vorbehalts erfolgt der Widerruf immer dann, wenn die abschließende Prüfung des Antrags nunmehr ergibt, dass ein **Versagungsgrund nach § 3** vorliegt, der auf anderem Wege nicht ausgeräumt werden kann.[11] Hierfür reicht das **nachweisbare Vorliegen von Tatsachen** aus, die den Schluss auf das Vorliegen von Versagungsgrün- 8

---

6 AnwK-ArbR/*Ulrici*, § 5 AÜG Rn. 2.
7 AnwK-ArbR/*Ulrici*, § 5 AÜG Rn. 2.
8 *Becker/Wulfgramm*, § 5 Rn. 8.
9 AnwK-ArbR/*Ulrici*, § 5 AÜG Rn. 4; Thüsing/*Kämmerer*, § 5 Rn. 3.
10 So allgemein zum Widerrufsvorbehalt BVerwG vom 21.11.1986 – 8 C 33/84, NVwZ 1987, 498 f.; *Kopp/Ramsauer*, VwVfG, § 49 Rn. 37. – So zu § 5 AÜG LSG Rheinland-Pfalz vom 19.12.2002 – L 1 AL 4/01, EzAÜG § 1 AÜG Gewerbsmäßige Arbeitnehmerüberlassung Nr. 37 = juris Rn. 51; AnwK-ArbR/*Ulrici*, § 5 AÜG Rn. 5. – Ähnlich Thüsing/*Kämmerer*, § 5 Rn. 5. – A.A. Schüren/*Schüren*, § 5 Rn. 15.
11 SG Koblenz vom 3.12.1980 – S 4 Ar 121/80, EzAÜG § 3 Versagungsgründe Nr. 4.

§ 5 Widerruf

den zulassen.[12] Die Tatsachen müssen dergestalt sein, dass begründeter Anlass zu der Annahme besteht, dass die mit der vorläufigen Erteilung verbundenen Risiken nicht länger hinnehmbar sind.[13] Demgegenüber berechtigt die nicht auf Tatsachen gestützte bloße Annahme der BA, die mit der vorläufigen Erlaubniserteilung verbundenen Risiken seien nicht mehr länger hinnehmbar, nicht zum Widerruf.[14]

9 Lassen die **nachträglich bekannt gewordenen Tatsachen** eine endgültige Entscheidung nicht zu, sondern machen diese noch **weitere Aufklärungen** erforderlich, dann **scheidet** gleichwohl ein **Widerruf aus**, wenn sich an der **ursprünglichen Prognose nichts geändert** hat, also zu erwarten ist, dass die abschließende Prüfung voraussichtlich nicht zu einer Versagung der Erlaubnis führen wird.[15] Würde die Erlaubnis nämlich widerrufen, müsste auf entsprechenden Antrag nämlich sofort eine neue Erlaubnis, wenn auch mit Widerrufsvorbehalt, erteilt werden (vgl. Abs. 3). Lässt der nunmehr bekannte Sachverhalt aber **entgegen der ursprünglichen Prognose** auf Grund der nachträglich bekannt gewordenen Tatsachen nunmehr erwarten, dass nach abschließender Prüfung die Erlaubnis zu versagen ist, dann kann auch ein **Widerruf** erfolgen.[16] Der Vorbehalt soll nämlich der BA den Widerruf bereits dann ermöglichen, wenn sie auf einen bei gleichem Sachverhalt gestellten Antrag zum gleichen Zeitpunkt die Erlaubnis nicht, und zwar auch nicht mit Auflagen oder Vorbehalt, erteilen müsste.

bb) Nichterfüllung einer Auflage (Abs. 1 Nr. 2)

10 Nach **Abs. 1 Nr. 2** kann die Erlaubnis widerrufen werden, wenn der Verleiher eine **Auflage** nach § 2 Abs. 2 innerhalb einer ihm gesetzten Frist **nicht erfüllt**. Abs. 1 Nr. 2 erfasst dabei nur Auflagen, die ein **positives Tun** auferlegen. Bei einem Verstoß gegen eine Auflage, die ein Unterlassen zum Gegenstand hat, kommt nur ein Widerruf nach Abs. 1 Nr. 3 in Betracht.[17] Der Widerruf setzt **Verschulden** des Verleihers

---

12 BayLSG vom 29.7.1986 – L 8 Al 40/83, EzAÜG § 3 Versagungsgründe Nr. 9.
13 LSG Rheinland-Pfalz vom 19.12.2002 – L 1 AL 4/01, EzAÜG § 1 AÜG Gewerbsmäßige Arbeitnehmerüberlassung Nr. 37 = juris Rn. 54.
14 Thüsing/*Kämmerer*, § 5 Rn. 4. – A.A. Schüren/*Schüren*, § 5 Rn. 16.
15 Thüsing/*Kämmerer*, § 5 Rn. 4.
16 AnwK-ArbR/*Ulrici*, § 5 AÜG Rn. 6.
17 A.A. AnwK-ArbR/*Ulrici*, § 5 AÜG Rn. 7; Thüsing/*Kämmerer*, § 5 Rn. 6.

nicht voraus.[18] Allerdings ist dieser Umstand **bei** der **Ermessensausübung zu berücksichtigen**.

Der Widerruf kommt auch bei einem Verstoß gegen Auflagen in Betracht, die **noch nicht bestandskräftig** sind (GA-AÜG 5.1 (6)).[19] Deshalb kann die BA die Erlaubnis auch dann noch widerrufen, wenn der Verleiher die Auflage isoliert angefochten hat, weil Widerspruch und Klage gegen die Auflage keine aufschiebende Wirkung entfalten.[20] Wird allerdings während des Widerspruchsverfahrens die betreffende Auflage aufgehoben, dann entfällt der rechtliche Grund für die Auflage.[21] War die **Auflage** zwar **bestandskräftig** geworden, **aber unzulässig**, dann ist ein **Widerruf** regelmäßig **unverhältnismäßig**.[22] **11**

Bei einem Widerruf nach § 5 Abs. 1 Nr. 2 kommt dem **Verhältnismäßigkeitsgrundsatz**, insbesondere dem Übermaßverbot, besondere Bedeutung zu (siehe unten Rn. 18). Geringfügige Verstöße berechtigen noch nicht zum Widerruf.[23] Im **Regelfall** muss die Behörde zum mildesten Mittel greifen und die **Auflage** zunächst im Wege der Verwaltungsvollstreckung **durchsetzen**.[24] Gem. § 9 Abs. 1 VwVG stehen der Behörde dafür die Ersatzvornahme, das Zwangsgeld und die Ausübung mittelbaren Zwangs zur Verfügung. Erst wenn die Verwaltungsvollstreckung scheitert, kommt ein Entzug mittels Widerruf in Betracht.[25] **12**

cc) Nachträglich eingetretener Versagungsgrund (Abs. 1 Nr. 3)

Gem. **Abs. 1 Nr. 3** kann die Behörde eine Erlaubnis widerrufen, wenn sie auf Grund **nachträglich eingetretener Tatsachen** berechtigt wäre, die Erlaubnis zu versagen. Es müssen also Tatsachen eingetreten sein, die eine **Versagung** der Erlaubnis **nach § 3 Abs. 1 bis Abs. 3** rechtferti- **13**

---

18 AnwK-ArbR/*Ulrici*, § 5 AÜG Rn. 9; Schüren/*Schüren*, § 5 Rn. 19; Thüsing/*Kämmerer*, § 5 Rn. 6a.
19 AnwK-ArbR/*Ulrici*, § 5 AÜG Rn. 8.
20 AnwK-ArbR/*Ulrici*, § 5 AÜG Rn. 8 Schüren/*Schüren*, § 5 Rn. 20.
21 *Sandmann/Marschall*, § 5 Anm. 4.
22 Thüsing/*Kämmerer*, § 5 Rn. 6a. – Vgl. allgemein *Kopp/Ramsauer*, VwVfG, § 49 Rn. 38 ff.
23 Thüsing/*Kämmerer*, § 5 Rn. 7.
24 Vgl. AnwK-ArbR/*Ulrici*, § 5 Rn. 9.
25 *Becker/Wulfgramm*, § 5 Rn. 11; Schüren/*Schüren*, § 5 Rn. 21. – A.A. *Kopp/Ramsauer*, VwVfG, § 49 Rn. 39.

gen würden. Typisches Beispiel dafür ist die Eröffnung des Insolvenzverfahrens, die regelmäßig den Widerruf der Erlaubnis zur Folge hat.[26]

14 Lag der Versagungsgrund bereits bei Erteilung der Erlaubnis vor, wird dieser Umstand der Behörde aber **erst nachträglich bekannt**, kommt nur eine **Rücknahme, kein Widerruf** in Betracht (siehe § 4 Rn. 6).[27] Der Widerrufsbescheid kann aber, wenn die Voraussetzungen des § 4 Abs. 1 Satz 1 vorliegen, in einen Rücknahmebescheid umgedeutet werden.[28]

dd) Änderung der Rechtslage (Abs. 1 Nr. 4)

15 Nach **Abs. 1 Nr. 4** darf im Falle einer **Gesetzesänderung** die Erlaubnis widerrufen werden, wenn auf Grund der neuen Rechtslage die BA nunmehr zur Versagung der Erlaubnis berechtigt wäre. Es muss also ein **neuer Versagungsgrund** geschaffen werden, z. B. eine neue persönliche Zulassungsvoraussetzung. Sonstige Gesetzesänderungen berechtigen nicht zum Widerruf der Erlaubnis.

16 Hingegen berechtigt eine **Änderung der Rechtsprechung** nicht zum Widerruf der Erlaubnis,[29] weil selbst höchstrichterliche Erkenntnisse kein Gesetzesrecht sind und keine damit vergleichbare Rechtsbindung erzeugen.[30] Auf Grund der Rechtsprechungsänderung kann nunmehr aber feststehen, dass die ursprünglich erteilte Erlaubnis von Anfang an rechtswidrig war, so dass eine **Rücknahme** nach § 4 Abs. 1 Satz 1 möglich ist.[31] In den **Rechtsfolgen unterscheidet** sich in diesem Falle die **Rücknahme vom Widerruf** nicht, weil beide nur für die Zukunft wirken und dem Verleiher ein Ausgleichsanspruch zusteht, wenn sein Vertrauen auf das Fortbestehen der früheren Rechtslage schutzwürdig war.[32]

---

26 *Sandmann/Marschall*, § 5 Anm. 5. – Vgl. OLG Hamm vom 27.4.2010 – 5 U 200/08, I-5 U 200/08, juris Rn. 18.
27 AnwK-ArbR/*Ulrici*, § 5 Rn. 10.
28 LSG Niedersachsen vom 22.7.1977 – L 7 S (Ar) 31/77, EzAÜG § 4 AÜG Rücknahme Nr. 1.
29 AnwK-ArbR/*Ulrici*, § 5 AÜG Rn. 11; Schüren/*Schüren*, § 5 Rn. 27; Thüsing/*Kämmerer*, § 5 Rn. 10. – A.A. Ausschuss für Arbeit und Sozialordnung, BT-Drs. VI/3505, S. 3; ErfK/*Wank*, § 5 AÜG Rn. 7.
30 BVerfG vom 26.6.1991 – 1 BvR 779/85 – BB 1992, 426 (Ls.) = NZA 1991, 809, 810.
31 A.A. Thüsing/*Kämmerer*, § 5 Rn. 10.
32 *Kaufmann*, Rn. 167.

II. Widerruf der Erlaubnis § 5

c) Unzulässigkeit des Widerrufs (Abs. 3)

Gem. Abs. 3 ist ein Widerruf unzulässig, wenn eine **Erlaubnis gleichen Inhalts erneut erteilt** werden müsste. Die Vorschrift soll ein widersprüchliches Verhalten der Behörden verhindern und ist Ausdruck des Grundsatzes der Gesetzmäßigkeit der Verwaltung. Der Widerruf der Erlaubnis dient nicht der Bestrafung des Verleihers, sondern nur dazu, einen gesetzmäßigen Zustand herzustellen.³³   17

d) Erklärung des Widerrufs

aa) Ermessensausübung

Der Widerruf ist belastender VA (siehe oben Rn. 4) und muss daher dem Erlaubnisinhaber bekannt gegeben werden. Nach Abs. 1 „kann" die BA die Erlaubnis unter den genannten Voraussetzungen (siehe oben Rn. 5ff.) widerrufen; vergleichbar der Rücknahme (siehe § 4 Rn. 7) steht aber auch der Widerruf **nicht im freien Ermessen** der BA (vgl. GA-AÜG 5.1 (3)). Vielmehr kommt hier dem **Verhältnismäßigkeitsgrundsatz** besondere Bedeutung zu,³⁴ weil es sich ursprünglich um eine rechtmäßig erteilte Erlaubnis handelte. So rechtfertigen einzelne leichte Verstöße nicht den Widerruf; es bedarf vielmehr eines schwerwiegenden Verstoßes oder mehrerer geringfügiger Verstöße.³⁵ Kann mit milderen Mitteln, z.B. einer Auflage, ein gesetzeskonformer Zustand erreicht werden, dann muss nachträglich eine Auflage erteilt werden; der Widerruf scheidet aus (siehe § 4 Rn. 7).³⁶ Verstößt der Verleiher geringfügig gegen Auflagen, muss zunächst versucht werden, die Auflage im Wege der Verwaltungsvollstreckung durchzusetzen (siehe oben Rn. 12).³⁷   18

bb) Bekanntgabe

Der Widerruf muss von der BA ggü. dem Erlaubnisinhaber erklärt, diesem also bekannt gegeben werden (§ 43 Abs. 1 VwVfG). Hinsichtlich der Art und Weise der **Bekanntgabe des Widerrufs** gelten die gleichen Grundsätze wie für die Erteilung der Erlaubnis (siehe § 2 Rn. 15).   19

---

33 Schüren/*Schüren*, § 5 Rn. 29.
34 BayLSG vom 29.7.1986 – L 8 Al 40/83, EzAÜG § 3 Versagungsgründe Nr. 9.
35 BayLSG vom 29.7.1986 – L 8 Al 40/83, EzAÜG § 3 Versagungsgründe Nr. 9.
36 AnwK-ArbR/*Ulrici*, § 5 AÜG Rn. 15.
37 AnwK-ArbR/*Ulrici*, § 5 AÜG Rn. 15.

cc) Widerrufsfrist (Abs. 4)

20 Nach **Abs. 4** kann der Widerruf nur **innerhalb eines Jahres** ab dem Zeitpunkt erklärt werden, in dem die BA von den Tatsachen Kenntnis erlangt hat, die den Widerruf rechtfertigen. Diese Bestimmung entspricht der Regelung der **Widerrufsfrist** bei der Rücknahme in § 4 Abs. 3 (wegen der Einzelheiten siehe oben § 4 Rn. 11 f.).

3. Objektive Beweislast

21 Die **BA** trägt die (objektive) Beweislast für die **Erklärung des Widerrufs**, insbesondere auch für die **Einhaltung der Widerrufsfrist**. Weiter trägt die BA die (objektive) Beweislast für das **Vorliegen eines Widerrufsgrunds**.[38] Dies ist für die Widerrufsgründe nach Abs. 1 Nr. 2 bis Nr. 4 allgemein anerkannt. Für den Widerruf auf Grund eines Widerrufsvorbehalts nach Abs. 1 Nr. 1 wird jedoch die Auffassung vertreten, dass sich die Beweislast zum Nachteil des betroffenen Erlaubnisinhabers verschiebt.[39] Diese Auffassung steht allerdings in Widerspruch zu Abs. 3, wonach der Widerruf unzulässig ist, wenn eine Erlaubnis gleichen Inhalts erneut erteilt werden müsste. Wäre der Widerruf zulässig, wenn dem Inhaber nicht nachweisen kann, dass kein Versagungsgrund vorliegt, müsste die BA auf erneuten Antrag die begehrte Erlaubnis wiederum erteilen, wenn sie nicht nachweisen könnte, dass kein Versagungsgrund vorliegt (allgemein zur Beweislast für das Vorliegen von Versagungsgründen siehe § 3 Rn. 12 ff.). Will die Behörde von ihrem Widerrufsvorbehalt Gebrauch machen, muss sie also nach allgemeinen Grundsätzen ggf. beweisen, dass sie nunmehr einen ggü. dem Zeitpunkt der Erlaubniserteilung abweichenden Sachverhalt zugrunde legt. Allerdings müssen die Tatsachen nicht die Annahme rechtfertigen, dass ein Versagungsgrund vorliegt. Es reicht vielmehr aus, wenn nach dem nunmehr bekannten Sachverhalt zu erwarten steht, dass eine abschließende Prüfung voraussichtlich zu einer Versagung der Erlaubnis führen wird (siehe oben Rn. 8). Soweit eine solche Annahme hinreichend durch Tatsachen gestützt ist, muss die BA vor einem Widerruf der Erlaubnis den Sachverhalt auch nicht vollständig aufklären.[40]

---

38 Thüsing/*Kämmerer*, § 5 Rn. 12.
39 *Kaufmann*, Rn. 163; *Sandmann/Marschall*, § 5 Anm. 2; Schüren/*Schüren*, § 5 Rn. 28. – Wie hier allerdings AnwK-ArbR/*Ulrici*, § 5 AÜG Rn. 21; Thüsing/*Kämmerer*, § 5 Rn. 12.
40 BayLSG vom 29.7.1986 – L 8 Al 40/83, EzAÜG § 3 Versagungsgründe Nr. 9.

III. Rechtsfolgen (Abs. 2)

1. Aufhebung der Erlaubnis (Satz 1)

Mit dem Wirksamwerden des Widerrufs (siehe oben Rn. 19) wird die Verleiherlaubnis unwirksam. Die durch den Widerruf ungültig gewordene Erlaubnisurkunde ist gemäß § 52 VwVfG zurückzufordern. Sofern der Betroffene ein schutzwürdiges Interesse daran hat, die Erlaubnisurkunde weiter zu besitzen, kann sie ihm nach Unbrauchbarmachung bzw. Kennzeichnung als ungültig wieder ausgehändigt werden. Dies kommt insbesondere in Betracht, wenn der frühere Erlaubnisinhaber seine bis zum Ablauf der Abwicklungsfrist bestehende Rechtsposition nachweisen muss (GA-AÜG 5.1 (12), 4.1 (9)). 22

Der **Widerruf wirkt nur ex nunc für die Zukunft** (GA-AÜG 5.1 (2)) und entfaltet keine rückwirkende Kraft.[41] Abweichend von § 48 Abs. 4 VwVfG kann die Behörde die Aufhebung der Erlaubnis nicht auf einen späteren Zeitpunkt verschieben. 23

Mit Wirksamwerden des Widerrufs erlischt die Erlaubnis. Der Widerruf hat somit **rechtsgestaltende Wirkung**. Entfallen nachträglich die Widerrufsvoraussetzungen, ergibt z.B. die weitere Ermittlung, dass ein Versagungsgrund nicht besteht, kann die BA den Widerruf nicht aufheben.[42] Ein **„Widerruf des Widerrufs"** ist somit **ausgeschlossen**. Vielmehr ist eine neue Erlaubnis zu erteilen, die aber eines entsprechenden Antrags bedarf. 24

2. Nachwirkung (Satz 2)

Nach Satz 2 gilt für den Widerruf § 2 Abs. 4 Satz 4 entsprechend. Für die Abwicklung des Geschäftsbetriebs des Verleihers gilt die Erlaubnis für längstens zwölf Monate als fortbestehend (wegen der Einzelheiten siehe § 2 Rn. 37ff.). 25

3. Nachteilsausgleich (Abs. 1 Nr. 4)

Beruht der Widerruf nach Abs. 1 Nr. 4 auf einer **Änderung der Rechtslage**, hat der Verleiher einen **Anspruch auf Nachteilsausgleich** gem. § 4 Abs. 2, **wenn** sein **Vertrauen** auf den Fortbestand der alten Rechtslage **schutzwürdig** ist. Dieser Anspruch kommt nicht in Be- 26

---

41 Vgl. LSG Rheinland-Pfalz vom 19.12.2002 – L 1 AL 4/01, EzAÜG § 1 AÜG Gewerbsmäßige Arbeitnehmerüberlassung Nr. 37 = juris Rn. 51.
42 Schüren/*Schüren*, § 5 Rn. 35.

§ 5 Widerruf

tracht, wenn der Widerruf auf einen der anderen Gründe gestützt wurde. In diesen Fällen ist auch ein Amtshaftungsanspruch des Verleihers ausgeschlossen, weil es an einer Amtspflichtverletzung fehlt.[43]

IV. Rechtsschutz

27 Der Widerruf ist ebenso wie die Rücknahme ein **belastender Verwaltungsakt**, gegen den gem. § 51 Abs. 1 SGG nach Durchführung des Vorverfahrens der **Rechtsweg zu** den **Sozialgerichten** eröffnet ist (vgl. § 4 Rn. 13 f.).

28 Im Widerspruchs- und Klageverfahren kann auf **Antrag** der **Vollzug des Widerrufs ausgesetzt** werden (§ 86a in Verbindung mit § 86b Abs. 1 Nr. 2 SGG). Die Aussetzung des Widerrufsbescheids kann lediglich die Wirkung des ursprünglichen Erlaubnisbescheids wiederherstellen. Hierdurch wird eine befristet erteilte Erlaubnis während der Dauer des Widerspruchs- bzw. Klageverfahrens nicht verlängert. Ein Verleiher, dessen befristet erteilte Erlaubnis auf Grund der Aussetzung des Widerrufsbescheids zunächst bis zum Ablauf der Befristung erhalten bleibt, muss also rechtzeitig einen Verlängerungsantrag stellen (GA-AÜG 5.1 (11)).

---

43 Schüren/*Schüren*, § 5 Rn. 37.

§ 6 Verwaltungszwang

Werden Leiharbeitnehmer von einem Verleiher ohne die erforderliche Erlaubnis überlassen, so hat die Erlaubnisbehörde dem Verleiher dies zu untersagen und das weitere Überlassen nach den Vorschriften des Verwaltungsvollstreckungsgesetzes zu verhindern.

Übersicht

	Rn.		Rn.
I. Vorbemerkungen	1	3. Zuständigkeit zur Festsetzung und Durchsetzung	13
1. Entstehungsgeschichte	1	4. Vollstreckbarer Verwaltungsakt	14
2. Sinn und Zweck der Vorschrift	2	5. Androhung des Zwangsmittels	16
II. Untersagungsverfügung	3	6. Festsetzung des Zwangsmittels	18
1. Tatbestandsvoraussetzungen	3	7. Anwendung des Zwangsmittels	19
2. Erlass	5	IV. Rechtsschutz	21
III. Durchsetzung der Untersagungsverfügung	9		
1. Überblick	9		
2. Zwangsmittel	10		

I. Vorbemerkungen

1. Entstehungsgeschichte

Die Vorschrift ist **seit In-Kraft-Treten** des AÜG **unverändert**. Sie beruht auf dem RegE,[1] der anders noch als der RefE klarstellt, dass für den Verwaltungszwang die Bestimmungen des VwVG maßgeblich sind. — 1

2. Sinn und Zweck der Vorschrift

§ 6 ergänzt das Verbot des § 1 Abs. 1, Arbeitnehmer ohne Erlaubnis im Rahmen der wirtschaftlichen Tätigkeit des Verleihers an Dritte zu überlassen. Damit wird für den Bereich der Arbeitnehmerüberlassung ein Theorienstreit vermieden, ob die BA bereits auf Grund der Erlaub- — 2

---

1 Vgl. BT-Drs. VI/3505, S. 5.

§ 6 Verwaltungszwang

nispflicht nach § 1 Abs. 1 gegen illegale Arbeitnehmerüberlassung einschreiten kann.[2]

II. Untersagungsverfügung

1. Tatbestandsvoraussetzungen

3 Die Untersagungsverfügung setzt voraus, dass entgegen § 1 Abs. 1 ohne die erforderliche Erlaubnis Arbeitnehmerüberlassung betrieben wird. Es muss sich also um **Arbeitnehmerüberlassung** im Rahmen der wirtschaftlichen Tätigkeit des Verleihers handeln; Arbeitnehmerüberlassung, die außerhalb der wirtschaftlichen Tätigkeit erfolgt, bedarf keiner Erlaubnis, sodass die Bestimmung keine Anwendung findet.

4 Weiter muss Arbeitnehmerüberlassung **betrieben** werden. Dies ist der Fall, wenn der Gesetzesverstoß bereits vollzogen ist und der Leiharbeitnehmer in Erfüllung des Arbeitsverhältnisses die Arbeit beim Entleiher aufgenommen hat. Das Einschreiten der Behörde kommt aber auch bei **künftig zu erwartenden Verstößen** in Betracht.[3] Ein Überlassen an den Entleiher muss nicht abgewartet werden, sondern es reicht das unmittelbare Bevorstehen eines Verstoßes aus, weil das AÜG einen **präventiven und umfassenden Schutz** des Leiharbeitnehmers garantieren will. Die BA kann bereits dann Einschreiten, wenn z.B. Arbeitnehmerüberlassungsverträge abgeschlossen wurden oder der Verleiher ohne Erlaubnis werbend am Markt auftritt und potenziellen Entleihern seine Leistungen anbietet bzw. Leiharbeitskräfte anwirbt.[4]

2. Erlass

5 Die Untersagungsverfügung ist ein **Verwaltungsakt**, der inhaltlich bestimmt sein sowie Begründung und Rechtsbehelfsbelehrung enthalten muss. Eine bestimmte Form ist gesetzlich nicht festgelegt.[5] Die BA hat aber vorgesehen, dass die Verfügung schriftlich erlassen und mittels

---

2 Vgl. zum entsprechenden Streit bei der Arbeitsvermittlung BSG vom 11.5.1976 – 7 RAr 120/74 – SozR 4100 § 4 Nr. 2; BSG vom 16.12.1976 – 12/7 RAr 89/75, BB 1977, 651 f.
3 *Sandmann/Marschall*, § 6 Anm. 2.
4 Schüren/*Schüren*, § 6 Rn. 8; ErfK/*Wank*, § 6 AÜG Rn. 3. – A.A. *Becker/Wulfgramm*, § 6 Rn. 8, denenzufolge zumindest der Abschluss eines Arbeitnehmerüberlassungsvertrags bereits erfolgt sein muss.
5 A.A. Schüren/*Schüren*, § 6 Rn. 12.

II. Untersagungsverfügung § 6

Postzustellungsurkunde zugestellt wird (GA AÜG 6.1 (2)).[6] Die Verfügung wird **mit Bekanntgabe an den Adressaten wirksam**.

Adressat der Untersagungsverfügung ist der **illegale Verleiher**. Handelt es sich dabei um eine juristische Person, so ist die Verfügung gegen diese – vertreten durch ihre Organe – und nicht persönlich gegen die Organe (z.B. Geschäftsführer) zu richten (GA AÜG 6.1 (3)).[7] Liegt ein „Strohmannverhältnis" vor, ist sowohl der Hintermann als auch der Strohmann selbst richtiger Adressat für die Untersagungsverfügung, weil beide stets kollusiv zusammenwirken.[8] Demgegenüber bietet die Bestimmung **keine Handhabe, gegen den Entleiher** vorzugehen.[9] Die BA kann lediglich gem. § 16 Abs. 1 Nr. 1 lit. a) oder nach dem OWiG gegen den illegalen Entleiher einschreiten.[10]

6

Die Untersagungsverfügung ist ein **Verwaltungsakt**, der inhaltlich bestimmt sein sowie eine Begründung und Rechtsbehelfsbelehrung enthalten muss. Die Verfügung ist **inhaltlich hinreichend bestimmt**, wenn sie dem Verleiher ausdrücklich verbietet, Leiharbeitnehmer ohne Erlaubnis an Dritte zu überlassen. Der bloße Hinweis auf die verbotene Tätigkeit reicht nicht aus. Wird die Verfügung präventiv erteilt, muss sie dem Adressaten die Fortsetzung der Vorbereitungsmaßnahmen untersagen.[11] Demgegenüber kann dem Verleiher nicht aufgegeben werden, eine Erlaubnis zu beantragen.

7

Die **Rechtsbehelfsbelehrung** muss den Hinweis geben, dass Widerspruch und Anfechtungsklage keine aufschiebende Wirkung haben.[12] Die Untersagungsverfügung selbst ist noch keine Zwangsvollstreckungsmaßnahme, kann eine solche aber bereits androhen. Dadurch wird dem Erfordernis des § 13 Abs. 1 Satz 1 VwVG Genüge getan, wonach Zwangsmittel stets schriftlich angedroht werden müssen.

8

---

6 *Sandmann/Marschall*, § 6 Anm. 5.
7 LSG Niedersachsen vom 24.2.1981 – L 7 Ar 78/79, EzAÜG § 1 Erlaubnispflicht Nr. 7; SG Frankfurt vom 22.8.1986 – S 14/Ar 373/79, NZA 1987, 40; *Ulber*, § 6 Rn. 11. – Insoweit unzutreffend ErfK/*Wank*, § 6 AÜG Rn. 3, demzufolge das Organ selbst Adressat der Verfügung sein soll.
8 BVerwG vom 2.2.1982 – 1 C 14/78, MDR 1982, 1046ff.; AnwK-ArbR/*Golücke*, § 6 AÜG Rn. 3.
9 *Sandmann/Marschall*, § 6 Anm. 4a; Thüsing/*Kämmerer*, § 6 Rn. 3.
10 *Sandmann/Marschall*, § 6 Anm. 4a.
11 Schüren/*Schüren*, § 6 Rn. 15.
12 A.A. Thüsing/*Kämmerer*, § 6 Rn. 3.

III. Durchsetzung der Untersagungsverfügung

1. Überblick

9 Kommt der Verleiher der Untersagungsverfügung nicht nach, kann diese von der BA zwangsweise durchgesetzt werden, wenn die Untersagungsverfügung vollstreckbar ist und ein Zwangsmittel angedroht sowie festgesetzt worden ist. **Zwangsmaßnahmen** zur Durchsetzung des Verbots richten sich nach dem **VwVG des Bundes**.[13] Dies gilt auch, soweit im Einzelfall die RD der BA tätig werden, weil diese als Dienststellen der BA handeln.

2. Zwangsmittel

10 Als zulässige Zwangsmittel nennt § 9 VwVG Ersatzvornahme, Zwangsgeld und unmittelbaren Zwang. Eine **Ersatzvornahme** (§ 10 VwVG) **muss** bei der Unterlassung des illegalen Verleihs **ausscheiden**, weil es sich hierbei um eine nicht vertretbare Handlung handelt, die nur der Verleiher vornehmen kann.[14] Hingegen kann zur Durchsetzung der Unterlassungspflicht (vgl. § 11 Abs. 2 VwVG) ein **Zwangsgeld** bestimmt werden, das mindestens 3 DM und höchstens 2.000 DM bzw. den entsprechenden Betrag in Euro beträgt (§ 11 Abs. 3 VwVG wurde noch nicht auf Euro umgestellt). Ist das Zwangsgeld uneinbringlich, kann das VG Ersatzzwangshaft anordnen, deren Dauer mindestens einen Tag und höchstens zwei Wochen beträgt (§ 16 VwVG). Auf die Möglichkeit der Umwandlung in Ersatzzwangshaft ist in der Zwangsgeldandrohung hinzuweisen.

11 Die **Auswahl** des Zwangsmittels hat die BA **nach pflichtgemäßem Ermessen** zu treffen.[15] Bei der Untersagung illegaler Arbeitnehmerüberlassung kommt dabei **regelmäßig** die **Festsetzung eines Zwangsgelds** für jeden Fall der Zuwiderhandlung in Betracht. Bei der Höhe des Zwangsgelds ist insbesondere auch der Zweck der Erlaubnispflicht zu berücksichtigen, die den sozialen und arbeitsrechtlichen Schutz der Leiharbeitnehmer vor unseriösen Verleihern sicherstellen soll.

12 Zur Durchsetzung einer Untersagungsverfügung kann von der BA nach Maßgabe der Bestimmungen des UZwG auch **unmittelbarer Zwang** angewandt werden (§ 12 VwVG), z.B. um die Geschäftsräume des Ver-

---

13 Thüsing/*Kämmerer*, § 6 Rn. 5.
14 Thüsing/*Kämmerer*, § 6 Rn. 5.
15 SG Hamburg vom 23.11.2004 – S 13 AL 5/99, EzAÜG § 1 AÜG Gewerbsmäßige Arbeitnehmerüberlassung Nr. 39, Rn. 35.

leihers zu schließen oder wichtige Geschäftsunterlagen wegzunehmen (GA-AÜG 6.2 (2)).[16] Der unmittelbare Zwang ist nach dem Verhältnismäßigkeitsgrundsatz allerdings nur subsidiär und setzt voraus, dass andere Zwangsmittel nicht zum gewünschten Erfolg führen.

3. Zuständigkeit zur Festsetzung und Durchsetzung

Vollzugsbehörde ist gem. § 7 Abs. 1 VwVG i.V.m. §§ 6, 17 Satz 1 die **BA**. Sie **droht das Zwangsmittel an und setzt es** auch **fest**. Als Vollzugsbehörde ist sie nach § 12 VwVG auch für die **Anwendung unmittelbaren Zwangs** zuständig. Soweit es allerdings um die **Durchsetzung eines Zwangsgelds** geht, sind nach § 4 lit. b) VwVG nicht die Dienststellen der BA, sondern als Vollstreckungsbehörden der Bundesfinanzverwaltung die **Hauptzollämter** zuständig.[17]

13

4. Vollstreckbarer Verwaltungsakt

Zwangsmittel dürfen nur angewandt werden, wenn ein Vollstreckungstitel vorliegt, der VA also **unanfechtbar** oder **sofort vollziehbar** ist (§ 6 Abs. 1 VwVG). Die **Untersagungsverfügung** ist in diesem Sinne stets **sofort vollziehbar**, weil weder Widerspruch noch Anfechtungsklage aufschiebende Wirkung haben. Der sofortige Vollzug kann auch nicht im Widerspruchs- oder Klageverfahren angeordnet werden, weil die Voraussetzungen der §§ 86 Abs. 3 und Abs. 4, 97 Abs. 2 SGG nicht vorliegen.

14

Da der Verleih ohne Erlaubnis ordnungswidrig i.S.v. § 16 Abs. 1 Nr. 1 ist, kann gemäß § 6 Abs. 2 VwVG **Verwaltungszwang auch ohne vorhergehende Untersagungsverfügung** angewandt werden, wenn dies **zur Abwendung einer drohenden Gefahr** notwendig ist. Die erforderliche Notwendigkeit des Sofortvollzugs ist dann gegeben, wenn die zeitliche Verzögerung, die der vorherige Erlass einer Untersagungsverfügung verursacht, die Maßnahme unmöglich macht oder zumindest wesentlich beeinträchtigt. Dies kommt z.B. in Betracht bei einem Verleiher ohne festen Geschäftssitz und ohne ausreichende Betriebsorganisation, der sich bei längerem Zuwarten der BA leicht der Anwendung von Zwangsmitteln entziehen kann.[18]

15

---

16 Schüren/*Schüren*, § 6 Rn. 37.
17 Thüsing/*Kämmerer*, § 6 Rn. 6.
18 *Sandmann/Marschall*, § 6 Anm. 9.

5. Androhung des Zwangsmittels

16 Zwangsmittel werden **schriftlich** angedroht, sofern sie nicht sofort vollzogen werden müssen (§ 13 Abs. 1 VwVG – zum sofortigen Vollzug siehe oben Rn. 14 f.). Die Androhung kann mit der Unterlassungsverfügung verbunden werden (§ 13 Abs. 2 VwVG), aber auch gesondert erfolgen; in jedem Fall ist sie zuzustellen (§ 13 Abs. 7 VwVG). Die Androhung ist an den **Adressaten** der Unterlassungsverfügung zu richten; wird die Untersagungsverfügung gegenüber einer GmbH ausgesprochen, ist eine gegen den Geschäftsführer gerichtete Zwangsgeldandrohung und -festsetzung unwirksam.[19] Inhaltlich muss ein **bestimmtes Zwangsmittel** angedroht werden (§ 13 Abs. 3 VwVG), Zwangsgelder müssen insbesondere der Höhe nach bestimmt sein (§ 13 Abs. 5 VwVG).

17 Die **Zwangsmittel** können so oft **wiederholt** und dabei jeweils erhöht oder gewechselt werden, **bis** der Verleiher die **illegale Tätigkeit aufgegeben** hat. Eine neue Androhung eines Zwangsmittels ist aber erst dann zulässig, **wenn** das zuerst **angedrohte Zwangsmittel ohne Erfolg** geblieben ist. Stellt die Behörde fest, dass der Verleiher seine Tätigkeit nicht aufgegeben hat, muss sie nicht das angedrohte Zwangsmittel festsetzen und beitreiben. Sie kann stattdessen ein neues Zwangsmittel festsetzen. Neben der Verhängung eines Zwangsgelds kann wegen desselben Verstoßes ein Ordnungswidrigkeitenverfahren durchgeführt und ein Bußgeld festgesetzt werden.

6. Festsetzung des Zwangsmittels

18 Das Zwangsmittel muss festgesetzt, d. h. seine Anwendung angeordnet werden. Bei **Zwangsgeldern** erfolgt dies durch einen **Leistungsbescheid**, der nach §§ 3 ff. VwVG von den Hauptzollämtern vollstreckt wird. Soll **unmittelbarer Zwang** festgesetzt werden, weist die BA ihre Vollzugsbeamten an, die angedrohten Handlungen tatsächlich durchzuführen, was dem Verleiher mitzuteilen ist.

7. Anwendung des Zwangsmittels

19 Das Zwangsmittel wird entsprechend der Festsetzung angewandt, wenn der Verleiher auch nach der Festsetzung nicht der Aufforderung nachkommt, den illegalen Verleih einzustellen. Die Hauptzollämter vollstrecken die Zwangsgeldforderungen und die Vollzugsbeamten der BA

---

19 SG Frankfurt vom 22.8.1986 – S 14/Ar 373/79, NZA 1987, 40.

üben den unmittelbaren Zwang aus. Dazu können sie sich im Rahmen der Amtshilfe z.B. um Unterstützung durch die Polizei bemühen.

Gem. § 15 Abs. 3 VwVG ist der **Vollzug des Zwangsmittels einzustellen, wenn** der **Zweck erreicht wurde**, also der Verleiher die Arbeitnehmerüberlassung ohne Erlaubnis eingestellt hat. Außerdem ist der Vollzug einzustellen, wenn die Untersagungsverfügung aufgehoben wurde oder sich die tatsächlichen oder rechtlichen Voraussetzungen der Verfügung geändert haben bzw. weggefallen sind. Das kann z.B. der Fall sein, wenn der Verleiher einen Antrag auf Erteilung einer Erlaubnis gestellt hat und die entsprechenden Voraussetzungen erfüllt. 20

IV. Rechtsschutz

Gegen die **Untersagungsverfügung** ist der **Widerspruch** bzw. die **Anfechtungsklage** zu den Sozialgerichten zulässig (§ 51 Abs. 1 SGG). Gegen **Androhung und Festsetzung des Zwangsmittels** als VA steht ebenfalls Widerspruch und Anfechtungsklage offen. Der Verleiher kann damit aber nur eigenständige Rechtsverletzungen geltend machen, die sich nicht bereits aus der Untersagungsverfügung ergeben. 21

Bei den Rechtsbehelfen gegen die **Anwendung des Zwangsmittels** ist zu unterscheiden: Geht der Verleiher gegen die **Vollstreckung des Zwangsgelds** durch die Hauptzollämter vor, so steht ihm gem. § 33 Abs. 1 Nr. 2 FGO der **Finanzrechtsweg** offen.[20] Gegen **Maßnahmen des unmittelbaren Zwangs** ist der **Sozialrechtsweg** gem. § 51 Abs. 1 SGG gegeben. Die richtige Klageart und damit die Frage, ob ein Widerspruchsverfahren durchzuführen ist, hängt von der Art der Maßnahme ab. Handelt es sich um einen Verwaltungsakt, kommen Widerspruch und Anfechtungsklage in Betracht. Handelt es sich dagegen um einen Realakt der Behörde, so ist die Leistungsklage richtige Klageart. 22

---

20 Thüsing/*Kämmerer*, § 6 Rn. 10.

§ 7 Anzeigen und Auskünfte

(1) Der Verleiher hat der Erlaubnisbehörde nach Erteilung der Erlaubnis unaufgefordert die Verlegung, Schließung und Errichtung von Betrieben, Betriebsteilen oder Nebenbetrieben vorher anzuzeigen, soweit diese die Ausübung der Arbeitnehmerüberlassung zum Gegenstand haben. Wenn die Erlaubnis Personengesamtheiten, Personengesellschaften oder juristischen Personen erteilt ist und nach ihrer Erteilung eine andere Person zur Geschäftsführung oder Vertretung nach Gesetz, Satzung oder Gesellschaftsvertrag berufen wird, ist auch dies unaufgefordert anzuzeigen.

(2) Der Verleiher hat der Erlaubnisbehörde auf Verlangen die Auskünfte zu erteilen, die zur Durchführung des Gesetzes erforderlich sind. Die Auskünfte sind wahrheitsgemäß, vollständig, fristgemäß und unentgeltlich zu erteilen. Auf Verlangen der Erlaubnisbehörde hat der Verleiher die geschäftlichen Unterlagen vorzulegen, aus denen sich die Richtigkeit seiner Angaben ergibt, oder seine Angaben auf sonstige Weise glaubhaft zu machen. Der Verleiher hat seine Geschäftsunterlagen drei Jahre lang aufzubewahren.

(3) In begründeten Einzelfällen sind die von der Erlaubnisbehörde beauftragten Personen befugt, Grundstücke und Geschäftsräume des Verleihers zu betreten und dort Prüfungen vorzunehmen. Der Verleiher hat die Maßnahmen nach Satz 1 zu dulden. Das Grundrecht der Unverletzbarkeit der Wohnung (Artikel 13 des Grundgesetzes) wird insoweit eingeschränkt.

(4) Durchsuchungen können nur auf Anordnung des Richters bei dem Amtsgericht, in dessen Bezirk die Durchsuchung erfolgen soll, vorgenommen werden. Auf die Anfechtung dieser Anordnung finden die §§ 304 bis 310 der Strafprozessordnung entsprechende Anwendung. Bei Gefahr im Verzuge können die von der Erlaubnisbehörde beauftragten Personen während der Geschäftszeit die erforderlichen Untersuchungen ohne richterliche Anordnung vornehmen. An Ort und Stelle ist eine Niederschrift über die Durchsuchung und ihr wesentliches Ergebnis aufzunehmen, aus der sich, falls keine richterliche Anordnung ergangen ist, auch die Tatsachen ergeben, die zur Annahme einer Gefahr im Verzuge geführt haben.

(5) Der Verleiher kann die Auskunft auf solche Fragen verweigern, deren Beantwortung ihn selbst oder einen der in § 383 Abs. 1 Nr. 1

I. Vorbemerkungen § 7

bis 3 der Zivilprozessordnung bezeichneten Angehörigen der Gefahr strafgerichtlicher Verfolgung oder eines Verfahrens nach dem Gesetz über Ordnungswidrigkeiten aussetzen würde.

Übersicht

	Rn.
I. Vorbemerkungen	1
1. Entstehungsgeschichte	1
2. Sinn und Zweck der Vorschrift	2
3. Persönlicher Geltungsbereich	3
II. Anzeigepflichten (Abs. 1)	4
1. Betriebliche Veränderungen (Satz 1)	4
a) Anzeigepflichtige Tatbestände	4
b) Pflichteninhalt und Zeitpunkt	8
c) Rechtsfolgen	12
aa) Ordnungsgemäße Anzeige	12
bb) Verletzung der Anzeigepflicht	14
2. Personelle Veränderungen (Satz 2)	15
III. Auskunftspflichten (Abs. 2)	18
1. Pflichteninhalt (Satz 1 und Satz 2)	18
2. Nachprüfungsrecht der Erlaubnisbehörde (Satz 3 und Satz 4)	24
a) Vorlage geschäftlicher Unterlagen (Satz 3 Alt. 1)	24
b) Glaubhaftmachung (Satz 3 Alt. 2)	27
c) Aufbewahrung geschäftlicher Unterlagen (Satz 4)	29
3. Rechtsfolgen	32

	Rn.
IV. Behördliches Nachschaurecht (Abs. 3)	33
1. Sinn und Zweck	33
2. Betretungs- und Prüfungsrecht (Satz 1)	34
a) Voraussetzungen	34
b) Berechtigter Personenkreis	36
c) Umfang der Befugnisse	37
3. Duldungspflicht des Verleihers (Abs. 3 Satz 2)	40
4. Rechtsfolgen von Pflichtverletzungen	42
V. Durchsuchungsrecht (Abs. 4)	43
1. Durchsuchungsrecht	44
2. Richterliche Anordnung (Satz 1 und Satz 2)	46
3. Durchsuchung bei Gefahr im Verzug (Satz 3)	47
4. Niederschrift (Satz 4)	49
VI. Auskunftsverweigerung (Abs. 5)	57
VII. Rechtsschutz	61
1. Auskunftsverlangen (Abs. 1 und Abs. 2)	61
2. Nachschau (Abs. 3)	62
3. Durchsuchungen (Abs. 4)	63

I. Vorbemerkungen

1. Entstehungsgeschichte

Die Vorschrift besteht **seit In-Kraft-Treten des AÜG unverändert**. 1
Sie wurde im Verlauf des Gesetzgebungsverfahrens nur in wenigen Punkten geändert. So wurde auf einen Vorschlag des Ausschusses für Arbeit und Sozialordnung hin die Regelung des Abs. 1 Satz 1 um den

§ 7 Anzeigen und Auskünfte

letzten Halbsatz ergänzt und damit der Umfang der Anzeigepflicht genauer umrissen. Auf Anregung des Rechtsausschusses wurden die Abs. 3 und 4 aufgenommen, wobei Abs. 4 inhaltlich § 59 Abs. 4 GWB entspricht. Mit dem 3. Gesetz für moderne Dienstleistungen am Arbeitsmarkt v. 23.12.2003 wurde ein Verstoß gegen die Duldungspflicht nach Abs. 3 Satz 2 als Ordnungswidrigkeit gemäß § 16 I Nr. 6 lit. a) ausgestaltet.

2. Sinn und Zweck der Vorschrift

2 Die Regelung soll es der Erlaubnisbehörde ermöglichen, **auch nach Erlaubniserteilung** zu **kontrollieren**, ob der Verleiher die gesetzlichen Bestimmungen beachtet (GA-AÜG 7.2). Damit soll der Behörde ein Instrumentarium an die Hand gegeben werden, den Schutz des Leiharbeitnehmers sicherzustellen[1] und ggf. Entscheidungen über die Erteilung von Auflagen, über die Rücknahme oder den Widerruf der Erlaubnis sowie über die Einleitung von Straf- und Ordnungswidrigkeitenverfahren zu treffen. Insoweit werden Anzeige- (Abs. 1) und Auskunftspflichten (Abs. 2) des Verleihers begründet sowie Prüfungs- und Eingriffsrechte der BA (Abs. 3 und Abs. 4) statuiert.

3. Persönlicher Geltungsbereich

3 Die Pflichten treffen den Inhaber der Erlaubnis, bei juristischen Personen die gesetzlichen Vertreter (GA-AÜG 7.1 (1)). Da die Bestimmung **nur** der **Kontrolle und Verwaltung der legalen Arbeitnehmerüberlassung** dient, wird die **illegale Arbeitnehmerüberlassung** von der Vorschrift **nicht erfasst**.[2] Die BA ist gegenüber einem illegalen Verleiher nicht auf die Aufsichts- und Überprüfungsrechte nach dieser Bestimmung beschränkt. Sie kann vielmehr zu sämtlichen nach dem OWiG zulässigen Ermittlungshandlungen, insbesondere zu Durchsuchungen und Beschlagnahmen, greifen und die illegale Überlassung gemäß § 6 im Wege des Verwaltungszwangs unterbinden.

---

[1] BSG vom 12.7.1989 – 7 RAr 46/88 – NZA 1990, 157, 158; LSG Berlin vom 26.1.1988 – L 14 Ar 7/86, EzAÜG § 7 AÜG Auskunftspflichten Nr. 1.
[2] AnwK-ArbR/*Golücke*, § 7 AÜG Rn. 2; *Sandmann/Marschall*, § 7 Anm. 2 f.; Schüren/*Schüren*, § 7 Rn. 6; ErfK/*Wank*, § 7 AÜG Rn. 2. – A.A. *Ulber*, § 7 Rn. 2.

II. Anzeigepflichten (Abs. 1)

1. Betriebliche Veränderungen (Satz 1)

a) Anzeigepflichtige Tatbestände

Nach Abs. 1 hat der Verleiher der BA eine beabsichtigte Verlegung, Schließung oder Errichtung von Betrieben, Betriebsteilen oder Nebenbetrieben unaufgefordert (siehe unten Rn. 8) vorher (siehe unten Rn. 9) anzuzeigen. Dabei ist die Frage, ob Betriebe, Betriebsteile oder Nebenbetriebe betroffen sind, wie bei § 3 Abs. 2 (siehe § 3 Rn. 74) in entsprechender Anwendung betriebsverfassungsrechtlicher Bestimmungen (§ 4 BetrVG) zu beurteilen.[3] Vom Tatbestand werden nur **Veränderungen** erfasst, die für einen **nach Erteilung der Erlaubnis** liegenden Zeitpunkt geplant sind.[4] Änderungen vor Erteilung der Erlaubnis sind bereits im Rahmen des Antragsverfahrens anzugeben.[5]

Eine **Verlegung** i. S. v. Abs. 1 Satz 1 ist gegeben, wenn sich unter **Wahrung der Identität des Betriebs** die **örtliche Lage** der Betriebsstätte verändert.[6] Für die Frage, ob die Betriebsidentität gewahrt bleibt, können die zu § 613a BGB entwickelten Grundsätze herangezogen werden; danach kommt es weniger darauf an, ob das materielle Betriebsvermögen, insbesondere Betriebsmittel, mitgenommen werden.[7] Ausschlaggebend ist vielmehr, ob der Arbeitnehmerstamm und die immateriellen Betriebsmittel, insbesondere der Entleiherkreis, erhalten bleiben.[8] Bleibt danach die Betriebsidentität gewahrt, dann ist eine Verlegung, nicht aber eine Schließung und Neuerrichtung, auch dann gegeben, wenn der Betrieb seinen Sitz nunmehr im Bezirk einer anderen RD der BA[9] oder im Ausland hat.[10]

Eine **Schließung** ist gegeben, wenn der Verleiher den Betrieb, also die Überlassung von Arbeitnehmern, **endgültig und nicht nur vorübergehend einstellen** will.[11] Da es auf die Ausübung der Tätigkeit durch den

---

3 AnwK-ArbR/*Golücke*, § 7 AÜG Rn. 4; Schüren/*Schüren*, § 7 Rn. 13; Thüsing/*Thüsing*, § 7 Rn. 8; *Ulber*, § 7 Rn. 5.
4 Thüsing/*Thüsing*, § 7 Rn. 6.
5 Thüsing/*Thüsing*, § 7 Rn. 6.
6 Thüsing/*Thüsing*, § 7 Rn. 9.
7 So aber *Ulber*, § 7 Rn. 5.
8 Ebenso Schüren/*Schüren*, § 7 Rn. 14.
9 *Sandmann/Marschall*, § 7 Anm. 8.
10 *Ulber*, § 7 Rn. 5.
11 Schüren/*Schüren*, § 7 Rn. 14; Thüsing/*Thüsing*, § 7 Rn. 9.

§ 7 Anzeigen und Auskünfte

Verleiher ankommt, werden anders als bei § 111 Satz 2 Nr. 1 BetrVG hiervon auch die Fälle des **Betriebsübergangs**, z.B. infolge einer Betriebsveräußerung oder einer Betriebsverpachtung, erfasst.[12]

7   Eine **Errichtung** ist gegeben, wenn eine **neue betriebliche Einheit eröffnet** wird. In diesem Fall ist der Verleiher grds. nur zur Anzeige nach Abs. 1 verpflichtet; eine neue Erlaubnis ist nicht zu beantragen, weil die Erlaubnis personen- bzw. rechtsträgerbezogen und nicht betriebsbezogen erteilt wird (siehe § 2 Rn. 19). Hiervon zu unterscheiden ist die **Neugründung eines weiteren Verleihunternehmens**; in diesem Fall bedarf es zwar nicht der Anzeige nach Abs. 1 Satz 1,[13] es ist aber vor der Aufnahme des Geschäftsbetriebs eine Erlaubnis für das neue Unternehmen einzuholen.[14]

b) Pflichteninhalt und Zeitpunkt

8   Es handelt sich um eine **echte Anzeigepflicht**. Der Erlaubnisinhaber hat eine bevorstehende Veränderung **ohne besondere Aufforderung oder Nachfrage unaufgefordert** von sich aus der Erlaubnisbehörde mitzuteilen.[15] Dies schließt nicht das Recht der BA aus, den Verleiher ausdrücklich zur Anzeige aufzufordern, wenn Anhaltspunkte für Veränderungen i.S.v. Abs. 1 Satz 1 vorliegen.[16]

9   Die Anzeige ist rechtzeitig **vor Eintritt der jeweiligen Veränderung** zu erstatten.[17] Der Erlaubnisbehörde soll hierdurch zum einen die Möglichkeit gegeben werden, rechtzeitig erforderlich werdende organisatorische Maßnahmen zu ergreifen; so ist z.B. bei einem Ortswechsel u.U. eine nunmehr zuständige AA der BA zu informieren. Zum anderen soll die BA bereits im Vorfeld prüfen können, ob die geplante Maßnahme sich auf Bestand oder Reichweite einer erteilten Erlaubnis auswirken kann, insbesondere ein Versagungstatbestand i.S.v. § 3 Abs. 1 Nr. 2 oder § 3 Abs. 2 gegeben sein könnte.

10 Die Anzeige ist **grds. formfrei** möglich, sollte aber **aus Beweisgründen schriftlich** abgegeben werden.[18] Empfangszuständig ist als Erlaub-

---

12 Schüren/*Schüren*, § 7 Rn. 14; *Ulber*, § 7 Rn. 6.
13 So aber *Ulber*, § 7 Rn. 7.
14 Insoweit zutreffend *Ulber*, § 7 Rn. 7.
15 Thüsing/*Thüsing*, § 7 Rn. 7.
16 *Sandmann/Marschall*, § 7 Anm. 7; Schüren/*Schüren*, § 7 Rn. 18; Thüsing/*Thüsing*, § 7 Rn. 7.
17 AnwK-ArbR/*Golücke*, § 7 AÜG Rn. 3.
18 AnwK-ArbR/*Golücke*, § 7 AÜG Rn. 3; Thüsing/*Thüsing*, § 7 Rn. 5.

nisbehörde die AA der BA, die für den Bezirk, in dem der Verleiher seinen Geschäftssitz hat, zuständig ist. Bei ausländischen Verleihern bestimmt sich die zuständige Erlaubnisbehörde nach dem Sitz des Unternehmens. Wegen der Einzelheiten zur Zuständigkeit siehe Einl. Rn. 15.[19]

Die Pflicht besteht **unabhängig** von derjenigen nach § 8. Ein Verleiher kann sich daher nicht auf die ordnungsgemäße Erfüllung seiner Meldepflichten berufen, um eine Auskunft zu den in § 8 geregelten Daten zu verweigern, wenn das Auskunftsverlangen inhaltlich oder zeitlich über die Meldeerfordernisse hinausgeht.[20]   11

c) Rechtsfolgen

aa) Ordnungsgemäße Anzeige

Mit ordnungsgemäßer Erstattung der Anzeige hat der Verleiher seine Pflichten nach Abs. 1 Satz 1 erfüllt. Daneben bestehende Anzeigepflichten, etwa nach § 14 GewO, bleiben unberührt.   12

Die BA muss die Anzeige nur entgegennehmen, nach dem Gesetz hierzu jedoch keine Stellung beziehen. Die Anzeige selbst setzt die **Jahresfrist nach § 5 Abs. 4 für** einen **Widerruf** noch nicht in Gang. Nicht die Anzeige als solche, sondern erst die Durchführung der Veränderung stellt eine Tatsache dar, die den Widerruf nach § 5 Abs. 1 Nr. 3 rechtfertigen kann.[21] In diesem Falle muss aber bei der Entscheidung, ob der Widerruf ausgesprochen wird, berücksichtigt werden, dass die Erlaubnisbehörden angewiesen sind, dem Verleiher mitzuteilen, ob sich die Veränderung auf die bestehende Erlaubnis auswirkt (GA-AÜG 7.2 (1)). Sollte der Verleiher also in angemessener Zeit nach Abgabe der Anzeige keine Nachricht erhalten, kann er davon ausgehen, dass gegen die betriebliche Veränderung keine Bedenken bestehen.[22] Im Rahmen der Ermessensausübung (siehe § 5 Rn. 18) ist ein hieraus erwachsender **Vertrauensschutz** zugunsten des Verleihers zu beachten.   13

---

19 Vgl. zur Zuständigkeit auch http://www.arbeitsagentur.de/zentraler-Content/A08-Ordnung-Recht/A083-AUEG/Publikation/pdf/Informationen-zur-Arbeitnehmerueberlassung.pdf (abgefragt am 8.10.2012).
20 LSG Rheinland-Pfalz vom 19.12.2002 – L 1 AL 4/01, EzAÜG § 1 AÜG Gewerbsmäßige Arbeitnehmerüberlassung Nr. 37 = juris Rn. 61.
21 *Sandmann/Marschall*, § 7 Anm. 9; *Schüren/Schüren*, § 7 Rn. 15.
22 *Sandmann/Marschall*, § 7 Anm. 9.

bb) Verletzung der Anzeigepflicht

14 **Kommt der Verleiher seiner Anzeigepflicht nicht nach**, kann ihn die BA ausdrücklich zu einer Anzeige gem. Abs. 1 Satz 1 auffordern und die Anzeigepflicht sodann im Wege des **Verwaltungszwangs** durchsetzen.[23] Beharrliche oder schwerwiegende Verstöße gegen die Anzeigepflicht können die Annahme der Unzuverlässigkeit i.S.v. § 3 Abs. 1 Nr. 1 begründen und zum **Widerruf der Erlaubnis** nach § 5 Abs. 1 Nr. 3 berechtigen.[24] Schließlich bildet die Verletzung der Anzeigepflicht eine **Ordnungswidrigkeit** nach § 16 Abs. 1 Nr. 4, die mit einer Geldbuße bis zu 500 Euro geahndet werden kann (§ 16 Abs. 2).

2. Personelle Veränderungen (Satz 2)

15 Die Anzeigepflicht nach Abs. 1 Satz 2 dient der Überwachung der Zuverlässigkeit von Personengesellschaften (z.B. KG, BGB-Gesellschaft), Personengesamtheiten (z.B. Erbengemeinschaft) oder juristischen Personen (z.B. AG, GmbH). Wenn nach Erlaubniserteilung eine andere Person zur Geschäftsführung oder Vertretung nach Gesetz, Satzung oder Gesellschaftsvertrag berufen wird, müssen solche **personellen Veränderungen** der Behörde unaufgefordert angezeigt werden. Dies ist z.B. der Fall, wenn bei einer GmbH der Geschäftsführer wechselt oder sich bei einer AG die Zusammensetzung des Vorstands ändert. Auch die **Eröffnung des Insolvenzverfahrens** über das Verleihervermögen ist anzuzeigen, weil nach § 80 Abs. 1 InsO die Verwaltungs- und Verfügungsbefugnis auf den Insolvenzverwalter übergeht.

16 Demgegenüber verpflichten Veränderungen im Bereich **rechtsgeschäftlich** erteilter Geschäftsführungs- oder Vertretungsbefugnis **nicht zur Anzeige**,[25] so fällt z.B. die Erteilung einer Prokura oder einer Handlungsvollmacht nicht unter Abs. 1 Satz 2.[26]

17 Die Anzeige muss anders als nach Abs. 1 Satz 1 **nicht vorab** erfolgen. Vielmehr besteht auf Grund des insoweit abweichenden Wortlauts die **Anzeigepflicht** nach Abs. 1 Satz 2 **erst, wenn die Veränderung eingetreten ist**. Im Übrigen gelten hinsichtlich des Pflichteninhalts und der Rechtsfolgen die oben Rn. 8ff. zu Abs. 1 Satz 1 dargelegten Grundsätze.

---

23 BSG vom 12.7.1989 – 7 RAr 46/88, NZA 1990, 157ff.
24 Schüren/*Schüren*, § 7 Rn. 18; *Ulber*, § 7 Rn. 4.
25 Thüsing/*Thüsing*, § 7 Rn. 11; *Ulber*, § 7 Rn. 10.
26 Schüren/*Schüren*, § 7 Rn. 17.

III. Auskunftspflichten (Abs. 2)

1. Pflichteninhalt (Satz 1 und Satz 2)

Nach Satz 1 hat der Verleiher der Erlaubnisbehörde auf Verlangen die Auskünfte zu erteilen, die zur Durchführung des Gesetzes erforderlich sind. **Verpflichtet** zur Auskunftserteilung ist der **Verleiher**, also der Erlaubnisinhaber. Handelt es sich nicht um eine natürliche Person, so werden die **gesetzlichen Vertreter** verpflichtet.[27] Allerdings muss die Auskunft **nicht höchstpersönlich** erteilt werden, vielmehr kann sich der Verleiher hierzu Dritter, wie z. B. Angestellter, Steuer- oder Rechtsberater, als Erfüllungsgehilfen bedienen.[28] 18

Die Auskunft ist **nur auf entsprechendes Verlangen** zu erteilen. Der Verleiher muss also nicht von sich aus die BA über sämtliche für die Durchführung des Gesetzes wesentlichen Umstände informieren; er muss Angaben nur auf eine konkrete Aufforderung der BA hin machen.[29] Die BA kann die Auskunft im Wege einer bloßen, nicht zwangsweise durchsetzbaren, Anfrage begehren oder in Form eines anfechtbaren und mit den Mitteln der Verwaltungsvollstreckung **durchsetzbaren Verwaltungsakts**.[30] Von einem durchsetzbaren Auskunftsverlangen in Form eines VA ist nur auszugehen, wenn die Behörde den Betroffenen erkennbar zur Erteilung der Auskunft bindend verpflichten will. Anhaltspunkte hierfür können sein: die Angabe von § 7 Abs. 2 als Rechtsgrundlage; der Hinweis darauf, dass die Verletzung der Auskunftspflicht als Ordnungswidrigkeit geahndet werden könne oder aus der Verweigerung Rückschlüsse auf die Zuverlässigkeit gezogen werden könnten; die förmliche Zustellung; eine Rechtsbehelfsbelehrung.[31] 19

Die BA kann sämtliche **Informationen** verlangen, **die zur Durchführung des Gesetzes erforderlich sind**, die also der Überwachung dienen, ob der Verleiher seine gesetzlichen Pflichten erfüllt, insbesondere ob die Geschäftstätigkeit in Einklang mit § 3 steht.[32] So kann die BA von so genannten Mischunternehmen die Nennung der Beschäftigten getrennt nach Leiharbeitnehmern und anderen Arbeitnehmern sowie 20

---

27 LSG Rheinland-Pfalz vom 19.12.2002 – L 1 AL 4/01, EzAÜG § 1 AÜG Gewerbsmäßige Arbeitnehmerüberlassung Nr. 37 = juris Rn. 57; Thüsing/*Thüsing*, § 7 Rn. 14.
28 Thüsing/*Thüsing*, § 7 Rn. 14.
29 Thüsing/*Thüsing*, § 7 Rn. 14.
30 BSG vom 12.7.1989 – 7 RAr 46/88, NZA 1990, 157f.
31 BSG vom 12.7.1989 – 7 RAr 46/88, NZA 1990, 157f.
32 Begr. zum RegE, BT-Drs. VI/2303, S. 13.

die Angabe der Beschäftigungsdauer verlangen.³³ Da die Auskunftspflicht der Überwachung des auskunftspflichtigen Verleihers dient, muss dieser die BA grundsätzlich auch nicht auf deren Verlangen über Vorgänge bei Dritten informieren, mit denen er in geschäftlichen Beziehungen steht.³⁴ Soweit gegenüber Leiharbeitnehmern des Verleihers equal-treatment nicht tariflich abbedungen ist, muss der Verleiher der BA Auskunft über die beim Entleiher geltenden Arbeitsbedingungen erteilen, soweit die BA diese Angaben zur Prüfung des § 3 Abs. 1 Nr. 3 bedarf. Die Auskunftspflicht bezieht sich nur auf Umstände, die für die Durchführung des AÜG bedeutsam sind. Die BA kann nach Abs. 2 **keine Auskünfte** verlangen, **die zur Erfüllung sonstiger Aufgaben nützlich sind**, z.B. Auskünfte über unbesetzte Arbeitsplätze beim Verleiher, auf die Arbeitslose vermittelt werden sollen.

21 Da die Auskunftspflicht es der BA ermöglichen soll, im Interesse des Schutzes der Leiharbeitnehmer gesetzeswidrige Praktiken bereits im Vorfeld zu verhindern, kann **Auskunft ohne konkreten Anlass und ohne besondere Begründung** begehrt werden (GA-AÜG 7.3 (4)).³⁵ Die Auskunft ist also nicht davon abhängig, dass Verdacht auf Unregelmäßigkeiten besteht bzw. es hierzu gar schon gekommen ist.³⁶

22 Das **Auskunftsverlangen** steht **im Ermessen der BA**; diese entscheidet, ob, in welcher Art und in welchem Umfang Auskünfte eingeholt werden.³⁷ Dabei ist die BA als Träger hoheitlicher Gewalt an den **Gleichbehandlungs- und** an den **Verhältnismäßigkeitsgrundsatz** gebunden. Dies bedeutet jedoch nicht, dass die BA sämtliche Verleiher in gleichen Abständen, im gleichen Umfang und mit gleicher Sorgfalt überwachen muss. Ausschlaggebend ist vielmehr, inwieweit die Auskunft geeignet ist, gesetzeswidrigen Praktiken entgegenzutreten. Daher kann gegenüber eingeführten Verleihunternehmen, die sich in der Vergangenheit als zuverlässig erwiesen haben, ein großzügigerer Maßstab angelegt werden als gegenüber Verleihern, bei denen es schon zu Verstößen gekommen ist. Auch Verleiher mit einer befristeten Erlaubnis können intensiver überwacht werden.

---

33 LSG Berlin vom 26.1.1988 – L 14 Ar 7/86, EzAÜG § 7 AÜG Auskunftspflichten Nr. 1.
34 MünchArbR/*Marschall*, § 174 Rn. 154.
35 KassHdbch/*Düwell*, 4.5 Rn. 520; Schüren/*Schüren*, § 7 Rn. 21.
36 Vgl. LSG Rheinland-Pfalz vom 19.12.2002 – L 1 AL 4/01, EzAÜG § 1 AÜG Gewerbsmäßige Arbeitnehmerüberlassung Nr. 37 = juris Rn. 62.
37 LSG Rheinland-Pfalz vom 19.12.2002 – L 1 AL 4/01, EzAÜG § 1 AÜG Gewerbsmäßige Arbeitnehmerüberlassung Nr. 37 = juris Rn. 62; Schüren/*Schüren*, § 7 Rn. 21.

III. Auskunftspflichten (Abs. 2) § 7

Die Auskunft ist nach Satz 2 wahrheitsgemäß, vollständig, fristgemäß 23
und unentgeltlich zu erteilen; etwa anfallende **Kosten** für Ablichtungen
oder Abschriften **trägt** der **Verleiher**, sodass die Auskunftserteilung
nicht von einem Kostenersatz abhängig gemacht werden kann. Die
Auskunft muss in deutscher Sprache gegeben werden (§ 23 Abs. 1
VwVfG), so dass Kosten für Übersetzungen, z.B. bei ausländischen
Verleihern, ebenfalls vom Verleiher zu tragen sind.[38] Die Auskunft darf
vom Verleiher auch mündlich erteilt werden (GA-AÜG 7.3 (5)); allerdings kann die BA zumindest dann schriftliche Auskunftserteilung verlangen, wenn die Informationen sinnvoll nur schriftlich eingeholt werden können.[39] – Zum Auskunftsverweigerungsrecht nach Abs. 5 siehe unten Rn. 57 ff.

2. Nachprüfungsrecht der Erlaubnisbehörde (Satz 3 und Satz 4)

a) Vorlage geschäftlicher Unterlagen (Satz 3 Alt. 1)

Um die Richtigkeit der Auskünfte des Verleihers zu überprüfen, kann 24
die BA alle **geschäftlichen Unterlagen**, die in Zusammenhang mit der
Arbeitnehmerüberlassung stehen, einsehen (Satz 3). Unter den Begriff
der geschäftlichen Unterlagen fallen **sämtliche verkörperten Informationsträger**, die einen Bezug zu der vom Verleiher betriebenen Arbeitnehmerüberlassung haben. Informationsträger in diesem Sinne sind
nicht nur schriftliche Unterlagen, sondern auch sonstige Datenträger,
z.B. auf EDV-gestützten Systemen, und Tonbandaufzeichnungen. Als
geschäftliche Unterlagen kommen insbesondere in Betracht Arbeitsverträge mit Leiharbeitnehmern und Arbeitnehmerüberlassungsverträge
mit Entleihern; Korrespondenz mit Vertragspartnern, namentlich Entleihern, und Behörden; Lohnlisten und Geschäftsbücher; Belege über
die Abführung von Sozialversicherungsbeiträgen und Steuerbescheide.

Die Vorlagepflicht bezieht sich nur auf **Unterlagen, die in Zusammen-** 25
hang mit der Arbeitnehmerüberlassung stehen, nicht aber auf sonstige Geschäftsunterlagen.[40] Ob ein Bezug zur Arbeitnehmerüberlassung
besteht, bestimmt sich danach, ob die BA diese Unterlagen benötigt,
um ihrer Überwachungsaufgabe gerecht zu werden. Daher kann der
Verleiher Unterlagen über den Einsatz von Arbeitnehmern in Drittbetrieben nicht mit der Begründung vorenthalten, es handele sich nicht

---

38 Thüsing/*Thüsing*, § 7 Rn. 18.
39 *Sandmann/Marschall*, § 7 Anm. 11.
40 Thüsing/*Thüsing*, § 7 Rn. 21.

um Leiharbeitnehmer, sondern um solche Arbeitnehmer, die er im Rahmen von Werkverträgen eingesetzt habe; die Vorlagepflicht soll nämlich gerade dazu dienen, die Richtigkeit solcher Angaben zu überprüfen.[41]

26 Die erforderlichen Unterlagen sind grds. **im Original vorzulegen**, also der BA zur Verfügung zu stellen.[42] Soweit eine Überlassung nicht tunlich ist, z. B. bei umfangreichen Unterlagen oder bedeutsamen Dokumenten, wird sich die BA unter Verhältnismäßigkeitsgesichtspunkten auf eine Einsichtnahme in den Räumen des Verleihers, soweit dieser damit einverstanden ist,[43] oder die Übermittlung von Abschriften beschränken müssen, soweit nicht eine anderweitige Glaubhaftmachung in Betracht kommt. Wegen § 23 Abs. 2 VwVfG sind **fremdsprachige Unterlagen** nicht nur in der Originalfassung vorzulegen, sondern es ist eine **beglaubigte Übersetzung** beizufügen; andernfalls kann sich die BA auf Kosten des Verleihers selbst Übersetzungen anfertigen lassen.[44]

b) Glaubhaftmachung (Satz 3 Alt. 2)

27 Nach Abs. 2 Satz 3 kann die BA vom Verleiher anstelle der Vorlage geschäftlicher Unterlagen verlangen, dass er seine Angaben in sonstiger Weise glaubhaft macht. Dies kommt insbesondere in Betracht, wenn **geschäftliche Unterlagen nicht vorliegen** – was allerdings regelmäßig Rückschlüsse auf die Unzuverlässigkeit des Verleihers zulässt (siehe unten Rn. 32) –, die Vorlage mit einem **unverhältnismäßigen Aufwand** verbunden wäre, an der Richtigkeit der vorgelegten Unterlagen **Zweifel** bestehen oder es um Umstände geht, die **nicht dokumentationspflichtig** sind. Zwischen der Vorlage von Geschäftsunterlagen und der Glaubhaftmachung besteht kein Rangverhältnis, sondern es ist in das pflichtgemäße Ermessen der BA gestellt, wie sie die Richtigkeit der Angaben überprüfen will.[45]

28 Für die Glaubhaftmachung genügt es nach allgemeinen Grundsätzen, dass eine **überwiegende Wahrscheinlichkeit** für die Richtigkeit der Angaben besteht, es muss keine an Sicherheit grenzende Wahrschein-

---

41 LSG Rheinland-Pfalz vom 10.6.1988 – L 6 Ar 117/87, n. v.
42 Thüsing/*Thüsing*, § 7 Rn. 19.
43 SG Duisburg vom 12.9.1998 – 16 Ar 135/86, EzAÜG § 7 AÜG Prüfrecht Nr. 2.
44 Schüren/*Schüren*, § 7 Rn. 33; *Ulber*, § 7 Rn. 14. – A.A. *Sandmann/Marschall*, § 7 Anm. 16.
45 MünchArbR/*Marschall*, § 174 Rn. 158; *Ulber*, § 7 Rn. 14.

lichkeit gegeben sein.⁴⁶ Zur Glaubhaftmachung kann sich der Verleiher sämtlicher Arten von Beweismitteln bedienen (vgl. § 294 Hs. 1 ZPO), z.B. schriftlicher Erklärungen von Zeugen, Bezugnahme auf verfügbare Akten von Behörden, unbeglaubigte Kopien usw. Abweichend von § 294 Hs. 2 ZPO kommt wegen § 27 Abs. 1 Satz 1 VwVfG eine Versicherung an Eides statt nicht in Betracht.⁴⁷

c) Aufbewahrung geschäftlicher Unterlagen (Satz 4)

Der Verleiher ist gemäß Abs. 2 Satz 4 verpflichtet, seine Geschäftsunterlagen 3 Jahre lang aufzubewahren. Hierdurch soll das Nachprüfungsrecht der BA abgesichert werden, so dass hierunter sämtliche, aber auch nur diejenigen Unterlagen fallen, zu deren Vorlage der Verleiher nach Abs. 2 Satz 3 Alt. 1 verpflichtet ist.⁴⁸ – Wegen der Einzelheiten siehe oben Rn. 24 f. **29**

Die Dreijahresfrist ist unabhängig vom Geschäftsjahr und beginnt mit der Entstehung der Geschäftsunterlage zu laufen.⁴⁹ Die Gegenauffassung, wonach maßgeblich für den Fristbeginn der Zeitpunkt sein soll, ab dem die Geschäftsunterlage keine Bedeutung für die Geschäftstätigkeit des Verleihers mehr hat,⁵⁰ übersieht, dass die Prüfungsmöglichkeit der BA, der die Aufbewahrungspflicht dienen soll, bereits ab Errichtung der Geschäftsunterlage besteht. **30**

Die Pflicht nach Abs. 2 Satz 4 lässt sonstige Aufbewahrungspflichten, z.B. gemäß § 257 Abs. 4 HGB oder gemäß § 147 Abs. 3 AO, unberührt. **31**

3. Rechtsfolgen

Die BA kann das Auskunftsverlangen gem. Abs. 2 Satz 1 und die Vorlage der geschäftlichen Unterlagen nach Abs. 2 Satz 3 mittels **Verwaltungszwang** durchsetzen, wenn der Verleiher seinen diesbezüglichen Pflichten nicht nachkommt. Beharrliche oder schwerwiegende Verstöße gegen die Auskunfts-, Vorlage- oder Aufbewahrungspflicht können die **32**

---

46 *Sandmann/Marschall*, § 7 Anm. 16; Schüren/*Schüren*, § 7 Rn. 34.
47 KassHdbch/*Düwell*, 4.5 Rn. 530; *Sandmann/Marschall*, § 7 Anm. 16; Schüren/*Schüren*, § 7 Rn. 35. – A.A. *Ulber*, § 7 Rn. 15.
48 KassHdbch/*Düwell*, 4.5 Rn. 531; Schüren/*Schüren*, § 7 Rn. 36; *Ulber*, § 7 Rn. 16. – Enger *Sandmann/Marschall*, § 7 Anm. 17.
49 KassHdbch/*Düwell*, 4.5 Rn. 532; Schüren/*Schüren*, § 7 Rn. 37.
50 *Ulber*, § 7 Rn. 17.

§ 7 Anzeigen und Auskünfte

Annahme der Unzuverlässigkeit i.S.v. § 3 Abs. 1 Nr. 1 begründen[51] und zum **Widerruf der Erlaubnis** nach § 5 Abs. 1 Nr. 3 berechtigen.[52] Schließlich bildet die Verletzung der Auskunftspflicht nach Abs. 2 Satz 1 eine **Ordnungswidrigkeit** nach § 16 Abs. 1 Nr. 5, die Verletzung der Aufbewahrungspflicht nach Abs. 2 Satz 4 eine Ordnungswidrigkeit nach § 16 Abs. 1 Nr. 6, die mit Geldbuße bis zu 500 Euro geahndet werden können (§ 16 Abs. 2).

IV. Behördliches Nachschaurecht (Abs. 3)

1. Sinn und Zweck

33 Die BA darf in begründeten Einzelfällen zur Überprüfung der Einhaltung der Vorschriften des AÜG Personen beauftragen, die Grundstücke und Geschäftsräume des Verleihers zu betreten und dort Prüfungen vorzunehmen. Den Verleiher trifft eine entsprechende Duldungspflicht. Damit sollen der BA **zusätzliche Kontrollmöglichkeiten** gewährt werden, wenn der Verleiher die Auskunft nach Abs. 2 verweigert oder Anhaltspunkte dafür bestehen, dass Anzeigen nach Abs. 1 nicht erstattet und Auskünfte nach Abs. 2 unvollständig oder unrichtig gegeben werden.[53]

2. Betretungs- und Prüfungsrecht (Satz 1)

a) Voraussetzungen

34 Die Behörde kann von ihren Rechten aus Abs. 3 Satz 1 nur **in begründeten Einzelfällen** Gebrauch machen. Danach sind vorbeugende **Stichprobenkontrollen unzulässig**.[54] Vielmehr müssen Tatsachen vorliegen, die den **konkreten Verdacht** begründen, dass eine Prüfung gesetzwidrige Zustände ergibt und hierzu ein Betreten der Geschäftsräume erforderlich ist.[55] Anlass für eine Nachschau können z.B. Beschwerden von Leiharbeitnehmern[56] sein, nicht aber die Auskunftsverweigerung durch den Verleiher nach Abs. 5 als solche[57] (siehe unten Rn. 60).

---

51 LSG Rheinland-Pfalz vom 19.12.2002 – L 1 AL 4/01, EzAÜG § 1 AÜG Gewerbsmäßige Arbeitnehmerüberlassung Nr. 37 = juris Rn. 58.
52 Schüren/*Schüren*, § 7 Rn. 39; *Ulber*, § 7 Rn. 18.
53 BSG vom 29.7.1992 – 11 RAr 57/91, NZA 1993, 524, 525.
54 Thüsing/*Thüsing*, § 7 Rn. 27.
55 BSG vom 29.7.1992 – 11 RAr 57/91, NZA 1993, 524, 525; Begr. zum RegE, BT-Drs. VI/2303, S. 13.
56 Schüren/*Schüren*, § 7 Rn. 41.
57 A.A. Thüsing/*Thüsing*, § 7 Rn. 27.

IV. Behördliches Nachschaurecht (Abs. 3) § 7

Die Rechte aus Abs. 3 Satz 1 sind weder von einem vorherigen Auskunftsverlangen abhängig (GA-AÜG 7.4 (2)) noch müssen Maßnahmen zuvor angekündigt werden,[58] soweit dies im Einzelfall den Erfolg der Nachschau vereiteln könnte. Allerdings hat die BA auch bei Maßnahmen nach Abs. 3 Satz 1 den **Grundsatz der Verhältnismäßigkeit** zu beachten. Das Nachschaurecht darf nur ausgeübt werden, wenn eine ordnungsgemäße Überwachung auf andere, weniger einschneidende Weise nicht sichergestellt ist.[59]

35

b) Berechtigter Personenkreis

Die **Befugnis zur Nachschau** haben die **von der BA beauftragten Personen**. Das sind vor allem die Bediensteten der BA. Aber auch andere Personen, wie z. B. Bedienstete der Gewerbeaufsicht oder der Finanzbehörden, können von der BA beauftragt werden. Sie müssen die Beauftragung dem betroffenen Verleiher nachweisen.[60]

36

c) Umfang der Befugnisse

Abs. 3 Satz 1 berechtigt die Erlaubnisbehörde, **Geschäftsräume des Verleihers** zu betreten. Da auch Geschäftsräume in den Schutzbereich des Art. 13 GG fallen, wird hierdurch das Grundrecht der Unverletzlichkeit der Wohnung eingeschränkt. Dem trägt Abs. 3 Satz 3 Rechnung. Das Nachschaurecht erstreckt sich nur auf Grundstücke und Geschäftsräume des Verleihers. Die **Wohnräume des Verleihers werden davon nicht erfasst**, und zwar auch dann nicht, wenn der Verleiher die Wohnung gleichzeitig zu Geschäftszwecken nutzt.[61] Sind Geschäftsräume an Dritte (unter-)vermietet oder werden diese gemeinsam mit anderen Unternehmen genutzt, ist deren Betreten von Abs. 3 Satz 1 nicht gedeckt.[62]

37

Aus Art. 13 GG folgt außerdem, dass ein Betreten der Geschäftsräume und die entsprechenden Prüfungen **nur zu** den **üblichen Geschäftszeiten** stattfinden dürfen.[63] Soweit danach eine Nachschau aus verfas-

38

---

58 BSG vom 29.7.1992 – 11 RAr 57/91, NZA 1993, 524, 525 f.; Schüren/*Schüren*, § 7 Rn. 42; Thüsing/*Thüsing*, § 7 Rn. 28. – A.A. SG Duisburg vom 12.10.1988 – 16 Ar 135/86, EzAÜG § 7 AÜG Prüfrecht Nr. 2.
59 BSG vom 29.7.1992 – 11 RAr 57/91, NZA 1993, 524, 525.
60 Schüren/*Schüren*, § 7 Rn. 44.
61 BVerfG vom 13.10.1971 – 1 BvR 280/66, BVerfGE 32, 54 ff.; Thüsing/*Thüsing*, § 7 Rn. 30.
62 Thüsing/*Thüsing*, § 7 Rn. 30; *Ulber*, § 7 Rn. 24.
63 BSG vom 29.7.1992 – 11 RAr 57/91, NZA 1993, 524, 526.

sungsrechtlichen Gründen nicht zulässig ist, kommt unter den Voraussetzungen des Abs. 4 eine richterlich angeordnete Durchsuchung in Betracht (siehe unten Rn. 44 ff.).

39 Die Nachschau ist nur zulässig, wenn sie den Zweck verfolgt, die Einhaltung des AÜG festzustellen. Inhaltlich beschränkt sich das Nachschaurecht daher auf geschäftliche Unterlagen i. S .v. Abs. 2.

3. Duldungspflicht des Verleihers (Abs. 3 Satz 2)

40 Gem. Abs. 3 Satz 2 muss der Verleiher die Nachschau dulden. Diese **Duldungspflicht** ist nicht rein passiver Natur. Sie umfasst vielmehr das Maß an **Mitwirkungshandlungen**, das **erforderlich** ist, **um der BA die Nachschau zu ermöglichen**. So muss der Verleiher z.B. verschlossene **Geschäftsräume öffnen** und den Zutritt gewähren, **Auskunft über** den **Aufbewahrungsort** der Geschäftsunterlagen geben und einen **Arbeitsplatz** für die Durchführung der Prüfung **zur Verfügung stellen**.[64] Da der Verleiher weder sich selbst noch seine Angehörigen belasten muss (Abs. 5), beschränkt sich die Duldungspflicht i. Ü. auf ein passives Gewährenlassen.[65] **Auf keinen Fall** müssen **Erläuterungen zu** den **Geschäftsunterlagen** abgegeben werden. Ein Verstoß gegen die Duldungspflicht ist seit dem 1.1.2004 bußgeldbewehrt gemäß § 16 I Nr. 6 lit. a). Hierdurch sollten die Prüfungsrechte der BA gestärkt und eine effektivere Kontrolle ermöglicht werden.[66]

41 Die BA hat auch das Recht, **Geschäftsunterlagen vorübergehend mitzunehmen**; dies ergibt sich bereits aus Abs. 2 Satz 3.[67] In diesem Fall ist dem Verleiher eine **Quittung** auszustellen.

4. Rechtsfolgen von Pflichtverletzungen

42 Die Duldungspflicht bei der behördlichen Nachschau kann die BA mit den Mitteln des **Verwaltungszwangs** durchsetzen.[68] Als Zwangsmittel kommt allerdings **nur** das **Zwangsgeld** in Betracht, weil die Anwendung unmittelbaren Zwangs zur Umgehung der Voraussetzungen für eine Durchsuchung gem. Abs. 4 führen könnte. Darüber hinaus begeht der Verleiher eine Ordnungswidrigkeit nach § 16 Abs. 1 Nr. 6 lit. a).

---

64 *Sandmann/Marschall*, § 7 Anm. 25; Schüren/*Schüren*, § 7 Rn. 50.
65 Schüren/*Schüren*, § 7 Rn. 50.
66 Begründung zum RegE, BT-Drs. 15/1515, S. 133.
67 *Becker/Wulfgramm*, § 7 Rn. 14a; Thüsing/*Thüsing*, § 7 Rn. 31.
68 BSG vom 29.7.1992 – 11 RAr 57/91, NZA 1993, 524, 526 f.

V. Durchsuchungsrecht (Abs. 4)

Das Durchsuchungsrecht dient der Durchführung des AÜG und ergänzt die Kontrollmöglichkeiten nach Abs. 2 und Abs. 3. **43**

1. Durchsuchungsrecht

Unter Durchsuchung versteht man allgemein die ohne oder gegen den Willen des Betroffenen durchgeführte **zwangsweise Suche zur Sicherstellung von Geschäftsunterlagen**, die sich auf die Verleihertätigkeit beziehen. Das Durchsuchungsrecht erstreckt sich **nicht** nur auf **Geschäfts-**, sondern **auch** auf **Wohnräume**, weil Abs. 4 keine Einschränkung auf Geschäftsräume beinhaltet.[69] Damit werden auch die sog. „Sofa- oder Rucksackfirmen" erfasst, die der Verleiher in seinen Wohnräumen betreibt. Ist die Durchsuchung erfolgreich, dann dürfen etwa aufgefundene geschäftliche Unterlagen i.S.v. Abs. 2 Satz 3 sichergestellt werden.[70] **44**

Bei ihrem Vorgehen muss die BA den **Verhältnismäßigkeitsgrundsatz** wahren. Die Durchsuchung setzt danach voraus, dass **weniger einschneidende Maßnahmen**, wie z.B. ein Vorgehen nach Abs. 2 oder Abs. 3, **keinen Erfolg versprechen**. Dies bedeutet jedoch nicht, dass diese Maßnahmen erst erfolglos durchgeführt werden müssen, bevor die BA Räumlichkeiten beim Verleiher durchsuchen darf. Die Rechte sind nicht so abgestuft, dass sie nur nacheinander ausgeübt werden dürfen.[71] Da die Durchsuchung eine sehr einschneidende Überwachungsmaßnahme ist, setzt sie wie das Nachschaurecht einen konkreten Tatverdacht voraus (siehe oben Rn. 34). **45**

2. Richterliche Anordnung (Satz 1 und Satz 2)

Grundsätzlich muss der Durchsuchung eine richterliche Anordnung vorausgehen (Art. 13 Abs. 2 GG). Zuständig ist der **Richter am Amtsgericht**, in dessen **Bezirk** die **Durchsuchung** stattfinden soll. Abs. 4 Satz 1 beschränkt die Durchsuchung mit richterlicher Anordnung nicht auf die Geschäftszeiten; es kann also auch eine Anordnung ergehen, die eine **Durchsuchung zur Nachtzeit** vorsieht. Allerdings ist dies nur **46**

---

69 *Sandmann/Marschall*, § 7 Anm. 26; Thüsing/*Thüsing*, § 7 Rn. 35.
70 KassHdbch/*Düwell*, 4.5 Rn. 542.
71 BSG vom 29.7.1992 – 11 RAr 57/91, NZA 1993, 524, 526f. – A.A. SG Duisburg vom 12.10.1988 – 16 Ar 135/86, EzAÜG § 7 AÜG Prüfrecht Nr. 2; *Becker/Wulfgramm*, § 7 Rn. 15.

in besonderen Ausnahmefällen denkbar, weil es sich um einen schwerwiegenden Grundrechtseingriff handelt. Die Durchsuchung darf nach der Rechtsprechung des BVerfG nur innerhalb eines halben Jahres nach dem Erlass der richterlichen Anordnung vorgenommen werden.[72] Wegen des Rechtsschutzes siehe unten Rn. 63 f.

3. Durchsuchung bei Gefahr im Verzug (Satz 3)

47 Gefährdet das **Abwarten einer richterlichen Anordnung** den **Zweck der Durchsuchung** (Gefahr im Verzug), kann auch ohne eine richterliche Anordnung durchsucht werden. Das ist insbesondere der Fall, wenn das Verhalten des Verleihers darauf schließen lässt, dass er die **erforderlichen Unterlagen** bis zur Durchsuchung **beiseiteschaffen bzw. vernichten** wird oder sich der **Überprüfung ganz entzieht**. Dies kann z. B. bei Verleihern angenommen werden, die keine Betriebsräume (mehr) haben und der Verleihtätigkeit ohne festen Geschäftssitz nachgehen.[73] Liegen die Voraussetzungen vor, dann muss nach erfolgter Durchsuchung die richterliche Anordnung nicht nachgeholt werden.[74] – Wegen des Rechtsschutzes des Verleihers siehe unten Rn. 63 f.

48 Das Durchsuchungsrecht gem. § 7 Abs. 4 Satz 3 erstreckt sich auf Geschäfts- und Wohnräume, darf allerdings nur zu den Geschäftszeiten stattfinden. Maßgeblich sind insoweit die üblichen Geschäftszeiten in der Verleiherbranche, nicht die Gepflogenheiten des betroffenen Verleihers.

4. Niederschrift (Satz 4)

49 An Ort und Stelle muss ein Protokoll der Durchsuchung angefertigt werden, gleichgültig ob sie mit oder ohne richterliche Anordnung erfolgte (Abs. 4 Satz 4). In der Niederschrift müssen folgende Angaben enthalten sein:

50 – **Zeit und Ort** der Durchsuchung;

51 – **anwesende Personen**;

52 – **Gegenstand**, auf den sich die Durchsuchung bezieht;

53 – **Grund** der Durchsuchung, soweit sich dies nicht schon aus der richterlichen Anordnung ergibt;

---

[72] BVerfG vom 27.5.1997 – 2 BvR 1992/92, BVerfGE 96, 44 ff.
[73] Schüren/*Schüren*, § 7 Rn. 62.
[74] *Sandmann/Marschall*, § 7 Anm. 33.

– **wesentliches Ergebnis** der Durchsuchung; 54

– bei einer Durchsuchung **ohne richterliche Anordnung** müssen außerdem die **Gründe** angegeben werden, die dazu führten, dass die Behörde von **Gefahr im Verzug** ausging. 55

Die **Nichteinhaltung dieser Formvorschrift** macht die Durchsuchung gem. Art. 13 Abs. 2 GG **rechtswidrig**,[75] und zwar auch dann, wenn nachträglich in den Diensträumen der BA die Niederschrift nachgeholt wird. In diesem Fall dürfen **etwa gewonnene Erkenntnisse nicht** als Beweismittel gegen den Verleiher **verwendet** werden.[76] Der Beauftragte der BA muss die Niederschrift unterschreiben; der Verleiher erhält auf entsprechendes Verlangen eine Abschrift. 56

VI. Auskunftsverweigerung (Abs. 5)

Die Auskunftspflicht des Verleihers wird entsprechend allgemeinen Rechtsgrundsätzen durch ein Auskunftsverweigerungsrecht eingeschränkt. Nach Abs. 5 steht dem Verleiher ein **Auskunftsverweigerungsrecht** zu, wenn eine Auskunft ihn selbst, den Verlobten, den früheren oder jetzigen Ehegatten, Verwandte oder Verschwägerte in gerader Linie, Verwandte in der Seitenlinie bis zum dritten Grad oder Verschwägerte in der Seitenlinie bis zum zweiten Grad belasten würde. Bei juristischen Personen oder Personengesamtheiten steht das Auskunftsverweigerungsrecht jeder nach Abs. 1 oder Abs. 2 anzeige- bzw. auskunftspflichtigen Person zu; allerdings müssen die **Voraussetzungen** des Auskunftsverweigerungsrechts **personenbezogen** vorliegen, d. h. das Auskunftsverweigerungsrecht des einen Gesellschafters lässt die Auskunftspflichten der übrigen Gesellschafter unberührt. Die Beantwortung der Fragen muss dazu führen, dass diese Personen straf- oder ordnungswidrigkeitenrechtlich verfolgt werden würden. 57

Der Verleiher muss sich auf das Auskunftsverweigerungsrecht **ausdrücklich berufen**, will er sich nicht der Gefahr eines Verfahrens nach § 16 Abs. 1 Nr. 5 aussetzen. In diesem Falle muss er das Auskunftsverweigerungsrecht nicht näher begründen; er muss aber andeutungsweise darlegen, weswegen die Auskunft für ihn oder eine geschützte Person die Gefahr strafrechtlicher Verfolgung begründen würde. Dabei besteht das Auskunftsverweigerungsrecht nicht nur im Hinblick auf die Tatbe- 58

---

[75] *Becker/Wulfgramm*, § 7 Rn. 18.
[76] *Ulber*, § 7 Rn. 30.

stände der §§ 15 ff., sondern auch hinsichtlich sonstiger Straf- oder Bußgeldbestimmungen.

59 Gegenständlich ist das Auskunftsverweigerungsrecht auf **Angaben und Äußerungen** beschränkt, die der Verleiher **nach Abs. 1 und Abs. 2 Satz 1 und Satz 2** abgeben muss. Hierdurch bleiben aber die Befugnisse der BA nach Abs. 2 Satz 3 hinsichtlich der Vorlage von Unterlagen sowie das Nachschaurecht nach Abs. 3 und das Durchsuchungsrecht nach Abs. 4 unberührt.

60 **Aus** der **Auskunftsverweigerung** an sich dürfen **keine nachteiligen Schlüsse** gegen den Verleiher gezogen werden, z. B. hinsichtlich seiner Zuverlässigkeit,[77] insbesondere kann mit der Auskunftsverweigerung als solcher nicht der für die Nachschau nach Abs. 3 oder die Durchsuchung nach Abs. 4 erforderliche konkrete Verdacht eines Verstoßes gegen das AÜG begründet werden. Allerdings darf die BA den Tatsachenvortrag des Verleihers, auf den er sein Aussageverweigerungsrecht stützt, berücksichtigen. Diese können die mangelnde Zuverlässigkeit des Verleihers i. S. v. § 3 Abs. 1 indizieren, wenn es um Straftaten des Verleihers in Zusammenhang mit der Arbeitnehmerüberlassung geht.[78]

VII. Rechtsschutz

1. Auskunftsverlangen (Abs. 1 und Abs. 2)

61 Wird **Auskunft** durch die BA oder die **Vorlage geschäftlicher Unterlagen** in Form eines VA (wegen der Abgrenzung zur bloßen Anfrage siehe oben Rn. 19) begehrt, kann der Verleiher hiergegen **Widerspruch** einlegen und **Anfechtungsklage** zum Sozialgericht erheben. Beide Rechtsbehelfe haben **keine aufschiebende Wirkung**.

2. Nachschau (Abs. 3)

62 Hat die Behörde eine mit den Mitteln des Verwaltungszwangs durchsetzbare **Duldungsverfügung** erlassen, dann kann der Verleiher hiergegen **Widerspruch** einlegen und, soweit seinem Widerspruch nicht abgeholfen wird, **Anfechtungsklage** zum Sozialgericht erheben. Hat die BA eine Duldungsverfügung lediglich in Aussicht gestellt, aber noch

---

[77] Thüsing/*Thüsing*, § 7 Rn. 42.
[78] *Ulber*, § 7 Rn. 33.

nicht erlassen, dann kommt eine vorbeugende Unterlassungsklage in Betracht.[79]

3. Durchsuchungen (Abs. 4)

Gegen die **Durchsuchungsanordnung** gem. § 7 Abs. 4 kann der Verleiher **Beschwerde gem. §§ 304 ff.** StPO beim Amtsgericht – schriftlich oder zu Protokoll der Geschäftsstelle – einlegen. Die Beschwerde hat **keine aufschiebende Wirkung**, allerdings kann der Verleiher die **Aussetzung der Vollziehung** beantragen (vgl. **§ 307 Abs. 2 StPO**). Die Entscheidung über die Beschwerde ergeht ohne mündliche Verhandlung (§ 309 Abs. 1 StPO), u.U. nach Anhörung der BA. Eine weitere Beschwerde findet nicht statt, weil § 310 Abs. 1 StPO dies nur für besondere Ausnahmefälle vorsieht und § 310 Abs. 2 StPO die weitere Beschwerde für andere Fälle sogar ausdrücklich ausschließt. § 310 Abs. 1 StPO kann daher nicht analog angewandt werden.[80] Ist die Durchsuchung vollzogen, darf die Beschwerde nach der Rechtsprechung des BVerfG gleichwohl nicht wegen prozessualer Überholung als unzulässig verworfen werden. Das **Gebot des effektiven Grundrechtsschutzes** verlangt in Fällen tiefgreifender Grundrechtseingriffe, dass der Betroffene Gelegenheit erhält, die Berechtigung des schwerwiegenden – wenn auch tatsächlich nicht mehr fortwirkenden – Grundrechtseingriffs gerichtlich klären zu lassen.[81]

63

Wie sich bereits aus dem Wortlaut des Abs. 4 ergibt, sind für **Durchsuchungen ohne richterliche Anordnung** nicht die gleichen Rechtsbehelfe statthaft. Der betroffene Verleiher hat die Möglichkeit, beim Sozialgericht Feststellungsklage gem. § 55 SGG zu erheben.[82] Der von einer Durchsuchung nach Abs. 4 betroffene Verleiher hat ein berechtigtes Interesse an einer (nachträglichen) Feststellungsklage vor den Sozialgerichten, weil es sich um einen schwerwiegenden Eingriff in die Unverletzlichkeit der Wohnung i.S.v. Art. 13 Abs. 1 GG handelt.

64

---

79 SG Duisburg vom 12.10.1988 – 16 Ar 135/86, EzAÜG § 7 AÜG Prüfrecht Nr. 2.
80 Schüren/*Schüren*, § 7 Rn. 61; *Ulber*, § 7 Rn. 28. – A.A. *Sandmann/Marschall*, § 7 Anm. 29.
81 BVerfG vom 30.4.1997 – 2 BvR 817/90, 2 BvR 728/92, 2 BvR 802/95, 2 BvR 1065/95, NJW 1997, 2163, 2164.
82 *Becker/Wulfgramm*, § 7 Rn. 17a; Thüsing/*Thüsing*, § 7 Rn. 40.

§ 8 Statistische Meldungen

(1) Der Verleiher hat der Erlaubnisbehörde halbjährlich statistische Meldungen über

1. die Zahl der überlassenen Leiharbeitnehmer getrennt nach Geschlecht, nach der Staatsangehörigkeit, nach Berufsgruppen und nach der Art der von der Begründung des Vertragsverhältnisses zum Verleiher ausgeübten Beschäftigung,
2. die Zahl der Überlassungsfälle, gegliedert nach Wirtschaftsgruppen,
3. die Zahl der Entleiher, denen er Leiharbeitnehmer überlassen hat, gegliedert nach Wirtschaftsgruppen,
4. die Zahl und die Dauer der Arbeitsverhältnisse, die er mit jedem überlassenen Leiharbeitnehmer eingegangen ist,
5. die Zahl der Beschäftigungstage jedes überlassenen Leiharbeitnehmers, gegliedert nach Überlassungsfällen,

zu erstatten. Die Erlaubnisbehörde kann die Meldepflicht nach Satz 1 einschränken.

(2) Die Meldungen sind für das erste Kalenderhalbjahr bis zum 1. September des laufenden Jahres, für das zweite Kalenderhalbjahr bis zum 1. März des folgenden Jahres zu erstatten.

(3) Die Erlaubnisbehörde gibt zur Durchführung des Absatzes 1 Erhebungsvordrucke aus. Die Meldungen sind auf diesen Vordrucken zu erstatten. Die Richtigkeit der Angaben ist durch Unterschrift zu bestätigen.

(4) Einzelangaben nach Absatz 1 sind von der Erlaubnisbehörde geheim zu halten. Die §§ 93, 97, 105 Abs. 1, § 111 Abs. 5 in Verbindung mit § 105 Abs. 1 sowie § 116 Abs. 1 der Abgabenordnung gelten nicht. Dies gilt nicht, soweit die Finanzbehörden die Kenntnisse für die Durchführung eines Verfahrens wegen einer Steuerstraftat sowie eines damit zusammenhängenden Besteuerungsverfahrens benötigen, an deren Verfolgung ein zwingendes öffentliches Interesse besteht, oder soweit es sich um vorsätzlich falsche Angaben des Auskunftspflichtigen oder der für ihn tätigen Personen handelt. Veröffentlichungen von Ergebnissen auf Grund von Meldungen nach Absatz 1 dürfen keine Einzelangaben enthalten. Eine Zusammenfas-

sung von Angaben mehrerer Auskunftspflichtiger ist keine Einzelangabe im Sinne dieses Absatzes.

Übersicht

	Rn.		Rn.
I. Vorbemerkungen	1	a) Allgemeine Geheimhaltungspflicht (Satz 1, Satz 4 und Satz 5)	9
1. Entstehungsgeschichte	1		
2. Sinn und Zweck	2		
II. Meldepflicht (Abs. 1 bis 3)	3	b) Geheimhaltungspflicht gegenüber Finanzbehörden (Satz 2 und Satz 3)	13
1. Verpflichteter und Inhalt (Abs. 1)	3		
2. Zeitpunkt (Abs. 2)	5	2. Allgemeiner Datenschutz	15
3. Verfahren (Abs. 3)	6	a) Sozialgeheimnis (§§ 67 ff. SGB X)	16
III. Geheimhaltung (Abs. 4) und Datenschutz	8	b) BDSG	17
1. Geheimhaltung von Einzelangaben (Abs. 4)	8	IV. Rechtsfolgen bei Verletzung der Meldepflicht	18

I. Vorbemerkungen

1. Entstehungsgeschichte

Die Bestimmung ist seit dem In-Kraft-Treten des AÜG **im Wesentlichen unverändert** geblieben. Lediglich durch Art. 88 EGAO 1977 (BGBl. 1976 I, S. 3341, 3378; berichtigt BGBl. 1977 I, S. 667) wurde Abs. 4 Satz 2 der ursprünglichen Fassung durch die heutigen Sätze 2 und 3 ersetzt, die Sätze 3 und 4 wurden zu den Sätzen 4 und 5.[1]   1

2. Sinn und Zweck

§ 8 dient der **Arbeitsmarktbeobachtung** durch die BA. Die auf den Meldungen der Unternehmen beruhenden Statistiken sollen zu zuverlässigen Marktanalysen verhelfen, insbesondere einen Überblick über den Markt der Arbeitnehmerüberlassung geben. Darüber hinaus kann durch die statistischen Meldungen indirekt die **Einhaltung der Pflichten aus** dem **AÜG** durch die Verleiher überprüft werden. Schließlich bilden die vorgeschriebenen Meldungen die **Grundlage für die Erfahrungsberichte der Bundesregierung**, die dem Bundestag seit 1980 in vierjährigem Turnus zu erstatten sind.[2]   2

---

[1] Vgl. zur Entstehungsgeschichte: Schüren/*Schüren*, § 8 Rn. 1 f.
[2] Siehe zuletzt BT-Drs. 14/464.

§ 8   Statistische Meldungen

II. Meldepflicht (Abs. 1 bis 3)

1. Verpflichteter und Inhalt (Abs. 1)

3 Die Pflicht zur Meldung nach Abs. 1 trifft jeden Verleiher, der Arbeitnehmerüberlassung nach § 1 betreibt.[3] Meldepflichtig sind danach die **Inhaber einer Verleiherlaubnis**. Dies gilt auch bei der grenzüberschreitenden Arbeitnehmerüberlassung, und zwar sowohl beim Verleih vom Inland ins Ausland als auch vom Ausland ins Inland. Meldepflichtig ist aber auch die Arbeitnehmerüberlassung im Rahmen der **Kollegenhilfe nach § 1a**, soweit diese im Rahmen der wirtschaftlichen Tätigkeit des Verleihers betrieben wird; die Anzeige ersetzt nämlich nur die Erlaubnis, während im Übrigen die Bestimmungen des AÜG uneingeschränkte Anwendung finden (siehe § 1a Rn. 30). Demgegenüber besteht **keine Meldepflicht bei Arbeitnehmerüberlassung, die nicht im Rahmen der wirtschaftlichen Tätigkeit des Verleihers ausgeübt wird**, sowie in den Fällen des § 1 Abs. 3.[4]

4 Der **Inhalt** der statistischen Meldungen ist in **Abs. 1 Nr. 1 bis Nr. 5** detailliert beschrieben.[5] Nach Abs. 1 Satz 2 kann die Erlaubnisbehörde die Meldepflicht einschränken; die BA hat von dieser Ermächtigung Gebrauch gemacht. Der Verleiher muss für das jeweilige Halbjahr Angaben über die Zahl der überlassenen Arbeitnehmer, die Zahl der Überlassungsfälle, die Entleiher, die Beschäftigungstage jedes überlassenen Arbeitnehmers und über Zahl und Dauer der Leiharbeitsverhältnisse machen. Weiter sind zum jeweiligen Stichtag (30.6./31.12.) Angaben zu machen über Zahl, Geschlecht, Staatsangehörigkeit und Berufszugehörigkeit der Leiharbeitnehmer; auf die Unterteilung in Berufs- und Wirtschaftsgruppen wird verzichtet. Bei der grenzüberschreitenden Arbeitnehmerüberlassung aus Deutschland ins Ausland sind zu den jeweiligen halbjährlichen Meldeterminen nur formlose, nach Männern und Frauen unterteilte Stichtagsmeldungen abzugeben.

2. Zeitpunkt (Abs. 2)

5 Die Meldungen sind **unaufgefordert** für das **erste Kalenderhalbjahr** bis spätestens zum **1. September** des betreffenden Jahres, für das **zweite Kalenderhalbjahr** bis spätestens zum **1. März** des Folgejahres zu erstatten. Durch diese **Drei-Monats-Frist** soll dem Verleiher ausrei-

---

3 *Ulber*, § 8 Rn. 4.
4 Thüsing/*Thüsing*, § 8 Rn. 3.
5 Wegen der Einzelheiten siehe *Sandmann/Marschall*, § 8 Anm. 3 ff.

chend Zeit für die Aufarbeitung seiner statistischen Unterlagen gegeben werden. Die Meldefristen sind bindend und dürfen nicht überschritten werden. Sie sind auch dann zu beachten, wenn die Erlaubnis im Laufe des betreffenden Kalenderjahres erteilt wurde oder erloschen ist.

3. Verfahren (Abs. 3)

Nach Abs. 3 Satz 1 gibt die BA zur Erstattung der Meldung **Erhebungsvordrucke**[6] aus. Diese Erhebungsbogen sind vom Verleiher **vollständig und wahrheitsgemäß auszufüllen** und zu unterschreiben. Mit der **Unterschrift** übernimmt der Verleiher die Verantwortung für die Richtigkeit und die Vollständigkeit seiner Angaben. Zur Erfüllung der Meldepflicht sind die **amtlichen Vordrucke** bei der zuständigen RD der BA **einzureichen**. Der Verleiher genügt seiner Meldepflicht nicht, wenn Meldungen nicht auf den Erhebungsvordrucken erstattet werden oder die Meldungen nicht unterschrieben sind.[7] Die Meldungen sind nach § 15 Abs. 3 Satz 3 BStatG vom Verleiher **unentgeltlich** zu erstatten, weil es sich um gesetzlich angeordnete statistische Erhebungen für Bundeszwecke i.S.d. §§ 1, 5 Abs. 1 Satz 1 BStatG handelt.

6

Für die Durchführung der Statistik nach dem AÜG ist seit 1.7.2007 der Zentrale Statistische Meldedienst (ZMD) zuständig. Dieser sorgt für den rechtzeitigen Versand der Vordrucke und Merkblätter, überwacht den termingerechten Eingang der Verleihermeldungen, überprüft die Richtigkeit der gemachten Angaben und leitet dann die vollständigen Meldungen weiter.[8]

7

III. Geheimhaltung (Abs. 4) und Datenschutz

1. Geheimhaltung von Einzelangaben (Abs. 4)

Abs. 4 regelt die Geheimhaltung von Einzelangaben. Sie dient dem **Schutz des** sog. **Statistikgeheimnisses** und ist i.W. an § 16 Abs. 1 BStatG angelehnt.

8

---

6 Muster unter http://www.arbeitsagentur.de/zentraler-Content/Vordrucke/A08-Ordnung-Recht/Publikation/V-Statistikvordruck-St-61-a.pdf (abgefragt am 8.10.2012).
7 *Sandmann/Marschall*, Art. 1 § 8 Anm. 15; *Schüren/Schüren*, § 8 Rn. 11; *Ulber*, § 8 Rn. 5. – A.A. *Becker/Wulfgramm*, § 8 Rn. 6; ErfK/*Wank*, § 8 AÜG Rn. 2.
8 GA AÜG 8 (4).

§ 8 Statistische Meldungen

a) Allgemeine Geheimhaltungspflicht (Satz 1, Satz 4 und Satz 5)

9 Nach Abs. 4 Satz 1 sind die Einzelangaben, die der Verleiher gegenüber der BA macht, geheim zu halten. Hierdurch soll dem Interesse des Verleihers Rechnung getragen werden, den **Schutz von Unternehmensdaten** nicht durch die Erfüllung der Meldepflichten zu gefährden.[9] Dritten dürfen danach keine Angaben zugänglich gemacht werden, die unmittelbare Rückschlüsse auf die Situation eines bestimmten Verleihunternehmens zulassen. Abs. 4 ist **lex specialis zu § 6 SchwarzArbG**, sodass auf Grund der Meldungen nach Abs. 1 auch keine Unterrichtung anderer Behörden nach § 6 Abs. 1 SchwarzArbG erfolgen darf. Entsprechendes gilt im Verhältnis zu sonstigen datenschutzrechtlichen Bestimmungen, die über die in Abs. 4 geregelten Fälle hinaus die Übermittlung von Daten an Dritte zulassen (siehe unten Rn. 15–17).

10 Die Geheimhaltungspflicht bezieht sich **nur** auf **Einzelangaben**. Hierunter werden Angaben über eine bestimmte einzelne Person, z.B. über die persönlichen und sachlichen Verhältnisse des Verleihers wie Art und Umfang seines Betriebs, Umsatz oder Gewinnspannen, verstanden.[10] Nach der ausdrücklichen Regelung in **Abs. 4 Satz 5** liegt **keine Einzelangabe** vor, wenn die **Angaben mehrerer Auskunftspflichtiger zusammengefasst** werden (vgl. auch § 16 Abs. 1 Satz 2 Nr. 3 BStatG). Nach dem Sinn und Zweck des Abs. 4 ist eine solche Zusammenfassung allerdings nur dann gegeben, wenn durch die Zusammenfassung die **Anonymität der Einzeldaten** gewahrt ist und die Zusammenfassung keine Rückschlüsse auf einzelne Verleihunternehmen zulässt.[11] Die Zusammenfassung muss so erfolgen, dass Dritte, die mit den Verhältnissen vertraut sind, keine Rückschlüsse daraus ziehen können, wer die Meldungen erstattet hat oder auf wen sich die Angaben beziehen.[12] Für den Geheimnisschutz reicht es nicht aus, wenn lediglich die Angaben von zwei Personen zusammengefasst werden.

11 Die **Geheimhaltungspflicht** besteht **gegenüber Dritten**, also nicht nur gegenüber Privaten, sondern **auch gegenüber sonstigen Behörden**, die nicht mit der Durchführung des AÜG betraut sind.[13] (Wegen der Geheimhaltungspflicht gegenüber den Steuerbehörden siehe sogleich unten Rn. 13 f.). Daher darf die BA keine Strafanzeige erstatten, wenn sie

---

9 *Ulber*, § 8 Rn. 6.
10 *Becker/Wulfgramm*, § 8 Rn. 9.
11 Thüsing/*Thüsing*, § 8 Rn. 8; *Ulber*, § 8 Rn. 6.
12 Schüren/*Schüren*, § 8 Rn. 15; Thüsing/*Thüsing*, § 8 Rn. 8.
13 *Ulber*, § 8 Rn. 8 f.

III. Geheimhaltung (Abs. 4) und Datenschutz § 8

auf Grund der statistischen Angaben nach Abs. 1 Anhaltspunkte für eine durch den Verleiher begangene Straftat gewinnen kann. Demgegenüber dürfen die Angaben innerhalb der und zwischen den Dienststellen der BA sowie im Verhältnis zum BMAS, das gem. § 17 Satz 1 die Fachaufsicht führt, weitergeleitet und ausgetauscht werden.[14]

Die Geheimhaltungspflicht trifft **jeden Bediensteten** der BA und des BMAS, auch soweit er nicht mit der Erhebung von Statistiken oder der Durchführung des AÜG befasst ist.[15] Der Geheimnisschutz gilt nur hinsichtlich der auf Grund der Meldungen nach Abs. 1 gewonnenen Erkenntnisse; Sachverhalte, die auf anderem Wege bei der Durchführung des AÜG bekannt geworden sind, z.B. im Rahmen von Prüfungen nach § 7, werden hiervon nicht erfasst.[16] Auf Grund der Geheimhaltungspflicht ist die Weitergabe von Einzelangaben an Dritte in jedweder Art und Weise untersagt. Eine unzulässige Weitergabe von Einzelangaben soll auch dann vorliegen, wenn eine **Anonymisierung** erfolgt ist, sodass auch das Weglassen *oder* Schwärzen von Namen oder Anschriften unzulässig wäre.[17] Unter Berücksichtigung des Regelungszwecks (siehe oben Rn. 8) und der Bestimmung in § 16 Abs. 1 Satz 2 Nr. 4 BStatG wird man jedoch die Weitergabe solcher Einzelangaben dann für zulässig halten müssen, wenn die Anonymität der Einzeldaten gewahrt ist, also keine Rückschlüsse auf einzelne Verleihunternehmen zulassen. **Abs. 4 Satz 4** stellt schließlich klar, dass auch **Veröffentlichungen von Ergebnissen** auf Grund von Meldungen nach Abs. 1 untersagt sind.

12

b) Geheimhaltungspflicht gegenüber Finanzbehörden (Satz 2 und Satz 3)

Geheimhaltung ist grds. auch gegenüber den Finanzbehörden zu wahren.[18] Die §§ 93, 97, 105 Abs. 1, 111 Abs. 5 und 116 Abs. 1 AO finden keine Anwendung, d.h. die diesbezüglichen Auskunfts-, Vorlage-, Amtshilfe- und Anzeigepflichten bestehen nicht (siehe auch § 16 Abs. 1 Satz 3 BStatG). Ausnahmsweise dürfen nach Satz 3 Alt. 1 Einzelangaben weitergegeben werden, wenn die Finanzbehörden die Kenntnisse für die Durchführung eines Steuerstrafverfahrens sowie eines damit in Zusammenhang stehenden Besteuerungsverfahrens be-

13

---

14 Schüren/*Schüren*, § 8 Rn. 19.
15 *Sandmann/Marschall*, § 8 Anm. 22.
16 *Sandmann/Marschall*, § 8 Anm. 23.
17 *Sandmann/Marschall*, § 8 Anm. 21.
18 *Kaufmann*, § 8 Rn. 183; Thüsing/*Thüsing*, § 8 Rn. 11.

nötigen und ein zwingendes öffentliches Interesse an der Verfolgung besteht. Voraussetzung für die Ausnahme von der Geheimhaltungspflicht ist dabei zunächst, dass die Angaben für ein Steuerstrafverfahren benötigt werden. Dies bedeutet, dass bereits ein Steuerstrafverfahren eingeleitet ist, d. h. **auf Grund anderweitiger Feststellungen** der **Verdacht einer Steuerstraftat** besteht; die BA darf die Angaben daher nicht weiterleiten, wenn sie selbst auf Grund der Auskünfte des Verleihers den Verdacht einer Steuerstraftat hat, dieser aber bei den Finanzbehörden noch nicht besteht. Weiter müssen die Angaben für das Steuerstrafverfahren benötigt werden, d. h. diese müssen **für die Durchführung des Verfahrens erforderlich** sein; das ist nicht der Fall, wenn eine hinreichende Sachverhaltsaufklärung durch andere zumutbare, gleichermaßen beweiskräftige Maßnahmen möglich ist. Schließlich muss ein **öffentliches Interesse** an der Verfolgung der Steuerstraftat bestehen. Dieses besteht bei besonders schweren Steuerstraftaten, die nach ihrer Begehungsweise oder wegen des durch sie verursachten Schadens mit den in § 30 Abs. 4 Nr. 5a und b AO aufgeführten Straftaten vergleichbar sind.[19]

14 Die Geheimhaltungspflicht besteht nach **Satz 3 Alt. 2** auch dann nicht, wenn der Auskunftspflichtige bzw. eine für ihn tätige Person **vorsätzlich falsche Angaben** gemacht hat, wobei bereits bedingter Vorsatz genügen soll.[20] Vorsätzliche Falschangaben verdienen nicht den Schutz des Statistikgeheimnisses.[21]

2. Allgemeiner Datenschutz

15 Abs. 4 regelt den Datenschutz nicht abschließend. Vielmehr gelten daneben die allgemeinen datenschutzrechtlichen Bestimmungen, insbesondere nach dem SGB und dem BDSG.

a) Sozialgeheimnis (§§ 67ff. SGB X)

16 Zunächst sind die Vorschriften über das Sozialgeheimnis zu beachten (§§ 67ff. SGB X). Da die Dienststellen der BA Leistungsträger gem. § 35 Abs. 1 Satz SGB I sind und ihnen die Durchführung des AÜG übertragen wurde (§ 17), sind sie an die Vorschriften des Sozialdaten-

---

19 Bericht des Finanzausschusses, BT-Drs. 7/5458, S. 17 zu Art. 34. – Zustimmend Thüsing/*Thüsing*, § 8 Rn. 12.
20 Thüsing/*Thüsing*, § 8 Rn. 12.
21 Bericht des Finanzausschusses, BT-Drs. 7/5458, S. 17 zu Art. 34.

schutzes gebunden.²² Personenbezogene Daten dürfen daher gemäß § 69 Abs. 1 SGB X nur **übermittelt** werden, soweit es für die Erfüllung gesetzlicher Aufgaben der Behörde, hier also für die **Durchführung des AÜG, oder** der Durchführung eines damit zusammenhängenden gerichtlichen Verfahrens einschließlich **eines Strafverfahrens** erforderlich ist.²³ Abs. 4 bleibt neben den Bestimmungen über das Sozialgeheimnis anwendbar, sodass **Einzelangaben nur unter den engeren Voraussetzungen des Abs. 4 Satz 3** an Finanzbehörden, **ansonsten aber nicht** übermittelt werden dürfen. Die Bestimmungen über das Sozialgeheimnis haben daher ausschließlich Bedeutung für sonstige im Rahmen der Durchführung des AÜG gewonnene Erkenntnisse.

b) BDSG

Darüber hinaus sind die Verpflichtungen nach dem BDSG zu beachten. **17** Danach ist eine Speicherung und Übermittlung von Daten nur zulässig, wenn dies **zur regelmäßigen Erfüllung der Aufgaben der BA** bei der Durchführung des AÜG oder der die Daten anfordernden Stelle erforderlich ist (§§ 14 Abs. 1, 15 Abs. 1 BDSG).²⁴ Aber auch insoweit geht **Abs. 4** den Bestimmungen des BDSG als **Spezialregelung** vor, sodass eine Übermittlung der nach Abs. 1 gewonnenen Einzelangaben nur nach Abs. 4 Satz 3 zulässig ist.

IV. Rechtsfolgen bei Verletzung der Meldepflicht

Erstattet der Verleiher Meldungen nicht richtig oder nicht fristgerecht, **18** kann die BA ihn zur Abgabe der Meldung auffordern und diese Aufforderung ggf. im Wege des **Verwaltungszwangs** nach den Bestimmungen des VwVG durchsetzen. Weiter kommt bei wiederholten, schwerwiegenden oder beharrlichen Verstößen gegen die Meldepflichten aus Abs. 1 der **Widerruf der Erlaubnis** gemäß § 5 Abs. 1 Nr. 3 in Betracht, weil Verstöße dieser Art nachträgliche Anhaltspunkte für die Unzuverlässigkeit des Verleihers geben.²⁵ Darüber hinaus begeht der Verleiher, der die Meldung nicht, nicht richtig, nicht vollständig oder nicht rechtzeitig erteilt, eine **Ordnungswidrigkeit** nach § 16 Abs. 1 Nr. 7, die gemäß § 16 Abs. 2 mit einer **Geldbuße von bis zu 1.000 Euro** geahndet werden kann.

---

22 Schüren/*Schüren*, § 8 Rn. 21;*Ulber*, § 8 Rn. 10.
23 Ausf. dazu Schüren/*Schüren*, § 8 Rn. 21 ff.; *Sandmann/Marschall*, § 8 Anm. 24.
24 Ausf. dazu Schüren/*Schüren*, § 8 Rn. 25 ff.
25 MünchArbR/*Marschall*, § 175 Rn. 172.

§ 9 Unwirksamkeit

Unwirksam sind:

1. Verträge zwischen Verleihern und Entleihern sowie zwischen Verleihern und Leiharbeitnehmern, wenn der Verleiher nicht die nach § 1 erforderliche Erlaubnis hat,

2. Vereinbarungen, die für den Leiharbeitnehmer für die Zeit der Überlassung an einen Entleiher schlechtere als die im Betrieb des Entleihers für einen vergleichbaren Arbeitnehmer des Entleihers geltenden wesentlichen Arbeitsbedingungen einschließlich des Arbeitsentgelts vorsehen; ein Tarifvertrag kann abweichende Regelungen zulassen, soweit er nicht die in einer Rechtsverordnung nach § 3a Absatz 2 festgesetzten Mindeststundenentgelte unterschreitet; im Geltungsbereich eines solchen Tarifvertrages können nicht tarifgebundene Arbeitgeber und Arbeitnehmer die Anwendung der tariflichen Regelungen vereinbaren; eine abweichende tarifliche Regelung gilt nicht für Leiharbeitnehmer, die in den letzten sechs Monaten vor der Überlassung an den Entleiher aus einem Arbeitsverhältnis bei diesem oder einem Arbeitgeber, der mit dem Entleiher einen Konzern im Sinne des § 18 des Aktiengesetzes bildet, ausgeschieden sind,

2a. Vereinbarungen, die den Zugang des Leiharbeitnehmers zu den Gemeinschaftseinrichtungen oder -diensten im Unternehmen des Entleihers entgegen § 13b beschränken,

3. Vereinbarungen, die dem Entleiher untersagen, den Leiharbeitnehmer zu einem Zeitpunkt einzustellen, in dem dessen Arbeitsverhältnis zum Verleiher nicht mehr besteht; dies schließt die Vereinbarung einer angemessenen Vergütung zwischen Verleiher und Entleiher für die nach vorangegangenem Verleih oder mittels vorangegangenem Verleih erfolgte Vermittlung nicht aus,

4. Vereinbarungen, die dem Leiharbeitnehmer untersagen, mit dem Entleiher zu einem Zeitpunkt, in dem das Arbeitsverhältnis zwischen Verleiher und Leiharbeitnehmer nicht mehr besteht, ein Arbeitsverhältnis einzugehen,

5. Vereinbarungen, nach denen der Leiharbeitnehmer eine Vermittlungsvergütung an den Verleiher zu zahlen hat.

Unwirksamkeit § 9

Literatur: *Ankersen*, Neues AÜG seit 1.3.2003 bundesweit in Kraft, NZA 2003, 421; *Ankersen*, Start in eine neue Zeitarbeitsära, AIP 1/2004, S. 1; *Bauer/Krets*, Gesetze für moderne Dienstleistungen am Arbeitsmarkt, NJW 2003, 537; *Bayreuther*, Die Stellung von Leiharbeitnehmern im Einsatzbetrieb nach den jüngsten Tarifabschlüssen in der Zeitarbeitsbranche und der M- und E-Industrie, NZA-Beil. 4/2012, 115; *Bayreuther*, Tarifzuständigkeit beim Abschluss mehrgliedriger Tarifverträge im Bereich der Arbeitnehmerüberlassung, NZA 2012, 74; *Bayreuther*, Nachwirkung von Zeitarbeitstarifverträgen im Kontext des Equal Pay/Treatment Gebots des AÜG, BB 2010, 309; *Bayreuther*, Tarifpolitik im Spiegel der verfassungsgerichtlichen Rechtsprechung – Zum „equal-pay"-Beschluss des BVerfG, NZA 2005, 341; *Behrend*, Arbeitnehmerüberlassung bis zu 24 Monaten – Job-AQTIV mit Hindernissen, NZA 2002, 372; *Benkert*, Änderungen im Arbeitnehmerüberlassungsgesetz durch „Hartz III", BB 2004, 998; *Bertram*, Die Reform des Arbeitnehmerüberlassungsgesetzes, FA 2003, 200; *Betz*, Verfallsklauseln im Arbeitsrecht und deren Auswirkungen auf Equal-Pay-Klagen nach Feststellung der Tarifunfähigkeit der CGZP, NZA 2013, 350; *Bissels*, Rückwirkende Tarifunfähigkeit der CGZP – Sozialversicherungsrechtliche Konsequenzen der aktuellen BAG-Rechtsprechung für die Zeitarbeitsbranche, ArbRB 2012, 244; *Bissels/Khalil*, Die Anwendbarkeit von Tarifverträgen der Zeitarbeit in Mischbetrieben, BB 2013, 315; *Blanke*, Der Gleichbehandlungsgrundsatz in der Arbeitnehmerüberlassung, DB 2010, 1528; *Böhm*, Tarifverträge über Branchenzuschläge – Neue Herausforderungen für das Vertragsmanagement im Leiharbeitsverhältnis, ArbRB 2013, 92; *Böhm*, Befristung von Leihbeitsverhältnissen nach der AÜG-Reform – „Vorübergehender betrieblicher Bedarf" bei Dienstleistungs- und Subunternehmen, RdA 2005, 360; *Böhm*, „Billig-Tarifverträge" in der Zeitarbeit – Risiken für die Kunden, DB 2003, 2598; *Böhm*, Zeitenwende bei der Zeitarbeit: Start mit Irritationen, NZA 2003, 828; *Böhm*, Gesetzgebung korrigiert Rechtsprechung zur Provision für Arbeitsvermittlung nach Arbeitnehmerüberlassung, DB 2004, 1150; *Boemke*, Die EG-Leiharbeitsrichtlinie und ihre Einflüsse auf das deutsche Recht, RIW 2009, 177; *Boemke*, Tariffähigkeit der Gewerkschaften im Bereich der Zeitarbeit, BB 3/2004 S. I; *Boemke*, Fragerecht des Arbeitnehmers nach Mitgliedschaft im Arbeitgeberverband?, NZA 2004, 142; *Boemke*, EU-Osterweiterung und grenzüberschreitende Arbeitnehmerüberlassung, BB 2005, 266; *Boemke/Lembke*, Änderungen im AÜG durch das „Job-AQTIV-Gesetz" – Fragwürdige Liberalisierung der Zeitarbeit, DB 2002, 893; *Brors*, Die tariflichen Konsequenzen des CGZP-Beschlusses, AuR 2011, 138; *Brors*, Zur Entscheidung der Tarif (un)fähigkeit der CGZP, AuR 2010, 406; *Brors*, Equal Pay Anspruch und Ausschlussfristen, NZA 2010, 1385; *Brors/Schüren*, Konzerninterne Arbeitnehmerüberlassung zur Kostensenkung, BB 2004, 2745; *Brors/Schüren*, Kostensenkung durch konzerninterne Arbeitnehmerüberlassung, BB 2005, 494; *Brose*, Sachgrundlose Befristung und betriebsbedingte Kündigung von Leiharbeitnehmern – Ein unausgewogenes Rechtsprechungskonzept, DB 2008, 1378; *Buchner*, Leiharbeit: Ablösung der Verpflichtung zur Gewährung der im Entleiherbetrieb geltenden Arbeitsbedingungen (§ 10 Abs. 4 AÜG) durch Tarifregelungen – Zur Problema-

§ 9 Unwirksamkeit

tik der Tariffähigkeit der tarifschließenden Verbände – DB 2004, 1042; *Däubler*, Totale Verdrängung von Equal Pay durch Leiharbeitstarife?, DB 2008, 1914; *Däubler*, Das umgesetzte Hartz-Modell: Bittere Pillen im Arbeits- und Sozialrecht, AiB 2002, 729; *Dahl*, Die Arbeitsvermittlungsprovision nach vorangegangener Arbeitnehmerüberlassung, DB 2002, 1374; *Dahl*, Betriebsbedingte Kündigung eines Leiharbeitsverhältnisses wegen Auftragsrückgangs, DB 2003, 1626; *Dahl*, Das Beschäftigungsrisiko in der Zeitarbeit, DB 2006, 2519; *Denzel/Hummel*, Equal-Pay statt Nachwirkung, AiB 2008, 567; *Düwell/Dahl*, Arbeitnehmerüberlassung und Befristung, NZA 2007, 889; *Faust/Rehner*, Entleiherhaftung für Sozialversicherungsbeiträge nach dem Einsatz von CGZP-Tarifbeschäftigten, DB 2013, 874; *Franzen*, Die europarechtlichen Grundlagen der grenzüberschreitenden Arbeitnehmerüberlassung, ZAS 2011, 255; *Franzen*, Grenzüberschreitende Arbeitnehmerüberlassung – Überlegungen aus Anlass der Herstellung vollständiger Arbeitnehmerfreizügigkeit zum 1.5.2011, EuZA Bd. 4 (2011), S. 451; *Franzen*, Tarifzuständigkeit und Tariffähigkeit im Bereich der Arbeitnehmerüberlassung, BB 2009, 1472; *Freckmann*, Leiharbeitsbranche in Not? – Auswirkungen des CGZP-Beschlusses des BAG, KSzW 2012, 58; *Freckmann*, Arbeitnehmerüberlassung und „Hartz-Reform", DStR 2003, 294; *Freckmann/Gallini*, Verändert Equal Pay die Leiharbeitsbranche?, DB 2013, 309; *Friemel*, Muss Zeitarbeitsbranche Milliarden nachzahlen?, NZS 2011, 851; *Frik*, Die Befristung von Leiharbeitsverträgen nach dem Teilzeit- und Befristungsgesetz, NZA 2005, 386; *Fuchs*, Das Gleichbehandlungsgebot in der Leiharbeit nach der neuen Leiharbeitsrichtlinie, NZA 2009, 57; *Furier/Kaus*, Leiharbeitnehmer im Betrieb, AiB 2004, 360; *Gaul/Köhler*, Tariffähigkeit der CGZP – Praktische Auswirkungen des Beschlusses des BAG vom 14.12.2010, ArbRB 2011, 112; *Giesen*, Neue BAG-Beschlüsse zur Tarifunfähigkeit der CGZP, NZA 2012, 226; *Grobys/Schmidt/Brocker*, Verfassungsmäßigkeit von „Equal Pay"?, NZA 2003, 777; *Giesen/Rieble*, Zeitarbeit im Zangengriff, FAZ v. 22.7.2011, S. 12; *Hamann*, Die Reform des AÜG im Jahr 2011, RdA 2011, 321; *Hamann*, Die Richtlinie Leiharbeit und ihre Auswirkungen auf das nationale Recht der Arbeitnehmerüberlassung, EuZA Bd. 2 (2009), S. 287; *Hamann*, Gleichbehandlungsgrundsatz im AÜG, BB 2005, 2185; *Hanau*, Einzelfragen und -antworten zu den beiden ersten Gesetzen für moderne Dienstleistungen am Arbeitsmarkt, ZIP 2003, 1573; *Hayen*, Zeitarbeit als neues Mittel der Personalarbeit, AiB 2003, 527; *Hennig*, Die Gestaltung von Arbeitsverträgen nach der Reform des Arbeitnehmerüberlassungsgesetzes, FA 2004, 66; *Heilmann*, Leiharbeitnehmer mit Formulararbeitsvertrag – Verweisung auf die mehrgliedrigen christlichen (CGZP)-Tarifverträge 2010 – eine intransparente Überraschung!?, AuR 2012, 50; *Heuchemer/Schielke*, Herausforderungen für die Zeitarbeitsbranche, BB 2011, 758; *Heuschmid/Klauk*, Zur Primärrechtswidrigkeit der Leiharbeits-Richtlinie, SR 2012, 84; *Hiekel*, Besonderheiten bei Befristung und betriebsbedingter Kündigung von Leiharbeitsverhältnissen, FS 25 Jahre Arbeitsgemeinschaft Arbeitsrecht im DAV, 2006, S. 333; *Huke/Neufeld/Luickhardt*, Das neue AÜG: Erste Praxiserfahrungen und Hinweise zum Umgang mit den neuen Regelungen, BB 2012, 961; *Hümmerich/Holthausen/Welslau*, Arbeitsrechtliches im

Ersten Gesetz für moderne Dienstleistungen am Arbeitsmarkt, NZA 2003, 7; *Jacobs*, Tariffähigkeit und Tarifzuständigkeit einer Spitzenorganisation im Sinne des § 2 Abs. 3 TVG – am Beispiel der Tarifgemeinschaft Christlicher Gewerkschaften für Zeitarbeit und Personalserviceagenturen (CGZP), ZfA 2010, 27; *Karthaus*, „Der Kampf um die Leiharbeitslöhne hat gerade erst begonnen." – Tarifvertrag zur Bezahlung von Leiharbeitnehmern in der nordwestdeutschen Eisen- und Stahlindustrie, AuR 2010, 494; *Kerwer*, Finger weg von der befristeten Einstellung älterer Arbeitnehmer, NZA 2002, 1316; *Klebe*, Die Leiharbeitsentscheidung des BAG – Kritik mit der Kneifzange, AuR 2011, 352; *Klebeck*, Gleichstellung der Leiharbeitnehmer als Verfassungsverstoß, 2004; *Kocher*, Nachwirkung im Bereich tarifdispositiven Rechts am Beispiel von Tarifverträgen zu § 9 Nr. 2 AÜG, DB 2010, 900; *Kokemoor*, Neuregelung der Arbeitnehmerüberlassung durch die Hartz-Umsetzungsgesetze, NZA 2003, 238; *Küpperfahrenberg/Lagardère*, Vermittlungsprovisionen für Zeitarbeitsfirmen – „Jobwechsel schwer gemacht?", BB 2012, 2952; *Krause*, Neue tarifvertragliche Regeln für die Leiharbeit in der Metallindustrie, NZA 2012, 830; *Krause*, Tarifverträge zur Wiederherstellung von Equal Pay, AuR 2012, 55; *Lambrich/Grünberg*, Die CGZP-Tarifverträge auf dem Prüfstand der Sozialgerichtsbarkeit – eine Zwischenbilanz, DB 2012, 2868; *Laux*, Der Equal-Pay-Anspruch des Leiharbeitnehmers, FS Bepler, 2012, S. 335; *Lembke*, Arbeitnehmerüberlassung im Konzern, BB 2012, 2497; *Lembke*, Die geplanten Änderungen im Recht der Arbeitnehmerüberlassung, DB 2011, 414; *Lembke*, Die jüngsten Änderungen des AÜG im Überblick, FA 2011, 290; *Lembke*, Der CGZP-Beschluss des BAG vom 14.12.2010 und seine Folgen, NZA-Beil. 2/2012, 66; *Lembke*, Die CGZP-Entscheidung des BAG: „juristisches Neuland" oder judikativer „Geburtsfehler"?, FS Bepler, 2012, S. 345; *Lembke*, CGZP-Sachverhalte vor dem 14.12.2010: Aussetzen oder Durchentscheiden?, NZA 2011, 1062; *Lembke*, Aussetzung von Equal-Pay-Verfahren vor Klärung der Tariffähigkeit der CGZP vor dem 14.12.2010, jurisPR-ArbR 38/2011, Anm. 1; *Lembke*, Aktuelle Brennpunkte in der Zeitarbeit, BB 2010, 1533; *Lembke*, Die Tariffähigkeit und Tarifzuständigkeit der Tarifgemeinschaft Christlicher Gewerkschaften für Zeitarbeit und Personalserviceagenturen, NZA 2007, 1333; *Lembke*, Befristung von Arbeitsverträgen mit Leiharbeitnehmern nach „Hartz I", DB 2003, 2702; *Lembke*, Die „Hartz-Reform" des Arbeitnehmerüberlassungsgesetzes, BB 2003, 98; *Lembke*, BB-Kommentar zu BVerfG vom 29.12.2004 (Verfassungsmäßigkeit der AÜG-Reform), BB 2005, 499; *Lembke/Distler*, Die Bezugnahme auf Tarifverträge der Zeitarbeitsbranche durch Unternehmen mit Mischbetrieben, NZA 2006, 952; *Lembke/Fesenmeyer*, Abreden über Vermittlungsprovisionen in Arbeitnehmerüberlassungsverträgen, DB 2007, 801; *Lipinski*, Der neue § 14 Abs. 2a TzBfG: sachgrundlose Befristung eines Arbeitsvertrags nach der Gründung eines Unternehmens, BB 2004, 1221; *Löwisch*, Folgewirkungen der Tarifunfähigkeit der CGZP, SAE 2013, 11; *Löwisch*, Die Tariffähigkeit von Spitzenorganisationen und ihre Feststellung, SAE 2011, 61; *Lützeler/Bissels*, Leiharbeit: Neue tarif- und sozialversicherungsrechtliche Aspekte nach der CGZP-Entscheidung, DB 2011, 1636; *Lunk/Rodenbusch*, der CGZP-Beschluss des BAG vom 14.12.2010

§ 9 Unwirksamkeit

und seine Folgen – ein Zwischenbericht, RdA 2011, 375; *Mallmann/Borchard*, Grenzüberschreitende Zeitarbeit – ein rein juristisches Problem?, AuR 2011, 413; *Martin*, Gefährliche Tarifverträge – Tarifverträge in der Leiharbeit, AuR 2004, 247; *Mechlem/Lipinski*, Vereinbarung einer Vermittlungsprovision bei vorangegangener Arbeitnehmerüberlassung, BB 2002, 1595; *Melms/Lipinski*, Absenkung des Tarifniveaus durch die Gründung von AÜG-Gesellschaften als alternative oder flankierende Maßnahme zum Personalabbau, BB 2004, 2409; *Nebeling/Gründel*, Vermeidung des Gleichstellungsgrundsatzes in Mischbetrieben mit Zeitarbeit, BB 2009, 2366, 2370; *Neef*, Reichweite des CGZP-Beschlusses, NZA 2011, 615; *Neufeld*, Branchenzuschläge für Leiharbeitnehmer – „Equal Pay light", BB 44/2012, 1; *Neumann*, Das Erste und das Zweite Gesetz für moderne Dienstleistungen am Arbeitsmarkt im Überblick, NZA 2003, 113; *Nielebock*, Regelung europarechtskonformer Ausnahmen vom Gleichbehandlungsgrundsatz durch die Änderung des AÜG 2011?, FS Bepler, 2012, S. 455; *Nießen/Fabritius*, Die neuen Branchenzuschläge in der Zeitarbeit – Auswirkungen auf die Praxis, BB 2013, 375; *Preis*, Die „Reform" des Kündigungsschutzrechts, DB 2004, 70; *Raab*, Europäische und nationale Entwicklungen im Recht der Arbeitnehmerüberlassung, ZfA 2003, 389; *Rambach/Bergerau*, „Unechte" Vermittlungsprovisionen aus dem Arbeitnehmerüberlassungsvertrag?, BB 2002, 937; *Reim*, Neue Wege bei der Leiharbeit – Die Änderung des Arbeitnehmerüberlassungsgesetzes zum 1.1.2003, AiB 2003, 73; *Reim*, Gleichbehandlung von Leiharbeitnehmern – Neue Entscheidung des Bundesverfassungsgerichts, AiB 2005, 203; *Reipen*, Vermittlungsorientierte Arbeitnehmerüberlassung durch die Personal-Service-Agentur (PSA), BB 2003, 787; *Reipen*, Dubiose Gewerkschaften – Sozialversicherungsrechtliche Risiken für Zeitarbeitsunternehmen und ihre Kunden, NZS 2005, 407; *Reiserer*, Gestaltung von Leiharbeitsverträgen nach dem Beschluss des BAG zur Tarifunfähigkeit der CGZP, DB 2011, 764; *Rieble*, Tariflose Zeitarbeit?, DB 2012, 2177; *Rieble*, CGZP-Tarifunfähigkeit und Vertrauensschutz, BB 2012, 2945; *Rieble*, CGZP-Tarifunfähigkeit und Vertrauensschutz, BB 2012, 2945; *Rieble*, Der CGM-Beschluss des ArbG Stuttgart, BB 2004, 885; *Rieble*, Relativität der Tariffähigkeit, FS Wiedemann, 2002, S. 519; *Rieble/Klebeck*, Lohngleichheit für Leiharbeit, NZA 2003, 23; *Riechert*, Grenzen tariflicher Abweichung vom Equal-Pay-Grundsatz des AÜG, NZA 2013, 303; *Röder/Krieger*, Arbeitnehmerüberlassung: Kein Ausweg aus der equal pay-Falle?, DB 2006, 2122; *Rödl/Ulber*, Unvereinbarkeit von § 9 Nr. 2 Halbs. 4 AÜG mit der Leiharbeitsrichtlinie, NZA 2012, 841; *Schindele*, Tarifpolitik auf den Kopf gestellt – Tarifliche Abweichungen von equal pay in der Leiharbeit, AuR 2008, 31; *Schlegel*, Arbeits- und sozialversicherungsrechtliche Konsequenzen des CGZP-Beschlusses, NZA 2011, 380; *Schöne*, „Billig-Tarifverträge" in der Zeitarbeit – Wo genau liegt das Risiko?, DB 2004, 136; *Schrader*, Arbeitgeberverbände und Mächtigkeit, NZA 2001, 1337; *Schüren*, War die CGZP seit 2003 nur Vertreterin einer christlichen Tarifgemeinschaft?, NZA 2011, 1406; *Schüren*, Anmerkungen zur CGZP-Entscheidung des BAG vom 14.12.2010 und ihrer Bindungswirkung, RdA 2011, 368; *Schüren*, Verjährung von Nachzahlungsansprüchen der Leiharbeitnehmer nach Feststellung der Tarifunfähigkeit der CGZP, AuR 2011, 142; *Schüren*, Tarifunfähigkeit der Tarifgemeinschaft Christlicher Gewerkschaften für die Leiharbeitsbranche, NZA 2008, 453; *Schüren*, Die Tariffähigkeit der Tarifgemeinschaft Christlicher Gewerkschaften für Zeitarbeit und PSA vor den deutschen Arbeitsgerichten, NZA 2007, 1213; *Schüren*, Tarifunfähigkeit der CGZP wegen Missbrauchs der tariflichen Normsetzungsbefugnis in der Leiharbeit, AuR 2008, 239; *Schüren*, Die Regelung der Vergütung der Leiharbeitnehmer oder „Der Besuch des Elefanten im Porzellanladen des kollektiven Arbeitsrechts", FS Löwisch, 2007, S. 367; *Schüren/Behrend*, Arbeitnehmerüberlassung nach der Reform – Risiken der Neuen Freiheit, NZA 2003, 521; *Schüren/Riederer von Paar*, Risiken nichtiger Tarifverträge in der Leiharbeit, AuR 2004, 241; *Schüren/Wank*, Die neue Leiharbeitsrichtlinie und ihre Umsetzung in deutsches Recht, RdA 2011, 1; *Schwitzer*, Zeitarbeitsvertrag zur EXPO 2000, AiB 2000, 241; *Steinheimer/Haeder*, Erdbeben in der Zeitarbeitsbranche, NZA-Online 4/2012, 1; *Steinmeyer*, Der Vertrag von Amsterdam und seine Bedeutung für das Arbeits- und Sozialrecht, RdA 2001, 10; *Stoffels*, Die Verjährung von Equal-Pay-Ansprüchen, NZA 2011, 1057; *Stoffels/Bieder*, AGB-rechtliche Probleme der arbeitsvertraglichen Bezugnahme auf mehrgliedrige Zeitarbeitstarifverträge, RdA 2012, 27; *Thüsing*, Europäische Impulse im Recht der Arbeitnehmerüberlassung – Zum Entwurf einer Richtlinie des Europäischen Parlaments und des Rates über die Arbeitsbedingungen von Leiharbeitnehmern – KOM (2002) 149 endgültig, DB 2002, 2218; *Thüsing*, Equal Pay bei Leiharbeit, DB 2003, 446; *Thüsing*, Provisionsvereinbarungen bei Arbeitsvermittlung nach Arbeitnehmerüberlassung – Wider eine Ausweitung des § 9 Nr. 3 AÜG – Zum BGH-Urteil vom 3.7.2003 –, DB 2003, 2122; *Thüsing/Lembke*, Zeitarbeit im Spannungsverhältnis von Dienstleistungsfreiheit und Tarifautonomie – zum Vorschlag der Ausdehnung des AEntG auf die Zeitarbeitsbranche, ZfA 2007, 87; *Thüsing/Stiebert*, Equal Pay in der Arbeitnehmerüberlassung – unter Berücksichtigung des CGZP-Beschlusses, in: Brand/Lembke, Der CGZP-Beschluss des BAG, S. 59; *Ulber*, Erweiterte Mitbestimmungsrechte des Betriebsrats durch Tarifverträge zur Leiharbeit, AuR 2013, 119; *Ulber*, Wirkungsweise und Rechtsfolgen der Lohnuntergrenze nach § 3a AÜG, AuR 2012, 426; *Ulber*, Wirksamkeit tariflicher Regelungen zur Ungleichbehandlung von Leiharbeitnehmern, NZA 2009, 232; *Ulber*, Die Richtlinie zur Leiharbeit, AuR 2010, 10; *Ulber*, Tariffähigkeit und Tarifzuständigkeit der CGZP, AuR 2008, 297; *Ulber*, Personal-Service-Agenturen und Neuregelung der Arbeitnehmerüberlassung, AuR 2003, 7; *D. Ulber*, Tariffähigkeit und Tarifzuständigkeit der CGZP als Spitzenorganisation?, NZA 2008, 438; *D. Ulber*, Ausschlussfristen und zwingendes Gesetzesrecht, DB 2011, 1808; *Waas*, Das Spannungsverhältnis von Tarifvertrag und Gesetz beim Grundsatz der Entgeltgleichheit im neuen AÜG, BB 2003, 2175; *Waltermann*, Tarifautonomie und „Richtigkeitsgewähr" des Tarifvertrags in der Leiharbeit?, FS Bepler, 2012, S. 569; *Waltermann*, Fehlentwicklung in der Leiharbeit, NZA 2010, 482; *Wank*, Der Richtlinienvorschlag der EG-Kommission zur Leiharbeit und das „Erste Gesetz für moderne Dienstleistungen am Arbeitsmarkt", NZA 2003, 14; *Wank*, Neuere Entwicklungen im Arbeitnehmerüberlassungsrecht, RdA 2003, 1; *Wil*-

§ 9 Unwirksamkeit

Iemsen/Annuß, Kostensenkung durch konzerninterne Arbeitnehmerüberlassung, BB 2005, 437; *Zeppenfeld/Faust*, Zeitarbeit nach dem CGZP-Beschluss des BAG – Rechtsfolgen und Risiken für die Zeitarbeitsbranche, NJW 2011, 1643; *Zimmer*, Der Grundsatz der Gleichbehandlung in der Leiharbeitsrichtlinie 2008/104/EG und seine Umsetzung ins deutsche Recht, NZA 2013, 289.

Übersicht

	Rn.		Rn.
I. Vorbemerkungen	1	cc) „Ungültigkeit" bzw. Fehlen der Erlaubnis bei nicht nur vorübergehender Arbeitnehmerüberlassung?	47
1. Entstehungsgeschichte	2		
a) Allgemeines	2		
b) Die „Hartz-Reformen" des AÜG	4		
aa) Hartz I	5	b) Rechtsfolgen	48
bb) Hartz II	6	aa) Unwirksamkeit des Arbeitnehmerüberlassungsvertrags	48
c) Entwurf der EG-Richtlinie zur Leiharbeit	7		
aa) Allgemeines	7	bb) Bereicherungsausgleich	49
bb) Grundsatz der Nichtdiskriminierung	8	cc) Schadensersatz	53
		dd) Sonstiges	54
cc) Ausnahmen vom Gleichbehandlungsgrundsatz	10	c) Hinweise für die Praxis	56
d) Leiharbeitsrichtlinie vom 19.11.2008	11	2. Unwirksamkeit des Leiharbeitsvertrags (§ 9 Nr. 1 Alt. 2)	58
aa) Grundsatz der Gleichbehandlung (Art. 5 Abs. 1)	12	a) Tatbestandsvoraussetzungen	58
bb) Ausnahmen (Art. 5 Abs. 2 bis 4)	15	aa) Leiharbeitsvertrag	58
cc) Umsetzungsfrist	22	bb) Fehlen der erforderlichen Überlassungserlaubnis	59
dd) Rechtssetzungskompetenz der EU?	23		
e) AÜG-Reform 2011	31	cc) Tatsächliche Überlassung des Arbeitnehmers	60
2. Sinn und Zweck	38		
II. Fehlen der Arbeitnehmerüberlassungserlaubnis (§ 9 Nr. 1)	44	b) Rechtsfolgen	63
1. Unwirksamkeit des Arbeitnehmerüberlassungsvertrags § 9 Nr. 1 (Alt. 1)	45	aa) Unwirksamkeit des Leiharbeitsvertrags	63
a) Tatbestandsvoraussetzungen	45	bb) Abwicklung des fehlerhaften Arbeitsverhältnisses	64
aa) Arbeitnehmerüberlassungsvertrag	45		
bb) Fehlen der erforderlichen Überlassungserlaubnis	46	cc) Schadensersatz und sonstige Rechtsfolgen	68

	Rn.
III. Schlechterstellungsverbot bzw. Grundsatz des Equal Pay/Treatment (§ 9 Nr. 2)	69
1. Überblick	70
a) Systematik	71
b) Vorgaben der Leiharbeitsrichtlinie und deren Umsetzung, unionrechtskonforme Auslegung	76
c) Verfassungsmäßigkeit der §§ 9 Nr. 2, 3 Abs. 1 Nr. 3, 10 Abs. 4?	84
2. Grundsätzliches Schlechterstellungsverbot (§ 9 Nr. 2 Hs. 1)	90
a) Geltungsbereich	90
aa) Sachlicher Geltungsbereich	91
(1) Arbeitsvertragliche Regelungen	92
(2) Betriebsvereinbarungen im Verleiherbetrieb	93
(3) Nicht ohne Weiteres: Tarifverträge	94
bb) Zeitlicher Geltungsbereich	95
b) Verbot der Schlechterstellung gegenüber vergleichbaren Arbeitnehmern des Entleihers	98
aa) Allgemeines	98
bb) Vergleichbare Arbeitnehmer des Entleihers	100
(1) Maßgeblicher Zeitpunkt	102
(2) Vergleichbarkeit der Arbeitnehmer	103
(3) Fehlen vergleichbarer Arbeitnehmer	108
(4) Mehrere vergleichbare Arbeitnehmer	112
cc) Geltende wesentliche Arbeitsbedingungen	116
(1) Wesentliche Arbeitsbedingungen	121
(a) Arbeitsentgelt	122

	Rn.
(b) Dauer der Arbeitszeit	132
(c) Überstunden	133
(d) Pausen	134
(e) Ruhezeit	135
(f) Nachtarbeit	136
(g) Urlaub	137
(h) Arbeitsfreie Tage	138
(2) Keine wesentlichen Arbeitsbedingungen	139
(3) Geltende Arbeitsbedingungen	140
dd) Schlechtere Arbeitsbedingungen	143
(1) Schlechterstellungsvergleich	144
(2) Gesamt- bzw. Sachgruppenvergleich	148
3. (Aufgehobene) Sechswochen-Ausnahme (§ 9 Nr. 2 Hs. 1 Teil 2 und Hs. 2 a.F.)	159
a) Überblick und Gesetzeszweck	160
b) Zeitlicher Anwendungsbereich	162
aa) Ab dem 15.12.2010 begründetes Leiharbeitsverhältnis (Neufall)	164
bb) Vor dem 15.12.2010 begründetes Leiharbeitsverhältnis (Altfall)	165
c) Tatbestandsvoraussetzungen	166
aa) Zuvor arbeitsloser Leiharbeitnehmer	167
bb) Einmalige Ausnahme für sechs Wochen der Überlassung	169
cc) Mindestnettoarbeitsentgelt	173
(1) Vereinbartes Arbeitsentgelt	173

§ 9 Unwirksamkeit

	Rn.
(2) Mindesthöhe	174
d) Rechtsfolgen	179
4. Tarifausnahme (§ 9 Nr. 2 Hs. 2 und 3)	182
a) Allgemeines	182
aa) Sinn und Zweck	183
bb) Verfassungswidrigkeit der Tariföffnungsklausel	184
cc) Europarechtskonformität der Tariföffnungsklausel?	189
b) Tariflandschaft in der Arbeitnehmerüberlassung	196
aa) Hartz-Reform des AÜG als erste Zäsur	197
bb) Der Kampf um die Tarifhoheit in der Zeitarbeit	200
cc) Entwicklungen auf Arbeitgeberseite	206
dd) Die Anwendung der Zeitarbeitstarifverträge in der täglichen Praxis	209
ee) Der CGZP-Beschluss des BAG vom 14.12.2010 als zweite Zäsur	215
ff) Tarifverträge über Branchenzuschläge	218
c) Voraussetzungen der Tarifausnahme	225
aa) Inhalt des Tarifvertrags	227
(1) Zulassung von Abweichungen	233
(2) Abweichende Tarifregelungen	236
(3) Kein Unterschreiten der Lohnuntergrenze nach § 3a	239
bb) Wirksamkeit des Tarifvertrags	245
(1) Prozessrechtliche Fragen	246
(a) Prüfung der Wirksamkeit von Tarifverträgen	247
(b) Beschlussverfahren zur Prüfung von Tariffähigkeit und Tarifzuständigkeit einer Vereinigung (§§ 2a Abs. 1 Nr. 4, 97 ArbGG)	251
(aa) Abstraktes Kontrollverfahren (§ 97 Abs. 1 ArbGG)	253
(bb) Konkretes Kontrollverfahren (§ 97 Abs. 5 ArbGG)	255
(cc) Inter-omnes-Wirkung des rechtskräftigen Beschlusses	260
(2) Vertragsschluss und Schriftform	262
(3) Tariffähigkeit der Tarifvertragsparteien	263
(a) Tariffähigkeit als Wirksamkeitsvoraussetzung	264
(b) Voraussetzungen der Tariffähigkeit	269
(aa) Gewerkschaft	270
(bb) Arbeitgeber und Arbeitgeberverband	274
(cc) Spitzenorganisation	276
(c) Tariffähigkeit auf Arbeitgeberseite	282
(d) Tariffähigkeit der DGB-Gewerkschaften	283
(e) Tariffähigkeit der CGB-Gewerkschaften?	284
(f) Fehlende Tariffähigkeit der CGZP	291

Unwirksamkeit § 9

	Rn.		Rn.
(aa) Die CGZP und ihre Satzungen	292	(aa) Gewerkschaft und Arbeitgeberverband	348
(bb) Beschlussverfahren zur Tariffähigkeit der CGZP	294	(bb) Spitzenorganisation	352
(g) Folgen der Tariffunfähigkeit der CGZP	301	(c) Tarifzuständigkeit auf Arbeitgeberseite	356
(aa) Arbeitsrechtliche Folgen	302	(d) Tarifzuständigkeit der DGB-Gewerkschaften	362
(i) Unwirksamkeit aller CGZP-Tarifverträge?	303	(aa) IG Metall	366
(ii) Unwirksamkeit des mehrgliedrigen Tarifvertrags vom 15.3.2010?	309	(bb) IG BCE	367
		(cc) IG BAU	368
		(dd) ver.di	369
(iii) Bezugnahme auf den mehrgliedrigen Tarifvertrag	310	(ee) GEW	371
		(ff) NGG	372
		(gg) EVG	373
(iv) Gestaffelte Bezugnahmeklausel	315	(hh) GdP	374
(v) Ausschlussfristen	316	(e) Tarifzuständigkeit der CBG-Gewerkschaften	375
(vi) Verjährung	323	(aa) CGM	378
(bb) Sozialversicherungsrechtliche Folgen	325	(bb) DHV	384
(i) Entstehungsprinzip	326	(cc) GÖD	387
(ii) Beitragsansprüche und Vertrauensschutz?	328	(dd) medsonet	389
		(ee) ALEB	391
(iii) Verjährung	331	(ff) BIGD	393
(iv) Beitragsbescheide und einstweiliger sozialgerichtlicher Rechtsschutz	336	(5) Kein Verstoß gegen höherrangiges Recht	396
(cc) Gewerberechtliche Folgen	340	cc) Tarifbindung der Leiharbeitsvertragsparteien (§ 9 Nr. 2 Hs. 2)	397
(4) Tarifzuständigkeit der Tarifvertragsparteien	341	(1) Tarifliche Öffnungsklauseln	398
(a) Tarifzuständigkeit als Wirksamkeitsvoraussetzung	344	(2) Tarifvertragliche Abweichungen vom Equal Pay/Treatment	399
(b) Voraussetzungen der Tarifzuständigkeit	347	(3) Nachwirkende Tarifverträge	400
		(4) Ausländischer Tarifvertrag	402

Lembke

§ 9 Unwirksamkeit

	Rn.
(5) Verhältnis von Zeitarbeits-Tarifverträgen zu Mindestlohnregelungen nach AEntG	403
dd) Bezugnahme auf den Tarifvertrag (§ 9 Nr. 2 Hs. 3)	405
(1) Bezugnahmevereinbarung	407
(2) Geltungsbereich des Tarifvertrags	416
(a) „Fremder Tarifvertrag"	417
(b) Mischbetriebe bzw. Mischunternehmen	418
(c) Grenzüberschreitende Arbeitnehmerüberlassung	426
(d) Nachwirkender Tarifvertrag	428
(3) Umfang der Bezugnahme	432
5. Ausnahme kraft Sachgrunds?	436
6. Rückausnahme: Überlassung in den abgebenden Konzern (Drehtürklausel, § 9 Nr. 2 Hs. 4)	438
a) Inkrafttreten	439
b) Gesetzeszweck	441
c) Tatbestandsvoraussetzungen	448
aa) Ausscheiden aus einem Arbeitsverhältnis	449
bb) Früheres Arbeitsverhältnis mit dem Entleiher oder einem mit diesem verbundenen Unternehmen	455
cc) Überlassung innerhalb der „Sperrfrist" von sechs Monaten seit dem Ausscheiden	458
d) Rechtsfolgen	461
e) Hinweise zur Vertragsgestaltung	467
7. Rechtsfolgen bei Verletzung des Schlechterstellungsverbots	469

	Rn.
a) Unwirksamkeit von Vereinbarungen des Verleihers	469
b) Gleichbehandlungsgrundsatz (§ 10 Abs. 4)	473
aa) Anspruchsgrundlage	473
bb) Darlegungs- und Beweislast	474
c) Gewerberechtliche Folgen	483
d) Vermutung von Arbeitsvermittlung	484
e) Ordnungswidrigkeit	485
f) Sonstiges	486
IV. Unwirksamkeit von den Zugang nach § 13b beschränkenden Vereinbarungen (§ 9 Nr. 2a)	487
1. Inkrafttreten	488
2. Sinn und Zweck	489
3. Verbot zugangsbeschränkender Vereinbarungen	491
4. Rechtsfolgen	493
V. Einstellungsverbot für Entleiher; Vermittlungsvergütung für Verleiher (§ 9 Nr. 3)	494
1. Vorbemerkungen	495
a) Entstehungsgeschichte und Vorgaben der Leiharbeitsrichtlinie	496
b) Sinn und Zweck	500
2. Tatbestandsvoraussetzungen	501
a) Einstellungsverbote und Abreden vergleichbarer Wirkung (Hs. 1)	501
b) Angemessene Vermittlungsvergütung (Hs. 2)	503
aa) Kausalität der Vermittlungsleistung des Verleihers	504
bb) Angemessenheit der Vermittlungsvergütung	507
3. Rechtsfolgen	513
VI. Abschlussverbote für Leiharbeitnehmer (§ 9 Nr. 4)	516
1. Tatbestandsvoraussetzungen	517
2. Rechtsfolgen	520

VII. Verbot der Vereinbarung einer Vermittlungsgebühr für Leiharbeitnehmer (§ 9 Nr. 5) 521
1. Inkrafttreten und Vorgaben der Leiharbeitsrichtlinie 522
2. Sinn und Zweck 525
3. Tatbestandsvoraussetzungen ... 527
4. Rechtsfolgen 529

VIII. Aufhebung des besonderen Befristungsverbots (§ 9 Nr. 2 a. F.).. 530
1. Vorbemerkungen 530
   a) Überblick über die Gesetzesänderungen durch Hartz I ... 530
   b) Sinn und Zweck 531
2. Rechtsfolgen der Aufhebung ... 532
   a) Befristung von Leiharbeitsverträgen 532
   b) Schriftform der Befristungsabrede (§ 14 Abs. 4 TzBfG) 536
   c) Kalendermäßige Befristung ohne sachlichen Grund (§ 14 Abs. 2 TzBfG) 537
      aa) Kalendermäßige Befristung bis zu zwei Jahren . 538
      bb) Anschlussverbot (§ 14 Abs. 2 Satz 2 TzBfG) ... 543
   d) Befristungsregelung für Existenzgründer (§ 14 Abs. 2a TzBfG) 546
      aa) Existenzgründer 547
      bb) Keine Neugründung im Zusammenhang mit Umstrukturierung (§ 14 Abs. 2a Satz 2 TzBfG) 548
      cc) Befristungshöchstdauer . 551
      dd) Mehrfache Verlängerung der kalendermäßigen Befristung 553
      ee) Anschlussverbot (§ 14 Abs. 2a Satz 4 TzBfG) .. 554
   e) Sachgrundlose Altersbefristung (§ 14 Abs. 3 TzBfG) ... 556
   f) Befristung des Leiharbeitsvertrags mit Sachgrund 558
      aa) Vorübergehender betrieblicher Bedarf an der Arbeitsleistung (§ 14 Abs. 1 Nr. 1 TzBfG) 560
      bb) Erstanstellung im Anschluss an Ausbildung oder Studium (§ 14 Abs. 1 Nr. 2 TzBfG) 562
      cc) Vertretung eines anderen Arbeitnehmers (§ 14 Abs. 1 Nr. 3 TzBfG) 563
      dd) Eigenart der Arbeitsleistung (§ 14 Abs. 1 Nr. 4 TzBfG) 564
      ee) Erprobung (§ 14 Abs. 1 Nr. 5 TzBfG) . 565
      ff) Gründe in der Person des Arbeitnehmers (§ 14 Abs. 1 Nr. 6 TzBfG) 566
      gg) Zweckgebundene Haushaltsmittel (§ 14 Abs. 1 Nr. 7 TzBfG) 568
      hh) Gerichtlicher Vergleich (§ 14 Abs. 1 Nr. 8 TzBfG) 569
      ii) Unbenannter sachlicher Befristungsgrund 570
   g) Befristungsabreden im Übergangszeitraum von der alten zur neuen Rechtslage 571
      aa) Neubegründung eines befristeten Arbeitsverhältnisses. 572
         (1) Vor Inkrafttreten der Neuregelungen 572
         (2) Nach Inkrafttreten der Neuregelungen 573

§ 9   Unwirksamkeit

	Rn.		Rn.
bb) Verlängerung bestehender Arbeitsverträge	574	2. Rechtsfolgen	579
(1) Vor Inkrafttreten der Neuregelungen	574	a) Allgemeiner Kündigungsschutz für Leiharbeitnehmer	579
(2) Nach Inkrafttreten der Neuregelungen	575	b) Wiedereinstellung innerhalb von drei Monaten	581
h) Klagefrist (§ 17 TzBfG)	577	c) Betriebsbedingte Kündigung von Leiharbeitnehmern	582
IX. Aufhebung des Wiedereinstellungsverbots (§ 9 Nr. 3 a.F.)	578		
1. Gesetzesänderung durch Hartz I	578		

I. Vorbemerkungen

1 § 9 leitet den **arbeitsrechtlichen Teil des AÜG** ein, der in den §§ 9 bis 14 Sonderregelungen enthält, die das allgemeine Arbeits- und Zivilrecht modifizieren. Nach Streichung des Wortes „gewerbsmäßig" in der Gesetzesüberschrift sowie in § 1 Abs. 1 Satz 1 mit Wirkung ab dem 1.12.2011[1] gilt § 9 für jede Art der Arbeitnehmerüberlassung, unabhängig davon, ob sie gewerbsmäßig erfolgt oder nicht.

1. Entstehungsgeschichte

a) Allgemeines

2 Bis zum AFRG blieb § 9 seit der Verabschiedung des AÜG unverändert. Während die RegE als Rechtsfolge des § 9 die „Nichtigkeit" vorsah, wurde auf Anregung des Ausschusses für Arbeit und Sozialordnung aus rechtsdogmatischen Gründen der Begriff der „Unwirksamkeit" in die Endfassung aufgenommen.[2] Zum einen wird dadurch eine **Sonderregelung gegenüber § 139 BGB**, nach dem bei teilweiser „Nichtigkeit" regelmäßig das gesamte Rechtsgeschäft als nichtig anzusehen ist, geschaffen.[3] § 139 BGB gilt also im Rahmen des § 9 nicht; vielmehr ordnet § 9 explizit nur die Unwirksamkeit der in Nr. 1 bis 5

---

1 Art. 1 Nr. 1 und 2 lit. a) aa des Ersten Gesetzes zur Änderung des Arbeitnehmerüberlassungsgesetzes – Verhinderung von Missbrauch der Arbeitnehmerüberlassung vom 28.4.2011, BGBl. I, S. 642.
2 Zu BT-Drs. VI/3505, S. 3. – Näher *Becker/Wulfgramm*, § 9 Rn. 7 ff.; *Thüsing/Mengel*, § 9 Rn. 3; *Schüren*, § 9 Rn. 15.
3 Vgl. *Thüsing/Mengel*, § 9 Rn. 48.

I. Vorbemerkungen § 9

genannten Vereinbarungen an. Zum anderen ist bei der Verwendung des Oberbegriffs „Unwirksamkeit" offen, ob die Rechtswirkungen ex nunc oder ex tunc wegfallen, wohingegen „Nichtigkeit" bedeutet, dass das Rechtsgeschäft die nach seinem Inhalt bezweckten Rechtswirkungen von Anfang an (ex tunc) nicht hervorbringen kann.[4]

Mit Wirkung vom 1.4.1997 wurden durch Art. 63 Nr. 8 AFRG[5] die Unwirksamkeitstatbestände des besonderen Befristungsverbots (§ 9 Nr. 2 a.F.) und des Wiedereinstellungsverbots (§ 9 Nr. 3 a.F.) in Anpassung an die Änderungen des § 3 Abs. 1 Nr. 3 und 4 a.f. durch Einfügung des Wortes „wiederholt" wesentlich **gelockert** (vgl. § 3 Rn. 2). Nr. 2 a.F. wurde zudem um den letzten Halbsatz („oder die Befristung ...") ergänzt. 3

b) Die „Hartz-Reformen" des AÜG

Ende 2002 wurde § 9 durch die sog. „Hartz-Gesetze" umfassend reformiert: 4

aa) Hartz I

Im Rahmen der Umsetzung der Reformvorschläge der sog. Hartz-Kommission wurde das AÜG und insbesondere § 9 durch Art. 6 des Ersten Gesetzes für moderne Dienstleistungen am Arbeitsmarkt vom 23.12.2002 („Hartz I")[6] tiefgreifend geändert. Das **besondere Befristungsverbot in § 9 Nr. 2 a.F.** sowie das **Wiedereinstellungsverbot nach § 9 Nr. 3 a.F.** wurden **ersatzlos gestrichen**. In **§ 9 Nr. 2 i.V.m. § 10 Abs. 4 und § 3 Abs. 1 Nr. 3** wurde das **Verbot der Schlechterstellung** von Leiharbeitnehmern gegenüber Stammarbeitnehmern des Entleihers (auch „Gleichbehandlungsgrundsatz" bzw. „Grundsatz des **Equal Pay/Treatment**" genannt) **neu eingefügt**. Aus **§ 9 Nr. 4 a.F.** (Einstellungsverbot für Entleiher) **und § 9 Nr. 5 a.F.** (Abschlussverbot für Leiharbeitnehmer) wurden die **neuen § 9 Nr. 3 und § 9 Nr. 4, ohne dass es insoweit zu inhaltlichen Änderungen** kam. Keine Änderungen ergaben sich hinsichtlich § 9 Nr. 1. Die durch Hartz I eingeführten Neuregelungen sind an sich am 1.1.2003 in Kraft getreten; allerdings ist die 5

---

4 HWK/*Gotthardt*, § 9 AÜG Rn. 3; DFL/*Reineke*, § 9 AÜG Rn. 1; ErfK/*Wank*, § 9 AÜG Rn. 2; vgl. Palandt/*Ellenberger*, BGB, Überbl. v. § 104 Rn. 27.
5 BGBl. I, S. 594.
6 BGBl. I, S. 4607, 4617 ff.; dazu näher *Lembke*, BB 2003, 98; *Ulber*, AuR 2003, 7.

§ 9   Unwirksamkeit

– mit Wirkung ab dem 30.4.2011[7] und nochmals mit Wirkung ab dem 30.7.2011[8] geänderte – Übergangsvorschrift des § 19 (a.F.) zu beachten (näher § 19 Rn. 2, 21 f.). Danach galten die damaligen Neuregelungen spätestens ab dem 1.1.2004.

bb) Hartz III

6   Mit Wirkung zum 1.1.2004 wurde § 9 Nr. 3 durch Art. 93 Nr. 1a des Dritten Gesetzes für moderne Dienstleistungen am Arbeitsmarkt vom 23.12.2003 („Hartz III")[9] um den letzten Halbsatz („dies schließt ... nicht aus") **ergänzt**. Damit gab der Gesetzgeber dem Drängen der Zeitarbeitsbranche nach und normierte – entgegen einem kurz zuvor ergangenen Urteil des BGH[10] – die grundsätzliche Zulässigkeit einer Vermittlungsprovision für den Verleiher bei Einstellung des Leiharbeitnehmers durch den Entleiher[11] (näher unten Rn. 503 ff.).

c) Entwurf der EG-Richtlinie zur Leiharbeit

aa) Allgemeines

7   Bei der **Einführung des** Gleichbehandlungsgrundsatzes (**Grundsatzes von Equal Pay/Treatment**) in § 9 Nr. 2 (i.V.m. § 10 Abs. 4 und § 3 Abs. 1 Nr. 3) durch die **„Hartz-Reform"** diente dem Gesetzgeber der **Entwurf einer EG-Richtlinie über Leiharbeit als Vorbild**.[12] Noch nicht existierendes Europarecht im Wege „vorauseilenden Gehorsams" als Grundlage für nationale Gesetzgebung zu nehmen, war allerdings höchst zweifelhaft vor dem Hintergrund, dass auf Europaebene erheblicher Streit über den Gleichbehandlungsgrundsatz herrschte.[13] So konnten sich die Sozialpartner auf Europaebene gerade wegen des Gleichbehandlungsgrundsatzes nicht auf einen einheitlichen Richtlinienvor-

---

7 Vgl. Art. 1 Nr. 13, Art. 2 Abs. 2 des Ersten Gesetzes zur Änderung des Arbeitnehmerüberlassungsgesetzes – Verhinderung von Missbrauch der Arbeitnehmerüberlassung vom 28.4.2011, BGBl. I, S. 642.
8 Art. 1 Nr. 6 des Gesetzes zur Änderung des Arbeitnehmerüberlassungsgesetzes und des Schwarzarbeitsbekämpfungsgesetzes vom 20.7.2012, BGBl. I, S. 1506.
9 BGBl. I, S. 2848, 2909; dazu *Benkert*, BB 2004, 998 ff.
10 BGH 3.7.2003 – III ZR 348/02, NZA 2003, 1025 = BB 2003, 2015.
11 Vgl. BT-Drs. 15/1749, S. 29.
12 Ausführlich *Lembke*, BB 2003, 98, 99 f. – Zum ursprünglichen Kommissionsentwurf *Raab*, ZfA 2003, 389, 395; *Thüsing*, DB 2002, 2218; *Wank*, NZA 2003, 14.
13 Kritisch auch *Hümmerich/Holthausen/Welslau*, NZA 2003, 7, 9; *Lembke*, BB 2003, 98, 100.

I. Vorbemerkungen § 9

schlag einigen.[14] Ferner wich der Richtlinienentwurf der Kommission der EG vom 20.3.2002[15] erheblich von dem Vorschlag des Ausschusses für Beschäftigung und soziale Angelegenheiten[16] ab, welcher am 21.11.2002 vom Europäischen Parlament in erster Lesung angenommen worden war.[17] Zuletzt hatte die Kommission am 28.11.2002 einen geänderten Vorschlag vorgelegt.[18] Dieser wurde jedoch auf der Sitzung des Rates vom 2./3.6.2003 – auch auf Betreiben Deutschlands[19] – abgelehnt. Einer der Hauptstreitpunkte war die „Schonfrist", d.h. der Zeitraum, in dem der Gleichbehandlungsgrundsatz noch nicht anwendbar ist.[20] Am 4.10.2004 griff der Rat das Thema des Entwurfs einer Richtlinie zur Leiharbeit im Rahmen einer Orientierungsaussprache wieder auf und äußerte die Absicht, weiterhin einen Kompromiss anzustreben.[21] Nachdem die Verhandlungen über die Leiharbeitsrichtlinie und die neue Arbeitszeitrichtlinie miteinander verbunden worden waren, kam endlich Bewegung in den Gesetzgebungsprozess, und am 15.9.2008 wurde ein gemeinsamer Standpunkt des Rates zur Leiharbeitsrichtlinie festgelegt, in dem zahlreiche Änderungsvorschläge aus dem Bericht des Ausschusses des Europäischen Parlaments für Beschäftigung und soziale Angelegenheiten vom 23.10.2002[22] übernom-

---

14 Vgl. Begründung zum Vorschlag der Kommission der Europäischen Gemeinschaften für eine Richtlinie des Europäischen Parlaments und des Rates über die Arbeitsbedingungen von Leiharbeitnehmern vom 20.3.2002, KOM (2002) 149 endgültig, S. 8 ff. – Allg. zur Stellung der Sozialpartner in der europäischen Sozialpolitik *Arnold*, NZA 2002, 1261 ff.
15 Vorschlag der Kommission der EG für eine Richtlinie des Europäischen Parlaments und des Rates über die Arbeitsbedingungen von Leiharbeitnehmern vom 20.3.2002, KOM (2002) 149 endgültig. – Dazu *Thüsing*, DB 2002, 2218 ff.
16 Bericht des Ausschusses für Beschäftigung und soziale Angelegenheiten über den Vorschlag für eine Richtlinie des Europäischen Parlaments und des Rates über die Arbeitsbedingungen von Leiharbeitnehmern vom 23.10.2002, A5–0356/2002, endgültig.
17 FAZ vom 22.11.2002, S. 14.
18 Geänderter Vorschlag für eine Richtlinie des Europäischen Parlaments und des Rates über die Arbeitsbedingungen von Leiharbeitnehmern vom 28.11.2002, KOM (2002) 701 endgültig.
19 Vgl. *Reineke*, S. 75.
20 Vgl. *Klebeck*, S. 39.
21 Mitteilung des Rats der Europäischen Union an die Presse, 12400/04 (Presse 264), abrufbar im Internet unter http://ue.eu.int/ueDocs/cms_Data/docs/pressData/de/lsa/82236.pdf.
22 Bericht des Ausschusses für Beschäftigung und soziale Angelegenheiten über den Vorschlag für eine Richtlinie des Europäischen Parlaments und des Rates über die Arbeitsbedingungen von Leiharbeitnehmern vom 23.10.2002, A5–0356/2002, endgültig.

men wurden.[23] Schließlich kam es zum Erlass der „Richtlinie 2008/104/EG des Europäischen Parlaments und des Rates vom 19.11.2008 über Leiharbeit", die mit ihrer Veröffentlichung am 5.12.2008 in Kraft trat.[24]

bb) Grundsatz der Nichtdiskriminierung

8 Nach dem **Kommissionsentwurf vom 28.11.2002**[25] hatte der in Art. 5 Abs. 1 vorgesehene Gleichbehandlungsgrundsatz bzw. Grundsatz der Nichtdiskriminierung folgenden Inhalt: Die wesentlichen Arbeits- und Beschäftigungsbedingungen der Leiharbeitnehmer entsprechen während der Dauer ihrer Überlassung an ein entleihendes Unternehmen mindestens denjenigen, die für sie gelten würden, wenn sie von dem genannten Unternehmen unmittelbar für den gleichen Arbeitsplatz eingestellt worden wären.

9 Wesentliche Arbeits- und Beschäftigungsbedingungen wurden definiert als diejenigen Arbeits- und Beschäftigungsbedingungen, die durch Gesetz, Verordnung, Verwaltungsvorschrift und/oder sonstige Bestimmungen allgemeiner Art festgelegt sind und sich auf Dauer der Arbeit, Überstunden, Pausen, Ruhezeiten, Nachtarbeit, bezahlten Urlaub, arbeitsfreie Tage sowie Arbeitsentgelt beziehen (Art. 3 Abs. 1 lit. f).

cc) Ausnahmen vom Gleichbehandlungsgrundsatz

10 Der Richtlinienentwurf sah **drei Ausnahmen** vom Gleichbehandlungsgrundsatz vor: In Bezug auf das Arbeitsentgelt konnten die Mitgliedstaaten Abweichungen vorsehen, wenn Leiharbeitnehmer einen unbefristeten Arbeitsvertrag mit dem Verleiher abgeschlossen haben und in der verleihfreien Zeit bezahlt werden (Art. 5 Abs. 2) oder wenn ein

---

23 Gemeinsamer Standpunkt (EG) Nr. 24/2008 vom Rat festgelegt am 15.9.2008 im Hinblick auf den Erlass der Richtlinie 2008/.../EG des Europäischen Parlaments und des Rates vom ... über Leiharbeit (2008/C 254 E/04), ABlEG vom 7.10.2008, C 254 E/36; Mitteilung der Kommission an das Europäische Parlament gemäß Art. 251 Abs. 2 Unterabs. 2 EG-Vertrag zum gemeinsamen Standpunkt des Rates im Hinblick auf den Erlass einer Richtlinie des Europäischen Parlaments und des Rates über Leiharbeit – politische Einigung über einen gemeinsamen Standpunkt (QMV) vom 18.9.2008, KOM(2008) 569 endgültig.

24 ABlEG vom 5.12.2008, L327/9; zur Gesetzgebungsgeschichte *Hamann*, EuZA Bd. 2 (2009), S. 287, 288ff.; *Fuchs*, NZA 2009, 57ff.; *Heuschmid/Klauk*, SR 2012, 84, 86f.; *Sansone*, S. 65ff.; *Steuer*, S. 132ff.

25 Geänderter Vorschlag für eine Richtlinie des Europäischen Parlaments und des Rates über die Arbeitsbedingungen von Leiharbeitnehmern vom 28.11.2002, KOM (2002) 701 endgültig.

I. Vorbemerkungen § 9

Leiharbeitnehmer im Rahmen einer oder mehrerer Überlassungen an ein und denselben Entleiher eine Tätigkeit ausführt, die auf Grund ihrer Dauer oder ihrer Natur nicht mehr als sechs Wochen in Anspruch nimmt (Art. 5 Abs. 4). Ferner konnten die Mitgliedstaaten vorsehen, dass Tarifverträge, die ein angemessenes Schutzniveau für Leiharbeitnehmer vorsehen, vom Gleichbehandlungsgrundsatz abweichen können (Art. 5 Abs. 3).

d) Leiharbeitsrichtlinie vom 19.11.2008

Nach langem Ringen auf europäischer Ebene (s. o. Rn. 7) ist die „Richtlinie 2008/104/EG des Europäischen Parlaments und des Rates vom 19.11.2008 über Leiharbeit" (Leiharbeitsrichtlinie) schließlich am 5.12.2008 in Kraft getreten.[26] Sie setzt die europäischen „**Flexicurity**"-Grundsätze um, die auf ein ausgewogenes Verhältnis zwischen Flexibilität und Sicherheit auf dem Arbeitsmarkt abstellen (vgl. Erwägungsgrund 9 der RL). Folgerichtig ist es gemäß **Art. 2** das **Ziel der RL**, einerseits „für den Schutz der Leiharbeitnehmer zu sorgen und die Qualität der Leiharbeit zu verbessern, indem die Einhaltung des Grundsatzes der Gleichbehandlung von Leiharbeitnehmern gemäß Art. 5 gesichert wird und die Leiharbeitsunternehmen als Arbeitgeber anerkannt werden", wobei andererseits „zu berücksichtigen ist, dass ein angemessener Rahmen für den Einsatz von Leiharbeit festgelegt werden muss, um wirksam zur Schaffung von Arbeitsplätzen und zur Entwicklung flexibler Arbeitsformen beizutragen".

11

aa) Grundsatz der Gleichbehandlung (Art. 5 Abs. 1)

Kernregelung der Leiharbeitsrichtlinie ist – neben den insbesondere in §§ 13a, 13b umgesetzten Vorschriften des Art. 6 über „Zugang zu Beschäftigung, Gemeinschaftseinrichtungen und beruflicher Bildung" – der Grundsatz der Gleichbehandlung in Art. 5. Dessen Abs. 1 lautet wie folgt: „Die wesentlichen Arbeits- und Beschäftigungsbedingungen der Leiharbeitnehmer entsprechen während der Dauer ihrer Überlassung an ein entleihendes Unternehmen mindestens denjenigen, die für sie gelten würden, wenn sie von jenem genannten Unternehmen unmittelbar für den gleichen Arbeitsplatz eingestellt worden wären." Leiharbeitnehmer sind also nach der Leiharbeitsrichtlinie grundsätzlich so zu

12

---

26 ABlEG vom 5.12.2008, L327/9; zum Umsetzungsbedarf *Boemke*, RIW 2009, 177; *Hamann*, EuZA Bd. 2 (2009), S. 287; *Lembke*, BB 2010, 1533, 1539f.; *Ulber*, AuR 2010, 10; allg. zur RL *Blanke*, DB 2010, 1528.

behandeln, als wären sie **hypothetisch** direkt vom Entleiher **eingestellt** worden.

13 Art. 3 Abs. 1 lit. f) definiert „**wesentliche Arbeits- und Beschäftigungsbedingungen**" als „die Arbeits- und Beschäftigungsbedingungen, die durch Gesetz, Verordnung, Verwaltungsvorschrift, Tarifvertrag und/oder sonstige verbindliche Bestimmungen allgemeiner Art, die im entleihenden Unternehmen gelten, festgelegt sind und sich auf folgende Punkte beziehen: (i) **Dauer der Arbeitszeit, Überstunden, Pausen, Ruhezeiten, Nachtarbeit, Urlaub, arbeitsfreie Tage**, (ii) **Arbeitsentgelt**." Gemäß Art. 3 Abs. 2 lässt die RL das nationale Recht in Bezug auf die Begriffsbestimmung von „Arbeitsentgelt" unberührt, d.h. was unter den Begriff des Arbeitsentgelts fällt, ist Sache der Mitgliedstaaten.

14 Vor diesem Hintergrund wird der Grundsatz der Gleichbehandlung auch „**Grundsatz des Equal Pay/Treatment**" genannt. Diesem Grundsatz liegt das **französische Modell** zugrunde, welches **entleiherbezogen** ist; danach richten sich die „wesentlichen Arbeitsbedingungen" des Leiharbeitnehmers nach den im Entleiherbetrieb geltenden Arbeitsbedingungen.[27]

bb) Ausnahmen (Art. 5 Abs. 2 bis 4)

15 Art. 5 Abs. 2 bis 4 RL regelt, unter welchen Voraussetzungen die Mitgliedstaaten Ausnahmen vom Gleichbehandlungsgrundsatz vorsehen können.[28] Die im Entwurf der Leiharbeitsrichtlinie noch vorgesehene „Sechswochen-Ausnahme" (vgl. Rn. 10) wurde **nicht** in die RL **übernommen**.

16 Art. 5 Abs. 2 RL enthält die sog. „**deutsche Ausnahme**", weil sie auf das seinerzeitige deutsche **verleiherbezogene Schutzmodell** zugeschnitten war,[29] wonach der Leiharbeitnehmer grundsätzlich in einem unbefristeten Arbeitsverhältnis mit dem Verleiher steht und sich seine Rechte – auch während der Überlassung – prinzipiell nach den Inhalten des Arbeitsvertrags und den Arbeitsbedingungen des Verleihers richten.[30]

---

27 *Schüren/Wank*, RdA 2011, 1, 4; vgl. auch *Blanke*, DB 2010, 1528, 1529f.
28 *Heuschmid/Klauk*, SR 2012, 84 halten die Ausnahmen für unvereinbar mit primärem Europarecht.
29 *Rödl/Ulber*, NZA 2012, 841, 842.
30 Vgl. zum verleiherbezogenen Modell *Böhm*, DB 2011, 473; Thüsing/*Thüsing*, Einf. Rn. 29f.

Art. 5 Abs. 2 RL lautet wie folgt: „In Bezug auf das Arbeitsentgelt kön- 17
nen die Mitgliedstaaten nach Anhörung der Sozialpartner die Möglichkeit vorsehen, dass vom Grundsatz des Abs. 1 abgewichen wird, wenn
Leiharbeitnehmer, die einen unbefristeten Vertrag mit dem Leiharbeitsunternehmen abgeschlossen haben, auch in der Zeit zwischen den
Überlassungen bezahlt werden." Zwar werden in Deutschland Leiharbeitsverhältnisse häufig unbefristet abgeschlossen,[31] jedoch hat der Gesetzgeber von der Möglichkeit des Art. 5 Abs. 2 RL (bislang) keinen
Gebrauch gemacht.[32]

Art. 5 Abs. 3 RL wird als die „**skandinavische Ausnahme**" bezeich- 18
net, weil sie mit Blick auf die skandinavischen Ländern eingeführt wurde, in denen die Regulierung von Leiharbeit und der Schutz der Leih-
beitnehmer im Wesentlichen durch Kollektivverträge, und zwar sowohl
in Tarifverträgen der Entleiherbranchen als auch in besonderen Tarifverträgen für Leiharbeit erfolgt.[33]

Art. 5 Abs. 3 RL bestimmt Folgendes: „Die Mitgliedstaaten können 19
nach Anhörung der Sozialpartner diesen die Möglichkeit einräumen,
auf der geeigneten Ebene und nach Maßgabe der von den Mitgliedstaaten festgelegten Bedingungen Tarifverträge aufrechtzuerhalten oder zu
schließen, die unter Achtung des Gesamtschutzes von Leiharbeitnehmern Regelungen in Bezug auf die Arbeits- und Beschäftigungsbedingungen von Leiharbeitnehmern, welche von den in Abs. 1 aufgeführten
Regelungen abweichen können, enthalten können." Auf diese Ausnahmeregelung stützt sich die Tariföffnungsklausel in § 9 Nr. 2 Hs. 2 und 3
bzw. § 3 Abs. 1 Nr. 3 Sätze 2 und 3 (näher unten Rn. 182 ff.), welche
bereits durch „Hartz I" im vorauseilenden Gehorsam eingeführt worden
war (vgl. Rn. 7 ff.).

Art. 5 Abs. 4 RL wird als „**britische Ausnahme**" bezeichnet, weil die 20
Regelung Voraussetzung dafür, dass Großbritannien seine Blockade der
Richtlinie aufgab und weil sie auf Mitgliedstaaten wie Großbritannien
und Irland abzielt, deren System industrieller Beziehungen eine verbindliche Tarifierung der gesamten Leiharbeitsbranche nicht herzustellen vermag.[34]

Art. 5 Abs. 4 lautet wie folgt: „Sofern Leiharbeitnehmern ein angemes- 21
senes Schutzniveau gewährt wird, können Mitgliedstaaten, in denen es

---

31 Vgl. BT-Drs. 17/464, S. 33 f.
32 *Lembke*, DB 2011, 414, 417.
33 *Rödl/Ulber*, NZA 2012, 841, 842.
34 *Rödl/Ulber*, NZA 2012, 841, 842.

entweder kein gesetzliches System, durch das Tarifverträge allgemeine Gültigkeit erlangen, oder kein gesetzliches System bzw. keine Gepflogenheiten zur Ausweitung von deren Bestimmungen auf alle vergleichbaren Unternehmen in einem bestimmten Sektor oder bestimmten geografischen Gebiet gibt, – nach Anhörung der Sozialpartner auf nationaler Ebene und auf der Grundlage einer von ihnen geschlossenen Vereinbarung – Regelungen in Bezug auf die wesentlichen Arbeits- und Beschäftigungsbedingungen von Leiharbeitnehmern festlegen, die vom Grundsatz des Abs. 1 abweichen. Zu diesen Regelungen kann auch eine Wartezeit für Gleichbehandlung zählen. Die in diesem Absatz genannten Regelungen müssen mit den gemeinschaftlichen Bestimmungen in Einklang stehen und hinreichend präzise und leicht zugänglich sein, damit die betreffenden Sektoren und Firmen ihre Verpflichtungen bestimmen und einhalten können. Insbesondere müssen die Mitgliedstaaten in Anwendung des Art. 3 Abs. 2 angeben, ob betriebliche Systeme der sozialen Sicherheit, einschließlich Rentensysteme, Systeme zur Lohnfortzahlung im Krankheitsfall oder Systeme der finanziellen Beteiligung, zu den in Abs. 1 genannten wesentlichen Arbeits- und Beschäftigungsbedingungen zählen. Solche Vereinbarungen lassen Vereinbarungen auf nationaler, regionaler, lokaler oder sektoraler Ebene, die für Arbeitnehmer nicht weniger günstig sind, unberührt." Art. 5 Abs. 4 spielt bei der Umsetzung in deutsches Recht keine Rolle, weil das deutsche Arbeitsrecht mit der Allgemeinverbindlicherklärung (§ 5 TVG) und den Regelungen der §§ 3, 7, 8 AEntG über ein System der Erstreckung des Geltungsbereichs tarifvertraglicher Arbeitsbedingungen auf alle Unternehmen bestimmter Bereiche besitzt.[35]

cc) Umsetzungsfrist

22 Die Leiharbeitsrichtlinie war von den Mitgliedstaaten **bis zum 5.12.2011** in nationales Recht umzusetzen. Zur Umsetzung im AÜG Rn. 31 ff.

dd) Rechtssetzungskompetenz der EU?

23 Ausweislich ihres Einleitungssatzes wurde der Erlass der Leiharbeitsrichtlinie auf Art. 137 Abs. 2 EG (heutiger Art. 153 Abs. 2 AEUV) gestützt. Nach Art. 137 Abs. 2 EG kann der Rat in den in Art. 137 Abs. 1 lit. a) bis i) genannten Bereichen (z.B. Verbesserung insbesondere der Arbeitsumwelt zum Schutz der Gesundheit und der Sicherheit der Ar-

---

35 Vgl. *Rödl/Ulber*, NZA 2012, 841, 842.

beitnehmer, Arbeitsbedingungen oder soziale Sicherheit und sozialer Schutz der Arbeitnehmer) unter Berücksichtigung der in den einzelnen Mitgliedstaaten bestehenden Bedingungen durch Richtlinien Mindestvorschriften erlassen, die schrittweise anzuwenden sind. **Art. 137 Abs. 5 EG** (heutiger Art. 153 Abs. 5 AEUV) begrenzt jedoch die Zuständigkeit des Rates zum Erlass derartiger Richtlinien in Bezug auf das Arbeitsentgelt, indem er bestimmt, dass dieser Art. 137 „nicht für das **Arbeitsentgelt**" gilt.

Vor diesem Hintergrund ist es höchst **zweifelhaft ist, ob die Europäische Union** im Rahmen des Art. 137 Abs. 2 EG überhaupt die **Kompetenz zum Erlass des Grundsatzes der Gleichbehandlung** (Art. 5 RL) hat und ob die Leiharbeitsrichtlinie insoweit gültig ist, als sich der Gleichbehandlungsgrundsatz auch auf das Arbeitsentgelt der Leiharbeitnehmer („Equal Pay") bezieht.[36] 24

Nach einer Ansicht besteht der Zweck des Art. 137 Abs. 5 EG nur darin, dass eine EG-Mindestlohngesetzgebung ausgeschlossen werden soll; hingegen könnten sich Diskriminierungsverbote auch auf das Arbeitsentgelt beziehen. Daher bestehe eine Ermächtigungsgrundlage.[37] Diese Auffassung überzeugt jedoch nicht. 25

Die Regelung in **Art. 137 Abs. 5 EG** wird vom EuGH dahingehend verstanden, dass sie sich auf Maßnahmen wie eine **Vereinheitlichung** einzelner oder aller **Bestandteile und/oder** der **Höhe der Löhne und Gehälter oder** die **Einführung eines gemeinschaftlichen Mindestlohns** bezieht, mit denen das Gemeinschaftsrecht unmittelbar in die Festsetzung der Arbeitsentgelte innerhalb der Gemeinschaft eingreifen würde.[38] Im Hinblick auf die **Rahmenvereinbarung über befristete Arbeitsverträge** hat der EuGH entschieden, der in der Rahmenvereinbarung enthaltene *Grundsatz der Nichtdiskriminierung von befristet beschäftigten Arbeitnehmern gegenüber vergleichbaren Dauerbeschäftigten* dürfe sich auch auf das Arbeitsentgelt beziehen; insoweit gehe es nicht um die Festlegung der Höhe der verschiedenen Bestandteile des Arbeitsentgelts, welche der Zuständigkeit des Gemeinschaftsgesetzgebers entzogen sei. Vielmehr gehe es darum, durch Anwendung des 26

---

36 Zum Streitstand s. auch *Hamann*, EuZA Bd. 2 (2009), S. 287, 291 ff.; *Sansone*, S. 69 ff., je m. w. N.
37 Hanau/Steinmeyer/Wank/*Hanau*, § 19 Rn. 16; *Steinmeyer*, RdA 2001, 10, 18.
38 EuGH, 15.4.2008 – C-268/06 („Impact"), NZA 2008, 581, 588, Rn. 124.

Grundsatzes der Nichtdiskriminierung die Qualität befristeter Arbeitsverhältnisse zu verbessern.[39]

27 Diese Erwägungen des **EuGH** beziehen sich aber nur auf den **Grundsatz der Nichtdiskriminierung** von *befristet* beschäftigten Arbeitnehmern gegenüber vergleichbaren unbefristet beschäftigten Arbeitnehmern, die **mit demselben Arbeitgeber** einen Arbeitsvertrag abgeschlossen haben, der Grundlage für die Entgeltansprüche ist. Dies ist bei **Leiharbeitnehmern**, die einen Arbeitsvertrag mit dem Verleiher abgeschlossen haben und einen Entgeltanspruch nur diesem gegenüber haben, und Arbeitnehmern, die einen Arbeitsvertrag mit dem Entleiher vereinbart haben, hingegen **nicht** der Fall. Leiharbeitnehmer des Verleihers und Arbeitnehmer des Entleihers sind daher, was das Arbeitsentgelt, die zugrunde liegenden individuellen oder kollektiven Vereinbarungen, die zu beachtenden Rechtsnormen und die Person, gegen die sich der Entgeltanspruch richtet, nicht vergleichbar.

28 Die EU hat **nicht die Befugnis**, **über die Schaffung von Diskriminierungsverboten** im Hinblick auf an sich miteinander nicht vergleichbare Sachverhalte **Art. 137 Abs. 5 EG zu umgehen**. Sie kann also nicht dadurch, dass sie Leiharbeitnehmer und Arbeitnehmer des Entleihers **künstlich zu vergleichbaren Kategorien** macht, das Arbeitsentgelt der Leiharbeitnehmer gesetzlich regeln. Dies gilt umso mehr, als die Zuständigkeit der Union im Hinblick auf Nichtdiskriminierungsmaßnahmen enumerativ aufgelistet sind und sich auf die Bekämpfung von Diskriminierungen aus Gründen des Geschlechts, der Rasse, der ethnischen Herkunft, der Religion oder der Weltanschauung, einer Behinderung, des Alters oder der sexuellen Ausrichtung bezieht (vgl. Art. 13 Abs. 1 EG/Art. 19 AEUV). Sähe man dies anders, könnte sich die Union mittels Schaffung neuer Nichtdiskriminierungsgrundsätze eine umfassende „All-Zuständigkeit" auch für den Entgeltbereich kreieren und Art. 137 Abs. 5 EG aushöhlen. Auf Arbeitsentgelt bezogene Nichtdiskriminierungsverbote können nur dann auf Art. 137 Abs. 2 EG gestützt werden, wenn es um Sachverhalte geht, die in Bezug auf das Arbeitsentgelt miteinander vergleichbar sind (und nicht erst durch die EU miteinander vergleichbar gemacht werden). Dies ist jedoch – wie dargelegt – im Hinblick auf Leiharbeitnehmer des Verleihers und Arbeitnehmer des Entleihers nicht der Fall, weil sich ihr Arbeitsentgeltanspruch gegen unterschiedliche Personen richtet und von völlig unterschiedlichen ge-

---

39 Vgl. EuGH, 15.4.2008 – C-268/06 („Impact"), NZA 2008, 581, 588, Rn. 111 ff.

setzlichen sowie individual- und/oder kollektivvertraglichen Regelungen bestimmt wird.

Nach alledem fehlt es der Union an der Zuständigkeit für den Erlass der Leiharbeitsrichtlinie, soweit sich der in Art. 5 der Richtlinie geregelte Grundsatz der Gleichbehandlung auch auf das Arbeitsentgelt der Leiharbeitnehmer bezieht. Insoweit ist die Leiharbeitsrichtlinie ungültig.[40] 29

Dem **deutschen Gesetzgeber** ist es allerdings **unbenommen**, das **Schlechterstellungsverbot** bzw. den Grundsatz der Gleichbehandlung im Rahmen der Umsetzung der Leiharbeitsrichtlinie „übererfüllend" **auch auf** das **Arbeitsentgelt zu erstrecken.**[41] 30

e) AÜG-Reform 2011

Durch das „Erste Gesetz zur Änderung des Arbeitnehmerüberlassungsgesetzes – Verhinderung von Missbrauch der Arbeitnehmerüberlassung vom 28.4.2011[42] (1. AÜG-ÄndG) wurde das AÜG in mehrfacher Hinsicht geändert mit dem **Ziel**, einerseits Fälle des **missbräuchlichen Einsatzes** von Arbeitnehmerüberlassung wie im „Fall Schlecker" zu **unterbinden** und andererseits die **Leiharbeitsrichtlinie** in deutsches Recht **umzusetzen.**[43] In diesem Zusammenhang wurde § 9 in mehrfacher Hinsicht geändert. 31

§ 9 Nr. 2 wurde **mit Wirkung ab dem 30.4.2011 neu gefasst** (und dementsprechend auch § 3 Abs. 1 Nr. 3)[44] und inhaltlich wie folgt modifiziert: 32

Zum einen wurde – wie von der Literatur gefordert[45] – in Hs. 1 am Ende die **Sechswochen-Ausnahme** vom Grundsatz des Equal Pay/Treatment **gestrichen**, weil diese Ausnahme lediglich im Entwurf der 33

---

40 MünchArbR/*Birk*, 2. Aufl. 2002, § 19 Rn. 103; *Schmidt*, NZA 1998, 576, 578 f.; *Rieble/Klebeck*, NZA 2003, 23, 26 f.; *Wank*, NZA 2003, 14, 17 f.; wohl auch *Thüsing*, DB 2002, 2218, 2220.
41 *Thüsing*, DB 2002, 2218, 2220.
42 BGBl. I, S. 642.
43 BT-Drs. 17/4804, S. 1; *Lembke*, DB 2011, 414.
44 Art. 1 Nr. 7, Art. 2 Abs. 2 des Ersten Gesetzes zur Änderung des Arbeitnehmerüberlassungsgesetzes – Verhinderung von Missbrauch der Arbeitnehmerüberlassung vom 28.4.2011, BGBl. I, S. 642.
45 *Boemke*, RIW 2009, 177, 182 f.; *Fuchs*, NZA 2009, 57, 63; *Hamann*, EuzA Bd. 2 (2009), S. 287, 308; *Lembke*, BB 2010, 1533, 1540; *Thüsing*, RdA 2009, 118.

§ 9 Unwirksamkeit

Leiharbeitsrichtlinie[46] vorgesehen war, in der RL selbst hingegen keinen Eingang gefunden hat[47] (vgl. Rn. 10, 15). Zur Geltung der Sechswochen-Ausnahme in vor bzw. nach dem 15.12.2010 begründeten Leiharbeitsverhältnissen s. § 19 Rn. 9, 16 f.

34 Zum anderen wurde die **Tariföffnungsklausel** in Hs. 2 („ein Tarifvertrag kann abweichende Regelungen zulassen") **im Hinblick auf** die neue Regelung des **§ 3a** zur Lohnuntergrenze **eingeschränkt** („soweit er nicht die in einer Rechtsverordnung nach § 3a Abs. 2 festgesetzten Mindeststundenentgelte unterschreitet").

35 Ferner wurde in Hs. 4 von § 9 Nr. 2 die sog. „**Drehtürklausel**" aufgenommen, um den Missbrauch von Arbeitnehmerüberlassung als „Drehtür" zur Verschlechterung der Arbeitsbedingungen im Konzern dadurch zu verhindern, dass für Leiharbeitnehmer, die innerhalb der letzten sechs Monate vor der Überlassung an den Entleiher aus einem Arbeitsverhältnis mit dem Entleiher oder einem mit diesem verbundenen Konzernunternehmen ausgeschieden sind und nun in den abgebenden Konzern zurückverliehen werden, ausnahmslos der Grundsatz des Equal Pay/Treatment Anwendung findet.[48] Die ebenfalls ab dem 30.4.2011 in Kraft getretene Drehtürklausel gilt nach der **Übergangsvorschrift des § 19 n. F.** nicht für Leiharbeitsverhältnisse, die vor dem 15.12.2010 begründet worden sind (vgl. § 19 Rn. 8, 13 ff., 19).

36 Neu eingefügt in § 9 wurde zudem die Regelung in **Nr. 2a**, welche den Anspruch des Leiharbeitnehmers nach **§ 13b** auf Zugang zu Gemeinschaftseinrichtungen und -diensten des Entleihers **absichert**, indem zugangsbeschränkende Vereinbarungen für unwirksam erklärt werden. Die Regelung ist nach dem Wortlaut von Art. 2 Abs. 2 i.V.m. Art. 1 Nr. 7 des 1. AÜG-ÄndG an sich bereits am 30.4.2011 in Kraft getreten. Dabei handelt es sich aber offenbar um ein Redaktionsversehen. Denn Art. 2 Abs. 2 des 1. AÜG-ÄndG zielte auf die Drehtürklausel sowie die Regelungen zur Lohnuntergrenze ab,[49] nicht hingegen auf § 13b und § 16 Abs. 1 Nr. 10, die gemäß Art. 2 Abs. 1 erst am 1.12.2011 in Kraft

---

46 Vgl. Art. 5 Abs. 4 des Vorschlags für eine Richtlinie des Europäischen Parlaments und des Rates über die Arbeitsbedingungen von Leiharbeitnehmern vom 20.3.2002, KOM (2002) 149 endgültig; Art. 5 Abs. 4 des geänderten Vorschlags für eine Richtlinie des Europäischen Parlaments und des Rates über die Arbeitsbedingungen von Leiharbeitnehmern vom 28.11.2002, KOM (2002) 701 endgültig.
47 BT-Drs. 17/4804, S. 9; *Lembke*, DB 2011, 414, 417.
48 BT-Drs. 17/4804, S. 9; *Lembke*, DB 2011, 414, 417; *Lembke*, BB 2012, 2497, 2501 f.
49 Vgl. BT-Drs. 17/4804, S. 11; BT-Drs. 17/5238, S. 16.

I. Vorbemerkungen § 9

getreten sind. Daher ist davon auszugehen, dass § 9 Nr. 2a **erst ab dem 1.12.2011 in Kraft** getreten ist.

Mit Wirkung ab dem 30.4.2011 neu ins AÜG eingefügt wurde § 9 Nr. 5. Demgemäß sind Vereinbarungen unwirksam, nach denen der Leiharbeitnehmer eine Vermittlungsvergütung an den Verleiher zu zahlen hat. Dadurch wird **Art. 6 Abs. 3 der Leiharbeitsrichtlinie** umgesetzt.[50]

37

2. Sinn und Zweck

§ 9 verbietet unerwünschte Vertragsgestaltungen im Leiharbeitsverhältnis zwischen Verleiher und Leiharbeitnehmer (Nr. 2, 4, 5) sowie im Arbeitnehmerüberlassungsvertrag (Nr. 3) und bereitet in **Nr. 1** die gesetzliche Begründung eines Arbeitsverhältnisses zwischen Entleiher und dem ohne Erlaubnis überlassenen Leiharbeitnehmer nach § 10 Abs. 1 vor. Die zivilrechtliche Sanktion der Unwirksamkeit soll den **Verleiher zu gesetzmäßigem Verhalten veranlassen**.[51]

38

§ 9 Nr. 2 verbietet grundsätzlich die Schlechterstellung von Leiharbeitnehmern durch den Arbeitgeber (d.h. den Verleiher) im Vergleich zu Stammarbeitnehmern des Entleihers. Entsprechende Vereinbarungen sind abgesehen von den Ausnahmetatbeständen unwirksam. Nr. 2 normiert daher zusammen mit § 10 Abs. 4 und § 3 Abs. 1 Nr. 3 den Gleichbehandlungsgrundsatz (Grundsatz von Equal Pay/Treatment) bzw. das Schlechterstellungsverbot. Dabei hatte sich der deutsche Gesetzgeber ursprünglich an den Entwurf der EG-Richtlinie zur Leiharbeit orientiert (s.o. Rn. 7 ff.); im Rahmen der Umsetzung der Leiharbeitsrichtlinie sah er keinen großen Änderungsbedarf mehr (vgl. Rn. 32 ff.). Durch das Schlechterstellungsverbot soll der **Schutz der Leiharbeitnehmer gestärkt** werden und im Bereich der Leiharbeit insbesondere auch der Grundsatz „gleicher Lohn für gleiche Arbeit" („Equal Pay") eingeführt werden.[52] Ziel ist es zudem, Zeitarbeit für Arbeitnehmer attraktiver auszugestalten und die gesellschaftliche Akzeptanz von Leiharbeit zu erhöhen, um die **Beschäftigungspotentiale der Zeitarbeit zu nutzen**.[53] Dies entspricht der in der Leiharbeitsrichtlinie verfolgten Leitidee der „Flexicurity", die auch in Art. 2 der RL niedergelegt ist (einerseits das Ziel des Schutzes der Leiharbeitnehmer, andererseits das Ziel der

39

---

50 BT-Drs. 17/4804, S. 10; *Lembke*, DB 2011, 414, 417.
51 Vgl. BT-Drs. VI/2303, S. 13.
52 BT-Drs. 15/25, S. 38.
53 Vgl. BT-Drs. 15/25, S. 23 f.

Lembke 379

§ 9   Unwirksamkeit

Schaffung von Arbeitsplätzen und der Entwicklung flexibler Arbeitsformen). Bildlich gesprochen war es ein Ziel der Hartz-Reform des AÜG, die Zeitarbeit aus ihrer „Schmuddelecke" zu holen und „hoffähig" zu machen. Vor diesem Hintergrund hatte der Bundestag auch am 17.10.2003 beschlossen, dass die Bundesregierung künftig alle vier Jahre, erstmals im Jahr 2005, über die Erfahrungen mit dem Recht der Arbeitnehmerüberlassung nicht mehr zusammen mit den Erfahrungen bei der Bekämpfung der illegalen Beschäftigung und Schwarzarbeit berichtet,[54] sondern in zwei **getrennten** und unabhängigen **Berichten**.[55] Ausweislich der Berichte der Bundesregierung zur Arbeitnehmerüberlassung[56] entwickelte sich die Zeitarbeit nach der Hartz-Reform zu einem „Jobmotor" und verbesserte ihr Standing in der öffentlichen Wahrnehmung.[57] Der 11. Bericht der Bundesregierung über Erfahrungen bei der Anwendung des AÜG vom Januar 2010 zog als Fazit, dass sich die Erwartung des Gesetzgebers, mit der Reform des AÜG zusätzliche Beschäftigungschancen in der Zeitarbeit für arbeitslose Frauen und Männer zu erschließen, erfüllt hat. Insbesondere für Langzeitarbeitslose sei die Zeitarbeit eine unverzichtbare Chance auf einen Zugang zu sozialversicherungspflichtiger Beschäftigung.[58] Allerdings hat sich die öffentliche Wahrnehmung zur Zeitarbeit in jüngerer Zeit insbesondere vor dem Hintergrund zweier „Sündenfälle" negativ verändert. Zum einen wurde Arbeitnehmerüberlassung in Fällen der Ausgliederung von Mitarbeitern mit anschließendem Rückverleih (Stichwort: „Fall Schlecker") als missbräuchlich angesehen. Zum anderen führte zuletzt die – im Gesetz angelegte (vgl. Rn. 183 ff.) – Absenkung der Tarifentgelte der Leiharbeitnehmer gegenüber dem Vergütungsniveau der Stammarbeitnehmer des Entleihers (Stichwort „Tarifdumping", das vor allem mit der CGZP in Verbindung gebracht wird, vgl. Rn. 200 ff., 291 ff.) zu einem Negativimage der Arbeitnehmerüberlassung.[59]

---

54 So letztmals in BT-Drs. 14/4220.
55 Entschließung des Bundestages zum Dritten Gesetz für moderne Dienstleistungen am Arbeitsmarkt, zu BR-Drs. 730/03 (vgl. auch BT-Drs. 15/1728, S. 12 f.).
56 Vgl. 11. Bericht zum AÜG, BT-Drs. 17/464, S. 33 f.; 10. Bericht zum AÜG, BT-Drs. 15/6008, S. 8, 22 f.; vgl. auch *BMAS*, Die Wirksamkeit moderner Dienstleistungen am Arbeitsmarkt – Bericht 2006 des Bundesministeriums für Arbeit und Soziales zur Wirkung der Umsetzung der Vorschläge der Kommission Moderne Dienstleistungen am Arbeitsmarkt –, Langfassung: 20.12.2006, S. 195 ff.; *Sansone*, S. 41; *Steuer*, S. 23 ff.
57 Vgl. nur *Reineke*, FS Löwisch, 2007, S. 211: „Imagewandel vom einstigen Schmuddelkind zum Hoffnungsträger".
58 BT-Drs. 17/464, S. 34 f.
59 Vgl. nur *Blank*, AuR 2011, 415.

I. Vorbemerkungen § 9

In systematischer Hinsicht bereitet § 9 Nr. 2 den Gleichbehandlungsanspruch des Leiharbeitnehmers nach § 10 Abs. 4 vor (vgl. Rn. 71). § 3 Abs. 1 Nr. 3 ergänzt diese arbeitsrechtlichen Regelungen in gewerberechtlicher Hinsicht und bestimmt, dass die für gewerbsmäßige Arbeitnehmerüberlassung erforderliche Erlaubnis oder ihre Verlängerung zu versagen sind, wenn Tatsachen die Annahme rechtfertigen, dass der Antragsteller gegen den Gleichbehandlungsgrundsatz verstößt. Auskunftspflichten des Entleihers gegenüber dem Verleiher nach § 12 Abs. 1 Satz 3 sowie gegenüber dem Leiharbeitnehmer gemäß § 13 sollen die praktische Durchführung des Gleichbehandlungsgrundsatzes sicherstellen. **40**

§ 9 Nr. 2a **flankiert** den **Individualanspruch** des Leiharbeitnehmers gegen den Entleiher auf Zugang zu Gemeinschaftseinrichtungen und Gemeinschaftsdiensten im Einsatzbetrieb **gemäß § 13b** aus arbeitsrechtlicher Sicht. Die Regelung verbietet Vereinbarungen jedweder Art, die das Zugangsrecht des Leiharbeitnehmers beschränken und ordnet die Unwirksamkeit derartiger Vereinbarungen an (näher Rn. 487 ff.). **41**

Nr. 3, 4 und 5 des § 9 dienen dem **Schutz des Grundrechts des Leiharbeitnehmers auf Berufsfreiheit** bzw. freie Wahl des Arbeitsplatzes (Art. 12 Abs. 1 GG)[60] und insbesondere auf Eingehung eines Arbeitsverhältnisses mit dem Entleiher nach Beendigung des Leiharbeitsverhältnisses. Durch sie soll der – von der Hartz-Kommission betonte – „Klebeeffekt" der Leiharbeit[61] abgesichert werden. Insoweit haben die Normen dieselbe Zielrichtung wie § 13a AÜG und Art. 6 Abs. 1 der Leiharbeitsrichtlinie (vgl. § 13a Rn. 7). Ferner werden mit den Regelungen in § 9 Nr. 3 bis 5 die Vorgaben von **Art. 6 Abs. 2 und 3 der Leiharbeitsrichtlinie** vom 19.11.2008[62] erfüllt bzw. umgesetzt. **42**

Sinn der **Aufhebung der** bis zur „Hartz-Reform" (s.o. Rn. 5) bestehenden **Beschränkungen der Leiharbeit** – wie besonderes Befristungsverbot (Nr. 2 a.F.), Wiedereinstellungsverbot (Nr. 3 a.F.) und Synchronisationsverbot (§ 3 Abs. 1 Nr. 5 a.F.) und Höchstüberlassungsdauer (§ 3 Abs. 1 Nr. 6 a.F.) – war es, die Zeitarbeit zu flexibilisieren und die positiven Beschäftigungseffekte der Zeitarbeit zur **Schaffung neuer** **43**

---

60 Vgl. zur Entstehungsgeschichte der Nr. 4 und 5 a.F. BT-Drs. VI/2303, S. 13.
61 Vgl. die Vorschläge der sog. *Hartz-Kommission*, in: Moderne Dienstleistungen am Arbeitsmarkt, Vorschläge der Kommission zum Abbau der Arbeitslosigkeit und zur Umstrukturierung der Bundesanstalt für Arbeit, 2002, S. 147, 154.
62 ABlEG vom 5.12.2008, L327/9.

§ 9 Unwirksamkeit

Arbeitsplätze zu nutzen.[63] Das bisherige Verbot der Synchronisation von Leiharbeitsverhältnis und Arbeitseinsatz beim Entleiher[64] wurde vom Gesetzgeber bewusst aufgegeben. Es wurde eine neues Leitbild der Leiharbeit als „flexibles Arbeitsmarktinstrument" entwickelt.[65] Mithin kann der Verleiher im Rahmen der allgemeinen Regelungen (z.b. TzBfG, KSchG) durch entsprechende Vertragsgestaltung (z.B. Befristung, wiederholte Einstellung nach Kündigung) das Beschäftigungsrisiko teilweise auf den Leiharbeitnehmer übertragen (vgl. auch Rn. 530ff., 579ff.).

II. Fehlen der Arbeitnehmerüberlassungserlaubnis (§ 9 Nr. 1)

44 § 9 Nr. 1 sieht zwei zivilrechtliche Sanktionen für unerlaubte gewerbsmäßige Arbeitnehmerüberlassung vor, nämlich die Unwirksamkeit des Arbeitnehmerüberlassungsvertrags zwischen Verleiher und Entleiher (**1. Alt.**) sowie die Unwirksamkeit des Leiharbeitsvertrags zwischen Verleiher und Leiharbeitnehmer (**2. Alt.**), an die ihrerseits die Rechtsfolge des § 10 Abs. 1 anknüpft.

1. Unwirksamkeit des Arbeitnehmerüberlassungsvertrags (§ 9 Nr. 1 Alt. 1)

a) Tatbestandsvoraussetzungen

aa) Arbeitnehmerüberlassungsvertrag

45 Die 1. Alt. von § 9 Nr. 1 verlangt zunächst, dass zwischen Verleiher und Entleiher ein auf gewerbsmäßige Arbeitnehmerüberlassung gerichteter **Arbeitnehmerüberlassungsvertrag** abgeschlossen worden ist, der den allgemeinen zivilrechtlichen Erfordernissen (§§ 104ff. BGB) und insbesondere auch der Schriftform (§ 12 Abs. 1 Satz 1) entspricht (zu den Merkmalen der Arbeitnehmerüberlassung ausf. § 1 Rn. 11ff.).

bb) Fehlen der erforderlichen Überlassungserlaubnis

46 § 9 Nr. 1 setzt weiterhin voraus, dass der Verleiher die nach § 1 erforderliche Arbeitnehmerüberlassungserlaubnis tatsächlich **nicht oder nicht mehr** hat. Erfasst werden also zum einen die Fälle, in denen die

---

63 Vgl. BT-Drs. 15/25, S. 23f.
64 Vgl. 1. Aufl., § 9 Rn. 4.
65 Vgl. Entschließung des Bundestages zum Dritten Gesetz für moderne Dienstleistungen am Arbeitsmarkt, zu BR-Drs. 730/03 (vgl. auch BT-Drs. 15/1728, S. 12f.).

II. Fehlen der Arbeitnehmerüberlassungserlaubnis (Nr. 1) § 9

Erlaubnis von Anfang an fehlte, etwa weil der gewerbsmäßige Verleiher sie nicht beantragt hat, es im Fall des § 1a versäumt hat, die Überlassung anzuzeigen (vgl. § 1a Rn. 30), eine aufschiebende Bedingung nicht eingetreten ist (vgl. § 2 Rn. 24) oder der erstmalige Antrag auf Erlaubniserteilung abgelehnt wurde. Zum anderen greift Nr. 1 ein, wenn die erforderliche **Erlaubnis erst später weggefallen ist**, also etwa bei Rücknahme (§ 4), Widerruf (§ 5), Ablehnung der Verlängerung (§ 2 Abs. 4 Satz 4), Fristablauf ohne Verlängerungsantrag (§ 2 Abs. 4 Satz 1) und dreijährigem Nichtgebrauchmachen von der Erlaubnis (§ 2 Abs. 5 Satz 2). In den Fällen der Rücknahme, des Widerrufs und der Nichtverlängerung der Erlaubnis ist freilich zu beachten, dass die Erlaubnis für eine **Abwicklungsfrist** von längstens zwölf Monaten als fortbestehend gilt (§§ 2 Abs. 4 Satz 4, 4 Abs. 1 Satz 2, 5 Abs. 2 Satz 2). Das bedeutet, dass die Unwirksamkeitsfolge des § 9 Nr. 1 Alt. 1 sich nicht auf solche Arbeitnehmerüberlassungsverträge erstreckt, die vor dem Wegfall der Erlaubnis auf Grund Rücknahme etc. abgeschlossen wurden und innerhalb der Jahresfrist abgewickelt werden (näher zur Nachwirkung der Erlaubnis § 2 Rn. 37 ff.).

cc) „Ungültigkeit" bzw. Fehlen der Erlaubnis bei nicht nur vorübergehender Arbeitnehmerüberlassung?

Teilweise wird die Auffassung vertreten, seit Inkrafttreten des § 1 Abs. 1 Satz 2 mit Wirkung ab dem 1.12.2011[66] gelte das **Verbot der dauerhaften Arbeitnehmerüberlassung** (vgl. zum Streitstand § 1 Rn. 105 ff., § 10 Rn. 6; § 12 Rn. 42). Obwohl der Gesetzgeber bewusst keine Rechtsfolge angeordnet hat,[67] wird zudem vereinzelt vertreten, die Überlassung auf Dauer sei nicht (mehr) erlaubnisfähig; eine bereits erteilte Überlassungserlaubnis sei für die Zeit ab dem 1.12.2011 auf die vorübergehende Arbeitnehmerüberlassung beschränkt. Eine dem Verleiher erteilte Erlaubnis decke die dauerhafte Überlassung nicht ab, so dass bei nicht nur vorübergehender Überlassung eines Leiharbeitnehmers nach § 9 Nr. 1 Alt. 2 i.V.m. § 10 Abs. 1 ein Arbeitsverhältnis zwi-

47

---

66 Vgl. Art. 1 Nr. 2, Art. 2 Abs. 1 des Ersten Gesetzes zur Änderung des Arbeitnehmerüberlassungsgesetzes –Verhinderung von Missbrauch der Arbeitnehmerüberlassung vom 28.4.2011, BGBl. I, S. 642; dazu *Lembke*, FA 2011, 290; *Lembke*, DB 2011, 414.
67 Vgl. *Lembke*, BB 2012, 2497, 2501 m.w.N.

§ 9 Unwirksamkeit

schen dem Leiharbeitnehmer und dem Entleiher zustande kommt.[68] Diese Auffassung ist jedoch **abzulehnen**,[69] weil sich weder aus der Auslegung der Leiharbeitsrichtlinie noch aus der Auslegung des § 1 Abs. 1 Satz 2 ein Verbot der dauerhaften Arbeitnehmerüberlassung herleiten lässt. Vielmehr beschreibt § 1 Abs. 1 Satz 2 lediglich phänomenologisch, dass Arbeitnehmerüberlassung typischerweise vorübergehend stattfindet.[70]

b) Rechtsfolgen

aa) Unwirksamkeit des Arbeitnehmerüberlassungsvertrags

48 Sind die Tatbestandsvoraussetzungen erfüllt, so wird der **Arbeitnehmerüberlassungsvertrag mit dem Fehlen bzw. Wegfall der Erlaubnis** – unabhängig von der Kenntnis der Beteiligten darüber – **unwirksam**. Diese Rechtsfolge tritt also nicht rückwirkend (ex tunc), sondern **ex nunc** ein.[71] Durch die nachträgliche Erteilung der Verleiherlaubnis tritt **keine Heilung** der Unwirksamkeitsfolge ein.[72] Vielmehr ist ein Neuabschluss des Arbeitnehmerüberlassungsvertrags erforderlich.[73] Dieser bedarf der Schriftform (§ 12 Abs. 1 Satz 1) und kann daher nicht konkludent in der Fortführung des (unwirksamen) Überlassungsvertrags gesehen werden.[74] Auch die Bestätigung eines unwirksamen Rechtsgeschäfts nach § 141 BGB muss die vorgeschriebene Form wahren.[75]

---

68 LAG Berlin-Brandenburg, 9.1.2013 – 15 Sa 1635/12, BeckRS 2013, 65446, Os. 2 sowie unter 1.2.1; *Böhm*, DB 2012, 918, 919; *Düwell*, ZESAR 2911, 449 ff.; *Zimmer*, AuR 2012, 89; ähnlich *Ulber*, AÜG, 4. Aufl. 2011, § 1 Rn. 230d, 231d; *Bartl/Romanowski*, NZA-Online-Aufsatz 3/2012, 1, 5 f.; i.E. ebenso *Brors*, AuR 2013, 108, 113: unzulässige Rechtsausübung (§ 242 BGD) des Entleihers bei Fehlen eines berechtigten Flexibilisierungsinteresses.
69 LAG Berlin-Brandenburg, 19.12.2012 – 4 TaBV 1163/12, BeckRS 2012, 76380; LAG Berlin-Brandenburg, 16.10.2012 – 7 Sa 1182/12, BB 2013, 251, 253 f. (beim BAG anhängig unter Az. 10 AZR 111/13); *Giesen*, FA 2012, 66, 68; *Hamann*, RdA 2011, 321, 327; *Lembke*, BB 2012, 2497, 2500 f.; *Seel*, öAT 2013, 23, 24 f.
70 Eingehend *Lembke*, BB 2012, 2497, 2500 f. m.w.N.
71 *Ulber*, § 9 Rn. 13; ErfK/*Wank*, § 9 AÜG Rn. 4.
72 LAG Köln, 20.8.1985 – 1 Sa 416/85, EzAÜG Nr. 187; HWK/*Gotthardt*, § 9 AÜG Rn. 8; Schüren/Hamann/*Schüren*, § 9 Rn. 44.
73 *Ulber*, § 9 Rn. 13; ErfK/*Wank*, § 9 AÜG Rn. 6; Thüsing/*Mengel*, § 9 Rn. 13.
74 HWK/*Gotthardt*, § 9 AÜG Rn. 8; Thüsing/*Mengel*, § 9 Rn. 13.
75 Palandt/*Heinrichs*, BGB, § 141 Rn. 4; Thüsing/*Mengel*, § 9 Rn. 13.

II. Fehlen der Arbeitnehmerüberlassungserlaubnis (Nr. 1)   § 9

bb) Bereicherungsausgleich

Ist der Arbeitnehmerüberlassungsvertrag nach § 9 Nr. 1 Alt. 1 unwirksam, begründet er keine Primäransprüche auf Leistung. Vielmehr ist er nach Bereicherungsrecht (§§ 812 ff. BGB) rückabzuwickeln.[76]   49

Der **Verleiher** hat **gegenüber dem Entleiher** dem Grunde nach einen Anspruch auf **Wertersatz** (§ 818 Abs. 2 BGB) **für die vom (illegal) überlassenen Arbeitnehmer geleisteten Dienste** (Leistungskondiktion, § 812 Abs. 1 Satz 1, Alt. 1 bzw. Satz 2, Alt. 1 BGB). Dies gilt uneingeschränkt, wenn der Verleiher **unvorsätzlich** unerlaubte Arbeitnehmerüberlassung betrieb, etwa weil die Parteien den Arbeitnehmerüberlassungsvertrag irrig als Dienst- oder Werkvertrag ansahen. Zwar liegt darin objektiv ein Verstoß gegen das in § 1 Abs. 1 enthaltene Verbot mit Erlaubnisvorbehalt (vgl. § 3 Rn. 6). Jedoch greift hier § 817 Satz 2 BGB nicht ein, weil dieser in subjektiver Hinsicht voraussetzt, dass sich der Leistende des Gesetzesverstoßes bewusst gewesen ist.[77] Hat der **Verleiher** hingegen Arbeitnehmer **im Wissen** um das Erfordernis einer Erlaubnis illegal überlassen, so ist der **Bereicherungsanspruch des Verleihers auf Wertersatz nach § 817 Satz 2 BGB ausgeschlossen**.[78]   50

Hat der **Verleiher** bereits Arbeitsentgelt an den Leiharbeitnehmer gezahlt und Sozialabgaben abgeführt, so kann er **auch im Falle bewusst illegaler Überlassung vom Entleiher Ersatz für die bezahlte Arbeitsvergütung und Sozialversicherungsbeiträge** verlangen. Dabei handelt es sich um eine Rückgriffskondiktion wegen Tilgung fremder Schulden (§ 812 Abs. 1 Satz 1 Alt. 2 BGB).[79] Auf Grund des gesetzlich begründeten Arbeitsverhältnisses nach § 10 Abs. 1 schuldete nämlich der Entleiher dem unerlaubt überlassenen Arbeitnehmer den Lohn. Diese Schuld des Entleihers ist durch die Zahlung des Arbeitsentgelts   51

---

76 BGH, 21.1.2003 – X ZR 261/01, NZA 2003, 616, 617; BGH, 25.6.2002 – X ZR 83/00, NZA 2002, 1086; BGH, 18.7.2000 – X ZR 62/98, NJW 2000, 3492, 3494 ff.; BGH, 8.11.1979 – VII ZR Nr. 2 zu § 10 AÜG; *Sandmann/Marschall/Schneider*, § 10 Rn. 7 ff.; *Thüsing/Mengel*, § 9 Rn. 15; ErfK/*Wank*, § 9 AÜG Rn. 5. – Teilweise a. A. Schüren/Hamann/*Schüren*, § 9 Rn. 46 ff.: Gesamtschuldnerausgleich nach § 426 BGB.
77 Vgl. BGH, 29.4.1968 – VII ZR 9/66, BGHZ 50, 90, 92.
78 BGH, 8.11.1979 – VII ZR 337/78, AP Nr. 2 zu § 10 AÜG; *Thüsing/Mengel*, § 9 Rn. 15; *Sandmann/Marschall/Schneider*, § 10 Rn. 11 f.
79 Vgl. BGH, 25.6.2002 – X ZR 83/00, NZA 2002, 1086; BGH, 8.11.1979 – VII ZR 337/78, AP Nr. 2 zu § 10 AÜG; *Sandmann/Marschall/Schneider*, § 10 Rn. 12; Urban-Crell/Germakowski/*Urban-Crell*, § 9 Rn. 21. – A. A. Schüren/Hamann/*Schüren*, § 9 Rn. 46 ff.; *Ulber*, § 9 Rn. 18 ff.: Gesamtschuldnerausgleich, § 426 BGB.

§ 9 Unwirksamkeit

an den Leiharbeitnehmer seitens des Verleihers erloschen – einerlei, ob man die Tilgungswirkung aus dem mit § 10 Abs. 1 verfolgten Schutzzweck herleitet[80] oder spätestens in der Geltendmachung des Erstattungsanspruchs gegen den Entleiher eine nachträgliche Tilgungsbestimmung des Verleihers mit Erfüllungswirkung zugunsten des Entleihers (§ 267 Abs. 1 BGB) sieht.[81] Der Verleiher kann folglich die **ersparten Aufwendungen** vom Entleiher verlangen, nicht jedoch seinen Unternehmergewinn.[82] § 817 Satz 2 BGB steht dem Ausgleichsanspruch (Rückgriffskondiktion) nicht entgegen, weil diese Ausschlussnorm nur im Bereich der Leistungskondiktionen gilt.[83] Die Höhe des Bereicherungsanspruchs hat das Gericht ggf. nach § 287 ZPO schätzen.[84]

52 Der **Entleiher** kann **vom Verleiher** bereits **bezahlte Überlassungsvergütung** auf Grund Leistungskondiktion **herausverlangen** (§ 812 Abs. 1 Satz 1 Alt. 1 bzw. Satz 2 Alt. 1 BGB). Die gegenüberstehenden Bereicherungsansprüche sind zu saldieren.[85] Nach verbreiteter Meinung soll der Bereicherungsanspruch des Entleihers aber nach § 817 Satz 2 BGB ausgeschlossen sein, wenn der Entleiher (gleichfalls) von der Illegalität der Überlassung wusste.[86] Dies erscheint allerdings unbillig, weil durch den Ausschluss des Rückforderungsanspruchs gegen den Verleiher der von der Rechtsordnung nicht gebilligte Zustand der unerlaubten Arbeitnehmerüberlassung wirtschaftlich gesehen legalisiert würde, und das, obwohl sich das Verbot der unerlaubten Arbeitnehmerüberlassung primär gegen den Verleiher richtet (vgl. § 1 Abs. 1 Satz 1, § 6). Daher ist **§ 817 Satz 2 BGB insoweit gemäß § 242 BGB nicht anzuwenden**.[87]

---

80 BGH, 8.11.1979 – VII ZR 337/78, AP Nr. 2 zu § 10 AÜG.
81 Zur umstr. Zulässigkeit der nachträglichen Tilgungsbestimmung BGH,15.5.1986 – VII ZR 274/85, NJW 1986, 2700f. – *Medicus*, BR, Rn. 951.
82 Vgl. *Ulber*, § 9 Rn. 19.
83 Vgl. Palandt/*Sprau*, § 817 BGB Rn. 2. – Im Ergebnis ebenso BGH, 8.11.1979 – VII ZR 337/78, AP Nr. 2 zu § 10 AÜG unter III 2; *Sandmann/Marschall/Schneider*, § 10 Rn. 12.
84 BGH, 21.1.2003 – X ZR 261/01, NZA 2003, 616, 617; BGH, 25.6.2002 – X ZR 83/00, NZA 2002, 1086, 1089f.
85 Thüsing/*Mengel*, § 9 Rn. 16; Urban-Crell/Germakowski/*Urban-Crell*, § 9 Rn. 21.
86 Schüren/Hamann/*Schüren*, § 9 Rn. 54f.; Ulber, § 9 Rn. 16.
87 Zur Berücksichtigung des § 242 bei § 817 Satz 2 BGB Palandt/*Sprau*, BGB, § 817 Rn. 20; so auch Thüsing/*Mengel*, § 9 Rn. 16.

cc) Schadensersatz

53 Ist der Arbeitnehmerüberlassungsvertrag nach Nr. 1 Alt. 1 wegen Fehlens der erforderlichen Erlaubnis unwirksam, kommt eine **Schadensersatzhaftung des Verleihers** nach §§ 280 Abs. 1, 241 Abs. 2 BGB in Betracht. Die Haftung entfällt jedoch in entsprechender Anwendung von §§ 122 Abs. 2, 179 Abs. 3 BGB bei Kenntnis oder fahrlässiger Unkenntnis des Entleihers vom Fehlen der Erlaubnis. Auf Grund der Erklärungspflicht des Verleihers hinsichtlich des Besitzes der Erlaubnis (§ 12 Abs. 1 Satz 2, Abs. 2) wird vielfach zumindest Fahrlässigkeit des Entleihers vorliegen (vgl. § 12 Rn. 17). Behauptet der Verleiher aber wahrheitswidrig im Besitz der erforderlichen Erlaubnis zu sein, kommt ferner eine Schadensersatzhaftung aus § 823 Abs. 2 BGB i.V.m. § 263 StGB, § 826 BGB in Betracht[88] (vgl. § 12 Rn. 16f.).

dd) Sonstiges

54 Verstöße gegen die Erlaubnispflicht der Arbeitnehmerüberlassung können auch **gewerberechtlich** unter Einsatz von Verwaltungszwang gegenüber dem Verleiher unterbunden werden (§ 6) sowie als **Ordnungswidrigkeit oder Straftat für Verleiher** (§§ 15, 16 Abs. 1 Nr. 1) **und Entleiher** (§ 16 Abs. 1 Nr. 1a) geahndet werden.

55 Schwerwiegender als die Ahndung unerlaubter Arbeitnehmerüberlassung als Ordnungswidrigkeit bzw. Straftat kann sich die **Eintragung in das Gewerbezentralregister** für den Verleiher und/oder Entleiher auswirken, weil dies zur Folge haben kann, dass das dort eingetragene Unternehmen bei öffentlichen Ausschreibungen nicht berücksichtigt wird (vgl. auch § 12 Rn. 51). Nach § 149 Abs. 2 Nr. 3 GewO sind in das – beim Bundesamt für Justiz geführte (§ 149 Abs. 1 GewO) – Gewerbemelderegister rechtskräftige Bußgeldentscheidungen einzutragen, wenn sie bei oder in Zusammenhang mit dem Gewerbe oder der wirtschaftlichen Unternehmung begangen worden ist und die verhängte **Geldbuße mehr als EURO 200** beträgt. Je nach Verwaltungspraxis beträgt die Geldbuße üblicherweise EURO 1 pro im Rahmen unerlaubter Arbeitnehmerüberlassung geleisteter Arbeitsstunde bzw. EURO 10 pro Arbeitstag. Daher wird die für die Eintragung ins Gewerbezentralregister maßgebliche Schwelle der Geldbuße von mehr als EURO 200 relativ schnell überschritten. Zur Vermeidung einer Eintragung ins Gewerbezentralregister Rn. 57.

---

88 Zum Ganzen Schüren/Hamann/*Schüren*, § 9 Rn. 68; *Ulber*, § 9 Rn. 21.

§ 9 Unwirksamkeit

c) Hinweise für die Praxis

56 Da sich **bei jedem drittbezogenen Personaleinsatz** die Abgrenzung von Dienstvertrag bzw. Werkvertrag zur Arbeitnehmerüberlassung stellt, ist in der Praxis dringend zu empfehlen, dass der potentielle Verleiher sich vor dem Tätigkeitsbeginn der Arbeitnehmer in dem Drittunternehmen (d. h. beim potentiellen Entleiher) **vorsorglich** eine **Arbeitnehmerüberlassungserlaubnis** besorgt und dass der Entleiher sich die Überlassungserlaubnis auch vorlegen lässt (vgl. § 12 Rn. 51). Dadurch lassen sich zumindest die Rechtsfolgen der unerlaubten Arbeitnehmerüberlassung (insbesondere nach § 10 Abs. 1 und § 16 Abs. 1 Nr. 1 und 1a) vermeiden.[89] Gleichwohl verbleiben andere Risiken, wie etwa die (Nicht-)Einhaltung des Grundsatzes von Equal Pay/Treatment, welche ebenfalls als Ordnungswidrigkeit gemäß § 16 Abs. 1 Nr. 7a sanktioniert werden kann (vgl. Rn. 485).

57 Wird im Falle einer unerlaubten Arbeitnehmerüberlassung ein Ordnungswidrigkeitsverfahren gegen den Verleiher und/oder den Entleiher eingeleitet, droht nicht nur eine Geldbuße von bis zu EURO 30.000 nach § 16 Abs. 1 Nr. 1 bzw. 1a, Abs. 2 Satz 1, sondern wie gesagt auch die Eintragung in das Gewerbezentralregister bei Verhängung einer Geldbuße von mehr als EURO 200. In der Praxis ist zu empfehlen, mit der Bußgeldbehörde Kontakt aufzunehmen und darauf hinzuwirken, dass statt eines Bußgeldbescheids ein sog. „**Verfallbescheid**" nach § 29a OWiG ergeht, der den Verfall eines Geldbetrags (z.B. in Höhe der hypothetischen Geldbuße) anordnet. Zwar ist ein Verfallbescheid i.S.d. § 29a i.V.m. § 87 Abs. 6 OWiG auch eine Bußgeldentscheidung, die rechtskräftig werden kann (vgl. § 89 OWiG), jedoch ist bei einem Verfallbescheid schon tatbestandlich die Festsetzung einer Geldbuße ausgeschlossen, so dass es **nicht** zu einer **Eintragung im Gewerbezentralregister** nach § 149 Abs. 2 Nr. 3 GewO kommt.[90] Dies folgt bereits aus dem Wortlaut von § 29a Abs. 1 und 4 OWiG, wonach der Verfall nur angeordnet werden kann, wenn „eine Geldbuße nicht festgesetzt wird" bzw. „gegen den Täter ein Bußgeldverfahren nicht eingeleitet oder [...] es eingestellt" wird (vgl. auch § 30 Abs. 5 OWiG).

---

89 Für eine Änderung des AÜG de lege ferenda insoweit *Schüren*, NZA 2013, 176.
90 *Brenner*, NStZ 2004, 256, 259; vgl. auch *Neufang*, SVR 2011, 324, 327.

2. Unwirksamkeit des Leiharbeitsvertrags (§ 9 Nr. 1 Alt. 2)

a) Tatbestandsvoraussetzungen

aa) Leiharbeitsvertrag

Die 2. Alt. von § 9 Nr. 1 setzt einen – nach den allgemeinen zivilrechtlichen Vorschriften wirksamen – **Arbeitsvertrag zwischen Verleiher und Leiharbeitnehmer** voraus, der (zumindest auch) **auf die gewerbsmäßige Überlassung des Arbeitnehmers gerichtet** ist. 58

bb) Fehlen der erforderlichen Überlassungserlaubnis

Außerdem verlangt § 9 Nr. 1 Alt. 2 – wie Alt. 1 –, dass der **Verleiher die nach § 1 erforderliche Erlaubnis nicht oder nicht mehr hat** (vgl. entsprechend Rn. 46 f.). 59

cc) Tatsächliche Überlassung des Arbeitnehmers

Die Rechtsfolge der Unwirksamkeit des Leiharbeitsvertrags nach § 9 Nr. 1 Alt. 2 tritt **nur** ein, **wenn der Leiharbeitnehmer tatsächlich vom Verleiher an den Entleiher überlassen und im Entleiherbetrieb tätig wird.**[91] Davon geht wohl auch das BAG aus, wenn es formuliert, dass Verträge zwischen Verleihern und Leiharbeitnehmern nach § 9 Nr. 1 Alt. 2 unwirksam sind, „wenn der Verleiher einem Dritten, dem Entleiher, Leiharbeitnehmer gewerbsmäßig zur Arbeitsleistung *überlässt*, ohne die dazu nach Art. 1 § 1 AÜG erforderliche Erlaubnis zu besitzen".[92] 60

Das Erfordernis des § 9 Nr. 1 Alt. 2, dass tatsächlich Arbeitnehmerüberlassung durchgeführt wird, ergibt sich zwar nicht aus dem Wortlaut, aber aus der systematischen, teleologischen und historischen Gesetzesauslegung. **§ 10 Abs. 1 knüpft** die für den Leiharbeitnehmer und insbesondere für den Entleiher erhebliche Rechtsfolge der Begründung eines Arbeitsverhältnisses zwischen ihnen kraft Gesetzes **an** die Unwirksamkeit des Leiharbeitsvertrags nach **§ 9 Nr. 1 Alt. 2 an**. Nach dem **ausdrücklich geäußerten Willen des Gesetzgebers** sollen „so- 61

---

91 BAG, 10.2.1977 – 2 ABR 80/76, AP Nr. 9 zu § 103 BetrVG 1972, Ls. 2 und unter II 1c; Schüren/Hamann/*Schüren*, § 10 Rn. 49; *Ulber*, § 10 Rn. 24; *Ulber*, AuR 1982, 54, 63. – A.A. Sandmann/Marschall/Schneider, § 10 Rn. 4.
92 BAG, 8.7.1998 – 10 AZR 274/97, NZA 1999, 493, 494 unter II 3a; BAG, 27.7.1983 – 5 AZR 194/81, AP Nr. 6 zu § 10 AÜG unter I 1; BAG, 15.6.1983 – 5 AZR 111/81, AP Nr. 5 zu § 10 AÜG unter I 1 vor a; so auch die Formulierung bei Schaub/*Koch*, § 120 Rn. 70.

§ 9 Unwirksamkeit

wohl der **Leiharbeitnehmer** als auch der **Entleiher diese Rechtsfolgen vermeiden können, indem sie sich vergewissern, ob der Verleiher die Erlaubnis nach § 1 besitzt**".[93] Die Vermeidbarkeit der weitreichenden Rechtsfolgen der §§ 10 Abs. 1, 9 Nr. 1 Alt. 2 ist aus Gründen des **Grundrechtsschutzes der Privatautonomie und Unternehmerfreiheit (Art. 2 Abs. 1, 12 Abs. 1 GG)** sogar geboten. Deshalb wurde der Verleiher gesetzlich verpflichtet, Leiharbeitnehmer und Entleiher bei Vertragsschluss mitzuteilen, ob er die Überlassungserlaubnis besitzt (§§ 11 Abs. 1 Nr. 1, 12 Abs. 1 Satz 2). Außerdem muss der Verleiher sie daher über den Wegfall der Erlaubnis unterrichten (§§ 11 Abs. 3, 12 Abs. 2).[94] Der Gedanke der Vermeidbarkeit der Rechtsfolgen des §§ 10 Abs. 1, 9 Nr. 1 Alt. 2 hat in § 10 Abs. 1 keinen Eingang gefunden und ist daher bei § 9 Nr. 1 Alt. 2 zu berücksichtigen. Entleiher und Leiharbeitnehmer müssen also die Rechtsfolge der Unwirksamkeit des Leiharbeitsvertrags nach § 9 Nr. 1 Alt. 2 und die damit automatisch verknüpfte Rechtsfolge des § 10 Abs. 1 (Arbeitsverhältnis zwischen Leiharbeitnehmer und Entleiher) vermeiden können, wenn sie vom Verleiher erfahren, dass dieser nicht oder (demnächst) nicht mehr im Besitz der erforderlichen Überlassungserlaubnis ist. Als Vermeidungsmittel kommt allein in Betracht, dass die tatsächliche Durchführung der Arbeitnehmerüberlassung seitens des Entleihers oder des Leiharbeitnehmers unterlassen wird, wenn bekannt ist, dass der Verleiher die erforderliche Erlaubnis nicht hat bzw. dass die tatsächliche Überlassung und Beschäftigung des Arbeitnehmers im Entleiherbetrieb sofort eingestellt wird, wenn bekannt wird, dass die Erlaubnis des Verleihers wegfällt. Erfährt der Entleiher also vom Verleiher, dass der Verleiher die Erlaubnis nicht oder nicht mehr hat, vermeidet er den Eintritt der Rechtsfolgen des § 10 Abs. 1, indem er den Leiharbeitnehmer nicht oder nicht mehr beschäftigt. Der Leiharbeitnehmer verhindert den Eintritt der Rechtsfolgen der §§ 9 Nr. 1 Alt. 2, 10 Abs. 1, indem er nicht oder nicht mehr im Entleiherbetrieb tätig wird.

62 Im Gegensatz zur 1. Alt. von § 9 Nr. 1 (Unwirksamkeit des Arbeitnehmerüberlassungsvertrags) ist bei der 2. Alt. (Unwirksamkeit des Leiharbeitsvertrags) die tatsächliche Arbeitnehmerüberlassung Tatbestandsvoraussetzung. Dies erklärt sich dadurch, dass das **AÜG** sein **Unwerturteil gegen die unerlaubte Arbeitnehmerüberlassung richtet** (vgl. nur § 1 Abs. 1, § 6), **wohingegen der bloße Abschluss eines Leihar-

---

93 So BT-Drs. VI/2303, S. 14.
94 Zum Zweck der Unterrichtungspflichten BT-Drs. VI/2303, S. 14 f.

beitsvertrags „**rechtlich neutral**" ist und beispielsweise weder mit Bußgeld noch mit Strafe bedroht ist.[95] Das rechtfertigt es, den Arbeitnehmerüberlassungsvertrag bereits bei Fehlen der erforderlichen Verleiherlaubnis dem Unwirksamkeitsverdikt von § 9 Nr. 1 Alt. 1 zu unterwerfen, den „rechtlich neutralen" Leiharbeitsvertrag hingegen erst bei Durchführung der Arbeitnehmerüberlassung als unwirksam nach § 9 Nr. 1 Alt. 2 anzusehen. Würde man – entgegen der hier vertretenen Auffassung – den Leiharbeitsvertrag bereits mit dem bloßen Fehlen der Erlaubnis für unwirksam halten, wären insbesondere in **Mischunternehmen** zahlreiche Arbeitsverträge unwirksam, auch wenn die betroffenen Arbeitnehmer (noch) nicht überlassen wurden, sondern im Verleiherbetrieb selbst tätig sind.[96]

b) Rechtsfolgen

aa) Unwirksamkeit des Leiharbeitsvertrags

Sind die Tatbestandsvoraussetzungen des § 9 Nr. 1 Alt. 2 erfüllt, ist der zwischen Verleiher und Leiharbeitnehmer geschlossene **Leiharbeitsvertrag ex nunc unwirksam**.[97] Die Unwirksamkeit tritt also – unabhängig von den subjektiven Vorstellungen der Beteiligten – ein, sobald der Verleiher die Überlassungserlaubnis nicht oder nicht mehr hat **und** der Arbeitnehmer tatsächlich überlassen sowie im Entleiherbetrieb tätig wird (zum Widerspruchsrecht des Leiharbeitnehmers als Rechtsfolgenverweigerungsrecht § 10 Rn. 33 ff.). Bei späterem Wegfall der Erlaubnis infolge Rücknahme, Widerruf und Nichtverlängerung der Erlaubnis ist zu beachten, dass die Erlaubnis für die **Abwicklungsfrist** von bis zu 12 Monaten als fortbestehend gilt (§§ 2 Abs. 4 Satz 4, 4 Abs. 1 Satz 2, 5 Abs. 2 Satz 2). Zudem ist entgegen der h. M. davon auszugehen, dass der Verleiher auch während der zwölfmonatigen Abwicklungsfrist neue Leiharbeitsverträge abschließen kann (näher § 2 Rn. 37). Die nachträgliche Erteilung der Überlassungserlaubnis führt **nicht** zu einer **Heilung** des unwirksamen Leiharbeitsvertrags.[98] Es bedarf daher eines Neuabschlusses des Arbeitsvertrags.

63

---

95 Vgl. MünchArbR/*Schüren*, § 318 Rn. 180 ff.
96 Zur Problematik von Mischunternehmen s. auch *Sandmann/Marschall/Schneider*, § 10 Rn. 4 a. E.; Schüren/Hamann/*Schüren*, § 9 Rn. 29 ff., § 10 Rn. 170 ff.; *Ulber*, § 9 Rn. 28.
97 *Ulber*, § 9 Rn. 31.
98 LAG Köln, 20.8.1985 – 1 Sa 416/85, EzAÜG Nr. 187; Ulber, § 9 Rn. 25; HWK/*Gotthardt*, § 9 AÜG Rn. 11; *Sandmann/Marschall/Schneider*, § 10 Rn. 4a. – A. A. Schüren/Hamann/*Schüren*, § 9 Rn. 25.

§ 9 Unwirksamkeit

bb) Abwicklung des fehlerhaften Arbeitsverhältnisses

64 Wenn der Arbeitsvertrag trotz Unwirksamkeit nach § 9 Nr. 1 Alt. 2 in Vollzug gesetzt wurde, sollen **nach verbreiteter Auffassung** die **Grundsätze des fehlerhaften Arbeitsverhältnisses** zwischen Leiharbeitnehmer und Verleiher Anwendung finden, d. h. der unwirksame Arbeitsvertrag ist in der Vergangenheit für die Dauer seines Vollzugs wie ein wirksamer zu behandeln, das fehlerhafte Arbeitsverhältnis kann aber für die Zukunft jederzeit durch einseitige Erklärung einer Partei beendet werden.[99]

65 **Teils** werden diese Grundsätze **nur** dann angewandt, **wenn und soweit auch der unerlaubt tätige Verleiher bereits Leistungen zugunsten des Leiharbeitnehmers erbracht hat**, also auch von seiner Seite den unwirksamen Leiharbeitsvertrag durchgeführt hat.[100]

66 Nach **anderer Auffassung** ist auch im Verhältnis zwischen Verleiher und Leiharbeitnehmer der unwirksame Leiharbeitsvertrag nach den Vorschriften über die ungerechtfertigte Bereicherung (**§§ 812 ff. BGB**) rückabzuwickeln.[101] Dieser Ansicht ist zuzustimmen, erstens weil dem Sozialschutz des Arbeitnehmers durch § 10 Abs. 1 bis 3 ausreichend Rechnung getragen ist und daher die Anwendung der Grundsätze zum fehlerhaften Arbeitsverhältnis nicht geboten erscheint, und zweitens aus systematischen Gründen, weil auch die Rechtsbeziehungen zwischen Verleiher und Entleiher nach §§ 812 ff. BGB rückabgewickelt werden (vgl. Rn. 49 ff.).

67 Einigkeit besteht jedenfalls insoweit, dass der **Leiharbeitnehmer keinen Anspruch auf Doppelvergütung** – einmal vom Verleiher und nochmals nach § 10 Abs. 1 Satz 1 und 5 vom Entleiher – hat.[102]

cc) Schadensersatz und sonstige Rechtsfolgen

68 Im Falle der Unwirksamkeit des Leiharbeitsvertrags nach § 9 Nr. 1 Alt. 2 kann der Leiharbeitnehmer vom Verleiher Ersatz des Vertrauensschadens nach **§ 10 Abs. 2** verlangen (näher § 10 Rn. 87 ff.). Außerdem kommt eine **Schadensersatzhaftung des Verleihers** gegenüber dem

---

99 Schüren/Hamann/*Schüren*, § 9 Rn. 28; HWK/*Gotthardt*, § 9 AÜG Rn. 9 f.; ErfK/*Wank*, § 9 AÜG Rn. 5; *Ulber*, § 9 Rn. 34.
100 BGH, 31.3.1982 – 2 StR 744/81, AP Nr. 4 zu § 10 AÜG unter 3. – Offengelassen bei BAG, 26.7.1984, EzAÜG Nr. 170 unter II 3.
101 *Boemke*, Schuldvertrag, S. 607; *Sandmann/Marschall/Schneider*, § 10 Rn. 7 f.
102 BGH, 8.11.1979 – VII ZR 337/78, AP Nr. 2 zu § 10 AÜG unter III 1b; *Sandmann/Marschall/Schneider*, § 10 Rn. 10.

III. Schlechterstellungsverbot bzw. Grundsatz des Equal Pay/Treatment § 9

Leiharbeitnehmer nach § 280 Abs. 1 BGB sowie § 826, § 823 Abs. 2 BGB i.V.m. § 263 StGB in Betracht, wenn er wahrheitswidrig behauptet, im Besitz der erforderlichen Verleiherlaubnis zu sein. Unter den Voraussetzungen des **§ 10 Abs. 3** hat der Verleiher auch gegenüber Dritten bestehende Zahlungspflichten zu erfüllen (dazu § 10 Rn. 101 ff.). Zu den sonstigen Rechtsfolgen unerlaubter Arbeitnehmerüberlassung Rn. 54 f.

III. Schlechterstellungsverbot bzw. Grundsatz des Equal Pay/Treatment (§ 9 Nr. 2)

§ 9 Nr. 2 normiert zusammen mit § 3 Abs. 1 Nr. 3 und § 10 Abs. 4 den 69
Grundsatz des Equal Pay/Treatment, der (vorauseilend) noch vor Umsetzung und Inkrafttreten der europäischen Leiharbeitsrichtlinie ins AÜG aufgenommen worden war (zur **Entstehungsgeschichte** Rn. 5, 7 ff.). Dadurch ergeben sich gewisse Friktionen zwischen dem deutschen Gesetz und der europäischen Richtlinie, die möglichst durch **richtlinienkonforme Auslegung** zu beheben sind[103] (vgl. Rn. 76 ff.), sofern man die Leiharbeitsrichtlinie überhaupt für wirksam erlassen hält (dazu Rn. 23 ff.).

1. Überblick

§ 9 Nr. 2 wird häufig als „**Grundsatz der Gleichbehandlung**" von 70
Leiharbeitnehmern und Arbeitnehmern des Entleihers bzw. „**Grundsatz des Equal Pay/Treatment**" bezeichnet.[104] An sich ist es jedoch korrekter, in Bezug auf § 9 Nr. 2 vom „**Schlechterstellungsverbot**" zu sprechen. Denn der Gesetzeswortlaut erklärt Vereinbarungen für unwirksam, die für den Leiharbeitnehmer für die Zeit der Überlassung *schlechtere* wesentliche Arbeitsbedingungen vorsehen als die im Entleiherbetrieb für einen vergleichbaren Arbeitnehmer des Entleihers geltenden wesentlichen Arbeitsbedingungen einschließlich des Arbeitsentgelts.

---

103 Vgl. *Boemke*, RIW 2009, 177, 189 f.
104 Vgl. *Hümmerich/Holthausen/Welslau*, NZA 2003, 7, 9; *Lembke*, BB 2003, 98, 99; *Ulber*, AuR 2003, 10 f.

§ 9 Unwirksamkeit

a) Systematik

71 § 9 Nr. 2 regelt, dass die im Leiharbeitsverhältnis zwischen Verleiher und Leiharbeitnehmer anwendbaren individual- oder kollektivrechtlichen Regelungen unwirksam sind, soweit sie dem **Grundsatz des Equal Pay/Treatment** zulasten des Leiharbeitnehmers widersprechen. § 10 Abs. 4 enthält als arbeitsrechtliche Ergänzung dazu die Anspruchsgrundlage des Leiharbeitnehmers gegen den Verleiher auf Gewährung von Equal Pay/Treatment, falls keine der Ausnahmen zum Schlechterstellungsverbot eingreift. **§ 9 Nr. 2 und § 10 Abs. 4** sind daher **zusammen zu lesen** und zu zitieren, wenn es um Ansprüche auf Equal Pay/Treatment geht.

72 § 3 Abs. 1 Nr. 3 ist das – nahezu wortgleiche – **gewerberechtliche Korrelat** zu § 9 Nr. 2. Danach ist die beantragte Erlaubnis oder ihre Verlängerung zu versagen, wenn Tatsachen die Annahme rechtfertigen, dass der antragstellende Verleiher die Vorschriften des Grundsatzes von Equal Pay/Treatment nicht beachtet hat. In systematischer Hinsicht ist ferner die (neue) **Ordnungswidrigkeitenvorschrift des § 16 Abs. 1 Nr. 7a** zu beachten, die Verstöße gegen § 10 Abs. 4 sanktioniert (vgl. Rn. 466, 485).

73 Das Gesetz sah früher zwei **Ausnahmen vom Schlechterstellungsverbot** vor: Zum einen war nach der – mittlerweile aufgehobenen – Sechswochen-Ausnahme, welche auf dem Richtlinien-Entwurf beruhte (vgl. Rn. 10), eine Abweichung gegenüber einem zuvor arbeitslosen Leiharbeitnehmer für die Dauer von sechs Wochen möglich (dazu unten Rn. 159 ff.). Zum anderen stand der Grundsatz von Equal Pay/Treatment seit seiner Einführung durch die Hartz-Reform (Rn. 5, 7 ff.) „unter Tarifvorbehalt" Die heute noch existierende **Tarifausnahme** prägt die Zeitarbeit in der Praxis. Danach sind Abweichungen vom Schlechterstellungsverbot aufgrund eines im Leiharbeitsverhältnis anwendbaren Tarifvertrags zulässig (näher Rn. 182 ff.). Die Tarifausnahme enthält eine inhaltliche **Einschränkung** dergestalt, dass der abweichende Tarifvertrag nicht die in einer Rechtsverordnung nach § 3a festgesetzten Mindeststundenentgelte (vgl. auch § 10 Abs. 5) unterschreiten darf; ansonsten hat der Leiharbeitnehmer Anspruch auf Equal Pay (§ 10 Abs. 4 Satz 3; vgl. Rn. 238 ff.).

74 Eine echte **Rückausnahme** von der Tarifausnahme sieht die sog. **Drehtürklausel** im letzten Halbsatz von § 9 Nr. 2 vor. Danach gelten vom Grundsatz des Equal Pay/Treatment abweichende Tarifregelungen nicht, wenn der Leiharbeitnehmer in den Konzern zurücküberlassen

III. Schlechterstellungsverbot bzw. Grundsatz des Equal Pay/Treatment   § 9

wird, in dem er in den letzten sechs Monaten ausgeschieden war (näher Rn. 438 ff.).

Diese **Systematik** ist u.a. **relevant für die Darlegungs- und Beweislast** bei der Geltendmachung eines Anspruchs auf Equal Pay/Treatment. Für die Voraussetzungen des Grundsatzes von Equal Pay/Treatment ist der Leiharbeitnehmer darlegungs- und beweisbelastet, wohingegen der Arbeitgeber/Verleiher die Voraussetzungen für das Eingreifen der alten Sechswochen-Ausnahme bzw. der Tarifausnahme darlegen und ggf. beweisen muss. Beruft sich der Leiharbeitnehmer auf die Rückausnahme der Drehtürklausel, hat er deren Voraussetzungen darzulegen und notfalls zu beweisen (vgl. zur Darlegungs- und Beweislast auch Rn. 474 ff.).   75

b) Vorgaben der Leiharbeitsrichtlinie und deren Umsetzung, unionrechtskonforme Auslegung

Wie ausgeführt (Rn. 5, 7 ff.) wurde im AÜG der Grundsatz von Equal Pay/Treatment in §§ 9 Nr. 2, 10 Abs. 4 in Anlehnung an den Entwurf der Leiharbeitsrichtlinie eingeführt. Zunächst enthielt das AÜG daher eigenständige Regelungen, die noch nicht durch Europarecht geprägt und nicht an diesem zu messen waren. Dies hat sich mit Inkrafttreten der Leiharbeitsrichtlinie und deren Umsetzung in deutsches Recht vor Ablauf der Umsetzungsfrist am 5.12.2011 geändert (vgl. Rn. 11 ff., 31 ff.).   76

Im Hinblick darauf sind die deutschen Vorschriften **nach Umsetzung der Leiharbeitsrichtlinie** und namentlich des Grundsatzes von Equal Pay/Treatment in §§ 9 Nr. 2, 3 Abs. 1 Nr. 3, 10 Abs. 4 mit Wirkung **ab dem 30.4.2011** (vgl. Rn. 32 ff.) nun **unionsrechts-/richtlinienkonform auszulegen** (vgl. Rn. 69), sofern man sich nicht für primärrechtswidrig hält (vgl. Rn. 23 ff.). Das **BAG** nimmt diese Pflicht zur unionsrechtskonformen Auslegung des AÜG **bereits für die Zeit vor Ablauf der Umsetzungsfrist** an.[105] Dies **überzeugt** allerdings **nicht**, insbesondere wenn – wie hier – der nationale Gesetzgeber eigenständige Regelungen zu einem Zeitpunkt erlassen hat, zu dem noch gar kein einschlägiges Europarecht bestand. Grundsätzlich kann den Mitgliedstaaten vor Ablauf der Frist für die Umsetzung einer Richtlinie nicht zur Last gelegt werden, dass sie die Maßnahmen zu deren Umsetzung in innerstaatli-   77

---

105 Vgl. BAG, 23.3.2011 – 5 AZR 7/10, NZA 2011, 850, 852 f., Rn. 26 ff. und Os. 3.

ches Recht noch nicht erlassen haben.¹⁰⁶ Nur bei verspäteter Umsetzung einer Richtlinie in die Rechtsordnung des betreffenden Mitgliedstaats und bei Fehlen unmittelbarer Wirkung ihrer einschlägigen Bestimmungen sind die nationalen Gerichte verpflichtet, das innerstaatliche Recht **ab dem Ablauf der Umsetzungsfrist** so weit wie möglich im Licht des Wortlauts und des Zweckes der betreffenden Richtlinie auszulegen, um die mit ihr verfolgten Ergebnisse zu erreichen, indem sie die diesem Zweck am besten entsprechende Auslegung der nationalen Rechtsvorschriften wählen und damit zu einer mit den Bestimmungen dieser Richtlinie vereinbaren Lösung gelangen.¹⁰⁷ **Vor** Ablauf der **Umsetzungsfrist** gilt eine Art „Vorwirkung" nur im Rahmen des allgemeinen **Frustrationsverbots**.¹⁰⁸ Danach müssen es die Gerichte der Mitgliedstaaten ab dem Zeitpunkt des Inkrafttretens einer Richtlinie so weit wie möglich unterlassen, das innerstaatliche Recht auf eine Weise auszulegen, die die Erreichung des mit dieser Richtlinie verfolgten Zieles nach Ablauf der Umsetzungsfrist ernsthaft gefährden würde.¹⁰⁹ Europarechtliche Grundlage für die Regelungen zum Grundsatz des Equal Pay/Treatment in §§ 9 Nr. 2 (bzw. § 3 Abs. 1 Nr. 3) i.V.m. § 10 Abs. 4 ist seit Inkrafttreten der **Leiharbeitsrichtlinie** der in **Art. 5 Abs. 1** niedergelegte **Grundsatz der Gleichbehandlung**, der wie folgt lautet:

„Die wesentlichen Arbeits- und Beschäftigungsbedingungen der Leiharbeitnehmer entsprechen während der Dauer ihrer Überlassung an ein entleihendes Unternehmen mindestens denjenigen, die für sie gelten würden, wenn sie von jenem genannten Unternehmen unmittelbar für den gleichen Arbeitsplatz eingestellt worden wären."

78 Leiharbeitnehmer sind also nach der Leiharbeitsrichtlinie grundsätzlich so zu behandeln, als wären sie – **hypothetisch** – direkt vom Entleiher **eingestellt** worden. Dem Grundsatz der Gleichbehandlung in Art. 5 Abs. 1 RL liegt das (französische) **entleiherbezogene Modell** zugrunde, wonach sich die wesentlichen Arbeitsbedingungen des Leiharbeitnehmers grundsätzlich nach den beim Entleiher geltenden Arbeitsbedingungen richtet (vgl. Rn. 14).

---

106 EuGH, 4.7.2006 – C-212/04 („Adeneler"), NZA 2006, 909, 912, Rn. 114; s. auch *Sansone*, S. 81 ff.
107 EuGH, 4.7.2006 – C-212/04 („Adeneler"), NZA 2006, 909, 912, Rn. 124.
108 *Hamann*, EuZA Bd. 2 (2009), S. 287, 329.
109 EuGH, 4.7.2006 – C-212/04 („Adeneler"), NZA 2006, 909, 912, Rn. 123.

III. Schlechterstellungsverbot bzw. Grundsatz des Equal Pay/Treatment § 9

Demgegenüber ist nach das **deutsche Modell des AÜG** – ebenso wie der ursprüngliche Richtlinienentwurf der Kommission vom 20.3. 2002,[110] an dem sich der deutsche Gesetzgeber orientiert hatte (vgl. Rn. 7) – grundsätzlich **verleiherbezogen**: Die Arbeitsbedingungen des Leiharbeitnehmers richten sich grundsätzlich nach den mit dem bzw. für den Verleiher getroffenen (Individual- und Kollektiv-)Vereinbarungen, weil nach deutschem Recht das Leiharbeitsverhältnis ein normales Arbeitsverhältnis zwischen Leiharbeitnehmer und Verleiher ist, dessen Besonderheit darin liegt, dass der Leiharbeitnehmer nicht bei seinem Vertragsarbeitgeber (dem Verleiher), sondern bei einem Dritten (dem Entleiher) weisungsabhängig tätig wird.[111] Vor diesem Hintergrund erklärt sich, dass im Rahmen des Schlechterstellungsverbots nach § 9 Nr. 2 eine **Vergleichsbetrachtung** zwischen den wesentlichen Arbeitsbedingungen des Leiharbeitnehmers im Leiharbeitsverhältnis mit dem Verleiher und den wesentlichen Arbeitsbedingungen eines vergleichbaren Arbeitnehmers des Entleihers anzustellen ist (vgl. unten Rn. 100 ff.). Im Regelfall wird man nach dem Modell des Art. 5 Abs. 1 RL und § 9 Nr. 2 i.V.m. § 10 Abs. 4 AÜG zu gleichen Ergebnissen gelangen.[112] Soweit das nicht der Fall ist, ist das deutsche Recht **unionsrechtskonform auszulegen** (vgl. z.B. Rn. 109 ff.). 79

Auf europäischer Ebene ist die **Sechswochen-Ausnahme** in der Leiharbeitsrichtlinie nicht enthalten. Daher wurde diese Ausnahme im deutschen Recht im Rahmen der Richtlinienumsetzung **aufgehoben** (Rn. 15, 33). 80

Grundlage der **in § 9 Nr. 2 Hs. 2 und 3** enthaltenen **Tarifausnahme** ist die sog. „skandinavische Ausnahme" des **Art. 5 Abs. 3 der Leiharbeitsrichtlinie** (vgl. Rn. 18 f.). Zur Europarechtskonformität der Tarifausnahme unten Rn. 189 ff. 81

Art. 5 Abs. 1 RL enthält – abgesehen von dem in UAbs. 1 geregelten Grundsatz der Gleichbehandlung – in **UAbs. 2** noch folgende Vorgaben: 82

„Bei der Anwendung von Unterabsatz 1 müssen die im entleihenden Unternehmen geltenden Regeln in Bezug auf

---

110 Vorschlag der Kommission der EG für eine Richtlinie des Europäischen Parlaments und des Rates über die Arbeitsbedingungen von Leiharbeitnehmern vom 20.3.2002, KOM (2002) 149 endgültig. – Dazu *Thüsing*, DB 2002, 2218 ff.
111 *Lembke*, BB 2012, 2497.
112 *Boemke*, RIW 2009, 177, 182.

a) den **Schutz schwangerer und stillender Frauen** und den **Kinder- und Jugendschutz** sowie

b) die Gleichbehandlung von Männern und Frauen und sämtliche Maßnahmen zur **Bekämpfung von Diskriminierungen** aufgrund des Geschlechts, der Rasse oder der ethnischen Herkunft, der Religion oder Weltanschauung, einer Behinderung, des Alters oder der sexuellen Orientierung

so eingehalten werden, wie sie durch Gesetze, Verordnungen, Verwaltungsvorschriften, Tarifverträge und/oder sonstige Bestimmungen allgemeiner Art festgelegt sind."

83 Die Erstreckung des Grundsatzes der Gleichbehandlung auf die in Art. 5 Abs. 1 UAbs. 2 genannten Bereiche erfüllt das deutsche Recht dadurch, dass es in **§ 11 Abs. 6 Satz 1 AÜG** und **§ 6 Abs. 2 Satz 2 AGG** die Arbeitgeberstellung des Entleihers bei der Einhaltung des öffentlich-rechtlichen Arbeitsschutzrechts (einschließlich des Mutterschutzrechts sowie des Kinder- und Jugendschutzes) bzw. des Diskriminierungsverbots nach dem AGG fingiert.[113]

c) Verfassungsmäßigkeit der §§ 9 Nr. 2, 3 Abs. 1 Nr. 3, 10 Abs. 4?

84 Gleich nach der Hartz-Reform des AÜG (Rn. 4ff.) wurden Bedenken geäußert, ob das gesetzliche Schlechterstellungsverbot in der Ausgestaltung von §§ 3 Abs. 1 Nr. 3, 9 Nr. 2, 10 Abs. 4 verfassungsgemäß ist.[114] Das **Bundesverfassungsgericht** nahm jedoch die Verfassungsbeschwerden des Bundesverbands Zeitarbeit Personal-Dienstleistungen e.V. (BZA) und der Mittelstandsvereinigung Zeitarbeit e.V. (MVZ) sowie zahlreicher Verleihunternehmen im **Beschluss vom 29.12.2004** mangels Aussicht auf Erfolg nicht zur Entscheidung an.[115]

85 Zur Begründung führte es aus, die Grundrechte der Arbeitgeberverbände und der Zeitarbeitsunternehmen seien nicht verletzt. Sofern die angegriffenen Gesetzesregelungen überhaupt in den Schutzbereich der

---

113 *Hamann*, EuZA Bd. 2 (2009), S. 287, 305f.
114 Vgl. *Klebeck*, S. 45ff., 75ff.; *Lembke*, BB 2005, 499f.; *Rieble/Klebeck*, NZA 2003, 23, 27ff.; *Waas*, BB 2003, 2175; krit. auch *Bauer/Krets*, NJW 2003, 537, 539; *Hümmerich/Holthausen/Welslau*, NZA 2003, 7, 10. – A.A. *Grobys/Schmidt/Brocker*, NZA 2003, 777f.; Kittner/Däubler/*Zwanziger*, § 9 AÜG Rn. 16f. – Zur Verfassungswidrigkeit der Vorgängerregelung des § 10 Abs. 5 AÜG a.F. *Boemke/Lembke*, DB 2002, 893, 896f.
115 BVerfG, 29.12.2004 – 1 BvR 2283/03, u.a., BB 2005, 495; dazu *Lembke*, BB 2005, 499; *Bayreuther*, NZA 2005, 341; *Reim*, AiB 2005, 203.

III. Schlechterstellungsverbot bzw. Grundsatz des Equal Pay/Treatment § 9

kollektiven Koalitionsfreiheit (Art. 9 Abs. 3 GG) – namentlich das Recht der Koalitionen, grundsätzlich frei von staatlicher Einflussnahme die Arbeitsbedingungen in Tarifverträgen zu vereinbaren (Tarifautonomie) – eingriffen, sei der Eingriff verfassungsrechtlich gerechtfertigt. Das Schlechterstellungsverbot diene der Verbesserung der Stellung der Leiharbeitnehmer und damit dem Schutz ihrer Berufsfreiheit (Art. 12 Abs. 1 GG). Außerdem dienten die Regelungen auch dem Ziel der Bekämpfung der Massenarbeitslosigkeit. Dieses Ziel habe auf Grund des Sozialstaatsprinzips Verfassungsrang. Das Schlechterstellungsverbot sei geeignet, einen Beitrag zur Schaffung neuer Arbeitsplätze zu schaffen. Die Regelungen wirkten sich auf die Tarifautonomie nicht unverhältnismäßig belastend aus, weil durch die gesetzliche Tariföffnungsklausel das Betätigungsrecht der Tarifvertragsparteien nicht eingeschränkt werde. Außerdem zeige die tatsächliche Entwicklung in der Tariflandschaft der Zeitarbeitsbranche seit Inkrafttreten der Neuregelungen, dass die Arbeitsbedingungen faktisch durchweg durch tarifliche Regelungen gestaltet werden.[116]

Die **negative Koalitionsfreiheit der Verleihunternehmen** sei nicht verletzt,[117] weil sie weder zum Eintritt in tarifvertragsschließende Arbeitgeberverbände gezwungen würden noch es ihnen unmöglich gemacht werde, sich anderweitig als Koalition zusammenzuschließen. Sie könnten auch einen Firmentarifvertrag abschließen oder ohne Mitgliedschaft im Arbeitgeberverband mit den Leiharbeitnehmern die Inbezugnahme der – vom gesetzlichen Schlechterstellungsverbot abweichenden – Verbandstarifverträge vereinbaren.[118] **86**

Die angegriffenen Normen verletzten auch nicht die **Berufsfreiheit (Art. 12 Abs. 1 GG) der Verleihunternehmen**. Denn der Eingriff in das Recht, Verträge nach ihrem Willen zu gestalten (Privatautonomie), sei durch kollidierende Grundrechte geschützt. Das Interesse des Leiharbeitnehmers an zumutbaren Arbeitsbedingungen sei durch Art. 12 Abs. 1 GG geschützt. Beim Ausgleich der kollidierenden Grundrechte (im Rahmen praktischer Konkordanz) habe der Gesetzgeber einen weiten Gestaltungsfreiraum.[119] **87**

---

116 BVerfG, 29.12.2004 – 1 BvR 2283/03, u.a., BB 2005, 495, 496f. unter C II 3; krit. insoweit *Lembke*, BB 2005, 499f.; *Bayreuther*, NZA 2005, 341, 342.
117 Im Ergebnis ebenso *Grobys/Schmidt/Brocker*, NZA 2003, 777, 780f. – A.A. *Klebeck*, S. 143; ErfK/*Wank*, § 3 AÜG Rn. 24.
118 BVerfG, 29.12.2004 – 1 BvR 2283/03, u.a., BB 2005, 495, 497f. unter C II 4.
119 BVerfG, 29.12.2004 – 1 BvR 2283/03, u.a., BB 2005, 495, 498 unter C II 5.

§ 9 Unwirksamkeit

88 Schließlich sei auch der **Gleichheitssatz (Art. 3 Abs. 1 GG)** durch das gesetzliche Schlechterstellungsverbot nicht verletzt. Zwar werde für andere Branchen das Arbeitsentgelt nicht gesetzlich geregelt. Allerdings würden die Arbeitgeber der Leiharbeitsbranche nicht wesentlich ungleich behandelt. Insbesondere könnten sie auf Grund der Tariföffnungsklausel – wie Arbeitgeber anderer Branchen auch – die Arbeitsbedingungen tariflich gestalten.[120]

89 Nicht erörtert hat das BVerfG, ob die gesetzlichen Regelungen in §§ 9 Nr. 2, 3 Abs. 1 Nr. 3 unter dem Gesichtspunkt des **Eingriffs** in die **positive Koalitionsfreiheit der Leiharbeitnehmer** verfassungsgemäß sind (dazu Rn. 184 ff.).

2. Grundsätzliches Schlechterstellungsverbot (§ 9 Nr. 2 Hs. 1)

a) Geltungsbereich

90 Das Schlechterstellungsverbot galt bis zur Änderung der Vorschrift mit Wirkung ab dem 30.4.2011 im Rahmen der AÜG-Reform 2011 (vgl. Rn. 32 ff.) nur für die gewerbsmäßige Arbeitnehmerüberlassung.[121] Mittlerweile kommt es auf die Gewerbsmäßigkeit der Arbeitnehmerüberlassung nicht mehr an. Maßgeblich ist vielmehr, ob die Arbeitnehmerüberlassung „im Rahmen einer wirtschaftlichen Tätigkeit" durchgeführt wird (vgl. § 1 Abs. 1 Satz 1; dazu § 1 Rn. 49 ff.).

aa) Sachlicher Geltungsbereich

91 § 9 Nr. 2 erklärt Vereinbarungen, die dem Schlechterstellungsverbot zuwiderlaufen, für unwirksam.

(1) Arbeitsvertragliche Regelungen

92 Unzweifelhaft werden hiervon **individualvertragliche Vereinbarungen** zwischen Leiharbeitnehmer und Verleiher erfasst. Durch arbeitsvertragliche Regelungen dürfen mit dem Leiharbeitnehmer für die Zeit der Überlassung keine Arbeitsbedingungen vereinbart werden, die den Leiharbeitnehmer in Bezug auf die wesentlichen Arbeitsbedingungen (dazu Rn. 116 ff.) schlechter stellen als vergleichbare Arbeitnehmer des Entleihers.

---

120 BVerfG, 29.12.2004 – 1 BvR 2283/03, u.a., BB 2005, 495, 498 unter C II 6.
121 *Hanau*, ZIP 2003, 1573, 1576; a – A.A. *Ulber*, AuR 2003, 7, 10. – Offengelassen vom BAG, 25.1.2005 – 1 ABR 61/03, NZA 2005, 1199, 1202.

III. Schlechterstellungsverbot bzw. Grundsatz des Equal Pay/Treatment § 9

(2) Betriebsvereinbarungen im Verleiherbetrieb

Unter § 9 Nr. 2 fallen aber nicht nur individualrechtliche Vereinbarungen zwischen Leiharbeitnehmer und Verleiher, sondern auch **Betriebsvereinbarungen im Verleiherbetrieb**, die den Leiharbeitnehmer für die Zeit der Überlassung in Bezug auf die wesentlichen Arbeitsbedingungen (dazu Rn. 116 ff.) schlechter stellen (z.B. weniger Weihnachtsgeld vorsehen als im Entleiherbetrieb).[122] Auch Letztere sind unwirksam nach § 9 Nr. 2, weil sonst der Gleichbehandlungsgrundsatz in erheblichen Bereichen leerlaufen würde (s. auch § 10 Rn. 110). Außerdem stellt § 9 Nr. 2 Hs. 2 und 3 klar, dass nur durch oder aufgrund von Tarifverträgen Ausnahmen vom Schlechterstellungsverbot getroffen werden können. 93

(3) Nicht ohne Weiteres: Tarifverträge

Nicht nach § 9 Nr. 2 **unwirksam sind auf das Leiharbeitsverhältnis anwendbare (wirksame) Tarifverträge, die Ausnahmen** vom gesetzlichen Schlechterstellungsverbot (Grundsatz des Equal Pay/Treatment) gemäß Hs. 2 vorsehen. Solche Abweichungen werden vom Gesetz gerade zugelassen (näher dazu Rn. 182 ff.). 94

bb) Zeitlicher Geltungsbereich

Das Verbot der grundsätzlichen Schlechterstellung von Leiharbeitnehmern gegenüber Stammarbeitnehmern des Entleihers besteht nur „**für die Zeit der Überlassung** an einen Entleiher", d.h. dem Zeitraum, während dessen der Leiharbeitnehmer dem entleihenden Unternehmen zur Verfügung gestellt wird, um dort unter dessen Aufsicht und Leitung vorübergehend zu arbeiten[123] (vgl. § 9 Nr. 2 Hs. 1 bzw. § 3 Abs. 1 Nr. 3 Satz 1; Art. 5 Abs. 1, Art. 3 Abs. 1 lit. e RL). 95

In verleihfreien Zeiten gelten die mit dem Verleiher als Arbeitgeber für diese Zeiten vereinbarten Arbeitsbedingungen, es sei denn, auf das Leiharbeitsverhältnis finden Tarifverträge Anwendung, die Abweichendes regeln. Bei einer Vereinbarung im Leiharbeitsvertrag, die zwischen den Arbeitsbedingungen für Zeiten der Überlassung und für verleihfreie Zeiten **unterscheidet**, handelt es sich der Sache nach um eine **Teilbefristung von Arbeitsbedingungen**. Nach der Rechtsprechung des BAG unterliegt die Befristung einzelner Arbeitsbedingungen der 96

---

122 Ebenso HWK/*Gotthardt*, § 9 AÜG Rn. 12.
123 Vgl. BAG, 23.3.2011 – 5 AZR 7/10, NZA 2011, 850, 853, Rn. 35.

AGB-Kontrolle gemäß §§ 305 ff. BGB.[124] Kontrollgegenstand ist dabei nicht die Hauptleistungspflicht als solche, sondern nur deren zeitliche Einschränkung durch die Befristung.[125] Daher handelt es sich bei der Befristung einzelner Arbeitsbedingungen nicht um eine Bestimmung der essentialia negotii, die nach § 307 Abs. 3 Satz 1 BGB kontrollfrei bleibt.[126] Zwar bedarf es – entgegen der früheren „Umgehungsrechtsprechung"[127] – für die Befristung einzelner Arbeitsbedingungen keines sachlichen Grundes, jedoch ist das Vorliegen eines sachlichen Grundes als Abwägungsposten bei der Angemessenheitskontrolle zu berücksichtigen. Bei der im Rahmen der Angemessenheitsprüfung vorzunehmenden Interessenabwägung ist es zu Gunsten des Arbeitgebers zu berücksichtigen, wenn der Befristung der einzelnen Arbeitsbedingung ein Sachverhalt zugrunde liegt, der die Befristung des Arbeitsvertrags insgesamt nach § 14 Abs. 1 Satz 2 TzBfG rechtfertigen könnte.[128] Nach diesen Grundätzen ist eine Gestaltung des Leiharbeitsvertrags, die unterschiedliche Arbeitsbedingungen für Zeiten der Überlassung und für verleihfreie Zeiten vorsieht, **zulässig**.[129] Sachlicher Grund für die Vereinbarung befristeter Arbeitsbedingungen für die verleihfreien Zeiten einerseits und für die Zeiten der Überlassung andererseits ist, dass der Leiharbeitnehmer in verleihfreien Zeiten keine Arbeitsleistung erbringt und daher für den Verleiher keine Einkünfte erzielt. Die Unterscheidung zwischen verleihfreien Zeiten und Zeiten der Überlassung ist im Übrigen auch im Gesetz angelegt (vgl. nur § 11 Abs. 1 Nr. 2). Insbesondere kann für verleihfreie Zeiten ein bestimmtes Entgelt vereinbart werden, ohne dass dem § 11 Abs. 4 Satz 2 entgegensteht.[130] Dessen Höhe ist bei Vertragsschluss festzulegen. Es gelten jedoch zum einen

---

124 BAG, 27.7.2005 – 7 AZR 486/04, NZA 2006, 40; BAG, 8.8.2007 – 7 AZR 855/06, NZA 2008, 229; noch offengelassen vom BAG, 14.1.2004 – 7 AZR 213/03, NZA 2004, 719.
125 *Lunk/Leder*, NZA 2009, 504, 508.
126 Krit. insoweit *Thüsing*, AGB-Kontrolle im Arbeitsrecht, Rn. 280.
127 BAG, 4.6.2003 – 7 AZR 159/02, NZA 2004, 498, 500.
128 BAG, 8.8.2007 – 7 AZR 855/06, NZA 2008, 229, 230 f., Rn. 22; zum Ganzen *Lembke*, Arbeitsvertrag für Führungskräfte, S. 110 f.
129 So auch BT-Drs. 15/25, S. 38; *Lembke*, BB 2003, 98, 102; *Thüsing/Stiebert*, in: Brand/Lembke, Der CGZP-Beschluss des BAG, S. 59, 63; *Ulber*, NZA 2009, 232, 233; – A.A. *Weyand/Düwell*, S. 70.
130 Thüsing/*Pelzner/Kock*, § 3 Rn. 81 f.; Ziff. 3.1.8 Abs. 6 GA-AÜG (Stand: 2/2013). – A.A. *Weyand/Düwell*, S. 70.

III. Schlechterstellungsverbot bzw. Grundsatz des Equal Pay/Treatment § 9

die Grenzen der Sittenwidrigkeit (§ 138 BGB) und des Lohnwuchers.[131] Zum anderen ist die in der Rechtsverordnung nach § 3a Abs. 2 (vgl. § 3a Rn. 8) festgesetzte **Lohnuntergrenze** auch in verleihfreien Zeiten einzuhalten (§ 10 Abs. 5).

Auf Grund des Schlechterstellungsverbots kann sich bei jeder **Änderung zwischen verleihfreier Zeit und erneuter Überlassung** an einen Entleiher eine **Änderung der Arbeitsbedingungen** ergeben, die nach § 11 Abs. 1 Satz 1 i.V.m. § 3 NachwG vom Verleiher spätestens einen Monat nach der Änderung **schriftlich mitzuteilen** ist.[132]   97

b) Verbot der Schlechterstellung gegenüber vergleichbaren Arbeitnehmern des Entleihers

aa) Allgemeines

§ 9 Nr. 2 Hs. 1 Teil 1 ordnet an, dass die Arbeitsbedingungen der Leiharbeitnehmer im Verleiherbetrieb für die Zeit der Überlassung grundsätzlich nicht schlechter sein dürfen als die Arbeitsbedingungen im Entleiherbetrieb für vergleichbare Arbeitnehmer des Entleihers. Sollte dies der Fall sein, ist die entsprechende Vereinbarung zwischen Verleiher und Leiharbeitnehmer insoweit unwirksam. Darüber hinausgehend ordnet § 10 Abs. 4 die **Gleichbehandlung** der Leiharbeitnehmer für die Zeit der Überlassung an, falls keine Ausnahme (d.h. die Tarifausnahme oder die alte Sechswochen-Ausnahme) greift (vgl. § 10 Abs. 4 Satz 2.)   98

Hat der Verleiher **bessere** Arbeitsbedingungen mit dem Leiharbeitnehmer vereinbart, stellt sich die Vorschrift als **Grundsatz der Nichtdiskriminierung** dar, d.h. schlechtere Vereinbarungen mit dem Leiharbeitnehmer sind unwirksam, umgekehrt ist die Vereinbarung von für den Leiharbeitnehmer günstigeren Arbeitsbedingungen zulässig.   99

bb) Vergleichbare Arbeitnehmer des Entleihers

Wie dargelegt (Rn. 7ff.) orientiert sich **§ 9 Nr. 2** am Entwurf der Leiharbeitsrichtlinie und stellt auf einen **konkreten Vergleich** zwischen den wesentlichen Arbeitsbedingungen des Leiharbeitnehmers und den wesentlichen Arbeitsbedingungen eines vergleichbaren Arbeitnehmers des   100

---

131 Dazu BAG, 16.5.2012 – 5 AZR 268/11, BB 2012, 2375; BAG, 18.4.2012 – 5 AZR 630/10, BeckRS 2012, 71038; BAG, 22.4.2009 – 5 AZR 436/08, NZA 2009, 837; BAG, 24.3.2004 – 5 AZR 303/03, NZA 2004, 971.
132 *Bauer/Krets*, NJW 2003, 537, 540; *Lembke*, BB 2003, 98, 99. – So bereits zu § 10 Abs. 5 a.F. *Boemke/Lembke*, DB 2002, 893, 898.

Entleihers in dem Zeitraum der jeweiligen Überlassung ab. Demgegenüber ist nach **Art. 5 Abs. 1 der Leiharbeitsrichtlinie** im Rahmen einer **hypothetischen Betrachtung** ein Vergleich zwischen den wesentlichen Arbeitsbedingungen des Leiharbeitnehmers und den wesentlichen Arbeitsbedingungen anzustellen, die (hypothetisch) gelten würden, wenn der Leiharbeitnehmer von dem Entleiher im Zeitraum der jeweiligen Überlassung unmittelbar für den gleichen Arbeitsplatz eingestellt worden wäre. Im Regelfall dürften beide Betrachtungsweisen zum selben Ergebnis gelangen. Falls dem nicht so ist, ist das deutsche Recht **unionsrechtskonform auszulegen** (Rn. 76 ff.).

101 Zunächst ist aber stets, insbesondere im Hinblick auf die **Darlegungs- und Beweislast** (dazu näher Rn. 474 ff.), von dem nationalen Recht auszugehen. Daher hat der Leiharbeitnehmer, der einen Anspruch auf Equal Pay/Treatment geltend macht, grundsätzlich darzulegen und notfalls zu beweisen, welche Arbeitnehmer des Entleihers mit ihm während der jeweiligen Überlassung vergleichbar waren und wie deren wesentlichen Arbeitsbedingungen waren (vgl. Rn. 475).

(1) Maßgeblicher Zeitpunkt

102 § 9 Nr. 2 bestimmt, dass Vereinbarungen grundsätzlich unwirksam sind, wenn sie Leiharbeitnehmer „für die Zeit der Überlassung" hinsichtlich der wesentlichen Arbeitsbedingungen schlechter stellen als vergleichbare Arbeitnehmer des Entleihers. Maßgeblich ist die Vergleichbarkeit im Zeitraum der **jeweiligen Überlassung** an den Entleiher, d.h. der Zeitraum, während dessen der Leiharbeitnehmer dem entleihenden Unternehmen zur Verfügung gestellt wird, um dort unter dessen Aufsicht und Leitung vorübergehend zu arbeiten.[133] Daher genügt der Leiharbeitnehmer seiner Darlegungslast nicht, wenn er zur Begründung seiner auf Ansprüche nach § 10 Abs. 4 gerichtete Klage auf Arbeitsbedingungen beim Entleiher verweist, die der Leiharbeitnehmer erhielt, als er **nach** der Überlassung vom Entleiher eingestellt wurde (vgl. Rn. 476).

---

133 Vgl. BAG, 23.3.2011 – 5 AZR 7/10, NZA 2011, 850, 853, Rn. 35.

III. Schlechterstellungsverbot bzw. Grundsatz des Equal Pay/Treatment § 9

(2) Vergleichbarkeit der Arbeitnehmer

Bei der im Rahmen des § 9 Nr. 2 vorzunehmenden Vergleichsbetrachtung sind die Arbeitnehmer in dem **Betrieb** des Entleihers maßgeblich, in dem der Leiharbeitnehmer **eingesetzt** wird.[134]

Vergleichbar mit dem Leiharbeitnehmer sind **solche Arbeitnehmer des Entleihers**, die **dieselbe oder zumindest ähnliche Tätigkeiten** wie der Leiharbeitnehmer ausüben.[135] Das BAG spricht insoweit von „Arbeitnehmer mit vergleichbarer Tätigkeit und Qualifikation".[136] Die Vergleichbarkeit ist nicht anders zu bestimmen als in §§ 2 Abs. 1 Satz 3, 3 Abs. 2 Satz 1 TzBfG.[137] Für die Vergleichbarkeit kommt es daher auf die **Art der Tätigkeit** an. Die Tätigkeiten sind dann gleich, wenn die gleichen Arbeitsvorgänge verrichtet werden und die Arbeitnehmer einander ohne weiteres ersetzen können. Sie sind ähnlich, wenn sie trotz unterschiedlicher Arbeitsvorgänge strukturell auf der gleichen Hierarchieebene liegen sowie im Hinblick auf Qualifikation, erworbene Fertigkeiten, Verantwortungsbewusstsein und körperliche Belastbarkeit des Arbeitnehmers gleiche Anforderungen stellen und die mit ihnen befassten Arbeitnehmer deshalb jederzeit wechselseitig ausgetauscht werden können.[138] Ein Anhaltspunkt für die Vergleichbarkeit kann sich insbesondere aus der **Eingruppierung** ergeben.[139] Im Übrigen können die im Rahmen der Sozialauswahl nach § 1 Abs. 3 KSchG entwickelten Grundsätze zur Vergleichbarkeit herangezogen werden.[140] Die **hypothetische Betrachtung der Leiharbeitsrichtlinie**, wie der Leiharbeitnehmer zu behandeln wäre, wenn der Entleiher ihn unmittelbar für den gleichen Arbeitsplatz als (Stamm-)Arbeitnehmer eingestellt hätte, kann hierbei als Kontrollüberlegung dienen und ist im Zweifelsfall maßgeblich (vgl. Rn. 100).[141]

103

104

---

134 *Thüsing/Stiebert*, in: Brand/Lembke, Der CGZP-Beschluss des BAG, S. 59, 67.
135 BT-Drs. 15/25, S. 38; LAG Hamm, 29.2.2012 – 3 Sa 889/11, juris, Rn. 218; *Däubler*, DB 2008, 1914; *Lembke*, BB 2003, 98, 100; Thüsing/*Mengel*, § 9 Rn. 24; Rieble/ Klebeck, NZA 2003, 23, 24; *Thüsing/Stiebert*, in: Brand/Lembke, Der CGZP-Beschluss des BAG, S. 59, 66.
136 Vgl. BAG, 23.3.2011 – 5 AZR 7/10, NZA 2011, 850, 853, Rn. 36.
137 *Laux*, FS Bepler, 2012, S. 335, 339.
138 *Thüsing/Stiebert*, in: Brand/Lembke, Der CGZP-Beschluss des BAG, S. 59, 66f.; HWK/*Kalb*, § 3 AÜG Rn. 32.
139 Vgl. BAG, 23.3.2011 – 5 AZR 7/10, NZA 2011, 850, 853, Rn. 36; Thüsing/*Mengel*, § 9 Rn. 24.
140 *Däubler*, DB 2008, 1914; Thüsing/*Mengel*, § 9 Rn. 24.
141 *Laux*, FS Bepler, 2012, S. 335, 339f.; vgl. auch Ziff. 3.1.5 Abs. 6 GA-AÜG (Stand: 2/2013).

§ 9 Unwirksamkeit

105 Weitere Merkmale, wie **Betriebszugehörigkeit, Berufserfahrung, Qualifikation und Kompetenz der jeweiligen Arbeitnehmer**,[142] spielen **für** die **Vergleichbarkeit** der Arbeitnehmer **keine Rolle**, können sich **aber auf** der Rechtsfolgenseite der **Gleichbehandlung auswirken**.

106 Beispiel: Üben Leih- und Stammarbeitnehmer dieselbe Tätigkeit aus, dann sind sie, wenn eine tarifliche oder betriebliche Vergütungsordnung besteht, grundsätzlich nach der **gleichen Entgeltgruppe** zu vergüten. Gleichwohl ist eine **unterschiedliche Vergütung** dann gerechtfertigt, wenn innerhalb der Lohngruppe hinsichtlich der Vergütungshöhe nach „Dienstjahren" unterschieden wird; u.U. kann sogar eine Vergütung nach unterschiedlichen Entgeltgruppen gerechtfertigt sein, wenn nach der einschlägigen Vergütungsordnung die Möglichkeit des „Bewährungsaufstiegs" besteht.

107 **Keine Bedeutung** für die Vergleichbarkeit hat grundsätzlich die **regelmäßige Arbeitszeit** des Leiharbeitnehmers. Auch teilzeitbeschäftigte Leiharbeitnehmer sind mit vollzeitbeschäftigten Stammarbeitnehmern des Entleihers vergleichbar, wenn sie vergleichbare Tätigkeiten ausüben. Dies ergibt sich zwingend aus § 4 Abs. 1 TzBfG, wonach die Dauer der Arbeitszeit grundsätzlich als Differenzierungskriterium ausscheidet (vgl. auch Art. 3 Abs. 2 UAbs. 2 RL). **Bedeutung** kann die Dauer der Arbeitszeit aber wiederum auf der **Rechtsfolgenseite** gewinnen; der teilzeitbeschäftigte Leiharbeitnehmer kann z.B. nur anteiliges Arbeitsentgelt eines vollzeitbeschäftigten Stammarbeitnehmers verlangen[143] (vgl. auch Rn. 156f.).

(3) Fehlen vergleichbarer Arbeitnehmer

108 Nicht geregelt ist, welche Arbeitsbedingungen dem Leiharbeitnehmer zu gewähren sind, **wenn** es während der Zeit der jeweiligen Überlassung **keine** mit dem Leiharbeitnehmer **vergleichbaren Arbeitnehmer** im Entleiher-/Einsatzbetrieb gibt. Dies ist z.B. denkbar bei einem projektbezogenen Einsatz hochspezialisierter Leiharbeitnehmer.

109 **Vor Umsetzung der Leiharbeitsrichtlinie** durch das „Erste Gesetz zur Änderung des Arbeitnehmerüberlassungsgesetzes" – Verhinderung von

---

142 Vgl. Art. 3 Abs. 1 des Richtlinienentwurfs der Kommission vom 20.3.2002, KOM (2002) 149 endgültig, S. 22.
143 HWK/*Kalb*, § 3 AÜG Rn. 32.

III. Schlechterstellungsverbot bzw. Grundsatz des Equal Pay/Treatment § 9

Missbrauch der Arbeitnehmerüberlassung vom 28.4.2011[144] ließ sich vertreten, insoweit sei entsprechend dem Rechtsgedanken aus § 10 Abs. 1 Satz 4 Hs. 2 AÜG und § 612 Abs. 2 BGB auf die üblichen Arbeitsbedingungen vergleichbarer Stammarbeitnehmer von vergleichbaren Betrieben abzustellen (vgl. auch §§ 2 Abs. 1 Satz 4, 3 Abs. 2 Satz 2 TzBfG).[145] Anhaltspunkte könnten sich insoweit aus den im Entleiherbetrieb anwendbaren einschlägigen Tarifverträgen ergeben.[146]

Nach der Umsetzung der Leiharbeitsrichtlinie in deutsches Recht ist das AÜG **unionrechtskonform auszulegen** (vgl. Rn. 76 ff.). Kommt im zu beurteilenden Fall – mangels Eingreifens einer Ausnahme – ein Anspruch des Leiharbeitnehmers gegen den Verleiher auf Equal Pay/Treatment nach §§ 9 Nr. 2, 10 Abs. 4 in Betracht und gibt es im Entleiherbetrieb keinen mit dem Leiharbeitnehmer vergleichbaren Arbeitnehmer, sind die maßgeblichen wesentlichen Arbeitsbedingungen im Entleiherbetrieb – wie im Rahmen des Art. 5 Abs. 1 der Leiharbeitsrichtlinie (vgl. Rn. 12, 77 f.) – auf Grundlage einer **hypothetischen Betrachtung** zu ermitteln, was gelten würde, wenn der Leiharbeitnehmer im Zeitpunkt der jeweiligen Überlassung direkt beim Entleiher eingestellt worden wäre.[147] Darüber hat der Entleiher dem Leiharbeitnehmer auch im Rahmen des § 13 **Auskunft** zu erteilen (vgl. § 13 Rn. 11).

110

Notfalls ist der konkrete Inhalt und Umfang der bei hypothetischer Einstellung geltenden jeweiligen wesentlichen Arbeitsbedingung (z.B. Entgelt) durch richterliche Schätzung (vgl. § 287 Abs. 2 ZPO) zu ermitteln, wobei z.B. die im Entleiherbetrieb und/oder in vergleichbaren Betrieben geltenden Arbeitsbedingungen (z.B. das Entgeltgefüge) sowie

111

---

144 BGBl. I, S. 642.
145 Vorauflage, § 9 Rn. 57 m.w.N.; *Freckmann*, DStR 2003, 294, 295; *Lembke*, BB 2003, 98, 100; *Raab*, ZfA 2003, 389, 405 f.; *Reim*, AiB 2003, 73, 75; – A.A. *Hanau*, ZIP 2003, 1573, 1576; *Rieble/Klebeck*, NZA 2003, 23, 24; *Thüsing*, DB 2003, 446, 447, wonach die Norm keine Wirkung entfalten soll, wenn es beim Entleiher keine vergleichbaren Arbeitnehmer gibt.
146 So auch Art. 5 Abs. 5 des ersten Richtlinienentwurfs der Kommission vom 20.3.2002, KOM (2002) 149 endgültig, S. 23; *Raab*, ZfA 2003, 389, 405 f. – Siehe auch *Annuß*, in: Annuß/Thüsing, TzBfG, § 3 Rn. 14.
147 LAG Düsseldorf, 29.8.2012 – 12 Sa 576/12, BeckRS 2012, 76072; LAG Niedersachsen, 21.9.2012 – 6 Sa 113/12, BeckRS 2012, 76003, Ls. 4; ArbG Hannover, 24.4.2012 – 6 Ca 288/10; *Hamann*, EuZA Bd. 2 (2009), 287, 306 f.; *Sansone*, S. 521 f.; *Schüren/Wank*, RdA 2011, 1, 4; *Thüsing*, RdA 2009, 118; *Thüsing/Stiebert*, in: Brand/Lembke, Der CGZP-Beschluss des BAG, S. 59, 67 f.

§ 9 Unwirksamkeit

die (tariflichen) Arbeitsbedingungen der jeweiligen Branche als Anhaltspunkte dienen können.[148]

(4) Mehrere vergleichbare Arbeitnehmer

112 Fraglich ist ferner, wie der Leiharbeitnehmer zu behandeln ist, **wenn** es während der Zeit der jeweiligen Überlassung **mehrere vergleichbare Arbeitnehmer** gibt, für die **unterschiedliche Arbeitsbedingungen** (z.B. Arbeitsentgelt) gelten. Dabei ist zunächst zu prüfen, ob es sich überhaupt um „wesentlichen Arbeitsbedingungen" handelt, weil solche nur vorliegen, wenn sie „durch sonstige verbindliche Bestimmungen allgemeiner Art, die im entleihenden Unternehmen gelten, festgelegt sind"; daher scheiden individuell vereinbarte Arbeitsbedingungen aus (s.u. Rn. 141).

113 Abgesehen davon wurde bei Vorhandensein mehrerer vergleichbarer Arbeitnehmer im Entleiherbetrieb mit unterschiedlichen wesentlichen Arbeitsbedingungen bislang ganz überwiegend vertreten, es sei sachgerecht, sich am Minimum und nicht am Maximum oder am Mittelwert zu orientieren, weil es nicht der Sinn des Schlechterstellungsverbots sei, den Leiharbeitnehmer besser als einige seiner Kollegen im Entleiherbetrieb zu stellen.[149] Der Gedanke, dass es nicht gerechtfertigt sei, Leiharbeitnehmer über das Gebot von Equal Pay/Treatment besser zu stellen als vergleichbare Stammarbeitnehmer des Entleihers, findet sich auch in der Rechtsprechung.[150] Allerdings ist es nach den gesetzlichen Vorgaben nicht ausgeschlossen, dass der Leiharbeitnehmer letztlich besser steht als ein vergleichbarer Stammarbeitnehmer, da § 9 Nr. 2 nur eine „Schlechterstellungsverbot" normiert (vgl. Rn. 70) und auch Art. 5 Abs. 1 der Leiharbeitsrichtlinie verlangt, dass die wesentlichen Arbeitsbedingungen für Leiharbeitnehmer „mindestens" denjenigen entsprechen, die für Leiharbeitnehmer gelten würden, wenn sie vom Entleiher unmittelbar für den gleichen Arbeitsplatz eingestellt worden wären.

114 Bei der nun **gebotenen unionsrechtskonformer Auslegung** (vgl. Rn. 77) ist letztlich die hypothetische Betrachtung der Leiharbeitsricht-

---

148 *Hamann*, EuZA Bd. 2 (2009), 287, 307; *Thüsing/Stiebert*, in: Brand/Lembke, Der CGZP-Beschluss des BAG, S. 59, 68.
149 Vorauflage, § 9 Rn. 58f. m.w.N.; *Bauer/Krets*, NJW 2003, 537, 539; *Bertram*, FA 2003, 200, 202; *Freckmann*, DStR 2003, 294, 295; *Lembke*, BB 2003, 98, 100; *Thüsing*, DB 2002, 2218, 2221; *ders.*, DB 2003, 446, 448; so immer noch Reufels/ *Reufels/Dietrich*, Personaldienstleistungen, A Rn. 494.
150 Vgl. LAG Hamm, 25.1.2012 – 3 Sa 1544/11, BeckRS 2012, 69155; ArbG Freiburg, 18.10.2011 – 2 Ca 218/11, BeckRS 2012, 65238.

linie ausschlaggebend, d.h. maßgeblich ist, welche Arbeitsbedingungen der Entleiher im Zeitpunkt des Beginns der jeweiligen Überlassung mit dem Leiharbeitnehmer vereinbart hätte.[151] Hierfür ist der Kläger darlegungs- und beweisbelastet. Es gelten insoweit dieselben Grundsätze wie sonst bei der Geltendmachung des Equal-Pay-Anspruchs (näher Rn. 474 ff.).

Ein ähnliches Problem kann sich ergeben, wenn im Entleiherbetrieb **115** **für neu eingestellte vergleichbare Stammarbeitnehmer andere Arbeitsbedingungen** gelten (z.B. keine Gewährung von Jubiläumsgeld oder keine bezahlte Freistellung bei Hochzeit mehr) **als für alte.** Hier dürfte sich die Vergleichsgruppe des Leiharbeitnehmers aus dem **Einstellungsdatum** ergeben, d.h. der Leiharbeitnehmer ist so zu behandeln wie die Stammarbeitnehmer, die im Zeitpunkt des Beginns der jeweiligen Überlassung vom Entleiher eingestellt worden sind.[152] Ebenfalls auf den Zeitpunkt des **Überlassungsbeginns** ist abzustellen hinsichtlich solcher Leistungen im Entleiherbetrieb, die an eine bestimmte **Betriebszugehörigkeit** anknüpfen.[153]

cc) Geltende wesentliche Arbeitsbedingungen

Nach § 9 Nr. 2 darf der Verleiher seinen Leiharbeitnehmern nicht **116** schlechtere als die für vergleichbare Stammarbeitnehmer des Entleihers geltenden „wesentlichen Arbeitsbedingungen" gewähren. Dies entspricht im Wesentlichen Art. 5 Abs. 1 der Leiharbeitsrichtlinie (vgl. Rn. 12, 77).

Vor Umsetzung der Leiharbeitsrichtlinie durch die AÜG-Reform im **117** Jahr 2011 (d.h. in Bezug auf §§ 9 Nr. 2, 3 Abs. 1 Nr. 3, 10 Abs. 4 bis vor dem 30.4.2011, vgl. Rn. 32) war umstritten, was unter dem Begriff der „wesentlichen Arbeitsbedingungen" zu verstehen war. Nach der Gesetzesbegründung im Rahmen der Hartz-Reform des AÜG (vgl. Rn. 5) waren **Arbeitsbedingungen** alle nach dem allgemeinen Arbeitsrecht vereinbarten Bedingungen, wie Dauer der Arbeitszeit und des Urlaubs oder die Nutzung sozialer Einrichtungen,[154] d.h. **alle formellen**

---

151 *Hamann*, EuZA Bd. 2 (2009), 287, 306 f.; *Thüsing/Stiebert*, in: Brand/Lembke, Der CGZP-Beschluss des BAG, S. 59, 68 f.; vgl. auch *Thüsing*, RdA 2009, 118. – A.A. Thüsing/*Pelzner/Kock*, § 3 Rn. 79; *Sansone*, S. 522 ff., die auf den „zuletzt" eingestellten Stammarbeitnehmer des Entleihers abstellen.
152 *Lembke*, BB 2003, 98, 101; *Thüsing*, DB 2002, 2218, 2221.
153 *Lembke*, BB 2003, 98, 101; *Thüsing*, DB 2002, 2218, 2221.
154 BT-Drs. 15/25, S. 38; s. auch *Kokemoor*, NZA 2003, 238, 240; so noch immer Ziff. 3.1.5 Abs. 2 der GA-AÜG (Stand: 2/2013).

und materiellen das Arbeitsverhältnis regelnden Bedingungen. Vom Gesetz erfasst wurden aber seit jeher nur die „**wesentlichen**" Arbeitsbedingungen. Was damit gemeint war, blieb unklar. Als **Orientierung** wurde nach richtiger Auffassung – über § 11 Abs. 1 Satz 1, der hinsichtlich des Nachweises der „wesentlichen Vertragsbedingungen des Leiharbeitsverhältnisses" auf das **Nachweisgesetz** verweist, – § 2 Abs. 1 Satz 2 NachwG herangezogen,[155] während andere auf die Begriffsbestimmungen des EG-Richtlinienentwurfs abstellten.[156] Wesentlich waren in Orientierung an das NachwG also insbesondere die in § 2 Abs. 1 Satz 2 Nr. 4 bis 9 NachwG genannten Arbeitsbedingungen (Arbeitsort, Art der Tätigkeit, Arbeitsentgelt, Arbeitszeit, Urlaub, Kündigungsfristen). Unter wesentliche Arbeitsbedingungen fielen also nicht nur die essentialia negotii (Vergütung und Umstände der Arbeitsleistung, insbesondere Arbeitszeit), sondern alle Arbeitsbedingungen, welche die Haupt- und Nebenpflichten der Vertragsparteien wesentlich berühren (z.B. Überstundenregelung, Verschwiegenheitspflichten, betriebliche Altersversorgung, nachvertragliches Wettbewerbsverbot, Ausschlussfristen; vgl. auch die Definition des Entwurfs der EG-Richtlinie oben Rn. 9). Vereinfacht gesagt fiel unter „wesentliche Arbeitsbedingungen" alles, was üblicherweise in Arbeitsverträgen des jeweiligen Verkehrskreises vereinbart wird.[157]

118 **Nach Umsetzung der Leiharbeitsrichtlinie** in §§ 9 Nr. 2, 3 Abs. 1 Nr. 3, 10 Abs. 4 mit Wirkung ab dem 30.4.2011 (vgl. Rn. 31 ff.) – bzw. nach Auffassung des BAG bereits während der bis zum 5.12.2011 (Art. 11 Abs. 1 RL) laufenden Umsetzungsfrist – ist der **Rechtsbegriff „wesentliche Arbeitsbedingungen" europarechtskonform wie in der Leiharbeitsrichtlinie** zu verstehen[158] (vgl. Rn. 77).

119 Art. 3 Abs. 1 lit. f) RL definiert „**wesentliche Arbeits- und Beschäftigungsbedingungen**" als

---

155 Voraufl., § 9 Rn. 61 m.w.N.; ebenso *Bertram*, FA 2003, 200, 202; *Reineke*, 2004, S. 98; *Steuer*, S. 160; vgl. auch *Sansone*, S. 160 ff.
156 Vgl. ErfK/*Wank*, 5. Aufl. 2005, § 3 AÜG Rn. 20 f.
157 Voraufl., § 9 Rn. 62.
158 BAG, 23.3.2011 – 5 AZR 7/10, NZA 2011, 850, 852 f., Rn. 25 ff., Os. 3; wie hier *Hamann*, EuZA Bd. 2 (2009), S. 287, 305; *Thüsing/Mengel*, § 9 Rn. 30; *Thüsing/Stiebert*, in: Brand/Lembke, Der CGZP-Beschluss des BAG, S. 59, 64; *Schüren/Wank*, RdA 2011, 1, 3 f. – Ziff. 3.1.5 Abs. 2 der GA-AÜG geht hingegen immer noch vom alten Verständnis des Begriffs „wesentliche Arbeitsbedingungen" von vor Umsetzung der Leiharbeitsrichtlinie aus; ebenso *Freckmann/Gallini*, BB 2013, 309, 310.

III. Schlechterstellungsverbot bzw. Grundsatz des Equal Pay/Treatment § 9

- „die Arbeits- und Beschäftigungsbedingungen, die **durch** Gesetz, Verordnung, Verwaltungsvorschrift, Tarifvertrag und/oder **sonstige verbindliche Bestimmungen allgemeiner Art**, die **im entleihenden Unternehmen** gelten, festgelegt sind und
- sich **auf** folgende Punkte **beziehen**: (i) **Dauer der Arbeitszeit, Überstunden, Pausen, Ruhezeiten, Nachtarbeit, Urlaub, arbeitsfreie Tage**, (ii) **Arbeitsentgelt**".

Dabei ist davon auszugehen, dass die Aufzählung der wesentlichen Arbeitsbedingungen in Art. 3 Abs. 1 lit. f), Art. 5 Abs. 1 UAbs. 2 lit. a) der Leiharbeitsrichtlinie **abschließend** ist.[159] Allerdings ist zu beachten, dass sich nach dem Wortlaut der RL die wesentlichen Arbeitsbedingungen nur auf die vorgenannten Punkte „beziehen" müssen. Eine Arbeitsbedingung ist also wesentlich, wenn sie einen unmittelbaren „**Bezug**" zur Dauer der Arbeitszeit, zu Überstunden, Pausen, Ruhezeiten, Nachtarbeit, Urlaub, arbeitsfreien Tage oder Arbeitsentgelt hat. 120

(1) Wesentliche Arbeitsbedingungen

Im Vordergrund des Schlechterstellungsverbots bzw. Gleichbehandlungsgrundsatzes **steht** in der Praxis der **Grundsatz des** „**Equal Pay**"[160] und damit der Begriff des Arbeitsentgelts i. S. d. Art. 3 Abs. 1 lit. f (ii) RL. Dies liegt nicht zuletzt daran, dass ein Leiharbeitnehmer im laufenden Arbeitsverhältnis mit dem Verleiher regelmäßig keinen Rechtsstreit über die während der Überlassung zu beachtende Equal Treatment-Verpflichtungen des Verleihers führen wird, insbesondere wenn das Arbeitsverhältnis befristet ist oder noch nicht länger als sechs Monate läuft und damit noch nicht unter das KSchG fällt (vgl. § 1 Abs. 1 KSchG) und der Verleiher ggf. – anders als der Leiharbeitnehmer – davon ausgeht, dass wirksame abweichende Tarifregelungen Anwendung finden. Daher wird sich der Leiharbeitnehmer in der Praxis häufig erst nach seinem Ausscheiden beim Verleiher auf den Grundsatz des Equal Pay/Treatment berufen und für bereits abgeschlossene Zeiten der Überlassung an einen oder mehrere Entleiher geltend machen, dass er dieselben Arbeitsbedingungen wie vergleichbare Arbeitnehmer des jeweiligen Entleihers hätte gewährt erhalten müssen. Dann ist die Arbeitsleistung – ggf. im Rahmen von Überstunden – aber bereits erbracht 121

---

[159] BAG, 23.3.2011 – 5 AZR 7/10, NZA 2011, 850, 852, Rn. 28; *Boemke*, RIW 2009, 177, 180; *Thüsing/Stiebert*, in: Brand/Lembke, Der CGZP-Beschluss des BAG, S. 59, 63.
[160] Vgl. bereits BT-Drs. 15/25, S. 38.

bzw. der ggf. zusätzlich zu gewährende Urlaub kann wegen Beendigung des Arbeitsverhältnisses nicht mehr gewährt werden und ist daher abzugelten (vgl. § 7 Abs. 4 BUrlG). Daher stehen in der Praxis regelmäßig Zahlungsansprüche im Raum. Dies zeigt sich beispielsweise auch in den Fällen, in denen Verleiher mit Leiharbeitnehmern die Anwendung der von der tarifunfähigen CGZP abgeschlossenen Tarifverträge vereinbart hatten (vgl. dazu Rn. 301 ff.).

(a) Arbeitsentgelt

122 Die Leiharbeitsrichtlinie lässt gemäß Art. 3 Abs. 2 UAbs. 1 RL das nationale Recht in Bezug auf die Begriffsbestimmung von „Arbeitsentgelt" unberührt, d.h. der Begriff des Arbeitsentgelts **bestimmt sich nach nationalem Recht** (vgl. Rn. 13).

123 Der Begriff „Arbeitsentgelt" ist **weit zu verstehen**[161] und erfasst Entgelt im engeren und im weiteren Sinne.[162] Unter den Begriff des Arbeitsentgelts fallen **alle vom Arbeitgeber** an den Arbeitnehmer **mit Rücksicht auf das** bestehende **Arbeitsverhältnis gewährten Geld- oder Sachzuwendungen**[163] Arbeitsentgelt umfasst also nicht nur das laufende Entgelt, sondern auch alle Zuschläge und Zulagen sowie weitere Vergütungsbestandteile, so dass z.B. dem Leiharbeitnehmer vom Verleiher zugeflossene **Sonderzahlungen**, Prämien und Mietzuschüsse in den Gesamtvergleich (dazu unten Rn. 148 ff.) einzustellen sind.[164]

124 **Fahrtkostenerstattungen** und Spesen können ebenso wie Mietzuschüsse[165] Vergütungsbestandteile sein,[166] die im Rahmen des § 10

---

161 BAG, 23.3.2011 – 5 AZR 7/10, NZA 2011, 850, 853, Rn. 33.
162 *Boemke*, RIW 2009, 177, 181; ErfK/*Wank*, § 3 AÜG Rn. 14; so auch das frühere Verständnis, vgl. Vorauflage. § 9 Rn. 162. – Zu den Entgeltbegriffen näher *Lembke*, NJW 2010, 257, 259 f.; *Lembke*, Arbeitsvertrag für Führungskräfte, S. 79 ff.; vgl. auch BAG, 7.9.2004 – 9 AZR 631/03, NZA 2006, 941, 942 f.
163 Schaub/*Linck*, § 66 Rn. 3; *Lembke*, NJW 2010, 257, 258 m.w.N.
164 Vgl. BAG, 23.3.2011 – 5 AZR 7/10, NZA 2011, 850, 853, Rn. 35.
165 Vgl. BAG, 23.3.2011 – 5 AZR 7/10, NZA 2011, 850, 853, Rn. 35.
166 LAG Düsseldorf, 28.6.2012 – 15 Sa 228/12, BeckRS 2012, 73357; LAG Hamm, 29.2.2012 – 3 Sa 889/11, juris, Rn. 217; LAG Hamm, 25.1.2012 – 3 Sa 1544/11, juris, Rn. 266 ff. = BeckRS 2012, 69155; ArbG Freiburg, 18.10.2011 – 2 Ca 218/11, juris, Rn. 55 f. = BeckRS 2012, 65238; vgl. auch BAG, 12.1.2005 – 5 AZR 364/04, NZA 2005, 465 zum Widerrufsvorbehalt im Hinblick auf übertariflich gewährten Fahrtkostenersatz. – A.A. LAG Baden-Württemberg, 27.8.2012 – 9 Sa 187/11, BeckRS 2012, 74414; LAG Berlin-Brandenburg, 20.9.2011 – 7 Sa 1318/11, BeckRS 2011, 76625; vgl. auch LAG Berlin-Brandenburg, 22.8.2012 – 4 Sa 960/12, BeckRS 2013, 65099.

III. Schlechterstellungsverbot bzw. Grundsatz des Equal Pay/Treatment § 9

Abs. 4 AÜG zu berücksichtigen sind. Entsprechendes gilt für Auslösungen[167] (vgl. auch § 850a Nr. 3 ZPO). **Auslösung** ist im arbeitsrechtlichen Sprachgebrauch die pauschalierte Aufwandsentschädigung bei auswärtiger Beschäftigung, welche zusätzliche Vergütungselemente enthält.[168] Jedenfalls soweit derartige Arbeitgeberleistungen Entgeltcharakter haben, sind sie im Rahmen des Gesamtvergleichs bei § 10 Abs. 4 zu berücksichtigen.[169] Arbeitsentgelt (zum Begriff Rn. 123) ist abzugrenzen vom Ersatz von Aufwendungen. Nach § 670 BGB (analog) ersatzfähige Aufwendungen des Arbeitnehmers liegen vor, wenn der Arbeitnehmer ein freiwilliges Vermögensopfer im Interesse des Arbeitgebers erbringt. Dabei ist eine Interessenabwägung vorzunehmen und abzugrenzen, ob das Vermögensopfer dem privaten Lebensbereich des Arbeitnehmers oder desjenigen des Arbeitgebers zuzurechnen ist. Dem Arbeitgeber kann bei entsprechender Anwendung des § 670 BGB nur dann das alleinige Tragen der Aufwendungen auferlegt werden, wenn sein Interesse so weit überwiegt, dass das Interesse des Arbeitnehmers vernachlässigt werden kann.[170] Bei Anwendung dieser Grundsätze ist im jeweiligen Einzelfall zu ermitteln, ob die Fahrtkosten vom Arbeitnehmer im eigenen Interesse aufgewendet werden und seinem privaten Lebensbereich zuzurechnen sind oder ob sie im weit überwiegenden Arbeitgeberinteresse aufgewendet werden und der Arbeitgebersphäre zuordnen sind. Dabei ist der Grundsatz zu berücksichtigen, dass Fahrten zwischen der Wohnung der Arbeitnehmers und der Arbeitsstätte zum persönlichen Lebensbedarf des Arbeitnehmers gehören, der vom Arbeitsentgelt zu bestreiten ist.[171] Letzteres gilt auch im Falle einer Versetzung, sofern dem Arbeitnehmer das tägliche Pendeln zumutbar ist.[172] Ist dem Leiharbeitnehmer das Pendeln an die jeweilige Arbeitsstelle beim Entleiher zuzumuten und erhält er dennoch Fahrtkostenersatz, Spesen, Auslöse, Fahrgeld o. ä., so haben diese Leistungen Entgeltcharakter und sind im Rahmen des § 10 Abs. 4 anzusetzen.

Für die **vermögenswirksamen Leistungen** ergibt sich der Entgeltcharakter bereits aus dem Gesetz: Nach § 2 Abs. 7 Satz 1 des 5 VermBG **125**

---

167 ArbG Regensburg, 5.6.2009 – 3 Ca 3006/08, unter I 1.2 und I 6; Thüsing/*Pelzner*, AÜG, 2. Aufl. 2008, § 3 Rn. 61; ErfK/*Wank*, § 10 AÜG Rn. 13.
168 LAG Hamm, 15.12.2011 – 11 Sa 1107/11, juris, Rn. 72; vgl. auch BAG, 12.12.2012 – 5 AZR 355/12, BeckRS 2013, 67178, Rn. 20.
169 Vgl. BAG, 13.3.2013 – 5 AZR 294/12, PM Nr. 17/13.
170 BAG, 12.4.2011 – 9 AZR 14/10, NZA 2012, 97, 99, Rn. 25; vgl. auch LAG Hamm, 30.6.2011 – 8 Sa 387/11, juris, Rn. 15f.
171 Küttner/*Griese*, Personalbuch, Aufwendungsersatz Rn. 2.
172 Vgl. ErfK/*Preis*, § 611 BGB Rn. 429.

§ 9 Unwirksamkeit

sind vermögenswirksame Leistungen „arbeitsrechtlich Bestandteil des Lohns oder Gehalts". Sie gehören damit zum Arbeitsentgelt[173] und sind folglich im Rahmen des bei § 10 Abs. 4 AÜG vorzunehmenden Gesamtvergleichs zu berücksichtigen.[174]

126 Nach Auffassung des BAG fallen unter den Begriff des „Arbeitsentgelts" i.S.d. § 9 Nr. 2 i.V.m. § 10 Abs. 4 auch „Ansprüche auf Entgeltfortzahlung".[175] Dies ist nur zutreffend im Hinblick auf Entgeltfortzahlung im Urlaubsfall, d.h. in Bezug auf das **Urlaubsentgelt** sowie in Bezug auf die **Entgeltfortzahlung an Feiertagen** nach § 2 Abs. 1 EFZG, **nicht hingegen** hinsichtlich **sonstiger Entgeltfortzahlungsansprüche** im Falle der Nichterbringung der Arbeitsleistung, wie z.B. Entgeltfortzahlung **im Krankheitsfall** nach § 3f. EFZG.[176] Denn die – für §§ 9 Nr. 2, 10 Abs. 4 AÜG maßgebliche – abschließende Aufzählung in Art. 3 Abs. 1 lit. f (i) RL erfasst nur „arbeitsfreie Tage" im Sinne von Feiertagen (Rn. 138) und „Urlaub" im Sinne von bezahltem Jahresurlaub (Rn. 137), nicht hingegen sonstige bezahlte oder unbezahlte Zeiten der Nichterbringung der Arbeitsleistung; an diesen arbeitsfreien Tagen liegt auch kein Fall der „Überlassung" i.S.d. Art. 3 Abs. 1 lit. e), Art. 5 Abs. 1 der Leiharbeitsrichtlinie bzw. der §§ 9 Nr. 2, 10 Abs. 4 AÜG vor, so dass grundsätzlich schon der zeitliche Geltungsbereich des Equal-Pay/Treatment-Grundsatz nicht eröffnet ist (vgl. Rn. 95).

127 **Sachleistungen** des Arbeitgebers sind im Gesamtvergleich mit dem jeweiligen geldwerten Vorteil zu berücksichtigen.[177] Darunter fallen z.B.

---

173 Schaub/*Linck*, § 80 Rn. 55.
174 A.A. LAG Berlin-Brandenburg, 20.9.2011 – 7 Sa 1318/11, BeckRS 2011, 76625. – Vgl. auch BAG, 18.4.2012 – 4 AZR 168/10 (A), NZA 2013, 386, 391f., wonach vermögenswirksame Leistungen nicht auf den Mindestlohnanspruch aus einem allgemeinverbindlichen Tarifvertrag anzurechnen ist; diese Entscheidung bezieht sich jedoch auf die Entsenderichtlinie und nicht die Leiharbeitsrichtlinie, welche die Bestimmung des Begriffs „Arbeitsentgelt" nach Art. 3 Abs. 2 den Mitgliedstaaten überlässt.
175 BAG, 23.3.2011 – 5 AZR 7/10, NZA 2011, 850, 853, Rn. 33.
176 Ebenso ErfK/*Wank*, § 3 AÜG Rn. 13. – A.A. hinsichtlich Entgeltfortzahlung im Krankheitsfall LAG Hamm, 22.8.2012 – 3 Sa 1851/11, juris, Rn. 185f.; LAG Berlin-Brandenburg, 24.11.2011 – 5 Sa 1524/11, BeckRS 2012, 67524; ArbG Freiburg, 18.10.2011 – 2 Ca 218/11, BeckRS 2012, 65238.
177 LAG Niedersachsen, 21.9.2012 – 6 Sa 113/12, BeckRS 2012, 76003, Ls. 3 zum Dienstwagen; *Laux*, FS Bepler, 2012, S. 335, 340; *Lembke*, BB 2003, 98, 101; Reufels/*Reufels/Dietrich*, Personaldienstleistungen, A Rn. 491; *Rieble/Klebeck*, NZA 2003, 23, 25; Thüsing/*Pelzner/Kock*, § 3 Rn. 71; *Thüsing/Stiebert*, in: Brand/Lembke, Der CGZP-Beschluss des BAG, S. 59, 64. – A.A. *Neumann*, NZA 2003, 113, 114.

III. Schlechterstellungsverbot bzw. Grundsatz des Equal Pay/Treatment § 9

der Firmenwagen,[178] die Möglichkeit des verbilligten Personalkaufs oder die Gewährung von Aktienoptionen durch den Arbeitgeber (nicht die Muttergesellschaft).[179]

Die **Fälligkeit** des jeweiligen Arbeitsentgeltbestandteils ist **keine** wesentliche Arbeitsbedingung i.S.d. §§ 9 Nr. 2, 10 Abs. 4.[180] **128**

Es wird vertreten, dass „betriebliche Systeme der sozialen Sicherheit einschließlich Rentensysteme, Systeme der Entgeltfortzahlung im Krankheitsfall oder Systeme der finanziellen Beteiligung" nicht zu den wesentlichen Arbeitsbedingungen i.S.d. Art. 3 Abs. 1 lit. f RL zählen. Dies ergebe sich im Umkehrschluss aus Art. 5 Abs. 4 UAbs. 2 RL.[181] Allerdings könnten die Mitgliedstaaten im Rahmen der Definition des Begriffs „Arbeitsentgelt" etwas anderes regeln. **129**

In Bezug auf **betriebliche Altersversorgung** lässt sich allerdings auch die Gegenposition vertreten,[182] weil betriebliche Altersversorgung Entgeltcharakter hat[183] und z.B. auch unter den Entgeltbegriff des Art. 157 AEUV (= Art. 119 EG a.F.) fällt.[184] Soweit man dementsprechend Systeme der betrieblichen Altersversorgung als wesentliche Arbeitsbedingung i.S.d. §§ 9 Nr. 2, 10 Abs. 4 ansieht, haben sie im Rahmen des § 10 Abs. 4 in der Praxis dennoch eine eher untergeordnete Relevanz, weil der Einsatz von Leiharbeitnehmern bei einem Entleiher typischerweise vorübergehend ist und die Unverfallbarkeitsfristen für Anwartschaften der betrieblichen Altersversorgung (vgl. §§ 1b Abs. 1, 30f BetrAVG) regelmäßig nicht erreicht werden.[185] **130**

Die **Nutzung sozialer Einrichtungen**, welche in der Gesetzesbegründung zur Hartz-Reform des AÜG (vgl. Rn. 5) noch als (wesentliche) Arbeitsbedingung benannt war,[186] ist im Rahmen der §§ 9 Nr. 2, 10 Abs. 4 nur von Bedeutung, sofern damit geldwerte Vorteile verbunden **131**

---

178 LAG Niedersachsen, 21.9.2012 – 6 Sa 113/12, BeckRS 2012, 76003.
179 Vgl. BAG, 12.2.2003 – 10 AZR 299/02, BB 2003, 1068 m. Anm. *Lembke*; ausf. *Annuß/Lembke*, BB 2003, 2230; *Lembke*, NJW 2010, 257, 258 f.
180 *Ulber*, § 9 Rn. 58. – A.A *Stoffels*, NZA 2011, 1057, 1058; vgl. auch *Lembke/Ludwig*, jurisPR-ArbR 43/2012 Anm. 5.
181 *Ulber*, AuR 2010, 10, 13.
182 So etwa Thüsing/*Pelzner/Kock*, § 3 Rn. 73.
183 Vgl. nur BAG, 4.5.1982 – 3 AZR 1202/79, NJW 1983, 2159; Schaub/*Vogelsang*, § 85 Rn. 9.
184 Vgl. HWK/*Tillmanns*, Art. 157 AEUV Rn. 11 ff. m.w.N.
185 Vgl. *Bauer/Krets*, NJW 2003, 537, 539.
186 BT-Drs. 15/25, S. 38.

sind und daher Arbeitsentgelt (vgl. Rn. 123) vorliegt[187] (vgl. auch § 13b Rn. 16).

(b) Dauer der Arbeitszeit

132 Die „**Dauer der Arbeitszeit**" i.S.d. Art. 3 Abs. 1 lit. f (i) RL betrifft das vertraglich geschuldete Arbeitszeitvolumen bezogen auf einen bestimmten Zeitraum, für den der Arbeitgeber als Gegenleistung das Arbeitsentgelt schuldet. Die Arbeitszeit kann gemäß Individual- oder Kollektivvereinbarung auf einen Wochen-, Monats-, Jahreszeitraum oder einen sonstigen beliebigen Zeitraum bezogen sein.[188]

(c) Überstunden

133 „**Überstunden**" i.S.d. Art. 3 Abs. 1 lit. f (i) RL liegen vor, wenn die Dauer der individuellen durch Kollektiv- oder Einzelarbeitsvertrag festgelegten Regelarbeitszeit wegen besonderer Umstände vorübergehend überschritten wird.[189] Unter die wesentlichen Arbeitsbedingungen mit unmittelbarem Bezug (vgl. Rn. 120) zu Überstunden fallen wohl auch die Befugnis zur Anordnung von Überstunden[190] und Entgeltzuschläge für Überstunden; Letzteres ließe sich freilich auch unter den Begriff des „Arbeitsentgelts" (Rn. 123) fassen.

(d) Pausen

134 Bei den „**Pausen**" i.S.d. Art. 3 Abs. 1 lit. f (i) RL handelt es sich um Ruhepausen i.S.v. § 4 ArbZG, d.h. um im Voraus festgelegte Unterbrechungen der Arbeitszeit, in denen der Arbeitnehmer weder Arbeit zu leisten noch sich dafür bereit zu halten braucht, sondern frei darüber verfügen kann, wo und wie er diese Ruhezeit verbringen will.[191]

(e) Ruhezeit

135 Der Begriff der „**Ruhezeit**" in Art. 3 Abs. 1 lit. f (i) RL ist i.S.v. Art. 2 Nr. 2 der Arbeitszeitrichtlinie[192] und § 5 ArbZG zu verstehen und erfasst jede Zeitspanne außerhalb der Arbeitszeit.[193]

---

187 Weitergehend Thüsing/*Pelzner/Kock*, § 3 Rn. 72.
188 *Boemke*, RIW 2009, 177, 180.
189 *Boemke*, RIW 2009, 177, 180; HWK/*Lembke*, § 106 GewO Rn. 35 m.w.N.
190 Dazu HWK/*Lembke*, § 106 GewO Rn. 35.
191 *Boemke*, RIW 2009, 177, 180 m.w.N.
192 Richtlinie 2003/88/EG des Europäischen Parlaments und des Rates vom 4.11.2003 über bestimmte Aspekte der Arbeitszeitgestaltung, ABlEG Nr. L 299, S. 9.
193 *Boemke*, RIW 2009, 177, 180.

III. Schlechterstellungsverbot bzw. Grundsatz des Equal Pay/Treatment § 9

(f) Nachtarbeit

Der Begriff der **Nachtarbeit** i.S.d. Art. 3 Abs. 1 lit. f (i) RL lässt sich aus Art. 2 Nr. 3 und 4 der Arbeitszeitrichtlinie 2003/88/EG erschließen. Nachtarbeit liegt danach vor, wenn ein Arbeitnehmer während der Nachtzeit normalerweise mindestens drei Stunden seiner täglichen Arbeitszeit verrichtet, wobei Nachtzeit jede in den einzelstaatlichen Rechtsvorschriften festgelegte Zeitspanne von mindestens sieben Stunden ist, welche auf jeden Fall die Zeitspanne zwischen 24 und 5 Uhr umfasst.[194]

136

(g) Urlaub

Der Begriff des „Urlaubs" i.S.d. Art. 3 Abs. 1 lit. f (i) RL erfasst nur den **bezahlten Jahresurlaub** (vgl. Erwägungsgrund 1 der RL) und nicht jede sonstige Art von Urlaub (z.B. „Krankheitsurlaub", „Mutterschaftsurlaub", „Elternurlaub" o.ä.).[195] Unter die wesentlichen Arbeitsbedingungen mit unmittelbarem Bezug (vgl. Rn. 120) zum Urlaub fallen auch das Urlaubsentgelt (§ 11 BUrlG) und die Urlaubsabgeltung (§ 7 Abs. 4 BUrlG).[196]

137

(h) Arbeitsfreie Tage

„**Arbeitsfreie Tage**" i.S.d. Art. 3 Abs. 1 lit. f (i) RL sind lediglich **Feiertage**, also Tage, an denen von Gesetzes wegen regelmäßig keine Arbeitspflicht besteht.[197] Dies ergibt sich aus den anderen Sprachfassungen der Leiharbeitsrichtlinie (z.B. englisch: „public holidays"; französisch: „jour feriés"). Sonstige Tage, an denen keine Pflicht zur Arbeitsleistung besteht, fallen daher nicht unter Art. 3 Abs. 1 lit. f (i) RL und sind folglich im Rahmen des Schlechterstellungsverbots nach § 9 Nr. 2 unbeachtlich. Die Entgeltfortzahlung an Feiertagen nach § 2 Abs. 1 EFZG ist eine wesentliche Arbeitsbedingung mit unmittelbarem Bezug (vgl. Rn. 120) zu dem Punkt „arbeitsfreie Tage" i.S.d. Art. 3 Abs. 1 lit. f (i) RL, so dass entsprechende Zahlungen im Rahmen des Gesamtvergleichs von Entgeltzahlungen bei einem Anspruch auf Differenzvergütung nach § 10 Abs. 4 zu berücksichtigen sind (vgl. oben Rn. 126).

138

---

[194] *Boemke*, RIW 2009, 177, 180.
[195] *Boemke*, RIW 2009, 177, 180f. – A.A. *Sansone*, S. 488f.
[196] Vgl. BAG, 23.3.2011 – 5 AZR 7/10, NZA 2011, 850f., Rn. 10 bis 13.
[197] *Boemke*, RIW 2009, 177, 181; *Sansone*, S. 489. – A.A. *Thüsing*/*Pelzner*/*Kock*, § 3 Rn. 77.

§ 9 Unwirksamkeit

(2) Keine wesentlichen Arbeitsbedingungen

139 Nicht zu den wesentlichen Arbeitsbedingungen i.S.d. §§ 9 Nr. 2, 10 Abs. 4 gehören alle Arbeitsbedingungen, die nicht unter die vorstehende (Rn. 119ff.) abschließende Aufzählung der „wesentlichen Arbeits- und Beschäftigungsbedingungen" i.S.d. Art. 3 Abs. 1 lit. f RL fallen. Dies gilt auch, wenn sie im Übrigen unter den Katalog der wesentlichen Vertragsbedingungen nach § 2 Abs. 1 Satz 2 NachwG fallen. Explizit entschieden hat dies das BAG bereits für die im Entleiherbetrieb geltenden **Ausschlussfristen**; sie gehören **nicht** zu den wesentlichen Arbeitsbedingungen i.S.d. § 9 Nr. 2 i.V.m. § 10 Abs. 4.[198] Entsprechendes gilt für die **Kündigungsfristen** und Regelungen zur **Befristung** des Arbeitsverhältnisses.

(3) Geltende Arbeitsbedingungen

140 Im Rahmen des Schlechterstellungsverbots kommt es auf die wesentlichen Arbeitsbedingungen an, die für vergleichbare Arbeitnehmer des Entleihers gelten. „Wesentliche Arbeits- und Beschäftigungsbedingungen" sind gemäß Art. 3 Abs. 1 lit. f RL – der für die Auslegung des §§ 9 Nr. 2, 10 Abs. 4 AÜG maßgeblich ist (vgl. Rn. 118f.) – sind nur solche, die „durch Gesetz, Verordnung, Verwaltungsvorschrift, Tarifvertrag und/oder sonstige verbindliche Bestimmungen allgemeiner Art, die im entleihenden Unternehmen gelten, festgelegt sind". Sie müssen also in **„verbindlichen Bestimmungen allgemeiner Art"** niedergelegt sein, **die im entleihenden Unternehmen** grundsätzlich für alle Arbeitnehmer gelten.[199] Derartige Bestimmungen umfassen **Betriebsvereinbarungen**, die normativ für alle Arbeitnehmer des Entleiherbetriebs gelten (vgl. § 77 Abs. 4 Satz 1 BetrVG) oder Tarifverträge, die im Entleiherbetrieb kraft beiderseitiger Tarifbindung (§§ 3 Abs. 1, 4 Abs. 1 TVG), Allgemeinverbindlichkeit (§ 5 Abs. 4 TVG) oder aufgrund generell vereinbarter Inbezugnahme der Tarifverträge allgemein für alle Arbeitnehmer Anwendung finden.[200] In Betracht kommen auch wesentliche Arbeitsbedingungen, die aufgrund eines kollektiven Tatbestands generell gegenüber der gesamten Belegschaft des Entleihers individualrechtlich gelten, also aufgrund **betrieblicher Übung**, kraft **Gesamtzusage** oder nach dem **arbeitsrechtlichen Gleichbehandlungsgrundsatz**.

---

198 BAG, 23.3.2011 – 5 AZR 7/10, NZA 2011, 850, 851, Rn. 14ff., 22ff.
199 *Boemke*, RIW 2009, 177, 179.
200 *Boemke*, RIW 2009, 177, 179f.

III. Schlechterstellungsverbot bzw. Grundsatz des Equal Pay/Treatment § 9

Im Rahmen des Grundsatzes von Equal Pay/Treatment werden hingegen solche wesentlichen Arbeitsbedingungen **nicht** berücksichtigt, die ein vergleichbarer Arbeitnehmer des Entleihers aufgrund **individueller Vereinbarungen mit dem Entleiher** erhält. Sie fallen nicht unter die Definition der „wesentlichen Arbeitsbedingungen" i.S.d. § 9 Nr. 2, 10 Abs. 4 AÜG bzw. Art. 3 Abs. 1 lit. f) RL, weil sie keine sonstigen verbindlichen Bestimmungen *allgemeiner Art* darstellen, die *im entleihenden Unternehmen* gelten. 141

Im Rahmen der Darlegungs- und Beweislast muss der Arbeitnehmer vortragen, aufgrund welcher beim Entleiher geltenden verbindlichen Bestimmungen allgemeiner Art die von ihm behaupteten wesentlichen Arbeitsbedingungen an vergleichbare Arbeitnehmer des Entleihers gewährt werden. Pauschale Behauptungen sind unzureichend. Eine Auskunft nach § 13 erleichtert die Darlegungs- und Beweislast (näher Rn. 474 ff.). 142

dd) Schlechtere Arbeitsbedingungen

§ 9 Nr. 2 untersagt für die Zeit der Überlassung Vereinbarungen, die den Leiharbeitnehmer hinsichtlich der wesentlichen Arbeitsbedingungen schlechter stellen als vergleichbare Arbeitnehmer des Entleihers. 143

(1) Schlechterstellungsvergleich

Untersagt ist also nur eine Schlechterstellung des Leiharbeitnehmers. Werden beim Verleiher günstigere Arbeitsbedingungen für den Leiharbeitnehmer vereinbart, bleiben diese bestehen. Vereinbarungen sind zulässig, wenn (und soweit) sie für den Leiharbeitnehmer nicht schlechtere Arbeitsbedingungen vorsehen als die im Entleiherbetrieb geltenden. Insoweit ist ein **Vergleich** anzustellen **zwischen** den durch Vereinbarung **beim Verleiher geregelten Arbeitsbedingungen des Leiharbeitnehmers** einerseits **und** den **für vergleichbare Arbeitnehmer des Entleihers im Entleiherbetrieb geltenden Arbeitsbedingungen** andererseits.[201] 144

Diese Vergleichsbetrachtung steht **im Einklang mit Art. 5 Abs. 1 RL** (vgl. auch Erwägungsgrund 14[202]). Dort heißt es, dass die wesentlichen Arbeits- und Beschäftigungsbedingungen der Leiharbeitnehmer wäh- 145

---

201 *Bauer/Krets*, NJW 2003, 537, 538; *Thüsing*, DB 2003, 446, 447 – A.A. ErfK/*Wank*, § 3 AÜG Rn. 28.
202 Vgl. darauf abstellend BAG, 23.3.2011 – 5 AZR 7/10, NZA 2011, 850, 853, Rn. 34.

rend der Dauer ihrer Überlassung „**mindestens**" denjenigen entsprechen müssen, die für sie gelten würden, wenn sie vom Entleiher unmittelbar für den gleichen Arbeitsplatz eingestellt worden wären.

146　Unwirksam sind Vereinbarungen nur dann, wenn der Leiharbeitnehmer durch diese schlechter gestellt wird als vergleichbare Stammarbeitnehmer des Entleihers. **Bleibt offen**, ob die Arbeitsbedingungen im Verleiherbetrieb **günstiger** für den Leiharbeitnehmer sind als die im Entleiherbetrieb, **gelten** die **mit dem Verleiher vereinbarten Arbeitsbedingungen**. Anders als bei § 4 Abs. 3 TVG[203] sind im Rahmen des vorzunehmenden Schlechterstellungsvergleichs beim Verleiher geltende Vereinbarungen nicht nur dann wirksam, wenn sie den Leiharbeitnehmer günstiger stellen, sondern nur dann unwirksam, wenn sie diesen schlechter stellen.

147　Will der **Leiharbeitnehmer** die im Entleiherbetrieb für vergleichbare Stammarbeitnehmer geltenden Arbeitsbedingungen vom Verleiher einfordern, muss er also **nachweisen**, dass die beim Verleiher geltende Vereinbarung ihn insoweit schlechter stellt. Gelingt ihm dieser Nachweis nicht, dann bleibt es auch für die Zeit der Überlassung bei den beim Verleiher geltenden Regelungen.[204]

(2) Gesamt- bzw. Sachgruppenvergleich

148　Zur Beantwortung der Frage, ob die Vereinbarung mit dem Verleiher den Leiharbeitnehmer schlechter stellt als vergleichbare Arbeitnehmer des' Entleihers, ist ein Vergleich zwischen den jeweiligen wesentlichen Arbeitsbedingungen anzustellen. Wie beim Günstigkeitsvergleich nach § 4 Abs. 3 TVG ist ein **Sachgruppenvergleich** vorzunehmen und **kein Einzelvergleich** einzelner Arbeitsbedingungen.[205] Gegen den Einzelvergleich, bei dem bezogen auf jede einzelne Arbeitsbedingung bzw. für jeden einzelnen Entgeltbestandteil zu prüfen ist, ob die Arbeitsbedingungen im Verleiherbetrieb günstiger sind als im Entleiherbetrieb, spricht, dass der Grundsatz der Gleichbehandlung von Leiharbeitnehmern (Art. 5 Abs. 1 RL) gerade nicht ihre Meistbegünstigung im Sinne der „Rosinentheorie" des Einzelvergleichs fordert. Die miteinander zu vergleichenden Sachgruppen ergeben sich aus den in Art. 3 Abs. 1 lit. f

---

203　Vgl. HWK/*Henssler*, § 4 TVG Rn. 39 m.w.N.
204　Vgl. Thüsing/*Mengel*, § 9 Rn. 34.
205　Ebenso *Bertram*, FA 2003, 200, 203; *Hamann*, EuZA Bd. 2 (2009), S. 287, 307; Thüsing/*Mengel*, § 9 Rn. 26f.; *Sansone*, S. 285ff.; *Thüsing/Stiebert*, in: Brand/Lembke, Der CGZP-Beschluss des BAG, S. 59, 70; *Thüsing*, DB 2003, 446, 447.

III. Schlechterstellungsverbot bzw. Grundsatz des Equal Pay/Treatment § 9

RL genannten Punkten. Daher ist das Arbeitsentgelt (inklusive aller Bestandteile), das der Verleiher dem Leiharbeitnehmer gewährt, mit dem – auf verbindlichen Bestimmungen allgemeiner Art beruhenden (vgl. Rn. 140) – Arbeitsentgelt (inklusive aller Bestandteile), das der Entleiher vergleichbaren Arbeitnehmern im Einsatzbetrieb gewährt, zu vergleichen. Ferner sind die beim Verleiher bzw. beim Entleiher geltenden Pausen, Ruhezeiten etc. jeweils miteinander zu vergleichen.

Abzustellen ist nicht auf das subjektive Urteil des konkret betroffenen (Leih-)Arbeitnehmers, sondern darauf, wie ein **verständiger Arbeitnehmer** unter Berücksichtigung seines Berufsstandes und der Verkehrsanschauung die Bedingungen **objektiv** einschätzen würde. **Zeitlich** ist auf den Zeitpunkt abzustellen, in dem die Arbeitsbedingungen im Verleiherbetrieb und im Entleiherbetrieb **erstmals konkurrieren**,[206] also regelmäßig im Zeitpunkt des Beginns der jeweiligen Überlassung. 149

Die **Bundesagentur für Arbeit** als Aufsichtsbehörde (§ 17 Abs. 1) geht ebenfalls vom Grundsatz des Sachgruppenvergleichs aus. In den – dogmatisch unscharf formulierten – Geschäftsanweisungen der BA heißt es insoweit:[207] 150

„(3) Beim Vergleich der Arbeitsbedingungen ist kein summarischer Vergleich zu ziehen bzw. keine Gesamtschau vorzunehmen. Es sind jeweils die einzelnen Arbeitsbedingungen zu vergleichen (Sachgruppenvergleich).

(4) Beim Vergleich des Arbeitsentgelts sind nicht die einzelnen Bestandteile, sondern das Arbeitsentgelt in seiner Gesamtschau zu vergleichen. Die Mindestsicherung der für vergleichbare Arbeitnehmer geltenden Arbeitsbedingungen erstreckt sich auf das Arbeitsentgelt und die Arbeitsbedingungen. Für eine Pauschalierung der zu gewährenden sonstigen Arbeitsbedingungen fehlt es an einer gesetzlichen Grundlage."

In der Praxis stehen im Rahmen der §§ 9 Nr. 2, 10 Abs. 4 die **finanziellen Ansprüche** in Bezug auf die wesentlichen Arbeitsbedingungen i.S.d. Art. 3 Abs. 1 lit. f RL im Vordergrund, welche letztlich alle den Charakter von Arbeitsentgelt haben (vgl. oben Rn. 121 ff.). Nach dem 151

---

206 Vgl. HWK/*Henssler*, § 4 TVG Rn. 40.
207 Ziff. 3.1.5 Abs. 3 und 4 GA-AÜG (Stand: 2/2013).

BAG ist im Hinblick auf das „Arbeitsentgelt" ein **Gesamtvergleich der Entgelte im jeweiligen Überlassungszeitraum** anzustellen.[208]

152 Die teilweise vertretene Auffassung, es sei ein **Einzelvergleich** zwischen den verschiedenen Entgeltkomponenten anzustellen (z.B. Vergleich von Grundgehalt beim Verleiher mit Grundgehalt beim Entleiher, Vergleich von Leistungszulage beim Verleiher mit Leistungszulage beim Entleiher etc.),[209] ist **abzulehnen**, weil sie zu einer Meistbegünstigung des Leiharbeitnehmers im Sinne einer Rosinenpickerei führen würde (vgl. Rn. 148), welche von der Leiharbeitsrichtlinie nicht gedeckt ist;[210] vielmehr fordert Art. 5 Abs. 1 RL z.B. in Bezug auf die wesentliche Arbeitsbedingung „Arbeitsentgelt", dass das Arbeitsentgelt des Leiharbeitnehmers während der Dauer der Überlassung mindestens demjenigen entspricht, was der Leiharbeitnehmer als Arbeitsentgelt (insgesamt) erhielte, wenn er vom Entleiher unmittelbar für den gleichen Arbeitsplatz eingestellt worden wäre. Art. 2 RL gibt zudem als Ziel der Leiharbeitsrichtlinie den „Schutz der Leiharbeitnehmer" und nicht deren Besserstellung aus. Ferner ist zu beachten, dass nach Art. 3 Abs. 2 UAbs. 1 RL die Mitgliedstaaten bestimmen können, was zum Arbeitsentgelt zählt. Auch dies spricht dafür, alle finanziellen Ansprüche mit Arbeitsentgeltcharakter als eine Vergleichsgruppe zu betrachten.

153 Besteht dem Grunde nach ein Anspruch auf Gewährung gleicher Arbeitsbedingungen gemäß §§ 10 Abs. 4, 9 Nr. 2 während der Dauer der Überlassung, ist also ein **Gesamtvergleich der Entgelte im Überlassungszeitraum** anzustellen. Der Gesamtvergleich der Entgelte hat dabei wie für Zeiträume des Annahmeverzuges derart zu erfolgen, dass anderweitiger Verdienst für die gesamte Dauer des Annahmeverzuges anzurechnen ist. Es ist zunächst die Vergütung für die infolge des Verzugs nicht geleisteten Dienste zu ermitteln; dieser Gesamtvergütung ist gegenüberzustellen, was der Arbeitnehmer in der betreffenden Zeit anderweitig erworben hat.[211] Für die Berechnung des Entgelts bei Arbeitnehmerüberlassung bedeutet das, dass das Entgelt eines vergleichbaren Arbeitnehmers im Überlassungszeitraum mit den einzubeziehenden Bestandteilen anzusetzen ist und diesem die gesamte bezogene Vergütung durch den Vertragsarbeitgeber gegenüberzustellen ist.[212]

---

208 BAG, 23.3.2011 – 5 AZR 7/10, NZA 2011, 850, 853, Rn. 35; BAG, 13.3.2013 – 5 AZR 242/12, 294/12 u.a., PM Nr. 17/13.
209 *Boemke*, RIW 2009, 177, 184.
210 Ebenso *Hamann*, EuZA Bd. 2 (2009), S. 287, 307.
211 LAG Hamm, 25.1.2012 – 3 Sa 1544/11, juris, Rn. 263 ff. = BeckRS 2012, 69155.
212 LAG Hamm, 25.1.2012 – 3 Sa 1544/11, juris, Rn. 263 ff. = BeckRS 2012, 69155.

III. Schlechterstellungsverbot bzw. Grundsatz des Equal Pay/Treatment § 9

Nicht gerechtfertigt ist hingegen eine Stückelung nach einzelnen Arten von Leistungen, so dass nicht das laufende monatliche Entgelt einerseits, Jahresleistungen andererseits, Aufwendungsersatzleistungen und ähnliches gesondert zu ermitteln und anzusetzen sind.[213] Eine solche Berechnung würde dazu führen, dass dem Leiharbeitnehmer höhere Leistungen zuerkannt würden als einem vergleichbaren Stammarbeitnehmer im Entleiherbetrieb, denn sonst wären beispielsweise Jahresleistungen, die der Vertragsarbeitgeber nicht erbringt, voll anzusetzen, ohne dass der Vertragsarbeitgeber die Möglichkeit hätte, ggf. höheres laufendes Entgelt gegenüber einem Stammarbeitnehmer des Entleiherbetriebs anzurechnen.[214]

154

Gewährt der Verleiher dem Leiharbeitnehmer mehr bezahlten (Erholungs-)**Urlaub** als der Entleiher seinen vergleichbaren Arbeitnehmern, ist die mit dem Verleiher getroffene Vereinbarung günstiger für den Leiharbeitnehmer und nach § 9 Nr. 2 nicht unwirksam. Der Leiharbeitnehmer hat den mit dem Verleiher vereinbarten (längeren) Urlaubsanspruch.

155

Probleme können auch dann entstehen, wenn es um die **Dauer des Erholungsurlaubs** des Leiharbeitnehmers geht und insoweit im Entleiherbetrieb günstigere Regelungen bestehen als im Verleiherbetrieb. Hier ist der Urlaubsanspruch **zeitanteilig für die Zeit der Überlassung** gemäß den im Entleiherbetrieb geltenden Urlaubsgrundsätzen zu bestimmen, wobei mangels abweichender tariflicher Regelung bei der Berechnung des Urlaubsanspruchs § 5 BUrlG entsprechend anzuwenden ist.[215]

156

Im Hinblick auf die **Dauer der Arbeitszeit** gilt für den Schlechterstellungsvergleich im Rahmen der §§ 9 Nr. 2, 10 Abs. 4 Folgendes: Ist die regelmäßige (Wochen-)Arbeitszeit eines Leiharbeitnehmers nach den **beim Verleiher** geltenden Regelungen **länger** als die Regelarbeitszeit im Entleiherbetrieb, greift in diesem Fall für die Zeit der Überlassung gleichwohl nicht kraft Gleichbehandlung die kürzere Regelarbeitszeit des Entleiherbetriebs, weil sich nicht abstrakt generell beurteilen lässt, ob mehr oder weniger Arbeitszeit günstiger ist (vgl. Rn. 146). Dem Günstigkeitsvergleich zugänglich ist nur das Verhältnis von Leistung und Gegenleistung, also der Stundenlohn als solcher bzw. der Monatslohn im Verhältnis zur Monatsarbeitszeit. Daher wird in einem solchen

157

---

213 LAG Hamm, 25.1.2012 – 3 Sa 1544/11, juris, Rn. 263 ff. = BeckRS 2012, 69155; LAG Düsseldorf, 28.6.2012 – 15 Sa 228/12, BeckRS 2012, 73357.
214 LAG Hamm, 25.1.2012 – 3 Sa 1544/11, juris, Rn. 263 ff. = BeckRS 2012, 69155.
215 So wohl auch Thüsing/*Pelzner/Kock*, § 3 Rn. 76.

§ 9   Unwirksamkeit

Fall die **Arbeitszeit des Leiharbeitnehmers nicht reduziert**; ob er entsprechend seiner Regelarbeitszeit im Entleiherbetrieb eingesetzt werden kann, bestimmt sich nach dem Arbeitnehmerüberlassungsvertrag und den im Entleiherbetrieb geltenden kollektivrechtlichen Vereinbarungen. Soweit ein solcher Arbeitseinsatz ausscheidet, ist der Verleiher verpflichtet, dem Leiharbeitnehmer für die verbleibende Zeit eine andere Tätigkeit zuzuweisen; andernfalls gerät er in Annahmeverzug (§ 615 BGB).

158   Ist die Dauer der Arbeitszeit nach den beim Verleiher geltenden Vereinbarungen **kürzer** als im Entleiherbetrieb, verbleibt es ebenfalls bei den mit dem bzw. für den Verleiher getroffenen Vereinbarungen, weil die Dauer der Arbeitszeit wie dargelegt günstigkeits- bzw. schlechterstellungsneutral ist.[216] Ggf. ist der Leiharbeitnehmer zur Leistung von Überstunden verpflichtet, welche dann ggf. mit den beim Entleiher geltenden Zuschlägen zu vergüten sind (vgl. Rn. 133).

3. (Aufgehobene) Sechswochen-Ausnahme (§ 9 Nr. 2 Hs. 1 Teil 2 und Hs. 2 a.F.)

159   Als erste Ausnahme vom Grundsatz des Equal Pay/Treatment ist **in bestimmten Altfällen noch** immer die – durch die Hartz-Reform mit Wirkung ab dem 1.1.2003 eingeführte (vgl. Rn. 5) – sog. Sechswochen-Ausnahme in § 9 Nr. 2 Hs. 1 Teil 2 und Hs. 2 (bzw. wortgleich: § 3 Abs. 1 Nr. 3 Satz 1 Hs. 1 Teil 2, Hs. 2) in der bis zum 30.4.2011 geltenden Fassung **zu berücksichtigen**.

a) Überblick und Gesetzeszweck

160   Danach gilt der Grundsatz von Equal Pay/Treatment nicht, wenn der Verleiher einem Leiharbeitnehmer, der vor Aufnahme des Leiharbeitsverhältnisses arbeitslos war, während der Überlassung an einen Entleiher für die Dauer von insgesamt sechs Wochen mindestens ein Nettoarbeitsentgelt in Höhe des letzten Arbeitslosengelds gewährt (§ 9 Nr. 2 Hs. 1 Teil 2 a.F.). Dies gilt nicht, wenn mit demselben Verleiher bereits ein Leiharbeitsverhältnis bestanden hat (§ 9 Nr. 2 Hs. 2 a.F.).

161   Zweck der Ausnahmevorschrift war es, den Verleihern einen **Anreiz für die Einstellung von vormals Arbeitslosen** zu geben und Arbeitslosen damit den Wiedereinstieg in den Arbeitsmarkt zu erleichtern.[217] Die

---

216   Ebenso Thüsing/*Pelzner/Kock*, § 3 Rn. 75.
217   BT-Drs. 15/25, S. 38.

III. Schlechterstellungsverbot bzw. Grundsatz des Equal Pay/Treatment § 9

Vorschrift war allerdings zu kompliziert ausgestaltet, warf zahlreiche Zweifelsfragen auf und war wenig praxistauglich.

b) Zeitlicher Anwendungsbereich

Die **Sechswochen-Ausnahme** wurde im Zuge der Umsetzung der Leiharbeitsrichtlinie **durch** das „Erste Gesetz zur Änderung des Arbeitnehmerüberlassungsgesetzes – Verhinderung von Missbrauch der Arbeitnehmerüberlassung" vom 28.4.2011[218] (**1. AÜG-ÄndG) aufgehoben**, weil die in Kraft getretene Fassung der Leiharbeitsrichtlinie anders als der Richtlinienentwurf, auf dem die Sechswochen-Ausnahme beruhte, eine derartige Ausnahme vom Grundsatz des Equal Pay/Treatment nicht mehr vorsah (vgl. Rn. 7, 10, 15, 33). 162

Gemäß Art. 2 Abs. 2 des 1. AÜG-ÄndG trat die Streichung der Sechswochen-Ausnahme mit Wirkung ab dem 30.4.2011 in Kraft. Für sog. **Altfälle**, in denen der Leiharbeitsvertrag zwischen Leiharbeitnehmer und Verleiher vor dem 15.12.2010 abgeschlossen wurde, sah § 19 allerdings eine Ausnahme vor. Im Hinblick auf § 19 ist jedoch zu beachten, dass die Vorschrift unterschiedliche Fassungen für die Zeit ab dem 30.4.2011 und ab dem 30.7.2011 hat (näher § 19 Rn. 3 ff.). Vor diesem Hintergrund gilt die Sechswochen-Ausnahme von § 9 Nr. 2 Hs. 1 Teil 2 und Hs. 2 a.F. noch in folgenden Fällen: 163

aa) Ab dem 15.12.2010 begründetes Leiharbeitsverhältnis (Neufall)

Für ab dem 15.12.2010 – durch Abschluss des Leiharbeitsvertrags zwischen Verleiher und Leiharbeitnehmer – begründete Leiharbeitsverhältnisse (**Neufälle**) findet die **Sechswochen-Ausnahme** für die Zeit ab dem 30.4.2011 keine Anwendung mehr (vgl. § 19 Rn. 9). Umgekehrt bleibt die Sechswochen-Ausnahme (auch bei Neufällen) in der Zeit vom 15.12.2010 **bis zum 29.4.2011 relevant**, z.B. wenn der Leiharbeitnehmer Equal-Pay-Ansprüche geltend macht. Hier kann sich der Verleiher ggf. auf die Sechswochen-Ausnahme berufen. 164

bb) Vor dem 15.12.2010 begründetes Leiharbeitsverhältnis (Altfall)

Für Altfälle, in denen der Leiharbeitsvertrag vor dem 15.12.2010 abgeschlossen wurde, gilt in der Zeit vom 30.4.2011 bis zum 29.7.2011 § 19 in der Fassung des 1. AÜG-ÄndG. Danach finden die Regelungen des § 9 Nr. 2 und des § 3 Abs. 1 Nr. 3 AÜG in der Fassung der Hartz- 165

---

218 BGBl. I, S. 642.

§ 9   Unwirksamkeit

Reform Anwendung, so dass die Sechswochen-Ausnahme zum Grundsatz von Equal Pay/Treatment anwendbar ist (vgl. § 19 Rn. 16). Wurde das Leiharbeitsverhältnis also am oder vor dem 14.12.2010 begründet, **findet** die **Sechswochen-Ausnahme** noch in der Zeit **bis zum 29.7.2011 Anwendung**. Dies kann insbesondere in CGZP-Sachverhalten von Relevanz sein, in denen der Leiharbeitnehmer Equal-Pay-Ansprüche erhebt.

c) Tatbestandsvoraussetzungen

166   Die Sechswochen-Ausnahme in § 9 Nr. 2 Hs. 1 Teil 2 und Hs. 2 a.F. regelte, dass der Verleiher dem Leiharbeitnehmer für die Zeit der Überlassung nicht die Arbeitsbedingungen eines vergleichbaren Arbeitnehmers des Entleihers gewähren musste, wenn „der Verleiher […] dem zuvor arbeitslosen Leiharbeitnehmer für die Überlassung an einen Entleiher für die Dauer von insgesamt höchstens sechs Wochen mindestens ein Nettoarbeitsentgelt in Höhe des Betrages [gewährt], den der Leiharbeitnehmer zuletzt als Arbeitslosengeld erhalten hat; Letzteres gilt nicht, wenn mit demselben Verleiher bereits ein Arbeitsverhältnis bestanden hat". Die Sechswochen-Ausnahme setzte also Folgendes voraus:

aa) Zuvor arbeitsloser Leiharbeitnehmer

167   Die Ausnahmevorschrift greift nur, wenn es sich bei dem Leiharbeitnehmer um eine Person handelt, die **vor Aufnahme des Leiharbeitsverhältnisses arbeitslos** war. Der Begriff der Arbeitslosigkeit bestimmt sich nach § 119 SGB III a.F.[219] Erforderlich ist, dass der Arbeitnehmer nicht in einem Beschäftigungsverhältnis steht, sich bemüht, seine Beschäftigungslosigkeit zu beenden und den Vermittlungsbemühungen der Agentur für Arbeit zur Verfügung steht. Erfasst werden zunächst einmal **Kurzzeit- und Dauerarbeitslose**. Arbeitslos ist aber auch der-

---

219   HWK/*Kalb*, 4. Aufl. 2010, § 3 AÜG Rn. 36; Thüsing/*Mengel*, 2. Aufl. 2008, § 9 Rn. 37. – A.A. Thüsing/*Pelzner*, 2. Aufl. 2008, § 3 Rn. 74; *Sandmann/Marschall/ Scheider*, § 3 Rn. 21g, die auf § 16 SGB III abstellen. – Die §§ 117 ff. SGB III waren durch Art. 1 Nr. 62 des Dritten Gesetzes für moderne Dienstleistungen am Arbeitsmarkt vom 23.12.2003 („Hartz III"), BGBl. I, S. 2848, mit Wirkung ab dem 1.1.2005 (Art. 124 Abs. 3 des Gesetzes) neu gefasst worden. Die neuerlichen Änderungen der Vorschriften zum Arbeitslosengeld (§§ 136 ff. SGB III n.F.) durch das Gesetz zur Verbesserung der Eingliederungschancen am Arbeitsmarkt vom 20.12.2011 (BGBl. I, S. 2854) gelten erst mit Wirkung ab dem 1.4.2012 und sind daher im vorliegenden Kontext nicht relevant.

III. Schlechterstellungsverbot bzw. Grundsatz des Equal Pay/Treatment § 9

jenige, dessen Arbeitsverhältnis zur Zeit noch rechtlich besteht, der aber vom Arbeitgeber unwiderruflich freigestellt wurde,[220] und zwar auch dann, wenn er noch Entgelt bezieht. Arbeitslos können auch **Personen** sein, die **zuvor** noch in **keinem Beschäftigungsverhältnis** gestanden haben, wie z.b. **Hochschulabgänger** oder Personen, die sich unmittelbar nach ihrer Ausbildung der Familie gewidmet haben und nunmehr ins Berufsleben einsteigen wollen.[221] Weder Gesetzeswortlaut noch Sinn und Zweck der Regelung verlangen, dass der Leiharbeitnehmer die Voraussetzungen für den Bezug von Arbeitslosengeld erfüllt. Daher ist der Ausnahmetatbestand auch anwendbar, wenn der Arbeitslose vor seiner Einstellung als Leiharbeitnehmer nur noch Arbeitslosenhilfe bzw. Arbeitslosengeld II[222] bezogen hat[223] oder zuletzt ohne Leistungsbezug arbeitslos gewesen ist.[224] Derjenige Verleiher soll privilegiert werden, der einem Arbeitslosen eine Chance gibt, die er andernfalls am Arbeitsmarkt nicht gehabt hätte. Wegen der Bestimmung der Mindestvergütung unten Rn. 174 ff.

Der Leiharbeitnehmer muss **zuvor** arbeitslos gewesen sein. Dies ist dann **nicht** der Fall, wenn der Leiharbeitnehmer **unmittelbar von einem Beschäftigungsverhältnis in** das **Leiharbeitsverhältnis** wechselt. Ist dem Leiharbeitnehmer z.B. zum 31.3. rechtswirksam wegen Betriebsschließung gekündigt worden und stellt ihn der Verleiher ab dem 1.4. ein, dann liegen die Voraussetzungen von § 9 Nr. 2 Hs. 1 Teil 2 a.F. auch dann nicht vor, wenn sich der Leiharbeitnehmer bei der Agentur für Arbeit als arbeitsuchend gemeldet hatte. Erfolgt die Einstellung hingegen ab dem 2.4., dann ist vorherige Arbeitslosigkeit zumindest dann gegeben, wenn der Leiharbeitnehmer sich vor Abschluss des Leiharbeitsvertrags um eine Anschlussbeschäftigung bemüht hatte. Das Gesetz verlangt lediglich **vorherige Arbeitslosigkeit, ohne an** die **Zeitdauer** der Arbeitslosigkeit bestimmte **Anforderungen zu stellen.**[225]

168

---

220 Niesel/*Brand*, 3. Aufl. 2005, § 119 Rn. 16.
221 Thüsing/*Pelzner*, 2. Aufl. 2008, § 3 Rn. 74. – A.A. HWK/*Kalb*, 4. Aufl. 2010, § 3 AÜG Rn. 36.
222 Zum neuen im SGB II geregelten Arbeitslosengeld II ab 1.1.2005 *Bünger*, AnwBl 2004, 712 f.; *Gabke*, AiB 2004, 585; *Münder*, NJW 2004, 3209.
223 HWK/*Kalb*, 4. Aufl. 2010, § 3 AÜG Rn. 36; ErfK/*Wank*, 11. Aufl. 2011, § 3 AÜG Rn. 21; *Sandmann/Marschall/Schneider*, § 3 Rn. 21g. – A.A. Schüren/Hamann/*Schüren*, § 9 Rn. 143.
224 *Kokemoor*, NZA 2003, 238, 240; Thüsing/*Pelzner*, 2. Aufl. 2008, § 3 Rn. 77.
225 Ebenso Thüsing/*Mengel*, 2. Aufl. 2008, § 9 Rn. 37; Thüsing/*Pelzner*, 2. Aufl. 2008, § 3 Rn. 74.

§ 9 Unwirksamkeit

bb) Einmalige Ausnahme für sechs Wochen der Überlassung

169 Die Ausnahme gilt **einmal für** die Dauer von **insgesamt höchstens sechs Wochen der Überlassung** an einen Entleiher. Sie setzt lediglich voraus, dass der Verleiher dem zuvor arbeitslosen Leiharbeitnehmer für die Zeit der Überlassung an einen Entleiher für insgesamt höchstens sechs Wochen mindestens ein Nettoarbeitsentgelt „gewährt", das die Höhe des zuletzt bezogenen Arbeitslosengeldes erreicht. **Nicht erforderlich** ist, dass sich Verleiher und/oder Leiharbeitnehmer in dem Leiharbeitsvertrag oder der sonstigen Individualvereinbarung **explizit auf** die **Sechswochen-Ausnahme berufen**.[226] Das Gesetz enthält kein – wie auch immer geartetes – Zitiergebot.

170 **Unterbrechungen** der sechs Wochen (z.B. aufgrund einsatzfreier Zeiten) und **Aufteilung** auf Beschäftigungen bei verschiedenen Entleihern sind **möglich**.[227] Einsatzfreie Zeiten und sonstige Unterbrechungen des Einsatzes bei einem Entleiher bleiben bei der Sechswochen-Frist also grundsätzlich unberücksichtigt; die Frist kann mithin auch gestückelt werden.[228]

171 Nach § 9 Nr. 2 Hs. 2 a.F. explizit **ausgeschlossen** ist jedoch, dass die für die ersten sechs Wochen geltende Ausnahme **wiederholt** zwischen einem Leiharbeitnehmer und demselben Verleiher zur Anwendung kommt.[229] Scheidet ein Leiharbeitnehmer nach sechswöchiger Überlassung bei einem Zeitarbeitsunternehmen aus, so kann das – ggf. im Vergleich zum Arbeitsentgelt von Stammarbeitnehmern des Entleihers – niedrigere Nettoarbeitsentgelt in Höhe des Arbeitslosengeldes nicht nochmals für sechs Wochen vereinbart werden, wenn der Leiharbeitnehmer wieder in ein Arbeitsverhältnis mit dem Zeitarbeitsunternehmen tritt.[230]

172 Die **Beschränkung** der Abweichung auf einen Zeitraum von sechs Wochen ist **verleiherbezogen**. Daher konnte ein Verleiher mit einem zuvor arbeitslosen Leiharbeitnehmer auch dann eine Vereinbarung nach § 9

---

226 Vgl. LAG Rheinland-Pfalz, 15.3.2012 – 2 Sa 468/11, juris, Rn. 35f.; ArbG Freiburg, 18.10.2011 – 2 Ca 218/11, juris, Rn. 35; ArbG München, 11.8.2011 – 13 Ca 2509/11; ArbG Stuttgart, 9.3.2011 – 9 Ca 109/11, juris, Rn. 39; ArbG Stuttgart, 27.1.2012 – 13 Ca 35/11, juris, Rn. 49. – A.A. LAG Hamm, 29.2.2012 – 3 Sa 889/11, juris, Rn. 202.
227 BT-Drs. 15/25, S. 39.
228 *Ulber*, AuR 2003, 7, 11.
229 Vgl. BT-Drs. 15/77, S. 3; BT-Drs. 15/91, S. 17.
230 *Lembke*, BB 2003, 98, 102.

III. Schlechterstellungsverbot bzw. Grundsatz des Equal Pay/Treatment § 9

Nr. 2 Hs. 1 Teil 2 a.F. schließen, wenn dieser in der Vergangenheit schon einmal mit einem anderen Verleiher eine entsprechende Vereinbarung geschlossen hatte. Anderer Verleiher ist dabei auch ein konzernverbundenes Unternehmen mit eigener Rechtspersönlichkeit.[231] Allerdings erfüllt der unmittelbare Übergang von einem Leiharbeitsverhältnis bei dem einen Verleiher in ein anderes bei einem anderen Verleiher nicht die Voraussetzungen von § 9 Nr. 2 Hs. 1 Teil 2 a.F., weil es in diesem Fall an der vorherigen Arbeitslosigkeit fehlt (vgl. Rn. 168).

cc) Mindestnettoarbeitsentgelt

(1) Vereinbartes Arbeitsentgelt

Der Ausnahmetatbestand greift nur ein, wenn der Verleiher dem Leiharbeitnehmer mindestens ein Nettoarbeitsentgelt in Höhe des zuletzt vom Leiharbeitnehmer bezogenen Arbeitslosengelds „gewährt". 173

(2) Mindesthöhe

Die **Mindesthöhe** bestimmt sich nach dem **zuletzt bezogenen Arbeitslosengeld**; sie kann dem letzten Bescheid der leistungsgewährenden Stelle entnommen werden. In den „**CGZP-Sachverhalten**", in denen Verleiher und Leiharbeitnehmer die Anwendung der Tarifverträge der tarifunfähigen CGZP (vgl. dazu Rn. 200 ff., 291 ff.) vereinbart hatten, lag die Höhe der Tarifentgelte regelmäßig über dem zuletzt bezogenen Arbeitslosengeld; war der Leiharbeitnehmer, der vom Verleiher nun Differenzvergütung/Equal Pay verlangt, zuvor arbeitslos, kann der Verleiher sich u.a. auf die Sechswochen-Ausnahme berufen.[232] 174

Probleme bei der Bestimmung des Nettoarbeitsentgelts können entstehen, wenn der Leiharbeitnehmer schon über einen sehr langen Zeitraum arbeitslos ist und deshalb kein Arbeitslosengeld mehr bezieht, sondern **Arbeitslosen- oder Sozialhilfe** bzw. Arbeitslosengeld II,[233] oder wenn er **noch nie Arbeitslosengeld** bezogen hat, weil er entweder noch nie sozialversicherungspflichtig beschäftigt war oder er mit nur geringfügiger zeitlicher Unterbrechung nach Beendigung eines Beschäftigungsverhältnisses das Leiharbeitsverhältnis aufnimmt. Hinsichtlich der Mindesthöhe ist zu unterscheiden: 175

---

231 Thüsing/*Mengel*, 2. Aufl. 2008, § 9 Rn. 39.
232 ArbG Stuttgart, 9.3.2012 – 9 Ca 109/11, BeckRS 2012, 67883. – A.A. LAG Niedersachsen, 19.4.2012 – 5 Sa 1607/11, BeckRS 2012, 69846.
233 Zum neuen im SGB II geregelten Arbeitslosengeld II ab 1.1.2005 *Bünger*, AnwBl 2004, 712f.; *Gabke*, AiB 2004, 585; *Münder*, NJW 2004, 3209.

§ 9 Unwirksamkeit

176 Hat der Leiharbeitnehmer mangels sozialversicherungspflichtiger Beschäftigung **nie Arbeitslosengeld** bezogen, wird durch § 9 Nr. 2 Hs. 1 Teil 2 a.F. **keine Mindesthöhe** normiert; diese beträgt 0. Grenze sind hier die guten Sitten; nur ein Wucherlohn wird ausgeschlossen.[234]

177 Bezog der Leiharbeitnehmer zuletzt Arbeitslosenhilfe oder Sozialhilfe bzw. Arbeitslosengeld II, dann ist abweichend vom Wortlaut des Gesetzes die **Höhe der zuletzt bezogenen Arbeitslosen- oder Sozialhilfe** bzw. des Arbeitslosengelds II maßgebend.[235] Nach Sinn und Zweck des Gesetzes soll dem Leiharbeitnehmer auf Grund seiner Beschäftigung nämlich mindestens der Betrag zur Verfügung stehen, den er zuvor ohne Tätigkeit bezogen hat. Wollte man demgegenüber stets auf die Höhe des letzten Arbeitslosengelds abstellen,[236] würde dies gerade bei Langzeitarbeitslosen zu nicht gewollten Härten führen, weil im Einzelfall die Höhe des zuletzt, z.B. vor zehn Jahren, bezogenen Arbeitslosengelds durchaus unter dem Betrag der aktuell bezogenen Sozialhilfe liegen kann. Dagegen stellte die BA in ihren Geschäftsanweisungen auf das fiktiv zu errechnende Arbeitslosengeld ab.[237]

178 Bezog der Leiharbeitnehmer tatsächlich kein Arbeitslosengeld, weil er mit nur ganz kurzfristiger Unterbrechung nach Beendigung eines Beschäftigungsverhältnisses die Leiharbeit aufgenommen hat, dann ist auf die fiktive Höhe des Arbeitslosengelds abzustellen.

d) Rechtsfolgen

179 Liegen die Voraussetzungen der Sechswochen-Ausnahme vor, ist die **Vereinbarung zwischen Verleiher und Leiharbeitnehmer wirksam**. Der Verleiher hat dann für die Dauer der Überlassung abweichend vom Grundsatz des Equal Pay/Treatment nicht die für vergleichbare Arbeitnehmer des Entleihers geltenden Arbeitsbedingungen an den Leiharbeitnehmer zu gewähren, sondern die mit dem Leiharbeitnehmer vereinbarten. Dies gilt, obwohl § 9 Nr. 2 Hs. 1 Teil 2 a.F. nur auf die Vergütung abstellt, für sämtliche Arbeitsbedingungen. Soweit der Ausnahmetatbestand eingreift, **scheiden** die **gegen** den **Entleiher** gerichteten

---

234 Zum Wucherlohn BAG, 16.5.2012 – 5 AZR 268/11, BB 2012, 2375; BAG, 18.4.2012 – 5 AZR 630/10, BeckRS 2012, 71038; BAG, 22.4.2009 – 5 AZR 436/08, NZA 2009, 837; BAG, 24.3.2004 – 5 AZR 303/03, NZA 2004, 971.
235 Ebenso Thüsing/*Mengel*, 2. Aufl. 2008, § 9 Rn. 40; *Sandmann/Marschall/Schneider*, § 3 Rn. 21g; wohl auch *Kokemoor*, NZA 2003, 238, 240.
236 So Schüren/Hamann/*Schüren*, § 9 Rn. 142 für Empfänger von Arbeitslosenhilfe; ErfK/*Wank*, 11. Aufl. 2011, § 3 AÜG Rn. 21.
237 Ziff. 3.1.6. Abs. 7 GA-AÜG (Stand: 11/2010).

III. Schlechterstellungsverbot bzw. Grundsatz des Equal Pay/Treatment   § 9

Auskunftsansprüche auf Angabe der in seinem Betrieb für vergleichbare Arbeitnehmer geltenden wesentlichen Arbeitsbedingungen **aus** (näher § 12 Rn. 25 ff.; § 13 Rn. 13 ff.).

Verrechnen sich die Parteien bei der Vereinbarung einer Bruttovergütung im Hinblick auf die gesetzliche Mindestnettolohngrenze, führt die Unterschreitung der Mindestnettogrenze nicht automatisch zur Unwirksamkeit der Vereinbarung nach § 9 Nr. 2 a.F. Vielmehr ist bei einem offenen **Kalkulationsirrtum** von einer unbeachtlichen falsa demonstratio auszugehen und eine korrekte Neuberechnung vorzunehmen.[238]   180

Wird – bewusst oder unbewusst – die **Mindestnettolohngrenze unterschritten**, dann ist die entsprechende Vereinbarung nach § 9 Nr. 2 Hs. 1 Teil 1 a.F. für den Zeitraum der Überlassung unwirksam, soweit nicht die Voraussetzungen eines sonstigen Ausnahmetatbestands vorliegen. Nach § 10 Abs. 4 schuldet der Verleiher dann die im Entleiherbetrieb **übliche Vergütung**.   181

4. Tarifausnahme (§ 9 Nr. 2 Hs. 2 und 3)

a) Allgemeines

Gemäß der **Tariföffnungsklausel** des § 9 Nr. 2 **Hs. 2** (bzw. § 3 Abs. 1 Nr. 3 Satz 2) kann ein Tarifvertrag Regelungen zulassen, die vom Schlechterstellungsverbot (Grundsatz von Equal Pay/Treatment) abweichen (soweit er nicht die in einer Rechtsverordnung nach § 3a Abs. 2 festgesetzten Mindeststundenentgelte unterschreitet). Nach **Hs. 3** können im Geltungsbereich eines solchen Tarifvertrages auch nicht tarifgebundene Arbeitgeber und Arbeitnehmer die Anwendung der tariflichen Regelungen vereinbaren mit der Wirkung, dass insoweit der Grundsatz von Equal Pay/Treatment nicht gilt.   182

aa) Sinn und Zweck

Die Tarifausnahme soll es den Tarifvertragsparteien ermöglichen, die Arbeitsbedingungen flexibel zu gestalten und beispielsweise Pauschalierungen beim Arbeitsentgelt zuzulassen sowie die Leistungen für Zeiten des Verleihs und Nichtverleihs in einem gesamten Konzept zu regeln.[239] Auch von der – mittlerweile aufgehobenen – Ausnahmeregelung für einzelvertragliche Vereinbarungen mit zuvor Arbeitslosen   183

---

238 Vgl. Palandt/*Ellenberger*, § 119 BGB Rn. 19. – A.A. Schüren/Hamann/*Schüren*, § 9 Rn. 145: Vergütung nach gesetzlichem „Equal Pay"-Grundsatz.
239 BT-Drs. 15/25, S. 38.

§ 9　Unwirksamkeit

während der ersten sechs Wochen (sog. Sechswochen-Ausnahme, dazu Rn. 159 ff.) kann durch Tarifvertrag abgewichen werden.[240] Die Tariföffnungsklausel lässt Abweichungen zugunsten und zulasten der Leiharbeitnehmer zu. Da aber die gesetzliche Regelung im Prinzip schon das Optimum für Leiharbeitnehmer bietet, geht es – jedenfalls im Entgeltbereich – **der Sache nach** darum, dass Tarifverträge **Abweichungen** vom gesetzlichen Schlechterstellungsverbot **nach unten** zulassen oder selbst regeln.[241] Dies wurde im Gesetzgebungsverfahren auch deutlich zum Ausdruck gebracht und entspricht dem gesetzgeberischen Willen (vgl. Rn. 197 ff.).

bb) Verfassungswidrigkeit der Tariföffnungsklausel

184 Diese gesetzliche Konzeption stellt die üblichen tariflichen Verhältnisse, dass Tarifverträge Mindestarbeitsbedingungen regeln, auf den Kopf. Dies wird nicht zu Unrecht als eine „gesetzgeberische Fehlleistung" bezeichnet.[242] Da kein vernünftiger (Leih-)Arbeitnehmer sich in einer Gewerkschaft organisiert, die Tarifverträge abschließt, welche niedrigere Löhne vorsehen, als sie gesetzlich geregelt sind, ist der Organisationsgrad der Leiharbeitnehmer marginal.[243] Nach jüngeren Schätzungen liegt der **Organisationsgrad** unter den Leiharbeitnehmern bei **nur etwa 3 %**.[244]

185 Im Hinblick darauf ist die gesetzliche Konzeption des Grundsatzes von Equal Pay/Treatment im AÜG und namentlich der Tariföffnungsklausel, unter dem Gesichtspunkt des Eingriffs in die positive Koalitionsfreiheit der Leiharbeitnehmer verfassungsrechtlich höchst fragwürdig.[245] Das **BVerfG** ging in seinem Beschluss vom 29.12.2004 dennoch von der Verfassungsmäßigkeit der Regelungen im AÜG zum Grundsatz von Equal Pay/Treatment und seiner Tariföffnungsklausel aus, hatte al-

---

240　BT-Drs. 15/77, S. 3; BT-Drs. 15/91, S. 17.
241　*Klebeck*, S. 80; *Schöne*, DB 2004, 136; *Schüren/Riederer von Paar*, AuR 2004, 241 f.; *Thüsing*, DB 2003, 446, 448.
242　So *Bepler* im Südkurier v. 31.5.2011; *Waltermann*, FS Bepler, 2012, S. 569; vgl. auch *Rieble*, BB 2012, 2177: „Gewerkschaften agieren systemwidrig als Lohnsenker"; *Waltermann*, NZA 2010, 482, 483, 487.
243　Vgl. *Thüsing*, DB 2003, 446, 448; *Waltermann*, NZA 2010, 482, 483; *Schüren/Riederer von Paar*, AuR 2004, 241, 242: „Bei einem minimalen Organisationsgrad wie in der Leiharbeit ist die Tarifbindung gem. § 4 Abs. 1 TVG über die Mitgliedschaft in der tarifschließenden Gewerkschaft faktisch irrelevant"; ebenso *Weyand/Düwell*, S. 71, Fn. 202.
244　*Jacobs*, ZfA 2010, 27, 29; *Giesen*, NZS 2010, 473, 476, Fn. 26.
245　Vgl. *Bayreuther*, BB 2010, 309, 313; *Lembke*, BB 2005, 499, 500.

III. Schlechterstellungsverbot bzw. Grundsatz des Equal Pay/Treatment § 9

lerdings über Grundrechtsverletzungen auf *Arbeitnehmer*seite nicht zu entscheiden, weil dem Verfahren nur Verfassungsbeschwerden der *Arbeitgeber*seite zugrunde lagen, so dass nur deren Grundrechte Prüfungsgegenstand waren.[246] (vgl. Rn. 89).

Zwar wird durch das gesetzliche Schlechterstellungsverbot nicht in die individuelle negative Koalitionsfreiheit der Leiharbeitnehmer eingegriffen,[247] jedoch liegt ein **verfassungswidriger Eingriff** in die **positive Koalitionsfreiheit der Leiharbeitnehmer** vor. Die gesetzliche Konzeption des Grundsatzes von Equal Pay/Treatment und der Tariföffnungsklausel greift (mittelbar) in die durch Art. 9 Abs. 3 GG garantierte Koalitionsfreiheit der Leiharbeitnehmer und ihrer Verbände ein, indem sie einen (gebotsähnlichen) Druck auf die Leiharbeitnehmer zum Austritt aus einer bzw. zum Nichteintritt in eine Arbeitnehmervereinigung, die im Bereich der Arbeitnehmerüberlassung Tarifverträge abschließt, ausübt. Wie dargelegt, zielt die gesetzliche Konzeption nach dem Willen des Gesetzgebers darauf ab, dass die Tarifverträge insbesondere im Entgeltbereich vom Grundsatz des Equal Pay/Treatment **nach unten abweichen**[248] (vgl. Rn. 182). Kein vernünftiger Arbeitnehmer ist jedoch willens, sich in einem Verband zu koalieren, der tarifvertraglich schlechtere Arbeitsbedingungen vereinbart, als sie das Gesetz regelt. Daher verletzen die gesetzlichen Regelungen die positive Koalitionsfreit der Leiharbeitnehmer sowie die kollektive Koalitionsfreiheit der Arbeitnehmervereinigungen.[249] Gewerkschaftsmitglieder werden gleichsam zur Flucht aus der Tarifbindung und damit zum Gewerkschaftsaustritt gedrängt.[250] Mithin liegt ein mittelbarer Eingriff in die positive Koalitionsfreiheit der Leiharbeitnehmer vor. Die Koaliti-

186

---

246 BVerfG, 29.12.2004 – 1 BvR 2283/03 u.a., BB 2005, 495, 496 unter C II 1.
247 *Klebeck*, 2004, S. 142 f.
248 Vgl. nur die Rede von *Klaus Brandner* (SPD) vor dem Deutschen Bundestag am 15.11.2002, Plenarprotokoll 15/11, S. 672 zur Hartz-Reform des AÜG: „*Natürlich werden diese [d.h. die Tarifverträge] auch Abweichungen nach unten und Einstiegstarife vorsehen. Jedem ist doch klar, dass überzogene Forderungen Langzeitarbeitslosen oder auch sonstigen Arbeitslosen, die entsprechende Qualifikationen haben, nicht helfen*"; Jacobs, ZfA 2010, 27, 37 f.; *Klebeck*, Gleichstellung der Leiharbeitnehmer als Verfassungsverstoß, 2004, S. 80; *Lembke*, FS Leinemann, 2006, S. 427, 429; *Röder/Krieger*, DB 2006, 2122, 2123; *Schüren/Riederer von Paar*, AuR 2004, 241; ErfK/*Wank*, § 3 AÜG Rn. 22.
249 *Lembke*, BB 2005, 499, 500; vgl. Giesen, FA 2012, 226: „Da sich Arbeitnehmer meist nicht zusammenschließen, um ihre Arbeitsbedingungen zu verschlechtern, ist eine Störung des Tarifsystems programmiert."
250 *Lembke*, BB 2003, 98, 103; vgl. auch *Klebeck*, S. 80; *Rieble/Klebeck*, NZA 2003, 23, 27.

onsfreiheit ist schrankenlos gewährleistet, so dass es zur Rechtfertigung des Grundrechtseingriffs der Berufung auf Grundrechte Dritter oder Verfassungsgüter bedarf.[251] Eine derartige Rechtfertigung des Grundrechtseingriffs mittels verfassungsimmanenter Schranken ist nicht ersichtlich. Insbesondere ist zweifelhaft, ob die – vom BVerfG in der Entscheidung vom 29.12.2004 herangezogenen – Interessen der Leiharbeitnehmer als Rechtfertigung für einen Eingriff in Grundrechte der Leiharbeitnehmer selbst dienen können.[252]

187 Da die im Bereich der Zeitarbeit tarifschließenden Gewerkschaften auf Grund der gesetzlichen Konzeption keine nennenswerte Anzahl von Mitgliedern haben (vgl. Rn. 184), stellt sich außerdem die Frage, ob nicht auch die im Rahmen der **kollektiven Koalitionsfreiheit der Gewerkschaften** gewährleistete Betätigungs- bzw. Bestandsgarantie verletzt ist.[253]

188 **Fraglich** ist ferner, ob die Möglichkeit der individualrechtlichen Vereinbarung der Anwendbarkeit abweichender Tarifverträge mit Equal-Pay/Treatment ausschließender Wirkung (§ 9 Nr. 2 Hs. 3 bzw. § 3 Abs. 1 Nr. 3 Satz 3) **formell verfassungsgemäß** erlassen wurde, weil diese Änderung buchstäblich in letzter Sekunde im Vermittlungsausschuss eingebracht wurde, ohne dass diese wesentliche Gesetzesänderung im Bundestag debattiert wurde.[254] Von Verfassungs wegen (vgl. Art. 76 f. GG) beschränkt sich die Kompetenz des Vermittlungsausschusses darauf, mit dem Beschlussvorschlag eine Brücke zwischen Regelungsalternativen zu schlagen, die bereits zuvor in den Gesetzgebungsorganen erörtert worden oder jedenfalls erkennbar geworden sind. Der Vermittlungsausschuss darf mit seinem Vorschlag weder ein ihm nicht zustehendes Gesetzesinitiativrecht beanspruchen noch das parlamentarische Gesetzgebungsverfahren verkürzen und der öffentlichen Aufmerksamkeit entziehen. Der Vermittlungsvorschlag muss so ausgestaltet sein, dass er dem Bundestag auf Grund der dort zu führenden parlamentarischen Debatte zurechenbar ist.[255] Ob diese Grundsätze im Gesetzgebungsverfahren der Hartz-Reform eingehalten wurden, ist zweifelhaft. Allerdings führt ein Mangel im Gesetzgebungsverfahren mit Rücksicht auf die Rechtssicherheit nur dann zur Nichtigkeit des

---

251 *Lembke*, Die Arbeitskampfbeteiligung von Außenseitern, S. 30 m.w.N.
252 *Lembke*, BB 2005, 499, 500.
253 *Lembke*, BB 2005, 499, 500. – Zur Bestandsgarantie des Art. 9 Abs. 3 GG *Lembke*, Die Arbeitskampfbeteiligung von Außenseitern, S. 40f. m.w.N.
254 Vgl. BT-Drs. 15/201; *Lembke*, BB 2003, 98, 103.
255 BVerfG, 15.1.2008 – 2 BvL 12/01, NVwZ 2008, 665, 666.

III. Schlechterstellungsverbot bzw. Grundsatz des Equal Pay/Treatment § 9

Gesetzes, wenn er evident ist. Außerdem kann der Gesetzgeber den formellen Fehler wieder heilen, indem er die fehlerhaft erlassene Gesetzesregelung in einem späteren ordnungsgemäßen Gesetzgebungsverfahren in seinen Willen aufnimmt.[256] Dies dürfte hier erfüllt sein, weil der Gesetzgeber mit Umsetzung der Leiharbeitsrichtlinie die bisherigen Regelungen zum Equal Pay/Treatment mitsamtAriföffnungsklausel konkludent gebilligt hat.

cc) Europarechtskonformität der Tariföffnungsklausel?

Grundlage der **in § 9 Nr. 2 Hs. 2 und 3** enthaltenen **Tarifausnahme** ist die sog. „**skandinavische Ausnahme**" des **Art. 5 Abs. 3 der Leiharbeitsrichtlinie** (vgl. Rn. 18 f., 81), welcher wie folgt lautet: **189**

„Die Mitgliedstaaten können nach Anhörung der Sozialpartner diesen die Möglichkeit einräumen, auf der geeigneten Ebene und nach Maßgabe der von den Mitgliedstaaten festgelegten Bedingungen Tarifverträge aufrechtzuerhalten oder zu schließen, die unter Achtung des Gesamtschutzes von Leiharbeitnehmern Regelungen in Bezug auf die Arbeits- und Beschäftigungsbedingungen von Leiharbeitnehmern, welche von den in Abs. 1 aufgeführten Regelungen abweichen können, enthalten können."

Bereits im Rahmen der Hartz-Reform des AÜG hatte der deutsche Gesetzgeber – der Entwicklung auf europäischer Ebene „vorauseilend" – die Tarifausnahme normiert, wie sie noch heute im Gesetz steht (vgl. Rn. 5, 7 ff.). Im Rahmen der Umsetzung der Leiharbeitsrichtlinie durch die AÜG-Reform 2011 (dazu Rn. 31 ff.) sah der Gesetzgeber – abgesehen von der Streichung der in der RL nicht vorgesehenen Sechswochen-Ausnahme – keinen Änderungs- bzw. Umsetzungsbedarf bei der Tarifausnahme.[257] Nach §§ 9 Nr. 2 Hs. 2 bzw. § 3 Abs. 1 Nr. 3 Satz 2 kann von dem Grundsatz des Equal Pay/Treatment ein Tarifvertrag abweichende Regelungen selbst treffen oder es zulassen, dass solche abweichenden Regelungen in Betriebsvereinbarungen oder Arbeitsverträgen getroffen werden (näher Rn. 233 ff.). **190**

Abweichende tarifliche Regelungen finden im Leiharbeitsverhältnis Anwendung entweder kraft beiderseitiger Tarifbindung von Verleiher und Entleiher (§§ 3 Abs. 1, 4 Abs. 1 TVG), Allgemeinverbindlicherklärung des Tarifvertrags (§ 5 Abs. 4 TVG) oder aufgrund einer indivi- **191**

---

256 Vgl. BVerfG, 15.1.2008 – 2 BvL 12/01, NVwZ 2008, 665, 667.
257 Vgl. BT-Drs. 17/4804, S. 1 f., 7, 9.

§ 9 Unwirksamkeit

dualvertraglichen Inbezugnahme der Tarifregelungen durch die Leiharbeitsvertragsparteien, sofern sie sich im Geltungsbereich des abweichenden Tarifvertrags befinden (§ 9 Nr. 2 Hs. 3 bzw. § 3 Abs. 1 Nr. 3 Satz 3). Aufgrund des niedrigen Organisationsgrads unter Leiharbeitnehmern (vgl. Rn. 184) spielt der Fall der Inbezugnahme von Zeitarbeits-Tarifverträgen in der Praxis eine überragende Rolle.[258]

192 Im Hinblick auf das – in Art. 5 Abs. 3 RL sowie in den Erwägungsgründen 16 und 17 enthaltene – **Gebot der „Achtung des Gesamtschutzes von Leiharbeitnehmern"** wird verschiedentlich gefordert, § 9 Nr. 2 bzw. § 3 Abs. 1 Nr. 3 seien dahingehend zu ändern, dass den Tarifvertragsparteien zur Vorgabe gemacht werde, bei der Gestaltung von Abweichungen vom Grundsatz des Equal Pay/Treatment ein angemessenes Gesamtschutzniveau für Leiharbeitnehmer zu wahren.[259] Dieser Forderung ist der Gesetzgeber aber zu Recht nicht gefolgt. Denn aus dem Erwägungsgrund 19 ergibt sich, dass die Leiharbeitsrichtlinie die national gewährleistete Tarifautonomie nicht beeinträchtigen möchte. Aus der in Art. 9 Abs. 3 GG garantierten Tarifautonomie folgt ein grundsätzliches Verbot der Tarifzensur.[260] Wirksamen Tarifverträgen kommt nach deutschem Arbeitsrecht eine Angemessenheitsvermutung zu.[261] Daher kommt z.B. eine inhaltliche Beanstandung von Tarifnormen im Hinblick auf das Arbeitsentgelt nur in Betracht, wenn die tarifvertraglichen Entgeltvereinbarungen den in Art. 2 Abs. 1, 20 Abs. 1 GG zum Ausdruck kommenden Gerechtigkeitsanforderungen nicht mehr genügen und der Tariflohn einen „Hungerlohn" darstellt[262] (vgl. Rn. 232). Legislativer Änderungsbedarf bestand daher nicht und die **deutsche Tarifausnahme** ist **insoweit richtlinienkonform**.[263]

193 In der Literatur wird zudem teilweise vertreten, die § 9 Nr. 2 Hs. 3 AÜG vorgesehene **Möglichkeit, durch individualrechtliche Inbezugnahme auf** für die Arbeitnehmerüberlassung geltende **Tarifverträge**

---

258 *Thüsing/Lembke*, ZfA 2007, 87, 90 ff.
259 *Blanke*, DB 2010, 1528, 1531 f.; *Düwell/Dahl*, DB 2009, 1070, 1073; *Fuchs*, NZA 2009, 57, 61 ff.; *Ulber*, AuR 2010, 10, 14; *Ulber*, AuR 2010, 412, 413; *Waltermann*, NZA 2010, 482, 484 ff.; *Zimmer*, NZA 2013, 289, 291; vgl. dazu auch *Hamann*, EuZA Bd. 2 (2009), S. 287, 309; *Sansone*, S. 540 ff.
260 Vgl. BAG, 28.3.2006 – 1 ABR 58/04, NZA 2006, 1112, 1119, Rn. 69.
261 Vgl. BT-Drs. 17/4804, S. 9.
262 Vgl. BAG, 24.3.2004 – 5 AZR 303/03, NZA 2004, 971, 973; BAG, 28.5.2009 – 6 AZR 144/08, DB 2009, 1769, 1770, Rn. 29.
263 I.E. ebenso *Deinert*, NZA 2009, 1176, 1180; *Lembke*, BB 2010, 1533, 1540; *Lembke*, DB 2011, 414, 417; *Thüsing/Mengel*, § 9 Rn. 39; *Thüsing*, DB 9/2010, Standpunkte, S. 17, 18; *Thüsing*, RdA 2009, 118.

III. Schlechterstellungsverbot bzw. Grundsatz des Equal Pay/Treatment § 9

vom Grundsatz des **Equal Pay/Treatment abzuweichen**, stehe nicht im Einklang mit Art. 5 Abs. 3 RL.[264] Dies ergebe sich daraus, dass die endgültigen Beratungen über die Leiharbeitsrichtlinie und die Arbeitszeitrichtlinie miteinander verbunden worden seien und in der Leiharbeitsrichtlinie anders als in Art. 22 der Arbeitszeitrichtlinie die Möglichkeit eines individuellen „opt out" nicht vorgesehen sei.[265] Dieser angebliche systematische Zusammenhang zwischen der Arbeitszeitrichtlinie und der Leiharbeitsrichtlinie hat sich jedoch weder im Richtlinientext noch in den Erwägungsgründen irgendwie niedergeschlagen. Daher ist die vorgenannte Auffassung abzulehnen.

Vielmehr ist auf den Wortlaut von Art. 5 Abs. 3 RL abzustellen. Danach können die Mitgliedstaaten den Sozialpartnern die Möglichkeit einräumen, *„auf der geeigneten Ebene"* und *„nach Maßgabe der von den Mitgliedstaaten festgelegten Bedingungen"* Tarifverträge aufrechtzuerhalten oder zu schließen, die vom Grundsatz der Gleichbehandlung (Art. 5 Abs. 1 RL) abweichende Regelungen enthalten können. Ferner ergibt sich aus dem Erwägungsgrund 19, dass die RL weder die Tarifautonomie der Sozialpartner in den Mitgliedstaaten noch die tarifrechtlichen Rahmenbedingungen und Gepflogenheiten beeinträchtigen möchte. Daher bleiben die Grundsätze des deutschen Tarifrechts unberührt, wonach Tarifregelungen entweder kraft beiderseitiger Tarifbindung, Allgemeinverbindlichkeit oder individualrechtlicher Bezugnahme im jeweiligen Arbeitsverhältnis Anwendung finden können. Die Mitgliedstaaten können regeln, dass die individualrechtliche Bezugnahme auf vom Grundsatz der Gleichbehandlung abweichende Tarifregelungen eine „geeignete Ebene" der Tarifgeltung ist. Sie können bzw. sollen (vgl. Erwägungsgrund 17 RL) ferner „Bedingungen festlegen", unter denen die Abweichung durch Inbezugnahme möglich ist. Dies hat der deutsche Gesetzgeber z.B. dadurch getan, dass er für eine wirksame Inbezugnahme verlangt, dass sich Verleiher und Leiharbeitnehmer *„im Geltungsbereich"* des Abweichungen vorsehenden Tarifvertrags befinden. Nach alledem ist die im deutschen Recht vorgesehene Möglichkeit der Abweichung vom Grundsatz des Equal Pay/Treatment durch Bezugnahme auf abweichende Tarifverträge **europarechtskonform**.[266]

194

---

264 *Nielebock*, FS Bepler, 2012, S. 455, 463f.; *Rödl/Ulber*, NZA 2012, 841, 842ff.; *Zimmer*, NZA 2013, 289, 292.
265 *Blanke*, DB 2010, 1528, 1529.
266 *Boemke*, RIW 2009, 177, 183; *Hamann*, EuZA Bd. 2 (2009), S. 287, 310; *Thüsing/Stiebert*, in: Brand/Lembke, Der CGZP-Beschluss des BAG, S. 59, 74; *Sansone*, S. 547f.; *Schüren/Wank*, RdA 2011, 1, 5; *Wank*, RdA 2010, 193, 203.

§ 9   Unwirksamkeit

Davon ist auch der Gesetzgeber bei Umsetzung der Leiharbeitsrichtlinie ausgegangen; ein Antrag auf Aufhebung der Bezugnahmemöglichkeit nach § 9 Nr. 2 Hs. 3 wurde abgelehnt.[267]

195   Im Hinblick auf den Wortlaut des Art. 5 Abs. 3 RL ist auch die vom deutschen Recht vorgesehene **Möglichkeit europarechtskonform**, wonach der Tarifvertrag durch entsprechende **tarifliche Öffnungsklauseln abweichende Regelungen** in Betriebsvereinbarungen oder Arbeitsverträgen **zulassen** kann (dazu Rn. 233 ff.).[268] Den Mitgliedstaaten ist es nach Art. 5 Abs. 3 RL überlassen, die „Bedingungen" und die „geeignete Ebene" für die Geltung der vom Gleichbehandlungsgrundsatz abweichenden Tarifregelungen festzulegen. Dies spricht dafür, dass die Tarifvertragsparteien im Rahmen ihrer Tarifautonomie auch Regelungsbefugnisse delegieren können. Abweichende Regelungen in vom Arbeitgeber vorformulierten Arbeitsverträgen müssen freilich der AGB-Kontrolle nach §§ 305 ff. BGB standhalten. Abweichende Regelungen in Betriebsvereinbarungen zwischen Verleiher und Verleiherbetriebsrat müssen der Rechtskontrolle nach § 75 BetrVG standhalten. In diesem rechtlichen Rahmen lässt sich auch der Aspekt des angemessenen Gesamtschutzes für Leiharbeitnehmer bzw. deren Grundrechtspositionen aus Art. 12 GG berücksichtigen.

b) Tariflandschaft in der Arbeitnehmerüberlassung

196   Vor der **Hartz-Reform** des AÜG Ende 2002 gab es – von einigen wenigen Firmentarifverträgen abgesehen[269] – **nahezu keine Tarifverträge** in der Zeitarbeit.[270] Das lag nicht zuletzt daran, dass die Gewerkschaften Arbeitnehmerüberlassung als eine Art „modernen Sklavenhandel" ansahen und nicht bereit waren, Tarifverträge abzuschließen.[271]

aa) Hartz-Reform des AÜG als erste Zäsur

197   Im Rahmen der **Hartz-Reform des AÜG** wurde als Kompensation zur Aufhebung zahlreicher Beschränkungen der Arbeitnehmerüberlassung der Grundsatz von Equal Pay/Treatment eingeführt und vom Gesetzge-

---

267 Vgl. BT-Drs. 17/5238, S. 11 ff.
268 Wohl a. A. *Schubert*, NJW 2010, 2613, 2618.
269 Zum EXPO-Tarifvertrag mit Adecco siehe z. B. *Schwitzer*, AiB 2000, 241 f.; vgl. auch den Firmentarifvertrag im Fall des BAG vom 24.3.2004 – 5 AZR 303/03, NZA 2004, 971, 974.
270 *Böhm*, NZA 2003, 828, 829; Urban-Crell/Germakowski/*Urban-Crell/Schulz*, § 9 Rn. 156 ff.
271 Vgl. *Schwitzer*, AiB 2000, 241, 242.

ber bewusst unter einen gesetzlichen **Tarifvorbehalt** gestellt (vgl. Rn. 5); seither können Tarifverträge abweichende Regelungen vorsehen und von den nicht tarifgebundenen Arbeitsvertragsparteien in Bezug genommen werden mit der Folge, dass der Grundsatz von Equal Pay/Treatment nicht gilt. Dabei war es vom Gesetzgeber bewusst intendiert, dass die Tarifverträge im Entgeltbereich „nach unten" abweichen,[272] weil sich sonst die Arbeitnehmerüberlassung erheblich verteuert hätte und ihre positiven Beschäftigungseffekte nicht hätten genutzt werden können. Am deutlichsten brachte dies *Klaus Brandner* (SPD) in seiner Rede vor dem Deutschen Bundestag am 15.11.2002 wie folgt zum Ausdruck:[273]

"Natürlich werden diese [d.h. die Tarifverträge] auch Abweichungen nach unten und Einstiegstarife vorsehen. Jedem ist doch klar, dass überzogene Forderungen Langzeitarbeitslosen oder auch sonstigen Arbeitslosen, die entsprechende Qualifikationen haben, nicht helfen." **198**

Vor diesem Hintergrund forderte der Gesetzgeber die Tarifvertragsparteien auf, durch einen zügigen Abschluss von Tarifverträgen die Arbeitsbedingungen für Leiharbeitnehmer neu zu ordnen und flexibel auszugestalten.[274] Dieser Aufforderung kamen die Tarifvertragsparteien in der Zeitarbeit unmittelbar nach Inkrafttreten der Hartz-Reform des AÜG im Jahre 2003 nach. Allerdings stand wohl auch die Drohung im politischen Raum, dass der gesetzliche Grundsatz des Equal Pay/Treatment wieder revidiert würde, sofern in absehbarer Zeit kein abweichender Tarifvertrag zustände käme.[275] **199**

bb) Der Kampf um die Tarifhoheit in der Zeitarbeit

Am 24.2.2003 vereinbarten die Tarifgemeinschaft Christlicher Gewerkschaften für Zeitarbeit und Personalserviceagenturen (CGZP) und die Interessengemeinschaft Nordbayerischer Zeitarbeitsunternehmen e.V. (**INZ**) die ersten Tarifverträge in der Zeitarbeit (zur **CGZP** s. auch Rn. 291ff.). Der Manteltarifvertrag, der Entgeltrahmentarifvertrag und die Entgelttarifverträge West bzw. Ost traten am 1.3.2003 in Kraft.[276] Der Tarifabschluss hatte Signalwirkung und führte dazu, dass auch die **200**

---

272 Vgl. BT-Drs. 15/25, S. 38.
273 Plenarprotokoll 15/11, S. 672.
274 BT-Drs. 15/77, S. 3; s. auch BT-Drs. 91, S. 17; vgl. auch § 19 AÜG a.F., der bereits mit Tarifvertragsabschlüssen ab dem 15.11.2002 rechnete.
275 *Nielebock*, FS Bepler, 2012, S. 455, 456.
276 Dazu auch *Ankersen*, NZA 2003, 421, 422ff.

§ 9 Unwirksamkeit

Tarifverhandlungen der übrigen Tarifvertragsparteien der Zeitarbeitsbranche rasch zum Abschluss kamen.

201 Am 24.6.2003 folgte der Tarifabschluss zwischen der Mittelstandsvereinigung Zeitarbeit e.V. (**MVZ**) und der **CGZP**. In den ersten Reaktionen bezeichneten DGB-Gewerkschaftsvertreter die von der CGZP im Jahr 2003 abgeschlossenen Tarifverträge als „schmuddelige Billignummer", obwohl sie zeitgleich ähnlich strukturierte Tarifverträge verhandelten,[277] und stellten sogleich die Tariffähigkeit der CGZP mangels „sozialer Mächtigkeit" in Frage.[278]

202 Unter dem Eindruck der CGZP-Tarifverträge schloss die – ursprünglich aus den DGB-Gewerkschaften IG BCE, NGG, IG Metall, GEW, ver.di, IG BAU, TRANSNET, GdP bestehende – **DGB-Tarifgemeinschaft** am 29.5.2003 mit dem Interessenverband Deutscher Zeitarbeitsunternehmen e.V. (**iGZ**) und am 22.7.2003 mit dem Bundesverband Zeitarbeit Personal-Dienstleistungen e.V. (**BZA**) mehrgliedrige Tarifverträge ab[279] (zum Begriff des mehrgliedrigen Tarifvertrags vgl. Rn. 216).

203 In der Folgezeit war die Tariflandschaft geprägt von großer Konkurrenz zwischen den beiden „**Tariflagern**", zum einen der Tarifgemeinschaft der **DGB-Gewerkschaften**, die mit BZA und iGZ eine Tarifpartnerschaft unterhielt, und zum anderen der **CGZP**, die – neben einigen Firmentarifverträgen[280] – Verbandstarifverträge mit dem Arbeitgeberverband Mittelständischer Personaldienstleister e.V. (AMP), mit der Bundesvereinigung Deutscher Dienstleistungsunternehmen e.V. (BVD) und mit Mercedarius e.V. vereinbarte. Bildlich gesprochen kam zu einem „Kampf um die Tarifhoheit" zwischen den DGB-Gewerkschaften und den CGB-Gewerkschaften.[281] Da die die CGZP-Tarife in einigen (nicht allen) Entgeltgruppen – insbesondere im Bereich der unteren Entgeltgruppen – geringere Tarifentgelte regelten, fanden sie in der Praxis eine große Anwendung, so dass zwischenzeitlich kommentiert wurde,

---

277 Bereits am 20.2.2003 vereinbarten die DGB-Tarifgemeinschaft und BZA erste Grundpositionen in einem gemeinsamen Eckpunktepapier, das u.a. einen Mindeststundensatz von € 6,85 für Arbeitnehmer mit Vermittlungshemmnissen vorsah, vgl. dazu *Fuchs*, NZA 2009, 57, 60; vgl. zur Historie auch *Nielebock*, FS Bepler, 2012, S. 455, 456.
278 S. die Nachw. bei *Ankersen*, NZA 2003, 421, 423 f.
279 Abgedruckt in RdA 2003, 311 ff. vgl. die Übersicht über die damaligen Tarifverträge *Furier/Kaus*, AiB 2004, 360, 369; *Hayen*, AiB 2003, 527, 529 f.; *Martin*, AuR 2004, 247; zur Tarifentwicklung auch *Lembke*, FS Leinemann, 2006, S. 427, 429 f.
280 Vgl. die Auflistung (Stand: 8.3.2010) in BT-Drs. 17/1121, S. 6 ff.
281 Näher *Lembke*, BB 2010, 1533 f. m.w.N.

III. Schlechterstellungsverbot bzw. Grundsatz des Equal Pay/Treatment § 9

den DGB-Gewerkschaften sei es nicht gelungen, aus dem Schatten der zuvor abgeschlossenen Tarifverträge der Christlichen Gewerkschaften herauszutreten.[282]

Die DGB-Gewerkschaften **versuchten** zunächst, die unliebsame Tarifkonkurrenz der CGZP dadurch zu beseitigen, dass sie sich für den Bereich der Zeitarbeit um Einführung eines **Mindestlohns** einsetzten, der ihren Tarifverträgen entsprach und konkurrierende Tarifwerke der CGZP verdrängen sollte. Zu diesem Zweck schlossen die DGB-Tarifgemeinschaft Zeitarbeit und BZA sowie iGZ den Tarifvertrag zur Regelung von Mindestarbeitsbedingungen in der Zeitarbeit vom 30.5.2006 und beantragten am 27.3.2008 die Aufnahme der Arbeitnehmerüberlassung in das AEntG mit dem Ziel, dass ihr „Mindestlohntarifvertrag" auf den gesamten Bereich der Zeitarbeit durch Rechtsverordnung erstreckt werde.[283] Damit sollte den Tarifverträgen der CGZP der „Todesstoß" verpasst werden.[284] Aufgrund schwerwiegender verfassungsrechtlicher Bedenken gegen dieses Vorhaben[285] hat der Gesetzgeber jedoch davon Abstand genommen, die Zeitarbeit in das AEntG aufzunehmen.[286] 204

Nachdem sich der Mindestlohn in der Zeitarbeit zunächst politisch nicht durchsetzen ließ und die von Leiharbeitnehmern initiierten Beschlussverfahren nach § 97 Abs. 5 ArbGG („konkrete Kontrollverfahren"[287]) nicht zur Feststellung der Tariffähigkeit der CGZP führten,[288] stellten ver.di und die Senatsverwaltung für Integration, Arbeit und Soziales des Landes Berlin den Antrag auf Feststellung, dass die **CGZP nicht tariffähig** ist. Diesem Antrag gab das **BAG** am **14.12.2010** statt und entschied dadurch den Kampf um die Tarifhoheit in der Zeitarbeit zugunsten der DGB-Gewerkschaften (näher Rn. 215 ff., 280, 291 ff.).[289] 205

---

282 So Däubler/*Hensche/Heuschmid*, TVG, § 1 Rn. 789; vgl. auch *Denzel/Hummel*, AiB 2008, 567, 568.
283 Vgl. BT-Drs. 17/464, S. 13.
284 *Schüren*, in: FS Löwisch, 2007, S. 367.
285 Vgl. nur *Thüsing/Lembke*, ZfA 2007, 87; *Giesen*, ZfA 2008, 355.
286 Vgl. BT-Drs. 16/11669.
287 Näher dazu *Lembke*, NZA 2008, 451.
288 Vgl. nur ArbG Berlin, 5.2.2008 – 54 BV 13961/06, BeckRS 2008, 51119.
289 Zur Entwicklung der Zeitarbeit seit der Hartz-Reform s. auch *Brand/Lembke*, Der CGZP-Beschluss des BAG, S. 9 ff.

§ 9 Unwirksamkeit

cc) Entwicklungen auf Arbeitgeberseite

206 Auf Seiten der Arbeitgeberverbände gab es seit der Einführung der Tariföffnungsklausel im AÜG Ende 2002 zwei bedeutende **Fusionen**:

207 Zunächst beschlossen **INZ und MVZ** einen Zusammenschluss, der in zwei Stufen erfolgte. Zuerst wurde im September 2004 der neue Arbeitgeberverband Mittelständischer Personaldienstleister e.V. (**AMP**) gegründet. Dann wurden INZ und MVZ nach dem UmwG auf AMP als übernehmendem Rechtsträger (§ 2 Nr. 1 UmwG) verschmolzen. Mit der jeweiligen Eintragung ins Vereinsregister wurden die Verschmelzung von MVZ auf den Kläger am 30.8.2005 und die Verschmelzung von INZ auf den Kläger am 30.11.2005 wirksam. Mit Wirksamwerden der jeweiligen Verschmelzung gingen die Rechte und Pflichten einschließlich der von INZ und MVZ abgeschlossenen Tarifverträge im Wege der Gesamtrechtsnachfolge auf AMP über (§ 20 Abs. 1 Nr. 1 UmwG).[290]

208 Im Jahr 2011 fusionierten dann **AMP** und **BZA**. Auch diese Fusion wurde im Wege der Verschmelzung durch Aufnahme auf den bestehenden – bereits zuvor gegründeten – Bundesarbeitgeberverband der Personaldienstleister e.V. (**BAP**) gemäß § 2 Nr. 1 UmwG vollzogen. Die Verschmelzung des AMP auf BAP wurde mit der Eintragung in das Register des übernehmenden Rechtsträgers am 27.6.2011 wirksam. AMP ist folglich erloschen (§ 20 Abs. 1 Nr. 2 UmwG). Gemäß § 20 Abs. 1 Nr. 1 UmwG fand eine Gesamtrechtsnachfolge vom AMP auf BAP statt. BAP trat als Rechtsnachfolger an die Stelle von AMP, auch was die zuvor abgeschlossenen Tarifverträge betraf.

dd) Die Anwendung der Zeitarbeitstarifverträge in der täglichen Praxis

209 Ungeachtet des Konkurrenzkampfes zwischen den beiden Tariflagern (Rn. 200 ff.) stellte sich nach Abschluss der ersten Tarifwerke im Jahr 2003 in der täglichen Praxis Routine ein.[291] Die Zeitarbeit entwickelte sich zum „Jobmotor"[292] bzw. mit den Worten des BAG gesprochen:[293] *„Leiharbeit [ist] jedenfalls seit dem 1.1.2003 ein vom Gesetzgeber grundsätzlich akzeptiertes Mittel der betrieblichen Personalpolitik."*

---

290 Näher zur Fusion von INZ und MVZ auf AMP *Lembke*, FS Leinemann, 2006, S. 427 ff.
291 *Brand/Lembke*, Der CGZP-Beschluss des BAG, 2012, S. 9, 11 f.
292 Vgl. nur das positive Fazit des 11. Erfahrungsberichts der Bundesregierung vom 13.1.2010, BT-Drs. 17/464, S. 34.
293 BAG, 9.12.2003 – 9 AZR 16/03, NZA 2004, 921, 923.

III. Schlechterstellungsverbot bzw. Grundsatz des Equal Pay/Treatment § 9

Die **Tarifpraxis** der CGZP sowie der DGB-Tarifgemeinschaft wurde 210
allenthalben **positiv gewürdigt**, namentlich vom **BVerfG**,[294] der **Bundesregierung**[295] und dem BAG. Im Urteil vom 24.3.2004 entschied das BAG, dass die in einem von DAG und ÖTV abgeschlossenen Haustarifvertrag vereinbarten Löhne bei Zeitarbeitsunternehmen üblich und nicht sittenwidrig seien. Dies verdeutliche der Entgelttarifvertrag Zeitarbeit vom 29.5.2003, der für alle im Gebiet der Bundesrepublik Deutschland bei Mitgliedern des iGZ beschäftigten Leiharbeitnehmer gelte, die Mitglied einer der tarifschließenden Gewerkschaften (ver.di, IG BCE, NGG, IG Metall, GEW, IG Bau, TRANSNET und GdP) seien. Auch der zwischen der CGZP und der Tarifgemeinschaft Zeitarbeitsunternehmen im B.V.D. abgeschlossene Entgelttarifvertrag-Ost vom 22.7.2003 bestätige die Üblichkeit des bei der Beklagten geltenden Tariflohns.[296] In diesem Zusammenhang wies das BAG darauf hin, in §§ 9 Nr. 2, 3 Abs. 1 Nr. 3 komme zum Ausdruck, dass die für das Zeitarbeitsunternehmen geltenden tariflichen Vorschriften nach dem Willen des Gesetzgebers Vorrang vor den beim Entleiher geltenden Arbeitsbedingungen haben sollen.[297]

Anfang 2009 wurden sowohl die bestehenden Tarifverträge der DGB- 211
Tarifgemeinschaft als auch die der CGZP im Rahmen der Diskussion um den Mindestlohn in der Zeitarbeit[298] als Maßstab für eine gesetzliche Lohnuntergrenze im AÜG herangezogen.[299]

Auch die mit Zeitarbeitsunternehmen in der täglichen Praxis befassten 212
Behörden, namentlich die **Bundesagentur für Arbeit (BA)** und ihre nachgeordneten Stellen als zuständige Aufsichtsbehörden (§ 17) sowie die **Sozialversicherungsträger**, beanstandeten seit der Änderung des AÜG Anfang 2003 bei den Zeitarbeitsunternehmen weder die Anwendung der Zeitarbeits-Tarifverträge der DGB-Tarifgemeinschaft noch diejenigen der CGZP. Die BA selbst schloss Verträge über Personalserviceagenturen (§ 37c SGB III a. F.) ab, welche auf Zeitarbeits-Tarifver-

---

[294] BVerfG, 29.12.2004 – 1 BvR 2283/03 u.a., BB 2005, 495, 497: „Auch die tatsächliche Entwicklung seit In-Kraft-Treten der angegriffenen Gesetzesvorschriften zeigt, dass die Arbeitsbedingungen in der Leiharbeitsbranche faktisch durchweg durch tarifliche Regelungen und nicht durch die gesetzlichen Vorgaben gestaltet werden."
[295] 10. Bericht der Bundesregierung über Erfahrungen bei der Anwendung des AÜG vom 30.9.2005, BT-Drs. 15/6008, S. 10.
[296] BAG, 24.3.2004 – 5 AZR 303/03, NZA 2004, 971, 974.
[297] BAG, 24.3.2004 – 5 AZR 303/03, NZA 2004, 971, 974.
[298] Dazu ausführlich *Thüsing/Lembke*, ZfA 2007, 87.
[299] Frankfurter Rundschau v. 3.2.2009; Vorwärts v. 2.2.2009.

§ 9 Unwirksamkeit

träge – insbesondere auch auf solche der CGZP – Bezug nahmen. Die Arbeitsverwaltung beschied Anträge auf Erteilung bzw. Verlängerung der Arbeitnehmerüberlassungserlaubnis von Zeitarbeitsunternehmen positiv, auch wenn sie die CGZP-Tarifverträge anwendeten. Die Einhaltung der Zeitarbeits-Tarifverträge – insbesondere auch auf solche der CGZP – wurde von den Aufsichtsbehörden kontrolliert und deren Nichteinhaltung beanstandet und ggf. sanktioniert.

13 Die Sozialversicherungsträger zogen seit der Hartz-Reform des AÜG jahrelang die Sozialversicherungsbeiträge nicht auf Grundlage des Equal-Pay-Grundsatzes, sondern nach Maßgabe der tariflichen Regelungen der CGZP-Tarifverträge bzw. der DGB-Tarifverträge ein.[300]

14 Trotz der Diskussion über die Tariffähigkeit der CGZP (dazu Rn. 291 ff.) kamen Leiharbeitnehmer, mit denen die Anwendung der CGZP-Tarifverträge vereinbart war, überall zum Einsatz, z.B. in Bundesministerien, nachgelagerten Ämtern und Behörden,[301] bei Gewerkschaften, Arbeitgeberverbänden, ja sogar bei Sozialversicherungsträgern selbst.[302] Noch am 17.2.2010 erklärte die Bundesregierung auf eine kleine Anfrage, sie habe für den Fall, dass die Tarifunfähigkeit der CGZP rechtskräftig festgestellt werden sollte, keine Rückstellungen für Sozialversicherungsbeiträge gebildet.[303]

ee) Der CGZP-Beschluss des BAG vom 14.12.2012 als zweite Zäsur

15 Der Beschluss des BAG vom 14.12.2010, in dem das BAG (gegenwartsbezogen) feststellte, dass die CGZP nicht tariffähig ist (näher Rn. 295 ff.) warf schon vor seinem Erlass seine Schatten voraus. Vor dem Hintergrund des offenen Ausgangs des Beschlussverfahrens über die Tariffähigkeit der CGZP schlossen AMP einerseits und die CGZP sowie fünf Gewerkschaften des Christlichen Gewerkschaftsbundes Deutschland (CGB) – namentlich andererseits am **15.3.2010** ein neues Verbandstarifwerk in Form eines **mehrgliedrigen Tarifvertrags** (i.e.S.) ab, das die bisherigen zwischen **AMP** und **CGZP** vereinbarten Verbandstarifverträge mit Wirkung ab dem 1.1.2010 ersetzte.[304] Auf Arbeitnehmerseite wurden die Tarifverträge nicht nur von der CGZP,

---

300 *Brand/Lembke*, Der CGZP-Beschluss des BAG, 2012, S. 9, 12.
301 Vgl. BT-Drs. 17/736.
302 Vgl. *Vielmeier*, BB 2011, 3066.
303 BT-Drs. 17/736, S. 3; s. auch BT-Drs. 17/4626, S. 4.
304 *Bayreuther*, NZA 2012, 14; *Lembke*, BB 2010, 1533, 1537; Thüsing/Braun/*Lembke*, Tarifrecht, 12. Kap. Rn. 72.

III. Schlechterstellungsverbot bzw. Grundsatz des Equal Pay/Treatment § 9

sondern auch von der Christlichen Gewerkschaft Metall (**CGM**), der DHV – Die Berufsgewerkschaft e.V. (**DHV**), dem Beschäftigtenverband Industrie, Gewerbe, Dienstleistung (**BIGD**), dem Arbeitnehmerverband land- und ernährungswirtschaftlicher Berufe (**ALEB**) und der medsonet. Die Gesundheitsgewerkschaft (**medsonet**) unterzeichnet (zur Frage der Tariffähigkeit dieser CGB-Gewerkschaften Rn. 284 ff.; zu deren Tarifzuständigkeit Rn. 375 ff.). Die **mehrgliedrigen Tarifverträge** wurden von BAP und den vorgenannten CGB-Gewerkschaften mittlerweile **einvernehmlich zum 31.3.2013 aufgehoben**. Sie sind daher ab dem 1.4.2013 nicht mehr in Kraft und entfalten auch keine Nachwirkung.[305]

Das beim Tarifabschluss vom 15.3.2010 verwandte Modell des mehrgliedrigen Tarifvertrags wurde in der Zeitarbeit bereits seit jeher von den DGB-Gewerkschaften verfolgt[306] (vgl. Rn. 202). Von einem **mehrgliedrigen Tarifvertrag** spricht man, wenn ein Tarifvertrag auf einer Seite von mehreren Tarifvertragsparteien abgeschlossen wird.[307] Ist der mehrgliedrige Tarifvertrag so ausgestaltet, dass mehrere selbstständige Tarifverträge lediglich in einer Urkunde zusammengefasst sind, liegt ein sog. „mehrgliedriger Tarifvertrag im engeren Sinne" vor. Bei diesem sind die Tarifvertragsparteien selbstständig berechtigt und verpflichtet und bleiben deshalb auch in der Lage, den Tarifvertrag unabhängig voneinander zu kündigen.[308] In dieser Konstellation ist die Rechtswirksamkeit der diversen Tarifverträge getrennt voneinander zu beurteilen. Die fehlende Tariffähigkeit eines Verbandes strahlt daher nicht auf die von den anderen Verbänden abgeschlossenen Tarifverträge aus.[309]   216

Mit dem CGZP-Beschluss des BAG vom 14.12.2010 (Rn. 295) ist die CGZP aus dem Kreis der Tarifvertragsparteien in der Zeitarbeit ausgeschieden. Faktisch wurde zudem der Kampf zwischen DGB- und CGB-Gewerkschaften um die Tarifhoheit in der Arbeitnehmerüberlassung entschieden. Die CGB-Gewerkschaften werden in der Tariflandschaft der Zeitarbeit auf unabsehbare Zeit wohl keine Rolle mehr spielen.   217

---

305 Vgl. BAP-Pressemitteilung vom 5.2.2013.
306 *Bayreuther*, NZA 2012, 14.
307 BAG, 8.11.2006 – 4 AZR 590/05, NZA 2007, 576, Os. 1.
308 BAG, 8.11.2006 – 4 AZR 590/05, NZA 2007, 576, 577, Rn. 22.
309 BAG, 15.11.2006 – 10 AZR 665/05, NZA 2007, 448, 451, Rn. 24; *Wiedemann/ Oetker*, TVG, § 2 Rn. 17; *Lembke*, BB 2010, 1533, 1537 m.w.N.

§ 9 Unwirksamkeit

ff) Tarifverträge über Branchenzuschläge

218 Dies zeigt sich auch in der jüngeren Entwicklung der Tariflandschaft. Sie ist geprägt von der Tarifarbeit der DGB-Gewerkschaften und namentlich der IG Metall, die insbesondere der Durchsetzung der **Forderung „gleicher Lohn für gleiche Arbeit"** gilt. Diese Forderung wurde politisch durch die Drohung der Bundesarbeitsministerin *von der Leyen* im Frühjahr 2011 unterstützt, eine Kommission zur Entwicklung gesetzlicher Regelungen zum Equal Pay einzusetzen, wenn sich die Tarifparteien in der Zeitarbeit nicht innerhalb eines Jahres auf eine Annäherung an Equal Pay verständigten.[310]

219 Vor diesem Hintergrund wurde beispielsweise für die **Stahlindustrie** in Nordrhein-Westfalen zwischen dem Arbeitgeberverband Stahl e.V. und der IG Metall der „Tarifvertrag zur Bezahlung von Leiharbeitnehmer" vom 30.9.2010 abgeschlossen, der in § 2 die Verpflichtung enthält, dass Entleiherunternehmen der Stahlindustrie darauf hinwirken, dass Leiharbeitnehmer während ihres Einsatzes im Entleiherbetrieb Anspruch auf Equal Pay gegenüber ihrem Vertragsarbeitgeber (Verleiher) haben.[311] Nach dem Tarifvertrag wird zwar ein Entgeltanspruch des Leiharbeitnehmers gegen das Entleiherunternehmen nicht begründet (§ 2 Satz 2 TV), jedoch sieht § 3 TV eine Haftung des Entleihers gegenüber dem Leiharbeitnehmer für fehlerhafte Vertragsgestaltung mit dem Verleiher vor: Erhält ein Leiharbeitnehmer von seinem Arbeitgeber, dem Verleiher, nicht Equal Pay, kann er vom Entleiher die Differenz zu Equal Pay als Schadensersatz verlangen, es sei denn, der Entleiher weist nach, dass er den Verleiher vertraglich verpflichtet hat, dem Leiharbeitnehmer Equal Pay zu gewähren. Diesem Tarifvertrag wird der Charakter eines „Vertrags mit Schutzwirkung zugunsten Dritter" beigelegt,[312] was wohl eine zulässige Tarifvertragsgestaltung ist.[313] Daneben wurden in der Praxis auch andere für den Entleiher geltende kollektivrechtliche Regelungen in Tarifverträgen oder Betriebsvereinbarungen abgeschlossen, durch die der Einsatz von Leiharbeitnehmern beim Ent-

---

310 Deutscher Bundestag, Stenografischer Bericht, 99. Sitzung vom 24.3.2011, Plenarprotokoll 17/99, S. 11366.
311 Vgl. NZA 20/2010, XIV; näher zu dem Tarifvertrag *Karthaus*, AuR 2010, 494, 496 ff.; zu weiteren tarifvertraglichen Beispielen *Krause*, AuR 2012, 55, 56.
312 *Karthaus*, AuR 2010, 494, 496.
313 Vgl. *Karthaus*, AuR 2010, 494, 498 f.; *Krause*, AuR 2012, 55, 56 ff.; *Thüsing*/Braun, Tarifrecht, 5. Kap. Rn. 5 f.

III. Schlechterstellungsverbot bzw. Grundsatz des Equal Pay/Treatment § 9

leiher verboten, unter bestimmte Voraussetzungen gestellt oder quotiert wurde.[314]

Regelungen zur Zeitarbeit finden sich auch im **Tarifabschluss** zwischen Südwestmetall und IG Metall Baden-Württemberg vom 19.5.2012, dem Pilotcharakter für die anderen Tarifgebiete **der Metall- und Elektroindustrie** zukam.[315] Darin wurde für die – als potentielle Entleiher in Betracht kommenden – (tarifgebundenen) Unternehmen der Metall- und Elektroindustrie u.a. folgendes vereinbart: Die Betriebsparteien können im Rahmen einer freiwilligen Betriebsvereinbarung den Einsatz von Leiharbeit und die Ausgestaltung der betrieblichen Flexibilität regeln. Auf Verlangen einer Seite sind hierzu Verhandlungen aufzunehmen. In dieser Vereinbarung können zum betrieblichen Einsatz von Leiharbeit u.a. die Einsatzzwecke, die Einsatzbereiche und das Volumen von Leiharbeit, die Höhe der Vergütung der Leiharbeiter, die in Verleihverträgen vereinbart wird, die Höchstdauer des Einsatzes und Übernahmeregeln festgelegt werden. Besteht keine derartige Betriebsvereinbarung, hat der Entleiher nach 18 Monaten Überlassung zu prüfen, ob er dem Leih-/Zeitarbeitnehmer einen unbefristeten Arbeitsvertrag anbieten kann. **Nach 24 Monaten** Überlassung hat der **Entleiher dem Leih-/Zeitarbeitnehmer einen unbefristeten Arbeitsvertrag anzubieten**.[316] Dieses kann nach Beratung mit dem Betriebsrat bei akuten Beschäftigungsproblemen entfallen. Bei Unterbrechungen von weniger als drei Monaten werden Einsatzzeiten im selben Betrieb addiert. Ferner heißt es in dem Tarifvertrag, dass die tarifgebundenen Unternehmen mit der Arbeitnehmerüberlassung nur solche Verleihunternehmen beauftragen, die hinsichtlich der wesentlichen Arbeitsbedingungen einschließlich des Arbeitsentgelts die Regelungen des AÜG einhalten. Abweichende Regelungen i.S.d. § 9 Nr. 2 AÜG sind dabei nur solche, die mit der Tarifgemeinschaft des DGB oder der IG Metall abgeschlossen wurden oder werden und einen Branchenzuschlag oder mindestens eine in der Höhe vergleichbare Vergütung enthalten.[317]

220

---

314 Dazu *Lembke*, in: Maschmann, Rigidität und Flexibilität im Arbeitsrecht, S. 151 f.; *Thüsing*/Braun, Tarifrecht, 5. Kap. Rn. 7 ff.
315 Näher zu dem Tarifvertrag Leih-/Zeitarbeit in der Metall- und Elektroindustrie von Baden-Württemberg *Krause*, NZA 2012, 830; dazu auch AuR 2012, 258 f.; *Bayreuther*, NZA-Beil. 4/2012, 115, 117 ff.; zu den betriebsverfassungsrechtlichen Tarifregelungen *Ulber*, AuR 2013, 114.
316 Dazu *Krause*, NZA 2012, 830, 834 f.
317 Zu dieser Regelung näher *Krause*, NZA 2012, 830, 835.

§ 9   Unwirksamkeit

221 Kurz danach schloss die IG Metall mit BAP und iGZ am 22.5.2012 den **Tarifvertrag über Branchenzuschläge für Arbeitnehmerüberlassungen in der Metall- und Elektroindustrie (TV BZ ME)** ab, der mit einer Frist von drei Monaten zum Jahresende, erstmals zum 31.12. 2017, gekündigt werden kann.[318] Er sieht vor, dass Leiharbeitnehmer **ab dem 1.11.2012** für die Dauer ihres jeweiligen Einsatzes im Rahmen der Arbeitnehmerüberlassung in einen – in § 1 Nr. 2 TV BZ ME abschließend aufgezählten – „Kundenbetrieb" in der Metall- und Elektroindustrie einen Branchenzuschlag erhält (§ 2 Abs. 1 TV BZ ME). Der Branchenzuschlag wird für den ununterbrochenen Einsatz im jeweiligen Kundenbetrieb gezahlt. Unterbrechungszeiten einschließlich Feiertage, Urlaubs- und Arbeitsunfähigkeitstage, die die Dauer von drei Monaten unterschreiten, sind keine Unterbrechungen im vorgenannten Sinne (§ 2 Abs. 2 TV BZ ME). Der Branchenzuschlag ist auf gezahlte übertarifliche Leistungen anrechenbar (§ 2 Abs. 5 TV BZ ME). Der **Branchenzuschlag** beträgt nach der Einsatzdauer in einem Kundenbetrieb folgende Prozentwerte: nach der sechsten vollendeten Woche 15%, nach dem dritten vollendeten Monat 20%, nach dem fünften vollendeten Monat 30%, nach dem siebten vollendeten Monat 45%, nach dem neunten vollendeten Monat 50% des Stundentabellenentgelts des Entgelttarifvertrages Zeitarbeit zwischen BZA und der DGB-Tarifgemeinschaft Zeitarbeit bzw. des Entgelttarifvertrages zwischen iGZ und der DGB-Tarifgemeinschaft Zeitarbeit je nach Einschlägigkeit (§ 2 Abs. 3 TV BZ ME).

222 Der Tarifvertrag sieht also keine echte Equal-Pay-Verpflichtung vor, weshalb insoweit auch von einem **„Equal Pay light"** gesprochen wird.[319] Allerdings besteht insoweit ein Bezug zum Grundsatz des Equal Pay gemäß §§ 9 Nr. 2, 3 Abs. 1 Nr. 3, 10 Abs. 4 AÜG, als das Stundenentgelt eines vergleichbaren Arbeitnehmers im Entleiherbetrieb Anknüpfungspunkt für die Obergrenze des Branchenzuschlags ist. Nach der **Deckelungsregelung** in § 2 Abs. 4 TV BZ ME ist der Branchenzuschlag auf die Differenz zum laufenden regelmäßig gezahlten Stundenentgelt eines vergleichbaren Arbeitnehmers des Kundenbetriebs beschränkt; bei der Feststellung des Vergleichsentgelts im Kundenbetrieb bleibt das Äquivalent einer durchschnittlichen Leistungszulage der Branche – die nach den Vereinbarungen der Tarifvertragsparteien 10% beträgt – unberücksichtigt. Die Deckelungsregelung greift

---
318 Dazu FAZ vom 23.5.2012, S. 9; *Bayreuther*, NZA-Beil. 4/2012, 115 f.; *Nießen/Fabritius*, BB 2013, 375 ff.; *Hennig*, in: Böhm/Hennig/Popp, Zeitarbeit, Rn. 1320 ff.
319 *Neufeld*, BB 44/2012, S. 1.

III. Schlechterstellungsverbot bzw. Grundsatz des Equal Pay/Treatment § 9

also ein, sobald das tarifliche Stundenentgelt eines Leiharbeitnehmers zuzüglich Branchenzuschlag 90% des laufenden regelmäßig gezahlten Stundenentgelts eines vergleichbaren Arbeitnehmers des Entleiherbetriebs übersteigt. Im Hinblick darauf ist der Grundsatz des Equal Pay gemäß §§ 9 Nr. 2, 3 Abs. 1 Nr. 3, 10 Abs. 4 AÜG insoweit nicht durch den TV BZ ME ausgeschlossen, als das Arbeitsentgelt eines vergleichbaren Arbeitnehmers für die Feststellung der Arbeitsbedingungen des Leiharbeitnehmers für die Zeit der Überlassung relevant ist. Daher hat der Leiharbeitnehmer insoweit auch einen **Auskunftsanspruch** gegen den Entleiher nach § 13 (vgl. § 13 Rn. 16). Allerdings besteht nach dem Verständnis der Tarifvertragsparteien keine Verpflichtung zur Anwendung der Deckelungsregelung. Vielmehr soll die Deckelungsregelung im Einzelfall eine Beschränkung des Branchenzuschlags ermöglichen, wenn der Kundenbetrieb eine entsprechende Deckelung geltend macht.

Mittlerweile haben BAP und iGZ **Tarifverträge über Branchenzuschläge für Arbeitnehmerüberlassungen** 223

– **in der Chemischen Industrie (TV BZ Chemie** – Inkrafttreten: 1.11.2012) mit der IG Bergbau, Chemie, Energie (IG BCE),

– **in der Kautschukindustrie (TV BZ Kautschuk** – Inkrafttreten: 1.1.2013) mit der IG BCE,

– **in der Kunststoff verarbeitenden Industrie (TV BZ Kunststoff** – Inkrafttreten: 1.1.2013) mit der IG BCE,

– **in den Schienenverkehrsbereich (TV BZ Eisenbahn** – Inkrafttreten: 1.4.2013) mit der Eisenbahn- und Verkehrsgewerkschaft (EVG),

– **in der Textil- und Bekleidungsindustrie (TV BZ TB** – Inkrafttreten: 1.4.2013) mit der IG Metall,

– **in der Holz und Kunststoff verarbeitenden Industrie (TV BZ HK** – Inkrafttreten: 1.4.2013) mit der IG Metall,

– **in der Papier, Pappe und Kunststoffe verarbeitenden Industrie** (Inkrafttreten: 1.5.2013) mit ver.di und

– **für die gewerblich Beschäftigten in der Druckindustrie** (Inkrafttreten: 1.7.2013) mit ver.di vereinbart.[320]

---

[320] Teilweise abrufbar im Internet unter http://www.personaldienstleister.de/presse-service/downloads/publikationen.html; vgl. zu den Tarifverträgen über Branchenzuschläge s. auch BT-Drs. 17/11738; *Nießen/Fabritius*, BB 2013, 375 ff.; *Freckmann/Gallini*, BB 2013, 309, 311 f.

§ 9   Unwirksamkeit

Sie sind allesamt erstmals zum 31.12.2017 kündbar und strukturell ähnlich aufgebaut wie der TV BZ ME, sehen jedoch unterschiedliche Branchenzuschläge vor. Teilweise wird bestritten, dass die DGB-Gewerkschaften eine ausreichende Tarifzuständigkeit für den Abschluss dieser Tarifverträge haben[321] (zur Tarifzuständigkeit näher Rn. 344 ff., 362 ff.)

224 Vor dem Hintergrund dieser Tarifverträge über Branchenzuschläge hat die Bundesarbeitsministerin *von der Leyen* erklärt, bis auf Weiteres keine gesetzlichen Maßnahmen zur Gleichstellung von Zeitarbeitnehmern und Stammbeschäftigten auf den Weg zu bringen.[322] Ob die Bedeutung der Zeitarbeit aufgrund der mit den Tarifverträgen verbundenen **Verteuerung** – wie teilweise befürchtet[323] – zurückgeht und/oder zu Ausweichbewegungen (wie z. B. vermehrter Einsatz von Werkverträgen, Verlagerung von Produktion ins Ausland, schneller Austausch von Leiharbeitskräften vor Eingreifen der Branchenzuschläge) führt, bleibt abzuwarten. Für die Praxis der Zeitarbeitsunternehmen bedeuten die neuen Tarifverträge über Branchenzuschläge jedenfalls einen **erheblichen Verwaltungsmehraufwand**. Da die Tarifzuständigkeit die äußerste Grenze wirksamer Tarifverträge ist, können die DGB-Gewerkschaften nur im Rahmen ihrer Tarifzuständigkeit Zuschläge für die jeweilige Branche und für die Fälle vereinbaren, in denen die Leiharbeitnehmer in bestimmten Branchen zugehörigen Unternehmen bzw. generell in der jeweiligen Branche eingesetzt werden[324] (näher zur Tarifzuständigkeit der DGB-Gewerkschaften Rn. 362 ff.). Das Arbeitsentgelt und die jeweiligen Branchenzuschläge gelten nur für die jeweilige Überlassung in eine bestimmte Branche. Jedes Mal, wenn der Leiharbeitnehmer in eine andere Branche überlassen wird, sind ggf. andere Branchenzuschläge und die jeweilige Deckelungsregelung (vgl. oben Rn. 222) zu berücksichtigen (vgl. auch Rn. 415).

c) Voraussetzungen der Tarifausnahme

225 § 9 Nr. 2 Hs. 2 und 3 bestimmen (wortgleich zum gewerbe-/erlaubnisrechtlichen Pendant des § 3 Abs. 1 Satz 2 und 3): „Ein Tarifvertrag kann [vom Schlechterstellungsverbot] abweichende Regelungen zulas-

---

321 *Rieble*, BB 2012, 2177, 2178 ff.
322 Handelsblatt vom 18.7.2012; vgl. auch BT-Drs. 17/11738, S. 5 ff. (elektr. Vorabfassung).
323 Vgl. FAZ vom 2.7.2012, S. 9.
324 *Krause*, AuR 2012, 55, 56.

III. Schlechterstellungsverbot bzw. Grundsatz des Equal Pay/Treatment § 9

sen, soweit er nicht die in einer Rechtsverordnung nach § 3a Abs. 2 festgesetzten Mindeststundenentgelte unterschreitet; im Geltungsbereich eines solchen Tarifvertrags können nicht tarifgebundene Arbeitgeber und Arbeitnehmer die Anwendung der tariflichen Regelungen vereinbaren."[325] Denkbar sind also Abweichungen vom gesetzlichen Schlechterstellungsverbot

- aufgrund eines wirksamen Tarifvertrags, der Abweichungen in Betriebsvereinbarungen oder Arbeitsverträgen zulässt (dazu Rn. 233 ff.),
- durch wirksame tarifliche Regelungen, welche normativ zwischen den Leiharbeitsvertragsparteien – namentlich aufgrund beiderseitiger Tarifbindung – gelten (dazu Rn. 236 ff., 397 ff.), und
- durch wirksame tarifliche Regelungen, auf welche die Leiharbeitsvertragsparteien wirksam Bezug genommen haben (dazu Rn. 405 ff.).

Die **Rechtsverordnung nach § 3a Abs. 2** über die – auf Grundlage „tariflicher Mindeststundenentgelte" erlassene – Lohnuntergrenze in der Arbeitnehmerüberlassung (vgl. Rn. 239 ff.) und **Rechtsverordnungen nach § 7 AEntG**, durch welche die Anwendbarkeit von Rechtsnormen eines Tarifvertrags in bestimmten Branchen auf alle Arbeitsverhältnisse erstreckt werden, stellen **keine Tarifverträge** im Sinne der Tariföffnungsklausel des § 9 Nr. 2 Hs. 2 und 3 bzw. § 3 Abs. 1 Nr. 3 Satz 2 und 3 dar.[326] Daher suspendiert die Anwendung oder Inbezugnahme von derartigen Regelungen nicht vom Grundsatz des Equal Pay/Treatment.[327]

226

aa) Inhalt des Tarifvertrags

Der Tarifvertrag, der vom gesetzlichen Schlechterstellungsverbot Abweichungen zulässt, muss nicht explizit erklären, dass eine derartige Abweichung gewollt ist. Insofern besteht **kein Zitiergebot**. Ausreichend ist es, wenn der Tarifvertrag allgemeine Regelungen über die Arbeitsbedingungen und das Entgelt enthält.[328] Daher können z. B. auch alte Tarifverträge, die bereits vor Inkrafttreten des Gesetzes am 1.1.2003 (zur Übergangsvorschrift des § 19 siehe dort Rn. 10) in Kraft

227

---

325 Zur Entstehungsgeschichte ausführlich *Lembke*, BB 2003, 98, 102 f.; siehe auch *Däubler*, AiB 2002, 729, 732.
326 Vgl. BAG, 20.4.2011 – 4 AZR 467/11, NZA 2011, 1105, 1106 f.; dazu *Sittard*, NZA 2012, 299.
327 Vgl. zu § 3a *Ulber*, AuR 2012, 426, 427 f.
328 Thüsing/*Mengel*, § 9 Rn. 39; Thüsing/*Pelzner/Kock*, § 3 Rn. 90 ff.; – A.A. *Ulber*, AuR 2003, 7, 12.

waren, den Ausnahmetatbestand von § 9 Nr. 2 Hs. 2 und 3 erfüllen.[329] Dies ergibt sich auch aus Art. 5 Abs. 3 der Leiharbeitsrichtlinie, welche Grundlage der Tarifausnahme in § 9 Nr. 2 ist (vgl. Rn. 189 ff.). Dort heißt es, dass die Mitgliedstaaten den Sozialpartnern die Möglichkeit einräumen können, „Tarifverträge *aufrechtzuerhalten* oder abzuschließen, die … [abweichende] Regelungen … enthalten können". Bestehende Tarifverträge, welche „aufrechterhalten" werden können, um vom Gleichbehandlungsgrundsatz abzuweichen, werden regelmäßig keine explizite Erklärung darüber enthalten, dass mit ihnen eine derartige Abweichung gewollt ist.

228 Bei grenzüberschreitender Arbeitnehmerüberlassung kann auch ein **ausländischer Tarifvertrag**, der für die Niederlassung des Verleihers im Entsendestaat gilt, vom Schlechterstellungsverbot befreien.[330] Voraussetzung ist aber, dass der ausländische Tarifvertrag einem deutschen Tarifvertrag **gleichwertig** ist[331] und dass er die in der Rechtsverordnung nach § 3a Abs. 2 festgesetzte Lohnuntergrenze nicht unterschreitet[332] (näher Rn. 402, 426).

229 Tarifverträge können Abweichungen vom Schlechterstellungsverbot **zulasten** der **Leiharbeitnehmer** vorsehen (vgl. Rn. 183). Einer **sachlichen Rechtfertigung** für eine Ungleichbehandlung gegenüber vergleichbaren Arbeitnehmern des Entleihers **bedarf es** für derartige Tarifregelungen **nicht**.[333] Das gesetzliche Schlechterstellungsverbot ist kein Ausfluss aus Art. 3 Abs. 1 GG. Stammarbeitnehmer des Entleihers und Leiharbeitnehmer des Verleihers sind nicht per se vergleichbar.[334] Dies zeigt sich schon darin, dass der Leiharbeitnehmer – anders als Stammarbeitnehmer des Entleihers – typischerweise nicht im eigenen Betrieb des Verleihers eingesetzt wird, sondern in einem fremden Betrieb. Zudem wechseln die Entleiher häufig, so dass man nicht grundsätzlich von einer Vergleichbarkeit von Leiharbeitnehmern und Stammarbeitnehmern der Entleiher ausgehen kann. Daher stellt das gesetz-

---

329 *Thüsing/Mengel*, § 9 Rn. 38. – A.A. *Thüsing/Pelzner/Kock*, § 3 Rn. 86.
330 *Boemke*, BB 2005, 266, 270; so im Prinzip auch Ziff. 3.1.8 Abs. 14 der GA-AÜG: „Tarifverträge, die den Gleichstellungsgrundsatz verdrängen, sind solche, die nach dem 15.11.2002 im Hinblick auf den Gleichstellungsgrundsatz abgeschlossen oder angepasst wurden und auf Leiharbeitnehmer im Betrieb Anwendung finden können."
331 Näher *Thüsing/Lembke*, ZfA 2007, 87, 94 ff.
332 *Ulber*, AuR 2012, 426, 428.
333 A.A. HWK/*Kalb*, § 3 AÜG Rn. 36.
334 Vgl. auch *Melms/Lipinski*, BB 2004, 2409, 2411.

III. Schlechterstellungsverbot bzw. Grundsatz des Equal Pay/Treatment § 9

liche Schlechterstellungsverbot eigentlich eine Gleichbehandlung von wesentlich Ungleichem dar, welche nach Art. 3 Abs. 1 GG nur mit einer sachlichen Rechtfertigung zulässig ist. Insoweit dürfte das gesetzliche Schlechterstellungsverbot allerdings dadurch verfassungsrechtlich gerechtfertigt sein, dass es den Schutz der Leiharbeitnehmer stärken und die Akzeptanz der Leiharbeit zur Nutzung der Beschäftigungspotenziale der Zeitarbeit steigern will (vgl. Rn. 85 ff.).

Teilweise wird zudem **vertreten**, die Tarifverträge der Zeitarbeitsbranche dürften zwar Vergütungen unterhalb des Niveaus der Stammarbeitnehmer der Entleiher vereinbaren, der **Tariflohn** der Leiharbeitnehmer müsse jedoch zusammen mit den tariflichen Lohnnebenleistungen eine Vergütung ergeben, die **zumindest annähernd derjenigen des Einsatzbetriebs** entspreche; bei Nichtbeachtung dieses Grundsatzes soll der entsprechende Tarifvertrag (wohl) unwirksam sein.[335] Zur Begründung wird ausgeführt, das BAG habe im Urteil vom 13.3.2002[336] zur vergleichbaren Tariföffnungsklausel des § 4 Abs. 4 EFZG klargestellt, dass eine Tarifregelung dem gesetzlich fixierten Grundsatz der vollen Entgeltfortzahlung entsprechen müsse.[337] Dies gelte entsprechend für die Tariföffnungsklausel der §§ 9 Nr. 2, 3 Abs. 1 Nr. 3 AÜG. Dem ist entgegenzuhalten, dass die Tariföffnungsklausel des § 4 Abs. 4 EFZG viel enger ist als die Öffnungsklausel im Zusammenhang mit dem gesetzlichen Schlechterstellungsverbot des AÜG. Denn § 4 Abs. 4 EFZG gibt den Tarifvertragsparteien nur die Befugnis, eine „abweichende Bemessungsgrundlage" des fortzuzahlenden Arbeitsentgelts – d.h. Berechnungsmethode (Ausfall- oder Referenzprinzip) und Berechnungsgrundlage (Umfang und Bestandteile des zugrunde zu legenden Arbeitsentgelts) – festzulegen; nicht dazu gehört die Sechswochenfrist der Entgeltfortzahlung (§ 3 Abs. 1 EFZG) und die Pflicht zur vollen Entgeltfortzahlung zu 100 %.[338] Demgegenüber enthält die Tariföffnungsklausel der §§ 9 Nr. 2, 3 Abs. 1 Nr. 3 AÜG keine derartigen Einschränkungen für die Regelungsbefugnis der Tarifvertragsparteien. Das herangezogene BAG-Urteil vom 13.3.2002 passt also im vorliegenden

230

---

335 *Schüren/Behrend*, NZA 2003, 521, 525 unter Berufung auf BAG, 13.3.2002 – 5 AZR 648/00, NZA 2002, 744; *Ulber*, § 9 Rn. 207 ff., 231 ff.; vgl. auch *Ulber*, AuR 2003, 7, 12; *Schlachter/Klauk*, AuR 2010, 354, 359; – A. A. *Böhm*, DB 2003, 2598; *Hanau*, ZIP 2003, 1573, 1577; *Thüsing/Pelzner/Kock*, § 3 Rn. 90 ff.; *Thüsing/Mengel*, § 9 Rn. 39; *Raab*, ZfA 2003, 389, 409 f.; *Riechert*, NZA 2013, 303, 306.
336 BAG, 13.3.2002 – 5 AZR 648/00, NZA 2002, 744.
337 *Schüren/Behrend*, NZA 2003, 521, 525 unter Berufung auf BAG, 13.3.2002 – 5 AZR 648/00, NZA 2002, 744.
338 BAG, 13.3.2002 – 5 AZR 648/00, NZA 2002, 744, 745.

Kontext nicht.³³⁹ Allerdings geht das BAG auch bei anderen Tariföffnungsklauseln, etwa bei § 14 Abs. 2 Satz 3 TzBfG, davon aus, dass die Dispositionsbefugnis im Hinblick auf den systematischen Gesamtzusammenhang und den Gesetzeszweck sowie aus verfassungs- und unionsrechtlichen Gründen nicht völlig unbegrenzt ist.³⁴⁰

231 Die darin angelegte Befugnis zur Rechtskontrolle von Tarifverträgen ist allerdings mit äußerster Zurückhaltung auszuüben. Denn – abgesehen von den durch die gesetzliche Konzeption des AÜG verursachten Besonderheiten der Tarifsituation im Bereich der Arbeitnehmerüberlassung (vgl. Rn. 184 ff.) – kommt Tarifverträgen grundsätzlich eine Richtigkeitsvermutung zu, d.h. es ist davon auszugehen, dass die Tarifvertragsparteien ein „faires Gesamtpaket" geschnürt haben (vgl. auch § 310 Abs. 4 Satz 1 BGB).³⁴¹ Eine rechtliche Überprüfung der Angemessenheit der tarifvertraglich vereinbarten Arbeitsentgelte kann eine **unzulässige Tarifzensur** und einen verfassungswidrigen Eingriff in die durch Art. 9 Abs. 3 GG geschützte Tarifautonomie darstellen. Zum **europarechtlichen** Gebot der „Achtung des **Gesamtschutzes von Leiharbeitnehmern**" in Tarifverträgen s. oben Rn. 192.

232 Zu beachten ist allerdings, dass **tarifvertragliche Entgeltvereinbarungen** nach der Rechtsprechung des BAG **den in Art. 2 Abs. 1, 20 Abs. 1 GG zum Ausdruck kommenden Gerechtigkeitsanforderungen genügen müssen**.³⁴² Dabei ist im Hinblick auf das durch Art. 9 Abs. 3 GG gewährleistete Verbot der Tarifzensur und der Richtigkeitsgewähr von Tarifverträgen **äußerste Zurückhaltung geboten**. Nach Auffassung des BAG kann die Höhe eines tarifvertraglich vereinbarten Arbeitsentgelts nur dann von den Gerichten als sittenwidrig und gegen die o.g. Gerechtigkeitsanforderungen verstoßend beanstandet werden, wenn der Tariflohn unter Berücksichtigung aller Umstände des räumlichen, fachlichen und persönlichen Geltungsbereichs des Tarifvertrags

---

339 Ebenso *Hanau*, ZIP 2003, 1573, 1577; *Laux*, FS Bepler, 2012, S. 335, 337 f.
340 Vgl. BAG, 15.8.2012 – 7 AZR 184/11, NZA 2013, 45, 47 f., Rn. 23 ff.; dazu *Francken*, NZA 2013, 122; *Ulber*, NZA 2013, 130; vgl. auch *Riechert*, NZA 2013, 303, 307 ff., der vorschlägt, dass ein Tarifvertrag der Arbeitnehmerüberlassung nicht mehr als 1/3 hinter dem üblichen Lohn für einen vergleichbaren Arbeitnehmer im Einsatzbereich zurückbleiben darf. – Dies ist freilich völlig unpraktikabel, weil es keinen einheitlichen Einsatzbereich gibt; denn Arbeitnehmerüberlassung ist „branchenübergreifend".
341 Vgl. HWK/*Henssler*, § 1 TVG Rn. 88 ff.
342 BAG, 24.3.2004 – 5 AZR 303/03, NZA 2004, 971, Ls. 3; BAG, 28.5.2009 – 6 AZR 144/08, BeckRS 2009, 67534, Rn. 29.

III. Schlechterstellungsverbot bzw. Grundsatz des Equal Pay/Treatment   § 9

sowie der im Geltungsbereich des Tarifvertrags verrichteten Tätigkeiten einen „**Hungerlohn**" darstellt.[343]

(1) Zulassung von Abweichungen

Eine Abweichung vom Schlechterstellungsverbot ist zum einen aufgrund eines Tarifvertrags möglich, der „abweichende Regelungen zulässt". Der Gesetzgeber wollte Abweichungen zum Nachteil des Leiharbeitnehmers gestatten, wenn sie von den Tarifpartnern (mit-)getragen werden (zur Richtlinienkonformität der Regelung Rn. 195). Nach dem ausdrücklichen Wortlaut ist es mithin gestattet, durch Tarifvertrag abweichende Regelungen zuzulassen, also den **Parteien des Arbeitsverhältnisses bzw. den Betriebspartnern das Recht einzuräumen**, die **Abweichungen selbst** individualvertraglich bzw. durch Betriebsvereinbarung **zu regeln**.[344] In diesem Fall dürfen die Tarifpartner auch inhaltliche Anforderungen an eine entsprechende Vereinbarung normieren, insbesondere ein Mindestentgelt oder sonstige Mindestarbeitsbedingungen festlegen.

233

Soweit sich eine derartige Taríföffnungsklausel auf alle wesentlichen Arbeitsbedingungen bezieht, können die Betriebsparteien (d.h. Verleiher und Betriebsrat des Verleihers) oder die Leiharbeitsvertragsparteien (d.h. Verleiher und Leiharbeitnehmer) den Grundsatz von Equal Pay/Treatment durch Regelungen in einer Betriebsvereinbarung oder in individualvertraglichen Abreden abbedingen. Die Tariföffnungsklausel ist Zulassungsnorm i.S.d. § 77 Abs. 3 Satz 2 BetrVG, d.h. die Betriebsvereinbarung kann auch Regelungen treffen, die an sich tarifüblich sind. Sofern sich die Tariföffnungsklausel nur auf das Entgelt bezieht und der Tarifvertrag sonst keine vom gesetzlichen Schlechterstellungsverbot abweichenden Regelungen enthält, können die Entgeltfragen von den Betriebsparteien bzw. den Arbeitsvertragsparteien geregelt werden. Soweit keine abschließenden Vereinbarungen getroffen werden, findet das gesetzliche Schlechterstellungsverbot Anwendung.

234

Eine Tariföffnungsklausel, welche vom Schlechterstellungsverbot abweichende Regelungen in einer Betriebsvereinbarung oder in Arbeitsverträgen zulässt, ist eine **Betriebsnorm** bzw. – soweit sie Regelungen in Betriebsvereinbarungen zulässt – eine betriebsverfassungsrechtliche Tarifnorm i.S.d. § 3 Abs. 2 TVG. Denn sie regelt nicht wie Inhaltsnor-

235

---

343 BAG, 24.3.2004 – 5 AZR 303/03, NZA 2004, 971, 973.
344 Thüsing/*Mengel*, § 9 Rn. 33; Thüsing/*Pelzner/Kock*, § 3 Rn. 89; *Thüsing*, DB 2003, 446, 448. – A.A. *Raab*, ZfA 2003, 389, 409.

men die Rechte und Pflichten des (Leih-)Arbeitsverhältnisses selbst, sondern sie regelt das betriebliche Rechtsverhältnis zwischen dem Arbeitgeber und der Belegschaft als Kollektiv. Die tarifliche Zulassungsnorm gibt den Betriebsparteien oder/und dem Arbeitgeber und den Arbeitnehmern des Betriebs die Möglichkeit, Abweichungen vom „Equal Treatment"-Grundsatz zu treffen. Betriebsnormen bzw. betriebsverfassungsrechtliche Tarifnormen **gelten im Leiharbeitsverhältnis** bereits dann normativ, **wenn** nur der **Arbeitgeber** (d.h. hier der Verleiher) **tarifgebunden** ist (§§ 3 Abs. 2, 4 Abs. 1 Satz 2 TVG).

(2) Abweichende Tarifregelungen

236 Auch wenn dies im Gesetzeswortlaut von § 9 Nr. 2 Hs. 2 nicht deutlich zum Ausdruck kommt, ist es auch möglich, dass der **Tarifvertrag selbst** die entsprechenden vom Schlechterstellungsverbot **abweichenden Regelungen trifft**.[345] Dies folgt insbesondere aus Hs. 3, wonach die Arbeitsvertragsparteien die „Anwendung der tariflichen Regelungen eines solchen Tarifvertrags" vereinbaren können; damit ist der Fall gemeint, dass die Leiharbeitsvertragsparteien auf vom Schlechterstellungsverbot abweichende Tarifnormen arbeitsvertraglich Bezug nehmen. Außerdem ergibt sich die Befugnis der Tarifvertragsparteien zur Regelung der Arbeitsbedingungen der Leiharbeitnehmer abweichend vom gesetzlichen Schlechterstellungsverbot aus dem Wortlaut der Drehtürklausel in § 9 Nr. 2 Hs. 4 („eine abweichende tarifliche Regelung ...") und des § 10 Abs. 4 Satz 2 („soweit ein auf das Arbeitsverhältnis anzuwendender Tarifvertrag abweichende Regelungen trifft ...").

237 **Nicht erforderlich** ist, dass der Tarifvertrag **sämtliche wesentlichen Arbeitsbedingungen abweichend** vom Schlechterstellungsverbot **regelt**. Soweit der Tarifvertrag bestimmte Sachgruppen abschließend regelt – was sich aus der Auslegung des Tarifvertrags ergibt –, gilt das gesetzliche Schlechterstellungsverbot nicht. Daher kann auch ein reiner Entgelttarifvertrag das Schlechterstellungsverbot verdrängen, soweit es um Entgeltfragen geht; im Übrigen verbleibt es beim „Equal Treatment"-Grundsatz.

238 Die **Bundesagentur für Arbeit** als Aufsichtsbehörde (§ 17 Abs. 1) bestimmt in ihren **Geschäftsanweisungen** insoweit Folgendes:[346]

---

345 *Bauer/Krets*, NJW 2003, 537, 539; *Reim*, AiB 2003, 73, 74.
346 Ziff. 3.1.8 Abs. 11 und 12 GA-AÜG (Stand: 2/2013).

III. Schlechterstellungsverbot bzw. Grundsatz des Equal Pay/Treatment § 9

„11. Ein Tarifvertrag durch den von der Gleichstellungsverpflichtung im Hinblick auf die beim Entleiher geltenden Arbeitsbedingungen abgewichen werden soll, muss die wesentlichen Arbeitsbedingungen (mehr oder weniger) umfassend regeln. Lässt ein Tarifvertrag wichtige Bereiche (bspw. Entgelt oder Urlaub) aus, suspendiert er nicht (vollständig) von der Gleichstellung. Im Hinblick auf die sonstigen wesentlichen Arbeitsbedingungen ist der Leiharbeitnehmer in diesen Fällen den Arbeitnehmern des Entleihers gleichzustellen.

12. Trifft ein Tarifvertrag dagegen im Wesentlichen Regelungen zu allen Arbeitsbedingungen und bleiben nur kleine Teile (bspw. Reisekosten, Verpflegungsmehraufwand) unerwähnt, so dürften nach Sinn und Zweck der in § 3 Abs. 1 Nr. 3 und § 9 Nr. 2 geregelten Ausnahme vom Gleichstellungsgrundsatz durch Bezugnahme auf eine tarifliche Regelung für weitere Ansprüche die allgemein geltenden Bestimmungen (z.B. § 670 BGB) gelten und nicht die insoweit beim Entleiher geltenden Arbeitsbedingungen. Es wird sozusagen ein ‚Schlussstrich' unter die Gleichstellung gezogen. Andernfalls gäbe es für den Verleiher keine abschließende Sicherheit im Hinblick auf die zu gewährenden Arbeitsbedingungen. In vielen Betrieben werden andere Leistungen häufig aufgrund freiwilliger Arbeitgeberleistungen gewährt (bspw.: Jahreswagen beim Automobilhersteller, Freiflüge bei der Fluggesellschaft, u.a.)."

(3) Kein Unterschreiten der Lohnuntergrenze nach § 3a

Die **Tarifausnahme** in § 9 Nr. 2 Hs. 2 und 3 (bzw. § 3 Abs. 1 Nr. 3 Satz 2 und 3) wurde mit Wirkung ab dem 30.4.2011 im Rahmen der AÜG-Reform zur Umsetzung der Leiharbeitsrichtlinie im Hinblick auf die neue Regelung des § 3a zur Lohnuntergrenze **eingeschränkt** (Rn. 34). Wie bereits seit längerem diskutiert,[347] wurde dadurch eine Art Mindestlohnregelung für die Zeitarbeit eingeführt vor dem Hintergrund der Verwirklichung der vollen Freizügigkeit für acht östliche EU-Mitgliedstaaten ab dem 1.5.2011. 239

Der **neue § 3a AÜG** sieht vor, dass das BMAS auf Vorschlag vorschlagsberechtigter Tarifvertragsparteien (vgl. § 3a Abs. 1 AÜG) durch Rechtsverordnung bundesweit tarifliche Mindeststundenentgelte als generell verbindliche Lohnuntergrenze für Verleihzeiten und verleihfreien 240

---

347 Vgl. *Lembke*, BB 2010, 1533, 1540f. m.w.N.

§ 9 Unwirksamkeit

Zeiten (vgl. § 10 Abs. 5) festsetzen kann (vgl. § 3a Abs. 2). Das aus dem AEntG bekannte Verfahren zur Erstreckung branchenspezifischer Mindestlöhne ist unter Berücksichtigung der Besonderheiten der Arbeitnehmerüberlassung weitestgehend übernommen worden. Die vorgeschlagene und durch Rechtsverordnung als verbindlich festgesetzte Lohnuntergrenze ist von allen im In- und Ausland ansässigen Verleihern, die Leiharbeitnehmer innerhalb Deutschlands beschäftigen, zu beachten (vgl. § 10 Abs. 5 AÜG, § 2 Nr. 4 AEntG).[348] Näher zum Ganzen § 3a Rn. 1 ff.

241 Nunmehr **greifen die Regelungen eines Tarifvertrags**, der Abweichungen vom Grundsatz des Equal Pay/Treatment vorsieht, **nicht, soweit** der jeweilige Tarifvertrag die in der **Rechtsverordnung nach § 3a Abs. 2** festgesetzten **Mindeststundenentgelte unterschreitet**. Dies gilt unabhängig davon, ob der Tarifvertrag kraft beiderseitiger Tarifbindung oder individualvertraglicher Bezugnahme im jeweiligen Leiharbeitsverhältnis zwischen Verleiher und Leiharbeitnehmer Anwendung findet. Folglich ist eine von der Rechtsverordnung nach § 3a Abs. 2 zum Nachteil der Leiharbeitnehmer abweichende Entlohnung weder durch Tarifvertrag noch durch Inbezugnahme eines solchen Tarifvertrags mit den Leiharbeitnehmern möglich.[349]

242 Am 21.12.2011 hat das BMAS auf Grundlage von § 3a Abs. 2 die **„Erste Verordnung über eine Lohnuntergrenze in der Arbeitnehmerüberlassung"** mit Wirkung ab dem 1.1.2012 erlassen.[350] Sie sieht für die Zeit vom 1.11.2012 bis 31.10.2013 ein Mindeststundenentgelt in den östlichen Bundesländern von Euro 7,50 und in den westlichen Bundesländern von Euro 8,19 vor (vgl. § 3a Rn. 8). Werden diese Lohnuntergrenzen im Tarifvertrag unterschritten,[351] ist der Tarifvertrag **insoweit wirkungslos** und **führt nicht zu einer Abweichung vom Grundsatz des Equal Pay**. Aus dem Wort „soweit" ergibt sich, dass der Tarifvertrag im Übrigen – sofern er wirksam ist – den Grundsatz des Equal Treatment ausschließt.[352] Eine weitere Bedeutung kommt dem Wort „soweit" nicht zu. Insbesondere kann daraus nicht geschlossen werden, dass ein Tarifvertrag, der nur in den untersten Entgeltgruppen die Lohn-

---

348 Näher BT-Drs. 17/5238, S. 14 ff.; BT-Drs. 17/5960; *Hamann*, RdA 2011, 321, 329 ff.; *Lembke*, FA 2011, 290, 292; *Leuchten*, NZA 2011, 608, 610; *Ulber*, AuR 2012, 426.
349 BT-Drs. 17/5238, S. 16.
350 Bundesanzeiger Nr. 195 v. 28.12.2011, S. 4608.
351 Dies ist bei den derzeit geltenden Verbandstarifverträgen allerdings nicht der Fall.
352 *Hamann*, RdA 2011, 321, 329.

III. Schlechterstellungsverbot bzw. Grundsatz des Equal Pay/Treatment § 9

untergrenze nicht einhält, aber in höhere Entgeltgruppen darüber liegt, noch eine Ausschlusswirkung im Hinblick auf Equal Pay zukommt.[353]

Die **Rechtsfolge der Nichteinhaltung der Lohnuntergrenzen im Tarifvertrag**, ergibt sich aus **§ 10 Abs. 4 Satz 3**: Soweit ein Tarifvertrag die in der Rechtsverordnung nach § 3a Abs. 2 festgesetzten Mindeststundenentgelte unterschreitet, hat der Verleiher dem Leiharbeitnehmer für jede Arbeitsstunde das im Betrieb des Entleihers für einen vergleichbaren Arbeitnehmer des Entleihers für eine Arbeitsstunde zu zahlende Arbeitsentgelt zu gewähren, d. h. „**Equal Pay**" und nicht etwa das festgesetzte Mindeststundenentgelt zu leisten.[354] Dies gilt zwar nur **für die Dauer der Überlassung**, schießt aber an sich – unter der Annahme, dass die Entgelte im Entleiherbetrieb in der Regel höher sind als beim Verleiher – über das Schutzziel, dem Leiharbeitnehmer einen Mindestlohn zu garantieren, hinaus.[355] Ist das an vergleichbare Arbeitnehmer des Entleihers gezahlte Arbeitsentgelt (ausnahmsweise) niedriger als die Lohnuntergrenze nach § 3a Abs. 2, so ist jedoch das in der Rechtsverordnung festgesetzte Mindeststundenentgelt an den Leiharbeitnehmer zu zahlen (§ 10 Abs. 5) und nicht Equal Pay (vgl. § 10 Rn. 135).[356]

243

Werden diese Rechtsfolgen vom Verleiher nicht beachtet, stellt dies einen Verstoß gegen die arbeitsrechtlichen Pflichten nach **§ 3 Abs. 1 Nr. 1** dar.[357] Abgesehen davon kommen **Ordnungswidrigkeiten** nach **§ 16 Abs. 1 Nr. 7a und 7b** in Betracht.

244

bb) Wirksamkeit des Tarifvertrags

Voraussetzung für die Anwendbarkeit der Tariföffnungsklausel des § 9 Nr. 2 Hs. 2 und 3 (bzw. § 3 Abs. 1 Nr. 3 Satz 2 und 3) ist, dass der jeweilige Tarifvertrag wirksam ist.[358] Erforderlich ist, dass tariffähige Parteien einen schriftlichen Tarifvertrag im Rahmen ihrer Tarifzuständigkeit ohne Verstoß gegen höherrangiges Recht abgeschlossen haben, der im Leiharbeitsverhältnis zwischen Verleiher und Leiharbeitnehmer normativ – kraft beiderseitiger Tarifbindung (§§ 3 Abs. 1, 4 Abs. 1 TVG) oder Allgemeinverbindlichkeit (§ 5 Abs. 4 TVG) – oder kraft individualrechtlicher Vereinbarung (Bezugnahme) Anwendung findet.

245

---

353 *Huke/Neufeld/Luickhardt*, BB 2012, 961, 962.
354 *Hamann*, RdA 2011, 321, 329.
355 *Lembke*, FA 2011, 290, 292.
356 *Huke/Neufeld/Luickhardt*, BB 2012, 961, 962.
357 BT-Drs. 17/5238, S. 14.
358 *Weyand/Düwell*, S. 71; *Thüsing/Pelzner/Kock*, § 3 Rn. 87; *Jacobs*, ZfA 2010, 27, 29.

§ 9 Unwirksamkeit

(1) Prozessrechtliche Fragen

246 Prozessrechtlich kann die Wirksamkeit von Tarifverträgen in verschiedenen Verfahren überprüft werden:

(a) Prüfung der Wirksamkeit von Tarifverträgen

247 Zum einen können „Rechtsstreitigkeiten über das Bestehen oder Nichtbestehen eines Tarifvertrags" **zwischen den Tarifvertragsparteien** im Rahmen eines sog. **Verbandsklageverfahren nach § 9 TVG** ausgetragen werden. Streitgegenstand einer derartigen Feststellungsklage (§ 256 ZPO) ist die Wirksamkeit des Tarifvertrags im Ganzen oder nur einzelner Tarifnormen oder -komplexe. Das Verfahren ist eine Art „Normenkontrollverfahren".[359] Aufgrund der allgemeinen Bedeutung von Tarifverträgen sieht § 9 TVG eine **Rechtskrafterstreckung** einer Entscheidung im Verbandsklageverfahren vor. Eine rechtskräftige Entscheidung in einem Verbandsklageverfahren entfaltet ihre Bindungswirkung nicht nur zwischen den am Rechtsstreit beteiligten Tarifvertragsparteien (inter partes), sondern sie ist in nachfolgenden Rechtsstreitigkeiten zwischen tarifgebundenen (Arbeitsvertrags-)Parteien sowie zwischen diesen und Dritten für die Gerichte aller Instanzen und Gerichtszweige sowie für Schiedsgerichte bindend.[360]

248 Zum anderen kommt auf Grundlage einer entsprechenden Schiedsvereinbarung zwischen den Tarifvertragsparteien auch ein **schiedsrichterliches Verfahren** über die Wirksamkeit von Tarifverträgen oder einzelnen Tarifnormen nach § 4 i.V.m. § 101 Abs. 1 ArbGG in Betracht.[361] Gemäß § 108 Abs. 4 ArbGG hat der Schiedsspruch unter den Parteien dieselben Wirkungen wie ein rechtskräftiges Urteil des Arbeitsgerichts. Daher stellt sich die Frage, ob in einem Verbandsklageverfahren auch dem Schiedsspruch eines privaten Schiedsgerichts die Wirkung der Rechtskrafterstreckung auf Dritte nach § 9 TVG zukommt. Dies wird von der älteren Rechtsprechung des BAG sowie einigen Stimmen in der Literatur ohne eingehende Begründung bejaht,[362] von der wohl

---

359 Zum Verbandsklageverfahren Thüsing/Braun/*Lembke*, Tarifrecht, 12. Kap. Rn. 18 ff., 27 ff.
360 BAG, 18.4.2012 – 4 AZR 371/10, BeckRS 2012, 75596; näher zur Rechtskrafterstreckung nach § 9 TVG Thüsing/Braun/*Lembke*, Tarifrecht, 12. Kap. Rn. 18 ff., 37 ff.
361 Thüsing/Braun/*Lembke*, Tarifrecht, 12. Kap. Rn. 26.
362 Vgl. BAG, 20.5.1960 – 1 AZR 268/57, AP ArbGG 1953 § 101 Nr. 8; BAG, 24.2.1988 – 4 AZR 614/87, AP TVG § 1 Tarifverträge: Schuhindustrie Nr. 2 in Bezug auf einen

III. Schlechterstellungsverbot bzw. Grundsatz des Equal Pay/Treatment § 9

h. M.³⁶³ hingegen mit dem – im Ergebnis wohl überzeugenden Argument – verneint, § 9 TVG ordne die Rechtskrafterstreckung nur für rechtskräftige Entscheidungen „der Gerichte für Arbeitssachen" an und differenziere im Normtext ausdrücklich zwischen Gerichten und Schiedsgerichten.

Ferner wird die Wirksamkeit des Tarifvertrags auch **im Rahmen individueller Rechtsstreitigkeiten zwischen Arbeitsvertragsparteien** aus dem Arbeitsverhältnis **inzident** vom Arbeitsgericht überprüft. **249**

In allen vorgenannten Verfahren ist aber zu **beachten**, dass der **Rechtsstreit** vom Gericht gemäß **§ 97 Abs. 5 ArbGG von Amts wegen auszusetzen** ist, wenn die Entscheidung des Rechtsstreits von der streitigen Frage abhängt, ob eine der tarifschließenden Vereinigungen **tariffähig** ist **oder** ob die **Tarifzuständigkeit der Vereinigung** gegeben ist. In diesem Fall ist ein **gesondertes Beschlussverfahren nach § 2a Abs. 1 Nr. 4 ArbGG** durchzuführen, indem die Parteien des Ausgangsverfahrens nach Maßgabe des Aussetzungsbeschlusses antragsberechtigt sind (vgl. Rn. 255 ff.).³⁶⁴ **250**

(b) Beschlussverfahren zur Prüfung von Tariffähigkeit und
 Tarifzuständigkeit einer Vereinigung
 (§§ 2a Abs. 1 Nr. 4, 97 ArbGG)

Bestehen Meinungsverschiedenheiten über die Tariffähigkeit und/oder Tarifzuständigkeit einer Vereinigung, wird **eine Art „Statusverfahren"** im Rahmen eines **besonderen Beschlussverfahrens** vor den Arbeitsgerichten (§§ 2a Abs. 1 Nr. 4, 97 ArbGG) durchgeführt. Die gesetzliche Zuweisung der Entscheidung über die Tariffähigkeit bzw. Tarifzuständigkeit einer Vereinigung in das Beschlussverfahren (§§ 2a Abs. 2, 80 ff. ArbGG) beruht auf der Erwägung, dass insbesondere wegen des dort herrschenden Untersuchungs-/Amtsermittlungsgrundsatzes eine größere Richtigkeitsgewähr als im Urteilsverfahren (§§ 2 Abs. 5, 46 ff. ArbGG) besteht. Wegen der weit reichenden Auswirkungen der Entscheidung auf Dritte, insbesondere auf die Mitglieder der **251**

Schlichtungsspruch; GMPM/*Germelmann*, ArbGG, § 108 Rn. 31 m.w.N.; für eine analoge Anwendung des § 9 TVG Kempen/*Zachert*, TVG, § 9 Rn. 13.
363 Vgl. nur ErfK/*Franzen*, § 9 TVG Rn. 9; HWK/*Henssler*, § 9 TVG Rn. 16; Wiedemann/*Oetker*, TVG, § 9 Rn. 35 f.; Däubler/*Reinecke*, TVG, § 9 Rn. 33; *Rieble*, NZA 1992, 250, 253.
364 Vgl. BAG, 16.3.2011 – 1 ABR 86/10 (F), Rn. 6; ausf. zum Beschlussverfahren über die Tariffähigkeit oder Tarifzuständigkeit einer Vereinigung Thüsing/Braun/*Lembke*, Tarifrecht, 12. Kap. Rn. 40 ff.

§ 9   Unwirksamkeit

Tarifvertragsparteien, ist es wichtig, dass die Entscheidung mit größtmöglicher Sicherheit mit der materiellen Rechtslage übereinstimmt.[365]

252   Der Streitgegenstand konzentriert sich auf die Frage, ob die Vereinigung zu den im jeweiligen Antrag genannten Zeitpunkten in der Vergangenheit oder in der Gegenwart tariffähig bzw. tarifzuständig war. Der begrenzte Streitgegenstand ähnelt einem Normenkontrollverfahren, in dem nur die Wirksamkeit der Norm überprüft wird. Ähnlich wie bei der Normenkontrolle (vgl. Art. 93 Abs. 1 Nr. 2 und 100 Abs. 1 GG) gibt es ein „**abstraktes Kontrollverfahren**" nach § 97 Abs. 1 ArbGG und ein „**konkretes Kontrollverfahren**", wenn im Einzelfall die Frage der Tariffähigkeit bzw. -zuständigkeit streitig wird.[366] Im letzteren Falle hat das Gericht gemäß § **97 Abs. 5 Satz 1 ArbGG** den Ausgangsrechtsstreit bis zur Erledigung des Beschlussverfahrens nach § 2a Abs. 1 Nr. 4 ArbGG auszusetzen, wenn die Entscheidung des Rechtsstreits von der Frage der Tariffähigkeit bzw. -zuständigkeit der Vereinigung abhängt. Dies kann z. B. der Fall sein, wenn ein Leiharbeitnehmer gegenüber seinem Arbeitgeber (Verleiher) geltend macht, der in Bezug genommene Tarifvertrag sei mangels Tariffähigkeit bzw. -zuständigkeit der tarifschließenden Gewerkschaft unwirksam, so dass Entgeltansprüche nach dem Grundsatz des Equal Pay (§ 10 Abs. 4 i.V.m. § 9 Nr. 2) bestünden. Setzt das Arbeitsgericht bei einer derartigen Zahlungsklage das Verfahren von Amts wegen durch Beschluss aus, kann auch der Leiharbeitnehmer gemäß § 97 Abs. 5 Satz 2 ArbGG einen Antrag auf Entscheidung über die Tariffähigkeit bzw. -zuständigkeit der Vereinigung im Beschlussverfahren nach § 2a Abs. 1 Nr. 4 ArbGG stellen.[367]

(aa) Abstraktes Kontrollverfahren (§ 97 Abs. 1 ArbGG)

253   Nach § 97 Abs. 1 ArbGG wird **unabhängig von einem zugrunde liegenden Streitfall**, d. h. abstrakt, ein Beschlussverfahren zur Klärung der Tariffähigkeit einer Vereinigung durchgeführt, wenn eine antragsberechtigte Person oder Stelle einen Antrag stellt. Antragsberechtigt sind neben dem Bundesarbeitsministerium und der jeweiligen obersten Arbeitsbehörde des Landes, auf dessen Gebiet sich die Tätigkeit der Vereinigung erstreckt, räumlich und sachlich zuständige Gewerkschaf-

---

365   BAG 23.10.1996 – 4 AZR 409/95 (A), NZA 1997, 383, 384; Thüsing/Braun/*Lembke*, Tarifrecht, 12. Kap. Rn. 41.
366   *Lembke*, NZA 2008, 451.
367   *Lembke*, NZA 2007, 1333, 1334; Thüsing/Braun/*Lembke*, Tarifrecht, 12. Kap. Rn. 80.

III. Schlechterstellungsverbot bzw. Grundsatz des Equal Pay/Treatment § 9

ten und Arbeitgeberverbände.[368] In dem Verfahren nach § 97 Abs. 1 ArbGG ist auch ein einzelner Arbeitgeber antragsbefugt, wenn über die Tarifzuständigkeit einer Gewerkschaft zum Abschluss von Tarifverträgen mit diesem Arbeitgeber oder die Tariffähigkeit gestritten wird.[369]

In der Praxis ist neben der Antragsbefugnis besonderes Augenmerk auch auf eine etwaige **doppelte Rechtshängigkeit** zu richten. Da neben dem „abstrakten Kontrollverfahren" nach § 97 Abs. 1 ArbGG parallel auch „konkrete Kontrollverfahren" nach § 97 Abs. 5 ArbGG zur Überprüfung der Tariffähigkeit oder Tarifzuständigkeit einer Vereinigung durchgeführt werden können (vgl. Rn. 255 ff.), ist stets zu prüfen, ob derselbe Streitgegenstand bereits rechtshängig geworden ist. Dann kann der Einwand der doppelten Rechtshängigkeit erhoben werden, und das Beschlussverfahren ist – zumindest bis zum rechtskräftigen Abschluss des vorher rechtshängig gemachten Verfahrens – unzulässig. Die im Beschlussverfahren durch Zustellung der Antragsschrift begründete Rechtshängigkeit hat nach § 261 Abs. 3 Nr. 1 ZPO i.V.m. §§ 80 Abs. 2, 46 Abs. 2 ArbGG die Wirkung, dass während der Dauer der Rechtshängigkeit die Streitsache von keiner Partei anderweitig anhängig gemacht werden kann. § 261 Abs. 3 Nr. 1 ZPO begründet ein von Amts wegen zu beachtendes **Prozesshindernis** für erneute Anträge zwischen denselben Parteien über denselben Streitgegenstand.[370] Eine **Identität der Parteien** besteht, soweit die subjektive Rechtskraft reichen kann.[371] Bei Beschlussverfahren nach § 2a Abs. 1 Nr. 4 ArbGG über die Tariffähigkeit oder Tarifzuständigkeit einer Vereinigung beschränkt sich die Rechtskraftwirkung in subjektiver Hinsicht nicht auf die Verfahrensbeteiligten, sondern sie erstreckt sich auf jedermann (s.u. Rn. 260). Daraus folgt, dass einem zweiten Beschlussverfahren über die Tariffähigkeit oder Tarifzuständigkeit einer Vereinigung die Einrede der doppelten Rechtshängigkeit entgegensteht, wenn bereits zuvor irgendjemand einen Antrag mit demselben Streitgegenstand rechtshängig gemacht hat.[372]

254

---

368 Näher Thüsing/Braun/*Lembke*, Tarifrecht, 12. Kap. Rn. 107 ff.
369 BAG, 13.3.2007 – 1 ABR 24/05, NZA 2007, 1069, 1071; BAG, 27.9.2005 – 1 ABR 41/04, NZA 2006, 273.
370 Vgl. Zöller/*Greger*, ZPO, § 261 Rn. 8.
371 Zöller/*Greger*, ZPO, § 261 Rn. 8a.
372 BAG, 23.5.2012 – 1 AZB 58/11, NZA 2012, 623, 624, Rn. 7; BAG, 23.5.2012 – 1 AZB 67/11, NZA 2012, 625, 626, Rn. 9; ArbG Berlin, 17.6.2011 – 6 BV 11969/10; ArbG Berlin, 28.7.2011 – 63 BV 2038/10; näher Thüsing/Braun/*Lembke*, Tarifrecht, 12. Kap. Rn. 135 ff.

(bb) Konkretes Kontrollverfahren (§ 97 Abs. 5 ArbGG)

255 Anders als beim abstrakten Kontrollverfahren liegt dem konkreten Kontrollverfahren ein Ausgangsrechtsstreit („**Ausgangsverfahren**") zugrunde, der individualrechtlicher oder kollektivrechtlicher Natur sein kann und in dem sich die Frage der Tariffähigkeit und/oder Tarifzuständigkeit der Vereinigung als entscheidungserhebliche Vorfrage stellt. Die Durchführung eines konkreten Kontrollverfahrens zur Überprüfung der Tariffähigkeit oder Tarifzuständigkeit einer Vereinigung setzt die **Aussetzung** des Ausgangsverfahrens **durch** gerichtlichen **Beschluss** voraus. Hängt die Entscheidung eines Rechtsstreits davon ab, ob eine Vereinigung tariffähig oder tarifzuständig ist und bestehen Zweifel an der Tariffähigkeit oder Tarifzuständigkeit, so hat das Gericht gemäß § 97 Abs. 5 Satz 1 ArbGG das Ausgangsverfahren **von Amts wegen** bis zur rechtskräftigen Erledigung des Beschlussverfahrens nach § 2a Abs. 1 Nr. 4 ArbGG auszusetzen.[373]

256 Die Pflicht des Gerichts zur Aussetzung des Ausgangsverfahrens setzt voraus, dass (i) die Frage der Tariffähigkeit und/oder Tarifzuständigkeit der Vereinigung im Ausgangsverfahren vorgreiflich, d.h. entscheidungserheblich ist, und (ii) streitig ist. **Fehlt** es an der **Vorgreiflichkeit** bzw. Entscheidungserheblichkeit der Frage der Tariffähigkeit bzw. Tarifzuständigkeit der Vereinigung in Bezug auf das Ausgangsverfahren, darf **kein Aussetzungsbeschluss** nach § 97 Abs. 5 Satz 1 ArbGG ergehen.[374] So ist z.B. die Frage der Tariffähigkeit der CGZP (vgl. Rn. 291 ff.) nicht vorgreiflich im Ausgangsverfahren, wenn ein Leiharbeitnehmer gegenüber seinem Vertragsarbeitgeber (Verleiher) geltend macht, ihm sei der „übliche Lohn" für die von ihm verrichteten Tätigkeiten zugesagt worden. Dann stützt er sich nämlich *nicht* auf Ansprüche nach § 10 Abs. 4 i.V.m. § 9 Nr. 2 AÜG, bezüglich derer es auf die Tariffähigkeit der CGZP ankommen könnte. Die Frage, welche Vergütung für bestimmte Tätigkeiten die allgemein übliche Vergütung ist, und die Frage, welcher Lohn nach dem arbeitnehmerüberlassungsrechtlichen Entgeltgleichheitsgebot zu zahlen ist, sind unterschiedliche Streitgegenstände, weil der zugrunde liegende Sachverhalt ein anderer ist.[375]

---

373 Näher Thüsing/Braun/*Lembke*, Tarifrecht, 12. Kap. Rn. 144 ff.
374 BAG, 24.7.2012 – 1 AZB 47/11, NZA 2012, 1061, Rn. 5; BAG, 19.12.2012 – 1 AZB 72/12, Rn. 13.
375 BAG, 28.1.2008 – 3 AZB 30/07, NZA 2008, 489, 490, Rn. 15; dazu *Lembke*, NZA 2008, 451.

III. Schlechterstellungsverbot bzw. Grundsatz des Equal Pay/Treatment § 9

Selbst bei tatsächlicher Vorgreiflichkeit der Frage der Tariffähigkeit oder -zuständigkeit kann aber nicht jedes Verfahren ausgesetzt werden. Erforderlich ist vielmehr, dass **vernünftige Zweifel über die Tariffähigkeit oder -zuständigkeit** der Vereinigung bestehen. Besteht unter den Parteien oder Beteiligten darüber kein Streit und sind auch von Amts wegen insoweit Bedenken nicht zu erheben – wobei nach dem BAG im Arbeitsleben geäußerte Vorbehalte zu berücksichtigen und vom Gericht aufzugreifen sind –,[376] kommt eine Aussetzung nicht in Betracht.[377] Eine Aussetzung scheidet etwa aus, wenn die Tarifunfähigkeit einer Vereinigung (z.B. der CGZP) rechtskräftig festgestellt wurde und die zeitliche Wirkung der Rechtskraft nicht in Frage steht.[378]

257

Wird das Ausgangsverfahren ausgesetzt, können die Parteien bzw. Beteiligten des Ausgangsverfahrens das Beschlussverfahren, d.h. das konkrete Kontrollverfahren, einleiten. Sie sind neben den in § 97 Abs. 1 ArbGG genannten Stellen antragsbefugt (§ 97 Abs. 5 Satz 2 ArbGG). Allerdings ist der **Aussetzungsbeschluss Grundlage und zugleich Grenze für die Antragsbefugnis** der Parteien bzw. Beteiligten des Ausgangsverfahrens. Der Aussetzungsbeschluss begründet dann keine Antragsbefugnis, wenn sich die maßgebliche Vorfrage sowie der Zeitpunkt, auf den bezogen das aussetzende Gericht die Tariffähigkeit oder Tarifzuständigkeit für entscheidungserheblich hält, nicht eindeutig aus dem Aussetzungsbeschluss ergeben.[379] In der Praxis ist nicht selten zu beobachten, dass das aussetzende Gericht einen unbestimmten Aussetzungsbeschluss erlässt, der – ohne grundsätzlich mögliche Nachbesserung[380] – keine Antragsbefugnis vermittelt. Die Antragsbefugnis nach § 97 Abs. 5 Satz 2 ArbGG beschränkt sich zudem auf die Vorfrage, wegen derer das Gericht sein Verfahren ausgesetzt hat. Die Parteien des ausgesetzten Ausgangsverfahrens sind **nicht befugt, eine andere** als die von dem aussetzenden Gericht für entscheidungserheblich erachtete

258

---

376 BAG, 24.7.2012 – 1 AZB 47/11, NZA 2012, 1061, 1062, Rn. 7; BAG, 16.3.2011 – 1 ABR 86/10 (F), Rn. 6.
377 BAG, 24.7.2012 – 1 AZB 47/11, NZA 2012, 1061, 1062, Rn. 7; BAG, 23.10.1996 – 4 AZR 409/95 (A), NZA 1997, 383, 384; BAG, 22.9.1993 – 10 AZR 535/91, NZA 1994, 562; näher Thüsing/Braun/*Lembke*, Tarifrecht, 12. Kap. Rn. 152 ff.
378 Vgl. BAG, 24.7.2012 – 1 AZB 47/11, NZA 2012, 1061, 1062, Rn. 12.
379 BAG, 18.7.2006 – 1 ABR 36/05, NZA 2006, 1225, 1226 f.; näher Thüsing/Braun/ *Lembke*, Tarifrecht, 12. Kap. Rn. 159 ff., 173 ff.
380 Vgl. Thüsing/Braun/*Lembke*, Tarifrecht, 12. Kap. Rn. 162.

§ 9 Unwirksamkeit

Frage der Tariffähigkeit oder Tarifzuständigkeit **gerichtlich klären zu lassen**.[381]

259 Zum Problem der doppelten Rechtshängigkeit s.o. Rn. 254.

(cc) Inter-omnes-Wirkung des rechtskräftigen Beschlusses

260 Die rechtskräftige Feststellung der **Tariffähigkeit** oder ihres Fehlens im Beschlussverfahren nach §§ 2a Abs. 1 Nr. 4, 97 ArbGG wirkt gegenüber jedermann (inter omnes).[382] Dies gilt auch im Hinblick auf rechtskräftige Entscheidungen über die **Tarifzuständigkeit**.[383]

261 In zeitlicher Hinsicht endet die materielle Rechtskraft einer Entscheidung über die Tariffähigkeit oder Tarifzuständigkeit einer Vereinigung, wenn sich die tatsächlichen oder rechtlichen Verhältnisse gegenüber demjenigen Sachverhalt, der Grundlage der rechtskräftigen Entscheidung war, erheblich verändert haben.[384] Die frühere Entscheidung steht dann einer erneuten Sachentscheidung nicht entgegen.

(2) Vertragsschluss und Schriftform

262 Die Wirksamkeit eines Tarifvertrags setzt voraus, dass der Tarifvertrag von tariffähigen und tarifzuständigen Personen oder Verbänden nach den Vorschriften der §§ 145 ff. BGB abgeschlossen wird.[385] Zudem bedarf er der Schriftform (§ 1 Abs. 2 TVG). Genügt er der Schriftform

---

381 BAG, 17.4.2012 – 1 ABR 5/11, NZA 2012, 1104, 1106, Rn. 30; BAG, 18.7.2006 – 1 ABR 36/05, NZA 2006, 1225, 1226, Rn. 18; vgl. auch *Ulber*, SR 2012, 141 f.
382 BAG, 15.11.2006 – 10 AZR 665/05, NZA 2007, 448, 450 f., Rn. 21; BAG 28.3.2006 – 1 ABR 58/04, NZA 2006, 1112, 1114, Rn. 31; HWK/*Bepler*, § 97 ArbGG Rn. 15; ErfK/*Koch*, § 97 ArbGG Rn. 3.
383 BAG, 24.7.2012 – 1 AZB 47/11, NZA 2012, 1061, Rn. 4; BAG, 23.5.2012 – 1 AZB 58/11, NZA 2012, 623, 624, Rn. 7; Thüsing/Braun/*Lembke*, Tarifrecht, 12. Kap. Rn. 73; Schwab/Weth/*Walker*, ArbGG, § 97 Rn. 34; Kempen/Zachert/*Wendeling-Schröder*, TVG, § 2 Rn. 185. – A.A. nur inter-partes-Wirkung HWK/*Bepler*, § 97 ArbGG Rn. 15; unklar BAG, 25.9.1996 – 1 ABR 4/96, NZA 1997, 613, 614 unter B I 2; ErfK/*Koch*, § 97 ArbGG Rn. 3. – A.A. BAG, 10.5.1989 – 4 AZR 80/89, NZA 1989, 687, 688; HWK/*Henssler*, § 2 TVG Rn. 50: Bindungswirkung analog § 9 TVG.
384 BAG, 23.5.2012 – 1 AZB 67/11, NZA 2012, 625, Os. 2; BAG, 23.5.2012 – 1 AZB 58/11, NZA 2012, 623, 625, Rn. 10; BAG, 25.11.1986 – 1 ABR 22/85, AP TVG § 2 Nr. 36; BAG, 1.2.1983 – 1 ABR 33/78, AP ZPO § 322 Nr. 14; BAG, 6.6.2000 – 1 ABR 21/99, NZA 2001, 156, 158 f.; gebilligt durch BVerfG, 23.3.2001 – 1 BvR 4/01, AP GG Art. 20 Nr. 32; näher Thüsing/Braun/*Lembke*, Tarifrecht, 12. Kap. Rn. 74 f.
385 Näher HWK/*Henssler*, § 1 TVG Rn. 13 ff.

III. Schlechterstellungsverbot bzw. Grundsatz des Equal Pay/Treatment   § 9

nicht, ist er nichtig (§ 125 Satz 1 BGB). Die Eintragung des Tarifvertrags im Tarifregister (§ 6 TVG), die Einhaltung der Übersendungs- und Mitteilungspflicht (§ 7 TVG) sowie die Auslegung des Tarifvertrags im Betrieb (§ 8 TVG) sind hingegen keine Wirksamkeitsvoraussetzungen.[386]

(3) Tariffähigkeit der Tarifvertragsparteien

Die Tariffähigkeit ist gleichsam die Geschäftsfähigkeit im Hinblick auf den Abschluss von Tarifverträgen.[387]   263

(a) Tariffähigkeit als Wirksamkeitsvoraussetzung

Die Tariffähigkeit der Tarifvertragsparteien ist **Voraussetzung für die Wirksamkeit des Tarifvertrags**.[388] Schließt eine Vereinigung ohne Tariffähigkeit einen Tarifvertrag ab, ist dieser Tarifvertrag grundsätzlich unwirksam und damit nichtig.[389]   264

Nach der Rechtsprechung des **BAG** ist ein von einer nicht tariffähigen Vereinigung abgeschlossener Tarifvertrag von Anfang nichtig. Der **gute Glaube an die Tariffähigkeit** einer Vereinigung werde **nicht geschützt**. Die Entscheidung über die Tariffähigkeit einer Vereinigung nach §§ 2a Abs. 1 Nr. 4, 97 ArbGG begründe oder beende nicht erst die Tariffähigkeit, sondern stelle die Tariffähigkeit oder Tarifunfähigkeit nur fest.[390]   265

Demgegenüber wird in der **Literatur** zu Recht vertreten, es könne aus Gründen des Vertrauensschutzes sowie des Schutzes des Rechtsverkehrs im Einzelfall gerechtfertigt sein, im Falle der rechtskräftigen Feststellung der Tarifunfähigkeit der tarifschließenden Vereinigung die Normgeltung des Tarifvertrags für die Vergangenheit unangetastet zu lassen und von einer **Unwirksamkeit** der Tarifverträge **nur** mit Wirkung **ex nunc** auszugehen.[391]   266

Als rechtsdogmatische Grundlage bietet sich insoweit die **Lehre vom fehlerhaften Tarifvertrag** – als systematisch stimmige Fortentwick-   267

---

386 HWK/*Henssler*, § 6 TVG Rn. 7, § 7 Rn. 11; § 8 Rn. 8.
387 *Lembke*, NZA 2007, 1333, 1336.
388 HWK/*Henssler*, § 2 TVG Rn. 3.
389 BAG 15.11.2006 – 10 AZR 665/05, NZA 2007, 448, 451, Rn. 21; näher HWK/*Henssler*, § 2 TVG Rn. 3.
390 BAG 15.11.2006 – 10 AZR 665/05, NZA 2007, 448, 451, Rn. 21 ff.; vgl. auch BAG, 13.3.2013 – 5 AZR 954/11 u.a., PM Nr. 17/13.
391 HWK/*Henssler*, § 2 TVG Rn. 3 m.w.N.

lung der Lehren von fehlerhaften, in Vollzug gesetzten Dauerschuldverhältnissen (Lehre von der fehlerhaften Gesellschaft, Lehre vom fehlerhaften Arbeitsvertrag etc.) – an.[392] Voraussetzung ist, dass der Tarifvertrag an einem Mangel leidet, der zur Nichtigkeit oder Unwirksamkeit des gesamten Vertragswerks führt. Ferner ist erforderlich, dass der Tarifvertrag tatsächlich in Vollzug gesetzt worden ist, d. h. dass auf seiner Grundlage Leistungen erbracht oder sonstige Handlungen vorgenommen worden sind. Schließlich muss die zeitliche Beschränkung der Nichtigkeitswirkung mit vorrangigen Schutzanliegen vereinbar sein, d. h. die Aufrechterhaltung des fehlerhaften Rechtsverhältnisses (hier: Tarifvertrags) für die Vergangenheit darf nicht mit vorrangigen Schutzanliegen der Allgemeinheit oder einzelner, besonders schutzwürdiger Personen bzw. dem Schutzzweck des jeweiligen Nichtigkeitsgrundes kollidieren.[393] Fehlt z. B. der tarifschließenden Gewerkschaft die soziale Mächtigkeit, wird aufgrund der besonderen Bedeutung, die diesem Kriterium von der Rechtsprechung im Hinblick auf die Richtigkeitsgewähr der Tarifverträge beigemessen wird (vgl. Rn. 270 ff.), von einer Unanwendbarkeit der Lehre des fehlerhaften Tarifvertrags und von einer Nichtigkeitsfolge ex tunc auszugehen sein.[394]

268 Wird einer Arbeitnehmervereinigung die Tariffähigkeit hingegen aus rein formellen Gründen versagt – wie z. B. der **CGZP** wegen Fehlens der absoluten Deckungsgleichheit der Tarifzuständigkeit der CGZP als Spitzenvereinigung i. S. d. § 2 Abs. 3 TVG mit den Tarifzuständigkeiten der angeschlossenen Verbände (dazu unten Rn. 280, 295 ff.) –, so bleibt davon die materielle Richtigkeitsgewähr der Tarifverträge unberührt und der Anwendung der Lehre von fehlerhaften Tarifvertrag stehen keine vorrangigen Schutzanliegen entgegen.[395]

---

392 Grundlegend *Henssler*, in: Brand/Lembke, Der CGZP-Beschluss des BAG, S. 19 ff.; HWK/*Henssler*, § 2 TVG Rn. 3.
393 Vgl. *Henssler*, in: Brand/Lembke, Der CGZP-Beschluss des BAG, S. 19, 26, 30 f., 47.
394 *Henssler*, in: Brand/Lembke, Der CGZP-Beschluss des BAG, S. 19, 47.
395 *Henssler*, in: Brand/Lembke, Der CGZP-Beschluss des BAG, S. 19, 48 ff.; HWK/*Henssler*, § 2 Rn. 3, § 1 Rn. 21a; *Friemel*, NZS 2011, 851; *Lembke*, NZA 2011, 1062, 1066; *Lembke*, NZA-Beil. 2/2012, 66, 68 f.; vgl. auch LSG Schleswig-Holstein, 20.4.2012 – L 5 KR 9/12 B ER, BeckRS 2012, 69027; vgl. auch ArbG Bonn, 25.5.2011 – 4 Ca 2963/10, BeckRS 2012, 66850; LSG Schleswig-Holstein, 20.4.2012 – L 5 KR 20/12 B ER, NZS 2012, 626.

III. Schlechterstellungsverbot bzw. Grundsatz des Equal Pay/Treatment § 9

(b) Voraussetzungen der Tariffähigkeit

Der **Begriff der Tariffähigkeit** ist gesetzlich nicht definiert, sondern wird in §§ 2a Abs. 1 Nr. 4, 97 ArbGG als Eigenschaft vorausgesetzt. Tariffähigkeit ist die Befugnis, Tarifverträge abzuschließen, d.h. die rechtliche Fähigkeit, durch Vereinbarung mit dem sozialen Gegenspieler Arbeitsbedingungen tarifvertraglich mit der Wirkung zu regeln, dass sie für die tarifgebundenen Personen unmittelbar und unabdingbar wie Rechtsnormen gelten.[396] Wer Tarifvertragspartei sein kann, ergibt sich aus § 2 TVG.

269

(aa) Gewerkschaft

Die Tariffähigkeit einer **Arbeitnehmervereinigung** (und damit ihre Anerkennung als Gewerkschaft i.S.d. § 2 Abs. 1 TVG) setzt Folgendes voraus:[397]

270

– die in der Satzung niedergelegte Tarifwilligkeit,

– eine freie Bildung, Gegnerfreiheit und Unabhängigkeit der Koalition,

– eine Organisation auf überbetrieblicher Grundlage,

– die Anerkennung des geltenden Tarifrechts als verbindlich,

– die Durchsetzungskraft gegenüber dem sozialen Gegenspieler (**soziale Mächtigkeit**) und

– eine gewisse **Leistungsfähigkeit der Organisation**.

Nach der **früheren** Rechtsprechung des BAG[398] kommt Tarifverträgen, die von der fraglichen Arbeitnehmervereinigung in nennenswertem Umfang abgeschlossen wurden, eine **Indizwirkung** für die soziale Mächtigkeit und organisatorische Leistungsfähigkeit der Arbeitnehmerkoalition zu.[399] Diese Rechtsprechung wurde in der **GKH-Entscheidung vom 5.10.2010** stark relativiert.[400] Eine entscheidende Bedeutung

271

---

396 BAG, 28.3.2006 – 1 ABR 58/04, NZA 2006, 1112, 1115, Rn. 35; BAG, 15.11.2006 – 10 AZR 665/05, NZA 2007, 448, 451, Rn. 21; vgl. auch BAG, 13.3.2013 – 5 AZR 954/11 u.a., PM Nr. 17/13.

397 BAG, 28.3.2006 – 1 ABR 58/04, NZA 2006, 1112, 1114, Rn. 34; BAG, 5.10.2010 – 1 ABR 88/09, NZA 2011, 300, 302f., Rn. 28ff.

398 BAG, 28.3.2006 – 1 ABR 58/04, NZA 2006, 1112ff.

399 BAG, 28.3.2006 – 1 ABR 58/04, NZA 2006, 1112, 1118, Rn. 61; dazu *Hümmerich/Holthausen*, NZA 2006, 1071; zur Entwicklung der Rechtsprechung *Wank/Schmidt*, RdA 2008, 257.

400 BAG, 5.10.2010 – 1 ABR 88/09, NZA 2011, 300; dazu *Greiner*, NZA 2011, 825; *Meyer*, DB 2011, 1920; *Ulber*, RdA 2011, 353.

§ 9 Unwirksamkeit

für die einzelfallbezogene Beurteilung der Mächtigkeit und Leistungsfähigkeit einer Arbeitnehmerorganisation komme der Mitgliederzahl zu. Lediglich wenn Zweifel an der durch die Mitglieder vermittelten sozialen Mächtigkeit und organisatorischen Leistungsfähigkeit verblieben, könne zur Feststellung der Durchsetzungskraft einer Arbeitnehmerkoalition auch deren langjährige Teilnahme am Tarifgeschehen in die Beurteilung einbezogen werden.[401] Beteilige sich eine noch junge Arbeitnehmerkoalition im zeitlichen Zusammenhang mit ihrer Gründung am Aushandeln von Tarifverträgen, könne ohne Angaben zur Zahl ihrer Mitglieder und organisatorischen Leistungsfähigkeit allein die Anzahl der von ihr abgeschlossenen Tarifverträge ihre Tariffähigkeit nicht belegen.[402]

272 Hinsichtlich der Beurteilung der Tariffähigkeit von Arbeitnehmervereinigungen, die auf dem Gebiet der Arbeitnehmerüberlassung tätig werden, ist aufgrund **spezifischer Besonderheiten der Arbeitnehmerüberlassung** eine wohlwollende Beurteilung geboten. Da die gesetzliche Konzeption des gesetzlichen Schlechterstellungsverbots und der Tarifausnahme in § 9 Nr. 2 bzw. § 3 Abs. 1 Nr. 3 AÜG davon ausgeht, dass die Tarifverträge Arbeitsbedingungen zum Nachteil der Leiharbeitnehmer vorsehen (vgl. Rn. 183 ff.), ist anzunehmen, dass nahezu keine Leiharbeitnehmer in den tarifschließenden Gewerkschaften der Zeitarbeitsbranche organisiert sind (s.o. Rn. 184). Sofern man die gesetzlichen Regelungen vor diesem Hintergrund überhaupt für verfassungsgemäß hält (dazu oben Rn. 186 ff.), ist einerseits zu beachten, dass die Organisationsschwäche der Gewerkschaften im Bereich der Zeitarbeit durch die gesetzliche Struktur bedingt ist und den Arbeitnehmervereinigungen daher nicht zum Vorwurf gereichen kann. Abgesehen davon **kompensiert die gesetzliche Konzeption** die **Organisationsschwäche** der Gewerkschaften in der Zeitarbeit und verleiht gleichsam soziale Mächtigkeit kraft Gesetzes.[403] Denn die Gewerkschaft kann sich jederzeit auf den Grundsatz von Equal Pay/Treatment als gesetzliche Rückfallposition zurückziehen, um die eigenen tariflichen Forderungen durchzusetzen.[404] Sie bedarf eines Streiks oder anderer Arbeitskampfmittel nicht, um die Arbeitgeberseite zum Einlenken zu bewegen.

---

401 BAG, 5.10.2010 – 1 ABR 88/09, NZA 2011, 300, 3030, Rn. 38 ff.
402 BAG, 5.10.2010 – 1 ABR 88/09, NZA 2011, 300, 304, Rn. 43.
403 So *Ankersen*, NZA 2003, 421, 424; *Schöne*, DB 2004, 136, 137; s. auch *Boemke*, BB 3/2004, S. 1.
404 So auch *Franzen*, BB 2009, 1472, 1476; *Jacobs*, ZfA 2010, 27, 38; vgl. auch – i.E. abw. – ArbG Berlin, 1.4.2009 – 35 BV 17008/08, NZA 2009, 740, 746.

III. Schlechterstellungsverbot bzw. Grundsatz des Equal Pay/Treatment   § 9

Hinzu kommt, dass geringe Anforderungen an die eigene Leistungsfähigkeit der Organisation der Arbeitnehmervereinigung zu stellen sind, weil die Einhaltung und Durchsetzung der **Tarifverträge** in der Arbeitnehmerüberlassung auch von den **Aufsichtsbehörden nach § 17 überwacht** und bei Verstößen hoheitlich sanktioniert wird.

Generell wäre es dogmatisch vorzugswürdig, wie bei Arbeitgeberkoalitionen auch für die Gewerkschaften **auf das Kriterium der sozialen Mächtigkeit** zu verzichten.[405] Das Erfordernis der sozialen Mächtigkeit ist zum einen äußerst unbestimmt; zum anderen gibt es dafür keinen normativen Anhaltspunkt im Gesetz. Verfassungsrechtlich ist es nach Art. 9 Abs. 3 GG ohnehin nicht geboten.[406]   273

(bb) Arbeitgeber und Arbeitgeberverband

Nach § 2 Abs. 1 TVG ist **jeder einzelne Arbeitgeber tariffähig** und naturgemäß auch tarifzuständig für sein Unternehmen. Einer sozialen Mächtigkeit oder einer Tarifwilligkeit des einzelnen Arbeitgebers bedarf es für seine Tariffähigkeit nicht.[407]   274

Auch beim **Arbeitgeberverband** muss hinsichtlich seiner Tariffähigkeit nicht geprüft werden, ob er eine gewisse soziale Mächtigkeit besitzt.[408] Hinsichtlich der Tariffähigkeit einer Arbeitgeberkoalition gelten im Prinzip dieselben Voraussetzungen wie bei einer Arbeitnehmervereinigung (s.o. Rn. 270).[409] Allerdings setzt die Tariffähigkeit eines Arbeitgeberverbands – ebenso wie diejenige des einzelnen Arbeitgebers – eine bestimmte Durchsetzungsfähigkeit (**soziale Mächtigkeit**) **nicht** voraus.[410]   275

(cc) Spitzenorganisation

Spitzenorganisation ist nach der Legaldefinition des § 2 Abs. 2 TVG ein Zusammenschluss von Gewerkschaften (d.h. tariffähigen Arbeitnehmervereinigungen) oder von Arbeitgeberverbänden. Das TVG kennt **zwei Arten** von Spitzenorganisationen: zum einen die „Bevoll-   276

---

405 Krit. auch HWK/*Hergenröder*, Art. 9 GG Rn. 51; *Lembke*, Die Arbeitskampfbeteiligung von Außenseitern, S. 18, 65 m.w.N.
406 Vgl. BAG, 17.2.1998 – 1 AZR 364/97, NZA 1998, 754, 755.
407 BAG, 20.11.1990 – 1 ABR 62/89, NZA 1991, 428; ErfK/*Franzen*, § 2 TVG Rn. 20.
408 BAG, 20.11.1990 – 1 ABR 62/89, NZA 1991, 428.
409 Vgl. HWK/*Henssler*, § 2 TVG Rn. 4ff.
410 BAG, 20.11.1990 – 1 ABR 62/89, NZA 1991, 428; Thüsing/Braun/*Lembke*, Tarifrecht, 12. Kap. Rn. 48, 56.

mächtigung" der Spitzenorganisation durch die ihr angehörigen Verbände (§ 2 Abs. 2 TVG) und zum anderen die „Aufgabenzuweisung" durch die Satzung der Spitzenorganisation (§ 2 Abs. 3 TVG).

277 Im Falle der **Bevollmächtigung nach § 2 Abs. 2 TVG** wird die Spitzenorganisation als Stellvertreter im Sinne der §§ 164 ff. BGB im fremden Namen für die Mitglieder tätig. Tarifvertragspartei sind allein die vertretenen Verbände, nicht die Spitzenorganisation (vgl. Rn. 353). Maßgeblich ist daher allein die Tariffähigkeit der vertretenen Verbände; die Spitzenorganisation muss hingegen nicht selbst tariffähig sein.[411]

278 Unter welchen Voraussetzungen eine **Spitzenorganisation i.S.d. § 2 Abs. 3 TVG** tariffähig ist, ist umstritten. Zum Teil wird vertreten, die Tariffähigkeit einer solchen Spitzenorganisation beruhe auf einer Delegation der Tarifmacht von den angeschlossenen Verbänden an die Spitzenorganisation und setze voraus, dass *jeder* Mitgliedsverband seinerseits tariffähig sei (sog. **Rührei-Theorie**: „Ein faules Ei verdirbt den ganzen Brei").[412]

279 Nach **anderer Auffassung** ist es hingegen nicht erforderlich, dass alle Mitgliedsverbände der Spitzenorganisation tariffähig sind.[413] Dem ist zuzustimmen. Bei zutreffender grammatikalischer, historischer, teleologischer und systematischer Gesetzesauslegung sowie Beachtung verfassungsrechtlicher Grundsätze davon auszugehen, dass eine Spitzenorganisation unter den in § 2 Abs. 3 TVG geregelten Erfordernissen **kraft Gesetzes (originär) tariffähig** ist. Ein „Zusammenschluss von Gewerkschaften oder von Vereinigungen von Arbeitgebern" i.S.d. in § 2 Abs. 2 TVG enthaltenen Legaldefinition für Spitzenorganisationen setzt nach dem natürlichen Wortsinn des Gesetzes mindestens zwei beteiligte Gewerkschaften oder Arbeitgeberverbände voraus. „Gewerkschaft" ist gleichzusetzen mit „tariffähiger Arbeitnehmerkoalition". Daher folgt aus § 2 Abs. 2 und 3 TVG, dass eine Spitzenorganisation von Arbeitnehmerverbänden mindestens aus zwei tariffähigen Arbeitnehmerorganisationen bestehen muss. Darüber hinaus stellt § 2 Abs. 3 TVG nur die Voraussetzung auf, dass „der Abschluss von Tarifverträgen zu [den] satzungsgemäßen Aufgaben" der Spitzenorganisation gehört. Die Tarifwilligkeit der Spitzenorganisation muss also in der Sat-

---

411 *Lembke*, NZA 2007, 1333, 1336; *Löwisch/Rieble*, TVG, § 2 Rn. 284.
412 *Kempen/Zachert*, TVG, § 2 Rn. 80 f. und Verweis auf BAG, 2.11.1960 – 1 ABR 18/59, DB 2091, 275 = AP § 97 ArbGG 1953 Nr. 1; vgl. auch ArbG Berlin, 1.4.2009 – 35 BV 17008/08, NZA 2009, 740, 744.
413 *Wiedemann/Thüsing*, RdA 1995, 280, 281 f.; *Jacobs*, ZfA 2010, 27, 30 ff.

III. Schlechterstellungsverbot bzw. Grundsatz des Equal Pay/Treatment § 9

zung niedergelegt sein. Abgesehen von den allgemeinen statusrechtlichen Voraussetzungen einer Koalition (Gegnerfreiheit, demokratische Legitimation etc.) sind weitere Voraussetzungen für die Tariffähigkeit der Spitzenorganisation i.S.v. § 2 Abs. 3 TVG nicht erforderlich. Wenn und soweit der der Spitzenorganisation angeschlossene Mitgliedsverband nicht tariffähig ist und/oder wenn und soweit sich die Tarifzuständigkeit des angeschlossenen Verbands nicht mit der Tarifzuständigkeit der Spitzenorganisation deckt, hat dies nicht das Fehlen der Tariffähigkeit der Spitzenorganisation zur Folge, sondern es kommt nicht zu einer Tarifbindung nach §§ 3 Abs. 1, 4 Abs. 1 TVG im Arbeitsverhältnis des verbandsangehörigen Arbeitnehmers (bzw. Arbeitgebers).[414]

Dieser Streit hat in der Frage der Tariffähigkeit der CGZP, die als Spitzenorganisation von CGB-Gewerkschaften gemäß § 2 Abs. 3 TVG im eigenen Namen Tarifverträge abgeschlossen hatte (vgl. Rn. 200 ff. und 291 ff.), eine Rolle gespielt. Ausgehend von der Prämisse, dass eine Spitzenorganisation weder nach § 2 Abs. 2 TVG noch nach § 2 Abs. 3 TVG über eine originäre Tariffähigkeit verfüge, sondern diese von ihren Mitgliedern ableite (Delegationstheorie),[415] stellte das **BAG** im **CGZP-Beschluss vom 14.12.2010** (dazu ausf. Rn. 295 ff.) erstmals folgende „**tarifrechtliche Anforderungen**" für die Tariffähigkeit einer im eigenen Namen handelnden Spitzenorganisation i.S.d. § 2 Abs. 3 TVG auf: 280

– Erstens müssten die sich zu einer Spitzenorganisation nach § 2 Abs. 3 TVG zusammenschließenden Arbeitnehmerkoalitionen selbst tariffähig sein. Zwar könnten der Spitzenorganisation auch nicht tariffähige Vereinigungen angehören, jedoch müsse satzungsrechtlich sichergestellt sein, dass sie die tarifpolitischen Entscheidungen der Spitzenorganisation nicht beeinflussen können.[416]

– Zweitens müsse der Organisationsbereich der Spitzenorganisation mit dem ihrer Mitgliedsgewerkschaften *vollständig* übereinstimmen,[417] d.h. (i) die satzungsmäßige Zuständigkeit der Spitzenorganisation für den Abschluss von Tarifverträgen dürfe *nicht über* die Organisationsbereiche der ihr angeschlossenen Mitgliedsgewerkschaf-

---

414 Näher HWK/*Henssler*, § 2 TVG Rn. 31 ff.; *Lembke*, FS Bepler, 2012, S. 345, 347 ff. m.w.N.
415 BAG, 14.12.2010 – 1 ABR 19/10, NZA 2011, 289, 296, Rn. 71 und Os. 1.
416 BAG, 14.12.2010 – 1 ABR 19/10, NZA 2011, 289, 296, Rn. 72, 75 und Os. 1, 2. Dieses Satzungserfordernis ist unerfüllbar bei *unerkannt* nicht tariffähigen Arbeitnehmervereinigungen; insoweit gilt „nemo ultra posse obligatur", zutr. *Jacobs*, ZfA 2010, 27, 45.
417 BAG, 14.12.2010 – 1 ABR 19/10, NZA 2011, 289, Ls. und Rn. 76 ff.

§ 9 Unwirksamkeit

ten hinausgehen,[418] da die Mitgliedsverbände der Spitzenorganisation die Tariffähigkeit nur im Rahmen ihrer eigenen Tariffähigkeit vermitteln könnten,[419] und (ii) der Organisationsbereich der Spitzenorganisation dürfe *nicht hinter* der Tarifzuständigkeit der angeschlossenen Gewerkschaften zurückbleiben, weil Letztere der Spitzenorganisation ihre Tariffähigkeit vollständig vermitteln müssen.[420]

281 Diese Auffassung ist dogmatisch allerdings nicht haltbar (näher Rn. 295 ff.).

(c) Tariffähigkeit auf Arbeitgeberseite

282 Die Tariffähigkeit der Arbeitgeberverbände, die Tarifverträge auf dem Gebiet der Arbeitnehmerüberlassung abschließen (vgl. Rn. 206 ff.), dürfte außer Zweifel stehen, zumal die Tariffähigkeit eines Arbeitgeberverbandes eine bestimmte Durchsetzungskraft (soziale Mächtigkeit) nicht voraussetzt (Rn. 274 f.).

(d) Tariffähigkeit der DGB-Gewerkschaften

283 Zwar sind Leiharbeitnehmer auch in den Einzelgewerkschaften des DGB nur in geringem Maße organisiert, was aber im Wesentlichen an der (verfassungswidrigen) gesetzlichen Konzeption hängt (vgl. Rn. 184). Dennoch kann den DGB-Gewerkschaften derzeit kaum die Tariffähigkeit abgesprochen werden, zumal das BAG dem Konzept der relativen Tariffähigkeit eine Absage erteilt hat. Nach dem Ansatz des BAG ist die **Tariffähigkeit** einer Arbeitnehmervereinigung für den beanspruchten Zuständigkeitsbereich **einheitlich und unteilbar**. Hierfür genügt es, dass die Arbeitnehmervereinigung Durchsetzungskraft und organisatorische Leistungsfähigkeit in einem zumindest nicht unerheblichen Teil des beanspruchten Zuständigkeitsbereichs besitzt. Eine partielle, auf bestimmte Regionen, Berufskreise oder Branchen beschränkte Tariffähigkeit gebe es hingegen nicht.[421] Maßgeblich ist also die generelle Tariffähigkeit in dem nach der jeweiligen Satzung beanspruchten Gebiet der Tarifzuständigkeit. Insoweit gilt das „Alles-oder-nichts-Prinzip". Innerhalb ihres jeweiligen Zuständigkeitsbereichs dürften die Gewerkschaften des DGB jeweils tariffähig sein, weshalb sie

---

418 BAG, 14.12.2010 – 1 ABR 19/10, NZA 2011, 289, 297, Rn. 84.
419 BAG, 14.12.2010 – 1 ABR 19/10, NZA 2011, 289, 296, Rn. 71.
420 BAG, 14.12.2010 – 1 ABR 19/10, NZA 2011, 289, 296 ff., Rn. 76 ff., 95, Os. 3.
421 BAG, 28.3.2006 – 1 ABR 58/04, NZA 2006, 1112, 1118, Rn. 56.

III. Schlechterstellungsverbot bzw. Grundsatz des Equal Pay/Treatment § 9

auch in Bezug auf die Regelung der Arbeitsbedingungen der Leiharbeitnehmer tariffähig sind.[422] Zur Tarifzuständigkeit unten Rn. 362 ff.

(e) Tariffähigkeit der CGB-Gewerkschaften?

Hinsichtlich der Tariffähigkeit der dem Christlichen Gewerkschaftsbund (CGB) angehörenden Gewerkschaften, die bisher bei Tarifvertragsabschlüssen im Bereich der Arbeitnehmerüberlassung beteiligt waren, ist Folgendes festzuhalten: 284

Die Christliche Gewerkschaft Metall (**CGM**) ist laut der BAG-Entscheidung vom 28.3.2006 **tariffähig**.[423] Bereits in der Vergangenheit war die Tariffähigkeit des Christlichen Metallarbeiterverband Deutschlands (CMV) – wie sich die CGM bis 1991 nannte – umstritten gewesen. Durch Beschluss des ArbG Stuttgart vom 4.2.1972 war die Tariffähigkeit rechtskräftig festgestellt worden.[424] Wegen wesentlicher Veränderung der rechtlichen Verhältnisse stand dies nach Auffassung des BAG einem erneuten Verfahren jedoch nicht entgegen.[425] Ob das BAG die CGM auch heute noch für tariffähig hielte, ist zumindest fraglich. Denn während das BAG in der CGM-Entscheidung vom 28.3.2006 noch von der Indizwirkung von in nennenswertem Umfang abgeschlossenen Tarifverträgen für die soziale Mächtigkeit einer Arbeitnehmerkoalition – mit der kaum justiziablen[426] Ausnahme von Schein- oder Gefälligkeitstarifverträgen – ausgegangen war,[427] hat das BAG in der GKH-Entscheidung vom 5.10.2010 eine „Rolle rückwärts" gemacht und die „Tariffähigkeitshürde" erheblich angehoben[428] (vgl. oben 285

---

422 BAG, 19.12.2012 – 1 AZB 72/12, Rn. 15; vgl. auch BAG, 24.3.2004 – 5 AZR 303/03, NZA 2004, 971, 974 zur Tariffähigkeit der ÖTV und DAG hinsichtlich der Regelung von Tarifverträgen auf dem Gebiet der Arbeitnehmerüberlassung; *Bayreuther*, NZA 2012, 14, 15; *Hanau*, ZIP 2003, 1573, 1577; *Weyand/Düwell*, S. 72. – A.A. *Rieble*, in: FS Wiedemann, 2002, S. 519, 529 ff.; *Rieble*, BB 2004, 885, 887 f.
423 BAG, 28.3.2006 – 1 ABR 58/04, NZA 2006, 1112; vgl. auch die Vorinstanzen LAG Baden-Württemberg, 1.10.2004 – 4 TaBV 1/04, NZA-RR 2005, 85; ArbG Stuttgart, 12.9.2003 – 15 BV 250/96, BB 2004, 827 = NZA-RR 2004, 540; dazu *Deinert*, AuR 2004, 212; *Richardi*, NZA 2004, 1025; *Rieble*, BB 2004, 885.
424 ArbG Stuttgart, 4.2.1972 – 6 BV 3/71, EzA Nr. 9 zu Art. 9 GG unter Ablehnung des „Mächtigkeitskriteriums".
425 BAG, 6.6.2000 – 1 ABR 21/99, AP Nr. 9 zu § 97 ArbGG; gebilligt durch BVerfG, 23.2.2001 – 1 BvR 4/01, AP GG Art. 20 Nr. 32; dazu *Buchner*, DB 2004, 1042, 1043; *Schrader*, NZA 2001, 1337.
426 Vgl. *Wank/Schmidt*, RdA 2008, 257, 268.
427 BAG, 28.3.2006 – 1 ABR 58/04, NZA 2006, 1112.
428 BAG, 5.10.2010 – 1 ABR 88/09, NZA 2011, 300, Ls. 2; vgl. *Lembke*, FS Bepler, 2012, S. 345.

§ 9 Unwirksamkeit

Rn. 271). Nun kommt es maßgeblich auf die Mitgliederzahl an. Der Organisationsgrad der CGM lag im Zeitpunkt der CGM-Entscheidung aber bei lediglich 1,6%.[429]

286 Die DHV – Die Berufsgewerkschaft e.V. (**DHV**) wird als **tariffähig** angesehen.[430] Zuletzt hatte das LAG Hamburg mit Beschluss vom 18.2.1997 – wie diverse Gerichte zuvor – einen Antrag auf Feststellung der Tarifunfähigkeit der DHV wegen der Rechtskraft früherer Entscheidungen, in denen die Tariffähigkeit der DHV festgestellt worden war, zurückgewiesen.[431]

287 Der Beschäftigtenverband Industrie, Gewerbe, Dienstleistung (**BIGD**) wurde im Beschluss des Arbeitsgerichts Duisburg vom 22.8.2012 als **nicht tariffähig** angesehen.[432]

288 Hinsichtlich des Arbeitnehmerverbands land- und ernährungswirtschaftlicher Berufe (**ALEB**) hatte das LAG Köln am 5.6.1986 rechtskräftig festgestellt, dass ALEB tariffähig ist.[433] Das Arbeitsgericht Bonn hat jedoch am 31.10.2012 entschieden, dass ALEB seit dem 1.1.2010 **nicht** (mehr) **tariffähig** ist.[434]

289 Nach Auffassung des Arbeitsgerichts Hamburg sowie des LAG Hamburg ist medsonet. Die Gesundheitsgewerkschaft (**medsonet**) **nicht tariffähig**.[435]

290 Hinsichtlich des Bundes der Hotel-, Restaurant- und Cafe-Angestellten (**Union Ganymed**), der Christlichen Gewerkschaft für Postservice und Telekommunikation (**CGPT**), der Gewerkschaft Öffentlicher Dienst und Dienstleistungen (**GÖD**) und des Verbandes Deutscher Techniker (**VDT**), die früher auch Mitglied der CGZP waren, liegen **bislang** – soweit ersichtlich – **keine arbeitsgerichtlichen Entscheidungen** zur Tariffähigkeit vor.

---

429 BAG, 28.3.2006 – 1 ABR 58/04, NZA 2006, 1112, 1121, Rn. 79.
430 Vgl. BAG, 10.2.2009 – 1 ABR 36/08, NZA 2009, 908, 909, Rn. 7.
431 LAG Hamburg, 18.2.1997 – 2 TaBV 9/95, BeckRS 2009, 67991.
432 ArbG Duisburg, 22.8.2012 – 4 BV 29/12, BeckRS 2012, 74630; Beschwerde eingelegt beim LAG Düsseldorf unter Az. 9 TaBV 118/12.
433 Zitiert nach BT-Drs. 17/11738, S. 5 (elektr. Vorabfassung); vgl. auch BAG, 10.9.1985 – 1 ABR 32/83, NZA 1986, 332; *Bayreuther*, NZA 2012, 14, Fn. 5.
434 ArbG Bonn, 31.10.2012 – 4 BV 90/12; Beschwerde zum LAG Düsseldorf ist eingelegt, vgl. BT-Drs. 17/11738, S. 5 (elektr. Vorabfassung).
435 ArbG Hamburg, 17.5.2011 – 1 BV 5/10, BeckRS 2011, 73101; dazu *Burgmer*, jurisPR-ArbR 4472011, Anm. 4; *Ulber*, AuR 2011, 430; LAG Hamburg, 21.3.2012 – 3 TaBV 7/11, juris; nun beim BAG anhängig unter Az. 1 ABR 33/12.

III. Schlechterstellungsverbot bzw. Grundsatz des Equal Pay/Treatment § 9

(f) Fehlende Tariffähigkeit der CGZP

Die CZGP ist ein im Dezember 2002 gegründeter Zusammenschluss von im CGB organisierten Gewerkschaften, der Anfang 2003 die ersten Tarifabschlüsse in der Zeitarbeit vereinbarte und damit die Tariflandschaft über mehrere Jahre nachhaltig prägte (vgl. Rn. 200 ff.). 291

(aa) Die CGZP und ihre Satzungen

Der **CGZP** gehörten ursprünglich sechs Mitgliedsgewerkschaften an: Bund der Hotel-, Restaurant- und Cafe-Angestellten (**Union Ganymed**), Christliche Gewerkschaft Metall (**CGM**), Christliche Gewerkschaft für Postservice und Telekommunikation (**CGPT**), Deutscher Handels- und Industrieangestellten-Verband (**DHV**), Gewerkschaft Öffentlicher Dienst und Dienstleistungen (**GÖD**) und Verband Deutscher Techniker (**VDT**). Die Union Ganymed und der VDT sind mit Wirkung zum 30.6.2006 aus der CGZP ausgetreten. Die CGPT hat mit Wirkung zum 30.6.2009 ihren Austritt aus der Beklagten erklärt. 292

Nach Ziff. 3 ihrer **Satzung vom 11.12.2002** „vertrat" die CGZP „die tariflichen Interessen ihrer Mitgliedsgewerkschaften" und schloss für deren Mitglieder Tarifverträge ab. Aus den Namen der CGZP („Tarifgemeinschaft Christlicher Gewerkschaften für Zeitarbeit und Personalserviceagenturen") war zu schließen, dass sich die tarifliche Tätigkeit auf den Bereich der Zeitarbeit beschränkt. Es wurde durch die Tarifpraxis bestätigt. In der geänderten **CGZP-Satzung vom 5.12.2005** wurde erstmals festgelegt, dass die CGZP die tariflichen Interessen ihrer Mitgliedsgewerkschaften „**als Spitzenorganisation nach § 2 Abs. 3 TVG**" abschließt. Die Mitgliedsgewerkschaften konnten hingegen grundsätzlich nicht eigenständig als Tarifpartner im Bereich der Zeitarbeit auftreten (vgl. § 7 Abs. 3 der Satzung). Bildlich gesprochen hatten die Mitgliedsgewerkschaften durch ihren Beitritt zur CGZP „ihre Tarifhoheit für die Branche der Zeitarbeit" an die CGZP „abgetreten" (vgl. § 7 Abs. 1 Satz 2 der Satzung). Nachdem diese Satzungsregelungen im Beschlussverfahren über die Tariffähigkeit der CGZP (vgl. Rn. 294 ff.) vom ArbG Berlin beanstandet worden waren,[436] wurden sie in der Fassung der **Satzung vom 8.10.2009** geändert. Danach ist tarifvertragsschließende Partei in der Zeitarbeit die CGZP (als Spitzenorganisation nach § 2 Abs. 3 TVG). Das Recht der Mitgliedsgewerkschaften, im Rahmen ihrer Zuständigkeit selbst Tarifverträge mit Unternehmen oder 293

---

436 Vgl. ArbG Berlin 1.4.2009 – 35 BV 17008/08, NZA 2009, 740, 747.

§ 9   Unwirksamkeit

Verbänden zu schließen, die oder deren Mitglieder Arbeitnehmer an Dritte zur Arbeitsleistung überlassen, bleibt unberührt. Bevor eine Mitgliedsgewerkschaft einen Tarifvertrag für Arbeitnehmer abschließt, die an Dritte zur Arbeitsleistung überlassen werden, ist sie zur Vermeidung von Tarifkollision verpflichtet, die Zustimmung der CGZP einzuholen (§ 7 Abs. 1 der Satzung).

(bb) Beschlussverfahren zur Tariffähigkeit der CGZP

294 Die **Tariffähigkeit der CGZP** war von Anfang an **in Zweifel gezogen** worden,[437] insbesondere von Seiten der DGB-Gewerkschaften, welche die CGZP als „Schmutzkonkurrenz" ansah. Die Frage, ob die CGZP tariffähig ist, war auch in der Literatur sehr umstritten.[438] Nachdem von Leiharbeitnehmern initiierte Beschlussverfahren nach §§ 2a Abs. 1 Nr. 4, 97 Abs. 5 ArbGG („konkrete Kontrollverfahren" – vgl. Rn. 255 ff.) nicht zur Feststellung der Tarifunfähigkeit der CGZP geführt hatten,[439] stellten **ver.di und** die Senatsverwaltung für Integration, Arbeit und Soziales des **Landes Berlin** im Rahmen eines „**abstrakten Kontrollverfahrens**" nach §§ 2a Abs. 1 Nr. 4, 97 Abs. 1 ArbGG (vgl. Rn. 253 ff.) den Antrag auf Feststellung, dass die CGZP nicht tariffähig ist. Das ArbG Berlin gab in seinem Beschluss vom 1.4.2009 dem Antrag des Landes Berlin statt, wies den Antrag von ver.di allerdings wegen fehlender Tarifzuständigkeit für die Arbeitnehmerüberlassung und damit mangels Antragsbefugnis als unzulässig zurück.[440] Mit Beschluss vom 7.12.2009 stellte das LAG Berlin-Brandenburg in der Beschwerdeinstanz ebenfalls fest, die CGZP sei nicht tariffähig.[441]

---

437 S. nur *Böhm*, NZA 2003, 828, 829; *Böhm*, DB 2003, 2598; *Furier/Kaus*, AiB 2004, 360, 371; *Schüren/Behrend*, NZA 2003, 521, 525; *Schüren/Riederer von Paar*, AuR 2004, 241, 243 f. – A.A. *Ankersen*, NZA 2003, 421, 424.

438 Für Tarifunfähigkeit etwa *Brors*, AuR 2010, 406, 408 ff.; *Schüren*, NZA 2007, 1213; *Schüren*, AuR 2008, 239; *Schüren*, NZA 2008, 453; *Schindele*, AuR 2008, 31; *Ulber*, NZA 2008, 438; *Ulber*, AuR 2008, 297. – A.A. *Jacobs*, ZfA 2010, 27; *Lembke*, NZA 2007, 1333; *Franzen*, BB 2009, 1472.

439 Vgl. nur ArbG Berlin, 5.2.2008 – 54 BV 13961/06, BeckRS 2008, 51119.

440 ArbG Berlin 1.4.2009 – 35 BV 17008/08, NZA 2009, 740 = BB 2009, 1477 m. Anm. *Müntefering/Mehrens*; dazu krit. *Franzen*, BB 2009, 1472; *Ulrici*, jurisPR-ArbR 33/2009, Anm. 1.

441 LAG Berlin-Brandenburg, 7.12.2010 – 23 TaBV 1016/09, BeckRS 2009, 74516 = AuR 2010, 172 m. zust. Anm. *Ulber* = BB 2010, 1927 m. krit. Anm. *Fandel/Geisler*; abl. auch ausf. *Lembke*, BB 2010, 1533, 1534 f.; s. auch *Rolfs/Witschen*, DB 2010, 1180.

III. Schlechterstellungsverbot bzw. Grundsatz des Equal Pay/Treatment § 9

In letzter Instanz entschied das **BAG** im sog. **CGZP-Beschluss vom 14.12.2010** gegenwartsbezogen, dass die CGZP nicht tariffähig ist und weder als Gewerkschaft nach § 2 Abs. 1 TVG noch als Spitzenorganisation i.S.v. § 2 Abs. 3 TVG im eigenen Namen Tarifverträge für die ihr angeschlossenen Verbände und deren Mitglieder abschließen kann. Die CGZP organisiere nach ihrer Satzung keine Arbeitnehmer und sei daher keine tariffähige Arbeitnehmervereinigung i.S.d. § 2 Abs. 1 TVG. Außerdem erfülle sie nicht die aus § 2 Abs. 3 TVG folgenden „tarifrechtlichen Anforderungen", weil ihr Organisationsbereich nicht vollständig mit dem ihrer Mitgliedsgewerkschaften übereinstimme[442] (vgl. auch Rn. 280f.). Nach den jeweiligen Satzungen seien die Mitgliedsgewerkschaften der CGZP anders als die CGZP selbst nicht für sämtliche Arbeitsverhältnisse im Bereich der Arbeitnehmerüberlassung zuständig; insoweit hätten die Mitgliedsgewerkschaften auf die CGZP *mehr* Zuständigkeiten übertragen, als sie selbst besäßen. Außerdem hätten sie aber auch *weniger* Rechte delegiert, als sie selbst innehätten, weil der Zuständigkeitsbereich der CGZP auf den Bereich der Arbeitnehmerüberlassung beschränkt sei, wohingegen die Mitgliedsgewerkschaften auch für andere Arbeitnehmer als Leiharbeitnehmer in ihrem jeweiligen satzungsmäßig festgelegten Organisationsbereich zuständig seien.[443]

295

Die Entscheidung des BAG ist dogmatisch nicht haltbar[444] und sieht sich – zu Recht – deutlicher **Kritik** ausgesetzt.[445] Sie ist Gegenstand einer noch nicht beschiedenen **Verfassungsbeschwerde beim Bundesverfassungsgericht**.[446] Ihre Begründung wirkt gekünstelt. Auffällig ist, dass das BAG – anders als die Vorinstanzen, welche auch die soziale Mächtigkeit der CGZP verneinten[447] – die Tariffähigkeit der CGZP nicht an allgemeinen Voraussetzungen (wie etwa soziale Mächtigkeit, Abschluss von Schein- oder Gefälligkeitstarifverträge o.Ä.) hat scheitern lassen, sondern auf den einzigen Umstand abstellte, in dem sich die CGZP- und die DGB-Tarifverträge in der Zeitarbeit unterschieden,

296

---

442 BAG, 14.12.2010 – 1 ABR 19/10, NZA 2011, 289, 295ff., Rn. 63ff.
443 Näher BAG, 14.12.2010 – 1 ABR 19/10, NZA 2011, 289, 298ff., Rn. 94ff.
444 Ausf. *Lembke*, FS Bepler, 2012, S. 345ff.
445 *Giesen*, Arbeits- und beitragsrechtliche Folgen der CGZP-Entscheidung des BAG, 2011, S. 33ff.; *Giesen*, FA 2012, 226; *Giesen/Rieble*, FAZ v. 22.7.2011, S. 12; *Lembke*, NZA-Beil. 2/2012, 66, 67; *Lembke*, in: Maschmann, Rigidität und Flexibilität im ArbR, 2012, S. 119, 129f.; *Löwisch*, SAE 2011, 61; *Löwisch/Rieble*, TVG, § 2 Rn. 294ff.
446 Az. 1 BvR 1104/11; vgl. *Lembke*, NZA 2011, 1062, 1065.
447 Vgl. ArbG Berlin 1.4.2009 – 35 BV 17008/08, NZA 2009, 740, 745ff.; LAG Berlin-Brandenburg, 7.12.2010 – 23 TaBV 1016/09, BeckRS 2009, 74516 unter 4.2.4.

nämlich dass die CGZP als Spitzenorganisation i.S.d. § 2 Abs. 3 TVG auftrat.[448] Das **BAG stellte erstmals** die vorher von niemandem, nicht einmal vom BAG selbst vertretene **These**[449] auf, eine Spitzenorganisation im Sinne des § 2 Abs. 3 TVG sei nur tariffähig, wenn die in der Satzung der Spitzenorganisation geregelte Tarifzuständigkeit **vollständig deckungsgleich** sei mit der Summe der Tarifzuständigkeiten der angeschlossenen Mitgliedsverbände.

297 Abgesehen davon, dass dabei Tariffähigkeit und Tarifzuständigkeit unzulässig vermengt werden, **macht** eine solche Auslegung **keinen Sinn**. Sie vereitelt den Normzweck des § 2 Abs. 2 und 3 TVG, der historisch gesehen darin lag, „die rechtlichen Voraussetzungen dafür zu schaffen, dass sich die Beteiligten so einrichten können, wie sie es selbst für richtig halten" – so die Begründung zu § 1 Abs. 2 des Lemgoer Entwurfs,[450] der Vorbild für § 2 Abs. 3 TVG war. Die Tariffähigkeit einer Spitzenorganisation nach § 2 Abs. 3 TVG ist eine originäre, gesetzlich verliehene, nicht eine abgeleitete, bloß delegierte Befugnis.[451] Abgesehen davon entbehrt der vom BAG in seiner Begründung zugrunde gelegte „Rechtssatz", dass niemand *weniger* Rechte übertragen kann, als er selbst hat, jeglicher rechtlicher Grundlage. Er ist aus tarifrechtlicher Sicht auch **nicht vertretbar**. Tarifvertragsparteien müssen ihre satzungsmäßig festgelegte Tarifzuständigkeit beim jeweiligen Tarifvertragsabschluss nicht vollständig ausnutzen, sondern können den Geltungsbereich enger fassen, als es ihre Tarifzuständigkeit erlaubt[452] (vgl. Rn. 344). Ansonsten könnte beispielsweise eine bundesweit tarifzuständige Gewerkschaft keinen wirksamen Firmentarifvertrag mit einem nicht bundesweit tätigen Arbeitgeber abschließen. Nichts anderes kann gelten, wenn Verbände nicht selbst als Tarifvertragspartei auftreten, sondern sich zum Zwecke des Tarifvertragsabschlusses einer im eigenen Namen handelnden Spitzenorganisation bedienen. An diese können die Verbände weniger Zuständigkeiten übertragen, als sie selbst haben.[453] Auch der Gesetzge-

---

448 *Giesen*, Arbeits- und beitragsrechtliche Folgen der CGZP-Entscheidung des BAG, 2011, S. 35.
449 Vgl. HWK/*Henssler*, § 2 TVG Rn. 31a spricht von einem „neu kreierten Erfordernis"; die BAG-Präsidentin *Schmidt* sprach davon, mit dem CGZP-Beschluss sei „juristisches Neuland" betreten worden, FAZ v. 15.12.2010, S. 12.
450 Nachweis bei Wiedemann/*Oetker*, TVG, Geschichte Rn. 23.
451 So bereits BAG, 22.2.1957 – 1 AZR 426/56, BAGE 3, 358, 363; *Lembke*, NZA 2007, 1333, 1335 m.w.N.
452 Vgl. nur HWK/*Henssler*, § 2 TVG Rn. 39.
453 *Lembke*, NZA 2011, 1062, 1066; *Lembke*, NZA-Beil. 2/2012, 66, 67; ausf. zum Ganzen *Lembke*, FS Bepler, 2012, S. 345 ff.

III. Schlechterstellungsverbot bzw. Grundsatz des Equal Pay/Treatment § 9

ber geht in § 3a davon aus, dass es für wirksame Tarifvertragsabschlüsse auf dem Gebiet der Arbeitnehmerüberlassung ausreicht, wenn die tarifschließenden Gewerkschaften und Arbeitgeberverbände „zumindest auch" für ihre jeweiligen in der Arbeitnehmerüberlassung tätigen Mitglieder zuständig sind (vgl. § 3a Abs. 1 Satz 1). Eine vollständige Deckungsgleichheit zwischen dem Bereich der Arbeitnehmerüberlassung und der Zuständigkeit der Tarifvertragsparteien ist dabei nicht erforderlich.

Da der **CGZP-Beschluss** des BAG **vom 14.12.2010** angesichts des gestellten Feststellungsantrags rein **gegenwartsbezogen** war, stellte sich die Frage der Tariffunfähigkeit der CGZP in den Zeitpunkten der Tarifabschlüsse vor dem 14.12.2010. Diesbezüglich waren zahlreiche instanzgerichtliche Entscheidungen ergangen, in denen insbesondere die Frage aufgeworfen war, ob Ausgangsverfahren nach Erlass des CGZP-Beschlusses vom 14.12.2010 noch gemäß § 97 Abs. 5 ArbGG auszusetzen waren oder nicht.[454] Diese Frage hat sich in der Zwischenzeit erledigt. 298

Das **LAG Berlin-Brandenburg** entschied im Beschluss **vom 9.1.2012**, dass die CGZP auch am 29.11.2004, 16.6.2006 und 9.7.2008 nicht tariffähig war, weil ihre Zuständigkeit über die ihrer Mitglieder hinausgehe.[455] Die Entscheidung ist zwar u.a. deshalb offenkundig rechtsfehlerhaft, weil das LAG Berlin-Brandenburg die vom BAG im CGZP-Beschluss aufgestellten Grundsätze anwendete, dabei aber die Satzungen der – unzutreffender Weise nicht am Verfahren beteiligten – Union Ganymed und des VDT, die beide Mitgliedsgewerkschaften der CGZP waren und erst mit Wirkung zum 30.6.2006 ihren Austritt aus der CGZP erklärt hatten (Rn. 292), nicht berücksichtigt hatte; außerdem unterließ es das LAG unter Verstoß gegen § 97 Abs. 5 ArbGG, das Verfahren auszusetzen, obwohl Streit über den Umfang der satzungsmäßigen Tarifzuständigkeiten der angeschlossenen Gewerkschaften bestand. Allerdings wurde die (fehlerhafte) Entscheidung des LAG Berlin-Brandenburg rechtskräftig, weil die Rechtsbeschwerde nicht zugelassen und die Nichtzulassungsbeschwerde keinen Erfolg hatte.[456] **Mittlerweile** hat das **BAG** festgestellt, dass mit Eintritt der Rechtskraft der Entscheidung 299

---

454 Dazu ausf. *Bissels*, jurisPR-ArbR 16/2012, Anm. 4; *Lembke*, NZA 2011, 1062 m.w.N.
455 LAG Berlin-Brandenburg, 9.1.2012 – 24 TaBV 1285/11 u.a., BeckRS 2012, 67523 = BB 2012, 1733 m. Anm. *Bissels*.
456 BAG, 22.5.2012 – 1 ABN 27/12, BeckRS 2012, 70480.

§ 9 Unwirksamkeit

des LAG Berlin-Brandenburg vom 9.1.2012 feststeht, dass die **CGZP seit ihrer Gründung** durchgängig **nicht tariffähig war**.[457]

300 Vor dem Hintergrund der Einführung des – mit Wirkung ab dem 30.4.2011 eingeführten – § 3a AÜG lässt sich der vom BAG im CGZP-Beschluss vom 14.12.2010 sowie vom LAG Berlin-Brandenburg in der Folgeentscheidung vom 9.1.2012 verfolgte Ansatz, dass die Tariffähigkeit nach § 2 Abs. 3 TVG als Voraussetzung für die Vereinbarung von Tarifverträgen für den Bereich der Arbeitnehmerüberlassung durch eine im eigenen Namen handelnde Spitzenorganisation die vollständige Deckungsgleichheit der Zuständigkeiten der tarifschließenden Spitzenorganisation und deren Mitgliedsgewerkschaften erfordere, nicht mehr vertreten. Der Gesetzgeber nimmt in § 3a Abs. 1 an, dass es Gewerkschaften gibt, die „zumindest auch für ihre jeweiligen in der Arbeitnehmerüberlassung tätigen Mitglieder zuständig sind" und mit Arbeitgeberverbänden wirksame „bundesweit tarifliche Mindeststundenentgelte im Bereich der Arbeitnehmerüberlassung" vereinbart haben. Daher ist mit Einführung des § 3a die **Rechtskraftwirkung der Entscheidung des BAG vom 14.12.2010** in zeitlicher Hinsicht bereits **wieder entfallen**[458] (vgl. auch Rn. 261).

(g) Folgen der Tarifunfähigkeit der CGZP

301 Der CGZP-Beschluss vom 14.12.2010 (Rn. 295) ist eine der folgenreichsten Entscheidungen des BAG in jüngerer Zeit. Er wirft zahlreiche arbeits-, sozial- und verfassungsrechtliche Fragen auf, welche die Grundlagen unseres Rechtsstaats betreffen.[459]

(aa) Arbeitsrechtliche Folgen

302 In arbeitsrechtlicher Hinsicht **fragt es sich** zunächst, ob die **Tarifunfähigkeit der CGZP automatisch zur Unwirksamkeit sämtlicher von ihr abgeschlossener Tarifverträge führt** (zur Tariffähigkeit als grundsätzliche Wirksamkeitsvoraussetzung des Tarifvertrags Rn. 263 ff.).

---

457 BAG, 24.7.2012 – 1 AZB 47/11, NZA 2012, 1061, 1062, Rn. 12; BAG, 23.5.2012 – 1 AZB 58/11, NZA 2012, 623, Os. 3; BAG, 23.5.2012 – 1 AZB 67/11, NZA 2012, 625; dazu *Bissels*, jurisPR-ArbR 35/2012, Anm. 5; *Löwisch*, SAE 2013, 11; krit. *Giesen*, FA 2012, 226.

458 *Giesen*, Arbeits- und beitragsrechtliche Folgen der CGZP-Entscheidung des BAG, 2011, S. 38 ff.; *Lembke*, NZA 2011, 1062, 1066; *Lembke*, NZA-Beil. 2/2012, 66, 67; *Lützeler/Bissels*, DB 2011, 1636, 1637.

459 Näher zum Ganzen die Beiträge in Brand/Lembke, Der CGZP-Beschluss des BAG, 2012.

III. Schlechterstellungsverbot bzw. Grundsatz des Equal Pay/Treatment § 9

Dann hätten Leiharbeitnehmer, in deren Leiharbeitsverhältnis die CGZP-Tarifverträge kraft beiderseitiger Tarifbindung bzw. individualrechtlicher Bezugnahme Anwendung finden sollten, dem Grunde nach einen Anspruch auf Equal Pay/Treatment nach § 10 Abs. 4 i.V.m. § 9 Nr. 2, weil dieser Grundsatz nur durch einen wirksamen Tarifvertrag bzw. „im Geltungsbereich" eines solchen wirksamen Tarifvertrags durch individualrechtliche Bezugnahme ausgeschlossen werden kann.

(i) Unwirksamkeit aller CGZP-Tarifverträge?

Die **Arbeitsgerichte** haben bislang nahezu ausnahmslos angenommen, dass die von der CGZP abgeschlossenen Tarifverträge von Anfang an unwirksam sind, und haben dementsprechend einen Anspruch des Leiharbeitnehmers auf Equal Pay/Treatment während der Dauer der jeweiligen Überlassung dem Grunde nach bejaht, sofern er schlüssig dargelegt wurde (vgl. zur **Darlegungs- und Beweislast** Rn. 474 ff.). Dabei haben sich die Arbeitsgerichte meist auf das **Obiter Dictum** des 10. Senats des **BAG** im Urteil vom 15.11.2006[460] berufen, der „**gute Glaube an die Tariffähigkeit**" sei **nicht geschützt**[461] (vgl. Rn. 265). Der diesem Urteil zugrunde liegende Sachverhalt ist mit den CGZP-Sachverhalten allerdings nicht vergleichbar. Das Obiter Dictum des BAG bezog sich nicht auf eine Spitzenorganisation i.S.d. § 2 Abs. 3 TVG, sondern auf die Tariffähigkeit einer Gewerkschaft, deren Fehlen rechtskräftig *vergangenheitsbezogen* festgestellt worden war.[462] Abgesehen davon lag dem Urteil des BAG ein Fall zugrunde, in dem noch keine Leistungen auf Grundlage des von der tarifunfähigen Vereinigung abgeschlossenen Tarifvertrags zwischen den Parteien ausgetauscht worden waren, so dass sich die Fragen der Rückabwicklung von Ansprüchen und des Vorliegens schutzwürdigen Vertrauens nicht stellten.[463] Demgegenüber wurden die CGZP-Tarifverträge von mehreren hunderttausend Verleihern und Leiharbeitnehmern über Jahre hinweg in Millionen von Über-

303

---

460 BAG, 15.11.2006 – 10 AZR 665/05, NZA 2007, 448, 451, Rn. 23.
461 So z.B. LAG Berlin-Brandenburg, 22.8.2012 – 4 Sa 960/12, BeckRS 2013, 65099; LAG Berlin-Brandenburg, 24.11.2011 – 5 Sa 1524/11, BeckRS 2012, 67524; LAG Hamm, 29.2.2012 – 3 Sa 889/11, juris, Rn. 152; LAG Düsseldorf, 21.6.2012 – 13 Sa 319/12, BeckRS 2012, 72348; LAG Düsseldorf, 22.5.2012 – 16 Sa 302/12, BeckRS 2012, 71536; LAG Niedersachsen, 21.9.2012 – 6 Sa 33/12, BeckRS 2012, 75716; Thüringisches LAG, 31.5.2012 – 6 Sa 327/11, juris, Rn. 32.
462 Zutr. LAG Baden-Württemberg, 21.6.2011 – 11 Ta 10/11, BeckRS 2011, 74933, Rn. 20; ArbG Freiburg, 13.4.2011 – 3 Ca 497/10, BeckRS 2011, 71192, Rn. 16; *Bissels*, BB 2011, 1917, 1918 f.; *Lembke*, jurisPR-ArbR 38/2011, Anm. 1.
463 Vgl. BAG, 15.11.2006 – 10 AZR 665/05, NZA 2007, 448, 451, Rn. 23.

§ 9   Unwirksamkeit

lassungsfällen vereinbarungsgemäß angewandt, und es wurden jahrelang Leistungen auf Grundlage dieser Tarifverträge ausgetauscht, ohne dass dies übrigens von den Aufsichtsbehörden (§ 17) oder den Sozialversicherungsträgern jemals beanstandet worden wäre.[464]

304 Demgegenüber wird in der **rechtswissenschaftlichen Literatur** vielfach vertreten, dass es aus rechtsstaatlichen Gründen geboten ist, die vom BAG im Beschluss vom 14.12.2010 durch Rechtsfortbildung völlig neu geschaffenen „tarifrechtlichen Anforderungen" an die Tariffähigkeit einer Spitzenorganisation i.S.d. § 2 Abs. 3 TVG (namentlich das Erfordernis der absoluten Deckungsgleichheit der Zuständigkeitsbereiche der Spitzenorganisation und der Mitgliedsverbände, Rn. 280, 295) sowie die aus deren Nichteinhaltung resultierenden Rechtsfolgen nur für die Zukunft (ex nunc) und nicht für die Vergangenheit (ex tunc) anzuwenden. Würde man die neuartigen „tarifrechtlichen Anforderungen" auf die Gründung der CGZP Ende 2002 zurückbeziehen – was der Pressesprecher des BAG *Schmitz-Scholemann* macht, wenn er von einem „Geburtsfehler" spricht[465] –, läge ein klarer Fall der **echten Rückwirkung** auf einen bereits abgeschlossenen Sachverhalt vor. Echte Rückwirkung ist jedoch nach **Art. 20 Abs. 3 GG verboten** und durch Gewährung von **Vertrauensschutz** zu vermeiden.[466] Daher können die Rechtsfolgen der im CGZP-Beschluss des BAG vom 14.12.2010 festgestellten Tarifunfähigkeit allenfalls Wirkung für die Zukunft (ex nunc) entfalten, nicht hingegen für die Vergangenheit (ex tunc).[467] Für die Zeit vor dem 14.12.2010 seien die von der CGZP ab-

---

464 *Lembke*, NZA 2011, 1062, 1066.
465 S.o. Fn. 20.
466 *Lembke*, NZA 2011, 1062, 1067.
467 Näher zum Ganzen *Buchner*, DB 2004, 1042 f.; *Dunker*, SAE 2008, 133 ff.; *Gamillscheg*, Koll. ArbR I, 1997, S. 708; *Giesen*, FA 2012, 226, 229; *Giesen*, Arbeits- und beitragsrechtliche Folgen der CGZP-Entscheidung des BAG, 2011, S. 47 ff.; HWK/*Henssler*, § 2 TVG Rn. 3; *Lembke*, NZA 2011, 1062, 1067; *Lembke*, NZA-Beil. 2/2012, 66, 68; *Lembke*, in: Maschmann, Rigidität und Flexibilität im Arbeitsrecht, 2012, S. 119, 132 ff.; *Lützeler/Bissels*, DB 2011, 1636 f.; *Thüsing/Braun/Lembke*, Tarifrecht, 12. Kap. Rn. 51; *Löwisch*, SAE 2013, 11, 13 f.; *Thüsing/Mengel*, § 9 Rn. 41; *Rieble*, BB 2012, 2945, 2946 ff.; *Sachverständigenrat zur Begutachtung der gesamtwirtschaftlichen Entwicklung*, Jahresgutachten 2011/2012, Rn. 500; *Sandmann/Marschall/Schneider*, § 9 Rn. 22; *Schöne*, DB 2004, 136 f.; *Steinheimer/Haeder*, NZA-Online 4/2012, 1, 4; vgl. Schüren/Hamann/*Schüren*, AÜG, § 9 Rn. 124; Wiedemann/*Oetker*, TVG, § 2 Rn. 35; *Schüren*, FS Löwisch, 2007, S. 367, 373: „Denkbar ist, dass die Rechtsprechung aus Gründen der Praktikabilität nur zu einer *Ex-nunc*-Wirkung der Unwirksamkeit gelangt."

III. Schlechterstellungsverbot bzw. Grundsatz des Equal Pay/Treatment § 9

geschlossenen Verbandstarifverträge daher als wirksam zu behandeln.[468]

Zwar ist eine Änderung der Rechtsprechung unter dem Gesichtspunkt des Vertrauensschutzes unbedenklich, wenn sie hinreichend begründet ist und sich im Rahmen einer vorhersehbaren Entwicklung hält.[469] Soweit es um die Wahrung der richterlichen Kompetenzgrenzen aus Art. 20 Abs. 2 Satz 2 und Art. 20 Abs. 3 GG geht, kontrolliert das BVerfG jedoch, ob das Fachgericht bei der Rechtsfindung die gesetzgeberische Grundentscheidung respektiert und von den anerkannten Methoden der Gesetzesauslegung in vertretbarer Weise Gebrauch gemacht hat.[470] Diese **Grenzen der Rechtsfindung** hat das BAG im CGZP-Beschluss vom 14.12.2010 **überschritten**, weil sich die „tarifrechtlichen Anforderungen" an die Tariffähigkeit einer Spitzenorganisation i.S.d. § 2 Abs. 3 TVG und namentlich das Erfordernis der absoluten Deckungsgleichheit der Zuständigkeitsbereiche der Spitzenorganisation und der Mitgliedsverbände aus den anerkannten Methoden der Gesetzesauslegung nicht herleiten lassen (Rn. 295 ff.).[471]

305

Hinzu kommt, dass im Hinblick auf die von der CGZP abgeschlossenen Tarifverträge **alle Träger der öffentlichen Gewalt schutzwürdiges Vertrauen** des Rechtsverkehrs in deren Wirksamkeit und damit in die Tariffähigkeit der CGZP **begründet** haben (vgl. Rn. 210 ff.). Da sich Art. 20 Abs. 3 GG an alle Träger der öffentlichen Gewalt richtet, ist dieses vertrauensbegründende Verhalten bei der rechtsstaatlich gebotenen Gewährung von Vertrauensschutz zu beachten. Dies ist auch in der Rechtsprechung anerkannt: Schutzwürdiges Vertrauen kann nicht nur durch die Rechtsprechung, sondern auch durch die Arbeitsverwaltung begründet werden. Hat sich ein Arbeitgeber der **Praxis der Arbeitsverwaltung** gemäß verhalten, ist sein Vertrauen auf die Wirksamkeit sei-

306

---

468 Eine auf Feststellung dieser Rechtsfolge gerichtete Verbandsklage (§ 9 TVG) des AMP gegen die CGZP hat das ArbG Berlin (28.11.2011 – 55 Ca 5022/11, BB 2012, 316) zurückgewiesen, weil angeblich das Feststellungsinteresse i.S.d. § 256 I ZPO fehlte. Die Entscheidung ist fragwürdig, weil die Verbandsklage eine Art Normenkontrollverfahren ist, dessen Durchführung nicht davon abhängig sein kann, wie sich die Beklagtenseite auf die Klage einlässt; vgl. auch BAG, 14.12.2010 – 1 ABR 19/10, NZA 2011, 289, Os. 9 und Rn. 59; vgl. auch ArbG Bonn, 25.5.2011 – 4 Ca 2963/10, BeckRS 2012, 66850, wonach die CGZP-Tarifverträge für die Zeit vor dem 7.12.2009 als wirksam zu behandeln sind.
469 BVerfG, 26.9.2011 – 2 BvR 2216/06 u.a., NJW 2012, 669, 672, Rn. 64 und Ls. 5; BVerfG, 26.6.1991 – 1 BvR 779/85, NZA 1991, 809, 810 f.
470 BVerfG, 26.9.2011 – 2 BvR 2216/06 u.a., NJW 2012, 669, 670, Rn. 43.
471 Näher *Lembke*, FS Bepler, 2012, S. 345 ff.

nes Verhaltens schutzwürdig.[472] Dem Umstand, dass die Agentur für Arbeit ihre Verwaltungspraxis entsprechend gestaltet und eingerichtet hat, kommt im Rahmen der Prüfung, ob den betroffenen Arbeitgebern Vertrauensschutz zu gewähren ist, ein ganz erhebliches Gewicht zu. Der Arbeitgeber muss sich insbesondere auf eine Entscheidung der Arbeitsverwaltung verlassen und sein Verhalten daran ausrichten können.[473] Es liegt auf der Hand, dass nach mehrjähriger und seitens der Bundesagentur für Arbeit unbeanstandeter Anwendung der Tarifverträge der CGZP schutzwürdiges Vertrauen entsteht.[474]

307 Es bleibt abzuwarten, ob das **BAG** in den ausstehenden Verfahren zu CGZP-Fällen Vertrauensschutz gewährt. Sollte es – wie erwartet – der Linie des 10. Senats (vgl. Rn. 303) folgen, würde es keinen generellen Vertrauensschutz gewähren, sondern allenfalls im Einzelfall. Zumindest hält der **1. Senat** des BAG im vorliegenden Kontext Vertrauensschutz im Prinzip für möglich.[475] Der **5. Senat** hat mittlerweile entschieden, dass ein etwaiges **Vertrauen der Verleiher in die Tariffähigkeit der CGZP nicht geschützt** ist.[476]

308 Auch die **Lehre vom fehlerhaften Tarifvertrag** gelangt im vorliegenden Ausnahmefall zum Ergebnis, dass die Unwirksamkeit der von der CGZP-Tarifverträge nur mit Wirkung für die Zukunft (ex nunc) und nicht für die Vergangenheit (ex tunc), d. h. für die Zeit ab dem 14.12.2010 anzunehmen ist, weil die CGZP nicht wegen fehlender sozialer Mächtigkeit, sondern wegen formeller Mängel für tarifunwirksam erachtet wurde und die materielle Richtigkeitsgewähr der CGZP-Tarifverträge durch den CGZP-Beschluss nicht in Frage gestellt wurde (vgl. Rn. 267 f.).[477]

---

472 Vgl. BAG, 10.7.2008 – 2 AZR 507/06, AP KSchG 1969 § 17 Nr. 36, Rn. 22.
473 BAG, 23.3.2006 – 2 AZR 343/05, NZA 2006, 971, 976, Rn. 38.
474 So auch explizit *Sandmann/Marschall/Schneider*, § 9 Rn. 25.
475 BAG, 22.5.2012 – 1 ABN 27/12, BeckRS 2012, 70480, Rn. 23: *„Soweit schutzwürdiges Vertrauen vorliegen sollte, kann diesem erforderlichenfalls durch Bestimmungen zur zeitlichen Anwendbarkeit oder Billigkeitserwägungen im Einzelfall Rechnung getragen werden (BVerfG 15.1.2009 – 2 BvR 2044/07 – zu B III 1 der Gründe, BVerfGE 122, 248)."*
476 BAG, 13.3.2013 – 5 AZR 954/11 u.a., PM Nr. 17/13.
477 *Henssler*, in: Brand/Lembke, Der CGZP-Beschluss des BAG, S. 19, 48 ff.; *Friemel*, NZS 2011, 851; HWK/*Henssler*, § 2 Rn. 3, § 1 Rn. 21a; *Lembke*, NZA 2011, 1062, 1066; *Lembke*, NZA-Beil. 2/2012, 66, 68 f.; vgl. auch LSG Schleswig-Holstein, 20.4.2012 – L 5 KR 9/12 B ER, BeckRS 2012, 69027; LSG Schleswig-Holstein, 20.4.2012 – L 5 KR 20/12 B ER, NZS 2012, 626. – A.A. LAG Hamm, 29.2.2012 –

III. Schlechterstellungsverbot bzw. Grundsatz des Equal Pay/Treatment § 9

(ii) Unwirksamkeit des mehrgliedrigen Tarifvertrags vom 15.3.2010?

Ansprüche aus § 10 Abs. 4 AÜG für die Zeit ab dem 1.1.2010 scheiden aus, wenn Verleiher und Leiharbeitnehmer im Leiharbeitsvertrag die Anwendung der mehrgliedrigen Tarifverträge vereinbart haben, die AMP am 15.3.2010 mit der CGZP sowie fünf CGB-Einzelgewerkschaften (CGM, DHV, BIGD, ALEB und medsonet) abgeschlossen hat (vgl. Rn. 215)[478] und sich die Arbeitsvertragspartei in den Geltungsbereich dieser Tarifverträge fallen. Diese mehrgliedrige Tarifverträge sind wirksam, soweit die tarifschließenden Gewerkschaften tariffähig sind (vgl. dazu Rn. 284 ff.) und sowie die Tarifregelungen innerhalb des satzungsmäßig festgelegten Zuständigkeitsbereichs der tarifschließenden Verbände liegen; soweit sie über den Zuständigkeitsbereich hinausgehen, liegt lediglich eine Teilnichtigkeit vor[479] (zur Tarifzuständigkeit der CGB-Gewerkschaften Rn. 375 ff.) 309

(iii) Bezugnahme auf den mehrgliedrigen Tarifvertrag

In diesem Zusammenhang wird von einigen Instanzgerichten sowie von Stimmen in der Literatur die Auffassung vertreten, die Bezugnahme auf einen mehrgliedrigen Tarifvertrag sei mehrdeutig i.S.d. § 305c Abs. 2 BGB[480] bzw. intransparent i.S.d. § 307 Abs. 1 Satz 2 BGB.[481] Diese An- 310

---

3 Sa 889/11, juris, Rn. 162 ff.; offengelassen, aber i. Erg. abl. LAG Berlin-Brandenburg, 22.8.2012 – 4 Sa 960/12, BeckRS 2013, 65099.

478 Ebenso LAG Düsseldorf, 8.12.2011 – 11 Sa 852/11, BB 2012, 1671, 1674; LAG Rheinland-Pfalz, 1.6.2012 – 9 Sa 24/12, BeckRS 2012, 71450; ArbG Nürnberg, 24.7.2012 – 6 Ca 4027/11; – Zum Begriff des mehrgliedrigen Tarifvertrags BAG, 8.11.2006 – 4 AZR 590/05, NZA 2007, 576, 577 Rn. 23; *Lembke*, BB 2010, 1533, 1537.

479 LAG Düsseldorf, 11.11.2011 – 2 Ta 501/11, BeckRS 2012, 67081; *Gaul/Koehler*, ArbRB 2011, 112, 113; *Lembke*, NZA 2011, 1062, 1065; *Lembke*, in: Maschmann, Rigidität und Flexibilität im ArbR, 2012, S. 119, 134 ff.; *Lembke*, NZA-Beil. 2/2012, 66, 69. – Unzutr. a.A. ArbG Herford, 4.5.2011 – 2 Ca 144/11, BeckRS 2011, 72557; *Brors*, AuR 2011, 138, 140. – Näher zum Ganzen *Bayreuther*, NZA 2012, 14.

480 So ArbG Arnsberg, 24.2.2011 – 2 Ca 1053/10, BeckRS 2011, 79149.

481 So LAG Berlin-Brandenburg, 20.9.2011 – 7 Sa 1318/11, BeckRS 2011, 76625 = BB 2012, 1544; LAG Hamm, 23.2.2012 – 3 Sa 1851/11, juris, Rn. 118 ff.; Sächsisches LAG, 21.9.2012 – 3 Sa 250/12, juris, Rn. 44 ff.; Sächsisches LAG, 23.5.2012 – 2 Sa 615/12, juris, Rn. 58; Thüringisches LAG, 31.5.2012 – 6 Sa 327/11, juris, Rn. 38 ff.; LAG Niedersachsen, 21.9.2012 – 6 Sa 33/12, BeckRS 2012, 75716; LAG Niedersachsen, 19.4.2012 – 5 Sa 1607/11, BeckRS 2012, 69846; LAG Schleswig-Holstein, 14.8.2012 – 1 Sa 495/11, BeckRS 2012, 72824; LAG Düsseldorf, 29.8.2012 – 12 Sa 576/12, BeckRS 2012, 76072; LAG Düsseldorf, 22.5.2012 – 16 Sa 302/12, BeckRS

sicht vertritt (wohl) auch der 5. Senat des **BAG**.[482] Sie ist jedoch abzulehnen.[483]

311 Durch die Verweisungsklausel soll arbeitsvertraglich das widergespiegelt werden, was tarifrechtlich gelten würde, wenn beide Arbeitsvertragsparteien tarifgebunden wären, also Mitglieder der jeweils zuständigen Tarifvertragspartei bzw. auf Arbeitgeberseite selbst Partei des Tarifvertrags wären.[484] Das BAG geht zu Recht davon aus, dass die arbeitsvertragliche dynamische Bezugnahme auf Tarifverträge **weder überraschend i.S.d. § 305c Abs. 1 BGB** ist, **noch** dass die **Unklarheitenregel des § 305c Abs. 2 BGB** zur Anwendung kommt.[485]

312 Eine dynamische Verweisung auf das jeweils gültige Tarifrecht ist auch **nicht unklar i.S.d. § 307 Abs. 1 Satz 2 BGB**, wenn und weil die im Zeitpunkt der jeweiligen Anwendung geltenden, in Bezug genommenen Regelungen bestimmbar sind. Eine solche Klausel verletzt das Transparenzgebot nicht.[486] Zur Wahrung des Transparenzgebots reicht es aus, wenn die **im Zeitpunkt der jeweiligen Anwendung** geltenden in Bezug genommenen **Regelungen bestimmbar** sind.[487] Bei einem Verweis auf einen mehrgliedrigen Tarifvertrag ist für den Leiharbeitnehmer zu jedem Zeitpunkt bestimmbar, welche Tarifregelungen gelten sollen. Das richtet sich entsprechend dem Sinn und Zweck der Bezugnahmevereinbarung danach, was tarifrechtlich bei beiderseitiger Tarifbindung gelten würde. Fällt eine Partei des mehrgliedrigen Tarifvertrags weg oder ändert sich eine Tarifvertragsbeziehung anderweitig, ändert das nichts an der Bestimmbarkeit der maßgeblichen Tarifregelungen im Zeitpunkt der jeweiligen Anwendung.

2012, 71536; ArbG Stuttgart, 9.3.2012 – 9 Ca 109/11, BeckRS 2012, 67883; *Heilmann*, AuR 2012, 50.

482 BAG, 13.3.2013 – 5 AZR 954/11, 242/11 u.a., PM Nr. 17/13.
483 Ebenso LAG Baden-Württemberg, 20.3.2012 – 22 Sa 71/11, BeckRS 2012, 76035; LAG Rheinland-Pfalz, 29.11.2012 – 2 Sa 171/12, BeckRS 2013, 66641; LAG Rheinland-Pfalz, 1.6.2012 – 9 Sa 24/12, BeckRS 2012, 71450; ArbG Trier, 14.2.2012 – 3 Ca 880/11, juris, Rn. 26ff.; dazu *Bissels*, jurisPR-ArbR 36/2012, Anm. 5; *Bayreuther*, NZA 2012, 14, 17ff.; *Gaul/Koehler*, ArbRB 2011, 309, 310; *Lembke*, NZA-Beil. 2/2012, 66, 69; *Lembke*, NZA 2011, 1062, 1065; *Lützeler/Bissels*, DB 2011, 1636, 1639; Thüsing/*Mengel*, § 9 Rn. 44; ausf. *Stoffels/Bieder*, RdA 2012, 27ff.
484 LAG Baden-Württemberg, 20.3.2012 – 22 Sa 71/11, BeckRS 2012, 76035; *Stoffels/Bieder*, RdA 2012, 27, 30f.; *Lembke*, NZA 2011, 1062, 1065.
485 BAG, 24.9.2008 – 6 AZR 76/07, NZA 2009, 154, 155, Rn. 20, 27.
486 BAG, 24.9.2008 – 6 AZR 76/07, NZA 2009, 154, 155, Ls. 2.
487 BAG, 16.2.2010 – 3 AZR 181/08, NZA 2011, 42, 46, Rn. 43.

III. Schlechterstellungsverbot bzw. Grundsatz des Equal Pay/Treatment § 9

Auch eine Rechtsfolgenbetrachtung zeigt, dass die Gegenauffassung nicht überzeugt. Wäre die Gegenauffassung richtig, müsste sie auch in anderen Fällen der Bezugnahme auf mehrgliedrige Tarifverträge, wie z.B. BAT bzw. TVöD, zur Unwirksamkeit der Bezugnahmeklausel gelangen, was praxisfern erscheint und der Rechtsprechung des BAG[488] widerspricht. Für die Zeitarbeit käme hinzu, dass es auf Verbandsebene nur mehrgliedrige Tarifverträge gibt (auf welche auch die Tarifverträge über Branchenzuschläge aufsetzen, vgl. Rn. 215 f.); auch die von den **DGB-Gewerkschaften abgeschlossenen Tarifverträge** im Bereich der Zeitarbeit sind **mehrgliedrige Tarifverträge**. Einige Gerichte bringen das Kunststück fertig, die Bezugnahme auf die mehrgliedrigen Tarifverträge der CGB-Gewerkschaften für unwirksam zu halten,[489] wohingegen die Bezugnahme auf die mehrgliedrigen Tarifverträge der DGB-Gewerkschaften zum Ausschluss von Equal Pay/Treatment führen soll.[490] Dass dies nicht überzeugt, liegt auf der Hand. 313

Nach alledem bleibt – entgegen der Auffassung des BAG[491] – festzuhalten: Soweit sich nicht tarifgebundene Leiharbeitsvertragsparteien im Geltungsbereich eines mehrgliedrigen Tarifvertrags befinden, ist die Inbezugnahme des mehrgliedrigen Tarifwerks in der jeweils gültigen Fassung also nach AGB-Grundsätzen wirksam und führt zur Nichtanwendbarkeit des Grundsatzes von Equal Pay/Treatment. 314

(iv) Gestaffelte Bezugnahmeklausel

Vereinzelt finden sich in der Praxis sog. gestaffelte Bezugnahmeklauseln, die hauptsächlich auf die „CGZP-Tarifverträge" und hilfsweise für den Fall, dass diese mangels Tariffähigkeit der CGZP unwirksam sein sollten, auf die „DGB-Tarifverträge" Bezug nehmen. Deren praktischer Wert ist allerdings begrenzt. Sie werden u.a. wegen Verstoßes gegen das Transparenzgebot (§ 307 Abs. 1 Satz 2 BGB) für unwirksam 315

---

488 Vgl. nur BAG, 3.4.2007 – 9 AZR 283/06, NJOZ 2008, 3145, 3154; BAG, 14.3.2007 – 5 AZR 630/06, NZA 2008, 45, 47, Rn. 28.
489 LAG Berlin-Brandenburg, 20.9.2011 – 7 Sa 1318/11, BeckRS 2011, 76625 = BB 2012, 1544; LAG Hamm, 29.2.2012 – 3 Sa 889/11, juris, Rn. 191 ff.
490 LAG Hamm, 7.3.2012 – 3 Sa 1574/11, juris; LAG Berlin-Brandenburg, 16.10.2012 – 7 Sa 1182/12, BB 2013, 251, 254 (beim BAG anhängig unter Az. 10 AZR 111/13).
491 Vgl. BAG, 13.3.2013 – 5 AZR 954/11, 242/12 u.a., PM Nr. 17/13.

§ 9 Unwirksamkeit

gehalten, wenn nicht bestimmbar ist, welches Tarifwerk ab wann gelten soll[492] (vgl. auch Rn. 413).

(v) Ausschlussfristen

316 Fraglich ist, inwiefern gegenüber dem Anspruch des Leiharbeitnehmers, der sich auf die Unwirksamkeit der CGZP-Tarifverträge beruft und Equal Pay-Ansprüche geltend macht, die Nichteinhaltung von Ausschlussfristen eingewandt werden kann.

317 Nach Auffassung des BAG kann sich der Verleiher gegenüber den Ansprüchen des Leiharbeitnehmers nach § 10 Abs. 4 AÜG nicht auf die im Entleiherbetrieb geltenden tarifvertraglichen Ausschlussfristen berufen. **Im Entleiherbetrieb geltende Ausschlussfristen** gehörten bei unionsrechtskonformer Auslegung des AÜG **nicht zu den „wesentlichen Arbeitsbedingungen"** i.S.d. § 10 Abs. 4 i.V.m. § 9 Nr. 2, die der Verleiher den Leiharbeitnehmern „gewähren" muss[493] (vgl. Rn. 139).

318 In Betracht kommt allerdings die Berufung auf **im Leiharbeitsvertrag vereinbarte Ausschlussfristen**, sofern sie der AGB-Kontrolle standhalten.[494] Eine einzelvertragliche Ausschlussfrist kann auch individualrechtlich unabdingbare gesetzliche Ansprüche aus § 10 Abs. 4 i.V.m. § 9 Nr. 2 erfassen.[495] Eine Ausschlussfrist betrifft ebenso wie die Verjährungsfrist lediglich die Geltendmachung des Anspruchs und nicht den Anspruch selbst. Das nimmt auch das BAG im Hinblick auf den Anspruch auf Equal Pay/Treatment an, wenn es die Ausschlussfrist nicht zu den „wesentlichen Arbeitsbedingungen" i.S.d. § 10 Abs. 4

---

492 ArbG Bamberg, 23.11.2011 – 5 Ca 626/11, juris, Rn. 23 ff.; ArbG Bielefeld, 9.2.2010 – 5 Ca 2730, BeckRS 2010, 73035; *Brors*, BB 2006, 101, 103; *Lembke*, NZA-Beil. 2/2012, 66, 69; *Lembke*, BB 2010, 1533, 1536; *Reiserer*, DB 2011, 764; *Rolfs/Witschen*, DB 2010, 1184, 1184; Schüren/Hamann/*Schüren*, § 9 Rn. 178 ff.; Urban-Crell/Germakowski/*Urban-Crell*, § 3 Rn. 161 ff. – A.A. LAG Sachsen-Anhalt, 17.10.2011 – 2 Ta 105/11.
493 BAG, 23.3.2011 – 5 AZR 7/10, NZA 2011, 850; krit. dazu *Lembke*, in: Maschmann, Rigidität und Flexibilität im ArbR, 2012, S. 119, 138.
494 Dazu BAG, 12.3.2008 – 10 AZR 152/07, NZA 2008, 699; zusammenfassend *Lembke*, Arbeitsvertrag für Führungskräfte, S. 177 ff.
495 *Lembke*, BB 2010, 1533, 1536 m.w.N.; i.E. ebenso Sächsisches LAG, 23.8.2011 – 1 Sa 322/11, juris; ArbG Köln, 7.9.2011 – 20 Ca 4254/11, NZA-RR 2012, 29, 30; ArbG Heilbronn, 5.8.2011 – 7 Ca 148/11, dazu *Bissels*, jurisPRArbR6/2012, Anm. 5; *Gaul/Koehler*, ArbRB 2011, 112, 115; *Lützeler/Bissels/Domke*, ArbRAktuell, 2011, 136; *Reiserer*, DB 2011, 764, 765; *Zeppenfeld/Faust*, NJW 2011, 1643, 1644 f. – A.A. *Ulber*, DB 2011, 1808.

III. Schlechterstellungsverbot bzw. Grundsatz des Equal Pay/Treatment § 9

i.V.m. § 9 Nr. 2 zählt.[496] Ebenso wie gesetzlich unabdingbare Ansprüche der Verjährung unterliegen, können sie auch Ausschlussfristen unterfallen. Dafür spricht auch, dass die Verjährung eines Anspruchs durch Individualabrede verkürzt werden kann (vgl. § 202 Abs. 1 BGB).

Die Ausschlussfrist kann entweder in einer **eigenständigen Klausel** im Leiharbeitsvertrag **oder** in einem **in Bezug genommenen Tarifvertrag** enthalten sein. Im letzteren Fall ist es unerheblich, ob der Tarifvertrag wirksam oder – z.B. aufgrund fehlender Tariffähigkeit der CGZP – unwirksam ist.[497] Auch ein tarifrechtlich nichtiger oder unwirksamer Tarifvertrag kann von den Arbeitsvertragsparteien verbindlich in Bezug genommen werden.[498] Die Tarifbestimmungen gelten dann als arbeitsvertraglich vereinbart. Die arbeitsvertragliche Bezugnahme teilt nicht das Schicksal des unwirksamen Tarifvertrags[499] und ist auch nicht intransparent. Dies gilt auch, wenn die arbeitsvertragliche Ausschlussfristenregelung und die in Bezug genommene tarifliche Ausschlussfristenbestimmung unterschiedlich sind.[500] Teilweise wird vertreten, die in § 10 MTV zwischen iGZ und DGB-Tarifgemeinschaft enthaltene einmonatige Ausschlussfrist erfasse – aus europarechtlichen Gründen –

319

---

496 BAG, 23.3.2011 – 5 AZR 7/10, NZA 2011, 850, 853, Rn. 31: „Ausschlussfristen sind kein integraler Bestandteil der wesentlichen Arbeitsbedingung ‚Arbeitsentgelt'. Sie betreffen ausschließlich die Art und Weise der Geltendmachung eines entstandenen Entgeltanspruchs." Vgl. auch BAG, 13.3.2013 – 5 AZR 954/11 u.a., PM Nr. 17/13.
497 Ebenso LAG Düsseldorf, 8.12.2011 – 11 Sa 852/11, BB 2012, 1671, 1672f.; ArbG Herford, 10.8.2011 – 2 Ca 542/11, juris, Rn. 31; ArbG Düsseldorf, 6.6.2011 – 4 Ca 8180/10, BeckRS 2011, 79242; *Gaul/Koehler*, ArbRB 2011, 112, 115; *Zeppenfeld/Faust*, NJW 2011, 1643, 1644; *Zimmermann*, FA 2011, 201, 202. – A.A. *Freckmann*, KSzW 2012, 58, 62; Reufels/*Reufels/Dietrich*, Personaldienstleistungen, A Rn. 504; Schüren/Hamann/*Schüren*, § 10 Rn. 254; *Schlegel*, NZA 2011, 380, 382.
498 BAG, 9.12.2009 – 4 AZR 190/08, NZA 2010, 712, 717, Rn. 57; LAG Düsseldorf, 8.12.2011 – 11 Sa 852/11, BB 2012, 1671, 1672f.; LAG Düsseldorf, 22.5.2012 – 16 Sa 302/12, BeckRS 2012, 71536; *Lembke/Ludwig*, jurisPR-ArbR 43/2012, Anm. 5; restriktiver hingegen LAG Düsseldorf, 29.8.2012 – 12 Sa 576/12, BeckRS 2012, 76072; LAG Hamm, 29.2.2012 – 3 Sa 1621/11, juris, Rn. 109 ff.; *Laux*, FS Bepler, 2012, S. 335, 342; *Betz*, NZA 2013, 350, 353.
499 *Lembke/Ludwig*, jurisPR-ArbR 43/2012, Anm. 5; *Lunk/Rodenbusch*, RdA 2011, 375, 377; Thüsing/*Mengel*, § 9 Rn. 41. – A.A. *Schlegel* NZA 2011, 380, 382.
500 *Lembke/Ludwig*, jurisPR-ArbR 43/2012, Anm. 5; *Steinheimer/Haeder*, NZA-Online 4/2012, 1, 6. – A.A. Sächsisches LAG, 21.9.2012 – 3 Sa 250/12, juris, Rn. 61.

§ 9   Unwirksamkeit

keine Equal-Pay-Ansprüche nach §§ 10 Abs. 4, 9 Nr. 2.[501] Dies ist allerdings zweifelhaft.[502]

320 Fraglich ist allerdings, wann eine **Ausschlussfrist zu laufen beginnt**, wenn sie an die Fälligkeit des jeweiligen Anspruchs anknüpft. Entgeltansprüche des Leiharbeitnehmer werden ebenso wie etwaige Ansprüche auf Equal Pay regelmäßig am Ende des jeweiligen Kalendermonats fällig (vgl. § 614 BGB). Bei Ausschlussfristen ist nach dem BAG jedoch die Wertung des § 199 Abs. 1 Nr. 2 BGB zu berücksichtigen, wonach der Verjährungsfristbeginn voraussetzt, dass der Gläubiger von den anspruchsbegründenden Umständen und der Person des Schuldners Kenntnis hatte oder aufgrund grober Fahrlässigkeit nicht hatte. Daher sei der Begriff der „Fälligkeit" bei Ausschlussfristen unter Einbeziehung des Kenntnisstandes des Gläubigers und subjektiver Zurechnungsgesichtspunkte interessengerecht auszulegen. Ein Anspruch sei regelmäßig erst dann „fällig", wenn sich der Gläubiger den erforderlichen *groben* Überblick ohne schuldhaftes Zögern verschaffen und den Anspruch annähernd beziffern könne. Fälligkeit in diesem Sinne liege nicht vor, wenn es dem Gläubiger praktisch unmöglich sei, den Anspruch mit seinem Entstehen geltend zu machen. Das sei insbesondere der Fall, wenn die rechtsbegründenden Tatsachen in der Sphäre des Schuldners lägen und der Gläubiger es nicht durch schuldhaftes Zögern versäumt habe, sich Kenntnis von den Voraussetzungen zu verschaffen, die er für die Geltendmachung benötige.[503]

321 Im Hinblick darauf wird **teilweise** vertreten, dass im Sinne der Ausschlussfristen die Fälligkeit etwaiger Equal-Pay-Ansprüche, die aus der Tarifunfähigkeit der CGZP folgten, **erst** mit dem CGZP-Beschluss des BAG vom **14.12.2010** eingetreten sei.[504] Das überzeugt nicht. Denn ginge man davon aus, dass der gute Glaube an die Tariffähigkeit der CGZP nicht geschützt war, gölte dies nicht nur für die Arbeitgeber,

---

501 LAG Düsseldorf, 29.8.2012 – 12 Sa 576/12, BeckRS 2012, 76072.
502 Vgl. auch LAG Nürnberg, 29.8.2012 – 18.5.2012 – 3 Sa 22/12, juris, Rn. 46; LAG Nürnberg, 12.4.2012 – 6 Sa 25/12, juris, Rn. 53 f.
503 BAG, 1.3.2006 – 5 AZR 511/05, NZA 2006, 783, 784; BAG, 20.6.2002 – 8 AZR 488/01, NZA 2003, 268, 271; zum Ganzen ErfK/*Preis*, § 218 BGB Rn. 52 m.w.N.
504 LAG Berlin-Brandenburg, 20.9.2011 – 7 Sa 1318/11, BeckRS 2011, 76625; LAG Baden-Württemberg, 27.8.2012 – 9 Sa 187/11, BeckRS 2012, 74414; Thüringisches LAG, 31.5.2012 – 6 Sa 327/11, juris, Rn. 66 f.; ArbG Herford, 4.5.2011 – 2 Ca 144/11, BeckRS 2011, 72557; *Laux*, FS Bepler, 2012, S. 335, 341; *Lunk/Rodenbusch*, RdA 2011, 375, 377; Schüren/Hamann/*Schüren*, § 10 Rn. 257.

III. Schlechterstellungsverbot bzw. Grundsatz des Equal Pay/Treatment § 9

sondern auch für die Arbeitnehmer im Hinblick auf die unverzügliche Geltendmachung etwaiger Equal-Pay-Ansprüche.[505]

Überwiegend und mittlerweile auch vom **BAG**[506] wird jedoch zu Recht vertreten, dass die Ausschlussfrist mit dem Zeitpunkt zu laufen beginnt, in dem **die jeweiligen Zahlungsansprüche fällig werden** und vom Gläubiger annähernd beziffert werden können.[507] Der Zeitpunkt der Fälligkeit eines Anspruchs aus §§ 10 Abs. 4, 9 Nr. 2 AÜG wird auch nicht von vornherein dadurch rausgeschoben, dass hinsichtlich des Anspruchs auf Gewährung gleicher Arbeitsbedingungen ein Gesamtvergleich der Entgelte im Überlassungszeitraum anzustellen ist.[508] Dem ist zuzustimmen. Ein Leiharbeitnehmer kann sich im unmittelbaren zeitlichen Zusammenhang mit der jeweiligen Überlassung Kenntnis von den für die Bezifferung seines etwaigen Equal-Pay-Anspruchs maßgeblichen Tatsachen verschaffen und ist auch nicht daran gehindert, ihn gleich geltend zu machen. Um den etwaigen Equal-Pay-Anspruch zu beziffern, steht ihm der Auskunftsanspruch gegen den Entleiher nach § 13 AÜG zur Verfügung, den er notfalls – auch zur Wahrung der Ausschlussfrist – im Rahmen einer Stufenklage geltend machen kann (vgl. § 13 Rn. 27). Die Tariffähigkeit der CGZP war bereits kurz nach dem ersten Tarifvertragsabschluss im Jahr 2003 – insbesondere von interessierter Seite – in Frage gestellt und intensiv öffentlich diskutiert worden[509] (vgl. Rn. 294). Daher war es auch für Leiharbeitnehmer möglich zu erkennen, dass Equal-Pay-Ansprüche in Betracht kommen. Im Hinblick auf den Zweck von Ausschlussfristen, schnell Rechtsklarheit über etwaige streitige Ansprüche zu erreichen, war es den Leiharbeitnehmern auch zumutbar, etwaige aus einer Tarifunfähigkeit der CGZP folgende Ansprüche unverzüglich geltend zu machen.

322

---

505 LAG Schleswig-Holstein, 14.8.2012 – 1 Sa 495/11, BeckRS 2012, 72824; vgl. auch LAG Hamm, 29.2.2012 – 3 Sa 889/11, juris, Rn. 262.
506 BAG, 13.3.2013 – 5 AZR 954/11, PM Nr. 17/13.
507 LAG Nürnberg, 2.5.2012 – 2 Sa 516/11, BeckRS 2012, 70646; Sächsisches LAG, 23.8.2011 – 1 Sa 322/11, juris, Rn. 43; LAG Düsseldorf, 8.12.2011 – 11 Sa 852/11, BB 2012, 1671, 1673; LAG Hamm, 22.8.2012 – 3 Sa 1852/11, juris, Rn. 162ff.; Sächsisches LAG, 19.6.2012 – 1 Sa 105/12, BeckRS 2012, 75404; LAG Schleswig-Holstein, 11.10.2012 – 5 Sa 499/11, BeckRS 2012, 75405; ArbG Köln, 7.9.2011 – 20 Ca 4254/11, NZA-RR 2012, 29, 30f.; ArbG Stuttgart, 12.5.2011 – 32 Ca 10252/10; ArbG Rostock, 14.6.2011 – 3 Ca 1508/09, juris, Rn. 46; ArbG Stade, 28.6.2011 – 2 Ca 21/11, juris, Rn. 30; *Bissels*, jurisPRArbR6/2012, Anm. 5; *Boemke*, jurisPR-ArbR 3/2013, Anm. 1; *Lembke*, NZA-Beil. 2/2012, 66, 70; *Lembke/Ludwig*, jurisPR-ArbR 43/2012, Anm. 5; *Sandmann/Marschall/Schneider*, § 10 Rn. 27.
508 LAG Hamm, 18.4.2012 – 3 Sa 1598/11, BeckRS 2012, 75669.
509 Vgl. nur die Nachw. bei *Ankersen*, NZA 2003, 421, 423f.

§ 9 Unwirksamkeit

(vi) Verjährung

323 Ansprüche des Leiharbeitnehmers einschließlich solcher auf Arbeitsentgelt oder Equal Pay unterliegen grundsätzlich der regelmäßigen Verjährungsfrist von drei Jahren (§ 195 BGB), es sei denn, die Verjährungsfrist ist durch eine entsprechende Vereinbarung zwischen Verleiher und Leiharbeitnehmer abgekürzt (vgl. § 202 Abs. 1 BGB).[510] Die regelmäßige Verjährungsfrist beginnt mit dem Schluss des Jahres, in dem der Anspruch entstanden ist und der Gläubiger von den anspruchsbegründenden Umständen und der Person des Schuldners Kenntnis erlangt oder aufgrund grober Fahrlässigkeit keine Kenntnis erlangt (§ 199 Abs. 1 BGB). Fraglich ist, wann die Verjährungsfrist für etwaige Equal-Pay-Ansprüche, die ggf. aus der Tarifunfähigkeit der CGZP folgen, zu laufen beginnt. Nach der – kaum subsumierbaren – Rechtsprechung des BGH kann die Rechtsunkenntnis des Gläubigers in Fällen unsicherer und zweifelhafter Rechtslage ausnahmsweise den Beginn der Verjährungsfrist gemäß § 199 Abs. 1 BGB auf den Zeitpunkt der objektiven Klärung der Rechtslage hinausschieben, wenn und weil es an der Zumutbarkeit der Klageerhebung als übergreifender Voraussetzung für den Verjährungsbeginn fehle.[511] Allerdings müsse der Gläubiger nach Klärung der Rechtslage unverzüglich verjährungshemmende Maßnahmen ergreifen, sonst sei er nicht anders zu behandeln als derjenige, der bei von Anfang an klarer Rechtslage und Kenntnis der anspruchsbegründenden Umstände wegen Rechtsunkenntnis keine Klage erhebe.[512]

324 Im Hinblick darauf wird **teilweise** vertreten, dass die subjektiven Voraussetzungen des § 199 Abs. 1 Nr. 2 BGB erst mit Klärung der Tarifunfähigkeit der CGZP durch das BAG am 14.12.2010 vorlagen, so dass die Verjährungsfrist für etwaige Equal-Pay-Ansprüche aus der Vergangenheit **erst Ende 2010 zu laufen begonnen** habe.[513] Nach **anderer Auffassung**, der sich auch das **BAG** angeschlossen hat,[514] sind hingegen etwaige Ansprüche aus den Jahren 2002 bis 2007 bereits am

---

510 Dazu *Reiserer*, DB 2011, 764, 765.
511 BGH, 23.9.2008 – XI ZR 262/07, NJW-RR 2009, 547, Rn. 14; MüKo-BGB/*Grothe*, § 199 Rn. 25f.
512 BGH, 23.9.2008 – XI ZR 262/07, NJW-RR 2009, 547, 548, Rn. 19.
513 ArbG Dortmund, 15.7.2011 – 1 Ca 2297/11, juris; *Schüren*, AuR 2011, 142; Schüren/Hamann/*Schüren*, § 10 Rn. 245; *Zeppenfeld/Faust*, NJW 2011, 1643, 1645f.; weitergehend *Zimmermann*, FA 2011, 201, 203.
514 BAG, 13.3.2013 – 5 AZR 424/12, PM Nr. 17/13.

III. Schlechterstellungsverbot bzw. Grundsatz des Equal Pay/Treatment § 9

31.12.2010 verjährt.[515] Letztlich ist hier dieselbe Wertungsfrage aufgeworfen wie bei der oben erörterten Frage, ob vor dem 14.12.2010 Ausschlussfristen zu laufen begannen.

(bb) Sozialversicherungsrechtliche Folgen[516]

Ginge man – argumenti causa – davon aus, alle CGZP-Tarifverträge seit 2003 seien als unwirksam zu behandeln, **kämen** in sozialversicherungsrechtlicher Hinsicht Ansprüche der Sozialversicherungsträger auf **Nachzahlung von Beiträgen** (Arbeitgeber- und Arbeitnehmeranteile, vgl. § 28g SGB IV) gegen die **Verleiher** und – aufgrund der **Subsidiärhaftung** nach § 28e II 1 und 2 SGB IV bzw. § 150 Abs. 3 SGB VII – auch gegen die **Entleiher**[517] in Betracht. Ferner könnten Leiharbeitnehmer entsprechend höhere Leistungsansprüche aus der Sozialversicherung (z.B. Arbeitslosengeld, Krankengeld, Rente) geltend machen.[518] 325

(i) Entstehungsprinzip

Im Beitragsrecht der Sozialversicherung gilt – abgesehen von Beiträgen für „einmalig gezahltes Arbeitsentgelt" (z.B. Urlaubs-, Weihnachtsgeld, Jahressonderleistung; vgl. § 22 Abs. 1 Satz 2, § 23a SGB IV) – **grundsätzlich** nicht das Zuflussprinzip, sondern das **Entstehungsprinzip** (vgl. § 22 Abs. 1 Satz 1 SGB IV). Danach hängen die Entstehung und der Fortbestand einer Beitragsforderung prinzipiell nur von der Ausübung der Beschäftigung und nicht vom Zufluss des Arbeitsentgelts ab. Die Sozialversicherungsbeiträge sind grundsätzlich bezogen auf das geschuldete Arbeitsentgelt zu erheben, unabhängig davon, ob das Arbeitsentgelt tatsächlich zugeflossen ist und ob der Entgeltanspruch vom Arbeitnehmer geltend gemacht wird oder z.B. wegen Ausschlussklauseln, Verjährung oder Verzicht nicht mehr durchgesetzt wer- 326

---

515 LAG Berlin-Brandenburg, 26.10.2012 – 8 Sa 977/12, BeckRS 2013, 65524; Sächsisches LAG, 19.7.2012 – 6 Sa 90/12, juris, Rn. 21 ff.; LAG Hamm, 16.5.2012 – 3 Sa 98/12, juris; LAG Hamm, 21.3.2012 – 3 Sa 1526/11, BeckRS 2012, 71053; LAG Mecklenburg-Vorpommern, 10.7.2012 – 5 Sa 248/11, NZA-RR 2012, 584, 586f.; *Gaul/Koehler*, ArbRB 2011, 112, 114; *Lembke*, NZA-Beil. 2/2012, 66, 70f.; *Stoffels*, NZA 2011, 1057.
516 S. auch die Rechtsprechungsübersicht von *Bissels*, ArbRB 2012, 244; *Bissels/Raus*, BB 2013, 885; *Lambrich/Grünberg*, DB 2012, 2868; zum Ganzen auch *Popp*, in: Böhm/Hennig/Popp, Zeitarbeit, Rn. 1244 ff.
517 Dazu *Schöttler/Müllerleile*, BB 2011, 3061; *Faust/Rehner*, DB 2013, 874.
518 Vgl. hierzu *Schlegel*, NZA 2011, 380, 384.

den kann.⁵¹⁹ Für den Fall, dass über das Bestehen eines Arbeitsverhältnisses oder den Entgeltanspruch ein arbeitsgerichtliches Verfahren schwebt, geht das BSG allerdings davon aus, dass die Beitragsansprüche grundsätzlich erst mit der rechtskräftigen Beendigung des arbeitsgerichtlichen Verfahrens fällig werden, weil erst dann die für die versicherungsrechtliche Beurteilung erforderlichen Tatsachen feststehen.⁵²⁰

327 Für die vorliegende Sonderkonstellation, dass sich Equal-Pay-Ansprüche erst lange nach dem Zeitpunkt der beitragspflichtigen Beschäftigung aufgrund einer rechtskräftigen Entscheidung im Beschlussverfahren nach §§ 2a Abs. 1 Nr. 4, 97 ArbGG (hier CGZP-Beschluss des BAG vom 14.12.2010) ergeben, wird aus sozialversicherungsrechtlicher Sicht allerdings **teilweise vertreten**, dass in entsprechender Anwendung des § 22 Abs. 1 Satz 2 SGB IV nicht das Entstehungs-, sondern das **Zuflussprinzip** anzuwenden sei.⁵²¹ Ob sich diese Auffassung durchsetzen wird, ist allerdings zweifelhaft.⁵²² Die bislang mit CGZP-Fällen befassten Sozialgerichte sind jedenfalls vom Entstehungsprinzip ausgegangen.⁵²³

(ii) Beitragsansprüche und Vertrauensschutz?

328 Die **Spitzenorganisationen der Sozialversicherung** haben in der gemeinsamen **Pressemitteilung** zur Tarifunfähigkeit der CGZP **vom 18.3.2011** erklärt, nach ihrer Überzeugung sei die CGZP bereits seit Beginn ihrer Tätigkeit nicht tariffähig gewesen. Die Leiharbeitgeber, die die unwirksamen CGZP-Tarifverträge angewendet hätten bzw. anwendeten, seien deshalb gesetzlich verpflichtet, auf Grundlage des „Equal Pay"-Anspruches für ihre Beschäftigten Beiträge nachzuzahlen sowie Entgeltmeldungen und Lohnnachweise entsprechend zu korrigieren. Das betreffe alle Beschäftigungszeiten *seit einschließlich Dezem-*

---

519 BSG, 14.7.2004 – B 12 KR 1/04 R, NZS 2005, 538; näher dazu *Reipen*, NZS 2005, 407 ff; *Schüren/Wilde*, NZS 2009, 303 ff.; *Park/Riederer von Paar/Schüren*, NJW 2008, 3670, 2673.
520 BSG, 13.8.1996 – 12 RK 76/94, juris, Rn. 20; BSG, 30.8.1994 – 12 RK 59/92, NZA 1995, 701, 704.
521 *Freckmann*, KSzW 2012, 58, 65; *Plagemann/Brand*, NJW 2011, 1488, 1490 f.; *Tuengerthal/Andorfer*, BB 2011, 2939. – A.A. *Lunk/Rodenbusch*, RdA 2011, 375, 378.
522 Vgl. nur *Hauck*, in: Brand/Lembke, Der CGZP-Beschluss des BAG, S. 147, 161 ff.
523 Vgl. nur LSG Nordrhein-Westfalen, 25.6.2012 – L 8 R 382/12 B, BeckRS 2012, 71905; SG Duisburg, 14.6.2012 – S 10 R 547/12 ER, BeckRS 2012, 71397; LSG Nordrhein-Westfalen, 10.5.2012 – L 8 R 164/12 B, BeckRS 2012, 69541; SG Duisburg, 7.5.2012 – S 37 R 332/12 ER, BeckRS 2012, 71399; SG Würzburg, 7.2.2012 – S 6 R 74/12 ER, BeckRS 2012, 66502.

III. Schlechterstellungsverbot bzw. Grundsatz des Equal Pay/Treatment § 9

ber 2005. Für Beitragsansprüche, die die betroffenen Leiharbeitgeber nicht erfüllten, hafteten kraft Gesetzes auch deren Kunden. Sollten die Leiharbeitgeber ihrer Verpflichtung bis zum 31.5.2011 nicht nachgekommen sein, würden Säumniszuschläge auf die ausstehenden Sozialversicherungsbeiträge erhoben. Dies gelte rückwirkend ab Verkündung der Entscheidung des Bundesarbeitsgerichts am 14.12.2010. Ab Juli 2011 würden die Rentenversicherungsträger zur Kontrolle **Betriebsprüfungen** (vgl. § 28p SGB IV) durchführen. Für Fälle, in denen sich die Höhe der „Equal Pay"-Ansprüche nicht oder nicht ohne unverhältnismäßigen Aufwand ermitteln ließen, seien „Vereinfachungslösungen" denkbar.[524] Von den nach der CGZP-Entscheidung durchgeführten Betriebsprüfungen sind bundesweit rund 3.200 Zeitarbeitsunternehmen betroffen.[525]

Allerdings stellt sich auch im Sozialversicherungsrecht die Frage, **ob ein Beitragsanspruch** für die Zeit vor dem 14.12.2010 aus **Vertrauensschutzerwägungen ausgeschlossen** ist. Diese Frage ist **umstritten**.[526] Insofern wird **von manchen Sozialgerichten** vertreten, ein Vertrauensschutz bestehe **nicht**.[527] Die Rechtsprechung, wonach ein Arbeitgeber sich bis zur Mitteilung einer geänderten höchstrichterlichen Rechtsprechung durch die Einzugsstelle auf die bisherige Rechtsprechung verlassen darf,[528] lasse sich nicht auf die CGZP-Fälle übertragen.[529]   329

Andere Sozialgerichte gehen hingegen davon aus, dass – unabhängig von der nunmehr rechtskräftig festgestellten Tarifunfähigkeit der CGZP – auch für die Vergangenheit erhebliche Gründe dafür sprechen, rückwirkende Beitragsnachforderungen aus **Vertrauensgesichtspunkten** auszuschließen.[530] Es sei fraglich, ob die Entscheidung des BAG   330

---

524 Zum Vorgehen der DRV *Lützeler/Bissels*, DB 2011, 1636; *Schöttler/Müllerleile*, BB 2011, 3061, 3062.
525 Näher BT-Drs. 17/10558, S. 1.
526 Dafür etwa *Lunk/Rodenbusch*, RdA 2011, 375, 376; *Zeppenfeld/Faust*, NJW 2011, 1643, 1647; näher zur Vertrauensschutz in der sozialgerichtlichen Rechtsprechung *Hauck*, in: Brand/Lembke, Der CGZP-Beschluss des BAG, S. 147 ff.; s. auch *Rieble*, BB 2012, 2945, 2948 f.; *Steinwedel*, SR 2012, 168.
527 LSG Nordrhein-Westfalen, 25.6.2012 – L 8 R 382/12 B, BeckRS 2012, 71905; SG Karlsruhe, 3.4.2012 – S 10 R 1000/12 ER, BeckRS 2012, 70975; SG Würzburg, 7.2.2012 – S 6 R 74/12 ER, BeckRS 2012, 66502.
528 BSG, 18.11.1980 – 12 RK 59/79, BeckRS 1980, 30707386.
529 LSG Nordrhein-Westfalen, 25.6.2012 – L 8 R 382/12 B, BeckRS 2012, 71905. – A.A. *Zeppenfeld/Faust*, NJW 2011, 1643, 1647.
530 LSG Schleswig-Holstein, 25.6.2012 – L 5 KR 81/12 BER, BeckRS 2012, 70843.

§ 9 Unwirksamkeit

vom 15.11.2006 (vgl. Rn. 303) vorliegend Anwendung fände.[531] Einige Sozialgerichte weisen darauf hin, dass den Neuerungen in der BAG-Entscheidung vom 14.12.2010 gesetzesgleiche Wirkung in Form einer Änderung des Rechts zukomme mit der weiteren Einschränkung, dass insoweit eine Rückwirkung grundsätzlich ausgeschlossen sei.[532] In diesem Zusammenhang wird eine rückwirkende Unwirksamkeit des Tarifvertrages auch unter dem Gesichtspunkt der Lehre vom fehlerhaften Tarifvertrag verneint[533] (vgl. Rn. 267f.; 308).

(iii) Verjährung

331 Streitig ist, ob etwaige Beitragsansprüche für die Jahre 2003 bis 2006 bereits verjährt sind. Ansprüche auf Beiträge verjähren grundsätzlich in vier Jahren nach Ablauf des Kalenderjahrs, in dem sie fällig geworden sind (§ 25 Abs. 1 Satz 1 SGB IV). Ansprüche auf vorsätzlich vorenthaltene Beiträge verjähren hingegen in 30 Jahren nach Ablauf des Kalenderjahrs, in dem sie fällig geworden sind (§ 25 Abs. 1 Satz 2 SGB IV). Ob die kurze oder die lange Verjährungsfrist gilt, hängt davon ab, ob der Arbeitgeber gutgläubig war (d.h. die Beiträge nicht vorsätzlich vorenthalten hat) oder ob er bösgläubig war (d.h. die Beiträge vorsätzlich vorenthalten hat). War er bei Fälligkeit der Beiträge gutgläubig und ist er es bis zum Ablauf der dann geltenden vierjährigen Verjährungsfrist geblieben, gilt die kurze Verjährungsfrist. War er hingegen schon bei Fälligkeit der Beiträge bösgläubig, gilt die lange Verjährungsfrist. Hat der Beitragsschuldner bei Eintritt der Fälligkeit noch keinen Vorsatz zur Vorenthaltung, läuft zunächst vom folgenden Kalenderjahr an eine vierjährige Verjährungsfrist. Diese verlängert sich jedoch durch eine rückwirkende Umwandlung in die 30jährige Verjährungsfrist, wenn der Beitragsschuldner noch vor Ablauf der vierjährigen Verjährungsfrist bösgläubig wird.[534]

332 Vor diesem Hintergrund gehen **einige Sozialgerichte** davon aus, dass die Zeitarbeitsunternehmen seit dem Beschluss des ArbG Berlin vom

---

531 LSG Schleswig-Holstein, 25.6.2012 – L 5 KR 81/12 BER, BeckRS 2012, 70843; SG Hamburg, 18.11.2011 – S 51 R 1149/11 ER.
532 SG Duisburg, 18.1.2012 – S 12 R 1564/11 ER, NZS 2012, 510; vgl. auch *Giesen*, in: Brand/Lembke, Der CGZP-Beschluss des BAG, S. 121 ff.
533 LSG Schleswig-Holstein, 25.6.2012 – L 5 KR 81/12 B ER, BeckRS 2012, 70843; LSG Schleswig-Holstein, 20.4.2012 – L 5 KR 9/12 B ER, BeckRS 2012, 69027. – A.A. LSG Niedersachsen-Bremen, 22.10.2012, L 4 KR 316/12 B ER, dazu *Diepenbrock*, jurisPR-ArbR 50/2012, Anm. 3.
534 BSG, 30.3.2000 – B 12 KR 14/99 R, BeckRS 9999, 02208 = NZS 2000, 515 (Ls.).

III. Schlechterstellungsverbot bzw. Grundsatz des Equal Pay/Treatment § 9

1.4.2009[535] (vgl. Rn. 294) bedingten Vorsatz zur Beitragsvorenthaltung hatten, da jedenfalls seit diesem Beschluss Zweifel an der Tarifunfähigkeit der CGZP und damit an der Wirksamkeit der von ihr geschlossenen Tarifverträge bestanden. Daher sei die **dreißigjährige Verjährungsfrist** nach § 25 Abs. 1 Satz 2 SGB IV einschlägig.[536]

Diese Auffassung ist jedoch **abzulehnen**. Erforderlich für das Eingreifen der langen Verjährung nach § 25 Abs. 1 Satz 2 SGB IV ist Bösgläubigkeit im Sinne eines vorsätzlichen Vorenthaltens der Beiträge. Für Vorsatz, wie ihn § 25 Abs. 1 Satz 2 SGB IV voraussetzt, sind das Bewusstsein und der Wille erforderlich, die Abführung der fälligen Beiträge zu unterlassen. Ausreichend ist es, wenn der Schuldner die Beiträge mit bedingtem Vorsatz vorenthalten hat, er also seine Beitragspflicht für möglich gehalten, die Nichtabführung der Beiträge aber billigend in Kauf genommen hat. Fahrlässigkeit, auch in den Erscheinungsformen der bewussten oder der groben Fahrlässigkeit, genügen allerdings nicht. Zum Vorsatz muss das Vorliegen des inneren (subjektiven) Tatbestandes festgestellt, d.h. anhand der konkreten Umstände des Einzelfalles und bezogen auf den betreffenden Beitragsschuldner durch Sachverhaltsaufklärung individuell ermittelt werden. Die Feststellungslast (Beweislast) für den subjektiven Tatbestand trifft im Zweifel den Versicherungsträger, der sich auf die für ihn günstige lange Verjährungsfrist beruft. Allgemein geltende Aussagen zum Vorliegen des subjektiven Tatbestandes sind insoweit ausgeschlossen.[537] Angesichts der Tatsache, dass alle Träger der öffentlichen Gewalt einschließlich der Sozialversicherungsträger bis zum CGZP-Beschluss (und teils darüber hinaus) von der Wirksamkeit der CGZP-Tarifverträge ausgingen (vgl. Rn. 210 ff.) und die Frage, ob die CGZP-Tarifverträge für die Zeit vor dem 14.12.2010 als wirksam zu behandeln sind, umstritten ist (vgl. Rn. 303 ff.), kann den Zeitarbeitsunternehmen selbst bei – argumenti causa – unterstellten Fehlern kein (bedingter) Vorsatz vorgeworfen werden, sondern Rechtsunkenntnis, die höchstenfalls fahrlässig ist, wenn überhaupt Fahrlässigkeit vorliegt. In CGZP-Fällen ist daher die kurze Verjährungsfrist nach § 25 Abs. 1 Satz 1 SGB IV anwendbar.

333

---

535 ArbG Berlin, 1.4.20090 – 35 BV 17008/08, NZA 2009, 740.
536 SG Bayreuth, 30.4.2010 – S 16 R 6010/12 ER, BeckRS 2012, 70366; SG Karlsruhe, 3.4.2012 – S 10 R 1000/12 ER, BeckRS 2012, 70975; SG Würzburg, 7.2.2012 – S 6 R 74/12 ER, BeckRS 2012, 66502 = NZS 2012, 280 (Ls.). – A.A. LSG Nordrhein-Westfalen, 7.11.2012 – L 8 R 699/12 B ER, BeckRS 2012, 76424.
537 BSG, 30.3.2000 – B 12 KR 14/99 R, BeckRS 9999, 02208 = NZS 2000, 515 (Ls.).

§ 9   Unwirksamkeit

334 **Teilweise** wird **vertreten**, die ab Januar 2006 fällig gewordenen Beitragsansprüche – einschließlich der auf die Beschäftigung im Dezember 2005 entfallenden Beiträge, die im Januar 2006 fällig geworden sind (vgl. § 23 Abs. 1 Satz 2 SGB IV a.F.) – seien gegenüber den Verleihern noch nicht verjährt, die von den Sozialversicherungsträger noch in der Zeit vom 14. bis 31.12.2010 angeschrieben und darauf hingewiesen worden seien, dass sie verpflichtet seien, selbstständig unverzüglich zu überprüfen, welche Beitrags- und Meldepflichten im Nachgang zum „Urteil" des BAG vom 14.12.2010 bestünden.[538]

335 Dem kann jedoch **nicht zugestimmt** werden.[539] Weder das Schreiben der Sozialversicherungsträger Ende Dezember 2010 noch die Pressemitteilung der DRV Bund vom 21.12.2010 haben bei den Verleihern (bedingten) Vorsatz[540] über die Pflicht zur Abführung von Beiträgen für die Vergangenheit begründet, weil in beiden Dokumenten selbst Zweifel geäußert wurden, ob überhaupt Nachzahlungspflichten bestehen.[541] Abgesehen davon ist es umstritten, ob für die Vergangenheit tatsächlich Equal-Pay-Ansprüche und darauf bezogene Beitragsansprüche bestehen. Auch eine Hemmung der Verjährung ist durch die Verlautbarungen im Dezember 2010 nicht eingetreten, weil darin keine datumsmäßig bestimmte Prüfungsankündigung i.S.d. § 25 Abs. 2 Satz 5 SGB IV lag. Daher sind **etwaige im Jahr 2006 fällige Beitragsansprüche bereits verjährt**.

(iv) Beitragsbescheide und einstweiliger sozialgerichtlicher Rechtsschutz

336 Während sich die Sozialversicherungsträger bis zum BAG-Beschluss vom 14.12.2010 aufgrund des „Neutralitätsgebots" nicht in der Lage gesehen hatten, tätig zu werden,[542] gingen sie danach davon aus, dass betroffene Verleiher und ggf. auch Entleiher Sozialversicherungsbeiträ-

---

538 *Schlegel*, NZA 2011, 380, 383.
539 Ebenso *Gaul/Koehler*, ArbRB 2011, 112, 116; *Lembke*, NZA-Beil. 2/2012, 66, 72; *Lützeler/Bissels*, DB 2011, 1636, 1637; *Zeppenfeld/Faust*, NJW 2011, 1643, 1646f.; *Zimmermann*, FA 2011, 201, 203; vgl. auch LSG Nordrhein-Westfalen, 25.6.2012 – L 8 R 382/12 B, BeckRS 2012, 71905.
540 Dazu BSG, 30.3.2000 – B 12 KR 14/99 R, BeckRS 9999, 02208; BSG, 13.8.1996 – 12 RK 76/94, juris, Rn. 25.
541 Darin hieß es: „Da die schriftliche Entscheidungsbegründung noch nicht vorliegt, lässt sich derzeit nicht mit letzter Sicherheit sagen, wie die Frage der Rückwirkung dieser Entscheidung im Hinblick auf die Zahlung von Sozialversicherungsbeiträgen zu beantworten ist."
542 Vgl. BT-Drs. 17/1121, S. 2f.

III. Schlechterstellungsverbot bzw. Grundsatz des Equal Pay/Treatment § 9

ge für die Vergangenheit auf Grundlage des Equal-Pay-Gebots nachzuentrichten haben.[543] Mittlerweile wurden die ersten Beitragsbescheide gegen Zeitarbeitsunternehmen erlassen.[544] Sie können existenzgefährdend für Verleiher sein, weil der **Widerspruch** dagegen grundsätzlich **keine aufschiebende Wirkung** hat (vgl. § 86a Abs. 2 Nr. 1 SGG). Der Adressat des Beitragsbescheids (hier namentlich der Verleiher) hat jedoch die Möglichkeit, bei den Sozialgerichten die **Anordnung der aufschiebenden Wirkung** im Wege eines **einstweiligen Rechtsschutzverfahrens** zu beantragen. Bei der nach § 86b Abs. 1 Satz 1 Nr. 2 SGG zu treffenden Entscheidung über die Anordnung der aufschiebenden Wirkung nehmen die Sozialgerichte eine **Abwägung** des Aussetzungsinteresses des Antragstellers (Verleiher) und des öffentlichen Interesses an einem Sofortvollzug der Einziehung vor.[545] Maßgebliches Kriterium bei dieser Abwägung sind – in Anlehnung an § 86a Abs. 3 Satz 2 SGG – zum einen die Erfolgsaussichten des eingelegten Rechtsbehelfs: Besteht bei summarischer Prüfung eine überwiegende Wahrscheinlichkeit, dass der angegriffene Bescheid rechtswidrig ist und der Rechtsbehelf daher erfolgreich sein wird, ist die aufschiebende Wirkung anzuordnen; ist hingegen überwiegend wahrscheinlich, dass der angegriffene Bescheid rechtmäßig ist und der Rechtsbehelf keinen Erfolg haben wird, ist die Anordnung der aufschiebenden Wirkung abzulehnen.[546] Zum anderen sind aber auch die Folgen eines Sofortvollzugs für den Betroffenen bzw. aufgrund eines Aufschubs für den Sozialleistungsträger einzubeziehen.[547]

Die Rechtsprechung der Sozialgerichte im Rahmen von einstweiligen Rechtsschutzverfahren nach der CGZP-Entscheidung des BAG vom 14.12.2010 ist uneinheitlich.[548] **Einige Sozialgerichte haben** – zumindest bis zum 22.5.2012 (vgl. Rn. 299) – eine überwiegende Wahrscheinlichkeit des Bestehens einer Nachzahlungspflicht unter Hinweis auf die Gegenwartsbezogenheit des Beschlusses des BAG vom 14.10.2012 (vgl. Rn. 295) verneint und **Anträgen auf Anordnung der aufschie-**

337

---

543 Näher *Segebrecht/Diepenbrock*, in: Brand/Lembke, Der CGZP-Beschluss des BAG, S. 79, 83 ff.; ebenso *Schlegel*, NZA 2011, 380, 382 ff.
544 Vgl. BT-Drs. 17/8549; FAZ v. 10.1.2012, S. 10.
545 LSG Rheinland-Pfalz, 14.8.2012 – L 6 223/12 B ER, BeckRS 2012, 73702; LSG Nordrhein-Westfalen, 25.6.2012 – L 8 R 382/12 B, BeckRS 2012, 71905.
546 LSG Rheinland-Pfalz, 14.8.2012 – L 6 223/12 B ER, BeckRS 2012, 73702; SG Köln, 29.3.2012 – S 12 R 369/12 ER, BeckRS 2012, 69034; SG Stralsund, 5.3.2012 – S 3 R 80/12 ER, BeckRS 2012, 67435.
547 LSG Rheinland-Pfalz, 14.8.2012 – L 6 223/12 B ER, BeckRS 2012, 73702.
548 Vgl. *Bissels/Raus*, BB 2013, 885.

§ 9   Unwirksamkeit

benden Wirkung (§ 86b Abs. 1 Satz 1 Nr. 2 SGG) im **Eilverfahren stattgegeben.**[549] Von **anderen Sozialgerichten** wurde hingegen bereits vor dem 22.5.2012 vertreten, das Bestehen der Nachforderungsansprüche der Sozialversicherungsträger sei überwiegend wahrscheinlich.[550] Auch nach dem 22.5.2012 haben Anträge auf Anordnung der aufschiebenden Wirkung vor diversen Landessozialgerichten Erfolg gehabt.[551]

338   Uneinheitlich wird auch beurteilt, ob die nacherhobenen Sozialversicherungsbeiträge der Höhe nach auf Grundlage einer **Schätzung** gemäß § 28f Abs. 2 Satz 3 SGB IV ermittelt werden können.[552]

339   Strittig ist ferner die Frage, ob die **Bestandskraft eines** für denselben Zeitraum bereits – vor der CGZP-Entscheidung vom 14.12.2010 – **ergangenen Prüfbescheids der Nacherhebung** von Beiträgen durch einen neuen Bescheid **entgegensteht** bzw. § 45 Abs. 1 SGB X Vertrauensschutz gebietet.[553]

(cc) Gewerberechtliche Folgen

340   Die Bundesagentur für Arbeit als Aufsichtsbehörde über die Zeitarbeitsunternehmen (§ 17 AÜG) hat (erstmals) am 20.5.2011 in der

---

549 SG Köln, 29.3.2012 – S 12 R 369/12 ER, BeckRS 2012, 69034; SG Duisburg, 18.1.2012 – S 12 R 1564/11 ER, NZS 2012, 510; SG Hamburg, 18.11.2011 – S 51 R 1149/11 ER.
550 SG Bayreuth, 30.4.2010 – S 16 R 6010/12 ER, BeckRS 2012, 70366; SG Bayreuth, 10.4.2012 – S 16 R 6009/12 ER, BeckRS 2012, 71569; SG Würzburg, 7.2.2012 – S 6 R 74/12 ER, BeckRS 2012, 66502 = NZS 2012, 280 (Ls.).
551 LSG Rheinland-Pfalz, 14.8.2012 – L 6 223/12 B ER, BeckRS 2012, 73702; LSG Schleswig-Holstein, 25.6.2012 – L 5 KR 81/12 BER, BeckRS 2012, 70843.
552 Dafür LSG Nordrhein-Westfalen, 25.6.2012 – L 8 R 382/12 B, BeckRS 2012, 71905; LSG Nordrhein-Westfalen, 10.5.2012 – L 8 R 164/12 B, BeckRS 2012, 69541; SG Duisburg, 14.6.2012 – S 10 R 547/12 ER, BeckRS 2012, 71397. – A.A. LSG Rheinland-Pfalz, 14.8.2012 – L 6 223/12 B ER, BeckRS 2012, 73702; LSG Schleswig-Holstein, 20.4.2012 – L 5 KR 9/12 B ER, BeckRS 2012, 69027; SG Detmold, 18.1.2012 – S 16 R 1435/11 ER, BeckRS 2012, 66251.
553 Dafür LSG Bayern, 22.3.2012 – L 5 R 138/12 B ER, BeckRS 2012, 68047; SG Duisburg, 18.1.2012 – S 12 R 1564/11 ER, BeckRS 2012, 65804; SG Dortmund, 23.1.2012 – S 25 2507/11 ER, BeckRS 2012, 66001; SG Hamburg, 18.11.2011 – S 51 R 1149/11 ER; SG Magdeburg, 7.5.2012 – S 12 R 192/12 ER, BeckRS 2012, 71578. – A.A. LSG Nordrhein-Westfalen, 25.6.2012 – L 8 R 382/12 B, BeckRS 2012, 71905; LSG Nordrhein-Westfalen, 10.5.2012 – L 8 R 164/12 B, BeckRS 2012, 69541; SG Bayreuth, 30.4.2010 – S 16 R 6010/12 ER, BeckRS 2012, 70366; SG Bayreuth, 10.4.2012 – S 16 R 6009/12 ER, BeckRS 2012, 71569; SG Berlin, 26.1.2012 – S 89 KR 46/12 ER, BeckRS 2012, 67680; SG Hamburg, 9.1.2012 – S 11 R 1354/11 ER, BeckRS 2012, 65381.

III. Schlechterstellungsverbot bzw. Grundsatz des Equal Pay/Treatment § 9

„Handlungsempfehlung/Geschäftsanweisung (HEGA) 05/2011 zum Urteil des Bundesarbeitsgerichts vom 14.12.2010 zur Tarifunfähigkeit der CGZP" die nachgeordneten Dienststellen angewiesen, die Anwendung der CGZP-Tarifverträge zu beanstanden und erlaubnisrechtliche Konsequenzen gegenüber Zeitarbeitsunternehmen zu ziehen, falls das Unternehmen nicht „unaufgefordert" die „geschuldeten" Beiträge neu berechne und nachentrichte.[554] In Betracht kommen die Versagung der Verlängerung der Überlassungserlaubnis (vgl. § 3 Abs. 1 Nr. 1 und 3) bzw. Rücknahmen und Widerruf der Erlaubnis (vgl. §§ 4, 5).

(4) Tarifzuständigkeit der Tarifvertragsparteien

Die Frage, ob die Tarifvertragsparteien, welchen den vom Grundsatz des Equal Pay/Treatment abweichenden Tarifvertrag abgeschlossen haben, im Rahmen ihrer satzungsmäßigen Tarifzuständigkeit handelten, ist von **erheblicher praktischer Bedeutung** bei der Frage, ob ein Leiharbeitnehmer von seinem Vertragsarbeitgeber (Verleiher) Equal Pay/Treatment nach § 10 Abs. 4 i.V.m. § 9 Nr. 2 verlangen kann oder nicht: Falls die Leiharbeitsvertragsparteien **beiderseits tarifgebunden** sind, gilt der Tarifvertrag nur, wenn er wirksam ist, was eine entsprechende überlappende Tarifzuständigkeit der Tarifvertragsparteien voraussetzt. Sind Verleiher und Leiharbeitnehmer – wie im Regelfall in der Praxis – hingegen **nicht beide** in den tarifschließenden Verbänden **organisiert**, spielt die Frage der Tarifzuständigkeit dennoch eine entscheidende Rolle, weil die nicht tarifgebundenen Arbeitgeber und Arbeitnehmer die Anwendung der abweichenden tariflichen Regelungen nach § 9 Nr. 2 Hs. 3 nur **„im Geltungsbereich"** des abweichenden Tarifvertrags mit der Folge vereinbaren können, dass der Grundsatz von Equal Pay/Treatment insoweit nicht gilt (vgl. unten Rn. 416 ff.). Die Tarifzuständigkeit ist aber Grundlage und zugleich **Grenze für den äußersten Geltungsbereich des Tarifvertrags**.[555] Fehlt es an der Tarifzuständigkeit einer Tarifvertragspartei für die Regelung der Arbeitsbedingungen des jeweiligen Leiharbeitsverhältnisses zwischen Verleiher und Leiharbeitnehmer, befinden sich die Parteien nicht im Geltungsbereich des Tarifvertrags und die Bezugnahmemöglichkeit nach § 9 Nr. 2 Hs. 3 scheidet aus. **341**

Außerdem wird vertreten, dass im Falle des Fehlens der Tarifzuständigkeit einer Tarifvertragspartei des Tarifvertrags, der Grundlage der **342**

---

554 Hierzu zu Recht krit. *Giesen/Rieble*, FAZ v. 22.7.2011, S. 12.
555 HWK/*Henssler*, § 2 TVG Rn. 38.

§ 9 Unwirksamkeit

Rechtsverordnung für die Lohnuntergrenze nach § 3a ist, die entsprechende Rechtsverordnung unwirksam ist.[556]

343 Zu **prozessualen Aspekten** bei Streitigkeiten über die Tarifzuständigkeit der Tarifvertragsparteien s.o. Rn. 246 ff.

(a) Tarifzuständigkeit als Wirksamkeitsvoraussetzung

344 Nicht nur die Tariffähigkeit, sondern auch die Tarifzuständigkeit der tarifschließenden Vereinigung ist **Voraussetzung für die Wirksamkeit des Tarifvertrags**. Fehlt die Tarifzuständigkeit in Bezug auf die im jeweiligen Tarifvertrag geregelte Materie gänzlich, ist der Tarifvertrag wegen Fehlens einer Wirksamkeitsvoraussetzung unwirksam. Geht der Geltungsbereich eines Tarifvertrags hingegen nur teilweise über die in der Satzung einer tariffähigen Vereinigung festgelegte Tarifzuständigkeit hinaus, ist der Tarifvertrag **insoweit** nichtig.[557] Wirksame Tarifverträge setzen also voraus, dass sich die Tarifzuständigkeiten der Tarifvertragspartner in Bezug auf den vertraglichen Regelungsbereich decken.[558] Eine vollständige Kongruenz der Tarifzuständigkeiten der Tarifvertragsparteien ist hingegen nicht erforderlich; sie wird sogar nur selten vorliegen.[559]

345 Ähnlich wie beim Fehlen der Tariffähigkeit einer Tarifvertragspartei beim Abschluss des Tarifvertrags stellt sich die Frage, ob der Tarifvertrag ex tunc (d.h. von Anfang an) oder nur ex nunc (mit Wirkung für die Zukunft) als unwirksam zu behandeln ist, wenn und soweit es an der Tarifzuständigkeit einer Tarifvertragspartei fehlt. Hier gelten ähnliche Erwägungen wie bei der Tariffähigkeit (dazu Rn. 264 ff.). Grundsätzlich ist von der (Teil-)Nichtigkeit des Tarifvertrags auszugehen, soweit es an der kongruenten Tarifzuständigkeit mangelt und der fehlerhafte Tarifvertrag noch nicht in Vollzug gesetzt oder auf dessen Grundlage Leistungen ausgetauscht oder Handlungen vorgenommen wurden.

346 Ist der fehlerhafte **Tarifvertrag** hingegen **bereits in Vollzug gesetzt**, ist eine Beschränkung der **Unwirksamkeitsfolgen** ab Kenntnis des Fehlers mit Wirkung für die Zukunft (**ex nunc**) zu erwägen. Insoweit bietet sich als dogmatische Grundlage wiederum die **Lehre vom feh-**

---

556 *Rieble*, BB 2012, 2177, 2178.
557 BAG, 29.7.2009 – 7 ABR 27/08, NZA 2009, 1424, 1427, Rn. 24; BAG, 15.11.2006 – 10 AZR 665/05, NZA 2007, 448, 451, Rn. 26.
558 BAG, 18.7.2006 – 1 ABR 36/05, NZA 2006, 1225, 1228, Rn. 38; HWK/*Henssler*, § 2 TVG Rn. 38f.
559 HWK/*Henssler*, § 2 TVG Rn. 39.

III. Schlechterstellungsverbot bzw. Grundsatz des Equal Pay/Treatment § 9

lerhaften Tarifvertrag an (dazu Rn. 267f.).[560] Auch in der Literatur wird für den Fall eines Tarifvertrags, der wegen fehlender Tarifzuständigkeit unwirksam ist, aber angewandt wurde, vertreten, die Nichtigkeit könne aus Vertrauensschutzgründen nur *ex-nunc*-Wirkung haben.[561] Weiterhin ist anerkannt, dass bei einem nachträglichen Wegfall der Tariffähigkeit oder Tarifzuständigkeit einer Tarifvertragspartei der Tarifvertrag allenfalls *ex nunc* unwirksam wird.[562] Dementsprechend kann es nach Auffassung von *Oetker* im Einzelfall durchaus zutreffend sein, die Rechtsfolgen eines im Verfahren nach § 97 ArbGG ergehenden Beschlusses im Hinblick auf zuvor abgeschlossene Tarifverträge auf eine *ex-nunc*-Wirkung zu beschränken.[563]

(b) Voraussetzungen der Tarifzuständigkeit

Der **Begriff der Tarifzuständigkeit** ist gesetzlich nicht geregelt, sondern wird in §§ 2a Abs. 1 Nr. 4, 97 ArbGG vorausgesetzt. 347

(aa) Gewerkschaft und Arbeitgeberverband

Die Tarifzuständigkeit ist die Fähigkeit eines an sich tariffähigen Verbands, Tarifverträge mit einem bestimmten Geltungsbereich abzuschließen.[564] Sie ist eine rechtliche Eigenschaft der Arbeitgeber- oder Arbeitnehmervereinigung und kommt dem Verband als solchem und nicht dessen einzelnen Mitgliedern zu.[565] 348

Die Tarifzuständigkeit richtet sich nach der Verbandssatzung.[566] Die Ausgestaltung des Organisationsbereichs und die damit verbundene Festlegung der Tarifzuständigkeit steht grundsätzlich jedem Verband frei. Diese **Satzungsautonomie** ist Ausdruck der verfassungsrechtlich garantierten Vereinsfreiheit (Art. 9 Abs. 1 GG) und der kollektiven Ko- 349

---

560 HWK/*Henssler*, § 1 TVG Rn. 21a; *Henssler*, in: Brand/Lembke, Der CGZP-Beschluss des BAG, S. 19, 47. – A.A. Thüsing/Braun/*Emmert*, Tarifrecht, 2. Kap. Rn. 244; *Ulber*, NZA 2008, 438, 442.
561 Däubler/*Peter*, TVG, § 2 Rn. 174a; Kempen/Zachert/*Wendeling-Schröder*, TVG, § 2 Rn. 169.
562 Thüsing/Braun/*Emmert*, Tarifrecht, 2. Kap. Rn. 247; ErfK/*Franzen*, § 2 TVG Rn. 5, 38; *Löwisch/Rieble*, TVG, § 2 Rn. 272.
563 Wiedemann/*Oetker*, TVG, § 2 Rn. 35.
564 BAG, 10.2.2009 – 1 ABR 36/08, NZA 2009, 908, 910, Rn. 26; BAG, 18.7.2006 – 1 ABR 36/05, NZA 2006, 1225, 1228, Rn. 33.
565 BAG, 18.7.2006 – 1 ABR 36/05, NZA 2006, 1225, 1228, Rn. 35.
566 BAG, 10.2.2009 – 1 ABR 36/08, NZA 2009, 908, 910, Rn. 26; BAG, 18.7.2006 – 1 ABR 36/05, NZA 2006, 1225, 1228, Rn. 37.

alitionsfreiheit (Art. 9 Abs. 3 GG). Es besteht kein Koalitionstypenzwang. Daher kann jede Gewerkschaft für sich entscheiden, für welche Arbeitnehmer in welchem Gewerbezweig oder in welchen Gewerbezweigen sie tätig werden will.[567] Dementsprechend kann eine Arbeitnehmervereinigung ihren Organisationsbereich betriebs- oder unternehmensbezogen, branchen- oder berufsbezogen, regional oder personenbezogen festlegen. Ebenso gut kann sie eine Kombination mehrerer Kriterien wählen. Zulässig ist es auch, die Tarifzuständigkeit für die Arbeitnehmer bestimmter, konkret bezeichneter Unternehmen zu beanspruchen.[568] Rechtlich ist es dabei nicht ausgeschlossen, dass eine Vereinigung ihren Organisationsbereich und ihre Tarifzuständigkeit auf sämtliche Arbeitnehmer der Bundesrepublik Deutschland erstreckt. Allerdings ist für die Vereinigung mit der Entscheidung für eine Allzuständigkeit die Gefahr eines Verlustes der Tariffähigkeit verbunden. Zu dieser gehört eine soziale Mächtigkeit, die eine entsprechende Durchsetzungskraft und ausreichende organisatorische Leistungsfähigkeit in einem zumindest nicht unerheblichen Teil des selbst beanspruchten Zuständigkeitsbereichs voraussetzt. Das ist bei der Satzungsauslegung zur Bestimmung des Zuständigkeitsbereichs im Interesse der Vereinigung zu berücksichtigen, d.h. es gilt das **Verbot der existenzgefährdenden Satzungsauslegung**.[569]

350 Der in der Satzung festgelegte Organisationsbereich muss allerdings **hinreichend bestimmt** sein. Die den Tarifvertragsparteien nach §§ 1 Abs. 1, 4 Abs. 1 TVG zukommende Normsetzungsbefugnis verlangt nach einer ausreichenden Transparenz der Zuständigkeitsgrenzen. Diese müssen für die handelnden Organe der Vereinigung selbst, für den sozialen Gegenspieler und für Dritte zuverlässig zu ermitteln sein, weil sie die Grenze wirksamen Handelns der Vereinigung bilden.[570] Der Organisationsbereich einer Gewerkschaft muss sich nach objektiven Kriterien aus der Satzung selbst ergeben und darf sich nicht abhängig vom Betätigungswillen der handelnden Organe oder der Arbeitgeberseite bestimmen.[571] Für die Bestimmung des Organisationsbereichs

---

567 BAG, 22.11.1988 – 1 ABR 6/87, AP TVG § 2 Tarifzuständigkeit Nr. 5 unter II 1.
568 Zum Ganzen BAG, 17.4.2012 – 1 ABR 5/11, NZA 2012, 1104, 1108, Rn. 53; BAG, 10.2.2009 – 1 ABR 36/08, NZA 2009, 908, 911, Rn. 28; BAG, 18.7.2006 – 1 ABR 36/05, NZA 2006, 1225, 1228f., Rn. 42; BAG, 12.12.1995 – 1 ABR 27/95, NZA 1996, 1042, 1043; *Boemke/Sachadae*, BB 2011, 1973.
569 BAG, 10.2.2009 – 1 ABR 36/08, NZA 2009, 908, 911, Rn. 28, 40.
570 BAG, 17.4.2012 – 1 ABR 5/11, NZA 2012, 1104, 1108, Rn. 54.
571 BAG, 17.4.2012 – 1 ABR 5/11, NZA 2012, 1104, 1109, Rn. 60.

III. Schlechterstellungsverbot bzw. Grundsatz des Equal Pay/Treatment § 9

einer Tarifvertragspartei ist deren Satzung gegebenenfalls **auszulegen**. Maßgeblich ist der objektivierte Wille des Satzungsgebers. Wegen der normähnlichen Wirkung der Satzung körperschaftlich strukturierter Vereinigungen gelten die Grundsätze der Gesetzesauslegung. Danach sind maßgeblich zunächst der Wortlaut und der durch ihn vermittelte Wortsinn, ferner der Gesamtzusammenhang, der Sinn und Zweck und die Entstehungsgeschichte der Satzung. Umstände außerhalb der Satzung, die sich in ihr nicht niederschlagen, sind nicht berücksichtigungsfähig.[572]

Sind Gewerkschaften – wie solche des DGB – nach dem **Industrieverbandsprinzip** organisiert, richtet sich die Tarifzuständigkeit der Gewerkschaft in Bezug auf einen Firmen- bzw. Haustarifvertrag nach dem überwiegenden Unternehmensgegenstand des Arbeitgebers. Es ist diejenige Gewerkschaft zuständig, deren satzungsgemäßer Organisationsbereich der Tätigkeit entspricht, die dem Unternehmen das **Gepräge** gibt. Maßgebend ist dabei der Gegenstand des *Unternehmens*, nicht einzelner Betriebe, Betriebsabteilungen oder Nebenbetriebe, da diese Unterorganisationen nicht tariffähig sind. Indizien dafür sind der arbeitstechnische Zweck und die Zahl der einschlägig beschäftigten Arbeitnehmer sowie der maßgebende Anteil am Umsatz und Gewinn.[573] 351

(bb) Spitzenorganisation

Hinsichtlich der Tarifzuständigkeit einer Spitzenorganisation, d.h. eines Zusammenschlusses von Gewerkschaften bzw. Arbeitgeberverbänden (vgl. § 2 Abs. 2), gilt Folgendes: 352

Bei einer **Spitzenorganisation**, die – im Rahmen des „Bevollmächtigungsmodells" – **gemäß § 2 Abs. 2 TVG** Tarifverträge im fremden Namen der ihr angeschlossenen Verbände abschließt, bleiben die vertretenen Mitgliedsverbände Tarifvertragspartei, so dass es hinsichtlich der Frage der Tarifzuständigkeit auf die Satzungen der Mitgliedsverbände ankommt.[574] 353

Tritt eine **Spitzenorganisation** hingegen gemäß **§ 2 Abs. 3 TVG** als eigenständige und im eigenen Namen handelnde Rechtsperson im Tarifgeschehen auf, kommt es für die Wirksamkeit der von ihr abgeschlos- 354

---

572 Näher BAG, 17.4.2012 – 1 ABR 5/11, NZA 2012, 1104, 1108, Rn. 55.
573 BAG, 22.11.1988 – 1 ABR 6/87, AP TVG § 2 Tarifzuständigkeit Nr. 5 unter II 3; näher *Boemke/Sachadae*, BB 2011, 1973, 1975 ff.
574 Thüsing/Braun/*Lembke*, Tarifrecht, 12. Kap. Rn. 69; *Löwisch/Rieble*, TVG, § 2 Rn. 284.

§ 9 Unwirksamkeit

senen Tarifverträge nach der gesetzlichen Konzeption alleine auf die Tarifzuständigkeit der Spitzenorganisation selbst an, nicht hingegen auf die Tarifzuständigkeit ihrer Mitglieder.[575] Maßgeblich für die Tarifzuständigkeit der Spitzenorganisation i.S.d. § 2 Abs. 3 TVG ist also allein deren Satzung. Soweit sich die Tarifzuständigkeit des angeschlossenen Verbands nicht mit der Tarifzuständigkeit der Spitzenorganisation deckt, kommt es allerdings nicht zu einer Tarifbindung nach §§ 3 Abs. 1, 4 Abs. 1 TVG im Arbeitsverhältnis des verbandsangehörigen Arbeitnehmers bzw. Arbeitgebers.

355 Demgegenüber verlangt das BAG für die Tariffähigkeit (und damit wohl auch für die Tarifzuständigkeit) einer Spitzenorganisation i.S.d. § 2 Abs. 3 TVG – systemwidrig – eine absolute Deckungsgleichheit der Tarifzuständigkeit der Spitzenorganisation und der kumulierten Tarifzuständigkeiten der angeschlossenen Verbände (vgl. Rn. 280, 295).[576]

(c) Tarifzuständigkeit auf Arbeitgeberseite

356 Die beiden großen im Bereich der Zeitarbeit tätigen Arbeitgeberverbände (vgl. Rn. 200 ff.) haben ihre Tarifzuständigkeit wie folgt geregelt:

357 Die Tarifzuständigkeit des **Interessenverbands Deutscher Zeitarbeitsunternehmen e.V. (iGZ)** ergibt sich aus dem in § 2 Abs. 1 der Satzung (in der geänderten Fassung vom 28.6.2012) geregelten Zweck. Dort heißt es wie folgt:

„Zweck des Verbandes von vorrangig mittelständischen Personaldienstleistern, die insbesondere im Bereich der Arbeitnehmerüberlassung bzw. -vermittlung tätig sind, ist die Beratung, Vertretung, Unterrichtung und Förderung der gemeinsamen beruflichen Interessen der Mitgliedsunternehmen in allen arbeits- bzw. sozialrechtlichen und branchenpolitischen Fragen. Als Arbeitgeberverband kann der iGZ Tarifverträge und sonstige Vereinbarungen mit den Gewerkschaften schließen und nationalen und internationalen Organisationen beitreten."

358 Der iGZ ist also für den **Abschluss von Tarifverträgen im Bereich der Arbeitnehmerüberlassung und Arbeitnehmervermittlung** zuständig.

---

575 *Jacobs*, ZfA 2010, 27, 55f.; Thüsing/Braun/*Lembke*, Tarifrecht, 12. Kap. Rn. 70; *Lembke*, NZA 2007, 1333, 1336; so auch BAG, 6.5.2003 – 1 AZR 241/02, NZA 2004, 562, 564 unter B I 4; vgl. auch *Rolfs/Witschen*, DB 2010, 1180, 1182f. m.w.N.
576 BAG, 14.12.2010 – 1 ABR 19/10, NZA 2011, 289, 296, Rn. 68ff.

III. Schlechterstellungsverbot bzw. Grundsatz des Equal Pay/Treatment § 9

Nach seiner Satzung (Stand: 19.1.2011) fördert der **Bundesarbeitgeber-** 359
verband deutscher Personaldienstleister e. V. (BAP) „die Arbeits- und
Wirtschaftsbedingungen im Bereich der Personaldienstleistungen und
wahrt die gemeinsamen Interessen der Mitglieder gegenüber Politik, Sozialpartnern, Wissenschaft und Öffentlichkeit. Personaldienstleistungen
im Sinne dieser Satzung sind Zeitarbeit, Personalvermittlung, Personalberatung, Outsourcing, Outplacement, unternehmensnahe Dienstleistungen u. a." (§ 2 Abs. 1 der Satzung). Gemäß § 2 Abs. 2 lit. e) der Satzung
„schließt" BAP „Tarifverträge für seine Mitglieder ab, die eine Mitgliedschaft mit Tarifbindung i. S. d. § 4 Abs. 2 lit. a), b) oder c) führen. Er kann
Tarifverträge mit unterschiedlichen Sozialpartnern vereinbaren oder bestehende Tarifverträge dieser Art aufrechterhalten." Der BAP ist also
nach seiner Satzung zuständig für den **Abschluss von Tarifverträgen**
im Bereich der Personaldienstleistungen, wozu insbesondere Zeitarbeit, Personalvermittlung, Personalberatung, Outsourcing, Outplacement und unternehmensnahe Dienstleistungen gehören.

Da der BAP aus einer Fusion von BZA und AMP entstanden ist und Ta- 360
rifverträge einerseits mit den DGB-Gewerkschaften sowie andererseits
mit CGB-Gewerkschaften abgeschlossen bzw. übernommen hat (vgl.
Rn. 208), sieht die BAP-Satzung in einem **Stufenmodell** eine **Mitgliedschaft ohne Tarifbindung** (OT-Mitgliedschaft), eine **Mitgliedschaft mit spezifischer Tarifbindung** an die mit DGB-Gewerkschaften abgeschlossenen Tarifverträge (D-Mitgliedschaft) bzw. an die mit
CGB-Gewerkschaften abgeschlossenen Tarifverträge (C-Mitgliedschaft) sowie eine **Mitgliedschaft mit Tarifbindung** an alle vom Verband abgeschlossenen Tarifverträge (T-Mitgliedschaft) vor. Die BAP-
Satzung enthält den Grundsatz des Gleichlaufs von Verantwortlichkeit
und Betroffenheit der Mitglieder in Bezug auf die jeweiligen tarifpolitischen Entscheidungen des Verbandes (vgl. etwa § 2 Abs. 5 der Satzung), den das BAG im Zusammenhang mit seiner Rechtsprechung zur
OT-Mitgliedschaft entwickelt hat.[577] Daher bestehen keine rechtlichen
Bedenken gegen das mitgliedschaftliche Stufenmodell.[578]

---

[577] Vgl. BAG, 4.6.2008 – 4 AZR 419/07, NZA 2008, 1366, 1369, Rn. 37f.; BAG, 4.6.2008 – 4 AZR 316/07, AP TVG § 3 Nr. 37, Rn. 41f.; BAG, 25.2.2009 – 4 AZR 986/07, AP TVG § 3 Nr. 40, Rn. 31; BAG, 22.4.2009 – 4 AZR 111/08, NZA 2010, 105, 107, Rn. 28; BAG, 20.5.2009 – 4 AZR 179/08, NZA 2010, 102, 103, Rn. 17; allg. zur Zulässigkeit der OT-Mitgliedschaft im Stufenmodell auch BAG, 18.7.2006 – 1 ABR 36/05, NZA 2006, 1225, 1228 ff., Rn. 31 ff.; BAG, 26.8.2009 – 4 AZR 294/08, NZA-RR 2010, 305, 307, Rn. 31.
[578] A. A. *Löwisch/Rieble*, TVG, § 3 Rn. 64 ff.: Verstoß gegen „Tabuzonenverbot".

§ 9 Unwirksamkeit

361 Wenn es neben der T-Mitgliedschaft auch eine OT-Mitgliedschaft geben kann und die OT-Mitgliedschaft keine Frage der Tarifzuständigkeit ist, sondern eine Frage der Beschränkung der Tarifbindung,[579] dann kann es auch Zwischenstufen in Form einer Mitgliedschaft mit spezifischer Tarifbindung geben. Nach Auffassung des BAG beschränkt § 3 Abs. 1 TVG nicht die Satzungsautonomie.[580] Daher sind die Koalitionen im Rahmen ihrer Satzungsautonomie in der Lage, Regelungen zu treffen, dass bestimmte Mitglieder ausschließlich in Bezug auf mit konkreten Tarifvertragspartnern abgeschlossene Tarifverträge Mitglied i.S.v. § 3 Abs. 1 TVG sind und im Hinblick auf andere Tarifverträge gleichsam „OT-Mitglieder" sind. Die Möglichkeit einer Mitgliedschaft mit spezifischer Tarifbindung stört auch nicht die Verhandlungsparität von Arbeitgeberverband und Gewerkschaft in unzulässiger Weise zulasten der einen oder anderen Seite. Das Recht der Gewerkschaft, gegenüber dem Mitglied mit spezifischer Tarifbindung Arbeitskampfmaßnahmen zur Durchsetzung der Tarifforderungen im Hinblick auf den Tarifvertrag durchzuführen, an den das Mitglied mit spezifischer Tarifbindung gebunden ist, bleibt unberührt. Für die andere Gewerkschaft, die mit dem Arbeitgeberverband ein anderes Tarifwerk verhandelt, ist das Mitglied mit spezifischer Tarifbindung quasi ein OT-Mitglied. Diesbezüglich bleibt der Gewerkschaft die Möglichkeit der Durchführung von Arbeitskampfmaßnahmen zur Erzielung eines Firmentarifvertrags.

(d) Tarifzuständigkeit der DGB-Gewerkschaften

362 Ob die DGB-Gewerkschaften, die auf dem Gebiet der Zeitarbeit Tarifverträge abgeschlossen haben (vgl. Rn. 202 ff., 218 ff.), dafür eine Tarifzuständigkeit besitzen, ist **Gegenstand von Rechtsstreitigkeiten** und wird **teilweise bestritten**.[581] So hat z.B. das LAG Baden-Württemberg im Beschluss vom 20.3.2012 den Ausgangsrechtsstreit zwischen einem Leiharbeitnehmer und seinem Arbeitgeber wegen Ansprüchen auf Equal Pay (§ 10 Abs. 4 AÜG) nach § 97 Abs. 5 ArbGG ausgesetzt (vgl. dazu Rn. 255 ff.) „bis zur rechtskräftigen Entscheidung über die Frage der Tariffähigkeit und Tarifzuständigkeit aller der DGB-Tarifgemeinschaft Zeitarbeit angehörenden Einzelgewerkschaften in den streitge-

---

[579] So BAG, 18.7.2006 – 1 ABR 36/05, NZA 2006, 1225, 1228 ff., Rn. 33 ff.; Thüsing/Braun/*Lembke*, Tarifrecht, 12. Kap. Rn. 63.
[580] BAG, 18.7.2006 – 1 ABR 36/05, NZA 2006, 1225, 1230 f., Rn. 54 f.
[581] So etwa *Löwisch/Rieble*, TVG, § 2 Rn. 222 ff.; *Rieble*, BB 2012, 2177, 2178 ff.

III. Schlechterstellungsverbot bzw. Grundsatz des Equal Pay/Treatment § 9

genständlichen Zeiträumen".[582] Das BAG hat diese Entscheidung jedoch aufgehoben und wegen Begründungsmängeln an das LAG zurückverwiesen.[583]

Das LAG Köln hatte früher einmal obiter dictum die Auffassung geäußert, reine Dienstleistungsunternehmen wie die der Arbeitnehmerüberlassung gehörten nicht zum Organisationsbereich der IG Metall.[584] Auch das BAG ließ im CGZP-Beschluss vom 14.12.2010 Zweifel aufkommen, ob die bisher im Bereich der Arbeitnehmerüberlassung tätigen Gewerkschaften die Tarifzuständigkeit für diesen Bereich besitzen, und forderte die Gewerkschaften inzidenter zur Klarstellung in ihren Satzungen auf.[585]

363

Das **BAG** ist in seiner Rechtsprechung zur Sittenwidrigkeit von Entgeltvereinbarungen nach § 138 BGB davon ausgegangen, dass die Zeitarbeitsunternehmen einen **eigenen Wirtschaftszweig** – die Arbeitnehmerüberlassung – bilden. Zeitarbeitsunternehmen seien zwar Dienstleistungsunternehmen, jedoch unterscheide sich dieser Wirtschaftszweig von anderen Branchen. Daher sei im Rahmen des § 138 BGB Vergleichsmaßstab zur Ermittlung eines auffälligen Missverhältnisses des vertraglich vereinbarten Lohns eines Leiharbeitnehmers zu dessen Arbeitsleistung der in Zeitarbeitsunternehmen maßgebliche Tariflohn und nicht der Tariflohn, der bei dem Entleiher gelte.[586] Jüngst entschied es zudem, die bei der Ermittlung eines auffälligen Missverhältnisses zwischen Leistung und Gegenleistung i. S. v. § 138 BGB erforderliche Zuordnung eines Unternehmens des Arbeitgebers zu einem bestimmten Wirtschaftszweig richte sich nach der Klassifikation der Wirtschaftszweige durch das Statistische Bundesamt. Diese Klassifikation beruhe auf der Verordnung (EG) Nr. 1893/2006 des Europäischen Parlaments und des Rates vom 20.12.2006 zur Aufstellung der statistischen Systematik der Wirtschafts-

364

---

582 LAG Baden-Württemberg, 20.3.2012 – 22 Sa 71/11, BeckRS 2012, 76035; dazu *Bissels*, BB 2013, 128.
583 BAG, 19.12.2012 – 1 AZB 72/12, DB 6/2013, M 21.
584 LAG Köln, 27.2.2004 – 3 TaBV 56/03, BeckRS 2009, 55781; vgl. auch BAG, 10.12.1997 – 4 AZR 214/07, BeckRS 1997, 30367990.
585 BAG, 14.12.2010 – 1 ABR 19/10, NZA 2011, 289, 298, Rn. 92: „Die damit verbundene Gefährdung der Tarifautonomie ist auch nicht deswegen hinzunehmen, weil bestimmte Vertragsformen des Arbeitslebens – wie etwa *die gewerbliche Arbeitnehmerüberlassung – nicht rechtssicher und zwingend vom bisherigen Organisationsbereich der Arbeitnehmervereinigungen erfasst werden*. Um auch solche Arbeitnehmer zu organisieren, bleibt einer Mitgliedsgewerkschaft die Möglichkeit der satzungsrechtlichen Erweiterung des eigenen Organisationsbereichs."
586 BAG, 22.3.2004 – 5 AZR 303/03, NZA 2004, 971, 973 f.

§ 9 Unwirksamkeit

zweige NACE Revision 2 und zur Änderung der Verordnung (EWG) Nr. 3037/90 des Rates sowie einiger Verordnungen der EG über bestimmte Bereiche der Statistik[587] in der jeweils geltenden Fassung.[588] Sieht man demgemäß die **„Vermittlung und Überlassung von Arbeitskräften"** als **eigenständigen Wirtschaftszweig**,[589] so würde man bei einer der branchenmäßig organisierten DGB-Gewerkschaften nach einer Zuständigkeit für die Arbeitnehmerüberlassung suchen. Nach der Zuständigkeitsverteilung innerhalb des DGB wird die **Zuständigkeit der jeweiligen DGB-Gewerkschaft** allerdings grundsätzlich **entleiherbezogen** festgelegt, d. h. zuständig für die Leiharbeitnehmer soll die Gewerkschaft der jeweiligen Einsatzbranche sein.[590]

365 In Bezug auf die Arbeitnehmerüberlassung finden sich in den Satzung der DGB-Gewerkschaften, die im Bereich der Zeitarbeit Tarifverträge abschließen (vgl. Rn. 202 ff., 218 ff.), die nachfolgend (Rn. 366 ff.) dargestellten Regelungen zur Tarifzuständigkeit. Ob diese Satzungsregelungen tatsächlich in jedem Fall eine **ausreichende Grundlage für** alle in den **abgeschlossenen Zeitarbeits-Tarifverträgen** enthaltenen Regelungen von Arbeitsbedingungen der Leiharbeitnehmer in den Zeiten der Arbeitnehmerüberlassung und in verleihfreien Zeiten darstellen, ist durchaus **zweifelhaft**. Teilweise fehlen spezifische Regelungen zur Tarifzuständigkeit im Hinblick auf Leiharbeitnehmer bzw. den Bereich der Arbeitnehmerüberlassung ganz (vgl. Rn. 373 f.). Teilweise beziehen sie sich auf Leiharbeitnehmer, die in den Organisationsbereich der jeweiligen Gewerkschaft überlassen werden (vgl. Rn. 366 ff.); insoweit ist unklar, inwiefern für die Zeit der Nichtüberlassung eine Tarifzuständigkeit besteht. Soweit die Satzung eine Tarifzuständigkeit der Gewerkschaft für „Verleihbetriebe" o. ä. vorsieht, die „(ganz) überwiegend" an vom Organisationsbereich der jeweiligen Gewerkschaft erfasste Betriebe Arbeitnehmer überlassen, stellt sich die Frage, ob die Satzung insoweit mangels hinreichender Bestimmtheit unwirksam ist.[591]

---

587 ABlEU Nr. L 393 v. 30.12.2006, S. 1.
588 BAG, 18.4.2012 – 5 AZR 630/10, NZA 2012, 978, 979, Rn. 12.
589 Vgl. *Rieble*, BB 2012, 2177, 2178; krit. zum Ansatz, die Arbeitnehmerüberlassung als eigenständige Tarifbranche anzusehen *Franzen*, BB 2009, 1472, 1473; *Jacobs*, ZfA 2010, 27, 58; *Lembke*, NZA 2007, 1333, 1337.
590 Vgl. die Richtlinie über die Organisationszuständigkeit der DGB-Gewerkschaften für Arbeitnehmer/innen aus Betrieben der Zeit- und Leiharbeit (RL Organisationszuständigkeit Zeit- und Leiharbeit) vom 5.3.2003, abgedruckt in: DGB, Ratgeber Zeitarbeit – Handlungshilfe für Betriebs- und Personalräte, 2003, S. 33; dazu *Jacobs*, ZfA 2010, 27, 58.
591 Vgl. *Löwisch/Rieble*, TVG, § 2 Rn. 224; *Rieble*, BB 2012, 2177, 2180 f.

III. Schlechterstellungsverbot bzw. Grundsatz des Equal Pay/Treatment § 9

(aa) IG Metall

Die Satzung der IG Metall (gültig ab 1. Januar 2012) sieht in § 1 vor, dass der Organisationsbereich der IG Metall nach Maßgabe des § 3 und des Organisationskatalogs dieser Satzung (Anhang) folgende Wirtschaftszweige und Betriebe umfasst: **366**

– Metallindustrie, Metallgewinnung, Eisen und Stahl erzeugende Industrie, Metallhandwerk und anverwandte Industrien, Handwerks- und Dienstleistungszweige;

– Textil- und Bekleidungswirtschaft und anverwandte Wirtschaftszweige und Betriebe;

– Holzbearbeitung, Holzverarbeitung und Kunststoffverarbeitung.

In dem – in Ziffer 2 des Anhangs zur Satzung enthaltenen – Organisationskatalog ist einleitend Folgendes geregelt: „Der Organisationsbereich der IG Metall gemäß § 1 Satz 4 und § 3 Ziffer 1 umfasst insbesondere die Betriebe folgender Wirtschaftszweige, Wirtschaftsgruppen und Branchen *einschließlich der Arbeitnehmer/innen, die von einem Verleihbetrieb an die vom Organisationsbereich der IG Metall erfassten Betriebe (Entleihbetriebe) zur Arbeitsleistung überlassen sind,* sowie *Verleihbetriebe*, die ausschließlich oder *ganz überwiegend an Betriebe Arbeitnehmerüberlassung betreiben,* die *vom Organisationsbereich der IG Metall erfasst* werden: …"

(bb) IG BCE

Die Satzung der IG BCE (Stand: 12.10.2009) regelt in § 1 Abs. 3: „Mitglied der IG BCE können werden, die Arbeitnehmerinnen und Arbeitnehmer, … der Betriebe, Unternehmen und Konzerne folgender Industriebereiche …: Bergbau, Chemie, Energie, Erdöl und Erdgas, Glas, Kautschukverarbeitung, Keramik, Kunststoffe und nichtmetallische Werkstoffe, Leder, Papier, Umwelt, Wasser und Ver- und Entsorgungsbetriebe. Mitglied werden können *auch Arbeitnehmer/-innen, die von einem Verleihbetrieb an die vom Organisationsbereich der IG BCE erfassten Betriebe (Entleihbetrieb)* zur Arbeitsleistung *überlassen* sind, sowie aus Verleihbetrieben, die ausschließlich oder ganz überwiegend an Betriebe Arbeitnehmerüberlassung betreiben, die vom Organisationsbereich der IG BCE erfasst werden. …." **367**

§ 9   Unwirksamkeit

(cc) IG BAU

368 Die Satzung der IG Bauen-Agrar-Umwelt (IG BAU – Stand: 11/2009) regelt in § 2 Abs. 1 und 2, dass die IG BAU für folgende Wirtschafts- und Verwaltungszweige zuständig ist: Baugewerbe, Baustoffindustrie, Entsorgung und Recycling, Agrar- und Forstwirtschaft, Gebäudemanagement, Umwelt- und Naturschutz. Näheres bestimme der – in Anlage 1 enthaltene – Organisationskatalog. Dort heißt es unter Ziffer 4: „Zum Organisationsbereich gehören zudem *Arbeitnehmer/Innen*, die von einem Betrieb oder einer selbstständigen Betriebsabteilung *an vom Organisationsbereich erfasste Betriebe oder selbstständige Betriebsabteilungen (Entleihbetriebe) zur Arbeitsleistung überlassen* sind oder *überwiegend überlassen werden*, sowie *aus Verleihbetrieben oder selbstständigen Verleihbetriebsabteilungen*, die *überwiegend an vom Organisationsbereich erfasste* Betriebe oder selbstständige Betriebsabteilungen *Arbeitnehmer überlassen*."

(dd) ver.di

369 Nach § 4 Abs. 1 und 2 der Satzung von ver.di (Stand: März 2012) umfasst der Organisationsbereich der ver.di „Unternehmen, Betriebe, Einrichtungen und Verwaltungen der im Anhang 1 aufgeführten Bereiche sowie alle Mitglieder, die im Zeitpunkt der Eintragung der Verschmelzung zur ver.di Mitglied der DAG waren. Der Organisationsbereich schließt Nebenbetriebe sowie rechtlich ausgegliederte und selbstständige – jedoch wirtschaftlich zugeordnete – Dienstleistungsbetriebe ein. Er erfasst auch ver.di und ihre Einrichtungen. Das Nähere regelt der in Anhang 1 zu dieser Satzung aufgeführte Organisationskatalog, der Bestandteil dieser Satzung ist. Anhang 1 enthält folgende Bestimmungen:

„1. Der Organisationsbereich der ver.di umfasst: alle Arbeitnehmer/innen, … im Organisationsgebiet der ver.di in den folgenden Branchen, Wirtschaftszweigen und Berufen:

…

1.2 Handel, Banken, Versicherungen

…

1.2.4 Sonstiger privater Dienstleistungsbereich

Sonstige Unternehmen und Organisationen des Dienstleistungsbereichs einschließlich rechtlich ausgegliederter bzw. selbstständiger, jedoch wirtschaftlich-organisatorisch zugeordneter Dienstleistungsbetriebe, z.B. Datenverarbeitung, Organisation, Verwaltung und Bildungseinrichtungen sowie ihre Verbände.

Dies umfasst auch *Betriebe der gewerblichen Arbeitnehmerüberlassung, sofern diese Leistungen für den allgemeinen Markt oder, ausschließlich oder überwiegend, Leistungen für Betriebe und Verwaltungen im Organisationsbereich der ver.di anbieten.* Die Zuständigkeit erstreckt sich außerdem auf Arbeitnehmer/innen, die *von einem Verleihbetrieb an die vom Organisationsbereich der ver.di erfassten Betriebe und Verwaltungen (Entleihbetrieb) zur Arbeitsleistung überlassen* sind.
...

1.2.4.3 Verleihwesen

Leasingunternehmen, Autoverleiher und sonstige Verleihunternehmen.
..."

Im Rahmen des Beschlussverfahrens zur Tariffähigkeit der CGZP (vgl. Rn. 294ff.) hatte das ArbG Berlin im erstinstanzlichen Beschluss ausgeführt, die gewerbliche Arbeitnehmerüberlassung lasse sich nicht unter den in der ver.di-Satzung enthaltenen Oberbegriff „1.2.4 Sonstiger privater Dienstleistungsbereich" subsumieren. Die aufgeführten Beispiele unter diesem Obergriff ergäben zum einen keinen Anhaltspunkt dafür. Zum anderen sei zu berücksichtigen, dass Zeitarbeitsunternehmen einen eigenen Wirtschaftszweig innerhalb des Dienstleistungssektors bildeten. Auch die Subsumtion der gewerblichen Arbeitnehmerüberlassung/Zeitarbeit unter den Begriff „1.2.4.3 Verleihwesen" sei nicht möglich. Die unter diesem Oberpunkt aufgeführten Begriffe „Leasingunternehmen, Autoverleiher und sonstige Verleihunternehmen" verwiesen darauf, dass es sich hierbei um das Verleihen von Sachen handele.[592] Vor diesem Hintergrund ist die Satzung von ver.di in Ziffer 1.2.4 des Anhangs 1 um die Sätze 2 und 3 zur Arbeitnehmerüberlassung erweitert worden. Das BAG hat im CGZP-Beschluss vom 14.12.2010 die Frage offen gelassen, ob ver.di nach Nr. 1.2.4.3 Anhang 1 der ver.di-Satzung oder jedenfalls auf Grund der Anfügung der Sätze 2 und 3 an Nr. 1.2.4 Anhang 1 der ver.di-Satzung umfassend für den Bereich der gewerblichen Arbeitnehmerüberlassung tarifzuständig ist.[593]

370

---

[592] ArbG Berlin 1.4.2009 – 35 BV 17008/08, NZA 2009, 740, 744.
[593] BAG, 14.12.2010 – 1 ABR 19/10, BZA 2011, 289, 293, Rn. 45.

§ 9   Unwirksamkeit

(ee) GEW

371   In der Satzung der Gewerkschaft Erziehung und Wissenschaft (GEW – Stand: August 2012) heißt es in § 6 Abs. 1 und 2: „Der Organisationsbereich der GEW umfasst a) die Beschäftigten in pädagogischen und sozialpädagogischen Berufen, b) Angehörige von Hochschulen und Forschungseinrichtungen, c) Beschäftigte in privaten Bildungseinrichtungen. In ihrem Bereich ist die GEW zuständig für die ihr im Rahmen des DGB zufallenden Gruppen von Arbeitnehmerinnen und Arbeitnehmern, Beamtinnen und Beamte und nichtbetriebsgebundene Freie Mitarbeiterinnen und Mitarbeiter. *Dies gilt auch für die in diesen Bereichen beschäftigten Arbeitnehmerinnen und Arbeitnehmer aus Arbeitnehmerüberlassungen (Leiharbeit).* ..."

(ff) NGG

372   Die Satzung der Gewerkschaft Nahrung-Genuss-Gaststätten (NGG – gültig ab 1.1.2009) regelt in § 4 Abs. 1 u.a., dass Mitglied Arbeitnehmer/innen werden, die in einem zum Organisationsbereich (§ 2) gehörenden Unternehmen oder Betrieb beschäftigt sind, *als Leiharbeitnehmer/innen eingesetzt werden* oder eine einschlägige schulische Ausbildung erfahren.

(gg) EVG

373   Die Satzungen der Eisenbahn- und Verkehrsgewerkschaft (EVG – Stand 24.11.2011) enthält hingegen keine spezifischen Regelungen zur Tarifzuständigkeit im Hinblick auf Leiharbeitnehmer bzw. den Bereich der Arbeitnehmerüberlassung. Denkbar ist allerdings, Leiharbeitnehmer als „Beschäftigte" der Deutsche Bahn AG oder der sonstigen in den Zuständigkeitsbereich der EVG fallenden Unternehmen bzw. Betriebe oder Einrichtungen anzusehen.

(hh) GdP

374   Die Gewerkschaft der Polizei (GdP) organisiert nach § 1 Abs. 3 ihrer Satzung (Stand: 24.11.2010) die Beschäftigten der Polizei sowie des Vollzugsbereichs der Zollverwaltung (Bundesfinanzpolizei) in der Bundesrepublik Deutschland. Nach § 4 Abs. 1 können die Beschäftigten und ehemals Beschäftigten der Polizei sowie Beschäftigte der GdP und ihrer Wirtschaftsunternehmen Mitglieder der GdP werden, soweit sie sich zu den Zielen und Aufgaben der GdP bekennen. Spezifische Rege-

III. Schlechterstellungsverbot bzw. Grundsatz des Equal Pay/Treatment § 9

lungen zur Tarifzuständigkeit im Hinblick auf Leiharbeitnehmer bzw. den Bereich der Arbeitnehmerüberlassung enthält die Satzung nicht.

(e) Tarifzuständigkeit der CBG-Gewerkschaften

Fraglich ist auch, inwieweit die CGB-Gewerkschaften, die im Bereich der Arbeitnehmerüberlassung Tarifverträge abgeschlossen haben (vgl. Rn. 200 ff.; 215 ff.), eine Tarifzuständigkeit im Hinblick auf Leiharbeitnehmer bzw. den Bereich der Arbeitnehmerüberlassung haben, der sich mit der Tarifzuständigkeit der Arbeitgeber (vgl. Rn. 341, 344) deckt. 375

Sieht man die Arbeitnehmerüberlassung als eigenen Wirtschaftszweig im tarifrechtlichen Sinne an (vgl. Rn. 364), bedürften die Gewerkschaften einer expliziten Regelung in ihrer Satzung zur Tarifzuständigkeit im Bereich der Leiharbeitnehmer bzw. im Hinblick auf Leiharbeitnehmer. Dies ist jedoch der falsche Ansatz, weil die Regelung der Tarifzuständigkeit in die grundrechtlich gewährleistete Satzungsautonomie nach Art. 9 Abs. 1 und 3 GG fällt (vgl. Rn. 349). Maßgeblich ist daher alleine die Auslegung der Satzung entsprechend der Grundsätze der Gesetzesauslegung (vgl. Rn. 350). Dabei spricht vieles dafür, dass die satzungsmäßige Tarifzuständigkeit der Gewerkschaften für bestimmte Berufe oder Branchen die Zuständigkeit nicht nur „normale Arbeitnehmer", sondern auch die Leiharbeitnehmer umfasst, die in diesen Berufen bzw. Branchen tätig werden. Dies folgt nicht nur aus § 3a AÜG („Gewerkschaften ..., die *zumindest auch für* ihre jeweiligen *in der Arbeitnehmerüberlassung tätigen Mitglieder zuständig* sind"), sondern ergibt sich regelmäßig auch aus einer Auslegung der entsprechenden Satzungsbestimmungen.[594] 376

Im CGZP-Beschluss vom 14.12.2010 (Rn. 295) hat das BAG zu den Zuständigkeiten der CGZP-Mitgliedsgewerkschaften Ausführungen gemacht, allerdings unter Verstoß gegen die nach § 97 Abs. 5 ArbGG bestehende Pflicht zur Aussetzung des Verfahrens von Amts wegen, wenn – wie im CGZP-Verfahren – die Tarifzuständigkeit der beteiligten Verbände (hier: der Arbeitnehmerverbände, die der CGZP angeschlossen waren) streitig und entscheidungserheblich ist (vgl. Rn. 255 ff.).[595] Da die Ausführungen des BAG nicht in einem gesonderten Beschlussverfahren zur Tarifzuständigkeit der jeweiligen Gewerkschaft ergangen sind, entfalten sie keine Inter-omnes-Wirkung (vgl. dazu Rn. 260 f.). 377

---

594 Vgl. auch *Bayreuther*, NZA 2012, 14, 15.
595 Diesen Verstoß wird auch zutr. beanstandet von *Löwisch/Rieble*, TVG, § 2 Rn. 294.

§ 9   Unwirksamkeit

(aa) CGM

378 Der Organisationsbereich der Christlichen Gewerkschaft Metall (CGM, zur Tariffähigkeit vgl. Rn. 285) umfasst nach § 1 Abs. 3 Satz 2 der CGM-Satzung (Stand: 10/2007) „die Bereiche der metallerzeugenden und -verarbeitenden Industrie, des Metallhandwerks, der Elektroindustrie und der sonstigen Metallbetriebe". Mitglied bei der CGM kann gemäß § 3 Abs. 1 der CGM-Satzung „jeder in der metallerzeugenden und -verarbeitenden Industrie, in dem Metallhandwerk, in der Elektroindustrie und in den sonstigen Metallbetrieben *Beschäftigte*" werden.

379 Im Hinblick auf diese Satzungsregelungen führte das **BAG im CGZP-Beschluss** vom 14.12.2010 (vgl. Rn. 295) zur Tarifzuständigkeit der CGM Folgendes aus:[596]

> "Es kann dahinstehen, ob die CGM nach ihrer Satzung tatsächlich nur für Leiharbeitnehmer zuständig ist, wenn die Arbeitnehmerüberlassung zwischen Metallarbeitgebern erfolgt. Hierfür könnte allerdings sprechen, dass die CGM einem solchen Satzungsverständnis in der Rechtsbeschwerdeinstanz nicht entgegengetreten ist und auch nach ihrem Vortrag eine darüber hinausgehende Zuständigkeit bisher nicht beansprucht hat. *Jedenfalls ist der Organisationsbereich der CGM auf Arbeitnehmer beschränkt, die mit einem in § 1 Abs. 3, § 3 Abs. 1 CGM-Satzung angeführten Unternehmen oder Betrieb ein Leiharbeitsverhältnis begründet haben.*"

380 Sollte das BAG unter „Leiharbeitsverhältnis" das Arbeitsverhältnis zwischen Verleiher und Leiharbeitnehmer meinen, wäre die CGM nach Auffassung des BAG nur für solche Arbeitnehmerüberlassungsfälle zuständig, in denen ein Unternehmen der metallerzeugenden und -verarbeitenden Industrie, des Metallhandwerks oder der Elektroindustrie oder ein sonstiger Metallbetrieb als Verleiher einen bei ihm angestellten Arbeitnehmer als Leiharbeitnehmer an einen Dritten (Entleiher) überlässt. Nicht erfasst wäre hingegen der – in der Praxis viel bedeutsamere – Fall der Arbeitnehmerüberlassung an als Entleiher auftretende Unternehmen der metallerzeugenden und -verarbeitenden Industrie, des Metallhandwerks oder der Elektroindustrie oder einen sonstigen Metallbetrieb. Damit wäre die CGM für den wichtigsten Einsatzbereich der Zeitarbeit nicht tarifzuständig, könnte also keine wirksamen Tarifregelungen für Leiharbeitnehmer abschließen, die an Entleiher im Me-

---

[596] BAG, 14.12.2010 – 1 ABR 19/10, NZA 2011, 289, 299, Rn. 98; zu Recht krit. zu diesen kryptischen Ausführungen *Löwisch*, SAE 2011, 61, 67.

III. Schlechterstellungsverbot bzw. Grundsatz des Equal Pay/Treatment § 9

tall- und Elektrobereich überlassen werden. Dies hätte zur Folge, dass Zeitarbeitsunternehmen mit Leiharbeitnehmer, die in den Metall- und Elektrobereich überlassen werden, mangels Tarifzuständigkeit der CGM nicht in den Geltungsbereich der von CGM im Bereich der Arbeitnehmerüberlassung abgeschlossenen Tarifverträge fallen, so dass die Inbezugnahme derartiger Tarifverträge (z.B. des mit AMP abgeschlossenen mehrgliedrigen Tarifvertrags vom 15.3.2010, vgl. Rn. 215) nicht für die Dauer der Überlassung vom Grundsatz des Equal Pay/Treatment befreite.

Es ist aber fraglich, ob die oben zitierte Aussage des BAG in diesem Sinne zu verstehen ist. Denn der Begriff des „Leiharbeitsverhältnisses" ist mehrdeutig. Unter „Leiharbeitsverhältnis" kann man sowohl das Arbeitsverhältnis („Grundverhältnis") zwischen Verleiher und Leiharbeitnehmer (vgl. §§ 11 Abs. 1, 15a Abs. 1 Satz 1, 19 Satz 2 AÜG) als auch das Arbeitsverhältnis („Erfüllungsverhältnis") zwischen Entleiher und Leiharbeitnehmer verstehen. Kennzeichen der Arbeitnehmerüberlassung ist eine „gespaltene Arbeitgeberstellung", was dazu führt, dass der Leiharbeitnehmer zwei (Leih-)Arbeitsverhältnisse hat. Dies erkennen mittlerweile nicht nur der EuGH,[597] sondern auch das BAG an.[598] (vgl. auch § 13a Rn. 23, 33; § 13 Rn. 5). So wird der Begriff „Leiharbeitsverhältnis" auch in der Literatur gelegentlich für das Rechtsverhältnis zwischen Entleiher und Leiharbeitnehmer verwandt.[599] Außerdem hat der EuGH in der Entscheidung vom 21.10.2010 („Albron Catering") den konzerninternen Entleiher explizit als „nichtvertraglichen Arbeitgeber" bezeichnet, mit dem der Leiharbeitnehmer in einem „Arbeitsverhältnis" stehe, das nach der Betriebsübergangsrichtlinie (bzw. § 613a Abs. 1 BGB) auf den Betriebserwerber übergehen könne.[600] Daher mag das BAG mit „Leiharbeitsverhältnis" also auch das Rechtsverhältnis zwischen Entleiher und Leiharbeitnehmer gemeint haben. Dann wäre die CGM auch für die Fälle tarifzuständig, in denen Leiharbeitnehmer an ein als Entleiher auftretendes Unternehmen des Metall- und Elektrobereichs überlassen wird.

381

---

597 Vgl. EuGH, 21.10.2010 – C-242/09, NZA 2010, 1225, 1226, Rn. 22 ff.; EuGH, 11.4.2013 – C-290/12 („Della Rocca"), BeckRS 2013, 80742, Rn. 40.
598 Vgl. BAG, 15.3.2011 – 10 AZB 49/10, NZA 2011, 653, 654 Rn. 12; zum Grund- und Erfüllungsverhältnis *Boemke*, Schuldvertrag und Arbeitsverhältnis, 1999, S. 563 ff.; *Lembke*, NZA 2011, 319, 321.
599 Vgl. z.B. *Düwell/Dahl*, DB 2007, 1699 in ihrem Aufsatz „Leiharbeitnehmer: First in, first out – Vorrang der Beendigung von *Leiharbeitsverhältnissen* vor betriebsbedingter Kündigung der Stammbelegschaft?".
600 Vgl. EuGH, 21.10.2010 – C-242/09, NZA 2010, 1225, 1226, Rn. 22 ff.

§ 9 Unwirksamkeit

382 Dafür, dass die CGM für die Fälle der Überlassung von Leiharbeitnehmern zuständig ist, in den Unternehmen des Metall- und Elektrobereichs entweder als Verleiher oder als Entleiher auftreten, spricht auch der Wortlaut der CGM-Satzung. Nach § 3 Abs. 1 kann Mitglied der CGM werden „jeder in der metallerzeugenden und -verarbeitenden Industrie, in dem Metallhandwerk, in der Elektroindustrie und in den sonstigen Metallbetrieben *Beschäftigte*". Unter den Begriff des „Beschäftigten" lässt sich sowohl der Arbeitnehmer verstehen, der bei dem Unternehmen des Metall- und Elektrobereichs angestellt ist und gelegentlich (z.B. bei Auftragsflaute) auch von seinem insoweit als Verleiher auftretenden Arbeitgeber an Dritte überlassen wird, als auch einen Leiharbeitnehmer, der in einem Entleiherunternehmen eingesetzt und tatsächlich beschäftigt wird.

383 Insgesamt ist aber festzuhalten, dass der Umfang der Tarifzuständigkeit der CGM im Bereich der Arbeitnehmerüberlassung der Klärung harrt.

(bb) DHV

384 Der Organisationsbereich der DHV – Die Berufsgewerkschaft e.V. (DHV; zur Tariffähigkeit vgl. Rn. 286) und damit deren Tarifzuständigkeit ist historisch gesehen im Wesentlichen auf die Arbeitnehmer in kaufmännischen und verwaltenden Berufen beschränkt.[601] Nach § 2 Nr. 1 UAbs. 4 der Satzung aus 2009 ist die DHV unter den dort bestimmten Voraussetzungen auch für Leiharbeitnehmer zuständig.

385 Hinsichtlich der Tarifzuständigkeit der **DHV** in Bezug auf Leiharbeitnehmer nach der DHV-Satzung aus 2009 führte das BAG im CGZP-Beschluss vom 14.12.2010 (vgl. Rn. 295) Folgendes aus:[602]

„Die DHV war nach § 2 Abs. 1 ihrer Satzung vom 12.3.2007 für Arbeitnehmer ‚insbesondere in kaufmännischen und verwaltenden Berufen' zuständig. Diese Bestimmung hat der Senat in seiner Entscheidung vom 10.2.2009 dahingehend ausgelegt, dass die DHV für Arbeitnehmer in anderen als kaufmännischen und verwaltenden Berufen nicht tarifzuständig ist (– 1 ABR 36/08 – Rn. 25, BAGE 129, 322). Danach war der Organisationsbereich der DHV im Bereich der gewerblichen Arbeitnehmerüberlassung bis zu ihrer Satzungsänderung im Jahr 2009 jedenfalls auf *Leiharbeitnehmer be-*

---

601 BAG, 17.4.2012 – 1 ABR 5/11, NZA 2012, 1104, 1108, Rn. 57 ff.; BAG, 10.2.2009 – 1 ABR 36/08, NZA 2009, 908, 911, Rn. 31 ff.
602 BAG, 14.12.2010 – 1 ABR 19/10, NZA 2011, 289, 299, Rn. 99.

III. Schlechterstellungsverbot bzw. Grundsatz des Equal Pay/Treatment § 9

schränkt, mit denen zugleich die Tätigkeit in kaufmännischen und verwaltenden Berufen vereinbart worden ist. Nach § 2 Abs. 1 Unterabs. 2 und 4 der am 12.6.2009 in das Vereinsregister eingetragenen Satzung ist die DHV nunmehr auch für Arbeitnehmer zuständig, die *in eine Branche oder in Unternehmen überlassen werden*, die in § 2 Abs. 1 Unterabs. 2 DHV-Satzung 2009 oder im Anhang zur Satzung aufgeführt sind. Selbst nach dieser Satzungsänderung erstreckt sich der Organisationsbereich der DHV aber allenfalls auf Leiharbeitnehmer für die Dauer ihres Einsatzes in Betrieben des Groß-, Außen- und Einzelhandels, der Warenlogistik, der Finanz- und Versicherungswirtschaft, der gesetzlichen Sozialversicherung sowie in Dienstleistungsbetrieben, die diesen Branchen zugeordnet sind, sowie in den im Anhang 1 genannten Branchen und Unternehmen."

Nach diversen Beschlussverfahren über die Tarifzuständigkeit des DHV[603] wurde die Satzung des DHV zuletzt auf dem außerordentlichen Gewerkschaftstag in Berlin am 16./17.11.2012 neu gefasst. § 2 regelt zum Organisationsbereich der DHV nun Folgendes:

386

„1. DHV ist tarifzuständig für alle Arbeitnehmerinnen und Arbeitnehmer in den nachfolgenden Bereichen und schließt für diese Tarifverträge ab:

- Banken, Sparkassen, Bausparkassen
- Einzelhandel
- Groß- und Außenhandel
- Handel mit Kraftfahrzeugen
- Gesetzliche Sozialversicherung
- Lagerei und Warenlogistik
- Versicherungswirtschaft
- Einrichtungen der Kranken- und Altenpflege
- Private Kliniken und Krankenhäuser
- Rettungsdienste
- Arbeiterwohlfahrt
- Deutsches Rotes Kreuz

---

603 Vgl. BAG, 17.4.2012 – 1 ABR 5/11, NZA 2012, 1104; BAG, 10.2.2009 – 1 ABR 36/08, NZA 2009, 908.

§ 9   Unwirksamkeit

- Paritätischer Wohlfahrtsverband
- Chemische Reinigung / Textilreinigungsdienstleistungen
- Fleischwarenindustrie

sowie Nebenbetriebe, die Dienstleistungen für diese erbringen, jedoch rechtlich ausgegliedert und selbstständig sind.

2. DHV ist tarifzuständig für Arbeitnehmerinnen und Arbeitnehmer in kaufmännischen und verwaltenden Berufen.

3. Die Tarifzuständigkeit erstreckt sich auch auf Arbeitnehmerinnen und Arbeitnehmer, die in einer in Ziffer 1 aufgeführten Branche im Sinne des Arbeitnehmerüberlassungsgesetzes überlassen werden."

(cc) GÖD

387   Die Gewerkschaft Öffentlicher Dienst und Dienstleistungen (GÖD; zur Tariffähigkeit vgl. Rn. 290) hat ihren Organisations- bzw. Zuständigkeitsbereich in § 2 Abs. 1 der Satzung (Stand: 1.10.2009) wie folgt geregelt:

„Der räumliche Organisationsbereich erstreckt sich auf das Gebiet der Bundesrepublik Deutschland. Der sachliche Zuständigkeitsbereich erstreckt sich auf den Bereich des öffentlichen Dienstes, insbesondere ... Er erstreckt sich auch auf den gesamten privatwirtschaftlichen Dienstleistungsbereich. Um den Bestimmtheitsgrundsätzen zu genügen, kann dieser Satzung eine Anlage beigefügt werden, die einzelne Branchen aufführt."

Nach § 5 der Satzung können Mitglieder der GÖD werden: „Arbeitnehmer und Beamte, die *im Dienst* des Bundes, der Länder, der kommunalen Verwaltungen und Betriebe oder sonstigen Körperschaften, Anstalten und Stiftungen des öffentlichen Rechts stehen, sowie Richter, Soldaten der Bundeswehr, Zivilbedienstete der Stationierungsstreitkräfte, Versorgungsempfänger, Rentner und Auszubildende und *Arbeitnehmer von privatrechtlich organisierten Dienstleistungsbetrieben und Organisationen.* ..."

388   Hinsichtlich der Tarifzuständigkeit der GÖD in Bezug auf Leiharbeitnehmer führte das BAG im CGZP-Beschluss vom 14.10.2012 – wiederum unter Verstoß gegen § 97 Abs. 5 ArbGG (vgl. Rn. 295, 377) – aus, die GÖD sei nur „für Leiharbeitsverhältnisse zuständig, die mit öffentlichen Arbeitgebern begründet" würden. Die GÖD habe ihren Organisationsbereich bisher nicht auf den gesamten Bereich der gewerblichen

III. Schlechterstellungsverbot bzw. Grundsatz des Equal Pay/Treatment § 9

Arbeitnehmerüberlassung erweitert. Zwar spreche der Wortlaut von §§ 2 Abs. 1, 5 der GÖD-Satzung von 2009 für eine umfassende Zuständigkeit der GÖD für den gesamten privatwirtschaftlichen Dienstleistungsbereich, zu dem auch die Arbeitnehmerüberlassung zähle. Eine entsprechende Ausdehnung ihres Organisationsbereichs setze aber voraus, dass die Arbeitnehmerüberlassung in einer Anlage zur Satzung der GÖD gesondert aufgeführt werde. Dies folge aus dem Regelungszusammenhang der GÖD-Satzung 2009 sowie dem Grundsatz der gesetzeskonformen Auslegung, insbesondere dem Verbot der existenzgefährdenden Satzungsauslegung. Denn eine umfassende Tarifzuständigkeit der GÖD für den privatwirtschaftlichen Dienstleistungsbereich hätte mit hoher Wahrscheinlichkeit deren Tarifunfähigkeit zur Folge.[604] Der Organisationsbereich der GÖD sei daher gegenwärtig auf Leiharbeitsverhältnisse beschränkt, die von einem Arbeitgeber des öffentlichen Dienstes begründet würden.[605] Insoweit ist wiederum unklar, was das BAG mit „Leiharbeitsverhältnis" meint. Es spricht einiges dafür, dass die GÖD nach dem Verständnis des BAG für die Fälle tarifzuständig ist, in denen Leiharbeitsverhältnisse mit öffentlichen Arbeitgebern auf Entleiher- oder Verleiherseite begründet werden, d.h. in denen Leiharbeitnehmer an oder von öffentlichen Arbeitgebern überlassen werden (vgl. oben Rn. 381f.).

(dd) medsonet

In der medsonet. Die Gesundheitsgewerkschaft (medsonet; zur zweifelhaften Tariffähigkeit vgl. Rn. 289) können nach § 3 Abs. 1 der medsonet-Satzung (Stand: 5.3.2008) „die in Einrichtungen des Gesundheitswesens und der sozialen Dienste *tätigen* Arbeitnehmer sowie Berufsanwärter, die sich in einer Berufsausbildung, einer Berufsschule oder in einem Studium befinden", Mitglied werden. Gemäß § 2 Abs. 1 der Satzung ist die medsonet „eine Gewerkschaft der Arbeitnehmer in allen Bereichen des Gesundheitswesens und der sozialen Dienste, unabhängig von deren Trägerschaft. Näheres regelt die Anlage 1 zu dieser Satzung". 389

Soweit man nicht eine ausdrückliche Regelung zur Leiharbeitnehmern verlangt, liegt die Auslegung nahe, dass die medsonet für Leiharbeitnehmer zuständig ist, die bei Einrichtungen des Gesundheitswesens 390

---

604 BAG, 14.12.2010 – 1 ABR 19/10, NZA 2011, 289, 299, Rn. 100ff.
605 BAG, 14.12.2010 – 1 ABR 19/10, NZA 2011, 289, 300, Rn. 108.

§ 9 Unwirksamkeit

und der sozialen Dienste angestellt sind oder dort im Rahmen von Arbeitnehmerüberlassung tätig werden.

(ee) ALEB

391 Die Satzung des Arbeitnehmerverbands land- und ernährungswirtschaftlicher Berufe (ALEB; zur zweifelhaften Tariffähigkeit vgl. Rn. 288) trifft in § 1 Abs. 1 für die Zuständigkeit folgende Regelung:

"Der Arbeitnehmerverband ist als Berufsverband (Gewerkschaft) der Zusammenschluss der in den land- und forstwirtschaftlichen sowie den Gartenbau-Betrieben, den Ernährungs- und Genussmittelbetrieben, dem Landhandel und dem Gaststätten- und Hotel-Gewerbe *tätigen* Arbeitnehmer."

392 Auch diesbezüglich ist eine Auslegung denkbar, dass der ALEB für Leiharbeitnehmer zuständig ist, die von oder an Gartenbau-Betriebe, Ernährungs- und Genussmittelbetriebe, Landhandel oder Unternehmen des Gaststätten- und Hotel-Gewerbes überlassen werden (vgl. Rn. 381 f.).

(ff) BIGD

393 Bei dem Beschäftigtenverband Industrie, Gewerbe, Dienstleistung (BIGD; zur zweifelhaften Tariffähigkeit vgl. Rn. 287) kann gemäß § 3.1 der Satzung (Stand: 11/2008) „unter Berücksichtigung des § 1.3 dieser Satzung jeder in der Industrie, der gewerblichen Wirtschaft, den Handwerken, der *Zeitarbeit* und *gewerblichen Arbeitnehmerüberlassung* und in den sonstigen Dienstleistungsbetrieben *Beschäftigte*" Mitglied werden.

394 § 1.3 der Satzung regelt: „Die Gewerkschaft BIGD ist eine unabhängige Gewerkschaft gegenüber politischen Parteien, Konfessionen, Regierungen und Unternehmen. Der Organisationsbereich erstreckt sich auf das Gebiet der Bundesrepublik Deutschland und umfasst die Bereiche der Industrie, der gewerblichen Wirtschaft, des Handwerks, der *Zeitarbeit* und *gewerblichen Arbeitnehmerüberlassung* und der sonstigen Dienstleistungsbetriebe, soweit nicht eine spezielle Zuständigkeit einer anderen Gewerkschaft im CGB vorliegt."

395 Ob allerdings § 1.3 der BIGD-Satzung – wonach die BIGD eine Art „Auffangzuständigkeit" für die Zeitarbeit und gewerbliche Arbeitnehmerüberlassung u.a. hat, „soweit nicht eine spezielle Zuständigkeit einer anderen Gewerkschaft im CGB vorliegt" – dem satzungsrechtli-

III. Schlechterstellungsverbot bzw. Grundsatz des Equal Pay/Treatment § 9

chen **Bestimmtheitsgebot** (vgl. Rn. 350) **entspricht**, ist **zweifelhaft**, weil die Zuständigkeit von Umständen außerhalb der eigenen Satzung der BIGD abhängt, die sich in ihr nicht niederschlagen, nämlich davon, ob andere CGB-Gewerkschaften nach ihren jeweiligen Satzungen „spezielle Zuständigkeiten" besitzen.[606]

(5) Kein Verstoß gegen höherrangiges Recht

Die Tarifverträge, welche abweichende Regelungen vom gesetzlichen Schlechterstellungsverbot zulassen oder regeln, dürfen zudem nicht gegen höherrangiges Recht (d.h. insbesondere unmittelbar anwendbare Europarecht, die Verfassung, zwingendes Gesetzesrecht) verstoßen.[607] 396

cc) Tarifbindung der Leiharbeitsvertragsparteien (§ 9 Nr. 2 Hs. 2)

Voraussetzung dafür, dass das gesetzliche Schlechterstellungsverbot bzw. der Grundsatz des Equal Pay/Treatment auf Grund tarifvertraglicher Regelungen (teilweise oder vollständig) nicht eingreift, ist ferner, dass der jeweilige Tarifvertrag im Leiharbeitsverhältnis anwendbar ist, d.h. Rechtswirkungen zwischen Leiharbeitnehmer und Verleiher entfaltet. Dies kommt – abgesehen vom Fall der Allgemeinverbindlichkeit (§ 5 TVG) – zum einen bei Tarifbindung und zum anderen bei einer wirksamen Bezugnahme der Arbeitsvertragsparteien auf den Tarifvertrag in Betracht (vgl. Rn. 225). 397

(1) Tarifliche Öffnungsklauseln

Tarifvertragliche Bestimmungen, welche Abweichungen vom Schlechterstellungsverbot **zulassen**, gelten bereits dann mit unmittelbarer und zwingender Wirkung, wenn der **Verleiher tarifgebunden** ist (Rn. 235), d.h. Mitglied des tarifschließenden Arbeitgeberverbands oder selbst Tarifvertragspartei ist (vgl. § 3 Abs. 1 TVG). 398

(2) Tarifvertragliche Abweichungen vom Equal Pay/Treatment

Tarifvertragsnormen, die selbst die Rechte und Pflichten der Leiharbeitsvertragsparteien abweichend vom gesetzlichen „Equal Treatment"-Prinzip regeln, sind **Inhaltsnormen**.[608] Sie gelten nur dann mit 399

---

606 Krit. zur Satzung der BIGD auch *Brors*, AuR 2011, 138, 141.
607 Näher HWK/*Henssler*, Einl. TVG Rn. 14 ff. m.w.N.
608 Vgl. *Lembke*, BB 2003, 98, 103 – A.A. *Röder/Krieger*, DB 2006, 2122, 2123: Betriebsnormen; zu dieser Auffassung zu Recht krit. *Böhm*, DB 2007, 168.

§ 9 Unwirksamkeit

normativer Kraft, wenn sowohl der **Verleiher** als auch der jeweilige **Leiharbeitnehmer tarifgebunden** sind (vgl. §§ 3 Abs. 1, 4 Abs. 1 TVG) oder wenn der Tarifvertrag für allgemeinverbindlich erklärt wird (§ 5 TVG). Der Fall der beiderseitigen Tarifbindung von Verleiher und Leiharbeitnehmer kommt praktisch kaum vor (vgl. Rn. 184). Denn Leiharbeitnehmer werden vernünftigerweise nicht in die tarifschließende Gewerkschaft eintreten, wenn die Gewerkschaft im Tarifvertrag schlechtere Arbeitsbedingungen vereinbart als diejenigen, welche das Gesetz durch den „Equal Treatment"-Grundsatz gewährleistet.

(3) Nachwirkende Tarifverträge

400 Die Tarifbindung bleibt bis zum Ende des Tarifvertrags bestehen, wenn der Verleiher bzw. der Leiharbeitnehmer aus der tarifschließenden Koalition austritt (§ 3 Abs. 3 TVG). An diese Fortgeltung kann sich die Nachwirkung (§ 4 Abs. 5 TVG) anschließen.[609] Die **Nachwirkung** gemäß § 4 Abs. 5 TVG genügt grundsätzlich für den Ausnahmetatbestand des § 9 Nr. 2 Hs. 2.[610] Allerdings können die Tarifvertragsparteien die Nachwirkung durch Vereinbarung ausschließen oder zeitlich begrenzen.[611] Im Nachwirkungszeitraum gelten die tariflichen Regelungen zwar nicht unabdingbar weiter, sie behalten aber ihre ordnende Funktion als kollektive Regelungen, so dass ihnen grundsätzlich weiterhin der Vorrang vor den gesetzlichen Bestimmungen gebührt.[612] Dies gilt allerdings nur so lange, als der Abschluss eines Folgetarifvertrags realistischerweise möglich erscheint[613] (vgl. unten Rn. 429, 431) Nach der Rechtsprechung des BAG erstreckt sich die Nachwirkung beendeter Tarifverträge aber **nicht** auf solche **Arbeitsverhältnisse**, die **erst im Nachwirkungszeitraum begründet** werden.[614] Zur Bezugnahme auf nachwirkende Tarifverträge unten Rn. 428ff.

---

609 HWK/*Henssler*, § 3 TVG Rn. 44.
610 *Melms/Lipinski*, BB 2004, 2409, 2412; Thüsing/*Mengel*, § 9 Rn. 36; HWK/*Kalb*, § 3 AÜG Rn. 38; *Röder/Krieger*, DB 2006, 2122, 2123; *Thüsing/Stiebert*, in: Brand/Lembke, Der CGZP-Beschluss des BAG, S. 59, 74; ErfK/*Wank*, § 3 AÜG Rn. 25. – A. A. *Ulber*, § 9 Rn. 263 ff.; *Denzel/Hummel*, AiB 2008, 567, 570 f.
611 *Bayreuther*, BB 2010, 309, 313 m.w.N.
612 Vgl. KR/*Spilger*, § 622 BGB Rn. 243 zu § 622 Abs. 4 BGB.
613 Näher zum Ende der Nachwirkung von Tarifverträgen im Bereich der Arbeitnehmerüberlassung *Bayreuther*, BB 2010, 309, 314.
614 Vgl. BAG, 22.7.1998 – 4 AZR 403/97, NZA 1998, 1287; BAG, 2.3.2004 – 1 AZR 271/03, NZA 2004, 852, 854; BAG, 15.4.2008 – 1 AZR 65/07, NZA 2008, 888, 889, Rn. 15.

III. Schlechterstellungsverbot bzw. Grundsatz des Equal Pay/Treatment   § 9

Beispiel: Der Arbeitgeber ist an einen Tarifvertrag gebunden, dessen Entgeltregelungen zum 31.12. auslaufen. Tarifgebundene Arbeitnehmer, mit denen zu diesem Zeitpunkt bereits ein Arbeitsverhältnis bestand, können auch im Folgejahr nach den tariflichen Bestimmungen vergütet werden. Gewerkschaftlich organisierte Arbeitnehmer, mit denen erst nach dem 31.12. ein Arbeitsverhältnis begründet wird, können nach §§ 10 Abs. 4, 9 Nr. 2, „equal pay" verlangen.   **401**

(4) Ausländischer Tarifvertrag

Bei grenzüberschreitender Arbeitnehmerüberlassung kann auch ein **ausländischer Tarifvertrag**, der für die Niederlassung des Verleihers im Entsendestaat gilt, vom Schlechterstellungsverbot befreien.[615] Voraussetzung ist aber, dass der ausländische Tarifvertrag einem deutschen Tarifvertrag **gleichwertig** ist[616] und die in der Rechtsverordnung nach § 3a Abs. 2 festgesetzte Lohnuntergrenze nicht unterschreitet.[617] Dieser Auffassung folgt auch die **Bundesagentur für Arbeit** als Aufsichtsbehörde (§ 17 Abs. 1); sie führt in ihren Geschäftsanweisungen Folgendes aus:[618]   **402**

> „Aus gemeinschaftsrechtlichen Gründen müssen Verleiher mit Sitz im EWR unter den gleichen Voraussetzungen von der Gleichstellungsverpflichtung abweichen können, wie Verleiher mit Sitz in Deutschland. Ein ausländischer Tarifvertrag ist daher unter den gleichen Voraussetzungen wie ein inländischer Tarifvertrag geeignet von der Gleichstellungsverpflichtung abzuweichen. Dies bedeutet u.a., dass der betreffende Tarifvertrag bestimmte Mindestanforderungen erfüllen muss. Nicht anerkannt werden könnten Tarifverträge (z.B. ein britischer Tarifvertrag), die keine gerichtlich einklagbaren Regelungen enthalten."

---

615 *Boemke*, BB 2005, 266, 270; so im Prinzip auch Ziff. 3.1.8 Abs. 14 der GA-AÜG: „Tarifverträge, die den Gleichstellungsgrundsatz verdrängen, sind solche, die nach dem 15.11.2002 im Hinblick auf den Gleichstellungsgrundsatz abgeschlossen oder angepasst wurden und auf Leiharbeitnehmer im Betrieb Anwendung finden können."
616 Näher *Franzen*, EuZA Bd. 4 (2011), S. 451, 467ff.; *Mallmann/Borchard*, AuR 2011, 413, 414; *Thüsing/Pelzner/Kock*, § 3 Rn. 100; *Sansone*, S. 399ff.; *Thüsing/Lembke*, ZfA 2007, 87, 94ff.
617 *Franzen*, EuZA Bd. 4 (2011), S. 451, 472; *Mallmann/Borchard*, AuR 2011, 413, 414; *Ulber*, AuR 2012, 426, 428.
618 Ziff. 3.1.8 Abs. 9 GA-AÜG (Stand: 2/2013).

§ 9 Unwirksamkeit

(5) Verhältnis von Zeitarbeits-Tarifverträgen zu Mindestlohnregelungen nach AEntG

403 Bezogen auf das Verhältnis zwischen Zeitarbeits-Tarifverträgen und den – kraft Allgemeinverbindlicherklärung (§ 5 TVG) oder Rechtsverordnung (§ 7 AEntG) geltenden – Mindestlohnregelungen in den von § 4 AEntG erfassten Branchen (Baugewerbe, Gebäudereinigung, Briefdienstleistungen, Sicherheitsdienstleistungen, Bergbauspezialarbeiten auf Steinkohlebergwerken, Wäschereidienstleistungen im Objektkundengeschäft, Abfallwirtschaft, Aus- und Weiterbildungsdienstleistungen nach dem SGB II oder III) normiert § 8 Abs. 3 AEntG eine Art „Vorrang des Fachtarifvertrags" vor dem Zeitarbeits-Tarifvertrag. Von den in den einzelnen Branchen festgelegten Mindestlöhnen kann nicht durch einen Zeitarbeit-Tarifvertrag oder dessen Inbezugnahme abgewichen werden.[619] Wird ein Leiharbeitnehmer vom Entleiher mit Tätigkeiten beschäftigt, die in den Geltungsbereich eines für allgemeinverbindlich erklärten Tarifvertrages nach den §§ 4, 5 Nr. 1 bis 3 und § 6 AEntG oder einer Rechtsverordnung nach § 7 AEntG fallen, hat der Verleiher zumindest die in diesem Tarifvertrag oder in dieser Rechtsverordnung vorgeschriebenen Arbeitsbedingungen zu gewähren sowie die der gemeinsamen Einrichtung nach diesem Tarifvertrag zustehenden Beiträge zu leisten (§ 8 Abs. 3 AEntG). Dies gilt aber – entgegen dem Wortlaut des § 8 Abs. 3 AEntG – nicht bereits dann, wenn der Leiharbeitnehmer eine Tätigkeit ausübt, die in den Geltungsbereich der Mindestlohnregelung fällt. Vielmehr ist erforderlich, dass der Betrieb des Entleihers in den Geltungsbereich des der Mindestlohnregelung zugrundeliegenden Tarifvertrags fällt.[620]

404 In diesem Sinne führt die **Bundesagentur für Arbeit** als Aufsichtsbehörde (§ 17 Abs. 1) in ihren Geschäftsanweisungen Folgendes aus:[621]

„Wird ein Leiharbeitnehmer mit Tätigkeiten beschäftigt, die in den Geltungsbereich eines im Anwendungsbereich des Arbeitnehmer-Entsendegesetzes (AEntG) für allgemeinverbindlich erklärten Tarifvertrages oder einer Rechtsverordnung nach dem AEntG fallen, so ist das dort vorgeschriebene Mindestentgelt zwingend zu zahlen (§ 8 Abs. 3 AEntG). Nach der Rechtsprechung des BAG (Urteil vom 21.10.2009 – Az. 5 AZR 951/08) muss der Entleihbetrieb in den betrieblichen Geltungsbereich des Tarifvertrages zur Regelung

---

619 Thüsing/*Pelzner/Kock*, § 3 Rn. 125.
620 Vgl. BAG, 21.10.2009 – 5 AZR 951/08, NZA 2010, 237, 238, Rn. 11 ff.
621 Ziff. 3.1.8 Abs. 8 GA-AÜG (Stand: 2/2013).

III. Schlechterstellungsverbot bzw. Grundsatz des Equal Pay/Treatment § 9

des Mindestlohns fallen. Darüber hinaus muss dieser Tarifvertrag auch räumlich und persönlich anwendbar sein. Ein Abweichen durch einen anderen Tarifvertrag ist dann nicht möglich. Die Vorschriften des Arbeitnehmer-Entsendegesetzes haben insoweit Vorrang in der Anwendung. Sie gehen sowohl den Bestimmungen des AÜG als speziellere Norm als auch abweichenden tariflichen Regelungen vor. Diese zwingende Regelung gilt unabhängig davon, ob der Verleiher seinen Sitz im In- oder Ausland hat."

dd) Bezugnahme auf den Tarifvertrag (§ 9 Nr. 2 Hs. 3)

Tarifliche Öffnungsklauseln, welche Abweichungen vom Schlechterstellungsverbot durch Betriebsvereinbarung oder arbeitsvertragliche Regelungen zulassen, sind im Leiharbeitsverhältnis mit einem nicht tarifgebundenen Verleiher anwendbar, wenn eine wirksame Bezugnahme auf die Tarifregelung vorliegt. **405**

Tarifverträge, die selbst Abweichungen vom „Equal Treatment"-Grundsatz regeln, sind im Leiharbeitsverhältnis mit mindestens einer nicht tarifgebundenen Partei anwendbar, wenn die (Leih-)Arbeitsvertragsparteien **wirksam** auf den Tarifvertrag Bezug nehmen (§ 9 Nr. 2 Hs. 3). **406**

(1) Bezugnahmevereinbarung

Die Bezugnahme kann ausdrücklich erfolgen, unter Umständen auch konkludent, z.B. durch betriebliche Übung. Die Bezugnahmevereinbarung bedarf der Zustimmung des Verleihers und des Leiharbeitnehmers. **407**

Möchte der Verleiher zur Vermeidung des „Equal Pay"- bzw. „Equal Treatment"-Grundsatzes künftig bestimmte Zeitarbeits-Tarifverträge (vgl. zur Tariflandschaft Rn. 200ff.) einheitlich auf seine (nicht gewerkschaftlich organisierten) Leiharbeitnehmer anwenden, muss er ihnen ein Angebot auf Änderung des Leiharbeitsvertrags mit einer entsprechenden Bezugnahmeklausel unterbreiten. Nimmt ein Leiharbeitnehmer das Änderungsangebot nicht an, kommt das Mittel der **Änderungskündigung** in Betracht. Für den Empfänger einer Änderungskündigung muss aber bereits im Zeitpunkt des Zugangs der Kündigung das Änderungsangebot hinreichend klar bestimmt bzw. bestimmbar sein. Ist das Vertragsangebot intransparent und perplex, etwa weil für den Angebotsempfänger bei einer gestaffelten Bezugnahme (z.B. „Sollten die in Ziffer 3 in Bezug genommenen Tarifverträge unwirksam werden, **408**

§ 9 Unwirksamkeit

sollen sich die Rechte und Pflichte aus diesem Arbeitsverhältnis nach den Tarifverträgen … zwischen BZA und den Mitgliedsgewerkschaften des DGB in ihrer jeweils gültigen Fassung richten") nicht hinreichend klar ist, welche der möglichen tariflichen Regelungen unter welchen Voraussetzungen überhaupt gelten sollen, ist die Änderungskündigung unwirksam[622] (vgl. zur gestaffelten Bezugnahme auch Rn. 315, 413).

409 Zudem ist die Änderungskündigung zur Vereinheitlichung der Tarifanwendung regelmäßig unwirksam, wenn und weil die von der Rechtsprechung aufgestellten strengen Anforderungen an eine betriebsbedingte **Änderungskündigung zur Entgeltkürzung** nicht erfüllt sind.[623] Die Einführung des Grundsatzes von Equal Pay/Treatment in §§ 9 Nr. 2, 3 Abs. 1 Nr. 3, 10 Abs. 4 allein rechtfertigt es jedenfalls noch nicht, im Fall des Verbandsbeitritts des Verleihers nunmehr durch Änderungskündigung das zuvor mit dem Leiharbeitnehmer vereinbarte oder ihm gesetzlich zustehende Entgelt auf das tarifliche Entgelt nach dem für den Arbeitgeber geltenden Tarifvertrag für Zeitarbeitsunternehmen abzusenken.[624]

410 Bei „Altfällen", d.h. bei vor Einführung des Grundsatzes von Equal Pay/Treatment abgeschlossenen Leiharbeitsverträgen, kommt aber ggf. ein Anspruch des Verleihers auf Vertragsanpassung wegen Störung der Geschäftsgrundlage (§ 313 Abs. 1 BGB) in Betracht.[625] Gesetzesänderungen können eine Störung der Geschäftsgrundlage darstellen.[626] Insbesondere, wenn die Anwendung des „Equal Pay/Treatment"-Grundsatzes für den Verleiher das Festhalten am unveränderten Leiharbeitsvertrag unzumutbar macht, z.B. weil er zu ganz erheblichen Mehrbelastungen führt, kann ein Anspruch auf Vertragsanpassung gegenüber dem Leiharbeitnehmer bestehen.

411 Im Übrigen muss die Vereinbarung zwischen Verleiher und Leiharbeitnehmer über die Anwendung von tarifvertraglichen Regelungen, die vom Grundsatz des Equal Pay/Treatment suspendieren, den **Grundsätzen der AGB-Kontrolle (§§ 305 ff. BGB)** standhalten. Regelmäßig werden die entsprechenden Bezugnahmeklauseln formularmäßig vom

---

622 BAG, 15.1.2009 – 2 AZR 641/07, NZA 2009, 957, 958 f., Rn. 16 ff.
623 LAG Düsseldorf, 22.2.2005 – 8 Sa 1756/04, BeckRS 2005, 40666.
624 BAG, 12.1.2006 – 2 AZR 126/05, NZA 2006, 587, 589.
625 Ebenso *Hamann*, Anm. zu BAG, 12.1.2006 – 2 AZR 126/05, EzA § 2 KSchG Nr. 56.
626 Vgl. BAG, 23.9.2003 – 3 AZR 551/02, NJOZ 2005, 365; BAG, 23.9.1997 – 3 ABR 85/96, NZA 1998, 719, 721.

III. Schlechterstellungsverbot bzw. Grundsatz des Equal Pay/Treatment § 9

Verleiher als Vertragsarbeitgeber des Leiharbeitnehmers vorformuliert und gestellt und stellen daher AGB dar. Dies gilt umso mehr, als Arbeitsverträge Verbraucherverträge i.S.d. § 310 Abs. 3 BGB sind.[627] Nehmen nicht tarifgebundene Arbeitsvertragsparteien, die sich im Geltungsbereich eines Tarifvertrags befinden, umfassend und dynamisch auf diesen (einschlägigen) Tarifvertrag Bezug, liegt keine Abweichung von Rechtvorschriften i.S.d. § 307 Abs. 3 Satz 1 BGB vor (vgl. § 310 Abs. 4 BGB), so dass eine Inhaltskontrolle ausscheidet. Allerdings muss die Bezugnahmevereinbarung – wie jede AGB-Klausel – dem **Transparenzgebot des § 307 Abs. 1 Satz 2 BGB** standhalten (vgl. § 307 Abs. 3 Satz 2 BGB). Das bedeutet, die Bezugnahmevereinbarung muss klar und verständlich sein, sonst stellt sie eine unangemessene Benachteiligung dar und ist unwirksam.[628] Eine Klausel genügt dem Bestimmtheitsgebot, wenn sie im Rahmen des rechtlich und tatsächlich Zumutbaren die Rechte und Pflichten des Vertragspartners des Klauselverwenders so klar und präzise wie möglich umschreibt. Sie verletzt das Bestimmtheitsgebot, wenn sie vermeidbare Unklarheiten und Spielräume enthält. Jedoch darf das Transparenzgebot den Verwender nicht überfordern. Die Verpflichtung, den Klauselinhalt klar und verständlich zu formulieren, besteht nur im Rahmen des Möglichen sowie des rechtlich und tatsächlich Zumutbaren.[629]

In Literatur und Rechtsprechung wird von einigen Stimmen die Auffassung vertreten, die **Bezugnahme auf einen mehrgliedrigen Tarifvertrag** sei intransparent i.S.d. § 307 Abs. 1 Satz 2 BGB. Diese Auffassung ist unzutreffend und abzulehnen (näher Rn. 310ff.). Würde sie zutreffen, gäbe es im Bereich der Arbeitnehmerüberlassung auf breiter Front keine wirksame Bezugnahmevereinbarung, weil – abgesehen von den Tarifverträgen über Branchenzuschläge – alle derzeit existierenden Verbandstarifverträge mehrgliedrige Tarifverträge sind[630] (vgl. 215f.). Im Falle einer unwirksamen Bezugnahmevereinbarung hat der Leiharbeitnehmer Ansprüche auf Equal Pay/Treatment nach Maßgabe der §§ 10 Abs. 4, 9 Nr. 2. 412

Ferner werden **gestaffelte Verweisungsklauseln** vielfach für intransparent und unwirksam gehalten (Rn. 315). 413

---

627 Vgl. *Lembke*, Arbeitsvertrag für Führungskräfte, S. 23 m.w.N.
628 Zum Transparenzgebot allg. *Lembke*, Arbeitsvertrag für Führungskräfte, S. 28f. m.w.N.
629 Zum Ganzen BAG, 31.8.2005 – 5 AZR 545/04, NZA 2006, 324, 328, Rn. 45; BAG, 25.9.2008 – 8 AZR 717/07, NZA 2009, 370, 374, Rn. 47.
630 *Lembke*, NZA 2011, 1062, 1065; vgl. auch *Stoffels*, NZA-Editorial 7/2013.

§ 9 Unwirksamkeit

414 Die einzelvertragliche **Ermächtigung des Arbeitgebers**, einseitig den im Arbeitsverhältnis maßgeblichen **Tarifvertrag zu ändern**, stellt eine unzulässige Benachteiligung des Arbeitnehmers dar und ist gemäß § 308 Nr. 4 BGB **unwirksam**.[631]

415 Für die **Praxis** ist festzuhalten, dass die **Arbeitsgerichte** tendenziell **strenge Transparenzanforderungen an Bezugnahmevereinbarungen gemäß § 9 Nr. 2 Hs. 3** stellen (vgl. auch im Rahmen der Änderungskündigung oben Rn. 408). Vor diesem Hintergrund sollte die **Bezugnahmevereinbarung so konkret wie möglich** sein und sich auf bestimmte Tarifverträge einer Tarifvertragsbeziehung zwischen einer Tarifvertragspartei auf Arbeitgeberseite (z. B. BAP) und einer auf Arbeitnehmerseite (z. B. IG Metall) beziehen, deren überlappende Tarifzuständigkeiten sich z. b. auf eine bestimmte Branche, bestimmte Berufe oder Arbeitnehmerüberlassungen in Unternehmen einer bestimmten Branche beziehen (zu den Tarifzuständigkeiten oben Rn. 356 ff.). Sofern das praktisch nicht möglich ist, z. B. weil der Leiharbeitnehmer immer wieder in unterschiedliche Branchen überlassen wird (z. B. heute in die Metallbranche, morgen in die Chemiebranche etc.), sollte in der Bezugnahmeklausel möglichst bestimmbar gemacht werden, welche konkreten Tarifverträge in den **überlassungsfreien Zeiten** gelten sollen und welche konkreten Tarifverträge in den **Zeiten der Überlassung** Anwendung finden sollen (z. B. immer diejenigen, die bei beiderseitiger Tarifbindung von Verleiher und Leiharbeitnehmer gelten würden). Um den Grundsatz von **Equal Pay** auszuschließen, ist insbesondere zu beachten, dass die Bezugnahmevereinbarung auch transparent regelt, welcher **Tarifvertrag über Branchenzuschläge** (vgl. Rn. 221 ff.) gilt (z. B. immer derjenige, der bei beiderseitiger Tarifbindung von Verleiher und Leiharbeitnehmer gelten würde).[632]

(2) Geltungsbereich des Tarifvertrags

416 Erforderlich ist es – wie bei vergleichbaren Tariföffnungsklauseln (vgl. § 622 Abs. 4 BGB, § 14 Abs. 2 Satz 4 TzBfG) –, dass sich die nicht tarifgebundenen Leiharbeitsvertragsparteien **im räumlichen, fachlichen und persönlichen Geltungsbereich des** die Ausnahmen zulassenden bzw. enthaltenden **Tarifvertrags** befinden.[633] Das bedeutet, der Tarif-

---
631 LAG Niedersachsen, 21.9.2012 – 6 Sa 113/12, BeckRS 2012, 76003, Ls. 1.
632 Vgl. auch *Böhm*, ArbRB 2013, 92 mit Vorschlägen zur Vertragsgestaltung von Bezugnahmevereinbarungen hinsichtlich der Tarifverträge über Branchenzuschläge.
633 Vgl. ErfK/*Müller-Glöge*, § 622 BGB Rn. 35.

III. Schlechterstellungsverbot bzw. Grundsatz des Equal Pay/Treatment § 9

vertrag muss (abgesehen von der fehlenden Tarifbindung) einschlägig sein bzw. – anders formuliert – die Leiharbeitsvertragsparteien müssen zur Abweichung vom Schlechterstellungsverbot auf den Tarifvertrag Bezug nehmen, der für sie gelten würde, wenn sie beide tarifgebunden wären.[634]

(a) „Fremder" Tarifvertrag

Die Bezugnahme auf einen **branchenfremden Tarifvertrag reicht** für § 9 Nr. 2 Hs. 3 folglich **nicht aus**. Ferner ist die **Inbezugnahme eines Firmentarifvertrags** durch Leiharbeitsvertragsparteien eines anderen Unternehmens **nicht möglich**, weil sie sich nicht im räumlichen Geltungsbereich des Tarifvertrags befinden.[635] **417**

(b) Mischbetriebe bzw. Mischunternehmen

Da das AÜG die individualvertragliche Inbezugnahme der vom Grundsatz des Equal Pay/Treatment abweichenden Tarifverträge nur „im Geltungsbereich eines solchen Tarifvertrages" zulässt, stellen sich besondere Probleme im Hinblick auf sog. „Mischbetriebe", in denen nicht nur Arbeitnehmerüberlassung, sondern überwiegend eine andere Geschäftstätigkeit betrieben wird. Es fragt sich, ob Unternehmen mit derartigen Mischbetrieben in den Geltungsbereich der Tarifverträge der Zeitarbeitsbranche fallen und ob sie die Tarifverträge in Bezug nehmen können, um die Anwendung des Grundsatzes von Equal Pay/Treatment zu vermeiden. **418**

Mischbetriebe liegen vor, wenn der Arbeitgeber in einem Betrieb mehrere unterschiedliche Geschäftszwecke verfolgt.[636] Bezogen auf das AÜG werden solche Betriebe als Mischbetriebe bezeichnet, die sowohl Arbeitnehmer in eigener Betriebsstätte beschäftigen, als auch bei sich bietender Gelegenheit Arbeitnehmer Dritten zur Arbeitsleistung überlassen.[637] Im Bereich der Arbeitnehmerüberlassung machen Mischunternehmen bzw. Unternehmen mit Mischbetrieben einen **großen Anteil** **419**

---

634 *Däubler*, DB 2008, 1914, 1916; *Hamann*, BB 2005, 2185; Thüsing/*Pelzner/Kock*, § 3 Rn. 105; *Raab*, ZfA 2003, 389, 411.
635 Thüsing/*Pelzner/Kock*, § 3 Rn. 105.
636 BAG, 22.3.1994 – 1 ABR 47/93, EzA Nr. 10 zu § 4 TVG Geltungsbereich unter II 1.
637 BT-Drs. 15/6008, S. 14; Ziff. 1.1.3 Abs. 2 GA-AÜG; näher *Lembke/Distler*, NZA 2006, 952, 953.

§ 9 Unwirksamkeit

der Verleiher aus.[638] Nach h.M. erfasst die **Leiharbeitsrichtlinie** auch Mischunternehmen, die ihre Arbeitnehmer hauptsächlich zum Einsatz im eigenen Betrieb einstellen, diese aber im Laufe des Arbeitsverhältnisses bei Bedarf auch an Dritte zur Arbeitsleistung überlassen.[639] Dementsprechend findet das **AÜG** – insbesondere auch die Erlaubnispflicht bei Arbeitnehmerüberlassung im Rahmen einer wirtschaftlichen Tätigkeit – nach h.M. auch auf Mischunternehmen Anwendung, deren Zweck nicht überwiegend auf die Arbeitnehmerüberlassung gerichtet ist. Danach kommt es für die Anwendbarkeit des **AÜG** nicht auf den überwiegenden Zweck des Betriebs an, sondern es genügt, wenn die Arbeitnehmerüberlassung als solche im Einzelfall der Hauptzweck des Geschäfts ist. Ansonsten könnte die Arbeitnehmerüberlassung innerhalb eines Mischunternehmens bzw. Mischbetriebs als Nebengeschäft betrieben werden, wodurch eine Umgehung der Schutzzwecke des AÜG ermöglicht würde.[640]

420 Nach **(noch) h.M.** fallen Mischbetriebe, in denen überwiegend andere Tätigkeiten als Arbeitnehmerüberlassung ausgeübt werden, **nicht** in den **fachlichen Geltungsbereich** der Zeitarbeits-Tarifverträge, so dass eine **Inbezugnahme** der Zeitarbeits-Tarifverträge zum Zwecke des Ausschlusses des Grundsatzes von Equal Pay/Treatment **ausgeschlossen** ist.[641] Die h.M. zieht die allgemeine Rechtsprechung des BAG zur Anwendbarkeit von Tarifverträgen in Mischbetrieben heran. Nach dieser Rechtsprechung kommt es bei Mischbetrieben für die Bestimmung des einschlägigen Tarifvertrags nach dem **Grundsatz der Tarifeinheit** (d.h. dass pro Betrieb nur ein Tarifvertrag gelten kann) darauf an, mit

---

638 Zum 30.6.2004 waren 53 % der Verleihbetriebe sog. Mischbetriebe, die nicht überwiegend Arbeitnehmerüberlassung betreiben (vgl. 10. Erfahrungsbericht zum AÜG, BT-Drs. 15/6008, S. 14, 26; *Lembke/Distler*, NZA 2006, 952, 953), zum 31.12.2008 waren es ca. 30 % (vgl. 11. Erfahrungsbericht zum AÜG, BT-Drs. 17/464, S. 37).
639 *Hamann*, EuZA 2009, 287, 298f.; *Hamann*, RdA 2011, 321, 323; *Lembke*, DB 2011, 414, 416; *Rieble/Vielmeier*, EuZA 2011, 474, 481; *Sansone*, S. 454; *Ulber*, AuR 2010, 10, 11. – A.A. *Boemke*, RIW 2009, 177, 178, wonach nur Fälle der sog. „unechten Leiharbeit" erfasst seien, in denen von vornherein die Absicht der Überlassung bestehe; BT-Drs. 17/4804, S. 8.
640 Zum Ganzen s. etwa BAG, 8.11.1978 – 5 AZR 261/77, NJW 1979, 2636, 2637f.; BAG, 9.2.2011 – 7 AZR 32/10, NZA 2011, 791, 794, Rn. 32; *Hamann*, RdA 2011, 321, 323; Schüren/Hamann/*Hamann*, § 1 Rn. 241; Schaub/*Koch*, § 120 Rn. 12; *Lembke/Distler*, NZA 2006, 952, 953; *Sandmann/Marschall/Schneider*, § 1 Rn. 33; *Sansone*, S. 94, 119; ErfK/*Wank*, § 1 Rn. 26; *Ulber*, § 1 Rn. 187.
641 Thüsing/*Pelzner/Kock*, § 3 Rn. 98, 105; Thüsing/*Stiebert*, in: Brand/Lembke, Der CGZP-Beschluss des BAG, S. 59, 75; *Ulber*, § 9 Rn. 121, 310; ErfK/*Wank*, § 3 Rn. 22b.

III. Schlechterstellungsverbot bzw. Grundsatz des Equal Pay/Treatment § 9

welchen Tätigkeiten die Arbeitnehmer nach der Arbeitszeit im Kalenderjahr überwiegend beschäftigt werden.[642] Mischbetriebe, in denen weniger als 50% der von allen Arbeitnehmern des Betriebs geleisteten Arbeitszeit Leiharbeit ist, fallen also nicht unter den fachlichen Geltungsbereich der Zeitarbeit-Tarifverträge.

Diese Auffassung vertritt auch die **Bundesagentur für Arbeit** als Aufsichtsbehörde (§ 17 Abs. 1). In ihren Geschäftsanweisungen führt sie insoweit Folgendes aus:[643]

„Betriebe mit unterschiedlichen Betriebszwecken (Mischbetriebe), die auch Arbeitnehmerüberlassung betreiben, können vom Gleichstellungsgrundsatz durch Anwendung eines Tarifvertrages der Arbeitnehmerüberlassung abweichen, wenn sie unter dessen Geltungsbereich fallen. Für die Bestimmung des Geltungsbereichs eines Tarifvertrags ist entscheidend, welche Betriebe der Tarifvertrag nach dem Willen der Tarifvertragsparteien erfassen soll. Auch nach der Aufgabe des Grundsatzes der Tarifeinheit durch das Bundesarbeitsgericht am 7.7.2010 (4 AZR 549/08) wird man regelmäßig davon ausgehen können, dass nach dem Willen der Tarifvertragsparteien der Arbeitnehmerüberlassung nur solche Mischbetriebe unter den Geltungsbereich ihrer Tarifverträge fallen sollen, die arbeitszeitlich überwiegend Arbeitnehmerüberlassung betreiben (sog. **Überwiegensprinzip**). Mit der Organisation von Arbeitgeber- und Arbeitnehmerverbänden nach dem Branchenprinzip geht einher, dass sich die von ihnen vereinbarten Regelungen grundsätzlich nur auf zur Branche gehörende Betriebe erstrecken sollen. Die Zugehörigkeit eines Betriebes zu einer Branche kann bei unterschiedlichen Betriebszwecken über das Überwiegensprinzip bestimmt werden. Mischbetriebe, die nicht überwiegend Arbeitnehmerüberlassung betreiben und ihre nicht verliehenen Arbeitnehmer nach dem jeweiligen Branchentarifvertrag beschäftigen, können vom Gleichstellungsgrundsatz des § 3 Abs. 1 Nr. 3 abweichen, wenn dieser Tarifvertrag eine ausdrückliche Klausel enthält, wonach er im Falle des Verleihs des Arbeitnehmers ebenfalls anwendbar ist. Fällt der Mischbetrieb nicht unter den Geltungsbereich eines Tarifvertrags der Arbeitnehmerüberlassung und ist auch der von ihm angewandte

---

642 Vgl. BAG, 19.2.2003 – 4 AZR 118/02, AP Nr. 17 zu § 2 TVG Tarifzuständigkeit unter III 2a; BAG, 22.3.1994 – 1 ABR 47/93, EzA Nr. 10 zu § 4 TVG Geltungsbereich unter B II 2; BAG, 5.9.1990 – 4 AZR 59/90, AP Nr. 19 zu § 4 TVG Tarifkonkurrenz.
643 Ziff. 3.1.8 Abs. 5 GA-AÜG (Stand: 2/2013).

§ 9 Unwirksamkeit

Branchentarifvertrag nicht für den Fall des Verleihs des Arbeitnehmers anwendbar, so gilt der Gleichstellungsgrundsatz."

422 Die h.M. ist mit der stark im Vordringen befindlichen **Gegenauffassung** abzulehnen.[644] Verleihunternehmen mit Mischbetrieben können **unabhängig vom Überwiegensprinzip** die Anwendbarkeit der Zeitarbeits-Tarifverträge mit ihren Leiharbeitnehmern vereinbaren, um den Grundsatz des Equal Pay/Treatment zu suspendieren. Dies gilt jedenfalls, solange die Tarifvertragsparteien Mischbetriebe nicht vom Geltungsbereich der Zeitarbeit-Tarifverträge explizit ausnehmen. Davon ist aber – jedenfalls derzeit – nicht auszugehen.[645] Angesicht der großen Anzahl der Mischbetriebe an den Verleihunternehmen insgesamt (vgl. Rn. 414) kann weder den Verbandstarifvertragsparteien noch dem Gesetzgeber unterstellt werden, dass für die Mischbetriebe die Möglichkeit der Tarifausnahme durch Bezugnahme auf abweichende Zeitarbeits-Tarifverträge ausgeschlossen werden soll. Dies gilt umso mehr, als die Mischbetriebe dem AÜG und der Erlaubnispflicht unterfallen und die Zeitarbeits-Tarifverträge keine „fremden" Tarifverträge für sie sind. Unabhängig davon, ob der Grundsatz der Tarifeinheit nach seiner Aufgabe überhaupt noch eine Rolle spielen kann, geht im vorliegenden Kontext der Zweck der Tariföffnungsklausel im AÜG, die Arbeitsbedingungen für Leiharbeitnehmer abweichend vom Grundsatz des Equal Pay/Treatment flexibel zu gestalten (Rn. 183), dem Grundsatz der Tarifeinheit vor.[646]

423 In der **Praxis** bleibt Unternehmen mit Mischbetrieben bis zu einer höchstrichterlichen Klärung der Rechtslage nur, entweder ein eigenständiges Verleihunternehmen zu gründen, das ausschließlich Arbeitnehmerüberlassung betreibt, oder mit einer tarifzuständigen und tariffähigen Gewerkschaft einen Firmentarifvertrag abzuschließen, der von seinem Geltungsbereich her auch explizit Mischbetriebe erfasst.

424 Ferner kommt im Hinblick auf die Weisungslage bei der Bundesagentur für Arbeit noch in Betracht, innerhalb des Mischbetriebs eine **eigenständige Organisationseinheit** (z.B. eine selbstständige Betriebsabtei-

---

644 *Lembke/Distler*, NZA 2006, 952 ff.; *Bissels/Khalil*, BB 2013, 315, 317 f.; *Däubler*, DB 2008, 1914, 1916; HWK/*Kalb*, § 3 AÜG Rn. 38; *Popp*, in: Böhm/Hennig/Popp, Zeitarbeit, Rn. 1167; DFL/*Reineke*, § 3 AÜG Rn. 32; *Sansone*, S. 388 f.; *Steuer*, S. 214 ff.; in diesem Sinne auch *Nebeling/Gründel*, BB 2009, 2366, 2370; Thüsing/Mengel, § 9 Rn. 37.
645 Vgl. zu den Tarifregelungen zum Geltungsbereich *Lembke/Distler*, NZA 2006, 952, 955.
646 Ausführlich zum Ganzen *Lembke/Distler*, NZA 2006, 952, 954 ff.

III. Schlechterstellungsverbot bzw. Grundsatz des Equal Pay/Treatment § 9

lung für Arbeitnehmerüberlassung) zu schaffen, in der die Arbeitnehmerüberlassung durchgeführt wird und die in den Geltungsbereich des jeweiligen Zeitarbeits-Tarifvertrag fällt.[647] In ihren Geschäftsanweisungen führt die **Bundesagentur für Arbeit** Folgendes aus:[648]

> „Besitzt ein Unternehmen mehrere Betriebe verschiedener Wirtschaftsrichtungen (z. B. dadurch, dass eine Betriebsabteilung ‚Leiharbeit' ausgegliedert und verselbstständigt wird), so gilt für jeden Betrieb der entsprechende Tarifvertrag seiner wirtschaftlichen Betätigung, also für den Betrieb ‚Leiharbeit' bei entsprechender Verbandszugehörigkeit des Arbeitgebers der Tarifvertrag mit dem Verband der Zeitarbeit."

Allerdings ist diese Option mit Vorsicht zu genießen. Denn es wird vertreten, dass selbstständige Betriebsabteilungen eines Mischbetriebs, in dem fachfremde – also andere als die überwiegend ausgeübten – Tätigkeiten verrichtet werden, nur dann aus dem (fachlich-betrieblichen) Geltungsbereich des Tarifvertrags fallen, wenn nach dem jeweiligen Tarifvertrag selbstständige Betriebsabteilungen als Betriebe im Sinne der Regelung des tariflichen Geltungsbereichs gelten.[649] Der Umfang des tariflichen Geltungsbereichs wird von den Tarifvertragsparteien im Rahmen ihrer satzungsmäßigen Zuständigkeit autonom festgelegt (vgl. Rn. 349). Soweit die Tarifvertragsparteien keine Regelungen zur Einbeziehung selbstständiger Betriebsabteilungen getroffen haben, wird angenommen, dass eine Einbeziehung der Betriebsabteilungen nach dem Prinzip der Tarifeinheit stattfindet.[650]   425

(c) Grenzüberschreitende Arbeitnehmerüberlassung

Bei grenzüberschreitender Arbeitnehmerüberlassung kann auch ein **ausländischer Tarifvertrag**, der für die Niederlassung des Verleihers im Entsendestaat gilt, vom Schlechterstellungsverbot befreien, voraus-   426

---

647 Vgl. *Lembke/Distler*, NZA 2006, 952, 954; *Nebeling/Gründel*, BB 2009, 2366, 2370f.; Thüsing/*Pelzner/Kock*, § 3 Rn. 99 unter Verweis auf BAG, 11.9.1991 – 4 AZR 40/91, AP Nr. 145 zu § 1 TVG Tarifverträge: Bau; zum Begriff der selbstständigen Betriebsabteilung BAG, 24.4.2010 – 19 AZR 759/08, NZA 2010, 671; BAG, 28.9.2005 – 10 AZR 28/05, NZA 2006, 379, 381f.; BAG, 22.4.1987 – 4 AZR 496/86, AP Nr. 82 zu § 1 TVG Tarifverträge: Bau.
648 Ziff. 3.1.8 Abs. 13 GA-AÜG (Stand: 2/2013).
649 Vgl. Däubler/*Deinert*, TVG, § 4 Rn. 245 unter Hinweis auf BAG, 11.9.1991 – 4 AZR 40/91, AP Nr. 145 zu § 1 TVG Tarifverträge: Bau.
650 Däubler/*Deinert*, TVG, § 4 Rn. 244; *Jacobs*/Krause/Oetker, Tarifvertragsrecht, § 5 Rn. 53; Wiedemann/*Wank*, TVG, § 4 Rn. 152.

§ 9 Unwirksamkeit

gesetzt der ausländische Tarifvertrag ist einem deutschen Tarifvertrag **gleichwertig** (vgl. Rn. 402).

427 Nach der (geänderten) Weisungslage bei der **Bundesagentur für Arbeit** kann ein **Verleiher mit Sitz im EU/EWR-Ausland** einen einschlägigen **deutschen Flächentarifvertrag** zur Abweichung vom Gleichstellungsgrundsatz auch dann im Arbeitsvertrag mit dem Leiharbeitnehmer in Bezug nehmen, wenn er keinen Betriebssitz in Deutschland hat.[651]

(d) Nachwirkender Tarifvertrag

428 Die Bezugnahme kann sich auf einen **geltenden** Tarifvertrag während dessen Laufzeit beziehen. Inwieweit nicht (beiderseits) tarifgebundene Leiharbeitsvertragsparteien die Anwendung eines i. S. d. § 4 Abs. 5 TVG **nachwirkenden Tarifvertrags** mit vom Grundsatz des Equal Pay/Treatment suspendierender Wirkung durch **Bezugnahme** vereinbaren können, ist **umstritten**: z. T. wird dies ohne Einschränkung[652] bzw. für den Fall der dynamischen Bezugnahme[653] für zulässig gehalten. Andererseits wird vertreten, dass die Möglichkeit der Inbezugnahme nachwirkender Tarifverträge im Bereich der Zeitarbeit grundsätzlich ausgeschlossen sei, weil wegen des gesetzlichen Gleichbehandlungsgrundsatzes in der Nachwirkungsphase kein „inhaltsleeres Arbeitsverhältnis" drohe und die Überbrückungsfunktion des § 4 Abs. 5 TVG daher hier nicht greife.[654]

429 Nach Auffassung der Bundesregierung können abgelaufene Tarifverträge, die sich in der Nachwirkung befinden, vom Zeitarbeitsunternehmen nicht mehr zur Abweichung vom Gleichstellungsgrundsatz herangezogen werden, wenn der Abschluss eines neuen Tarifvertrags nicht mehr in Aussicht steht.[655] Die **Bundesagentur für Arbeit** als Aufsichtsbehörde (§ 17 Abs. 1) führt zum Thema Nachwirkung von – vom Grund-

---

651 Nachw. bei *Ricken*, NZA 2012, 784; vgl. in diesem Sinne bereits *Thüsing/Lembke*, ZfA 2007, 87, 101 ff. – A. A. *Thüsing/Pelzner/Kock*, § 3 Rn. 110; allg. zu den europarechtlichen Grundlagen der grenzüberschreitenden Arbeitnehmerüberlassung *Franzen*, ZAS 2011, 255; *Franzen*, EuZA Bd. 4 (2011), S. 451.
652 Schüren/Hamann/*Schüren*, § 9 Rn. 177; *Thüsing/Stiebert*, in: Brand/Lembke, Der CGZP-Beschluss des BAG, S. 59, 76.
653 *Nebeling/Gründel*, BB 2009, 2366, 2368 f.; *Thüsing/Pelzner/Kock*, § 3 Rn. 113; Schüren/Hamann/*Schüren*, § 9 Rn. 175 ff.
654 Vgl. *Ulber*, § 9 Rn. 263 ff.; Schaub/*Koch*, § 120 Rn. 56a; s. auch *Sansone*, S. 394 ff.
655 BT-Drs. 17/11738, S. 4 (elektr. Vorabfassung).

III. Schlechterstellungsverbot bzw. Grundsatz des Equal Pay/Treatment § 9

satz des Equal Pay/Treatment abweichenden – Tarifverträgen in ihren Geschäftsanweisungen Folgendes aus:[656]

„(4) Auch nachwirkende Tarifverträge können die Abweichung vom Gleichstellungs-grundsatz des § 3 Abs. 1 Nr. 3 wirksam ermöglichen. Für im Nachwirkungszeitraum neu begründete Arbeitsverhältnisse gilt dies allerdings nur im Fall der einzelvertraglichen Inbezugnahme, wenn also der nachwirkende Zeitarbeitstarifvertrag mit der Abweichung vom Gleichstellungsgrundsatz ausdrücklich im Zeitarbeitsvertrag mit dem Leiharbeitnehmer in Bezug genommen wird.

(5) Aus tarifrechtlicher Sicht kann die Nachwirkung im Bereich des AÜG auch enden, sobald der Abschluss eines neuen Tarifvertrages nicht mehr in Aussicht steht. Ein Indiz dafür kann der Ablauf eines Jahres nach Auslaufen des vorherigen Tarifvertrages sein. Es bedarf dann einer weiteren Prüfung, ob nach Ablauf dieses Zeitraums noch eine realistische Aussicht auf eine Nachfolgeregelung besteht. Kommen die Regionaldirektionen zu der Auffassung, dass ein solcher Fall vorliegen könnte, ist der Zentrale zu berichten."

Richtigerweise ist wie folgt von Folgendem auszugehen. Die in § 9 Nr. 2 Hs. 3 vorgesehene Möglichkeit der individualrechtlichen Vereinbarung von Tarifverträgen, die vom Grundsatz des Equal Pay/Treatment abweichen, bezweckt es, die nicht beiderseits tarifgebundenen Leiharbeitsvertragsparteien im Hinblick auf den Grundsatz des Equal Pay/Treatment so zu stellen wie die beiderseits tarifgebundenen Leiharbeitsvertragsparteien. Im Falle der Anwendbarkeit von einschlägigen abweichenden Tarifregelungen soll der Grundsatz des Equal Pay/Treatment keine Anwendung finden. Dies entspricht der in Art. 5 Abs. 3 der Leiharbeitsrichtlinie vorgesehenen Ausnahme (vgl. Rn. 189). § 9 Nr. 2 Hs. 3 ist also gleichsam eine „gesetzliche Gleichstellungsklausel" und ersetzt im Falle einer wirksamen Bezugnahme die auf der einen Seite oder auf beiden Seiten der Arbeitsvertragsparteien fehlende Tarifgebundenheit. Daraus folgt, dass das Gesetz nicht beiderseits tarifgebundene Arbeitsvertragsparteien so behandeln möchte, als seien sie beiderseits tarifgebunden. Folglich ist hinsichtlich der Möglichkeit der Inbezugnahme nachwirkender Tarifverträge in der Arbeitnehmerüberlassung wie bei beiderseits Tarifgebundenen (dazu oben Rn. 400) zu differenzieren: Wird das Leiharbeitsverhältnis noch vor Beginn der

430

---

[656] Ziff. 3.1.6 Abs. 4 und 5 GA-AÜG (Stand: 2/2013).

§ 9 Unwirksamkeit

Nachwirkung des Tarifvertrags begründet, können die Arbeitsvertragsparteien den Tarifvertrag grundsätzlich wirksam nach § 9 Nr. 2 Hs. 3 mit der Folge in Bezug nehmen, dass der Grundsatz des Equal Pay/Treatment keine Anwendung findet. Wird das Leiharbeitsverhältnis hingegen **erst nach Beginn des Nachwirkungszeitraums** begründet, **scheidet eine derartige Bezugnahme aus**; in diesem Fall findet das gesetzliche Schlechterstellungsverbot Anwendung und der Leiharbeitnehmer kann gemäß § 10 Abs. 4 i.V.m. § 9 Nr. 2 Equal Pay/Treatment verlangen.[657] Wollte man auch bei einer Begründung des Leiharbeitsvertrags im Nachwirkungszeitraum die Möglichkeit der Bezugnahme nach § 9 Nr. 2 Hs. 3 eröffnen, würde man nicht beiderseits tarifgebundene Arbeitsvertragsparteien gegenüber dem Fall der beiderseitigen Tarifbindung (§ 9 Nr. 2 Hs. 2) bevorzugen; dies lässt sich angesichts der für beide Fälle geltenden Ausnahmeregelung des Art. 5 Abs. 3 RL (vgl. Rn. 189 ff.) allerdings nicht rechtfertigen.

431 Abgesehen davon **suspendiert** die Bezugnahme auf einen nachwirkenden Tarifvertrag **nicht** (mehr) vom Grundsatz des Equal Pay/Treatment, **sobald die Nachwirkung endet**. Die Nachwirkung endet, wenn die Tarifvertragsparteien dies vereinbaren oder wenn der Abschluss einer Folgeterminierung realistischerweise nicht mehr möglich erscheint (vgl. Rn. 400). Letzteres wird z.B. angenommen bei Beendigung der Verhandlungen über einen Nachfolgetarifvertrag[658] bzw. generell nach Ablauf von einem Jahr seit Ablauf des jeweiligen Zeitarbeits-Tarifvertrags.[659]

(3) Umfang der Bezugnahme

432 Die **Bezugnahme** auf den Tarifvertrag kann **auf die Zeit der Überlassung beschränkt** werden. Insoweit genügt auch eine statische Bezugnahme auf den derzeit geltenden Tarifvertrag, welcher vom Gleichbehandlungsgrundsatz abweichende Regelungen enthält.[660] Arbeitsvertragliche Differenzierungen zwischen der verleihfreien Zeit und der Zeit der Überlassung des Leiharbeitnehmers sind zulässig (vgl. Rn. 96).

---

657 Ebenso *Hamann*, BB 2005, 2185, 2188f.; *Thüsing/Mengel*, § 9 Rn. 36; *Ulber*, § 9 Rn. 313.
658 *Schüren/Hamann/Schüren*, § 9 Rn. 177a.
659 *Bayreuther*, BB 2010, 309, 314; vgl. auch *Kocher*, DB 2010, 900, 903f.; *Popp*, in: Böhm/Hennig/Popp, Zeitarbeit, Rn. 1163.
660 *Schüren/Hamann/Schüren*, § 9 Rn. 275; *Ulber*, § 9 Rn. 320. – A.A LAG Berlin-Brandenburg, 20.9.2011 – 7 Sa 1318/11, BeckRS 2011, 76625.

III. Schlechterstellungsverbot bzw. Grundsatz des Equal Pay/Treatment § 9

In inhaltlicher Hinsicht fragt es sich, ob der gesamte Tarifvertrag in Bezug genommen werden muss (Globalverweisung) oder ob es genügt, wenn auf einzelne Tarifbestimmungen verwiesen wird (Teilverweisung). Nicht ausreichend für das Eingreifen ist die **Verweisung auf einzelne unzusammenhängende Tarifnormen**.[661] Dadurch wird der erforderliche Schutz des Leiharbeitnehmers nicht gewährleistet, so dass eine Abweichung vom gesetzlichen Gleichbehandlungsgrundsatz nicht gerechtfertigt ist.

433

Umgekehrt muss aber **nicht der gesamte Tarifvertrag in Bezug genommen werden**, denn der Gesetzeswortlaut lässt die Vereinbarung der Anwendung der „tariflichen Regelungen" (nicht: des gesamten „Tarifvertrags") zu.[662] **Ausreichend** ist es vielmehr, dass die **Bezugnahmeklausel auf sachlich und inhaltlich zusammenhängende Regelungskomplexe verweist**.[663] In diesem Fall gelten die Tarifnormen auf individualvertraglicher Ebene, soweit die in Bezug genommenen Tarifnormen Abweichungen vom Schlechterstellungsverbot vorsehen; im Übrigen verbleibt es beim gesetzlichen Schlechterstellungsverbot.[664] Zulässig ist es daher, z.B. nur auf die tariflichen Entgeltregelungen zu verweisen, um den Grundsatz von Equal Pay auszuschließen; dabei sind neuerdings freilich auch die Tarifverträge über Branchenzuschläge (Rn. 221 ff.) zu beachten und in Bezug zu nehmen[665] (vgl. Rn. 415). Für diese Möglichkeit spricht auch, dass Art. 5 Abs. 2 der Leiharbeitsrichtlinie eine spezielle Ausnahmevorschrift für Abweichungen vom Grundsatz des Equal Pay vorsieht (vgl. Rn. 17).

434

Die in Bezug genommenen tarifvertraglichen Regelungen entfalten keine Vorrangwirkung gegenüber dem gesetzlichen Schlechterstellungsverbot bzw. Grundsatz des Equal Pay/Treatment mehr, wenn sie durch eine andere Tarifregelung ersetzt werden. Soll durch Vertragsgestaltung die Nichtanwendbarkeit des „Equal Treatment"-Grundsatzes

435

---

661 HWK/*Kalb*, § 3 AÜG Rn. 38.
662 *Däubler*, DB 2008, 1914, 1915; so auch zu § 14 Abs. 2 Satz 4 TzBfG *Thüsing*, in: Annuß/Thüsing, TzBfG, § 22 Rn. 12.
663 *Nebeling/Gründel*, BB 2009, 2366, 2368; Thüsing/*Pelzner/Kock*, § 3 Rn. 106; HWK/*Kalb*, § 3 AÜG Rn. 38; *Thüsing*, DB 2003, 446, 449; *Thüsing/Stiebert*, in: Brand/Lembke, Der CGZP-Beschluss des BAG, S. 59, 75f.; – A. A. *Hamann*, EuZA Bd. 2 (2009), S. 287, 310; Schüren/Hamann/*Schüren*, § 9 Rn. 167f.; *Ulber*, § 9 Rn. 313; *Melms/Lipinski*, BB 2004, 2409, 2412. – Unklar Ziff. 3.1.6. Abs. 3 zu b) GA-AÜG: „Im Falle der Inbezugnahme ist der Tarifvertrag grundsätzlich vollständig und umfassend anzuwenden."
664 Thüsing/*Pelzner/Kock*, § 3 Rn. 106.
665 *Bayreuther*, NZA-Beil. 4/2012, 115, 116 *Nießen/Fabritius*, BB 2013, 375, 380.

sichergestellt werden, ist daher in der Praxis eine **dynamische Bezugnahme** auf den die Abweichungen zulassenden oder regelnden Tarifvertrag in der jeweils gültigen Fassung zu empfehlen.

5. Ausnahme kraft Sachgrunds?

436 Vor der **Umsetzung der Leiharbeitsrichtlinie** in deutsches Recht durch das „Erste Gesetz zur Änderung des Arbeitnehmerüberlassungsgesetzes" – Verhinderung von Missbrauch der Arbeitnehmerüberlassung vom 28.4.2011[666] (1. AÜG-ÄndG – dazu vgl. Rn. 31 ff.) ließ sich die Auffassung vertreten, dass eine Ausnahme vom Schlechterstellungsverbot aus sachlichen Gründen gerechtfertigt sein kann und – wie bei § 10 Abs. 5 AÜG a. F. – eine Schlechterstellung des Leiharbeitnehmers gegenüber vergleichbaren Arbeitnehmern der Stammbelegschaft des Entleiherbetriebs bei Vorliegen eines sachlichen Grunds entsprechend der allgemeinen Grundsätze zulässig sei.[667] Denn bei Einführung des Schlechterstellungsverbots in § 9 Nr. 2 durch die Hartz-Reform Ende 2002 hatte sich der Gesetzgeber am Entwurf zur Leiharbeitsrichtlinie orientiert (s.o. Rn. 7). Der Richtlinienentwurf der Kommission vom 20.3.2002[668] ließ in Art. 5 Abs. 1 sachliche Differenzierungsgründe explizit als Ausnahme zum Grundsatz der Nichtdiskriminierung zu („es sei denn, eine unterschiedliche Behandlung ist aus sachlichen Gründen gerechtfertigt"). Allerdings wurde diese Fassung des Entwurfs in der letztlich verabschiedeten Leiharbeitsrichtlinie nicht umgesetzt. Die Leiharbeitsrichtlinie verfolgt nicht den Ansatz, Leiharbeitnehmer mit (Stamm-)Arbeitnehmern des Entleihers zu vergleichen, sondern stellt auf die hypothetische Einstellung des Leiharbeitnehmers beim Entleiher ab (vgl. Rn. 12). Bei diesem Ansatz erübrigt sich die Frage nach sachlichen Differenzierungsgründen.

437 Da der deutsche Gesetzgeber mit dem 1. AÜG-ÄndG die Leiharbeitsrichtlinie in nationales Rechts **umsetzen** wollte,[669] ist das deutsche Recht seit Inkrafttreten der Änderungen beim Grundsatz des Equal Pay/Treatment in § 9 Nr. 2, § 10 Abs. 4 mit Wirkung **ab dem 30.4.2011** (vgl. Art. 2 Abs. 2 des 1. AÜG-ÄndG) **europarechtskonform auszulegen** (vgl. Rn. 76 ff.), so dass die in der Richtlinie nicht vorgesehene

---

666 BGBl. I, S. 642.
667 So Voraufl., § 9 Rn. 156 m.w.N.
668 Vorschlag der Kommission der EG für eine Richtlinie des Europäischen Parlaments und des Rates über die Arbeitsbedingungen von Leiharbeitnehmern vom 20.3.2002, KOM (2002) 149 endgültig. – Dazu *Thüsing*, DB 2002, 2218 ff.
669 So explizit die Fußnote zum Titel des Gesetzes vom 28.4.2011, BGBl. I, S. 642.

III. Schlechterstellungsverbot bzw. Grundsatz des Equal Pay/Treatment § 9

"Sachgrund-Ausnahme" zum Grundsatz der Gleichbehandlung nun nicht mehr vertreten lässt.[670]

6. Rückausnahme: Überlassung in den abgebenden Konzern (Drehtürklausel, § 9 Nr. 2 Hs. 4)

§ 9 Nr. 2 Hs. 4 enthält – ebenso wie das gewerbe-/erlaubnisrechtliche Pendant des § 3 Abs. 1 Nr. 3 Satz 4 – die sog. "Drehtürklausel". Sie ist eine **Rückausnahme** der Tarifausnahme zum Grundsatz von Equal Pay/Treatment[671] und regelt Folgendes: Eine vom Grundsatz des Equal Pay/Treatment abweichende tarifliche Regelung gilt nicht für Leiharbeitnehmer, die in den letzten sechs Monaten vor der Überlassung an den Entleiher aus einem Arbeitsverhältnis bei diesem oder einem Arbeitgeber, der mit dem Entleiher einen Konzern i. S. d. § 18 AktG bildet, ausgeschieden sind. Die Gesetzesnorm hat nur praktische Relevanz, wenn in dem Leiharbeitsverhältnis – wie im Regelfall – Tarifnormen anwendbar sind, die von Grundsatz des Equal Pay/Treatment abweichen; ansonsten gilt der Grundsatz, ohne dass es der Drehtürklausel bedarf.

a) Inkrafttreten

Die Drehtürklausel wurde durch das "Erste Gesetz zur Änderung des Arbeitnehmerüberlassungsgesetzes – Verhinderung von Missbrauch der Arbeitnehmerüberlassung" vom 28.4.2011[672] (1. AÜG-ÄndG) eingeführt. Sie gilt gemäß Art. 2 Abs. 2 des 1. AÜG-ÄndG mit Wirkung ab dem 30.4.2011, d.h. für alle Fälle, in denen der von der Norm erfasste "**Rückverleih**" an den alten Arbeitgeber oder ein mit diesem verbundenes Unternehmen **am oder nach dem 30.4.2011** stattfindet (vgl. § 19 Rn. 8).

Gemäß § 19 in der ab dem 30.4.2011 bzw. ab dem 30.7.2011 geltenden Fassung findet die Drehtürklausel jedoch **keine Anwendung auf Altfälle**, in denen das **Leiharbeitsverhältnis** durch Abschluss eines Leiharbeitsvertrags zwischen Verleiher und Leiharbeitnehmer **vor dem 15.12.2010 begründet** worden ist (vgl. § 19 Rn. 13ff., 19).

---

670 *Thüsing/Stiebert*, in: Brand/Lembke, Der CGZP-Beschluss des BAG, S. 59, 77. – A. A. Thüsing/*Mengel*, § 9 Rn. 46.
671 *Lembke*, DB 2011, 414, 419.
672 BGBl. I, S. 642.

§ 9 Unwirksamkeit

b) Gesetzeszweck

441 Die Drehtürklausel wurde im Hinblick auf in der Praxis bekannt gewordene Fälle (z.B. der „Fall Schlecker"[673]) eingeführt, in denen zum Zwecke der Lohnkostensenkung Arbeitsplätze auf Verleihunternehmen ausgegliedert und die Arbeitnehmer wieder zurücküberlassen wurden (ähnlich wie beim „Sale and Lease Back").[674] Bildlich gesprochen mussten in diesen Fällen die Arbeitnehmer das Unternehmen durch eine (Dreh-)Tür verlassen, durch welche sie anschließend wieder im Wege der Arbeitnehmerüberlassung zurück an ihren alten Arbeitsplatz kamen. Dieser „Drehtüreffekt" zur Entgeltabsenkung wurde vom Gesetzgeber als rechtsmissbräuchlich angesehen.

442 Zwar hatten die Tarifvertragsparteien in der Zeitarbeit reagiert und durch sog. **tarifliche „Schlecker-Klauseln"** den sachlichen Geltungsbereich der Zeitarbeits-Tarifverträge eingeschränkt,[675] jedoch sah der Gesetzgeber dies offenbar als **unzureichend** an.[676]

443 Zweck der Drehtürklausel ist es, den **missbräuchlichen Einsatz von Arbeitnehmerüberlassung** in den beschriebenen Fällen zu **verhindern** und auszuschließen, dass Arbeitnehmer entlassen oder nicht weiter beschäftigt werden und innerhalb der nächsten sechs Monate als Leiharbeitnehmer wieder in ihrem ehemaligen Unternehmen oder einem anderen Unternehmen desselben Konzerns zu schlechteren Arbeitsbedingungen eingesetzt werden.[677]

444 Der Einsatz von Arbeitnehmerüberlassung auch in diesen Fällen soll zwar weiterhin möglich sein, jedoch soll zum Schutz der Leiharbeitnehmer der Grundsatz von Equal Pay/Treatment uneingeschränkt gelten.[678] Dadurch bleiben Verleihgesellschaften zulässig, welche die Funktionen eines konzerninternen Arbeitsamts, einer Beschäftigungs- und Qualifizierungsgesellschaft oder eines Pools an qualifizierten Mit-

---

673 Vgl. dazu nur BT-Drs. 17/426; BT-Drs. 17/551; BT-Drs. 17/1155; *Böhm*, DB 2010, 672; *Böhm*, DB 2010, 1350; *Düwell/Dahl*, DB 2010, 1759; *Lembke*, BB 2010, 1533, 1537 ff.
674 BT-Drs. 17/4804, S. 9; *Lembke*, DB 2011, 414, 417.
675 Vgl. § 1.2 MTV BZA-DGB; Ziffer 1.2 MTV AMP-CGB; dazu *Böhm*, DB 2010, 1350.
676 *Lembke*, DB 2011, 414, 419.
677 Vgl. BT-Drs. 17/4804, S. 7, 9.
678 BT-Drs. 17/4804, S. 9.

III. Schlechterstellungsverbot bzw. Grundsatz des Equal Pay/Treatment § 9

arbeitern übernehmen, was in der Praxis insbesondere bei großen Konzernen vorkommt.[679]

Die Drehtürklausel **verbietet** also den **Rückverleih** in den abgebenden Konzern **nicht**; sie macht ihn nur unattraktiv, indem sie ihn unter bestimmten Voraussetzungen zwingend dem Grundsatz von Equal Pay/Treatment unterwirft. Diese Rechtsfolge kann in der Praxis aber einfach dadurch vermieden werden, dass der Leiharbeitnehmer vor dem „Rückverleih" für einen Zeitraum von mindestens sechs Monaten bei einem oder mehreren anderen Entleihern eingesetzt wird, die nicht zum Konzern des früheren Arbeitgebers gehören. Insoweit **beschränkt sich** der **Steuerungseffekt der Drehtürklausel** nur **auf die Geschwindigkeit der Drehtür**.[680] 445

Ob die Drehtürklausel **geeignet** ist, die als missbräuchlich empfundene Ausgliederung von Arbeitsplätzen auf ein Verleihunternehmen zum Zwecke der Lohnkostensenkung mit anschließendem Rückverleih wirksam zu verhindern, ist fraglich, weil sie einfach umgangen werden kann.[681] **Nicht** zweifelsfrei ist auch, ob die Norm **verfassungsgemäß** ist, weil die von der Drehtürklausel angeordnete Unanwendbarkeit der Tarifverträge in die Tarifautonomie (Art. 9 Abs. 3 GG) der Tarifvertragsparteien eingreift.[682] 446

Unabhängig von der Drehtürklausel kann sich der Rückverleih des (Leih-)Arbeitnehmers an seinen vormaligen Arbeitgeber im Einzelfall als Rechtsmissbrauchs darstellen. Entsprechende Fallgruppen werden von der Rechtsprechung entwickelt.[683] 447

c) Tatbestandsvoraussetzungen

Die Drehtürklausel des § 9 Nr. 2 Hs. 4 (bzw. § 3 Abs. 1 Nr. 3 Satz 4) greift bei der Überlassung eines Leiharbeitnehmers, der in den letzten sechs Monaten vor der Überlassung an den Entleiher aus einem Arbeitsverhältnis bei diesem oder einem Arbeitgeber, der mit dem Entleiher einen Konzern i.S.d. § 18 AktG bildet, ausgeschieden ist. 448

---

679 Vgl. *Lembke*, DB 2011, 414, 419; *Lembke*, BB 2010, 1533, 1537 m.w.N.
680 *Lembke*, BB 2012, 2497, 2502.
681 Verstöße gegen die Drehtürklausel kommen in der Praxis bislang nicht vor, vgl. BT-Drs. 17/12165, S. 3 (elektr. Vorab-Fassung).
682 Näher zur Gesetzeskritik *Lembke*, DB 2011, 414, 419f.; s. auch *Oberthür*, ArbRB 2011, 146, 148.
683 Vgl. *Lembke*, BB 2012, 2497, 2502f., *Lembke*, BB 2010, 1533, 1537ff., je m.w.N.

§ 9 Unwirksamkeit

aa) Ausscheiden aus einem Arbeitsverhältnis

449 Die Drehtürklausel setzt voraus, dass der zu überlassende Leiharbeitnehmer früher mit dem Entleiher oder mit einem Unternehmen, das demselben Konzern wie der Entleiher angehört, in einem „**Arbeitsverhältnis**" gestanden hat.

450 Ein **früheres Ausbildungsverhältnis** ist einem früheren Arbeitsverhältnis zum Entleiher oder einem mit diesem verbundenen Konzernunternehmen **nicht** gleichzusetzen[684] Dies folgt daraus, dass der Diskussionsentwurf vom 4.6.2010 zum 1. AÜG-ÄndG noch eine Drehtürklausel enthielt, die sowohl ein früheres Arbeitsverhältnis auch als ein früheres Ausbildungsverhältnis erfasste; hingegen wurde das frühere Ausbildungsverhältnis im Referentenentwurf sowie im RegE gestrichen. Werden Auszubildende im Anschluss an das Berufsausbildungsverhältnis weiterbeschäftigt, kommt aber auch ohne besondere Vereinbarung ein Arbeitsverhältnis zustande (§ 24 BBiG).

451 Eine frühere Tätigkeit als **freier Mitarbeiter**[685] beim Entleiher oder einem mit diesem verbundenen Unternehmen ist ebenfalls **kein Arbeitsverhältnis** i. S. d. § 9 Nr. 2 Hs. 4.

452 Hingegen ist ein Arbeitsverhältnis i. S. d. Drehtürklausel das auf dem Leiharbeitsvertrag zwischen Verleiher und Leiharbeitnehmer beruhende **Leiharbeitsverhältnis** (sog. „**Grundverhältnis**").

453 Anders ist dies zu beurteilen für das sog. „**Erfüllungsverhältnis**" zwischen Leiharbeitnehmer und Entleiher. Es ist **kein Arbeitsverhältnis** i. S. d. § 9 Nr. 2 Hs. 4, obwohl es auch Züge eines „Arbeitsverhältnisses" trägt (vgl. oben Rn. 381; § 13a Rn. 23).[686] Dies folgt aus dem Sinn und Zweck der Drehtürklausel, es unattraktiv zu machen (vgl. Rn. 445), dass der Vertragsarbeitgeber oder ein mit diesem verbundenes Unternehmen das Arbeitsverhältnis zu seinem Arbeitnehmer beendet und ihn durch die „Drehtür" wieder als Leiharbeitnehmer zu schlechteren Arbeitsbedingungen zurückholt. Wurde der Arbeitnehmer hingegen bei einem Entleiherunternehmen als Leiharbeitnehmer des Verleihers – zu den in der Zeitarbeit üblichen Tarifbedingungen – eingesetzt und wird er innerhalb von sechs Monaten nach Beendigung des

---

684 *Huke/Neufeld/Luickhardt*, BB 2012, 961, 963; *Lembke*, DB 2011, 414, 419; Thüsing/*Pelzner/Kock*, § 3 Rn. 118; vgl. auch BT-Drs. 17/3807, S. 34f. – A.A. wohl *Ulber*, § 9 Rn. 277.
685 Thüsing/*Pelzner/Kock*, § 3 Rn. 118.
686 Ebenso *Ulber*, § 9 Rn. 280.

III. Schlechterstellungsverbot bzw. Grundsatz des Equal Pay/Treatment § 9

Einsatzes wieder bei demselben Entleiherunternehmen als Leiharbeitnehmer desselben oder eines anderen Verleihers eingesetzt, greift die Drehtürklausel nach ihrem Gesetzeszweck nicht ein. Sonst würde auch die übliche Funktion der Arbeitnehmerüberlassung als Mittel zur Deckung von kurzfristigem Arbeitskräftebedarf konterkariert. Dies hat der Gesetzgeber mit der Drehtürklausel allerding nicht intendiert.

Die Drehtürklausel setzt ferner voraus, dass der Leiharbeitnehmer in den letzten sechs Monaten vor der Überlassung aus einem Arbeitsverhältnis beim Entleiher oder einem mit diesem verbundenen Konzernunternehmen **„ausgeschieden"** ist. Das frühere Arbeitsverhältnis des Leiharbeitnehmers **muss** also in den letzten sechs Monaten vor der in Frage stehenden Überlassung, d. h. vor dem konkreten Überlassungsbeginn, bestanden haben und **beendet worden sein** (z. B. infolge Kündigung, Befristungsendes, Aufhebungsvereinbarung).[687] Besteht das Arbeitsverhältnis zum Entleiher oder dem anderen Konzernunternehmen noch fort, z. B. als **ruhendes Arbeitsverhältnis**, greift die Drehtürklausel **nicht** ein.[688] Dies eröffnet Gestaltungsmöglichkeiten, die auch als missbräuchlich angesehen werden könnten, aber vom Gesetz nicht erfasst werden.

454

bb) Früheres Arbeitsverhältnis mit dem Entleiher oder einem mit diesem verbundenen Unternehmen

Das frühere Arbeitsverhältnis muss mit dem Entleiher bestanden haben oder mit einem Unternehmen, das mit dem Entleiher einen Konzern i. S. d. § 18 AktG bildet. Insoweit gelten dieselben Grundsätze wie bei § 1 Abs. 3 Nr. 2 AÜG (vgl. § 1 Rn. 226 ff.). Das Entleiherunternehmen und das andere Unternehmen müssen „Konzernunternehmen" i. S. d. § 18 AktG sein, d. h. unter einer einheitlichen Leitung stehen. Das Entleiherunternehmen und das andere Konzernunternehmen können entweder im Über- oder Unterordnungsverhältnis (z. B. Muttergesellschaft zu Tochter- oder Enkelgesellschaft) oder auf gleicher Ebene (z. B. Tochtergesellschaft, Enkelgesellschaft) stehen.[689] Ob der Verleiher zum

455

---

[687] *Lembke*, DB 2011, 414, 419; Thüsing/*Pelzner/Kock*, § 3 Rn. 118; vgl. zu diesem Verständnis von „Ausscheiden aus dem Arbeitsverhältnis" auch BAG, 11.11.2010 – 8 AZR 392/09, NZA 2011, 763, 766, Rn. 24.

[688] *Huke/Neufeld/Luickhardt*, BB 2012, 961, 963; *Lembke*, DB 2011, 414, 419; Thüsing/*Mengel*, § 9 Rn. 48; *Raif/Weitnauer*, GWR 2011, 303. – A.A. *Hamann*, RdA 2011, 321, 328; Thüsing/*Pelzner/Kock*, § 3 Rn. 118; *Ulber*, § 9 Rn. 282; ErfK/*Wank*, § 3 AÜG Rn. 22a.

[689] *Lembke*, DB 2011, 414, 419; vgl. auch Thüsing/*Pelzner/Kock*, § 3 Rn. 118.

§ 9 Unwirksamkeit

Konzern des früheren Arbeitgebers des Leiharbeitnehmers gehört, ist unerheblich.[690]

456 Da die Drehtürklausel den „Rückverleih" in den abgebenden Konzern innerhalb von sechs Monaten nach Ausscheiden des Arbeitnehmers unattraktiv machen möchte (vgl. Rn. 445), **kommt es für ihre Anwendung darauf an, ob das Konzernverhältnis** zwischen dem Entleiher und dem früheren Arbeitgeber **im Zeitpunkt des Beginns des „Rückverleihs"**, d. h. der jetzt in Rede stehenden Arbeitnehmerüberlassung **besteht**. Dafür spricht auch die historische Gesetzesauslegung: Auch der Gesetzgeber ging davon aus, dass der Verleiher durch Nachfragen beim Leiharbeitnehmer nach dessen Vorbeschäftigungen die Anwendung der Drehtürklausel verhindern kann.[691]

457 **Beispiel**: Arbeitnehmer A war bis einschließlich 31.12.2012 bei der K-GmbH angestellt. Ab dem 1.1.2013 wurde er bei dem Verleihunternehmen V-GmbH als Leiharbeitnehmer auf Grundlage angestellt; im Leiharbeitsvertrag vereinbarten A und V-GmbH, dass wirksame Zeitarbeits-Tarifverträge Anwendung finden. Ab dem 15.1.2013 bis 30.6.2013 wird A an die Entleiherin E-GmbH überlassen. Die E-GmbH und die K-GmbH waren am 15.1.2013 keine verbundenen Unternehmen. Dies ändert sich aber am 1.4.2013, weil die Muttergesellschaft der E-GmbH sämtliche Anteile an der K-GmbH erwirbt. Hat A gegen V-GmbH einen Anspruch auf Equal Pay? Nein, weil es für die Anwendung von § 9 Nr. 2 Hs. 4 darauf ankommt, dass im Zeitpunkt des Beginns der fraglichen Überlassung an den Entleiher ein Konzernverhältnis zwischen den Entleiher und dem früheren Arbeitgeber des Leiharbeitnehmers existiert. Hier waren die frühere Arbeitgeberin des A, die K-GmbH, und die jetzige Entleiherin, E-GmbH, am 15.1.2013 noch nicht verbundene Unternehmen i. S. d. § 18 AktG. Daher greift die Drehtürklausel nicht ein.

cc) Überlassung innerhalb der „Sperrfrist" von sechs Monaten seit dem Ausscheiden

458 Die Drehtürklausel sieht schließlich vor, dass der Leiharbeitnehmer „in den letzten sechs Monaten vor der Überlassung" aus einem Arbeitsverhältnis beim Entleiher oder einem mit diesem verbundenen Konzernunternehmen ausgeschieden ist. Das frühere Arbeitsverhältnis mit dem Unternehmen des abgebenden Konzerns, in den er zurückverliehen

---
690 *Hamann*, RdA 2011, 321, 328.
691 Vgl. BT-Drs. 17/4804, S. 9.

III. Schlechterstellungsverbot bzw. Grundsatz des Equal Pay/Treatment § 9

wird, muss also in den letzten sechs Monaten vor der in Frage stehenden Überlassung, d. h. vor dem konkreten Überlassungsbeginn, bestanden haben und beendet worden sein. Liegt zwischen dem Ende des Vorarbeitsverhältnis und dem Beginn der Arbeitnehmerüberlassung ein Zeitraum von vollen sechs Monaten, greift die Drehtürklausel nicht ein. Insoweit lässt sich von einer **sechsmonatige „Sperrfrist"** sprechen.

Sie ist nach dem Gesetzeswortlaut („in den letzten sechs Monaten vor der Überlassung") eine rückläufige Frist,[692] die ab dem Zeitpunkt des Beginns der fraglichen Überlassung – und nicht des Abschlusses des zugrunde liegenden Arbeitnehmerüberlassungsvertrags – läuft. Daher muss die Frist **analog §§ 187 Abs. 1, 188 Abs. 2 Alt. 1 BGB rückwärts berechnet** werden.[693] Der Tag des Beginns der Überlassung ist nicht zu berücksichtigen (§ 187 Abs. 1 BGB analog). Die Sperrfrist beginnt also am Vortag um 24 Uhr und endet rückwärts gerechnet sechs Monate vor Erstattung der Anzeige am Tag mit derselben Zahl wie der Tag des Überlassungsbeginns um 0 Uhr (§ 188 Abs. 2 Alt. 1 BGB analog). Damit die Drehtürklausel nicht eingreift und eine Überlassung innerhalb der sechsmonatigen Sperrfrist nicht gegeben ist, muss das frühere Arbeitsverhältnis mit dem Entleiher bzw. den mit diesem verbundenen Unternehmen also spätestens mit Ablauf des Vortags sein Ende gefunden haben. Umgekehrt formuliert: Liegt das Ende des Vorarbeitsverhältnisses in der fraglichen Sperrfrist, greift die Drehtürklausel ein, und es gilt der Grundsatz von Equal Pay/Treatment ohne Einschränkung.

459

Beispiel: Beginn der Überlassung am 21.3.2013; Beginn der Sperrfrist (§ 188 Abs. 2 BGB analog): 20.3.2013, 24 Uhr; Ende der Sperrfrist (§ 188 Abs. 2 BGB analog): 21.9.2012, 0 Uhr. Das Vorarbeitsverhältnis muss spätestens am 20.9.2013, 24 Uhr geendet haben, damit die Sperrfrist von vollen sechs Monaten eingehalten ist.

460

d) Rechtsfolgen

Liegen die Voraussetzungen der Drehtürklausel vor, hat dies zur Folge, dass vom Grundsatz des Equal Pay/Treatment **abweichende tarifliche Regelungen** im Arbeitsverhältnis des betreffenden Leiharbeitnehmers **nicht gelten** und dass der Leiharbeitnehmer gemäß § 10 Abs. 4 Satz 1 bzw. 4 AÜG vom Verleiher die Gewährung der im Entleiherbetrieb für vergleichbare Arbeitnehmer geltenden wesentlichen Arbeitsbedingun-

461

---

692 A.A. offenbar *Ulber*, § 9 Rn. 284.
693 Vgl. Palandt/*Heinrichs*, § 187 BGB Rn. 4 m.w.N.

§ 9 Unwirksamkeit

gen einschließlich des Arbeitsentgelts (**Equal Pay/Treatment**) verlangen kann.[694]

462 Zwar ist der Wortlaut der Drehtürklausel („eine abweichende tarifliche Regelung gilt nicht, wenn …") nicht eindeutig, jedoch ist nach Sinn und Zweck der Regelung davon auszugehen, dass sowohl **Tarifnormen**, die selbst Abweichungen von Equal Pay/Treatment regeln, als auch **tarifliche Öffnungsklauseln**, die Abweichungen in Betriebs- oder Individualvereinbarungen zulassen, erfasst sein sollen.[695]

463 Die **Nichtgeltung der Tarifnormen** für Leiharbeitnehmer, die innerhalb der letzten sechs Monate vor der Überlassung aus einem Arbeitsverhältnis mit dem Entleiher oder einem mit diesem verbundenen Konzernunternehmen ausgeschieden sind, ist **nicht auf sechs Monate beschränkt**; **vielmehr** gelten die abweichenden Tarifnormen – während der gesamten Dauer des von der Drehtürklausel „missbilligten" Einsatzes beim Entleiher – **dauerhaft** nicht, unabhängig davon, ob sie im Leiharbeitsverhältnis eigentlich aufgrund beiderseitiger Tarifbindung, Allgemeinverbindlicherklärung oder individualrechtlicher Inbezugnahme anwendbar wären.[696] Wenn der von der Drehtürklausel erfasste „Rückverleih" beendet und der Leiharbeitnehmer dann anderweitig eingesetzt und **später wieder** an den Vorarbeitgeber oder ein mit diesem verbundenen Unternehmen überlassen wird, **ohne dass** bei dieser weiteren Überlassung das Ende des Vorarbeitsverhältnisses nun in die sechsmonatige **Sperrfrist** fällt, greift die Drehtürklausel bei der weiteren Überlassung aber tatbestandlich **nicht mehr** ein.[697] Merkt der Verleiher also bei einem „Rückverleih", dass die Drehtürklausel greift und er dem Leiharbeitnehmer Equal Pay schuldet, kann er die Überlassung beenden und den Leiharbeitnehmer später an den Entleiher überlassen, wenn die Sperrfrist der Drehtürklausel kein Problem mehr darstellt.

464 **Entgegenstehende Individual- oder Kollektivvereinbarungen** sind **unwirksam** (§ 9 Nr. 2 AÜG).

465 Verstößt ein Verleiher gegen die geschilderten Grundsätze, ist die beantragte **Erlaubnis** oder ihre **Verlängerung** zu versagen (§ 3 Abs. 1 Nr. 3

---

694 Vgl. BT-Drs. 17/8404, S. 9; Thüsing/*Pelzner/Kock*, § 3 Rn. 116.
695 *Lembke*, DB 2011, 414, 419.
696 *Hamann*, RdA 2011, 321, 328; *Lembke*, DB 2011, 414, 419; Thüsing/*Mengel*, § 9 Rn. 49; Thüsing/*Pelzner/Kock*, § 3 Rn. 116. – A.A. DFL/*Reineke*, § 3 AÜG Rn. 36; wohl auch *Rosenau/Mosch*, NJW-Spezial 2011, 242.
697 *Hamann*, RdA 2011, 321, 328. – A.A. wohl *Ulber*, § 9 Rn. 285.

III. Schlechterstellungsverbot bzw. Grundsatz des Equal Pay/Treatment § 9

AÜG), und eine bereits erteilte Erlaubnis kann gemäß §§ 4, 5 AÜG zurückgenommen oder widerrufen werden.

Da bei einem Verstoß gegen die Drehtürklausel auch der Grundsatz von Equal Pay/Treatment nicht eingehalten wird, liegt ein Verstoß gegen § 10 Abs. 4 vor, der als **Ordnungswidrigkeit** gemäß § 16 Abs. 1 Nr. 7a mit einem Bußgeld bis zu € 500.000 (§ 16 Abs. 2) geahndet werden kann. 466

e) Hinweise zur Vertragsgestaltung

Möchten Verleiher und Entleiher das Eingreifen von Equal Pay/Treatment aufgrund der Drehtürklausel im Falle des Rückverleihs in den abgebenden Konzern vermeiden, muss zum einen der **Verleiher den Leiharbeitnehmer verpflichten**, ihm mitzuteilen, bei welchen Arbeitgebern er wann innerhalb der letzten sechs Monate aus einem Arbeitsverhältnis ausgeschieden ist. Dass diese Frage zulässig ist, nehmen auch die Gesetzesbegründung[698] und die Aufsichtsbehörden an.[699] Bei Falschbeantwortung macht sich der Leiharbeitnehmer schadensersatzpflichtig nach § 280 Abs. 1 BGB.[700] 467

Zum anderen sollte der **Arbeitnehmerüberlassungsvertrag** zwischen Verleiher und Entleiher regeln, dass der **Entleiher prüft**, ob der zu überlassende Leiharbeitnehmer in der „Sperrfrist" bei ihm oder einem konzernangehörigen Unternehmen in einem Arbeitsverhältnis stand.[701] Eine entsprechende Klausel konnte z.B. wie folgt lauten:[702] 468

„Der Verleiher teilt dem Entleiher rechtzeitig vor dem geplanten Beginn der Überlassung Vorname, Nachname und Geburtsdatum des von ihm zur Überlassung ausgewählten Leiharbeitnehmers sowie dessen vorherige Arbeitgeber in den letzten sechs Monaten vor Beginn der Überlassung mit. Der Entleiher ist verpflichtet, unverzüglich nach der Mitteilung zu prüfen, ob der jeweilige Leiharbeitnehmer in den letzten sechs Monaten vor der Überlassung aus einem Arbeitsverhältnis bei ihm oder einem Arbeitgeber, der mit

---

[698] Vgl. BT-Drs, 17/4804, S. 9.
[699] Vgl. Ziffer 3.1.7 Abs. 2 GA-AÜG (Stand: 2/2013).
[700] Thüsing/*Mengel*, § 9 Rn. 48.
[701] *Ulber*, § 9 Rn. 286 nimmt eine selbstständige Auskunftspflicht des Entleihers an, dessen Verletzung zu Schadensersatzansprüchen des Verleihers nach § 280 Abs. 1 BGB führen könne.
[702] *Lembke*, BB 2012, 2497, 2503 f.; *Lembke/Zanotti*, in: Liebers, FB ArbR, I Rn. 20, 35.

dem Entleiher einen Konzern i.S.d. § 18 AktG bildet, ausgeschieden ist. Der Entleiher hat dem Verleiher das Ergebnis der Prüfung unverzüglich, jedenfalls vor dem geplanten Beginn der Überlassung, mitzuteilen. Dies gilt auch im Fall eines Austauschs eines überlassenen Leiharbeitnehmers. Die Beschäftigung eines Leiharbeitnehmers, der in den letzten sechs Monaten vor der Überlassung aus einem Arbeitsverhältnis bei dem Entleiher oder einem Arbeitgeber, der mit dem Entleiher einen Konzern i.S.d. § 18 AktG bildet, ausgeschieden ist, ist nur mit vorheriger Zustimmung des Verleihers zulässig. Verstößt der Entleiher gegen die in diesem Absatz geregelten Pflichten, hat er dem Verleiher den daraus entstehenden Schaden zu ersetzen."

7. Rechtsfolgen bei Verletzung des Schlechterstellungsverbots

a) Unwirksamkeit von Vereinbarungen des Verleihers

469 Sofern kein Ausnahmetatbestand zum Schlechterstellungsverbot – namentlich die Tarifausnahme oder die alte Sechswochen-Ausnahme – eingreift, sind individualrechtliche **Vereinbarungen zwischen Leiharbeitnehmer und Verleiher** insoweit **unwirksam**, als sie den Leiharbeitnehmer für die Zeit der Überlassung schlechter stellen als vergleichbare Stammarbeitnehmer des Entleihers. Dasselbe gilt für Betriebsvereinbarungen im Verleiherbetrieb (siehe oben Rn. 93). Der Gleichbehandlungsgrundsatz ist also grundsätzlich nicht dispositiv, sondern kann nur durch wirksame Tarifverträge oder deren Inbezugnahme in deren Geltungsbereich wirksam abbedungen werden.

470 **Zulässig** ist es aber, **auf bereits entstandene Ansprüche** aus dem Gleichbehandlungsgrundsatz in einem konkreten Streitfall im Rahmen eines Vergleichs (§ 779 BGB) **zu verzichten**.[703] Hier gilt nichts anderes als beim Verzicht auf sonstige zwingende Arbeitsrechtsvorschriften (z.B. Verzicht auf den allgemeinen Kündigungsschutz nach Ausspruch der Kündigung[704]). Der Arbeitnehmer ist nicht gezwungen, seine entstandenen Ansprüche tatsächlich durchzusetzen, sondern er kann sie nicht geltend machen, sie verjähren lassen oder (nachträglich) auf sie verzichten. Der Verzicht auf Ansprüche auf Equal Pay/Treatment ist – anders als bei § 4 Abs. 4 Satz 1 TVG, § 77 Abs. 4 Satz 2 BetrVG, § 8

---

703 *Heuchemer/Schielke*, BB 2011, 758, 762; *Lembke*, BB 2010, 1533, 1537; *Reiserer*, DB 2011, 764, 765 f.
704 Vgl. BAG, 6.9.2007 – 2 AZR 722/06, NZA 2008, 219, 220, Rn. 15 f.

III. Schlechterstellungsverbot bzw. Grundsatz des Equal Pay/Treatment   § 9

Abs. 3 Satz 1 MiArbG, § 9 Satz 1 AEntG – auch nicht kraft Gesetzes eingeschränkt. Allerdings sind bei vorformulierten Verzichtserklärungen, etwa im Rahmen von Ausgleichsquittungen, die Grundsätze der AGB-Kontrolle, insbesondere das Verbot überraschender Klauseln (§ 305c Abs. 1 BGB) und das Transparenzgebot (§ 307 Abs. 1 Satz 2 BGB) zu beachten.[705] Zu Ausschlussfristen Rn. 316 ff.

Die Unwirksamkeit der Vereinbarung nach § 9 Nr. 2 führt nicht zur Nichtigkeit des Leiharbeitsvertrags im Übrigen; § 139 BGB gilt nicht (vgl. Rn. 2).   471

Überdies ordnet § 9 Nr. 2 keine vollständige **Unwirksamkeit** an, sondern die Unwirksamkeit bezieht sich nur auf Vereinbarungen, soweit sie den Leiharbeitnehmer **für die Zeit der Überlassung** schlechter stellen als vergleichbare Arbeitnehmer des Entleihers. An die Stelle der unwirksamen Vereinbarung tritt nach § 10 Abs. 4 Satz 1 der gesetzliche Gleichbehandlungsgrundsatz, der für die Zeit der Überlassung an den Entleiher die beim Verleiher geltenden ungünstigeren Arbeitsbedingungen überlagert bzw. verdrängt (vgl. auch § 10 Abs. 4). Maßgeblich ist insoweit ein Schlechterstellungsvergleich (s. o. Rn. 143 ff.).   472

b) Gleichbehandlungsgrundsatz (§ 10 Abs. 4)

aa) Anspruchsgrundlage

Soweit ein Tarifvertrag vom Grundsatz des Equal Pay/Treatment abweichende Regelungen vorsieht und im Leiharbeitsverhältnis zwischen Leiharbeitnehmer und Verleiher Anwendung findet (s. o. Rn. 397 ff.), hat der Verleiher dem Leiharbeitnehmer also gemäß § 10 Abs. 4 Satz 2 die nach diesem Tarifvertrag geschuldeten Arbeitsbedingungen zu gewähren. Soweit die Tarifausnahme (Rn. 182 ff.) oder die alte Sechswochen-Ausnahme (Rn. 159 ff.) nicht eingreifen, gilt hingegen der Grundsatz von Equal Pay/Treatment: Im Falle der Unwirksamkeit der Vereinbarungen nach § 9 Nr. 2 kann der Leiharbeitnehmer für die Zeit der Überlassung gemäß **§ 10 Abs. 4 Satz 1** und 4 vom Verleiher die Gewährung der im Entleiherbetrieb für vergleichbare Arbeitnehmer geltenden wesentlichen Arbeitsbedingungen einschließlich des Arbeitsentgelts verlangen (vgl. auch § 9 Rn. 301 ff.; § 10 Rn. 121 ff.).   473

---

705 Vgl. LAG Berlin-Brandenburg, 24.11.2011 – 5 Sa 1524/11, BeckRS 2012, 67524; *Lembke*, BB 2010, 1533, 1537.

§ 9   Unwirksamkeit

bb) Darlegungs- und Beweislast

474 Nach allgemeinen Grundsätzen **muss** der **Anspruchsteller** die **ihm günstigen Tatsachen darlegen und beweisen**, also sämtliche anspruchsbegründenden Tatsachen (vgl. auch Rn. 75). Von einer hinreichenden Schlüssigkeit kann nur ausgegangen werden, wenn ein Tatsachenvortrag in Verbindung mit einem Rechtssatz geeignet und erforderlich ist, das geltend gemachte Recht zu begründen. Die Angaben näherer Einzelheiten sind dann erforderlich, wenn diese für die Rechtsfolgen von Bedeutung sind. Dabei hängt es vom Einzelfall ab, in welchem Maße die Partei ihr Vorbringen durch die Darlegung konkreter Tatsachen noch weiter substantiieren muss. Vor allem kann dabei ihr Vorbringen aufgrund einer Darstellung des Gegners mit der Folge unklar oder unvollständig werden, dass eine Partei ihren Sachvortrag im Einzelnen ergänzen muss. Diese Grundsätze gelten gerade und insbesondere auch im Hinblick auf die Geltendmachung eines Anspruchs nach § 10 Abs. 4 i.V.m. § 9 Nr. 2 AÜG. Kommt der Kläger diesen Anforderungen nicht nach, ist die Klage abzuweisen.[706]

475 Um den Anspruch nach § 10 Abs. 4 i.V.m. § 9 Nr. 2 zu begründen, muss der Leiharbeitnehmer also grundsätzlich zumindest darlegen,

- an **welchen Entleiher** er in dem fraglichen Zeitraum überlassen war,

- **welcher Arbeitnehmer während** der jeweiligen Zeit der **Überlassung** mit ihm **konkret vergleichbar** war und

- **welches Arbeitsentgelt** bzw. welche **sonstigen wesentlichen Arbeitsbedingungen** diesem vergleichbaren Arbeitnehmer während der jeweiligen Zeit der Überlassung gewährt wurden.[707]

476 **Unschlüssig** ist z.B. eine auf Ansprüche nach § 10 Abs. 4 gerichtete Klage, wenn sie zur Begründung auf Arbeitsbedingungen beim Entleiher verweist, die der Leiharbeitnehmer erhielt, als er **nach** der Überlassung vom Entleiher eingestellt wurde. Denn der Grundsatz von Equal Pay/Treatment gilt zeitlich gesehen nur „für die Zeit der Überlassung" (vgl. § 10 Abs. 4 Satz 1, § 9 Nr. 2 Hs. 1).

477 Behauptet der Leiharbeitnehmer, sein Anspruch auf Differenzvergütung folge aus einem **Vergleich zum orts- bzw. branchenüblichen Stundenlohn** eines Stammarbeitnehmers des Entleihers, ist sein Vor-

---

[706] Vgl. zum Ganzen LAG Düsseldorf, 18.7.2011 – 2 Ta 347/11, juris, Rn. 19 ff.; LAG Rheinland-Pfalz, 15.3.2012 – 2 Sa 468/11, juris, Rn. 37 f.
[707] Vgl. LAG Hamm, 29.2.2012 – 3 Sa 859/11, juris, Rn. 118.

III. Schlechterstellungsverbot bzw. Grundsatz des Equal Pay/Treatment § 9

trag ebenfalls **unschlüssig** und nicht geeignet, den Equal-Pay-Anspruch nach § 10 Abs. 4 AÜG zu begründen. Denn die Frage, welche Vergütung für bestimmte Tätigkeiten die allgemein „übliche Vergütung" ist, und die Frage, welcher Lohn nach dem arbeitnehmerüberlassungsrechtlichen Entgeltgleichheitsgebot zu zahlen ist, sind völlig unterschiedliche Streitgegenstände.[708]

Das BAG hat eine **abgestufte Darlegungslast** entwickelt. Die Darlegungslast des Leiharbeitnehmers **hinsichtlich des Equal-Pay-Anspruchs** wird dadurch erleichtert, dass der **Leiharbeitnehmer** für die schlüssige Darlegung der Höhe des Anspruchs aus § 10 Abs. 4 zunächst auf die ihm vom Entleiher **nach § 13 erteilte Auskunft** Bezug nehmen und sich auf die Differenz zu der ihm vom Verleiher gezahlten Vergütung berufen kann.[709] Trägt der Leiharbeitnehmer den Inhalt der ihm gerade zu diesem Zweck vom Entleiher erteilten Auskunft zur Begründung seines Anspruchs im arbeitsgerichtlichen Verfahren vor, kann darüber hinaus jedenfalls zunächst keine weitere Darlegung verlangt werden; insbesondere ist der Arbeitnehmer nicht verpflichtet, die Vergleichbarkeit der Tätigkeiten näher darzulegen.[710] Es ist dann Sache des Arbeitgebers/Verleihers, die maßgeblichen Umstände der Auskunft in erheblicher Art und im Einzelnen zu bestreiten, z. B. indem er darlegt und beweist, dass die vom Leiharbeitnehmer verrichteten Tätigkeiten nicht vergleichbar sind mit den Tätigkeiten, welche die in der Auskunft genannten angeblich vergleichbaren (Stamm-)Arbeitnehmer durchgeführt haben, oder dass nicht die in der Auskunft angegebenen, sondern konkrete andere Arbeitsbedingungen für die aufgeführten (Stamm-)Arbeitnehmer des Entleihers gelten. **Bestreitet** der **Verleiher** die maßgeblichen Umstände der Auskunft **substantiiert** – wozu er ggf. eine Auskunft beim Entleiher einholen muss[711] (vgl. § 12 Rn. 22 ff.) –, bleibt es bei dem Grundsatz, dass der Anspruchsteller, also der **Leiharbeitnehmer**, die anspruchsbegründenden Tatsachen darlegen und beweisen muss.[712] Unsubstantiiertes Bestreiten des Verleihers ist hingegen unbeachtlich, und der Klage ist – soweit schlüssig – stattzugeben. Soweit

478

---

708 BAG, 28.1.2008 – 3 AZB 30/07, NZA 2008, 489, 490, Rn. 15; *Lembke*, NZA-Beil. 2/2012, 66, 69.
709 BAG, 23.3.2011 – 5 AZR 7/10, NZA 2011, 850, 853, Rn. 36; BAG, 19.9.2007 – 4 AZR 656/06, NZA-RR 2008, 231, 235, Rn. 54.
710 BAG, 19.9.2007 – 4 AZR 656/06, NZA-RR 2008, 231, 235, Rn. 54.
711 Vgl. LAG Düsseldorf, 21.6.2012 – 13 Sa 319/12, BeckRS 2012, 72348; ArbG Stuttgart, 9.3.2012 – 9 Ca 109/11, BeckRS 2012, 67883.
712 BAG, 23.3.2011 – 5 AZR 7/10, NZA 2011, 850, 853, Rn. 36.

§ 9 Unwirksamkeit

der Leiharbeitnehmer die ihm obliegende Darlegungs- und Beweislast nicht erfüllt, ist die auf Equal Pay/Treatment nach § 10 Abs. 4 gerichtete Klage als unbegründet abzuweisen.[713]

479 Voraussetzung für die Erleichterung der Darlegungslast des Leiharbeitnehmers nach den vorgenannten Grundsätzen ist, dass sich die **Auskunft** nach § 13 **auf den** konkreten **Leiharbeitnehmer** und **auf die Zeit seiner Überlassung bezieht**. Ansonsten ist sie im Rahmen der Darlegungslast bedeutungslos.

480 Voraussetzung für die Umkehr der Darlegungslast ist ferner, dass der Entleiher die **Auskunft** an den Leiharbeitnehmer **gerade zum Zwecke der** vom Leiharbeitnehmer begehrten **Durchsetzung des Gleichbehandlungsanspruchs erteilt** hat.[714] Dies setzt voraus, dass der Entleiher bei Erteilung der Auskunft weiß, dass der Leiharbeitnehmer auf Grundlage der Auskunft Ansprüche nach § 10 Abs. 4 geltend machen möchte. Wird dies vom Leiharbeitnehmer im Auskunftsverlangen nicht deutlich gemacht oder gar verschleiert, ist die vom Entleiher erteilte Auskunft keine i.S.d. § 13, so dass die volle Darlegungslast beim Leiharbeitnehmer verbleibt.

481 Hat der Leiharbeitnehmer seinen Anspruch nach § 10 Abs. 4 schlüssig dargelegt und ggf. bewiesen und **beruft sich der Verleiher auf** eine **Ausnahme** zum Grundsatz von Equal Pay/Treatment – namentlich die Tarifausnahme oder die alte Sechswochen-Ausnahme –, so hat der Verleiher die **tatsächlichen Voraussetzungen** des Ausnahmetatbestands **darzulegen** und ggf. zu **beweisen** (Rn. 75). Bei der **Tarifausnahme** hat der Verleiher insbesondere darzulegen, welcher Tarifvertrag abweichende Regelungen vorsieht und dass dieser Tarifvertrag kraft beiderseitiger Tarifbindung (§§ 3 Abs. 1, 4 Abs. 1 TVG) oder Allgemeinverbindlichkeit (§ 5 Abs. 4 TVG) oder kraft individualrechtlicher (Bezugnahme-)Vereinbarung im Arbeitsverhältnis zwischen dem Leiharbeitnehmer und dem Verleiher Anwendung findet; in letzterem Falle ist ferner darzulegen, dass sich die Leiharbeitsvertragsparteien im Geltungsbereich des abweichenden Tarifvertrags befinden.

---

713 Vgl. nur LAG Düsseldorf, 18.7.2011 – 2 Ta 347/11, juris, Rn. 19 ff.; LAG Rheinland-Pfalz, 15.3.2012 – 2 Sa 468/11, juris, Rn. 37 f.; Hessisches LAG, 5.12.2011 – 16 Ta 387/11, BeckRS 2012, 67294; ArbG Heilbronn, 5.8.2011 – 7 Ca 148/11, BeckRS 2012, 67287; ArbG Lingen, 26.5.2011 – 3 Ca 25/11; ArbG Münster, 25.8.2011 – 1 Ca 809/11, BeckRS 2012, 67289; *Lembke*, NZA-Beil. 2/2012, 66, 69.
714 Vgl. BAG, 19.9.2007 – 4 AZR 656/06, NZA-RR 2008, 231, 235, Rn. 54.

III. Schlechterstellungsverbot bzw. Grundsatz des Equal Pay/Treatment § 9

Genügt der Verleiher seiner Darlegungs- und Beweislast hinsichtlich 482
des Eingreifens eines Ausnahmetatbestands, kann sich der **Leiharbeitnehmer** ggf. auf eine **Rückausnahme** berufen. In diesem Falle muss er die tatsächlichen Voraussetzungen für deren Eingreifen darlegen und beweisen (Rn. 75). So hat der Leiharbeitnehmer z. B. die Umstände darzulegen, die zum Eingreifen der „Drehtürklausel" (§ 9 Nr. 2 Hs. 4) führen (dazu Rn. 448 ff.).

c) Gewerberechtliche Folgen

Rechtfertigen Tatsachen die Annahme, dass der Verleiher gegen das 483
Schlechterstellungsverbot verstößt, ist die **Arbeitnehmerüberlassungserlaubnis** oder ihre **Verlängerung** nach § 3 Abs. 1 Nr. 3 zu versagen, soweit nicht mildere Mittel, wie etwa Auflagen, zur Verfügung stehen. In Betracht kommen ferner die **Rücknahme** (§ 4 Abs. 1) oder der **Widerruf** (§ 5 Abs. 1 Nr. 3) der Erlaubnis.

d) Vermutung von Arbeitsvermittlung

Die überdies in § 1 Abs. 2 für den Fall des § 3 Abs. 1 Nr. 3 vorgesehene 484
Vermutung von Arbeitsvermittlung bringt keine Rechtsfolgen mit sich (vgl. § 3 Rn. 13).

e) Ordnungswidrigkeit

Der Verstoß gegen das Schlechterstellungsverbot kann nach dem – mit 485
Wirkung ab dem 1.12.2011 neu eingefügten – § 16 Nr. 7a als **Ordnungswidrigkeit** geahndet werden. Die Geldbuße kann bis zu Euro 500.000 betragen (§ 16 Abs. 2). Dies gilt nach dem sehr weiten Wortlaut des § 16 Abs. 1 Nr. 7a AÜG in allen Fällen, in denen vorsätzlich oder fahrlässig „entgegen § 10 Abs. 4 eine Arbeitsbedingungen nicht gewährt" wird, also auch, wenn die nach einem – vom Equal-Pay/Treatment-Grundsatz abweichenden – Tarifvertrag geschuldeten Arbeitsbedingungen vorsätzlich oder fahrlässig nicht gewährt werden.

f) Sonstiges

Der Grundsatz von Equal Pay/Treatment ist **kein Verbotsgesetz i. S. d.** 486
§ 99 Abs. 2 Nr. 1 BetrVG. Daher kann der Entleiherbetrieb nicht seine Zustimmung zur Einstellung eines Leiharbeitnehmers mit der Begrün-

§ 9 Unwirksamkeit

dung verweigern, der Verleiher verstoße gegen das Gleichstellungsgebot in §§ 9 Nr. 2, 3 Abs. 1 Nr. 3.[715]

IV. Unwirksamkeit von den Zugang nach § 13b beschränkenden Vereinbarungen (§ 9 Nr. 2a)

487 § 9 Nr. 2a ist systematisch im Zusammenhang mit § 13b zu sehen, der den in Art. 6 Abs. 4 der Leiharbeitsrichtlinie geregelten Anspruch des Leiharbeitnehmers auf gleichen Zugang zu den Gemeinschaftseinrichtungen und Gemeinschaftsdiensten im Entleiherbetrieb in nationales Recht umsetzt. Dieser Anspruch wird einerseits arbeitsrechtlich durch das in § 9 Nr. 2a geregelte Verbot beschränkender Vereinbarungen und andererseits durch den Ordnungswidrigkeitentatbestand des § 16 Abs. 1 Nr. 10 flankiert.

1. Inkrafttreten

488 Die Regelung ist nach dem Wortlaut von Art. 2 Abs. 2 i.V.m. Art. 1 Nr. 7 des „Ersten Gesetzes zur Änderung des Arbeitnehmerüberlassungsgesetzes" – Verhinderung von Missbrauch der Arbeitnehmerüberlassung vom 28.4.2011[716] (1. AÜG-ÄndG) an sich bereits am 30.4.2011 in Kraft getreten. Dabei handelt es sich aber offenbar um ein **Redaktionsversehen**. Denn Art. 2 Abs. 2 des 1. AÜG-ÄndG zielte auf die Drehtürklausel sowie die Regelungen zur Lohnuntergrenze ab,[717] nicht hingegen auf § 13b und § 16 Abs. 1 Nr. 10, die gemäß Art. 2 Abs. 1 erst am 1.12.2011 in Kraft getreten sind. Die systematische Auslegung des Gesetzes ergibt also, dass § 9 Nr. 2a **erst ab dem 1.12.2011 in Kraft** getreten ist (vgl. Rn. 36).

2. Sinn und Zweck

489 § 9 Nr. 2a dient der Umsetzung von **Art. 10 Abs. 2 der Leiharbeitsrichtlinie**, der wirksame, angemessene und abschreckende Sanktionen für den Fall des Verstoßes gegen die einzelstaatlichen Vorschriften zur Umsetzung dieser Richtlinie verlangt. Insoweit dient die Verbotsnorm der wirksamen Absicherung des Anspruchs des Leiharbeitnehmers auf

---

715 BAG, 25.1.2005 – 1 ABR 61/03, NZA 2005, 1199, 1202; BAG, 21.7.2009 – 1 ABR 35/08, NZA 2009, 1156, 1158.
716 BGBl. I, S. 642.
717 Vgl. BT-Drs. 17/4804, S. 11; BT-Drs. 17/5238, S. 16.

Zugang zu den Gemeinschaftseinrichtungen und -diensten im Entleiherbetrieb nach § 13b (Rn. 41).

Die Norm gestaltet den **Zugangsanspruch** des Leiharbeitnehmers als **unabdingbar** aus, so dass der im Voraus erklärte Verzicht des Leiharbeitnehmers unwirksam ist (vgl. § 13b Rn. 17f.). Die Regelung verhindert somit, dass sich einzelne Verleiher Wettbewerbsvorteile dadurch verschaffen, dass ihre Leiharbeitnehmer von vornherein, oder wenn es der Entleiher fordert, auf diese Rechte verzichten. Die Regelung soll dazu beitragen, dass der Wettbewerb der Verleiher über die Qualität der Dienstleistung und nicht über die Arbeitsbedingungen der Leiharbeitnehmerinnen und Leiharbeitnehmer geführt wird.[718]

490

3. Verbot zugangsbeschränkender Vereinbarungen

Das in § 9 Nr. 2a enthaltene Verbot von „Vereinbarungen, die den Zugang des Leiharbeitnehmers zu den Gemeinschaftseinrichtungen oder -diensten im Unternehmen des Entleihers entgegen § 13b beschränken", ist im Hinblick auf seinen Schutzzweck weit auszulegen. Es erfasst beschränkende **Vereinbarungen jeglicher Art** unabhängig davon, in welcher **Rechtsbeziehung** sie getroffen werden (vgl. § 13b Rn. 13). Erfasst sind also sowohl **individuelle Vereinbarungen** – im Arbeitnehmerüberlassungsvertrag zwischen Verleiher und Entleiher, im Leiharbeitsvertrag zwischen Verleiher und Leiharbeitnehmer oder in einer Vereinbarung zwischen Entleiher und Leiharbeitnehmer –[719] als auch **Kollektivvereinbarungen** (Tarifvertrag oder Betriebsvereinbarung), die den Anspruch aus § 13b beschränken.[720] Unwirksam ist insbesondere auch der im Voraus erklärte Verzicht des Leiharbeitnehmers auf die Rechte aus § 13b.[721]

491

Eine **Beschränkung** i.S.d. Gesetzes liegt immer dann vor, wenn sich die Vereinbarung bewusst oder typischerweise so auswirkt, dass der Leiharbeitnehmer entgegen § 13b ohne sachlichen Grund nicht unter denselben Bedingungen Zugang zu den Gemeinschaftseinrichtungen und/oder -diensten im Entleiherbetrieb hat wie vergleichbare Arbeitnehmer des Entleihers. Insoweit kann man sich an den Grundsätzen zur unmittelbaren bzw. mittelbaren Benachteiligung i.S.v. § 3 Abs. 1 und 2

492

---

718 BT-Drs. 17/4804, S. 9f.
719 *Hamann*, RdA 2011, 321, 338f.; *Lembke*, NZA 2011, 319, 324; *Ulber*, § 9 Rn. 373.
720 *Lembke*, NZA 2011, 319, 324; *Thüsing/Mengel*, § 9 Rn. 53; ebenso *Forst*, AuR 2012, 97, 101.
721 BT-Drs. 17/4804, S. 9f.

§ 9 Unwirksamkeit

AGG orientieren,[722] denn § 13b dient der diskriminierungsfreien Teilhabe des Leiharbeitnehmers am Arbeitsleben im Entleiherbetrieb (vgl. § 13b Rn. 7).

4. Rechtsfolgen

493   Vereinbarungen, die den Zugangsanspruch nach § 13b beschränken, sind gemäß § 9 Nr. 2a **unwirksam**. Sofern sie in AGB enthalten sind, gilt das Verbot der geltungserhaltenden Reduktion; die Vertragsbestimmung wird nicht Vertragsbestandteil, wobei der Vertrag im Übrigen – abweichend von § 139 BGB – wirksam bleibt (§ 306 Abs. 1 BGB). Auch unwirksame Regelungen in Kollektivvereinbarungen führen grundsätzlich nicht dazu, dass der gesamte Kollektivvertrag unwirksam ist, sonst würde sich die Arbeitnehmerschutznorm ins Gegenteil verkehren und man würde dem Arbeitnehmer „Steine statt Brot geben".[723] **§ 139 BGB findet** im Rahmen des § 9 **keine Anwendung** (s. o. Rn. 2). Zu weiteren Rechtsfolgen im Falle eines Verstoßes gegen § 13b s. dort Rn. 43 ff.

V. Einstellungsverbot für Entleiher; Vermittlungsvergütung für Verleiher (§ 9 Nr. 3)

494   § 9 Nr. 3 bis 5 sind im Zusammenhang zu verstehen; sie sichern die Berufsfreiheit des Leiharbeitnehmers und dienen der Umsetzung von Art. 6 Abs. 2 und 3 der Leiharbeitsrichtlinie (vgl. Rn. 42).

1. Vorbemerkungen

495   Nr. 3 sanktioniert Vereinbarungen mit der Unwirksamkeitsfolge, die dem Entleiher die Einstellung des Leiharbeitnehmer nach Beendigung des Leiharbeitsverhältnisses mit dem Verleiher untersagen (Hs. 1). Hs. 2 stellt klar, dass die Vereinbarung einer Vermittlungsprovision für den Verleiher im Falle der Übernahme des Leiharbeitnehmers in ein Arbeitsverhältnis durch den Entleiher nicht unwirksam ist, sofern die Provision angemessen ist.

---

722 Vgl. *Hamann*, RdA 2011, 321, 338.
723 Vgl. etwa BAG, 16.11.2011 – 4 AZR 856/09, NZA-RR 2012, 308, 309, Rn. 27.

V. Einstellungsverbot für Entleiher; Vermittlungsvergütung für Verleiher § 9

a) Entstehungsgeschichte und Vorgaben der Leiharbeitsrichtlinie

Die **ursprünglichen** Vorschriften der **Nr. 4 und 5 a.F.** sind zunächst durch die „Hartz I"-Reform zu den **neuen Nr. 3 und 4 des § 9** geworden,[724] ohne dass damit inhaltliche Änderungen verbunden waren. Sodann wurde im Rahmen von „Hartz III" – auf Vorschlag des Ausschusses für Wirtschaft und Arbeit[725] quasi in letzter Sekunde – **Hs. 2 in Nr. 3 angefügt** (s. o. Rn. 6).[726] **496**

§ 9 Nr. 3 und 4 setzt die Vorgaben der **Leiharbeitsrichtlinie** um; dort heißt es in **Art. 6 Abs. 2** wie folgt: **497**

„(2) Die Mitgliedstaaten ergreifen die erforderlichen Maßnahmen, damit Klauseln, die den Abschluss eines Arbeitsvertrags oder die Begründung eines Beschäftigungsverhältnisses zwischen dem entleihenden Unternehmen und dem Leiharbeitnehmer nach Beendigung seines Einsatzes verbieten oder darauf hinauslaufen, diese zu verhindern, nichtig sind oder für nichtig erklärt werden können.

Dieser Absatz lässt die Bestimmungen unberührt, aufgrund deren Leiharbeitsunternehmen für die dem entleihenden Unternehmen erbrachten Dienstleistungen in Bezug auf Überlassung, Einstellung und Ausbildung von Leiharbeitnehmern einen Ausgleich in angemessener Höhe erhalten."

§ 9 Nr. 3 **Hs. 2** steht im Einklang mit UAbs. 2 von Art. 6 Abs. 2 der Richtlinie. **498**

UAbs. 1 von Art. 6 Abs. 2 war bereits durch **§ 9 Nr. 3 Hs. 1 und Nr. 4** gewahrt. Soweit die Richtlinie es ermöglichen will, dass der Leiharbeitnehmer mit dem Verleiher ein Arbeitsverhältnis für die Zeit „nach Beendigung des Einsatzes" begründet, verlangt sie nicht, dass das nationale Recht dem Arbeitnehmer ein außerordentliches Kündigungsrecht zwecks unmittelbaren Wechsels zum Verleiher „nach Beendigung des Einsatzes" einräumt. Vielmehr ist die Richtlinie grundrechtskonform dahingehend auszulegen, dass der Leiharbeitnehmer die einschlägigen Kündigungsfristen einhalten muss, weil ansonsten unverhältnismäßig in die Grundrechte der Arbeitgeber (Privatautonomie, Berufsfreiheit, **499**

---

[724] Artikel 6 Nr. 4c des Ersten Gesetzes für moderne Dienstleistungen am Arbeitsmarkt vom 23.12.2002, BGBl. I, S. 4607, 4618.
[725] BT-Drs. 15/1728, S. 146; BT-Drs. 15/1749, S. 29.
[726] Art. 93 Nr. 1a des Dritten Gesetzes für moderne Dienstleistungen am Arbeitsmarkt vom 23.12.2003, BGBl. I, S. 2848, 2909; dazu *Benkert*, BB 2004, 998 ff.; *Böhm*, DB 2004, 1150 ff.

§ 9 Unwirksamkeit

Eigentumsgarantie) bzw. der Tarifvertragsparteien eingegriffen würden, welche nicht nur national (Art. 2 Abs. 1, 12, 14 GG), sondern auch als primäres Europarecht gewährleistet sind (vgl. Art. 15, 16, 17, 28 EU-GRCharta; Art. 6 Abs. 1 Hs. 2 EUV).

b) Sinn und Zweck

500 Zweck der Vorschrift in Nr. 3 ist es zum einen, dem Leiharbeitnehmer das Recht auf freie Wahl des Arbeitsplatzes (**Art. 12 Abs. 1 GG**) nach Beendigung des Leiharbeitsverhältnisses zu sichern,[727] und zum anderen, dem Entleiher die **Möglichkeit** zu geben, einen **Arbeitnehmer einzustellen**, den er zuvor während der Überlassung **erprobt** hat.[728] Mithin sichert die Vorschrift den – von der Hartz-Kommission beschriebenen – „Klebeeffekt" der Arbeitnehmerüberlassung,[729] d.h. die Einstellung des vormaligen Leiharbeitnehmers beim ehemaligen Entleiher, ab. Insoweit hat die Norm dieselbe Zielrichtung wie § 13a AÜG und Art. 6 Abs. 1 der Leiharbeitsrichtlinie (vgl. § 13a Rn. 7).

2. Tatbestandsvoraussetzungen

a) Einstellungsverbote und Abreden vergleichbarer Wirkung (Hs. 1)

501 § 9 Nr. 3 Hs. 1 untersagt **Vereinbarungen zwischen Verleiher und Entleiher** (im Arbeitnehmerüberlassungsvertrag), **die** dem Entleiher **verbieten, den Leiharbeitnehmer nach** der rechtlichen **Beendigung des Leiharbeitsverhältnisses einzustellen**. Unzulässig ist es ferner, wenn dem Entleiher vertraglich untersagt wird, dem Leiharbeitnehmer bereits während der Überlassung eine Tätigkeit im Entleiherbetrieb für die Zeit nach Beendigung des Leiharbeitsverhältnisses zum Verleiher anzubieten.[730] Erfasst werden nicht nur Einstellungsverbote, sondern **auch Abreden vergleichbarer Wirkung** (z.B. Vertragsstrafeversprechen).[731] Unwirksam sind daher auch sonstige Vereinbarungen zwi-

---

[727] BT-Drs. VI/2303, S. 13; BT-Drs. 15/1749, S. 29.
[728] Schüren/Hamann/*Schüren*, § 9 Rn. 69.
[729] Vgl. die Vorschläge der sog. *Hartz-Kommission*, in: Moderne Dienstleistungen am Arbeitsmarkt, Vorschläge der Kommission zum Abbau der Arbeitslosigkeit und zur Umstrukturierung der Bundesanstalt für Arbeit, 2002, S. 147, 154.
[730] Sandmann/Marschall/Scheider, § 9 Rn. 29; Schüren/Hamann/*Schüren*, § 9 Rn. 74; ErfK/*Wank*, § 9 Rn. 8.
[731] Ebenso BGH, 3.7.2003 – III ZR 348/02, NZA 2003, 1025, 1026 = BB 2003, 2015, 2016; Thüsing/*Mengel*, § 9 Rn. 61; *Ulber*, § 9 Rn. 378, je m.w.N.

schen Verleiher und Entleiher, die den Wechsel des Leiharbeitnehmers zum Entleiher verhindern oder wesentlich erschweren.[732]

Nicht unter Nr. 3 fallen hingegen Klauseln, die es dem Entleiher verbieten, die Leiharbeitnehmer zum Überwechseln in den Entleiherbetrieb ohne Einhaltung einer Kündigungsfrist aufzufordern. Sie sind also wirksam. Denn ein solches Verhalten des Entleihers wäre eine unzulässige **Verleitung zum Vertragsbruch**, die den Entleiher wegen Nebenpflichtverletzung (§ 242 BGB) nach § 280 Abs. 1 BGB bzw. wegen vorsätzlicher sittenwidriger Schädigung nach § 826 BGB schadensersatzpflichtig macht.[733]

502

b) Angemessene Vermittlungsvergütung Hs. 2)

Die Frage, ob die Vereinbarung einer Vermittlungsprovision für den Verleiher für den Fall, dass der Entleiher den Leiharbeitnehmer im Anschluss an die Arbeitnehmerüberlassung in ein Arbeitsverhältnis übernimmt, wirksam ist, war früher hochumstritten.[734] Sie wurde aber durch Einführung des Hs. 2 in § 9 Nr. 3 – der in der Sache UAbs. 2 von Art. 6 Abs. 2 der Leiharbeitsrichtlinie entspricht (vgl. Rn. 497) – mit Wirkung ab dem 1.1.2004 (s.o. Rn. 6) positiv beantwortet. Nach § 9 Nr. 3 Hs. 2 ist die Vereinbarung einer **Vergütung** zwischen Verleiher und Entleiher **für die nach** vorangegangenem Verleih **oder mittels vorangegangenem Verleih** erfolgte **Vermittlung zulässig, sofern die Vergütung angemessen** ist. Dadurch soll der Verleiher einen angemessenen Ausgleich insbesondere auch für die gegenüber dem Entleiher erbrachten Dienstleistungen in Bezug auf Überlassung, Einstellung und Ausbildung von Leiharbeitnehmern erhalten (vgl. Art. 6 Abs. 2 UAbs. 2 Leiharbeitsrichtlinie). § 9 Nr. 3 **Hs. 2** ist eine Ausnahmevorschrift vom in Hs. 1 geregelten Grundsatz („dies schließt ... nicht aus"), weshalb die Norm **restriktiv auszulegen** ist.[735]

503

aa) Kausalität der Vermittlungsleistung des Verleihers

Voraussetzung für einen **Vergütungsanspruch des Verleihers** gegen den Entleiher ist, dass eine Provisionsvereinbarung i.S.v. § 652 Abs. 1 BGB getroffen wurde, ein Arbeitsvertrag zwischen dem Entleiher und

504

---

732 BGH, 3.7.2003 – III ZR 348/02, NZA 2003, 1025, 1026 = BB 2003, 2015, 2016 m.w.N.
733 Ähnlich Schüren/Hamann/*Schüren*, § 9 Rn. 75; ErfK/*Wank*, § 9 Rn. 8.
734 Vgl. *Lembke/Fesenmeyer*, DB 2007, 801; Vorauflage, § 9 Rn. 179ff. m.w.N.
735 Ulber, § 9 Rn. 377.

dem (ehemaligen) Leiharbeitnehmer zustande gekommen ist und der Verleiher die versprochene Vermittlungstätigkeit erbracht hat, die i.S.v. § 652 BGB kausal für die Einstellung des Arbeitnehmers beim Entleiher gewesen ist.

505 Problematisch in diesem Zusammenhang ist insbesondere, ob in der bloßen Arbeitnehmerüberlassung ohne weitere, darüber hinausgehende Vermittlungsbemühungen die für den Vergütungsanspruch erforderliche Kausalität für den späteren Vertragsschluss zwischen Entleiher und Leiharbeitnehmer gesehen werden kann. Hiergegen könnte sprechen, dass sich Arbeitnehmerüberlassung und Arbeitsvermittlung gegenseitig ausschließen. Arbeitsvermittlung umfasst alle Tätigkeiten, die darauf gerichtet sind, Arbeitsuchende mit Arbeitgebern zur Begründung eines Arbeitsverhältnisses zusammenzuführen (vgl. § 35 Abs. 1 Satz 2 SGB III). Die Arbeitnehmerüberlassung ist hingegen darauf gerichtet, dass der Leiharbeitnehmer Arbeitnehmer des Verleihers bleibt und nicht Arbeitnehmer des Entleihers wird. Diese Bedenken greifen aber im Ergebnis nicht durch. Zum einen sieht der Gesetzgeber Arbeitnehmerüberlassung und Arbeitsvermittlung nicht mehr als zwei getrennt voneinander zu behandelnde Tätigkeiten an; vielmehr können sie „ineinander übergehen".[736] Dies kommt auch in der Idee von der „vermittlungsorientierten Arbeitnehmerüberlassung" zum Ausdruck, welche der Gesetzgeber gemäß den Vorschlägen der Hartz-Kommission[737] durch die Einführung der Personal-Service-Agenturen (§ 37c SGB III a.F.)[738] umgesetzt hatte. Zum anderen wird mit der Überlassungstätigkeit schon nach allgemeinen Grundsätzen eine Vermittlungstätigkeit entfaltet. Für Kausalität i.S.v. § 652 Abs. 1 BGB genügt es nämlich, wenn der Provisionsberechtigte durch seine Leistung dem Provisionsverpflichteten den Anstoß gegeben hat, sich konkret um einen Vertragsabschluss zu bemühen.[739] Auch aus dem Wortlaut von Nr. 3 Hs. 2 („mittels vorangegangenem Verleih erfolgte Vermittlung") lässt sich entnehmen, dass der Gesetzgeber die **Arbeitnehmerüberlassung** als **eine für**

---

736 Vgl. BT-Drs. 15/1749, S. 29.
737 Vgl. die Vorschläge der sog. *Hartz-Kommission*, in: Moderne Dienstleistungen am Arbeitsmarkt, Vorschläge der Kommission zum Abbau der Arbeitslosigkeit und zur Umstrukturierung der Bundesanstalt für Arbeit, 2002, S. 147 ff.
738 Aufgehoben mit Wirkung ab dem 1.1.2009 durch Art. 1 Nr. 17 des Gesetzes zur Neuausrichtung der arbeitsmarktpolitischen Instrumente vom 21.12.2008, BGBl. I, S. 2917.
739 BGH, 25.2.1999 – III ZR 191/98, BGHZ 141, 40, 45; Palandt/*Sprau*, § 652 BGB Rn. 48.

V. Einstellungsverbot für Entleiher; Vermittlungsvergütung für Verleiher § 9

die Vereinbarung einer Vermittlungsvergütung ausreichende Leistung des Verleihers auffasst.[740]

Um hier in der Praxis Streitigkeiten zu vermeiden, sollte in der **Provisionsvereinbarung** klar geregelt werden, **unter welchen Voraussetzungen** der **Provisionsanspruch entsteht**. So sollte zum einen ausdrücklich festgelegt werden, dass die Arbeitnehmerüberlassung auch dazu dient, dem Entleiher zu ermöglichen, die fachliche und persönliche Eignung des Leiharbeitnehmers im Hinblick auf den späteren Abschluss eines Arbeitsvertrags zu erproben. Zum anderen ist eine Regelung zu erwägen, wonach Kausalität zwischen der Arbeitnehmerüberlassung und dem späteren Abschluss des Arbeitsvertrags zwischen Entleiher und Leiharbeitnehmer widerlegbar vermutet wird, wenn zwischen der Beendigung des Arbeitseinsatzes und dem Abschluss nicht mehr als sechs Monate liegen.[741] 506

bb) Angemessenheit der Vermittlungsvergütung

Hs. 2 von § 9 Nr. 3 bestimmt, dass in Abweichung vom Grundsatz der Unwirksamkeit einstellungshemmender Abreden zwischen Verleiher und Entleiher (Hs. 1) die Vereinbarung einer Vermittlungsvergütung für den Verleiher wirksam ist, sofern die Vergütung angemessen ist.[742] Nach der ab 1.1.2004 geltenden Rechtslage verlagert sich die Problematik der Wirksamkeit von Vermittlungsprovisionen für Verleiher daher insbesondere auf die Frage der **Angemessenheit** der **Höhe** der Vermittlungsprovision.[743] Allerdings kann die Unangemessenheit der Vergütung nicht nur aus der unangemessenen Höhe, sondern auch aus den **sonstigen (Zahlungs-)Bedingungen** folgen oder sich daraus ergeben, dass die Vergütungsregelung nicht klar und verständlich ist (vgl. § 307 Abs. 1 Satz 2 BGB). 507

Bei der Prüfung der Angemessenheit der Vermittlungsvergütung ist eine umfassende **Abwägung** der Interessen von Verleiher und Entleiher unter Berücksichtigung der durch § 9 Nr. 3 geschützten Berufsfreiheit des Leiharbeitnehmers (Art. 12 Abs. 1 GG) durchzuführen.[744] Nach der 508

---

740 Vgl. auch *Thüsing*, DB 2003, 2122, 2123.
741 Zur Zulässigkeit solcher Beweislastvereinbarungen siehe BGH, 10.11.2011 – III ZR 77/11, NZA-RR 2012, 67, 71, Rn. 35 f.; Palandt/*Sprau*, § 652 BGB Rn. 67.
742 Zu Recht krit. zur Neuregelung *Benkert*, BB 2004, 998, 999.
743 Vgl. BT-Drs. 15/1749, S. 29; Thüsing/*Mengel*, § 9 Rn. 58.
744 Dazu BGH, 10.11.2011 – III ZR 77/11, NZA-RR 2012, 67, 68, Rn. 16 ff.; BGH, 11.3.2010 – III ZR 240/09, NZA 2010, 511, 512, Rn. 14 f.; *Lembke/Fesenmeyer*, DB 2007, 801, 803.

Gesetzesbegründung sind die Dauer des vorangegangenen Verleihs, die Höhe des vom Entleiher für den Verleih bereits gezahlten Entgelts und der Aufwand für die Gewinnung eines vergleichbaren Arbeitnehmers zu berücksichtigen.[745] Auch die Verkehrsüblichkeit der Vermittlungsgebühr spielt eine Rolle (vgl. § 653 Abs. 2 BGB).[746] Ferner kommt es darauf an, welche Aufwendungen der Verleiher für die Gewinnung des Leiharbeitnehmers getätigt hat (z.B. Kosten für Anzeigen, Vorstellungsgespräche, Einarbeitung und Weiterbildung), wann sich diese Aufwendungen amortisieren und welche Kosten der Entleiher durch die Übernahme des Leiharbeitnehmers im Hinblick auf die Gewinnung eines neuen Arbeitnehmers erspart (z.B. Kosten für Anzeigen, Vorstellungsgespräche).[747] Dabei sind auch die Qualifikationen des Arbeitnehmers zu berücksichtigen. Je eher der Leiharbeitnehmer austauschbar ist, desto geringer muss die Vermittlungsvergütung sein.[748] Die Tatsache, dass der Entleiher den Leiharbeitnehmer erprobt hat, wenn er ihn übernimmt, schlägt nicht vergütungserhöhend zu Buche, weil die Erprobung während der Arbeitnehmerüberlassung bereits mit der Überlassungsgebühr abgegolten ist.

509 In seinem **Urteil vom 11.3.2010** entschied der **BGH** erstmals, dass die Regelung über eine **Vermittlungsprovision**, die nicht **nach der Dauer des vorangegangenen Verleihs gestaffelt** ist, unwirksam ist. Der BGH führte dazu aus, dass sich die in die Wertung über die Angemessenheit der Höhe der Vermittlungsprovision einfließenden Kriterien überwiegend verändern, was eine Anpassung der Provision für die Übernahme eines Leiharbeitnehmers über die Dauer der Verleihzeit bedingt. Die Auslegung des Begriffs der „Angemessenheit" in § 9 Nr. 3 Hs. 2 entsprechend dem Willen des Gesetzgebers führe im Ergebnis dazu, dass die Vereinbarung einer Vermittlungsprovision die Dauer des Verleihverhältnisses aufnehmen und bei der Höhe der Provision berücksichtigen müsse.[749] Die Höhe der in den Allgemeinen Geschäftsbedingungen eines Leiharbeitgebers festgesetzten Vergütung, die der einen Leiharbeitnehmer übernehmende Entleiher dem Leiharbeitgeber zu zahlen

---

745 BT-Drs. 15/1759, S. 29.
746 *Lembke/Fesenmeyer*, DB 2007, 801, 803; *Thüsing*, DB 2003, 2122, 2124. – A.A. *Ulber* § 9 Rn. 355.
747 BGH, 10.11.2011 – III ZR 77/11, NZA-RR 2012, 67, 68, Rn. 16 ff.; BGH, 11.3.2010 – III ZR 240/09, NZA 2010, 511, 512, Rn. 14 f.; *Lembke/Fesenmeyer*, DB 2007, 801, 803.
748 *Benkert*, BB 2004, 998, 1000.
749 BGH, 11.3.2010 – III ZR 240/09, NZA 2010, 511, 512, Rn. 16.

habe, sei grundsätzlich nicht mehr angemessen i. S. d. § 9 Nr. 3 Hs. 2 AÜG, wenn sie nicht nach der Dauer des vorangegangenen Verleihs gestaffelt sei. Eine solche Vereinbarung verstoße gegen § 9 Nr. 3 Hs. 1 AÜG und sei unwirksam.[750] Eine Klausel ohne Abstufung der Vermittlungsprovision entsprechend der Dauer der Verleihzeit könne deshalb nur in Betracht kommen, wenn die Vermittlungsprovision von der Höhe her so niedrig bemessen sei, dass sie in jedem denkbaren Fall als angemessen bezeichnet werden müsse und eine Abstufung der Zeit nach deswegen aufgrund der Höhe nicht erforderlich sei. Dies könne bei einer Provision wie im der Entscheidung zugrunde liegenden Sachverhalt in Höhe des 200-fachen Stundenverrechnungssatzes jedoch ausgeschlossen werden.[751]

Unter Zugrundelegung der vorstehend genannten Erwägungen hat der BGH im Urteil vom 10.11.2011 jüngst die Vereinbarung der im Fall streitigen Vermittlungsprovision für wirksam erachtet und dabei folgende **allgemeine Grundsätze** aufgestellt:

- Die **Vermittlungsgebühr** darf bei einer Übernahme des Leiharbeitnehmers zu Anfang der Überlassungszeit **höchstens zwei Bruttomonatsgehälter des Leiharbeitnehmers** betragen. Es ist auf die Bruttomonatsgehälter im neuen Arbeitsverhältnis mit dem (früheren) Entleiher abzustellen.[752]

- Unter der Voraussetzung, dass die Höhe der Vermittlungsprovision eine degressive Staffelung enthält, sich also mit zunehmender Überlassungsdauer verringert, kann eine Vermittlungsprovision grundsätzlich **bis zu einer Überlassungsdauer von einem Jahr** vereinbart werden. D.h. eine Vermittlungsprovision kann auch für den Fall vereinbart werden, dass der Leiharbeitnehmer erst nach bis zu einjähriger Überlassung übernommen wird.[753]

- Die **degressive Staffelung** der Vermittlungsprovision muss **zumindest quartalsweise** (also im Drei-Monats-Rhythmus) und in ihrer Abstufung in etwa proportional zum Zeitablauf erfolgen. Ausgehend von einer anfänglichen Maximalhöhe von zwei Bruttomonatsgehältern müssten sich die nachfolgenden, (zumindest) im Drei-Monats-Rhythmus abgestuften Sätze demnach etwa in einer Größenordnung von eineinhalb Bruttomonatsgehältern (nach Ablauf von drei Mona-

---

750 BGH, 11.3.2010 – III ZR 240/09, NZA 2010, 511, Ls.
751 BGH, 11.3.2010 – III ZR 240/09, NZA 2010, 511, 512, Rn. 20.
752 BGH, 10.11.2011 – III ZR 77/11, NZA-RR 2012, 67, 70, Rn. 28, 31.
753 BGH, 10.11.2011 – III ZR 77/11, NZA-RR 2012, 67, 69f., Rn. 26ff.

ten), einem Bruttomonatsgehalt (nach Ablauf von sechs Monaten) und einem halben Bruttomonatsgehalt (nach Ablauf von neun Monaten) bewegen.[754]

- Grundsätzlich kann eine Vermittlungsprovision auch für den Fall vereinbart werden, dass der Leiharbeitnehmer erst in einem Zeitraum **bis zu sechs Monaten nach Ende der Überlassung** vom (früheren) Entleiher übernommen wird. Für einen solchen Zeitraum kann noch vermutet werden, dass die frühere Überlassung kausal für die spätere Übernahme des Leiharbeitnehmers war. Allerdings muss dem Entleiher gestattet sein, diese Vermutung zu widerlegen.[755]

511 Bei der **Vertragsgestaltung in der Praxis** kann man sich an der Klausel im Arbeitnehmerüberlassungsvertrag orientieren, die konkret Gegenstand des BGH-Urteils vom 10.11.2011 war:[756]

„(1) Bei Übernahme in ein Anstellungsverhältnis eine(r)/s Mitarbeiter(in)/s aus der Überlassung steht ... ein Vermittlungshonorar zu. Die Höhe der Vermittlungsgebühr ist wie folgt gestaffelt:

– Übernahme innerhalb der ersten drei Monate 15% des Jahresbruttoeinkommens,

– nach drei Monaten 12% des Jahresbruttoeinkommens,

– nach sechs Monaten 9% des Jahresbruttoeinkommens,

– nach neun Monaten 5% des Jahresbruttoeinkommens, und

– nach zwölf Monaten erheben wir keine Vermittlungsgebühr mehr.

(Jahresbruttogehalt = Arbeitsentgelt brutto ohne Nebenzuwendungen zzgl. der gesetzlichen Umsatzsteuer). Das Honorar wird bei Begründung des Arbeitsverhältnisses, d.h. mit Unterzeichnung des Vertrags, binnen acht Tagen fällig.

(2) Das Vermittlungshonorar steht ... auch dann zu, wenn [es] innerhalb von sechs Monaten nach der letzten Überlassung zu einem Anstellungsverhältnis zwischen dem Entleiher und dem Mitarbeiter kommt."

Der BGH entschied, dass Abs. 1 der Klausel der AGB-Kontrolle standhält, Abs. 2 hingegen nicht.

---

754 BGH, 10.11.2011 – III ZR 77/11, NZA-RR 2012, 67, 70, Rn. 28.
755 BGH, 10.11.2011 – III ZR 77/11, NZA-RR 2012, 67, 71, Rn. 34 ff.
756 S. zum Ganzen auch *Lembke/Zanotti*, in: Liebers, FB ArbR, I Rn. 20, 61 ff.; *Küpperfahrenberg/Lagardère*, BB 2012, 2952.

Ob die vereinbarte Vermittlungsvergütung angemessen ist oder nicht, ist eine reversible **Rechtsfrage**, keine Tatfrage.[757] Letztlich kommt es dabei auf eine Wertungsentscheidung des Gerichts an. **Maßgeblicher Beurteilungszeitpunkt** für die Wirksamkeit der Vergütungsabrede ist der Zeitpunkt des Vertragsschlusses.[758]

512

3. Rechtsfolgen

Nach § 9 Nr. 3 Hs. 1 **unzulässige Vereinbarungen** zwischen Verleiher und Entleiher sind **unwirksam**. Der übrige Arbeitnehmerüberlassungsvertrag bleibt davon unberührt.[759] **§ 139 BGB gilt nicht** (vgl. Rn. 2).

513

Dies gilt auch bei **unwirksamen Abreden über eine Vermittlungsvergütung** des Verleihers (§ 9 Nr. 3 Hs. 2). In diesem Fall ist die gesamte Vergütungsabrede unwirksam. Eine **geltungserhaltende Reduktion** auf den üblichen Provisionssatz **scheidet** – jedenfalls bei Vergütungsvereinbarungen im Rahmen von AGB des Verleihers – im Hinblick auf den Gesetzeszweck des § 9 Nr. 3 **aus**, das Recht des Leiharbeitnehmers auf freie Wahl des Arbeitsplatzes und insbesondere auf Eingehung eines Arbeitsverhältnisses mit dem Entleiher nach Beendigung des Leiharbeitsverhältnisses zu schützen (vgl. oben Rn. 42, 500). Diesem Schutzzweck liefe es zuwider, wenn Verleiher risikolos unangemessene Vergütungsregelungen verwenden könnten.[760]

514

§ 9 Nr. 3 hat – ebenso wie § 9 Nr. 4 und 5 – keine Entsprechung in § 3 Abs. 1. Dennoch können Verstöße des Verleihers gegen § 9 Nr. 3 bis 5 dessen **Unzuverlässigkeit** begründen, was Konsequenzen für die Überlassungserlaubnis nach §§ 3 ff. haben kann.[761]

515

VI. Abschlussverbote für Leiharbeitnehmer (§ 9 Nr. 4)

Korrespondierend zur Verbotsnorm der Nr. 3 und im Einklang mit **Art. 6 Abs. 2 der Leiharbeitsrichtlinie** (vgl. Rn. 497) erklärt § 9 Nr. 4 Abreden zwischen Verleiher und Leiharbeitnehmer für unwirksam, die das Grundrecht des Leiharbeitnehmers auf freie Wahl des Arbeitsplatzes (**Art. 12 Abs. 1 GG**) nach Beendigung des Leiharbeitsverhältnisses

516

---

757 *Lembke/Fesenmeyer*, DB 2007, 801, 803.
758 Vgl. Palandt/*Grüneberg*, § 307 BGB Rn. 7.
759 Thüsing/*Mengel*, § 9 Rn. 61; *Ulber*, § 9 Rn. 391; ErfK/*Wank*, § 9 Rn. 9.
760 Ebenso BGH, 11.3.2010 – III ZR 240/09, NZA 2010, 511, 513, Rn. 17 ff.; Thüsing/*Mengel*, § 9 Rn. 61.
761 Thüsing/*Mengel*, § 9 Rn. 62; *Ulber*, § 9 Rn. 394, 405.

beeinträchtigen. Dadurch soll dem Leiharbeitnehmer die **Möglichkeit** gegeben werden, nach Beendigung des Leiharbeitsverhältnisses **ein Arbeitsverhältnis mit dem Entleiher einzugehen**.[762]

1. Tatbestandsvoraussetzungen

517 § 9 Nr. 4 verbietet alle **Vereinbarungen zwischen Verleiher und Leiharbeitnehmer**, die dem Leiharbeitnehmer **untersagen, nach** der rechtlichen **Beendigung des Leiharbeitsverhältnisses** einen **Arbeitsvertrag mit** dem **Entleiher abzuschließen**. Erfasst werden nicht nur Abschlussverbote im Leiharbeitsvertrag, sondern **auch alle Abreden vergleichbarer Wirkung**, wie etwa Vertragsstrafeversprechen oder die Klausel eines Aufhebungsvertrags, dass eine Abfindung bei späterem Übertritt zum Entleiher zurückzuzahlen ist.[763]

518 Verboten sind auch **Vereinbarungen zwischen Entleiher und Leiharbeitnehmer**, wonach der Leiharbeitnehmer die vom Entleiher an den Verleiher zu zahlende Vermittlungsgebühr ganz oder teilweise zu erstatten oder ähnliche Leistungen zu erbringen hat. Derartige Vereinbarungen schränken ebenfalls das Recht des Arbeitnehmers auf freie Wahl des Arbeitsplatzes ein und werden von Nr. 4 und nicht von Nr. 5 des § 9 erfasst. Nr. 5 erfasst hingegen Vereinbarungen, die eine Zahlungspflicht des Leiharbeitnehmers gegenüber dem Verleiher vorsehen.

519 **Nr. 4 geht** den allgemeinen Vorschriften über nachvertragliche Wettbewerbsverbote nach § 110 GewO i.V.m. **§§ 74ff. HGB** – entgegen der h.M. – **nicht vor**.[764] In der Praxis dürfte sich diese Frage aber ohnehin nicht stellen, weil der frühere Entleiher (und neue Arbeitgeber) regelmäßig nicht selbst Arbeitnehmer überlässt und die Tätigkeit des früheren Leiharbeitnehmers bei ihm daher keine Handlung ist, welche die Wettbewerbsinteressen des Verleihers tangiert. Nach Maßgabe der §§ 74ff. HGB zulässig ist jedenfalls ein gegen Karenzentschädigung vereinbartes nachvertragliches Wettbewerbsverbot dahingehend, dass der Leiharbeitnehmer nach dem Ende des Leiharbeitsverhältnisses nicht in Konkurrenz zum Verleiher selbst ein Verleihunternehmen gründen darf. Insofern greift Nr. 4 schon tatbestandlich nicht ein.[765]

---

762 ErfK/*Wank*, § 9 Rn. 16; *Ulber*, § 9 Rn. 396.
763 LAG Köln, 22.8.1984 – 5 Sa 1306/83, DB 1985, 445f.; Thüsing/*Mengel*, § 9 Rn. 68; HWK/*Gotthardt*, § 9 AÜG Rn. 17; *Ulber*, § 9 Rn. 398.
764 So wohl auch Schüren/Hamann/*Schüren*, § 9 Rn. 89ff. – A.A. Thüsing/*Mengel*, § 9 Rn. 65; HWK/*Gotthardt*, § 9 AÜG Rn. 16; *Ulber*, § 9 Rn. 395; ErfK/*Wank*, § 9 Rn. 17.

2. Rechtsfolgen

Nach § 9 Nr. 4 **unzulässige Vereinbarungen** zwischen Verleiher und Leiharbeitnehmer sind **unwirksam**. Die Wirksamkeit des übrigen Teils des Leiharbeitsvertrags oder der sonstigen Vertragsabrede bleibt hingegen unberührt.[766] **§ 139 BGB gilt nicht** (s. o. Rn. 2). Zu erlaubnisrechtlichen Konsequenzen s. o. Rn. 515.

520

VII. Verbot der Vereinbarung einer Vermittlungsgebühr für Leiharbeitnehmer (§ 9 Nr. 5)

Zur Sicherung der Rechts des Leiharbeitnehmers auf freie Wahl des Arbeitsplatzes ergänzt § 9 Nr. 5 die Regelungen des § 9 Nr. 3 und 4 (vgl. Rn. 494) und setzt Art. 6 Abs. 3 der Leiharbeitsrichtlinie um.

521

1. Inkrafttreten und Vorgaben der Leiharbeitsrichtlinie

§ 9 Nr. 5 wurde durch Art. 1 Nr. 7 lit. d) des „Ersten Gesetzes zur Änderung des Arbeitnehmerüberlassungsgesetzes – Verhinderung von Missbrauch der Arbeitnehmerüberlassung vom 28.4.2011[767] (1. AÜG-ÄndG) mit Wirkung ab dem 30.4.2011 eingefügt, um die Vorgaben von Art. 6 Abs. 3 der Leiharbeitsrichtlinie umzusetzen.[768]

522

Art. 6 Abs. 3 der Richtlinie lautet wie folgt:

523

> „Leiharbeitsunternehmen dürfen im Gegenzug zur Überlassung an ein entleihendes Unternehmen oder in dem Fall, dass Arbeitnehmer nach beendigter Überlassung mit dem betreffenden entleihenden Unternehmen einen Arbeitsvertrag abschließen oder ein Beschäftigungsverhältnis eingehen, kein Entgelt von den Arbeitnehmern verlangen.

Danach ist es zum einen verboten, dass der Verleiher vom Leiharbeitnehmer ein Entgelt „im Gegenzug zur Überlassung" an einen Entleiher, also eine „**Überlassungsvergütung**", verlangt. Zum anderen sind Vereinbarungen verboten, wonach der Leiharbeitnehmer dem Verleiher ein Entgelt „in dem Fall, dass Arbeitnehmer nach beendigter Überlassung mit dem betreffenden entleihenden Unternehmen einen Arbeitsvertrag

524

---

765 Thüsing/*Mengel*, § 9 AÜG Rn. 65; Schüren/Hamann/*Schüren*, § 9 Rn. 92; *Ulber*, § 9 Rn. 396.
766 *Sandmann/Marschall/Schneider*, § 9 Rn. 32; *Ulber*, § 9 Rn. 399.
767 BGBl. I, S. 642.
768 BT-Drs. 14/4804, S. 10; *Lembke*, DB 2011, 414, 417.

abschließen oder ein Beschäftigungsverhältnis eingehen", also eine „**Vermittlungsvergütung**" verlangt. § 9 Nr. 5 ist **richtlinienkonform** so **auszulegen**, dass er beide Tatbestände erfasst, selbst wenn er nur von „Vermittlungsvergütung" spricht.

2. Sinn und Zweck

525 § 9 Nr. 5 dient – ebenso wie § 9 Nr. 3 und 4 – dem **Schutz des Grundrechts des Leiharbeitnehmers auf Berufsfreiheit** bzw. freie Wahl des Arbeitsplatzes (Art. 12 Abs. 1 GG) und insbesondere des Rechts auf Eingehung eines Arbeitsverhältnisses mit dem Entleiher nach Beendigung des Leiharbeitsverhältnisses, welches nicht durch Vermittlungsgebühren beeinträchtigt werden soll (vgl. Rn. 42).

526 An sich werden Vereinbarungen, die dieses Recht unangemessen beschränken (wie z.B. Vereinbarungen über vom Leiharbeitnehmer zu zahlende Vermittlungsgebühren) bereits vom Verbotstatbestand des § 9 Nr. 4 erfasst (vgl. Rn. 517f.). Insoweit enthält die Nr. 5 nur eine gesetzliche Klarstellung.[769] Soweit aber auch die Vereinbarung von Überlassungsgebühren zulasten des Leiharbeitnehmers verboten werden (vgl. Rn. 524, 527), hat die Norm eigenständige Bedeutung.

3. Tatbestandsvoraussetzungen

527 § 9 Nr. 5 verbietet alle Vereinbarungen, nach denen der Leiharbeitnehmer eine Vermittlungsvergütung an den Verleiher zu zahlen hat. Unter den Begriff der „**Vermittlungsvergütung**" fallen nicht nur an den Verleiher zu gewährende Entgelte oder geldwerte Vorteile, die als Gegenleistung dafür dienen, dass der Leiharbeitnehmer beim (vormaligen) Entleiher ein Beschäftigungsverhältnis begründet. In europarechtskonformer Auslegung wird davon **auch** jede Art von „**Überlassungsvergütung**" erfasst, also jede Begünstigung des Verleihers, die als Gegenleistung für die Überlassung des Leiharbeitnehmers an Entleiher versprochen wird.[770]

528 Das Verbot der Nr. 5 gilt für alle **Vereinbarungen individual- und kollektivrechtlicher Art unabhängig** davon, **von wem** sie **abgeschlossen** werden.[771]

---

769 Vgl. BT-Drs. 17/4804, S. 10.
770 In diesem Sinne auch Thüsing/*Mengel*, § 9 Rn. 69; *Ulber*, § 9 Rn. 401f.
771 *Lembke*, DB 2011, 414, 417; Thüsing/*Mengel*, § 9 Rn. 69.

VIII. Aufhebung des besonderen Befristungsverbots (Nr. 2 a.F.) § 9

4. Rechtsfolgen

Nach § 9 Nr. 5 **unzulässige Vereinbarungen** zwischen Verleiher und Leiharbeitnehmer sind **unwirksam**. Die Wirksamkeit der übrigen Vertragsabrede bleibt hingegen unberührt. **§ 139 BGB gilt nicht** (s.o. Rn. 2). Zu erlaubnisrechtlichen Konsequenzen s.o. Rn. 515.

529

VIII. Aufhebung des besonderen Befristungsverbots (§ 9 Nr. 2 a.F.)

1. Vorbemerkungen

a) Überblick über die Gesetzesänderungen durch Hartz I

Durch das Erste Gesetz für moderne Dienstleistungen am Arbeitsmarkt vom 23.12.2002 („Hartz I")[772] wurden das (frühere) **besondere Befristungsverbot** (§§ 9 Nr. 2, 3 Abs. 1 Nr. 3 a.F.), das **Wiedereinstellungsverbot** (§§ 9 Nr. 3, 3 Abs. 1 Nr. 4 a.F.), das **Synchronisationsverbot** (§ 3 Abs. 1 Nr. 5 a.F.) sowie die **Überlassungshöchstdauer** von 24 Monaten (§ 3 Abs. 1 Nr. 6 a.F.) **im Gegenzug zur Normierung des neuen** Schlechterstellungsverbots bzw. **Grundsatzes von Equal Pay/Treatment** (§§ 9 Nr. 2, 3 Abs. 1 Nr. 3, 10 Abs. 4) **aufgehoben**.[773] Mit der Streichung von § 9 Nr. 2 und 3 a.F. ist auch der Entgeltfortzahlungsanspruch des Leiharbeitnehmers nach § 10 Abs. 4 a.F. entbehrlich geworden und daher entfallen. Die Neuregelungen traten an sich am 1.1.2003 in Kraft. Allerdings war zumindest bis zum 1.1.2004 die **Übergangsvorschrift des § 19** zu beachten (vgl. § 19 Rn. 2, 21 f.).

530

b) Sinn und Zweck

Durch die Aufhebung der Beschränkungen der Arbeitnehmerüberlassung sollen die Einführung des Schlechterstellungsverbots kompensiert und die **Arbeitnehmerüberlassung liberalisiert und flexibilisiert** werden (vgl. Rn. 43).

531

---

772 BGBl. I, S. 4607.
773 BT-Drs. 15/25, S. 39.

§ 9 Unwirksamkeit

2. Rechtsfolgen der Aufhebung

a) Befristung von Leiharbeitsverträgen

532 Der mit dem Wegfall des besonderen Befristungsverbots verfolgte Zweck der Liberalisierung wurde im Hinblick auf den Wegfall des besonderen Befristungsverbots nicht erreicht.[774] Nach § 9 Nr. 2 a.F. konnten nämlich entgegen den allgemeinen Befristungsgrundsätzen ohne Weiteres Kettenarbeitsverträge mit Leiharbeitnehmern abgeschlossen werden, und die (erstmalige) Befristung des Leiharbeitsverhältnisses konnte auch ohne Sachgrund die Dauer von zwei Jahren übersteigen.[775] Die bisherigen – den Verleiher z.T. privilegierenden – Regelungen zum besonderen Befristungsverbot waren Sonderregelungen und gingen den allgemeinen Befristungsregelungen in §§ 14 ff. TzBfG vor.[776]

533 Mit der ersatzlosen Streichung des besonderen Befristungsverbots (§§ 9 Nr. 2, 3 Abs. 1 Nr. 3 a.F.) **gelten nun** für Leiharbeitsverträge zwischen Verleiher und Leiharbeitnehmer **die allgemeinen Befristungsregelungen der §§ 14 ff. TzBfG**.[777] Ihre Verletzung durch den Verleiher stellt eine Nichteinhaltung der arbeitsrechtlichen Pflichten i.S.v. § 3 Abs. 1 Nr. 1 dar und kann entsprechende Konsequenzen im Hinblick auf die Arbeitnehmerüberlassungserlaubnis mit sich bringen (vgl. § 3 Rn. 36).

534 Bei der Befristung von Leiharbeitsverträgen ist zunächst zu prüfen, ob eine sachgrundlose Befristung nach § 14 Abs. 2, 2a oder 3 TzBfG in Betracht kommt, und dann, ob eine die Befristung nach § 14 Abs. 1 TzBfG auf einen Sachgrund gestützt werden kann. Diese Prüfungsreihenfolge ergibt sich aus § 14 Abs. 2 Satz 2 und Abs. 2a Satz 4 TzBfG, wonach eine sachgrundlose Befristung nicht auf ein (mit oder ohne Sachgrund) befristetes Arbeitsverhältnis folgen kann; umgekehrt (zuerst sachgrundlose Befristung, dann Befristung mit Sachgrund) ist dies hingegen möglich.

535 Die **BA** hatte **früher** die Auffassung vertreten, angesichts der Besonderheiten des AÜG setzte eine Befristung voraus, dass das Ende eines

---

774 *Lembke*, DB 2003, 2702.
775 *Lembke*, DB 2003, 2702 m.w.N.
776 Vgl. 1. Aufl. 2002, § 3 Rn. 54.
777 BT-Drs. 15/25, S. 39; *Lembke*, BB 2003, 98, 104; *Ulber*, AuR 2003, 7, 9; *Wank*, NZA 2003, 14, 20. – Hingegen gilt die Befristungs-Richtlinie 1999/70/EG nicht für Leiharbeitsverträge, EuGH, 11.4.2013 – C-290/12 („Della Rocca"), BeckRS 2013, 80742.

VIII. Aufhebung des besonderen Befristungsverbots (Nr. 2 a. F.) § 9

Arbeitsverhältnisses stets konkret datumsmäßig benannt werde.[778] Danach wären nur kalendermäßige Befristungen zulässig. Dabei wurde jedoch übersehen, dass das TzBfG nicht nur die „kalendermäßige Befristung" (vgl. § 14 Abs. 2, 2a, § 15 Abs. 1 TzBfG – zum Begriff unten Rn. 539) kennt, sondern auch die Zweckbefristung (vgl. § 15 Abs. 2 TzBfG) und den auflösend bedingten Arbeitsvertrag (vgl. § 21 TzBfG). Auch diese Formen der Befristungsabrede können unter den Voraussetzungen des TzBfG im Leiharbeitsverhältnis getroffen werden.

b) Schriftform der Befristungsabrede (§ 14 Abs. 4 TzBfG)

Die Befristung des Leiharbeitsverhältnisses bedarf zu ihrer Wirksamkeit der Schriftform (§ 14 Abs. 4 TzBfG). Sofern der kalendermäßigen Befristung ein Sachgrund zugrunde liegt, muss dieser grundsätzlich nicht schriftlich vereinbart werden.[779] Ausnahmsweise bedarf es der Angabe der Befristungsgrundlage, wenn sich die Notwendigkeit der Angabe des Befristungsgrunds aus Tarifverträgen, Betriebsvereinbarungen oder Spezialgesetzen (z.B. § 2 Abs. 4 WissZeitVG) ergibt, eine Zweckbefristung oder eine auflösende Bedingung vorliegt. **536**

c) Kalendermäßige Befristung ohne sachlichen Grund (§ 14 Abs. 2 TzBfG)

Verleiher und Leiharbeitnehmer können die Befristung des Arbeitsvertrags ohne sachlichen Grund nach Maßgabe der Absätze 2 bis 3 des § 14 TzBfG vereinbaren. Wird im Arbeitsvertrag ein Sachgrund für die Befristung genannt, kann dennoch nicht automatisch darauf geschlossen werden, die Vertragsparteien hätten die sachgrundlose Befristungsmöglichkeit **abbedungen**.[780] Gleichwohl sollte in der Praxis grundsätzlich auf die Nennung des Sachgrunds verzichtet werden. **537**

---

778 BA-Durchführungsanweisungen – IIb2-7160.4(1) – (Stand: 1/2004) zu § 3 unter Ziff. 3.1.1; bereits aufgegeben in BA-Durchführungsanweisungen – PP 11-7160.4(1) – (Stand: 10/2004).
779 BAG, 29.6.2011 – 7 AZR 774/09, NZA 2011, 1151, Os. 1 und 2; BAG, 13.10.2004 – 7 AZR 218/04, NZA 2005, 401, 403; BAG, 23.6.2004 – 7 AZR 636/03, NZA 2004, 1333, 1334; dazu *Lembke*, NJW 2006, 325, 327f.
780 Vgl. BAG, 4.12.2002 – 7 AZR 545/01, NZA 2003, 916; LAG Hessen, 29.4.2004 – 9 Sa 1386/03, NZA-RR 2005, 183, 184.

§ 9 Unwirksamkeit

aa) Kalendermäßige Befristung bis zu zwei Jahren

538 Die kalendermäßige Befristung des Leiharbeitsverhältnisses ohne sachlichen Grund ist gemäß § 14 Abs. 2 Satz 1 TzBfG nur **bis zur Höchstdauer von zwei Jahren** zulässig, wobei die Befristung innerhalb dieser Höchstdauer **dreimal verlängert** werden kann. Insgesamt ist in diesem Rahmen also eine viermalige ununterbrochene kalendermäßige Befristung möglich.[781] Die **Verlängerung** des befristeten Arbeitsvertrages muss noch **während der Laufzeit** des zu verlängernden Arbeitsvertrages unter Beachtung der **Schriftform** (§ 14 Abs. 4 TzBfG) vereinbart werden. Im Zusammenhang mit der Befristungsverlängerung sollte grundsätzlich **nur das Vertragsende geändert** werden. Änderungen anderer Arbeitsbedingungen in der Verlängerungsvereinbarung (z.B. Gehalt, Urlaub, Kündigungsfristen) sind nach der Rechtsprechung des BAG grundsätzlich unzulässig und nur in Ausnahmefällen möglich. Sollen die Arbeitsbedingungen des befristet angestellten Arbeitnehmers einvernehmlich geändert werden (z.B. Erhöhung des Bruttostundenlohns um 0,50),[782] sollte dies unbedingt in einer **separaten Vereinbarung** mit gewissem **zeitlichem Abstand** von der Verlängerungsvereinbarung (sicherheitshalber mindestens drei Wochen) geschehen.[783]

539 **Kalendermäßige Befristung** heißt, dass die Dauer des Arbeitsvertrags kalendermäßig bestimmt ist (§ 3 Abs. 1 Satz 2 TzBfG), d.h. dass die Dauer des Arbeitsverhältnisses allein unter Heranziehung der Vertragsabrede sowie eines Kalenders eindeutig bestimmt werden kann.[784] Nicht unter § 14 Abs. 2 TzBfG fallen zweckbefristete und auflösend bedingte Verträge (vgl. §§ 15 Abs. 2, 21 TzBfG). Eine **Zweckbefristung** liegt vor, wenn das Arbeitsverhältnis nicht zu einem kalendermäßig bestimmten Zeitpunkt, sondern bei Eintritt eines künftigen Ereignisses enden soll, wobei (nur) der Zeitpunkt des Eintritts noch ungewiss ist (d.h. das Ob steht fest, das Wann ist noch offen).[785] Bei einer **auflösenden Bedingung** hängt die Beendigung des Arbeitsverhältnisses ebenfalls vom Eintritt eines künftigen Ereignisses ab, dessen Eintritt als solcher jedoch ungewiss ist (d.h. das Ob steht nicht fest).[786] Eine **Kombination** von kalendermäßiger Befristung und auflösender Bedingung ist zulässig, beide sind dann rechtlich getrennt zu überprüfen. Bei einer

---

781 Vgl. ErfK/*Müller-Glöge*, § 14 TzBfG Rn. 87; *Lembke*, NJW 2006, 325, 329.
782 Vgl. BAG, 23.8.2006 – 7 AZR 12/06, NZA 2007, 204, 205 ff.
783 *Lembke*, Anm. zu BAG, AP Nr. 1 zu § 14 TzBfG.
784 Annuß/Thüsing/*Annuß*, TzBfG, § 3 Rn. 3.
785 BAG, 15.5.2012 – 7 AZR 35/11, NZA 2012, 1366, 1368, Rn. 29, 31.
786 Vgl. BAG, 29.6.2011 – 7 AZR 6/10, NZA 2011, 1346, 1347, Rn. 28 ff. und Ls.

VIII. Aufhebung des besonderen Befristungsverbots (Nr. 2 a. F.) § 9

Kombination von auflösender Bedingung und zeitlicher Höchstbefristung ist Rechtsfolge der widerspruchslosen Weiterarbeit i. S. v. §§ 21, 15 Abs. 5 TzBfG über den Bedingungseintritt hinaus nicht die unbefristete Fortdauer des Arbeitsverhältnisses. Die Fiktionswirkung ist nach Sinn und Zweck der §§ 21, 15 Abs. 5 TzBfG auf den nur befristeten Fortbestand des Arbeitsverhältnisses beschränkt.[787]

Eine Synchronisation zwischen der Dauer des Leiharbeitsvertrags und der vorgesehenen Dauer der Überlassung an den Entleiher ist nur möglich, falls der Arbeitnehmerüberlassungsvertrag zwischen Verleiher und Entleiher einen bestimmten Endtermin vorsieht, der im Leiharbeitsvertrag zwischen Verleiher und Leiharbeitnehmer ebenfalls als maßgeblich vereinbart wird. 540

Durch **Tarifvertrag** kann die – gesetzlich auf drei festgesetzte – Anzahl der Verlängerungen und/oder die – gesetzlich auf zwei Jahre festgelegte – Höchstdauer der Befristung **abweichend geregelt** werden (§ 14 Abs. 2 Satz 3 TzBfG). Im Geltungsbereich eines solchen Tarifvertrags können nicht tarifgebundene Arbeitgeber und Arbeitnehmer die Anwendung der tariflichen Regelungen vereinbaren (§ 14 Abs. 2 Satz 4 TzBfG).[788] 541

Von dieser **Tariföffnungsklausel** haben die Tarifvertragsparteien im Bereich der Zeitarbeit (oben Rn. 195 ff.) nur vereinzelt Gebrauch gemacht: Der Manteltarifvertrag Zeitarbeit zwischen der BZA und den (unterzeichnenden) DGB-Gewerkschaften sieht unter § 9.2 vor, dass bei einer sachgrundlosen Befristung bis zu einer Gesamtdauer von zwei Jahren die bis zu viermalige Verlängerung zulässig ist.[789] Der Manteltarifvertrag zwischen AMP und den unterzeichnenden CGB-Gewerkschaften vom 15.3.2010 (vgl. Rn. 215) regelt in Ziffer 2.3.1, dass eine sachgrundlose Befristung bis zu einer Gesamtdauer von drei Jahren bei viermaliger Verlängerungsmöglichkeit zulässig ist. Insgesamt haben die Tarifvertragsparteien die gesetzlich vorgesehenen Flexibilisierungsmöglichkeiten zur Synchronisation der Dauer des Leiharbeitsverhältnisses und der Überlassungsdauer bei Weitem nicht ausgeschöpft.[790] 542

---

787 BAG, 29.6.2011 – 7 AZR 6/10, NZA 2011, 1346.
788 Vgl. hierzu auch *Grimm/Wölfel*, ArbRB 2010, 193, 193 ff.
789 Vgl. RdA 2003, 311, 313.
790 Zu den Grenzen des § 14 Abs. 2 Satz 3 TzBfG BAG, 15.8.2012 – 7 AZR 184/11, NZA 2013, 45, 47 f., Rn. 23 ff.; dazu *Francken*, NZA 2013, 122; *Ulber*, NZA 2013, 130.

bb) Anschlussverbot (§ 14 Abs. 2 Satz 2 TzBfG)

543 Die sachgrundlose kalendermäßige Befristung des Arbeitsvertrags nach § 14 Abs. 2 Satz 1 TzBfG ist jedoch nicht zulässig, wenn mit demselben Arbeitgeber (d. h. hier dem Verleiher) **bereits zuvor ein befristetes oder unbefristetes Arbeitsverhältnis** bestanden hat (§ 14 Abs. 2 Satz 2 TzBfG). Der Verleiher darf daher Leiharbeitsverträge mit Leiharbeitnehmern nicht sachgrundlos nach § 14 Abs. 2 TzBfG befristen, wenn mit dem Leiharbeitnehmer bereits früher ein Arbeitsverhältnis bestanden hat. Ein **Berufsausbildungsverhältnis** ist **kein Arbeitsverhältnis** im Sinne des Vorbeschäftigungsverbots für eine sachgrundlose Befristung in § 14 Abs. 2 Satz 2 TzBfG.[791] Der Möglichkeit, ein Arbeitsverhältnis nach § 14 Abs. 2 Satz 1 TzBfG ohne Sachgrund bis zu zwei Jahre zu befristen, steht ein früheres Arbeitsverhältnis des Arbeitnehmers mit demselben Arbeitgeber nach neuester Rechtsprechung des BAG dann **nicht** nach § 14 Abs. 2 Satz 2 TzBfG entgegen, wenn das **Ende des vorangegangenen Arbeitsverhältnisses mehr als drei Jahre zurückliegt.**[792] Dabei knüpft das sog. Zuvorbeschäftigungsverbot des § 14 Abs. 2 Satz 2 TzBfG nicht an eine vorangegangene Beschäftigung im selben Betrieb, sondern allein daran an, dass der Vertragsarbeitgeber in beiden Vertragsverhältnissen identisch ist. Das Zuvorbeschäftigungsverbot bezieht sich auf **denselben Vertragsarbeitgeber**. Das ist die natürliche oder juristische Person, die mit dem Arbeitnehmer den Arbeitsvertrag geschlossen hat.[793] Daher steht das Anschlussverbot des § 14 Abs. 2 Satz 2 TzBfG einer sachgrundlosen Befristung des Leiharbeitsvertrags nicht entgegen, wenn der Entleiher, in dessen Betrieb der Leiharbeitnehmer eingesetzt werden soll, der frühere Arbeitgeber des Leiharbeitnehmers war.[794] Verleiher und Entleiher sind unterschiedliche Personen.

544 Die Ausnutzung der durch das Teilzeit- und Befristungsgesetz vorgesehenen Gestaltungsmöglichkeiten kann aber rechtsmissbräuchlich sein. Ein **Gestaltungsmissbrauch** kommt in Betracht, wenn mehrere rechtlich und tatsächlich verbundene Vertragsarbeitgeber in bewusstem und

---

[791] BAG, 21.9.2011 – 7 AZR 375/10, NZA 2012, 255, Os. 1.
[792] BAG, 6.4.2011 – 7 AZR 716/09, NZA 2011, 905, Ls.; BAG, 21.9.2011 – 7 AZR 375/10, NZA 2012, 255, 257 ff.
[793] BAG, 18.7.2012 – 7 AZR 451/11, NZA 2012, 1369, 1370, Rn. 14; BAG, 9.3.2011 – 7 AZR 657/09, NZA 2011, 1147, Os. 1; BAG, 18.10.2006 – NZA 2007, 443; vgl. auch *Brose*, DB 2008, 1378, 1380.
[794] BAG, 18.10.2006 – NZA 2007, 443; LAG Niedersachsen, 29.1.2003 – 10 Sa 18/02, NZA-RR 2003, 624 f.

VIII. Aufhebung des besonderen Befristungsverbots (Nr. 2 a. F.) § 9

gewolltem Zusammenwirken mit einem Arbeitnehmer aufeinanderfolgende befristete Arbeitsverträge ausschließlich deshalb schließen, um auf diese Weise über die nach § 14 Abs. 2 TzBfG vorgesehenen Befristungsmöglichkeiten hinaus sachgrundlose Befristungen aneinanderreihen zu können (sog. **Karussellbefristung**).[795] Die Überlassung eines sachgrundlos befristet beschäftigten Arbeitnehmers an seinen vormaligen Vertragsarbeitgeber, bei dem er zuvor sachgrundlos befristet beschäftigt war, rechtfertigt allein aber noch nicht die Annahme eines Gestaltungsmissbrauchs.[796] Jedenfalls wenn in derartigen Fällen der „Karussellbefristung" eine Gesamtbefristungsdauer von vier Jahren nicht überschritten wird, liegt – nach der gesetzlichen Wertung des § 14 Abs. 2a TzBfG – regelmäßig kein Rechtsmissbrauch vor.[797]

In der **Übergangszeit** zwischen altem und neuem Recht im AÜG (vgl. § 19 Rn. 2, 21 f.) ist zu beachten, dass das Anschlussverbot des § 14 Abs. 2 Satz 2 TzBfG einer Verlängerung eines nach altem Recht wirksam befristeten (Leih-)Arbeitsverhältnisses nicht entgegensteht (vgl. Rn. 571). 545

d) Befristungsregelung für Existenzgründer (§ 14 Abs. 2a TzBfG)

Der mit Wirkung ab dem 1.1.2004 in § 14 TzBfG neu eingefügte Absatz 2a enthält eine spezielle Befristungsregelung für Existenzgründer.[798] Zweck der Neuregelung ist es, Existenzgründern in der schwierigen Aufbauphase den Abschluss befristeter Arbeitsverträge besonders zu erleichtern.[799] 546

aa) Existenzgründer

§ 14 Abs. 2a TzBfG stellt auf die Gründung eines Unternehmens ab. Nicht ausreichend ist folglich, wenn ein bestehendes Unternehmen einen weiteren Betrieb eröffnet.[800] Die Möglichkeit zum Abschluss von Arbeitsverträgen mit einer kalendermäßigen Befristung bis zu vier Jahren besteht innerhalb der ersten vier Jahre nach Aufnahme der Erwerbs- 547

---

795 BAG, 9.2.2011 – 7 AZR 32/10, NZA 2011, 791, 794, Rn. 27; BAG, 18.10.2006 – NZA 2007, 443, 444 f., Rn. 17 ff.
796 BAG, 9.3.2011 – 7 AZR 657/09, NZA 2011, 1147, Os. 2 bis 4; strenger *Brose*, DB 2008, 1378, 1380.
797 Vgl. BAG, 18.10.2006 – NZA 2007, 443, 446, Rn. 26.
798 Eingefügt durch Art. 2 des Gesetzes zu Reformen am Arbeitsmarkt vom 24.12.2003, BGBl. I, S. 3002, 3003.
799 BT-Drs. 15/1204, S. 14.
800 *Preis*, DB 2004, 70, 78.

tätigkeit. Von der Regelung können also auch Unternehmen Gebrauch machen, die zum Zeitpunkt des Inkrafttretens dieses Gesetzes noch nicht älter als vier Jahre sind.[801] Maßgeblich für den Zeitpunkt der Gründung des Unternehmens ist nach § 14 Abs. 2a Satz 3 TzBfG die Aufnahme einer Erwerbstätigkeit, die nach § 138 AO der Gemeinde oder dem Finanzamt mitzuteilen ist.

bb) Keine Neugründung im Zusammenhang mit Umstrukturierung (§ 14 Abs. 2a Satz 2 TzBfG)

548 § 14 Abs. 2a Satz 2 und 3 TzBfG entspricht § 112a Abs. 2 Satz 2 und 3 BetrVG, so dass auf die dort geltenden Grundsätze zurückgegriffen werden kann.[802] Die besondere Möglichkeit zur sachgrundlosen Befristung gemäß § 14 Abs. 2a TzBfG gilt nach dessen Satz 2 TzBfG nicht, wenn die Neugründung im Zusammenhang mit der rechtlichen Umstrukturierung von Unternehmen und Konzernen steht. Maßgebend sind – wie bei § 112a Abs. 2 BetrVG – die wirtschaftlichen Verflechtungen des neugegründeten Unternehmens zu bereits bestehenden Unternehmen. Auf die rechtliche Selbstständigkeit kommt es nicht an, entscheidend ist die **wirtschaftliche Betrachtungsweise**.[803] Die rechtliche Umstrukturierung von Unternehmen setzt keine Änderung der rechtlichen Strukturen voraus; vielmehr reicht es aus, wenn unternehmerische Aktivitäten von einer rechtlichen Einheit auf eine andere übertragen werden.[804] Daher liegt keine Neugründung im Sinne des Gesetzes vor, wenn zwei Unternehmen einzelne Betriebe einem neugegründeten Unternehmen übertragen, das die Betriebe mit einer auf dem Zusammenschluss beruhenden unternehmerischen Zielsetzung fortführen soll.[805]

549 Folgende **Beispiele** werden für rechtliche Umstrukturierungen von Unternehmen und Konzernen genannt: Die Verschmelzung von Unternehmen zu einem Unternehmen, die Umwandlung in ein neues Unternehmen, die Auflösung eines Unternehmens und die Übertragung seines Vermögens auf ein neues Unternehmen, die Aufspaltung eines Unternehmens auf mehrere neugegründete Unternehmen oder die Abspal-

---

801 BT-Drs. 15/1204, S. 14; *Bader*, NZA 2004, 65, 76; *Lembke*, DB 2003, 2702, 2703; *Küttner/Kania*, Befristetes Arbeitsverhältnis, 90 Rn. 12; HWK/*Schmalenberg*, § 14 TzBfG Rn. 118. – A.A. *Furier/Kaus*, AiB 2004, 360, 364 f.
802 BT-Drs. 15/1204, S. 14; näher *Fitting*, BetrVG, §§ 112, 112a Rn. 112 ff.
803 *Fitting*, BetrVG, §§ 112, 112a Rn. 112.
804 *Fitting*, BetrVG, §§ 112, 112a Rn. 114.
805 BAG, 22.2.1995 – 10 ABR 23/94, AP Nr. 8 zu 112a BetrVG 1972.

VIII. Aufhebung des besonderen Befristungsverbots (Nr. 2 a. F.) § 9

tung von Unternehmensteilen auf neugegründete Tochtergesellschaften.[806]

Für bestehende Zeitarbeitsunternehmen dürfte die Neugründung eines Verleihunternehmens zum Zwecke der Berufung auf § 14 Abs. 2a TzBfG daher wohl in der Regel ausscheiden, da bei einer wirtschaftlichen Verflechtung zwischen neugegründetem Unternehmen und zuvor bereits bestehendem Unternehmen das Eingreifen der Ausschlussklausel des § 14 Abs. 2a Satz 2 TzBfG droht. 550

cc) Befristungshöchstdauer

Nach der Gesetzesbegründung soll es für den Beginn des Vierjahreszeitraums – gemeint ist wohl der Höchstbefristungszeitraum – nicht auf den Abschluss des Arbeitsvertrages, sondern auf den Zeitpunkt der vereinbarten Arbeitsaufnahme ankommen.[807] Daraus ist zu schließen, dass der Arbeitgeber **noch im vierten Jahr nach der Gründung** bis zum letzten Tag sachgrundlos Arbeitsverträge befristen kann und diese mehrfach bis zur Höchstdauer von vier Jahren verlängern kann.[808] 551

Beispiel: Ein am 1.1.2011 gegründetes Unternehmen kann mit dem Arbeitnehmer die kalendermäßige Befristung des ab 1.7.2014 beginnenden Arbeitsvertrages bis zum 30.6.2015 sowie die mehrfache Verlängerung der kalendermäßigen Befristung bis 30.6.2018 vereinbaren. 552

dd) Mehrfache Verlängerung der kalendermäßigen Befristung

Die Vorschrift stellt ein „Flexibilisierungstool" dar. Sie erlaubt die mehrfache Verlängerung der Befristung in unbegrenzter Anzahl. Daher sind sogar **Tagesbefristungen** zulässig. Voraussetzung ist nur, dass es sich um eine kalendermäßige Befristung i. S. v. § 3 Abs. 1 Satz 2 TzBfG handelt und nicht um Zweckbefristungen oder auflösende Bedingungen.[809] 553

ee) Anschlussverbot (§ 14 Abs. 2a Satz 4 TzBfG)

Gemäß § 14 Abs. 2a Satz 4 TzBfG finden auf die Befristung eines Arbeitsvertrags nach Satz 1 die Regelungen in Abs. 2 Sätze 2 bis 4 entsprechende Anwendung. Daher ist die sachgrundlose Befristung bis zur 554

---

806 *Fitting*, BetrVG, §§ 112, 112a Rn. 112.
807 BT-Drs. 15/1204, S. 14.
808 *Lembke*, DB 2003, 2702, 2703; *Lipinski*, BB 2004, 1221, 1222; *Preis*, DB 2004, 70, 79; HWK/*Schmalenberg*, § 14 TzBfG Rn. 119. – A. A. *Bader*, NZA 2004, 65, 76.
809 Vgl. BT-Drs. 15/1204, S. 14.

§ 9 Unwirksamkeit

Dauer von vier Jahren bei mehrfacher Verlängerungsmöglichkeit nicht möglich, wenn mit demselben Arbeitgeber bereits zuvor ein befristetes oder unbefristetes Arbeitsverhältnis bestanden hat.

555 Durch **Tarifvertrag** kann die Anzahl der Verlängerungen oder die Höchstdauer der Befristung abweichend von Satz 1 geregelt werden. Da nach § 14 Abs. 2a Satz 1 TzBfG bereits eine mehrfache Verlängerung möglich ist, spielt insoweit nur die Verlängerung der Höchstdauer der Befristung durch Tarifvertrag eine Rolle. Wie bei § 14 Abs. 2 können im Geltungsbereich eines solchen Tarifvertrags nicht tarifgebundene Arbeitgeber und Arbeitnehmer die Anwendung der tariflichen Regelungen vereinbaren (§ 14 Abs. 2a Satz 4 i.V.m. § 14 Abs. 2 Satz 4 TzBfG).

e) Sachgrundlose Altersbefristung (§ 14 Abs. 3 TzBfG)

556 Die frühere Fassung des § 14 Abs. 3 TzBfG, wonach die sachgrundlose Befristung mit einem Arbeitnehmer, der bei Beginn des befristeten Arbeitsverhältnisses das 58. bzw. bis zum 31.12.2006 das 52. Lebensjahr vollendet hat, zulässig war, war europarechtswidrig und wurde durch das Gesetz zur Verbesserung der Beschäftigungschancen älterer Menschen vom 19.4.2007[810] mit Wirkung ab dem 1.5.2007 neu gefasst.[811] Nach der n.F. des § 14 Abs. 3 TzBfG ist eine sachgrundlose Befristung für die Dauer von **bis zu fünf Jahren** zulässig, wenn der Arbeitnehmer bei **Beginn des befristeten Arbeitsverhältnisses** das 52. Lebensjahr vollendet hat und unmittelbar vor Beginn des befristeten Arbeitsverhältnisses mindestens **vier Monate beschäftigungslos** i.S.v. § 138 Abs. 1 Nr. 1 SGB III (= § 119 Abs. 1 Nr. 1 SGB III a.F.) gewesen ist, Transferkurzarbeitergeld. Der viermonatigen Beschäftigungslosigkeit stehen der Bezug von Transferkurzarbeitergeld (§ 111 SGB III n.F. = § 216b SGB III a.F.) oder die Teilnahme an öffentlich geförderten Beschäftigungsmaßnahmen nach dem SGB II oder SGB III gleich.[812] Rechtsmissbräuchlich kann es sein, wenn der vorherige Arbeitgeber nach Beendigung eines befristeten Arbeitsverhältnisses bewusst vier Monate abwartet, um anschließend erneut einen sachgrundlos befristeten Arbeitsvertrag mit diesem abzuschließen.[813]

---

810 BGBl. I, S. 538.
811 Zur Rechtsentwicklung ErfK/*Müller-Glöge*, § 14 TzBfG Rn. 108 ff.
812 Näher HWK/*Schmalenberg*, § 14 TzBfG Rn. 124 ff; ErfK/*Müller-Glöge*, § 14 TzBfG Rn. 111 ff.
813 Vgl. *Bader*, NZA 2007, 713, 716; *Bauer*, NZA 2007, 544, 545.

VIII. Aufhebung des besonderen Befristungsverbots (Nr. 2 a. F.) § 9

Im Gegensatz zu der früheren Fassung des § 14 Abs. 3 TzBfG, der auch Zweckbefristungen zuließ, ist § 14 Abs. 3 TzBfG n. F. auf kalendermäßige Befristungen beschränkt.[814] Die Befristung ist bis zur Höchstdauer von fünf Jahren ab dem rechtlichen Beginn des Arbeitsverhältnisses möglich, die Anzahl der Verlängerung ist dabei nicht begrenzt.[815] § 14 Abs. 3 TzBfG verbietet im Gegensatz zu Abs. 2 keine Vorbeschäftigung mit demselben Arbeitgeber,[816] solange der Arbeitnehmer vor Beginn des befristeten Arbeitsverhältnis beschäftigungslos war.

557

f) Befristung des Leiharbeitsvertrags mit Sachgrund

Hilfsweise und insbesondere im Falle, dass mit dem Leiharbeitnehmer innerhalb der letzten drei Jahre bereits zuvor ein befristetes oder unbefristetes Arbeitsverhältnis bestanden hatte (vgl. § 14 Abs. 2 Satz 2 TzBfG), kommt die Befristung des Leiharbeitsvertrags gestützt auf einen sachlichen Grund i. S. v. § 14 Abs. 1 TzBfG, namentlich auf einen der dort in Nr. 1 bis 8 genannten Gründe, in Betracht. Bei mehreren aufeinander folgenden befristeten Arbeitsverträgen unterliegt **grundsätzlich nur der zuletzt abgeschlossene Arbeitsvertrag** der arbeitsgerichtlichen **Befristungskontrolle**. Dies gilt jedoch nicht, wenn die Parteien den letzten Arbeitsvertrag unter dem (vertraglich vereinbarten) Vorbehalt abgeschlossen haben, dass zwischen ihnen nicht bereits ein unbefristetes Arbeitsverhältnis besteht. In diesem Fall kann auch die Befristung des vorangegangenen Vertrags auf seine Rechtfertigung hin überprüft werden.[817]

558

Die Befristung eines Arbeitsvertrags kann trotz Vorliegens eines Sachgrunds aufgrund der besonderen Umstände des Einzelfalls **ausnahmsweise rechtsmissbräuchlich** und daher unwirksam sein. Für das Vorliegen eines Rechtsmissbrauchs können insbesondere eine **sehr lange Gesamtdauer** oder eine **außergewöhnlich hohe Anzahl von aufeinander folgenden befristeten Arbeitsverträgen mit demselben Ar-**

559

---

814 ErfK/*Müller-Glöge*, § 14 TzBfG Rn. 112.
815 HWK/*Schmalenberg*, § 14 TzBfG Rn. 125; ErfK/*Müller-Glöge*, § 14 TzBfG Rn. 112a.
816 HWK/*Schmalenberg*, § 14 TzBfG Rn. 125.
817 BAG, 13.10.2004 – 7 AZR 218/04, NZA 2005, 401, 403; BAG, 10.3.2004 – 7 AZR 397/03, DB 2004, 1434, 1435; BAG, 4.6.2003 – 7 AZR 523/02, NZA-RR 2003, 621.

beitgeber sprechen.[818] Eine Gesamtdauer der Befristung auf Grund Vertretungsbedarfs von mehr als 11 Jahren und die Anzahl von 13 Befristungen sprechen nach dem BAG für Rechtsmissbrauch,[819] während eine Gesamtdauer von sieben Jahren und neun Monaten sowie die Anzahl von vier Befristungen dahingegen nicht als rechtsmissbräuchlich angesehen worden.[820]

aa) Vorübergehender betrieblicher Bedarf an der Arbeitsleistung (§ 14 Abs. 1 Nr. 1 TzBfG)

560 Der Sachgrund kann in der Form eines vorübergehend erhöhten Arbeitskräftebedarfs (vorübergehender Mehrbedarf) oder eines vorhersehbar künftig wegfallenden Arbeitskräftebedarfs (absehbarer Minderbedarf) bestehen. Erforderlich ist eine vom Arbeitgeber (d.h. hier Verleiher) **im Zeitpunkt des Arbeitsvertragsschlusses** zu treffende **Prognoseentscheidung auf Grundlage greifbarer Tatsachen**, ob im Zeitpunkt des Ablaufs der Befristung mit hinreichender Wahrscheinlichkeit kein Bedarf mehr an der Weiterbeschäftigung des Arbeitnehmers besteht.[821] Die bloße Unsicherheit über die weitere Entwicklung rechtfertigt grundsätzlich eine Befristung nicht,[822] weil nicht mittels Befristung das Unternehmerrisiko des Auftragsmangels auf den Arbeitnehmer abgewälzt werden darf.[823] Weicht der tatsächliche Verlauf von der Prognose ab, muss der Arbeitgeber nach der Rechtsprechung die bei Vertragsschluss bekannten entsprechenden Tatsachen vorbringen, die seine Prognose hinreichend fundiert stützen.[824]

---

818 BAG, 18.7.2012 – 7 AZR 443/09, NZA 2012, 1351, 1356ff., Os. 2 a); BAG; 18.7.2012 – 7 AZR 636/03, NZA 2012, 1359, 1363ff., Os. 2; hierzu kritisch *Bayreuther*, NZA 2012, 23, 24f., der eine strengere Sachgrundprüfung befürwortet.
819 BAG, 18.7.2012 – 7 AZR 443/09, NZA 2012, 1351, 1356ff., Os. 2.
820 BAG, 18.7.2012 – 7 AZR 636/03, NZA 2012, 1359, 1363ff., Os. 2.
821 BAG, 10.6.1992 – 7 AZR 346/91, EzA Nr. 116 zu § 620 BGB unter II 2a; BAG, 3.12.1997 – 7 AZR 651/96, AP Nr. 196 zu § 620 BGB Befristeter Arbeitsvertrag unter I 1; *Gragert*, FA 2004, 194f.; HWK/*Schmalenberg*, TzBfG, § 14 Rn. 7, 13; ErfK/*Müller-Glöge*, § 14 TzBfG Rn. 16ff., 24.
822 Annuß/Thüsing/*Maschmann*, TzBfG, § 14 Rn. 23 m.w.N.; ErfK/*Müller-Glöge*, § 14 TzBfG Rn. 17, 24.
823 BAG, 22.3.2000 – 7 AZR 758/98, NZA 2000, 881, 882; Annuß/Thüsing/*Maschmann*, TzBfG, § 14 Rn. 23; MünchArbR-Ergänzungsband/*Wank*, 2. Aufl. 2001, § 116 Rn. 90f.
824 BAG, 20.2.2008 – 7 AZR 950/06, AP Nr. 45 zu § 14 TzBfG unter I 2.; BAG, 12.9.1996 – 7 AZR 790/95, AP Nr. 182 zu § 620 BGB Befristeter Arbeitsvertrag unter II 3b; ErfK/*Müller-Glöge*, § 14 TzBfG Rn. 23 m.w.N.

VIII. Aufhebung des besonderen Befristungsverbots (Nr. 2 a. F.) § 9

Bei der Anwendung von § 14 Abs. 1 Nr. 1 TzBfG auf die Arbeitnehmerüberlassung und namentlich das Leiharbeitsverhältnis ist **nicht auf den vorübergehenden Bedarf beim Entleiher, sondern** auf den **beim Verleiher abzustellen**.[825] Bei Verleihern richtet sich der Bedarf an der Arbeitsleistung des Leiharbeitnehmers aber typischerweise nach entsprechenden Aufträgen zur Arbeitnehmerüberlassung bei den Entleihern. Daher würde nach allgemeinen Grundsätzen die bloße Ungewissheit über einen weiteren Beschäftigungsbedarf eine Befristung nicht rechtfertigen. Wird der Leiharbeitnehmer für einen konkreten Einsatz bei einem bestimmten Entleiher eingestellt, würde der Umstand allein, dass zu diesem Zeitpunkt noch keine Anschlussbeschäftigung feststeht, eine Sachgrundbefristung eigentlich nicht rechtfertigen. Daher nimmt die BA an: „Befristete Einsatzmöglichkeiten beim Entleiher sind kein sachlicher Grund i.S.d. § 14 Abs. 1 TzBfG."[826] Eine solche Betrachtung steht aber im Widerspruch zum Gesetzeszweck, durch die Aufhebung des Synchronisationsverbots (§ 3 Abs. 1 Nr. 5 AÜG a.F.) die Arbeitnehmerüberlassung weiter zu liberalisieren (Rn. 531). Mit der Aufhebung des Synchronisationsverbots hat der Gesetzgeber deutlich zum Ausdruck gebracht, dass er eine Synchronisation für möglich hält. **Beruht** der **vorübergehende Bedarf des Verleihers** an der Arbeitskraft des Leiharbeitnehmers **allein darauf, dass** nur eine **zeitlich befristete Beschäftigungsmöglichkeit bei einem Entleiher besteht**, ist die **Befristung** des Leiharbeitsverhältnisses daher nach § 14 Abs. 1 Nr. 1 TzBfG **sachlich begründet**.[827] Im Grundsatz ist damit die Möglichkeit der Synchronisation von Leiharbeitsverhältnis und Laufzeit eines befristeten Arbeitnehmerüberlassungsvertrags gegeben.[828] Davon zu unterscheiden ist die Frage, ob der Entleiher den Vertrag mit einem (Stamm-)Arbeitnehmer nach § 14 Abs. 1 Nr. 1 TzBfG befristen kann, weil für einen späteren Zeitpunkt die Besetzung eines Arbeitsplatzes

561

---

825 LAG Sachsen, 25.1.2008 – 3 Sa 458/07, BeckRS 2009, 52191; *Bauer/Krets*, NJW 2003, 537, 540; *Lembke*, DB 2003, 2702, 2704; *Reineke*, S. 173f.; Schüren/Hamann/*Schüren*, § 3 Rn. 99; *Wank*, NZA 2003, 14, 20. – A.A. *Frik*, NZA 2005, 386, 388f.; *Düwell/Dahl*, NZA 2007, 889, 891.
826 Ziff. 3.1.1 Abs. 7 GA-AÜG (Stand: 2/2013).
827 Ebenso *Lembke*, DB 2003, 2702, 2704; *Ulber*, AuR 2003, 7, 9; s. auch *Thüsing*, DB 2003, 446; wohl auch *Böhm*, RdA 2005, 360, 363 – A.A. wohl Schüren/Hamann/*Schüren*, § 3 Rn. 99; ErfK/*Wank*, Einl. AÜG, Rn. 7.
828 *Lembke*, DB 2003, 2702, 2704; *Ulber*, AuR 2003, 7, 9; in diesem Sinne auch *Däubler*, AiB 2002, 729, 732 – strenger Tschöpe/*Hiekel*, Teil 6 D Rn. 30; Thüsing/*Pelzner/Kock*, § 3 Rn. 1118.

mit einem Leiharbeitnehmer geplant ist. Dies wird jedoch vom BAG verneint.[829]

bb) Erstanstellung im Anschluss an Ausbildung oder Studium (§ 14 Abs. 1 Nr. 2 TzBfG)

562 Hinsichtlich der Befristung des Leiharbeitsverhältnisses kommt insbesondere auch der Sachgrund des § 14 Abs. 1 Nr. 2 TzBfG in Betracht.[830] Danach liegt ein sachlicher Befristungsgrund vor, wenn die Befristung im Anschluss an eine Ausbildung oder ein Studium (nicht: Weiterbildung oder Umschulung)[831] erfolgt, um den Übergang des Arbeitnehmers in eine Anschlussbeschäftigung zu erleichtern. Erforderlich ist, dass es sich um die **erste** Tätigkeit im engen zeitlichen Zusammenhang mit Abschluss der Ausbildung oder des Studiums handelt.[832] Im Übrigen ist im Hinblick auf den Gesetzeszweck, den Einstieg in das Berufsleben zu erleichtern,[833] eine weite Auslegung geboten. Die Aussicht auf eine Anschlussbeschäftigung muss nicht konkret bestehen; vielmehr reicht es, wenn lediglich die **Chance auf** eine **Anschlussbeschäftigung** gegeben ist.[834] Die Chance auf eine Anschlussbeschäftigung etwa beim Entleiher besteht bei der Arbeitnehmerüberlassung typischerweise (vgl. § 9 Nr. 3 und 4).

cc) Vertretung eines anderen Arbeitnehmers (§ 14 Abs. 1 Nr. 3 TzBfG)

563 § 14 Abs. 1 Nr. 3 TzBfG rechtfertigt eine Befristung des Arbeitsverhältnisses zur (vorübergehenden) Vertretung eines anderen Arbeitnehmers, d.h. zur **vorübergehenden** Schließung einer Lücke in der Personaldecke. Erforderlich ist eine Prognose des Arbeitgebers im Zeitpunkt des Vertragsabschlusses, dass der Vertretungsbedarf wieder wegfällt.[835] Abzustellen ist auf den **Vertretungsbedarf des Verleihers**, nicht des

---

829 BAG, 17.1.2007 – 7 AZR 20/06, NZA 2007, 566, 568.
830 A.A. *Wank*, NZA 2003, 14, 21; ErfK/*Wank*, Einl. AÜG, Rn. 8.
831 Annuß/Thüsing/*Maschmann*, TzBfG, § 14 Rn. 30; ErfK/*Müller-Glöge*, § 14 TzBfG Rn. 47.
832 *Lembke*, DB 2003, 2702, 2704; Annuß/Thüsing/*Maschmann*, TzBfG, § 14 Rn. 31; ErfK/*Müller-Glöge*, § 14 TzBfG Rn. 49.
833 Vgl. BT-Drs. 14/4374, S. 19.
834 ErfK/*Müller-Glöge*, § 14 TzBfG Rn. 33.
835 Annuß/Thüsing/*Maschmann*, TzBfG, § 14 Rn. 34; ErfK/*Müller-Glöge*, § 14 TzBfG Rn. 53.

VIII. Aufhebung des besonderen Befristungsverbots (Nr. 2 a. F.) **§ 9**

Entleihers.[836] Der Befristungsgrund kommt für das Leiharbeitsverhältnis also insbesondere in Betracht, wenn es um die Vertretung erkrankter, beurlaubter oder aus anderen Gründen vorübergehend an der Arbeitsleistung verhinderter Leiharbeitnehmer des Verleihers geht.[837] Hinsichtlich der Vertretung während der Elternzeit gilt § 21 Abs. 1 BEEG.

dd) Eigenart der Arbeitsleistung (§ 14 Abs. 1 Nr. 4 TzBfG)

Der Befristungsgrund des § 14 Abs. 1 Nr. 4 TzBfG **kommt bei Leiharbeitnehmern grundsätzlich nicht in Betracht.**[838] Denn die Norm bezieht sich insbesondere auf Befristungen im Bereich Rundfunk, Fernsehen und Theater sowie bei sog. Verschleißtatbeständen (z. B. im Spitzensport).[839] Mit der Aufhebung der Überlassungshöchstdauer (§ 3 Abs. 1 Nr. 6 AÜG a. F.) entspricht es im Übrigen bereits nach der gesetzlichen Konzeption nicht mehr der Eigenart des Leiharbeitnehmers, dass er nur vorübergehend eingesetzt wird.

564

ee) Erprobung (§ 14 Abs. 1 Nr. 5 TzBfG)

Möglich ist es, das Leiharbeitsverhältnis zum Zwecke der Erprobung zu befristen. § 14 Abs. 1 Nr. 5 TzBfG scheidet bei gleichbleibender Arbeitsaufgabe allerdings im Anschluss an eine sachgrundlose Befristung aus.[840] Etwas anderes gilt im Falle eines Aufgabenwechsels, d. h. wenn der (Leih-)Arbeitnehmer in einer anderen Funktion erprobt werden soll.[841] Die **Dauer der Befristung muss im Hinblick auf den Erprobungszweck angemessen** sein.[842] In der Regel genügt ein Zeitraum von sechs Monaten.[843]

565

---

836 *Lembke*, DB 2003, 2702, 2704; Schüren/Hamann/*Schüren*, § 3 Rn. 96; *Düwell/Dahl*, NZA 2007, 889, 891; insoweit zutreffend auch *Wank*, NZA 2003, 14, 20 f. – A. A. *Frik*, NZA 2005, 386, 388 f.
837 *Lembke*, DB 2003, 2702, 2704; vgl. auch Schüren/*Behrend*, NZA 2003, 521, 522.
838 *Lembke*, DB 2003, 2702, 2705; *Frik*, NZA 2005, 386, 387; Schüren/Hamann/*Schüren*, § 3 Rn. 227; Schüren/*Behrend*, NZA 2003, 521, 522; *Ulber*, AuR 2003, 7, 9; *Wank*, NZA 2003, 14, 21.
839 Näher Annuß/Thüsing/*Maschmann*, TzBfG, § 14 Rn. 39 ff.; ErfK/*Müller-Glöge*, § 14 TzBfG Rn. 44 ff.
840 *Lembke*, DB 2003, 2702, 2705; ErfK/*Müller-Glöge*, § 14 TzBfG Rn. 49; *Böhm*, RdA 2005, 360, 366.
841 BAG, 23.6.2004 – 7 AZR 636/03, NZA 2004, 1333; Schüren/Hamann/*Schüren*, § 3 Rn. 105.
842 Annuß/Thüsing/*Maschmann*, TzBfG, § 14 Rn. 50.
843 Annuß/Thüsing/*Maschmann*, TzBfG, § 14 Rn. 50; ErfK/*Müller-Glöge*, § 14 TzBfG Rn. 49; Schüren/Hamann/*Schüren*, § 3 Rn. 103.

ff) Gründe in der Person des Arbeitnehmers (§ 14 Abs. 1 Nr. 6 TzBfG)

566 Die Befristung aus Gründen in der Person des Leiharbeitnehmers war bereits unter der alten Fassung der §§ 9 Nr. 2, 3 Abs. 1 Nr. 3 AÜG relevant. Es müssen in der Person des Leiharbeitnehmers liegende Tatsachen gegeben sein, die eine Befristung in objektiv nachvollziehbarer Weise sachlich rechtfertigen, z.B. familiäre Pflichten, schulische Verpflichtungen und Gründe in der Aus- und Fortbildung (Schüler, Studenten), gesundheitliche und altersbedingte Gründe, bevorstehende Ereignisse im persönlichen Bereich (Wohnortwechsel, Auswanderung), Überbrückung des Zeitraums bis zu einer anderweitigen Anstellung.[844] Wird das Leiharbeitsverhältnis auf **Wunsch des Arbeitnehmers** befristet, müssen regelmäßig **objektive Anhaltspunkte** dafür vorliegen, dass ein **Interesse des Leiharbeitnehmers an der Befristung** besteht.[845] Wegen der Missbrauchsgefahr sind hohe Anforderungen an den Nachweis zu stellen, dass der Arbeitnehmer die Befristung will.[846] Die Befristung beruht **nur** dann auf dem Wunsch des Arbeitnehmers, wenn er auch bei einem Angebot des Arbeitgebers auf Abschluss eines unbefristeten Arbeitsvertrags nur das befristete Arbeitsverhältnis vereinbart hätte.[847]

567 Unter § 14 Abs. 1 Nr. 6 TzBfG dürfte auch die Befristung des Leiharbeitsverhältnisses mit einem vormals Arbeitslosen fallen (z.B. bei einer Anstellung durch eine Personal-Service-Agentur (PSA) i.S.v. § 37c SGB III a.F.).[848]

gg) Zweckgebundene Haushaltsmittel (§ 14 Abs. 1 Nr. 7 TzBfG)

568 Der Befristungsgrund des § 14 Abs. 1 Nr. 7 TzBfG spielt bei der Arbeitnehmerüberlassung im Regelfall keine Rolle.

hh) Gerichtlicher Vergleich (§ 14 Abs. 1 Nr. 8 TzBfG)

569 Nach § 14 Abs. 1 Satz 2 Nr. 8 TzBfG liegt ein sachlicher Grund für die Befristung eines (Leih-)Arbeitsvertrags vor, wenn sie auf einem gerichtlichen Vergleich (vgl. § 794 Abs. 1 Nr. 1 ZPO) beruht. Vorausset-

---

844 1. Aufl. 2002, § 3 Rn. 61 m.w.N.; *Reineke*, S. 175.
845 *Lembke*, DB 2003, 2702, 2705.
846 1. Aufl. 2002, § 3 Rn. 61 m.w.N. – weniger streng Schüren/Hamann/*Schüren*, § 3 Rn. 114.
847 BAG 4.6.2003 – 7 AZR 406/02, DB 2003, 2287 = BeckRS 2003, 40993.
848 *Lembke*, DB 2003, 2702, 2705; *Reineke*, S. 175; *Reipen*, BB 2003, 787, 790; *Schüren/Behrend*, NZA 2003, 521, 523; *Wank*, NZA 2003, 14, 21.

VIII. Aufhebung des besonderen Befristungsverbots (Nr. 2 a. F.) §9

zung ist die Vereinbarung einer Befristung in einem gerichtlichen Vergleich, soweit die Parteien darin – anlässlich eines „offenen Streits" – zur Beendigung eines Kündigungsschutzverfahrens oder eines sonstigen Feststellungsrechtsstreits über den (Fort-)Bestand des Arbeitsverhältnisses eine Einigung erzielen.[849] Ein nach § 278 Abs. 6 Satz 1 **Alt. 2**, Satz 2 ZPO zu Stande gekommener schriftlicher gerichtlicher Vergleich **kann** einen **Befristungsgrund** nach § 14 Abs. 1 Satz 2 Nr. 8 **TzBfG abgeben**.[850] Der gerichtliche Vergleich wahrt gemäß § 127a i.V.m. § 126 Abs. 4 BGB die Schriftform des § 14 Abs. 4 TzBfG.[851] Dies gilt nach – abzulehnenden[852] – Auffassung des BAG hingegen **nicht** für den schriftlichen Vergleichsschluss nach § 278 Ab. 6 Satz 1 **Alt. 1**, Satz 2 ZPO. Insoweit fehle es an der erforderlichen Mitwirkung des Gerichts.[853] Der **außergerichtliche Vergleich** als solcher reicht als Sachgrund für die Befristung **nicht** aus, hier mangelt es an der erforderlichen Mitwirkung des Gerichts.[854]

ii) Unbenannter sachlicher Befristungsgrund

Theoretisch möglich ist auch das Eingreifen eines im Gesetz nicht ausdrücklich erwähnten, **unbenannten sachlichen Grunds** für die Befristung, der von ähnlichem Gewicht wie die Fälle der Nr. 1 bis 8 des § 14 Abs. 1 TzBfG ist.[855]   570

g) Befristungsabreden im Übergangszeitraum von der alten zur neuen Rechtslage

Probleme stellen sich im Hinblick auf das Verhältnis von AÜG und TzBfG im Übergangszeitraum von der alten zur neuen Rechtslage. Wie erwähnt gingen die alten Befristungsregelungen im AÜG als lex specialis den §§ 14 ff. TzBfG vor (Rn. 532). Ab Inkrafttreten der Neuregelungen zum AÜG gemäß § 19 AÜG (vgl. § 19 Rn. 2, 21 f.) gelten jedoch die vorgenannten allgemeinen Befristungsgrundsätze nach §§ 14 ff. TzBfG unter Beachtung der genannten Besonderheiten der   571

---

849 BAG, 15.2.2012 – 7 AZR 734/10, NZA 2012, 919; dazu *Leuchten*, FA 2012, 324; *Lembke*, FA 2013, 33.
850 BAG, 15.2.2012 – 7 AZR 734/10, NZA 2012, 919.
851 HWK/*Schmalenberg*, § 14 TzBfG Rn. 59.
852 *Lembke*, FA 2013, 33.
853 BAG, 15.2.2012 – 7 AZR 734/10, NZA 2012, 919.
854 Annuß/Thüsing/*Maschmann*, TzBfG, § 14 Rn. 61; HWK/*Schmalenberg*, TzBfG, § 14 Rn. 59; ErfK/*Müller-Glöge*, § 14 TzBfG Rn. 77.
855 Näher ErfK/*Müller-Glöge*, § 14 TzBfG Rn. 5.

§ 9 Unwirksamkeit

Zeitarbeit. Im Einzelnen sind hinsichtlich der Übergangsfragen folgende Fälle auseinander zu halten:

aa) Neubegründung eines befristeten Arbeitsverhältnisses
(1) Vor Inkrafttreten der Neuregelungen

572 Leiharbeitsverhältnisse, die vor dem Inkrafttreten der Neuregelung zum AÜG begründet worden sind, konnten nach **§ 9 Nr. 2 AÜG a.F.** befristet werden. Wie erwähnt waren danach Kettenbefristungen ohne zeitliche Beschränkung möglich (vgl. Rn. 532). Auch die vor Inkrafttreten der Neuregelungen erfolgte Verlängerung der Befristung eines Arbeitsvertrags, der nach alter Rechtslage wirksam auf einen Endzeitpunkt nach Inkrafttreten der Neuregelungen befristet war (sog. Bevorratungsbefristung), war als zulässig zu erachten.[856]

(2) Nach Inkrafttreten der Neuregelungen

573 Nach Inkrafttreten der neuen Rechtslage ist die Vereinbarung einer sachgrundlosen Befristung von Leiharbeitsverhältnissen nur noch in den Grenzen des **§ 14 Abs. 2 bis 3 TzBfG** möglich. Die Begründung eines nach § 14 Abs. 2 und 2a TzBfG sachgrundlos befristeten Arbeitsverhältnisses ist daher unzulässig, wenn mit demselben Verleiher bereits zuvor ein Arbeitsverhältnis bestanden hat (vgl. § 14 Abs. 2 Satz 2 TzBfG), dessen Ende nicht länger als drei Jahre zurückliegt. Dabei sind auch solche Arbeitsverhältnisse zu berücksichtigen, die vor dem Inkrafttreten der Neuregelungen zum AÜG durchgeführt wurden.[857]

bb) Verlängerung bestehender befristeter Arbeitsverträge
(1) Vor Inkrafttreten der Neuregelungen

574 Wie sachgrundlose Neubefristungen, die vor Inkrafttreten der gesetzlichen Änderungen vereinbart wurden, bleiben auch die vor Inkrafttreten der Neuregelungen vereinbarten Verlängerungen des Arbeitsverhältnisses wirksam, welche sich über den Zeitpunkt des Inkrafttretens hinaus erstrecken, und zwar unabhängig davon, ob sie nach § 14 Abs. 2 TzBfG zulässig wären.

---

856 Vgl. Vorauflage, § 9 Rn. 237 ff.
857 *Lembke*, DB 2003, 2702, 2705.

VIII. Aufhebung des besonderen Befristungsverbots (Nr. 2 a. F.) § 9

(2) Nach Inkrafttreten der Neuregelungen

Nach Inkrafttreten der Neuregelungen ist die weitere Verlängerung des sachgrundlos befristeten Arbeitsverhältnisses nur noch unter den Einschränkungen des § 14 Abs. 2 bis 3 TzBfG zulässig. Allerdings ist zu beachten, dass die Verlängerung eines nach § 9 Nr. 2 a.F. befristeten Leiharbeitsverhältnisses, die erst nach dem Inkrafttreten der Neuregelungen vereinbart wird, bereits dann zulässig ist, wenn sie den Voraussetzungen des § 14 Abs. 2 Satz 1 TzBfG genügt. Das **Anschlussverbot des § 14 Abs. 2 Satz 2 TzBfG steht einer Verlängerung eines nach altem Recht wirksam befristeten (Leih-)Arbeitsverhältnisses nicht entgegen.**[858] § 14 Abs. 2 Satz 2 TzBfG gilt nur für die Erstbefristung nach § 14 Abs. 2 Satz 1 Hs. 1 TzBfG, nicht aber für Vertragsverlängerungen gemäß § 14 Abs. 2 Satz 1 Hs. 2 TzBfG.[859]   575

Zu berücksichtigen ist **aber**, dass nach Inkrafttreten von § 9 AÜG n.F. die durch § 14 Abs. 2 Satz 1 Hs. 2 und Abs. 2a Satz 1 TzBfG gezogenen **Grenzen hinsichtlich Höchstbefristungsdauer und Verlängerungsmöglichkeiten** zu beachten sind.   576

h) Klagefrist (§ 17 TzBfG)

Will der Leiharbeitnehmer die Unwirksamkeit der Befristungsabrede geltend machen, muss er die Klagefrist nach § 17 TzBfG einhalten und **innerhalb von drei Wochen nach** dem **vereinbarten Ende des befristeten Leiharbeitsvertrags** Feststellungsklage beim Arbeitsgericht erheben, dass das Arbeitsverhältnis auf Grund der Befristung nicht beendet ist. Andernfalls wird die Wirksamkeit der Befristung unwiderleglich vermutet (§ 17 TzBfG i.V.m. § 7 KSchG). Dabei werden durch die Versäumung der Klagefrist nicht nur ein etwa fehlender Sachgrund, sondern auch sonstige Wirksamkeitsmängel (z.B. fehlende Schriftform) geheilt.[860]   577

---

858 *Lembke*, DB 2003, 2702, 2705 f. – so auch für die Verlängerung einer vor Inkrafttreten des TzBfG wirksam abgeschlossenen Befristung BAG, 15.1.2003 – 7 AZR 346/02, NZA 2003, 914; BAG, 15.1.2003 – 7 AZR 535/02, NZA 2003, 1092; LAG Rheinland-Pfalz, 12.4.2002 – 3 Sa 1469/01, DB 2002, 1668; LAG Niedersachsen, 26.6.2002 – 2 Sa 1539/01, BB 2002, 2448 – differenzierend *Hennig*, FA 2004, 66, 67 f.
859 BAG, 15.1.2003 – 7 AZR 346/02, NZA 2003, 914, Os. 3; BAG, 15.1.2003 – 7 AZR 535/02, NZA 2003, 1092, Os 3.
860 Vgl. BAG, 21.1.2011 – 9 AZR 565/08, NZA-RR 2011, 439; BAG, 4.5.2011 – 7 AZR 252/10, NZA 2011, 1178; Annuß/Thüsing/*Maschmann*, TzBfG, § 17 Rn. 3.

IX. Aufhebung des Wiedereinstellungsverbots (§ 9 Nr. 3 a. F.)

1. Gesetzesänderung durch Hartz I

578 Im Gegenzug zur Einführung des Schlechterstellungsverbots im Rahmen von „Hartz I"[861] sind zahlreiche Beschränkungen der Arbeitnehmerüberlassung wie etwa das Wiedereinstellungsverbot nach § 9 Nr. 3 a. F. aufgehoben worden (vgl. Rn. 5). Trotz des Inkrafttretens der Neuregelungen mit Wirkung ab dem 1.1.2003 ist auch insoweit die Übergangsvorschrift des § 19 zu beachten (vgl. § 19 Rn. 2, 21 f.).

2. Rechtsfolgen

a) Allgemeiner Kündigungsschutz für Leiharbeitnehmer

579 § 9 Nr. 3 a. F. hatte Kündigungen des Leiharbeitsverhältnisses durch den Verleiher für unwirksam erklärt, wenn der Verleiher den Leiharbeitnehmer wiederholt innerhalb von drei Monaten nach Beendigung des Leiharbeitsverhältnisses erneut einstellte.[862] Nach Wegfall dieser besonderen kündigungsrechtlichen Vorschrift gelten im Leiharbeitsverhältnis zwischen Verleiher und Leiharbeitnehmer **nun** die **allgemeinen kündigungsrechtlichen Grundsätze**, namentlich das KSchG (vgl. § 11 Rn. 38),[863] sofern nicht Sonderregelungen eingreifen, wie dies etwa hinsichtlich der Kündigungsfristen des § 622 Abs. 5 Nr. 1 BGB bei Aushilfsarbeitsverhältnissen (§ 11 Abs. 4 Satz 1) der Fall ist (dazu § 11 Rn. 13, 112 ff.).

580 Besteht das Leiharbeitsverhältnis zwischen Leiharbeitnehmer und Verleiher ohne Unterbrechung länger als sechs Monate und sind im Verleiherbetrieb, dem der Leiharbeitnehmer zugehört, die Schwellenwerte des § 23 Abs. 1 Satz 2 bis 4 KSchG überschritten, genießt der Leiharbeitnehmer allgemeinen Kündigungsschutz nach §§ 1 ff. KSchG. Dann muss der Arbeitgeber zur sozialen Rechtfertigung einer Beendigungskündigung **verhaltensbedingte, personenbedingte** oder **betriebsbedingte Gründe** vortragen.

---

[861] Erstes Gesetz für moderne Dienstleistungen am Arbeitsmarkt vom 23.12.2002, BGBl. I, S. 4607.
[862] Näher 1. Aufl. 2002, § 9 Rn. 39 ff.
[863] Vgl. Schüren/Hamann/*Schüren*, Einl. Rn. 267; *Ulber*, AuR 2003, 7, 10.

IX. Aufhebung des Wiedereinstellungsverbots (Nr. 3 a. F.) § 9

b) Wiedereinstellung innerhalb von drei Monaten

Nach § 1 Abs. 1 KSchG greift der allgemeine Kündigungsschutz erst, wenn das Arbeitsverhältnis in demselben Betrieb oder Unternehmen (im Zeitpunkt des Kündigungszugangs) „ohne Unterbrechung" länger als sechs Monate bestanden hat. Wird das Arbeitsverhältnis vor Ablauf dieser Wartezeit beendet und später ein neues mit demselben Arbeitgeber begründet, wird der Bestand beider Arbeitsverhältnisse zusammengerechnet, wenn ein enger zeitlicher und sachlicher Zusammenhang zwischen beiden Arbeitsverhältnissen gegeben ist.[864] Bei der gewerbsmäßigen Arbeitnehmerüberlassung ließ sich dieser Grundsatz früher anhand der Regelung zum Wiedereinstellungsverbot (§ 9 Nr. 3 a. F.) auf einen Zeitraum von bis zu drei Monaten konkretisieren.[865] Dies ist nun nicht mehr angezeigt. Vielmehr dürfte nach dem Wegfall der § 9 Nr. 3 a. F. davon auszugehen sein, dass die **Wiedereinstellung von Leiharbeitnehmern innerhalb von drei Monaten** nach Beendigung des alten Leiharbeitsverhältnisses **möglich** ist, **ohne dass es zu einer Zusammenrechnung mit dem alten Arbeitsverhältnis kommt**. Vielmehr beginnt die Wartezeit nach § 1 Abs. 1 KSchG jeweils neu zu laufen.[866] Andernfalls würde die Aufhebung von § 9 Nr. 3 a. F. ihren Sinn verlieren und der Liberalisierungsintention des Gesetzgebers[867] (vgl. Rn. 531) widersprechen.

581

c) Betriebsbedingte Kündigung von Leiharbeitnehmern

Im Falle der **betriebsbedingten Beendigungskündigung eines Leiharbeitnehmers**[868] stellt das BAG nahezu unerfüllbar hohe Anforderungen an die Darlegungs- und Beweislast des Arbeitgebers (vgl. § 1 Abs. 2 Satz 4 KSchG) auf. Im Urteil vom 18.5.2006[869] ging es zwar zutreffend davon aus, dass sich ein dringendes betriebliches Erfordernis für eine Kündigung i. S. d. § 1 Abs. 2 Satz 1 KSchG einerseits aus einem innerbetrieblichen (insbesondere einer unternehmerischen Organisationsentscheidung) oder aus einem außerbetrieblichen Grund (z. B. einem Auf-

582

---

864 *v. Hoyningen-Huene/Linck/Krause*, KSchG, § 1 Rn. 128 ff. m.w.N.
865 Vgl. *Waas/Grobys*, in : Thüsing/Laux/Lembke, KSchG, § 1 Rn. 230.
866 *Lembke*, BB 2003, 98, 104; *Steuer*, S. 232 f.; in diesem Sinne wohl auch *Kokemoor*, NZA 2003, 238, 241; zurückhaltender *Hanau*, ZIP 2003, 1573, 1575.
867 Vgl. BT-Drs. 15/25, S. 39.
868 Zur betriebsbedingten Kündigung eines Leiharbeitsverhältnisses s. auch *Dahl*, DB 2003, 1626 ff.; Tschöpe/*Hiekel*, Teil 6 D Rn. 38; Thüsing/*Pelzner*, 2. Aufl. 2005, § 3 Rn. 114 f.; Schaub/Koch, § 120 Rn. 64.
869 BAG, 18.5.2006 – 2 AZR 412/05, AP AÜG § 9 Nr. 7.

tragsmangel) ergeben kann. Behaupte der Arbeitgeber, allein der außerbetriebliche Grund habe das Bedürfnis für eine Weiterbeschäftigung entfallen lassen, binde er sich aber selbst an die von ihm so gesehenen Sachzwänge. Da die Arbeitnehmerüberlassung dadurch gekennzeichnet ist, dass sich der Arbeitskräftebedarf des Verleihers als Vertragsarbeitgeber des Leiharbeitnehmers nach dem Bedarf Dritter (der Entleiher) richtet, nimmt das **BAG** – ohne es explizit auszusprechen – an, dass es im Leiharbeitsverhältnis wohl **nur** die Fallgruppe der Unternehmerentscheidung zum Personalabbau **aus außerbetrieblichen Gründen** gibt. Zur **Darlegung des dringenden betrieblichen Erfordernisses** zur Kündigung i.S.d. § 1 Abs. 2 Satz 1 KSchG reiche der bloße Hinweis auf einen auslaufenden Auftrag und einen fehlenden Anschlussauftrag regelmäßig nicht aus. Der Verleiher müsse anhand der Auftrags- und Personalplanung vielmehr darstellen, warum es sich um einen dauerhaften Auftragsrückgang und nicht nur um eine kurzfristige Auftragsschwankung handele. Das Vorliegen von möglicherweise nur kurzfristigen Auftragsschwankungen müsse auszuschließen sein. Kurzfristige Auftragslücken gehörten zum typischen Wirtschaftsrisiko eines Arbeitnehmerüberlassungsunternehmens und seien nicht geeignet, eine betriebsbedingte Kündigung sozial zu rechtfertigen.[870] Das BAG verlangt, dass der Verleiher für einen „repräsentativen Zeitraum" spezifiziert, wie sich die Aufträge und die Einsatzmöglichkeiten (inklusive der benötigten Qualifikationen der Arbeitnehmer) entwickelt haben und zukünftig (in einem Vergleich der Aufträge in den verschiedenen Referenzperioden) entwickeln werden,[871] welche Arbeitnehmer er zur Bearbeitung der Aufträge eingesetzt und welche Maßnahmen er eingeleitet hat, um Arbeitnehmer im Rahmen von neuen Aufträgen zu verwenden. Zudem folge aus § 1 Abs. 2 Satz 2 und 3 KSchG, dass der Arbeitgeber den Arbeitnehmer möglichst bei einem neuen Auftrag – auch zu geänderten Qualifikationsanforderungen – einsetzen müsse, selbst dann, wenn hierfür noch notwendige und zumutbare Umschulungs- und Fortbildungsmaßnahmen notwendig wären. Außerdem sei der Verleiher auch nach § 241 Abs. 2 BGB verpflichtet, auf die Interessen des Leiharbeitnehmer Rücksicht zu nehmen, wozu gehöre, ihn darauf hinzuweisen, dass seine Qualifikation zukünftig für einen Einsatz in neuen Aufträgen nicht ausreichend und deshalb fortzuentwickeln sei. Würden entsprechende Tatsachen und Umstände nicht ausreichend dargelegt,

---

870 BAG, 18.5.2006 – 2 AZR 412/05, APAÜG § 9 Nr. 7, Rn. 18 sowie Os. 1 und 2.
871 Vgl. dazu *Bayreuther*, RdA 2007, 176, 179; *Dahl*, DB 2003, 1626, 1628; *Hiekel*, FS 25 Jahre Arbeitsgemeinschaft Arbeitsrecht im DAV, 2006, S. 333, 341; *Steuer*, S. 74;

sei der kündigungsrelevante dauerhafte Wegfall des zukünftigen Beschäftigungsbedarfs nicht ausreichend dargelegt.[872]

Diese **Darlegungsanforderungen** sind extrem, unerfüllbar und **zu weitgehend**. Abgesehen davon eliminiert das BAG faktisch die Fallgruppe der betriebsbedingten Kündigung auf Grundlage einer aus innerbetrieblichen Gründen beruhenden Unternehmerentscheidung. Diese Fallgruppe ist auch bei Verleihunternehmen. Dies gilt insbesondere bei Mischbetrieben bzw. Mischunternehmen (zum Begriff Rn. 419), aber auch bei reinen Verleihunternehmen. So ist es z.B. denkbar, dass ein Verleihunternehmen bestimmte Abteilungen gründet und sich entscheidet, eine davon aus innerbetrieblichen Gründen zu schließen. Zuzugeben ist freilich, dass im Rahmen der gerichtlichen Willkürkontrolle darauf zu achten ist, dass nicht das unternehmerische Risiko vollständig auf die Leiharbeitnehmer abgewälzt wird.

583

Im Rahmen der **Sozialauswahl** stellt sich zudem die – bislang noch nicht abschließend geklärte – Frage, ob der nicht überlassene Leiharbeitnehmer, dessen Arbeitsplatz wegfällt, mit Leiharbeitnehmern vergleichbar ist, die sich gerade im Einsatz beim Entleiher befinden. Nach h.M. ist danach zu **unterscheiden**, ob nach dem jeweils zugrunde liegenden Arbeitnehmerüberlassungsvertrag zwischen Verleiher und Entleiher die Überlassung von konkret benannten Leiharbeitnehmern im Sinne einer „Stückschuld" oder von irgendwelchen Leiharbeitnehmer mit bestimmten Merkmalen und Qualifikationen im Sinne einer „Gattungsschuld" geschuldet ist. Im Falle einer „**Stückschuld**" **fehlt es an der Vergleichbarkeit** zwischen dem nicht überlassenen Leiharbeitnehmer und den im Einsatz beim Entleiher befindlichen konkret geschuldeten Leiharbeitnehmern. Der Verleiher ist dann nach dem Arbeitnehmerüberlassungsvertrag nicht befugt, die namentlich benannten und konkret geschuldeten Leiharbeitnehmer aus dem Einsatz abzuberufen und durch einen nicht benannten Leiharbeitnehmer auszutauschen.[873] Wird die Stückschuldvereinbarung zwischen Entleiher und Verleiher im Hinblick auf die betrieblichen Erfordernisse des Entleihers abgeschlossen und dient sie folglich nicht der Umgehung der Sozialauswahl zwischen den Leiharbeitnehmern des Verleihers, ist sie im Rahmen der

584

---

872 Vgl. BAG, 18.5.2006 – 2 AZR 412/05, AP AÜG § 9 Nr. 7, Rn. 22; vgl. auch LAG Köln, 12.1.2009 – 2 Sa 1116/08, BeckRS 2009, 56102.
873 *Dahl*, DB 2003, 1626, 1629; *Schiefer*, NZA-RR 2005, 1, 9; *Steuer*, S. 75; vgl. auch APS/*Kiel*, § 1 KSchG Rn. 680; ähnlich *Schüren/Behrend*, NZA 2003, 521, 524: der im Einsatz befindliche Leiharbeitnehmer ist nach § 1 Abs. 3 Satz 2 KSchG aus der Sozialauswahl auszunehmen.

§ 9   Unwirksamkeit

Sozialauswahl zu berücksichtigen. Es ist anerkannt, dass Individualvereinbarungen Dritter, die sich zu Lasten eines zu kündigenden Arbeitnehmers im Rahmen der Sozialauswahl auswirken, wirksam sind, es sei denn, sie sind rechtsmissbräuchlich und bezwecken alleine eine Umgehung der Sozialauswahl.[874] Für die Annahme einer – die Vergleichbarkeit von nicht überlassenen und überlassenen Leiharbeitnehmern ausschließenden – Stückschuldvereinbarung bedarf es **nicht** eines expliziten Ausschluss der Ersetzungsbefugnis des Verleihers (d.h. der Berechtigung des Verleihers, den Leiharbeitnehmer jederzeit abzuberufen und anderweitig einzusetzen) im Arbeitnehmerüberlassungsvertrag;[875] vielmehr ist von einer solchen Vereinbarung bereits dann auszugehen, wenn die Auslegung des Überlassungsvertrags ergibt, dass die Überlassung konkreter Leiharbeitnehmer (z.B. namentlich benannter Personen) im Sinne einer Stückschuld verabredet wurde.[876]

---

874 Vgl. BAG, 2.6.2005 – 2 AZR 480/04, NZA 2006, 207, 210.
875 A.A. Hessisches LAG, 29.4.2010 – 9 Sa 1830/09, BeckRS 2011, 71364; Hessisches LAG, 9.12.2011 – 10 Sa 438/11, BeckRS 2012, 68849.
876 Zutr. *Boemke*, BB 2006, 997, 998.

§ 10 Rechtsfolgen bei Unwirksamkeit, Pflichten des Arbeitgebers zur Gewährung von Arbeitsbedingungen

(1) Ist der Vertrag zwischen einem Verleiher und einem Leiharbeitnehmer nach § 9 Nr. 1 unwirksam, so gilt ein Arbeitsverhältnis zwischen Entleiher und Leiharbeitnehmer zu dem zwischen dem Entleiher und dem Verleiher für den Beginn der Tätigkeit vorgesehenen Zeitpunkt als zustande gekommen; tritt die Unwirksamkeit erst nach Aufnahme der Tätigkeit beim Entleiher ein, so gilt das Arbeitsverhältnis zwischen Entleiher und Leiharbeitnehmer mit dem Eintritt der Unwirksamkeit als zustande gekommen. Das Arbeitsverhältnis nach Satz 1 gilt als befristet, wenn die Tätigkeit des Leiharbeitnehmers bei dem Entleiher nur befristet vorgesehen war und ein die Befristung des Arbeitsverhältnisses sachlich rechtfertigender Grund vorliegt. Für das Arbeitsverhältnis nach Satz 1 gilt die zwischen dem Verleiher und dem Entleiher vorgesehene Arbeitszeit als vereinbart. Im Übrigen bestimmen sich Inhalt und Dauer dieses Arbeitsverhältnisses nach den für den Betrieb des Entleihers geltenden Vorschriften und sonstigen Regelungen; sind solche nicht vorhanden, gelten diejenigen vergleichbarer Betriebe. Der Leiharbeitnehmer hat gegen den Entleiher mindestens Anspruch auf das mit dem Verleiher vereinbarte Arbeitsentgelt.

(2) Der Leiharbeitnehmer kann im Fall der Unwirksamkeit seines Vertrags mit dem Verleiher nach § 9 Nr. 1 von diesem Ersatz des Schadens verlangen, den er dadurch erleidet, dass er auf die Gültigkeit des Vertrags vertraut. Die Ersatzpflicht tritt nicht ein, wenn der Leiharbeitnehmer den Grund der Unwirksamkeit kannte.

(3) Zahlt der Verleiher das vereinbarte Arbeitsentgelt oder Teile des Arbeitsentgelts an den Leiharbeitnehmer, obwohl der Vertrag nach § 9 Nr. 1 unwirksam ist, so hat er auch sonstige Teile des Arbeitsentgelts, die bei einem wirksamen Arbeitsvertrag für den Leiharbeitnehmer an einen anderen zu zahlen wären, an den anderen zu zahlen. Hinsichtlich dieser Zahlungspflicht gilt der Verleiher neben dem Entleiher als Arbeitgeber; beide haften insoweit als Gesamtschuldner.

(4) Der Verleiher ist verpflichtet, dem Leiharbeitnehmer für die Zeit der Überlassung an den Entleiher die im Betrieb des Entleihers für

§ 10 Rechtsfolgen bei Unwirksamkeit

einen vergleichbaren Arbeitnehmer des Entleihers geltenden wesentlichen Arbeitsbedingungen einschließlich des Arbeitsentgelts zu gewähren. Soweit ein auf das Arbeitsverhältnis anzuwendender Tarifvertrag abweichende Regelungen trifft (§ 3 Absatz 1 Nummer 3, § 9 Nummer 2), hat der Verleiher dem Leiharbeitnehmer die nach diesem Tarifvertrag geschuldeten Arbeitsbedingungen zu gewähren. Soweit ein solcher Tarifvertrag die in einer Rechtsverordnung nach § 3a Absatz 2 festgesetzten Mindeststundenentgelte unterschreitet, hat der Verleiher dem Leiharbeitnehmer für jede Arbeitsstunde das im Betrieb des Entleihers für einen vergleichbaren Arbeitnehmer des Entleihers für eine Arbeitsstunde zu zahlende Arbeitsentgelt zu gewähren. Im Falle der Unwirksamkeit der Vereinbarung zwischen Verleiher und Leiharbeitnehmer nach § 9 Nummer 2 hat der Verleiher dem Leiharbeitnehmer die im Betrieb des Entleihers für einen vergleichbaren Arbeitnehmer des Entleihers geltenden wesentlichen Arbeitsbedingungen einschließlich des Arbeitsentgelts zu gewähren.

(5) Der Verleiher ist verpflichtet, dem Leiharbeitnehmer mindestens das in einer Rechtsverordnung nach § 3a Absatz 2 für die Zeit der Überlassung und für Zeiten ohne Überlassung festgesetzte Mindeststundenentgelt zu zahlen.

Literatur: *Bertram/Ockenfels*, Der Schadensersatz des Leiharbeitnehmers gegen den Verleiher gem. § 10 II AÜG, NZA 1985, 552; *Boemke/Lembke*, Änderungen im AÜG durch das „Job-AQTIV-Gesetz", DB 2002, 893; *Brors*, „Vorübergehend" – Zur Methodik der Auslegung von RL am Bsp. des Merkmals „vorübergehend" aus Art. 1 Abs. 1 der RL 2008/104/EG (Leiharbeits-RL), AuR 2013, 108; *Feuerborn/Hamann*, Neuregelungen im Arbeitnehmerüberlassungsgesetz, BB 1994, 1346; *Fütterer*, Prozessuale Möglichkeiten zur Durchsetzung des Verbots der nicht vorübergehenden Arbeitnehmerüberlassung gem. § 1 Abs. 1 S. 2 AÜG nF., AuR 2013, 119; *Grimm/Brock*, Das Gleichbehandlungsgebot nach dem Arbeitnehmerüberlassungsgesetz und die Mitbestimmungsrechte des Betriebsrats des Entleiherbetriebs, DB 2003, 1113; *Hamann*, Die Reform des AÜG im Jahr 2011, RdA 2011, 321; *Hamann*, Betriebsverfassungsrechtliche Auswirkungen der Reform der Arbeitnehmerüberlassung, NZA 2003, 526; *Hirdina*, Die Arbeitnehmerüberlassung – Eine verfassungsrechtliche Überreglementierung?, NZA 2011, 325; *Huke/Neufeld/Luickhardt*, Das neue AÜG: Erste Praxiserfahrungen und Hinweise zum Umgang mit den neuen Regelungen, BB 2012, 961; *Lembke*, Arbeitnehmerüberlassung im Konzern, BB 2012, 2497; *Lembke*, Die jüngsten Änderungen des AÜG im Überblick, FA 2011, 290; *Lembke*, Die geplanten Änderungen im Recht der Arbeitnehmerüberlassung, DB 2011, 41; *Lembke*, Neue Rechte von Leiharbeitnehmern gegenüber Entleihern, NZA 2011, 319; *Lembke*, Die „Hartz-Reform" des Arbeitnehmerüberlassungsgesetzes, BB 2003, 98; *Liebscher*, Anmerkung zu ArbG Köln vom 9.2.1996, BB 1996, 801; *Reinhart*, Haftung bei Arbeitnehmerüberlassung für Lohnsteuer der Leiharbeitnehmer, BB 1986, 500; *Schüren*, Scheinwerk- und Scheindienstverträge mit Arbeitnehmerüberlassungserlaubnis – Vorschlag zu einer Korrektur des AÜG, NZA 2013, 176; *Schüren*, Der Scheinwerkvertrag, WiVerw 2001, 173; *Ulber*, Rechtliche Grenzen des Einsatzes von betriebsfremden Arbeitnehmern und Mitbestimmungsrechte des Betriebsrates, AuR 1982, 54; *Ulber*, Personal-Service-Agenturen und Neuregelung der Arbeitnehmerüberlassung, AuR 2003, 7.

Übersicht

	Rn.
I. Vorbemerkungen	1
1. Entstehungsgeschichte	4
2. Sinn und Zweck der Vorschrift	10
II. Gesetzliches Arbeitsverhältnis zwischen Entleiher und Leiharbeitnehmer (§ 10 Abs. 1)	13
1. Allgemeines	13
2. Beginn des gesetzlichen Arbeitsverhältnisses (§ 10 Abs. 1 Satz 1)	17
a) Tatbestandsvoraussetzungen	17
b) Anfängliches Fehlen der Erlaubnis (§ 10 Abs. 1 Satz 1 Hs. 1)	25
c) Späterer Wegfall der Erlaubnis (§ 10 Abs. 1 Satz 1 Hs. 2)	29
d) Ausschluss der Rechtswirkung des § 10 Abs. 1	30
aa) Unabdingbarkeit	31
bb) Unanfechtbarkeit	32
cc) Widerspruchsrecht und/oder außerordentliches Kündigungsrecht des Arbeitnehmers?	33
dd) Teleologische Reduktion	40
ee) Verwirkung	44
3. Inhalt des gesetzlichen Arbeitsverhältnisses	45
a) Grundsatz	45
b) Befristung (§ 10 Abs. 1 Satz 2)	50
aa) Tatbestandsvoraussetzungen	51
bb) Rechtsfolgen	56

	Rn.
c) Arbeitszeit (§ 10 Abs. 1 Satz 3)	61
d) Sonstige Arbeitsbedingungen (§ 10 Abs. 1 Satz 4)	64
e) Mindestarbeitsentgelt (§ 10 Abs. 1 Satz 5)	69
4. Betriebsverfassungsrecht	76
5. Sozialversicherungsrecht	78
a) Gesamtsozialversicherungsbeitrag	78
b) Insolvenzgeld	81
aa) Insolvenz des Entleihers	82
bb) Insolvenz des Verleihers	83
6. Steuerrecht	87
a) Lohnsteuerhaftung	87
aa) Lohnzahlung durch den Verleiher	88
bb) Lohnzahlung durch den Entleiher	91
b) Umsatzsteuerrecht	92
7. Auskunftsanspruch	93
8. Prozessuales	96
a) Feststellungsklage	96
b) Leistungsklage	100
c) Beschlussverfahren	101
III. Schadensersatzanspruch des Leiharbeitnehmers (§ 10 Abs. 2)	102
1. Tatbestandsvoraussetzungen	103
a) Unwirksamkeit des Leiharbeitsvertrags nach § 9 Nr. 1 Alt. 2	103

§ 10   Rechtsfolgen bei Unwirksamkeit

	Rn.		Rn.
b) Schaden des Leiharbeitnehmers	105	2. Ausnahmen, insbesondere Tarifausnahme (§ 10 Abs. 4 Satz 2)	124
c) Keine Kenntnis des Unwirksamkeitsgrunds	106	3. Unterschreiten der Lohnuntergrenze durch abweichenden Tarifvertrag (§ 10 Abs. 4 Satz 3)	125
2. Rechtsfolge: Ersatz des Vertrauensschadens	107	4. Betriebsratsbeteiligung nach § 99 BetrVG	126
IV. Verleiherhaftung für an Dritte zu leistende Zahlungen (§ 10 Abs. 3)	116	a) Nicht im Entleiherbetrieb	127
1. Arbeitsentgeltzahlung des Verleihers trotz Unwirksamkeit des Leiharbeitsvertrags	117	b) Umgruppierung im Verleiherbetrieb	128
2. Gesamtschuldnerische Verleiherhaftung	119	5. Verstoß gegen § 10 Abs. 4	129
V. Pflicht des Verleihers zur Gewährung von Equal Pay/Treatment (§ 10 Abs. 4)	121	VI. Pflicht des Verleihers zur Zahlung der Mindeststundenentgelte (§ 10 Abs. 5)	130
1. Grundsatz des Equal Pay/Treatment (§ 10 Abs. 4 Satz 1 und 4)	123	1. Zwingendes Recht	131
		2. Mindeststundenentgelte	133
		3. Zeitlicher Geltungsbereich	134
		4. Rechtsfolgen bei Nichteinhaltung und Kontrollen	137

I. Vorbemerkungen

1   § 10 stellt in **Abs. 1 bis 3** besondere arbeits- und zivilrechtliche Rechtsfolgen für den Fall der Unwirksamkeit des Leiharbeitsvertrags nach § 9 Nr. 1 Alt. 2 im Falle des **Fehlens der nach § 1 erforderlichen Überlassungserlaubnis** auf. Die Regelungen haben keine Entsprechung in der Leiharbeitsrichtlinie 2008/104/EG[1] und sind **europarechtlich nicht zwingend geboten**. Sie sind nach der Leiharbeitsrichtlinie aber erlaubt; aus Art. 4 Abs. 1 und 4 RL ergibt sich die grundsätzliche Zulässigkeit des Verbots von Arbeitnehmerüberlassung mit Erlaubnisvorbehalt und entsprechenden die Arbeitnehmerüberlassung einschränkenden Sanktionen, sofern sie aus Gründen des Allgemeininteresses, wie z.B. des Schutzes des Leiharbeitnehmers, gerechtfertigt sind. Davon ist hinsichtlich § 10 Abs. 1 bis 3 auszugehen (vgl. Rn. 7).

---

1 ABlEG. vom 5.12.2008, L327/9; zum Umsetzungsbedarf *Boemke*, RIW 2009, 177; *Hamann*, EuZA Bd. 2 (2009), S. 287; *Lembke*, BB 2010, 1533, 1539f.; *Ulber*, AuR 2010, 10; allg. zur RL *Blanke*, DB 2010, 1528.

I. Vorbemerkungen § 10

Demgegenüber ergänzt § 10 **Abs. 4** das Schlechterstellungsverbot bzw. 2
den Gleichbehandlungsgrundsatz der §§ 9 Nr. 2, 3 Abs. 1 Nr. 3 („Equal
Treatment") und stellt die **Anspruchsgrundlage** des Leiharbeitnehmers gegenüber dem Verleiher für Ansprüche aus dem **Grundsatz von
Equal Pay/Treatment** dar (vgl. auch § 9 Rn. 39 f., 71).

§ 10 **Abs. 5** normiert zusammen mit § 3a eine Art „**Mindestlohn**" in 3
der Zeitarbeit in Form einer Lohnuntergrenze. Er regelt die gesetzliche
Verpflichtung für alle inländischen und ausländischen Verleiher, den
(im Anwendungsbereich des AÜG überlassenen) Leiharbeitnehmern
für Zeiten der Überlassung sowie verleihfreie Zeiten mindestens das in
der Rechtsverordnung nach § 3a Abs. 2 festgesetzte Mindeststundenentgelt zu zahlen. § 10 Abs. 5 ist Anspruchsgrundlage für entsprechende
Zahlungsansprüche des Leiharbeitnehmers gegenüber dem Verleiher.

1. Entstehungsgeschichte

§ 10 **Abs. 1 und 2** sind seit Inkrafttreten des AÜG inhaltlich unverändert 4
geblieben. **Abs. 3** wurde durch Art. 7 des 2. WiKG vom 15.5.1986[2] eingeführt. Ziel der Neuregelung war es, eine strafrechtliche Lücke zu
schließen, die sich durch das Urteil des BGH vom 31.3.1982[3] aufgetan
hatte. In dieser Entscheidung hatte der BGH entschieden, dass sich der
Verleiher im Falle des § 10 Abs. 1 nicht wegen Nichtabführung von Sozialversicherungsbeiträgen strafbar mache, weil nicht er, sondern allein
der Entleiher Arbeitgeber im Sinne der Strafvorschriften sei. Der ursprüngliche § 10 Abs. 3 regelte nicht nur die Haftung des illegalen Verleihers für die an einen Dritten zu zahlenden sonstigen Teile des Arbeitsentgelts, sondern – über die heutige Fassung des § 10 Abs. 3 hinaus –
auch die Haftung des Verleihers für den Gesamtsozialversicherungsbeitrag. Bei Vorenthaltung von Arbeitnehmerbeiträgen zur Sozialversicherung kann sich der Verleiher seitdem nach § 266a StGB strafbar machen.
Die sozialversicherungsrechtliche Haftung des illegalen Verleihers wurde mit Wirkung vom 1.1.1989 aus § 10 Abs. 3 herausgenommen und inhaltsgleich in **§ 28e Abs. 2 Sätze 3 und 4 SGB IV** geregelt.[4]

Obwohl der Gesetzgeber durch die **ersatzlose Streichung von § 13** 5
a. F. durch Art. 63 Nr. 9 AFRG mit Wirkung zum 1.4.1997 die Fiktion
eines Arbeitsverhältnisses zwischen Leiharbeitnehmer und Entleiher

---

2 BGBl. I, S. 721.
3 BGH, 31.3.1982 – 2 StR 744/81, BB 1982, 1671.
4 BGBl. I (1988), S. 2330 – Zur Entstehungsgeschichte des Abs. 3 *Becker/Wulfgramm*,
   Nachtrag, § 10 Rn. 1 ff.; Schüren/Hamann/*Schüren*, Einl. Rn. 68.

§ 10 Rechtsfolgen bei Unwirksamkeit

bei nach § 1 Abs. 2 unwiderlegt vermuteter Arbeitsvermittlung sehenden Auges beseitigt hatte, blieb **§ 10 unverändert**. Eine **analoge Anwendung des § 10 Abs. 1 bis 3** in diesen Fällen **scheidet** daher **aus**.[5] Dies gilt auch für den Fall, dass ein Verleiher eine nach § 1b Satz 1 unzulässige Arbeitnehmerüberlassung in Betriebe des Baugewerbes betreibt, aber im Besitz einer Arbeitnehmerüberlassungserlaubnis ist.[6]

6   Auch im Falle der **nicht nur vorübergehenden Überlassung** von Leiharbeitnehmern **scheidet** eine **analoge Anwendung des § 10 Abs. 1 bis 3 aus**[7] (vgl. zum Streitstand auch § 1 Rn. 105 ff., § 3 Rn. 8, 70, § 9 Rn. 47, § 12 Rn. 42). Denn im Rahmen der Einführung des § 1 Abs. 1 Satz 2 („Die Überlassung von Arbeitnehmern an Entleiher erfolgt vorübergehend") mit Wirkung ab dem 1.12.2011[8] hat der Gesetzgeber **bewusst** keine konkrete Rechtsfolge (wie etwa die Fiktion eines Arbeitsverhältnisses nach § 10 Abs. 1) geregelt, obwohl der mangelnde Verbotscharakter der Norm und das Fehlen einer Rechtsfolge bereits während des Gesetzgebungsverfahrens ausdrücklich zur Sprache gekommen waren.[9] Somit liegt keine unbewusste, planwidrige Gesetzeslücke vor. Die analoge Anwendung gesetzlicher Bestimmungen setzt jedoch voraus, dass eine vom Gesetzgeber unbeabsichtigt gelassene Lücke vorliegt und diese Planwidrigkeit auf Grund konkreter Umstände positiv festgestellt werden kann, weil sonst jedes Schweigen des Gesetzgebers – also der Normalfall, wenn er etwas nicht regeln will – als planwidrige Lücke im Wege der Analogie von den Gerichten ausgefüllt werden könnte.[10] Abgesehen davon lässt sich eine Analogie von § 10

---

5 A.A. *Ulber*, § 10 Rn. 3.
6 BAG, 13.12.2006 – 10 AZR 674/05, NZA 2007, 751.
7 LAG Berlin-Brandenburg, 19.12.2012 – 4 TaBV 1163/12, BeckRS 2012, 76380; LAG Berlin-Brandenburg, 16.10.2012 – 7 Sa 1182/12, BB 2013, 251, 253 f. (beim BAG anhängig unter Az. 10 AZR 111/13); *Giesen*, FA 2012, 66, 68; *Hamann*, RdA 2011, 321, 327; *Lembke*, BB 2012, 2497, 2500 f. – A.A. LAG Berlin-Brandenburg, 9.1.2013 – 15 Sa 1635/12, BeckRS 2013, 65446, Os. 2 sowie unter 1.2.1; LAG Baden-Württemberg, 22.11.2012 – 11 Sa 84/12, BeckRS 2013, 67254; *Böhm*, DB 2012, 918, 919; *Düwell*, ZESAR 2011, 449 ff.; *Fütterer*, AuR 2013, 119, 120; *Zimmer*, AuR 2012, 89; ähnlich *Ulber*, AÜG, 4. Aufl. 2011, § 1 Rn. 230d, 231d; *Bartl/Romanowski*, NZA-Online-Aufsatz 3/2012, 1, 5 f.; i. Erg. auch *Brors*, AuR 2013, 108, 113; *Hamann*, jurisPR-ArbR 10/2013, Anm. 1.
8 Art. 1 Nr. 2a bb und Art. 2 Abs. 1 des Ersten Gesetzes zur Änderung des Arbeitnehmerüberlassungsgesetzes – Verhinderung von Missbrauch der Arbeitnehmerüberlassung vom 28.4.2011, BGBl. I, S. 642.
9 Vgl. BT-Drs. 17/5238, 11; *Düwell*, ZESAR 2011, 449, 451; *Huke/Neufeld/Luickhardt*, BB 2012, 961, 964; *Lembke*, DB 2011, 414, 415.
10 BAG, 13.12.2006 – 10 AZR 674/05, NZA 2007, 751, 752, Rn. 13.

I. Vorbemerkungen § 10

Abs. 1 auch nicht europarechtlich begründen,[11] da die Fiktion eines Arbeitsverhältnisses zwischen Leiharbeitnehmer und Entleiher nach § 10 Abs. 1 in der Leiharbeitsrichtlinie keine Entsprechung hat (vgl. Rn. 1). Ferner folgt im Umkehrschluss aus § 10 Abs. 1 Satz 2, dass die Tätigkeit des Leiharbeitnehmers beim Entleiher auch unbefristet vorgesehen sein kann.

§ 10 wurde durch Art. 6 Nr. 5 des Ersten Gesetzes für moderne Dienstleistungen am Arbeitsmarkt vom 23.12.2002 („Hartz I") geändert.[12] Als Folgeänderung zur Aufhebung des besonderen Befristungsverbots (§ 9 Nr. 2 a.F.) und des Wiedereinstellungsverbots (§ 9 Nr. 3 a.F.) entfiel der damalige Abs. 4 a.F. Der erst durch das Job-AQTIV-Gesetz vom 10.12.2001[13] mit Wirkung zum 1.1.2002 in Abs. 5 a.F. eingeführte **Grundsatz der Gleichbehandlung** von Leiharbeitnehmern und vergleichbaren Arbeitnehmern des Entleihers ab dem 13. Überlassungsmonat[14] wurde durch Einführung des Grundsatzes von Equal Pay/Treatment im Rahmen der Hartz-Reform auf die Zeit **ab dem ersten Tag der Überlassung** erstreckt (vgl. § 9 Rn. 5). Er ist nunmehr in **§§ 9 Nr. 2, 3 Abs. 1 Nr. 3** sowie in **§ 10 Abs. 4 verortet**. Auf Grund der Neuregelung des Gleichbehandlungsgrundsatzes bzw. Schlechterstellungsverbots in Abs. 4 (i.V.m. §§ 9 Nr. 2, 3 Abs. 1 Nr. 3) war Abs. 5 a.F. im Rahmen der Hartz-Reform ersatzlos gestrichen worden.

Zuletzt wurde § 10 durch Art. 1 Nr. 8 des Ersten Gesetzes zur Änderung des Arbeitnehmerüberlassungsgesetzes – Verhinderung von Missbrauch der Arbeitnehmerüberlassung vom 28.4.2011[15] **mit Wirkung ab dem 30.4.2011** geändert. Die **Überschrift** von § 10 wurde um die Wörter „Pflichten des Arbeitgebers zur Gewährung von Arbeitsbedingungen" ergänzt, und **Abs. 4** wurde in Satz 1, 2 und 4 so umformuliert, dass eine ausdrückliche Verpflichtung des Verleihers zur Gewährung von Equal Pay/Treatment bzw. der Arbeitsbedingungen des abweichenden Tarifvertrags im Falle des Eingreifens der Tarifausnahme (§ 9 Nr. 2 Hs. 2 und 3) geregelt ist. Dies sah der Gesetzgeber als notwendig an, um der Arbeitsverwaltung im Falle eines Verstoßes gegen diese Verpflichtungen – neben dem Instrumentarium der Nichterteilung, der Rücknahme oder des Widerrufs der Erlaubnis – auch die Sanktion der

---
11 *Lembke*, BB 2012, 2497, 2500f. m.w.N.
12 BGBl. I, S. 4607 – Zur sog. „Hartz-Reform" des AÜG näher *Lembke*, BB 2003, 98ff.; *Ulber*, AuR 2003, 7ff.
13 BGBl. I, S. 3443.
14 BGBl. I, S. 642.
15 BGBl. I, S. 642.

§ 10 Rechtsfolgen bei Unwirksamkeit

Ordnungswidrigkeit zur Verfügung zu stellen und einen entsprechenden „Anknüpfungspunkt" zu schaffen.[16] Daher wurde in § 16 Abs. 1 Nr. 7a ein neuer Ordnungswidrigkeitentatbestand eingefügt, der eine Geldbuße bis zu Euro 500.000 für denjenigen vorsieht, der „vorsätzlich oder fahrlässig entgegen § 10 Abs. 4 eine Arbeitsbedingung nicht gewährt"; dies sah der Gesetzgeber im Hinblick auf Art. 10 Abs. 2 der Leiharbeitrichtlinie als geboten an.[17] Inhaltlich hat sich in Abs. 4 – abgesehen von der Ergänzung in § 10 Abs. 4 Satz 3 im Hinblick auf die Lohnuntergrenze des § 3a – ansonsten nichts geändert.[18]

9 Ebenfalls mit Wirkung ab dem 30.4.2011 – und damit gerade noch vor Inkrafttreten der EU-Osterweiterung ab 1.5.2011 – wurde § 10 **Abs. 5** zusammen mit der neuen Regelung des § 3a zur Lohnuntergrenze eingefügt. Vorausgegangen waren Verhandlungen, in deren Rahmen am 21./22.2.2011 im Vermittlungsausschuss ein Einigungspaket über die neuen Hartz IV-Regelsätze sowie die Einführung von – seit längerem diskutierten[19] – Mindestlohnregelungen für die Zeitarbeit geschnürt wurde. Der neue § 3a sieht vor, dass das BMAS auf Vorschlag vorschlagsberechtigter Tarifvertragsparteien (vgl. § 3a Abs. 1) durch Rechtsverordnung bundesweit tarifliche Mindeststundenentgelte als generell verbindliche Lohnuntergrenze für Verleihzeiten und verleihfreien Zeiten (vgl. § 10 Abs. 5) festsetzen kann (vgl. § 3a Abs. 2). Das aus dem AEntG bekannte Verfahren zur Erstreckung branchenspezifischer Mindestlöhne ist unter Berücksichtigung der Besonderheiten der Arbeitnehmerüberlassung weitestgehend übernommen worden.[20] Die vorgeschlagene und durch Rechtsverordnung als verbindlich festgesetzte Lohnuntergrenze ist von allen im In- und Ausland ansässigen Verleihern, die Leiharbeitnehmer innerhalb Deutschlands beschäftigen, zu beachten (vgl. § 10 Abs. 5 AÜG, § 2 Nr. 4 AEntG; näher zum Ganzen § 3a Rn. 3ff.). Darüber hinaus sichert § 10 **Abs. 4 Satz 3** die Regelungen zur Lohnuntergrenze für Zeiten der Überlassung dadurch ab, dass er die Anwendung von „Equal Pay" vorsieht, soweit ein vom Grundsatz des Equal Pay/Treatment abweichender Tarifvertrag die in der Rechtsverordnung nach § 3a Abs. 2 festgesetzte Lohnuntergrenze unterschreitet (vgl. § 9 Rn. 243).

---

16 BT-Drs. 17/4804, S. 10.
17 BT-Drs. 17/4804, S. 10.
18 *Lembke*, FA 2011, 290, 291.
19 Vgl. *Lembke*, BB 2010, 1533, 1540f. m.w.N.
20 Näher BT-Drs. 17/5238, S. 14ff.; BT-Drs. 17/5960; *Leuchten*, NZA 2011, 608, 610.

2. Sinn und Zweck der Vorschrift

§ 10 Abs. 1 bis 3 will den **sozialen Schutz der Leiharbeitnehmer vor unzuverlässigen Verleihern** zivilrechtlich für den Fall absichern, dass der Verleiher unerlaubt gewerbsmäßige Arbeitnehmerüberlassung betreibt.[21] Nach § 10 Abs. 1 kommt daher kraft Gesetzes ein Arbeitsverhältnis zwischen dem Leiharbeitnehmer und dem Entleiher zustande. Zweck dieser Norm ist es, dem Arbeitnehmer **als Ausgleich für den Verlust seiner Ansprüche gegen den Verleiher** (wegen Unwirksamkeit des Leiharbeitsvertrags nach § 9 Nr. 1 Alt. 2) gleichwertige arbeitsrechtliche Ansprüche gegen den Entleiher einzuräumen. Die Regelung greift in die von der Privatautonomie geschützte Vertragsabschlussfreiheit nicht nur des Leiharbeitnehmers, sondern auch des Entleihers ein.[22] § 10 will daher neben den Interessen des Leiharbeitnehmers auch die schutzwürdigen Belange des Entleihers beachten.[23] Seine Rechtsfolgen müssen für Leiharbeitnehmer und Entleiher vermeidbar sein, wenn sie vom Verleiher ordnungsgemäß darüber informiert wurden, dass er die Überlassungserlaubnis nicht (mehr) besitzt (vgl. § 9 Rn. 61).

10

Zweck der Hartz-Reform des AÜG (vgl. Rn. 7) war es, einerseits die Zeitarbeit durch Aufhebung der bisherigen Beschränkungen (wie z.B. des besonderen Befristungsverbots, des Wiedereinstellungsverbots und der Höchstüberlassungsdauer) zu liberalisieren und andererseits die **Qualität der Arbeitnehmerüberlassung** aus Sicht der Arbeitnehmer sowie ihre **Akzeptanz** in der Gesellschaft zu **verbessern** (vgl. § 9 Rn. 5, 39, 43). Letzteres soll insbesondere durch den in § 10 Abs. 4 normierten **Grundsatz von Equal Pay/Treatment** bzw. das Schlechterstellungsverbot des § 9 Nr. 2 erreicht werden. Ziel war es, die Zeitarbeit aus der „Schmuddelecke" zu holen und die positiven Beschäftigungseffekte der Zeitarbeit (Stichwort der Hartz-Kommission: „Klebeeffekt", d.h. Übernahme von Leiharbeitnehmern durch Entleiher in eine feste Anstellung nach der Überlassung)[24] nutzbar zu machen. Dies wurde z.T. erreicht (vgl. § 9 Rn. 39).

11

Die Regelung des § 10 Abs. 5 und die in § 3a vorgesehene Möglichkeit, per Rechtsverordnung eine allgemein gültige Lohnuntergrenze festzu-

12

---

21 Vgl. HWK/*Gotthardt*, § 10 AÜG Rn. 2; Thüsing/*Mengel*, § 10 Rn. 2; Schüren/Hamann/*Schüren*, § 10 Rn. 2.
22 *Boemke*, NZA 1993, 532, 534; HWK/*Lembke*, § 105 GewO Rn. 2.
23 BT-Drs. VI/2303, S. 14.
24 Vgl. den Bericht der sog. Hartz-Kommission „Moderne Dienstleistungen am Arbeitsmarkt – Vorschläge der Kommission zum Abbau der Arbeitslosigkeit und zur Umstrukturierung der Bundesanstalt für Arbeit", 2002, S. 154.

§ 10 Rechtsfolgen bei Unwirksamkeit

setzen, wurden mit Blick auf die EU-Osterweiterung ab 1.5.2011 eingefügt und sollen dazu dienen, Lohndumping bzw. Unterbietungswettbewerb zu verhindern; entsprechende „Verwerfungen" wurden für die Zeit nach Herstellung der vollen Arbeitnehmerfreizügigkeit in der EU ab 1.5.2011 im Rahmen grenzüberschreitender Überlassung insbesondere aus den acht neuen östlichen EU-Mitgliedsstaaten befürchtet.[25]

II. Gesetzliches Arbeitsverhältnis zwischen Entleiher und Leiharbeitnehmer (§ 10 Abs. 1)

1. Allgemeines

13 Der Gesetzgeber wollte dem Leiharbeitnehmer im Falle der Unwirksamkeit seines Arbeitsvertrags mit dem Verleiher auf Grund unerlaubter Arbeitnehmerüberlassung (§ 9 Nr. 1 Alt. 2) einen stärkeren Schutz bieten als etwa eine subsidiäre Haftung des Entleihers für die Erfüllung der Pflichten des Verleihers gegenüber dem Leiharbeitnehmer.[26] Rechtstechnisch hat er zu diesem Zweck nicht eine gesetzliche Vertragsübernahme (vgl. z. B. §§ 613a Abs. 1, 566 BGB) durch den Entleiher angeordnet, sondern die **Entstehung eines neuen Arbeitsverhältnisses zwischen dem Entleiher und dem unerlaubt überlassenen Leiharbeitnehmer kraft Gesetzes** bestimmt. Üblicherweise wird § 10 Abs. 1 als „gesetzliche Fiktion" bezeichnet und von einem „fingierten Arbeitsverhältnis" gesprochen.[27] Dies ist sprachlich ungenau, weil nicht das Vorliegen eines Arbeitsverhältnisses fingiert wird, sondern an die Überlassung ohne Erlaubnis kraft Gesetzes die Begründung eines Arbeitsverhältnisses geknüpft wird, so dass zutreffend von einem „**gesetzlichen Arbeitsverhältnis**" gesprochen werden müsste.

14 Abgesehen von Sonderregelungen (vgl. Rn. 87) wird das gesetzliche Arbeitsverhältnis nach § 10 Abs. 1 **grundsätzlich** in allen Rechtsgebieten **wie ein normales** vertraglich **neu begründetes Arbeitsverhältnis** behandelt.[28]

15 § 10 Abs. 1 greift nur, soweit die Geltung des deutschen Rechts reicht, ist also z. B. nicht anwendbar, wenn ein Leiharbeitnehmer unerlaubt an

---

25 Vgl. BT-Drs. 17/5238, S. 15; *Hamann*, RdA 2011, 321, 329.
26 BT-Drs. VI/2303, S. 13.
27 Vgl. nur BAG. 30.1.1991 – 7 AZR 497/89, NZA 1992, 19, 20; ausf. *Becker/Wulfgramm*, § 10 Rn. 8ff.
28 Thüsing/*Mengel*, § 10 Rn. 32; *Sandmann/Marschall/Schneider*, § 10 Rn. 13; ErfK/ *Wank*, § 10 AÜG Rn. 15.

II. Gesetzliches Arbeitsverhältnis zwischen Entleiher u. Leiharbeitnehmer § 10

einen ausländischen Entleiher ins Ausland gewerbsmäßig überlassen wird.[29]

Durch die Beleihung eines bei einem privaten Arbeitgeber angestellten Sicherheitsassistenten nach § 5 Abs. 5 LuftSiG wird die Anwendung des § 10 Abs. 1 i.V.m. § 9 Nr. 1 nicht ausgeschlossen; § 5 Abs. 5 LuftSiG ist insoweit keine lex specialis.[30] 16

2. Beginn des gesetzlichen Arbeitsverhältnisses (§ 10 Abs. 1 Satz 1)

a) Tatbestandsvoraussetzungen

§ 10 Abs. 1 Satz 1 knüpft die Rechtsfolge des fingierten bzw. gesetzlichen Arbeitsverhältnisses zwischen Entleiher und Leiharbeitnehmer an den Eintritt der Unwirksamkeit des zwischen Verleiher und Leiharbeitnehmer geschlossenen Arbeitsvertrags nach § 9 Nr. 1 Alt. 2. Daher müssen im Rahmen des Abs. 1 **alle Tatbestandsvoraussetzungen des § 9 Nr. 1 Alt. 2** vorliegen (zu Einzelheiten § 9 Rn. 58 ff.), d.h. der Leiharbeitsvertrag muss wegen **Arbeitnehmerüberlassung ohne die erforderliche Erlaubnis** unwirksam (geworden) sein. Unerheblich ist hingegen, ob der Arbeitnehmerüberlassungsvertrag wirksam oder unwirksam ist. 17

Im Falle **dauerhafter** bzw. **nicht nur vorübergehender Arbeitnehmerüberlassung** treten die Rechtsfolgen des § 10 Abs. 1 hingegen **nicht** ein (vgl. Rn. 6, § 9 Rn. 47). 18

Seit der Änderung des § 1 Abs. 1 Satz 1 durch das „Erste Gesetz zur Änderung des Arbeitnehmerüberlassungsgesetzes – Verhinderung von Missbrauch der Arbeitnehmerüberlassung vom 28.4.2011[31] mit Wirkung **ab dem 1.12.2011** ist § 10 Abs. 1 auf alle Fälle der Arbeitnehmerüberlassung anwendbar, die „**im Rahmen wirtschaftlichen Tätigkeit**" erfolgt und nach § 1 Abs. 1 Satz 1 n.F. **erlaubnispflichtig** ist; auf die Gewerbsmäßigkeit der Arbeitnehmerüberlassung kommt es – anders als bisher – auch im Rahmen des § 10 Abs. 1 nicht mehr an.[32] Daher kommt ein Arbeitsverhältnis zwischen Leiharbeitnehmer und Entleiher nach § 10 Abs. 1 zustande, wenn eine **gemeinnützige** Gesellschaft (als 19

---

29 Thüsing/Mengel, § 10 Rn. 7; vgl. auch Sandmann/Marschall/Schneider, § 10 Rn. 2; Ulber, § 10 Rn. 4 a.E.
30 BAG, 18.1.2012 – 7 AZR 723/10, NZA-RR 2012, 455, 457, Rn. 16 ff.
31 BGBl. I, S. 642.
32 Ulber, § 10 Rn. 1, 20; Thüsing/Mengel, § 10 Rn. 5; vgl. zu den Neuregelungen Lembke, DB 2011, 414; Lembke FA 2012, 290.

§ 10 Rechtsfolgen bei Unwirksamkeit

Verleiher) über den 1.12.2011 hinaus ohne die seit diesem Zeitpunkt erforderliche Erlaubnis Arbeitnehmerüberlassung (ggf. auch „Personalgestellung" genannt) betreibt;[33] das Fehlen einer Gewinnerzielungsabsicht ist unerheblich.[34] Für Fälle der vor dem 1.12.2011 durchgeführten nicht gewerbsmäßigen – und damit erlaubnisfreien – Arbeitnehmerüberlassung fand § 10 Abs. 1 hingegen keine Anwendung.[35]

20 Derjenige, der sich auf die Rechtsfolgen des § 10 Abs. 1 beruft, muss diese Umstände **darlegen und beweisen**.[36]

21 Besonderes Augenmerk gilt der Prüfung, ob überhaupt **Arbeitnehmerüberlassung** vorliegt (näher dazu § 1 Rn. 23 ff.). Dies setzt u.a. voraus, dass sich der drittbezogene Personaleinsatz auf Seiten des Vertragsarbeitgebers darauf beschränkt, einem Dritten den Arbeitnehmer zur Förderung von dessen Betriebszwecken zur Verfügung zu stellen. **Keine Arbeitnehmerüberlassung** ist z.B. gegeben im Falle drittbezogenen Personaleinsatzes im Rahmen eines **echten Dienstvertrags**[37] oder **Werkvertrags**; anders verhält es sich hingegen im Falle „verdeckter Arbeitnehmerüberlassung" bei sog. Scheindienstverträgen oder Scheinwerkverträgen (vgl. auch Rn. 22).[38] Ebenfalls keine Arbeitnehmerüberlassung liegt vor, wenn die Arbeitnehmer in einen **Gemeinschaftsbetrieb** der beteiligten Arbeitgeber entsandt werden, wenn sie für ihren Vertragsarbeitgeber bei der **Erfüllung von** dessen **gesetzlichen Aufgaben** tätig werden **oder** wenn die beteiligten Arbeitgeber im Rahmen einer **unternehmerischen Zusammenarbeit** mit dem Einsatz ihrer Arbeitnehmer **jeweils** ihre **eigenen Betriebszwecke verfolgen**[39] (vgl. § 1 Rn. 41 ff.). Die letztgenannte Fallgruppe ist allerdings richtigerweise dahingehend zu verstehen, dass sich die vom entsendenden Arbeitgeber

---

33 LAG Düsseldorf, 26.7.2012 – 15 Sa 1452/11, BeckRS 2012, 71608 (beim BAG anhängig unter Az. 7 AZR 863/12); ArbG Krefeld, 15.5.2012 – 1 Ca 2551/11, BeckRS 2012, 71528; dazu *Hamann*, jurisPR-ArbR 39/2012, Anm. 2.
34 *Lembke* FA 2012, 290; *Lembke*, DB 2011, 414.
35 BAG, 2.6.2010 – 7 AZR 946/08, NZA 2011, 351; Hessisches LAG 29.10.2012 – 21 Sa 303/12, BeckRS 2013, 66215.
36 BAG, 30.1.1991 – 7 AZR 497/89, NZA 1992, 19, 20 (Ls. 6) für den Arbeitnehmer; BAG, 3.12.1997 – 7 AZR 764/96, NZA 1998, 876, 877 für den Arbeitgeber; LAG Rheinland-Pfalz, 26.10.2009 – 5 Sa 511709, BeckRS 2010, 68137.
37 Zu einem solchen Fall BAG, 18.1.2012 – 7 AZR 723/10, NZA-RR 2012, 455; LAG Hamm, 2.2.2012 – 8 Sa 1502/11.
38 Zur Diskussion um missbräuchlichen Einsatz von Werkverträgen vgl. BT-Drs. 17/6714; BT-Drs. 17/7220; BT-Drs. 17/7482; BT-Drs. 17/12378; *Schüren*, NZA 2013, 176.
39 BAG, 25.10.2000 – 7 AZR 487/99, NJW 2001, 1516 f. m.w.N.

II. Gesetzliches Arbeitsverhältnis zwischen Entleiher u. Leiharbeitnehmer § 10

verfolgten eigenen Betriebszwecke nicht in der Überlassung von Arbeitnehmern oder Erbringung von Werk- oder Dienstleistungen erschöpfen dürfen. Ansonsten könnte man drittbezogenen Arbeitseinsatz auf Grund eines Werk- bzw. Dienstvertrags nicht mehr von Arbeitnehmerüberlassung abgrenzen, weil jeder Werkunternehmer bzw. Dienstleister bei Ausübung des Werk- bzw. Dienstvertrags in einer Art unternehmerischen Zusammenarbeit eigene Betriebszwecke verfolgt.

Im Übrigen gelten dieselben Grundsätze wie bei § 9 Nr. 1. Entscheidend ist die **objektive Lage**, d.h. es spielt keine Rolle, ob die Beteiligten das Fehlen der Erlaubnis kannten oder kennen mussten.[40] **Unerheblich** ist auch die **spätere Erteilung der Verleiherlaubnis**. Dadurch wird weder die Unwirksamkeit des Leiharbeitsvertrags nach § 9 Nr. 1 Alt. 2 geheilt noch das gesetzliche Arbeitsverhältnis zwischen Entleiher und ehemaligem Leiharbeitnehmer nach § 10 Abs. 1 beseitigt[41] (§ 9 Rn. 63). § 10 Abs. 1 greift nach seinem Schutzzweck (siehe oben Rn. 10) nur ein, wenn der Arbeitnehmer aufgrund der Unzuverlässigkeit des Verleihers schutzbedürftig ist, d.h. wenn der Leiharbeitsvertrag gerade deshalb unwirksam ist, weil die für die Arbeitnehmerüberlassung erforderliche Erlaubnis fehlt oder weggefallen ist. **Liegt neben § 9 Nr. 1 Alt. 2 noch ein weiterer allgemeiner Unwirksamkeitsgrund vor**, wie etwa Geschäftsunfähigkeit (§§ 104ff. BGB) oder mangelnde Vertretungsbefugnis (§§ 164ff. BGB), **gilt § 10 Abs. 1 nicht**.[42] Wenn im Falle **verdeckter Arbeitnehmerüberlassung** im Rahmen eines „Scheinwerkvertrags" oder „Scheindienstvertrags" der zwischen dem (wahren) Verleiher und dem (wahren) Entleiher abgeschlossene Vertrag wegen Nichteinhaltung der Schriftform des § 12 oder aus anderen Gründen unwirksam ist, ist dies im Rahmen des § 10 Abs. 1 bis 3 unerheblich; maßgeblich ist insoweit nur, ob der Verleiher im Besitz der erforderlichen Überlassungserlaubnis ist und ob daher der Leiharbeitsvertrag nach § 9 Nr. 1 Alt. 2 unwirksam ist. Fehlt dem Verleiher bei verdeckter Arbeitnehmerüberlassung also die erforderliche Erlaubnis, greift § 10 Abs. 1 ein[43] (vgl. auch § 9 Rn. 56).

22

---

40 Sandmann/Marschall/Schneider, § 10 Rn. 5; Schüren/Hamann/Schüren, § 10 Rn. 36; ErfK/Wank, § 10 AÜG Rn. 5.
41 LAG Schleswig-Holstein, 19.7.2012 – 5 Sa 474/11, BeckRS 2012, 72509.
42 HWK/Gotthardt, § 10 AÜG Rn. 3; Sandmann/Marschall/Schneider, § 10 Rn. 22 a.E.; Schüren/Hamann/Schüren, § 10 Rn. 33; Ulber, § 10 Rn. 17; ErfK/Wank, § 10 AÜG Rn. 2.
43 Vgl. etwa BAG, 24.5.2006 – 7 AZR 365/05, BeckRS 2009, 67935, Rn. 39ff.; LAG Schleswig-Holstein, 19.7.2012 – 5 Sa 474/11, BeckRS 2012, 72509 (beim BAG anhängig unter Az. 9 AZR 823/12).

§ 10 Rechtsfolgen bei Unwirksamkeit

23 Von dem Grundsatz, dass § 10 Abs. 1 bei Vorliegen weiterer Unwirksamkeitsgründe neben § 9 Nr. 1 nicht gilt, werden aber **teilweise Ausnahmen vertreten**. § 10 Abs. 1 sei auch anwendbar, wenn ein Verleiher trotz Fehlens der erforderlichen Erlaubnis und unter Verstoß gegen das Verbot des § 1b Satz 1 Arbeitnehmer an einen Baugewerbebetrieb überlasse und damit der Leiharbeitsvertrag nicht nur nach § 9 Nr. 1 unwirksam, sondern ggf. auch nach **§ 134 BGB i.V.m. § 1b Satz 1** nichtig ist (vgl. § 1b Rn. 22 f.).[44] Als unerheblich für die Anwendbarkeit des § 10 Abs. 1 wird ferner angesehen, wenn die unerlaubte Überlassung ausländischer Arbeitnehmer außerdem gegen §§ 15, 15a verstößt, so dass neben § 9 Nr. 1 auch der Unwirksamkeitsgrund des **§ 134 BGB i.V.m. §§ 15, 15a** gegeben ist.[45]

24 Dieser Auffassung **kann** jedoch **nicht gefolgt werden**. Die Nichtigkeitsfolge des § 134 BGB tritt bereits im Zeitpunkt des Vertragsschlusses ein, die Unwirksamkeit des Leiharbeitsvertrags nach § 9 Nr. 1 Alt. 2 tritt hingegen bei anfänglichem Fehlen der Überlassungserlaubnis erst mit der tatsächlichen Überlassung des Arbeitnehmers ein (§ 9 Rn. 60 ff.). § 9 Nr. 1 Alt. 2 geht in den angeblichen Ausnahmefällen also mangels wirksamen Leiharbeitsvertrags ins Leere. Dies gilt erst recht, wenn die erforderliche Verleiherlaubnis erst später wegfällt, die Nichtigkeit nach § 134 BGB i.V.m. § 1b aber sofort wirkt.[46] Die gesetzliche Begründung eines Arbeitsverhältnisses zum Entleiher setzt also voraus, dass **§ 9 Nr. 1 Alt. 2 der einzige Grund der Unwirksamkeit des Leiharbeitsvertrags** ist.

b) Anfängliches Fehlen der Erlaubnis (§ 10 Abs. 1 Satz 1 Hs. 1)

25 Die Rechtswirkung des § 10 Abs. 1 greift immer **gleichzeitig mit der Unwirksamkeit nach § 9 Nr. 1 Alt. 2** ein und gilt für die Zukunft (**ex nunc**).[47] Das ist bei anfänglichem Fehlen der Überlassungserlaubnis jedoch nach hier vertretener Auffassung **erst der Fall, wenn der Leihar-**

---

44 BAG, 8.7.1998 – 10 AZR 274/97, BB 1999, 112 (Ls.) = NZA 1999, 493 f.; Hessisches LAG, 20.1.2010 – 18 Sa 1339/09, BeckRS 2010, 69096 m. zust. Anm. *Ulrici*, jurisPR-ArbR 17/2010, Anm. 2; vgl. auch *Sandmann/Marschall/Schneider*, § 10 Rn. 2.
45 *Sandmann/Marschall/Schneider*, § 10 Rn. 22; *Schüren/Hamann/Schüren*, § 10 Rn. 34; *Ulber*, § 10 Rn. 17; ErfK/*Wank*, § 10 AÜG Rn. 2.
46 Vgl. auch BAG, 13.12.2006 – 10 AZR 674/05, NZA 2007, 751, wonach § 10 Abs. 1 ausscheidet, wenn ein Verleiher Leiharbeitnehmer unter Verstoß gegen § 1b Satz 1 in Betriebe des Baugewerbes überlasst, aber eine Arbeitnehmerüberlassungserlaubnis besitzt.
47 LAG Düsseldorf, 26.7.2012 – 15 Sa 1452/11, BeckRS 2012, 71608.

II. Gesetzliches Arbeitsverhältnis zwischen Entleiher u. Leiharbeitnehmer § 10

beitnehmer tatsächlich vom Verleiher an den Entleiher überlassen und im Entleiherbetrieb tätig wird (ausf. § 9 Rn. 60 ff.). Im Falle des § 10 Abs. 1 Satz 1 Hs. 1 beginnt das gesetzliche Arbeitsverhältnis zwischen Entleiher und Leiharbeitnehmer also erst im Zeitpunkt der tatsächlichen Überlassung bzw. Arbeitsaufnahme im Entleiherbetrieb.

Demgegenüber wird **vielfach vertreten**, im Falle des Fehlens der Erlaubnis beim Leiharbeitsvertragsschluss beginne das fingierte Arbeitsverhältnis zu dem **Zeitpunkt, der nach** dem Überlassungsvertrag für den **Beginn der Tätigkeit des Leiharbeitnehmers beim Entleiher** vorgesehen war, und zwar **unabhängig** davon, ob der Leiharbeitnehmer seine **Tätigkeit beim Entleiher** zu diesem Zeitpunkt tatsächlich aufnimmt.[48] Der Zeitpunkt der tatsächlichen Arbeitsaufnahme im Entleiherbetrieb soll jedoch dann maßgeblich sein, wenn es an der Vereinbarung eines festen Zeitpunkts fehlt oder er sich im Nachhinein nicht mehr ermitteln lässt.[49] Dies gelte auch, wenn der Verleiher Arbeitnehmer aus seinem Mischbetrieb überlasse.[50] **26**

Dieser Auffassung kann aus mehreren Gründen **nicht gefolgt werden.** Wie bereits ausführlich dargelegt, hat das bloße anfängliche Fehlen der Überlassungserlaubnis auf den Bestand des „rechtlich neutralen"" Leiharbeitsvertrags keine Auswirkung. Vielmehr tritt die Unwirksamkeit nach § 9 Nr. 1 Alt. 2 erst im Zeitpunkt der tatsächlichen Arbeitsaufnahme im Entleiherbetrieb ein (zur Begründung näher § 9 Rn. 60 ff.). Da die Rechtswirkung des § 10 Abs. 1 Satz 1 die Unwirksamkeit des Leiharbeitsvertrags nach § 9 Nr. 1 Alt. 2 voraussetzt, kann sie frühestens mit dem Zeitpunkt der Aufnahme der Tätigkeit beim Entleiher beginnen. **27**

Hinzu kommt, dass im Regelfall völlig unklar ist, mit welchem Leiharbeitnehmer das gesetzliche Arbeitsverhältnis zum Entleiher zustande kommt, wenn man wie die Gegenmeinung hinsichtlich des Eintritts der Rechtsfolgen des § 10 Abs. 1 Satz 1 Hs. 1 auf den im Überlassungsvertrag vereinbarten Zeitpunkt für die Tätigkeitsaufnahme des Leiharbeitnehmers beim Entleiher abstellt. Denn üblicherweise ist der Leiharbeitnehmer im Überlassungsvertrag nicht namentlich benannt, sondern der **28**

---

[48] *Becker/Wulfgramm*, § 10 Rn. 12; *Sandmann/Marschall/Schneider*, § 10 Rn. 4; *Thüsing/Mengel*, § 9 Rn. 9; ErfK/*Wank*, § 10 AÜG Rn. 3. – A.A. *Ulber*, § 10 Rn. 10, 221 ff.; *Ulber*, AuR 1982, 54, 63; wohl auch *Schüren*, WiVerw 2001, 173, 178; Schüren/Hamann/*Schüren*, § 10 Rn. 47.

[49] *Thüsing*/*Mengel*, § 10 Rn. 9; ErfK/*Wank*, § 10 AÜG Rn. 3 unter Hinweis auf BAG, 10.2.1977 – 2 ABR 80/76, AP Nr. 9 zu § 103 BetrVG 1972.

[50] *Sandmann/Marschall/Schneider*, § 10 Rn. 4 a.E.; ErfK/*Wank*, § 10 AÜG Rn. 6.

Verleiher schuldet nur die Überlassung eines der „Gattung" nach bestimmten Arbeitnehmers (vgl. § 12 Abs. 1 Satz 3, Teil 1). Diese „Gattungsschuld" bedarf der Konkretisierung (§ 243 Abs. 2 BGB analog). Da bei der Arbeitnehmerüberlassung Leistungs- und Erfolgsort der Betrieb des Entleihers ist, genügt es zur Konkretisierung nicht, dass der Verleiher einen geeigneten Leiharbeitnehmer auswählt und ihn anweist, die Arbeit beim Entleiher aufzunehmen, vielmehr muss der Verleiher die tatsächliche Tätigkeitsaufnahme beim Entleiher herbeiführen.[51] **Erst mit dieser Konkretisierung steht fest, welcher Arbeitnehmer von den Rechtsfolgen des § 10 Abs. 1 erfasst wird.**[52] Hat also z.B. der Entleiher mit dem Verleiher die Überlassung einer Sekretärin zu einem bestimmten Zeitpunkt vereinbart und kommen dafür mehrere Sekretärinnen des Verleihers in Betracht, steht erst im Zeitpunkt der tatsächlichen Arbeitsaufnahme einer Arbeitnehmerin beim Entleiher fest, mit wem das gesetzliche Arbeitsverhältnis nach § 10 Abs. 1 zustande kommt.

c) Späterer Wegfall der Erlaubnis (§ 10 Abs. 1 Satz 1 Hs. 2)

29 Auch im Falle des späteren Wegfalls der Überlassungserlaubnis beginnt das gesetzliche Arbeitsverhältnis zwischen Entleiher und Leiharbeitnehmer nach § 10 Abs. 1 Satz 1 Hs. 2 mit ex-nunc-Wirkung **gleichzeitig mit** dem Eintritt der **Unwirksamkeit des Leiharbeitsvertrags** gemäß § 9 Nr. 1 Alt. 2. Insoweit besteht dieselbe Rechtslage wie beim 1. Hs. von § 10 Abs. 1 Satz 1. Der **Hs. 2** hat **nur Klarstellungsfunktion**.[53] Er erfasst nach seinem Wortlaut die Sachverhalte, in denen die Erlaubnis ursprünglich vorhanden war, aber später (z.B. durch Rücknahme, Widerruf, Fristablauf ohne Verlängerungsantrag) weggefallen ist und die Unwirksamkeit des Leiharbeitsvertrags erst nach Aufnahme der Tätigkeit des Leiharbeitnehmers beim Entleiher eintritt (vgl. § 9 Rn. 46). In den Fällen des späteren Wegfalls der Erlaubnis infolge Rücknahme, Widerrufs oder Nichtverlängerung der Erlaubnis ist zu beachten, dass die Erlaubnis für eine Abwicklungsfrist von bis zu zwölf Monaten als fortbestehend gilt (§§ 2 Abs. 4 Satz 4, 4 Abs. 1 Satz 2, 5 Abs. 2 Satz 2). Hier kann es sein, dass die Erlaubnis als solche vor der tatsächlichen Arbeitnehmerüberlassung wegfällt, die Unwirksamkeit des Leiharbeitsvertrags aber erst nach der Arbeitsaufnahme des Leiharbeitnehmers

---

51 Ebenso Schüren/Hamann/*Schüren*, Einl. Rn. 314ff.; siehe auch *Ulber*, § 12 Rn. 23. – A.A. *Becker/Wulfgramm*, § 12 Rn. 21.
52 Insoweit ebenso Thüsing/*Mengel*, § 10 Rn. 9.
53 So bereits zu BT-Drs. VI/3505, S. 3.

beim Entleiher mit Ablauf der Abwicklungsfrist eintritt. Stets beginnt das gesetzliche Arbeitsverhältnis nach § 10 Abs. 1 **erst**, wenn der Verleiher die erforderliche Erlaubnis nicht oder nicht mehr hat **und** der Leiharbeitnehmer tatsächlich überlassen worden ist sowie beim Entleiher die Arbeit aufgenommen hat.[54]

d) Ausschluss der Rechtswirkung des § 10 Abs. 1

Die Begründung eines Arbeitsverhältnisses kraft Gesetzes nach § 10 Abs. 1 hat weitreichende Folgen für den Entleiher und den Leiharbeitnehmer. Der Entleiher bekommt unabhängig von seinem Willen einen (weiteren) Arbeitnehmer, der Leiharbeitnehmer erhält einen neuen Arbeitgeber. Vor diesem Hintergrund stellt sich die Frage, ob der Eintritt der Rechtsfolgen des § 10 Abs. 1 vermieden werden kann. 30

aa) Unabdingbarkeit

§ 10 Abs. 1 greift – wie bereits erwähnt (Rn. 10) – in die Privatautonomie von Entleiher und Leiharbeitnehmer ein, aber nur in den Teilbereich der Vertragsbegründungsfreiheit. § 10 Abs. 1 ist eine **international zwingende** Vorschrift i.S.d. Art. 9 Abs. 1 Rom-I-VO[55] und ist **insoweit unabdingbar**, als die Beteiligten den Eintritt der Rechtswirkung nach Satz 1 und damit das Zustandekommen des gesetzlichen Arbeitsverhältnisses nicht mit Wirkung für die Vergangenheit vertraglich ausschließen können. **Keine** besonderen **Einschränkungen** bestehen hingegen im Hinblick auf die ebenfalls durch die Privatautonomie geschützte **Vertragsgestaltungs- und Vertragsbeendigungsfreiheit**.[56] Daher können Entleiher und (Leih-)Arbeitnehmer durch vertragliche Vereinbarung die einzelnen **Arbeitsbedingungen** des gesetzlichen Arbeitsverhältnisses **neu regeln** – und zwar mit Wirkung ab Beginn des gesetzlichen Arbeitsverhältnisses;[57] sie können das gesetzliche Arbeitsverhältnis durch den Abschluss eines **neuen Arbeitsvertrags** ablösen oder es durch **Aufhebungsvertrag** einvernehmlich beenden.[58] Dem Ar- 31

---

54 Vgl. auch *Ulber*, § 10 Rn. 26 f.
55 Hessisches LAG, 7.12.2011 – 18 Sa 928/11, BeckRS 2012, 68413 m.w.N.
56 Zu den Teilaspekten der Privatautonomie *Boemke*, NZA 1993, 532 ff.; HWK/*Lembke*, § 105 GewO Rn. 1.
57 BAG, 18.2.2003 – 3 AZR 160/02, DB 2003, 2181; Schüren/Hamann/*Schüren*, § 10 Rn. 42. – A.A. *Ulber*, § 10 Rn. 12; offengelassen von BAG, 17.1.2007 – 7 AZR 23/06, DB 2007, 1034, 1035, Rn. 24.
58 Zum Ganzen BAG, 19.12.1979 – 4 AZR 901/77, BB 1980, 1377; LAG Schleswig-Holstein, 19.7.2012 – 5 Sa 474/11, BeckRS 2012, 72509 (beim BAG anhängig unter

beitnehmer steht bei Abschluss einer arbeitsrechtlichen Beendigungsvereinbarung kein Widerrufsrecht nach §§ 312, 355 BGB zu.[59] Die **Sätze 2 bis 5 des § 10 Abs. 1 sind** mithin **dispositiv**. Eine rückwirkende Abbedingung aller etwa aus einem nach § 10 Abs. 1 AÜG fingierten Arbeitsverhältnis erwachsenen Rechte durch Abschluss eines Arbeitsvertrags mit dem Entleiher kommt aber allenfalls dann in Betracht, wenn die Parteien dieses Arbeitsvertrags bei dessen Abschluss einen hierauf gerichteten rechtsgeschäftlichen Willen zum Ausdruck gebracht haben. Allein die Angabe eines bestimmten Arbeitsvertragsbeginns in dem schriftlichen Arbeitsvertrag mit dem Entleiher, die dem förmlichen Vertragsbeginn entspricht, lässt nicht erkennen, dass die Vertragsparteien oder eine von ihnen es für möglich hielt, dass in der Zeit zuvor bereits ein Arbeitsverhältnis kraft gesetzlicher Fiktion gemäß § 10 Abs. 1 bestanden hat und sie mit diesem vertraglichen Hinweis alle etwaigen Rechtsfolgen aus diesem Arbeitsverhältnis beseitigen wollten.[60]

bb) Unanfechtbarkeit

32 Das Arbeitsverhältnis zwischen Entleiher und Leiharbeitnehmer nach § 10 Abs. 1 kann von keiner Seite angefochten werden (§§ 119 ff. BGB), weil die Rechtsbeziehung nicht rechtsgeschäftlich durch Austausch korrespondierender Willenserklärungen, sondern kraft Gesetzes zustande kommt.[61]

cc) Widerspruchsrecht und/oder außerordentliches Kündigungsrecht des Arbeitnehmers?

33 Problematisch sind insbesondere die Fälle, in denen der soziale Schutzgedanke des § 10 Abs. 1 nicht greift und die gesetzliche Begründung eines Arbeitsverhältnisses zum Entleiher den Schutzinteressen des Leiharbeitnehmers nicht entspricht (z.B. wenn der Entleiher zahlungsunfähig ist oder wenn der Arbeitnehmer beim Verleiher bleiben möchte, etwa weil dort hohe, an die Betriebszugehörigkeit geknüpfte Leistungsansprüche bestehen, das KSchG gilt und die Beschäftigung

---

Az. 9 AZR 823/12); *Becker/Wulfgramm*, § 10 Rn. 17a, 33; *Thüsing/Mengel*, § 10 Rn. 17, 46; *Sandmann/Marschall/Schneider*, § 10 Rn. 21; Schüren/Hamann/*Schüren*, § 10 Rn. 73.
59 BAG, 27.11.2003 – 2 AZR 135/03, BB 2004, 1852 und 1858 = NZA 2004, 597; *Lembke*, NJW 2004, 2941 ff. m.w.N.
60 BAG, 13.8.2008 – 7 AZR 269/07, BeckRS 2010, 71643, Rn. 34.
61 Thüsing/*Mengel*, § 10 Rn. 49; *Becker/Wulfgramm*, § 10 Rn. 37; ErfK/*Wank*, § 10 AÜG Rn. 18.

tatsächlich möglich ist). Im Hinblick darauf werden unterschiedliche Auffassungen vertreten:

Insoweit wird **teilweise** unter Hinweis auf das Grundrecht des Arbeitnehmers auf freie Wahl des Arbeitsplatzes (Art. 12 Abs. 1 GG) die Rechtsprechung des BAG zu § 613a BGB[62] entsprechend angewandt und ein **Widerspruchsrecht des Arbeitnehmers gegen den Eintritt der Rechtsfolgen des § 10 Abs. 1** angenommen.[63] 34

Nach **anderer Auffassung** scheidet ein Widerspruchsrecht hingegen aus.[64] Insoweit ließe sich argumentieren, dass im Rahmen des § 613a BGB beim ordnungsgemäßen Widerspruch gegen den Übergang der Arbeitgeberstellung auf den Betriebserwerber das alte Arbeitsverhältnis zum Betriebsveräußerer bestehen bleibe, was hingegen im Rahmen des § 10 Abs. 1 durch die ausdrückliche Anordnung des § 9 Nr. 1 Alt. 2 (Unwirksamkeit des Leiharbeitsvertrags mit dem Verleiher) ausgeschlossen sei.[65] Daher sei der Fall des § 613a BGB mit dem des § 10 Abs. 1 nicht vergleichbar. Außerdem sei ein Widerspruchsrecht gesetzlich nur im Rahmen des – zum 1.4.2002 in Kraft getretenen – **§ 613a Abs. 6 BGB**[66] beim Betriebsübergang geregelt worden und nicht auch im Falle des § 10 Abs. 1. 35

Andere gewähren dem **Arbeitnehmer** – ebenfalls unter Verweis auf Art. 12 Abs. 1 GG – hingegen ein **Recht zur außerordentlichen Kündigung** des gesetzlichen Arbeitsverhältnisses und sehen in dem kraft Gesetzes willensunabhängig bewirkten Wechsel des Arbeitgebers einen 36

---

62 BAG, 22.4.1993 – 2 AZR 50/92, BB 1994, 505 = NZA 1994, 360.
63 Hessisches LAG, 6.3.2001 – 2/9 Sa 1246/00, NZA-RR 2002, 73, 75f. = DB 2001, 2104; ArbG Köln, 7.3.1996 – 17 Ca 6257/95, DB 1996, 1342, 1343 m. zust. Anm. *Wrede*; *Liebscher*, BB 1996, 801, 802; *Ulber*, § 10 Rn. 5; Kittner/Däubler/Zwanziger/ *Zwanziger*, § 10 AÜG Rn. 13; de lege ferenda auch *Reineke*, FS Löwisch, 2007, S. 211, 225 ff.
64 LAG Düsseldorf, 26.7.2012 – 15 Sa 1452/11, BeckRS 2012, 71608 (beim BAG anhängig unter Az. 7 AZR 863/12); ArbG Krefeld, 15.5.2012 – 1 Ca 2551/11, BeckRS 2012, 71528; HWK/*Gotthardt*, § 10 AÜG Rn. 3; Schüren/Hamann/*Schüren*, § 10 Rn. 41; ErfK/*Wank*, § 10 AÜG Rn. 8; so noch Voraufl., § 10 Rn. 25. – Offengelassen von BAG, 3.12.1997 – 7 AZR 764/96, BB 1998, 1640ff. = AP Nr. 24 zu § 1 AÜG unter III; vgl. auch BAG, 19.3.2003 – 7 AZR 267/02, AP Nr. 4 zu § 13 AÜG unter III 2 b.
65 Vgl. auch *Gick*, Gewerbsmäßige Arbeitnehmerüberlassung, 1984, S. 159.
66 Dazu ausf. *Willemsen/Lembke*, NJW 2002, 1159ff.; HWK/*Willemsen/Müller-Bonanni*, § 613a BGB Rn. 341ff.

wichtigen Grund im Sinne des § 626 BGB.[67] Ähnliches wird vertreten, wenn es zu einem Arbeitgeberwechsel nach § 613a Abs. 1 BGB im Rahmen einer Gesamtrechtsnachfolge (z.B. Verschmelzung, Anwachsung) kommt, bei welcher der alte Arbeitgeber erlischt.[68] Im Hinblick auf das aus Art. 12 Abs. 1 GG folgende Grundrecht der freien Wahl des Arbeitsplatzes ist die Anerkennung eines außerordentlichen Kündigungsrechts im Falle eines unerwünschten Vertragspartnerwechsels aus verfassungsrechtlicher Sicht das Minimum dessen, was dem Arbeitnehmer zuzugestehen ist.[69]

37 Richtigerweise ist im Wege **verfassungskonformer Auslegung von § 10 Abs. 1** i.V.m. § 9 Nr. 1 Alt. 2 davon auszugehen, dass der Leiharbeitnehmer in Anlehnung an den Rechtsgedanken des § 613a Abs. 6 BGB ein **Widerspruchsrecht** gegen die Rechtsfolgen aus § 10 Abs. 1 i.V.m. § 9 Nr. 1 Alt. 2, namentlich gegen die Neubegründung eines Arbeitsverhältnisses zum Entleiher und die Beendigung des Arbeitsverhältnisses zum Verleiher hat. Dieses Rechtsfolgenverweigerungsrecht ist innerhalb von einem Monat nach Kenntniserlangung von dem Vorliegen unerlaubter Arbeitnehmerüberlassung, d.h. den für das Eingreifen von § 10 Abs. 1 i.V.m. § 9 Nr. 1 maßgeblichen Tatsachen, schriftlich gegenüber dem Verleiher oder dem Entleiher auszuüben. Dies ergibt sich aus Folgendem:

38 § 10 Abs. 1 i.V.m. § 9 Nr. 1 Alt. 2 stellt einen **verfassungswidrigen Eingriff in Art. 12 Abs. 1 Satz 1 GG** dar. Art. 12 Abs. 1 Satz 1 GG garantiert neben der freien Wahl des Berufs auch die freie Wahl des Arbeitsplatzes. Dazu zählt bei abhängig Beschäftigten auch die **freie Wahl des Vertragspartners**.[70] Dadurch, dass dem Leiharbeitnehmer im Falle der Arbeitnehmerüberlassung ohne die erforderliche Erlaubnis nach § 10 Abs. 1 Satz 1 ein neuer, von ihm nicht frei gewählter Arbeitgeber aufgedrängt wird und gemäß § 9 Nr. 1 Alt. 2 zudem der von ihm gewählte Arbeitgeber entzogen wird, liegt ein Eingriff in den Schutzbe-

---

67 *Becker/Wulfgramm*, § 10 Rn. 4, 38; *Sandmann/Marschall/Schneider*, § 10 Rn. 19; Thüsing/*Mengel*, § 10 Rn. 47; *Ulber*, § 10 Rn. 37; ErfK/*Wank*, § 10 AÜG Rn. 8. – A.A. *Schüren*, § 10 Rn. 115.
68 Vgl. BAG, 21.2.2008 – 8 AZR 157/07, NZA 2008, 815; *Vogt/Oltmanns*, NZA 2012, 1190, 1191; HWK/*Willemsen/Müller-Bonanni*, § 613a BGB Rn. 343.
69 Vgl. BVerfG, 25.1.2011 – 1 BvR 1741/09, NZA 2011, 400, 403, Rn. 83, 88.
70 BVerfG, 25.1.2011 – 1 BvR 1741/09, NZA 2011, 400, 401, Rn. 69.

II. Gesetzliches Arbeitsverhältnis zwischen Entleiher u. Leiharbeitnehmer § 10

reich des Art. 12 Abs. 1 Satz 1 GG vor.[71] Dieser Eingriff kann verfassungsrechtlich nicht gerechtfertigt werden. Insbesondere kann der Zweck von § 10 Abs. 1, den sozialen Schutz des Leiharbeitnehmers zu gewährleisten (Rn. 10, 13), einen Eingriff in das Grundrecht des Leiharbeitnehmers aus Art. 12 Abs. 1 Satz 1 GG nicht rechtfertigen. Dies gilt umso mehr, als das Anstellungsbedürfnis (bzw. der „Arbeitsplatz" des Leiharbeitnehmers) beim Verleiher im Falle der unerlaubten Arbeitnehmerüberlassung überhaupt nicht weggefallen ist, so dass der gesetzliche Schutzzweck nicht greift, wenn der Arbeitnehmer seinen bisherigen Arbeitgeber behalten möchte. Ferner ist das kraft Gesetzes nach § 10 Abs. 1 zum Entleiher entstehende Arbeitsverhältnis für den Leiharbeitnehmer nicht nur vorteilhaft und daher kein verhältnismäßiges Mittel, einen Eingriff in Art. 12 Abs. 1 GG zu rechtfertigen. Denn das gesetzliche Arbeitsverhältnis nach § 10 Abs. 1 entsteht völlig neu, es ist ggf. nur befristet (vgl. § 10 Abs. 1 Satz 2), und die beim Verleiher zurückgelegte Betriebszugehörigkeit wird beim Entleiher nicht berücksichtigt (vgl. Rn. 66). Letzteres spielt z.B. bei der Anwendbarkeit des KSchG (vgl. § 1 Abs. 1 KSchG; vgl. unten Rn. 60), der Länge der gesetzlichen Kündigungsfristen (vgl. § 622 Abs. 2 BGB) und bei anderen auf die Betriebszugehörigkeit bzw. die Dauer des Arbeitsverhältnisses abstellenden Regelungen (z.B. § 8 Abs. 1 TzBfG, § 15 Abs. 7 Nr. 2 BEEG, § 1b Abs. 1 BetrAVG) und Arbeitsbedingungen eine erhebliche Rolle. Außerdem können beim neuen Arbeitgeber, dem Entleiher, weniger Arbeitnehmer angestellt sein als beim Verleiher, was etwa im Hinblick auf das Überschreiten von gesetzlichen Schwellenwerten (z.B. § 23 Abs. 1 KSchG, § 8 Abs. 7 TzBfG, § 15 Abs. 7 Nr. 1 BEEG) relevant ist. Der soziale Schutz des Leiharbeitnehmers ist im nach § 10 Abs. 1 fingierten Arbeitsverhältnis mit dem Entleiher also ggf. niedriger als im bisherigen Arbeitsverhältnis mit dem Verleiher. Das gesetzliche Arbeitsverhältnis zum Entleiher nach § 10 Abs. 1 und die Beendigung des alten Arbeitsverhältnisses zum Verleiher (§ 9 Nr. 1 Alt. 2) sind also nicht generell geeignet, erforderlich und zumutbar, um den Eingriff in das durch Art. 12 Abs. 1 Satz 1 GG geschützte Recht des Leiharbeitnehmers auf freie Wahl des Arbeitgebers/Vertragspartners zu rechtfertigen.

Fraglich ist, ob sich dieser Eingriff zugunsten des Leiharbeitnehmers im Wege einer **verfassungskonformen Auslegung** von § 10 Abs. 1

39

---

[71] Vgl. zu einem ähnlich gelagerten Fall des gesetzlich angeordneten Übergangs des Arbeitsverhältnisses von Arbeitnehmern eines Landes auf ein Universitätsklinikum BVerfG, 25.1.2011 – 1 BvR1741/09, NZA 2011, 400, 402, Rn. 74ff.

i.V.m. § 9 Nr. 1 Alt. 2 durch Einräumung eines Widerspruchsrechts entsprechend § 613a Abs. 6 BGB kompensieren lässt. Eine derartige verfassungskonforme Auslegung hat das BVerfG im Fall des gesetzlich angeordneten Übergangs des Arbeitsverhältnisses von Arbeitnehmern eines Landes auf ein Universitätsklinikum abgelehnt, weil in diesem Fall der Landesgesetzgeber ein Widerspruchsrecht **bewusst** nicht gewährt hatte.[72] Ein Normverständnis, das in Widerspruch zu dem erkennbar geäußerten Willen des Gesetzgebers steht, kann auch im Wege verfassungskonformer Auslegung nicht begründet werden.[73] Im vorliegenden Kontext stellt sich die Frage, ob die in § 9 Nr. 1 Alt. 2 vom Gesetzgeber angeordnete Unwirksamkeit des Leiharbeitsvertrags zwischen Verleiher und Leiharbeitnehmer im Falle der unerlaubten Arbeitnehmerüberlassung der Annahme eines Widerspruchsrechts der Leiharbeitnehmers entgegensteht, weil die Ausübung des Widerspruchs die Rechtsfolgen des § 10 Abs. 1 i.V.m. § 9 Nr. 1 Alt. 2 mit ex-tunc-Wirkung verhindern würde.[74] § 9 Nr. 1 Alt. 2 steht der hier vertretenen verfassungskonformen Auslegung aber dennoch nicht entgegen, weil der Gesetzgeber mit der Norm sich nicht bewusst gegen ein Widerspruchsrecht ausgesprochen hat. Vielmehr bewirkt § 9 Nr. 1 Alt. 2 nur, dass es im Falle unerlaubter Arbeitnehmerüberlassung (zunächst) zu einem vollständigen Wechsel des Arbeitgebers und nicht etwa zum Entstehen eines „Doppelarbeitsverhältnisses" mit dem Verleiher einerseits und dem Entleiher andererseits kommt. Insoweit ist der Regelungsgehalt von § 10 Abs. 1 Satz 1 i.V.m. § 9 Nr. 1 Alt. 2 kein anderer als bei § 613a Abs. 1 BGB. Dort hatte die Rechtsprechung des BAG bereits lange vor Einführung des § 613a Abs. 6 BGB im Hinblick auf Art. 12 Abs. 1 GG auch im Wege verfassungskonformer Auslegung das Widerspruchsrecht des Arbeitnehmers vertreten.[75] § 10 Abs. 1 i.V.m. § 9 Nr. 1 Alt. 2 steht daher der Annahme eines Rechtfolgenverweigerungsrechts des Leiharbeitnehmers nicht entgegen. Vielmehr kann dem verfassungsrechtlichen Gebot, dass der Gesetzgeber grundsätzlich das Grundrecht der Arbeitnehmer auf freie Wahl des Arbeitsplatzes bei einem ohne ihren Willen erfolgenden Arbeitgeberwechsel schützen muss, im

---

72 BVerfG, 25.1.2011 – 1 BvR1741/09, NZA 2011, 400, 402 f., Rn. 78, 92.
73 BVerfG, 25.1.2011 – 1 BvR1741/09, NZA 2011, 400, 402, Rn. 78.
74 Vgl. zur ex-tunc-Wirkung des Widerspruchs nach § 613a Abs. 6 BGB BAG, 13.7.2006 – 8 AZR 305/05, NJW 2007, 246, 250, Rn. 41; *Lembke/Oberwinter*, ZIP 2007, 310, 314; a.A. *Rieble*, NZA 2004, 1, 4 ff.
75 Vgl. nur BAG, 2.10.1974 – 5 AZR 504/73, NJW 1975, 1378.

Wege verfassungskonformer Auslegung durch Annahme des hier vertretenen Widerspruchsrechts entsprochen werden.

dd) Teleologische Reduktion

Abgesehen davon wird auch eine teleologische Reduktion und ein Ausschluss der Rechtsfolgen des § 10 Abs. 1 gefordert, **wenn** sich der **Verleiher auf** die **Rechtsfolgen** der selbst begangenen unerlaubten Arbeitnehmerüberlassung **beruft, um sich** auf diese Weise der arbeitsrechtlichen Bindungen gegenüber dem Arbeitnehmer **zu entledigen**.[76] Der auf den Sozialschutz des Leiharbeitnehmers abzielende Zweck der Norm würde hier bei Annahme der Rechtsfolgen aus §§ 10 Abs. 1, 9 Nr. 1 in sein Gegenteil verkehrt.

40

Das **BAG** hat eine **teleologische Reduktion des § 10 Abs. 1** in einem Fall **abgelehnt**, in dem der Sozialschutz des ohne Erlaubnis überlassenen Arbeitnehmers gewährleistet war, weil der Verleiher seine Arbeitgeberpflichten stets ordnungsgemäß erfüllte.[77]

41

Dem ist zuzustimmen. Eine teleologische Reduktion des § 10 Abs. 1 kommt aus Gründen der Rechtssicherheit grundsätzlich nicht in Betracht. Rechtsdogmatisch ist eine teleologische Reduktion verboten, wenn ein vorrangiges Interesse an Rechtssicherheit die strikte Einhaltung der eindeutigen Norm verlangt, was wiederum im Wege der Auslegung zu ermitteln ist.[78] § 10 Abs. 1 baut auf § 9 Nr. 1 Alt. 2 auf, der die Unwirksamkeitsfolge allein an das objektive Vorliegen tatsächlicher Arbeitnehmerüberlassung ohne die erforderliche Erlaubnis knüpft, unabhängig davon, ob der Verleiher zuverlässig ist sowie den Arbeitgeberpflichten korrekt nachkommt und ob der Sozialschutz des Arbeitnehmers bei ihm besser ist als beim Entleiher. Allein maßgeblich ist nach dem Gesetz also aus Gründen der Rechtsklarheit die objektive Sachlage. Das ist auch geboten, weil mehr als nur zwei Parteien an den zu regelnden Rechtsbeziehungen beteiligt sind. Eine teleologische Reduktion des § 10 Abs. 1 scheidet daher grundsätzlich aus.

42

In krassen Fällen kann die Berufung auf die Rechtsfolgen des § 10 Abs. 1 i.V.m. § 9 Nr. 1 Alt. 2 **allerdings** nach § 242 BGB wegen **insti-**

43

---

[76] ArbG Köln, 7.3.1996 – 17 Ca 6257/95, DB 1996, 1342, 1343 mit zust. Anm. *Wrede* – Offengelassen von BAG, 3.12.1997 – 7 AZR 764/96, BB 1998, 1640 ff. = AP Nr. 24 zu § 1 AÜG unter III.
[77] BAG, 30.1.1991 – 7 AZR 497/89, BB 1991, 2375 ff. = AP Nr. 8 zu § 10 AÜG unter II; *Sandmann/Marschall/Schneider*, § 10 Rn. 5 a.E.
[78] *Larenz*, Methodenlehre, S. 392.

tutionellen Rechtsmissbrauchs** ausgeschlossen sein, etwa wenn der Arbeitgeber bewusst gegen seine Pflicht zur Einholung der Überlassungserlaubnis verstößt, um den Arbeitnehmer unter Berufung auf § 10 Abs. 1 loszuwerden.[79] Abgesehen davon ist dem Leiharbeitnehmer – wie dargelegt – ein Rechtsfolgenverweigerungsrecht einzuräumen (näher Rn. 36 ff.).

ee) Verwirkung

44 Der unerlaubt überlassene Arbeitnehmer kann sein Recht, sich gegenüber dem Entleiher auf das gesetzliche Arbeitsverhältnis nach § 10 Abs. 1 zu berufen, gemäß **§ 242 BGB** verwirken.[80] Die **Verwirkung materieller Rechte** setzt voraus, dass der Berechtigte mit der Geltendmachung seines Rechts oder Anspruchs längere Zeit zugewartet hat (**Zeitmoment**) und der Schuldner deswegen annehmen durfte, nicht mehr in Anspruch genommen zu werden, er sich darauf eingerichtet hat und ihm die gegenwärtige Erfüllung des Rechts oder Anspruchs unter Berücksichtigung aller Umstände des Einzelfalls nach Treu und Glauben nicht mehr zuzumuten ist (**Umstandsmoment**).[81] Verwirkung kommt z. B. in Betracht, wenn der Arbeitnehmer trotz Kenntnis der für § 10 Abs. 1 maßgeblichen Tatsachen nach Ausscheiden aus dem Entleiherbetrieb längere Zeit (z. B. drei[82] oder vier Monate;[83] ein Jahr[84]) untätig bleibt und beim Entleiher einen Vertrauenstatbestand erzeugt, der zu entsprechenden Dispositionen des Entleihers führt (wie etwa die Wiederbesetzung des Arbeitsplatzes).[85] Das Umstandsmoment wird ferner dadurch erfüllt, dass der Leiharbeitnehmer sein Vertragsverhältnis

---

[79] Allgemein zum Rechtsmissbrauch Palandt/*Heinrichs*, BGB, § 242 Rn. 40 ff. m. w. N.
[80] BAG, 17.1.2007 – 7 AZR 23/06, DB 2007, 1034, 1035, Rn. 25 ff.; BAG, 24.5.2006 – 7 AZR 365/05, BeckRS 2009, 67935, Rn. 25 ff.; BAG, 19.3.2003 – 7 AZR 267/02, DB 2003, 2793, 2794 = AP Nr. 4 zu § 13 AÜG; BAG, 30.1.1991 – 7 AZR 497/89, BB 1991, 2375, 2376 (Ls. 7); LAG Düsseldorf, 14.1.2002 – 5 Sa 1508/01 FA 2002, 217; LAG Köln, 28.1.2002 – 2 Sa 272/01, NZA-RR 2002, 458, 459; LAG Köln, 28.11.1986 – 2 Sa 272/01, BB 1987, 335, 336 f.; *Sandmann/Marschall/Schneider*, § 10 Rn. 21a.
[81] BAG, 13.8.2008 – 7 AZR 269/07, BeckRS 2010, 71643, Rn. 37 ff.; BAG, 30.1.1991 – 7 AZR 497/89, BB 1991, 2375, 2377 = AP Nr. 8 zu § 10 AÜG unter I 2.
[82] LAG Hamm, 21.9.1998 – 19 Sa 664/98, NZA-RR 1999, 297.
[83] LAG Köln, 28.1.2002 – 2 Sa 272/01, NZA-RR 2002, 458, 459; LAG Köln, 14.11.1991 – 6 Sa 543/91, LAGE Nr. 5 zu § 242 BGB Prozessverwirkung.
[84] BAG, 10.10.2007 – 7 AZR 448/06, AP Nr. 20 zu § 10 AÜG; LAG Köln, 3.6.2003 – 13 Sa 2/03, BB 2004, 275.
[85] Zum Ganzen auch Schüren/Hamann/*Schüren*, § 10 Rn. 139 ff.; Thüsing/*Mengel*, § 10 Rn. 50.

zum Verleiher löst und die Arbeitsleistung nicht mehr bei dem Entleiher erbringt, sondern eine arbeitsvertragliche Bindung zu einem dritten Arbeitgeber eingeht.[86] Hingegen **scheidet Verwirkung** mangels entsprechenden Umstandsmoments **aus, solange** die unerlaubte **Überlassung** in den Entleiherbetrieb **andauert**.[87] Die Verwirkung der Ansprüche aus Abs. 1 kann **auch nicht** allein damit begründet werden, dass der Leiharbeitnehmer bei unklarer Rechtslage arbeitsrechtliche Ansprüche gegen den Entleiher und zugleich auch gegen den Verleiher geltend macht.[88] Der Arbeitnehmer verwirkt seine Rechte aus § 10 Abs. 1 gegenüber dem Entleiher ferner nicht dadurch, dass er im Rechtsstreit mit dem Verleiher einen Vergleich über das mit diesem streitige Arbeitsverhältnis abschließt.[89] Zur prozessualen Verwirkung unten Rn. 91.

3. Inhalt des gesetzlichen Arbeitsverhältnisses

a) Grundsatz

45 Da § 10 Abs. 1 kraft Gesetzes ein **neues Arbeitsverhältnis** des Leiharbeitnehmers zum Entleiher begründet, stellt § 10 Abs. 1 **Satz 4 Hs. 1** folgerichtig den **Grundsatz** auf, dass sich der Inhalt dieses Arbeitsverhältnisses prinzipiell **nach den im Entleiherbetrieb geltenden Arbeitsbedingungen** richtet. Zweck ist es, den Arbeitnehmer durch Gleichbehandlung mit den sonstigen Arbeitnehmern in den Entleiherbetrieb zu integrieren.[90] **Sätze 2, 3 und 5 modifizieren** diesen **Grundsatz** allerdings für die wichtigsten Arbeitsbedingungen, um schutzwürdige Belange des Leiharbeitnehmers sowie des Entleihers zu berücksichtigen.[91]

46 Durch § 10 Abs. 1 soll die tatsächliche Tätigkeit am Einsatzort des unerlaubt überlassenen Arbeitnehmers unberührt bleiben und auf eine wirksame neue Rechtsgrundlage gestellt werden. Dementsprechend bestimmt sich die Arbeitsaufgabe bzw. **Art der Tätigkeit** sowie der **Arbeitsort** danach, was und wo der Arbeitnehmer **bisher im Entleiherbe-**

---

86 LAG Köln, 28.1.2002 – 2 Sa 272/01, NZA-RR 2002, 458f.
87 BAG, 24.5.2006 – 7 AZR 365/05, BeckRS 2009, 67935, Rn. 36; BAG,19.3.2003 – 7 AZR 267/02, DB 2003, 2793, 2794; LAG Köln, 29.3.1984 – 8 Sa 793/83, EzAÜG § 10 AÜG Fiktion Nr. 27 unter III 1.
88 LAG Hessen, 17.11.2005 – 11 Sa 1890/04, BeckRS 2006, 44060; *Sandmann/Marschall/Schneider*, § 10 Rn. 21a.
89 LAG Köln, 28.11.1986 – 4 Sa 918/86, BB 1987, 335, 336f.; *Sandmann/Marschall/Schneider*, § 10 Rn. 21a.
90 Vgl. Schüren/Hamann/*Schüren*, § 10 Rn. 74.
91 Vgl. BT-Drs. VI/2303, S. 13f.

trieb gearbeitet hat. Insoweit ist die arbeitsrechtliche Weisungsbefugnis (Direktionsrecht) des Entleihers als neuem Arbeitgeber eingeschränkt. Eine zulässige Veränderung bedarf eines Änderungsvertrags, auf den der Arbeitgeber ggf. auch im Wege der Änderungskündigung hinwirken kann.[92]

47 Der Leiharbeitnehmer kann vom Entleiher verlangen, dass der Entleiher ihm eine **Niederschrift** aushändigt, in der die **wesentlichen Arbeitsbedingungen** des nach § 10 Abs. 1 gesetzlich begründeten Arbeitsverhältnisses schriftlich niedergelegt sind. **§ 2 Abs. 1 NachwG** ist zwar nicht direkt anwendbar, weil er von „vereinbarten" Vertragsbedingungen ausgeht; er **gilt** aber **entsprechend**. Die analoge Anwendung des NachwG entspricht nicht nur dem Gesetzeszweck des AÜG, welches für das Leiharbeitsverhältnis nahezu identische Nachweispflichten vorsieht (§ 11 Abs. 1) und das nach § 10 Abs. 1 gesetzlich begründete Arbeitsverhältnis wie ein normales behandeln will (vgl. Rn. 14), sondern auch dem Gesetzesziel des NachwG, dem Arbeitnehmer – auch aus Beweisgründen – sichere Auskunft über den Inhalt seines Arbeitsverhältnisses zu geben.[93] Der Nachweis ist spätestens einen Monat nach der Aufnahme der Tätigkeit beim Entleiher zu erbringen (§ 2 Abs. 1 Satz 1 NachwG analog).[94]

48 Eine **entsprechende Nachweispflicht hat das BAG** bereits vor dem Inkrafttreten des NachwG für Arbeitgeber **im öffentlichen Dienst vertreten**. In seinem Urteil vom 1.6.1994 entschied es, dass der Entleiher auch bei einem kraft unerlaubter Arbeitnehmerüberlassung gesetzlich begründeten Arbeitsverhältnis dem überlassenen Arbeitnehmer eine schriftliche Bestätigung der geltenden Arbeitsbedingungen nach § 4 Abs. 1 BAT zu erteilen hat.[95]

49 Nach der Rspr. beginnen im Entleiherbetrieb anwendbare **tarifliche Verfallfristen** für Ansprüche des Arbeitnehmers aus einem wegen unerlaubter Arbeitnehmerüberlassung gesetzlich begründeten Arbeitsverhältnis nach § 10 Abs. 1 (v.a. Arbeitsentgeltanspruch) **erst zu laufen, wenn der Entleiher seine Schuldnerstellung eingeräumt und sich zu**

---

[92] LAG Baden-Württemberg, 19.4.1985 – 12 Sa 10/85, BB 1986, 135 f.; *Sandmann/Marschall/Schneider*, § 10 Rn. 15; Schüren/Hamann/*Schüren*, § 10 Rn. 73; *Ulber*, § 10 Rn. 55.
[93] Zum Gesetzeszweck des NachwG *Krause*, AR-Blattei 220.2.2 Rn. 1 ff.; ErfK/*Preis*, Einf. NachwG Rn. 1, 6.
[94] Vgl. ErfK/*Preis*, § 2 NachwG Rn. 5 f.
[95] BAG, 1.6.1994 – 7 AZR 7/93, AP Nr. 11 zu § 10 AÜG.

ihr bekannt hat.⁹⁶ Nicht gefolgt werden kann der Begründung des BAG, Ansprüche aus einem gesetzlich begründeten Arbeitsverhältnis würden (generell) erst dann fällig, wenn der Entleiher seine Schuldnerstellung klargestellt und sich auch dazu bekannt habe.⁹⁷ Sonst könnte der Entleiher den Eintritt der Fälligkeit verhindern und eine Leistungsklage des Arbeitnehmers wäre als zurzeit unbegründet abzuweisen. Die Nichtgeltung der tariflichen Ausschlussfrist kann allenfalls über eine teleologische Reduktion der Tarifnorm bzw. bei Vergütungsansprüchen aus der Mindestniveaugarantie des § 10 Abs. 1 Satz 5 begründet werden.⁹⁸

b) Befristung (§ 10 Abs. 1 Satz 2)

Unter den Voraussetzungen des § 10 Abs. 1 Satz 2 ist die Dauer des gesetzlichen Arbeitsverhältnisses zwischen Entleiher und Leiharbeitnehmer nach Satz 1 beschränkt. Durch diese – im Regierungsentwurf noch als Satz 3 vorgesehene – Regelung wollte der Gesetzgeber zum einen die **schutzwürdigen Belange des Entleihers** dadurch beachten, dass dieser grundsätzlich nur für die Zeit der zwischen Verleiher und Entleiher vorgesehenen Beschäftigung des Leiharbeitnehmers dessen alleiniger Arbeitnehmer werde. Zum anderen sollte durch das Erfordernis des **die Befristung sachlich rechtfertigenden Grunds** der ständigen Rechtsprechung des BAG Rechnung getragen werden.⁹⁹

50

aa) Tatbestandsvoraussetzungen

Voraussetzung der Befristungsfiktion des § 10 Abs. 1 Satz 2 ist erstens, dass **im Arbeitnehmerüberlassungsvertrag** zwischen Verleiher und Entleiher eine **Befristungsabrede** getroffen wurde. Ob eine solche Befristungsabrede vorliegt, dürfte sich bei Einhaltung der Schriftform (§ 12 Abs. 1 Satz 1)¹⁰⁰ regelmäßig leicht feststellen lassen. Solange

51

---

96 BAG, 27.7.1983 – 5 AZR 194/81, AP Nr. 6 zu § 10 AÜG; LAG Rheinland-Pfalz, 19.10.1999 – 10 Ta 175/99, NZA-RR 2000, 523 = BB 2000, 936 (Ls.).
97 BAG, 27.7.1983 – 5 AZR 194/81, AP Nr. 6 zu § 10 AÜG unter II 3b; vgl. auch BAG, 11.4.1984 – 10 Ta 175/99, BB 1984, 2269f. (Ls.) = AP Nr. 7 zu § 10 AÜG unter I 2d.
98 Vgl. LAG Rheinland-Pfalz, 19.10.1999 – 10 Ta 175/99, BB 2000, 936 (Ls.) = NZA-RR 2000, 523; *Ulber*, § 10 Rn. 57.
99 BT-Drs. VI/2303, S. 14 unter Hinweis auf BAG (GS),12.10.1960, BB 1961, 368ff. = AP Nr. 16 zu § 620 BGB Befristeter Arbeitsvertrag.
100 Der nach § 14 Abs. 4 TzBfG erforderlichen Schriftform bedarf es jedoch nicht, vgl. *Ulber*, § 10 Rn. 28.

noch die vierundzwanzigmonatige Höchstüberlassungsdauer gemäß § 3 Abs. 1 Nr. 6 a.F. galt und im konkreten Fall nicht überschritten war, war die Voraussetzung des Abs. 1 Satz 2, dass „die Tätigkeit des Leiharbeitnehmers bei dem Entleiher nur befristet vorgesehen war", in der Regel erfüllt.[101] Nach Wegfall der Höchstüberlassungsdauer (durch Streichung des § 3 Abs. 1 Nr. 6 a.F.) ist Verleiher und Entleiher nunmehr zu empfehlen, eine ausdrückliche und – aus Beweisgründen – möglichst schriftliche Abrede darüber zu treffen, dass der jeweilige Leiharbeitnehmer nur befristet überlassen wird (vgl. auch § 12 Rn. 58). Der Gesetzeswortlaut stellt auf den konkret überlassenen einzelnen Arbeitnehmer ab. Unerheblich ist hingegen, ob im Arbeitnehmerüberlassungsvertrag ein ständiger Einsatz von Leiharbeitnehmern beim Entleiher und ein rollierendes Verfahren durch rechtzeitigen Austausch der Leiharbeitnehmer vorgesehen sind.[102]

52 Zweite Voraussetzung für die Befristung des gesetzlichen Arbeitsverhältnisses nach § 10 Abs. 1 Satz 2 ist, dass bei **hypothetisch** unterstelltem vertraglichem Zustandekommen die **Befristungsabrede** zwischen Entleiher und Leiharbeitnehmer durch einen **sachlichen Grund** gerechtfertigt wäre.[103] Der sachliche Grund für die Befristung kann sich entweder **aus den Gegebenheiten im Betrieb des Entleihers** ergeben (z.B. nur vorübergehender Arbeitskräftebedarf für Aushilfsarbeiten) oder **in der Sphäre des Leiharbeitnehmers** (z.B. Befristungswunsch des Arbeitnehmers auf Grund nicht abgeschlossener oder bevorstehender Ausbildung) liegen.[104] Maßgeblich für die sachliche Berechtigung der Befristung ist, was verständige und verantwortungsbewusste Parteien zu vereinbaren pflegen. Insoweit kann auf die in § 14 Abs. 1 TzBfG geregelten und die übrigen von der Rechtsprechung entwickelten Befristungsgründe verwiesen werden[105] (vgl. auch § 9 Rn. 560 ff.). Die Möglichkeit einer **sachgrundlosen Befristung** nach § 14 Abs. 2, 2a oder 3 TzBfG kommt **nicht** in Betracht.[106]

53 Der sachliche Grund für die Befristung muss nur **im Zeitpunkt des Eintritts der Rechtswirkung** nach § 10 Abs. 1 Satz 1 (vgl. oben

---

101 Vgl. *Feuerborn/Hamann*, BB 1994, 1346, 1347.
102 A.A. *Ulber*, § 10 Rn. 28.
103 LAG Düsseldorf, 26.7.2012 – 15 Sa 1452/11, BeckRS 2012, 71608.
104 BT-Drs. VI/2303, S. 14; *Sandmann/Marschall/Schneider*, § 10 Rn. 18; *Ulber*, § 10 Rn. 32 f.
105 Ausführlich ErfK/*Müller-Glöge*, § 14 TzBfG Rn. 23 ff.; HWK/*Schmalenberg*, § 14 TzBfG Rn. 10 ff.
106 HWK/*Gotthardt*, § 10 AÜG Rn. 9; *Hamann*, jurisPR-ArbR 39/2012, Anm. 2.

Rn. 25 ff.) vorliegen, also nicht etwa bei Abschluss des Arbeitnehmerüberlassungsvertrags oder gar des Leiharbeitsvertrags.[107] Der Wegfall des Befristungsgrunds nach dem gemäß § 10 Abs. 1 Satz 1 fingierten Vertragsabschluss führt – wie nach allgemeinen Grundsätzen[108] – nicht zum Entstehen eines unbefristeten Arbeitsverhältnisses zwischen Entleiher und Leiharbeitnehmer.[109]

Teilweise wird vertreten, § 10 Abs. 1 Satz 2 bedürfe einer **teleologischen Reduktion** dahingehend, dass ein sachlicher Grund für die Befristung nur dann erforderlich sei, wenn mit einer hypothetischen vertraglichen Befristungsabrede der Kündigungsschutz nach dem KSchG umgangen werden könnte.[110] Der Gesetzgeber habe – wie erwähnt – bewusst an die Befristungsrechtsprechung des BAG angeknüpft (vgl. Rn. 50). Die Gefahr der Umgehung des allgemeinen Arbeitnehmerkündigungsschutzes bestehe aber nur, wenn der Leiharbeitnehmer in den zeitlichen und räumlichen Schutzbereich des KSchG falle, d.h. wenn die fragliche Befristungsdauer länger als sechs Monate betrage (vgl. § 1 Abs. 1 KSchG) und der Entleiherbetrieb in der Regel mehr als fünf bzw. für Arbeitnehmer, deren Arbeitsverhältnis nach dem 31.12.2003 begonnen hat, 10 Arbeitnehmer beschäftige (vgl. § 23 Abs. 1 Satz 2 bis 4 KSchG), wobei der Leiharbeitnehmer mitzähle. 54

Dieser Argumentation ist mit Inkrafttreten des § 14 Abs. 1 Satz 1 TzBfG am 1.1.2001 die **Grundlage entzogen** worden, denn nunmehr ist generell ein sachlicher Grund für die Befristung eines Arbeitsverhältnisses erforderlich, und zwar unabhängig von der Betriebsgröße und der Dauer der Befristung.[111] Damit ist das Erfordernis des sachlichen Grunds für die Befristung vom Kündigungsschutzrecht abgekoppelt worden, so dass das für die teleologische Reduktion von § 10 Abs. 1 Satz 2 herangezogene Argument (keine Gefahr der Umgehung des KSchG) nicht mehr trägt. 55

bb) Rechtsfolgen

Sind die Tatbestandsvoraussetzungen des § 10 Abs. 1 Satz 2 erfüllt, so **gilt** das **gesetzliche Arbeitsverhältnis** zwischen Entleiher und Leihar- 56

---

107 *Hamann*, jurisPR-ArbR 39/2012, Anm. 2.
108 Dazu ErfK/*Müller-Glöge*, § 14 TzBfG Rn. 16.
109 Schüren/Hamann/*Schüren*, § 10 Rn. 61.
110 *Feuerborn/Hamann*, BB 1994, 1346, 1347.
111 BAG, 6.11.2003 – 2 AZR 690/02, DB 2004, 2755 f. = NZA 2005, 218 ; BAG, 13.5.2004 – 2 AZR 426/03, BeckRS 2004, 30802380.

§ 10 Rechtsfolgen bei Unwirksamkeit

beitnehmer **als befristet**. Mit Ablauf der Befristungsdauer endet es dann automatisch. Die Befristungsdauer richtet sich weder generell nach dem im Arbeitnehmerüberlassungsvertrag vorgesehenen Verleihzeitraum[112] noch generell nach der im Leiharbeitsvertrag vereinbarten Einsatzzeit.[113] Vielmehr ergibt sich die **Befristungsdauer** grundsätzlich aus dem **Überlassungsvertrag**, es sei denn, **im Leiharbeitsvertrag** ist eine **kürzere Befristung** vereinbart worden, die abgesehen von § 9 Nr. 1 Alt. 2 wirksam ist; dann ist letztere maßgeblich. Diese Differenzierung folgt aus dem Zweck des § 10 Abs. 1 Satz 2, einerseits den Entleiher prinzipiell nur für die mit dem Verleiher vereinbarte Überlassungsdauer zum Arbeitgeber des Leiharbeitnehmers zu machen[114] (vgl. Rn. 50), andererseits dem Leiharbeitnehmer einen gleichwertigen arbeitsrechtlichen Schutz gegenüber dem Entleiher einzuräumen wie gegenüber dem Verleiher (vgl. Rn. 10, 13). Der Leiharbeitnehmer soll aber nicht besser gestellt werden als gegenüber dem Verleiher. Sieht der Leiharbeitsvertrag eine wirksame kürzere Befristung vor, ist folglich diese für das fingierte Arbeitsverhältnis maßgeblich (zur Zulässigkeit von Befristungen des Leiharbeitsvertrags § 9 Rn. 532 ff.).

57 Gilt das gesetzliche Arbeitsverhältnis nach § 10 Abs. 1 Satz 2 als wirksam befristet, ist die **ordentliche Kündigung** grundsätzlich **ausgeschlossen**[115] (vgl. auch § 15 Abs. 3 TzBfG). Etwas anderes lässt sich nur vertreten, wenn im Entleiherbetrieb oder in vergleichbaren Betrieben befristete Arbeitsverträge üblicherweise ordentlich kündbar sind (§ 10 Abs. 1 Satz 4). Wird das befristete Arbeitsverhältnis **nach Fristablauf** mit Wissen des Entleihers **fortgesetzt**, gilt es entsprechend **§ 15 Abs. 5 TzBfG** als unbefristetes Arbeitsverhältnis, wenn nicht der Entleiher unverzüglich, d.h. ohne schuldhaftes Zögern (§ 121 Abs. 1 Satz 1 BGB), widerspricht[116] (vgl. auch § 625 BGB).

58 Sind die Tatbestandsvoraussetzungen des § 10 Abs. 1 Satz 2 nicht erfüllt, ist das gesetzliche Arbeitsverhältnis zwischen Entleiher und Leiharbeitnehmer **unbefristet**.[117]

---

112 So aber *Becker/Wulfgramm*, § 10 Rn. 36; Schüren/Hamann/*Schüren*, § 10 Rn. 62; ErfK/*Wank*, § 10 AÜG Rn. 16.
113 Differenzierend *Ulber*, § 10 Rn. 34.
114 BT-Drs. VI/2303, S. 14.
115 Thüsing/*Mengel*, § 10 Rn. 44; Schüren/Hamann/*Schüren*, § 10 Rn. 104.
116 HWK/*Gotthardt*, § 10 AÜG Rn. 10; *Ulber*, § 10 Rn. 35; ErfK/*Wank*, § 10 AÜG Rn. 17.
117 BT-Drs. VI/2303, S. 14; HWK/*Gotthardt*, § 10 Rn. 10; Schüren/Hamann/*Schüren*, § 10 Rn. 71; *Ulber*, § 10 Rn. 35.

II. Gesetzliches Arbeitsverhältnis zwischen Entleiher u. Leiharbeitnehmer § 10

Fraglich ist, ob der Arbeitnehmer die **dreiwöchige Klagefrist des § 17** 59
TzBfG (analog) einhalten muss, wenn er nach dem Ablauf des – im
Überlassungsvertrag bzw. Leiharbeitsvertrag (vgl. Rn. 56) – vorgesehenen Einsatzzeitraums die Unwirksamkeit der (fingierten) Befristung
wegen Fehlens eines sachlichen Grunds gerichtlich geltend machen
will. Dafür spricht, dass das nach § 10 Abs. 1 kraft Gesetzes begründete
Arbeitsverhältnis grundsätzlich wie ein normales vertraglich begründetes Arbeitsverhältnis zu behandeln ist (vgl. Rn. 14) und dass der Gesetzgeber mit dem gesetzlichen Erfordernis des sachlichen Grunds in
§ 10 Abs. 1 Satz 2 gerade an die allgemeinen Befristungsregeln anknüpfen wollte (Rn. 50). Die Klagefrist des § 17 TzBfG gilt zudem
nicht nur für die Befristungen nach dem TzBfG, sondern auch für Befristungen nach anderen Vorschriften und Grundsätzen.[118]

Ist das kraft Gesetzes begründete Arbeitsverhältnis **als unbefristetes** 60
anzusehen, kann es nach den allgemeinen Grundsätzen gekündigt werden.[119] Der **allgemeine Kündigungsschutz des KSchG** kommt dem
Leiharbeitnehmer aber **erst** zugute, wenn das gesetzliche Arbeitsverhältnis nach § 10 Abs. 1 länger als **sechs Monate** bestanden hat (§ 1
Abs. 1 KSchG). Hinsichtlich dieser **Wartezeit** können bei späterem
Wegfall der Überlassungserlaubnis **Beschäftigungszeiten beim Entleiher vor Eintritt der Rechtswirkung des § 10 Abs. 1 nicht angerechnet werden**.[120] Denn durch § 10 Abs. 1 findet keine Vertragsübernahme
statt, sondern es wird ein gänzlich **neues** Arbeitsverhältnis kraft Gesetzes begründet (vgl. Rn. 14). Will der Entleiher also verhindern, dass er
den unerlaubt überlassenen (Leih-)Arbeitnehmer dauerhaft auf der Gehaltsliste hat, sollte er ihm innerhalb von sechs Monaten nach Entstehen des gesetzlichen Schuldverhältnisses eine Kündigung aussprechen.

c) Arbeitszeit (§ 10 Abs. 1 Satz 3)

§ 10 Abs. 1 Satz 3 bestimmt, dass sich die Arbeitszeit im gesetzlichen 61
Arbeitsverhältnis zwischen Entleiher und Leiharbeitnehmer **nach den**

---

118 BAG, 20.1.1999 – 7 AZR 715/97, DB 1999, 967 f. = NZA 1999, 671; ErfK/*Müller-Glöge*, § 17 TzBfG Rn. 3; HWK/*Schmalenberg*, § 17 TzBfG Rn. 1 f.
119 BAG, 30.1.1991 – 7 AZR 497/89, BB 1991, 2375, 2376 (Ls. 5) = NZA 1992, 19;
   LAG Köln, 29.3.1984 – 8 Sa 793/83, EzAÜG § 10 AÜG Fiktion Nr. 27 unter II;
   LAG Schleswig-Holstein, 19.7.2012 – 5 Sa 474/11, BeckRS 2012, 72509 (beim
   BAG anhängig unter Az. 9 AZR 823/12).
120 *Becker/Wulfgramm*, § 10 Rn. 37a; Thüsing/*Mengel*, § 10 Rn. 46; Schüren/Hamann/
   Schüren, § 10 Rn. 1; ErfK/*Wank*, § 10 AÜG Rn. 18 unter Hinweis auf ArbG Bochum,14.1.1982 – 2 Ca 495/81, DB 1982, 1623 f. – A.A. *Ulber*, § 10 Rn. 45.

§ 10 Rechtsfolgen bei Unwirksamkeit

Vereinbarungen richtet, die Verleiher und Entleiher **im Arbeitnehmerüberlassungsvertrag** getroffen haben. Dadurch soll der Arbeitnehmer, der sich auf eine bestimmte Arbeitszeit eingestellt hat (z. B. nur Halbtagstätigkeit beim Entleiher), vor unvorhersehbaren Änderungen geschützt werden.[121]

62 Die Regelung bezieht sich auf die **Dauer und** die **Lage der Arbeitszeit**.[122] Da § 10 Abs. 1 Satz 3 dispositiv ist (vgl. Rn. 31), können Entleiher und Leiharbeitnehmer statt der im Arbeitnehmerüberlassungsvertrag getroffenen Arbeitszeitregelung eine neue Vereinbarung über die Arbeitszeit treffen. Stets sind aber die gesetzlichen Arbeitszeitschutzbestimmungen (z. B. ArbZG, §§ 8 ff. JArbSchG), tarifvertraglichen Regelungen sowie einschlägigen Betriebsvereinbarungen über Dauer (§ 87 Abs. 1 Nr. 3 BetrVG) und Lage der Arbeitszeit (§ 87 Abs. 1 Nr. 2 BetrVG) zu beachten. Die **Lage** der Arbeitszeit kann der Entleiher als Arbeitgeber im Rahmen seines **Direktionsrechts** und der einschlägigen gesetzlichen, tariflichen und betrieblichen Regelungen nach billigem Ermessen (§ 315 BGB) bestimmen (§ 106 GewO).[123] Seine arbeitsrechtliche Weisungsbefugnis erstreckt sich hingegen grundsätzlich **nicht** auf die **Dauer** und den Umfang der Arbeitszeit (z. B. hinsichtlich Kurzarbeit oder Überstunden), wenn nicht eine entsprechende kollektiv- oder einzelvertragliche Vereinbarung vorliegt.[124]

63 **Fehlen Vereinbarungen** über die Arbeitszeit im Arbeitnehmerüberlassungsvertrag, ist nach § 10 **Abs. 1 Satz 4** die beim Entleiher (kraft Tarifbindung, Betriebsvereinbarung, betrieblicher Übung etc.) geltende Arbeitszeit maßgeblich. Hilfsweise ist auf die betriebsübliche Arbeitszeit vergleichbarer Betriebe abzustellen.[125]

d) Sonstige Arbeitsbedingungen (§ 10 Abs. 1 Satz 4)

64 Nach § 10 **Abs. 1 Satz 4 Hs. 1** bestimmen sich die Arbeitsbedingungen des gesetzlichen Arbeitsverhältnisses im Übrigen (also soweit nicht in Sätzen 2, 3 und 5 anders bestimmt) nach den im Entleiherbetrieb geltenden Regelungen. Diese Vorschrift **ist deklaratorischer Natur**, denn

---

121 BT-Drs. VI/2303, S. 13 f.; *Becker/Wulfgramm*, § 10 Rn. 19.
122 *Becker/Wulfgramm*, § 10 Rn. 19; Thüsing/*Mengel*, § 10 Rn. 18; *Ulber*, § 10 Rn. 58; ErfK/*Wank*, § 10 AÜG Rn. 10.
123 Thüsing/*Mengel*, § 10 Rn. 20; HWK/*Gotthardt*, § 10 AÜG Rn. 12.
124 Zum Direktionsrecht hinsichtlich der Arbeitszeit Boemke/*Keßler*, GewO, § 106 Rn. 75 ff.; 90 ff.; HWK/*Lembke*, § 106 Rn. 32 ff., 77 ff., 93, 101 f., 112 f.
125 *Becker/Wulfgramm*, § 10 Rn. 21; ErfK/*Wank*, § 10 AÜG Rn. 11.

II. Gesetzliches Arbeitsverhältnis zwischen Entleiher u. Leiharbeitnehmer § 10

sie regelt die Selbstverständlichkeit, dass in einem neu begründeten – und nicht bloß übernommenen (vgl. Rn. 14) – Arbeitsverhältnis die im Arbeitgeberbetrieb einschlägigen gesetzlichen, kollektiv- und individualrechtlichen Grundsätze einzuhalten sind.[126]

Soweit in § 10 Abs. 1 Sätze 2, 3 und 5 nicht anders bestimmt, gelten hinsichtlich der sonstigen Arbeitsbedingungen (z.B. Urlaub, betriebliche Altersversorgung, Weihnachtsgeld) **die allgemeinen arbeitsrechtlichen Grundsätze**. Einschlägige **Betriebsvereinbarungen** im Entleiherbetrieb gelten unmittelbar und zwingend (§ 77 Abs. 4 Satz 1 BetrVG). **Tarifliche Regelungen** gelten im gesetzlichen Arbeitsverhältnis nach § 10 Abs. 1 Satz 1 nur dann unmittelbar und zwingend, wenn Entleiher und Leiharbeitnehmer kraft Mitgliedschaft in den tarifschließenden Verbänden oder als Firmentarifvertragspartei tarifgebunden sind (§§ 3 Abs. 1, 4 Abs. 1 TVG – Ausn.: §§ 3 Abs. 2, 4 Abs. 1 Satz 2; 5 Abs. 4 TVG).[127] Die Tarifnormen können aber auf individualrechtlicher Ebene kraft **betrieblicher Übung** oder auf Grund des Gleichbehandlungsgrundsatzes in dem kraft Gesetzes begründeten Arbeitsverhältnis anwendbar sein. Bei Anwendung des **Gleichbehandlungsgrundsatzes** ist zu beachten, dass die Unterscheidung von tarifgebundenen und nicht tarifgebundenen Arbeitnehmern bei der Anwendung des einschlägigen Tarifvertrags durch den Arbeitgeber nicht willkürlich ist und nicht gegen den Gleichbehandlungsgrundsatz verstößt (h.M.).[128] Ein nicht gerechtfertigter Gleichheitsverstoß kann sich allenfalls aus der unterschiedlichen Behandlung von Arbeitnehmern innerhalb der Gruppe der Nichttarifgebundenen ergeben.

65

Kommt es für die Arbeitsbedingungen auf die **Dauer der Betriebszugehörigkeit** an, so ist nur die Zeit ab Begründung des gesetzlichen Arbeitsverhältnisses nach § 10 Abs. 1 Satz 1 zu berücksichtigen; nicht anzurechnen sind hingegen bisherige Beschäftigungszeiten beim Entleiher[129] oder beim Verleiher (vgl. Rn. 38, 60).

66

---

126 Vgl. BAG, 27.7.1983 – 5 AZR 194/81, AP Nr. 6 zu § 10 AÜG unter II 1; ErfK/*Wank*, § 10 AÜG Rn. 15; Thüsing/*Mengel*, § 10 Rn. 32.
127 *Becker/Wulfgramm*, § 10 Rn. 31; HWK/*Gotthardt*, § 10 AÜG Rn. 14; ErfK/*Wank*, § 10 AÜG Rn. 15.
128 BAG, 20.7.1960 – 4 AZR 199/59, BB 1960, 1059 (Ls.) = AP Nr. 7 zu § 4 TVG; Kempen/Zachert/*Stein*, TVG, § 3 Rn. 230f.; ErfK/*Preis*, § 611 BGB Rn. 597. – A.A. Wiedemann/Stumpf, TVG, 5. Aufl. 1977, § 3 Rn. 125.
129 Thüsing/*Mengel*, § 10 Rn. 44; Schüren/Hamann/*Schüren*, § 10 Rn. 79. – A.A. *Ulber*, § 10 Rn. 65.

§ 10 Rechtsfolgen bei Unwirksamkeit

67 Der 2. Hs. von § 10 Abs. 1 Satz 4 soll klarstellen, dass Entleiher, die keine Stammarbeiter beschäftigen, die **arbeitsrechtlichen Regelungen vergleichbarer Betriebe** anzuwenden haben.[130] Fehlen also entsprechende Vorschriften im Entleiherbetrieb, gelten diejenigen vergleichbarer Betriebe. Trotz des Gesetzeswortlauts („gelten") **wirken** die Arbeitsbedingungen vergleichbarer Betriebe nicht normativ, d.h. unmittelbar und zwingend, sondern **lediglich auf individualrechtlicher Ebene**. „Gelten" ist im Sinne von „sind als vereinbart anzusehen" zu verstehen. Denn § 10 Abs. 1 Satz 4 Hs. 2 ist dem § 612 Abs. 2 BGB nachgebildet.[131]

68 Hilfsweise sind also Arbeitsbedingungen vergleichbarer Betriebe als vereinbart anzusehen. Die **Vergleichbarkeit** muss sich nicht nur auf die Betriebe erstrecken, sondern auf den **betreffenden Arbeitnehmer** bezüglich dessen Tätigkeit, Stellung in der Hierarchie etc. (vgl. § 9 Rn. 104 ff.). Ein anderer **Betrieb** ist dem Entleiherbetrieb dann vergleichbar, wenn seine Größe, die örtlichen Verhältnisse, seine wirtschaftliche Tätigkeit und insbesondere die Branche dem Entleiherbetrieb entsprechen, wobei wesentlich ist, ob der Entleiher in den Geltungsbereich der im vergleichbaren Betrieb geltenden Tarifverträge fällt.[132] Regelmäßig meint § 10 Abs. 1 Satz 4 Hs. 2 also die üblichen tarifvertraglichen Regelungen der jeweiligen Branche, welcher der Entleiher angehört.[133]

e) Mindestarbeitsentgelt (§ 10 Abs. 1 Satz 5)

69 Die Höhe der Arbeitsvergütung im gesetzlichen Arbeitsverhältnis nach § 10 Abs. 1 Satz 1 richtet sich gemäß § 10 Abs. 1 Satz 4 grundsätzlich nach den im Entleiherbetrieb (1. Hs. – insoweit gilt also „**Equal Pay**") oder in vergleichbaren Betrieben (2. Hs.) einschlägigen individual- oder kollektivrechtlichen Entgeltregelungen.[134] § 10 Abs. 1 Satz 5 enthält aber zugunsten des Leiharbeitnehmers eine **statische Besitzstandsregelung**,[135] wonach der Leiharbeitnehmer vom Entleiher mindestens das zwischen ihm und dem Verleiher im Leiharbeitsvertrag vereinbarte Arbeitsentgelt verlangen kann. Nach seinem Schutzzweck gilt

---

130 Zu BT-Drs. VI/3505, S. 3; Schüren/Hamann/*Schüren*, § 10 Rn. 101; Thüsing/*Mengel*, § 10 Rn. 27.
131 Schüren/Hamann/*Schüren*, § 10 Rn. 101.
132 Thüsing/*Mengel*, § 10 Rn. 28; Sandmann/Marschall/Schneider, § 10 Rn. 20.
133 Schüren/Hamann/*Schüren*, § 10 Rn. 101; *Ulber*, § 10 Rn. 66.
134 BAG, 21.7.1993 – 5 AZR 554/92, AP Nr. 10 zu § 10 AÜG.
135 *Ulber*, § 10 Rn. 71 a. E.

II. Gesetzliches Arbeitsverhältnis zwischen Entleiher u. Leiharbeitnehmer § 10

die Mindestentgeltregelung des § 10 **Abs. 1 Satz 5 analog auch für tarifvertraglich vereinbarte Arbeitsentgeltbestimmungen**, welche im Leiharbeitsverhältnis zwischen Verleiher und Leiharbeitnehmer kraft beiderseitiger Tarifbindung maßgeblich waren.[136] Sie gelten allerdings über § 10 Abs. 1 Sätze 4 und 5 nur auf individualrechtlicher Ebene, sofern nicht der Entleiher zufällig auch unter die Tarifbindung des Tarifvertrags fällt.

Unter **Arbeitsentgelt** ist jeder als Gegenleistung für die Arbeitsleistung bestimmte und vom Arbeitgeber geleistete geldwerte Vorteil zu verstehen[137] (vgl. § 9 Rn. 123). Dazu gehören also etwa Lohn bzw. Gehalt, Sondervergütungen aller Art (z.B. Urlaubsgeld, Weihnachtsgeld) und Zuschläge aller Art. Auch Sachleistungen (vgl. § 107 Abs. 2 GewO) fallen darunter, wenn und soweit sie Entgeltcharakter haben[138] (z.B. Überlassung eines Firmenwagens auch zu privaten Zwecken, Personalrabatte, Werkdienstwohnungen [§ 576b BGB – nicht: Werkmietwohnung, §§ 576f. BGB]; vom Arbeitgeber gewährte Aktienoptionen, grundsätzlich hingegen nicht von anderen Konzerngesellschaften gewährte Aktienoptionen[139]). Erstattungen des Arbeitgebers für Aufwendungen, die dem persönlichen Lebensbereich zuzuordnen und nicht über § 670 BGB ersatzfähig sind (z.B. Fahrtkostenzuschuss, Essensgeld)[140] sind ebenfalls als Arbeitsvergütung anzusehen[141] (vgl. § 9 Rn. 124).

70

Problematisch ist, wie die Mindestentgeltgarantie hinsichtlich der Entgeltkomponenten außerhalb der Grundvergütung (z.B. Sonderzahlungen; Firmenwagen; Aktienoptionen[142]) in der Praxis umzusetzen ist. **Teils** wird ein **Günstigkeitsvergleich** zwischen den Arbeitsentgeltkomponenten beim Verleiher und beim Entleiher **abgelehnt**. Auch wenn im Entleiherbetrieb vielfältige Sozialleistungen und ein etwas niedrigeres Gehalt gezahlt werden, soll der Arbeitnehmer im kraft Gesetzes begründeten Arbeitsverhältnis Anspruch auf diese Leistungen haben und zusätzlich auf das höhere Gehalt oder höhere einzelne Sozialleistungen,

71

---

136 *Becker/Wulfgramm*, § 10 Rn. 28; ErfK/*Wank*, § 10 AÜG Rn. 14.
137 Thüsing/*Mengel*, § 10 Rn. 23; Schaub/*Vogelsang*, § 66 Rn. 3; näher zu den Entgeltbegriffen im engeren und weiteren Sinne HWK/*Lembke*, § 107 GewO Rn. 7 ff.; *Lembke*, BB 2001, 1469, 1470 f.
138 Näher zu Sachbezügen HWK/*Lembke*, § 107 GewO Rn. 25 ff.
139 Dazu ausf. *Annuß/Lembke*, BB 2003, 2230 ff.
140 Dazu allgemein ErfK/*Preis*, § 611 BGB Rn. 553 ff.
141 Vgl. auch *Becker/Wulfgramm*, § 10 Rn. 25.
142 Dazu näher *Annuß/Lembke*, BB 2003, 2230 ff.; *Lembke*, BB 2001, 1469 ff.

die ihm der Verleiher zugesagt hatte.[143] **Dieser Auffassung kann** aber **nicht gefolgt werden.** Denn sie würde zu einer Besserstellung des Leiharbeitnehmers führen, die vom Normzweck nicht umfasst ist. Vielmehr sind alle Arbeitsentgeltkomponenten in einen Geldwert umzurechnen. Der Geldwert beim Entleiher muss mindestens denjenigen beim Verleiher erreichen (vgl. zum Gesamtvergleich im Rahmen des § 10 Abs. 4 i.V.m. § 9 Nr. 2 siehe § 9 Rn. 143 ff.).

72 **Praktische** Probleme können am einfachsten dadurch ausgeräumt werden, dass Entleiher und Leiharbeitnehmer eine **neue vertragliche Regelung hinsichtlich des Arbeitsentgelts** unter Beachtung der zwingenden gesetzlichen Grenzen (vor allem § 4 Abs. 3 TVG) treffen. § 10 **Abs. 1 Satz 5** bildet dabei **keine zwingende Untergrenze**,[144] weil er dispositiv ist und daher abbedungen werden kann (siehe oben Rn. 31).

73 Problematisch ist die Anwendung des § 10 Abs. 1 Satz 5 in Fällen, in denen der Leiharbeitnehmer **bei mehreren Entleihern eingesetzt** wurde, also z.B. zur Hälfte beim Entleiher 1 und zur anderen Hälfte beim Entleiher 2. Hier schuldet der Entleiher 1 nach § 10 Abs. 1 Satz 5 nicht mindestens das volle im Leiharbeitsvertrag vereinbarte Arbeitsentgelt (100%), sondern nur die auf die bei ihm zu leistende Arbeitszeit entfallende anteilige Arbeitsvergütung (50%). Die **Mindestentgeltgarantie** des § 10 Abs. 1 Satz 5 gilt also **nur zeitanteilig** für die beim jeweiligen Entleiher nach § 10 Abs. 1 Satz 3 maßgebliche Arbeitszeit.[145]

74 § 10 Abs. 1 Satz 5 begründet **keinen Anspruch** des Leiharbeitnehmers darauf, dass ihm ein **Vergütungsvorsprung** gegenüber Stammarbeitnehmern des Entleihers mit vergleichbarer Tätigkeit auf Dauer ungeschmälert erhalten bleibt.[146] Bei einer Entgelterhöhung der Stammbelegschaft kann der Verleiher den – dem Leiharbeitnehmer auf Grund der Mindestentgeltgarantie geschuldeten – Differenzbetrag „abschmelzen". Diesbezüglich besteht kein Mitbestimmungsrecht des Betriebsrats nach § 87 Abs. 1 Nr. 10 BetrVG.[147]

75 Hinsichtlich tariflicher Ausschluss- und Verfallfristen für Entgeltansprüche siehe oben Rn. 49.

---

143 *Ulber*, § 10 Rn. 95a; Schüren/Hamann/*Schüren*, § 10 Rn. 95.
144 A.A. *Becker/Wulfgramm*, § 10 Rn. 29.
145 Wohl a.A. *Ulber*, 10 Rn. 70.
146 BAG, 21.7.1993 – 5 AZR 554/92, AP Nr. 10 zu § 10 AÜG; Thüsing/Mengel, § 10 Rn. 22; Sandmann/Marschall/Schneider, § 10 Rn. 16; *Ulber*, § 10 Rn. 71 a.E.
147 BAG, 21.7.1993 – 5 AZR 554/92, AP Nr. 10 zu § 10 AÜG unter II.

4. Betriebsverfassungsrecht

76 Mit dem Beginn des gesetzlichen Arbeitsverhältnisses zwischen Entleiher und Leiharbeitnehmer nach § 10 Abs. 1 Satz 1 wird nicht nur das Leiharbeitsverhältnis beendet (§ 9 Nr. 1 Alt. 2), sondern **erlischt** auch die **Betriebszugehörigkeit** des Leiharbeitnehmers **zum Verleiherbetrieb**.[148] Gleichzeitig **erlischt** eine etwaige **Mitgliedschaft des Leiharbeitnehmers im Betriebsrat des Verleiherbetriebs** gemäß § 24 Abs. 1 Nr. 3 BetrVG.[149]

77 Mit Eintritt der Rechtswirkung des § 10 Abs. 1 Satz 1 wird der Leiharbeitnehmer **ausschließlich dem Entleiherbetrieb zugeordnet**.[150] Zwar ist der Betriebsrat im Entleiherbetrieb nach § 14 Abs. 3 i.V.m. § 99 BetrVG schon vor der Übernahme eines Leiharbeitnehmers zu beteiligen; die Zustimmung zur Einstellung des Leiharbeitnehmers beschränkt sich aber regelmäßig auf einen befristeten Arbeitseinsatz. Wird wegen unerlaubter Arbeitnehmerüberlassung nach § 10 Abs. 1 Satz 1 kraft Gesetzes ein Arbeitsverhältnis zwischen Entleiher und Leiharbeitnehmer begründet, geht es um einen unbefristeten Arbeitseinsatz. Die Verlängerung eines befristeten Arbeitsverhältnisses stellt jedoch nach allgemeiner Auffassung eine erneute Einstellung i.S.v. § 99 BetrVG dar, so dass nach diesen allgemeinen Grundsätzen die Beschäftigung des (ehemaligen) Leiharbeitnehmers im Entleiherbetrieb über den vorgesehenen Endtermin hinaus der **Zustimmung des Betriebsrats des Entleiherbetriebs nach § 99 BetrVG bedarf**.[151] Ein Mitbestimmungsrecht des Entleiherbetriebsrats kommt weiter hinsichtlich der Eingruppierung in Betracht, soweit sich die Höhe des Arbeitsentgelts nicht unmittelbar aus dem Gesetz ergibt (§ 10 Abs. 1 Satz 5). Näher zur Mitbestimmung des Entleiherbetriebsrats bei Einstellung von Leiharbeitnehmern § 14 Rn. 100 ff.

5. Sozialversicherungsrecht

a) Gesamtsozialversicherungsbeitrag

78 Der **Entleiher** wird kraft der gesetzlichen Anordnung des § 10 Abs. 1 Satz 1 Arbeitgeber des Leiharbeitnehmers mit allen gesetzlichen Rech-

---

148 Vgl. auch *Boemke*, AR-Blattei SD 540 Rn. 82 f.
149 BAG, 10.2.1977 – 2 ABR 80/76, AP Nr. 9 zu § 103 BetrVG 1972, Ls. 2 und unter II 1c; *Sandmann/Marschall/Schneider*, § 10 Rn. 3.
150 A.A. Schüren/Hamann/*Schüren*, § 10 Rn. 81.
151 Fitting, BetrVG, § 99 Rn. 38a, 57 f.; *Sandmann/Marschall/Schneider*, § 14 Rn. 7; Schüren/Hamann/*Schüren*, § 10 Rn. 37 ff. – A.A. *Becker/Wulfgramm*, § 14 Rn. 126.

ten und Pflichten. Daher hat er gemäß **§ 28e Abs. 1 Satz 1 SGB IV** den Gesamtsozialversicherungsbeitrag (§ 28d SGB IV) für den unerlaubt überlassenen Arbeitnehmer zu zahlen.[152]

79 Zahlt der **Verleiher** trotz Unwirksamkeit des Leiharbeitsvertrags (§ 9 Nr. 1 Alt. 2) das vereinbarte Arbeitsentgelt oder Teile davon an den Leiharbeitnehmer, so hat er nach dem – mit Wirkung vom 1.1.1989 eingeführten – **§ 28e Abs. 2 Satz 3 SGB IV** auch den hierauf entfallenden **Gesamtsozialversicherungsbeitrag** an die Einzugsstelle zu zahlen. Hinsichtlich dieser Zahlungspflicht gilt der Verleiher neben dem Entleiher als Arbeitgeber (§ 28e Abs. 2 Satz 4 Hs. 1 SGB IV). Verleiher und Entleiher haften insoweit als **Gesamtschuldner** (§ 28e Abs. 2 Satz 4 Hs. 2 SGB IV). Die Leistung des einen befreit nach außen auch den anderen (§ 422 Abs. 1 BGB). Hinsichtlich der Beitragspflicht für die **Unfallversicherung** gilt § 28e Abs. 2 SGB IV entsprechend (§ 150 Abs. 3 SGB VII). Die Einhaltung der sozialversicherungsrechtlichen Abführungspflicht ist in **§ 266a StGB** strafbewährt.

80 Hat ein Arbeitgeber die Aufzeichnungspflicht (§ 28f Abs. 1 SGB IV) nicht ordnungsgemäß erfüllt und können dadurch die Versicherungs- und Beitragspflicht oder die Beitragspflicht nicht festgestellt werden, so kann der Sozialversicherungsträger den Beitrag von der Summe der vom Arbeitgeber gezahlten Arbeitsentgelte geltend machen (§ 28f Abs. 2 SGB IV).

b) Insolvenzgeld

81 Das **Insolvenzgeld** sichert den Arbeitnehmer für das Risiko des Arbeitsentgeltausfalls wegen Insolvenz des Arbeitgebers für die dem Insolvenzereignis vorausgehenden drei Monate ab. Das **früher Konkursausfallgeld** (§§ 141a ff. AFG) genannte Insolvenzgeld wurde mit Wirkung ab dem 1.1.1999 in den §§ 183 ff. SGB III (Art. 83 Abs. 5 AFRG)[153] und mit Wirkung ab dem 1.4.2012 in §§ 165 ff. SGB III[154] geregelt.

---

152 *Sandmann/Marschall/Schneider*, § 10 Rn. 26b. – A.A. Schüren/Hamann/*Schüren*, § 10 Rn. 13.
153 BGBl. I (1997), S. 594, 721. Zu den neueren Entwicklungen beim Insolvenzgeld *Braun/Wierzioch*, ZIP 2003, 2001 ff. Als Überblick zum Insolvenzgeld *Felser*, AiB 2004, 427 ff.; *Annuß/Lembke*, Arbeitsrechtliche Umstrukturierung in der Insolvenz, Rn. 814 ff.
154 Art. 1 des Gesetz zur Verbesserung der Eingliederungschancen am Arbeitsmarkt vom 20.12.2011, BGBl. I, S. 2854.

II. Gesetzliches Arbeitsverhältnis zwischen Entleiher u. Leiharbeitnehmer **§ 10**

aa) Insolvenz des Entleihers

Im Falle der Insolvenz des Entleihers hat der Leiharbeitnehmer für die Arbeitsentgeltansprüche aus dem gesetzlichen Arbeitsverhältnis zum Entleiher nach § 10 Abs. 1 Satz 1 Anspruch auf Insolvenzgeld in Höhe des Nettoarbeitsentgelts für die letzten drei Monate des Arbeitsverhältnisses vor dem Insolvenzereignis (§ 165 Abs. 1 SGB III). Insoweit bestehen **keine Besonderheiten**, weil der Entleiher kraft der gesetzlichen Anordnung des § 10 Abs. 1 Satz 1 in vollem Umfang die Arbeitgeberstellung gegenüber dem unerlaubt überlassenen Arbeitnehmer eingenommen hat. Der Arbeitnehmer muss das Insolvenzgeld bei der zuständigen Agentur für Arbeit (§ 327 Abs. 3 SGB III) innerhalb einer Ausschlussfrist von zwei Monaten nach dem Insolvenzereignis i.S.d. § 165 Abs. 1 Satz 2 Nr. 1 bis 3 SGB III beantragen (§ 324 Abs. 3 Satz 1 SGB III). Hat der Arbeitnehmer die Frist ohne Verschulden versäumt, kann er den Antrag innerhalb von zwei Monaten nach dem Wegfall des Hinderungsgrunds stellen (§ 324 Abs. 3 Satz 2 SGB III). 82

bb) Insolvenz des Verleihers

Tritt **das Insolvenzereignis nach Beginn des gesetzlichen Schuldverhältnisses** zwischen Entleiher und Leiharbeitnehmer (§ 10 Abs. 1 Satz 1) **beim Verleiher** ein, so stellt sich die Frage, ob der Leiharbeitnehmer **Insolvenzgeld für rückständige Ansprüche** beantragen kann, die ihm **gegen** den **Verleiher** zustehen, weil er trotz Unwirksamkeit des Leiharbeitsvertrags (§ 9 Nr. 1 Alt. 2) seine Arbeitsleistung erbracht hat (vgl. § 9 Rn. 64ff.). An sich liegen die Tatbestandsvoraussetzungen des § 165 Abs. 1 SGB III für Insolvenzgeld nicht vor, weil mit dem Eintritt der Rechtswirkung der Entleiher zum alleinigen Arbeitgeber des Leiharbeitnehmers wird und der insolvente Verleiher mithin nicht mehr Arbeitgeber ist. Zudem handelt es sich bei den Ansprüchen des Leiharbeitnehmers nicht um Arbeitsentgeltansprüche aus einem faktischen Arbeitsverhältnis, sondern um Bereicherungsansprüche (str.; siehe § 9 Rn. 64ff.). 83

Dennoch vertritt das **BSG** die – rechtsdogmatisch zweifelhafte – Ansicht, der unerlaubt überlassene Arbeitnehmer habe trotz Unwirksamkeit des mit dem insolvent gewordenen Verleiher geschlossenen Leiharbeitsvertrags einen **Anspruch auf Konkursausfallgeld bzw. Insolvenzgeld unter der Voraussetzung, dass er auf die Gültigkeit des** 84

Leiharbeitsvertrags vertraute.[155] Dies begründet das BSG zum einen mit dem Zweck des Konkursausfallgelds bzw. Insolvenzgelds als „Schnellleistung", die der Sicherung des Lebensunterhalts dient und daher schnell gewährt werden soll. Dieser Zweck würde aber in Frage gestellt, wenn die Insolvenz eines unerlaubt tätigen Verleihers für den gutgläubigen Arbeitnehmer keinen Anspruch auf Konkursausfall- bzw. Insolvenzgeld begründen würde, sondern der Arbeitnehmer erst einmal die Zweifelsfrage klären müsste, ob gegen den Entleiher der Lohnanspruch aus § 10 Abs. 1 geltend gemacht werden kann.[156] Zum anderen ist das BSG der – unzutreffenden (vgl. unten Rn. 108) – Auffassung, der Schadensersatzanspruch des Leiharbeitnehmers gegen den Verleiher nach § 10 Abs. 2 bestehe vor allem in dem Verlust seines vertraglichen Anspruchs auf Arbeitsentgelt aus einem bestehenden wirksamen Arbeitsverhältnis und trete daher an die Stelle der Lohnforderung gegen den Verleiher. Da der Schadensersatzanspruch nach § 10 Abs. 2 also ein Lohnsurrogat sei, sei er Arbeitsentgeltanspruch i.S.d. § 141b Abs. 2 AFG bzw. § 183 Abs. 1 Satz 3 SGB III a.F. (§ 165 Abs. 2 SGB III n.F.).[157] Daraus folgert das BSG – zirkelschlussartig – dass auch der surrogierte Hauptanspruch gegen den Verleiher Arbeitsentgelt i.S.d. Insolvenzgeldvorschriften ist.

85 **Vorzugswürdig** gegenüber der Ansicht des BSG erscheint, das Sicherungsinteresse des Leiharbeitnehmers bei bestehender Unklarheit über seine Rechtsposition mittels einer vorläufigen Entscheidung über die Erbringung des Insolvenzgelds zu lösen (§ 328 SGB III).

86 Folgt man der Auffassung des BSG, soll die leistungspflichtige BA die Möglichkeit haben, vom Entleiher das von ihr gezahlte Insolvenzgeld entsprechend § 169 Satz 1 SGB III oder nach dem Rechtsgedanken des § 43 SGB I a.F. bzw. § 115 Abs. 1 SGB X ersetzt zu erhalten.[158]

---

155 BSG, 25.3.1982 – 10 RAr 2/81, BB 1982, 1614 (Ls.) = BSGE 53, 205ff.; BSG, 20.3.1984 – L 9 Ar 115/81, BB 1985, 665; *Sandmann/Marschall/Schneider*, § 10 Rn. 14a.
156 BSG, 25.3.1982 – 10 RAr 2/81, BB 1982, 1614 (Ls.) = BSGE 53, 205, 207; BSG, 20.3.1984 – L 9 Ar 115/81, BB 1985, 665.
157 BSG, 20.3.1984 – L 9 Ar 115/81, BB 1985, 665.
158 *Sandmann/Marschall/Schneider*, § 10 Rn. 14a a.E.; *Schüren/Hamann/Schüren*, § 10 Rn. 150.

6. Steuerrecht

a) Lohnsteuerhaftung

Im Steuerrecht gilt ein **eigenständiger, vom Arbeitsrecht abweichender Arbeitgeberbegriff.** Abweichend vom s.g. Grundsatz (Rn. 14) ist der Entleiher bei Eintritt der Rechtswirkung des § 10 Abs. 1 Satz 1 wegen unerlaubter Arbeitnehmerüberlassung nicht ohne weiteres als Arbeitgeber im steuerrechtlichen Sinn anzusehen. Die **Unwirksamkeit des Leiharbeitsvertrags** nach § 9 Nr. 1 Alt. 2 – und folglich auch die damit verknüpfte Rechtsfolge des § 10 Abs. 1 Satz 1 – ist **gemäß § 41 Abs. 1 Satz 1 AO für die Besteuerung unerheblich, soweit und solange die Beteiligten das wirtschaftliche Ergebnis dieses Rechtsgeschäfts gleichwohl eintreten und bestehen lassen.** Für die Lohnsteuerhaftung des Arbeitgebers im Falle der unerlaubten gewerbsmäßigen Arbeitnehmerüberlassung ist daher wie folgt zu differenzieren:[159]

87

aa) Lohnzahlung durch den Verleiher

Führen Verleiher und Entleiher den unwirksamen Arbeitnehmerüberlassungsvertrag durch und zahlt der **Verleiher** trotz Unwirksamkeit des Leiharbeitsvertrags die Arbeitsvergütung, **bleibt er im steuerrechtlichen Sinn Arbeitgeber** (i.S.d. § 42d Abs. 1 bis 6 EStG) und hat den Lohnsteuerabzug nach §§ 38 ff. EStG durchzuführen. Da insbesondere bei unerlaubter Arbeitnehmerüberlassung häufig die Lohnsteuer nicht einbehalten wird, ordnet **§ 42d Abs. 6 EStG** eine verschuldensunabhängige, zur Haftung des Verleihers akzessorische und gesamtschuldnerische **Ausfallhaftung des Entleihers** für die Lohnsteuer des überlassenen Arbeitnehmers an.[160]

88

Die **Haftung** ist aber **ausgeschlossen**, wenn der Entleiher über das Vorliegen einer Arbeitnehmerüberlassung ohne Verschulden irrte (§ 42d Abs. 6 Satz 3 EStG). Er ist insoweit nachweispflichtig. Der Gesetzgeber wollte den Entleiher von der Lohnsteuerhaftung freistellen, wenn er schuldlos von einem Werk- oder Dienstvertrag ausgegangen war oder ihm wegen schwieriger rechtlicher Abgrenzungsfragen eine zutreffende rechtliche Bewertung nicht gelungen ist.[161] Verschulden ist jedoch be-

89

---

159 Zum Ganzen BFH, 2.4.1982 – VI R 34/79, BB 1982, 1776f.; BFH, 18.1.1991 – VI R 122/87, BB 1991, 1103f.; *Reinhart*, BB 1986, 500ff.; *Sandmann/Marschall/Schneider*, § 10 Rn. 14b.
160 Vgl. BT-Drs. 10/4119, S. 6.
161 BT-Drs. 10/4119, S. 9; *Sandmann/Marschall/Schneider*, § 10 Rn. 14b.

reits bei leichter Fahrlässigkeit gegeben. Hat der Entleiher Zweifel am Nichtvorliegen von Arbeitnehmerüberlassung, muss er sich Rechtsrat einholen (z.B. beim Rechtsanwalt, Finanzamt, Agentur für Arbeit).[162] Der Haftungsausschluss nach § 42d Abs. 6 Satz 3 EStG greift nicht in dem Fall, dass der Entleiher ohne Verschulden davon ausgehen konnte, der Verleiher sei Inhaber der erforderlichen Überlassungserlaubnis.[163]

90 Der Entleiher haftet nur für die Lohnsteuer, die auf die **Zeit der Überlassung** des Arbeitnehmers entfällt (§ 42d Abs. 6 Satz 4 EStG). Entleiher, Verleiher und Leiharbeitnehmer haften als **Gesamtschuldner** (§ 42d Abs. 6 Satz 5 EStG). Die Haftung des Entleihers ist gemäß § 42d Abs. 6 Satz 6 EStG **subsidiär** gegenüber dem Verleiher, nicht hingegen im Verhältnis zum Arbeitnehmer als Steuerschuldner.[164] Ist die Lohnsteuer – wie bei illegaler Arbeitnehmerüberlassung häufig – aus tatsächlichen Gründen schwer zu ermitteln, sieht § 42d Abs. 6 Satz 7 EStG einen **Durchschnittssteuersatz** vor. Zur **Sicherung des Lohnsteueranspruchs** kann das Finanzamt – ggf. auf Anregung des Entleihers – anordnen, dass der Entleiher einen bestimmten Teil des mit dem Verleiher vereinbarten Überlassungsentgelts einzubehalten und abzuführen hat (§ 42d Abs. 8 EStG).

bb) Lohnzahlung durch den Entleiher

91 Zahlt der **Entleiher** im Falle unerlaubter Arbeitnehmerüberlassung mit Rücksicht auf das gesetzliche Arbeitsverhältnis zum Leiharbeitnehmer (§ 10 Abs. 1 Satz 1) den gesamten oder einen Teil des von ihm geschuldeten Lohns im eigenen Namen und auf eigene Rechnung an den Leiharbeitnehmer, wird er (auch) **im steuerrechtlichen Sinne einbehaltungspflichtiger Arbeitgeber**.[165] Für diesen eher seltenen Fall ordnet § 42d Abs. 7 EStG eine Abs. 6 entsprechende **Subsidiärhaftung des Verleihers** an, wenn der Entleiher einen Haftungstatbestand i.S.d. § 42d Abs. 1 EStG erfüllt.

b) Umsatzsteuerrecht

92 Da die zivilrechtliche Unwirksamkeit des Arbeitnehmerüberlassungsvertrags infolge der unerlaubten Arbeitnehmerüberlassung (§ 9 Nr. 1

---

162 Schmidt/*Drenseck*, § 42d Rn. 71. – Zurückhaltender Herrmann/Heuer/Raupach/*Gersch*, § 42d Rn. 298.
163 Kirchhof/Söhn/*Trzaskalik*, § 42d Rn. G 15.
164 Schmidt/*Drenseck*, § 42d Rn. 73.
165 Schmidt/*Drenseck*, § 42d Rn. 66, 75; Kirchhof/Söhn/*Trzaskalik*, § 42d Rn. H 1.

Alt. 1) gemäß § 41 Abs. 1 Satz 1 AO steuerrechtlich unerheblich ist, solange und soweit Entleiher und Verleiher den unwirksamen Vertrag tatsächlich durchführen, ist vom Verleiher für seine Leistungen Umsatzsteuer abzuführen, die der Verleiher in seiner Rechnung gesondert auszustellen hat (§ 14 UStG). Der **Entleiher** kann nach § 15 Abs. 1 Nr. 1 UStG **die vom Verleiher ausgewiesene Umsatzsteuer als** sog. **Vorsteuer** bei der Berechnung seiner Umsatzsteuer **abziehen, wenn** er eine **Rechnung** des Verleihers i.S.d. §§ 14, 14a UStG vorlegt, die so genaue und richtige Angaben tatsächlicher Art zum Gegenstand der Leistung enthält, dass sie – ggf. unter Heranziehung weiterer Erkenntnismittel – eine **Identifizierung des Leistungsgegenstands ermöglicht**. Die Rechnung muss weder die zivilrechtliche oder umsatzsteuerrechtliche Qualifizierung des Leistungsgegenstands noch den Leistungsgegenstand (z.B. „Arbeitnehmerüberlassung") zutreffend bezeichnen. Unschädlich ist es daher, wenn in der Rechnung trotz Vorliegens unerlaubter Arbeitnehmerüberlassung eine andere Leistung, etwa ein Werkerfolg, angegeben ist, wenn festgestellt ist, dass kein anderer Leistungsgegenstand als entweder Werkvertragsarbeit oder Überlassung von Arbeitnehmern für entsprechende Arbeiten in Betracht kommt.[166]

7. Auskunftsanspruch

Im Dreiecksverhältnis der an der (illegalen) Arbeitnehmerüberlassung Beteiligten kommen in allen Rechtsbeziehungen Auskunftsansprüche in Betracht.[167] Auskunftsansprüche sind **Hilfsansprüche** und dienen dazu, die für die Durchsetzung eines Hauptanspruchs oder -rechts erforderlichen Informationen zu erlangen. Einige Auskunftsansprüche sind **im Gesetz geregelt**, etwa der Informationsanspruch von Leiharbeitnehmer und Entleiher gegen den Verleiher darüber, ob dieser (noch) im Besitz der Erlaubnis nach § 1 ist (§§ 11 Abs. 1 Nr. 1, Abs. 3; § 12 Abs. 1 Satz 2, Abs. 2) oder der Auskunftsanspruch von Verleiher und Leiharbeitnehmer gegenüber dem Entleiher in Bezug auf die für vergleichbare Stammarbeitnehmer des Entleiher geltenden wesentlichen Arbeitsbedingungen (§ 12 Abs. 1 Satz 3, Teil 2; § 13). Ferner normieren § 11 Abs. 1 für den Verleiher und das beim gesetzlichen Arbeitsverhältnis (§ 10 Abs. 1 Satz 1) analog anzuwendende NachwG

93

---

166 Zum Ganzen BFH, 24.9.1987 – V R 125/86, BB 1988, 1171, 1172f.; BGH, 12.2.2003 – 5 StR 165/02, NJW 2003, 1821, 1822.
167 Allgemein zum Auskunftsanspruch im Arbeitsverhältnis *Boemke*, AR-Blattei SD 320 Rn. 1ff.

(vgl. Rn. 47) für den Entleiher Auskunftspflichten. Der Auskunftsanspruch des Arbeitnehmers gegenüber seinem Arbeitgeber nach § 82 Abs. 2 Satz 1 BetrVG hinsichtlich des Arbeitsentgelts, der Leistungsbeurteilung und der beruflichen Entwicklung besteht unabhängig von der Existenz eines Betriebsrats.[168] Der Anspruch des Arbeitnehmers gegen den Arbeitgeber auf Abrechnung des Arbeitsentgelts ergibt sich aus § 108 GewO. Dabei handelt es sich der Sache nach auch um einen Auskunftsanspruch.[169]

94 Zwar existiert kein allgemeiner Auskunftsanspruch, jedoch besteht nach allgemeiner Auffassung **bei Fehlen spezieller Anspruchsgrundlagen** ein **Auskunftsanspruch gemäß § 242 BGB**, wenn die zwischen den Parteien bestehenden Rechtsbeziehungen es mit sich bringen, dass der Berechtigte in entschuldbarer Weise über Bestehen oder Umfang seines Rechts im Ungewissen ist und der Verpflichtete die zur Beseitigung der Ungewissheit erforderliche Auskunft unschwer geben kann.[170] Dies gilt auch bei der Anbahnung eines Arbeitsverhältnisses sowie bei und nach Beendigung des Arbeitsverhältnisses.[171]

95 Im Falle unerlaubter Arbeitnehmerüberlassung hat der **Leiharbeitnehmer nach § 242 BGB** einen **Anspruch gegen** den **Verleiher auf Auskunft über solche Tatsachen, die** der Leiharbeitnehmer **zur Durchsetzung seiner Ansprüche** gegenüber dem Verleiher und Entleiher benötigt. Der Leiharbeitnehmer muss dafür nicht nachweisen, dass unerlaubte Arbeitnehmerüberlassung vorliegt, vielmehr genügen Tatsachen, die einen solchen Verdacht begründen.[172] Ein solcher Auskunftsanspruch des Leiharbeitnehmers kommt insbesondere in Betracht, wenn er gerichtlich feststellen lassen will, dass nach § 10 Abs. 1 Satz 1 ein gesetzliches Arbeitsverhältnis zum Entleiher zustande gekommen ist, oder wenn er Ansprüche aus dem gesetzlichen Arbeitsverhältnis geltend machen will. Dann benötigt er Informationen über Namen und Anschrift des Entleihers und ggf. auch über den Inhalt des Überlas-

---

168 ErfK/*Kania*, § 82 BetrVG Rn. 1. – Ausführlich zu Auskunftspflichten im Arbeitsverhältnis *Boemke*, AR-Blattei SD 320 Rn. 1 ff.
169 HWK/*Lembke*, § 108 GewO Rn. 6.
170 Näher *Boemke*, AR-Blattei SD 320 Rn. 17 ff.; Palandt/*Grüneberg*, BGB, § 260 Rn. 4 ff. m.w.N.
171 Näher BAG, 7.9.1995 – 8 AZR 828/93, BB 1996, 749 f.; BAG, 18.1.1996 – 6 AZR 314/95, BB 1996, 1892 (Ls.) = DB 1996, 2182; *Boemke*, AR-Blattei SD, 320 Rn. 17 ff., 171.
172 BAG, 11.4.1984 – 5 AZR 316/82, BB 1984, 2269 f. (Ls.) = AP Nr. 7 zu § 10 AÜG unter II; *Sandmann/Marschall/Schneider*, § 10 Rn. 14; *Ulber*, § 10 Rn. 52.

sungsvertrags, wenn die Frage der Befristung (vgl. § 10 Abs. 1 Satz 2) oder der Arbeitszeit (§ 10 Abs. 1 Satz 3) des gesetzlichen Arbeitsverhältnisses zu klären ist. Ein entsprechender Auskunftsanspruch des Leiharbeitnehmers kommt **auch gegen den Entleiher** in Betracht.[173] Allerdings steht der Auskunftsanspruch nach § 242 BGB unter dem Vorbehalt der Erforderlichkeit und Zumutbarkeit.[174] Der Leiharbeitnehmer kann also nicht jede Auskunft von Verleiher bzw. Entleiher verlangen, welche seine Klage schlüssig macht. Soweit er sich die erforderliche Information selbst auf zumutbare Weise beschaffen kann (wie z. B. Tatsachen, die für das Vorliegen von Arbeitnehmerüberlassung und gegen einen Dienst- oder Werkvertrag sprechen), hat er keinen Auskunftsanspruch gegenüber Verleiher bzw. Entleiher.

8. Prozessuales

a) Feststellungsklage

Der Leiharbeitnehmer kann das Bestehen des gesetzlichen Arbeitsverhältnisses zum Entleiher nach § 10 Abs. 1 Satz 1 im Wege der allgemeinen Feststellungsklage (§§ 256 Abs. 1, 495 ZPO, § 46 Abs. 2 ArbGG) vor dem Arbeitsgericht geltend machen (§ 2 Abs. 1 Nr. 3 lit. b ArbGG).[175] Die dreiwöchige Klagefrist des § 4 KSchG gilt hier weder direkt noch analog.[176]

Der Leiharbeitnehmer kann aber **seine Befugnis zur Feststellungsklage prozessual verwirken**[177] (zur materiellen Verwirkung Rn. 44). Das Klagebegehren ist verwirkt, wenn der Anspruchsteller die Klage erst nach Ablauf eines längeren Zeitraums erhebt (**Zeitmoment**) und dadurch ein Vertrauenstatbestand beim Anspruchsgegner geschaffen wird, dass er gerichtlich nicht mehr belangt werde. Hierbei muss das Erfordernis des Vertrauensschutzes das Interesse des Berechtigten an der sachlichen Prüfung des von ihm behaupteten Anspruchs derart überwiegen, dass dem Gegner die Einlassung auf die nicht innerhalb ange-

---

173 Vgl. *Ulber*, § 10 Rn. 52.
174 Palandt/*Grüneberg*, § 260 Rn. 4, 8, MüKo-BGB/*Krüger*, § 259 Rn. 28.
175 BAG, 24.5.2006 – 7 AZR 365/05, BeckRS 2009, 67935, Rn. 25; Hessisches LAG, 29.10.2012 – 21 Sa 303/12, BeckRS 2013, 66215.
176 *Becker/Wulfgramm*, § 10 Rn. 38a; Thüsing/*Mengel*, § 10 Rn. 51; Schüren/Hamann/ *Schüren*, § 10 Rn. 135.
177 BAG, 24.5.2006 – 7 AZR 365/05, BeckRS 2009, 67935, Rn. 20 ff.; LAG Köln, 29.3.1984 – 8 Sa 793/83, EzAÜG § 10 AÜG Fiktion Nr. 27; LAG Köln, 28.11. 1986 – 4 Sa 918/86, BB 1987, 335, 336 f.; *Becker/Wulfgramm*, § 10 Rn. 38a; Schüren/Hamann/*Schüren*, § 10 Rn. 135, 140 ff.

messener Frist erhobene Klage nicht mehr zumutbar ist (**Umstandsmoment**). Durch die Annahme einer prozessualen Verwirkung darf der Weg zu den Gerichten aber nicht in unzumutbarer, aus Sachgründen nicht zu rechtfertigender Weise erschwert werden.[178] Beweisschwierigkeiten, denen der Verpflichtete deshalb ausgesetzt ist, weil der Berechtigte seine Rechte erst nach längerer Zeit geltend macht, rechtfertigen den Einwand der Prozessverwirkung grundsätzlich nicht. Anders verhält es sich allenfalls dann, wenn der Verpflichtete im berechtigten Vertrauen darauf, dass der Berechtigte seine Rechte nicht mehr geltend machen werde, Beweismittel vernichtet hat. Es fehlt jedoch an dem erforderlichen Umstandsmoment, wenn der Entleiher in der Vergangenheit von mehreren in seinem Betrieb eingesetzten Arbeitnehmern von Fremdfirmen auf das Bestehen von Arbeitsverhältnissen nach § 10 Abs. 1 in Anspruch genommen wurde.[179]

98 Macht der Leiharbeitnehmer geltend, dass das gesetzliche Arbeitsverhältnis als nicht wirksam befristet gilt, hat er die Dreiwochenfrist des § 17 TzBfG zu beachten (vgl. Rn. 59).

99 Die **Grundsätze** des Großen Senats des BAG **zum allgemeinen (Weiter-)Beschäftigungsanspruch** während des Kündigungsschutzprozesses[180] **können** auf das Verhältnis zwischen Entleiher und Leiharbeitnehmer **übertragen werden**, wenn sie sich über den Eintritt der Rechtswirkung nach § 10 Abs. 1 Satz 1 streiten.[181] Der GS des BAG hat nämlich keinen eigenständigen allgemeinen Weiterbeschäftigungsanspruch kreiert, sondern lediglich die Voraussetzungen näher bestimmt, unter denen der Arbeitnehmer bei Streitigkeiten über den Fortbestand des Arbeitsverhältnisses seinen (von ihm behaupteten) allgemeinen Beschäftigungsanspruch im Wege der einstweiligen Verfügung durchsetzen kann.[182] Diese Grundsätze können dementsprechend immer dann Anwendung finden, wenn zwischen den Parteien Streit über den Bestand eines Arbeitsverhältnisses besteht.

---

178 BAG, 24.5.2006 – 7 AZR 365/05, BeckRS 2009, 67935, Rn. 20.
179 BAG, 24.5.2006 – 7 AZR 365/05, BeckRS 2009, 67935, Rn. 23.
180 BAG (GS), 27.2.1985 – GS 1/84, BB 1985, 1978 ff.; dazu ausführlich *v. Hoyningen-Huene/Linck*, § 4 Rn. 95 ff. m.w.N.
181 ArbG Köln, 15.2.1989 – 10 Ca 8727/88, DB 1989, 1092; *Boemke*, Schuldvertrag, S. 525; *Sandmann/Marschall/Schneider*, § 10 Rn. 21b; *Ulber*, § 10 Rn. 54. – A.A. LAG Köln, 3.7.1992 – 13 Sa 130/92, LAGE Nr. 31 zu § 611 BGB Beschäftigungspflicht; zurückhaltend auch Schüren/Hamann/*Schüren*, § 10 Rn. 126.
182 *Boemke*, Studienbuch ArbR, § 15 Rn. 16.

b) Leistungsklage

Ansprüche gegen den Entleiher aus dem gesetzlichen Arbeitsverhältnis nach § 10 Abs. 1 kann der Leiharbeitnehmer im Wege der Leistungsklage vor dem Arbeitsgericht (§ 2 Abs. 1 Nr. 3 lit. a ArbGG) geltend machen. Anders als bei Feststellungsklagen unterliegt die Klagebefugnis von Leistungsklagen **nicht** der **prozessualen Verwirkung**. Insoweit geht die materiell-rechtliche Verwirkung (dazu Rn. 44) vor.[183]

100

c) Beschlussverfahren

Besteht – etwa im Hinblick auf bevorstehende Betriebsratswahlen[184] oder hinsichtlich der Frage, ob der Arbeitnehmer bei den Schwellenwerten nach dem BetrVG zu berücksichtigen ist – in betriebsverfassungsrechtlicher Hinsicht Streit darüber, ob der Leiharbeitnehmer auf Grund der gesetzlichen Wirkung des § 10 Abs. 1 zum Arbeitnehmer des Entleiherbetriebs geworden ist oder immer noch dem Verleiherbetrieb zuzuordnen ist (§ 14 Abs. 1), kann im Wege des Beschlussverfahrens vor dem Arbeitsgericht (§ 2a Abs. 1 Nr. 1 ArbGG) der Status des Arbeitnehmers geklärt werden.[185] Antragsberechtigt sind der mögliche Arbeitgeber (Entleiher oder Verleiher), der Betriebsrat und der Arbeitnehmer, um dessen Status es geht.[186]

101

III. Schadensersatzanspruch des Leiharbeitnehmers (§ 10 Abs. 2)

Für den Fall der unerlaubten Arbeitnehmerüberlassung normiert § 10 Abs. 2 einen auf das negative Interesse gerichteten Schadensersatzanspruch des Leiharbeitnehmers gegen den Verleiher, dessen gesetzliche Konzeption sich vom Prinzip her an den §§ 179 Abs. 2, 122 BGB orientiert.

102

---

183 BGH, 21.2.1990 – VIII ZR 216/89, NJW-RR 1990, 886; Zöller/*Vollkommer*, ZPO, Einleitung Rn. 57a.
184 Zum aktiven Wahlrecht von Leiharbeitnehmern s. § 7 Satz 2 BetrVG.
185 *Ulber*, § 10 Rn. 53.
186 Vgl. *Fitting*, BetrVG, § 5 Rn. 456.

§ 10 Rechtsfolgen bei Unwirksamkeit

1. Tatbestandsvoraussetzungen

a) Unwirksamkeit des Leiharbeitsvertrags nach § 9 Nr. 1 Alt. 2

103 § 10 Abs. 2 gilt nicht für alle Unwirksamkeitsgründe (z.B. Geschäftsunfähigkeit, fehlende Vertretungsmacht), sondern **nur für die Fälle**, in denen der Leiharbeitsvertrag zwischen Verleiher und Leiharbeitnehmer infolge von Arbeitnehmerüberlassung ohne die erforderliche Erlaubnis **nach § 9 Nr. 1 Alt. 2** unwirksam ist.[187] Da der ursprüngliche Wortlaut von § 10 Abs. 2 zu weit geraten war, wurde dies im Rahmen von „Hartz I"[188] durch Einfügung der Wörter „[Unwirksamkeit] nach § 9 Nr. 1" in § 10 Abs. 2 Satz 1 klargestellt.[189]

104 Ebenso wie §10 Abs. 1 gilt Abs. 2 **nicht**, wenn neben § 9 Nr. 1 Alt. 2 noch ein **weiterer Unwirksamkeitsgrund** vorliegt (vgl. Rn. 24).[190]

b) Schaden des Leiharbeitnehmers

105 Dem Leiharbeitnehmer muss auf Grund der Unwirksamkeit des Leiharbeitsvertrags ein Schaden, d.h. eine Vermögenseinbuße, entstanden sein (zum Umfang des zu ersetzenden Schadens unten Rn. 107ff.).

c) Keine Kenntnis des Unwirksamkeitsgrunds

106 Gemäß § 10 **Abs. 2 Satz 2** scheidet der Schadensersatzanspruch aus, wenn der Leiharbeitnehmer den Grund der Unwirksamkeit des Leiharbeitsvertrags (§ 9 Nr. 1 Alt. 2) kannte, d.h. wenn er sowohl wusste, dass es sich um erlaubnispflichtige gewerbsmäßige Arbeitnehmerüberlassung (und nicht etwa um eine Entsendung auf Grund Werkvertrags) handelte, als auch das Fehlen bzw. den Wegfall der Überlassungserlaubnis beim Verleiher kannte.[191] Der Gesetzgeber hat abweichend von §§ 179 Abs. 3 Satz 1, 122 Abs. 2 BGB den **Ausschluss** des Schadensersatzanspruchs bewusst auf den Fall **positiver Kenntnis vom Grund der Unwirksamkeit des Leiharbeitsvertrags** beschränkt.[192] Fahrlässige und selbst grobfahrlässige Unkenntnis sind unschädlich. Sie führt

---

187 ErfK/*Wank*, § 10 AÜG Rn. 12.
188 Art. 6 Nr. 5 lit. a des Ersten Gesetzes für moderne Dienstleistungen am Arbeitsmarkt vom 23.12.2002, BGBl. I, S. 4607, 4618.
189 BT-Drs. 15/25, S. 39.
190 Thüsing/*Mengel*, § 10 Rn. 55; HWK/*Gotthardt*, § 10 AÜG Rn. 19 – A.A. Schüren/Hamann/*Schüren*, § 10 Rn. 179.
191 Thüsing/*Mengel*, § 10 Rn. 56; *Ulber*, § 10 Rn. 83; ErfK/*Wank*, § 10 AÜG Rn. 23.
192 Zu BT-Drs. VI/3505, S. 3.

III. Schadensersatzanspruch des Leiharbeitnehmers (Abs. 2) **§ 10**

nicht einmal zur Minderung des Schadensersatzanspruchs wegen Mitverschuldens bei der Schadensentstehung nach § 254 Abs. 1 BGB, weil § 10 **Abs. 2 Satz 2 lex specialis zu § 254 Abs. 1 BGB ist.**[193]

2. Rechtsfolge: Ersatz des Vertrauensschadens

Liegen die Tatbestandsvoraussetzungen vor, kann der Leiharbeitnehmer vom Verleiher Ersatz des Schadens verlangen, den er dadurch erleidet, dass er auf die Gültigkeit des Leiharbeitsvertrags vertraut hat (Abs. 2 Satz 1). Diese Formulierung entspricht vom Regelungsgehalt hinsichtlich des zu ersetzenden Schadens im Wesentlichen den §§ 179 Abs. 2, 122 Abs. 1 BGB. Ersatzfähig ist nur das sog. **negative Interesse (Vertrauensschaden)**. Nach § 249 Abs. 1 BGB ist der Leiharbeitnehmer so zu stellen, als hätte er nicht auf die Gültigkeit des Leiharbeitsvertrags vertraut, sondern wäre zutreffend davon ausgegangen, dass er unwirksam ist bzw. wird. Dann hätte er den Leiharbeitsvertrag nicht abgeschlossen. Der **Leiharbeitnehmer ist** also entsprechend den allgemeinen schadensrechtlichen Grundsätzen zum Vertrauensschaden **so zu stellen, wie er stünde, wenn er den unwirksamen Leiharbeitsvertrag nicht abgeschlossen hätte, d.h. wie wenn er von dem Geschäft nichts gehört hätte.**[194] **107**

Nicht ersatzfähig nach § 10 Abs. 2 ist hingegen **das positive Interesse (Erfüllungsschaden)**. Der Leiharbeitnehmer kann also nicht verlangen, so gestellt zu werden, wie er stünde, wenn der Leiharbeitsvertrag wirksam wäre und ordnungsgemäß durchgeführt worden wäre.[195] Unzutreffend ist daher die Auffassung, der Schadensersatzanspruch des Leiharbeitnehmers gegen den Verleiher umfasse auch den Lohnanspruch[196] (vgl. oben Rn. 84). **108**

Der Anspruch nach § 10 Abs. 2 ist in Abweichung von §§ 179 Abs. 2, 122 Abs. 1 BGB nach oben **nicht auf das Erfüllungsinteresse begrenzt.**[197] **109**

---

193 Ebenso wohl *Ulber*, § 10 Rn. 85. – Vgl. auch BGH, 22.11.1979 – III ZR 186/77, BGHZ 76, 16, 22.
194 Vgl. Palandt/*Grüneberg*, Vorb. v. § 249 Rn. 17; Jauernig/*Jauernig*, § 122 Rn. 3; HWK/*Gotthardt*, § 10 AÜG Rn. 21.
195 Vgl. *Bertram/Ockenfels*, NZA 1985, 552; Palandt/*Heinrichs*, Vorb. v. § 249 Rn. 17; Jauernig/*Jauernig*, § 122 Rn. 3.
196 So aber BSG, 20.3.1984 – 10 RAr 11/83, NZA 1984, 237; Thüsing/*Mengel*, § 10 Rn. 58.
197 *Bertram/Ockenfels*, NZA 1985, 552, 553; HWK/*Gotthardt*, § 10 AÜG Rn. 21; *Ulber*, § 10 Rn. 86 m.w.N.

§ 10 Rechtsfolgen bei Unwirksamkeit

110 Zum Vertrauensschaden zählen **alle im Hinblick auf den Vertragsschluss erbrachten Aufwendungen**, wie etwa Bewerbungskosten (z. B. Porto, Telefonkosten), Vertragsabschlusskosten (Fahrtkosten) und Umzugskosten.[198]

111 Ersatzfähig nach § 10 Abs. 2 ist ferner der Schaden (**entgangener Gewinn**, § 252 BGB), der dem Leiharbeitnehmer dadurch entsteht, dass er im Vertrauen auf die Wirksamkeit des Leiharbeitsvertrags ein bestehendes Arbeitsverhältnis aufgibt oder ein anderweitiges Beschäftigungsangebot ablehnt.[199] Welcher Gewinn dem Leiharbeitnehmer entgangen ist (z. B. weil die anderweitige Tätigkeit besser entlohnt worden wäre als das gesetzliche Arbeitsverhältnis nach Abs. 1 Satz 5), hat er darzulegen, wobei ihm die Beweiserleichterungen nach § 252 BGB, § 287 ZPO zugute kommen.[200]

112 Weitere Schadensposten kommen hingegen regelmäßig nicht in Betracht, obwohl im RegE eine abweichende gesetzgeberische Intention zum Ausdruck kommt.[201] Insoweit ist die **rechtstechnische Ausgestaltung** völlig **misslungen**. Im Einzelnen gilt:

113 Der Verleiher haftet gegenüber dem Leiharbeitnehmer **nicht** nach § 10 Abs. 2 für **Vergütungsausfälle, die dadurch entstehen, dass der Entleiher die Ansprüche aus dem gesetzlichen Arbeitsverhältnis gemäß § 10 Abs. 1 nicht erfüllt**, sei es, dass der Entleiher seine Verpflichtungen aus § 10 Abs. 1 nicht anerkennt, sei es, dass er sie wegen Insolvenz nicht erfüllen kann.[202] Der Leiharbeitnehmer ist nämlich nach § 10 Abs. 2 so zu stellen, wie er stünde, wenn er den Leiharbeitsvertrag nicht abgeschlossen hätte (vgl. Rn. 107). Hätte der Leiharbeitnehmer nichts von dem Leiharbeitsvertrag gehört, wäre er auch nicht an den Entleiher entsandt worden und es wäre kein gesetzliches Arbeitsverhältnis nach § 10 Abs. 1 mit ihm zustande gekommen. Folglich hätte er auch keine Ansprüche gegen den Entleiher gehabt, so dass ihm insoweit kein ersatzfähiger Vertrauensschaden entstanden ist. Dieses Ergebnis wird auch dadurch bestätigt, dass der Gesetzgeber den Schutz des Leih-

---

198 Vgl. Jauernig/*Jauernig*, § 122 Rn. 3; Schüren/Hamann/*Schüren*, § 10 Rn. 206; *Ulber*, § 10 Rn. 86.
199 Vgl. *Bertram/Ockenfels*, NZA 1985, 552, 553; Jauernig/ *Jauernig*, § 122 Rn. 3; *Ulber*, § 10 Rn. 86.
200 Dazu *v. Hoyningen-Huene/Boemke*, NJW 1994, 1757 ff.
201 BT-Drs. VI/2303, S. 14.
202 Im Ergebnis ebenso *Bertram/Ockenfels*, NZA 1985, 552, 553 ff. – A. A. BT-Drs. VI/2303, S. 14; *Becker/Wulfgramm*, § 10 Rn. 45 f.; *Thüsing/Mengel*, § 10 Rn. 59; *Ulber*, § 10 Rn. 74; ErfK/*Wank*, § 10 AÜG Rn. 25.

IV. Verleiherhaftung für an Dritte zu leistende Zahlungen (Abs. 3) § 10

arbeitnehmers gerade nicht so ausgestaltet hat, dass er von beiden, nämlich vom Entleiher und vom Verleiher, Erfüllung fordern kann.[203] Aus denselben Gründen umfasst § 10 Abs. 2 auch **nicht die Kosten der Rechtsverfolgung**, die dem Leiharbeitnehmer durch die Inanspruchnahme des Entleihers entstehen.[204]

Nicht nach § 10 Abs. 2 ersatzfähig sind auch **Nachteile**, die dem Leiharbeitnehmer wegen solcher Ansprüche entstehen, die **vom Bestand des Arbeitsverhältnisses** oder **von der Dauer der Betriebszugehörigkeit abhängig** sind (z.B. Urlaubsgeld, Gratifikationen, Kündigungsabfindungen) und deshalb nur auf Grund des nach § 9 Nr. 1 Alt. 2 unwirksamen Leiharbeitsverhältnisses hätten entstehen können.[205] Denn hätte der Leiharbeitnehmer den Arbeitsvertrag nicht abgeschlossen, wären diese Ansprüche überhaupt nicht entstanden. Sie betreffen nicht das negative Interesse, sondern das von § 10 Abs. 2 nicht erfasste Erfüllungsinteresse.

114

Hinsichtlich solcher Tatsachen, die der Leiharbeitnehmer zur Geltendmachung des Schadensersatzanspruchs nach § 10 Abs. 2 benötigt, kommt ein **Auskunftsanspruch des Arbeitnehmers** gegen den Verleiher in Betracht[206] (vgl. auch oben Rn. 93 ff.).

115

IV. Verleiherhaftung für an Dritte zu leistende Zahlungen (§ 10 Abs. 3)

Im Falle unerlaubter Arbeitnehmerüberlassung wird der **Entleiher** nach § 10 Abs. 1 in vollem Umfang (alleiniger) Arbeitgeber des Leiharbeitnehmers und hat daher auch bestehende Verpflichtungen zur Zahlung von Teilen des Arbeitsentgelts des Leiharbeitnehmers an Dritte (z.B. vermögenswirksame Leistungen) zu erfüllen. Entsprechend den Sonderregelungen über die Verleiherhaftung für Lohnsteuer (§ 42d Abs. 6, 7 EStG; oben Rn. 88 ff.) und für die Sozialversicherungsbeiträge (§ 28e Abs. 2 Sätze 3 und 4 SGB IV; vgl. Rn. 79) ordnet § 10 Abs. 3 die **gesamtschuldnerische Haftung des Verleihers** neben dem Entlei-

116

---

203 Vgl. BT-Drs. VI/2303, S. 13; *Bertram/Ockenfels*, NZA 1985, 552, 554.
204 Ähnlich Schüren/Hamann/*Schüren*, § 10 Rn. 208. – A.A. *Ulber*, § 10 Rn. 88.
205 Zutreffend Schüren/Hamann/*Schüren*, § 10 Rn. 207. – A.A. BT-Drs. VI/2303, S. 14; *Becker/Wulfgramm*, § 10 Rn. 45; *Thüsing/Mengel*, § 10 Rn. 58; *Sandmann/Marschall/Schneider*, § 10 Rn. 25.
206 BAG, 11.4.1984 – 5 AZR 316/82, NZA 1984, 161 (Ls.) = AP Nr. 7 zu § 10 AÜG; *Sandmann/Marschall/Schneider*, § 10 Rn. 25.

§ 10 Rechtsfolgen bei Unwirksamkeit

her **für** diese **Zahlungspflichten gegenüber Dritten** an (zur Entstehungsgeschichte des § 10 Abs. 3 Rn. 4).

1. Arbeitsentgeltzahlung des Verleihers trotz Unwirksamkeit des Leiharbeitsvertrags

117 Tatbestandsvoraussetzung des § 10 Abs. 3 ist zum einen, dass der Leiharbeitsvertrag (ausschließlich) nach § 9 Nr. 1 Alt. 2 wegen unerlaubter Arbeitnehmerüberlassung unwirksam ist. Zum anderen muss der Verleiher trotzdem das mit dem Leiharbeitnehmer vereinbarte Arbeitsentgelt oder Teile davon an den Arbeitnehmer gezahlt haben. Nach dem eindeutigen Wortlaut des § 10 Abs. 3 Satz 1 reicht es **nicht** aus, dass das **Leiharbeitsverhältnis bloß** in dem Sinne **vollzogen** wird, dass der Leiharbeitnehmer seine Arbeitspflicht erfüllt, der Verleiher hingegen überhaupt kein Arbeitsentgelt an ihn zahlt.[207]

118 Unter der tatsächlichen Zahlung (von Teilen) des vereinbarten Arbeitsentgelts durch den Verleiher an den Leiharbeitnehmer ist zu verstehen, dass die **Entgeltzahlung** sich im bereicherungsrechtlichen Sinne als eine **Leistung des Verleihers an den Leiharbeitnehmer** darstellt, d. h. dass der Verleiher das Vermögen des Leiharbeitnehmers bewusst und zweckgerichtet vermehrt. Maßgeblich ist insoweit der objektivierte Empfängerhorizont.[208] Fungiert z. B. der Entleiher erkennbar lediglich als Zahlstelle des Verleihers, handelt es sich bei der Auszahlung der Vergütung aus objektiver Sicht des Zuwendungsempfängers um eine Leistung des Verleihers, und die Voraussetzung des § 10 Abs. 3 Satz 1 ist erfüllt.

2. Gesamtschuldnerische Verleiherhaftung

119 Liegen die Tatbestandsvoraussetzungen vor, **gilt der Verleiher** nach der Fiktion des § 10 Abs. 3 Satz 2 Hs. 1 neben dem Entleiher **als Arbeitgeber hinsichtlich** der – bei Wirksamkeit des Leiharbeitsvertrags bestehenden – Pflicht zur Zahlung von Teilen des Arbeitsentgelts an einen Dritten (§ 10 Abs. 3 Satz 1). Solche **Pflichten zur Zahlung von Arbeitsentgelt an einen Dritten** kommen insbesondere in Betracht hinsichtlich vermögenswirksamer Leistungen gegenüber entsprechenden Institutionen, bezüglich abgetretenem (§§ 398, 400 BGB, §§ 850 ff. ZPO) oder gepfändetem und überwiesenem (§§ 829, 835 f., 850 ff.

---

[207] Thüsing/*Mengel*, § 10 Rn. 63; *Ulber*, § 10 Rn. 89. – A.A. Schüren/Hamann/*Schüren*, § 10 Rn. 222 ff.
[208] Palandt/*Sprau*, § 812 Rn. 14 m. w. N.

ZPO) Arbeitsentgelt gegenüber Zessionar bzw. Vollstreckungsgläubiger und hinsichtlich Beiträgen an Versorgungseinrichtungen der betrieblichen Altersversorgung (z.B. Direktversicherungen, Pensionskasse, Pensionsfond, Unterstützungskasse).[209] Beiträge eines Arbeitgebers zu einem **Urlaubskassensystem** (z.B. nach § 8 Nr. 15.1 Bundesrahmentarifvertrag für das **Baugewerbe** (BRTV-Bau) i.V.m. § 18 VTV) sind hingegen **nicht** Teile des Arbeitsentgelts, so dass der Verleiher im Falle unerlaubter Arbeitnehmerüberlassung nicht gemäß § 10 Abs. 3 Satz 2 gesamtschuldnerisch mit dem Entleiher für diese Beiträge haftet.[210] Dies ergibt sich auch aus einem systematischen Vergleich zu § 14 Satz 1 AEntG (bzw. § 1a Satz 1 AEntG a.F.). Auch § 8 Abs. 3 AEntG (bzw. § 1 Abs. 2a AEntG a.F.) begründet in diesem Falle keine Haftung des ohne Erlaubnis handelnden Verleihers neben dem Entleiher, der nach § 10 Abs. 1 als Arbeitgeber fingiert wird.[211]

Der Verleiher kann rechtlich gesehen mangels Arbeitgeberstellung nicht mehr auf das Arbeitsentgelt des Leiharbeitnehmers zugreifen. Daher, ordnet § 10 Abs. 3 Satz 2 **Hs. 2** die vermögensmäßige „Haftung" des Verleihers und nicht die „Erfüllung" an. Da Verleiher und Entleiher insoweit als **Gesamtschuldner** haften, kann entweder der eine oder der andere in Anspruch genommen werden (§ 421 BGB). Die Leistung des einen befreit auch den anderen (§ 422 Abs. 1 BGB). Im Innenverhältnis haftet allein der Entleiher, weil im Rechtssinne nur zu ihm das Arbeitsverhältnis besteht und der Verleiher deswegen fremde Schulden getilgt hat (vgl. § 9 Rn. 51). Einem etwaigen Ausgleichsanspruch des Verleihers kann der Entleiher ggf. aber einen Schadensersatzanspruch entgegenhalten, insbesondere wenn der Verleiher seine Informationspflichten nach § 12 Abs. 1 Satz 2, Abs. 2 verletzt hat (vgl. § 12 Rn. 16, 64).[212]

120

V. Pflicht des Verleihers zur Gewährung von Equal Pay/Treatment (§ 10 Abs. 4)

Die – mit Wirkung ab dem 30.4.2011 geänderte (vgl. Rn. 8) – Vorschrift des § 10 Abs. 4 enthält einerseits die **Anspruchsgrundlage des**

121

---

209 *Sandmann/Marschall/Schneider*, § 10 Rn. 26c; Schüren/Hamann/*Schüren*, § 10 Rn. 221.
210 Hessisches LAG, 7.12.2011 – 18 Sa 928/11, BeckRS 2012, 68413 (beim BAG anhängig unter Az. 10 AZR 185/12).
211 Hessisches LAG, 7.12.2011 – 18 Sa 928/11, BeckRS 2012, 68413.
212 *Ulber*, § 10 Rn. 93.

§ 10   Rechtsfolgen bei Unwirksamkeit

Leiharbeitnehmers gegenüber dem **Verleiher** auf Gewährung von Equal Pay/Treatment und ist andererseits **Anknüpfungspunkt für** die Sanktionierung von Pflichtenverstößen als **Ordnungswidrigkeit** nach § 16 Abs. 1 Nr. 7a (vgl. Rn. 8). Sie hat nichts mit den in § 10 Abs. 1 bis 3 geregelten Fällen der unerlaubten Arbeitnehmerüberlassung zu tun, sondern ist im Zusammenhang mit § 9 Nr. 2 zu lesen (§ 9 Rn. 71). Wegen der Einzelheiten kann **auf** die ausführliche **Kommentierung zu § 9 Nr. 2** (siehe § 9 Rn. 69 ff.) **verwiesen** werden.

122   § 10 Abs. 4 ist ebenso wie § 9 Nr. 2 **nicht im Vorhinein abdingbar** (§ 9 Rn. 469 f.).

1. Grundsatz des Equal Pay/Treatment (§ 10 Abs. 4 Satz 1 und 4)

123   § 10 Abs. 4 **Satz 1** wiederholt die bereits in § 9 Nr. 2 bzw. § 3 Abs. 1 Nr. 3 enthaltene Verpflichtung des Verleihers, dem Leiharbeitnehmer für die Zeit der Überlassung an den Entleiher die im Betrieb des Entleihers für einen vergleichbaren Arbeitnehmer des Entleihers geltenden wesentlichen Arbeitsbedingungen einschließlich des Arbeitsentgelts zu gewähren. Dadurch wird der Grundsatz der Gleichbehandlung („Equal Pay/Treatment") von Art. 5 Abs. 1 der Leiharbeitsrichtlinie umgesetzt (vgl. § 9 Rn. 69). § 10 Abs. 4 **Satz 4** wiederholt diesen Grundsatz überflüssigerweise nochmals für den Fall der Unwirksamkeit der Vereinbarung zwischen Verleiher und Leiharbeitnehmer nach § 9 Nr. 2. Hinsichtlich des Inhalts der Leistungspflichten des Verleihers bzw. des entsprechenden Anspruchs des Leiharbeitnehmers gegenüber seinem Vertragsarbeitgeber, dem Verleiher, kann auf die Kommentierung zu § 9 Nr. 2 (§ 9 Rn. 69 ff.) verwiesen werden, insbesondere in Bezug auf:

- das Gebot der **unionrechtskonformen Auslegung** (dazu § 9 Rn. 69, 76 ff.), soweit man die Leiharbeitsrichtlinie überhaupt für wirksam erlassen hält (vgl. § 9 Rn. 23 ff.),

- den beschränkten zeitlichen Geltungsbereich des Grundsatzes von Equal Pay/Treatment „**für die Zeit der Überlassung**" (dazu § 9 Rn. 95 ff.),

- den Begriff des **vergleichbaren Arbeitnehmers** des Entleihers (dazu § 9 Rn. 100 ff.),

- die **geltenden wesentlichen Arbeitsbedingungen** (dazu § 9 Rn. 116 ff.) und insbesondere das **Arbeitsentgelt** (dazu § 9 Rn. 122 ff.),

V. Pflicht des Verleihers zur Gewährung von Equal Pay/Treatment § 10

- den vorzunehmenden „**Schlechterstellungsvergleich**" zwischen den wesentlichen Arbeitsbedingungen beim Verleiher und beim Entleiher (dazu § 9 Rn. 143 ff.) und
- die Grundsätze zur **Darlegungs- und Beweislast** (dazu § 9 Rn. 474 ff.).

2. Ausnahmen, insbesondere Tarifausnahme (§ 10 Abs. 4 Satz 2)

Keine Anwendung findet die in § 10 Abs. 4 Satz 1 und 4 niedergelegte Pflicht zur Gewährung von Equal Pay/Treatment, wenn entweder die **aufgehobene** – aber für Altfälle noch relevante – **Sechswochen-Ausnahme** (§ 9 Nr. 2 Hs. 1 Teil 2 und Hs. 2 a.F.) eingreift (dazu § 9 Rn. 159 ff.) oder die **Tarifausnahme** (§ 9 Nr. 2 Hs. 2 und 3 n.F.) Anwendung findet. Die ab 30.4.2011 geltende n.F. des § 10 Abs. 4 bezieht sich in Satz 2 nur noch auf den Fall der Tarifausnahme und regelt Folgendes: Soweit ein auf das Arbeitsverhältnis anzuwendender Tarifvertrag abweichende Regelungen trifft, hat der Verleiher dem Leiharbeitnehmer die nach diesem Tarifvertrag geschuldeten Arbeitsbedingungen zu gewähren. Hinsichtlich der Einzelheiten zur Tarifausnahme sei auf die Kommentierung in § 9 Rn. 182 ff. verwiesen.

124

3. Unterschreiten der Lohnuntergrenze durch abweichenden Tarifvertrag (§ 10 Abs. 4 Satz 3)

Besondere Erwähnung findet in § 10 Abs. 4 Satz 3 der – praktisch kaum relevante – Fall, dass der vom Grundsatz des Equal Pay/Treatment suspendierende Tarifvertrag, der im Leiharbeitsverhältnis zwischen Verleiher und Leiharbeitnehmer anwendbar ist, die in der Rechtsverordnung nach § 3a Abs. 2 festgesetzten Mindeststundenentgelte (vgl. Rn. 133) unterschreitet. In diesem Fall schuldet der Verleiher dem Leiharbeitnehmer „für jede Arbeitsstunde das im Betrieb des Entleihers für einen vergleichbaren Arbeitnehmer des Entleihers für eine Arbeitsstunde zu zahlende Arbeitsentgelt", also „Equal Pay" und nicht etwa das in der Rechtsverordnung festgesetzte Mindestentgelt (vgl. § 9 Rn. 243).

125

4. Betriebsratsbeteiligung nach § 99 BetrVG

In betriebsverfassungsrechtlicher Hinsicht stellt sich ferner die Frage, ob bei der Anwendung des Gleichbehandlungsgrundsatzes hinsichtlich des Arbeitsentgelts eine nach § 99 BetrVG mitbestimmungspflichtige Eingruppierung des Leiharbeitnehmers im Entleiherbetrieb bzw. eine Umgruppierung im Verleiherbetrieb vorliegt, falls die jeweiligen Unter-

126

§ 10 Rechtsfolgen bei Unwirksamkeit

nehmen in der Regel mehr als zwanzig wahlberechtigte Arbeitnehmer beschäftigen.

a) Nicht im Entleiherbetrieb

127 Da die §§ 9 Nr. 2, 10 Abs. 4 die grundsätzliche Pflicht zur Gewährung der Entleiherarbeitsbedingungen vorsehen, ist man geneigt, eine nach § 99 BetrVG im Entleiherbetrieb mitbestimmungspflichtige Eingruppierung, d. h. erstmalige Festsetzung der für die Entlohnung des Arbeitnehmers maßgebenden Lohn- und Gehaltsgruppe,[213] anzunehmen. Allerdings ändert der gesetzliche Gleichbehandlungsgrundsatz nichts daran, dass ausschließlich der Verleiher auf Grund des Arbeitsvertrags mit dem Leiharbeitnehmer zur Gewährung des Arbeitsentgelts verpflichtet ist, welches sich für die Zeit der Überlassung grundsätzlich nach den beim Entleiher geltenden Vergütungsgruppen richtet, wenn nicht das mit dem Verleiher vereinbarte Arbeitsentgelt höher ist (vgl. § 9 Rn. 143 ff.). Daher handelt es sich letztlich um eine Angelegenheit des Verleihers, die zudem den Bestand eines arbeitsrechtlichen Grundverhältnisses, d. h. eines Arbeitsvertrags, voraussetzt. Da zwischen Entleiher und Leiharbeitnehmer kein derartiges Grundverhältnis besteht, kommt eine **Mitbestimmung des Entleiherbetriebsrats** nach § 99 BetrVG bei der Anwendung des Gleichbehandlungsgrundsatzes nach §§ 9 Nr. 2, 10 Abs. 4 **nicht** in Betracht[214] (vgl. auch § 14 Rn. 145).

b) Umgruppierung im Verleiherbetrieb

128 Bei der Anwendung der Vergütungsgruppen des Entleihers im Rahmen des Gleichbehandlungsgrundsatzes handelt es sich aber **um eine Umgruppierung im Verleiherbetrieb**, d. h. um eine Änderung der Zuordnung des Arbeitnehmers zu der für ihn maßgeblichen tariflichen oder betrieblichen Lohn- und Gehaltsgruppenordnung.[215] Diesbezüglich hat der **Betriebsrat des Verleihers** ein **Mitbeurteilungsrecht nach § 99 BetrVG**.[216] Allerdings setzt das Mitbestimmungsrecht natürlich

---

213 ErfK/*Kania*, § 99 BetrVG Rn. 10.
214 Schüren/Hamann/*Hamann*, § 14 Rn. 169; *Hamann*, NZA 2003, 526, 531; *Lembke*, BB 2003, 98, 102; vgl. auch *Boemke*, Schuldvertrag, S. 600; ErfK/*Wank*, § 14 Rn. 22 ff. – A. A. wohl *Grimm/Brock*, DB 2003, 1113, 1114 ff.
215 Zum Begriff der Umgruppierung ErfK/*Kania*, § 99 BetrVG Rn. 12.
216 Schüren/Hamann/*Hamann*, § 14 Rn. 412; *Hamann*, NZA 2003, 526, 532; *Lembke*, BB 2003, 98, 102. – Zu § 10 Abs. 5 a. F. bereits *Boemke/Lembke*, DB 2002, 893, 898 f.

voraus, dass überhaupt eine Lohn- und Gehaltsgruppenordnung existiert.[217]

5. Verstoß gegen § 10 Abs. 4

Verstöße gegen den § 10 Abs. 4 lösen nicht nur die beschriebenen zivilrechtlichen Ansprüche des Leiharbeitnehmers gegenüber dem Verleiher aus, sondern können auch gewerberechtliche Folgen nach § 3 Abs. 1 Nr. 3, § 4 Abs. 1 bzw. § 5 Abs. 1 Nr. 3 haben (vgl. § 9 Rn. 483) und gemäß § 16 Abs. 1 Nr. 7a als **Ordnungswidrigkeit** geahndet werden (vgl. § 9 Rn. 485). 129

VI. Pflicht des Verleihers zur Zahlung der Mindeststundenentgelte (§ 10 Abs. 5)

§ 10 Abs. 5 normiert die Pflicht des Verleihers sowie einen entsprechenden Anspruch des Leiharbeitnehmers gegenüber dem Verleiher auf Zahlung der in der Rechtsverordnung nach § 3a Abs. 2 – als allgemeine Lohnuntergrenze – festgesetzten Mindestentgelte. 130

1. Zwingendes Recht

§ 10 Abs. 5 ist angesichts des Schutzzwecks der Norm (vgl. Rn. 12) zwingendes Recht und zwar auch **international zwingend** i.S.d. Art. 9 Abs. 1 Rom-I-VO. Sie gehört zu den „Regelungen über die Bedingungen für die Überlassung von Arbeitskräften, insbesondere durch Leiharbeitsunternehmen", die nach **§ 2 Nr. 4 AEntG** auch auf Arbeitsverhältnisse zwischen einem im Ausland ansässigen Arbeitgeber und seinen im Inland beschäftigten Arbeitnehmern zwingend Anwendung finden. Daher ist die durch Rechtsverordnung nach § 3a Abs. 2 als verbindlich festgesetzte Lohnuntergrenze von allen im In- und Ausland ansässigen Verleihern, die Leiharbeitnehmer innerhalb Deutschlands beschäftigen, zu beachten.[218] 131

Die Norm des § 10 Abs. 5 ist nicht im Vorhinein abdingbar. **Zulässig** ist es aber, **auf bereits entstandene Ansprüche** aus § 10 Abs. 5 in einem konkreten Streitfall im Rahmen eines Vergleichs (§ 779 BGB) **zu verzichten** (vgl. auch § 9 Rn. 470 für § 10 Abs. 4 i.V.m. § 9 Nr. 2). Anders als bei § 4 Abs. 4 Satz 1 TVG, § 77 Abs. 4 Satz 2 BetrVG, 132

---

217 ErfK/*Kania*, § 99 BetrVG Rn. 11.
218 Vgl. BT-Drs. 17/5238, S. 17; *Lembke*, FA 2011, 290, 292.

§ 10   Rechtsfolgen bei Unwirksamkeit

§ 8 Abs. 3 Satz 1 MiArbG und § 9 Satz 1 AEntG ist der Verzicht auch nicht kraft Gesetzes eingeschränkt.

2. Mindeststundenentgelte

133   Die **Mindeststundenentgelte** betragen nach § 2 der ab dem 1.12.2012 in Kraft befindlichen „Ersten Verordnung über eine Lohnuntergrenze in der Arbeitnehmerüberlassung" vom 21.12.2011[219] für die Zeit vom 1.11.2012 bis 31.10.2013 Euro 7,50 in den östlichen Bundesländern und Euro 8,19 in den westlichen Bundesländern.

3. Zeitlicher Geltungsbereich

134   Diese Mindeststundenentgelte sind nach dem klaren Wortlaut des Gesetzes nicht nur „für die Zeit der Überlassung", sondern auch „für Zeiten ohne Überlassung" zu zahlen.

135   Für die **Zeiten der Überlassung** ergibt sich daher für das Arbeitsentgelt Folgendes: Sofern die Tarifausnahme greift, ist das tarifliche Arbeitsentgelt zu zahlen (vgl. § 10 Abs. 4 Satz 3), es sei denn, der Verleiher schuldet kraft Vereinbarung mit dem Leiharbeitnehmer höheres Arbeitsentgelt. Unterschreitet der im Leiharbeitsverhältnis zwischen Verleiher und Leiharbeitnehmer geltende Tarifvertrag ausnahmsweise die Mindeststundenentgelte der Rechtsverordnung, hat der Verleiher an den Leiharbeitnehmer „Equal Pay" zu zahlen und nicht etwa nur das Mindeststundenentgelt (vgl. § 10 Abs. 4 Satz 3, dazu oben Rn. 125 und § 9 Rn. 243). Falls die Tarifausnahme nicht eingreift, gilt ebenfalls der Grundsatz von Equal Pay. Sofern im Entleiherbetrieb vergleichbaren Arbeitnehmern ausnahmsweise ein geringeres Arbeitsentgelt gezahlt werden sollte als das in der Rechtsverordnung festgelegte Mindeststundenentgelt, bestimmt § 10 Abs. 5, dass der Verleiher das Mindeststundenentgelt nach § 3a i.V.m. der Rechtsverordnung zu zahlen hat.[220]

136   Für **Zeiten ohne Überlassung** gilt hinsichtlich des Mindestentgelt Folgendes: Der Grundsatz des Equal Pay/Treatment nach § 10 Abs. 4 i.V.m. § 9 Nr. 2 findet keine Anwendung. Vielmehr finden die im Leiharbeitsverhältnis zwischen Leiharbeitnehmer und Verleiher geltenden Individual- oder Kollektivvereinbarungen Anwendung, welche freilich dem Maßstab des § 138 BGB entsprechen müssen. Darüber hinaus regelt § 10 Abs. 5 insoweit eine Lohnuntergrenze, als in den verleihfreien

---
219   Bundesanzeiger Nr. 195 vom 28.12.2011, S. 4608.
220   BT-Drs. 17/5238, S. 19; *Hamann*, RdA 2011, 321, 330.

VI. Pflicht des Verleihers zur Zahlung der Mindeststundenentgelte § 10

Zeiten mindestens ein Anspruch auf die in der Rechtsverordnung nach § 3a Abs. 2 festgesetzten Mindeststundenentgelte besteht.

4. Rechtsfolgen bei Nichteinhaltung und Kontrollen

Falls der Verleiher die Regelung des § 10 Abs. 5 nicht einhält, hat der **Leiharbeitnehmer** einen entsprechenden **Zahlungsanspruch** gegen den Verleiher als arbeitsrechtlichen Primäranspruch. 137

Zahlt der Verleiher entgegen § 10 Abs. 5 das einschlägige Mindeststundenentgelt vorsätzlich oder fahrlässig nicht, kann dies als **Ordnungswidrigkeit** nach § 16 Abs. 1 Nr. 7b mit einer Geldbuße von bis zu Euro 500.000 (vgl. § 16 Abs. 2) geahndet werden. 138

Ferner kommen **erlaubnisrechtliche Sanktionen**, wie Versagung der Erteilung oder Verlängerung (§ 3), Rücknahme (§ 4) oder Widerruf (§ 5) der Erlaubnis gegenüber dem Verleiher in Betracht. Darüber hinaus sind die **Kontrollbefugnisse** zu beachten, welche **der Zollverwaltung** im Hinblick auf die Einhaltung des § 10 Abs. 5 nach Maßgabe der Vorschriften von §§ 17 Abs. 2, 17a bis 18a sowie des Schwarzarbeitsbekämpfungsgesetzes eingeräumt sind. 139

Im Falle eines Verstoßes gegen § 10 Abs. 5 sind besondere Zahlungsansprüche oder Sanktionen gegenüber dem **Entleiher nicht** vorgesehen.[221] 140

---

221 *Hamann*, RdA 2011, 321, 330f.

§ 11 Sonstige Vorschriften über das Leiharbeitsverhältnis

(1) Der Nachweis der wesentlichen Vertragsbedingungen des Leiharbeitsverhältnisses richtet sich nach den Bestimmungen des Nachweisgesetzes. Zusätzlich zu den in § 2 Abs. 1 des Nachweisgesetzes genannten Angaben sind in die Niederschrift aufzunehmen:
1. Firma und Anschrift des Verleihers, die Erlaubnisbehörde sowie Ort und Datum der Erteilung der Erlaubnis nach § 1,
2. Art und Höhe der Leistungen für Zeiten, in denen der Leiharbeitnehmer nicht verliehen ist.

(2) Der Verleiher ist ferner verpflichtet, dem Leiharbeitnehmer bei Vertragsschluss ein Merkblatt der Erlaubnisbehörde über den wesentlichen Inhalt dieses Gesetzes auszuhändigen. Nichtdeutsche Leiharbeitnehmer erhalten das Merkblatt und den Nachweis nach Abs. 1 auf Verlangen in ihrer Muttersprache. Die Kosten des Merkblatts trägt der Verleiher.

(3) Der Verleiher hat den Leiharbeitnehmer unverzüglich über den Zeitpunkt des Wegfalls der Erlaubnis zu unterrichten. In den Fällen der Nichtverlängerung (§ 2 Abs. 4 Satz 3), der Rücknahme (§ 4) oder des Widerrufs (§ 5) hat er ihn ferner auf das voraussichtliche Ende der Abwicklung (§ 2 Abs. 4 Satz 4) und die gesetzliche Abwicklungsfrist (§ 2 Abs. 4 Satz 4 letzter Halbsatz) hinzuweisen.

(4) § 622 Abs. 5 Nr. 1 des Bürgerlichen Gesetzbuchs ist nicht auf Arbeitsverhältnisse zwischen Verleihern und Leiharbeitnehmern anzuwenden. Das Recht des Leiharbeitnehmers auf Vergütung bei Annahmeverzug des Verleihers (§ 615 Satz 1 des Bürgerlichen Gesetzbuchs) kann nicht durch Vertrag aufgehoben oder beschränkt werden; § 615 Satz 2 des Bürgerlichen Gesetzbuchs bleibt unberührt. Das Recht des Leiharbeitnehmers auf Vergütung kann durch Vereinbarung von Kurzarbeit für die Zeit aufgehoben werden, für die dem Leiharbeitnehmer Kurzarbeitergeld nach dem Dritten Buch Sozialgesetzbuch gezahlt wird; eine solche Vereinbarung kann das Recht des Leiharbeitnehmers auf Vergütung bis längstens zum 31. Dezember 2011 ausschließen.

(5) Der Leiharbeitnehmer ist nicht verpflichtet, bei einem Entleiher tätig zu sein, soweit dieser durch einen Arbeitskampf unmittelbar

betroffen ist. In den Fällen eines Arbeitskampfes nach Satz 1 hat der Verleiher den Leiharbeitnehmer auf das Recht, die Arbeitsleistung zu verweigern, hinzuweisen.

(6) Die Tätigkeit des Leiharbeitnehmers bei dem Entleiher unterliegt den für den Betrieb des Entleihers geltenden öffentlich-rechtlichen Vorschriften des Arbeitsschutzrechts; die hieraus sich ergebenden Pflichten für den Arbeitgeber obliegen dem Entleiher unbeschadet der Pflichten des Verleihers. Insbesondere hat der Entleiher den Leiharbeitnehmer vor Beginn der Beschäftigung und bei Veränderungen in seinem Arbeitsbereich über Gefahren für Sicherheit und Gesundheit, denen er bei der Arbeit ausgesetzt sein kann, sowie über die Maßnahmen und Einrichtungen zur Abwendung dieser Gefahren zu unterrichten. Der Entleiher hat den Leiharbeitnehmer zusätzlich über die Notwendigkeit besonderer Qualifikationen oder beruflicher Fähigkeiten oder einer besonderen ärztlichen Überwachung sowie über erhöhte Gefahren des Arbeitsplatzes zu unterrichten.

(7) Hat der Leiharbeitnehmer während der Dauer der Tätigkeit bei dem Entleiher eine Erfindung oder einen technischen Verbesserungsvorschlag gemacht, so gilt der Entleiher als Arbeitgeber im Sinne des Gesetzes über Arbeitnehmererfindungen.

Literatur: *Birk*, Das Nachweisgesetz zur Umsetzung der Richtlinie 91/533/EWG in das deutsche Recht, NZA 1996, 281 ff.; *Boemke*, Nebenpflichten des Arbeitnehmers; AR-Blattei SD 1228; *ders.*, Annahmeverzug des Entleihers bei Nichtbeschäftigung des Leiharbeitnehmers?, BB 2006, 997 ff.; *ders.*, Die EG-Leiharbeitsrichtlinie und ihre Einflüsse auf das deutsche Recht, RIW 2009, 177 ff.; *Brötzmann/Musial*, Annahmeverzug und Meldepflicht im Arbeitnehmerüberlassungsgewerbe, NZA 1997, 17 ff.; *Däubler*, EG-Arbeitsrecht auf dem Vormarsch, NZA 1992, 577 ff.; *Friemel*, Die Betriebsvereinbarung über Arbeitnehmererfindungen und technische Verbesserungsvorschläge (2004); *Grünberger*, Nachweisgesetz und Änderung des Kündigungsschutzgesetzes, NJW 1995, 2809 ff.; *Hohmeister*, EuGH-konforme Gesetzesänderungen zur Geschlechtsdiskriminierung und Nachweisrichtlinie, BB 1998, 1790; *Konzen*, Arbeitsrechtliche Drittbeziehungen, ZfA 1982, 259 ff.; *Krause*, Nachweis von Arbeitsbedingungen, AR-Blattei SD 220.2.2; *Marquardt*, Freie Erfindungen im Arbeitsverhältnis, 2002; *Melms/Lipinski*, Absenkung des Tarifniveaus durch die Gründung von AÜG-Gesellschaften als alternative oder flankierende Maßnahme zum Personalabbau, BB 2004, 2409 ff.; *Preis*, Das Nachweisgesetz – lästige Förmelei oder arbeitsrechtliche Zeitbombe?, NZA 1997, 10 ff.; *Rieble*, Tariflose Zeitarbeit?, BB 2012, 2177 ff.; *Stahlhacke*, Aktuelle Probleme des Annahmeverzugs

§ 11 Sonstige Vorschriften über das Leiharbeitsverhältnis

im Arbeitsverhältnis, AuR 1992, 8 ff.; *Stoffels*, Haftung des Arbeitgebers, AR-Blattei SD 860.1; *Stückemann*, Dokumentationspflichten für den Arbeitgeber, BB 1995, 1846 ff.; *Walker*, Rechtsverhältnisse bei der gewerbsmäßigen Arbeitnehmerüberlassung und Schadensersatzansprüche des Entleihers wegen Schlechtleistung, AcP 194 (1994) 295 ff.; *Wank*, Das Nachweisgesetz, RdA 1996, 21 ff.

Übersicht

	Rn.
I. Vorbemerkungen	1
1. Entstehungsgeschichte	1
2. Sinn und Zweck der Vorschrift	2
3. Geltungsbereich	3
II. Rechtsbeziehung Verleiher – Leiharbeitnehmer	4
1. Rechtsnatur	5
2. Gestaltungsfaktoren	6
a) Allgemeines Arbeitsrecht	6
b) Gesetzliche Sonderregelungen	7
c) Tarifvertragsrecht	14
3. Begründung des Leiharbeitsverhältnisses	17
4. Inhalt des Leiharbeitsverhältnisses	18
a) Hauptleistungspflichten	19
aa) Leiharbeitnehmer	20
(1) Arbeitspflicht	20
(2) Arbeitszeit	21
(3) Arbeitsort	24
(4) Arbeitsinhalt	25
(5) Leistungsverweigerungsrechte	26
(6) Leistungsstörungen	28
bb) Verleiher	29
(1) Vergütungsanspruch	29
(2) Lohn ohne Arbeit	31
(3) Leistungsstörungen	32
b) Nebenpflichten	33
aa) Grundsatz	34
bb) Leiharbeitnehmer	35
cc) Verleiher	36
5. Beendigung	38
a) Grundsatz	38
b) Besonderheiten bei Befristungen	39

	Rn.
III. Beurkundungspflicht des Verleihers (Abs. 1)	40
1. Überblick	40
a) Sinn und Zweck der Vorschrift	40
b) Verhältnis zum NachwG	41
2. Nachweispflicht (Abs. 1)	42
a) Pflichtinhalt gemäß NachwG	42
aa) Allgemein	42
bb) Zwingender Inhalt der Niederschrift	45
(1) Begriff	45
(2) Mindestangaben im Einzelnen	46
(aa) Bezeichnung der Arbeitsvertragsparteien	47
(bb) Beginn des Arbeitsverhältnisses	49
(cc) Dauer des Arbeitsverhältnisses	50
(dd) Arbeitsort	51
(ee) Tätigkeit	52
(ff) Höhe, Zusammensetzung und Fälligkeit des Arbeitsentgelts	53
(gg) Vertraglich geschuldete Arbeitszeit	56
(hh) Urlaubsdauer	57
(ii) Kündigungsfristen	58
(jj) Anwendbare Kollektivvereinbarungen	59
(kk) Arbeitnehmer mit geringfügiger Beschäftigung	60
(ll) Ergänzende Angaben	61

	Rn.		Rn.
cc) Zusätzliche Angaben bei Auslandseinsatz (§ 2 Abs. 2 NachwG)	69	3. Sprache (Satz 2)	102
		4. Kosten (Satz 3)	106
dd) Konsequenzen aus §§ 3 Abs. 1 Nr. 3, 9 Nr. 2	74	**V. Hinweispflicht bzgl. Erlaubnis (Abs. 3)**	107
b) Zusätzliche Angaben bei Leiharbeitsverhältnissen (Abs. 1 Satz 2)	75	1. Sinn und Zweck der Norm	107
		2. Unterrichtungspflicht bei Erlaubniswegfall (Satz 1)	108
aa) Verleiher und Erlaubnis (Abs. 1 Satz 2 Nr. 1)	76	3. Unterrichtungspflicht bei Nichtverlängerung, Rücknahme oder Widerruf der Erlaubnis (Satz 2)	109
bb) Leistungen in Zeiten der Nichtverleihung (Abs. 1 Satz 2 Nr. 2)	77	4. Rechtsfolge von Verstößen	110
c) Teilersetzung der Angaben durch Verweisung (§ 2 Abs. 3 NachwG)	79	**VI. Unanwendbarkeit von § 622 Abs. 5 Satz 1 Nr. 1 BGB und Unabdingbarkeit von § 615 Satz 1 BGB (Abs. 4)**	111
d) Wegfall der Nachweispflicht bei schriftlichem Arbeitsvertrag (§ 2 Abs. 4 NachwG)	80	1. Sinn und Zweck der Norm	111
		2. Unanwendbarkeit von § 622 Abs. 5 Satz 1 Nr. 1 BGB	112
3. Frist zur Nachweiserbringung	82	a) Regelungsinhalt von § 622 Abs. 5 Satz 1 Nr. 1 BGB	112
4. Nachweispflicht bei Änderungen	83	b) Unanwendbarkeit	113
a) Grundsatz	83	c) Sonstige Kürzung von Kündigungsfristen	114
b) Arbeitseinsatz bei Entleiher	86	3. Unabdingbarkeit von § 615 Satz 1 BGB	115
5. Abweichende Vereinbarungen	87	a) Regelungsinhalt von § 615 Satz 1 BGB	115
6. Sprache (Abs. 2 Satz 2)	88	b) Unabdingbarkeit	116
7. Aufbewahrung der Urkunde	89	c) Öffentlich-rechtliche Ersatzleistungen	122
8. Rechtsfolgen	90	d) Weitere Maßnahmen	124
a) Ordnungsgemäße Dokumentation	90	aa) Arbeitszeitkontingent	125
b) Pflichtverstöße	92	bb) Betriebsbedingte Kündigung	126
aa) Arbeitsrechtliche Folgen	93	cc) Kurzarbeit	127
(1) Wirksamkeit des Arbeitsvertrags	93	dd) Freizeitausgleich	128
(2) Erfüllungsanspruch	94	**VII. Leistungsverweigerungsrecht im Arbeitskampf (Abs. 5)**	129
(3) Zurückbehaltungsrecht	95	1. Überblick	129
(4) Schadensersatzansprüche	96	a) Sinn und Zweck der Norm	129
(5) Beweislast	97	b) Anwendungsbereich	130
bb) Gewerberechtliche Folgen	98	c) Voraussetzungen	131
cc) Ordnungswidrigkeitenrecht	99	2. Leistungsverweigerungsrecht (Satz 1)	132
IV. Merkblatt für Leiharbeitnehmer (Abs. 2)	100		
1. Sinn und Zweck der Norm	100		
2. Aushändigungspflicht (Satz 1)	101		

	Rn.		Rn.
a) Rechtsnatur und Ausübung	132	bb) Hinweispflichten (Satz 2 und Satz 3)	151
b) Rechtswirkungen der Nichtausübung	133	b) Sonstige (Schutz-)Pflichten	152
c) Rechtswirkungen der Ausübung	134	c) Folgen von Pflichtverletzung	153
aa) Im Verhältnis Entleiher–Leiharbeitnehmer	135	4. Pflichten des Verleihers	156
bb) Im Verhältnis Entleiher–Verleiher	136	a) Öffentlich-rechtlicher Arbeitsschutz	156
cc) Im Verhältnis Verleiher–Leiharbeitnehmer	137	b) Sonstige Schutzpflichten	158
3. Hinweispflicht des Verleihers (Satz 2)	138	c) Rechtsfolgen von Pflichtverletzungen	160
VIII. Öffentlich-rechtlicher Arbeitsschutz (Abs. 6)	139	5. Pflichten des Leiharbeitnehmers	161
1. Sinn und Zweck der Norm	139	a) Gegenüber dem Entleiher	161
2. Rechtsbeziehung Entleiher-Leiharbeitnehmer	140	aa) Pflichtinhalt	161
a) Rechtsnatur	141	bb) Schadensersatz	162
b) Gestaltungsfaktoren	142	cc) Haftungseinschränkung	163
aa) Allgemeines Arbeitsrecht	142	b) Gegenüber dem Verleiher	164
bb) Gesetzliche Sonderregelungen	143	IX. Arbeitnehmererfindungen (Abs. 7)	165
cc) Tarifvertragsrecht	147	1. Sinn und Zweck der Regelung	165
c) Inhalt der Rechtsbeziehung	148	2. Rechtsstellung des Arbeitgebers im Allgemeinen	166
aa) Hauptleistungspflichten	148	a) Diensterfindungen	167
bb) Nebenpflichten	149	b) Freie Erfindungen	168
3. Pflichten des Entleihers	150	c) Technische Verbesserungsvorschläge	169
a) Öffentlich-rechtlicher Arbeitsschutz	150	3. Rechtsstellung des Entleihers	170
aa) Maßgebliche Bestimmungen (Satz 1)	150	4. Rechtsstellung des Verleihers	171

I. Vorbemerkungen

1. Entstehungsgeschichte

1 Die Bestimmung war bereits **in der ursprünglichen Fassung enthalten** und zunächst **im Wesentlichen unverändert** geblieben. Schon vor Inkrafttreten des NachwG war in Abs. 1 die Verpflichtung des Verleihers festgelegt, den wesentlichen Inhalt des Arbeitsverhältnisses in einer Urkunde zu dokumentieren. Durch das Gesetz zur Anpassung arbeitsrechtlicher Bestimmungen an das EG-Recht vom 28.7.1995 (BGBl. I, S. 946) wurde in Abs. 1 Satz 2 bis 6 a. F. diese Verpflichtung

I. Vorbemerkungen **§ 11**

konkretisiert sowie Abs. 6 Satz 2 und 3 neu eingefügt, um den Anforderungen der EG-Nachweisrichtlinie 91/533 Rechnung zu tragen. Abs. 1 regelte die Nachweispflichten abschließend, sodass das NachwG keine Anwendung finden konnte. Im Gegensatz zur alten Fassung regelt Abs. 1 in der Fassung des dritten Gesetzes für moderne Dienstleistungen am Arbeitsmarkt (BGBl. I, S. 4607) vom 23.11.2002 mit Wirkung vom 1.1.2003 an den Nachweis der Arbeitsbedingungen nicht mehr spezialgesetzlich, sondern verweist insoweit auf die Vorschriften des NachwG (Abs. 1 Satz 1). Der Gesetzgeber beabsichtigte insoweit die Anpassung der Regeln der Arbeitnehmerüberlassung an die allgemeinen Arbeitnehmerschutzvorschriften. Allerdings normiert Abs. 1 Satz 2 zwei Ergänzungen, die durch die Besonderheiten der Arbeitnehmerüberlassung geboten sind.[1] Schließlich wurde durch Art. 16 des Gesetzes zur Sicherung von Beschäftigung und Stabilität in Deutschland vom 2.3.2009 (BGBl. I, S. 416, 432) zunächst für eine Übergangszeit vom 1.2.2009 bis zum 31.12.2010 an Abs. 4 ein neuer Satz 3 angefügt, wonach das Recht des Leiharbeitnehmers auf Vergütung durch Vereinbarung von Kurzarbeit für die Zeit aufgehoben werden kann, für die dem Leiharbeitnehmer Kurzarbeitergeld nach dem SGB III gezahlt wird. Diese Bestimmung ist auf Grund von Art. 2 des Gesetzes für bessere Beschäftigungschancen am Arbeitsmarkt (BeschäftigungschancenG) vom 24.10.2010 (BGBl. I, S. 1417) zunächst bis zum 31.3.2012 befristet verlängert worden. Diese Verlängerung wurde sodann durch Art. 26 des Gesetzes zur Verbesserung der Eingliederungschancen am Arbeitsmarkt (BGBl. I, S. 2854, 2923) auf den 31.12.2011 verkürzt.

2. Sinn und Zweck der Vorschrift

§ 11 enthält in Ergänzung zu §§ 9, 10 **verschiedene Sonderbestim-** 2
mungen zum Inhalt des Leiharbeitsverhältnisses, die dem **Schutz des Leiharbeitnehmers** dienen.[2] Hierdurch will der Gesetzgeber der besonderen Ausgestaltung des Leiharbeitsverhältnisses Rechnung tragen und zusätzliche Pflichten von Verleiher und Entleiher begründen sowie dem Leiharbeitnehmer zusätzliche Rechte einräumen (wegen des Sinn und Zwecks vgl. weiter die Erläuterungen zu den einzelnen Absätzen).

---

1 Wegen weiterer Einzelheiten siehe *Becker/Wulfgramm*, § 11 Rn. 1 ff.; Schüren/*Schüren*, § 11 Rn. 1 ff.
2 AnwK-ArbR/*Böhm*, § 11 AÜG Rn. 1.

3. Geltungsbereich

3 Der nach der früheren Rechtslage bestehende **Streit**, ob die Bestimmung neben der **gewerbsmäßigen auch** die **nichtgewerbsmäßige Arbeitnehmerüberlassung** – zumindest in entsprechender Anwendung – erfasst,[3] hat sich **mit Wirkung vom 1.12.2011 an erledigt**. Seitdem findet die Bestimmung nun insgesamt auf Arbeitsverhältnisse von Arbeitnehmern Anwendung, die im Rahmen der wirtschaftlichen Tätigkeit ihres Arbeitgebers überlassen werden sollen. Ausgenommen bleiben weiterhin **sämtliche Formen der erlaubnisfreien Arbeitnehmerüberlassung**; auf diese findet die Bestimmung **keine Anwendung; auch nicht** im Wege der **Analogie**[4] – ausgenommen hiervon sind Abs. 6 und 7 (vgl. Rn. 139; 165).

II. Rechtsbeziehung Verleiher – Leiharbeitnehmer

4 Abs. 1 regelt nur eine Verpflichtung des Verleihers, nicht aber den Inhalt des Leiharbeitsverhältnisses. Insoweit gelten für die Rechtsbeziehung Verleiher – Leiharbeitnehmer die allgemeinen arbeitsrechtlichen Bestimmungen, soweit sich aus den gesetzlichen Bestimmungen nichts Abweichendes ergibt.

1. Rechtsnatur

5 Die **Verpflichtung des Leiharbeitnehmers zur Erbringung der Arbeitsleistung** folgt aus seiner **Rechtsbeziehung zum Verleiher**. Zwischen beiden besteht ein Arbeitsverhältnis, kraft dessen der Leiharbeitnehmer zur Arbeitsleistung, der Verleiher zur Vergütungszahlung verpflichtet ist. Die Besonderheit gegenüber sonstigen Arbeitsverhältnissen besteht allein darin, dass der Leiharbeitnehmer zur Erbringung der Arbeitsleistung außerhalb des Betriebs seines Arbeitgebers, des Verleihers, verpflichtet ist. Dieser ist abweichend von § 613 Satz 2 BGB zur Übertragung des Anspruchs auf die Dienstleistung berechtigt.[5]

---

3 Vgl. zum Streitstand bei *Schüren/Schüren*, § 11 Rn. 21 f.
4 *Schüren/Schüren*, § 11 Rn. 21; Thüsing/*Mengel*, § 11 Rn. 1; ErfK/*Wank*, § 11 AÜG Rn. 1; AnwK-ArbR/*Böhm*, § 11 AÜG Rn. 1; Sandmann/*Marschall*, § 11 Anm. 3, wobei Abs. 6 ebenfalls ausgenommen wird. – A.A. *Ulber*, § 11 Rn. 6.
5 *Boemke*, Schuldvertrag, S. 555; Schüren/*Schüren*, Einl. Rn. 175 ff.; Staudinger/*Richardi/Fischinger*, § 613 BGB Rn. 23.

2. Gestaltungsfaktoren

a) Allgemeines Arbeitsrecht

Die Rechtsbeziehung zwischen Verleiher und Leiharbeitnehmer unterliegt grds. den **allgemeinen arbeitsrechtlichen Bestimmungen** (siehe Einl. Rn. 4), soweit nicht, insbesondere im AÜG, Sonderregelungen getroffen worden sind.[6] Es sind daher die allgemeinen arbeitsrechtlichen Vorschriften zu beachten, insbesondere genießt der Leiharbeitnehmer unter den Voraussetzungen des § 1 Abs. 1 KSchG den allgemeinen Kündigungsschutz.[7] Wegen des Arbeitsschutzes siehe unten Rn. 156 ff.; wegen der betriebsverfassungsrechtlichen Regelungen siehe § 14 Rn. 11 ff.

b) Gesetzliche Sonderregelungen

Das Gesetz sieht für die Rechtsbeziehung zwischen Verleiher und Leiharbeitnehmer **folgende Besonderheiten** vor:

– Der Verleiher bedarf gemäß § 9 Nr. 1 zur wirksamen Begründung eines Leiharbeitsverhältnisses einer **Erlaubnis** (dazu § 9 Rn. 45 ff.).

– Die Pflicht zur **Beurkundung des Vertragsinhalts** richtet sich zwar nach dem NachwG (Rn. 40 ff.), ergänzend ist aber § 11 Abs. 1 Satz 2 zu beachten (Rn. 75 ff.).

– Die **Entgeltfortzahlung bei Annahmeverzug** des Arbeitgebers (§ 615 Satz 1 BGB) ist im Leiharbeitsverhältnis nach § 11 Abs. 4 Satz 2 Hs. 1 **unabdingbar** (siehe zu den Einzelheiten unten Rn. 116 ff.); der Anspruch auf die Vergütung kann auch **nicht** durch die **Vereinbarung von Kurzarbeit** aufgehoben werden (Rn. 127).

– Der Leiharbeitnehmer hat bei **Arbeitskämpfen im Entleiherbetrieb** nach § 11 Abs. 5 ein **individuelles Leistungsverweigerungsrecht** (siehe unten Rn. 129 ff.).

– Der **Leiharbeitnehmer** ist nach § 14 Abs. 2 Satz 1 **im Entleiherbetrieb nicht** zum Betriebsrat **wählbar** (siehe § 14 Rn. 66 f.); **wahlberechtigt** ist er nach § 7 Satz 2 BetrVG nur, wenn er **mehr als drei Monate** im Entleiherbetrieb eingesetzt werden soll (siehe § 14 Rn. 68 ff.).

---

6 *Boemke*, Schuldvertrag, S. 550.
7 AnwK-ArbR/*Ulrici*, § 3 AÜG Rn. 72.

§ 11 Sonstige Vorschriften über das Leiharbeitsverhältnis

13 – Die **Verkürzung der Kündigungsfrist** bei kurzzeitigen Aushilfsarbeitsverhältnissen **gemäß § 622 Abs. 5 Satz 1 Nr. 1 BGB** ist nach § 11 Abs. 4 Satz 1 bei Leiharbeitnehmern **ausgeschlossen** (siehe unten Rn. 113 ff.).

c) Tarifvertragsrecht

14 Zwischen Verleiher und Leiharbeitnehmer besteht ein Arbeitsverhältnis, das insgesamt **tariflichen Regelungen zugänglich** ist. Nach allgemeinen Bestimmungen (§ 1 Abs. 1 TVG) können Rechtsnormen über den Inhalt, den Abschluss sowie die Beendigung des Leiharbeitsverhältnisses gesetzt werden. Auch betriebliche und betriebsverfassungsrechtliche Fragen sowie gemeinsame Einrichtungen können Regelungsgegenstand des Tarifvertrags sein.

15 Die **Tarifzuständigkeit** bestimmt sich als Ausfluss der gemäß Art. 9 Abs. 3 GG grundrechtlich gewährleisteten Koalitionsfreiheit nach der Satzung der jeweiligen Koalition.[8] Ob Gewerkschaften (auch) für Leiharbeitnehmer zuständig sind, bestimmt sich also nach deren Satzung[9] und kann von diesen frei festgelegt werden.[10] In diesem Zusammenhang können Gewerkschaften insbesondere satzungsmäßig frei darüber entscheiden, ob sie ihre Zuständigkeit nach dem Industrieverbandsprinzip oder aber nach dem Berufsprinzip organisieren oder aber nach sonstigen Kriterien.[11] Beim Berufsprinzip erklärt sich die Gewerkschaft für Arbeitnehmer zuständig, die einer bestimmten Art von Tätigkeit (Arzt, Ingenieur, Angestellter, leitender Angestellter usw.) nachgehen. Beim Industrieverbandsprinzip wird unabhängig von der konkreten Art der Tätigkeit darauf abgehoben, in welchem Wirtschaftszweig der Arbeitgeber tätig ist. Bestimmt sich die Tarifzuständigkeit einer Gewerkschaft nach ihrer Satzung nach dem Industrieverbandsprinzip, dann kommt es für die Tarifzuständigkeit im Rahmen der Arbeitnehmerüberlassung insoweit nicht auf die konkrete Tätigkeit des betreffenden Arbeitnehmers, sondern das

---

8 BAG vom 14.12.1999 – 1 ABR 74/98, BB 2000, 1632 (Ls.) = NZA 2000, 949, 951; BAG vom 27.9.2005 – 1 ABR 41/04, BB 2006, 1456 (Ls.) = NZA 2006, 273, 277; BAG vom 10.2.2009 – 1 ABR 36/08, NZA 2009, 908, 911; *Boemke/Sachadae*, BB 2011, 1973.
9 LAG Hamburg vom 23.1.2008 – 4 TaBV 4/05, juris Rn. 68 ff.
10 BAG vom 10.2.2009 – 1 ABR 36/08, NZA 2009, 908, 910 f.; *Boemke/Sachadae*, BB 2011, 1973.
11 BAG vom 10.2.2009 – 1 ABR 36/08, NZA 2009, 908, 911; LAG Hamburg vom 23.1.2008 – 4 TaBV 4/05, juris Rn. 64; *Boemke/Sachadae*, BB 2011, 1973; Wiedemann/*Oetker*, § 2 TVG Rn. 65; ErfK/*Franzen*, § 2 TVG Rn. 34.

wirtschaftliche Betätigungsgebiet des Verleihers** als Arbeitgeber an.[12] Verleihunternehmen sind dem **Dienstleistungsgewerbe** zuzurechnen, sodass bei entsprechender Tarifbindung (§§ 3 Abs. 1, 4 TVG) die diesbezüglichen Tarifverträge Anwendung finden, soweit sie von Gewerkschaften geschlossen wurden, die auch für Verleihunternehmen tarifzuständig sind.[13] Tarifverträge, die im Entleiherbetrieb gelten, wirken auch dann nicht auf das Arbeitsverhältnis zwischen Verleiher und Leiharbeitnehmer ein, wenn der Leiharbeitnehmer ausschließlich in Unternehmen beschäftigt wird, die ein und derselben Branche angehören.[14] Daher schuldet der Verleiher auch dann nur die mit dem Leiharbeitnehmer vereinbarte Vergütung, wenn im Entleiherbetrieb kraft allgemeinverbindlichen Tarifvertrags ein Mindestlohn geschuldet wird, soweit nicht im Einzelfall der Leiharbeitnehmer nach § 10 Abs. 4 Gleichbehandlung verlangen kann oder nach § 7 Abs. 3 AEntG die Zahlung des Mindestlohns auf Leiharbeitnehmer erstreckt wird. Umgekehrt können Kündigungsfristen nicht nach § 622 Abs. 4 Satz 2 BGB durch die Bezugnahme auf einen im Entleiherbetrieb geltenden Tarifvertrag verkürzt werden.[15] Der Grundsatz der Koalitionsfreiheit (Art. 9 Abs. 3 G) lässt allerdings auch Satzungsbestimmungen zu, nach denen die Tarifzuständigkeit für Verleihunternehmen auch dann gegeben ist, wenn diese in bestimmte Branchen Arbeitnehmer überlassen. So hat sich die IG Metall z. B. auch für Arbeitnehmer zuständig erklärt, die von einem Verleihbetrieb an die vom Organisationsbereich der IG Metall erfassten Betriebe (Entleihbetriebe) zur Arbeitsleistung überlassen sind sowie Verleihbetriebe, die ausschließlich oder ganz überwiegend an Betriebe Arbeitnehmerüberlassung betreiben, die vom Organisationsbereich der IG Metall erfasst werden. Allerdings müssen solche Satzungsregelungen eine klare und eindeutige Bestimmung der Tarifzuständigkeit ermöglichen.[16] Hieran scheitert z. B. die Satzungsregelung der IG Metall, die eine Tarifzuständigkeit für solche Verleihunternehmen begründen will, die „ganz überwiegend" an vom Organisationsbereich der IG Metall erfasste Betriebe überlassen.[17]

---

12 Vgl. BAG vom 24.3.2004 – 5 AZR 303/03, NZA 2004, 971 (Os. 1). ArbG Berlin vom 1.4.2009 – 35 BV 17008/08, NZA 2009, 740, 743f. – A.A. *Franzen*, BB 2009, 1472, 1473f.
13 Vgl. hierzu instruktiv und kritisch zur Zuständigkeit der DGB-Gewerkschaften *Rieble*, BB 2012, 2177ff.
14 *Boemke*, Schuldvertrag, S. 582; Schüren/*Schüren*, § 11 Rn. 57.
15 *Boemke*, Schuldvertrag, S. 583.
16 BAG vom 10.2.2009 – 1 ABR 36/08, NZA 2009, 908 (Os. 2), *Rieble*, BB 2012, 2176, 2179.
17 Ausführlich *Rieble*, BB 2012, 2177, 2179ff.

16 Bei sog. **Mischunternehmen** ist nach der Rechtsprechung des BAG für die Tarifzuständigkeit entscheidend, welche Tätigkeit dem Unternehmen das **Gepräge** verleiht.[18] Das Gepräge wird dabei maßgeblich dadurch bestimmt, welchem Zweck die überwiegend ausgeübte Tätigkeit dient.[19]

3. Begründung des Leiharbeitsverhältnisses

17 Für die Begründung des Arbeitsverhältnisses gelten die allgemeinen arbeitsrechtlichen Grundsätze.[20] Im Allgemeinen kommt das Leiharbeitsverhältnis, wie jedes andere Arbeitsverhältnis auch, durch den Abschluss eines Arbeitsvertrags zustande. Allerdings sind nach § 9 Nr. 1 **Verträge** zwischen Verleihern und Leiharbeitnehmern **unwirksam**, wenn der **Verleiher nicht im Besitz der** nach § 1 Abs. 1 erforderlichen **Erlaubnis** ist. Diese Regelung ist teleologisch dahin zu korrigieren, dass Unwirksamkeit erst eintritt, wenn es zu einer Überlassung gekommen ist (siehe § 9 Rn. 60 ff.).

4. Inhalt des Leiharbeitsverhältnisses

18 Der Inhalt des Arbeitsverhältnisses ergibt sich aus den vertraglichen Vereinbarungen sowie den maßgeblichen gesetzlichen und kollektivrechtlichen Regelungen.

a) Hauptleistungspflichten

19 **Hauptleistungspflichten** sind auch im Leiharbeitsverhältnis gemäß § 611 Abs. 1 BGB auf Seiten des Leiharbeitnehmers die **Arbeitsleistung**, auf Seiten des Verleihers die Zahlung der vereinbarten **Vergütung**.

aa) Leiharbeitnehmer

20 (1) Arbeitspflicht. Der **Inhalt der Arbeitspflicht** des Leiharbeitnehmers wird durch das Arbeitsverhältnis festgelegt und ist im Einzelfall anhand des **Arbeitsvertrags unter Berücksichtigung gesetzlicher und kollek-

---

18 BAG vom 22.11.1988 – 1 ABR 6/87, NZA 1989, 561, 562; *Boemke/Sachadae*, BB 2011, 1973; Wiedemann/*Oetker*, § 2 TVG Rn. 65; Däubler/*Peter*, § 2 TVG Rn. 168.
19 BAG vom 17.1.1996 – 10 AZR 138/95, AP § 1 TVG Tarifverträge: Bäcker Nr. 1; LAG Köln vom 19.5.1999 – 2 Sa 119/99 – juris Rn. 32; *Boemke/Sachadae*, BB 2011, 1973 f. – Wegen weiterer Einzelheiten siehe § 9 Rn. 418 ff.
20 Zu den Begründungstatbeständen im Einzelnen *Boemke*, Studienbuch ArbR, § 3 Rn. 37 ff.

II. Rechtsbeziehung Verleiher – Leiharbeitnehmer § 11

tivrechtlicher **Normen** sowie der **Verkehrssitte** zu bestimmen.[21] Der **Verleiher** bestimmt im Rahmen seines Direktionsrechts darüber, bei welchem Entleiher der Leiharbeitnehmer mit welcher Art von Tätigkeiten und in welchem zeitlichen Umfang beschäftigt werden soll;[22] die **primäre Weisungszuständigkeit** verbleibt bei ihm.[23] Er kann den Leiharbeitnehmer **jederzeit einseitig abberufen**, selbst wenn er dadurch eine Pflichtverletzung ggü. dem Entleiher begehen sollte.[24] Allerdings kann der Verleiher, nicht anders als in sonstigen Arbeitsverhältnissen, im Wege des Weisungsrechts nur den durch die rechtsgeschäftlichen und gesetzlichen Bestimmungen abgesteckten Rahmen konkretisieren (vgl. § 106 GewO). Es ist ihm nicht gestattet, einseitig vom Inhalt des Arbeitsverhältnisses nicht gedeckte Tätigkeiten zuzuweisen.

(2) Arbeitszeit (Wann und Wie lange?). Hinsichtlich der **Arbeitszeit** muss zwischen dem zeitlichen Umfang der Arbeitsverpflichtung und der Lage der Arbeitszeit unterschieden werden. Die **Dauer der Arbeitszeit** wird im **Arbeitsvertrag** festgelegt;[25] es muss keine feste Wochenarbeitszeit festgelegt werden, vielmehr ist auch die Vereinbarung eines Arbeitszeitdeputats zulässig (siehe unten Rn. 125). Soweit keine ausdrückliche Vereinbarung getroffen wurde, ist im Zweifel die tarifliche Regelarbeitszeit, soweit eine solche nicht besteht die betriebsübliche Arbeitszeit vereinbart.[26] Die Zuweisung einer darüber hinausgehenden Arbeitszeit bedarf einer entsprechenden Vereinbarung zwischen Verleiher und Leiharbeitnehmer, soweit sich der Verleiher nicht im Arbeitsvertrag das Recht zur Anordnung von Überstunden vorbehalten hat. Wegen der Beteiligung des Betriebsrats in diesen Fällen siehe § 14 Rn. 35 f. 21

Leistet der Leiharbeitnehmer auf Weisung des Entleihers **Mehrarbeit**, obwohl dieser im Arbeitnehmerüberlassungsvertrag hierzu nicht ermächtigt war, ist zu unterscheiden: War der **Leiharbeitnehmer** im Innenverhältnis zum Verleiher **zur** Leistung von **Mehrarbeit verpflichtet**, dann muss der Verleiher ihm auch die Überstunden vergüten. Allerdings ist der **Entleiher** hierdurch im Verhältnis zum Verleiher rechtsgrundlos bereichert und muss dem Verleiher **Wertersatz** leisten.[27] Im 22

---

21 Vgl. Hk-ArbR/*Boemke*, § 611 BGB Rn. 429 ff.
22 *Boemke*, Schuldvertrag, S. 570.
23 *Kim*, S. 45.
24 *Kim*, S. 45.
25 Hk-ArbR/*Boemke*, § 611 BGB Rn. 443.
26 Hk-ArbR/*Boemke*, § 611 BGB Rn. 443.
27 Schüren/*Schüren*, Einl. Rn. 189.

Rahmen des Bereicherungsausgleichs schuldet der Entleiher als Wertersatz nicht den Arbeitslohn des Leiharbeitnehmers einschließlich der Zuschläge, sondern die **übliche Verleihgebühr für die Mehrarbeitsstunden**.[28] Besteht keine entsprechende **Verpflichtung des Leiharbeitnehmers** ggü. dem Verleiher zur Mehrarbeit, dann liegt schlichte **Schwarzarbeit** des Leiharbeitnehmers vor, die **vom Entleiher zu vergüten** ist. Zusätzlich können **Schadensersatzansprüche des Verleihers** gegen den Entleiher bestehen, der sich im Ergebnis auf den **Ersatz des Unternehmergewinns** aus einer Überlassung des Leiharbeitnehmers für die Zeit der „Schwarzarbeit" belaufen kann.[29] Daneben können auch gegen den Leiharbeitnehmer Schadensersatzansprüche gegeben sein. Die **vorübergehende Verkürzung der vereinbarten Arbeitszeit** (Kurzarbeit) bedarf grds. einer entsprechenden Vereinbarung zwischen Verleiher und Leiharbeitnehmer; dem Verleiher kann nach allgemeinen Grundsätzen kein einseitiges Weisungsrecht eingeräumt werden.[30] Kann der Verleiher den Leiharbeitnehmer nicht im vereinbarten Umfang beschäftigen, weil die Wochenarbeitszeit im Entleiherbetrieb kürzer ist, kommt er in Annahmeverzug und bleibt zur Lohnzahlung verpflichtet (§ 615 BGB). Dem kann bei der Vereinbarung der Überlassungsvergütung Rechnung getragen werden. Unter Berücksichtigung von Art. 5 Abs. 1 i.V.m. Art. 3 Abs. 1 lit. e) RL 2008/104/EG dürften Bestimmungen zulässig sein, wonach sich die Dauer der geschuldeten Arbeitszeit für die Zeit der Überlassung nach der im Entleiherbetrieb geltenden Regelarbeitszeit bestimmt.[31]

23 Die **Lage der Arbeitszeit**, also wann der Leiharbeitnehmer arbeiten muss, bestimmt sich ebenfalls nach dem Arbeitsvertrag. Da hierüber regelmäßig keine konkreten Vereinbarungen getroffen werden, kann der Verleiher als Arbeitgeber im Rahmen seines **Direktionsrechts** die Lage der Arbeitszeit einseitig bestimmen (§ 106 Satz 1 GewO).[32] Soweit ein Betriebsrat im Verleiherbetrieb besteht, ist dieser nach § 87 Abs. 1 Nr. 2 BetrVG zu beteiligen (siehe § 14 Rn. 32 ff.); hinsichtlich des kon-

---

28 So im Ergebnis auch Schüren/*Schüren*, Einl. Rn. 189.
29 Schüren/*Schüren*, Einl. Rn. 190.
30 *Boemke*, Studienbuch ArbR, § 9 Rn. 39; Hk-ArbR/*Boemke*, § 611 BGB Rn. 451; *Thüsing/Pötters*, BB 2012, 317, 322. – So auch BSG vom 21.7.2009 – B 7 AL 3/08 R, juris Rn. 11, wo eine einvernehmliche Vereinbarung für die Anordnung von Kurzarbeit vorausgesetzt wird.
31 *Boemke*, RIW 2009, 177, 183 f.
32 BAG vom 23.9.2004 – 6 AZR 567/03, NZA 2005, 359, 360; Hk-ArbR/*Boemke*, § 611 BGB Rn. 447.

kreten Arbeitseinsatzes im Entleiherbetrieb steht einem dort gebildeten Betriebsrat ebenfalls das Mitbestimmungsrecht zu (siehe § 14 Rn. 124).

(3) Arbeitsort (**Wo**?). Der Arbeitsort, also das **Wo der Arbeitsleistung**, bestimmt sich ebenfalls in erster Linie nach dem **Arbeitsvertrag**. Dabei ergibt sich aus der Rechtsnatur des Leiharbeitsverhältnisses, dass der Leiharbeitnehmer nicht (nur) im Betrieb des Verleihers, sondern (auch) bei Dritten eingesetzt werden soll. Allerdings werden auch hier durch die **vertragliche Vereinbarung Grenzen** gezogen. Ist der Leiharbeitnehmer bei der für eine bestimmte Region eines überregionalen Verleihunternehmens zuständigen Geschäftsstelle eingestellt worden, dann beschränkt sich seine Leistungspflicht in örtlicher Hinsicht im Zweifel auf in dieser Region ansässige Entleiherbetriebe; die Zuweisung einer Tätigkeit in einem außerhalb dieser Region oder gar im Ausland liegenden Betrieb eines Entleihers bedarf einer Vereinbarung oder eines ausdrücklichen Vorbehalts im Arbeitsvertrag. Um Streitigkeiten zu vermeiden, sollte im Arbeitsvertrag geregelt werden, ob die Überlassung durch den Verleiher lokal, regional, landes-, bundes-, europa- oder sogar weltweit möglich ist. Ist nichts vereinbart oder aus den Umständen zu entnehmen, bestimmt der Verleiher als Arbeitgeber gemäß § 106 S. 1 Gew **im Rahmen billigen Ermessens** den Arbeitsort.[33]

24

(4) Arbeitsinhalt (**Was**?). Entsprechendes gilt für die **Art der zu leistenden Arbeit**. Der Leiharbeitnehmer muss auch beim Entleiher nur Arbeiten erbringen, die vom Inhalt der vertraglichen Vereinbarung gedeckt sind.[34]

25

(5) Leistungsverweigerungsrechte. Der Leiharbeitnehmer kann nach allgemeinen Grundsätzen die Erbringung der Arbeitsleistung beim Entleiher verweigern, wenn ihm ein **Leistungsverweigerungsrecht ggü. dem Verleiher** zusteht.[35] Die in einer älteren Entscheidung vom BAG geäußerte gegenteilige Auffassung[36] vermag nicht zu überzeugen. Wenn einem Entleiher, dem ein eigener Anspruch gegen den Leiharbeitnehmer auf die Arbeitsleistung auf Grund eines echten Vertrags zugunsten Dritter (§ 328 BGB) oder eine Abtretung (§ 398 BGB) zusteht, Einwendungen des Leiharbeitnehmers aus dessen Rechtsverhältnis zum Verleiher ausgesetzt ist (§§ 334, 404 BGB), muss dies erst recht für

26

---

[33] Einschränkend wohl Schüren/*Schüren*, § 11 Rn. 37.
[34] Hk-ArbR/*Boemke*, § 611 BGB Rn. 431 ff.
[35] *Boemke*, Schuldvertrag, S. 571; Schüren/*Schüren*, Einl. Rn. 195 ff.
[36] BAG vom 8.7.1971 – 5 AZR 29/71, BB 1971, 1196 (Ls.) = AP § 611 BGB Leiharbeitsverhältnis Nr. 2.

§ 11 Sonstige Vorschriften über das Leiharbeitsverhältnis

einen Entleiher gelten, der seine Berechtigung ohne eigenen Anspruch lediglich auf eine Ausübungsermächtigung stützt. Macht der Leiharbeitnehmer von einem Leistungsverweigerungsrecht Gebrauch, muss er hierüber unverzüglich den **Entleiher informieren**, damit sich dieser hierauf einrichten kann. Der Entleiher wird für den Zeitraum der Nichtleistung der Arbeit von der Entrichtung der **Überlassungsvergütung frei** und kann **vom Verleiher Schadensersatz** verlangen. Soweit das Leistungsverweigerungsrecht wegen rückständiger Vergütung ausgeübt wird, kann der Entleiher nach § 267 Abs. 1 BGB an den Leiharbeitnehmer zahlen und den Regressanspruch gegen die Überlassungsvergütung aufrechnen.[37]

27 Liegen die **Gründe der Leistungsverweigerung in der betrieblichen Sphäre des Entleihers,** werden z.B. Arbeitsschutzvorschriften nicht beachtet oder wird durch den Entleiher eine nach dem Arbeitsverhältnis nicht geschuldete Tätigkeit zugewiesen, dann gerät der **Entleiher in Annahmeverzug.** Der Leiharbeitnehmer behält seinen Anspruch auf die Vergütung gegen den Verleiher (§ 615 BGB),[38] der seinerseits die Überlassungsvergütung ungekürzt vom Entleiher verlangen kann.[39]

28 (6) Leistungsstörungen. Verletzt der Leiharbeitnehmer seine Arbeitspflicht schuldhaft, arbeitet er z.B. insgesamt oder an einzelnen Tagen nicht bzw. nimmt er die Arbeit verspätet auf bzw. stellt er sie vorzeitig ein, dann kann der Verleiher als Gläubiger der Arbeitsleistung **Schadensersatz** verlangen (§ 280 Abs. 1 BGB). **Mindestschaden** ist der (teilweise) **Verlust des Anspruchs auf** die **Überlassungsvergütung.**[40] Ob daneben dem **Entleiher** ein **eigener Schadensersatzanspruch** zusteht, ist umstritten,[41] nach im Vordringen befindlicher Auffassung aber zu bejahen.[42] Die Arbeitspflicht des Leiharbeitnehmers besteht für diesen erkennbar nämlich gerade auch im Interesse des Entleihers, sodass eine Verletzung dieses rechtlich geschützten Interesses nach allgemeinen Grundsätzen Schadensersatzansprüche begründen kann.

---

37 Zum Ganzen Schüren/*Schüren*, Einl. Rn. 197.
38 *Boemke*, BB 2006, 997, 1002f.
39 Schüren/*Schüren*, Einl. Rn. 195. – Ausführlich *Boemke*, BB 2006, 997, 1002f.
40 *Boemke*, Schuldvertrag, S. 577f.
41 Ablehnend *Konzen*, ZfA 1982, 259, 280f.; *Schaub*, § 120 Rn. 68.
42 *Boemke*, Schuldvertrag, S. 578; Schüren/*Brors*, Einl. Rn. 492ff.; *Walker*, AcP 194 (1994), 295, 309ff.

II. Rechtsbeziehung Verleiher – Leiharbeitnehmer § 11

bb) Verleiher

(1) **Vergütungsanspruch.** Der Verleiher ist aus dem Leiharbeitsverhältnis ggü. dem Leiharbeitnehmer zur **Entgeltzahlung** verpflichtet. Die Lohnhöhe ergibt sich dabei aus der vertraglichen Vereinbarung unter Berücksichtigung kollektiv-rechtlicher Bestimmungen. Für die Zeit der Überlassung in einen Entleiherbetrieb ist mindestens die Vergütung zu zahlen, die ein vergleichbarer Mitarbeiter des Entleihers beanspruchen kann (§§ 3 Abs. 1 Nr. 3, 9 Nr. 2 Hs. 1), soweit im Einzelfall keine Ausnahmen vom Schlechterstellungsverbot nach § 9 Nr. 2 Hs. 2–4 greifen (dazu ausführlich § 9 Rn. 182 ff.). Das vereinbarte Arbeitsentgelt kann **sittenwidrig** sein, wenn ein auffälliges Missverhältnis zwischen Leistung und Gegenleistung besteht. In einem solchen Fall ist die Vergütungsvereinbarung insoweit unwirksam; an die Stelle der unwirksamen Regelung tritt sodann gemäß **§ 612 Abs. 2 BGB** die **übliche Vergütung**. Ausgangspunkt zur Feststellung des Werts der Arbeitsleistung sind dabei in der Regel die Tariflöhne des jeweiligen Wirtschaftszweigs. Dies gilt jedenfalls dann, wenn in dem Wirtschaftsgebiet üblicherweise der Tariflohn gezahlt wird. Entspricht der Tariflohn nicht der verkehrsüblichen Vergütung, sondern liegt diese unterhalb des Tariflohns, ist zur Ermittlung des Werts der Arbeitsleistung von dem allgemeinen Lohnniveau im Wirtschaftsgebiet auszugehen.[43] Für den Bereich der Arbeitnehmerüberlassung ist dabei nicht auf die Branche der Entleiher abzustellen, bei denen der Leiharbeitnehmer eingesetzt wird. Maßgeblicher Bezugspunkt ist vielmehr die Zeitarbeitsbranche, in welcher der Verleiher als Vertragsarbeitgeber des Leiharbeitnehmers tätig ist. Bekommt ein Leiharbeitnehmer daher den branchenüblichen Tariflohn, der im Bereich der Arbeitnehmerüberlassung gezahlt wird, dann ist die Vergütungsvereinbarung auch dann nicht sittenwidrig, wenn dem Leiharbeitnehmer bei einer unmittelbaren Anstellung bei dem Entleiher, bei dem er eingesetzt worden ist, der doppelte Lohn zugestanden hätte.[44]

29

Schuldner ist allein der **Verleiher, nicht** aber der **Entleiher**.[45] Diesen trifft **auch keine subsidiäre Haftung**, z.B. bei Zahlungsunfähigkeit

30

---

43 BAG vom 24.3.2004 – 5 AZR 303/03, NZA 2004, 971 ff.; BAG vom 23.5.2001 – 5 AZR 527/99, AR Blattei ES 1150 Nr. 3/99; BAG vom 11.1.1973 – 5 AZR 322/72, DB 1973, 727; BAG vom 21.6.2000 – 5 AZR 806/98, NZA 2000, 1050 f.
44 BAG vom 24.3.2004 – 5 AZR 303/03, NZA 2004, 971 ff.
45 BAG vom 8.7.1971 – 5 AZR 29/71, BB 1971, 1196 (Ls.) = AP § 611 BGB Leiharbeitsverhältnis Nr. 2.

§ 11 Sonstige Vorschriften über das Leiharbeitsverhältnis

des Verleihers.⁴⁶ Lediglich bei der entgeltlichen Arbeitnehmerüberlassung haftet der Entleiher nach § 28e Abs. 2 SGB IV wie ein selbstschuldnerischer Bürge für die auf die Zeit der Überlassung entfallenden Sozialversicherungsbeiträge. Zum Anspruch auf Fahrtkostenersatz für Fahrten zum Entleiherbetrieb siehe unten Rn. 37.

31 (2) *Lohn ohne Arbeit.* Arbeitsleistung und Vergütung stehen grds. im **Gegenseitigkeitsverhältnis**, sodass der Leiharbeitnehmer nach allgemeinen Grundsätzen ohne Arbeit keinen Lohn verlangen kann (§ 326 Abs. 1 BGB). Dieser Rechtsgrundsatz, wonach der Leiharbeitnehmer bei Nichterbringung der Arbeitsleistung (zeitanteilig) den Lohnanspruch verliert, ist allerdings durch zahlreiche gesetzliche Sondervorschriften⁴⁷ durchlöchert wie ein Schweizer Käse.⁴⁸ Zu nennen sind hier insbesondere die Bestimmungen über die Entgeltfortzahlung im Krankheitsfalle (§§ 3 ff. EFZG), während des Erholungsurlaubs (§§ 1, 11 BUrlG), an Feiertagen (§ 2 EFZG), wegen vorübergehender persönlicher Arbeitsverhinderung (§ 616 BGB) sowie während des Annahmeverzugs des Verleihers (§ 615 BGB). Abweichend von allgemeinen Regelungen ist § 615 Satz 1 BGB im Leiharbeitsverhältnis nach § 11 Abs. 4 Satz 2 Hs. 1 unabdingbar (siehe unten Rn. 116 ff.).

32 (3) *Leistungsstörungen.* Kommt der Verleiher seiner Pflicht zur Zahlung der Vergütung nicht oder nicht fristgerecht nach, kann der Leiharbeitnehmer **nach § 320 BGB die Einrede des nichterfüllten Vertrags** erheben und ein Zurückbehaltungsrecht an seiner Arbeitsleistung geltend machen. Wegen den Einzelheiten hierzu siehe oben Rn. 26 f.

b) Nebenpflichten

33 Auch wenn der Leiharbeitnehmer seine Arbeitsleistung nicht im Betrieb des Verleihers, sondern eines Dritten erbringt, sind zwischen beiden die **allgemeinen arbeitsrechtlichen Nebenpflichten** zu beachten.⁴⁹

---

46 LAG Bremen vom 7.1.1959 – I Sa 97/57, BB 1959, 412.
47 Zum Überblick *Boemke*, Studienbuch ArbR, § 5 Rn. 145 ff.
48 Zum „Schweizer Käse" grundlegend schon auch BGH vom 18.9.1963 – Ib ZB 21/62, BB 1963, 1276 ff.
49 Zu den Nebenpflichten des Arbeitnehmers im Allgemeinen siehe *Boemke*, AR-Blattei SD 1228.

II. Rechtsbeziehung Verleiher – Leiharbeitnehmer § 11

aa) Grundsatz

Zwischen Verleiher und Leiharbeitnehmer besteht ein Arbeitsverhältnis, dessen Besonderheit lediglich darin besteht, dass der Leiharbeitnehmer außerhalb des Betriebs seines Arbeitgebers in einem anderen Betrieb unter Weisung des dortigen Betriebsinhabers (Entleiher) eingesetzt werden soll. Hinsichtlich des **Inhalts** der Nebenpflichten ergeben sich daher **grds. keine Abweichungen** zu sonstigen Arbeitsverhältnissen.   34

bb) Leiharbeitnehmer

Den Leiharbeitnehmer trifft auch während der Dauer des Einsatzes beim Entleiher eine **Verschwiegenheitspflicht** im Interesse des Verleihers, die nicht nur im Verhältnis zu Dritten, sondern auch zum Entleiher besteht.[50] Daneben besteht auch das **gesetzliche Wettbewerbsverbot** aus § 60 HGB (analog).[51] Während der Dauer des Leiharbeitsverhältnisses darf der Leiharbeitnehmer nicht in Konkurrenz zum Verleiher treten; ein Verstoß hiergegen liegt z. B. vor, wenn der Leiharbeitnehmer beim Entleiher auf Grund gesonderter Abrede für eigene Rechnung „Überstunden" leistet.[52] Eine Pflichtverletzung kann zu Schadensersatzansprüchen führen, den Verleiher ggf. aber auch zu einer ordentlichen bzw. außerordentlichen Kündigung berechtigen.   35

cc) Verleiher

Auch den Verleiher treffen die **allgemeinen Nebenpflichten**, die allerdings dadurch modifiziert werden können, dass der Leiharbeitnehmer nicht unmittelbar in seiner Betriebsstätte tätig wird. Dies hat Konsequenzen insbesondere für den **Arbeitsschutz**; da der Leiharbeitnehmer im Betrieb und unter Weisung des Entleihers eingesetzt wird, ist in erster Linie der Entleiher für die Einhaltung des Arbeitsschutzes verantwortlich. Den Verleiher treffen insoweit nur **Kontroll- und Überwachungspflichten** (siehe unten Rn. 156 f.). Pflichtverletzungen können Schadensersatzansprüche auslösen; im Einzelfall kann der Leiharbeitnehmer aber auch ein Zurückbehaltungsrecht an seiner Arbeitsleistung geltend machen.   36

Mangels abweichender (tarif-)vertraglicher Vereinbarung kann der Leiharbeitnehmer die ihm durch die Fahrt zum Entleiherbetrieb ent-   37

---

50 *Kim*, S. 46; Schüren/*Schüren*, Einl. Rn. 238.
51 *Kim*, S. 46; Schüren/*Brors*, Einl. Rn. 488.
52 *Boemke*, Schuldvertrag, S. 574; Schüren/*Schüren*, Einl. Rn. 239.

§ 11 Sonstige Vorschriften über das Leiharbeitsverhältnis

standenen Fahrtkosten in entsprechender Anwendung von § 670 BGB ersetzt verlangen, soweit die Reisekosten zum Arbeitsort, den der Verleiher ihm zuweist, die für die Reise von seiner Wohnung zur Geschäftsstelle des Verleihers übersteigen.[53]

5. Beendigung

a) Grundsatz

38 Für die Beendigung des Leiharbeitsverhältnisses zwischen Verleiher und Leiharbeitnehmer gelten grds. die allgemeinen arbeitsrechtlichen Bestimmungen, soweit nicht das AÜG hierfür besondere Regelungen bereit hält (dazu unten Rn. 39). Wird das Arbeitsverhältnis nicht auf bestimmte Zeit eingegangen (zur Befristung siehe unten Rn. 39), bedarf es nach allgemeinen Grundsätzen eines besonderen Beendigungstatbestands,[54] praktisch bedeutsam ist neben dem Aufhebungsvertrag die Arbeitgeberkündigung. Insbesondere bedarf auch die Kündigung eines Leiharbeitsverhältnisses der sozialen Rechtfertigung, wenn der Arbeitnehmer nach § 1 Abs. 1 KSchG allgemeinen Kündigungsschutz genießt.[55] Gegenüber dem Leiharbeitnehmer ist nur der Verleiher, nicht aber der Entleiher kündigungsbefugt, weil sich die arbeitsrechtliche Leistungsverpflichtung aus der Rechtsbeziehung zwischen Verleiher und Leiharbeitnehmer ergibt. Wegen der Beteiligung des Betriebsrats siehe § 14 Rn. 55 f.

b) Besonderheiten bei Befristungen

39 Spätestens seit dem 1.1.2004 gelten bei Befristungen im Rahmen von Leiharbeitsverhältnissen keine Besonderheiten mehr. §§ 3 Abs. 1 Nr. 3 und Nr. 5, 9 Nr. 2 a.F., die das Befristungsrecht abschließend normierten, finden seit diesem Zeitpunkt keine Anwendung mehr. Vielmehr richtet sich die Zulässigkeit einer Befristung des Leiharbeitsverhältnisses nunmehr nach **§§ 14ff. TzBfG**.[56]

---

53 LAG Düsseldorf vom 30.7.2009 – 15 Sa 268/09, LAGE § 9 AÜG Nr. 7; LAG Köln vom 15.11.2002 – 4 Sa 692/02, MDR 2003, 755 f. – A.A. LAG Hamm vom 16.7.2008 – 2 Sa 1797/07, EzAÜG § 670 BGB Aufwendungsersatz Nr. 2; LAG Mainz vom 8.9.2009 – 1 Sa 331/09, jurisPR-ArbR 14/2010 Nr. 6 mit. Anm. Dahl.
54 Zum Überblick über die arbeitsrechtlichen Beendigungstatbestände *Boemke*, Studienbuch ArbR, § 12 Rn. 1 ff.
55 Wegen der Einzelheiten siehe AnwK-ArbR/*Ulrici*, § 3 AÜG Rn. 72; Schüren/*Schüren*, Einl. Rn. 267 ff.
56 Vgl. AnwK-ArbR/*Ulrici*, § 3 AÜG Rn. 68 f.

III. Beurkundungspflicht des Verleihers (Abs. 1)

1. Überblick

a) Sinn und Zweck der Vorschrift

Die Verpflichtung zur schriftlichen Fixierung der wesentlichen Vertragsbedingungen dient erstens dazu, mehr **Rechtssicherheit und Rechtsklarheit für den Leiharbeitnehmer** zu schaffen. Der Leiharbeitnehmer wird durch den Nachweis über den wesentlichen Inhalt des Leiharbeitsverhältnisses schriftlich informiert und hat somit die Möglichkeit, weitgehende Klarheit über seine Rechtsstellung zu erlangen.[57] Zweitens erleichtert die Bestimmung der BA eine **leichtere Kontrolle der Verleiher**.[58] Drittens kommt die Bestimmung mittelbar auch dem Entleiher zugute, wenn wegen des Fehlens einer Überlassungserlaubnis nach § 10 Abs. 1 ein Arbeitsverhältnis kraft Gesetzes zwischen Leiharbeitnehmer und Entleiher begründet wird.[59]

40

b) Verhältnis zum NachwG

Abs. 1 Satz 1 verweist hinsichtlich der **Dokumentationspflichten** des Verleihers nunmehr als Rechtsgrundverweisung[60] auf die Bestimmungen des NachwG; abweichend von der bis zum 31.12.2002 geltenden Rechtslage bestimmen sich die Pflichten nunmehr nach den allgemeinen Bestimmungen, soweit sich aus Abs. 1 Satz 2 Nr. 1 sowie Abs. 1 Satz 2 Nr. 2 nicht Besonderheiten ergeben.

41

2. Nachweispflicht (Abs. 1)

a) Pflichtinhalt gemäß NachwG

aa) Allgemein

Der Verleiher ist gemäß Abs. 1 Satz 1 i.V.m. § 2 Abs. 1 Satz 1 NachwG verpflichtet, die wesentlichen Vertragsbedingungen schriftlich niederzulegen, die Niederschrift zu unterzeichnen und dem Arbeitnehmer

42

---

57 Becker/Wulfgramm, § 11 Rn. 5; Thüsing/Mengel, § 11 Rn. 4; Schüren/*Schüren*, § 11 Rn. 24; ErfK/*Wank*, § 11 AÜG Rn. 2; – so auch AnwK-ArbR/*Böhm*, § 11 AÜG Rn. 2.
58 Schüren/*Schüren*, § 11 Rn. 24.
59 Becker/Wulfgramm, § 11 Rn. 6; Schüren/*Schüren*, § 11 Rn. 24; Thüsing/*Mengel*, § 11 Rn. 4.
60 Thüsing/*Mengel*, § 11 Rn. 3.

auszuhändigen. Wenn der Arbeitnehmer länger als einen Monat außerhalb der Bundesrepublik Deutschland eingesetzt wird, muss die Niederschrift dem Arbeitnehmer bereits vor seiner Ausreise ausgehändigt werden (§ 2 Abs. 2 NachwG). Diese Bestimmung begründet **kein gesetzliches Schriftformerfordernis** i.S.v. § 125 BGB,[61] **sondern** eine **Verpflichtung des Verleihers**,[62] die bei Verstößen nach § 16 Abs. 1 Nr. 8 mit Bußgeld geahndet werden kann (kritisch dazu unten § 16 Rn. 52) sowie Zweifel an der Zuverlässigkeit des Verleihers nach § 3 Abs. 1 Nr. 1 hervorrufen.[63] Ein **mündlich geschlossener Leiharbeitsvertrag** bleibt **wirksam**, auch wenn der Verleiher später den Vertragsinhalt nicht dokumentiert.[64] Nach der Rechtsprechung des EuGH normiert § 2 **Abs. 1 Satz 2 NachwG nur** die **Mindestangaben; darüber hinausgehende Angaben** können nicht nur in die Urkunde aufgenommen werden, sie **müssen** vielmehr **aufgenommen** werden, **wenn** es sich dabei nach der Parteivereinbarung um **wesentliche Bestimmungen** handelt.[65] Hierfür spricht der Wortlaut der Richtlinie 91/533/EWG, weil in Art. 2 Abs. 2 von „mindestens" die Rede ist. Als eine solche wesentliche Bestimmung kommt beispielsweise die Vereinbarung einer Vertragsstrafe bei einem vertragsbrüchigen Verhalten des Leiharbeitnehmers in Betracht. – Zu den generellen Rechtsfolgen von Pflichtverstößen des Verleihers gegen die Dokumentationspflichten des Nachweisgesetzes siehe unten Rn. 92 ff.

43 Der **Nachweis** ist **in Schriftform** abzufassen und kann nach § 2 Abs. 1 Satz 3 NachwG **nicht in elektronischer Form** erfolgen; es ist eine Originalunterschrift notwendig. Allerdings muss der Nachweis nicht in einer einheitlichen Urkunde erbracht werden, sondern kann durch die **Aushändigung mehrerer Dokumente** erfolgen, soweit das Informationsbedürfnis des Arbeitnehmers hierdurch nicht beeinträchtigt wird.[66] Die Unterzeichnung muss nicht persönlich durch den Arbeitgeber er-

---

61 Thüsing/*Mengel*, § 11 Rn. 5; Schüren/*Schüren*, § 11 Rn. 26; AnwK-ArbR/*Böhm*, § 11 AÜG Rn. 3. – So im Grundsatz auch ErfK/*Wank*, § 11 AÜG Rn. 2.
62 ErfK/*Preis*, Einf. NachwG Rn. 13.
63 *Sandmann/Marschall*, § 11 Anm. 5; Schüren/*Schüren*, § 11 Rn. 27.
64 ArbG Stuttgart – Ludwigsburg vom 18.3.1976 – 10 Ca 895/75, n.v.; *Becker/Wulfgramm*, § 11 Rn. 13; *Sandmann/Marschall*, § 11 Anm. 5; Schüren/*Schüren*, § 11 Rn. 26. – Vgl. auch EuGH vom 8.2.2001 – C-350/99, NZA 2001, 381, 382.
65 EuGH vom 8.2.2001 – C-350/99, BB 2001, 1255, 1256 mit Anm. *Hohmeister*. – Zustimmend KassHdbch/*Düwell*, 4.5. Rn. 330; *Sandmann/Marschall*, § 11 Anm. 8; Schüren/*Schüren*, § 11 Rn. 28. – A.A. ErfK/*Wank*, § 11 AÜG Rn. 6.
66 *Krause*, AR-Blattei SD 220.2.2 Rn. 110. – So auch AnwK-ArbR/*Schaub*, § 2 NachwG Rn. 16.

III. Beurkundungspflicht des Verleihers (Abs. 1) § 11

folgen; für ihn kann auch ein **Vertreter** handeln.[67] Ist der Nachweis von einem bevollmächtigten Vertreter unterschrieben worden, dann kann der Arbeitnehmer in entsprechender Anwendung von § 174 BGB den **Nachweis zurückweisen**, wenn der Bevollmächtigte keine Vollmachtsurkunde im Original vorgelegt hat und der Arbeitnehmer vom Verleiher nicht über die Bevollmächtigung in Kenntnis gesetzt worden ist.[68] Die Niederschrift stellt zwar keine Willenserklärung dar; aber auch hier bedarf es für den Arbeitnehmer der Gewissheit, dass die Urkunde von einem Berechtigten ausgestellt worden ist. Die Niederschrift ersetzt nicht die Einigung zwischen Arbeitgeber und Arbeitnehmer. Es dürfen nur Vereinbarungen niedergelegt werden, die auch tatsächlich getroffen worden sind.[69]

Mit der **bloßen Bestätigung des Empfangs der Niederschrift** durch den Arbeitnehmer wird **weder** ein **Arbeitsvertrag geschlossen noch** der **Inhalt** der Niederschrift **als richtig akzeptiert**. Bestätigt der Arbeitnehmer nicht nur den Erhalt, sondern auch die Richtigkeit der Niederschrift, dann werden dadurch vom Arbeitsvertrag abweichende bzw. über diesen hinausgehende Bedingungen nicht Vertragsinhalt; allerdings trifft den Arbeitnehmer in einem solchen Fall die Beweislast dafür, dass die niedergelegten Bedingungen nicht vereinbart worden sind. **44**

bb) Zwingender Inhalt der Niederschrift

(1) Begriff. Nach Abs. 1 Satz 1 muss der Arbeitgeber die **wesentlichen** Vertragsbedingungen in der Niederschrift dokumentieren. Wesentlich ist alles, was üblicherweise in Arbeitsverträgen bestimmter Arbeitnehmer vereinbart wird.[70] Einen Kernbestand der vom Gesetzgeber für wesentlich erachteten Vertragsbedingungen enthält § 2 Abs. 1 Satz 2 NachwG. Die in § 2 Abs. 1 Satz 2 NachwG aufgeführten **Mindestbedingungen** sind dabei **keineswegs abschließend**, sondern beinhalten nur das, was der Arbeitgeber in jedem Fall angeben muss, solange er nicht von seiner Verweisungsmöglichkeit nach § 2 Abs. 3 NachwG Gebrauch macht.[71] Nicht ausreichend ist mithin allein die Angabe der es- **45**

---

67 AnwK-ArbR/*Böhm*, § 11 AÜG Rn. 3; *Sandmann/Marschall*, § 11 Anm. 5.
68 A.A. Thüsing/*Mengel*, § 11 Rn. 5.
69 *Boemke*, GewO, § 105 Rn. 124.
70 LAG Niedersachsen vom 7.12.2000 – 10 Sa 1505/00, NZA-RR 2001, 145, 146; ErfK/*Preis*, § 2 NachwG Rn. 8.
71 Vgl. EuGH vom 8.2.2001 – C-350/99, BB 2001, 1255, 1256 m. Anm. *Hohmeister*; *Boemke*, GewO, § 105 Rn. 126; ErfK/*Preis*, § 2 NachwG Rn. 8. – A.A. *Birk*, NZA 1996, 281, 285.

sentialia negotii (Vergütung und Arbeitsleistung). Insbesondere sind auch bestimmte Nebenpflichten, wie Verschwiegenheitspflichten, Nebentätigkeitsverbote etc., oder etwaige Nebenleistungen mit anzugeben, wenn sie nach dem Inhalt des jeweiligen Arbeitsverhältnisses als wesentlich anzusehen sind.

46 (2) Mindestangaben im Einzelnen. Zwingend erforderlich ist die Angabe folgender Bestimmungen:

(aa) Bezeichnung der Arbeitsvertragsparteien

47 Nach § 2 Abs. 1 Satz 2 Nr. 1 NachwG sind **Namen und Anschrift der Vertragsparteien** aufzunehmen. Die Angabe der Rechtsform des Arbeitgebers wird nicht verlangt, jedoch kann der Arbeitgeber auf Grund gesellschafts- und handelsrechtlicher Vorschriften dazu verpflichtet sein (§ 4 GmbHG, § 4 AktG, §§ 17ff. HGB).[72] Fraglich ist, ob bei einer BGB-Gesellschaft als Arbeitgeberin die Angabe der Gesellschaft ausreicht oder alle BGB-Gesellschafter aufgelistet werden müssen. Ausgehend vom Normzweck des § 2 Abs. 1 Satz 2 Nr. 1 NachwG, Unklarheiten über den richtigen Klagegegner bzw. Schuldner in der Zwangsvollstreckung zu vermeiden, ist es in Anbetracht der Bejahung der aktiven und passiven Parteifähigkeit der BGB-Gesellschaft seitens des BGH[73] und auch des BAG[74] als ausreichend anzusehen, wenn lediglich die **BGB-Gesellschaft** aufgeführt wird.[75]

48 Weiter sind **Vor- und Familiennamen sowie Wohnort und Wohnung des Leiharbeitnehmers** aufzunehmen. Zur **Individualisierung** des Leiharbeitnehmers empfiehlt es sich, **Tag und Ort der Geburt** anzugeben. Der Verleiher darf sich, soweit er keine gegenteiligen Anhaltspunkte hat, auf die Angaben des Leiharbeitnehmers, insbesondere in Personalfragebögen oder sonstigen Einstellungsunterlagen, verlassen und muss insoweit keine eigenständigen Nachforschungen betreiben. Im Hinblick auf das Recht des Leiharbeitnehmers, sich auf sein Verlangen den Nachweis und das Merkblatt der Erlaubnisbehörde in der Muttersprache aushändigen zu lassen (Abs. 2 Satz 2), sowie die besonderen Voraussetzungen für die Beschäftigung nichtdeutscher Leiharbeitnehmer kann es sich empfehlen, **zusätzlich** die **Staatsangehörigkeit des**

---

72 Thüsing/*Mengel*, § 11 Rn. 8.
73 BGH vom 29.1.2001 – II ZR 331/00, BB 2001, 374ff.
74 BAG vom 1.12.2004 – 5 AZR 597/03, NZA 2005, 318.
75 So auch *Melms/Weck*, RdA 2006, 171, 172; ErfK/*Preis*, § 2 NachwG Rn. 11.

Leiharbeitnehmers[76] sowie Angaben zum etwaigen Vorliegen einer **Arbeitsberechtigung** aufzunehmen.

(bb) Beginn des Arbeitsverhältnisses

Anzugeben ist weiterhin der **Zeitpunkt des Beginns des Arbeitsverhältnisses** (§ 2 Abs. 1 Satz 2 Nr. 2 NachwG). Darunter ist weder der Zeitpunkt des Vertragsabschlusses noch der Zeitpunkt der tatsächlichen Arbeitsaufnahme, sondern allein der Beginn der Vertragslaufzeit zu verstehen,[77] **ab dem** die **arbeitsrechtlichen Hauptleistungspflichten** nach dem Willen der Vertragsparteien **entstehen** sollen.

49

(cc) Dauer des Arbeitsverhältnisses

Im Falle einer **Befristung** ist nach § 2 Abs. 1 Satz 2 Nr. 3 NachwG die **vorhersehbare Dauer** des Arbeitsverhältnisses festzuhalten. Da die Nachweispflicht der materiellen Rechtslage folgt, ist bei lediglich zweckbefristeten und auflösend bedingten Arbeitsverhältnissen anstelle eines festen Endtermins die Zweckbefristung bzw. die auflösende Bedingung anzugeben.[78] Der Grund für die Befristung ist nicht mehr anzugeben, weil das in § 3 Abs. 1 Nr. 3 a.F. normierte grundsätzliche Befristungsverbot aufgehoben wurde und für die Befristung nunmehr die allgemeinen Regelungen (§§ 14 ff. TzBfG) gelten.[79] Die Dokumentationspflicht i.S.v. § 2 Abs. 1 Satz 2 Nr. 3 NachwG hat im Rahmen von befristeten (Leih-)Arbeitsverhältnissen an Relevanz verloren, weil die Befristungsabrede bereits nach allgemeinen Grundsätzen schriftlich zu erfolgen hat (§ 14 Abs. 4 TzBfG).

50

(dd) Arbeitsort

Nach § 2 Abs. 1 Satz 2 Nr. 4 NachwG ist in die Niederschrift der **Arbeitsort** oder, falls der Arbeitnehmer nicht nur an einem bestimmten Arbeitsort tätig sein soll, ein Hinweis darauf, dass der Arbeitnehmer an verschiedenen Orten beschäftigt werden kann, aufzunehmen. Bei Leiharbeitnehmern ergibt sich schon aus dem Inhalt des Arbeitsverhältnisses, dass kein fester Arbeitsort besteht. Allerdings können Abreden darüber bestehen, in welchem **räumlichen Bereich** (Kreis, Region, Bun-

51

---

76 Thüsing/*Mengel*, § 11 Rn. 8; KassHdbch/*Düwell*, 4.5 Rn. 332.
77 ErfK/*Preis*, § 2 NachwG Rn. 12; Thüsing/*Mengel*, § 11 Rn. 9; *Melms/Weck*, RdA 2006, 171, 172; Hk-ArbR/*Schubert*, § 2 NachwG Rn. 6.
78 *Birk*, NZA 1996, 281, 286; ErfK/*Preis*, § 2 NachwG Rn. 13.
79 Thüsing/*Mengel*, § 11 Rn. 10.

desland) der Leiharbeitnehmer eingesetzt werden darf; dies wäre im Nachweis festzuhalten. Besteht eine darüber hinausgehende Versetzungsmöglichkeit, sollte auch eine entsprechende **Versetzungsklausel** mit erwähnt werden.

(ee) Tätigkeit

52 Darüber hinaus hat der Arbeitgeber in der Niederschrift kurz die vom Arbeitnehmer **zu leistende Tätigkeit** zu beschreiben (§ 2 Abs. 1 Satz 2 Nr. 5 NachwG). Hierdurch soll sichergestellt werden, dass der Leiharbeitnehmer **möglichst präzise über den Inhalt seiner arbeitsrechtlichen Leistungspflicht informiert** wird. Um den Anforderungen gerecht zu werden, wird im Allgemeinen eine bloß schlagwortartige Bezeichnung der Tätigkeit („Schlosser", „Vorarbeiter" u.Ä.) nicht mehr genügen.[80] Erforderlich ist vielmehr, dass zumindest die wesentlichen Tätigkeitsmerkmale nach Art und Umfang der zu leistenden Tätigkeit und damit das Aufgabengebiet des Arbeitnehmers und seine Funktionen spezifisch umschrieben werden.[81] Bei feststehenden Berufsbildern kann gleichwohl im Einzelfall die bloße Bezeichnung des charakteristischen Berufsbilds genügen.[82] Die Angaben müssen jedoch umso ausführlicher sein, je fließender das mit einer Berufsbezeichnung umrissene Tätigkeitsfeld ist.[83] Da allerdings bloß eine kurze Charakterisierung oder Beschreibung dieser Tätigkeit gefordert wird, müssen nicht sämtliche Tätigkeiten aufgenommen werden, die der Leiharbeitnehmer schuldet. Ist der Leiharbeitnehmer nach den vertraglichen Vereinbarungen verpflichtet, auch sonstige zumutbare Tätigkeiten zu übernehmen (**Umsetzungsvorbehalt**), so muss dies in der Vertragsurkunde niedergelegt werden. Dabei sollte die Urkunde Angaben darüber enthalten, nach welchen **Kriterien** sich die **Zumutbarkeit einer solchen Tätigkeit** bestimmt. Die Angaben zur Tätigkeit müssen sich auch auf die nach den einschlägigen Bestimmungen bzw. nach der Betriebs- oder Branchenüblichkeit erforderliche Qualifikation beziehen.

---

80 *Hohmeister*, BB 1998, 1790, 1793; *Krause*, AR-Blattei SD 220.2.2. Rn. 142. – So auch *Melms/Weck*, RdA 2006, 171, 172.
81 *Hohmeister*, BB 1998, 1790, 1793.
82 ErfK/*Wank*, § 11 AÜG Rn. 5.
83 *Krause*, AR-Blattei SD 220.2.2. Rn. 142.

III. Beurkundungspflicht des Verleihers (Abs. 1) § 11

(ff) Höhe, Zusammensetzung und Fälligkeit des Arbeitsentgelts

Gemäß § 2 Abs. 1 Satz 2 Nr. 6 NachwG ist die **Zusammensetzung und** die **Höhe des Arbeitsentgelts** einschließlich der Zuschläge (wie Überstunden-, Sonn- und Feiertagszuschläge), Zulagen, Prämien, Sonderzahlungen, Auslösungen, Provisionen, Tantiemen, entgeltwirksamen Leistungen aus betrieblicher Altersversorgung, vermögenswirksamen Leistungen sowie andere Bestandteile des Arbeitsentgelts – wie Sachbezüge – und ihre **Fälligkeit** aufzuführen. Anzugeben sind auch Leistungen des Arbeitgebers, die unter einem ausdrücklichen Vorbehalt gewährt werden, weil § 2 Abs. 1 Satz 2 Nr. 6 NachwG für die Entgeltbestandteile nicht nach deren rechtlicher Grundlage differenziert.[84] Schon aus Beweisgründen sollten beispielsweise **Widerrufsvorbehalte** für etwaige Leistungen mit in die Nachweisniederschrift aufgenommen werden.[85] Findet auf das Arbeitsverhältnis ein **Tarifvertrag** Anwendung, kann gem. **§ 2 Abs. 3 NachwG** auf diesen **Bezug** genommen werden.[86] 53

Sofern das Arbeitsentgelt nicht im Voraus feststeht (z. B. Akkord-, Prämien-, Stundenlohn), sind die **maßgebenden Berechnungsfaktoren** darzulegen.[87] Bei Vereinbarung eines Akkordlohns genügt die Angabe der Berechnungsgrundlage, bei Prämien und Zulagen die Angabe, dass sich z. B. die Prämie anteilig vom Gewinn oder Umsatz berechnet.[88] Sollte selbst dies im Einzelfall nicht möglich sein, kann der Hinweis auf das Bestehen solcher Entgeltbestandteile genügen.[89] Für verleihfreie Zeiten gilt hinsichtlich der Dokumentationspflicht die Sonderregelung nach Abs. 1 Satz 2 Nr. 2 (vgl. Rn. 77 ff.). Ist das auf Grund einer Rechtsverordnung i. S. v. § 3a Abs. 2 festgesetzte Mindeststundenentgelt geschuldet, ist dieses in der Urkunde anzugeben. Liegt das geschuldete Arbeitsentgelt hierüber, ist ein Hinweis auf die Rechtsverordnung in dem Nachweis nicht erforderlich (vgl. bezüglich verleihfreier Zeiten des Leiharbeitnehmers in diesem Zusammenhang Rn. 78). 54

Abweichend von der früheren Rechtslage muss **nicht mehr** die **Zahlungsweise**, sondern **nur noch** der **Fälligkeitszeitpunkt** angegeben werden. Diese Verpflichtung erstreckt sich nicht nur auf die Grundvergütung, sondern auch auf Sonderzahlungen und sonstige Zuschläge. 55

---

84 ErfK/*Preis*, § 2 NachwG Rn. 18.
85 Thüsing/*Mengel*, § 11 Rn. 16.
86 *Ulber*, § 11 Rn. 38.
87 BT-Drs. 13/668 S. 10.
88 *Sandmann/Marschall*, § 11 Anm. 11.
89 *Krause*, AR-Blattei SD 220.2.2 Rn. 150.

Hingegen muss auf etwaige **Ausschlussfristen** in der Urkunde **nicht unmittelbar** eingegangen werden,[90] diese können und **sollten aber** ebenfalls **aufgenommen werden**.

(gg) Vertraglich geschuldete Arbeitszeit

56 Weiter ist nach § 2 Abs. 1 Satz 2 Nr. 7 NachwG die **vereinbarte Arbeitszeit** in der Niederschrift aufzuführen. Diese Verpflichtung bezieht sich zunächst auf das **Arbeitszeitvolumen**, sodass bei einer entsprechenden Vereinbarung die regelmäßige wöchentliche Arbeitszeit niederzulegen ist.[91] Soweit diese auf Grund der Art der Tätigkeit oder nach der zugrunde liegenden Vereinbarung (z. B. flexible Arbeitszeitgestaltung – zur Zulässigkeit flexibler Arbeitszeitgestaltung im Arbeitsverhältnis siehe unten Rn. 125 ff.) nicht möglich ist, genügt die Unterrichtung des Arbeitnehmers über die jeweils getroffene Vereinbarung. Angaben über die **Lage der Arbeitszeit** werden nur gefordert, **soweit diesbezüglich** ausdrückliche **Vereinbarungen** getroffen worden sind.[92] In der Praxis empfiehlt es sich, in die Urkunde aufzunehmen, dass der Arbeitgeber im Rahmen der gesetzlichen und tariflichen Regelungen sowie einschlägiger Betriebsvereinbarungen berechtigt ist, die Lage der Arbeitszeit einseitig festzulegen. Unter Nr. 7 fallen auch Angaben darüber, ob der Arbeitnehmer zur **Leistung von Mehrarbeit** verpflichtet ist; auch die Verpflichtung zu Schicht-, Nacht- oder Wochenendarbeit sollte zweckmäßigerweise in der Urkunde dokumentiert werden.[93] Soweit sich Arbeitszeitregelungen aus Tarifvertrag oder auf Grund einer entsprechenden Ermächtigung ergeben, genügt der Verweis auf die tarifliche Regelung.[94]

(hh) Urlaubsdauer

57 Auch die **Dauer des jährlichen Erholungsurlaubs** ist aufzuführen (§ 2 Abs. 1 Satz 2 Nr. 8 NachwG). Weitere Modalitäten der Urlaubsgewährung müssen jedoch nicht angegeben werden.[95] Der Verweis auf den gesetzlichen Mindesturlaub nach § 3 Abs. 1 BUrlG ist ausreichend, wenn kein weitergehender Urlaubsanspruch besteht, wobei gegebenen-

---

90 *Krause*, AR-Blattei SD 220.2.2 Rn. 151.
91 *Krause*, AR-Blattei SD 220.2.2 Rn. 152.
92 Abweichend *Ulber*, § 11 Rn. 43. – Zum Problemkreis auch *Krause*, AR-Blattei SD 220.2.2 Rn. 153.
93 Schüren/*Schüren*, § 11 Rn. 51.
94 Schüren/*Schüren*, § 11 Rn. 52.
95 ErfK/*Preis*, § 2 NachwG Rn. 21; Schüren/*Schüren*, § 11 Rn. 53.

III. Beurkundungspflicht des Verleihers (Abs. 1) § 11

falls noch Sonderregelungen für bestimmte Personengruppen zu beachten sind (§ 19 JArbSchG, § 125 SGB IX). **Freistellungen aus sonstigen Gründen** (z. B. Bildungsurlaub, Sonderurlaub) werden hiervon **nicht erfasst**.[96] Die Vorschrift bezieht sich ferner nur auf den Umfang des Erholungsurlaubs; die einzelnen Voraussetzungen des Urlaubsanspruchs, die Modalitäten der Urlaubserteilung sowie die Leistungen bei Urlaub müssen nach dieser Bestimmung nicht genannt werden.[97]

(ii) Kündigungsfristen

Der Arbeitgeber muss weiterhin die für das Arbeitsverhältnis geltenden **Kündigungsfristen** aufnehmen (§ 2 Abs. 1 Satz 2 Nr. 9 NachwG).[98] Soweit die **gesetzlichen oder** die **tarifvertraglichen** Kündigungsfristen gelten, reicht nach zutreffender Auffassung ein **bloßer Verweis** i. S. v. § 2 Abs. 3 NachwG aus; es bedarf keiner Wiederholung des gesetzlichen oder tariflichen Wortlauts in der Urkunde.[99] Zu beachten ist im Zusammenhang mit tarifvertraglichen Kündigungsfristen, dass reine Verleihbetriebe stets dem Dienstleistungsgewerbe zuzuordnen sind,[100] und zwar unabhängig davon, welchen Tätigkeiten die Leiharbeitnehmer im Einzelfall im Entleiherbetrieb nachgehen. Bei entsprechender Tarifbindung finden also auf das Arbeitsverhältnis zwischen Verleiher und Leiharbeitnehmer die Tarifnormen der für Verleiherbetriebe einschlägigen Verträge des Dienstleistungsgewerbes, nicht aber die für den Entleiherbetrieb geltenden Tarifverträge Anwendung.[101] Werden **von den gesetzlichen Bestimmungen abweichende Kündigungsfristen** vereinbart, müssen diese **ausdrücklich** in die Urkunde aufgenommen werden; dies gilt auch dann, wenn die Parteien des Arbeitsverhältnisses, z. B. in Mischunternehmen, von der Möglichkeit Gebrauch machen, die Anwendung tariflich vereinbarter Kündigungsfristen gem. § 622 Abs. 4 Satz 2 BGB zu vereinbaren.

58

---

96 *Krause*, AR-Blattei SD 220.2.2 Rn. 157; ErfK/*Preis*, § 2 NachwG Rn. 21.
97 *Krause*, AR-Blattei SD 220.2.2 Rn. 158.
98 Vgl. Thüsing/*Mengel*, § 11 Rn. 22.
99 MünchArbR/*Marschall*, § 175 Rn. 20; *Becker/Wulfgramm*, § 11 Rn. 13; Schüren/ *Schüren*, § 11 Rn. 53; ErfK/*Wank*, § 11 AÜG Rn. 9.
100 ArbG Lübeck vom 17.1.1978 – 3 Ca 2309/77, EzAÜG § 622 BGB Nr. 1; *Boemke*, Schuldvertrag, S. 582.
101 LAG Frankfurt vom 19.12.1972 – 3 Sa 486/72, DB 1973, 624; *Boemke*, Schuldvertrag, S. 582.

§ 11 Sonstige Vorschriften über das Leiharbeitsverhältnis

(jj) Anwendbare Kollektivvereinbarungen

59 Die Niederschrift muss schließlich noch einen in allgemeiner Form gehaltenen **Hinweis auf** die **Tarifverträge, Betriebsvereinbarungen und Dienstvereinbarungen**, die auf das Arbeitsverhältnis anzuwenden sind, enthalten (§ 2 Abs. 1 Satz 2 Nr. 10 NachwG). Eine detaillierte Angabe aller auf das Arbeitsverhältnis anwendbaren Tarifverträge oder Betriebsvereinbarungen soll nach dem Willen des Gesetzgebers jedoch gerade nicht erforderlich sein.[102] Es sei Sache des Arbeitnehmers, sich notfalls in die im Betrieb ausliegenden Tarifverträge oder Betriebsvereinbarungen selbst Einblick zu verschaffen. Ob dies im Einklang mit europarechtlichen Vorgaben steht, ist zumindest zweifelhaft.[103] Der **Hinweis auf Tarifverträge** ist nach der Rspr. des BAG auch dann **ausreichend, wenn** die Tarifverträge **nicht kraft Tarifbindung, sondern individualvertraglicher Bezugnahme** auf das Arbeitsverhältnis **anzuwenden** sind.[104] **Empfehlenswert** ist es, in der Urkunde zumindest die **Regelungskomplexe** (z. B. Mehrarbeit, Betriebsurlaub) anzugeben, **für die Betriebsvereinbarungen bzw. im Einzelfall Tarifverträge einschlägig sind, und** auch **deren wesentlichen Inhalte kurz** zu **skizzieren**.

(kk) Arbeitnehmer mit geringfügiger Beschäftigung

60 Bei Arbeitnehmern, die eine **geringfügige Beschäftigung** nach § 8 Abs. 1 Nr. 1 SGB IV ausüben, ist zusätzlich der Hinweis aufzunehmen, dass der Arbeitnehmer in der gesetzlichen Rentenversicherung die Stellung eines versicherungspflichtigen Arbeitnehmers erwerben kann, wenn er nach § 5 Abs. 2 Satz 2 SGB VI auf die Versicherungsfreiheit durch Erklärung gegenüber dem Arbeitgeber verzichtet (§ 2 Abs. 1 Satz 4 NachwG).

(ll) Ergänzende Angaben

61 Abs. 1 Satz 2 und Abs. 1 Satz 1 i.V.m. § 2 Abs. 1 Satz 2 Nr. 1–Nr. 10 NachwG enthalten die Pflichtangaben, die in jedem Fall in die Urkunde aufzunehmen sind. Über diesen Katalog hinaus sind nach der Rechtsprechung des EuGH aber **auch sonstige wesentliche Arbeitsbedin-**

---

102 Vgl. BT-Drs. 13/668, S. 10 f.; Schüren/*Schüren*, § 11 Rn. 59; *Stückemann*, BB 1995, 1846, 1847. – Kritisch ErfK/*Preis*, § 2 NachwG Rn. 23.
103 ErfK/*Preis*, § 2 NachwG Rn. 25.
104 BAG vom 23.1.2002 – 4 AZR 56/01, NZA 2002, 800 ff. – A.A. ErfK/*Preis*, § 2 NachwG Rn. 24.

III. Beurkundungspflicht des Verleihers (Abs. 1) § 11

gungen in den Nachweis aufzunehmen (siehe oben Rn. 45). Dem Verleiher steht es darüber hinaus frei, auch sonstige vertragliche Abreden in der Urkunde zu dokumentieren. Hier gilt der Grds.: „**Viel hilft viel**".

Die Aufnahme folgender ergänzender Angaben empfiehlt sich auch 62 dann, wenn es sich nicht um wesentliche Bedingungen für das Arbeitsverhältnis handelt:

– **bei ausländischen Leiharbeitnehmern** Angaben zur **Staatsangehö-** 63 **rigkeit** sowie **ggf.** zur **Arbeitserlaubnis**;

– **Vorbehaltsregelungen** bei Sonderleistungen; 64

– **Vertragsstrafenklauseln**; 65

– **Ausschlussfristen** für die Geltendmachung von Ansprüchen oder 66 Rechten,[105]

– Angaben zu **Sonder- bzw. Zusatzurlaub** sowie etwa während dieser 67 Zeiten gewährter Arbeitgeberleistungen.

Die Urkunde kann nicht die Einigung zwischen Verleiher und Arbeit- 68 nehmer ersetzen; es dürfen nur Vereinbarungen niedergelegt werden, die auch tatsächlich getroffen worden sind.[106] Zur Beweiskraft der Urkunde siehe unten Rn. 90f.

cc) Zusätzliche Angaben bei Auslandseinsatz (§ 2 Abs. 2 NachwG)

Hat der Leiharbeitnehmer **länger als einen Monat** seine Arbeitsleis- 69 tung **außerhalb der Bundesrepublik Deutschland** zu erbringen, dann muss die Urkunde die **in § 2 Abs. 2 NachwG bestimmten zusätzlichen Angaben** enthalten. Ergänzend zu nennen sind danach die **Dauer** der im Ausland auszuübenden Tätigkeit (§ 2 Abs. 2 Nr. 1 NachwG), die **Währung**, in der das Arbeitsentgelt ausgezahlt wird (§ 2 Abs. 2 Nr. 2 NachwG), ein **zusätzlich** mit dem Auslandsaufenthalt verbundenes **Arbeitsentgelt** und damit verbundene zusätzliche **Sachleistungen** (§ 2 Abs. 2 Nr. 3 NachwG), die vereinbarten **Bedingungen für** die **Rückkehr** des Arbeitnehmers (§ 2 Abs. 2 Nr. 4 NachwG).

Ist die **Dauer der Auslandstätigkeit** befristet, sind der **erste Tag** des 70 Arbeitseinsatzes im Ausland sowie der **letzte Tag** anzugeben. Ist der Zeitraum nicht von vornherein festgelegt, muss ein feststehender Beginn des Arbeitseinsatzes im Ausland angegeben sowie auf die **unbe-**

---

[105] BAG vom 23.1.2002 – 4 AZR 56/01, NZA 2002, 800, 801 f.: wesentliche Arbeitsbedingung, die nachzuweisen ist.
[106] *Ulber*, § 11 Rn. 58.

stimmte Dauer hingewiesen werden. Hängt die Dauer der Auslandstätigkeit von bestimmten Umständen ab, ist auf diese in der Urkunde hinzuweisen.[107]

71 Bei nur kurzzeitigem Arbeitseinsatz im Ausland wird häufig die Währung weiterhin in Euro ausgezahlt; hierauf kann, muss aber nicht hingewiesen werden. Wird der Lohn zum Teil in Euro, zum Teil in der Währung des Einsatzstaates ausgezahlt, ist auch hierauf in der Urkunde hinzuweisen.[108]

72 Zusätzliches Arbeitsentgelt und zusätzliche Sachleistungen müssen nur angegeben werden, soweit der Arbeitnehmer hierauf einen Anspruch hat. Hierzu können die **Kosten eines Umzugs ins Ausland** gehören.[109]

73 Die **vereinbarten Bedingungen für** die **Rückkehr** des Arbeitnehmers betreffen insbesondere, **ob, wie und wo** der Arbeitnehmer nach dem Auslandseinsatz im Inland **weiterbeschäftigt** werden soll. Aber auch **Kostenerstattungen** für die Rückkehr rechnen hierzu.[110]

dd) Konsequenzen aus §§ 3 Abs. 1 Nr. 3, 9 Nr. 2

74 Zu den wesentlichen Vertragsbedingungen zählt auch die gesetzliche, individualvertraglich unabdingbare Verpflichtung des Verleihers, dem Leiharbeitnehmer im Falle der Überlassung mindestens die für vergleichbare Arbeitnehmer im Entleiherbetrieb geltenden Arbeitsbedingungen sowie Arbeitsentgelt zu gewähren (vgl. §§ 3 Abs. 1 Nr. 3, 9 Nr. 2), soweit nicht ein einschlägiger Tarifvertrag abweichende Regelungen zulässt. Da bei Abschluss des Arbeitsvertrags regelmäßig noch nicht feststeht, in welchem Betrieb bzw. in welchen Betrieben der Leiharbeitnehmer zum Einsatz kommen wird, kann und sollte sich der Nachweis der Arbeitsbedingungen insoweit darauf beschränken, die gesetzliche Regelung zu wiederholen. Soweit wegen der Verpflichtung zur Angabe der maßgebenden Berechnungsfaktoren die Auffassung vertreten wird, es sei zumindest die Branche der künftigen Arbeitseinsätze des Leiharbeitnehmers in die Urkunde anzugeben, um den Anforderungen von § 2 Abs. 1 Satz 2 Nr. 6 NachwG zu genügen,[111] kann dem nicht gefolgt werden.[112] Durch die **Angabe der Entleiherbranche** las-

---

107 Schüren/*Schüren*, § 11 Rn. 65.
108 *Birk*, NZA 1996, 281, 287.
109 Schüren/*Schüren*, § 11 Rn. 67.
110 Schüren/*Schüren*, § 11 Rn. 68.
111 *Ulber*, § 11 Rn. 35.
112 AnwK-ArbR./*Böhm*, § 11 AÜG Rn. 8.

III. Beurkundungspflicht des Verleihers (Abs. 1) § 11

sen sich **keine Anhaltspunkte** dafür entnehmen, welches Arbeitsentgelt dem Leiharbeitnehmer im konkreten Einzelfall zusteht. Sein Schutz wird dadurch realisiert, dass in diesem Falle die Mindeststundenentgelte nach der auf Grund von § 3a Abs. 2 erlassenen Rechtsverordnung anzugeben sind. Die konkret im jeweiligen Einzelfall geltenden Arbeitsbedingungen und das Arbeitsentgelt müssen dann aber im Falle eines Arbeitseinsatzes als Änderung gemäß § 3 NachwG (dazu unten Rn. 83 ff.) nachgewiesen werden.[113]

b) Zusätzliche Angaben bei Leiharbeitsverhältnissen (Abs. 1 Satz 2)

Der vom Verleiher zu erstellende Nachweis muss **zusätzlich** zu den Anforderungen des NachwG die nachstehend aufgezählten Angaben enthalten; weitere Angaben können erforderlich werden, soweit es sich um wesentliche Bedingungen des Arbeitsverhältnisses i.S. des Abs. 1 Satz 1 handelt (siehe oben Rn. 45); Abs. 1 Satz 2 findet dem Wortlaut von Abs. 1 Satz 1 entsprechend („Vertragsbedingungen des Leiharbeitsverhältnisses") ausschließlich im Verhältnis von Verleiher und Leiharbeitnehmer Anwendung. Es besteht keinerlei Verpflichtung zum Nachweis der beim Entleiher geltenden Vertragsbedingungen.[114] 75

aa) Verleiher und Erlaubnis (Abs. 1 Satz 2 Nr. 1)

Nach Nr. 1 muss die Urkunde **Firma und Anschrift des Verleihers**, die **Erlaubnisbehörde** sowie **Ort und Datum der Erteilung der Erlaubnis** nach § 1 Abs. 1 enthalten. Die Firma ist nach § 17 Abs. 1 HGB der Name, unter dem der Verleiher seine Geschäfte betreibt und die Unterschrift abgibt. Anzugeben ist insoweit der volle Firmenname, z. B. bei einer GmbH & Co. KG auch der volle Name der GmbH.[115] Die Angaben über die Erlaubnis sind erforderlich, damit der Leiharbeitnehmer wegen der Rechtsfolgen des Fehlens der Verleiherlaubnis nach §§ 9 Nr. 1, 10 Abs. 1 Satz 1 die Möglichkeit erhält, das Vorliegen der Erlaubnis selbstständig zu überprüfen. Nach h. M. soll diejenige Behörde anzugeben sein, die dem Verleiher die Verleiherlaubnis tatsächlich erteilt hat, und zwar auch dann, wenn ihre Zuständigkeit zweifelhaft oder nicht (mehr) gegeben ist.[116] Dies ist deswegen zweifelhaft, weil nach dem Gesetz die Erlaubnisbehörde, nicht aber die Behörde genannt wer- 76

---

113 Vgl. AnwK-ArbR/*Ulrici*, § 9 AÜG Rn. 44.
114 BAG vom 23.3.2011 – 5 AZR 7/10, NZA 2011, 850, 851.
115 *Grünberger*, NJW 1995, 2809, 2810.
116 Schüren/*Schüren*, § 11 Rn. 30.

den soll, welche die Erlaubnis erteilt hat. Es empfiehlt sich daher, sowohl die Behörde anzugeben, welche die Erlaubnis erteilt hat, als auch die nunmehr zuständige Erlaubnisbehörde. Ort und Datum der Erlaubnis sind konkret anzugeben; maßgeblich ist insoweit jeweils die zeitlich letzte Erlaubnis.

bb) Leistungen in Zeiten der Nichtverleihung (Abs. 1 Satz 2 Nr. 2)

77 Nr. 2 bestimmt, dass in den Nachweis die Art und Höhe der Leistungen für Zeiten aufzunehmen sind, in denen der Leiharbeitnehmer nicht verliehen ist. Dabei sind **ausdrückliche Angaben zu Leistungen bei Krankheit und Urlaub** im Gegensatz zu § 11 Abs. 1 Satz 2 Nr. 7 a.F. **nicht mehr erforderlich**. Die Angabe der Dauer des jährlichen Erholungsurlaubes ist nämlich in § 2 Abs. 1 Satz 2 Nr. 8 NachwG ausdrücklich angeordnet. Die Nachweispflicht zu Leistungen bei Krankheit kann nach der Intention des Gesetzgebers auch im Leiharbeitsverhältnis entfallen. Hier gelten die allgemeinen Vorschriften des EFZG, und zwar für alle Arbeitnehmer (vgl. § 1 EFZG). Anspruchsvoraussetzungen und Anspruchsumfang für Leistungen des Arbeitgebers bei Krankheit ergeben sich somit auch für Leiharbeitnehmer aus dem Gesetz.

78 Den Besonderheiten des Leiharbeitsverhältnisses entsprechend bedarf es lediglich der Angaben über die **Leistungen für Zeiten der Nichtverleihung**. Der Verleiher muss angeben, dass er den Leiharbeitnehmer auch dann vergütet, wenn er ihn vorübergehend deswegen nicht einsetzen kann, weil es an einem entsprechenden Arbeitnehmerüberlassungsvertrag mit einem Entleiher fehlt. Der Verleiher trägt nämlich als Arbeitgeber das sog. Beschäftigungsrisiko. Abweichend von allgemeinen Grundsätzen ist nach § 11 Abs. 4 Satz 2 Hs. 1 die **Verpflichtung zur Fortzahlung der Vergütung bei Annahmeverzug unabdingbar** (vgl. Rn. 116ff.). Die Regelung betrifft insoweit nur die Fälle einer vorübergehenden Nichtbeschäftigung, in denen der Verleiher den Leiharbeitnehmer trotz bestehender Arbeitspflicht und Arbeitsbereitschaft nicht beschäftigen kann oder will. **Nicht** erfasst werden hingegen die Fälle, in denen die **Hauptleistungspflichten** aus dem Arbeitsverhältnis ruhen oder der Leiharbeitnehmer aus sonstigen Gründen an der Erbringung der Arbeitsleistung verhindert ist.[117] Insoweit können aber zusätzliche Abreden aufgenommen werden. Dies ist insbesondere dann zu empfehlen, wenn diesbezügliche Ansprüche durch die Vertragsparteien im Rahmen der gesetzlichen Bestimmungen eingeschränkt oder erweitert

---

117 A.A. *Ulber*, § 11 Rn. 103.

III. Beurkundungspflicht des Verleihers (Abs. 1) § 11

werden. Insbesondere kann im Leiharbeitsvertrag auch der Begriff der persönlichen Verhinderung i.S.v. § 616 BGB konkretisiert werden.[118] Steht dem Leiharbeitnehmer während verleihfreier Zeiten (nur) das auf Grund der Rechtsverordnung i.S.v. § 3a Abs. 2 festgesetzte Mindeststundenentgelt zu, ist dieses in der Urkunde anzugeben. Dabei muss dieses nicht betragsmäßig angegeben werden; der Verweis auf die Rechtsverordnung in der Niederschrift ist ausreichend.[119]

c) Teilersetzung der Angaben durch Verweisung (§ 2 Abs. 3 NachwG)

Nach § 2 Abs. 3 NachwG können die Angaben nach § 2 Abs. 1 Satz 2 Nr. 6 bis Nr. 9 und Abs. 2 Nr. 2 und Nr. 3 NachwG durch einen **Hinweis auf die einschlägigen Tarifverträge, Betriebs- und Dienstvereinbarungen** und ähnliche Regelungen, die für das Arbeitsverhältnis gelten, ersetzt werden. Ein Verweis auf die jeweilige gesetzliche Regelung ist nur in den Fällen des § 2 Abs. 1 Satz 2 Nr. 8 und Nr. 9 NachwG möglich (§ 3 Satz 2 NachwG), sodass beispielsweise für die Angaben nach § 2 Abs. 1 Satz 2 Nr. 6 NachwG nicht bloß auf die Fälligkeitsregelung nach § 614 BGB verwiesen werden kann. Abweichend von § 2 Abs. 1 Satz 2 Nr. 10 NachwG bedarf es hierbei jedoch einer konkreten Verweisung, bei der zumindest der betreffende Tarifvertrag etc. genau angegeben werden muss.[120] Als **ähnliche Regelungen** i.S.d. § 2 Abs. 3 NachwG gelten **nicht** die **allgemeinen Arbeitsbedingungen des Verwenders**, weil damit Sinn und Zweck der Nachweispflicht ausgehöhlt würde.

79

d) Wegfall der Nachweispflicht bei schriftlichem Arbeitsvertrag (§ 2 Abs. 4 NachwG)

Die Verpflichtung zur Ausstellung der Urkunde entfällt gemäß § 2 Abs. 4 NachwG, wenn die Parteien einen **schriftlichen Arbeitsvertrag** geschlossen haben, **der die in § 2 Abs. 1 bis 3 NachwG geforderten Angaben enthält**. In diesen Fällen wird dem Informationsbedürfnis des Arbeitnehmers durch die schriftliche Vereinbarung hinreichend Rechnung getragen. Sind in der schriftlichen Vereinbarung **nicht sämtliche Pflichtangaben** nach § 2 Abs. 1–3 NachwG i.V.m. Abs. 1 Satz 1 sowie Abs. 1 Satz 2 enthalten, dann muss der Arbeitgeber eine Nieder-

80

---

118 BeckOK/*Besgen*, § 11 AÜG Rn. 5; Schüren/*Schüren*, § 11 Rn. 70; ErfK/Wank, § 11 AÜG Rn. 12.
119 *Sandmann/Marschall*, § 11 Anm. 8. – A.A. *Ulber*, § 11 Rn. 74.
120 ErfK/*Preis*, § 2 NachwG Rn. 34; *Wank*, RdA 1996, 21, 23.

schrift i.S.v. § 2 Abs. 1 NachwG i.V.m. Abs. 1 Satz 1 erstellen. Er kann sich in diesem Fall aber darauf beschränken, die **fehlenden Angaben zu ergänzen**.[121]

81 Das **Schriftformerfordernis** ist nach § 126 Abs. 2 BGB nur gewahrt, wenn entweder **beide Parteien dieselbe Urkunde eigenhändig**, ggf. auch durch einen Vertreter, **unterzeichnet** haben oder aber mehrere gleichlautende Urkunden aufgenommen sind und jede Partei die für die andere Partei bestimmte Urkunde unterzeichnet hat. Wegen der Ersetzung der Schriftform durch die elektronische Form siehe § 126a BGB. Wegen der **Vermutung für die Richtigkeit und Vollständigkeit** des schriftlichen Arbeitsvertrags[122] sollten in der schriftlichen Vereinbarung, welche die Urkunde nach Abs. 1 Satz 1 ersetzt, über die Pflichtangaben nach § 2 Abs. 1 NachwG i.V.m. Abs. 1 Satz 1 und Abs. 1 Satz 2 hinaus sämtliche Vereinbarungen der Parteien aufgenommen und dokumentiert werden, und zwar auch, soweit es sich um nicht wesentliche Nebenbestimmungen der Vereinbarung handelt.

3. Frist zur Nachweiserbringung

82 Der Arbeitgeber muss seiner Nachweispflicht **spätestens einen Monat nach dem vereinbarten Beginn des Arbeitsverhältnisses** nachkommen. Mit Beginn des Arbeitsverhältnisses sind weder der Zeitpunkt des Vertragsschlusses noch im Gegensatz zu § 2 Abs. 1 Satz 2 Nr. 2 NachwG der Zeitpunkt des Beginns der Vertragslaufzeit gemeint (vgl. Rn. 49). Vielmehr beginnt die Monatsfrist nach dem gesetzgeberischen Willen mit dem **Beginn der tatsächlichen Arbeitsaufnahme**, wie sich aus Art. 3 Abs. 1 Nachweis-Richtlinie („nach Aufnahme der Arbeit") entnehmen lässt.[123] Für die Fristberechnung gelten die allgemeinen Regeln der §§ 186 ff. BGB.

4. Nachweispflicht bei Änderungen

a) Grundsatz

83 Die Nachweisverpflichtung bei Änderung der Angaben regelt nunmehr § 3 Satz 1 NachwG. Danach muss der Arbeitgeber dem Arbeitnehmer

---

121 BT-Drs. 13/668, S. 11; *Krause*, AR-Blattei SD 220.2.2 Rn. 195.
122 Allgemein zur Vermutung für die Richtigkeit und Vollständigkeit einer Vertragsurkunde BGH vom 19.3.1980 – VIII ZR 183/79, NJW 1980, 1680f.; Palandt/*Heinrichs*, § 125 BGB Rn. 15.
123 *Boemke*, GewO, § 105 Rn. 139; ErfK/*Preis*, § 2 NachwG Rn. 5. – A.A. *Birk*, NZA 1996, 281, 287: ab Wirksamwerden des Arbeitsvertrags.

III. Beurkundungspflicht des Verleihers (Abs. 1) § 11

jede Änderung der Vertragsbedingungen spätestens einen Monat nach der Änderung schriftlich mitteilen; bisher mussten Änderungen unverzüglich dokumentiert werden. Auf diese Weise soll verhindert werden, dass die ursprünglich ausgestellte Niederschrift durch materiell-rechtliche Änderungen ausgehöhlt wird. Die Dokumentationspflicht entsteht nicht erst in dem Zeitpunkt, indem die Änderung rechtlich zum Tragen kommt, sondern schon dann, **wenn** die **entsprechende Änderung rechtsverbindlich festgelegt** wird.[124] Beispiel: Vereinbaren die Parteien am 1.6. eine Lohnerhöhung zum 1.8., dann hat der Verleiher spätestens am 1.7. die Änderung zu dokumentieren; er kann nicht bis zu dem Zeitpunkt zuwarten, an dem die Lohnerhöhung rechtlich in Kraft tritt.

Die Nachweispflicht **beschränkt** sich – wie der Wortlaut zweifelsfrei erkennen lässt – dabei ausschließlich **auf** die **Änderungen**;[125] es bedarf keiner erneuten umfassenden Niederschrift sämtlicher Angaben i. S. v. §§ 2 Abs. 1 NachwG, 11 Abs. 1. **Auch tatsächliche Änderungen** können die Dokumentationspflicht begründen, z.B. wenn die Erlaubnis des Verleihers verlängert wird, der Leiharbeitnehmer seinen Wohnsitz ändert oder der Leiharbeitnehmer in den Genuss von besonderem Arbeitnehmerschutz kommt, z.B. als behinderter Mensch oder werdende bzw. stillende Mutter, und sich hierdurch Arbeitgeberpflichten nach § 2 Abs. 1 NachwG ändern. **84**

Die Mitteilungspflicht entfällt jedoch nach § 3 Satz 2 NachwG, solange nur eine Änderung der auf das Arbeitsverhältnis anzuwendenden gesetzlichen Vorschriften, Tarifverträge, Betriebs- oder Dienstvereinbarungen erfolgt, wenn der Arbeitgeber gleichzeitig von seiner Verweisungsmöglichkeit nach § 2 Abs. 3 NachwG Gebrauch gemacht hat. **85**

b) Arbeitseinsatz bei Entleiher

Wegen des Gebots der Gewährung gleicher Arbeitsbedingungen (siehe § 9 Rn. 90ff.; § 10 Rn. 64ff.) kann der Einsatz in einem Entleiherbetrieb, soweit kein Tarifvertrag Anwendung findet, dazu führen, dass sich die vereinbarten Arbeitsbedingungen zugunsten des Leiharbeitnehmers ändern. Dies kann sich insbesondere auf die Höhe des Arbeitsentgelts sowie die Dauer des jährlichen Erholungsurlaubs, also wesentliche Vertragsbedingungen i. S. v. § 2 Abs. 1 Satz 2 Nr. 6 und Nr. 9 NachwG, **86**

---

[124] *Krause*, AR-Blattei SD 220.2.2 Rn. 204f.
[125] BT-Drs. 13/668 S. 11.

§ 11   Sonstige Vorschriften über das Leiharbeitsverhältnis

auswirken. Der Verleiher muss, wenn durch die Überlassung an einen Entleiher eine entsprechende Änderung eintritt, diese gemäß § 3 NachwG dem Leiharbeitnehmer dokumentieren.[126] Soweit es allerdings um Vertragsbedingungen nach § 2 Abs. 1 Nr. 6–Nr. 9 NachwG, insbesondere also Arbeitsentgelt und Urlaubsdauer, geht und die betriebsüblichen Regelungen im Entleiherbetrieb auf einem einschlägigen Tarifvertrag oder einer Betriebsvereinbarung beruhen, genügt nach der Rechtsprechung des BAG gemäß § 2 Abs. 3 NachwG ein Hinweis auf den einschlägigen Tarifvertrag bzw. die einschlägige Betriebsvereinbarung. Das BAG hat nämlich entschieden, dass der bloße Hinweis auf einen Tarifvertrag auch dann genügt, wenn dieser nicht kraft Gesetzes, sondern kraft bloßer Inbezugnahme gilt.[127] Dies muss selbstverständlich auch dann gelten, wenn der Arbeitgeber die tariflichen Arbeitsbedingungen kraft gesetzlicher Verpflichtung gewähren muss, ohne dass eine unmittelbare Bindung an den Tarifvertrag besteht.

5. Abweichende Vereinbarungen

87 Abweichende Regelungen sind **nur zugunsten** des Arbeitnehmers, also mit einer über § 2 NachwG hinausgehenden Informationspflicht, möglich, und zwar sowohl auf kollektivvertraglicher als auch auf einzelvertraglicher Ebene (vgl. Art. 7 RL 91/533/EWG). Die Vorschriften des NachwG sind einseitig zwingend zugunsten des Arbeitnehmers. Zum Nachteil des Arbeitnehmers stehen sie daher auch nicht zur Disposition der Tarifvertragsparteien.[128]

6. Sprache (Abs. 2 Satz 2)

88 Nach Abs. 2 Satz 2 muss der Nachweis auf Verlangen des Leiharbeitnehmers in dessen **Muttersprache** ausgestellt werden, und zwar **auch dann, wenn** der Leiharbeitnehmer über **deutsche Sprachkenntnisse** verfügt. Die **Kosten einer** ggf. erforderlich werdenden **Übersetzung des Nachweises trägt** der **Leiharbeitnehmer als Gläubiger**. Nach Abs. 2 Satz 3 trägt der Verleiher lediglich die Kosten des Merkblatts. Dies rechtfertigt den Umkehrschluss, dass hinsichtlich des Nachweises der Leiharbeitnehmer die Kosten zu tragen hat, wenn auf seinen Wunsch der Nachweis in einer anderen Sprache als Deutsch erteilt wird; anderenfalls müsste man dem Gesetzgeber eine planwidrige Re-

---

126 AnwK-ArbR/*Ulrici*, § 9 AÜG Rn. 44.
127 BAG vom 17.4.2002 – 5 AZR 89/01, AP § 2 NachwG Nr. 6 = BB 2002, 2023.
128 *Boemke*, GewO, § 105 Rn. 143; ErfK/*Preis*, § 5 NachwG Rn. 2.

III. Beurkundungspflicht des Verleihers (Abs. 1) **§ 11**

gelungslücke unterstellen, was bei einer systematischen Zusammenschau von Abs. 2 – und insbesondere im Hinblick auf die Regelungsanordnung in Satz 3 – abzulehnen ist. Dies ergibt sich zudem auch aus einer verfassungs- und europarechtskonformen Interpretation der Bestimmung. Nach den allgemeinen Bestimmungen im NachwG muss der Arbeitgeber nämlich den Nachweis nur in deutscher Sprache, nicht aber in der Muttersprache des Leiharbeitnehmers erteilen. Die hiervon abweichende Regelung in Abs. 2 Satz 2 lässt sich unter Gleichheitsgesichtspunkten (Art. 3 Abs. 1 GG) nur rechtfertigen, wenn sie nicht mit zusätzlichen Kosten für den Verleiher verbunden ist. Überdies könnte eine zusätzliche Kostenpflicht bei ausländischen Arbeitnehmern den Verleiher veranlassen, dieses Kriterium bei Einstellungsentscheidungen zu Lasten eines ausländischen Bewerbers zu berücksichtigen. Die unter Umständen als Schutzbestimmung gedachte Regelung könnte somit zu einem faktischen Einstellungshindernis führen. Eine solche Schlechterstellung wäre aber mit Art. 2 Abs. 1 RL 2000/43/EG sowie §§ 1 Abs. 1, 7 Abs. 1 AGG unvereinbar, die eine Diskriminierung wegen der ethnischen Herkunft untersagen.[129]

7. Aufbewahrung der Urkunde

Da der Begriff der Geschäftsunterlagen i. S. v. **§ 7 Abs. 2 Satz 4 weit zu verstehen** ist, ist auch die Durchschrift der Nachweisurkunde (§ 2 bzw. § 3 NachwG) von der in der Bestimmung zum Ausdruck kommenden Aufbewahrungspflicht des Verleihers erfasst.[130] Die Aufbewahrungspflicht des Verleihers beträgt hiernach **3 Jahre**; der Fristlauf beginnt im Zeitpunkt der Erstellung der Durchschrift (vgl. § 7 Rn. 30). Ein Verstoß des Verleihers gegen die Aufbewahrungspflicht kann in jedem Fall ordnungswidrigkeitsrechtliche Sanktionen nach § 16 Abs. 1 Nr. 6 zur Folge haben und u. U. im Einzelfall den Widerruf der Verleiherlaubnis bewirken.

89

8. Rechtsfolgen

a) Ordnungsgemäße Dokumentation

Hat der Verleiher die nach Abs. 1 i.V.m. §§ 2, 3 NachwG notwendigen Angaben ordnungsgemäß dokumentiert, dann ist er weder arbeitsrecht-

90

---

129 Zur faktischen Diskriminierung durch Schutzvorschriften vgl. BVerfG vom 18.11. 2003 – 1 BvR 302/96, NZA 2004, 33 ff.
130 Schüren/*Schüren*, § 11 Rn. 79 f.

lichen noch gewerberechtlichen Sanktionen ausgesetzt. Zu beachten ist in diesem Zusammenhang allerdings, dass die Dokumentation als solche nicht etwa erforderliche Vereinbarungen zwischen dem Verleiher und dem Leiharbeitnehmer ersetzt. Die materiell-rechtliche Existenz und **Wirksamkeit vertraglicher Abreden** ist **vom** Vorhandensein eines entsprechenden fehlerfreien **Nachweises** völlig **unabhängig**. Auch führt ein Verstoß gegen Bestimmungen des NachwG weder zur Unwirksamkeit des gesamten Arbeitsvertrags noch einzelner Absprachen. Die Urkunde hat **keinen konstitutiven**, sondern **lediglich deklaratorischen Charakter.**[131]

91 Hat der Arbeitgeber dem Arbeitnehmer eine Urkunde nach Abs. 1 i.V.m. §§ 2, 3 NachwG ausgehändigt, dann kann sich der Arbeitnehmer, wenn er Ansprüche geltend machen will, auf den Inhalt der Urkunde berufen. Die **Urkunde** hat nach allgemeinen Grundsätzen die **Vermutung der Richtigkeit und Vollständigkeit** für sich. Der **Arbeitgeber** muss, wenn er den Inhalt der Urkunde nicht gegen sich gelten lassen will, den **Beweis des Gegenteils** führen.[132] Hingegen kann sich im Streitfall der Arbeitgeber zum Zwecke des Beweises nicht auf die allein von ihm dokumentierten Arbeitsbedingungen stützen. Anders als ein schriftlicher Arbeitsvertrag wird die Niederschrift nämlich nur vom Arbeitgeber und nicht auch vom Arbeitnehmer unterschrieben; der Arbeitnehmer steht damit gerade nicht für die inhaltliche Richtigkeit ein.[133]

b) Pflichtverstöße

92 Dokumentiert der Arbeitgeber die Angaben nach Abs. 1 i.V.m. §§ 2, 3 NachwG nicht, nicht vollständig oder nicht ordnungsgemäß, dann können ihn arbeitsrechtliche, gewerberechtliche und ordnungswidrigkeitsrechtliche Sanktionen treffen.

aa) Arbeitsrechtliche Folgen

93 (1) Wirksamkeit des Arbeitsvertrags. Die **Wirksamkeit des Arbeitsvertrags bleibt** von der Verletzung der Dokumentationspflicht **unbe-**

---

131 Krause, AR-Blattei SD 220.2.2 Rn. 219 f.
132 *Krause*, AR-Blattei SD 220.2.2 Rn. 227 ff.; *Preis*, NZA 1997, 10, 12; *Stückemann*, BB 1995, 1846, 1848.
133 *Ulber*, § 11 Rn. 13.

III. Beurkundungspflicht des Verleihers (Abs. 1) § 11

rührt,[134] weil sich der Inhalt des Arbeitsverhältnisses allein nach den tatsächlich getroffenen Vereinbarungen richtet.

(2) **Erfüllungsanspruch.** Abs. 1 gibt dem Arbeitnehmer einen **einklagbaren Anspruch auf** Ausstellung und Aushändigung der entsprechenden **Urkunde.** Diesen Anspruch kann der Arbeitnehmer vor den Arbeitsgerichten im Urteilsverfahren im Wege der Leistungsklage durchsetzen. Da die erforderliche Handlung ausschließlich vom Willen des Arbeitgebers abhängt, richtet sich die **Vollstreckung nach § 888 ZPO.** Dem Leiharbeitnehmer steht jedoch auch gemäß § 61 Abs. 2 Satz 1 ArbGG die Möglichkeit offen, dass er die Festsetzung einer Entschädigungszahlung begehrt; in diesem Fall ist der Erfüllungsanspruch und eine Vollstreckung nach § 888 ZPO ausgeschlossen.

94

(3) **Zurückbehaltungsrecht.** Ob die nicht rechtzeitige bzw. die Nichterfüllung der Nachweispflicht ein **Zurückbehaltungsrecht** des Arbeitnehmers nach **§ 273 Abs. 1 BGB** an seiner Arbeitsleistung begründen kann, ist umstritten.[135] Angesichts der Bedeutung des Nachweises für die Rechtsstellung des Arbeitnehmers sprechen die besseren Gründe dafür, dem Arbeitnehmer ein Zurückbehaltungsrecht zu geben, wenn der Arbeitgeber trotz Aufforderung durch den Arbeitnehmer die Urkunde nicht unverzüglich ausstellt und dem Arbeitnehmer aushändigt.

95

(4) **Schadensersatzansprüche.** Die Verletzung der Nachweispflicht kann grundsätzlich **Schadensersatzansprüche aus § 280 Abs. 1 BGB** begründen, wobei es **häufig** aber an einem **konkret nachweisbaren Schaden fehlt.** Dem Arbeitnehmer ist es nämlich nicht verwehrt, den Nachweis günstiger Vertragsbedingungen zu führen. Wirkt sich der Verstoß gegen die Dokumentationspflicht allerdings dahingehend aus, dass der Arbeitnehmer Fristen zur Geltendmachung von Ansprüchen nicht einhält, dann steht dem Arbeitnehmer nach der Rechtsprechung des BAG ein Schadensersatzanspruch aus §§ 280 Abs. 1 und 2 i.V.m. 286 BGB zu.[136] Hat der Verleiher eine Ausschlussfrist nicht nachgewiesen und der Leiharbeitnehmer (Vergütungs-)Ansprüche nicht rechtzeitig geltend gemacht, ist nach der Rspr. von einem „aufklärungsgerechten" Verhalten des (Leih-)Arbeitnehmers auszugehen. Zugunsten des

96

---

134 Bezüglich einer nachträglichen Vertragsänderung vgl. BSG vom 21.7.2009 – B 7 AL 3/08, NZA-RR 2010, 216, 216. – So auch ErfK/*Wank*, § 11 AÜG Rn. 2.
135 Befürwortend ErfK/*Preis*, Einf. NachwG Rn. 15; *Ulber*, § 11 Rn. 83. – Ablehnend *Krause*, AR-Blattei SD 220.2.2 Rn. 217.
136 BAG vom 17.4.2002 – 5 AZR 89/01, BB 2002, 2022, 2023f. = NZA 2002, 1096, 1098f.; BAG vom 21.2.2012 – 9 AZR 486/10, NZA 2012, 750, 753.

§ 11 Sonstige Vorschriften über das Leiharbeitsverhältnis

Leiharbeitnehmers ist also mangels abweichender Anhaltspunkte zu unterstellen, dass dieser die Ausschlussfrist bei einer ordnungsgemäßen Dokumentation durch den Arbeitgeber gewahrt hätte.[137]

97 (5) Beweislast. Kommt der Arbeitgeber seiner Nachweispflicht nicht nach, dann lassen sich dem Gesetz unmittelbare Konsequenzen für die Beweislast nicht entnehmen. Nach allgemeinen Grundsätzen müsste daher der Arbeitnehmer einen von ihm behaupteten, für ihn günstigen Inhalt der vertraglichen Vereinbarungen beweisen. Damit würde aber die vom Gesetz angestrebte Schutzwirkung des Nachweises zugunsten des Arbeitnehmers entwertet. Zwar führt die Nicht- oder nicht vollständige Erteilung des Nachweises **nicht** zu einer **Beweislastumkehr**;[138] nach den allgemeinen Grundsätzen über die Beweisvereitelung, die gerade auch in der Verletzung einer bestehenden Dokumentationspflicht liegen kann, greifen **zugunsten des Arbeitnehmers** aber **Erleichterungen bei der Darlegungs- und Beweislast** ein,[139] und zwar auch, soweit die Ausstellung des Nachweises nur infolge von Fahrlässigkeit unterblieben ist.[140] Der Beweis für eine streitige Vereinbarung kann daher im Einzelfall schon dann als geführt angesehen werden, wenn sie auf Grund von Indizien plausibel erscheint.[141] Hat der Arbeitgeber die Ausstellung des Nachweises vorsätzlich unterlassen, kann im Einzelfall auch ein Anscheinsbeweis zugunsten der vom Arbeitnehmer behaupteten Vertragsbedingungen bestehen.[142]

bb) Gewerberechtliche Folgen

98 Kommt der Verleiher seiner Verpflichtung zur Erstellung und Aushändigung des Nachweises nicht nach, dann verletzt er seine arbeitsrechtli-

---

137 BAG vom 21.2.2012 – 9 AZR 486/10, NZA 2012, 750, 753; ArbG Frankfurt vom 19.11.2009 – 19 Ca 6269/08, juris Rn. 25; LAG Rheinland-Pfalz vom 25.2.2010 – 2 Sa 730/09, juris Rn. 39. – So auch BAG vom 20.4.2011 – 5 AZR 171/10, NZA 2011, 1173, 1175, wo jedoch im konkreten Fall mangels schlüssiger Kausalität der Anspruch verneint wurde.
138 LAG Rheinland-Pfalz vom 1.6.2012 – 9 Sa 279/11, juris Rn. 28. – A.A. *Däubler*, NZA 1992, 577, 578; *Wank*, RdA 1996, 21, 24.
139 LAG Rheinland-Pfalz vom 1.6.2012 – 9 Sa 279/11, juris Rn. 28; LAG Köln vom 18.1.2010 – 5 SaGa 23/09, juris Rn. 26; LAG Köln vom 25.7.1997 – 11 Sa 138/97, BB 1998, 590; LAG Köln vom 9.1.1998 – 11 Sa 155/97, BB 1998, 1643; LAG Köln vom 31.7.1998 – 11 Sa 1484/97, NZA 1999, 545 f.; *Krause*, AR-Blattei SD 220.2.2 Rn. 245 f.; ErfK/*Preis*, Einf. NachwG Rn. 23.
140 A.A. LAG Hamm vom 14.8.1998 – 10 Sa 777/97, NZA-RR 1999, 210 ff.
141 LAG Köln vom 31.7.1998 – 11 Sa 1484/97, NZA 1999, 545 f.
142 *Krause*, AR-Blattei SD 220.2.2 Rn. 259.

chen Pflichten i.S.v. § 3 Abs. 1 Nr. 1. Dies kann im Einzelfall zur **Versagung der Verlängerung** einer befristet erteilten Erlaubnis oder zum **Widerruf** der Erlaubnis führen, wobei allerdings im Rahmen der **Verhältnismäßigkeit** regelmäßig zuvor mildere Mittel, wie z.B. Auflagen, anzuwenden sind.

cc) Ordnungswidrigkeitenrecht

Die Verletzung der Pflicht nach Abs. 1 stellt eine Ordnungswidrigkeit i.S.v. § 16 Abs. 1 Nr. 8 dar. Zu den verfassungsrechtlichen Bedenken gegen diese Bestimmung siehe § 16 Rn. 52. 99

IV. Merkblatt für Leiharbeitnehmer (Abs. 2)

1. Sinn und Zweck der Norm

Nach Abs. 2 ist der Verleiher verpflichtet, dem Leiharbeitnehmer bei Vertragsschluss ein Merkblatt der BA über den wesentlichen Inhalt dieses Gesetzes auszuhändigen (Satz 1), wobei nichtdeutsche Leiharbeitnehmer auf Verlangen das Merkblatt in ihrer Muttersprache erhalten (Satz 2) und der Verleiher die Kosten des Merkblatts trägt (Satz 3). Das Merkblatt enthält ausführliche Hinweise zum Arbeitsverhältnis des Leiharbeitnehmers, zur Sozialversicherung, zu Arbeitsschutz und Unfallverhütung sowie zu Zuständigkeitsfragen. Sinn und Zweck des Merkblatts ist es, den **Leiharbeitnehmer über seine Rechtsstellung** zu **informieren**. Die Hinweise sollen es ihm über die Angaben in der Urkunde i.S.v. Abs. 1 hinaus ermöglichen, seine Rechte im Betrieb effektiv durchzusetzen. 100

2. Aushändigungspflicht (Satz 1)

Nach Abs. 2 Satz 1 muss der Verleiher dem Leiharbeitnehmer bei Vertragsschluss ein Merkblatt der Erlaubnisbehörde[143] über den wesentlichen Inhalt dieses Gesetzes aushändigen. Den **Verleiher trifft** insoweit nur eine **Weiterleitungspflicht**. Er muss nicht das Merkblatt selbst erstellen oder ein von der BA entworfenes Merkblatt vervielfältigen. Vielmehr muss er sich das **Merkblatt bei** den **Behörden der BA besorgen und** im Original dem **Arbeitnehmer übergeben**.[144] Das Merk- 101

---

143 Einzusehen unter http://www.arbeitsagentur.de/zentraler-Content/Veroeffentlichungen/Merkblatt-Sammlung/Merkblatt-fuer-Leiharbeitnehmer.pdf (abgefragt am 8.10.2012).
144 *Ulber*, § 11 Rn. 86.

blatt muss **bei Vertragsabschluss** übergeben werden. Anders als bei der Erstellung der Urkunde nach Abs. 1 kann der Verleiher hiermit nicht bis zur Beschäftigungsaufnahme warten. Ein Verstoß hiergegen begründet eine Ordnungswidrigkeit des Verleihers nach § 16 Abs. 1 Nr. 8 und kann möglicherweise auch eine Versagung bzw. einen Entzug der Erlaubnis zur Folge haben.

3. Sprache (Satz 2)

102 **Nichtdeutsche Leiharbeitnehmer** erhalten auf entsprechendes Verlangen das **Merkblatt in** ihrer **Muttersprache**. Dies bedeutet, dass **Leiharbeitnehmern mit deutscher Staatsangehörigkeit** das Merkblatt **stets in deutscher Sprache** auszuhändigen ist, und zwar unabhängig davon, ob deutsch die Muttersprache des deutschen Leiharbeitnehmers ist oder er diese Sprache versteht.[145]

103 **Nichtdeutschen Leiharbeitnehmern** ist das Merkblatt auf deren Verlangen **in** der entsprechenden **Muttersprache** auszuhändigen, um von vornherein die Gefahr einer Übervorteilung oder Ausbeutung auszuschließen. Daher ist es **unerheblich**, **ob** der nichtdeutsche Arbeitnehmer im Einzelfall über hinreichende **deutsche Sprachkenntnisse** verfügt.[146] Spricht der ausländische Arbeitnehmer fließend Deutsch, dann würden allerdings Sanktionen wegen Verstoßes gegen Abs. 2 Satz 2 gegen das Übermaßverbot verstoßen.[147]

104 Bei nichtdeutschen Leiharbeitnehmern ist als Muttersprache im Zweifel die **Amtssprache des Landes** anzusehen, **dessen Staatsangehörigkeit** der **Leiharbeitnehmer besitzt**. Bei Ländern mit mehreren Amtssprachen ist maßgeblich, zu welcher Muttersprache sich der nichtdeutsche Leiharbeitnehmer bekennt, wobei der Verleiher sich auf die diesbezüglichen Angaben des Leiharbeitnehmers ohne weitere Überprüfung verlassen darf.[148]

105 Die BA hält Vordrucke des Merkblatts in deutscher, dänischer, englischer, französischer, griechischer, italienischer, niederländischer, norwegischer, portugiesischer, schwedischer, serbo-kroatischer, spanischer und türkischer Sprache vor. Ist **keine dieser Sprachen Muttersprache** des nichtdeutschen Leiharbeitnehmers, dann ist der **Verleiher** nach

---

145 *Sandmann/Marschall*, § 11 Anm. 20.
146 LSG Bremen vom 15.3.1983 – L 5 BR 11/82, n.v.; LSG Rheinland-Pfalz vom 10.6.1988 – L 6 Ar 117/87, n.v.
147 *Sandmann/Marschall*, § 11 Anm. 20.
148 *Sandmann/Marschall*, § 11 Anm. 20.

nunmehr überwiegender Auffassung **nicht verpflichtet**, das **Merkblatt auf eigene Kosten übersetzen zu lassen**.[149] Den Verleiher trifft nach Abs. 2 Satz 1 nämlich nur die Pflicht, das von der BA erstellte Merkblatt an den Leiharbeitnehmer weiterzuleiten; es ist nicht seine Aufgabe, dieses in die Muttersprache des Leiharbeitnehmers zu übersetzen. Stellt die BA ein Merkblatt nicht in der Muttersprache des Leiharbeitnehmers zur Verfügung, dann wird der Verleiher nach § 275 Abs. 1 **BGB** von seiner Übergabepflicht frei. Nur dieses Verständnis ist mit der Richtlinie 2000/43/EG vereinbar, die eine Diskriminierung wegen der ethnischen Herkunft untersagt. Müsste der Verleiher auf seine Kosten das Merkblatt übersetzen lassen, könnte die Herkunft eines Bewerbers in der Praxis bei der Auswahlentscheidung mittelbar Bedeutung erlangen.

4. Kosten (Satz 3)

Die **Kosten** des Merkblatts **trägt** nach Abs. 2 Satz 3 der **Verleiher**. Dies betrifft nicht nur die Kostenschuld gegenüber der Erlaubnisbehörde. Auch im Innenverhältnis zum Leiharbeitnehmer muss der Verleiher die Kosten tragen, d.h., er darf die ihm in diesem Zusammenhang entstehenden Kosten nicht auf den Leiharbeitnehmer abwälzen.[150]

106

V. Hinweispflicht bezüglich Erlaubnis (Abs. 3)

1. Sinn und Zweck der Norm

Abs. 3 verpflichtet den Verleiher, den Leiharbeitnehmer unverzüglich über den Zeitpunkt des Wegfalls der Erlaubnis zu unterrichten (Satz 1) und in den Fällen der Nichtverlängerung, der Rücknahme oder des Widerrufs auf das voraussichtliche Ende der Abwicklung sowie die gesetzliche Abwicklungsfrist hinzuweisen (Satz 2). Hierdurch soll es dem Leiharbeitnehmer zum einen ermöglicht werden, sich **rechtzeitig auf die Beendigung der Rechtsbeziehung** zum Verleiher **einzustellen**.[151] Zum anderen wird der Leiharbeitnehmer hierdurch in die Lage versetzt, etwaige Ansprüche aus § 10 Abs. 1 gegenüber dem Entleiher geltend machen zu können; dem Leiharbeitnehmer soll ein **vorbeugender**

107

---

149 Schüren/*Schüren*, § 11 Rn. 87; Thüsing/*Mengel*, § 11 Rn. 35; ErfK/*Wank*, § 11 AÜG Rn. 14. – A.A. KassHdbch/*Düwell* 4.5. Rn. 352; *Sandmann/Marschall*, § 11 Anm. 19; *Ulber*, § 11 Rn. 87.
150 *Ulber*, § 11 Rn. 88.
151 Schüren/*Schüren*, § 11 Rn. 88; *Ulber*, § 11 Rn. 89.

Schutz vor den **Folgen** einer **illegalen Arbeitnehmerüberlassung** gewährt werden.

2. Unterrichtungspflicht bei Erlaubniswegfall (Satz 1)

108 Der Verleiher muss den Leiharbeitnehmer **unverzüglich**, also ohne schuldhaftes Zögern (§ 121 Abs. 1 Satz 1 BGB), über den Zeitpunkt des Wegfalls der Erlaubnis unterrichten. Bestehen hinsichtlich des genauen Zeitpunkts Zweifel, dann ist der voraussichtliche Endzeitpunkt anzugeben. Im Gesetz ist eine **Form** für die Unterrichtung des Leiharbeitnehmers **nicht** ausdrücklich **bestimmt**. Auch aus Abs. 1 Satz 2 Nr. 1 lässt sich mittelbar kein Formerfordernis ableiten.[152] **Aus Beweisgründen** empfiehlt es sich aber, die **Unterrichtung schriftlich** vorzunehmen, wobei der Verleiher das Risiko des Zugangs des Unterrichtungsschreibens trägt.

3. Unterrichtungspflicht bei Nichtverlängerung, Rücknahme oder Widerruf der Erlaubnis (Satz 2)

109 Fällt die Erlaubnis weg, weil sie nicht verlängert (§ 2 Abs. 4 Satz 3), zurückgenommen (§ 4) oder widerrufen (§ 5) wird, dann muss der Verleiher den Leiharbeitnehmer zusätzlich auf das **voraussichtliche Ende der Abwicklung** (§ 2 Abs. 4 Satz 4) **und** die **gesetzliche Abwicklungsfrist** von max. zwölf Monaten (§ 2 Abs. 4 Satz 4 Hs. 2) **hinweisen**. Dieser Hinweis ist deswegen von besonderer Bedeutung, weil während der Abwicklungsfrist die Verleiherlaubnis für die Abwicklung der nach § 1 erlaubt abgeschlossenen Verträge als fortbestehend gilt (wegen der Einzelheiten siehe § 2 Rn. 37 ff.) und damit die Begründung eines Arbeitsverhältnisses zum Entleiher nach §§ 9 Nr. 1, 10 Abs. 1 Satz 1 ausgeschlossen ist. Wie die Mitteilung über den Erlaubniswegfall ist auch der **Hinweis** auf die Abwicklungsfrist **formfrei** möglich. Der Verleiher muss nach dem ausdrücklichen Gesetzeswortlaut nur auf die Abwicklungsfrist, **nicht** aber die **Rechtsfolgen des Fortfalls der Erlaubnis** hinweisen. Es handelt sich hierbei um allgemein zugängliche Rechtsinformationen, über die sich der Arbeitnehmer anderweitig hinreichend sicher informieren kann.[153]

---

152 *Becker/Wulfgramm*, § 11 Rn. 16; ErfK/*Wank*, § 11 AÜG Rn. 15. – A.A. Schüren/ *Schüren*, § 11 Rn. 90; *Ulber*, § 11 Rn. 91.
153 Schüren/*Schüren*, § 11 Rn. 93. – A.A. *Sandmann/Marschall*, § 11 Anm. 21; *Ulber*, § 11 Rn. 92.

4. Rechtsfolge von Verstößen

Unterrichtet der Verleiher den Leiharbeitnehmer nicht oder verspätet, liegt eine Pflichtverletzung vor, die nach **§ 280 Abs. 1 BGB Schadensersatzansprüche** des Leiharbeitnehmers begründen kann.[154] **Ordnungswidrigkeitsrechtliche Sanktionen** zieht die Pflichtverletzung nicht nach sich.[155] **Gewerberechtlich** kann der Verstoß gegen Abs. 3 ein Indiz für die **Unzuverlässigkeit** des Verleihers sein.

110

VI. Unanwendbarkeit von § 622 Abs. 5 Satz 1 Nr. 1 BGB und Unabdingbarkeit von § 615 Satz 1 BGB (Abs. 4)

1. Sinn und Zweck der Norm

Nach überwiegender Auffassung besteht der Sinn und Zweck von Abs. 4 darin, die **Regelungen in §§ 3, 9 und 10** zu **ergänzen** und sicherzustellen, dass der **Verleiher** das von ihm zu tragende **Beschäftigungsrisiko nicht auf** den **Leiharbeitnehmer abwälzt**.[156] Um Versuche zur Umgehung dieser Verpflichtung zu verhindern, werden dem Verleiher einige rechtliche Gestaltungsmöglichkeiten versagt, die nach allgemeinem Arbeitsrecht zulässig sind. Dementsprechend schließt Abs. 4 Satz 1 die Vereinbarung kürzerer Kündigungsfristen für Aushilfskräfte nach § 622 Abs. 5 Satz 1 Nr. 1 BGB aus; Abs. 4 Satz 2 bestimmt, dass die Vorschrift des § 615 Satz 1 BGB über die Zahlung des Arbeitsentgelts bei Annahmeverzug des Arbeitgebers nicht abbedungen werden kann;[157] Abs. 4 Satz 3 betrifft das Verhältnis zwischen der Vergütung des Leiharbeitnehmers und der Zahlung von Kurzarbeitergeld; zur befristeten Wirkung letztgenannter Regelungsanordnung vgl. Rn. 1, 127.

111

---

154 Thüsing/*Mengel*, § 11 Rn. 40.
155 Thüsing/*Mengel*, § 11 Rn. 40.
156 GA-AÜG 11(8); *Sandmann/Marschall*, § 11 Anm. 22; Schüren/*Schüren*, § 11 Rn. 94; *Ulber*, § 11 Rn. 94; ErfK/*Wank*, § 11 AÜG Rn. 16. – So auch Thüsing/*Mengel*, § 11 Rn. 40; BSG vom 21.7.2009 – B 7 AL 3/08, NZA-RR 2010, 216, 217; LAG Baden-Württemberg vom 6.3.2012 – 22 Sa 58/11, juris Rn. 54; Urban-Crell/*Germakowski*, § 11 Rn. 34.
157 BT-Drs. VI/2303 S. 14.

§ 11 Sonstige Vorschriften über das Leiharbeitsverhältnis

2. Unanwendbarkeit von § 622 Abs. 5 Satz 1 Nr. 1 BGB

a) Regelungsinhalt von § 622 Abs. 5 Satz 1 Nr. 1 BGB

112 Nach § 622 Abs. 5 Satz 1 Nr. 1 BGB können **kürzere** als die in § 622 Abs. 1 BGB normierten Grundkündigungsfristen vereinbart werden, wenn ein Arbeitnehmer **zur vorübergehenden Aushilfe** eingestellt ist. Dies gilt allerdings nicht, wenn das Arbeitsverhältnis über die Zeit von drei Monaten hinaus fortgesetzt wird.

b) Unanwendbarkeit

113 Diese Regelung ist nach Abs. 4 Satz 1 **im Leiharbeitsverhältnis nicht anwendbar**. Der Verleiher darf Leiharbeitnehmer nicht als Aushilfskräfte behandeln und mit ihnen nicht einzelvertraglich kürzere als die nach § 622 Abs. 1 und 2 BGB geltenden Kündigungsfristen vereinbaren.

c) Sonstige Kürzung von Kündigungsfristen

114 Die **sonstigen**, in § 622 BGB vorgesehenen **Möglichkeiten**, durch Vereinbarung eine **kürzere Kündigungsfrist zu bestimmen**, stehen auch dem Verleiher offen. Es kann insbesondere eine **Probezeit** vereinbart werden, während derer, längstens aber für die Dauer von sechs Monaten, das Arbeitsverhältnis mit einer Frist von zwei Wochen ohne Kündigungstermin gekündigt werden kann (§ 622 Abs. 3 BGB). In **Kleinbetrieben**, in denen der Verleiher nicht mehr als 20 Arbeitnehmer ausschließlich der zu ihrer Berufsbildung Beschäftigten beschäftigt, kann eine Kündigungsfrist von vier Wochen vereinbart werden (§ 622 Abs. 5 Nr. 2 BGB). Schließlich können kürzere Kündigungsfristen auch in **Tarifverträgen** geregelt werden (§ 622 Abs. 4 Satz 1 BGB). **Im Geltungsbereich** eines solchen Tarifvertrags können **auch nicht tarifgebundene Arbeitsvertragsparteien** deren **Anwendung vereinbaren** (§ 622 Abs. 4 Satz 2 BGB). Zu beachten ist hierbei aber, dass Verleihunternehmen nicht unter den Geltungsbereich der Tarifverträge der Entleiher fallen, sodass die Bestimmung nur dann zum Tragen kommen kann, wenn entweder für den betreffenden Verleiher selbst ein Tarifvertrag einschlägig ist oder aber es sich um ein tarifgebundenes Mischunternehmen handelt.

VI. Unanwendbarkeit von § 622 Abs. 5 Satz 1 Nr. 1 BGB **§ 11**

3. Unabdingbarkeit von § 615 Satz 1 BGB

a) Regelungsinhalt von § 615 Satz 1 BGB

Nach allgemeinen arbeitsrechtlichen Grundsätzen trägt der **Arbeitgeber** das sog. **Beschäftigungsrisiko**, das heißt er muss den Arbeitnehmer auch dann bezahlen, wenn er dessen Arbeitsleistung nicht verwenden kann. Dies wird von § 615 Satz 1 BGB klargestellt, wonach der Arbeitnehmer die vereinbarte Vergütung trotz Nichtleistung der Arbeit verlangen kann ohne zur Nachleistung verpflichtet zu sein, wenn der Arbeitgeber mit der Annahme der Arbeitsleistung in Verzug kommt. Die **Voraussetzungen des Annahmeverzugs** regeln sich nach §§ 293 ff. BGB. Danach muss die Leistung als solche erbringbar und der Arbeitnehmer leistungsbereit sein. Überdies muss der Arbeitnehmer ein ordnungsgemäßes Leistungsangebot unterbreiten, wobei in der Regel ein wörtliches Angebot genügt (§ 295 BGB). Der Annahmeverzug setzt schließlich voraus, dass der Arbeitgeber die angebotene Leistung nicht annimmt (§ 293 BGB); auf ein Vertretenmüssen des Arbeitgebers hierbei kommt es nicht an, weil der Annahmeverzug verschuldensunabhängig entsteht.

115

b) Unabdingbarkeit

§ 615 Satz 1 BGB kann nach den allgemeinen Regeln durch Tarifvertrag oder Individualvereinbarung abbedungen werden. Allerdings ist zu beachten, dass eine arbeitsvertragliche Regelung, wonach der Arbeitnehmer bei Betriebsstörungen das Entgeltrisiko trägt, eine unangemessene Abweichung von § 615 Satz 1 und 3 BGB enthält und daher gemäß § 307 Abs. 2 Nr. 1 ggf. i.V.m. § 310 Abs. 3 Nr. 2 BGB rechtsunwirksam ist, unabhängig davon, ob es sich um einen Formulararbeitsvertrag oder eine sog. Einmalabrede handelt.[158] Darüber hinausgehend legt Abs. 4 Satz 2 fest, dass der **Vergütungsanspruch des Leiharbeitnehmers bei Annahmeverzug** des Verleihers **weder durch Vertrag aufgehoben noch beschränkt** werden kann. Danach sind Vereinbarungen im Leiharbeitsvertrag unwirksam, welche die Voraussetzungen oder Rechtsfolgen des § 615 S. 1 BGB entgegen Abs. 4 S. 2 Hs. 1 ausschließen oder beschränken.[159] Der Verleiher muss deshalb das vereinbarte Arbeitsentgelt zahlen, wenn er den Arbeitnehmer nicht bei einem

116

---

158 HK-ArbR/*Boemke/Ulrici*, § 307 BGB Rn. 25.
159 LSG Baden-Württemberg vom 14.12.2007 – L 13 AL 4932/06, EzAÜG SGB III Nr. 15; Schüren/*Schüren*, § 11 Rn. 102.

Entleiher einsetzen kann (**sog. Verleiherrisiko**). Unwirksam ist auch eine Vereinbarung, wonach der Verleiher nicht zur Lohnzahlung verpflichtet ist, wenn er wegen eines Arbeitskampfs keine Beschäftigungsmöglichkeiten in potentiellen Entleiherbetrieben findet.[160] Ob der Verleiher in diesen Fällen gleichwohl zur Lohnzahlung verpflichtet bleibt, ergibt sich aus allgemeinen Grundsätzen (siehe unten Rn. 137). Nicht erfasst werden hingegen Vereinbarungen über die Arbeitspflicht des Arbeitnehmers, mit denen z.B. Arbeitspflicht und Vergütungspflicht von vornherein auf fest bestimmte Zeiträume beschränkt werden.[161]

117 Da nach § 615 Satz 1 BGB der Vergütungsanspruch des Arbeitnehmers aus § 611 Abs. 1 BGB aufrechterhalten wird, hat der Verleiher die vereinbarte **Vergütung einschließlich aller Nebenleistungen mit Entgeltcharakter** (§ 2 Abs. 1 Satz 2 Nr. 6 NachwG) weiterzuzahlen.[162] Der Verleiher hat den Leiharbeitnehmer nach dem sog. **Lohnausfallprinzip** vergütungsmäßig so zu stellen, als ob er im Verzugszeitraum weitergearbeitet hätte.[163] Neben der Grundvergütung rechnen hierzu auch Sonderzuwendungen sowie sonstige Zulagen, soweit sie Entgeltcharakter haben. Hierzu können auch als Aufwandsentschädigung bezeichnete Leistungen zählen, wenn diese unabhängig davon, ob durch die Erbringung der Arbeitsleistung tatsächlich zusätzlicher Aufwand entsteht, an den Arbeitnehmer ausgezahlt werden.[164]

118 Fraglich ist, ob die **Verpflichtung** des Verleihers **nach § 10 Abs. 4**, gleiche Arbeitsbedingungen wie für vergleichbare Arbeitnehmer des Entleihers zu gewähren, wenn kein Tarifvertrag anwendbar ist und auch kein sonstiger Ausnahmetatbestand nach § 9 Nr. 2 greift, auch während des Annahmeverzugs besteht. Eine konsequente Anwendung des Lohnausfallprinzips würde diesen Gedanken nahe legen, weil der Leiharbeitnehmer danach die Vergütung verlangen kann, die er bei vertragsgemäßem Einsatz erzielt hätte. Bei einem Einsatz im Entleiherbetrieb hätte er nach § 10 Abs. 4 aber mindestens die Vergütung verlangen können, die vergleichbare Stammarbeitnehmer des Entleihers erzielen. Gleichwohl ist eine solche **Erstreckung des Gleichbehandlungsgrundsatzes**

---

160 LSG Nordrhein-Westfalen vom 30.8.2006 – L 12 AL 168/05, EzAÜG § 615 BGB Nr. 3.
161 BAG vom 10.1.2007 – 5 AZR 84/06, NZA 2007, 384, 386.
162 *Ulber*, § 11 Rn. 104.
163 *Becker/Wulfgramm*, § 11 Rn. 29a; Schüren/*Schüren*, § 11 Rn. 105; Thüsing/*Mengel*, § 11 Rn. 44.
164 So auch für eine Auslösung im Montagebereich LAG Bremen vom 23.10.1975 – 3 Sa 155/74, BB 1976, 1512 (Ls.) = EzAÜG § 1 TVG Tarifverträge Nr. 3.

VI. Unanwendbarkeit von § 622 Abs. 5 Satz 1 Nr. 1 BGB   § 11

auf einsatzfreie Zeiten abzulehnen. Zum einen hat der Gesetzgeber mit Rücksicht auf die Leiharbeitsrichtlinie den Gleichbehandlungsgrundsatz in das nationale Recht aufgenommen und sich bewusst auf Einsatzzeiten beschränkt. Es war nicht die Absicht des Gesetzgebers, auch für einsatzfreie Zeiten equal pay und equal treatment zu garantieren.[165] Zum anderen läuft der Gleichbehandlungsgedanke während einsatzfreier Zeiten leer. **Es gibt keinen Einsatzbetrieb und damit keine vergleichbaren Arbeitnehmer,** die Bezugspunkt einer Gleichbehandlung sein können. Daher ist der (Annahmeverzugs-)Lohn des Leiharbeitnehmers während der einsatzfreien Zeiten auf die mit dem Verleiher vereinbarte Vergütung beschränkt. Dieses Ergebnis wird auch mittelbar von der neu eingefügten Vorschrift (§ 3a Abs. 2 i.V.m. Abs. 1) bestätigt. Diese Bestimmung differenziert für eine mögliche Lohnuntergrenze explizit zwischen verleihfreien und Verleihzeiten des Leiharbeitnehmers. In Zeiten des Nichteinsatzes muss der Leiharbeitnehmer daher nicht zwingend das gleiches Arbeitsentgelt wie in eingesetzten Zeiten erhalten; der Zeitpunkt, in welchen der Verleiher in Annahmeverzug ist, stellt für den Leiharbeitnehmer eine einsatzfreie Zeit dar. Es ist kein rechtfertigender Grund ersichtlich, warum dieser allgemeine Grundsatz im Rahmen von „equal pay" durchbrochen werden sollte.

Anders als § 615 Satz 1 BGB kann **§ 615 Satz 2 BGB abbedungen** werden (vgl. Abs. 4 Satz 2 Hs. 2). Nach § 615 Satz 2 BGB muss sich der Arbeitnehmer den Wert desjenigen anrechnen lassen, was er infolge des Unterbleibens der Arbeitsleistung erspart oder durch anderweitige Verwendung seiner Arbeitskraft erwirbt oder zu erwerben böswillig unterlässt.[166] Die Abbedingung würde sich nämlich **nur zugunsten des Arbeitnehmers** auswirken. Zu den ersparten Aufwendungen rechnen solche Kosten, die in einem unmittelbaren Zusammenhang mit der Erbringung der Arbeitsleistung stehen, z.B. Fahrtkosten oder Kosten für die Reinigung der Arbeitskleidung.[167] Soweit der Leiharbeitnehmer während Zeiten der Nichtbeschäftigung einen anderweitigen Verdienst erzielt, ist dieser nur anrechenbar, soweit der Verdienst auf der Nichtbeschäftigung beim Verleiher beruht. Einkünfte, die der Leiharbeitnehmer aus ohnehin bestehenden Nebentätigkeiten oder aus einem Zweitarbeitsverhältnis erzielt, können nicht nach § 615 Satz 2 BGB angerechnet werden.[168]

119

---

165 BT-Drs. 15/25 S. 38.
166 Schüren/*Schüren*, § 11 Rn. 107; *Ulber*, § 11 Rn. 108; ErfK/*Wank*, § 11 AÜG Rn. 17.
167 Schüren/*Schüren*, § 11 Rn. 108; *Ulber*, § 11 Rn. 114.
168 *Ulber*, § 11 Rn. 116.

120 Zur Herbeiführung des Annahmeverzugs muss der Leiharbeitnehmer grundsätzlich nach § 295 BGB seine **Arbeitsleistung zumindest wörtlich** anbieten.[169] Zwar obliegt es dem Arbeitgeber als Gläubiger der geschuldeten Arbeitsleistung, dem Arbeitnehmer die Leistungserbringung zu ermöglichen. Er muss daher den Arbeitseinsatz des Arbeitnehmers fortlaufend planen und durch Weisungen hinsichtlich Ort und Zeit der Arbeitsleistung näher konkretisieren.[170] Diese Obliegenheit besteht aber nur, soweit der Arbeitnehmer seine Leistungsbereitschaft angezeigt hat. Weist ihm daraufhin der Verleiher keine Beschäftigung zu, kommt dieser regelmäßig in Annahmeverzug, den er nur dadurch beseitigen kann, dass er den Leiharbeitnehmer zur Beschäftigungsaufnahme auffordert und ihm einen Arbeitsplatz bei einem Entleiher anbietet.

121 In zahlreichen Arbeitsverträgen ist die **Verpflichtung** des Leiharbeitnehmers vereinbart, sich während der **einsatzfreien Zeiten** einmal oder sogar mehrmals **telefonisch** zu **melden**, um den Anspruch auf Arbeitslohn aufrechtzuerhalten.[171] Solche Vereinbarungen werden überwiegend für unvereinbar mit Abs. 4 Satz 2 Hs. 1 und daher für unwirksam gehalten, weil nach § 296 Satz 1 BGB das Leistungsangebot entbehrlich sei, wenn der Verleiher keine Arbeit habe und deswegen auch dem Arbeitnehmer nicht zuweisen könne;[172] zudem seien Regelungen, die Vergütungsansprüche an weitergehende Voraussetzungen knüpfen, als sie durch § 615 Satz 1 BGB vorgegeben sind, unwirksam und mit Abs. 4 Satz 2 Hs. 1 unvereinbar.[173] Dem kann nicht gefolgt werden.[174] Hierbei wird nicht hinreichend berücksichtigt, dass die Initiative zur Erbringung der Arbeitsleistung vom Arbeitnehmer auszugehen hat. Der Arbeitnehmer muss sich nicht erst dann am Arbeitsplatz einfinden, wenn ihm der Arbeitgeber vorab die zu verrichtenden Dienste mitgeteilt hat. Vielmehr ist es **Sache des Arbeitnehmers**, von sich aus seine **Leistung am Betriebssitz** des Arbeitgebers **anzubieten**. Nur wenn der Arbeitnehmer arbeitsbereit und arbeitswillig ist, muss ihm der Arbeit-

---

169 A.A. LAG Rheinland-Pfalz vom 24.4.2008 – 10 Sa 19/08, EzAÜG § 11 AÜG Verleiherpflicht Nr. 5 Rn. 47.
170 So zutreffend BAG vom 19.1.1999 – 9 AZR 679/97, BB 1999, 2034 (Ls. 2).
171 Vgl. beispielsweise ArbG Frankfurt vom 20.12.2005 – 5 Ca 6207/04, juris Rn. 26.
172 LAG Frankfurt vom 23.1.1987 – 13 Sa 1007/86, BB 1987, 1602; ArbG Bremen-Bremerhaven vom 6.12.2007 – 9 Ca 9273/07, juris Rn. 28; ArbG Frankfurt vom 20.12.2005 – 5 Ca 6207/04, EzAÜG § 11 AÜG Annahmeverzug Nr. 1; KassHdbch/*Düwell*, 4.5 Rn. 368; Schüren/*Schüren*, § 11 Rn. 103. – A.A. *Brötzmann/Musial*, NZA 1997, 17, 19.
173 ArbG Bremen-Bremerhaven vom 6.12.2007 – 9 Ca 9273/07, juris Rn. 26.
174 So auch *Sandmann/Marschall*, § 11 Anm. 27a.

VI. Unanwendbarkeit von § 622 Abs. 5 Satz 1 Nr. 1 BGB **§ 11**

geber einen Arbeitsplatz und eine Tätigkeit zuweisen.[175] Mit der Verpflichtung zur telefonischen Meldung wird nicht der Anspruch auf Annahmeverzugslohn ausgeschlossen oder eingeschränkt. Vielmehr wird durch **die telefonische Meldung** die **Arbeitsbereitschaft signalisiert**, die Voraussetzung für die Verpflichtung des Arbeitgebers ist, dem Arbeitnehmer einen Arbeitsplatz zuzuweisen.

c) Öffentlich-rechtliche Ersatzleistungen

Da der Verleiher nach Abs. 4 Satz 2 Hs. 1 zwingend das Betriebsrisiko trägt, kann dieses auch nicht auf der Grundlage öffentlich-rechtlicher Normen oder durch sonstiges staatliches Handeln (z.B. Entschädigungen, Subventionen) mittelbar verlagert werden. Daher ist im Grundsatz die Zahlung von Kurzarbeitergeld nach §§ 95 ff. SGB III ebenso ausgeschlossen[176] wie Saison-Kurzarbeitergeld nach § 101 SGB III an Verleihunternehmen, die nach § 1b zulässigerweise im Baugewerbe Arbeitnehmerüberlassung betreiben.[177] Aus der zunächst befristet bis zum 31.12.2010 geltenden und sodann bis zum 31.12.2011 verlängerten Regelung des Abs. 4 Satz 3 lässt sich der gesetzgeberische Wille entnehmen, dass im Rahmen des Leiharbeitsverhältnisses eine Vereinbarung von Kurzarbeit als Voraussetzung für die Zahlung von Kurzarbeitergeld nicht (mehr) in Betracht kommt (siehe unten Rn. 127). **122**

Werden von den **öffentlich-rechtlichen Sozialleistungsträgern** Leistungen an den Leiharbeitnehmer **erbracht**, weil der Verleiher seine Vergütungspflicht nicht erfüllt (z.B. Arbeitslosengeld, Arbeitslosenhilfe, Sozialhilfe), dann **geht der Anspruch des Arbeitnehmers auf** das **Arbeitsentgelt** in Höhe der erbrachten Sozialleistungen **nach § 115 Abs. 1 SGB X** auf den Sozialleistungsträger **über**. Der Verleiher kann in dieser Höhe die Leistung gegenüber dem Arbeitnehmer verweigern, weil dieser nicht mehr Forderungsinhaber ist.[178] Der Sozialleistungsträger kann sodann den Arbeitgeber aus übergegangenem Recht in Anspruch nehmen. Hat der Verleiher in Unkenntnis der an den Leiharbeitnehmer gewährten öffentlich-rechtlichen Leistungen die gesamte Vergütung nachgezahlt, so wird er gemäß §§ 412, 407 BGB von der ihm **123**

---

175 *Boemke*, Studienbuch ArbR, § 5 Rn. 162; *Stahlhacke*, AuR 1992, 8 ff.
176 BSG vom 21.7.2009 – B 7 AL 6/08 R, NZA-RR 2010, 216, 216.
177 *Ulber*, § 11 Rn. 103.
178 Schüren/*Schüren*, § 11 Rn. 106 f.; *Ulber*, § 11 Rn. 119.

§ 11   Sonstige Vorschriften über das Leiharbeitsverhältnis

gegenüber dem Sozialleistungsträger obliegenden Erstattungspflicht befreit.[179]

d) *Weitere Maßnahmen*

124   Abs. 4 Satz 2 Hs. 1 schließt nur aus, dass die Verpflichtung des Verleihers zur Fortzahlung der Vergütung bei Annahmeverzug im Leiharbeitsverhältnis abbedungen wird. Sonstige **Maßnahmen und Möglichkeiten der Arbeitszeitflexibilisierung** sowie sonstige Reaktionen auf fehlende Einsatzmöglichkeiten durch den Verleiher werden hierdurch **nicht ausgeschlossen.**

aa) Arbeitszeitkontingent

125   Auch wenn es derzeit noch an einer höchstrichterlichen Stellungnahme des BAG mangelt, kann der Verleiher mit dem Leiharbeitnehmer grundsätzlich ein **Arbeitszeitkontingent** vereinbaren und nicht nur eine regelmäßige Wochenarbeitszeit festschreiben, sondern sich darauf beschränken, ein **monatliches Arbeitsvolumen** zu bestimmen.[180] Hingegen soll die Festlegung eines größeren Zeitraums, z.B. **Vierteljahres- oder Jahreszeitraum**, unzulässig sein.[181] Durch die Vereinbarung eines Arbeitszeitkontingents wird entgegen verbreiteter Auffassung das Beschäftigungsrisiko vom Verleiher nicht unter einer Umgehung von Abs. 4 Satz 2 Hs. 1, § 615 Satz 1 BGB auf den Leiharbeitnehmer verlagert.[182] Annahmeverzug tritt nur ein, wenn der Arbeitgeber eine vom Arbeitnehmer angebotene Arbeitsleistung nicht in Anspruch nimmt. Zu welcher **Arbeitsleistung** der Arbeitnehmer **in zeitlicher Hinsicht** verpflichtet ist, ergibt sich in erster Linie aus dem **Arbeitsvertrag**, ggf. i.V.m. kollektiv-rechtlichen und gesetzlichen Bestimmungen. Nach

---

179   *Becker/Wulfgramm*, § 11 Rn. 30.
180   KassHdbch/*Düwell*, 4.5 Rn. 372f.; LAG Baden-Württemberg vom 29.4.2009 – 17 Sa 4/09, juris Rn. 26 mit zust. Anm. *Boemke*, jurisPR-ArbR 30/2009 Anm. 4; LAG Baden-Württemberg vom 6.3.2012 – 22 Sa 58/11, juris (Ls.); LAG Düsseldorf vom 16.11.2011 – 7 Sa 567/11, juris Rn. 66; *Schüren/Schüren*, § 11 Rn. 112; *Thüsing/Pötters*, BB 2012, 317ff. – A.A. LAG Rheinland-Pfalz vom 24.4.2008 – 10 Sa 19/08, EzAÜG § 11 AÜG Verleiherpflicht Nr. 5 Rn. 50ff.
181   BSG vom 29.7.1992 – 11 RAr 51/91, EzAÜG BeschFG Nr. 5; BA-RdErl. vom 1.6.1995 – I a 4-5160.11 (1)/5160.4 (1)/7402.2.
182   Vgl. LAG München vom 6.10.2005 – 3 Sa 381/05 – BeckRS 2009, 68002 unter 2a, wonach es weder einen Eingriff in Rechtspositionen oder Besitzstände des Arbeitnehmers noch eine Störung des Synallagmas zwischen Arbeitsleistung und Vergütungszahlung darstellt, wenn der Arbeitgeber im Rahmen eines Jahresarbeitszeitkontos die Lage der Arbeitszeit bestimmt.

VI. Unanwendbarkeit von § 622 Abs. 5 Satz 1 Nr. 1 BGB §11

dem Grundsatz der grundrechtlich geschützten Privatautonomie im Arbeitsvertragsrecht (**Art. 12 Abs. 1 GG**) können die Parteien des Arbeitsverhältnisses das geschuldete Arbeitsvolumen und den entsprechenden Bezugszeitraum innerhalb der gesetzlichen Bestimmungen frei festlegen. Gesetzlich wird aber eine **Fixierung des Arbeitszeitkontingents** des Arbeitnehmers **auf Tages-, Wochen- oder Monatszeiträume nicht vorgeschrieben**; die Festlegung eines Jahres-(Quartals-)Zeitkontingents ist rechtlich nicht untersagt.[183] Annahmeverzug tritt entsprechend allgemeinen Regeln (nur) ein, wenn der Arbeitgeber das Arbeitszeitkontingent in der vereinbarten Zeitspanne nicht abruft. Dass der Arbeitgeber – unter Berücksichtigung etwaiger tarifvertraglicher Bestimmungen und der etwaigen Mitbestimmung des Betriebsrats – berechtigt ist, innerhalb des vereinbarten Zeitraums die Lage der Arbeitszeit zu bestimmen, ergibt sich dabei aus § 106 S. 1 GewO.[184] Annahmeverzug tritt ein, wenn der Arbeitgeber in der vereinbarten Zeitspanne das Arbeitszeitkontingent nicht abruft oder wenn der Arbeitgeber für einen bestimmten Zeitpunkt durch sein Weisungsrecht die Arbeitspflicht des Arbeitnehmers angeordnet hatte, ihn dann aber gleichwohl nicht beschäftigt.[185] Auch die **Vereinbarung von Arbeit auf Abruf** ist **zulässig**. Hierdurch wird § 615 Satz 1 BGB nicht umgangen und dem erforderlichen **Sozialschutz** des (Leih)Arbeitnehmers **durch § 12 TzBfG** hinreichend Rechnung getragen. Danach muss eine bestimmte (Mindest-)Dauer der wöchentlichen Arbeitszeit festgelegt, der Arbeitnehmer jeweils für mindestens drei aufeinander folgende Stunden am Tag beschäftigt und diesem die Lage seiner Arbeitszeit jeweils mindestens vier Tage im Voraus mitgeteilt werden (§ 12 Abs. 1 und Abs. 2 TzBfG). Ausnahmsweise unzulässig sind Arbeitszeitkonten nur dann, wenn sie dazu genutzt werden sollen, einen Missbrauch seitens des Verleihers zu fördern.[186] Ein solcher Missbrauch soll beispielsweise dann anzunehmen sein, wenn im Arbeitsvertrag bewusst eine zu niedrige Wochen- bzw. Monatsstundenanzahl festgesetzt wird, um ein hohes Stundenpolster des Leiharbeitnehmers zur Verrechnung in verleihfreien Zei-

---

183 LAG Niedersachsen vom 3.5.2000 – 16a Sa 1391/99, NZA-RR 2000, 517, 519; *Heinze*, NZA 1989, 681, 687; ErfK/*Wank*, § 3 ArbZG Rn. 20.
184 LAG München vom 6.10.2005 – 3 Sa 381/05, BeckRS 2009, 68002 unter 2a (zu tariflicher Jahresarbeitszeit).
185 LAG Baden-Württemberg vom 8.4.2002 – 15 Sa 119/01, BeckRS 2009, 62692 Rn. 23.
186 So auch LAG Rheinland-Pfalz vom 24.4.2008 – 10 Sa 19/08, BeckRS 2008, 54127; *Thüsing/Pötters*, BB 2012, 317, 320.

ten anzulegen[187] oder eine vertragliche Jahresarbeitszeit von 50 Tagen festgesetzt wird, obwohl ein täglicher Arbeitseinsatz des Leiharbeitnehmers beabsichtigt ist.[188]

bb) Betriebsbedingte Kündigung

126 Der Verleiher kann auf einen Auftragsmangel, der mit einer Nichtbeschäftigung von Leiharbeitnehmern einhergeht, auch mit einer betriebsbedingten Kündigung (§ 1 Abs. 2 Satz 1 Alt. 3 KSchG) reagieren. Dabei müssen allerdings die gesetzlichen Voraussetzungen vorliegen; im Anwendungsbereich des **allgemeinen Kündigungsschutzes** sind insbesondere die Anforderungen an die **soziale Rechtfertigung** einer betriebsbedingten Kündigung zu beachten. Aus § 9 Nr. 3 a.F. wurde früher verbreitet gefolgert, dass es dem Verleiher zugemutet werden kann, das Arbeitsverhältnis auch bei fehlender Beschäftigungsmöglichkeit über einen Zeitraum von drei Monaten aufrechtzuerhalten und zu erfüllen.[189] Dem kann nur eingeschränkt gefolgt werden. Aus § 9 Nr. 3 a.F. ließ sich allenfalls mittelbar die Wertung entnehmen, dass der Verleiher für einen Zeitraum von drei Monaten das Beschäftigungsrisiko auch dann tragen soll, wenn er den Leiharbeitnehmer nicht sinnvoll einsetzen kann. Ist es für den Verleiher absehbar, dass er den Leiharbeitnehmer innerhalb eines **Drei-Monats-Zeitraums** wirtschaftlich sinnvoll einsetzen kann, scheidet regelmäßig eine betriebsbedingte Kündigung aus. Ist für ihn hingegen **absehbar**, dass **in der Zukunft für einen längerfristigen**, also mehr als drei Monate andauernden Zeitraum ein **Einsatz** des Leiharbeitnehmers **nicht möglich** ist, dann kann er dem Leiharbeitnehmer zum Zeitpunkt der letzten Überlassung bzw. zum nächstmöglichen, nach diesem Termin gelegenen Zeitpunkt **kündigen**. Der Darlegungslast für einen fehlenden Beschäftigungsbedarf genügt der Verleiher beispielsweise schon dann, wenn er für den konkreten Leiharbeitnehmer über einen längeren Zeitraum nur einen einzigen Auftraggeber (Entleiher) besaß und dieser nun dauerhaft nicht mehr zur Verfügung steht.[190] Auch wenn die Zeiträume zwischen zwei Überlassungen weniger als drei Monate betragen, kann im Einzelfall eine betriebsbedingte Kündigung in Betracht kommen. Dies ist insbesondere dann der

---

187 LAG Rheinland-Pfalz vom 24.4.2008 – 10 Sa 19/08, BeckRS 2008, 54127.
188 BSG vom 29.7.1992 – 11 Rar 51/91, NZA 1993, 527, 528. – Zustimmend auch *Thüsing/Pötters*, BB 2012, 317, 320.
189 LAG Frankfurt vom 17.11.1983 – 9 Sa 599/83, EzAÜG KSchG Nr. 2; *Ulber*, § 1 Rn. 91.
190 LAG Köln vom 12.1.2009 – 5 Sa 1077/08, EzAÜG KSchG Nr. 29.

VI. Unanwendbarkeit von § 622 Abs. 5 Satz 1 Nr. 1 BGB § 11

Fall, wenn der Leiharbeitnehmer dauerhaft nicht lückenlos eingesetzt werden kann und unter Berücksichtigung der Zeiten der Beschäftigung und Nichtbeschäftigung der Verleiher längerfristig mit dem Leiharbeitnehmer keinen Gewinn erwirtschaften kann.[191]

cc) Kurzarbeit

Der Verleiher konnte nach der früher geltenden Rechtslage auf einen vorübergehenden geringeren Beschäftigungsbedarf unter den allgemeinen arbeitsrechtlichen Voraussetzungen auch mit der Anordnung von Kurzarbeit reagieren. Dabei kann die Vereinbarung von Kurzarbeit **grundsätzlich nicht kraft Direktionsrechts** angeordnet werden, sondern bedarf der **ausdrücklichen Zustimmung der Arbeitnehmer** (vgl. Rn. 22). Eine Ermächtigung im Arbeitsvertrag zur einseitigen Anordnung von Kurzarbeit ist regelmäßig rechtsunwirksam,[192] weil hierdurch die besonderen Bestimmungen des Kündigungsschutzgesetzes zur Änderungskündigung umgangen würden. Besteht im Betrieb des Verleihers ein Betriebsrat, dann ist dieser nach § 87 Abs. 1 Nr. 3 BetrVG zu beteiligen. Die Anordnung von Kurzarbeit **ohne** die **erforderliche Beteiligung des Betriebsrats** ist **rechtsunwirksam**.[193] Hat der Betriebsrat sich mit der Kurzarbeit einverstanden erklärt und ist hierüber eine Betriebsvereinbarung geschlossen worden, dann wirkt diese **Betriebsvereinbarung** nach § 77 Abs. 4 Satz 1 BetrVG **normativ**, und zwar auch für die Leiharbeitnehmer. Durch die Einführung von Kurzarbeit im Rahmen der Betriebsvereinbarung wird die Arbeitszeit der hiervon betroffenen Arbeitnehmer entsprechend verkürzt mit der Folge, dass auch der Vergütungsanspruch in diesem Umfang entfällt.[194] Die Vereinbarung von Kurzarbeit als Reaktion auf einen Beschäftigungsmangel verstieß nach früherer Rechtslage nicht gegen Abs. 4 Satz 2 Hs. 1,[195] weil hierdurch das Arbeitsvolumen entsprechend vermindert wird, sodass es gar nicht zu einem Annahmeverzug kommen konnte. Dies hat Abs. 4 Satz 3 zunächst für den Zeitraum vom 1.2.2009 bis zum 31.12.2011 bestätigt. Nach Auslaufen der Regelung, welche

127

---

191 Schüren/*Schüren*, Einl. Rn. 279.
192 HK-ArbR/*Boemke*, § 611 BGB Rn. 451.
193 *Richardi*, BetrVG, § 87 Rn. 405.
194 BAG vom 16.12.2008 – 9 AZR 164/08 – NZA 2009, 689, 691; *Boemke*, Schuldvertrag, S. 450 m.w.Nachw.
195 A.A. LSG Baden-Württemberg vom 14.12.2007 – L 13 AL 4932/06, EzAÜG SGB III Nr. 15. – Offengelassen von BSG vom 21.7.2009 – B 7 AL 3/08 R, NZA-RR 2010, 216f.

Vereinbarungen über Kurzarbeit für solche Zeiträume zugelassen hat, in denen dem Leiharbeitnehmer Kurzarbeitergeld gezahlt wurde, sind solche Vereinbarungen **seit dem 1.1.2012 unzulässig**. Abs. 4 Satz 3 Hs. 2 bestimmt nämlich ausdrücklich, dass solche Vereinbarungen nur bis zum 31.12.2011 zulässig waren.

dd) Freizeitausgleich

128 Der Verleiher kann den Annahmeverzug auch dadurch vermeiden, dass er rechtswirksam Freizeitausgleich anordnet oder mit dem Leiharbeitnehmer Beschäftigungspausen vereinbart.[196] Die Anordnung von Freizeitausgleich setzt eine entsprechende Berechtigung des Arbeitgebers, z. B. im Arbeitsvertrag, voraus. Dies kommt z. B. in Betracht, wenn der Leiharbeitnehmer Überstunden geleistet hat und der Verleiher kraft Arbeits- oder Tarifvertrags berechtigt ist, Überstunden durch Freistellung des Arbeitnehmers abzugelten.[197] Auch die **Vereinbarung von Beschäftigungspausen**, innerhalb derer die Hauptleistungspflichten aus dem Leiharbeitsverhältnis ruhen, ist zulässig, und zwar auch dann, wenn in der Person des Leiharbeitnehmers hierfür kein sachlicher Grund vorliegt.[198] Abs. 4 Satz 2 steht dem nicht entgegen, weil sich der Umfang der vertraglichen Hauptleistungspflicht des Leiharbeitnehmers nach dem Arbeitsverhältnis bestimmt und der Leiharbeitnehmer im Rahmen der **Privatautonomie** den zeitlichen Umfang seiner Arbeitspflicht im Einverständnis mit dem Verleiher festlegen kann. Angesichts des umfassenden Sozial- und Arbeitsvertragsschutzes des Leiharbeitnehmers unterliegt eine solche Vereinbarung auch nicht einer verschärften Inhaltskontrolle nach den Grundsätzen der Kompensation gestörter Vertragsparität, weil der Verleiher wegen Abs. 4 Satz 2 keine rechtliche Möglichkeit hat, den Leiharbeitnehmer gegen seinen Willen zu einer solchen Vereinbarung zu drängen.

---

196 KassHdbch/*Düwell*, 4.5 Rn. 375. – A.A. *Ulber*, § 11 Rn. 112.
197 Siehe allgemein BAG vom 17.1.1995 – 3 AZR 399/94, BB 1995, 832 (Ls.) = NZA 1995, 1000 ff.
198 A.A. KassHdbch/*Düwell*, 4.5 Rn. 375.

VII. Leistungsverweigerungsrecht im Arbeitskampf (Abs. 5)

1. Überblick

a) Sinn und Zweck der Norm

Die Bestimmung gewährt dem Leiharbeitnehmer ein **individuelles Leistungsverweigerungsrecht bei Arbeitskämpfen im Entleiherbetrieb**. Hierdurch soll verhindert werden, dass Leiharbeitnehmer im Falle eines Arbeitskampfs gegen ihren Willen in Entleiherbetrieben als **Streikbrecher** eingesetzt werden,[199] die Bestimmung dient daher dem Schutz des Leiharbeitnehmers.[200] Nach vereinzelter Auffassung soll mit dieser Vorschrift auch der aus Art. 9 Abs. 3 GG folgenden Verpflichtung des Gesetzgebers entsprochen werden, ein funktionsfähiges Tarifvertragssystem und ein effektives Arbeitskampfsystem bereitzustellen und zu garantieren.[201]

129

b) Anwendungsbereich

Abs. 5 bezieht sich – wie dem eindeutigen Wortlaut zu entnehmen ist – **nur** auf Arbeitskämpfe, die den **Entleiherbetrieb** betreffen. Das Leistungsverweigerungsrecht bei **Arbeitskämpfen im Verleiherbetrieb** bestimmt sich nach den **allgemeinen arbeitskampfrechtlichen Grundsätzen**.[202] Eine (entsprechende) Anwendung von Abs. 5 auf Fälle der erlaubnisfreien Arbeitnehmerüberlassung ist nicht geboten.[203] Das Recht des Leiharbeitnehmers, bei erlaubnisfreier Arbeitnehmerüberlassung die Arbeitsleistung wegen eines Arbeitskampfs im Entleiherbetrieb zu verweigern, bestimmt sich nach allgemeinen arbeitsrechtlichen Grundsätzen. Auch in den Fällen des § 1 Abs. 3 sowie beim Drittpersonaleinsatz im Rahmen von Dienst- oder Werkverträgen findet die Regelung keine entsprechende Anwendung.

130

---

199 BT-Drs. VI/2303, S. 14; ErfK/*Wank*, § 11 AÜG Rn. 20.
200 *Schüren*/*Schüren*, § 11 Rn. 123. – So auch *Ulber*, § 11 Rn. 128, der von einer Erweiterung der Rechtsstellung spricht.
201 *Becker/Wulfgramm*, § 11 Rn. 41; *Ulber*, § 11 Rn. 127. – Zweifelhaft.
202 *Ulber*, § 11 Rn. 128; *Thüsing/Mengel*, § 11 Rn. 54.
203 Betreffend der vor dem 1.12.2011 erlaubnisfreien nicht gewerbsmäßigen Arbeitnehmerüberlassung *Sandmann/Marschall*, § 11 Anm. 3; *Schüren*/*Schüren*, § 11 Rn. 20. – A. A. *Becker/Wulfgramm*, § 11 Rn. 5; *Ulber*, § 11 Rn. 132.

c) Voraussetzungen

131 Das Leistungsverweigerungsrecht besteht nur dann, wenn der Entleiherbetrieb **unmittelbar** durch einen **Arbeitskampf** betroffen ist.[204] Dies setzt zum einen voraus, dass der Entleiherbetrieb in den **betrieblichen, räumlichen und fachlichen Geltungsbereich des angestrebten Tarifvertrags** fällt. Zum anderen muss der Betrieb selbst in den Arbeitskampf einbezogen sein, indem er entweder **von** einem **Streikbeschluss** der kampfführenden Gewerkschaft erfasst wird **oder** aber der Entleiher in Form der **Aussperrung** an Arbeitskampfmaßnahmen teilnimmt.[205]

2. Leistungsverweigerungsrecht (Satz 1)

a) Rechtsnatur und Ausübung

132 Abs. 5 Satz 1 begründet ein **individuelles Leistungsverweigerungsrecht** des Leiharbeitnehmers, dessen Ausübung die in einem vom Streik betroffenen Entleiherbetrieb unzumutbar und damit rechtlich unmöglich macht. Ausgehend vom Sinn und Zweck des Abs. 5 (vgl. Rn. 129) besteht das Leistungsverweigerungsrecht des Leiharbeitnehmers bei einem rechtmäßigen Arbeitskampf im Entleiherbetrieb,[206] nicht aber bei einem rechtswidrigen Arbeitskampf.[207] Der Leiharbeitnehmer soll durch das Leistungsverweigerungsrecht dieselben Rechte im Arbeitskampf haben wie Stammarbeitnehmer, nicht aber besser gestellt werden. Es handelt sich bei dem Leistungsverweigerungsrecht um ein **Gestaltungsrecht**, das durch **empfangsbedürftige Willenserklärung** ausgeübt wird.[208] Das Leistungsverweigerungsrecht kann nicht nur gegenüber dem **Verleiher** als Inhaber des arbeitsrechtlichen Leistungsanspruchs,[209] sondern **auch** gegenüber dem **Entleiher** ausgeübt werden. Dies ist nicht nur dann zulässig, wenn der Verleiher zur Erfüllung seiner Vertragspflichten gegenüber dem Entleiher den Anspruch

---

204 *Sandmann/Marschall*, § 11 Anm. 29; *Ulber*, § 11 Rn. 128.
205 Weitergehend *Ulber*, § 11 Rn. 129.
206 *Sandmann/Marschall*, § 11 Anm. 30; *Ulber*, § 11 Rn. 135; Thüsing/*Mengel*, § 11 Rn. 50.
207 A.A. *Sandmann/Marschall*, § 11 Anm. 30; *Ulber*, § 11 Rn. 135; Thüsing/*Mengel*, § 11 Rn. 50.
208 *Ulber*, § 11 Rn. 140. – Widersprüchlich Hk-ArbR/*Lorenz*, § 11 AÜG, demzufolge einerseits das Leistungsverweigerungsrecht des Leiharbeitnehmers in diesem Falle bestehen (Rn. 32), dieser sich aber gleichzeitig schadensersatzpflichtig machen soll (Rn. 31).
209 So *Ulber*, § 11 Rn. 140.

VII. Leistungsverweigerungsrecht im Arbeitskampf (Abs. 5) § 11

auf die Arbeitsleistung abgetreten hat, sondern auch wenn der Entleiher nur dazu ermächtigt worden ist, den Anspruch auf Arbeitsleistung gegen den Leiharbeitnehmer geltend zu machen und das arbeitsrechtliche Weisungsrecht zur Konkretisierung der Arbeitspflicht auszuüben (siehe dazu § 12 Rn. 37). Im letztgenannten Fall übt der Entleiher für den Verleiher auf die Hauptleistungspflicht bezogene Arbeitgeberrechte aus; mangels abweichender Vereinbarung muss er aber auch in diesem Fall als ermächtigt angesehen werden, die Hauptleistungspflicht betreffende Erklärungen des Leiharbeitnehmers mit Wirkung für und gegen den Verleiher entgegenzunehmen. Der Berechtigung zur Ausübung des Direktionsrechts korrespondiert gleichsam spiegelverkehrt die Berechtigung, diesbezügliche Arbeitnehmererklärungen entgegenzunehmen.

b) Rechtswirkungen der Nichtausübung

Macht der Leiharbeitnehmer von seinem **Leistungsverweigerungsrecht keinen Gebrauch**, dann ist er **zur Arbeitsleistung** im Entleiherbetrieb **verpflichtet**; er darf sich an etwaigen Arbeitskampfmaßnahmen nicht beteiligen.[210] Der Leiharbeitnehmer macht sich in diesem Falle sowohl gegenüber dem Verleiher als auch gegenüber dem Entleiher schadensersatzpflichtig.[211] Der Schaden des Verleihers besteht zumindest in dem Verlust des Anspruchs auf Überlassungsvergütung gegen den Entleiher. Allerdings kann der Leiharbeitnehmer sich anderweitig besinnen und – entsprechend den allgemeinen arbeitskampfrechtlichen Grundsätzen – nachdem er die Arbeit zunächst fortgesetzt hat, während eines laufenden Streiks später von seinem Recht nach Abs. 5 Gebrauch machen.[212] Kann der Leiharbeitnehmer im Entleiherbetrieb nicht eingesetzt werden, obwohl er von seinem Leistungsverweigerungsrecht keinen Gebrauch gemacht hat, z.B. weil infolge eines Massenstreiks oder einer Betriebsblockade die Produktion stillgelegt werden muss, dann behält der Leiharbeitnehmer gleichwohl einen **Entgeltanspruch gegenüber dem Verleiher**.[213] Allerdings bleibt auch der **Entleiher zur Weiterzahlung der Überlassungsvergütung verpflichtet**, weil er durch die Nichtentgegennahme der Leistung des Leiharbeitnehmers in Annahmeverzug kommt.

133

---

210 Schüren/*Schüren*, § 11 Rn. 127; ErfK/*Wank*, § 11 AÜG Rn. 20.
211 ErfK/*Wank*, § 11 AÜG Rn. 20. – Allgemein zur Haftung des Leiharbeitnehmers bei Verletzung der Arbeitspflicht *Boemke*, Schuldvertrag, S. 577 f.
212 Hk-ArbR/*Lorenz*, § 11 AÜG Rn. 32.
213 BAG vom 1.2.1973 – 5 AZR 382/72, BB 1973, 564.

c) Rechtswirkungen der Ausübung

134 Übt der Leiharbeitnehmer sein Leistungsverweigerungsrecht aus, dann muss hinsichtlich der Rechtswirkung zwischen den einzelnen Rechtsbeziehungen unterschieden werden:

aa) Im Verhältnis Entleiher – Leiharbeitnehmer

135 Durch die Ausübung des Leistungsverweigerungsrechts wird die Pflicht, im Entleiherbetrieb zu arbeiten, auch gegenüber dem Entleiher beendet. Der Leiharbeitnehmer hat dann gegenüber dem in einen Arbeitskampf verwickelten Entleiher die **rechtliche Stellung eines beliebigen Dritten**.[214]

bb) Im Verhältnis Entleiher – Verleiher

136 Die Ausübung des Leistungsverweigerungsrechts durch den Leiharbeitnehmer führt dazu, dass der Verleiher gegenüber dem Entleiher seine Pflichten aus dem Arbeitnehmerüberlassungsvertrag nicht mehr erfüllt. Er hat deswegen dem Entleiher **einen anderen, leistungsbereiten Arbeitnehmer** zur Verfügung zu stellen. Lässt sich ein solcher nicht finden, dann verliert er (zeitanteilig) seinen Anspruch auf die Überlassungsvergütung (§ 326 Abs. 1 BGB). Nach allgemeinen Grundsätzen würde sich der Verleiher überdies unabhängig von seinem Verschulden schadensersatzpflichtig machen, wenn er dem Entleiher keinen Leiharbeitnehmer überlassen kann (siehe § 12 Rn. 38). Im Fall des Abs. 5 Satz 1 ist jedoch zu berücksichtigen, dass den Entleiher an der Ausübung des Leistungsverweigerungsrechts zwar kein Verschulden trifft, dieses aber wegen des seinen Betrieb betreffenden Arbeitskampfes in seine Risikosphäre fällt. Daher geht der **Überlassungsanspruch nach § 275 Abs. 1 BGB ersatzlos unter**, wenn der Verleiher trotz zumutbarer Anstrengungen keinen leistungsbereiten Leiharbeitnehmer findet.

cc) Im Verhältnis Verleiher – Leiharbeitnehmer

137 Macht der Leiharbeitnehmer von seinem Leistungsverweigerungsrecht Gebrauch, ist er auch im Verhältnis zum Verleiher nicht verpflichtet, im Entleiherbetrieb tätig zu werden. Der **Verleiher** ist aber **berechtigt**, dem Leiharbeitnehmer eine **Tätigkeit in einem anderen**, nicht von einem Arbeitskampf betroffenen **Entleiherbetrieb** zuzuweisen. Ist dies nicht möglich, weil keine anderweitige Nachfrage besteht, dann soll

---

214 Schüren/*Schüren*, § 11 Rn. 124.

der Verleiher das Lohnrisiko tragen und zur Vergütung des Leiharbeitnehmers trotz fehlender anderweitiger Beschäftigungsmöglichkeit verpflichtet sein.[215] Dem ist jedoch nicht zu folgen, weil die Ausübung des Leistungsverweigerungsrechts nicht die Wirksamkeit der Zuweisung der Tätigkeit im Entleiherbetrieb berührt. Soweit **keine anderweitige Beschäftigungsmöglichkeit** besteht, ist der Verleiher nicht verpflichtet, dem Leiharbeitnehmer eine anderweitige Tätigkeit zuzuweisen. Kann der Leiharbeitnehmer die Tätigkeit aus persönlichen Gründen nicht ausüben, dann **verliert** er den **Anspruch auf das Arbeitsentgelt (§ 326 Abs. 1 BGB)**,[216] soweit nicht ausnahmsweise Gegennormen den Anspruch auf die Vergütung trotz Nichtleistung der Arbeit aufrechterhalten.

3. Hinweispflicht des Verleihers (Satz 2)

Der Verleiher muss den Leiharbeitnehmer nach Abs. 5 Satz 2 auf das Leistungsverweigerungsrecht hinweisen. Dabei reicht ein allgemeiner Hinweis bei Abschluss des Arbeitsvertrags hierauf nicht aus. Vielmehr muss der Verleiher den Leiharbeitnehmer **vor dem geplanten Arbeitseinsatz** über das Leistungsverweigerungsrecht informieren, wenn der Entleiherbetrieb bereits von einem Arbeitskampf betroffen ist. Beginnt der Arbeitskampf erst während des Einsatzes des Leiharbeitnehmers, muss der Verleiher seiner Hinweispflicht unverzüglich **bei Beginn der Arbeitskampfmaßnahme** nachkommen.[217]

138

VIII. Öffentlich-rechtlicher Arbeitsschutz (Abs. 6)

1. Sinn und Zweck der Norm

Im Einklang mit der Art. 8 RL 91/383/EWG unterliegt nach Abs. 6 Satz 1 die Tätigkeit des Leiharbeitnehmers bei dem Entleiher den für dessen Betrieb geltenden öffentlich-rechtlichen Vorschriften des Arbeitsschutzrechts; die hieraus sich ergebenden Pflichten für den Arbeitgeber obliegen dem Entleiher unbeschadet der Pflichten des Verleihers. Diese Regelung hat lediglich **deklaratorischen Charakter**,[218] weil in

139

---

215 *Sandmann/Marschall*, § 11 Anm. 31; Schüren/*Schüren*, § 11 Rn. 125; *Ulber*, § 11 Rn. 127.
216 So auch *Melms/Lipinski*, BB 2004, 2409, 2412 f.
217 Schüren/*Schüren*, § 11 Rn. 132; *Ulber*, § 11 Rn. 128.
218 *Ulber*, § 11 Rn. 144; Schüren/*Schüren*, § 11 Rn. 135. – So im Grundsatz Thüsing/*Mengel*, § 11 Rn. 57; *Wiebauer*, NZA 2012, 68, 70.

jeder Rechtsbeziehung Schutzpflichten nicht an die schuldrechtliche Leistungsverpflichtung, sondern die tatsächliche Leistungserbringung im Einverständnis mit dem anderen Teil anknüpfen,[219] konkret lässt sich dies der Wertung von § 618 Abs. 1 BGB entnehmen. Satz 2 und 3 konkretisieren und erweitern sodann die Pflichten des Entleihers.

2. Rechtsbeziehung Entleiher – Leiharbeitnehmer

140 Abs. 6 regelt Verpflichtungen des Entleihers gegenüber dem Leiharbeitnehmer hinsichtlich des öffentlich-rechtlichen Arbeitsschutzes, nicht aber den Inhalt dieser Rechtsbeziehung. Insoweit gelten für die **Rechtsbeziehung Entleiher – Leiharbeitnehmer** die **allgemeinen arbeitsrechtlichen Bestimmungen**, soweit sich aus den gesetzlichen Bestimmungen nichts Abweichendes ergibt.

a) Rechtsnatur

141 Obwohl der Leiharbeitnehmer im Betrieb des Entleihers tätig wird, basiert seine Arbeitspflicht allein auf der Rechtsbeziehung zum Verleiher (siehe Rn. 5); es besteht daher **kein arbeitsrechtliches Grundverhältnis** zwischen Leiharbeitnehmer und Entleiher. Allerdings wird der Leiharbeitnehmer im Betrieb des Entleihers unter dessen Weisung tätig. Er steht **unter dem Direktionsrecht des Entleihers** und ist **in dessen Betrieb eingegliedert**[220] (siehe § 14 Rn. 58 ff.). Im Verhältnis zwischen Entleiher und Leiharbeitnehmer **gelten** daher **diejenigen arbeitsrechtlichen Bestimmungen, die unmittelbar am Tätigwerden als Arbeitnehmer anknüpfen**. Dies hat der Gesetzgeber in Abs. 6 klargestellt. Daher bestehen auch zwischen Entleiher und Leiharbeitnehmer Rechtsbeziehungen, die arbeitsrechtlichen Regelungen unterliegen, sodass auch insoweit von einem Arbeitsverhältnis gesprochen werden kann.[221] Für Rechtsstreitigkeiten zwischen Entleiher und Leiharbeitnehmer sind daher grds. die ArbG zuständig.[222]

---

219 Grundlegend *Boemke*, Schuldvertrag, S. 132 ff.
220 BAG vom 15.3.2011 – 10 AZB 49/10, NZA 2011, 653, 654.
221 BAG vom 15.3.2011 – 10 AZB 49/10, NZA 2011, 653, 654: Rechtliche Beziehungen mit arbeitsrechtlichem Charakter; Kim, S. 61 f. – Vgl. ausführlich *Boemke*, Schuldvertrag, S. 563 ff.
222 BAG vom 15.3.2011 – 10 AZB 49/10, NZA 2011, 653 f.

VIII. Öffentlich-rechtlicher Arbeitsschutz (Abs. 6) § 11

b) Gestaltungsfaktoren

aa) Allgemeines Arbeitsrecht

Die Rechtsbeziehung zwischen Entleiher und Leiharbeitnehmer unterliegt grds. den **allgemeinen arbeitsrechtlichen Regeln**, soweit nicht, insbesondere im AÜG, Sonderregelungen getroffen worden sind.[223] Es sind daher die allgemeinen arbeitsrechtlichen Vorschriften zu beachten, die an die tatsächliche Erbringung der Arbeitsleistung Rechtsfolgen knüpfen. So gilt z.B. die Verpflichtung des Entleihers aus § 1 AGG, seine Arbeitnehmer vor einer Benachteiligung wegen der ethnischen Herkunft zu schützen, nicht nur gegenüber seinen Stamm-, sondern auch gegenüber den bei ihm beschäftigten Leiharbeitnehmern. Wegen des Arbeitsschutzes siehe Rn. 150 ff. Wegen der betriebsverfassungsrechtlichen Regelungen siehe § 14 Rn. 66 ff.

142

bb) Gesetzliche Sonderregelungen

Das Gesetz sieht für die Rechtsbeziehung zwischen Entleiher und Leiharbeitnehmer **folgende Besonderheiten** vor:

143

– Der Leiharbeitnehmer hat bei Arbeitskämpfen im Entleiherbetrieb nach Abs. 5 ein individuelles Leistungsverweigerungsrecht (siehe Rn. 129 ff.).

144

– Der **Leiharbeitnehmer** ist nach § 14 Abs. 2 Satz 1 **im Entleiherbetrieb nicht** zum Betriebsrat **wählbar** (siehe § 14 Rn. 66 f.); **wahlberechtigt** ist er nach § 7 Satz 2 BetrVG nur, wenn er **mehr als drei Monate** im Entleiherbetrieb eingesetzt werden soll (siehe § 14 Rn. 68 ff.).

145

– Der Entleiher darf Leiharbeitnehmer nicht beschäftigen, wenn der Verleiher nicht die nach § 1 Abs. 1 erforderliche Erlaubnis besitzt (siehe § 16 Rn. 20 ff.).

146

cc) Tarifvertragsrecht

Auch zwischen Entleiher und Leiharbeitnehmer besteht ein Arbeitsverhältnis, das insoweit **tariflichen Regelungen zugänglich** ist. Allerdings ist die Rechtsbeziehung auf das arbeitsrechtliche Erfüllungsverhältnis beschränkt, sodass nur solche tariflichen Regelungen zum Tragen kommen können, die nicht an der arbeitsrechtlichen Leistungsverpflichtung, sondern unmittelbar am tatsächlichen Tätigwerden im Entleiher-

147

---

223 *Boemke*, Schuldvertrag, S. 550.

betrieb ansetzen.²²⁴ Voraussetzung für die Anwendbarkeit tariflicher Normen ist allerdings, dass sowohl eine Tarifbindung des Entleihers als auch des Leiharbeitnehmers besteht (§§ 3, 4 Abs. 1 TVG). Daher finden die auf das Erfüllungsverhältnis bezogenen, für den Entleiherbetrieb geltenden tariflichen Regelungen im Verhältnis zum Leiharbeitnehmer regelmäßig nur dann Anwendung, wenn der Tarifvertrag für allgemeinverbindlich erklärt worden ist.

c) Inhalt der Rechtsbeziehung

aa) Hauptleistungspflichten

148 Die Hauptleistungspflichten bestehen nur im Verhältnis Leiharbeitnehmer – Verleiher, nicht aber in der Rechtsbeziehung des Leiharbeitnehmers zum Entleiher. Allerdings ist der Entleiher auf Grund des Arbeitnehmerüberlassungsvertrags mit dem Verleiher berechtigt, das Direktionsrecht im Verhältnis zum Leiharbeitnehmer auszuüben (siehe § 1 Rn. 32 ff.). Wegen der Rechtsfolgen der Verletzung der Arbeitspflicht durch den Leiharbeitnehmer im Verhältnis zum Entleiher siehe Rn. 26 f.

bb) Nebenpflichten

149 Da zwischen Leiharbeitnehmer und Entleiher kein arbeitsrechtliches Grundverhältnis besteht, gelten in ihrem Verhältnis nur solche Nebenpflichten, die an dem tatsächlichen Tätigwerden als Arbeitnehmer anknüpfen. Mit der Arbeitspflicht in Zusammenhang stehende Nebenpflichten müssen in der Rechtsbeziehung des Entleihers zum Leiharbeitnehmer nicht beachtet werden. So hat der Leiharbeitnehmer gegen den Entleiher keinen Urlaubsanspruch, dieser aber, soweit der Verleiher ihm nicht diese Befugnis übertragen hat, auch kein Recht, dem Leiharbeitnehmer Urlaub zu gewähren. Auch das gesetzliche Wettbewerbsverbot aus § 60 HGB (analog) knüpft an die Übernahme der arbeitsrechtlichen Hauptleistungspflicht an und ist vom Leiharbeitnehmer nur im Verhältnis zum Verleiher, nicht aber zum Entleiher zu beachten.²²⁵ Demgegenüber gelten die Nebenpflichten aus dem Erfüllungsverhältnis uneingeschränkt zwischen Leiharbeitnehmer und Entleiher. Dies gilt insbesondere für die Schutzpflichten (dazu unten Rn. 150 ff.), aber auch

---

224 *Boemke*, Schuldvertrag, S. 581 ff.
225 *Boemke*, Schuldvertrag, S. 574 f. – A.A. BAG vom 3.5.1983 – 3 AZR 62/81, NJW 1984, 886 f.; LAG Berlin vom 9.2.1981 – 9 Sa 83/80, EzAÜG § 611 BGB Leiharbeitsverhältnis Nr. 3.

VIII. Öffentlich-rechtlicher Arbeitsschutz (Abs. 6) § 11

für sonstige Pflichten. So steht dem Leiharbeitnehmer ein Zeugnisanspruch nicht nur gegen den Verleiher, sondern auch gegen den Entleiher zu.[226]

3. Pflichten des Entleihers

a) Öffentlich-rechtlicher Arbeitsschutz

aa) Maßgebliche Bestimmungen (Satz 1)

Der öffentlich-rechtliche Arbeitsschutz betrifft Regelungen für eine möglichst gefahrlose Ausgestaltung der Arbeitsumgebung und des Arbeitsablaufs im Hinblick auf Leib, Leben und Gesundheit des Arbeitnehmers, die ggf. mit hoheitlichem Zwang durchgesetzt werden können.[227] Da es hierbei um Rechtsgüterschutz im Zusammenhang mit der Erbringung der Arbeitsleistung geht, sind nicht sowohl die für den Verleiher- als auch die für den Entleiherbetrieb geltenden öffentlich-rechtlichen Bestimmungen kumulativ zu beachten; es kommt zu einer Aufspaltung der Pflichten.[228] Da der Leiharbeitnehmer die Arbeitsleistung unmittelbar unter Weisung des Entleihers im Entleiherbetrieb erbringt, ist er nur dessen besonderen Gefahren ausgesetzt. Daher sind **allein die für den Entleiherbetrieb maßgeblichen Vorschriften anwendbar**.[229] Zu den öffentlich-rechtlichen Vorschriften des Arbeitsschutzrechts gehört insbesondere der Arbeitsschutz im engeren Sinne (z.B. ArbSchG, ArbZG, MuSchG, UVV der BG nach §§ 15ff. SGB VII, JArbSchG, SGB IX). 150

bb) Hinweispflichten (Satz 2 und Satz 3)

Nach Abs. 6 Satz 2 hat der Entleiher den Leiharbeitnehmer vor Beginn der Beschäftigung über Veränderungen in seinem Arbeitsbereich, über Gefahren für Sicherheit und Gesundheit, denen er bei der Arbeit ausgesetzt sein kann, sowie über die Maßnahmen und Einrichtungen zur Abwendung dieser Gefahren zu unterrichten. Ein **einfacher Hinweis** des Entleihers **genügt nicht**; es ist eine **arbeitsspezifische Unterrichtung** 151

---

226 *Becker/Wulfgramm*, § 11 Rn. 68; *Boemke*, Schuldvertrag, S. 575; Schüren/*Schüren*, Einl. Rn. 297; Thüsing/*Thüsing*, Einf. 39. – A.A. Boemke/*Müller*, GewO, § 109 Rn. 15; MünchKomm/*Henssler*, BGB, § 630 Rn. 7; *Ulber*, § 12 Rn. 30.
227 *Boemke*, Schuldvertrag, S. 576.
228 Schüren/*Schüren*, § 11 Rn. 134.
229 *Boemke*, Schuldvertrag, S. 577; MünchArbR/*Marschall*, § 175 Rn. 71. – Zum Teil weitergehend *Ulber*, § 11 Rn. 147.

gegenüber dem Leiharbeitnehmer **notwendig**.[230] Zudem hat der Entleiher den Leiharbeitnehmer zusätzlich über die Notwendigkeit besonderer Qualifikation beruflicher Fähigkeiten oder einer besonderen ärztlichen Überwachung sowie über erhöhte besondere Gefahren des Arbeitsplatzes zu unterrichten (Satz 3). Hiermit werden die allgemeinen, aus § 12 Abs. 2 ArbSchG und § 81 Abs. 1 BetrVG folgenden Verpflichtungen des Entleihers als Beschäftigungsarbeitgeber weiter konkretisiert.

b) Sonstige (Schutz-)Pflichten

152 Der Entleiher hat im Verhältnis zum Leiharbeitnehmer aber nicht nur die öffentlich-rechtlichen Schutzpflichten zu beachten, sondern muss sich auf Grund der Eingliederung des Leiharbeitnehmers in den Betrieb auch im Übrigen so verhalten, dass **Person, Eigentum und sonstige Rechtsgüter des Leiharbeitnehmers nicht verletzt werden** (vgl. § 241 Abs. 2 BGB).[231] Entsprechend allgemeinen Grundsätzen muss der Entleiher daher nicht nur Verletzungen der körperlichen Integrität des Leiharbeitnehmers so weit wie möglich vermeiden; er hat vielmehr nach den Regeln der Sonderverbindung auch dafür einzustehen, dass weder er selbst noch seine Erfüllungsgehilfen Sachschäden an den vom Leiharbeitnehmer mitgeführten Sachen verursachen.[232] Hierzu rechnet auch die **Verpflichtung zum Wertersatz**, wenn der **Leiharbeitnehmer** zur Erbringung der Arbeitsleistung **eigene Gegenstände** einsetzt und diese **durch arbeitstypische Risiken beschädigt** werden, ohne dass der Einsatz eigener Sachen nicht bereits durch die Vergütung des Leiharbeitnehmers abgegolten wäre.[233] Zudem trifft den Entleiher – neben dem Verleiher – bei einem Arbeitsunfall des Leiharbeitnehmers die Pflicht, diesen der Berufsgenossenschaft nach § 193 SGB VII anzuzeigen.[234]

c) Folgen von Pflichtverletzung

153 Entsteht dem Leiharbeitnehmer infolge einer **vom Entleiher zu vertretenden Pflichtverletzung** ein Schaden, dann kann er den Entleiher aus-

---

230 Schüren/*Schüren*, § 11 Rn. 139.
231 *Boemke*, Schuldvertrag, S. 579 f.; *Becker/Wulfgramm*, § 11 Rn. 60a; Schüren/*Brors*, Einl. Rn. 491 ff.
232 Schüren/*Brors*, Einl. Rn. 505 ff.
233 Schüren/*Brors*, Einl. Rn. 507.
234 Kasseler Kommentar/*Ricke*, § 193 SGB VII Rn. 2.

gehend von den allgemeinen Grundsätzen nach **§ 280 Abs. 1 BGB** auf **Schadensersatz** in Anspruch nehmen. Dabei haftet der Entleiher unmittelbar für eigenes Fehlverhalten; Verschulden seiner Mitarbeiter oder betriebsfremder Personen wird ihm nur zugerechnet, wenn er diese willentlich mit Schutzaufgaben in Bezug auf die geschädigten Arbeitnehmer betraut hat oder wenn diesen Arbeitgeberfunktionen übertragen worden sind.[235] Daher sind Arbeitskollegen des Geschädigten grundsätzlich keine Erfüllungsgehilfen des Entleihers in Bezug auf die Erfüllung von Schutzpflichten,[236] sodass für Schutzpflichtverletzungen unter Arbeitnehmern der Entleiher im Allgemeinen nicht über § 278 BGB einstehen muss.[237]

Für **Personenschäden** infolge eines Arbeitsunfalls (§ 8 SGB VII), der weder vorsätzlich noch auf einem nach § 8 Abs. 2 Nr. 1 bis 4 SGB VII versicherten Weg herbeigeführt worden ist, greift für den Entleiher das **Haftungsprivileg** nach **§ 104 Abs. 1 SGB VII**, für die sonstigen im Betrieb beschäftigten Arbeitnehmer, auch Leiharbeitnehmer, das Haftungsprivileg des § 105 Abs. 1 SGB VII ein.[238]

Verletzt der Entleiher ihm obliegende **Schutzpflichten**, dann muss es der Leiharbeitnehmer nicht darauf ankommen lassen, dass er im Rahmen der Erbringung der Arbeitsleistung einen Schaden erleidet; vielmehr steht ihm in diesen Fällen ein **Zurückbehaltungsrecht** nach § 273 Abs. 1 BGB an seiner Arbeitsleistung zu.[239] Bei schwerwiegenden Gesetzesverstößen kann schon die Zuweisung der Tätigkeit als solche nicht wirksam erfolgt sein, sodass es in diesen Fällen der Geltendmachung eines Zurückbehaltungsrechts nicht einmal bedarf.[240] In diesem Fall wird der Verleiher nach § 275 Abs. 1 BGB von seiner Leis-

---

235 So allgemein BAG vom 17.12.1968 – 5 AZR 149/68, BB 1969, 314 = AP § 324 BGB Nr. 2 unter II 1 m. Anm. *A. Hueck*; LAG Frankfurt vom 12.3.1990 – 10/2 Sa 890/89, BB 1991, 349; ErfK/*Preis*, § 619a BGB Rn. 64; MünchArbR/*Reichold*, § 85 Rn. 20; *Boemke*, Studienbuch ArbR, § 7 Rn. 11.
236 So aber *Becker/Wulfgramm*, § 11 Rn. 61; Schüren/*Brors*, Einl. Rn. 505.
237 Siehe allgemein MünchArbR/*Reichold*, § 85 Rn. 20; *Stoffels*, AR-Blattei SD 860.1 Rn. 61 ff.
238 BAG vom 27.5.1983 – 7 AZR 1210/79 – EzAÜG § 611 BGB Haftung Nr. 7; *Jerczynski/Zimmermann*, NZS 2007, 243 f.; Schüren/*Brors*, Einl. Rn. 504; *Ulber*, § 11 Rn. 151.
239 *Ulber*, § 11 Rn. 148. – Siehe auch BAG vom 8.7.1971 – 5 AZR 29/71, BB 1971, 1196 (Ls.) = AP § 611 BGB Leiharbeitsverhältnis Nr. 2 unter 4. – So auch Urban-Crell/*Germakowski*, § 11 Rn. 66.
240 *Boemke*, Studienbuch ArbR, § 6 Rn. 36.

tungspflicht frei und behält gemäß § 326 Abs. 2 BGB den Anspruch auf die Überlassungsvergütung (siehe § 12 Rn. 48).

4. Pflichten des Verleihers

a) Öffentlich-rechtlicher Arbeitsschutz

156 Nach Abs. 6 Satz 1 Hs. 2 bleiben die Pflichten des Verleihers hinsichtlich des Arbeitsschutzes neben denen des Entleihers fortbestehen. Da er allerdings nicht Inhaber des Entleiherbetriebs ist, kann er nicht unmittelbar die geeigneten Maßnahmen zur Einhaltung des Arbeitsschutzes treffen. Überdies ist der **Entleiher nicht Erfüllungsgehilfe des Verleihers** im Hinblick auf die Beachtung der gegenüber dem Leiharbeitnehmer bestehenden Schutzpflichten des Verleihers.[241] Der Verleiher ist nämlich nur verpflichtet, die für seinen Betrieb geltenden Bestimmungen des öffentlich-rechtlichen Arbeitsschutzes zu beachten; die Einhaltung besonderer, für den Entleiher geltender Vorschriften ist nicht seine Aufgabe. Seine Verantwortung im Verhältnis zum Leiharbeitnehmer erstreckt sich aber auf die **Kontrolle und die Überwachung des Entleihers**;[242] es bestehen nur Handlungs- und Durchführungspflichten.[243] Er muss den Entleiher sorgfältig aussuchen und kontrollieren, darauf achten, dass die Leiharbeitnehmer entsprechend ihrer Ausbildung eingesetzt werden und der Entleiher die Vorschriften des Arbeitsschutzes einhält.[244] Diese Pflichten treffen den Verleiher nicht nur beim erstmaligen Arbeitseinsatz eines Leiharbeitnehmers; er muss vielmehr **durch entsprechende organisatorische und personelle Maßnahmen** sicherstellen, dass eine **fortwährende Kontrolle** des Entleihers erfolgt.[245]

157 Ergeben sich für den Verleiher Anhaltspunkte dafür, dass der Entleiher öffentlich-rechtliche Arbeitsschutzvorschriften nicht beachtet, muss er gegenüber dem Entleiher auf Einhaltung dieser Vorschriften hinwirken. Kommt der Entleiher dem nicht nach, dann ist der Verleiher im Verhältnis zum Leiharbeitnehmer verpflichtet, dessen Überlassung einzustel-

---

241 *Boemke*, Schuldvertrag, S. 577. – A.A. noch RAG vom 5.6.1940 – ARS 40, 10, 12 ff. mit Anm. *A. Hueck*; RG vom 20.9.1943 – RGZ 171, 393, 395.
242 *Becker/Wulfgramm*, § 11 Rn. 69; *Boemke*, Schuldvertrag, S. 577; Kim, S. 48; ErfK/*Wank*, § 11 AÜG Rn. 21.
243 *Ulber*, § 11 Rn. 150.
244 *Boemke*, Schuldvertrag, S. 577.
245 *Becker/Wulfgramm*, § 11 Rn. 56a.

VIII. Öffentlich-rechtlicher Arbeitsschutz (Abs. 6) § 11

len, bis die Einhaltung der Verpflichtung aus Abs. 6 durch den Entleiher gewährleistet ist.[246]

b) Sonstige Schutzpflichten

Die Verpflichtung des Verleihers zur Kontrolle und Überwachung des Entleihers bezieht sich nicht nur auf die öffentlich-rechtlichen Arbeitsschutzpflichten, sondern erstreckt sich auch auf die **Wahrung sonstiger Schutzpflichten**. Mit der Zuweisung des Leiharbeitnehmers an den Entleiher hat er den Leiharbeitnehmer nämlich den Risiken des Entleiherbetriebs ausgesetzt; da er aber nach allgemeinen Grundsätzen sich im Rahmen der Leistungsabwicklung so verhalten muss, dass er die Rechtsgüter des Leiharbeitnehmers nicht unnötig gefährdet, muss er auch diesbezügliche Überwachungs- und Kontrollpflichten übernehmen. 158

Darüber hinaus hat der Verleiher auch dafür Sorge zu tragen, dass er durch sein eigenes Verhalten nicht den Leiharbeitnehmer in seinen Rechtsgütern schädigt oder gefährdet. Dies kommt z.B. in Betracht, wenn der Leiharbeitnehmer eine Geschäftsstelle des Verleihers aufsucht, weil er nach Ablauf der Einsatzzeit in einem Entleiherbetrieb um eine neue Zuweisung nachsucht oder er dort die Sprechstunden des im Verleiherbetrieb errichteten Betriebsrats besuchen will. 159

c) Rechtsfolgen von Pflichtverletzungen

Bei Pflichtverletzungen stehen dem Leiharbeitnehmer gegenüber dem Verleiher die gleichen Rechte zu wie gegenüber dem Entleiher; insbesondere kommen bei Rechtsgutsverletzungen infolge der Verletzung von Kontroll- und Überwachungspflichten **Schadensersatzansprüche des Leiharbeitnehmers** aus § 280 Abs. 1 BGB auch gegenüber dem Verleiher in Betracht. Bei **Personenschäden** des Leiharbeitnehmers gilt aber auch zugunsten des Verleihers das **Haftungsprivileg des § 104 Abs. 1 SGB VII**.[247] Darüber hinaus kann der Leiharbeitnehmer bei Schutzpflichtverletzungen durch den Verleiher seine Arbeitsleistung nach **§ 273 Abs. 1 BGB** mit der Folge zurückhalten, dass der Verleiher in Annahmeverzug kommt und zur Entgeltfortzahlung verpflichtet bleibt. Soweit das BAG entschieden hat, dass der Leiharbeitnehmer die Arbeitspflicht gegenüber dem entleihenden Arbeitgeber nicht des- 160

---

246 *Ulber*, § 11 Rn. 150.
247 *Boemke*, Schuldvertrag, S. 580; *Becker/Wulfgramm*, § 11 Rn. 53b; *Schüren/Brors*, Einl. Rn. 504.

wegen verweigern kann, weil ihm im Verhältnis zum Verleiher ein Leistungsverweigerungsrecht zusteht,[248] ist bei der Verletzung von Kontroll- und Überwachungspflichten zu berücksichtigen, dass diese nur zum Tragen kommen, wenn der Entleiher seinerseits Schutzpflichten verletzt hat und der Leiharbeitnehmer auch insoweit dem Entleiher gegenüber zur Zurückbehaltung seiner Arbeitsleistung berechtigt ist. Überdies überzeugt die Rechtsprechung des BAG nicht, weil nach § 334 BGB bei einem Vertrag zugunsten Dritter der Versprechende Einwendungen, die ihm gegen den Versprechensempfänger zustehen, auch gegenüber dem Dritten geltend machen kann. Dies muss erst recht gelten, wenn der Dritte (hier: Entleiher) keinen unmittelbaren Leistungsanspruch, sondern nur das Recht erwirbt, das Direktionsrecht für den Versprechensempfänger (hier: Verleiher) geltend zu machen.

5. Pflichten des Leiharbeitnehmers

a) Gegenüber dem Entleiher

aa) Pflichtinhalt

161 Durch die Tätigkeit im Entleiherbetrieb hat der Leiharbeitnehmer, wie jeder andere Arbeitnehmer auch, die Möglichkeit, unmittelbar auf die Rechtsgüter des Entleihers einzuwirken. Daher ist auch der Leiharbeitnehmer verpflichtet, sich im Zusammenhang mit der Erbringung der Arbeitsleistung so zu verhalten, dass er den **Entleiher nicht schädigt** (vgl. §§ 241 Abs. 2, 311 Abs. 3 Satz 1 BGB).[249] So muss der Leiharbeitnehmer mit ihm anvertrauten Betriebsmitteln des Entleihers sorgsam umgehen. Ihn trifft aber auch eine Verschwiegenheitspflicht hinsichtlich der Geschäfts- und Betriebsgeheimnisse des Entleihers.[250]

bb) Schadensersatz

162 Verletzt der Leiharbeitnehmer seine Schutzpflichten gegenüber dem Entleiher, so kann dieser den hierdurch entstandenen Schaden nach **§ 280 Abs. 1 BGB** ersetzt verlangen.[251]

---

248 BAG vom 8.7.1971 – 5 AZR 29/71, BB 1971, 1196 (Ls.) = AP § 611 BGB Leiharbeitsverhältnis Nr. 2.
249 *Boemke*, Schuldvertrag, S. 576; Schüren/*Brors*, Einl. Rn. 480 ff.
250 *Becker/Wulfgramm*, § 11 Rn. 36; *Boemke*, Schuldvertrag, S. 576; Schüren/*Schüren*, Einl. Rn. 238.
251 *Boemke*, Schuldvertrag, S. 578 f.; Schüren/*Brors*, Einl. Rn. 491.

cc) Haftungseinschränkung

Zugunsten des Leiharbeitnehmers greifen auch im Verhältnis zum Entleiher die **Grundsätze über die Einschränkung der Arbeitnehmerhaftung** bei betrieblichen Tätigkeiten ein.[252] Die Haftungsbegrenzung im Arbeitsverhältnis rechtfertigt sich nämlich nicht aus der bloßen Verpflichtung zur Erbringung der Arbeitsleistung, sondern findet ihre Grundlage in der tatsächlichen Tätigkeit im fremden Interesse.[253]

b) Gegenüber dem Verleiher

Die **allgemeinen Schutzpflichten** (§ 241 Abs. 2 BGB) treffen den Leiharbeitnehmer nicht nur im Verhältnis zum Entleiher, sondern **auch im Verhältnis zum Verleiher**.[254] Soweit ihm im Rahmen des Leiharbeitsverhältnisses die tatsächliche Möglichkeit eingeräumt ist, auf Rechtsgüter des Verleihers einzuwirken, muss er sich im Rahmen der Leistungsabwicklung so verhalten, dass die Rechtsgüter des Verleihers als Arbeitgeber nicht geschädigt oder gefährdet werden. Solche Schutzpflichten sind insbesondere dann zu beachten, wenn der Leiharbeitnehmer sich in den Betriebsräumen des Verleihers aufhält, z.B. um sich eine neue Beschäftigung bei einem anderen Entleiher zuweisen zu lassen. Insbesondere hat er über Geschäfts-, Betriebs- oder sonstige Geheimnisse, an deren Geheimhaltung der Verleiher ein schützenswertes Interesse hat, Stillschweigen zu bewahren.[255] Bei schuldhafter Verletzung dieser Pflichten macht sich der Leiharbeitnehmer gegenüber dem Verleiher **nach § 280 Abs. 1 BGB schadensersatzpflichtig**.[256] Allerdings greifen auch im Verhältnis zum Verleiher die Grundsätze über die **Einschränkung der Arbeitnehmerhaftung** bei betrieblichen Tätigkeiten ein.[257]

---

252 BGH vom 10.7.1973 – VI ZR 66/72, BB 1973, 1170 (Ls. 1) = NJW 1973, 2020, 2021; OLG München vom 25.10.1983 – 25 U 1955/83, EzAÜG § 611 BGB Haftung Nr. 8; *Becker/Wulfgramm*, § 11 Rn. 37; *Boemke*, Schuldvertrag, S. 579; Schüren/*Brors*, Einl. Rn. 496.
253 *Boemke*, Schuldvertrag, S. 579.
254 Schüren/*Brors*, Einl. Rn. 492 ff.
255 Schüren/*Schüren*, Einl. Rn. 238.
256 *Becker/Wulfgramm*, § 11 Rn. 37.
257 *Becker/Wulfgramm*, § 11 Rn. 37.

IX. Arbeitnehmererfindungen (Abs. 7)

1. Sinn und Zweck der Regelung

165 Macht der Arbeitnehmer während des Arbeitsverhältnisses eine Erfindung, so können dem Arbeitgeber an diesen Erfindungen Verwertungsrechte und Ansprüche nach dem ArbNErfG zustehen. Der Gesetzgeber trägt mit den Regelungen im ArbNErfG dem Gedanken Rechnung, dass diese Erfindungen auch auf den im Betrieb des Arbeitgebers gewonnenen Erfahrungen beruhen können. Da diese Erfahrungen auch bei einem nur vorübergehenden Einsatz im Entleiherbetrieb gewonnen worden sein können, stellt Abs. 7 klar, dass **auch der Entleiher Arbeitgeber im Sinne des ArbNErfG ist**.[258] Da die Bestimmung insoweit nur **klarstellende Bedeutung** hat, kann sie auf die nicht unmittelbar vom AÜG erfassten Fälle der **Arbeitnehmerüberlassung entsprechend angewendet** werden.

2. Rechtsstellung des Arbeitgebers im Allgemeinen

166 Das ArbNErfG gibt dem Arbeitgeber eine gewisse Vorzugsstellung bei Erfindungen und technischen Verbesserungsvorschlägen des Arbeitnehmers, die ihre Rechtfertigung darin findet, dass der **Arbeitnehmererfinder in den Betrieb des Arbeitgebers eingegliedert** ist und damit nicht ausgeschlossen werden kann, dass der Erfindungsvorgang durch die im Betrieb gewonnenen Erfahrungen und Kenntnisse gefördert worden sein kann. Zu unterscheiden ist dabei zwischen Diensterfindungen, freien Erfindungen und technischen Verbesserungsvorschlägen.

a) Diensterfindungen

167 Diensterfindungen sind **Erfindungen, die patent- oder gebrauchsmusterfähig sind** und die **entweder aus der dem Arbeitnehmer obliegenden Tätigkeit entstanden** sind oder maßgeblich auf Erfahrungen oder Arbeiten des Betriebs beruhen (§§ 2, 4 Abs. 2 ArbNErfG). Solche Diensterfindungen kann der Arbeitgeber durch Gestaltungserklärung ggü. dem Arbeitnehmer in Anspruch nehmen (§ 6 Abs. 1 ArbNErfG) mit der Folge, dass alle Rechte an der Diensterfindung auf ihn übergehen (§ 7 Abs. 1 ArbNErfG) und er verpflichtet ist, dem Arbeitnehmer eine angemessene Vergütung zu zahlen (§ 9 ArbNErfG). Gemäß § 6 Abs. 2 ArbNErfG gilt die Inanspruchnahme als erklärt, wenn der Ar-

---

[258] *Becker/Wulfgramm*, § 11 Rn. 46; *Schüren/Schüren*, § 11 Rn. 142; *Thüsing/Mengel*, § 11 Rn. 59.

beitgeber die Diensterfindung nicht bis zum Ablauf von vier Monaten nach Eingang der ordnungsgemäßen Meldung (§ 5 Abs. 2 Satz 1 und 3 ArbNErfG) gegenüber dem Arbeitnehmer durch Erklärung in Textform freigibt.

b) Freie Erfindungen

Freie Erfindungen sind alle sonstigen **patent- oder gebrauchsmusterfähigen Erfindungen**, die **weder aus der dem Arbeitnehmer obliegenden Tätigkeit entstanden** sind **noch auf Erfahrungen oder Arbeiten des Betriebs beruhen** (§§ 2, 4 Abs. 3 ArbNErfG). Bei diesen freien Erfindungen besteht eine Anbietungspflicht des Arbeitnehmers; der Arbeitgeber hat insofern ein Vorzugsrecht dahingehend, dass der Arbeitnehmer vor einer freien Verwertung zunächst dem Arbeitgeber das Recht anbieten muss (§ 19 ArbNErfG).

168

c) Technische Verbesserungsvorschläge

Technische Verbesserungsvorschläge sind Vorschläge für sonstige technische Neuerungen, die nicht patent- oder gebrauchsmusterfähig sind (§ 3 ArbNErfG). Diese technischen Verbesserungsvorschläge stehen nach allgemeiner Auffassung als Arbeitsergebnis dem Arbeitgeber zu.[259] Allerdings ist er nach § 20 Abs. 1 ArbNErfG zur angemessenen Vergütung verpflichtet, sobald er einen technischen Verbesserungsvorschlag verwertet.

169

3. Rechtsstellung des Entleihers

Der Entleiher ist im Sinne des ArbNErfG **Arbeitgeber des Leiharbeitnehmers**, soweit der Leiharbeitnehmer **während der Dauer der Tätigkeit im Entleiherbetrieb** eine Erfindung oder einen technischen Verbesserungsvorschlag gemacht hat. Dies gilt entgegen verbreiteter Auffassung **auch für freie Erfindungen** i.S.v. § 4 Abs. 3 ArbNErfG, die weder auf der dem Arbeitnehmer im Betrieb obliegenden Tätigkeit noch maßgeblich auf Erfahrungen oder Arbeiten des Betriebs beruhen.[260] Die Vorzugsstellung des Arbeitgebers bei freien Erfindungen beruht nämlich auf der unwiderlegbaren gesetzgeberischen Vermutung, dass die Tätigkeit im Betrieb Einfluss auf die Erfindung des Arbeitnehmers gehabt hat. Bestehen im Entleiherbetrieb Betriebsvereinbarungen

170

---

259 MünchArbR/*Sack*, § 101 Rn. 123.
260 Zutreffend *Marquardt*, S. 46 ff.; *Ulber*, § 11 Rn. 153. – A. A. Schüren/*Schüren*, § 11 Rn. 146; ErfK/*Wank*, § 11 AÜG Rn. 22.

über das betriebliche Vorschlagswesen, die sich auch auf Erfindungen und technische Verbesserungsvorschläge beziehen, dann erstrecken sich deren Regelungen auch auf Leiharbeitnehmer, die im Entleiherbetrieb tätig sind.[261]

4. Rechtsstellung des Verleihers

171 Auch der **Verleiher** ist **Arbeitgeber des Leiharbeitnehmers**, sodass die Bestimmungen des ArbNErfG grundsätzlich auch im Verhältnis zwischen Leiharbeitnehmer und Verleiher Anwendung finden. Die Gegenauffassung, die für den Zeitraum der Überlassung ausschließlich den Entleiher als Arbeitgeber i.S.d. ArbNErfG ansieht,[262] kann nicht begründen, dass die Zuordnung der Erfindung zum Entleiher oder Verleiher von dem zufälligen Umstand abhängen soll, zu welchem Zeitpunkt die Erfindung fertiggestellt worden ist. Allerdings ist bei der nach § 1 Abs. 1 Satz 1 und 2 erlaubnispflichtigen Arbeitnehmerüberlassung zu beachten, dass der Leiharbeitnehmer im Allgemeinen nicht unmittelbar im Betrieb des Verleihers eingesetzt wird, sondern seine Tätigkeit nach dem zugrunde liegenden Arbeitsverhältnis im Betrieb eines Dritten, nämlich des Entleihers, erbracht werden soll. Aus diesem Grund liegen im Verhältnis zwischen Verleiher und Leiharbeitnehmer im Allgemeinen die **Voraussetzungen für eine Diensterfindung nach § 4 Abs. 2 ArbNErfG nicht** vor. **Anders** kann dies natürlich bei der **erlaubnisfreien Arbeitnehmerüberlassung** sein, wenn der Leiharbeitnehmer nur vorübergehend an einen Dritten überlassen worden ist.

172 Soweit der Leiharbeitnehmer **während der Dauer des Leiharbeitsverhältnisses Erfindungen** macht, können diese jedoch regelmäßig als **freie Erfindungen** nach § 4 Abs. 2 ArbNErfG eingeordnet werden. Wird die Erfindung zu einem Zeitpunkt gemacht, zu dem der Leiharbeitnehmer nicht bei einem Entleiher eingesetzt ist, kann der Verleiher uneingeschränkt die Rechte aus §§ 18f. ArbNErfG geltend machen. **Konkurrenzprobleme** können aber entstehen, wenn die Erfindung während der Dauer des Einsatzes in einem Entleiherbetrieb erfolgt. Hierbei ist sodann zu unterscheiden: Stellt die Erfindung im Verhältnis zum Entleiher eine gebundene Diensterfindung, im Verhältnis zum Ver-

---

261 ArbG Frankfurt vom 10.12.1985 – 8 Ca 50/85, EzAÜG § 11 AÜG Inhalt Nr. 1; *Friemel*, S. 14f.; *Ulber*, § 11 Rn. 154.
262 *Bartenbach/Volz*, ArbNErfG, § 1 Rn. 59; *Friemel*, S. 36f.; *Lenhart*, AN- und AG-Begriff, S. 226; *Marquardt*, Freie Erfindungen, S. 47; *Schüren/Schüren*, § 11 Rn. 142; *Volmer*, GRUR 1978, 393, 400. – Abweichend wohl auch ErfK/*Wank*, § 11 AÜG Rn. 22; MünchAnwHB/*Gennen*, § 14 Rn. 13b; *Schwab*, § 1 Rn. 27.

leiher eine freie Erfindung dar, dann kann der Verleiher Rechte nach § 19 ArbNErfG nur geltend machen, wenn der Entleiher die Erfindung nicht für sich in Anspruch nimmt. Die einseitige Inanspruchnahme der Erfindung durch den Entleiher stellt nämlich keine Verwertung der Erfindung durch den Leiharbeitnehmer dar, die aber erst die Anbietungspflicht nach § 19 ArbNErfG auslöst. Handelt es sich hingegen sowohl im Verhältnis zum Verleiher als auch zum Entleiher um eine freie Erfindung, dann besteht im Verhältnis zu beiden eine Mitteilungspflicht nach § 18 ArbNErfG. Allerdings kann keiner der beiden Arbeitgeber die alleinige Inanspruchnahme für sich reklamieren; vielmehr besteht zwischen beiden eine Bruchteilsgemeinschaft. Macht einer der Beteiligten von seinem Annahmerecht keinen Gebrauch, fällt der entsprechende Anteil an den Arbeitnehmer zurück.

§ 12 Rechtsbeziehungen zwischen Verleiher und Entleiher

(1) Der Vertrag zwischen dem Verleiher und dem Entleiher bedarf der Schriftform. In der Urkunde hat der Verleiher zu erklären, ob er die Erlaubnis nach § 1 besitzt. Der Entleiher hat in der Urkunde anzugeben, welche besonderen Merkmale die für den Leiharbeitnehmer vorgesehene Tätigkeit hat und welche berufliche Qualifikation dafür erforderlich ist sowie welche im Betrieb des Entleihers für einen vergleichbaren Arbeitnehmer des Entleihers wesentlichen Arbeitsbedingungen einschließlich des Arbeitsentgelts gelten; Letzteres gilt nicht, soweit die Voraussetzungen der in § 3 Abs. 1 Nr. 3 und § 9 Nr. 2 genannten Ausnahme vorliegen.

(2) Der Verleiher hat den Entleiher unverzüglich über den Zeitpunkt des Wegfalls der Erlaubnis zu unterrichten. In den Fällen der Nichtverlängerung (§ 2 Abs. 4 Satz 3), der Rücknahme (§ 4) oder des Widerrufs (§ 5) hat er ihn ferner auf das voraussichtliche Ende der Abwicklung (§ 2 Abs. 4 Satz 4) und die gesetzliche Abwicklungsfrist (§ 2 Abs. 4 Satz 4 letzter Halbsatz) hinzuweisen.

Literatur: *Benkert*, Änderungen im Arbeitnehmerüberlassungsgesetz durch „Hartz III", BB 2004, 998; *Lembke*, Die „Hartz-Reform" des Arbeitnehmerüberlassungsgesetzes, BB 2003, 98; *Lembke*, Die geplanten Änderungen im Recht der Arbeitnehmerüberlassung, DB 2011, 414; *Lembke*, Die jüngsten Änderungen des AÜG im Überblick, FA 2011, 290; *Lembke*, Arbeitnehmerüberlassung im Konzern, BB 2012, 2497; *Spieler/Pollert*, Arbeitnehmerüberlassungsverträge, AuA 2011, 270.

Übersicht

	Rn.		Rn.
I. Vorbemerkungen	1	c) Umfang des Formerfordernisses	8
1. Entstehungsgeschichte	1	d) Schriftform (§ 126 BGB)	10
2. Sinn und Zweck der Vorschrift	2	e) Rechtsfolgen von Formmängeln	12
II. Arbeitnehmerüberlassungsvertrag (§ 12 Abs. 1)	4	aa) Zivilrechtliche Rechtsfolgen	12
1. Form (Satz 1)	4	bb) Gewerberechtliche Rechtsfolgen	14
a) Zweck	5		
b) Sachlicher Anwendungsbereich	6		

I. Vorbemerkungen   § 12

	Rn.		Rn.
2. Inhalt des Arbeitnehmerüberlassungsvertrags	15	d) Risiken beim Entleih von Ausländern	56
a) Verleihererklärung über den Erlaubnisbesitz (§ 12 Abs. 1 Satz 2)	16	e) Vermeidung der sozialversicherungsrechtlichen Subsidiärhaftung des Entleihers	57
b) Angabe des Entleihers über Tätigkeit und Qualifikation des Leiharbeitnehmers (§ 12 Abs. 1 Satz 3 Hs. 1 Teil 1)	18	f) Risiko des Verbots der dauerhaften Arbeitnehmerüberlassung	58
c) Angabe des Entleihers über die wesentlichen Arbeitsbedingungen (§ 12 Abs. 1 Satz 3 Hs. 1 Teil 2)	21	g) Steuerliche und sozialversicherungsrechtliche Pflichten im Hinblick auf Drittleistungen im Rahmen von Gemeinschaftseinrichtungen und -diensten des Entleihers	59
aa) Auskunftspflicht	22		
bb) Grenzen der Auskunftspflicht (§ 12 Abs. 1 Satz 3 Hs. 2)	25	h) Vermittlungsprovision	60
cc) Pflicht zur Nachfrage	31	**III. Unterrichtungs- und Hinweispflichten des Verleihers (§ 12 Abs. 2)**	61
dd) Rechtsfolgen von Pflichtverletzungen	32	1. Unterrichtung über den Wegfall der Erlaubnis (§ 12 Abs. 2 Satz 1)	61
3. Hauptpflichten	35		
a) Verleiher	36		
aa) Arbeitnehmerüberlassung	36	a) Normzweck	61
bb) Leistungsstörungen	38	b) Umfang der Pflicht	62
cc) Beendigung	41	2. Hinweis auf Abwicklungsende und -frist (§ 12 Abs. 2 Satz 2)	65
b) Entleiher	45		
4. Nebenpflichten	47	**IV. Aufhebung der Auskunftspflicht des Verleihers bezüglich der Kontrollmeldung (§ 12 Abs. 3 a.F.)**	66
a) Verleiher	47		
b) Entleiher	48		
5. Hinweise zur Vertragsgestaltung	50		
a) AGB	51	**V. Rechtsstreitigkeiten**	68
b) Risiken der Arbeitnehmerüberlassung ohne Erlaubnis	52		
c) Risiko der Anwendung des Grundsatzes von Equal Pay/Treatment	53		

I. Vorbemerkungen

1. Entstehungsgeschichte

Die Bestimmung des § 12 war seit dem Inkrafttreten des AÜG lange Zeit im Wesentlichen unverändert geblieben. Lediglich § 12 Abs. 1 war durch Art. 5 Nr. 2 des Gesetzes vom 7.8.1996 zur Umsetzung der EG- 1

Rahmenrichtlinie Arbeitsschutz und weiterer Arbeitsschutz-Richtlinien[1] um Satz 3 ergänzt worden. Im Rahmen der sog. Hartz-Reformen von 2002 wurde § 12 **Abs. 1 Satz 3** mehrfach geändert. Zunächst wurden die Erklärungspflichten des Entleihers gegenüber dem Verleiher – vor dem Hintergrund des neu eingeführten Grundsatzes von Equal Pay/Treatment (§§ 9 Nr. 2, 3 Abs. 1 Nr. 3, 10 Abs. 4) – um die Angabe der wesentlichen Arbeitsbedingungen für mit dem Leiharbeitnehmer vergleichbare Arbeitnehmer des Entleihers im Rahmen von „Hartz I" erweitert.[2] Dann wurde die vom Wortlaut zu weit geratene Erweiterung durch Anfügung des letzten Halbsatzes in § 12 Abs. 1 durch „Hartz III" zur Klarstellung wieder eingeschränkt.[3] § 12 **Abs. 3** wurde im Rahmen von „Hartz I" auf Grund der Aufhebung der Meldepflichten für Entleiher nach § 28a Abs. 4 SGB IV ersatzlos **gestrichen**.[4] Im Rahmen der AÜG-Reform von 2011 wurde in § 9 Nr. 2 bzw. § 3 Abs. 1 Nr. 3 AÜG die Sechswochen-Ausnahme zum Grundsatz des Equal Pay/Treatment aufgehoben (näher § 9 Rn. 33, 158 ff.). Daher wurde § 12 Abs. 1 Satz 3 Hs. 2 entsprechend angepasst.[5] Diese Änderung trat an sich erst am 1.12.2011 in Kraft.[6] Dabei handelt es sich jedoch um ein Redaktionsversehen. Weil die Anpassung des § 12 Abs. 1 Satz 3 Hs. 2 an die Änderung des § 9 Nr. 2 bzw. § 3 Abs. 1 Nr. 3 anknüpft, müssen die Gesetzesänderungen zeitgleich in Kraft treten (zur Geltung der Sechswochen-Ausnahme in vor bzw. nach dem 15.12.2010 begründeten Leiharbeitsverhältnissen s. § 19 Rn. 9, 16 f. – vgl. auch § 13 Rn. 2).

2. Sinn und Zweck der Vorschrift

2 Die Vorschrift regelt die Rechtsbeziehung zwischen Verleiher und Entleiher **nicht abschließend**. Es werden lediglich gewisse **Mindestanfor-**

---

1 BGBl. I, S. 1246.
2 Art. 6 Nr. 7 des Ersten Gesetzes für moderne Dienstleistungen am Arbeitsmarkt vom 23.12.2002, BGBl. I, S. 4607, 4619; dazu *Lembke* BB 2003, 98 ff.; *Ulber*, AuR 2003, 7 ff.
3 Art. 93 Nr. 2 des Dritten Gesetzes für moderne Dienstleistungen am Arbeitsmarkt vom 23.12.2003, BGBl. I, S. 2848, 2910; dazu *Benkert*, BB 2004, 998, 1000; zum ursprünglichen „Redaktionsversehen" des Gesetzgebers *Böhm*, NZA 2003, 828, 831.
4 Art. 6 Nr. 7 des Ersten Gesetzes für moderne Dienstleistungen am Arbeitsmarkt vom 23.12.2002, BGBl. I, S. 4607, 4619.
5 Art. 1 Nr. 9 des Ersten Gesetzes zur Änderung des Arbeitnehmerüberlassungsgesetzes – Verhinderung von Missbrauch der Arbeitnehmerüberlassung vom 28.4.2011, BGBl. I, S. 642; dazu *Lembke*, DB 2011, 414, 417.
6 Art. 2 Abs. 1 des Ersten Gesetzes zur Änderung des Arbeitnehmerüberlassungsgesetzes – Verhinderung von Missbrauch der Arbeitnehmerüberlassung vom 28.4.2011, BGBl. I, S. 642.

derungen an **Form und Inhalt** des Arbeitnehmerüberlassungsvertrags gestellt. Hierdurch soll zum einen der **Entleiher vor den Folgen geschützt** werden, die mit der Beschäftigung eines Leiharbeitnehmers verbunden sind, wenn der überlassende Verleiher nicht im Besitz der Erlaubnis nach § 1 Abs. 1 Satz 1 ist (vgl. §§ 9 Nr. 1, 10, 16 Abs. 1 Nr. 1a).[7] Zum anderen dient die Vorschrift zur **Sicherung der Überwachung** von Verleiher (vgl. § 7 Abs. 2) und Entleiher **durch die Erlaubnisbehörde** (§ 17 Abs. 1).[8] Außerdem hat der Entleiher seinem Betriebsrat die schriftliche Erklärung des Verleihers über den Erlaubnisbesitz (§ 12 Abs. 1 Satz 2) gemäß § 14 Abs. 3 Satz 2 vorzulegen, wenn er die Zustimmung des Entleiherbetriebsrats zur Einstellung des Leiharbeitnehmers nach § 99 BetrVG einholt.

Die Ergänzung in § 12 Abs. 1 Satz 3 Hs. 1 Teil 2 hinsichtlich der Pflicht des Entleihers zur Angabe der Arbeitsbedingungen für seine mit dem Leiharbeitnehmer vergleichbaren Stammarbeitnehmer hat den Zweck, den **Verleiher in die Lage zu versetzen, seiner Verpflichtung zur Gleichbehandlung** des Leiharbeitnehmers in Bezug auf die wesentlichen Arbeitsbedingungen vergleichbarer Arbeitnehmer des Entleihers (§§ 3 Abs. 1 Nr. 3, 9 Nr. 2, 10 Abs. 4) **nachzukommen**.[9] Der Sache nach handelt es sich also um einen **Auskunftsanspruch des Verleihers gegenüber dem Entleiher.** Dem Leiharbeitnehmer steht ein entsprechender Auskunftsanspruch gegenüber dem Entleiher nach § 13 zu. Die Pflicht zur Aufnahme der Angaben über die wesentlichen Arbeitsbedingungen im Entleiherbetrieb in die Urkunde des Arbeitnehmerüberlassungsvertrags dient letztlich aber auch der Erleichterung der Kontrolle des Verleihers durch die Aufsichtsbehörde. 3

II. Arbeitnehmerüberlassungsvertrag (§ 12 Abs. 1)

1. Form (Satz 1)

Der Arbeitnehmerüberlassungsvertrag zwischen Verleiher und Entleiher bedarf nach § 12 Abs. 1 Satz 1 der **Schriftform**. 4

---

7 Ebenso Thüsing/*Thüsing*, § 12 Rn. 1.
8 *Ulber*, § 12 Rn. 1.
9 BT-Drs. 15/25, S. 39; *Lembke*, BB 2003, 98, 99.

§ 12 Rechtsbeziehungen zwischen Verleiher und Entleiher

a) Zweck

5 Die Schriftform hat **Warnfunktion**; dem Entleiher sollen die mit der (unerlaubten) Arbeitnehmerüberlassung verbundenen Risiken vor Augen geführt werden (vgl. Rn. 2).[10] Dies folgt aus § 12 Abs. 1 Satz 2, wonach der Verleiher in der Urkunde zu erklären hat, ob er die Erlaubnis nach § 1 besitzt. Darüber hinaus soll klargestellt werden, ob und mit welchem Inhalt der Arbeitnehmerüberlassungsvertrag zustande gekommen ist (**Beweisfunktion**). Ferner bezweckt die Schriftform die Erleichterung der Überwachung des AÜG, insbesondere hinsichtlich der Einhaltung des Schlechterstellungsverbots bzw. Grundsatzes von Equal Pay/Treatment (§§ 9 Nr. 2, 3 Abs. 1 Nr. 3, 10 Abs. 4), durch die Erlaubnisbehörde (**Kontrollfunktion**).[11]

b) Sachlicher Anwendungsbereich

6 Das Formerfordernis gilt seit der Änderung des § 1 Abs. 1 Satz 1 nicht mehr nur für **die** gewerbsmäßige **Arbeitnehmerüberlassung**,[12] weil der Anwendungsbereich des AÜG auf die Arbeitnehmerüberlassung „**im Rahmen einer wirtschaftlichen Tätigkeit**" ausgedehnt wurde (vgl. § 1 Rn. 46 ff.).[13] Auch **bei** einer nach § 1 Abs. 3 **erlaubnisfreien Arbeitnehmerüberlassung gilt** das **Schriftformerfordernis nicht**,[14] weil § 1 Abs. 3 Einleitungssatz die Bestimmung des § 12 Abs. 1 gerade nicht in den Kreis der anwendbaren Vorschriften einbezieht.

7 Im Übrigen gilt der Formzwang nicht nur für den eigentlichen **Arbeitnehmerüberlassungsvertrag**. Auch **Rahmen- und Vorverträge** sowie **Änderungs- und Verlängerungsverträge** bedürfen der Schriftform.[15] Ist eine Rahmenvereinbarung, die über den Einzelfall hinaus die Rechtsbeziehungen zwischen den Beteiligten dauerhaft regeln soll, schriftlich geschlossen worden, muss bei Vereinbarungen über eine konkrete Arbeitnehmerüberlassung gleichwohl die Schriftform beachtet werden.

---

10 Vgl. BT-Drs. VI/2303, S. 15.
11 Thüsing/*Thüsing*, § 12 Rn. 2.
12 So Thüsing/*Thüsing*, § 12 Rn. 4. – A.A. *Ulber*, § 12 Rn. 3.
13 Dazu *Lembke*, FA 2011, 290; *Lembke*, DB 2011, 414.
14 Thüsing/*Thüsing*, § 12 Rn. 4.
15 Schüren/Hamann/*Brors*, § 12 Rn. 7 f.; *Ulber*, § 12 Rn. 5, 7.

II. Arbeitnehmerüberlassungsvertrag (Abs. 1) **§ 12**

c) Umfang des Formerfordernisses

Der Umfang des Formerfordernisses regelt sich nach **§ 126 BGB**. Der **8** Formzwang erfasst das gesamte Rechtsgeschäft und bezieht sich nicht nur auf Hauptpflichten, sondern gilt grundsätzlich auch für **Nebenabreden**.[16] Erforderlich ist, dass alle wesentlichen Abreden in der Urkunde enthalten sind (Prinzip der Einheitlichkeit der Vertragsurkunde).[17] **AGB** müssen ebenfalls in die Urkunde aufgenommen werden, wenn sie Vertragsbestandteil sein sollen.[18] Ausreichend ist insoweit, dass die Haupturkunde auf die AGB Bezug nimmt und beide Schriftstücke nach dem Willen der Parteien erkennbar eine Einheit bilden (z. B. auf Grund fortlaufender Paginierung, fortlaufender Nummerierung, inhaltlichem Zusammenhang des Textes); in diesem Fall genügt die Unterschrift auf der Haupturkunde.[19]

Dem Schriftformerfordernis unterliegen hingegen **nicht die Erklärung** **9** **des Verleihers nach § 12 Abs. 1 Satz 2**[20] **oder des Entleihers nach § 12 Abs. 1 Satz 3**.[21] Dies folgt zum einen daraus, dass es sich hierbei nicht um Willens-, sondern Wissenserklärungen handelt. Zum anderen ergibt sich aus der Formulierung „hat ... zu erklären" bzw. „hat ... anzugeben" in § 12 Abs. 1 Satz 2 und Satz 3, dass hinsichtlich dieser Erklärungen kein gesetzlicher Formzwang besteht, sondern dem anderen Teil lediglich ein einklagbarer Anspruch auf Abgabe der entsprechenden Erklärung eingeräumt wird (siehe auch Rn. 25 ff.). Auch Sinn und Zweck der Regelungen in § 12 Abs. 1 Satz 2 und 3 erfordern es nicht, die Rechtswirksamkeit von der Schriftlichkeit der geforderten Auskünfte abhängig zu machen. Vielmehr genügt es, selbstständig einklagbare Auskunftsansprüche anzuerkennen.[22] Die Gegenauffassung, wonach die Erklärungen nach § 12 Abs. 1 Satz 2 und 3 dem Schriftformerfordernis des § 12 Abs. 1 Satz 1 unterfallen, überzeugt auch nicht, wenn man die Rechtsfolgen in den Fällen „verdeckter Arbeitnehmer-

---

16 Palandt/*Heinrichs*, § 125 Rn. 9.
17 BGH, 2.12.2004 – IX ZR 200/03, WM 2005, 82, 83.
18 Schüren/Hamann/*Brors*, § 12 Rn. 5.
19 Vgl. Palandt/*Ellenberger*, § 126 Rn. 4 m.w.N.
20 A.A. *Ulber*, § 12 Rn. 8, 38.
21 AnwK-ArbR/*Böhm*, § 12 Rn. 2; Tschöpe/*Hiekel*, Teil 6 D Rn. 12b. – A.A. DFL/*Reineke*, § 12 AÜG Rn. 2; Thüsing/*Thüsing*, § 12 Rn. 8.
22 Vgl. die Parallelwertung in BAG, 26.3.2009 – 2 AZR 633/07, NZA 2011, 166, 169, Rn. 22: Die von § 55 Abs. 3 KrW-/AbfG i.V.m. § 55 Abs. 1 Hs. 2 BImSchG geforderte genaue Bezeichnung der Aufgaben des Betriebsbeauftragten für Abfall ist keine Wirksamkeitsvoraussetzung der – der Schriftform unterliegenden – Bestellung.

überlassung" bei Schein-Werkverträgen bzw. Schein-Dienstverträgen betrachtet. Regelmäßig enthalten Werk- bzw. Dienstverträge keine Aussage darüber, ob der Unternehmer/Dienstleister (Auftragnehmer) im Besitz einer Überlassungserlaubnis ist. Ist der Werk- bzw. Dienstvertrag nach der Vertragsdurchführung und den Einzelfallumständen in Wahrheit als Arbeitnehmerüberlassungsvertrag zu qualifizieren (zur Abgrenzung näher § 1 Rn. 68 ff.), wäre dieser Arbeitnehmerüberlassungsvertrag nach der Gegenauffassung wegen Nichteinhaltung der Schriftform des § 12 Abs. 1 nichtig (§ 125 BGB). Insoweit bestünde im Falle des Fehlens der Überlassungserlaubnis eine „Rechtsfolgenkonkurrenz" zu § 9 Nr. 1, welche vom Gesetzgeber so nicht intendiert war. Da der Auskunftsanspruch nach § 12 Abs. 1 Satz 2 und 3 bloße Hilfsfunktion hat, ist vielmehr davon auszugehen, dass die Regelung des § 9 Nr. 1 vorrangig ist bzw. dass das Fehlen der Erklärungen nach § 12 Abs. 1 Satz 2 und 3 nicht zu Formunwirksamkeit des Vertrags zwischen Verleiher und Entleiher führt.

d) Schriftform (§ 126 BGB)

10   Ob die Schriftform gewahrt ist, bestimmt sich nach § 126 BGB. Danach müssen die Vertragsparteien (persönlich oder durch Stellvertreter) die Urkunde **eigenhändig durch Namensunterschrift** oder mittels notariell beglaubigten Handzeichens **unterzeichnen** (§ 126 Abs. 1 BGB). Werden mehrere gleichlautende Urkunden aufgenommen, genügt es, wenn jede Partei die für die andere Partei bestimmte Urkunde unterzeichnet (§ 126 Abs. 2 BGB). Die schriftliche Form kann durch die elektronische Form (**§ 126a BGB**) ersetzt werden (§ 126 Abs. 3 BGB).[23]

11   Der Arbeitnehmerüberlassungsvertrag muss nicht unbedingt in Deutsch abgefasst sein, sondern kann **in jeder** (lebenden oder toten) **Sprache und in beliebigen Schriftzeichen** (z.B. Kurzschrift, arabische, griechische oder kyrillische Schriftzeichen) verfasst werden.[24] Soweit wegen der Überwachungsaufgaben der Erlaubnisbehörde gebräuchliche Schriftzeichen oder Sprachen verlangt werden,[25] wird übersehen, dass nach § 23 Abs. 2 VwVfG bei fremdsprachigen Unterlagen beglaubigte Übersetzungen beigefügt werden müssen bzw. die BA sich solche

---

23 Schüren/Hamann/*Brors*, § 12 Rn. 11; Thüsing/*Thüsing*, § 12 Rn. 6.
24 MüKo-BGB/*Einsele*, § 126 Rn. 6.
25 So *Sandmann/Marschall/Schneider*, § 12 Anm. 2; Schüren/Hamann/*Brors*, § 12 Rn. 10.

II. Arbeitnehmerüberlassungsvertrag (Abs. 1) § 12

Übersetzungen anfertigen lassen kann (siehe § 7 Rn. 26).[26] Soweit dies nicht möglich ist, ist der Nachweis der Einhaltung des Schriftformerfordernisses nicht geführt. Im Einzelfall kann dies zum Widerruf der Erlaubnis nach § 5 Abs. 1 Nr. 3 i.V.m. § 3 Abs. 1 Nr. 1 Hs. 1 berechtigen.

e) Rechtsfolgen von Formmängeln

aa) Zivilrechtliche Rechtsfolgen

Wird die Schriftform nicht gewahrt, dann ist der Arbeitnehmerüberlassungsvertrag nach § 125 Satz 1 BGB **nichtig** (Ausnahme: § 242 BGB);[27] eine Heilung durch Vertragserfüllung ist nicht möglich.[28] **Vertragliche Pflichten**, insbesondere Hauptleistungspflichten aus dem Arbeitnehmerüberlassungsvertrag **bestehen** grundsätzlich **nicht**;[29] an der tatsächlichen Leistungsabwicklung anknüpfende, insbesondere **öffentlich-rechtliche und sozialrechtliche Pflichten**[30] bleiben hingegen **unberührt**. Trotz Formnichtigkeit erbrachte Leistungen zwischen Verleiher und Entleiher sind nach §§ 812 ff. BGB rückabzuwickeln; die Grundsätze zum fehlerhaften Arbeitsverhältnis sind im Verhältnis von Verleiher und Entleiher nicht anwendbar.[31] Ist der Verleiher im Besitz einer Erlaubnis, kann er **gemäß § 818 Abs. 2 BGB Wertersatz** für seine Leistung, die Arbeitnehmerüberlassung, verlangen; dieser entspricht i.d.R. der **üblichen Überlassungsvergütung** einschließlich seines Gewinns[32] und ist mit der vom Entleiher gezahlten Überlassungsvergütung zu saldieren, so dass bei vollständiger Vertragsabwicklung

12

---

26 Ebenso Thüsing/*Thüsing*, § 12 Rn. 5.
27 Dazu OLG München, 12.5.1993 – 7 U 5740/92, EzAÜG § 12 AÜG Nr. 2 und Nr. 3; Thüsing/*Thüsing*, § 12 Rn. 11. – Siehe MüKo-BGB/*Einsele*, § 125 Rn. 41 ff.
28 Schüren/Hamann/*Brors*, § 12 Rn. 13; Schaub/*Koch*, § 120 Rn. 81.
29 *Ulber*, § 12 Rn. 40. – Vgl. allerdings auch OLG München, 12.5.1993 – 7 U 5740/92, EzAÜG § 12 AÜG Nr. 2 und Nr. 3.
30 *Ulber*, § 12 Rn. 44.
31 BGH, 2.12.2004 – IX ZR 200/03, WM 2005, 82, 83; BGH, 8.11.1979 – VII ZR 337/78, NJW 1980, 452, 453; BGH, 17.1.1984 – VI ZR 187/82, NJW 1984, 1456; BGH, 17.2.2000 – III ZR 78/99, NJW 2000, 1557, 1558; AG Neuruppin, 10.3.2000 – 42 C 216/99, NZA-RR 2000, 524; Schüren/Hamann/*Brors*, § 12 Rn. 15 f.; Thüsing/*Thüsing*, § 12 Rn. 13 ff.; ErfK/*Wank*, § 12 AÜG Rn. 3 f. – A.A. OLG Hamburg, 13.1.1993 – 13 U 26/92, NJW-RR 1993, 1524.
32 BGH, 2.12.2004 – IX ZR 200/03, WM 2005, 82, 83; BGH, 17.1.1984 – VI ZR 187/82, NJW 1984, 1456; BGH, 17.2.2000 – III ZR 78/99, NJW 2000, 1557, 1558; Thüsing/*Thüsing*, § 12 Rn. 16. – A.A. *Ulber*, § 12 Rn. 42.

sich die Ansprüche in aller Regel gegenseitig aufheben.[33] Allerdings ist die Saldotheorie in der **Insolvenz** eingeschränkt. Im Falle der Nichtigkeit des Arbeitnehmerüberlassungsvertrags wegen Nichteinhaltung der Schriftform (§ 12 Abs. 1 Satz 1) kann der Entleiher Sozialversicherungsbeiträge, die er nach Eröffnung des Insolvenzverfahrens über das Vermögen des Verleihers zum Ausgleich der diesem obliegenden Zahlungspflicht an die Kasse geleistet hat, der Bereicherungsforderung des – für den Verleiher handelnden – Insolvenzverwalters nicht anspruchsmindernd entgegensetzen.[34] Der Entleiher, der den Arbeitnehmerüberlassungsvertrag nicht gegengezeichnet und damit die Nichteinhaltung der Schriftform verursacht hat, kann Schäden, die ihm wegen angeblich mangelnder Qualifikation des überlassenen Leiharbeitnehmers entstanden sind, mit dem Bereicherungsanspruch des Verleihers nicht saldieren, wenn er gleichzeitig die Verpflichtung nach § 12 Abs. 1 Satz 3 zu Angaben über die Tätigkeit und Qualifikation des Leiharbeitnehmers nicht erfüllt hat.[35]

13 Auf die Rechtsbeziehung zwischen Verleiher und Leiharbeitnehmer sowie zwischen Entleiher und Leiharbeitnehmer hat die Nichtigkeit keine Auswirkungen; insbesondere kommt **zwischen Entleiher und Leiharbeitnehmer kein fehlerhaftes Arbeitsverhältnis** zustande.[36] Der Arbeitnehmer ist zum einen durch sein Arbeitsverhältnis zum Verleiher ausreichend geschützt; zum anderen besteht zum Entleiher kein Vertragsverhältnis, das als „fehlerhaft" oder „faktisch" bestehend behandelt werden könnte.

bb) Gewerberechtliche Rechtsfolgen

14 **Bewusste und wiederholte Verstöße** gegen das Schriftformerfordernis können Zweifel an der Zuverlässigkeit des Verleihers begründen. In diesem Fall können dem Verleiher entsprechende **Auflagen erteilt** (§ 2 Abs. 2 Satz 2) und ggf. auch die erteilte **Erlaubnis widerrufen** (§ 5 Abs. 1 Nr. 3) bzw. die Verlängerung versagt werden.[37]

---

33 ErfK/*Wank*, § 12 AÜG Rn. 4; Schüren/Hamann/*Brors*, § 12 Rn. 16.
34 BGH, 2.12.2004 – IX ZR 200/03, WM 2005, 82.
35 AG Neuruppin, 10.3.2000 – 42 C 216/99, NZA-RR 2000, 524.
36 AnwK-ArbR/*Böhm*, § 12 AÜG Rn. 3.
37 *Ulber*, § 12 Rn. 43.

2. Inhalt des Arbeitnehmerüberlassungsvertrags

§ 12 enthält nur in Abs. 1 Satz 2 und 3 Inhaltserfordernisse für den Arbeitnehmerüberlassungsvertrag. Im Übrigen bleibt die inhaltliche Ausgestaltung im Wesentlichen der **privatautonomen Vereinbarung der Parteien** vorbehalten. 15

a) Verleihererklärung über den Erlaubnisbesitz (§ 12 Abs. 1 Satz 2)

Nach § 12 Abs. 1 Satz 2 hat der Verleiher bei der Arbeitnehmerüberlassung im Rahmen einer wirtschaftlichen Tätigkeit (vgl. Rn. 6) in der Urkunde schriftlich zu erklären, ob er die Arbeitnehmerüberlassungserlaubnis nach § 1 besitzt. Hierdurch soll der Entleiher geschützt werden (vgl. Rn. 2; zur Vereinbarung weitergehender Nachweispflichten siehe unten Rn. 51). Gibt der Verleiher eine **inhaltlich falsche Erklärung** ab und behauptet er wahrheitswidrig, im Besitz einer Arbeitnehmerüberlassungserlaubnis zu sein, so ändert sich dennoch nichts am Eintritt der Rechtsfolgen aus § 9 Nr. 1 i.V.m. § 10, wenn Arbeitnehmer ohne die nach § 1 erforderliche Erlaubnis an den Entleiher überlassen werden. Jedoch macht sich der Verleiher gegenüber dem Entleiher nach § 280 Abs. 1 BGB bzw. § 823 Abs. 2 BGB i.V.m. § 263 StGB schadensersatzpflichtig. 16

Enthält die Vertragsurkunde die Verleihererklärung überhaupt nicht, trifft den Entleiher ein schadensersatzrechtlich relevantes **Mitverschulden** (§ 254 Abs. 1 BGB) hinsichtlich des aus der unerlaubten Arbeitnehmerüberlassung folgenden Schadens.[38] Außerdem ist ihm im Rahmen eines Ordnungswidrigkeitenverfahrens nach § 16 Abs. 1 Nr. 1a hinsichtlich des Fehlens der Erlaubnis zumindest Fahrlässigkeit vorzuwerfen. Abgesehen davon kann der Entleiher aber jederzeit seinen aus § 12 Abs. 1 Satz 2 folgenden **Anspruch auf Abgabe der Erklärung und Ergänzung des Vertrags** gegen den Verleiher geltend machen. Ferner steht ihm bis zur Abgabe der Erklärung ein **Leistungsverweigerungsrecht nach § 273 Abs. 1 BGB** zu, so dass er die Zahlung der Vergütung an den Verleiher solange verweigern kann, bis dieser sich gemäß § 12 Abs. 1 Satz 2 formgerecht erklärt hat. 17

---

38 OVG Münster, 8.3.1978 – IV A 1898/76, n.v.; *Sandmann/Marschall/Sandmann*, § 12 Anm. 2.

b) Angabe des Entleihers über Tätigkeit und Qualifikation des Leiharbeitnehmers (§ 12 Abs. 1 Satz 3 Hs. 1 Teil 1)

18 Nach § 12 Abs. 1 Satz 3 Hs. 1 Teil 1 muss der Entleiher in der Vertragsurkunde erklären, welche besonderen Merkmale die für den Leiharbeitnehmer vorgesehene Tätigkeit hat und welche berufliche Qualifikation dafür erforderlich ist. Hierdurch werden die **Hauptleistungspflichten des Verleihers konkretisiert**, insbesondere wird festgelegt, welche Qualifikation ein erfüllungstauglicher Arbeitnehmer aufweisen muss. Demgegenüber kann es nicht Gesetzeszweck sein, den Verleiher in die Lage zu versetzen, die nach § 11 Abs. 1 Satz 1 i.V.m. § 2 Abs. 1 Nr. 5 NachwG im Arbeitsvertrag mit dem Leiharbeitnehmer erforderlichen Angaben zu machen;[39] der Leiharbeitsvertrag wird nämlich im Allgemeinen zeitlich früher als der Arbeitnehmerüberlassungsvertrag geschlossen und ist überdies auf eine Vielzahl von Arbeitseinsätzen gerichtet und grundsätzlich nicht auf einen konkreten Arbeitseinsatz beschränkt.

19 Die Auslegung des unbestimmten Rechtsbegriffs „**besondere Merkmale der Tätigkeit**" konnte sich früher an § 11 Abs. 1 Nr. 3 a.F. orientieren. Nunmehr verweist § 11 Abs. 1 Satz 1 aber auf die Bestimmungen des NachwG. § 2 Abs. 1 Nr. 5 NachwG verlangt eine „kurze Charakterisierung oder Beschreibung" der Tätigkeit des Leiharbeitnehmers im Arbeitsvertrag (vgl. § 11 Rn. 52). Der Wortlaut des § 12 Abs. 1 Satz 3 wurde nicht angepasst. Da die besonderen Merkmale der Tätigkeit angegeben werden müssen, genügt aber auch insoweit die bloß schlagwortartige Angabe einer Tätigkeitsbezeichnung oder eines charakteristischen Berufsbilds (z.B. „Sekretärin", „Schlosser", „Vorarbeiter" o.Ä.) nicht. Vielmehr sind zumindest die **wesentlichen Tätigkeitsmerkmale und Aufgabengebiete** der vorgesehenen Arbeit **wenigstens stichwortartig zu umschreiben** (z.B. „Schreiben am Computer mit den Textverarbeitungsprogrammen XY nach Diktat und vom Band, Organisation und Koordination von Dienstreisen und Terminen" etc.).[40]

20 Ferner hat der Entleiher die für die Tätigkeit erforderliche **berufliche Qualifikation** in der Urkunde anzugeben (z.B. Berechtigung zur Ausübung eines bestimmten Berufes, berufsspezifischer Abschluss, bestimmte Fahrerlaubnis, spezifische Fremdsprachenkenntnisse).

---

[39] So aber *Sandmann/Marschall/Schneider*, § 12 Anm. 2.
[40] Thüsing/*Thüsing*, § 12 Rn. 19.

II. Arbeitnehmerüberlassungsvertrag (Abs. 1) § 12

c) Angaben des Entleihers über die wesentlichen Arbeitsbedingungen (§ 12 Abs. 1 Satz 3 Hs. 1 Teil 2)

Nach § 12 Abs. 1 Satz 3 Hs. 1 Teil 2 hat der Entleiher im schriftlichen Arbeitnehmerüberlassungsvertrag ferner anzugeben, welche im Entleiherbetrieb für einen vergleichbaren Arbeitnehmer des Entleihers wesentlichen Arbeitsbedingungen einschließlich des Arbeitsentgelts gelten. Die **Angaben sind auf den Betrieb zu beziehen, in dem** der **Leiharbeitnehmer eingesetzt wird.** 21

aa) Auskunftspflicht

In der Praxis stellt sich vor allem die Frage, welche Arbeitsbedingungen wesentlich (dazu § 9 Rn. 116 ff.) und welche Arbeitnehmer mit dem Leiharbeitnehmer vergleichbar sind (dazu § 9 Rn. 100 ff.). Hinsichtlich der Vergleichbarkeit der Arbeitnehmer mit dem Leiharbeitnehmer wird der Entleiher von den im Arbeitnehmerüberlassungsvertrag ebenfalls anzugebenden besonderen Tätigkeitsmerkmalen und der erforderlichen beruflichen Qualifikation auszugehen haben. 22

Fehlt es an vergleichbaren Arbeitnehmern im einschlägigen Entleiherbetrieb, wurde vor Umsetzung der Leiharbeitsrichtlinie durch das „Erste Gesetz zur Änderung des Arbeitnehmerüberlassungsgesetzes – Verhinderung von Missbrauch der Arbeitnehmerüberlassung vom 28.4.2011[41] vertreten, dass keine Angaben im Arbeitnehmerüberlassungsvertrag erforderlich seien, weil es ist nicht die Aufgabe des Entleihers sei, die üblichen Arbeitsbedingungen vergleichbarer Stammarbeitnehmer von vergleichbaren Betrieben zu ermitteln.[42] Dies lässt sich nun aber nicht mehr vertreten. Nach der Umsetzung der Leiharbeitsrichtlinie in deutsches Recht ist das AÜG **unionrechtskonform auszulegen** (vgl. § 9 Rn. 76 ff.). Kommt im zu beurteilenden Fall – mangels Eingreifens einer Ausnahme – ein Anspruch des Leiharbeitnehmers gegen den Verleiher auf Equal Pay/Treatment nach §§ 9 Nr. 2, 10 Abs. 4 in Betracht und gibt es im Entleiherbetrieb keinen mit dem Leiharbeitnehmer vergleichbaren Arbeitnehmer, sind die maßgeblichen wesentlichen Arbeitsbedingungen im Entleiherbetrieb auf Grundlage einer **hypothetischen Betrachtung** zu ermitteln, was gelten würde, wenn der Leiharbeitnehmer im Zeitpunkt der jeweiligen Überlassung direkt beim Entleiher eingestellt worden wäre (vgl. § 9 Rn. 108 ff.). Darüber hat der Entleiher dem Verleiher im Rahmen des § 12 Abs. 1 Satz 3 Hs. 1 Teil 2 23

---

41 BGBl. I, S. 642.
42 Vorauft. § 12 Rn. 22; HWK/*Gotthardt*, § 12 Rn. 9; Thüsing/*Thüsing*, § 12 Rn. 20.

Auskunft zu erteilen. Ansonsten wäre das Gebot der effektiven Umsetzung der Regelungen der Leiharbeitsrichtlinie (vgl. Art. 10 RL) nicht gewahrt (vgl. zur Parallelproblematik § 13 Rn. 10 f.).

24 Die Auskunftspflicht des Entleihers kann **umfangreiche Angaben** erfordern und einen erheblichen Aufwand auslösen. Es bietet sich ggf. an, auf einschlägige Tarifverträge zu verweisen und Betriebsvereinbarungen in Kopie dem Arbeitnehmerüberlassungsvertrag beizufügen.[43] Der Entleiher ist nicht gehalten, einen Günstigkeitsvergleich bzw. Schlechterstellungsvergleich – wie im Rahmen des Schlechterstellungsverbots nach § 9 Nr. 2 erforderlich (vgl. § 9 Rn. 144 ff.) – anzustellen. Dazu fehlen ihm regelmäßig auch die erforderlichen Kenntnisse über die im Leiharbeitsverhältnis anwendbaren Arbeitsbedingungen des Verleiherbetriebs.

bb) Grenzen der Auskunftspflicht (§ 12 Abs. 1 Satz 3 Hs. 2)

25 Da es sich bei § 12 Abs. 1 Satz 3 Hs. 2 der Sache nach um einen **Auskunftsanspruch** des Verleihers gegenüber dem Entleiher handelt, **scheidet** eine Auskunftspflicht des Entleihers bereits nach allgemeinen Grundsätzen (§ 242 BGB) mangels eines Informationsbedürfnisses des Verleihers **aus, soweit die wesentlichen Arbeitsbedingungen des Entleihers im Leiharbeitsverhältnis keine Anwendung finden.**[44] Auskunftsansprüche bestehen nämlich generell nur im Rahmen der Erforderlichkeit und Zumutbarkeit.[45] Dieser Auffassung hat sich der Gesetzgeber angeschlossen. Durch die Einfügung des letzten Halbsatzes in § 12 Abs. 1 Satz 3 hat der Gesetzgeber im Rahmen von „Hartz III" (siehe oben Rn. 1) **klargestellt**, dass der Auskunftsanspruch des Verleihers gegen den Entleiher nur in dem Umfang besteht, wie dies für die Bestimmung der Arbeitsbedingungen des Leiharbeitnehmers im konkreten Einzelfall erforderlich ist.[46]

26 Ein Auskunftsanspruch des Verleihers gegen den Entleiher scheidet daher aus, soweit und solange sich der Verleiher im Leiharbeitsverhältnis mit dem jeweiligen Leiharbeitnehmer auf die alte Sechswochen-Ausnahme zum Grundsatz von Equal Pay/Treatment (dazu § 9 Rn. 159 ff.) oder auf die Tarifausnahme (dazu § 9 Rn. 182 ff.) berufen kann.

---

43 HWK/*Gotthardt*, § 12 Rn. 9; Thüsing/*Thüsing*, § 12 Rn. 21.
44 So bereits *Vorauflage*, Nachtrag, 2003, § 12 Rn. 8; ebenso *Hanau*, ZIP 2003, 1573, 1577.
45 Vgl. Palandt/*Grüneberg*, § 259 Rn. 9; MüKo-BGB/*Krüger*, § 259 Rn. 28.
46 BT-Drs. 15/1515, S. 132.

II. Arbeitnehmerüberlassungsvertrag (Abs. 1) § 12

Aus dem Wortlaut „soweit" ergibt sich, dass der **Umfang der Auskunftspflicht des Entleihers vom Umfang des Schlechterstellungsverbots und dessen Ausnahmen abhängt**. Falls die Leiharbeitsvertragsparteien den vom Schlechterstellungsverbot abweichenden Tarifvertrag z.B. nur teilweise in Bezug nehmen, besteht die Auskunftspflicht des Entleihers gegenüber dem Verleiher nach § 12 Abs. 1 Satz 3 Hs. 2 nur, soweit das Schlechterstellungsverbot im Leiharbeitsverhältnis Anwendung findet.[47]

27

Ist der Grundsatz von Equal Pay/Treatment im Leiharbeitsverhältnis zwischen Leiharbeitnehmer und Verleiher aufgrund der Anwendbarkeit abweichender Tarifverträge zwar an sich ausgeschlossen, ist er aber dennoch von Belang für die Ansprüche des Leiharbeitnehmers, z.B. im Rahmen der in den **Tarifverträgen über Branchenzuschlägen** vereinbarten **Deckelungsregelung** (vgl. § 9 Rn. 222), besteht ein Auskunftsanspruch gegenüber dem Entleiher nach § 12 Abs. 1 Satz 3 Hs. 1 Teil 2, soweit das Informationsinteresse des Verleihers reicht. (vgl. zur Parallelproblematik § 13 Rn. 16).

28

Hinsichtlich der Frage, inwieweit der Grundsatz von Equal Pay/Treatment im Leiharbeitsverhältnis von Relevanz ist, ist der Entleiher auf entsprechende Informationen des Verleihers angewiesen, ansonsten kann es seine Auskunftspflicht nach § 12 Abs. 1 Satz 3 Hs. 1 Teil 2 nicht ordnungsgemäß erfüllen. Der **Verleiher** ist dem Entleiher aus einer vertraglichen Nebenpflicht (**§ 242 BGB**) **zur Information verpflichtet, inwieweit** der **„Equal Treatment"-Grundsatz** auf den konkreten Leiharbeitnehmer **Anwendung findet**. Kommt der Verleiher dieser Pflicht nicht nach, kann der Entleiher die nach § 12 Abs. 1 Satz 3 Hs. 1 Teil 2 geschuldete Auskunft verweigern (§ 273 Abs. 1 BGB).

29

Fraglich ist, ob die Auskunftspflicht des Entleihers gegenüber dem Verleiher nach § 12 Abs. 1 Satz 3 Hs. 1 Teil 2 wieder auflebt, wenn die Wirksamkeit eines (Zeitarbeits-)Tarifvertrags, dessen Anwendbarkeit Verleiher und Leiharbeitnehmer vereinbart haben, aufgrund der rechtskräftigen Feststellung der Tarifunfähigkeit einer Tarifvertragspartei nachträglich in Zweifel gezogen wird, wie dies z.B. bei der CGZP der Fall war (dazu ausf. § 9 Rn. 291 ff.). Dies wird z.T. ohne Weiteres bejaht.[48] Diese Auffassung ist allerdings zweifelhaft, weil ein Auskunftsanspruch erfüllt ist, wenn alle auskunftspflichtigen Umstände in formal ordnungsgemäßer Weise mitgeteilt worden sind. Inhaltliche Richtigkeit

30

---

47 Vgl. BT-Drs. 15/1515, S. 132; *Benkert*, BB 2004, 998, 1000.
48 LAG Düsseldorf, 22.5.2012 – 16 Sa 302/12, BeckRS 2012, 71536, Ls. 2.

ist keine Erfüllungsvoraussetzung (vgl. § 13 Rn. 18). Letztlich kann die Frage aber offenbleiben, weil in einem solchen Fall dem Verleiher gegen den Entleiher zumindest ein Auskunftsanspruch aus § 242 BGB zuzugestehen ist. Aus Gründen der „Waffengleichheit" müssen dem Verleiher, der sich gegen einen Equal-Pay/Treatment-Anspruch des Leiharbeitnehmers (§§ 9 Nr. 2, 10 Abs. 4) zu erwehren hat, die gleichen Rechte zustehen, wie dem Leiharbeitnehmer, der einen Auskunftsanspruch gegen den Entleiher nach § 13 hat (vgl. auch § 13 Rn. 20 f.).

cc) Pflicht zur Nachfrage

31 Dem **Verleiher wird durch** die **Angaben des Entleihers nicht** die **Verantwortung für** die **Erfüllung des Gleichbehandlungsgrundsatzes** (§§ 10 Abs. 4, 9 Nr. 2, 3 Abs. 1 Nr. 3) gegenüber dem Leiharbeitnehmer **abgenommen**. Stellen sich bei der Durchführung der Arbeitnehmerüberlassung Fragen hinsichtlich der wesentlichen Arbeitsbedingungen für vergleichbare Arbeitnehmer des Entleihers, hat der Verleiher beim Entleiher nachzufragen; der Entleiher ist zur Auskunft verpflichtet (§§ 242, 241 Abs. 2 BGB).[49]

dd) Rechtsfolgen von Pflichtverletzungen

32 Die auf Grund der im Gesetz verwandten unbestimmten Rechtsbegriffe bestehende Rechtsunsicherheit wird zwangsläufig dazu führen, dass die Angaben des Entleihers in der Praxis nicht immer vollständig sind. Trotz des Schriftformerfordernisses nach § 12 Abs. 1 Satz 1 **macht** die **Unvollständigkeit der Angaben** zu den wesentlichen Arbeitsbedingungen im Entleiherbetrieb den **Arbeitnehmerüberlassungsvertrag nicht** nach § 125 Satz 1 BGB **nichtig** (vgl. Rn. 9).[50] Dies folgt daraus, dass die Ergänzung in § 12 Abs. 1 Satz 3 nach dem Willen des Gesetzgebers insbesondere Informationszwecken gegenüber dem Verleiher dient.[51]

33 Dasselbe gilt für den Fall, dass im Arbeitnehmerüberlassungsvertrag **Angaben** des Entleihers zu den bei ihm geltenden wesentlichen Arbeitsbedingungen für vergleichbare Arbeitnehmer **vollständig fehlen**. Der Arbeitnehmerüberlassungsvertrag ist nicht wegen Formmangels nichtig, sofern die wesentlichen Willenserklärungen in Schriftform gefasst sind. Die Angaben nach § 12 Abs. 1 Satz 3 sind bloße Wissenser-

---

49 Thüsing/*Thüsing*, § 12 Rn. 22.
50 Ebenso Tschöpe/*Hiekel*, Teil 6 D Rn. 12b.
51 Vgl. BT-Drs. 15/25, S. 29.

klärungen zum Zwecke der Information des Verleihers und zur Erleichterung der Kontrolle durch die Aufsichtsbehörde (vgl. Rn. 2f.). Die Aufsichtsbehörde kann ihr Informationsbedürfnis notfalls durch ihre Zwangsbefugnisse befriedigen (vgl. §§ 6, 7); der Verleiher kann seinen Auskunftsanspruch notfalls einklagen oder Leistungsverweigerungsrechte (§ 273 Abs. 1 BGB) geltend machen.

Die nicht ordnungsgemäße oder verspätete Auskunft des Entleihers kann jedoch zu **Schadensersatzansprüchen** des Verleihers nach § 280 Abs. 1 bzw. § 286 BGB führen.[52] Außerdem kann der Verleiher das **Leistungsverweigerungsrecht** nach § 273 Abs. 1 BGB geltend machen.[53] 34

3. Hauptpflichten

Die Hauptpflichten aus dem Arbeitnehmerüberlassungsvertrag sind nicht in § 12 geregelt, sondern ergeben sich aus der Rechtsnatur des Arbeitnehmerüberlassungsvertrags als **schuldrechtlicher Vertrag sui generis zur entgeltlichen Verschaffung unselbstständiger Dienste**.[54] 35

a) Verleiher

aa) Arbeitnehmerüberlassung

Hauptleistung des Verleihers ist die Arbeitnehmerüberlassung. Er schuldet also nicht die Erbringung der Arbeitsleistung selbst, sondern mangels abweichender Vereinbarung die **Auswahl und Zurverfügungstellung eines arbeitsbereiten und** für die vorgesehene Tätigkeit ausreichend **qualifizierten Arbeitnehmers** für die gesamte Überlassungsdauer[55] (zur Abgrenzungsfragen, insbesondere in Bezug auf Dienst- und Werkvertrag § 1 Rn. 68ff.). Der Verleiher muss daher – soweit nichts anderes vereinbart – **nicht einen bestimmten, sondern nur einen geeigneten Arbeitnehmer**, der nach seiner beruflichen Befähigung und seinen persönlichen Umständen die vorgesehene Tätigkeit ausüben will und kann, überlassen. Auf diese Überlassungsverpflichtung können die Bestimmungen über die **Gattungsschuld** entsprechen- 36

---

52 Vgl. Thüsing/*Mengel*, § 10 Rn. 75; Schüren/Hamann/*Schüren*, § 10 Rn. 237.
53 Tschöpe/*Hiekel*, Teil 6 D Rn. 12b; Thüsing/*Thüsing*, § 12 Rn. 22.
54 *Boemke*, Schuldvertrag, S. 562 f; Schüren/Hamann/*Hamann*, § 1 Rn. 75.
55 BAG, 18.1.1989 – 7 ABR 62/87, NZA 1989, 728, 729, 1407; BAG, 5.5.1992 – 1 ABR 78/91, NZA 1992, 1044, 1044f. = AP Nr. 97 zu § 99 BetrVG 1972 unter I 1; *Boemke*, Schuldvertrag, S. 560; *Walker*, AcP 194 (1994), 295, 298.

de Anwendung finden.⁵⁶ Die Verpflichtung, einen geeigneten Arbeitnehmer zu überlassen, besteht **während der gesamten Laufzeit des Vertrags**, so dass der Verleiher mit der einmaligen Überlassung eines geeigneten Arbeitnehmers seine Pflichten noch nicht erfüllt hat. Bei einem etwaigen **Ausfall** dieses Arbeitnehmers (z. B. Krankheit, Urlaub o. Ä.) muss er eine **Ersatzkraft** stellen. Es tritt grundsätzlich keine Leistungsbefreiung nach § 275 Abs. 1 BGB ein; vielmehr bleibt der Verleiher zur Überlassung eines anderen Arbeitnehmers verpflichtet.⁵⁷ Etwas anderes gilt nur dann, wenn die **Überlassung eines bestimmten Arbeitnehmers („Stückschuld")** vereinbart war.⁵⁸ Dabei fällt es nach der Natur des Arbeitnehmerüberlassungsvertrags in die Risikosphäre des Verleihers, wie er sich einen geeigneten Arbeitnehmer beschafft; eine Beschränkung der Verschaffungspflicht auf die eigenen Arbeitnehmer tritt nur ein, wenn dies besonders vereinbart ist oder es sich um besonders qualifizierte Arbeitsaufgaben handelt.⁵⁹ Soweit nicht die Überlassung eines bestimmten Arbeitnehmers geschuldet ist, darf der Verleiher unter Berücksichtigung der berechtigten Interessen des Entleihers einen überlassenen **Leiharbeitnehmer jederzeit zurückrufen und anderweitig ersetzen**.⁶⁰

37 Wie der Verleiher den Leiharbeitnehmer zur Verfügung zu stellen hat, ergibt sich in erster Linie aus der vertraglichen Vereinbarung. Mangels abweichender Bestimmung ist der Verleiher bei Erfüllung seiner Vertragspflichten nicht zur Abtretung des gegen seinen Leiharbeitnehmer bestehenden Anspruchs auf Dienstleistung an den Entleiher verpflichtet, sondern er kann sich auf eine **Ermächtigung des Entleihers** beschränken, den **Anspruch auf Arbeitsleistung** gegen den Leiharbeitnehmer **geltend zu machen** und das **arbeitsrechtliche Weisungsrecht** zur Konkretisierung der Arbeitsleistungspflicht (Direktionsrecht) **auszuüben** (sog. **Einziehungs- bzw. Ausübungsermächtigung**).⁶¹ Näher zum Begriff der Arbeitnehmerüberlassung siehe § 1 Rn. 11 ff.

---

56 AG Solingen, 8.8.2000 – 13 C 236/00, NZA-RR 2000, 579; *Hamann*, Fremdpersonal im Unternehmen, S. 68 f., 148; Schüren/Hamann/*Schüren*, Einl. Rn. 308 ff.; Thüsing/*Thüsing*, Einf. Rn. 40 ff., § 12 Rn. 23.
57 AG Solingen, 8.8.2000 – 13 C 236/00, NZA-RR 2000, 579 f.; Thüsing/*Thüsing*, § 12 Rn. 26; *Ulber*, § 12 Rn. 23; ErfK/*Wank*, § 12 AÜG Rn. 6.
58 AG Solingen, 8.8.2000 – 13 C 236/00, NZA-RR 2000, 579, 580; Thüsing/*Thüsing*, § 12 Rn. 26.
59 Schüren/Hamann/*Schüren*, Einl. Rn. 323.
60 Thüsing/*Thüsing*, § 12 Rn. 27; *Ulber*, § 12 Rn. 23.
61 *Boemke*, Schuldvertrag, S. 560, 563 f.; *Gick*, S. 96 f.; *Rüthers/Bakker*, ZfA 1990, 245, 274 f. – A. A. Schüren/Hamann/*Schüren*, Einl. Rn. 312.

bb) Leistungsstörungen

Bei Leistungsstörungen ist zu unterscheiden: Bei **Nichtleistung der** **38** **Arbeit durch** den **Leiharbeitnehmer** verletzt der Verleiher seine Pflicht zur Überlassung eines geeigneten leistungsbereiten und -fähigen Arbeitnehmers, soweit nicht die Gründe hierfür ausnahmsweise in der Sphäre des Entleihers liegen (z. B. Nichteinhaltung von Arbeitsschutzvorschriften). Wegen des Fixschuldcharakters ist die Überlassung nicht nachholbar, so dass insoweit **Unmöglichkeit** eintritt (§ 275 Abs. 1 BGB). Der Verleiher verliert (zeitanteilig) seinen Anspruch auf die Überlassungsvergütung (§ 326 Abs. 1 BGB) und haftet gemäß 283, 280 Abs. 1 und 3, 276 Abs. 1 Satz 1 BGB („Beschaffungsrisiko") auf **Schadensersatz**,[62] soweit nicht die Überlassung eines ganz bestimmten Arbeitnehmers vereinbart war.[63]

Für **Schlechtleistungen des Leiharbeitnehmers** muss der Verleiher **39** dem Entleiher nicht unmittelbar einstehen (wegen der Haftung des Leiharbeitnehmers gegenüber dem Entleiher siehe § 11 Rn. 162 f.), weil er nur Überlassung, nicht aber die Arbeitsleistung als solche schuldet; der **Leiharbeitnehmer** ist **nicht Erfüllungsgehilfe des Verleihers**.[64] Eine **Haftung** nach § 280 Abs. 1 BGB besteht nur **bei Auswahlverschulden** (culpa in eligendo hinsichtlich der fachlichen und charakterlichen Fähigkeiten).[65] Der jeweilige **Sorgfaltsmaßstab** richtet sich nach der für den Leiharbeitnehmer konkret vorgesehenen Tätigkeit und der Auslegung der Vertragsabrede. Gesteigerte Sorgfaltspflichten bestehen auf Grund der mit dem Arbeitsplatz verbundenen besonderen Vertrauensstellung bzw. Art und Umfang des dort drohenden Schadens, etwa beim Verleih von Buchhaltern, Kassierern, Pförtnern, Wachpersonal und Kraftfahrern. Hier kann der Verleiher verpflichtet sein, die charakterliche Eignung des Leiharbeitnehmers zu überprüfen, indem er sich

---

62 Thüsing/*Thüsing*, § 12 Rn. 29; ErfK/*Wank*, Einl. AÜG Rn. 18.
63 AG Solingen, 8.8.2000 – 13 C 236/00, NZA-RR 2000, 579, 580; vgl. Thüsing/*Thüsing*, § 12 Rn. 26.
64 BAG, 27.5.1983 – 7 AZR 1210/79, EzAÜG § 611 BGB Haftung Nr. 7 unter III 2; ArbG Frankfurt, 10.9.1993, EzAÜG § 278 BGB Nr. 1; BGH, 9.3.1971 – VI ZR 138/69, NJW 1971, 1129; BGH, 13.5.1975 – VI ZR 247/73, NJW 1975, 1695, 1996 m. Anm. *Händel*; *Boemke*, Schuldvertrag, S. 561 f.; Thüsing/*Thüsing*, § 12 Rn. 32; ErfK/*Wank*, Einl. AÜG Rn. 20.
65 BGH, 13.5.1975 – VI ZR 247/73, NJW 1975, 1695, 1696 m. Anm. *Händel*; OLG Celle, 1.2.1973, EzAÜG § 611 BGB Haftung Nr. 2; *Boemke*, Schuldvertrag, S. 561 f.

§ 12 Rechtsbeziehungen zwischen Verleiher und Entleiher

ein polizeiliches Führungszeugnis vorlegen lässt.[66] Für die **Beweislast** gilt Folgendes: Für einen **Auswahlfehler** trägt nach allgemeinen Grundsätzen der **Entleiher** die Beweislast, weil es sich hierbei um den Nachweis der Pflichtverletzung und damit eine anspruchsbegründende Tatsache handelt. Abweichend von der früheren Rechtslage[67] muss sich aber **seit** dem **1.1.2002** der **Verleiher exkulpieren**, weil es nach der Beweislastumkehr in § 280 Abs. 1 Satz 2 BGB Sache des Schuldners ist, sich bei nachgewiesenen Pflichtverletzungen vom Vorwurf des Verschuldens zu entlasten.[68]

40 Nach h.M. soll der **Leiharbeitnehmer** bei seinem Einsatz im Betrieb des Entleihers weiterhin auch **Verrichtungsgehilfe des Verleihers** sein,[69] so dass der Verleiher im Rahmen des **§ 831 Abs. 1 BGB** mit der Möglichkeit der Exkulpation für deliktische Schädigungen durch den Leiharbeitnehmer hafte, und zwar auch, soweit es um Schädigungen des Entleihers geht.[70] Die Haftung sei nur dann ausgeschlossen, wenn die Abhängigkeit vom Verleiher aufgehoben und der Leiharbeitnehmer aus dessen Betrieb vollständig herausgelöst ist.[71] Dem ist nicht zu folgen, weil der Leiharbeitnehmer in den Betrieb des Entleihers eingegliedert wird und daher die konkrete Arbeitsleistung nicht unter Weisung des Verleihers, sondern des Entleihers erbringt.[72] Das Recht des Verleihers, den Leiharbeitnehmer abberufen zu können, ändert nichts daran, dass die konkrete Tätigkeit der ausschließlichen Weisung des Entleihers unterliegt (vgl. § 1 Rn. 27 ff.).

---

66 BGH, 13.5.1975 – VI ZR 247/73, NJW 1975, 1695 m. Anm. *Händel*; OLG Celle, 1.2.1973, EzAÜG § 611 BGB Haftung Nr. 2; Sandmann/Marschall/Schneider, § 12 Anm. 5 f.
67 BGH, 9.3.1971 – VI ZR 138/69, NJW 1971, 1129; OLG Celle, 22.5.1996 – 20 U 15/95, NJW-RR 1997, 469, 470; OLG Hamburg, 30.5.1973 – 28 O 79/72, BB 1973, 891.
68 Palandt/*Grüneberg*, § 280 Rn. 40.
69 BAG, 5.5.1988 – 8 AZR 484/85, NZA 1989, 340, 341 f.; BGH, 9.3.1971 – VI ZR 138/69, NJW 1971, 1129; BGH, 26.1.1995 – VII ZR 240/93, NJW-RR 1995, 659 f.; OLG München, 25.10.1983 – 25 U 1955/83, EzAÜG § 611 BGB Haftung Nr. 8 unter I 2. – A.A. BAG, 27.5.1983 – 7 AZR 1210/79, EzAÜG § 611 BGB Haftung Nr. 7 unter III 1; *Ulber*, § 12 Rn. 25.
70 OLG Celle, 22.5.1996 – 20 U 15/95, NJW-RR 1997, 469, 470; OLG München, 25.10.1983 – 25 U 1955/83, EzAÜG § 611 BGB Haftung Nr. 8 unter I 2.
71 BGH, 26.1.1995 – VII ZR 240/93, NJW-RR 1995, 659 f.
72 Ebenso Thüsing/*Thüsing*, § 12 Rn. 33.

cc) Beendigung

Die **Dauer** der geschuldeten Überlassung bestimmt sich nach den **ver-** **41** **traglichen Vereinbarungen**. Im Falle der **Befristung** endet das Arbeitnehmerüberlassungsverhältnis mit Zeitablauf, bei auflösender Bedingung mit Bedingungseintritt. Soweit nichts Abweichendes vereinbart ist, schließen **Bedingungen und Befristungen das** ordentliche Kündigungsrecht aus; das Recht zur außerordentlichen Kündigung **aus wichtigem Grund** bleibt unberührt (§ 314 BGB).[73] Wird ein ordentliches Kündigungsrecht ausdrücklich vereinbart, so gelten mangels abweichender vertraglicher Vereinbarungen die Kündigungsfristen entsprechend § 621 BGB.[74]

Die **Überlassung** ist **nach** Aufhebung der Höchstüberlassungsdauer **42** von zuletzt 24 Monaten (§ 3 Abs. 1 Nr. 6 a.F.) im Rahmen der **Hartz-Reform** des AÜG 2002[75] **zeitlich unbegrenzt** möglich.[76] Nach Einführung des § 1 Abs. 1 Satz 2 n.F. („Die Überlassung von Arbeitnehmern an Entleiher erfolgt vorübergehend") ist **nunmehr** aber **hoch umstritten, ob** darin ein **Verbot der dauerhaften Arbeitnehmerüberlassung** zu sehen ist (näher dazu § 1 Rn. 105 ff., § 9 Rn. 47, § 10 Rn. 6). Dies wird z.T. in der Lit. sowie der instanzgerichtlichen Rechtsprechung vertreten.[77] Diese Auffassung ist jedoch abzulehnen.[78] Weder aus der

---

[73] Schüren/Hamann//*Schüren*, Einl. Rn. 336 ff; *Ulber*, § 12 Rn. 47.
[74] *Hamann*, NZA 2010, 1211, 1216; *Hamann*, Fremdpersonal im Unternehmen, S. 156; Sandmann/Marschall/*Schneider*, Hdb. Zeitarbeit, Rn. 431; *Ulber*, § 12 Rn. 45.
[75] *Lembke*, BB 2003, 98, 103 f.
[76] A.A. *Ulber*, § 12 Rn. 45.
[77] So etwa LAG Berlin-Brandenburg, 9.1.2013 – 15 Sa 1635/12, BeckRS 2013, 65446 unter 1.2.1; *Böhm*, DB 2012, 918, 919; *Düwell*, ZESAR 2011, 449 ff.; *Hamann*, jurisPR-ArbR 40/2012, Anm. 40; *Hamann*, RdA 2011, 321, 327; *Zimmer*, AuR 2012, 89; *Zimmer*, AuR 2012, 422; i.E. ähnl. *Ulber*, AÜG, 4. Aufl. 2011, § 1 Rn. 230d, 231d; für die Einordnung als Verbotsgesetz i.S.d. § 99 Abs. 2 Nr. 1 BetrVG LAG Berlin-Brandenburg, 19.12.2012 – 4 TaBV 1163/12, BeckRS 2012, 76380; LAG Niedersachsen, 19.9.2012 – 17 TaBV 124/11, DB 2012, 2486; LAG Niedersachsen, 19.9.2012 – 17 TaBV 22/12, BeckRS 2012, 76001; ArbG Cottbus, 22.8.2012 – 4 BV 2/12, BeckRS 2012, 75438; ArbG Offenbach, 1.10.2012 – 10 BV 1/12, BeckRS 2012, 75121.
[78] DFL/*Beck*, § 1 Rn. 38; *Boemke*, jurisPR-ArbR 6/2013, Anm. 1; *Huke/Neufeld/Luickhardt*, BB 2012, 961, 964f.; *Lembke*, DB 2011, 414 f.; *Lembke*, BB 2012, 2497, 2500 f.; *Krannich/Simon*, BB 2012, 1414, 1415; *Schwab*, BB 6/2013, I; *Seel*, öAT 2013, 23, 24 f.; *Seel*, FA 2012, 360; *Rieble/Vielmeier*, EuZA Bd. 4 (2011), 474, 486 ff.; *Teusch/Verstege*, NZA 2012, 1326; gegen die Einordnung der Norm als Verbotsgesetz i.S.d. § 99 Abs. 2 Nr. 1 BetrVG ArbG Leipzig, 15.2.2012 – 11 BV 79/11, DB 2012, 640; ArbG Leipzig, 23.3.2012 – 3 BV 84/11 (zust. *Boemke*, JurisPR-ArbR 27/2012, Anm. 2); ArbG Leipzig, 23.3.2012 – 5 BV 85/11; ArbG Mönchengladbach,

§ 12 Rechtsbeziehungen zwischen Verleiher und Entleiher

Auslegung der Leiharbeitsrichtlinie noch aus der Auslegung des § 1 Abs. 1 Satz 2 lässt sich ein Verbot der dauerhaften Arbeitnehmerüberlassung herleiten. Vielmehr beschreibt § 1 Abs. 1 Satz 2 lediglich phänomenologisch, dass Arbeitnehmerüberlassung typischerweise vorübergehend stattfindet.[79] Daher kann § 1 Abs. 1 Satz auch nicht als eine Verbotsnorm i.S.d. § 134 BGB angesehen werden. Würde man dies anders sehen, wäre ein Überlassungsvertrag, der auf eine dauerhafte Arbeitnehmerüberlassung gerichtet ist, nichtig. Da diese Fragen bis zum Vorliegen höchstrichterlicher Rechtsprechung ungeklärt sind, ist in der Praxis zu empfehlen, im Überlassungsvertrag zumindest eine Zeit- und/oder Zweckbefristung vorzusehen[80] (vgl. auch Rn. 57).

43 Der **Wegfall der Erlaubnis** berührt wegen der Abwicklungsfrist nach § 2 Abs. 4 Satz 4 i.V.m. §§ 4 Abs. 1 Satz 2, 5 Abs. 2 Satz 2 den Fortbestand des Arbeitnehmerüberlassungsvertrags nicht. Etwas anderes gilt nur, wenn die Erlaubnis nach § 2 Abs. 4 Satz 1 wegen Zeitablaufs erlischt, ohne dass die Voraussetzungen des § 2 Abs. 4 Satz 4 gegeben sind; in diesem Fall wird nämlich nach § 9 Nr. 1 auch der Arbeitnehmerüberlassungsvertrag unwirksam (siehe § 9 Rn. 46).[81]

44 **Tod** des Leiharbeitnehmers oder des Verleihers **beenden grundsätzlich nicht** den Arbeitnehmerüberlassungsvertrag[82] (vgl. auch § 2 Rn. 45).

b) Entleiher

45 Hauptleistungspflicht des Entleihers ist die Zahlung der vereinbarten **Vergütung** für die Arbeitnehmerüberlassung. Entsprechend § 614 BGB ist der Verleiher vorleistungspflichtig, d.h. die Vergütung wird erst am Ende der Überlassung bzw. eines Abrechnungszeitraums fällig, soweit die Parteien nichts anderes vereinbart haben.[83] Für **Zahlungsverzug**

29.3.2012 – 1 BV 14/12, BeckRS 2012, 75361; offengelassen von LAG Düsseldorf, 2.10.2012 – 17 TaBV 48/12, NZA 2012, 1378, 1380; LAG Hannover, 16.11.2011 – 17 TaBV 99/11; gegen die Annahme eines fingierten Arbeitsverhältnisses zwischen Leiharbeitnehmer und Entleiher bei nicht nur vorübergehender Arbeitnehmerüberlassung LAG Berlin-Brandenburg, 16.10.2012 – 7 Sa 1182/12, BB 2013, 251 (beim BAG anhängig unter Az. 10 AZR 111/13).
79 Eingehend *Lembke*, BB 2012, 2497, 2500f.
80 *Lembke*, BB 2012, 2497, 2503.
81 *Ulber*, § 12 Rn. 59.
82 Schüren/Hamann/*Schüren*, Einl. Rn. 344, 348; Thüsing/*Thüsing*, § 12 Rn. 40f.; *Ulber*, § 12 Rn. 50.
83 Schüren/Hamann/*Schüren*, Einl. Rn. 354; *Ulber*, § 12 Rn. 27.

haftet der Entleiher gemäß § 286 BGB; der Verleiher kann **die Einrede des nichterfüllten Vertrags** (§ 320 BGB) erheben und bis zur Beendigung des Zahlungsverzugs die weitere Überlassung von Arbeitnehmern einstellen;[84] der Anspruch auf die Vergütung bleibt in diesem Fall nach § 326 Abs. 2 BGB bestehen.

Umstritten ist, ob die tatsächliche **Beschäftigung des Leiharbeitnehmers** Hauptpflicht des Entleihers[85] oder bloße Obliegenheit[86] ist. Da der Verleiher nur durch die Überlassung an den Entleiher seiner Beschäftigungspflicht gegenüber dem Leiharbeitnehmer nachkommen kann, sprechen die besseren Gründe dafür, die Annahme der Arbeitsleistung durch den Entleiher als **selbstständig einklagbare Hauptpflicht** einzuordnen. Lehnt der Entleiher die Beschäftigung eines den vertraglichen Vereinbarungen entsprechenden Leiharbeitnehmers ab, gerät er in Annahmeverzug und bleibt gemäß § 326 Abs. 2 BGB überdies zur Zahlung der vereinbarten Vergütung verpflichtet. 46

4. Nebenpflichten

a) Verleiher

Die wesentlichen Nebenpflichten des Verleihers bestehen in den in § 12 Abs. 1 Satz 2 und Abs. 2 näher beschriebenen **Auskunftspflichten** (dazu Rn. 16f., 61ff.). Der Verleiher ist gegenüber dem Entleiher zudem zur Auskunft über die Anwendbarkeit und den Umfang des Schlechterstellungsverbots im konkreten Fall verpflichtet (siehe oben Rn. 29). Darüber hinausgehende Pflichten können vertraglich vereinbart werden. Den Verleiher trifft neben der gesetzlichen Pflicht zur **Abführung des Gesamtsozialversicherungsbeitrags** (vgl. § 28e Abs. 1 Satz 1 SGB IV) auch die vertragliche Nebenpflicht gegenüber dem Entleiher, den Gesamtsozialversicherungsbeitrag an die Einzugsstelle (§ 28h Abs. 1 Satz 1 SGB IV) abzuführen, weil andernfalls die ordnungsgemäße Abwicklung des Arbeitnehmerüberlassungsvertrags gefährdet wäre (vgl. auch Rn. 57). Hat der Verleiher diese Pflicht schuldhaft verletzt, der Entleiher jedoch vor Eröffnung des Insolvenzverfahrens über das Vermögen des Verleihers im Hinblick auf seine sozialversicherungsrechtliche Subsidiärhaftung (§ 28e Abs. 2 SGB IV) an die Einzugsstelle noch keine Zahlung erbracht, steht dem Entleiher in der 47

---

[84] *Ulber*, § 12 Rn. 27, sofern gemäß § 614 Satz 2 BGB Zahlung nach Abrechnungszeiträumen vereinbart wurde.
[85] So Thüsing/*Thüsing*, § 12 Rn. 36; *Ulber*, § 12 Rn. 29.
[86] So Schüren/Hamann/*Schüren*, Einl. Rn. 359.

Insolvenz des Verleihers weder ein insolvenzfestes Leistungsverweigerungsrecht (§ 51 Nr. 2 und 3 InsO) noch eine insolvenzbeständige Aufrechnungs- oder Verrechnungsposition (§ 94 bis 96 InsO) zu.[87]

b) Entleiher

48 Wichtige Nebenpflichten für den Entleiher stellen die in § 12 Abs. 1 Satz 3 geregelten **Auskunftspflichten** dar. Ferner muss der Entleiher für die **Sicherheit des vom Leiharbeitnehmer eingenommenen Arbeitsplatzes** sorgen, und zwar nicht nur im Verhältnis zum Leiharbeitnehmer (vgl. § 11 Abs. 6), sondern auch im Verhältnis zum Verleiher.[88] Kommt der Entleiher dem nicht nach und verweigern deswegen die Leiharbeitnehmer die Arbeitsleistung, wird der Verleiher nach § 275 Abs. 1 BGB von seiner Leistungspflicht frei; der Anspruch auf die Überlassungsvergütung bleibt nach § 326 Abs. 2 BGB bestehen.[89] Soweit der Verleiher als Arbeitgeber **Informationen über die Leistungen des Leiharbeitnehmers** bzw. dessen Führung im Dienst benötigt, steht ihm ein Auskunftsanspruch gegen den Entleiher zu.[90]

49 Schließlich darf der Entleiher den Leiharbeitnehmer **nicht zum Vertragsbruch** gegenüber dem Verleiher **verleiten** (z. B. Überwechseln ohne Einhaltung der Kündigungsfristen) oder an einer Verletzung von Pflichten des Leiharbeitnehmers aus dem Leiharbeitsverhältnis zum Verleiher mitwirken (z. B. Vereinbarung eines Zweitarbeitsverhältnisses unter Verstoß gegen § 3 ArbZG).[91] Hingegen kann der Entleiher dem Arbeitnehmer einen Arbeitsvertrag für einen Zeitpunkt anbieten, in dem das Arbeitsverhältnis zum Verleiher nicht mehr besteht (vgl. § 9 Nr. 3 und 4; dazu § 9 Rn. 494 ff.).[92]

5. Hinweise zur Vertragsgestaltung

50 Die Gestaltung des Arbeitnehmerüberlassungsvertrags zwischen Verleiher und Entleiher unterliegt – abgesehen von den zwingenden Rege-

---

87 BGH, 14.7.2005 – IX ZR 142/02, NZA 2006, 375 f.
88 Schüren/Hamann/*Schüren*, Einl. Rn. 363 f.
89 Schüren/Hamann/*Schüren*, Einl. Rn. 364 f.; Thüsing/*Thüsing*, § 12 Rn. 37.
90 Schüren/Hamann/*Schüren*, Einl. Rn. 367; Thüsing/*Thüsing*, § 12 Rn. 38.
91 Vgl. Schüren/Hamann/*Schüren*, Einl. Rn. 370; *Ulber*, § 12 Rn. 32 f.
92 Schüren/Hamann/*Schüren*, Einl. Rn. 369; *Ulber*, § 12 Rn. 32.

II. Arbeitnehmerüberlassungsvertrag (Abs. 1) § 12

lungen des AÜG – der Privatautonomie der Parteien. Im Folgenden seien einige Hinweise zur Vertragsgestaltung gegeben.[93]

a) AGB

Sowohl Verleiher als auch Entleiher können sich bei der inhaltlichen Ausgestaltung des Arbeitnehmerüberlassungsvertrags der Verwendung von AGB bedienen (zum Schriftformerfordernis Rn. 8f.).[94] Die Einbeziehung und Inhaltskontrolle der AGB richtet sich nach §§ 305ff. BGB. Werden AGB gegenüber einem Unternehmer (§ 14 BGB) verwendet, ist Kontrollmaßstab gemäß § 310 Abs. 1 BGB die Regelung des **§ 307 BGB**.

51

b) Risiken der Arbeitnehmerüberlassung ohne Erlaubnis

Werden Arbeitnehmer ohne die erforderliche Verleiherlaubnis überlassen und beim Entleiher beschäftigt, so wird kraft Gesetzes nach § 10 Abs. 1 ein Arbeitsverhältnis zwischen Leiharbeitnehmer und Entleiher begründet. Außerdem droht nicht nur dem Verleiher eine Ordnungswidrigkeit nach § 16 Abs. 1 Nr. 1, sondern auch dem Entleiher nach § 16 Abs. 1 Nr. 1a. Sie kann mit einer Geldbuße bis zu 30.000 geahndet werden (§ 16 Abs. 2). Bei einer Geldbuße über 200 erfolgt zudem eine Eintragung in das Gewerbezentralregister (§ 149 Abs. 2 Nr. 3 GewO), was zur Folge haben kann, dass die dort eingetragene Firma keine öffentlichen Aufträge mehr erhält (dazu näher § 9 Rn. 55ff.). Zur Vermeidung dieser Risiken empfiehlt es sich aus Sicht des Entleihers, den Verleiher über die Erklärungspflicht nach § 12 Abs. 1 Satz 2 hinaus vertraglich zu **verpflichten**, seine Arbeitnehmerüberlassungserlaubnis bzw. dessen Verlängerung durch **Vorlage der Originalurkunde oder Aushändigung einer beglaubigten Kopie** nachzuweisen. Dies gilt insbesondere auch für Fälle, in denen die Parteien von einem Dienst- oder Werkvertrag ausgehen, aber das Risiko besteht, dass die Aufsichtsbehörde oder ein Gericht vom Vorliegen von Arbeitnehmerüberlassung ausgeht. Hier sollte der potentielle Verleiher sich vorsorglich eine Überlassungserlaubnis einholen. Der potentielle Entleiher sollte sich das Vorliegen der Erlaubnis – wie dargelegt – nachweisen lassen.

52

---

93 S. auch das Muster eines Arbeitnehmerüberlassungsvertrags bei *Lembke/Zanotti*, in: Liebers, FB ArbR, I Rn. 1ff., 20ff.; zur Vertragsgestaltung auch *Spieler/Pollert*, AuA 2011, 270; zu einer Arbeitsschutzvereinbarung zwischen Verleiher und Entleiher *Anton-Dyck/Böhm*, ArbRB 2012, 58, 60f.
94 Zur Kollision von AGB beider Vertragsparteien Palandt/*Grüneberg*, § 305 Rn. 54.

c) Risiko der Anwendung des Grundsatzes von Equal Pay/Treatment

53 Aufgrund der Re-Regulierung der Zeitarbeit und der durch die Rechtsprechung entwickelten Flexibilisierungsbeschränkungen verschärft sich die **Abgrenzungsproblematik zwischen Dienst- bzw. Werkvertrag** einerseits **und Arbeitnehmerüberlassungsvertrag** andererseits wieder deutlich.[95] Handelt es sich bei dem Dienst- bzw. Werkvertrag in Wahrheit um einen Arbeitnehmerüberlassungsvertrag, bestehen die mit der unerlaubten Arbeitnehmerüberlassung verbundenen Risiken, falls der „Auftragnehmer" nicht im Besitz der erforderlichen Überlassungserlaubnis ist (vgl. dazu Rn. 52). Ist der „Auftragnehmer" hingegen im Besitz einer Arbeitnehmerüberlassungserlaubnis, trifft den Verleiher die – auch als Ordnungswidrigkeit (§ 16 Abs. 1 Nr. 7a) sanktionierte – Pflicht, dem überlassenen Arbeitnehmer die gleichen Arbeitsbedingungen zu gewähren, wie sie vergleichbare Arbeitnehmer des Entleihers erhalten. Dann besteht das Risiko, dass die Kalkulation des überlassenden Unternehmers (Verleihers) nicht mehr stimmt und er sich wegen höherer Kosten gegenüber dem anderen Teil (Entleiher) auf eine Störung der Geschäftsgrundlage (§ 313 BGB) beruft. Insoweit sollten die Parteien Vorsorge treffen und regeln, welche Partei inwieweit das **Risiko des Vorliegens von Arbeitnehmerüberlassung und der Anwendung des „Equal Treatment"-Grundsatzes** trifft. Insoweit kommt z. B. eine Zusatzvereinbarung in Betracht, welche den Fall behandelt, dass die Vertragsbeziehung wider Erwarten als Arbeitnehmerüberlassung angesehen wird.[96]

54 Auch wenn Verleiher und Entleiher **offen** von einem **Arbeitnehmerüberlassungsverhältnis** ausgehen und einen entsprechenden Vertrag abschließen, ist zu erwägen, Regelungen für den Fall vorzusehen, dass wider Erwarten der Grundsatz von Equal Pay/Treatment eingreift, z. B. wenn die Rechtsprechung jegliche Bezugnahme auf mehrgliedrige Zeitarbeits-Tarifverträge für unwirksam halten sollte (vgl. nur § 9 Rn. 310 ff.).

55 Möchten Verleiher und Entleiher das Eingreifen von Equal Pay/Treatment aufgrund der **Drehtürklausel** (§ 9 Nr. 2 Hs. 4) im Falle des Rückverleihs des Arbeitnehmers in den abgebenden Konzern vermeiden, muss zum einen der Verleiher den Leiharbeitnehmer verpflichten, ihm mitzuteilen, bei welchem Arbeitgebern er wann innerhalb der letzten

---

95 Vgl. nur *Lembke*, in: Maschmann, Rigidität und Flexibilität im Arbeitsrecht, S. 119 ff.
96 Dazu *Lembke/Zanotti*, in: Liebers, FB ArbR, I Rn. 129 ff.

sechs Monate aus einem Arbeitsverhältnis ausgeschieden ist. Zum anderen sollte der Arbeitnehmerüberlassungsvertrag zwischen Verleiher und Entleiher regeln, dass der **Entleiher prüft**, ob der zu überlassende Leiharbeitnehmer in der „Sperrfrist" bei ihm oder einem konzernangehörigen Unternehmen in einem Arbeitsverhältnis stand (näher zur Vertragsgestaltung insoweit § 9 Rn. 467f.).

d) Risiken beim Entleih von Ausländern

Bei Beschäftigung ausländischer Leiharbeitnehmer, die nicht im Besitz der nach § 284 SGB III erforderlichen Arbeitsgenehmigung bzw. eines erforderlichen Aufenthaltstitels nach § 4 Abs. 3 AufenthaltsG sind, droht dem Entleiher eine Geldbuße von bis zu Euro 500.000 bzw. Geld- oder Freiheitsstrafe (§§ 15a, 16 Abs. 1 Nr. 2, Abs. 2) sowie die Haftung für die Kosten der Abschiebung oder Zurückschiebung (§ 66 Abs. 4 AufenthaltsG), jedenfalls wenn der Verleiher die erforderliche Arbeitnehmerüberlassungserlaubnis nicht besitzt.[97] Bei einer Verurteilung nach § 15a drohen dem Entleiher ferner ein Eintrag ins Gewerbezentralregister (§ 149 Abs. 2 Nr. 4 GewO).[98] Ferner besteht im Zusammenhang mit dem rechtswidrigen Entleih von Ausländern das Risiko des Ausschlusses von öffentlichen (Bau-)Aufträgen (§ 21 SchwarzArbG).[99] Zur Vermeidung dieser Risiken aus Sicht des Entleihers sollte der Verleiher im Arbeitnehmerüberlassungsvertrag dazu **verpflichtet** werden, den **Nachweis der Arbeitserlaubnis bzw. Arbeitsberechtigung** bzw. des erforderlichen Aufenthaltstitels **oder des Vorliegens der Voraussetzungen für die Genehmigungsfreiheit des Ausländers** zu erbringen.

56

e) Vermeidung der sozialversicherungsrechtlichen Subsidiärhaftung des Entleihers

Grundsätzlich ist es Sache des Verleihers als Arbeitgeber des Leiharbeitnehmers, die Beiträge zur Sozialversicherung als Gesamtsozialversicherungsbeitrag durch Abzug vom Arbeitsentgelt abzuführen (§§ 28d,

57

---

97 BVerwG, 13.11.1979 – 1 C 31.78, BVerwGE 59, 117, 120f. für einen Fall der unerlaubten Arbeitnehmerüberlassung ohne Erlaubnis; *Renner*, AuslG, § 82 Rn. 5.
98 Eingefügt mit Wirkung ab dem 1.4.2004 (Art. 124 Abs. 2) durch Art. 67 Nr. 3b des Dritten Gesetzes für moderne Dienstleistungen am Arbeitsmarkt vom 23.12.2003, BGBl. I, S. 2848, 2902.
99 Eingefügt mit Wirkung ab dem 1.8.2004 durch Art. 1 des Gesetzes zur Intensivierung der Bekämpfung der Schwarzarbeit und damit zusammenhängender Steuerhinterziehung vom 23.7.2004, BGBl. I, S. 1842.

§ 12   Rechtsbeziehungen zwischen Verleiher und Entleiher

28e Abs. 1, 28g SGB IV). Auf Grund der in § 28e Abs. 2 Satz 1 und 2 SGB IV bzw. 150 Abs. 3 SGB VII geregelten Subsidiärhaftung kann jedoch der Entleiher für die Sozialversicherungsbeiträge in Anspruch genommen werden, wenn und soweit sie auf die Zeit der entgeltlichen Überlassung an ihn fallen und vom Verleiher trotz Mahnung durch die Einzugsstelle sowie Ablauf der Mahnfrist nicht abgeführt wurden[100] (vgl. auch Rn. 47; zum Haftungsrisiko in den CGZP-Fällen vgl. § 9 Rn. 325 ff.). Zwar kann dieses Haftungsrisiko durch Vertragsgestaltung rechtlich nicht ausgeschlossen, aber dadurch verringert werden, dass sich der Entleiher von der zuverlässigen Abführung der Sozialversicherungsbeiträge durch den Verleiher vor und während der Überlassung überzeugt. Daher sollte in den Arbeitnehmerüberlassungsvertrag die **Pflicht des Verleihers** aufgenommen werden, die ordnungsgemäße Abführung der Sozialversicherungsbeiträge durch **Vorlage einer Bescheinigung** (Anspruch auf eine solche Bescheinigung besteht nach § 368 BGB analog)[101] **der zuständigen Einzugsstelle** (§ 28i SGB IV) auf Verlangen des Entleihers nachzuweisen. Bei Zweifeln an der Zuverlässigkeit des Verleihers sollten künftige Regressansprüche gegen den Verleiher durch Sicherheiten geschützt werden. Etwaige Beitragsansprüche des Sozialversicherungsträgers verjähren nach § 25 Abs. 1 SGB IV grundsätzlich in vier Jahren nach Ablauf des Kalenderjahres, in dem sie fällig geworden sind. Dies gilt auch dann, wenn die Ansprüche des Leiharbeitnehmers selbst, z.B. wegen des Eingreifens von Ausschlussfristen, verfallen sind.[102] Im Übrigen steht dem Entleiher, wenn der Verleiher der vereinbarten Vorlagepflicht nicht nachkommt, ein Zurückbehaltungsrecht (§ 273 Abs. 1 BGB) an der Arbeitnehmerüberlassungsvergütung zu.

f) Risiko des Verbots der dauerhaften Arbeitnehmerüberlassung

58   Aufgrund der Rechtsunsicherheit hinsichtlich der Auslegung des § 1 Abs. 1 S. 2 AÜG (vgl. Rn. 42) empfiehlt es sich aus kautelarjuristischer Sicht, im Überlassungsvertrag zumindest eine Zeit- und/oder Zweckbefristung vorzusehen, um argumentieren zu können, dass keine dauer-

---

100 Dazu BSG, 29.6.2000 – B 12 KR 10/00, BeckRS 2000, 41332; BSG, 7.3.2007 – B 12 KR 11/06R, BeckRS 2007, 45269.
101 Zur entsprechenden Anwendung bürgerlich-rechtlicher Regelungen auf öffentlich-rechtliche Rechtsverhältnisse vgl. BGH, 30.9.1970 – III ZR 87/69, NJW 1970, 2208, 2209.
102 Ausf. zur Verjährung von Beiträgen zur Sozialversicherung *Boemke*, DB 2003, 502.

hafte Überlassung geplant war. Ferner sollte eine ordentliche Kündigungsmöglichkeit vereinbart werden.[103]

g) Steuerliche und sozialversicherungsrechtliche Pflichten im Hinblick auf Drittleistungen im Rahmen von Gemeinschaftseinrichtungen und -diensten des Entleihers

Die Gewährung des verbilligten oder kostenlosen Zugangs zu Gemeinschaftseinrichtungen oder Gemeinschaftsdiensten des Entleihers nach § 13b können für den Leiharbeitnehmer einen geldwerten Vorteil darstellen. Daher sollten Verleiher und Entleiher im Arbeitnehmerüberlassungsvertrag Regelungen treffen, die den Verleiher in die Lage versetzen, zu prüfen, ob er Steuern und Sozialversicherungsbeiträge abzuführen hat (näher dazu § 13b Rn. 48 ff.). 59

h) Vermittlungsprovision

Zur Gestaltung der nach § 9 Nr. 3 angemessenen Vermittlungsvergütung des Verleihers § 9 Rn. 509 ff. 60

III. Unterrichtungs- und Hinweispflichten des Verleihers (§ 12 Abs. 2)

1. Unterrichtung über den Wegfall der Erlaubnis (§ 12 Abs. 2 Satz 1)

a) Normzweck

Die in § 12 Abs. 2 statuierte Nebenpflicht des Verleihers zur Unterrichtung des Entleihers entspricht der Unterrichtungs- und Hinweispflicht des Verleihers gegenüber dem Leiharbeitnehmer nach § 11 Abs. 3. Beide Vorschriften dienen dazu, dass **sich die Beteiligten** (Entleiher bzw. Leiharbeitnehmer) **rechtzeitig auf das Ende des Überlassungsverhältnisses einstellen können**.[104] Für den Entleiher steht dabei insbesondere die Vermeidung der Rechtsfolgen des § 10 im Vordergrund.[105] 61

---

103 Vgl. *Lembke*, BB 2012, 2497, 2503; *Lembke/Zanotti*, in: Liebers, FB ArbR, I Rn. 59.
104 Vgl. BT-Drs. VI/3505, S. 4.
105 Thüsing/*Thüsing*, § 12 Rn. 42.

§ 12 Rechtsbeziehungen zwischen Verleiher und Entleiher

b) Umfang der Pflicht

62 Der Verleiher hat den Entleiher unverzüglich über den **Zeitpunkt des Wegfalls der Erlaubnis** zu unterrichten, und zwar unabhängig vom Erlöschensgrund. Die Unterrichtungspflicht besteht also nicht nur in den Fällen des § 12 Abs. 2 Satz 2, sondern auch, wenn die Erlaubnis aus sonstigen Gründen wegfällt. Im Hinblick auf den Schutzzweck der Norm, dem Entleiher Maßnahmen zur Vermeidung der Begründung eines Arbeitsverhältnisses kraft Gesetzes gemäß § 10 Abs. 1 zu ermöglichen (etwa Kündigung des Arbeitnehmerüberlassungsvertrags und Nichtweiterbeschäftigung des Leiharbeitnehmers nach Wegfall der Erlaubnis), greift die Unterrichtungspflicht bereits **vor dem Wegfall der Erlaubnis**. Spätestens **ab der sicheren Kenntnis des Zeitpunkts, in dem die Erlaubnis wegfällt**, muss der Entleiher unverzüglich informiert werden, und zwar auch über den (voraussichtlichen) Zeitpunkt des Erlöschens. Unverzüglich, d.h. ohne schuldhaftes Zögern (§ 121 Abs. 1 Satz 1 BGB), ist die Unterrichtung **grundsätzlich** nur, wenn sie **sofort** erfolgt, weil den erheblichen Interessen des Entleihers in der Regel keine berechtigten Interessen des Verleihers an der Zurückhaltung dieser Information entgegen der gesetzlichen Regelung Abs. 2 Satz 1 gegenüberstehen.[106] **Ausnahmsweise** ist die Unterrichtung mangels eines berechtigten Interesses des Entleihers dann **entbehrlich, wenn die Arbeitnehmerüberlassung vor dem Zeitpunkt des Wegfalls der Erlaubnis endet**.[107]

63 Für die Unterrichtung nach § 12 Abs. 2 ist die **Schriftform nicht gesetzlich vorgeschrieben**.[108] Sie sollte aus Beweisgründen aber schriftlich erfolgen.

64 Bei **Verletzung der Unterrichtungspflicht** haftet der Verleiher dem Entleiher aus **§ 280 Abs. 1 BGB** sowie aus **§ 823 Abs. 2 BGB**, weil § 12 Abs. 2 Satz 1 Schutzgesetz i.S.d. Bestimmung ist.[109] Ersatzfähig sind z.B. die Schäden, die dem Entleiher dadurch entstehen, dass wegen der fortdauernden Überlassung trotz Wegfalls der Erlaubnis nach § 10 Abs. 1 i.V.m. § 9 Nr. 1 kraft Gesetzes ein Arbeitsverhältnis zum Leiharbeitnehmer begründet wird.

---

106 Thüsing/*Thüsing*, § 12 Rn. 43; Schüren/Hamann/*Brors*, § 12 Rn. 26.
107 Thüsing/*Thüsing*, § 12 Rn. 43; *Ulber*, § 12 Rn. 53.
108 Thüsing/*Thüsing*, § 12 Rn. 11; ErfK/*Wank*, § 12 AÜG Rn. 12. – A.A. Schüren/Hamann/*Brors*, § 12 Rn. 27; *Ulber*, § 12 Rn. 55.
109 Thüsing/*Thüsing*, § 12 Rn. 44; *Ulber*, § 12 Rn. 51.

2. Hinweis auf Abwicklungsende und -frist (§ 12 Abs. 2 Satz 2)

In den Fällen des **Wegfalls der Überlassungserlaubnis wegen Nichtverlängerung** (§ 2 Abs. 4 Satz 3), **Rücknahme** (§ 4) oder **Widerrufs** (§ 5) sieht das Gesetz eine (maximale) Abwicklungsfrist von zwölf Monaten vor (§§ 2 Abs. 4 Satz 4 a.E., 4 Abs. 1 Satz 2, 5 Abs. 2 Satz 2). Über das **voraussichtliche Ende der Abwicklung sowie** über die **gesetzliche Abwicklungsfrist** hat der Verleiher den Entleiher zu informieren. Demgegenüber muss der Verleiher nach dem insoweit eindeutigen Wortlaut des § 12 Abs. 2 Satz 2 **nicht** über **sonstige Umstände** aufklären, die für den Entleiher von Bedeutung sein können, wie z.B. die Gründe für den Wegfall der Erlaubnis oder sich hieraus ergebende Auswirkungen auf die Rechtsstellung des Entleihers.[110] Da die Erlaubnis während der fristgemäßen Abwicklung als fortbestehend gilt, können den Entleiher nachteilige Folgen aus dem Wegfall der Erlaubnis, wie z.B. die gesetzliche Begründung eines Arbeitsverhältnisses mit dem Leiharbeitnehmer gemäß § 10 Abs. 1 Satz 1, erst nach diesem Zeitpunkt treffen. Eine besondere Form ist für den Hinweis nicht vorgeschrieben (vgl. Rn. 63).

65

IV. Aufhebung der Auskunftspflicht des Verleihers bezüglich der Kontrollmeldung (§ 12 Abs. 3 a.F.)

§ 12 Abs. 3 wurde im Rahmen von „Hartz I" als **Folge der Aufhebung der Meldepflicht des Entleihers nach § 28a Abs. 4 SGB IV** aufgehoben (siehe oben Rn. 1).[111]

66

Die Pflicht zur Kontrollmeldung des Entleihers gegenüber der Einzugsstelle hinsichtlich des Beginns und Endes der Überlassung gemäß § 28a Abs. 4 SGB IV wurde durch Art. 2 Nr. 8b des Zweiten Gesetzes für moderne Dienstleistungen am Arbeitsmarkt vom 23.12.2002 („Hartz II")[112] mit Wirkung ab dem 1.1.2003 beseitigt. Nach der Gesetzesbegründung dient die Aufhebung der Entleihermeldung der Verwaltungsentlastung. In der bisherigen Praxis habe sich die Entleihermeldung nicht bewährt. Die Meldepflichten für die entliehenen Arbeitnehmer durch den Verleiher bleiben aber weiterhin bestehen.[113]

67

---

110 Thüsing/*Thüsing*, § 12 Rn. 45. – A.A. *Ulber*, § 12 Rn. 54.
111 BT-Drs. 15/25, S. 39.
112 BGBl. I, S. 4621, 4623.
113 BT-Drs. 15/26, S. 24.

V. Rechtsstreitigkeiten

68 Streitigkeiten zwischen dem Verleiher und dem Entleiher aus dem Arbeitnehmerüberlassungsvertrag oder im Hinblick auf die Pflichten aus § 12 sind vor den Zivilgerichten der **ordentlichen Gerichtsbarkeit** (§ 13 GVG) auszutragen.[114]

---

114 Schaub/*Koch*, § 120 Rn. 86; Thüsing/*Thüsing*, § 12 Rn. 46.

§ 13 Auskunftsanspruch des Leiharbeitnehmers

Der Leiharbeitnehmer kann im Falle der Überlassung von seinem Entleiher Auskunft über die im Betrieb des Entleihers für einen vergleichbaren Arbeitnehmer des Entleihers geltenden wesentlichen Arbeitsbedingungen einschließlich des Arbeitsentgelts verlangen; dies gilt nicht, soweit die Voraussetzungen der in § 3 Abs. 1 Nr. 3 und § 9 Nr. 2 genannten Ausnahme vorliegen.

Literatur: *Benkert*, Änderungen im Arbeitnehmerüberlassungsgesetz durch „Hartz III", BB 2004, 998; *Boemke*, Auskunftspflichten im Arbeitsverhältnis, AR-Blattei SD 320; *Hanau*, Einzelfragen und -antworten zu den beiden ersten Gesetzen für moderne Dienstleistungen am Arbeitsmarkt, ZIP 2003, 1573; *Lembke*, Die „Hartz-Reform" des Arbeitnehmerüberlassungsgesetzes, BB 2003, 98.

Übersicht

	Rn.
I. Vorbemerkungen	1
1. Entstehungsgeschichte	1
2. Sinn und Zweck	3
3. Rechtsnatur des Auskunftsanspruchs	5
II. Auskunftsanspruch des Leiharbeitnehmers gegen den Entleiher	7
1. Tatbestandsvoraussetzungen (Hs. 1)	8
a) Erlaubte Arbeitnehmerüberlassung	8
b) Tatsächliche Überlassung an den Entleiher	9
c) Fehlen vergleichbarer Arbeitnehmer im Entleiherbetrieb	10
d) Auskunftsverlangen	12
e) Grenzen des Auskunftsanspruchs (Hs. 2)	13
2. Rechtsfolgen	17
a) Auskunftsanspruch	17
b) Eidesstattliche Versicherung	22
c) Schadensersatz	23
d) Zurückbehaltungsrecht	24
III. Streitigkeiten	25
1. Rechtsweg	25
2. Stufenklage (§ 254 ZPO analog)	27
3. Streitwert der Auskunftsklage	29
4. Beschwerdeverfahren (§§ 84f. BetrVG)	30

§ 13 Auskunftsanspruch des Leiharbeitnehmers

I. Vorbemerkungen

1. Entstehungsgeschichte

1 Seit der Aufhebung von § 13 a.F. durch Art. 63 Nr. 9 AFRG mit Wirkung zum 1.4.1997[1] war die Vorschrift unbesetzt. Durch Art. 6 Nr. 8 des Ersten Gesetzes für moderne Dienstleistungen am Arbeitsmarkt vom 23.12.2002 („Hartz I")[2] wurde mit Wirkung ab dem 1.1.2003 (zur Übergangsvorschrift des § 19 a.F. § 19 Rn. 2, 21 f.) in der Bestimmung ein neuer **Auskunftsanspruch des Leiharbeitnehmers gegenüber dem Entleiher** hinsichtlich der im Entleiherbetrieb für einen vergleichbaren Arbeitnehmer geltenden wesentlichen Arbeitsbedingungen (einschließlich des Arbeitsentgelts) aufgenommen. Die **Einschränkung des letzten Halbsatzes** wurde zur Klarstellung des ursprünglich zu weit geratenen Wortlauts durch Art. 93 Nr. 3 des Dritten Gesetzes für moderne Dienstleistungen am Arbeitsmarkt vom 23.12.2003 („Hartz III")[3] mit Wirkung ab dem 1.1.2004 eingefügt.[4]

2 Da die Sechswochen-Ausnahme in § 9 Nr. 2 Hs. 1 bzw. § 3 Abs. 1 Nr. 3 Satz 1 mit Wirkung ab dem 30.4.2011 durch das „Erste Gesetz zur Änderung des Arbeitnehmerüberlassungsgesetzes – Verhinderung von Missbrauch der Arbeitnehmerüberlassung vom 28.4.2011[5] (1. AÜG-ÄndG) gestrichen wurde (vgl. § 9 Rn. 33, wurde § 13 Hs. 2 entsprechend **angepasst**, so dass der Auskunftsanspruch nicht gilt, soweit die Tarifausnahme zum Grundsatz des Equal Pay/Treatment greift. Die Änderung des § 13 trat nach Art. 2 Abs. 1 des 1. AÜG-ÄndG an sich erst am 1.12.2011 in Kraft. Dabei handelt es sich jedoch um ein Redaktionsversehen. Weil die Anpassung des § 13 an die Änderung des § 9 Nr. 2 bzw. § 3 Abs. 1 Nr. 3 anknüpft, müssen die Gesetzesänderungen zeitgleich in Kraft treten (zur Geltung der Sechswochen-Ausnahme in vor bzw. nach dem 15.12.2010 begründeten Leiharbeitsverhältnissen s. § 19 Rn. 9, 16 f.). Ein Auskunftsanspruch des Leiharbeitnehmers gegenüber dem Entleiher scheidet daher aus, soweit und solange sich der Verleiher noch auf die alte Sechswochen-Ausnahme zum Grundsatz von Equal Pay/Treatment oder auf die Tarifausnahme berufen kann.

---

1 BGBl. I, S. 594, 715.
2 BGBl. I, S. 4607, 4619.
3 BGBl. I, S. 2848, 2910.
4 Dazu auch *Benkert*, BB 2004, 998, 1000.
5 BGBl. I, S. 642.

2. Sinn und Zweck

Zweck des Auskunftsanspruchs des Leiharbeitnehmers gegenüber dem Entleiher ist es, **dem Leiharbeitnehmer die Überprüfung zu ermöglichen, ob** sein Vertragsarbeitgeber, der **Verleiher**, ihm gegenüber seine arbeitsrechtlichen Verpflichtungen hinsichtlich der einschlägigen Arbeitsbedingungen, insbesondere aus dem **Gleichbehandlungsgrundsatz**/Schlechterstellungsverbot (§§ 9 Nr. 2, 3 Abs. 1 Nr. 3, 10 Abs. 4), **erfüllt**.[6] Er soll den Leiharbeitnehmer zudem in die Lage versetzen, seinen Anspruch auf Equal Pay/Treatment (§§ 9 Nr. 2, 3 Abs. 1 Nr. 3, 10 Abs. 4) gegenüber seinem Vertragsarbeitgeber, dem Verleiher, substantiiert geltend zu machen[7] (vgl. zur Erleichterung der Darlegungslast des Leiharbeitnehmers bei Berufung auf die gemäß § 13 erteilte Entleiher-Auskunft § 9 Rn. 478 ff.).

3

Eine arbeitsvertragliche **Klausel**, durch die der **Leiharbeitnehmer verpflichtet** wird, **keine Auskunft** vom Entleiher nach § 13 **einzuholen**, ist nach § 307 Abs. 1 Satz 1 BGB **unwirksam**.[8]

4

3. Rechtsnatur des Auskunftsanspruchs

Der Auskunftsanspruch des Leiharbeitnehmers gegenüber dem Entleiher ist ein **Hilfsanspruch**, welcher der Durchsetzung des Hauptanspruchs gegenüber dem Verleiher auf Gewährung der einschlägigen Arbeitsbedingungen dient.[9] Dass sich Haupt- und Hilfsanspruch ausnahmsweise gegen zwei verschiedene Personen richten (Verleiher einerseits, Entleiher andererseits), folgt daraus, dass die Ansprüche auf Gewährung der Arbeitsbedingungen gegenüber dem Vertragsarbeitgeber, dem Verleiher, bestehen, der Inhalt der Arbeitsbedingungen sich aber im Rahmen des Gleichbehandlungsgrundsatzes/Schlechterstellungsverbots (auch) nach den Verhältnissen im Entleiherbetrieb richtet. Die Bestimmung des § 13 regelt eine Nebenpflicht im Rahmen des Rechtsverhältnisses zwischen Leiharbeitnehmer und Entleiher, das als Arbeitsverhältnis (Erfüllungsverhältnis) und gesetzliches Schuldverhältnis angesehen werden kann (vgl. § 11 Rn. 141; § 13a Rn. 23, 33).

5

---

6 BT-Drs. 15/25, S. 39; *Lembke*, BB 2003, 98, 99.
7 BAG, 19.9.2007 – 4 AZR 656/06, NZA-RR 2008, 231, 235, Rn. 54; LAG Bremen, 8.9.2009 – 1 Sa 35/08, BeckRS 2010, 66481.
8 LAG Düsseldorf, 29.8.2012 – 12 Sa 576/12, BeckRS 2012, 76072.
9 Ebenso BT-Drs. 15/1515, S. 133. – Allg. zum Hilfscharakter des Auskunftsanspruchs *Boemke*, AR-Blattei SD 320 Rn. 3; *Palandt/Grüneberg*, § 259 Rn. 7.

§ 13　Auskunftsanspruch des Leiharbeitnehmers

6　Selbstständig neben dem Auskunftsanspruch des Leiharbeitnehmers gegen den Entleiher nach § 13 steht der Anspruch des Leiharbeitnehmers gegen den Verleiher auf Nachweis der wesentlichen Arbeitsbedingungen nach § 11 Abs. 1 Satz 1 AÜG i.V.m. § 2 Abs. 1 NachwG einschließlich des Verweises auf ggf. anwendbare Tarifverträge,[10] auf Erteilung einer Entgeltabrechnung (§ 108 GewO) und Erläuterung der Berechnung und Zusammensetzung des Arbeitsentgelts (§ 82 Abs. 2 Satz 1 BetrVG).

II. Auskunftsanspruch des Leiharbeitnehmers gegen den Entleiher

7　Nach § 13 kann der Leiharbeitnehmer im Falle der Überlassung von seinem Entleiher Auskunft über die im Entleiherbetrieb für einen vergleichbaren Arbeitnehmer des Entleihers geltenden wesentlichen Arbeitsbedingungen (einschließlich des Arbeitsentgelts) verlangen.

1. Tatbestandsvoraussetzungen (Hs. 1)

a) Erlaubte Arbeitnehmerüberlassung

8　Voraussetzung für den Auskunftsanspruch des Leiharbeitnehmers gegenüber dem Entleiher ist, dass der Leiharbeitnehmer im Rahmen **erlaubter Arbeitnehmerüberlassung** an den Entleiher überlassen wird.[11] Bei **unerlaubter** gewerbsmäßiger Arbeitnehmerüberlassung kommt kraft Gesetzes ein Arbeitsverhältnis zwischen Leiharbeitnehmer und Verleiher gemäß § 10 Abs. 1 zustande. Da in diesem Fall nicht ausnahmslos die Arbeitsbedingungen des Entleiherbetriebs maßgeblich sind (vgl. § 10 Abs. 1 Sätze 2, 3 und 5), folgt aus systematischer Sicht, dass nicht § 13, sondern der allgemeine Auskunftsanspruch aus **§ 242 BGB** gegen den Entleiher in Betracht kommt (dazu § 10 Rn. 94 ff.).

b) Tatsächliche Überlassung an den Entleiher

9　Zeitlich gesehen setzt der Auskunftsanspruch mit der tatsächlichen Überlassung an den Entleiher ein. Er besteht – in den Grenzen der Ver-

---

10　*Lunk/Rodenbusch*, RdA 2011, 375, 377f. – A.A. LAG München, 12.11.2009 – 2 Sa 579/09, BeckRS 2010, 65908; zum Schadensersatz bei Verletzung von Nachweispflichten BAG, 21.2.2012 – 9 AZR 486/10, NZA 2012, 750, 753, Rn. 33 ff. und Os. 5; BAG, 20.4.2011 – 5 AZR 1717/10, NZA 2011, 1173.
11　Thüsing/*Pelzner/Kock*, § 13 Rn. 4; HWK/*Gotthardt*, § 13 AÜG Rn. 2.

II. Auskunftsanspruch des Leiharbeitnehmers gegen den Entleiher § 13

jährung (§§ 195, 214 BGB) und Verwirkung (§ 242 BGB) – **auch nach der Überlassung** fort, solange noch (Haupt-)Ansprüche des Leiharbeitnehmers auf Gewährung der für vergleichbare Arbeitnehmer des Entleihers geltenden wesentlichen Arbeitsbedingungen in Betracht kommen.[12]

c) Fehlen vergleichbarer Arbeitnehmer im Entleiherbetrieb

Vor Umsetzung der Leiharbeitsrichtlinie durch das Erste Gesetz zur Änderung des Arbeitnehmerüberlassungsgesetzes – Verhinderung von Missbrauch der Arbeitnehmerüberlassung vom 28.4.2011[13] wurde vertreten, der Auskunftsanspruch nach § 13 scheide aus, falls im Entleiherbetrieb, in dem der Leiharbeitnehmer eingesetzt werde, während der jeweiligen Überlassung **keine** mit dem Leiharbeitnehmer **vergleichbaren Arbeitnehmer** des Entleihers vorhanden seien.[14] Es sei nicht die Aufgabe des Entleihers, die üblichen Arbeitsbedingungen vergleichbarer Stammarbeitnehmer von vergleichbaren Betrieben zu ermitteln. Der Auskunftsanspruch setze also das Vorhandensein zumindest eines vergleichbaren Arbeitnehmers voraus. 10

Dies lässt sich nun aber nicht mehr vertreten. Nach der Umsetzung der Leiharbeitsrichtlinie in deutsches Recht ist das AÜG **unionrechtskonform auszulegen** (vgl. § 9 Rn. 76ff.). Kommt im zu beurteilenden Fall – mangels Eingreifens einer Ausnahme – ein Anspruch des Leiharbeitnehmers gegen den Verleiher auf Equal Pay/Treatment nach §§ 9 Nr. 2, 10 Abs. 4 in Betracht und gibt es im Entleiherbetrieb keinen mit dem Leiharbeitnehmer vergleichbaren Arbeitnehmer, sind die maßgeblichen wesentlichen Arbeitsbedingungen im Entleiherbetrieb auf Grundlage einer **hypothetischen Betrachtung** zu ermitteln, was gelten würde, wenn der Leiharbeitnehmer im Zeitpunkt der jeweiligen Überlassung direkt beim Entleiher eingestellt worden wäre (vgl. § 9 Rn. 108ff.). Darüber hat der Entleiher dem Leiharbeitnehmer im Rahmen des § 13 Auskunft zu erteilen.[15] Ansonsten wäre das Gebot der effektiven Umsetzung der Regelungen der Leiharbeitsrichtlinie (vgl. Art. 10 RL) nicht gewahrt. 11

---

12 Ebenso Thüsing/*Pelzner/Kock*, § 13 Rn. 4.
13 BGBl. I, S. 642.
14 Vorauflage, § 9 Rn. 8; AnwK-ArbR/*Böhm*, § 13 AÜG Rn. 3; Urban-Crell/Germakowski/*Urban-Crell*, § 13 Rn. 5.
15 A.A. Thüsing/*Pelzner/Kock*, § 13 Rn. 7.

§ 13 Auskunftsanspruch des Leiharbeitnehmers

d) Auskunftsverlangen

12 Die Bestimmung gibt dem Arbeitnehmer einen Auskunftsanspruch. Ohne ein **ausdrückliches Auskunftsverlangen** des Leiharbeitnehmers ist der Entleiher zwar berechtigt, nicht aber verpflichtet, den Leiharbeitnehmer über die wesentlichen Arbeitsbedingungen zu informieren, die in seinem Betrieb vergleichbaren Stammarbeitnehmern gewährt werden.

e) Grenzen des Auskunftsanspruchs (Hs. 2)

13 Der Auskunftsanspruch des Leiharbeitnehmers **scheidet** jedoch mangels eines Informationsbedürfnisses **aus, soweit** die **für vergleichbare Arbeitnehmer** des Entleihers **geltenden wesentlichen Arbeitsbedingungen im Leiharbeitsverhältnis keine Anwendung finden**, weil eine bzw. die Ausnahme zum Schlechterstellungsverbot Grundsatz von Equal Pay/Treatment) eingreift.[16] Dies folgt schon aus allgemeinen Grundsätzen (§ 242 BGB), denn Auskunftsansprüche bestehen generell nämlich nur im Rahmen der Erforderlichkeit und Zumutbarkeit.[17] Kommt aber eine Behandlung nach dem „Equal Treatment"-Prinzip nicht in Betracht, so ist die Auskunft für den Leiharbeitnehmer nicht erforderlich und für den Entleiher nicht zumutbar. Dies hat der Gesetzgeber in § 13 Hs. 2 ausdrücklich klargestellt.[18]

14 Kein Auskunftsanspruch des Leiharbeitnehmers gegenüber dem Leiharbeitnehmer besteht, soweit das Schlechterstellungsverbot im Arbeitsverhältnis des Leiharbeitnehmers mit dem Verleiher nicht gilt, namentlich soweit und solange sich der Verleiher noch auf die – mittlerweile aufgehobene Sechswochen-Ausnahme nach § 9 Nr. 2 Hs. 1, Teil 2 a.F. (dazu § 9 Rn. 159 ff.) berufen kann oder soweit ein vom Schlechterstellungsgrundsatz abweichender Tarifvertrag Anwendung findet[19] (dazu § 9 Rn. 182 ff.). Greift die Tarifausnahme nicht ein, z.B. weil die **Bezugnahmevereinbarung oder** der in Bezug genommene **Tarifvertrag unwirksam** sind, so ist der Auskunftsanspruch nicht nach § 13 Hs. 2 ausgeschlossen. Stellt sich dies allerdings erst längere Zeit nach der relevanten Überlassung heraus, besteht der Auskunftsanspruch nicht mehr, wenn er bereits erfüllt wurde (dazu unten Rn. 18) oder nicht

---

16 Ebenso Thüsing/*Pelzner/Kock*, § 13 Rn. 8; *Hanau*, ZIP 2003, 1573, 1577.
17 MüKo-BGB/*Krüger*, § 259 Rn. 28; Palandt/*Grüneberg*, § 259 Rn. 9.
18 BT-Dr. 15/1515, S. 133.
19 Vgl. etwa LAG Berlin-Brandenburg, 16.10.2012 – 7 Sa 1182/12, BB 2013, 251, 254.

II. Auskunftsanspruch des Leiharbeitnehmers gegen den Entleiher § 13

mehr durchsetzbar ist (z.B. aufgrund von Ausschlussfristen oder Verjährung).

Aus dem Wortlaut „soweit" ergibt sich, dass der **Umfang der Auskunftspflicht des Entleihers vom Umfang des Schlechterstellungsverbots und dessen Ausnahmen abhängt**. Falls z.B. die Leiharbeitsvertragsparteien den vom Schlechterstellungsgrundsatz abweichenden Tarifvertrag nur teilweise in Bezug nehmen, besteht die Auskunftspflicht des Entleihers gegenüber dem Leiharbeitnehmer nur, soweit es im Übrigen bei der Anwendbarkeit des Schlechterstellungsgrundsatzes im Leiharbeitsverhältnis verbleibt.[20] Hinsichtlich der Frage, in welchem Umfang der Schlechterstellungsgrundsatz auf den Leiharbeitnehmer Anwendung findet, ist der Entleiher auf entsprechende Informationen angewiesen, ansonsten kann er seine Auskunftspflicht nicht ordnungsgemäß erfüllen. Insoweit ist dem Entleiher nicht nur der Verleiher (vgl. § 12 Rn. 29), sondern auch der **Leiharbeitnehmer** aus einer vertraglichen Nebenpflicht (§ 242 BGB) **zur Information verpflichtet, inwieweit** der **Grundsatz von Equal Pay/Treatment** auf den konkreten Leiharbeitnehmer **Anwendung findet**. Tut er dies nicht, kann der Entleiher die nach § 13 geschuldete Auskunft verweigern (§ 273 Abs. 1 BGB).

15

Ist der Grundsatz von Equal Pay/Treatment im Leiharbeitsverhältnis zwischen Leiharbeitnehmer und Verleiher aufgrund der Anwendbarkeit abweichender Tarifverträge zwar an sich ausgeschlossen, ist er aber dennoch von Belang für die Ansprüche des Leiharbeitnehmers, z.B. im Rahmen der in den **Tarifverträgen über Branchenzuschlägen** vereinbarten **Deckelungsregelung** (vgl. § 9 Rn. 222), besteht ein Auskunftsanspruch nach § 13, soweit das Informationsinteresse im Hinblick auf die Durchsetzung des Hauptanspruchs reicht. Dies folgt bereits aus dem Wortlaut von § 13 Hs. 2, wonach der Auskunftsanspruch nur ausgeschlossen ist, „**soweit**" die Tarifausnahme eingreift.

16

2. Rechtsfolgen

a) Auskunftsanspruch

Liegen die geschilderten Voraussetzungen vor, kann der Leiharbeitnehmer von dem jeweiligen Entleiher Auskunft über die im Einsatzbetrieb des Entleihers für einen vergleichbaren Arbeitnehmer des Entleihers (dazu § 9 Rn. 100ff.) geltenden wesentlichen Arbeitsbedingungen ein-

17

---

20 Thüsing/*Pelzner/Kock*, § 13 Rn. 9; vgl. BT-Drs. 15/1515, S. 132.

§ 13 Auskunftsanspruch des Leiharbeitnehmers

schließlich des Arbeitsentgelts (dazu § 9 Rn. 116ff.) verlangen. Inhaltlich entspricht die Auskunftspflicht des Entleihers gegenüber dem Leiharbeitnehmer den Angaben, die der Entleiher nach § 12 Abs. 1 Satz 3, Teil 2 im Arbeitnehmerüberlassungsvertrag machen muss (vgl. § 12 Rn. 21 ff.).

18 Der Primäranspruch auf Auskunft besteht so lange, bis er erfüllt wird. Die Auskunft ist eine Wissenserklärung.[21] Ein Auskunftsanspruch ist **erfüllt**, wenn alle auskunftspflichtigen Umstände in formal ordnungsgemäßer Weise mitgeteilt worden sind. Inhaltliche Richtigkeit ist keine Erfüllungsvoraussetzung. Eine Ergänzung der Auskunft kommt nur in Betracht, wenn die Auskunft offensichtlich lückenhaft ist.[22] Eine zum Zwecke der Auskunft gegebene Erklärung genügt zur Erfüllung des Auskunftsanspruchs nicht, wenn sie nicht ernstgemeint ist, von vornherein unglaubhaft oder unvollständig ist.[23] Im Übrigen besteht nur der Anspruch auf Abgabe der eidesstattlichen Versicherung (vgl. Rn. 22).

19 Da der Auskunftsanspruch ein Hilfsanspruch im Hinblick auf den Hauptanspruch des Leiharbeitnehmers gegen den Verleiher auf Gewährung von Equal Pay/Treatment nach § 10 Abs. 4 i.V.m. § 9 Nr. 2 ist, gelten hinsichtlich der **Darlegungs- und Beweislast** im Prinzip die gleichen Grundsätze (vgl. dazu § 9 Rn. 474ff.). Allerdings ist es für die Geltendmachung eines Auskunftsanspruchs ausreichend, wenn der Anspruchsteller die **Wahrscheinlichkeit seines Hauptanspruchs darlegt**.[24] Dazu muss der Leiharbeitnehmer zunächst nur vortragen, in welchem Zeitraum er als Leiharbeitnehmer mit welchen Tätigkeiten beim Entleiher eingesetzt wurde. Beruft sich der Entleiher darauf, dass der Hauptanspruch nicht oder nicht mehr besteht (z.B. aufgrund Erfüllung, Ablauf von Ausschlussfristen, Verjährung), muss er die entsprechenden tatsächlichen Umstände substantiiert darlegen und beweisen. Steht fest, dass der Gläubiger aus dem Hauptanspruch keinesfalls etwas fordern kann, entfällt der Auskunftsanspruch.[25]

20 **Beruft** sich der **Entleiher** auf § 13 Hs. 2, hat er die tatsächlichen Voraussetzungen dafür darzulegen und zu beweisen, dass eine der Ausnahmen

---

21 MüKo-BGB/*Krüger*, § 260 Rn. 40.
22 Zum Ganzen MüKo-BGB/*Krüger*, § 260 Rn. 43 f. m.w.N.
23 BGH, 24.3.1994 – I ZR 42/93, NJW 1994, 1958, 1959; OLG Düsseldorf, 8.9.2011 – I-2 W 26/11, BeckRS 2012, 12428.
24 Vgl. BAG, 21.11.2000 – 9 AZR 665/99, NZA 2001, 1093, 1094 m.w.N.; MüKo-BGB/*Krüger*, § 260 Rn. 15 ff.
25 BAG, 21.11.2000 – 9 AZR 665/99, NZA 2001, 1093, 1095.

II. Auskunftsanspruch des Leiharbeitnehmers gegen den Entleiher § 13

zum Grundsatz des Equal Pay/Treatment – namentlich die Tarifausnahme oder die alte Sechswochen-Ausnahme – eingreift. Im Hinblick auf die **Tarifausnahme** muss er substantiiert darlegen, dass ein konkreter abweichender Tarifvertrag kraft beiderseitiger Tarifbindung (§§ 3 Abs. 1, 4 Abs. 1 TVG) oder Allgemeinverbindlichkeit (§ 5 Abs. 4 TVG) oder kraft individualrechtlicher (Bezugnahme-)Vereinbarung im Arbeitsverhältnis zwischen dem Leiharbeitnehmer und dem Verleiher Anwendung findet; in letzterem Falle ist ferner darzulegen, dass sich die Leiharbeitsvertragsparteien im Geltungsbereich des abweichenden Tarifvertrags befinden. Ist streitig, ob die Tarifvertragsparteien, welche den fraglichen Tarifvertrag abgeschlossen haben oder in dessen Geltungsbereich die Leiharbeitsvertragsparteien fallen, tariffähig und/oder tarifzuständig sind und/oder ob der fragliche Tarifvertrag wirksam ist, kommt es auf die Umstände des Einzelfalles an, ob der Entleiher seiner Darlegungslast nachkommen kann, dass der Hauptanspruch auf Equal Pay/Treatment unwahrscheinlich ist. Ist unklar, ob die Tarifausnahme und damit § 13 Hs. 2 greift (**non liquet**), **geht dies zu Lasten des Entleihers**, d.h. dem Auskunftsanspruch des Leiharbeitnehmers ist stattzugeben.[26]

Im Rahmen des Verfahrens um den Auskunftsanspruch nach § 13 ist eine **Aussetzung nach § 97 Abs. 5 Satz 1 ArbGG nicht** ohne Weiteres geboten, weil die Entscheidung über den Auskunftsanspruch wie dargelegt davon abhängt, ob der Hauptanspruch wahrscheinlich ist oder nicht; hingegen ist die Frage der Tariffähigkeit oder Tarifzuständigkeit der tarifvertragsschließenden Vereinigung nicht per se eine entscheidungserhebliche Vorfrage.[27]

21

b) Eidesstattliche Versicherung

Besteht Grund zur Annahme, dass die Auskunft unvollständig ist, hat der Entleiher auf Verlangen des Leiharbeitnehmers eine **eidesstattliche Versicherung** analog §§ 260 Abs. 2, 261 BGB abzugeben.[28]

22

c) Schadensersatz

Erteilt der Entleiher schuldhaft eine unvollständige oder fehlerhafte Auskunft kommt neben dem Primäranspruch auf Erteilung einer richti-

23

---

26 Ebenso ArbG Stuttgart, 23.1.2013 – 11 Ca 654/11, BeckRS 2013, 66585.
27 Vgl. auch ArbG Emden, 28.9.2011 – 1 Ca 188/11, juris; Thüsing/*Pelzner/Kock*, § 13 Rn. 10.
28 Ebenso Tschöpe/*Hiekel*, Teil 6 D Rn. 33d. – Zur Analogiefähigkeit von § 260 Abs. 2 und 3 BGB: MüKo-BGB/*Krüger*, § 259 Rn. 28; Palandt/*Grüneberg*, § 260 Rn. 19.

gen und vollständigen Auskunft auch ein **Schadensersatzanspruch** des Leiharbeitnehmers in Betracht, etwa wenn er wegen der nicht ordnungsgemäßen Auskunft seine Ansprüche gegen den Verleiher nicht rechtzeitig geltend machen konnte und diese auf Grund einer Ausschlussfrist verfallen sind. Anspruchsgrundlage ist § 280 Abs. 1 BGB,[29] weil § 13 dem Entleiher eine schuldrechtliche Pflicht im Rahmen einer Sonderverbindung auferlegt (vgl. Rn. 5). Daneben kommt als Anspruchsgrundlage auch § 823 Abs. 2 BGB i.V.m. § 13 als Schutznorm zugunsten des Leiharbeitnehmers in Betracht.[30]

d) Zurückbehaltungsrecht

24 Kommt der Entleiher seiner Auskunftspflicht nicht ordnungsgemäß nach, kann der Leiharbeitnehmer ein Zurückbehaltungsrecht nach **§ 273 Abs. 1 BGB** hinsichtlich seiner Arbeitsleistung geltend machen (vgl. § 11 Rn. 155).[31]

III. Streitigkeiten

1. Rechtsweg

25 Die Klage des Leiharbeitnehmers gegen den Entleiher auf Auskunft nach § 13 fällt nicht in die Zuständigkeit der ordentlichen Gerichtsbarkeit der Zivilgerichte (§ 13 GVG), sondern in die **Zuständigkeit der Arbeitsgerichte nach § 2 Abs. 1 Nr. 3 lit. a) ArbGG**.[32] Kennzeichen der Arbeitnehmerüberlassung ist eine „gespaltene Arbeitgeberstellung"; sowohl zwischen Leiharbeitnehmer und Verleiher (Grundverhältnis) als auch zwischen Leiharbeitnehmer und Entleiher (Erfüllungsverhältnis) besteht ein Arbeitsverhältnis (vgl. oben Rn. 5; § 13a Rn. 23, 33). Dieser Besonderheit muss auch bei der Zuständigkeit der Gerichte Rechnung getragen werden. § 2 Abs. 1 Nr. 3 ArbGG begründet eine umfassende Zuständigkeit der Gerichte für Arbeitssachen für individualrechtliche Ansprüche aus dem Arbeitsverhältnis. Ziel des

---

29 Ebenso Thüsing/*Pelzner/Kock*, § 13 Rn. 12; *Hamann*, jurisPR-ArbR 12/2008, Anm. 2.
30 HWK/*Gotthardt*, § 13 Rn. 2.
31 Thüsing/*Pelzner/Kock*, § 13 Rn. 12; Schüren/Hamann/*Brors*, § 13 Rn. 6.
32 LAG Hamburg, 24.10.2007 – 4 Ta 11/07, BeckRS 2011, 66740; ArbG Freiburg, 7.7.2010 – 12 Ca 188/10, BeckRS 2010, 71293; AnwK-ArbR/*Böhm*, § 13 AÜG Rn. 5; Schüren/Hamann/*Brors*, § 13 Rn. 5; Thüsing/*Pelzner/Kock*, § 13 Rn. 13; Sandmann/Marschall/Schneider, § 13 Anm. 5; *Ulber*, § 13 Rn. 16. – A.A. HK-ArbR/*Lorenz*, § 13 AÜG Rn. 7.

ArbGG ist es, alle bürgerlich-rechtlichen Streitigkeiten, die in greifbarer Beziehung zu einem Arbeitsverhältnis stehen, auch prozessual im Rahmen der Arbeitssachen zu erfassen.[33] Das BAG geht daher davon aus, dass für Streitigkeiten zwischen dem Leiharbeitnehmer und dem Entleiher, die ihren Ursprung in der Arbeitnehmerüberlassung haben, die Arbeitsgerichte nach § 2 Abs. 1 Nr. 3 lit. a) ArbGG zuständig sind.[34] Soweit dem Entleiher wesentliche Arbeitgeberfunktionen vom Verleiher übertragen (z.B. Ausübung des Direktionsrechts) oder kraft Gesetzes (vgl. etwa § 11 Abs. 6 und 7, § 13, § 13a, § 13b AÜG, § 6 Abs. 2 Satz 2 AGG) verliehen werden, ist für bürgerliche Rechtsstreitigkeiten aus diesem Arbeitsverhältnis (Erfüllungsverhältnis) zwischen Leiharbeitnehmer und Entleiher der Rechtsweg zu den Arbeitsgerichten eröffnet[35] (vgl. auch § 13a Rn. 33; § 13b Rn. 54). Ebenso sind die Arbeitsgerichte zuständig bei unerlaubten Handlungen zwischen Leiharbeitnehmer und Entleiher, soweit sie mit dem „Leiharbeitsverhältnis" (Erfüllungsverhältnis) zwischen Leiharbeitnehmer und Entleiher im Zusammenhang stehen (§ 2 Abs. 1 Nr. 3 lit. d) ArbGG).[36] Hat eine Streitigkeit zwischen Entleiher und Leiharbeitnehmer hingegen Ansprüche zum Gegenstand, die nichts mit der Übertragung von Arbeitgeberfunktionen zu tun haben (z.B. freiwillige Drittzahlungen des Entleihers an den Leiharbeitnehmer, die jeder beliebige Dritte leisten könnte), ist der Rechtsweg zu den ordentlichen Gerichten und nicht zu den Arbeitsgerichten eröffnet.[37]

Unabhängig davon lässt sich die Zuständigkeit der Arbeitsgerichte auch im Wege der **Zusammenhangsklage** nach **§ 2 Abs. 3 ArbGG** begründen. So kann der Leiharbeitnehmer beispielsweise eine Lohnklage (oder eine Klage auf Gewährung der im Entleiherbetrieb für vergleichbare Arbeitnehmer geltenden wesentlichen Arbeitsbedingungen) gegen den Verleiher erheben (§ 2 Abs. 1 Nr. 3a ArbGG) und gleichzeitig oder nachfolgend die Auskunftsklage gegen den Entleiher vor den Arbeitsgerichten geltend machen.

---

33 BAG, 15.3.2011 – 10 AZB 49/10, NZA 2011, 653, 654, Rn. 11.
34 BAG, 15.3.2011 – 10 AZB 49/10, NZA 2011, 653, 654, Rn. 12.
35 Vgl. BAG, 15.3.2011 – 10 AZB 49/10, NZA 2011, 653, 654, Rn. 12; BGH, 19.7.2012 – IX ZB 27/12, NZA 2012, 1181, 1182, Rn. 20.
36 BAG, 15.3.2011 – 10 AZB 49/10, NZA 2011, 653, 654, Rn. 12; BGH, 19.7.2012 – IX ZB 27/12, NZA 2012, 1181, 1182, Rn. 20; LAG Hamm, 4.8.2003 – 2 Ta 739/02, NZA-RR 2004, 106, 107; vgl. auch OLG Düsseldorf, 7.7.2004 – I-6 W 36/04, NZA-RR 2005, 103 f.
37 BGH, 19.7.2012 – IX ZB 27/12, NZA 2012, 1181, 1182, Rn. 20.

2. Stufenklage (§ 254 ZPO analog)

27 Macht der Leiharbeitnehmer Zahlungsansprüche gegen den Verleiher zeitgleich mit dem Auskunftsanspruch gegenüber dem Entleiher geltend, kann er den Zahlungsantrag ausnahmsweise unbeziffert lassen und ins Stufenverhältnis zum Auskunftsantrag stellen. **§ 254 ZPO findet analoge Anwendung.** Dies ist sachgerecht, da sich Haupt- und Hilfsanspruch bei der Arbeitnehmerüberlassung ausnahmsweise gegen verschiedene Personen richten (vgl. Rn. 5) und die Interessenlage zur normalen Stufenklage vergleichbar ist.[38]

28 Eine Auskunftsklage gegen den Entleiher ist aber mangels Vorliegens des erforderlichen Rechtsschutzinteresses unzulässig, wenn der Leiharbeitnehmer gleichzeitig eine bezifferte Zahlungsklage gegen den Verleiher erhoben hat; dadurch bringt er zum Ausdruck, dass er der klageweisen Durchsetzung des Auskunftsanspruchs nicht bedarf.[39]

3. Streitwert der Auskunftsklage

29 Beim **Streitwert** der Klage des Leiharbeitnehmers gegen den Entleiher auf Auskunft nach § 13 ist nach einer Auffassung zunächst der mutmaßliche Betrag der späteren auf Equal Pay/Treatment gerichteten (Zahlungs-)Klage zugrunde zu legen; hiervon ist sodann ein Abschlag von 50% vorzunehmen.[40] Nach anderer Auffassung ist mangels Schätzungsgrundlage bei Beginn des Auskunftsprozesses als Gegenstandswert für die Auskunftsklage ein Viertel des Regelwertes aus § 23 Abs. 3 Satz 2 RVG (d.h. € 1.000) anzusetzen.[41] Wird die Auskunft im Rahmen einer Stufenklage geltend gemacht, ist § 44 GKG zu beachten.

4. Beschwerdeverfahren (§§ 84f. BetrVG)

30 Unbenommen bleibt es dem Leiharbeitnehmer, außergerichtliche Konfliktlösungsmöglichkeiten zu nutzen. So kann er bei Nichterfüllung der Auskunftspflicht durch den Entleiher im Entleiherbetrieb das in-

---

38 Ebenso AnwK-ArbR/*Böhm*, § 13 AÜG Rn. 5; *Hamann*, jurisPR-ArbR 4/2012, Anm. 2; offengelassen von LAG Bremen, 8.9.2009 – 1 Sa 35/08, BeckRS 2010, 66481; Thüsing/*Pelzner*/*Kock*, § 13 Rn. 15; Urban-Crell/Germakowksi/*Urban-Crell*, § 13 Rn. 11. – A.A. LAG Berlin-Brandenburg, 5.6.2012 – 3 Sa 134/12, BeckRS 2012, 75329.
39 LAG Bremen, 8.9.2009 – 1 Sa 35/08, BeckRS 2010, 66481.
40 LAG Nürnberg, 12.8.2011 – 7 Ta 60/11, BeckRS 2011, 76781.
41 LAG Köln, 24.10.2012 – 2 Ta 270/12, BeckRS 2012, 75999.

dividuelle Beschwerdeverfahren (§ 84 BetrVG) oder das kollektive Beschwerdeverfahren (§ 85 BetrVG) beschreiten (vgl. § 14 Abs. 2 Satz 3).[42]

---

[42] Ausführlich zum Beschwerdeverfahren *Lembke*, Mediation im Arbeitsrecht, Rn. 421 ff.; *Lembke*, ZKM 2002, 111; zur möglichen Gestaltung des Beschwerdeverfahrens nach § 86 BetrVG *Lembke/Schröder*, IDR 2004, 29.

§ 13a Informationspflicht des Entleihers über freie Arbeitsplätze

Der Entleiher hat den Leiharbeitnehmer über Arbeitsplätze des Entleihers, die besetzt werden sollen, zu informieren. Die Information kann durch allgemeine Bekanntgabe an geeigneter, dem Leiharbeitnehmer zugänglicher Stelle im Betrieb und Unternehmen des Entleihers erfolgen.

Literatur: *Forst*, Neue Rechte für Leiharbeitnehmer, AuR 2012, 97; *Hamann*, Die Reform des AÜG im Jahr 2011, RdA 2011, 321; *Kock*, Neue Pflichten für Entleiher: Information über freie Stellen und Zugang zu Gemeinschaftseinrichtungen und -diensten (§13a und § 13b AÜG), BB 2012, 323; *Lembke*, Neue Rechte von Leiharbeitnehmern gegenüber Entleihern, NZA 2011, 319; *Lembke*, Die geplanten Änderungen im Recht der Arbeitnehmerüberlassung, DB 2011, 414; *Lembke*, Die jüngsten Änderungen des AÜG im Überblick, FA 2011, 290; *Zimmermann*, Die neuen Pflichten der Einsatzunternehmen nach der AÜG-Reform 2011, ArbRAktuell 2011, 264.

Übersicht

	Rn.		Rn.
I. Vorbemerkungen	1	**III. Rechtsfolgen bei Verletzung des Auskunftsanspruchs**	20
1. Entstehungsgeschichte und Inkrafttreten	3	1. Primäranspruch des Leiharbeitnehmers	21
2. Sinn und Zweck der Vorschrift	7	2. Sekundäransprüche des Leiharbeitnehmers	22
3. Unabdingbarkeit des Auskunftsanspruchs	8	3. Zurückbehaltungsrecht des Leiharbeitnehmers	27
II. Auskunftsanspruch des Leiharbeitnehmers gegen den Entleiher	10	4. Ordnungswidrigkeit	28
1. Beim Entleiher zu besetzende Arbeitsplätze	11	5. Zustimmungsverweigerungsrecht des Entleiherbetriebsrates nach § 99 BetrVG	29
2. Auskunftserteilung	17	**IV. Streitigkeiten**	33

I. Vorbemerkungen

In Umsetzung von Art. 6 Abs. 1 der Leiharbeitsrichtlinie[1] normiert § 13a – ebenso wie § 13 und § 13b – einen einklagbaren **Individualanspruch des Leiharbeitnehmers gegenüber** dem Dritten, dem **Entleiher**, der nicht Vertragsarbeitgeber des Leiharbeitnehmers ist (Rn. 10). Da im Dreiecksverhältnis zwischen Leiharbeitnehmer, Verleiher und Entleiher grundsätzlich Ansprüche nur zwischen den Vertragspartnern – d. h. Verleiher und Leiharbeitnehmer einerseits sowie Verleiher und Entleiher andererseits – bestehen, stellt er eine **Ausnahmevorschrift** dar.

1

Der Anspruch des Leiharbeitnehmers nach § 13a ist gerichtet auf **Auskunft über freie Arbeitsplätze im Unternehmen des Entleihers.** § 13a hat – ebenso wie Art. 6 Abs. 1 der Leiharbeitsrichtlinie – eine „**überschießende Tendenz**", weil er dem Leiharbeitnehmer Rechte einräumt, die über das hinausgehen, was einem vergleichbaren (Stamm-)Arbeitnehmer des Entleihers zusteht. Ein (normaler) Arbeitnehmer des Entleihers hat – abgesehen von § 18 TzBfG (Recht befristet beschäftigter Arbeitnehmer auf Information über entsprechende unbefristete Arbeitsplätze) und § 7 Abs. 2 TzBfG (Information über freie dem Arbeitszeitveränderungswunsch des Arbeitnehmers entsprechende Arbeitsplätze) – keinen allgemeinen Auskunftsanspruch gegenüber seinem Arbeitgeber auf Unterrichtung über freie Arbeitsplätze. Allerdings kann der Betriebsrat nach § 93 BetrVG verlangen, dass Arbeitsplätze, die besetzt werden sollen, allgemein oder für bestimmte Arten von Tätigkeiten vor ihrer Besetzung innerhalb des Betriebs ausgeschrieben werden. § 93 BetrVG verliert durch § 13a an Bedeutung, weil der Entleiher unabhängig von einem Verlangen des Betriebsrats bei einer Beschäftigung von Leiharbeitnehmern offene Stellen im Betrieb und Unternehmen bekannt geben muss. Insoweit begünstigt die Regelung mittelbar auch die (Stamm-)Arbeitnehmer des Entleihers.[2]

2

1. Entstehungsgeschichte und Inkrafttreten

§ 13a dient der – bis zum 5.12.2011 zu erledigenden (vgl. Art. 11 Abs. 1 Satz 1 RL) – **Umsetzung von Art. 6 Abs. 1 der Leiharbeits-**

3

---

1 Richtlinie 2008/104/EG des Europäischen Parlaments und des Rates v. 19.11.2008 über Leiharbeit, ABlEG v. 5.12.2008, L 327/9.
2 *Lembke*, NZA 2011, 319, 320; ebenso *Hamann*, NZA 2011, 70, 76 f.

§ 13a Informationspflicht des Entleihers über freie Arbeitsplätze

richtlinie.[3] Art. 6 Abs. 1 RL regelt in Bezug auf den „Zugang" von Leiharbeitnehmern „zu Beschäftigung" Folgendes:

4 „Die Leiharbeitnehmer werden über die im entleihenden Unternehmen offenen Stellen unterrichtet, damit sie die gleichen Chancen auf einen unbefristeten Arbeitsplatz haben wie die übrigen Arbeitnehmer dieses Unternehmens. Diese Unterrichtung kann durch allgemeine Bekanntmachung an einer geeigneten Stelle in dem Unternehmen erfolgen, in dessen Auftrag und unter dessen Aufsicht die Leiharbeitnehmer arbeiten."

5 § 13a wurde durch Art. 1 Nr. 11 des Ersten Gesetzes zur Änderung des Arbeitnehmerüberlassungsgesetzes – Verhinderung von Missbrauch der Arbeitnehmerüberlassung vom 28.4.2011[4] eingeführt und ist gemäß dessen Art. 2 Abs. 1 **am 1.12.2011 in Kraft getreten**. Mangels Übergangsregelung gilt die Vorschrift also für alle Fälle der Arbeitnehmerüberlassung, die am oder nach dem 1.12.2011 stattfanden bzw. stattfinden, unabhängig davon, wann das Leiharbeitsverhältnis zwischen Verleiher und Leiharbeitnehmer begründet wurde. Der Gesetzgeber war der Auffassung, dass zwischen der Verkündung des Gesetzes am 29.4.2011 und dem Inkrafttreten am 1.12.2011 ausreichend Zeit für Verleiher und Entleiher sei, sich auf die neuen Regelungen einzustellen und die vertraglichen Vereinbarungen und sonstigen Regelungen bei Bedarf an die neue Rechtslage anzupassen.[5]

6 Im Rahmen der Entstehungsgeschichte blieb der Text der Norm in der Fassung des Diskussionsentwurfs vom 4.6.2010,[6] des Referentenentwurfs vom 2.9.2010[7] und des Gesetzesentwurfs der Bundesregierung vom 31.12.2010[8] bis hin zur beschlossenen Gesetzesfassung unverändert. Im Gesetzesentwurf wurden lediglich die Überschrift der Vorentwürfe („Information des Leiharbeitnehmers über freie Arbeitsplätze") verändert in „Informationspflicht des Entleihers über freie Arbeitsplätze".

---

3 BT-Drs. 17/4804, S. 2, 10.
4 BGBl. I, S. 642.
5 BT-Drs. 17/4804, S. 11.
6 Dazu *Düwell/Dahl*, DB 2010, 1759.
7 Dazu *Hamann*, NZA 2011, 70; *Klebe*, AiB 2010, 646; *Lembke*, NJW-aktuell 45/2011, S. 12; *Ulber*, AuR 2010, 412.
8 BR-Drs. 847/10 = BT-Drs. 17/4804; dazu *Lembke*, DB 2011, 414.

I. Vorbemerkungen § 13a

2. Sinn und Zweck der Vorschrift

Zweck von § 13a ist es, die **Übernahme der Leiharbeitnehmer** in die Stammbelegschaft des Entleihers dadurch zu **unterstützen**, dass sie über freie Arbeitsplätze des Entleihers informiert werden und **sich so auf diese Stellen bewerben können**.[9] Dies dient dem – auch in der Leiharbeitsrichtlinie (vgl. Erwägungsgrund 11 und Art. 2 RL) verankerten – Ziel, die Arbeitnehmerüberlassung nicht nur als flexibles arbeitsmarktpolitisches Instrument zu stärken, sondern auch ihre Potenziale zur Schaffung von Arbeitsplätzen zu fördern.[10] Letztlich soll also der „Übernahmeeffekt" der Zeitarbeit unterstützt werden.[11]

7

3. Unabdingbarkeit des Auskunftsanspruchs

Der Auskunftsanspruch des Leiharbeitnehmers nach § 13a Satz 1 kann **nicht** durch eine Individual- oder Kollektivvereinbarung **wirksam** im Voraus **abbedungen oder beschränkt werden**.[12] § 13a ist eine zwingende Schutznorm zugunsten des Leiharbeitnehmers. Zwar fehlt eine entsprechende Sanktionsnorm wie § 9 Nr. 2a, welche die Verpflichtungen des Entleihers aus § 13b dadurch absichert, dass Vereinbarungen, die den Zugang des Leiharbeitnehmers zu den Gemeinschaftseinrichtungen oder -diensten im Unternehmen des Entleihers entgegen § 13b beschränken, für unwirksam erklärt. Dabei dürfte es sich jedoch um ein Versehen handeln.[13] Eine unterschiedliche Behandlung von Verstößen gegen § 13a und § 13b ist nicht angezeigt. Dies folgt bereits aus § 16 Abs. 1 Nr. 9 und 10, Abs. 2, wonach beide Verstöße in gleicher Weise als Ordnungswidrigkeit sanktioniert werden. Außerdem ist Art. 6 Abs. 1 RL – anders als Art. 5 Abs. 1 RL – nicht einmal tarifdispositiv, sondern zwingend, was auf nationaler Ebene durch wirksame, angemessene und abschreckende Sanktionen abgesichert werden muss (Art. 10 Abs. 2 RL). Die Anwendung von § 134 BGB ist daher auch europarechtlich geboten.

8

---

9 BT-Drs. 17/4804, S. 10.
10 *Lembke*, NZA 2011, 319, 320; vgl. BT-Drs. 17/4804, S. 7.
11 *Kock*, BB 2012, 323; zum „Übernahmeeffekt" der Arbeitnehmerüberlassung vgl. den 11. Erfahrungsbericht der Bundesregierung zur Anwendung des AÜG, BT-Drs. 17/464, S. 27 f.
12 *Hamann*, RdA 2011, 321, 336; *Kock*, BB 2012, 323; *Lembke*, NZA 2011, 319, 322; i.E. wohl auch *Forst*, AuR 2012, 97, 99, 101.
13 Vgl. auch *Klebe*, AiB 2010, 646, 648; *Lembke*, DB 2011, 414, 418; *Ulber*, AuR 2010, 412, 415.

9 Daher gilt Folgendes: Eine Vereinbarung über den Ausschluss oder die Beschränkung des Informationsanspruchs des Leiharbeitnehmers nach § 13a **im Arbeitnehmerüberlassungsvertrag** zwischen Verleiher und Entleiher ist als unzulässiger Vertrag zulasten Dritter unwirksam. In der Vereinbarung einer nach § 9 Nr. 3 Hs. 2 (bzw. Art. 6 Abs. 2 UAbs. 2 RL) zulässigen angemessenen Vermittlungsvergütung kann jedoch keine unzulässige Beschränkung des Anspruchs aus § 13a Satz 1 gesehen werden. Eine Abbedingung oder Beschränkung von § 13a durch **Vereinbarung zwischen Leiharbeitnehmer und Entleiher oder** eine entsprechende Regelung im **Leiharbeitsvertrag zwischen Verleiher und Leiharbeitnehmer** ist nach § 134 BGB ebenso nichtig wie derartige Regelungen in einer **Kollektivvereinbarung** (z.B. Betriebsvereinbarung oder Tarifvertrag).[14]

II. Auskunftsanspruch des Leiharbeitnehmers gegen den Entleiher

10 § 13a ist gesetzestechnisch § 18 TzBfG nachempfunden.[15] **Satz 1** normiert einen **selbstständig einklagbaren Auskunftsanspruch** des Leiharbeitnehmers gegenüber dem Entleiher.[16] Dies folgt aus dem Wortlaut („der Entleiher hat den Leiharbeitnehmer … zu informieren"), der Normüberschrift („Informationspflicht des Entleihers", vgl. Rn. 6) und dem Gesetzeszweck (vgl. Rn. 7). Hingegen begründet die Norm keine Pflicht zur bevorzugten Berücksichtigung der Bewerbung eines Leiharbeitnehmers. Die Entscheidung des Arbeitgebers **über die Bewerberauswahl** wird durch § 13a **nicht eingeschränkt**.[17]

1. Beim Entleiher zu besetzende Arbeitsplätze

11 Der Auskunftsanspruch ist unabhängig von einem entsprechenden Unterrichtungsverlangen des Leiharbeitnehmers.[18] Er bezieht sich auf **sämtliche offenen Stellen in *allen* Betrieben des Entleiherunternehmens** und ist nicht auf den Einsatzbetrieb des Leiharbeitnehmers beschränkt.[19] Dies folgt aus Satz 2 des § 13a sowie einer richtlinienkon-

---

14 *Lembke*, NZA 2011, 319, 322; *Ulber*, § 13a Rn. 19.
15 Vgl. BT-Drs. 17/4804, S. 10.
16 *Forst*, AuR 2012, 97; *Hamann*, RdA 2011, 321, 334; *Kock*, BB 2012, 323; *Lembke*, NZA 2011, 319, 320.
17 Thüsing/*Kock*, §§ 13a, 13b Rn. 2.
18 HWK/*Gotthardt*, § 13a Rn. 2.
19 *Forst*, AuR 2012, 97; *Hamann*, RdA 2011, 321, 334; *Lembke*, NZA 2011, 319, 320.

II. Auskunftsanspruch des Leiharbeitnehmers gegen den Entleiher § 13a

formen Auslegung der Norm (vgl. Rn. 4). § 13a bezieht sich jedoch **nicht** auf **ausländische Betriebe** des Entleihers, in denen offene Stellen bestehen.[20] Denn § 13a gilt aufgrund des Territorialitätsprinzips nur in Deutschland. Dies folgt systematisch auch aus § 16 Abs. 1 Nr. 9; eine Sanktionierung der Verletzung der Auskunftspflicht als Ordnungswidrigkeit kommt nur bezogen auf Sachverhalte in Deutschland in Betracht. Entsprechendes gilt für Mitbestimmungsrechte des Entleiherbetriebsrats (vgl. dazu Rn. 29ff.).

Obwohl die Leiharbeitsrichtlinie auf eine Chancengleichheit hinsichtlich „unbefristeter" Arbeitsplätze abzielt (vgl. Rn. 4), hat der Entleiher den Leiharbeitnehmer nicht nur über Positionen zu unterrichten, die **unbefristet** besetzt werden sollen, sondern auch über **befristete** Anstellungsmöglichkeiten.[21] Unerheblich ist auch, ob es um **Vollzeit- oder Teilzeitstellen** geht.[22] 12

Nach dem Gesetzeswortlaut hat der Entleiher den Leiharbeitnehmer über alle Arbeitsplätze des Entleihers, die besetzt werden sollen, zu informieren und nicht nur – wie z.B. in § 18 TzBfG geregelt – nur über „entsprechende" Arbeitsplätze.[23] Nach dem Gesetzeswortlaut kommt es also nicht darauf an, ob der jeweilige Leiharbeitnehmer für die offene Stelle **geeignet** ist oder nicht. Insoweit ist aber eine **teleologische Reduktion** der Norm zu erwägen.[24] 13

Bei der zu besetzenden Stelle kann es sich um eine **neu geschaffene Stelle oder** um einen **vorhandenen, frei werdenden Arbeitsplatz** handeln. Die Informationspflicht entsteht, **sobald** der Arbeitgeber **entschieden** hat, dass ein bestimmter Arbeitsplatz besetzt bzw. wiederbesetzt werden soll. Hat der Entleiher bereits interne oder externe Kandidaten angesprochen oder die Stelle intern oder extern ausgeschrieben, dokumentiert dies, dass er eine entsprechende Entscheidung bereits getroffen hat. 14

Nach dem Sinn und Zweck von § 13a, dem Leiharbeitnehmer eine Bewerbung beim Entleiher um eine Anstellung bei diesem zu ermöglichen 15

---

20 So wohl auch *Ulber*, § 13a Rn. 7; a.A. DFL/*Beck*, § 13a Rn. 2; *Kock*, BB 2012, 323; *Zimmermann*, ArbRAkuell 2011, 264.
21 *Forst*, AuR 2012, 97; *Lembke*, NZA 2011, 319, 320.
22 HWK/*Gotthardt*, § 13a Rn. 2; *Hamann*, RdA 2011, 321, 335; *Ulber*, § 13a Rn. 5.
23 *Lembke*, NZA 2011, 319, 320.
24 *Kock*, BB 2012, 323; *Lembke*, FA 2011, 290, 291; Thüsing/*Kock*, §§ 13a, 13b Rn. 6; *Zimmermann*, ArbRAkuell 2011, 264; a.A. *Forst*, AuR 2012, 97; HWK/*Gotthardt*, § 13a Rn. 2; *Hamann*, RdA 2011, 321, 334.

§ 13a Informationspflicht des Entleihers über freie Arbeitsplätze

(vgl. Rn. 7), kann es allerdings nur um solche Arbeitsplätze gehen, die nach der freien unternehmerischen Entscheidung des Entleihers nicht mit Leiharbeitnehmern besetzt werden sollen. Der Entleiher muss einen Leiharbeitnehmer also **nicht** darüber informieren, dass er beabsichtigt, nach Beendigung des konkreten Überlassungsverhältnisses die **Stelle künftig wieder** mit einem (anderen) **Leiharbeitnehmer** zu besetzen. Derartige Stellen sind keine im Sinne des Gesetzes zu besetzenden freien Arbeitsplätze des Entleihers.[25]

16 Die Auskunftspflicht nach § 13a besteht **nicht** hinsichtlich solcher **Arbeitsplätze**, bezüglich derer der Arbeitgeber **keine Auswahlentscheidung** trifft, weil bestimmte Personen kraft Gesetzes vorrangig berücksichtigt werden müssen (z. B. gemäß § 78a Abs. 2 BetrVG oder § 9 TzBfG).[26]

2. Auskunftserteilung

17 Der Auskunftsanspruch des Leiharbeitnehmers kann nicht nur durch **individuelle schriftliche oder mündliche Unterrichtung** des Leiharbeitnehmers erfüllt werden, sondern gemäß § 13a **Satz 2** auch durch **allgemeine Bekanntgabe an geeigneter, dem Leiharbeitnehmer zugänglicher Stelle** erfüllt werden, z. B. durch Aushang am schwarzen Brett,[27] Rundbrief oder Rund-E-Mail, in dem für alle Mitarbeiter zugänglichen Intranet oder in einer Werks- bzw. Mitarbeiterzeitung.[28] Da es darauf ankommt, dass die Information über freie Stellen den beim Entleiher eingesetzten Leiharbeitnehmer „zugänglich" ist, muss die allgemeine Bekanntgabe nicht zwingend in allen Betrieben des Unternehmens erfolgen. Ausreichend ist eine Bekanntgabe in den Einsatzbetrieben.[29]

18 Welche Informationen **inhaltlich** gegeben werden müssen, um den Auskunftsanspruch zu erfüllen, ist im Gesetz nicht näher konkretisiert.

---

25 DFL/*Beck*, § 13a Rn. 2; *Hamann*, RdA 2011, 321, 335; *Kock*, BB 2012, 323; *Lembke*, NZA 2011, 319, 321; a. A. *Ulber*, § 13a Rn. 3; vgl. zur Frage, ob ein mit einem Leiharbeitnehmer besetzter Arbeitsplatz „frei" ist, auch BAG vom 15.12.2011 – 2 AZR 42/10, BeckRS 2012, 69831, Rn. 25 ff.; *Lembke*, in: Maschmann, Rigidität und Flexibilität im Arbeitsrecht, 2012, S. 124 f.
26 *Hamann*, RdA 2011, 321, 335; *Kock*, BB 2012, 323; *Thüsing/Kock*, §§ 13a, 13b Rn. 5.
27 BT-Drs. 17/4804, S. 10.
28 *Forst*, AuR 2012, 97, 98, HWK/*Gotthardt*, § 13a Rn. 3; *Lembke*, DB 2011, 414, 148; *Lembke*, NZA 2011, 321; *Zimmermann*, ArbRAkuell 2011, 264.
29 *Forst*, AuR 2012, 97, 98.

Nach dem Gesetzeszweck (Rn. 7) und § 242 BGB sind jedoch **so viele Informationen** über die zu besetzende Stelle zu geben, **dass der Leiharbeitnehmer darüber entscheiden kann, ob er sich sinnvollerweise auf die Stelle bewirbt**.[30] Daher sind zumindest schlagwortartige Auskünfte über die Eckdaten der zu besetzenden Stelle erforderlich. Insoweit kann man sich entweder an dem Katalog des § 2 Abs. 1 Satz 2 Nr. 1 bis 10 NachwG orientieren oder an den Grundsätzen zu § 93 BetrVG hinsichtlich des Mindestinhalts der Ausschreibung, wonach zumindest die Angabe des Arbeitsplatzes und der vom Bewerber zu erfüllenden Anforderungen erforderlich ist.[31] Ferner muss der Arbeitnehmer wissen, wie, wo und bis wann er sich bewerben kann.[32]

Der Auskunftsanspruch kann in **deutscher Sprache** oder einer dem Leiharbeitnehmer verständlichen Sprache erfüllt werden. Der Entleiher ist aber **nicht verpflichtet**, einem **ausländischen** Leiharbeitnehmer in dessen **Muttersprache** Auskunft zu erteilen. Dies folgt im Umkehrschluss aus § 11 Abs. 2 Satz 2 AÜG und den sonstigen gesetzlichen Ausnahmevorschriften (z.B. § 2 Abs. 5 WO zum BetrVG), in denen im Einzelfall spezielle Anforderungen an die Sprache von Erklärungen gegenüber ausländischen Arbeitnehmern aufgestellt werden.

19

III. Rechtsfolgen bei Verletzung des Auskunftsanspruchs

Erfüllt der Entleiher seine Informationspflicht nach § 13a nicht, kommen folgende Rechtsfolgen in Betracht:

20

1. Primäranspruch des Leiharbeitnehmers

Erfüllt der Entleiher seine Verpflichtung aus § 13a Satz 1 nicht, nicht richtig oder nicht vollständig, kann der Leiharbeitnehmer seinen Primäranspruch auf richtige und vollständige Auskunft gegen den Entleiher geltend machen. Die Auskunft ist eine unvertretbare Handlung i.S.d. § 888 ZPO.[33]

21

---

30 Ebenso *Kock*, BB 2012, 323, 324; *Zimmermann*, ArbRAkuell 2011, 264.
31 Zum Mindestinhalt der Ausschreibung nach § 93 BetrVG BAG, 1.2.2011 – 1 ABR 79/09, NZA 2011, 703 f.; BAG, 23.2.1988 – 1 ABR 82/86, NZA 1988, 551; *Imping*, in: Heise/Lembke/v. Steinau-Steinrück, BetrVG, 2008, § 93 Rn. 8; vgl. auch *Huke/Neufeld/Luickhardt*, BB 2012, 961, 967.
32 *Kock*, BB 2012, 323, 324.
33 BeckOK-ZPO/*Stürner*, § 888 Rn. 6.

§ 13a Informationspflicht des Entleihers über freie Arbeitsplätze

2. Sekundäransprüche des Leiharbeitnehmers

22 Ferner hat der Leiharbeitnehmer gegen den Entleiher Schadensersatzansprüche. Als Anspruchsgrundlage bei schuldhafter Verletzung der Auskunftspflicht nach § 13a kommt § 823 Abs. 2 BGB in Betracht. Zwar wird hinsichtlich § 18 TzBfG, an dem sich § 13a orientiert, vertreten, die Norm sei kein Schutzgesetz i.S.d. § 823 Abs. 2 BGB.[34] Dies überzeugt jedoch nicht. § 13a dient dem Individualschutz und soll den Leiharbeitnehmer dabei unterstützen, sich auf freie Stellen beim Entleiher bewerben zu können (vgl. Rn. 7). Dieser Schutz muss effektiv gewährleistet sein (Art. 10 Abs. 2 RL). § 13a ist daher ein Schutzgesetz i.S.d. **§ 823 Abs. 2 BGB**.[35]

23 Selbst wenn man dies anders sähe, käme ein Schadensersatzanspruch des Leiharbeitnehmers gegenüber dem Entleiher nach **§ 280 Abs. 1 BGB** in Betracht.[36] Das Rechtsverhältnis zwischen Leiharbeitnehmer und Entleiher ist ein „Schuldverhältnis" i.S.d. § 280 Abs. 1 BGB, im Rahmen dessen die Auskunftspflicht des § 13a besteht. Denn Kennzeichen der Arbeitnehmerüberlassung ist eine „gespaltene Arbeitgeberstellung".[37] Eine Arbeitgeberstellung hat nicht nur der Verleiher im Rahmen des zwischen ihm als Vertragsarbeitgeber und dem Leiharbeitnehmer bestehenden Arbeitsverhältnisses (sog. Grundverhältnis) inne, das von den arbeitsvertraglichen Beziehungen geprägt ist. Vielmehr kommen auch dem Entleiher im Rahmen des sog. Erfüllungsverhältnisses Arbeitgeberfunktionen zu, das durch die Ausübung des arbeitsvertraglichen Weisungsrechts durch den Entleiher und die Erbringung der Arbeitsleistung durch den (für die Dauer der Überlassung) in den Betrieb des Entleihers eingegliederten Leiharbeitnehmer gekennzeichnet ist. Auch das Erfüllungsverhältnis lässt sich als Arbeitsverhältnis qualifizieren.[38] Dass der Leiharbeitnehmer zwei (Leih-)Arbeitsverhältnisse hat, ist mittlerweile auch vom BAG[39] sowie EuGH[40] anerkannt. Der EuGH bezeichnete den (konzerninternen) Entleiher in der „Albron Ca-

---

34 ErfK/*Müller-Glöge*, § 18 TzBfG Rn. 3; HWK/*Schmalenberg*, § 18 TzBfG Rn. 7.
35 *Forst*, AuR 2012, 97, 101; *Hamann*, RdA 2011, 321, 335; *Lembke*, NZA 2011, 319, 321; *Ulber*, § 13a Rn. 2; allg. zur Einordnung einer Norm als Schutzgesetz i.S.d. § 823 Abs. 2 BGB BAG, 25.4.2001 – 5 AZR 368/99, NZA 2002, 1211, 1213.
36 *Lembke*, NZA 2011, 319, 321; *Kock*, BB 2012, 323, 324; *Ulber*, § 13a Rn. 20; ErfK/*Wank*, § 13a Rn. 3.
37 BAG 15.3.2011 – 10 AZB 49/10, NZA 2011, 653, 654.
38 Grundlegend *Boemke*, Schuldvertrag und Arbeitsverhältnis, 1999, S. 563 ff.
39 BAG, 15.3.2011 – 10 AZB 49/10, NZA 2011, 653, 654 Rn. 12.
40 EuGH, 11.4.2013 – C-290/12 („Della Rocca"), BeckRS 2013, 80742, Rn. 40.

tering"-Entscheidung vom 21.10.2010 explizit als „nichtvertraglichen Arbeitgeber", mit dem der Leiharbeitnehmer in einem „Arbeitsverhältnis" stehe, das nach der Betriebsübergangsrichtlinie (bzw. § 613a Abs. 1 BGB) auf den Betriebserwerber übergehen könne.[41]

Sind die Voraussetzungen der jeweiligen Anspruchsgrundlage erfüllt, hat der Leiharbeitnehmer gegenüber dem Entleiher einen Anspruch darauf, so gestellt zu werden, wie er stünde, wenn die Informationspflicht ordnungsgemäß erfüllt worden wäre (§ 249 Abs. 1 BGB). Daraus dürfte sich in der Praxis **nur in seltenen Ausnahmefällen** ein **materieller Schaden** ergeben. 24

Hat der Entleiher die Information des Leiharbeitnehmers schuldhaft ganz unterlassen oder nicht ordnungsgemäß durchgeführt, besteht **weder** ein **Einstellungsanspruch** des Leiharbeitnehmers **noch** ein **Anspruch auf Abschluss eines Arbeitsvertrags hinsichtlich der zu besetzenden Stelle.**[42] Denn wäre der Leiharbeitnehmer ordnungsgemäß unterrichtet worden, hätte er sich allenfalls beim Entleiher bewerben können. Ob die Bewerbung Erfolg gehabt hätte, steht damit noch nicht fest. Dies müsste der Leiharbeitnehmer darlegen und beweisen, was regelmäßig nicht möglich sein dürfte. Daher hat der Leiharbeitnehmer regelmäßig auch keinen Anspruch auf entgangenen Gewinn aufgrund Nichterhalts des Arbeitsplatzes.[43] 25

Ein Anspruch des Leiharbeitnehmers auf Einstellung bzw. Abschluss eines Arbeitsvertrags mit dem Entleiher ist außerdem **analog § 15 Abs. 6 AGG** ausgeschlossen.[44] Nach § 15 Abs. 6 AGG scheidet ein Anspruch des Arbeitnehmers auf Begründung eines Beschäftigungs- oder Arbeitsverhältnisses aus, wenn der Arbeitgeber gegen das Benachteiligungsverbot des § 7 Abs. 1 AGG verstößt. Das BAG hat im Zusammenhang mit einer Verletzung des Benachteiligungsverbotes nach § 612a BGB ausgeführt, in § 15 Abs. 6 AGG komme eine allgemeine gesetzgeberische Wertung zum Ausdruck. Nach ihr solle der Arbeitgeber selbst bei massivsten Diskriminierungen – etwa wegen des Geschlechts, der Rasse oder der Religion – nicht verpflichtet werden, ein Arbeitsver- 26

---

41 EuGH, 21.10.2010 – C-242/09, NZA 2010, 1225, 1226, Rn. 22 ff.; dazu BAG, 9.2.2011 – 7 AZR 32/10, NZA 2011, 791, 796; *Abele*, FA 2011, 7; *Bauer/v. Medem*, NZA 2011, 20; *Forst*, RdA 2011, 228; *Gaul/Ludwig*, DB 2011, 298, 299 f.; *Kühn*, NJW 2011, 1408; *Willemsen*, NJW 2011, 1546.
42 *Hamann*, RdA 2011, 321, 335; *Lembke*, NZA 2011, 319, 321.
43 *Kock*, BB 2012, 323, 324.
44 Ebenso *Ulber*, § 13a Rn. 21.

§ 13a Informationspflicht des Entleihers über freie Arbeitsplätze

hältnis einzugehen. Der Anspruch des benachteiligten Arbeitnehmers sei auf Geldersatz beschränkt. Es könne nicht angenommen werden, dass der Gesetzgeber bei typischerweise deutlich weniger gewichtigen Verstößen einen Anspruch des Arbeitnehmers auf Abschluss eines Arbeitsvertrags begründen wollte.[45] Insoweit bestehe eine unbewusste Gesetzeslücke, die mit einer analogen Anwendung von § 15 Abs. 6 AGG zu schließen sei. Diese Argumentation lässt sich auf den vorliegenden Sachverhalt übertragen. Ist ein Anspruch auf Begründung eines Arbeitsverhältnisses selbst bei massiven Diskriminierungen ausgeschlossen, gilt dies erst recht bei einer Verletzung der Auskunftspflicht des Entleihers nach § 13a.

3. Zurückbehaltungsrecht des Leiharbeitnehmers

27 Kommt der Entleiher seiner Auskunftspflicht nach § 13a nicht ordnungsgemäß nach, kann der Leiharbeitnehmer – wie im Rahmen des § 13 – ein Zurückbehaltungsrecht nach § 273 Abs. 1 BGB hinsichtlich seiner Arbeitsleistung beim Entleiher geltend machen (vgl. § 13 Rn. 24).[46]

4. Ordnungswidrigkeit

28 Die Verletzung der Informationspflicht des Entleihers nach § 13a ist in § 16 Abs. 1 Nr. 9 als Ordnungswidrigkeit sanktionsbewehrt. Informiert der **Entleiher** den Leiharbeitnehmer entgegen § 13a Satz 1 vorsätzlich oder fahrlässig nicht, nicht richtig oder nicht vollständig, handelt er ordnungswidrig, was mit einer **Geldbuße** in Höhe von **bis zu Euro 2.500** geahndet werden kann (§ 16 Abs. 2). Diese Sanktion sah der Gesetzgeber als im Hinblick auf Art. 10 Abs. 2 RL geboten an.[47] Sie trifft ausschließlich den Entleiher, nicht hingegen den Verleiher, da der Verleiher nicht Normadressat der Auskunftspflicht des § 13a ist.

5. Zustimmungsverweigerungsrecht des Entleiherbetriebsrats nach § 99 BetrVG

29 Der Betriebsrat des Entleihers kann seine Zustimmung zur Einstellung (oder Versetzung) eines Arbeitnehmers auf eine freie Stelle im Entleiherbetrieb nach § 99 BetrVG verweigern, wenn der Entleiher seine In-

---

45 BAG vom 21.9.2011 – 7 AZR 150/10, NZA 2012, 317, 322, Rn. 44.
46 *Kock*, BB 2012, 323, 324.
47 BT-Drs. 17/4804, S. 10.

III. Rechtsfolgen bei Verletzung des Auskunftsanspruchs § 13a

formationspflicht nach § 13a gegenüber Leiharbeitnehmern nicht ordnungsgemäß erfüllt.

Zwar scheidet eine Verweigerung nach § 99 Abs. 2 Nr. 5 BetrVG aus, weil es nicht um das Unterlassen einer Ausschreibung nach § 93 BetrVG geht.[48] **30**

In Betracht kommt jedoch § 99 Abs. 2 Nr. 3 BetrVG. Danach kann der Betriebsrat die Zustimmung verweigern, wenn die durch Tatsachen begründete Besorgnis besteht, dass infolge der personellen Maßnahme im Betrieb beschäftigte Arbeitnehmer gekündigt werden oder sonstige Nachteile erleiden, ohne dass dies aus betrieblichen oder persönlichen Gründen gerechtfertigt ist. Sieht man Leiharbeitnehmer als „im Betrieb beschäftigte Arbeitnehmer" im Sinne von § 99 Abs. 2 Nr. 3 BetrVG an – was jedenfalls bei nach § 7 Satz 2 BetrVG wahlberechtigten Leiharbeitnehmern naheliegend erscheint[49] –, ließe sich bei weiter Gesetzesauslegung argumentieren, dass ein Leiharbeitnehmer, der für die zu besetzende Stelle geeignet ist, dadurch einen Nachteil erleidet, dass der freie Arbeitsplatz anderweitig besetzt wird. Dieser Nachteil ist nicht aus betrieblichen Gründen gerechtfertigt, wenn der Entleiher die Informationspflicht nach § 13a nicht ordnungsgemäß erfüllt hat.[50] Insoweit lässt sich eine Parallele zu § 18 TzBfG ziehen; wird die Pflicht aus § 18 TzBfG missachtet, kommt eine Zustimmungsverweigerung nach § 99 Abs. 2 Nr. 3 BetrVG in Betracht.[51] Ob die Rechtsprechung dieser Auslegung des § 99 Abs. 2 Nr. 3 BetrVG im Hinblick auf § 13a folgen wird, bleibt freilich abzuwarten. **31**

Abgesehen davon kann der Entleiherbetriebsrat die Zustimmung zur Einstellung eines Arbeitnehmers auf der zu besetzenden Stelle auch **nach § 99 Abs. 2 Nr. 1 BetrVG** verweigern, wenn der Entleiher die Informationspflicht nach § 13a nicht ordnungsgemäß erfüllt hat.[52] Die Er- **32**

---

48 *Forst*, AuR 2012, 97, 102; *Hamann*, RdA 2011, 321, 336; *Lembke*, NZA 2011, 319, 322; a.A. für eine analoge Anwendung von §§ 99 Abs. 2 Nr. 5 BetrVG bei Verletzung von § 7 TzBfG *Rolfs*, RdA 2001, 129, 141.
49 A.A. *Oetker*, NZA 2003, 937, 940.
50 *Lembke*, NZA 2011, 319, 322; ebenso HWK/*Gotthardt*, § 13a Rn. 4; *Hamann*, RdA 2011, 321, 336; a.A. DFL/*Beck*, § 13a Rn. 6.
51 BeckOK/*Bayreuther*, § 18 TzBfG Rn. 9; HWK/*Schmalenberg*, § 18 TzBfG Rn. 6; zum Zusammenhang von § 18 TzBfG und § 99 Abs. 2 Nr. 3 BetrVG auch *Oetker*, NZA 2003, 937.
52 *Lembke*, NZA 2011, 319, 322; ebenso *Forst*, AuR 2012, 97, 102; HWK/*Gotthardt*, § 13a Rn. 4; *Hamann*, RdA 2011, 321, 335f.; *Kock*, BB 2012, 323, 324; a.A. DFL/*Beck*, § 13a Rn. 6.

wägungen, welche das BAG zu § 81 Abs. 1 Satz 1 und 2 SGB IX angestellt hat,[53] lassen sich auf den vorliegenden Kontext übertragen. Wie dargestellt (Rn. 7) ist es der Zweck des § 13a, Leiharbeitnehmern die Bewerbung auf offene Stellen im Entleiherbetrieb zu ermöglichen und so die Einstellung von Leiharbeitnehmern beim Entleiher zu fördern. Dieser Zweck kann nur erfüllt werden, wenn die endgültige Einstellung eines anderen Arbeitnehmers beim Entleiher jedenfalls zunächst unterbleibt. § 13a ist also ein Verbotsgesetz i.S.d. § 99 Abs. 2 Nr. 1 BetrVG.[54]

IV. Streitigkeiten

33 Da es sich bei dem Rechtsverhältnis zwischen Leiharbeitnehmer und Entleiher auch um ein Arbeitsverhältnis (Erfüllungsverhältnis) handelt (Rn. 23), fallen Streitigkeiten zwischen dem Leiharbeitnehmer und dem Entleiher über den Auskunftsanspruch des Leiharbeitnehmers nach § 13a in die **Rechtswegzuständigkeit der Arbeitsgerichte** nach § 2 Abs. 1 Nr. 3 lit. a) bzw. d) ArbGG und nicht in die Rechtswegzuständigkeit der ordentlichen Gerichte.[55]

---

53 BAG, 23.6.2010 – 7 ABR 3/09, NZA 2010, 1361, 1363f., Rn. 23ff.; dazu auch *Düwell/Dahl*, NZA-RR 2011, 1, 5f.
54 Näher *Lembke*, NZA 2011, 319, 322.
55 *Forst*, AuR 2012, 97, 102; *Lembke*, NZA 2011, 319, 322; *Lembke*, FA 2011, 290, 292; ErfK/*Wank*, § 13a Rn. 6; so nun auch generell für Rechtsstreitigkeiten aus dem zwischen Leiharbeitnehmer und Entleiher bestehenden „Leiharbeitsverhältnis" BAG, 15.3.2011 – 10 AZB 49/10, NZA 2011, 653.

§ 13b Zugang des Leiharbeitnehmers zu Gemeinschaftseinrichtungen oder -diensten

Der Entleiher hat dem Leiharbeitnehmer Zugang zu den Gemeinschaftseinrichtungen oder -diensten im Unternehmen unter den gleichen Bedingungen zu gewähren wie vergleichbaren Arbeitnehmern in dem Betrieb, in dem der Leiharbeitnehmer seine Arbeitsleistung erbringt, es sei denn, eine unterschiedliche Behandlung ist aus sachlichen Gründen gerechtfertigt. Gemeinschaftseinrichtungen oder -dienste im Sinne des Satzes 1 sind insbesondere Kinderbetreuungseinrichtungen, Gemeinschaftsverpflegung und Beförderungsmittel.

Literatur: *Eismann*, Lohnsteuerrechtliche Arbeitgeberpflichten nach Änderung des Arbeitnehmerüberlassungsgesetzes, DStR 2011, 2381; *Forst*, Neue Rechte für Leiharbeitnehmer, AuR 2012, 97; *Gamp*, Steuerfolgen für Leih-AN beachten: Neuer Anspruch auf Zugang zu Gemeinschafteinrichtungen und -diensten beim Entleiher, AuR 2012, 164; *Hamann*, Die Reform des AÜG im Jahr 2011, RdA 2011, 321; *Huke/Neufeld/Luickhardt*, Das neue AÜG: Erste Praxiserfahrungen und Hinweise zum Umgang mit den neuen Regelungen, BB 2012, 961; *Kock*, Neue Pflichten für Entleiher: Information über freie Stellen und Zugang zu Gemeinschaftseinrichtungen und -diensten (§ 13a und § 13b AÜG), BB 2012, 323; *Lembke*, Neue Rechte von Leiharbeitnehmern gegenüber Entleihern, NZA 2011, 319; *Lembke*, Die geplanten Änderungen im Recht der Arbeitnehmerüberlassung, DB 2011, 414; *Lembke*, Die jüngsten Änderungen des AÜG im Überblick, FA 2011, 290; *Oberthür*, Die Neuregelung des AÜG – Umsetzung der EU-Richtlinie und Einführung einer Lohnuntergrenze in der Leiharbeit, ArbRB 2011, 146; *Vielmeier*, Zugang zu Gemeinschaftseinrichtungen nach § 13b AÜG, NZA 2012, 535; *Ziesecke/Tüzel*, Lohnsteuerrechtliche Konsequenzen durch Einführung des § 13b AÜG, Steuk 2011, 491; *Zimmermann*, Die neuen Pflichten der Einsatzunternehmen nach der AÜG-Reform 2011, ArbRAktuell 2011, 264.

Übersicht

	Rn.		Rn.
I. Vorbemerkungen	1	a) Gesetzlicher Individualanspruch; Konkurrenz zu beim Entleiher geltenden Kollektivregelungen	11
1. Entstehungsgeschichte und Inkrafttreten	2		
2. Sinn und Zweck der Vorschrift	7		
3. Rechtsnatur des Zugangsanspruchs	9	b) Verhältnis zu Ansprüchen gegen den Verleiher	13

§ 13b Zugang des Leiharbeitnehmers zu Gemeinschaftseinrichtungen

	Rn.		Rn.
c) Zugangsgewährung als geldwerter Vorteil	16	3. Ausnahme: sachliche Differenzierungsgründe	40
4. Unabdingbarkeit	17	III. Rechtsfolgen bei Verletzung des § 13b	43
II. Anspruch des Leiharbeitnehmers auf Zugang zu den Gemeinschaftseinrichtungen und -diensten des Entleihers	19	1. Schadensersatz	44
		2. Zurückbehaltungsrecht des Leiharbeitnehmers	46
1. Gemeinschaftseinrichtungen und Gemeinschaftsdienste	20	3. Ordnungswidrigkeit (§ 16 Abs. 1 Nr. 10)	47
2. Anspruch auf gleichen Zugang wie vergleichbare Arbeitnehmer im Entleiherbetrieb	32	IV. Hinweise zur Vertragsgestaltung	48
a) Zugang	33	V. Streitigkeiten	54
b) Unter gleichen Bedingungen	35		
c) Vergleichbare Arbeitnehmer im Einsatzbetrieb	38		

I. Vorbemerkungen

1 § 13b normiert – neben den Auskunftsansprüchen gemäß § 13, und §13a – einen weiteren **Individualanspruch des Leiharbeitnehmers gegenüber** dem Entleiher (Rn. 9). Die Vorschrift hat Ausnahmecharakter, da der Entleiher nicht Vertragspartner des Leiharbeitnehmers, sondern ihm gegenüber „Dritter" ist.[1]

1. Entstehungsgeschichte und Inkrafttreten

2 § 13b dient der – bis zum 5.12.2011 zu erledigenden (vgl. Art. 11 Abs. 1 Satz 1 RL) – **Umsetzung von Art. 6 Abs. 4 der Leiharbeitsrichtlinie**.[2] Art. 6 Abs. 4 RL regelt in Bezug auf den „Zugang" von Leiharbeitnehmern „zu Gemeinschaftseinrichtungen" Folgendes:

3 „Unbeschadet des Artikels 5 Absatz 1 haben Leiharbeitnehmer in dem entleihenden Unternehmen zu den gleichen Bedingungen wie die unmittelbar von dem Unternehmen beschäftigten Arbeitnehmer Zugang zu den Gemeinschaftseinrichtungen oder -diensten, insbesondere zur Gemeinschaftsverpflegung, zu Kinderbetreuungseinrichtungen und zu Beförderungsmitteln, es sei denn, eine unterschiedliche Behandlung ist aus objektiven Gründen gerechtfertigt."

---

1 Vgl. auch § 1 Abs. 1 Satz 1, wo der Entleiher als „Dritter" bezeichnet wird.
2 BT-Drs. 17/4804, S. 2, 10; *Lembke*, DB 2011, 414, 418.

I. Vorbemerkungen § 13b

Art. 6 Abs. 4 RL enthält eine besondere Ausprägung des **Grundsatzes** 4
der Gleichbehandlung (Art. 5 Abs. 1 RL) und **erstreckt** ihn auf weitere, nicht in Art. 3 Abs. 1 lit. f RL aufgeführte Arbeitsbedingungen; er ist im Gegensatz zu Art. 5 Abs. 1 RL aber **nicht tarifdispositiv**.³

§ 13b wurde durch Art. 1 Nr. 11 des Ersten Gesetzes zur Änderung des 5
Arbeitnehmerüberlassungsgesetzes – Verhinderung von Missbrauch der Arbeitnehmerüberlassung vom 28.4.2011⁴ eingeführt und ist gemäß dessen Art. 2 Abs. 1 **am 1.12.2011 in Kraft getreten**. Mangels Übergangsregelung gilt die Vorschrift für jede Arbeitnehmerüberlassung, die am oder nach dem 1.12.2011 stattfand bzw. stattfindet, unabhängig davon, wann das Leiharbeitsverhältnis zwischen Verleiher und Leiharbeitnehmer begründet wurde. Der Gesetzgeber war der Auffassung, dass zwischen der Verkündung des Gesetzes am 29.4.2011 und dem Inkrafttreten am 1.12.2011 ausreichend Zeit für Verleiher und Entleiher sei, sich auf die neuen Regelungen einzustellen und die vertraglichen Vereinbarungen und sonstigen Regelungen bei Bedarf an die neue Rechtslage anzupassen.⁵

Im Rahmen der Entstehungsgeschichte blieb der Text der Norm in der 6
Fassung des Diskussionsentwurfs vom 4.6.2010,⁶ des Referentenentwurfs vom 2.9.2010⁷ und des Gesetzesentwurfs der Bundesregierung vom 31.12.2010⁸ bis hin zur beschlossenen Gesetzesfassung unverändert. Im Gesetzesentwurf wurde lediglich ein redaktioneller Fehler behoben und in Satz 2 nach dem Wort „Gemeinschaftseinrichtungen" die Wörter „oder -dienste" eingefügt.

2. Sinn und Zweck der Vorschrift

§ 13b dient dem in Art. 2 RL angesprochenen Ziel, die Qualität der 7
Leiharbeit zu verbessern.⁹ Die Norm dient dem Zweck, Leiharbeitnehmern ein **diskriminierungsfreie Teilhabe am Arbeitsleben im Entlei-**

---

3 *Hamann*, EuZA, Bd. 2 (2009), S. 287, 318f.; *Lembke*, DB 2011, 414, 418; Schüren/Hamann/*Riederer von Paar*, Einl. Rn. 619.
4 BGBl. I, S. 642.
5 BT-Drs. 17/4804, S. 11.
6 Dazu *Düwell/Dahl*, DB 2010, 1759.
7 Dazu *Hamann*, NZA 2011, 70; *Klebe*, AiB 2010, 646; *Lembke*, NJW-aktuell 45/2011, S. 12; *Ulber*, AuR 2010, 412.
8 BR-Drs. 847/10 = BT-Drs. 17/4804; dazu *Lembke*, DB 2011, 414.
9 Vgl. auch *Kock*, BB 2012, 323, 324.

herbetrieb in Bezug auf die **Nutzung von** dort vorhandenen **Gemeinschaftseinrichtungen und Gemeinschaftsdiensten** zu gewährleisten.[10]

8 In der Sache geht es um den Grundsatz der Gleichbehandlung von Leiharbeitnehmern und vergleichbaren Arbeitnehmern des Entleihers, allerdings nicht im Hinblick auf das – durch die arbeitsvertragliche Beziehung geprägte – Grundverhältnis zwischen Leiharbeitnehmer und Verleiher, sondern im Hinblick auf das Erfüllungsverhältnis zwischen Leiharbeitnehmer und Entleiher (zu Grund- und Erfüllungsverhältnis s. auch § 13a Rn. 23).

3. Rechtsnatur des Zugangsanspruchs

9 § 13b begründet einen **eigenen einklagbaren Individualanspruch des Leiharbeitnehmers gegenüber dem Entleiher** auf Gewährung von Zugang zu den beim Entleiher existierenden Gemeinschaftseinrichtungen und Gemeinschaftsdiensten unter den gleichen Bedingungen wie den übrigen beim Entleiher tätigen Arbeitnehmern.[11] Dies folgt aus dem Wortlaut des § 13b („Der Entleiher hat dem Leiharbeitnehmer Zugang ... zu gewähren ..."), der insoweit eindeutiger ist Art. 6 Abs. 4 RL.

10 Aus dem Wortlaut der RL-Regelung ergibt sich nicht zwingend, dass der Leiharbeitnehmer einen direkten Anspruch gegen den Entleiher auf Zugang zu den Gemeinschaftseinrichtungen und -diensten haben muss. Allerdings sprechen die systematische Stellung der Regelung zur Zugangsgewährung in Art. 6 Abs. 4 RL und nicht in Art. 5 RL, der Hinweis im Normtext, dass neben Art. 6 Abs. 4 RL der gegen den Verleiher gerichtete Gleichbehandlungsgrundsatz gilt („unbeschadet des Art. 5 Abs. 1") sowie die teleologische Auslegung (Prinzip des „effet utile", Grundsatz der praktischen Wirksamkeit bzw. vollen Sinnentfaltung) für die Einräumung eines eigenständigen Anspruchs des Leiharbeitsnehmers gegen den Entleiher.[12]

---

10 Ähnlich Thüsing/*Kock*, §§ 13a, 13b Rn. 19: „einheitliche Behandlung der Belegschaft beim täglichen Arbeiten"; *Vielmeier*, NZA 2012, 535, 537: „Schutz vor Ausgrenzung".
11 Vgl. BT-Drs. 17/4804, S. 10; *Lembke*, NZA 2011, 319, 323.
12 *Hamann*, EuZA, Bd. 2 (2009), S. 287, 319; *Lembke*, NZA 2011, 319, 323; *Vielmeier*, NZA 2012, 535, 536.

I. Vorbemerkungen § 13b

a) Gesetzlicher Individualanspruch; Konkurrenz zu beim Entleiher geltenden Kollektivregelungen

Der Anspruch des Leiharbeitnehmers gegen den Entleiher nach § 13b ist **gesetzlicher Natur**. Soweit **beim Entleiher Kollektivregelungen** (z.B. Betriebsvereinbarungen oder Tarifverträge) Anwendung finden, die für Arbeitnehmer des Entleihers Ansprüche auf den Zugang zu Gemeinschaftseinrichtungen oder -diensten begründen, **gelten** diese Kollektivregelungen **im Verhältnis zwischen Entleiher und Leiharbeitnehmer grundsätzlich nicht normativ** (im Sinne von § 4 Abs. 1 TVG bzw. § 77 Abs. 4 BetrVG). Vielmehr folgt der Anspruch des Leiharbeitnehmers gegen den Entleiher auf gleichen Zugang zu den Gemeinschaftseinrichtungen oder -diensten aus dem Gesetz. 11

Etwas anderes kommt in Betracht, wenn Leiharbeitnehmer explizit in den Geltungsbereich der jeweiligen beim Entleiher geltenden Kollektivvereinbarung einbezogen sind. Im Hinblick auf **tarifvertragliche Regelungen** setzt dies aber insbesondere voraus, dass die tarifschließende Gewerkschaft nach ihrer Satzung auch für die jeweiligen Leiharbeitnehmer tarifzuständig ist. Im Hinblick auf etwaige Regelungen in **Betriebsvereinbarungen** dürfte angesichts der Regelung des § 13b nun davon auszugehen sein, dass eine Regelungsbefugnis von Entleiher und dessen Betriebsrat besteht, auch für beim Entleiher eingesetzte Leiharbeitnehmer die Möglichkeit der Nutzung von Gemeinschaftseinrichtungen oder -diensten näher zu bestimmen.[13] 12

b) Verhältnis zu Ansprüchen gegen den Verleiher

Ebenso wie Art. 6 Abs. 4 RL ist § 13b **nicht tarifdispositiv**, so dass der Anspruch des Leiharbeitnehmers gegen den Entleiher auf Zugang zu dessen Gemeinschaftseinrichtungen und -diensten unabhängig davon gilt, ob der Grundsatz von Equal Pay/Treatment im Grundverhältnis zwischen Leiharbeitnehmer und Verleiher aufgrund eines anwendbaren abweichenden Tarifvertrags ausgeschlossen ist.[14] 13

Findet hingegen im jeweiligen **Grundverhältnis zwischen Verleiher und Leiharbeitnehmer** der **Grundsatz von Equal Pay/Treatment Anwendung**, darf der Verleiher dem Leiharbeitnehmer für die Zeit der Überlassung nicht schlechtere als die für vergleichbare Arbeitnehmer 14

---

13 LAG Hamburg, 7.6.2012 – 2 TaBV 4/12, juris, Rn. 31 ff.; so wohl auch HWK/*Gotthardt*, § 13b Rn. 1.
14 BT-Drs. 17/4804, S. 10; *Lembke*, NZA 2011, 319, 323.

§ 13b Zugang des Leiharbeitnehmers zu Gemeinschaftseinrichtungen

des Entleihers geltenden wesentlichen Arbeitsbedingungen gewähren (§§ 9 Nr. 2, 3 Abs. 1 Nr. 3, 10 Abs. 4). Nach der Gesetzesbegründung gehört zu den danach zu gewährenden „Arbeitsbedingungen" auch die „Nutzung sozialer Einrichtungen" (des Entleihers) (vgl. § 9 Rn. 131).[15] Sieht man demgemäß den Verleiher nach dem Grundsatz von Equal Treatment als verpflichtet an, dem Leiharbeitnehmer Zugang zu sozialen Einrichtungen bzw. Gemeinschaftseinrichtungen und -diensten des Entleihers zu verschaffen, sind **Verleiher und Entleiher Gesamtschuldner i.S.d. §§ 421 ff. BGB** hinsichtlich des Anspruchs des Leiharbeitnehmers auf Zugang zu den Gemeinschaftseinrichtungen und -diensten des Entleihers.[16] Erfüllt der Entleiher die Zugangsgewährungsverpflichtung, wirkt dies auch zugunsten des Verleihers (§ 422 Abs. 1 Satz 1 BGB).

15 Umgekehrt wird durch eine Ausgleichszahlung des Verleihers an den Leiharbeitnehmer **nicht** der Primäranspruch des Leiharbeitnehmers gegenüber dem Entleiher erfüllt, sondern allenfalls ein Sekundäranspruch (z.B. auf Schadensersatz). Denn der Anspruch nach § 13b ist nicht auf einer Geldzahlung gerichtet, sondern auf die tatsächliche Gewährung von Zugang zu den Gemeinschaftseinrichtungen oder -diensten (Rn. 33 f.).

c) Zugangsgewährung als geldwerter Vorteil

16 Die Gewährung von Zugang zu Gemeinschaftseinrichtungen oder -diensten stellen einen geldwerten Vorteil dar, wenn die dort erhaltenen Leistungen oder Gegenstände billiger als am freien Markt sind, z.B. weil sie vom Entleiher bezuschusst oder (mit)finanziert werden. Die Zuwendung eines geldwerten Vorteils von einem Dritten an einen Arbeitnehmer stellt zwar arbeitsrechtlich grundsätzlich kein Arbeitsentgelt dar,[17] ist jedoch **steuer- und sozialversicherungsrechtlich** als **Arbeitsentgelt** zu behandeln (dazu unten Rn. 48).

4. Unabdingbarkeit

17 Der Anspruch des Leiharbeitnehmers nach § 13b kann **nicht** durch eine Individual- oder Kollektivvereinbarung **wirksam** im Voraus **abbedun-**

---

15 Vgl. BT-Drs. 15/25, S. 38; Vorauflage, § 9 Rn. 164.
16 *Lembke*, NZA 2011, 319, 323; DFL/*Reinecke*, § 13b Rn. 2; *Ulber*, § 13b Rn. 18.
17 *Lembke*, Arbeitsvertrag für Führungskräfte, 5. Aufl. 2012, S. 83 ff.; *Lembke*, NJW 2010, 257, 258.

gen oder beschränkt werden.[18] § 13b ist eine zwingende Schutznorm zugunsten des Leiharbeitnehmers.

Nach dem – ebenfalls neu im AÜG eingefügten – § 9 Nr. 2a sind „Vereinbarungen, die den Zugang des Leiharbeitnehmers zu den Gemeinschaftseinrichtungen oder -diensten im Unternehmen des Entleihers entgegen § 13b beschränken", unwirksam. Von § 9 Nr. 2a erfasst werden sowohl **individuelle Vereinbarungen** – im Arbeitnehmerüberlassungsvertrag zwischen Verleiher und Entleiher, im Leiharbeitsvertrag zwischen Verleiher und Leiharbeitnehmer oder in einer Vereinbarung zwischen Entleiher und Leiharbeitnehmer –[19] als auch **Kollektivvereinbarungen** (Tarifvertrag oder Betriebsvereinbarung), die den Anspruch aus § 13b beschränken.[20] Unwirksam ist insbesondere auch der im Voraus erklärte Verzicht des Leiharbeitnehmers auf die Rechte aus § 13b (vgl. § 9 Rn. 490).[21]

18

II. Anspruch des Leiharbeitnehmers auf Zugang zu den Gemeinschaftseinrichtungen und -diensten des Entleihers

Nach § 13b Satz 1 hat der Leiharbeitnehmer gegen den Entleiher Anspruch auf die Gewährung von Zugang zu den „Gemeinschaftseinrichtungen oder -diensten" im Entleiherunternehmen. Das Wort „oder" ist freilich kumulativ gemeint und als „und" zu lesen.[22] Der Zugang ist unter den gleichen Bedingungen zu gewähren wie vergleichbaren Arbeitnehmern im Einsatzbetrieb, falls keine sachlichen Differenzierungsgründe vorliegen.

19

1. Gemeinschafseinrichtungen und Gemeinschaftsdienste

Was genau unter „Gemeinschaftseinrichtungen oder -diensten" zu verstehen ist, wird weder in der Leiharbeitsrichtlinie noch im AÜG definiert und ist daher durch Auslegung zu ermitteln. Teilweise wird vertreten, es sei dasselbe Verständnis wie beim Begriff der „Sozialeinrichtungen" i.S.d. § 87 Abs. 1 Nr. 8 BetrVG zugrunde zu legen.[23] Dies ist je-

20

---

18 *Lembke*, NZA 2011, 319, 324; *Ulber*, § 13b Rn. 3.
19 *Hamann*, RdA 2011, 321, 338f.; *Lembke*, NZA 2011, 319, 324.
20 *Lembke*, NZA 2011, 319, 324; ebenso *Forst*, AuR 2012, 97, 101.
21 BT-Drs. 17/4804, S. 9f.
22 *Lembke*, NZA 2011, 319, 323.
23 *Ulber*, § 13b Rn. 5; ErfK/*Wank*, § 13b Rn. 1; vgl. auch *Sansone*, Gleichstellung von Leiharbeitnehmern, S. 494ff.

§ 13b Zugang des Leiharbeitnehmers zu Gemeinschaftseinrichtungen

doch abzulehnen, weil der Begriff der „Gemeinschaftseinrichtungen oder -dienste" der Leiharbeitsrichtlinie entstammt und eigenständig, d. h. unabhängig vom nationalen Recht, auszulegen ist.[24]

21 Generell gilt, dass die Vorschriften des § 13b und des Art. 6 Abs. 4 RL **Ausnahmecharakter** haben, weil sie den gegen den Vertragsarbeitgeber (Verleiher) gerichteten Anspruch des Leiharbeitnehmers auf Einhaltung des Grundsatzes der Gleichbehandlung (Art. 5 Abs. 1 RL) auf einen Dritten (Entleiher) erstrecken (Rn. 4, 8). Sie sind deshalb **eng auszulegen**.[25] Dies gilt umso mehr, als ein Verstoß gegen § 13b eine Ordnungswidrigkeit nach § 16 Abs. 1 Nr. 10 darstellt (Rn. 47).

22 Allgemein sind unter „Gemeinschaftseinrichtungen und -diensten" nur mit einer bestimmten **Ausstattung versehene** bewegliche oder unbewegliche Sachen des Entleihers (Gemeinschaftseinrichtung) **oder mit, an bzw. in diesen Sachen erbrachte Dienst- oder Serviceleistungen** (Gemeinschaftsdienste) fallen, die der Entleiher einer **Gemeinschaft seiner Arbeitnehmer** – also nicht individuell ausgewählten Arbeitnehmern, sondern einer generell-abstrakt bestimmten Gruppe von Arbeitnehmern – zur Verfügung stellt.[26]

23 Dies ergibt sich zum einen aus der gebotenen engen Auslegung der Norm, den im Gesetz (§ 13b Satz 2 bzw. Art. 6 Abs. 4 RL) aufgeführten Beispielen sowie einem Vergleich mit anderssprachigen Fassungen der RL:

24 In Übereinstimmung mit Art. 6 Abs. 4 RL nennt § 13b **Satz 2** als **Beispiele** für Gemeinschaftseinrichtungen oder -dienste lediglich Kinderbetreuungseinrichtungen, Gemeinschaftsverpflegung (d. h. eine Kantine[27]) und Beförderungsmittel. „Gemeinschaftseinrichtungen oder -dienste" i. S. d. Art. 6 Abs. 4 RL heißen in der englischen Fassung „amenities or collective facilities" und in der französischen Fassung „installations et équipment collectifs". Es geht also stets um gegenständliche Einrichtungen oder um Dienste an oder mit Gegenständen bzw. Ausrüstungsstücken, nicht hingegen um bloße Geldleistungen oder Geldsurrogate.

---

24 Zutr. HWK/*Gotthardt*, § 13b Rn. 2.
25 *Huke/Neufeld/Luickhardt*, BB 2012, 961, 968; *Lembke*, NZA 2011, 319, 323; vgl. auch *Hamann*, RdA 2011, 321, 337; a. A. *Ulber*, § 13b Rn. 5.
26 *Lembke*, NZA 2011, 319, 323; HWK/*Gotthardt*, § 13b Rn. 2; *Hamann*, RdA 2011, 321, 337; *Rosenau/Mosch*, NJW-Spezial 2011, 242, 243.
27 Vgl. Art. 6 Abs. 4 RL in englischer Fassung („canteen") und französischer Fassung („service de restauration").

II. Anspruch des Leiharbeitnehmers zu Gemeinschaftseinrichtungen § 13b

Voraussetzung ist ferner, dass die Gegenstände, in, an oder mit denen die Gemeinschaftseinrichtung oder der Gemeinschaftsdienst betrieben wird, einen **engen räumlichen Bezug zur Betriebsstätte des Entleihers** aufweisen, in welcher der Leiharbeitnehmer eingesetzt ist.[28] Dies folgt aus den in § 13b Satz 2 angegebenen Beispielen sowie dem Wortlaut des § 13b Satz 1, der auf vergleichbare Arbeitnehmer „in dem Betrieb, in dem der Leiharbeitnehmer seine Arbeitsleistung erbringt", abstellt. Außerdem geht es nach dem Gesetzeszweck um die diskriminierungsfreie Teilhabe der Leiharbeitnehmer im unmittelbaren Arbeitsumfeld (vgl. Rn. 7). Ohne einen räumlichen Bezug zwischen Gemeinschaftseinrichtung oder -dienst und Betriebsstätte des Entleihers hätte § 13b eine uferlose Weite, was dem Ausnahmecharakter der Norm zuwiderliefe. 25

Nach alledem fallen unter **„Gemeinschaftseinrichtungen und -dienste" i.S.d. § 13b** nicht nur – die in Satz 2 aufgeführten – Kinderbetreuungseinrichtungen wie Betriebskindergärten, Gemeinschaftsverpflegung in der Betriebskantine und Beförderungsmittel im Rahmen eines Werkfahrdienstes oder des Firmenwagenfuhrparks, sondern z.B. auch Sozialräume, Erholungsheime, Sportanlagen, dort angebotene Gesundheits- oder Sportkurse, Werkmietwohnungen, Parkplätze auf dem Firmengelände, betriebseigene Tankstellen zum verbilligten Bezug von Benzin und Einrichtungen zum verbilligten Personalkauf.[29] 26

Nicht erfasst werden hingegen vom Entleiher an seine Arbeitnehmer gewährte **Geldleistungen**, wie z.B. Essenszuschuss, Fahrtkostenzuschuss, Mietkostenzuschuss oder Leistungen der **betrieblichen Altersversorgung**.[30] Letzteres folgt im Umkehrschluss aus Art. 5 Abs. 4 UAbs. 2 RL, wo betriebliche Altersversorgung („Rentensysteme") als „betriebliche Systeme der sozialen Sicherheit" und nicht als „Gemein- 27

---

28 Vgl. auch *Kock*, BB 2012, 323, 325; a.A. *Vielmeier*, NZA 2012, 535, 538f., der nur die Einflussmöglichkeit des Entleihers auf den Zugang zu – ggf. von externen Dritten betriebenen – Gemeinschaftseinrichtungen oder -diensten verlangt.
29 HWK/*Gotthardt*, § 13b Rn. 2; *Kock*, BB 2012, 323, 325; *Hamann*, NZA 2011, 70, 77; *Huke/Neufeld/Luickhardt*, BB 2012, 961, 968; *Lembke*, NZA 2011, 319, 323f.; *Lembke*, DB 2011, 414, 418; *Oberthür*, ArbRB 2011, 146, 148; *Raif/Weitnauer*, GWR 2011, 303; *Boemke*, RIW 2009, 177, 186; a.A. bezüglich Einrichtungen zum Personalkauf und Werkmietwohnung *Vielmeier*, NZA 2012, 535, 537.
30 LAG Hamburg, 7.6.2012 – 2 TaBV 4/12, juris, Rn. 36; HWK/*Gotthardt*, § 13b Rn. 2; *Kock*, BB 2012, 323, 325; *Lembke*, NZA 2011, 319, 323f.; *Lembke*, DB 2011, 414, 418; *Oberthür*, ArbRB 2011, 146, 148; *Raif/Weitnauer*, GWR 2011, 303; *Zimmermann*, ArbRAktuell 2011, 264; in Bezug auf betriebliche Altersversorgung a.A. *Forst*, AuR 2012, 97, 100; a.A. *Ulber*, § 13b Rn. 5.

§ 13b Zugang des Leiharbeitnehmers zu Gemeinschaftseinrichtungen

schaftseinrichtung" bezeichnet werden.[31] Auch **Geldsurrogate**, wie z.B. Essensgutscheine, Tankgutscheine, Jobtickets, fallen nicht unter § 13b.[32]

28 Unklar ist, ob § 13b auch **Schulungen** erfasst.[33] Dagegen spricht, dass Art. 6 Abs. 5 lit. b RL den „Zugang der Leiharbeitnehmer zu den Fort- und Weiterbildungsangeboten für die Arbeitnehmer der entleihenden Unternehmen" separat regelt, so dass ein arg. e. contr. nicht fernliegt. Allerdings ist der Begriff der „Fort- und Weiterbildungsangebote" weit und umfasst sowohl externe Mitarbeiterschulungen als auch interne Trainings- und Schulungsveranstaltungen auf dem Betriebsgelände des Entleihers. Verlangt man – wie oben (Rn. 25) dargelegt – einen engen räumlichen Bezug von **Gemeinschaftseinrichtung bzw. -dienst zur Betriebsstätte des Entleihers** lassen sich zumindest „Schulungseinrichtungen" des Entleihers unter den Begriff der „Gemeinschaftseinrichtungen oder -dienste" subsumieren. Dementsprechend fallen zumindest **interne**, d.h. **in den Räumlichkeiten des Entleihers stattfindende Schulungsmaßnahmen** unter § 13b, nicht hingegen externe Schulungsmaßnahmen.[34]

29 Nicht eindeutig ist auch, ob **Betriebsausflüge oder -feiern** unter § 13b fallen. Dies wird z.T. mit der Begründung verneint, es fehle an der „gegenständlichen Einrichtung", d.h. der physischen Nutzbarkeit.[35] Sofern die Betriebsausflüge jedoch **in Räumlichkeiten des Entleihers** stattfinden, ist die physische Nutzbarkeit gegeben, so dass man wohl von einem Zugangsanspruch nach § 13b auszugehen hat. Außerdem bezweckt § 13b gerade die Teilhabe des Leiharbeitnehmers am sozialen Leben im Betrieb (vgl. Rn. 7).

30 Teilweise wird auch das **betriebliche E-Mail-System** als Gemeinschaftsdienst angesehen.[36] Dies dürfte indes nur zutreffen, wenn den Arbeitnehmern die **Möglichkeit der Privatnutzung eingeräumt** wird;

---

31 Vgl. auch *Ulber*, AuR 2010, 10, 13.
32 *Lembke*, NZA 2011, 319, 323f.; *Forst*, AuR 2012, 97, 100; HWK/*Gotthardt*, § 13b Rn. 2; *Huke/Neufeld/Luickhardt*, BB 2012, 961, 968; *Kock*, BB 2012, 323, 325.
33 Dafür *Forst*, AuR 2012, 97, 100; a.A. *Kock*, BB 2012, 323, 325; *Vielmeier*, NZA 2012, 535, 540.
34 *Lembke*, NZA 2011, 319, 324; a.A. *Thüsing/Kock*, §§ 13a, 13b Rn. 21; *Ulber*, § 13b Rn. 22.
35 *Kock*, BB 2012, 323, 325; vgl. auch *Zimmermann*, ArbRAktuell 2011, 264; a.A. *Vielmeier*, NZA 2012, 535, 537.
36 *Vielmeier*, NZA 2012, 535, 538.

andernfalls ist das E-Mail-System keine Dienst- oder Serviceleistung für die Mitarbeiter, sondern schlicht ein Arbeitsmittel.

Eine Klärung hinsichtlich der Auslegung und des Umfangs von Art. 6 Abs. 4 RL und § 13b dürfte letztlich aber erst durch eine Vorlage an den **EuGH** im Wege des **Vorabentscheidungsverfahrens** nach Art. 267 lit. b AEUV zu erreichen sein. 31

2. Anspruch auf gleichen Zugang wie vergleichbare Arbeitnehmer im Entleiherbetrieb

Dem Leiharbeitnehmer ist nach § 13b Satz 1 vom Entleiher Zugang zu den Gemeinschaftseinrichtungen oder -diensten unter den gleichen Bedingungen zu gewähren wie vergleichbaren Arbeitnehmern im jeweiligen Einsatzbetrieb, es sei denn, eine unterschiedliche Behandlung ist aus sachlichen Gründen gerechtfertigt. 32

a) Zugang

§ 13b Satz 1 begründet einen Anspruch des Leiharbeitnehmers auf „Gewährung des Zugangs" zu den Gemeinschafseinrichtungen oder -diensten. Da es um die diskriminierungsfreie Teilhabe des Leiharbeitnehmers im unmittelbaren Arbeitsumfeld geht, hat der Entleiher dem Leiharbeitnehmer die **tatsächliche Nutzungsmöglichkeit einzuräumen**, und zwar zu den gleichen Bedingungen wie vergleichbaren Arbeitnehmern im Einsatzbetrieb. Dem Leiharbeitnehmer ist vom Entleiher also z.B. unter denselben Bedingungen wie vergleichbaren eigenen Arbeitnehmern Zugang zu verbilligtem Essen in der Werkskantine zu gewähren, die Möglichkeit der Nutzung des betriebseigenen Fitnessstudios oder der dort angebotenen Sportkurse einzuräumen oder ein Firmenwagen und ggf. einen Firmenparkplatz zur Verfügung zu stellen. 33

Der Anspruch nach § 13b ist auf eine **nicht vertretbare Handlung** (§ 888 ZPO) gerichtet und nicht auf eine **Geldzahlung** (vgl. Rn. 15). Der Entleiher kann seine Verpflichtung aus § 13b also nicht durch eine finanzielle Leistung abgelten.[37] Monetäre Ansprüche kommen aber im Rahmen von Schadensersatzansprüchen auf der Ebene der Sekundäransprüche in Betracht. 34

---

[37] *Lembke*, NZA 2011, 319, 323; DFL/*Reinecke*, § 13b Rn. 2; *Vielmeier*, NZA 2012, 535, 540.

b) Unter gleichen Bedingungen

35 Der Zugang ist dem Leiharbeitnehmer „unter den gleichen Bedingungen" zu gewähren wie vergleichbaren Arbeitnehmern im Einsatzbetrieb. Das bedeutet, dass schlicht **dieselben Grundsätze und Regeln anzuwenden** sind, **die für vergleichbare Arbeitnehmer** des Entleihers **gelten**.[38] Insoweit erlangen etwaige beim Entleiher geltende Kollektivregelungen (wie Betriebsvereinbarung, Tarifvertrag) über Gemeinschaftseinrichtungen oder -dienste mittelbar – über § 13b – Bedeutung für den Leiharbeitnehmer, ohne dass sie selbst normative Wirkung entfalten (vgl. Rn. 11 f.). Die zu berücksichtigenden Regeln und Grundsätze können sich auf den Kreis der berechtigten Personen, das Ob und das Wie der Nutzung beziehen. Die Verweigerung des Zugangs oder die Schaffung zusätzlicher Zugangsbeschränkungen ausschließlich für Leiharbeitnehmer sind nur zulässig, wenn sachliche Differenzierungsgründe gegeben sind (dazu Rn. 40 ff.).

36 Sind bestimmte Gemeinschaftseinrichtungen (z. B. Firmenfuhrpark mit Dienstwagen) für bestimmte Mitarbeitergruppen (z. B. Mitarbeiter einer Führungsebene) vorbehalten, ist für die Frage, ob ein Nutzungsanspruch des Leiharbeitnehmers nach § 13b besteht, maßgeblich, ob er der Mitarbeitergruppe angehört; entscheidend kommt es also auf die Vergleichbarkeit des Leiharbeitnehmers mit den Mitarbeitern der begünstigten Mitarbeitergruppe an.

37 Ist der Leiharbeitnehmer mit dem begünstigten Personenkreis vergleichbar, sind ihm dieselben Bedingungen bei der Zugangsgewährung einzuräumen wie den vergleichbaren Arbeitnehmern des Entleihers im Einsatzbetrieb; z. B. muss dem Leiharbeitnehmer das verbilligte Kantinenessen zum selben Preis zur Verfügung gestellt werden wie den Arbeitnehmern des Entleihers.[39]

c) Vergleichbare Arbeitnehmer im Einsatzbetrieb

38 Welche Arbeitnehmer mit dem Leiharbeitnehmer vergleichbar sind, ist wie im Rahmen des Grundsatzes von Equal Pay/Treatment nach §§ 3 Abs. 1 Nr. 3, 9 Nr. 2 AÜG zu ermitteln (dazu § 9 Rn. 100 ff.).[40] Dabei kann die **hypothetische Betrachtung** des Art. 5 Abs. 1 RL, wie der

---

38 Vgl. HWK/*Gotthardt*, § 13b Rn. 3: unter den gleichen Voraussetzungen und in gleicher Weise.
39 LAG Hamburg, 7.6.2012 – 2 TaBV 4/12, juris, Rn. 35; *Kock*, BB 2012, 323, 325.
40 Vgl. ErfK/*Wank*, § 13b Rn. 1.

Leiharbeitnehmer zu behandeln wäre, wenn der Entleiher ihn „unmittelbar für den gleichen Arbeitsplatz eingestellt" hätte, als Kontrollüberlegung dienen (vgl. § 9 Rn. 110).[41]

Eine gewisse Divergenz besteht zwischen § 13b und Art. 6 Abs. 4 RL im Hinblick darauf, ob alle Arbeitnehmer des Entleiherunternehmens oder nur die Arbeitnehmer des Einsatzbetriebs bei der **Vergleichsbetrachtung** heranzuziehen sind. Während § 13b auf vergleichbare Arbeitnehmer im „Betrieb" abstellt, „in dem der Leiharbeitnehmer seine Arbeitsleistung erbringt", haben Leiharbeitnehmer nach Art. 6 Abs. 4 RL Zugang „in dem entleihenden Unternehmen zu den gleichen Bedingungen wie die unmittelbar von dem Unternehmen beschäftigten Arbeitnehmer". Diese Divergenz kann in der Praxis eine Rolle spielen, wenn zwar im Einsatzbetrieb ein vergleichbarer Arbeitnehmer fehlt, aber in einem sonstigen Betrieb des Entleiherunternehmens vergleichbare Arbeitnehmer gegeben sind, welche bestimmte Gemeinschaftseinrichtungen oder -dienste nutzen können. Hier ist § 13b richtlinienkonform auszulegen, und die vergleichbaren Arbeitnehmer des Entleiherunternehmens außerhalb des Einsatzbetriebs sind in die Vergleichsbetrachtung miteinzubeziehen.[42]

3. Ausnahme: sachliche Differenzierungsgründe

Der Anspruch des Leiharbeitnehmers ist ausgeschlossen, wenn eine unterschiedliche Behandlung aus sachlichen Gründen gerechtfertigt ist. Der sachliche Grund muss **objektiv**, d.h. bei verständiger Betrachtung durch einen Dritten, **geeignet und erforderlich** sein, ein **vernünftiges und billigenswertes Bedürfnis des Entleihers** umzusetzen.[43]

Ein sachlicher Grund kann nach der Gesetzesbegründung z.B. vorliegen, wenn der Entleiher gemessen an der individuellen Einsatzdauer einen **unverhältnismäßigen Organisations- bzw. Verwaltungsaufwand** bei der Gewährung des Zugangs hätte.[44] Ist der Verwaltungsaufwand im Verhältnis zur sehr kurzen Einsatzzeit unverhältnismäßig hoch, kann die Nichtgewährung des Zugangs zur Gemeinschaftseinrichtung also im Einzelfall gerechtfertigt sein. Dies dürfte aber wohl die Ausnahme darstellen.

---

41 I. E. wie hier *Hamann*, RdA 2011, 321, 338.
42 *Lembke*, NZA 2011, 319, 324.
43 Dazu HWK/*Gotthardt*, § 13b Rn. 4; *Kock*, BB 2012, 323, 325f.; *Vielmeier*, NZA 2012, 535, 539f.
44 BT-Drs. 17/4804, S. 10.

§ 13b Zugang des Leiharbeitnehmers zu Gemeinschaftseinrichtungen

42 Auch das **Erreichen der Aufnahmekapazität** kann einen sachlichen Grund darstellen, den Zugang zu verweigern. Der Entleiher ist nicht verpflichtet, zusätzliche Kapazitäten für Leiharbeitnehmer zu schaffen oder vorhandene Kapazitäten so zu verteilen, dass auch Leiharbeitnehmer berücksichtigt werden.[45] Allerdings muss die Zugangsverweigerung oder die Zuteilung frei werdender Kapazitäten gegenüber dem Leiharbeitnehmer diskriminierungsfrei, d.h. ohne Ansehung dessen Leiharbeitnehmereigenschaft, erfolgen.[46]

III. Rechtsfolgen bei Verletzung des § 13b

43 Verletzt der Entleiher schuldhaft seine Verpflichtung nach § 13b, kommen folgende Rechtsfolgen in Betracht:

1. Schadensersatz

44 Im Falle der schuldhaften Verletzung des § 13b durch den Entleiher hat der Leiharbeitnehmer gegenüber dem Entleiher einen Schadensersatzanspruch nach **§ 280 Abs. 1 BGB**.[47] Die zwischen Leiharbeitnehmer und Entleiher bestehende Rechtsbeziehung ist auch ein Arbeitsverhältnis (Erfüllungsverhältnis) und damit ein Schuldverhältnis i.S.d. § 280 Abs. 1 BGB (näher § 13a Rn. 23, 33). Z.B. kann ein unzulässigerweise vom verbilligten Kantinenessen ausgeschlossener Leiharbeitnehmer den Schaden ersetzt verlangen, der ihm durch eine außerbetriebliche teurere Verpflegung entsteht.[48] Entsprechendes gilt für höhere Betreuungskosten bei Vorenthalten der betrieblichen Kinderbetreuungseinrichtung.[49]

45 Ferner kommt als Anspruchsgrundlage **§ 823 Abs. 2 BGB** in Betracht.[50] § 13b ist ein Schutzgesetz i.S.d. § 823 Abs. 2 BGB, da er dem individuellen Schutz des Leiharbeitnehmers dient und eine sachlich nicht gerechtfertigte Schlechterstellung von Leiharbeitnehmern mit vergleichbaren Arbeitnehmern des Entleihers in Bezug auf Gemein-

---

45 *Kock*, BB 2012, 323, 325; *Vielmeier*, NZA 2012, 535, 540: kein Optimierungsgebot; a.A. *Ulber*, § 13b Rn. 7, 12; wohl auch *Hamann*, RdA 2011, 321, 338.
46 Zutr. *Kock*, BB 2012, 323, 325.
47 HWK/*Gotthardt*, § 13b Rn. 5; *Lembke*, NZA 2011, 319, 324; ErfK/*Wank*, § 13b Rn. 3.
48 *Huke/Neufeld/Luickhardt*, BB 2012, 961, 968; *Leuchten*, NZA 2011, 608, 611.
49 *Hamann*, RdA 2011, 321, 339.
50 *Forst*, AuR 2012, 97, 101f.; HWK/*Gotthardt*, § 13b Rn. 5; *Hamann*, RdA 2011, 321, 339; *Lembke*, NZA 2011, 319, 324.

schaftseinrichtungen und -dienste des Entleihers verbietet (vgl. auch § 9 Nr. 2a und § 16 Abs. 1 Nr. 10).[51]

2. Zurückbehaltungsrecht des Leiharbeitnehmers

Kommt der Entleiher seiner Pflicht auf Zugangsgewährung nach § 13b nicht ordnungsgemäß nach, kann der Leiharbeitnehmer – wie im Rahmen des § 13 und § 13a – ein Zurückbehaltungsrecht nach § 273 Abs. 1 BGB hinsichtlich seiner Arbeitsleistung beim Entleiher geltend machen (vgl. § 13 Rn. 16; § 13a Rn. 27). **46**

3. Ordnungswidrigkeit (§ 16 Abs. 1 Nr. 10)

Der vorsätzliche oder fahrlässige Verstoß des Entleihers gegen § 13b wird gemäß der in § 16 Abs. 1 neu eingeführten Nr. 10 als Ordnungswidrigkeit sanktioniert und kann mit einer Geldbuße von bis zu Euro 2.500 geahndet werden (§ 16 Abs. 2 AÜG). Diese Sanktion sah der Gesetzgeber als im Hinblick auf Art. 10 Abs. 2 RL geboten an.[52] Sie trifft ausschließlich den **Entleiher**, nicht hingegen den Verleiher, da der Verleiher nicht Normadressat des § 13b ist. **47**

IV. Hinweise zur Vertragsgestaltung

In kautelarjuristischer Hinsicht gebietet es § 13b, dass Verleiher und Entleiher vertragliche Regelungen zu den Gemeinschaftseinrichtungen und -diensten des Entleihers treffen.[53] Die Zugangsgewährung stellt einen **geldwerten Vorteil** an den – gemäß § 38 Abs. 4 Satz 2 EStG auskunftspflichtigen – Leiharbeitnehmer dar (Rn. 16), den der Verleiher nicht nur bei seiner **betriebswirtschaftlichen Kalkulation**, sondern insbesondere auch bei der – ihm obliegenden (vgl. § 38 Abs. 1 Satz 3 EStG) – **Abführung der Lohnsteuer** und der **Sozialversicherungsbeiträge** (vgl. §§ 14 Abs. 1, 17 Abs. 1, 28e SGB IV) berücksichtigen muss.[54] Verstöße hiergegen können als Straftat sanktioniert werden (insbesondere Steuerhinterziehung gemäß § 370 AO und Vorenthalten und Veruntreuen von Arbeitsentgelt gemäß § 266a StGB). **48**

---

51 Vgl. BAG vom 25.4.2001 – 5 AZR 368/99, NZA 2002, 1211, 1213.
52 BT-Drs. 17/4804, S. 10.
53 *Huke/Neufeld/Luickhardt*, BB 2012, 961, 968; *Kock*, BB 2012, 323, 326; *Lembke*, FA 2011, 290, 292.
54 Zu den steuerrechtlichen Fragen s. auch *Eismann*, DStR 2011, 2381; *Gamp*, AuR 2012, 164; *Sprenger*, personalmagazin 11/2011, S. 78; *Ziesecke/Tüzel*, StuK 2011, 491.

§ 13b Zugang des Leiharbeitnehmers zu Gemeinschaftseinrichtungen

49 Nach § 38 Abs. 1 Satz 1 EStG wird die Einkommensteuer bei Einkünften aus nichtselbstständiger Arbeit durch Abzug vom Arbeitslohn erhoben (Lohnsteuer), soweit der Arbeitslohn von einem inländischen Arbeitgeber oder – bei grenzüberschreitender Arbeitnehmerüberlassung vom Ausland nach Deutschland – von einem ausländischen Verleiher gezahlt wird. Der Lohnsteuer unterliegt gemäß **§ 38 Abs. 1 Satz 3 EStG** auch der im Rahmen des Dienstverhältnisses **von einem Dritten** gewährte **Arbeitslohn**, wenn der Arbeitgeber weiß oder erkennen kann, dass derartige Vergütungen erbracht werden; dies ist insbesondere anzunehmen, wenn Arbeitgeber und Dritter verbundene Unternehmen im Sinne von § 15 AktG sind. Im Hinblick auf die gesetzliche Regelung des § 13b ist von einer **Obliegenheit des Verleihers** auszugehen, sich beim Entleiher zu erkundigen, welche lohnsteuerpflichtigen Drittvorteile der Entleiher dem Leiharbeitnehmer im Rahmen von Gemeinschaftseinrichtungen und -diensten gewährt.

50 Abgesehen davon ist der **Leiharbeitnehmer** gemäß **§ 38 Abs. 4 Satz 3 EStG** verpflichtet, seinem Arbeitgeber (dem Verleiher) die von einem Dritten gewährten Bezüge (hier also die vom Entleiher im Rahmen von Gemeinschaftseinrichtungen und -diensten gewährten geldwerten Vorteile) am Ende des jeweiligen Lohnzahlungszeitraums anzugeben; wenn der Arbeitnehmer keine Angabe oder eine erkennbar unrichtige Angabe macht, hat der Arbeitgeber dies dem Betriebsstättenfinanzamt anzuzeigen. Das Finanzamt hat die zu wenig erhobene Lohnsteuer vom Arbeitnehmer nachzufordern (§ 38 Abs. 4 Satz 4 EStG).

51 Es empfiehlt sich, den Leiharbeitnehmer **im Leiharbeitsvertrag** auf die Auskunftspflicht nach § 38 Abs. 4 Satz 3 EStG zumindest hinzuweisen.

52 Außerdem sollte **im Arbeitnehmerüberlassungsvertrag** eine Regelung über den Zugang der Leiharbeitnehmer zu Gemeinschaftseinrichtungen und -diensten des Entleihers aufgenommen werden, damit der Verleiher in die Lage versetzt wird, seine steuer- und sozialversicherungsrechtlichen Pflichten zu erfüllen. Eine entsprechende Klausel könnte z.B. wie folgt lauten:[55]

53 *„§ ... Zugang zu Gemeinschaftseinrichtungen oder -diensten des Entleihers*

(1) Der Entleiher ist gemäß § 13b AÜG verpflichtet, dem an ihn überlassenen Leiharbeitnehmer Zugang zu den Gemein-

---

[55] Lembke, BB 2012, 2497, 2504; Lembke/Zanotti, in: Liebers, FB ArbR, I Rn. 20, 54 ff.

schaftseinrichtungen oder -diensten im Unternehmen unter den gleichen Bedingungen zu gewähren wie vergleichbaren Arbeitnehmern in dem Betrieb, in dem der Leiharbeitnehmer seine Arbeitsleistung erbringt, es sei denn, eine unterschiedliche Behandlung ist aus sachlichen Gründen gerechtfertigt. Bei dem Entleiher existieren derzeit folgende Gemeinschaftseinrichtungen und -dienste:
a) ...;
b) ....

(2) Der Entleiher ist verpflichtet, dem Verleiher mitzuteilen, ob und in welcher Höhe durch die Gewährung des Zugangs zu den in Abs. 1 genannten Gemeinschaftseinrichtungen und -diensten ein geldwerter Vorteil für den Leiharbeitnehmer anfällt. Er ist ferner verpflichtet, dem Verleiher Auskunft über alle Tatsachen zu erteilen, die für die Ermittlung relevant sind, ob und in welcher Höhe Lohnsteuer und Sozialversicherungsbeiträge für den jeweiligen geldwerten Vorteil abzuführen sind. Der Verleiher wird etwaige auf den geldwerten Vorteil entfallende Lohnsteuer und Sozialversicherungsbeiträge ordnungsgemäß abführen und gegenüber dem Leiharbeitnehmer abrechnen. Etwaige Arbeitgeberanteile zu Sozialversicherungsbeiträgen werden dem Verleiher vom Entleiher gegen Nachweis erstattet. [*alternativ: Zur Erstattung etwaiger im Hinblick auf den Zugang zu Gemeinschaftseinrichtungen oder -diensten abzuführender Arbeitgeberanteile zu Sozialversicherungsbeiträgen zahlt der Entleiher an den Verleiher pro Leiharbeitnehmer einen Pauschalbetrag in Höhe von Euro ... pro Stunde.*] Der Entleiher ist berechtigt, von dem Verleiher jederzeit einen Nachweis über die ordnungsgemäße Abrechnung des geldwerten Vorteils und die ordnungsgemäße Abführung der darauf entfallenden Lohnsteuer und Sozialversicherungsbeiträge zu verlangen."

V. Streitigkeiten

Da es sich bei dem Rechtsverhältnis zwischen Leiharbeitnehmer und Entleiher auch um ein Arbeitsverhältnis (Erfüllungsverhältnis) handelt, kann der Leiharbeitnehmer den Anspruch nach § 13b oder entsprechende Sekundäransprüche (z.B. auf Schadensersatz) – ebenso wie die Aus-

§ 13b Zugang des Leiharbeitnehmers zu Gemeinschaftseinrichtungen

kunftsansprüche nach § 13 und § 13a – gemäß (§ 2 Abs. 1 Nr. 3 lit. a) und d) ArbGG vor den **Arbeitsgerichten** geltend machen (vgl. § 13a Rn. 33).[56]

---

[56] *Forst*, AuR 2012, 97, 102; *Lembke*, NZA 2011, 319, 324f.; *Lembke*, FA 2011, 290, 292; so nun auch generell für Rechtsstreitigkeiten aus dem zwischen Leiharbeitnehmer und Entleiher bestehenden „Leiharbeitsverhältnis" BAG vom 15.3.2011 – 10 AZB 49/10, NZA 2011, 653.

§ 14 Mitwirkungs- und Mitbestimmungsrechte

(1) Leiharbeitnehmer bleiben auch während der Zeit ihrer Arbeitsleistung bei einem Entleiher Angehörige des entsendenden Betriebs des Verleihers.

(2) Leiharbeitnehmer sind bei der Wahl der Arbeitnehmervertreter in den Aufsichtsrat im Entleiherunternehmen und bei der Wahl der betriebsverfassungsrechtlichen Arbeitnehmervertretungen im Entleiherbetrieb nicht wählbar. Sie sind berechtigt, die Sprechstunden dieser Arbeitnehmervertretungen aufzusuchen und an den Betriebs- und Jugendversammlungen im Entleiherbetrieb teilzunehmen. Die §§ 81, 82 Abs. 1 und die §§ 84 bis 86 des Betriebsverfassungsgesetzes gelten im Entleiherbetrieb auch in Bezug auf die dort tätigen Leiharbeitnehmer.

(3) Vor der Übernahme eines Leiharbeitnehmers zur Arbeitsleistung ist der Betriebsrat des Entleiherbetriebs nach § 99 des Betriebsverfassungsgesetzes zu beteiligen. Dabei hat der Entleiher dem Betriebsrat auch die schriftliche Erklärung des Verleihers nach § 12 Abs. 1 Satz 2 vorzulegen. Er ist ferner verpflichtet, Mitteilungen des Verleihers nach § 12 Abs. 2 unverzüglich dem Betriebsrat bekanntzugeben.

(4) Die Absätze 1 und 2 Sätze 1 und 2 sowie Absatz 3 gelten für die Anwendung des Bundespersonalvertretungsgesetzes sinngemäß.

Literatur: *Becker*, Betriebsverfassungsrechtliche Aspekte beim drittbezogenen Personaleinsatz, AuR 1982, 369 ff.; *Boemke*, Das arbeitsgerichtliche Zustimmungsersetzungsverfahren nach § 99 Abs. 4 BetrVG; ZfA 1992, 473 ff.; *ders.*, Die Betriebszugehörigkeit, AR-Blattei SD 540; *ders.*, Personalvertretungsrecht und Arbeitnehmerüberlassung, PersV 2004, 404 ff.; *Boemke/Lembke*, Änderungen im AÜG durch das „Job-AQTIV-Gesetz" – Fragwürdige Liberalisierung der Zeitarbeit, DB 2002, 893 ff.; *Brors*, „Fremdpersonaleinsatz" – Wer ist gemäß § 7 S. 2 BetrVG wahlberechtigt?, NZA 2002, 123 ff.; *Däubler*, Die neue Leiharbeit, KJ 2003, 17 ff.; *Dewender*, Die Rechtsstellung der Leiharbeitnehmer nach den §§ 7 S. 2 und 9 BetrVG, RdA 2003, 274 ff.; *Dörner*, Der Leiharbeitnehmer in der Betriebsverfassung, FS Wißmann, 2005, S. 286 ff.; Düwell/Dahl, Mitbestimmung des Betriebsrats beim Einsatz von Leiharbeitnehmern, NZA-RR 2011, 1 ff.; *Franke*, Betriebsratswahlen 2002 – Wahlanfechtungen sind vorprogrammiert, NJW 2002, 656 ff.; *Gussen*, Auswahlrichtlinien nach § 95 BetrVG als Arbeitgeberkorsett für die Einstellung von Leiharbeitnehmern?, NZA 2011, 830 ff.; *Hamann*, Mitbestimmung des Betriebsrats in Arbeitszeitfragen bei der

§ 14 Mitwirkungs- und Mitbestimmungsrechte

gewerbsmäßigen Arbeitnehmerüberlassung, AuR 2002, 322 ff.; *ders.*, Betriebsverfassungsrechtliche Auswirkungen der Reform der Arbeitnehmerüberlassung, NZA 2003, 526 ff.; *ders.*, Leiharbeitnehmer-Pools, NZA 2008, 1042 ff.; *Hanau*, Probleme der Neuregelung der Betriebsverfassung, ZIP 2001, 1981 ff.; *ders.*, Reform der Betriebsverfassung, NJW 2001, 2513 ff.; *Hunold*, Die Rechtsprechung zu den Beteiligungsrechten des Entleiher-Betriebsrats bei Einsatz von Leiharbeitnehmern, NZA-RR 2008, 281 ff.; *Konzen*, Der Regierungsentwurf des Betriebsverfassungsreformgesetzes, RdA 2001, 76 ff.; *Kraft*, Fragen zur betriebsverfassungsrechtlichen Stellung von Leiharbeitnehmern, FS Pleyer (1986), 383 ff.; *ders.*, Betriebsverfassungsrechtliche Probleme bei der Arbeitnehmerüberlassung, FS Konzen (2006), S. 439 ff.; *Leisten*, Einstweilige Verfügung zur Sicherung von Mitbestimmungsrechten des Betriebsrats beim Einsatz von Fremdfirmen, BB 1992, 266 ff.; *Lembke*, Die „Hartz-Reform" des Arbeitnehmerüberlassungsgesetzes, BB 2003, 98 ff.; *Lindemann/Simon*, Wahlberechtigung und Ermittlung der Betriebsratsgröße, NZA 2002, 365 ff.; *Löwisch*, Änderung der Betriebsverfassung durch das Betriebsverfassungs-Reformgesetz, BB 2001, 1734 ff.; *Lutter*, Der Anwendungsbereich des Mitbestimmungsgesetzes – Koreferat, ZGR 1977, 195 ff.; *Lux*, Die Einleitung der Arbeitnehmervertreter-Wahl nach dem Mitbestimmungsgesetz, BB 1977, 905 ff.; *Maschmann*, Leiharbeitnehmer und Betriebsratswahl nach dem BetrVG-Reformgesetz, DB 2001, 2446 ff.; *Mayer-Maly*, Das Leiharbeitsverhältnis, ZfA 1972, 1 ff.; *Melms/Lipinski*, Absenkung des Tarifniveaus durch die Gründung von AÜG-Gesellschaften als alternative oder flankierende Maßnahme zum Personalabbau, BB 2004, 2409 ff.; *Neumann*, Neuregelung des Wahlverfahrens zum Betriebsrat, BB 2002, 510 ff.; *Raab*, Europäische und nationale Entwicklungen im Recht der Arbeitnehmerüberlassung, ZfA 2003, 389 ff.; *Richardi*, Wahlberechtigung und Wählbarkeit zum Betriebsrat im Konzern, NZA 1987, 145 ff.; *Rudolph*, Umfang des Wahlrechts überlassener Arbeitnehmer, ZBVR 2002, 21 ff.; *Rüthers/Bakker*, Arbeitnehmerentsendung und Betriebsinhaberwechsel im Konzern, ZfA 1990, 245 ff.; *Säcker*, Die Wahlordnungen zu den Mitbestimmungsgesetzen, 1978; *Schiefer/Korte*, Die Durchführung von Betriebsratswahlen nach neuem Recht – Teil 1, NZA 2002, 57 ff.; *Seel*, Rechtsstellung von Leiharbeitnehmern im Betriebsverfassungsrecht – Ein Überblick über die neuesten Entwicklungen, MDR 2012, 813 ff.; *Wagner*, Die werkvertragsbedingte Beschäftigung betriebsfremder Arbeitnehmer als Einstellung i. S. d. § 99 BetrVG, AuR 1992, 42 ff.; *Wank*, Neuere Entwicklungen im Arbeitnehmerüberlassungsrecht, RdA 2003, 1 ff.; *Wensing/Freise*, Beteiligungsrechte des Betriebsrats bei der Übernahme von Leiharbeitnehmern, BB 2004, 2238 ff.; *Wiebauer*, Zeitarbeit und Arbeitszeit, NZA 2012, 68 ff.; *Windbichler*, Mitbestimmung des Betriebsrats bei der Beschäftigung von Leiharbeitnehmern, DB 1975, 739 ff.; *Ziemann*, Anmerkung zu BAG vom 18.1.1989, AuR 1990, 58 ff.

Übersicht

	Rn.		Rn.
I. Vorbemerkungen	1	aa) Gleichbehandlung (§ 75 Abs. 1 BetrVG)	26
1. Entstehungsgeschichte	1	bb) Betriebsvereinbarungen (§ 77 BetrVG)	27
2. Sinn und Zweck der Vorschrift	2	cc) Allgemeine Aufgaben (§ 80 BetrVG)	28
3. Geltungsbereich	3	c) Mitbestimmungsrechte	29
a) Arbeitnehmerüberlassung	3	aa) Allgemeine Grundsätze	29
aa) Verfolgung einer wirtschaftlichen Tätigkeit	3	bb) Mitbestimmung in sozialen Angelegenheiten (§ 87 BetrVG)	30
bb) Verfolgung einer nichtwirtschaftlichen Tätigkeit	4	(1) Betriebliche Ordnung (Nr. 1)	31
cc) Illegale Arbeitnehmerüberlassung	5	(2) Lage der Arbeitszeit (Nr. 2)	32
b) Fremdfirmeneinsatz im Rahmen von Werk- oder Dienstverträgen	8	(3) Vorübergehende Arbeitszeitverkürzung oder -verlängerung (Nr. 3)	35
c) Abordnung zu Arbeitsgemeinschaft i. S. v. § 1 Abs. 1 Satz 3	10	(4) Auszahlung des Arbeitsentgelts (Nr. 4)	37
II. Betriebsverfassungsrechtliche Stellung im Verleiherbetrieb	11	(5) Urlaubsgewährung (Nr. 5)	38
1. Zuordnung zum Verleiherbetrieb (Abs. 1)	11	(6) Technische Überwachungseinrichtungen (Nr. 6)	40
2. Betriebsverfassungsrechtliche Rechte des Leiharbeitnehmers	14	(7) Ergänzender Unfallschutz (Nr. 7)	41
a) Wahlrecht	15	(8) Sozialeinrichtungen (Nr. 8 und Nr. 9)	42
b) Teilnahme an Sprechstunden und Versammlungen	16	(9) Mitbestimmung beim Arbeitsentgelt (Nr. 10 und Nr. 11)	43
c) Betriebsverfassungsrechtliche Individualrechte (§§ 81 ff. BetrVG)	19	(10) Betriebliches Vorschlagswesen (Nr. 12)	44
aa) Unterrichtungs- und Erörterungspflicht (§ 81 BetrVG)	20	(11) Gruppenarbeit (Nr. 13)	45
bb) Anhörungs- und Erörterungsrecht (§ 82 BetrVG)	21		
cc) Einsicht in Personalakte (§ 83 BetrVG)	22		
dd) Beschwerderecht (§ 84 ff. BetrVG)	23		
3. Mitwirkung und Mitbestimmung des Verleiherbetriebsrats	24		
a) Grundsatz	24		
b) Allgemeine Grundsätze der Mitwirkung	25		

§ 14 Mitwirkungs- und Mitbestimmungsrechte

	Rn.		Rn.
cc) Freiwillige Betriebsvereinbarungen (§ 88 BetrVG)	46	bb) Teilnahme an Sprechstunden und Betriebsversammlungen (Abs. 2 Satz 2)	73
dd) Arbeits- und betrieblicher Umweltschutz (§ 89 BetrVG)	47	(1) Sprechstunden (§ 39 BetrVG)	73
d) Gestaltung von Arbeitsplatz, Arbeitsablauf und Arbeitsumgebung (§§ 90f. BetrVG)	48	(2) Betriebsversammlungen (§§ 42ff., 71 BetrVG)	75
e) Allgemeine personelle Angelegenheiten (§§ 92ff. BetrVG)	49	cc) Individualrechte gemäß §§ 81ff. BetrVG	78
f) Maßnahmen der Berufsbildung (§§ 96ff. BetrVG)	50	(1) Unterrichtungs- und Erörterungspflicht des Arbeitgebers (§ 81 BetrVG)	78
g) Personelle Einzelmaßnahmen (§§ 99ff. BetrVG)	51		
aa) § 99 BetrVG	51		
bb) Anhörung bei Kündigung (§ 102 BetrVG)	55	(2) Anhörungsrecht des Leiharbeitnehmers	80
h) Mitbestimmung bei wirtschaftlichen Angelegenheiten (§§ 106–113 BetrVG)	57	(3) Einsicht in die Personalakte	82
III. Mitbestimmungsrechtliche Stellung im Entleiherbetrieb	58	(4) Beschwerderecht des Leiharbeitnehmers (§§ 84–86)	83
1. Betriebszugehörigkeit zum Entleiherbetrieb	58		
2. Unternehmensmitbestimmung (Abs. 2 Satz 1 Hs. 1)	62	(5) Vorschlagsrecht (§ 86a BetrVG)	84
a) Wahlrecht	62	4. Mitwirkung und Mitbestimmung des Entleiherbetriebsrats	85
aa) Ausschluss des passiven Wahlrechts	62	a) Grundsatz	85
bb) Aktives Wahlrecht	64	b) Allgemeine Grundsätze der Mitwirkung	86
b) Unternehmensgröße	65	aa) Gleichbehandlung (§ 75 Abs. 1 BetrVG)	86
3. Betriebsverfassungsrechtliche Rechte des Leiharbeitnehmers (Abs. 2)	66	bb) Förderungspflicht nach § 75 Abs. 2 BetrVG	87
a) Wahlrecht (Abs. 2 Satz 1 Hs. 2)	66	cc) Geltung von Betriebsvereinbarungen	88
aa) Passives Wahlrecht	66		
bb) Aktives Wahlrecht	68		
cc) Wartezeit bei Übernahme durch Entleiher	71	dd) Allgemeine Aufgaben (§ 80 BetrVG)	89
b) Betriebsverfassungsrechtliche Individualrechte (Abs. 2 Satz 2 und 3)	72	c) Mitwirkung bei Einstellungen (Abs. 3)	100
aa) Grundsatz	72		

§ 14 Mitwirkungs- und Mitbestimmungsrechte

	Rn.
aa) Rechtsnatur der Regelung (Abs. 3)	100
bb) Übernahme	102
cc) Art und Weise der Beteiligung (Abs. 3 § 99 BetrVG)	107
(1) Unterrichtungspflicht	107
(2) Rechtsfolgen unzureichender Unterrichtung	111
(3) Zustimmungsverweigerungsrecht des Betriebsrats	112
dd) Rechtsfolgen der Zustimmungsverweigerung	120
d) Mitbestimmung in sozialen Angelegenheiten (§§ 87ff. BetrVG)	122
aa) Grundsatz	122
bb) Mitbestimmung nach § 87 Abs. 1 BetrVG	123
(1) Betriebliche Ordnung (Nr. 1)	123
(2) Lage der Arbeitszeit (Nr. 2)	124
(3) Vorübergehende Arbeitszeitverkürzung oder -verlängerung (Nr. 3)	126
(4) Auszahlung des Arbeitsentgelts (Nr. 4)	127
(5) Urlaubsgewährung (Nr. 5)	128
(6) Technische Überwachungseinrichtungen (Nr. 6)	129
(7) Ergänzender Unfallschutz (Nr. 7)	130
(8) Sozialeinrichtungen (Nr. 8 und Nr. 9)	131
(9) Mitbestimmung beim Arbeitsentgelt (Nr. 10 und Nr. 11)	132
(10) Betriebliches Vorschlagswesen (Nr. 12)	133
(11) Grundsätze über die Durchführung von Gruppenarbeit (Nr. 13)	134
cc) Freiwillige Betriebsvereinbarungen (§ 88 BetrVG)	135
dd) Arbeitsschutz (§ 89 BetrVG)	136
e) Gestaltung von Arbeitsplatz, Arbeitsablauf und Arbeitsumgebung (§§ 90f. BetrVG)	137
f) Mitwirkung in personellen Angelegenheiten (§§ 92ff. BetrVG)	138
aa) Allgemeine personelle Angelegenheiten (§§ 92ff. BetrVG)	138
(1) Personalplanung gem. § 92 BetrVG	139
(2) Beschäftigungssicherung (§ 92a BetrVG)	140
(3) Ausschreibung von Arbeitsplätzen (§ 93 BetrVG)	141
(4) Personalfragebogen und Beurteilungsgrundsätze (§ 94 BetrVG)	142
(5) Auswahlrichtlinien (§ 95 Abs. 1 und 2 BetrVG)	143
bb) Berufsbildung (§§ 96–98 BetrVG)	144
cc) Personelle Einzelmaßnahmen (§§ 99–105 BetrVG)	145
(1) Mitbestimmung nach §§ 99ff. BetrVG	145

	Rn.		Rn.
(2) Mitbestimmung bei Kündigung (§§ 102 f. BetrVG)	148	3. Wahlrecht des Leiharbeitnehmers	159
(3) Entfernung betriebsstörender Arbeitnehmer (§ 104 BetrVG)	149	a) Überlassung zwischen zwei Dienststellen	160
g) Mitwirkung in wirtschaftlichen Angelegenheiten (§ 106 ff. BetrVG)	150	b) Überlassung von privatem Verleiher an öffentliche Dienststelle	161
aa) Wirtschaftsausschuss (§§ 106 ff. BetrVG)	150	c) Überlassung von öffentlicher Dienststelle an privaten Entleiher	162
bb) Betriebsänderungen (§§ 111 ff. BetrVG)	152	4. Individualrechte des Leiharbeitnehmers	163
IV. Personalvertretungsrecht (Abs. 4)	153	5. Beteiligungsrechte des Personalrats bzgl. der Leiharbeitnehmer	164
1. Geltungsbereich	154	a) Einstellung (Abs. 3 i.V.m. § 75 Abs. 1 Nr. 1 BPersVG)	164
2. Personalvertretungsrechtliche Zuordnung von Leiharbeitnehmern	157	b) Sonstige Beteiligungstatbestände	165

I. Vorbemerkungen

1. Entstehungsgeschichte

1　In ihrer **ursprünglichen Fassung** enthielt die Bestimmung eine **Strafvorschrift** über die Verletzung von Geheimhaltungspflichten durch Angehörige oder Beauftragte der BA; diese wurde durch Art. 250 Nr. 2 EGStGB mit Wirkung zum 1.1.1975 aufgehoben, weil sie infolge der Bestimmungen in §§ 203 Abs. 2, 204 StGB überflüssig geworden war. Eine **Regelung der betriebsverfassungsrechtlichen Stellung** des Leiharbeitnehmers sowie der Mitwirkungs- und Mitbestimmungsrechte der Arbeitnehmervertretungen **fand sich beim Inkrafttreten des AÜG zunächst nicht**. Der Gesetzgeber hielt dies für überflüssig, weil Leiharbeitnehmer in betriebsverfassungsrechtlicher Hinsicht ausschließlich dem Verleiherbetrieb zuzuordnen seien.[1] Allerdings war die **betriebsverfassungsrechtliche Zuordnung des Leiharbeitnehmers** in Rechtsprechung und Literatur nach In-Kraft-Treten des AÜG heftig **umstritten**; insbesondere das BAG erkannte dem Betriebsrat im Entleiherbetrieb bei der Einstellung von Leiharbeitnehmern die Beteiligungsrechte

---

1 Vgl. BT-Drs. VI/3505, S. 4.

nach § 99 BetrVG zu.² Daher strebte bereits der RefE aus dem Jahr 1975 eine gesetzliche Klarstellung an. Der Leiharbeitnehmer sollte zwar betriebsverfassungsrechtlich dem Verleiherbetrieb zugeordnet werden, aber gleichwohl umfassende Mitwirkungs- und Mitbestimmungsrechte der Arbeitnehmervertretung im Entleiherbetrieb hinsichtlich der Leiharbeitnehmer in den Angelegenheiten bestehen, die im Entleiherbetrieb zu regeln waren. Eine entsprechende Regelung wurde im Rahmen des Gesetzes zur Bekämpfung illegaler Beschäftigung (**BillBG**) vom 15.12.1981 in den **neu geschaffenen § 14** aufgenommen, der gemäß Art. 11 § 3 BillBG am 1.1.1982 in Kraft trat. Dabei wurde in Abs. 2 Satz 1 bestimmt, dass Leiharbeitnehmer im Entleiherbetrieb weder wahlberechtigt noch wählbar sind. Durch das **BetrVerf-ReformG vom 23.7.2001** wurde die Regelung, dass **Leiharbeitnehmer im Entleiherbetrieb** nicht **wahlberechtigt** sind, mit Wirkung zum 28.7.2001 gestrichen. Zugleich wurde § 7 BetrVG um einen Satz 2 ergänzt, wonach Arbeitnehmer eines anderen Arbeitgebers, die zur Arbeitsleistung überlassen werden, wahlberechtigt sind, wenn sie länger als drei Monate im Betrieb eingesetzt werden. Hierdurch sollten namentlich die **Leiharbeitnehmer näher an die Stammbelegschaft des Entleiherbetriebs herangeführt** werden.³

2. Sinn und Zweck der Vorschrift

Der Gesetzgeber ging bei der (Teil-)Regelung der betriebsverfassungsrechtlichen Stellung der Leiharbeitnehmer durch das BillBG 1981 von einer **doppelten Zuordnung des Leiharbeitnehmers** sowohl zur Betriebsverfassung des Verleihers als auch des Entleihers aus, sodass die Bestimmung die **betriebsverfassungsrechtliche Stellung** des Leiharbeitnehmers und die Beteiligungsrechte des Betriebsrats im Verleiher- bzw. Entleiherbetrieb **nicht abschließend** regelt.⁴ Der Regelungsgehalt beschränkt sich daher z.T. auf bloße Klarstellungen (Abs. 1 siehe unten Rn. 11; Abs. 2 Satz 2 und Satz 3 siehe unten Rn. 72; Abs. 3 Satz 1 siehe unten Rn. 101) bzw. Konkretisierungen bestehender gesetzlicher Regelungen (Abs. 3 Satz 2 und Satz 3 siehe unten Rn. 110); z.T. soll aber

2

---

2 BAG vom 14.5.1974 – 1 ABR 40/73, EzAÜG § 14 AÜG Betriebsverfassung Nr. 1; BAG vom 6.6.1978 – 1 ABR 66/75, EzAÜG § 14 AÜG Betriebsverfassung Nr. 2.
3 Vgl. BT-Drs. 14/5741, S. 28.
4 BT-Drs. 9/847, S. 8f.; LAG Hessen vom 1.9.2011 – 5 TaBV 44/11, juris Rn. 58f. – Vgl. auch BAG vom 15.12.1992 – 1 ABR 38/92, EzAÜG § 14 AÜG Betriebsverfassung Nr. 32 unter B II 2; *Boemke*, Schuldvertrag, S. 565ff. – Bezüglich des nicht abschließenden Charakters *Sandmann/Marschall*, § 14 Anm. 2.

auch die betriebsverfassungsrechtliche Stellung der Leiharbeitnehmer der besonderen Struktur des Leiharbeitsverhältnisses als Drei-Personen-Verhältnis angepasst werden (Abs. 2 Satz 1). Soweit die Bestimmung **keine** betriebsverfassungsrechtliche **Sonderregelung** trifft, ist daher auf die **allgemeinen Bestimmungen** zurückzugreifen.

3. Geltungsbereich

a) Arbeitnehmerüberlassung

aa) Verfolgung einer wirtschaftlichen Tätigkeit

3 Die Bestimmung erfasste in ihrem **unmittelbaren Anwendungsbereich** ursprünglich nur die **erlaubte gewerbsmäßige Arbeitnehmerüberlassung**,[5] weil sich der allgemeine Geltungsbereich des AÜG hierauf beschränkte (siehe Voraufl., Einl. Rn. 9 ff.). Mit Wirkung ab dem 1.12.2011 werden nunmehr sämtliche Formen der Arbeitnehmerüberlassung erfasst, sofern die Unternehmen mit der (vorübergehenden) Überlassung einer wirtschaftlichen Tätigkeit nachgehen (§ 1 Abs. 1 Satz 1 und Satz 2 n. F). Der Geltungsbereich der Bestimmung erfasst seitdem auch die nicht gewerbsmäßigen Arbeitnehmerüberlassung, hinsichtlich der nach früherer Rechtslage umstritten war, ob die Bestimmung auf diese Form der Arbeitnehmerüberlassung entsprechende Anwendung findet.[6] **Ausgenommen** von der Anwendung sind allerdings weiterhin **Überlassungen nach § 1 Abs. 3 Nr. 1–Nr. 3**, weil der Gesetzgeber die Regelung nicht in den Katalog der nach § 1 Abs. 3 Einls. anwendbaren Bestimmungen aufgenommen hat. Wegen dieser bewussten gesetzgeberischen Entscheidung scheidet auch eine analoge Anwendung aus.[7] Dies bedeutet allerdings nicht, dass sich die betriebsverfassungsrechtliche Stellung der im Rahmen des § 1 Abs. 3 Nr. 1–Nr. 3 überlassenen Leiharbeitnehmer wesentlich von der Rechtsstellung au-

---

5 BAG vom 18.1.1989 – 7 ABR 62/87, EzAÜG § 14 AÜG Betriebsverfassung Nr. 18 unter B III 2b bb; BAG vom 18.1.1989 – 7 ABR 21/88, EzAÜG § 14 AÜG Betriebsverfassung Nr. 19 unter B II 2; *Becker/Wulfgramm*, § 14 Rn. 12; *Schüren/Hamann*, § 14 Rn. 14. – A. A. Ulber/*Dohna-Jaeger*, § 14 Rn. 5.
6 Zum diesbzgl. Meinungsstand siehe die Vorauflage, § 14 Rn. 4.
7 *Schüren/Hamann*, § 14 Rn. 476; *Thüsing*, § 14 Rn. 11; GK-BetrVG/*Kreutz*, § 7 Rn. 46; DKK/*Trümner* § 5 Rn. 88 f.; *Sandmann/Marschall*, § 14 Anm. 2a. – A.A. BAG vom 10.3.2004 – 7 ABR 49/03, NZA 2004, 1340, 1341 f.; LAG Hessen vom 19.2.2009 – 9 TaBV 202/08, juris Rn. 45; LAG Mecklenburg-Vorpommern vom 29.8.2007 – 4 Sa 291/06, juris Rn. 60 f.; *Richardi*, NZA 1987, 145, 146 f., für den Fall, dass die damals maßgebliche „voraussichtliche" Überlassungsdauer die Höchstdauer des § 3 Abs. 1 Nr. 6 nicht überschreitet.

I. Vorbemerkungen § 14

ßerhalb des Anwendungsbereichs dieser Ausnahmebestimmung erlaubnispflichtig überlassener Arbeitnehmer unterscheidet. Da § 14 im Wesentlichen nur Klarstellungen und Konkretisierungen vornimmt (siehe oben Rn. 2), ist die **betriebsverfassungsrechtliche Stellung** der Leiharbeitnehmer **unabhängig davon** zu beurteilen, **ob das AÜG Anwendung findet oder nicht**. Eine **Ausnahme** gilt lediglich nach **Abs. 2 Satz 1** hinsichtlich des **Wahlrechts**. Die im Rahmen der Verfolgung einer wirtschaftlichen Tätigkeit (vorübergehend) überlassenen Leiharbeitnehmern sind nach Abs. 2 Satz 1 im Entleiherbetrieb nicht wählbar; das aktive Wahlrecht besteht gemäß § 7 Satz 2 BetrVG nur, wenn eine Einsatzdauer von mehr als drei Monaten geplant ist. Dieser Ausschluss des passiven Wahlrechts gilt allerdings nicht für die Fälle des § 1 Abs. 3 Nr. 1–Nr. 3 (siehe unten Rn. 67).

bb) Verfolgung einer nicht wirtschaftlichen Tätigkeit

Problematisch ist, ob die Bestimmung für die gesetzlich **nicht von § 1 Abs. 1 Satz 1 und 2 erfassten** Erscheinungsformen der **Arbeitnehmerüberlassung**, nämlich einer nicht im Rahmen der wirtschaftlichen Tätigkeit erfolgenden oder einer dauerhaften Überlassung **entsprechend** gilt.[8] Für die Streitentscheidung ist zu beachten, dass die betriebsverfassungsrechtliche Stellung der erlaubnispflichtig überlassenen Leiharbeitnehmer eine besondere Regelung nur in Abs. 2 Satz 1 sowie in § 7 Satz 2 BetrVG findet; danach ist die Wählbarkeit im Entleiherbetrieb ausgeschlossen, das Wahlrecht besteht nur, wenn die Leiharbeitnehmer länger als drei Monate im Betrieb eingesetzt werden sollen. Im Übrigen gelten aber die allgemeinen Bestimmungen (siehe oben Rn. 2. – Zum Wahlrecht der Leiharbeitnehmer bei der nicht erlaubnispflichtigen Arbeitnehmerüberlassung im Entleiherbetrieb siehe unten Rn. 67). Die **analoge Anwendung** dieser Regelung würde demnach eine **Abweichung von den allgemeinen Bestimmungen zulasten echter Leih-

4

---

8 Bezogen auf die Rechtslage vor dem 1.12.2011: Befürwortend BAG vom 20.4.2005 – 7 ABR 20/04, NZA 2005, 1006 (Ls.); BAG vom 10.3.2003 – 7 ABR 49/03, AP § 14 AÜG Nr. 13; BAG vom 18.1.1989 – 7 ABR 62/87, EzAÜG § 14 AÜG Betriebsverfassung Nr. 18 unter B III 2b bb; BAG vom 18.1.1989 – 7 ABR 21/88, EzAÜG § 14 AÜG Betriebsverfassung Nr. 19 unter B II 2; *Becker*, AuR 1982, 369, 377 f.; *Becker/Wulfgramm*, § 14 Rn. 13; *Richardi*, BetrVG, § 5 Rn. 99; *Sandmann/Marschall*, § 14 Anm. 2. – Ablehnend ArbG Bielefeld vom 1.2.1989 – 2 BV 42/88, EzAÜG § 14 AÜG Betriebsverfassung Nr. 25 unter 2.3.1.2; DKK/*Trümner*, § 5 Rn. 84; *Ziemann*, AuR 1990, 58, 62 f. – Differenzierend GK-BetrVG/*Kreutz*, § 7 Rn. 43 ff.; *Rüthers/Bakker*, ZfA 1990, 245, 313 f.; Schüren/*Hamann*, § 14 Rn. 439, wonach die Analogievoraussetzungen nur gegeben sind, solange die Überlassung eine gewisse Dauer nicht überschreitet.

§ 14　Mitwirkungs- und Mitbestimmungsrechte

arbeitnehmer bedeuten. Da der Gesetzgeber mit dem AÜG lediglich die (vorübergehende) Arbeitnehmerüberlassung im Rahmen der wirtschaftlichen Tätigkeit des Verleihers erfassen und die Rechtsstellung der Leiharbeitnehmer verbessern wollte, besteht für eine Erstreckung der Rechtsfolge des Abs. 2 Satz 1 und damit eine **analoge Anwendung** auf die von § 1 Abs. 1 Satz 1 und 2 nicht erfasste Leiharbeit **keine gesetzliche Grundlage**.[9]

cc) Illegale Arbeitnehmerüberlassung

5　Bei der **unerlaubten erlaubnispflichtigen Arbeitnehmerüberlassung** kann die Bestimmung **keine (analoge) Anwendung** finden,[10] weil anderenfalls die betriebsverfassungsrechtliche Stellung des Leiharbeitnehmers unzulässig verkürzt, nämlich sein nach allgemeinen Bestimmungen bestehendes Wahlrecht im Entleiherbetrieb ohne sachlichen Grund ausgeschlossen würde. Vielmehr gelten die allgemeinen Bestimmungen über die betriebsverfassungsrechtliche Zuordnung von (Leih-) Arbeitnehmern ohne die Einschränkung des Abs. 2 Satz 1. Insoweit ist zu unterscheiden:

6　Wird die **Rechtsbeziehung** zwischen Verleiher und Entleiher wie ein wirksames Rechtsverhältnis **vollzogen**, z.B. bei einer Überlassung trotz fehlender Erlaubnis entgegen § 9 Nr. 1 von der Wirksamkeit des Arbeitnehmerüberlassungsvertrags bzw. des Leiharbeitsvertrags ausgegangen oder eine verdeckte illegale Arbeitnehmerüberlassung als (Schein-)Werkvertrag zwischen den Parteien durchgeführt, besteht eine **doppelte Betriebszugehörigkeit** des Leiharbeitnehmers.[11] Hiergegen spricht nicht, dass nach § 10 Abs. 1 auf Grund des Fehlens einer Überlassungserlaubnis ein Arbeitsverhältnis zum Entleiher fingiert wird.[12] Für die Betriebszugehörigkeit zum Verleiherbetrieb ist das Vorliegen eines wirksamen Arbeitsvertrags unerheblich. Vielmehr reicht die tatsächliche Eingliederung des Leiharbeitnehmers in den Verleiherbetrieb

---

9　Boemke, Schuldvertrag, S. 587.
10　GK-BetrVG/*Kreutz/Raab*, § 7 Rn. 42; *Richardi*, BetrVG, § 5 Rn. 97; *Sandmann/Marschall*, § 14 Anm. 7; Schüren/*Hamann*, § 14 Rn. 508; *Thüsing*, § 14 Rn. 8; DKK/ *Trümner*, § 5 Rn. 79; Ulber/*Dohna-Jaeger*, § 14 Rn. 6.
11　LAG Hessen vom 27.11.2003 – 9 TaBV 51/03, NZA-RR 2004, 343, 344; *Boemke*, Schuldvertrag, S. 607f., 610; Schüren/*Hamann*, § 14 Rn. 502ff. – A.A. für ausschließliche Zugehörigkeit zum Entleiherbetrieb BAG vom 10.2.1977 – 2 ABR 80/ 76, AP § 103 BetrVG 1972 unter II Nr. 9; GK-BetrVG/*Kreutz/Raab*, § 7 Rn. 42; MünchArbR/*Marschall*, § 176 Rn. 30; DKK/*Trümner*, § 5 Rn. 79.
12　So aber BAG vom 20.4.2005 – 7 ABR 20/04, NZA 2005, 1006, 1007f.; *Thüsing*, § 14 Rn. 8.

und die tatsächliche Weisungsunterworfenheit des Leiharbeitnehmers gegenüber dem Verleiher aus. Der Sache nach besteht zum Verleiher ein fehlerhaftes Arbeitsverhältnis. Im Rahmen eines fehlerhaften Arbeitsverhältnisses beschäftigte Arbeitnehmer werden für die Dauer des Vollzugs vollumfänglich im Rahmen der Betriebsverfassung berücksichtigt. Der Leiharbeitnehmer ist daher sowohl in der Betriebsverfassung des Verleiher- als auch des Entleiherbetriebs zu berücksichtigen und es können in beiden Betrieben Mitbestimmungsrechte bestehen.

Ziehen die Beteiligten hingegen die **Konsequenzen aus der illegalen Überlassung** und behandeln sie nunmehr den Leiharbeitnehmer nur noch als Arbeitnehmer des Entleihers, untersteht dieser nicht mehr dem Weisungsrecht des Verleihers. Die **Betriebszugehörigkeit zum Verleiherbetrieb** wird **beendet**, sodass er dort auch aus der Betriebsverfassung ausscheidet. Er ist im Verleiherbetrieb weder wählbar noch wahlberechtigt; dem Betriebsrat des Verleiherbetriebs steht hinsichtlich des weiteren Einsatzes im Entleiherbetrieb kein Mitbestimmungsrecht mehr zu. Er gehört nunmehr ausschließlich zum Entleiherbetrieb und dessen Betriebsverfassung.[13]

7

b) Fremdfirmeneinsatz im Rahmen von Werk- oder Dienstverträgen

Werden Arbeitnehmer im Rahmen **echter Werk- oder Dienstverträge** in Fremdbetrieben eingesetzt, dann steht allein dem Werk- bzw. Dienstunternehmer als Arbeitgeber das Weisungsrecht zu; sie gehören ausschließlich zum Betrieb und zur Betriebsverfassung ihres Arbeitgebers (siehe zur Abgrenzung § 1 Rn. 76 ff., 84 ff.). Eine Eingliederung in den Betrieb des Bestellers bzw. Dienstberechtigten besteht nicht,[14] weil dem Inhaber dieses Betriebs kein arbeitsrechtliches Weisungsrecht zusteht. Mangels Aufspaltung des Direktionsrechts kann die Bestimmung **weder direkte noch analoge Anwendung** finden,[15] vielmehr bestehen **betriebsverfassungsrechtliche Beteiligungstatbestände ausschließlich im Betrieb des Werk- bzw. Dienstunternehmers**.[16]

8

---

13 *Boemke*, Schuldvertrag, S. 607 f.
14 BAG vom 18.1.1989 – 7 ABR 21/88, AP § 9 BetrVG 1972 unter B II Nr. 1; Urban-Crell/*Germakowski*, § 14 Rn. 11.
15 Schüren/*Hamann*, § 14 Rn. 518; *Thüsing*, § 14 Rn. 10; ErfK/*Wank*, § 14 AÜG Rn. 17. – Siehe auch BAG vom 11.9.2001 – 1 ABR 14/01, EzAÜG § 14 AÜG Betriebsverfassung Nr. 46. – A.A. Ulber/*Dohna-Jaeger*, § 14 Rn. 8.
16 *Boemke*, Schuldvertrag, S. 612 ff.; *Boemke*, AR-Blattei SD 540 Rn. 45 ff.; *Kaufmann*, Rn. 19; Schüren/*Hamann*, § 14 Rn. 542 ff.; Urban-Crell/*Germakowski*, § 14 Rn. 11. – A.A. Ulber/*Dohna-Jaeger*, § 14 Rn. 8.

§ 14   Mitwirkungs- und Mitbestimmungsrechte

9   Dem **Betriebsrat im Betrieb des Werkbestellers** bzw. Dienstberechtigten steht insbesondere **kein Mitbestimmungsrecht nach § 99 BetrVG** i.V.m. Abs. 3 Satz 1 zu.[17] Eine Einstellung i.S.d. Bestimmung setzt nämlich voraus, dass der Arbeitnehmer dem Weisungsrecht des Betriebsinhabers unterstellt wird; in diesem Falle wäre aber zwischen den Beteiligten ein Werkvertrag nur zum Schein geschlossen und tatsächlich eine (illegale) Arbeitnehmerüberlassung vereinbart. Allerdings bleibt auch beim Einsatz von Fremdfirmenmitarbeitern das Recht des Betriebsrats aus § 80 Abs. 2 BetrVG unberührt, vom Betriebsinhaber Vorlage der Verträge mit den Fremdfirmen zu verlangen, die Grundlage dieser Beschäftigung sind; dieser Unterrichtungsanspruch erstreckt sich nach § 80 Abs. 2 Satz 1 Hs. 2 BetrVG auch auf Personen, die nicht in einem Arbeitsverhältnis zum Betriebsinhaber stehen.[18] Dem Betriebsrat soll hierdurch eine eigenständige Prüfung ermöglicht werden, ob es sich tatsächlich um Arbeitnehmereinsatz auf Werk- oder Dienstvertragsbasis handelt oder aber verdeckte Arbeitnehmerüberlassung betrieben wird, die Überwachungsrechte nach § 80 Abs. 1 Nr. 1 BetrVG und Beteiligungsrechte nach § 99 BetrVG begründen würden.[19]

c) Abordnung zu Arbeitsgemeinschaft i.S.v. § 1 Abs. 1 Satz 3

10   Auf die **Abordnung zu einer ARGE** nach § 1 Abs. 1 Satz 3 findet die Bestimmung **weder unmittelbare noch entsprechende Anwendung**.[20] Vielmehr richten sich Rechtsstellung des abgeordneten Arbeitnehmers und betriebsverfassungsrechtliche Beteiligungstatbestände nach den allgemeinen Bestimmungen.

---

17 BAG vom 5.3.1991 – 1 ABR 39/90, AP § 99 BetrVG 1972 Nr. 90 unter II 2a; BAG vom 1.8.1991 – 1 ABR 54/88, EzAÜG BetrVG Nr. 51 unter B II; BAG vom 5.5.1992 – 1 ABR 78/91, AP § 99 BetrVG 1972 Nr. 97 unter II; *Boemke*, Schuldvertrag, S. 613 f.; *Löwisch/Kaiser*, § 99 Rn. 9; *Schüren/Hamann*, § 14 Rn. 561 ff. – A.A. BAG vom 28.11.1989 – 1 ABR 90/88, AP § 14 AÜG Nr. 5 unter B 2 a. – Einschränkend auch *Leisten*, BB 1992, 266, 268 f.; *Wagner*, AuR 1992, 42, 45.
18 BAG vom 15.12.1998 – 1 ABR 9/98, NZA 1999, 722 (Ls. 1); LAG Hessen vom 5.7.2007 – 9 TaBV 216/06, juris Os. 1.
19 BAG vom 31.1.1989 – 1 ABR 72/87, EzAÜG § 14 AÜG Betriebsverfassung Nr. 20 unter B I 1; BAG vom 9.7.1991 – 1 ABR 45/90, EzAÜG BetrVG Nr. 60 unter B II 3a aa.
20 *Schüren/Hamann*, § 14 Rn. 458 ff.; *Thüsing*, § 14 Rn. 11.

II. Betriebsverfassungsrechtliche Stellung im Verleiherbetrieb

1. Zuordnung zum Verleiherbetrieb (Abs. 1)

Nach Abs. 1 besteht die **Betriebszugehörigkeit** des Leiharbeitnehmers **im Verleiherbetrieb** auch während der Zeit seiner Arbeitsleistung im Entleiherbetrieb fort; das gilt auch bei einer Überlassung ins Ausland, sofern der Arbeitgeber (Verleiher) seinen Geschäftssitz in Deutschland hat.[21] Es handelt sich um eine **bloße Klarstellung**,[22] weil die Betriebszugehörigkeit durch die Unterstellung unter das Weisungsrecht begründet wird. Da die Entsendung in den Entleiherbetrieb die primäre Weisungszuständigkeit des Verleihers unberührt lässt (siehe § 11 Rn. 20), ergibt sich damit die Betriebszugehörigkeit zum Verleiherbetrieb schon aus allgemeinen Grundsätzen.

11

Abs. 1 ist auf die **nicht im Rahmen einer wirtschaftlichen Tätigkeit ausgerichtete Arbeitnehmerüberlassung** sowie die **Überlassung im Rahmen des § 1 Abs. 3 nicht (analog) anwendbar** (siehe oben Rn. 3 f.). Da es sich insoweit jedoch nicht um eine konstitutive Regelung handelt, besteht **nach den allgemeinen Bestimmungen** die **Zugehörigkeit zum Verleiherbetrieb** auch bei der nicht vorübergehenden sowie der nicht im Rahmen der wirtschaftlichen Tätigkeit erfolgenden[23] sowie der von § 1 Abs. 3 erfassten, insbesondere der konzerninternen Arbeitnehmerüberlassung[24] fort. Die nachfolgenden **Ausführungen gelten daher auch in Bezug auf diesen Personenkreis.**

12

Soweit es für die Betriebsratsfähigkeit, die Bildung sonstiger betriebsverfassungsrechtlicher Einrichtungen oder den Bestand von Mitbestimmungsrechten auf die Zahl der Belegschaftsmitglieder im Verleiherbe-

13

---

21 BAG vom 22.3.2000 – 7 ABR 34/98, NZA 2000, 1119 (Ls.).
22 *Boemke*, Schuldvertrag, S. 556 ff. – So auch AnwK-ArbR/*Böhm*, § 14 AÜG Rn. 3. – A.A. Hk-ArbR/*Lorenz*, § 14 AÜG Rn. 6.
23 Nachweise nehmen Bezug auf die Rechtslage vor dem 1.12.2011: *Boemke*, AR-Blattei, SD 540 Rn. 44; *Fitting*, BetrVG, § 5 Rn. 217; GK-BetrVG/*Kreutz*, § 7 Rn. 43 ff.
24 Nachweise nehmen Bezug auf die Rechtslage vor dem 1.12.2011: *Schüren/Hamann*, § 14 Rn. 487; DKK/*Trümner*, § 5 Rn. 88 f. – Ebenso *Richardi*, NZA 1987, 145, 146 f., für den Fall, dass die Überlassung die in § 3 Abs. 1 Nr. 6 festgelegte Höchstdauer nicht überschreitet. – Im Ergebnis auch BAG vom 20.4.2005 – 7 ABR 20/04 – unter B II 2.

trieb ankommt, sind Leiharbeitnehmer uneingeschränkt zu berücksichtigen.[25]

2. Betriebsverfassungsrechtliche Rechte des Leiharbeitnehmers

14 Auf Grund der Betriebszugehörigkeit bestehen die betriebsverfassungsrechtlichen Rechte des Leiharbeitnehmers im Verleiherbetrieb **in vollem Umfang**.

a) Wahlrecht

15 Als betriebszugehörige Arbeitnehmer sind Leiharbeitnehmer im Verleiherbetrieb für die Wahl des Betriebsrats nach §§ 7f. BetrVG **wahlberechtigt und** (bei sechsmonatiger Betriebszugehörigkeit) **wählbar**.[26] Bei einer rechtlichen Unterbrechung des Arbeitsverhältnisses beginnt die Sechsmonatsfrist neu zu laufen.[27] Etwas anderes gilt nur dann, wenn zwischen den Arbeitsverhältnissen ein Sachzusammenhang dergestalt besteht, dass das neue Arbeitsverhältnis als Fortsetzung des früheren zu sehen ist,[28] was allenfalls bei ganz kurzfristigen Unterbrechungen in Betracht kommt.[29]

b) Teilnahme an Sprechstunden und Versammlungen

16 Der Leiharbeitnehmer darf auch während seines Arbeitseinsatzes beim Entleiher die **Sprechstunden des Betriebsrats im Verleiherbetrieb** besuchen, allerdings nur, **soweit** dies **erforderlich** ist (§ 39 Abs. 3 BetrVG). Dies setzt voraus, dass die zu erörternde Angelegenheit mit der Stellung als Arbeitnehmer des Verleihers zusammenhängt und in die Zuständigkeit des Verleiherbetriebsrats fällt. In **Angelegenheiten, die ausschließlich den Entleiherbetrieb betreffen**, darf daher nur die **Sprechstunde** des Betriebsrats **im Entleiherbetrieb** (Abs. 2 Satz 2), **nicht** aber **im Verleiherbetrieb** aufgesucht werden.[30] Der Leiharbeitnehmer darf z. B. den Betriebsrat des Verleiherbetriebs nicht aufsuchen,

---

25 *Becker/Wulfgramm*, § 14 AÜG Rn. 30; *Boemke*, Schuldvertrag, S. 585 f.; Schüren/*Hamann*, § 14 Rn. 113. – Im Grundsatz auch Ulber/*Dohna-Jaeger*, § 14 Rn. 12.

26 *Becker/Wulfgramm*, § 14 Rn. 29 *Boemke*, Schuldvertrag, S. 585; Schüren/*Hamann*, § 14 Rn. 115; *Raif*, ArbRAktuell 2010, 55, 55; Hk-ArbR/*Lorenz*, § 14 AÜG Rn. 7; BT-Drs. 9/847, S. 8; *Düwell/Dahl*, NZA-RR 2011, 1, 1 f.

27 *Fitting*, BetrVG, § 8 Rn. 39; *Richardi/Thüsing*, BetrVG, § 8 Rn. 24.

28 Ulber/*Dohna-Jaeger*, § 14 Rn. 16.

29 *Fitting*, BetrVG, § 8 Rn. 39.

30 *Erdlenbruch*, S. 93; *Thüsing*, § 14 Rn. 19; *Kim*, S. 89; GK-BetrVG/*Weber*, § 39 Rn. 10. – A.A. Schüren/*Hamann*, § 14 Rn. 119 f.

um sich über ein Rauchverbot oder die Kleiderordnung im Entleiherbetrieb zu beschweren.[31] War der Besuch der Sprechstunde erforderlich, darf dem Leiharbeitnehmer nicht das Arbeitsentgelt gekürzt werden, wenn hierdurch Arbeitszeit ausfällt. Dies gilt auch für etwa anfallende Fahrzeiten vom Entleiher- zum Verleiherbetrieb innerhalb der Arbeitszeit. Allerdings trägt der Leiharbeitnehmer etwaige Aufwendungen für die Fahrt vom Entleiher- zum Verleiherbetrieb selbst.

Leiharbeitnehmer dürfen an **Betriebs- bzw. Abteilungsversammlungen** im Verleiherbetrieb (§ 42 BetrVG) teilnehmen. Der Verleiher hat nach § 44 Abs. 1 BetrVG die Zeit der Teilnahme an diesen Versammlungen einschließlich zusätzlicher Wegezeiten wie Arbeitszeit zu vergüten und dem Leiharbeitnehmer Fahrtkosten zu erstatten, die durch Fahrten vom Entleiher- zum Verleiherbetrieb oder umgekehrt anfallen, um an einer Betriebsversammlung teilnehmen zu können.[32]

Ob der Entleiher für diese Zeiträume zur Zahlung der Überlassungsvergütung verpflichtet bleibt, richtet sich in erster Linie nach der vertraglichen Vereinbarung im Arbeitnehmerüberlassungsvertrag (§ 12). Ist hier keine besondere Absprache getroffen, kann der Entleiher **für Ausfallzeiten** die **Überlassungsvergütung** nach § 326 Abs. 1 BGB **anteilig kürzen**, soweit der Verleiher keine Ersatzkraft zur Verfügung stellt.[33]

c) Betriebsverfassungsrechtliche Individualrechte (§§ 81 ff. BetrVG)

Dem Leiharbeitnehmer stehen im Verleiherbetrieb auch die in §§ 81–85 BetrVG geregelten (Individual-)Rechte zu.[34] Da die Bestimmungen einen individualrechtlichen Bezug aufweisen,[35] stehen sie dem Leiharbeitnehmer auch in Verleiherbetrieben, in welchen kein Betriebsrat existiert, zu,[36] soweit nicht bestimmte Rechte vom Bestehen eines Betriebsrats abhängig sind.

---

31 *Erdlenbruch*, S. 93.
32 *Becker/Wulfgramm*, § 14 Rn. 45; *Schüren/Hamann*, § 14 Rn. 124; *Ulber/Dohna-Jaeger*, § 14 Rn. 17; *Urban-Crell/Germakowski*, § 14 Rn. 21.
33 *Becker/Wulfgramm*, § 14 Rn. 44; *Schüren/Hamann*, § 14 Rn. 125; *Thüsing*, § 14 Rn. 19; *Ulber/Dohna-Jaeger*, § 14 Rn. 17; GK-BetrVG/*Weber*, § 39 Rn. 34.
34 *Richardi/Richardi/Thüsing*, BetrVG, Vor § 81 Rn. 4; *Ulber/Dohna-Jaeger*, § 14 Rn. 21 ff., *Sandmann/Marschall*, § 14 Anm. 5.
35 Generell zur Anwendbarkeit der §§ 81 ff. BetrVG auch in betriebsratslosen und nicht betriebsratsfähigen Betrieben vgl. *Fitting*, BetrVG, § 81 Rn. 2; *Richardi/Richardi/Thüsing*, BetrVG, Vor § 81 Rn. 5.
36 *Richardi/Richardi/Thüsing*, BetrVG, Vor § 81 Rn. 6; ErfK/*Kania*, § 81 BetrVG Rn. 1.

aa) Unterrichtungs- und Erörterungspflicht (§ 81 BetrVG)

20 Den Verleiher treffen die **Unterrichtungs- und Erörterungspflichten nach § 81 BetrVG** hinsichtlich des **Aufgabenbereichs** des Arbeitnehmers sowie der **mit der Tätigkeit in Zusammenhang stehenden Unfall- und Gesundheitsgefahren.** Da der Verleiher regelmäßig keine eingehenden Kenntnisse hinsichtlich der Verhältnisse im Entleiherbetrieb hat, dürfen die diesbezüglichen Anforderungen nicht überspannt werden. Der Verleiher muss sich ein Bild von den Aufgaben und Arbeitsbedingungen im Entleiherbetrieb machen und den Leiharbeitnehmer hierüber unterrichten; bei einem ausländischen Arbeitnehmer hat dies im Zweifel in seiner Heimatsprache zu erfolgen.[37] Darüber hinaus hat der Verleiher zumindest stichprobenartig zu kontrollieren, ob Maßnahmen zur Verhütung von Unfällen und Gesundheitsschäden getroffen und auch beachtet werden.[38] Entsprechendes gilt für Veränderungen im Arbeitsbereich (§ 81 Abs. 2 BetrVG), über die der Verleiher den Leiharbeitnehmer rechtzeitig unterrichten muss. Auch insoweit hat er zumindest stichprobenartig zu kontrollieren, ob der Leiharbeitnehmer im Rahmen des Überlassungsvertrages eingesetzt wird und die Sicherheitsvorkehrungen beachtet werden.[39] In betriebsratslosen Betrieben ist der Verleiher zumindest in der Pflicht, den Leiharbeitnehmer in Fragen des betrieblichen Arbeitsschutzes zu hören (§ 81 Abs. 3 BetrVG). Anwendbar ist weiter § 81 Abs. 4 BetrVG. Die zeitgemäße Weiterbildung des Leiharbeitnehmers obliegt dem Verleiher. Fehlende Weiterqualifizierung verschlechtert die Einsatzmöglichkeiten und kann den Arbeitsplatz beim Verleiher gefährden.[40]

bb) Anhörungs- und Erörterungsrecht (§ 82 BetrVG)

21 Dem Leiharbeitnehmer steht nach **§ 82 Abs. 1 BetrVG** im Verleiherbetrieb das Recht zu, in allen betrieblichen, seine Person betreffenden Angelegenheiten (z.B. Planung von Fremdfirmeneinsätzen oder in Fragen der Urlaubsplanung)[41] von den zuständigen Stellen gehört zu werden und zu beabsichtigten Maßnahmen des Arbeitgebers Stellung zu nehmen. Er kann nach § 82 Abs. 2 BetrVG unter Hinzuziehung von Betriebsratsmitgliedern verlangen, dass der Verleiher ihm die Berechnung

---

37 LAG Rheinland-Pfalz vom 24.1.2006 – 5 Sa 817/05, juris Rn. 33; Richardi/*Richardi/Thüsing*, BetrVG, § 81 Rn. 16.
38 *Erdlenbruch*, S. 100 f.; Schüren/*Hamann*, § 14 Rn. 127.
39 Schüren/*Hamann*, § 14 Rn. 128.
40 *Erdlenbruch*, S. 102.
41 Schüren/*Hamann*, § 14 Rn. 131.

und Zusammensetzung seines Arbeitsentgelts erläutert sowie mit ihm die Beurteilung seiner Leistungen und die Möglichkeiten seiner beruflichen Entwicklung im Betrieb erörtert.

cc) Einsicht in Personalakte (§ 83 BetrVG)

Nach **§ 83 BetrVG** steht dem Leiharbeitnehmer das Recht zu, **Einsicht in die** beim Verleiher geführten **Personalakten** zu nehmen und **Erklärungen zum Inhalt** beizufügen. 22

dd) Beschwerderecht (§§ 84 ff. BetrVG)

Das in **§§ 84 bis 86 BetrVG** geregelte **Beschwerderecht** besteht auch im Verleiherbetrieb.[42] Der Leiharbeitnehmer hat das Recht, sich bei der jeweils zuständigen betrieblichen Stelle oder beim Betriebsrat zu beschweren, wenn er sich **vom Verleiher, vom Entleiher oder von Arbeitnehmern** des Verleiher- oder Entleiherbetriebs **benachteiligt, ungerecht behandelt** oder in sonstiger Weise benachteiligt fühlt, und zwar unabhängig davon, ob das Vorbringen objektiv begründet ist.[43] Dem Leiharbeitnehmer steht das **Beschwerderecht gegenüber dem Verleiher auch bzgl. Beeinträchtigungen aus dem Entleiherbetrieb** zu. Es bleibt seiner Einschätzung überlassen, ob er die Anrufung der zuständigen Stelle im Entleiherbetrieb oder derjenigen im Verleiherbetrieb für erfolgversprechender hält.[44] Der Verleiher muss einer Beschwerde nachgehen und gem. § 84 Abs. 2 BetrVG dem Leiharbeitnehmer das Ergebnis seiner Bemühungen mitteilen. Wird der Verleiherbetriebsrat eingeschaltet, kann dieser nur beim Verleiher selbst, nicht aber beim Entleiher auf Abhilfe drängen.[45] 23

3. Mitwirkung und Mitbestimmung des Verleiherbetriebsrats

a) Grundsatz

Leiharbeitnehmer gehören auch während Zeiten ihrer Tätigkeit im Entleiherbetrieb dem Verleiherbetrieb an. Daher sind hier die **allgemeinen Grundsätze über die Mitwirkung** sowie die **einzelnen Mitbestimmungsrechte** des Betriebsrats im Verleiherbetrieb zu beachten. Allerdings ist die Zuständigkeit des Betriebsrats im Verleiherbetrieb auf die- 24

---

42 *Sandmann/Marschall*, § 14 Anm. 14.
43 GK-BetrVG/*Wiese*, § 84 Rn. 8.
44 Schüren/*Hamann*, § 14 Rn. 136.
45 Schüren/*Hamann*, § 14 Rn. 100.

sen Betrieb beschränkt. Daher sind Mitwirkungsgrundsätze nur bei **Maßnahmen des Verleihers im Verleiherbetrieb** zu beachten. **Maßnahmen des Entleihers im Entleiherbetrieb** unterliegen, auch soweit es um die dort eingesetzten Leiharbeitnehmer des Verleihers geht, allein der **Kontrolle des Entleiherbetriebsrats**; Mitwirkungstatbestände im Verleiherbetrieb werden hierdurch nicht begründet.[46]

b) Allgemeine Grundsätze der Mitwirkung

25 Die Beachtung der allgemeinen Grundsätze der Mitwirkung wirkt sich im Hinblick auf Leiharbeitnehmer wie folgt aus:

aa) Gleichbehandlung (§ 75 Abs. 1 BetrVG)

26 Der **betriebsverfassungsrechtliche Gleichbehandlungsgrundsatz (§ 75 Abs. 1 BetrVG)** ist nicht auf die Gruppe der Leiharbeitnehmer untereinander beschränkt; vielmehr müssen die Leiharbeitnehmer im Verleiherbetrieb auch mit dem sog. Stammpersonal betriebsverfassungsrechtlich, aber auch individualrechtlich, gleichbehandelt werden,[47] soweit nicht sachliche, mit der Art der Tätigkeit zusammenhängende Gründe eine Differenzierung rechtfertigen. Unzulässig wären danach Regelungen, wonach nur das Stammpersonal des Verleihers, nicht aber (in einem Dauerarbeitsverhältnis stehende) Leiharbeitnehmer Anspruch auf ein Weihnachtsgeld hätten. Werden von § 1 AGG genannte Kriterien zum Anlass für eine Differenzierung genommen, beurteilt sich die sachliche Rechtfertigung einer Ungleichbehandlung nach §§ 8 ff. AGG. Die **Pflicht zum Schutz und zur Förderung der freien Persönlichkeitsentfaltung (§ 75 Abs. 2 BetrVG)** bezieht sich ebenfalls auf Leiharbeitnehmer.

bb) Betriebsvereinbarungen (§ 77 BetrVG)

27 Betriebsvereinbarungen im Verleiherbetrieb erfassen auch die Arbeitsverhältnisse der Leiharbeitnehmer mit unmittelbarer und zwingender Wirkung (§ 77 Abs. 4 Satz 1 BetrVG), soweit diese nicht vom persönlichen Geltungsbereich der Betriebsvereinbarung ausgenommen sind.[48] Soweit eine Betriebsvereinbarung begünstigende Regelungen auf das Stammpersonal des Verleihers beschränkt, muss aber stets geprüft wer-

---

46 Schüren/*Hamann*, § 14 Rn. 356 f.
47 *Boemke*, Schuldvertrag, S. 589; AnwK-ArbR/*Böhm*, AÜG, § 14 Rn. 6.
48 Schüren/*Hamann*, § 14 Rn. 396; *Ulber*, § 1 Rn. 138 f.; Ulber/*Dohna-Jaeger*, § 14 Rn. 50.

II. Betriebsverfassungsrechtliche Stellung im Verleiherbetrieb § 14

den, ob der Ausschluss der Leiharbeitnehmer mit § 75 Abs. 1 Satz 1 BetrVG (siehe oben Rn. 26) vereinbar ist.[49]

cc) Allgemeine Aufgaben (§ 80 BetrVG)

Den Betriebsrat treffen im Verleiherbetrieb die **Überwachungs- und sonstigen Aufgaben** nach § 80 Abs. 1 BetrVG auch hinsichtlich der Leiharbeitnehmer; ihm stehen dementsprechend die **Unterrichtungsansprüche** nach § 80 Abs. 2 BetrVG zu. In diesem Zusammenhang kann der Betriebsrat vom Verleiher insbesondere die **Vorlage der Arbeitnehmerüberlassungsverträge** verlangen,[50] und zwar auch bei nicht unmittelbar vom AÜG erfasster Arbeitnehmerüberlassung. Soweit dies zur Wahrnehmung seiner Aufgaben erforderlich ist, kann der Betriebsrat im Verhältnis zum Verleiher Besuche und Gespräche am auswärtigen Arbeitsplatz des Leiharbeitnehmers durchführen,[51] hierdurch wird jedoch keine Verpflichtung des Entleihers begründet, den Mitgliedern des Verleiherbetriebsrats Zutritt zu seinem Betrieb zu gewähren.[52]

28

c) Mitbestimmungsrechte

aa) Allgemeine Grundsätze

Hinsichtlich des Arbeitseinsatzes und der Maßnahmen ggü. Leiharbeitnehmern stehen dem **Betriebsrat des Verleiherbetriebs** die Mitbestimmungsrechte in sozialen, personellen und wirtschaftlichen Angelegenheiten zu, soweit es um nach den allgemeinen Bestimmungen **mitbestimmungspflichtige Maßnahmen des Verleihers** geht. Handelt es sich hingegen um **Maßnahmen des Entleihers im Entleiherbetrieb**, bestehen keine Beteiligungsrechte des Verleiherbetriebsrats; zuständig ist **ausschließlich der Betriebsrat im Entleiherbetrieb**. Grds. ist danach der Verleiherbetriebsrat für Maßnahmen zuständig, die den Bestand der arbeitsrechtlichen Hauptleistungspflicht betreffen oder diese voraussetzen (z.B. Anordnung von Überstunden siehe unten Rn. 35ff., 126, Kündigung des Arbeitsverhältnisses siehe unten Rn. 55, 148); soweit es jedoch um die Erfüllung der Arbeitspflicht und das Verhalten im Entleiherbetrieb geht (z.B. Fragen der betrieblichen Ordnung siehe unten Rn. 31, 123, Lage der Arbeitszeit siehe unten Rn. 32ff., 124f.),

29

---

49 *Boemke*, Schuldvertrag, S. 589; Schüren/*Hamann*, § 14 Rn. 396.
50 Schüren/*Hamann*, § 14 Rn. 363; Ulber/*Dohna-Jaeger*, § 14 Rn. 30.
51 BAG vom 13.6.1989 – 1 ABR 4/88, EzAÜG BetrVG Nr. 44 unter B II 2b; *Fitting*, BetrVG, § 80 Rn. 80.
52 BAG vom 13.6.1989 – 1 ABR 4/88, EzAÜG BetrVG Nr. 44 unter B II 2c und d.

besteht die Zuständigkeit des Entleiherbetriebsrats, weil der konkrete Arbeitseinsatz des Leiharbeitnehmers in der betrieblichen Organisation des Entleihers dem Einfluss des Verleihers entzogen ist.[53]

bb) Mitbestimmung in sozialen Angelegenheiten (§ 87 BetrVG)

30 Dem Verleiherbetriebsrat stehen in den sozialen Angelegenheiten nach § 87 Abs. 1 BetrVG nachfolgende Beteiligungstatbestände zu:

31 (1) Betriebliche Ordnung (Nr. 1). Das Mitbestimmungsrecht hinsichtlich der Fragen der **Ordnung des Betriebs und** des **Verhaltens der Arbeitnehmer** im Betrieb (**§ 87 Abs. 1 Nr. 1 BetrVG**) steht dem Verleiherbetriebsrat nur für den Verleiherbetrieb zu. Diesbzgl. Betriebsvereinbarungen (z.B. Rauchverbote) gelten für den Leiharbeitnehmer nur, wenn er sich ausnahmsweise im Verleiherbetrieb aufhält.[54] Das Verhalten der Arbeitnehmer, auch der Leiharbeitnehmer, im Entleiherbetrieb unterliegt der ausschließlichen Mitbestimmung des **Entleiherbetriebsrats**; für den Verleiherbetrieb geschlossene Betriebsvereinbarungen finden auf den Arbeitseinsatz im Entleiherbetrieb keine Anwendung.[55]

32 (2) Lage der Arbeitszeit (Nr. 2). Das Mitbestimmungsrecht nach **§ 87 Abs. 1 Nr. 2 BetrVG** hinsichtlich der **Lage der Arbeitszeit** steht dem Verleiherbetriebsrat nur für die **Beschäftigung von Arbeitnehmern durch den Verleiher in dessen Betrieb** zu. Da aber auch die Leiharbeitnehmer die Betriebszugehörigkeit zum Verleiherbetrieb besitzen und im Interesse des Verleiherbetriebs tätig werden, hat der Verleiherbetriebsrat **auch** ein Mitbestimmungsrecht **hinsichtlich der Lage der Arbeitszeit der Leiharbeitnehmer**.[56] Betriebsvereinbarungen im Verleiherbetrieb über die Lage der Arbeitszeit, z.B. die Verteilung der Arbeitszeit auf die einzelnen Wochentage, haben daher auch Wirkung für Leiharbeitnehmer,[57] soweit diese nicht ausdrücklich oder konkludent von deren Anwendungsbereich ausgenommen sind. Voraussetzung ist

---

53 *Boemke*, Schuldvertrag, S. 592 f.; *Düwell/Dahl*, NZA-RR 2011, 1, 7; Schüren/*Hamann*, § 14 Rn. 219; *Richter/Müller-Knapp/Hjort/Brinkmeyer*, ArbRAktuell 2009, 231, 231. – So im Grundsatz auch BAG vom 17.6.2008 – 1 ABR 39/07, BeckRS 2008, 57504 Rn. 18.
54 *Thüsing*, § 14 Rn. 26.
55 *Boemke*, Schuldvertrag, S. 596; Schüren/*Hamann*, § 14 Rn. 368 f.; *Thüsing*, § 14 Rn. 26. – A.A. Ulber/*Dohna-Jaeger*, § 14 Rn. 51.
56 A.A. ArbG Braunschweig vom 15.8.2005 – 3 BV 54/05, juris Os. 1 und 2; *Wiebauer*, NZA 2012, 68, 69.
57 *Kim*, S. 125; Schüren/*Hamann*, § 14 Rn. 375 ff.; Ulber/*Dohna-Jaeger*, § 14 Rn. 52. – A.A. *Thüsing*, § 14 Rn. 27.

II. Betriebsverfassungsrechtliche Stellung im Verleiherbetrieb § 14

allerdings gem. § 87 Abs. 1 Einls. BetrVG, dass die Lage Arbeitszeit der Leiharbeitnehmer nicht bereits auf Grund eines im Verleiherbetrieb geltenden Tarifvertrags, der (auch) auf die Leiharbeitnehmer anwendbar ist, abschließend geregelt ist (so z.B. in § 4.3. MTV BZA/DGB; § 3.1.3 MTV iGZ/DGB, wonach sich die Lage der Arbeitszeit nach den jeweiligen Regeln des Entleiherbetriebs richtet). In diesem Fall besteht kein Mitbestimmungsrecht des Verleiherbetriebsrats.[58]

Allerdings wird der konkrete Arbeitseinsatz im Entleiherbetrieb hinsichtlich seiner Einzelheiten nicht vom Verleiher gesteuert, sondern unterliegt dem Direktionsrecht des Entleihers. Soweit es um die Lage der Arbeitszeit geht, steht daher **auch** dem **Entleiherbetriebsrat** ein Mitbestimmungsrecht zu.[59] Der Entleiher darf daher Leiharbeitnehmer nicht ohne Beteiligung seines Betriebsrats zur Schichtarbeit heranziehen.[60] Dies gilt auch dann, wenn im Einzelfall nicht der Entleiher, sondern der Verleiher dem Leiharbeitnehmer die Arbeitszeiten im Entleiherbetrieb zwingend vorgibt.[61] Der Entleiher ist nämlich gehalten, die für den Betrieb mit seinem Betriebsrat getroffenen Vereinbarungen einzuhalten; insbesondere muss er dagegen vorgehen, wenn Mitarbeiter in seinem Betrieb außerhalb der mit dem Betriebsrat getroffenen Vereinbarungen tätig werden wollen. 33

Danach ist der Leiharbeitnehmer nur insoweit zur Erbringung der Arbeitsleistung verpflichtet, wie die ihm **zugewiesene Arbeitszeit sowohl von** den **betriebsverfassungsrechtlichen Regelungen im Entleiher- als auch im Verleiherbetrieb gedeckt** ist. Ist die Lage der Arbeitszeit nicht mit dem Entleiherbetriebsrat abgesprochen, dann besteht wegen fehlender Mitbestimmung im Entleiherbetrieb für den Entleiher ein betriebsverfassungsrechtliches Beschäftigungsverbot.[62] Der Entleiherbetriebsrat kann diesbezüglich Unterlassungsansprüche geltend machen, der Leiharbeitnehmer ist individualrechtlich nicht verpflichtet, einer betriebsverfassungswidrigen Arbeitszeitbestimmung Folge zu leisten.[63] Aber auch soweit die Lage der Arbeitszeit im Entleiherbetrieb nicht mit den im Verleiherbetrieb betriebsverfassungsrechtlich festgelegten 34

---

58 Schüren/*Hamann*, § 14 Rn. 376; Ulber/*Dohna-Jaeger*, § 14 Rn. 52.
59 BAG vom 15.12.1992 – 1 ABR 38/92, AP § 14 AÜG Nr. 32 unter B II 3; *Boemke*, Schuldvertrag, S. 593; *Hamann*, AuR 2002, 322, 325f.; *Kim*, S. 125f.; Schüren/*Hamann*, § 14 Rn. 374; Ulber/*Dohna-Jaeger*, § 14 Rn. 151.
60 LAG Frankfurt vom 24.10.1989 – 5 TaBVGa 155/89, DB 1990, 2126.
61 A.A. *Hamann*, AuR 2002, 322, 326.
62 Vgl. allgemein *Boemke*, Studienbuch ArbR, § 9 Rn. 46f.
63 *Boemke*, Studienbuch ArbR, § 9 Rn. 46f.; Richardi/*Richardi*, BetrVG, § 87 Rn. 367.

§ 14   Mitwirkungs- und Mitbestimmungsrechte

Arbeitszeiten konform geht, besteht ein Leistungsverweigerungsrecht des Leiharbeitnehmers.[64] Dies nicht etwa deswegen, weil die Mitbestimmung des Verleiherbetriebsrats systemwidrig auf Maßnahmen des Entleihers erstreckt würde. Vielmehr kann der Verleiher dem Entleiher im Rahmen des Arbeitnehmerüberlassungsvertrags keine weitergehende Rechtsposition einräumen, als er selbst inne hat.[65] Bei der Zuweisung der Arbeit ist er aber auch individualrechtlich an die mit dem Betriebsrat vereinbarte Lage der Arbeitszeit gebunden. Daher kann er den Entleiher auch nur ermächtigen, innerhalb des mit seinem (Verleiher-)Betriebsrat abgesteckten Zeitrahmens dem Leiharbeitnehmer Tätigkeiten zuzuweisen. Will er im Arbeitnehmerüberlassungsvertrag dem Entleiher weitergehende Rechte einräumen, bedarf er hierzu der Zustimmung seines Betriebsrats.[66]

35   (3) Vorübergehende Arbeitszeitverkürzung oder -verlängerung (Nr. 3). Bei der vorübergehenden Veränderung der Dauer der Arbeitszeit, z.B. durch Anordnung von **Überstunden oder Kurzarbeit**, steht dem **Verleiherbetriebsrat** ein Mitbestimmungsrecht zu, wenn die diesbezüglichen **Anordnungen vom Verleiher** ausgehen.[67] Dies kommt z.B. in Betracht, wenn der Leiharbeitnehmer von Montag bis Freitag entsprechend seiner regelmäßigen Arbeitszeit in einem Entleiherbetrieb eingesetzt wird und am Samstag zusätzlich in einem anderen Entleiherbetrieb tätig werden soll. Aber auch dann, wenn der Leiharbeitnehmer in dem Entleiherbetrieb, in dem er eingesetzt wird, Überstunden leisten soll, steht dem Betriebsrat des Verleiherbetriebs dann ein Mitbestimmungsrecht zu, wenn der Verleiher selbst die Anordnung zur Leistung von Überstunden trifft.[68] Hierfür reicht es nach der Rechtsprechung des BAG aus, wenn der Verleiher den Leiharbeitnehmer anweist, die Arbeit in einem Entleiherbetrieb aufzunehmen, in dem die betriebsübliche Arbeitszeit die individuelle Arbeitszeit des Leiharbeitnehmers übersteigt (zur Mitbestimmung des Entleiherbetriebsrats siehe unten Rn. 126).[69] Die Mitbestimmung greift auch dann ein, wenn sich der Leiharbeitneh-

---

64 *Kim*, S. 127
65 *Ulber*, § 14 Rn. 152.
66 *Ankersen*, Anm. zu BAG vom 19.6.2001 – 1 ABR 43/00, BB 2001, 2585 f.
67 *Boemke*, Schuldvertrag, S. 593 ff.; *Kim*, S. 128 f.; Schüren/*Hamann*, § 14 Rn. 379; Ulber/*Dohna-Jaeger*, § 14 Rn. 54.
68 *Boemke*, Schuldvertrag, S. 595.
69 BAG vom 19.6.2001 – 1 ABR 43/00, BB 2001, 2582 ff. mit Anm. *Ankersen/Hamann*, AuR 2002, 322, 327; ErfK/*Kania*, § 87 BetrVG Rn. 5; Hk-ArbR/*Lorenz*, § 14 AÜG Rn. 13; *Wiebauer*, NZA 2012, 68, 69 f. – A. A. *Kraft*, FS Konzen (2006), S. 439, 450.

II. Betriebsverfassungsrechtliche Stellung im Verleiherbetrieb § 14

mer mit der vorübergehenden Mehrarbeit einverstanden erklärt,[70] weil das Mitbestimmungsrecht nach § 87 Abs. 1 Nr. 3 BetrVG unabhängig davon besteht, auf welcher Grundlage die vorübergehende Mehrarbeit zu leisten ist. Ausgeschlossen ist die Mitbestimmung gem. § 87 Abs. 1 Einls. BetrVG wiederum dann, wenn ein (auch) auf die Leiharbeitnehmer anwendbarer Tarifvertrag, dies abschließend geregelt hat (so z. B. in § 4.1, 6. MTV BZA/DGB; § 3.1.3, 4.1.1 MTV iGZ/DGB, wonach sich die Arbeitszeit nach den jeweiligen Regeln des Entleiherbetriebs richtet). In diesem Fall besteht kein Mitbestimmungsrecht des Verleiherbetriebsrats.[71]

Werden die **Überstunden** hingegen **unmittelbar vom Entleiher angeordnet**, dann unterliegt die Anordnung der Überstunden unmittelbar dem **Mitbestimmungsrecht** des Betriebsrats **im Entleiherbetrieb**,[72] die Anordnung des Entleihers selbst unterliegt nicht der Mitbestimmung des Verleiherbetriebsrats.[73] In einem solchen Fall muss der Leiharbeitnehmer aber nur dann der Überstundenanordnung des Entleihers nachkommen, wenn er zur Leistung von Überstunden nach dem Arbeitsvertrag verpflichtet ist und der Verleiher dem Entleiher im Arbeitnehmerüberlassungsvertrag die Berechtigung zur Ausübung dieser Arbeitgeberbefugnis überlassen hat. Hierbei unterliegt allerdings die **Übertragung der Überstundenanordnungsbefugnis auf den Entleiher** der **Mitbestimmung des Verleiherbetriebsrats**.[74] Hat dieser nicht mitbestimmt, dann ist die Übertragung der Befugnis zur Anordnung von Überstunden nach der Theorie der Wirksamkeitsvoraussetzung unwirksam. 36

(4) Auszahlung des Arbeitsentgelts (Nr. 4). Das Mitbestimmungsrecht nach § 87 Abs. 1 Nr. 4 BetrVG hinsichtlich **Zeit, Ort und Art der Auszahlung der Arbeitsentgelte** steht dem Betriebsrat im **Verleiherbe-** 37

---

70 *Hamann*, AuR 2002, 322, 328.
71 Ulber/*Dohna-Jaeger*, § 14 Rn. 54.
72 LAG Köln vom 21.10.1994 – 13/10 TaBV 45/94, BB 1995, 568 = EzAÜG BetrVG Nr. 69; ArbG Mannheim vom 1.4.1987 – 8 BVGa 8/87, EzAÜG BetrVG Nr. 19; *Boemke*, Schuldvertrag, S. 594; *Hamann*, AuR 2002, 322, 328 f.; *Kim*, S. 130; Schüren/*Hamann*, § 14 Rn. 262, 382; *Wiebauer*, NZA 2012, 68, 69.
73 LAG Köln vom 21.10.1994 – 13/10 TaBV 45/94, BB 1995, 568 = EzAÜG BetrVG Nr. 69; *Boemke*, Schuldvertrag, S. 594 f.; *Hamann*, AuR 2002, 322, 329; Schüren/*Hamann*, § 14 Rn. 382.
74 *Ankersen*, Anm. zu BAG vom 19.6.2001 – 1 ABR 43/00, BB 2001, 2585 f.; *Kim*, S. 129; Ulber/*Dohna-Jaeger*, § 14 Rn. 56.

trieb zu,[75] weil dem Leiharbeitnehmer Entgeltsansprüche im Allgemeinen nur gegen den Verleiher zustehen. Lediglich wenn der Entleiher gewisse Zahlungspflichten gegenüber dem Leiharbeitnehmer übernommen hat, kommen insoweit Beteiligungsrechte des Entleiherbetriebsrats nach § 87 Abs. 1 Nr. 4 BetrVG in Betracht.[76]

38 (5) **Urlaubsgewährung (Nr. 5).** Das Mitbestimmungsrecht hinsichtlich der **Urlaubsfragen** nach § 87 Abs. 1 Nr. 5 BetrVG steht im Allgemeinen dem **Verleiherbetriebsrat** zu,[77] weil die Freistellung von der Arbeitspflicht grundsätzlich nur durch den Verleiher als Vertragsarbeitgeber erfolgen kann. Dies gilt auch dann, wenn bei der Festsetzung des Erholungsurlaubs des Leiharbeitnehmers eine Abstimmung mit Belangen der Arbeitnehmer des Entleiherbetriebs erforderlich ist,[78] Abstimmungsprobleme sind im Arbeitnehmerüberlassungsvertrag zwischen Verleiher und Entleiher zu lösen. Gegebenenfalls ist, wenn der Verleiher den Entleiherwünschen nachkommen will und eine Einigung mit dem Leiharbeitnehmer nicht erzielt werden kann, der Verleiherbetriebsrat nach § 87 Abs. 1 Nr. 5 BetrVG zu beteiligen.[79]

39 Ein **Mitbestimmungsrecht des Entleiherbetriebsrats** nach § 87 Abs. 1 Nr. 5 BetrVG kommt nur ausnahmsweise dann in Betracht, wenn nach dem Arbeitnehmerüberlassungsvertrag der **Entleiher den Urlaub** des Leiharbeitnehmers **verbindlich festlegen** kann.[80] Aber auch in diesem Fall unterliegt die Übertragung der Urlaubsgewährungsbefugnis auf den Entleiher der Mitbestimmung des Verleiherbetriebsrats nach § 87 Abs. 1 Nr. 5 BetrVG (vgl. entsprechend zur Lage der Arbeitszeit oben Rn. 34).

40 (6) **Technische Überwachungseinrichtungen (Nr. 6).** Die Mitbestimmung nach § 87 Abs. 1 Nr. 6 BetrVG bei **technischen Überwachungseinrichtungen** erfolgt für Leiharbeitnehmer grundsätzlich durch den

---

75 BAG vom 15.12.1992 – 1 ABR 38/92, NZA 1993, 513, 515; *Boemke*, Schuldvertrag, S. 597f.; *Erdlenbruch*, S. 134; *Schüren/Hamann*, § 14 Rn. 384; *Thüsing*, § 14 Rn. 30; *Ulber/Dohna-Jaeger*, § 14 Rn. 57.
76 *Boemke*, Schuldvertrag, S. 598; *Erdlenbruch*, S. 135f.
77 *Boemke*, Schuldvertrag, S. 595; *Kraft*, FS Konzen (2006), S. 439, 451; *Schüren/Hamann*, § 14 Rn. 385; *Thüsing*, § 14 Rn. 31; *Ulber/Dohna-Jaeger*, § 14 Rn. 57. – Siehe auch *Erdlenbruch*, S. 135f.
78 *Boemke*, Schuldvertrag, S. 595; *Erdlenbruch*, S. 137; *Schüren/Hamann*, § 14 Rn. 385.
79 *Boemke*, Schuldvertrag, S. 595; *Schüren/Hamann*, § 14 Rn. 270.
80 *Boemke*, Schuldvertrag, S. 595f.; *Kraft*, FS Pleyer (1986) S. 383, 393; *Rüthers/Bakker*, ZfA 1990, 245, 311.

II. Betriebsverfassungsrechtliche Stellung im Verleiherbetrieb § 14

Betriebsrat des Entleiherbetriebs.[81] Es geht hier nämlich um den Persönlichkeitsschutz des Arbeitnehmers bei Erbringung der Arbeitsleistung, die allein im Entleiherbetrieb erfolgt. Eine Mitbestimmung des Betriebsrats des Verleiherbetriebs kommt nur in den Fällen in Betracht, in denen technische Überwachungseinrichtungen vom Verleiher geschaffen werden, z.B. bei Personalinformationssystemen, mit deren Hilfe u.a. Aussagen über Lage, Dauer und Häufigkeit krankheitsbedingter Fehlzeiten einzelner Leiharbeitnehmer gewonnen werden können.[82]

(7) Ergänzender Unfallschutz (Nr. 7). Die Mitbestimmung beim **ergänzenden Arbeitsschutz** nach § 87 Abs. 1 Nr. 7 BetrVG fällt im Allgemeinen in die Zuständigkeit des **Entleiherbetriebsrats**,[83] weil für die Einhaltung der öffentlich-rechtlichen Arbeitsschutzbestimmungen bei Erbringung der Arbeitsleistung im Entleiherbetrieb gegenüber dem Leiharbeitnehmer unmittelbar nur der Entleiher verantwortlich ist (siehe § 11 Rn. 150ff., 156ff.). Die Mitbestimmung des Verleiherbetriebsrats kann nur insoweit bestehen, wie Regelungsbereiche betroffen sind, die in den Bereich des Verleihers fallen.[84] Hiervon sind beispielsweise die allgemeinen arbeitsmedizinischen Vorsorgemaßnahmen umfasst.[85]

41

(8) Sozialeinrichtungen (Nr. 8 und Nr. 9). Für die Mitbestimmung bei **Sozialeinrichtungen** (§ 87 Abs. 1 Nr. 8 BetrVG), insbesondere **Werksmietwohnungen** (§ 87 Abs. 1 Nr. 9 BetrVG), kommt es maßgeblich für die **Zuständigkeit** des jeweiligen Betriebsrats darauf an, ob es sich um **Leistungen des Verleihers oder des Entleihers** handelt.[86] Soweit es um Sozialeinrichtungen und Werksmietwohnungen im Verleiherbetrieb geht, ist der Betriebsrat des Verleiherbetriebs zu beteiligen.[87]

42

(9) Mitbestimmung beim Arbeitsentgelt (Nr. 10 und Nr. 11). Die Mitbestimmung nach § 87 Abs. 1 Nr. 10 BetrVG bei der **Lohngestaltung** und

43

---

81 *Boemke*, Schuldvertrag, S. 596; *Erdlenbruch*, S. 139ff.; Kraft, FS Pleyer (1986), S. 383, 394; Schüren/*Hamann*, § 14 Rn. 272.
82 *Kim*, S. 134; Schüren/*Hamann*, § 14 Rn. 386.
83 LAG Hamm vom 24.5.1973 – 8 TaBV 13/73, DB 1973, 1511; *Boemke*, Schuldvertrag, S. 596f.; *Erdlenbruch*, S. 142f.; *Kim*, S. 134f.; *Rüthers/Bakker*, ZfA 1990, 245, 311; Schüren/*Hamann*, § 14 Rn. 273, 387.
84 Siehe dazu *Kim*, S. 134f.; Schüren/*Hamann*, § 14 Rn. 387.
85 Schüren/*Hamann*, § 14 Rn. 387.
86 *Boemke*, Schuldvertrag, S. 598.
87 *Boemke*, Schuldvertrag, S. 598; *Erdlenbruch*, S. 144f., 149; *Kim*, S. 136f.; Schüren/*Hamann*, § 14 Rn. 388f.

nach § 87 Abs. 1 Nr. 11 BetrVG bei **leistungsbezogenen Entgelten** findet grundsätzlich **im Verleiherbetrieb** durch dessen Betriebsrat statt.[88] Dies folgt daraus, dass Entgeltansprüche des Leiharbeitnehmers nur gegenüber dem Verleiher bestehen. Soweit sich die **Vergütung aus tariflichen Bestimmungen** ergibt, ist das **Mitbestimmungsrecht** des Betriebsrats aber **nach § 87 Abs. 1 Einls. BetrVG gesperrt.**[89] Finden **keine Tarifverträge** Anwendung und steht dem Leiharbeitnehmer deswegen der **equal-pay-Lohn gemäß § 10 Abs. 4 Satz 1** zu, dann ist das **Mitbestimmungsrecht** des Verleiherbetriebsrats ebenfalls **nach § 87 Abs. 1 Einls. BetrVG ausgeschlossen.**[90] Soweit allerdings im **Entleiherbetrieb** ein **kollektives Entgeltsystem** besteht, hat der **Verleiherbetriebsrat** unter dem Gesichtspunkt der **Ein- bzw. Umgruppierung** ein **Mitbestimmungsrecht nach § 99 BetrVG** (vgl. unten Rn. 54). Dass Mitbestimmungsrecht bezieht daher nur auf außer- und übertarifliche Leistungen des Verleihers. Gewährt der Entleiher allerdings ausnahmsweise auch dem Leiharbeitnehmer geldwerte Leistungen i.S.v. § 87 Abs. 1 Nr. 10 BetrVG, dann können auch im Entleiherbetrieb Mitbestimmungstatbestände ausgelöst werden.[91]

44 (10) Betriebliches Vorschlagswesen (Nr. 12). Wegen des betrieblichen Vorschlagswesens siehe bereits § 11 Rn. 165 ff.

45 (11) Gruppenarbeit (Nr. 13). Leiharbeitnehmer verrichten ihre Arbeit unter Weisung des Entleihers im Entleiherbetrieb. Daher ist für kollektive Regelungen über die Durchführung von Gruppenarbeit der Entleiherbetriebsrat und nicht der Verleiherbetriebsrat zuständig.[92]

cc) Freiwillige Betriebsvereinbarungen (§ 88 BetrVG)

46 Freiwillige Betriebsvereinbarungen nach § 88 BetrVG erfassen **im Verleiherbetrieb auch** die **Leiharbeitnehmer**, soweit diese nicht von deren Anwendungsbereich ausgenommen sind.[93] Die Wirksamkeit eines Ausschlusses von Leiharbeitnehmern ist am betriebsverfassungsrechtlichen Gleichbehandlungsgrundsatz (§ 75 Abs. 1 BetrVG) zu messen

---

88 *Boemke*, Schuldvertrag, S. 597; *Erdlenbruch*, S. 152; *Schüren/Hamann*, § 14 Rn. 390 ff.
89 *Schüren/Hamann*, § 14 Rn. 390.
90 *Kim*, S. 141; *Ulber/Dohna-Jaeger*, § 14 Rn. 62 f.
91 *Boemke*, Schuldvertrag, S. 597; *Erdlenbruch*, S. 152 ff.; *Schüren/Hamann*, § 14 Rn. 281.
92 *Schüren/Hamann*, § 14 Rn. 395.
93 *Boemke*, Schuldvertrag, S. 599; *Erdlenbruch*, S. 157 f.; *Schüren/Hamann*, § 14 Rn. 396 f.

II. Betriebsverfassungsrechtliche Stellung im Verleiherbetrieb   § 14

und bedarf einer sachlichen Rechtfertigung.[94] Allerdings kommen für Leiharbeitnehmer aus tatsächlichen Gründen regelmäßig solche Betriebsvereinbarungen nicht zum Tragen, die sich auf die Erbringung der Arbeitsleistung unter unmittelbarer Weisung des Verleihers beziehen, wie z.B. Betriebsvereinbarungen über die Mindestausstattung von Arbeitsräumen und Arbeitsplätzen oder über Maßnahmen zur Verhütung von Arbeitsunfällen und Gesundheitsschädigungen.[95] Demgegenüber erfassen Regelungen in Betriebsvereinbarungen, die das Arbeitsverhältnis betreffen, wie z.b. über Jahressonderzahlungen oder betriebliche Altersvorsorge, regelmäßig auch Leiharbeitnehmer im Verleiherbetrieb.[96]

dd) Arbeits- und betrieblicher Umweltschutz (§ 89 BetrVG)

Mitbestimmungstatbestände hinsichtlich der Leiharbeitnehmer nach § 89 BetrVG wegen Maßnahmen des Arbeitsschutzes werden **regelmäßig im Verleiherbetrieb nicht** ausgelöst, weil der Leiharbeitnehmer die Arbeitsleistung in der Betriebsorganisation des Entleihers erbringt.[97]   47

d) Gestaltung von Arbeitsplatz, Arbeitsablauf und Arbeitsumgebung (§§ 90f. BetrVG)

Geplante Änderungen von Arbeitsplatz, Arbeitsablauf und Arbeitsumgebung sind im Rahmen der §§ 90f. BetrVG mitbestimmungspflichtig. Da der Leiharbeitnehmer **regelmäßig nur in Entleiherbetrieben**, nicht aber im Verleiherbetrieb eingesetzt wird, berühren diesbezügliche Veränderungen im Verleiherbetrieb seine Tätigkeit nicht. Ein Mitbestimmungsrecht steht dem Verleiherbetriebsrat aber nur für Maßnahmen des Verleihers zu. Entsprechende Änderungen im Entleiherbetrieb unterliegen nur der Mitbestimmung des dortigen Betriebsrats.[98]   48

e) Allgemeine personelle Angelegenheiten (§§ 92ff. BetrVG)

Die Mitbestimmungsrechte nach §§ 92ff. BetrVG bei der **Personalplanung**, der **Ausschreibung von Arbeitsplätzen**, der **Verwendung von Personalfragebogen** sowie der **Aufstellung allgemeiner Beurtei-   49

---

94 Schüren/*Hamann*, § 14 Rn. 396.
95 *Boemke*, Schuldvertrag, S. 599.
96 Schüren/*Hamann*, § 14 Rn. 397.
97 Siehe Schüren/*Hamann*, § 14 Rn. 398.
98 Schüren/*Hamann*, § 14 Rn. 399f.

lungsgrundsätze und **Auswahlrichtlinien** unterliegen der **Mitbestimmung des Verleiherbetriebsrats** auch insoweit, wie diese sich im Verleiherbetrieb auf Leiharbeitnehmer beziehen.[99] So besteht das Unterrichtungs-, Beratungs- und Vorschlagsrechte bei der Personalplanung nach § 92 BetrVG auch in Bezug auf Planungen, die den Bedarf und den Einsatz von Leiharbeitnehmern betreffen.[100] Das Recht des Betriebsrats gem. § 93 BetrVG, die innerbetriebliche Ausschreibung zu besetzender Arbeitsplätze zu verlangen, bezieht sich nicht nur auf Stamm-, sondern auch auf Leiharbeitsplätze.[101] Auch Auswahlrichtlinien des Verleihers für die Einstellung von Leiharbeitnehmern unterliegen der Mitbestimmung des Verleiherbetriebsrats nach § 95 Abs. 1 BetrVG. Soweit es allerdings um entsprechende **Maßnahmen im Entleiherbetrieb** geht, besteht **kein Mitbestimmungsrecht des Verleiherbetriebsrats**. So unterliegt z. B. ein Personalfragebogen, der im Entleiherbetriebsrat für die Einstellung auch von Leiharbeitnehmern entworfen worden ist, nur der Mitbestimmung des Betriebsrats im Entleiherbetrieb, nicht aber im Verleiherbetrieb.

f) Maßnahmen der Berufsbildung (§§ 96 ff. BetrVG)

50 Soweit es um Maßnahmen der **Berufsbildung durch den Verleiher** geht, bestehen die Mitbestimmungsrechte des **Verleiherbetriebsrats** nach §§ 96 ff. BetrVG auch bezüglich der Leiharbeitnehmer.[102] Hingegen kann der Verleiherbetriebsrat nicht mitbestimmen, wenn im Entleiherbetriebsrat betriebliche Bildungsmaßnahmen durchgeführt werden. Die praktische Relevanz von Berufsbildungsmaßnahmen im Entleiherbetrieb für dort eingesetzte Leiharbeitnehmer dürfte aber zurzeit noch zu vernachlässigen sein.

g) Personelle Einzelmaßnahmen (§§ 99 ff. BetrVG)

aa) § 99 BetrVG

51 Für die Mitbestimmung bei personellen Einzelmaßnahmen gelten im Hinblick auf die Betriebsratszuständigkeit die allgemeinen Grundsätze. Grundvoraussetzung ist, dass in dem Unternehmen regelmäßig mehr als 20 wahlberechtigte Arbeitnehmer beschäftigt sind (§ 99 Abs. 1 Satz 1 BetrVG). Hier zählen auch die im Unternehmen beschäftigten

---

99 Schüren/*Hamann*, § 14 Rn. 401 ff.
100 Schüren/*Hamann*, § 14 Rn. 402.
101 Schüren/*Hamann*, § 14 Rn. 404.
102 *Erdlenbruch*, S. 177 f.; Schüren/*Hamann*, § 14 Rn. 411; Thüsing, § 14 Rn. 41.

II. Betriebsverfassungsrechtliche Stellung im Verleiherbetrieb § 14

Leiharbeitnehmer mit. Die Zuständigkeit für die Wahrnehmung von Mitbestimmungsrechten richtet sich danach, **welcher Arbeitgeber** die **personelle Einzelmaßnahme durchführen will**. Für Maßnahmen des Verleihers im Verleiherbetrieb ist der Verleiherbetriebsrat zuständig, für Maßnahmen des Entleihers im Entleiherbetrieb der Entleiherbetriebsrat.[103] Dies bedeutet zunächst, dass die Einstellung des Leiharbeitnehmers in den Verleiherbetrieb unter den Voraussetzungen des § 99 Abs. 1 BetrVG allein der Zustimmung des Verleiherbetriebsrats unterliegt.[104] Für die erstmalige **Eingruppierung** des Leiharbeitnehmers in eine im Verleiherbetrieb anzuwendende Vergütungsordnung sowie etwaige spätere **Umgruppierungen** ist allein der **Verleiherbetriebsrat** zuständig.[105]

Die **Zuweisung einer Tätigkeit im Entleiherbetriebsrat** begründet 52 das **Mitbestimmungsrecht des dortigen Betriebsrats** gemäß §§ 14 Abs. 3 AÜG, 99 Abs. 1 BetrVG (dazu Rn. 100 ff.); ein Mitbestimmungsrecht des Betriebsrats des Verleiherbetriebs besteht regelmäßig nicht,[106] weil bei Leiharbeitnehmern Art und Ort der Tätigkeit nach dem Inhalt des Arbeitsverhältnisses üblicherweise wechseln (§ 95 Abs. 3 Satz 2 BetrVG). Ein **Mitbestimmungsrecht des Verleiherbetriebsrats** unter dem Gesichtspunkt der **Versetzung** wird aber **ausnahmsweise** dann ausgelöst, wenn der konkret zugewiesene Arbeitsbereich **nicht mehr in die Schwankungsbreite der** vom Leiharbeitnehmer **üblicherweise ausgeübten Tätigkeiten** fällt. Dies ist beispielsweise dann der Fall, wenn dem Leiharbeitnehmer Tätigkeiten zugewiesen werden, die von dem bei der Einstellung vorgesehenen Aufgabenbereich nicht mehr gedeckt werden, z. B. wenn der Leiharbeitnehmer Überwachungsaufgaben in den Entleiherbetrieben wahrnehmen sollte und ihm nunmehr bei einem Entleiher Verpackungsaufgaben zugewiesen werden sollen.[107] Auch die Umwandlung von Stamm- in Leihar-

---

103 *Boemke*, Schuldvertrag, S. 600.
104 *Becker/Wulfgramm*, § 14 Rn. 86; *Boemke*, Schuldvertrag, S. 600; *Erdlenbruch*, S. 179; Ulber/*Dohna-Jaeger*, § 14 Rn. 32.
105 BAG vom 17.6.2008 – 1 ABR 39/07, BeckRS 2008, 57504 Rn. 22; LAG Niedersachsen vom 26.11.2007 – 6 TaBV 34/07, LAGE § 99 BetrVG 2001 Nr. 5; *Becker/Wulfgramm*, § 14 Rn. 86, 117; *Boemke*, Schuldvertrag, S. 600; *Erdlenbruch*, S. 179, 184; *Hamann*, NZA 2003, 526, 531; Ulber/*Dohna-Jaeger*, § 14 Rn. 32 f.
106 *Becker/Wulfgramm*, § 14 Rn. 86; *v. Hoyningen-Huene/Boemke*, S. 214; *Thüsing*, § 14 Rn. 43.
107 *v. Hoyningen-Huene/Boemke*, S. 214. – A.A. *Thüsing*, § 14 Rn. 43.

beitsverhältnisse und umgekehrt ist als Versetzung mitbestimmungspflichtig.[108]

53 Findet auf das Arbeitsverhältnis des Leiharbeitnehmers ein **kollektives Vergütungssystem** (Tarifvertrag, Betriebsvereinbarung) Anwendung, dann hat der Verleiher die Zustimmung seines Betriebsrats zur **Eingruppierung** in die für das Arbeitsverhältnis einschlägige Vergütungsgruppe einzuholen.[109] Entsprechendes gilt, wenn sich die bisherige Vergütungsgruppe ändert, z.B. weil dem Leiharbeitnehmer Tätigkeiten übertragen werden, die von einer anderen als der bisherigen Vergütungsgruppe erfasst werden; in diesem Fall liegt eine nach § 99 Abs. 1 BetrVG mitbestimmungspflichtige **Umgruppierung** vor.[110]

54 Findet auf das Arbeitsverhältnis des Leiharbeitnehmers kein (Entgelt-) Tarifvertrag Anwendung und liegt auch kein sonstiger Ausnahmetatbestand vor, dann kann der Leiharbeitnehmer nach § 10 Abs. 4 i.V.m. § 9 Nr. 2 Hs. 1 die für vergleichbare Arbeitnehmer des Entleihers geltenden Arbeitsbedingungen, insbesondere das dort gezahlte Arbeitsentgelt verlangen (siehe § 10 Rn. 121 ff.). Findet im **Entleiherbetrieb** ein **kollektives Entgeltsystem** Anwendung, dann bedarf es hierzu einer **Eingruppierung** in die für die vom Leiharbeitnehmer auszuübende Tätigkeit einschlägige Vergütungsgruppe. Das Mitbestimmungsrecht steht insoweit ausschließlich dem **Verleiherbetriebsrat**, nicht aber dem Entleiherbetriebsrat zu.[111] Zwar scheint der Entleiherbetriebsrat insoweit sachnäher zu sein; die Eingruppierung betrifft aber Vergütungsansprüche, die dem Leiharbeitnehmer nur gegen den Verleiher und nicht gegen den Entleiher zustehen. Wechselt der Leiharbeitnehmer den Entleiherbetrieb, dann ist eine **Umgruppierung** vorzunehmen, wenn sich die Tätigkeit des Leiharbeitnehmers wesentlich ändert oder aber ein abweichendes kollektives Vergütungssystem in dem neuen Einsatzbetrieb Anwendung findet.[112] Endet der Einsatz bei einem Entleiher ohne unmittelbaren Folgeeinsatz, dann hat der Leiharbeitnehmer einen unabdingbaren (§ 11 Abs. 4) Anspruch auf seine Vergütung trotz Nichtleis-

---

108 Schüren/*Hamann*, § 14 Rn. 421. – A.A. *Erdlenbruch*, S. 179 Fn. 61, der hierin eine Einstellung sieht.
109 *Hamann*, NZA 2003, 526, 531.
110 *Hamann*, NZA 2003, 526, 531.
111 LAG Niedersachsen vom 26.11.2007 – 6 TaBV 34/07, LAGE § 99 BetrVG 2001 Nr. 5; BAG vom 17.6.2008 – 1 ABR 39/07, BeckRS 2008, 57504 Rn. 22; *Hamann*, NZA 2003, 526, 532; *Lembke*, BB 2003, 98, 102 – Zu § 10 Abs. 5 a.F. bereits *Boemke/Lembke*, DB 2002, 893, 898 f.
112 *Hamann*, NZA 2003, 526, 532.

tung der Arbeit unter dem Gesichtspunkt des Annahmeverzugs (vgl. § 11 Rn. 115 ff.). Die Höhe der Vergütung bestimmt sich allerdings nach der mit dem Verleiher getroffenen Vereinbarung, weil der Anspruch aus § 10 Abs. 4 auf die gleichen Arbeitsbedingungen mit dem Ausscheiden aus dem Entleiherbetrieb endet (siehe § 11 Rn. 118). Dieser Vorgang stellt betriebsverfassungsrechtlich dann eine Umgruppierung dar, wenn sich die Höhe der Vergütung nach einem im Verleiherbetrieb geltenden kollektiven Entgeltsystem bestimmt.[113]

bb) Anhörung bei Kündigung (§ 102 BetrVG)

Will der **Verleiher** das Leiharbeitsverhältnis mit dem Leiharbeitnehmer **kündigen**, dann muss er nach § 102 Abs. 1 BetrVG den **in seinem Betrieb gebildeten Betriebsrat anhören**.[114] Der **Betriebsrat des Entleiherbetriebs**, in dem der Leiharbeitnehmer zu diesem Zeitpunkt eingesetzt ist, **muss nicht angehört werden**.[115] Das Ausscheiden eines Leiharbeitnehmers aus dem Entleiherbetrieb ist als tatsächliche Maßnahme grundsätzlich mitbestimmungsfrei. Insbesondere muss weder der Verleiher- noch der Entleiherbetriebsrat gemäß § 102 Abs. 1 BetrVG (analog) angehört werden, und zwar auch dann nicht, wenn der Entleiher den Einsatz des Leiharbeitnehmers aus wichtigem Grund vorzeitig beendet.[116]

55

Der Verleiherbetriebsrat kann nach **§ 102 Abs. 3 BetrVG** der **Kündigung widersprechen**. Ob ein **freier Arbeitsplatz** im Betrieb oder Unternehmen i. S. v. § 102 Abs. 3 Nr. 3 BetrVG vorhanden ist, bestimmt sich allein nach den **Verhältnissen im Verleiherbetrieb**.[117] Daher kann der Widerspruch nicht ordnungsgemäß darauf gestützt werden, dass ein Arbeitsplatz bei dem bisherigen Entleiher frei ist.[118] Ob die **Einsatzmöglichkeit bei einem anderen Kunden** des Verleihers als Leiharbeitnehmer den Widerspruch tragen kann, ist **umstritten**,[119] richtigerweise muss danach differenziert werden, ob eine ganz konkrete Einsatzmög-

56

---

113 A.A. *Hamann*, NZA 2003, 526, 532.
114 *Boemke*, Schuldvertrag, S. 600; Schüren/*Hamann*, § 14 Rn. 428; Urban-Crell/*Germakowski*, § 14 Rn. 49; AnwK-ArbR/*Böhm*, § 14 AÜG Rn. 7.
115 *Becker/Wulfgramm*, § 14 Rn. 88, 118; *Boemke*, Schuldvertrag, S. 600; *Erdlenbruch*, S. 203 f.
116 *Becker/Wulfgramm*, § 14 Rn. 118; *Boemke*, Schuldvertrag, S. 602; v. Hoyningen-Huene/*Boemke*, S. 215; Schüren/*Hamann*, § 14 Rn. 428 f.
117 *Thüsing*, § 14 Rn. 45.
118 *Thüsing*, § 14 Rn. 45.
119 Befürwortend Schüren/*Hamann*, § 14 Rn. 429. – Ablehnend *Thüsing*, § 14 Rn. 45.

lichkeit des Leiharbeitnehmers besteht oder nicht. Ist die konkrete Einsatzmöglichkeit nicht gegeben, dann betrifft der Widerspruch des Betriebsrats die Frage des Wegfalls des Beschäftigungsbedürfnisses und nicht die Weiterbeschäftigungsmöglichkeit; der Widerspruch kann aber gerade nicht darauf gestützt werden, dass das Beschäftigungsbedürfnis entfallen ist. Zudem würde in einem solchen Fall, eine eventuelle gerichtliche Verurteilung des Verleihers zur Weiterbeschäftigung des Leiharbeitnehmers nach § 102 Abs. 5 Satz 1 BetrVG ins Leere gehen. Ein (noch nicht konkret benannter) Entleiher kann nicht gegen seinen Willen zu einer Verlängerung oder einem Abschluss gezwungen werden.[120] Besteht demgegenüber eine konkrete Einsatzmöglichkeit des Leiharbeitnehmers bei einem anderen Entleiher, mit dem ein entsprechender Arbeitnehmerüberlassungsvertrag geschlossen wurde, so betrifft der Widerspruch die Frage der Weiterbeschäftigungsmöglichkeit und nicht die des Wegfalls des Beschäftigungsbedürfnisses. Es besteht dann nach § 102 Abs. 3 Nr. 3 BetrVG ein Widerspruchsrecht des Verleiherbetriebsrats.

h) Mitbestimmung in wirtschaftlichen Angelegenheiten (§§ 106–113 BetrVG)

57 Im Verleiherbetrieb sind die **Leiharbeitnehmer** bei der Bestimmung der Unternehmensgröße **uneingeschränkt zu berücksichtigen**, und zwar sowohl im Hinblick auf die Bildung eines Wirtschaftsausschusses als auch bei der Frage, ob der für die Mitbestimmung bei Betriebsänderungen erforderliche Schwellenwert überschritten wird.[121] Der **Abbau von Leiharbeitnehmern** im Verleiherbetrieb kann eine **Betriebsänderung** i. S. v. § 111 Satz 2 Nr. 1, § 112a BetrVG darstellen.

III. Mitbestimmungsrechtliche Stellung im Entleiherbetrieb

1. Betriebszugehörigkeit zum Entleiherbetrieb

58 Umstritten ist, ob neben der Betriebszugehörigkeit des Leiharbeitnehmers zum Verleiherbetrieb auch eine Zugehörigkeit zum Entleiherbetrieb besteht. Während **vor Inkrafttreten des AÜG**,[122] aber auch noch

---

120 Schüren/*Hamann*, § 14 Rn. 431.
121 Schüren/*Hamann*, § 14 Rn. 435 f.
122 BAG vom 11.4.1958 – 1 ABR 2/57, AP § 6 BetrVG Nr. 1 unter 2 mit Anm. *Dietz*; BAG vom 28.4.1964 – 1 ABR 1/64, AP § 4 BetrVG Nr. 3 unter I 5 mit Anm. *Dietz*.

III. Mitbestimmungsrechtliche Stellung im Entleiherbetrieb § 14

unmittelbar nach dessen Verabschiedung[123] die überwiegende Auffassung von einer **doppelten betriebsverfassungsrechtlichen Betriebszugehörigkeit** zum Verleiher- und zum Entleiherbetrieb ausging, setzte sich **nach Verabschiedung des § 14 in der Fassung des BillBG** die Auffassung durch, dass der Theorie von der doppelten Betriebszugehörigkeit der Leiharbeitnehmer kraft Gesetzes der Boden entzogen sei. Vielmehr sollte eine **gesetzliche Zuordnung zum Verleiherbetrieb** gegeben[124] und **allenfalls** noch Raum für eine **partielle Zuordnung zum Entleiherbetrieb** sein.[125]

Hierbei wurde jedoch nicht ausreichend berücksichtigt, dass die Betriebszugehörigkeit nicht an die arbeitsrechtlichen Hauptleistungspflichten, sondern am tatsächlichen Tätigwerden als Arbeitnehmer im fremden Betrieb, also an der Weisungszuständigkeit anknüpft.[126] Der Leiharbeitnehmer untersteht aber nicht nur dem Weisungsrecht des Verleihers, sondern auch des Entleihers, der die Einzelheiten des Arbeitseinsatzes, insbesondere Arbeitszeit, Arbeitsort und Arbeitsinhalte, bestimmt. Es besteht **neben der Zugehörigkeit zum Verleiher-**, auch eine **volle Zugehörigkeit** des Leiharbeitnehmers **zum Entleiherbetrieb**.[127] Auch wenn nicht sämtliche, an der Betriebszugehörigkeit anknüpfenden Regelungen im Entleiherbetrieb auf den Leiharbeitnehmer Anwendung finden können, handelt es sich gleichwohl nicht um eine bloß partielle Betriebszugehörigkeit. Die Betriebszugehörigkeit als solche ist nämlich nicht teilbar; der Arbeitnehmer gehört entweder dem Betrieb an oder er gehört ihm nicht an – tertium non datur. Es ist nicht die Betriebszugehörigkeit eingeschränkt, sondern nur die Anwendung

59

---

123 LAG Hamm vom 24.5.1973 – 8 Ta BV 13/73, BB 1973, 983; ArbG Lörrach vom 7.4.1972 – 1 BV 2/72, BB 1972, 657; *Mayer-Maly*, ZfA 1972, 1, 21 ff.; *Windbichler*, DB 1975, 739 ff.
124 Für eine ausschließliche Zuordnung i. d. S. BAG vom 10.3.2003 – 7 ABR 49/03, BeckRS 2004, 41257; ArbG Berlin vom 23.5.1990 – 6 BV 7/90, EzA § 8 BetrVG 1972 Nr. 7; *Kraft*, FS Pleyer (1986), S. 383, 387 f.; *ders.*, FS Konzen (2006), S. 439, 442 f.; *Raab*, ZfA 2003, 389, 430 ff.; *Sandmann/Marschall*, § 14 Anm. 3 ff.; ErfK/*Wank*, § 14 AÜG Rn. 1, 3 f.
125 BAG vom 18.1.1989 – 7 ABR 21/88, AP § 9 BetrVG 1972 Nr. 1 unter B II 1b; BAG vom 15.12.1992 – 1 ABR 38/92, AP § 14 AÜG Nr. 7 unter B II 2; *Becker/Wulfgramm*, § 14 Rn. 18 f.; *Erdlenbruch*, S. 63 ff.
126 *Boemke*, Schuldvertrag, S. 301 ff.; *Boemke*, AR-Blattei SD 540 Rn. 44.
127 BVerwG vom 20.5.1992 – 6 P 4/90, BVerwGE 90, 194, 195 ff.; *Boemke*, Schuldvertrag, S. 565 ff.; Hk-ArbR/*Lorenz*, § 14 AÜG Rn. 6; *Schüren/Hamann*, § 14 Rn. 27; *Kaufmann*, S. 81; *Kim*, S. 76 ff. – Für Arbeitnehmerüberlassung von mehr als 2 Jahren jetzt auch ArbG Elmshorn vom 16.2.2012 – 3 BV 43 d/11, juris Rn. 19 ff.

der Bestimmungen, die an die Betriebszugehörigkeit Rechtsfolgen knüpfen.[128]

60 Der Gesetzgeber hat dies im Rahmen der Reform des BetrVG im Jahre 2001 anerkannt und Leiharbeitnehmern, die für mehr als drei Monate in einem Entleiherbetrieb eingesetzt werden, dort das aktive Wahlrecht zuerkannt (§ 7 Satz 2 BetrVG). Das BAG hat gleichwohl zunächst weiterhin die Auffassung vertreten, dass Leiharbeitnehmer nicht zu den betriebsangehörigen Arbeitnehmern des Entleihers zählen. In § 7 BetrVG werde zwischen Arbeitnehmern des Betriebs (Satz 1) und Arbeitnehmern eines anderen Arbeitgebers, die zur Arbeitsleistung überlassen werden (Satz 2), unterschieden. Daraus sei zu entnehmen, dass die überlassenen Arbeitnehmer gerade keine Arbeitnehmer des Betriebs sind.[129] Soweit es bei der **Anwendung einzelner organisatorischer Bestimmungen** des BetrVG auf die Belegschaftsgröße ankommt, hat die Rechtsprechung und im Anschluss hieran die überwiegende Auffassung in der Lit. Leiharbeitnehmer unberücksichtigt gelassen; das **BAG** hat sich insoweit konkret zu den Schwellenwerten gemäß §§ 9, 38 BetrVG geäußert.[130] Die **Nichtberücksichtigung von Leiharbeitnehmern** sollte nach der Rechtsprechung des BAG auch für Fälle der Arbeitnehmerüberlassung gelten, die nicht von § 1 Abs. 1 Satz 1 erfasst wurde.[131] **In jüngerer Zeit** hat allerdings das **BAG** bei der Ermittlung der Unter-

---

128 *Boemke*, Schuldvertrag, S. 586.
129 BAG vom 16.4.2003 – 7 ABR 53/02, AR-Blattei ES 530.6 Nr. 79 = AP § 9 BetrVG 1972 Nr. 7 = AP § 9 BetrVG 2002 Nr. 1; BAG vom 22.10.2003 – 7 ABR 3/03, AP § 38 BetrVG 1972 Nr. 28. – Ebenso aus der Literatur *Dewender*, RdA 2003, 274, 279; *Franke*, NJW 2002, 656; *Hanau*, ZIP 2001, 1981 ff.; *Hanau*, NJW 2001, 2513 ff.; *Konzen*, RdA 2001, 76, 83; *Kraft*, FS Konzen (2006), S. 439, 444 f.; *Lindemann/Simon*, NZA 2002, 365, 367; *Löwisch*, BB 2001, 1734, 1737; *Maschmann*, DB 2001, 2446, 2448; *Neumann*, BB 2002, 510, 514; *Schiefer/Korte*, NZA 2002, 57, 59.
130 Zu § 9 BetrVG: BAG vom 10.3.2004 – 7 ABR 49/03, NZA 2004, 1340 (Ls.); BAG vom 16.4.2003 – 7 ABR 53/02, NZA 2003, 1345 (Ls.); LAG Berlin-Brandenburg vom 10.2.2011 – 25 TaBV 2219/19, juris Rn. 26; LAG Hamm vom 15.7.2011 – 10 TaBV 1/11, juris Rn. 45; LAG Hessen vom 30.6.2011 – 9 TaBV 209/10, juris (Ls.); LAG Bremen vom 24.11.2009 – 1 TaBV 27/08, juris (Ls.). – Zu § 38 BetrVG: BAG vom 22.10.2003 – 7 ABR 3/03, NZA 2004, 1052 (Ls.). – A.A. ArbG Darmstadt vom 22.10.2002 – 8 BV 4/02, AuR 2003, 121; ArbG Frankfurt vom 22.5.2002 – 9 Ca 7940/01, AuR 2003, 190 f. mit zust. Anm. *Däubler*. – Im Übrigen aus der Literatur: *Melms/Lipinski*, BB 2004, 2409, 2413; *Raab*, ZfA 2003, 389, 434 ff.
131 Betreffend Entscheidungen zu der einst (erlaubnisfreien) nicht gewerbsmäßigen Arbeitnehmerüberlassung: BAG vom 10.3.2004 – 7 ABR 49/03, DB 2004, 1836 ff. = jurisPR-ArbR 34/2004, Anm. 3 mit krit. Anm. *Hamann*. – So aber auch LAG Hamm vom 15.7.2011 – 10 TaBV 1/11, juris Rn. 45.

III. Mitbestimmungsrechtliche Stellung im Entleiherbetrieb § 14

nehmensgröße im Rahmen des **§ 111 Satz 1 BetrVG Leiharbeitnehmern im Entleiherbetrieb mitgezählt**, sofern sie die Wahlberechtigung nach § 7 Satz 2 BetrVG aufweisen.[132] Das BAG hat sich hierbei – wohl um eine Anrufung des Großen Senats wegen Divergenz zu vermeiden (vgl. § 45 Abs. 2 ArbGG) – auf eine normzweckorientierte Auslegung berufen.[133] Während §§ 9, 38 BetrVG sicherstellen sollten, dass die Zahl der (freigestellten) Betriebsratsmitglieder in einem angemessenen Verhältnis zur Zahl der betriebsangehörigen Arbeitnehmer stehen, bezwecke der Schwellenwert in § 111 Satz 1 BetrVG, kleinere Unternehmen vor einer finanziellen Überforderung durch Sozialpläne zu schützen. Mit ihm solle der wirtschaftlichen Leistungsfähigkeit des Unternehmens Rechnung getragen werden. Zumindest auf den Schwellenwert des § 99 Abs. 1 BetrVG, der ebenfalls auf die Unternehmensgröße abhebt, kann diese Rspr. übertragen werden. Auf Grund der hier vertretenen doppelten Betriebszugehörigkeit sind Leiharbeitnehmer demgegenüber bei jeglichen betriebsverfassungsrechtlichen Schwellenwerten im Entleiherbetrieb zu berücksichtigen. Eine Nichtberücksichtigung vermag insbesondere deswegen nicht zu überzeugen, weil Leiharbeitnehmer faktisch wie Stammarbeitnehmer tätig werden und der Entleiherbetriebsrat auch in Bezug auf Leiharbeitnehmer Beteiligungsrechte wahrzunehmen hat (z. B. aus §§ 87, 99 BetrVG, vgl. Rn. 100 ff.). Es entsteht ein erhöhter Arbeitsaufwand, der die Berücksichtigung der Leiharbeitnehmer im Entleiherbetrieb rechtfertigt.[134] Der 7. Senat des BAG hat inzwischen seine frühere Rspr. aufgegeben. Nunmehr zählen in der Regel beschäftigte Leiharbeitnehmer bei den Schwellenwerten des § 9 BetrVG, aber auch § 38 BetrVG im Entleiherbetrieb mit. Etwas anderes kann bei einer Betriebsgröße von nicht mehr als 100 Arbeitnehmern gelten, weil es insoweit auf die Zahl der wahlberechtigten Arbeitnehmer ankommt.[135]

Unabhängig von diesem Theorienstreit sind gem. § 5 Abs. 1 Satz 3 BetrVG Beamte, Soldaten und Arbeitnehmer (einschließlich der Auszubildenden), die in Betrieben privatrechtlich organisierter Unternehmen tätig sind, in diesen Betrieben als Arbeitnehmer im Rahmen des BetrVG zu berücksichtigen. Werden also von einem öffentlich-rechtlich

61

---

132 BAG vom 18.10.2011 – 1 AZR 335/10, NZA 2012, 221 (Ls.). – So aber auch schon ArbG Hagen vom 6.10.2009 – 1 Ca 1545/09, juris (Ls.).
133 BAG vom 18.10.2011 – 1 AZR 335/10, NZA 2012, 221, 222. – So jetzt auch zu § 23 I KSchG: BAG vom 24.1.2013 – 2 AZR 140/12.
134 Ausführlich Ulber/*Dohna-Jaeger*, § 14 Rn. 74.
135 BAG, 13.3.2013 – 7 ABR 69/11.

organisierten Verleiher Beamte, Soldaten oder Arbeitnehmer an einen privaten Entleiher überlassen, dann besteht für diese kraft Gesetzes eine Betriebszugehörigkeit im Entleiherbetrieb.[136] Sind daher im Rahmen von Schwellenwerten, z. B. für die Größe des Betriebsrats (§ 9 BetrVG) oder den Umfang von Freistellungen (§ 38 BetrVG), zu berücksichtigen.[137] Allerdings besteht das aktiv Wahlrecht nur, wenn sie länger als drei Monate im Entleiherbetrieb eingesetzt werden sollen (§ 7 Satz 2 BetrVG[138] – vgl. unten Rn. 68 ff.). Das passive Wahlrecht besteht nur für Beamten und Soldaten,[139] nicht aber überlassene Arbeitnehmer, weil (nur) für diese § 14 Abs. 2 Satz 1 Hs. 2 die Wählbarkeit ausschließt.[140] Unter Berücksichtigung dieser Bestimmung für die Überlassung durch öffentliche Arbeitgeber stellt es einen kaum zu erklärenden Wertungswiderspruch dar, wenn Leiharbeitnehmer im Übrigen keine Betriebszugehörigkeit im Entleiherbetrieb zuerkannt werden sollte.[141]

2. Unternehmensmitbestimmung (Abs. 2 Satz 1 Hs. 1)

a) Wahlrecht

aa) Ausschluss des passiven Wahlrechts

62 Nach Abs. 2 Satz 1 Hs. 1 sind Leiharbeitnehmer bei den **Wahlen zum Aufsichtsrat im Entleiherbetrieb**, soweit dieser der Unternehmensmitbestimmung nach den Mitbestimmungsgesetzen unterliegt, **nicht wählbar**. Diese Regelung wurde **mit Wirkung zum 1.1.2002** durch das Job-AQTIV-Gesetz **aufgenommen**, um in diesem Bereich für Rechtssicherheit zu sorgen.[142] Bis dahin war nämlich umstritten, ob zum Zeitpunkt der Wahlen zum Aufsichtsrat im Entleiherbetrieb einge-

---

136 *Fitting*, BetrVG, § 5 Rn. 310; *Richardi/Richardi*, BetrVG, § 5 Rn. 113; *Thüsing*, BB 2009, 2036.
137 BAG vom 15.12.2011 – 7 ABR 65/10, NZA 2012, 519 (Ls.); *Hamann*, jurisPR-ArbR 33/2011 Anm. 7 unter C; *Kortmann*, öaT 2010, 201 ff.; *Thüsing*, BB 2009, 2036.
138 *Löwisch*, BB 2009, 2316, 2317. – A.A. *Hamann*, jurisPR-ArbR 33/2011 Anm. 7 unter C; *Kortmann*, öaT 2010, 201 ff., auch bei kürzerem Einsatz.
139 *Thüsing*, BB 2009, 2036. – A.A. *Löwisch*, BB 2009, 2316, 2317.
140 *Löwisch*, BB 2009, 2316, 2317. – A.A. BAG vom 15.8.2012 – 7 ABR 34/11, NZA 2013, 107, 108 f.; LAG Berlin-Brandenburg vom 16.2.2011 – 15 TaBV 2347/10, BeckRS 2011, 70954 (Ls. 1 und 2); LAG Bremen vom 21.6.2011 – 1 TaBV 3/11, juris (Os. 1 und 2); LAG Schleswig-Holstein vom 27.4.2011 – 3 TaBV 36/10, BeckRS 2011, 72247.
141 ErfK/*Koch*, § 5 BetrVG Rn. 3a.
142 Begründung zum Gesetzesentwurf, BT-Drs. 14/6944, S. 54.

setzte Leiharbeitnehmer für den dort zu bildenden Aufsichtsrat wahlberechtigt und wählbar waren. Für gewerbsmäßig überlassene Leiharbeitnehmer, welche bis zum 1.12.2011 in unmittelbarer Anwendung ausschließlich von der Bestimmung erfasst waren, war dies überwiegend abgelehnt worden.[143]

Der Ausschluss des passiven Wahlrechts lässt sich nur rechtfertigen, soweit es um die **Arbeitnehmervertreter** im Aufsichtsrat geht, **die dem Unternehmen angehören müssen**. Insoweit ist es sachlich gerechtfertigt, einen engen Unternehmensbezug zu fordern, der bei einer bloßen Beschäftigung in einem Betrieb des Unternehmens ohne arbeitsvertragliche Beziehung nicht gegeben ist. Soweit es allerdings um solche **Arbeitnehmervertreter** im Aufsichtsrat geht, die in **keinem Bezug zum Unternehmen** stehen müssen – dies ist z. B. bei den Gewerkschaftsvertretern im Rahmen der Mitbestimmung nach dem MitbestG (vgl. § 7 Abs. 2 MitbestG) der Fall, und auch bei der Mitbestimmung nach dem DrittelbetG müssen nur zwei Arbeitnehmervertreter dem Unternehmen angehören, wenn im Aufsichtsrat mehr als zwei Arbeitnehmervertreter sind –, besteht kein einleuchtender Grund, Leiharbeitnehmer insoweit vom passiven Wahlrecht auszunehmen, während sonstige Personen, die in keinem Bezug zu dem Unternehmen stehen, als Arbeitnehmervertreter in den Aufsichtsrat gewählt werden können. Abs. 2 Satz 1 Hs. 1 ist daher aus verfassungsrechtlichen Gründen teleologisch dahingehend zu reduzieren, dass Leiharbeitnehmer im Entleiherbetrieb lediglich nicht als unternehmensangehörige Arbeitnehmervertreter in den Aufsichtsrat gewählt werden können.

bb) Aktives Wahlrecht

Bei der Wahl der Arbeitnehmervertreter zum Aufsichtsrat im Entleiherunternehmen durch die Arbeitnehmer findet § 7 Satz 2 BetrVG entsprechende Anwendung, d.h. das aktive Wahlrecht besteht, wenn Leiharbeitnehmer **zum Zeitpunkt der Wahl beschäftigt** werden **und die Beschäftigungsdauer mehr als drei Monate betragen soll**. Dies ergibt sich für Unternehmen, die unter das DrittelbetG fallen, aus § 5 Abs. 2 Satz 2 DrittelbetG, für Unternehmen, die nach dem MitbestG mitbestimmt werden, aus § 10 Abs. 2 Satz 2 bzw. § 18 Satz 2 MitbestG und für Unternehmen, auf die das MitbestErgG Anwendung findet, aus § 8 Abs. 2 Satz 2 bzw. § 10g Satz 2 MitbestErgG. Bei Unternehmen der

---

143 *Lux*, BB 1977, 905, 909; *Säcker*, Die Wahlordnungen zu den Mitbestimmungsgesetzen, Rn. 46. – A.A. *Lutter*, ZGR 1977, 195, 205.

Montan-Mitbestimmung erfolgt die Wahl der Arbeitnehmervertreter durch die Betriebsräte des Unternehmens, nicht durch die Arbeitnehmer direkt (§ 6 Abs. 1 Satz 2 Montan-MitbestG).

b) Unternehmensgröße

65 Von der **Unternehmensgröße**, also der Zahl der in der Regel beschäftigten Arbeitnehmer, hängt ab, ob und ggf. in welcher Form Unternehmensmitbestimmung im Aufsichtsrat stattfinden kann. Bei den unter das MitbestG fallenden Unternehmen ist auch die Größe des Aufsichtsrats von der Unternehmensgröße abhängig. **Leiharbeitnehmer** sind hierbei zu berücksichtigen, soweit sie auf Arbeitsplätzen beschäftigt werden, die **regelmäßig** im Unternehmen bestehen.[144] Dies ist unproblematisch dann der Fall, wenn Leiharbeitnehmer nur vorübergehend auf Arbeitsplätzen beschäftigt werden, die im Allgemeinen von Stammarbeitnehmern des Unternehmens eingenommen werden. Allerdings setzen gerade größere Unternehmen in bestimmten Bereichen immer häufiger neben Stammarbeitnehmern regelmäßig eine bestimmte Zahl von Leiharbeitnehmern ein. Unter Zugrundelegung der neueren, normzweckorientierten Rechtsprechung des BAG (siehe oben Rn. 60), müssen solche, regelmäßig von Leiharbeitnehmern besetzte Positionen bei der Bestimmung der Unternehmensgröße berücksichtigt werden.[145]

3. Betriebsverfassungsrechtliche Rechte des Leiharbeitnehmers (Abs. 2)

a) Wahlrecht (Abs. 2 Satz 1 Hs. 2)

aa) Passives Wahlrecht

66 Durch das **BillBG** war in Abs. 2 Satz 1 bestimmt, dass **Leiharbeitnehmer im Entleiherbetrieb** bei der Wahl betriebsverfassungsrechtlicher Arbeitnehmervertretungen **weder wahlberechtigt noch wählbar** sind. Diese Bestimmung war nur vor dem Hintergrund zu verstehen, dass die ursprüngliche Überlassungshöchstdauer lediglich drei Monate betrug. Durch die sukzessive **Verlängerung der Höchstdauer des Einsatzes** im Entleiherbetrieb und schließlich deren Aufhebung war diese Rege-

---

144 *Lux*, BB 1977, 905; *Säcker*, Die Wahlordnungen zu den Mitbestimmungsgesetzen, Rn. 46.
145 ArbG Offenbach, 22.8.2012 – 10 BV 6/11, BB 2012, 3135 = AuR 2012, 496; Schaub/*Koch*, § 260 Rn. 3; MünchArbR/*Wißmann*, § 279 Rn. 5. – A.A. OLG Hamburg vom 29.10.2007 – 11 W 27/07, EzAÜG § 14 AÜG Betriebsverfassung Nr. 69; ErfK/*Oetker*, § 1 DrittelbetG Rn. 27; *Seel*, MDR 2012, 813, 814.

III. Mitbestimmungsrechtliche Stellung im Entleiherbetrieb § 14

lung **nicht nur rechtspolitisch, sondern auch verfassungsrechtlich zweifelhaft** geworden.[146] Das Wahlrecht steht nämlich auch nur ganz kurzfristig beschäftigten Arbeitnehmern des Entleihers zu, die unter Umständen eine viel geringere Anbindung an den Entleiherbetrieb haben als die dort eingesetzten Leiharbeitnehmer. Dementsprechend hat der Gesetzgeber Abs. 2 Satz 1 durch das BetrVG-ReformG vom 23.7.2001 geändert; **Leiharbeitnehmer** sind weiterhin **im Entleiherbetrieb nicht wählbar**, ihnen steht also nicht das passive Wahlrecht zu.[147]

Nach früher überwiegend vertretener Auffassung sollte auch für die ursprünglich vom AÜG nicht erfassten, nicht gewerbsmäßige überlassenen Leiharbeitnehmer in entsprechender Anwendung von Abs. 2 Satz 1 das passive Wahlrecht ausgeschlossen sein, solange die für die gewerbsmäßige Überlassung bis zum 31.12.2003 geltende zulässige Höchstgrenze nicht überschritten wurde.[148] Infolge der Erweiterung des Anwendungsbereichs der Bestimmung, hat sich diese Problemstellung erübrigt. Da die Fälle einer nicht gewerbsmäßigen Arbeitnehmerüberlassung nun in direkter Anwendung von der Bestimmung erfasst sind. Es stellt jedoch derzeit die vergleichbare Frage, ob eine **entsprechende Anwendung der Bestimmung bei** einer **erlaubnisfreien Überlassung**, welche nicht in der vorübergehenden Überlassung zur Verfolgung wirtschaftlicher Zwecke besteht, anzunehmen ist. Das ist **abzulehnen**, weil mit dem AÜG lediglich die mit der Verfolgung wirtschaftlicher Zwecke ausgerichtete (vorübergehende) Arbeitnehmerüberlassung geregelt und die Rechtsstellung der Leiharbeitnehmer verbessert werden sollte. Eine von den allgemeinen Bestimmungen **abweichende Regelung zulasten nicht erlaubnispflichtig überlassener Leiharbeitnehmer hätte** daher einer **ausdrücklichen Bestimmung bedurft**.[149] Demnach steht den **nicht erlaubnispflichtig überlassenen Leiharbeitnehmern** das **passive Wahlrecht** zu, wenn sie mehr als drei Monate im Entleiherbetrieb eingesetzt werden sollen und zum Zeitpunkt der Wahl mindestens sechs Monate dem Betrieb, Unternehmen oder Konzern (§ 8 Abs. 1 BetrVG)

67

---

146 Ausführlich *Kim*, S. 86 f.
147 Schüren/*Hamann*, § 14 Rn. 62 ff., hält diese Bestimmung mit gewichtigen Argumenten für verfassungswidrig.
148 Für analoge Anwendung von Abs. 2 Satz 1: BAG vom 10.3.2004 – 7 ABR 49/03, AP § 14 AÜG Nr. 13; BAG vom 18.1.1989 – 7 ABR 62/87, AP § 14 AÜG Nr. 2 unter B III 2; BAG vom 18.1.1989 – 7 ABR 21/88, AP § 9 BetrVG 1972 Nr. 1 unter B II 2; Ulber/*Dohna-Jaeger*, § 14 Rn. 71.
149 *Boemke*, Schuldvertrag, S. 587.

angehört haben.¹⁵⁰ Entsprechendes gilt in den Fällen der Arbeitnehmerüberlassung nach § 1 Abs. 3, weil diese Bestimmung die Regelungen des § 14 gerade nicht für anwendbar erklärt.¹⁵¹

bb) Aktives Wahlrecht

68 Leiharbeitnehmer sind **wahlberechtigt, wenn sie länger als drei Monate im Betrieb eingesetzt werden** (§ 7 Satz 2 BetrVG). Nach allgemeinen Bestimmungen setzt das aktive Wahlrecht voraus, dass der Leiharbeitnehmer am Wahltag **im Betrieb eingestellt** ist.¹⁵² Erstreckt sich die Wahl über mehrere Tage, reicht es aus, wenn **an einem der Wahltage** die Voraussetzungen für das aktive Wahlrecht bestehen.¹⁵³ Findet die Betriebsratswahl am 31.3. statt, dann ist ein Leiharbeitnehmer, der nach mehr als dreimonatiger Einsatzdauer an diesem Tag aus dem Entleiherbetrieb abgezogen wird, gleichwohl im Entleiherbetrieb aktiv wahlberechtigt.¹⁵⁴ **Unerheblich** ist, ob der Leiharbeitnehmer am Tag der Wahl zur **Erbringung von Arbeitsleistungen** verpflichtet ist. Ist ihm zu diesem Zeitpunkt ein Arbeitsbereich im Entleiherbetrieb zugewiesen, besteht das Wahlrecht auch dann, wenn er zu diesem Zeitpunkt erkrankt, beurlaubt oder aus sonstigen Gründen an der Erbringung der Arbeitsleistung verhindert ist.¹⁵⁵

69 Für das aktive Wahlrecht reicht es abweichend von allgemeinen Bestimmungen allerdings nicht aus, dass der Leiharbeitnehmer am Wahltag im Betrieb eingestellt ist. Vielmehr besteht für Leiharbeitnehmer nach § 7 Satz 2 BetrVG das Wahlrecht im Entleiherbetrieb nur, „wenn sie länger als drei Monate im Betrieb eingesetzt werden". Ausschlaggebend für das Erfüllen der Drei-Monats-Frist ist nicht, ob der Leiharbeitnehmer zum Zeitpunkt der Wahl bereits drei Monate im Betrieb tätig ist; **maßgeblich** ist vielmehr die **geplante Überlassungsdauer**.¹⁵⁶ Das spiegelt sich auch im Wortlaut der Bestimmung wieder, weil hier von

---

150 A.A. Schüren/*Hamann*, § 14 Rn. 439; BAG vom 17.2.2010 – 7 ABR 51/08, NZA 2010, 832 (Ls.).
151 Schüren/*Hamann*, § 14 Rn. 15.
152 Unzutreffend daher *Wank*, RdA 2003, 1, 6, demzufolge der Leiharbeitnehmer zum Zeitpunkt der Wahl den Entleiherbetrieb regelmäßig längst wieder verlassen hat.
153 A.A. Schüren/*Hamann*, § 14 Rn. 53, der auf den ersten Wahltag abstellen will.
154 *Rudolph*, ZBVR 2002, 21, 22; *Thüsing*, § 14 Rn. 58.
155 *Fitting*, BetrVG, § 7 Rn. 62.
156 *Boemke/Lembke*, DB 2002, 893, 899; *Boemke*, Handbuch der Betriebsratswahl 2010, § 2 Rn. 225; *Brors*, NZA 2002, 123, 125; *Düwell/Dahl*, NZA-RR 2011, 1f.; *Rudolph*, ZBVR 2002, 21; Schüren/*Hamann*, § 14 Rn. 55; *Seel*, MDR 2012, 813; *Thüsing*, § 14 Rn. 58; Ulber/*Dohna-Jaeger*, § 14 Rn. 69.

„eingesetzt werden" und nicht von „eingesetzt wurden" die Rede ist,[157] Ist ein **Einsatz von mehr als drei Monaten geplant**, dann ist der **Leiharbeitnehmer** auch dann **wahlberechtigt**, wenn er erst **am Tag der Wahl** seine **Tätigkeit** im Entleiherbetrieb **aufnimmt**.[158] Der Wahlvorstand hat in diesem Fall eine Prognose darüber anzustellen, ob der Leiharbeitnehmer nach den Bestimmungen des Arbeitnehmerüberlassungsvertrags eine dreimonatige Beschäftigungsdauer in dem Einsatzbetrieb erfüllt.[159] Wird durch eine außerplanmäßige Änderung die Einsatzdauer verkürzt oder verlängert, sodass der Drei-Monats-Zeitraum nunmehr unter- bzw. überschritten wird, ist dies zu berücksichtigen, soweit die Betriebsratswahl noch nicht stattgefunden hat. Wird eine entsprechende Entscheidung erst nach Durchführung der Wahl getroffen, hat dies auf deren Wirksamkeit keinen Einfluss.[160] Die Dreimonatsfrist berechnet sich nach §§ 187 ff. BGB und beginnt in dem Zeitpunkt zu laufen, in dem der Leiharbeitnehmer nach den Vereinbarungen im Arbeitnehmerüberlassungsvertrag im Entleiherbetrieb eingesetzt werden soll. Erstreckt sich die Wahl über mehrere Tage, reicht es aus, wenn der Arbeitseinsatz am letzten Tag der Wahl beginnen soll. Nach rechtlichen Unterbrechungen des Arbeitseinsatzes, z.B. wenn der Leiharbeitnehmer vorübergehend aus dem Entleiherbetrieb abgezogen und einem anderen Entleiher zugewiesen wird, beginnt die Mindesteinsatzfrist neu zu laufen,[161] soweit nicht zwischen den unterbrochenen Einsätzen ein sachlicher Zusammenhang besteht.[162]

Die **Einschränkung** des Wahlrechts nach § 7 Satz 2 BetrVG gilt **auch für nicht vom Anwendungsbereich des AÜG erfasste Leiharbeitnehmer**, weil diese Bestimmung lediglich von „Arbeitnehmern eines anderen Arbeitgebers" spricht und keinerlei Differenzierung vor- **70**

---

157 So im Grundsatz auch *Fitting*, BetrVG, § 7 Rn. 60; *Schüren/Hamann*, § 14 Rn. 55; *Düwell/Dahl*, NZA-RR 2011, 1, 2.
158 Begründung zum RegE, BT-Drs. 14/5741, S. 36; *Brors*, NZA 2002, 123, 125; *Lindemann/Simon*, NZA 2002, 365, 367; ErfK/*Wank*, § 14 AÜG Rn. 6. – Abweichend *Schüren/Hamann*, § 14 Rn. 55, der unter Hinweis auf § 4 Abs. 3 Satz 2 WO verlangt, dass der Einsatz spätestens am Tag vor der Wahl begonnen haben muss. Ähnlich *Rudolph*, ZBVR 2002, 21, 22, der sogar einen Arbeitseinsatz zwei Tage vor dem ersten Wahltag verlangt. Hierbei wird jedoch übersehen, dass eine Rechtsverordnung nicht einem Arbeitnehmer das nach gesetzlichen Bestimmungen bestehende Wahlrecht nehmen kann.
159 *Raif*, ArbRAktuell 2010, 55, 55; *Seel*, MDR 2012, 813.
160 *Schüren/Hamann*, § 14 Rn. 58.
161 *Schüren/Hamann*, § 14 Rn. 54; *Thüsing*, § 14 Rn. 58.
162 *Fitting*, BetrVG, § 7 Rn. 65; *Kim*, S. 85.

nimmt. Auch diese sind **nur wahlberechtigt**, wenn sie **mehr als drei Monate im Entleiherbetrieb** eingesetzt werden sollen.[163]

cc) Wartezeit bei Übernahme durch Entleiher

71 Wird ein Arbeitnehmer, der zunächst als Leiharbeitnehmer beschäftigt war, vom Entleiherbetrieb in ein Arbeitsverhältnis übernommen, steht ihm das aktive Wahlrecht mit Beginn des Arbeitsverhältnisses zu, sofern er das 18. Lebensjahr vollendet hat (§ 7 Satz 1 BetrVG). Wählbarkeit besteht allerdings erst nach einer sechsmonatigen Betriebs-, Unternehmens- oder Konzernzugehörigkeit (§ 8 Abs. 1 BetrVG). Auf diese **Wartezeit** werden die **Einsatzzeiten als Leiharbeitnehmer angerechnet**, wenn die Übernahme in das Arbeitsverhältnis **in einem unmittelbaren zeitlichen Zusammenhang** mit dem Einsatz als Leiharbeitnehmer steht.[164] Die Übernahme muss sich dabei nicht nahtlos an das Ende des Leiharbeitsverhältnisses anschließen, weil § 8 Abs. 1 Satz 1 BetrVG – wie dessen Satz 2 zu erkennen gibt – keine ununterbrochene Betriebszugehörigkeit verlangt. Ein zeitlicher Zusammenhang wird regelmäßig vorliegen, wenn der Entleiher dem Leiharbeitnehmer bereits während seines Einsatzes eine Übernahme angeboten hat, und zwar auch, wenn der Leiharbeitnehmer in der Zwischenzeit an andere Entleiher verliehen worden ist.[165] Demgegenüber ist ein zeitlicher Zusammenhang zu verneinen, wenn der Leiharbeitnehmer nach der unterbrochenen Tätigkeit in einer vollkommen anderen Funktion in ein Arbeitsverhältnis zum Entleiher tritt.[166]

b) Betriebsverfassungsrechtliche Individualrechte (Abs. 2 Satz 2 und 3)

aa) Grundsatz

72 Nach Abs. 2 Satz 2 und 3 darf der Leiharbeitnehmer die Sprechstunden der betriebsverfassungsrechtlichen Arbeitnehmervertretungen im Entleiherbetrieb besuchen sowie an den Betriebs- und Jugendversammlungen teilnehmen. Zugleich stehen ihm auch im Entleiherbetrieb die Individualrechte nach §§ 81, 82 Abs. 1, 84–86 BetrVG zu.[167] Dies ergibt

---

163 *Thüsing*, § 14 Rn. 60. – So im Grundsatz auch *Fitting*, BetrVG, § 7 Rn. 39 f.
164 *Erdlenbruch*, S. 81 ff.; *Fitting*, BetrVG, § 8 Rn. 37; *Richardi*, BetrVG, § 8 Rn. 21; *Schüren/Hamann*, § 14 Rn. 50; *Stege/Weinspach*, § 8 Rn. 4. – A.A. ArbG Berlin vom 23.5.1990 – 6 BV 7/90, BB 1990, 1628; GK-BetrVG/*Kreutz*, § 8 Rn. 30.
165 *Schüren/Hamann*, § 14 Rn. 69 ff.
166 *Schüren/Hamann*, § 14 Rn. 70.
167 *Fitting*, BetrVG, § 81 Rn. 2; GK-BetrVG/*Raab*, § 5 Rn. 70.

sich nach allgemeinen Grundsätzen schon aus der Betriebszugehörigkeit des Leiharbeitnehmers. Die Regelung hat daher **keinen konstitutiven, sondern bloß klarstellenden Charakter** und ist auch **nicht abschließend**.[168] Deshalb wird die Anwendbarkeit sonstiger, sich aus allgemeinen Grundsätzen ergebender betriebsverfassungsrechtlicher Rechte des Leiharbeitnehmers im Entleiherbetrieb nicht berührt. Dem Leiharbeitnehmer stehen diesbezügliche Rechte im Entleiherbetrieb immer dann zu, wenn es um Angelegenheiten des Entleiherbetriebs geht, die in diesem geregelt werden müssen und können.

bb) Teilnahme an Sprechstunden und Betriebsversammlungen (Abs. 2 Satz 2)

(1) Sprechstunden (§ 39 BetrVG). Nach § 39 BetrVG können Arbeitnehmer die Sprechstunden des Betriebsrats aufsuchen. Gibt es im Betrieb eine Jugend- und Auszubildendenvertretung, dürfen jugendliche Arbeitnehmer zusätzlich die Sprechstunden dieser Vertretungseinrichtungen besuchen (§ 69 BetrVG). Abs. 2 Satz 2 räumt dem Leiharbeitnehmer das Recht ein, die Sprechstunden dieser Arbeitnehmervertretungen auch im Entleiherbetrieb aufzusuchen, wobei umstritten ist, ob Arbeitsbefreiung kraft Gesetzes eintritt oder nur ein Anspruch auf **Freistellung von der Arbeitspflicht**, und zwar gegenüber dem Entleiher, besteht.[169] Entsprechend allgemeinen Grundsätzen muss der Besuch der Sprechstunde erforderlich sein, also eine **Angelegenheit** betreffen, **die im Entleiherbetrieb zu regeln ist**.[170] Dies kann z.B. die im Entleiherbetrieb zu beachtende betriebliche Ordnung (§ 87 Abs. 1 Nr. 1 BetrVG) betreffen. Hingegen kann sich der Leiharbeitnehmer nicht wegen seines Anspruchs auf Vergütung gegenüber dem Verleiher an den Entleiherbetriebsrat wenden; diesbezügliche Lohnfragen betreffen allein sein Verhältnis zum Verleiher und fallen daher in die ausschließliche Zuständigkeit des Verleiherbetriebsrats. 73

Für den Besuch der Sprechstunden ist das **Arbeitsentgelt vom Verleiher ungekürzt fortzuzahlen** (§ 39 Abs. 3 BetrVG). Es handelt sich dabei um ein typisches Arbeitgeberrisiko des Verleihers, das nicht auf 74

---

168 BT-Drs. 9/847 S. 9; BAG vom 15.12.1992 – 1 ABR 38/92, NZA 1993, 513, 514; Schüren/*Hamann*, § 14 Rn. 7. – Widersprüchlich EfK/*Wank*, § 14 AÜG Rn. 5 einerseits (konstitutiv) und Rn. 13 andererseits (nicht abschließend).
169 Vgl. zur Problemstellung *Fitting*, BetrVG, § 39 Rn. 28, einerseits (Arbeitsbefreiung kraft Gesetzes) und Richardi/*Richardi/Thüsing*, BetrVG, § 39 Rn. 23, andererseits (Anspruch).
170 *Erdlenbruch*, S. 94; *Kim*, S. 89; GK-BetrVG/*Weber*, § 39 Rn. 10, 29.

den Leiharbeitnehmer abgewälzt werden kann.[171] Wer die **Kosten im Verhältnis zwischen Verleiher und Entleiher** trägt, richtet sich in erster Linie nach den **Vereinbarungen im Überlassungsvertrag**. Fehlt eine solche Regelung, dann muss der **Entleiher** gleichwohl auch für diesen Zeitraum das **Überlassungsentgelt ungekürzt an den Verleiher** zahlen. Nach allgemeinen Grundsätzen trägt nämlich der Arbeitgeber die Kosten, die durch die betriebsverfassungsrechtlichen Befugnisse und Beteiligungsrechte in seinem Betrieb entstehen. Hierzu gehört auch das Risiko, Entgelt für eine Arbeitsleistung zu zahlen, die wegen Arbeitsbefreiung aus betriebsverfassungsrechtlichen Gründen nicht in Anspruch genommen werden kann.[172]

75 (2) Betriebsversammlungen (§§ 42 ff., 71 BetrVG). Gem. §§ 42 ff. BetrVG haben Arbeitnehmer das Recht zur Teilnahme an **Betriebsversammlungen**; jugendliche Arbeitnehmer und Auszubildende dürfen zusätzlich an den Jugend- und Auszubildendenversammlungen teilnehmen (§ 71 BetrVG). Betriebsversammlungen dienen vor allem der innerbetrieblichen Aussprache über alle Angelegenheiten des Betriebs oder der Arbeitnehmer.[173] Insoweit sind auch die Interessen der Leiharbeitnehmer im Entleiherbetrieb berührt, sodass Abs. 2 Satz 2 auch insoweit nur deklaratorischer Natur ist. Nach § 44 Abs. 1 BetrVG ist die Zeit der Teilnahme an diesen Versammlungen einschließlich etwa anfallender zusätzlicher Wegezeiten wie Arbeitszeit (vom Verleiher) zu vergüten. Entstehen durch die Teilnahme an der Versammlung **Fahrtkosten**, hat diese der Arbeitgeber, gemeint ist insoweit der **Entleiher als Betriebsinhaber**,[174] zu erstatten.

76 Hinsichtlich der **Kostentragungspflicht im Verhältnis zwischen Verleiher und Entleiher** gelten die Ausführungen zum Besuch der Sprechstunden entsprechend (siehe oben Rn. 74), sodass der Entleiher nur dann zur Kürzung des Überlassungsentgelts berechtigt ist, wenn dies im Überlassungsvertrag wirksam vereinbart wurde.[175]

77 Die Teilnahme an **Jugend- und Auszubildendenversammlungen** ist in der betrieblichen Praxis ohne Bedeutung. Zum einen dürfen Auszubil-

---

171 Schüren/*Hamann*, § 14 Rn. 79.
172 *Becker/Wulfgramm*, § 14 Rn. 44; *Erdlenbruch*, S. 94; *Sandmann/Marschall*, § 14 Anm. 11; Schüren/*Hamann*, § 14 Rn. 80; *Thüsing*, § 14 Rn. 79; GK-BetrVG/*Weber*, § 39 Rn. 34.
173 GK-BetrVG/*Weber*, § 42 Rn. 7.
174 A.A. Ulber/*Dohna-Jaeger*, § 14 Rn. 83.
175 GK-BetrVG/*Weber*, § 39 Rn. 34.

III. Mitbestimmungsrechtliche Stellung im Entleiherbetrieb § 14

dende nicht erlaubnispflichtig zur Arbeitsleistung überlassen werden (vgl. § 1 Rn. 28). Der Zweck eines Ausbildungsverhältnisses ist nur schwerlich mit dem Einsatz in einem Leiharbeitsverhältnis vereinbar.[176] Zum anderen sollen jugendliche Arbeitnehmer, die das 18. Lebensjahr noch nicht vollendet haben, im Hinblick auf das JArbSchG nur ganz ausnahmsweise als Leiharbeitnehmer beschäftigt werden. Erfolgt jedoch ausnahmsweise eine (erlaubnisfreie) vorübergehende Überlassung eines Auszubildenden in einen konzernangehörigen Ausbildungsbetrieb zum Zwecke der praktischen Ausbildung, so steht diesen ein Teilnahmerecht an Betriebsversammlungen im eingesetzten Betrieb zu.[177]

cc) Individualrechte gemäß §§ 81 ff. BetrVG

(1) Unterrichtungs- und Erörterungspflicht des Arbeitgebers (§ 81 BetrVG). Abs. 2 Satz 3 verweist auf die Anwendbarkeit des § 81 BetrVG im Entleiherbetrieb auf die dort tätigen Leiharbeitnehmer. Die **Informations- und Belehrungspflichten** des § 81 BetrVG erstrecken sich auf den Aufgabenbereich des Arbeitnehmers und die mit seinem Tätigkeitsbereich zusammenhängenden Unfall- und Gesundheitsgefahren. Da der Entleiher die detaillierten Kenntnisse bzgl. des Arbeitsplatzes und der Arbeitsabläufe hat, ist es nur konsequent, ihm diese Pflichten aufzuerlegen (siehe auch § 11 Rn. 151). **78**

Über die Verweisung in Abs. 2 Satz 3 müsste auch § 81 Abs. 4 BetrVG im Entleiherbetrieb Anwendung finden. Danach wäre auch der Entleiher verpflichtet, den Leiharbeitnehmer über neue Technologien zu informieren und die Auswirkungen auf seinen Arbeitsplatz zu besprechen. Darüber hinaus müsste der Entleiher bei fehlender Qualifikation des Leiharbeitnehmers mit diesem die **berufliche Weiterbildung** besprechen, damit der Leiharbeitnehmer den Anforderungen gerecht werden kann. Allerdings hat der Entleiher regelmäßig kein Interesse an der Weiterbildung des Leiharbeitnehmers und dessen Einarbeitung im Umgang mit neuen Technologien. Vielmehr hat er einen Anspruch gegenüber dem Verleiher auf Zurverfügungstellung einer geeigneten Arbeitskraft; die entsprechende **Aus- und Weiterbildung** des Leiharbeitnehmers fällt in den **Verantwortungsbereich des Verleihers**. Die Einführung neuer Technologien ist eine Angelegenheit über einen längeren Zeitraum. Soweit der Einsatz des Leiharbeitnehmers nur kurzfristig erfolgen soll, macht die Erörterungspflicht schon aus praktischen Grün- **79**

---

176 Ausf. dazu Schüren/*Hamann*, § 1 Rn. 36 ff.
177 BAG vom 24.8.2011 – 7 ABR 8/10, NZA 2012, 223 (Ls.).

den keinen Sinn. Im Übrigen ist für den Erhalt des Arbeitsplatzes des Leiharbeitnehmers dessen Vertragsarbeitgeber, also der Verleiher und nicht der Entleiher zuständig.[178] Zwar fordert Art. 6 Abs. 5 LeiharbeitsRL von den Mitgliedstaaten, den Zugang der Leiharbeitnehmer zu den Fort- und Weiterbildungsmaßnahmen im entleihenden Unternehmen zu verbessern,[179] eine Pflicht des Entleihers zu Informationen i. S. v. § 81 Abs. 4 BetrVG lässt sich hieraus aber nicht herleiten.

80 (2) Anhörungsrecht des Leiharbeitnehmers. § 82 Abs. 1 BetrVG ist auf das Verhältnis zwischen Leiharbeitnehmer und Entleiher anwendbar (Abs. 2 Satz 3). Der Leiharbeitnehmer hat das Recht, in **betrieblichen Angelegenheiten**, die seine Person betreffen, von der im Entleiherbetrieb zuständigen Person gehört zu werden. Er kann zu Maßnahmen des Entleihers, die ihn betreffen, Stellung nehmen und Vorschläge zur Arbeitsplatzgestaltung und zum Arbeitsablauf machen (§ 82 Abs. 1 Satz 2 BetrVG). Der Leiharbeitnehmer hat somit neben dem passiven Recht auf Unterrichtung auch ein aktives Recht. Er kann in betrieblichen Angelegenheiten, die seine Person betreffen, initiativ werden,[180] insoweit muss aber ein **Bezug zum Entleiherbetrieb** gegeben sein. Im Entleiherbetrieb kommen in erster Linie Rechte in Betracht, die mit dem konkreten Arbeitseinsatz zusammenhängen, z. B. Arbeitsablauf, Arbeitsmethoden, Arbeitsplatzgestaltung, Verbesserungsvorschläge, betreffen.[181]

81 Abs. 2 Satz 3 verweist nur auf § 82 Abs. 1 BetrVG. Da Abs. 2 keine abschließende Regelung enthält, sondern die Rechte des Leiharbeitnehmers im Entleiherbetrieb nur exemplarisch aufzählt, stellt sich die Frage, ob § 82 Abs. 2 BetrVG im Verhältnis zwischen Leiharbeitnehmer und Entleiher auf Grund der tatsächlichen Betriebszugehörigkeit zum Entleiherbetrieb Anwendung findet. Da allein der Verleiher das Arbeitsentgelt schuldet, ist § 82 Abs. 2 Satz 1 BetrVG im Verhältnis zum Entleiher ausgeschlossen. **Nur** der **Verleiher** kann **Auskunft über** die **Berechnung und Zusammensetzung des Entgelts** geben.[182] Allerdings steht dem Leiharbeitnehmer, soweit kein Tarifvertrag Anwendung findet, ein eigenständiger Auskunftsanspruch nach § 13 hinsichtlich des für vergleichbare Stammarbeitnehmer geltenden Arbeitsentgelts zu

---

178 Schüren/*Hamann*, § 14 Rn. 87.
179 Dazu *Boemke*, RIW 2009, 177, 187; *Hamann*, EuZA 2009, 287, 320 ff.
180 *Kaufmann*, Rn. 284.
181 Schüren/*Hamann*, § 14 Rn. 90.
182 Schüren/*Hamann*, § 14 Rn. 92.

III. Mitbestimmungsrechtliche Stellung im Entleiherbetrieb § 14

(zu dessen Inhalt siehe § 13 Rn. 17ff.). Gleiches gilt in Bezug auf die **Entwicklungsmöglichkeiten im Betrieb**. Da der Entleiher an einer Entwicklung des Leiharbeitnehmers in aller Regel nicht nur nicht interessiert ist, sondern ihn auch keine diesbezügliche Verpflichtung trifft, kommt eine Weiterentwicklung ohnehin nur im Betrieb des Verleihers in Betracht. Da es keine festen zeitlichen Grenzen mehr für einen Einsatz als Leiharbeitnehmer in einem Entleiherbetrieb gibt (zum Begriff der vorübergehenden Überlassung nach § 1 Abs. 1 Satz 2, vgl. § 1 Rn. 107ff., stellt sich die Frage, ob der Leiharbeitnehmer für seine **Beurteilung** nicht auch gegenüber dem Entleiher ein Erörterungsrecht hat. Das **Erörterungsrecht** bzgl. der Beurteilung hat den Zweck, dem Interesse des Arbeitnehmers an der Beurteilung seiner Leistungen im Betrieb gerecht zu werden.[183] Eine aussagekräftige Beurteilung war bei der kürzeren Überlassungsdauer noch nicht zu erwarten. **Bei längeren Einsätzen** ist es dem **Entleiher** aber **problemlos möglich**, eine Beurteilung über den Leiharbeitnehmer abzugeben. Dies zeigt auch die betriebliche Praxis; dem Entleiher werden üblicherweise Fragebögen vom Verleiher zwecks Beurteilung des Leiharbeitnehmers vorgelegt. Wenn schon der Entleiher eine Beurteilung beim Verleiher abgibt, sollte er auch verpflichtet sein, diese Beurteilung mit dem Leiharbeitnehmer auf dessen Wunsch hin gem. § 82 Abs. 2 Satz 1 BetrVG zu erörtern. Sofern es um Beurteilungen geht, stehen nicht die arbeitsvertraglichen Verbindungen zum Verleiher im Vordergrund, denn die Beurteilung hängt wesentlich von der Betriebszugehörigkeit und der Einsatzdauer beim Entleiher ab.

(3) Einsicht in die Personalakte. Abs. 2 Satz 3 verweist nicht auf § 83 BetrVG, der das Einsichtsrecht in die Personalakte regelt. Auf Grund der kurzen Überlassungshöchstdauer ging man früher davon aus, dass der Entleiher ohnehin keine Personalakte führen wird; ein Einsichtsrecht gegenüber dem Entleiher war damit nicht erforderlich.[184] Diese Auffassung lässt sich aber schon vom dogmatischen Ausgangspunkt nicht halten. § 83 BetrVG konkretisiert nur eine **in jedem Arbeitsverhältnis bestehende Rechtspflicht des Arbeitgebers** aus § 242 BGB; der **Schutz des Persönlichkeitsrechts** des Leiharbeitnehmers erfordert ein Einsichtsrecht in die über ihn geforderten Personalunterlagen. **Führt der Entleiher** Personalakten, kann der Leiharbeitnehmer schon **nach allgemeinen Grundsätzen Einsicht** in diese verlangen.[185]

---

183 GK-BetrVG/*Wiese*, § 82 Rn. 15.
184 *Becker*, AuR 1982, 369, 373.
185 *Erdlenbruch*, S. 109; *Kim*, S. 94; Schüren/*Hamann*, § 14 Rn. 95; *Ulber*, § 14 Rn. 84.

83 (4) **Beschwerderecht des Leiharbeitnehmers** (§§ 84–86). Nach § 84 Abs. 1 Satz 1 BetrVG kann sich der Arbeitnehmer bei den zuständigen Stellen des Betriebs beschweren, wenn er sich benachteiligt, ungerecht behandelt oder in sonstiger Weise beeinträchtigt fühlt. Dieses Beschwerderecht steht dem Leiharbeitnehmer auch im Entleiherbetrieb zu (Abs. 2 Satz 3). Voraussetzung ist insoweit allerdings, dass die **Beeinträchtigung** ihre **Ursache im Entleiherbetrieb** findet; der Entleiher ist nicht die zuständige Stelle, um Beeinträchtigungen im Verleiherbetrieb entgegenzuwirken.[186] Macht er von seinem Beschwerderecht ggü. dem Entleiher Gebrauch, kann er auch ein Mitglied des Entleiherbetriebsrats, nicht aber des Verleiherbetriebsrats hinzuziehen.[187] Für das weitere Verfahren gelten die §§ 85 f. BetrVG.

84 (5) **Vorschlagsrecht** (§ 86a BetrVG). Nach § 86a BetrVG hat jeder Arbeitnehmer das Recht, dem Betriebsrat Themen zur Beratung vorzuschlagen; wird der Vorschlag von mindestens 5% der Arbeitnehmer unterstützt, dann muss der Betriebsrat diesen innerhalb von zwei Monaten auf die Tagesordnung einer Betriebsratssitzung setzen. Als **betriebszugehörige Arbeitnehmer** steht nach der hier vertretenen Auffassung **auch** den **Leiharbeitnehmern** dieses Vorschlagsrecht unabhängig davon, dass Abs. 2 Satz 3 dieses nicht explizit benennt, im Entleiherbetrieb zu. Sie wären daher auch bei der Feststellung zu berücksichtigen, ob das erforderliche Quorum erreicht ist.[188] Sieht man allerdings Leiharbeitnehmer nicht als Arbeitnehmer des Entleihers an, dann findet diese Bestimmung auf Leiharbeitnehmer keine Anwendung.[189]

4. Mitwirkung und Mitbestimmung des Entleiherbetriebsrats

a) Grundsatz

85 Leiharbeitnehmer gehören während Zeiten ihrer Tätigkeit im Entleiherbetrieb auch diesem Betrieb an. Daher sind auch hier die **allgemeinen Grundsätze über die Mitwirkung** sowie die **einzelnen Mitbestimmungsrechte** des Betriebsrats zu beachten. Allerdings ist die Zuständigkeit des Betriebsrats im Entleiherbetrieb auf diesen Betrieb beschränkt. Demzufolge sind Mitwirkungsgrundsätze nur bei **Maßnahmen des Entleihers im Entleiherbetrieb** zu beachten. **Maßnahmen des Verleihers im Verleiherbetrieb** unterliegen allein der **Kontrolle**

---

186 *Sandmann/Marschall*, § 14 Anm. 14; *Schüren/Hamann*, § 14 Rn. 102.
187 *Schüren/Hamann*, § 14 Rn. 100.
188 *Thüsing*, § 14 Rn. 96.
189 I.d.S. *Löwisch*, BB 2001, 1734, 1737.

III. Mitbestimmungsrechtliche Stellung im Entleiherbetrieb § 14

des **Verleiherbetriebsrats**; Mitwirkungstatbestände im Entleiherbetrieb werden hierdurch nicht begründet. Allerdings können einzelne Beteiligungstatbestände hinsichtlich der Leiharbeitnehmer nicht greifen, weil neben der Betriebszugehörigkeit weitere Tatbestandsvoraussetzungen verlangt werden, die im Verhältnis des Entleihers zum Leiharbeitnehmer nicht vorliegen (siehe oben Rn. 59). Beispiel: Da der Entleiher dem Leiharbeitnehmer keinen Arbeitslohn zahlt, finden §§ 87 Abs. 1 Nr. 4, 10 und 11 BetrVG keine Anwendung (siehe unten Rn. 127, 133 f.); da das arbeitsrechtliche Grundverhältnis nur zum Verleiher besteht, kommt § 102 BetrVG nicht zum Tragen (siehe unten Rn. 148).

b) Allgemeine Grundsätze der Mitwirkung

aa) Gleichbehandlung (§ 75 Abs. 1 BetrVG)

Nach § 75 Abs. 1 BetrVG haben Arbeitgeber und Betriebsrat darüber zu wachen, dass **alle im Betrieb beschäftigten Personen** nach den Grundsätzen von Recht und Billigkeit behandelt werden, insbesondere, dass Ungleichbehandlungen unterbleiben. Dieser **betriebsverfassungsrechtliche Gleichbehandlungsgrundsatz** bezieht sich auf sämtliche betriebszugehörigen Arbeitnehmer, und zwar unabhängig von Dauer und Rechtsgrundlage ihrer Beschäftigung,[190] sodass **auch Leiharbeitnehmer** erfasst werden. Eine Ungleichbehandlung von Stammpersonal des Entleihers und Leiharbeitnehmern im Entleiherbetrieb ist daher betriebsverfassungsrechtlich unzulässig.[191] So darf der Entleiher Leiharbeitnehmern nicht die Nutzung von betrieblichen Einrichtungen untersagen, wenn diese ansonsten frei zugänglich sind.[192] Eine **differenzierende Behandlung** von Stamm- und Leiharbeitnehmern ist allerdings gerechtfertigt, wenn diese ihren **Grund in der konkreten Ausgestaltung des Arbeitsverhältnisses** findet. So können Leiharbeitnehmer keine Gleichstellung hinsichtlich des Entgelts sowie der Lohnnebenleistungen verlangen,[193] weil diese ihre Grundlage im arbeitsrechtlichen

86

---

190 *Boemke*, Schuldvertrag, S. 590.
191 BAG vom 14.5.1974 – 1 ABR 40/73, AP § 99 BetrVG 1972 Nr. 2 unter II 2, mit Anm. *Kraft*; *Becker/Wulfgramm*, § 14 Rn. 108; *Boemke*, Schuldvertrag, S. 590; *Richardi*, BetrVG, § 75 Rn. 7.
192 *Erdlenbruch*, S. 221. – Vgl. jetzt auch § 13b.
193 Siehe auch Schüren/*Hamann*, § 14 Rn. 220, keine Pflicht des Entleiherbetriebsrats, hierauf hinzuwirken.

Grundverhältnis finden, das für Leiharbeitnehmer nur zum Verleiher, nicht aber zum Entleiher besteht.[194]

bb) Förderungspflicht nach § 75 Abs. 2 BetrVG

87 Nach § 75 Abs. 2 BetrVG haben Arbeitgeber und Betriebsrat die freie Entfaltung der Persönlichkeit der im Betrieb beschäftigten Arbeitnehmer zu schützen und zu fördern. Diese Schutz- und Förderungspflicht besteht im Entleiherbetrieb **auch gegenüber Leiharbeitnehmern**.[195]

cc) Geltung von Betriebsvereinbarungen

88 Die im Entleiherbetrieb geltenden **Betriebsvereinbarungen erfassen auch Leiharbeitnehmer**,[196] soweit diese nicht von deren persönlichem Geltungsbereich ausgenommen sind. Allerdings kommen im Verhältnis zum Leiharbeitnehmer regelmäßig nur die Betriebsvereinbarungen zum Tragen, die an die Eingliederung in den Entleiherbetrieb anknüpfen und die Art und Weise der Leistungserbringung oder das Verhalten des Leiharbeitnehmers regeln.[197] Soweit es um Betriebsvereinbarungen geht, die das arbeitsrechtliche Grundverhältnis betreffen, wie z.B. Fragen der Lohngestaltung nach § 87 Abs. 1 Nr. 10 BetrVG, ist die Anwendbarkeit aus sachlogischen Gründen ausgeschlossen; zwischen Entleiher und Leiharbeitnehmer besteht kein Grundverhältnis, auf das eine solche Betriebsvereinbarung einwirken könnte.

dd) Allgemeine Aufgaben (§ 80 BetrVG)

89 Die in § 80 BetrVG genannten Befugnisse stehen dem Entleiherbetriebsrat auch in Bezug auf Leiharbeitnehmer zu, wenn sie an deren Tätigkeit im Entleiherbetrieb anknüpfen. So hat der Entleiherbetriebsrat nach § 80 Abs. 1 Nr. 1 BetrVG darüber zu wachen, dass die **Arbeitnehmerschutzvorschriften** auch zugunsten der Leiharbeitnehmer einge-

---

194 *Boemke*, Schuldvertrag, S. 590.
195 *Boemke*, Schuldvertrag, S. 590f.; *Erdlenbruch*, S. 222f.; *Schüren/Hamann*, § 14 Rn. 221.
196 Vgl. BT-Drs. 9/975, S. 22; LAG Berlin-Brandenburg vom 9.8.2012 – 5 TaBV 770/12, juris PR-ArbR 7/2013 Anm. 4 (Boemke); *Becker*, AuR 1982, 369, 374 Fn. 24; *Boemke*, Schuldvertrag, S. 591f.; *Erdlenbruch*, S. 224ff.; *Kim*, S. 110f. – A.A. *Kraft*, FS Konzen (2006), S. 439, 456f., der irrig davon ausgeht, dass Betriebsvereinbarungen auf den Arbeitsvertrag einwirken, der zwischen Entleiher und Leiharbeitnehmer nicht besteht. Richtigerweise gestalten Betriebsvereinbarungen aber die Rechtsbeziehung, also das Arbeitsverhältnis normativ.
197 *Boemke*, Schuldvertrag, S. 591f.; *Schüren/Hamann*, § 14 Rn. 299.

III. Mitbestimmungsrechtliche Stellung im Entleiherbetrieb § 14

halten werden.[198] Hierzu rechnen die allgemeinen arbeitsrechtlichen sowie die speziellen im AÜG für den Leiharbeitnehmer geregelten Schutzvorschriften. Soweit Tarifverträge oder Betriebsvereinbarungen Schutzvorschriften enthalten, gelten diese auch für den Leiharbeitnehmer.[199]

Der Entleiherbetriebsrat ist gem. § 80 Abs. 1 Nr. 2 BetrVG befugt, beim Arbeitgeber **Maßnahmen** zu beantragen, die dem Leiharbeitnehmer zugute kommen. Dazu gehören z.B. Anträge, welche die Teilnahme an Sicherheitsmaßnahmen betreffen oder die Einbeziehung in betriebliche Veranstaltungen etc. 90

Die **Durchsetzung der Gleichstellung von Männern und Frauen** (§ 80 Abs. 1 Nr. 2a BetrVG) und die Förderung der Vereinbarkeit von Familie und Erwerbstätigkeit (§ 80 Abs. 2 Nr. 2b BetrVG) macht nicht vor den Leiharbeitnehmern halt. Auch hinsichtlich der Leiharbeitnehmer kann der Entleiherbetriebsrat im Rahmen der tatsächlichen Gegebenheiten entsprechende Fördermaßnahmen ergreifen.[200] 91

Der Entleiherbetriebsrat ist weiter verpflichtet, **Anregungen** der Leiharbeitnehmer entgegenzunehmen und gem. § 80 Abs. 1 Nr. 3 BetrVG zu behandeln. Auf Grund wechselnder Einsatzbetriebe können häufig gerade Leiharbeitnehmer die besseren Vergleiche ziehen und Verbesserungsvorschläge machen oder Gefahrenstellen im Betrieb erkennen. Deshalb ist es sachgerecht, den Entleiherbetriebsrat diesbzgl. zu verpflichten.[201] 92

§ 80 Abs. 1 Nr. 4 und Nr. 6 BetrVG fallen allein in den Zuständigkeitsbereich des Verleihers und des Verleiherbetriebsrats.[202] Die Förderung und Eingliederung schutzbedürftiger Arbeitnehmergruppen ist nicht Aufgabe des Entleihers, weil dieser nur einen Anspruch auf Zurverfügungstellung einer geeigneten Arbeitskraft hat. Aus dem Überlassungsvertrag ergibt sich nicht die Verpflichtung, besonders schutzbedürftige Leiharbeitnehmer besonders zu berücksichtigen, sodass auch dem Entleiherbetriebsrat in diesem Zusammenhang keine Aufgabe zukommt. Eine besondere Berücksichtigung muss, sofern erforderlich, 93

---

198 *Thüsing*, § 14 Rn. 104.
199 Schüren/*Hamann*, § 14 Rn. 223.
200 *Thüsing*, § 14 Rn. 106.
201 Schüren/*Hamann*, § 14 Rn. 228.
202 Schüren/*Hamann*, § 14 Rn. 229. – A.A. *Thüsing*, § 14 Rn. 108; Ulber/*Dohna-Jaeger*, § 14 Rn. 58.

§ 14 Mitwirkungs- und Mitbestimmungsrechte

vielmehr schon bei der Auswahl des Einsatzbetriebs von Seiten des Verleihers getroffen werden.

94 Der Entleiherbetriebsrat hat auch gem. § 80 Abs. 1 Nr. 7 BetrVG für die **Integration ausländischer Leiharbeitnehmer** zu sorgen sowie Maßnahmen zur Bekämpfung von Rassismus und Fremdenfeindlichkeit im Betrieb zu beantragen.

95 Hingegen greift die **Pflicht zur Beschäftigungsförderung und -sicherung** (§ 80 Abs. 1 Nr. 8 BetrVG) im Entleiherbetrieb **nicht gegenüber den Leiharbeitnehmern** ein. Hier geht es um den Erhalt des Arbeitsplatzes im Sinne des arbeitsvertraglichen Grund-(Verpflichtungs-)Verhältnisses, das für den Leiharbeitnehmer nur beim Verleiher, nicht aber beim Entleiher besteht.[203]

96 Schließlich sind **Maßnahmen des Arbeitsschutzes auch zugunsten der Leiharbeitnehmer** zu fördern. Maßnahmen des betrieblichen Umweltschutzes (§ 80 Abs. 1 Nr. 9 BetrVG) haben keinen Personenbezug und können deswegen weder zugunsten von Stamm- noch von Leiharbeitnehmern ergriffen werden.

97 Um diese Aufgaben aus § 80 Abs. 1 BetrVG und weitere Beteiligungsrechte entsprechend wahrnehmen zu können, hat der Betriebsrat Anspruch auf umfassende **Unterrichtung** gem. § 80 Abs. 2 BetrVG. Die Arbeitgeberinformationen ist für den Betriebsrat häufig erst Grundlage für die Entscheidung, ob Rechte aus § 80 Abs. 1 BetrVG bestehen und wie diese interessengerecht geltend machen werden können.[204] Damit die Einhaltung der Vorschriften des AÜG zum Schutz des Leiharbeitnehmers vom Entleiherbetriebsrat überwacht werden kann, muss der Entleiher die **Anzahl der Leiharbeitnehmer** im Betrieb, deren **Einsatzdauer** und u.U. deren **Qualifikation**, die **Art der Tätigkeit** und den **Einsatzort** mitteilen. Diese Informationen ergeben sich auch schon aus der besonderen Unterrichtungspflicht nach § 99 Abs. 1 BetrVG i.V.m. Abs. 3 Satz 1 im Rahmen der Übernahme (siehe unten Rn. 107ff.).

98 Der Unterrichtungspflicht aus § 80 Abs. 2 BetrVG kommt eine besondere Bedeutung zu, wenn im Betrieb Personen auf werk- oder dienstvertraglicher Basis tätig werden. Hier besteht vielfach die Gefahr der Umgehung der Schutzvorschriften des AÜG.[205] Deshalb besteht die

---

203 Schüren/*Hamann*, § 14 Rn. 239; *Thüsing*, § 14 Rn. 112.
204 BAG vom 19.2.2008 – 1 ABR 84/06, NZA 2008, 1078, 1079.
205 Schüren/*Hamann*, § 14 Rn. 246.

III. Mitbestimmungsrechtliche Stellung im Entleiherbetrieb § 14

Vorlage- und Unterrichtungspflicht auch dann, wenn es sich um einen **Fremdfirmeneinsatz auf Werk- oder Dienstvertragsbasis** handelt (§ 80 Abs. 2 Satz 1 Hs. 2 BetrVG). Der Betriebsrat kann die Vorlage der Unterlagen vom Arbeitgeber verlangen.[206] Anhand dieser Unterlagen prüft der Betriebsrat, ob es sich tatsächlich um den Einsatz im Rahmen von Werk- oder Dienstverträgen handelt oder ob ein Fall der Arbeitnehmerüberlassung vorliegt.

Das Arbeitsgericht entscheidet auf Antrag des Betriebsrats im **Beschlussverfahren**, wenn zwischen Entleiher und Betriebsrat Streit über das Bestehen einer Unterrichtungs- oder Vorlagepflicht herrscht. Dasselbe gilt, wenn der Entleiher die unstreitig bestehenden Verpflichtungen aus § 80 Abs. 2 BetrVG nicht erfüllt. 99

c) Mitwirkung bei Einstellungen (Abs. 3)

aa) Rechtsnatur der Regelung

Nach Abs. 3 Satz 1 ist der Betriebsrat des Entleiherbetriebs vor der Übernahme des Leiharbeitnehmers zur Arbeitsleistung nach § 99 BetrVG zu beteiligen. Nach dieser Bestimmung ist der Betriebsrat **in Unternehmen mit in der Regel mehr als zwanzig wahlberechtigten Arbeitnehmern** vor jeder Einstellung zu unterrichten und seine Zustimmung einzuholen. Nach der neueren Rspr. des BAG (vgl. dazu oben Rn. 60) müssten auch solche Leiharbeitnehmer im Entleiherbetrieb mitzählen, die gem. § 7 Satz 2 BetrVG aktiv wahlberechtigt sind und auf regelmäßig besetzten (Dauer-)Arbeitsplätzen eingesetzt werden.[207] 100

Für Unternehmen, welche diese Mindestgröße übersteigen, hat die Regelung lediglich **deklaratorische Bedeutung**. Umstritten ist aber, ob für **kleinere Unternehmen** Abs. 3 Satz 1 als **Rechtsfolgenverweisung** eine eigenständige Unterrichtungs- und Zustimmungspflicht begründet[208] oder ob es sich um eine sog. **Rechtsgrundverweisung** handelt, also das Beteiligungsrecht nach allgemeinen Grundsätzen in kleineren Unternehmen nicht besteht.[209] Gesetzeswortlaut, Gesetzesmaterialien und auch die Rechtsprechung bieten keinen Aufschluss. Aus folgendem 101

---

206 BAG vom 9.7.1991 – 1 ABR 45/90, EzAÜG BetrVG Nr. 60.
207 Schüren/*Hamann*, § 14 Rn. 148.
208 *Becker/Wulfgramm*, § 14 Rn. 96; *Sandmann/Marschall*, § 14 Anm. 16; Ulber/*Dohna-Jaeger*, § 14 Rn. 109; ErfK/*Wank*, § 14 AÜG Rn. 18.
209 LAG Niedersachsen vom 26.11.2007 – 6 TaBV 33/07, n.v. (Ls. 1); *Kraft*, FS Konzen (2006), S. 439, 445 f.; Schüren/*Hamann*, § 14 Rn. 144 ff.; *Erdlenbruch*, S. 182; *Wen-*

§ 14 Mitwirkungs- und Mitbestimmungsrechte

Grund ist allerdings von einer **Rechtsgrundverweisung** auszugehen: Die Regelung in Abs. 3 Satz 1 sollte in erster Linie die schon vor dieser Vorschrift bestehende **Rechtsprechung des BAG festschreiben**.[210] An eine **Ausweitung der Beteiligung** nach § 99 BetrVG war demgegenüber **nicht gedacht**. Wäre die Beteiligung des Betriebsrats entgegen § 99 BetrVG nicht von der Unternehmensgröße (mindestens 20 wahlberechtigte Arbeitnehmer) abhängig, wären die Beteiligungsrechte des Betriebsrats bei der Übernahme von Leiharbeitnehmern weitreichender als bei Neueinstellungen von Stammpersonal. In einem kleineren Unternehmen wäre der Betriebsrat bei einer Übernahme von Leiharbeitnehmern, nicht aber bei Neueinstellungen von Stammarbeitnehmern zu beteiligen. Da die Interessen der Belegschaft bei einer Neueinstellung stärker tangiert sind als bei der vorübergehenden Beschäftigung von Leiharbeitnehmern, würde eine **Rechtsfolgenverweisung** dem **Sinn und Zweck des § 99 BetrVG** zuwiderlaufen. Da dies nicht Absicht des Gesetzgebers gewesen sein kann, ist von einer Rechtsgrundverweisung auszugehen.[211]

bb) Übernahme

102 Nach Abs. 3 Satz 1 unterliegt die Übernahme eines Leiharbeitnehmers zur Arbeitsleistung der Mitbestimmung des Entleiherbetriebsrats nach § 99 BetrVG. Entsprechend allgemeinen Grundsätzen ist hierunter als Einstellung die **Eingliederung des Leiharbeitnehmers in den Entleiherbetrieb durch Zuweisung eines Arbeitsbereichs** zu verstehen.[212] Der **Abschluss des Arbeitnehmerüberlassungsvertrags** berührt noch nicht die Interessen der Belegschaft des Entleiherbetriebs und ist daher

---

sing/Freise, BB 2004, 2238; *Böhm*, AnwK.-ArbR., § 14 AÜG Rn. 17; LAG Hamburg vom 19.8.2010 – 7 TaBV 5/09, juris Rn. 55.
210 Vgl. BT-Drs. 9/800 S. 8 und BT-Ds. 9/847 S. 8f.
211 Ausführlich dazu *Erdlenbruch*, S. 181f.; *Schüren/Hamann*, § 14 Rn. 144ff.; *Thüsing*, § 14 Rn. 147.
212 BAG vom 14.5.1974 – 1 ABR 40/73, AP § 99 BetrVG 1972 Nr. 2 unter II, mit Anm. *Kraft*; BAG vom 23.1.2008 – 1 ABR 74/06, NZA 2008, 603, 605; BAG vom 17.6.2008 – 1 ABR 39/07, juris Rn. 21; BAG vom 23.6.2010 – 7 ABR 1/09, NZA 2010, 1302, 1303; LAG Köln vom 7.6.2011 – 12 TaBV 96/10, juris Rn. 36; LAG Hamm vom 24.5.1973 – 8 Ta BV 13/73, BB 1973, 983; *Boemke*, Schuldvertrag, S. 600f.; *Schüren/Hamann*, § 14 Rn. 149; *Thüsing*, § 14 Rn. 159; *Sandmann/Marschall*, § 14 Anm. 18; *Hunold*, NZA-RR 2008, 281, 282; *von Tilling*, BB 2009, 2422, 2423.

III. Mitbestimmungsrechtliche Stellung im Entleiherbetrieb § 14

mitbestimmungsfrei.[213] Auf die Dauer des geplanten Einsatzes kommt es hierbei nicht an; jeder auch noch so kurze Einsatz eines Leiharbeitnehmers löst die Beteiligungsrechte des Betriebsrats im Entleiherbetrieb aus.[214] Das Mitbestimmungsrecht besteht auch dann, wenn noch nicht feststeht, in welchen Schichten der Leiharbeitnehmer eingesetzt werden soll.[215] Die Lage der Arbeitszeit betrifft nicht die Zuweisung des Arbeitsbereichs und damit nicht die Frage der Einstellung, sondern das Mitbestimmungsrecht nach § 87 Abs. 1 Nr. 2 BetrVG.[216] Das Mitbestimmungsrecht besteht auch dann, wenn die Entscheidung über die konkrete Auswahl der zum Einsatz kommenden Leiharbeitnehmer dem Verleiher überlassen ist.[217] Auch in diesem Fall erfolgt die Eingliederung in den Betrieb und damit die Einstellung i. S. v. § 99 BerVG durch den Entleiher.

Das Mitbestimmungsrecht kann auch durch den Abschluss einer Betriebsvereinbarung ausgeübt werden, welche dem Entleiher den Einsatz von Leiharbeitnehmern in einem zuvor festgelegten Umfang und unter fest umrissenen Voraussetzungen erlaubt. Durch eine solche Regelung darf das Mitbestimmungsrecht allerdings nicht in seiner Substanz beeinträchtigt werden.[218] Eine Regelung in einer Betriebsvereinbarung, wonach der Einsatz von bis zu 30% Zeitarbeitnehmer gegenüber dem Stammpersonal jederzeit und dauerhaft ohne Zustimmung des Betriebsrats im Einzelfall zulässig ist, ist danach unwirksam. Die Mitwirkung des Betriebsrats betrifft stets einzelne Arbeitnehmer, sodass das Mitbestimmungsrecht bezüglich des einzelnen Arbeitnehmers vollständig leer läuft.[219] Wird der **Einsatz** eines Leiharbeitnehmers über die zunächst geplante Einsatzdauer hinaus **verlängert**, dann stellt dies eine **erneute Übernahme** dar, die ebenfalls das Beteiligungsrecht nach § 99

103

---

213 BAG vom 23.1.2008 – 1 ABR 74/06, NZA 2008, 603, 605; LAG Frankfurt vom 3.11.2011 – 5 TaBV 70/11, juris Rn. 25; Schüren/*Hamann*, § 14 Rn. 150; *Hunold*, NZA-RR 2008, 281, 282; *Thüsing*, § 14 Rn. 159.
214 BAG vom 23.1.2008 – 1 ABR 74/06, NZA 2008, 603, 605; BAG vom 9.3.2011 – 7 ABR 137/09, NZA 2011, 871 (Ls.); LAG Hamm vom 22.01.2010 – 13 TaBV 58/09, juris Rn. 43; Schüren/*Hamann*, § 14 Rn. 151.
215 A.A. ArbG Cottbus vom 25.4.2012 – 2 BV 8/12, juris.
216 LAG Niedersachsen vom 19.11.2008 – 15 TaBV 159/07, BeckRS 2011, 66909 unter B II 3 a gg.
217 BAG vom 23.1.2008 – 1 ABR 74/06, NZA 2008, 603, 605.
218 BAG vom 26.7.1988 – 1 AZR 54/87, NZA 1989, 109, 110.
219 LAG Frankfurt vom 3.11.2011 – 5 TaBV 70/11, juris (Ls.).

BetrVG auslöst.[220] Dies folgt daraus, dass durch die Verlängerung des Arbeitseinsatzes im Entleiherbetrieb Interessen der Belegschaft berührt werden können, die der Betriebsrat im Beteiligungsverfahren für den Ersteinsatz noch nicht berücksichtigen konnte.

104 Die Aufnahme von Leiharbeitnehmern in einen Stellenpool, aus dem der Verleiher auf Anforderung des Entleihers Kräfte für die Einsätze im Entleiherbetrieb auswählt, ist keine nach § 99 Abs. 1 BetrVG mitbestimmungspflichtige Übernahme i.S.v. Abs. 3 Satz 1.[221] Daher unterliegt die Aufnahme eines Leiharbeitnehmers in einen solchen Stellenpool nicht der Zustimmung des Betriebsrats. Allerdings ist bei jedem Abruf aus dem Stellenpool das gesetzliche Zustimmungsverfahren nach § 99 BetrVG unter Wahrung von Frist und Form einzuhalten.[222] Um hier Schwierigkeiten in der Praxis zu vermeiden, empfehlen sich Rahmenvereinbarungen mit dem Betriebsrat, wonach die Zustimmungsrechte einerseits bereits an die Aufnahme des Leiharbeitnehmers in den Stellenpool anknüpfen, andererseits der konkrete Arbeitseinsatz dann nur noch an Anzeigepflichten und die Einhaltung bestimmter Rahmenbedingungen geknüpft wird.[223]

105 Wird dem Leiharbeitnehmer während seines Einsatzes ein **anderer Arbeitsplatz zugewiesen**, dann liegt hierin **keine erneute Übernahme**.[224] Unter den Voraussetzungen des § 95 Abs. 3 Satz 1 BetrVG ist der Entleiherbetriebsrat aber unter dem Gesichtspunkt der **Versetzung** zu beteiligen.[225] Wird ein **Leiharbeitnehmer** gegen einen anderen **ausgetauscht**, handelt es sich hingegen um eine **erneute Übernahme**.[226] Ein erneutes Beteiligungsrecht entfällt auch nicht deswegen, weil sich an

---

220 BAG vom 23.1.2008 – 1 ABR 74/06, NZA 2008, 603, 605; BAG vom 1.6.2011 – 7 ABR 18/10, juris Rn. 17; ArbG Leipzig vom 15.2.2012 – 11 BV 79/11, juris Rn. 33; LAG Frankfurt vom 9.2.1988 – 5 TaBV 113/87, EzAÜG § 14 AÜG Betriebsverfassung Nr. 16; Schüren/*Hamann*, § 14 Rn. 152; *Thüsing*, § 14 Rn. 160; Ulber/*Dohna-Jaeger*, § 14 Rn. 197; ErfK/*Wank*, § 14 AÜG Rn. 22; *Hunold*, NZA-RR 2008, 281, 282; *Richter/Müller-Knapp/Hjort/Brinkmeier*, ArbRaktuell 2009, 231, 232.
221 BAG vom 23.1.2008 – 1 ABR 74/06, NZA 2008, 603, 605; *von Tilling*, BB 2009, 2422, 2423.
222 BAG vom 23.1.2008 – 1 ABR 74/06, NZA 2008, 603 (Ls.).
223 Vgl. dazu *Böhm*, DB 2008, 2026 ff.; *Hamann*, NZA 2008, 1042 ff.
224 Schüren/*Hamann*, § 14 Rn. 153; *Thüsing*, § 14 Rn. 160.
225 *Erdlenbruch*, S. 184 ff.; Hk-ArbR/*Lorenz*, § 14 AÜG Rn. 46; *v. Hoyningen-Huene/Boemke*, S. 214 f.
226 BAG vom 9.3.2011 – 7 ABR 137/09, NZA 2011, 871, 873; *Kim*, S. 152; Hk-ArbR/*Lorenz*, § 14 AÜG Rn. 46; Schüren/*Hamann*, § 14 Rn. 154; LAG Hessen vom 16.1.2007 – 4 TaBV 203/06, juris Rn. 25.

der Überlassung als solcher nichts ändere, sodass die Rechte des Betriebsrats durch die ursprüngliche Beteiligung hinreichend gewahrt sei.[227] Hierbei wird verkannt, dass § 99 BetrVG auf die personelle Einzelmaßnahme und auf die Person des einzelnen Arbeitnehmers bezogen ist. Zustimmungsverweigerungsgründe können sich gerade auch aus der konkreten Person des Leiharbeitnehmers ergeben.[228] Dies ist z.B. der Fall, wenn ein deutscher Leiharbeitnehmer gegen einen ausländischen Leiharbeitnehmer ausgetauscht wird, der nicht im Besitz einer erforderlichen Arbeitsberechtigung ist. Ebenso wie der Austausch eines Stammarbeitnehmers gegen einen neuen Arbeitnehmer unterliegt auch der Austausch von Leiharbeitnehmern der Mitbestimmung des Betriebsrats nach § 99 BerVG.

Wird der Leiharbeitnehmer vom Entleiher in ein **Arbeitsverhältnis übernommen**, handelt es sich **regelmäßig** um eine **Einstellung** i.S.v. § 99 BetrVG, und zwar unabhängig davon, ob es zur **sofortigen Übernahme im unmittelbaren Anschluss an den Einsatz als Leiharbeitnehmer** kommt oder ob der Leiharbeitnehmer zuvor noch bei anderen Entleihern beschäftigt war.[229] **Etwas anderes** gilt nur in den seltenen Fällen, in denen der **Leiharbeitnehmer** dem Entleiher **auf unbestimmte Zeit**, z.B. „bis auf Weiteres", **überlassen** worden war. In diesem Fall hatte der Betriebsrat bereits der unbefristeten Tätigkeit des Leiharbeitnehmers zugestimmt. Es **ändert sich** allein die **Rechtsgrundlage des Arbeitseinsatzes**, nicht aber die vom Betriebsrat gebilligte Tätigkeit. Hieran ändert sich auch dann nichts, wenn man § 1 Abs. 1 Satz 2 dahin versteht, dass die Überlassung zeitlich „vorübergehend" zu erfolgen hat. Maßgeblich für die Mitbestimmung ist allein, welchem zeitlichen Umfang der Einstellung der Betriebsrat zugestimmt hat. War die Zustimmung allerdings nur für einen zeitlich befristeten Arbeitseinsatz erteilt, dann ist die Weiterbeschäftigung nicht anders als die Weiterbeschäftigung eines befristeten Arbeitnehmers über diesen Zeitpunkt hinaus als (Neu-)Einstellung mitbestimmungspflichtig. Kommt es auf Verleiherseite zu einem Arbeitgeberwechsel, löst dies

106

---

227 So aber *Hunold*, NZA-RR 2008, 281, 282; *Wensing/Freise*, BB 2004, 2238, 2239.
228 Unzutreffend *Hunold*, NZA-RR 2008, 281, 282, demzufolge sich nur die „Personalien" des beschäftigten Leiharbeitnehmers ändern. Dies wäre bei einer Personenstandsänderung mit Namensänderung der Fall, nicht aber beim Austausch der Person des Leiharbeitnehmers.
229 Hk-ArbR/*Lorenz*, § 14 AÜG Rn. 46; *Kim*, S. 152; *Thüsing*, § 14 Rn. 161.

keine erneute Beteiligung des Betriebsrats im Entleiherbetrieb aus,[230] weil sich an dem Arbeitseinsatz als solchem nichts ändert.

cc) Art und Weise der Beteiligung (Abs. 3, § 99 BetrVG)

107 (1) Unterrichtungspflicht. Der Umfang der Beteiligung des Betriebsrats bestimmt sich nach § 99 BetrVG. Danach hat der Entleiher seinen Betriebsrat von der geplanten Einstellung des Leiharbeitnehmers zu unterrichten, Auskunft über die Person der Beteiligten sowie unter Vorlage der erforderlichen Urkunden über die Auswirkungen der geplanten Maßnahme zu geben und die Zustimmung des Betriebsrats einzuholen. Anzugeben sind danach die **Anzahl der Leiharbeitnehmer** und deren **Einsatzdauer**, der **vorgesehene Arbeitsplatz**, die **Art der Tätigkeit** und die **Arbeitszeit**, die **fachliche Qualifikation** des Leiharbeitnehmers. Nähere **Angaben zur Person** des Leiharbeitnehmers, z. B. Name, Anschrift, Alter, Geschlecht, Nationalität, Schwerbehinderteneigenschaft, sind nicht nur dann erforderlich, wenn die **Überlassung eines konkreten Leiharbeitnehmers** vereinbart ist,[231] sondern **auch dann, wenn** die **Person des zu überlassenden Leiharbeitnehmers nur nach allgemeinen**, insbes. persönlichen und fachlichen, **Kriterien festgelegt** worden ist.[232] Die Gegenauffassung,[233] die eine Mitteilung über den Namen in diesen Fällen entfallen lassen will, weil der Entleiher den Namen des Leiharbeitnehmers nicht kenne und daher von ihm nicht Unmögliches verlangt werden könne, verkennt den **Gegenstand der Mitbestimmung**. Mitbestimmungspflichtig ist nicht die Entscheidung, einen Arbeitsplatz mit einem Leiharbeitnehmer zu besetzen, sondern die **Eingliederung eines konkreten Leiharbeitnehmers in den Betrieb**. Spätestens zu diesem Zeitpunkt ist aber dem Entleiher die Person des Leiharbeitnehmers bekannt, sodass er diese auch seinem Betriebsrat namhaft machen kann. Den Umfang der Unterrichtungspflicht kann der Entleiher nicht dadurch beschränken, dass er im Vorfeld einer Ein-

---

230 LAG Düsseldorf vom 30.10.2008 – 15 TaBV 12/08, EzAÜG BetrVG Nr. 110. – A. A. *Düwell/Dahl*, NZA-RR 2011, 1, 3.
231 *Thüsing*, § 14 Rn. 165.
232 BAG vom 9.3.2011 – 7 ABR 137/09, AP § 99 BetrVG 1972 Einstellung Nr. 63, mit Anm. *Boemke*; ArbG Verden vom 1.8.1989 – 2 BV 24/89, juris (Ls. 2); *Fitting*, BetrVG, § 99 Rn. 178a.
233 LAG Hannover vom 13.10.1999 – 13 TaBV 106/98, juris Rn. 81; LAG Köln vom 12.6.1987 – 4 TaBV 10/87, juris (Ls. 1 und 2); ArbG Mainz vom 11.1.2007 – 7 BV 17/06, juris Rn. 58; *Hunold*, NZA-RR 2008, 281, 282; Richardi/*Richardi/Thüsing*, BetrVG, § 99 Rn. 137; *Schüren/Hamann* § 14 Rn. 162. – Wohl auch GK-BetrVG/ *Raab* § 99 Rn. 93.

III. Mitbestimmungsrechtliche Stellung im Entleiherbetrieb § 14

stellung den Betriebsrat von dem beabsichtigten Einsatz eines Leiharbeitnehmers unterrichtet. Solange der **Entleiher** die **Person des Leiharbeitnehmers noch nicht kennt**, liegen die **Voraussetzungen für** eine Einleitung des **Zustimmungsverfahrens** nach § 99 BetrVG **noch nicht vor**.[234] Die Mitbestimmung bei Einstellungen ist personenbezogen.[235] Die Unterrichtungspflicht besteht daher erst, wenn feststeht, wer eingestellt werden soll.[236] Versagungsgründe können sich nämlich gerade auch aus der Person des konkreten Leiharbeitnehmers ergeben, z.B. wenn ein Ausländer überlassen werden soll, der nicht die Berechtigung zur Ausübung einer abhängigen Beschäftigung in der Bundesrepublik besitzt, aber auch in den Fällen des § 99 Abs. 2 Nr. 6 BetrVG. Auch bei der Einstellung von Stammpersonal kann der Entleiher den Inhalt der Unterrichtung seines Betriebsrats nicht dadurch beschränken, dass er diesen zu einem Zeitpunkt informiert und zur Erteilung der Zustimmung auffordert, zu dem die Einstellungsentscheidung noch nicht abschließend getroffen wurde.

Gerade wenn zu einem Personaldienstleister eine längerfristige Vertragsbeziehung besteht, bietet sich die Schaffung eines **Stellen-Pools** von Leiharbeitnehmern an. Zwar bedarf die Aufnahme von Leiharbeitnehmern in den Stellen-Pool nicht der Zustimmung des Betriebsrats nach § 99 BetrVG (siehe oben Rn. 104), es sind aber **freiwillige Betriebsvereinbarungen über** das **Verfahren bei kurzfristigen Einsätzen von Leiharbeitnehmern möglich und zulässig**. Insbesondere kann mit dem Betriebsrat vereinbart werden, dass er bzgl. der „Pool-Leiharbeitnehmer" vorab alle benötigten persönlichen Daten erhält und Einwendungen i.S.v. § 99 Abs. 2 BetrVG gegen die betreffenden Leiharbeitnehmer bereits in diesem Zeitpunkt geltend macht, soweit Zustimmungsverweigerungsgründe bereits in diesem Zeitpunkt ersichtlich sind. Kommt es zu einem konkreten Arbeitseinsatz, sind Einwendungen des Betriebsrats gegen die Person des betreffenden Leiharbeitnehmers grds. Ausgeschlossen.[237] Ist dies nicht möglich, werden die **Interessen**

108

---

234 BAG vom 9.3.2011 – 7 ABR 137/09, AP § 99 BetrVG 1972 Einstellung Nr. 63, mit Anm. *Boemke*.
235 BAG vom 9.3.2011 – 7 ABR 137/09, AP § 99 BetrVG 1972 Einstellung Nr. 63, mit Anm. *Boemke*; LAG Frankfurt vom 16.1.2007 – 4 TaBV 203/06, juris Rn. 26.
236 BAG vom 9.3.2011 – 7 ABR 137/09, AP § 99 BetrVG 1972 Einstellung Nr. 63, mit Anm. *Boemke*; Richardi/*Richardi/Thüsing*, BetrVG, § 99 Rn. 132.
237 BAG vom 9.3.2011 – 7 ABR 137/09, AP § 99 BetrVG 1972 Einstellung Nr. 63, mit Anm. *Boemke*.

des Entleihers durch das **Verfahren nach § 100 BetrVG** hinreichend **gesichert.**

109 Weiter muss der Entleiher dem Betriebsrat **Einblick in die Arbeitnehmerüberlassungsverträge** gewähren.[238] Diese Vorlagepflicht umfasst nicht die Vereinbarungen über die Höhe der Überlassungsvergütung an den Verleiher.

110 Nach Abs. 3 Satz 2 hat der Entleiher dem Betriebsrat die **schriftliche Erklärung des Verleihers** nach § 12 Abs. 1 Satz 2 bezüglich der **Verleiherlaubnis** vorzulegen. Er muss dem Betriebsrat aber **nicht** die Arbeitsverträge der Leiharbeitnehmer vorlegen.[239] Dies ergibt sich bereits aus allgemeinen Grundsätzen: wenn der Entleiher schon bei der Einstellung von Stammarbeitnehmern nicht zur Vorlage der Arbeitsverträge ggü. seinem Betriebsrat verpflichtet ist,[240] dann muss er erst recht nicht die Arbeitsverträge solcher Arbeitnehmer vorlegen, mit denen er in keiner vertraglichen Beziehung steht. Auch **Angaben zu** einer etwaigen **Eingruppierung bzw. Entlohnung** des Leiharbeitnehmers beim Verleiher sind **nicht erforderlich**; diese betreffen allein das Verhältnis des Leiharbeitnehmers zum Verleiher und sind für die Tätigkeit des Leiharbeitnehmers beim Entleiher ohne Bedeutung.[241] Besteht beim Entleiher ein kollektives Vergütungssystem, sind ggü. dem Betriebsrat gleichwohl keine Angaben dazu erforderlich, in welche Entgeltgruppe die vom Leiharbeitnehmer auszuübende Tätigkeit beim Entleiher einzuordnen wäre; der Entleiher muss den Leiharbeitnehmer nicht vergüten und daher auch nicht eingruppieren. Dies gilt auch dann, wenn der Leiharbeitnehmer Anspruch auf die für einen vergleichbaren Stammarbeitnehmer übliche Vergütung gem. § 10 Abs. 4 hat. Auch in diesem Fall muss die **Eingruppierung nicht durch** den **Entleiher, sondern** den **Verleiher** erfolgen (vgl. oben Rn. 54); allerdings hat der Leiharbeitnehmer den Auskunftsanspruch nach § 13. Auch die **Vorlage von Bewerbungsunterlagen entfällt**, soweit Leiharbeitnehmer nicht auf Grund eigener Bewerbung eingestellt, sondern durch den Verleiher zugewiesen werden.[242]

---

238 BAG vom 6.6.1978 – 1 AZR 495/75, EzAÜG § 14 Betriebsverfassung Nr. 2; LAG Niedersachsen vom 9.8.2006 – 15 TaBV 53/05, BeckRS 2006, 44759 unter B I 1.
239 *Düwell/Dahl*, NZA-RR 2011, 1, 3; Schüren/*Hamann*, § 14 Rn. 165; *Wensing/Freise*, BB 2004, 2238, 2241; LAG Niedersachen vom 28.2.2006 – 13 TaBV 56/05, BeckRS 2006, 43575 (Ls).
240 BAG vom 18.10.1988 – 1 ABR 33/87, NZA 1989, 355; *Richardi*, § 99 Rn. 145.
241 Schüren/*Hamann*, § 14 Rn. 166.
242 Schüren/*Hamann*, § 14 Rn. 167.

III. Mitbestimmungsrechtliche Stellung im Entleiherbetrieb § 14

(2) **Rechtsfolgen unzureichender Unterrichtung.** Unterrichtet der Entleiher den Betriebsrat nicht oder nicht vollständig oder mit nicht den Tatsachen entsprechenden Informationen,[243] dann greifen die allgemeinen Rechtsfolgen nach § 99 BetrVG ein; dies gilt auch, soweit lediglich die Unterrichtung nach Abs. 3 Satz 2 unterblieben ist. Die **Stellungnahmefrist** des § 99 Abs. 3 BetrVG wird **nicht ausgelöst** und der Entleiher darf den **Leiharbeitnehmer nicht im Betrieb tätig werden lassen.** Setzt er ihn gleichwohl ein, dann kann der Betriebsrat nach § 101 BetrVG vorgehen und den Entleiher zur Aufhebung der betriebsverfassungswidrigen Maßnahme veranlassen. Der **Entleiher** gerät hierdurch **gegenüber** dem **Verleiher in Annahmeverzug** und bleibt daher zur Entrichtung der Überlassungsvergütung verpflichtet, auch wenn er den Leiharbeitnehmer nicht beschäftigen kann.[244] 111

(3) **Zustimmungsverweigerungsrecht des Betriebsrats.** (aa) Ist der Betriebsrat ordnungsgemäß unterrichtet worden, dann beginnt die **Wochenfrist des § 99 Abs. 3 Satz 1 BetrVG** zu laufen. **Widerspricht** der **Betriebsrat nicht** innerhalb dieser Frist **schriftlich und unter Angabe der Gründe**, dann gilt die **Zustimmung** des Betriebsrats zur Einstellung des Leiharbeitnehmers als **erteilt**; der Entleiher ist betriebsverfassungsrechtlich zur Beschäftigung des Leiharbeitnehmers berechtigt. Zur Wahrung des Formerfordernisses i.S.v. § 99 Abs. 3 Satz 1 BetrVG genügt nach der Rspr. des BAG das Zusenden der **Zustimmungsverweigerung per E-Mail**,[245] Der Betriebsrat kann dabei die Zustimmung nicht aus beliebigen Gründen verweigern, sondern ist an den **abschließenden Katalog des § 99 Abs. 2 Nr. 1–Nr. 6 BetrVG** gebunden.[246] Im Rahmen der Arbeitnehmerüberlassung kommen insbesondere nachfolgend genannte Zustimmungsverweigerungsgründe in Betracht.[247] 112

(bb) Der Betriebsrat kann nach **§ 99 Abs. 2 Nr. 1 BetrVG** seine Zustimmung verweigern, wenn ein **Verstoß gegen höherrangiges Recht** vorliegt. Dabei muss die **Beschäftigungsaufnahme als solche** einen Verbotstatbestand verwirklichen; gesetzeswidrige Abreden im Leiharbeitsvertrag begründen das Zustimmungsverweigerungsrecht nicht.[248] In Betracht kommen insbesondere **Verstöße gegen das AÜG**: Nicht- 113

---

243 BAG vom 1.6.2011 – 7 ABR 18/10, juris Rn. 22.
244 Schüren/*Hamann*, § 14 Rn. 176; *Thüsing*, § 14 Rn. 176.
245 BAG vom 10.3.2009 – 1 ABR 93/07, NZA 2009, 622 (Ls.).
246 Schüren/*Hamann*, § 14 Rn. 180; Ulber/*Dohna-Jaeger*, § 14 Rn. 212.
247 Siehe auch *Melms/Lipinski*, BB 2004, 2409, 2413f.; *Wensing/Freise*, BB 2004, 2238, 2242f.
248 *Melms/Lipinski*, BB 2004, 2409, 2413; Schüren/*Hamann*, § 14 Rn. 181.

§ 14 Mitwirkungs- und Mitbestimmungsrechte

vorliegen einer Überlassungserlaubnis gem. § 1 Abs. 1 Satz 1,[249] **Überlassung ins Baugewerbe** entgegen § 1b; **Überlassung trotz Untersagung durch** die **BA** nach § 6.[250] Hingegen ist der Betriebsrat **nicht** zur Zustimmungsverweigerung **berechtigt**, wenn der Verleiher seinen Arbeitgeberpflichten nach **§ 3 Abs. 1 Nr. 1 und Nr. 3** nicht nachkommt, z. B. abweichend von §§ 10 Abs. 4, 9 Nr. 2 dem Leiharbeitnehmer nicht den im Entleiherbetrieb für vergleichbare Arbeitnehmer geltenden Lohn zahlt oder zahlen will,[251] oder eine **nicht nur vorübergehende Arbeitnehmerüberlassung** zwischen Verleiher und Entleiher angestrebt wird, weil § 1 Abs. 1 Satz 2 kein allgemeiner Verbotstatbestand ist[252] (vgl. hierzu § 1 Rn. 115). Ein Zustimmungsverweigerungsgrund besteht nämlich nach allgemeinen Bestimmungen nur, wenn die Ausübung der Tätigkeit an sich oder durch diesen Arbeitnehmer gegen höherrangiges Recht verstößt.

114 Auch Verstöße gegen **andere Rechtsvorschriften** rechtfertigen eine Zustimmungsverweigerung, wobei der Kreis der in Betracht kommenden Vorschriften weit zu ziehen ist.[253] Ein Zustimmungsverweigerungsrecht kann z. B. bei Verstößen gegen **Beschäftigungsverbote** nach MuSchG oder JArbSchG sowie gegen **ASiG oder ArbZG** bestehen. Verstößt der Entleiher gegen seine Pflicht gem. **§ 81 Abs. 1 Satz 1 und 2 SGB IX** zu prüfen, ob ein freier oder entstehender Arbeitsplatz mit einem schwerbehinderten Arbeitnehmer besetzt werden kann, berechtigt dies den Betriebsrat nach der Rspr. des BAG zur Zustimmungsverweigerung.[254] Dementsprechend dürfte auch die Verletzung der Auskunftspflicht durch den Entleiher nach **§ 13a** ein Zustimmungsverweigerungsrecht des Betriebsrats nach § 99 Abs. 2 Nr. 1 BetrVG begründen.[255] Das Zustimmungsverweigerungsrecht ist insbesondere auch dann gegeben, wenn ein Ausländer nicht im Besitz einer zur Aufnahme

---

249 LAG Schleswig-Holstein vom 3.7.2008 – 4 TaBV 13/08, juris Rn. 46.
250 Schüren/*Hamann*, § 14 Rn. 192; *Düwell/Dahl*, NZA-RR 2011, 1, 5.
251 BAG vom 25.1.2005 – 1 ABR 61/03, BB 2005, 2189, 2191 f.; BAG vom 21.7.2009 – 1 ABR 35/08, NZA 2009, 1156 (Ls.); BAG vom 1.6.2011 – 7 ABR 117/09, NZA 2011, 1435, 1437; Schüren/*Hamann*, § 14 Rn. 192; *Melms/Lipinski*, BB 2004, 2409, 2413 f.; *von Tilling*, BB 2009, 2422, 2425. – A. A. *Däubler*, KJ 2003, 17, 19.
252 ArbG Leipzig vom 23.3.2012 – 3 BV 84/11, juris (Ls.). – A. A. ArbG Cottbus vom 25.4.2012 – 2 BV 8/12, juris Rn. 30 ff.; ArbG Cottbus vom 22.8.2012 – 4 BV 2/12, juris.
253 BAG vom 28.9.1988 – 1 ABR 85/87, NZA 1989, 358.
254 BAG vom 23.6.2010 – 7 ABR 3/09, NZA 2010, 1361, 1364.
255 *Kock*, BB 2012, 323, 324; *Lembke*, NZA 2011, 319, 322; *Ulber*, § 13a Rn. 22.

III. Mitbestimmungsrechtliche Stellung im Entleiherbetrieb § 14

einer unselbstständigen Tätigkeit erforderlichen Berechtigung ist[256] (vgl. hierzu auch § 15 Rn. 8 ff.).

(cc) Der Betriebsrat kann seine Zustimmung gemäß § 99 Abs. 2 Nr. 2 BetrVG verweigern, wenn der Einsatz eines Leiharbeitnehmers gegen eine **Auswahlrichtlinie** nach § 95 BetrVG verstoßen würde.[257] Ob bestehende Auswahlrichtlinien **auf die Übernahme von Leiharbeitnehmern anzuwenden** sind, ist mangels ausdrücklicher Regelung durch Auslegung zu ermitteln.[258] Die Betriebspartner können Leiharbeitnehmer ausdrücklich in den Geltungsbereich einer Auswahlrichtlinie einbeziehen oder sogar spezielle Auswahlrichtlinien für die Übernahme von Leiharbeitnehmern vereinbaren.[259] Findet sich keine diesbezügliche Regelung, dann sind zumindest solche **Auswahlrichtlinien** für die Einstellung anzuwenden, die bestimmte **fachliche und persönliche Anforderungen an den Arbeitnehmer** stellen, z. B. für die Übernahme einer Tätigkeit bestimmte fachspezifische Qualifikationen und Abschlüsse verlangen.[260] Auch Richtlinien, die einen Vorrang der Beschäftigung von Stamm- gegenüber Leiharbeitnehmern oder sonstigem Drittpersonal vorsehen, begründen das Zustimmungsverweigerungsrecht. Hingegen finden Richtlinien keine Anwendung, die sonstige Auswahlkriterien zugrunde legen, z. B. bevorzugte Berücksichtigung von schwerbehinderten Menschen oder Frauen, vorsehen.

115

(dd) Nach § 99 Abs. 2 Nr. 3 BetrVG besteht ein Zustimmungsverweigerungsrecht, wenn auf Grund der Einstellung des Leiharbeitnehmers die **durch Tatsachen begründete Besorgnis** besteht, dass die **im Betrieb beschäftigten Arbeitnehmer ohne sachlichen Grund benachteiligt** werden. Dies kommt z. B. in Betracht, wenn einem Stammarbeitnehmer, der den vom Leiharbeitnehmer zu besetzenden Platz innehat, gekündigt werden soll,[261] eine solche **Austauschkündigung** wäre nämlich nicht betriebsbedingt und damit sozial ungerechtfertigt.[262] Zur Zu-

116

---

256 *Schüren/Hamann*, § 14 Rn. 193.
257 BAG vom 14.5.1974 – 1 ABR 40/73, AP § 99 BetrVG 1972 Nr. 2; Hk-ArbR/*Lorenz*, § 14 AÜG Rn. 51; Schüren/*Hamann*, § 14 Rn. 202 ff.; Ulber/*Dohna-Jaeger*, § 14 Rn. 221. – Ausführlich *Erdlenbruch*, S. 174 ff.
258 *Becker/Wulfgramm*, § 14 Rn. 100; Schüren/*Hamann*, § 14 Rn. 203.
259 Schüren/*Hamann*, § 14 Rn. 202.
260 Hk-ArbR/*Lorenz*, § 14 AÜG Rn. 51.
261 Schüren/*Hamann*, § 14 Rn. 202.
262 BAG vom 26.9.1996 – 2 AZR 200/96, BB 1997, 260, 261; BAG vom 16.12.2004 – 2 AZR 66/04, NZA 2005, 761 (Os.); LAG Berlin-Brandenburg vom 3.3.2009 – 12 Sa 2468/08, DB 2009, 1353 f.; LAG Köln vom 23.2.2011 – 9 Sa 1071/10, juris Rn. 34.

stimmungsverweigerung berechtigende Nachteile können auch darin liegen, dass ein **Stammarbeitnehmer** auf einen **Arbeitsplatz mit schlechteren Arbeitsbedingungen** versetzt wird oder durch die Einstellung des Leiharbeitnehmers eine rechtlich gesicherte Position, z.b. einen Anspruch auf Beförderung, verliert.[263] Auch die Einstellung eines Leiharbeitnehmers unter **Missachtung von § 9 TzBfG** berechtigt zur Zustimmungsverweigerung.[264] Der Verlust einer bloßen Beförderungschance reicht aber insoweit nicht aus.[265] Nachteile i.S.d. Bestimmung können aber auch dadurch entstehen, dass durch den **ständigen Wechsel von Leiharbeitnehmern** auf die Stammbelegschaft **Mehrbelastungen durch Kontrollen und Einarbeitungen** zukommen.

117 (ee) Das Zustimmungsverweigerungsrecht besteht gem. **§ 99 Abs. 2 Nr. 4 BetrVG** auch dann, wenn der **Leiharbeitnehmer im Entleiherbetrieb benachteiligt** wird.[266] Nachteile, die sich aus der **gesetzlichen Ausgestaltung der Arbeitnehmerüberlassung** ergeben, sind **keine Benachteiligungen** i.S.d. § 99 Abs. 2 Nr. 4 BetrVG. Dabei ist vor allem an die regelmäßig **geringere Vergütung** im Vergleich zu den Stammarbeitnehmern zu denken.[267] Aber auch die Unanwendbarkeit der im Entleiherbetrieb geltenden Tarifverträge, nicht zu gewährende Sozialleistungen sowie die Befristung des Einsatzes sind keine Nachteile, die ein Zustimmungsverweigerungsrecht begründen können. Eine Benachteiligung soll aber dann vorliegen, wenn der Leiharbeitnehmer für Arbeiten eingesetzt werden soll, die er nach dem Arbeitsvertrag nicht schuldet[268] oder Tätigkeiten verrichtet werden sollen, die dem Arbeitnehmerüberlassungsvertrag widersprechen.[269] Sieht der Überlassungsvertrag vor, dass der Leiharbeitnehmer besonders unangenehme Arbeiten übernehmen soll, so ist dies keine ungerechtfertigte Benachteiligung gegenüber dem Stammpersonal, das diese Arbeiten nicht ver-

---

263 *v. Hoyningen-Huene/Boemke*, S. 177 f.
264 Bericht des Ausschusses für Arbeit- und Sozialordnung, BT-Drs. 14/4625, S. 20; ErfK/*Press*, § 9 Tz.B.fG Rn. 11; Ulber/*Dohna-Jaeger*, § 14 Rn. 225. – A.A. *Sieweke*, NZA 2012, 426, 427, welcher den Anwendungsbereich von § 9 Tz.B.fG in diesem Fall als nicht eröffnet ansieht.
265 BAG vom 18.9.2002 – 1 ABR 56/01, NZA 2003, 622 (Ls.); BAG vom 1.6.2011 – 7 ABR 117/09, NZA 2011, 1435, 1440; *v. Hoyningen-Huene/Boemke*, S. 177 f. – A.A. Ulber/*Dohna-Jaeger*, § 14 Rn. 225.
266 *Becker/Wulfgramm*, § 14 Rn. 102.
267 BAG vom 1.6.2011 – 7 ABR 117/09, NZA 2011, 1435, 1440; BAG vom 21.7.2009 – 1 ABR 35/08, NZA 2009, 1156, 1159.
268 Ulber/*Dohna-Jaeger*, § 14 Rn. 228.
269 *Erdlenbruch*, S. 196; Schüren/*Hamann*, § 14 Rn. 204.

III. Mitbestimmungsrechtliche Stellung im Entleiherbetrieb § 14

richtet.[270] Keine Benachteiligung i.S.d. Nr. 4 liegt ferner vor, wenn Leiharbeitnehmer unterhalb ihrer Qualifikation, z.B. als Hilfsarbeiter, oder zu Arbeiten eingesetzt werden, für die ihnen keine Zuschläge gezahlt werden, wohl aber Stammarbeitnehmern.[271]

(ff) Hat der Betriebsrat **nach § 93 BetrVG** eine **innerbetriebliche Stellenausschreibung** verlangt, dann kann er nach **§ 99 Abs. 2 Nr. 5 BetrVG** der Einstellung des Leiharbeitnehmers widersprechen, soweit diese **unterblieben** ist.[272] Dies gilt auch dann, wenn es sich um einen nur ganz kurzzeitigen Arbeitseinsatz handelt oder um einen Arbeitsplatz, der nach der Vorstellung des Entleihers nur mit Leiharbeitnehmern besetzt werden soll.[273] Ist die **Stellenausschreibung erfolgt**, dann kann der Betriebsrat seine **Zustimmungsverweigerung** auch dann **nicht** auf § 99 Abs. 2 Nr. 5 BetrVG stützen, wenn er einen innerbetrieblichen Stellenbewerber für qualifizierter als den Leiharbeitnehmer hält. In diesem Fall kann die Zustimmungsverweigerung allerdings auf § 99 Abs. 2 Nr. 2 BetrVG gestützt werden, wenn gegen eine Auswahlrichtlinie verstoßen wurde. Die fehlende Unterrichtung nach § 13a begründet hingegen kein Zustimmungsverweigerungsrecht des Betriebsrats nach § 99 Abs. 2 Nr. 5 BetrVG,[274] weil es sich hierbei um keine Ausschreibung i.S.v. § 93 BetrVG handelt, wohl aber kann ein Zustimmungsverweigerungsgrund nach § 99 II Nr. 1 BetrVG gegeben sein (vgl. oben Rn. 114). 118

(gg) Bestehen begründete Anhaltspunkte dafür, dass durch die Übernahme des Leiharbeitnehmers der **Betriebsfrieden gestört** wird, kann der Betriebsrat seine Zustimmung gemäß **§ 99 Abs. 2 Nr. 6 BetrVG** verweigern. Die befürchtete Störung muss vom Leiharbeitnehmer selbst ausgehen. Es reicht nicht aus, wenn der Betriebsrat auf Grund des Arbeitseinsatzes Unruhen im Betrieb erwartet.[275] 119

---

270 Schüren/*Hamann*, § 14 Rn. 204; *Thüsing*, § 14 Rn. 172. – A.A. Ulber/*Dohna-Jaeger*, § 14 Rn. 227.
271 Schüren/*Hamann*, § 14 Rn. 209.
272 BAG vom 14.5.1974 – 1 ABR 40/73, AP § 99 BetrVG 1972 Nr. 2; BAG vom 23.1.2008 – 1 ABR 74/06, AP § 14 AÜG Nr. 14 unter III 2 d mit Anm. *Hamann*; LAG Bremen vom 5.11.2009 – 3 TaBV 16/09, juris Rn. 49; Ulber/*Dohna-Jaeger*, § 14 Rn. 232; *Richter/Müller-Knapp/Hjort*, ArbRAktuell 2009, 231, 231. – A.A. LAG Niedersachsen vom 9.8.2006 – 15 TaBV 53/05, BeckRS 2006, 44759.
273 Schüren/*Hamann*, § 14 Rn. 210. – A.A. LAG Niedersachsen vom 9.8.2006 – 15 TaBV 53/05, EzAÜG BetrVG Nr. 94.
274 *Hamann*, RdA 2011, 321, 336; *Lembke*, NZA 2011, 319, 322. – A.A. Ulber/*Dohna-Jaeger*, § 14 Rn. 232.
275 Ulber/*Dohna-Jaeger*, § 14 Rn. 233.

dd) Rechtsfolgen der Zustimmungsverweigerung

120 Im Falle einer Verweigerung durch den Betriebsrat kann der Arbeitgeber beim zuständigen Arbeitsgericht das Zustimmungsersetzungsverfahren einleiten.[276] Das Arbeitsgericht entscheidet im Beschlussverfahren (§ 2a Abs. 2 i.V.m. Abs. 1 Nr. 1 ArbGG). Dasselbe gilt für den Fall, dass der Entleiher ein Mitbestimmungsrecht des Betriebsrats bestreitet.

121 Bis zur rechtskräftigen **Zustimmungsersetzung** ist dem Entleiher der **Einsatz des Leiharbeitnehmers betriebsverfassungsrechtlich untersagt**.[277] Der Betriebsrat kann gemäß § 101 Satz 1 BetrVG beim Arbeitsgericht beantragen, dem Entleiher aufzugeben, die Übernahme des Leiharbeitnehmers aufzuheben,[278] also die Beschäftigung des Leiharbeitnehmers einzustellen. Allerdings kommt unter den Voraussetzungen des **§ 100 BetrVG** eine **vorläufige Einstellung** in Betracht, wenn diese aus sachlichen Gründen dringend geboten ist.[279] Bei wiederholten Verstößen kommt ein Verfahren gem. § 23 Abs. 3 BetrVG gegen den Entleiher wegen groben Verstoßes gegen die betriebsverfassungsrechtlichen Pflichten in Betracht.[280]

d) Mitbestimmung in sozialen Angelegenheiten (§§ 87 ff. BetrVG)

aa) Grundsatz

122 Auf Grund der Betriebszugehörigkeit des Leiharbeitnehmers auch zum Entleiherbetrieb (siehe oben Rn. 58 ff.) können Mitbestimmungsrechte in sozialen Angelegenheiten auch im Entleiherbetrieb gegeben sein. Aber auch soweit mit der Rspr. des BAG die Betriebszugehörigkeit des Leiharbeitnehmers im Entleiherbetrieb negiert wird, werden gleichwohl dem Entleiherbetriebsrat beim Arbeitseinsatz des Leiharbeitnehmers Mitbestimmungsrechte zuerkannt. Voraussetzung ist, dass der **Entleiher Maßnahmen trifft, welche die Leiharbeitnehmer berühren** und in den Katalog der nach § 87 Abs. 1 BetrVG mitbestimmungspflichtigen Tatbestände fallen. Soweit es hingegen um **Maßnahmen des Ver-**

---

276 Ausführlich hierzu *Boemke*, ZfA 1992, 473 ff.
277 Schüren/*Hamann*, § 14 Rn. 213; *Melms/Lipinski*, BB 2004, 2409, 2414; *Thüsing*, § 14 Rn. 175.
278 BAG vom 1.8.1989 – 1 ABR 54/88, NZA 1990, 229; Schüren/*Hamann*, § 14 Rn. 214.
279 LAG Frankfurt a.M. vom 7.4.1987 – 4 TaBV 150/86, EzAÜG § 14 AÜG Betriebsverfassung Nr. 11; *Hamann*, NZA 2008, 1042 f. – Dazu ausführlich *Boemke*, Anm. zu BAG vom 9.3.2011 – 7 ABR 137/09, AP § 99 BetrVG 1972 Einstellung Nr. 63.
280 LAG Frankfurt vom 9.2.1988 – 5 TaBV 113/87, EzAÜG § 14 AÜG Betriebsverfassung Nr. 16.

III. Mitbestimmungsrechtliche Stellung im Entleiherbetrieb § 14

leihers geht, werden **Mitbestimmungsrechte im Entleiherbetrieb nicht ausgelöst**; Arbeitgeberhandeln des Verleihers unterliegt nicht der Kontrolle des Entleiherbetriebsrats.[281] Da Angelegenheiten, die den Bestand des arbeitsrechtlichen Grundverhältnisses voraussetzen, im Allgemeinen in die Zuständigkeit des Verleihers fallen, ist hierfür grds. der Verleiher- und nicht der Entleiherbetriebsrat zuständig. Demgegenüber ist die Mitbestimmung des Entleiherbetriebsrats eröffnet, wenn es um die Eingliederung des Leiharbeitnehmers in den Entleiherbetrieb und das Verhalten in diesem geht.[282]

bb) Mitbestimmung nach § 87 Abs. 1 BetrVG

(1) Betriebliche Ordnung (Nr. 1). Nach § 87 Abs. 1 Nr. 1 BetrVG hat der Betriebsrat ein Mitbestimmungsrecht hinsichtlich der **Fragen der Ordnung des Betriebs und des Verhaltens der Arbeitnehmer** im Betrieb. Dieses Mitbestimmungsrecht erstreckt sich im Entleiherbetrieb **auch** auf die dort beschäftigten **Leiharbeitnehmer**.[283] Da die Leiharbeitnehmer in den Entleiherbetrieb eingegliedert sind,[284] unterliegen sie auch den Verhaltensregeln bzgl. der betrieblichen Ordnung wie z. B. Rauchverboten, Alkoholverboten, Torkontrollen. Etwaige Betriebsvereinbarungen nach § 87 Abs. 1 Nr. 1 BetrVG, z. B. Betriebsbußenordnungen, binden auch die Leiharbeitnehmer.[285]

123

(2) Lage der Arbeitszeit (Nr. 2). Das Mitbestimmungsrecht gem. § 87 Abs. 1 Nr. 2 BetrVG hinsichtlich **Beginn und Ende der täglichen Arbeitszeit einschließlich** der **Pausen** sowie die Verteilung der Arbeitszeit auf die einzelnen Wochentage erstreckt sich im Entleiherbetrieb **auch** auf die **Leiharbeitnehmer**.[286] Dies gilt z. B. auch für die Einführung von Schichtarbeit, insbesondere wenn diese auf Leiharbeitnehmer beschränkt werden soll, sowie die Schichtplangestaltung; so darf der

124

---

281 *Boemke*, Schuldvertrag, S. 592.
282 *Boemke*, Schuldvertrag, S. 592 f.; *Düwell/Dahl*, NZA-RR 2011, 1, 7; Schüren/*Hamann*, § 14 Rn. 218.
283 *Boemke*, Schuldvertrag, S. 596; *Erdlenbruch*, S. 129 ff.; *Kraft*, FS Konzen (2006), S. 439, 449; Schüren/*Hamann*, § 14 Rn. 246; Ulber/*Dohna-Jaeger*, § 14 Rn. 148; *Thüsing*, § 14 Rn. 118.
284 Vgl. auch LAG Hessen vom 1.9.2011 – 5 TaBV 44/11, juris Rn. 59.
285 LAG Hamm vom 24.5.1973 – 8 Ta BV 13/73, BB 1973, 1511; *Boemke*, Schuldvertrag, S. 596; *Erdlenbruch*, S. 128; *Kim*, S. 124 Schüren/*Hamann*, § 14 Rn. 248.
286 BAG vom 15.12.1992 – 1 ABR 38/92, NZA 1993, 513; LAG Hessen vom 1.9.2011 – 5 TaBV 44/11, juris Rn. 58 ff.; *Boemke*, Schuldvertrag, S. 593; *Hamann*, AuR 2002, 322, 325; *Kraft*, FS Konzen (2006), S. 439, 449; Ulber/*Dohna-Jaeger*, § 14 Rn. 151 ff.

Entleiher Leiharbeitnehmer nicht einseitig in der Spätschicht einsetzen oder für diese Sonderschichten anordnen.[287] Hat der Entleiher mit seinem Betriebsrat **Schichtpläne** vereinbart, kann er Leiharbeitnehmer nicht beliebig im Rahmen der mit dem Betriebsrat für die Stammbelegschaft vereinbarten Schichtplänen einsetzen.[288] Mitbestimmungspflichtig nach § 87 Abs. 1 Nr. 2 BetrVG ist nämlich nicht nur der einzelne Dienstplan, sondern auch die Zuordnung der Arbeitnehmer zu den einzelnen Schichten der jeweiligen Schichtpläne.[289] Solange über den Dienstplan keine Einigung erzielt oder durch Spruch der Einigungsstelle ersetzt worden ist, kann der Betriebsrat vom Entleiher Unterlassung der Beschäftigung verlangen[290] und diesen Anspruch ggf. auch im Wege der einstweiligen Verfügung sichern.[291] Besteht im Entleiherbetrieb eine **Gleitzeitvereinbarung**, findet diese auch auf Leiharbeitnehmer Anwendung, soweit diese nicht vom persönlichen Geltungsbereich ausgenommen sind.[292] Wird der Leiharbeitnehmer im Entleiherbetrieb in ein dort **bestehendes, mitbestimmtes Arbeitszeitsystem integriert**, löst dies nicht erneut die Mitbestimmung des dortigen Betriebsrats aus.[293]

125 Soll der Leiharbeitnehmer zu Zeiten arbeiten, die von einer Abrede mit dem Entleiherbetriebsrat nicht gedeckt sind, steht ihm ein Leistungsverweigerungsrecht zu. Allerdings sind hinsichtlich der Arbeitszeit auch die Vereinbarungen zwischen dem Verleiher und dessen Betriebsrat zu beachten. Der Leiharbeitnehmer ist nur insoweit zur Erbringung der Arbeitsleistung verpflichtet, wie die ihm **zugewiesene Arbeitszeit sowohl von** den **betriebsverfassungsrechtlichen Regelungen im Entleiher- als auch im Verleiherbetrieb gedeckt** ist (siehe oben Rn. 32 ff.).

126 (3) Vorübergehende Arbeitszeitverkürzung oder -verlängerung (Nr. 3). § 87 Abs. 1 Nr. 3 BetrVG betrifft die Mitbestimmung bei **Überstunden und Kurzarbeit**. Hier besteht das Mitbestimmungsrecht des Entleiherbetriebsrats dann, wenn der Entleiher nach dem Arbeitnehmerüberlas-

---

287 LAG Frankfurt vom 24.10.1989 – 5 Ta BV Ga 155/89, BB 1990, 1348.
288 LAG Hessen vom 1.9.2011 – 5 TaBV 44/11, juris Rn. 61; ArbG Passau vom 14.8.2007 – 2 BvGa 2/07 D, juris Rn. 33.
289 BAG vom 29.9. 2004 – 5 AZR 559/03, AP § 87 BetrVG 1972 Arbeitszeit Nr. 111.
290 LAG Hamm vom 26.8.2005 – 13 TaBV 147/04, EzAÜG § 14 AÜG Betriebsverfassung Nr. 63 (Os.).
291 ArbG Passau vom 14.8.2007 – 2 BvGa 2/07 D, juris (Os. 1).
292 Ulber/*Dohna-Jaeger*, § 14 Rn. 154 f.
293 *Wiebauer*, NZA 2012, 68, 69.

III. Mitbestimmungsrechtliche Stellung im Entleiherbetrieb § 14

sungsvertrag berechtigt ist, dem Leiharbeitnehmer gegenüber Kurzarbeit oder Überstunden anzuordnen[294] (siehe oben Rn. 35 f.).

(4) Auszahlung des Arbeitsentgelts (Nr. 4). Der Entleiher schuldet dem Leiharbeitnehmer keine Vergütung. Hierfür ist allein der Verleiher zuständig. Demzufolge bestimmt der Entleiherbetriebsrat auch **nicht** in Angelegenheiten der **Auszahlung der Arbeitsentgelte** gem. § 87 Abs. 1 Nr. 4 BetrVG mit.[295] Eine Ausnahme besteht dann, wenn der Entleiher geldwerte Leistungen auch gegenüber dem Leiharbeitnehmer erbringt.[296] 127

(5) Urlaubsgewährung (Nr. 5). Die Urlaubsgewährung ist im Allgemeinen Sache des Verleihers als Vertragsarbeitgeber, sodass **Mitbestimmungsrechte des Entleiherbetriebsrats** nach § 87 Abs. 1 Nr. 5 **BetrVG nicht** bestehen.[297] Etwas **anderes** gilt allerdings dann, **wenn** der **Entleiher** nach dem Arbeitnehmerüberlassungsvertrag **berechtigt ist**, den **Urlaub** mit Wirkung für und gegen den Leiharbeitnehmer **festzulegen**.[298] – Zur Beteiligung des Verleiherbetriebsrats in diesen Fällen siehe oben Rn. 38 f. 128

(6) Technische Überwachungseinrichtungen (Nr. 6). Der Entleiherbetriebsrat hat bzgl. der **technischen Überwachungseinrichtungen** ein Mitbestimmungsrecht gem. § 87 Abs. 1 Nr. 6 BetrVG **auch** im Hinblick auf die **Leiharbeitnehmer**. Auf Grund der Eingliederung sind Leiharbeitnehmer von diesen Einrichtungen (z. B. Stechuhr) genauso betroffen wie die Stammarbeitnehmer.[299] Dies bedeutet allerdings umgekehrt, dass Betriebsvereinbarungen im Entleiherbetrieb, z. B. über eine (vorübergehende) Videoüberwachung am Arbeitsplatz, auch für den Leiharbeitnehmer bindend sind, soweit diese sich im Rahmen von recht und Gesetz halten. 129

(7) Ergänzender Unfallschutz (Nr. 7). Das Mitbestimmungsrecht aus § 87 Abs. 1 Nr. 7 BetrVG betrifft die **Unfallverhütung** und den **Gesundheitsschutz**. Das **besondere Schutzbedürfnis des Leiharbeit-** 130

---

294 *Kim*, S. 130; Schüren/*Hamann*, § 14 Rn. 249.
295 Schüren/*Hamann*, § 14 Rn. 269; *Thüsing*, § 14 Rn. 124; Ulber/*Dohna-Jaeger*, § 14 Rn. 161.
296 *Boemke*, Schuldvertrag, S. 597 f.; *Kim*, S. 131.
297 *Boemke*, Schuldvertrag, S. 595; Schüren/*Hamann*, § 14 Rn. 270; Ulber/*Dohna-Jaeger*, § 14 Rn. 162.
298 *Boemke*, Schuldvertrag, S. 595 f.; *Kim*, S. 132 f.; *Kraft*, FS Konzen (2006), S. 439, 451; Schüren/*Hamann*, § 14 Rn. 270; Ulber/*Dohna-Jaeger*, § 14 Rn. 162.
299 *Kim*, S. 133 f.; *Kraft*, FS Konzen (2006), S. 439, 451; Schüren/*Hamann*, § 14 Rn. 272; *Thüsing*, § 14 Rn. 126.

nehmers hat der Gesetzgeber in § 11 Abs. 6 ausdrücklich anerkannt. Danach obliegen die Schutzpflichten nicht nur dem Verleiher, sondern auch dem Entleiher. Deshalb hat auch der Entleiherbetriebsrat ein Mitbestimmungsrecht. Leiharbeitnehmer sind in Vereinbarungen zwischen Entleiher und Entleiherbetriebsrat, die diesen Bereich betreffen, einzubeziehen.[300]

131 (8) Sozialeinrichtungen (Nr. 8 und Nr. 9). Nach § 87 Abs. 1 Nr. 8 BetrVG hat der Betriebsrat ein Mitbestimmungsrecht hinsichtlich **Form, Ausgestaltung und Verwaltung von Sozialeinrichtungen**, die auf den Betrieb, das Unternehmen oder den Konzern beschränkt sind, z.B. Kantinen, Parkplätze, Sportanlagen, Fortbildungseinrichtungen, Kindergärten. Insbesondere kann er hinsichtlich der **Zuweisung und Kündigung von Werksmietwohnungen** sowie der Festlegung der diesbezüglichen Nutzungsbedingungen mitbestimmen (§ 87 Abs. 1 Nr. 9 BetrVG). Soweit Leiharbeitnehmer im Entleiherbetrieb Sozialeinrichtungen in Anspruch nehmen dürfen, erstreckt sich das **Mitbestimmungsrecht des Entleiherbetriebsrats** auch auf ihre Belange.[301] Zwar kann der Arbeitgeber den Kreis der Begünstigten mitbestimmungsfrei festlegen, er ist hierbei aber an den betriebsverfassungsrechtlichen Gleichbehandlungsgrundsatz gebunden (§ 75 BetrVG).[302] Der Umstand als solcher, dass es sich um Leiharbeitnehmer handelt, stellt keinen Sachgrund für eine Differenzierung dar, wie seit dem 1.12.2011 nunmehr § 13b ausdrücklich bestimmt. Demnach dürfen Leiharbeitnehmer nur dann vom Nutzerkreis ausgenommen werden, wenn es hierfür sachliche Gründe gibt, z.B. wenn Betriebstreue belohnt oder zusätzliche Entgeltanreize geschaffen werden sollen (vgl. auch § 13b Rn. 40ff.).[303]

132 (9) Mitbestimmung beim Arbeitsentgelt (Nr. 10 und Nr. 11). Die Mitbestimmung nach § 87 Abs. 1 Nr. 10 BetrVG bei der **Lohngestaltung** und nach § 87 Abs. 1 Nr. 11 BetrVG bei **leistungsbezogenen Entgelten** bezieht sich im Allgemeinen auf die Vergütung als Gegenleistung für die Erbringung der Arbeitsleistung. Die Vergütung schuldet im Verhältnis zum Leiharbeitnehmer grds. nur der Verleiher, sodass eine **Mitbestimmung im Entleiherbetrieb** insoweit **nicht** stattfindet. Nur soweit der Entleiher ausnahmsweise geldwerte Leistungen i.S.v. § 87 Abs. 1

---

300 Schüren/*Hamann*, § 14 Rn. 272; Ulber/*Dohna-Jaeger*, § 14 Rn. 164.
301 LAG Hamm vom 24.5.1973 – 8 TaBV 13/73, BB 1973, 1511; *Boemke*, Schuldvertrag, S. 598; Schüren/*Hamann*, § 14 Rn. 276.
302 A.A. *Kraft*, FS Konzen (2006), S. 439, 452.
303 Schüren/*Hamann*, § 14 Rn. 275; Ulber/*Dohna-Jaeger*, § 14 Rn. 165.

III. Mitbestimmungsrechtliche Stellung im Entleiherbetrieb § 14

Nr. 10 BetrVG unabhängig von der Arbeitspflicht allein wegen der Erbringung der Arbeitsleistung oder aus sonstigen Gründen gewährt, können Mitbestimmungsrechte des Entleiherbetriebsrats auch in Bezug auf die Leiharbeitnehmer bestehen.[304]

(10) Betriebliches Vorschlagswesen (Nr. 12). Soweit Arbeitgeber und Betriebsrat Grundsätze zum betrieblichen Vorschlagswesen (§ 87 Abs. 1 Nr. 12 BetrVG) getroffen haben, erstreckt sich das **Mitbestimmungsrecht** des Entleiherbetriebsrats **auch auf** die **Verbesserungsvorschläge der Leiharbeitnehmer**. Der Entleiher ist für die Dauer des Einsatzes Arbeitgeber des Leiharbeitnehmers i.S.d. ArbNErfG (vgl. auch § 11 Abs. 7 sowie § 11 Rn. 166 ff.). Falls Leiharbeitnehmer Verbesserungsvorschläge für den Entleiher machen, ist eine Gleichbehandlung mit den Stammarbeitnehmern geboten.[305] 133

(11) Grundsätze über die Durchführung von Gruppenarbeit (Nr. 13). Soweit im Entleiherbetrieb Gruppenarbeit durchgeführt wird, erstreckt sich das Mitbestimmungsrecht des Entleiherbetriebsrats über die diesbezüglichen Grundsätze auch auf Leiharbeitnehmer, die Gruppenmitglieder sind.[306] 134

cc) Freiwillige Betriebsvereinbarungen (§ 88 BetrVG)

Die Betriebspartner können über die in § 87 Abs. 1 BetrVG geregelten Angelegenheiten hinaus **freiwillige Betriebsvereinbarungen** für alle sozialen Angelegenheiten abschließen. Ob und inwieweit **Leiharbeitnehmer** in diese Betriebsvereinbarungen einbezogen werden, hängt vom **Gegenstand und** dem **Zweck der** geregelten **Angelegenheit** ab. Sofern die Betriebsvereinbarung an die tatsächliche Eingliederung in den Betrieb des Entleihers anknüpft, ist die Einbeziehung zulässig und im Hinblick auf § 75 Abs. 1 BetrVG regelmäßig geboten.[307] Soweit es um Regelungen geht, die am arbeitsrechtlichen Grundverhältnis anknüpfen, fehlt es für die Anwendbarkeit von Betriebsvereinbarungen im Entleiherbetrieb auf den Leiharbeitnehmer an den entsprechenden tatsächlichen Voraussetzungen. 135

---

304 *Boemke*, Schuldvertrag, S. 597 f.; *Erdlenbruch*, S. 152 ff.; Schüren/*Hamann*, § 14 Rn. 281.
305 Schüren/*Hamann*, § 14 Rn. 285.
306 Schüren/*Hamann*, § 14 Rn. 291.
307 *Becker/Wulfgramm*, § 14 Rn. 110; *Boemke*, Schuldvertrag, S. 599; Schüren/*Hamann*, § 14 Rn. 299; Ulber/*Dohna-Jaeger*, § 14 Rn. 184.

§ 14   Mitwirkungs- und Mitbestimmungsrechte

dd) Arbeitsschutz (§ 89 BetrVG)

136   Der Betriebsrat hat die ihm nach § 89 BetrVG zugewiesenen Aufgaben auch bzgl. der Leiharbeitnehmer wahrzunehmen. Die **Unfall- und Gesundheitsgefahr** besteht auf Grund der tatsächlichen **Eingliederung** der Leiharbeitnehmer im gleichen Umfang wie für den Stammarbeitnehmer.

e) Gestaltung von Arbeitsplatz, Arbeitsablauf und Arbeitsumgebung (§§ 90f. BetrVG)

137   Aus § 90 BetrVG ergibt sich die Pflicht zur Unterrichtung des Betriebsrats über die Planung von baulichen Maßnahmen an der Betriebsstätte, von technischen Anlagen, von Arbeitsverfahren bzw. Arbeitsabläufen sowie der Arbeitsplätze. Soweit davon **Arbeitsplätze** betroffen sind, die **mit Leiharbeitnehmern besetzt** werden, sind auch deren **Belange in die Beratungen einzubeziehen**, weil sie gleichermaßen wie die Stammarbeitnehmer betroffen sind. § 91 BetrVG erweitert das Beteiligungsrecht zu einem Mitbestimmungsrecht, wenn die Veränderungen zu besonderen Belastungen bei den Arbeitnehmern führen. Der Betriebsrat kann dann Maßnahmen zum Ausgleich, zur Milderung oder zur Abwendung der Belastungen erzwingen. Dieses Recht steht ihm auch hinsichtlich betroffener Leiharbeitnehmer zu.[308]

f) Mitwirkung in personellen Angelegenheiten (§§ 92ff. BetrVG)

aa) Allgemeine personelle Angelegenheiten (§§ 92 ff. BetrVG)

138   Die Beteiligungsrechte gem. §§ 92 bis 95 BetrVG sollen sowohl die Personalplanung als solche als auch personelle Einzelentscheidungen für Betriebsrat und Belegschaft transparent machen. Die Beteiligung des Entleiherbetriebsrats beim Einsatz von Leiharbeitnehmern kann daher auch hier gerechtfertigt sein.

139   (1) Personalplanung gem. § 92 BetrVG. Nach § 92 Abs. 1 BetrVG hat der Arbeitgeber den Betriebsrat über die Personalplanung, insbesondere über den gegenwärtigen und künftigen Personalbedarf sowie sich hieraus ergebende personelle Einzelmaßnahmen und Maßnahmen der Berufsbildung zu unterrichten und ggf. darüber zu beraten. Der (geplante) Einsatz von Leiharbeitnehmern wirkt sich auf die Beschäftigungssitua-

---

308   *Becker/Wulfgramm*, § 14 Rn. 111.

III. Mitbestimmungsrechtliche Stellung im Entleiherbetrieb § 14

tion der Stammbelegschaft aus, sodass **Planungen betreffend den Einsatz von Leiharbeitnehmern** unter diese Bestimmung fallen.[309]

(2) Beschäftigungssicherung (§ 92a BetrVG). Nach § 92a Abs. 1 Satz 1 BetrVG kann der Betriebsrat dem Arbeitgeber Vorschläge zur Sicherung und Förderung der Beschäftigung machen. Der Arbeitgeber muss diese Vorschläge mit dem Betriebsrat beraten und ggf. unter Angabe von Gründen ablehnen (§ 92a Abs. 2 BetrVG). Solche Vorschläge können sich auch auf Leiharbeitnehmer beziehen, insbesondere in zweierlei Hinsicht.[310] Zum einen kann der **Abbau von Leiharbeit** angeregt werden, wenn dies die Beschäftigungssituation der Stammbelegschaft verbessern kann, insbesondere Kündigungen vermieden werden können und ggf. Kurzarbeit abgebaut werden kann. Zum anderen ist aber auch denkbar, dass sich die Vorschläge auf die **Übernahme von Leiharbeitnehmern in Stammarbeitsverhältnisse** richten können. **140**

(3) Ausschreibung von Arbeitsplätzen (§ 93 BetrVG). Der Betriebsrat kann nach § 93 BetrVG verlangen, dass zu besetzende **Arbeitsplätze innerbetrieblich ausgeschrieben** werden. Das gilt **auch für den Fall**, dass der **Arbeitsplatz mit** einem **Leiharbeitnehmer besetzt** werden soll,[311] und zwar auch dann, wenn es sich nur um eine kurzzeitig befristete Besetzung eines Arbeitsplatzes handeln soll.[312] Unterbleibt die Ausschreibung, dann kann der Betriebsrat der Einstellung des Leiharbeitnehmers gemäß § 99 Abs. 2 Nr. 5 BetrVG widersprechen; hat der Arbeitgeber allerdings ausgeschrieben, dann kann die Zustimmungsverweigerung nicht darauf gestützt werden, dass andere Bewerber zur Verfügung standen, soweit sich nicht aus Auswahlrichtlinien etwas anderes ergibt (siehe oben Rn. 115, 118). Innerbetriebliche **Stellenausschreibungen** sind **auch** den im Betrieb tätigen **Leiharbeitnehmern zugänglich zu machen**. Dies entspricht dem Gesetzeszweck des AÜG, das in § 9 Nr. 3 und Nr. 4 verdeutlicht, dass der Übergang in ein Arbeitsverhältnis mit dem Entleiher nicht erschwert werden darf.[313] Überdies ist der Entleiher seit dem 1.12.2011 nach § 13a kraft Gesetzes verpflichtet, Leiharbeitnehmer über Arbeitsplätze zu informieren, die in **141**

---

309 Schüren/*Hamann*, § 14 Rn. 307; *Hunold*, NZA-RR 2008, 281.
310 Vgl. Schüren/*Hamann*, § 14 Rn. 309.
311 BAG vom 23.1.2008 – 1 ABR 74/06, AP § 14 AÜG Nr. 14 unter III 2 d, mit Anm. *Hamann*; *Thüsing*, § 14 Rn. 150; BAG vom 1.2.2011 – 1 ABR 79/09, NZA 2011, 703, 704.
312 LAG Kiel vom 29.2.2012 – 6 TaBV 43/11, jurisPR-ArbR 3/2012 mit Anm. *Zimmermann/Gregori*.
313 Schüren/*Hamann*, § 14 Rn. 311.

seinem Unternehmen besetzt werden sollen (wegen der Einzelheiten vgl. Kommentierung zu § 13a).

142 (4) Personalfragebogen und Beurteilungsgrundsätze (§ 94 BetrVG). Nach § 94 BetrVG bedarf die Verwendung von Personalfragebögen sowie allgemeiner Beurteilungsgrundsätze der Zustimmung des Betriebsrats. Diese Regelung dient dem Schutz des Persönlichkeitsrechts des Arbeitnehmers; durch die Beteiligung des Betriebsrats soll sichergestellt werden, dass nur Fragen gestellt werden, an deren Beantwortung ein berechtigtes Interesse des Arbeitgebers besteht und der Beurteilung der Arbeitnehmer sachliche, willkürfreie Kriterien zugrunde gelegt werden. Da Arbeitgeber und Betriebsrat nach § 75 Abs. 2 BetrVG auch die Persönlichkeit des Leiharbeitnehmers schützen und fördern müssen, gilt § 94 BetrVG auch im Verhältnis zu **Leiharbeitnehmern, soweit diese Personalfragebögen ausfüllen müssen** und ihre **Leistung sowie ihr Verhalten nach allgemeinen Grundsätzen beurteilt** werden.[314]

143 (5) Auswahlrichtlinien (§ 95 Abs. 1 und 2 BetrVG).[315] Nach § 95 Abs. 1 BetrVG bedürfen Richtlinien über die personelle Auswahl bei Einstellungen, Versetzungen, Umgruppierungen und Kündigungen der Zustimmung des Betriebsrats. In Betrieben mit mehr als 500 Arbeitnehmern kann der Betriebsrat die Einführung derartiger Richtlinien sogar erzwingen (§ 95 Abs. 2 BetrVG). Im Entleiherbetrieb können Auswahlrichtlinien bzgl. **Umgruppierungen oder Kündigungen** nicht angewendet werden. Beide Maßnahmen können nur vom Verleiher vorgenommen werden, sodass eine Mitbestimmung des Entleiherbetriebsrats ausscheidet.[316] Auswahlrichtlinien können aber die **Einstellung** von Leiharbeitnehmern regeln; insbesondere können **fachliche und persönliche Anforderungen** normiert werden. Erfüllt ein Leiharbeitnehmer die für einen bestimmten Arbeitsplatz in einer Auswahlrichtlinie festgelegten Anforderungen in fachlicher oder persönlicher Hinsicht nicht, dann kann der Betriebsrat im Entleiherbetrieb der Einstellung nach § 99 Abs. 2 Nr. 2 BetrVG widersprechen (vgl. oben Rn. 115). Auch Auswahlrichtlinien bzgl. der **Versetzung** von Leiharbeitnehmern gewinnen zunehmend an Bedeutung. Denkbar ist die Einbeziehung von Leiharbeitnehmern in Versetzungsrichtlinien insbesondere dann, wenn

---

314 Schüren/*Hamann*, § 14 Rn. 313 ff.
315 Ausführlich hierzu *Gussen*, NZA 2011, 830 ff.
316 Schüren/*Hamann*, § 14 Rn. 317.

III. Mitbestimmungsrechtliche Stellung im Entleiherbetrieb § 14

diese zu einer konkret festgelegten Tätigkeit in einem bestimmten Arbeitsbereich eingesetzt werden.[317]

bb) Berufsbildung (§§ 96–98 BetrVG)

Beteiligungsrechte des Entleiherbetriebsrats bei **Berufsbildungsmaßnahmen** bestehen für Leiharbeitnehmer grds. **nicht**. Berufsbildungsmaßnahmen fallen in den **Interessenbereich des Verleihers**, der qualifiziertes Personal benötigt.[318] Da der Entleiher nicht betroffen ist, kann auch kein Mitbestimmungsrecht des Entleiherbetriebsrats bestehen. Etwas anderes gilt allerdings dann, wenn der Entleiher langfristig überlassene Leiharbeitnehmer in Qualifizierungsmaßnahmen einbeziehen will. Im Rahmen der §§ 96 ff. BetrVG kann dann auch der Entleiherbetriebsrat sein Mitbestimmungsrecht ausüben. 144

cc) Personelle Einzelmaßnahmen (§§ 99–105 BetrVG)

(1) Mitbestimmung nach §§ 99 ff. BetrVG. In Unternehmen mit in der Regel mehr als zwanzig wahlberechtigten Arbeitnehmern hat der Arbeitgeber den Betriebsrat vor jeder Einstellung, Eingruppierung, Umgruppierung und Versetzung zu unterrichten und dessen Zustimmung einzuholen (§ 99 Abs. 1 BetrVG). Im Entleiherbetrieb scheidet die Mitbestimmung hinsichtlich der **Ein- und Umgruppierung** von vornherein aus, weil die Vergütung des Leiharbeitnehmers Sache des Verleihers ist; **Mitbestimmungsrechte des Entleiherbetriebsrats** können hierdurch **nicht ausgelöst** werden.[319] Dies gilt selbst dann, wenn der Verleiher das Schlechterstellungsverbot aus § 9 Nr. 2 missachtet.[320] 145

Wegen der Mitbestimmung bei der Einstellung von Leiharbeitnehmern siehe oben Rn. 100 ff. 146

Die innerbetriebliche Umsetzung des Leiharbeitnehmers im Entleiherbetrieb unterliegt nach § 99 Abs. 1 BetrVG als **Versetzung** der **Zustimmung des Entleiherbetriebsrats**,[321] wenn die **Zuweisung des anderen** 147

---

317 Schüren/*Hamann*, § 14 Rn. 303.
318 Schüren/*Hamann*, § 14 Rn. 322.
319 BAG vom 17.6.2008 – 1 ABR 39/07, DB 2006, 2658 f.; LAG Niedersachsen vom 26.11.2007 – 6 TaBV 34/07, LAGE § 99 BetrVG 2001 Nr. 5; LAG Niedersachsen vom 26.11.2007 – 6 TaBV 33/07, n. v. (Ls. 5); *Boemke*, Schuldvertrag, S. 600; *Hunold*, NZA-RR 2008, 281, 285; Schüren/*Hamann*, § 14 Rn. 323 f.
320 LAG Niedersachsen vom 26.11.2007 – 6 TaBV 33/07, juris (Ls. 5).
321 *Boemke*, Schuldvertrag, S. 601; *Erdlenbruch*, S. 184 ff.; *v. Hoyningen-Huene/Boemke*, S. 214 f.; Schüren/*Hamann*, § 14 Rn. 327 ff. – A.A. MünchArbR/*Marschall*, § 175 Rn. 105.

Arbeitsbereichs voraussichtlich die **Dauer von einem Monat überschreitet oder** diese mit einer **erheblichen Änderung der Umstände** verbunden ist, unter denen die Arbeit zu leisten ist (§ 95 Abs. 3 Satz 1 BetrVG). Die Mitbestimmung ist nach § 95 Abs. 3 Satz 2 BetrVG ausnahmsweise dann ausgeschlossen, wenn der Leiharbeitnehmer üblicherweise nicht ständig an einem bestimmten Arbeitsplatz beschäftigt ist.[322] Ob dies der Fall ist, bestimmt sich danach, **für welche Tätigkeiten** der Leiharbeitnehmer in den Entleiherbetrieb **eingestellt** wurde, weil der Betriebsrat nur insoweit überprüfen konnte, ob dem Einsatz des Leiharbeitnehmers kollektive Interessen der Belegschaft entgegenstehen.[323] Maßgeblich ist insoweit nicht die im Arbeitnehmerüberlassungsvertrag getroffene Absprache zwischen Ver- und Entleiher,[324] sondern für welchen Arbeitsbereich der Entleiher bei seinem Betriebsrat die Zustimmung zur Einstellung begehrt hat. Dies entspricht den allgemeinen Grundsätzen, wonach für das Vorliegen einer Versetzung nicht ausschlaggebend ist, ob die zugewiesene Tätigkeit nicht mehr vom Arbeitsvertrag gedeckt ist, sondern ob diese außerhalb des Arbeitsbereichs liegt, zu dem der Betriebsrat seine Zustimmung erteilt hat. Wegen der vorläufigen Durchführung der Versetzung (§ 100 BetrVG) und der Sicherung der Mitbestimmungsrechte des Betriebsrats nach § 101 BetrVG gelten die Ausführungen zur Einstellung entsprechend (siehe oben Rn. 120 f.).

148 (2) Mitbestimmung bei Kündigung (§§ 102 f. BetrVG). Das **Ausscheiden** des Leiharbeitnehmers **aus** dem **Entleiherbetrieb** ist als tatsächliche Maßnahme grundsätzlich **mitbestimmungsfrei**. Insbesondere muss der Betriebsrat im Entleiherbetrieb nicht nach § 102 BetrVG (analog) angehört werden,[325] und zwar auch dann nicht, wenn der Entleiher den Arbeitseinsatz des Leiharbeitnehmers aus wichtigem Grund vorzeitig beendet und die Gestellung eines anderen Leiharbeitnehmers vom Verleiher verlangt oder den Arbeitnehmerüberlassungsvertrag kündigt. Die **Kündigung** des Arbeitsverhältnisses **durch** den **Verleiher** ist **im Entleiherbetrieb** ebenfalls **mitbestimmungsfrei**, weil es sich hierbei um eine Maßnahme des Verleihers handelt, die nur im Verleiherbetrieb der Mitbestimmung unterliegt.

---

322 *Boemke*, Schuldvertrag, S. 601 f.; *Erdlenbruch*, S. 184.
323 *Boemke*, Schuldvertrag, S. 602; *v. Hoyningen-Huene/Boemke*, S. 214 f.
324 So aber *Hunold*, NZA-RR 2008, 281, 285.
325 *Boemke*, Schuldvertrag, S. 602; *Erdlenbruch*, S. 204 ff.; Schüren/*Hamann*, § 14 Rn. 333 ff.; Ulber/*Dohna-Jaeger*, § 14 Rn. 240.

III. Mitbestimmungsrechtliche Stellung im Entleiherbetrieb § 14

(3) **Entfernung betriebsstörender Arbeitnehmer** (§ 104 BetrVG). § 104 BetrVG findet **auch auf Leiharbeitnehmer** Anwendung. Der Entleiherbetriebsrat kann unter den gleichen Voraussetzungen, die für Stammarbeitnehmer gelten, die Entfernung betriebsstörender Leiharbeitnehmer verlangen.[326]

149

g) Mitwirkung in wirtschaftlichen Angelegenheiten (§ 106ff. BetrVG)

aa) Wirtschaftsausschuss (§§ 106ff. BetrVG)

Nach § 106 Abs. 1 BetrVG ist in Unternehmen mit in der Regel mehr als einhundert ständig beschäftigten Arbeitnehmern ein Wirtschaftsausschuss zu bilden. Da es auf die ständige Beschäftigung des Arbeitnehmers, nicht aber die Zahl der regelmäßig Beschäftigten ankommt, **zählen Leiharbeitnehmer** wegen des vorübergehenden Charakters der Beschäftigung beim Entleiher (vgl. § 1 Abs. 1 Satz 2) bei der Ermittlung der Unternehmensgröße **nicht mit**,[327] und zwar auch dann nicht, wenn eine bestimmte Anzahl innerbetrieblicher Arbeitsplätze ständig mit Leiharbeitnehmern besetzt ist.[328] Ständig beschäftigt sind nämlich nur solche Arbeitnehmer, die in den Betrieb auf zunächst unbestimmte Zeit eingegliedert worden sind,[329] wozu lediglich befristet beschäftigte Arbeitnehmer,[330] insbesondere nur vorübergehend eingesetzte Leiharbeitnehmer, nicht gehören.[331] Werden Leiharbeitnehmer aber **auf Dauer überlassen**, dann **zählen sie mit**.[332]

150

Der **Einsatz von einzelnen Leiharbeitnehmern** ist **keine wirtschaftliche Angelegenheit**, die Gegenstand der Beratung im Wirtschaftsausschuss ist. Die Interessen der Stammarbeitnehmer sind hinreichend durch die Beteiligungsrechte des Betriebsrats gewahrt.[333] Sollen allerdings **Personalreserven aufgelöst** oder bisherige **Dauerarbeitsplätze mit Leiharbeitnehmern besetzt** werden, können die Interessen der Arbeitnehmer des Unternehmens berührt werden (vgl. § 106 Abs. 3 Nr. 10

151

---

326 Schüren/*Hamann*, § 14 Rn. 338f.; Ulber/*Dohna-Jaeger*, § 14 Rn. 245.
327 *Erdlenbruch*, S. 210; *Hamann*, jurisPR-ArbR 10/2012 Anm. 1 unter D 1; ErfK/*Wank*, § 14 Rn. 28.
328 A.A. LAG Berlin vom 6.12.1989 – 2 TaBV 6/89, DB 1990, 538 (Ls. 1).
329 *Boemke*, AR-Blattei SD 540 Rn. 154; GK-BetrVG/*Franzen*, § 1 Rn. 96; Richardi/*Richardi*, BetrVG, § 1 Rn. 112ff. – A.A. ErfK/*Koch*, § 1 BetrVG Rn. 20.
330 *Boemke*, AR-Blattei SD 540 Rb. 155.
331 GK-BetrVG/*Franzen*, § 1 Rn. 97; *Hamann*, jurisPR-ArbR 10/2012 Anm. 1 unter D 1.
332 Schüren/*Hamann*, § 14 Rn. 342.
333 Schüren/*Hamann*, § 14 Rn. 343.

§ 14　Mitwirkungs- und Mitbestimmungsrechte

BetrVG) und damit eine **Zuständigkeit des Wirtschaftsausschusses** gegeben sein.[334]

bb) Betriebsänderungen (§§ 111 ff. BetrVG)

152　Der **Einsatz oder Abbau von Leiharbeitnehmern** ist regelmäßig **keine Betriebsänderung** i.S.d. §§ 111 ff. BetrVG,[335] allerdings kann es im Rahmen einer Betriebsänderung, z.b. einem Personalabbau, auch zum Abbau von Leiharbeitsplätzen kommen. Soweit in einem Sozialplan im Entleiherbetrieb Ausgleichsregelungen vorgesehen sind, finden diese grds. auf Leiharbeitnehmer keine Anwendung,[336] weil diese den Arbeitsplatz gerade nicht verlieren. Das Leiharbeitsverhältnis besteht unabhängig von den Vorkommnissen im Entleiherbetrieb fort.

IV. Personalvertretungsrecht (Abs. 4)

153　Nach Abs. 4 gelten die Abs. 1 und 3 sowie Abs. 2 Satz 1 und 2 für die Anwendung des BPersVG entsprechend.

1. Geltungsbereich

154　Abs. 4 beschränkt die sinngemäße Anwendung auf die Anwendung des **BPersVG**, von der nur die **Verwaltungen des Bundes und bundesunmittelbarer Körperschaften, Anstalten und Stiftungen des öffentlichen Rechts** sowie die **Gerichte des Bundes** erfasst werden (vgl. § 1 BPersVG). Die Verweisung erfasst **nicht Landesverwaltungen**, die den Einsatz von Leiharbeitnehmern sowie deren personalvertretungsrechtliche Stellung in öffentlichen Verwaltungen, die den PersVG der Länder unterliegen, eigenständig regeln.[337] Eine dem Abs. 4 entsprechende Regelung findet sich bisher nur in § 115 LPVG Nds. Soweit allerdings in Zusammenhang mit der Beschäftigung von Leiharbeitnehmern Mitbestimmungstatbestände nach dem einschlägigen Personalvertretungsrecht erfüllt sind, sind die diesbezüglichen Mitbestimmungsrechte der Personalvertretung zu beachten.[338]

334　Schüren/*Hamann*, § 14 Rn. 344; ErfK/*Wank*, § 14 Rn. 28.
335　Schüren/*Hamann*, § 14 Rn. 347 ff. – A.A. *Düwell/Dahl*, NZA-RR 2011, 1, 7 f.
336　*Düwell/Dahl*, NZA-RR 2011, 1, 8; Schüren/*Hamann*, § 14 Rn. 353.
337　BVerwG vom 20.5.1992 – 6 P 4.90, AP § 99 BetrVG 1972 Nr. 92; BVerwG vom 25.4.2012 – 6 PB 24/11, juris Rn. 3; Schüren/*Hamann*, § 14 Rn. 581; *Sandmann/ Marschall*, § 14 Anm. 24.
338　Ausführlich dazu *Boemke*, PersV 2004, 404, 409 ff.

IV. Personalvertretungsrecht (Abs. 4)   § 14

In **Brandenburg** (§ 66 Nr. 14 PersVG), **Niedersachsen** (§ 66 Abs. 1 **155**
Nr. 14 NPersVG), **Nordrhein-Westfalen** (§ 72 Abs. 4 Satz 1 Nr. 20
LPVG) und **Rheinland-Pfalz** (§ 80 Abs. 2 Nr. 16 LPVG) unterliegt der
**Abschluss von Arbeitnehmerüberlassungs- und Arbeitnehmerge-
stellungsverträgen** der **Mitbestimmung** des Personalrats; in **Baden-
Württemberg** (§ 80 Abs. 3 Nr. 10 LPVG) ist der Personalrat in diesen
Fällen **anzuhören**. Das Mitbestimmungsrecht besteht unabhängig davon, ob die Dienststelle eigene Beschäftigte überlassen oder fremde Beschäftigte vorübergehend in die Dienststelle aufnehmen will. Unerheblich ist auch, ob die Überlassungsvereinbarung mit einer anderen Dienststelle oder mit einem privaten Betrieb geschlossen wird. Nach den gesetzlichen Bestimmungen unterliegt nämlich der Abschluss eines Arbeitnehmerüberlassungsvertrags als solcher der Mitbestimmung, und zwar unabhängig davon, ob Arbeitnehmer ver- oder entliehen werden sollen.[339] Weiter ist z.B. die **Übernahme** eines Leiharbeitnehmers im Rahmen der jeweiligen PersVG **mitbestimmungspflichtig**, weil es sich hierbei schon nach allgemeinen Grundsätzen (siehe oben Rn. 102) um eine **Einstellung** handelt,[340] wobei es für die Ausübung des Mitbestimmungsrechts auf die Dauer des Einsatzes nicht ankommt.[341]

Abs. 4 findet unabhängig davon Anwendung, ob die Überlassung inner- **156**
halb der öffentlichen Verwaltung erfolgt, ob der Leiharbeitnehmer von
einem privaten Verleiher in eine öffentliche Verwaltung überlassen
wird oder ob die Überlassung von einer öffentlichen Dienststelle in
einen privaten Betrieb hinein erfolgt.[342] Hingegen findet die Bestimmung aus den oben dargelegten Gründen (siehe oben Rn. 4) auf die Arbeitnehmerüberlassung, welche nicht im Rahmen der wirtschaftlichen Tätigkeit des Verleihers erfolgt, keine entsprechende Anwendung.[343]

2. Personalvertretungsrechtliche Zuordnung von Leiharbeitnehmern

Der Verweis auf Abs. 1 stellt klar, dass **Leiharbeitnehmer auch wäh- 157
rend des Einsatzes Angehörige der verleihenden Dienststelle** bleiben. Sie verlieren diese auch dann nicht, wenn die Überlassung mehr

---

339 *Boemke*, PersV 2004, 404, 410.
340 BVerwG vom 6.9.1995 – 6 P 9/93, EzAÜG § 14 AÜG Personalvertretung Nr. 7; *Boemke*, PersV 2004, 404, 410.
341 BVerwG vom 7.4.2010 – 6 P 6/09, NZA-RR 2010, 389 (Ls.).
342 Schüren/*Hamann*, § 14 Rn. 586 ff.
343 Schüren/*Hamann*, § 14 Rn. 584.

§ 14 Mitwirkungs- und Mitbestimmungsrechte

als drei Monate andauert. Entgegen verbreiteter Auffassung[344] folgt auch aus § 13 Abs. 2 Satz 1 Hs. 2 BPersVG nichts anderes. Diese Regelung schließt für diesen Fall nur das Wahlrecht bei der Dienststelle des Verleihers aus; die (Betriebs-)Zugehörigkeit ist aber unabhängig hiervon zu beurteilen.[345]

158 Neben der Zugehörigkeit zur Dienststelle des Verleihers besteht nach allgemeinen Grundsätzen (siehe oben Rn. 60 ff.) auch die **Zugehörigkeit zur Dienststelle des Entleihers**.[346] Es kommt also hier genauso wie in der Privatwirtschaft zu einer **doppelten Betriebszugehörigkeit**.[347] Zumindest Arbeitnehmer im öffentlichen Dienst, aber auch Beamte und Soldaten, die in privaten Betrieben eingesetzt werden, gehören nach § 5 I 3 BetrVG auch zu deren Belegschaft und finden daher bei den Schwellenwerten nach §§ 9, 38 BetrVG Berücksichtigung.[348]

3. Wahlrecht des Leiharbeitnehmers

159 Hinsichtlich des Wahlrechts ist zu unterscheiden, zwischen welchen Beteiligten die Überlassung stattfindet:

a) Überlassung zwischen zwei Dienststellen[349]

160 Erfolgt die Überlassung zwischen zwei Dienststellen, dann geht hinsichtlich des Wahlrechts **§ 13 Abs. 2 BPersVG als speziellere Bestimmung** Abs. 2 Satz 1 vor.[350] Abs. 2 Satz 1 soll nämlich nach der Intention des Gesetzgebers nur angewandt werden, soweit nicht Besonderheiten des Personalvertretungsrechts entgegenstehen.[351] Von den allgemeinen Regelungen abweichende Besonderheiten des Personalvertretungsrechts werden aber gerade in § 13 Abs. 2 BPersVG normiert. Für die Überlassung zwischen zwei Dienststellen, die in den Geltungsbereich des BPersVG fallen, im Wege der Abordnung oder Zuweisung bedeutet dies,

---

344 Ulber/*Dohna-Jaeger*, § 14 Rn. 251.
345 *Boemke*, PersV 2004, 404, 405 f.
346 *Boemke*, PersV 2004, 404, 406 f.
347 Schüren/*Hamann*, § 14 Rn. 592. – A.A. *Becker/Wulfgramm*, § 14 Rn. 135; Ulber/*Dohna-Jaeger*, § 14 Rn. 252, die von einer partiellen Betriebszugehörigkeit ausgehen.
348 BAG vom 15.12.2011 – 7 ABR 65/10, NZA 2012, 519, 522.
349 Ausführlich *Boemke*, PersV 2004, 404, 407 f.
350 Schüren/*Hamann*, § 14 Rn. 595; AnwK-ArbR/*Böhm*, § 14 AÜG Rn. 24; Sandmann/*Marschall*, § 14 Anm. 25. – A.A. *Becker/Wulfgramm*, § 14 Rn. 137; Ulber/*Dohna-Jaeger*, § 14 Rn. 251.
351 Vgl. BT-Drs. 9/847, S. 9.

dass abweichend von der Regelung des AÜG der überlassene Arbeitnehmer in der neuen Dienststelle wahlberechtigt wird und die Wahlberechtigung in der alten Dienststelle verliert, wenn die Überlassung länger als drei Monate gedauert hat (§ 13 Abs. 2 Satz 1 BPersVG).[352] Dies gilt allerdings nicht für Beschäftigte, die als Mitglieder der Stufenvertretung oder des Gesamtpersonalrats freigestellt sind (§ 13 Abs. 2 Satz 2 BPersVG) oder wenn feststeht, dass der Beschäftigte binnen weiterer sechs Monate in die alte Dienststelle zurückkehren wird (§ 13 Abs. 2 Satz 3 BPersVG).

b) Überlassung von privatem Verleiher an öffentliche Dienststelle[353]

Bei der **Überlassung von** einem **privaten Verleiher an** eine **öffentliche Dienststelle** bleibt das **aktive und passive Wahlrecht im abgebenden Betrieb** bestehen; dies stellt § 14 Abs. 1 klar.[354] Das **Wahlrecht zu den Personalvertretungsorganen** in der aufnehmenden Dienststelle richtet sich nicht nach dem BetrVG, sondern **nach dem einschlägigen Personalvertretungsrecht**.[355] Danach besteht das **aktive Wahlrecht** im Bereich des **BPersVG** dann, **wenn** die **Überlassung mehr als drei Monate** andauert; das **passive Wahlrecht** ist allerdings **wegen § 14 Abs. 2 Satz 1 i.V.m. Abs. 4 AÜG ausgeschlossen**. Hiergegen wird eingewandt, dass § 13 Abs. 2 BPersVG nur die Abordnung zwischen zwei Dienststellen regelt und daher auf den Bereich der Überlassung zwischen einem privaten Verleiher und einer Dienststelle nicht angewandt werden könne.[356] Hierbei wird jedoch übersehen, dass § 13 Abs. 2 BPersVG nicht das Wahlrecht in Fällen der Abordnung begründet, sondern die Grundsätze über das Wahlrecht bei Abordnungen in den Fällen einschränkt, in denen noch eine anderweitige Betriebszugehörigkeit besteht. Nach allgemeinen Bestimmungen wäre nämlich bei Abordnungen ab dem ersten Tag der Überlassung die Beschäftigteneigenschaft und damit das Wahlrecht gegeben. Gleichwohl kann der zugrunde liegende Rechtsgedanke, der zur Einschränkung des Wahlrechts

161

---

352 Wegen der Überlassung zwischen Dienststellen, die landespersonalvertretungsrechtlichen Bestimmungen unterliegen, vgl. ausführlich *Boemke*, PersV 2004, 404.
353 Ausführlich *Boemke*, PersV 2004, 404, 408 ff.
354 *Boemke*, PersV 2004, 404, 408 f.
355 *Boemke*, PersV 2004, 404, 409.
356 Schüren/*Hamann*, AÜG, § 14 Rn. 597.

führt, auf die Fälle der Überlassung durch einen privaten Betrieb entsprechend angewandt werden.[357]

c) Überlassung von öffentlicher Dienststelle an privaten Entleiher[358]

162 Bei einer **Überlassung in eine andere Dienststelle verliert** der überlassene Arbeitnehmer das **aktive und passive Wahlrecht in** seiner **(Stamm-)Dienststelle, wenn** die Überlassung (voraussichtlich) eine **bestimmte Zeitdauer überschreitet.** Diese Regelung kann **auf** die **Überlassung in** einen **privaten Entleiherbetrieb übertragen** werden. § 13 Abs. 2 BPersVG bzw. die entsprechenden landespersonalvertretungsrechtlichen Bestimmungen bringen zum Ausdruck, dass nach dem Verstreichen eines gewissen Zeitraums die für das Wahlrecht erforderliche Nähe zur (Stamm-)Dienststelle nicht mehr gegeben sein soll.[359] Das **Wahlrecht im privaten Verleiherbetrieb** soll nach der neueren Rspr. des BAG i.V.m. **§ 5 Abs. 1 Satz 3 BetrVG wie bei Stammarbeitnehmern** gegeben sein, d.h. das **aktive Wahlrecht** besteht **sofort**, das **passive Wahlrecht** nach § 8 BetrVG dann, wenn der Arbeitnehmer zum Zeitpunkt der Wahl bereits **sechs Monate** im Betrieb eingesetzt worden ist.[360]

4. Individualrechte des Leiharbeitnehmers

163 Der Leiharbeitnehmer kann in der entleihenden Dienststelle während der Dienstzeit die Sprechstunden des Personalrats und der Jugendvertretung aufsuchen (§§ 43, 62 BPersVG). Entsprechendes gilt für die Personal- und Jugendversammlungen (§§ 48, 63 BPersVG). Die Aufzählung in Abs. 2 ist nicht abschließend. Deshalb können sich weitere personalvertretungsrechtliche Befugnisse in der Einsatzdienststelle ergeben.[361] Vor allem gelten die in §§ 67ff. BPersVG aufgezählten Grundsätze über die Behandlung der Beschäftigten auch für Leiharbeitnehmer.

---

357 *Boemke*, PersV 2004, 404, 409. – Noch weiter gehend LPFS/*Vogelgesang*, § 13 Rn. 8, der das Wahlrecht dann zugestehen will, wenn die Überlassung nicht nur vorübergehend oder geringfügig, also für mehr als zwei Monate Dauer angelegt ist.
358 Ausführlich *Boemke*, PersV 2004, 404, 409.
359 *Boemke*, PersV 2004, 404, 409.
360 BAG vom 15.8.2012 – 7 ABR 34/11, FD-ArbR 2012, 335830. – Kritisch dazu oben Rn. 61.
361 Schüren/*Hamann*, § 14 Rn. 606.

5. Beteiligungsrechte des Personalrats bzgl. der Leiharbeitnehmer

a) Einstellung (Abs. 3 i.V.m. § 75 Abs. 1 Nr. 1 BPersVG)

Der Personalrat ist nach Abs. 3 i.V.m. § 75 Abs. 1 Nr. 1 BPersVG bei der **Einstellung** von Leiharbeitnehmern zu beteiligen. Die Zustimmungsverweigerung kann nur auf die in § 77 Abs. 2 BPersVG genannten Gründe gestützt werden, die inhaltlich im Wesentlichen den Zustimmungsverweigerungsgründen nach § 99 Abs. 2 Nr. 1–Nr. 4 und Nr. 6 BetrVG entsprechen (siehe oben Rn. 113 ff.). Soweit nicht das BPersVG, sondern LPersVG anwendbar sind, ist Abs. 3 zwar nicht entsprechend anwendbar (siehe oben Rn. 154), gleichwohl besteht auch hier das Mitbestimmungsrecht des Personalrats, weil die **Übernahme** von Leiharbeitnehmern **nach allgemeinen Grundsätzen** im Entleiherbetrieb eine **Einstellung** darstellt.[362]

164

b) Sonstige Beteiligungstatbestände

Da **Abs. 2 und 3 keine abschließende Aufzählung** der Beteiligungsrechte enthält (siehe oben Rn. 2), können weitere Befugnisse des Personalrats im Hinblick auf Leiharbeitnehmer bestehen. Dies ist der Fall, wenn der öffentlich-rechtlich organisierte Verleiher Maßnahmen trifft, die auch die Leiharbeitnehmer berühren und nach dem einschlägigen Personalvertretungsrecht die Voraussetzungen eines Beteiligungstatbestands erfüllen. Dies kommt insbesondere bei den Beteiligungsrechten nach § 75 Abs. 3 Nr. 1, 5, 8–12, 15–17 BPersVG in Betracht.[363]

165

---

362 BVerwG vom 6.9.1995 – 6 P 9/93, EzAÜG § 14 AÜG Personalvertretung Nr. 7.
363 Vgl. Schüren/*Hamann*, § 14 Rn. 609.

Vorbemerkung zu §§ 15, 15a und 16

Literatur: *Achenbach*, Aus der Rechtsprechung zum Wirtschaftsrecht, *Gagel/ Bieback*/*Knickrehm*, SGB II/SGB III, 2012; NStZ 1988, 97 ff.; *Hofmann/Hoffmann*, HK-Ausländerrecht, 2008; *Maier*, Illegale Beschäftigung von Ausländern, BB 1975, 1164 f.; *Niesel/Brand*, SGB III, 5. Auflage 2010; *Renner*, Ausländerrecht, 9. Auflage 2011.

1 §§ 15, 15a und 16 bilden den **straf- und bußgeldrechtlichen Teil** des AÜG. §§ 15 und 15a sind als Straftatbestände ausgestaltet, § 16 enthält einen Ordnungswidrigkeitenkatalog. Die Regelungen sind nicht abschließend. Daneben finden die allgemeinen strafrechtlichen, ordnungswidrigkeitsrechtlichen und strafprozessualen Bestimmungen Anwendung.

2 Die Straftatbestände der §§ 15, 15a sind sowohl in den Richtlinien für das Straf- und Bußgeldverfahren (RiStBV) als auch in der Anordnung über die Mitteilungen in Strafsachen (MiStra) ausdrücklich erwähnt, wodurch die hohe Bedeutung dieser zum Nebenstrafrecht zählenden Bestimmungen deutlich wird. Die **Straftaten** nach dem AÜG sollen entsprechend der Intention des Gesetzgebers **nachdrücklich verfolgt und wirksam sanktioniert** werden.[1] Dementsprechend weist Nr. 259 Abs. 1 lit. b) RiStBV ausdrücklich auf die im AÜG befindlichen Vorschriften zum Schutz des Arbeitsmarkts und gegen die missbräuchliche Ausnützung fremder Arbeitskräfte hin. Nach Nr. 255 Abs. 2 RiStBV hat die Staatsanwaltschaft bei der Verfolgung von Straftaten nach dem AÜG mit der BA zusammenzuarbeiten, insbesondere ist vor einer Verfahrenseinstellung zunächst der BA Gelegenheit zur Äußerung zu geben (Nr. 90 Abs. 1 RiStBV). Gemäß **Nr. 47 MiStra** müssen **Gerichte und Staatsanwaltschaften** in Strafsachen nach §§ 15, 15a an die **örtlich zuständigen Behörden der Zollverwaltung** und an die **RD der BA** die **Einleitung eines Verfahrens**, die **Erhebung der öffentlichen Klage sowie** den **Ausgang des Verfahrens** mitteilen. Die MiStra ist insoweit noch nicht an die Neuverteilung der Zuständigkeiten nach dem AÜG angepasst worden.

3 Der Wille des Gesetzgebers, gegen illegale Beschäftigungsformen vorzugehen und Straftaten im Zusammenhang mit Arbeitnehmerüberlas-

---
1 BT-Drs. 7/1261, S. 55.

Vor §§ 15, 15a und 16

sung intensiv zu ahnden, wird auch durch die **mehrmalige Verschärfung der Strafandrohungen** und **Einführung von Qualifikationstatbeständen** deutlich.[2] Die Höhe der aktuellen Strafandrohungen deutet darauf hin, dass der Gesetzgeber Verstöße gegen die Bestimmungen des AÜG als **schwerwiegendes soziales Unrecht** eingestuft hat. Ausländische Arbeitnehmer, die nicht im Besitz einer für sie erforderlichen besonderen Erlaubnis zur Ausübung einer Beschäftigung in der Bundesrepublik sind, laufen nämlich in einem erhöhten Ausmaß Gefahr, von ihren Arbeitgebern ausgenutzt und ausgebeutet zu werden.[3] Im Falle der Verletzung ihrer Rechte durch den Verleiher können sie sich tatsächlich kaum an Behörden oder Gerichte wenden, weil sie sich nämlich selbst wegen ihrer fehlenden Arbeitserlaubnis zu verantworten hätten.[4]

Neben den Bestimmungen der §§ 15–16 gelten für Straftaten im Zusammenhang mit einer Arbeitnehmerüberlassung die **allgemeinen Vorschriften des StGB und der StPO**. So ist der bloße **Versuch** einer Straftat nach §§ 15, 15a AÜG nach den allgemeinen Bestimmungen über die Versuchsstrafbarkeit **nicht strafbewehrt** (§§ 22, 23 i.V.m. § 12 StGB). **Täterschaft und Teilnahme** richten sich nach §§ 25ff. StGB.[5] So kann ein Dolmetscher, der bei dem illegalen Verleih von Ausländern mitwirkt, ebenso als Gehilfe strafbar sein wie eine Person, die Lohngelder an Leiharbeitnehmer auszahlt.[6] Entleiher und Leiharbeitnehmer können bei einer Straftat des Verleihers nach § 15 als notwendige Teilnehmer nicht nach § 27 StGB strafrechtlich zur Verantwortung gezogen werden.[7] Allerdings kann sich der Entleiher in einem solchen Fall selbst nach § 15a strafbar machen oder gemäß § 16 Abs. 1 Nr. 2 zur Verantwortung gezogen werden. Der Leiharbeitnehmer verhält sich gemäß § 404 Abs. 2 Nr. 4 SGB III ordnungswidrig. 4

Schließen sich mehrere Personen zu einer Personen- oder Kapitalgesellschaft zusammen, um (illegale) Arbeitnehmerüberlassung zu betreiben, so wird hierdurch allein noch **keine kriminelle Vereinigung i.S.v.** 5

---

2 Thüsing/*Kudlich*, Vorb. §§ 15ff. Rn. 3.
3 Vgl. BT-Drs. VI/2303, S. 15; Thüsing/*Kudlich*, Vorb. §§ 15ff. Rn. 2.
4 Vgl. *Maier*, BB 1975, 1164f.; Thüsing/*Kudlich*, Vorb. §§ 15ff. Rn. 2.
5 Ausführlich Thüsing/*Kudlich*, Vorb. §§ 15ff. Rn. 21ff.
6 AG München vom 30.4.1979 – 71 Ls 335 Js 17558/68, n.v.; *Sandmann/Marschall*, § 15 Anm. 6.
7 Thüsing/*Kudlich*, Vorb. §§ 15ff. Rn. 24.

Vor §§ 15, 15a und 16

§ 129 StGB gegründet.[8] Es ist hierfür vielmehr erforderlich, dass aus einer fest organisierten Vereinigung heraus entsprechende Straftaten geplant und begangen werden. Denkbar ist eine Straftat nach § 129 StGB im Bereich der Arbeitnehmerüberlassung z.B. dann, wenn sich **mindestens drei bösgläubige Täter** vor der Gründung einzelner Subunternehmen zusammentun mit dem Ziel, aus dieser Vereinigung heraus solche Unternehmen zu gründen, um Staat und Sozialversicherungsträger durch betrügerische Abgabenhinterziehung systematisch zu schädigen.[9]

6 Im Zusammenhang mit der illegalen Arbeitnehmerüberlassung treten folgende **weitere Straftatbestände** in der Praxis besonders häufig auf:[10] **Vorenthalten und Veruntreuen von Arbeitsentgelt** (§ 266a Abs. 1 StGB), **Betrug zu Lasten der Sozialversicherung** (§ 263 StGB), Steuerhinterziehung (§ 370 Abs. 1 AO), **Einschleusen von Ausländern** (§ 96 AufenthG).

7 Über die Durchführung der Straf- und Bußgeldverfahren nach dem AÜG werden von der BA **Statistiken** geführt.[11] Diese haben jedoch nur eine **beschränkte Aussagekraft** hinsichtlich des tatsächlichen Umfangs der diesbezüglichen Straftaten und Ordnungswidrigkeiten. Zum einen wird angenommen, dass die **Dunkelziffer** um ein Vielfaches über der Zahl der aufgegriffenen Fälle liegt.[12] Zum anderen wird in den Statistiken der BA nur die **Anzahl der jeweiligen Fälle** erfasst, **nicht aber** die Zahl **der insgesamt Beteiligten**. Ferner **gehen** etwaige **Verstöße** gegen das AÜG **statistisch häufig dadurch unter**, dass diese mit schwerwiegenderen Straftaten in Zusammenhang stehen.[13]

---

8 BGH vom 13.1.1983 – 4 StR 578/82, NJW 1983, 1334f.; *Achenbach*, NStZ 1988, 97, 102; Erbs/Kohlhaas/*Ambs*, Strafrechtliche Nebengesetze, § 15 AÜG Rn. 18.
9 BGH vom 13.1.1983 – 4 StR 578/82, NJW 1983, 1334f.
10 Ausführlich Thüsing/*Kudlich*, Vorb. §§ 15ff. Rn. 34ff.
11 Vgl. BT-Drs. 16/13768, S. 24ff.
12 5. Erfahrungsbericht der Bundesregierung, BT-Drs. 10/1934, S. 12.
13 5. Erfahrungsbericht der Bundesregierung, BT-Drs. 10/1934, S. 12.

§ 15 Ausländische Leiharbeitnehmer ohne Genehmigung

(1) Wer als Verleiher einen Ausländer, der einen erforderlichen Aufenthaltstitel nach § 4 Abs. 3 des Aufenthaltsgesetzes, eine Aufenthaltsgestattung oder eine Duldung, die zur Ausübung der Beschäftigung berechtigen, oder eine Genehmigung nach § 284 Abs. 1 des Dritten Buches Sozialgesetzbuch nicht besitzt, entgegen § 1 einem Dritten ohne Erlaubnis überlässt, wird mit Freiheitsstrafe bis zu drei Jahren oder mit Geldstrafe bestraft.

(2) In besonders schweren Fällen ist die Strafe Freiheitsstrafe von sechs Monaten bis zu fünf Jahren. Ein besonders schwerer Fall liegt in der Regel vor, wenn der Täter gewerbsmäßig oder aus grobem Eigennutz handelt.

Literatur: *Bückle*, Beschäftigung von Leiharbeitnehmern ohne Arbeitserlaubnis, BB 1981, 1529 ff.; *Richter*, Illegale Arbeitnehmerüberlassung: Der Nachweis von Vorsatz und Fahrlässigkeit bei Schuldverträgen, BB 1992, 421 ff.

Übersicht

	Rn.
I. Vorbemerkungen	1
1. Entstehungsgeschichte	1
2. Sinn und Zweck der Vorschrift	2
II. Verleih von Ausländern ohne Genehmigung (Abs. 1)	3
1. Objektiver Tatbestand	3
a) Verleiher ohne Überlassungserlaubnis	4
aa) Täterschaft	4
bb) Teilnahme	7
b) Ausländer ohne Arbeitsberechtigung	8
c) Überlassen an einen Dritten	14
2. Subjektiver Tatbestand	16
3. Strafrahmen	23
4. Konkurrenzen	26
III. Besonders schwere Fälle (Abs. 2)	28
1. Allgemeines	28
2. Besonders schwerer Fall (Abs. 2 Satz 1)	30
3. Regelbeispiele (Abs. 2 Satz 2)	31
a) Gewerbsmäßiges Handeln (Alt. 1)	31
b) Grober Eigennutz (Alt. 2)	32
4. Strafrahmen	33
IV. Weitere Rechtsfolgen	34
1. Zivilrechtliche Folgen	34
2. Sonstige Rechtsfolgen	38

§ 15 Ausländische Leiharbeitnehmer ohne Genehmigung

I. Vorbemerkungen

1. Entstehungsgeschichte

1   In seiner **ursprünglichen Fassung** bestand die Bestimmung **nur** aus einem **Abs. 1**, der die Überlassung von Ausländern ohne erforderliche Arbeitserlaubnis untersagte und als Strafrahmen eine Mindestgeldstrafe von 1.000 DM sowie eine Höchstfreiheitsstrafe von 1 Jahr vorsah. Diese Mindestgeldstrafe sollte dem Unrechtsgehalt der Vorschrift gerecht werden und auf den finanziellen Vorteil des Verleihers durch die illegale Geschäftstätigkeit mit ausländischen Arbeitnehmern reagieren,[1] sie wurde wegen eines Verstoßes gegen das Rechtsstaatsprinzip aber für verfassungswidrig gehalten.[2] **Art. 250 EGStGB vom 2.3.1974** hat daher die **Mindestgeldstrafe** wieder **beseitigt** und stattdessen die **Höchststrafe von einem Jahr auf drei Jahre** erhöht. Abs. 2 wurde **mit Wirkung zum 1.7.1975** durch Art. 2 Nr. 1 des Gesetzes zur Änderung des AFG und des AÜG vom 26.6.1975 angefügt. Abs. 1 wurde durch Art. 11 Nr. 21 Nr. 1 des Zuwanderungsgesetzes mit Wirkung zum 1.1.2005 an die durch das Zuwanderungsgesetz neu geschaffenen Bestimmungen über die Ausländerbeschäftigung angepasst.

2. Sinn und Zweck der Vorschrift

2   Abs. 1 fasst die Ordnungswidrigkeitentatbestände nach § 16 Abs. 1 Nr. 1 und Nr. 2 zu einem Straftatbestand zusammen. Hierdurch soll die **besondere Verwerflichkeit** der illegalen Überlassung ausländischer Arbeitnehmer ohne Arbeitserlaubnis herausgestellt und zugleich dem **erhöhten Schutzbedürfnis der (illegal tätigen) ausländischen Arbeitnehmer** vor einer Ausbeutung durch illegal tätige Verleiher Rechnung getragen werden (siehe vor § 15 Rn. 3). Dementsprechend sieht Abs. 2 unter besonderen Voraussetzungen eine weitere Strafverschärfung vor.

II. Verleih von Ausländern ohne Genehmigung (Abs. 1)

1. Objektiver Tatbestand

3   Nach Abs. 1 macht sich strafbar, wer als Verleiher ohne die nach § 1 erforderliche Erlaubnis einen Ausländer, der nicht im Besitz eines erfor-

---
1 Schriftlicher Bericht zu BT-Drs. VI/3505, S. 4.
2 BayObLG vom 14.11.1973 – 4 St 548/73 Owi, NJW 1974, 384.

II. Verleih von Ausländern ohne Genehmigung (Abs. 1) § 15

derlichen Aufenthaltstitels nach § 4 Abs. 3 des Aufenthaltsgesetzes, einer Aufenthaltsgestattung oder einer Duldung, die zur Ausübung der Beschäftigung berechtigen, oder einer Genehmigung nach § 284 Abs. 1 des Dritten Buches Sozialgesetzbuch ist, einem Dritten überlässt.

a) Verleiher ohne Überlassungserlaubnis

aa) Täterschaft

Täter i.S.d. Bestimmung kann nur der **Verleiher** sein, **der nicht die** 4 nach § 1 erforderliche **Erlaubnis besitzt.** Als Täter **scheiden** daher **Personen aus, die** zwar Arbeitnehmerüberlassung betreiben, hierfür aber **keiner Erlaubnis bedürfen** (siehe zu den Ausnahmen § 1 Rn. 55 ff.), wie z. B. bei Arbeitnehmerüberlassung, die nicht im Rahmen der wirtschaftlichen Tätigkeit des Verleihers erfolgt,[3] Kollegenhilfe nach § 1a[4] oder in den Fällen des § 1 Abs. 3.[5] Eine Strafbarkeit nach Abs. 1 scheidet auch aus, wenn der **Verleiher im Besitz der erforderlichen Erlaubnis** ist. In Betracht kommt in einem solchen Fall nur eine **Ordnungswidrigkeit nach § 404 Abs. 2 Nr. 3 SGB III,**[6] die allerdings unter den Voraussetzungen der §§ 10, 10a, 11 SchwarzArbG zur Straftat werden kann. **Maßgeblich** ist der **Zeitpunkt der Überlassung.** Ist der Verleiher zu diesem Zeitpunkt Inhaber der Erlaubnis, dann liegen die Voraussetzungen von Abs. 1 auch dann nicht vor, wenn der Arbeitnehmerüberlassungsvertrag zu einem Zeitpunkt geschlossen wurde, in dem noch keine Erlaubnis erteilt war. Erlischt die Erlaubnis vor oder während der Überlassung, dann tritt ab diesem Zeitpunkt Strafbarkeit ein; allerdings ist hierbei im Einzelfall die Nachwirkung nach §§ 2 Abs. 4 Satz 4, 5 Abs. 2 Satz 2 zu beachten.

Täter kann **auch** ein **Verleiher mit Sitz im Ausland** sein, der seine 5 Leiharbeitnehmer an einen Entleiher im Inland überlässt. Nach der Rspr. des BayObLG soll es auch strafbar sein, wenn der Verleiher den Arbeitnehmer an einen Entleiher überlässt, der die Leiharbeitnehmer im Rahmen eigener Dienst- oder Werkverträge im Inland einsetzt.[7] Die Strafbarkeit soll sogar dann gegeben sein, wenn der Entleiher die Leih-

---

3 Vgl. hierzu noch in Bezug auf die a. F. § 1 Thüsing/*Kudlich*, § 15 Rn. 6.
4 Thüsing/*Kudlich*, § 15 Rn. 10; Ulber, § 15 Rn. 5. – A.A. MünchKomm/*Mosbacher*, § 15 AÜG Rn. 10.
5 Ulber, § 15 Rn. 5.
6 AnwK-ArbR/*Böhm*, § 15 AÜG Rn. 2; Schüren/*Stracke*, § 15 Rn. 23; Thüsing/*Kudlich*, § 15 Rn. 8.
7 BayObLG vom 26.2.1999 – 3 ObOWi 4/99, EzAÜG § 16 AÜG Nr. 10 = wistra 1999, 277; Thüsing/*Kudlich*, § 16 Rn. 10.

§ 15 Ausländische Leiharbeitnehmer ohne Genehmigung

arbeitnehmer absprachewidrig in das Inland überlässt und der Verleiher trotz Kenntnis hiervon nicht für eine unverzügliche Beendigung dieses Zustands Sorge trägt.[8] Diese Rspr. ist mit dem Grundsatz der Dienstleistungsfreiheit (Art. 56ff. AEUV) unvereinbar. Der EuGH hat hierzu erkannt, das dann, wenn ein Unternehmer sein Personal in einen anderen Mitgliedstaat entsendet, um dort Dienst- oder werkvertragliche Leistungen durchzuführen, der Arbeitsmarkt des anderen Mitgliedstaats nicht berührt wird.[9] Es fehlt gerade an der grenzüberschreitenden Arbeitnehmerüberlassung ins Inland (vgl. Einl. Rn. 12ff.).

6 Handelt es sich beim Verleiher um eine **juristische Person oder** eine **Personenhandelsgesellschaft**, richtet sich die Strafbarkeit nach § 14 StGB, d.h. strafbar machen können sich die vertretungsberechtigten Gesellschafter oder Organe sowie Personen, die beauftragt sind, den Betrieb zu leiten oder in eigener Verantwortung Einstellungen von Leiharbeitnehmern vorzunehmen und deren Einsätze anzuordnen. Bei **Strohmanngeschäften** ist der **Strohmann selbst Arbeitgeber und Verleiher** (siehe § 1 Rn. 24 und § 3 Rn. 25), sodass er sich selbst nach Abs. 1 strafbar machen kann,[10] für den **Hintermann**, auf dessen Rechnung die Geschäfte betrieben werden, kommt nur eine **Teilnahme**, z.B. als Anstifter (§ 26 StGB) oder Gehilfe (§ 27 StGB), in Betracht (zur Teilnahme siehe auch vor § 15 Rn. 4). Etwas anderes gilt allerdings dann, wenn der Hintermann selbst den Betrieb leitet, weil er dann gemäß § 14 Abs. 2 StGB tauglicher Täter ist.[11]

bb) Teilnahme

7 **Entleiher und Leiharbeitnehmer** können als **notwendige Beteiligte** nicht Teilnehmer einer Straftat nach Abs. 1 sein (siehe vor § 15 Rn. 4). Wegen der Teilnahme sonstiger Personen siehe vor § 15 Rn. 4. Da es sich bei der Verleihertätigkeit um ein besonderes, die Strafbarkeit begründendes persönliches Merkmal i.S.v. § 28 Abs. 1 StGB handelt, ist das Strafmaß für den Teilnehmer zwingend nach § 49 Abs. 1 StGB zu mildern.

---

8 BayObLG vom 26.2.1999 – 3 ObOWi 4/99, EzAÜG § 16 AÜG Nr. 10 = wistra 1999, 277. – Ablehnend *Paetzold* in Ignor/Rixen/*Paetzold*, § 3 Rn. 93.
9 EuGH vom 27.3.1990 – C-113/89, juris Rn. 16.
10 A.A. *Richter*, BB 1992, 421, 423; *Ulber*, § 15 Rn. 8.
11 OLG Düsseldorf vom 18.8.1978 – 5 Ss (OWi) 324/78 – 403/78 I, EzAÜG § 1 AÜG Gewerbsmäßige Arbeitnehmerüberlassung Nr. 5.

II. Verleih von Ausländern ohne Genehmigung (Abs. 1) § 15

b) *Ausländer ohne Arbeitsberechtigung*

Der Verleiher muss einen Ausländer überlassen, der nicht im Besitz eines erforderlichen Aufenthaltstitels nach § 4 Abs. 3 des AufenthG, einer Aufenthaltsgestattung oder einer Duldung, die zur Ausübung der Beschäftigung berechtigen, oder einer Genehmigung nach § 284 Abs. 1 des Dritten Buches Sozialgesetzbuch ist. Diese Bestimmung ist mit Wirkung zum 1.1.2005 durch das ZuwanderungsG eingefügt worden, das die Beschäftigung von Ausländern umfassend neu geregelt hat. Ausländer ist jeder, der weder die deutsche Staatsangehörigkeit noch die Rechtsstellung eines **Deutschen nach Art. 116 Abs. 1 GG** besitzt.[12] Nach § 4 Abs. 3 AufenthG dürfen Ausländer eine Beschäftigung nur ausüben, wenn dies der Aufenthaltstitel erlaubt, soweit nicht auf Grund einer zwischenstaatlichen Vereinbarung, eines Gesetzes oder einer Rechtsverordnung die Erwerbstätigkeit auch ohne einen solchen Aufenthaltstitel gestattet ist. Hiernach ist zu unterscheiden: 8

Keiner besonderen Arbeitsberechtigung bedürfen **Unionsbürger** aus den **Mitgliedstaaten der EU** (zur Einschränkung für die Beitrittsstaaten zum 1.5.2004 und zum 1.1.2007 siehe sogleich Rn. 10) und deren Familienangehörige sowie Staatsangehörige der EWR-Staaten und deren Familienangehörige (§ 13 FreizügG/EU). Diese bedürfen im Rahmen der Freizügigkeit keiner besonderen Erlaubnis für die Ausübung einer (abhängigen) Beschäftigung in der Bundesrepublik. Auch **heimatlose Ausländer** sind vom Erfordernis einer besonderen Arbeitsberechtigung befreit (§ 17 Abs. 1 HeimatlAuslG). Dies gilt nach dem **Freizügigkeitsabkommen** zwischen der EU und der **Schweiz** vom 24.5.2003 seit dem 1.6.2003 auch für schweizer Staatsangehörige. Diese haben nach Anlage I Art. 2 Abs. 1 dieses Abkommens das Recht, sich in Deutschland aufzuhalten und eine Erwerbstätigkeit auszuüben. Dieses Recht wird durch eine Aufenthaltserlaubnis oder eine Sonderbescheinigung für Grenzgänger nachgewiesen; diese haben aber nur deklaratorischen Charakter. 9

Für **Unionsbürger** der **Mitgliedstaaten**, die zum **1.5.2004** beigetreten sind, mit Ausnahme von Malta und Zypern, sah der Beitrittsvertrag für eine Übergangsphase von bis zu sieben Jahren die Möglichkeit der Einschränkung der Arbeitnehmerfreizügigkeit vor.[13] Danach konnte die Grundfreiheit der Arbeitnehmerfreizügigkeit zunächst für zwei Jahre, 10

---

12 AnwK-ArbR/*Böhm*, § 15 AÜG Rn. 3; *Sandmann/Marschall*, § 15 Anm. 9; Schüren/ *Stracke*, § 15 Rn. 26; Thüsing/*Kudlich*, § 15 Rn. 12; *Ulber*, § 15 Rn. 10.
13 Ausführlich hierzu *Boemke*, BB 2005, 266 ff.

§ 15 Ausländische Leiharbeitnehmer ohne Genehmigung

sodann für weitere drei und unter bestimmten Voraussetzungen für nochmals zwei, insgesamt also für sieben Jahre, außer Kraft gesetzt werden. Von dieser Möglichkeit hatte Deutschland Gebrauch gemacht. Staatsangehörige aus diesen Mitgliedsstaaten benötigten gem. § 284 SGB III eine Arbeitsgenehmigung-EU, wenn sie eine Beschäftigung ausüben wollten. Eine Arbeitsgenehmigung-EU war Unionsbürgern aus den MOE-Staaten zwingend zu erteilen, sofern sie am 1.5.2004 oder später für einen ununterbrochenen Zeitraum von mindestens zwölf Monaten im Bundesgebiet zum Arbeitsmarkt zugelassen waren (§ 284 Abs. 5 SGB III i.V.m. § 12a Abs. 1 ArGV). Die Einschränkung der Arbeitnehmerfreizügigkeit gilt noch bis zum 31.12.2013 für EU-Bürger aus Bulgarien und Rumänien. Diese dürfen in Deutschland bis zu diesem Zeitpunkt eine Beschäftigung grds. nur mit Arbeitsgenehmigung ausüben.

11 **Sonstige Ausländer** bedürfen stets eines Aufenthaltstitels, der sie auch zur Ausübung einer Beschäftigung berechtigt (§ 4 Abs. 3 AufenthG), soweit dem Ausländer nicht auf Grund einer zwischenstaatlichen Vereinbarung, eines Gesetzes oder einer Rechtsverordnung die Erwerbstätigkeit ohne den Besitz eines Aufenthaltstitels gestattet ist. § 40 Abs. 1 Nr. 2 AufenthG bestimmt insoweit, dass die Zustimmung zur Beschäftigung zwingend zu versagen ist, wenn der Ausländer als Leiharbeitnehmer tätig werden will. Diese Bestimmung ist mit Art. 4 RL 2008/104/EG unvereinbar.[14]

12 Nicht tatbestandsmäßig i.S.v. Abs. 1 soll die **Überlassung von Ausländern ohne Arbeitsberechtigung ins Ausland** sein, weil nur bei einer Tätigkeit im Inland der Ausländer einer besonderen Berechtigung bedürfe.[15] Dies überzeugt nicht, weil der Leiharbeitnehmer trotz seines Auslandseinsatzes für einen inländischen Verleiher tätig und damit von diesem beschäftigt wird; nach § 4 Abs. 3 Satz 1 AufenthG dürfen Ausländer aber nur beschäftigt werden, wenn sie über einen entsprechenden Aufenthaltstitel verfügen.[16]

13 Ob der Tatbestand Abs. 1 erfüllt ist, hängt davon ab, ob die erforderliche Arbeitsberechtigung vorlag oder nicht. Maßgeblich hierfür ist allein die formelle, nicht die materielle Rechtslage. Es kommt nur darauf

---

14 *Rieble/Vielmeier*, EuZA Band 4 (2011), S. 474, 493 ff.
15 Erbs/Kohlhaas/*Ambs*, Strafrechtliche Nebengesetze, § 15 AÜG Rn. 6; *Sandmann/Marschall*, § 15 Anm. 11; Schüren/*Stracke*, § 15 Rn. 20.
16 Zustimmend AnwK-ArbR/*Böhm*, § 15 AÜG Rn. 3; *Ulber*, § 15 Rn. 14. – Differenzierend Thüsing/*Kudlich*, § 15 Rn. 16 f.

II. Verleih von Ausländern ohne Genehmigung (Abs. 1)   § 15

an, ob zum **Zeitpunkt der Überlassung** die erforderliche Arbeitsberechtigung **formell wirksam** vorlag oder nicht.[17] Daher **scheidet Abs. 1 aus, wenn der Ausländer im Besitz einer Arbeitsberechtigung** war, obwohl ihm materiell-rechtlich diese zu versagen gewesen wäre.[18] Umgekehrt wird der Straftatbestand verwirklicht, wenn ein Ausländer überlassen wird, der zwar nicht im Besitz einer Arbeitsberechtigung ist, hierauf aber nach materiellem Recht einen Anspruch gehabt hätte.[19]

c) Überlassen an einen Dritten

Schließlich muss der Ausländer an einen Dritten überlassen werden. Zum Begriff der Arbeitnehmerüberlassung siehe § 1 Rn. 9 ff., 23 ff., zum Begriff des Dritten siehe § 1 Rn. 39 ff. Der Straftatbestand ist erst **mit dem Überlassen verwirklicht**, wenn also dem **Entleiher die Möglichkeit eingeräumt** wird, **das arbeitsrechtliche Direktionsrecht auszuüben**. Der **Abschluss des Arbeitsvertrags** mit dem Leiharbeitnehmer ist **bloße, straflose Vorbereitungshandlung**.[20] Auch der **Abschluss des Arbeitnehmerüberlassungsvertrags** zwischen Verleiher und Entleiher **genügt nicht**,[21] wenn nicht gleichzeitig die sofortige Berechtigung zur Ausübung des Weisungsrechts auf den Entleiher übertragen wird.   **14**

Der Tatbestand erfordert das Tätigwerden im Rahmen der wirtschaftlichen Tätigkeit hinsichtlich der Arbeitnehmerüberlassung, nicht hinsichtlich der Überlassung ausländischer Arbeitnehmer ohne Erlaubnis. Daher reicht es zur **Tatbestandsverwirklichung** aus, dass **ein einziger ausländischer Arbeitnehmer überlassen** wird, der nicht im Besitz der erforderlichen Arbeitsberechtigung ist.[22]   **15**

---

17 BGH vom 27.4.2005 – 2 StR 457/04, NJW 2005, 2095, 2097 f. – In Zusammenhang mit der Erschleichung eines Aufenthaltstitels – Straftat nach dem außer Kraft getretenen AuslG: BGH vom 24.10.2007 – 1 StR 160/07, NJW 2008, 595, 598; BayObLG vom 17.5.2000 – 4 St RR 55/2000, NStZ-RR 2000, 344, 346. – A.A. OVG Münster vom 20.2.2001 – 18 B 2025/99, NVwZ-RR 2001, 538, 538.
18 Vgl. BGH vom 24.10.2007 – 1 StR 160/07, NJW 2008, 595, 598; Thüsing/*Kudlich*, Vorb. §§ 15 ff. Rn. 31; Schüren/*Stracke*, § 15 Rn. 35; *Ulber*, § 15 Rn. 11. – Ausführlich zur Problemstellung Thüsing/*Kudlich*, Vorb. §§ 15 ff. Rn. 28.
19 Thüsing/*Kudlich*, Vorb. § 15 Rn. 29; Schüren/*Stracke*, § 15 Rn. 35; *Ulber*, § 15 Rn. 13.
20 *Ulber*, § 15 Rn. 14.
21 Thüsing/*Kudlich*, § 15 Rn. 18.
22 BGH vom 14.4.1981 – 1 StR 676/80, BB 1981, 1219; AnwK-ArbR/*Böhm*, § 15 AÜG Rn. 5; Erbs/Kohlhaas/*Ambs*, Strafrechtliche Nebengesetze, § 15 AÜG Rn. 5; Münch-

2. Subjektiver Tatbestand

16 Da fahrlässiges Handeln nicht ausdrücklich unter Strafe gestellt ist, setzt die Tatbestandsverwirklichung voraus, dass der Verleiher **hinsichtlich sämtlicher Tatbestandsmerkmale vorsätzlich** gehandelt hat (vgl. § 15 StGB). Ihm muss bewusst sein, dass:

17 – Er selbst keine Erlaubnis zur Arbeitnehmerüberlassung hat.

18 – Es sich um einen ausländischen Arbeitnehmer handelt, der einer besonderen Arbeitsberechtigung bedarf. Daher scheidet (Vorsatz-)Strafbarkeit nach dieser Bestimmung aus, wenn der Verleiher den Leiharbeitnehmer für einen spanischen Staatsbürger hält, obwohl dieser aus Südamerika kommt. Hingegen liegt vorsätzliches Verhalten vor, wenn der Verleiher falsche rechtliche Schlüsse zieht, z.B. glaubt, dass Südamerikaner, die spanisch sprechen, keine besondere Arbeitsberechtigung benötigen.[23]

19 – Der ausländische Arbeitnehmer nicht im Besitz einer besonderen Arbeitsberechtigung ist.

20 – Er Arbeitnehmerüberlassung betreibt.

21 Ein Irrtum über diese Tatumstände schließt nach § 16 Abs. 1 Satz 1 StGB den Vorsatz aus; **fahrlässiges, auch grob fahrlässiges Handeln ist unschädlich**, kann aber **nach § 16 Abs. 1 Nr. 1 oder** gemäß **§ 404 Abs. 2 Nr. 3 SGB III** als **Ordnungswidrigkeit** geahndet werden. Die bloße Annahme, die Arbeitnehmerüberlassung im Rahmen einer wirtschaftlichen Tätigkeit sei im konkreten Fall ohne Erlaubnis zulässig bzw. der ausländische Arbeitnehmer benötige keine besondere Arbeitserlaubnis, berührt den Vorsatz nicht, sondern begründet lediglich einen, allerdings in der Regel vermeidbaren, Verbotsirrtum nach § 17 StGB,[24] sodass allenfalls eine Strafmilderung nach § 49 StGB in Betracht kommt.

22 Umstritten ist die Einordnung eines **Irrtums darüber, ob Arbeitnehmerüberlassung vorliegt**, wenn also der Verleiher die tatsächlichen Umstände kennt, die zur Einordnung als Arbeitnehmerüberlassung

---

Komm/*Mosbacher*, § 15 AÜG Rn. 12; Schüren/*Stracke*, § 15 Rn. 20; Thüsing/*Kudlich*, § 15 Rn. 12; *Ulber*, § 15 Rn. 10, 14.

23 Siehe Schüren/*Stracke*, § 15 Rn. 48.

24 OLG Düsseldorf vom 4.9.1979 – 5 Ss (OWi) 480/79-477/79 I, EzAÜG § 1 AÜG Gewerbsmäßige Arbeitnehmerüberlassung Nr. 10; AnwK-ArbR/*Böhm*, § 15 AÜG Rn. 6; Erbs/Kohlhaas/*Ambs*, Strafrechtliche Nebengesetze, § 15 AÜG Rn. 10; ErfK/*Wank*, § 15 AÜG Rn. 5; *Sandmann/Marschall*, § 15 Anm. 12; Schüren/*Stracke*, § 15 Rn. 52.

II. Verleih von Ausländern ohne Genehmigung (Abs. 1) § 15

führt, aber irrig davon ausgeht, dass mit dem Entleiher lediglich ein Werkvertrag geschlossen wurde. Ein bloßer Verbotsirrtum nach § 17 StGB, der die Strafbarkeit nicht entfallen lässt, liegt dann vor, wenn dem Verleiher bekannt war, dass er an den Entleiher das arbeitsrechtliche Weisungsrecht überträgt und gleichwohl irrig daran festhält, es sei lediglich der Drittpersonaleinsatz im Rahmen von Werkverträgen gegeben.[25] Ist der Verleiher hingegen irrig davon ausgegangen, dass er das Weisungsrecht nicht zur Ausübung dem Entleiher überlässt, dann hat er keine Kenntnis vom Tatbestandsmerkmal „überlässt", sodass ein tatbestandsausschließender Tatumstandsirrtum nach § 16 StGB vorliegt.[26]

3. Strafrahmen

Die Verwirklichung des Abs. 1 hat für den Täter im Falle seiner Verurteilung eine **Freiheitsstrafe bis zu drei Jahren oder Geldstrafe (= Regelstrafrahmen)** zur Folge. Die Geldstrafe wird in Tagessätzen bemessen und beträgt mindestens 5 und höchstens 360 Tagessätze (§ 40 Abs. 1 StGB). Die Höhe des einzelnen Tagessatzes bestimmt sich nach den persönlichen und wirtschaftlichen Verhältnissen des Täters und beträgt mindestens 1 Euro und höchstens 30.000 Euro (§ 40 Abs. 2 StGB). Wird auf Freiheitsstrafe erkannt, beträgt diese mindestens einen Monat (§ 38 Abs. 2 StGB) und höchstens 3 Jahre. Eine Freiheitsstrafe unter einem Jahr wird ggf. nach vollen Wochen und Monaten, eine längere Freiheitsstrafe ggf. nach vollen Monaten und Jahren verhängt (§ 39 StGB). 23

Regelmäßig wird bei Straftaten nach Abs. 1 der Verleiher in der Absicht handeln, sich zu bereichern, sodass **nach § 41 StGB Freiheits- und Geldstrafe nebeneinander** verhängt werden können, wenn dies unter Berücksichtigung der persönlichen und wirtschaftlichen Verhältnisse des Täters angebracht ist. Für die Strafzumessung gelten die allgemeinen Grundsätze des § 46 StGB. Hierbei ist der Wille des Gesetzgebers, wirksam und nachhaltig gegen illegale Arbeitnehmerüberlassung einzuschreiten, zu berücksichtigen. 24

Die Überlassung eines Ausländers ohne die erforderlichen Erlaubnisse erfüllt in jedem Fall den Tatbestand des Abs. 1. Bei **Überlassung mehrerer Ausländer**, auch an ein und denselben Entleiher, liegt **Tatmehr-** 25

---

25 Vgl. hierzu Schüren/*Stracke*, § 15 Rn. 52; Thüsing/*Kudlich*, § 15 Rn. 14f.
26 Stets für Tatumstandsirrtum *Ulber*, § 15 Rn. 16.

Boemke   901

heit (§ 53 Abs. 1 StGB) vor,[27] zugleich können die Voraussetzungen von Abs. 2 gegeben sein (dazu unten Rn. 28ff.).

4. Konkurrenzen

26 Straftaten nach Abs. 1 verwirklichen **zugleich Ordnungswidrigkeitentatbestände nach § 16 Abs. 1 Nr. 1 sowie nach § 404 Abs. 2 Nr. 3 SGB III.**[28] Nach § 21 Abs. 1 Satz 1 OWiG **treten** die Ordnungswidrigkeitentatbestände hinter die Straftat **zurück**. Sie kommen aber dann zum Tragen, wenn nach Abs. 1 keine Strafe verhängt werden kann, z. B. weil der Vorsatz nicht nachzuweisen ist. Hinsichtlich Straftaten nach §§ 10, 10a, 11 SchwarzArbG wird häufig Tateinheit (§ 52 StGB) gegeben sein.[29]

27 Soweit vertreten wird, dass der Verleiher nicht zugleich mit Abs. 1 eine Ordnungswidrigkeit nach § 404 Abs. 2 Nr. 3 SGB III bzw. eine Straftat nach §§ 10, 10a, 11 SchwarzArbG begehen kann, weil der Leiharbeitsvertrag nach § 9 Nr. 1 Alt. 2 auf Grund des Fehlens der Arbeitnehmerüberlassungserlaubnis unwirksam ist, sodass er den ausländischen Arbeitnehmer nicht beschäftigt,[30] wird der Begriff der Beschäftigung i. S. d. § 404 Abs. 2 Nr. 3 SGB III und des SchwarzArbG verkannt. Eine Beschäftigung in diesem Sinne setzt nämlich keinen wirksamen Arbeitsvertrags voraus. **§ 284 Abs. 1 SGB III und § 4 Abs. 3 Satz 2 AufenthG verbieten** lediglich die **tatsächliche Beschäftigung**.[31] Damit genügt für einen Verstoß die tatsächliche Erbringung einer abhängigen und fremdbestimmten entgeltlichen Arbeitsleistung **unabhängig von der Wirksamkeit des Leiharbeitsvertrags**. Soweit folglich die Rechtsbeziehung zwischen Verleiher und dem ausländischen Leiharbeitnehmer vollzogen wird, indem trotz der Rechtsfolge des § 9 Nr. 1 von der Wirksamkeit des Leiharbeitsvertrags ausgegangen wird, untersteht der Leiharbeitnehmer tatsächlich den Weisungen des Verleihers. Folglich

---

27 AnwK-ArbR/*Böhm*, § 15 AÜG Rn. 7; Thüsing/*Kudlich*, § 15 Rn. 23. – Differenzierend *Ulber*, § 15 Rn. 19.
28 Schüren/*Stracke*, § 15 Rn. 59.
29 Vgl. hierzu Schüren/*Stracke*, § 15 Rn. 62.
30 MünchKomm/*Mosbacher*, § 15 AÜG Rn. 17.
31 Vgl. *Gagel/Bieback*, 46. Ergänzungslieferung 2012, § 284 SGB III Rn. 5, 49; Niesel/ Brand/*Düe*, § 284 SGB III Rn. 10; Renner/*Dienelt/Röseler*, Ausländerrecht, § 4 AufenthG Rn. 61, 239. – Für Beschäftigungsverbot auch LAG Berlin vom 26.11.2002 – 3 Sa 1530/02, BB 2003, 1569, 1570; LAG Hamm vom 9.2.1999 – 6 Sa 1700/98, NZA-RR 1999, 240; LSG Baden-Württemberg vom 12.9.2000 – L 13 AL 2570/99, juris Rn. 16; LSG Nordrhein-Westfalen vom 7.10.2011 – L 19 AS 1560/11 B ER, juris Rn. 42.

besteht eine den Tatbestand erfüllende Beschäftigung i.S.d. § 404 Abs. 2 Nr. 3 SGB III bzw. i.S.d. SchwarzArbG durch den Verleiher.

III. Besonders schwere Fälle (Abs. 2)

1. Allgemeines

Nach Abs. 2 Satz 1 beträgt die Freiheitsstrafe bei illegalem Verleih ausländischer Arbeitnehmer ohne Arbeitserlaubnis **in besonders schweren Fällen bis zu fünf Jahren**. Abs. 2 Satz 2 nennt hierfür zwei **Regelbeispiele**, die aber **nicht abschließend** sind.[32] Trotz der Strafschärfung bleibt es auch im Rahmen des Abs. 2 bei der **Straflosigkeit des Versuchs** (vgl. §§ 12 Abs. 3, 23 Abs. 1 StGB).

28

Soweit die besondere Schwere der Straftat, wie z.B. bei den Regelbeispielen von Abs. 2 Satz 2, an **besonderen persönlichen Merkmalen** anknüpft, kommt eine Strafbarkeit nach dem Qualifikationstatbestand nur bei den Beteiligten in Betracht, die diese Qualifikationsmerkmale selbst erfüllen (§ 28 Abs. 2 StGB). Handelt nur der Verleiher, nicht aber sein Gehilfe gewerbsmäßig, bestimmt sich für den Verleiher als Täter die Strafe nach Abs. 2, während für seinen Gehilfen Abs. 1 i.V.m. §§ 27 Abs. 2, 28 Abs. 2, 49 Abs. 1 StGB einschlägig ist.

29

2. Besonders schwerer Fall (Abs. 2 Satz 1)

Ein besonders schwerer Fall liegt vor, wenn die **objektiven und subjektiven Umstände** der Tat **die üblichen** und damit für den ordentlichen Strafrahmen zu berücksichtigenden **Fälle an Strafwürdigkeit** so **übertreffen**, dass dieser zur Ahndung der Tat nicht mehr ausreicht.[33] Das gesamte Tatbild muss vom Durchschnitt der erfahrungsgemäß vorkommenden Fälle in einem Maß abweichen, das die Anwendung des höheren Strafrahmens gebietet.[34] Das ist insbesondere dann gegeben, wenn der verbrecherische Wille des Täters besonders hartnäckig oder außergewöhnlich stark ist, er sich außergewöhnlich niederträchtig ver-

30

---

32 BGH vom 24.6.1987 – 3 StR 200/87, EzAÜG § 15 AÜG Nr. 1; Erbs/Kohlhaas/*Ambs*, Strafrechtliche Nebengesetze, § 15 AÜG Rn. 13; ErfK/*Wank*, § 15 AÜG Rn. 6; Schüren/*Stracke*, § 15 Rn. 38; Thüsing/*Kudlich*, § 15 Rn. 26; *Ulber*, § 15 Rn. 22.
33 BGH vom 24.6.1987 – 3 StR 200/87, EzAÜG § 15 AÜG Nr. 1; *Sandmann/Marschall*, § 15 Anm. 16; *Ulber*, § 15 Rn. 22. – Vgl. ähnlich auch BGH vom 14.4.1981 – 1 StR 676/80, BB 1981, 1219, 1220.
34 Vgl. Erbs/Kohlhaas/*Ambs*, Strafrechtliche Nebengesetze, § 15 AÜG Rn. 13; Thüsing/*Kudlich*, § 15 Rn. 33; *Ulber*, § 15 Rn. 22.

§ 15 Ausländische Leiharbeitnehmer ohne Genehmigung

halten hat, der durch die Tat verursachte Schaden außerordentlich groß ist, die angewendeten Tatmittel besonders gefährlich sind oder die Tat bzw. Verleihmethode erheblich negative Auswirkungen auf einen größeren Personenkreis oder die Allgemeinheit zur Folge hat.[35]

3. Regelbeispiele (Abs. 2 Satz 2)

a) Gewerbsmäßiges Handeln (Alt. 1)

31 Ein besonders schwerer Fall ist i.d.R. verwirklicht, wenn der Täter gewerbsmäßig handelt. Dabei soll nach allgemeiner Auffassung im Rahmen des Abs. 2 der **strafrechtliche Begriff der Gewerbsmäßigkeit** maßgeblich sein,[36] wobei sich das strafschärfende Merkmal der **Gewerbsmäßigkeit** konkret auf den **Verleih ausländischer Leiharbeitnehmer ohne Erlaubnis** beziehen muss.[37] Danach ist dieses Regelbeispiel nur erfüllt, wenn sich der Verleiher durch die **wiederholte Überlassung** ausländischer Arbeitnehmer ohne Arbeitserlaubnis **eine nicht nur vorübergehende Einnahmequelle** verschaffen will.[38] Allerdings soll nach Auffassung des BGH für die Annahme eines besonders schweren Falls das gewerbsmäßige Handeln allein nicht ausreichen. Vielmehr müsse die Tat sich **insgesamt als besonders strafwürdig** erweisen, z.B. wenn die ausländischen Arbeitnehmer ausgebeutet oder sonst erheblich benachteiligt werden.[39] Soweit diese Rechtsprechung kritisiert wird, weil sie zu einer weitgehenden Bedeutungslosigkeit die-

---

35 *Sandmann/Marschall*, § 15 Anm. 16. – Siehe hierzu auch AnwK-ArbR/*Böhm*, § 15 AÜG Rn. 9; Erbs/Kohlhaas/*Ambs*, Strafrechtliche Nebengesetze, § 15 AÜG Rn. 13; ErfK/*Wank*, § 15 AÜG Rn. 6; Thüsing/*Kudlich*, § 15 Rn. 34.

36 BT-Drs. 7/3100, S. 6; BGH vom 14.4.1981 – 1 StR 676/80, BB 1981, 1219, 1220; AnwK-ArbR/*Böhm*, § 15 AÜG Rn. 11; Erbs/Kohlhaas/*Ambs*, Strafrechtliche Nebengesetze, § 15 AÜG Rn. 14; ErfK/*Wank*, § 15 AÜG Rn. 7; Schüren/*Stracke*, § 15 Rn. 40; Thüsing/*Kudlich*, § 15 Rn. 27; *Ulber*, § 15 Rn. 24.

37 BT-Drs. 7/3100, S. 6, 7; *Sandmann/Marschall*, § 15 Anm. 17; Schüren/*Stracke*, § 15 Rn. 42; *Ulber*, § 15 Rn. 24.

38 BT-Drs. 7/3100, S. 6, 7; BGH vom 14.4.1981 – 1 StR 676/80, BB 1981, 1219, 1220; Erbs/Kohlhaas/*Ambs*, Strafrechtliche Nebengesetze, § 15 AÜG Rn. 14; ErfK/*Wank*, § 15 AÜG Rn. 7; *Sandmann/Marschall*, § 15 Anm. 18; Schüren/*Stracke*, § 15 Rn. 41; Thüsing/*Kudlich*, § 15 Rn. 27.

39 BGH vom 14.4.1981 – 1 StR 676/80, BB 1981, 1219, 1220. – So auch ErfK/*Wank*, § 15 AÜG Rn. 6; *Sandmann/Marschall*, § 15 Anm. 18. – Ähnlich auch BGH vom 31.3.1982 – 2 StR 744/81, NJW 1982, 1952, 1954; MünchKomm/*Mosbacher*, § 15 AÜG Rn. 18; Schüren/*Stracke*, § 15 Rn. 43. – Kritisch Thüsing/*Kudlich*, § 15 Rn. 30; *Ulber*, § 15 Rn. 25.

IV. Weitere Rechtsfolgen § 15

ses Regelbeispiels führe,⁴⁰ wird nicht hinreichend beachtet, dass die **Regelbeispiele nur Indizwirkung** haben und die Annahme eines besonders schweren Falls immer eine Gesamtwürdigung unter Abwägung aller Umstände erfordert.⁴¹

b) Grober Eigennutz (Alt. 2)

Das Merkmal des groben Eigennutzes ist dann verwirklicht, wenn der **32** Täter **in besonders anstößigem Maße nach eigenen wirtschaftlichen Vorteilen** strebt⁴² (vgl. auch § 370 Abs. 3 Nr. 1 AO). Das Gewinnstreben muss deutlich über dem üblichen kaufmännischen Maß liegen, braucht aber den Grad der Gewinnsucht nicht zu erreichen.⁴³ Das Erzielen **wirtschaftlicher Vorteile allein reicht** zur Verwirklichung des Regelbeispiels **nicht aus**; vielmehr muss das **Verhalten als solches besonders anstößig** erscheinen. Auf der Täterseite muss daher hinzukommen, dass er skrupellos die Notlage der ausländischen Arbeitnehmer zu seinem Vorteil ausnutzt.⁴⁴

4. Strafrahmen

Abweichend von Abs. 1 sieht Abs. 2 für den besonders schweren Fall **33** eine Mindestfreiheitsstrafe von sechs Monaten vor. Die Höchststrafe beträgt fünf Jahre. Im Übrigen wird auf die Erläuterungen zu Abs. 1 (siehe oben Rn. 23 ff.) verwiesen.

IV. Weitere Rechtsfolgen

1. Zivilrechtliche Folgen

Bei den zivilrechtlichen Folgen einer illegalen Überlassung von Aus- **34** ländern ohne Arbeitsberechtigung ist zwischen den einzelnen Rechtsverhältnissen zu unterscheiden:

Das **Fehlen der Verleihererlaubnis** führt dazu, dass nach § 9 Nr. 1 der **35** **Arbeitsvertrag zwischen Verleiher und Leiharbeitnehmer unwirk-**

---

40 *Bückle*, BB 1981, 1529, 1531; Erbs/Kohlhaas/*Ambs*, Strafrechtliche Nebengesetze, § 15 AÜG Rn. 15.
41 Schüren/*Stracke*, § 15 Rn. 43.
42 BT-Drs. 7/3100, S. 6; Erbs/Kohlhaas/*Ambs*, Strafrechtliche Nebengesetze, § 15 AÜG Rn. 16; ErfK/*Wank*, § 15 AÜG Rn. 7; *Sandmann/Marschall*, § 15 Anm. 19; Schüren/*Stracke*, § 15 Rn. 44.
43 Thüsing/*Kudlich*, § 15 Rn. 31. – Vgl. ähnlich Schüren/*Stracke*, § 15 Rn. 44.
44 *Ulber*, § 15 Rn. 26.

sam ist. Wegen der Rechtsfolgen vgl. § 9 Rn. 63 ff. und § 10 Rn. 17 ff. Ersatz des Vertrauensschadens nach § 10 Abs. 2 kann der Leiharbeitnehmer allerdings nicht verlangen, weil wegen des Fehlens der Arbeitsberechtigung ein Beschäftigungsverbot bestand, er also auch bei einem wirksamen Arbeitsverhältnis nicht hätte beschäftigt werden dürfen. Da der Arbeitnehmer dieses Beschäftigungshindernis zu vertreten hat, würde nach § 326 Abs. 1 i.V.m. § 275 Abs. 1 BGB der Anspruch auf die Vergütung entfallen.

36 Wegen des Fehlens der Verleiherlaubnis ist nach § 9 Nr. 1 auch der **Arbeitnehmerüberlassungsvertrag unwirksam**. Wegen der Rechtsfolgen siehe § 9 Rn. 48 ff.

37 **Zwischen Entleiher und Leiharbeitnehmer** kommt nach §§ 10 Abs. 1, 9 Nr. 1 ein **Arbeitsverhältnis** zustande (siehe § 10 Rn. 13 ff.), und zwar auch, wenn Verleih- und Arbeitserlaubnis fehlen.[45] Da der Entleiher den ausländischen Arbeitnehmer ohne Arbeitserlaubnis aber nicht beschäftigen darf, kann er das Arbeitsverhältnis aus personenbedingten Gründen ordentlich kündigen.[46]

2. Sonstige Rechtsfolgen

38 Die Verwirklichung eines Straftatbestands nach dieser Bestimmung begründet die Unzuverlässigkeit i.S.v. § 3 Abs. 1 Nr. 1. Die BA hat in diesem Fall die Erteilung einer **Überlassungserlaubnis** zu **versagen**.[47]

39 Nach § 21 Abs. 1 Satz 1 Nr. 3 SchwarzArbG sollen Verleiher, die nach dieser Bestimmung zu einer Freiheitsstrafe von mehr als drei Jahren oder zu einer Geldstrafe von mehr als neunzig Tagessätzen verurteilt oder mit einer Geldbuße von wenigstens 2.500 € belegt worden sind, bis zur Dauer von drei Jahren von **öffentlichen Bauaufträgen ausgeschlossen** werden.

40 Schließlich haftet nach § 66 Abs. 4 Satz 1 Nr. 1 AufenthG der Verleiher für die **Abschiebekosten**, wenn er einen ausländischen Arbeitnehmer ohne eine erforderliche Arbeitsberechtigung beschäftigt hat.[48] Die **Haftung** besteht **trotz** der durch die Überlassung ohne Erlaubnis eintretende **Unwirksamkeit des Arbeitsvertrags** zwischen Verleiher und Leih-

---

45 OLG Hamm vom 14.11.1980 – 5 Ss OWi 1967/80, BB 1981, 122, 123.
46 Vgl. auch *Ulber*, § 15 Rn. 29.
47 MünchKomm/*Mosbacher*, § 15 AÜG Rn. 19; Schüren/*Stracke*, § 15 Rn. 92; Thüsing/*Kudlich*, § 15 Rn. 38; *Ulber*, § 15 Rn. 31.
48 Vgl. MünchKomm/*Mosbacher*, § 15 AÜG Rn. 19; Schüren/*Stracke*, § 15 Rn. 95 f.; *Ulber*, § 15 Rn. 33, Art. 5 Rn. 3; Thüsing/*Kudlich*, § 15 Rn. 40.

arbeitnehmer nach § 9 Nr. 1. Bis zur tatsächlichen Überlassung des Arbeitnehmers tritt keine Unwirksamkeit des Arbeitsvertrags nach § 9 Nr. 1 ein (siehe § 9 Rn. 60 ff.), sodass der Verleiher den ausländischen Leiharbeitnehmer beschäftigt. Unabhängig hiervon wird der Begriff der **Beschäftigung i.S.d. § 66 Abs. 4 Satz 1 Nr. 1 AufenthG** als Arbeitnehmer **weit ausgelegt**, sodass ohnehin kein wirksames Arbeitsverhältnis vorausgesetzt wird. Vielmehr genügt die Erbringung einer irgend gearteten abhängigen und fremdbestimmten Arbeitsleistung, für die ein Entgelt gewährt wird.[49] Soweit folglich die Rechtsbeziehung zwischen Verleiher und dem ausländischen Leiharbeitnehmer während der Zeit der Überlassung vollzogen wird, indem trotz der Rechtsfolge des § 9 Nr. 1 von der Wirksamkeit des Leiharbeitsvertrags ausgegangen wird, untersteht der Leiharbeitnehmer tatsächlich den Weisungen des Verleihers. Folglich besteht eine den Tatbestand erfüllende Beschäftigung i.S.d. § 66 Abs. Satz 1 Nr. 1 AufenthG durch den Verleiher.

---

49 Vgl. noch zu den Vorgängerregelungen BVerwG vom 3.11.1987 – 1 C 37/84, NVwZ 1988, 256, 256; VG Stade vom 27.1.2004 – 2 A 359/01, NVwZ-RR 2004, 536, 536; Hk-AuslR/*Geyer*, § 66 AufenthG Rn. 7; Schüren/*Stracke*, § 15 Rn. 99; *Ulber*, Art. 5 Rn. 4.

§ 15a Entleih von Ausländern ohne Genehmigung

(1) Wer als Entleiher einen ihm überlassenen Ausländer, der einen erforderlichen Aufenthaltstitel nach § 4 Abs. 3 des Aufenthaltsgesetzes, eine Aufenthaltsgestattung oder eine Duldung, die zur Ausübung der Beschäftigung berechtigen, oder eine Genehmigung nach § 284 Abs. 1 des Dritten Buches Sozialgesetzbuch nicht besitzt, zu Arbeitsbedingungen des Leiharbeitsverhältnisses tätig werden lässt, die in einem auffälligen Missverhältnis zu den Arbeitsbedingungen deutscher Leiharbeitnehmer stehen, die die gleiche oder eine vergleichbare Tätigkeit ausüben, wird mit Freiheitsstrafe bis zu drei Jahren oder mit Geldstrafe bestraft. In besonders schweren Fällen ist die Strafe Freiheitsstrafe von sechs Monaten bis zu fünf Jahren; ein besonders schwerer Fall liegt in der Regel vor, wenn der Täter gewerbsmäßig oder aus grobem Eigennutz handelt.

(2) Wer als Entleiher

1. gleichzeitig mehr als fünf Ausländer, die einen erforderlichen Aufenthaltstitel nach § 4 Abs. 3 des Aufenthaltsgesetzes, eine Aufenthaltsgestattung oder eine Duldung, die zur Ausübung der Beschäftigung berechtigen, oder eine Genehmigung nach § 284 Abs. 1 des Dritten Buches Sozialgesetzbuch nicht besitzen, tätig werden läßt oder

2. eine in § 16 Abs. 1 Nr. 2 bezeichnete vorsätzliche Zuwiderhandlung beharrlich wiederholt,

wird mit Freiheitsstrafe bis zu einem Jahr oder mit Geldstrafe bestraft. Handelt der Täter aus grobem Eigennutz, ist die Strafe bis zu drei Jahren oder Geldstrafe.

Literatur: *Bückle*, Beschäftigung von Leiharbeitnehmern ohne Arbeitserlaubnis, BB 1981, 1529.

Übersicht

	Rn.		Rn.
I. Vorbemerkungen	1	II. Beschäftigung zu ausbeuterischen Bedingungen	3
1. Entstehungsgeschichte	1		
2. Sinn und Zweck der Vorschrift	2	1. Grundtatbestand (Abs. 1 Satz 1)	3

I. Vorbemerkungen § 15a

	Rn.		Rn.
a) Objektiver Tatbestand	3	1. Umfangreicher Entleih (Abs. 2 Satz 1 Nr. 1)	15
b) Subjektiver Tatbestand	11	2. Beharrlich wiederholter Entleih (Abs. 2 Satz 1 Nr. 2)	17
c) Strafrahmen	12	3. Qualifikation (Abs. 2 Satz 2)	20
2. Besonders schwere Fälle (Abs. 1 Satz 2)	13		
III. Umfangreicher und beharrlich wiederholter Entleih (Abs. 2)	14		

I. Vorbemerkungen

1. Entstehungsgeschichte

Die Bestimmung war in der **ursprünglichen Fassung** des AÜG nicht 1
enthalten; Abs. 1 wurde erst **durch** das **Gesetz** zur Änderung des AFG
und des AÜG vom 25.6.1975[1] als **selbstständiger Straftatbestand
eingeführt.** Zuvor handelte ein Entleiher lediglich nach § 16 Abs. 1
Nr. 2 ordnungswidrig, obwohl er unter Umständen ein erhebliches kriminelles Unrecht verwirklichte.[2] Durch das **BeschFG 1985** wurde der
seinerzeitige Abs. 2 als Satz 1 in Abs. 1 einbezogen. Zugleich wurden
zwei zusätzliche Qualifikationstatbestände als neuer Abs. 2 eingefügt. Die Vorschrift wurde durch Art. 63 Nr. 11 AFRG mit Wirkung
vom 1.1.1998 an die zum gleichen Zeitpunkt in Kraft tretenden Bestimmungen des SGB III sowie durch Art. 11 Nr. 21 des Zuwanderungsgesetzes mit Wirkung zum 1.1.2005 an die durch das Zuwanderungsgesetz neu geschaffenen Bestimmungen über die Ausländerbeschäftigung
redaktionell angepasst. Art. 13 Nr. 2 des Gesetzes zur Erleichterung der
Bekämpfung von illegaler Beschäftigung und Schwarzarbeit[3] hat
Abs. 2 Nr. 1 deutlich verschärft; hierdurch wurde die Voraussetzung
„mindestens dreißig Kalendertage" gestrichen.

2. Sinn und Zweck der Vorschrift

Die Bestimmung **ergänzt den Bußgeldtatbestand des § 16 Abs. 1** 2
Nr. 2 und soll als Straftatbestand dazu beitragen, wirksamer die illegale
Beschäftigung ausländischer Arbeitnehmer bekämpfen zu können.
Hierbei geht es zum einen um die **Ordnung des Arbeitsmarkts,** insbesondere sollen die Beschäftigungschancen deutscher sowie ihnen

---
1 BGBl. I, S. 1542.
2 BT-Drs. 7/3100, S. 6.
3 BGBl. 2002 I, S. 2787.

gleichgestellter Arbeitnehmer erhöht werden.⁴ Zum anderen soll verhindert werden, dass ausländische Arbeitnehmer über die Entlohnung hinaus zu diskriminierenden Arbeitsbedingungen beschäftigt werden,⁵ sie dient insoweit dem **Persönlichkeits- und dem Gesundheitsschutz der Arbeitnehmer.**⁶

II. Beschäftigung zu ausbeuterischen Bedingungen

1. Grundtatbestand (Abs. 1 Satz 1)

a) Objektiver Tatbestand

3 Nach Abs. 1 Satz 1 wird mit Freiheitsstrafe bis zu drei Jahren oder mit Geldstrafe bestraft, wer als Entleiher einen ihm überlassenen Ausländer, der einen erforderlichen Aufenthaltstitel nach § 4 Abs. 3 des Aufenthaltsgesetzes, eine Aufenthaltsgestattung oder eine Duldung, die zur Ausübung der Beschäftigung berechtigen, oder eine Genehmigung nach § 284 Abs. 1 des Dritten Buches Sozialgesetzbuch nicht besitzt, zu Arbeitsbedingungen des Leiharbeitsverhältnisses tätig werden lässt, die in einem auffälligen Missverhältnis zu den Arbeitsbedingungen deutscher Leiharbeitnehmer stehen, welche die gleiche oder eine vergleichbare Tätigkeit ausüben.

4 **Täter** kann nur der **Entleiher** sein, also derjenige, dem durch den Verleiher die Befugnis eingeräumt wird, den Anspruch auf die Arbeitsleistung und die zur Konkretisierung der Arbeitsleistungspflicht notwendigen Weisungsrechte gegenüber dem Leiharbeitnehmer geltend zu machen.⁷ Gleichgültig ist, ob der Arbeitnehmer im Rahmen einer Arbeitnehmerüberlassung überlassen wurde, die im Bereich der wirtschaftlichen Tätigkeit des Verleihers stattfindet, weil die Bestimmung im Unterschied zu § 15 gerade nicht auf die Erlaubnis des Verleihers abstellt.⁸ Hat der im Rahmen einer wirtschaftlichen Tätigkeit handelnde **Verleiher** allerdings **nicht die erforderliche Erlaubnis**, dann **scheidet eine Strafbarkeit nach Abs. 1 aus**, weil in diesem Falle der „Entlei-

---

4 BT-Drs. 10/2102, S. 20 – Vgl. auch Schüren/*Stracke*, § 15a Rn. 7; Thüsing/*Kudlich*, § 15a Rn. 2; *Ulber*, § 15a Rn. 3.
5 BT-Drs. 7/3100, S. 5; Schüren/*Stracke*, § 15a Rn. 7.
6 Thüsing/*Kudlich*, § 15a Rn. 2; *Ulber*, § 15a Rn. 3.
7 *Boemke*, Schuldvertrag, S. 560. – Zust. Thüsing/*Kudlich*, § 15a Rn. 7.
8 Thüsing/*Kudlich*, § 15a Rn. 11; *Ulber*, § 15a Rn. 4. – A.A. Erbs/Kohlhaas/*Ambs*, Strafrechtliche Nebengesetze, § 15a AÜG Rn. 2; Schüren/*Stracke*, § 15a Rn. 12; ErfK/ *Wank*, § 15a AÜG Rn. 2.

II. Beschäftigung zu ausbeuterischen Bedingungen § 15a

her" kraft Gesetzes nach §§ 10 Abs. 1, 9 Nr. 1 Arbeitgeber des Leiharbeitnehmers wird (vgl. § 10 Rn. 13ff.).[9] In diesen Fällen kommt nur die Verwirklichung und **Ahndung** des Straftatbestands der §§ 10, 10a, 11 SchwarzArbG in Betracht.[10] Das Merkmal Entleiher ist ein **strafbarkeitsbegründendes besonderes persönliches Merkmal** i.S.v. § 28 Abs. 1 StGB, sodass andere Personen selbst nicht als Täter in Betracht kommen, sondern nur als Teilnehmer (Anstifter oder Gehilfe, §§ 26, 27 StGB) mit der zwingenden Folge einer Strafmilderung gem. § 49 Abs. 1 StGB.[11] Leiharbeitnehmer und Verleiher sind als notwendige Teilnehmer an einer solchen Tat davon ausgenommen.[12]

Der Entleiher muss einen Ausländer, der nicht eine erforderliche Arbeitsberechtigung besitzt (siehe dazu § 15 Rn. 8 ff.), tätig werden lassen. Dieses beginnt mit dem **tatsächlichen Arbeitseinsatz** im Entleiherbetrieb; der **Abschluss des Arbeitnehmerüberlassungsvertrags** ist **straflose Vorbereitungshandlung.**[13]   5

Die Überlassung ist nur strafbar, wenn die Arbeitsbedingungen des ausländischen Leiharbeitnehmers in einem auffälligen Missverhältnis zu denen vergleichbarer deutscher Leiharbeitnehmer stehen. Maßgebend sind die **konkreten Arbeitsbedingungen** des Arbeitsverhältnisses zwischen dem Verleiher und dem ausländischen Leiharbeitnehmer.[14] Da die Bestimmung Schutz vor ausbeuterischer Tätigkeit gewähren will, kommt es **nicht** auf die **rechtlich vereinbarten, sondern** die **tatsächlichen Arbeitsbedingungen** an.[15] Begeht der Verleiher ggü. dem Leih-   6

---

9   AnwK-ArbR/*Böhm*, § 15a AÜG Rn. 2; MünchKomm/*Mosbacher*, § 15a AÜG Rn. 2; Schüren/*Stracke*, § 15a Rn. 13; Thüsing/*Kudlich*, § 15a Rn. 9f. – Im Ergebnis auch Erbs/Kohlhaas/*Ambs*, Strafrechtliche Nebengesetze, § 15a AÜG Rn. 2f.
10 Vgl. AnwK-ArbR/*Böhm*, § 15a AÜG Rn. 2; Erbs/Kohlhaas/*Ambs*, Strafrechtliche Nebengesetze, § 15a AÜG Rn. 2f.; MünchKomm/*Mosbacher*, § 15a AÜG Rn. 2; *Sandmann/Marschall*, § 15a Anm. 2; Schüren/*Stracke*, § 15a Rn. 12f.; *Ulber*, § 15a Rn. 5. – Vgl. noch zur Vorgängerregelungen OLG Hamm vom 14.11.1980 – 5 Ss OWi 1967/80, BB 1981, 122, 123. – A.A. Bückle, BB 1981, 1529, 1529f.
11 Erbs/Kohlhaas/*Ambs*, Strafrechtliche Nebengesetze, § 15a AÜG Rn. 3; Thüsing/*Kudlich*, § 15a Rn. 8.
12 Erbs/Kohlhaas/*Ambs*, Strafrechtliche Nebengesetze, § 15a AÜG Rn. 3; Schüren/*Stracke*, § 15a Rn. 14.
13 AnwK-ArbR/*Böhm*, § 15a AÜG Rn. 2; ErfK/*Wank*, § 15a AÜG Rn. 2; Schüren/*Stracke*, § 15a Rn. 15; Thüsing/*Kudlich*, § 15a Rn. 13; *Ulber*, § 15a Rn. 6.
14 BT-Drs. 7/3100, S. 7; Erbs/Kohlhaas/*Ambs*, Strafrechtliche Nebengesetze, § 15a AÜG Rn. 4; ErfK/*Wank*, § 15a AÜG Rn. 3; *Sandmann/Marschall*, § 15a Rn. 3; Schüren/*Stracke*, § 15a Rn. 18; Thüsing/*Kudlich*, § 15a Rn. 15.
15 Thüsing/*Kudlich*, § 15a Rn. 22. – Im Ergebnis auch AnwK-ArbR/*Böhm*, § 15a AÜG Rn. 3.

§ 15a Entleih von Ausländern ohne Genehmigung

arbeitnehmer Lohnwucher, dann scheidet eine Strafbarkeit des Entleihers in diesem Fall nicht deswegen aus, weil die Lohnvereinbarung nach § 138 BGB nichtig und damit gemäß § 612 Abs. 2 BGB die übliche Vergütung geschuldet ist.

7 **Vergleichsgruppe** sind die **deutschen Leiharbeitnehmer des Verleihers**, welche die gleiche oder eine vergleichbare Tätigkeit ausüben, und zwar auch solche, die bei einem anderen Entleiher tätig werden. Angesichts des eindeutigen Gesetzeswortlauts können nur die deutschen Leiharbeitnehmer in den Vergleich einbezogen werden, nicht aber ausländische Leiharbeitnehmer,[16] und zwar auch dann nicht, wenn sie keiner besonderen Arbeitsberechtigung bedürfen.[17] Beschäftigt der Verleiher keine vergleichbaren deutschen Leiharbeitnehmer, dann kann auf die Arbeitsbedingungen vergleichbarer deutscher Leiharbeitnehmer eines vergleichbaren Verleihers abgehoben werden.[18]

8 Die **gleiche Tätigkeit** übt ein ausländischer Leiharbeitnehmer in Bezug auf einen deutschen Arbeitnehmer aus, wenn sie **in wesentlichen Punkten** völlig übereinstimmen. Hingegen ist die Tätigkeit vergleichbar, wenn sie in den wesentlichen Punkten zwar nicht vollständig, aber zumindest **überwiegend übereinstimmen**.[19]

9 **Vergleichsmaßstab** sind die Arbeitsbedingungen der vergleichbaren deutschen Leiharbeitnehmer. In den Vergleich sind **sämtliche formellen und materiellen Arbeitsbedingungen** einzubeziehen,[20] eine Beschränkung auf die wesentlichen Arbeitsbedingungen[21] ist dem Gesetz nicht zu entnehmen. Zu den Arbeitsbedingungen gehören neben den Leistungen mit Entgeltcharakter (Lohn, Zulagen, Sachbezüge) auch sonstige Arbeitsbedingungen (Arbeitszeit, Urlaubsdauer, Kündigungsschutz) sowie sonstige Umstände, unter denen die Arbeitsleistung erbracht werden muss. Maßgeblich sind dabei nicht die tatsächlichen,

---

16 Schüren/*Stracke*, § 15a Rn. 19; Thüsing/*Kudlich*, § 15a Rn. 17.
17 Schüren/*Stracke*, § 15a Rn. 19; Thüsing/*Kudlich*, § 15a Rn. 17. – A.A. *Ulber*, § 15a Rn. 8.
18 Erbs/Kohlhaas/*Ambs*, Strafrechtliche Nebengesetze, § 15a AÜG Rn. 4; ErfK/*Wank*, § 15a AÜG Rn. 3; *Sandmann/Marschall*, § 15a Rn. 3; Schüren/*Stracke*, § 15a Rn. 20.
19 Vgl. Thüsing/*Kudlich*, § 15a Rn. 18, *Sandmann/Marschall*, § 15a Rn. 3; Schüren/*Stracke*, § 15a Rn. 21.
20 AnwK-ArbR/*Böhm*,§ 15a AÜG Rn. 3; *Ulber*, § 15a Rn. 9. – Vgl. ähnlich Erbs/Kohlhaas/*Ambs*, Strafrechtliche Nebengesetze, § 15a AÜG Rn. 5.
21 So *Becker/Wulfgramm*, § 15a Rn. 7.

II. Beschäftigung zu ausbeuterischen Bedingungen § 15a

sondern die rechtlich vereinbarten Arbeitsbedingungen der Vergleichsgruppe.[22]

Bei Gesamtbetrachtung aller Arbeitsbedingungen muss sich ein **auffälliges Missverhältnis** zu Lasten der ausländischen Leiharbeitnehmer ergeben. Dies ist immer dann der Fall, wenn der Arbeitsvertrag auf Grund seiner konkreten Ausgestaltung nach **§ 138 Abs. 1 BGB sittenwidrig** ist.[23] Im Übrigen reicht nicht jedwede Schlechterstellung aus, sondern es muss ein deutliches Missverhältnis gegeben sein. Ein solches auffälliges Missverhältnis wird angenommen, wenn der ausländische Leiharbeitnehmer eine um 20% geringere Entlohnung erhält.[24] Eine pauschale Betrachtung verbietet sich aber auch hier. Im Einzelfall ist zu prüfen, ob diese Schlechterstellung nicht durch andere Vorteile kompensiert oder aber durch sachliche Gründe, z.B. eine schlechtere Arbeitsleistung und damit verbundene geringere Vergütung durch den Entleiher, gerechtfertigt wird.[25] So kann ein geringeres Entgelt durch mehr Urlaub oder eine Arbeitsplatzgarantie kompensiert werden.

10

b) Subjektiver Tatbestand

Der Entleiher muss zur Tatbestandsverwirklichung **vorsätzlich** handeln, also wissen, dass ihm ein ausländischer Arbeitnehmer überlassen wird, der nicht eine erforderliche Arbeitsberechtigung besitzt; ein Irrtum über die Notwendigkeit der Arbeitsberechtigung trotz Tatsachenkenntnis berührt nicht den Vorsatz, sondern stellt lediglich einen Verbotsirrtum i.S.v. § 17 StGB dar (vgl. § 15 Rn. 21). Weiter muss sich der **Vorsatz auf die Beschäftigung zu ausbeuterischen Arbeitsbedingungen** beziehen. Da es sich hierbei um Umstände handelt, welche die Rechtsbeziehung des Verleihers zum Leiharbeitnehmer betreffen, wird im Allgemeinen keine direkte Kenntnis gegeben sein.[26] Allerdings genügt zur Tatbestandsverwirklichung **bedingter Vorsatz**, wenn der Entleiher also zwar nicht positiv um die ausbeuterischen Arbeitsbedingungen weiß, dies aber bei der Beschäftigung des Leiharbeitnehmers billigend in Kauf nimmt. Hiervon kann ausgegangen werden, wenn **kon-**

11

---
22 *Ulber*, § 15a Rn. 9.
23 ErfK/*Wank*, § 15a AÜG Rn. 4; *Sandmann/Marschall*, § 15a Rn. 4; *Thüsing/Kudlich*, § 15a Rn. 25; *Ulber*, § 15a Rn. 11. – Wohl auch *Schüren/Stracke*, § 15a Rn. 24.
24 AnwK-ArbR/*Böhm*, § 15a AÜG Rn. 3; *Sandmann/Marschall*, § 15a Rn. 4; *Schüren/Stracke*, § 15a Rn. 23; *Thüsing/Kudlich*, § 15a Rn. 24; *Ulber*, § 15a Rn. 11.
25 Zust. AnwK-ArbR/*Böhm*, § 15a AÜG Rn. 3. – Ebenso auch *Thüsing/Kudlich*, § 15a Rn. 23.
26 *Schüren/Stracke*, § 15a Rn. 34.

krete **Anhaltspunkte** dafür bestehen, z.B. wenn die Überlassungsvergütung derart von der üblichen Vergütung abweicht, dass der Schluss auf eine entsprechend niedrige Vergütung des Leiharbeitnehmers nahe liegt.[27] Daraus, dass der Entleiher keine Erkundigungen über die Arbeitsbedingungen einzieht, kann noch nicht auf bedingten Vorsatz geschlossen werden,[28] unter Strafe steht nämlich nicht die Verletzung etwa bestehender Erkundigungspflichten, sondern die Beschäftigung zu ausbeuterischen Arbeitsbedingungen. **Fehlt** der **Vorsatz**, dann scheidet eine Bestrafung nach dieser Bestimmung aus, es kommt dann aber eine **Ordnungswidrigkeit gemäß § 16 Abs. 1 Nr. 2** in Betracht.

c) Strafrahmen

12 Wegen des Strafrahmens siehe § 15 Rn. 23 ff.

2. Besonders schwere Fälle (Abs. 1 Satz 2)

13 Entsprechend der für den Verleiher geltenden Regelung in § 15 sieht Abs. 1 Satz 2 eine Strafschärfung für besonders schwere Fälle vor. Ein besonders schwerer Fall ist in der Regel gegeben, wenn der Entleiher gewerbsmäßig oder aus grobem Eigennutz handelt. Insoweit kann auf die Erläuterungen zu § 15 Rn. 31 f. verwiesen werden.

III. Umfangreicher und beharrlich wiederholter Entleih (Abs. 2)

14 Abs. 2 Satz 1 enthält zwei **von Abs. 1 unabhängige Tatbestände** sowie in Satz 2 einen Qualifikationstatbestand. Der Straftatbestand richtet sich an Entleiher, die ausländische Leiharbeitnehmer ohne einen erforderlichen Aufenthaltstitel nach § 4 Abs. 3 des Aufenthaltsgesetzes, eine Aufenthaltsgestattung oder eine Duldung, die zur Ausübung der Beschäftigung berechtigen, oder eine Genehmigung nach § 284 Abs. 1 des Dritten Buches Sozialgesetzbuch beschäftigen. Ist der Überlassungsvertrag mit einem Verleiher ohne Erlaubnis geschlossen, kommt die Bestimmung nicht zum Zuge, weil der Entleiher gem. §§ 9 Nr. 1, 10 als Arbeitgeber anzusehen ist und für diese Fälle § 11 SchwarzArbG greift.

---

27 Schüren/*Stracke*, § 15a Rn. 36; *Ulber*, § 15a Rn. 19.
28 Schüren/*Stracke*, § 15a Rn. 34 f.; Thüsing/*Kudlich*, § 15a Rn. 34. – A.A. *Ulber*, § 15a Rn. 16.

III. Umfangreicher und beharrlich wiederholter Entleih (Abs. 2) § 15a

1. Umfangreicher Entleih (Abs. 2 Satz 1 Nr. 1)

Nach Abs. 2 Satz 1 Nr. 1 macht sich der Entleiher strafbar, der gleichzeitig mehr als fünf ausländische Arbeitnehmer ohne Arbeitserlaubnis beschäftigt. Bis zum 31.7.2002 war kumulative Strafbarkeitsvoraussetzung, dass die Beschäftigung mindestens dreißig Kalendertage andauert. Durch Art. 13 Nr. 2 des Gesetzes zur Erleichterung der Bekämpfung von illegaler Beschäftigung und Schwarzarbeit[29] wurde diese zusätzliche Voraussetzung der Strafbarkeit gestrichen. Das strafwürdige Verhalten soll nunmehr allein in der hohen Zahl illegal entliehener Ausländer liegen.[30] 15

Der Entleiher muss **mindestens sechs ausländische Leiharbeitnehmer ohne Arbeitserlaubnis gleichzeitig** beschäftigen.[31] Maßgeblich ist insoweit nicht die Dauer des Arbeitseinsatzes oder der Umfang des geschuldeten Arbeitszeitvolumens, sondern die Zahl der beschäftigten ausländischen Arbeitnehmer. Daher greift der Tatbestand auch bei der Überlassung von sechs Teilzeitkräften ein, selbst wenn deren Arbeitsverpflichtung nur ganz geringfügig ist; der Umfang der Beschäftigung kann allerdings im Rahmen der Strafzumessung Berücksichtigung finden. Strafbarkeit besteht auch dann, wenn der gleichzeitige Arbeitseinsatz nur einen Arbeitstag betrifft. Nicht erforderlich ist, dass die Leiharbeitnehmer denselben Verleiher als Arbeitgeber haben; diese können vielmehr auch von verschiedenen Verleihern überlassen werden.[32] 16

2. Beharrlich wiederholter Entleih (Abs. 2 Satz 1 Nr. 2)

Ein **einfacher Entleih** ausländischer Arbeitskräfte ohne die erforderliche Arbeitsberechtigung ist grds. nur eine **Ordnungswidrigkeit** (§ 16 Abs. 1 Nr. 2). Wer dieses Vorgehen aber **beharrlich wiederholt**, macht sich nach Abs. 2 Satz 1 Nr. 2 **strafbar**, weil sich hierin eine rechtsfeindliche Einstellung gegenüber dem Verbot illegaler Ausländerbeschäftigung erkennen lässt.[33] **Wiederholt** handelt derjenige, der sich 17

---

29 BGBl. 2002 I, S. 2787.
30 BT-Drs. 14/8625, S. 26 f.
31 AnwK-ArbR/*Böhm*, § 15a AÜG Rn. 7; Erbs/Kohlhaas/*Ambs*, Strafrechtliche Nebengesetze, § 15a AÜG Rn. 12; ErfK/*Wank*, § 15a AÜG Rn. 5; Schüren/*Stracke*, § 15a Rn. 25; Thüsing/*Kudlich*, § 15a Rn. 26 *Ulber*, § 15a Rn. 13.
32 AnwK-ArbR/*Böhm*, § 15a AÜG Rn. 7; ErfK/*Wank*, § 15a AÜG Rn. 5; Schüren/*Stracke*, § 15a Rn. 26; Thüsing/*Kudlich*, § 15a Rn. 26; *Ulber*, § 15a Rn. 13.
33 BT-Drs. 10/2102, S. 32; *Sandmann/Marschall*, § 15a Anm. 9; Schüren/*Stracke*, § 15a Rn. 28.

mindestens zweimal über das Verbot der Beschäftigung ohne Erlaubnis tätiger ausländischer Leiharbeitnehmer hinwegsetzt.[34]

18 **Beharrlich** handelt derjenige Entleiher, der **trotz Abmahnung, Ahndung oder sonst hemmend wirkender Erkenntnisse an der illegalen Beschäftigung festhält.**[35] Dies ist der Fall, wenn der Entleiher in der Vergangenheit von der BA durch Bußgeldbescheid, Verwarnung oder sonstigen schriftlichen Hinweis auf die Rechtswidrigkeit der illegalen Beschäftigung ausländischer Arbeitnehmer hingewiesen wurde.[36] Aber auch ohne einen solchen Hinweis von dritter Seite ist beharrliche Wiederholung gegeben, wenn der Entleiher in Kenntnis des Unrechts geplant und auf Dauer angelegt ausländische Leiharbeitnehmer ohne Arbeitserlaubnis beschäftigt, insbesondere, wenn er die Einsätze bewusst unterbricht, um einer Strafbarkeit nach Abs. 2 Nr. 1 zu entgehen.[37]

19 **Beharrlichkeit** ist ein **täterbezogenes Merkmal.**[38] Daher begeht ein **Teilnehmer, der selbst nicht beharrlich handelt,** nur eine **Ordnungswidrigkeit** nach § 16 Abs. 1 Nr. 2. Handelt hingegen der Entleiher nicht beharrlich, wird dieses Tatbestandsmerkmal aber von einem Gehilfen erfüllt, dann ist die Strafe für den Gehilfen aus Abs. 2 Satz 1 Nr. 1 zu entnehmen.[39]

3. Qualifikation (Abs. 2 Satz 2)

20 Nach Abs. 2 Satz 2 wird der Entleiher mit Freiheitsstrafe bis zu drei Jahren oder Geldstrafe bestraft, wenn er aus grobem Eigennutz handelt. Zum Begriff des groben Eigennutzes siehe § 15 Rn. 32. Anders als Abs. 1 Satz 2 und § 15 Abs. 2 handelt es sich hierbei **nicht** um ein Re-

---

34 AnwK-ArbR/*Böhm*, § 15a AÜG Rn. 8; ErfK/*Wank*, § 15a AÜG Rn. 6; *Sandmann/ Marschall*, § 15a Rn. 9; Schüren/*Stracke*, § 15a Rn. 29; Thüsing/*Kudlich*, § 15a Rn. 28; *Ulber*, § 15a Rn. 14. – Vgl. im Ergebnis auch Erbs/Kohlhaas/*Ambs*, Strafrechtliche Nebengesetze, § 15a AÜG Rn. 14.
35 BT-Drs. 10/2102, S. 32; AnwK-ArbR/*Böhm*, § 15a AÜG Rn. 8; *Sandmann/Marschall*, § 15a Rn. 9; *Ulber*, § 15a Rn. 14.
36 *Ulber*, § 15a Rn. 14. – Ähnlich auch Erbs/Kohlhaas/*Ambs*, Strafrechtliche Nebengesetze, § 15a AÜG Rn. 15; – Vgl. im Rahmen einer beharrlichen Wiederholung eines Verstoßes gegen Normen der Gewerbeordnung BGH vom 25.2.1992 – 5 StR 528/91, NStZ 1992, 594, 595.
37 *Ulber*, § 15a Rn. 14. – A.A. Schüren/*Stracke*, § 15a Rn. 29.
38 Vgl. BayObLG vom 18.12.1984 – RReg 4 St 172/84, NJW 1985, 1566; Erbs/Kohlhaas/*Ambs*, Strafrechtliche Nebengesetze, § 15a AÜG Rn. 16.
39 Vgl. BayObLG vom 18.12.1984 – RReg 4 St 172/84, NJW 1985, 1566; Erbs/Kohlhaas/*Ambs*, Strafrechtliche Nebengesetze, § 15a AÜG Rn. 16.

III. Umfangreicher und beharrlich wiederholter Entleih (Abs. 2) § 15a

gelbeispiel, sondern die Strafe ist **zwingend nach dem erhöhten Strafrahmen** zu bemessen, wenn die tatbestandlichen Voraussetzungen der Qualifikation erfüllt sind.[40]

---

[40] *Sandmann/Marschall*, § 15a Rn. 7. – Zust. Thüsing/*Kudlich*, § 15a Rn. 42. – A.A. wohl auf Grund Bezeichnung als Strafschärfung AnwK-ArbR/*Böhm*, § 15a AÜG Rn. 9; Schüren/*Stracke*, § 15a Rn. 30 ff.; *Ulber*, § 15a Rn. 16.

§ 16 Ordnungswidrigkeiten

(1) Ordnungswidrig handelt, wer vorsätzlich oder fahrlässig

1. entgegen § 1 einen Leiharbeitnehmer einem Dritten ohne Erlaubnis überlässt,

1a. einen ihm von einem Verleiher ohne Erlaubnis überlassenen Leiharbeitnehmer tätig werden lässt,

1b. entgegen § 1b Satz 1 Arbeitnehmer überlässt oder tätig werden lässt,

2. einen ihm überlassenen ausländischen Leiharbeitnehmer, der einen erforderlichen Aufenthaltstitel nach § 4 Abs. 3 des Aufenthaltsgesetzes, eine Aufenthaltsgestattung oder eine Duldung, die zur Ausübung der Beschäftigung berechtigen, oder eine Genehmigung nach § 284 Abs. 1 des Dritten Buches Sozialgesetzbuch nicht besitzt, tätig werden lässt,

2a. eine Anzeige nach § 1a nicht richtig, nicht vollständig oder nicht rechtzeitig erstattet,

3. einer Auflage nach § 2 Abs. 2 nicht, nicht vollständig oder nicht rechtzeitig nachkommt,

4. eine Anzeige nach § 7 Abs. 1 nicht, nicht richtig, nicht vollständig oder nicht rechtzeitig erstattet,

5. eine Auskunft nach § 7 Abs. 2 Satz 1 nicht, nicht richtig, nicht vollständig oder nicht rechtzeitig erteilt,

6. seiner Aufbewahrungspflicht nach § 7 Abs. 2 Satz 4 nicht nachkommt,

6a. entgegen § 7 Abs. 3 Satz 2 eine dort genannte Maßnahme nicht duldet,

7. eine statistische Meldung nach § 8 Abs. 1 nicht, nicht richtig, nicht vollständig oder nicht rechtzeitig erteilt,

7a. entgegen § 10 Abs. 4 eine Arbeitsbedingung nicht gewährt,

7b. entgegen § 10 Absatz 5 in Verbindung mit einer Rechtsverordnung nach § 3a Absatz 2 Satz 1 das dort genannte Mindeststundenentgelt nicht zahlt,

8. einer Pflicht nach § 11 Abs. 1 oder Abs. 2 nicht nachkommt,

9. entgegen § 13a Satz 1 den Leiharbeitnehmer nicht, nicht richtig oder nicht vollständig informiert,

10. entgegen § 13b Satz 1 Zugang nicht gewährt,

11. entgegen § 17a in Verbindung mit § 5 Absatz 1 Satz 1 des Schwarzarbeitsbekämpfungsgesetzes eine Prüfung nicht duldet oder bei dieser Prüfung nicht mitwirkt,

12. entgegen § 17a in Verbindung mit § 5 Absatz 1 Satz 2 des Schwarzarbeitsbekämpfungsgesetzes das Betreten eines Grundstücks oder Geschäftsraums nicht duldet,

13. entgegen § 17a in Verbindung mit § 5 Absatz 3 Satz 1 des Schwarzarbeitsbekämpfungsgesetzes Daten nicht, nicht richtig, nicht vollständig, nicht in der vorgeschriebenen Weise oder nicht rechtzeitig übermittelt,

14. entgegen § 17b Absatz 1 Satz 1 eine Anmeldung nicht, nicht richtig, nicht vollständig, nicht in der vorgeschriebenen Weise oder nicht rechtzeitig zuleitet,

15. entgegen § 17b Absatz 1 Satz 2 eine Änderungsmeldung nicht, nicht richtig, nicht vollständig, nicht in der vorgeschriebenen Weise oder nicht rechtzeitig macht,

16. entgegen § 17b Absatz 2 eine Versicherung nicht beifügt,

17. entgegen § 17c Absatz 1 eine Aufzeichnung nicht, nicht richtig oder nicht vollständig erstellt oder nicht mindestens zwei Jahre aufbewahrt oder

18. entgegen § 17c Absatz 2 eine Unterlage nicht, nicht richtig, nicht vollständig oder nicht in der vorgeschriebenen Weise bereithält.

(2) Die Ordnungswidrigkeit nach Absatz 1 Nr. 1 bis 1b, 6 und 11 bis 18 kann mit einer Geldbuße bis zu dreißigtausend Euro, die Ordnungswidrigkeit nach Absatz 1 Nr. 2, 7a und 7b mit einer Geldbuße bis zu fünfhunderttausend Euro, die Ordnungswidrigkeit nach Absatz 1 Nr. 2a, 3, 9 und 10 mit einer Geldbuße bis zu zweitausendfünfhundert Euro, die Ordnungswidrigkeit nach Absatz 1 Nr. 4. 5, 6a, 7 und 8 mit einer Geldbuße bis zu tausend Euro geahndet werden.

(3) Verwaltungsbehörden im Sinne des § 36 Abs. 1 Nr. 1 des Gesetzes über Ordnungswidrigkeiten sind für die Ordnungswidrigkeiten nach Absatz 1 Nr. 1 bis 2a, 7b sowie 11 bis 18 die Behörden der Zoll-

§ 16 Ordnungswidrigkeiten

verwaltung, für die Ordnungswidrigkeiten nach Absatz 1 Nr. 3 bis 7a sowie 8 bis 10 die Bundesagentur für Arbeit.

(4) § 66 des Zehnten Buches Sozialgesetzbuch gilt entsprechend.

(5) Die Geldbußen fließen in die Kasse der zuständigen Verwaltungsbehörde. Sie trägt abweichend von § 105 Abs. 2 des Gesetzes über Ordnungswidrigkeiten die notwendigen Auslagen und ist auch ersatzpflichtig im Sinne des § 110 Abs. 4 des Gesetzes über Ordnungswidrigkeiten.

Literatur: *Bückle*, Beschäftigung von Leiharbeitnehmern ohne Arbeitserlaubnis BB 1981, 1529 ff.; *Noack*, Die Straf- und Ordnungswidrigkeitsbestimmungen des Arbeitsüberlassungsgesetzes, BB 1973, 1313 ff.

Übersicht

	Rn.
I. Vorbemerkungen	1
1. Entstehungsgeschichte	1
2. Sinn und Zweck der Vorschrift	7
II. Anwendung des OWiG	8
1. Täterschaft und Teilnahme	9
2. Schuld	11
3. Versuch	12
4. Wahlfeststellung	13
5. Opportunitätsprinzip (§ 47 OwiG)	15
III. Ordnungswidrigkeitentatbestände (Abs. 1)	16
1. Verleih ohne Erlaubnis (Nr. 1)	16
2. Entleih von Verleihern ohne Erlaubnis (Nr. 1a)	20
3. Verleih und Entleih in Betriebe des Baugewerbes (Nr. 1b)	24
4. Entleih von ausländischen Leiharbeitnehmern ohne Arbeitsberechtigung (Nr. 2)	29
5. Verstoß gegen die Anzeigepflicht nach § 1a (Nr. 2a)	33
6. Nichtbefolgen einer Auflage (Nr. 3)	34
7. Verstoß gegen Anzeige- und Auskunftspflichten (Nr. 4 und Nr. 5)	35
8. Verstoß gegen die Aufbewahrungspflicht (Nr. 6)	37
9. Verstoß gegen Duldungspflicht bei behördlicher Nachschau (Nr. 6a)	39
10. Verstoß gegen die statistische Meldepflicht (Nr. 7)	40
11. Nichtgewährung einer Arbeitsbedingung entgegen § 10 Abs. 4 (Nr. 7a)	41
12. Nichtzahlung des festgesetzten Mindeststundenentgelts (Nr. 7b)	47
13. Verstoß gegen Beurkundungs- und Aushändigungspflichten (Nr. 8)	50
14. Verstoß gegen Informationspflichten (Nr. 9)	53
15. Nichtgewährung des Zugangs (Nr. 10)	54
16. Verstoß gegen Duldungs- und Mitwirkungspflichten nach dem SchwarzArbG (Nr. 11 bis 13)	57
17. Verletzung von Meldepflichten (Nr. 14 bis 16)	63
18. Verstoß gegen die Aufzeichnungs- oder Aufbewahrungspflicht (Nr. 17)	64

I. Vorbemerkungen § 16

	Rn.		Rn.
19. Verstoß gegen Bereithaltungspflicht von Unterlagen (Nr. 18) .	65	2. Örtliche Zuständigkeit......	77
20. Verfolgungsverjährung........	66	VI. Vollstreckung (Abs. 4).......	78
IV. Höhe der Geldbuße (Abs. 2)	71	VII. Verbleib der Geldbuße und Entschädigungspflicht	
V. Zuständige Verfolgungsbehörde (Abs. 3)	74	(Abs. 5)..................	80
1. Sachliche Zuständigkeit (Abs. 3)...................	74		

I. Vorbemerkungen

1. Entstehungsgeschichte

Die Bestimmung war bereits in der **ursprünglichen Fassung** enthalten **1** und ist **seitdem mehrfach geändert** worden. So wurde durch Art. 250 Nr. 4 EGStGB vom 2.3.1974[1] die ursprünglich für Verstöße gegen Abs. 1 Nr. 2 vorgesehene Mindestgeldbuße von 1.000 DM wieder beseitigt (siehe dazu auch § 15 Rn. 1). Gleichzeitig wurde der Höchstbetrag der angedrohten Geldbuße bei Verstößen gegen Abs. 1 Nr. 1 von 10.000 DM auf 50.000 DM und bei Verstößen gegen Abs. 1 Nr. 3 von 3.000 DM auf 5.000 DM heraufgesetzt sowie Abs. 5 neu eingefügt.

Art. 1 Nr. 3 BillBG vom **15.11.1981**[2] ergänzte Abs. 1 um die Tatbe- **2** stände **Nr. 1a sowie Nr. 9** (**Verstöße gegen Höchstüberlassungsdauer**) und führte zu einer weiteren **Heraufsetzung der Höchstbeträge für** die **Geldstrafen**. Durch Art. 8 Nr. 4 BeschFG 1985[3] wurde Abs. 1 **Nr. 9 verschärft**, indem bereits das erstmalige Überschreiten der Einsatzbefristung als Ordnungswidrigkeit geahndet werden konnte.

Das **BeschFG 1990** fügte den neuen Tatbestand des **Abs. 1 Nr. 2a** ein **3** und sanktionierte damit **Verstöße gegen** die **Anzeigepflicht bei** der **Kollegenhilfe** nach § 1a. Durch **Art. 63 Nr. 12a AFRG** wurde **mit Wirkung zum 1.1.1998 Abs. 1 Nr. 1b neu eingefügt** und **Abs. 1 Nr. 2 redaktionell** an die Begriffsbestimmungen des SGB III **angepasst**. **Abs. 1 Nr. 8 wurde durch Art. 63 Nr. 12a cc AFRG** um Verstöße gegen **§ 11 Abs. 1 Satz 5 und 6 erweitert**, um gemeinschaftsrechtlichen Erfordernissen der EU-Nachweisrichtlinie Rechnung zu tragen.

---

1 BGBl. I, S. 469, 612.
2 BGBl. I, S. 1390, 1391.
3 BGBl. I, S. 710, 715.

§ 16 Ordnungswidrigkeiten

4 In Art. 18 Nr. 2a Abs. 1 SGB III – ÄndG vom 21.7.1999 wurde Abs. 1 Nr. 1b neu gefasst und der **Bußgeldrahmen für** Ordnungswidrigkeiten nach Abs. 1 Nr. 2 auf 500.000 DM (seit 1.1.2002: 250.000 Euro) erhöht. Durch das Job-AQTIV-Gesetz wurde mit Wirkung zum 1.1.2002 eine neue Nr. 7a eingefügt, der **Verstöße gegen** den „equal-treatment-Grundsatz" ahnden sollte. Diese Bestimmung wurde **im Rahmen des Ersten Gesetzes für moderne Dienstleistungen** am Arbeitsmarkt ebenso **gestrichen** wie infolge des Wegfalls der Überlassungshöchstdauer Nr. 9 a.F., der Verstöße gegen die Überlassungshöchstdauer sanktionierte. **Art. 13 Nr. 3 des Gesetzes zur Erleichterung der Bekämpfung von illegaler Beschäftigung und Schwarzarbeit**[4] hat **mit Wirkung zum 1.8.2002** den **Höchstbetrag** der Geldbuße **für Verstöße** gegen **Abs. 1 Nr. 2 auf 500.000 Euro verdoppelt.** Durch das **Dritte Gesetz für moderne Dienstleistungen** am Arbeitsmarkt wurde **Abs. 1 Nr. 6a neu eingefügt,** um bestehende Prüfrechte der BA zu stärken; überdies wurde die **Verfolgung der Ordnungswidrigkeiten nach Abs. 1 Nr. 1 bis Nr. 2a auf** die **Behörden der Zollverwaltung übertragen,** weil grundsätzlich alle Formen der illegalen Beschäftigung durch die Behörden der Zollverwaltung geahndet werden sollen.[5] **Art. 11 Nr. 21 Nr. 1 Zuwanderungsgesetz** hat **Abs. 1 Nr. 2** an die neuen Regelungen über die Ausländerbeschäftigung **angepasst.**[6]

5 Im Rahmen des **Ersten Gesetzes zur Änderung des Arbeitnehmerüberlassungsgesetzes**[7] hat der Gesetzgeber **Nr. 7a mit Wirkung ab 1.12.2011 eingefügt.** Gleichzeitig wurde in **Nr. 1b** der **Begriff „gewerbsmäßig" gestrichen.** Ebenso wurde **Nr. 9 und Nr. 10 neu gefasst,** die an die Verpflichtungen nach §§ 13a und 13b anknüpfen. Durch das **Gesetz zur Änderung des Arbeitnehmerüberlassungsgesetzes und des Schwarzarbeitsbekämpfungsgesetzes**[8] wurde der **Ordnungswidrigkeitskatalog durch Nr. 7b,** der einen Verstoß gegen das Mindeststundenentgelt betrifft **erweitert.** Daneben wurden **Ordnungswidrigkeiten** betreffend **Verstöße im Zusammenhang mit** den neu eingeführten **Rechten der Zollbehörden** gemäß § 17a, den Pflichten des Entleihers nach § 17b und des Entleihers als auch des Verleihers nach § 17c **durch Nr. 11 bis 18 eingeführt.**

---

[4] BGBl. I, S. 2787.
[5] Begr. zum RegE, BR-Drs. 557/03, S. 378.
[6] Wegen weiterer Änderungen siehe *Ulber*, § 16 Rn. 1.
[7] BGBl. I, S. 642.
[8] BGBl. I, S. 1506.

Infolge der Einführung der neuen Tatbestände wurde auch **Abs. 2** angepasst, indem die neuen Ordnungswidrigkeitstatbestände eingefügt wurden und der **Bußgeldrahmen** für Ordnungswidrigkeiten nach Abs. 1 Nr. 1 bis 1b, 6 und 11 bis 18 auf 30.000 Euro, und der nach Abs. 1 Nr. 4. 5, 6a, 7 und 8 auf 1.000 Euro **erhöht** wurde. Daneben wurde auch Abs. 3 angepasst.

2. Sinn und Zweck der Vorschrift

Die Regelung pönalisiert bestimmte Verstöße gegen das AÜG als Verwaltungsunrecht und soll hierdurch die Einhaltung der Bestimmungen des AÜG im Interesse der Gewährleistung **geordneter Verhältnisse auf dem Teilarbeitsmarkt der Arbeitnehmerüberlassung** sowie des **Schutzes der Leiharbeitnehmer** sichern. Die BA erhält hierdurch zusätzliche Möglichkeiten, die ordnungsgemäße Ausübung der Verleihtätigkeit anders als durch die Anwendung von Verwaltungszwang (§ 6) oder den Widerruf der Verleiherlaubnis (§ 5) zu sichern. Dies kann im Einzelfall dazu führen, dass die BA nach dem Verhältnismäßigkeitsgrundsatz, insbesondere bei geringfügigen Verstößen, zunächst die Verhängung eines Bußgelds vor- und vom Widerruf der Erlaubnis absieht.[9]

II. Anwendung des OWiG

Da es sich bei den Tatbeständen des Abs. 1 um Ordnungswidrigkeiten handelt, gelten **ergänzend** die **Bestimmungen des OWiG**. Dies bedeutet im Einzelnen:

1. Täterschaft und Teilnahme

Täter einer Ordnungswidrigkeit nach Abs. 1 sind grds. **natürliche Personen**. Ist der **Verleiher keine natürliche Person**, dann richtet sich das Bußgeldverfahren gegen die **zur Geschäftsführung oder zur Vertretung berufene Person** (§§ 9, 29 OWiG), soweit diese selbst tatbestandsmäßig gehandelt hat. In diesen Fällen kann nach § 30 OWiG auch gegen die juristische Person oder Personenvereinigung selbst eine Geldbuße festgesetzt werden, wenn diese bereichert worden ist oder werden sollte.[10] Insoweit ist es möglich, die Vorteile abzuschöpfen, die der juristischen Person oder Personenvereinigung durch die von seinen

---

9 BT-Drs. VI/2303, S. 15.
10 OLG Düsseldorf vom 16.11.1995 – 5 Ss (OWi) 387/95, (OWi) 174/95 I, BB 1996, 79, 80.

§ 16 Ordnungswidrigkeiten

in § 30 Abs. 1 OWiG benannten Personen begangene Ordnungswidrigkeit zugeflossen sind.[11] Hat die zur Geschäftsführung oder Vertretung berufene Person den Tatbestand nicht selbst verwirklicht, sondern hat einer der Mitarbeiter des Betriebs eine Ordnungswidrigkeit nach Abs. 1 begangen, dann kann gleichwohl der **Betriebsinhaber nach § 130 OWiG** verfolgt werden, wenn er **erforderliche Aufsichtsmaßnahmen** vorsätzlich oder fahrlässig **unterlassen** hat.[12]

10 **Täter** kann bei Taten nach **Abs. 1 Nr. 1, Nr. 2a – Nr. 8 und Nr. 18 nur der Verleiher** sein, bei Taten nach **Abs. 1 Nr. 1a, Nr. 2, Nr. 9 und Nr. 10, Nr. 14 bis 17 nur der Entleiher**, bei Taten nach **Abs. 1 Nr. 1b und Nr. 13 nur Ver- und Entleiher**, bei Taten nach **Abs. 1 Nr. 11 und Nr. 12 neben Ver- und Entleiher auch Dritte**, insbesondere Leiharbeitnehmer.

10a Bei **Strohmanngeschäften** ist bloß der Hintermann Täter nach Abs. 1, wenn er den Betrieb tatsächlich führt.[13] Sonstige Beteiligte (Anstifter, Gehilfe) handeln auch dann ordnungswidrig, wenn sie besondere, die Strafbarkeit begründende persönliche Merkmale nicht erfüllen (§ 14 Abs. 1 Satz 2 OWiG). Das **Handeln der notwendig Beteiligten**, also von Entleiher und Leiharbeitnehmer bei Ordnungswidrigkeiten des Verleihers sowie Verleiher und Leiharbeitnehmer bei Ordnungswidrigkeiten des Entleihers, kann **nicht** als **Ordnungswidrigkeit nach Abs. 1** geahndet werden, soweit es nicht über das bloße Mitwirken an der Tatbestandsverwirklichung hinausgeht und nicht nach anderen Bestimmungen sanktioniert wird.[14] Überlässt daher ein Verleiher einen Leiharbeitnehmer ohne Erlaubnis nach § 1 Abs. 1, dann handelt der Verleiher ordnungswidrig nach Abs. 1 Nr. 1, der Entleiher nach Abs. 1 Nr. 1a, der Leiharbeitnehmer begeht keine Ordnungswidrigkeit.[15]

2. Schuld

11 Anders als die Straftaten nach §§ 15, 15a können die Ordnungswidrigkeiten nach Abs. 1 nicht nur vorsätzlich, sondern **auch fahrlässig** verwirklicht werden, wobei fahrlässiges Handeln aber nur mit der Hälfte

---

11 Vgl. Karlsruher Kommentar zum OWiG/*Rogall*, § 30 Rn. 18; Thüsing/*Kudlich*, § 16 Rn. 58.
12 *Sandmann/Marschall*, § 16 Anm. 3a.
13 OLG Düsseldorf vom 18.8.1978 – 5 Ss (OWi) 324/78, 403/78 I, EzAÜG § 1 AÜG Gewerbsmäßige Arbeitnehmerüberlassung Nr. 5.
14 Ignor/Rixen/*Paetzold*, § 3 Rn. 87.
15 Schüren/*Stracke*, § 16 Rn. 26.

des in Abs. 2 angedrohten Höchstbetrags der Geldbuße geahndet werden kann (§ 17 Abs. 2 OWiG). Ein **Tatumstandsirrtum** führt zum **Vorsatzausschluss**, berührt aber nicht die **Ahndung wegen fahrlässigen Handelns**, wenn der Irrtum vermeidbar war. Ein bloßer Irrtum über die Zulässigkeit des Handelns lässt den Schuldvorwurf nur dann entfallen, wenn dieser Irrtum nicht vermeidbar war (§ 11 Abs. 2 OWiG). Dementsprechend handelt derjenige Entleiher oder Verleiher grds. schuldhaft, der den Irrtum durch die gebotene Erkundigung bei der Arbeitsverwaltung oder ggf. anderen fachkundigen Personen hätte vermeiden können.[16]

3. Versuch

Der Versuch einer Ordnungswidrigkeit nach Abs. 1 kann nicht geahndet werden, weil **keine Versuchsstrafbarkeit** angeordnet ist (vgl. § 13 Abs. 2 OWiG). 12

4. Wahlfeststellung

Eine Wahlfeststellung, d.h. eine wahlweise Verurteilung, ist im OWi-Recht ebenso wie im Strafrecht (a maiore ad minus) unter Beachtung der strengen Zulässigkeitsvoraussetzungen zulässig. In Betracht kommt eine **Wahlfeststellung zwischen Verstößen nach dem AÜG und dem SGB III**, also zwischen § 16 Abs. 1 Nr. 1 und § 404 Abs. 2 Nr. 9 SGB III und zwischen § 16 Abs. 1 Nr. 2 und § 404 Abs. 2 Nr. 3 SGB III, weil diese Verstöße jeweils rechtsethisch und psychologisch hinsichtlich der Verhaltensweisen bzw. der geschützten Rechtsgüter vergleichbar sind. 13

Außerdem ist **Voraussetzung**, dass die **BA alle verfügbaren Mittel ausgeschöpft** hat, trotzdem aber nicht eindeutig ermittelbar ist, ob der Täter als Verleiher oder Arbeitsvermittler bzw. als Entleiher oder Arbeitgeber gehandelt hat. Überdies müssen nach Überzeugung des Gerichts weitere Sachverhaltsmöglichkeiten ausgeschlossen und jedenfalls einer der beiden Tatbestände erfüllt sein. In der Praxis wird dies nur selten der Fall sein. Je nachdem würde sodann die Bußgeldverhängung auf den entsprechenden Regelungen des AÜG und des SGB III basieren. 14

---

16 OLG Düsseldorf vom 4.9.1979 – 5 Ss (OWi) 480/79, 477/79 I, EzAÜG § 1 AÜG Gewerbsmäßige Arbeitnehmerüberlassung Nr. 10; AG Gießen vom 13.4.1987 – 54 OWi 15 Js 22376/86, EzAÜG § 1 AÜG Gewerbsmäßige Arbeitnehmerüberlassung Nr. 24.

5. Opportunitätsprinzip (§ 47 OWiG)

15 Anders als bei den Straftaten der §§ 15, 15a, die nach dem Legalitätsprinzip verfolgt werden müssen, gilt für die Verfolgung von Ordnungswidrigkeiten und damit auch für die in Abs. 1 normierten Tatbestände das **Opportunitätsprinzip** (§ 47 Abs. 1 OWiG). Die BA bzw. die Behörden der Zollverwaltung (zur Zuständigkeit siehe unten Rn. 74 ff.) haben **nach pflichtgemäßem Ermessen** zu entscheiden, ob sie ein Bußgeldverfahren durchführen will. Dabei wird insbesondere auf die Bedeutung und Auswirkung der Tat sowie die Intensität des Tatverdachts abgestellt werden müssen. Unter Berücksichtigung des Zwecks des AÜG, Missstände bei der Arbeitnehmerüberlassung zu unterbinden, werden BA und Behörden der Zollverwaltung **im Zweifel** die Ordnungswidrigkeit **verfolgen** müssen.[17] Zur Verfolgungsverjährung siehe unten Rn. 66 ff.

III. Ordnungswidrigkeitentatbestände (Abs. 1)

1. Verleih ohne Erlaubnis (Nr. 1)

16 Ordnungswidrig handelt ein Verleiher, der die im Rahmen seiner wirtschaftlichen Tätigkeit erfolgenden Arbeitnehmerüberlassung entgegen § 1 ohne Erlaubnis der BA ausübt. Der Verleiher kann hierzu entweder **offiziell als Zeitarbeitsunternehmer** auftreten **oder** die Arbeitnehmerüberlassung unter dem **Deckmantel von Scheinwerk- oder Scheindienstverträgen** betreiben. Zum Verleiher ohne Erlaubnis siehe § 15 Rn. 4 ff. – Zum Überlassen an einen Dritten siehe § 15 Rn. 14 f.

17 Handelt es sich bei dem vom illegalen Verleiher überlassenen **Leiharbeitnehmer** um einen **Ausländer**, der eine etwaige **erforderliche Arbeitsberechtigung nicht besitzt**, kommt eine Strafbarkeit des Verleihers nach **§ 15 Abs. 1** in Betracht, die eine gleichzeitige Ahndung der Tat als Ordnungswidrigkeit ausschließt (§ 21 Abs. 1 Satz 1 OWiG).

18 Die im Rahmen einer wirtschaftlichen Tätigkeit erfolgenden Überlassung eines Leiharbeitnehmers an einen Dritten reicht zur Tatbestandsverwirklichung aus, auch wenn der Verleiher im Übrigen die Arbeitgeberpflichten ordnungsgemäß erfüllt.[18] Überlässt der Verleiher gleich-

---

17 *Sandmann/Marschall*, § 16 Anm. 10. – Wegen des Abschlusses eines Bußgeldverfahrens sowie möglicher Rechtsbehelfe siehe *Ulber*, § 16 Rn. 48 ff.
18 ErfK/*Wank*, § 16 AÜG Rn. 5; *Sandmann/Marschall*, § 16 Anm. 27; Schüren/*Stracke*, § 16 Rn. 29; *Ulber*, § 16 Rn. 5.

zeitig mehrere **Leiharbeitnehmer**, liegt **Tateinheit** vor, überlässt er einen **Leiharbeitnehmer an mehrere Entleiher** oder mehrfach Leiharbeitnehmer an denselben Entleiher, dann ist **Tatmehrheit** gegeben,[19] und zwar auch dann, wenn die Überlassungen auf einem einheitlichen Rahmenvertrag beruhen.[20]

Auf Grund des Schutzzwecks des AÜG, Risiken einer gespaltenen Arbeitgeberstellung entgegenzuwirken, kann für die Erfüllung des Tatbestands nach Abs. 1 Nr. 1 **nicht** der **Abschluss des Arbeitnehmerüberlassungsvertrags** maßgeblich sein.[21] Vielmehr verwirklicht die **tatsächliche Überlassung** den Tatbestand der Ordnungswidrigkeit,[22] weil sich die Risiken erst zu dem Zeitpunkt realisieren, in dem die Arbeitnehmerüberlassung tatsächlich erfolgt. 19

2. Entleih von Verleihern ohne Erlaubnis (Nr. 1a)

Der Entleiher, der einen ihm von einem Verleiher ohne Erlaubnis überlassenen Arbeitnehmer tätig werden lässt, handelt ordnungswidrig nach Abs. 1 Nr. 1a. Zu den Tatbestandsvoraussetzungen im Einzelnen siehe § 15 Rn. 4 ff. 20

Fahrlässiges Handeln ist **nicht schon** deswegen gegeben, weil sich der Entleiher **nicht die Verleiherlaubnis vorlegen lässt**.[23] Vielmehr kann sich der Entleiher auf die Erklärung des Verleihers gemäß § 12 Abs. 1 Satz 2 verlassen, wenn nicht besondere Anhaltspunkte die Annahme rechtfertigen, der Verleih erfolge ohne Erlaubnis.[24] Dies kann z. B. angenommen werden, wenn die Überlassung durch einen Verleiher erfolgt, bei dem die **Überlassung von Arbeitnehmern** nach der Ausrichtung des Unternehmens **offensichtlich** einen **Nebenzweck** darstellt.[25] Um die Verstöße gegen Abs. 1 Nr. 1a konkret zu umschreiben, soll es 21

---

19 AnwK-ArbR/*Böhm*, § 16 AÜG Rn. 6; Thüsing/*Kudlich*, § 16 Rn. 11; *Ulber*, § 16 Rn. 5. – Vgl. auch OLG Düsseldorf vom 7.4.2006 – IV-2 Ss (OWi) 170/04, (OWi) 15/06 III, 2 Ss (OWi) 170/04, (OWi) 15/06 III, NStZ 2007, 291; *Sandmann/Marschall*, § 16 Anm. 27.
20 *Ulber*, § 16 Rn. 5. – Vgl. auch OLG Düsseldorf vom 7.4.2006 – IV-2 Ss (OWi) 170/04, (OWi) 15/06 III, 2 Ss (OWi) 170/04, (OWi) 15/06 III, NStZ 2007, 291.
21 So aber Erbs/Kohlhaas/*Ambs*, Strafrechtliche Nebengesetze, § 16 AÜG Rn. 3.
22 So auch *Ulber*, § 16 Rn. 5.
23 AnwK-ArbR/*Böhm*, § 16 AÜG Rn. 7; ErfK/*Wank*, § 16 AÜG Rn. 6; KassHdbch/Düwell, 4.5 Rn. 290; *Sandmann/Marschall*, § 16 Anm. 28a; Schüren/*Stracke*, § 16 Rn. 31; Thüsing/*Kudlich*, § 16 Rn. 15. – A. A. *Ulber*, § 16 Rn. 6.
24 AnwK-ArbR/*Böhm*, § 16 AÜG Rn. 7; *Sandmann/Marschall*, § 16 Anm. 28a; Schüren/*Stracke*, § 16 Rn. 31.
25 OLG Hamm vom 14.11.1980 – 5 Ss OWi 1967/80, BB 1981, 122, 123.

nicht unbedingt erforderlich sein, die Namen der Leiharbeitnehmer und die Zeiträume, in denen sie beim Entleiher tätig waren, zu bezeichnen. Eine solche Konkretisierung sei in der Regel insbesondere dann nicht möglich, wenn die Arbeitnehmerüberlassung bei der Rechnungslegung durch Pauschalvergütungen oder Einheitspreise verschleiert wird. Es reiche zur Erfüllung der Abgrenzungs- und Informationsfunktion des Bußgeldbescheides aus, die Einzelakte nach Zeit, Ort, Bauobjekt und berechneter Vergütung zu konkretisieren.[26]

22 Werden dem **Entleiher im zeitlichen Zusammenhang von ein und demselben Verleiher ohne Erlaubnis mehrere Leiharbeitnehmer** überlassen, dann liegt insoweit **Tateinheit** vor.[27] Werden Leiharbeitnehmer **von verschiedenen Verleihern ohne Erlaubnis** überlassen, dann besteht auch dann **Tatmehrheit**, wenn dem ein einheitlicher Tatentschluss des Entleihers zugrunde liegt.[28]

23 Der objektive Ordnungswidrigkeitstatbestand wird nicht durch Abschluss der Überlassungsvertrags zwischen Verleiher und Entleiher erfüllt, sondern erst wenn der Entleiher den Leiharbeitnehmer tatsächlich tätig werden lässt.[29]

3. Verleih und Entleih in Betriebe des Baugewerbes (Nr. 1b)

24 Dieser Ordnungswidrigkeitstatbestand richtet sich **sowohl gegen Verleiher als auch gegen Entleiher**. Beide handeln ordnungswidrig i. S. v. Abs. 1 Nr. 1b, wenn sie Leiharbeitnehmer entgegen dem Verbot des § 1b in Betriebe des Bauhauptgewerbes für Arbeiten, die üblicherweise von Arbeitern verrichtet werden, verleihen oder entleihen, und zwar unabhängig davon, ob der Verleiher im Besitz einer Verleiherlaubnis der BA ist oder nicht.[30] Zum Verbotstatbestand des § 1b siehe § 1b Rn. 12 ff.

25 Die den Tatbestand erfüllende ordnungswidrige Arbeitnehmerüberlassung muss im Unterschied zur Vorgängerregelung weder hinsichtlich

---

26 OLG Düsseldorf vom 7.4.2006 – IV-2 Ss (OWi) 170/04, (OWi) 15/06 III, 2 Ss (OWi) 170/04, (OWi) 15/06 III, NStZ 2007, 291.
27 BayObLG vom 29.6.1999 – 3 ObOWi 50/99, EzAÜG § 16 AÜG Nr. 12; Thüsing/*Kudlich*, § 16 Rn. 16. – Vgl. auch OLG Düsseldorf vom 7.4.2006 – IV-2 Ss (OWi) 170/04, (OWi) 15/06 III, 2 Ss (OWi) 170/04, (OWi) 15/06 III, NStZ 2007, 291; *Sandmann/Marschall*, § 16 Anm. 28a.
28 *Sandmann/Marschall*, § 16 Anm. 28a; Thüsing/*Kudlich*, § 16 Rn. 16.
29 Erbs/Kohlhaas/*Ambs*, Strafrechtliche Nebengesetze, § 16 AÜG Rn. 10; *Ulber*, § 16 Rn. 6.
30 So auch Thüsing/*Kudlich*, § 16 Rn. 20.

III. Ordnungswidrigkeitentatbestände (Abs. 1) § 16

des Verleihers noch des Entleihers gewerbsmäßig erfolgen. Hinsichtlich der Tätigkeit des Verleihers ist auf Grund des Verweises in § 1b Satz 1 auf § 1 jedoch Tatbestandsvoraussetzung des Abs. 1 Nr. 1b, dass die **Überlassung im Rahmen der wirtschaftlichen Tätigkeit des Verleihers** erfolgt. In Bezug auf das tatbestandserfüllende Handeln des Entleihers ist hingegen nicht erforderlich, dass der Entleiher gewerbsmäßig handelt oder das Tätigwerden überlassener Arbeitnehmer im Rahmen der wirtschaftlichen Tätigkeit des Entleihers erfolgt. Vielmehr genügt jetzt jedes Tätigwerdenlassen überlassener Arbeitnehmer entgegen dem Verbotstatbestand des § 1b. Der **auf den Bau überlassene Arbeitnehmer** wird als **notwendiger Teilnehmer** von der Bußgeldbestimmung des Abs. 1 Nr. 1b in keinem Fall erfasst.[31]

Tathandlung des Verleihers ist die tatsächliche Überlassung des Leiharbeitnehmers unter Verstoß gegen § 1b Satz 1.[32] Tathandlung des Entleihers ist das bloße Tätigwerdenlassen, also die tatsächliche Beschäftigung des Leiharbeitnehmers unter Verstoß gegen § 1b Satz 1.[33]

Stellt ein Verleiher fest, dass der Entleiher den Leiharbeitnehmer entgegen den Vereinbarungen unter Verstoß gegen § 1b einsetzt, dann muss er unverzüglich darauf hinwirken, dass dieser Zustand beendet wird. Andernfalls macht er sich selbst der **vorsätzlichen** Tatbestandsverwirklichung schuldig.[34]

Ist der Verleiher nicht im Besitz der nach § 1 Abs. 1 erforderlichen Erlaubnis, dann steht der Verstoß gegen Abs. 1 Nr. 1b in Tateinheit zu Abs. 1 Nr. 1 bzw. Nr. 1a.[35]

4. Entleih von ausländischen Leiharbeitnehmern ohne Arbeitsberechtigung (Nr. 2)

Nr. 2 sanktioniert das Beschäftigen eines nichtdeutschen Leiharbeitnehmers ohne die erforderliche Arbeitsberechtigung durch einen Entleiher. Dadurch soll der Entleiher mittelbar dazu bewegt werden, sich stets die

---

31 Erbs/Kohlhaas/*Ambs*, Strafrechtliche Nebengesetze, § 16 AÜG Rn. 12.
32 Thüsing/*Kudlich*, § 16 Rn. 19 i.V.m. § 15 Rn. 18.
33 Schüren/*Stracke*, § 16 Rn. 35; Thüsing/*Kudlich*, § 16 Rn. 19 i.V.m. § 15a Rn. 13; *Ulber*, § 16 Rn. 10. – A.A. Erbs/Kohlhaas/*Ambs*, Strafrechtliche Nebengesetze, § 16 AÜG Rn. 12.
34 AnwK-ArbR/*Böhm*, § 16 AÜG Rn. 8; *Sandmann/Marschall*, § 16 Anm. 28b; Schüren/*Stracke*, § 16 Rn. 34; Thüsing/*Kudlich*, § 16 Rn. 21. – Vgl. auch BayObLG vom 26.2.1999 – 3 ObOWi 50/99, EzAÜG § 16 AÜG Nr. 10.
35 Vgl. BayObLG vom 22.2.1995 – 3 ObOWi 13/95, BB 1995, 1358; Thüsing/*Kudlich*, § 16 Rn. 20.

§ 16 Ordnungswidrigkeiten

entsprechende Erlaubnis zeigen zu lassen, wenn er ausländische Arbeitskräfte tätig werden lässt,[36] mit denen er nicht selbst einen Arbeitsvertrag geschlossen hat. Dementsprechend wird überwiegend zumindest **fahrlässiges Handeln** angenommen, wenn der Entleiher sich von einem ausländischen Arbeitnehmer, der keine Arbeitnehmerfreizügigkeit genießt, nicht die Erlaubnis nach § 4 Abs. 3 AufenthaltsG oder nach § 284 SGB III zeigen lässt.[37]

30 Sämtliche Tatbestandsvoraussetzungen von Abs. 1 Nr. 2 sind **auch in § 15a Abs. 1 Satz 1** enthalten. Zum Begriff des ausländischen Leiharbeitnehmers siehe § 15 Rn. 8, zur Erforderlichkeit einer besonderen Arbeitsberechtigung siehe § 15 Rn. 9 ff., zum Tätigwerdenlassen siehe § 15a Rn. 5.

31 Die Bestimmung greift zunächst **in den Fällen ein, in denen die Überlassung** im Rahmen einer wirtschaftlichen Tätigkeit erfolgt und der Verleiher im Besitz der erforderlichen Erlaubnis nach § 1 Abs. 1 ist; hat der Verleiher nicht die erforderliche Erlaubnis, dann entsteht zwischen Entleiher und Leiharbeitnehmer nach §§ 9 Nr. 1, 10 Abs. 1 kraft Gesetzes ein Arbeitsverhältnis, sodass nicht Abs. 1 Nr. 2, sondern § 404 Abs. 2 Nr. 3 SGB III anwendbar ist.[38] **Abs. 1 Nr. 2** ist aber **auch dann** anwendbar, **wenn der Verleiher keiner Erlaubnis bedarf**, z. B. weil die Arbeitnehmerüberlassung nicht im Rahmen einer wirtschaftlichen Tätigkeit betrieben wird.[39]

32 Im Fall des Tätigwerdenlassens **mehrerer ausländischer Leiharbeitnehmer** ohne Arbeitsberechtigung **auf Grund eines einheitlichen Überlassungsvertrags** begeht der Entleiher **nur eine Ordnungswidrigkeit** gem. Nr. 2.[40] In diesen Fällen ist allerdings sorgfältig zu prüfen, ob nicht der Straftatbestand des § 15a Abs. 2 Nr. 1 verwirklicht ist.

---

36 BT-Drs. VI/2303 S. 15; *Noack*, BB 1973, 1313 ff.
37 Ignor/Rixen/*Paetzold*, § 3 Rn. 99. – Siehe auch BayObLG vom 27.2.1998 – 3 ObOWi 14/98, NZA-RR 1998, 423; Schüren/*Stracke*, § 16 Rn. 36; *Ulber*, § 16 Rn. 11.
38 OLG Hamm vom 14.11.1980 – Ss OWi 1967/80, BB 1981, 122, BB 1981, 122; AnwK-ArbR/*Böhm*, § 16 AÜG Rn. 9; Erbs/Kohlhaas/*Ambs*, Strafrechtliche Nebengesetze, § 16 AÜG Rn. 16; ErfK/*Wank*, § 16 AÜG Rn. 8; *Sandmann/Marschall*, § 16 Anm. 29; Schüren/*Stracke*, § 16 Rn. 37; *Ulber*, § 16 Rn. 12 f. – A.A. *Bückle*, BB 1981, 1529 ff.
39 BayObLG vom 22.2.1995 – 3 ObOWi 13/95, BB 1995, 1358; Erbs/Kohlhaas/*Ambs*, Strafrechtliche Nebengesetze, § 16 AÜG Rn. 15; *Sandmann/Marschall*, § 16 Anm. 29; *Ulber*, § 16 Rn. 13.
40 BayObLG vom 10.12.1979 – 3 Ob Owi 183/79, n.v.; Erbs/Kohlhaas/*Ambs*, Strafrechtliche Nebengesetze, § 16 AÜG Rn. 18; *Sandmann/Marschall*, § 16 Anm. 29.

5. Verstoß gegen die Anzeigepflicht nach § 1a (Nr. 2a)

Nr. 2a greift ein, wenn ein Verleiher eine nach § 1a erforderliche Anzeige im Falle der so genannten Kollegenhilfe nicht richtig, nicht vollständig oder nicht rechtzeitig erstattet. Zum einen handelt der Verleiher ordnungswidrig, wenn seine Anzeige einer erlaubnisfreien Überlassung nicht den Erfordernissen des § 1a Abs. 2 entspricht.[41] Zum anderen ist der Tatbestand erfüllt, wenn die Anzeige zwar formal vollständig ist, aber inhaltlich falsche oder unzureichende Angaben bezüglich der Tatbestandsvoraussetzungen der erlaubnisfreien Überlassung gemacht werden.[42] Unrichtige Angaben in den von der BA zur Verfügung gestellten Vordrucken sind nur dann ordnungswidrig, wenn sie sich auf die nach § 1a erforderlichen Angaben beziehen.[43] Insoweit reicht es aber bereits aus, wenn ein anzeigepflichtiges Merkmal weggelassen[44] oder wahrheitswidrig angegeben wird.

33

6. Nichtbefolgen einer Auflage (Nr. 3)

Kommt der Verleiher einer Auflage nach § 2 Abs. 2 nicht, nicht vollständig oder nicht rechtzeitig nach, handelt er nach Abs. 1 Nr. 3 ordnungswidrig, sobald er die Überlassungstätigkeit aufnimmt. Die **Auflage als Verwaltungsakt** muss **nicht unanfechtbar** geworden sein.[45] Da das AÜG i.V.m. § 86a Abs. 4 SGG verhindern will, dass ein unzuverlässiger Verleiher Arbeitnehmerüberlassung betreibt,[46] hat eine etwaige Anfechtung als Rechtsmittel gegen eine solche Auflage entsprechend § 86a Abs. 4 SGG keinen Suspensiveffekt.[47] Eine **rechtswidrigerweise ergangene Auflage**, die anfechtbar ist, aber **noch nicht** gem. § 48 VwVfG **zurückgenommen** wurde, **muss** daher zunächst **befolgt werden**.[48] Hält ein Verleiher eine Auflage für unzulässig und bestreitet er deren Wirksamkeit, muss er Rechtsmittel einlegen und den Ausgang des Verfahrens abwarten, eine Nichtbefolgung steht ihm nicht zu. Aus

34

---

41 Sandmann/Marschall, § 16 Anm. 29a; Schüren/Stracke, § 16 Rn. 41; Thüsing/Kudlich, § 16 Rn. 29.
42 Sandmann/Marschall, § 16 Anm. 29a; Schüren/Stracke, § 16 Rn. 41; Thüsing/Kudlich, § 16 Rn. 29.
43 Siehe dazu Thüsing/Kudlich, § 16 Rn. 30; Sandmann/Marschall, § 16 Anm. 29a. – Vgl. auch AnwK-ArbR/Böhm, § 16 AÜG Rn. 12; ErfK/Wank, § 16 AÜG Rn. 9.
44 Erbs/Kohlhaas/Ambs, Strafrechtliche Nebengesetze, § 16 AÜG Rn. 19.
45 Erbs/Kohlhaas/Ambs, Strafrechtliche Nebengesetze, § 16 AÜG Rn. 20; Sandmann/Marschall, § 16 Anm. 30.
46 Vgl. Jansen/Düring, § 86a SGG Rn. 24.
47 A.A. AnwK-ArbR/Böhm, § 16 AÜG Rn. 11.
48 BGH vom 23.7.1969 – 4 StR 371/68, BGHSt 23, 86, 89 ff.

§ 16 Ordnungswidrigkeiten

Gründen der Rechtssicherheit kann für die Frage nach der Ordnungswidrigkeit nur auf die Verhältnisse zum Tatzeitpunkt abgestellt werden, sodass eine eventuelle spätere Aufhebung der Auflage an der Verfolgung als Ordnungswidrigkeit nichts mehr ändert.[49] Wegen des Opportunitätsprinzips (siehe oben Rn. 15) ist die BA aber regelmäßig gehalten, das Bußgeldverfahren so lange auszusetzen, bis über die Auflage rechtskräftig entschieden ist.[50]

7. Verstoß gegen Anzeige- und Auskunftspflichten (Nr. 4 und Nr. 5)

35 Nach Abs. 1 Nr. 4 und Nr. 5 stellen Verstöße des Verleihers gegen Anzeige- und Auskunftspflichten nach § 7 Abs. 1 und Abs. 2 Satz 1 Ordnungswidrigkeiten dar. Diese Bußgeldbestimmungen i.V.m. § 7 sollen es der BA ermöglichen, eine **effektive Kontrolle der Verleiher**, insbesondere im Hinblick auf die Einhaltung der Voraussetzungen des § 3, zu ermöglichen. Eine Ahndung der Nichtbefolgung der Auskunftspflicht scheidet aus, wenn der betroffene Verleiher gem. § 7 Abs. 5 zu Recht von seinem Auskunftsverweigerungsrecht Gebrauch macht.[51]

36 Nicht unter Nr. 4 bzw. Nr. 5 fällt die Nichtvorlage geschäftlicher Unterlagen und die Verweigerung der Glaubhaftmachung nach § 7 Abs. 2 Satz 3.[52] In diesen Fällen kann die BA aber Verwaltungszwang ausüben, nach § 2 Abs. 2 Satz 2 die Erlaubnis (nachträglich) mit Auflagen versehen oder nach § 5 Abs. 1 Nr. 3 die Erlaubnis widerrufen.

8. Verstoß gegen die Aufbewahrungspflicht (Nr. 6)

37 Nach Nr. 6 werden Verstöße von Verleihern gegen ihre Pflicht geahndet, ihre Geschäftsunterlagen (§ 7 Abs. 2 Satz 4) und die Arbeitsverträge mit den Leiharbeitnehmern oder deren Durchschrift bzw. Kopie (§ 11 Abs. 1 Satz 5) aufzubewahren. Diesen Unterlagen kommt für die Erlaubnisbehörde Beweisführungsfunktion zu. Die Kontrollmöglichkeit der BA wird über einen längeren Zeitraum hinweg abgesichert.

---

49 Erbs/Kohlhaas/*Ambs*, Strafrechtliche Nebengesetze, § 16 AÜG Rn. 20; *Ulber*, § 16 Rn. 15.
50 ErfK/*Wank*, § 16 AÜG Rn. 10; *Sandmann/Marschall*, § 16 Anm. 30; Schüren/*Stracke*, § 16 Rn. 44; Thüsing/*Kudlich*, § 16 Rn. 33; *Ulber*, § 16 Rn. 15.
51 AnwK-ArbR/*Böhm*, § 16 AÜG Rn. 13; Schüren/*Stracke*, § 16 Rn. 47; Thüsing/*Kudlich*, § 16 Rn. 38a; *Ulber*, § 16 Rn. 16.
52 AnwK-ArbR/*Böhm*, § 16 AÜG Rn. 12 f.; *Sandmann/Marschall*, § 16 Anm. 31; Schüren/*Stracke*, § 16 Rn. 46; Thüsing/*Kudlich*, § 16 Rn. 38; *Ulber*, § 16 Rn. 16.

III. Ordnungswidrigkeitentatbestände (Abs. 1) § 16

Der Begriff Geschäftsunterlagen beschränkt sich auf solche Unterlagen, die in Zusammenhang mit der Arbeitnehmerüberlassung stehen (siehe § 7 Rn. 24 f.). 38

9. Verstoß gegen Duldungspflicht bei behördlicher Nachschau (Nr. 6a)

Nach § 7 Abs. 3 Satz 1 kann die BA durch beauftragte Personen Grundstücke sowie Geschäftsräume des Verleihers betreten und dort Prüfungen vornehmen. Der Verleiher hat diese Maßnahmen zu dulden. Ein Verstoß gegen diese Duldungspflicht ist seit dem 1.1.2004 bußgeldbewehrt. Hierdurch sollen die bestehenden Prüfrechte der BA gestärkt werden. Die Verwirklichung des Tatbestands setzt voraus, dass ein Betretungs- und Prüfungsrecht der BA nach § 7 Abs. 3 Satz 1 besteht[53] (zu den Voraussetzungen siehe § 7 Rn. 34 ff.). Daher greift die Bestimmung nicht ein, wenn die BA lediglich Stichprobenkontrollen durchführen und zu diesem Zwecke die Geschäftsräume des Verleihers betreten will. 39

10. Verstoß gegen die statistische Meldepflicht (Nr. 7)

Der legale Verleiher handelt gem. Nr. 7 ordnungswidrig, wenn er die ihm gem. § 8 Abs. 1 obliegende Pflicht zur Abgabe statistischer Meldungen nicht, nicht richtig, nicht vollständig oder nicht innerhalb der in § 8 Abs. 2 festgelegten Zeiträume erfüllt (siehe dazu § 8 Rn. 5). Für die Erfüllung der halbjährlichen Meldepflicht statistischer Daten hält die BA entsprechende Formulare bereit, die der Verleiher zu verwenden hat. 40

11. Nichtgewährung einer Arbeitsbedingung entgegen § 10 Abs. 4 (Nr. 7a)

Nach Abs. 1 Nr. 7a soll ein Verleiher ordnungswidrig handeln, der entgegen § 10 Abs, 4 eine Arbeitsbedingung nicht gewährt. Erfasst werden also **Verstöße gegen equal pay und equal treatment (§ 10 Abs. 4 Satz 1)**, bei **Anwendung eines Tarifvertrags** ist die **Nichtgewährung der tariflichen Leistungen (§ 10 Abs. 4 Satz 2)** und **wenn der Tarifvertrag** hinsichtlich des Arbeitsentgelts die **Lohnuntergrenze gemäß § 3a unterschreitet die Nichtgewährung von equal pay (§ 10 Abs. 4 Satz 3)** tatbestandsmäßig. Ist die Bezugnahme auf einen Tarifvertrag 41

---

[53] So auch AnwK-ArbR/*Böhm*, § 16 AÜG Rn. 15.

§ 16 Ordnungswidrigkeiten

unwirksam, dann wird die Nichtgewährung von equal pay und equal treatment erfasst (§ 10 Abs. 4 Satz 4).

42 Nach Abs. 1 Nr. 7a soll jeder auch noch so geringfügige Verstoß[54] gegen den Grundsatz von equal pay bzw. -treatment oder gegen vereinbarte tarifliche Arbeitsbedingungen seitens des Verleihers ein Bußgeld von bis zu 500.000 Euro nach sich ziehen können. Hiergegen beststehen erhebliche **verfassungsrechtliche Bedenken**. Abgesehen davon, dass damit nicht mehr dem Verhältnismäßigkeitsgrundsatz genügt ist, stellt sich die verfassungsrechtliche Frage nach der **Gleichbehandlung (Art. 3 I GG)**. Der Entleiher kann entsprechende Verstöße ggü. seinen eigenen Arbeitnehmern begehen, ohne dass er ordnungswidrigkeitenrechtliche Sanktionen zu gewärtigen hat. Der Gesetzgeber hat diese (scharfe) Sanktion zwar damit begründet, dass die Leiharbeitsrichtlinie bei Verstößen wirksame, angemessene und abschreckende Sanktionen fordere.[55] Dies täuscht aber darüber hinweg, dass der Gesetzgeber außerhalb des AÜG auch bei der Umsetzung europarechtlicher Richtlinien grds. bei Verstößen gegen Bestimmungen des Arbeitsvertragsrechts davon abgesehen hat, deren Einhaltung durch Bußgeld- und Straftatbestände abzusichern. Ganz allgemein zeigt sich, dass im Bereich des Arbeitsstrafrechts fahrlässige Verstöße gegen arbeitsvertragliche Pflichten grds. sanktionslos bleiben und auch vorsätzliche Verstöße nur bei einem erheblichen Unrechtsgehalt sanktioniert werden.[56]

43 Nicht von Nr. 7a erfasst werden **Verstöße gegen § 10 Abs. 5**; hier greift **Nr. 7b** ein.

44 Dabei kann der Tatbestand des Nr. 7a **nicht** bereits durch den bloßen **Abschluss einer** nach § 9 Nr. 2 **unwirksamen Vereinbarung** verwirklicht werden. Vielmehr handelt der Verleiher erst dann tatbestandsmäßig, wenn er die **betreffende Arbeitsbedingung trotz Fälligkeit nicht gewährt**.[57] Zwar sanktioniert Nr. 7a nach der Gesetzesbegründung die Missachtung der Bestimmungen zu den Arbeitsbedingungen der Leiharbeitnehmer nach § 3 Abs. 1 Nr. 3 und § 9 Nr. 2.[58] Obwohl bereits der Abschluss einer unzulässigen Vereinbarung als Missachtung der Regelung angesehen werden kann, sprechen sowohl wortlaut- als auch syste-

---

54 So *Ulber*, § 16 Rn. 21: auf die Schwere des Verstoßes komme es nicht an.
55 Begründung zum GesetzesE BT-Drs. 847/10, S. 11. – Ebenso *Ulber*, § 16 Rn. 21.
56 Vgl. hierzu bereits Boemke in Bornewasser/Zülch, Arbeitszeit-Zeitarbeit (2013), S. 153, 164f.
57 *Sandmann/Marschall*, § 16 Anm. 33b.
58 BT-Drs. 17/4804, S. 10f.

III. Ordnungswidrigkeitentatbestände (Abs. 1) § 16

matische Erwägungen für das Abstellen auf die Fälligkeit. Nach § 9 Nr. 2 sind lediglich Vereinbarungen unwirksam, die eine Schlechterstellung „**vorsehen**".[59] Nach Nr. 7a handelt nur der Verleiher ordnungswidrig, der die entsprechende Arbeitsbedingung nicht „**gewährt**". Diese unterschiedliche Wortwahl des Gesetzgebers lässt darauf schließen, dass unter dem Begriff des „Gewährens" nicht bereits der Abschluss einer unwirksamen Vereinbarung zu verstehen ist. Außerdem spricht für das Verständnis des „Gewährens" als tatsächliche Leistungserbringung bei Fälligkeit ein Vergleich mit Nr. 7b. Danach liegt eine Ordnungswidrigkeit vor, wenn das **Mindeststundenentgelt nicht gezahlt** wird, sodass es auch im Zusammenhang mit Nr. 7b auf das **Unterlassen der tatsächlichen Erbringung** der fälligen Leistung ankommt.

Der Ordnungswidrigkeitstatbestand wird nicht allein durch einen bloßen Abrechnungsfehler, begründet, der nicht auf einen Verstoß gegen § 10 Abs. 4 beruht.[60] Gewährt der Verleiher z.B. dem Leiharbeitnehmer für die Zeit der Überlassung an den Entleiher das im Betrieb des Entleihers für einen vergleichbaren Arbeitnehmer des Entleihers geltende Arbeitsentgelt und unterläuft ihm **allein bei der Abrechnung** der Anzahl der vergütungspflichtigen Stunden versehentlich ein **Fehler**, so liegt hierin **keine** den **Tatbestand der Nr. 7a** erfüllende Nichtgewährung einer Arbeitsbedingung nach § 10 Abs. 4. Der Verleiher gewährt nämlich dem Leiharbeitnehmer gerade ein den Anforderungen des § 10 Abs. 4 Satz 1 entsprechendes Entgelt.[61] 45

Tateinheit soll vorliegen, wenn der **Verleiher gleichzeitig mehrere Leiharbeitnehmer demselben Entleiher überlässt** und hierbei nicht die nach § 10 Abs. 4 maßgeblichen Arbeitsbedingungen gewährt.[62] Tateinheit liegt auch dann vor, wenn der Verleiher mit dem Leiharbeitnehmer die Anwendung eines Tarifvertrags vereinbart hat bzw. die tariflichen Regelungen normativ gelten (§ 4 TVG) und der Verleiher die tariflichen Arbeitsbedingungen nicht gewährt.[63] **Tatmehrheit** ist demgegenüber gegeben, wenn der Verleiher **mehrere Leiharbeitnehmer unterschiedlichen Entleihern** überlässt, ohne die nach § 10 Abs. 4 maßgeblichen Arbeitsbedingungen zu gewähren.[64] Tatmehrheit liegt 46

---

59 Vgl. so auch *Sandmann/Marschall*, § 16 Anm. 33b.
60 *Sandmann/Marschall*, § 16 Anm. 33c.
61 Siehe hierzu *Sandmann/Marschall*, § 16 Anm. 33c.
62 *Sandmann/Marschall*, § 16 Anm. 33e i.V.m. Anm. 27; *Ulber*, § 16 Rn. 21.
63 *Ulber*, § 21 Rn. 21.
64 *Sandmann/Marschall*, § 16 Anm. 33e i.V.m. Anm. 27; *Ulber*, § 16 Rn. 21.

§ 16 Ordnungswidrigkeiten

auch dann vor, wenn der Verleiher den Leiharbeitnehmer nacheinander unterschiedlichen Entleihern überlässt und eine nach § 10 Abs. 4 Satz 1, 3 oder 4 maßgebliche Arbeitsbedingung nicht gewährt.[65]

12. Nichtzahlung des festgesetzten Mindeststundenentgelts (Nr. 7b)

47 Nach dem durch Änderungsgesetz vom 28.4.2011 neu eingefügten § 10 Abs. 5 ist der Verleiher verpflichtet, dem Leiharbeitnehmer mindestens das in einer Rechtsverordnung nach § 3a Abs. 2 für die Zeit der Überlassung und für Zeiten ohne Überlassung festgesetzte Mindeststundenentgelt zu zahlen. Verletzt der Verleiher diese Pflicht, handelt er nach Abs. 1 Nr. 7b ordnungswidrig. Entspricht die Zahlung der Vergütung dem eines vergleichbaren Stammarbeitnehmers, so kann auch Nr. 7b tatbestandsmäßig sein, sofern die Vergütung im Betrieb des Entleihers unterhalb des festgesetzten Mindeststundenentgelts liegt (siehe § 10 Rn. 130 ff.).[66]

48 In Hinblick auf verfassungsrechtliche Bedenken siehe Rn. 42.

49 Zur Tatbestandserfüllung durch bloße Abrechnungsfehler siehe Rn. 45.

13. Verstoß gegen Beurkundungs- und Aushändigungspflichten (Nr. 8)

50 Nach § 11 Abs. 1 muss der Verleiher dem Leiharbeitnehmer nach den Bestimmungen des NachwG einen **Nachweis über die wesentlichen Bedingungen des Arbeitsverhältnisses** erteilen (siehe § 11 Rn. 42 ff.); zusätzlich hat er noch die in § 11 Abs. 1 Satz 2 normierten Angaben in die Niederschrift aufzunehmen (siehe § 11 Rn. 75 ff.).

51 Nach § 11 Abs. 2 hat der Verleiher dem Leiharbeitnehmer ein Merkblatt über den wesentlichen Inhalt des AÜG auszuhändigen (wegen der Einzelheiten siehe § 11 Rn. 100 ff.), auf Verlangen des Leiharbeitnehmers auch in dessen Muttersprache (wegen der Einzelheiten siehe § 11 Rn. 102 ff.). Verletzt der Verleiher diese Pflichten, so verhält er sich nach Abs. 1 Nr. 8 ordnungswidrig. Unter Berücksichtigung des Sinn und Zwecks der Ordnungswidrigkeitstatbestände – geordnete Verhältnisse auf den Teilarbeitsmarkt der Arbeitnehmerüberlassung zu schaffen und den hierzu erforderlichen Schutz des Leiharbeitnehmer zu gewähren – soll ein **Verstoß gegen die Kostentragungspflicht** nach § 11 Abs. 2 Satz 3 nicht den Tatbestand der Nr. 8 begründen, obwohl nach

---

[65] *Sandmann/Marschall*, § 16 Anm. 33e i.V.m. Anm. 27.
[66] BT-Drs. 17/5761, S. 8; Erbs/Kohlhaas/*Ambs*, Strafrechtliche Nebengesetze, § 16 AÜG Rn. 26; *Sandmann/Marschall*, § 16 Anm. 33 f.; *Ulber*, § 16 Rn. 21.

dem reinen Wortlaut des Abs. 1 Nr. 8 auch die Kostentragungspflicht nach § 11 Abs. 2 Satz 3 erfasst ist.[67] Ein Verstoß gegen § 11 Abs. 2 kann nämlich nur insoweit den Tatbestand der Nr. 8 verwirklichen, als hierdurch der Sinn und Zweck des § 11 Abs. 2 – Informierung des Leiharbeitnehmers über seine Rechtsstellung zur effektiven Durchsetzung seiner Rechte – vereitelt werden würde. Dem trägt die Kostentragungspflicht aus § 11 Abs. 2 Satz 3 jedoch nicht bei.

Die Bestimmung ist, soweit es um Verstöße nach § 11 Abs. 1 geht, erheblichen **verfassungsrechtlichen Bedenken** ausgesetzt. Der Gesetzgeber hat durch das erste Gesetz für moderne Dienstleistungen mit Wirkung zum 1.1.2003 die Beurkundungspflicht des Verleihers generell dem NachwG unterworfen und in § 11 Abs. 1 Satz 2 lediglich ergänzende Bestimmungen normiert, die den Besonderheiten des Leiharbeitsverhältnisses Rechnung tragen. Auf Grund dieser **Angleichung der Rechtsstellung des Verleihers mit sonstigen Arbeitgebern** verstößt es gegen **Art. 3 Abs. 1 GG**, wenn lediglich Verleiher, nicht aber sonstige Arbeitgeber bei Verstößen gegen die Beurkundungspflicht mit Bußgeld belegt werden können.

52

14. Verstoß gegen Informationspflichten (Nr. 9)

Kommt der Entleiher seiner Informationspflicht in Bezug auf freie Stellen nach § 13a Satz 1 nicht, nicht richtig oder nicht vollständig nach, so handelt er ordnungswidrig nach Nr. 9. Dabei ist es für die Tatbestandsverwirklichung unerheblich, ob der Entleiher auch seine Stammmitarbeiter über freie Stellen nicht informiert.[68] Wann eine Informierung durch den Entleiher als nicht richtig bzw. nicht vollständig zu bewerten ist und damit den Tatbestand der Nr. 9 erfüllt, richtet sich nach dem Umfang und den Anforderungen der Informationspflicht nach § 13a Satz 1 im konkreten Einzelfall (siehe hierzu § 13a Rn. 10 ff.). Nicht richtig kann z.B. eine Information sein, welche die freie Stelle unzureichend beschreibt, sodass die Bewerbung des Leiharbeitnehmers erschwert bzw. faktisch unmöglich gemacht wird. Eine unvollständige Information kann erfolgen, indem z.B. bestehende Bewerbungsfristen nicht mitgeteilt werden.[69]

53

---

67 So ausdrücklich *Ulber*, § 16 Rn. 22. – Im Ergebnis auch AnwK-ArbR/*Böhm*, § 16 AÜG Rn. 17; ErfK/*Wank*, § 16 AÜG Rn. 12; *Sandmann/Marschall*, § 16 Anm. 35; *Thüsing/Kudlich*, § 16 Rn. 44. – A.A. wohl Schüren/*Stracke*, § 16 Rn. 50.
68 *Sandmann/Marschall*, § 16 Anm. 35a.
69 Siehe hierzu *Sandmann/Marschall*, § 16 Anm. 35a; *Thüsing/Kudlich*, § 16 Rn. 45b.

§ 16 Ordnungswidrigkeiten

15. Nichtgewährung des Zugangs (Nr. 10)

54 Gewährt der Entleiher in nicht gerechtfertigter Weise dem Leiharbeitnehmer nicht den Zugang zu den Gemeinschaftseinrichtungen oder -diensten im Unternehmen unter den gleichen Bedingungen wie vergleichbaren Arbeitnehmern in seinem Betrieb, so begeht er eine Ordnungswidrigkeit nach Nr. 10. Entscheidend für die Verwirklichung des Tatbestands ist, dass kein sachlicher Grund gegeben ist, der die Nichtgewährung des Zugangs i.S.d. § 13b Satz 1 rechtfertigt.

55 Für die **Verwirklichung des Nichtgewährens des Zugangs** genügt es **nicht**, dass der Entleiher **lediglich** den **Willen** hat, den Zugang nicht bzw. nicht unter den gleichen Bedingungen wie vergleichbaren Arbeitnehmern seines Betriebs zu ermöglichen. Voraussetzung für die Tathandlung des Nichtgewährens des Zugangs i.S.d. § 13b S. 1 als objektives Tatbestandsmerkmal ist vielmehr, dass sich dieser Wille des Entleihers **nach außen manifestiert**. Manifestiert hat sich der Nichtgewährungswille zumindest dann, wenn der Zugang zu einer entsprechenden Einrichtung bzw. Dienst tatsächlich von einem Leiharbeitnehmer geltend gemacht wird, und dieser ihm vom Entleiher verwehrt wird.[70] Allerdings kann sich der Wille zur Verweigerung des Zugangs auch ohne eine konkrete Geltendmachung seitens eines Leiharbeitnehmers manifestieren. Dies ist z.B. der Fall, wenn die Benutzungsordnung der Einrichtung ausdrücklich Leiharbeitnehmer ausschließen oder eine entsprechende ausdrückliche Anweisung durch den Entleiher an das Verwaltungspersonal existiert. Voraussetzung hierfür ist jedoch, dass tatsächlich Leiharbeitnehmer eingesetzt werden.[71] Andernfalls ist der Arbeitgeber mangels Entleihereigenschaft kein tauglicher Täter. Wird hingegen tatsächlich ein Leiharbeitnehmer eingesetzt und macht dieser den Zugang zu einer Gemeinschaftseinrichtung bzw. -dienst nicht geltend, genügt es für die den Tatbestand verwirklichende Manifestierung des Verweigerungswillens des Entleihers jedoch nicht, dass er dem Leiharbeitnehmer den Zugang nicht ausdrücklich öffnet bzw. anbietet.[72]

56 Tatmehrheit liegt vor, wenn der Entleiher seinem Leiharbeitnehmer **zu verschiedenen Gemeinschaftseinrichtungen oder -diensten** den **Zugang verweigert**. Wird hingegen der **Zugang zu einer Einrichtung**

---

70 Vgl. im Ergebnis auch *Sandmann/Marschall*, § 16 Anm. 35b; *Ulber*, § 16 Rn. 27.
71 Vgl. *Sandmann/Marschall*, § 16 Anm. 35b.
72 Vgl. *Sandmann/Marschall*, § 16 Anm. 35b.

bzw. **Dienst mehrmals verwehrt**, so besteht bei **einheitlichem Tatentschlusses** des Entleihers **keine Tatmehrheit**.[73]

16. Verstoß gegen Duldungs- und Mitwirkungspflichten nach dem SchwarzArbG (Nr. 11 bis 13)

Verstöße gegen die Duldungs- und Mitwirkungspflichten nach § 17a i.V.m. § 5 Abs. 1 Satz 1 und 2, Abs. 3 Satz 1 SchwarzArbG stellen eine Ordnungswidrigkeit nach Nr. 11 bis 13 dar. Umfang der Duldungs- und Mitwirkungspflicht folgt aus § 17a i.V.m. § 5 Abs. 1 Satz 1, 2, Abs. 3 Satz 1 SchwarzArbG (siehe hierzu § 17a Rn. 12). 57

Gemäß § 5 Abs. S. 1 SchwarzArbG haben Verleiher, Leiharbeitnehmer, Auftraggeber und Dritte, sowie Entleiher, die bei einer Prüfung der Zollverwaltung nach § 17a i.V.m. § 2 Abs. 1 Nr. 5 SchwarzArbG angetroffen werden, die Prüfung zu dulden und dabei mitzuwirken, insbesondere für die Prüfung erhebliche Auskünfte zu erteilen und die in den §§ 3 und 4 SchwarzArbG genannten Unterlagen vorzulegen. Der Umfang dieser Duldungs- und Mitwirkungspflicht ergibt sich aus § 17a i.V.m. § 5 Abs. 1 Satz 1 (siehe hierzu § 17a Rn. 12). Eine tatbestandsmäßige Verletzung der Auskunftspflicht setzt ein **auf den konkreten Einzelfall bezogenes Auskunftsverlangen der zuständigen Behörde** voraus. Daneben bedarf es für das Auskunftsverlangen eines **konkret bezogenen Anlasses**. Ein konkreter Verdacht auf eine Verletzung der AÜG Verpflichtung soll hingegen nicht erforderlich sein.[74] 58

In den Fällen des § 17a i.V.m. § 3 Abs. 1 und 2 SchwarzArbG sowie des § 4 Abs. 1 und 2 SchwarzArbG haben Verleiher, Leiharbeitnehmer, und Dritte, sowie Entleiher auch das Betreten der Grundstücke und der Geschäftsräume gemäß § 17a i.V.m. § 5 Abs. 1 Satz 2 SchwarzArbG zu dulden. Eine Verletzung dieser Pflicht erfüllt den Tatbestand der Nr. 12, 59

Nach § 17a i.V.m § 5 Abs. 1 S. 2 SchwarzArbG haben sowohl Ver- als auch Entleiher im Rahmen einer Prüfung nach § 2 Abs. 1 Nr. 5 die Pflicht, die in Datenverarbeitungsanlagen gespeicherte Daten auszusondern und den Behörden der Zollverwaltung auf deren Verlangen auf automatisiert verarbeitbaren Datenträgern oder in Listen zu übermitteln. Werden die Daten nicht, nicht richtig, nicht vollständig, nicht in der vorgeschriebenen Weise oder rechtzeitig übermittelt, so liegt eine Ordnungswidrigkeit nach Nr. 13 vor. 60

---

73 *Ulber*, § 16 Rn. 27.
74 Erbs/Kohlhaas/*Ambs*, Strafrechtliche Nebengesetze, § 16 AÜG Rn. 32.

§ 16 Ordnungswidrigkeiten

61 Voraussetzung für die Verwirklichung der einzelnen Tatbestände der Nr. 11 bis Nr. 13 ist, dass die jeweiligen **Prüfungs- und Betretungsrechte der Zollverwaltung** im konkreten Fall **nach § 17a i.V.m. § 5 SchwarzArbG** bestehen (zu den Voraussetzungen siehe § 17a Rn. 12).

62 Die **Duldungs- und Mitwirkungspflicht** obliegen nach dem entsprechenden Wortlaut des § 17a i.V.m. § 5 Abs. 1 Satz 1 und S. 2 SchwarzArbG neben dem **Verleiher** und **Entleiher** auch **Dritten, insbesondere auch Leiharbeitnehmern**, die bei der zollverwaltungsrechtlichen Prüfung angetroffen werden. Hingegen trifft die **Verpflichtung zur Datenaussonderung bzw. Übermittlung nach § 17a i.V.m. § 5 Abs. 3 Satz 1 SchwarzArbG** lediglich **Ver- und Entleiher**, sodass auch nur diese taugliche Täter sein können. Soweit jedoch die Voraussetzungen des § 9 Abs. 2 OWiG vorliegen, können auch Dritte, insbesondere auch Leiharbeitnehmer ordnungswidrig handeln (siehe hierzu Rn. 9).

17. Verletzung von Meldepflichten (Nr. 14 bis 16)

63 Kommt der Entleiher seiner Meldepflicht nach § 17b Abs. 1 nicht nach, so kann dies eine Ordnungswidrigkeit nach Nr. 14 und Nr. 15 darstellen. Ein Verstoß gegen der Verpflichtung des § 17b Abs. 2 der Anmeldung die Versicherung beizufügen, dass der Verleiher seine Verpflichtungen nach § 10 Abs. 5 einhält, begründet eine Ordnungswidrigkeit nach Nr. 16. Dabei kann der objektive Tatbestand auch dann verwirklicht sein, wenn der Verleiher die erforderliche Versicherung nach § 17b Abs. 2 nicht zur Verfügung stellt.[75] Allerdings kann in diesem Fall der subjektive Tatbestand entfallen, wenn der Entleiher weder vorsätzlich noch fahrlässig die Versicherung vom Verleiher nicht beschaffen konnte, um seine Verpflichtung zu erfüllen.

18. Verstoß gegen die Aufzeichnungs- oder Aufbewahrungspflicht (Nr. 17)

64 Findet eine Rechtsverordnung nach § 3a auf ein Arbeitsverhältnis Anwendung, so begeht der Entleiher eine Ordnungswidrigkeit nach Nr. 17, wenn er Beginn, Ende und Dauer der täglichen Arbeitszeit des Leiharbeitnehmers nicht, nicht richtig oder nicht vollständig i.S.d. § 17c Abs. 1 aufzeichnet bzw. diese Aufzeichnungen nicht mindestens zwei Jahre aufbewahrt. Da diese Pflicht lediglich dem **Entleiher** obliegt, kann **allein** er **tauglicher Täter** sein.

---

75 *Sandmann/Marschall*, § 16 Anm. 35d.

IV. Höhe der Geldbuße (Abs. 2) § 16

19. Verstoß gegen Bereithaltungspflicht von Unterlagen (Nr. 18)

Den Verleiher trifft nach § 17c Abs. 2 die Pflicht, die für die Kontrolle 65
der Einhaltung einer Rechtsverordnung nach § 3a erforderlichen Unterlagen im Inland für die gesamte Dauer der tatsächlichen Beschäftigung des Leiharbeitnehmers im Geltungsbereich dieses Gesetzes, insgesamt jedoch nicht länger als zwei Jahre, in deutscher Sprache bereitzuhalten bzw. auf Verlangen der Prüfbehörde die Unterlagen am Ort der Beschäftigung bereitzuhalten. Kommt er dieser Pflicht nicht, nicht richtig, nicht vollständig oder nicht in der vorgeschriebenen Weise nach, so ist der Tatbestand des Nr. 18 erfüllt.

20. Verfolgungsverjährung

Die Verfolgungsverjährungsfristen betragen: 66

– bei **Vorsatztaten** nach **Abs. 1 Nr. 1 bis 1b, 6 und 11 bis 18 drei Jah-** 67
re, bei **Fahrlässigkeitstaten** nach Abs. 1 Nr. 1 bis 1b **zwei Jahre**
(§ 31 Abs. 2 Nr. 2 i.V.m. § 17 Abs. 2 OWiG),

– bei **Vorsatz- und Fahrlässigkeitstaten** nach **Abs. 1 Nr. 2, 7a und 7b** 68
drei Jahre (§ 31 Abs. 2 Nr. 1 OWiG),

– bei **Vorsatz- und Fahrlässigkeitstaten** nach **Abs. 1 Nr. 2a, 3, 9 und** 69
10 ein Jahr (§ 31 Abs. 2 Nr. 3 i.V.m. § 17 Abs. 2 OWiG),

– bei **Vorsatz- und Fahrlässigkeitstaten** nach **Abs. 1 Nr. 4, 5, 6a, 7** 70
und 8 sechs Monate (§ 31 Abs. 2 Nr. 4 OWiG),

IV. Höhe der Geldbuße (Abs. 2)

Den Höchstbetrag der jeweiligen Geldbuße für die verschiedenen Ord- 71
nungswidrigkeiten legt Abs. 2 fest, wobei die Höhe dem jeweiligen Unrechtsgehalt entspricht. Ergänzend sind die Bestimmungen des OWiG hinzuzuziehen, wonach die **Mindestgeldbuße** 5 Euro beträgt (§ 17 Abs. 1 OWiG) und **bei fahrlässigem Handeln höchstens die Hälfte des angedrohten Höchstbetrags** verhängt werden kann (§ 17 Abs. 2 OWiG). Danach ergeben sich folgende Höchstbeträge für die Geldbußen:

§ 16 Ordnungswidrigkeiten

Verstoß	Vorsatz	Fahrlässigkeit
Abs. 1 Nr. 2, 7a und 7b	500000 Euro	250000 Euro
Abs. 1 Nr. 1 bis 1b, 6, 11 bis 18	30000 Euro	15000 Euro
Abs. 1 Nr. 2a, 3, 9 und 10	2500 Euro	1250 Euro
Abs. 1 Nr. 4, 5, 6a, 7 und 8	1000 Euro	500 Euro

72 Bei der Bemessung der Geldbuße im Einzelfall ist die **Bedeutung der Ordnungswidrigkeit** sowie der **Vorwurf**, der den Täter trifft, zu berücksichtigen (§ 17 Abs. 3 Satz 1 OWiG). Dabei sollen **auch die wirtschaftlichen Verhältnisse** des Täters berücksichtigt werden (§ 17 Abs. 3 Satz 2 OWiG). Zumindest soll die Geldbuße den wirtschaftlichen Vorteil, den der Täter aus der Ordnungswidrigkeit gezogen hat, übersteigen; wenn das gesetzliche Höchstmaß hierzu nicht ausreicht, kann es sogar überschritten werden (§ 17 Abs. 4 OWiG). Insoweit handelt es sich um eine Soll-Vorschrift, die andere, gleich wichtige Zumessungskriterien nicht zurückdrängt, sodass stets die Umstände des Einzelfalls maßgeblich sind.[76]

73 Bei der Arbeitnehmerüberlassung ohne Erlaubnis legten die LAA einen **wirtschaftlichen Vorteil je Arbeitsstunde von** 3,00 DM für den Entleiher und 1,00 DM für den Verleiher zugrunde.[77] Im Einzelfall kann aber auch auf die **Bruttolohnsumme** abgestellt und auf dieser Grundlage eine **Gewinnschätzung** vorgenommen werden.[78] Hierbei muss aber auch die vom Täter bezahlte oder künftig zu entrichtende Einkommensteuer berücksichtigt werden.[79]

---

[76] BayObLG vom 8.2.1990 – 3 Ob OWi 5/90, EzAÜG § 1 AÜG Erlaubnispflicht Nr. 21.
[77] *Sandmann/Marschall*, § 16 Anm. 36. – Siehe auch AG Gießen vom 13.4.1987 – 54 OWi 15 Js 22376/86, EzAÜG § 1 AÜG Gewerbsmäßige Arbeitnehmerüberlassung Nr. 24; AnwK-ArbR/*Böhm*, § 16 AÜG Rn. 18; Thüsing/*Kudlich*, § 16 Rn. 54; *Ulber*, § 16 Rn. 44.
[78] BGH vom 13.1.1983 – 4 StR 578/82, AP § 1 AÜG Nr. 6; AnwK-ArbR/*Böhm*, § 16 AÜG Rn. 18.
[79] BayObLG vom 25.4.1995 – 3 ObOWi 11/95, BB 1995, 1358. – Vgl. auch Schüren/*Stracke*, § 16 Rn. 61.

V. Zuständige Verfolgungsbehörde (Abs. 3)

1. Sachliche Zuständigkeit (Abs. 3)

Sachlich zuständig i. S. v. § 36 Abs. 1 Nr. 1 OWiG für das Ordnungswidrigkeitenverfahren sind gemäß Abs. 3 für die **Ordnungswidrigkeiten** nach **Absatz 1 Nr. 1 bis 2a, 7b sowie 11 bis 18 die Behörden der Zollverwaltung**, d.h. grds. die **Hauptzollämter**, für die Ordnungswidrigkeiten nach **Absatz 1 Nr. 3 bis 7a sowie 8 bis 10 die Bundesagentur für Arbeit**, also die Zentrale der BA, die RD der BA sowie AA. Mit RdErl. vom 21.4.1982 (90/82), der durch die RdErl. 90/82 vom 21.4.1982 (ANBA 1982, 1568 ff.), 91/86 vom 6.6.1986 (ANBA 1986, 1027) und 130/91 vom 18.9.1991 (ANBA 1991, 1448 ff.) ergänzt und teilweise geändert worden ist, hatte die BA diese Zuständigkeit geregelt. Zur **Bekämpfung der illegalen Beschäftigung in Deutschland** waren hierdurch bei **40 Stützpunkt-Arbeitsämtern sowie dem LAA Berlin „Bearbeitungsstellen zur Bekämpfung illegaler Beschäftigung"** eingerichtet worden. 74

Diese Zuständigkeitsregelung wurde aus Praktikabilitätsgründen Ende 2003 geändert. Wegen des engen Zusammenhangs mit dem Erlaubnisverfahren sowie der Überwachung des Erlaubnisinhabers war die Zuständigkeit auf die **RD** (Sachgebiet OWi des Stabes Rechtsangelegenheiten) **der BA** für die Verfolgung und Ahndung der bei den Dienststellen der BA verbliebenen Ordnungswidrigkeiten übertragen worden (GA-AÜG 16.2(2) a. F.). Zuständig hierfür sind nicht die Teams Arbeitnehmerüberlassung Sachbearbeitung, vielmehr ist bei dem Verdacht einer Ordnungswidrigkeit nach Abs. 1 Nr. 3–7a, 8–10 die zuständige OWi-Sachbearbeitung einzuschalten. Bei **Gefahr im Verzug** kann **jede Dienststelle der BA** die erforderlichen Ermittlungen durchführen (§ 46 OWiG i.V.m. § 143 Abs. 2 GVG). Für die Bearbeitung von Strafsachen (Strafanzeigen, Abgabe an die Staatsanwaltschaft gem. § 41 OWiG, Übernahme durch die Staatsanwaltschaft gem. § 42 OWiG) liegt die Zuständigkeit grds. bei den Bearbeitungsstellen. 75

Werden durch eine **Handlung eines Ver- oder Entleihers mehrere Tatbestände** verwirklicht und sind hierfür **verschiedene Behörden zuständig**, so bleibt gem. § 38 OWiG **jede zuständig**. Den **Vorrang** hat jedoch nach § 39 Abs. 1 Satz 1 OWiG diejenige Verfolgungsbehörde, die den **ersten Zugriff** hatte, also die wegen der Tat den Betroffenen zuerst vernommen hat oder der die Akten von der Polizei nach der ers- 76 ten Vernehmung des Betroffenen zuerst zugesandt wurden.[80] Es ist aber gem. § 39 Abs. 2 OWiG auch durch Vereinbarung der Verwaltungsbehörden möglich, die Zuständigkeit zu regeln. Nach allgemeinen Grundsätzen kann nur eine einzige Geldbuße festgesetzt werden, wenn eine Tathandlung mehrere Ordnungswidrigkeitstatbestände erfüllt.

2. Örtliche Zuständigkeit

77 Die örtliche Zuständigkeit richtet sich gem. § 37 Abs. 1 Nr. 1 OWiG nach dem **Begehungsort**, gem. § 37 Abs. 1 Nr. 1 OWiG nach dem **Entdeckungsort** oder gem. § 37 Abs. 1 Nr. 2 OWiG nach dem **Wohnsitz des Täters** zur Zeit der Einleitung des Verfahrens, hilfsweise ist der gewöhnliche Aufenthaltsort maßgeblich (§ 37 Abs. 3 OWiG). Es existieren also evtl. mehrere, gem. § 37 Abs. 1 OWiG gleichwertig nebeneinanderstehende, örtliche Zuständigkeiten für eine Tat. In solchen Fällen greift § 39 Abs. 1 Nr. 1 OWiG, sodass diejenige Verfolgungsbehörde örtlich zuständig ist, die zuerst die Ermittlungen aufgenommen, z.B. dem Betroffenen gem. § 55 OWiG Gelegenheit zur Sachäußerung gegeben hat.

VI. Vollstreckung (Abs. 4)

78 Die Vollstreckung der Geldbuße erfolgt nach §§ 89 ff. OWiG. Abweichend von § 92 OWiG richtet sich die Zuständigkeit für die Beitreibung nach § 66 SGB X (Abs. 4). Danach hat die BA **drei Möglichkeiten**. Sie kann erstens die **Vollstreckung** nach dem VwVG **durch die Hauptzollämter** betreiben lassen (siehe auch § 6 Rn. 13). Sie kann die **Vollstreckung durch eigene Bedienstete** betreiben, was praktisch daran scheitert, dass die BA keinen eigenen Vollstreckungsdienst eingerichtet hat. Schließlich kann die **Zwangsvollstreckung entsprechend §§ 704 ff., 803 ff. ZPO** durchgeführt werden. Die Vollstreckung von Bußgeldbescheiden im Ausland ist nicht möglich; allerdings kann in Forderungen des ausländischen Vollstreckungsschuldners, der dieser im Inland hat, vollstreckt werden. Bei Nichtzahlung der Geldbuße kann Erzwingungshaft angeordnet werden (§§ 96 f. OWiG).

79 Die **Vollstreckungsverjährung** richtet sich nach der Höhe der rechtskräftig festgesetzten Geldbuße und beträgt bei **Geldbußen von mehr als 1000 Euro fünf Jahre, bei geringeren Beträgen drei Jahre** (§ 34 Abs. 2 OWiG).

---

80 *Sandmann/Marschall*, § 16 Anm. 42.

VII. Verbleib der Geldbuße und Entschädigungspflicht (Abs. 5)

Infolge dieser Vorschrift fließen die Geldbußen, welche nach Abs. 1 und 4 verhängt und eingetrieben werden, in die **Kasse der BA bzw. der Zollverwaltung**. Die zuständige Behörde hat zum Ausgleich in Abweichung von § 105 Abs. 2 OWiG die **notwendigen Auslagen zu tragen**, die nach den Vorschriften der StPO im Verwaltungsverfahren, z.B. bei einer Verfahrenseinstellung gem. § 467a StPO, zu ersetzen sind. Abweichend von § 110 Abs. 4 OWiG ist die BA oder die Zollverwaltung auch entschädigungspflichtig für Vermögensschäden, die unrechtmäßigerweise durch eine Verfolgungsmaßnahme im Bußgeldverfahren entstanden sind.

80

§ 17 Durchführung

(1) Die Bundesagentur für Arbeit führt dieses Gesetz nach fachlichen Weisungen des Bundesministeriums für Arbeit und Soziales durch. Verwaltungskosten werden nicht erstattet.

(2) Die Prüfung der Arbeitsbedingungen nach § 10 Absatz 5 obliegt zudem den Behörden der Zollverwaltung nach Maßgabe der §§ 17a bis 18a.

Übersicht

	Rn.		Rn.
I. Vorbemerkungen	1	2. Fachaufsicht	19
1. Entstehungsgeschichte	1	III. Verwaltungskosten (Abs. 1	
2. Sinn und Zweck der Vorschrift	3	Satz 2)	25
II. Durchführung des AÜG (Abs. 1		IV. Zuständigkeit der Zollverwal-	
Satz 1)	7	tung für die Einhaltung der	
1. Verwaltungsorganisation	8	Lohnuntergrenze (Abs. 2)	29

I. Vorbemerkungen

1. Entstehungsgeschichte

1 Abs. 1 war bereits **in der ursprünglichen Fassung des AÜG**[1] enthalten und ist inhaltlich seit dem In-Kraft-Treten des Gesetzes unverändert geblieben. Seinerzeit wurde die Durchführung des Gesetzes durch die Bundesanstalt für Arbeit wegen des engen Zusammenhangs zwischen Arbeitsvermittlung und Arbeitnehmerüberlassung als geboten betrachtet.[2] Hierauf geht auch zurück, dass für öffentlich-rechtliche Streitigkeiten aufgrund des AÜG gem. § 51 Abs. 1 Nr. 4 SGG die Gerichte der Sozialgerichtsbarkeit zuständig sind.[3] Abs. 1 hat über die Jahre lediglich sprachliche Veränderungen erfahren. So wurde durch Art. 93 Nr. 5 des Dritten Gesetzes für moderne Dienstleistungen am Arbeitsmarkt wegen der Umbenennung der Bundesanstalt für Arbeit die Bezeichnung „Bundesagentur für Arbeit" eingeführt.[4] Gleichzeitig wurde die

---
1 BT-Drs. VI/2303, S. 5, 16.
2 BT-Drs. VI/2303, S. 5.
3 DFL/*Reineke/Beck*, § 17 Rn. 1.
4 BGBl. 2003, I, S. 2910; BT-Drs. 15/1515, S. 63, 133.

I. Vorbemerkungen § 17

Fachaufsichtsbehörde infolge der Zusammenlegung des Bundesarbeits- und des Bundeswirtschaftsministeriums von „Bundesminister für Arbeit und Sozialordnung" in „Bundesministerium für Wirtschaft und Arbeit" umbenannt.[5] Zuletzt erfolgte im Zuge der 9. Zuständigkeitsanpassungsverordnung erneut eine Umbenennung in „Bundesministerium für Arbeit und Soziales".[6]

Absatz 2 wurde erst durch das **„Gesetz zur Änderung des Arbeitnehmerüberlassungsgesetzes und des Schwarzarbeitsbekämpfungsgesetzes vom 20.7.2011"**[7] in das AÜG eingeführt. Im Zuge der Schaffung des § 3a durch das AÜG-ÄndG vom 30.4.2011 wurde die Einführung von Voraussetzungen zur Prüfung der Einhaltung einer Lohnuntergrenze notwendig. Da die Behörden der Zollverwaltung die Beachtung der Mindestarbeitsbedingungen nach dem AEntG kontrollieren, war es nur folgerichtig, ihnen diese Aufgabe auch für die Lohnuntergrenze zuzuweisen. Die Neufassung trat am 30.7.2011 in Kraft.[8] 2

2. Sinn und Zweck der Vorschrift

Die Durchführung des Gesetzes wird durch Abs. 1 Satz 1 als **Auftragsangelegenheit der BA** übertragen. Hierdurch wird gesetzlich vom Grundsatz des Art. 86 Satz 1 GG abgewichen, der die Regelkompetenz für die mittelbare Bundesverwaltung der Bundesregierung zuweist. Dies bedeutet: Die Organisation der mit der Durchführung des AÜG verbundenen Aufgaben liegt, soweit keine andere gesetzliche Regelung eingreift, in der Zuständigkeit der BA. Das BMAS hat die fachliche Weisungskompetenz, führt also nicht nur die Rechts-, sondern auch die Fachaufsicht (dazu unten Rn. 19 ff.). 3

Abs. 1 Satz 2 **entlastet** den **Bund von der Kostenerstattung** für die Durchführung des AÜG. Stattdessen erfolgt die Finanzierung der Verwaltungsaufgabe durch die Beitragsgemeinschaft der Arbeitslosenversicherung, die Kosten und Auslagen, die gemäß § 2a erhoben werden, sowie die Geldbußen, welche der BA nach § 16 Abs. 5 Satz 1 zufließen. Dies begegnet jedoch verfassungsrechtlichen Bedenken (dazu unten Rn. 26–28). 4

Die neu eingeführte Bestimmung des Abs. 2 (vgl. Rn. 2) überträgt den Behörden der Zollverwaltung neben der BA **die Prüfung der Einhal-** 5

---
5 BGBl. 2003, I, S. 2910.
6 BGBl. 2006, I, S. 2435.
7 BGBl. 2011, I, S. 1506; BT-Drs. 17/5761, S. 4, 9.
8 Art. 4 des Gesetzes vom 20.7.2011, BGBl. 2011, I, S. 1506.

§ 17 Durchführung

tung einer festgesetzten **Lohnuntergrenze** nach §§ 3a, 10 Abs. 5.[9] Die hierzu erforderlichen Kontroll- und Überwachungsinstrumente sind in den ebenfalls neu eingefügten § 17a–c und 18 Abs. 5, 6 geregelt. Durch die Gesetzesänderung wird das aus dem Bereich des AEntG bewährte Kontroll- und Sanktionsinstrumentarium in das AÜG übertragen.[10] Die Einfügung des Abs. 2 bewirkt eine neue Aufgabenzuteilung zwischen BA und Zollverwaltung und grenzt dergestalt die Kontrollbefugnisse nach dem AÜG voneinander ab.

6 Irreführend ist jedoch, dass der Gesetzgeber in der Begründung zum Gesetzentwurf zur Änderung des AÜG und des SchwarzArbG vom 10.5.2011 einen Zusammenhang zwischen **Art. 10 der Leiharbeitsrichtlinie** und der Lohnuntergrenze nahelegt,[11] indem er darauf hinweist, dass die Einhaltung der Lohnuntergrenze einer effektiven Kontrolle bedürfe, um ihre tatsächliche Wirksamkeit zu entfalten (vgl. auch § 3a Rn. 60). Ein solcher Zusammenhang besteht nur in Bezug auf die Entsenderichtlinie 96/71/EG, welche in Art. 3 Abs. 1 c) die lediglich fakultative Möglichkeit der Einführung von Mindestlohnsätzen bereithält. Dagegen verpflichtet Art. 10 Abs. 1 Satz 1 der Leiharbeitsrichtlinie die Mitgliedstaaten dazu, die geeigneten Maßnahmen für den Fall vorzusehen, dass Verleiher oder Entleiher die Leiharbeitsrichtlinie nicht einhalten. Diese wiederum enthält als zentralen Pfeiler den Gleichbehandlungsgrundsatz und die dazugehörigen Abweichungsmöglichkeiten, jedoch keine europarechtliche Vorgabe zur Einführung einer Lohnuntergrenze.

II. Durchführung des AÜG (Abs. 1 Satz 1)

7 Nach Satz 1 führt die BA das AÜG nach fachlichen Weisungen des BMAS aus.

1. Verwaltungsorganisation

8 Die Durchführung des Gesetzes ist **Auftragsangelegenheit der BA**, d.h. mangels abweichender gesetzlicher Regelung liegt die Zuständigkeit für mit der Durchführung des AÜG verbundene Aufgaben bei der BA. Da das AÜG keine Organisationsvorschriften für die BA enthält, bestimmt diese selbst, durch welche ihrer Organe und Dienststellen die

---

9 BT-Drs. 17/5761, S. 9.
10 BGBl. 2011, I, S. 1506; BT-Drs. 17/5761, S. 1, 7.
11 BT-Drs. 17/5761, S. 6; vgl. auch *Sandmann/Marschall/Schneider*, § 17 Anm. 1.

II. Durchführung des AÜG (Abs. 1 Satz 1) § 17

Aufgabenwahrnehmung erfolgt. Nach § 373 Abs. 5 SGB III beschließt der Verwaltungsrat der BA deren Satzung i.S.d. § 372 Abs. 1 SGB III. Die aktuelle Satzung vom 13.7.2012[12] überträgt in Artikel 8 Abs. 2 dem Vorstand die Zuständigkeit für die laufenden Geschäfte der BA. Gem. Art. 8 Abs. 3 soll der Vorstand die Befugnisse der Geschäftsführung weitgehend auf nachgeordnete Dienststellen übertragen. § 14 Abs. 1 Nr. 15 der Satzung der BA vom 14.11.2002[13] bestimmte noch, dass zu den Leitungsaufgaben des Vorstandes organisatorische und personelle Regelungen gehören, wenn der BA die Durchführung von Auftragsangelegenheiten übertragen wird. Ältere Satzungen der Bundesanstalt für Arbeit behielten die Bestimmung der Aufgabenwahrnehmung dem Verwaltungsrat vor – auf deren Grundlage betraute der Präsident der Bundesanstalt durch Erlasse vom 16.8.1972 und 21.4.1982 die Landesarbeitsämter bzw. später die **Regionaldirektionen der BA** mit der Durchführung des AÜG.[14] Hierbei blieb es bis zum vergangenen Jahr.

Der BA-Vorstand hat 2012 erstmals von der ihm eingeräumten Befugnis Gebrauch gemacht und die Aufgabenverteilung bei der Durchführung des AÜG neu geordnet. Während in der Vergangenheit 10 RD der BA sowie in beschränktem Umfang den AA die Aufgaben nach dem AÜG übertragen waren,[15] ist zum 1.7.2012 eine umfassende Neuorganisation der Zuständigkeiten erfolgt, die in eine größere Um- und Neustrukturierung der BA eingebettet ist. Um den Erwartungen der Politik, der Verbände und Gewerkschaften hinsichtlich der Überwachung des Teilarbeitsmarktes Arbeitnehmerüberlassung gerecht zu werden, wurde zuvor eine umfangreiche Organisationsanalyse durchgeführt, an deren Ende ein **Fachkonzept zur Neuorganisation der Sachgebiete Arbeitnehmerüberlassung** stand. Aufgrund der gestiegenen Anzahl der Erlaubnisinhaber sowie der geänderten Rahmenbedingungen der Durchführung des AÜG wurde die bei den RD gebündelte Sachbearbeitung und Prüftätigkeit getrennt und auf insgesamt 5 AA verteilt. Das Fachkonzept befindet sich seit dem 1.7.2012 in der praktischen Anwendung.

9

Zuständig sind nunmehr für die **Sachbearbeitung** folgende 3 AA:

10

---

12 Bekanntmachung der Satzung der BA vom 13.7.2012, BAnZ AT vom 20.9.2012 B 7.
13 Bekanntmachung der Satzung der Bundesanstalt für Arbeit vom 26.2.2003, BAnZ Nr. 56 vom 21.3.2003, S. 5082 ff.; *Thüsing*, § 17 Rn. 3; Ulber/*Ulber*, § 17 Rn. 2.
14 *Sandmann/Marschall/Schneider*, § 17 Anm. 4; Schüren/*Hamann*, § 17 Rn. 4; *Thüsing*, § 17 Rn. 3; *Urban-Crell*/Germakowski, § 17 Rn. 2.
15 BT-Drs. 17/464, S. 13 ff.; Boemke/Lembke, 2. Aufl., § 17 Rn. 4; *Thüsing*, § 17 Rn. 3.

§ 17 Durchführung

11 Die AA Düsseldorf für die Regionaldirektionsbezirke Nordrhein-Westfalen und Hessen; Josef-Gockeln-Straße 7, 40474 Düsseldorf, Tel.: 0049 (211) 692 4500, Fax: 0049 (211) 692 4501, E-Mail: Duesseldorf.091-ANUE@arbeitsagentur.de;

12 Die AA Kiel für die Regionaldirektionsbezirke Nord, Niedersachsen-Bremen, Berlin-Brandenburg, Sachsen-Anhalt-Thüringen sowie Sachsen; Projensdorfer Straße 82, 24106 Kiel, Tel.: 0049 (431) 709 1010, Fax: 0049 (431) 709 1011, E-Mail: Kiel.091-ANUE@arbeits agentur.de; und

13 Die AA Nürnberg für die Regionaldirektionsbezirke Baden-Württemberg, Bayern, Rheinland-Pfalz-Saarland; Richard-Wagner-Platz 5, 90443 Nürnberg, Tel.: 0049 (911) 529 4343, Fax: 0049 (911) 529 400 4343, E-Mail: Nuernberg.091-ANUE@arbeitsagentur.de.

14 Die **Prüftätigkeit** wird von folgenden 3 AA durchgeführt:

15 Die AA Düsseldorf für die Regionaldirektionsbezirke Nordrhein-Westfalen und Hessen;

16 Die AA Hannover für die Regionaldirektionsbezirke Nord, Niedersachsen-Bremen, Berlin-Brandenburg;

17 Die AA Stuttgart für die Regionaldirektionsbezirke Baden-Württemberg, Bayern, Rheinland-Pfalz-Saarland;

18 Zudem stehen für die Prüfteams an den Standorten der AA Berlin, Hamburg, Leipzig, Frankfurt am Main, München und Nürnberg Teilprüfteams für die Regionen zur Verfügung.

2. Fachaufsicht

19 Die BA führt dieses Gesetz nach fachlichen Weisungen des BMAS durch. Abweichend von § 393 Abs. 1 SGB III beschränkt sich die Aufsicht nicht nur auf die Überprüfung der Rechtmäßigkeit des Handelns der BA, also die Beachtung von Gesetz und Recht, sondern wird durch Abs. 1 Satz 1 um die Fachaufsicht erweitert. Sie erstreckt sich also auch auf die **Zweckmäßigkeit** der Durchführung des Gesetzes.[16]

20 Das BMAS kann demzufolge sowohl allgemeine Weisungen, insbesondere in Form von **Durchführungsanweisungen**, als auch konkrete Weisungen im Einzelfall erteilen.[17] Im Rahmen der allgemeinen Wei-

---

16 *Maurer*, § 22 Rn. 32; ErfK/*Wank*, § 17 Rn. 1; Schüren/*Hamann*, § 17 Rn. 5.
17 *Sandmann/Marschall/Schneider*, § 17 Anm. 2; Schüren/*Hamann*, § 17 Rn. 5; *Thüsing*, § 17 Rn. 1.

II. Durchführung des AÜG (Abs. 1 Satz 1) § 17

sungskompetenz erlässt die BA Durchführungsanweisungen zum AÜG, die es eng mit der Fachaufsichtsbehörde BMAS abstimmt. Diese werden fortlaufend aktualisiert. Seit November 2010[18] werden die früher von der BA als Durchführungsanweisungen erlassenen Weisungen als Geschäftsanweisungen (GA) bezeichnet. Dies entspricht dem neuen Duktus der BA, der sich zunehmend von der gängigen behördlichen Terminologie entfernt. Dennoch bleibt es dabei, dass die in der GA enthaltenen allgemeinen Weisungen der verwaltungsbehördlichen Durchführung des AÜG dienen. Die letzte größere inhaltliche Aktualisierung der GA erfolgte im Dezember 2011[19] aufgrund der Änderungen des „Ersten Gesetzes zur Änderung des Arbeitnehmerüberlassungsgesetzes – Verhinderung von Missbrauch der Arbeitnehmerüberlassung".[20] Zuletzt hat die GA im Februar 2013 weitgehend redaktionelle Änderungen infolge der Neuorganisation der Sachgebiete Arbeitnehmerüberlassung erfahren (vgl. Rn. 9).[21] Daneben wurde die GA u.a. dahingehend angepasst, dass ausländische Verleiher ohne deutschen Betriebssitz für die Zeit der Überlassung nach Deutschland die Inbezugnahme inländischer Flächentarifverträge arbeitsvertraglich vereinbaren können (vgl. auch § 3a Rn. 36).

Gemäß dem **Grundsatz vom Vorbehalt des Gesetzes** bildet Abs. 1 Satz 1 jedoch keine Rechtsgrundlage für allgemeine Durchführungsanweisungen, die **gesetzesmodifizierende Wirkung** haben. Grundsätzlich kann das BMAS jedoch auch konkrete einzelfallbezogene Weisungen erteilen. Dabei ist selbstverständlich der **Grundsatz vom Vorrang des Gesetzes** zu beachten. Das Ministerium darf mithin keine gesetzeswidrigen Weisungen erteilen.[22]

21

Allerdings müssen die allgemeinen Weisungen des BMAS der BA Raum lassen für **Einzelfallentscheidungen nach Zweckmäßigkeitserwägungen**. Die Fachaufsicht des Bundesministeriums enthebt die BA nicht ihrer Pflicht, einzelfallabhängig ihr gesetzlich eingeräumtes Ermessen auszuüben. So darf die BA nach einer Entscheidung des BSG aus dem Jahre 1990[23] nicht unter pauschalem Verweis auf bestehende Durchführungsanweisungen auf die Betätigung ihres Ermessens verzichten. Dieses muss einzelfallabhängig ausgeübt werden. In dem be-

22

---

18 GA zum AÜG der BA, Stand: 11/2010, Geschäftszeichen: SP III 32 – 7160.4(1).
19 GA zum AÜG der BA, Stand: 12/2011, Geschäftszeichen: SP III 32 – 7160.4(1).
20 BT-Drs. 17/4804.
21 GA zum AÜG der BA, Stand: 2/2013, Geschäftszeichen: OS12–7160.4(1).
22 *Jarass*/Pieroth, Art. 20 Rn. 39; Ulber/*Ulber*, § 17 Rn. 4.
23 BSG vom 12.12.1990 – 11 Rar 49/90, NZA 1991, 951 ff.

sagten Fall hatte die BA einem Ausländer die Erlaubniserteilung unter Verweis auf ihre Durchführungsanweisungen verweigert. Danach war das ihr eingeräumte Ermessen generell dahingehend auszulegen, dass die Erlaubnisse allen Personen versagt würden, die weder Deutsche noch ihnen rechtlich gleichgestellt seien. Das BSG entschied, dass die BA das ihr gesetzlich eingeräumte Einzelfallermessen nicht generell ausschließen dürfe. Zwar handelte es sich in dem besagten Fall um Durchführungsanweisungen der BA, die mit dem Ministerium abgestimmt waren, also gerade nicht um allgemeine Weisungen der Aufsichtsbehörde. Aus der BSG-Entscheidung ergibt sich jedoch implizit, dass dies auch für direkte Weisungen des BMAS gelten muss.[24] Laut BSG habe das Ministerium keine weitergehenden Befugnisse, als sie der BA durch das Gesetz eingeräumt seien. Dieses könne daher nur Ermessensrichtlinien aufstellen, die Raum für Einzelfallentscheidungen lassen.

23 Soweit im Rahmen von Abs. 1 Weisungen erteilt werden, entfalten diese gegenüber Organen, nachgeordneten Behörden und Dienststellen sowie Funktionsträgern der BA **Bindungswirkung**. Für Gerichte, andere Verwaltungsbehörden oder sonstige Dritte sind die Weisungen grundsätzlich nicht bindend,[25] vielmehr präzisieren sie gegenüber außerhalb der Verwaltung stehenden Arbeitnehmern und Unternehmern lediglich die Grundsätze des Verwaltungshandelns. Dabei darf durch Weisungen nicht zum Nachteil von Beteiligten von den gesetzlichen Bestimmungen abgewichen werden.[26] So hat sich das BAG in einem Zustimmungsersetzungsverfahren, in dem es um eine gegen Art. 1 § 3 Abs. 1 Nr. 6 AÜG a.F. verstoßende mehr als sechsmonatige Überlassung ging, über eine Durchführungsanweisung der BA hinweggesetzt, die von einem neuen Überlassungszeitraum ausging, wenn die davor liegende Unterbrechung mindestens 25% des vorherigen Überlassungszeitraums betrug.[27]

24 Eine Außenwirkung kommt den Weisungen nur dort zu, wo sich die BA über die **Grundsätze der Selbstbindung der Verwaltung**[28] zu einem gleichförmigen, systematischen Verhalten verpflichtet hat, sodass ein Abweichen hiervon gegen Art. 3 Abs. 1 GG verstoßen würde.

---

24 *Thüsing*, § 17 Rn. 1; *Urban-Crell*/Germakowski, § 17 Rn. 1.
25 Schüren/*Hamann*, § 17 Rn. 6; Ulber/*Ulber*, § 17 Rn. 7.
26 Schüren/*Hamann*, § 17 Rn. 6; Ulber/*Ulber*, § 17 Rn. 7.
27 BAG vom 28.9.1988 – 1 ABR 85/87; Schüren/*Hamann*, § 17 Rn. 6.
28 *Maurer*, § 24 Rn. 20 ff.

III. Verwaltungskosten (Abs. 1 Satz 2) § 17

Die Betroffenen können sich dann auf die aus der Verwaltungspraxis folgende Systemgerechtigkeit berufen und einen Leistungsanspruch oder die Abwehr von belastendem Verwaltungshandeln hieraus ableiten, es sei denn, ein sachlicher Grund berechtigt zur Abweichung. Das von der BA eingeschlagene System darf jedoch für sich genommen keinen rechtlichen Bedenken begegnen, weil sich die Betroffenen nicht auf eine „Gleichheit im Unrecht", also auf eine gleichförmige Befolgung rechtswidriger Weisungen berufen können.[29] Sollte bei der Durchführung des AÜG die einem Dritten gegenüber obliegende Amtspflicht durch weisungswidriges Verhalten verletzt werden, können dem Geschädigten **Amtshaftungsansprüche** aus § 839 BGB i.V.m. Art. 34 GG zustehen.[30]

III. Verwaltungskosten (Abs. 1 Satz 2)

Die im Zusammenhang mit der Durchführung des AÜG entstehenden Kosten hat nach Satz 2 die BA zu tragen. Dies betrifft sowohl die Bereitstellung von sachlichen und persönlichen Mitteln zur Durchführung des Gesetzes, als auch die Kosten, die sich aus den umfangreichen Kooperationspflichten mit anderen Behörden sowie damit verbundener Auskunfts- und Ermittlungspflichten ergeben. Die Nichterstattung der Verwaltungskosten wird damit gerechtfertigt, dass einerseits die Durchführung des AÜG in engem Sachzusammenhang mit den eigentlichen Aufgaben der BA stehe und dass die Kosten z.T. durch Gebühren und Auslagen nach § 2a sowie durch die der BA zufließenden Geldbußen gem. § 16 Abs. 5 Satz 1 gedeckt werden.[31]   25

Mit der Selbstfinanzierung gem. Abs. 1 Satz 2 weicht der Gesetzgeber vom Grundsatz des § 363 Abs. 3 SGB III ab, wonach der Bund die Ausgaben für die weiteren Aufgaben trägt, die er der BA durch Gesetz übertragen hat. Da eine komplette Kostendeckung durch Gebühren, Auslagen und Geldbußen nicht sicherzustellen ist, erfolgt zwangsläufig eine Teilfinanzierung der Verwaltungskosten durch die Beitragsgemeinschaft der Arbeitslosenversicherung. Hierin liegt jedoch ein **Verstoß gegen die Finanzverfassung der Art. 104aff. GG**.[32] Danach lie-   26

---

29 BVerwG vom 3.6.1977 – IV C 29.75, DÖV 1977, 830, 831f.
30 *Thüsing*, § 17 Rn. 2.
31 *Sandmann/Marschall/Schneider*, § 17 Anm. 6; a.A. *Schüren/Hamann*, § 17 Rn. 9; *Thüsing*, § 17 Rn. 4; Ulber/*Ulber*, § 17 Rn. 8.
32 *Thüsing*, § 17 Rn. 4; Ulber/*Ulber*, § 17 Rn. 8.

Marseaut

§ 17 Durchführung

ße sich eine Finanzierung der Verwaltungskosten durch die Beitragsgemeinschaft nur rechtfertigen, wenn sich dies aus einer Annexkompetenz zur Sachregelungsbefugnis der Art. 104a ff. GG ergäbe.

27 Die für die Durchführung des AÜG verwendeten Beiträge müssten als **Abgabe** zur Deckung oder Verringerung der Kosten einer öffentlichen Einrichtung von denjenigen, denen die Einrichtung besondere Vorteile bringt, zu leisten sein, unabhängig davon, ob der Beitragspflichtige die Vorteile tatsächlich beansprucht.[33] Dies ist deshalb zu verneinen, weil die Gesamtheit der Beitragszahler der Arbeitslosenversicherung keine besonderen Vorteile aus der Durchführung des AÜG zieht.[34] Lediglich für Leiharbeitnehmer, Verleiher und Entleiher ist die Aufgabenwahrnehmung durch die BA von Nutzen.

28 Die Finanzierung durch die Beitragsgemeinschaft lässt sich ebenso wenig als **Sonderabgabe mit Finanzierungsfunktion** qualifizieren, weil diese wegen ihrer Ähnlichkeit zur Steuer strengen Anforderungen genügen muss.[35] So muss sie auf die Verfolgung eines Sachzwecks abzielen, die Abgabenschuldner müssen eine homogene gesellschaftliche Gruppe sein, die eine spezifische Sachnähe (Gruppenverantwortung) für den Finanzierungszweck aufweist und das erzielte Finanzaufkommen muss gruppennützlich verwendet werden.[36] Auch hier scheitert eine Rechtfertigung der Finanzierung durch die Arbeitslosenversicherung daran, dass eine Gruppenverantwortung der Beitragsgemeinschaft für die Durchführung des AÜG wohl kaum anzunehmen sein wird,[37] selbst wenn man die Auffassung vertritt, es bestehe ein enger Sachzusammenhang zu den eigentlichen Aufgaben der BA.

IV. Zuständigkeit der Zollverwaltung für die Einhaltung der Lohnuntergrenze (Abs. 2)

29 Durch das Gesetz zur Änderung des AÜG und des SchwarzArbG ist die Bestimmung des Abs. 2 neu eingeführt worden (vgl. Rn. 2). Hier-

---

33 BVerfGE 42, 223, 228; Jarass/*Pieroth*, Art. 105 Rn. 15.
34 *Thüsing*, § 17 Rn. 4.
35 Jarass/*Pieroth*, Art. 105 Rn. 10; Schmidt-Bleibtreu/Hofmann/Hopfauf/*Henneke*, Art. 105 Rn. 49.
36 BVerfG vom 10.12.1980 – 2 BvF 3/77, NJW 1981, 329, 332; vom 17.7.2003 – 2 BvL 1/99, 2 BvL 4/99, 2 BvL 6/99, 2 BvL 16/99, 2 BvL 18/99 , 2 BvL 1/01, Rn. 124; *Thüsing*, § 17 Rn. 4.
37 *Thüsing*, § 17 Rn. 4.

nach übernimmt die Zollverwaltung die **Prüfung der Einhaltung der Lohnuntergrenze nach § 10 Abs. 5**.[38] Den Zollbehörden ist damit die Aufgabe zugewiesen, zu überprüfen, ob ein Verleiher in Verleihzeiten sowie in verleihfreien Zeiten die Lohnuntergrenze einhält (vgl. § 3a Rn. 49 ff.). § 17 Abs. 2 ist insoweit mit § 16 AEntG[39] und mit § 11 MiArbG vergleichbar, die den Zollbehörden die Zuständigkeit für die Prüfung der Einhaltung der nach dem AEntG bzw. nach dem MiArbG festgesetzten Mindestarbeitsbedingungen zuweisen.

Ausweislich der zugrundliegenden BT-Drucksache umfasst der Prüfauftrag der Behörden der Zollverwaltung nicht, ob ein Verstoß gegen § 10 Abs. 4 vorliegt.[40] Hierfür bleibt es bei der Zuständigkeit der BA, die im Rahmen ihrer regelmäßigen Prüfungen auch die Einhaltung der Verpflichtung aus § 10 Abs. 5 überwacht.[41] Dergestalt entsteht eine **Kooperationsverflechtung**, die auch im Wortlaut des Abs. 2 („zudem") ihren Niederschlag gefunden hat. Dessen Ziel ist es, durch die Doppelzuständigkeit eine lückenlose Kontrolldichte hinsichtlich der Einhaltung der Lohnuntergrenze sicherzustellen. Der Gesetzgeber hat zwar durch die Änderung des § 16 Abs. 3 auch bei der Ahndung von Ordnungswidrigkeiten die formelle Trennung der Zuständigkeiten der Zollverwaltung und der BA dokumentiert. Das Gesetz zur Änderung des AÜG und des SchwarzArbG hat den Zollbehörden die sachliche Zuständigkeit i. S. v. § 36 Abs. 1 Nr. 1 des OWiG für die Verfolgung von Verstößen gegen § 10 Abs. 5 i. V. m. § 16 Abs. 1 Nr. 7b übertragen,[42] ansonsten bleibt es bei der Zuständigkeit der BA. Zuständigkeitsüberschneidungen der Kontrollinstanzen liegen jedoch in der Natur der Sache. Aus diesem Grund enthält die Vereinbarung des BMF und der BA über die Grundsätze der Zusammenarbeit zwischen FKS der Zollverwaltung und der BA von 2012 hierzu auch Regelungen.[43] Dementsprechend unterrichten die Behörden der Zollverwaltung gem. § 6 Abs. 3 Nr. 2 SchwarzArbG die BA, wenn sich bei der Durchführung ihrer Aufgaben nach dem Schwarz-

30

---

38 BT-Drs. 17/5761, S. 9.
39 Thüsing/*Reufels*, AEntG, § 16 Rn. 1 ff.
40 BT-Drs. 17/5761, S. 8.
41 BT-Drs. 17/5761, S. 8; *Sandmann/Marschall/Schneider*, § 17 Anm. 5; DFL/*Reineke/ Beck*, § 17 Rn. 3; vgl. hierzu auch Anlage 2. Zuständigkeitsabgrenzung zwischen der FKS (Zollverwaltung) und der OWi-Sachbearbeitung zur HEGA 08/12-Verfolgung von Ordnungswidrigkeiten – Weisungen zur Anordnung von Verstößen von Arbeitgebern gegen § 16 AÜG.
42 BT-Drs. 17/5761, S. 9.
43 Vereinbarung des BMF und der BA über die Grundsätze der Zusammenarbeit zwischen FKS der Zollverwaltung und der BA vom 1.7.2012, S. 5, 8 ff.

§ 17 Durchführung

ArbG Anhaltspunkte für Verstöße gegen das AÜG ergeben (vgl. Kommentierung zu § 18 zu den Kooperations- und Unterrichtungspflichten). So kann beispielsweise ein Verstoß gegen die Lohnuntergrenze mit der Nichteinhaltung eines einschlägigen Leiharbeitstarifvertrages einhergehen, sodass sowohl erlaubnisrechtliche Konsequenzen als auch die Verhängung eines Bußgelds in Betracht kommen.[44] Um Synergieeffekte bei der Überwachung zu erzeugen und gleichzeitig unnötige Doppelprüfungen sowie damit einhergehende Belastungen für den Geschäftsbetrieb der Verleiher zu vermeiden, die sich aus der Parallelzuständigkeit der Zollverwaltung ergeben, erfolgen zunehmend **gemeinsame Prüfungen** der zuständigen Behörden.

---

44 *Sandmann/Marschall/Schneider*, § 17 Anm. 5.

§ 17a Befugnisse der Behörden der Zollverwaltung

Die §§ 2, 3 bis 6 und 14 bis 20, 22, 23 des Schwarzarbeitsbekämpfungsgesetzes sind entsprechend anzuwenden mit der Maßgabe, dass die dort genannten Behörden auch Einsicht in Arbeitsverträge, Niederschriften nach § 2 des Nachweisgesetzes und andere Geschäftsunterlagen nehmen können, die mittelbar oder unmittelbar Auskunft über die Einhaltung der Arbeitsbedingungen nach § 10 Absatz 5 geben.

Übersicht

	Rn.		Rn.
I. Vorbemerkungen	1	1. Ermittlung der Mindeststundenentgelte	17
1. Entstehungsgeschichte	1	a) Gemeinschaftsrechtliche Vorgabe	17
2. Sinn und Zweck der Vorschrift	2	b) Praktisches Vorgehen der Zollbehörden und der sie unterstützenden Stellen	20
II. Europarechtskonformität	4		
III. Prüfungszweck und Prüfungsbefugnisse der Kontrollbehörden	8		
1. Prüfungszweck	8	2. Konkrete Durchführung des Prüfungsverfahrens	23
2. Prüfungsbefugnisse der Kontrollbehörden nach dem SchwarzArbG	9	V. Duldungs- und Mitwirkungspflichten	24
IV. Durchführung des Prüfungsverfahrens	17		

I. Vorbemerkungen

1. Entstehungsgeschichte

Die Bestimmung wurde durch Art. 1 Nr. 3 des Gesetzes zur Änderung des AÜG und des SchwarzArbG vom 20.7.2011[1] eingeführt. § 17a ist gem. Art. 4 des Gesetzes am 30.7.2011 mit anderen Vorschriften wie etwa §§ 17b, 17c, 18 Abs. 3, 18a und den dazugehörigen Ordnungswidrigkeitstatbeständen in Kraft getreten. Der Gesetzgeber hat § 17a an der Norm des § 17 Abs. 1 Nr. 1 AEntG orientiert und diese den Erfordernissen des AÜG entsprechend angepasst.[2] Dem ging die Einführung des § 3a durch das AÜG-ÄndG vom 30.4.2011 voraus.

1

---

1 BGBl. 2011, I, S. 1506.
2 BT-Drs. 17/5761, S. 9; DFL/*Beck/Reineke*, § 17a Rn. 1.

§ 17a Befugnisse der Behörden der Zollverwaltung

2. Sinn und Zweck der Vorschrift

2 Die Bestimmung regelt die Kontrollbefugnisse der Behörden der Zollverwaltung und der anderen Behörden bei der **Überwachung** der Einhaltung **der Verpflichtung aus § 10 Abs. 5.** Hierdurch werden die Prüfrechte der Behörden der Zollverwaltung sowie die damit korrespondierenden Vorlage-, Melde- und Aufzeichnungspflichten gegenüber den Prüfbefugnissen der BA nur im Hinblick auf die Einhaltung der Lohnuntergrenze erheblich ausgeweitet (vgl. auch § 17 Rn. 5, 29 ff.).[3] Die bestehenden Befugnisse der Behörden der Zollverwaltung nach § 17 AEntG und des in der Praxis bislang unbedeutenden § 11 MiArbG bleiben jedoch von den neu eingeführten Prüfbefugnissen unberührt. Laut § 2 Abs. 1 Nr. 5 SchwarzArbG beinhalten die Prüfungsaufgaben der Behörden der Zollverwaltung neben der Prüfung der Einhaltung des § 10 Abs. 5 auch die Beachtung der Arbeitsbedingungen nach Maßgabe des AEntG (vgl. hierzu § 3a Rn. 91 ff.) sowie des MiArbG.

3 Die Vorschrift bezweckt die Überwachung der Einhaltung der Lohnuntergrenze und dient damit dem **Schutz der** im Geltungsbereich des AÜG eingesetzten **Leiharbeitnehmer.**

II. Europarechtskonformität

4 Die Europarechtskonformität des § 17 AEntG bzw. des § 2 Abs. 2 AEntG a.F. als Vorläufer des § 17a war zweifelhaft. Fraglich war, ob Kontrollmaßnahmen zur Überwachung der Mindestarbeitsbedingungen nach dem AEntG als nicht gerechtfertigte Beschränkungen der Dienstleistungsfreiheit nach Art. 56 ff. AEUV (ex-Art. 49 ff. EGV) einzustufen sind.[4] Unter anderem mit der Entscheidung in der Rechtssache „Arblade"[5] hat der EuGH jedoch unter bestimmten Voraussetzungen die europarechtliche Zulässigkeit von nationalen Kontrollmaßnahmen bejaht.

5 Der **Rechtsprechung des EuGH** zufolge stellen solche Regelungen zwar eine Beschränkung der Dienstleistungsfreiheit dar, weil sie den in einem anderen Staat ansässigen Dienstleistern im Vergleich zu heimischen Unternehmen **zusätzliche administrative und wirtschaftliche**

---

3 BT-Drs. 17/5761, S. 9; *Sandmann/Marschall/Schneider*, § 17a Anm. 1.
4 DFL/*Krebber*, §§ 16–25 AEntG Rn. 4.
5 EuGH vom 23.11.1999, verb. Rs. C-369/96 und C-376/96 – „Arblade und Leloup", Slg. 1999, 8453.

II. Europarechtskonformität § 17a

Kosten und Belastungen aufbürden – dies könne jedoch durch zwingende Gründe des Allgemeininteresses gerechtfertigt sein.[6] Hierzu gehört nach ständiger Rechtsprechung des EuGH auch der **Arbeitnehmerschutz**.[7] Allerdings ist darüber hinaus auch *„zu prüfen, ob dem Allgemeininteresse nicht bereits durch die Vorschriften des Staates, in dem der Dienstleistende ansässig ist, Rechnung getragen wird und ob das gleiche Ergebnis nicht durch weniger einschränkende Vorschriften erreicht werden kann".*[8] Demzufolge ist die Rechtfertigung der Beschränkung zu verneinen, *„wenn die Arbeitnehmer des betreffenden Arbeitgebers, die vorübergehend im Aufnahmemitgliedstaat Arbeiten ausführen, auf Grund der Verpflichtungen, denen der Arbeitgeber bereits im Mitgliedstaat seiner Niederlassung unterliegt, den gleichen oder einen im wesentlichen vergleichbaren Schutz genießen".*[9] Unter welchen Umständen von einer wesentlichen Vergleichbarkeit der Kontrollbedingungen auszugehen ist oder vielmehr ein erforderlicher zusätzlicher Schutz durch die nationale Regelung generiert wird, ist im Einzelfall zu ermitteln.[10]

Dem Gesagten zufolge ist es mit dem Gemeinschaftsrecht vereinbar, **6** die Beachtung der national festgesetzten Mindestlohnregelungen mit geeigneten Mitteln durchzusetzen. **Zu vermeiden** ist dabei eine **Dopplung von Schutz- und Kontrollmechanismen**. Legen etwa der ausländische Verleiher bzw. der im Inland ansässige Entleiher dem Schutz des Leiharbeitnehmers genügende Unterlagen vor, welche schon nach dem Recht des Niederlassungsstaates des Verleihers zu führen sind, können die deutschen Behörden nicht die Vorlage weiterer Unterlagen verlangen.[11] Dass ausländische Verleiher und die mit ihnen kooperierenden Entleiher während des Zeitraums der Entsendung der Leiharbeitnehmer

---

6 EuGH vom 23.11.1999, verb. Rs. C-369/96 und C-376/96 – „Arblade und Leloup", Slg. 1999, 8453, Rn. 38.
7 EuGH vom 17.12.1981, Rs. C-279/80 – „Webb", Slg. 1981, 3305, Rn. 19; vom 27.3.1990, Rs. C-113/89 – „Rush Portuguesa", Slg. 1990, I-1417, Rn. 18; vom 28.3.1996, Rs. C-272/94 – „Guiot", Slg. 1996, I-1905, Rn. 16; vom 24.1.2002, Rs. C-164/99 – „Portugaia Construções", Slg. 2002, I-00787.
8 EuGH vom 28.3.1996, Rs. C-272/94 – „Guiot", Slg. 1996, I-1905, Rn. 13; vom 23.11.1999, verb. Rs. C-369/96 und C-376/96 – „Arblade und Leloup", Slg. 1999, 8453, Rn. 39; vom 19.1.2006, Rs. C-244/04 „Kommission/Bundesrepublik Deutschland", NZA 2006, 199, Rn. 48.
9 EuGH vom 23.11.1999, verb. Rs. C-369/96 und C-376/96 – „Arblade und Leloup", Slg. 1999, 8453, Rn. 39.
10 EuGH vom 25.10.2001, verb. Rs. C-49/98, C-50/98, C-52/98 bis C-54/98 und C-68/98 bis C-71/98, „Finalarte", Slg. 2001, I-7831, Rn. 45.
11 Vgl. Thüsing/*Reufels*, AEntG, § 17 Rn. 8.

§ 17a Befugnisse der Behörden der Zollverwaltung

in den Geltungsbereich des AÜG die (Mitwirkungs-)Pflichten der § 17a ff. zu erfüllen haben, wird mithin nicht durch Art. 56 ff. AEUV ausgeschlossen. Jedoch wurde beispielsweise schon für die Meldepflichten des AEntG entschieden, dass diese ins Leere greifen, wenn die entsandten Arbeitnehmer nicht von den Bestimmungen eines erstreckten Mindestlohntarifvertrages erfasst sind.[12] Denn die entsprechende gesetzliche Verpflichtung verfolge den Zweck, die Einhaltung tatsächlich existierender Mindestarbeitsbedingungen sicherzustellen. Dies gilt gleichermaßen für das AÜG, obgleich sich dieser Umstand hier ein stückweit anders auswirkt. So sind die gesetzlichen Pflichten des § 17a nur während des Bestehens einer Lohnuntergrenzenverordnung einzuhalten. Denn anders als bei nach dem AEntG erstreckten Tarifverträgen, die während der entsprechenden Laufzeit nur für eine spezielle Branche gelten, findet § 10 Abs. 5 auf jeden im Inland beschäftigten Leiharbeitnehmer unabhängig von seiner Einsatzbranche Anwendung, so dass die hieraus resultierenden Verpflichtungen nur während der Zeiten suspendiert sind, in denen keine Lohnuntergrenze per Verordnung erstreckt ist.

7   Dass Präventivmaßnahmen und geeignete Sanktionen zur Bekämpfung von illegaler und nicht gemeldeter Beschäftigung, auch in Form von illegalen Tätigkeiten ausländischer Schein-Verleiher notwendig sind, hat die **Europäische Kommission** bereits in einer Mitteilung vom 13.6.2007[13] zum Ausdruck gebracht. Dabei obliege es den Mitgliedstaaten, die Einhaltung der Mindestlohnsätze auch durch ausländische Arbeitgeber sicherzustellen. Daher sei es ihnen auch nicht verwehrt, die Beachtung derselben mit angemessenen Mitteln durchzusetzen. Die Rechtsprechung des EuGH in den **Rechtssachen Viking Line, Laval, Rüffert und Kommission/Luxemburg**[14] sorgte auf europäischer Ebene dafür, dass weiterer Handlungsbedarf insbesondere im Bereich der Kontrollmechanismen und des Informationsaustauschs[15] zwischen den nationalen Kontrollbehörden identifiziert wurde. Die Europäische Kommission nahm dies zum Anlass, am 21.3.2012 den **Entwurf einer**

---

12 BSG vom 6.3.2003 – B 11 AL 27/02 R, B 11 AL 2702 R.
13 Mitteilung der Kommission vom 13.6.2007 SEK (2007) 747.
14 EuGH vom 11.12.2007, Rs. C-438/05 – „Viking Line", Slg. 2007, I-10779; vom 18.12.2007, Rs. C-341/05 – „Laval", Slg. 2007, I-11767; vom 3.4.2008, Rs. C-346/06 – „Rüffert", Slg. 2008, I-1989; vom 19.6.2008, Rs. C-319/06 – „Kommission/Luxemburg", Slg. 2008, I-4323.
15 Vgl. hierzu Empfehlung der Kommission vom 31.3.2008 zur Verbesserung der Verwaltungszusammenarbeit in Bezug auf die Entsendung von Arbeitnehmern im Rahmen der Erbringung von Dienstleistungen (2008/C-85/01).

Richtlinie zur Durchsetzung der Richtlinie 96/71/EG über die Entsendung von Arbeitnehmern im Rahmen der Erbringung von Dienstleistungen[16] vorzuschlagen, die gemäß ihres 4. Erwägungsgrunds auch auf die Verbesserung der Überwachung des Konzepts der Entsendung abzielt. Der vorgeschlagene Katalog von Kontrollmaßnahmen stimmt weitgehend mit dem bestehenden deutschen Kontrollinstrumentarium überein. Der aktuelle Entwurf enthält lediglich für die Baubranche eine Generalunternehmerhaftung und bezieht dabei die Verleiher in die Unternehmerkette ein. Sie soll den Arbeitnehmern helfen, ihre Entgeltansprüche sowie die darauf zu entrichtenden Steuern und Sozialversicherungsbeiträge in einer Nachunternehmerkette durchzusetzen. Allerdings enthielt ein erster inoffizieller Kommissionsentwurf noch eine alle Branchen erfassende Generalunternehmerhaftung,

III. Prüfungszweck und Prüfungsbefugnisse der Kontrollbehörden

1. Prüfungszweck

Die Prüfung ist auf die Einhaltung der Mindeststundenentgelte der 8
Lohnuntergrenze gerichtet. Die Befolgung anderer tariflicher Arbeitsbedingungen ist nicht Gegenstand der Kontrollen. § 17a dient zwar dem Schutz der Leiharbeitnehmer, aber **nicht** deren **Unterstützung bei der Durchsetzung ihrer arbeitsrechtlichen Ansprüche**.[17] Unabhängig davon unterrichten die Behörden der Zollverwaltung jedoch die jeweils zuständigen Stellen, wenn sich bei der Durchführung ihrer Aufgaben nach § 2 Abs. 1 Nr. 5 SchwarzArbG i.V.m. § 10 Abs. 5 Anhaltspunkte für Verstöße gegen das AÜG ergeben. Dies folgt aus § 6 Abs. 3 Nr. 2 SchwarzArbG (vgl. Rn. 13).

2. Prüfungsbefugnisse der Kontrollbehörden nach dem SchwarzArbG

Dadurch, dass § 17a die §§ 2, 3–6 und 14–20, 22, 23 des SchwarzArbG 9
für entsprechend anwendbar erklärt, sind die **Prüfbefugnisse des AÜG und des SchwarzArbG** sowie deren behördliche Pflichten zur Zusam-

---
16 Vorschlag für eine Richtlinie zur Durchsetzung der Richtlinie 96/71/EG über die Entsendung von Arbeitnehmern im Rahmen der Erbringung von Dienstleistungen vom 21.3.2012, COM (2012) 131 final.
17 Vgl. Koberski/Asshoff/Eustrup/Winkler, AEntG, § 17 Rn. 6; Thüsing/*Reufels*, AEntG, § 17 Rn. 6.

§ 17a Befugnisse der Behörden der Zollverwaltung

menarbeit miteinander **verflochten**. Die Behörden der Zollverwaltung werden nach § 2 Abs. 2 SchwarzArbG bei ihren Prüfungen unter anderen durch die Finanzbehörden, die BA und die Träger der Rentenversicherung unterstützt. Die dort aufgeführten unterstützenden Stellen dürfen demnach nunmehr auch bei der Prüfung der Einhaltung der Lohnuntergrenze von den erweiterten Prüfbefugnissen des SchwarzArbG Gebrauch machen. Insbesondere haben sie das Recht, auch Einsicht in die in § 17a aufgeführten Geschäftsunterlagen zu nehmen.

10 Darüber hinaus regeln die §§ 2–6 SchwarzArbG einen **umfangreichen Befugniskatalog**.[18] Nach § 2 Abs. 1 Nr. 5 SchwarzArbG haben die Behörden der Zollverwaltung die Einhaltung der Lohnuntergrenze zu prüfen und werden dabei von den in § 2 Abs. 2 SchwarzArbG aufgezählten Stellen unterstützt. Die entsprechende Parallelzuständigkeit der Zollverwaltung ist in § 17 Abs. 2 geregelt (vgl. § 17 Rn. 5, 29 ff.).

11 §§ 3, 4 und 5 SchwarzArbG treffen Regelungen im Bereich der durch Art. 2 Abs. 1 und 13 Abs. 1 GG geschützten Freiheitsrechte.[19] So können die Behörden der Zollverwaltung bzw. die sie unterstützenden Stellen gem. § 2 Abs. 2 SchwarzArbG zur Durchführung der **Prüfungen von Personen und Geschäftsunterlagen** Geschäftsräume und Grundstücke des Verleihers sowie des Entleihers betreten, Personen anhalten, erkennungsdienstlich überprüfen und erfassen. Dies darf während der Arbeitszeit der zu prüfenden Personen erfolgen.[20] Nach § 4 Abs. 2 Satz 2 SchwarzArbG können die Behörden der Zollverwaltung Einsicht in die Unterlagen nehmen, aus denen die Vergütung des Leiharbeitsverhältnisses hervorgeht. Diese Befugnis ergibt sich jedoch bereits aus § 17a, der den in § 2 SchwarzArbG genannten Behörden – gemeint ist damit eigentlich der im SchwarzArbG verwandte Begriff der unterstützenden Stellen, da die Sozialversicherungsträger keine Behörden i. S. d. § 1 Abs. 4 VwVfG sind[21] – Einsichtsrechte in alle Geschäftsunterlagen gewährt, die Auskunft über die Einhaltung der Lohnuntergrenze geben.

12 § 5 SchwarzArbG regelt die mit den Prüfbefugnissen korrespondierenden **Duldungs- und Mitwirkungspflichten der Verleiher, Leiharbeitnehmer und Entleiher**. Diese haben z. B. gem. §§ 3, 4 das Betreten der Grundstücke und der Geschäftsräume zu dulden und insoweit mitzuwir-

---

18 Vgl. ErfK/*Schlachter*, § 17 AEntG Rn. 2; BeckOK/*Gussen*, AEntG, § 17 Rn. 4.
19 BVerfGE 32, 54, 75 f.; *Jarass*/Pieroth, Art. 13 Rn. 2, 5, 10; Schmidt-Bleibtreu/*Hofmann*/Hopfauf, Art. 13 Rn. 8.
20 Vgl. Koberski/Asshoff/Eustrup/Winkler, AEntG, § 17 Rn. 23.
21 BT-Drs. 15/2573, S. 21.

III. Prüfungszweck und Prüfungsbefugnisse der Kontrollbehörden § 17a

ken, als sie die für die Prüfung erforderlichen Geschäftsunterlagen vorzulegen haben. Sollten Verleiher oder Entleiher gegen die Duldungs- und Mitwirkungspflichten verstoßen, kann dies seit der Gesetzesänderung[22] gem. § 16 Abs. 1 Nr. 11–13 als Ordnungswidrigkeit geahndet werden, für die gem. § 16 Abs. 3 die Behörden der Zollverwaltung zuständig sind.[23] Der Gesetzgeber hat hierdurch den Bußgeldrahmen des AEntG mit demjenigen des AÜG gleichgeschaltet.[24] Ein **Auskunftsverweigerungsrecht** können die Betroffenen § 5 Abs. 1 Satz 3 SchwarzArbG zufolge dann geltend machen, wenn ihre Auskunft sie selbst oder eine ihnen nahestehende Person gem. § 383 Abs. 1 Nr. 1–3 ZPO der Gefahr aussetzen würde, straf- oder ordnungsrechtlich verfolgt zu werden.

Die Behörden der Zollverwaltung und die sie unterstützenden Stellen sind nach § 6 SchwarzArbG zum **Informationsaustausch** insbesondere personenbezogener Daten verpflichtet, soweit dies für die Aufgabenerfüllung erforderlich ist. § 6 Abs. 3 Nr. 2 SchwarzArbG verpflichtet die Behörden der Zollverwaltung dazu, Anhaltspunkte für Verstöße gegen das AÜG, die sich bei der Durchführung der Aufgaben des Zolls nach dem SchwarzArbG ergeben, an die BA als Erlaubnisbehörde zu melden (vgl. oben Rn. 8). Die Sondervorschrift des § 67 Abs. 2 Nr. 4 SGB X i.V.m. § 35 Abs. 1 Satz 4 SGB I zur **Wahrung des Sozialgeheimnisses** steht gem. § 71 Abs. 1 Nr. 6 SGB X der Übermittlung der Daten nicht im Wege.[25] 13

Der Fachbereich Finanzkontrolle Schwarzarbeit (**FKS**) der Zollverwaltung wird durch § 16 Abs. 1 SchwarzArbG mit der **Führung einer zentralen Prüfungs- und Ermittlungsdatenbank** beauftragt, in die unter anderem auch dann Daten zu speichern sind, wenn sich tatsächliche Anhaltspunkte für das Vorliegen einer Ordnungswidrigkeit i.S.d. § 16 Abs. 1 Nr. 7b wegen Verstoßes gegen die Lohnuntergrenze ergeben. §§ 17, 18 SchwarzArbG regeln, an wen und unter welchen Voraussetzungen Auskunft aus der Datenbank erteilt wird. § 19 SchwarzArbG bestimmt, zu welchem Zeitpunkt die Daten aus der zentralen Datenbank der FKS spätestens zu löschen sind. 14

---

[22] BGBl. 2011, I, S. 1506.
[23] *Sandmann/Marschall/Schneider*, § 17a Anm. 5.
[24] BT-Drs. 17/5761, S. 9.
[25] ErfK/*Schlachter*, § 17 AEntG Rn. 2; BeckOK/*Gussen*, AEntG, § 17 Rn. 2; Thüsing/*Reufels*, AEntG, § 17 Rn. 20, Ulber, AEntG, § 18 Rn. 28.

§ 17a Befugnisse der Behörden der Zollverwaltung

15 In öffentlich-rechtlichen Streitigkeiten über Verwaltungshandeln der Behörden der Zollverwaltung sind ausweislich § 23 SchwarzArbG die Finanzgerichte zuständig. Dies gilt auch für Maßnahmen, die im Rahmen der Überwachung der Einhaltung der Lohnuntergrenze ergriffen werden. Für das Verwaltungsverfahren gelten gem. § 23 SchwarzArbG sinngemäß die Vorschriften der AO.

16 Wenngleich § 2a SchwarzArbG nicht Teil der Aufzählung des § 17a ist, hat er gleichwohl insoweit Bedeutung, als auch bei einer Prüfung der Einhaltung der Lohnuntergrenze gem. § 2 Abs. 1 Nr. 5 SchwarzArbG **die Pflicht zur Mitführung- und Vorlage von Ausweispapieren** bedeutsam sein kann.[26] Die Norm soll die Identitätsfeststellung bei Kontrollen nach § 2 Abs. 1 SchwarzArbG erleichtern und beschleunigen.[27] Gem. § 2a SchwarzArbG müssen bei der Erbringung von Dienst- oder Werkleistungen die in den dort aufgezählten 9 – für Schwarzarbeit und illegale Beschäftigung anfällig erachteten – Wirtschaftszweigen[28] tätigen Personen ihre Ausweispapiere mit sich führen und auf Verlangen den Prüfern der Zollbehörden vorlegen. Bis Anfang Juni 2011 legte die Bundesfinanzdirektion West die Bestimmung dahingehend aus, dass die Mitführungs- und Vorlagepflicht nicht auf Leiharbeitnehmer anwendbar sei.[29] In Abstimmung mit dem BMF rückte die BFD West unter Rückgriff auf den Wortlaut des § 2a Abs. 1 („tätigen Personen") hiervon ab, so dass Leiharbeitnehmer seit einer am 6.12.2011 abgelaufenen Übergangsfrist ihre Ausweispapiere im Original mit sich zu führen haben.[30] Der **Verleiher hat** diese gemäß § 2a Abs. 2 SchwarzArbG nachweislich **auf** die **Mitführungs- und Vorlagepflicht hinzuweisen**, wobei der Hinweis auch in den schriftlichen Arbeitsvertrag aufgenommen werden kann.[31] Das Nichtmitführen des Ausweisdokuments bei Ausübung der Tätigkeit stellt eine Ordnungswidrigkeit des Arbeitnehmers nach § 8 Abs. 2 Nr. 1 SchwarzArbG dar und kann mit einem **Bußgeld bis zu einer Höhe von 5.000 Euro** geahndet werden. Sollte der Verleiher den schriftlichen Hinweis nach § 2a Abs. 2 SchwarzArbG

---

26 Vgl. Koberski/Asshoff/Eustrup/Winkler, AEntG, § 17 Rn. 27 ff.
27 Hilbrans/Herrmann, § 2a SchwarzArbG Rn. 1.
28 Hilbrans/Herrmann, § 2a SchwarzArbG Rn. 1.
29 Schreiben der BFD West an den BZA vom 8.9.2009, Geschäftszeichen: SV 3018 – 170/09 – ZF 112.
30 Schreiben der BFD West an den BZA, iGZ und AMP vom 6.6.2011, Geschäftszeichen: SV 3018 – 170/09 – ZF 1102; Merkblatt des Zolls „Informationen zur ‚Sofortmeldepflicht' und zur ‚Mitführungs- und Vorlagepflicht von Ausweispapieren', abrufbar unter: www.zoll.de (letzter Abruf: 3.4.2013).
31 Hilbrans/Herrmann, § 2a SchwarzArbG Rn. 2.

nicht für die Dauer der Überlassung aufbewahren und auf Verlangen bei einer Prüfung nach § 2 Abs. 1 Nr. 5 SchwarzArbG vorlegen, kann dies gem. § 8 Abs. 2 Nr. 2 SchwarzArbG ein **Bußgeld bis zu einer Höhe von 1.000 Euro** zur Folge haben.

IV. Durchführung des Prüfungsverfahrens

1. Ermittlung der Mindeststundenentgelte

a) Gemeinschaftsrechtliche Vorgabe

Die **Mindeststundenentgelte sind** anhand der **vom EuGH**[32] **aufgestellten Anforderungen** von den Behörden der Zollverwaltung **zu ermitteln** (vgl. zum Begriff des Mindeststundenentgelts auch § 3a Rn. 45). Es ist auf den Bruttolohn abzustellen.[33] Beispielsweise sind Entgelt für Überstunden sowie für die Entsendung gezahlte Aufwendungsersatzleistungen, die nicht auf Stundenbasis berechnet werden, keine Bestandteile des Mindeststundenentgelts. Neben tariflichen Stundensätzen können auch Entgeltbestandteile dazu zählen, die zusätzlich zum Stundenlohn auf Basis der geleisteten Arbeitsstunden zeitanteilig gezahlt werden. Auch Zulagen und Zuschläge, Vergütungen für Zeiten des Bereitschaftsdienstes, ein 13. oder 14. Monatsgehalt sowie Jahressonderzahlungen können unter gewissen Voraussetzungen Teil des Mindeststundenentgelts sein, solange das Verhältnis von Leistung und Gegenleistung zwischen den Arbeitsvertragsparteien gewahrt bleibt.

17

Nach einer neueren Entscheidung des BAG sind arbeitgeberseitige Leistungen auf Mindestlöhne nach dem AEntG anrechenbar, wenn die Leistung des Arbeitgebers dem Zweck des Mindestlohns *„funktional äquivalent"* ist.[34] In einem weiteren Urteil vom selben Tag hat das BAG jedoch die **funktionale Gleichwertigkeit** von vermögenswirksamen Leistungen verneint und sie nicht als Erfüllung des Mindestlohnanspruchs anerkannt.[35] Es hat in beiden Fällen den Rechtsstreit ausgesetzt und dem EuGH zur Vorabentscheidung vorgelegt, weil für grenzüberschreitende Sachverhalte aufgrund der europarechtlichen Zielset-

18

---

32 EuGH vom 14.4.2005, Rs. C-341/02 – „Kommission/Bundesrepublik Deutschland", NZA 2005, 573.
33 EuGH vom 14.4.2005, Rs. C-341/02 –„Kommission/Bundesrepublik Deutschland", NZA 2005, 573, Rn. 29.
34 BAG vom 18.4.2012 – 4 AZR 139/10.
35 BAG vom 18.4.2012 – 4 AZR 168/10.

Marseaut

zung, in- und ausländische Sachverhalte unterschiedslos zu behandeln, die Rechtsprechung des EuGH letztgültig sei.[36] Eine Entscheidung des Gerichtshofs ist zum aktuellen Zeitpunkt noch nicht ergangen.

19 Die Behörden der Zollverwaltung haben den festgestellten Verdienst des Leiharbeitnehmers mit den festgesetzten Mindeststundenentgelten zu vergleichen. Dies kann in der Praxis Schwierigkeiten begegnen, da die Vergütungsstrukturen, die Fälligkeit der Entgelte und weitere Grundvoraussetzungen bei entsandten Leiharbeitnehmern anders ausgestaltet sein können.

b) Praktisches Vorgehen der Zollbehörden und der sie unterstützenden Stellen

20 Da die Prüfungen vor Ort durchgeführt werden, kann die Klärung der korrekten Vergütung durch **Personenbefragungen** ein probates Mittel sein. Hierbei ist zu erforschen, welche Entgeltbestandteile tatsächlich gezahlt werden und ob diese für das Erreichen der Mindeststundenentgelte der Lohnuntergrenze von Bedeutung sind. Von erheblicher Bedeutung ist die Zahl der Arbeitsstunden, welche der Leiharbeitnehmer dafür im Gegenzug zu leisten hat. Obgleich sich dies den Vertragsunterlagen entnehmen lassen wird, kommt es ausschließlich auf die tatsächliche geleistete Stundenanzahl an, da diese über der vertraglich vereinbarten liegen kann. Bei **Akkordlohn** sind der Abrechnungszeitraum sowie die in diesem Zeitraum geleisteten Stunden zu ermitteln.[37] Zu beachten ist ebenfalls der **Fälligkeitszeitpunkt** der Mindeststundenentgelte. Laut § 2 Abs. 4 der geltenden 1. LohnUGAÜV[38] wird der Anspruch auf das Mindeststundenentgelt spätestens am 15. Bankarbeitstag des Monats fällig, der auf den Monat folgt, in dem die Stunden erarbeitet wurden. Dies gilt jedoch nicht für über die regelmäßige monatliche Arbeitszeit hinaus entstandene Arbeitsstunden, wenn eine tarifliche Regelung zur **Arbeitszeitflexibilisierung** mit einem Arbeitszeitkonto besteht. Letztgenanntes muss jedoch bestimmte Stundenhöchstgrenzen einhalten. In der Praxis anscheinend vereinzelt auftretende Missbräuche, bei denen eklatant niedrige Arbeitszeiten vertraglich vereinbart, aber tatsächlich (nahezu) Vollzeit gearbeitet wird, sind schon nach geltendem Recht unzulässig (vgl. hierzu § 11 Rn. 111 ff.) und ergeben vor

---

36 Pressemitteilung Nr. 30/12 des BAG zum Urteil vom 18.4.2012 – 4 AZR 139/10.
37 Thüsing/*Reufels*, AEntG, § 17 Rn. 15.
38 1. LohnUGAÜV vom 21.12.2011 in der Bekanntmachung vom 28.12.2011, BAnZ Nr. 195, 4608.

dem Hintergrund der 1. LohnUGAÜV zugrundeliegenden Tarifverträge (vgl. § 3a Rn. 47, 66) keinen Sinn.

Zu klären ist des Weiteren, ob von dem ermittelten Verdienst **Sozialversicherungsbeiträge und Steuern** abgeführt worden sind oder ob unter Umständen steuer- und sozialversicherungsfreie Aufwendungsersatzleistungen als Entgelt angeführt werden, obwohl diese nicht als Teil des Mindeststundenentgelts zu berücksichtigen sind (vgl. Rn. 17). Sollten keine Sozialversicherungsbeiträge und Steuern abgeführt worden sein, ist für den Verdienst anzunehmen, dass er auf einer **Nettolohnabrede** beruht. Das heißt, der Nettolohn wird als Berechnungsgrundlage für den Mindestlohn zugrunde gelegt.[39] Bei Leiharbeitnehmern aus anderen EU-Mitgliedstaaten ist zu beachten, dass Art. 12 Abs. 1 (VO) EG 883/2004 zufolge entsandte Leiharbeitnehmer für einen Zeitraum von 24 Monaten weiterhin dem Sozialversicherungsrecht ihres Herkunftsstaats unterliegen. Hinsichtlich der Einkommensteuer gilt, dass nach den zwischenstaatlichen Doppelbesteuerungsabkommen der EU-Mitgliedstaaten erst dann von einem eine Steuerpflichtigkeit begründenden gewöhnlichen Aufenthalt i.S.v. § 9 EStG auszugehen ist, wenn der Aufenthalt des Leiharbeitnehmers 183 Tage im Kalenderjahr überschreitet. 21

Die auf dem Wege der Personenbefragung gewonnenen Informationen sind mit den Geschäftsunterlagen abzugleichen. **Verstöße gegen** das **ArbZG** sind unschädlich.[40] Es sind lediglich die tatsächlich geleisteten Arbeitsstunden zu berücksichtigen. Es bleibt insoweit bei der Zuständigkeit der Gewerbeaufsichtsämter für Verstöße gegen das ArbZG. 22

2. Konkrete Durchführung des Prüfungsverfahrens

Die Prüfungen werden regelmäßig vor Ort als Außenprüfungen von den Beamten der Zollverwaltung durchgeführt.[41] Es liegt im pflichtgemäßen Ermessen der Prüfbehörden, welche gesetzlich zulässigen Maßnahmen sie ergreifen und welcher Durchsetzungsinstrumente sie sich unter Berücksichtigung des Verhältnismäßigkeitsgrundsatzes bedienen.[42] Diese Vorgehensweise ist sehr zeit- und personalintensiv. In der Regel erfolgen die Prüfungen ohne Ankündigung.[43] Sie werden normalerwei- 23

---

39 Vgl. Ulber, AEntG § 16 Rn. 10.
40 Vgl. Thüsing/*Reufels*, AEntG, § 17 Rn. 15.
41 Vgl. Koberski/Asshoff/Eustrup/Winkler, AEntG, § 16 Rn. 6.
42 Vgl. Ulber, AEntG § 17 Rn. 20f.
43 Vgl. Thüsing/*Reufels*, AEntG, § 17 Rn. 9; Ulber, AEntG § 17 Rn. 20.

§ 17a Befugnisse der Behörden der Zollverwaltung

se durchgeführt, wenn ein Anfangsverdacht vorliegt. Mehrmals jährlich finden sog. Schwerpunktprüfungen verteilt über das gesamte Bundesgebiet statt.[44]

V. Duldungs- und Mitwirkungspflichten

24 Verleiher und Entleiher treffen die Duldungs- und Mitwirkungspflichten des § 17a AÜG. Danach können die Behörden der Zollverwaltung und die sie unterstützenden Stellen auch **Einsicht in Arbeitsverträge, Niederschriften und andere Geschäftsunterlagen** nehmen.

25 **Vorzulegende Geschäftsunterlagen** sind z.B. die Arbeitsverträge, Niederschriften über die Arbeitsbedingungen nach § 2 NachwG (vgl. auch § 11). Hierzu gehören auch der Arbeitnehmerüberlassungsvertrag i.S.d. § 12 Abs. 1 Satz 1, Lohnlisten, Stunden- und Arbeitszeitnachweise, Einsatzmeldungen, Schicht- und Urlaubspläne.

26 Hierbei ist der Frage nachzugehen, ob die Unterlagen geeignet sind, den Nachweis zu erbringen, dass die nach § 17b Abs. 1 und 2 gemachten Angaben zutreffend sind. Die Unterlagen müssen im Inland aufzufinden sein.[45]

27 Darüber hinaus finden die **Duldungs- und Mitwirkungspflichten des § 5 SchwarzArbG** entsprechende Anwendung (vgl. oben Rn. 12). Überdies treffen den Entleiher und den Verleiher die **Pflichten aus § 17c**, die eine Vereinfachung und Beschleunigung der Kontrollen bezwecken.

---

44 Vgl. Thüsing/*Reufels*, AEntG, § 17 Rn. 9.
45 Vgl. ErfK/*Schlachter*, § 17 AEntG Rn. 3.

§ 17b Meldepflicht

(1) Überlässt ein Verleiher mit Sitz im Ausland einen Leiharbeitnehmer zur Arbeitsleistung einem Entleiher, hat der Entleiher, sofern eine Rechtsverordnung nach § 3a auf das Arbeitsverhältnis Anwendung findet, vor Beginn jeder Überlassung der zuständigen Behörde der Zollverwaltung eine schriftliche Anmeldung in deutscher Sprache mit folgenden Angaben zuzuleiten:

1. Familienname, Vornamen und Geburtsdatum des überlassenen Leiharbeitnehmers,
2. Beginn und Dauer der Überlassung,
3. Ort der Beschäftigung,
4. Ort im Inland, an dem die nach § 17c erforderlichen Unterlagen bereitgehalten werden,
5. Familienname, Vornamen und Anschrift in Deutschland eines oder einer Zustellungsbevollmächtigten des Verleihers,
6. Branche, in die die Leiharbeitnehmer überlassen werden sollen, und
7. Familienname, Vornamen oder Firma sowie Anschrift des Verleihers.

Änderungen bezüglich dieser Angaben hat der Entleiher unverzüglich zu melden.

(2) Der Entleiher hat der Anmeldung eine Versicherung des Verleihers beizufügen, dass dieser seine Verpflichtungen nach § 10 Absatz 5 einhält.

(3) Das Bundesministerium der Finanzen kann durch Rechtsverordnung im Einvernehmen mit dem Bundesministerium für Arbeit und Soziales ohne Zustimmung des Bundesrates bestimmen,

1. dass, auf welche Weise und unter welchen technischen und organisatorischen Voraussetzungen eine Anmeldung, Änderungsmeldung und Versicherung abweichend von den Absätzen 1 und 2 elektronisch übermittelt werden kann,
2. unter welchen Voraussetzungen eine Änderungsmeldung ausnahmsweise entfallen kann und

§ 17b Meldepflicht

3. wie das Meldeverfahren vereinfacht oder abgewandelt werden kann.

(4) Das Bundesministerium der Finanzen kann durch Rechtsverordnung ohne Zustimmung des Bundesrates die zuständige Behörde nach Absatz 1 Satz 1 bestimmen.

Übersicht

	Rn.		Rn.
I. Vorbemerkungen	1	V. Verordnungsermächtigung zu abweichenden Verfahrensmodalitäten (Abs. 3)	21
1. Entstehungsgeschichte	1		
2. Sinn und Zweck der Vorschrift	2		
II. Europarechtskonformität	8	VI. Verordnungsermächtigung zur Bestimmung der zuständigen Behörde (Abs. 4)	23
III. Meldepflicht des Entleihers (Abs. 1)	10		
IV. Versicherungspflicht des Verleihers (Abs. 2)	16		

I. Vorbemerkungen

1. Entstehungsgeschichte

1   Die Vorschrift wurde durch Art. 1 Nr. 3 des Gesetzes zur Änderung des AÜG und des SchwarzArbG vom 20.7.2011[1] eingeführt und trat am 30.7.2011 in Kraft (vgl. § 17a Rn. 1). Die Bestimmung ist dem Vorbild des § 18 Abs. 3–6 AEntG nachgebildet und wurde den Erfordernissen des AÜG angepasst.[2]

2. Sinn und Zweck der Vorschrift

2   Die **Vorschrift verpflichtet** primär den **Entleiher**, dem Leiharbeitnehmer von einem im Ausland ansässigen Verleiher überlassen werden. Dies ist deshalb sachgerecht, weil der Entleiher aufgrund der gespaltenen Arbeitgeberfunktion in der Arbeitnehmerüberlassung stets den Überblick über den jeweiligen Einsatzort der entliehenen Arbeitnehmer haben sollte und den Kontrollbehörden deshalb im Vergleich zum Verleiher präzisere Informationen liefern kann.[3] Die Verpflichtungen der Vorschrift bestehen jedoch nur dann, wenn der Verleiher seinen Sitz tatsächlich im Ausland hat. Dies ist nach einschränkender Auslegung des

---
1 BGBl. 2011, I, S. 1506.
2 BT-Drs. 17/5761, S. 9.
3 Vgl. BT-Drs. 16/3064, S. 8.

I. Vorbemerkungen § 17b

§ 17b AÜG zu verneinen, wenn der Verleiher zwar seinen Hauptsitz im Ausland genommen hat, aber im Inland über eine selbstständige Zweigniederlassung verfügt, die die entsprechenden Arbeitnehmer überlässt.[4] In diesem Fall unterliegt der Verleiher nämlich denselben handels-, gewerbe- und arbeitnehmerüberlassungsrechtlichen Vorschriften wie ein im Inland ansässiger Verleiher. Etwas anderes gilt jedoch, wenn die Leiharbeitnehmer grenzüberschreitend vom Hauptsitz aus an den Entleiher im Inland überlassen werden. In dieser Konstellation ist § 17b wieder einschlägig.

Abs. 1 regelt die Verpflichtung des Entleihers, der zuständigen Behörde der Zollverwaltung eine **schriftliche Anmeldung der Überlassung** mit bestimmten Angaben vor deren Beginn zukommen zu lassen, sofern eine Rechtsverordnung nach § 3a auf das Arbeitsverhältnis anwendbar ist. Nach Abs. 2 hat der Entleiher gleichzeitig eine **Versicherung des Verleihers** mitzuliefern, dass dieser seine Verpflichtung aus § 10 Abs. 5 einhält. Die Meldepflicht sowie die Verpflichtung zur Abgabe einer Versicherung des Verleihers setzen voraus, dass eine Lohnuntergrenzenverordnung auf das Leiharbeitsverhältnis Anwendung findet.[5] Das ist während der **Zeiten** zu verneinen, **in denen** das BMAS **keine Lohnuntergrenze** festgesetzt hat.

Die **Arbeitnehmerüberlassung** als Einsatzwechseltätigkeit zeichnet sich dadurch aus, dass die Dienstleistung **vielfach nur für kurze Zeiträume an einem Ort** erbracht wird. Die Prüfung und Kontrolle der Einhaltung der Lohnuntergrenze gemäß § 17 Abs. 2 und 17a wäre jedoch praktisch unmöglich, wenn aufgrund der Kurzfristigkeit der Einsätze nicht nachvollzogen werden könnte, welcher Leiharbeitnehmer, zu welcher Zeit, an welchem Ort, unter welchen Bedingungen eingesetzt wird. Aus diesem Grund ordnet Abs. 1 wie § 18 Abs. 3 AEntG eine Meldepflicht an, welche die Mitteilung bestimmter prüfungsrelevanter Angaben fordert. Regelungszweck des Abs. 1 ist mithin die Schaffung von Voraussetzungen für eine effektive Kontrolle der Einhaltung der Lohnuntergrenze durch ausländische Verleiher. Die Verpflichtung aus § 18 Abs. 3 AEntG bleibt hiervon unberührt. So hat der Entleiher gleichwohl eine Anmeldung nach § 18 Abs. 3 AEntG vorzunehmen, wenn die Leiharbeitnehmer in eine der Branchen des § 4 AEntG

---

[4] Schreiben des BMF zur Meldepflicht nach § 17b AÜG an die Kanzlei Boemke & Partner vom 9.8.2012, Geschäftszeichen: III A 6 – SV 3018/12/10020.
[5] *Sandmann/Marschall/Schneider*, § 17b Anm. 1; vgl. hierzu auch BT-Drs. 15/1515, S. 132.

§ 17b Meldepflicht

überlassen werden, für welche die Rechtspflicht des Verleihers gem. § 8 Abs. 3 AEntG (vgl. § 3a Rn. 91) zur Gewährung der dort geltenden Mindestarbeitsbedingungen gilt. Gleiches gilt für die Versicherung des Verleihers gem. § 18 Abs. 4.

5 Die Versicherung gesetzeskonformen Verhaltens nach Abs. 2 soll dem Entleiher den **Bestand und den Umfang der Pflicht aus § 10 Abs. 5** vor Augen führen.[6] Sofern der Entleiher eine entsprechende Versicherung abgegeben hat, besteht für ihn im Rahmen eines Ordnungswidrigkeitenverfahrens nach § 16 Abs. 1 Nr. 14–16 keine Exkulpationsmöglichkeit wegen fehlenden Verschuldens.[7]

6 Überdies begründet Abs. 2 keine Verpflichtung zur Abgabe einer Tariftreueerklärung, da sich die Bestimmung nur auf die Einhaltung der Lohnuntergrenze bezieht.[8] In der Rechtssache „**Rüffert**" hat der EuGH im Übrigen die Anforderungen konkretisiert, denen Tariftreueerklärungen vor dem Hintergrund der Entsenderichtlinie genügen müssen.[9]

7 Abs. 3 ermöglicht dem **BMF**, durch Rechtsverordnung abweichende Verfahrensmodalitäten für die Übermittlung der Anmeldung und Versicherung festzulegen, während das Ministerium nach Abs. 4 die zur Entgegennahme der Dokumente zuständige Behörde per Verordnung bestimmen kann.

II. Europarechtskonformität

8 Die Vorschrift verstößt nicht gegen Europarecht, da sie die Arbeitnehmerfreizügigkeit als Teil des nationalen Kontrollregimes zur Einhaltung der Mindestlohnsätze in zulässiger Weise beschränkt (vgl. zur allgemeinen Europarechtskonformität von Kontrollmaßnahmen § 17a Rn. 4ff.). Es ist auch darin **kein Verstoß gegen** das **Diskriminierungsverbot** der Art. 56ff. AEUV zu erkennen, dass sich die Pflichten des § 17b nur auf die Überlassung von Verleihern mit Sitz im Ausland beziehen.[10] Der EuGH hat es für zulässig erachtet, dass außerhalb Deutschlands ansässige Arbeitgeber verpflichtet werden können, mehr

---

6 Vgl. ErfK/*Schlachter*, § 18 AEntG Rn. 3; BeckOK/*Gussen*, AEntG, § 18 Rn. 4.
7 Vgl. Thüsing/*Reufels*, AEntG, § 18 Rn. 4.
8 Vgl. BGH vom 18.1.2000 – KVR 23/98, AP GWB § 20 Nr. 1; ErfK/*Schlachter*, § 18 AEntG Rn. 3; Thüsing/*Reufels*, AEntG, § 18 Rn. 4.
9 EuGH vom 3.4.2008, Rs. C-346/06 – „Rüffert", Slg. 2008, I-1989.
10 OLG Düsseldorf vom 16.3.2000 – 2b Ss (Owi) 2/00 – (Owi) 9/00 I, AP AEntG § 3 Nr. 1.

II. Europarechtskonformität § 17b

Auskünfte zu erteilen als in Deutschland ansässige Arbeitgeber, wenn diese Differenzierung durch objektive Unterschiede begründet sei.[11] Anders als inländische würden ausländische Arbeitgeber wegen des fehlenden Betriebssitzes regelmäßig **keinerlei gewerbe- und handwerksrechtlichen Meldepflichten** unterliegen.[12] Allerdings müsse die Erteilung der Auskünfte zur Durchsetzung des zwingenden Interesses des Arbeitnehmerschutzes erforderlich sein. Sie könnte sogar die einzige geeignete Kontrollmaßnahme hinsichtlich dieses Ziels sein. Auf die Arbeitnehmerüberlassung bezogen trifft diese Argumentation nicht vollumfänglich zu. Zwar unterliegen ausländische Verleiher wegen des Fehlens eines inländischen Betriebssitzes nicht den allgemeinen gewerberechtlichen Meldepflichten, die besondere **Erlaubnispflicht der §§ 1 Abs. 1 Satz 1 i.V.m. § 3 Abs. 4** findet jedoch auf sie Anwendung, wenn sie Arbeitnehmer in den Geltungsbereich des AÜG überlassen.[13] Demzufolge hat die BA Kenntnis über die in Deutschland zulässigerweise Arbeitnehmerüberlassung betreibenden ausländischen Verleiher. Die über die Meldepflicht des Abs. 1 gewonnenen Informationen gehen jedoch insofern über die aufgrund der Erlaubnispflicht zugänglichen Daten hinaus, als der zuständigen Behörde der Zollverwaltung jeder konkrete Überlassungsvorgang, der in Verbindung mit einer Verordnung nach § 3a steht, anzuzeigen ist, und dadurch eine hierauf bezogene Prüfung ermöglicht wird. Aber auch hier gilt es zu beachten (vgl. § 17a Rn. 5), dass die Verpflichtung dann **nicht gerechtfertigt** ist, **wenn** die Zollverwaltung die **erforderlichen Kontrollen auf Grundlage von Unterlagen** vornehmen kann, die schon gemäß der **Regelung des Niederlassungsstaate**s geführt werden.[14]

Ebenso wenig liegt ein Verstoß gegen die Dienstleistungsfreiheit vor, 9 weil die schriftliche **Anmeldung** nach Abs. 1 **in deutscher Sprache** vorgelegt werden muss.[15] Hierdurch soll die Durchführung von Kontrollen am Beschäftigungsort ermöglicht werden, die die Einhaltung der nationalen Vorschriften zum Schutz der Arbeitnehmer gewährleisten. Der EuGH hat jedoch 2007 entschieden,[16] dass eine **gemein-**

---

11 EuGH vom 25.10.2001, verb. Rs. C-49/98, C-50/98, C-52/98 bis C-54/98 und C-68/98 bis C-71/98, „Finalarte", Slg. 2001, I-7831, Rn. 69 ff.
12 Vgl. auch ErfK/*Schlachter*, § 18 AEntG Rn. 1.
13 Thüsing/*Pelzner/Kock*, § 3 Rn. 132.
14 EuGH vom 23.11.1999, verb. Rs. C-369/96 und C-376/96 – „Arblade und Leloup", Slg. 1999, 8453, Rn. 39; vom 25.10.2001, verb. Rs. C-49/98, C-50/98, C-52/98 bis C-54/98 und C-68/98 bis C-71/98, „Finalarte", Slg. 2001, I-7831, Rn. 74.
15 EuGH vom 18.7.2007, Rs. C-490/04 – „Kommission/Bundesrepublik Deutschland", NZA 2007, 917, 921.

schaftsrechtswidrige Diskriminierung darin zu erblicken ist, dass ausländische Verleiher, im Gegensatz zu in Deutschland ansässigen Verleihern, nicht nur **Beginn und Dauer der Überlassung** an den Entleiher in Deutschland, sondern auch **jede Änderung des Einsatzortes** schriftlich mitteilen müssen. Für eine Rechtfertigung der Diskriminierung nach Art. 52 AEUV (ex-Art. 46 EG) hatte die Bundesrepublik Deutschland seinerzeit nichts vorgetragen. Da Abs. 1 Satz 2 i.V.m. Abs. 1 Satz 1 Nr. 3 genau dies jedoch vorsieht, begegnet die Vorschrift insoweit europarechtlichen Bedenken. Genauso liegt ein Verstoß gegen die Dienstleistungsfreiheit vor, wenn der Entleiher eine Anmeldung vorlegen soll, obwohl das BMAS für den Zeitraum der Überlassung keine Lohnuntergrenze festgesetzt hat (vgl. auch Rn. 3 und § 17a Rn. 6).[17]

III. Meldepflicht des Entleihers (Abs. 1)

10 Dem Gesagten zufolge setzt die Meldepflicht nach Absatz 1 voraus, dass eine Rechtsverordnung nach § 3a auf das Leiharbeitsverhältnis anzuwenden ist. Die Meldepflicht entfällt also, wenn der ausländische Verleiher nach **eigener Prüfung** feststellt,[18] dass für Zeiten der konkreten Überlassung keine Lohnuntergrenze festgesetzt ist (vgl. Rn. 3 und 9). Die Vorschrift des Abs. 1 dient der Gewährleistung einer effektiven Kontrolle der Einhaltung der Mindeststundenentgelte der Lohnuntergrenze.[19] Die Kontrollbehörde wird durch die Meldung in die Lage versetzt mit Beginn der Überlassung ihrem Prüfauftrag nachzukommen.[20] Die Meldepflicht trifft lediglich den Entleiher, der Leiharbeitnehmer von einem ausländischen Verleiher überlassen bekommt. Unbeachtlich ist, ob der Entleiher über einen Betriebssitz im Inland verfügt.[21]

11 Die Anmeldung hat **vor jeder Überlassung** zu erfolgen. Eine Abmeldung von ausgetauschten Arbeitnehmern oder solchen die turnusmäßig an wechselnden Einsatzorten eingesetzt werden, schreibt § 17b nicht

---

16 EuGH vom 18.7.2007, Rs. C-490/04 – „Kommission/Bundesrepublik Deutschland", NZA 2007, 917, 922; ErfK/*Schlachter*, § 18 AEntG Rn. 1.
17 Vgl. BT-Drs. 15/1515, S. 132; BSG vom 6.3.2003 – B 11 AL 27/02 R, B 11 AL 2702R.
18 OLG Karlsruhe vom 25.7.2001 – 3 Ss 159/00.
19 Vgl. ErfK/*Schlachter*, § 18 AEntG Rn. 1.
20 Vgl. Thüsing/*Reufels*, AEntG, § 18 Rn. 12.
21 *Sandmann/Marschall/Schneider*, § 17b Anm. 2; vgl. auch ErfK/*Schlachter*, § 18 AEntG Rn. 2.

III. Meldepflicht des Entleihers (Abs. 1) § 17b

vor.²² Aus dem Sinn und Zweck der Vorschrift, der Kontrollbehörde erforderlichenfalls eine Reaktionsmöglichkeit vor der Überlassung zu ermöglichen, ergibt sich, dass die Anmeldung **spätestens einen Werk- bzw. Arbeitstag vor Einsatzbeginn** der Behörde **vorzuliegen hat**.²³ Der Entleiher hat eine erneute Anmeldung vorzunehmen, wenn die Überlassung beendet und anschließend eine neue Überlassung begründet wird.²⁴ Konstitutiv für den neuen Überlassungsvorgang ist der Abschluss eines neuen Arbeitnehmerüberlassungsvertrages i.S.d. § 12 Abs. 1 Satz 1. Sollten sich nur bestimmte meldepflichtige Inhalte desselben ändern, bedarf es einer unverzüglichen Nachmeldung gem. Abs. 1 Satz 2, die vor Eintritt der Änderung zu erfolgen hat.²⁵

Die Angaben nach Abs. 1 Satz 1 Nr. 1–7 müssen **schriftlich und in deutscher Sprache** gemacht werden. Die Anmeldung erfolgt auf einem **amtlichen Vordruck** der Zollverwaltung.²⁶ Der Katalog der meldepflichtigen Angaben des Abs. 1 Satz 1 Nr. 1–7 ist abschließend. Er entspricht demjenigen des § 18 Abs. 3 AEntG. Er wurde lediglich in Nr. 4 geringfügig den Erfordernissen des AÜG angepasst (vgl. Rn. 1). Die Angaben des Entleihers müssen **vollständig und richtig** sein.²⁷ Nach **Nr. 1** müssen der Familienname, Vorname und das Geburtsdatum so genau angegeben werden, dass eine Identifizierung des Leiharbeitnehmers möglich ist.²⁸ Es können, wie aus dem amtlichen Vordruck des Zolls hervorgeht, auch Namenslisten eingereicht werden (vgl. Fn. 26). **Nr. 2** erfordert eine datumsmäßige Benennung des Beginns der Überlassung. Wie lange die Überlassung dauert, wird sich nicht stets vorhersehen lassen. Daher muss lediglich die **voraussichtliche Dauer** prognostiziert werden.²⁹ Verkürzt sich die ursprünglich angegebene Dauer, handelt es sich um eine meldepflichtige Änderung i.S.d. Abs. 1 Satz 2. Anderenfalls könnten die Behörden wegen der Beendigung der Überlassung ihrem Prüfauftrag nur schwerlich nachkommen. Maßgeblich ist nach **Nr. 3** der Beschäftigungsort. Dieser muss nicht zwingend mit dem

12

---

22 BeckOK/*Gussen*, AEntG, § 18 Rn. 3.
23 Vgl. OLG Hamm vom 8.10.1999 – 2 Ss OWi 892/99, NStZ-RR 2000, 55, 56.
24 *Sandmann/Marschall/Schneider*, § 17b Anm. 3.
25 *Sandmann/Marschall/Schneider*, § 17b Anm. 6.
26 Formular 033036 „Anmeldung nach § 18 Abs. 3 AEntG und § 17b AÜG (Entleiher), abrufbar unter: www.formulare-bfinv.de/ffw/form/display.do?%24context=O (letzter Abruf: 3.4.2013).
27 *Sandmann/Marschall/Schneider*, § 17b Anm. 5; vgl. auch Thüsing/*Reufels*, AEntG, § 18 Rn. 19.
28 Vgl. Thüsing/*Reufels*, AEntG, § 18 Rn. 19.
29 *Sandmann/Marschall/Schneider*, § 17b Anm. 3.

§ 17b Meldepflicht

Sitz des Entleihers zusammenfallen (vgl. auch § 3a Rn. 48). Angegeben werden müssen der Ort, die Straße, die Hausnummer sowie die Postleitzahl des Beschäftigungsortes.[30] Die Leistungserbringung an unterschiedlichen Orten hat zur Folge, dass alle Beschäftigungsorte benannt werden müssen.[31] Sind zum Zeitpunkt der Überlassung nicht alle bekannt, genügt die Angabe der bekannten Beschäftigungsorte. Einsatzortwechsel während einer Überlassung hat der Entleiher gem. Abs. 1 Satz 2 nach Bekanntwerden unverzüglich nachzumelden, damit die Behörde die Möglichkeit hat, die Beschäftigungsorte zum Zwecke der Prüfung aufzusuchen. Allerdings begegnet Abs. 1 Satz 2 i.V.m. Abs. 1 Satz 1 Nr. 3 europarechtlichen Bedenken (vgl. Rn. 9). Durch **Nr. 4** und **Nr. 5** wird der Behörde der Zollverwaltung eine effiziente Durchführung der Außenprüfung ermöglicht,[32] indem sowohl der Bereithaltungsort der Unterlagen nach § 17c als auch die Daten des Zustellungsbevollmächtigten des Verleihers einfacher und schneller aufgefunden und aufgesucht werden können.[33] Nach **Nr. 6** ist bei Mischbetrieben die Branche anzugeben, in der der Leiharbeitnehmer tatsächlich eingesetzt wird.[34] Sollte es hier zu Branchenwechseln innerhalb eines Mischbetriebes kommen, sind die divergierenden Branchen gesondert aufzuführen. **Nr. 7** verlangt die Angabe der Daten des ausländischen Verleihers.

13 Die Meldung nach Abs. 1 ist ein **Beweismittel**. Den Meldungen nach § 3 AEntG a.F. hat das LAG Hessen[35] **Indizwert** beigemessen. Es könne aufgrund der Meldungen auf den tatsächlichen Einsatz des Arbeitnehmers während der gesamten Zeit seines vorhergesehenen Einsatzes sowie mittelbar auf den Verdienst des Arbeitnehmers geschlossen werden. Dies ist darauf zurückzuführen, dass die Meldung einen gewissen Aufwand voraussetzt, der vermieden würde, wenn der Einsatz der Arbeitnehmer nicht ernsthaft vom Arbeitgeber ins Auge gefasst würde.[36] Die indizielle Wirkung kann jedoch durch konkrete Angaben des Arbeitgebers über vorgenannte Umstände **erschüttert** werden.[37]

---

30 Vgl. Koberski/Asshoff/Eustrup/Winkler, AEntG, § 18 Rn. 12; Thüsing/*Reufels*, AEntG, § 18 Rn. 19.
31 *Sandmann/Marschall/Schneider*, § 17b Anm. 5; vgl. auch Ulber, AEntG, § 18 Rn. 21.
32 Vgl. Koberski/Asshoff/Eustrup/Winkler, AEntG, § 18 Rn. 12; Thüsing/*Reufels*, AEntG, § 18 Rn. 19.
33 *Sandmann/Marschall/Schneider*, § 17b Anm. 5.
34 *Sandmann/Marschall/Schneider*, § 17b Anm. 5; vgl. auch Ulber, AEntG, § 18 Rn. 40.
35 LAG Hessen vom 4.10.2004 – 16/15 Sa 143/03.
36 LAG Hessen vom 4.10.2004 – 16/15 Sa 143/03.
37 Vgl. Thüsing/*Reufels*, AEntG, § 18 Rn. 17.

Abs. 1 Satz 2 regelt die **unverzügliche Meldung** von Änderungen. Vor dem Hintergrund der hierzu ergangenen EuGH-Rechtsprechung begegnet dies hinsichtlich der Meldung des Einsatzortes gewissen Bedenken (vgl. Rn. 9). Aus der Regelungssystematik des Abs. 1 Satz 1 im Verhältnis zu Abs. 1 Satz 2 ergibt sich, dass eine **Änderungsmeldung vor Eintritt der Änderung zu melden** ist.[38] Das bedeutet, dass diese spätestens einen Werk- bzw. Arbeitstag vor der Änderung zu erfolgen hat (vgl. Rn. 9). **14**

Verstöße gegen Abs. 1 Satz 1 sind gem. § 16 Abs. 1 Nr. 14 und 15 bußgeldbewehrt. Mit Art. 1 Nr. 1 des Gesetzes zur Änderung des AÜG und des SchwarzArbG vom 20.7.2011[39] hat der Gesetzgeber dafür gesorgt, dass Zuwiderhandlungen des Entleihers mit einem **Bußgeld bis zu einer Höhe von 30.000 Euro** geahndet werden können und damit eine Anpassung an den Bußgeldkatalog des § 23 Abs. 3 AEntG vollzogen. **15**

IV. Versicherungspflicht des Verleihers (Abs. 2)

Gemäß Abs. 2 hat der Entleiher der Anmeldung nach Abs. 1 eine Versicherung des Verleihers beizufügen, aus der hervorgeht, dass dieser seine Verpflichtungen aus § 10 Abs. 5 einhält. Es ist mithin Aufgabe des Entleihers, sich die Versicherung des Verleihers vorlegen zu lassen.[40] Vorbild für die Vorschrift war § 18 Abs. 4 AEntG, der lediglich geringfügig entsprechend den Erfordernissen des AÜG angepasst wurde (vgl. Rn. 1). **16**

Die Norm fordert nicht die Abgabe einer **eidesstattlichen Versicherung**.[41] Eine Tariftreueerklärung kann auf ihrer Grundlage ebenso wenig verlangt werden (vgl. Rn. 4) wie die Versicherung der Einhaltung einer anderen Verpflichtung als derjenigen des § 10 Abs. 5.[42] **17**

Die Versicherung muss in **deutscher Sprache** abgesetzt werden, weil sie Bestandteil der Anmeldung des Entleihers nach Abs. 1 ist, die in deutscher Sprache zu erfolgen hat (vgl. Rn. 9). Das Schriftformerfordernis des § 126 BGB findet auf die Versicherung des Verleihers keine Anwendung.[43] Die **Textform** gem. § 126b BGB ist **ausreichend**, soweit diese der Anmeldung in verkörperter Form beigefügt werden kann. **18**

---

38 *Sandmann/Marschall/Schneider*, § 17b Anm. 6.
39 BGBl. 2011, I, S. 1506; vgl. auch BT-Drs. 17/5761, S. 9.
40 Ulber, AEntG, § 18 Rn. 43.
41 Vgl. Thüsing/*Reufels*, AEntG, § 18 Rn. 25.
42 *Sandmann/Marschall/Schneider*, § 17b Anm. 7.

Marseaut

§ 17b Meldepflicht

19 **Verpflichtet werden** sowohl der **Entleiher**, der die Versicherung des Verleihers der Behörde der Zollverwaltung zu übermitteln hat, als auch der **Verleiher**, der in der Versicherung zu bekunden hat, dass er sich gesetzeskonform verhalten wird. Dass **primär** der Entleiher nach Abs. 2 der Behörde der Zollverwaltung gegenüber in der Pflicht steht, hat damit zu tun, dass er aufgrund seiner Nähe zur Leistungserbringung des Leiharbeitnehmers für die Behörden schneller und einfacher erreichbar ist als der im Ausland befindliche Verleiher.[44]

20 Verstöße gegen Abs. 2 sind nach § 16 Abs. 1 Nr. 16 bußgeldbewehrt. Seit dem Inkrafttreten des Art. 1 Nr. 1 des Gesetzes zur Änderung des AÜG und des SchwarzArbG[45] am 30.7.2011 gilt, dass der Entleiher mit einem **Bußgeld bis zu einer Höhe von 30.000 Euro** belegt werden kann, wenn er der Anmeldung keine Versicherung beifügt. Der Gesetzgeber hat hierdurch den Bußgeldkatalog des AÜG an § 23 Abs. 3 AEntG angepasst.[46] Sofern der Verleiher nicht am Meldeverfahren mitwirkt, also insbesondere seiner Versicherungspflicht nach Abs. 2 nicht nachkommt, kann dies auch für ihn erlaubnisrechtliche Konsequenzen haben (vgl. auch Rn. 5), wenngleich die gegen § 17b verstoßende Überlassung für sich genommen zulässig bleibt.[47]

V. Verordnungsermächtigung zu abweichenden Verfahrensmodalitäten (Abs. 3)

21 Das BMF kann durch Rechtsverordnung von Abs. 1 und 2 abweichende Modalitäten des Meldeverfahrens festlegen. Es muss hierüber Einvernehmen mit dem BMAS erzielen. Einer Zustimmung des Bundesrates zum Verordnungserlass bedarf es nicht. Hierdurch wird die Möglichkeit geschaffen, das Meldeverfahren den Erfordernissen der Praxis entsprechend anzupassen und hierdurch eine Vereinfachung und Beschleunigung des Verfahrens zu ermöglichen. Den Besonderheiten der Arbeitnehmerüberlassung, die eine Anpassung des Meldeverfahrens notwendig machen können, kann also auf diesem Wege Rechnung getragen werden.

---

43 *Sandmann/Marschall/Schneider*, § 17b Anm. 8.
44 Vgl. Thüsing/*Reufels*, AEntG, § 18 Rn. 26.
45 BGBl. 2011, I, S. 1506; vgl. auch BT-Drs. 17/5761, S. 9.
46 BT-Drs. 17/5761, S. 9.
47 *Sandmann/Marschall/Schneider*, § 17b Anm. 10.

VI. Verordnungsermächtigung zur Bestimmung der zuständigen Behörde § 17b

Das BMF hat von der Verordnungsermächtigung bis dato keinen Gebrauch gemacht. Bisher existiert für den Geltungsbereich des AEntG lediglich die Arbeitnehmer-Entsendegesetz-Meldeverordnung vom 10.9.2010,[48] die Regelungen zur Abwandlung der Anmeldung und zum Entfallen der Änderungsmeldung enthält und gem. § 1 Abs. 2 und § 2 AEntGMeldV auch für Angaben des Entleihers gilt. Die AEntGMeldV vom 16.7.2007,[49] die sich nur auf das Gebäudereinigerhandwerk bezog und ebenfalls Regelungen über die vom Verleiher zu machenden Angaben enthielt, ist mit Inkrafttreten der Meldeverordnung von 2010 außer Kraft getreten. 22

VI. Verordnungsermächtigung zur Bestimmung der zuständigen Behörde (Abs. 4)

Abs. 4 räumt dem BMF die Möglichkeit ein, durch Rechtsverordnung die zuständige Behörde nach Abs. 1 Satz 1 zu bestimmen. Die auf diesem Wege konkret bezeichnete Behörde ist mithin für die Entgegennahme sowohl der Anmeldung als auch der Versicherung nach Abs. 2 zuständig. Das BMF hat durch § 1 der AÜGMeldStellV vom 26.9.2011[50] die **BFD West** in Köln als zuständige Behörde i. S. v. Abs. 1 Satz 1 bestimmt. 23

---

48 BGBl. 2010, I, S. 1304.
49 BGBl. 2007, I, S. 1401.
50 BGBl. 2011, I, S. 1995.

Marseaut

§ 17c Erstellen und Bereithalten von Dokumenten

(1) Sofern eine Rechtsverordnung nach § 3a auf ein Arbeitsverhältnis Anwendung findet, ist der Entleiher verpflichtet, Beginn, Ende und Dauer der täglichen Arbeitszeit des Leiharbeitnehmers aufzuzeichnen und diese Aufzeichnungen mindestens zwei Jahre aufzubewahren.

(2) Jeder Verleiher ist verpflichtet, die für die Kontrolle der Einhaltung einer Rechtsverordnung nach § 3a erforderlichen Unterlagen im Inland für die gesamte Dauer der tatsächlichen Beschäftigung des Leiharbeitnehmers im Geltungsbereich dieses Gesetzes, insgesamt jedoch nicht länger als zwei Jahre, in deutscher Sprache bereitzuhalten. Auf Verlangen der Prüfbehörde sind die Unterlagen auch am Ort der Beschäftigung bereitzuhalten

Übersicht

	Rn.		Rn.
I. Vorbemerkungen	1	III. Aufzeichnungs- und Aufbewahrungspflicht des Entleihers (Abs. 1)	7
1. Entstehungsgeschichte	1		
2. Sinn und Zweck der Vorschrift	2		
II. Europarechtskonformität	4	IV. Bereithaltungspflicht des Verleihers (Abs. 2)	13

I. Vorbemerkungen

1. Entstehungsgeschichte

1   Die Vorschrift wurde durch Art. 1 Nr. 3 des Gesetzes zur Änderung des AÜG und des SchwarzArbG vom 20.7.2011[1] eingeführt und ist am 30.7.2011 in Kraft getreten (vgl. § 17a Rn. 1). Die Bestimmung orientiert sich am Vorbild des § 19 AEntG und ist den Erfordernissen des AÜG angepasst worden.[2]

---

1 BGBl. 2011, I, S. 1506.
2 BT-Drs. 17/5761, S. 9.

2. Sinn und Zweck der Vorschrift

Die Vorschrift bezweckt, den Kontrollbehörden eine effektive Kontrolle der Einhaltung der gesetzlichen Verpflichtung des Verleihers nach § 10 Abs. 5 zu ermöglichen.[3] Zu diesem Zweck wurden sowohl für den Entleiher (Abs. 1) als auch für den Verleiher (Abs. 2) die Aufzeichnungs-, Aufbewahrungs- und Bereithaltungspflichten aus dem AEntG in das AÜG übertragen.[4] Diese sind von den Normadressaten jedoch nur zu beachten, soweit eine Lohnuntergrenze auf das Leiharbeitsverhältnis Anwendung findet. Das ist für Zeiträume zu verneinen, in denen keine Lohnuntergrenze festgesetzt ist. 2

Die Verpflichtungen aus § 19 AEntG bleiben erhalten, wenn die Leiharbeitnehmer in eine der Branchen des § 4 AEntG überlassen werden, für welche die Rechtspflicht des Verleihers gem. § 8 Abs. 3 AEntG (vgl. § 3a Rn. 91) gilt.[5] 3

II. Europarechtskonformität

Die Vorschrift ist mit Art. 56ff. AEUV (ex. Art. 49ff. EG) vereinbar. Sofern grenzüberschreitend Leiharbeitnehmer von einem im Ausland ansässigen Verleiher nach Deutschland überlassen werden, ist es laut Rechtsprechung des EuGH[6] zulässig, dass **Personal- und Arbeitsunterlagen** an einem klar bezeichneten Ort **im Hoheitsgebiet des Aufnahmestaates** bereitgehalten werden müssen, wenn diese Maßnahme erforderlich ist, um eine effektive Kontrolle der Einhaltung der die Arbeitnehmer schützenden Bestimmungen zu ermöglichen. In derselben Entscheidung des EuGH wird jedoch zugleich die Möglichkeit verworfen, Personalunterlagen für einen Zeitraum von fünf Jahren im Hoheitsgebiet des Aufnahmemitgliedstaats sowie ausschließlich am Wohnsitz einer natürlichen Person aufzubewahren, weil die Kontrolle auch durch weniger einschränkende Maßnahmen sichergestellt werden könne.[7] Wenn der im Ausland ansässige Arbeitgeber **keine Arbeitnehmer mehr im Aufnahmemitgliedstaat** beschäftige, genüge es, die Unterla- 4

---

3 BT-Drs. 17/5761, S. 8.
4 *Sandmann/Marschall/Schneider*, § 17c Anm. 1; DFL/*Reineke/Beck*, § 17c Rn. 1.
5 *Sandmann/Marschall/Schneider*, § 17c Anm. 2.
6 EuGH vom 23.11.1999, verb. Rs. C-369/96 und C-376/96 – „Arblade und Leloup", Slg. 1999, 8453.
7 EuGH vom 23.11.1999, verb. Rs. C-369/96 und C-376/96 – „Arblade und Leloup", Slg. 1999, 8453, Rn. 78.

gen, die nach den Vorschriften des Niederlassungsstaates zu erstellen sind, oder Kopien derselben an die Kontrollbehörden zu senden. Diese könnten sie dann ggf. aufbewahren. Da Abs. 1 nur dem im Inland ansässigen Entleiher kategorisch die Bereithaltung für die Dauer von zwei Jahren vorschreibt, der ausländische Verleiher die Unterlagen allerdings nur für die Dauer der tatsächlichen Beschäftigung im Geltungsbereich des AÜG, längstens jedoch für zwei Jahre, bereithalten muss, ist die Bestimmung gemeinschaftsrechtskonform.

5 Grundsätzlich gilt, dass die Vorlage der Unterlagen des Niederlassungsstaates genügt, wenn durch sie dem Arbeitnehmerschutz hinreichend Genüge getan wird.[8] Europarechtskonform ist es jedoch unter bestimmten Voraussetzungen auch, **zusätzliche Auskünfte** von einem im Ausland ansässigen Verleiher zu fordern. Dazu ist erforderlich, dass **objektive Unterschiede** zwischen den Auskunftsverpflichtungen des Niederlassungs- und des Aufnahmemitgliedstaates dies erfordern, weil dem Arbeitnehmerschutz nicht bereits durch die Auskunftsverpflichtungen des Niederlassungsstaates und den darauf basierenden Unterlagen Rechnung getragen wird.[9]

6 Dass die **Unterlagen** gem. Abs. 2 in **deutscher Sprache** bereitgehalten werden müssen, verstößt nicht gegen Gemeinschaftsrecht (vgl. auch § 17b Rn. 9). Die Kontrollen vor Ort würden in der Praxis übermäßig erschwert bzw. unmöglich, wenn die Unterlagen in der den Beamten des Aufnahmemitgliedstaates fremden Sprache des Sitzstaates vorgelegt werden könnten.[10] Auf die Vorlage in deutscher Sprache ist dagegen zu verzichten, wenn innerhalb der Behörde der Zollverwaltung **sprachkundige Mitarbeiter** vorhanden sind.[11]

---

8 EuGH vom 23.11.1999, verb. Rs. C-369/96 und C-376/96 – „Arblade und Leloup", Slg. 1999, 8453, Rn. 78; EuGH vom 18.7.2007, Rs. C-490/04 – „Kommission/Bundesrepublik Deutschland", NZA 2007, 917, 921.
9 EuGH vom 25.10.2001, verb. Rs. C-49/98, C-50/98, C-52/98 bis C-54/98 und C-68/98 bis C-71/98, „Finalarte", Slg. 2001, I-7831, Rn. 66 ff.
10 EuGH vom 18.7.2007, Rs. C-490/04 – „Kommission/Bundesrepublik Deutschland", NZA 2007, 917, 921.
11 Vgl. Thüsing/*Reufels*, AEntG, § 19 Rn. 4; BeckOK/*Gussen*, AEntG, § 19 Rn. 4.

III. Aufzeichnungs- und Aufbewahrungspflicht des Entleihers (Abs. 1)

Gem. Abs. 1 ist der Entleiher verpflichtet, Beginn, Ende und Dauer der täglichen Arbeitszeit des Leiharbeitnehmers aufzuzeichnen und diese Aufzeichnungen mindestens zwei Jahre aufzubewahren. Die Verpflichtung setzt voraus, dass eine Verordnung nach § 3a auf das Leiharbeitsverhältnis Anwendung findet (vgl. Rn. 2).[12] Daneben bleiben die **Aufzeichnungs- und Aufbewahrungspflichten des Entleihers gem. § 11 Abs. 6 i.V.m. § 16 Abs. 2 ArbZG** bestehen.[13] Mit der Einführung der Vorgängervorschrift des § 19 AEntG (§ 2 Abs. 2a AEntG a.F.) wollte der Gesetzgeber dem Problem begegnen, dass die Aufzeichnungspflicht des § 16 Abs. 2 ArbZG für die Prüfungszwecke des AEntG unzureichend ist und es daher bei Prüfungen zwar häufiger möglich war, den tatsächlich gezahlten Lohn festzustellen, aber nicht die Dauer der Arbeitszeit, für die der Lohn gezahlt wurde.[14] § 17c soll dies ebenfalls vermeiden. 7

Normadressat ist der **Entleiher** unabhängig davon, ob er im In- oder Ausland ansässig ist.[15] Maßgeblich ist für die Anwendbarkeit der Aufzeichnungs- und Aufbewahrungspflicht auf Entleiher mit Sitz im Ausland, dass diese Leiharbeitnehmer im Inland beschäftigen. Allerdings können sich hier gewisse praktische Probleme ergeben, da der ausländische Entleiher nicht zwingend über eine Betriebsstätte in Deutschland verfügen muss, an der die Aufzeichnungen hinterlegt sind. Dem begegnet § 17b Abs. 1 Satz 1 Nr. 4, der dem Entleiher die Verpflichtung auferlegt, einen Ort im Inland anzugeben, an dem die nach § 17c erforderlichen Unterlagen, also auch die Aufzeichnungen nach Abs. 1, bereitgehalten werden. Sollten einem Entleiher mit Sitz im Inland im Geltungsbereich des AÜG Leiharbeitnehmer überlassen werden, die er anschließend im Ausland beschäftigt, hat er ebenfalls die Aufzeichnungs- und Aufbewahrungspflicht des Abs. 1 zu beachten, wenn die einschlägige Lohnuntergrenzenverordnung diesen Entsendefall erfasst.[16] Der Entleiher kann jedoch auf eine eigenständige Aufzeichnung verzichten und dem Leiharbeitnehmer die konkrete Ausführung der Aufzeichnung 8

---

12 Vgl. auch *BSG* vom 6.3.2003 – B 11 AL 27/02 R, B 11 AL 2702R.
13 *Sandmann/Marschall/Schneider*, § 17c Anm. 11 und § 11 Anm. 32.
14 BT-Drs. 13/8994, S. 71; *Marschall*, NZA 1998, 633, 635.
15 *Sandmann/Marschall/Schneider*, § 17c Anm. 4; vgl. auch *Thüsing/Reufels*, AEntG, § 19 Rn. 4.
16 *Sandmann/Marschall/Schneider*, § 17c Anm. 4.

§ 17c   Erstellen und Bereithalten von Dokumenten

übertragen. § 17c Abs. 1 regelt insoweit **keine höchstpersönliche Pflicht**.[17] Dies ist konsequent und folgt aus dem Umstand, dass der Arbeitgeber diese Pflicht regelmäßig im Rahmen seines Direktionsrechts auf Mitarbeiter[18] oder auf beauftragte Dritte wie etwa Steuerberater überträgt.[19] Auch der Sinn und Zweck der Regelung, den Leiharbeitnehmern den Mindeststandard der Lohnuntergrenze zu gewähren, steht einer Übertragung der Vornahme der Aufzeichnungen nicht im Weg.[20] Bei alledem muss jedoch gewährleistet sein, dass sich der Entleiher nicht vollständig seiner Pflichten entledigen kann, sondern Auswahl- und Überwachungspflichten bei ihm verbleiben, so dass eine inhaltlich vollständige und wahrheitsgemäße Aufzeichnung sichergestellt ist.[21]

9 Die Aufzeichnungspflicht umfasst den **Beginn und** das **Ende der täglichen Arbeitszeit**. Auch die **Dauer der Arbeitszeit** ist zu erfassen. Dies ist deshalb unverzichtbar, weil erst aufgrund der Dauer der täglichen Arbeitszeit die Ermittlung der ordnungsgemäßen Auszahlung der Mindeststundenentgelte der Lohnuntergrenze ermöglicht wird. Es ist zu erforschen, ob dem Leiharbeitnehmer in Höhe der tatsächlich gearbeiteten Arbeitszeit auch der geschuldete Lohn ausgezahlt und damit zugleich die Mindeststundenentgelte der Lohnuntergrenze beachtet wurden. Ein Verzicht auf die Angabe der Dauer der Arbeitszeit unter pauschalem Verweis auf die **gesetzlichen Ruhepausen** i. S. d. **§ 4 ArbZG oder** die **betriebsüblichen Pausenzeiten** des Entleihers ist nicht ausreichend.[22] Vielmehr muss die Dauer der Arbeitszeit sowie der Ruhepausen konkret angegeben werden. Nicht erforderlich ist, dass die Lage der Ruhepausen aufgezeichnet wird.[23] Im Übrigen ist die tatsächliche Arbeitszeit des Leiharbeitnehmers zu ermitteln. Das bedeutet, dass der Frage nachzugehen ist, inwieweit Bereitschaftsdienst, Reise- oder Wegezeiten als Arbeitszeit zu berücksichtigen sind,[24] für die ebenfalls die Mindeststundenentgelte der Lohnuntergrenze geschuldet werden.[25] Dies gilt gleichermaßen für **verleihfreie Zeiten** (vgl. § 3a

---

17 OLG Jena vom 3. 5. 2005 – 1 Ss 115/05, NStZ-RR 2005, 278, 279; *Sandmann/Marschall/Schneider*, § 17c Anm. 9; Thüsing/*Reufels*, AEntG, § 19 Rn. 7; a.A. *Ulber*, AEntG, § 19 Rn. 12.
18 OLG Jena vom 3. 5. 2005 – 1 Ss 115/05, NStZ-RR 2005, 278, 279.
19 *Marschall*, NZA 1998, 633, 635.
20 OLG Jena vom 3. 5. 2005 – 1 Ss 115/05, NStZ-RR 2005, 278, 279.
21 *Sandmann/Marschall/Schneider*, § 17c Anm. 9.
22 *Sandmann/Marschall/Schneider*, § 17c Anm. 5.
23 *Sandmann/Marschall/Schneider*, § 17c Anm. 5.
24 Vgl. ErfK/*Wank*, § 2 ArbZG Rn. 15 ff.; ErfK/*Preis*, § 611 BGB Rn. 513 ff.
25 *Sandmann/Marschall/Schneider*, § 17c Anm. 6.

III. Aufzeichnungs- und Aufbewahrungspflicht des Entleihers (Abs. 1) § 17c

Rn. 49, 51). Auch diese sind aufzuzeichnen, wenn der Verleiher dem Leiharbeitnehmer für solche Zeiten gem. § 11 Abs. 4 Satz 2 Lohn schuldet, der § 10 Abs. 5 zufolge zumindest in Höhe der Mindeststundenentgelte einer geltenden Lohnuntergrenzenverordnung auszuzahlen ist. Für vorübergehend nach Deutschland entsandte Leiharbeitnehmer gilt dies jedenfalls gleichermaßen, sofern sich diese während einer zwischen zwei Überlassungsvorgängen liegenden verleihfreien Zeit weiterhin im Geltungsbereich des AÜG aufhalten. Zweifelhaft ist jedoch, ob dies auch auf den Fall übertragbar ist, dass der Leiharbeitnehmer unmittelbar im Anschluss an seine Überlassung nach Deutschland im Inland verbleibt und nach einem gewissen Zeitablauf wieder im Sitzstaat des Verleihers oder in einem anderen Staat tätig wird. Die letztgenannte Konstellation wird allerdings in der Praxis ein seltener Ausnahmefall sein.

Die Vorschrift enthält weder Vorgaben zum **Zeitpunkt** noch zur **Form der Aufzeichnungspflicht**. Aus dem Sinn und Zweck der Aufzeichnungspflicht ergibt sich jedoch, dass dieser unmittelbar nach der Arbeitsleistung, mithin am jeweiligen Arbeitstag nachzukommen ist.[26] Zum einen wird hierdurch gewährleistet, dass die Aufzeichnungen umso genauer und wahrheitsgemäßer sind, je schneller sie erfolgen.[27] Zum anderen wird hierdurch sichergestellt, dass eine Kontrolle am Folgetag der Arbeitsleistung reibungslos durchgeführt werden kann.[28] Das gilt im Übrigen gleichermaßen, wenn der Entleiher die Aufzeichnung auf einen Mitarbeiter oder den Leiharbeitnehmer übertragen hat (vgl. oben Rn. 8). Die Aufzeichnungen haben in einer Form zu erfolgen, die die ordnungsgemäße Aufbewahrung derselben ermöglicht. Es müssen lediglich der Beginn, das Ende und die Dauer der Arbeitszeit daraus geschlossen werden können. Insofern ist eine handschriftliche Aufzeichnung nicht zwingend notwendig. Es genügt also, wenn die Aufzeichnungen elektronisch, in Form von Stundenzetteln, Stempelkarten etc. zur Verfügung stehen. 10

Die Aufzeichnungen sind für einen Zeitraum von mindestens zwei Jahren aufzubewahren. Die nach §§ 187 Abs. 1, 188 Abs. 2 BGB zu berechnende **Zweijahresfrist** beginnt mit dem Folgetag des Arbeitstages, für den die Aufzeichnungen vorgenommen werden. 11

---

26 *Sandmann/Marschall/Schneider*, § 17c Anm. 7.
27 OLG Jena vom 3. 5. 2005 – 1 Ss 115/05, NStZ-RR 2005, 278, 279.
28 *Sandmann/Marschall/Schneider*, § 17c Anm. 7.

12 Ein Verstoß gegen die Aufzeichnungs- oder Aufbewahrungspflicht kann gem. § 16 Abs. 1 Nr. 17 i.V.m. Abs. 2 mit einem **Bußgeld bis zu einer Höhe von 30.000 Euro** geahndet werden. Mit Art. 1 Nr. 1 des Gesetzes zur Änderung des AÜG und des SchwarzArbG vom 20.7.2011[29] hat der Gesetzgeber dafür gesorgt, dass Verstöße des Entleihers mit einem Bußgeld bis zu einer Höhe von 30.000 Euro geahndet werden können und damit eine Anpassung an den Bußgeldkatalog des § 23 Abs. 3 AEntG vorgenommen. Allerdings dürfen Betroffene nicht gleichzeitig wegen Verstoßes gegen die Pflicht zur Aufzeichnung und wegen Verstoßes gegen die Aufbewahrungspflicht belangt werden. Es ist vielmehr zur prüfen, welche der Alternativen erfüllt ist.[30]

IV. Bereithaltungspflicht des Verleihers (Abs. 2)

13 Nach Abs. 2 ist der Verleiher verpflichtet, die für die Kontrolle der Einhaltung der Lohnuntergrenze erforderlichen Unterlagen im Inland bereitzuhalten. Auf diese Weise wird verhindert, dass in der Praxis die Überwachung umgangen wird, indem die Unterlagen weit vom Beschäftigungsort entfernt aufbewahrt werden.[31] **Normadressat** ist ausschließlich der **Verleiher** unabhängig vom Ort seines Sitzes. Die Verpflichtung greift nur, wenn eine Verordnung nach § 3a auf das Leiharbeitsverhältnis Anwendung findet. Die dreijährige Aufbewahrungspflicht des § 7 Abs. 2 Satz 4 bleibt hiervon unberührt.

14 Der Verleiher hat alle für die Kontrolle der Einhaltung der Lohnuntergrenze erforderlichen Unterlagen bereitzuhalten. Hierzu gehören u.a. Leiharbeitsverträge, Niederschriften nach § 11 Abs. 1 i.V.m. § 2 Abs. 1 NachwG, Lohnabrechnungen der Leiharbeitnehmer, Nachweise über eine tatsächliche Auszahlung der Entgelte wie etwa Kontoauszüge oder Quittungen, Stundennachweise, Unterlagen über beantragten und gewährten Urlaub sowie Arbeitsunfähigkeitsbescheinigungen, die Rückschlüsse auf eine Pflicht zur Entgeltfortzahlung erlauben sowie Aufzeichnungen des Entleihers gem. Abs. 1.[32] Da die Mindeststundenentgelte der Lohnuntergrenze auch für **verleihfreie Zeiten** geschuldet werden (vgl. Rn. 9), ist der Abgleich der im Leiharbeitsvertrag vereinbar-

---

29 BGBl. 2011, I, S. 1506; vgl. auch BT-Drs. 17/5761, S. 9.
30 OLG Jena vom 3. 5. 2005 – 1 Ss 115/05, NStZ-RR 2005, 278, 278.
31 Vgl. Thüsing/*Reufels*, AEntG, § 19 Rn. 8.
32 Vgl. auch die beispielhafte Aufzählung bei *Sandmann/Marschall/Schneider*, § 17c Anm. 13.

IV. Bereithaltungspflicht des Verleihers (Abs. 2) § 17c

ten mit der tatsächlich geleisteten Arbeitszeit erforderlich. So kann es sein, dass der Verleiher trotz verleihfreier Zeiten ein Entgelt schuldet, das nicht der tatsächlichen Arbeitsleistung entspricht, sondern über diese hinausgeht. Dem Verleiher ist es gem. § 10 Abs. 5 verwehrt, für solche Zeiten ein geringeres Mindeststundenentgelt zu zahlen als in einer Verordnung nach § 3a festgesetzt ist. Die Pflichten nach Abs. 2 sind dahingehend einschränkend auszulegen, als diese bei im Ausland ansässigen Verleihern nicht einschlägig sind, wenn dem Schutzbedürfnis der Leiharbeitnehmer bereits durch das Recht des Niederlassungsstaates Rechnung getragen wird (vgl. Rn. 4f.).

Dem Interesse des Verleihers an der **Herausgabe der Aufzeichnungen des Entleihers** nach Abs. 1 kann durch eine Regelung im Arbeitnehmerüberlassungsvertrag Rechnung getragen werden. In Ermangelung einer solchen Abrede kann man den Herausgabeanspruch auch aus einer vertraglichen Nebenpflicht des Entleihers ableiten.[33] Unter Umständen muss der Verleiher nach Zurverfügungstellung der Aufzeichnung dem Entleiher die Kosten der Vervielfältigung erstatten.[34] 15

Die Bereithaltungspflicht gilt nur, solange der Leiharbeitnehmer im Geltungsbereich des AÜG beschäftigt wird, insgesamt jedoch nicht länger als zwei Jahre. Die Regelung ist mithin vereinbar mit der Dienstleistungsfreiheit des AEUV (vgl. Rn. 4). Die **Zweijahresfrist** beginnt in dem Zeitpunkt zu laufen, in dem die jeweilige Unterlage anlassbezogen erstellt werden musste (vgl. auch Rn. 11).[35] 16

Verstöße gegen die Aufbewahrungspflicht können gem. § 16 Abs. 1 Nr. 18 i.V.m. Abs. 2 mit einem **Bußgeld bis zu einer Höhe von 30.000 Euro** geahndet werden. Durch Art. 1 Nr. 1 des Gesetzes zur Änderung des AÜG und des SchwarzArbG vom 20.7.2011[36] hat der Gesetzgeber dafür gesorgt, dass Zuwiderhandlungen des Verleihers mit einem Bußgeld bis zu einer Höhe von 30.000 Euro geahndet werden können und damit den Bußgeldkatalog des AÜG an § 23 Abs. 3 AEntG angepasst. 17

---

33 *Sandmann/Marschall/Schneider*, § 17c Anm. 13.
34 *Sandmann/Marschall/Schneider*, § 17c Anm. 13.
35 *Sandmann/Marschall/Schneider*, § 17c Anm. 14; vgl. auch Thüsing/*Reufels*, AEntG, § 19 Rn. 10.
36 BGBl. 2011, I, S. 1506; vgl. auch BT-Drs. 17/5761, S. 9.

§ 18 Zusammenarbeit mit anderen Behörden

(1) Zur Verfolgung und Ahndung der Ordnungswidrigkeiten nach § 16 arbeiten die Bundesagentur für Arbeit und die Behörden der Zollverwaltung insbesondere mit folgenden Behörden zusammen:

1. den Trägern der Krankenversicherung als Einzugsstellen für die Sozialversicherungsbeiträge,
2. den in § 71 des Aufenthaltsgesetzes genannten Behörden,
3. den Finanzbehörden,
4. den nach Landesrecht für die Verfolgung und Ahndung von Ordnungswidrigkeiten nach dem Schwarzarbeitsbekämpfungsgesetz zuständigen Behörden,
5. den Trägern der Unfallversicherung,
6. den für den Arbeitsschutz zuständigen Landesbehörden,
7. den Rentenversicherungsträgern,
8. den Trägern der Sozialhilfe.

(2) Ergeben sich für die Bundesagentur für Arbeit oder die Behörden der Zollverwaltung bei der Durchführung dieses Gesetzes im Einzelfall konkrete Anhaltspunkte für

1. Verstöße gegen das Schwarzarbeitsbekämpfungsgesetz,
2. eine Beschäftigung oder Tätigkeit von Ausländern ohne erforderlichen Aufenthaltstitel nach § 4 Abs. 3 des Aufenthaltsgesetzes, eine Aufenthaltsgestattung oder eine Duldung, die zur Ausübung der Beschäftigung berechtigen, oder eine Genehmigung nach § 284 Abs. 1 des Dritten Buches Sozialgesetzbuch,
3. Verstöße gegen die Mitwirkungspflicht nach § 60 Abs. 1 Satz 1 Nr. 2 des Ersten Buches Sozialgesetzbuch gegenüber einer Dienststelle der Bundesagentur für Arbeit, einem Träger der gesetzlichen Kranken-, Pflege-, Unfall- oder Rentenversicherung oder einem Träger der Sozialhilfe oder gegen die Meldepflicht nach § 8a des Asylbewerberleistungsgesetzes,
4. Verstöße gegen die Vorschriften des Vierten und Siebten Buches Sozialgesetzbuch über die Verpflichtung zur Zahlung von Sozialversicherungsbeiträgen, soweit sie im Zusammenhang mit den in

den Nummern 1 bis 3 genannten Verstößen sowie mit Arbeitnehmerüberlassung entgegen § 1 stehen,

5. Verstöße gegen die Steuergesetze,

6. Verstöße gegen das Aufenthaltsgesetz,

unterrichten sie die für die Verfolgung und Ahndung zuständigen Behörden, die Träger der Sozialhilfe sowie die Behörden nach § 71 des Aufenthaltsgesetzes.

(3) In Strafsachen, die Straftaten nach den §§ 15 und 15a zum Gegenstand haben, sind der Bundesagentur für Arbeit und den Behörden der Zollverwaltung zur Verfolgung von Ordnungswidrigkeiten

1. bei Einleitung des Strafverfahrens die Personendaten des Beschuldigten, der Straftatbestand, die Tatzeit und der Tatort,

2. im Falle der Erhebung der öffentlichen Klage die das Verfahren abschließende Entscheidung mit Begründung zu übermitteln. Ist mit der in Nummer 2 genannten Entscheidung ein Rechtsmittel verworfen worden oder wird darin auf die angefochtene Entscheidung Bezug genommen, so ist auch die angefochtene Entscheidung zu übermitteln. Die Übermittlung veranlasst die Strafvollstreckungs- oder die Strafverfolgungsbehörde. Eine Verwendung

1. der Daten der Arbeitnehmer für Maßnahmen zu ihren Gunsten,

2. der Daten des Arbeitgebers zur Besetzung seiner offenen Arbeitsplätze, die im Zusammenhang mit dem Strafverfahren bekanntgeworden sind,

3. der in den Nummern 1 und 2 genannten Daten für Entscheidungen über die Einstellung oder Rückforderung von Leistungen der Bundesagentur für Arbeit

ist zulässig.

(4) Gerichte, Strafverfolgungs- oder Strafvollstreckungsbehörden sollen den Behörden der Zollverwaltung Erkenntnisse aus sonstigen Verfahren, die aus ihrer Sicht zur Verfolgung von Ordnungswidrigkeiten nach § 16 Abs. 1 Nr. 1 bis 2 erforderlich sind, übermitteln, soweit nicht für die übermittelnde Stelle erkennbar ist, daß schutzwürdige Interessen des Betroffenen oder anderer Verfahrensbeteiligter an dem Ausschluß der Übermittlung überwiegen. Dabei ist zu berücksichtigen, wie gesichert die zu übermittelnden Erkenntnisse sind.

§ 18 Zusammenarbeit mit anderen Behörden

(5) Die Behörden der Zollverwaltung unterrichten die zuständigen Finanzämter über den Inhalt von Meldungen nach § 17b.

(6) Die Behörden der Zollverwaltung und die übrigen in § 2 des Schwarzarbeitsbekämpfungsgesetzes genannten Behörden dürfen nach Maßgabe der jeweils einschlägigen datenschutzrechtlichen Bestimmungen auch mit Behörden anderer Vertragsstaaten des Abkommens über den Europäischen Wirtschaftsraum zusammenarbeiten, die dem § 17 Absatz 2 entsprechende Aufgaben durchführen oder für die Bekämpfung illegaler Beschäftigung zuständig sind oder Auskünfte geben können, ob ein Arbeitgeber seine Verpflichtungen nach § 10 Absatz 5 erfüllt. Die Regelungen über die internationale Rechtshilfe in Strafsachen bleiben hiervon unberührt.

Übersicht

	Rn.		Rn.
I. Vorbemerkungen	1	3. Art und Weise der Unterrichtung	49
1. Entstehungsgeschichte	1		
2. Sinn und Zweck der Vorschrift	3	IV. Datenübermittlung an die BA bei Strafsachen (Abs. 3)	50
II. Zusammenarbeit bei Ordnungswidrigkeiten nach § 16 (Abs. 1)	8	1. Unterrichtungspflichten (Abs. 3 Satz 1 und 2)	51
1. Sachlicher Anwendungsbereich	9	2. Unterrichtungspflichtige Behörde (Abs. 3 Satz 3)	53
2. Einbezogene Behörden	13		
3. Zusammenarbeit	24	3. Verwendungszweck (Abs. 3 Satz 1 und 4)	54
III. Unterrichtungspflicht gegenüber anderen Behörden (Abs. 2)	27	a) Verfolgung von Ordnungswidrigkeiten (Satz 1)	54
1. Anwendungsbereich	27		
2. Einzelne Unterrichtungspflichten	31	b) Nutzung zu sonstigen Zwecken (Satz 4)	56
a) Verstöße gegen SchwarzArbG (Nr. 1)	31	V. Datenübermittlung zur Verfolgung von Ordnungswidrigkeiten (Abs. 4)	59
b) Beschäftigung von Ausländern ohne Arbeitserlaubnis (Nr. 2)	33	1. Anwendungsbereich	60
c) Verstöße gegen Mitwirkungs- und Meldepflichten (Nr. 3)	35	2. Übermittlungsrecht	62
		3. Verpflichtete Behörden	64
d) Verstöße gegen die Vorschriften über die Zahlung von Sozialversicherungsbeiträgen (Nr. 4)	40	VI. Unterrichtung der zuständigen Finanzämter (Abs. 5)	65
e) Verstöße gegen Steuergesetze (Nr. 5)	46	VII. Zusammenarbeit mit Behörden anderer EWR-Staaten (Abs. 6)	70
f) Verstöße gegen das AufenthG (Nr. 6)	48		

I. Vorbemerkungen

1. Entstehungsgeschichte

Die Bestimmung wurde **durch Art. 1 Nr. 3 BillBG vom 15.12.1981**[1] zunächst als neuer § 17a[2] mit Wirkung zum 1.1.1982 **eingeführt**. Die ungewöhnliche Nummerierung und das Fehlen einer Überschrift waren dem „hastigen" Gesetzgebungsverfahren geschuldet.[3] Auf Grund Art. 8 Nr. 6 BeschFG 1985 vom 26.4.1985[4] wurden diese Mängel beseitigt und es erfolgte die redaktionelle Änderung in § 18 sowie die Beifügung der amtlichen Überschrift. 1997 wurde § 18 zweimal angepasst: Art. 29 JuMiG vom 18.6.1997[5] hat die Vorschrift über Mitteilungen der Gerichte sowie der Strafverfolgungs- und Strafvollstreckungsbehörden (Abs. 3 und Abs. 4) hinzugefügt, Art. 19 des ersten SGB III-ÄndG vom 16.12.1997[6] hat die Zahl der an der Zusammenarbeit beteiligten Behörden um die Rentenversicherungsträger (Nr. 8) und die Träger der Sozialhilfe (Nr. 9) erweitert. Außerdem erhielt Abs. 2 Nr. 3 nahezu vollständig seine heutige Fassung. Infolge der Übertragung der Außenprüfungen auf dem Gebiet der Bekämpfung illegaler Beschäftigung von der BA auf die Zollbehörden, der damit einhergehenden Übertragung der Zuständigkeit für die Ahndung von Ordnungswidrigkeiten nach § 16 Abs. 1 Nr. 1–2a auf die Behörden der Zollverwaltung sowie der Umbenennung der ehemaligen Bundesanstalt in Bundesagentur kam es durch Art. 93 Nr. 6 des Dritten Gesetzes für moderne Dienstleistungen am Arbeitsmarkt[7] zu weiteren redaktionellen Änderungen. Auch das Gesetz über den Arbeitsmarktzugang im Rahmen der EU-Erweiterung vom 23.4.2004[8] brachte nur geringfügige sprachliche Folgeänderungen. Kurze Zeit danach wurde Abs. 1 Nr. 4 durch Art. 17 Nr. 1 des Gesetzes zur Intensivierung der Bekämpfung der Schwarzarbeit und damit zusammenhängender Steuerhinterziehung vom 28.7.2004 aufgehoben.[9] Nahezu zeitgleich wurde die Bestimmung durch Art. 11 Nr. 21 Nr. 2 des Zuwanderungsgesetzes vom 30.7.2004[10] mit Wirkung zum

1

---

1 BGBl. I, S. 1390, 1391.
2 *Sandmann/Marschall/Schneider*, § 18 Anm. 1.
3 Siehe dazu *Sandmann/Marschall/Schneider*, § 18 Anm. 2.
4 BGBl. I, S. 710, 715.
5 BGBl. I, S. 1430, 1441.
6 BGBl. I, S. 2970, 2989.
7 BGBl. 2003, I, S. 2910.
8 BGBl. I, S. 602, 604.
9 BGBl. I, S. 1842.
10 BGBl. I, S. 1950, 2008.

§ 18 Zusammenarbeit mit anderen Behörden

1.1.2005 an die durch das Zuwanderungsgesetz neu geschaffenen Bestimmungen über die Ausländerbeschäftigung angepasst. Durch Art. 6 Nr. 4 des Gesetzes zur Änderung des AufenthG und weiterer Gesetze vom 14.3.2005[11] wurde § 18 Abs. 1 Nr. 4 neu gefasst und den neuen ausländerrechtlichen Rahmenbedingungen angeglichen.

2 Die letzte Anpassung der Vorschrift erfolgte 2011. **Art. 1 Nr. 4 des Gesetzes zur Änderung des AÜG und des SchwarzArbG** fügte der Bestimmung die **Abs. 5 und 6** an. Deren Einfügung erfolgte im Zuge der Einführung des § 3a, um den Informationsaustausch zur effektiven Kontrolle einer Lohnuntergrenze sicherzustellen. Die Änderung trat am 30.7.2011 in Kraft (vgl. auch § 17a Rn. 1).

2. Sinn und Zweck der Vorschrift

3 Die Bestimmung soll die **Defizite in der Zusammenarbeit der Behörden** der BA mit anderen Behörden beheben, die der Gesetzgeber vor der Verabschiedung des BillBG feststellen musste.[12] Zu diesem Zweck wurde das Instrumentarium zur Bekämpfung der illegalen Beschäftigung erweitert und die Pflicht zur Zusammenarbeit sowie Unterrichtung intensiviert. Ziel ist eine **effektivere Verfolgung und Ahndung von Verstößen in Zusammenhang mit der Arbeitnehmerüberlassung sowie des damit einhergehenden Leistungsmissbrauchs**.[13] Die Vorschrift hat nicht nur deklaratorischen Charakter, mithin beschreibt sie nicht nur einen bestehenden Zustand der Kooperation der Behörden.[14] Vielmehr war dem Gesetzgeber daran gelegen, eine Verpflichtung zur Zusammenarbeit der in Abs. 1 genannten Behörden zu normieren, weil die bis zum Inkrafttreten des BillBG bestehende Kooperationspraxis ihm nicht genügte, insbesondere eine unaufgeforderte gegenseitige Unterrichtung der Behörden vielfach nicht stattfand.[15]

4 Dementsprechend wurden durch das BillBG[16] auch Bestimmungen in anderen Gesetzen eingefügt, die weitere Behörden in diesem Zusammenhang zur Zusammenarbeit und gegenseitigen Unterrichtung verpflichten (§ 317b RVO a.F. (jetzt § 306 SGB V); § 1543e RVO (jetzt

---

11 BGBl. I, S. 721, 726.
12 Vgl. BT-Drs. 9/847, S. 10.
13 BT-Drs. 13/8994, S. 2; Thüsing/*Kudlich*, § 18 Rn. 2; *Urban-Crell*/Germakowski, § 18 Rn. 1.
14 *Sandmann/Marschall/Schneider*, § 18 Anm. 5.
15 BT-Drs. 9/847, S. 10; *Sandmann/Marschall/Schneider*, § 18 Anm. 5.
16 BGBl. 1981, I, S. 1390 ff.

I. Vorbemerkungen § 18

§ 211 SGB VII); § 233b AFG a.F.[17] (der mittlerweile entfallene § 308 SGB III a.F.); § 2a SchwarzArbG a.F. (§§ 2 Abs. 2 und 6 SchwarzArbG); § 48a AuslG a.F. (§ 90 AufenthG); § 139b Abs. 7 und Abs. 8 GewO; § 31a AO). Daneben sind weitere spezialgesetzliche Regelungen wie § 321 SGB VI, § 150a GewO und § 2 Abs. 2 SchwarzArbG zu nennen, welche ebenfalls Kooperations- und Unterrichtungspflichten der in Abs. 1 Nr. 1–8 genannten Behörden und unterstützenden Stellen mit der BA und den Zollbehörden festschreiben.[18]

Die Vorschrift des § 233b Abs. 3 AFG a.F. enthielt noch eine **besondere Kooperations- und Koordinierungsverpflichtung der Bundesanstalt für Arbeit**. Hiernach war vorgesehen, dass sie, soweit zweckmäßig, die Zusammenarbeit zwischen den Behörden und öffentlichen Stellen anregt und einvernehmlich gemeinsame Ermittlungen koordiniert.[19] Die Bundesanstalt wurde seinerzeit noch in einer Sonderrolle gesehen, der zufolge sie den Anstoß für gemeinsame Aktionen der Behörden und öffentlichen Stellen liefern sollte.[20] Eine spätere Fassung des **§ 308 SGB III a.F.** weitete diese Verpflichtung schon auf die Arbeits- und Hauptzollämter aus.[21] So regelte § 308 Abs. 3 SGB III a.F. in seiner letzten Fassung eine Unterrichtungspflicht der Arbeits- und Hauptzollämter gegenüber den jeweils zuständigen Behörden, sofern sich bei der Durchführung ihrer Aufgaben Anhaltspunkte für spezifische Gesetzesverstöße ergeben. Insbesondere enthielt § 308 Abs. 3 Nr. 2 SGB III a.F. einen Verweis auf das AÜG. Die Vorschrift entfiel vollständig durch das AFRG vom 23.7.2004.[22] Einen § 308 Abs. 3 Nr. 2 SGB III a.F. entsprechenden Verweis auf das AÜG beinhaltet nunmehr § 6 Abs. 3 Nr. 2 SchwarzArbG. 5

Dass die Zuständigkeit für Ordnungswidrigkeiten nach § 16 Abs. 1 Nr. 1–2a durch Art. 93 Nr. 6 des Dritten Gesetzes für moderne Dienstleistungen am Arbeitsmarkt auf die Behörden der Zollverwaltung übertragen wurde, ist Folge der **Konzentration der Kompetenz** für die Verfolgung und Ahndung grds. aller Formen der illegalen Beschäftigung **bei den Zollbehörden**.[23] Die Behörden der Zollverwaltung sind seither statt der BA mit Ausnahme einiger Tatbestände des Leistungs- 6

---

17 BGBl. 1997, I, S. 663, 720; vgl. auch BT-Drs. 13/4941, S. 79f., 254.
18 Ulber/*Ulber*, § 18 Rn. 2.
19 BGBl. 1981, I, S. 1393.
20 BT-Drs. 9/847, S. 11.
21 BGBl. 1997, I, S. 2977.
22 BGBl. I, S. 1850.
23 BT-Drs. 15/1515, S. 2, 131, 133.

§ 18 Zusammenarbeit mit anderen Behörden

missbrauchs grds. für die Verfolgung und Ahndung aller Formen der illegalen Beschäftigung zuständig geworden, sodass auch Fälle der illegalen Arbeitnehmerüberlassung wie etwa der Verleih ohne erforderliche Erlaubnis oder von nichtdeutschen Leiharbeitnehmern ohne erforderliche Arbeitsgenehmigung in ihren Zuständigkeitsbereich fallen.[24]

7 Die Abs. 5 und 6 dienen dem Zweck, eine effektive Kontrolle der Einhaltung der Lohnuntergrenze sicherzustellen.[25] Die Bestimmungen orientieren sich am Vorbild des § 20 Abs. 1 und 2 AEntG. Abs. 5 regelt, dass die für die Abführung der Umsatzsteuer zuständigen Finanzämter durch die Behörden der Zollverwaltung über den Inhalt von Meldungen nach § 17b unterrichtet werden.[26] Hierdurch wird den Finanzbehörden ermöglicht, kurzfristig und ortsnah zu prüfen, ob die Verleiher ihrer **steuerrechtlichen Abführungspflicht** entsprechen.[27] Abs. 6 geht über die nationale Zusammenarbeit der unter Abs. 1 genannten Behörden hinaus.[28] Er erlaubt die Zusammenarbeit der Behörden der Zollverwaltung sowie der übrigen in § 2 SchwarzArbG genannten Behörden und unterstützenden Stellen mit ausländischen Behörden unter Berücksichtigung datenschutzrechtlicher Vorgaben.[29] Hierdurch wird der aus dem AEntG bewährte und für eine effektive Kontrolle erforderliche Informationsaustausch zwischen den beteiligten Organisationen sichergestellt. Die Zusammenarbeit mit ausländischen Behörden gewährleistet eine **wirksame Kontrolle im Ausland ansässiger Verleiher**.[30] Zugleich wird damit der Vorgabe von Art. 4 der Entsenderichtlinie entsprochen, welcher die Voraussetzungen der Zusammenarbeit im grenzübergreifenden Informationsbereich bezüglich der Überwachung der Einhaltung der nationalen Mindestarbeitsbedingungen festschreibt.

---

24 BT-Drs. 15/1515, S. 133.
25 BT-Drs. 17/5761, S. 10.
26 Vgl. Koberski/Asshoff/Eustrup/Winkler, AEntG, § 20 Rn. 2; Ulber, AEntG, § 20 Rn. 3.
27 Vgl. Ulber, AEntG, § 20 Rn. 3.
28 *Sandmann/Marschall/Schneider*, § 18 Anm. 5.
29 BT-Drs. 17/5761, S. 10.
30 BT-Drs. 17/5761, S. 10.

II. Zusammenarbeit bei Ordnungswidrigkeiten nach § 16 (Abs. 1)

Gem. Abs. 1 arbeiten die BA sowie die Behörden der Zollverwaltung bei der Verfolgung und Ahndung von Ordnungswidrigkeiten insbesondere mit den in Nr. 1 bis Nr. 8 genannten Behörden zusammen. **8**

1. Sachlicher Anwendungsbereich

Abs. 1 beschränkt die **Pflicht zur Zusammenarbeit** auf die **in § 16 genannten Ordnungswidrigkeiten**. Erfasst werden damit nicht nur Fälle illegaler Arbeitnehmerüberlassung bzw. -beschäftigung[31] i.S.d. § 16 Abs. 1 Nr. 1–2a, sondern auch sonstige, in § 16 sanktionierte Verstöße eines Verleihers oder Entleihers im Rahmen legaler Arbeitnehmerüberlassung.[32] Dies ist deshalb gerechtfertigt, weil Ordnungswidrigkeiten nach § 16 Abs. 1 Nr. 3 bis Nr. 18 oftmals mit einer illegalen Überlassung einhergehen und erste Anhaltspunkte hierfür liefern, weshalb der Ausschuss für Arbeit und Sozialordnung zum Entwurf des BillBG anregte, die Ausländerbehörden in den Informationsaustausch einzubeziehen.[33] Die Vorschrift ist bewusst auf das Ordnungswidrigkeitenverfahren beschränkt worden, sodass die Kooperations- und Unterrichtungspflichten sich nicht auf die §§ 6, 2–5, 7 Abs. 2 Satz 2 und Abs. 3–5 erstrecken; für diese gelten die allgemeinen Grundsätze der Amtshilfe.[34] **9**

Nicht ausdrücklich erwähnt sind die **Straftatbestände der §§ 15, 15a**. Da aber diese Bestimmungen auf den Ordnungswidrigkeitentatbeständen von § 16 Abs. 1 Nr. 1 und Nr. 2 aufbauen, liegt bei diesen die Ordnungswidrigkeiten qualifizierenden Straftatbeständen zugleich immer ein Verstoß gegen § 16 vor.[35] So stehen die Straf- und Ordnungswidrigkeitentatbestände bei Vorliegen einer Handlung im natürlichen Sinne bzw. einer natürlichen oder rechtlichen Handlungseinheit in einem **Stufenverhältnis** zueinander.[36] Dem Gesagten zufolge besteht auch in den Fällen der §§ 15, 15a die Pflicht zur Zusammenarbeit. Es wäre auch widersinnig, eine Zusammenarbeit für die Ordnungswidrigkeitentatbestände anzuordnen und sie für die schwerwiegendsten Verstöße des **10**

---
31 Vgl. BT-Drs. 9/975, S. 21.
32 Thüsing/*Kudlich*, § 18 Rn. 4.
33 BT-Drs. 9/975, S. 24; Schüren/*Hamann*, § 18 Rn. 11.
34 *Sandmann/Marschall/Schneider*, § 18 Anm. 8.
35 *Becker/Wulfgramm*, § 18 Rn. 5; *Sandmann/Marschall/Schneider*, § 18 Anm. 7; Ulber/ *Ulber*, § 18 Rn. 3.
36 Göhler/*Gürtler*, OWiG, § 21 Rn. 2f., 7.

§ 18 Zusammenarbeit mit anderen Behörden

AÜG, die §§ 15, 15a, auszuschließen – eine Kooperation der Behörden und unterstützenden Stellen ist hier umso dringlicher.[37] Gestützt wird diese Sichtweise des Weiteren durch den Umstand, dass sich die anderen mit dem BillBG eingeführten Vorschriften zur gegenseitigen Unterrichtung wie etwa § 233b AFG nicht allein auf Ordnungswidrigkeitentatbestände beschränken, sondern auch andere Gesetzesverstöße (z. B. Straftaten) einschließen.[38] Hinzu tritt, dass das über das AÜG hinausreichende System der Zusammenarbeit und gegenseitigen Unterrichtung dafür sorgt, dass Straftaten nicht ungeahndet bleiben. So besteht gem. § 41 Abs. 1 OWiG die Verpflichtung der Behörde, die Sache an die Staatsanwaltschaft abzugeben, wenn Anhaltspunkte für eine Straftat vorliegen, sodass eine Strafverfolgung sichergestellt ist. Die Staatsanwaltschaft wiederum arbeitet **Nr. 255 Abs. 2 RiStBV** zufolge bei der Verfolgung von Straftaten des Nebenstrafrechts mit den zuständigen Fachbehörden zusammen. Nach Nr. 259 Abs. 1b) RiStBV enthält das AÜG auch Vorschriften des Nebenstrafrechts zum Zwecke des Schutzes des Arbeitsmarktes und der missbräuchlichen Ausnutzung fremder Arbeitskraft. Als zuständige Fachbehörde, mit der die Staatsanwaltschaft diesbezüglich kooperiert, benennt Nr. 259 Abs. 2 RiStBV die BA. Die BA und die Behörden der Zollverwaltung bleiben aber gemäß Abs. 2 Nr. 2 weiterhin verpflichtet, die für die Verfolgung und Ahndung der einschlägigen ausländerrechtlichen Verstöße zuständigen Behörden zu unterrichten.[39]

11 Die Bußgeldvorschrift des § 404 Abs. 1, Abs. 2 Nr. 3 SGB III i.V.m. § 284 Abs. 1 und § 4 Abs. 3 Satz 2 AufenthG wiederum ist gegenüber den Strafvorschriften der §§ 15, 15a und dem Ordnungswidrigkeitentatbestand des § 16 Abs. 1 Nr. 2 nachrangig. Mithin ist im Falle der illegalen Ausländerbeschäftigung bei der Ausführung von Dienst- oder Werkleistungen eine Kooperationsverpflichtung bereits über die Vorschriften des AÜG sichergestellt.[40]

12 Die Rechtswidrigkeit des Überlassungsvorgangs besitzt für die Pflicht zur Zusammenarbeit keine Relevanz. Die Ordnungswidrigkeitentatbestände des § 16 Abs. 1 unterscheiden nicht danach. Seitdem im Jahre 1997 das Verbot der Arbeitnehmerüberlassung in Betriebe des Baugewerbes durch Art. 63 Nr. 5 des AFRG eingefügt und § 16 hierauf ausge-

---

37 Schüren/*Hamann*, § 18 Rn. 17; Thüsing/*Kudlich*, § 18 Rn. 5.
38 BT-Drs. 9/847, S. 11; *Becker/Wulfgramm*, § 18 Rn. 5.
39 Schüren/*Hamann*, § 18 Rn. 17; Ulber/*Ulber*, § 18 Rn. 3.
40 Ulber/*Ulber*, § 18 Rn. 6.

II. Zusammenarbeit bei Ordnungswidrigkeiten nach § 16 (Abs. 1) **§ 18**

dehnt wurde (Art. 63 Nr. 12),[41] gilt die **Kooperationsverpflichtung auch für Verstöße gegen § 1b**. Zuvor regelte systemwidrig § 12a AFG a.F. das Überlassungsverbot (vgl. § 1b Rn. 1),[42] welches jedoch seit 1994 eine Gestattung der Arbeitnehmerüberlassung zwischen Betrieben des Baugewerbes vorsah, wenn diese Betriebe von denselben Rahmen- und Sozialkassentarifverträgen oder von deren Allgemeinverbindlichkeit erfasst werden.[43] Demzufolge gelten hierfür nach der Einfügung der Vorschrift in das AÜG die Bestimmungen des Gesetzes – somit auch die Kooperationsverpflichtung des Abs. 1 – uneingeschränkt.[44]

2. Einbezogene Behörden

In Nr. 1 – Nr. 8 sind Behörden genannt, mit denen die BA sowie die Behörden der Zollverwaltung bei der Verfolgung von Ordnungswidrigkeiten nach § 16 zusammenarbeiten sollen. Wie die Formulierung „insbesondere" verdeutlicht, ist diese **Auflistung nicht abschließend**,[45] sondern es kommt auch eine Zusammenarbeit mit weiteren Behörden in Betracht (siehe unten Rn. 22). Im Einzelnen soll mit folgenden Behörden zusammengearbeitet werden: **13**

Nach **Nr. 1** mit den **Trägern der Krankenversicherung** als Einzugsstelle für die Sozialversicherungsbeiträge (§§ 28d, 28h Abs. 1 SGB IV), also den Orts-, Betriebs- und Innungskrankenkassen, den landwirtschaftlichen Krankenkassen, der Deutschen Rentenversicherung Knappschaft-Bahn-See sowie den Ersatzkassen (vgl. § 21 Abs. 2 SGB I, §§ 143 ff. SGB V). § 306 Satz 1 Nr. 4 und Satz 2 SGB V verpflichtet die Krankenkassen, bei konkreten Anhaltspunkten für Verstöße gegen das AÜG mit der BA und den Zollbehörden zusammenzuarbeiten und sie hiervon zu unterrichten. Die Unterrichtung kann nach § 306 Satz 3 SGB V auch Angaben über Tatsachen enthalten, die für die Einziehung der Beiträge zur Kranken- und Rentenversicherung erforderlich sind. **14**

Nach **Nr. 2** mit den **in § 71 AufenthG genannten Behörden**. Diese Regelung beinhaltet nur eine Rahmenvorschrift; die zuständigen Ausländerbehörden ergeben sich aus dem **jeweiligen Landesrecht**,[46] wie aus § 71 Abs. 1 Satz 2 AufenthG hervorgeht (vgl. auch unten Rn. 48). Im **15**

---

41 BGBl. 1997, I, S. 714f.; vgl. auch BT-Drs. 13/4941, S. 248, 250.
42 Schüren/*Hamann*, § 1b Rn. 7.
43 BGBl. 1994, I, S. 2456.
44 Ulber/*Ulber*, § 18 Rn. 5.
45 BT-Drs. 9/847, S. 10; Thüsing/*Kudlich*, § 18 Rn. 3.
46 Renner/*Dienelt*, § 71 AufenthG Rn. 2 ff.

§ 18 Zusammenarbeit mit anderen Behörden

Ausland sind für Pass- und Visaangelegenheiten dagegen die vom Auswärtigen Amt ermächtigten Auslandsvertretungen zuständig (§ 71 Abs. 2 AufenthG), während für die Kontrolle des grenzüberschreitenden Verkehrs die Bundespolizei verantwortlich zeichnet (§ 71 Abs. 3 AufenthG i.V.m. § 2 Abs. 1 BPolG). § 90 Abs. 1 Nr. 1 AufenthG sieht vor, dass die Ausländerbehörden die zuständigen Behörden informieren, sofern eine Beschäftigung von Ausländern ohne Aufenthaltstitel nach § 4 AufenthG erfolgt (vgl. auch unten Rn. 48). Dies gilt gleichermaßen für die Beschäftigung von bulgarischen und rumänischen Staatsangehörigen ohne Genehmigung nach § 284 Abs. 1 Satz 1 SGB III. Ebenso haben die Ausländerbehörden gem. § 90 Abs. 1 Nr. 2 und 3 AufenthG die für die Verfolgung und Ahndung von Verstößen zuständigen Behörden zu unterrichten, wenn sich konkrete Anhaltspunkte dafür ergeben, dass Antragsteller oder Bezieher von Sozialleistungen Änderungsmitteilungen nach § 60 Abs. 1 Nr. 2 SGB I unterlassen oder gem. § 90 Abs. 1 Nr. 3 AufenthG ein Verstoß nach § 6 Abs. 3 Nr. 1–4 SchwarzArbG wie etwa ein Verstoß gegen das AÜG vorliegt. Die sich aus dem AufenthG ergebende Kooperationspflicht ist nicht auf Ordnungswidrigkeiten oder Straftaten des Gesetzes (§§ 95–98 AufenthG) beschränkt, sondern erfasst gem. § 90 Abs. 2 AufenthG jeglichen Verstoß gegen das AufenthG.[47]

16 **Finanzbehörden i.S.v. Nr. 3** sind nicht nur die steuereinziehenden Behörden (Finanzämter, Oberfinanzdirektionen, Bundesamt für Finanzen), sondern auch die Länderministerien für Finanzen und das BMF (vgl. § 6 Abs. 2 AO i.V.m. §§ 1, 2 FVG).[48] Nach § 1 Abs. 1 der Mitteilungsverordnung vom 1.9.1993[49] i.V.m. § 6 Abs. 1 AO sind die Behörden verpflichtet, Mitteilungen über bestimmte Sachverhalte an die Finanzbehörden zu übersenden. Dementsprechend hat die BA gem. § 6 Abs. 1 Nr. 7 i.V.m. § 8 Abs. 1, 3 und § 9 Abs. 1 der Mitteilungsverordnung den örtlich zuständigen Finanzämtern Erlaubnisse zur gewerbsmäßigen Arbeitnehmerüberlassung mitzuteilen und dabei unter anderem Name, Vorname, Firma, Anschrift, Steuernummer sowie Geburtsdatum des Erlaubnisinhabers anzugeben. Die Finanzbehörden wiederum müssen – sofern es für die Durchführung eines Verwaltungsverfahrens, in dem die Erteilung, Rücknahme oder der Widerruf einer Arbeitnehmerüberlassungserlaubnis in Rede steht, erforderlich ist – der BA

---
47 *Sandmann/Marschall/Schneider*, § 18 Anm. 21.
48 ErfK/*Wank*, § 18 Rn. 4; *Sandmann/Marschall/Schneider*, § 18 Anm. 14; Ulber/*Ulber*, § 18 Rn. 12.
49 BGBl. I, S. 1554 ff.

II. Zusammenarbeit bei Ordnungswidrigkeiten nach § 16 (Abs. 1) § 18

gem. § 31a Abs. 1 Nr. 1 b) aa), Abs. 2 AO alle für die Entscheidung benötigten Tatsachen mitteilen (vgl. unten Rn. 47).[50] Sollten den Finanzbehörden Informationen zur Verfügung stehen, die eine Ordnungswidrigkeit i.S.v. § 16 Abs. 1 Nr. 1 betreffen und zu einer Untersagungsverfügung nach § 6 führen können, ist die Offenbarung dieser Informationen an die BA zulässig.[51]

Nr. 4 sah bis zum 31.7.2004 die Zusammenwirkung mit den nach **Landesrecht** für die Verfolgung und Ahndung von Ordnungswidrigkeiten nach dem **SchwArbG** zuständigen Behörden vor.[52] Da durch § 12 SchwarzArbG die Verfolgung der Ordnungswidrigkeiten gegen dieses mit Wirkung zum 1.8.2004 den Behörden der Zollverwaltung übertragen wurde, konnte diese Bestimmung gestrichen werden (vgl. auch oben Rn. 1). Kurz darauf wurde durch das Gesetz zur Änderung des AufenthG und weiterer Gesetze vom 14.3.2005[53] Nr. 4 neu gefasst (vgl. auch oben Rn. 1). Die ursprünglich gestrichenen, nach Landesrecht für die Verfolgung und Ahndung von Ordnungswidrigkeiten nach dem SchwArbG zuständigen Landesbehörden[54] wurden infolge der Erweiterung des SchwarzArbG um handwerks- und gewerberechtliche Ordnungswidrigkeiten wieder in Nr. 4 aufgenommen und der Verweis auf das alte SchwArbG zugunsten des 2004 eingeführten SchwarzArbG aktualisiert.[55] Insbesondere die BA unterstützt nach § 2 Abs. 2 Nr. 2 SchwarzArbG die Behörden der Zollverwaltung bei ihren Prüfungen. Aus § 6 SchwarzArbG ergibt sich eine Rechtspflicht der Zollbehörden und der sie unterstützenden Stellen zur gegenseitigen Unterrichtung und Zusammenarbeit.[56] Sofern Anhaltspunkte für Verstöße gegen das AÜG vorliegen, bestehen Unterrichtungspflichten nach § 6 Abs. 3 Nr. 2 und § 13 Abs. 2 SchwarzArbG.

17

Träger der Unfallversicherung i.S.v. **Nr. 5** sind die gewerblichen (siehe auch Anlage 1 zu § 114 Abs. 1 Nr. 1 SGB VII) und landwirtschaftlichen Berufsgenossenschaften, die Unfallkasse des Bundes, die Eisenbahn-Unfallkasse, die Unfallkasse Post und Telekom, die Unfallkassen der Länder und Gemeinden, die Feuerwehr-Unfallkassen und die gemeinsamen Unfallkassen für den Landes- und Kommunalbereich

18

---

50 ErfK/*Wank*, § 18 Rn. 12; Ulber/*Ulber*, § 18 Rn. 11.
51 Ulber/*Ulber*, § 18 Rn. 11.
52 BGBl. 2004, I, S. 1855.
53 BGBl. I, S. 721, 726.
54 Vgl. die Aufzählung bei *Sandmann/Marschall/Schneider*, § 18 Anm. 15.
55 BT-Drs. 15/3784, S. 20 f.
56 *Sandmann/Marschall/Schneider*, § 18 Anm. 20.

§ 18 Zusammenarbeit mit anderen Behörden

(§§ 22 Abs. 2 SGB I; 114 ff. SGB VII). § 211 SGB VII regelt eine spezielle Verpflichtung zur Zusammenarbeit, die insoweit über Nr. 5 hinausgeht, als sie schon bei jedwedem Verstoß gegen das AÜG eine Kooperationspflicht des Unfallversicherungsträgers mit den betreffenden Behörden auslöst (§ 211 Satz 1 Nr. 4 SGB VII) und nicht allein auf die Verfolgung von Ordnungswidrigkeiten i. S. d. AÜG beschränkt ist.[57] Daneben verweist § 405 Abs. 4 SGB III auf § 2 Abs. 2 Nr. 5 SchwarzArbG und ordnet dergestalt eine zusätzliche Pflicht zur Zusammenarbeit mit den Unfallversicherungsträgern an.[58] § 6 Abs. 3 Satz 1 Nr. 3 SchwarzArbG hat § 308 Abs. 3 Satz 1 Nr. 6 a. F. ersetzt (vgl. oben Rn. 5) und bestimmt eine Unterrichtungspflicht der Behörden der Zollverwaltung, wenn sich Anhaltspunkte für Verstöße gegen das SGB VII ergeben.

19 Die **für den Arbeitsschutz zuständigen Landesbehörden** nach **Nr. 6** (vgl. § 21 Abs. 1 ArbSchG hinsichtlich der Aufgaben der zuständigen Behörden) sind häufig die staatlichen Gewerbeaufsichtsämter, aber auch die Ämter für Arbeitsschutz.[59] Daneben bestehen aber auch Sonderbehörden, wie z. B. die für die Bergaufsicht zuständigen Bergämter. § 23 Abs. 3 ArbSchG regelt auch bestimmte Informations- und Unterrichtungspflichten für den Fall, dass sich Anhaltspunkte für Gesetzesverstöße ergeben. Hiernach haben etwa die für den Arbeitsschutz zuständigen Landesbehörden die BA oder die Behörden der Zollverwaltung über jedweden möglichen Verstoß gegen das AÜG zu unterrichten (§ 23 Abs. 3 Satz 1 Nr. 4 ArbSchG). Die Vorschrift geht insoweit – genauso wie § 211 Satz 1 Nr. 4 SGB VII (vgl. oben Rn. 18) – über die Verpflichtung aus Abs. 1 Nr. 6 hinaus. Ergeben sich für die für den Arbeitsschutz zuständigen Landesbehörden konkrete Anhaltspunkte hinsichtlich wie auch immer gearteter Verstöße gegen das AÜG, so sind sie ihrerseits nach § 139b Abs. 7 Nr. 4 GewO zur Zusammenarbeit mit der BA und den Zollbehörden verpflichtet.

20 Als **Rentenversicherungsträger** sind nach **Nr. 7** in die Zusammenarbeit einbezogen die regionalen Träger der Deutschen Rentenversicherung, die Deutsche Rentenversicherung Bund, die Deutsche Rentenversicherung Knappschaft Bahn-See sowie die landwirtschaftliche Alterskasse (§§ 23 Abs. 2 SGB I; 125 ff. SGB VI). Für die Rentenversiche-

---

57 *Sandmann/Marschall/Schneider*, § 18 Anm. 19; Thüsing/*Kudlich*, § 18 Rn. 8; Ulber/*Ulber*, § 18 Rn. 14.
58 Ulber/*Ulber*, § 18 Rn. 14.
59 Vgl. auch *Sandmann/Marschall/Schneider*, § 18 Anm. 17.

II. Zusammenarbeit bei Ordnungswidrigkeiten nach § 16 (Abs. 1)   § 18

rungsträger als Prüfbehörden ist es beispielsweise wichtig, zu wissen, in welchen Fällen von der BA Arbeitnehmerüberlassung angenommen wird.[60] Dies gilt z.b. für Fälle der illegalen Arbeitnehmerüberlassung, wenn kein oder ein zu geringer Gesamtsozialversicherungsbeitrag abgeführt wurde, sodass der Rentenversicherungsträger bei der Beitragsnacherhebung von einer „Nettolohnabrede" (§ 14 Abs. 2 Satz 2 SGB IV) ausgehen kann. Das SGB VI enthält mit § 321 SGB VI eine Nr. 7 korrespondierende Regelung, die insbesondere für den Fall des Vorliegens von Anhaltspunkten für Verstöße gegen das SchwarzArbG und das AÜG im Rahmen der Betriebsprüfungen nach § 28p SGB IV eine Kooperations- und Unterrichtungspflicht der Rentenversicherungsträger anordnet.[61] Bei Anhaltspunkten für Verstöße gegen das AÜG gemäß § 321 Satz 1 Nr. 4 und Satz 2 SGB VI gilt das zu § 211 Satz 1 Nr. 4 SGB VII und § 23 Abs. 3 Satz 1 Nr. 4 ArbSchG Gesagte entsprechend (vgl. oben Rn. 18, 19). Die Reichweite der Nr. 7 steht wegen der Beschränkung auf die Verfolgung und Ahndung von Ordnungswidrigkeiten nach § 16 dahinter zurück.

Träger der Sozialhilfe nach Nr. 8 sind gem. § 3 SGB XII die kreisfreien 21 Städte und Landkreise, soweit nicht nach Landesrecht etwas anderes bestimmt ist, sowie die von den Ländern bestimmten überörtlichen Sozialhilfeträger. Die Sozialhilfeträger werden deshalb in die Zusammenarbeitsvorschriften einbezogen, weil nach § 12 Abs. 1 Nr. 1 i.V.m. § 8 Abs. 1 Nr. 1a, b SchwarzArbG die Verfolgung von Ordnungswidrigkeiten infolge eines Leistungsmissbrauchs der Sozialhilfe in ihre Zuständigkeit fällt. § 6 Abs. 1 i.V.m. § 2 Abs. 2 Satz 1 Nr. 6 SchwarzArbG stellt hier ebenfalls sicher (vgl. oben Rn. 17) sicher, dass das „Netz" von wechselseitigen Kooperations- und Unterrichtungspflichten engmaschig geknüpft bleibt.

Die Aufzählung in Abs. 1 ist **nicht abschließend** (siehe oben Rn. 13). 22 Insbesondere kommt eine **Zusammenarbeit mit folgenden weiteren, nicht ausdrücklich erwähnten Behörden** in Betracht:[62] Amtsgerichte; Arbeitsgerichte; Bundesbaudirektion, insbesondere zur Aufdeckung von Scheinwerkverträgen im Baugewerbe; Bundespolizei, insbesondere bei illegaler grenzüberschreitender Arbeitnehmerüberlassung sowie illegalem Verleih ausländischer Arbeitnehmer; Bundeskriminalamt, insbesondere zur Aufklärung von organisiertem bundesweiten illegalen

---

60 *Sandmann/Marschall/Schneider*, § 18 Anm. 17a.
61 Ulber/*Ulber*, § 18 Rn. 16.
62 ErfK/*Wank*, § 18 Rn. 4.

Marseaut   1001

§ 18 Zusammenarbeit mit anderen Behörden

Verleih; Handwerkskammern; Industrie- und Handelskammern; Polizeidienststellen der Länder, z. B. zur Durchführung von Außenprüfungen; Staatsanwaltschaften.

23 § 14 GewO regelt seit Einführung des Gesetzes zur Änderung der GewO und sonstiger gewerberechtlicher Vorschriften vom 23.11.1994[63] eine Rechtspflicht zur Kooperation, die über die durch das BillBG angeordnete Zusammenarbeitsverpflichtung hinausgeht. Zweck der Vorschrift ist es, eine wirksame Überwachung der Gewerbeausübung zu ermöglichen und die Behörden und Stellen zu unterrichten, die auf die Kenntnis der anzeigepflichtigen Tatbestände angewiesen sind, um die in ihrer Zuständigkeit liegenden Aufgaben zu erfüllen.[64] Daher dürfen die zuständigen Behörden nach § 14 Abs. 8 Nr. 5 GewO der BA regelmäßig die Daten aus der Gewerbeanzeige übermitteln, soweit dies zur Erfüllung der im AÜG genannten Aufgaben erforderlich ist (§ 14 Abs. 8 Satz 2 GewO).[65] Auf Landesebene sind Verwaltungsvorschriften zum Vollzug des § 14 GewO geschaffen worden.[66]

3. Zusammenarbeit

24 Die Pflicht zur Zusammenarbeit geht über die allgemeine Pflicht zur Amtshilfe nach Art. 35 Abs. 1 GG hinaus.[67] Anders als Abs. 2 regelt Abs. 1 eine **wechselseitige Pflicht der aufgeführten Behörden und Stellen**, wie sich schon aus der Formulierung „Zusammenarbeit" ergibt. Die Pflicht setzt ein, sobald sich ein durch bestimmte Tatsachen **begründeter Anfangsverdacht** (vgl. § 152 Abs. 2 StPO) ergibt, und zwar unabhängig von der Quelle (z. B. eigene laufende Tätigkeit; Beteiligung an anderen Verfahren; Anzeige durch Dritte), aus welcher die BA oder die Behörden der Zollverwaltung die Information beziehen.[68] Allerdings reichen **bloße Vermutungen nicht** aus, selbst wenn diese auf einen konkreten Fall bezogen sind.[69]

25 Das wichtigste Instrument der Zusammenarbeit ist der **gegenseitige Austausch von Informationen**, die auf eine Ordnungswidrigkeit nach § 16 hindeuten. Allerdings kann Abs. 1 **nicht Eingriffe in den Daten-**

---

63 BGBl. I, S. 3475.
64 BT-Drs. 12/5826, S. 15 f.
65 M.w.N. zu den landesrechtlichen Bestimmungen *Sandmann/Marschall/Schneider*, § 18 Anm. 24.
66 Vgl. hierzu *Sandmann/Marschall/Schneider*, § 18 Anm. 24.
67 *Sandmann/Marschall*, § 18 Anm. 25; ErfK/*Wank*, § 18 Rn. 11.
68 ErfK/*Wank*, § 18 Rn. 2; *Schüren/Hamann*, § 18 Rn. 14.
69 *Schüren/Hamann*, § 18 Rn. 14.

schutz und das **Sozialgeheimnis** rechtfertigen;[70] vielmehr können diesbezügliche Einschränkungen sich nur aus der besonders in Abs. 2 geregelten Unterrichtungspflicht ergeben.[71] Darüber hinaus kommen gemeinsame Maßnahmen der beteiligten Behörden in Betracht, wie z.B. Schulungsmaßnahmen, Einrichtung von Gesprächskreisen und Arbeitsgruppen. Es können aber auch gemeinsame Überprüfungen von Betriebsstätten, Verkehrs- und Grenzkontrollen oder auch Durchsuchungen erfolgen.[72] Voraussetzung ist nur, dass das Verwaltungshandeln in den Zuständigkeitsbereich einer der beteiligten Behörden fällt, rechtmäßig ist und von der zuständigen Behörde verantwortlich organisiert und geleitet wird.[73]

Seit Einführung der Lohnuntergrenze gem. § 3a Anfang 2012 werden, wie vom Gesetz zur Änderung des AÜG und des SchwarzArbG vom 20.7.2011 vorgesehen,[74] von der BA und von den Behörden der Zollverwaltung verstärkt gemeinsame Prüfungen zur Überwachung der Einhaltung der Lohnuntergrenze durchgeführt (vgl. auch § 17 Rn. 30). **26**

III. Unterrichtungspflicht gegenüber anderen Behörden (Abs. 2)

1. Anwendungsbereich

Die **Unterrichtungspflicht nach Abs. 2** ist anders als die Pflicht zur Zusammenarbeit nach Abs. 1 nicht auf die Ahndung und Verfolgung von Ordnungswidrigkeiten beschränkt, sondern bezieht sich auf die **gesamte Durchführung des AÜG**.[75] Allerdings reicht es nach herrschender Auffassung für das Bestehen der Unterrichtungspflicht nicht aus, wenn in Zusammenhang mit anderen Aufgaben der BA, z.B. bei der Berufsberatung, Arbeitsvermittlung oder Bearbeitung von Arbeitslosengeldanträgen Kenntnisse gewonnen werden (vgl. auch unten Rn. 49).[76] Im Übrigen kann die Übermittlung von **Zufallserkenntnis- 27**

---

70 BT-Drs. 9/975, S. 22f.; Ulber/*Ulber*, § 18 Rn. 18.
71 *Sandmann/Marschall/Schneider*, § 18 Anm. 26.
72 Vgl. auch ErfK/*Wank*, § 18 Rn. 6; *Sandmann/Marschall/Schneider*, § 18 Anm. 25; Thüsing/*Kudlich*, § 18 Rn. 7.
73 Ulber/*Ulber*, § 18 Rn. 18.
74 BGBl. 2011, I, S. 1506ff.; BT-Drs. 17/5761, S. 7.
75 ErfK/*Wank*, § 18 Rn. 8; *Sandmann/Marschall/Schneider*, § 18 Anm. 27; *Urban-Crell/Germakowski*, § 18 Rn. 8.
76 ErfK/*Wank*, § 18 Rn. 8; *Sandmann/Marschall/Schneider*, § 18 Anm. 28; Ulber/*Ulber*, § 18 Rn. 21, 33; Thüsing/*Kudlich*, § 18 Rn. 10.

sen, die bei der sonstigen Aufgabenwahrnehmung der BA oder der Zollbehörden, etwa bei der Inanspruchnahme eines Entleihers nach § 28e Abs. 2 SGB IV gewonnen werden, nicht auf Abs. 2 als Rechtsgrundlage gestützt werden.[77] Hierfür müssen andere Vorschriften wie z.B. § 111 Abs. 1 Satz 1 Nr. 2 i.V.m. § 113 SGB IV (z.B. bei Verstößen gegen die Meldepflicht nach § 28a Abs. 4 SGB IV) oder § 405 Abs. 4 SGB III i.V.m. § 2 Abs. 2 SchwarzArbG herangezogen werden (vgl. auch oben Rn. 14 ff.).

28 Die Unterrichtungspflicht greift ein, sobald ein **konkreter Anfangsverdacht** besteht.[78] Es müssen also Tatsachen vorliegen, die einen Verstoß gegen die in Abs. 2 Nr. 1 bis Nr. 6 aufgeführten gesetzlichen Bestimmungen zumindest als möglich erscheinen lassen.[79] Bloße abstrakte Überlegungen oder Spekulationen lösen die Unterrichtungspflicht nicht aus; allerdings wird weder ein hinreichender noch gar ein dringender Tatverdacht i.S.d. §§ 103, 203 StPO gefordert.

29 Die **Unterrichtungspflichten** nach Abs. 2 sind anders als die Zusammenarbeitsvorschriften des Abs. 1 **abschließend geregelt**. Dies bedeutet, dass die Behörden, die unterrichtet werden müssen, in Abs. 2 abschließend genannt sind; sonstige Behörden oder Stellen dürfen nicht unterrichtet werden.[80] Abs. 2 setzt auch kein spezielles Ersuchen der genannten Behörden voraus.[81] Darüber hinaus sind die Unterrichtungspflichten **einseitig**, d.h. nach Abs. 2 besteht nur eine einseitige Unterrichtungspflicht der BA bzw. der Behörden der Zollverwaltung gegenüber den in Abs. 2 genannten Behörden und Stellen. Allerdings sind diese Stellen zumeist nach anderen gesetzlichen Bestimmungen verpflichtet, die BA bei Verstößen gegen das AÜG zu unterrichten (vgl. oben Rn. 14 ff.).[82]

30 Grundsätzlich hat die BA bei der Zusammenarbeit nach dieser Bestimmung die Grenzen des **Daten- und Sozialgeheimnisschutzes** (§ 35 SGB I) sowie des **Steuergeheimnisses** (§ 30 AO) zu beachten, weil Abs. 2 keine allgemeine Grundlage für einen generellen Datenaus-

---

77 Ulber/*Ulber*, § 18 Rn. 21; a.A. ErfK/*Wank*, § 18 Rn. 8; *Sandmann/Marschall/Schneider*, § 18 Anm. 28; Schüren/*Hamann*, § 18 Rn. 35.
78 Schüren/*Hamann*, § 18 Rn. 34.
79 *Sandmann/Marschall/Schneider*, § 18 Anm. 32; Ulber/*Ulber*, § 18 Rn. 22.
80 Vgl. *Sandmann/Marschall/Schneider*, § 18 Anm. 27, 39; Thüsing/*Kudlich*, § 18 Rn. 9.
81 Schüren/*Hamann*, § 18 Rn. 34; Thüsing/*Kudlich*, § 18 Rn. 9.
82 Ulber/*Ulber*, § 18 Rn. 19.

III. Unterrichtungspflicht gegenüber anderen Behörden (Abs. 2) § 18

tausch beinhaltet (vgl. auch oben Rn. 24f.).[83] Soweit es allerdings um die Unterrichtung über konkrete Tatsachen im Rahmen des Abs. 2 geht, hat die **Unterrichtungspflicht Vorrang** gegenüber den genannten Schutzbestimmungen.[84] Ausgenommen von der Unterrichtungspflicht sind die aus den statistischen Meldungen der Verleiher nach § 8 Abs. 1 bekannt gewordenen Tatsachen, weil insoweit eine Geheimhaltungspflicht der BA besteht (§ 8 Abs. 4 Satz 1), soweit die Kenntnisse nicht für Steuerstrafverfahren oder Besteuerungsverfahren Bedeutung gewinnen.[85]

2. Einzelne Unterrichtungspflichten

a) Verstöße gegen SchwarzArbG (Nr. 1)

Liegen Anhaltspunkte für Verstöße gegen das SchwarzArbG vor, dann haben BA und Behörden der Zollverwaltung die zuständigen Behörden zu unterrichten. Es reicht jeder Verstoß gegen das SchwarzArbG aus.[86] Das SchwarzArbG bezweckt dabei gem. § 1 Abs. 1 SchwarzArbG die **Intensivierung der Bekämpfung der Schwarzarbeit**. Unter welchen Umständen von Schwarzarbeit auszugehen ist, regelt § 1 Abs. 2 und 3 SchwarzArbG. Diesbezüglich legt § 2 SchwarzArbG die Prüfungsaufgaben der Behörden der Zollverwaltung und der sie unterstützenden Stellen fest. Die §§ 2aff. SchwarzArbG regeln umfassende Prüfungsbefugnisse der Behörden und Duldungspflichten der Betroffenen (vgl. auch § 17a Rn. 8ff.). 31

Abs. 2 Nr. 1 hat **nur** eine **ergänzende Funktion**,[87] weil das sich aus dem SchwarzArbG ergebende „Geflecht" von Kooperations- und Unterrichtungspflichten den Regelungskomplex bereits hinreichend abdeckt. Im Wesentlichen ist seit dem 1.8.2004 für die Verfolgung von Ordnungswidrigkeiten nach dem SchwarzArbG die Zuständigkeit der Behörden der Zollverwaltung gegeben (vgl. § 12 SchwarzArbG).[88] Lediglich für formale Verstöße gegen Handwerks- und Gewerberecht nach § 8 Abs. 1 Nr. 1d) und e) SchwarzArbG besteht gem. § 12 Abs. 1 32

---

83 Vgl. BT-Drs. 9/975, S. 22f.; ErfK/*Wank*, § 18 Rn. 8; Thüsing/*Kudlich*, § 18 Rn. 11.
84 Schüren/*Hamann*, § 18 Rn. 37; Ulber/*Ulber*, § 18 Rn. 23; *Urban-Crell*/Germakowski, § 18 Rn. 9.
85 Thüsing/*Kudlich*, § 18 Rn. 10; Ulber/*Ulber*, § 18 Rn. 23; *Urban-Crell*/Germakowski, § 18 Rn. 10.
86 *Sandmann/Marschall/Schneider*, § 18 Anm. 33; Ulber/*Ulber*, § 18 Rn. 24.
87 Schüren/*Hamann*, § 18 Rn. 49; Ulber/*Ulber*, § 18 Rn. 26.
88 BGBl. 2004, I, S. 1842.

§ 18 Zusammenarbeit mit anderen Behörden

Nr. 2 SchwarzArbG noch eine Zuständigkeit für Landesbehörden. Umgekehrt sind diese Landesbehörden, aber auch die BA und sonstige Behörden zur Unterrichtung und zur Zusammenarbeit mit den Behörden der Zollverwaltung verpflichtet, wenn konkrete Anhaltspunkte für Verstöße gegen das SchwarzArbG bestehen. So sind die Behörden der Zollverwaltung nach § 13 Abs. 1, 2 SchwarzArbG in Bußgeldverfahren zur Zusammenarbeit mit der BA verpflichtet. Sie haben dieser Verstöße gegen das AÜG und das AEntG mitzuteilen (§ 6 Abs. 3 Nr. 1 und Nr. 9 SchwarzArbG), während die BA als unterstützende Stelle gem. § 2 Abs. 2 Nr. 2 SchwarzArbG die Behörden der Zollverwaltung bei ihren Prüfungen unterstützt. Überdies ist den Zollbehörden zur Aufgabenwahrnehmung nach § 2 Abs. 1 SchwarzArbG sowie zur Verfolgung von Straftaten oder Ordnungswidrigkeiten unter anderem der automatisierte Abruf von Datenbeständen der BA über erteilte Arbeitsgenehmigungen-EU erlaubt (§ 6 Abs. 2 SchwarzArbG).

b) Beschäftigung von Ausländern ohne Arbeitserlaubnis (Nr. 2)

33 Ergeben sich im Einzelfall konkrete Anhaltspunkte für Verstöße gegen das Arbeitsgenehmigungsrecht oder gegen § 284 SBG III i.V.m. mit den einschlägigen Arbeitsgenehmigungsvorschriften, sind die BA und die Zollbehörden verpflichtet, die für die Verfolgung und Ahndung zuständigen Behörden zu unterrichten. Grundsätzlich gilt, dass die **Vorrangprüfung** nach § 39 Abs. 1 AufenthG, welche die Zustimmung der BA zur Beschäftigung eines Drittstaatlers voraussetzt, gem. § 40 Abs. 1 Nr. 2 AufenthG bzw. § 6 Abs. 1 Nr. 2 ArGV nicht durchzuführen ist, wenn der Ausländer als Leiharbeitnehmer tätig werden will.[89] In diesem Fall ist die Zustimmung der BA stets zu versagen. Für **Staatsangehörige Bulgariens und Rumäniens** gelten diese Bestimmungen nach § 284 Abs. 3 SGB III ebenfalls. Allerdings sind von der Genehmigungsbedürftigkeit die Fälle auszunehmen, in denen die Beschäftigung eines Ausländers keiner Zustimmung der BA bedarf. Dies gilt insbesondere für **hochqualifizierte Arbeitnehmer** gem. § 3 BeschV sowie für **Inhaber einer Blauen Karte EU** (§ 3a BeschV). Weitere Tätigkeiten und Berufsgruppen, die von der Vorrangprüfung befreit sind, finden sich in den §§ 2 ff. BeschV.

---

89 Zur (Un-)Vereinbarkeit dieser Regelung mit Art. 4 LeiharbeitsRL vgl. *Boemke* in Bornewasser/Zülch, Arbeitszeit Zeitarbeit (2013), S. 166 f.; *Rieble/Vielmeier*, EuZA 2011, 474, 493 ff.

III. Unterrichtungspflicht gegenüber anderen Behörden (Abs. 2) § 18

Die Beschäftigung von Ausländern ohne Arbeitserlaubnis kann gegen 34
§ 404 Abs. 2 Nr. 3 SGB III verstoßen; ist der Ausländer als Leiharbeitnehmer eingesetzt, sind überdies §§ 15, 15a, 16 Abs. 1 Nr. 2 einschlägig. Soweit es nur um die Verfolgung einer Ordnungswidrigkeit nach § 404 Abs. 2 Nr. 3 SGB III geht, sind nach § 405 Abs. 1 Nr. 1 SGB III ebenfalls die Behörden der Zollverwaltung zuständig; in diesen Fällen statuiert Nr. 2 eine sinngemäße Unterrichtungspflicht zwischen verschiedenen Dienststellen und Abteilungen der Behörden der Zollverwaltung, aber auch ggü. der BA.[90] Liegen Anhaltspunkte für Straftaten nach §§ 15, 15a vor, ist die zuständige Staatsanwaltschaft zu unterrichten. Erlangen die Staatsanwaltschaften ihrerseits Kenntnis von Ordnungswidrigkeiten nach § 16 Abs. 1 Nr. 1 bis Nr. 2 ergeben sich entsprechende Unterrichtungspflichten für die ermittelnden Behörden aus Abs. 4.

c) Verstöße gegen Mitwirkungs- und Meldepflichten (Nr. 3)

Die Unterrichtungspflichten sind durch den am 1.1.1998 in Kraft getretenen Art. 19 Nr. 3b)aa) des 1. SGB III-ÄndG von den Dienststellen 35
der BA auf alle übrigen in Nr. 3 aufgeführten Behörden ausgeweitet worden, um dem Sozialleistungsmissbrauch besser vorbeugen und ihn wirksamer bekämpfen zu können.[91] Die Vorschrift dient der **Verbesserung des Kampfes gegen den Missbrauch sozialer Leistungen.**[92]

Nach § 60 Abs. 1 Nr. 2 SGB I ist derjenige, der Sozialleistungen bean- 36
tragt hat oder erhält, verpflichtet, Änderungen in den Verhältnissen, die für die Leistung erheblich sind oder über die im Zusammenhang mit der Leistung Erklärungen abgegeben worden sind, unverzüglich dem Sozialleistungsträger mitzuteilen. Die Vorschrift ist stets dann anwendbar, wenn die **Einkommensverhältnisse des Leistungsempfängers** für die Bestimmung des Umfangs der Sozialleistung im Leistungsbescheid erheblich sind.[93] So besteht die Mitwirkungspflicht z. B. bei dem Empfang von Kurzarbeiter- (§§ 95 ff. SGB III) und Arbeitslosengeld (§ 136 ff. SGB III) gegenüber der Leistungsabteilung der BA, beim Be-

---

90 *Becker/Wulfgramm*, 18 Rn. 19; Schüren/*Hamann*, § 18 Rn. 51; Ulber/*Ulber*, § 18 Rn. 27, 43; vgl. hierzu auch Vereinbarung des BMF und der BA über die Grundsätze der Zusammenarbeit zwischen FKS der Zollverwaltung und der BA vom 1.7.2012, S. 6.
91 BGBl. 1997, I, S. 2989; vgl. auch BT-Drs. 604/97, S. 34 und BT-Drs. 13/8994, S. 48, 73.
92 BT-Drs. 604/97, S. 34.
93 Schüren/*Hamann*, § 18 Rn. 54; Ulber/*Ulber*, § 18 Rn. 29.

zug von Krankengeld (§§ 44 ff. SGB V) gegenüber der zuständigen Krankenkasse, bei der Gewährung von Hilfe zum Lebensunterhalt nach §§ 27 ff. SGB XII gegenüber dem Träger der Sozialhilfe oder beim Empfang von Hinterbliebenenrenten (§§ 46 ff. SGB VI) gegenüber dem Träger der Rentenversicherung. Erhält die mit der Durchführung des AÜG betraute Stelle der BA konkrete Anhaltspunkte für eine Verletzung dieser Pflicht zur Änderungsmitteilung, muss sie nach Nr. 3 den zuständigen Sozialleistungsträger benachrichtigen. Diese Unterrichtungspflicht wird z. b. ausgelöst, wenn die BA gegen einen Unternehmer wegen illegaler Arbeitnehmerüberlassung unter dem Deckmantel von Scheinwerkverträgen ermittelt und hierbei feststellt, dass Arbeitnehmer beschäftigt werden, die Arbeitslosengeld beziehen.[94]

37 Die Unterrichtungspflicht setzt – wie dargestellt – einen **Verstoß gegen die Pflicht zur Änderungsmitteilung** nach § 60 Abs. 1 Nr. 2 SGB I voraus. Bezieht der Leistungsempfänger die Leistung auf Grund unzutreffender Angaben bei der Antragstellung, löst dieser Verstoß gegen § 60 Abs. 1 Nr. 1 SGB I nach dem eindeutigen Gesetzeswortlaut die Unterrichtungspflicht nicht aus.[95] Hier kann jedoch eine Mitteilung im Wege der allgemeinen Zusammenarbeit möglich sein.[96] Unterrichtungspflichten der Sozialleistungsträger gegenüber der BA bzw. Behörden der Zollverwaltung bestehen nach §§ 113 Satz 2 SGB IV, 306 Satz 2 SGB V, 211 Satz 2 SGB VII, 90 Abs. 2 AufenthG.

38 Der Unterrichtungspflicht unterliegen auch Verstöße gegen **§ 8a AsylbewerberleistungsG** i.d.F. der Bekanntmachung vom 5.8.1997.[97] Danach müssen Leistungsberechtigte, die eine selbstständige oder unselbstständige Erwerbstätigkeit aufnehmen, dies spätestens am dritten Tag nach Aufnahme der Erwerbstätigkeit der zuständigen Behörde melden.

39 Sofern die Behörde Erkenntnisse ohne entsprechende Rechtsgrundlage erlangt, etwa weil eine Durchsuchung i. S. v. § 7 Abs. 4 ohne Anordnung des zuständigen Richters durchgeführt wird, darf eine Weitergabe der Informationen nicht auf Nr. 3 gestützt werden.[98] Eine rechtswidrige Erlangung der Informationen begründet ein **Beweisverwertungsverbot**.[99]

---

94 Vgl. auch *Sandmann/Marschall/Schneider*, § 18 Anm. 35; *Schüren/Hamann*, § 18 Rn. 56; *Urban-Crell*/Germakowski, § 18 Rn. 12.
95 *Schüren/Hamann*, § 18 Rn. 57; *Ulber/Ulber*, § 18 Rn. 32.
96 *Thüsing/Kudlich*, § 18 Rn. 13.
97 BGBl. I, S. 2022, 2025.
98 *Schüren/Hamann*, § 18 Rn. 57.

d) Verstöße gegen die Vorschriften über die Zahlung von Sozialversicherungsbeiträgen (Nr. 4)

Nach Nr. 4 sind die BA und die Behörden der Zollverwaltung zur Unterrichtung verpflichtet, wenn sie Anhaltspunkte für Verstöße gegen die Pflicht zur Entrichtung des Gesamtsozialversicherungsbeitrags (§§ 28d ff. SGB IV) oder des Beitrags zur gesetzlichen Unfallversicherung (§§ 150 ff. SGB VII) haben und diese Verstöße in Zusammenhang mit Verstößen nach Nr. 1 bis Nr. 3 sowie mit Arbeitnehmerüberlassung entgegen § 1 stehen. Danach müssen **kumulativ drei Voraussetzungen** gegeben sein:[100] 40

– ein **Verleiher** muss Arbeitnehmerüberlassung **ohne Erlaubnis** betreiben, 41

– er muss **Sozialversicherungsbeiträge** oder Beiträge zur Unfallversicherung nicht oder **nicht korrekt** abführen und 42

– es muss ein Verstoß gegen die Vorschriften des SchwarzArbG vorliegen oder ein Ausländer entgegen den Vorgaben des Arbeitsgenehmigungsrechts beschäftigt bzw. gegen die Mitwirkungs- und Meldepflichten gem. Nr. 3 verstoßen werden. 43

Eine Auslegung nach dem Sinn und Zweck der Vorschrift ist nicht erforderlich,[101] sodass stets auch ein Verstoß gegen die Erlaubnispflicht gegeben sein muss. Ein solcher ist jedoch zu verneinen, wenn ein Leiharbeitnehmer entgegen § 1 Abs. 1 Satz 2 **nicht nur vorübergehend** an einen Entleiher überlassen wird, da der Begriff als Definitionsmerkmal der Arbeitnehmerüberlassung nur eine flexible Zeitkomponente ohne Rechtsfolgenanordnung enthält (vgl. § 1 Rn. 7). Die sich aus dem Wortlaut der Norm ergebende Einschränkung der Unterrichtungspflicht erklärt sich aus dem **Schutz vor unbeschränktem Datenaustausch**,[102] hat aber praktisch nur eine geringe Bedeutung. Unabhängig hiervon ist es der BA jedoch nicht verwehrt, die zuständigen Stellen zu informie- 44

---

99 Ulber/*Ulber*, § 18 Rn. 34.
100 Sandmann/Marschall/*Schneider*, § 18 Anm. 36; Schüren/*Hamann*, § 18 Rn. 58; Thüsing/*Kudlich*, § 18 Rn. 13; Urban-Crell/*Germakowski*, § 18 Rn. 12; a.A. Ulber/*Ulber*, § 18 Rn. 35, der unter Außerachtlassung der Nr. 1–3 eine gegen § 1 verstoßende illegale Arbeitnehmerüberlassung bei der Beitragshinterziehung ausreichen lassen möchte.
101 A.A. Ulber/*Ulber*, § 18 Rn. 35, der verkennt, dass sich eine Einschränkung der Unterrichtungspflicht i.E. nicht auswirkt, weil auch bei Verstößen gegen § 1 i.V.m. einer Beitragshinterziehung eine Mitteilung nicht ausgeschlossen ist.
102 ErfK/*Wank*, § 18 Rn. 11; Schüren/*Hamann*, § 18 Rn. 59.

ren, wenn sie bei einer routinemäßigen Überprüfung eines Verleihers mit Erlaubnis von Verstößen gegen die Pflichten zur Beitragsabführung erfährt, selbst wenn nicht alle Voraussetzungen der Nr. 4 vorliegen. Der Verleiher hat **kein schutzwürdiges Interesse** daran, dass **strafrechtlich relevantes Verhalten** (§ 266a StGB) **unentdeckt** bleibt.[103] Ob in diesem Fall gar von einer Unterrichtungspflicht auszugehen ist, ist fraglich.[104]

45 Die Unterrichtungspflicht besteht gegenüber den Krankenkassen als Einzugsstelle für den Gesamtsozialversicherungsbeitrag (§ 28h SGB IV) sowie den Trägern der gesetzlichen Unfallversicherung. Diese unterliegen ihrerseits den o. g. Unterrichtungspflichten (vgl. Rn. 14, 18).

e) Verstöße gegen Steuergesetze (Nr. 5)

46 Nach Nr. 5 haben BA und die Behörden der Zollverwaltung die Finanzbehörden zu informieren, wenn Anhaltspunkte über Verstöße gegen Steuergesetze vorliegen. Dieser Bestimmung liegt das Bestreben des Gesetzgebers zugrunde, zu einer **Erhöhung des Steueraufkommens** beizutragen.[105] Daher ist der Begriff der **Steuergesetze weit zu verstehen**; er erfasst sämtliche bundes- wie landesrechtlich geregelten Steuern einschließlich der Durchführungsbestimmungen.[106] Erfasst werden daher nicht nur Verstöße gegen Einkommens- oder Umsatzsteuerbestimmungen, sondern z. B. auch gegen Grunderwerbsteuergesetze.[107]

47 Die **Finanzbehörden** sind umgekehrt seit Inkrafttreten des § 31a Abs. 2 Satz 1 AO in der Fassung des Gesetzes zur Erleichterung der Bekämpfung von illegaler Beschäftigung und Schwarzarbeit vom 23.7. 2002[108] **verpflichtet**,[109] der BA sowie den Behörden der Zollverwaltung Tatsachen mitzuteilen, die zur Versagung, zur Rücknahme oder zum Widerruf einer Erlaubnis führen (vgl. oben Rn. 16). Eine schuldhafte Verletzung steuerrechtlicher Pflichten ist nicht mehr erforderlich.[110] Bei

---

103 Schüren/*Hamann*, § 18 Rn. 60.
104 Ulber/*Ulber*, § 18 Rn. 35; a.A. Becker/*Wulfgramm*, § 18 Rn. 21; vermittelnd Schüren/*Hamann*, § 18 Rn. 60.
105 Vgl. BT-Drs. 9/847, S. 8, 12; BT-Drs. 9/975, S. 25.
106 *Sandmann/Marschall/Schneider*, § 18 Anm. 37; Thüsing/*Kudlich*, § 18 Rn. 13; Ulber/*Ulber*, § 18 Rn. 37.
107 *Sandmann/Marschall/Schneider*, § 18 Anm. 37; Urban-Crell/Germakowski, § 18 Rn. 12.
108 BGBl. I, S. 2793.
109 Vgl. BT-Drs. 1086/01, S. 40 f.; BT-Drs. 14/8625; *Sandmann/Marschall/Schneider*, § 18 Anm. 41; Schüren/*Hamann*, § 18 Rn. 67 f.; Ulber/*Ulber*, § 18 Rn. 38.

III. Unterrichtungspflicht gegenüber anderen Behörden (Abs. 2) **§ 18**

unerlaubter Arbeitnehmerüberlassung i. S. d. § 3 Abs. 1 Nr. 1-3, Abs. 2, 4 und 5 reicht jeder Anhaltspunkt aus, um die Unterrichtungspflicht auszulösen. Steht die Entscheidung der BA in deren pflichtgemäßem Ermessen (§ 3 Abs. 3), dürfte von den Finanzbehörden abzuwägen sein, ob die Durchbrechung des Steuergeheimnisses (§ 30 AO) gegenüber den Schutzzwecken des AÜG bezüglich erlaubnisrechtlicher Vorschriften gerechtfertigt ist.[111]

f) Verstöße gegen das AufenthG (Nr. 6)

Bei Verstößen gegen Bestimmungen des AufenthG sind BA und Behörden der Zollverwaltung nach Nr. 6 verpflichtet, die zuständige Ausländerbehörde nach § 71 AufenthG hiervon zu unterrichten (vgl. auch oben Rn. 15). Die **Unterrichtungspflicht** wird **bei jedem Verstoß** ausgelöst, und zwar auch dann, wenn er nicht mit illegaler Beschäftigung zusammenhängt.[112] Die Ausländerbehörden sind ihrerseits nach § 90 Abs. 1 Nr. 1 und Nr. 2 AufenthG zur Unterrichtung der BA verpflichtet, wenn sich konkrete Anhaltspunkte für eine Beschäftigung von Ausländern ohne einen erforderlichen Aufenthaltstitel oder Verstöße gegen die Mitwirkungspflicht nach § 60 Abs. 1 Satz 1 Nr. 2 SGB I ergeben. 48

3. Art und Weise der Unterrichtung

Die Art und Weise der Unterrichtung ist gesetzlich nicht vorgeschrieben. Sie kann daher **in beliebiger Form**, die im pflichtgemäßen Ermessen der BA sowie der Behörden der Zollverwaltung steht, erfolgen; also nicht nur schriftlich, sondern auch (fern)mündlich, per Telefax oder durch die Übersendung von Aktenauszügen.[113] Diese dürfen sich jedoch nur auf die von der Ermächtigungsgrundlage des Abs. 2 gedeckten Sachverhalte beziehen (vgl. oben Rn. 27).[114] Zugleich ist jedoch darauf zu achten, dass hierbei einerseits nicht die Effektivität der behördlichen Arbeit beeinträchtigt wird und andererseits den Grundsätzen des Datenschutzes Genüge getan ist.[115] 49

---

110 Schüren/*Hamann*, § 18 Rn. 68; Ulber/*Ulber*, § 18 Rn. 40.
111 Ulber/*Ulber*, § 18 Rn. 41.
112 *Sandmann/Marschall/Schneider*, § 18 Anm. 38.
113 ErfK/*Wank*, § 18 Rn. 7; *Sandmann/Marschall/Schneider*, § 18 Anm. 43; Schüren/ *Hamann*, § 18 Rn. 74.
114 Ulber/*Ulber*, § 18 Rn. 44.
115 Schüren/*Hamann*, § 18 Rn. 74; Ulber/*Ulber*, § 18 Rn. 44.

IV. Datenübermittlung an die BA bei Strafsachen (Abs. 3)

50 In Strafsachen, die Straftaten nach §§ 15, 15a zum Gegenstand haben, sind BA und Behörden der Zollverwaltung zum Zwecke der Verfolgung von Ordnungswidrigkeiten von bestimmten Vorgängen zu unterrichten, die im Zusammenhang mit strafrechtlicher Ermittlungsarbeit bekannt werden. Durch die Vorschrift soll die Verfolgung von Ordnungswidrigkeiten durch die BA und die Zollbehörden verbessert werden.[116]

1. Unterrichtungspflichten (Abs. 3 Satz 1 und 2)

51 Die Unterrichtungspflicht besteht nach Abs. 3 Satz 1 Nr. 1 bei der **Einleitung eines Strafverfahrens**, wenn sich die Strafverfolgungsbehörde also auf Grund eines Anfangsverdachts zur Eröffnung eines Ermittlungsverfahrens (§§ 152 Abs. 2, 160 StPO) entschließt. In diesem Fall sind die Personaldaten des Beschuldigten, der Straftatbestand, die **Tatzeit** und der **Tatort** anzugeben. **Personaldaten** sind die Angaben i.S.v. § 111 Abs. 1 OWiG, namentlich Vor-, Familien- und Geburtsnamen, Ort und Tag der Geburt, Familienstand, Beruf, Wohnort, Wohnung und Staatsangehörigkeit. Als **Straftatbestände** sind Taten i.S.d. §§ 15 und 15a mitzuteilen, die mit einer Ordnungswidrigkeit i.S.v. § 16 in Zusammenhang stehen.[117] Unbeachtlich ist, ob diese zueinander in Tateinheit (§ 52 StGB) oder Tatmehrheit (§ 53 StGB) stehen.[118] Besteht Tatmehrheit darf über Straftaten, die nicht in Zusammenhang mit Ordnungswidrigkeiten stehen, keine Mitteilung gemacht werden.[119] Sofern eine strafbare Handlung zugleich eine Ordnungswidrigkeit darstellt, die von der Straftat konsumiert wird (21 Abs. 1 OWiG), können die BA bzw. die Zollbehörden nach der Übermittlung überprüfen, ob die im Ordnungswidrigkeitentatbestand angedrohte Nebenfolge (§ 21 Abs. 1 Satz 2 OWiG) schon mit der Strafvorschrift geahndet wurde.[120]

52 Nach Abs. 3 Satz 1 Nr. 2 ist im Falle der Erhebung der öffentlichen Klage (§ 170 Abs. 1 StPO) die das Verfahren abschließende Entscheidung mit der Begründung mitzuteilen. Wird das Verfahren durch **Urteil** abgeschlossen, ist die **Entscheidung** mitzuteilen, **die in Rechtskraft erwächst**. Wird mit der abschließenden Entscheidung ein Rechtsmittel

---

116 BT-Drs. 889/95, S. 100 f.; BT-Drs. 13/4709, S. 36, 58.
117 Schüren/Hamann, § 18 Rn. 77; Ulber/*Ulber*, § 18 Rn. 46.
118 Schüren/Hamann, § 18 Rn. 77.
119 Schüren/Hamann, § 18 Rn. 77; Thüsing/*Kudlich*, § 18 Rn. 16; a.A. Ulber/*Ulber*, § 18 Rn. 47.
120 Göhler/*Gürtler*, OWiG, § 21 Rn. 13 f.; Schüren/Hamann, § 18 Rn. 77.

verworfen oder wird auf eine angefochtene Entscheidung Bezug genommen, ist nach Abs. 3 Satz 2 auch die angefochtene Entscheidung zu übermitteln. Sichergestellt wird hierdurch, dass die BA bzw. die Zollbehörden auch dann hinreichend über den der Entscheidung zugrundeliegenden Sachverhalt informiert sind, wenn das Verfahren eingestellt oder die abschließende Entscheidung einer ausreichenden Darstellung des Tathergangs bzw. einer ausführlichen Begründung ermangelt.[121] Wird das Verfahren eingestellt, so ist der **Einstellungsbeschluss** mitzuteilen, **sobald** dieser **unanfechtbar** geworden ist und etwa erteilte Weisungen oder Auflagen ordnungsgemäß erfüllt worden sind.

2. Unterrichtungspflichtige Behörde (Abs. 3 Satz 3)

Zur Unterrichtung verpflichtet sind die Strafvollstreckungs- und die Strafverfolgungsbehörden. Die **Staatsanwaltschaft** ist sowohl Strafvollstreckungsbehörde (§ 451 Abs. 1 StPO) als auch Strafverfolgungsbehörde (vgl. § 152 StPO). 53

3. Verwendungszweck (Abs. 3 Satz 1 und 4)

a) Verfolgung von Ordnungswidrigkeiten (Satz 1)

Die Datenübermittlung darf grds. **nur zum Zweck der Verfolgung von Ordnungswidrigkeiten** erfolgen, wobei es sich dabei nicht unbedingt um Ordnungswidrigkeiten nach § 16 handeln muss, sondern **auch Bußgeldtatbestände nach dem SGB III** betroffen sein können. Erfasst werden von Abs. 3 Satz 1 also nicht nur Ordnungswidrigkeiten nach dem AÜG, sondern auch § 404 SGB III.[122] Ist die Datenübermittlung zulässigerweise zu diesem Zweck erfolgt, können auf die hierdurch gewonnenen Erkenntnisse auch sonstige Maßnahmen nach dem AÜG, z. B. der Widerruf oder die Versagung einer Erlaubnis gestützt werden. 54

Werden Daten zu anderen als den im Gesetz genannten Zwecken übermittelt, dürfen diese nicht verwendet werden,[123] soweit die Übermittlung nicht auf Grund sonstiger Bestimmungen zulässig ist. Abs. 3 genießt insoweit als Spezialvorschrift Vorrang gegenüber den allgemeinen Vorschriften des Datenschutzes.[124] Sonstige **öffentlich zugängliche In-** 55

---

121 Schüren/*Hamann*, § 18 Rn. 78; Ulber/*Ulber*, § 18 Rn. 48.
122 Schüren/*Hamann*, § 18 Rn. 77; Thüsing/*Kudlich*, § 18 Rn. 15; Ulber/*Ulber*, § 18 Rn. 46.
123 Schüren/*Hamann*, § 18 Rn. 80; Ulber/*Ulber*, § 18 Rn. 49.
124 Ulber/*Ulber*, § 18 Rn. 49.

formationen, die etwa im Rahmen einer öffentlichen Gerichtsverhandlung bekannt werden, können uneingeschränkt durch die BA bzw. die Behörden der Zollverwaltung verwertet werden.[125]

b) Nutzung zu sonstigen Zwecken (Satz 4)

56 Die Daten dürfen über die Verfolgung von Ordnungswidrigkeiten hinaus ausnahmsweise zu den in Satz 4 Nr. 1–Nr. 3 abschließend normierten Zwecken verwendet werden. Nach **Nr. 1** ist eine **Verwendung der Daten der Arbeitnehmer zu deren Gunsten** zulässig. So kann der ausländische Arbeitnehmer, der ohne die erforderliche Arbeitsgenehmigung tätig geworden ist, darauf hingewiesen werden, dass die Voraussetzungen für die Erteilung der Arbeitsgenehmigung vorliegen. Hingegen dürfen die Erkenntnisse nicht dazu verwendet werden, gegen den ausländischen Arbeitnehmer ein Ordnungswidrigkeitenverfahren einzuleiten.[126]

57 Nach **Nr. 2** dürfen die **Daten des Arbeitgebers zur Besetzung seiner offenen Arbeitsplätze**, die im Zusammenhang mit dem Strafverfahren bekannt geworden sind, verwendet werden. In erster Linie dient diese Regelung der Verbesserung der Vermittlungstätigkeit der BA nach §§ 35 ff. SGB III.[127] Eine allgemeine Befugnis zur Überprüfung der Einstellungspraxis des Verleihers kann hieraus nicht hergeleitet werden, da unter Berücksichtigung des Abs. 3 Satz 1 ein Zusammenhang zwischen der (rechtsmissbräuchlichen) Einstellungspraxis und einer Ordnungswidrigkeit existieren muss.[128]

58 Nach **Nr. 3** dürfen die Daten des Arbeitnehmers und des Arbeitgebers für **Entscheidungen über die Einstellung oder Rückforderung von Leistungen der BA** verwendet werden. Hierdurch soll die Prüfungsaufgabe der BA bei Leistungsmissbrauch erleichtert werden. Daher können nach dieser Bestimmung Entscheidungen nicht nur zum Nachteil des Arbeitgebers, sondern auch des Arbeitnehmers getroffen werden.[129] Ergibt sich etwa, dass der Arbeitnehmer zu Unrecht Arbeitslosengeld bezogen hat, kann die Leistung (vorläufig) eingestellt und zu Unrecht bezogenes Arbeitslosengeld ggf. zurückgefordert werden.

---

125 Schüren/*Hamann*, § 18 Rn. 80.
126 Thüsing/*Kudlich*, § 18 Rn. 18; Ulber/*Ulber*, § 18 Rn. 50.
127 Ulber/*Ulber*, § 18 Rn. 50; *Urban-Crell*/Germakowski, § 18 Rn. 16.
128 Schüren/*Hamann*, § 18 Rn. 83; a.A. Ulber/*Ulber*, § 18 Rn. 51.
129 Thüsing/*Kudlich*, § 18 Rn. 21; Ulber/*Ulber*, § 18 Rn. 52.

V. Datenübermittlung zur Verfolgung von Ordnungswidrigkeiten (Abs. 4)

Nach Abs. 4 dürfen Gerichte, Strafverfolgungs- und Strafvollstreckungsbehörden im Rahmen der Verhältnismäßigkeit Erkenntnisse aus sonstigen Verfahren übermitteln, soweit dies zur Verfolgung von Ordnungswidrigkeiten nach § 16 Abs. 1 Nr. 1 bis Nr. 2 erforderlich ist.   59

1. Anwendungsbereich

Die Berechtigung zur Übermittlung bezieht sich auf Erkenntnisse aus „sonstigen Verfahren", also **Verfahren, die nicht Straftaten nach §§ 15, 15a zum Gegenstand haben**.[130] Ausreichend ist, wenn die Erkenntnisse in irgendeinem Verfahren gewonnen werden.   60

Die Erkenntnisse dürfen **nur zur Verfolgung von Ordnungswidrigkeiten nach § 16 Abs. 1 Nr. 1 bis Nr. 2** übermittelt werden. Die Daten dürfen also nur im Rahmen dieser Bußgeldverfahren verwendet werden; Abs. 3 Satz 4 findet keine Anwendung.[131]   61

2. Übermittlungsrecht

Die in Abs. 4 Satz 1 genannten Behörden sollen die entsprechenden Erkenntnisse übermitteln, soweit nicht schutzwürdige Interessen des Betroffenen oder sonstiger Verfahrensbeteiligter überwiegen.[132] Dergestalt erfolgt eine Einschränkung der Vorschrift zugunsten des **Verhältnismäßigkeitsgrundsatzes**.[133] Das Recht zur Übermittlung besteht, sobald ein **begründeter Anfangsverdacht** existiert.[134] Hierbei ist nach Abs. 4 Satz 2 zu berücksichtigen, wie gesichert die auf das Vorliegen einer Ordnungswidrigkeit hindeutenden Erkenntnisse sind.   62

Es besteht **keine zwingende Übermittlungspflicht**, da die Bestimmung als „Sollvorschrift" ausgestaltet ist.[135] Die zuständige Behörde hat also Vor- und Nachteile einer Übermittlung für die Betroffenen und etwaige andere Verfahrensbeteiligte gegeneinander abzuwägen. In diesem Abwägungsvorgang sind **Umfang und Schwere der vermeintli-   63

---

130 Thüsing/*Kudlich*, § 18 Rn. 22.
131 Ulber/*Ulber*, § 18 Rn. 53.
132 Mit weiterführenden Hinweisen Ulber/*Ulber*, § 18 Rn. 53.
133 Schüren/*Hamann*, § 18 Rn. 83; Thüsing/*Kudlich*, § 18 Rn. 23; Ulber/*Ulber*, § 18 Rn. 55.
134 Schüren/*Hamann*, § 18 Rn. 87; Ulber/*Ulber*, § 18 Rn. 54.
135 Ulber/*Ulber*, § 18 Rn. 54.

chen **Ordnungswidrigkeit** sowie die Stichhaltigkeit der zu übermittelnden Erkenntnisse (Abs. 4 Satz 2) zu berücksichtigen.[136] Demzufolge muss die Unterrichtung unterbleiben, wenn **überwiegende Interessen der Betroffenen oder anderer Verfahrensbeteiligter** dagegen sprechen. Da die Verfolgung der Ordnungswidrigkeit in das Ermessen der BA, nicht der in Abs. 4 genannten Stellen gestellt ist, wird die Übermittlung allerdings nur in besonderen Ausnahmefällen ausgeschlossen sein.[137] Dies ist etwa dann der Fall, wenn sie durch die Übermittlung in ihren Rechten verletzt würden, wie z. B. wenn die gewonnenen Erkenntnisse dem Steuergeheimnis (§ 30 AO) unterliegen. Dagegen wird sich weder ein illegal operierender Verleiher noch Entleiher auf schutzwürdiges Vertrauen berufen können.[138] Die schutzwürdigen Interessen anderer Verfahrensbeteiligter schließen dagegen schon bei geringeren Anforderungen eine Übermittlung aus.[139]

3. Verpflichtete Behörden

64 Zur Übermittlung sind Gerichte und die Staatsanwaltschaft als Strafverfolgungs- und Strafvollstreckungsbehörde (§§ 152, 451 Abs. 1 StPO) angehalten.

VI. Unterrichtung der zuständigen Finanzämter (Abs. 5)

65 Abs. 5 regelt die Unterrichtung der zuständigen Finanzämter durch die Behörden der Zollverwaltung über den Inhalt von Meldungen nach § 17b.[140] Durch diese Regelung wird der aus dem AEntG bewährte und für eine effektive Kontrolle erforderliche Informationsaustausch zwischen unterschiedlichen Behörden sichergestellt. Zweck der Vorschrift ist es, den Finanzbehörden eine zeit- und ortsnahe Prüfung zu ermöglichen, ob der Verleiher seiner **steuerrechtlichen Abführungspflicht** nachkommt. Die Weitergabe der Meldungen an die Finanzämter wird nicht von Abs. 2 erfasst.[141] Die dort genannten Unterrichtungspflichten bleiben neben derjenigen aus Abs. 5 bestehen.

---

136 Thüsing/*Kudlich*, § 18 Rn. 22.
137 Thüsing/*Kudlich*, § 18 Rn. 22; Ulber/*Ulber*, § 18 Rn. 55; *Urban-Crell*/Germakowski, § 18 Rn. 17.
138 *Urban-Crell*/Germakowski, § 18 Rn. 17.
139 M.w.N. Ulber/*Ulber*, § 18 Rn. 55.
140 BT-Drs. 17/5761, S. 10.
141 *Sandmann/Marschall/Schneider*, § 18 Anm. 39a.

VI. Unterrichtung der zuständigen Finanzämter (Abs. 5) § 18

Abs. 5 wurde § 20 Abs. 1 AEntG nachempfunden. Hiernach haben die **66** Zollbehörden die zuständigen Finanzämter über Meldungen nach § 18 Abs. 1 und 3 AEntG zu unterrichten. Dementsprechend sind nach Abs. 5 die Zollbehörden verpflichtet, die jeweils **für die Abführung der Umsatzsteuer zuständigen Finanzämter** über Meldungen eines Arbeitgebers mit Sitz im Ausland nach § 17b (vgl. Kommentierung zu § 17b) zu unterrichten.[142]

Adressaten der Unterrichtungspflicht sind ausschließlich die Zollbehörden. Diese haben den zuständigen Finanzämtern **sowohl** die **Erstanmeldung** nach § 17b Abs. 1 Satz 1 **als auch** die **Änderungsmeldung** nach § 17b Abs. 1 Satz 2 zu melden.[143] **67**

Die Unterrichtung erfolgt **anlassunabhängig**. § 3 Abs. 4 AEntG a. F., **68** die Vorgängerregelung zu § 20 Abs. 1 AEntG, statuierte explizit eine unverzügliche Unterrichtungspflicht des Zolls, welche die Norm nicht mehr aufweist. Es wird jedoch aus dem Normzweck abgeleitet, dass die **Unterrichtung unmittelbar nach Eingang der Meldungen** erfolgen muss.[144] Dies gilt entsprechend für Abs. 5.

Zu unterrichten sind die nach § 1 UStZustV **zuständigen Finanzämter**.[145] Der Umsatzsteuer unterliegen nach § 1 Abs. 1 Nr. 1 UStG die **69** Lieferungen und sonstigen Leistungen, die ein Unternehmer im Inland gegen Entgelt im Rahmen seines Unternehmens ausführt,[146] also auch die grenzüberschreitende Entsendung von Leiharbeitnehmern. Eine **Steuerpflichtigkeit** entsteht demzufolge auch für die Umsatzsteuer, die ein Verleiher mit Sitz im Ausland einem inländischen Entleiher aufgrund einer grenzüberschreitenden Arbeitnehmerüberlassung in Rechnung stellt. § 1 UStZustV bestimmt, welches konkrete Finanzamt für die Umsatzsteuer ausländischer Unternehmer i. S. d. § 21 Abs. 1 Satz 2 AO örtlich zuständig ist. So ist etwa das Finanzamt Offenburg gem. § 1 Abs. 1 Nr. 6 UStZustV für die in der Französischen Republik ansässigen Verleiher örtlich zuständig.

---

142 *Sandmann/Marschall/Schneider*, § 18 Anm. 39a; vgl. auch Ulber, AEntG, § 20 Rn. 3.
143 *Sandmann/Marschall/Schneider*, § 18 Anm. 39a; vgl. auch Ulber, AEntG, § 20 Rn. 3.
144 Ulber, AEntG, § 20 Rn. 3.
145 Koberski/Asshoff/Eustrup/Winkler, AEntG, § 20 Rn. 2.
146 Vgl. hierzu Bunjes/*Robisch*, UStG, § 1 Rn. 7ff.

§ 18   Zusammenarbeit mit anderen Behörden

VII. Zusammenarbeit mit Behörden anderer EWR-Staaten (Abs. 6)

70   Die Vorschrift regelt die Zusammenarbeit der Behörden der Zollverwaltung sowie der übrigen in § 2 SchwarzArbG genannten Träger öffentlicher Gewalt mit ausländischen Behörden unter Berücksichtigung datenschutzrechtlicher Vorgaben.[147] Die Bestimmung enthält – wie Abs. 5 – im Vergleich zu Abs. 2 eine **Sonderregelung über die Zusammenarbeit und Kooperationsmöglichkeit mit ausländischen Behörden** aus anderen EWR-Staaten. Durch Übernahme des Instrumentariums aus dem AEntG – Abs. 6 orientiert sich am nahezu wortgleichen § 20 Abs. 2 AEntG – wird der zur effektiven Kontrolle ausländischer Verleiher erforderliche Informationsaustausch zwischen den Behörden sichergestellt. Zugleich wird hierdurch den Vorgaben von Art. 4 (Zusammenarbeit im Informationsaustausch) der Entsenderichtlinie Rechnung getragen (vgl. oben Rn. 7). Die gemeinschaftsrechtliche Vorschrift soll Defiziten bei der Rechtsdurchsetzung im Falle grenzüberschreitender Arbeitnehmerentsendung begegnen.[148]

71   Zur Zusammenarbeit ermächtigt werden durch Abs. 6 die Zollbehörden und die übrigen in § 2 SchwarzArbG genannten Behörden. Das sind gemäß § 2 Abs. 1a SchwarzArbG die nach Landesrecht für die Verfolgung und Ahndung von Ordnungswidrigkeiten nach dem SchwarzArbG zuständigen Behörden sowie die unterstützenden Stellen i. S. d. § 2 Abs. 2 SchwarzArbG.

72   Die Zollbehörden dürfen nur mit Behörden der **EWR-Staaten**, das heißt, Behörden der EU-Mitgliedstaaten zuzüglich **Island, Lichtenstein und Norwegen** kooperieren, die zumindest einer von drei alternativen Anforderungen genügen müssen.[149] So müssen diese entweder

73   – dem § 17 Abs. 2 entsprechende Aufgaben durchführen,

74   – für die Bekämpfung illegaler Beschäftigung zuständig sein oder

75   – Auskünfte geben können, ob ein Arbeitgeber seinen Verpflichtungen nach § 10 Abs. 5 erfüllt.

---

147 BT-Drs. 17/5761, S. 10.
148 Empfehlung der Europäischen Kommission zur Verbesserung der Verwaltungszusammenarbeit in Bezug auf die Entsendung von Arbeitnehmern im Rahmen der Erbringung von Dienstleistungen vom 31.3.2008, ABl. 2008/C 85/01.
149 Thüsing/*Kudlich*, § 18 Rn. 24.

VII. Zusammenarbeit mit Behörden anderer EWR-Staaten (Abs. 6) § 18

Der Austausch der Behörden kann dabei wechselseitig erfolgen (vgl. oben Rn. 24), also auch durch die ausländische Behörde angestoßen werden, und unterliegt keinen besonderen Formerfordernissen.[150]

Die Vorschrift nimmt eine Einschränkung dahingehend vor, dass die Zollbehörden und die in § 2 SchwarzArbG genannten Behörden und unterstützenden Stellen nur nach Maßgabe der datenschutzrechtlichen Bestimmungen mit den ausländischen Behörden zusammenarbeiten dürfen. Das bedeutet, dass die **Vorschriften des Datenschutzes** zu beachten sind.[151] Es dürfen im Übrigen auch nur die Daten übermittelt werden, die im Zusammenhang mit den Arbeitgeberpflichten nach § 10 Abs. 5 stehen.[152] § 67 Abs. 1 und 2 Nr. 4 SGB X[153] findet keine Anwendung.

Gleichzeitig bleiben gem. Abs. 6 Satz 2 die **Regelungen über die internationale Rechtshilfe** von der Zusammenarbeitsvorschrift des Abs. 1 unberührt. Das bedeutet, dass die Bestimmungen des IRG sowie Regelungen in völkerrechtlichen Vereinbarungen, soweit sie unmittelbar anwendbares innerstaatliches Recht geworden sind und dem IRG vorgehen, nicht von Abs. 6 Satz 1 verdrängt werden.[154]

76

77

78

---

150 *Sandmann/Marschall/Schneider*, § 18 Anm. 25, 43, 44.
151 *Sandmann/Marschall/Schneider*, § 18 Anm. 44.
152 Vgl. Thüsing/*Reufels*, AEntG, § 20 Rn. 6.
153 Vgl. hierzu v. Wulffen/*Bieresborn*, SGB X, § 67 Rn. 3 ff.
154 Vgl. *Ulber*, AEntG, § 20 Rn. 4.

§ 18a Ersatzzustellung an den Verleiher

Für die Ersatzzustellung an den Verleiher auf Grund von Maßnahmen nach diesem Gesetz gilt der im Inland gelegene Ort der konkreten Beschäftigung des Leiharbeitnehmers sowie das vom Verleiher eingesetzte Fahrzeug als Geschäftsraum im Sinne des § 5 Absatz 2 Satz 2 Nummer 1 des Verwaltungszustellungsgesetzes in Verbindung mit § 178 Absatz 1 Nummer 2 der Zivilprozessordnung.

Übersicht

	Rn.		Rn.
I. Vorbemerkungen	1	III. Zustellungsort	9
1. Entstehungsgeschichte	1	IV. Zustellungsadressat (Ersatzperson)	12
2. Sinn und Zweck der Vorschrift	2		
II. Zustellungsfiktion	5		

I. Vorbemerkungen

1. Entstehungsgeschichte

1 Die Bestimmung wurde durch Art. 1 Nr. 5 des Gesetzes zur Änderung des AÜG und des SchwarzArbG vom 20.7.2011[1] eingeführt und ist am 30.7.2011 in Kraft getreten. Sie orientiert sich an § 22 AEntG und ist entsprechend den Erfordernissen des AÜG geändert worden.[2]

2. Sinn und Zweck der Vorschrift

2 Die Norm enthält eine **Sondervorschrift zur Ersatzzustellung**.[3] Diese soll gewährleisten, dass auch in Fällen des Einsatzes von Leiharbeitnehmern eines ausländischen Verleihers und in Ermangelung eines inländischen Geschäftsraumes eine Zustellung von Amts wegen wirksam vorgenommen werden kann.[4] Die Ersatzzustellung des § 178 Abs. 1 ZPO, auf die § 18a verweist, hat in der Praxis eine überragende Bedeutung und gleicht das behördliche Interesse an einer zügigen und effekti-

---

1 BGBl. 2011, I, S. 1506.
2 BT-Drs. 17/5761, S. 10.
3 Vgl. BeckOK/*Gussen*, AEntG, § 22 Rn. 1.
4 Vgl. BT-Drs. 17/5761, S. 10; vgl. DFL/*Reineke/Beck*, § 18a Rn. 1; ErfK/*Schlachter*, § 22 AEntG Rn. 1.

I. Vorbemerkungen § 18a

ven Rechtsdurchsetzung und das Interesse des Adressaten, von den an ihn gerichteten Dokumenten Kenntnis zu erhalten, aus.[5] Dabei stellt die Ersatzzustellung eine Ausnahme vom Leitbild der Bekanntgabe eines Schriftstücks durch persönliche Aushändigung dar und ermöglicht Zustellungen auch dann, wenn der Adressat oder dessen Vertreter i.S.d. §§ 170–173 ZPO nicht angetroffen werden.[6]

§ 18a erweitert die potentiellen Orte, an denen eine Ersatzzustellung i.S.d. §§ 5 Abs. 2 Satz 1 VwZG i.V.m. § 178 Abs. 1 Nr. 2 ZPO bewirkt werden kann, sowohl um den **Ort der konkreten Beschäftigung des Leiharbeitnehmers** als auch um das **vom Verleiher eingesetzte Fahrzeug**. Dass insbesondere das vom Verleiher eingesetzte Fahrzeug mit dem konkreten Beschäftigungsort gleichgesetzt wird, ist deshalb erforderlich, weil damit dem Charakter der Arbeitnehmerüberlassung als Einsatzwechseltätigkeit Rechnung getragen wird.[7] Ausweislich der Gesetzesbegründung soll die Ersatzzustellung nicht nur an eine im Fahrzeug als Geschäftsraum befindliche Person bewirkt werden können, sondern gleichermaßen „an einem" Fahrzeug, also in unmittelbarer Nähe desselben möglich sein (vgl. zu den Einzelheiten Rn. 11).[8] 3

Eine Ersatzzustellung ergibt etwa dort Sinn, wo der Entleiher der BFD West den Zustellungsbevollmächtigten des Verleihers gem. § 17b Abs. 1 Nr. 5 nicht, nicht richtig, nicht vollständig, nicht in der vorgeschriebenen Weise oder nicht rechtzeitig gemeldet hat und deshalb eine Zustellung nicht erfolgen kann.[9] Trotz dieses Zusammenhangs ist die Norm **nicht auf** die Regelungsmaterie der **Einhaltung der Lohnuntergrenze** sowie auf die hierfür bestehende Zuständigkeit der Behörden der Zollverwaltung gem. § 17 Abs. 2 **beschränk**t, sondern erlaubt es **auch** der **BA**, für zustellungsbedürftige Maßnahmen nach dem AÜG auf die Ersatzzustellung nach § 18a zurückzugreifen.[10] § 5 Abs. 2 Satz 2 Nr. 1 VwZG ordnet an, dass im Fall der Ersatzzustellung zum Nachweis der Zustellung in den behördlichen Akten der Grund zu vermerken ist, der diese Zustellungsart rechtfertigt. 4

---

5 MüKo ZPO/*Häublein*, § 178 Rn. 2.
6 MüKo ZPO/*Häublein*, § 178 Rn. 2; Musielak ZPO/*Wittschier*, § 178 Rn. 1.
7 BT-Drs. 16/10486, S. 18.
8 BT-Drs. 17/5761, S. 10.
9 *Sandmann/Marschall/Schneider*, § 18a Anm. 1; vgl. auch BeckOK/*Gussen*, AEntG, § 22 Rn. 1.
10 *Sandmann/Marschall/Schneider*, § 18a Anm. 7.

§ 18a Ersatzzustellung an den Verleiher

II. Zustellungsfiktion

5   Die Norm regelt, in welcher Form die Behörden der Zollverwaltung und die BA aufgrund des AÜG ergehende Maßnahmen zustellen können, wenn der Adressat am Zustellungsort nicht anzutreffen ist. Für das **Zustellungsverfahren der Bundesbehörden sowie der bundesunmittelbaren Körperschaften** gilt das VwZG (§ 1 Abs. 1 VwZG). Auf dessen § 5 Abs. 2 Satz 2 Nr. 1 i.V.m. § 178 Abs. 1 Nr. 2 ZPO verweist § 18a. Die förmliche Zustellung des VwZG ist nur dann einzuhalten, wenn dies gesetzlich oder behördlich angeordnet ist (§ 1 Abs. 2 VwZG). Stellt die BA oder die Behörde freiwillig nach diesen Vorschriften zu, muss sie auch die Formvorschriften beachten.[11]

6   Die Regelungen der **§§ 177–188 ZPO** und hier insbesondere § 178 Abs. 1 Nr. 2 ZPO über die Ersatzzustellung in Geschäftsräumen sind wiederum bei behördlichen Zustellungen über § 5 Abs. 2 Satz 1 VwZG **entsprechend anzuwenden**. Dass § 18a anders als § 22 AEntG nicht auf § 5 Abs. 2 Satz 1 VwZG verweist, muss vor diesem Hintergrund als Redaktionsversehen betrachtet werden.

7   Im Grundsatz ist nach § 5 Abs. 1 VwZG das zuzustellende Schriftstück dem Empfänger **persönlich auszuhändigen**. § 5 Abs. 2 Satz 1 VwZG i.V.m. § 178 Abs. 1 Nr. 2 ZPO macht hiervon eine Ausnahme. Demnach kann eine Ersatzzustellung des betreffenden Schriftstücks in Geschäftsräumen auch an eine dort beschäftigte Person bewirkt werden. Dies setzt voraus, dass eine andere Form der Zustellung nicht möglich ist, weil der Adressat in den Geschäftsräumen nicht angetroffen wird und die Zustellung nicht zur Unzeit ausgeführt werden soll.[12] Die Ersatzzustellung ist mithin im Verhältnis zu der Zustellung nach den allgemeinen Vorschriften des VwZG **subsidiär** und kommt daher nur in Betracht, wenn eine Zustellung nach den allgemeinen Vorschriften nicht möglich ist oder zumindest mit erheblicher Verzögerung verbunden wäre.[13]

8   Eine auf diese Art vorgenommene Ersatzzustellung ist kein Fall gesetzlicher Zustellungsvertretung, sondern hat zur Folge, dass der **Zugang** des Schriftstücks **fingiert wird (Zustellungsfiktion)** und etwaige Rechtsbehelfsfristen in Gang gesetzt werden. Dies beruht auf der An-

---

11 Engelhardt/App/Schlatmann, VwZG, § 1 Rn. 9 f.
12 MüKo ZPO/*Häublein*, § 178 Rn. 2; Thomas/Putzo/*Hüßtege*, ZPO, § 178 Rn. 4; Thüsing/*Reufels*, AEntG, § 22 Rn. 3.
13 MüKo ZPO/*Häublein*, § 178 Rn. 2.

nahme, dass die Aushändigung an bestimmte Ersatzpersonen regelmäßig die Weiterleitung an den Adressaten zur Folge hat. Die Ersatzzustellung ist daher schon sofort mit der Entgegennahme des Schriftstücks wirksam, ohne dass es der tatsächlichen Weiterleitung bedarf.[14] Der Adressat kann jedoch Beweis antreten, dass er vom Inhalt des Schriftstücks keine Kenntnis erhalten hat, weil dieses an ihn nicht weitergeleitet wurde. Die Unzulänglichkeiten der fingierten Zustellung werden mithin gemildert durch die Möglichkeit des Betroffenen, gegen die unverschuldete Versäumung einer Frist alsbald Wiedereinsetzung in den vorigen Stand zu beantragen.[15]

III. Zustellungsort

Dem Geschäftsraum des § 178 Abs. 1 Nr. 2 ZPO werden der Beschäftigungsort des Leiharbeitnehmers sowie das vom Verleiher eingesetzte Fahrzeug gleichgestellt. An diesen Orten ist eine Ersatzzustellung mithin ebenfalls möglich. 9

Beschäftigungsort des Leiharbeitnehmers ist der Ort, an dem dessen **Arbeitsleistung** tatsächlich erbracht wird. Folgerichtig kann am Einsatzort des Leiharbeitnehmers das zustellungsbedürftige Schriftstück einer **empfangsberechtigten Person** ausgehändigt werden. Im Verhältnis zu den bloßen Geschäftsräumen des Entleihers kann dies eine erhebliche räumliche Ausweitung des Ortes einer möglichen Ersatzzustellung bedeuten. Den rechtlichen Rahmen setzt der Arbeitnehmerüberlassungsvertrag, der dem Entleiher das arbeitgeberseitige **Direktionsrecht** gem. § 106 GewO auch in räumlicher Hinsicht überträgt. Regelmäßig wird es sich beim Beschäftigungsort um den **Sitz des Entleihers** oder eine Betriebsstätte desselben handeln. Unter Umständen setzt der Entleiher den Leiharbeitnehmer an einer **Betriebsstätte eines Dritten** ein. Dann ist dies der Beschäftigungsort, an dem die Zustellung erfolgen kann. 10

Der Vorschrift zufolge ist auch das vom Verleiher eingesetzte **Fahrzeug** Geschäftsraum i. S. v. § 178 Abs. 1 Nr. 2 ZPO. Der Verleiher muss nicht Eigentümer des Fahrzeugs sein. Es genügt, dass er, sein gesetzlicher Vertreter oder ein Erfüllungsgehilfe die tatsächliche Verfügungsgewalt darüber ausüben und es von ihm oder den anderen Personen im 11

---

14 BVerwG vom 11. 5. 1979 – 6 C 70/78, NJW 1980, 1480, 1480; BSG vom 23.06.2010 – B 12 KR 14/10 B, WuM 2010, 709; MüKo ZPO/*Häublein*, § 178 Rn. 3.
15 BVerwG vom 11. 5. 1979 – 6 C 70/78, NJW 1980, 1480, 1481.

§ 18a Ersatzzustellung an den Verleiher

Zusammenhang mit der Arbeitnehmerüberlassung eingesetzt wird.[16] § 178 Abs. 1 Nr. 2 ZPO setzt voraus, dass sich die im Geschäftsraum beschäftigte Ersatzperson, der das Schriftstück ausgehändigt wird, zum Zeitpunkt der Zustellung auch dort befindet.[17] Außerhalb des Geschäftsraumes darf ihr das Schriftstück nicht zugestellt werden.[18] Fraglich ist in diesem Zusammenhang, wie weit vom Fahrzeug entfernt die Ersatzzustellung bewirkt werden kann. Der Gesetzgeber geht davon aus, dass die Zustellung auch „an" einem vom Verleiher eingesetzten Fahrzeug bewirkt werden kann (vgl. oben Rn. 3).[19] Es wäre in Anbetracht des Sinn und Zwecks der Vorschrift, eine **Verfahrensbeschleunigung und effektivere Rechtsdurchsetzung** zu erreichen (vgl. oben Rn. 2), sinnwidrig, wenn man die Norm so verstünde, dass sich die Person bei der Zustellung zwingend in dem Fahrzeug befinden muss. Sollte diese sich in unmittelbarer Nähe desselben aufhalten, ist dies ausreichend.[20] Rechtliche Unschärfen bei der Abgrenzung der möglichen Zustellungsorte des § 18a werden dadurch beseitigt, dass sich das vom Verleiher eingesetzte Fahrzeug in der Regel in der Nähe des Beschäftigungsortes des Leiharbeitnehmers befinden wird.

IV. Zustellungsadressat (Ersatzperson)

12 Als Ersatzperson i. S. d. § 178 Abs. 1 Nr. 2 ZPO kommt nur eine Person in Betracht, die im Geschäftsbetrieb des Adressaten Dienste – ggf. unentgeltlich – leistet, in dem betreffenden Geschäftsraum tätig ist und erkennbar eine **Vertrauensstellung** genießt, so dass der Zusteller von der Weitergabe ausgehen darf. Dass jemand, der nicht im Geschäftsraum selbst, sondern in nachgelagerten Bereichen des Geschäftsbetriebes des Adressaten tätig ist und/oder im Bereich des Adressaten nur untergeordnete Dienste leistet, nicht als Ersatzperson gem. § 178 Abs. 1 Nr. 2 ZPO fungieren kann, entspricht herrschender Auffassung.[21] Eine leitende Funktion muss die Ersatzperson dabei nicht innehaben.[22]

13 Es ist davon auszugehen, dass der Gesetzgeber mit der Einführung des § 18a keine Verschiebung des möglichen Kreises von Ersatzpersonen

---

16 *Sandmann/Marschall/Schneider*, § 18a Anm. 4.
17 Zöller/*Stöber*, ZPO, § 178, Rn. 18 f.
18 *Sandmann/Marschall/Schneider*, § 18a Anm. 4; Zöller/*Stöber*, ZPO, § 178, Rn. 19.
19 BT-Drs. 17/5761, S. 10.
20 *Sandmann/Marschall/Schneider*, § 18a Anm. 4.
21 MüKo ZPO/*Häublein*, § 178 Rn. 24.
22 Musielak ZPO/*Wittschier*, § 178 Rn. 4.

IV. Zustellungsadressat (Ersatzperson) § **18a**

beabsichtigte. Daher kann ein **Leiharbeitnehmer**, auch wenn dieser beim Verleiher eine herausgehobene Position bekleidet, **nicht Ersatzperson** i.S.d. Norm sein. Ob sich dies damit begründen lässt, dass Arbeitnehmerüberlassungsverträge regelmäßig eine Zustellung von für den Verleiher bestimmten Schriftstücken des Entleihers an den Leiharbeitnehmer ausschließen, mag dahingestellt bleiben.[23] Hiervon unabhängig wäre es jedoch ungewöhnlich, wenn man Zustellungen nach dem AÜG, das dem Schutz der Leiharbeitnehmer dient, auch an einen Leiharbeitnehmer als Ersatzperson des Verleihers bewirken könnte. Schließlich könnte der konkrete Leiharbeitnehmer von der Maßnahme betroffen sein. Ein Interessenkonflikt wäre in Anbetracht dessen unvermeidbar, jedenfalls nicht unwahrscheinlich. Unter Rückgriff auf den Rechtsgedanken des § 178 Abs. 2 ZPO wird man daher die Ersatzzustellung an den Leiharbeitnehmer verneinen müssen. Zwar verweist § 18a nicht auf § 178 Abs. 2 ZPO, gleichwohl regelt dieser, dass die Zustellung an eine Ersatzperson unwirksam ist, wenn diese an dem Rechtsstreit als Gegner des Adressaten beteiligt ist. Hinsichtlich § 178 Abs. 2 ZPO ist anerkannt, dass dieser unter Berücksichtigung seines Rechtsgedankens weit auszulegen ist.[24]

---

23 *Sandmann/Marschall/Schneider*, § 18a Anm. 3.
24 OLG Düsseldorf vom 17.12.1992 – 1 WF 213/92, NJW-RR 1993, 1222; Zöller/*Stöber*, ZPO, § 178, Rn. 23.

§ 19 Übergangsvorschrift

§ 3 Absatz 1 Nummer 3 Satz 4 und § 9 Nummer 2 letzter Halbsatz finden keine Anwendung auf Leiharbeitsverhältnisse, die vor dem 15. Dezember 2010 begründet worden sind.

Literatur: *Ankersen*, Neues AÜG seit 1.3.2003 bundesweit in Kraft, NZA 2003, 421; *Kokemoor*, Neuregelung der Arbeitnehmerüberlassung durch die Hartz-Umsetzungsgesetze, NZA 2003, 238; *Lembke*, Die „Hartz-Reform" des Arbeitnehmerüberlassungsgesetzes, BB 2003, 98; *Ulber*, Personal-Service-Agenturen und Neuregelung der Arbeitnehmerüberlassung, AuR 2003, 7.

Übersicht

	Rn.		Rn.
I. Entwicklungsgeschichte der Übergangsnorm	1	a) In der Zeit vom 30.4.2011 bis 29.7.2011	12
II. Übergangsvorschriften für die Zeit ab dem 30.4.2011	6	aa) Unanwendbarkeit der Drehtürklausel	13
1. Ab dem 15.12.2010 begründetes Leiharbeitsverhältnis (Neufall)	7	bb) Anwendbarkeit der alten Sechswochen-Ausnahme	16
a) Anwendbarkeit der Drehtürklausel	8	cc) Unanwendbarkeit der Regelungen bei tariflicher Unterschreitung der Lohnuntergrenze	18
b) Unanwendbarkeit der alten Sechswochen-Ausnahme	9	b) In der Zeit ab dem 30.7.2011	19
c) Anwendbarkeit der Regelungen bei tariflicher Unterschreitung der Lohnuntergrenze	10	III. Übergangsvorschrift in der Zeit vom 1.1.2003 bis 29.4.2011	21
2. Bis zum 14.12.2010 begründetes Leiharbeitsverhältnis (Altfall)	11		

I. Entwicklungsgeschichte der Übergangsnorm

1 Die Übergangsvorschrift des § 19 wurde im Laufe der Zeit **mehrfach geändert**. Vor der sog. Hartz-Reform des AÜG war die Vorschrift zuletzt unbesetzt.

2 Im Rahmen der **Hartz-Reform** wurde durch Art. 6 Nr. 10 des Ersten Gesetzes für moderne Dienstleistungen am Arbeitsmarkt vom

I. Entwicklungsgeschichte der Übergangsnorm § 19

23.12.2002[1] mit Wirkung ab dem 1.1.2003 folgende Übergangsregelung eingefügt:

„§ 1 Abs. 2, § 1b Satz 2, die §§ 3, 9, 10, 12, 13 und 16 in der vor dem 1.1.2003 geltenden Fassung sind auf Leiharbeitsverhältnisse, die vor dem 1.1.2004 begründet worden sind, bis zum 31.12.2003 weiterhin anzuwenden. Dies gilt nicht für Leiharbeitsverhältnisse im Geltungsbereich eines nach dem 15.11.2002 in Kraft tretenden Tarifvertrags, der die wesentlichen Arbeitsbedingungen einschließlich des Arbeitsentgelts i.S.d. § 3 Abs. 1 Nr. 3 und § 9 Nr. 2 regelt."

Durch Art. 1 Nr. 13 des Ersten Gesetzes zur Änderung des Arbeitnehmerüberlassungsgesetzes – Verhinderung von Missbrauch der Arbeitnehmerüberlassung vom 28.4.2011[2] (**1. AÜG-ÄndG**) wurde die Übergangsvorschrift des § 19 mit Wirkung **ab dem 30.4.2011** wie folgt neu gefasst:

„§ 3 Abs. 1 Nr. 3 und § 9 Nr. 2 in der bis zum 29.4.2011 geltenden Fassung sind auf Leiharbeitsverhältnisse, die vor dem 15.12.2010 begründet worden sind, weiterhin anzuwenden."

Nach der Gesetzesbegründung hatte diese Übergangsvorschrift den Zweck zu regeln, dass die sog. „Drehtürklausel" auf vor dem 15.12.2010 (dem Tag des Kabinettbeschlusses über den Entwurf der Bundesregierung) begründete Leiharbeitsverhältnisse nicht anzuwenden ist.[3] Der Wortlaut der Übergangsvorschrift bezog sich aber auf den gesamten Text des § 3 Abs. 1 Nr. 3 und § 9 Nr. 2 und nicht nur auf die Drehtürklausel von § 3 Abs. 1 Nr. 3 Satz 4 bzw. § 9 Nr. 2 Hs. 4 und schoss daher über das gesetzgeberische Ziel hinaus.

Dieses **Redaktionsversehen** wurde durch Art. 1 Nr. 6 des Gesetzes zur Änderung des Arbeitnehmerüberlassungsgesetzes und des Schwarzarbeitsbekämpfungsgesetzes vom 20.7.2011[4] (**2. AÜG-ÄndG**) **korrigiert** und § 19 mit Wirkung **ab dem 30.7.2011** wie folgt gefasst:

„§ 3 Abs. 1 Nr. 3 Satz 4 und § 9 Nr. 2 letzter Hs. finden keine Anwendung auf Leiharbeitsverhältnisse, die vor dem 15.12.2010 begründet worden sind."

---

1 BGBl. I, S. 4607, 4619.
2 BGBl. I, S. 642, 644.
3 BT-Drs. 17/4808, S. 11.
4 BGBl. I, S. 1506, 1507.

§ 19 Übergangsvorschrift

5 Mit der Neufassung wollte der Gesetzgeber klarstellen, dass ausschließlich die Drehtürklausel auf vor dem 15.10.2010 begründete Leiharbeitsverhältnisse nicht anzuwenden ist. Dagegen sollten die mit dem 1. AÜG-ÄndG neu eingeführten Vorschriften zur Festsetzung und Einhaltung einer festgesetzten Lohnuntergrenze auf alle Leiharbeitsverhältnisse gleichermaßen ab Inkrafttreten dieser Regelungen Anwendung finden.[5] Der Gesetzgeber hat **keine Rückwirkung** des korrigierten § 19 hinsichtlich der Zeit ab dem 30.4.2011 angeordnet.

II. Übergangsvorschriften für die Zeit ab dem 30.4.2011

6 Die Übergangsvorschrift in der aktuellen Fassung ist gemäß Art. 4 des 2. AÜG-ÄndG am Tag nach der Verkündung, also am 30.7.2011, in Kraft getreten. Das Gesetz sieht – trotz des geschilderten Redaktionsversehens (Rn. 4) – **keine Rückwirkung** vor. Daher ist zwischen den einzelnen Zeitpunkten des Inkrafttretens wie folgt **zu differenzieren**:

1. Ab dem 15.12.2010 begründetes Leiharbeitsverhältnis (Neufall)

7 Für ab dem 15.12.2010 – durch Abschluss des Leiharbeitsvertrags zwischen Verleiher und Leiharbeitnehmer – begründete Leiharbeitsverhältnisse (**Neufälle**) **gelten alle Änderungen**, die durch das 1. AÜG-ÄndG vom 28.4.2011[6] mit Wirkung ab dem 30.4.2011 in § 9 Nr. 2 bzw. § 3 Abs. 1 Nr. 3 eingeführt wurden (vgl. § 9 Rn. 32 ff.). Bei derartigen Neufällen sind also **ab dem 30.4.2011** folgende Gesetzesänderungen zu berücksichtigen:

a) Anwendbarkeit der Drehtürklausel

8 Die Drehtürklausel in § 9 Nr. 2 Hs. 4 bzw. § 3 Abs. 1 Nr. 3 Satz 4 findet Anwendung. Das bedeutet: Wenn ein Rückverleih des (Leih-)Arbeitnehmers in den abgebenden Konzern des früheren Arbeitgebers innerhalb von sechs Monaten nach Beendigung des Arbeitsverhältnisses mit dem alten Arbeitgeber stattfindet, gilt ausnahmslos der Grundsatz von Equal Pay/Treatment, selbst wenn die Anwendung abweichender Tarifverträge vereinbart ist (vgl. § 9 Rn. 461 ff.). Nach Sinn und Zweck der Drehtürklausel, missbräuchliche Arbeitnehmerüberlassung durch „Rückverleih" unattraktiv zu machen (vgl. § 9 Rn. 443 ff.), kommt es

---

[5] Vgl. BT-Drs. 17/5761, S. 8 f.
[6] BGBl. I, S. 642.

II. Übergangsvorschriften für die Zeit ab dem 30.4.2011   § 19

für die Anwendung der Drehtürklausel darauf an, dass der „**Rückverleih**" **ab dem 30.4.2011** stattfindet. Wenn die gesetzlich „missbilligte" Arbeitnehmerüberlassung an den abgebenden Konzern vor dem 30.4.2011 stattfand, greift die Drehtürklausel nicht ein.

b) Unanwendbarkeit der alten Sechswochen-Ausnahme

Die Sechswochen-Ausnahme zum Grundsatz von Equal Pay/Treatment wurde mit Wirkung ab dem 30.4.2011 gestrichen und findet ab diesem Zeitpunkt daher auf Neufälle keine Anwendung mehr. Falls ein Leiharbeitnehmer, dessen Arbeitsverhältnis mit dem Verleiher nach dem 15.12.2010 begründet wurde, gegenüber dem Verleiher Ansprüche nach dem Grundsatz des Equal Pay/Treatment geltend machen möchte, spielt es also keine Rolle, ob der Leiharbeitnehmer vor Begründung des Arbeitsverhältnisses arbeitslos war oder nicht. Auch in den ersten sechs Wochen der Überlassung gilt also ggf. der Grundsatz von Equal Pay/Treatment. 9

c) Anwendbarkeit der Regelungen bei tariflicher Unterschreitung der Lohnuntergrenze

Die Einschränkung der Tariföffnungsklausel zum Grundsatz von Equal Pay/Treatment in § 9 Nr. 2 Hs. 2 bzw. § 3 Abs. 1 Nr. 3 Satz 2 im Hinblick auf die neue Regelung des § 3a zur Lohnuntergrenze („ein Tarifvertrag kann abweichende Regelungen zulassen, *soweit er nicht die in einer Rechtsverordnung nach § 3a Abs. 2 festgesetzten Mindeststundenentgelte unterschreitet*") ist ebenfalls zu beachten. Das bedeutet: Sofern ein Tarifvertrag, der bei einem ab dem 15.12.2010 begründeten Leiharbeitsverhältnis anwendbar ist, die Mindeststundenentgelte gemäß der – auf Grundlage von § 3a erlassenen – **ab dem 1.1.2012** geltenden Rechtsverordnung[7] unterschreitet, wird der Grundsatz von Equal Pay nicht ausgeschlossen, sondern der Leiharbeitnehmer kann von seinem Vertragsarbeitgeber – d.h. dem Verleiher – für die Zeiten der Arbeitnehmerüberlassung Equal Pay verlangen (§ 10 Abs. 4 Satz 3). 10

2. Bis zum 14.12.2010 begründetes Leiharbeitsverhältnis (Altfall)

Für vor dem 15.12.2010 begründete Leiharbeitsverhältnisse (Altfälle) ordnet § 19 in seiner vom 30.4. bis 29.7.2011 geltenden Fassung an, 11

---

7 Erste Verordnung über eine Lohnuntergrenze in der Arbeitnehmerüberlassung vom 21.12.2011, BAnz vom 28.12.2011, S. 4608.

§ 19   Übergangsvorschrift

dass § 3 Abs. 1 Nr. 3 und § 9 Nr. 2 in der bis zum 29.4.2011 geltenden Fassung weiterhin anzuwenden sind. Für die Zeit ab dem 30.7.2011 gilt dann der neu gefasste § 19 letzte Fassung, wonach die mit Wirkung ab dem 30.4.2011 eingeführte Drehtürklausel (§ 9 Nr. 2 Hs. 4 bzw. § 3 Abs. 1 Nr. 3 Satz 4) keine Anwendung auf Altfälle findet. Daher gilt im Einzelnen Folgendes:

a) In der Zeit vom 30.4.2011 bis 29.7.2011

12   Wurde das Leiharbeitsverhältnis zwischen Verleiher und Leiharbeitnehmer am oder vor dem 14.12.2010 begründet, d.h. der entsprechende Leiharbeitsvertrag abgeschlossen, gilt nach § 19 in der vorletzten Fassung (Rn. 3) hinsichtlich der Anwendbarkeit der Änderungen, die durch das 1. AÜG-ÄndG mit Wirkung ab dem 30.4.2011 in § 9 Nr. 2 bzw. § 3 Abs. 1 Nr. 3 eingeführt wurden, Folgendes:

aa) Unanwendbarkeit der Drehtürklausel

13   Die Drehtürklausel (§ 9 Nr. 2 Hs. 4 bzw. § 3 Abs. 1 Nr. 3 Satz 4) findet auf Altfälle keine Anwendung, wenn der Rückverleih ab dem 30.4.2011 stattfindet. Vielmehr gelten dann die alten Fassungen von § 9 Nr. 2 bzw. § 3 Abs. 1 Nr. 3, wie sie durch die Hartz-Reform geregelt worden waren. Das bedeutet: **Selbst wenn in der Zeit ab dem 30.4.2011** ein „**Rückverleih**" des (Leih-)Arbeitnehmers in den abgebenden Konzern des früheren Arbeitgebers innerhalb von sechs Monaten nach Beendigung des Arbeitsverhältnisses mit dem alten Arbeitgeber **stattfindet**, gilt der Grundsatz des Equal Pay/Treatment nicht, wenn ein abweichender Tarifvertrag anwendbar ist oder die Sechswochen-Ausnahme eingreift (vgl. unten Rn. 16). Aufgrund der sechsmonatigen „Sperrfrist" der Drehtürklausel ist die praktische Relevanz der Fallgruppe beschränkt. Denn ist der Leiharbeitnehmer vor dem 30.10.2010 aus dem Arbeitsverhältnis mit dem alten Arbeitgeber ausgeschieden, in dessen Konzern er anschließend innerhalb von sechs Monaten zurücküberlassen wird, findet die Drehtürklausel bereits vom zeitlichen Geltungsbereich her keine Anwendung. In Betracht kommen also nur Fälle, in denen der Leiharbeitnehmer in der Zeit vom 30.10.2010 bis zum 14.12.2010 bei dem alten Arbeitgeber ausscheidet und ein neues Arbeitsverhältnis mit dem Verleiher begründet, bevor er zurückverliehen wird.

14   **Beispiel**: Arbeitnehmer X scheidet bei der E-AG am 30.11.2010 aus und schließt am 1.12.2010 einen neuen Leiharbeitsvertrag mit der V-

II. Übergangsvorschriften für die Zeit ab dem 30.4.2011 § 19

GmbH ab, der einen wirksamen Zeitarbeits-Tarifvertrag in Bezug nimmt. Die V-GmbH überlässt X in der Zeit vom 30.4.2011 bis zum 31.12.2012 als Leiharbeitnehmer an die E-AG. Hat X gegen die V-GmbH für den Zeitraum ab dem 30.4.2011 einen Anspruch auf Equal Pay nach § 10 Abs. 4 Satz 1 i.V.m. § 9 Nr. 2?

Ein Anspruch auf Equal Pay nach § 10 Abs. 4 Satz 1 besteht nicht, soweit ein auf das Leiharbeitsverhältnis anwendbarer Tarifvertrag abweichende Regelungen trifft; dann sind die nach diesem Tarifvertrag geschuldeten Arbeitsbedingungen zu gewähren (vgl. § 10 Abs. 4 Satz 2). Da das Leiharbeitsverhältnis zwischen X und der V-GmbH am 1.12.2010 begründet wurde, liegt ein „Altfall" i.S.d. § 19 vor. Zwar war X am 30.11.2010 und damit noch innerhalb der letzten sechs Monate vor der am 30.4.2011 beginnenden Überlassung bei der V-AG ausgeschieden, sodass die Drehtürklausel – sofern anwendbar – eine ausnahmslose Anwendung von Equal Pay/Treatment geböte. Allerdings findet nach der Übergangsvorschrift des § 19 die Drehtürklausel auf den „Rückverleih" in den abgebenden Konzern keine Anwendung, soweit er in der Zeit ab dem 30.4.2011 stattfindet. 15

bb) Anwendbarkeit der alten Sechswochen-Ausnahme

Für Altfälle, in denen der Leiharbeitsvertrag vor dem 15.12.2010 abgeschlossen wurde, **gilt in der Zeit vom 30.4.2011 bis zum 29.7.2011** § 19 in der Fassung des 1. AÜG-ÄndG. Danach finden die Regelungen des § 9 Nr. 2 und des § 3 Abs. 1 Nr. 3 AÜG in der Fassung der Hartz-Reform Anwendung, so dass die **Sechswochen-Ausnahme** zum Grundsatz von Equal Pay/Treatment gilt (vgl. § 9 Rn. 165). 16

Dieser Fall kann z.B. praktische Relevanz haben, wenn in einem Altfall auf CGZP-Tarifverträge Bezug genommen war und der Arbeitnehmer (auch für die Zeit vom 30.4.2011 bis zum 29.7.2011) Equal-Pay-Ansprüche geltend macht. Hier greift je nach den Umständen des Falles die Sechswochen-Ausnahme ein (vgl. § 9 Rn. 165, 174). 17

cc) Unanwendbarkeit der Regelungen bei tariflicher Unterschreitung der Lohnuntergrenze

Für Altfälle, in denen der Leiharbeitsvertrag vor dem 15.12.2010 abgeschlossen wurde, kommt die Einschränkung der Tariföffnungsklausel zum Grundsatz von Equal Pay/Treatment in § 9 Nr. 2 Hs. 2 bzw. § 3 Abs. 1 Nr. 3 Satz 2 („ein Tarifvertrag kann abweichende Regelungen zulassen, *soweit er nicht die in einer Rechtsverordnung nach § 3a* 18

Lembke 1031

§ 19 Übergangsvorschrift

Abs. 2 festgesetzten Mindeststundenentgelte unterschreitet") in der Zeit vom 30.4.2011 bis zum 29.7.2011 nicht zur Anwendung. Diese Fallgruppe hat jedoch keine praktische Relevanz, weil die erste Rechtsverordnung auf Grundlage des § 3a erst am 1.1.2012 in Kraft getreten ist.[8]

b) In der Zeit ab dem 30.7.2011

19 Für vor dem 15.12.2010 begründete Leiharbeitsverhältnisse (Altfälle) ordnet § 19 in seiner durch das 2. AÜG-ÄndG mit Wirkung ab dem 30.7.2011 geänderten Fassung an, dass die mit Wirkung ab dem 30.4.2011 eingeführte **Drehtürklausel** (§ 9 Nr. 2 Hs. 4 bzw. § 3 Abs. 1 Nr. 3 Satz 4) **keine Anwendung auf Altfälle** findet. Insoweit gilt das unter Rn. 13 ff. Gesagte entsprechend.

20 Ab dem 30.7.2011 **gilt** die **Sechswochen-Ausnahme** zum Grundsatz von Equal Pay/Treatment – welche früher in § 9 Nr. 2 Hs. 1 Teil 2 bzw. § 3 Abs. 1 Nr. 3 Hs. 1 Teil 2 und Hs. 2 a.F. geregelt war und durch das 1. AÜG-ÄndG gestrichen wurde (vgl. § 9 Rn. 33) – **uneingeschränkt** nicht nur für Neufälle, sondern auch für Altfälle.

III. Übergangsvorschrift in der Zeit vom 1.1.2003 bis 29.4.2011

21 Für die Zeit vom 1.1.2003 bis einschließlich 29.4.2011 gilt § 19, wie er mit Wirkung ab dem 1.1.2003 durch die Hartz-Reform eingeführt wurde (vgl. Rn. 2). In dieser Fassung regelt die Übergangsvorschrift entgegen dem Wortlaut der Gesetzesüberschrift der Sache nach nicht Fragen des Übergangsrechts, sondern bestimmt letztlich, dass für bestimmte „Altfälle" abweichend von Art. 14 Abs. 1 des Ersten Gesetzes für moderne Dienstleistungen am Arbeitsmarkt vom 23.12.2002[9] bestimmte Änderungen nicht bereits zum 1.1.2003, sondern zu einem späteren Zeitpunkt in Kraft treten.

22 Danach waren auf **vor dem 1.1.2004 begründete Leiharbeitsverhältnisse** (**Altfälle**) die durch die Hartz-Reform mit Wirkung ab dem 1.1.2003 geänderten Regelungen in § 1 Abs. 2, § 1b Satz 2, §§ 3, 9, 10, 12, 13 und 16 in der alten, vor dem 1.1.2003 geltenden Fassung **bis zum 31.12.2003 weiterhin anzuwenden**. Dies galt nicht für Leihar-

---

8 Vgl. § 3 der Ersten Verordnung über eine Lohnuntergrenze in der Arbeitnehmerüberlassung vom 21.12.2011, BAnz vom 28.12.2011, S. 4608.
9 BGBl. I, S. 4607, 4619.

III. Übergangsvorschrift in der Zeit vom 1.1.2003 bis 29.4.2011 § 19

beitsverhältnisse im Geltungsbereich eines nach dem 15.11.2002 in Kraft tretenden Tarifvertrags, der die wesentlichen Arbeitsbedingungen einschließlich des Arbeitsentgelts i.S.d. § 3 Abs. 1 Nr. 3 und § 9 Nr. 2 abweichend regelte. Auch in den genannten **Altfällen** fanden die durch die Hartz-Reform eingeführten Neuregelungen **spätestens ab dem 1.1.2004** Anwendung.[10] Die Neuregelungen galten freilich ohne Weiteres für Neufälle, in denen der Leiharbeitsvertrag am oder nach dem 1.1.2004 abgeschlossen wurde.[11] Da spätestens ab dem 1.4.2004 die Neuregelungen der Hartz-Reform galten und heutzutage kaum noch Sachverhalte aus der Zeit zuvor zu beurteilen sind, hat § 19 in der Fassung der Hartz-Reform heute keine praktische Relevanz mehr. Im Übrigen wird auf die Kommentierung in der 2. Auflage verwiesen.

---

10 Vgl. *Lembke*, BB 2003, 98, 104.
11 *Lembke*, BB 2003, 98, 104.

B. Anhang

I. Gesetzestexte, Richtlinien und Verordnungen

1. Arbeitnehmer-Entsendegesetz (AEntG)

Gesetz über zwingende Arbeitsbedingungen für grenzüberschreitend entsandte und für regelmäßig im Inland beschäftigte Arbeitnehmer und Arbeitnehmerinnen (Arbeitnehmer-Entsendegesetz – AEntG)

– Auszug –

Abschnitt 1: Zielsetzung

§ 1 Zielsetzung

Ziele des Gesetzes sind die Schaffung und Durchsetzung angemessener Mindestarbeitsbedingungen für grenzüberschreitend entsandte und für regelmäßig im Inland beschäftigte Arbeitnehmer und Arbeitnehmerinnen sowie die Gewährleistung fairer und funktionierender Wettbewerbsbedingungen. Dadurch sollen zugleich sozialversicherungspflichtige Beschäftigung erhalten und die Ordnungs- und Befriedungsfunktion der Tarifautonomie gewahrt werden.

Abschnitt 2: Allgemeine Arbeitsbedingungen

§ 2 Allgemeine Arbeitsbedingungen

Die in Rechts- oder Verwaltungsvorschriften enthaltenen Regelungen über

1. die Mindestentgeltsätze einschließlich der Überstundensätze,
2. den bezahlten Mindestjahresurlaub,
3. die Höchstarbeitszeiten und Mindestruhezeiten,
4. die Bedingungen für die Überlassung von Arbeitskräften, insbesondere durch Leiharbeitsunternehmen,
5. die Sicherheit, den Gesundheitsschutz und die Hygiene am Arbeitsplatz,
6. die Schutzmaßnahmen im Zusammenhang mit den Arbeits- und Beschäftigungsbedingungen von Schwangeren und Wöchnerinnen, Kindern und Jugendlichen und
7. die Gleichbehandlung von Männern und Frauen sowie andere Nichtdiskriminierungsbestimmungen

Anhang I. Gesetzestexte, Richtlinien und Verordnungen

finden auch auf Arbeitsverhältnisse zwischen einem im Ausland ansässigen Arbeitgeber und seinen im Inland beschäftigten Arbeitnehmern und Arbeitnehmerinnen zwingend Anwendung.

Abschnitt 3: Tarifvertragliche Arbeitsbedingungen

§ 3 Tarifvertragliche Arbeitsbedingungen

Die Rechtsnormen eines bundesweiten Tarifvertrages finden unter den Voraussetzungen der §§ 4 bis 6 auch auf Arbeitsverhältnisse zwischen einem Arbeitgeber mit Sitz im Ausland und seinen im räumlichen Geltungsbereich dieses Tarifvertrages beschäftigten Arbeitnehmern und Arbeitnehmerinnen zwingend Anwendung, wenn der Tarifvertrag für allgemeinverbindlich erklärt ist oder eine Rechtsverordnung nach § 7 vorliegt. Eines bundesweiten Tarifvertrages bedarf es nicht, soweit Arbeitsbedingungen im Sinne des § 5 Nr. 2 oder 3 Gegenstand tarifvertraglicher Regelungen sind, die zusammengefasst räumlich den gesamten Geltungsbereich dieses Gesetzes abdecken.

§ 4 Einbezogene Branchen

§ 3 gilt für Tarifverträge

1. des Bauhauptgewerbes oder des Baunebengewerbes im Sinne der Baubetriebe-Verordnung vom 28. Oktober 1980 (BGBl. I S. 2033), zuletzt geändert durch die Verordnung vom 26. April 2006 (BGBl. I S. 1085), in der jeweils geltenden Fassung einschließlich der Erbringung von Montageleistungen auf Baustellen außerhalb des Betriebssitzes,
2. der Gebäudereinigung,
3. für Briefdienstleistungen,
4. für Sicherheitsdienstleistungen,
5. für Bergbauspezialarbeiten auf Steinkohlebergwerken,
6. für Wäschereidienstleistungen im Objektkundengeschäft,
7. der Abfallwirtschaft einschließlich Straßenreinigung und Winterdienst und
8. für Aus- und Weiterbildungsdienstleistungen nach dem Zweiten oder Dritten Buch Sozialgesetzbuch.

§ 5 Arbeitsbedingungen

Gegenstand eines Tarifvertrages nach § 3 können sein

1. Mindestentgeltsätze, die nach Art der Tätigkeit, Qualifikation der Arbeitnehmer und Arbeitnehmerinnen und Regionen differieren können, einschließlich der Überstundensätze,
2. die Dauer des Erholungsurlaubs, das Urlaubsentgelt oder ein zusätzliches Urlaubsgeld,

3. die Einziehung von Beiträgen und die Gewährung von Leistungen im Zusammenhang mit Urlaubsansprüchen nach Nummer 2 durch eine gemeinsame Einrichtung der Tarifvertragsparteien, wenn sichergestellt ist, dass der ausländische Arbeitgeber nicht gleichzeitig zu Beiträgen zu der gemeinsamen Einrichtung der Tarifvertragsparteien und zu einer vergleichbaren Einrichtung im Staat seines Sitzes herangezogen wird und das Verfahren der gemeinsamen Einrichtung der Tarifvertragsparteien eine Anrechnung derjenigen Leistungen vorsieht, die der ausländische Arbeitgeber zur Erfüllung des gesetzlichen, tarifvertraglichen oder einzelvertraglichen Urlaubsanspruchs seines Arbeitnehmers oder seiner Arbeitnehmerin bereits erbracht hat, und
4. Arbeitsbedingungen im Sinne des § 2 Nr. 3 bis 7.

§ 6 Besondere Regelungen

(1) Dieser Abschnitt findet keine Anwendung auf Erstmontage- oder Einbauarbeiten, die Bestandteil eines Liefervertrages sind, für die Inbetriebnahme der gelieferten Güter unerlässlich sind und von Facharbeitern oder Facharbeiterinnen oder angelernten Arbeitern oder Arbeiterinnen des Lieferunternehmens ausgeführt werden, wenn die Dauer der Entsendung acht Tage nicht übersteigt. Satz 1 gilt nicht für Bauleistungen im Sinne des § 101 Abs. 2 des Dritten Buches Sozialgesetzbuch und nicht für Arbeitsbedingungen nach § 5 Nr. 4.

(2) Im Falle eines Tarifvertrages nach § 4 Nr. 1 findet dieser Abschnitt Anwendung, wenn der Betrieb oder die selbstständige Betriebsabteilung im Sinne des fachlichen Geltungsbereichs des Tarifvertrages überwiegend Bauleistungen gemäß § 101 Abs. 2 des Dritten Buches Sozialgesetzbuch erbringt.

(3) Im Falle eines Tarifvertrages nach § 4 Nr. 2 findet dieser Abschnitt Anwendung, wenn der Betrieb oder die selbstständige Betriebsabteilung überwiegend Gebäudereinigungsleistungen erbringt.

(4) Im Falle eines Tarifvertrages nach § 4 Nr. 3 findet dieser Abschnitt Anwendung, wenn der Betrieb oder die selbstständige Betriebsabteilung überwiegend gewerbs- oder geschäftsmäßig Briefsendungen für Dritte befördert.

(5) Im Falle eines Tarifvertrages nach § 4 Nr. 4 findet dieser Abschnitt Anwendung, wenn der Betrieb oder die selbstständige Betriebsabteilung überwiegend Dienstleistungen des Bewachungs- und Sicherheitsgewerbes oder Kontroll- und Ordnungsdienste erbringt, die dem Schutz von Rechtsgütern aller Art, insbesondere von Leben, Gesundheit oder Eigentum dienen.

(6) Im Falle eines Tarifvertrages nach § 4 Nr. 5 findet dieser Abschnitt Anwendung, wenn der Betrieb oder die selbstständige Betriebsabteilung im Auftrag eines Dritten überwiegend auf inländischen Steinkohlebergwerken Grubenräume erstellt oder sonstige untertägige bergbauliche Spezialarbeiten ausführt.

(7) Im Falle eines Tarifvertrages nach § 4 Nr. 6 findet dieser Abschnitt Anwendung, wenn der Betrieb oder die selbstständige Betriebsabteilung gewerbsmä-

Anhang I. Gesetzestexte, Richtlinien und Verordnungen

ßig überwiegend Textilien für gewerbliche Kunden sowie öffentlich-rechtliche oder kirchliche Einrichtungen wäscht, unabhängig davon, ob die Wäsche im Eigentum der Wäscherei oder des Kunden steht. Dieser Abschnitt findet keine Anwendung auf Wäschereidienstleistungen, die von Werkstätten für behinderte Menschen im Sinne des § 136 des Neunten Buches Sozialgesetzbuch erbracht werden.

(8) Im Falle eines Tarifvertrages nach § 4 Nr. 7 findet dieser Abschnitt Anwendung, wenn der Betrieb oder die selbstständige Betriebsabteilung überwiegend Abfälle im Sinne des § 3 Absatz 1 Satz 1 des Kreislaufwirtschaftsgesetzes sammelt, befördert, lagert, beseitigt oder verwertet oder Dienstleistungen des Kehrens und Reinigens öffentlicher Verkehrsflächen und Schnee- und Eisbeseitigung von öffentlichen Verkehrsflächen einschließlich Streudienste erbringt.

(9) Im Falle eines Tarifvertrages nach § 4 Nr. 8 findet dieser Abschnitt Anwendung, wenn der Betrieb oder die selbstständige Betriebsabteilung überwiegend Aus- und Weiterbildungsmaßnahmen nach dem Zweiten oder Dritten Buch Sozialgesetzbuch durchführt. Ausgenommen sind Einrichtungen der beruflichen Rehabilitation im Sinne des § 35 Abs. 1 Satz 1 des Neunten Buches Sozialgesetzbuch.

§ 7 Rechtsverordnung

(1) Ist für einen Tarifvertrag im Sinne dieses Abschnitts ein gemeinsamer Antrag der Parteien dieses Tarifvertrages auf Allgemeinverbindlicherklärung gestellt, kann das Bundesministerium für Arbeit und Soziales durch Rechtsverordnung ohne Zustimmung des Bundesrates bestimmen, dass die Rechtsnormen dieses Tarifvertrages auf alle unter seinen Geltungsbereich fallenden und nicht an ihn gebundenen Arbeitgeber sowie Arbeitnehmer und Arbeitnehmerinnen Anwendung finden. § 5 Abs. 1 Satz 1 Nr. 2 des Tarifvertragsgesetzes findet entsprechend Anwendung. Satz 1 gilt nicht für tarifvertragliche Arbeitsbedingungen nach § 5 Nr. 4.

(2) Kommen in einer Branche mehrere Tarifverträge mit zumindest teilweise demselben fachlichen Geltungsbereich zur Anwendung, hat der Verordnungsgeber bei seiner Entscheidung nach Absatz 1 im Rahmen einer Gesamtabwägung ergänzend zu den in § 1 genannten Gesetzeszielen die Repräsentativität der jeweiligen Tarifverträge zu berücksichtigen. Bei der Feststellung der Repräsentativität ist vorrangig abzustellen auf

1. die Zahl der von den jeweils tarifgebundenen Arbeitgebern beschäftigten unter den Geltungsbereich des Tarifvertrages fallenden Arbeitnehmer und Arbeitnehmerinnen,
2. die Zahl der jeweils unter den Geltungsbereich des Tarifvertrages fallenden Mitglieder der Gewerkschaft, die den Tarifvertrag geschlossen hat.

AEntG **Anhang**

(3) Liegen für mehrere Tarifverträge Anträge auf Allgemeinverbindlicherklärung vor, hat der Verordnungsgeber mit besonderer Sorgfalt die von einer Auswahlentscheidung betroffenen Güter von Verfassungsrang abzuwägen und die widerstreitenden Grundrechtsinteressen zu einem schonenden Ausgleich zu bringen.

(4) Vor Erlass der Rechtsverordnung gibt das Bundesministerium für Arbeit und Soziales den in den Geltungsbereich der Rechtsverordnung fallenden Arbeitgebern sowie Arbeitnehmern und Arbeitnehmerinnen, den Parteien des Tarifvertrages sowie in den Fällen des Absatzes 2 den Parteien anderer Tarifverträge Gelegenheit zur schriftlichen Stellungnahme innerhalb von drei Wochen ab dem Tag der Bekanntmachung des Entwurfs der Rechtsverordnung.

(5) Wird erstmals ein Antrag nach Absatz 1 gestellt, wird der Antrag im Bundesanzeiger veröffentlicht und mit ihm der Ausschuss nach § 5 Abs. 1 Satz 1 des Tarifvertragsgesetzes (Tarifausschuss) befasst. Stimmen mindestens vier Ausschussmitglieder für den Antrag oder gibt der Tarifausschuss innerhalb von drei Monaten keine Stellungnahme ab, kann eine Rechtsverordnung nach Absatz 1 erlassen werden. Stimmen zwei oder drei Ausschussmitglieder für den Antrag, kann eine Rechtsverordnung nur von der Bundesregierung erlassen werden. Die Sätze 1 bis 3 gelten nicht für Tarifverträge nach § 4 Nr. 1 bis 3.

§ 8 Pflichten des Arbeitgebers zur Gewährung von Arbeitsbedingungen

(1) Arbeitgeber mit Sitz im In- oder Ausland, die unter den Geltungsbereich eines für allgemeinverbindlich erklärten Tarifvertrages nach den §§ 4 bis 6 oder einer Rechtsverordnung nach § 7 fallen, sind verpflichtet, ihren Arbeitnehmern und Arbeitnehmerinnen mindestens die in dem Tarifvertrag für den Beschäftigungsort vorgeschriebenen Arbeitsbedingungen zu gewähren sowie einer gemeinsamen Einrichtung der Tarifvertragsparteien die ihr nach § 5 Nr. 3 zustehenden Beiträge zu leisten. Satz 1 gilt unabhängig davon, ob die entsprechende Verpflichtung kraft Tarifbindung nach § 3 des Tarifvertragsgesetzes oder kraft Allgemeinverbindlicherklärung nach § 5 des Tarifvertragsgesetzes oder aufgrund einer Rechtsverordnung nach § 7 besteht.

(2) Ein Tarifvertrag nach den §§ 4 bis 6, der durch Allgemeinverbindlicherklärung oder Rechtsverordnung nach § 7 auf nicht an ihn gebundene Arbeitgeber sowie Arbeitnehmer und Arbeitnehmerinnen erstreckt wird, ist von einem Arbeitgeber auch dann einzuhalten, wenn er nach § 3 des Tarifvertragsgesetzes oder kraft Allgemeinverbindlicherklärung nach § 5 des Tarifvertragsgesetzes an einen anderen Tarifvertrag gebunden ist.

(3) Wird ein Leiharbeitnehmer oder eine Leiharbeitnehmerin vom Entleiher mit Tätigkeiten beschäftigt, die in den Geltungsbereich eines für allgemeinverbindlich erklärten Tarifvertrages nach den §§ 4, 5 Nr. 1 bis 3 und § 6 oder einer Rechtsverordnung nach § 7 fallen, hat der Verleiher zumindest die in diesem Tarifvertrag oder in dieser Rechtsverordnung vorgeschriebenen Arbeitsbedin-

1039

Anhang I. Gesetzestexte, Richtlinien und Verordnungen

gungen zu gewähren sowie die der gemeinsamen Einrichtung nach diesem Tarifvertrag zustehenden Beiträge zu leisten.

§ 9 Verzicht, Verwirkung

Ein Verzicht auf das Mindestentgelt nach § 8 ist nur durch gerichtlichen Vergleich zulässig. Die Verwirkung des Anspruchs der Arbeitnehmer und Arbeitnehmerinnen auf das Mindestentgelt nach § 8 ist ausgeschlossen. Ausschlussfristen für die Geltendmachung des Anspruchs können ausschließlich in dem für allgemeinverbindlich erklärten Tarifvertrag nach den §§ 4 bis 6 oder dem der Rechtsverordnung nach § 7 zugrunde liegenden Tarifvertrag geregelt werden; die Frist muss mindestens sechs Monate betragen.

Abschnitt 4: Arbeitsbedingungen in der Pflegebranche

§ 10 Anwendungsbereich

Dieser Abschnitt findet Anwendung auf die Pflegebranche. Diese umfasst Betriebe und selbstständige Betriebsabteilungen, die überwiegend ambulante, teilstationäre oder stationäre Pflegeleistungen oder ambulante Krankenpflegeleistungen für Pflegebedürftige erbringen (Pflegebetriebe). Pflegebedürftig ist, wer wegen einer körperlichen, geistigen oder seelischen Krankheit oder Behinderung für die gewöhnlichen und regelmäßig wiederkehrenden Verrichtungen im Ablauf des täglichen Lebens vorübergehend oder auf Dauer der Hilfe bedarf. Keine Pflegebetriebe im Sinne des Satzes 2 sind Einrichtungen, in denen die Leistungen zur medizinischen Vorsorge, zur medizinischen Rehabilitation, zur Teilhabe am Arbeitsleben oder am Leben in der Gemeinschaft, die schulische Ausbildung oder die Erziehung kranker oder behinderter Menschen im Vordergrund des Zweckes der Einrichtung stehen, sowie Krankenhäuser.

§ 11 Rechtsverordnung

(1) Das Bundesministerium für Arbeit und Soziales kann durch Rechtsverordnung ohne Zustimmung des Bundesrates bestimmen, dass die von einer nach § 12 errichteten Kommission vorgeschlagenen Arbeitsbedingungen nach § 5 Nr. 1 und 2 auf alle Arbeitgeber sowie Arbeitnehmer und Arbeitnehmerinnen, die unter den Geltungsbereich einer Empfehlung nach § 12 Abs. 4 fallen, Anwendung finden.

(2) Das Bundesministerium für Arbeit und Soziales hat bei seiner Entscheidung nach Absatz 1 neben den in § 1 genannten Gesetzeszielen die Sicherstellung der Qualität der Pflegeleistung sowie den Auftrag kirchlicher und sonstiger Träger der freien Wohlfahrtspflege nach § 11 Abs. 2 des Elften Buches Sozialgesetzbuch zu berücksichtigen.

AEntG **Anhang**

(3) Vor Erlass einer Rechtsverordnung gibt das Bundesministerium für Arbeit und Soziales den in den Geltungsbereich der Rechtsverordnung fallenden Arbeitgebern und Arbeitnehmern und Arbeitnehmerinnen sowie den Parteien von Tarifverträgen, die zumindest teilweise in den fachlichen Geltungsbereich der Rechtsverordnung fallen, und paritätisch besetzten Kommissionen, die auf der Grundlage kirchlichen Rechts Arbeitsbedingungen für den Bereich kirchlicher Arbeitgeber in der Pflegebranche festlegen, Gelegenheit zur schriftlichen Stellungnahme innerhalb von drei Wochen ab dem Tag der Bekanntmachung des Entwurfs der Rechtsverordnung.

§ 12 Kommission

(1) Das Bundesministerium für Arbeit und Soziales errichtet eine Kommission zur Erarbeitung von Arbeitsbedingungen oder deren Änderung. Die Errichtung erfolgt im Einzelfall auf Antrag einer Tarifvertragspartei aus der Pflegebranche oder der Dienstgeberseite oder der Dienstnehmerseite von paritätisch besetzten Kommissionen, die auf der Grundlage kirchlichen Rechts Arbeitsbedingungen für den Bereich kirchlicher Arbeitgeber in der Pflegebranche festlegen.

(2) Die Kommission besteht aus acht Mitgliedern. Das Bundesministerium für Arbeit und Soziales benennt je zwei geeignete Personen sowie jeweils einen Stellvertreter aufgrund von Vorschlägen

1. der Gewerkschaften, die in der Pflegebranche tarifzuständig sind,
2. der Vereinigungen der Arbeitgeber in der Pflegebranche,
3. der Dienstnehmerseite der in Absatz 1 genannten paritätisch besetzten Kommissionen sowie
4. der Dienstgeberseite der in Absatz 1 genannten paritätisch besetzten Kommissionen.

(3) Die Sitzungen der Kommission werden von einem oder einer nicht stimmberechtigten Beauftragten des Bundesministeriums für Arbeit und Soziales geleitet. Die Kommission kann sich eine Geschäftsordnung geben.

(4) Die Kommission beschließt unter Berücksichtigung der in den §§ 1 und 11 Abs. 2 genannten Ziele Empfehlungen zur Festsetzung von Arbeitsbedingungen nach § 5 Nr. 1 und 2. Sie kann eine Ausschlussfrist empfehlen, die den Anforderungen des § 9 Satz 3 entspricht. Empfehlungen sind schriftlich zu begründen.

(5) Die Kommission ist beschlussfähig, wenn alle Mitglieder anwesend oder vertreten sind. Ein Beschluss der Kommission bedarf jeweils einer Mehrheit von drei Vierteln der Mitglieder

1. der Gruppe der Mitglieder nach Absatz 2 Nr. 1 und 2,
2. der Gruppe der Mitglieder nach Absatz 2 Nr. 3 und 4,
3. der Gruppe der Mitglieder nach Absatz 2 Nr. 1 und 3 sowie
4. der Gruppe der Mitglieder nach Absatz 2 Nr. 2 und 4.

Anhang I. Gesetzestexte, Richtlinien und Verordnungen

(6) Mit Beschlussfassung über Empfehlungen nach Absatz 4 wird die Kommission aufgelöst.

§ 13 Rechtsfolgen

Eine Rechtsverordnung nach § 11 steht für die Anwendung der §§ 8 und 9 sowie der Abschnitte 5 und 6 einer Rechtsverordnung nach § 7 gleich.

Abschnitt 4a: Arbeitsbedingungen im Gewerbe des grenzüberschreitenden Straßentransports von Euro-Bargeld

§ 13a Gleichstellung

Die Verordnung (EU) Nr. 1214/2011 des Europäischen Parlaments und des Rates vom 16. November 2011 über den gewerbsmäßig grenzüberschreitenden Straßentransport von Euro-Bargeld zwischen den Mitgliedstaaten des Euroraums (ABl. L 316 vom 29.11.2011, S. 1) steht für die Anwendung der §§ 8 und 9 sowie der Abschnitte 5 und 6 einer Rechtsverordnung nach § 7 gleich.

Abschnitt 5: Zivilrechtliche Durchsetzung

§ 14 Haftung des Auftraggebers

Ein Unternehmer, der einen anderen Unternehmer mit der Erbringung von Werk- oder Dienstleistungen beauftragt, haftet für die Verpflichtungen dieses Unternehmers, eines Nachunternehmers oder eines von dem Unternehmer oder einem Nachunternehmer beauftragten Verleihers zur Zahlung des Mindestentgelts an Arbeitnehmer oder Arbeitnehmerinnen oder zur Zahlung von Beiträgen an eine gemeinsame Einrichtung der Tarifvertragsparteien nach § 8 wie ein Bürge, der auf die Einrede der Vorausklage verzichtet hat. Das Mindestentgelt im Sinne des Satzes 1 umfasst nur den Betrag, der nach Abzug der Steuern und der Beiträge zur Sozialversicherung und zur Arbeitsförderung oder entsprechender Aufwendungen zur sozialen Sicherung an Arbeitnehmer oder Arbeitnehmerinnen auszuzahlen ist (Nettoentgelt).

§ 15 Gerichtsstand

Arbeitnehmer und Arbeitnehmerinnen, die in den Geltungsbereich dieses Gesetzes entsandt sind oder waren, können eine auf den Zeitraum der Entsendung bezogene Klage auf Erfüllung der Verpflichtungen nach den §§ 2, 8 oder 14 auch vor einem deutschen Gericht für Arbeitssachen erheben. Diese Klagemöglichkeit besteht auch für eine gemeinsame Einrichtung der Tarifvertragsparteien nach § 5 Nr. 3 in Bezug auf die ihr zustehenden Beiträge.

AEntG **Anhang**

Abschnitt 6: Kontrolle und Durchsetzung durch staatliche Behörden

§ 16 Zuständigkeit

Für die Prüfung der Einhaltung der Pflichten eines Arbeitgebers nach § 8 sind die Behörden der Zollverwaltung zuständig.

§ 17 Befugnisse der Behörden der Zollverwaltung und anderer Behörden

Die §§ 2 bis 6, 14, 15, 20, 22 und 23 des Schwarzarbeitsbekämpfungsgesetzes sind entsprechend anzuwenden mit der Maßgabe, dass

1. die dort genannten Behörden auch Einsicht in Arbeitsverträge, Niederschriften nach § 2 des Nachweisgesetzes und andere Geschäftsunterlagen nehmen können, die mittelbar oder unmittelbar Auskunft über die Einhaltung der Arbeitsbedingungen nach § 8 geben, und
2. die nach § 5 Abs. 1 des Schwarzarbeitsbekämpfungsgesetzes zur Mitwirkung Verpflichteten diese Unterlagen vorzulegen haben.

Die §§ 16 bis 19 des Schwarzarbeitsbekämpfungsgesetzes finden Anwendung. § 6 Abs. 3 des Schwarzarbeitsbekämpfungsgesetzes findet entsprechende Anwendung. Für die Datenverarbeitung, die dem in § 16 genannten Zweck oder der Zusammenarbeit mit den Behörden des Europäischen Wirtschaftsraums nach § 20 Abs. 2 dient, findet § 67 Abs. 2 Nr. 4 des Zehnten Buches Sozialgesetzbuch keine Anwendung.

§ 18 Meldepflicht

(1) Soweit die Rechtsnormen eines für allgemeinverbindlich erklärten Tarifvertrages nach den §§ 4, 5 Nr. 1 bis 3 und § 6 oder einer Rechtsverordnung nach § 7 auf das Arbeitsverhältnis Anwendung finden, ist ein Arbeitgeber mit Sitz im Ausland, der einen Arbeitnehmer oder eine Arbeitnehmerin oder mehrere Arbeitnehmer oder Arbeitnehmerinnen innerhalb des Geltungsbereichs dieses Gesetzes beschäftigt, verpflichtet, vor Beginn jeder Werk- oder Dienstleistung eine schriftliche Anmeldung in deutscher Sprache bei der zuständigen Behörde der Zollverwaltung vorzulegen, die die für die Prüfung wesentlichen Angaben enthält. Wesentlich sind die Angaben über

1. Familienname, Vornamen und Geburtsdatum der von ihm im Geltungsbereich dieses Gesetzes beschäftigten Arbeitnehmer und Arbeitnehmerinnen,
2. Beginn und voraussichtliche Dauer der Beschäftigung,
3. Ort der Beschäftigung, bei Bauleistungen die Baustelle,
4. Ort im Inland, an dem die nach § 19 erforderlichen Unterlagen bereitgehalten werden,

Anhang I. Gesetzestexte, Richtlinien und Verordnungen

5. Familienname, Vornamen, Geburtsdatum und Anschrift in Deutschland des oder der verantwortlich Handelnden,
6. Branche, in die die Arbeitnehmer und Arbeitnehmerinnen entsandt werden sollen, und
7. Familienname, Vornamen und Anschrift in Deutschland eines oder einer Zustellungsbevollmächtigten, soweit dieser oder diese nicht mit dem oder der in Nummer 5 genannten verantwortlich Handelnden identisch ist.

Änderungen bezüglich dieser Angaben hat der Arbeitgeber im Sinne des Satzes 1 unverzüglich zu melden.

(2) Der Arbeitgeber hat der Anmeldung eine Versicherung beizufügen, dass er seine Verpflichtungen nach § 8 einhält.

(3) Überlässt ein Verleiher mit Sitz im Ausland einen Arbeitnehmer oder eine Arbeitnehmerin oder mehrere Arbeitnehmer oder Arbeitnehmerinnen zur Arbeitsleistung einem Entleiher, hat der Entleiher unter den Voraussetzungen des Absatzes 1 Satz 1 vor Beginn jeder Werk- oder Dienstleistung der zuständigen Behörde der Zollverwaltung eine schriftliche Anmeldung in deutscher Sprache mit folgenden Angaben zuzuleiten:

1. Familienname, Vornamen und Geburtsdatum der überlassenen Arbeitnehmer und Arbeitnehmerinnen,
2. Beginn und Dauer der Überlassung,
3. Ort der Beschäftigung, bei Bauleistungen die Baustelle,
4. Ort im Inland, an dem die nach § 19 erforderlichen Unterlagen bereitgehalten werden,
5. Familienname, Vornamen und Anschrift in Deutschland eines oder einer Zustellungsbevollmächtigten des Verleihers,
6. Branche, in die die Arbeitnehmer und Arbeitnehmerinnen entsandt werden sollen, und
7. Familienname, Vornamen oder Firma sowie Anschrift des Verleihers.

Absatz 1 Satz 3 gilt entsprechend.

(4) Der Entleiher hat der Anmeldung eine Versicherung des Verleihers beizufügen, dass dieser seine Verpflichtungen nach § 8 einhält.

(5) Das Bundesministerium der Finanzen kann durch Rechtsverordnung im Einvernehmen mit dem Bundesministerium für Arbeit und Soziales ohne Zustimmung des Bundesrates bestimmen,

1. dass, auf welche Weise und unter welchen technischen und organisatorischen Voraussetzungen eine Anmeldung, Änderungsmeldung und Versicherung abweichend von Absatz 1 Satz 1 und 3, Absatz 2 und 3 Satz 1 und 2 und Absatz 4 elektronisch übermittelt werden kann,
2. unter welchen Voraussetzungen eine Änderungsmeldung ausnahmsweise entfallen kann, und

3. wie das Meldeverfahren vereinfacht oder abgewandelt werden kann, sofern die entsandten Arbeitnehmer und Arbeitnehmerinnen im Rahmen einer regelmäßig wiederkehrenden Werk- oder Dienstleistung eingesetzt werden oder sonstige Besonderheiten der zu erbringenden Werk- oder Dienstleistungen dies erfordern.

(6) Das Bundesministerium der Finanzen kann durch Rechtsverordnung ohne Zustimmung des Bundesrates die zuständige Behörde nach Absatz 1 Satz 1 und Absatz 3 Satz 1 bestimmen.

§ 19 Erstellen und Bereithalten von Dokumenten

(1) Soweit die Rechtsnormen eines für allgemeinverbindlich erklärten Tarifvertrages nach den §§ 4, 5 Nr. 1 bis 3 und § 6 oder einer entsprechenden Rechtsverordnung nach § 7 über die Zahlung eines Mindestentgelts oder die Einziehung von Beiträgen und die Gewährung von Leistungen im Zusammenhang mit Urlaubsansprüchen auf das Arbeitsverhältnis Anwendung finden, ist der Arbeitgeber verpflichtet, Beginn, Ende und Dauer der täglichen Arbeitszeit der Arbeitnehmer und Arbeitnehmerinnen aufzuzeichnen und diese Aufzeichnungen mindestens zwei Jahre aufzubewahren. Satz 1 gilt entsprechend für einen Entleiher, dem ein Verleiher einen Arbeitnehmer oder eine Arbeitnehmerin oder mehrere Arbeitnehmer oder Arbeitnehmerinnen zur Arbeitsleistung überlässt.

(2) Jeder Arbeitgeber ist verpflichtet, die für die Kontrolle der Einhaltung eines für allgemeinverbindlich erklärten Tarifvertrages nach den §§ 4, 5 Nr. 1 bis 3 und § 6 oder einer Rechtsverordnung nach § 7 erforderlichen Unterlagen im Inland für die gesamte Dauer der tatsächlichen Beschäftigung der Arbeitnehmer und Arbeitnehmerinnen im Geltungsbereich dieses Gesetzes, mindestens für die Dauer der gesamten Werk- oder Dienstleistung, insgesamt jedoch nicht länger als zwei Jahre in deutscher Sprache bereitzuhalten. Auf Verlangen der Prüfbehörde sind die Unterlagen auch am Ort der Beschäftigung bereitzuhalten, bei Bauleistungen auf der Baustelle.

§ 20 Zusammenarbeit der in- und ausländischen Behörden

(1) Die Behörden der Zollverwaltung unterrichten die zuständigen Finanzämter über Meldungen nach § 18 Abs. 1 und 3.

(2) Die Behörden der Zollverwaltung und die übrigen in § 2 des Schwarzarbeitsbekämpfungsgesetzes genannten Behörden dürfen nach Maßgabe der datenschutzrechtlichen Vorschriften auch mit Behörden anderer Vertragsstaaten des Abkommens über den Europäischen Wirtschaftsraum zusammenarbeiten, die diesem Gesetz entsprechende Aufgaben durchführen oder für die Bekämpfung illegaler Beschäftigung zuständig sind oder Auskünfte geben können, ob

Anhang I. Gesetzestexte, Richtlinien und Verordnungen

ein Arbeitgeber seine Verpflichtungen nach § 8 erfüllt. Die Regelungen über die internationale Rechtshilfe in Strafsachen bleiben hiervon unberührt.

(3) Die Behörden der Zollverwaltung unterrichten das Gewerbezentralregister über rechtskräftige Bußgeldentscheidungen nach § 23 Abs. 1 bis 3, sofern die Geldbuße mehr als zweihundert Euro beträgt.

(4) Gerichte und Staatsanwaltschaften sollen den nach diesem Gesetz zuständigen Behörden Erkenntnisse übermitteln, die aus ihrer Sicht zur Verfolgung von Ordnungswidrigkeiten nach § 23 Abs. 1 und 2 erforderlich sind, soweit dadurch nicht überwiegende schutzwürdige Interessen des Betroffenen oder anderer Verfahrensbeteiligter erkennbar beeinträchtigt werden. Dabei ist zu berücksichtigen, wie gesichert die zu übermittelnden Erkenntnisse sind.

§ 21 Ausschluss von der Vergabe öffentlicher Aufträge

(1) Von der Teilnahme an einem Wettbewerb um einen Liefer-, Bau- oder Dienstleistungsauftrag der in § 98 des Gesetzes gegen Wettbewerbsbeschränkungen genannten Auftraggeber sollen Bewerber oder Bewerberinnen für eine angemessene Zeit bis zur nachgewiesenen Wiederherstellung ihrer Zuverlässigkeit ausgeschlossen werden, die wegen eines Verstoßes nach § 23 mit einer Geldbuße von wenigstens zweitausendfünfhundert Euro belegt worden sind. Das Gleiche gilt auch schon vor Durchführung eines Bußgeldverfahrens, wenn im Einzelfall angesichts der Beweislage kein vernünftiger Zweifel an einer schwerwiegenden Verfehlung im Sinne des Satzes 1 besteht.

(2) Die für die Verfolgung oder Ahndung der Ordnungswidrigkeiten nach § 23 zuständigen Behörden dürfen öffentlichen Auftraggebern nach § 98 Nr. 1 bis 3 und 5 des Gesetzes gegen Wettbewerbsbeschränkungen und solchen Stellen, die von öffentlichen Auftraggebern zugelassene Präqualifikationsverzeichnisse oder Unternehmer- und Lieferantenverzeichnisse führen, auf Verlangen die erforderlichen Auskünfte geben.

(3) Öffentliche Auftraggeber nach Absatz 2 fordern im Rahmen ihrer Tätigkeit beim Gewerbezentralregister Auskünfte über rechtskräftige Bußgeldentscheidungen wegen einer Ordnungswidrigkeit nach § 23 Abs. 1 oder 2 an oder verlangen von Bewerbern oder Bewerberinnen eine Erklärung, dass die Voraussetzungen für einen Ausschluss nach Absatz 1 nicht vorliegen. Im Falle einer Erklärung des Bewerbers oder der Bewerberin können öffentliche Auftraggeber nach Absatz 2 jederzeit zusätzlich Auskünfte des Gewerbezentralregisters nach § 150a der Gewerbeordnung anfordern.

(4) Bei Aufträgen ab einer Höhe von 30 000 Euro fordert der öffentliche Auftraggeber nach Absatz 2 für den Bewerber oder die Bewerberin, der oder die den Zuschlag erhalten soll, vor der Zuschlagserteilung eine Auskunft aus dem Gewerbezentralregister nach § 150a der Gewerbeordnung an.

AEntG **Anhang**

(5) Vor der Entscheidung über den Ausschluss ist der Bewerber oder die Bewerberin zu hören.

§ 22 Zustellung

Für die Anwendung dieses Gesetzes gilt der im Inland gelegene Ort der Werk- oder Dienstleistung sowie das vom Arbeitgeber eingesetzte Fahrzeug als Geschäftsraum im Sinne des § 5 Abs. 2 des Verwaltungszustellungsgesetzes in Verbindung mit § 178 Abs. 1 Nr. 2 der Zivilprozessordnung.

§ 23 Bußgeldvorschriften

(1) Ordnungswidrig handelt, wer vorsätzlich oder fahrlässig
1. entgegen § 8 Abs. 1 Satz 1 oder Abs. 3, jeweils in Verbindung mit einem Tarifvertrag nach den §§ 4 bis 6, der nach § 5 des Tarifvertragsgesetzes für allgemeinverbindlich erklärt oder durch Rechtsverordnung nach § 7 Abs. 1 erstreckt worden ist, eine dort genannte Arbeitsbedingung nicht gewährt oder einen Beitrag nicht leistet,
2. entgegen § 17 Satz 1 in Verbindung mit § 5 Abs. 1 Satz 1 des Schwarzarbeitsbekämpfungsgesetzes eine Prüfung nicht duldet oder bei einer Prüfung nicht mitwirkt,
3. entgegen § 17 Satz 1 in Verbindung mit § 5 Abs. 1 Satz 2 des Schwarzarbeitsbekämpfungsgesetzes das Betreten eines Grundstücks oder Geschäftsraums nicht duldet,
4. entgegen § 17 Satz 1 in Verbindung mit § 5 Abs. 3 Satz 1 des Schwarzarbeitsbekämpfungsgesetzes Daten nicht, nicht richtig, nicht vollständig, nicht in der vorgeschriebenen Weise oder nicht rechtzeitig übermittelt,
5. entgegen § 18 Abs. 1 Satz 1 oder Abs. 3 Satz 1 eine Anmeldung nicht, nicht richtig, nicht vollständig, nicht in der vorgeschriebenen Weise oder nicht rechtzeitig vorlegt oder nicht, nicht richtig, nicht vollständig, nicht in der vorgeschriebenen Weise oder nicht rechtzeitig zuleitet,
6. entgegen § 18 Abs. 1 Satz 3, auch in Verbindung mit Absatz 3 Satz 2, eine Änderungsmeldung nicht, nicht richtig, nicht vollständig, nicht in der vorgeschriebenen Weise oder nicht rechtzeitig macht,
7. entgegen § 18 Abs. 2 oder 4 eine Versicherung nicht beifügt,
8. entgegen § 19 Abs. 1 eine Aufzeichnung nicht, nicht richtig oder nicht vollständig erstellt oder nicht mindestens zwei Jahre aufbewahrt oder
9. entgegen § 19 Abs. 2 eine Unterlage nicht, nicht richtig, nicht vollständig oder nicht in der vorgeschriebenen Weise bereithält.

(2) Ordnungswidrig handelt, wer Werk- oder Dienstleistungen in erheblichem Umfang ausführen lässt, indem er als Unternehmer einen anderen Unternehmer beauftragt, von dem er weiß oder fahrlässig nicht weiß, dass dieser bei der Erfüllung dieses Auftrags

Anhang I. Gesetzestexte, Richtlinien und Verordnungen

1. entgegen § 8 Abs. 1 Satz 1 oder Abs. 3, jeweils in Verbindung mit einem Tarifvertrag nach den §§ 4 bis 6, der nach § 5 des Tarifvertragsgesetzes für allgemeinverbindlich erklärt oder durch Rechtsverordnung nach § 7 Abs. 1 erstreckt worden ist, eine dort genannte Arbeitsbedingung nicht gewährt oder einen Beitrag nicht leistet oder
2. einen Nachunternehmer einsetzt oder zulässt, dass ein Nachunternehmer tätig wird, der entgegen § 8 Abs. 1 Satz 1 oder Abs. 3, jeweils in Verbindung mit einem Tarifvertrag nach den §§ 4 bis 6, der nach § 5 des Tarifvertragsgesetzes für allgemeinverbindlich erklärt oder durch Rechtsverordnung nach § 7 Abs. 1 erstreckt worden ist, eine dort genannte Arbeitsbedingung nicht gewährt oder einen Beitrag nicht leistet.

(3) Die Ordnungswidrigkeit kann in den Fällen des Absatzes 1 Nr. 1 und des Absatzes 2 mit einer Geldbuße bis zu fünfhunderttausend Euro, in den übrigen Fällen mit einer Geldbuße bis zu dreißigtausend Euro geahndet werden.

(4) Verwaltungsbehörden im Sinne des § 36 Abs. 1 Nr. 1 des Gesetzes über Ordnungswidrigkeiten sind die in § 16 genannten Behörden jeweils für ihren Geschäftsbereich.

(5) Die Geldbußen fließen in die Kasse der Verwaltungsbehörde, die den Bußgeldbescheid erlassen hat. Für die Vollstreckung zugunsten der Behörden des Bundes und der unmittelbaren Körperschaften und Anstalten des öffentlichen Rechts sowie für die Vollziehung des dinglichen Arrestes nach § 111d der Strafprozessordnung in Verbindung mit § 46 des Gesetzes über Ordnungswidrigkeiten durch die in § 16 genannten Behörden gilt das Verwaltungs-Vollstreckungsgesetz. Die nach Satz 1 zuständige Kasse trägt abweichend von § 105 Abs. 2 des Gesetzes über Ordnungswidrigkeiten die notwendigen Auslagen; sie ist auch ersatzpflichtig im Sinne des § 110 Abs. 4 des Gesetzes über Ordnungswidrigkeiten.

I. Gesetzestexte, Richtlinien und Verordnungen **Anhang**

2. Richtlinie 96/71/EG des Europäischen Parlaments und des Rates vom 16. Dezember 1996 über die Entsendung von Arbeitnehmern im Rahmen der Erbringung von Dienstleistungen

DAS EUROPÄISCHE PARLAMENT UND DER RAT DER EUROPÄISCHEN UNION – gestützt auf den Vertrag zur Gründung der Europäischen Gemeinschaft, insbesondere auf Artikel 57 Absatz 2 und Artikel 66, auf Vorschlag der Kommission, nach Stellungnahme des Wirtschafts- und Sozialausschusses, gemäß dem Verfahren des Artikels 189b des Vertrags, in Erwägung nachstehender Gründe:

(1) Die Beseitigung der Hindernisse für den freien Personen- und Dienstleistungsverkehr zwischen den Mitgliedstaaten gehört gemäß Artikel 3 Buchstabe c) des Vertrages zu den Zielen der Gemeinschaft.

(2) Für die Erbringung von Dienstleistungen sind nach dem Vertrag seit Ende der Übergangszeit Einschränkungen aufgrund der Staatsangehörigkeit oder einer Wohnsitzvoraussetzung unzulässig.

(3) Die Verwirklichung des Binnenmarktes bietet einen dynamischen Rahmen für die länderübergreifende Erbringung von Dienstleistungen. Das veranlaßt eine wachsende Zahl von Unternehmen, Arbeitnehmer für eine zeitlich begrenzte Arbeitsleistung in das Hoheitsgebiet eines Mitgliedstaats zu entsenden, der nicht der Staat ist, in dem sie normalerweise beschäftigt werden.

(4) Die Erbringung von Dienstleistungen kann entweder als Ausführung eines Auftrags durch ein Unternehmen, in seinem Namen und unter seiner Leitung im Rahmen eines Vertrags zwischen diesem Unternehmen und dem Leistungsempfänger oder in Form des Zurverfügungstellens von Arbeitnehmern für ein Unternehmen im Rahmen eines öffentlichen oder privaten Auftrags erfolgen.

(5) Voraussetzung für eine solche Förderung des länderübergreifenden Dienstleistungsverkehrs sind ein fairer Wettbewerb sowie Maßnahmen, die die Wahrung der Rechte der Arbeitnehmer garantieren.

(6) Mit der Transnationalisierung der Arbeitsverhältnisse entstehen Probleme hinsichtlich des auf ein Arbeitsverhältnis anwendbaren Rechts. Es liegt im Interesse der betroffenen Parteien, die für das geplante Arbeitsverhältnis geltenden Arbeits- und Beschäftigungsbedingungen festzulegen.

(7) Das Übereinkommen von Rom vom 19. Juni 1980 über das auf vertragliche Schuldverhältnisse anzuwendende Recht, das von zwölf Mitgliedstaaten unterzeichnet wurde, ist am 1. April 1991 in der Mehrheit der Mitgliedstaaten in Kraft getreten.

(8) In Artikel 3 dieses Übereinkommens wird als allgemeine Regel die freie Rechtswahl der Parteien festgelegt. Mangels einer Rechtswahl ist nach Arti-

Anhang I. Gesetzestexte, Richtlinien und Verordnungen

kel 6 Absatz 2 auf den Arbeitsvertrag das Recht des Staates anzuwenden, in dem der Arbeitnehmer in Erfüllung des Vertrages gewöhnlich seine Arbeit verrichtet, selbst wenn er vorübergehend in einen anderen Staat entsandt ist, oder das Recht des Staates, in dem sich die Niederlassung befindet, die den Arbeitnehmer eingestellt hat, sofern dieser seine Arbeit gewöhnlich nicht in ein und demselben Staat verrichtet, es sei denn, daß sich aus der Gesamtheit der Umstände ergibt, daß der Arbeitsvertrag engere Verbindungen zu einem anderen Staat aufweist; in diesem Fall ist das Recht dieses anderen Staates anzuwenden.

(9) Nach Artikel 6 Absatz 1 dieses Übereinkommens darf die Rechtswahl der Parteien nicht dazu führen, daß dem Arbeitnehmer der Schutz entzogen wird, der ihm durch die zwingenden Bestimmungen des Rechts gewährt wird, das nach Absatz 2 mangels einer Rechtswahl anzuwenden wäre.

(10) Nach Artikel 7 dieses Übereinkommens kann – zusammen mit dem für anwendbar erklärten Recht – den zwingenden Bestimmungen des Rechts eines anderen Staates, insbesondere des Mitgliedstaats, in dessen Hoheitsgebiet der Arbeitnehmer vorübergehend entsandt wird, Wirkung verliehen werden.

(11) Nach dem in Artikel 20 dieses Übereinkommens anerkannten Grundsatz des Vorrangs des Gemeinschaftsrechts berührt das Übereinkommen nicht die Anwendung der Kollisionsnormen für vertragliche Schuldverhältnisse auf besonderen Gebieten, die in Rechtsakten der Organe der Europäischen Gemeinschaften oder in dem in Ausführung dieser Akte harmonisierten innerstaatlichen Recht enthalten sind oder enthalten sein werden.

(12) Das Gemeinschaftsrecht hindert die Mitgliedstaaten nicht daran, ihre Gesetze oder die von den Sozialpartnern abgeschlossenen Tarifverträge auf sämtliche Personen anzuwenden, die – auch nur vorübergehend – in ihrem Hoheitsgebiet beschäftigt werden, selbst wenn ihr Arbeitgeber in einem anderen Mitgliedstaat ansässig ist. Das Gemeinschaftsrecht verbietet es den Mitgliedstaaten nicht, die Einhaltung dieser Bestimmungen mit angemessenen Mitteln sicherzustellen.

(13) Die Gesetze der Mitgliedstaaten müssen koordiniert werden, um einen Kern zwingender Bestimmungen über ein Mindestmaß an Schutz festzulegen, das im Gastland von Arbeitgebern zu gewährleisten ist, die Arbeitnehmer für eine zeitlich begrenzte Arbeitsleistung in das Hoheitsgebiet eines Mitgliedstaats entsenden, in dem eine Dienstleistung zu erbringen ist. Eine solche Koordinierung kann nur durch Rechtsvorschriften der Gemeinschaft erfolgen.

(14) Ein „harter Kern" klar definierter Schutzbestimmungen ist vom Dienstleistungserbringer unabhängig von der Dauer der Entsendung des Arbeitnehmers einzuhalten.

(15) In bestimmten Einzelfällen von Montage- und/oder Einbauarbeiten sind die Bestimmungen über die Mindestlohnsätze und den bezahlten Mindestjahresurlaub nicht anzuwenden.

I. Gesetzestexte, Richtlinien und Verordnungen **Anhang**

(16) Die Anwendung der Bestimmungen über die Mindestlohnsätze und den bezahlten Mindestjahresurlaub bedarf außerdem einer gewissen Flexibilität. Beträgt die Dauer der Entsendung nicht mehr als einen Monat, so können die Mitgliedstaaten unter bestimmten Bedingungen von den Bestimmungen über die Mindestlohnsätze abweichen oder die Möglichkeit von Abweichungen im Rahmen von Tarifverträgen vorsehen. Ist der Umfang der zu verrichtenden Arbeiten gering, so können die Mitgliedstaaten von den Bestimmungen über die Mindestlohnsätze und den bezahlten Mindestjahresurlaub abweichen.

(17) Die im Gastland geltenden zwingenden Bestimmungen über ein Mindestmaß an Schutz dürfen jedoch nicht der Anwendung von Arbeitsbedingungen, die für die Arbeitnehmer günstiger sind, entgegenstehen.

(18) Es sollte der Grundsatz eingehalten werden, daß außerhalb der Gemeinschaft ansässige Unternehmen nicht besser gestellt werden dürfen als Unternehmen, die im Hoheitsgebiet eines Mitgliedstaats ansässig sind.

(19) Unbeschadet anderer Gemeinschaftsbestimmungen beinhaltet diese Richtlinie weder die Verpflichtung zur rechtlichen Anerkennung der Existenz von Leiharbeitsunternehmen, noch hindert sie die Mitgliedstaaten, ihre Rechtsvorschriften über das Zurverfügungstellen von Arbeitskräften und über Leiharbeitsunternehmen auf Unternehmen anzuwenden, die nicht in ihrem Hoheitsgebiet niedergelassen, dort aber im Rahmen der Erbringung von Dienstleistungen tätig sind.

(20) Diese Richtlinie berührt weder die von der Gemeinschaft mit Drittländern geschlossenen Übereinkünfte noch die Rechtsvorschriften der Mitgliedstaaten, die den Zugang von Dienstleistungserbringern aus Drittländern zu ihrem Hoheitsgebiet betreffen. Ebenso bleiben die einzelstaatlichen Rechtsvorschriften, die die Einreise und den Aufenthalt von Arbeitnehmern aus Drittländern sowie deren Zugang zur Beschäftigung regeln, von dieser Richtlinie unberührt.

(21) Welche Bestimmungen im Bereich der Sozialversicherungsleistungen und -beiträge anzuwenden sind, ist in der Verordnung (EWG) Nr. 1408/71 des Rates vom 14. Juni 1971 zur Anwendung der Systeme der sozialen Sicherheit auf Arbeitnehmer und deren Familien, die innerhalb der Gemeinschaft zu- und abwandern, geregelt.

(22) Diese Richtlinie berührt nicht das Recht der Mitgliedstaaten über kollektive Maßnahmen zur Verteidigung beruflicher Interessen.

(23) Die zuständigen Stellen in den Mitgliedstaaten müssen bei der Anwendung dieser Richtlinie zusammenarbeiten. Die Mitgliedstaaten haben geeignete Maßnahmen für den Fall der Nichteinhaltung dieser Richtlinie vorzusehen.

(24) Es muß sichergestellt werden, daß diese Richtlinie ordnungsgemäß angewandt wird. Hierzu ist eine enge Zusammenarbeit zwischen der Kommission und den Mitgliedstaaten vorzusehen.

Anhang I. Gesetzestexte, Richtlinien und Verordnungen

(25) Spätestens fünf Jahre nach Annahme dieser Richtlinie hat die Kommission die Anwendung dieser Richtlinie zu überprüfen und, falls erforderlich, Änderungsvorschläge zu unterbreiten –

HABEN FOLGENDE RICHTLINIE ERLASSEN:

Artikel 1: Anwendungsbereich

(1) Diese Richtlinie gilt für Unternehmen mit Sitz in einem Mitgliedstaat, die im Rahmen der länderübergreifenden Erbringung von Dienstleistungen Arbeitnehmer gemäß Absatz 3 in das Hoheitsgebiet eines Mitgliedstaats entsenden.

(2) Diese Richtlinie gilt nicht für Schiffsbesatzungen von Unternehmen der Handelsmarine.

(3) Diese Richtlinie findet Anwendung, soweit die in Absatz 1 genannten Unternehmen eine der folgenden länderübergreifenden Maßnahmen treffen:

a) einen Arbeitnehmer in ihrem Namen und unter ihrer Leitung in das Hoheitsgebiet eines Mitgliedstaats im Rahmen eines Vertrags entsenden, der zwischen dem entsendenden Unternehmen und dem in diesem Mitgliedstaat tätigen Dienstleistungsempfänger geschlossen wurde, sofern für die Dauer der Entsendung ein Arbeitsverhältnis zwischen dem entsendenden Unternehmen und dem Arbeitnehmer besteht, oder

b) einen Arbeitnehmer in eine Niederlassung oder ein der Unternehmensgruppe angehörendes Unternehmen im Hoheitsgebiet eines Mitgliedstaats entsenden, sofern für die Dauer der Entsendung ein Arbeitsverhältnis zwischen dem entsendenden Unternehmen und dem Arbeitnehmer besteht, oder

c) als Leiharbeitsunternehmen oder als einen Arbeitnehmer zur Verfügung stellendes Unternehmen einen Arbeitnehmer in ein verwendendes Unternehmen entsenden, das seinen Sitz im Hoheitsgebiet eines Mitgliedstaats hat oder dort seine Tätigkeit ausübt, sofern für die Dauer der Entsendung ein Arbeitsverhältnis zwischen dem Leiharbeitunternehmen oder dem einen Arbeitnehmer zur Verfügung stellenden Unternehmen und dem Arbeitnehmer besteht.

(4) Unternehmen mit Sitz in einem Nichtmitgliedstaat darf keine günstigere Behandlung zuteil werden als Unternehmen mit Sitz in einem Mitgliedstaat.

Artikel 2: Begriffsbestimmung

(1) Im Sinne dieser Richtlinie gilt als entsandter Arbeitnehmer jeder Arbeitnehmer, der während eines begrenzten Zeitraums seine Arbeitsleistung im Hoheitsgebiet eines anderen Mitgliedstaats als demjenigen erbringt, in dessen Hoheitsgebiet er normalerweise arbeitet.

(2) Für die Zwecke dieser Richtlinie wird der Begriff des Arbeitnehmers in dem Sinne verwendet, in dem er im Recht des Mitgliedstaats, in dessen Hoheitsgebiet der Arbeitnehmer entsandt wird, gebraucht wird.

Artikel 3: Arbeits- und Beschäftigungsbedingungen

(1) Die Mitgliedstaaten sorgen dafür, daß unabhängig von dem auf das jeweilige Arbeitsverhältnis anwendbaren Recht die in Artikel 1 Absatz 1 genannten Unternehmen den in ihr Hoheitsgebiet entsandten Arbeitnehmern bezüglich der nachstehenden Aspekte die Arbeits- und Beschäftigungsbedingungen garantieren, die in dem Mitgliedstaat, in dessen Hoheitsgebiet die Arbeitsleistung erbracht wird,

– durch Rechts- oder Verwaltungsvorschriften und/oder
– durch für allgemein verbindlich erklärte Tarifverträge oder Schiedssprüche im Sinne des Absatzes 8, sofern sie die im Anhang genannten Tätigkeiten betreffen,

festgelegt sind:

a) Höchstarbeitszeiten und Mindestruhezeiten;
b) bezahlter Mindestjahresurlaub;
c) Mindestlohnsätze einschließlich der Überstundensätze; dies gilt nicht für die zusätzlichen betrieblichen Altersversorgungssysteme;
d) Bedingungen für die Überlassung von Arbeitskräften, insbesondere durch Leiharbeitsunternehmen;
e) Sicherheit, Gesundheitsschutz und Hygiene am Arbeitsplatz;
f) Schutzmaßnahmen im Zusammenhang mit den Arbeits- und Beschäftigungsbedingungen von Schwangeren und Wöchnerinnen, Kindern und Jugendlichen;
g) Gleichbehandlung von Männern und Frauen sowie andere Nichtdiskriminierungsbestimmungen.

Zum Zweck dieser Richtlinie wird der in Unterabsatz 1 Buchstabe c) genannte Begriff der Mindestlohnsätze durch die Rechtsvorschriften und/oder Praktiken des Mitgliedstaats bestimmt, in dessen Hoheitsgebiet der Arbeitnehmer entsandt wird.

(2) Absatz 1 Unterabsatz 1 Buchstaben b) und c) gilt nicht für Erstmontage- und/oder Einbauarbeiten, die Bestandteil eines Liefervertrags sind, für die Inbetriebnahme der gelieferten Güter unerläßlich sind und von Facharbeitern und/oder angelernten Arbeitern des Lieferunternehmens ausgeführt werden, wenn die Dauer der Entsendung acht Tage nicht übersteigt.

Dies gilt nicht für die im Anhang aufgeführten Bauarbeiten.

(3) Die Mitgliedstaaten können gemäß ihren üblichen Verfahren und Praktiken nach Konsultation der Sozialpartner beschließen, Absatz 1 Unterabsatz 1 Buchstabe c) in den in Artikel 1 Absatz 3 Buchstaben a) und b) genannten Fällen

nicht anzuwenden, wenn die Dauer der Entsendung einen Monat nicht übersteigt.

(4) Die Mitgliedstaaten können gemäß ihren Rechtsvorschriften und/oder Praktiken vorsehen, daß durch Tarifverträge im Sinne des Absatzes 8 für einen oder mehrere Tätigkeitsbereiche in den in Artikel 1 Absatz 3 Buchstaben a) und b) genannten Fällen von Absatz 1 Unterabsatz 1 Buchstabe c) sowie von dem Beschluß eines Mitgliedstaats nach Absatz 3 abgewichen werden kann, wenn die Dauer der Entsendung einen Monat nicht übersteigt.

(5) Die Mitgliedstaaten können in den in Artikel 1 Absatz 3 Buchstaben a) und b) genannten Fällen eine Ausnahme von Absatz 1 Unterabsatz 1 Buchstaben b) und c) vorsehen, wenn der Umfang der zu verrichtenden Arbeiten gering ist.

Die Mitgliedstaaten, die von der in Unterabsatz 1 gebotenen Möglichkeit Gebrauch machen, legen die Modalitäten fest, denen die zu verrichtenden Arbeiten entsprechen müssen, um als Arbeiten von geringem Umfang zu gelten.

(6) Die Dauer der Entsendung berechnet sich unter Zugrundelegung eines Bezugszeitraums von einem Jahr ab Beginn der Entsendung.

Bei der Berechnung der Entsendungsdauer wird die Dauer einer gegebenenfalls im Rahmen einer Entsendung von einem zu ersetzenden Arbeitnehmer bereits zurückgelegten Entsendungsdauer berücksichtigt.

(7) Die Absätze 1 bis 6 stehen der Anwendung von für die Arbeitnehmer günstigeren Beschäftigungs- und Arbeitsbedingungen nicht entgegen.

Die Entsendungszulagen gelten als Bestandteil des Mindestlohns, soweit sie nicht als Erstattung für infolge der Entsendung tatsächlich entstandene Kosten wie z. B. Reise-, Unterbringungs- und Verpflegungskosten gezahlt werden.

(8) Unter „für allgemein verbindlich erklärten Tarifverträgen oder Schiedssprüchen" sind Tarifverträge oder Schiedssprüche zu verstehen, die von allen in den jeweiligen geographischen Bereich fallenden und die betreffende Tätigkeit oder das betreffende Gewerbe ausübenden Unternehmen einzuhalten sind.

Gibt es kein System zur Allgemeinverbindlicherklärung von Tarifverträgen oder Schiedssprüchen im Sinne von Unterabsatz 1, so können die Mitgliedstaaten auch beschließen, folgendes zugrunde zu legen:

– die Tarifverträge oder Schiedssprüche, die für alle in den jeweiligen geographischen Bereich fallenden und die betreffende Tätigkeit oder das betreffende Gewerbe ausübenden gleichartigen Unternehmen allgemein wirksam sind, und/oder
– die Tarifverträge, die von den auf nationaler Ebene repräsentativsten Organisationen der Tarifvertragsparteien geschlossen werden und innerhalb des gesamten nationalen Hoheitsgebiets zur Anwendung kommen,

sofern deren Anwendung auf die in Artikel 1 Absatz 1 genannten Unternehmen eine Gleichbehandlung dieser Unternehmen in bezug auf die in Absatz 1 Unter-

I. Gesetzestexte, Richtlinien und Verordnungen **Anhang**

absatz 1 genannten Aspekte gegenüber den im vorliegenden Unterabsatz genannten anderen Unternehmen, die sich in einer vergleichbaren Lage befinden, gewährleistet.

Gleichbehandlung im Sinne dieses Artikels liegt vor, wenn für die inländischen Unternehmen, die sich in einer vergleichbaren Lage befinden,

- am betreffenden Ort oder in der betreffenden Sparte hinsichtlich der Aspekte des Absatzes 1 Unterabsatz 1 dieselben Anforderungen gelten wie für die Entsendeunternehmen und
- diese Anforderungen ihnen gegenüber mit derselben Wirkung durchgesetzt werden können.

(9) Die Mitgliedstaaten können vorsehen, daß die in Artikel 1 Absatz 1 genannten Unternehmen Arbeitnehmern im Sinne von Artikel 1 Absatz 3 Buchstabe c) diejenigen Bedingungen garantieren, die in dem Mitgliedstaat, in dessen Hoheitsgebiet die Arbeitsleistung erbracht wird, für Leiharbeitnehmer gelten.

(10) Diese Richtlinie berührt nicht das Recht der Mitgliedstaaten, unter Einhaltung des Vertrags für inländische und ausländische Unternehmen in gleicher Weise

- Arbeits- und Beschäftigungsbedingungen für andere als die in Absatz 1 Unterabsatz 1 aufgeführten Aspekte, soweit es sich um Vorschriften im Bereich der öffentlichen Ordnung handelt,
- Arbeits- und Beschäftigungsbedingungen, die in Tarifverträgen oder Schiedssprüchen nach Absatz 8 festgelegt sind und andere als im Anhang genannte Tätigkeit betreffen,

vorzuschreiben.

Artikel 4: Zusammenarbeit im Informationsbereich

(1) Zur Durchführung dieser Richtlinie benennen die Mitgliedstaaten gemäß ihren Rechtsvorschriften und/oder Praktiken ein oder mehrere Verbindungsbüros oder eine oder mehrere zuständige einzelstaatliche Stellen.

(2) Die Mitgliedstaaten sehen die Zusammenarbeit der Behörden vor, die entsprechend den einzelstaatlichen Rechtsvorschriften für die Überwachung der in Artikel 3 aufgeführten Arbeits- und Beschäftigungsbedingungen zuständig sind. Diese Zusammenarbeit besteht insbesondere darin, begründete Anfragen dieser Behörden zu beantworten, die das länderübergreifende Zurverfügungstellen von Arbeitnehmern, einschließlich offenkundiger Verstöße oder Fälle von Verdacht auf unzulässige länderübergreifende Tätigkeiten, betreffen.

Die Kommission und die in Unterabsatz 1 bezeichneten Behörden arbeiten eng zusammen, um etwaige Schwierigkeiten bei der Anwendung des Artikels 3 Absatz 10 zu prüfen.

Die gegenseitige Amtshilfe erfolgt unentgeltlich.

Anhang I. Gesetzestexte, Richtlinien und Verordnungen

(3) Jeder Mitgliedstaat ergreift die geeigneten Maßnahmen, damit die Informationen über die nach Artikel 3 maßgeblichen Arbeits- und Beschäftigungsbedingungen allgemein zugänglich sind.

(4) Jeder Mitgliedstaat nennt den anderen Mitgliedstaaten und der Kommission die in Absatz 1 bezeichneten Verbindungsbüros und/oder zuständigen Stellen.

Artikel 5: Maßnahmen

Die Mitgliedstaaten sehen geeignete Maßnahmen für den Fall der Nichteinhaltung dieser Richtlinie vor.

Sie stellen insbesondere sicher, daß den Arbeitnehmern und/oder ihren Vertretern für die Durchsetzung der sich aus dieser Richtlinie ergebenden Verpflichtungen geeignete Verfahren zur Verfügung stehen.

Artikel 6: Gerichtliche Zuständigkeit

Zur Durchsetzung des Rechts auf die in Artikel 3 gewährleisteten Arbeits- und Beschäftigungsbedingungen kann eine Klage in dem Mitgliedstaat erhoben werden, in dessen Hoheitsgebiet der Arbeitnehmer entsandt ist oder war; dies berührt nicht die Möglichkeit, gegebenenfalls gemäß den geltenden internationalen Übereinkommen über die gerichtliche Zuständigkeit in einem anderen Staat Klage zu erheben.

Artikel 7: Durchführung

Die Mitgliedstaaten erlassen die Rechts- und Verwaltungsvorschriften, die erforderlich sind, um dieser Richtlinie spätestens ab dem 16. Dezember 1999 nachzukommen. Sie setzen die Kommission hiervon unverzüglich in Kenntnis.

Wenn die Mitgliedstaaten diese Vorschriften erlassen, nehmen sie in den Vorschriften selbst oder durch einen Hinweis bei der amtlichen Veröffentlichung auf diese Richtlinie Bezug. Die Mitgliedstaaten regeln die Einzelheiten dieser Bezugnahme.

Artikel 8: Überprüfung durch die Kommission

Spätestens zum 16. Dezember 2001 überprüft die Kommission die Anwendung dieser Richtlinie, um dem Rat erforderlichenfalls entsprechende Änderungen vorzuschlagen.

Artikel 9: Diese Richtlinie ist an die Mitgliedstaaten gerichtet.

ANHANG

Die in Artikel 3 Absatz 1 zweiter Gedankenstrich genannten Tätigkeiten umfassen alle Bauarbeiten, die der Errichtung, der Instandsetzung, der Instandhaltung, dem Umbau oder dem Abriß von Bauwerken dienen, insbesondere

1. Aushub
2. Erdarbeiten
3. Bauarbeiten im engeren Sinne
4. Errichtung und Abbau von Fertigbauelementen
5. Einrichtung oder Ausstattung
6. Umbau
7. Renovierung
8. Reparatur
9. Abbauarbeiten
10. Abbrucharbeiten
11. Wartung
12. Instandhaltung (Maler- und Reinigungsarbeiten)
13. Sanierung.

Anhang I. Gesetzestexte, Richtlinien und Verordnungen

3. RICHTLINIE 2008/104/EG DES EUROPÄISCHEN PARLAMENTS UND DES RATES
vom 19. November 2008 über Leiharbeit

DAS EUROPÄISCHE PARLAMENT UND DER RAT DER EUROPÄISCHEN UNION – gestützt auf den Vertrag zur Gründung der Europäischen Gemeinschaft, insbesondere auf Artikel 137 Absatz 2, auf Vorschlag der Kommission, nach Stellungnahme des Europäischen Wirtschafts- und Sozialausschusses, nach Anhörung des Ausschusses der Regionen, gemäß dem Verfahren des Artikels 251 des Vertrags, in Erwägung nachstehender Gründe:

(1) Diese Richtlinie steht im Einklang mit den Grundrechten und befolgt die in der Charta der Grundrechte der Europäischen Union anerkannten Prinzipien. Sie soll insbesondere die uneingeschränkte Einhaltung von Artikel 31 der Charta gewährleisten, wonach jede Arbeitnehmerin und jeder Arbeitnehmer das Recht auf gesunde, sichere und würdige Arbeitsbedingungen sowie auf eine Begrenzung der Höchstarbeitszeit, auf tägliche und wöchentliche Ruhezeiten sowie auf bezahlten Jahresurlaub hat.

(2) Nummer 7 der Gemeinschaftscharta der sozialen Grundrechte der Arbeitnehmer sieht unter anderem vor, dass die Verwirklichung des Binnenmarktes zu einer Verbesserung der Lebens- und Arbeitsbedingungen der Arbeitnehmer in der Europäischen Gemeinschaft führen muss; dieser Prozess erfolgt durch eine Angleichung dieser Bedingungen auf dem Wege des Fortschritts und betrifft namentlich Arbeitsformen wie das befristete Arbeitsverhältnis, Teilzeitarbeit, Leiharbeit und Saisonarbeit.

(3) Die Kommission hat die Sozialpartner auf Gemeinschaftsebene am 27. September 1995 gemäß Artikel 138 Absatz 2 des Vertrags zu einem Tätigwerden auf Gemeinschaftsebene hinsichtlich der Flexibilität der Arbeitszeit und der Arbeitsplatzsicherheit gehört.

(4) Da die Kommission nach dieser Anhörung eine Gemeinschaftsaktion für zweckmäßig hielt, hat sie die Sozialpartner am 9. April 1996 erneut gemäß Artikel 138 Absatz 3 des Vertrags zum Inhalt des in Aussicht genommenen Vorschlags gehört.

(5) In der Präambel zu der am 18. März 1999 geschlossenen Rahmenvereinbarung über befristete Arbeitsverträge bekundeten die Unterzeichneten ihre Absicht, die Notwendigkeit einer ähnlichen Vereinbarung zum Thema Leiharbeit zu prüfen und entschieden, Leiharbeitnehmer nicht in der Richtlinie über befristete Arbeitsverträge zu behandeln.

(6) Die allgemeinen branchenübergreifenden Wirtschaftsverbände, nämlich die Union der Industrie- und Arbeitgeberverbände Europas (UNICE), der Europäische Zentralverband der öffentlichen Wirtschaft (CEEP) und der Europäische

I. Gesetzestexte, Richtlinien und Verordnungen **Anhang**

Gewerkschaftsbund (EGB), haben der Kommission in einem gemeinsamen Schreiben vom 29. Mai 2000 mitgeteilt, dass sie den Prozess nach Artikel 139 des Vertrags in Gang setzen wollen. Sie haben die Kommission in einem weiteren gemeinsamen Schreiben vom 28. Februar 2001 um eine Verlängerung der in Artikel 138 Absatz 4 genannten Frist um einen Monat ersucht. Die Kommission hat dieser Bitte entsprochen und die Verhandlungsfrist bis zum 15. März 2001 verlängert.

(7) Am 21. Mai 2001 erkannten die Sozialpartner an, dass ihre Verhandlungen über Leiharbeit zu keinem Ergebnis geführt hatten.

(8) Der Europäische Rat hat es im März 2005 für unabdingbar gehalten, der Lissabon-Strategie neue Impulse zu geben und ihre Prioritäten erneut auf Wachstum und Beschäftigung auszurichten. Der Rat hat die Integrierten Leitlinien für Wachstum und Beschäftigung (2005–2008) angenommen, die unter gebührender Berücksichtigung der Rolle der Sozialpartner unter anderem der Förderung von Flexibilität in Verbindung mit Beschäftigungssicherheit und der Verringerung der Segmentierung des Arbeitsmarktes dienen sollen.

(9) Im Einklang mit der Mitteilung der Kommission zur sozialpolitischen Agenda für den Zeitraum bis 2010, die vom Europäischen Rat im März 2005 als Beitrag zur Verwirklichung der Ziele der Lissabon-Strategie durch Stärkung des europäischen Sozialmodells begrüßt wurde, hat der Europäische Rat die Ansicht vertreten, dass auf Seiten der Arbeitnehmer und der Unternehmen neue Formen der Arbeitsorganisation und eine größere Vielfalt der Arbeitsverträge mit besserer Kombination von Flexibilität und Sicherheit zur Anpassungsfähigkeit beitragen würden. Im Dezember 2007 hat der Europäische Rat darüber hinaus die vereinbarten gemeinsamen Flexicurity-Grundsätze gebilligt, die auf ein ausgewogenes Verhältnis zwischen Flexibilität und Sicherheit auf dem Arbeitsmarkt abstellen und sowohl Arbeitnehmern als auch Arbeitgebern helfen sollen, die durch die Globalisierung gebotenen Chancen zu nutzen.

(10) In Bezug auf die Inanspruchnahme der Leiharbeit sowie die rechtliche Stellung, den Status und die Arbeitsbedingungen der Leiharbeitnehmer lassen sich innerhalb der Union große Unterschiede feststellen.

(11) Die Leiharbeit entspricht nicht nur dem Flexibilitätsbedarf der Unternehmen, sondern auch dem Bedürfnis der Arbeitnehmer, Beruf und Privatleben zu vereinbaren. Sie trägt somit zur Schaffung von Arbeitsplätzen und zur Teilnahme am und zur Eingliederung in den Arbeitsmarkt bei.

(12) Die vorliegende Richtlinie legt einen diskriminierungsfreien, transparenten und verhältnismäßigen Rahmen zum Schutz der Leiharbeitnehmer fest und wahrt gleichzeitig die Vielfalt der Arbeitsmärkte und der Arbeitsbeziehungen.

(13) Die Richtlinie 91/383/EWG des Rates vom 25. Juni 1991 zur Ergänzung der Maßnahmen zur Verbesserung der Sicherheit und des Gesundheitsschutzes von Arbeitnehmern mit befristetem Arbeitsverhältnis oder Leiharbeitsverhält-

Anhang   I. Gesetzestexte, Richtlinien und Verordnungen

nis enthält die für Leiharbeitnehmer geltenden Bestimmungen im Bereich von Sicherheit und Gesundheitsschutz am Arbeitsplatz.

(14) Die wesentlichen Arbeits- und Beschäftigungsbedingungen für Leiharbeitnehmer sollten mindestens denjenigen entsprechen, die für diese Arbeitnehmer gelten würden, wenn sie von dem entleihenden Unternehmen für den gleichen Arbeitsplatz eingestellt würden.

(15) Unbefristete Arbeitsverträge sind die übliche Form des Beschäftigungsverhältnisses. Im Falle von Arbeitnehmern, die einen unbefristeten Vertrag mit dem Leiharbeitsunternehmen geschlossen haben, sollte angesichts des hierdurch gegebenen besonderen Schutzes die Möglichkeit vorgesehen werden, von den im entleihenden Unternehmen geltenden Regeln abzuweichen.

(16) Um der Vielfalt der Arbeitsmärkte und der Arbeitsbeziehungen auf flexible Weise gerecht zu werden, können die Mitgliedstaaten den Sozialpartnern gestatten, Arbeits- und Beschäftigungsbedingungen festzulegen, sofern das Gesamtschutzniveau für Leiharbeitnehmer gewahrt bleibt.

(17) Außerdem sollten die Mitgliedstaaten unter bestimmten, genau festgelegten Umständen auf der Grundlage einer zwischen den Sozialpartnern auf nationaler Ebene geschlossenen Vereinbarung vom Grundsatz der Gleichbehandlung in beschränktem Maße abweichen dürfen, sofern ein angemessenes Schutzniveau gewährleistet ist.

(18) Die Verbesserung des Mindestschutzes der Leiharbeitnehmer sollte mit einer Überprüfung der Einschränkungen oder Verbote einhergehen, die möglicherweise in Bezug auf Leiharbeit gelten. Diese können nur aus Gründen des Allgemeininteresses, vor allem des Arbeitnehmerschutzes, der Erfordernisse von Gesundheitsschutz und Sicherheit am Arbeitsplatz und der Notwendigkeit, das reibungslose Funktionieren des Arbeitsmarktes zu gewährleisten und eventuellen Missbrauch zu verhüten, gerechtfertigt sein.

(19) Die vorliegende Richtlinie beeinträchtigt weder die Autonomie der Sozialpartner, noch sollte sie die Beziehungen zwischen den Sozialpartnern beeinträchtigen, einschließlich des Rechts, Tarifverträge gemäß nationalem Recht und nationalen Gepflogenheiten bei gleichzeitiger Einhaltung des geltenden Gemeinschaftsrechts auszuhandeln und zu schließen.

(20) Die in dieser Richtlinie enthaltenen Bestimmungen über Einschränkungen oder Verbote der Beschäftigung von Leiharbeitnehmern lassen die nationalen Rechtsvorschriften und Gepflogenheiten unberührt, die es verbieten, streikende Arbeitnehmer durch Leiharbeitnehmer zu ersetzen.

(21) Die Mitgliedstaaten sollten für Verstöße gegen die Verpflichtungen aus dieser Richtlinie Verwaltungs- oder Gerichtsverfahren zur Wahrung der Rechte der Leiharbeitnehmer sowie wirksame, abschreckende und verhältnismäßige Sanktionen vorsehen.

I. Gesetzestexte, Richtlinien und Verordnungen **Anhang**

(22) Die vorliegende Richtlinie sollte im Einklang mit den Vorschriften des Vertrags über die Dienstleistungs- und Niederlassungsfreiheit, und unbeschadet der Richtlinie 96/71/EG des Europäischen Parlaments und des Rates vom 16. Dezember 1996 über die Entsendung von Arbeitnehmern im Rahmen der Erbringung von Dienstleistungen umgesetzt werden.

(23) Da das Ziel dieser Richtlinie, nämlich die Schaffung eines auf Gemeinschaftsebene harmonisierten Rahmens zum Schutz der Leiharbeitnehmer, auf Ebene der Mitgliedstaaten nicht ausreichend verwirklicht werden kann und daher wegen des Umfangs und der Wirkungen der Maßnahme besser auf Gemeinschaftsebene zu verwirklichen ist, und zwar durch Einführung von Mindestvorschriften, die in der gesamten Europäischen Gemeinschaft Geltung besitzen, kann die Gemeinschaft im Einklang mit dem in Artikel 5 des Vertrags niedergelegten Subsidiaritätsprinzip tätig werden. Entsprechend dem in demselben Artikel genannten Grundsatz der Verhältnismäßigkeit geht diese Richtlinie nicht über das zur Erreichung dieses Ziels erforderliche Maß hinaus –

HABEN FOLGENDE RICHTLINIE ERLASSEN:

KAPITEL I
ALLGEMEINE BESTIMMUNGEN

Artikel 1
Anwendungsbereich

(1) Diese Richtlinie gilt für Arbeitnehmer, die mit einem Leiharbeitsunternehmen einen Arbeitsvertrag geschlossen haben oder ein Beschäftigungsverhältnis eingegangen sind und die entleihenden Unternehmen zur Verfügung gestellt werden, um vorübergehend unter deren Aufsicht und Leitung zu arbeiten.

(2) Diese Richtlinie gilt für öffentliche und private Unternehmen, bei denen es sich um Leiharbeitsunternehmen oder entleihende Unternehmen handelt, die eine wirtschaftliche Tätigkeit ausüben, unabhängig davon, ob sie Erwerbszwecke verfolgen oder nicht.

(3) Die Mitgliedstaaten können nach Anhörung der Sozialpartner vorsehen, dass diese Richtlinie nicht für Arbeitsverträge oder Beschäftigungsverhältnisse gilt, die im Rahmen eines spezifischen öffentlichen oder von öffentlichen Stellen geförderten beruflichen Ausbildungs-, Eingliederungs- und Umschulungsprogramms geschlossen wurden.

Anhang I. Gesetzestexte, Richtlinien und Verordnungen

Artikel 2
Ziel

Ziel dieser Richtlinie ist es, für den Schutz der Leiharbeitnehmer zu sorgen und die Qualität der Leiharbeit zu verbessern, indem die Einhaltung des Grundsatzes der Gleichbehandlung von Leiharbeitnehmern gemäß Artikel 5 gesichert wird und die Leiharbeitsunternehmen als Arbeitgeber anerkannt werden, wobei zu berücksichtigen ist, dass ein angemessener Rahmen für den Einsatz von Leiharbeit festgelegt werden muss, um wirksam zur Schaffung von Arbeitsplätzen und zur Entwicklung flexibler Arbeitsformen beizutragen.

Artikel 3
Begriffsbestimmungen

(1) Im Sinne dieser Richtlinie bezeichnet der Ausdruck

a) „Arbeitnehmer" eine Person, die in dem betreffenden Mitgliedstaat nach dem nationalen Arbeitsrecht als Arbeitnehmer geschützt ist;

b) „Leiharbeitsunternehmen" eine natürliche oder juristische Person, die nach einzelstaatlichem Recht mit Leiharbeitnehmern Arbeitsverträge schließt oder Beschäftigungsverhältnisse eingeht, um sie entleihenden Unternehmen zu überlassen, damit sie dort unter deren Aufsicht und Leitung vorübergehend arbeiten;

c) „Leiharbeitnehmer" einen Arbeitnehmer, der mit einem Leiharbeitsunternehmen einen Arbeitsvertrag geschlossen hat oder ein Beschäftigungsverhältnis eingegangen ist, um einem entleihenden Unternehmen überlassen zu werden und dort unter dessen Aufsicht und Leitung vorübergehend zu arbeiten;

d) „entleihendes Unternehmen" eine natürliche oder juristische Person, in deren Auftrag und unter deren Aufsicht und Leitung ein Leiharbeitnehmer vorübergehend arbeitet;

e) „Überlassung" den Zeitraum, während dessen der Leiharbeitnehmer dem entleihenden Unternehmen zur Verfügung gestellt wird, um dort unter dessen Aufsicht und Leitung vorübergehend zu arbeiten;

f) „wesentliche Arbeits- und Beschäftigungsbedingungen" die Arbeits- und Beschäftigungsbedingungen, die durch Gesetz, Verordnung, Verwaltungsvorschrift, Tarifvertrag und/oder sonstige verbindliche Bestimmungen allgemeiner Art, die im entleihenden Unternehmen gelten, festgelegt sind und sich auf folgende Punkte beziehen:
i) Dauer der Arbeitszeit, Überstunden, Pausen, Ruhezeiten, Nachtarbeit, Urlaub, arbeitsfreie Tage,
ii) Arbeitsentgelt.

(2) Diese Richtlinie lässt das nationale Recht in Bezug auf die Begriffsbestimmungen von „Arbeitsentgelt", „Arbeitsvertrag", „Beschäftigungsverhältnis" oder „Arbeitnehmer" unberührt.

Die Mitgliedstaaten dürfen Arbeitnehmer, Arbeitsverträge oder Beschäftigungsverhältnisse nicht lediglich deshalb aus dem Anwendungsbereich dieser Richtlinie ausschließen, weil sie Teilzeitbeschäftigte, befristet beschäftigte Arbeitnehmer oder Personen sind bzw. betreffen, die mit einem Leiharbeitsunternehmen einen Arbeitsvertrag geschlossen haben oder ein Beschäftigungsverhältnis eingegangen sind.

Artikel 4
Überprüfung der Einschränkungen und Verbote

(1) Verbote oder Einschränkungen des Einsatzes von Leiharbeit sind nur aus Gründen des Allgemeininteresses gerechtfertigt; hierzu zählen vor allem der Schutz der Leiharbeitnehmer, die Erfordernisse von Gesundheitsschutz und Sicherheit am Arbeitsplatz oder die Notwendigkeit, das reibungslose Funktionieren des Arbeitsmarktes zu gewährleisten und eventuellen Missbrauch zu verhüten.

(2) Nach Anhörung der Sozialpartner gemäß den nationalen Rechtsvorschriften, Tarifverträgen und Gepflogenheiten überprüfen die Mitgliedstaaten bis zum 5. Dezember 2011 die Einschränkungen oder Verbote des Einsatzes von Leiharbeit, um festzustellen, ob sie aus den in Absatz 1 genannten Gründen gerechtfertigt sind.

(3) Sind solche Einschränkungen oder Verbote durch Tarifverträge festgelegt, so kann die Überprüfung gemäß Absatz 2 von denjenigen Sozialpartnern durchgeführt werden, die die einschlägige Vereinbarung ausgehandelt haben.

(4) Die Absätze 1, 2 und 3 gelten unbeschadet der nationalen Anforderungen hinsichtlich der Eintragung, Zulassung, Zertifizierung, finanziellen Garantie und Überwachung der Leiharbeitsunternehmen.

(5) Die Mitgliedstaaten informieren die Kommission über die Ergebnisse der Überprüfung gemäß den Absätzen 2 und 3 bis zum 5. Dezember 2011.

KAPITEL II
ARBEITS- UND BESCHÄFTIGUNGSBEDINGUNGEN

Artikel 5
Grundsatz der Gleichbehandlung

(1) Die wesentlichen Arbeits- und Beschäftigungsbedingungen der Leiharbeitnehmer entsprechen während der Dauer ihrer Überlassung an ein entleihendes Unternehmen mindestens denjenigen, die für sie gelten würden, wenn sie von jenem genannten Unternehmen unmittelbar für den gleichen Arbeitsplatz eingestellt worden wären.

Anhang I. Gesetzestexte, Richtlinien und Verordnungen

Bei der Anwendung von Unterabsatz 1 müssen die im entleihenden Unternehmen geltenden Regeln in Bezug auf

a) den Schutz schwangerer und stillender Frauen und den Kinder- und Jugendschutz sowie

b) die Gleichbehandlung von Männern und Frauen und sämtliche Maßnahmen zur Bekämpfung von Diskriminierungen aufgrund des Geschlechts, der Rasse oder der ethnischen Herkunft, der Religion oder Weltanschauung, einer Behinderung, des Alters oder der sexuellen Orientierung

so eingehalten werden, wie sie durch Gesetze, Verordnungen, Verwaltungsvorschriften, Tarifverträge und/oder sonstige Bestimmungen allgemeiner Art festgelegt sind.

(2) In Bezug auf das Arbeitsentgelt können die Mitgliedstaaten nach Anhörung der Sozialpartner die Möglichkeit vorsehen, dass vom Grundsatz des Absatzes 1 abgewichen wird, wenn Leiharbeitnehmer, die einen unbefristeten Vertrag mit dem Leiharbeitsunternehmen abgeschlossen haben, auch in der Zeit zwischen den Überlassungen bezahlt werden.

(3) Die Mitgliedstaaten können nach Anhörung der Sozialpartner diesen die Möglichkeit einräumen, auf der geeigneten Ebene und nach Maßgabe der von den Mitgliedstaaten festgelegten Bedingungen Tarifverträge aufrechtzuerhalten oder zu schließen, die unter Achtung des Gesamtschutzes von Leiharbeitnehmern Regelungen in Bezug auf die Arbeits- und Beschäftigungsbedingungen von Leiharbeitnehmern, welche von den in Absatz 1 aufgeführten Regelungen abweichen können, enthalten können.

(4) Sofern Leiharbeitnehmern ein angemessenes Schutzniveau gewährt wird, können Mitgliedstaaten, in denen es entweder kein gesetzliches System, durch das Tarifverträge allgemeine Gültigkeit erlangen, oder kein gesetzliches System bzw. keine Gepflogenheiten zur Ausweitung von deren Bestimmungen auf alle vergleichbaren Unternehmen in einem bestimmten Sektor oder bestimmten geografischen Gebiet gibt, – nach Anhörung der Sozialpartner auf nationaler Ebene und auf der Grundlage einer von ihnen geschlossenen Vereinbarung – Regelungen in Bezug auf die wesentlichen Arbeits- und Beschäftigungsbedingungen von Leiharbeitnehmern festlegen, die vom Grundsatz des Absatzes 1 abweichen. Zu diesen Regelungen kann auch eine Wartezeit für Gleichbehandlung zählen.

Die in diesem Absatz genannten Regelungen müssen mit den gemeinschaftlichen Bestimmungen in Einklang stehen und hinreichend präzise und leicht zugänglich sein, damit die betreffenden Sektoren und Firmen ihre Verpflichtungen bestimmen und einhalten können. Insbesondere müssen die Mitgliedstaaten in Anwendung des Artikels 3 Absatz 2 angeben, ob betriebliche Systeme der sozialen Sicherheit, einschließlich Rentensysteme, Systeme zur Lohnfortzahlung im Krankheitsfall oder Systeme der finanziellen Beteiligung, zu den in Absatz 1 genannten wesentlichen Arbeits- und Beschäftigungsbedingungen zählen. Solche Vereinbarungen lassen Vereinbarungen auf nationaler, regionaler, lokaler oder sektoraler Ebene, die für Arbeitnehmer nicht weniger günstig sind, unberührt.

(5) Die Mitgliedstaaten ergreifen die erforderlichen Maßnahmen gemäß ihren nationalen Rechtsvorschriften und/oder Gepflogenheiten, um eine missbräuchliche Anwendung dieses Artikels zu verhindern und um insbesondere aufeinander folgende Überlassungen, mit denen die Bestimmungen der Richtlinie umgangen werden sollen, zu verhindern. Sie unterrichten die Kommission über solche Maßnahmen.

Artikel 6
Zugang zu Beschäftigung, Gemeinschaftseinrichtungen und beruflicher Bildung

(1) Die Leiharbeitnehmer werden über die im entleihenden Unternehmen offenen Stellen unterrichtet, damit sie die gleichen Chancen auf einen unbefristeten Arbeitsplatz haben wie die übrigen Arbeitnehmer dieses Unternehmens. Diese Unterrichtung kann durch allgemeine Bekanntmachung an einer geeigneten Stelle in dem Unternehmen erfolgen, in dessen Auftrag und unter dessen Aufsicht die Leiharbeitnehmer arbeiten.

(2) Die Mitgliedstaaten ergreifen die erforderlichen Maßnahmen, damit Klauseln, die den Abschluss eines Arbeitsvertrags oder die Begründung eines Beschäftigungsverhältnisses zwischen dem entleihenden Unternehmen und dem Leiharbeitnehmer nach Beendigung seines Einsatzes verbieten oder darauf hinauslaufen, diese zu verhindern, nichtig sind oder für nichtig erklärt werden können.

Dieser Absatz lässt die Bestimmungen unberührt, aufgrund deren Leiharbeitsunternehmen für die dem entleihenden Unternehmen erbrachten Dienstleistungen in Bezug auf Überlassung, Einstellung und Ausbildung von Leiharbeitnehmern einen Ausgleich in angemessener Höhe erhalten.

(3) Leiharbeitsunternehmen dürfen im Gegenzug zur Überlassung an ein entleihendes Unternehmen oder in dem Fall, dass Arbeitnehmer nach beendigter Überlassung mit dem betreffenden entleihenden Unternehmen einen Arbeitsvertrag abschließen oder ein Beschäftigungsverhältnis eingehen, kein Entgelt von den Arbeitnehmern verlangen.

(4) Unbeschadet des Artikels 5 Absatz 1 haben Leiharbeitnehmer in dem entleihenden Unternehmen zu den gleichen Bedingungen wie die unmittelbar von dem Unternehmen beschäftigten Arbeitnehmer Zugang zu den Gemeinschaftseinrichtungen oder -diensten, insbesondere zur Gemeinschaftsverpflegung, zu Kinderbetreuungseinrichtungen und zu Beförderungsmitteln, es sei denn, eine unterschiedliche Behandlung ist aus objektiven Gründen gerechtfertigt.

Anhang I. Gesetzestexte, Richtlinien und Verordnungen

(5) Die Mitgliedstaaten treffen die geeigneten Maßnahmen oder fördern den Dialog zwischen den Sozialpartnern nach ihren nationalen Traditionen und Gepflogenheiten mit dem Ziel,

a) den Zugang der Leiharbeitnehmer zu Fort- und Weiterbildungsangeboten und Kinderbetreuungseinrichtungen in den Leiharbeitsunternehmen – auch in der Zeit zwischen den Überlassungen – zu verbessern, um deren berufliche Entwicklung und Beschäftigungsfähigkeit zu fördern;
b) den Zugang der Leiharbeitnehmer zu den Fort- und Weiterbildungsangeboten für die Arbeitnehmer der entleihenden Unternehmen zu verbessern.

Artikel 7
Vertretung der Leiharbeitnehmer

(1) Leiharbeitnehmer werden unter Bedingungen, die die Mitgliedstaaten festlegen, im Leiharbeitsunternehmen bei der Berechnung des Schwellenwertes für die Einrichtung der Arbeitnehmervertretungen berücksichtigt, die nach Gemeinschaftsrecht und nationalem Recht oder in den Tarifverträgen vorgesehen sind.

(2) Die Mitgliedstaaten können unter den von ihnen festgelegten Bedingungen vorsehen, dass Leiharbeitnehmer im entleihenden Unternehmen bei der Berechnung des Schwellenwertes für die Einrichtung der nach Gemeinschaftsrecht und nationalem Recht oder in den Tarifverträgen vorgesehenen Arbeitnehmervertretungen im gleichen Maße berücksichtigt werden wie Arbeitnehmer, die das entleihende Unternehmen für die gleiche Dauer unmittelbar beschäftigen würde.

(3) Die Mitgliedstaaten, die die Option nach Absatz 2 in Anspruch nehmen, sind nicht verpflichtet, Absatz 1 umzusetzen.

Artikel 8
Unterrichtung der Arbeitnehmervertreter

Unbeschadet strengerer und/oder spezifischerer einzelstaatlicher oder gemeinschaftlicher Vorschriften über Unterrichtung und Anhörung und insbesondere der Richtlinie 2002/14/EG des Europäischen Parlaments und des Rates vom 11. März 2002 zur Festlegung eines allgemeinen Rahmens für die Unterrichtung und Anhörung der Arbeitnehmer in der Europäischen Gemeinschaft hat das entleihende Unternehmen den gemäß einzelstaatlichem und gemeinschaftlichem Recht eingesetzten Arbeitnehmervertretungen im Zuge der Unterrichtung über die Beschäftigungslage in dem Unternehmen angemessene Informationen über den Einsatz von Leiharbeitnehmern in dem Unternehmen vorzulegen.

KAPITEL III
SCHLUSSBESTIMMUNGEN

Artikel 9
Mindestvorschriften

(1) Diese Richtlinie lässt das Recht der Mitgliedstaaten unberührt, für Arbeitnehmer günstigere Rechts- und Verwaltungsvorschriften anzuwenden oder zu erlassen oder den Abschluss von Tarifverträgen oder Vereinbarungen zwischen den Sozialpartnern zu fördern oder zuzulassen, die für die Arbeitnehmer günstiger sind.

(2) Die Durchführung dieser Richtlinie ist unter keinen Umständen ein hinreichender Grund zur Rechtfertigung einer Senkung des allgemeinen Schutzniveaus für Arbeitnehmer in den von dieser Richtlinie abgedeckten Bereichen. Dies gilt unbeschadet der Rechte der Mitgliedstaaten und/oder der Sozialpartner, angesichts sich wandelnder Bedingungen andere Rechts- und Verwaltungsvorschriften oder vertragliche Regelungen festzulegen als diejenigen, die zum Zeitpunkt des Erlasses dieser Richtlinie gelten, sofern die Mindestvorschriften dieser Richtlinie eingehalten werden.

Artikel 10
Sanktionen

(1) Für den Fall der Nichteinhaltung dieser Richtlinie durch Leiharbeitsunternehmen oder durch entleihende Unternehmen sehen die Mitgliedstaaten geeignete Maßnahmen vor. Sie sorgen insbesondere dafür, dass es geeignete Verwaltungs- oder Gerichtsverfahren gibt, um die Erfüllung der sich aus der Richtlinie ergebenden Verpflichtungen durchsetzen zu können.

(2) Die Mitgliedstaaten legen die Sanktionen fest, die im Falle eines Verstoßes gegen die einzelstaatlichen Vorschriften zur Umsetzung dieser Richtlinie Anwendung finden, und treffen alle erforderlichen Maßnahmen, um deren Durchführung zu gewährleisten. Die Sanktionen müssen wirksam, angemessen und abschreckend sein. Die Mitgliedstaaten teilen der Kommission diese Bestimmungen bis zum 5. Dezember 2011 mit. Die Mitgliedstaaten melden der Kommission rechtzeitig alle nachfolgenden Änderungen dieser Bestimmungen. Sie stellen insbesondere sicher, dass die Arbeitnehmer und/oder ihre Vertreter über angemessene Mittel zur Erfüllung der in dieser Richtlinie vorgesehenen Verpflichtungen verfügen.

Anhang I. Gesetzestexte, Richtlinien und Verordnungen

Artikel 11
Umsetzung

(1) Die Mitgliedstaaten setzen die erforderlichen Rechts- und Verwaltungsvorschriften in Kraft und veröffentlichen sie, um dieser Richtlinie bis spätestens zum 5. Dezember 2011 nachzukommen, oder sie vergewissern sich, dass die Sozialpartner die erforderlichen Vorschriften im Wege von Vereinbarungen festlegen; dabei sind die Mitgliedstaaten gehalten, die erforderlichen Vorkehrungen zu treffen, damit sie jederzeit gewährleisten können, dass die Ziele dieser Richtlinie erreicht werden. Sie setzen die Kommission unverzüglich davon in Kenntnis.

(2) Wenn die Mitgliedstaaten diese Maßnahmen erlassen, nehmen sie in den Vorschriften selbst oder durch einen Hinweis bei deren amtlicher Veröffentlichung auf diese Richtlinie Bezug. Die Mitgliedstaaten regeln die Einzelheiten der Bezugnahme.

Artikel 12
Überprüfung durch die Kommission

Die Kommission überprüft im Benehmen mit den Mitgliedstaaten und den Sozialpartnern auf Gemeinschaftsebene die Anwendung dieser Richtlinie bis zum 5. Dezember 2013, um erforderlichenfalls die notwendigen Änderungen vorzuschlagen.

Artikel 13
Inkrafttreten

Diese Richtlinie tritt am Tag ihrer Veröffentlichung im *Amtsblatt der Europäischen Union* in Kraft.

Artikel 14
Adressaten

Diese Richtlinie ist an die Mitgliedstaaten gerichtet.

4. Erste Verordnung über eine Lohnuntergrenze in der Arbeitnehmerüberlassung

§ 1 Geltungsbereich

Diese Verordnung findet Anwendung auf alle Arbeitgeber, die als Verleiher Dritten (Entleiher) Arbeitnehmerinnen und Arbeitnehmer (Leiharbeitnehmerinnen und Leiharbeitnehmer) im Rahmen ihrer wirtschaftlichen Tätigkeit überlassen. Diese Verordnung findet auch auf Arbeitsverhältnisse zwischen einem im Ausland ansässigen Verleiher und seinen im Inland beschäftigten Arbeitnehmerinnen und Arbeitnehmern Anwendung.

§ 2 Lohnuntergrenze

(1) Verleiher sind verpflichtet, ihren Leiharbeitnehmerinnen und Leiharbeitnehmern mindestens das in Absatz 2 genannte Bruttoentgelt pro Arbeitsstunde zu zahlen (Mindeststundenentgelt).

(2) Das Mindeststundenentgelt beträgt:
1. vom 1. Januar 2012 bis zum 31. Oktober 2012
   a) in den Bundesländern Berlin, Brandenburg, Mecklenburg-Vorpommern, Sachsen, Sachsen-Anhalt und Thüringen   7,01 Euro,
   b) in den übrigen Bundesländern   7,89 Euro;
2. vom 1. November 2012 bis zum 31. Oktober 2013
   a) in den Bundesländern Berlin, Brandenburg, Mecklenburg-Vorpommern, Sachsen, Sachsen-Anhalt und Thüringen   7,50 Euro,
   b) in den übrigen Bundesländern   8,19 Euro.

(3) Es gilt das Mindeststundenentgelt des Arbeitsortes. Auswärtig beschäftigte Leiharbeitnehmerinnen und Leiharbeitnehmer behalten den Anspruch auf das Entgelt ihres Einstellungsortes, soweit dieses höher ist.

(4) Der Anspruch auf das Mindeststundenentgelt wird spätestens am 15. Bankarbeitstag (Referenzort ist Frankfurt am Main) des Monats fällig, der auf den Monat folgt, für den das Mindestentgelt zu zahlen ist. Satz 1 gilt nicht für die über die regelmäßige monatliche Arbeitszeit hinaus entstandenen Arbeitsstunden, wenn eine tarifvertragliche Regelung zur Arbeitszeitflexibilisierung mit einem Arbeitszeitkonto besteht. Das Arbeitszeitkonto darf höchstens 200 Plusstunden umfassen. Zur Beschäftigungssicherung kann das Arbeitszeitkonto bei saisonalen Schwankungen im Einzelfall bis zu 230 Plusstunden umfassen. Beträgt das Arbeitszeitguthaben mehr als 150 Plusstunden, ist der Verleiher verpflichtet, die über 150 Stunden hinausgehenden Plusstunden einschließlich der darauf entfallenden Sozialversicherungsabgaben gegen Insolvenz zu sichern und die Insolvenzsicherung der Leiharbeitnehmerin bzw. dem Leiharbeitnehmer nachzuweisen. Ohne diesen Nachweis darf das Arbeitszeitguthaben höchstens 150 Plusstunden umfassen.

Anhang I. Gesetzestexte, Richtlinien und Verordnungen

§ 3 Inkrafttreten, Außerkrafttreten

Diese Verordnung tritt am 1. Januar 2012 in Kraft und am 31. Oktober 2013 außer Kraft.

I. Gesetzestexte, Richtlinien und Verordnungen **Anhang**

5. VERORDNUNG (EG) Nr. 593/2008 DES EUROPÄISCHEN PARLAMENTS UND DES RATES vom 17. Juni 2008 über das auf vertragliche Schuldverhältnisse anzuwendende Recht (Rom I)

– Auszug –

KAPITEL I: ANWENDUNGSBEREICH

Artikel 1: Anwendungsbereich

(1) Diese Verordnung gilt für vertragliche Schuldverhältnisse in Zivil- und Handelssachen, die eine Verbindung zum Recht verschiedener Staaten aufweisen.

Sie gilt insbesondere nicht für Steuer- und Zollsachen sowie verwaltungsrechtliche Angelegenheiten.

(2) Vom Anwendungsbereich dieser Verordnung ausgenommen sind:

a) der Personenstand sowie die Rechts-, Geschäfts- und Handlungsfähigkeit von natürlichen Personen, unbeschadet des Artikels 13;
b) Schuldverhältnisse aus einem Familienverhältnis oder aus Verhältnissen, die nach dem auf diese Verhältnisse anzuwendenden Recht vergleichbare Wirkungen entfalten, einschließlich der Unterhaltspflichten;
c) Schuldverhältnisse aus ehelichen Güterständen, aus Güterständen aufgrund von Verhältnissen, die nach dem auf diese Verhältnisse anzuwendenden Recht mit der Ehe vergleichbare Wirkungen entfalten, und aus Testamenten und Erbrecht;
d) Verpflichtungen aus Wechseln, Schecks, Eigenwechseln und anderen handelbaren Wertpapieren, soweit die Verpflichtungen aus diesen anderen Wertpapieren aus deren Handelbarkeit entstehen;
e) Schieds- und Gerichtsstandsvereinbarungen;
f) Fragen betreffend das Gesellschaftsrecht, das Vereinsrecht und das Recht der juristischen Personen, wie die Errichtung durch Eintragung oder auf andere Weise, die Rechts- und Handlungsfähigkeit, die innere Verfassung und die Auflösung von Gesellschaften, Vereinen und juristischen Personen sowie die persönliche Haftung der Gesellschafter und der Organe für die Verbindlichkeiten einer Gesellschaft, eines Vereins oder einer juristischen Person;
g) die Frage, ob ein Vertreter die Person, für deren Rechnung er zu handeln vorgibt, Dritten gegenüber verpflichten kann, oder ob ein Organ einer Gesellschaft, eines Vereins oder einer anderen juristischen Person diese Gesellschaft, diesen Verein oder diese juristische Person gegenüber Dritten verpflichten kann;

Anhang I. Gesetzestexte, Richtlinien und Verordnungen

h) die Gründung von „Trusts" sowie die dadurch geschaffenen Rechtsbeziehungen zwischen den Verfügenden, den Treuhändern und den Begünstigten;
i) Schuldverhältnisse aus Verhandlungen vor Abschluss eines Vertrags;
j) Versicherungsverträge aus von anderen Einrichtungen als den in Artikel 2 der Richtlinie 2002/83/EG des Europäischen Parlaments und des Rates vom 5. November 2002 über Lebensversicherungen [14] genannten Unternehmen durchgeführten Geschäften, deren Zweck darin besteht, den unselbstständig oder selbstständig tätigen Arbeitskräften eines Unternehmens oder einer Unternehmensgruppe oder den Angehörigen eines Berufes oder einer Berufsgruppe im Todes- oder Erlebensfall oder bei Arbeitseinstellung oder bei Minderung der Erwerbstätigkeit oder bei arbeitsbedingter Krankheit oder Arbeitsunfällen Leistungen zu gewähren.

(3) Diese Verordnung gilt unbeschadet des Artikels 18 nicht für den Beweis und das Verfahren.

(4) Im Sinne dieser Verordnung bezeichnet der Begriff „Mitgliedstaat" die Mitgliedstaaten, auf die diese Verordnung anwendbar ist. In Artikel 3 Absatz 4 und Artikel 7 bezeichnet der Begriff jedoch alle Mitgliedstaaten.

Artikel 2: Universelle Anwendung

Das nach dieser Verordnung bezeichnete Recht ist auch dann anzuwenden, wenn es nicht das Recht eines Mitgliedstaats ist.

KAPITEL II: EINHEITLICHE KOLLISIONSNORMEN

Artikel 3: Freie Rechtswahl

(1) Der Vertrag unterliegt dem von den Parteien gewählten Recht. Die Rechtswahl muss ausdrücklich erfolgen oder sich eindeutig aus den Bestimmungen des Vertrags oder aus den Umständen des Falles ergeben. Die Parteien können die Rechtswahl für ihren ganzen Vertrag oder nur für einen Teil desselben treffen.

(2) Die Parteien können jederzeit vereinbaren, dass der Vertrag nach einem anderen Recht zu beurteilen ist als dem, das zuvor entweder aufgrund einer früheren Rechtswahl nach diesem Artikel oder aufgrund anderer Vorschriften dieser Verordnung für ihn maßgebend war. Die Formgültigkeit des Vertrags im Sinne des Artikels 11 und Rechte Dritter werden durch eine nach Vertragsschluss erfolgende Änderung der Bestimmung des anzuwendenden Rechts nicht berührt.

(3) Sind alle anderen Elemente des Sachverhalts zum Zeitpunkt der Rechtswahl in einem anderen als demjenigen Staat belegen, dessen Recht gewählt wurde, so berührt die Rechtswahl der Parteien nicht die Anwendung derjenigen Be-

stimmungen des Rechts dieses anderen Staates, von denen nicht durch Vereinbarung abgewichen werden kann.

(4) Sind alle anderen Elemente des Sachverhalts zum Zeitpunkt der Rechtswahl in einem oder mehreren Mitgliedstaaten belegen, so berührt die Wahl des Rechts eines Drittstaats durch die Parteien nicht die Anwendung der Bestimmungen des Gemeinschaftsrechts – gegebenenfalls in der von dem Mitgliedstaat des angerufenen Gerichts umgesetzten Form –, von denen nicht durch Vereinbarung abgewichen werden kann.

(5) Auf das Zustandekommen und die Wirksamkeit der Einigung der Parteien über das anzuwendende Recht finden die Artikel 10, 11 und 13 Anwendung.

Artikel 4: Mangels Rechtswahl anzuwendendes Recht

(1) Soweit die Parteien keine Rechtswahl gemäß Artikel 3 getroffen haben, bestimmt sich das auf den Vertrag anzuwendende Recht unbeschadet der Artikel 5 bis 8 wie folgt:

a) Kaufverträge über bewegliche Sachen unterliegen dem Recht des Staates, in dem der Verkäufer seinen gewöhnlichen Aufenthalt hat.
b) Dienstleistungsverträge unterliegen dem Recht des Staates, in dem der Dienstleister seinen gewöhnlichen Aufenthalt hat.
c) Verträge, die ein dingliches Recht an unbeweglichen Sachen sowie die Miete oder Pacht unbeweglicher Sachen zum Gegenstand haben, unterliegen dem Recht des Staates, in dem die unbewegliche Sache belegen ist.
d) Ungeachtet des Buchstabens c unterliegt die Miete oder Pacht unbeweglicher Sachen für höchstens sechs aufeinander folgende Monate zum vorübergehenden privaten Gebrauch dem Recht des Staates, in dem der Vermieter oder Verpächter seinen gewöhnlichen Aufenthalt hat, sofern der Mieter oder Pächter eine natürliche Person ist und seinen gewöhnlichen Aufenthalt in demselben Staat hat.
e) Franchiseverträge unterliegen dem Recht des Staates, in dem der Franchisenehmer seinen gewöhnlichen Aufenthalt hat.
f) Vertriebsverträge unterliegen dem Recht des Staates, in dem der Vertriebshändler seinen gewöhnlichen Aufenthalt hat.
g) Verträge über den Kauf beweglicher Sachen durch Versteigerung unterliegen dem Recht des Staates, in dem die Versteigerung abgehalten wird, sofern der Ort der Versteigerung bestimmt werden kann.
h) Verträge, die innerhalb eines multilateralen Systems geschlossen werden, das die Interessen einer Vielzahl Dritter am Kauf und Verkauf von Finanzinstrumenten im Sinne von Artikel 4 Absatz 1 Nummer 17 der Richtlinie 2004/39/EG nach nicht diskretionären Regeln und nach Maßgabe eines einzigen Rechts zusammenführt oder das Zusammenführen fördert, unterliegen diesem Recht.

Anhang I. Gesetzestexte, Richtlinien und Verordnungen

(2) Fällt der Vertrag nicht unter Absatz 1 oder sind die Bestandteile des Vertrags durch mehr als einen der Buchstaben a bis h des Absatzes 1 abgedeckt, so unterliegt der Vertrag dem Recht des Staates, in dem die Partei, welche die für den Vertrag charakteristische Leistung zu erbringen hat, ihren gewöhnlichen Aufenthalt hat.

(3) Ergibt sich aus der Gesamtheit der Umstände, dass der Vertrag eine offensichtlich engere Verbindung zu einem anderen als dem nach Absatz 1 oder 2 bestimmten Staat aufweist, so ist das Recht dieses anderen Staates anzuwenden.

(4) Kann das anzuwendende Recht nicht nach Absatz 1 oder 2 bestimmt werden, so unterliegt der Vertrag dem Recht des Staates, zu dem er die engste Verbindung aufweist.

Artikel 6: Verbraucherverträge

(1) Unbeschadet der Artikel 5 und 7 unterliegt ein Vertrag, den eine natürliche Person zu einem Zweck, der nicht ihrer beruflichen oder gewerblichen Tätigkeit zugerechnet werden kann („Verbraucher"), mit einer anderen Person geschlossen hat, die in Ausübung ihrer beruflichen oder gewerblichen Tätigkeit handelt („Unternehmer"), dem Recht des Staates, in dem der Verbraucher seinen gewöhnlichen Aufenthalt hat, sofern der Unternehmer

a) seine berufliche oder gewerbliche Tätigkeit in dem Staat ausübt, in dem der Verbraucher seinen gewöhnlichen Aufenthalt hat, oder
b) eine solche Tätigkeit auf irgend einer Weise auf diesen Staat oder auf mehrere Staaten, einschließlich dieses Staates, ausrichtet

und der Vertrag in den Bereich dieser Tätigkeit fällt.

(2) Ungeachtet des Absatzes 1 können die Parteien das auf einen Vertrag, der die Anforderungen des Absatzes 1 erfüllt, anzuwendende Recht nach Artikel 3 wählen. Die Rechtswahl darf jedoch nicht dazu führen, dass dem Verbraucher der Schutz entzogen wird, der ihm durch diejenigen Bestimmungen gewährt wird, von denen nach dem Recht, das nach Absatz 1 mangels einer Rechtswahl anzuwenden wäre, nicht durch Vereinbarung abgewichen werden darf.

(3) Sind die Anforderungen des Absatzes 1 Buchstabe a oder b nicht erfüllt, so gelten für die Bestimmung des auf einen Vertrag zwischen einem Verbraucher und einem Unternehmer anzuwendenden Rechts die Artikel 3 und 4.

(4) Die Absätze 1 und 2 gelten nicht für:

a) Verträge über die Erbringung von Dienstleistungen, wenn die dem Verbraucher geschuldeten Dienstleistungen ausschließlich in einem anderen als dem Staat erbracht werden müssen, in dem der Verbraucher seinen gewöhnlichen Aufenthalt hat;

b) Beförderungsverträge mit Ausnahme von Pauschalreiseverträgen im Sinne der Richtlinie 90/314/EWG des Rates vom 13. Juni 1990 über Pauschalreisen [15];
c) Verträge, die ein dingliches Recht an unbeweglichen Sachen oder die Miete oder Pacht unbeweglicher Sachen zum Gegenstand haben, mit Ausnahme der Verträge über Teilzeitnutzungsrechte an Immobilien im Sinne der Richtlinie 94/47/EG;
d) Rechte und Pflichten im Zusammenhang mit einem Finanzinstrument sowie Rechte und Pflichten, durch die die Bedingungen für die Ausgabe oder das öffentliche Angebot und öffentliche Übernahmeangebote bezüglich übertragbarer Wertpapiere und die Zeichnung oder den Rückkauf von Anteilen an Organismen für gemeinsame Anlagen in Wertpapieren festgelegt werden, sofern es sich dabei nicht um die Erbringung von Finanzdienstleistungen handelt;
e) Verträge, die innerhalb der Art von Systemen geschlossen werden, auf die Artikel 4 Absatz 1 Buchstabe h Anwendung findet.

Artikel 8: Individualarbeitsverträge

(1) Individualarbeitsverträge unterliegen dem von den Parteien nach Artikel 3 gewählten Recht. Die Rechtswahl der Parteien darf jedoch nicht dazu führen, dass dem Arbeitnehmer der Schutz entzogen wird, der ihm durch Bestimmungen gewährt wird, von denen nach dem Recht, das nach den Absätzen 2, 3 und 4 des vorliegenden Artikels mangels einer Rechtswahl anzuwenden wäre, nicht durch Vereinbarung abgewichen werden darf.

(2) Soweit das auf den Arbeitsvertrag anzuwendende Recht nicht durch Rechtswahl bestimmt ist, unterliegt der Arbeitsvertrag dem Recht des Staates, in dem oder andernfalls von dem aus der Arbeitnehmer in Erfüllung des Vertrags gewöhnlich seine Arbeit verrichtet. Der Staat, in dem die Arbeit gewöhnlich verrichtet wird, wechselt nicht, wenn der Arbeitnehmer seine Arbeit vorübergehend in einem anderen Staat verrichtet.

(3) Kann das anzuwendende Recht nicht nach Absatz 2 bestimmt werden, so unterliegt der Vertrag dem Recht des Staates, in dem sich die Niederlassung befindet, die den Arbeitnehmer eingestellt hat.

(4) Ergibt sich aus der Gesamtheit der Umstände, dass der Vertrag eine engere Verbindung zu einem anderen als dem in Absatz 2 oder 3 bezeichneten Staat aufweist, ist das Recht dieses anderen Staates anzuwenden.

Artikel 9: Eingriffsnormen

(1) Eine Eingriffsnorm ist eine zwingende Vorschrift, deren Einhaltung von einem Staat als so entscheidend für die Wahrung seines öffentlichen Interesses, insbesondere seiner politischen, sozialen oder wirtschaftlichen Organisation,

angesehen wird, dass sie ungeachtet des nach Maßgabe dieser Verordnung auf den Vertrag anzuwendenden Rechts auf alle Sachverhalte anzuwenden ist, die in ihren Anwendungsbereich fallen.

(2) Diese Verordnung berührt nicht die Anwendung der Eingriffsnormen des Rechts des angerufenen Gerichts.

(3) Den Eingriffsnormen des Staates, in dem die durch den Vertrag begründeten Verpflichtungen erfüllt werden sollen oder erfüllt worden sind, kann Wirkung verliehen werden, soweit diese Eingriffsnormen die Erfüllung des Vertrags unrechtmäßig werden lassen. Bei der Entscheidung, ob diesen Eingriffsnormen Wirkung zu verleihen ist, werden Art und Zweck dieser Normen sowie die Folgen berücksichtigt, die sich aus ihrer Anwendung oder Nichtanwendung ergeben würden.

Artikel 10: Einigung und materielle Wirksamkeit

(1) Das Zustandekommen und die Wirksamkeit des Vertrags oder einer seiner Bestimmungen beurteilen sich nach dem Recht, das nach dieser Verordnung anzuwenden wäre, wenn der Vertrag oder die Bestimmung wirksam wäre.

(2) Ergibt sich jedoch aus den Umständen, dass es nicht gerechtfertigt wäre, die Wirkung des Verhaltens einer Partei nach dem in Absatz 1 bezeichneten Recht zu bestimmen, so kann sich diese Partei für die Behauptung, sie habe dem Vertrag nicht zugestimmt, auf das Recht des Staates ihres gewöhnlichen Aufenthalts berufen.

Artikel 11: Form

(1) Ein Vertrag, der zwischen Personen geschlossen wird, die oder deren Vertreter sich zum Zeitpunkt des Vertragsschlusses in demselben Staat befinden, ist formgültig, wenn er die Formerfordernisse des auf ihn nach dieser Verordnung anzuwendenden materiellen Rechts oder die Formerfordernisse des Rechts des Staates, in dem er geschlossen wird, erfüllt.

(2) Ein Vertrag, der zwischen Personen geschlossen wird, die oder deren Vertreter sich zum Zeitpunkt des Vertragsschlusses in verschiedenen Staaten befinden, ist formgültig, wenn er die Formerfordernisse des auf ihn nach dieser Verordnung anzuwendenden materiellen Rechts oder die Formerfordernisse des Rechts eines der Staaten, in denen sich eine der Vertragsparteien oder ihr Vertreter zum Zeitpunkt des Vertragsschlusses befindet, oder die Formerfordernisse des Rechts des Staates, in dem eine der Vertragsparteien zu diesem Zeitpunkt ihren gewöhnlichen Aufenthalt hatte, erfüllt.

(3) Ein einseitiges Rechtsgeschäft, das sich auf einen geschlossenen oder zu schließenden Vertrag bezieht, ist formgültig, wenn es die Formerfordernisse des materiellen Rechts, das nach dieser Verordnung auf den Vertrag anzuwen-

I. Gesetzestexte, Richtlinien und Verordnungen **Anhang**

den ist oder anzuwenden wäre, oder die Formerfordernisse des Rechts des Staates erfüllt, in dem dieses Rechtsgeschäft vorgenommen worden ist oder in dem die Person, die das Rechtsgeschäft vorgenommen hat, zu diesem Zeitpunkt ihren gewöhnlichen Aufenthalt hatte.

(4) Die Absätze 1, 2 und 3 des vorliegenden Artikels gelten nicht für Verträge, die in den Anwendungsbereich von Artikel 6 fallen. Für die Form dieser Verträge ist das Recht des Staates maßgebend, in dem der Verbraucher seinen gewöhnlichen Aufenthalt hat.

(5) Abweichend von den Absätzen 1 bis 4 unterliegen Verträge, die ein dingliches Recht an einer unbeweglichen Sache oder die Miete oder Pacht einer unbeweglichen Sache zum Gegenstand haben, den Formvorschriften des Staates, in dem die unbewegliche Sache belegen ist, sofern diese Vorschriften nach dem Recht dieses Staates

a) unabhängig davon gelten, in welchem Staat der Vertrag geschlossen wird oder welchem Recht dieser Vertrag unterliegt, und
b) von ihnen nicht durch Vereinbarung abgewichen werden darf.

Artikel 12: Geltungsbereich des anzuwendenden Rechts

(1) Das nach dieser Verordnung auf einen Vertrag anzuwendende Recht ist insbesondere maßgebend für

a) seine Auslegung,
b) die Erfüllung der durch ihn begründeten Verpflichtungen,
c) die Folgen der vollständigen oder teilweisen Nichterfüllung dieser Verpflichtungen, in den Grenzen der dem angerufenen Gericht durch sein Prozessrecht eingeräumten Befugnisse, einschließlich der Schadensbemessung, soweit diese nach Rechtsnormen erfolgt,
d) die verschiedenen Arten des Erlöschens der Verpflichtungen sowie die Verjährung und die Rechtsverluste, die sich aus dem Ablauf einer Frist ergeben,
e) die Folgen der Nichtigkeit des Vertrags.

(2) In Bezug auf die Art und Weise der Erfüllung und die vom Gläubiger im Falle mangelhafter Erfüllung zu treffenden Maßnahmen ist das Recht des Staates, in dem die Erfüllung erfolgt, zu berücksichtigen.

Artikel 13: Rechts-, Geschäfts- und Handlungsunfähigkeit

Bei einem zwischen Personen, die sich in demselben Staat befinden, geschlossenen Vertrag kann sich eine natürliche Person, die nach dem Recht dieses Staates rechts-, geschäfts- und handlungsfähig wäre, nur dann auf ihre sich nach dem Recht eines anderen Staates ergebende Rechts-, Geschäfts- und Handlungsunfähigkeit berufen, wenn die andere Vertragspartei bei Vertrags-

Anhang I. Gesetzestexte, Richtlinien und Verordnungen

schluss diese Rechts-, Geschäfts- und Handlungsunfähigkeit kannte oder infolge von Fahrlässigkeit nicht kannte.

Artikel 14: Übertragung der Forderung

(1) Das Verhältnis zwischen Zedent und Zessionar aus der Übertragung einer Forderung gegen eine andere Person („Schuldner") unterliegt dem Recht, das nach dieser Verordnung auf den Vertrag zwischen Zedent und Zessionar anzuwenden ist.

(2) Das Recht, dem die übertragene Forderung unterliegt, bestimmt ihre Übertragbarkeit, das Verhältnis zwischen Zessionar und Schuldner, die Voraussetzungen, unter denen die Übertragung dem Schuldner entgegengehalten werden kann, und die befreiende Wirkung einer Leistung durch den Schuldner.

(3) Der Begriff „Übertragung" in diesem Artikel umfasst die vollkommene Übertragung von Forderungen, die Übertragung von Forderungen zu Sicherungszwecken sowie von Pfandrechten oder anderen Sicherungsrechten an Forderungen.

Artikel 15: Gesetzlicher Forderungsübergang

Hat eine Person („Gläubiger") eine vertragliche Forderung gegen eine andere Person („Schuldner") und ist ein Dritter verpflichtet, den Gläubiger zu befriedigen, oder hat er den Gläubiger aufgrund dieser Verpflichtung befriedigt, so bestimmt das für die Verpflichtung des Dritten gegenüber dem Gläubiger maßgebende Recht, ob und in welchem Umfang der Dritte die Forderung des Gläubigers gegen den Schuldner nach dem für deren Beziehung maßgebenden Recht geltend zu machen berechtigt ist.

Artikel 16: Mehrfache Haftung

Hat ein Gläubiger eine Forderung gegen mehrere für dieselbe Forderung haftende Schuldner und ist er von einem der Schuldner ganz oder teilweise befriedigt worden, so ist für das Recht dieses Schuldners, von den übrigen Schuldnern Ausgleich zu verlangen, das Recht maßgebend, das auf die Verpflichtung dieses Schuldners gegenüber dem Gläubiger anzuwenden ist. Die übrigen Schuldner sind berechtigt, diesem Schuldner diejenigen Verteidigungsmittel entgegenzuhalten, die ihnen gegenüber dem Gläubiger zugestanden haben, soweit dies gemäß dem auf ihre Verpflichtung gegenüber dem Gläubiger anzuwendenden Recht zulässig wäre.

Artikel 17: Aufrechnung

Ist das Recht zur Aufrechnung nicht vertraglich vereinbart, so gilt für die Aufrechnung das Recht, dem die Forderung unterliegt, gegen die aufgerechnet wird.

Artikel 18: Beweis

(1) Das nach dieser Verordnung für das vertragliche Schuldverhältnis maßgebende Recht ist insoweit anzuwenden, als es für vertragliche Schuldverhältnisse gesetzliche Vermutungen aufstellt oder die Beweislast verteilt.

(2) Zum Beweis eines Rechtsgeschäfts sind alle Beweisarten des Rechts des angerufenen Gerichts oder eines der in Artikel 11 bezeichneten Rechte, nach denen das Rechtsgeschäft formgültig ist, zulässig, sofern der Beweis in dieser Art vor dem angerufenen Gericht erbracht werden kann.

KAPITEL III: SONSTIGE VORSCHRIFTEN

Artikel 19: Gewöhnlicher Aufenthalt

(1) Für die Zwecke dieser Verordnung ist der Ort des gewöhnlichen Aufenthalts von Gesellschaften, Vereinen und juristischen Personen der Ort ihrer Hauptverwaltung.

Der gewöhnliche Aufenthalt einer natürlichen Person, die im Rahmen der Ausübung ihrer beruflichen Tätigkeit handelt, ist der Ort ihrer Hauptniederlassung.

(2) Wird der Vertrag im Rahmen des Betriebs einer Zweigniederlassung, Agentur oder sonstigen Niederlassung geschlossen oder ist für die Erfüllung gemäß dem Vertrag eine solche Zweigniederlassung, Agentur oder sonstigen Niederlassung verantwortlich, so steht der Ort des gewöhnlichen Aufenthalts dem Ort gleich, an dem sich die Zweigniederlassung, Agentur oder sonstige Niederlassung befindet.

(3) Für die Bestimmung des gewöhnlichen Aufenthalts ist der Zeitpunkt des Vertragsschlusses maßgebend.

Artikel 20: Ausschluss der Rück- und Weiterverweisung

Unter dem nach dieser Verordnung anzuwendenden Recht eines Staates sind die in diesem Staat geltenden Rechtsnormen unter Ausschluss derjenigen des Internationalen Privatrechts zu verstehen, soweit in dieser Verordnung nichts anderes bestimmt ist.

Anhang I. Gesetzestexte, Richtlinien und Verordnungen

Artikel 21: Öffentliche Ordnung im Staat des angerufenen Gerichts

Die Anwendung einer Vorschrift des nach dieser Verordnung bezeichneten Rechts kann nur versagt werden, wenn ihre Anwendung mit der öffentlichen Ordnung („ordre public") des Staates des angerufenen Gerichts offensichtlich unvereinbar ist.

Artikel 22: Staaten ohne einheitliche Rechtsordnung

(1) Umfasst ein Staat mehrere Gebietseinheiten, von denen jede eigene Rechtsnormen für vertragliche Schuldverhältnisse hat, so gilt für die Bestimmung des nach dieser Verordnung anzuwendenden Rechts jede Gebietseinheit als Staat.

(2) Ein Mitgliedstaat, in dem verschiedene Gebietseinheiten ihre eigenen Rechtsnormen für vertragliche Schuldverhältnisse haben, ist nicht verpflichtet, diese Verordnung auf Kollisionen zwischen den Rechtsordnungen dieser Gebietseinheiten anzuwenden.

Artikel 28: Zeitliche Anwendbarkeit

Diese Verordnung wird auf Verträge angewandt, die nach dem 17. Dezember 2009 geschlossen werden.

I. Gesetzestexte, Richtlinien und Verordnungen **Anhang**

6. Verordnung über die Kosten der Erlaubnis zur gewerbsmäßigen Arbeitnehmerüberlassung (Arbeitnehmerüberlassungserlaubnis-Kostenverordnung – AÜKostV) vom 18. Juni 1982 (BGBl. I S. 692)

Zuletzt geändert durch Art. 94 Drittes G für moderne Dienstleistungen am Arbeitsmarkt vom 23. 12. 2003 (BGBl. I S. 2848)

§ 1 Kostenpflichtige Amtshandlungen

Die Bundesagentur für Arbeit erhebt für die Erteilung und Verlängerung der Erlaubnis nach Artikel 1 § 1 des Arbeitnehmerüberlassungsgesetzes Gebühren nach § 2 und Auslagen nach § 3 dieser Verordnung.

§ 2 Höhe der Gebühren

Die Gebühr beträgt für die

1. Erteilung oder Verlängerung einer befristeten Erlaubnis	1.000 DM,
ab 1. Januar 2001	625 Euro,
ab 1. Januar 2003	750 Euro,
2. Erteilung einer unbefristeten Erlaubnis	3.000 DM,
ab 1. Januar 2001	1.750 Euro,
ab 1. Januar 2003	2.000 Euro.

§ 3 Auslagen

Als Auslagen werden die in § 10 Abs. 1 Nr. 2 bis 4 des Verwaltungskostengesetzes bezeichneten Aufwendungen erhoben.

§ 4 (weggefallen)

§ 5 Inkrafttreten

Diese Verordnung tritt am Tag nach der Verkündung in Kraft.

II. Internetadressen

Merk- und Informationsblätter, Anweisungen und Formulare

1. Merkblatt zur Abgrenzung zwischen Arbeitnehmerüberlassung und Entsendung von Arbeitnehmern im Rahmen von Werk- und selbstständigen Dienstverträgen sowie anderen Formen drittbezogenen Personaleinsatzes (Stand 12/2011)

   http://www.arbeitsagentur.de/zentraler-Content/Veroeffentlichungen/Merkblatt-Sammlung/Merkblatt-zur-Abgrenzung.pdf

2. Merkblatt für Leiharbeitnehmerinnen und Leiharbeitnehmer (Stand 07/2012)

   http://www.arbeitsagentur.de/zentraler-Content/Veroeffentlichungen/Merkblatt-Sammlung/Merkblatt-fuer-Leiharbeitnehmer.pdf

3. Informationen zur Arbeitnehmerüberlassung (Stand 11/2012)

   http://www.arbeitsagentur.de/zentraler-Content/A08-Ordnung-Recht/A083-AUEG/Publikation/pdf/Informationen-zur-Arbeitnehmerueberlassung.pdf

4. Geschäftsanweisung zum Arbeitnehmerüberlassungsgesetz (Stand 02/2013)

   http://www.arbeitsagentur.de/zentraler-Content/A08-Ordnung-Recht/A083-AUEG/Publikation/pdf/GA-AUEG.pdf

5. Weitere Materialien
   - Antrag auf Erlaubnis zur Arbeitnehmerüberlassung (AÜG 2a)
   - Anzeige der Überlassung eines Arbeitnehmers (AÜG 2b)
   - Bescheinigung des Finanzamtes (AÜG 4ab)
   - Bescheinigung der Bonität (AÜG 5)
   - Bescheinigung der Krankenkasse (AÜG 6)
   - Bescheinigung der Berufsgenossenschaft (AÜG 7)
   - Statistikvordruck AÜG-a-Beleg
   - Statistikvordruck AÜG-b-Beleg

   http://www.arbeitsagentur.de/nn_175694/zentraler-Content/Vordrucke/A08-Ordnung-Recht/Allgemein/Formulare-Arbeitnehmerueberlassung.html

II. Internetadressen **Anhang**

6. Merkblatt des Zolls „Informationen zur ‚Sofortmeldepflicht' und zur ‚Mitführungs- und Vorlagepflicht von Ausweispapieren'"

   http://www.zoll.de/DE/Fachthemen/Arbeit/Bekaempfung-der-Schwarzarbeit-und-illegalen-Beschaeftigung/Aufgaben-und-Befugnisse/aufgaben-und-befugnisse_node.html

7. Formular 033036 zur Anmeldung nach § 18 Abs. 3 AEntG und § 17b AÜG (Entleiher)

   http://www.zoll.de/DE/Fachthemen/Arbeit/Meldungen-bei-Entsendung/meldungen-bei-entsendung_node.html#doc99746bodyText4

8. Formular 033038 zur Einsatzplanung des Entleihers nach § 18 Abs. 3 AEntG i.V.m. § 1 Abs. 5 AEntGMeldV (Stand: 2010)

   http://www.zoll.de/DE/Fachthemen/Arbeit/Meldungen-bei-Entsendung/meldungen-bei-entsendung_node.html#doc99746bodyText4

Literaturverzeichnis

Annuß/Lembke	Arbeitsrechtliche Umstrukturierung in der Insolvenz, 2. Aufl. 2012
Annuß/Thüsing	Kommentar zum Teilzeit- und Befristungsgesetz, 3. Aufl. 2012 (zitiert: Annuß/Thüsing/*Bearbeiter*, TzBfG)
Ascheid/Preis/Schmidt	Großkommentar zum gesamten Recht der Beendigung von Arbeitsverhältnissen, 4. Aufl. 2012 (zitiert: APS/*Bearbeiter*, KSchG)
Becker/Wulfgramm	Arbeitnehmerüberlassungsgesetz – Kommentar, 3. Aufl. 1985
Böhm/Hennig/Popp	Zeitarbeit, 3. Aufl. 2013 (zitiert: *Bearbeiter*, in: Böhm/Hennig/Popp, Zeitarbeit)
Boemke	Schuldvertrag und Arbeitsverhältnis, 1999
Boemke	Studienbuch Arbeitsrecht, 2. Aufl. 2004
Boemke	Gewerbeordnung Kommentar, 1. Aufl. 2003
Boemke	Rechtliche Rahmenbedingungen der Flexibilisierung von Zeitarbeit – Aktuelle Änderungen des AÜG als Flexibilisierungsmotor oder Wachstumsblocker?, in: Bornewasser/Zülch, Arbeitszeit – Zeitarbeit: Flexibilisierung der Arbeit als Antwort auf die Globalisierung (2013), S. 153 ff.
Brand	Sozialgesetzbuch Arbeitsförderung – SGB III, 6. Aufl. 2012 (zitiert: Brand/*Bearbeiter*)
Brand/Lembke	Der CGZP-Beschluss des Bundesarbeitsgerichts – arbeits- und sozialrechtliche Folgen, 2012 (zitiert: *Autor*, in: Brand/Lembke, Der CGZP-Beschluss des BAG)
Bundesagentur für Arbeit	Geschäftsanweisung zum Arbeitnehmerüberlassungsgesetz (AÜG), Stand: Februar 2013 (zitiert: GA-AÜG)
Bunjes	Umsatzsteuergesetz, 11. Aufl. 2012
Calliess/Ruffert	EUV/AEUV, 4. Aufl. 2011
Creutzfeld/Hanau/Thüsing/Wißmann	Festschrift für Klaus Bepler, 2012 (zitiert: *Autor*, in: FS Bepler)
Däubler	Tarifvertragsgesetz, 3. Aufl. 2012 (zitiert: Däubler/*Bearbeiter*, TVG)

Literaturverzeichnis

Däubler/Hjort/ Schubert/Wolmerath	Arbeitsrecht-Handkommentar, 2. Aufl. 2010 (zitiert: Hk-ArbR/*Bearbeiter*)
Däubler/Kittner/ Klebe	Betriebsverfassungsgesetz, 13. Aufl. 2012 (zitiert: DKK/*Bearbeiter*, BetrVG)
Dornbusch/Fischermeier/Löwisch	Fachanwaltskommentar Arbeitsrecht, 5. Aufl. 2013 (zitiert: DFL/*Bearbeiter*)
Düwell/Stückemann/ Wagner	Festschrift für Wolfgang Leinemann, 2006 (zitiert: *Autor*, in: FS Leinemann)
Engelhardt/App/ Schlatmann	Verwaltungs-Vollstreckungsgesetz, Verwaltungszustellungsgesetz, 9. Aufl. 2011 (zitiert: Engelhardt/App/Schlatmann)
Erbs/Kohlhaas	Strafrechtliche Nebengesetze, Stand: September 2012 (zitiert: Erbs/Kohlhaas/*Bearbeiter)*
Erdlenbruch	Die betriebsverfassungsrechtliche Stellung gewerbsmäßig überlassener Arbeitnehmer, 1992
Fabricius/Kraft/Wiese/ Kreutz/Oetker/Raab/ Weber	Betriebsverfassungsgesetz, Gemeinschaftskommentar, Band I, 7. Aufl. 2002 (zitiert: GK-BetrVG/*Bearbeiter*)
Fitting/Engels/ Schmidt/Trebinger/ Linsenmaier	Betriebsverfassungsgesetz, 26. Aufl. 2012 (zitiert: Fitting, BetrVG)
Gagel	Sozialgesetzbuch III, Arbeitsförderung, Loseblattsammlung, Stand: Oktober 2012 (zitiert: Gagel/*Bearbeiter,* SGB III)
Gamillscheg	Kollektives Arbeitsrecht, Band 1, 1997
Gemeinschaftskommentar zum Kündigungsschutzgesetz	9. Aufl. 2009 (zitiert: KR/*Bearbeiter*)
Germelmann/Matthes/ Müller-Glöge/ Prütting/Schlewing	Arbeitsgerichtsgesetz Kommentar, 7. Aufl. 2009 (zitiert: GMP/*Bearbeiter*, ArbGG)
Gick	Gewerbsmäßige Arbeitnehmerüberlassung zwischen Verbot und Neugestaltung, 1984
Giesen	Arbeits- und beitragsrechtliche Folgen der CGZP-Entscheidung des Bundesarbeitsgerichts, 2011
Grabitz/Hilf/ Nettesheim	Das Recht der Europäischen Union, Band II: EUV/AEUV, Loseblattsammlung, Stand: April 2012

Hamann	Erkennungsmerkmale der illegalen Arbeitnehmerüberlassung in Form von Scheindienst- und Scheinwerkverträgen, 1995
Hamann	Fremdpersonal im Unternehmen, 3. Aufl. 2008
Hanau/Steinmeyer/ Wank	Handbuch des europäischen Arbeits- und Sozialrechts, 2002 (zitiert: Hanau/Steinmeyer/Wank/*Bearbeiter*)
Heise/Lembke/von Steinau-Steinrück	Betriebsverfassungsgesetz, Kommentar, 1. Aufl. 2008 (zitiert: *Bearbeiter*, in: Heise/Lembke/von Steinau-Steinrück, BetrVG)
Henssler/Willemsen/ Kalb	Arbeitsrecht Kommentar, 5. Aufl. 2012 (zitiert: HWK/*Bearbeiter*)
Herrmann/Heuer/ Raupach	Einkommensteuer- und Körperschaftsteuergesetz, Loseblattsammlung, Stand: Dezember 2012 (zitiert: Herrmann/Heuer/Raupach/*Bearbeiter*, EStG)
Hilbrans/Herrmann	Schwarzarbeitsbekämpfungsgesetz, 1. Aufl. 2012
Hromadka / Maschmann	Arbeitsrecht, Band 2, 2. Aufl. 2001
Hueck/Nipperdey	Lehrbuch des Arbeitsrechts, Bd. 1, 1963
Hümmerich/Boecken/ Düwell	AnwaltKommentar Arbeitsrecht, 2. Aufl. 2010 (zitiert: AnwK-ArbR/*Bearbeiter*)
Ignor/Rixen	Handbuch Arbeitsstrafrecht, 2. Aufl. 2008 (zitiert: Ignor/Rixen/*Bearbeiter*)
Isensee/Kirchhoff	Handbuch des Staatsrechts der Bundesrepublik Deutschland, Bd. IX, 3. Aufl. 2011
Jacobs/Krause/Oetker	Tarifvertragsrecht, 2007
Jarass/Pieroth	Grundgesetz für die Bundesrepublik Deutschland, 12. Aufl. 2012
Jauernig	Bürgerliches Gesetzbuch, 11. Aufl. 2004 (zitiert: Jauernig/*Bearbeiter*, BGB)
Kaufmann	Arbeitnehmerüberlassung, 1998
Kempen/Zachert	Tarifvertragsgesetz, 4. Aufl. 2006 (zitiert: Kempen/Zachert/*Bearbeiter*, TVG)
Kim	Die konzerninterne Arbeitnehmerüberlassung durch die Personalführungsgesellschaft und das Betriebsverfassungsrecht, 2011

Literaturverzeichnis

Kirchhof/Söhn/ Mellinghoff	Einkommensteuergesetz Kommentar, Loseblattsammlung, Stand: Dezember 2012 (zitiert: Kirchhof/Söhn/ Mellinghoff/*Bearbeiter*)
Kittner/Däubler/ Zwanziger	Kündigungsschutzrecht, 8. Aufl. 2011 (zitiert: Kittner/ Däubler/Zwanziger/*Bearbeiter*)
Klapproth	Die Verlagerung des Risikos von Nichteinsatzzeiten auf den Leiharbeitnehmer durch Arbeitszeitflexibilisierung, 2010
Klebeck	Gleichstellung der Leiharbeitnehmer als Verfassungsverstoß, 2004
Koberski/Asshoff/ Eustrup/Winkler	Arbeitnehmer-Entsendegesetz, 3. Aufl. 2011 (zitiert: Koberski/Asshoff/Eustrupp/Winkler)
Kopp/Ramsauer	Verwaltungsverfahrensgesetz, 12. Aufl. 2011 (zitiert: Kopp/*Bearbeiter*, VwVfG)
Kopp/Schenke	Verwaltungsgerichtsordnung, 19. Aufl. 2013 (zitiert: Kopp/*Bearbeiter*, VwGO)
Kropholler	Internationales Privatrecht, 6. Aufl. 2006
Küttner	Personalbuch, 19. Aufl. 2012 (zitiert: Küttner/*Bearbeiter*)
Larenz/Canaris	Methodenlehre der Rechtswissenschaft, 4. Aufl. 2011
Leinemann	Kasseler Handbuch zum Arbeitsrecht, Band 2, 2. Aufl. 2000 (zitiert: KassHdbch/*Bearbeiter*)
Lembke	Arbeitsvertrag für Führungskräfte, 5. Aufl. 2012
Lembke	Mediation im Arbeitsrecht, 2001
Lembke	Die Arbeitskampfbeteiligung von Außenseitern, 2000
Liebers	Formularbuch des Fachanwalts Arbeitsrecht, 2. Aufl. 2013 (zitiert: *Bearbeiter*, in: Liebers, FB ArbR)
Löwisch/Kaiser	Betriebsverfassungsgesetz, 6. Aufl. 2010
Löwisch/Rieble	Tarifvertragsgesetz: Kommentar, 3. Aufl. 2012
Maschmann	Rigidität und Flexibilität im Arbeitsrecht, 2012 (zitiert: *Autor*, in: Maschmann, Rigidität und Flexibilität im Arbeitsrecht)
Maurer	Allgemeines Verwaltungsrecht, 18. Aufl. 2011
Medicus	Bürgerliches Recht, 22. Aufl. 2012
Meinel/Heyn/Herms	Teilzeit- und Befristungsgesetz, 4. Aufl. 2012

Müller-Glöge/Preis/ Schmidt	Erfurter Kommentar zum Arbeitsrecht, 13. Aufl. 2013 (zitiert: ErfK/*Bearbeiter*)
Münchener Handbuch zum Arbeitsrecht	Band 1, Individualarbeitsrecht, 3. Aufl. 2009; Band 2, Kollektivarbeitsrecht/Sonderformen, 3. Aufl. 2009 (zitiert: MünchArbR/*Bearbeiter*)
Münchener Kommentar zum Bürgerlichen Gesetzbuch	Band 1, Allgemeiner Teil, 6. Aufl. 2012, Band 2, Schuldrecht Allgemeiner Teil, 6. Aufl. 2012, Band 4, Schuldrecht Besonderer Teil II, 6. Aufl. 2012 (zitiert: MüKo-BGB/*Bearbeiter*)
Münchener Kommentar zur Zivilprozessordnung	Band 1, §§ 1–510c, 4. Aufl. 2012
Musielak	Zivilprozessordnung, 9. Aufl. 2012
Niebler/Biebl/Roß	Arbeitnehmerüberlassungsgesetz – Ein Leitfaden für die betriebliche Praxis, 2. Aufl. 2003
Niesel	Sozialgesetzbuch III, 5. Aufl. 2010 (zitiert: Niesel/*Bearbeiter*)
Palandt	Bürgerliches Gesetzbuch, 72. Aufl. 2013 (zitiert: Palandt/*Bearbeiter*)
Reineke	Das Recht der Arbeitnehmerüberlassung in Spanien und Deutschland, 2004
Renner	Ausländerrecht Kommentar, 9. Aufl. 2011
Reufels	Personaldienstleistungen, 2012
Richardi	Betriebsverfassungsgesetz, 13. Aufl. 2012 (zitiert: Richardi/*Bearbeiter*, BetrVG)
Rissing	Das Verbot der Leiharbeit im Baugewerbe, 2001
Rolfs/Gießen/Kreikebohm/Udsching	Beck'scher Online-Kommentar Arbeitsrecht, Stand: 1. 12. 2012 (zitiert: BeckOK/*Bearbeiter*)
Sandmann/Marschall/ Schneider	Arbeitnehmerüberlassungsgesetz – Kommentar, Loseblattsammlung, Stand: Dezember 2012
Sansone	Gleichstellung von Leiharbeitnehmern nach deutschem und Unionsrecht, 2011
Schaub	Arbeitsrechts-Handbuch, 14. Aufl. 2011 (zitiert: Schaub/*Bearbeiter*)
Schmidt	Kommentar zum Einkommensteuergesetz, 32. Aufl. 2013 (zitiert: Schmidt/*Bearbeiter*, EStG)

Literaturverzeichnis

Schmidt-Bleibtreu/ Hofmann/Hopfauf	Kommentar zum Grundgesetz, 12. Aufl. 2011
Schubel/Engelbrecht	Kommentar zum Gesetz über die gewerbsmäßige Arbeitnehmerüberlassung, 1973
Schüren/Hamann	Arbeitnehmerüberlassungsgesetz, 4. Aufl. 2010 (zitiert: Schüren/Hamann/*Bearbeiter*)
Stege/Weinspach	Betriebsverfassungsgesetz, 9. Aufl. 2002
Stelkens/Bonk/ Sachs	Verwaltungsverfahrensgesetz, 7. Aufl. 2008 (zitiert: Stelkens/Bonk/Sachs/*Bearbeiter*)
Steuer	Die Arbeitnehmerüberlassung als Mittel zur Förderung des Arbeitsmarktes in Deutschland, 2009
Thomas/Putzo	Zivilprozessordnung, 33. Aufl. 2012
Thüsing	Arbeitnehmerüberlassungsgesetz Kommentar, 3. Aufl. 2012 (zitiert: Thüsing/*Bearbeiter*)
Thüsing	Arbeitnehmer-Entsendegesetz, Mindestarbeitsbedingungengesetz, 1. Aufl. 2010
Thüsing/Braun	Tarifrecht, 1. Aufl. 2011
Thüsing/Laux/ Lembke	Praxiskommentar zum KSchG, 2. Aufl. 2011 (zitiert: *Bearbeiter*, in: Thüsing/Laux/Lembke, KSchG)
Tschöpe	Anwalts-Handbuch Arbeitsrecht, 7. Aufl. 2011 (zitiert: Tschöpe/*Bearbeiter*)
Ulber	Arbeitnehmerüberlassungsgesetz, 4. Aufl. 2011
Urban-Crell/ Germakowski	Kommentar zum Arbeitnehmerüberlassungsgesetz, 2009 (zitiert: Urban-Crell/Germakowski/*Bearbeiter*)
Urban-Crell/Schulz	Arbeitnehmerüberlassung und Arbeitsvermittlung, 2003
Vogel/Lehner	Doppelbesteuerungsabkommen der Bundesrepublik Deutschland auf dem Gebiet der Steuern vom Einkommen und Vermögen: Kommentar auf der Grundlage der Musterabkommen, 5. Aufl. 2008
von Hoyningen-Huene/Boemke	Die Versetzung, 1991
von Hoyningen-Huene/Linck	Kündigungsschutzgesetz, 15. Aufl. 2013 (zitiert: v. Hoyningen-Huene/Linck/*Bearbeiter*, KSchG)
von Wulffen	SGB X – Sozialverwaltungsverfahren und Sozialdatenschutz, 7. Aufl. 2010
Weyand/Düwell	Das neue Arbeitsrecht, 2005

Wiedemann/Oetker (Hrsg.)	Tarifvertragsgesetz, 7. Aufl. 2007 (zitiert: Wiedemann/ *Bearbeiter*, TVG)
Wiedemann/Stumpf	Tarifvertragsgesetz, 5. Aufl. 1977 (zitiert: *Wiedemann/ Stumpf*, TVG)
Witten	Vertragsgestaltung und Gesetzesbindung im Recht der Zeitarbeit, 2002
Zöller	Zivilprozessordnung, 29. Aufl. 2012 (zitiert: Zöller/ *Bearbeiter*)

Sachregister

Fettgedruckte Zahlen verweisen auf die Paragraphen des AÜG, magere kennzeichnen die Randnummer.

Abgrenzung der Arbeitnehmerüberlassung
– Arbeitsvermittlung **1** 74, 171 ff.
– Dienstverschaffungsvertrag **1** 75
– Dienstvertrag **1** 76 ff.
– Gesamthafenbetrieb **1** 45, 80
– Geschäftsbesorgung **1** 81
– Personalführungsgesellschaft **1** 26, 82
– Überlassung von Maschinen **1** 38, 83
– Werkvertrag **1** 84 f.
Abmahnung 15a 18
Abordnung
– an Arbeitsgemeinschaft **1** 8, 120 ff.; **1b** 8; **14** 10
Abschlussverbote 9 5, 516 ff.
– Rechtsfolgen **9** 520
– Tatbestandsvoraussetzungen **9** 517 ff.
Abtretung
– des Anspruchs auf Arbeitsleistung **11** 26
Abwerbung 3 38
Abwicklungsfrist 2 37 ff.; **9** 46
Akteneinsicht
– während des Erlaubnisverfahrens **2** 13
Aktives Wahlrecht der Leiharbeitnehmer 14 68 ff.
Amtshaftungsansprüche 17 24
Änderungskündigung 1 180; **11** 127
Anfangsverdacht 17a 23; **18** 51, 62
Anfechtungsklage 2 47 ff.; **4** 14; **6** 14; **7** 61 f.
Annahmeverzug 2 39; **11** 78, 115 ff.

– Arbeitszeitflexibilisierung **3a** 47, 55, 94; **11** 124; **17a** 20
– Arbeitszeitkontingent **11** 125
– Beschäftigungspausen **11** 128
– Beschäftigungsrisiko **11** 78, 111, 115
– Freizeitausgleich **11** 128
– Kurzarbeit **11** 127
– Unabdingbarkeit **11** 10, 78, 116 ff.
Anspruch
– auf Arbeitsentgelt **11** 5, 137
– auf Arbeitsleistung **1** 33, 36
– Ausgleichsanspruch des Verleihers **4** 9 f.; **5** 26, s. auch Erlaubnis, Rücknahme
– Auskunftsanspruch **7** 18 ff.
– Bereicherungsanspruch des Entleihers **9** 52
– Erfüllungsanspruch **11** 96
– auf Erlaubniserteilung **1** 53; **2** 4 ff., 12 ff.; **3** 78
– Gleichbehandlungsanspruch **3** 54 ff.
– Schadensersatzanspruch des Leiharbeitnehmers **10** 102 ff.; **11** 153
– Urlaubsanspruch **9** 13, 119, 121, 126, 137, 155 f.; **11** 57
– Vergütungsanspruch **11** 29 ff., 116
– Zeugnisanspruch **11** 149
Anweisungsrecht 1 85
Anwerbung im Ausland 3 30 ff.
Anzeigepflichten 7 4 ff.
– betriebliche Veränderungen **7** 4
– Betriebsübergang **7** 6
– Durchsetzung **7** 14
– Eröffnung des Insolvenzverfahrens **7** 15

1093

Sachregister

- Form der Anzeige **7** 10
- ordnungsgemäße Anzeige **7** 11 f.
- personelle Veränderungen **7** 15 ff.
- Rechtsfolgen **7** 12 ff.
- Schließung des Betriebs **7** 6
- Sinn und Zweck **7** 2
- Tatbestände **7** 4 ff.
- Verlegung des Betriebs **7** 5
- Verletzung **7** 14
- Zeitpunkt **7** 8 ff.

Arbeit auf Abruf 11 125
Arbeitertätigkeiten 1b 17 ff.
Arbeitgeber 1 24 ff.
- desselben Wirtschaftszweiges **1** 176 f.
- Konzern **1** 24
- Strohmann **1** 24

Arbeitgeberpflichten
- übliche **1** 168; **3** 25 ff., 48
- Nichterfüllung **1** 180 f.
- Nichtübernahme **1** 168 f.

Arbeitgeberrisiko
- Anknüpfungstatbestand **1** 166
- Nichtübernahme **1** 170

Arbeitgeberverbände
- AMP **3a** 1, 5; **9** 203, 207, 208, 215, 360
- BAP **3a** 5, 46; **9** 208, 221, 223, 359 f.
- BVD **3a** 66; **9** 203, 210
- BZA **3a** 1, 5, 54, 66; **9** 202, 208, 360
- iGZ **3a** 1, 46, 54, 66; **9** 202, 210, 221, 223, 319, 357 f.
- INZ **9** 200, 207
- Mercedarius **3a** 66; **9** 203
- MVZ **9** 201, 207
- Satzung **9** 357 ff.
- Stufenmodell der Mitgliedschaft bei BAP **9** 360 f.
- Südwestmetall **9** 220
- Tariffähigkeit **9** 275, 282
- Verhandlungsgemeinschaft Zeitarbeit **3a** 46

Arbeitnehmer 1 27 ff.
Arbeitnehmerähnliche Personen
- Beschäftigte des Verleihers i.S.d. § 1a Abs. 1 **1a** 14
- Überlassung von ~ **1** 31

Arbeitnehmererfindungen
11 165 ff., *s. auch betriebliches Vorschlagswesen*
- Diensterfindungen **11** 167
- freie Erfindungen **11** 168
- Rechtsstellung des Entleihers **11** 170
- Rechtsstellung des Verleihers **11** 171 f.
- technische Verbesserungsvorschläge **11** 169

Arbeitnehmerfreizügigkeit 15 9 f.
Arbeitnehmerhaftung 11 163 f.
Arbeitnehmerüberlassung 10 21, *s. auch Arbeitsvermittlung, Vermutung für*
- Abgrenzung **1** 68 ff.
- Abordnung zu ARGE **1** 8, 120 ff.
- arbeitnehmerähnliche Personen **1** 31
- Arbeitsvermittlung **1** 74
- Arten **1** 15 ff.
- Ausländer **12** 56
- Auszubildende **1** 28
- Dauer **1** 199
- Dienstverschaffungsvertrag **1** 75
- Dienstvertrag **1** 76 ff.; **10** 21, 22
- echte **1** 16 f.
- erlaubnisfreie **1** 15
- erlaubnispflichtige **1** 15
- freie Mitarbeiter **1** 31
- gelegentliche **1** 59
- gemeinsamer Betrieb **1** 42
- Gemeinschaftsbetrieb **1** 218, 227; **10** 21
- Gemeinschaftsunternehmen **1** 43, 204 ff.
- Gesamthafenbetrieb **1** 45

Sachregister

- Geschäftsbesorgung 1 81
- Gewerbsmäßigkeit 1 46
- grenzüberschreitende Überlassung 1 220
- Heimarbeiter 1 31
- illegale, *s. dort*
- im Rahmen wirtschaftlicher Tätigkeit 1 46 ff.
- ins Ausland 1 205 ff.
- Kettenverleih 1 14
- Konzern 1 24
- Leiharbeitsverhältnis 1 23 ff.
- Personalführungsgesellschaft 1, 26
- Rechtsbeziehung der Beteiligten 1 13 f., 23 ff.; **11** 5 ff., 141 ff.
- Selbstständige 1 31
- Selbstverleih 1 13
- Strohmann 1 24
- Struktur 1 13 f.
- Überlassung an Dritte 1 39 ff.
- Überlassung zur Arbeitsleistung 1 32 ff.
- unechte 1 16 f.
- unerlaubte Arbeitnehmerüberlassung **12** 52, *s. auch Arbeitnehmerüberlassungserlaubnis, Arbeitsverhältnis zum Entleiher*
- unternehmerische Zusammenarbeit **10** 21
- verdeckte Arbeitnehmerüberlassung **10** 21, 22; **12** 9, 52, 53
- vorübergehende 1 199 ff.
- Werkvertrag 1 84 ff.; **10** 21, 22
- zur Vermeidung von Entlassungen 1 180
- zur Vermeidung von Kurzarbeit 1 179
- Zwischenverleih 1 14

Arbeitnehmerüberlassung außerhalb wirtschaftlicher Tätigkeit, *s. auch echte Leiharbeit*

- Abgrenzung zur Arbeitnehmerüberlassung im Rahmen wirtschaftlicher Tätigkeit 1 15
- Arbeitnehmerüberlassung im Rahmen wirtschaftlicher Tätigkeit 1 46 ff.
- Dienstverschaffungsvertrag 1 75
- Gesamthafenbetrieb 1 45
- konzerninterne Arbeitnehmerüberlassung 1 188 ff.
- Schwesternschaft 1 30
- Überlassung von Maschinen mit Bedienungspersonal, *s. Abgrenzung der Arbeitnehmerüberlassung, s. auch Überlassung von Maschinen*
- wirtschaftszweigbezogene Arbeitnehmerüberlassung 1 120, 133 ff., 176 f., 182 f.
- zentrale Personalbeschaffungs- und Personalführungsgesellschaften 1 26, 191

Arbeitnehmerüberlassung, Baugewerbe, *s. Baugewerbe*

Arbeitnehmerüberlassung, erlaubnispflichtige, *s. auch Erlaubnis; Erlaubnis, Erteilung; Erlaubnis, Rücknahme; Erlaubnis, Versagung; Erlaubnis, Widerruf*

- Anspruch auf Erlaubniserteilung 1 53; **3** 7 ff.
- Ausnahmen 1 55 ff.
- Definition 1 11 f.
- Voraussetzungen 1 19 ff.
- Zeitpunkt 1 54

Arbeitnehmerüberlassung, gewerbsmäßige

- Abgrenzung zur Arbeitnehmerüberlassung im Rahmen wirtschaftlicher Tätigkeit 1 46

Arbeitnehmerüberlassung, grenzüberschreitende 3 77 ff.

- Betrieb 3 80

1095

Sachregister

- Betriebsstätte außerhalb der EWR **3** 77 ff.
- Betriebsteil **3** 80
- Nebenbetrieb **3** 80
- statistische Meldungen **8** 3 ff.
- Versagung der Erlaubnis **3** 71 ff.

Arbeitnehmerüberlassung im Rahmen wirtschaftlicher Tätigkeit
- Abgrenzung zur erlaubnisfreien Arbeitnehmerüberlassung **1** 165
- Anzeige **1a** 7 ff.
- Begriff **1** 46 ff.
- Einschränkungen im Baugewerbe **1b** 7 f.
- Erlaubnis **2** 4
- Geltungsbereich der Mitbestimmungsrechte des Betriebsrates **14** 3 ff.
- konzernintern **1** 188 ff.
- Meldepflicht **8** 3 ff.
- Rechtsanspruch auf Erlaubniserteilung **3** 7 ff.
- Rechtslage in der EU **Einl.** 17 ff.
- Regelungsgegenstand **Einl.** 2
- Rückausnahme ins Baugewerbe **1** 212
- Sinn und Zweck **Einl.** 1
- unerlaubte – **16** 16 ff.
- Untersagungsverfügung **6** 3 ff.

Arbeitnehmerüberlassung in ein Gemeinschaftsunternehmen **1** 244 ff.
- Leiharbeitsrichtlinie **1** 195 ff.
- Rechtsfolgen **1** 250 ff.
- Rechtsstreitigkeiten **1** 255 f.
- Überlassung ins Ausland **1** 245
- zwischenstaatliche Vereinbarung **1** 248 f.

Arbeitnehmerüberlassung, konzerninterne **1** 188 ff., *s. auch konzerninterne Arbeitnehmerüberlassung*

- Anwendungsbereich **1** 191 ff.
- Baukonzern **1** 194
- Arbeitnehmerüberlassung außerhalb wirtschaftlicher Tätigkeit **1** 191
- Personalführungsgesellschaften **1** 202

Arbeitnehmerüberlassungserlaubnis
- Abwicklungsfrist **9** 46, 63; **12** 65
- Auflagen **3** 17, 54
- Ausnahmen von Erlaubnispflicht **1** 190 ff.; **12** 6
- CGZP **9** 340
- Erlaubnispflicht **10** 19
- Fehlen **9** 44 ff., 58 ff.; **10** 17 ff.; **12** 52, *s. auch Arbeitnehmerüberlassung, Arbeitsverhältnis zum Entleiher*
- Rechtsanspruch auf Erteilung **3** 6, 8
- Unwirksamkeit **9** 48
- Unzuverlässigkeit, *s. dort*
- Verbot mit Erlaubnisvorbehalt **3** 8 f.; **10** 1
- Verleihererklärung über Erlaubnisbesitz **12** 9, 16 f.
- Versagung der Erteilung **3** 9 ff., 58 ff.
- Versagungsgründe **3** 15 ff., *s. auch Unzuverlässigkeit*
- Verstoß gegen Grundsatz von Equal Pay/Treatment **3** 58 ff.
- vorübergehende Überlassung **9** 47, *s. auch dort*
- Wegfall **9** 46, 61, 63; **10** 29; **12** 43, 61 ff.

Arbeitnehmerüberlassungsvertrag **12** 2 ff.
- Änderungsvertrag **12** 6
- Auskunftsanspruch **12** 3, 9, 16 f., 22 ff., 47, 48, 52, 55, 61 ff.
- Auswahlverschulden **12** 39
- Beendigung **12** 41 ff.

Sachregister

- Befristung **12** 41, 58
- Beschäftigungspflicht **12** 46
- Betriebsrat des Entleihers **12** 2
- CGZP **12** 30
- Direktionsrechtsübertragung **12** 37
- Entleiherangaben zu Tätigkeit und Qualifikation des Leiharbeitnehmers **12** 18 ff.
- Entleiherangaben zu wesentlichen Arbeitsbedingungen **12** 9, 21 ff., 32
- Hauptpflichten **12** 35 ff.
- Informationspflicht des Entleihers über freie Arbeitsplätze **13a** 9
- Inhalt **12** 15 ff.
- Kündigungsfrist **12** 41
- Leistungsstörungen **12** 38 ff.
- Leistungsverweigerungsrecht **12** 17, 34, 48, 57
- Nebenpflichten **12** 47 ff.
- Rahmenvertrag **12** 6
- Rechtsweg **12** 68
- Schriftform **12** 4 ff., 63
- Sprache **12** 11
- Störung der Geschäftsgrundlage **12** 53
- Unwirksamkeit bei Fehlen der Überlassungserlaubnis **9** 45 ff.; **12** 2
- Unwirksamkeit bei Formmangel **12** 9, 12 f., 32
- Verbot dauerhafter Arbeitnehmerüberlassung **12** 42, 58, *s. auch vorübergehende Überlassung*
- Vergütung **12** 45
- Verleihererklärung über Erlaubnisbesitz **12** 9, 16 f.
- Vermittlungsprovision, *s. dort*
- Vertragsgestaltung **12** 50 ff.
- Vorvertrag **12** 6
- Wegfall der Erlaubnis **12** 43

Arbeitsbereitschaft 11 78, 121
Arbeitsentgelt, *s. auch wesentliche Arbeitsbedingungen*

- Arbeitsverhältnis zum Entleiher, *s. dort*
- Aufwendungsersatz **9** 124
- Auslösung **9** 124
- Begriff **9** 122 ff.; **10** 70
- betriebliche Altersversorgung **9** 129 f.; **13b** 27
- Entgeltfortzahlung **9** 126
- Equal Pay **9** 121, *s. auch Grundsatz von Equal Pay/Treatment*
- Fälligkeit **9** 128
- Fahrtkostenerstattung **9** 124
- Gesamtvergleich, *s. Schlechterstellungsvergleich*
- Rechtssetzungskompetenz der EU **9** 23
- Sachleistungen **9** 127
- Verleiherhaftung für an Dritte zu leistende Zahlungen **10** 116 ff.
- vermögenswirksame Leistungen **9** 125; **10** 119
- Zugang zu Gemeinschaftseinrichtungen und -diensten **13b** 27

Arbeitserlaubnis 15 2 f., 31 f.; **15a** 15 f.; **16** 29 ff.; **18** 33
Arbeitsförderungsgesetz 1 2; **1b** 1
Arbeitsgemeinschaft, *s. Abordnung; Baugewerbe, Verbot der Arbeitnehmerüberlassung*
Arbeitskampf

- Entleiherbetrieb **11** 129 ff.
- Leistungsverweigerungsrecht **11** 132 ff.
- Verleiherbetrieb **11** 130

Arbeitslose 7 20
Arbeitslosengeld 11 123
Arbeitslosenversicherung 3 27
Arbeitsort 11 24
Arbeitspflicht, *s. Leiharbeitsverhältnis*
Arbeitsplatzsichernde Arbeitnehmerüberlassung 1 200 ff.

- Leiharbeitsrichtlinie **1** 195 ff., 212

1097

Sachregister

- Rechtsfolgen **1** 250 ff.
- Rechtsstreitigkeiten **1** 255 f.
- Tarifvertragliche Zulassung **1** 207 ff.
- Verleihunternehmen **1** 202
- Vermeidung von Kurzarbeit oder Entlassungen **1** 203 ff.
- Wirtschafszweig **1** 201 f.

Arbeitsschutz
- Entleiherbetriebsrat **14** 41
- Pflichten des Entleihers **11** 150 ff.
- Pflichten des Verleihers **11** 156 ff.
- Sinn und Zweck **11** 139
- Verleiherbetriebsrat **14** 41
- Verstöße gegen Arbeitsschutzrecht als Versagungsgrund **3** 35 f.

Arbeitsunfall 11 154

Arbeitsverhältnis, fehlerhaftes 9 64

Arbeitsverhältnis zum Entleiher 10 13 ff.
- Arbeitsentgelt **10** 69 ff.
- Arbeitsort **10** 46
- Arbeitszeit **10** 61 ff.
- Art der Tätigkeit **10** 46
- Ausschlussfristen **10** 49, 75
- Befristung, *s. dort*
- Betriebsverfassungsrecht **10** 76 f.
- Betriebszugehörigkeit **10** 66
- Dispositivität **10** 31, 72
- Fehlen der Überlassungserlaubnis **9** 61; **10** 22, 25 ff.
- Inhalt des gesetzlichen Arbeitsverhältnisses **10** 45 ff.
- Insolvenzgeld **10** 81 ff.
- international zwingendes Recht **10** 31
- Kündigungsschutz **10** 38, 60
- Leiharbeitsrichtlinie **10** 1, 6
- Luftsicherheitsgesetz **10** 16
- Nachweisgesetz **10** 47
- Prozessuales **10** 96 ff.
- Rechtsmissbrauch **10** 43

- Schadensersatzanspruch des Leiharbeitnehmers **10** 102 ff.
- Sinn und Zweck **10** 10
- sonstige Arbeitsbedingungen **10** 64 ff.
- Sozialversicherungsrecht, *s. dort*
- Steuerrecht, *s. dort*
- Tatbestandsvoraussetzungen **10** 17 ff.
- teleologische Reduktion **10** 40 ff., 54 f.
- Unabdingbarkeit **10** 31
- Unanfechtbarkeit **10** 32
- unzulässige Überlassung ins Baugewerbe **10** 5, 23
- verfassungskonforme Auslegung **10** 37 ff.
- Verfassungswidrigkeit **10** 38
- vergleichbare Betriebe **10** 67 f.
- Verleiherhaftung für an Dritte zu leistende Zahlungen **10** 116 ff.
- Verwirkung **10** 44, 97, 100
- vorübergehende Überlassung, *s. dort*
- Wegfall der Überlassungserlaubnis **10** 29
- Widerspruchsrecht des Leiharbeitnehmers, *s. dort*

Arbeitsvermittlung 1 26, 74; **3** 65; **10** 5, *s. auch Abgrenzung der Arbeitnehmerüberlassung*

Arbeitsvermittlung, Vermutung für, *s. auch Arbeitnehmerüberlassung*
- Anknüpfungstatbestand **1** 166 ff.
- Arbeitsrecht **1** 172 f.
- arbeitsrechtliche Folgen **1** 184 ff.
- erlaubnisfreie Arbeitnehmerüberlassung **1** 165
- Folgen für Überlassungsvertrag **1** 187
- Gesetzeskritik **1** 159
- gewerberechtliche Folgen **1** 188

Sachregister

- Nichterfüllung von Arbeitgeberpflichten **1** 180 f.
- Nichtübernahme des Arbeitgeberrisikos **1** 170
- Nichtübernahme von Arbeitgeberpflichten **1** 168 f.
- Nichtwiderlegung der Vermutung **1** 183 ff.
- Ordnungswidrigkeit **1** 189
- Rechtsfolgen **1** 182 ff.
- Reichweite der Vermutung **1** 172 ff.
- Straf- und Ordnungswidrigkeitenverfahren **1** 175
- Tatbestandsvoraussetzungen **1** 160 ff.
- Überlassung zur Arbeitsleistung **1** 163 f.
- Verwaltungsrecht **1** 174
- Widerlegbarkeit **1** 176
- Widerlegung der Vermutung **1** 177 ff., 182

Arbeitsvermittlungsmonopol der BA 1 183 ff.
Arbeitsvermittlungsrecht 1 185, 188
Arbeitsvertrag, *s. Leiharbeitsvertrag*
Arbeitszeit 11 21 ff., *s. auch Lage der Arbeitszeit*
- Arbeitsverhältnis zum Entleiher **10** 61 ff.
- Arbeitszeitkontingent **11** 125
- Dauer **11** 21
- Entleiherbetrieb **14** 124 ff.
- Gleitzeit **14** 124
- Lage **11** 23
- Mehrarbeit **11** 22
- vergleichbarer Arbeitnehmer **9** 107
- vorübergehende Verkürzung **11** 22
- wesentliche Arbeitsbedingungen, *s. dort*

ARGE 1 43, 120 ff.
- Abordnung von Arbeitnehmern **1** 127 ff.

- Begriff **1** 125 f.
- Dienstleistungsbereich **1** 126
- Entstehungsgeschichte **1** 121 f.
- Freistellung **1** 131
- individualvertragliche Bezugnahme **1** 136
- Mischbetriebe **1** 134
- Mitgliedschaft des Arbeitgebers **1** 132
- selbstständige Leistungserbringung **1** 138 ff.
- Sinn und Zweck **1** 123
- Tarifbindung kraft Mitgliedschaft **1** 136
- Tarifverträge desselben Wirtschaftszweiges **1** 133 ff.
- Unternehmen aus Mitgliedstaaten der EU **1** 135
- Unternehmen mit Sitz im Ausland **1** 135
- Voraussetzungen **1** 124 ff.

Asylberechtigter 3 78
AÜG-Reform 2011 1 4, 192 f., 196, 213, 215, 236; **3** 4; **3a** 7; **9** 31 ff., 90, 162 f., 190, 439, 488, 522; **10** 6, 8; **12** 1; **13** 2; **13a** 5; **17** 2, 6, 29; **17a** 1; **17b** 1; **17c** 1; **18** 2; **18a** 1; **19** 3 ff., 6 ff.

Aufbewahrung, *s. Beurkundungspflicht; Geschäftsunterlagen; Ordnungswidrigkeiten, Verstoß gegen Aufbewahrungspflicht*
Auffälliges Missverhältnis 11 29; **15a** 10
Aufhebungsvertrag 11 38
Auflage, *s. Erlaubnis, unter: Erlaubnis, Widerruf; Nichterfüllung einer ~; s. Ordnungswidrigkeiten; Nichtbefolgen einer –*
Auflösende Bedingung, *s. Befristungsverbot*

1099

Sachregister

Aufsichtsrat
- Unternehmensmitbestimmung **14** 65
- Wahlrecht der Leiharbeitnehmer **14** 62 ff.

Auftragsangelegenheit 17 3, 8

Aufwendungsersatz, *s. Arbeitsentgelt*

Ausgleichsanspruch des Verleihers, *s. Anspruch; Erlaubnis, Rücknahme*

Aushilfsarbeit 11 112 f.

Auskunftsanspruch 10 93 ff., 115; **13** 1 ff.; **13a** 1 ff.
- Arbeitnehmerüberlassungsvertrag, *s. dort*
- Aussetzungspflicht **13** 21
- CGZP **12** 30; **13** 20 f.
- Darlegungs- und Beweislast, *s. dort*
- Deckelungsregelung beim Branchenzuschlag **9** 222
- Drehtürklausel **12** 55
- eidesstattliche Versicherung **13** 22
- Entleiherangaben zu wesentlichen Arbeitsbedingungen **12** 9, 21 ff.
- Erfüllung **13** 18
- Grenzen **13** 13 ff.
- Grundsatz von Equal Pay/Treatment **9** 40; **12** 9, 21 ff.; **13** 2, 5, 13 ff.
- Informationspflicht des Entleihers über freie Arbeitsplätze, *s. dort*
- Leiharbeitnehmer gegen Entleiher **13** 1 ff.; **13a** 1 ff.
- Leistungsverweigerungsrecht **13** 15, 24; **13a** 27
- Nachweisgesetz, *s. dort*
- Rechtsweg **13** 25; **13a** 33
- Schadensersatz **13** 23
- Sechswochen-Ausnahme, *s. dort*
- Streitwert **13** 29
- Stufenklage **13** 27
- Tarifausnahme, *s. dort*
- Tarifverträge über Branchenzuschlag **12** 28; **13** 16
- unerlaubter Arbeitnehmerüberlassung **10** 93 ff., 115
- Unterrichtung über Abwicklungsende **12** 65
- Unterrichtung über Wegfall der Erlaubnis **12** 61 ff.
- Verleiher gegen Entleiher, *s. Arbeitnehmerüberlassungsvertrag*
- vergleichbarer Arbeitnehmer **12** 22 ff.; **13** 10 f., 17, *s. auch dort*
- wesentliche Arbeitsbedingungen **12** 9, 21 ff.; **13** 7 ff., 13 ff., 17
- Zugang zu Gemeinschaftseinrichtungen und -diensten **13b** 50 f., 52 ff.
- Zusammenhangsklage **13** 26

Auskunftspflichten 7 18 ff.
- Aufbewahrung geschäftlicher Unterlagen **7** 29 f.
- Ermessen der BA **7** 22
- Glaubhaftmachung **7** 27 f.
- Gleichbehandlungsgrundsatz **7** 22
- Nachprüfungsrecht **7** 24 ff.
- Pflichteninhalt **7** 18 ff.
- Rechtsfolgen **7** 32
- Rechtsschutz **7** 61
- Sinn und Zweck **7** 2
- Sprache **7** 23
- Verhältnismäßigkeitsgrundsatz **7** 22
- Verpflichteter **7** 18
- Vorlage geschäftlicher Unterlagen **7** 24 ff.

Auskunftsverweigerungsrecht 7 57 ff.
- gegenständliche Beschränkung **7** 59
- Berechtigte **7** 57

Ausländerbehörde 18 15, 33 f.

Ausländische Arbeitnehmer 1 148; **11** 103, **Vor 15**, **15a u. 16** 3, *s. auch Erlaubnis, Versagung*
- Arbeitsgenehmigung-EU **18** 32

Sachregister

- Blaue Karte EU **18** 33
- hochqualifizierte Arbeitnehmer **18** 33
- Staatsangehörige Bulgariens und Rumäniens **18** 33

Ausländische Gesellschaften 3 81 ff., *s. auch Erlaubnis, Versagung*

Ausländische Verleiher
- Erlaubsniserteilung an ~ **Einl.** 14
- Räumlicher Geltungsbereich **Einl.** 8

Auslagen 2a 1 ff.; **16** 80; **17** 4, 25 ff.

Auslösung, *s. Arbeitsentgelt*

Ausschlussfrist 9 139, 316 ff., 326; **10** 49; **11** 55, 66; **12** 57; **13** 14

Ausschreibung von Arbeitsplätzen, *s. auch Entleiherbetriebsrat, Verleiherbetriebsrat*
- Entleiherbetriebsrat **14** 141
- Verleiherbetriebsrat **14** 49

Außengesellschaft 1 39

Aussetzungspflicht, *s. Beschlussverfahren*

Auswahlrichtlinien
- Entleiherbetrieb **14** 115, 118, 141, 143
- Verleiherbetrieb **14** 49

Auswahlverschulden 12 39

Auszahlung des Arbeitsentgelts 14 37
- Entleiherbetrieb **14** 127
- Entleiherbetriebsrat **14** 37
- Verleiherbetriebsrat **14** 37

Auszubildende 1 28

Bagatellfehler 4 4

Baugewerbe, Verbot der Arbeitnehmerüberlassung 1b 12 ff.
- Abordnung an Arbeitsgemeinschaften **1b** 8
- Angestellte **1b** 18
- Anwendungsbereich **1b** 6 ff.
- Arbeitertätigkeiten **1b** 17 ff.
- Arbeitnehmerüberlassung nach § 1 **1b** 7 f., 12
- Bauhauptgewerbe **1b** 9
- Bauleistungen **1b** 15
- Baunebengewerbe **1b** 9, 15
- Betriebe des Baugewerbes **1b** 13 ff.
- Betriebsabteilung **1b** 13 f.
- Entstehungsgeschichte **1b** 1 f.
- konzerninterne Arbeitnehmerüberlassung **1b** 11
- Leiharbeitsvertrag **1b** 22 f.
- Mischbetriebe **1b** 16
- Ordnungswidrigkeit **1b** 25 f.
- persönlicher Geltungsbereich **1b** 11
- räumlicher Geltungsbereich **1b** 6
- Rechtsfolgen eines Verstoßes **1b** 20 ff.
- sachlicher Geltungsbereich **1b** 7 ff.
- Sinn und Zweck **1b** 3 ff.
- Tatbestandsvoraussetzungen **1b** 12 ff.
- Überlassungserlaubnis **1b** 24
- Überlassungsvertrag **1b** 21
- Verbotsausnahme **1b** 28 ff.

Baukonzern 1 194
- Konzernprivileg **1** 194

Bauleistung, *s. Baugewerbe, Verbot der Arbeitnehmerüberlassung*

Beamte 1 29

Bedienungspersonal
- Überlassung von Maschinen mit **1** 38, 83, *s. auch Abgrenzung der Arbeitnehmerüberlassung*

Beendigung, *s. Leiharbeitsverhältnis*

Befristung 9 43, 96, *s. auch Arbeitnehmerüberlassung*
- Arbeitsverhältnis zum Entleiher **10** 50 ff.
- Befristungsverbot **3** 1 ff., 67 f.; **9** 3, 5, 43, 530 ff.; **10** 7, 11
- Leiharbeitsvertrag **3** 69; **9** 532 ff.
- Teilbefristung von Arbeitsbedingungen, *s. dort*

Sachregister

- Verleiherlaubnis **2** 45
- wesentliche Arbeitsbedingung **9** 139
- Zuverlässigkeit des Antragstellers **3** 38

Befristungsverbot
- Aufhebung **3** 67 ff.

Behördliche Weisungen
- Außenwirkung **17** 24
- Bindungswirkung **17** 23
- BMAS **17** 3, 22
- Bundesanstalt für Arbeit **17** 1; **18** 3
- Grundsatz der Selbstbindung der Verwaltung **17** 24
- Grundsatz vom Vorbehalt des Gesetzes **17** 21
- Grundsatz vom Vorrang des Gesetzes **17** 21

Belgien Einl. 15

Benachteiligung, *s. auch Zustimmungsverweigerungsrecht, Benachteiligungsverbot*
- von Leiharbeitnehmern **14** 117

Bericht der Bundesregierung zur Arbeitnehmerüberlassung 9 39

Berufsbildung
- Entleiherbetriebsrat **14** 144
- Verleiherbetriebsrat **14** 50

Berufsfreiheit 3 6, 8, 10; **9** 42, 85, 87, 195, 494, 499, 500, 508, 521, 525; **10** 38

Berufsgenossenschaft 18 18

Beschäftigungspausen 11 128

Beschäftigungsrisiko 11 111, 115, 125 f.

Beschäftigungsverbot
- auf Grund Fehlens der Arbeitsberechtigung **15** 35
- betriebsverfassungsrechtliches ~ **14** 34,

Beschäftigungsverhältnis 1 74

Beschlussverfahren
- abstraktes Kontrollverfahren **9** 252, 253 f.
- Amtsermittlungsgrundsatz **9** 251
- Aussetzungspflicht **9** 250, 252, 255 ff., 377; **13** 21
- CGZP, *s. dort*
- doppelte Rechtshängigkeit **9** 254, 259
- konkretes Kontrollverfahren **9** 252, 255 ff., 294
- Mitwirkungs- und Mitbestimmungsrechte **14** 99, 120
- Rechtskraftwirkung **9** 260 f., 300
- Status des (Leih-)Arbeitnehmers **10** 101
- Tariffähigkeit **9** 205, 250, 251 ff.
- Tarifzuständigkeit **9** 250, 251 ff.

Beschwerderecht
- Entleiherbetrieb **14** 83
- Verleiherbetrieb **14** 23

Besonders schwerer Fall
- ausländische Leiharbeitnehmer ohne Genehmigung **15** 28 ff.
- Entleih von Ausländern ohne Genehmigung **15a** 13

Beteiligte
- Geltungsbereich des AÜG **Einl. 8** ff.
- Rechtsbeziehung der ~ **1** 13 f., 23 ff.; **11** 5 ff., 141 ff.

Beteiligungsrechte, *s. auch Personalvertretungsrecht*
- des Personalrats **14** 164
- des Betriebsrats **14** 9, 29, 97, 100 ff., 107 ff., 144
- sonstige **14** 165

Betriebliche Altersversorgung 13b 27, *s. auch Arbeitsentgelt*

Betriebliche Ordnung
- Entleiherbetriebsrat **14** 31
- Verleiherbetriebsrat **14** 31

Sachregister

Betriebliches Vorschlagswesen
11 169, *s. auch Arbeitnehmererfindungen*
– Entleiherbetriebsrat 14 133
– Verleiherbetriebsrat 14 44
Betriebsabteilung 1b 13 ff.
Betriebsänderung
– Entleiherbetrieb 14 152
Betriebsbedingte Kündigung
11 126
Betriebsfrieden 14 119, *s. auch Zustimmungsverweigerungsrecht*
Betriebsorganisation 14 47
– Anforderungen 3 51 ff.
– Arbeitgeberpflichten 3 49 f.
– Zuverlässigkeit, *s. dort*
Betriebsratswahlen 1 173,
Betriebsstätte 1 42; 3 71 ff., *s. auch Arbeitnehmerüberlassung, grenzüberschreitende, außerhalb der EWR; Erlaubnis, Versagung; außerhalb der EWR*
Betriebsteil 3 74; 7 4
Betriebsübergang, *s. Anzeigepflichten*
Betriebsvereinbarungen
– im Entleiherbetrieb 14 88, 135
– im Verleiherbetrieb 14 27, 46
Betriebsverfassung, *s. auch Entleiherbetriebsrat, Verleiherbetriebsrat*
– Abordnung zu ARGE 14 10
– Arbeitnehmerüberlassung außerhalb wirtschaftlicher Tätigkeit 14 4
– Arbeitnehmerüberlassung im Rahmen wirtschaftlicher Tätigkeit 14 3
– Dienstverträge 14 8
– Entstehungsgeschichte 14 1
– illegale Arbeitnehmerüberlassung 14 5 ff.
– Verleiherbetrieb 14 11 ff.
– Werkverträge 14 8
Betriebsverfassungsrechtliche Rechte des Leiharbeitnehmers, Entleiherbetrieb
– Anhörungsrecht 14 80 f.
– Beschwerderecht 14 83
– Betriebsversammlungen 14 75 ff.
– Grundsatz 14 72
– Personalakte 14 82
– Teilnahme an Sprechstunden 14 73 f.
– Unterrichtungs- und Erörterungspflicht 14 78 f.
– Vorschlagsrecht 14 84
– Wahlrecht, aktives 14 68 ff
– Wahlrecht, passives 14 66 f.
Betriebsverfassungsrechtliche Rechte des Leiharbeitnehmers, Verleiherbetrieb
– Anhörungs- und Erörterungsrecht 14 21
– Beschwerderecht 14 23
– Einsicht in Personalakte 14 22
– Individualrechte 14 19 ff.
– Teilnahme an Sprechstunden 14 16, 18
– Unterrichtungs- und Erörterungspflicht 14 20
– Wahlrecht, aktives 14 15
– Wahlrecht, passives 14 15
Betriebsversammlung 14 17 f., *s. auch betriebsverfassungsrechtliche Rechte des Leiharbeitnehmers, Entleiherbetrieb*
Betriebszugehörigkeit
– doppelte 14 58
– Entleiherbetrieb 14 58 ff.
– Verleiherbetrieb 14 11 ff.
Beurteilungsgrundsätze 14 49, 142, *s. auch Entleiherbetriebsrat*
Beurkundungspflicht
– Arbeitsentgelt 11 53
– Arbeitszeit 11 56
– Arbeitszeitvolumen 11 56
– Aufbewahrung 11 89
– ausländische Leiharbeitnehmer 11 63

1103

Sachregister

- Auslandseinsatz 11 69 ff.
- Ausschlussfristen 11 66
- Beginn des Arbeitsverhältnisses 11 49
- Berechnungsfaktoren 11 54
- Betriebsvereinbarungen 11 59
- Beweislast 11 97
- Beweislastumkehr 11 97
- Dauer des Arbeitsverhältnisses 11 50
- Dauer des Erholungsurlaubs 11 57
- Erfüllungsanspruch 11 94
- ergänzende Angaben 11 61 ff.
- Erlaubnis 11 76
- Fälligkeitszeitpunkt 11 55
- Freistellungen 11 57
- Kündigungsfristen 11 58
- Lage der Arbeitszeit 11 56
- Leiharbeitnehmer 11 48
- Leistung von Mehrarbeit 11 56
- Leistungen bei Urlaub 11 57
- Leistungen bei vorübergehender Nichtbeschäftigung 11 77 f.
- mehrere Dokumente 11 43
- Mindestangaben 11 46 ff.
- nichtdeutsche Leiharbeitnehmer 11 88
- Pflichtinhalt 11 42 ff.
- Pflichtverstöße 11 94 ff.
- Schadensersatzansprüche 11 96
- schriftlicher Arbeitsvertrag 11 42 f.
- Sinn und Zweck 11 40
- Sonderzahlungen 11 53
- Sprache 11 88
- Tarifverträge 11 59
- Tätigkeit 11 52
- Urlaubsanspruch 11 57
- Verhältnis zum NachwG 11 41
- Verleiher 11 76
- wesentliche Bestimmungen 11 42
- Widerrufsvorbehalte 11 53
- Wirksamkeit des Arbeitsvertrags 11 93

- Zahlungsweise 11 55
- Zeitpunkt 11 82
- Zurückbehaltungsrecht 11 95
- Zusatzurlaub 11 67
- Zuschläge 11 53

Beweislast, *s. Erlaubnis, Rücknahme; Erlaubnis, Versagung; Erlaubnis, Widerruf*

Bezugnahme auf Tarifvertrag 9 405 ff.
- Änderungskündigung 9 408 f.
- AGB-Kontrolle 9 195, 310 ff., 315, 411 ff.
- Bezugnahmevereinbarung 9 407 ff.
- dynamische 9 435
- Geltungsbereich des Tarifvertrags 9 341
- gestaffelte Bezugnahmeklausel 9 315, 408, 413
- Globalverweisung 9 433
- Leiharbeitsrichtlinie 9 193 f.
- mehrgliedriger Tarifvertrag 9 310 ff., 412; 12 55
- Mischunternehmen 9 418 ff.
- praktische Bedeutung 9 191
- statisch 9 432
- Störung der Geschäftsgrundlage 9 410
- Tarifausnahme 9 182, 191, 225, 405 ff.
- Tarifverträge über Branchenzuschlag, *s. dort*
- Tarifzuständigkeit 9 341
- Teilverweisung 9 433 f.
- Transparenzgebot 9 310 ff., 411 f., 415

Branchenzuschlag, *s. Tarifverträge über Branchenzuschlag*

Bußgeldverfahren 16 9, 15, 34, 80

CGB 9 215
- ALEB 9 215, 288, 391 f.
- BIGD 9 215, 287, 393 ff.

1104

- CGM **3a** 66; **9** 215, 285, 292, 378 ff.
- CGPT **9** 290, 292
- CGZP, *s. dort*
- DHV **9** 215, 286, 292, 384 ff.
- GKH **9** 271, 285
- GÖD **9** 290, 292, 387 f.
- medsonet **9** 215, 289, 389 f.
- mehrgliedriger Tarifvertrag, *s. dort*
- Tariffähigkeit der CGB-Gewerkschaften **3a** 66; **9** 284 ff.
- Tarifzuständigkeit der CGB-Gewerkschaften **9** 375 ff.
- Union Ganymed **9** 290, 292, 299
- VDT **9** 290, 292, 299

CGZP
- arbeitsrechtliche Folgen der Tarifunfähigkeit **9** 121, 302 ff.
- Auskunftsanspruch, *s. dort*
- Ausschlussfristen, *s. dort*
- Aussetzungsbeschluss **9** 256 f.
- Beschlussverfahren **3** 27; **9** 205, 215, 217, 280 f., 294 ff., 363, 377
- Christlicher Gewerkschaftsbund, *s. CGB*
- Folgen des CGZP-Beschlusses **3a** 5, 31, 41, 43, 66; **9** 301 ff.
- gewerberechtliche Folgen der Tarifunfähigkeit **3** 27; **9** 340
- Lehre vom fehlerhaften Tarifvertrag **9** 268, *s. auch dort*
- Satzung **9** 293
- Sechswochen-Ausnahme **9** 165, 174; **19** 17
- sozialversicherungsrechtliche Folgen der Tarifunfähigkeit **9** 325 ff.
- Spitzenorganisation **9** 280, 293
- Tarifdumping **9** 39
- Tarifunfähigkeit **9** 205, 214, 291 ff.
- Tarifverträge **3a** 1, 66; **9** 200 ff.
- Unwirksamkeit der Tarifverträge **9** 303 ff.
- Verfassungsbeschwerde **3** 27; **9** 296
- Verjährung, *s. dort*
- Vertrauensschutz, *s. dort*

Dänemark Einl. 15
Darlegungs- und Beweislast
- Arbeitsverhältnis mit dem Entleiher **10** 20
- Auskunftsanspruch **9** 142, 478 ff.; **13** 19 ff.
- Ausnahmen nach § 1 Abs. 3 **1** 255
- betriebsbedingte Kündigung von Leiharbeitnehmern **9** 582 f.
- Drehtürklausel, *s. dort*
- Grundsatz von Equal Pay/Treatment, *s. dort*
- Tarifausnahme **9** 481; **13** 20

Datenaustausch 18 44
Datenschutz 8 8 ff.; **18** 55, 77, *s. auch Meldungen, statistische*
Datenübermittlung bei Strafsachen und zur Verfolgung von Ordnungswidrigkeiten 18 50 ff., 59 ff.
- Einstellungsbeschluss **18** 52
- Strafvollstreckungs- und Strafverfolgungsbehörden **18** 53, 59, 64
- Tateinheit und Tatmehrheit **18** 51
- Tathergang **18** 52

Deutsch-ausländisches Gemeinschaftsunternehmen 1 208 f.
Deutscher i.S.d. Art. 116 GG 3 78 ff.
Deutsches Modell der Leiharbeit 9 16, 79
DGB
- DAG **9** 210
- EVG **9** 373
- GdP **9** 210, 374
- GEW **9** 202, 210, 371
- IG BAU **9** 210, 368
- IG BCE **9** 202, 210, 367
- IG Metall **9** 202, 210, 219 ff., 363, 366

1105

Sachregister

- Industrieverbandsprinzip **9** 351
- mehrgliedriger Tarifvertrag, *s. dort*
- NGG **9** 202, 210, 372
- ÖTV **9** 210
- Tariffähigkeit **9** 283
- Tarifgemeinschaft **3a** 1, 46, 54, 66; **9** 202, 220
- Tarifverträge **9** 202 ff., 319, 542
- Tarifzuständigkeit der DGB-Gewerkschaften **9** 223, 362 ff.
- TRANSNET **9** 210
- ver.di **9** 202, 210, 369 f.

Dienstleistungsfreiheit 1 146 ff.; **3a** 10 f., 29, 33 ff., 89; **17a** 4 ff.; **17b** 8 f.; **17c** 4 ff.

Dienstverschaffungsvertrag 1 75, *s. auch Abgrenzung der Arbeitnehmerüberlassung*

Dienstvertrag 1 76 ff., *s. auch Abgrenzung der Arbeitnehmerüberlassung; Arbeitnehmerüberlassung*

Direktionsrecht 1 85, 130; **11** 23, 127; **15** 14

Drehtürklausel 3 4; **9** 35, 74, 75, 236, 438 ff.
- Darlegungs- und Beweislast **9** 482
- Inkrafttreten **9** 439 f.
- Rechtsfolgen **9** 461 ff.
- Tatbestandsvoraussetzungen **9** 448 ff.
- Übergangsvorschrift, *s. dort*
- Vertragsgestaltung, *s. dort*

Duldungspflicht
- bei behördlicher Nachschau **16** 39

Durchführung des AÜG 17 1 ff.
- Kooperationsverflechtung **17** 30
- Zuständigkeit für die Prüftätigkeit **17** 14 ff.
- Zuständigkeit für die Sachbearbeitung **17** 10 ff.
- Zweckmäßigkeit der Durchführung des Gesetzes **17** 19

Durchführungsanweisungen 17 20, 22 f.

Durchsuchung
- Begriff **7** 44
- Gefahr in Verzug **7** 47 f.
- Niederschrift **7** 49 ff.
- Rechtsschutz **7** 63 f.
- Verhältnismäßigkeitsgrundsatz **7** 45

Durchsuchungsanordnung 7 63 f.
Durchsuchungsrecht 7 43 ff.

Echte Leiharbeit Einl. 6, 10; **1** 16 f.
Eigenkündigung 1 180
Eingruppierung
- Verleiherbetriebsrat **14** 51

Einsatzbefristung 16 2
Einstellung
- anderer Arbeitsplatz **14** 105
- Eingliederung **14** 102, 107
- Einsatzverlängerung **14** 103
- Entleiherbetriebsrat **14** 100, 102
- Rechtsfolgen unzureichender Unterrichtung **14** 111
- Übernahme in Arbeitsverhältnis **14** 106
- Unterrichtungspflicht **14** 107 ff.
- Zustimmungsverweigerungsrecht **14** 112 ff.

Einstellungsverbot 9 5, 494 ff.
- Leiharbeitsrichtlinie **9** 42, 494, 497 ff,
- Tatbestandsvoraussetzungen **9** 501 f.
- Vermittlungsprovision, *s. dort*

Einzelangaben
- Geheimhaltung **8** 8 ff.

Entfernung
- betriebsstörender Leiharbeitnehmer **14** 149

Entgeltfortzahlung Einl. 19, 197; **11** 10, 31, 160, *s. auch Arbeitsentgelt*

Entlassungen 1 180
– Vermeidung von ~ 1 181
Entleiher, *s. Anspruch; Bereicherungsanspruch des ~; Arbeitnehmererfindungen; Rechtsstellung des ~; Arbeitnehmerüberlassungsvertrag; Ermächtigung des ~; Bereicherungsansprüche, des ~ v. Verleiher; Einstellungsverbot für ~; Entleih von Ausländern ohne Genehmigung; Leiharbeitsvertrag, Unwirksamkeit, Arbeitsverhältnis zwischen ~ und Leiharbeitnehmer*
Entleih von Ausländern ohne Genehmigung
– beharrlich wiederholter Entleih **15a** 17 ff.
– Beschäftigung zu ausbeuterischen Bedingungen **15a** 3 ff.
– Entleiher **15a** 4
– Täter **15a** 4
– umfangreicher Entleih **15a** 15 f.
– Verleiher **15a** 4
Entleiherbetriebsrat
– Allgemeine Aufgaben **14** 89 ff.
– Anhörung bei Kündigung **14** 55
– Anregungen von Leiharbeitnehmern **14** 92
– Arbeitnehmerschutz **14** 89
– Arbeitsschutz **14** 96, 136
– Arbeitszeit **14** 124 f.
– Ausschreibung von Arbeitsplätzen **14** 141
– Auswahlrichtlinien **14** 141, 143
– Auszahlung des Arbeitsentgelts **14** 37, 127
– Berufsbildung **14** 144
– Beschäftigungssicherung **14** 140
– betriebliche Ordnung **14** 31, 123
– betriebliches Vorschlagswesen **14** 133
– Betriebsänderungen **14** 152

– Beurteilungsgrundsätze **14** 142
– Einblick in Arbeitnehmerüberlassungsverträge **14** 109
– Eingruppierung **14** 145
– Einstellungen **14** 100 ff.
– freiwillige Betriebsvereinbarungen **14** 135
– Fremdfirmeneinsatz **14** 98
– Gleichstellung von Männern und Frauen **14** 91
– innerbetriebliche Stellenausschreibung **14** 141
– Integration ausländischer Leiharbeitnehmer **14** 94
– Kündigung **14** 148
– Kurzarbeit **14** 35, 126
– Mitbestimmung bei Arbeitsentgelt **14** 43, 132
– Mitbestimmung in sozialen Angelegenheiten **14** 122 ff.
– Mitwirkung in personellen Angelegenheiten **14** 138 ff.
– Mitwirkung in wirtschaftlichen Angelegenheiten **14** 150 ff.
– Personalfragebogen **14** 142
– Personalplanung **14** 139
– personelle Einzelmaßnahmen **14** 145 ff.
– Pflicht zur Beschäftigungsförderung **14** 95
– Sozialeinrichtungen **14** 42, 131
– technische Überwachungseinrichtungen **14** 40, 129
– Überstunden **14** 35 f., 126
– Umgruppierung **14** 145
– Unfallschutz **14** 41, 130
– Unterrichtung **14** 97 f.
– Urlaubsgewährung **14** 38 f., 128
– Versetzung **14** 147
– Vorlage von Bewerbungsunterlagen **14** 110
– Wirtschaftsausschuss **14** 150 f.
Entmündigung 2 46

Sachregister

Entschädigungsanspruch, *s. Erlaubnis, Widerruf; Nachteilsausgleich*
Entsendung, *s. konzerninterne Arbeitnehmerüberlassung*
Entwurf einer Richtlinie zur Durchsetzung der Richtlinie 96/71/EG 17a 7
Erfahrungsberichte
– der Bundesregierung zum AÜG **8** 2
Erfüllungsverhältnis 9 381; **13** 5, 23, 25; **13a** 23, 33; **13b** 44, *s. auch Grundverhältnis*
Erlaubnis, *s. Arbeitnehmerüberlassungserlaubnis*
– auflösende Bedingung **2** 23
– aufschiebende Bedingung **2** 24
– Befristung **2** 33
– Erlöschen **2** 45 ff.
– Erlöschensgründe **2** 45 f.
– Erteilung **2** 15 f.
– Gegenstand **2** 4
– Hinweispflicht **11** 107 ff.
– Höhe der Kosten **2a** 4
– Inhaber **2** 19 ff.
– Inhalt **2** 17 f.
– Kostenpflicht **2a** 1 f.
– mündlich **2** 15
– Nachwirkung **2** 37 ff.
– Nebenbestimmungen **2** 22
– Nichtgebrauchmachen **2** 44
– Personenbezug **2** 19
– Personengesellschaften **2** 19
– Rechtsanspruch **2** 15
– Rechtsnatur **2** 4
– Sinn und Zweck **1** 2 ff.
– unbefristete **2** 33
– unter Auflage **2** 25 ff
– unter Bedingung **2** 23 f.
– Verlängerung **2** 34 ff.
– Widerrufsvorbehalt **2** 31 f.
Erlaubnis, Erteilung
– Antragserfordernis **2** 7 ff.

– Antragsteller **2** 7
– anwendbares Recht **2** 5 f.
– Form **2** 8 ff.
– Frist **2** 8
– Rechtsschutz **2** 47 ff.
– Verfahren **2** 5 ff.
– vorläufiger Rechtsschutz **2** 52 f.
Erlaubnis, Pflicht Einl. 14; **1** 1, 11 ff.
Erlaubnis, Rücknahme
– Ausgleichsanspruch des Verleihers **4** 9 f.
– Beweislast **4** 8
– Frist **4** 11 f.
– nachträgliche Versagungsgründe **4** 6
– Rechtsnatur und Rechtsfolgen **4** 3
– Rechtsschutz **4** 13 f.
– Sinn und Zweck **4** 2
– Verhältnismäßigkeit **4** 7
– Voraussetzungen **4** 4 ff.
Erlaubnis, Verfahren 2 2, 5 f., 12
Erlaubnis, Versagung
– ausländische Antragsteller **3** 77 ff.
– ausländische Gesellschaften **3** 81 ff.
– Betriebsstätte außerhalb des EWR **3** 71 ff.
– grenzüberschreitende Arbeitnehmerüberlassung **3** 71 ff.
– heimatlose Arbeitnehmer **3** 78
– Rechtsschutz **3** 90 i.V.m. **2** 47 ff.
Erlaubnis, Widerruf
– Änderung der Rechtslage **5** 15 f.
– Änderung der Rechtsprechung **5** 16
– Bekanntgabe **5** 19
– Beweislast **5** 21
– Erklärung **5** 18 ff.
– Ermessensausübung **5** 18
– Nachteilsausgleich **5** 26
– nachträglich eingetretener Versagungsgrund **5** 13 f.
– Nachwirkung **5** 25

Sachregister

- Nichterfüllung einer Auflage
  5 10 ff.
- praktische Bedeutung **5** 3
- Rechtsfolgen **5** 22 ff.
- Rechtsnatur **5** 4
- Rechtsschutz **5** 27 f.
- Sinn und Zweck **5** 2
- Unzulässigkeit **5** 17
- Verhältnismäßigkeit **5** 12
- Voraussetzungen **5** 5 ff.
- Widerrufsfrist **5** 20
- Widerrufsgründe **5** 6 ff.
- Widerrufsvorbehalt **5** 7 ff.

Erlaubnisvorbehalt **1** 6; **2** 4

Ermächtigung zur Ausübung
- arbeitsrechtlicher Weisungsbefugnisse **1** 42

Ermessen, Erlaubnis
- Auskunftsverlangen **7** 22
- Erteilung der Erlaubnis **1** 53; **2** 31 ff.
- Ermessensausübung **3** 88
- Nebenbestimmung der Erlaubnis **2** 22
- Rücknahme der Erlaubnis **4** 7
- Widerruf der Erlaubnis **5** 18; **7** 13
- Widerrufsvorbehalt der Erlaubnis **2** 31 f.
- Versagung der Erlaubnis **3** 77, 83; **18** 47

Ermittlung der Mindeststundenentgelte, *s. auch Lohnuntergrenze*
- Akkordlohn **17a** 20
- Aufwendungsersatzleistungen **3a** 45; **17a** 17, 21
- Bereitschaftsdienst **3a** 45; **17a** 17
- 13. oder 14. Monatsgehalt **3a** 45; **17a** 17
- Fälligkeit **3a** 47; **17a** 18, 20
- funktionale Gleichwertigkeit **17a** 18
- Jahressonderzahlungen **3a** 45; **17a** 17

- Zulagen und Zuschläge **3a** 45; **17a** 17

Errichtung einer Betriebsstätte **7** 7
Ersatzvornahme **5** 12; **6** 10
Ersatzzustellung **18a** 1 ff.
- Betriebsstätte eines Dritten **18a** 10
- Einsatzwechseltätigkeit **18a** 3
- Ersatzperson **18a** 8
- Geschäftsräume **18a** 7, 11
- Ort der konkreten Beschäftigung des Leiharbeitnehmers **18a** 3
- persönliche Aushändigung **18a** 7
- vom Verleiher eingesetztes Fahrzeug **18a** 3, 11
- Zustellungsadressat **18a** 12 ff.
- Zustellungsfiktion **18a** 5 ff.
- Zustellungsort **18a** 9 ff.

EuGH
- Albron Catering **9** 381; **13a** 23
- Della Rocca **9** 381, 533; **13** 23
- Impact **9** 26 f.
- Viking Line, Laval, Rüffert und Kommission/Luxemburg **17a** 7; **17b** 6
- Vorabentscheidungsverfahren **13b** 31; **17a** 18

Europäischer Wirtschaftsraum (EWR) **3** 71 ff.
- Abkommen **1** 147 ff.
- Geschäftssitz innerhalb des ~ **1** 147 ff.; **1a** 11; **1b** 45
- Geschäftssitz außerhalb des EWR **1a** 11; **3** 71 ff.
- Gleichstellung von Gesellschaften **3** 84 ff.

Europarechtskonformität **3a**, 33 ff.; **17a** 4 ff.; **17b** 8 ff.; **17c** 4 ff.

Fachaufsicht **17** 3, 19 ff., *s. auch Rechtsaufsicht*
Fahrlässigkeit
- Rechtsfolgen eines Verstoßes **1b** 25

1109

Sachregister

– Verfolgungsverjährung 16 66ff.
Fahrtkostenerstattung, *s. Arbeitsentgelt*
Fehlerhaftes Arbeitsverhältnis, *s. Arbeitsverhältnis, fehlerhaftes*
Feststellungsklage 7 64
Fiktion, *s. Arbeitsverhältnis*
Fingiertes Arbeitsverhältnis, *s. Arbeitsverhältnis, Arbeitsverhältnis zum Entleiher*
Finanzbehörden 18 47; 17a 9, *s. auch Meldungen, statistische; Geheimhaltung gegenüber ~*
Finanzkontrolle Schwarzarbeit 3a 101; 17a 14
Finanzverfassung 17 26
Finnland Einl. 15
Flexicurity 9 11, 39
Förderung des Betriebszwecks 1 44
Formmangel, *s. Arbeitnehmerüberlassungsvertrag*
Frankreich Einl. 15
Französisches Modell der Leiharbeit 9 14, 78
Freier Dienstleistungsverkehr 1 122; 3 79
Freie Mitarbeiter, *s. Arbeitnehmerüberlassung*
Freiheitsstrafe 15 23 f., 33, 39; 15a 3, 20
Freistellung, *s. ARGE; Beurkundungspflicht*
freiwillige Betriebsvereinbarungen
– Entleiherbetrieb 14 135
Freizügigkeit der Arbeitnehmer 15 9 ff.
– heimatlose Ausländer 15 9
– schweizer Staatsangehörige 15 9
– sonstige Ausländer 15 11
– Staatsangehörige der EWR 15 9
– Unionsbürger aus den Mitgliedstaaten der EU 15 9

– Unionsbürger der zum 1.5.2004 beigetretenen Mitgliedstaaten 15 10
Freizeitausgleich 11 128

Gattungsschuld 12 36, *s. Arbeitnehmerüberlassungsvertrag, s. auch Stückschuld*
Gebrauchsüberlassungsverträge 1 38
Gebühren 2a 1; 17 4, 25 f.
Gebundene Erlaubnis 2 19
Geheimhaltung 8 8 ff.; 11 164; 18 30
Geldbuße 1b 25; 3 65; 7 14, 32; 8 18; 16 71 ff., *s. auch Ordnungswidrigkeiten; Höhe der ~*
Geldstrafen 15 23 f.; 15a 3, 20
gelegentliche Arbeitnehmerüberlassung 1 193, 236 ff.
– gelegentlich 1 239 ff.
– Inkrafttreten 1 236
– Kollegenhilfe 1 241
– Leiharbeitsrichtlinie 1 195 ff., 237, 243
– nicht zum Zwecke der Überlassung eingestellt und beschäftigt 1 230 ff., 243
– Rechtsfolgen 1 250 ff.
– Rechtsstreitigkeiten 1 255 f.
Gemeinsamer Betrieb 1 42
Gemeinschaftsbetrieb, *s. Arbeitnehmerüberlassung*
Gemeinschaftseinrichtungen und -dienste, *s. Zugang zu Gemeinschaftseinrichtungen und -diensten*
Gemeinschaftsprojekte 1 41 ff.
Gemeinschaftsunternehmen 1 43
Gemischte Unternehmen, *s. wirtschaftliche Tätigkeit; Mischbetriebe*
Gesamthafenbetrieb 1 45, *s. auch Abgrenzung der Arbeitnehmerüberlassung*

Gesamtschuldnerische Haftung,
s. Arbeitsverhältnis, gesetzliches; gesamtschuldnerische Verleiherhaftung
Gesamtsozialversicherungsbeitrag,
s. Arbeitsverhältnis, gesetzlich, s. auch Zusammenarbeit mit anderen Behörden
Geschäftsanweisungen 3a 36; **17** 20
Geschäftsbesorgung 1 81, *s. auch Abgrenzung der Arbeitnehmerüberlassung*
Geschäftsräume
– Behördliches Nachschaurecht **7** 33 ff.; **16** 39
Geschäftsunterlagen 7 24 ff.
– Aufbewahrung **7** 29 ff.
– Begriff **7** 24.
– Vorlage **7** 24 ff.
Gesellschafterwechsel, *s. Anzeigepflichten*
Gesetzesänderung 5 15
Gesetzeszweck 1 180; **1a** 16
Gesundheitsschutz 14 130
Gewerbeaufsicht 7 36; **10** 115
Gewerbeaufsichtsämter 17a 22, *s. auch Gewerbeaufsicht*
Gewerbezentralregister 9 55, 57; **12** 52, 56
Gewerkschaften
– CGB, *s. dort*
– CGZP, *s. dort*
– DGB, *s. dort*
Gewerbsmäßiges Handeln
– des Entleihers **15a** 13
– des Verleihers **15** 31
Gewinnerzielungsabsicht 1 49
Gewöhnlichen Aufenthalt Einl. 23
Glaubhaftmachung 7 27 f.; **16** 36
Gleichbehandlungsgrundsatz, *s. Grundsatz von Equal Pay/Treatment, Verleiherbetriebsrat*

Grenzüberschreitende Arbeitnehmerüberlassung Einl. 12 ff., 27 ff.; **3** 71 ff.
Griechenland Einl. 15
Grober Eigennutz
– als Qualifikationsmerkmal **15a** 13, 20
– als Regelbeispiel **15** 32
Großbritannien Einl. 15
Grundsatz der Verhältnismäßigkeit, *s. Verhältnismäßigkeitsgrundsatz*
Grundsatz von Equal Pay/Treatment 3 3, 55 ff.; **3a** 4, 16 ff., 23, 24, 28, 30, 38; **9** 12 ff., 69 ff., 90 ff.; **10** 7, 11; **11** 118; **16** 41 f., *s. auch Schlechterstellungsverbot*
– alte Fassung (§ 10 Abs. 5 a.F.) **10** 7
– Anspruchsgrundlage **9** 71, 473; **10** 2, 121
– Auskunftsanspruch, *s. dort*
– Ausnahmen im AÜG **9** 73, 436, *s. auch Sechswochen-Ausnahme, Tarifausnahme*
– Ausnahmen im Richtlinienentwurf **9** 10, 436
– Ausnahmen in der Leiharbeitsrichtlinie **9** 15 ff., 189 ff., 436
– Ausschlussfristen, *s. dort*
– Betriebsratsbeteiligung **9** 486; **10** 126 ff.
– Bezugnahme auf Tarifvertrag, *s. dort*
– Darlegungs- und Beweislast **9** 75, 101, 114, 142, 147, 474 ff.; **10** 123
– Drehtürklausel, *s. dort*
– Einzelvergleich, *s. Schlechterstellungsvergleich*
– französisches Modell **9** 14
– Gesamtvergleich, *s. Schlechterstellungsvergleich*
– gewerberechtliches Korrelat **3** 3, 55 ff.; **9** 72, 225

1111

Sachregister

– Hartz-Reform, *s. dort*
– hypothetische Betrachtung, *s. vergleichbarer Arbeitnehmer*
– Leiharbeitsrichtlinie **9** 7 ff., 12 ff., 39, 69, 77, 82 f., 145, 148, 434
– Ordnungswidrigkeit, *s. dort*
– Prozessuale Fragen, *s. Beschlussverfahren*
– Rechtsfolgen bei Verletzung **9** 469 ff.
– Rechtssetzungskompetenz der EU **9** 23 ff.
– richtlinienkonforme Auslegung, *s. unionrechtskonforme Auslegung*
– Sachgrund-Ausnahme **9** 436 f.
– Sachgruppenvergleich, *s. Schlechterstellungsvergleich*
– Schlechterstellungsvergleich, *s. dort*
– Sechswochen-Ausnahme, *s. dort*
– Sinn und Zweck **9** 39; **10** 11
– Stufenklage, *s. Auskunftsanspruch*
– Systematik **9** 40, 71 ff.
– Tarifausnahme, *s. dort*
– Unabdingbarkeit **9** 469 f.; **10** 122
– Verfassungsmäßigkeit **9** 84 ff., 184 ff.
– vergleichbarer Arbeitnehmer, *s. dort*
– Verjährung, *s. dort*
– Verstoß **3** 55 ff.
– Verzicht **9** 470
– wesentliche Arbeitsbedingungen, *s. dort*
– zeitlicher Geltungsbereich **9** 95 ff.
– Zugang zu Gemeinschaftseinrichtungen und -diensten **13b** 8, *s. auch dort*
Grundverhältnis **9** 381; **11** 141; **13** 25; **13a** 23, *s. auch Erfüllungsverhältnis*
Günstigkeitsvergleich **10** 71, *s. auch Schlechterstellungsvergleich*

Haftungsbeschränkungen Einl. 27
Handeln aus grobem Eigennutz, *s. Grober Eigennutz*
Hartz-Reformen **3** 40; **9** 4 ff., 188; **10** 11; **12** 1, 66 f.
– Befristungsverbot, *s. dort*
– Grundsatz von Equal Pay/Treatment **9** 7, 190
– Hartz I **3** 3, 68; **9** 5, 19, 42, 43, 496, 530, 578; **10** 7; **12** 1, 66; **13** 1; **19** 2, 21 f.
– Hartz III **9** 6, 496; **12** 1, 25; **13** 1
– Synchronisationsverbot, *s. dort*
– Tarifausnahme **9** 190
– Tariflandschaft **9** 196 ff.
– Überlassungshöchstdauer, *s. dort*
– Wiedereinstellungsverbot, *s. dort*
Hauptniederlassung **3** 77, 81 ff.
Hauptverwaltung **1** 149; **3** 77, 81 ff.
Hauptzollämter **6** 13, 18 f., 22; **16** 76, 78
Hausgewerbetreibender **1** 31
Heimarbeiter **1** 31
Heimatlose Ausländer **3** 78; **15** 9
Hinweispflicht **11** 107 ff., 138, 151, *s. auch Leistungsverweigerungsrecht;* ~ *des Verleihers; Erlaubnis*

Illegale Arbeitnehmerüberlassung **14** 5 ff.; **16** 16 ff.; **18** 9, 36, 48
Illegale Ausländerbeschäftigung, *s. ausländische Arbeitnehmer*
Illegale Beschäftigung Vor 15, 15a u. 16 3; **15a** 2
Informationspflicht des Entleihers über freie Arbeitsplätze
– Auskunftsanspruch **13a** 10, 21
– Auskunftserteilung **13a** 17 ff.
– ausländische Betriebe **13a** 11
– befristete Stellen **13a** 12
– Betriebsrat des Entleihers **13a** 29 ff.
– Bewerberauswahl **13a** 10, 16, 25 f.
– Einstellungsanspruch **13a** 25 f.

Sachregister

- Form **13a** 17
- Inhalt **13a** 11 ff., 18
- Inkrafttreten **13a** 5
- Leiharbeitsrichtlinie **13a** 1, 3 f., 7, 8, 28
- Rechtsweg **13a** 33
- Schadensersatz **13a** 22 f.
- Sinn und Zweck **13a** 7, 15
- Sprache **13a** 19
- Teilzeitstelle **13a** 12
- Unabdingbarkeit **13a** 8
- Verletzung des Auskunftsanspruchs **13a** 20 ff.
- Vollzeitstelle **13a** 12
- zu besetzende Arbeitsplätze **13a** 11 ff.
- Zurückbehaltungsrecht **13a** 27

Innerbetriebliche Stellenausschreibung 14 118, 141, s. auch *Entleiherbetriebsrat*
Insolvenz 2 46
Insolvenzverfahren 7 15
Internationales Privatrecht Einl. 16 ff.
Internationales Sozialversicherungsrecht Einl. 27 ff.
Internationales Steuerrecht Einl. 30 ff.
Irland Einl. 15
Irrtum
- Tatumstands- **16** 11
- Verbots- **15** 21 f.

Island Einl. 15, 27; **1** 147
Italien Einl. 15, 31; **11** 105

Joint Venture 1 194, s. auch *Arbeitnehmerüberlassung in ein Gemeinschaftsunternehmen*
Juristische Person 3 81 ff., s. auch *Verleih von Ausländern ohne Genehmigung; Zuverlässigkeit*
- Antragsteller **2** 7; **3** 21
- Arbeitgeber **1** 24, 132

- Dritte **1** 39
- Erlaubnisinhaber **2** 19
- Ordnungswidrigkeiten **16** 9
- Untersagungsverfügung **6** 6
- Verleiher ohne Erlaubnis **15** 6

Kettenverleih 1 14, s. auch *Arbeitnehmerüberlassung*
Klebeeffekt 9 42, 500; **10** 11; **13a** 7
Kleinbetrieb 11 114
Koalitionsfreiheit 3a 24; 9 85 f., 89, 184 ff., 274
- positive **3a** 21
- Satzungsautonomie **9** 349, 361, 376, 425
- Tarifautonomie **3a** 22, 24 f., 29, 31; **9** 192, 231 f., 446
- Verbot der existenzgefährdenden Satzungsauslegung **9** 349

Kollegenhilfe 1a 1 ff., s. auch *gelegentliche Arbeitnehmerüberlassung, konzerninterne Arbeitnehmerüberlassung*
- Anzeige **1a** 24
- Entstehungsgeschichte **1a** 1 ff.
- gegenständlicher Geltungsbereich **1a** 7 f.
- Geltungsbereich **1a** 7 ff.
- persönlicher Geltungsbereich **1a** 9 f.
- Sinn und Zweck **1a** 5
- statistische Meldungen **8** 4
- Tatbestandsvoraussetzungen **1a** 12 ff.
- Überlassungshöchstdauer **1a** 23
- unvollständige Anzeige **1a** 33
- Zweck der Überlassung **1a** 16 f.

Kollisionsrecht Einl. 12, 17
Konkurrenzen 15 26 f.
Konkurrenzverbot, s. *Wettbewerbsverbot; Abwerbung*
Konkurs, s. *Insolvenz*

1113

Kontrollen zur Überprüfung der Einhaltung der Lohnuntergrenze, *s. auch Lohnuntergrenze*
- amtlicher Vordruck der Zollverwaltung **17b** 12
- Anmeldung **17b** 4
- Änderung des Einsatzortes **17b** 9
- Änderungsmeldung **18** 67
- Aufbewahrungsfrist **17c** 11
- Aufbewahrungspflichten **17c** 2, 7 ff.
- Aufzeichnungspflichten **17a** 2; **17c** 2, 7 ff.
- Auskunftsverweigerungsrecht **17a** 12
- Befugniskatalog der Zollbehörden **17a** 10
- Beginn und Dauer der Überlassung **17b** 9
- Beginn und Ende der täglichen Arbeitszeit **17c** 9
- Bereithaltungspflichten **17c** 2, 13 ff.
- Beschäftigungsort **17b** 12
- BFD West **17a** 16; **17b** 23; **18a** 4
- BMF **17a** 16; **17b** 7, 21
- Dauer der Arbeitszeit **17c** 9
- Duldungs- und Mitwirkungspflichten **17a** 12, 24 ff.
- Durchführung des Prüfungsverfahrens **17a** 17 ff., 23 ff.
- eidesstattliche Versicherung **17b** 17
- Einsatzmeldungen **17a** 25
- Einsatzort **17b** 2
- Einsatzwechseltätigkeit **17b** 4
- gemeinsame Kontrollen von BA und Zoll **17** 30; **18** 26
- Geschäftsräume und Grundstücke **17a** 11
- Geschäftsunterlagen **17a** 11 f., 24 f.
- Gespaltene Arbeitgeberfunktion **17b** 2
- Herausgabe der Aufzeichnungen des Entleihers **17c** 15
- illegale Beschäftigung **17a** 7
- Indizwert der Meldung **17b** 13
- Informationsaustausch **17a** 13
- Lohnlisten **17a** 25
- Meldepflichten (des Entleihers) **17a** 2; **17b** 10 ff.
- meldepflichtige Änderung **17b** 12, 14
- Personal- und Arbeitsunterlagen **17c** 4
- Personenkontrollen **17a** 20
- Pflicht zur Mitführung und Vorlage von Ausweispapieren **17a** 16
- Prüfbefugnisse **17a** 2, 9 ff.
- Prüfungszweck **17a** 8
- Schein-Verleiher **17a** 7
- Schicht- und Urlaubspläne **17a** 25
- schriftliche Anmeldung **17b** 3, 9
- Schwerpunktprüfungen **17a** 23
- Sozialversicherungsbeiträge **17a** 21
- Sprache **17b** 9; **17c** 6
- Steuern **17a** 21
- Stunden- und Arbeitszeitnachweise **17a** 25
- Tariftreueerklärungen **17b** 6, 17
- Übertragung der Vornahme der Aufzeichnungen **17c** 8
- Verordnungsermächtigung zu abweichenden Verfahrensmodalitäten **17b** 21 f.
- Verordnungsermächtigung zur Bestimmung der zuständigen Behörde **17b** 23
- Versicherung des Verleihers **17b** 3, 16 ff.
- Vorlagepflichten **17a** 2
- Wahrung des Sozialgeheimnisses **17a** 13
- Zeitpunkt und Form der Aufzeichnungspflicht **17c** 10

– zentrale Prüfungs- und Ermittlungsdatenbank **17a** 14
– zusätzliche Auskünfte **17c** 5
Konzern **1** 24, 40, *s. auch Arbeitnehmerüberlassung, konzerninterne*
– Begriff **1** 227 ff.
– Drehtürklausel, *s. dort*
– EuGH: Albron Catering, *s. EuGH*
– konzerninterne Arbeitnehmerüberlassung, *s. dort*
– Konzernprivileg **1** 192, *s. auch konzerninterne Arbeitnehmerüberlassung*
– Konzernverleih **1** 50
– Verleihgesellschaft **1** 225, 232 f.
konzerninterne Arbeitnehmerüberlassung **1** 192, 213 ff., *s. auch Arbeitnehmerüberlassung, konzerninterne*
– Anwendungsbereich **1** 215 ff.
– Arbeitnehmerüberlassung **1** 217 f.
– Baugewerbe **1** 221
– Betriebsübergang **1** 219
– Drehtürklausel, *s. dort*
– einheitliche Leitung **1** 229
– Entsendung **1** 223
– Erscheinungsformen **1** 222 ff.
– grenzüberschreitende Überlassung **1** 220
– Inkrafttreten **1** 215
– Kollegenhilfe **224**
– Konzernunternehmen **1** 226 ff.
– Leiharbeitsrichtlinie **1** 195 ff., 213, 235
– nicht zum Zwecke der Überlassung eingestellt und beschäftigt **1** 230 ff.
– Personalführungsgesellschaften **1** 232 f.
– Rechtsfolgen **1** 250 ff.
– Rechtsmissbrauch **1** 225; **9** 447
– Rechtsstreitigkeiten **1** 255 f.
– vorübergehende Überlassung, *s. dort*
Kosten 2a 1 ff.

Krankenversicherung 18 14
Kündigung
– Entleiherbetriebsrat **14** 55, 148
– Verleiherbetriebsrat **14** 55 f.
Kündigungsfristen 11 114
Kündigungsschutz 3 69; **9** 43, 121, 579 ff.
– Arbeitsverhältnis zum Entleiher, *s. dort*
– ausländische Leiharbeitnehmer **15a** 9
– betriebsbedingte Kündigung von Leiharbeitnehmern **9** 582 ff.; **11** 126
– für Leiharbeitnehmer **9** 579 ff.
– Gestaltungsfaktor des Leiharbeitsverhältnisses **11** 6, 38
– Wegfall der Erlaubnis **2** 39
Kurzarbeit 1 179; **11** 127
– Entleiherbetrieb **14** 126
– Verleiherbetriebsrat **14** 35
Kurzarbeitergeld 11 122; **18** 36

Lage der Arbeitszeit, *s. auch Arbeitszeit*
– Entleiherbetriebsrat **14** 33
– Verleiherbetriebsrat **14** 32
Landespersonalvertretungsrecht 14 162
Lehre vom fehlerhaften Tarifvertrag 9 267 f., 308, 330, 346
Leiharbeit Einl. 6; **1** 16 f.
Leiharbeitnehmer
– betriebsverfassungsrechtliche Zuordnung **14** 1
Leiharbeitsrichtlinie 9 7 ff., **11** ff.
– Arbeitnehmerüberlassung in ein Gemeinschaftsunternehmen, *s. dort*
– Arbeitsverhältnis zum Entleiher, *s. dort*
– Auskunftsanspruch des Leiharbeitnehmers **13** 11
– Einstellungsverbot, *s. dort*

1115

Sachregister

- Entwurf **9** 7 ff., 117
- Flexicurity **9** 11
- Grundsatz von Equal Pay/Treatment, *s. dort*
- Informationspflicht des Entleihers über freie Arbeitsplätze, *s. dort*
- Inkrafttreten **9** 7, 11
- konzerninterne Arbeitnehmerüberlassung, *s. dort*
- Mischunternehmen **1** 197
- Rechtssetzungskompetenz der EU **9** 23 ff.
- Sechswochen-Ausnahme, *s. dort*
- Tarifausnahme, *s. dort*
- Umsetzung **9** 31
- Umsetzungsfrist **9** 22, 77
- Verbot mit Erlaubnisvorbehalt **10** 1
- Vergleichsbetrachtung **9** 145
- Vermittlungsprovision, *s. dort*
- vorübergehende Überlassung, *s. dort*
- Wesentliche Arbeitsbedingungen **9** 9, 13, 116 ff.
- Zugang zu Gemeinschaftseinrichtungen und -diensten, *s. dort*

Leiharbeitsverhältnis 1 20, *s. auch Pflichten des Leiharbeitnehmers*
- Arbeitnehmererfindungen **11** 165 ff.
- Arbeitsinhalt **11** 25
- Arbeitsort **11** 24
- Arbeitspflicht **11** 20
- Arbeitsschutz **11** 156 f.
- Arbeitszeit **11** 21 ff.
- Beendigung **11** 38
- Begriff **9** 381
- Begründung **11** 17
- Erfüllungsverhältnis, *s. dort*
- gesetzliche Sonderregelungen **11** 7 ff.
- Gestaltungsfaktoren **11** 6
- Grundverhältnis, *s. dort*
- Hauptleistungspflichten **11** 19 ff.
- Inhalt **11** 19 ff.

- Kündigungsschutz, *s. dort*
- Leistungsstörungen **11** 28, 32
- Leistungsverweigerungsrecht **11** 26 f., 132 ff.
- Lohn ohne Arbeit **11** 31
- Nebenpflichten **11** 33 ff.
- Rechtsnatur **11** 5
- Rechtsweg **13** 25 f.
- Schutzpflichten **11** 158 f., 164
- Tarifvertragsrecht **11** 14 ff.
- Tarifzuständigkeit **11** 15 f.
- Vergütungsanspruch **11** 29 f.
- Verschwiegenheitspflicht **11** 35
- Wettbewerbsverbot **11** 35

Leiharbeitsvertrag
- Auskunftspflicht hinsichtlich Drehtürklausel **12** 55
- Auskunftspflicht hinsichtlich Gemeinschaftseinrichtungen und -diensten des Entleihers **13b** 51
- Befristung, *s. dort*
- Unwirksamkeit bei Fehlen der Überlassungserlaubnis **9** 58 ff., 63 ff.; **10** 1
- Unwirksamkeitsgründe **10** 22 ff.

Leistungsverweigerungsrecht 11 26 f.
- Ausübung **11** 132
- Hinweispflicht des Verleihers **11** 138
- im Arbeitskampf **11** 129 ff.
- Rechtsnatur **11** 132
- Rechtswirkungen der Ausübung **11** 134 ff.

Lohnfortzahlung, *s. Entgeltfortzahlung*

Lohngestaltung
- Entleiherbetrieb **14** 132
- Verleiherbetrieb **14** 43

Lohnuntergrenze 3a 1 ff.; **10** 130 ff.; **17** 2, 5; **17a** 2; **17b** 3; **17c** 2; **18** 7; **18a** 4, *s. auch Kontrollen zur Überprüfung der Einhaltung der Lohnuntergrenze und Mindestlohn*

Sachregister

- Abwägung **3a** 20, 63
- Akzeptanz der Arbeitnehmerüberlassung **3a** 65
- Allgemeinverbindlicherklärung **3a** 19, 61, 91, 99
- Änderungsvorschlag **3a** 85
- Angemessenheit **3a** 59, 64
- Anhörung und Bekanntmachung **3a** 78 ff.
- Anspruch auf Equal Pay **3** 64; **9** 243; **10** 9
- Arbeitnehmerschutz **3a** 30, 35, 38, 64; **17a** 5
- Arbeitsmarktöffnung **3a** 7, 9, 13, 26
- ausländische Verleiher **3a** 28, 33 ff., 38, 89
- Bekämpfung der Arbeitslosigkeit **3a** 26, 64 f.
- Beitrittsabkommen der EU **3a** 10
- Beschäftigungsort **3a** 48 ff.
- besondere Tarifklausel **3a** 54
- Beurteilungsspielraum **3a** 58
- BMAS **3a** 64
- Branchenmindestlöhne **3a** 91 ff.
- Bundesanzeiger **3a** 84
- Diskussionsentwurf **3a** 4, 7, 82
- effektiver Rechtsschutz **3a** 96 ff., *s. auch Rechtsschutzmöglichkeiten zur Überprüfung der Lohnuntergrenze*
- Eingriffsnorm **3a** 14
- Einhaltung der Lohnuntergrenze **17** 2, 5, 29; **17a** 15; **17b** 4; **18** 7, *s. auch Kontrollen zur Überprüfung der Einhaltung der Lohnuntergrenze*
- Entsenderichtlinie **3a** 14, 37, 45
- Erlass **3a** 57 ff.
- Erstreckung **3a** 1, 19
- EU-8-Staaten **3a** 10 ff., 27 f.
- faktischer Mindestlohn **3a** 5
- finanzielle Stabilität der sozialen Sicherungssysteme **3a** 20, 25, 32, 35, 62

- Firmentarifverträge **3a** 22
- gebundene Ermessensentscheidung des Verordnungsgebers **3a** 57, 99
- gesellschaftliche Akzeptanz der Arbeitnehmerüberlassung **3a** 65
- Gespaltene Arbeitgeberfunktion **3a** 40
- gesteigerte Sorgfalt bei der Prüfung **3a** 73
- Gewerkschaftsmitglieder **3a** 75
- Gewerkschaftlicher Organisationsgrad **3a** 75
- Gleichwertigkeitsprüfung **3a** 13
- Große Koalition **3a** 2
- Grundrechtsverzicht **3a** 31
- Höchstarbeitsbedingungen **3a** 17
- Inkrafttreten, Änderung und Außerkrafttreten **3a** 84 ff.
- international zwingendes Recht **10** 131
- Kongruenz **3a** 53 ff., 87
- Konkurrenzklausel **3a** 20, 69, 72 ff.
- Kontrolle **10** 139, *s. auch Kontrolle zur Überprüfung der Einhaltung der Lohnuntergrenze*
- Laufzeit **3a** 52, 86
- Leiharbeitsrichtlinie **3a** 16, 38, 50, 60
- Lohndumping **3a** 29
- Lohngitter **3a** 27, 46
- Lohnwucherrechtsprechung **3a** 13, *s. auch Sittenwidrigkeit*
- Mindestlohntarifvertrag **3a** 1, 5, 20, 21, 91 ff.; **17a** 6
- Mindeststundenentgelte **3a** 45 ff., **10** 133; **17a** 17 ff., *s. auch Ermittlung der Mindeststundenentgelte*
- Normsetzungsmonopol **3a** 24
- Normsetzungsrecht **3a** 24
- öffentliches Interesse **3a** 58 ff., 99
- Ordnungswidrigkeit **10** 138
- OT-Mitglieder **3a** 74
- Plausibilitätsprüfung **3a** 71

1117

Sachregister

- Portugaia Construções **3a** 22, 35
- Postmindestlohn **3a** 72, 96 ff.
- praktische Konkordanz **3a** 20, 65
- Qualität der Arbeitnehmerüberlassung **3a** 65
- Rechtsverordnung **9** 242; **10** 3, 9, 133
- Rechtswirkungen der Lohnuntergrenze **3a** 88 ff.
- Repräsentativität **3a** 20, 66 ff.
- schriftliche Begründung **3a** 56
- Sinn und Zweck **10** 12
- Sonderregelung **3a** 9
- sozialpolitische Zielsetzungen **3a** 61
- sozialer Notstand **3a** 59
- Stellungnahmefrist **3a** 81, 83
- Tarifausnahme **3** 4; **9** 34, 73, 182, 226, 239 ff.; **10** 125
- Tarifausschuss **3a** 82 ff.
- tariflicher Antagonismus **3a** 1, 5
- Tariftreuegesetz **3a** 19
- Tarifzuständigkeit **9** 342
- Übergangsvorschrift, *s. dort*
- Unabdingbarkeit **10** 132
- Verdrängungswettbewerb **3a** 27, 31
- Verleihzeiten und verleihfreie Zeiten **3a** 49 ff.; **9** 96; **10** 5, 136; **17c** 9, 14
- Verordnung **3a** 8, 27, 57 ff.
- Verordnungsgeber **3a** 60, 63, 73
- Verzicht **10** 132
- völkerrechtliche Verpflichtung **3a** 60
- Vorschlag **3a** 1, 44, 53 ff.
- Ziele des AÜG **3a** 63 ff.
- Zustimmung des Bundesrates **3a** 57, 77
- 2+3+2-Modell **3a** 10, 12
- zwingende Gründe des Allgemeininteresses **3a** 35

Lohnwucher, *s. Sittenwidrigkeit*
Luftfahrzeuge Einl. 8

Maschinen mit Bedienungspersonal, *s. Überlassung von* ~
Mehrarbeit **11** 22, 56; **14** 35
Mehrgliedriger Tarifvertrag
- AMP-CGB **9** 215, 542
- Begriff **9** 216
- Bezugnahme auf mehrgliedrigen Tarifvertrag **9** 310 ff., 412
- DGB-Tarifgemeinschaft **9** 216, 313
- TVöD **9** 313
- Wirksamkeit **9** 309

Meldungen, statistische **8** 2 ff.; **18** 30
- Arbeitnehmerüberlassung außerhalb wirtschaftlicher Tätigkeit **8** 3
- Datenschutz **8** 15 ff.
- Erhebungsvordrucke **8** 6
- Geheimhaltung **8** 8 ff.
- Geheimhaltungspflicht gegenüber Finanzbehörden **8** 13 f.
- grenzüberschreitende Arbeitnehmerüberlassung **8** 3
- Inhalt **8** 4
- Kollegenhilfe **8** 3
- Meldepflicht **8** 3 ff.
- Sinn und Zweck **8** 2
- Sozialgeheimnis **8** 16
- Verfahren **8** 6 f.
- Verpflichteter **8** 3
- Zeitpunkt **8** 5

Merkblatt für Leiharbeitnehmer
- Aushändigungspflicht **11** 101
- Kosten **11** 106
- nichtdeutsche Leiharbeitnehmer **11** 102 ff.
- Sinn und Zweck **11** 100
- Sprache **11** 102 ff.

Mindestlohn **9** 204 f., 211, 403; **10** 3, 9, 130 ff., *s. auch Lohnuntergrenze*
Mischbetriebe **1** 134
Mischunternehmen **11** 114
- Anwendbarkeit des AÜG **1** 197
- Begriff **9** 419

– Betriebsorganisation **3** 53
– Fehlen der Überlassungserlaubnis **9** 62
– Kollegenhilfe **1** 224
– Leiharbeitsrichtlinie **1** 197
– selbstständige Betriebsabteilung für Arbeitnehmerüberlassung **9** 424 f.
– Tarifausnahme **9** 418 ff.
Mitarbeiter, freie 1 31, 37, *s. auch Arbeitnehmerüberlassung*
Mitbestimmung, *s. auch Entleiherbetriebsrat, Verleiherbetriebsrat*
Mitbestimmung beim Arbeitsentgelt
– Entleiherbetriebsrat **14** 43, 132
– Verleiherbetriebsrat **14** 43
Mitbestimmung in personellen Angelegenheiten
– Entleiherbetriebsrat **14** 138 ff.
– Verleiherbetriebsrat **14** 49 ff.
Mitbestimmung in sozialen Angelegenheiten
– Entleiherbetrieb **14** 122 ff.
– Verleiherbetriebsrat **14** 30 ff.
Mitbestimmungsrechte
– Entleiherbetrieb **14** 85 ff.
– Verleiherbetriebsrat **14** 29 ff.
Mitwirkungspflicht 18 36 ff.

Nachbarschaftshilfe 1 4, 191
Nachprüfungsrecht durch die Erlaubnisbehörde 7 24 ff.
– Aufbewahrung geschäftlicher Unterlagen **7** 29 f.
– Glaubhaftmachung **7** 24 ff.
– Rechtsschutz **7** 61
– Vorlage geschäftlicher Unterlagen **7** 24 ff.
Nachschaurecht, behördliches 7 33 ff.
– berechtigter Personenkreis **7** 36
– Betretungsrecht **7** 34 f.
– Duldungspflicht des Verleihers **7** 40 f.

– Rechtsfolgen von Pflichtverletzungen **7** 42
– Rechtsschutz **7** 62
– Sinn und Zweck **7** 33
– Umfang der Befugnisse **7** 37 ff.
Nachteilsausgleich 4 14; **5** 26
Nachweisgesetz 9 97, 117; **10** 47 f., 93; **12** 18 f.; **13** 6; **13a** 18
Nachwirkungen der Verleiherlaubnis 5 25
Nebenbestimmungen
– bei der Erlaubnis **2** 3, 22
Nebenbetrieb 3 74
Nebenpflichten 11 33 ff.
– Entleiher **11** 149
– Leiharbeitnehmer gegenüber Entleiher **11** 149
– Leiharbeitnehmer gegenüber Verleiher **11** 35
– Verleiher **11** 36 f.
– Verschwiegenheitspflicht **11** 35, 161
– Wettbewerbsverbot **11** 35, 149
Nebentätigkeit 11 45, 119
Nettolohnabrede 17a 21; **18** 20
Nichtdeutsche Arbeitnehmer, *s. ausländische Arbeitnehmer*
Nichtdeutsche Leiharbeitnehmer, *s. ausländische Arbeitnehmer*
Nichtdeutsche Verleiher, *s. ausländische Verleiher*
Nicht-EU- oder Nicht-EWR-Verleiher, *s. ausländische Verleiher*
Nichtgebrauchmachen von der Verleiherlaubnis 2 44
Nichtigkeit
– Nichtigkeit des Arbeitnehmerüberlassungsvertrags **1b** 21 ff.
Niederlande Einl. 15
Niederlassungsfreiheit
– Bilaterale Abkommen **3** 88
– Einschränkungen im Baugewerbe **1b** 50

1119

- natürliche Personen **3** 78 f.
Norwegen Einl. 15, 27

Österreich Einl. 15
Opportunitätsprinzip 16 15
Ordnung des Betriebs
- Entleiherbetrieb **14** 123
- Verleiherbetrieb **14** 31
Ordnungswidrigkeiten
- Anwendung des OWiG **16** 8 ff.
- Entleih von ausländischen Leiharbeitnehmern ohne Arbeitserlaubnis **16** 29 ff.
- Entleih von Verleihern ohne Erlaubnis **16** 20 ff.
- Gewerbezentralregister, *s. dort*
- Höhe der Geldbuße **16** 71 ff.
- Nichtbefolgen einer Auflage **16** 34
- Nichtgewährung des Zugangs **16** 54 ff.
- Nichtgewährung einer Arbeitsbedingung entgegen § 10 Abs. 4 **16** 41 ff.
- Nichtzahlung des festgesetzten Mindeststundenentgelts **16** 47 ff.
- Schuld **16** 11
- Strohmanngeschäft **16** 10a
- Täterschaft **16** 9 ff.
- Teilnahme **16** 9 ff.
- Verfallbescheid **9** 57
- Verfolgungsbehörde **16** 74 ff.
- Verfolgungsverjährung **16** 66 ff.
- Verleih ohne Erlaubnis **16** 16 ff.
- Verleih und Entleih in Betriebe des Baugewerbes **16** 24 ff.
- Verletzung von Meldepflichten **16** 63
- Verstoß gegen Anzeige- und Auskunftspflichten **16** 35 f.
- Verstoß gegen Aufbewahrungspflicht **16** 37 f.
- Verstoß gegen Aufzeichnungs- oder Aufbewahrungspflicht **16** 64
- Verstoß gegen Bereithaltungspflicht von Unterlagen **16** 65
- Verstoß gegen Beurkundungs- und Aushändigungspflicht **16** 50 ff.
- Verstoß gegen Duldungs- und Mitwirkungspflichten nach dem SchwarzArbG **16** 57 ff.
- Verstoß gegen Erlaubnispflicht **9** 54, 57; **12** 17, 52
- Verstoß gegen Grundsatz von Equal Pay/Treatment **3** 66; **9** 56, 72, 244, 466, 485; **10** 8, 121; **12** 53
- Verstoß gegen Informationspflicht des Entleihers über freie Arbeitsplätze **13a** 8, 28
- Verstoß gegen Informationspflichten **16** 53
- Verstoß gegen Lohnuntergrenze **10** 138
- Verstoß gegen Pflicht zur Gewährung von Zugang zu Gemeinschaftseinrichtungen und -diensten **13b** 21, 47
- Verstoß gegen statistische Meldepflicht **16** 40
- Versuch **16** 12
- Vollstreckung **16** 48 f.
- Zusammenarbeit mit Behörden **18** 3 ff.

Organisationsgrad der Leiharbeitnehmer 9 184, 272

Passives Wahlrecht der Leiharbeitnehmer 14 66 f.
Personalakte
- Einsichtsrecht gegenüber dem Entleiher **14** 82
- Einsichtsrecht gegenüber dem Verleiher **14** 22
Personalfragebogen
- Entleiherbetrieb **14** 49, 142
- Verleiherbetrieb **14** 49

Sachregister

Personalführungsgesellschaften
1 26, s. auch *Abgrenzung der Arbeitnehmerüberlassung; Arbeitnehmerüberlassung*
Personalinformationssystem 14 40
Personalplanung
– Mitbestimmungsrecht des Entleiherbetriebsrats 14 138f.
– Mitbestimmungsrecht des Verleiherbetriebsrats 14 49
Personalrat 14 155, 160, 164 f., s. auch *Personalvertretungsrecht*
Personalvertretungsrecht 14 153 ff.
– Beteiligungsrechte des Personalrats 14 164 f.
– Geltungsbereich 14 153 ff.
– Individualrechte des Leiharbeitnehmers 14 163
– Wahlrecht des Leiharbeitnehmers 14 159 ff.
– Zuordnung von Leiharbeitnehmern 14 157 f.
Personengesamtheit, s. auch *Personengesellschaft*
– Antragsteller für Verleihererlaubnis 2 7; 3 22
– Anzeigepflicht 7 15
– Auskunftsverweigerungsrecht 7 57
– Inhaber der Verleihererlaubnis 2 19
Personengesellschaft
– Antragsteller für Verleihererlaubnis 2 7; 3 22 f.
– Anzeigepflicht 7 15 f.
– Arbeitnehmerüberlassung zwischen Konzernunternehmen 1 196
– Inhaber der Verleihererlaubnis 2 19 ff.
– Mitglied einer ARGE 1 132
Personenschäden
– Haftungsprivileg zugunsten des Entleihers 11 154
– Haftungsprivileg zugunsten des Leiharbeitnehmers 11 154

– Haftungsprivileg zugunsten des Verleihers 11 160
Pflichten des Leiharbeitnehmers, s. auch *Leiharbeitsverhältnis*
– gegenüber dem Entleiher 11 161 ff.
– gegenüber dem Verleiher 11 164
– Haftungseinschränkungen 11 163
Polizeidienststellen 18 22
Portugal Einl. 15
Private Arbeitsvermittlung Einl. 9; 1 74

Rechtsaufsicht 17 3, 19 ff., s. auch *Fachaufsicht*
Rechtsbehelfe
– Durchsuchung ohne richterliche Anordnung 7 64
– vorläufiger Rechtsschutz 2 52
– gegen die Anwendung des Zwangsmittels 6 22
Rechtsbeziehung: Entleiher – Leiharbeitnehmer
– Arbeitnehmererfindungen 11 170
– Arbeitsschutz 11 140 ff., 150 f.
– gesetzliche Sonderregelungen 11 143 ff.
– Gestaltungsfaktoren 11 142
– Hauptleistungspflichten 11 148
– Inhalt 11 148 f.
– Nebenpflichten 11 149
– Pflichten des Entleihers 11 150 ff.
– Pflichten des Leiharbeitnehmers 11 161 ff.
– Rechtsnatur 11 141
– öffentlich-rechtliche Schutzpflichten 11 150 ff.
– sonstige Schutzpflichten 11 152
– Tarifvertragsrecht 11 147
Rechtsschutzmöglichkeiten zur Überprüfung der Lohnuntergrenze 3a 95 ff., s. auch *Lohnuntergrenze*
– Erga-omnes-Wirkung 3a 100

– Feststellungsklage **3a** 96
– Normerlassklage **3a** 99
Rechtswidrigkeit
– Rücknahme der rechtswidrigen Erlaubnis **4** 2, 4, 8, 11
– Widerruf der rechtswidrigen Erlaubnis **5** 2
Regionaldirektionen 17 8
Rentenversicherung
– geringfügig Beschäftigte **11** 60
Rentenversicherungsträger 17a 9
Richter 1 29
Richtlinienkonforme Auslegung,
  s. unionrechtskonforme Auslegung
Ruhen des Arbeitsverhältnisses
  1 36
Rückabwicklung 1b 21
Rücknahme
– Abgrenzung zum Widerruf **5** 14 ff.
– Ausgleichsanspruch des Verleihers **4** 9 f.
– Beweislast **4** 8
– Frist **4** 11 f.
– Rechtsfolgen **4** 3
– Rechtsnatur **4** 3
– Rechtsschutz **4** 13 f.
– Rücknahme der Erlaubnis **4** 3 ff.
– Voraussetzungen **4** 4 ff.

Satzungsautonomie, *s. Koalitionsfreiheit*
Schadensersatz
– Anspruch des Leiharbeitnehmers **10** 102 ff.
– Auskunft **13** 23
– Entleiherangaben **12** 34
– Erfüllungsschaden **10** 108 f.
– Informationspflicht des Entleihers über freie Arbeitsplätze **13a** 22 f.
– Leistungsstörungen, *s. Arbeitnehmerüberlassungsvertrag*
– Unwirksamkeit des Arbeitnehmerüberlassungsvertrags **9** 53

– Unwirksamkeit des Leiharbeitsvertrags **9** 68; **10** 84, 102 ff.; **12** 64
– Verleihererklärung zum Erlaubnisbesitz **12** 16 f.
– Verletzung der Unterrichtungspflicht über Wegfall der Erlaubnis **12** 64
– Vertrauensschaden **10** 107 ff.
– Zugang zu Gemeinschaftseinrichtungen und -diensten **13b** 15, 44 f.
Scheinselbstständigkeit 1 31
Scheinwerkvertrag 14 6, 9; **18** 22, 36
Schiedsgerichtsverfahren 9 248
Schlechterstellungsverbot 3 56; **9** 5, 70, 90 ff., 469 ff., *s. auch Grundsatz von Equal Pay/Treatment*
Schlechterstellungsvergleich 9 79, 143 ff.
– Arbeitsentgelt **9** 151 ff.
– Arbeitszeit **9** 157 f.
– Einzelvergleich **9** 148 ff.
– Gesamtvergleich **9** 148 ff.
– Sachgruppenvergleich **9** 148 ff.
– Urlaub **9** 156 f.
Schlecker-Fall 1 225; **9** 31, 39, 441 f.
Schließung von Betrieben, Betriebsteilen oder Nebenbetrieben 7 4 ff.
Schriftform
– Antrag auf Erlaubnis **2** 8
– Arbeitnehmerüberlassungsvertrag **12** 4 ff., 63
– Arbeitsvertrag **11** 42 f.
– Niederlegung der wesentlichen Vertragsbedingungen **11** 42 f., 81
– Verleiherlaubnis **2** 15
Schutzpflichten
– des Entleihers **11** 152
– des Verleihers **11** 158 f.
Schwarzarbeit
– bei Mehrarbeit auf Weisung des Entleihers **11** 22

Schwesternschaft
– Arbeitnehmereigenschaft 1 30
Sechswochen-Ausnahme 3 4; 9 73, 159 ff.; **10** 124; **12** 26
– Auskunftsanspruch 9 179; **12** 25 ff.; **13** 2, 13 ff.
– CGZP, *s. dort*
– Darlegungs- und Beweislast, *s. dort*
– Leiharbeitsrichtlinie 9 33, 80, 162
– Mindestnettoarbeitsentgelt 9 174 ff.
– Tatbestandsvoraussetzungen 9 166 ff.
– Übergangsvorschrift, *s. dort*
– zeitlicher Anwendungsbereich 9 162 ff.
– zuvor arbeitsloser Leiharbeitnehmer 9 167 f.
Selbstständige 1 31
Selbstverleih 1 13
Sittenwidrigkeit 9 96, 176, 192, 210, 232, 364
Soldaten 1 29
Sozialeinrichtungen
– Mitbestimmung Entleiherbetriebsrat **14** 131
– Mitbestimmung Verleiherbetriebsrat **14** 42
Sozialgeheimnis 8 16
Sozialplan 14 152
Sozialversicherungsrecht
– Arbeitsverhältnis zum Entleiher **10** 78 ff.
– Beitragsbescheid 9 336, 339
– einstweiliger Rechtsschutz 9 336 ff.
– Entleiher als Arbeitgeber **10** 78 f.
– Entstehungsprinzip 9 326 f.
– Folgen des CGZP-Beschlusses 9 325 ff
– Internationales Sozialversicherungsrecht **Einl.** 27 ff.
– Insolvenzgeld **10** 81 ff.
– Meldepflichten **12** 67

– Nichtabführung von Sozialversicherungsbeiträgen **10** 4
– Schätzung 9 338
– Subsidiärhaftung des Entleihers 1 253; 9 325, 328; **12** 47, 57
– Verjährung, *s. dort*
– Verleiherhaftung 1 253; **10** 4, 79, 116; **12** 47, 57
– Vertrauensschutz, *s. dort*
– Zuflussprinzip 9 326 f.
– Zugang zu Gemeinschaftseinrichtungen und -diensten **12** 59; **13b** 16, 48 ff.
Spitzenorganisation
– CGZP, *s. dort*
– Tariffähigkeit, *s. dort*
– Tarifzuständigkeit, *s. dort*
Sprechstunden
– Teilnahme an Betriebsratssprechstunden **14** 16, 72 f.
– Teilnahme an Personalratssprechstunden **14** 163
Statistikgeheimnis 8 8
Statistische Meldungen
– Datenschutz 8 15 ff.
– Geheimhaltung 8 8 ff.
– Geheimhaltungspflicht **18** 30
– Inhalt 8 3 f.
– Rechtsfolgen bei Verletzung der Meldepflicht 8 18
– Verfahren 8 6 f.
Stellenausschreibung 14 118, 141
– Mitwirkung Entleiherbetriebsrat **14** 118, 141
– Mitwirkung Verleiherbetriebsrat **14** 49
Steuergeheimnis 18 30, 47, 63, *s. auch Zusammenarbeit mit anderen Behörden*
Steuergesetze
– Doppelbesteuerungsabkommen **17a** 21

1123

- Unterrichtungspflicht bei Verstößen **18** 46 f.
Steuerrecht
- Arbeitgeberbegriff **10** 87 f., 91
- Arbeitsverhältnis zum Entleiher **10** 87 ff.
- Entleiherhaftung **1** 253; **10** 88 ff., 91
- Lohnsteuer **10** 88 ff., 116
- Umsatzsteuer **10** 92; **18** 69
- unerlaubte Arbeitnehmerüberlassung **10** 87 ff.
- Verleiherhaftung **1** 253; **10** 88, 91
- Vorsteuer **10** 92
- Zugang zu Gemeinschaftseinrichtungen und -diensten **12** 59; **13b** 16, 48 ff.
Strafgefangene 1 29
Straftatbestände 14 1, **Vor 15, 15a u.16** 1; **15** 2; **15a** 1 f.; **18** 10
Strohmann 1 24; **3** 25; **6** 6; **15** 6; **16** 10a
Stückschuld 12 36
- Gattungsschuld, *s. dort*
- Sozialauswahl bei betriebsbedingter Kündigung von Leiharbeitnehmern **9** 584
Stützpunkt-Arbeitsämter 16 74 f.
Subsidiäre Haftung des Entleihers 11 30
Synchronisationsverbot 3 1 ff., 67 f.; **9** 43, 530

Tarifausnahme 3a 28; **9** 73, 94, 182 ff.; **10** 124; **12** 26
- abweichende Tarifregelungen **9** 236 ff., 399
- Achtung des Gesamtschutzes von Leiharbeitnehmern **3a** 60; **9** 192, 231
- ausländischer Tarifvertrag **9** 228, 402, 426

- Auskunftsanspruch **12** 25 ff.; **13** 2, 13 ff., 20
- Bezugnahme auf Tarifvertrag, *s. dort*
- Darlegungs- und Beweislast, *s. dort*
- Drehtürklausel, *s. dort*
- grenzüberschreitende Arbeitnehmerüberlassung **9** 426 f.
- Inhalt des Tarifvertrags **9** 227 ff.
- Leiharbeitsrichtlinie **9** 19, 81, 189 ff., 434
- Lohnuntergrenze **9** 34, 73, 228, 402, 426
- Mindestlohn nach AEntG **9** 403 f.
- Mischbetrieb, Mischunternehmen **9** 418 ff.
- nachwirkender Tarifvertrag **9** 400 f., 428 ff.
- Sinn und Zweck **9** 183
- Tarifbindung **9** 397 ff.
- Tariföffnungsklausel **3a** 28
- Tarifvertrag, *s. dort*
- Verfassungswidrigkeit **9** 184 ff.
- Voraussetzungen **9** 225 ff.
- Wirksamkeit des Tarifvertrags **9** 245 ff.
- Zulassung von Abweichungen **9** 233 ff., 398
Tarifautonomie, *s. Koalitionsfreiheit*
Tariffähigkeit 3a 39, 42, 44, 75, 102; **9** 263 ff.
- Arbeitgeber **9** 274, 282
- Arbeitgeberverband **9** 275
- Begriff **9** 269
- Beschlussverfahren, *s. dort*
- CGB, *s. dort*
- CGZP, *s. dort*
- DGB, *s. dort*
- Gewerkschaft **9** 270 ff.
- Lehre vom fehlerhaften Tarifvertrag, *s. dort*
- Spitzenorganisation **9** 276 ff.
- Vertrauensschutz, *s. dort*

Tariflandschaft in der Zeitarbeit
9 85, 196 ff.
- Arbeitgeberverbände, *s. dort*
- Gewerkschaften, *s. dort*
- Kampf um Tarifhoheit 9 200 ff.
- mehrgliedriger Tarifvertrag, *s. dort*
- Stahlindustrie 9 219
- Tarifanwendung in der Praxis 9 209 ff., 306
- Tarifverträge über Branchenzuschläge 9 218 ff.

Tarifvertrag, *s. auch Tarifausnahme*
- Ausstrahlungswirkung 3a 13
- ausländischer Tarifvertrag 9 228, 402, 426
- Flächentarifverträge 3a 20, 31, 54, 66
- fremder Tarifvertrag 9 417
- Geltungsbereich 9 416 ff., *s. auch Tarifzuständigkeit*
- Nachwirkung 9 400 f., 428 ff.
- Prüfung der Wirksamkeit von Tarifverträgen 9 247 ff.
- Tariffähigkeit, *s. dort*
- Tarifzuständigkeit, *s. dort*
- Vertragsschluss 9 262

Tarifverträge über Branchenzuschlag 3a 46; 9 218 ff., 415, 434; 12 28; 13 16, *s. auch Tariflandschaft in der Zeitarbeit*

Tarifvertragsrecht 11 14 f.

Tarifzuständigkeit 3a 20, 39 ff., 102; 9 297, 341 ff.
- Arbeitgeberverband 9 348 ff., 356 ff.
- Begriff 9 347 ff.
- Beschlussverfahren, *s. dort*
- CGB-Gewerkschaften 9 375 ff.
- DGB-Gewerkschaften 3a 39 ff., 66; 9 223 f., 362 ff.
- Geltungsbereich des Tarifvertrags 9 341, 416
- Gewerkschaft 9 348 ff.

- Lehre vom fehlerhaften Tarifvertrag, *s. dort*
- Satzungsautonomie 9 349
- Spitzenorganisation 9 352 ff.
- Verbot der existenzgefährdenden Satzungsauslegung 9 349
- Vertrauensschutz, *s. dort*
- Wirtschaftszweig 9 364

Tateinheit
- zum Entleih von Verleihern ohne Erlaubnis 16 22
- zum Verleih ohne Erlaubnis 16 18
- zum Verleih und Entleih in Betriebe des Baugewerbes 16 28
- zum Verleih von Ausländern ohne Genehmigung 15 26
- zur Nichtgewährung einer Arbeitsbedingung entgegen §10 Abs. 4 16 46

Tätigkeiten auf mitgliedschaftlicher Basis 1 30

Tatmehrheit
- zum Entleih von Verleihern ohne Erlaubnis 16 22
- zum Verleih ohne Erlaubnis 16 18
- zum Verleih von Ausländern ohne Genehmigung 15 26
- zur Nichtgewährung des Zugangs 16 56
- zur Nichtgewährung einer Arbeitsbedingung entgegen §10 Abs. 4 16 46

Technische Überwachungseinrichtungen, *s. Überwachungseinrichtung*

Teilbefristung von Arbeitsbedingungen 9 96, 432

Territorialitätsprinzip 1b 6

Tod des Erlaubnisinhabers 2 32, 45

Übergangsvorschrift 19 1 ff.
- Befristung 9 571 ff.

1125

Sachregister

- Drehtürklausel **3** 4; **9** 35, 439 f.; **19** 3, 5, 8, 11, 13 ff., 19
- Hartz I **3** 3; **9** 5, 530; **19** 2, 21 f.
- Lohnuntergrenze **19** 5, 10, 18
- Sechswochen-Ausnahme **9** 33, 159, 163 ff.; **19** 3 ff., 9, 16 f., 20
- Zugang zu Gemeinschaftseinrichtungen und -diensten **9** 36

Überlassung an Dritte **1** 39 ff.

Überlassung von Maschinen **1** 38, 83, *s. auch Abgrenzung der Arbeitnehmerüberlassung; Bedienungspersonal*

Überlassung zur Arbeitsleistung **1** 32 ff.

Überlassungshöchstdauer **3** 1 ff., 70; **9** 43, 530; **10** 11, 51; **12** 42

Übernahme von Leiharbeitnehmern
- Wartezeit Wahlen **14** 71
- Mitbestimmung/Mitwirkung Entleiherbetriebsrat **14** 102 ff., 140
- Beteiligung des Personalrats **14** 164

Übersetzungen **7** 26

Überstunden
- Entleiherbetrieb **14** 36, 126
- Verleiherbetriebsrat **14** 35 f.

Überwachungseinrichtung
- Mitbestimmung Entleiherbetriebsrat **14** 40, 129
- Mitbestimmung Verleiherbetriebsrat **14** 40

Umgruppierung
- Entleiherbetriebsrat **14** 51, 145
- Verleiherbetriebsrat **14** 43, 51, 53 f.

Unabdingbarkeit **11** 111 ff.

Unerlaubte Arbeitnehmerüberlassung
- Aufsichtsrats-/Betriebsratswahl **14** 5
- Bekämpfung **Einl.** 1

Unerlaubte Arbeitsvermittlung **1** 9

Unfallversicherung
- Träger der Unfallversicherung **18** 18
- Unterrichtung der Träger der Unfallversicherung **18** 40 ff.

Ungerechtfertigte Bereicherung
- Unwirksamkeit des Arbeitnehmerüberlassungsvertrags **9** 49 ff.; **12** 12
- Unwirksamkeit des Leiharbeitsvertrags **9** 66

Unionrechtskonforme Auslegung **9** 69, 76 ff., 100, 110, 114, 118, 437, 499, 524, 527; **10** 123; **12** 23; **13** 11; **13a** 11; **13b** 39

Unionsbürger **15** 9 f.

unmittelbarer Zwang **6** 12, 18

Unternehmensmitbestimmung **14** 62 ff.

unternehmerische Zusammenarbeit, *s. Arbeitnehmerüberlassung*

Unterrichtungspflicht
- der BA gegenüber anderen Behörden **18** 27 ff.
- Beweisverwertungsverbot **18** 39
- Erlaubniswegfall **11** 108
- Form **11** 108; **18** 49
- Interessen der Betroffenen oder anderer Verfahrensbeteiligter **18** 63
- Nichtverlängerung **11** 109
- Rücknahme **11** 109
- Umfang und Schwere der Ordnungswidrigkeit **18** 63
- Unterrichtung der zuständigen Finanzämter **18** 65 ff.
- Widerruf **11** 109

Untersagungsverfügung
- Adressat **6** 6
- Durchsetzung **6** 9 ff.
- Erlass **6** 5 ff.
- Rechtsschutz **6** 21 f.
- Strohmann **6** 6
- Tatbestandsvoraussetzungen **6** 3 f.

- Verwaltungsakt **6** 5, 7
- Zwangsmittel **6** 10 ff.

Unverletzlichkeit der Wohnung
7 37

Unzuverlässigkeit 3 1, 16, 18 ff.,
41 ff.; **9** 515, *s. auch Zuverlässigkeit*

Urkunde
- Aufbewahrung **11** 89
- Aushändigung **11** 94
- Verstoß gegen die Aufbewahrungspflicht **16** 37 f.
- Verstoß gegen die Beurkundungs- und Aushändigungspflichten **16** 50 ff.

Urlaub, *s. auch wesentliche Arbeitsbedingungen*
- Beurkundungspflicht **11** 57
- Mitbestimmung des Entleiherbetriebsrats **14** 39, 128
- Mitbestimmung des Verleiherbetriebsrats **14** 38 f.

Verbandsklageverfahren 9 247

Verbot mit Erlaubnisvorbehalt 2 4,
s. auch Arbeitnehmerüberlassungserlaubnis

Vergleichbarer Arbeitnehmer
9 100 ff.; **10** 68
- Auskunftsanspruch, *s. dort*
- Darlegungs- und Beweislast **9** 475
- Fehlen vergleichbarer Arbeitnehmer **9** 108 ff.; **12** 23; **13** 10 f.
- hypothetische Betrachtung **9** 12, 78, 100, 104, 110; **12** 23; **13** 11
- maßgeblicher Zeitpunkt **9** 102
- mehrere vergleichbare Arbeitnehmer **9** 112 ff.
- Vergleichbarkeit **9** 103 ff.
- Zugang zu Gemeinschaftseinrichtungen und -diensten **13b** 38 f.

Verhältnismäßigkeitsgrundsatz
- bei Auskunftsverlangen **7** 22

- bei Auswahl des Zwangsmittels **6** 12
- bei Betretung und Prüfung **7** 35
- Datenübermittlung zur Verfolgung von Ordnungswidrigkeiten **18** 62
- bei Durchsuchung **7** 45
- bei Prüfungen zur Kontrolle der Einhaltung der Lohnuntergrenze **17a** 23, *s. auch Kontrollen zur Überprüfung der Einhaltung der Lohnuntergrenze*
- bei Rücknahme der Verleihererlaubnis **4** 7
- bei Versagung der Verleihererlaubnis **3** 9
- bei Widerruf der Verleihererlaubnis **5** 12, 18

Verjährung
- Anspruch auf Equal Pay/Treatment **9** 323 f.
- Auskunftsanspruch des Leiharbeitnehmers **13** 9, 14
- Sozialversicherungsrecht **9** 331 ff.; **12** 57

Verleih von Ausländern ohne Genehmigung 15 3 ff.
- Entleiher **15** 7
- gewerbsmäßiges Handeln **15** 31
- grober Eigennutz **15** 32
- ins Ausland **15** 12
- juristische Person **15** 6
- Leiharbeitnehmer **15** 7
- Personenhandelsgesellschaft **15** 6
- Strohmann **15** 6
- Täter **15** 4 ff.
- Teilnahme **15** 7
- Zeitpunkt **15** 13
- zivilrechtliche Folgen **15** 34 ff.

Verleiherbetriebsrat
- allgemeine Aufgaben **14** 28
- allgemeine personelle Angelegenheiten **14** 49
- Anhörung bei Kündigung **14** 55 f.

1127

Sachregister

- Arbeits- und betrieblicher Umweltschutz **14** 47
- Auszahlung des Arbeitsentgelts **14** 37
- betriebliche Ordnung **14** 31
- betriebliches Vorschlagswesen **14** 44
- Betriebsvereinbarungen **14** 27
- Eingruppierung **14** 51
- freiwillige Betriebsvereinbarungen **14** 46
- Gleichbehandlungsgrundsatz **14** 26
- Kurzarbeit **14** 35
- Lage der Arbeitszeit **14** 32 ff.
- Maßnahmen der Berufsbildung **14** 50
- Mitbestimmung/Mitwirkung **14** 24 ff.
- Mitbestimmung beim Arbeitsentgelt **14** 43
- Mitbestimmung in sozialen Angelegenheiten **14** 30 ff.
- Mitbestimmung in wirtschaftlichen Angelegenheiten **14** 57
- Mitbestimmungsrechte **14** 29 ff.
- personelle Einzelmaßnahmen **14** 51 ff.
- technische Überwachungseinrichtungen **14** 40
- Überstunden **14** 35 f.
- Umgruppierung **14** 51
- Urlaubsgewährung **14** 38 f.
- Versetzung **14** 52
- Vorlage der Arbeitnehmerüberlassungsverträge **14** 28

Vermietung von Baumaschinen 1 38

Vermittlungsmonopol der BA Einl. 6

Vermittlungsprovision
- angemessene Vermittlungsvergütung **9** 503 ff.
- Hartz III **9** 6
- Informationspflicht des Entleihers über freie Arbeitsplätze **13a** 9
- Leiharbeitsrichtlinie **9** 37, 497 ff., 521 ff.
- Rechtsfolgen unzulässiger Vereinbarungen **9** 513 ff.
- Überlassungsvergütung **9** 524, 527
- Verbot gegenüber Leiharbeitnehmern **9** 521 ff.
- Vertragsgestaltung, *s. dort*

Vermutung von Arbeitsmittlung 1 157 ff.
- im Straf- und Ordnungswidrigkeitenverfahren **1** 175
- Widerlegung **1** 176 ff.

Verschwiegenheitspflicht 11 35

Versetzung
- Betriebsratsmitwirkung **14** 105, 147

Vertragsgestaltung
- Arbeitnehmerüberlassungsvertrag **12** 50 ff., *s. auch dort*
- Bezugnahme auf Tarifvertrag, *s. dort*
- Drehtürklausel **9** 467 f.; **12** 55
- Grundsatz von Equal Pay/Treatment **12** 53 f.
- Leiharbeitsvertrag, *s. dort*
- sozialversicherungsrechtliche Subsidiärhaftung des Entleihers **12** 57, *s. auch Sozialversicherungsrecht*
- unerlaubte Arbeitnehmerüberlassung **12** 52
- Vermittlungsprovision **9** 509 ff.; **12** 60
- Überlassung von Ausländern **12** 56
- Überlassungshöchstdauer **10** 51; **12** 58
- Zugang zu Gemeinschaftseinrichtungen und -diensten **12** 59; **13b** 48 ff.

Vertragsstrafenklauseln 11 65

Sachregister

Vertrauensschutz
- Lehre vom fehlerhaften Tarifvertrag, *s. dort*
- Sozialversicherungsrecht **9** 328 ff., 339
- Tariffähigkeit **9** 265 ff., 303 ff.

Verwaltungskosten 17 25 ff.
- Abgabe **17** 27
- Beitragsgemeinschaft der Arbeitslosenversicherung **17** 4, 26 ff.
- Kostenerstattung **17** 4
- Selbstfinanzierung **17** 26
- Sonderabgabe mit Finanzierungsfunktion **17** 28

Verwaltungszwang 6 1 ff.
Verwirkung, *s. Arbeitsverhältnis zum Entleiher*
Vollstreckungsbehörde 6 13
Vollstreckungstitel 6 14
Vorlage geschäftlicher Unterlagen 7 24 ff.
Vorrangprüfung 18 33
Vorsatz
- Entleih von Ausländern ohne Genehmigung **15a** 11
- Ordnungswidrigkeiten **16** 11, 67 ff.
- Verleih von Ausländern ohne Genehmigung **15** 16 ff.

Vorschlagsrecht
- Entleiherbetrieb **14** 84

Vorübergehende Überlassung, *s. auch Überlassungshöchstdauer*
- Fehlen der Arbeitnehmerüberlassungserlaubnis **9** 47; **10** 6, 18; **18** 44
- Konzernprivileg alter Fassung **1** 4, 214, 230
- Leiharbeitsrichtlinie **12** 42
- Verbot dauerhafter Überlassung **3** 8, 70; **12** 42, 58

Wählbarkeit von Leiharbeitnehmern, *s. passives Wahlrecht*
Wahlfeststellung 16 13 f.

Wahlrecht
- aktives Wahlrecht **14** 64, 68 ff., 71
- Arbeitnehmerüberlassung außerhalb wirtschaftlicher Tätigkeit **14** 4, 70
- im Entleiherbetrieb **14** 66 ff.
- illegale Arbeitnehmerüberlassung **14** 5 ff.
- passives Wahlrecht **14** 62 f., 66 f., 71
- Personalvertretungsrecht **14** 159 ff.
- im Verleiherbetrieb **14** 15

Wartezeit
- im Wahlrecht **14** 71

Weihnachtsgeld 14 26
Weisungsrecht
- Abgrenzung arbeitsrechtliches und werkvertragliches Weisungsrecht **1** 85

Werkvertrag 1 84 ff., *s. auch Abgrenzung der Arbeitnehmerüberlassung; Arbeitnehmerüberlassung*
- Beurteilungskriterien **1** 86 ff.

wesentliche Arbeitsbedingungen 9 9, 13 f., 116 ff.
- Arbeitsentgelt **9** 13, 119, *s. auch Arbeitsentgelt*
- arbeitsfreie Tage **9** 13, 119, 126, 138
- Arbeitszeit **9** 13, 119, 132, 157
- Auskunftsanspruch, *s. dort*
- Ausschlussfristen, *s. dort*
- Befristung **9** 139
- Begriff **9** 116 ff.
- Darlegungs- und Beweislast **9** 475
- Entleiherangaben zu wesentlichen Arbeitsbedingungen **12** 9, 21 ff.
- geltende Arbeitsbedingungen **9** 140 ff.
- Kündigungsfristen **9** 139
- Nachtarbeit **9** 13, 119, 136
- Pausen **9** 13, 119, 134
- Ruhezeiten **9** 13, 119, 135
- soziale Einrichtungen **9** 131; **13b** 14, *s. auch Zugang zu Gemeinschaftseinrichtungen und -diensten*

Sachregister

- Überstunden 9 13, 119, 121, 133
- Urlaub 9 13, 119, 121, 126, 137, 155 f.

Wettbewerbsverbot
- zwischen Entleiher – Leiharbeitnehmer 11 149
- zwischen Verleiher – Leiharbeitnehmer 11 35

Widerruf
- Beweislast 5 21
- Frist 5 20
- Rechtsfolgen 5 22 ff.
- Rechtsschutz 5 27 f.
- Widerruf der Erlaubnis 5 4 ff.
- Widerrufsgründe 5 6 ff.
- Widerrufsvorbehalt 5 7 ff.
- Wirkungen 5 25 f.

Widerspruch
- keine aufschiebende Wirkung 6 14; 7 61
- Untersagungsverfügung 6 21
- des Verleiherbetriebsrats bei Kündigung 14 55 f.

Widerspruchsrecht des Leiharbeitnehmers 10 33 ff.
- außerordentliche Kündigung 10 36
- ex-tunc-Wirkung 10 39
- Rechtsfolgenverweigerungsrecht 10 37

Wiedereinstellungsverbot 3 1 ff., 67 f.; 9 3, 5, 43, 530, 578 ff.; 10 7, 11

Wirtschaftliche Angelegenheiten i. S. v. § 106 ff. BetrVG 14 29, 57, 150 ff.

Wirtschaftliche Tätigkeit 1 46 ff.
- Begriff 1 46 ff.
- Hoheitliche Tätigkeit 1 51
- Keine Gewinnerzielungsabsicht 1 49
- Konzernverleih 1 50
- Mischunternehmen 1 52

Wirtschaftsausschuss 14 150

Wirtschaftszweig 1 133 ff., 201; 9 364

Wohnräume
- Betreten durch Vertreter der Erlaubnisbehörde 7 37
- Durchsuchung 7 44, 48

Zeitablauf, *s. Befristung*

Zeitarbeit, *s. Arbeitnehmerüberlassung*

Zugang zu Gemeinschaftseinrichtungen und -diensten 13b 1 ff.
- Anspruch des Leiharbeitnehmers gegenüber dem Entleiher 9 489 f.; 13b 1, 9 ff.
- Aufnahmekapazität 13b 42
- Betriebsausflug 13b 29
- Betriebsfeier 13b 29
- Betriebsrat des Entleihers 13b 12
- E-Mail-System 13b 30
- Geld 13b 27
- Geldsuggorate 13b 27
- geldwerter Vorteil 13b 16, 48
- Gemeinschaftseinrichtungen oder -dienste 13b 20 ff.
- gleiche Bedingungen 13b 35 ff.
- Inkrafttreten 13b 5
- Leiharbeitsrichtlinie 9 36, 487; 13b 2 ff., 10, 21, 23, 39
- Ordnungswidrigkeit, *s. dort*
- Rechtsweg 13b 54
- sachliche Differenzierungsgründe 13b 40 ff.
- Schadensersatz 13b 44 ff.
- Schulungen 13b 28
- Sinn und Zweck 13b 7 f.
- soziale Einrichtungen 9 131
- Sozialversicherungsbeiträge 13b 16, 48 ff.
- Steuern 13b 16, 48 ff.
- Unabdingbarkeit 9 489; 13b 13, 17 f.
- unwirksame Vereinbarungen 9 36, 41, 487 ff.
- vergleichbare Arbeitnehmer 13b 38 f., *s. auch dort*

Sachregister

- Vertragsgestaltung **12** 59; **13b** 48 ff.
- Verwaltungsaufwand **13b** 41
- Verzicht **9** 490
- Zugang **13b** 33 ff.
- Zurückbehaltungsrecht **13b** 46

Zurückbehaltungsrecht 11 155, s. auch Informationspflicht des Entleihers über freie Arbeitsplätze, Zugang zu Gemeinschaftseinrichtungen und -diensten
- des Leiharbeitnehmers **11** 26, 32, 36, 95, 155

Zusammenarbeit mit anderen Behörden 18 3, 14 ff., 27 ff.
- Amtshilfe **18** 9
- Anfangsverdacht **18** 24, 28
- Anwendungsbereich **18** 9 ff.
- Arbeitslosengeld **18** 36, 58
- Betriebe des Baugewerbes **18** 12
- Datenschutz- und Sozialgeheimnis **18** 25, 30
- einbezogene Behörden **18** 13 ff.
- Gesamtsozialversicherungsbeitrag **18** 20, 40, 45
- Gewerbeanzeige **18** 23
- Hinterbliebenenrenten **18** 36
- Kooperationspflichten **18** 3
- Kooperation mit Behörden anderer EWR-Staaten **18** 70 ff.
- Krankengeld **18** 36
- Kurzarbeitergeld **18** 36
- Mitwirkungs- und Meldepflichten **18** 35 ff., 48
- Regelungen über die internationale Rechtshilfe **18** 78
- Schutz vor unbeschränktem Datenaustausch **18** 44
- Schwarzarbeit **18** 1
- Steuergeheimnis **18** 30, 47, 63
- steuerrechtliche Abführungspflicht **18** 7
- Straftatbestände der §§ 15, 15a **18** 10

- Unterrichtungspflichten **18** 27 ff., s. auch Unterrichtungspflicht
- Verleih von Ausländern ohne Genehmigung **18** 33 f.
- wechselseitige Pflicht **18** 24
- Zufallserkenntnisse **18** 27

Zuständigkeit des Arbeitsgerichts
- Streitigkeiten zw. Entleiher und Betriebsrat **14** 99, 120 f.

Zustimmung
- des Entleiherbetriebsrats **14** 122 ff.

Zustimmungsersetzung 14 120 f.

Zustimmungsverweigerungsrecht
- Auswahlrichtlinie **14** 115
- Benachteiligungsverbot **14** 116
- Betriebsfrieden **14** 119
- innerbetriebliche Stellenausschreibung **14** 118
- Verlust einer Beförderungschance **14** 116
- Rechtsfolgen **14** 120 f.

Zuverlässigkeit, s. auch Unzuverlässigkeit
- Antragsteller **3** 21 ff.
- Betriebsorganisation **3** 48, 51 ff.
- Dritter **3** 24 f.
- Gesetzeskenntnisse **3** 46
- Mischbetrieb **3** 53
- Nichteinhaltung arbeitsrechtlicher Pflichten **3** 37 ff.
- Regelbeispiele **3** 26 ff.
- sonstige Umstände **3** 47
- Straftaten **3** 43 ff.
- Verstöße gegen Arbeitsschutzrecht **3** 35 f.
- Verstöße gegen Berufsrecht **3** 45
- Verstöße gegen Bestimmungen über Arbeitsvermittlung, Anwerbung, Ausländerbeschäftigung **3** 31 ff.
- Verstöße gegen lohnsteuerrechtliche Regelungen **3** 29 f.
- Verstöße gegen Sozialversicherungsrecht **3** 27 f.

1131

Sachregister

– wirtschaftliche Verhältnisse **3** 42
Zuweisung
– des Leiharbeitnehmers an einen anderen Entleiher **11** 137
Zwangsgeld
– Nichterfüllung einer Auflage **5** 12
– Durchsetzung der Unterlassungspflicht **6** 11

Zwangsmittel
– Androhung **6** 16 f.
– Anwendung **6** 19 f.
– Festsetzung **6** 18
– Rechtsschutz **6** 21 f.
– Zuständigkeit **6** 13
Zwischenverleih 1 14, 25 **1a** 8, 20